ANDRÉ
SANTA CRUZ

Procurador Federal.

Bacharel e Mestre em Direito Processual Civil pela UFPE.

Pós-graduado em Direito da Economia e da Empresa pela FGV-RJ.

Pós-graduado em Direito da Concorrência pela FGV-SP.

Doutor em Direito Empresarial pela PUC-SP.

Professor de Direito Empresarial do Centro Universitário IESB-DF.

E-mail: alscramos@hotmail.com

Instagram: @prof.andresantacruz

EDITORA JusPODIVM
www.editorajuspodivm.com.br

MANUAL DE

DIREITO EMPRESARIAL

VOLUME ÚNICO

ANDRÉ
SANTA CRUZ

MANUAL DE DIREITO EMPRESARIAL
VOLUME ÚNICO

12ª edição

revista
atualizada
ampliada

2022

EDITORA JusPODIVM
www.editorajuspodivm.com.br

EDITORA *Jus*PODIVM
www.editorajuspodivm.com.br

Rua Canuto Saraiva, 131 – Mooca – CEP: 03113-010 – São Paulo – São Paulo
Tel: (11) 3582.5757
• Contato: https://www.editorajuspodivm.com.br/sac

Diagramação: Ana Paula Lopes Corrêa *(aninha_lopescorrea@hotmail.com)*

Capa: Ana Caquetti

• A Editora *JusPODIVM* passou a publicar esta obra a partir da 11.ª edição.

M294 Manual de Direito Empresarial - Volume Único / André Santa Cruz. – 12. ed. rev., atual. e ampl. – São Paulo: Editora JusPodivm, 2022.
1200 p. (Manuais - Volume Único)

Inclui bibliografia.
ISBN 978-85-442-3557-7.

1. Direito Comercial. I. Cruz, André Santa. II. Título.

CDD 342.2

*Aos meus amados filhos Lucas e Davi,
que mudaram para sempre minha vida
e se tornaram a razão única dela.*

AGRADECIMENTOS

Como sempre, agradeço a todos os meus inúmeros leitores e seguidores das redes sociais, que mandaram *e-mails* e mensagens com críticas e sugestões. Foi para vocês que eu escrevi esse livro, e é para vocês que eu o atualizo todo ano. Portanto, suas contribuições para o aperfeiçoamento da obra são sempre muito bem recebidas.

Agradeço também aos meus diversos alunos, tanto os dos meus cursos *online*, que já são mais de mil, quanto os da EFAE, a Escola de Formação em Advocacia Empresarial. A interação com vocês e o trabalho de preparação e revisão das aulas têm me ajudado muito a aprimorar este livro e atualizá-lo constantemente.

"Não é da benevolência do padeiro, do açougueiro ou do cervejeiro que esperamos que saia o nosso jantar, mas sim do empenho que eles têm em promover o seu próprio interesse."

(Adam Smith, em A Riqueza das Nações*)*

"Subjacente à maior parte dos argumentos contra o livre mercado está a ausência de crença na liberdade como tal."

(Milton Friedman, em Capitalismo e liberdade*)*

"A sociedade aberta é impossível sem a lógica competitiva.
Sem mercado não existe sociedade aberta.
O ressentimento contra o mercado é o ressentimento contra a humanidade".

(Ludwig von Mises, citado no livro Estado? Não, obrigado!*, de Marcelo Mazzilli)*

"Criminosos são uma pequena minoria em qualquer época ou país. E o dano que eles causaram à humanidade é infinitesimal quando comparado com os horrores – o derramamento de sangue, as guerras, as perseguições, as fomes, as escravizações, as destruições em grande escala – perpetradas pelos governos da humanidade. Potencialmente, o governo é a mais perigosa ameaça aos direitos do homem: ele mantém o monopólio do uso de força física contra vítimas legalmente desarmadas. Quando irrestrito e ilimitado pelos direitos individuais, um governo é o mais mortal inimigo do homem."

(Ayn Rand, em The virtue of selfishness: a new concept of egoism*)*

NOTA DO AUTOR À 12ª EDIÇÃO

Como todas as edições anteriores, esta 12ª edição foi atualizada com a revisão de alguns assuntos atingidos por alterações legislativas e com a inserção de diversos julgados importantes dos principais tribunais do País, especialmente o Superior Tribunal de Justiça.

No tocante às alterações legislativas, o grande destaque são as mudanças provocadas pelas seguintes leis: Lei 14.193 (sociedade anônima do futebol), Lei 14.195 (melhoria do ambiente de negócios) e Lei Complementar 182 (marco legal das *startups*).

Por fim, eu lembro também que, assim como nas edições anteriores, neste livro manifesto minha opinião sobre os mais variados assuntos, muitas vezes tecendo críticas severas ao posicionamento dominante, quase sempre impregnado por aquilo que Ludwig von Mises chamava de *mentalidade anticapitalista*. É verdade que essa postura sempre esteve presente na obra, mas ela inegavelmente tem se acentuado em razão do amadurecimento de minhas convicções quanto à superioridade do libertarianismo como filosofia política, em detrimento de todas as demais doutrinas coletivistas, que põem o Estado acima do indivíduo e nos conduzem, como bem alertou Friedrich Hayek, ao *caminho da servidão.*

APRESENTAÇÃO

Em 2007, lancei o livro *Curso de Direito Empresarial*, que começou a ser escrito em 2005, quando ainda estava iniciando minha carreira acadêmica como professor de Direito Empresarial.

A ideia inicial foi fazer um livro que atendesse aos interesses dos meus dois públicos de alunos: o da graduação e o dos cursos preparatórios para concursos públicos. A obra ficou pronta e, surpreendendo a todos – inclusive a mim mesmo –, foi muito bem recebida por ambos os públicos. Em três anos, foram quatro edições. Muito obrigado, meus queridos leitores!

Com o sucesso do livro, passei a dedicar-me com afinco à sua atualização. Em cada nova edição, acrescentei novos temas, incluí novos julgados e informei as alterações legislativas pertinentes. A obra foi crescendo, e veio a ideia de reformulá-la: assim nasceu o *Direito Empresarial Esquematizado*, que anos depois passou a se chamar apenas *Direito Empresarial*.

Alterei a ordem de alguns capítulos, acrescentei muitos novos temas e incluí julgados mais recentes do Superior Tribunal de Justiça. Finalmente, foram incorporados ao texto vários quadros esquemáticos, com o resumo dos assuntos mais importantes.

Todo ano, a cada nova edição, eu fui atualizando o livro: por exemplo, assuntos atingidos por alterações legislativas são sempre revisados, e os enunciados aprovados nas Jornadas de Direito Comercial são também sempre mencionados.

No mais, nesta obra eu procurei, sempre que possível, não apenas indicar os dispositivos legais pertinentes, mas transcrevê-los. Com isso, acredito que, a um só tempo, mostro a importância do conhecimento do arcabouço normativo da matéria a que nos propomos estudar, bem como facilito esse estudo, tornando desnecessária a leitura complementar da legislação.

Também mantive sempre a preocupação constante de fazer referência ao posicionamento da jurisprudência pátria sobre os mais variados temas, assim como de trazer os mais recentes julgados, dando prioridade aos entendimentos do Superior Tribunal de Justiça. Nesse ponto, mais uma vez não me limitei a indicar os principais julgados, fazendo questão de transcrever, quase sempre, os acórdãos, para que o leitor conheça com detalhes os argumentos utilizados para a solução de cada assunto polêmico. Em algumas questões relevantes, fui mais além, tentando explicar o contexto em que se estabeleceram a discussão e os diversos fatores, às vezes extrajurídicos, que interferiram nos julgamentos. Não me furtei, ademais, de emitir minha opinião em alguns casos.

O leitor ainda verá que, ao final de cada capítulo, há um rol de questões de concursos públicos relativas aos temas abordados. Após essas questões, seguem-se as respostas oficiais, com a indicação do dispositivo legal que justifica a resposta. A inserção dessas questões, em primeiro lugar, permite que o leitor teste seu conhecimento sobre as matérias estudadas e, em segundo lugar, demonstra que a obra aborda o conteúdo essencial exigido pelas bancas organizadoras de concursos públicos no Brasil.

Fiel ao objetivo de servir de *manual* para estudantes de graduação e de *ferramenta de estudo* para aqueles que estão voltados a concursos públicos, em todos os tópicos eu exponho o entendimento majoritário da doutrina e da jurisprudência, sem, no entanto, deixar de externar a minha visão particular do Direito Empresarial, que com certeza é influenciada pelas minhas convicções pessoais sobre direito, economia e política. Não raras vezes faço críticas severas ao posicionamento dominante, quase sempre impregnado por aquilo que Ludwig von Mises chamava de *mentalidade anticapitalista*.

Portanto, o que se verá a seguir é uma obra escrita por alguém que admira o capitalismo e seus princípios basilares, o que o leitor mais atento talvez já tenha percebido ao ler a frase de abertura do livro, de autoria de Adam Smith. Faço esse registro – e o considero de extrema importância – para que o leitor saiba que não escondo minhas opiniões atrás de uma suposta imparcialidade. Ao contrário, as opiniões externadas ao longo desta obra são marcadas pela parcialidade, já que são sempre determinadas, repita-se, pelas minhas convicções pessoais. É óbvio, portanto, que a defesa da propriedade privada, do regime capitalista de mercado e do liberalismo, para citar apenas alguns exemplos, será constante e influenciará sempre os posicionamentos que adotarei sobre as matérias polêmicas discutidas.

Boa leitura a todos.

SUMÁRIO

1

DIREITO EMPRESARIAL: NOMENCLATURA, CONCEITO, ORIGEM, EVOLUÇÃO HISTÓRICA, AUTONOMIA E FONTES

"A burguesia, na acepção original do termo, sempre foi formada por uma classe de poupadores, de pessoas que honravam suas palavras e respeitavam seus contratos, de pessoas que tinham uma profunda ligação à família. Essa classe de pessoas se importava mais com o bem-estar de seus filhos, com o trabalho e com a produtividade do que com o lazer e o deleite pessoal.

As virtudes da burguesia são as tradicionais virtudes da prudência, da justiça, da temperança e da fortaleza (ou força). Cada uma delas possui um componente econômico – vários componentes econômicos, na verdade.

A prudência dá sustento à instituição da poupança, ao desejo de adquirir uma boa educação para se preparar para o futuro, e à esperança de poder legar uma herança aos nossos filhos.

Com a justiça vem o desejo de honrar os contratos, de dizer a verdade nos negócios e de fornecer uma compensação para aqueles que foram injuriados.

Com a temperança vem o desejo de se controlar e se restringir a si próprio, de trabalhar antes de folgar, o que mostra que a prosperidade e a liberdade são, em última instância, sustentadas por uma disciplina interna.

Com a fortaleza vem a coragem e o impulso empreendedorial de se deixar de lado o temor desmedido e de seguir adiante quando confrontado pelas incertezas da vida.

Essas virtudes são os fundamentos tradicionais da burguesia, bem como a base das grandes civilizações.

Porém, a imagem invertida destas virtudes mostra como o modo virtuoso do comportamento humano encontra seu oposto nas políticas públicas empregadas pelo estado moderno. O estado se posiciona diretamente contra a ética burguesa, sobrepujando-a e fazendo com que seu declínio permita ao estado se expandir em detrimento tanto da liberdade quanto da virtude."
(Lew Rockwell, em A burguesia e suas virtudes cardinais; o Estado e seus pecados capitais)

1. A NOMENCLATURA: POR QUE DIREITO EMPRESARIAL?

A variabilidade do objeto do direito empresarial ao longo da história torna difícil encontrar uma uniformidade na sua denominação: direito mercantil, direito comercial e direito empresarial são, talvez, as nomenclaturas mais usadas.

> No Brasil, alguns acreditam que as expressões direito mercantil, direito comercial e direito empresarial assumiriam significados diversos. O direito mercantil designaria a matéria em sua primeira fase, ligada à disciplina da atividade dos mercadores medievais; direito comercial estaria relacionado ao segundo período, em que os atos de comércio definem os limites da disciplina, e, por fim, direito empresarial seria o nome atualmente correto, porque a empresa é o centro do debate.[1]

Na origem desse ramo do direito, os primeiros doutrinadores da matéria (glosadores italianos como Bártolo e Baldo, por exemplo) usavam a expressão *ius mercatorum* para denominá-lo, em razão de ele ser um direito consuetudinário criado pelos próprios mercadores.

> A expressão *ius mercatorum* pertence à linguagem jurídica culta; usavam-na, prevalecentemente, os glosadores como Bártolo e Baldo. A expressão possui um significado especial: mais do que referir-se a um ramo de direito, significa um modo particular de criar direito. Chama-se *ius mercatorum* porque foi criado pela classe mercantil, e não porque regula a actividade dos comerciantes.[2]

Posteriormente, com o desenvolvimento desse ramo do direito e a sua consequente positivação (isto é, suas regras deixaram de ser os usos e costumes criados pelos mercadores para se tornarem leis promulgadas pelo Estado), a expressão *ius mercatorum* foi sendo substituída pelas expressões **direito mercantil** ou **direito comercial**, que podiam ser conceituados como o conjunto de regras específicas que disciplinavam as atividades mercantis/comerciais, na época juridicamente definidas como "atos de comércio" (mercancia), e os agentes que as exerciam de modo profissional, então definidos como comerciantes. Nesse sentido, confira-se a definição de direito comercial dada por um dos mais influentes e respeitados comercialistas brasileiros:

> O direito comercial vem a ser, destarte, a disciplina jurídica reguladora dos atos de comércio e, ao mesmo tempo, dos direitos e obrigações das pessoas que os exercem profissionalmente e dos seus auxiliares.[3]

O problema dessa definição, centrada na noção de "ato de comércio", é que ela, interpretada literalmente, restringia a abrangência do direito comercial à matéria exclusivamente mercantil (trocas), ignorando a inexorável realidade de que o mercado, mesmo em tempos mais remotos, já envolvia uma gama maior de

---

1 FORGIONI, Paula. *A evolução do direito comercial brasileiro*: da mercancia ao mercado. São Paulo: RT, 2009. p. 13.

2 GALGANO, Francesco. *História do direito comercial*. Tradução de João Espírito Santo. Lisboa: Editores, 1990. p. 41.

3 CARVALHO DE MENDONÇA, José Xavier. *Tratado de direito comercial brasileiro*. 6. ed. Rio de Janeiro: Freitas Bastos, 1957, p. 16. v. I.

atividades econômicas, como a indústria. Nesse sentido, confira-se a definição de outro renomado comercialista brasileiro:

> Para o nosso direito positivo, modificando ligeiramente a definição proposta por Carvalho de Mendonça, (...) diremos que o direito comercial é o complexo de normas jurídicas que regulam as relações derivadas das indústrias e atividades que a lei considera mercantis, assim como os direitos e obrigações das pessoas que profissionalmente as exercem.[4]

Hodiernamente – conforme veremos com mais detalhes adiante – a noção de "ato de comércio", ainda que alargada por formulação doutrinária, equiparação legislativa ou construção jurisprudencial, parece-nos ultrapassada, um verdadeiro anacronismo, não servindo mais para identificar o objeto do ramo do direito que ora estamos estudando e, consequentemente, sendo também imprestável para defini-lo ou conceituá-lo.

Com efeito, já faz algum tempo que a noção de **empresa**, entendida como "atividade econômica organizada" para produção ou circulação de bens ou serviços, é muito mais adequada para identificar, na atualidade, o objeto do antigo *ius mercatorum* e, consequentemente, ajudar a defini-lo e – por que não? – dar-lhe nova denominação: **direito empresarial.**

2. CONCEITO DE DIREITO EMPRESARIAL

Diante do que se expôs no tópico antecedente, pode-se conceituar o direito empresarial, sucintamente, como o **conjunto específico de normas (regras e princípios)**[5] **que disciplinam a atividade econômica organizada para produção ou circulação e bens ou serviços (empresa)**[6] **e aqueles que a exercem profissionalmente (empresários).**[7] Um alerta importante, no entanto, precisa ser feito: dadas a abrangência da expressão "empresa" e a amplitude das relações jurídicas firmadas pelos "empresários", a interpretação literal do conceito de direito empresarial dado anteriormente pode nos levar a uma conclusão equivocada quanto ao âmbito de incidência de suas regras.

---

4 BORGES, João Eunápio. *Curso de direito comercial terrestre*. 2. ed. 1964, p. 13. Perceba-se que o autor praticamente repete a definição de Carvalho de Mendonça, apenas tendo o cuidado de não prendê-la à noção restrita de "ato de comércio".

5 Já é bastante difundido e aceito, contemporaneamente, o entendimento de que a *norma jurídica* é um gênero, do qual são espécies as *regras* (comandos normativos concretos ou definitivos) e os *princípios* (comandos normativos abstratos ou de otimização). A propósito, confira-se, por todos: ALEXY, Robert. *El concepto y la validez del derecho*. Tradução de Jorge M. Seña. Barcelona: Gedisa, 1994. p. 162.

6 Veja-se como o conceito de "empresa" é bem mais amplo que o de "ato de comércio". Este, na sua clássica definição dada por Alfredo Rocco (atividade de intermediação para a troca), tende a restringir-se ao comércio propriamente dito, precisando sempre de alargamentos conceituais doutrinários, legais ou jurisprudenciais para abranger outras atividades com a indústria e a prestação de serviços. Aquele, em contrapartida, já tem, na sua própria definição (atividade econômica organizada para produção ou circulação de bens ou serviços), a abrangência necessária para alcançar o comércio, a indústria e a prestação de serviços indistintamente.

7 A expressão "empresários" é usada aqui em seu sentido lato, englobando, pois, tanto as pessoas naturais (empresários individuais) quanto às pessoas jurídicas (sociedades empresárias) que exploram atividade econômica.

É preciso, pois, compreender que o direito empresarial "não está relacionado a toda a ordem jurídica do mercado, mas apenas à parte dela (...), que tem a ver com a organização da empresa e com a interação entre empresas".[8] É por isso que as normas sobre sociedades empresárias (que inserem no âmbito da organização da empresa) ou sobre falência e recuperação judicial (que se inserem no âmbito da interação entre empresas) integram o direito empresarial, mas não o integram as normas sobre relações de emprego ou sobre relações de consumo, já que "a relação entre empresas aparta-se daquela estabelecida entre as empresas e os consumidores, ou entre as empresas e os trabalhadores".[9]

3. ORIGEM DO DIREITO EMPRESARIAL

Ao pesquisarmos a origem do direito empresarial - entendido este como um conjunto específico de normas disciplinadoras da atividade econômica (empresa) e dos agentes que a exercem (empresários) e formadoras de um regime jurídico autônomo, com características, institutos e princípios próprios -, logo percebemos que o fenômeno por ele regulado (exercício de atividade econômica, que na sua origem era o comércio) é muito mais antigo do que ele.

De fato, o comércio existe desde a Idade Antiga. As civilizações mais remotas de que temos conhecimento, como os fenícios, por exemplo, destacaram-se no exercício da atividade mercantil. No entanto, nesse período histórico - Antiguidade, berço das primeiras civilizações - ainda não se pode falar na existência de um direito específico - entendido este, frise-se, como um conjunto orgânico e minimamente sistematizado, com regras e princípios próprios - para a ordenação da atividade econômica.

> Embora existisse, desde o início da civilização, a atividade econômica, exercida através da troca de bens, as normas jurídicas reguladoras dessa atividade eram esparsas e difusas. Sempre houve comércio e pessoas que o praticaram em caráter profissional, porém na Antiguidade inexistiu um corpo específico e orgânico de normas relativas ao comércio.[10]

É bem verdade que "alguns estudiosos[11] denunciam, já no ano de 2.083 a.C., a existência de normas particulares tendo por finalidade regular o tráfico mercantil", mas não há como negar que "o direito comercial (na origem mercantil) somente começa a ter forma na Idade Média",[12] principalmente nas cidades italianas.

> Normas particulares à matéria comercial sempre existiram e os eruditos assinalam-nas desde o Código de Hamurabi. Mas um sistema de direito comercial, ou seja,

8 FORGIONI, Paula. *A evolução do direito comercial brasileiro*: da mercancia ao mercado. São Paulo: RT, 2009. p. 18.

9 FORGIONI, Paula. *A evolução do direito comercial brasileiro*: da mercancia ao mercado. São Paulo: RT, 2009. p. 19.

10 BARRETO FILHO, Oscar. A dignidade do direito mercantil. *Revista de Direito Mercantil, Econômico, Industrial e Financeiro*, n.º 11, 1973, p. 12.

11 Gladston Mamede, por exemplo, aponta que em Lagash e Ur, cidades antigas da Suméria, onde hoje se situa o Iraque, existiram leis que regulavam a usura, os monopólios e o tabelamento de preços (MAMEDE, Gladston. *Manual de direito empresarial*. São Paulo, Atlas, 2005. p. 2).

12 MELLO FRANCO, Vera Helena. *Manual de direito comercial*. 2. ed. São Paulo: RT, 2004. p. 16-18. v. I.

uma série de normas coordenadas a partir de princípios comuns, só começa a aparecer com a civilização comunal italiana, tão excepcionalmente rica de inspirações e impulso de toda ordem.[13]

Há autores que, ao destacarem o tardio nascimento do direito comercial, atentam para o fato de que em Roma as regras comerciais faziam parte do direito comum, ou seja, do direito civil. Pode-se citar, por exemplo, o caso da *actio institoria*, "que podia ser movida contra o proprietário de um estabelecimento público pelos atos de um incapaz que dirigia dito estabelecimento".[14]

Não há consenso entre os doutrinadores quanto às razões que explicam essa constatação histórica,[15,16] mas o fato é que as poucas regras comerciais específicas que existiam na Roma antiga não constituíam um corpo separado e autônomo de leis, sendo incorporadas, na verdade, ao chamado *Jus Civile*.

> Os grandes historiadores do Direito Comercial, versando sobre aquela época *[refere-se o autor ao Direito Romano]*, são praticamente unânimes em afirmar que a disciplina da atividade comercial em Roma estava submetida ao Direito Privado Comum, ou seja, ao Direito Civil (*jus privatorum*).[17]

Do meio para o fim da Idade Média, todavia, a situação começou a mudar. O comércio já atingira um estágio mais avançado, e não era mais uma característica de apenas alguns povos, mas de praticamente todos eles, e é justamente nessa época que se costuma apontar o surgimento das raízes do *ius mercatorum*, ou seja, de um regime jurídico específico e autônomo, com características, institutos e princípios próprios, para a disciplina das relações mercantis. Fala-se, então, na primeira fase desse ramo do direito. É a época do ressurgimento das cidades (burgos que se formavam na periferia dos feudos), do renascimento do comércio (sobretudo o marítimo) e do florescimento de uma nova civilização, mais urbana, mais livre e com muito mais desenvolvimento econômico e mobilidade social.

> É na civilização das comunas que o direito comercial começa a afirmar-se em contraposição à civilização feudal, mas também distinguindo-se do direito romano

---

13 ASCARELLI, Tullio. Origem do direito comercial. Tradução de Fábio Konder Comparato. *Revista de Direito Mercantil, Econômico, Industrial e Financeiro*, n.º 103, jul./set. 1996, p. 88.

14 MARTINS, Fran. *Curso de direito comercial*. 30. ed. Rio de Janeiro: Forense, 2006. p. 6.

15 "No período pré-romano, que corresponde à Antiguidade Oriental, e em Roma, não houve monumentos legislativos de caráter especificamente comercial. Desde o *Código de Hamurábi*, Rei da Babilônia (2.000 a.C.), até o *Corpus Juris Civilis de Justiniano* (século XVI), os institutos que hoje se integram no Direito Mercantil não foram objeto de tratamento sistemático, confundindo-se com as normas do Direito Privado comum; só por exceção, alguns textos isolados se referem diretamente ao comércio. Diversas explicações foram aventadas para tal situação. Alega-se que o preconceito existente contra a mercancia afastava os cidadãos de seu exercício, tornando-o privativo de escravos ou estrangeiros. Mas isto se explica melhor, não pela psicologia social, mas pelo fato de que predominava no mundo antigo uma estrutura patriarcal e escravagista, de modo que o comércio não era exercido diretamente pelos cidadãos, mas sim por meio de escravos ou libertos. Não havia necessidade de normas especiais, porquanto entre o senhor e o escravo só havia relações de direito comum" (BARRETO FILHO, Oscar. A dignidade do direito mercantil. *Revista de Direito Mercantil, Econômico, Industrial e Financeiro*, n.º 11, 1973, p. 12-13).

16 "O direito romano não havia conhecido um sistema de direito comercial e para tanto talvez houvesse concorrido, não só a elasticidade do direito pretoriano (...), como também a elaboração dos institutos ditos *juris gentium*, enquanto meios aptos a fazer valer as exigências internacionais" (ASCARELLI, Tullio. Origem do direito comercial. Tradução de Fábio Konder Comparato. *Revista de Direito Mercantil, Econômico, Industrial e Financeiro*, n.º 103, jul./set. de 1996, p. 88).

17 VERÇOSA, Haroldo Malheiros Duclerc. *Curso de direito comercial*. São Paulo: Malheiros, 2004, p. 30. v. I.

> comum, que, quase simultaneamente, se constitui e se impõe. O direito comercial aparece, por isso, como um fenômeno histórico, cuja origem é ligada à afirmação de uma civilização burguesa e urbana, na qual se desenvolve um novo espírito empreendedor e uma nova organização dos negócios. Essa nova civilização surge, justamente, nas comunas italianas.
>
> Remontando a essa época encontramos, sobretudo nas comunas da Itália central e setentrional, um primeiro sistema de direito comercial, ligado àquela magnífica florescência que caracterizou as cidades da península e que eclodiu, simultaneamente, no campo do pensamento e na operosidade do tráfico; na afirmação de uma nova classe social e nos progressos da matemática (...), progressos esses conexos com o desenvolvimento das trocas. Foi a época do triunfo da língua italiana do desenvolvimento das iniciativas dos peritos mercadores, que recorriam a um direito mais ágil e expedito que o romano-canônico comum, a um direito "vulgar", poder-se-ia dizer, parafraseando o fenômeno linguístico. Enfim, foi época que se pode chamar, em verdade, uma primeira Renascença.
>
> A civilização comunal fundava-se no trabalho livre (convindo não esquecer como ela se contrapunha, destarte, à economia servil romana) e a sua florescência era acompanhada também por uma transformação na propriedade agrária. A cidade era um centro de consumo e de trocas, além de centro de produção industrial. Quanto às cidades marítimas, elas tinham no mar uma via de comunicação para horizontes mais largos e um incentivo aos negócios especulativos por meio de trocas a longa distância, que engendravam ao mesmo tempo riscos, riquezas e experiências.[18]

Não há dúvidas, portanto, de que o *ius mercatorum* (hoje direito empresarial) nasceu realmente na Idade Média, e isso ocorreu, conforme já dito, predominantemente nas comunas italianas, mas também em outras cidades[19] que, pela boa localização, transformaram-se em importantes entrepostos comerciais.

> O *Direito Comercial* como um conjunto de normas jurídicas especiais, diversas do Direito Civil, para regular as atividades profissionais dos comerciantes, tem a sua origem na Idade Média. Desenvolvendo-se o comércio marítimo no Mediterrâneo, as cidades que ficavam situadas à beira-mar tornaram-se centros comerciais importantes e poderosos. Os ricos proprietários feudais abandonavam suas terras, transferindo-se para as cidades, e os servos passaram à condição de meeiros, entregando aos antigos senhores a metade da produção dos campos. Navios cortavam os mares, transportando gêneros em abundância e trazendo de terras distantes produtos exóticos ou manufaturados. As Cruzadas facilitaram o intercâmbio comercial, com o deslocamento de populações através de terras desconhecidas. E mesmo em terra, à margem das grandes estradas que levavam a países estranhos, formaram-se núcleos comerciais poderosos, como Lyon, situada à ilharga da grande estrada que ia do Reno ao Mediterrâneo.
>
> Apesar das proibições canônicas, que condenavam a agiotagem, os ricos senhores se associavam a comandantes de navios, fornecendo-lhes dinheiro para

---

18 ASCARELLI, Tullio. Origem do direito comercial. Tradução de Fábio Konder Comparato. *Revista de Direito Mercantil, Econômico, Industrial e Financeiro*, n.º 103, jul./set. 1996, p. 88-89.

19 "A 'italianidade' do direito comercial, nesse primeiro período, era o reflexo da importância das cidades italianas na vida dos tráficos. Ao lado da Itália, encontramos os outros centros propulsores da mercancia da época, como as cidades flamengas (cuja história é análoga à das comunas italianas) e catalãs, em uma atmosfera que, para parafrasear um dito célebre, não conhecia Alpes nem Pirineus." (ASCARELLI, Tullio. Origem do direito comercial. Tradução de Fábio Konder Comparato. *Revista de Direito Mercantil, Econômico, Industrial e Financeiro*, n.º 103, jul./set. de 1996, p. 93).

> negociações, dando lugar ao contrato de *comenda*, largamente usado e pelo qual o fornecedor do dinheiro arriscava na empresa apenas a importância entregue ao capitão, fazendo este as transações em seu nome e dividindo os lucros, terminada a expedição. Mais tarde, a *comenda* passou a ser feita também em negociações terrestres. Cada porto marítimo, porém, constituía um forte núcleo comercial. E cada um possuía os seus usos especiais, que eram seguidos por todos aqueles que se dedicavam ao comércio.[20]

Enfim, a origem do *ius mercatorum* (hoje direito empresarial) está intrinsecamente relacionada às mudanças econômicas, sociais, políticas e culturais vivenciadas no início do período de transição da baixa Idade Média para a Idade Moderna (séculos XII a XVI), com destaque para a gradativa substituição do feudalismo por uma economia pré-capitalista, para a ascensão social da burguesia e para o deslocamento da sociedade do campo para a cidade.

> Somente na baixa Idade Média, a partir do século XII, com a expulsão dos árabes da Europa e o restabelecimento do tráfico no Mediterrâneo, é que se transformam as condições do meio económico-social, de modo a propiciar a expansão da vida urbana e mercantil.
>
> Começa, então, a fazer sua aparição no cenário da história um novo sistema econômico – a economia artesanal pré-capitalista, uma nova classe social – a burguesia urbana, e um sistema jurídico adequado a regular os novos tipos de relações derivadas das atividades econômicas: o Direito Comercial ou Mercantil. Opera-se, nessa época, a transição do regime feudal, baseado na propriedade da terra e numa economia fechada de caráter essencialmente agrícola, para os tempos modernos, caracterizados pela predominância da riqueza mobiliária e da economia de mercado, de caráter urbano e comercial.[21]

Visto que o *ius mercatorum* (hoje direito empresarial), entendido como regime jurídico próprio para a disciplina da atividade mercantil, surgiu na Idade Média, resta-nos perquirir como se dava, nesse período inicial, o processo de produção e aplicação de suas regras específicas, o que nos remete ao exame mais acurado da situação política da época.

3.1. O direito estatutário e a jurisdição consular

É sabido que na Idade Média não havia ainda um poder político central forte, capaz de impor regras gerais e aplicá-las a todos. Vivia-se sob o modo de produção feudal, em que o comércio praticamente inexistia e o poder político era altamente descentralizado nas mãos da nobreza fundiária, o que fez surgir uma série de "direitos locais" nas diversas regiões da Europa.

> O isolamento a que foram submetidos os povos do ocidente europeu, em virtude das invasões dos bárbaros e da conquista do Mediterrâneo pelos árabes (séculos VII a XII), ensejou a fragmentação do poder político, que passou a ser exercido, no

[20] MARTINS, Fran. *Curso de direito comercial*. 30. ed. Rio de Janeiro: Forense, 2006. p. 07.

[21] BARRETO FILHO, Oscar. A dignidade do direito mercantil. *Revista de Direito Mercantil, Econômico, Industrial e Financeiro*, n.º 11, 1973, p. 13.

âmbito local, pelos senhores feudais. Durante a alta Idade Média, o poder político e também o econômico se baseavam na propriedade da terra, ao mesmo tempo que a dificuldade de comunicações estrangulava a circulação de riquezas e impunha a cada domínio feudal a autossuficiência na produção de bens econômicos.[22]

Em paralelo, ganhava força o direito canônico, que repudiava o lucro e não atendia, portanto, aos interesses da classe burguesa que se formava. Assim, essa classe burguesa, os chamados comerciantes ou mercadores, teve que se organizar e construir "o seu próprio direito" (regras e institutos que iam se desenvolvendo na praxe mercantil), a ser aplicado nos diversos conflitos que passaram a eclodir com a efervescência da atividade comercial que se observava, após um longo período de estagnação do comércio.

As primeiras regras e os primeiros institutos do direito comercial foram surgindo, pois, da própria dinâmica da atividade negocial.

> Desaparecido o Império Romano, os Direitos locais das diversas regiões da Europa passaram a impregnar a ordem jurídica até então vigente, à qual veio a se juntar a força crescente do Direito Canônico. Sob esse aspecto – e tendo em vista, principalmente, a posição da Igreja contra a cobrança de juros nos contratos de mútuo (o dinheiro para o Direito Canônico era estéril e, portanto, não podia produzir "filhos", que seriam os juros) –, os comerciantes desenvolveram, na busca de mecanismos de crédito, toda uma técnica negocial altamente complexa, voltada para superar tal óbice, que somente veio a ser vencido definitivamente, como doutrina econômica inadequada, a partir do pensamento de Calvino, que viveu entre 1509 e 1564.[23] A engenhosidade dos comerciantes levou à criação de diversos institutos comerciais típicos, entre os quais avulta a letra de câmbio.[24]

Nesse cenário, surgem as Corporações de Ofício, formadas por profissionais de uma determinada "classe" (artesãos, mercadores, construtores etc.), as quais logo assumiram relevante papel na sociedade da época, conseguindo obter, inclusive, certa autonomia em relação ao poder político da nobreza feudal, já que eram entidades que possuíam **normas e jurisdição próprias**.

> Com a segunda metade do século XII, artesãos e mercadores viram-se associados em corporações de artes e ofícios, compreendendo os mestres de cada arte e, ao lado deles, mas em posição subordinada, seus companheiros de trabalho e os aprendizes (excluídos os assalariados).

---

22 BARRETO FILHO, Oscar. A dignidade do direito mercantil. *Revista de Direito Mercantil, Econômico, Industrial e Financeiro*, n.º 11, 1973, p. 13.

23 Esse é, de fato, o pensamento predominante na doutrina, com o qual, porém, não concordamos. Estudos revisionistas têm demonstrado que, na verdade, "os princípios teóricos da economia de mercado, assim como os elementos básicos do liberalismo econômico, não foram concebidos, como geralmente se acredita, pelos calvinistas e protestantes escoceses, sendo que, pelo contrário, são o resultado do esforço doutrinário empreendido pelos dominicanos e jesuítas membros da Escola de Salamanca durante o Século de Ouro espanhol": DE SOTO, Jesús Huerta. *A escola austríaca*. Tradução de André Azevedo Alves. São Paulo: Instituto Ludwig von Mises Brasil, 2010. p. 49-50. A afirmação do autor é baseada em estudos de Friedrich August von Hayek, vencedor do prêmio Nobel de Economia em 1974, e na pesquisa que uma aluna desse economista austríaco fez sob sua orientação: GRICE-HUTCHINSON, Marjorie. *The school of Salamanca*. Oxford: Clarendon Press, 1952.

24 VERÇOSA, Haroldo Malheiros Duclerc. *Curso de direito comercial*. São Paulo: Malheiros, 2004, p. 30-31. v. I.

> (...) As corporações, em seu ordenamento interno, imitavam o da comuna, com seus cônsules e a sua jurisdição corporativa. (...).
>
> Dentre as corporações sobressai a dos mercadores, sobretudo de tecidos, tão distintos dos artesãos. Nas cidades onde foi mais intensa e especializada a atividade mercantil, surgem corporações de diversos ramos de mercadores. Assim por exemplo em Florença, onde as cinco artes maiores eram a de Calimala (...), a de lã (...) a do câmbio, a dos físicos (médicos) e boticários (para o comércio das drogas), vindo em seguida, as artes menores.[25]

As corporações criavam suas próprias regras e seus próprios institutos com base nas práticas usuais do mercado e compilavam tais regras e institutos em seus estatutos (direito estatutário), aplicando-os aos seus respectivos membros, quando necessário, por meio de uma jurisdição própria (juízos ou tribunais consulares).

> No primeiro estágio do corporativismo (séculos XII a XVI), assistimos à formação do Direito Estatutário, que constitui a forma embrionária do Direito Comercial. A insegurança da ordem pública na Europa, durante o feudalismo, determinou a concentração, nos burgos medievais, dos artesãos e mercadores, que se agrupavam em corporações, para assegurar-se mútua proteção e assistência. Além de participarem dos conselhos das comunas, as corporações ou grêmios de mercadores organizavam as próprias leis internas ou estatutos, destinados a regular as relações negociais e dirimir as questões surgidas entre os seus membros, sujeitos à jurisdição dos tribunais consulares. Esse direito corporativo, diverso do direito emanado do Estado, era formado pelos usos e costumes geralmente observados pelos comerciantes e compilados nos estatutos; daí a designação de Direito Estatutário.[26]

Assim, nessa primeira fase do direito empresarial (então chamado de *ius mercatorum*) ele compreende os usos e costumes mercantis observados na disciplina das relações jurídico-comerciais. E tanto na elaboração quanto na aplicação desse "direito", perceba-se, não havia ainda nenhuma participação "estatal".

> Ausente um poder central forte, destinado a assegurar a paz pública e a ordem jurídica, aqueles que exerciam o mesmo ofício reuniam-se em associações ou corporações, como forma de prover a defesa de seus interesses. (...) O regulamento básico destas corporações estava consubstanciado em estatutos, nos quais foram transcritos e fixados os costumes decorrentes da prática mercantil. [27]

Cada corporação tinha, portanto, seus próprios usos, costumes e práticas mercantis compilados nos seus respectivos estatutos, e tais regras eram aplicadas por juízos ou tribunais consulares, cujos *cônsules* eram eleitos pelos próprios associados para reger as relações entre os seus membros e dirimir eventuais litígios.[28]

---

[25] ASCARELLI, Tullio. Origem do direito comercial. Tradução de Fábio Konder Comparato. *Revista de Direito Mercantil, Econômico, Industrial e Financeiro*, n.º 103, jul./set. 1996, p. 89.

[26] BARRETO FILHO, Oscar. A dignidade do direito mercantil. *Revista de Direito Mercantil, Econômico, Industrial e Financeiro*, n.º 11, 1973, p. 14.

[27] MELLO FRANCO, Vera Helena. *Manual de direito comercial*. 2. ed. São Paulo: RT, 2004. p. 20. v. I.

[28] "Os costumes, desde logo *Consuetudines* de Gênova, em 1056; *Constitutum usus* de Pisa, em 1161; *Liber Consuetudinum* de Milão, em 1216, reduzidos a escrito foram depois retomados e desenvolvidos nos estatutos corporativos

> As fontes do *ius mercatorum* eram os estatutos das corporações mercantis, o costume mercantil e a jurisprudência da cúria dos mercadores. (...) O costume nascia da constante prática contratual dos comerciantes: as modalidades consideradas vantajosas convertiam-se em direito; as cláusulas contratuais transformavam-se, uma vez generalizadas, no conteúdo legal dos contratos. Por último, os comerciantes designados pela corporação compunham os tribunais que decidiam as controvérsias comerciais.[29]

Daí o porquê de se falar, ao tratar dessa época, em normas "pseudossistematizadas". É por isso também que alguns autores usam a expressão "codificação privada" do direito comercial quando se referem a esse período.

> É nessa fase histórica que começa a se cristalizar o direito comercial, deduzido das regras corporativas e, sobretudo, dos assentos jurisprudenciais das decisões dos cônsules, juízes designados pela corporação, para, em seu âmbito, dirimirem as disputas entre comerciantes. Diante da precariedade do direito comum para assegurar e garantir as relações comerciais, fora do formalismo que o direito romano remanescente impunha, foi necessário, de fato, que os comerciantes organizados criassem entre si um *direito costumeiro*, aplicado internamente na corporação por juízes eleitos pelas suas assembleias: era o *juízo consular*, ao qual tanto deve a sistematização das regras do mercado.[30]

Uma característica marcante dessa fase inicial do direito comercial é o seu **caráter subjetivista**, isto é, o que determinava a aplicação de suas regras a uma determinada relação jurídica era a qualidade dos sujeitos dessa relação.

> Na sua origem é (o direito comercial) dotado de jurisdição peculiar, particular a uma determinada classe, já que a justiça consular somente era aplicada àqueles matriculados nas corporações. Tem-se, então, do direito comercial uma concepção subjetiva, pois a qualidade do sujeito (mercatore) era o critério que determinava a competência deste tribunal especial.[31]

O *ius mercatorum* era, pois, o direito dos membros das corporações ou, como bem colocado por alguns autores, um direito "a serviço do comerciante".[32] Com efeito, "resultante da autonomia corporativa, o direito comercial de então se caracteriza pelo acento subjetivo e somente se aplica aos comerciantes associados à corporação. (...) Adota-se, assim, um critério subjetivo para definir seu âmbito de incidência".[33] Dito de outra forma, o *ius mercatorum* era "um direito profissional,

(como os da parte da lã de Florença, em 1301; o *Breve Mercatorum* de Pisa, em 1316; os estatutos dos mercadores de Parma, de 1215; de Piacenza, de 1263; de Bréscia, de 1313; de Roma, de 1318; de Verona, de 1318; de Milão, de 1341 e assim por diante), aos poucos integrados e renovados. No campo marítimo, é de se recordar, entre outros, o *Capitulare nauticum* de Veneza, de 1255; as *Tavole Amalfitane*, segundo muitos autores do século XI, para a parte latina, e do século XIV para a parte redigida em língua vulgar; as Ordenações de Trani, do século XIV; o *Breve Curiae Mari* de Pisa, de 1305. Essas normas são interpretadas e, portanto, desenvolvidas na jurisdição mercantil, ou seja, pelos próprios comerciantes" (ASCARELLI, Tullio. Origem do direito comercial. Tradução de Fábio Konder Comparato. *Revista de Direito Mercantil, Econômico, Industrial e Financeiro*, n.º 103, jul./set. 1996, p. 90-91).

29 GALGANO, Francesco. *História do direito comercial*. Tradução de João Espírito Santo. Lisboa: Editores, 1990. p. 40.

30 REQUIÃO, Rubens. *Curso de direito comercial*. 25. ed. São Paulo: Saraiva, 2003, p. 10-11. v. I.

31 MELLO FRANCO, Vera Helena. *Manual de direito comercial*. 2. ed. São Paulo: RT, 2004. p. 21. v. I.

32 REQUIÃO, Rubens. *Curso de direito comercial*. 25. ed. São Paulo: Saraiva, 2003. p. 11. v. I.

33 COELHO, Fábio Ulhoa. *Curso de direito comercial*. 7. ed. São Paulo: Saraiva, 2003. p. 13. v. I.

de classe, com base subjetivista, produzido espontaneamente a partir dos usos e costumes resguardados nos estatutos dos mercadores".[34]

> De acordo com a concepção subjetiva, originada no Direito Estatutário medieval, consideram-se mercantis as relações próprias dos comerciantes e seus auxiliares, ou seja, daquelas pessoas que exercem profissionalmente o comércio. Toda a construção do Direito Comercial é feita tomando-se como centro o sujeito ou agente; trata-se, em suma, do direito profissional de uma classe.

Assim, se as partes de uma determinada relação fossem comerciantes matriculados em uma corporação, tal relação seria disciplinada pelo direito estatutário respectivo, em detrimento dos demais "direitos". Em resumo, pode-se dizer que o direito comercial, no seu período inaugural (*ius mercatorum*), era um direito feito "pelos comerciantes e para os comerciantes".

> O direito comercial afirma-se, assim, como um direito autônomo de classe, profissional, fruto da prática consuetudinária dos comerciantes, com uma jurisdição especial fundada na autonomia corporativa; direito, portanto, somente aplicável aos comerciantes. Suas regras são, pois, aplicáveis segundo um critério subjetivo e seguem, em sua aplicabilidade, a competência da magistratura mercantil.[35]

Com o passar do tempo, o direito estatutário e a jurisdição consular das corporações vão ganhando maior abrangência, passando a ser aplicáveis, também, a relações entre comerciantes não matriculados e as relações em que apenas uma das partes (autor ou réu) era comerciante, sendo que, "nesta última hipótese, admitia-se que o não comerciante pudesse declinar do foro especial e recorrer aos tribunais ordinários".[36]

> O *ius mercatorum* nasce, portanto, como um direito directamente criado pela classe mercantil, sem a mediação da sociedade política; nasce como um direito imposto em nome de uma classe, e não em nome da comunidade no seu conjunto. É imposto aos eclesiásticos, aos nobres, aos militares, aos estrangeiros. Pressuposto da sua aplicação é o mero facto de se haverem estabelecido relações com um comerciante.[37]

Alguns autores, porém, sustentam que não bastava a "qualidade profissional dos sujeitos" da relação para que incidisse a competência dos juízos ou tribunais consulares. Segundo eles, era preciso, também, que a controvérsia se relacionasse a "fatos ou atos ligados ao exercício da mercancia".[38]

Para finalizar, é fundamental destacar a importância dessa jurisdição especial, exercida pelos juízos ou tribunais consulares, para a afirmação da autonomia do *ius*

---

34 VERÇOSA, Haroldo Malheiros Duclerc. *Curso de direito comercial.* São Paulo: Malheiros, 2004, p. 34-35. v. I.

35 ASCARELLI, Tullio. Origem do direito comercial. Tradução de Fábio Konder Comparato. *Revista de Direito Mercantil, Econômico, Industrial e Financeiro,* n.º 103, jul./set. 1996, p. 91.

36 ASCARELLI, Tullio. Origem do direito comercial. Tradução de Fábio Konder Comparato. *Revista de Direito Mercantil, Econômico, Industrial e Financeiro,* n.º 103, jul./set. 1996, p. 90.

37 GALGANO, Francesco. *História do direito comercial.* Tradução de João Espírito Santo. Lisboa: Editores, 1990. p. 39.

38 MELLO FRANCO, Vera Helena. *Manual de direito comercial.* 2. ed. São Paulo: RT, 2004. p. 21. v. I. No mesmo sentido: "Objetivamente, a competência da magistratura comercial era limitada aos negócios mercantis e aos negócios conexos, isto é, às compras para revender e às sucessivas revendas, aos negócios de banco e câmbio, e aos que lhe fossem conexos." (ASCARELLI, Tullio. Origem do direito comercial. Tradução de Fábio Konder Comparato. *Revista de Direito Mercantil, Econômico, Industrial e Financeiro,* n.º 103, jul./set. 1996, p. 90).

mercatorum. Se, de um lado, era crucial que regras e institutos jurídicos próprios fossem construídos pela praxe mercantil e compilados nos estatutos das corporações, de outro lado era imprescindível que tais regras e institutos fossem aplicados em procedimentos também próprios, consentâneos com esse novo regime jurídico, o qual exigia simplicidade e celeridade.

> É assim que se vai formando um primeiro núcleo, um primeiro sistema de direito comercial, essencialmente em função do comércio, dos transportes (...), dos negócios bancários e cambiais. Um direito fruto dos costumes dos mercadores, que disciplina os negócios, ligado a um processo judicial que assume formas simples e expeditas (processos sumários e sumaríssimos, como se diz) em jurisdições especiais.
>
> O fenômeno da jurisdição especial liga-se, na verdade, estreitamente ao do direito especial. É a jurisdição especial, com o seu processo próprio, que permite o desenvolvimento do direito comercial e lhe reforça a autonomia em confronto com o direito comum.[39]

3.2. A formação de um regime jurídico comercial

Vimos que o reconhecimento da existência de um determinado "direito" pressupõe a identificação de um conjunto específico de normas que formam um regime jurídico autônomo e distinto dos demais, por ostentarem características, institutos e princípios próprios.

É interessante notar, pois, que é nesse período de formação do *ius mercatorum* que surgem seus primeiros institutos jurídicos típicos, como os títulos de crédito (em especial a letra de câmbio),[40] as sociedades comerciais (com destaque para as *comendas* nas atividades marítimas[41] e para as sociedades em nome coletivo na atividade bancária),[42] algumas modalidades contratuais específicas (contratos de seguro,[43] de

---

39 ASCARELLI, Tullio. Origem do direito comercial. Tradução de Fábio Konder Comparato. *Revista de Direito Mercantil, Econômico, Industrial e Financeiro*, n.º 103, jul./set. 1996, p. 97-98.

40 "Aos pagamentos entre praças distantes e, portanto, com câmbio de moeda, corresponde um novo instituto, que de resto apresenta um esquema próximo daquele ainda hoje usado para essa finalidade. (...) Essa cambial, instrumento de pagamentos internacionais (o nome cambial se refere justamente ao câmbio de moedas) é matriz da cambial hodierna, (...) que, de instrumento de pagamentos internacionais, passa a ser instrumento de mobilização do crédito" (ASCARELLI, Tullio. Origem do direito comercial. Tradução de Fábio Konder Comparato. *Revista de Direito Mercantil, Econômico, Industrial e Financeiro*, n.º 103, jul./set. 1996, p. 94-95).

41 "É da comenda – originariamente, como bem observa Astuti, contrato de mútuo – desenvolvida primeiro no direito marítimo, que deriva a sociedade em conta de participação e também, segundo uma tese difundida, a sociedade em comandita" (ASCARELLI, Tullio. Origem do direito comercial. Tradução de Fábio Konder Comparato. *Revista de Direito Mercantil, Econômico, Industrial e Financeiro*, n.º 103, jul./set. 1996, p. 91).

42 "Uma atividade mercantil requer o concurso da atividade e dos meios financeiros de várias pessoas, e eis que nesse período se nos apresenta, desenvolvendo-se a partir do consórcio familiar, a sociedade em nome coletivo ('companhia', como se dizia e se continua, de certa forma, a dizer com o aditivo 'e companhia'). Ela reforça sua estrutura financeira, primeiro com a participação de terceiros (estranhos ao núcleo familiar), e depois, no século XIV, sempre mais com depósitos, o instrumento típico para a organização do comércio terrestre e da atividade bancária" (ASCARELLI, Tullio. Origem do direito comercial. Tradução de Fábio Konder Comparato. *Revista de Direito Mercantil, Econômico, Industrial e Financeiro*, n.º 103, jul./set. 1996, p. 97). O jurista italiano destaca o pioneirismo do Banco Medici, de Florença, que na primeira metade do século XV já ostentava as feições de um grande grupo societário.

43 "O hoje olvidado contrato de dinheiro a risco, ou câmbio marítimo, pelo qual o que empresta dinheiro ao capitão do navio para emprego na expedição corria o risco desta, mas, em contrapartida, para o caso de êxito da viagem,

preposição, de agência e de comissão, por exemplo), os registros contábeis (sistema de partidas dobradas)[44] e a tutela de determinados sinais distintivos (como marcas).

> Podemos, assim, identificar um primeiro período na história do Direito Comercial. O seu termo inicial poderia ser colocado no início do século XII e o final na segunda metade do século XVI. Durante esse período, desenvolveram-se os institutos que, ainda hoje, se consideram como próprios do direito comercial e que dizem respeito ao mercado e às trocas, ora ligados, ora contrapostos ao desenvolvimento geral do direito romano-canônico comum.
>
> A atividade mercantil requer uma rede de auxiliares, especialmente (e lembre-se que não havia telecomunicações...) quando se desenvolve entre praças distantes: caixeiros no estabelecimento principal (e eis a doutrina dos preponentes e prepostos); auxiliares longínquos (e eis a doutrina dos agentes e comissários). A sua organização exigia a ideia de estabelecimento comercial, de fundo de comércio e, portanto, de sinais distintivos – o título do estabelecimento e a insígnia – ao passo que a marca do produto se harmonizava com a preocupação corporativa, visando a garantir a conformidade do produto com os critérios fixados pela corporação.[45]

Além disso, foi também nessa fase inicial do *ius mercatorum* que começaram a se delinear algumas características típicas desse ramo jurídico, como o informalismo, a internacionalização de suas regras e a influência dos usos e costumes no processo de sua elaboração.

> Desde o início – dado que, até o fim do século XIII, o comércio era predominantemente ligado às caravanas – as feiras (dentre as quais, nos séculos XII e XIII, sobressaem as de Champagne), e a ulterior difusão em todos os países dos agentes das companhias mercantis (sobretudo as italianas), pela formação dos grandes centros urbanos, deram ao direito profissional dos comerciantes um caráter internacionalmente uniforme.[46]

Por fim, é interessante notar a verdadeira revolução que o *ius mercatorum*, nessa sua primeira fase evolutiva, provocou na doutrina contratualista, rompendo com a teoria contratual cristalizada pelo direito romano.

Em Roma, os ideais de segurança e estabilidade da classe dominante "prenderam" o contrato, atrelando-o ao instituto da propriedade. Era o contrato, *grosso modo*, apenas o instrumento através do qual se adquiria ou se transferia uma coisa.

---

estipulava juros altíssimos, constituía um instrumento precioso, que se prestava ao desenvolvimento de uma civilização capitalista e livre. (...) É do câmbio marítimo, como demonstrou Enrico Bensa, que surgiu o contrato de seguro (...). A soma mutuada constituía a indenização paga antecipadamente pelo segurador, soma essa que, deixando de se verificar o sinistro, era restituída com altos juros, representativos do prêmio" (ASCARELLI, Tullio. Origem do direito comercial. Tradução de Fábio Konder Comparato. *Revista de Direito Mercantil, Econômico, Industrial e Financeiro*, n.º 103, jul./set. de 1996, p. 91).

44 "Uma atividade mercantil requer registros, contas e sistemas de contabilidade. As partidas dobradas, ainda hoje em uso, surgem já no século XIV, encontrando um expositor em Luca Pacioli, insigne na história das matemáticas. Desenvolve-se o sistema de livros de comércio e de registros contábeis ordenados" (ASCARELLI, Tullio. Origem do direito comercial. Tradução de Fábio Konder Comparato. *Revista de Direito Mercantil, Econômico, Industrial e Financeiro*, n.º 103, jul./set. de 1996, p. 97).

45 ASCARELLI, Tullio. Origem do direito comercial. Tradução de Fábio Konder Comparato. *Revista de Direito Mercantil, Econômico, Industrial e Financeiro*, n.º 103, jul./set. de 1996, p. 93.

46 ASCARELLI, Tullio. Origem do direito comercial. Tradução de Fábio Konder Comparato. *Revista de Direito Mercantil, Econômico, Industrial e Financeiro*, n.º 103, jul./set. de 1996, p. 91.

Essa concepção um tanto estática de contrato, inerente ao direito romano, obviamente não se coadunava com os ideais da classe mercantil em ascensão. Assim, "à preferência do direito romano pela estabilidade das relações jurídicas, substitui o *ius mercatorum* a preferência oposta pela mudança, pela instabilidade".[47] Nesse sentido, perde espaço a solenidade na celebração das avenças, e surge, triunfante, o princípio da liberdade na forma de celebração dos contratos.[48]

> O desenvolvimento mercantil refoge aos esquemas tradicionais, solenes e ricos de elementos por assim dizer lúdicos, que encontramos numa agricultura tradicional e patriarcal. Exige não só liberdade de escolha entre contratar e não contratar, ou entre concluir um ou outro contrato, como também liberdade de iniciativa para modelar o contrato. Surge, assim, (...) o desenvolvimento da doutrina dos contratos.[49]

Assim, "o *ius mercatorum* liberta o contrato da propriedade, atribuindo-lhe uma função própria: o contrato converte-se em negócio, em acto de especulação".[50]

> Contraposto ao Direito Romano-Canônico vigente, o nascente Direito Comercial apresentava-se como sendo eminentemente popular, livre de tecnicismos e de abstrações lógicas, e sempre aberto à força renovadora dos usos e costumes criados pelos próprios comerciantes, na medida em que estes necessitavam de novos caminhos jurídicos para o desenvolvimento de sua atividade econômica.[51]

Finalmente, fruto da afirmação desse novel *ius mercatorum*, que com suas características, regras e institutos próprios formava um novo e distinto regime jurídico disciplinador dos negócios, começaram a surgir também as primeiras obras doutrinárias sobre o assunto.

Em 1553, Benvenutto Stracca publicou o famoso *Tractatus de Mercatura*, "reconhecido como o primeiro trabalho de sistematização teórica do Direito Comercial",[52] o qual sem dúvida vai influenciar a edição de leis futuras sobre a matéria mercantil.

Ascarelli reconhece que a obra de Stracca consagrou-se como "a exposição fundamental sobre a matéria", mas destaca que glosadores italianos, como Bártolo e Baldo, já se dedicavam à elaboração doutrinal do direito comercial. Além disso, Ascarelli nos lembra da importância dos manuais práticos que ajudavam os comerciantes nas suas

---

47 GALGANO, Francesco. *História do direito comercial*. Tradução de João Espírito Santo. Lisboa: Editores, 1990, p. 43.

48 Nesse sentido: MAINE, Henry James Sumner. *Ancient law*. London: J. M. Dent, 1954, p. 100. Maine foi um jurista e historiador inglês que demonstrou que a liberdade de contratar e a liberdade contratual foram fundamentais para o esfacelamento da sociedade feudal do Antigo Regime, marcada pela imobilidade econômica e social. Com efeito, o estudo da História nos mostra que foi justamente o exercício da liberdade de contratar e da liberdade contratual, ambas decorrentes do reconhecimento da autonomia da vontade das partes, que permitiu o florescimento das sociedades liberais modernas, nas quais o sucesso e a respeitabilidade de alguém não são determinados pelo seu *status* (isto é, do fato de pertencer a uma família, a um grupo ou a uma categoria), mas fruto de suas escolhas individuais, livremente manifestadas. Trata-se da famosa "Lei de Maine", segundo a qual as sociedades evoluíram "do *status* ao contrato".

49 ASCARELLI, Tullio. Origem do direito comercial. Tradução de Fábio Konder Comparato. *Revista de Direito Mercantil, Econômico, Industrial e Financeiro*, n.º 103, jul./set. 1996, p. 93.

50 GALGANO, Francesco. *História do direito comercial*. Tradução de João Espírito Santo. Lisboa: Editores, 1990. p. 43.

51 VERÇOSA, Haroldo Malheiros Duclerc. *Curso de direito comercial*. São Paulo: Malheiros, 2004, p. 33. v. I.

52 VERÇOSA, Haroldo Malheiros Duclerc. *Curso de direito comercial*. São Paulo: Malheiros, 2004. p. 35. v. I.

atividades, como o *Pratica della mercatura*, escrito por Francesco Balducci Pegolotti no início do século XIV.[53]

Enfim, o sistema de jurisdição especial que marca essa primeira fase do direito empresarial provoca uma profunda transformação na teoria do direito, pois o sistema jurídico comum tradicional vai ser derrogado por um direito específico, peculiar a uma determinada classe social e disciplinador da nova realidade econômica que emergia.

4. A EVOLUÇÃO HISTÓRICA DO DIREITO EMPRESARIAL

Apesar de ser originalmente um "direito de classe", como destacam todos os doutrinadores, em virtude de ser "oriundo do corporativismo mercantil e fruto de uma elaboração particularista no âmbito de uma categoria profissional", o direito comercial conseguiu evoluir e superar esse interesse classista, desenvolvendo suas regras, institutos e princípios e ampliando sua aplicabilidade. O que permitiu que isso ocorresse foi a constatação de que tais regras, institutos e princípios se tornaram "independentes do invólucro corporativo com o qual se originaram", mostrando-se aptos e "tendentes a favorecer um desenvolvimento geral da riqueza e não grupos restritos".[54]

Assim, após o seu período inaugural de afirmação como um "direito específico" ou como um "regime jurídico autônomo", distinto e separado do direito comum, que analisamos nos tópicos antecedentes, o direito comercial iniciou um intenso processo evolutivo, adotando, ao longo dele, basicamente dois sistemas para a disciplina da atividade econômica: o francês, conhecido como "teoria dos atos de comércio"; e o italiano, conhecido como "teoria da empresa".

> No direito de tradição romanística, a que se filia o brasileiro, podem ser divisados dois sistemas de disciplina privada da economia: o francês, em que as atividades econômicas agrupadas em dois grandes conjuntos, sujeitos a sub-regimes próprios, qualificam-se como civis ou comerciais; e o italiano, em que se estabelece o regime geral para o exercício das atividades, do qual se exclui a exploração de algumas poucas, que reclamam tratamento específico.[55]

Os fatores que fizeram o direito comercial original (consuetudinário, estatutário e submetido a uma jurisdição especial) mudar, assumindo nova feição, foram vários, podendo ser verificados a partir da segunda metade do século XVI: (i) a descoberta da América acarretou a formação de outros centros comerciais no novo continente, reduzindo a importância dos centros comerciais europeus, antes tão ricos e criativos; (ii) as comunas italianas, o grande berço do direito mercantil, também sofreram

[53] ASCARELLI, Tullio. Origem do direito comercial. Tradução de Fábio Konder Comparato. *Revista de Direito Mercantil, Econômico, Industrial e Financeiro*, n.º 103, jul./set. de 1996, p. 91.

[54] ASCARELLI, Tullio. Origem do direito comercial. Tradução de Fábio Konder Comparato. *Revista de Direito Mercantil, Econômico, Industrial e Financeiro*, n.º 103, jul./set. de 1996, p. 98.

[55] COELHO, Fábio Ulhoa. *Objeto do direito comercial brasileiro*: questões de direito comercial no Brasil e em Portugal. São Paulo: Saraiva, 2014. p. 41.

em razão da dominação da Itália por nações estrangeiras; (iii) a economia de livre mercado internacional, típica do pré-capitalismo artesanal da baixa Idade Média, foi perdendo espaço para uma economia mercantilista, com acentuada preocupação em proteger os "mercados nacionais".

4.1. Da definição do regime jurídico dos atos de comércio

Após o período do *Renascimento Mercantil*, que analisamos com detalhes nos tópicos anteriores, o comércio foi intensificando-se progressivamente, sobretudo em função das feiras e dos navegadores. O sistema de jurisdição especial mencionado no tópico antecedente, surgido e desenvolvido principalmente nas cidades italianas, difundiu-se por toda a Europa, chegando a países como França, Inglaterra, Espanha e Alemanha (nessa época ainda um Estado não unificado).

Com essa proliferação da atividade mercantil, o direito comercial também evoluiu, e, aos poucos, a competência dos tribunais consulares foi sendo ampliada, abrangendo negócios realizados entre mercadores matriculados e não comerciantes, por exemplo.

> Inicialmente caracterizado como um "Direito de classe", pois aplicável apenas aos membros das corporações nelas matriculados, com o passar do tempo a jurisdição dos Tribunais Consulares veio a ampliar o campo de sua abrangência, tendo passado a tutelar também as questões atinentes ao comércio, quando ao menos uma das partes fosse um comerciante matriculado em corporação. (...). Mas também ocorreu que os Tribunais "comuns" passaram a aplicar as normas especiais mercantis quando se tratava de casos referentes a pessoas não matriculadas nas corporações – ou seja, diante da identificação de que a questão perante eles apresentada versava sobre "matéria de comércio", tal como seria mais tarde conhecida a área própria do Direito Comercial.[56]

No caso do período medieval, surgem no cenário geopolítico mundial os grandes Estados Nacionais monárquicos. Esses Estados, representados na figura do monarca absoluto, vão submeter aos seus súditos, incluindo a classe dos comerciantes, um direito posto, em contraposição ao direito comercial de outrora, centrado na autodisciplina das relações comerciais por parte dos próprios mercadores, através das corporações de ofício e seus juízos consulares.

As corporações de ofício foram perdendo paulatinamente o monopólio da jurisdição mercantil, na medida em que os Estados reivindicaram para si o monopólio da jurisdição e se consagrou a liberdade e a igualdade no exercício das artes e ofícios. Assim, "os diversos tribunais de comércio (...) tornaram-se atribuição do Estado".[57]

> Ainda que os usos e costumes continuassem apresentando grande relevância como fontes do Direito Comercial, as leis estatais passaram a ocupar cada vez maior importância – das quais são exemplos acabados as Ordenações Francesas de

[56] VERÇOSA, Haroldo Malheiros Duclerc. *Curso de direito comercial*. São Paulo: Malheiros, 2004, p. 34-35. v. I.

[57] MELLO FRANCO, Vera Helena. *Manual de direito comercial*. 2. ed. São Paulo: RT, 2004. p. 22-23. v. I. A autora ainda aponta que a afirmação da liberdade de comércio e a hegemonia da livre iniciativa acabam por dissolver as corporações, através da Lei de Chapelier, em 1791.

> 1763 (para o Direito Marítimo) e 1681 (quanto aos institutos de Direito Terrestre). A jurisdição mercantil deixou de ser o exercício de uma atividade privada, expoente da autonomia das corporações, para ser incorporada pelo Estado, na forma de Tribunais especiais, mesmo que deles participando comerciantes. Começava a desaparecer o poder soberano das corporações.[58]

Assim é que, em 1804 e 1808, respectivamente, são editados, na França, o Código Civil e o Código Comercial. O direito comercial inaugura, então, sua segunda fase.[59] Podia-se falar, a partir daquele momento, em um sistema jurídico estatal destinado a disciplinar as relações jurídico-comerciais. No dizer de Francesco Galgano, "a classe mercantil deixa de ser artífice do seu próprio direito. O direito comercial experimenta uma dupla transformação: o que foi direito de classe transforma-se em direito do Estado; o que foi direito universal converte-se em direito nacional".[60] Desaparecia, aos poucos, o direito comercial como direito profissional e corporativista.

4.2. Definição e descrição dos atos de comércio e sua justificação histórica

A codificação napoleônica dividiu claramente o direito privado: de um lado, o direito civil; de outro, o direito comercial.

> Na idade moderna, que é a época das codificações do direito privado, a época das mediações do Estado na regulação de todas as relações sociais, o antigo particularismo jurídico apresenta-se de um modo diferente: o direito comercial é o direito dos códigos comerciais separados dos códigos civis, das jurisdições comerciais separadas das jurisdições cíveis.[61]

O Código Civil napoleônico era, fundamentalmente, um corpo de leis que atendia os interesses da nobreza fundiária, pois estava centrado no direito de propriedade. Já o Código Comercial encarnava o espírito da burguesia comercial e industrial, valorizando a riqueza mobiliária.[62]

A divisão do direito privado, com dois grandes corpos de leis a reger as relações jurídicas entre particulares, criou a necessidade de estabelecimento de um critério que delimitasse a incidência de cada um destes ramos da árvore jurídica às diversas relações ocorridas no dia a dia dos cidadãos. Mais precisamente, era preciso criar um critério que delimitasse o âmbito de incidência do direito comercial, já que este surgiu como um regime jurídico especial destinado a regular as atividades mercantis. Para tanto, a doutrina francesa criou a *teoria dos atos de comércio*, que tinha como

[58] VERÇOSA, Haroldo Malheiros Duclerc. *Curso de direito comercial*. São Paulo: Malheiros, 2004, p. 30-31. v. I.

[59] A doutrina destaca que, antes mesmo da codificação de Napoleão, já podem ser apontados, como exemplos dessa disciplina estatal das atividades mercantis, as Ordenanças de Luís XIV (a Ordenança de Comércio de 1673 e a Ordenança da Marinha de 1681). Assim, Ascarelli chega a mencionar que o "segundo período da história do direito comercial" pode ser contado a partir do meio do século XVI, "obviamente com a relatividade própria de toda periodização": ASCARELLI, Tullio. Origem do direito comercial. Tradução de Fábio Konder Comparato. *Revista de Direito Mercantil, Econômico, Industrial e Financeiro*, n.º 103, jul./set. 1996, p. 100.

[60] GALGANO, Francesco. *História do direito comercial*. Tradução de João Espírito Santo. Lisboa: Editores, 1990. p. 56.

[61] GALGANO, Francesco. *História do direito comercial*. Tradução de João Espírito Santo. Lisboa: Editores, 1990. p. 11-12.

[62] GALGANO, Francesco. *História do direito comercial*. Tradução de João Espírito Santo. Lisboa: Editores, 1990. p. 79-80.

uma de suas funções essenciais a de atribuir, a quem praticasse os denominados atos de comércio, a qualidade de comerciante, o que era pressuposto para a aplicação das normas do Código Comercial. Em suma: "o conceito de 'atos de comércio' e a sujeição destes aos Tribunais de Comércio então instituídos mostravam uma clara divisão no Direito Privado, pois as 'causas civis' deviam ser resolvidas nos Tribunais próprios".[63]

O direito comercial regularia, portanto, as relações jurídicas que envolvessem a prática de alguns atos definidos em lei como *atos de comércio*. Não envolvendo a relação com a prática desses atos, seria ela regida pelas normas do Código Civil.

> No início do século XIX, em França, Napoleão, com a ambição de regular a totalidade das relações sociais, patrocina a edição de dois monumentais diplomas jurídicos: o Código Civil (1804) e o Comercial (1808). Inaugura-se, então, um *sistema* para disciplinar as atividades dos cidadãos, que repercutirá em todos os países de tradição romana, inclusive o Brasil. De acordo com este sistema, classificam-se as relações que hoje em dia são chamadas de direito privado em *civis* e *comerciais*. Para cada regime, estabelecem-se regras diferentes sobre contratos, obrigações, prescrição, prerrogativas, prova judiciária e foros. A delimitação do campo de incidência do Código Comercial é feita, no sistema francês, pela *teoria dos atos de comércio*.[64]

A definição dos atos de comércio era tarefa atribuída ao legislador, o qual optava ou por descrever as suas características básicas - como fizeram o Código de Comércio português de 1833 e o Código Comercial espanhol de 1885 - ou por enumerar, num rol de condutas típicas, que atos seriam considerados de *mercancia* - como fez o nosso legislador, conforme veremos adiante.

> Deslocando assim o centro do sistema jurídico-mercantil da pessoa do comerciante para os atos de comércio, impunha-se conceituá-lo. Legislativamente, adotaram-se duas posições: 1. uma definição geral, *a priori*, do ato de comércio, ficando aos magistrados a tarefa de aplicá-los aos casos concretos; (...); 2. a especificação dos atos considerados mercantis, enumerando-os.[65]

Nessa segunda fase do direito comercial, podemos perceber uma importante mudança: a mercantilidade, antes definida pela qualidade dos sujeitos da relação jurídica (o direito comercial era o direito aplicável aos membros das Corporações de Ofício), passa a ser definida pelo seu objeto (os atos de comércio).

> Com a codificação francesa de princípios do século XIX, o direito comercial abandonava o sistema subjectivo - segundo o qual este direito se aplicava apenas a quem estivesse inscrito como comerciante no correspondente registro –, adaptando o sistema objectivo: o direito comercial aplica-se a todos os actos de comércio, praticados por quem quer que seja, ainda que ocasionalmente; ao passo que a prática habitual de actos de comércio e a consequente aquisição da qualidade de comerciante seria pressuposto para a aplicação de normas

[63] VERÇOSA, Haroldo Malheiros Duclerc. *Curso de direito comercial*. São Paulo: Malheiros, 2004. p. 47. v. I.

[64] COELHO, Fábio Ulhoa. *Manual de direito comercial*. 14. ed. São Paulo: Saraiva, 2003. p. 7.

[65] BULGARELLI, Waldirio. *Direito comercial*. 13. ed. São Paulo: Atlas, 1998. p. 65-66.

> específicas, como as relativas à obrigação de manter escrituração mercantil e as relativas à falência.[66]

Daí porque os doutrinadores afirmam que a codificação napoleônica operou uma **objetivação do direito comercial**, além de ter, como dito anteriormente, bipartido de forma clara o direito privado.

Essa objetivação do direito comercial, segundo leciona Tullio Ascarelli, relaciona-se à formação dos Estados Nacionais da Idade Moderna, que impõem sua soberania ao particularismo que imperava na ordem jurídica anterior e se inspiram no princípio da igualdade, sendo, por conseguinte, avessos a qualquer tipo de distinção de disciplinas jurídicas que se baseiem em critérios subjetivos[67].

> Orientado pelo princípio da igualdade de todos perante a lei, proclamado pela Revolução Francesa, o Direito Comercial não podia mais oferecer uma tutela a sujeitos diferenciados, privilegiados, mas sim ser liberado em atenção a um critério objetivo, sem levar em conta as qualidades dos sujeitos envolvidos nas relações de comércio. Passa-se a um período objetivo (ou, como querem alguns, período subjetivo moderno), em que o então Direito dos comerciantes substitui-se pelo Direito dos atos de comércio.[68]

Não é difícil imaginar, todavia, as deficiências do sistema francês. Afinal, ele se resume ao estabelecimento de uma relação de atividades econômicas, sem que haja entre elas nenhum elemento interno de ligação, gerando indefinições no tocante à natureza mercantil de algumas delas.[69]

> O Direito Francês e outros que seguiram aquele modelo jamais conseguiram erigir uma teoria coerente dos atos de comércio, a qual pouco a pouco veio sendo abrandada ou abandonada em favor de outros fundamentos, havendo resultado posteriormente, como será visto, em alguns ordenamentos jurídicos, a um retorno ao critério subjetivo, referenciado à pessoa do *empresário*.[70]

Na doutrina estrangeira, duas formulações sobre os atos de comércio se destacaram: a de Thaller, que resumia os atos de comércio à atividade de *circulação* de bens ou serviços, e a de Alfredo Rocco, que via nos atos de comércio a característica comum de *intermediação para a troca*.

A teoria de Rocco foi predominante. Ele concluiu, em síntese, que todos os atos de comércio possuíam uma característica comum, qual seja, a função de "intermediação na efetivação da troca". Em suma: os atos de comércio seriam aqueles

---

66 GALGANO, Francesco. *História do direito comercial*. Tradução de João Espírito Santo. Lisboa: Editores, 1990. p. 84-85. Oscar Barreto Filho alerta, porém, que "nunca prevaleceu em sua inteireza" o critério subjetivo da primeira fase ou o critério objetivo da segunda fase do direito comercial: BARRETO FILHO, Oscar. A dignidade do direito mercantil. *Revista de Direito Mercantil, Econômico, Industrial e Financeiro*, n.º 11, 1973, p. 15.

67 ASCARELLI, Tullio. *Corso de diritto commerciale*. *Apud* GALGANO, Francesco. *História do direito comercial*. Tradução de João Espírito Santo. Lisboa: Editores, 1990. p. 85.

68 FÉRES, Marcelo Andrade. Empresa e empresário: do código civil italiano ao novo código civil brasileiro. VIANA, Frederico Rodrigues (Coord.). *Direito de empresa no novo código civil*. Rio de Janeiro: Forense, 2004. p. 40.

69 Nesse sentido: COELHO, Fábio Ulhoa. *Curso de direito comercial*. 7. ed. São Paulo: Saraiva, 2003. p. 15. v. I.

70 VERÇOSA, Haroldo Malheiros Duclerc. *Curso de direito comercial*. São Paulo: Malheiros, 2004. p. 47. v. I.

que ou realizavam diretamente a referida intermediação (ato de comércio por natureza, fundamental ou constitutivo) ou facilitavam a sua execução (ato de comércio acessório ou por conexão).

Tais formulações doutrinárias, todavia, não convenceram. Rubens Requião, por exemplo, critica o sistema francês afirmando que nunca se conseguiu definir satisfatoriamente o que são atos de comércio.[71] Vera Helena de Mello Franco, por sua vez, analisando a teoria de Rocco, afirma que "a intermediação na troca de bens, originalmente considerada típica comercial, não esgota todo o conjunto de atos de relações submetido à normatividade do direito comercial".[72]

Mesmo na França e na Itália, conforme noticia João Eunápio Borges, os comercialistas não se convenceram com a teoria dos atos de comércio, considerada um problema sem solução. O próprio Ripert afirma que "quase nada fica restando desta grande teoria dos atos de comércio que a doutrina complicou com as suas construções jurídicas".[73]

Com efeito, outras atividades econômicas, tão importantes quanto a *mercancia*, não se encontravam na enumeração legal dos atos de comércio. Algumas delas porque se desenvolveram posteriormente (ex.: prestação de serviços),[74] e a produção legislativa, como sabemos, não consegue acompanhar o ritmo veloz do desenvolvimento social, tecnológico etc. Outras delas, por razões históricas.

> A exclusão da negociação de imóveis[75] do âmbito de incidência do direito comercial pelo *Code de Commerce* – que não se reproduz em outras legislações adeptas da teoria dos atos de comércio, a exemplo do código italiano de 1882 – é, por vezes, relacionada a um caráter sacro de que se revestiria a propriedade imobiliária ou pela tardia distinção entre circulação física e econômica dos bens. Porém, esta exclusão só pode ser satisfatoriamente explicada à luz de considerações políticas e históricas, ou seja, a partir da necessidade de a burguesia francesa preservar a sua identidade na luta contra o feudalismo.[76]

Outro problema detectado pela doutrina comercialista da época, decorrente da aplicação da teoria dos atos de comércio, era referente aos chamados "atos mistos" (ou unilateralmente comerciais), aqueles que eram comerciais para apenas uma das partes (na venda de produtos aos consumidores, por exemplo, o ato era comercial

---

71 REQUIÃO, Rubens. *Curso de direito comercial.* 25. ed. São Paulo: Saraiva, 2003. p. 13. v. I.

72 MELLO FRANCO, Vera Helena. *Manual de direito comercial.* 2. ed. São Paulo: RT, 2004. p. 36. v. I.

73 RIPERT, Georges *apud* BORGES, João Eunápio. *Curso de direito comercial terrestre.* 2. ed. Rio de Janeiro: Forense, 1964. p. 94.

74 "A atividade de prestação de serviços também não poderia ser contemplada por esta teoria (a teoria dos atos de comércio), posto que no século XIX não existia a prestação de serviços em massa e explorada de forma empresarial como temos hoje." (LOPES NERILO, Lucíola Fabrete. O direito empresarial superando o arcaico sistema dos atos de comércio. Jus Navigandi, Teresina, a. 6, n.º 54, fev. 2002. Disponível em: <http://www1.jus.com.br/doutrina/texto.asp?id=2698>. Acesso em: 27 maio 2005).

75 "Assim, quem montasse uma pequena birosca à beira mar para vender latinhas de cerveja e lucrar poucas centenas de reais por mês era comerciante e estava submetido ao Direito Comercial: compra e venda de efeitos móveis. Em contraste, uma grande imobiliária, que faturasse milhões por mês, não era considerada comerciante, pois sua atuação não estava incluída na relação do art. 19 do Regulamento": MAMEDE, Gladston. *Manual de direito empresarial.* São Paulo, Atlas, 2005, p. 4.

76 COELHO, Fábio Ulhoa. *Curso de direito comercial.* 7. ed. São Paulo: Saraiva, 2003, p. 15-16. v. I.

para o comerciante vendedor, e civil para o consumidor adquirente). Nesses casos, aplicavam-se as normas do Código Comercial para a solução de eventual controvérsia, em razão da chamada *vis atractiva* do direito comercial.

Diante disso, alguns doutrinadores denunciaram o retorno ao corporativismo do direito mercantil, que voltava a ser, no dizer de Cesare Vivante, um "direito de classe". Preocupava o nobre jurista o fato de o cidadão ser submetido a normas distintas em razão, simplesmente, da qualidade da pessoa com quem contratava.[77] Como dizia Francesco Galgano, "a lei aplicável não dependia de um seu predicado, mas de um predicado dos diversos sujeitos com os quais estabelecera a relação".[78]

Não obstante tais críticas, a teoria francesa dos atos de comércio, por inspiração da codificação napoleônica, foi adotada por quase todas as codificações oitocentistas, inclusive a do Brasil (Código Comercial de 1850).

> Depois, como efeito residual do ideário liberal implantado pela burguesia, na Revolução Francesa (1789), o *Code de Commerce*, dos juristas de Napoleão Bonaparte, em 1808, marcou o abandono do subjetivismo corporativista e a implantação da objetividade dos atos legais de comércio. O diploma redigido por Chaptal tornou-se modelo das modernas codificações mercantis, inclusive do Código Comercial brasileiro de 1850.[79]

No entanto, "a insuficiência da teoria dos atos de comércio forçou o surgimento de outro critério identificador do âmbito de incidência do direito comercial",[80] uma vez que ela não abrangia atividades econômicas tão ou mais importantes que o comércio de bens, tais como a prestação de serviços, a agricultura, a pecuária e a negociação imobiliária. O surgimento desse novo critério só veio ocorrer, todavia, em 1942, ou seja, mais de 100 anos após a edição dos códigos napoleônicos, e em plena 2.ª Guerra Mundial.

4.3. Os atos de comércio na legislação pátria

Conforme já dito, a teoria dos atos do comércio, usada pela codificação napoleônica como critério distintivo entre os regimes jurídicos civil e comercial, extrapolou as fronteiras da França e irradiou-se pelo mundo, inclusive no Brasil. Isso nos remete, necessariamente, ao início dos anos 1800, quando se começou a discutir em nosso país a necessidade de edição de um Código Comercial.

Sobre os fatos históricos e políticos que antecederam a edição do Código Comercial de 1850, é preciso destacar que durante muito tempo o Brasil não possuiu uma legislação própria. Aplicavam-se aqui as leis de Portugal, as chamadas Ordenações do Reino (Ordenações Filipinas, Ordenações Manuelinas, Ordenações Afonsinas). Mesmo após a vinda de D. João VI ao Brasil, "inexistia um conjunto

---

[77] VIVANTE, Cesare. *Tratatto di diritto commerciale*. *Apud* GALGANO, Francesco. *História do direito comercial*. Tradução de João Espírito Santo. Lisboa: Editores, 1990, p. 89-93. v. I.

[78] GALGANO, Francesco. *História do direito comercial*. Tradução de João Espírito Santo. Lisboa: Editores, 1990. p. 89.

[79] FAZZIO JÚNIOR, Waldo. *Manual de direito comercial*. 4. ed. São Paulo: Atlas, 2004. p. 28.

[80] COELHO, Fábio Ulhoa. *Manual de direito comercial*. 14. ed. São Paulo: Saraiva, 2003. p. 08.

sistematizado e organizado de leis, particularmente brasileiro, dotado de princípios gerais definidos".[81]

A situação mudou com a abertura dos portos às nações amigas, que incrementou o comércio na colônia, fazendo com que fosse criada a "Real Junta de Comércio, Agricultura, Fábrica e Navegação", a qual tinha, entre outros objetivos, tornar viável a ideia de criar um direito comercial brasileiro.

> Até a vinda da família real portuguesa para o Brasil a atividade comercial e industrial era aqui extremamente restrita, em virtude das normas impeditivas do seu desenvolvimento, traduzidas pelo monopólio imposto por Portugal. Aplicava-se a legislação portuguesa para a solução de eventuais conflitos.
>
> Pode-se dizer que o Direito Comercial Brasileiro tem início com a *Lei de Abertura dos Portos*, de 1808, inspirada por José da Silva Lisboa, o Visconde de Cairu.[82]

Posteriormente, em 1832, foi criada uma comissão com a finalidade de pôr essa ideia em prática. Assim foi que, em 1834, a comissão apresentou ao Congresso um projeto de lei que, uma vez aprovado, foi promulgado em 15.06.1850. Tratava-se da Lei 556, o Código Comercial brasileiro.

Como mencionado, o Código Comercial de 1850, assim como a grande maioria dos códigos editados nos anos 1800, adotou a teoria francesa dos atos de comércio, por influência da codificação napoleônica. O CCom/1850 definiu o comerciante como aquele que exercia a *mercancia* de forma habitual, como sua profissão.

Embora o próprio código não tenha dito o que considerava *mercancia* (atos de comércio), o legislador logo cuidou de fazê-lo, no Regulamento n.º 737, também de 1850. Prestação de serviços, negociação imobiliária e atividades rurais foram esquecidas, o que corrobora a crítica já feita ao sistema francês. Segundo o referido diploma legislativo, considerava-se *mercancia*:

> § 1.º a compra e venda ou troca de efeitos móveis ou semoventes para os vender por grosso ou a retalho, na mesma espécie ou manufaturados, ou para alugar o seu uso;
>
> § 2.º as operações de câmbio, banco e corretagem;
>
> § 3.º as empresas de fábricas; de comissões; de depósito; de expedição, consignação, e transporte de mercadorias; de espetáculos públicos;
>
> § 4.º os seguros, fretamentos, riscos e quaisquer contratos relativos ao comércio marítimo;
>
> § 5.º a armação e expedição de navios.

Em 1875, o Regulamento n.º 737 foi revogado, mas o seu rol enumerativo dos atos de comércio continuou sendo levado em conta, tanto pela doutrina quanto pela jurisprudência, para a definição das relações jurídicas que mereceriam disciplina jurídico-comercial.

Mas não era só o Regulamento n.º 737/1850 que definia os chamados atos de comércio no Brasil. Outros dispositivos legais também o faziam. Assim, por exem-

---

81 MELLO FRANCO, Vera Helena. *Manual de direito comercial*. 2. ed. São Paulo: RT, 2004. p. 25-27. v. I.

82 VERÇOSA, Haroldo Malheiros Duclerc. *Curso de direito comercial*. São Paulo: Malheiros, 2004. p. 55. v. I.

plo, consideravam-se atos de comércio, ainda que não praticados por comerciante, as operações com letras de câmbio e notas promissórias, nos termos do Decreto n.º 2.044/1908, e as operações realizadas por sociedades anônimas, nos termos do art. 2.º, § 1.º, da Lei 6.404/1976.[83]

4.4. A doutrina brasileira e a questão dos atos de comércio

O que se percebe, porém, ao analisarmos a teoria dos atos de comércio à luz do pensamento dos grandes comercialistas brasileiros, é que também para eles o caminho percorrido para a tentativa de uma conceituação dos atos de comércio foi extremamente tortuoso.

Enquanto na doutrina alienígena se destacou a formulação de Rocco, no Brasil ganhou destaque merecido a formulação de Carvalho de Mendonça, que dividia os atos de comércio em três classes: (i) atos de comércio por natureza, que compreendiam as atividades típicas de mercancia, como a compra e venda, as operações cambiais, a atividade bancária; (ii) atos de comércio por dependência ou conexão,[84] que compreendiam os atos que facilitavam ou auxiliavam a mercancia propriamente dita; e (iii) atos de comércio por força ou autoridade de lei, como o já citado art. 2.º, § 1.º, da Lei 6.404/1976.[85]

Ora, o que se vê na formulação de Carvalho de Mendonça, resumida no parágrafo anterior, não é uma tentativa de conceituar cientificamente os atos de comércio, mas apenas uma descrição de como a nossa legislação os abarcava. Assim, a própria terceira classe de atos de comércio da teoria de Carvalho de Mendonça, que abrangia os atos de comércio por força ou autoridade de lei, demonstra que era impossível criar uma formulação teórica que conseguisse englobar todas as atividades de mercancia. Essa terceira classe compreende aquelas atividades que são consideradas atos de comércio simplesmente por vontade política do legislador, como bem destacou João Eunápio Borges.[86]

Pode-se concluir que, a exemplo do que ocorreu na Europa, a doutrina brasileira também não conseguiu atribuir um conceito unitário aos atos de comércio. Uma frase do professor Brasílio Machado, muito citada em várias obras nacionais sobre o direito comercial, resume bem o que se pensava sobre a teoria dos atos de comércio em nosso país: "problema insolúvel para a doutrina, martírio para o legislador, enigma para a jurisprudência".

---

83 Nesse sentido: MARTINS, Fran. *Curso de direito comercial*. 30. ed. Rio de Janeiro: Forense, 2006. p. 82.

84 "Atos em sua essência civis e que se transformam em comerciais quando praticados com a finalidade de facilitar o exercício da profissão comercial": MARTINS, Fran. *Curso de direito comercial*. 30. ed. Rio de Janeiro: Forense, 2006. p. 81.

85 CARVALHO DE MENDONÇA, José Xavier. *Tratado de direito comercial brasileiro*. 5. ed. Rio de Janeiro: Freitas Bastos, 1953. v. I.

86 "Os chamados atos de comércio por força de lei (...) não são de comércio, embora, por motivos de conveniência e utilidade pública (...) tenham sido submetidos à legislação mercantil." (BORGES, João Eunápio. *Curso de direito comercial terrestre*. 2. ed. Rio de Janeiro: Forense, 1964, p. 90).

4.5. A teoria da empresa e o novo paradigma do direito empresarial

Diante do que se expôs nos tópicos antecedentes, percebe-se que a noção do direito comercial fundada exclusiva ou preponderantemente na figura dos atos de comércio, com o passar do tempo, mostrou-se uma noção totalmente ultrapassada, já que a efervescência do mercado, sobretudo após a Revolução Industrial, acarretou o surgimento de diversas outras atividades econômicas relevantes, e muitas delas não estavam compreendidas no conceito de ato de comércio ou de mercancia.

Em 1942, ou seja, mais de um século após a edição da codificação napoleônica, a Itália editou um novo Código Civil, trazendo enfim um novo sistema delimitador da incidência do regime jurídico comercial: a teoria da empresa.[87] Esta teoria "pretende a transposição para o mundo jurídico de um fenômeno que é socioeconômico: a empresa como centro fomentador do comércio, como sempre foi, mas com um colorido com o qual nunca foi vista".[88]

Além disso, o Código Civil italiano promove uma *unificação formal* do direito privado, disciplinando as relações civis e comerciais num único diploma legislativo.[89] O direito comercial entra, enfim, na terceira fase de sua etapa evolutiva, superando o conceito de mercantilidade e adotando, como veremos, o critério da empresarialidade como forma de delimitar o âmbito de incidência da legislação comercial. Em síntese, "a espinha dorsal do Direito Comercial deixa de ser os atos de comércio, passando a ser a empresa".[90]

No dizer de Francesco Galgano, "a unificação dos códigos de direito privado em Itália produziu-se, pelo menos, por duas ordens de razões: as primeiras, de caráter ideológico, e as segundas de natureza político-econômica, ambas conexas, no entanto, com a experiência autoritária que o nosso país vivia nesse período".[91] O jurista italiano se referia ao fascismo, ideologia política vigorante em 1942, ano da edição do *Codice Civile*. De fato, o corporativismo fascista se contrapunha à ideia de um código de comércio autônomo e de um regime jurídico especial das relações travadas pelos agentes econômicos. Assim, pode-se afirmar que "a ideologia fascista norteou todo o texto legal, fazendo com que o *Codice Civile* somatizasse seus princípios".

> Com efeito, dois exemplos de unificação apenas se apresentam aos nossos olhos: a Suíça, no século passado, unificou o Direito das Obrigações, tão somente; a

[87] Embora o Código Civil italiano de 1942 tenha adotado a chamada teoria da empresa, não definiu o conceito jurídico de empresa. Na formulação deste conceito, merece destaque a contribuição doutrinária de Alberto Asquini, jurista italiano que analisou a empresa como um fenômeno jurídico *poliédrico*, que apresentava variados perfis: subjetivo, funcional, objetivo e corporativo. Sobre o tema, confira-se: ASQUINI, Alberto. Perfis da empresa. Tradução de Fábio Konder Comparato. *Revista de Direito Mercantil, Industrial, Econômico e Financeiro*, n.º 104, out./dez. 1996, p. 109-126.

[88] HENTZ, Luiz Antonio Soares. A teoria da empresa no novo direito de empresa. Jus Navigandi, Teresina, a. 6, n.º 58, ago. 2002. Disponível em: <http://www1.jus.com.br/doutrina/texto.asp?id=3085>. Acesso em: 27 maio 2005.

[89] Embora os doutrinadores italianos, sobretudo Cesare Vivante (em razão da repercussão da famosa aula inaugural de seu curso na Universidade de Bolonha, em 1892), sejam reconhecidos como os grandes pioneiros na defesa da unificação direito privado, e o *Codice Civile* de 1942 seja mencionado por muitos como o primeiro diploma a concretizá-la, a verdade é que o primeiro jurista a defender a tese da unificação foi o notável Teixeira de Freitas, em 1859, e o primeiro diploma legislativo a consagrá-la, ao menos em parte, foi o Código Federal Suíço de Obrigações, de 1911.

[90] FÉRES, Marcelo Andrade. Empresa e empresário: do código civil italiano ao novo código civil brasileiro. VIANA, Frederico Rodrigues (Coord.). *Direito de empresa no novo código civil*. Rio de Janeiro: Forense, 2004. p. 44.

[91] GALGANO, Francesco. *História do direito comercial*. Tradução de João Espírito Santo. Lisboa: Editores, 1990. p. 103.

> arrogância e o orgulho fascista, na Itália, impôs o Código Civil unificado, de 1942, abrangendo não só os preceitos de Direito Comercial como também os de Direito do Trabalho. Mas essa unificação se explicava pela preocupação ideológica e política do regime fascista, que via no comerciante um personagem ultrapassado do "decadente" mundo capitalista, sendo substituído pela figura da empresa, na qual se sobressai a participação do elemento trabalho. A unificação do Direito Privado ali, portanto, foi ditada por uma intenção declaradamente política e ideológica, sem natureza científica. O exemplo, porém, não prosperou.[92]

O mais importante, todavia, com a edição do Código Civil italiano e a formulação da teoria da empresa, é que o direito comercial deixou de ser, como tradicionalmente o foi, um direito do comerciante (período subjetivo das corporações de ofício) ou dos atos de comércio (período objetivo da codificação napoleônica), para ser o direito da empresa, isto é, "para alcançar limites muito mais largos, acomodando-se à plasticidade da economia política".[93]

Para a teoria da empresa, o direito comercial não se limita a regular apenas as relações jurídicas em que ocorra a prática de um determinado ato definido em lei como ato de comércio (*mercancia*). Enfim, a teoria da empresa faz com que o direito comercial não se ocupe apenas com alguns atos isolados, mas com uma forma específica de exercer uma atividade econômica: a forma empresarial.[94] Segundo Waldirio Bulgarelli, "nos dias que correm, transmudou-se (o direito comercial) de mero regulador dos comerciantes e dos atos de comércio, passando a atender à atividade, sob a forma de empresa, que é o atual fulcro do direito comercial".[95]

4.6. Surgimento da teoria da empresa e seus contornos

A definição do conceito jurídico de empresa é até hoje um problema para os doutrinadores do direito empresarial. Isso se dá porque *empresa*, como bem lembrou Asquini, é um fenômeno econômico que compreende a organização dos chamados fatores de produção: natureza, capital, trabalho e tecnologia.

Transposto o fenômeno econômico para o universo jurídico, a *empresa* acaba não adquirindo um sentido unitário, mas diversas acepções distintas. Daí porque o referido jurista italiano observou a empresa como um fenômeno econômico *poliédrico*, com quatro perfis distintos quando transposto para o Direito: a) o perfil subjetivo, pelo qual a empresa seria uma pessoa (física ou jurídica, é preciso ressaltar), ou seja, o empresário; b) o perfil funcional, pelo qual a empresa seria

---

92 REQUIÃO, Rubens. Projeto de Código Civil. Apreciação crítica sobre a Parte Geral e o Livro I (Das Obrigações). *Revista dos Tribunais*. São Paulo: RT, ano 64, v. 477, jul. 1975, p. 13.

93 SOUZA, Ruy de. *O direito das empresas. Atualização do direito comercial*. Belo Horizonte: Bernardo Álvares, 1959. p. 207.

94 "A tônica da comercialidade se desloca do 'ato', considerado isoladamente de maneira estática, para a atividade, ou seja, para a sequência de atos preordenados pelo agente para a consecução de uma finalidade. (...) Em se tratando de atividade econômica, a finalidade visada é a satisfação das necessidades do mercado geral de bens e serviços, e se exerce no quadro da organização específica: a empresa. (...) O conteúdo próprio do Direito Mercantil não é definido, portanto, pelos atos de comércio isolados, mas pela atividade econômica organizada sob a forma de empresa e exercida pelo empresário": BARRETO FILHO, Oscar. A dignidade do direito mercantil. *Revista de Direito Mercantil, Econômico, Industrial e Financeiro*, n.º 11, 1973, p. 16-17.

95 BULGARELLI, Waldirio. *Direito comercial*. 13. ed. São Paulo: Atlas, 1998. p. 19.

uma "particular força em movimento que é a atividade empresarial dirigida a um determinado escopo produtivo", ou seja, uma atividade econômica organizada; c) o perfil objetivo (ou patrimonial), pelo qual a empresa seria um conjunto de bens afetados ao exercício da atividade econômica desempenhada, ou seja, o estabelecimento empresarial; e d) o perfil corporativo, pelo qual a empresa seria uma comunidade laboral, uma instituição que reúne o empresário e seus auxiliares ou colaboradores, ou seja, "um núcleo social organizado em função de um fim econômico comum".[96]

De todas essas acepções de empresa mencionadas por Asquini, esta última, que a considera sob um perfil corporativo, está ultrapassada, pois só se sustentava a partir da ideologia fascista que predominava na Itália quando da edição do Código Civil de 1942. As demais acepções, por sua vez, que analisam a empresa a partir de seus perfis subjetivo, objetivo e funcional, se referem, respectivamente, a três realidades distintas, mas intrinsecamente relacionadas: o empresário, o estabelecimento e a atividade empresarial.[97]

Enfim, a partir da desconstrução da teoria dos atos de comércio e da afirmação da teoria da empresa como critério delimitador do âmbito de incidência das regras do regime jurídico empresarial, o fenômeno econômico empresa, visto como organismo econômico em que há articulação dos fatores de produção (natureza, trabalho, capital e tecnologia) para atendimento das necessidades do mercado (produção e circulação de bens e serviços), é absorvido pelo direito empresarial com o sentido técnico jurídico de *atividade econômica organizada*.

É em torno da *atividade econômica organizada*, ou seja, da *empresa*, que vão gravitar todos os demais conceitos fundamentais do direito empresarial, sobretudo os conceitos de empresário (aquele que exerce profissionalmente atividade econômica organizada, isto é, exerce empresa) e de estabelecimento empresarial (complexo de bens usado para o exercício de uma atividade econômica organizada, isto é, para o exercício de uma empresa).[98]

4.7. A teoria da empresa no Brasil antes do Código Civil de 2002: legislação e doutrina

A adoção da teoria francesa dos atos de comércio pelo direito comercial brasileiro fez com que ele merecesse as mesmas críticas já apontadas. Com efeito, não se conseguia justificar a não incidência das normas do regime jurídico comercial a

---

96 ASQUINI, Alberto. Perfis da empresa. Tradução de Fábio Konder Comparato. In: *Revista de Direito Mercantil, Industrial, Econômico e Financeiro*, n.º 104, out./dez. 1996, p. 109-126.

97 ASQUINI, Alberto. Perfis da empresa. Tradução de Fábio Konder Comparato. In: *Revista de Direito Mercantil, Industrial, Econômico e Financeiro*, n.º 104, out./dez. 1996, p. 109-126.

98 A propósito dessa distinção entre empresa, empresário e estabelecimento: "A empresa não se confunde, porém, com a pessoa que a exerce – o empresário – que é o dono do capital, a quem compete suportar os ônus, responder pelos riscos e auferir os proventos da atividade. Noutra acepção, focaliza-se a empresa como uma organização produtiva que opera guiada pela atividade do empresário, com o auxílio de certos bens, cujo complexo forma a *azienda* (estabelecimento comercial)": BARRETO FILHO, Oscar. A dignidade do direito mercantil. In: *Revista de Direito Mercantil, Econômico, Industrial e Financeiro*, n.º 11, 1973, p. 20.

algumas atividades tipicamente econômicas e de suma importância para o mercado, como a prestação de serviços, a negociação imobiliária e a pecuária.

Diante disso, e da divulgação das ideias da teoria da empresa, após a edição do *Codice Civile* de 1942, pode-se perceber uma nítida aproximação do direito brasileiro ao sistema italiano. A doutrina, na década de 60, já começa a apontar com maior ênfase as vicissitudes da teoria dos atos de comércio e a destacar as benesses da teoria da empresa. Waldirio Bulgarelli, por exemplo, muito antes de o Brasil adotar definitivamente a teoria da empresa, ao analisar a teoria dos atos de comércio, afirma que "a noção de ato vai sendo substituída pela de atividade, passando o direito comercial a regular as empresas".[99]

Por outro lado, a jurisprudência pátria também já demonstrava sua insatisfação com a teoria dos atos de comércio e sua simpatia com a teoria da empresa. Isso fez com que vários juízes concedessem concordata a pecuaristas e garantissem a renovação compulsória de contrato de aluguel a sociedades prestadoras de serviços, por exemplo.[100] Ora, concordata e renovação compulsória de contrato de aluguel eram institutos típicos do regime jurídico comercial, e estavam sendo aplicados a agentes econômicos que não se enquadravam, perfeitamente, no conceito de comerciante adotado pelo direito positivo brasileiro daquela época. Tratava-se de um grande avanço: a jurisprudência estava afastando o ultrapassado critério da mercantilidade e adotando o da empresarialidade para fundamentar suas decisões. Nesse sentido, além dos exemplos já destacados, podem ser citados diversos julgados do Superior Tribunal de Justiça que, desconsiderando as ultrapassadas normas do Código Comercial, já reconheciam a mercantilidade da negociação imobiliária e da atividade de prestação de serviços.

> TRIBUTÁRIO. PROCESSUAL CIVIL. LEGITIMIDADE. CONTRIBUIÇÃO SOCIAL DESTINADA AO SESC E AO SENAC. **EMPRESA PRESTADORA DE SERVIÇO**. INCIDÊNCIA. REVISÃO DO ENTENDIMENTO PELA 1ª SEÇÃO DO STJ. PRECEDENTES. (...)
>
> 1. (...) O Tribunal Regional Federal da 1ª Região negou provimento às apelações dos réus, exarando entendimento no sentido de que: 'As pessoas jurídicas de direito privado, que têm por objetivo social a prestação de serviços, não estão sujeitas ao pagamento das contribuições para o SESC e o SENAC, uma vez que não desenvolvem atos de comércio'.
>
> (...)
>
> 3. Novo posicionamento da 1ª Seção do STJ no sentido de que **as empresas prestadoras de serviço, no exercício de atividade tipicamente comercial**, estão sujeitas ao recolhimento das contribuições sociais destinadas ao SESC e ao SENAC.
>
> (...)
>
> (REsp 777.074/MG, Rel. Ministro JOSÉ DELGADO, PRIMEIRA TURMA, julgado em 17/11/2005, DJ 05/12/2005, p. 245)

---

99 BULGARELLI, Waldirio. *Direito comercial*. 13. ed. São Paulo: Atlas, 1998. p. 71.

100 COELHO, Fábio Ulhoa. *Curso de direito comercial*. 7. ed. São Paulo: Saraiva, 2003, p. 16. vEsses entendimentos, todavia, eram restritos a grandes empreendimentos, tanto que o Superior Tribunal de Justiça, até meados dos anos 2000, entendia que o pequeno produtor rural não fazia jus ao benefício legal da concordata. Nesse sentido: "COMERCIAL E PROCESSUAL CIVIL. CONCORDATA PREVENTIVA. PRODUTOR RURAL. PESSOA FÍSICA. INCABIMENTO. PEDIDO INDEFERIDO. I. O instituto da concordata *não é aplicável ao produtor* rural. II. Precedentes do STJ. III. Recurso especial conhecido e provido." (STJ, REsp 172/MG, Relator Ministro Aldir Passarinho Junior, *DJ* 19.02.2001).

(...)

1. **As empresas edificadoras de imóveis, bens aptos à comercialização, realizam negócios jurídicos de natureza mercantil**, celebrados com clientes compradores. Observada a relação jurídica entre o fisco e contribuinte criada pela lei, **caracterizada atividade empresarial com intuito de lucro, divisados atos mercantis**, é legal a incidência da COFINS nas negociações empresariais e nos serviços prestados, negócios jurídicos tributáveis.

2. Precedentes jurisprudenciais.

(...)

(EREsp 110.962/MG, Rel. Ministro MILTON LUIZ PEREIRA, PRIMEIRA SEÇÃO, julgado em 25/10/2000, DJ 12/08/2002, p. 161)

TRIBUTÁRIO. COFINS. INCIDÊNCIA. COMERCIALIZAÇÃO DE IMÓVEIS. (...)

(...)

5. **O imóvel é um bem suscetível de transação comercial, pelo que se insere no conceito de mercadoria**.

6. Não se sustém, *data venia*, nos dias que correm a interpretação literal do disposto no artigo 191 do Código Comercial e do artigo 19, § 1o, do Regulamento n. 737. Em épocas de antanho, os imóveis não constituíam objeto de ato de comércio. Atualmente, tal não se dá, por força das Leis 4.068/62 e 4.591/64.

(...)

(EREsp 166.366/PE, Rel. Ministro FRANCIULLI NETTO, PRIMEIRA SEÇÃO, julgado em 08/11/2000, DJ 12/08/2002, p. 161)

Outra prova de que o direito brasileiro já vinha aproximando-se dos ideais da teoria da empresa pode ser encontrada na análise da legislação esparsa editada nas últimas décadas. O Código de Defesa do Consumidor (Lei 8.078/1990) é um exemplo claro. Nele, o conceito de fornecedor é bem amplo, englobando todo e qualquer exercente de atividade econômica no âmbito da cadeia produtiva. Aproxima-se mais, portanto, do conceito moderno de empresário do que do conceito antigo de comerciante.

Mas muito antes do Código de Defesa do Consumidor a legislação brasileira já se mostrava atenta à realidade da empresa como fenômeno econômico que se impregnava no Direito. Basta citar, por exemplo, a antiga Lei 4.137/1962, já revogada, que coibia o abuso de poder econômico no Brasil. Em seu art. 6.º, essa lei dizia que "considera-se empresa toda organização de natureza civil ou mercantil destinada à exploração por pessoa física ou jurídica de qualquer atividade com fins lucrativos".

Tudo isso demonstra claramente que, em nosso ordenamento jurídico, a passagem da teoria dos atos de comércio para a teoria da empresa não foi algo que aconteceu de repente, simplesmente em razão de uma alteração legislativa, como alguns desavisados podem pensar. Foi o resultado de um processo lento e gradual, que se consolidou, conforme será visto no tópico seguinte, com a entrada em vigor do Código Civil de 2002.

4.8. A teoria da empresa no Brasil após o Código Civil de 2002: legislação e doutrina

Seguindo à risca a inspiração do *Codice Civile* de 1942, o novo Código Civil brasileiro derrogou grande parte do Código Comercial de 1850, na busca de uma unificação, ainda que apenas formal, do direito privado. Do Código Comercial restou apenas a parte segunda, relativa ao comércio marítimo (a parte terceira – "das quebras" – já havia sido revogada há muito tempo).

O Código Civil de 2002 tratou, no seu Livro II, Título I, do "Direito de Empresa". Desapareceu a figura do comerciante e surgiu a figura do empresário (da mesma forma, não se falou mais em sociedade comercial, mas em sociedade empresária). A mudança, porém, não se limitou a aspectos terminológicos. Ao disciplinar o direito de empresa, o direito brasileiro se afastou, definitivamente, da ultrapassada teoria dos atos de comércio e incorporou a teoria da empresa ao nosso ordenamento jurídico, adotando o conceito de empresarialidade para delimitar o âmbito de incidência do regime jurídico comercial.

Não se fala mais em comerciante, como sendo aquele que pratica habitualmente atos de comércio. Fala-se agora em empresário, sendo este o que "exerce profissionalmente atividade econômica organizada para a produção ou a circulação de bens ou de serviços" (art. 966 do Código Civil).

Pois bem. Tendo o Código Civil de 2002 adotado a teoria da empresa, restou superado o ultrapassado e deficiente critério do Código Comercial de 1850, que definia o comerciante como aquele que pratica habitualmente atos de comércio. Com a edição do Código Civil de 2002, portanto, tornam-se obsoletas as noções de comerciante e de ato de comércio, que são substituídas pelos conceitos de empresário e de empresa.[101]

E, se ainda persiste a divisão material do direito privado, contrapondo regimes jurídicos distintos para a disciplina das relações civis e comerciais, continua a existir, em consequência, a necessidade de se estabelecer um critério que delimite o âmbito de incidência do direito comercial, como conjunto de regras específicas destinadas à disciplina da atividade econômica. E esse critério é justamente a teoria da empresa.

Enfim, a Lei 10.406/2002, que instituiu o novo Código Civil em nosso ordenamento jurídico, completou a tão esperada transição do direito comercial brasileiro: abandonou-se a teoria dos atos de comércio para adotar-se a teoria da empresa.

1.ª Fase

- Idade Média: renascimento mercantil e ressurgimento das cidades;
- Monopólio da jurisdição *mercantil* a cargo das Corporações de Ofício;
- Aplicação dos usos e costumes mercantis pelos tribunais consulares;
- "Codificação privada" do direito comercial; normas "pseudossistematizadas";
- Caráter subjetivista: mercantilidade da relação jurídica definida pelos seus sujeitos;
- O direito comercial como o *direito dos comerciantes*.

---

[101] Destaque-se ainda que o CC se preocupou em afirmar expressamente, em seu art. 2.037, que as diversas normas ***comerciais*** até então existentes que não foram revogadas pelo código devem ser aplicadas aos empresários, o que comprova que o conceito de empresário veio para realmente substituir o antigo conceito de comerciante.

2.ª Fase

- Idade Moderna: formação dos Estados Nacionais monárquicos;
- Monopólio da jurisdição a cargo dos Estados;
- Codificação Napoleônica;
- Bipartição do direito privado;
- A *teoria dos atos de comércio* como critério delimitador do âmbito de incidência do regime jurídico-comercial;
- Objetivação do direito comercial: mercantilidade da relação jurídica definida pelo seu objeto.

3.ª Fase

- Código Civil Italiano de 1942;
- A unificação formal do direito privado;
- A *teoria da empresa* como critério delimitador do âmbito de incidência do regime jurídico-empresarial;
- A empresa vista como *atividade econômica organizada*.

A evolução do direito comercial no Brasil

Ordenações do Reino

- Aplicação das leis de Portugal;
- Inspiração do direito estatutário italiano.

Código Comercial de 1850

- Inspiração do *Code de Commerce* napoleônico;
- Adoção da ***teoria dos atos de comércio;***
- Regulamento 737: rol de atos de comércio.

Código Civil de 2002

- Transição da *teoria dos atos de comércio* para a ***teoria da empresa***;
- Tentativa de unificação formal do direito privado;
- Definição do empresário como aquele que exerce profissionalmente atividade econômica organizada.

5. AUTONOMIA DO DIREITO EMPRESARIAL

É conhecida entre os juristas a distinção entre o Direito Objetivo e o direito subjetivo. *Grosso modo*, aquele seria um conjunto de normas em vigor, de observância obrigatória pelos indivíduos, num determinado território; este, por sua vez, seria a faculdade de agir dentro dos limites estabelecidos pelas normas que compõem Direito Objetivo.

Numa perspectiva ampla, o Direito Objetivo de um País compreende todas as normas em vigor no seu território, as quais formam o que se chama de ordenamento jurídico pátrio. É nesse sentido que se pode falar em "direito brasileiro" ou em "direito italiano", por exemplo.

Para fins acadêmicos, porém, é comum identificar, dentro de um ordenamento jurídico vigente, conjuntos específicos de normas que possam ser organizadas segundo determinados critérios, constituindo, assim, regimes jurídicos autônomos. É nessa perspectiva que se costuma dividir o ordenamento jurídico em ramos, facilitando o estudo separado de cada um deles: direito civil, direito administrativo, direito penal, direito tributário etc. Em suma: cada um desses "direitos" corresponde a um conjunto específico de normas que formam um regime jurídico autônomo e distinto dos demais, por ostentarem características, institutos e princípios próprios.[102]

Portanto, a afirmação de um conjunto específico de normas como um "direito" (isto é, como um regime jurídico autônomo) depende da identificação, entre elas, de características comuns, institutos típicos e princípios norteadores, algo que é feito facilmente no direito empresarial.

Com efeito, a partir das observações feitas nos tópicos antecedentes, pelas quais tentamos estabelecer, em resumo, as bases históricas da afirmação do direito empresarial, visto como ramo jurídico independente e autônomo, podemos conceituá-lo, em síntese, como o regime jurídico especial de direito privado destinado à disciplina das atividades econômicas e daqueles que as exercem. Na qualidade de regime jurídico especial, contempla todo um conjunto de normas específicas que se aplicam aos agentes econômicos, antes chamados de comerciantes e hoje chamados de empresários.

> O direito comercial é o ramo do direito privado que tem por objeto a regulação da atividade destinada à circulação e criação da riqueza mobiliária, seus instrumentos e a qualificação dos sujeitos dessas relações. É, perante o direito civil, ramo autônomo que se apresenta como um direito especial, especialização esta decorrente das necessidades específicas das relações comerciais.[103]

Essa autonomia que o direito empresarial possui em relação ao direito civil não significa, todavia, que eles sejam ramos absolutamente distintos e contrapostos. Direito empresarial e direito civil, como ramos englobados na rubrica direito privado, possuem, não raro, institutos jurídicos comuns. Ademais, o direito empresarial, como regime jurídico especial que é, muitas vezes socorre-se do direito civil – este entendido, pode-se dizer, como um regime jurídico geral das atividades privadas – para suprir eventuais lacunas de seu arcabouço normativo.

E mais: como bem destacou há tempos Tullio Ascarelli, a afirmação do direito empresarial como um conjunto sistematizado de regras especiais contribui para o próprio desenvolvimento do direito civil, já que os institutos específicos que nascem no direito empresarial, com o passar do tempo, acabam sendo incorporados pelo direito comum.[104] Basta citar o caso do *bem de família*, o qual, pensado originalmente como forma de limitar a responsabilidade do comerciante individual, foi incorporado ao nosso ordenamento jurídico pelo antigo Código Civil de 1916, em seus arts. 70 e 71.

---

[102] "Diz-se que há uma disciplina jurídica autônoma quando corresponde a um conjunto sistematizado de princípios e normas que lhe dão identidade, diferenciando-a das demais ramificações do Direito. Só se pode, portanto, falar em direito administrativo, no pressuposto de que existam princípios que lhe são peculiares e que guardam entre si uma relação lógica de coerência e unidade, compondo um sistema. (...) A este sistema, reportado ao direito administrativo, designamos regime jurídico-administrativo." (BANDEIRA DE MELLO, Celso Antonio. *Elementos de direito administrativo*. São Paulo: RT, 1980, p. 3-5).

[103] MELLO FRANCO, Vera Helena. *Manual de direito comercial*. 2. ed. São Paulo: RT, 2004, p. 15. v. I.

[104] ASCARELLI, Tullio. Origem do direito comercial. Tradução de Fábio Konder Comparato. *Revista de Direito Mercantil, Econômico, Industrial e Financeiro*, n.º 103, jul./set. 1996, p. 87-100.

É bem verdade que a partir de certo momento a doutrina passou a discutir, com certa ênfase, a tese da unificação do direito privado, a qual partia, fundamentalmente, da ideia de que a separação entre o direito civil e o direito empresarial não passava de um mero fenômeno histórico já superado, ligado sobretudo ao surgimento e ao desenvolvimento do capitalismo. A unificação representaria, para os defensores dessa tese, a demonstração inequívoca da evolução do direito privado e da sua adaptação à nova realidade, representando, em definitivo, o fim do direito empresarial como um ramo autônomo.

No entanto, a tese da perda de autonomia do direito empresarial decorrente do processo de unificação legislativa do direito privado não vingou. Afinal, "o fenômeno econômico, objeto da disciplina do direito comercial e de suas normas, tem exigências técnicas e econômicas particulares que pressupõem uma organização própria e normas específicas de atuação".[105]

Ademais, a suposta unificação operou-se num plano estritamente formal. A autonomia de um direito, por outro lado, deve ser analisada sob o ponto de vista substancial ou material,[106] e nesse sentido não há dúvidas de que o direito empresarial é autônomo e independente em relação aos demais ramos jurídicos, inclusive em relação ao direito civil.

> A inserção das normas comerciais no Código Civil é um fato que pode ser eliminado, mas que não pode ser desconsiderado, até quando resta: a autonomia do direito comercial não pode, portanto, ser sustentada sob um perfil formal, mas pode sê-lo sob um perfil substancial, e isso é sob o perfil da particularidade do fenômeno regulado, o que se traduz inevitavelmente em uma especialização de diferenciação da disciplina jurídica.[107]

Assim, pode-se dizer que cabe ao direito civil, como bem destacava o art. 1.º do Código Civil de 1916, a disciplina **geral** dos direitos e obrigações de ordem privada concernentes às pessoas, aos bens e às suas relações, sendo, ademais, fonte normativa subsidiária para os demais ramos do direito. Já ao direito empresarial cabe, por outro lado, a disciplina **especial** dos direitos e obrigações de ordem privada concernentes às atividades econômicas organizadas (antes: *atos de comércio*; hoje: *empresas*).

Durante muito tempo, é verdade, o direito civil foi o próprio direito privado, realidade que, conforme vimos nos tópicos anteriores, mudou radicalmente a partir do desenvolvimento das atividades mercantis, o que fez surgir o direito empresarial como ramo especial destinado justamente a regular os interesses *especiais* dos agentes econômicos.

---

105 MELLO FRANCO, Vera Helena. *Manual de direito comercial*. 2. ed. São Paulo: RT, 2004, p. 33.

106 "Há muito debatem os doutores sobre a questão da autonomia do Direito Mercantil, dentro do campo do Direito Privado. Mas realmente, o único problema que se coloca no plano científico é o da autonomia substancial, pois a autonomia formal constitui apenas uma questão de conveniência ou oportunidade, no plano da política legislativa": BARRETO FILHO, Oscar. A dignidade do direito mercantil. *Revista de Direito Mercantil, Econômico, Industrial e Financeiro*, n.º 11, 1973, p. 17.

107 FERRI, Giuseppe. *Manualle de diritto comerciale*. *Apud* FÉRES, Marcelo Andrade. *Empresa e empresário*: do código civil italiano ao novo código civil brasileiro. In: VIANA, Frederico Rodrigues (Coord.). *Direito de empresa no novo código civil*. Rio de Janeiro: Forense, 2004. p. 46. (Tradução livre do autor).

> O Direito Civil é o ramo, por excelência, do Direito Privado. Outrora o esgotava, mas a complexidade das relações sociais oriunda do desenvolvimento econômico determinou a especialização de interesses, da qual resultou particularizações do Direito Privado, ultimamente aumentadas.[108]

Não há como negar, portanto, que o direito empresarial é, sim, ramo autônomo e independente da árvore jurídica. A comprovar isso se pode citar, por exemplo, o fato de que o direito empresarial é até os dias atuais lecionado em disciplina autônoma nos cursos de direito do País. Pode-se citar, ainda, o fato de que a Constituição Federal estabelece, em seu art. 22, inciso I, que compete à União legislar sobre direito civil e direito comercial (hoje direito empresarial), mostrando que se trata de ramos autônomos e distintos.

5.1. Características do direito empresarial

Desde a sua origem até os dias atuais, o direito empresarial conserva uma série de características próprias, que o distinguem e o identificam como disciplina autônoma e independente.

São características fundamentais do direito empresarial, que o distinguem sobremaneira do direito civil: a) o *cosmopolitismo*, uma vez que o comércio, historicamente, foi fator fundamental de integração entre os povos, razão pela qual o seu desenvolvimento propicia, até os dias de hoje, uma intensa inter-relação entre os países (note-se que em matéria de direito empresarial há diversos acordos internacionais em vigor, muitos dos quais o Brasil é signatário, tais como a Convenção de Genebra, que criou uma legislação uniforme sobre títulos de crédito, e a Convenção da União de Paris, que estabelece preceitos uniformes sobre propriedade industrial); b) a *onerosidade*, dado o caráter econômico e especulativo das atividades mercantis, que faz com que o intuito de lucro seja algo intrínseco ao exercício da atividade empresarial; c) o *informalismo*, em função do dinamismo da atividade empresarial, que exige meios ágeis e flexíveis para a realização e a difusão das práticas mercantis;[109] d) o *fragmentarismo*, pelo fato de o direito empresarial possuir uma série de sub-ramos com características específicas (direito falimentar, direito cambiário, direito societário, direito de propriedade industrial etc.); e e) a *elasticidade*, porque o direito empresarial é um regime jurídico que permanece em constante processo de mudança, para melhor se adequar ao dinamismo das atividades econômicas.[110]

---

[108] GOMES, Orlando. *Introdução ao direito civil*. Rio de Janeiro: Forense, 1998. p. 17.

[109] Não obstante o informalismo seja uma característica marcante das relações jurídico-empresariais, é de se notar que, ultimamente, a legislação mercantil está às vezes marcada por inúmeras formalidades, numa clara contradição ao espírito informal que deve reger as práticas comerciais. Isso pode ser visto sobretudo no âmbito da legislação societária e cambiária, em que as exigências formais crescem à medida em que se necessita de mais segurança jurídica nas relações com títulos de crédito e ações. Por outro lado, também se contrapõe ao informalismo do direito comercial o incrível aparelho burocrático-administrativo a que se submetem os empresários brasileiros. Nesse sentido: REQUIÃO, Rubens. *Curso de direito comercial*. 25. ed. São Paulo: Saraiva, 2003. p. 28-29. v. I.

[110] Sobre essas características, o STJ já destacou que "o direito comercial caracteriza-se pela simplicidade de suas fórmulas, pela internacionalidade de suas regras e institutos, pela rapidez de sua aplicação, pela elasticidade dos seus princípios e também pela onerosidade de suas operações" (REsp 1518203/PR, Rel. Ministro LUIS FELIPE SALOMÃO, QUARTA TURMA, julgado em 27/04/2021, DJe 02/08/2021).

5.2. Institutos jurídicos típicos do direito empresarial

O direito empresarial também possui uma série de institutos jurídicos próprios e específicos, como as sociedades anônimas, a falência, os títulos de crédito, as marcas e patentes, o estabelecimento empresarial, as instituições financeiras, o mercado de valores mobiliários etc. Trata-se de institutos jurídicos típicos do regime jurídico empresarial e que também ajudam a conferir-lhe especialidade, autonomia e independência em relação ao regime jurídico civil.

> À guisa de conclusão do exame da autonomia substancial do Direito Mercantil, veja-se que existe desde um tempo já bastante apreciável um grande campo de atividades empresariais às quais claramente jamais se aplicou - e se continuará não aplicando - o Direito Civil, como ocorre com as instituições financeiras em geral; as sociedades anônimas e o mercado de capitais; o Direito Concorrencial e de abuso de poder econômico; a propriedade industrial; etc. Na medida em que toda essa gama de atividades apresenta princípios próprios, mantém-se a autonomia substancial do Direito Comercial, não se podendo falar na unificação plena do Direito Privado.[111]

5.3. Princípios do direito empresarial

Finalmente, o direito empresarial também se distingue do direito civil por fundamentar-se numa principiologia própria, que destaca a imprescindibilidade da *empresa* como instrumento para o desenvolvimento econômico e social das sociedades contemporâneas, nas quais as bases do capitalismo[112] - livre iniciativa, livre concorrência, propriedade privada e autonomia da vontade - já estão enraizadas e solidificadas como valores inegociáveis para a construção e manutenção de uma sociedade livre.

Assim, "o particularismo do Direito Mercantil revela-se também pela existência de princípios próprios, impostos pelas exigências econômicas, que lhe atribuem a almejada dignidade científica".[113]

Esses princípios próprios do direito empresarial estão listados na Constituição Federal de 1988, mais precisamente em seu art. 170, que elenca os princípios gerais da atividade econômica em nosso ordenamento jurídico, merecendo destaque alguns deles.

---

[111] VERÇOSA, Haroldo Malheiros Duclerc. *Curso de direito comercial*. São Paulo: Malheiros, 2004. p. 100. v. I.

[112] "Evidentemente, a empresa objeto do Direito Mercantil vigente é a empresa capitalista, na qual o dono ou os donos dos fatores materiais de produção assume os riscos decorrentes do exercício da atividade. Foi provavelmente esse fato que conduziu alguns escritores a uma identificação entre capitalismo e Direito Mercantil, como fez, por exemplo, Tullio Ascarelli." (BARRETO FILHO, Oscar. A dignidade do direito mercantil. *Revista de Direito Mercantil, Econômico, Industrial e Financeiro*, n.º 11, 1973, p. 19).

[113] BARRETO FILHO, Oscar. A dignidade do direito mercantil. *Revista de Direito Mercantil, Econômico, Industrial e Financeiro*, n.º 11, 1973, p. 17.

5.3.1. Livre-iniciativa

No dizer do professor Fábio Ulhoa Coelho, o princípio da livre-iniciativa se desdobra em quatro condições fundamentais para o funcionamento eficiente do modo de produção capitalista: (i) imprescindibilidade da empresa privada para que a sociedade tenha acesso aos bens e serviços de que necessita para sobreviver; (ii) busca do lucro como principal motivação dos empresários; (iii) necessidade jurídica de proteção do investimento privado; (iv) reconhecimento da empresa privada como polo gerador de empregos e de riquezas para a sociedade.[114]

A livre-iniciativa é o **princípio fundamental do Direito Empresarial**. Embora não elencada nos incisos do **art. 170 da CF/1988**, que dispõe sobre os princípios gerais da atividade econômica, está expressamente destacada no *caput* do referido dispositivo constitucional: "a ordem econômica, fundada na valorização do trabalho humano e na **livre-iniciativa**, tem por fim assegurar a todos existência digna, conforme os ditames da justiça social, observados os seguintes princípios".

O parágrafo único do art. 170 também garante a livre-iniciativa, ao estabelecer que "é assegurado a todos o **livre exercício de qualquer atividade econômica**, independentemente de autorização de órgãos públicos, salvo nos casos previstos em lei".

Outros dispositivos constitucionais também tratam, direta ou indiretamente, da livre-iniciativa, com destaque para o art. 1.º, que a consagra expressamente como fundamento da República (inciso IV), e para o art. 5.º, que afirma ser "livre o exercício de qualquer trabalho, ofício ou profissão, atendidas as qualificações profissionais que a lei estabelecer" (inciso XIII).

É importante ressalvar, porém, que embora a nossa Constituição assegure, em mais de um dispositivo, a livre-iniciativa, ela própria restringe esse princípio, de modo considerável, ao condicioná-lo ao atendimento de qualificações profissionais (art. 5.º, inciso XIII) ou ao submetê-lo excepcionalmente à necessidade de autorização prévia de órgãos públicos (art. 170, parágrafo único).

5.3.1.1. Livre-iniciativa e regulamentação de profissões

Quanto ao primeiro caso de restrição ao princípio da livre-iniciativa mencionado no parágrafo anterior – condicionamento da livre-iniciativa ao atendimento de qualificações profissionais – é importante refletir: até que ponto tal condicionamento é razoável e, pois, legítimo?

Chamando tal medida de licenciamento ocupacional, o economista Milton Friedman assim se manifestou sobre o assunto:

> Licenciamento Ocupacional
>
> A derrubada do sistema medieval de guildas foi um primeiro passo indispensável ao surgimento da liberdade no mundo ocidental. Constituiu um sinal do triunfo

[114] COELHO, Fábio Ulhoa. *Princípios do direito comercial*. São Paulo: Saraiva, 2012. p. 27-34.

> das ideias liberais, aliás, amplamente reconhecido como tal, o fato de que, em meados do século XIX, na Inglaterra e nos Estados Unidos (e, em menor extensão, no continente europeu), os homens pudessem dedicar-se a qualquer comércio ou ocupação que desejassem, sem a autorização de nenhuma autoridade governamental ou paragovernamental. Em décadas mais recentes, tem ocorrido um retrocesso, uma tendência crescente de restringir determinadas ocupações aos portadores de licença para tanto fornecida pelo Estado.[115]

Quando o Estado decide regulamentar uma profissão, estabelecendo que apenas as pessoas que cumprirem determinados requisitos – posse de diploma ou certificado, registro em órgão profissional etc. – podem exercê-la, isso significa a criação de uma reserva de mercado para os profissionais regulamentados, da mesma forma que agências reguladoras criam reserva de mercado para as empresas reguladas.

No Brasil, a regulamentação de profissões tem crescido exponencialmente. Se antes apenas profissões mais técnicas, como engenharia e medicina, eram regulamentadas, hodiernamente até os mais simples ofícios estão sendo regulamentados, certamente porque seus praticantes perceberam que essa é uma forma muito eficiente de reservar mercado para incompetentes, tirando dos consumidores e passando para os burocratas o direito de decidir que profissional será bem-sucedido em sua área de atuação.

O *site* do Ministério do Trabalho e Emprego informa que existem nada menos que 68 profissões regulamentadas no Brasil (Disponível em: <http://www.mtecbo.gov.br/cbosite/pages/regulamentacao.jsf>. Acesso em: 30 out. 2014), embora seja provável que esse número, atualmente, já esteja defasado. Em quase todos os casos, a regulamentação impõe a contratação de profissional regulamentado por certas empresas e/ou proíbe o exercício da profissão por pessoas não regulamentadas.

Felizmente, o entendimento predominante do Poder Executivo Federal tem sido o de que a imposição de restrições, como a exigência de diploma ou de filiação compulsória a um órgão regulamentador, só é legítima quando há **potencial lesivo** no exercício de certa atividade, isto é, quando houver a possibilidade de ocorrer **dano à sociedade**.

Nesse sentido, pode ser citado o veto integral à lei que regulamentou a profissão de *designer*, porque ela previa que somente os titulares de curso superior ou pessoas com experiência mínima de três anos até a data de sua publicação poderiam exercer a profissão, o que se considerou uma violação da livre-iniciativa, já que não há potencial lesivo na atividade regulamentada, de modo que o seu livre exercício não possibilita a ocorrência de dano à sociedade.

No mesmo sentido, pode ser citado o veto ao art. 2.º da Lei 12.467/2011, a qual regulamentou a profissão de *sommelier* ("aquele que executa o serviço especializado de vinhos em empresas de eventos gastronômicos, hotelaria, restaurantes, supermercados e enotecas e em comissariaria de companhias aéreas e marítimas") e previa, no dispositivo legal vetado, que somente podiam exercer a referida profissão "os portadores de certificado de habilitação em cursos ministrados por instituições

[115] FRIEDMAN, Milton. *Capitalismo e liberdade*. Tradução de Luciana Carli. São Paulo: Abril Cultural, 1984. p. 77.

oficiais públicas ou privadas, nacionais ou estrangeiras, ou aqueles que, à data de promulgação desta Lei, estejam exercendo efetivamente a profissão há mais de 3 (três) anos". O intuito de criação de reserva de mercado era claro, como ocorre em todos os projetos de lei semelhantes.

O Supremo Tribunal Federal também costuma se manifestar pela possibilidade da imposição de restrições à livre-iniciativa, como a exigência de diploma ou de filiação compulsória a um órgão regulamentador, somente quando há **potencial lesivo** no exercício de certa atividade, isto é, quando houver a possibilidade de ocorrer **dano à sociedade**.

Pode-se citar, por exemplo, o caso em que a Suprema Corte brasileira julgou a constitucionalidade do famigerado Exame de Ordem, cuja realização é imprescindível para todos aqueles que quiserem exercer a profissão de advogado em nosso País. No julgamento do RE n.º 603.583/RS, assim se decidiu:

> TRABALHO – OFÍCIO OU PROFISSÃO – EXERCÍCIO.
>
> Consoante disposto no inciso XIII do artigo 5º da Constituição Federal, "é livre o exercício de qualquer trabalho, ofício ou profissão, atendidas as qualificações profissionais que a lei estabelecer".
>
> BACHARÉIS EM DIREITO – QUALIFICAÇÃO. Alcança-se a qualificação de bacharel em Direito mediante conclusão do curso respectivo e colação de grau.
>
> ADVOGADO – EXERCÍCIO PROFISSIONAL – EXAME DE ORDEM. **O Exame de Ordem**, inicialmente previsto no artigo 48, inciso III, da Lei nº 4.215/63 e hoje no artigo 84 da Lei nº 8.906/94, no que a atuação profissional repercute no campo de interesse de terceiros, **mostra-se consentâneo com a Constituição Federal, que remete às qualificações previstas em lei**. Considerações.
>
> (RE 603583, Relator(a): MARCO AURÉLIO, Tribunal Pleno, julgado em 26/10/2011, ACÓRDÃO ELETRÔNICO REPERCUSSÃO GERAL - MÉRITO DJe-102 DIVULG 24-05-2012 PUBLIC 25-05-2012 RTJ VOL-00222-01 PP-00550)

Em outros julgados, o STF dispensou até mesmo a exigência de diploma universitário para o exercício da profissão, como ocorreu no caso da profissão de jornalista. Confira-se, a propósito, o seguinte excerto da ementa do acórdão:

> JORNALISMO. EXIGÊNCIA DE DIPLOMA DE CURSO SUPERIOR, REGISTRADO PELO MINISTÉRIO DA EDUCAÇÃO, PARA O EXERCÍCIO DA PROFISSÃO DE JORNALISTA. LIBERDADES DE PROFISSÃO, DE EXPRESSÃO E DE INFORMAÇÃO. CONSTITUIÇÃO DE 1988 (ART. 5º, IX E XIII, E ART. 220, CAPUT E § 1º). NÃO RECEPÇÃO DO ART. 4º, INCISO V, DO DECRETO-LEI Nº 972, DE 1969. (...)
>
> (...)
>
> 6. DIPLOMA DE CURSO SUPERIOR COMO EXIGÊNCIA PARA O EXERCÍCIO DA PROFISSÃO DE JORNALISTA. RESTRIÇÃO INCONSTITUCIONAL ÀS LIBERDADES DE EXPRESSÃO E DE INFORMAÇÃO.
>
> As liberdades de expressão e de informação e, especificamente, a liberdade de imprensa, somente podem ser restringidas pela lei em hipóteses excepcionais, sempre em razão da proteção de outros valores e interesses constitucionais igualmente relevantes, como os direitos à honra, à imagem, à privacidade e à personalidade em geral. Precedente do STF: ADPF nº 130, Rel. Min. Carlos Britto. A ordem constitucional apenas admite a definição legal das qualificações pro-

> fissionais na hipótese em que sejam elas estabelecidas para proteger, efetivar e reforçar o exercício profissional das liberdades de expressão e de informação por parte dos jornalistas. Fora desse quadro, há patente inconstitucionalidade da lei. A exigência de diploma de curso superior para a prática do jornalismo - o qual, em sua essência, é o desenvolvimento profissional das liberdades de expressão e de informação - não está autorizada pela ordem constitucional, pois constitui uma restrição, um impedimento, uma verdadeira supressão do pleno, incondicionado e efetivo exercício da liberdade jornalística, expressamente proibido pelo art. 220, § 1º, da Constituição.
>
> (...)
>
> 8. JURISPRUDÊNCIA DA CORTE INTERAMERICANA DE DIREITOS HUMANOS. POSIÇÃO DA ORGANIZAÇÃO DOS ESTADOS AMERICANOS - OEA.
>
> A Corte Interamericana de Direitos Humanos proferiu decisão no dia 13 de novembro de 1985, declarando que a obrigatoriedade do diploma universitário e da inscrição em ordem profissional para o exercício da profissão de jornalista viola o art. 13 da Convenção Americana de Direitos Humanos, que protege a liberdade de expressão em sentido amplo (caso "La colegiación obligatoria de periodistas" - Opinião Consultiva OC-5/85, de 13 de novembro de 1985). Também a Organização dos Estados Americanos - OEA, por meio da Comissão Interamericana de Direitos Humanos, entende que a exigência de diploma universitário em jornalismo, como condição obrigatória para o exercício dessa profissão, viola o direito à liberdade de expressão (Informe Anual da Comissão Interamericana de Direitos Humanos, de 25 de fevereiro de 2009).
>
> (...)
>
> (RE 511961, Relator(a): GILMAR MENDES, Tribunal Pleno, julgado em 17/06/2009, DJe-213 DIVULG 12-11-2009 PUBLIC 13-11-2009 EMENT VOL-02382-04 PP-00692 RTJ VOL-00213-01 PP-00605).

Outro julgamento em que o Supremo Tribunal Federal garantiu o livre exercício de profissão foi aquele no qual se afastou a obrigatoriedade de os músicos se filiarem à Ordem dos Músicos para poderem exercer a sua atividade. O acórdão recebeu a seguinte ementa:

> DIREITO CONSTITUCIONAL. EXERCÍCIO PROFISSIONAL E LIBERDADE DE EXPRESSÃO. EXIGÊNCIA DE INSCRIÇÃO EM CONSELHO PROFISSIONAL. EXCEPCIONALIDADE. ARTS. 5º, IX e XIII, DA CONSTITUIÇÃO.
>
> Nem todos os ofícios ou profissões podem ser condicionadas ao cumprimento de condições legais para o seu exercício. **A regra é a liberdade. Apenas quando houver potencial lesivo na atividade é que pode ser exigida inscrição em conselho de fiscalização profissional**. A atividade de músico prescinde de controle. Constitui, ademais, manifestação artística protegida pela garantia da liberdade de expressão.
>
> (RE 414426, Relator(a): ELLEN GRACIE, Tribunal Pleno, julgado em 01/08/2011, DJe-194 DIVULG 07-10-2011 PUBLIC 10-10-2011 EMENT VOL-02604-01 PP-00076 RTJ VOL-00222-01 PP-00457 RT v. 101, n. 917, 2012, p. 409-434)

Apesar de o Supremo Tribunal Federal, nos dois julgamentos supratranscritos, ter assegurado o livre exercício das profissões de jornalista e de músico, a leitura dos acórdãos deixa claro que ele não o fez em homenagem à livre-iniciativa, mas em homenagem à liberdade de imprensa e de expressão.

Em suma: o Supremo Tribunal Federal admite a regulamentação de profissões e entende ser legítima a exigência de diploma e/ou de filiação compulsória de um determinado profissional ao órgão regulamentador quando houver, por exemplo, **"potencial lesivo" na atividade** que ele exerce e consequente **risco de dano a terceiros.** É exatamente o mesmo raciocínio usado pelo Poder Executivo para a sanção/veto das inúmeras leis que regulamentam profissões no Brasil.

5.3.1.1.1. Uma visão liberal sobre o tema

Se o objetivo é proteger o consumidor e garantir mais qualidade e segurança no exercício de certas atividades, o fato é que nem mesmo em profissões mais "nobres", como essas em que, segundo a justificativa estatal padrão, "existe a possibilidade de algum dano à sociedade, com a necessidade de proteção do interesse público", justifica-se a regulamentação por parte do governo, no sentido de impor requisitos mínimos para o seu exercício.

Em primeiro lugar, a regulamentação de profissões feita com fundamento nessa suposta "proteção da sociedade" peca por retirar do consumidor o direito de decidir se contrata um profissional mais qualificado por um preço mais caro, ou se contrata um profissional menos qualificado por um preço mais barato. Afinal, é exatamente isso o que todos fazem ao contratar profissionais "não regulamentados".

Ademais, como bem notou Milton Friedman, se a preocupação da regulamentação fosse realmente proteger o público consumidor, seria natural que os próprios consumidores fossem os defensores dessa medida, mas o que se vê na prática não é isso, definitivamente. Ao contrário, os pedidos de regulamentação decorrem sempre de um forte *lobby* dos próprios profissionais. Diz ele:

> Na argumentação usada para persuadir as autoridades a estabelecer tais licenciamentos, aparece em primeiro plano a necessidade de proteger os interesses do público. Entretanto, a pressão exercida sobre as autoridades para licenciarem uma ocupação raramente vem de membros do público que tenham sido prejudicados ou que tenham sofrido abuso por parte de representantes de tais ocupações. Ao contrário, vem sempre dos membros das próprias ocupações. Evidentemente, melhor do que ninguém, eles estão informados de quanto podem explorar os clientes e, portanto, devem saber o que estão fazendo.[116]

O fato é que a regulamentação carteliza o mercado e, como consequência inevitável, restringe a livre-iniciativa, encarecendo preços e estancando a inovação, sempre em benefício da classe regulamentada, mas em claro prejuízo ao público consumidor.

Quanto ao argumento de que certas profissões (medicina, engenharia, advocacia etc.), por envolverem risco, precisam de regulamentação estatal para proteger o consumidor contra maus profissionais, ele também é falho, por pressupor que num ambiente de livre mercado seria inexistente qualquer tipo de autorregulação ou certificação profissional. Ora, não apenas existiria, mas com certeza seria muito mais eficiente, porque não seria monopolizada por uma entidade apenas, e sim

[116] FRIEDMAN, Milton. *Capitalismo e liberdade*. Trad. de Luciana Carli. São Paulo: Abril Cultural, 1984. p. 78.

descentralizada entre várias, e a concorrência forçaria cada uma delas a construir um capital reputacional perante os consumidores e até mesmo diante dos próprios profissionais certificados.

Com efeito, não é difícil demonstrar que, na prática, a regulamentação estatal de profissões não assegura a competência de nenhum profissional regulamentado, sobretudo porque os conselhos criados pelo governo para exercer essa função são compostos pelos próprios profissionais, o que gera incentivos ao corporativismo e à criação de barreiras à entrada de concorrentes. Como explica Friedman:

> De modo semelhante, as instruções estabelecidas para o licenciamento envolvem, invariavelmente, o controle por parte de membros da ocupação em pauta. Ainda aqui, o fato é, sob certo ponto de vista, natural. Se a profissão de bombeiro só pode ser exercida pelos que possuem os requisitos e capacidade para exercê-la de modo conveniente, é evidente que apenas os bombeiros serão capazes de julgar os que poderão ser licenciados. Consequentemente, a comissão ou qualquer outra organização encarregada de fornecer as licenças é constituída quase sempre por representantes de bombeiros, farmacêuticos ou médicos ou de qualquer outra profissão de que se trate no momento.
>
> Gellhorn observa que "75% das comissões encarregadas do licenciamento profissional em funcionamento no país são atualmente compostas só de profissionais licenciados nas respectivas ocupações. Esses homens e mulheres, a maior parte dos quais trabalha somente em termos de meio expediente, podem ter interesse econômico direto em decisões que tomam a respeito das condições para admissão e da definição dos padrões a serem observados pelos licenciados. [...]"
>
> O licenciamento, portanto, muitas vezes estabelece essencialmente o mesmo tipo de regulamentação das guildas medievais, nas quais o Estado atribui poderes aos membros da profissão. Na prática, as considerações envolvidas na concessão de uma licença não têm, até onde o leigo pode julgar, qualquer relação com a competência profissional. Isso não é de surpreender. Se alguns poucos indivíduos vão decidir se outros podem ou não exercer determinada profissão, todo tipo de considerações irrelevantes pode muito bem ser levado em conta.
>
> [...]
>
> O custo social mais óbvio consiste em que uma destas medidas – registro, certificação ou licenciamento – quase inevitavelmente se torna um instrumento nas mãos de um grupo produtor especial para a obtenção de uma posição de monopólio às expensas do resto do público. Não há meios de evitar esse resultado. Pode-se estabelecer um ou mais conjuntos de procedimentos de controle destinados a evitar essa consequência, mas nenhum deles será capaz de fazer frente ao problema que se origina dessa concentração maior de interesses dos produtores em comparação com a dos consumidores. As pessoas mais interessadas nesse tipo de procedimento, as que maior pressão exercem para sua adoção e as de maior interesse pela administração serão aquelas que pertencem à profissão ou ao ramo de negócio envolvido. Inevitavelmente, estenderão a pressão do registro para a certificação e desta para o licenciamento. Uma vez estabelecida a necessidade de licenciamento, as pessoas que possam ter alguma intenção de alterar os regulamentos existentes serão impedidas de poder exercer sua influência. Não obterão licença; terão, portanto, que passar para outras profissões e perderão o interesse. O resultado será o controle da entrada na profissão pelos membros da própria profissão e, portanto, o estabelecimento de um monopólio.[117]

---

[117] FRIEDMAN, Milton. *Capitalismo e liberdade.* Trad. Luciana Carli. São Paulo: Abril Cultural, 1984. p. 78.

Por outro lado, a desregulamentação não vai implicar o exercício de quaisquer profissões por quem não sabe exercê-las. Num ambiente de livre mercado genuíno, com certeza surgirão entidades (associações, certificadoras etc.) que exigirão requisitos para a filiação (voluntária, frise-se) de interessados. Da mesma forma, vão existir profissionais que optarão por não se filiar a nenhuma dessas entidades. Essas associações/certificadoras e esses profissionais independentes vão competir pelos clientes livremente, e para tanto vão procurar sempre apresentar mais e melhores qualidades.

Enfim, se alguém deseja construir uma casa, vai pesquisar no mercado e decidir quem contratar. Se alguém quer processar uma empresa, vai pesquisar no mercado e decidir quem contratar. Se alguém precisa fazer uma cirurgia, vai pesquisar no mercado e decidir quem contratar. Obviamente, alguns consumidores se sentirão mais seguros contratando um profissional com formação universitária e filiado a uma entidade respeitada, pagando, com certeza, mais caro pelos seus serviços. Em contrapartida, outros consumidores optarão por contratar profissionais independentes e autodidatas, pagando menos, e assim por diante. Isso vale para qualquer profissão.

Pensando especificamente no caso da advocacia, é fácil exemplificar. Se alguém quiser, por exemplo, obrigar uma loja a trocar um produto defeituoso, pode contratar um advogado a preço módico, e esse advogado pode ser uma pessoa que sequer possui formação universitária, mas se especializou em pequenos litígios consumeristas após anos trabalhando no departamento jurídico de uma grande empresa. Por outro lado, se uma empresa quiser discutir uma fusão milionária com outra, certamente contratará uma banca de advogados conceituados, com boa formação acadêmica e filiação a uma associação profissional respeitada.

Assim, num ambiente de livre exercício de profissões quem ganha são os bons profissionais (que se destacarão pelos seus méritos), as boas associações ou certificadoras (que ganharão respeitabilidade pelo bom filtro de profissionais que realizam) e os consumidores (que terão mais opções, tanto em preço quanto em qualidade, para escolher os profissionais que vão contratar).

Já no atual modelo de profissões regulamentadas compulsoriamente pelo Estado (diretamente ou por entidades a quem ele confere esse poder, como os conselhos profissionais), o resultado prático é conhecido: cartelização, corrupção, ineficiência, serviços ruins e preços altos, coisas dificilmente vistas em ambientes livres da regulamentação estatal.

Portanto, qualquer regulamentação profissional feita com o objetivo de proteger o consumidor ou a sociedade deve ser privada, voluntária e descentralizada. Só assim a livre-iniciativa e a livre concorrência podem operar e produzir seus efeitos benéficos em prol dos consumidores e dos próprios profissionais.

5.3.1.2. Livre-iniciativa e burocracia

Conforme mencionamos, o art. 170, parágrafo único da Constituição Federal estabelece o seguinte: "é assegurado a todos o livre exercício de qualquer atividade econômica, independentemente de autorização de órgãos públicos, **salvo nos casos**

previstos em lei". A pergunta que se deve fazer é a mesma feita no tópico anterior: até que ponto é legítima a restrição estatal à livre-iniciativa com base na regra constitucional em questão?

O fato é que a exceção constitucional acaba sendo a regra na prática. Qualquer pessoa que queira exercer uma atividade empresarial no Brasil precisa obter não apenas uma, mas diversas "autorizações" de órgãos públicos municipais, estaduais e federais. A conhecida burocracia brasileira é tamanha que nosso País sempre figura nos últimos lugares dos *rankings* internacionais que classificam economias segundo o tempo de abertura e fechamento de empresas.

Murray Rothbard[118] considerava a regulação estatal, de forma geral, como uma intervenção triangular, isto é, aquela em que o governo "obriga ou proíbe as pessoas de realizarem trocas". Isso ocorre, por exemplo, quando o Estado cria entraves burocráticos diversos para o ingresso de uma empresa num determinado ramo de atividade. Em todas essas situações, a livre-iniciativa e a livre concorrência sofrem restrição, e o resultado final é sempre o mesmo: menos oferta, perda de qualidade, encarecimento dos preços e desestímulo à inovação.

Em vários setores do mercado, por exemplo, empresários só podem ingressar se possuírem uma espécie de licença (autorização, permissão ou concessão governamental). Em primeiro lugar, tais licenças funcionam como uma reserva de mercado, protegendo os empresários já estabelecidos da concorrência de potenciais entrantes. Em segundo lugar, tais licenças, quando possuem um número máximo imposto pelo governo, criam uma espécie de "mercado de direitos de licença", algo que fomenta a corrupção e o corporativismo. Nas palavras de Rothbard:

> Pouca atenção tem sido dada às licenças; ainda que constituam uma das imposições monopolistas mais importantes (e crescentes) da atual economia norte-americana. As licenças restringem deliberadamente a oferta de trabalho e de empresas nas ocupações licenciadas. Várias regras e requisitos são impostos para trabalhar no ofício ou para entrada em um determinado ramo de negócios. Aqueles que não conseguem preencher os requisitos têm a entrada impedida. Além disso, aqueles que não conseguem pagar o preço da licença têm a entrada barrada. As altas taxas de licenciamento põem grandes obstáculos no caminho dos concorrentes com pouco capital inicial. Algumas licenças, como aquelas exigidas para a venda de bebidas alcoólicas e para táxis, em alguns casos, impõem um limite absoluto no número de empresas e de negócios. Essas licenças são negociáveis, de modo que qualquer outra nova empresa deve comprar de uma empresa mais antiga que queira abandonar o negócio. Rigidez, ineficiência, e falta de adaptabilidade para mudar conforme os desejos do consumidor ficam evidentes neste sistema. O mercado de direitos de licença demonstra também o fardo que tais licenças são para os novatos. O Professor Fritz Machlup (1902-1983) ressalta que a administração governamental das licenças está, quase inalteradamente, nas mãos dos membros do comércio, e compara o sistema, forçosamente, às guildas "autogeridas" da Idade Média.[119]

[118] ROTHBARD, Murray N. *Governo e mercado*: a economia da intervenção estatal. Trad. Márcia Xavier de Brito e Alessandra Lass. São Paulo: Instituto Ludwig von Mises Brasil, 2012. p. 47.

[119] ROTHBARD, Murray N. *Governo e mercado*: a economia da intervenção estatal. Trad. Márcia Xavier de Brito e Alessandra Lass. São Paulo: Instituto Ludwig von Mises Brasil, 2012. p. 63.

O que se percebe, pois, é que o princípio da livre-iniciativa vem sendo relativizado progressivamente, muito em função de uma mentalidade anticapitalista que incrivelmente se desenvolve em muitas pessoas, sobretudo entre os chamados "intelectuais" e entre aqueles que nos dominam e nos exploram: os burocratas do Estado.

O avanço do Estado sobre o mercado, com a consequente restrição da aplicação do princípio da livre-iniciativa, é tão grande que, se fizermos uma rápida pesquisa na jurisprudência dos nossos tribunais, veremos que ele quase sempre é deixado de lado quando confrontado com outros princípios "sociais", como se pode ver a partir da leitura dos julgados a seguir, ambos do Supremo Tribunal Federal:

> *AÇÃO DIRETA DE INCONSTITUCIONALIDADE. LEI N. 7.844/92, DO ESTADO DE SÃO PAULO. MEIA ENTRADA ASSEGURADA AOS ESTUDANTES REGULARMENTE MATRICULADOS EM ESTABELECIMENTOS DE ENSINO. INGRESSO EM CASAS DE DIVERSÃO, ESPORTE, CULTURA E LAZER. COMPETÊNCIA CONCORRENTE ENTRE A UNIÃO, ESTADOS-MEMBROS E O DISTRITO FEDERAL PARA LEGISLAR SOBRE DIREITO ECONÔMICO. CONSTITUCIONALIDADE. LIVRE INICIATIVA E ORDEM ECONÔMICA. MERCADO. INTERVENÇÃO DO ESTADO NA ECONOMIA. ARTIGOS 1º, 3º, 170, 205, 208, 215 e 217, § 3º, DA CONSTITUIÇÃO DO BRASIL.*
>
> *1. É certo que a ordem econômica na Constituição de 1.988 define opção por um sistema no qual joga um papel primordial a livre iniciativa. Essa circunstância não legitima, no entanto, a assertiva de que o Estado só intervirá na economia em situações excepcionais.*
>
> *2. Mais do que simples instrumento de governo, a nossa Constituição enuncia diretrizes, programas e fins a serem realizados pelo Estado e pela sociedade. Postula um plano de ação global normativo para o Estado e para a sociedade, informado pelos preceitos veiculados pelos seus artigos 1º, 3º e 170.*
>
> *3. A livre iniciativa é expressão de liberdade titulada não apenas pela empresa, mas também pelo trabalho. Por isso a Constituição, ao contemplá-la, cogita também da "iniciativa do Estado"; não a privilegia, portanto, como bem pertinente apenas à empresa.*
>
> *4. **Se de um lado a Constituição assegura a livre iniciativa, de outro determina ao Estado a adoção de todas as providências tendentes a garantir o efetivo exercício do direito à educação, à cultura e ao desporto [artigos 23, inciso V, 205, 208, 215 e 217 § 3º, da Constituição]. Na composição entre esses princípios e regras há de ser preservado o interesse da coletividade, interesse público primário.***
>
> *5. O direito ao acesso à cultura, ao esporte e ao lazer, são meios de complementar a formação dos estudantes.*
>
> *6. Ação direta de inconstitucionalidade julgada improcedente.*
>
> *(ADI 1950, Relator(a): EROS GRAU, Tribunal Pleno, julgado em 03/11/2005, DJ 02-06-2006 PP-00004 EMENT VOL-02235-01 PP-00052 LEXSTF v. 28, n. 331, 2006, p. 56-72 RT v. 95, n. 852, 2006, p. 146-153)*

> CONSTITUCIONAL. ADMINISTRATIVO. DISTRIBUIÇÃO DE COMBUSTÍVEIS. TRR. REGULAMENTAÇÃO DL 395/38. RECEPÇÃO. PORTARIA MINISTERIAL. VALIDADE.
>
> (...)
>
> 2. ***O princípio da livre iniciativa não pode ser invocado para afastar regras de regulamentação do mercado e de defesa do consumidor.***
>
> (...)
>
> (RE 349686, Relator(a): ELLEN GRACIE, Segunda Turma, julgado em 14/06/2005, DJ 05-08-2005 PP-00119 EMENT VOL-02199-06 PP-01118 LEXSTF v. 27, n. 321, 2005, p. 309-314)

Da leitura das ementas dos acórdãos anteriormente transcritos se pode perceber a que ponto chegou a mentalidade estatista e anticapitalista do brasileiro. A ideia de que a livre-iniciativa é algo antagônico a outros princípios ditos "sociais" é deveras equivocada. A História é pródiga em exemplos que demonstram que as sociedades mais livres e que defendem com mais veemência o princípio da livre-iniciativa são mais desenvolvidas, social e economicamente, e ostentam menos desigualdades e mais qualidade de vida.

Basta olhar os *rankings* de liberdade econômica e os *rankings* de desenvolvimento social para se perceber que os países que possuem economias mais livres e abertas (menos burocracia, mais respeito à propriedade privada e aos contratos, pouca intervenção estatal no mercado, dentre outras características) são também os países mais bem colocados em termos de IDH (Índice de Desenvolvimento Humano). Da mesma forma, os países que possuem economias mais intervencionistas e fechadas ocupam geralmente as piores colocações em termos de IDH.

5.3.2. Função social da empresa

Obviamente, o mencionado art. 170 da Constituição Federal prevê a **propriedade privada** como um dos princípios gerais da atividade econômica (inciso II). Afinal, sem propriedade privada, especialmente quanto aos chamados bens de produção, não existe mercado.[120]

O mesmo dispositivo constitucional, no entanto, também prevê a **função social da propriedade** como princípio geral da atividade econômica (inciso III).

É dessa combinação de princípios - propriedade privada e função social da propriedade - que decorre um dos mais alardeados princípios do direito empresarial: a **função social da empresa**.

O estudo desse princípio, no Brasil, remonta ao conhecido ensaio *Função social de propriedade dos bens de produção*, de autoria de Fábio Konder Comparato.[121]

Empresa é uma atividade econômica organizada para a produção ou a circulação de bens ou de serviços. **Empresário** é a pessoa, física (empresário individual) ou jurídica (sociedade empresária ou EIRELI), que exerce profissionalmente uma empresa (art. 966 do CC). E **estabelecimento empresarial** é o conjunto organizado de bens, materiais ou imateriais, usados no exercício de uma empresa (art. 1.142 do CC).

[120] Garantir e defender a propriedade privada, sobretudo a propriedade privada dos meios de produção, é pressuposto fundamental do regime capitalista de livre mercado e o que o diferencia do regime socialista. Ausente a propriedade privada, não há também mercado, porque os bens não poderão ser negociados. Não havendo mercado, não há como precificar os bens em produção e circulação de forma legítima e eficiente, não havendo alternativa senão o planejamento central da economia, situação na qual os preços e a produção são arbitrariamente determinados por burocratas, o que fatalmente leva ao colapso econômico e social decorrente do caos alocacional que se verifica, como a História já comprovou. Só o capitalismo consegue resolver o problema do cálculo econômico, e o que lhe permite isso é precisamente a propriedade privada. A propósito, confiram-se: MISES, Ludwig von. *O cálculo econômico sob o socialismo*. Trad. Leandro Augusto Gomes Roque. São Paulo: Instituto Ludwig von Mises, 2012; e HAYEK, Friedrich A. *Individualism and economic order*. Chicago: University of Chicago Press, 1948.

[121] COMPARATO, Fábio Konder. Função social de propriedade dos bens de produção. *Tratado de direito comercial*. São Paulo: Saraiva, 2015. p. 125-135.

Assim, quando se fala em função social da empresa faz-se referência à **atividade empresarial** em si, que decorre do uso dos chamados **bens de produção** pelos empresários. Como a propriedade (ou o poder de controle)[122] desses bens está sujeita ao cumprimento de uma função social, nos termos do art. 5.º, inciso XXIII, da CF/1988, o exercício da empresa (atividade econômica organizada) também deve cumprir uma **função social** específica, a qual, segundo Fábio Ulhoa Coelho, estará satisfeita quando houver criação de empregos, pagamento de tributos, geração de riqueza, contribuição para o desenvolvimento econômico, social e cultural do entorno, adoção de práticas sustentáveis e respeito aos direitos dos consumidores.[123]

Enfim, a empresa não deve, segundo os defensores desse princípio, apenas atender os interesses individuais do empresário individual, do titular da EIRELI ou dos sócios da sociedade empresária, mas também os **interesses difusos e coletivos** de todos aqueles que são afetados pelo exercício dela (trabalhadores, contribuintes, vizinhos, concorrentes, consumidores etc.).

Exemplo de regra legal que consagra o princípio da função social da empresa é o **art. 116, parágrafo único, da Lei 6.404/1976**: "o acionista controlador deve usar o poder com o fim de fazer a companhia realizar o seu objeto e cumprir sua função social, e tem deveres e responsabilidades para com os demais acionistas da empresa, os que nela trabalham e para com a comunidade em que atua, cujos direitos e interesses deve lealmente respeitar e atender".

5.3.3. *Livre concorrência*

A livre concorrência está expressamente elencada no art. 170 da CF/1988 como princípio geral da atividade econômica (**inciso IV**), e existem basicamente duas formas pelas quais o Estado se propõe a concretizar esse princípio: coibição das práticas de **concorrência desleal**, inclusive tipificando-as como crimes, e repressão ao **abuso de poder econômico**, caracterizando-os como infração contra a ordem econômica.

No primeiro caso, as sanções estão previstas nos arts. 183 e seguintes da **Lei 9.279/1996**, e o objeto da punição estatal são condutas que atingem um concorrente *in concreto* (por exemplo: contrafação de marca). No segundo caso, por sua vez, as sanções estão previstas no art. 36 da **Lei 12.529/2011**, e o objeto da punição estatal são condutas que atingem a concorrência *in abstrato*, isto é, o próprio ambiente concorrencial (por exemplo: formação de cartel).

5.3.3.1. *O Sistema Brasileiro de Defesa da Concorrência*

Em princípio, a defesa da livre concorrência poderia significar apenas um não fazer estatal, deixando-se o mercado funcionar livremente. Ou, no máximo, poderia

[122] "A relação de propriedade de bens de produção transmuda-se, quando eles se inserem numa organização empresarial, em poder de controle, isto é, na prerrogativa de comando e direção da empresa como um todo, compreendendo pessoas e bens": COMPARATO, Fábio Konder. Função social de propriedade dos bens de produção. *Tratado de direito comercial*. São Paulo: Saraiva, 2015. p. 135.

[123] COELHO, Fábio Ulhoa. *Princípios do direito comercial*. São Paulo: Saraiva, 2012. p. 37.

significar uma atuação estatal mínima, coibindo-se certas condutas empresariais colusivas que prejudicam a liberdade de competição (formação de cartéis, por exemplo).

No entanto, há algum tempo o entendimento predominante é o de que a livre concorrência pode ser restringida ou eliminada por excessiva concentração empresarial (fusões, incorporações etc.) ou pela prática de condutas unilaterais dos próprios agentes econômicos privados (precificação predatória, por exemplo), o que exigiria uma **intervenção estatal** maior para prevenir e reprimir essas ocorrências.

Nesse sentido, pode ser citado o art. 173, § 4.º da CF/1988, que assim dispõe: "a lei reprimirá o **abuso do poder econômico** que vise à dominação dos mercados, à eliminação da concorrência e ao aumento arbitrário dos lucros".

Atualmente, a lei a que se refere o dispositivo constitucional em questão é a **Lei n.º 12.529/2011**, que disciplina o chamado Direito Antitruste ou Direito Concorrencial.

Nos termos do seu art. 1.º, "esta Lei estrutura o Sistema Brasileiro de Defesa da Concorrência – SBDC e dispõe sobre a **prevenção e a repressão às infrações contra a ordem econômica**, orientada pelos ditames constitucionais de liberdade de iniciativa, livre concorrência, função social da propriedade, defesa dos consumidores e repressão ao abuso do poder econômico".

O SBDC está atualmente estruturado da seguinte forma: (i) **CADE (Conselho Administrativo de Defesa Econômica)**, autarquia federal, com *status* de agência reguladora, subdividida em Tribunal Administrativo, Superintendência Geral e Departamento de Estudos Econômicos, responsável pela prevenção e repressão das infrações contra a ordem econômica; e (ii) **SEAE (Secretaria de Acompanhamento Econômico)**, órgão do Ministério da Fazenda, responsável por exercer a advocacia da concorrência.

A prevenção de infrações contra a ordem econômica é exercida pelo CADE, principalmente, por meio do **controle prévio de atos de concentração empresarial** (fusões, incorporações etc.). De acordo com o **art. 88 da Lei 12.529/2011**, "serão submetidos ao CADE pelas partes envolvidas na operação os atos de concentração econômica em que, cumulativamente: I – pelo menos um dos grupos envolvidos na operação tenha registrado, no último balanço, faturamento bruto anual ou volume de negócios total no País, no ano anterior à operação, equivalente ou superior a R$ 750.000.000,00 (setecentos e cinquenta milhões de reais); e II – pelo menos um outro grupo envolvido na operação tenha registrado, no último balanço, faturamento bruto anual ou volume de negócios total no País, no ano anterior à operação, equivalente ou superior a R$ 75.000.000,00 (setenta e cinco milhões de reais)".[124]

Sendo assim, qualquer ato de concentração empresarial (que pode compreender desde uma operação societária, como uma fusão ou incorporação, até um contrato associativo ou uma aquisição de ativos, sejam eles materiais ou imateriais) que tenha, cumulativamente, (i) participação de agente econômico com faturamento bruto anual ou volume de negócios no Brasil igual ou superior a R$ 750 milhões (setecentos e cinquenta milhões de reais) e (ii) participação de outro agente econômico com

[124] Os valores foram atualizados por Portaria Interministerial, nos termos do § 1.º do próprio art. 88 da Lei n.º 12.529/2011.

faturamento bruto anual ou volume de negócios no Brasil igual ou superior a R$ 75.000.000,00 (setenta e cinco milhões de reais) deverá ser **previamente** apresentado para análise do CADE, que poderá aprová-lo (com ou sem restrições) ou reprová-lo.

Por outro lado, a repressão de infrações contra a ordem econômica é realizada pelo CADE, principalmente, por meio da **investigação e punição das infrações contra a ordem econômica**, tanto unilaterais (exemplo: precificação predatória) quanto colusivas (exemplo: formação de cartéis). De acordo com o **art. 36 da Lei 12.529/2011**, "constituem infração da ordem econômica, independentemente de culpa, os atos sob qualquer forma manifestados, que tenham por objeto ou possam produzir os seguintes efeitos, ainda que não sejam alcançados: I – limitar, falsear ou de qualquer forma prejudicar a livre concorrência ou a livre iniciativa; II – dominar mercado relevante de bens ou serviços; III – aumentar arbitrariamente os lucros; e IV – exercer de forma abusiva posição dominante".

O § 3.º do referido dispositivo legal o complementa, trazendo um rol exemplificativo de **condutas unilaterais e colusivas** que podem caracterizar o ilícito previsto no *caput*. Citem-se, por exemplo, as seguintes condutas: "acordar, combinar, manipular ou ajustar com concorrente, sob qualquer forma, os preços de bens ou serviços ofertados individualmente" (cartel); "vender mercadoria ou prestar serviços injustificadamente abaixo do preço de custo" (precificação predatória); "subordinar a venda de um bem à aquisição de outro ou à utilização de um serviço, ou subordinar a prestação de um serviço à utilização de outro ou à aquisição de um bem" (venda casada); etc.

Finalmente, a **advocacia da concorrência** é realizada pela SEAE por meio da promoção de uma cultura da concorrência tanto perante o Poder Público quanto perante a sociedade civil. De acordo com o art. 19 da Lei 12.529/2011, "compete à Secretaria de Acompanhamento Econômico promover a concorrência em órgãos de governo e perante a sociedade cabendo-lhe, especialmente, o seguinte: I – opinar, nos aspectos referentes à promoção da concorrência, sobre propostas de alterações de atos normativos de interesse geral dos agentes econômicos, de consumidores ou usuários dos serviços prestados submetidos a consulta pública pelas agências reguladoras e, quando entender pertinente, sobre os pedidos de revisão de tarifas e as minutas; II – opinar, quando considerar pertinente, sobre minutas de atos normativos elaborados por qualquer entidade pública ou privada submetidos à consulta pública, nos aspectos referentes à promoção da concorrência; III – opinar, quando considerar pertinente, sobre proposições legislativas em tramitação no Congresso Nacional, nos aspectos referentes à promoção da concorrência; IV – elaborar estudos avaliando a situação concorrencial de setores específicos da atividade econômica nacional, de ofício ou quando solicitada pelo Cade, pela Câmara de Comércio Exterior ou pelo Departamento de Proteção e Defesa do Consumidor do Ministério da Justiça ou órgão que vier a sucedê-lo; V – elaborar estudos setoriais que sirvam de insumo para a participação do Ministério da Fazenda na formulação de políticas públicas setoriais nos fóruns em que este Ministério tem assento; VI – propor a revisão de leis, regulamentos e outros atos normativos da administração pública federal, estadual, municipal e do Distrito Federal que afetem ou possam afetar a concorrência nos diversos setores econômicos do País; VII – manifestar-se, de ofício ou quando solicitada, a respeito do impacto concorrencial de medidas em discussão no âmbito de fóruns negociadores relativos às atividades de alteração tarifária, ao acesso a mercados e à defesa comercial, ressalvadas as competências dos órgãos envolvidos; VIII - encaminhar ao órgão competente representação para que este, a seu critério, adote as medidas legais cabíveis, sempre que for identificado ato normativo que tenha caráter anticompetitivo".

É assim, pois, por meio do controle prévio de atos de concentração empresarial, da investigação e punição de infrações contra a ordem econômica e da promoção de uma cultura da concorrência na sociedade que o SBDC se propõe a concretizar o princípio da livre concorrência em nosso ordenamento jurídico.

5.3.4. *Tratamento favorecido das ME e EPP*

O **art. 170, inciso IX da CF/1988** também prevê como princípio geral da atividade econômica o "tratamento favorecido para as empresas de pequeno porte constituídas sob as leis brasileiras e que tenham sua sede e administração no País".

O **art. 179 da CF/1988**, por sua vez, foi ainda mais direto e específico, determinando que "a União, os Estados, o Distrito Federal e os Municípios dispensarão às **microempresas** e às **empresas de pequeno porte**, assim definidas em lei, tratamento jurídico diferenciado, visando a incentivá-las pela simplificação de suas obrigações administrativas, tributárias, previdenciárias e creditícias, ou pela eliminação ou redução destas por meio de lei".

Esse tratamento favorecido para as microempresas e empresas de pequeno porte era feito por **leis ordinárias de cada ente federativo**. No âmbito federal, havia a Lei 9.317/1996, que tratava do tratamento tributário favorecido, e a Lei 9.841/1999, que tratava dos demais tratamentos favorecidos (administrativo, creditício etc.).

Ocorre que Emenda Constitucional 42/2003 incluiu a alínea *d* e o parágrafo único ao art. 146 da CF/1988, exigindo que o tratamento tributário diferenciado e favorecido para as ME e EPP fossem feitos por **lei complementar**.

Em obediência ao atual texto constitucional, foi editada a **Lei Complementar 123/2006**, que reuniu todos os tratamentos favorecidos para as ME e EPP num único diploma legislativo, principalmente o tratamento tributário, que passou a ser feito por um sistema único e integrado, o qual engloba tributos municipais, estaduais e federais.

De acordo com o **art. 3.º da LC 123/2006**, "consideram-se microempresas ou empresas de pequeno porte, a sociedade empresária, a sociedade simples, a empresa individual de responsabilidade limitada e o empresário a que se refere o art. 966 da Lei 10.406, de 10 de janeiro de 2002 (Código Civil), devidamente registrados no Registro de Empresas Mercantis ou no Registro Civil de Pessoas Jurídicas, conforme o caso, desde que: I - no caso da **microempresa**, aufira, em cada ano-calendário, receita bruta igual ou inferior a **R$ 360.000,00 (trezentos e sessenta mil reais)**; e II - no caso da **empresa de pequeno porte**, aufira, em cada ano-calendário, receita bruta superior a R$ 360.000,00 (trezentos e sessenta mil reais) e igual ou inferior a **R$ 4.800.000,00 (quatro milhões e oitocentos mil reais)**".

O § 4.º do art. 3.º, porém, estabelece algumas **vedações** ao gozo dos tratamentos favorecidos previstos na lei, ainda que os requisitos dos incisos I e II, supratranscritos, estejam preenchidos. Diz a norma em questão: "não poderá se beneficiar do tratamento jurídico diferenciado previsto nesta Lei Complementar, incluído o regime de que trata o art. 12 desta Lei Complementar, para nenhum efeito legal, a pessoa jurídica: I – **de cujo capital participe outra pessoa jurídica**; II – que seja filial, sucursal, agência ou representação, no País, de pessoa jurídica com sede no exterior; III – de cujo capital participe pessoa física que seja inscrita como empresário ou seja sócia de outra empresa que receba tratamento jurídico diferenciado nos termos desta Lei Complementar, desde que a receita bruta global ultrapasse o limite de que trata o inciso II do *caput* deste artigo; IV – cujo titular ou sócio participe com mais de 10% (dez por cento) do capital de outra empresa não beneficiada por esta Lei Complementar, desde que a receita bruta global ultrapasse o limite de que trata o inciso II do *caput* deste artigo; V – cujo sócio ou titular seja administrador ou equiparado de outra pessoa jurídica com fins lucrativos, desde que a receita bruta global ultrapasse o limite de que trata o inciso II do *caput* deste artigo; VI – constituída sob a forma de cooperativas, salvo as de consumo; VII – que participe do capital de outra pessoa jurídica; VIII – que exerça atividade de banco comercial, de investimentos e de desenvolvimento, de caixa econômica, de sociedade de crédito, financiamento e investimento ou de crédito imobiliário, de corretora ou de distribuidora de títulos, valores mobiliários e câmbio, de empresa de arrendamento mercantil, de seguros privados e de capitalização ou de previdência complementar; IX – resultante ou remanescente de cisão ou qualquer outra forma de desmembramento de pessoa jurídica que tenha ocorrido em um dos 5 (cinco) anos-calendário anteriores; X – constituída sob a forma de sociedade por ações; e XI – cujos titulares ou sócios guardem, cumulativamente, com o contratante do serviço, relação de pessoalidade, subordinação e habitualidade".

Finalmente, frise-se que **o tratamento favorecido para as ME e EPP não se restringe ao aspecto tributário**. De acordo com o **art. 1.º da LC 123/2006**, os agentes econômicos (empresários individuais, EIRELI, sociedades empresárias e sociedades simples) que optarem pela qualificação como ME ou EPP gozam dos seguintes benefícios: "I – à apuração e recolhimento dos impostos e contribuições da União, dos Estados, do Distrito Federal e dos Municípios, mediante regime único de arrecadação, inclusive obrigações acessórias; II – ao cumprimento de obrigações trabalhistas e previdenciárias, inclusive obrigações acessórias; III – ao acesso a crédito e ao mercado, inclusive quanto à preferência nas aquisições de bens e serviços pelos Poderes Públicos, à tecnologia, ao associativismo e às regras de inclusão; e IV – ao cadastro nacional único de contribuintes a que se refere o inciso IV do parágrafo único do art. 146, *in fine*, da Constituição Federal".

Quanto ao inciso I, tem-se o SIMPLES NACIONAL (arts. 12 e seguintes), **regime tributário simplificado** pelo qual as ME e EPP podem optar e que lhes assegura, pelo menos em tese, carga tributária reduzida e menos exigências burocráticas.

Quanto ao inciso II, podem ser citadas, por exemplo, as regras do art. 51, que dispensa as ME e EPP do cumprimento de algumas obrigações trabalhistas, e do art. 55, que **determina que a fiscalização das ME e EPP seja prioritariamen-**

te orientadora, estabelecendo-se ainda o critério da dupla visita para lavratura de autos de infração.

Quanto ao inciso III, podem ser citadas as regras que asseguram tratamento favorecido às ME e EPP em certames licitatórios (por exemplo, o art. 44 da LC 123/2006, o qual prevê que "nas licitações será assegurada, como critério de desempate, preferência de contratação para as microempresas e empresas de pequeno porte"). Pode ser citada também a regra que lhe permite acesso a linhas de crédito especiais em bancos públicos (art. 58 da LC 123/2006).

5.3.5. Princípio da preservação da empresa

Um dos princípios do direito empresarial mais alardeados pela doutrina especializada nos dias atuais é o princípio da preservação da empresa, o qual vem sendo amplamente difundido, inspirando alterações legislativas recentes, como a Lei 11.101/2005 (Lei de Falência e Recuperação de Empresas), e a lei que instrumentalizou sua reforma (Lei 14.112/2020).

O princípio da preservação da empresa também tem sido muito usado pelos tribunais pátrios para fundamentar decisões em matéria de dissolução de sociedades, falência, recuperação judicial etc. Nesses últimos casos, porém, é preciso ter muito cuidado para que a aplicação excessiva e sem critério do princípio não provoque a sua banalização. Muitas vezes atividades empresariais devem mesmo ser encerradas, e nesses casos impedir a falência do empresário ou da sociedade empresária contraria a ordem espontânea do mercado, sobretudo quando a manutenção de tais atividades é conseguida com os famigerados "pacotes de socorro" baixados pelo governo.

O capitalismo é um sistema no qual os empresários auferem lucros privados e sofrem prejuízos privados. Os "pacotes de socorro", pois, desvirtuam a lógica natural do capitalismo, criando um sistema no qual os empresários bem relacionados auferem lucros privados, mas solidarizam suas perdas com a população. Em suma: o princípio da preservação da empresa não pode, jamais, conferir a certos empresários um "direito de não falir", algo que infelizmente vem acontecendo com empresários que se dizem "grandes demais para quebrar" (*too big to fail*). O princípio da preservação da empresa é uma construção importante, mas sua aplicação deve limitar-se às situações em que o próprio mercado, espontaneamente, encontra soluções para a crise de um agente econômico, em bases consensuais. Infelizmente, não é o que temos visto ultimamente.

5.3.6. Outros princípios do direito empresarial

Os princípios mencionados são o que podemos chamar de princípios gerais do direito empresarial. Nos demais capítulos, trataremos de outros princípios específicos, aplicáveis de forma restrita a determinados sub-ramos do direito empresarial. Assim, por exemplo, no direito societário estudaremos o princípio da limitação de responsabilidade dos sócios; no direito cambiário estudaremos o princípio da autonomia dos títulos de crédito; no direito falimentar estudaremos o princípio da maximização dos ativos, e assim por diante.

5.3.7. A Lei da Liberdade Econômica e seus princípios

A Lei 13.874/2019, conhecida como Lei da Liberdade Econômica, também se preocupou em estabelecer alguns princípios importantes que passam a reger as relações dos empresários com o Estado.

> Art. 2.º São princípios que norteiam o disposto nesta Lei:
>
> I – a liberdade como uma garantia no exercício de atividades econômicas;
>
> II – a boa-fé do particular perante o poder público;
>
> III – a intervenção subsidiária e excepcional do Estado sobre o exercício de atividades econômicas; e
>
> IV – o reconhecimento da vulnerabilidade do particular perante o Estado.
>
> Parágrafo único. Regulamento disporá sobre os critérios de aferição para afastamento do inciso IV do caput deste artigo, limitados a questões de má-fé, hipersuficiência ou reincidência.

O inciso I, que trata da "liberdade como uma garantia no exercício de atividades econômicas", é um princípio legal que decorre da livre-iniciativa, a qual, conforme vimos, está expressamente consagrado no texto constitucional em diversas passagens, notadamente no *caput* do art. 170 da Carta Magna, onde aparece como fundamento da ordem econômica, e em seu parágrafo único.

Os incisos II e IV, que tratam da "boa-fé do particular perante o poder público" e do "reconhecimento da vulnerabilidade do particular perante o Estado", consagram princípios de extrema relevância, os quais possuem dois vetores: de um lado, eles passam a orientar a própria Administração Pública; de outro, eles passam a nortear a interpretação do Poder Judiciário. Exemplifico: com base no inciso II, os órgãos do Poder Executivo devem privilegiar a autodeclaração do cidadão, especialmente o empreendedor, em vez de exigir documentos, certidões, comprovantes etc.; e com base no inciso IV, um magistrado pode inverter o ônus da prova em favor do cidadão, especialmente o empreendedor, numa demanda em que ele litiga contra o poder público.

Por fim, o inciso III, que trata da "intervenção subsidiária e excepcional do Estado sobre o exercício de atividades econômicas", consagra outro princípio legal que está em plena consonância com o texto constitucional, especialmente os arts. 173 e 174 da Carta Magna: o primeiro deixa claro que o Estado só deve explorar diretamente atividade econômica em situações realmente excepcionais (segurança nacional ou relevante interesse coletivo), e o segundo determina que o Estado só deve criar normas para regular a atividade econômica com o objetivo de fiscalizar, incentivar e planejar, sendo que tal planejamento, no tocante ao setor privado, deve ser meramente indicativo.

6. FONTES DO DIREITO EMPRESARIAL

Os juristas costumam dividir as fontes do direito em fontes materiais e fontes formais. Em síntese, aquelas constituem os mais variados elementos e fatores que influenciam e determinam a criação de normas jurídicas, enquanto estas constituem precisamente a forma pela qual se manifestam ou se exteriorizam tais normas.

Quanto às fontes materiais do direito empresarial, destacam-se os fatores econômicos. O arcabouço jurídico-empresarial de um país será absolutamente influenciado pela economia desse país. Por exemplo, um país mais liberal, do ponto de vista econômico, terá regras empresariais menos intervencionistas, que garantam um ambiente de livre mercado mais seguro e estável para os empreendedores. É verdade que a economia influencia o ordenamento jurídico como um todo, mas não é exagero afirmar que é no direito empresarial onde sua influência se mostra mais forte e decisiva.

No tocante às fontes formais do direito empresarial, os comercialistas, acolhendo uma classificação formulada por Carvalho de Mendonça, dividem-nas em primárias ou diretas e subsidiárias ou indiretas.[125] Estas são aplicadas, obviamente, apenas se aquelas apresentarem lacunas.

As fontes formais primárias mais importantes do direito empresarial são as normas que regem o exercício profissional de atividade econômica organizada, ou seja, as normas que disciplinam a empresa e os empresários. Tradicionalmente, as principais normas desse tipo estão previstas no próprio Código Comercial. Hodiernamente, porém, não se pode dizer isso quanto ao Código Comercial brasileiro, que após a edição do Código Civil contém apenas as normas que disciplinam o comércio marítimo. Hoje, portanto, as normas nucleares que regem o direito comercial/empresarial estão no Código Civil, mais precisamente entre os arts. 966 e 1.195 (Livro II do CC, chamado de "direito de empresa"). São normas que conceituam o empresário, estabelecem requisitos para o exercício de empresa individualmente, regem as sociedades empresárias, tratam do nome empresarial e do estabelecimento empresarial etc.

Além do Código Comercial (normas sobre comércio marítimo) e do Código Civil (normas empresariais gerais), existem outros diplomas legislativos que também ostentam fontes formais primárias do direito comercial/empresarial. Não se trata de códigos, mas de microssistemas legislativos que se limitam a disciplinar uma área específica desse ramo do direito. Podem ser citadas, por exemplo, a Lei 8.934/1994, que trata do registro de empresas; a Lei 6.404/1976, que trata das sociedades por ações; a Lei Complementar 123/2006, que trata das microempresas e das empresas de pequeno porte; a Lei 11.101/2005, que trata dos procedimentos de falência e de recuperação de empresas; dentre outras.[126]

---

[125] Nesse sentido: CARVALHO DE MENDONÇA, José Xavier. *Tratado de direito comercial brasileiro*. 5. ed. Rio de Janeiro: Freitas Bastos, 1953. p. 127 e ss. v. I.

[126] Para uma parte da doutrina, os microssistemas legislativos são mais adequados à disciplina do direito comercial/empresarial do que as codificações. Aqueles tratam seus temas de forma mais profunda e detalhada, além de serem mais facilmente alterados quando mudanças decorrentes da dinâmica do mercado o exigem. Estas, em contrapartida, além de tratarem os temas que abrangem de forma genérica, são sabidamente mais difíceis de serem alteradas, algo que, para o direito comercial/empresarial, ramo que está sempre em constante renovação, é realmente um problema. A propósito, confira-se: IRTI, Natalino. *L'età della decodificazione*. 4. ed. Milano: Giuffrè, 1999. Para uma visão crítica acerca da aplicação da teoria dos microssistemas de Irti à realidade brasileira, confira-se: COELHO, Fábio Ulhoa. *Princípios do direito comercial*. São Paulo: Saraiva, 2012. p. 60-65.

Dado o cosmopolitismo do direito comercial/empresarial, os Tratados Internacionais também são importantes fontes formais primárias desse ramo jurídico. Nesse sentido, podem ser citados a Convenção da União de Paris e os Acordos TRIPS, que orientam a nossa Lei de Propriedade Industrial (Lei 9.279/1996), bem como a Lei Uniforme de Genebra, ela própria incorporada ao nosso ordenamento jurídico pelos Decretos n.os 57.595/1966 e 57.663/1966.[127]

Como fonte formal subsidiária do direito comercial/empresarial podem ser mencionados os usos e costumes mercantis, sobretudo porque o direito comercial, como visto, surgiu como um direito consuetudinário, baseado nas práticas mercantis dos mercadores medievais. Os usos e costumes surgem quando se verificam alguns requisitos básicos: normalmente exige-se que a prática seja (i) uniforme, (ii) constante, (iii) observada por certo período de tempo, (iv) exercida de boa-fé e (v) não contrária à lei.[128]

A doutrina distingue os usos em usos de direito (ou usos propriamente ditos) e usos de fato (ou usos convencionais). Os primeiros são aqueles que decorrem da própria lei, razão pela qual sua eficácia não decorre da vontade das partes, mas de imposição legal. Os segundos, por outro lado, são aqueles que surgem como decorrência da prática espontânea dos empresários em suas relações jurídicas cotidianas, como os contratos mercantis que se firmam constantemente. Pode-se citar como exemplo de uso de direito a disposição normativa constante do art. 488 do Código Civil, a qual dispõe que, nos contratos de compra e venda, "convencionada a venda sem fixação de preço ou de critérios para a sua determinação, se não houver tabelamento oficial, entende-se que as partes se sujeitaram ao preço corrente nas vendas habituais do vendedor".

Registre-se que o Novo CPC determina, em seu art. 376, que "a parte que alegar direito (...) consuetudinário provar-lhe-á o teor e a vigência, se assim o juiz determinar". Nesse ponto, é importante destacar que compete às Juntas Comerciais, conforme disposto no art. 8.º, inciso VI, da Lei 8.934/1994, "o assentamento dos usos e práticas mercantis", após análise jurídica feita pela sua Procuradoria, devendo o juiz comunicar à Junta Comercial da região os costumes comerciais invocados e aplicados em juízo, para fins de registro em livro próprio.

Finalmente, também como fonte formal subsidiária do direito comercial/empresarial devem ser citadas as normas civis,[129] especialmente no campo das obrigações e dos contratos. A propósito, o Código Comercial de 1850 continha regra expressa nesse sentido em seu art. 121: "as regras e disposições do direito civil para os contratos em geral são aplicáveis aos contratos comerciais, com as modificações e restrições estabelecidas neste Código". Após o Código Civil de 2002, continua ocorrendo

---

[127] Nesse sentido, e incluindo também como fontes formais primárias os "regulamentos baixados pelo Poder Público" sobre matéria comercial/empresarial: MARTINS, Fran. *Curso de direito comercial*. 30. ed. Rio de Janeiro: Forense, 2006, p. 42-43.

[128] Nesse sentido: REQUIÃO, Rubens. *Curso de direito comercial*. 25. ed. São Paulo: Saraiva, 2003, p. 30. v. I.

[129] A questão divide a doutrina. Contra o reconhecimento das normas civis como fonte do direito comercial: FERREIRA, Waldemar. *Instituições de direito comercial*. 3. ed. Rio de Janeiro: Freitas Bastos, 1951. p. 25. v. I. A favor: CARVALHO DE MENDONÇA, José Xavier. *Tratado de direito comercial brasileiro*. 5. ed. Rio de Janeiro: Freitas Bastos, 1953. p. 176. v. I.

o mesmo, já que as normas da parte de contratos do referido diploma legislativo (arts. 421 e ss.) aplicam-se indistintamente a contratos cíveis e empresariais, com o devido temperamento, é óbvio, quando aplicadas a estes. Esse temperamento é imprescindível porque o Código Civil de 2002, na parte relativa a contratos, foi fortemente influenciado pela teoria do dirigismo contratual, que prega a relativização dos princípios da autonomia da vontade das partes e da força obrigatória das avenças em prol de uma cada vez maior intervenção do estado nas relações negociais, algo que definitivamente não se coaduna com os contratos empresariais, nos quais devem sempre prevalecer a plena liberdade de contratar e a máxima liberdade contratual.[130]

[130] A propósito do assunto, confira-se: FORGIONI, Paula. *Teoria geral dos contratos empresariais*. 2. ed. São Paulo: RT, 2010.

2

TEORIA GERAL DO DIREITO EMPRESARIAL

"Quando os que se autodenominam 'progressistas' usam a palavra lucro, o fazem enfurecidos e raivosos. Para eles o ideal seria que não existisse o lucro. O empresário deveria servir o povo altruisticamente, em vez de tentar obter lucros. Deveria não ter lucro ou se contentar com uma pequena margem sobre os seus custos. Nenhuma objeção é feita se ele tiver que suportar prejuízos. Mas a motivação para o lucro da atividade empresarial é precisamente o que dá sentido e significado, orientação e direção à economia de mercado baseada na propriedade privada dos meios de produção. Eliminar a motivação pelo lucro equivale a transformar a economia de mercado numa completa desordem." (Ludwig Von Mises, em Intervencionismo, uma análise econômica)

1. INTRODUÇÃO

Embora a adoção da teoria da empresa tenha vindo junto com a **tentativa de unificação do direito privado**, viu-se que essa suposta unificação é apenas formal, continuando a existir, como ramos autônomos e independentes da árvore jurídica, o direito civil e o direito empresarial.

O que define a autonomia de um direito, afinal, não é a existência de um diploma legislativo próprio que contemple suas regras jurídicas, mas a existência de características específicas, institutos jurídicos típicos e princípios informadores próprios, o que, como visto, o direito empresarial possui.[1]

Essa suposta unificação, na verdade, sequer ocorreu de fato na Itália, com a edição do *Codice Civile* de 1942. Com efeito, no mesmo dia em que o *Codice Ci-*

[1] Nesse sentido: BULGARELLI, Waldirio. *Direito comercial*. 5. ed. São Paulo: Atlas, 2000. p. 55. Na defesa de sua tese acerca da autonomia do direito comercial, o autor se apoia em lições de Rocco e Ascarelli, sustentando, como já mencionado, que a autonomia de um ramo do direito se manifesta quando ele tem princípios próprios, métodos próprios, extensão e novidade. No mesmo sentido: BARRETO FILHO, Oscar. *Teoria do estabelecimento comercial*. São Paulo: Max Limonad, 1964. p. 7-30. O autor deixa clara sua opinião de que a mera unificação legislativa não acarreta, necessariamente, a perda de autonomia científica do direito comercial.

vile foi sancionado, 16.03.1942, foi editado também o Decreto 267, que tratava da *"disciplina del fallimento. del concordato preventivo, dell'amministrazione controllata e della liquidazione coalta amministrativa"*.

No Brasil, a tentativa de unificação também não vingou, uma vez que o Código Comercial não foi totalmente revogado, restando em vigor a parte segunda, relativa ao comércio marítimo. Ademais, conforme já visto no capítulo 1 quando do estudo das fontes do direito empresarial, existem diversas normas de direito empresarial espalhadas pelo ordenamento jurídico, tais como a Lei das Sociedades por Ações (Lei 6.404/1976), a Lei de Propriedade Industrial (Lei 9.279/1996), a Lei de Falência e Recuperação de Empresas (Lei 11.101/2005), entre outras.

Assim, se é que a unificação foi alcançada, ela o foi, repita-se, apenas no âmbito formal, pois ainda **continuam a existir o direito empresarial e o direito civil como disciplinas autônomas e independentes**. O fato de grande parte das regras que compõem o regime jurídico empresarial estarem hoje espalhadas pelo Código Civil e em diversas leis esparsas não descaracteriza a existência de um direito empresarial, nem retira a sua autonomia e independência.

O que se pode afirmar, após a entrada em vigor do Código Civil de 2002, é que nele se encontram hoje as regras básicas do direito empresarial brasileiro, isto é, sua matéria nuclear, ficando para disciplinamento em leis específicas temas especiais, como o direito de propriedade industrial, as sociedades por ações e o direito falimentar, por exemplo. É n**o Código Civil de 2002, porém, que vamos encontrar as regras gerais do direito empresarial**, que compreendem o Título I do Livro II, da Parte Especial, denominado de **Direito de Empresa**.

Finalmente, não se pode esquecer que está em tramitação no Congresso Nacional o PL 487/2013[2], que visa a instituir um novo Código Comercial no Brasil, o qual, se aprovado e promulgado, revogará toda a parte do Direito de Empresa do atual Código Civil, acabando inclusive com a unificação legislativa que hoje existe no Direito Privado brasileiro.

2. O CONCEITO DE EMPRESÁRIO

Conforme já exposto, tendo o **Código Civil de 2002 adotado a teoria da empresa** em substituição à antiga teoria dos atos de comércio, suas regras não utilizam mais as expressões *ato de comércio* e *comerciante*, que foram substituídas pelas expressões *empresa* e *empresário*.

Do conceito de empresário estabelecido no art. 966 do Código Civil ("considera-se empresário quem exerce profissionalmente atividade econômica organizada para a produção ou a circulação de bens ou de serviços"), podemos extrair as seguintes expressões, que nos indicam os principais elementos indispensáveis à sua caracte-

[2] O primeiro projeto de lei sobre a matéria foi o PL 1.572/2011, de autoria do deputado Vicente Cândido, mas que hoje se encontra arquivado (em edições passadas desta obra, cheguei a tecer comentários sobre esse PL, mas decidi não mais fazê-lo a partir desta edição, em razão do mencionado arquivamento). Posteriormente, o assunto passou a ser objeto do PL 487/2013, de autoria do senador Renan Calheiros e atualmente sob a relatoria da senadora Soraya Thronicke (até o fechamento desta edição, o PL estava parado desde dezembro de 2019).

rização: a) *profissionalmente*; b) *atividade econômica*; c) *organizada*; d) *produção ou circulação de bens ou de serviços*.

Da primeira expressão destacada, pode-se extrair o seguinte: só será empresário aquele que exercer determinada atividade econômica de forma profissional, ou seja, que fizer do exercício daquela atividade a sua **profissão habitual**. Quem exerce determinada atividade econômica de forma esporádica, por exemplo, não será considerado empresário, não sendo abrangido, portanto, pelo regime jurídico empresarial. Em síntese, "importa que a atividade corresponda a um constante repetir-se, não podendo tratar-se da realização de um negócio ocasional de compra e venda ou de mediação".[3]

Ao destacarmos a expressão atividade econômica, por sua vez, queremos enfatizar que empresa é uma atividade exercida com **intuito lucrativo**. Afinal, conforme veremos, é característica intrínseca das relações empresariais a onerosidade. Mas não é só à ideia de lucro que a expressão atividade econômica remete. Ela indica também que o empresário, sobretudo em função do intuito lucrativo de sua atividade, é aquele que assume os seus **riscos técnicos e econômicos**.

> Entenda-se a ideia de lucro aqui como utilidade. É lucrativa a atividade que produz uma utilidade, e não somente aquela que se traduz em dinheiro. De qualquer forma, o critério de economicidade é essencial. A atividade deve produzir o suficiente para, pelo menos, remunerar os fatores da produção e, dentre eles, o capital investido, de molde a assegurar, por si mesma, a sua sobrevivência.[4]

A terceira expressão destacada – organizada – significa, como bem assinala a doutrina, que empresário é aquele que **articula os fatores de produção** (capital, mão de obra, insumos e tecnologia). No mesmo sentido, diz-se que o exercício de empresa pressupõe, necessariamente, a organização de pessoas e meios para o alcance da finalidade almejada. Como dizia Asquini, o empresário é responsável pela "prestação de um trabalho autônomo de caráter organizador", e é isso, junto com a assunção dos riscos do empreendimento, que justifica a possibilidade de ele auferir lucro.

Fábio Ulhoa Coelho, ao analisar o requisito da *organização* para a caracterização da empresa, chega a afirmar que não se deve considerar como empresário aquele que não organiza nenhum dos fatores de produção.

> A empresa é atividade organizada no sentido de que nela se encontram articulados, pelo empresário, os quatro fatores de produção: capital, mão de obra, insumos e tecnologia. Não é empresário quem explora atividade de produção ou circulação de bens ou serviços sem alguns desses fatores. O comerciante de perfumes que leva ele mesmo, à sacola, os produtos até os locais de trabalho ou residência dos potenciais consumidores explora atividade de circulação de bens, fá-lo com intuito de lucro, habitualidade e em nome próprio, mas não é empresário, porque em seu mister não contrata empregado, não organiza mão de obra. A tecnologia, ressalte-se, não precisa ser necessariamente *de ponta*, para que se caracterize a empresarialidade. Exige-se apenas que o empresário se valha dos conhecimentos

[3] VERÇOSA, Haroldo Malheiros Duclerc. *Curso de direito comercial*. São Paulo: Malheiros, 2004. p. 120. v. 1.

[4] MELLO FRANCO, Vera Helena. *Manual de direito comercial*. 2. ed. São Paulo: RT, 2004. p. 47. v. 1.

> próprios aos bens ou serviços que pretende oferecer ao mercado – sejam estes sofisticados ou de amplo conhecimento – ao estruturar a organização econômica.[5]

Não concordamos com o eminente jurista. Parecenos que essa ideia fechada de que a organização dos fatores de produção é absolutamente imprescindível para a caracterização do empresário vem perdendo força no atual contexto da economia capitalista. Com efeito, basta citar o caso dos microempresários, os quais, não raro, exercem atividade empresarial única ou preponderantemente com trabalho próprio. Pode-se citar também o caso dos *empresários virtuais*, que muitas vezes atuam completamente sozinhos, resumindo-se sua atividade à intermediação de produtos ou serviços por meio da *internet*.[6]

Por fim, a última expressão destacada demonstra a abrangência da teoria da empresa, em contraposição à antiga teoria dos atos de comércio, a qual, como visto, restringia o âmbito de incidência do regime jurídico comercial a determinadas atividades econômicas elencadas na lei. Para a teoria da empresa, em contrapartida, qualquer atividade econômica poderá, em princípio, submeter-se ao regime jurídico empresarial, bastando que seja exercida profissionalmente, de forma organizada e com intuito lucrativo. Sendo assim, a expressão *produção ou circulação de bens ou de serviços* deixa claro que nenhuma atividade econômica está excluída, *a priori*, do âmbito de incidência do direito empresarial.

E mais. Além de denotar a abrangência da teoria da empresa, a expressão em análise também nos permite concluir que só restará caracterizada a empresa quando a produção ou circulação de bens ou serviços destinar-se ao mercado, e não ao consumo próprio.

> O objetivo da atividade deverá ser, para a qualificação do empresário, a *produção* ou a *circulação de bens ou de serviços*, nos termos do art. 966, caput, do NCC. Considerando tratar-se de redação idêntica à do art. 2.082 do CCIt, pode-se dizer – acompanhando Ascarelli – que tal atividade deve dirigir-se *diretamente* para tais finalidades, excluída a produção para uso próprio, pois esta não está destinada ao mercado. A destinação dos produtos da empresa para o mercado é, justamente, um dos elementos diferenciadores entre a atividade do empresário e a de outros sujeitos que também exercem uma atividade econômica.
>
> (...)
>
> Desta maneira, não poderá ser considerada "empresa", para efeitos jurídicos, a atividade cujos benefícios sejam exclusivamente para uso próprio ou, ain-

5 COELHO, Fábio Ulhoa. *Manual de direito comercial.* 18. ed. São Paulo: Saraiva, 2007. p. 13-14.

6 MELLO FRANCO, Vera Helena. *Manual de direito comercial.* 2. ed. São Paulo: RT, 2004. p. 51. v. 1. Resume bem a professora da USP: "a ideia de organização, assim, deve ser entendida em sentido amplo, de molde a considerar 'organizada' toda atividade realizada de modo profissional, isto é, que não seja extemporânea ou improvisada, destinada à colocação de bens ou serviços no mercado". No mesmo sentido: VERÇOSA, Haroldo Malheiros Duclerc. *Curso de direito comercial.* São Paulo: Malheiros, 2004. p. 126. v. 1. Diz o autor, com propriedade: "Não é elemento essencial da organização da atividade que ela seja feita com o concurso do trabalho de outras pessoas além do próprio empresário. Suponha-se um caso-limite: um empresário individual ou uma sociedade empresária formada por dois únicos sócios exerce atividade inteiramente automatizada, seja por recorrer integralmente a robôs, seja pela utilização exclusiva de computadores, sem contar com qualquer empregado ou prestador de serviços. Mesmo assim deve ser reconhecida a existência da empresa, desde que presentes os demais elementos essenciais."

da, com sentido mutualístico, tal como ocorre com as cooperativas. De outro lado, é empresarial a atividade exercida por uma sociedade controladora pura (*holding*) – ou seja, aquela cujo único objeto é participar do capital de outras sociedades, desde que as controladas sejam, por sua vez, sociedades empresárias. Neste caso, os requisitos da economicidade e produtividade são atendidos por via indireta.[7]

Uma última observação importante precisa ser feita: **a partir do conceito de empresário pode-se estabelecer, logicamente, que empresa é uma atividade econômica organizada com a finalidade de fazer circular ou produzir bens ou serviços.**[8] **Empresa é, portanto, uma *atividade*, algo abstrato**. Empresário, por sua vez, é quem exerce empresa de modo profissional. Assim, deve-se atentar para o uso correto da expressão empresa, não a confundindo com **a sociedade empresária** (pessoa jurídica cujo objeto social é o exercício de uma empresa, isto é, de uma *atividade econômica organizada*), por exemplo. É errado, pois, dizer que "João e Maria constituíram uma empresa", pois nesse caso o que eles constituíram foi uma sociedade empresária. Nesse sentido, destaca Luiz Tzirulnik que "a condição de sujeito de direito é atribuída ao empresário, seja pessoa física ou jurídica, e não à empresa, que, além de não ser absolutamente detentora de personalidade jurídica, não pode ser confundida com a sociedade".[9]

Empresa e empresário são noções, portanto, que se relacionam, mas não se confundem. "A propósito, Ferrara Jr. e Corsi referem-se à noção de 'empresário' e à de 'empresa' como correlatas, pois enquanto empresário é quem exerce uma empresa, esta é o exercício de um atividade econômica organizada".[10]

Também não se deve confundir, por exemplo, empresa com estabelecimento empresarial. Este é um complexo de bens que o empresário usa para exercer empresa, isto é, para exercer uma atividade econômica organizada. Mais uma vez Luiz Tzirulnik pondera que "juridicamente (...) empresa é sinônimo absoluto de atividade econômica organizada para a produção de bens e serviços, nada tendo a ver com estabelecimento empresarial, a despeito de muitas vezes poder haver esta confusão de ordem semântica".[11]

Enfim, **empresa** é uma atividade econômica organizada, e **empresário** é a pessoa, física ou jurídica, que exerce uma empresa profissionalmente. Quando o empresário for pessoa física, nós o chamamos de empresário individual; quando o empresário for pessoa jurídica, estaremos diante de uma sociedade empresária.

---

7 VERÇOSA, Haroldo Malheiros Duclerc. *Curso de direito comercial*. São Paulo: Malheiros, 2004. p. 124-125. v. 1.

8 Nesse sentido, cite-se a seguinte decisão do STJ: "*2. O novo Código Civil Brasileiro, em que pese não ter definido expressamente a figura da empresa, conceituou no art. 966 o empresário como 'quem exerce profissionalmente atividade econômica organizada para a produção ou a circulação de bens ou de serviços' e, ao assim proceder, propiciou ao intérprete inferir o conceito jurídico de empresa como sendo 'o exercício organizado ou profissional de atividade econômica para a produção ou a circulação de bens ou de serviços'. 3. Por exercício profissional da atividade econômica, elemento que integra o núcleo do conceito de empresa, há que se entender a exploração de atividade com finalidade lucrativa.*" (RESP 623367/RJ, 2.ª Turma, Rel. Min. João Otávio de Noronha, *DJ* 09.08.2004, p. 245).

9 TZIRULNIK, Luiz. *Empresa & empresários no novo Código Civil*. 2. ed. São Paulo: RT, 2005. p. 29.

10 VERÇOSA, Haroldo Malheiros Duclerc. *Curso de direito comercial*. São Paulo: Malheiros, 2004. p. 122. v. 1.

11 TZIRULNIK, Luiz. *Empresa & empresários no novo Código Civil*. 2. ed. São Paulo: RT, 2005. p. 29-30.

2.1. Empresário individual x sociedade empresária

O art. 966 do Código Civil, ao conceituar *empresário* como aquele que exerce profissionalmente atividade econômica organizada, não está se referindo apenas à *pessoa física* (ou *pessoa natural*) que explora atividade econômica, mas também à *pessoa jurídica*. Portanto, temos que o empresário pode ser um empresário individual (pessoa física que exerce profissionalmente atividade econômica organizada) ou uma *sociedade empresária* (pessoa jurídica constituída sob a forma de sociedade cujo objeto social é a exploração de uma atividade econômica organizada).

Quando se está diante de uma sociedade empresária, é importante atentar para o fato de que os seus sócios não são empresários: o empresário, nesse caso, é a própria sociedade, ente ao qual o ordenamento jurídico confere personalidade e, consequentemente, capacidade para adquirir direitos e contrair obrigações. Assim, pode-se dizer que a expressão *empresário* designa um gênero, do qual são espécies o *empresário individual* (pessoa física) e a *sociedade empresária* (pessoa jurídica). Confira-se, a esse respeito, o seguinte julgado do STJ:

> (...) PEDIDO DE INSOLVÊNCIA CIVIL MANEJADO CONTRA SÓCIO DE EMPRESA. POSSIBILIDADE. AUSÊNCIA DA FIGURA DO COMERCIANTE. RECURSO ESPECIAL NÃO CONHECIDO.
>
> (...)
>
> 5. A pessoa física, por meio de quem o ente jurídico pratica a mercancia, por óbvio, não adquire a personalidade desta. Nesse caso, comerciante é somente a pessoa jurídica, mas não o civil, sócio ou preposto, que a representa em suas relações comerciais. Em suma, **não se há confundir a pessoa, física ou jurídica, que pratica objetiva e habitualmente atos de comércio, com aquela em nome da qual estes são praticados. O sócio de sociedade empresarial não é comerciante** [hoje empresário]**, uma vez que a prática de atos nessa qualidade são imputados à pessoa jurídica à qual está vinculada, esta sim, detentora de personalidade jurídica própria**. Com efeito, deverá aquele sujeitar-se ao Direito Civil comum e não ao Direito Comercial, sendo possível, portanto, a decretação de sua insolvência civil.
>
> (...)
>
> (REsp 785.101/MG, Rel. Ministro LUIS FELIPE SALOMÃO, QUARTA TURMA, julgado em 19/05/2009, DJe 01/06/2009)

A grande diferença entre o empresário individual e a sociedade empresária é que esta, por ser uma pessoa jurídica, tem patrimônio próprio, distinto do patrimônio dos sócios que a integram. Assim, os bens particulares dos sócios, em princípio, não podem ser executados por dívidas da sociedade, senão depois de executados os bens sociais (nesse sentido, confira-se o disposto no art. 1.024 do Código Civil). O empresário individual, por sua vez, não goza dessa separação patrimonial, respondendo com todos os seus bens, inclusive os pessoais, pelo risco do empreendimento. Sendo assim, pode-se concluir que a responsabilidade dos sócios de uma sociedade empresária é *subsidiária* (já que primeiro devem ser executados os bens da própria sociedade), enquanto a responsabilidade do empresário individual é *direta*.

A respeito do assunto, foi aprovado o Enunciado 5 da I Jornada de Direito Comercial do CJF, com o seguinte teor: *"Quanto às obrigações decorrentes de sua atividade, o empresário individual tipificado no art. 966 do Código Civil responderá primeiramente com os bens vinculados à exploração de sua atividade econômica, nos termos do art. 1.024 do Código Civil.*" Por mais que eu possa ter simpatia pelo referido enunciado, é preciso destacar que ele é absolutamente *contra legem*. O art. 1.024 do CC é uma regra específica para as sociedades.

Ademais, a responsabilidade dos sócios de uma sociedade empresária, além de ser subsidiária, pode ser *limitada*, o que ocorre, por exemplo, nas sociedades limitadas e nas sociedades anônimas. Nessas sociedades, o sócio se compromete a contribuir com determinada quantia para a formação do capital social, e sua responsabilidade fica adstrita, em princípio, a esse valor. Integralizado o capital social (isso significa que todos os sócios já contribuíram com suas respectivas quantias), os bens particulares dos sócios não podem ser executados por dívidas da sociedade, mesmo que os bens sociais não sejam suficientes para pagamento das dívidas. Devem ser ressalvadas, obviamente, as hipóteses excepcionais de responsabilização pessoal e direta dos sócios pela prática de atos ilícitos e a possibilidade de desconsideração da personalidade jurídica da sociedade (art. 50 do Código Civil).

Já o empresário individual, em nosso ordenamento jurídico, além de responder diretamente com todos os seus bens pelas dívidas contraídas no exercício de atividade econômica (inclusive seus bens pessoais), não goza da prerrogativa de *limitação de responsabilidade*.

Portanto, enquanto a **responsabilidade do empresário individual é direta e ilimitada**, a **responsabilidade do sócio de uma sociedade empresária é subsidiária** (seus bens só podem ser executados após a execução dos bens sociais) **e pode ser limitada**, a depender do tipo societário utilizado.

Do que se expôs, fica fácil entender porque, no Brasil, o exercício de empresa em sociedade é mais vantajoso do que o exercício de empresa individualmente. A constituição de sociedade empresária para exploração de atividade econômica permite que os sócios calculem melhor o seu risco empresarial, resguardando seus bens pessoais em caso de insucesso do empreendimento.

2.1.1. A Empresa Individual de Responsabilidade Limitada (EIRELI)

A empresa individual de responsabilidade limitada – EIRELI foi criada pela Lei 12.441/2011, que inseriu dispositivos no Código Civil (inciso VI do art. 44 e art. 980-A).

O objetivo da EIRELI era permitir a limitação de responsabilidade daquele que empreende individualmente (sem sócios), evitando a prática – até então bastante comum – de constituição de sociedade limitada em que um sócio detinha 99% das quotas, enquanto outro detinha apenas 1%.

Ocorre que a Lei 13.874/2019 (Lei da Liberdade Econômica) alterou novamente o Código Civil, dessa vez para permitir que uma única pessoa constitua sociedade limitada (§§ 1º e 2º do art. 1.052).

Para quem empreende individualmente, a sociedade limitada funciona melhor do que a EIRELI, porque nesta havia exigência de capital mínimo[12] e vedação à constituição de mais de uma pelo mesmo titular pessoa natural, enquanto naquela essas restrições não existem.

[12] A exigência de capital mínimo para constituição de EIRELI (cem salários-mínimos) foi considerada constitucional pelo Supremo Tribunal Federal no julgamento da Ação Direta de Inconstitucionalidade 4.637.

O PLV da MP 1.040/2021, pretendendo extinguir a EIRELI, previu a transformação automática de todas as existentes em sociedades limitadas (art. 41) e a revogação das suas regras (art. 57, inciso XIX, alíneas 'a' e 'e').

No entanto, as mencionadas alíneas do inciso XIX do art. 57 foram vetadas, porque uma delas também revogava regras da sociedade simples, as quais a Presidência da República entendeu que deviam ser mantidas (como não há possibilidade de veto parcial, teve-se que fazer o veto total).

Resultado: a Lei 14.195/2021, fruto da conversão em lei da mencionada MP 1.040/2021, mandou transformar todas as EIRELI existentes em sociedades limitadas (art. 41), mas as regras do Código Civil sobre EIRELI foram mantidas (inciso VI do art. 44 e art. 980-A).

Para resolver o problema, o Departamento Nacional de Registro Empresarial e Integração – DREI, órgão que normatiza o registro empresarial no Brasil, fundamentado em parecer da consultoria jurídica do Ministério da Economia, entendeu que houve revogação tácita das regras do Código Civil sobre a EIRELI, em razão da incompatibilidade delas com regra posterior (art. 2º, § 1º da LINDB).

Posteriormente, confirmando o fim da EIRELI em nosso ordenamento jurídico, a Medida Provisória 1.085/2021 revogou expressamente as suas regras no Código Civil (inciso VI do art. 44 e art. 980-A).

Portanto, não é mais possível registrar EIRELI nas Juntas Comerciais, e todas as EIRELI existentes foram automaticamente transformadas em sociedades limitadas.

2.2. Agentes econômicos excluídos do conceito de empresário

Temos enfatizado, até aqui, que a teoria da empresa, como critério delimitador do âmbito de incidência do direito empresarial, superou uma grande deficiência da antiga teoria dos atos de comércio, a qual acarretava um tratamento desigual dos agentes econômicos, na medida em que certas atividades, como a prestação de serviços e a negociação imobiliária, eram excluídas do regime jurídico comercial, fazendo com que seus exercentes não gozassem das mesmas prerrogativas conferidas àqueles abrangidos pelo direito comercial de então.

A teoria da empresa, sem se preocupar em estabelecer, aprioristicamente, um rol de atividades sujeitas ao regime jurídico empresarial, optou por fixar um critério material para a conceituação do empresário, critério esse, como visto, deveras abrangente, por não excluir, em princípio, nenhuma atividade econômica do seu âmbito de incidência.

Ocorre que esse critério material – previsto no art. 966 do Código Civil – não se aplica a determinados agentes econômicos específicos, acerca dos quais nos referiremos adiante. Para estes agentes, a lei optou por critérios outros para a determinação de sua submissão ou não ao regime jurídico empresarial.

Isso significa dizer que o conceito de empresário previsto no art. 966 do Código Civil, que, em princípio, parece englobar toda e qualquer pessoa, física (empresário individual) ou jurídica (sociedade empresária), que exerça toda e qualquer atividade econômica organizada, não é, na verdade, tão abrangente assim. Com efeito, existem agentes econômicos que, a despeito de exercerem atividades econômicas, não são considerados *empresários* pelo legislador, o que nos permite concluir também que existem atividades que, a despeito de serem atividades econômicas, não configuram *empresa*.

Esses agentes econômicos (indivíduos e sociedades que exercem atividade econômica não empresarial) não considerados empresários pelo Código Civil são basicamente o profissional intelectual (profissional liberal), a sociedade simples, o exercente de atividade rural e a sociedade cooperativa.

2.2.1. Profissionais intelectuais

A situação específica dos profissionais intelectuais, também chamados de profissionais liberais, está disciplinada no art. 966, parágrafo único, do Código Civil: "não se considera empresário quem exerce profissão intelectual, de natureza científica, literária ou artística, ainda com o concurso de auxiliares ou colaboradores, salvo se o exercício da profissão constituir elemento de empresa".

Em princípio, pois, os profissionais intelectuais (advogados, médicos, professores etc.) não são considerados empresários, salvo se o exercício da profissão constituir **elemento de empresa**. Mas o que o legislador quis dizer ao usar essa expressão?

O nosso Código Civil, também nesse ponto, seguiu os passos do Código Civil italiano de 1942, que não considera empresário quem exerce profissão intelectual, a menos que o exercício dessa profissão intelectual "dê lugar a uma atividade especial, organizada sob a forma de empresa (art. 2.238)", como no caso do exercício de uma farmácia, de um sanatório ou de uma instituição de ensino, como destacava Asquini ao comentar a legislação de seu país.

Parece, pois, que o Código Civil quer com isso dizer que, enquanto o profissional intelectual apenas exerce a sua atividade intelectual, ainda que com o intuito de lucro e mesmo contratando alguns auxiliares, ele não é considerado empresário para os efeitos legais. Enquanto o profissional intelectual está numa fase embrionária de atuação (é um profissional que atua sozinho, faz uso apenas de seu esforço, da sua capacidade intelectual), ele não é considerado empresário, não se submetendo, pois, ao regime jurídico empresarial.

Ora, é preciso lembrar que empresa é uma atividade econômica *organizada*, isto é, atividade em que há articulação dos fatores de produção, e no exercício de profissão intelectual essa *organização* dos fatores de produção assume importância secundária, às vezes irrelevante. No exercício de profissão intelectual, o essencial é a atividade pessoal do agente econômico, o que não acontece com o empresário.

Todavia, a partir do momento em que o profissional intelectual dá uma **forma empresarial** ao exercício de suas atividades (impessoalizando sua atuação e passando a ostentar mais a característica de organizador da atividade desenvolvida), será considerado empresário e passará a ser regido pelas normas do direito empresarial.

Enfim, "quando o prestador de serviços profissionais se 'impessoaliza', e os serviços, até então pessoalmente prestados, passam a ser oferecidos pela organização empresarial, perante a qual se torna um mero organizador",[13] será ele considerado empresário.

---

[13] MELLO FRANCO, Vera Helena de. *Manual de direito comercial*. 2. ed. São Paulo: RT, 2004. p. 59. v. 1.

Nesse sentido, são bastante elucidativos os Enunciados 193, 194 e 195 do Conselho da Justiça Federal, aprovados na III Jornada de Direito Civil, realizada em 2005, os quais dispõem, respectivamente, que "o exercício das atividades de natureza exclusivamente intelectual está excluído do conceito de empresa"; "os profissionais liberais não são considerados empresários, salvo se a organização dos fatores de produção for mais importante que a atividade pessoal desenvolvida";[14] e "a expressão 'elemento de empresa' demanda interpretação econômica, devendo ser analisada sob a égide da absorção da atividade intelectual, de natureza científica, literária ou artística, como um dos fatores da organização empresarial".

> (...) a atividade intelectual leva seu titular a ser considerado empresário se ela estiver integrada em um objeto mais complexo, próprio da atividade empresarial. E, em tal circunstância, a ressalva deveria estar melhor formulada, referindo-se a "elemento da empresa". Melhor ainda, substituindo-se a redação equivocada por outra, ou seja, "salvo se o exercício da profissão constituir parte do objeto da empresa".
>
> (...)
>
> Segundo Galgano, o titular de uma atividade intelectual (inclusive o artista) transforma-se em empresário tão somente quando desenvolve uma atividade ulterior diversa da atividade intelectual – aquela, sim, considerada empresarial. Ou seja, duas atividades são realizadas em conjunto, uma intelectual e outra empresarial, ficando a primeira subsumida na segunda, como elemento desta.[15]

Para que se compreenda melhor a regra em exame, faz-se interessante a menção a algumas situações práticas:

> A título exemplificativo, quando se contrata um advogado, via de regra não se considera objetivamente o resultado de sua atuação, mas suas qualidades pessoais, que poderão permitir um bom resultado ao cliente. Nesse caso, não se pode dizer que o advogado seja um empresário, na medida em que a organização assume um papel secundário em relação à atividade pessoal do profissional.
>
> Similar é a situação do médico que não exerce suas atividades em uma grande estrutura. O desempenho pessoal do médico será então o fator preponderante para a atividade, e não a sua organização. Se a atividade pessoal prevalece sobre a organização, não há falar em empresário.
>
> Assim sendo, os profissionais liberais, em geral, não serão enquadrados no conceito de empresário, salvo se exercerem atividade em que sua atuação pessoal perca espaço para a organização dos fatores de produção, vale dizer, quando a organização for mais importante do que sua atividade pessoal.[16]

O importante é tentar estabelecer critérios minimamente objetivos para aferir se o exercício de profissão intelectual configura ou não uma empresa, isto é, uma

[14] O autor desse enunciado, Marlon Tomazette, justifica-o, citando lições de Ascarelli e Fransceschelli: "*Não basta o exercício de uma atividade econômica para a qualificação de alguém como empresário; é essencial também que este seja o responsável pela organização dos fatores de produção para o bom exercício da atividade. E essa organização deve ser de fundamental importância, assumindo prevalência sobre a atividade pessoal do individuo. A organização pode ser de trabalho alheio, de bens e de um e outro, juntos. Normalmente, a organização não significa a presença de habilidades técnicas ligadas à atividade fim, mas sim uma qualidade de iniciativa, de decisão, capacidade de escolha de homens e bens, de intuição, entre outros dados.*" (TOMAZETTE, Marlon. In: Jornada de direito civil, 3, 2005. *Anais*. Brasília: Conselho da Justiça Federal, 2005. p. 248-249).

[15] VERÇOSA, Haroldo Malheiros Duclerc. *Curso de direito comercial*. São Paulo: Malheiros, 2004. p. 142-143. v. 1.

[16] TOMAZETTE, Marlon. In: *Jornada de direito civil*, 3, 2005. *Anais*. Brasília: Conselho da Justiça Federal, 2005. p. 249.

atividade econômica organizada. Bastaria, por exemplo, em cada caso concreto, analisar se (i) há mais de um ramo de atividade sendo exercido, ou se (ii) há contratação de terceiros para o desempenho da atividade-fim.

Enfim, parece-nos que a expressão *elemento de empresa*, utilizada pelo legislador brasileiro, está intrinsecamente relacionada com o requisito da *organização dos fatores de produção* para a caracterização do empresário, conforme analisamos. Com efeito, o empresário, conforme vimos, é a pessoa que exerce atividade econômica *organizada*, ou seja, é quem articula os diversos fatores de produção – insumos, mão de obra, capital e tecnologia – tendo em vista a exploração de uma determinada atividade econômica. Para tanto, constituirá todo um complexo de bens materiais (alugará um imóvel, adquirirá equipamentos, contrairá empréstimos etc.) e imateriais (criará e registrará uma marca, patenteará um novo processo tecnológico de produção etc.) e buscará, a partir da organização e exploração desse complexo de bens (o *estabelecimento empresarial*), auferir lucro, porém, sabendo que sofrerá também eventuais prejuízos resultantes do fracasso do empreendimento.

Ora, em regra não se visualiza essa *organização dos fatores de produção* na atuação dos profissionais intelectuais, que não raro exercem suas atividades sem a necessidade de organizar um estabelecimento empresarial, vale dizer, sem a necessidade, por exemplo, de contratar funcionários, de criar uma marca, de fixar um ponto de negócio etc. (é o caso do músico que toca em festas de casamento, do professor que ministra aulas particulares, dentre outras situações). É por essa razão, em suma, que o profissional intelectual, em regra, não é considerado empresário segundo os fundamentos da teoria da empresa, adotada pelo nosso atual Código Civil.

No entanto, não se pode afirmar, peremptoriamente, que o profissional intelectual, no exercício de sua profissão, nunca *organize os fatores de produção* a ponto de constituir um verdadeiro *estabelecimento empresarial* para exercício de *empresa*. Aliás, na economia atual, rende um bom debate analisar se isso não tem se tornado a regra, em vez de mera exceção. Com efeito, o professor que se torna dono de um cursinho preparatório, ainda que continue a ministrar aulas nessa mesma instituição, é empresário. O músico que se torna dono de um centro de promoção de eventos, ainda que continue a tocar nas festas organizadas por ele, é empresário. Por quê? Porque, nesses casos, o exercício da profissão intelectual deixa de ser o fator principal do empreendimento, passando a ser um mero elemento de uma atividade econômica organizada a partir da articulação de diversos outros fatores de produção: contratação de funcionários, criação e registro de uma marca, fixação de um ponto de negócio. Por mais que aquele professor e aquele músico mencionados nos exemplos anteriores continuem a exercer suas respectivas profissões intelectuais, terão que assumir também a posição de *organizadores* do empreendimento. É isso o que caracteriza o empresário, como bem destacava Asquini.

Por fim, registre-se que um erro muito comum de análise da situação específica dos profissionais intelectuais é caracterizá-los como empresários em função da dimensão que sua atividade econômica adquire. O cerne da questão não é esse, mas, repita-se, a verificação da *organização dos fatores de produção*, de modo a se constatar a constituição de um verdadeiro *estabelecimento empresarial*, ainda que esse seja de pequeníssima dimensão.

2.2.2. *As sociedades simples (sociedades uniprofissionais)*

Tudo o que se disse no tópico antecedente parece se referir exclusivamente a profissionais intelectuais que exercem suas atividades individualmente, na qualidade de pessoas físicas. Mas essa ideia é equivocada. A regra do art. 966, parágrafo único, do Código Civil vale também para as chamadas sociedades uniprofissionais, ou seja, sociedades constituídas por profissionais intelectuais cujo objeto social é justamente a exploração de suas profissões (por exemplo, uma sociedade formada por médicos para prestação de serviços médicos, uma sociedade formada por professores para prestação de serviços de ensino, uma sociedade formada por engenheiros para prestação de serviços de engenharia etc.).

Aliás, é quanto ao exercício de atividade intelectual em sociedade que a regra do art. 996, parágrafo único, do Código Civil suscita mais dificuldades de ordem prática.

Já se disse que o empresário, aquele que exerce atividade econômica organizada, pode ser uma pessoa física (empresário individual) ou uma pessoa jurídica (sociedade empresária).

Obviamente, a atuação das sociedades empresárias no mercado, hoje, é muito mais relevante do que a atuação dos empresários individuais. Estes, não raro, se dedicam a pequeníssimos empreendimentos, cabendo às sociedades empresárias, em contrapartida, os empreendimentos de médio e grande porte, além de muitos dos pequenos empreendimentos, também. E a razão para que a presença das sociedades empresárias no mercado seja mais marcante que a dos empresários individuais é simples: os empreendedores sempre procuram minimizar seu risco empresarial, e a melhor forma de fazê-lo é constituir uma sociedade, uma vez que, nesse caso, haverá a separação patrimonial e a possibilidade de limitação de responsabilidade.

Ora, se nem sempre o exercente de atividade econômica é considerado empresário, haja vista a regra excludente do parágrafo único do art. 966 do Código Civil, isso nos leva à conclusão de que também nem sempre uma sociedade será empresária, haja vista a possibilidade de se constituírem sociedades cujo objeto social seja a exploração da atividade intelectual dos seus sócios. Essas sociedades, **antes chamadas de sociedades civis**, são denominadas pelo atual Código Civil de sociedades simples.

O Código Civil estabelece, em seu art. 982, que "salvo as exceções expressas, considera-se empresária a sociedade que tem por objeto o exercício de atividade própria de empresário sujeito a registro (art. 967); e, simples, as demais". Isso mostra que o que define uma sociedade como empresária ou simples é o seu objeto social. Há apenas **duas exceções** a essa regra, contidas no seu parágrafo único, o qual prevê que "independentemente de seu objeto, considera-se empresária a sociedade por ações; e, simples, a cooperativa".

Diante do exposto, resta claro que as chamadas sociedades uniprofissionais – sociedades formadas por profissionais intelectuais cujo objeto social é a exploração da respectiva profissão intelectual dos seus sócios – são, em regra, sociedades simples, uma vez que nelas faltará, não raro, o requisito da *organização dos fatores de produção*, da mesma forma que ocorre com os profissionais intelectuais que exercem individualmente suas atividades.

No entanto, seguindo a diretriz do art. 966, parágrafo único, do Código Civil, nos casos em que o exercício da profissão intelectual dos sócios das sociedades uniprofissionais (que compõem o seu objeto social) constituir **elemento de empresa**, ou seja, nos casos em que as sociedades uniprofissionais explorarem seu objeto social com empresarialidade (*organização dos fatores de produção*), elas serão consideradas sociedades empresárias.

Em síntese: é o requisito da *organização dos fatores* de produção que caracteriza a presença do chamado *elemento de empresa* no exercício de profissão intelectual e que, consequentemente, faz com que o profissional intelectual receba a qualificação jurídica de empresário. Isso, obviamente, vale tanto para o exercício de profissão intelectual individualmente quanto para o exercício de profissão liberal em sociedade.

2.2.2.1. *As sociedades de advogados*

O Código Civil não faz menção expressa nesse sentido, mas a Lei 8.906/1994 (Estatuto da Advocacia e da Ordem dos Advogados do Brasil) versa, em seus arts. 15 a 17, sobre a sociedade de advogados, dispondo que ela é uma "(...) sociedade simples de prestação de serviço de advocacia (...)" submetida à regulação específica prevista na referida lei.

Diante disso, afirma-se que a sociedade de advogados é uma sociedade de natureza *civil* – simples, na dicção do novo Código Civil de 2002 – e organizada sob a forma de sociedade em nome coletivo, ou seja, respondem todos os sócios de maneira solidária e ilimitada pelas obrigações sociais.

Ora, se aplicarmos à risca a regra do art. 966, parágrafo único, do Código Civil de 2002 às sociedades de advogados, forçoso seria reconhecer que os escritórios de advocacia com estrutura complexa – muito comuns hoje em dia, diga-se – deixam de ser sociedades simples para se tornarem sociedades empresárias, já que neles é fácil perceber a presença do chamado *elemento de empresa* (organização dos fatores de produção), além de a prestação dos serviços se tornar altamente "impessoalizada". Afinal, qual seria a diferença deles para grandes hospitais dirigidos por médicos ou grandes escolas dirigidas por professores?

Analisando questões relacionadas ao direito tributário, o Superior Tribunal de Justiça já afirmou que "as empresas prestadoras de serviços advocatícios são estabelecimentos de índole empresarial, por exercerem atividade econômica organizada com fins lucrativos" (AgRg no Ag 518.309, julgado em 16/12/2003), não se distinguindo, no plano fático, das demais sociedades prestadoras de serviços constituídas por outros profissionais liberais. Mas em precedentes mais recentes, o mesmo Superior Tribunal de Justiça já afirmou que "o art. 16 da Lei 8.906/1994 espanca qualquer dúvida acerca da natureza não-empresarial das sociedades de advogados" (REsp 649.094, julgado em 23/11/2004, e REsp 623.772, julgado em 1/06/2004). No mesmo sentido, confira-se:

> AGRAVO INTERNO NO RECURSO ESPECIAL. AÇÃO DE DISSOLUÇÃO DE UNIÃO ESTÁVEL CUMULADA COM PARTILHA DE BENS. PRETENSÃO DE PARTILHAR QUOTAS SOCIAIS DA SOCIEDADE DE ADVOGADOS ENTÃO PERTENCENTES AO VARÃO.

POSSIBILIDADE DE DIVISÃO DO CONTEÚDO ECONÔMICO DA PARTICIPAÇÃO SOCIETÁRIA. PRECEDENTES. AGRAVO INTERNO DESPROVIDO.

1. **As sociedades de advogados, que naturalmente possuem por objeto a exploração da atividade profissional de advocacia exercida por seus sócios, são concebidas como sociedade simples por expressa determinação legal, independente da forma de organização**.

(...)

(AgInt no REsp 1807787/DF, Rel. Ministro MARCO AURÉLIO BELLIZZE, TERCEIRA TURMA, julgado em 20/04/2020, DJe 24/04/2020)

De fato, entendo que as regras dos arts. 15 a 17 da Lei 8.906/1994 configuram uma clara exceção à regra do art. 966, parágrafo único, do Código Civil, de modo que a sociedade de advogados possui natureza de sociedade simples, por expressa previsão legal. Tais regras continuam em vigor, mesmo após a edição do Código Civil, que é lei posterior, em razão da sua especialidade. Mas é de se pensar se não caberia ao legislador reformar a lei para adaptá-la aos ditames do Código, tendo-se em vista a inegável constatação de que muitas sociedades de advogados, na atualidade, ostentam nítida estrutura empresarial.[17]

Finalmente, cumpre destacar que a Lei 13.247, de 12 de janeiro de 2016, alterou os arts. 15 a 17 da Lei 8.906/1994, permitindo expressamente a constituição de "sociedade unipessoal de advocacia", isto é, uma sociedade de advogados com apenas um sócio.

2.2.3. O exercente de atividade econômica rural

O Código Civil também se preocupou em dar um tratamento especial ao exercício de atividade econômica rural, excluindo aqueles que se dedicam à tal atividade da obrigatoriedade de registro na Junta Comercial, prevista no art. 967 do Código.

Todo empresário, antes de iniciar o exercício da atividade empresarial, tem que se registrar na Junta Comercial, seja empresário individual ou sociedade empresária. Para aqueles que exercem atividade econômica rural, todavia, o Código Civil concedeu a **faculdade de se registrar** ou não perante a Junta Comercial da sua unidade federativa.

Assim sendo, se aquele que exerce atividade econômica rural não se registrar na Junta Comercial, não será considerado empresário, para os efeitos legais (por

[17] Essa questão foi discutida num importante precedente da Câmara reservada de direito empresarial do TJSP (Processo 1050857-97.2018.8.26.0100). Em ação de dissolução parcial de sociedade de advogados, o juiz determinou, dentre outras coisas, que "para a apuração de haveres devidos ao réu deverá ser adotado como critério o valor do patrimônio líquido da sociedade autora, identificado por meio de balanço de determinação especialmente levantado à data da resolução, com a observação de que os elementos típicos de sociedade empresária (bens incorpóreos/intangíveis) **não** deverão ser considerados". No recurso, o sócio alegou, dentre outras coisas, que a sociedade de advogados em questão tem nítido perfil de sociedade **empresária** (estrutura complexa e lucros elevados), de modo que o fundo de comércio e os ativos intangíveis **devem** ser levados em consideração na apuração de haveres, a qual deve ser feita pelo critério do fluxo de caixa descontado. O TJSP manteve a decisão de primeiro grau quanto a esse ponto. Em seu voto, o relator disse que na sociedade de advogados "**não** há o exercício de uma atividade empresarial, por maior que seja o volume de serviços advocatícios prestados, ausente a organização de fatores de produção em seu sentido estrito, o que torna inadmissível sejam considerados os atributos próprios a um estabelecimento empresarial, não havendo, em se tratando de uma sociedade de advogados, como computar, na apuração de haveres, um aviamento".

exemplo, não se submeterá ao regime jurídico da Lei 11.101/2005, que trata da falência e da recuperação judicial e extrajudicial). Em contrapartida, se ele optar por se registrar, será considerado empresário para todos os efeitos legais. Esta regra está contida no art. 971 do Código Civil: "o empresário, cuja atividade rural constitua sua principal profissão, pode, observadas as formalidades de que tratam o art. 968 e seus parágrafos, requerer inscrição no Registro Público de Empresas Mercantis da respectiva sede, caso em que, depois de inscrito, ficará equiparado, para todos os efeitos, ao empresário sujeito a registro".[18]

Conclui-se, pois, que, para o exercente de atividade econômica rural, o registro na Junta Comercial tem **natureza constitutiva**, e não meramente declaratória, como de ordinário. Com efeito, o registro não é requisito para que alguém seja considerado empresário, mas apenas uma obrigação legal imposta aos praticantes de atividade econômica. Quanto ao exercente de atividade rural, essa regra é excepcionada, sendo o registro na Junta, pois, condição indispensável para sua caracterização como empresário e consequente submissão ao regime jurídico empresarial.

Ressalte-se que regra idêntica foi prevista para a sociedade que tem por objeto social a exploração de atividade econômica rural. Dispõe o Código Civil, em seu art. 984, que "a sociedade que tenha por objeto o exercício de atividade própria de empresário rural e seja constituída, ou transformada, de acordo com um dos tipos de sociedade empresária, pode, com as formalidades do art. 968, requerer inscrição no Registro Público de Empresas Mercantis da sua sede, caso em que, depois de inscrita, ficará equiparada, para todos os efeitos, à sociedade empresária".

Sobre os arts. 971 e 984 do Código Civil, dispõem os Enunciados 201 e 202 das Jornadas de Direito Civil o seguinte, respectivamente: *"O empresário rural e a sociedade empresária rural, inscritos no registro público de empresas mercantis, estão sujeitos à falência e podem requerer concordata"* [leia-se recuperação judicial ou extrajudicial]; *"O registro do empresário ou sociedade rural na Junta Comercial é facultativo e de natureza constitutiva, sujeitando-o ao regime jurídico empresarial. É inaplicável esse regime ao empresário ou sociedade rural que não exercer tal opção."*

Ainda a propósito do assunto, a 3ª Turma do STJ enfrentou uma questão interessante no julgamento do Recurso Especial 1.193.115/MT: produtores rurais não registrados na Junta Comercial podem obter o benefício da recuperação judicial, algo típico do regime jurídico empresarial? Houve divergência, mas prevaleceu a seguinte tese: **sem registro na Junta, produtores rurais não são considerados empresários, para os efeitos legais, e não podem obter o benefício da recuperação judicial**. No caso em questão, o produtor rural pediu a recuperação judicial e só fez seu registro na Junta Comercial após o ajuizamento do pedido, não cumprindo, assim, o requisito do *caput* do art. 48 da Lei 11.101/2005. Confira-se a ementa do acórdão:

[18] A Lei 14.193 (sociedade anônima do futebol) inseriu um parágrafo único no art. 971 do Código Civil, com a seguinte redação: "aplica-se o disposto no caput deste artigo à associação que desenvolva atividade futebolística em caráter habitual e profissional, caso em que, com a inscrição, será considerada empresária, para todos os efeitos". O objetivo da inserção dessa regra foi permitir que clubes de futebol constituídos sob a forma de associação civil se legitimem a pedir recuperação judicial e recuperação extrajudicial, mas, para tanto, essa alteração do Código Civil, além de padecer de grave atecnia (registro de associação na Junta Comercial), era absolutamente desnecessária, já que o inciso II do art. 13 e o *caput* do art. 25 da Lei 14.193/2021 já permitiram, expressamente, que o clube de futebol constituído sob a forma de associação civil peça recuperação judicial e recuperação extrajudicial.

> RECUPERAÇÃO JUDICIAL. COMPROVAÇÃO DA CONDIÇÃO DE EMPRESÁRIO POR MAIS DE 2 ANOS. NECESSIDADE DE JUNTADA DE DOCUMENTO COMPROBATÓRIO DE REGISTRO COMERCIAL. DOCUMENTO SUBSTANCIAL. INSUFICIÊNCIA DA INVOCAÇÃO DE EXERCÍCIO PROFISSIONAL. INSUFICIÊNCIA DE REGISTRO REALIZADO 55 DIAS APÓS O AJUIZAMENTO. POSSIBILIDADE OU NÃO DE RECUPERAÇÃO DE EMPRESÁRIO RURAL NÃO ENFRENTADA NO JULGAMENTO.
>
> 1. O deferimento da recuperação judicial pressupõe a comprovação documental da qualidade de empresário, mediante a juntada com a petição inicial, ou em prazo concedido nos termos do CPC 284, de certidão de inscrição na Junta Comercial, realizada antes do ingresso do pedido em Juízo, comprovando o exercício das atividades por mais de dois anos, inadmissível a inscrição posterior ao ajuizamento. Não enfrentada, no julgamento, questão relativa às condições de admissibilidade ou não de pedido de recuperação judicial rural.
>
> 2. Recurso Especial improvido quanto ao pleito de recuperação.
>
> (REsp 1.193.115/MT, rel. Min. Nancy Andrighi, rel. p/ acórdão Min. Sidnei Beneti, 3.ª Turma, j. 20.08.2013, DJe 07.10.2013)

Após esse julgamento, foi aprovado outro enunciado nas Jornadas de Direito Comercial, dizendo o seguinte: "o produtor rural, pessoa natural ou jurídica, na ocasião do pedido de recuperação judicial, não precisa estar inscrito há mais de dois anos no Registro Público de Empresas Mercantis, bastando a demonstração de exercício de atividade rural por esse período e a comprovação da inscrição anterior ao pedido" (Enunciado 97).

Foi aprovado também o Enunciado 96, com o seguinte teor: "a recuperação judicial do empresário rural, pessoa natural ou jurídica, sujeita todos os créditos existentes na data do pedido, inclusive os anteriores à data da inscrição no Registro Público de Empresas Mercantis".

A 4.ª Turma do STJ enfrentou essa questão no julgamento do REsp 1.800.032. A decisão também não foi unânime, mas dessa vez os Ministros entenderam que **o produtor rural pode se beneficiar da recuperação judicial, desde que tenha registro na Junta anterior ao ajuizamento do pedido**. Na linha do Enunciado 97 das Jornadas de Direito Comercial, entendeu-se que esse registro, porém, não precisa ter sido feito há mais de dois anos, bastando apenas que se comprove o exercício de atividade rural há mais de dois anos, por quaisquer meios de prova. Por fim, decidiu-se também no mesmo sentido do Enunciado 96 das Jornadas de Direito Comercial, isto é, todos os créditos se sujeitarão ao plano de recuperação, inclusive aqueles constituídos antes do registro na Junta Comercial. Algum tempo depois, a 3ª Turma seguiu o mesmo entendimento no julgamento do REsp 1.811.953.

É importante destacar que nesses julgamentos (REsp 1.800.032 e REsp 1.811.953), o STJ acabou afirmando algo diferente do que a doutrina sempre afirmou quanto aos efeitos do registro para empresários em geral e para aqueles que exercem atividade econômica rural. Com efeito, a doutrina sempre destacou que, para os empresários em geral, o registro na Junta tem efeito meramente declaratório, enquanto que, para aqueles que exercem atividade econômica rural, o registro tem efeito constitutivo (confiram-se, a propósito, os enunciados 199 e 202 das Jornadas de Direito Civil). Nesses julgados, porém, firmaram-se entendimentos diferentes: no REsp 1.800.032, o voto condutor, do Ministro Raul Araújo, destaca que tanto para os empresários em geral quanto para aqueles que exercem atividade econômica rural o registro é **constitutivo**, mas no caso dos produtores rurais há produção de efeitos retroativos, já que o exercício de atividade econômica sem registro não pode ser considerado irregular, dada a facultatividade da inscrição na Junta Comercial[19]; no REsp 1.811.953, por sua vez, o voto condutor, do Ministro Marco Aurélio Bellizze, destaca que o registro é **declaratório** tanto para os empresários em geral quanto para os que exercem atividade econômica rural, mas segue na mesma linha de afirmar que para os produtores rurais há produção de efeitos retroativos, em razão de o exercício de atividade econômica anterior ao registro não poder ser considerado irregular[20]. Em suma: apesar de divergirem na premissa (registro constitutivo x registro declaratório), os julgados concordam na conclusão[21] (efeitos *ex tunc* do registro para quem exerce atividade econômica rural, uma vez que o exercício de atividade econômica anterior ao registro não pode ser considerado irregular, já que a inscrição na Junta, para o produtor rural, é facultativa).

2.2.4. Sociedades cooperativas

Conforme já mencionado, em princípio, uma sociedade será considerada empresária se preencher os requisitos do art. 966 do Código Civil, ou seja, se exercer, profissionalmente, uma atividade econômica organizada para a produção ou a circulação de bens ou de serviços. Caso não preencha os requisitos da norma mencionada, estar-se-á diante de uma sociedade simples. É o que se extrai da leitura do art. 982 do Código Civil.

É o **objeto explorado** pela sociedade, por conseguinte, que **define a sua natureza empresarial ou não**. Assim, se uma sociedade explora atividade empresarial, será considerada uma sociedade empresária, registrando-se na Junta Comercial e submetendo-se ao regime jurídico empresarial. Se, todavia, uma sociedade não explora atividade empresarial, será considerada uma sociedade simples – terminologia adotada pelo novo Código Civil, em substituição à expressão sociedade civil do regime anterior – registrando-se no cartório de registro civil de pessoas jurídicas.

Note-se, todavia, que, no início do próprio dispositivo a transcrito, faz-se uma **ressalva**, deixando-se claro, portanto, que em algumas situações não se deve recorrer

---

19 A propósito, confira-se o seguinte excerto do voto: "Então, o empreendedor rural estará sempre regular e, por isso, o efeito **constitutivo** de sua nova condição após sua inscrição opera ex tunc, diferentemente do empresário comum, que só pode iniciar suas atividades após obter a inscrição obrigatória, a qual somente opera efeito **constitutivo** ex nunc, isto é, dali para frente. Mas o empresário rural não: como está sempre em situação regular, esteja ou não inscrito no registro mercantil, obtém, com a inscrição, o efeito ex tunc, que não está ao alcance do empresário comum".

20 A propósito, confira-se o seguinte excerto do voto: "Para o empresário comum, a inscrição no Registro Público de Empresas Mercantis, que tem condão de **declarar** a qualidade jurídica de empresário, apresenta-se obrigatória e se destina a conferir-lhe status de regularidade. De modo diverso, para o empresário rural, a inscrição, que **também se reveste de natureza declaratória**, constitui mera faculdade e tem por escopo precípuo submeter o empresário, segundo a sua vontade, ao regime jurídico empresarial. (...) Perfilho o entendimento de que, também no caso do empresário rural, a inscrição assume natureza meramente declaratória, a autorizar, tecnicamente, a produção de efeitos retroativos (ex tunc)".

21 O Ministro Marco Aurélio Bellizze deixa isso claro no início do seu voto: "De antemão, consigno a minha inteira adesão ao posicionamento prevalecente adotado no âmbito da Quarta Turma do STJ, pelos fundamentos que se passam a expor – que apenas dissuade, conceitualmente, acerca da natureza jurídica da inscrição do empresário rural na Junta Comercial propugnada pelo voto condutor exarado pelo Ministro Raul Araújo, segundo a qual seria constitutiva, mas em tudo concordante com o desfecho e consectários ali reconhecidos".

ao critério material do art. 966 do Código Civil para definir se uma determinada sociedade é empresária ou não. É o que ocorre, por exemplo, com as cooperativas.

Para saber se uma sociedade cooperativa é empresária, não se utiliza o critério material previsto no art. 966 do CC, mas um **critério legal**, estabelecido no art. 982, parágrafo único, o qual dispõe que "independentemente de seu objeto, considera-se empresária a sociedade por ações; e, simples, a cooperativa".

O legislador, por opção política, determinou que a cooperativa é sempre uma sociedade simples, pouco importando se ela exerce uma atividade empresarial de forma organizada e com intuito de lucro.

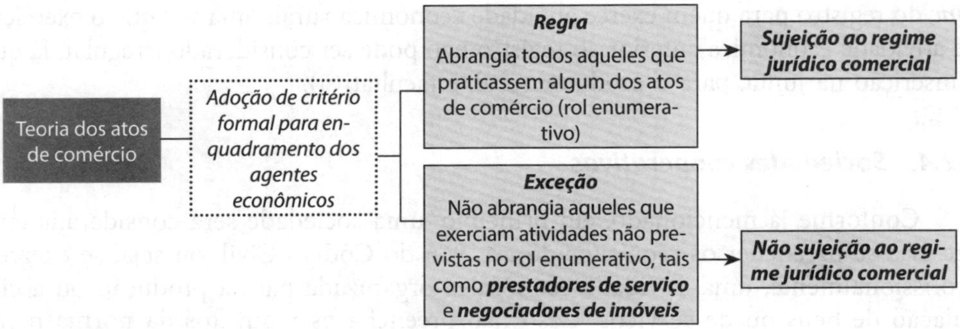

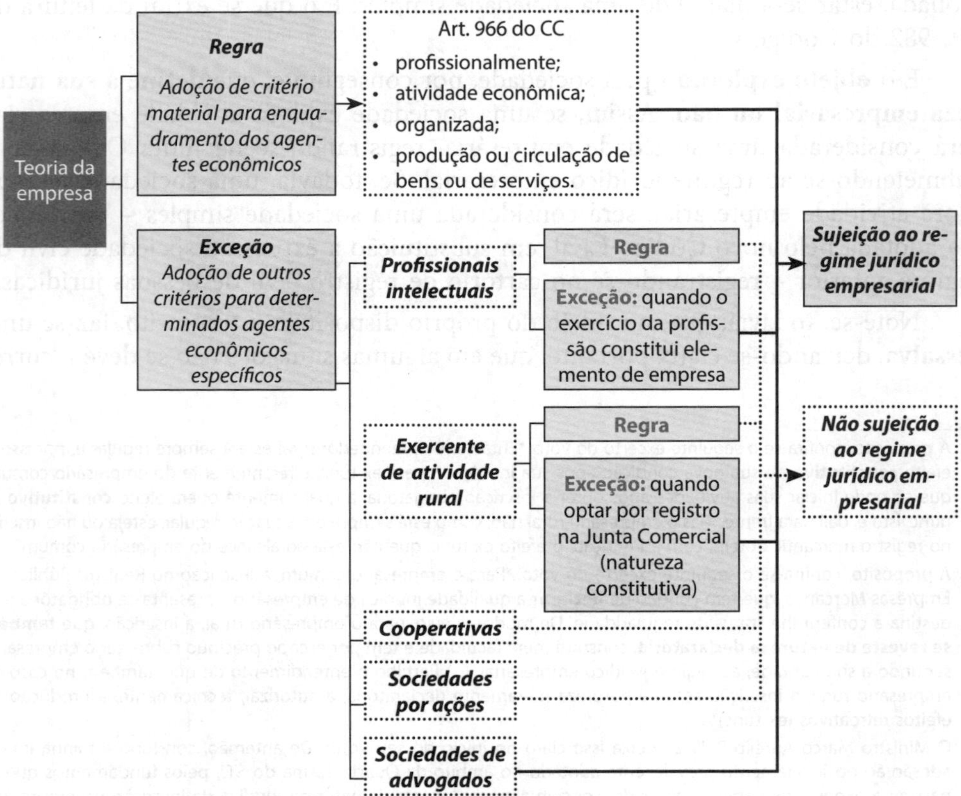

3. EMPRESÁRIO INDIVIDUAL

Conforme dissemos anteriormente, o empresário individual é a *pessoa física* que exerce profissionalmente atividade econômica organizada para a produção ou a circulação de bens ou de serviços (art. 966 do Código Civil).

O legislador não se preocupou apenas em conceituar o empresário individual, mas cuidou também de estabelecer um conjunto de regras gerais para a disciplina do exercício individual de empresa.

Nesse sentido, por exemplo, o Código Civil estabeleceu algumas vedações ao exercício individual de empresa. Essas vedações decorrem ou de proibições que a legislação estabelece (impedimentos legais), ou da incapacidade do agente econômico. Assim, dispõe o Código Civil, em seu art. 972, que "podem exercer a atividade de empresário os que estiverem em pleno gozo da capacidade civil e não forem legalmente impedidos".

3.1. Impedimentos legais

O Código Civil de 2002 não trouxe nenhum dispositivo normativo semelhante ao art. 2.º do Código Comercial de 1850, que arrolava diversos casos de impedimento legal ao exercício do comércio. Pode-se mencionar apenas o art. 1.011, § 1.º, do Código Civil, o qual prevê que "não podem ser administradores, além das pessoas impedidas por lei especial, os condenados a pena que vede, ainda que temporariamente, o acesso a cargos públicos; ou por crime falimentar, de prevaricação, peita ou suborno, concussão, peculato; ou contra a economia popular, contra o sistema financeiro nacional, contra as normas de defesa da concorrência, contra as relações de consumo, a fé pública ou a propriedade, enquanto perdurarem os efeitos da condenação". Não obstante o dispositivo se referir aos administradores de sociedades, há autores que estendem esses impedimentos aos empresários individuais.[22]

Atualmente, portanto, afora a regra anteriormente transcrita, os impedimentos legais ao exercício de atividade empresarial estão espalhados pelo arcabouço jurídico-normativo.

Normalmente, esses impedimentos estão em normas de direito público e visam a proteger a coletividade, evitando que esta negocie com determinadas pessoas em virtude de sua função ou condição ser incompatível com o exercício livre de atividade empresarial. Podem ser citados, como exemplos: o art. 117, X, da Lei 8.112/1990, relativo aos *servidores públicos federais*; o art. 36, I, da LC 35/1979 – Lei Orgânica da Magistratura Nacional –, relativo aos *magistrados*; o art. 44, III, da Lei 8.625/1993, relativo aos *membros do Ministério Público*; o art. 29 da Lei 6.880/1980, relativo aos militares.

É preciso atentar para o fato de que a **proibição é para o exercício de empresa, não sendo vedado, pois, que alguns impedidos sejam sócios de sociedades empresárias**, uma vez que, nesse caso, quem exerce a atividade empresarial é a própria pessoa jurídica, e não seus sócios.

---

22 Nesse sentido: MAMEDE, Gladston. *Manual de direito empresarial*. São Paulo: Atlas, 2005. p. 15.

> Deve-se desde logo acentuar que os sócios da sociedade empresária **não** são empresários. Quando pessoas (naturais) unem seus esforços para, em sociedade, ganhar dinheiro com a exploração empresarial de uma atividade econômica, elas não se tornam empresárias. A sociedade por elas constituída, uma pessoa jurídica com personalidade autônoma, sujeito de direito independente, é que será empresária, para todos os efeitos legais. Os sócios da sociedade empresária são empreendedores ou investidores, de acordo com a colaboração dada à sociedade (...). As regras que são aplicáveis ao empresário individual não se aplicam aos sócios da sociedade empresária – é muito importante aprender isto.[23]

> O sócio, no entanto, não é, juridicamente, um empresário; é apenas o titular de um direito pessoal com expressão patrimonial econômica: uma ou mais frações ideais do patrimônio social, frações essas que são chamadas de quotas, nas sociedades contratuais e na sociedade cooperativa, e de ações, nas sociedades anônimas e nas sociedades em comandita por ações.[24]

Em suma: os impedimentos se dirigem aos empresários individuais, e não aos sócios de sociedades empresárias. Nesse sentido, pode-se afirmar então que os impedidos não podem se registrar na Junta Comercial como empresários individuais (pessoas físicas que exercem atividade empresarial), não significando, em princípio, que eles não possam participar de uma sociedade empresária como quotistas ou acionistas, por exemplo. No entanto, a possibilidade de os impedidos participarem de sociedades empresárias não é absoluta, somente podendo ocorrer se forem sócios de responsabilidade limitada e, ainda assim, se não exercerem funções de gerência ou administração.

Há outros impedimentos legais, todavia, que são estabelecidos em razão da própria natureza da atividade a ser empreendida. É o caso, por exemplo, dos arts. 176, § 1.º, e 222, *caput*, ambos da Constituição Federal. O primeiro determina que "a pesquisa e a lavra de recursos minerais e o aproveitamento dos potenciais a que se refere o 'caput' deste artigo somente poderão ser efetuados mediante autorização ou concessão da União, no interesse nacional, por brasileiros ou empresa constituída sob as leis brasileiras e que tenha sua sede e administração no País, na forma da lei, que estabelecerá as condições específicas quando essas atividades se desenvolverem em faixa de fronteira ou terras indígenas". O segundo, por sua vez, determina que "a propriedade de empresa jornalística e de radiodifusão sonora e de sons e imagens é privativa de brasileiros natos ou naturalizados há mais de dez anos, ou de pessoas jurídicas constituídas sob as leis brasileiras e que tenham sede no País" (redação dada pela Emenda Constitucional 36/2002).

Por fim, destaque-se que, a propósito do assunto, o Código Civil estabelece, em seu art. 973, que "a pessoa legalmente impedida de exercer atividade própria de empresário, se a exercer, responderá pelas obrigações contraídas". Portanto, as obrigações contraídas por um "empresário" impedido não são nulas. Ao contrário, elas terão plena validade em relação a terceiros de boa-fé que com ele contratarem.

---

23 COELHO, Fábio Ulhoa. *Manual de direito comercial*. 18. ed. São Paulo: Saraiva, 2007. p. 19-20.

24 MAMEDE, Gladston. *Manual de direito empresarial*. São Paulo: Atlas, 2005. p. 6.

Vedações ao exercício de empresa

- Os que não estão no pleno gozo da capacidade civil (***exceção***: exercício de atividade empresarial por incapaz, mediante autorização judicial – art. 974 do CC)
- Os legalmente impedidos:* →
  - art. 1.011, § 1.º, do CC: **condenados a certos crimes relacionados na norma;**
  - art. 117, X, da Lei 8.112/1990: **servidores públicos federais;**
  - art. 36, I, da LC 35/1979 – LOMAN: **magistrados;**
  - art. 44, III, da Lei 8.625/1993: **membros do Ministério Público;**
  - art. 29 da Lei 6.880/1980: **militares.**

* A proibição é para o exercício de empresa, não sendo vedado, pois, que alguns impedidos sejam sócios de sociedades empresárias; porém, devem ser sócios de responsabilidade limitada e, ainda, não exercer funções de gerência ou administração.

3.2. Incapacidade

A outra vedação ao exercício de empresa estabelecida no art. 972 do Código Civil diz respeito à incapacidade. Só pode exercer empresa quem é capaz, quem está no pleno gozo de sua capacidade civil, conforme determina o dispositivo normativo em comento.

3.2.1. Hipóteses excepcionais de exercício individual de empresa por incapaz

Ocorre que o próprio Código abre **duas exceções**, permitindo que o incapaz exerça individualmente empresa. A matéria está disciplinada no art. 974 do Código Civil, o qual prevê que "poderá o incapaz, por meio de representante ou devidamente assistido, continuar a empresa antes exercida por ele enquanto capaz, por seus pais ou pelo autor de herança"[25]. Antes de analisar detidamente o dispositivo em questão, cumpre fazer algumas observações acerca dele.

Em primeiro lugar, destaque-se que o art. 974 do Código Civil se refere ao exercício *individual* de empresa. Trata-se, pois, de casos em que o incapaz será autorizado a explorar atividade empresarial individualmente, ou seja, na qualidade de *empresário individual* (pessoa física).[26] A possibilidade de o incapaz ser sócio de

[25] "Está-se diante de interessante novidade legislativa, sem correspondente no Código Comercial de 1850. De acordo com o antigo regime, falecendo o comerciante em nome individual sem deixar herdeiros capazes, a solução era a liquidação do estabelecimento, com a apuração dos resultados. Com a vigência do Código Civil de 2002, a opção poderá ser diferente. Falecendo o titular da empresa, *e observado o interesse primordial do menor*, é possível que haja a conveniência em continuá-la". GALIZZI, Gustavo Oliva; CHAVES, Natália Cristina. O menor empresário. In: VIANA, Frederico Rodrigues (Coord.). *Direito de empresa no novo código civil*. Rio de Janeiro: Forense, 2004. p. 84.

[26] No mesmo sentido, entendendo que o art. 974 do CC se refere a casos em que o incapaz será autorizado a ser **empresário individual**: VERÇOSA, Haroldo Malheiros Duclerc. *Curso de direito comercial*. São Paulo: Malheiros, 2004. p. 209. v. 1. Diz o autor: "por outro lado, a situação do exercício do comércio pelo incapaz passou a ser prevista pelo Código Civil/2002 em caráter excepcional, nos casos de incapacidade superveniente do **empresário individual** ou da morte do pai e/ou da mãe de menor incapaz, **tendo sido estes empresários individuais**, conforme regulado pelo NCC nos arts. 974 a 976." (os destaques não constam do texto original).

uma sociedade empresária configura situação totalmente distinta, já que o sócio de uma sociedade não é empresário.

Outra observação a ser feita sobre o artigo em comento é que ambas as situações excepcionais em que se admite o exercício de empresa por incapaz são para que ele **continue** a exercer empresa, mas nunca para que ele **inicie** o exercício de uma atividade empresarial. O incapaz nunca poderá ser autorizado a iniciar o exercício de uma empresa, apenas poderá ser autorizado, excepcionalmente, a **dar continuidade** a uma atividade empresarial.[27]

Isso ocorrerá nos casos em que (i) ele mesmo já exercia a atividade empresarial, sendo a incapacidade, portanto, superveniente; (ii) a atividade empresarial era exercida por outrem, de quem o incapaz adquire a titularidade do seu exercício por sucessão *causa mortis*. Nesse sentido, aliás, é o Enunciado 203 do CJF, aprovado na III Jornada de Direito Civil: "o exercício de empresa por empresário incapaz, representado ou assistido, somente é possível nos casos de incapacidade superveniente ou incapacidade do sucessor na sucessão por morte".

A autorização para que o incapaz continue o exercício da empresa será dada pelo juiz, em procedimento de **jurisdição voluntária** e após a oitiva do Ministério Público, conforme determina o art. 178, inciso II, do Novo Código de Processo Civil.

O magistrado, em ambos os casos, observará a **conveniência** de o incapaz exercer a atividade, segundo dispõe o art. 974, § 1.º, do CC: "nos casos deste artigo, precederá autorização judicial, após exame das circunstâncias e dos riscos da empresa, bem como da conveniência em continuá-la, podendo a autorização ser revogada pelo juiz, ouvidos os pais, tutores ou representantes legais do menor ou do interdito, sem prejuízo dos direitos adquiridos por terceiros".

> Subordinando a continuação da empresa à prévia autorização judicial, o novo texto codificado impõe ao juiz carga de elevada responsabilidade, a qual merece ser examinada sob dois prismas distintos.
>
> O primeiro deles refere-se ao próprio juízo de conveniência acerca da continuação da empresa, o qual deverá ser emitido paralelamente à análise dos riscos desta continuação.
>
> Se, por um lado, uma decisão favorável ao prosseguimento da atividade empresarial pelo menor poderá significar a continuidade do seu êxito, por outro, poderá acarretar, ainda que indiretamente, a ruína do empreendimento, caso os resultados previstos não venham a se concretizar no futuro. É preciso, pois, ao magistrado bem sopesar os elementos fáticos que identificarão a situação do negócio à época da sucessão de seu titular, de modo a somente autorizar o prosseguimento quando puder ser formada, ainda que serenamente, a convicção de que aquele será bem sucedido mesmo sob direção diversa.[28]

Se o juiz entender conveniente a continuação do exercício da empresa pelo incapaz, concederá um alvará autorizando-o a tanto, por meio de representante ou

[27] Nesse sentido: GALIZZI, Gustavo Oliva; CHAVES, Natália Cristina. O menor empresário. In: VIANA, Frederico Rodrigues (Coord.). *Direito de empresa no novo código civil.* Rio de Janeiro: Forense, 2004. p. 85. Dizem os autores: "Saliente-se que não há permissivo legal para o juiz autorizar o menor a iniciar novo empreendimento, limitando-se a regra insculpida no art. 974 à hipótese de continuação da empresa."

[28] GALIZZI, Gustavo Oliva; CHAVES, Natália Cristina. O menor empresário. In: VIANA, Frederico Rodrigues (Coord.). *Direito de empresa no novo código civil.* Rio de Janeiro: Forense, 2004. p. 86.

assistente, conforme o grau de sua incapacidade. Se o assistente ou representante for impedido, haverá a nomeação de um ou mais gerentes, com aprovação do juiz. É o que dispõe o art. 975 do Código Civil: "Art. 975. Se o representante ou assistente do incapaz for pessoa que, por disposição de lei, não puder exercer atividade de empresário, nomeará, com a aprovação do juiz, um ou mais gerentes. § 1.º Do mesmo modo será nomeado gerente em todos os casos em que o juiz entender ser conveniente. § 2.º A aprovação do juiz não exime o representante ou assistente do menor ou do interdito da responsabilidade pelos atos dos gerentes nomeados".

É preciso atentar, nesse ponto, para a interessante previsão contida no § 2.º do art. 974 do Código Civil, segundo a qual "não ficam sujeitos ao resultado da empresa os bens que o incapaz já possuía, ao tempo da sucessão ou da interdição, desde que estranhos ao acervo daquela, devendo tais fatos constar do alvará que conceder a autorização".

Trata-se de uma novidade trazida pelo Código Civil. No alvará em que se autorizará a continuação do exercício da empresa, o juiz deverá relacionar os bens que o incapaz já possuía antes da interdição, bens estes que não se sujeitarão ao resultado da empresa, ou seja, que não poderão ser executados por dívidas contraídas em decorrência do exercício da atividade empresarial.[29]

Vale lembrar que o dispositivo em referência (art. 974), como já destacamos anteriormente, refere-se ao exercício individual de empresa (empresário individual). Ora, o patrimônio do empresário individual, em regra, é um só. Não há uma distinção entre os bens afetados ao exercício da empresa e os bens particulares, alheios à atividade empresarial. Essa separação patrimonial só ocorre em se tratando de sociedade empresária, hipótese em que a sociedade – uma pessoa jurídica – terá seu próprio patrimônio (patrimônio social), que não se confunde com o patrimônio particular de seus sócios: trata-se do *princípio da autonomia patrimonial das pessoas jurídicas*, o qual será analisado mais detalhadamente no capítulo referente ao direito societário. No caso do empresário individual, todavia, não há essa separação patrimonial, porque não há uma pessoa jurídica constituída para a exploração da atividade. É o próprio empresário, pessoa física, que responde com todos os seus bens pelas obrigações contraídas em decorrência do exercício da empresa. Nesse sentido, por exemplo, já decidiu o STJ:

> (...)
> 2. O empresário individual é a pessoa física que exerce atividade empresária em seu próprio nome, respondendo com seu patrimônio pessoal pelos riscos da atividade.
> (...)
> (CC 155.390/RS, Rel. Ministro RICARDO VILLAS BÔAS CUEVA, SEGUNDA SEÇÃO, julgado em 28/11/2018, DJe 05/12/2018)

---

29 "Cumpre registrar que, se os bens do menor forem empregados na empresa, seja antes ou depois da autorização judicial, responderão pelos resultados desta, não vigorando o regime de reserva. Isso porque, uma vez comunicados, passarão a integrar o patrimônio empresarial, aumentando o seu valor e concorrendo para o exercício da atividade econômica." GALIZZI, Gustavo Oliva; CHAVES, Natália Cristina. O menor empresário. In: VIANA, Frederico Rodrigues (Coord.). *Direito de empresa no novo código civil*. Rio de Janeiro: Forense, 2004. p. 87.

> (...)
>
> 3. O empresário individual é a pessoa física que exerce atividade empresária em seu próprio nome, respondendo com seu patrimônio pessoal pelos riscos da atividade, não sendo possível distinguir claramente a divisão entre a personalidade da pessoa física e a do empresário individual.
>
> 4. O fato de a execução ter sido movida contra a pessoa física não retira a legitimidade do empresário individual para a instauração do conflito de competência, já que se tratam de personalidades indistintas.
>
> (...)
>
> (CC 155.294/RS, Rel. Ministro RICARDO VILLAS BÔAS CUEVA, SEGUNDA SEÇÃO, julgado em 28/11/2018, DJe 05/12/2018)

> (...)
>
> 4. Empresário individual é a própria pessoa física ou natural, respondendo os seus bens pelas obrigações que assumiu, quer civis quer comerciais.
>
> (...)
>
> (REsp 594.832/RO, Rel. Ministra NANCY ANDRIGHI, TERCEIRA TURMA, julgado em 28/06/2005, DJ 01/08/2005, p. 443)

Daí a grande novidade introduzida pela norma em comento. Ela permite, excepcionalmente, que se estabeleça uma certa *especialização patrimonial* no caso de o incapaz ser autorizado a continuar o exercício de empresa. Mesmo em se tratando, nesse caso, de empresário individual, haverá uma separação patrimonial. Os bens indicados no alvará – bens que já eram do incapaz antes da sua interdição e que não estavam afetados ao exercício da atividade empresarial – constituirão um patrimônio particular especial (patrimônio de afetação), o qual não se submeterá ao resultado da empresa, ou seja, não poderão ser executados em virtude de obrigações assumidas em consequência do exercício da atividade empresarial.

É importante ressaltar que não se deve confundir a hipótese em questão – exercício de atividade empresarial por incapaz, mediante autorização judicial – com o caso em que o incapaz com 16 (dezesseis) anos completos preenche os requisitos para a sua emancipação em decorrência do estabelecimento comercial em função do qual tenha economia própria (art. 5.º, parágrafo único, inciso V, do Código Civil). Nesse caso, não se está diante de um incapaz, mas de um menor capaz. A emancipação, como se sabe, antecipa a capacidade, permitindo então que o menor emancipado – que é capaz, repita-se – exerça a empresa independentemente de autorização judicial.[30]

Ressalte-se apenas que, de acordo com o art. 976, *caput*, do Código Civil, "a prova da emancipação e da autorização do incapaz, nos casos do art. 974, e a de eventual revogação desta, serão inscritas ou averbadas no Registro Público de Empresas Mercantis".

30 Uma importante observação quanto a essa hipótese de emancipação é feita por Gladston Mamede. O autor observa, com propriedade, que esses casos em que o menor se estabelece com economia própria são verificados *de fato* e não *de direito*. Em outras palavras, pode-se dizer que o menor, nesses casos, será necessariamente um *empresário informal*, posto não possuir registro antes da emancipação. Após a emancipação, todavia, "o menor poderá registrar-se e passar a compor a economia formal." (MAMEDE, Gladston. *Manual de direito empresarial*. São Paulo: Atlas, 2005. p. 14).

Por fim, destaque-se que alguns doutrinadores questionam a possibilidade de o menor emancipado ser empresário, uma vez que, não obstante seja civilmente capaz, somente o maior de 18 anos pode ser condenado por crimes falimentares que eventualmente venha a praticar, em razão de os menores de 18 anos serem penalmente inimputáveis. Não obstante, na III Jornada de Direito Civil do CJF foi aprovado o Enunciado 197, o qual dispõe: "A pessoa natural, maior de 16 e menor de 18 anos, é reputada empresário regular se satisfizer os requisitos dos arts. 966 e 967; todavia, não tem direito a concordata preventiva, por não exercer regularmente a atividade por mais de dois anos". Como a concordata foi extinta e substituída pela recuperação após o advento da Lei 11.101/2005, que manteve a necessidade de exercício regular da empresa por mais de dois anos para a concessão do benefício, basta que se atualize o termo concordata por recuperação.

3.2.2. *Sócio incapaz*

Conforme já tínhamos afirmado, o art. 974 do Código Civil se refere ao exercício individual de empresa. Trata-se, pois, de casos em que o incapaz será autorizado a explorar atividade empresarial individualmente, ou seja, na qualidade de empresário individual (pessoa física). A possibilidade de o incapaz ser sócio de uma sociedade empresária configura situação totalmente distinta, já que o sócio de uma sociedade não é empresário. Nesse sentido, foi incluído o § 3.º ao dispositivo legal em referência, deixando claro que a regra do *caput* não se aplica aos casos em que o incapaz esteja ingressando numa sociedade, pois nesse caso o empresário é a própria pessoa jurídica, sendo exigido apenas que o incapaz não exerça poderes de administração, que o capital esteja totalmente integralizado e que ele seja assistido ou representado, conforme o grau de sua incapacidade. Em suma: o texto legal acrescido não trouxe nenhuma novidade, servindo apenas para evitar eventuais interpretações equivocadas que alguns estavam fazendo do *caput* do art. 974.

3.3. Empresário individual casado

O Código Civil também trouxe algumas regras especiais aplicáveis ao empresário casado, regras que se aplicam, por óbvio, ao empresário individual, já que na sociedade empresária quem é o titular da empresa é a própria pessoa jurídica, a qual não pode casar.

De acordo com o art. 978 do Código Civil, "o empresário casado pode, sem necessidade de outorga conjugal, qualquer que seja o regime de bens, alienar os imóveis que integrem o patrimônio da empresa ou gravá-los de ônus real". Sobre esse dispositivo legal, foi aprovado o Enunciado 6, da I Jornada de Direito Comercial do CJF, o qual foi substituído na II Jornada pelo Enunciado 58, com o seguinte teor: "O empresário individual casado é o destinatário da norma do art. 978 do CCB e não depende da outorga conjugal para alienar ou gravar de ônus real o imóvel utilizado no exercício da empresa, desde que exista prévia averbação de autorização conjugal à conferência do imóvel ao patrimônio empresarial no cartório de registro de imóveis, com a consequente averbação do ato à margem de sua inscrição no registro público de empresas mercantis".

Já o art. 979 do Código Civil, por sua vez, determina que, "além de no Registro Civil, serão arquivados e averbados, no Registro Público de Empresas Mercantis, os pactos e declarações antenupciais do empresário, o título de doação, herança, ou legado, de bens clausulados de incomunicabilidade ou inalienabilidade". Assim, se estes atos não forem devidamente registrados na Junta Comercial, o empresário não poderá opô-los contra terceiros.

Por fim, no mesmo sentido da regra já comentada, dispõe o art. 980 do Código Civil: "a sentença que decretar ou homologar a separação judicial do empresário e o ato de reconciliação não podem ser opostos a terceiros, antes de arquivados e averbados no Registro Público de Empresas Mercantis".

4. REGISTRO EMPRESARIAL

É obrigação legal imposta a todo e qualquer empresário (empresário individual ou sociedade empresária) se inscrever na Junta Comercial antes de iniciar a atividade, sob pena de começar a exercer a empresa irregularmente. Trata-se de obrigação legal prevista no art. 967 do Código Civil, o qual dispõe ser "obrigatória a inscrição do empresário no Registro Público de Empresas Mercantis da respectiva sede, antes do início de sua atividade".

Saliente-se, porém, que o registro na Junta Comercial, embora seja uma formalidade legal imposta pela lei a todo e qualquer empresário individual ou sociedade empresária - com exceção daqueles que exercem atividade econômica rural (arts. 971 e 984 do Código Civil) - não é requisito para a caracterização do empresário e sua consequente submissão ao regime jurídico empresarial. Quer-se dizer com isso que, caso o empresário individual ou a sociedade empresária não se registrem na Junta Comercial antes do início de suas atividades, tal fato não implicará a sua exclusão do regime jurídico empresarial nem fará com que eles não sejam considerados, respectivamente, empresário individual e sociedade empresária. Afinal, conforme disposto no Enunciado 199 do CJF, aprovado na III Jornada de Direito Civil, "a inscrição do empresário ou sociedade empresária é requisito delineador de sua regularidade, e não da sua caracterização". Sendo assim, se alguém começar a exercer profissionalmente atividade econômica organizada de produção ou circulação de bens ou serviços, mas não se registrar na Junta Comercial, será considerado empresário e se submeterá às regras do regime jurídico empresarial, embora esteja irregular, sofrendo, por isso, algumas consequências (por exemplo, a impossibilidade de requerer recuperação judicial - art. 48 da Lei 11.101/2005). Nesse sentido é também o Enunciado 198 do CJF: *"A inscrição do empresário na Junta Comercial não é requisito para a sua caracterização, admitindo-se o exercício da empresa sem tal providência. O empresário irregular reúne os requisitos do art. 966, sujeitando-se às normas do Código Civil e da legislação comercial, salvo naquilo em que forem incompatíveis com a sua condição ou diante de expressa disposição em contrário."*

Para fazer a **inscrição no Registro Público de Empresas Mercantis**, realizado pela Junta Comercial, o empresário individual terá de obedecer às formalidades legais previstas no art. 968 do Código Civil, ou seja, fazer requerimento que contenha: "I - o seu nome, nacionalidade, domicílio, estado civil e, se casado, o regime de bens;

II – a firma, com a respectiva assinatura autógrafa que poderá ser substituída pela assinatura autenticada com certificação digital ou meio equivalente que comprove a sua autenticidade, ressalvado o disposto no inciso I do § 1.º do art. 4.º da Lei Complementar n.º 123, de 14 de dezembro de 2006; III – o capital; IV – o objeto e a sede da empresa". Tratando-se, por outro lado, de sociedade empresária, deve-se levar a registro o ato constitutivo (contrato social ou estatuto social), que conterá todas as informações necessárias.

Os §§ 1.º e 2.º do referido artigo, a seu turno, dispõem: "com as indicações estabelecidas neste artigo, a inscrição será tomada por termo no livro próprio do Registro Público de Empresas Mercantis, e obedecerá a número de ordem contínuo para todos os empresários inscritos"; "à margem da inscrição, e com as mesmas formalidades, serão averbadas quaisquer modificações nela ocorrentes".

O Código Civil ainda determina, em seu art. 969, que "o empresário que instituir sucursal, filial ou agência, em lugar sujeito à jurisdição de outro Registro Público de Empresas Mercantis, neste deverá também inscrevê-la, com a prova da inscrição originária". E complementa, no parágrafo único do referido artigo: "em qualquer caso, a constituição do estabelecimento secundário deverá ser averbada no Registro Público de Empresas Mercantis da respectiva sede".

> (...)
>
> 2. A sucursal, a filial e a agência não têm um registro próprio, autônomo, pois a pessoa jurídica como um todo é que possui personalidade, sendo ela sujeito de direitos e obrigações, assumindo com todo o seu patrimônio a correspondente responsabilidade.
>
> 3. As filiais são estabelecimentos secundários da mesma pessoa jurídica, desprovidas de personalidade jurídica e patrimônio próprio, apesar de poderem possuir domicílios em lugares diferentes (art. 75, § 1º, do CC) e inscrições distintas no CNPJ.
>
> 4. O fato de as filiais possuírem CNPJ próprio confere a elas somente autonomia administrativa e operacional para fins fiscalizatórios, não abarcando a autonomia jurídica, já que existe a relação de dependência entre o CNPJ das filiais e o da matriz.
>
> (...)
>
> (AREsp 1.273.046/RJ, Rel. Ministro GURGEL DE FARIA, PRIMEIRA TURMA, julgado em 08/06/2021, DJe 30/06/2021)

Relacionado ao tema do estabelecimento e de suas respectivas filiais, sucursais ou agências, está a questão de saber qual é o **domicílio** do empresário individual e da sociedade empresária: trata-se do local indicado em seus atos constitutivos, quando do registro na Junta Comercial. Vale destacar, no entanto, que o Enunciado 363 da súmula e jurisprudência dominante do STF determina que "a pessoa jurídica de direito privado [gênero do qual a sociedade empresária é espécie] pode ser demandada no domicílio da agência, ou estabelecimento, em que se praticou o ato". Nesse sentido é também a norma do art. 75, § 1.º, do Código Civil.

Por fim, não custa repetir e lembrar: (i) a **única exceção**, como visto, em relação à obrigatoriedade do registro é a referente aos **exercentes de atividade econômica rural**, os quais possuem a simples faculdade de registrar-se na Junta Comercial, conforme estabelece o art. 971 do Código Civil, já analisado; (ii) a Lei 8.906/1994 (Estatuto da OAB), em seu art. 1.º, § 2.º, determina que os atos de registro de empresários individuais e de sociedades empresárias devem estar visados por um advogado (essa regra não se aplica, porém, às microempresas e empresas de pequeno porte, conforme art. 9.º, § 2.º, da Lei Complementar 123/2006).

4.1. A Lei de Registro Público de empresas mercantis (Lei 8.934/1994)

Não obstante o Código Civil traga em seu corpo normativo algumas regras específicas sobre registro (arts. 1.150 a 1.154), o registro dos empresários, no Brasil, está disciplinado em legislação especial. Trata-se da Lei 8.934/1994, que "dispõe sobre o Registro Público de Empresas Mercantis e Atividades Afins e dá outras providências".

No seu art. 1.º, a referida lei estabelece as **finalidades do registro** de empresa: "I – dar garantia, publicidade, autenticidade, segurança e eficácia aos atos jurídicos das empresas mercantis, submetidos a registro na forma desta lei; II – cadastrar as empresas nacionais e estrangeiras em funcionamento no País e manter atualizadas as informações pertinentes; III – proceder à matrícula dos agentes auxiliares do comércio, bem como ao seu cancelamento".

No seu art. 3.º, por sua vez, a Lei 8.934/1994 cria o SINREM (Sistema Nacional de Registro de Empresas Mercantis), **sistema que regula o registro** de empresa no Brasil. Esse sistema é composto por dois órgãos: "o Departamento Nacional de Registro Empresarial e Integração, órgão central do Sinrem, com as seguintes funções: a) supervisora, orientadora, coordenadora e normativa, na área técnica; e b) supletiva, na área administrativa; e II – As Juntas Comerciais, como órgãos locais, com funções executora e administradora dos serviços de registro".

As **Juntas Comerciais** são responsáveis pela execução e administração dos atos de registro. São órgãos locais, que integram estrutura administrativa dos Estados-membros. Cada unidade federativa possui uma Junta Comercial, segundo disposição constante do art. 5.º da lei.

A doutrina costuma destacar que as Juntas Comerciais, por fazerem parte da estrutura administrativa dos Estados, mas se sujeitarem, no plano técnico, às normas e diretrizes baixadas pelo DREI, órgão central do SINREM e que integra a estrutura administrativa federal, possuem uma **subordinação hierárquica híbrida**. No plano técnico, as Juntas se submetem ao DREI, enquanto, no âmbito administrativo, elas se submetem à administração estadual: "as juntas comerciais subordinam-se administrativamente ao governo da unidade federativa de sua jurisdição e, tecnicamente, ao DREI, nos termos desta lei" (art. 6.º da Lei 8.934/1994). Apenas a Junta Comercial do Distrito Federal se submetia, tanto técnica como administrativamente, ao DREI, conforme preceituava o art. 6.º, parágrafo único, da Lei 8.934/1994. Mas esse dispositivo foi revogado pela Medida Provisória 861/2018, posteriormente convertida na Lei 13.833/2019, de modo que atualmente todas as Juntas Comerciais do País, inclusive a Junta Comercial do Distrito Federal, possuem uma subordinação hierárquica híbrida.

Em razão desse caráter híbrido de subordinação das Juntas Comerciais (ao Estado-membro respectivo e ao DREI), o Superior Tribunal de Justiça consolidou entendimento de que há uma divisão de **competência para apreciar ações judiciais** em que a Junta Comercial seja parte. Tratando-se de matéria administrativa, a competência para processar e julgar as ações em que a Junta figure num dos polos da demanda é da Justiça comum estadual. Em contrapartida, em se tratando de matéria técnica, relativa ao registro de empresa, a competência passa a ser da Justiça Federal, em virtude do interesse na causa do DREI, conforme preceitua o art. 109, inciso I, da Constituição Federal.

Assim, por exemplo, se a Junta Comercial indeferir o pedido de arquivamento de contrato social de uma determinada sociedade limitada, com base numa Instrução Normativa do DREI, e essa sociedade resolver impetrar mandado de segurança contra tal decisão, deverá fazê-lo perante a Justiça Federal, porque, nesse caso, a Junta agiu sob orientação de um ente federal, o DREI. Nesse sentido, podem ser citados os seguintes acórdãos do Superior Tribunal de Justiça:

> CONFLITO DE COMPETÊNCIA. REGISTRO DE COMÉRCIO.
>
> 1. As juntas comerciais estão, administrativamente, subordinadas aos Estados, mas as funções por elas exercidas são de natureza federal.
>
> 2. Conflito conhecido para declarar competente o Juízo Federal da 3ª Vara de Londrina - SJ/SP.
>
> (CC 43.225/PR, Rel. Ministro ARI PARGENDLER, SEGUNDA SEÇÃO, julgado em 26/10/2005, DJ 01/02/2006, p. 425)

> CONFLITO DE COMPETENCIA. MANDADO DE SEGURANÇA. JUNTA COMERCIAL.
>
> 1. Os serviços prestados pelas Juntas Comerciais, apesar de criadas e mantidas pelos Estados, são de natureza federal.
>
> 2. Para julgamento de ato, que se compreenda nos serviços do registro de comércio, a competência é da Justiça Federal.
>
> (CC 15.575/BA, Rel. MIN. CLÁUDIO SANTOS, SEGUNDA SECAO, julgado em 14/02/1996, DJ 22/04/1996, p. 12512)

> COMPETÊNCIA. CONFLITO. JUSTIÇA ESTADUAL E JUSTIÇA FEDERAL. MANDADO DE SEGURANÇA CONTRA ATO DO PRESIDENTE DA JUNTA COMERCIAL DO ESTADO DE MINAS GERAIS. COMPETÊNCIA RATIONE PERSONAE. PRECEDENTES. CONFLITO PROCEDENTE.
>
> (...)
>
> 2. As Juntas Comerciais efetuam o registro do comércio por delegação federal, sendo da competência da Justiça Federal, a teor do artigo 109-VIII, da Constituição, o julgamento de mandado de segurança contra ato do Presidente daquele órgão.
>
> (...)
>
> (CC 31.357/MG, Rel. Ministro SÁLVIO DE FIGUEIREDO TEIXEIRA, SEGUNDA SEÇÃO, julgado em 26/02/2003, DJ 14/04/2003, p. 174)

No entanto, posteriormente o próprio STJ alterou um pouco essa jurisprudência, passando a entender que a Justiça Federal é competente para julgar os processos em que figura como parte a Junta Comercial somente nos casos em que se discute a lisura do ato praticado pela Junta ou nos casos de mandado de segurança impetrado contra ato de seu presidente. Eis um julgado que demonstra esse entendimento:

> RECURSO ESPECIAL. LITÍGIO ENTRE SÓCIOS. ANULAÇÃO DE REGISTRO PERANTE A JUNTA COMERCIAL. CONTRATO SOCIAL. INTERESSE DA ADMINISTRAÇÃO FEDERAL.

> INEXISTÊNCIA. AÇÃO DE PROCEDIMENTO ORDINÁRIO. COMPETÊNCIA DA JUSTIÇA ESTADUAL. PRECEDENTES DA SEGUNDA SEÇÃO.
>
> 1. A jurisprudência deste Superior Tribunal de Justiça tem decidido pela competência da Justiça Federal, nos processos em que figuram como parte a Junta Comercial do Estado, somente nos casos em que se discute a lisura do ato praticado pelo órgão, bem como nos mandados de segurança impetrados contra seu presidente, por aplicação do artigo 109, VIII, da Constituição Federal, em razão de sua atuação delegada.
>
> 2. Em casos em que particulares litigam acerca de registros de alterações societárias perante a Junta Comercial, esta Corte vem reconhecendo a competência da justiça comum estadual, posto que uma eventual decisão judicial de anulação dos registros societários, almejada pelos sócios litigantes, produziria apenas efeitos secundários para a Junta Comercial do Estado, fato que obviamente não revela questão afeta à validade do ato administrativo e que, portanto, afastaria o interesse da Administração e, conseqüentemente, a competência da Justiça Federal para julgamento da causa.
>
> Precedentes.
>
> (REsp 678.405/RJ, Rel. Ministro CASTRO FILHO, TERCEIRA TURMA, julgado em 16/03/2006, DJ 10/04/2006, p. 179)

Portanto, quando se tratar de demanda que envolve apenas questões particulares, como conflitos societários, a competência será da Justiça Estadual, ainda que no processo esteja sendo discutido um ato ou registro praticado pela Junta Comercial.

> CONFLITO DE COMPETÊNCIA. JUNTA COMERCIAL. ANULAÇÃO DE ALTERAÇÃO CONTRATUAL. ATO FRAUDULENTO. TERCEIROS. INDEVIDO REGISTRO DE EMPRESA.
>
> 1. Compete à Justiça Comum processar e julgar ação ordinária pleiteando anulação de registro de alteração contratual efetivado perante a Junta Comercial, ao fundamento de que, por suposto uso indevido do nome do autor e de seu CPF, foi constituída, de forma irregular, sociedade empresária, na qual o mesmo figura como sócio. Nesse contexto, não se questiona a lisura da atividade federal exercida pela Junta Comercial, mas atos antecedentes que lhe renderam ensejo.
>
> 2. Conflito conhecido para declarar competente o Tribunal de Justiça do Estado de Rondônia, o suscitado.
>
> (CC 90.338/RO, Rel. Ministro FERNANDO GONÇALVES, SEGUNDA SEÇÃO, julgado em 12/11/2008, DJe 21/11/2008)

Finalmente, se no processo se discute, por exemplo, o reajuste de servidores da Junta Comercial, a competência será da Justiça Estadual, porque nesse caso a lide versa sobre matéria eminentemente administrativa. Nesse sentido, confira-se:

> CONFLITO NEGATIVO DE COMPETÊNCIA. JUNTA COMERCIAL. SERVIDOR APOSENTADO. MANDADO DE SEGURANÇA. INCLUSÃO DE VANTAGENS REMUNERATÓRIAS. NÃO CONFIGURADO O EXERCÍCIO DE FUNÇÃO PÚBLICA FEDERAL DELEGADA. COMPETÊNCIA DA JUSTIÇA COMUM.
>
> 1. O ato administrativo impugnado no mandado de segurança impetrado por servidor estadual inativo, consistente no cálculo a menor de seus proventos, não foi praticado no exercício de delegação de função pública federal, referente aos atos de registro de comércio arrolados na Lei nº 8.934/94, mas a partir da exegese de leis estaduais de regência da remuneração de cargos e proventos de aposentadoria dos funcionários da junta comercial mineira.

2. Se houve ou não ilegalidade na prática do referido ato administrativo, é questão a ser dirimida na Justiça Comum Estadual, e não na Justiça Federal, pois a hipótese em apreço não é de exercício de função pública federal delegada.
3. Conflito conhecido para declarar a competência do Juízo de Direito da 7ª Vara da Fazenda Pública e Autarquias de Belo Horizonte/MG, ora suscitado.
(CC 54.590/MG, Rel. Ministra MARIA THEREZA DE ASSIS MOURA, TERCEIRA SEÇÃO, julgado em 11/10/2006, DJ 30/10/2006, p. 241)

Enfim, a competência só será da Justiça Federal quando a Junta Comercial estiver agindo no exercício de delegação de função pública federal, referente aos atos de registro previstos na Lei 8.934/1994.

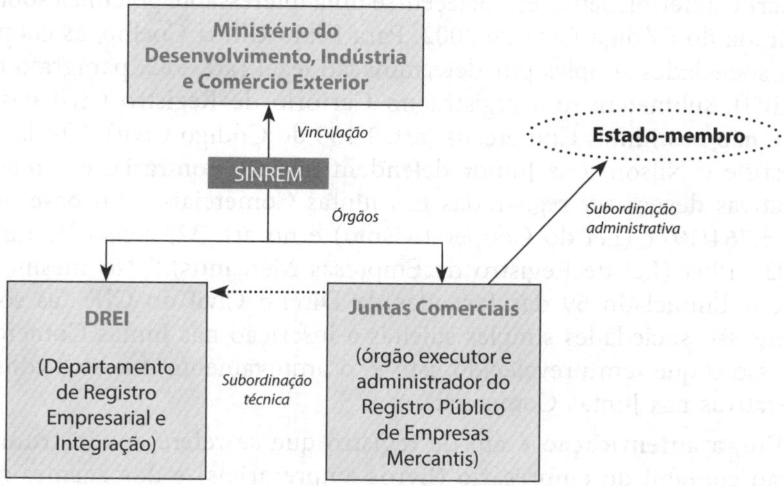

4.2. Os atos de registro

As Juntas Comerciais exercem função executiva no âmbito do SINREM, ou seja, são elas que executam os atos de registro dos empresários individuais, das sociedades empresárias e dos seus *auxiliares*. Os atos de registro praticados pelas Juntas Comerciais são: a) matrícula; b) arquivamento; c) autenticação (art. 32 da Lei 8.934/1994).

Matrícula é um ato de registro praticado pela Junta que se refere a alguns profissionais específicos, os chamados auxiliares do comércio: leiloeiros, tradutores públicos, intérpretes, trapicheiros e administradores de armazéns-gerais.[31] Nesse caso, a Junta funciona, grosso modo, como órgão regulador da profissão.

O **arquivamento**[32] é o ato de registro que diz respeito, basicamente, aos atos constitutivos da sociedade empresária ou do empresário individual. Deve ser feito o arquivamento

[31] *Trapicheiros* são os titulares daqueles armazéns de depósito localizados à beira d'água, os quais, hodiernamente, não possuem mais quase nenhuma importância, uma vez que foram substituídos pelos armazéns portuários (Lei n.º 8.630/1993), muito mais modernos e bem aparelhados. Já os *armazéns-gerais*, por sua vez, são aqueles armazéns de depósito que podem emitir títulos de crédito impróprios representativos das mercadorias depositadas: conhecimento de depósito e *warrant*.

[32] Após o arquivamento do ato constitutivo do empresário individual ou da sociedade empresária, caso haja alguma alteração, esta será feita através de ***averbação***, que constitui, assim, uma anotação referente a nova situação registral, realizada à margem do ato constitutivo originário.

na Junta Comercial, segundo o art. 32, inciso II, da Lei 8.934/1994: "a) dos documentos relativos à constituição, alteração, dissolução e extinção de firmas mercantis individuais, sociedades mercantis e cooperativas; b) dos atos relativos a consórcio e grupo de sociedade de que trata a Lei 6.404, de 15 de dezembro de 1976; c) dos atos concernentes a empresas mercantis estrangeiras autorizadas a funcionar no Brasil; d) das declarações de microempresa; e) de atos ou documentos que, por determinação legal, sejam atribuídos ao Registro Público de Empresas Mercantis e Atividades Afins ou daqueles que possam interessar ao empresário e às empresas mercantis".

Quanto ao arquivamento dos atos constitutivos das cooperativas nas Juntas Comerciais, conforme previsão constante da parte final da alínea "a" do dispositivo legal transcrito anteriormente, estabeleceu-se uma interessante polêmica sobre o tema após a entrada do Código Civil de 2002. Para Fábio Ulhoa Coelho, as cooperativas, por serem sociedades simples por determinação legal (art. 982, parágrafo único do Código Civil), submetem-se a registro no Cartório de Registro Civil das Pessoas Jurídicas, e não nas Juntas Comerciais (art. 1.150 do Código Civil).[33] Todavia, Paulo Sérgio Restiffe e Nílson Reis Júnior defendem posição contrária, entendendo que as cooperativas devem ser registradas nas Juntas Comerciais, com base no art. 18 da Lei nº 5.764/1971 (Lei do Cooperativismo) e no art. 32, inciso II, alínea a, da Lei nº 8.934/1994 (Lei de Registro de Empresas Mercantis).[34] No mesmo sentido, ademais, é o Enunciado 69 das Jornadas de Direito Civil do CJF: "as sociedades cooperativas são sociedades simples sujeitas à inscrição nas Juntas Comerciais". Na prática, é isso o que tem prevalecido, isto é, o arquivamento dos atos constitutivos das cooperativas nas Juntas Comerciais.

Por fim, a **autenticação** é ato de registro que se refere aos instrumentos de escrituração contábil do empresário (livros empresariais) e dos agentes auxiliares do comércio. A autenticação é um requisito extrínseco de regularidade na escrituração, como se verá adiante.

De acordo com o art. 39 da Lei 8.934/1994, "as juntas comerciais autenticarão: I – os instrumentos de escrituração das empresas mercantis e dos agentes auxiliares do comércio; II – as cópias dos documentos assentados".

Destaque-se que, segundo o disposto no art. 1.154 do Código Civil, o ato sujeito a registro não pode ser oposto a terceiros antes do cumprimento das formalidades exigidas, salvo se houver prova de que o terceiro o conhecia. A norma é plenamente justificável, e possui outros dispositivos correlatos, que representam verdadeiro desdobramento do seu conteúdo normativo (por exemplo, art 1.174 do Código Civil). Com efeito, se as Juntas Comerciais são o órgão de registro público

33 Parecer disponível em: <http://www.irtdpjbrasil.com.br/parecerfabio.htm/>. Acesso em: 9 maio 2007. O jurista defende que o art. 18 da Lei do Cooperativismo não foi recepcionado pela Constituição da República. Esta, em seu art. 5.º, inciso XVIII, prescreve que *"a criação de associações e, na forma da lei, a de cooperativas independem de autorização, sendo vedada a interferência estatal em seu funcionamento"*. Como os arts. 17 a 20 da Lei do Cooperativismo cuidam dos procedimentos *da autorização de funcionamento* das cooperativas, o jurista afirma que há incompatibilidade com a ordem constitucional instituída pela Carta de 1988, que determina que a criação de cooperativas independe de autorização estatal.

34 RESTIFFE, Paulo Sérgio. *Manual do novo direito comercial*. São Paulo: Dialética, 2006. p. 116; e REIS JÚNIOR, Nílson. Sociedades cooperativas: linhas gerais e aspectos societários. In: RODRIGUES, Frederico Viana (Coord.). *Direito de empresa no novo código civil*. Rio de Janeiro: Forense, 2004. p. 377.

dos empresários e das sociedades empresárias, sua função precípua é tornar públicos os atos desses agentes econômicos, a fim de se tornarem conhecidos de terceiros e a eles poderem ser opostos.

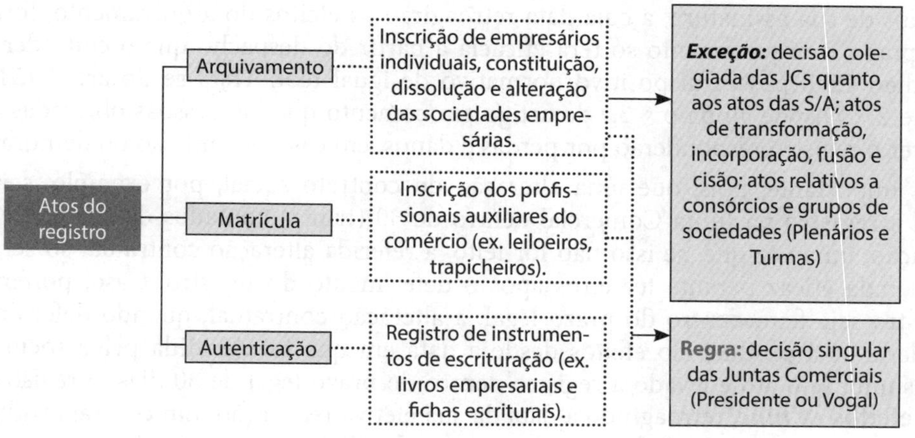

4.3. A estrutura organizacional das Juntas Comerciais

Segundo o disposto no art. 9.º da Lei 8.934/1994, a Junta Comercial se organiza da seguinte forma: "I – a Presidência, como órgão diretivo e representativo; II – o Plenário, como órgão deliberativo superior; III – as Turmas, como órgãos deliberativos inferiores; IV – a Secretaria-Geral, como órgão administrativo; V – a Procuradoria, como órgão de fiscalização e de consulta jurídica".

Os membros da Junta Comercial que decidem sobre os atos de registro e compõem as Turmas e o órgão plenário são chamados de vogais. Segundo o art. 11, caput, da referida lei, "Os vogais e respectivos suplentes serão nomeados, salvo disposição em contrário, pelos governos dos Estados e do Distrito Federal (...)". O vogal e seu suplente têm mandato de 04 (quatro) anos, permitida apenas uma recondução (art. 16 da Lei 8.934/1994).

As **Turmas** são compostas de 03 (três) vogais, não participando o Presidente e o Vice-Presidente da Junta Comercial, que possuem atribuições específicas, previstas, respectivamente, nos arts. 23 e 24 da Lei 8.934/1994.

Há ainda a **Secretaria-Geral**, cujo titular, o Secretário-Geral, será nomeado pelos respectivos governadores, dentre "brasileiros de notória idoneidade moral e conhecimentos em Direito Empresarial", e possuirá a atribuição de executar os serviços de registro e administração da Junta (arts. 25 e 26 da Lei 8.934/1994).

Por fim, há a **Procuradoria**, composta de um ou mais procuradores e chefiada pelo procurador que for designado pelo governador do Estado ou do Distrito Federal, à qual cabe fiscalizar e promover o fiel cumprimento das normas legais e executivas, oficiando, internamente, por sua iniciativa ou mediante solicitação da presidência, do plenário e das turmas; e, externamente, em atos ou feitos de natureza jurídica, inclusive os judiciais, que envolvam matéria do interesse da junta (arts. 27 e 28 da Lei 8.934/1994).

4.4. O processo decisório nas Juntas Comerciais

Segundo o art. 36 da Lei 8.934/1994, "os documentos referidos no inciso II do art. 32 deverão ser apresentados a arquivamento na junta, dentro de 30 (trinta) dias contados de sua assinatura, a cuja data retroagirão os efeitos do arquivamento; fora desse prazo, o arquivamento só terá eficácia a partir do despacho que o conceder". O Código Civil possui dispositivo normativo de igual teor. Trata-se do art. 1.151, §§ 1.º e 2.º. Dispõe ainda o § 3.º do artigo em comento que "as pessoas obrigadas a requerer o registro responderão por perdas e danos, em caso de omissão ou demora".

É importante, pois, que uma alteração do contrato social, por exemplo, seja levada a **registro** na Junta Comercial dentro de 30 (trinta) contados da sua efetiva realização, uma vez que, se isso não for feito, a referida alteração contratual só será considerada eficaz perante terceiros após o deferimento do registro. Caso, porém, o registro seja feito dentro do prazo legal, a alteração contratual, quando deferida, considerar-se-á produzindo efeitos desde a data em que foi decidida pelos sócios. Em resumo: se o ato é levado a registro dentro do prazo legal de 30 dias, o registro opera **efeitos *ex tunc***, retroagindo à data da sua efetiva realização. Em contrapartida, se o ato é levado a registro fora do prazo legal de 30 dias, produz **efeitos *ex nunc***, ou seja, só se torna eficaz a partir do seu deferimento.

Em regra, as decisões sobre os atos de registro submetidos à apreciação da Junta Comercial são proferidas pelo Presidente, pelos vogais ou por servidores que possuam comprovados conhecimentos de Direito Comercial e de Registro de Empresas Mercantis, em **decisões singulares**, conforme determina o art. 42 da Lei 8.934/1994. Todavia, alguns atos de registro específicos, por serem mais complexos, se submetem a um regime de decisão colegiada.

A matéria está disciplinada no art. 41 da lei, o qual determina que "estão sujeitos ao regime de decisão colegiada pelas juntas comerciais, na forma desta lei: I – o arquivamento: a) dos atos de constituição de sociedades anônimas; b) dos atos referentes à transformação, incorporação, fusão e cisão de empresas mercantis; c) dos atos de constituição e alterações de consórcio e de grupo de sociedades, conforme previsto na Lei 6.404, de 15 de dezembro de 1976; II – o julgamento do recurso previsto nesta lei".

Por fim, destaque-se que, segundo o disposto no art. 41, parágrafo único da Lei 8.934/1994, os pedidos de arquivamento submetidos a regime de decisão colegiada, com exceção dos recursos, devem ser decididos no **prazo** máximo de 05 (cinco) dias úteis, contados do seu recebimento, enquanto os pedidos de registro submetidos a regime de decisão singular devem ser decididos no prazo máximo de 02 (dois) dias úteis (art. 42, § 2º), "sob pena de os atos serem considerados arquivados, mediante provocação dos interessados, sem prejuízo do exame das formalidades legais pela procuradoria".

É preciso anotar que as Juntas Comerciais, na análise dos atos de registro a ela submetidos, devem ater-se ao **exame do cumprimento das formalidades legais** previstas (art. 40 da Lei 8.934/1994), jamais adentrando no mérito do ato praticado. Fazendo essa análise das formalidades e verificando a existência de **vício insanável**, a Junta deverá indeferir o requerimento. Caso, todavia, verifique que o **vício é sanável**, o processo será colocado em exigência, podendo a parte interessada, no prazo de até 30 (trinta) dias, contados da data da ciência ou da publicação do despacho, suprir o vício apontado, sob pena de, não o fazendo nesse prazo, ser considerado o seu suprimento extemporâneo um novo procedimento de registro, devendo-se pagar as taxas pertinentes. No mesmo sentido é o art. 1.153, parágrafo único, do CC.

Ainda sobre o exame das formalidades legais dos atos submetidos a registro nas Juntas Comerciais, cumpre destacar que elas não podem criar exigências não previstas na lei. Algumas Juntas, por exemplo, têm exigido a certidão de regularidade fiscal estadual para o registro de alteração contratual, mas tal exigência não está prevista na lei de regência (Lei 8.934/1994), nem em seu decreto federal regulamentar (Decreto 1.800/1996).

Com efeito, o art. 37 da Lei 8.934/1994 elenca os documentos que devem instruir os pedidos de arquivamento de atos constitutivos e suas respectivas alterações: "Art. 37. Instruirão obrigatoriamente os pedidos de arquivamento: I – o instrumento original de constituição, modificação ou extinção de empresas mercantis, assinado pelo titular, pelos administradores, sócios ou seus procuradores; II – declaração do titular ou administrador, firmada sob as penas da lei, de não estar impedido de exercer o comércio ou a administração de sociedade mercantil, em virtude de condenação criminal; III – a ficha cadastral segundo modelo aprovado pelo DREI; IV – os comprovantes de pagamento dos preços dos serviços correspondentes; V – a prova de identidade dos titulares e dos administradores da empresa mercantil".

O parágrafo único do mencionado dispositivo legal, por sua vez, dispõe claramente que "além dos referidos neste artigo, nenhum outro documento será exigido das firmas individuais e sociedades referidas nas alíneas a, b e d do inciso II do art. 32".

Por outro lado, o Decreto 1.800/1996, que regulamentou a Lei 8.934/1994, deixa claro em seu art. 34, parágrafo único, que outros documentos só podem ser exigidos se houver "expressa determinação legal".

Assim, como a exigência de apresentação de certidão de regularidade fiscal geralmente está prevista em meros decretos estaduais, que sequer possuem leis estaduais respectivas, não há dúvidas de que ela é ilegal. Nesse sentido, confiram-se as seguintes decisões do STJ:

> *Junta comercial. Exigência de regularidade fiscal estadual para registro de atos constitutivos e suas respectivas alterações. Ilegalidade. 1. A exigência de certidão de regularidade fiscal estadual para o registro de alteração contratual perante a Junta Comercial não está prevista na lei de regência (Lei n. 8.934/1994), nem no decreto federal que a regulamentou (Decreto n. 1.800/1996), mas em decreto estadual, razão pela qual se mostra ilegítima. 2. Recurso especial conhecido, mas não provido (REsp 724.015/PE, Rel. Min. Antonio Carlos Ferreira, Quarta Turma, j. 15.05.2012, DJe 22.05.2012).*

> *Recurso especial. Civil e empresarial. Junta Comercial. Exigência de Certidão Negativa Tributária. Antinomia jurídica de segundo grau. Conflito entre o critério cronológico e o da especialidade. Hipótese de prevalência do critério cronológico. Prevalência da livre-iniciativa. 1. Exigência, por Junta Comercial, de certidões negativas tributárias como condição para o arquivamento de ato de transformação de sociedade simples em sociedade empresária. 2. Antinomia jurídica entre a Lei 8.934/94, ao regular o registro público de empresas mercantis e atividades afins, e leis tributárias específicas anteriores. 3. Possibilidade de aplicação do critério cronológico ou do critério da especialidade, caracterizando um conflito qualificado como "antinomia de segundo grau". 4. Prevalência excepcional do critério cronológico. Precedente da Terceira Turma. 5. Derrogação tácita*

dos dispositivos de leis tributárias anteriores que condicionavam o ato de arquivamento na Junta Comercial à apresentação de certidão negativa de débitos. 6. Interpretação condizente com o princípio constitucional da livre-iniciativa. 7. Recurso especial provido, em parte (REsp 1.393.724/PR, Rel. Min. Luis Felipe Salomão, Rel. p/ Acórdão Min. Paulo de Tarso Sanseverino, Segunda Seção, j. 28.10.2015, DJe *04.12.2015).*

Agravo interno em recurso especial. Mandado de segurança. Junta Comercial. Exigência de apresentação de certidão de regularidade fiscal prevista em Decreto estadual. Precedentes da Corte. 1. Não é possível a exigência de apresentação de certidão de regularidade fiscal como condição para arquivamento de alteração contratual por decreto estadual, pois não preenche o requisito do art. 34 do Decreto n. 1800, que regulamentou a Lei Federal n. 8.934/94. Precedente da Segunda Seção. 2. Agravo interno a que se nega provimento (AgInt no REsp 1.256.469/PE, Rel. Min. Maria Isabel Gallotti, Quarta Turma, j. 29.09.2016, DJe *05.10.2016).*

Interpretando o mesmo art. 37 da Lei 8.934/1994, o STJ já considerou ilegal, por exemplo, protocolo firmado entre a Receita Federal e a Secretaria da Fazenda do Estado do Ceará, que exigia o prévio visto da Secretaria para o registro de atos na Junta Comercial. Confira-se:

Administrativo. Princípio da legalidade. Protocolo firmado entre a Secretaria da Receita Federal e a Secretaria da Fazenda do Estado do Ceará, com anuência da Junta Comercial, para que sejam previamente visados pela Central de Cadastramento – CECAD, órgão criado para intercambiar informações tributárias, os atos de registro comercial. 1. Exigência imposta pela Administração Pública, de caráter limitativo para o exercício de atividade empresarial, que não encontra amparo legal. 2. Interpretação do art. 37 da Lei n.º 8.934, de 18.11.94. 3. Excesso de autoridade na política administrativa tributária. 4. O princípio da legalidade é o sustentáculo do regime democrático. 5. O exercício da atividade fiscalizadora tributária há de ser exercido nos limites fixados pela lei. 6. Recurso especial improvido (REsp 513.356/CE, Rel. Min. José Delgado, 1.ª Turma, j. 04.09.2003, DJ 13.10.2003, p. 270, REPDJ 02.02.2004, p. 278).

Analogicamente, pode-se mencionar também o entendimento do STJ no sentido de considerar ilegítima a criação de empecilhos, mediante norma infralegal, para a inscrição e alteração dos dados cadastrais no CNPJ. Confira-se:

Administrativo e fiscal. Recurso especial representativo de controvérsia. Art. 543-C, do CPC. Mandado de Segurança. CNPJ. Alteração do cadastro. Lei n.º 5.614/70. Imposição de exigências da Receita Federal do Brasil, regularização das pendências fiscais do novo sócio. Condições da IN SRF 200/02. Limites à livre-iniciativa (exercício da atividade econômica). 1. A inscrição e modificação dos dados no Cadastro Nacional de Pessoas Jurídicas – CNPJ devem ser garantidas a todas as empresas legalmente constituídas, mediante o arquivamento de seus estatutos e suas alterações na Junta Comercial Estadual, sem a imposição de restrições infralegais, que obstaculizem o exercício da livre-iniciativa e desenvolvimento pleno de suas atividades econômicas. 2. A Lei n.º 5.614/70, que versa sobre o cadastro federal de contribuintes, outorgou ao Ministro da Fazenda o dever de regular o instrumento de registro, para dotar o sistema de normas procedimentais para viabilizar a inscrição e atualização dos dados, sem permitir que imposições limitadoras da livre-iniciativa restassem veiculadas sob o jugo da mencionada lei. 3. As turmas da Primeira Seção desta Corte já assentaram que é ilegítima a criação de empecilhos, mediante norma infralegal, para a inscrição e alteração dos dados cadastrais no CNPJ. Precedentes: REsp. 760.320/RS, DJU 01.02.07; REsp. 662.972/RS, DJU 05.10.06; REsp. 411.949/PR, DJU 14.08.06; REsp. 529.311/RS, DJU

> *13.10.03 e; RMS 8.880/CE, DJU 08.02.00. 4. Conforme cediço, "o sócio de empresa que está inadimplente não pode servir de empecilho para a inscrição de nova empresa pelo só motivo de nele figurar o remisso como integrante" (RMS 8.880/CE, 2.ª Turma, Rel. Min. Eliana Calmon, DJU 08.02.2000). 5. Recurso especial desprovido. Acórdão submetido ao regime do art. 543-C do CPC e da Resolução STJ 08/2008 (REsp 1.103.009/RS, Rel. Min. Luiz Fux, 1.ª Seção, j. 09.12.2009, DJe 01.02.2010).*

4.4.1. *Recursos cabíveis*

As decisões da Junta são recorríveis, embora os instrumentos recursais não possuam efeito suspensivo (art. 49 da Lei 8.934/1994). Prevê a lei, no seu art. 44: "I – pedido de reconsideração; II – recurso ao plenário; III – recurso ao DREI".

O **pedido de reconsideração** terá por objeto obter a revisão de despachos singulares ou de turmas que formulem exigências para o deferimento do arquivamento, e será apresentado no prazo para cumprimento da exigência, para apreciação pela autoridade recorrida em 3 (três) dias úteis, no caso de decisão singular, e de 5 (cinco) dias úteis, no caso de decisão colegiada (art. 45 da Lei 8.934/1994).

O **recurso ao plenário**, por sua vez, tem por objeto as decisões definitivas, singulares ou de turmas, e deverá ser decidido no prazo máximo de 30 (trinta) dias, a contar da data do recebimento da peça recursal, ouvida a procuradoria, no prazo de 10 (dez) dias, quando esta não for a recorrente (art. 46 da Lei 8.934/1994).

Por fim, o **recurso ao DREI**, última instância administrativa, é cabível contra as decisões proferidas pelo plenário da Junta (art. 47).

Todos os recursos previstos na lei deverão ser interpostos no **prazo de 10 (dez) dias úteis**, prazo este contado da data da intimação da parte ou da publicação do ato no órgão oficial de publicidade da Junta Comercial (art. 50). A procuradoria e as partes interessadas, quando for o caso, serão intimadas para, no mesmo prazo de 10 (dez) dias, oferecerem contrarrazões (art. 51).

4.5. A publicidade dos atos de registro

Segundo o art. 29 da Lei 8.934/1994, "qualquer pessoa, sem necessidade de provar interesse, poderá consultar os assentamentos existentes nas juntas comerciais e obter certidões, mediante pagamento do preço devido".

Não poderia ser diferente. As Juntas Comerciais, como órgãos públicos de registro dos empresários e das sociedades empresárias, possuem justamente a **função de tornar público** os atos relativos a esses agentes econômicos. Daí por que os assentamentos feitos na Junta Comercial são públicos, e não secretos, podendo a eles ter acesso qualquer pessoa, sem que para tanto precise justificar ou mostrar a existência de algum interesse pertinente.

> As Juntas, portanto, desempenham uma importante função de tornar públicos os atos jurídicos que constam de seu registro; assim, se eu quero saber quem são os sócios quotistas de uma sociedade limitada qualquer, ou quem é o seu administrador, basta pedir uma certidão de tal informação.[35]

[35] MAMEDE, Gladston. *Manual de direito empresarial.* São Paulo: Atlas, 2005. p. 9.

Já o art. 31 da mesma lei determina que "os atos decisórios da junta comercial serão publicados em sítio da rede mundial de computadores da junta comercial do respectivo ente federativo".

5. ESCRITURAÇÃO DO EMPRESÁRIO

Outra obrigação legal imposta a todo empresário, seja ao empresário individual ou à sociedade empresária, é a necessidade de "seguir um sistema de contabilidade,[36] mecanizado ou não, com base na escrituração uniforme de seus livros, em correspondência com a documentação respectiva, e a levantar anualmente o balanço patrimonial e o de resultado econômico" (art. 1.179 do Código Civil). Enfim, os empresários devem manter um **sistema de escrituração contábil periódico**,[37] além de levantar, todo ano, **dois balanços financeiros: o patrimonial e o de resultado econômico**. A obrigação é tão importante que a legislação falimentar considera crime a escrituração irregular, caso a falência do empresário seja decretada (arts. 178 e 180 da Lei 11.101/2005). Ademais, pela importância que ostentam, os livros comerciais são equiparados a documento público para fins penais, sendo tipificada como crime a falsificação, no todo ou em parte, da escrituração comercial (art. 297, § 2.º, do Código Penal).

Embora a lei fale apenas em *livros*, os instrumentos de escrituração são: a) livros; b) conjunto de fichas ou folhas soltas; c) conjunto de folhas contínuas; d) microfichas extraídas a partir de microfilmagem por computador.

A escrituração do empresário é tarefa que a lei incumbe a profissional específico: o **contabilista**, o qual deve ser legalmente habilitado, ou seja, estar devidamente inscrito no seu órgão regulamentador da profissão (art. 1.182 do Código Civil). O referido dispositivo legal, todavia, ressalva os casos em que não exista contabilista habilitado na localidade, quando a tarefa de escrituração do empresário poderá ser exercida por outro profissional ou mesmo pelo próprio empresário.

A doutrina aponta que, atualmente, o **único livro obrigatório** comum a todo e qualquer empresário é o **Diário**, que pode ser substituído por fichas no caso de ser adotada escrituração mecanizada ou eletrônica (art. 1.180 do Código Civil). O livro Diário também pode ser substituído pelo livro *Balancetes Diários e Balanços* quando o empresário adotar o sistema de fichas de lançamentos (art. 1.185 do Código Civil).

Sendo o Diário o único livro obrigatório comum, são facultativos os livros *Caixa*, no qual se controlam as entradas e saídas de dinheiro, *Estoque*, *Razão*, que

---

[36] "é necessário que não se confunda contabilidade com escrituração. Escrituração é forma de proceder aos lançamentos contábeis. Contabilidade é ciência, com funções de cálculo e de registro, consubstanciadas em regras que têm por finalidade verificar o equilíbrio econômico entre os valores patrimoniais". MELLO FRANCO, Vera Helena. *Manual de direito comercial*. 2. ed. São Paulo: RT, 2004. p. 73. v. 1.

[37] "O sistema de contabilidade estará naturalmente ligado ao tipo de livros escolhidos pelo empresário. Não há regra obrigatória a respeito da maneira pela qual o empresário deverá elaborar sua contabilidade, desde que seja por forma. No Direito anterior dizia-se 'forma mercantil'. O empresário deverá utilizar o sistema que mais lhe convenha, em termos de custo e de eficiência, diferentes para empresas de pequeno e de grande porte. A forma contábil utilizada é a das partidas dobradas, fundadas em lançamentos duplicados a débito e a crédito, os quais darão perfeita segurança ao usuário, uma vez que, se feitos corretamente, evidenciarão sempre o equilíbrio entre o ativo e o passivo, os quais demonstrarão números absolutos idênticos." VERÇOSA, Haroldo Malheiros Duclerc. *Curso de direito comercial*. São Paulo: Malheiros, 2004. p. 192. v. 1.

classifica o movimento das mercadorias, *Borrador*, que funciona como um rascunho do diário, e o *Conta corrente*, que é usado para as contas individualizadas de fornecedores ou clientes. Todavia, "no caso da escrituração resumida do 'Diário', os livros auxiliares tornam-se obrigatórios por conexão, para atendimento dos requisitos de clareza, precisão e segurança da escrita".[38]

Outros livros também poderão ser exigidos do empresário, por força de legislação fiscal, trabalhista ou previdenciária. Todavia, eles não podem ser considerados livros empresariais. Só recebem essa qualificação os livros que o empresário escritura em razão do disposto na legislação empresarial.

No livro *Diário* devem ser lançadas, "com individuação, clareza e caracterização do documento respectivo, dia a dia, por escrita direta ou reprodução, todas as operações relativas ao exercício da empresa", podendo ser escriturado de forma resumida, conforme dispõe o art. 1.184, *caput* e § 1.º, do Código Civil. Também "serão lançados no Diário o balanço patrimonial e o de resultado econômico, devendo ambos ser assinados por técnico em Ciências Contábeis legalmente habilitado e pelo empresário ou sociedade empresária" (art. 1.184, § 2.º, do Código Civil).

Alguns **livros específicos**, todavia, são exigidos a certos empresários. É o caso, por exemplo, do livro de *Registro de duplicatas*, exigido dos empresários que trabalharem com a emissão de duplicatas mercantis. É o caso, também, das sociedades anônimas, que são obrigadas, pela Lei 6.404/1976, a escriturar uma série de livros específicos, como o livro de *Registro de atas da assembleia*, o livro de *Registro de transferência de ações nominativas*, entre outros (v. art. 100 da lei). Também existem livros obrigatórios especiais, que são exigidos em virtude do exercício de alguma profissão. É o caso, por exemplo, dos livros impostos pela legislação comercial aos leiloeiros e aos donos de armazéns-gerais. Com efeito, o art. 7.º, *caput*, do Decreto 1.102/1903, que obriga o dono de armazém-geral a escriturar livro de entrada e saída de mercadorias.

Afora esses livros obrigatórios, o empresário poderá escriturar outros, a seu critério (art. 1.179, § 1.º, do Código Civil).

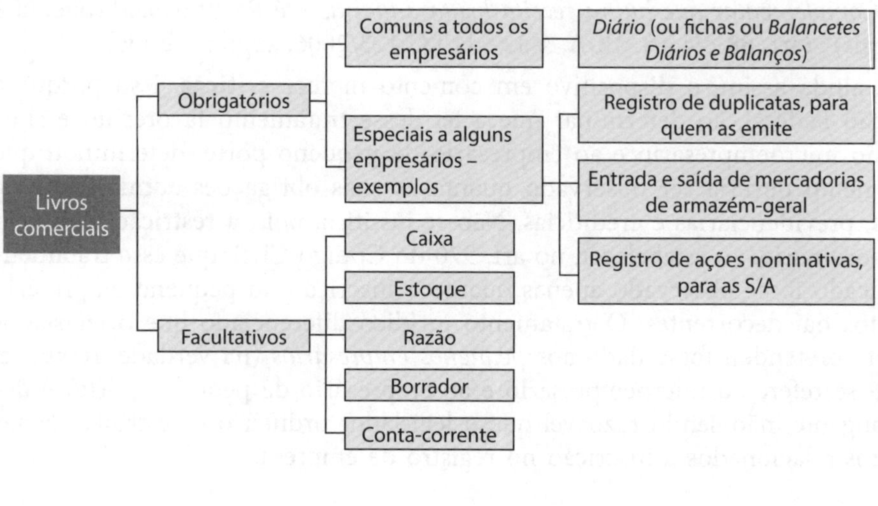

[38] VERÇOSA, Haroldo Malheiros Duclerc. *Curso de direito comercial*. São Paulo: Malheiros, 2004. p. 189. v. 1.

5.1. A situação especial dos microempresários e empresários de pequeno porte

O art. 1.179, § 2.º, do Código Civil **dispensa** "o pequeno empresário a que se refere o art. 970" das exigências contidas no *caput*, relativas à necessidade **de manter um sistema de escrituração e de levantar anualmente os balanços** patrimonial e de resultado econômico. O art. 970, por sua vez, determina que "a lei assegurará tratamento favorecido, diferenciado e simplificado ao empresário rural e ao pequeno empresário, quanto à inscrição e aos efeitos daí decorrentes".

O comando normativo contido no art. 970 do Código Civil foi infeliz, no nosso entender. Primeiro, porque a determinação para que se dê tratamento favorecido e simplificado a certos empresários já existe há muito tempo, e consta do próprio texto constitucional (art. 179 da CF/1988). Segundo, porque o uso da expressão *pequeno empresário* trouxe confusão aos intérpretes da norma, uma vez que a Constituição emprega as expressões *Microempresário* (ME) e *Empresário de Pequeno Porte* (EPP), que sempre foram corretamente repetidas pela legislação especial relativa ao tema (Lei 9.841/1999, antigo Estatuto da ME e da EPP, revogado, e LC 123/2006, atual Lei Geral das ME e EPP). Fica então a dúvida: será que a expressão utilizada pelo Código engloba tanto o microempresário quanto o empresário de pequeno porte? Ou se refere apenas ao segundo? Ou é uma expressão que traz uma terceira categoria, diferente das duas outras já conhecidas e referidas pelo texto constitucional?

A doutrina majoritária vinha entendendo que a expressão *pequeno empresário*, utilizada pelo Código Civil no seu art. 970, era abrangente, englobando tanto os microempresários quanto os empresários de pequeno porte. Nesse sentido, era, inclusive, o Enunciado 235 do CJF: "O pequeno empresário, dispensado da escrituração, é aquele previsto na Lei 9.841/99". No entanto, a legislação que trata das microempresas e das empresas de pequeno porte no Brasil, esclareceu: "Considera-se **pequeno empresário**, para efeito de aplicação do disposto nos arts. 970 e 1.179 da Lei 10.406, de 10 de janeiro de 2002, *o empresário individual caracterizado como microempresa na forma desta Lei Complementar que aufira receita bruta anual de até R$ 81.000,00* (oitenta e um mil reais)" (art. 68 c/c art. 18-A, § 1.º, da LC 123/2006, suprarreferida).

Mas, ainda assim, o dispositivo em comento merece **críticas**. Isso porque a Constituição Federal, ao determinar que a lei desse tratamento favorecido e simplificado ao microempresário e ao empresário de pequeno porte, determinou que esse tratamento deveria ser observado quanto às suas obrigações administrativas, tributárias, previdenciárias e creditícias. Não se justifica, pois, a restrição feita pelo legislador ordinário, ao estabelecer, no art. 970 do Código Civil, que esse tratamento simplificado fosse observado apenas quanto à inscrição do pequeno empresário e aos efeitos daí decorrentes. O tratamento jurídico diferenciado que o legislador constituinte pretendeu fosse dado aos *pequenos empresários* (na verdade, repita-se, a CF/1988 se refere ao microempresário e ao empresário de pequeno porte) é deveras abrangente, não sendo razoável que o legislador ordinário o restrinja apenas aos aspectos relacionados à inscrição no registro de empresa.

5.2. O sigilo empresarial

Os livros empresariais são protegidos pelo sigilo, conforme determinação contida no art. 1.190 do Código Civil: "ressalvados os casos previstos em lei, nenhuma autoridade, juiz ou tribunal, sob qualquer pretexto, poderá fazer ou ordenar diligência para verificar se o empresário ou a sociedade empresária observam, ou não, em seus livros e fichas, as formalidades prescritas em lei".

Observe-se que o dispositivo ressalva, de forma clara, os casos previstos em lei, ou seja, a legislação poderá prever situações excepcionais em que o sigilo empresarial que protege os livros do empresário não seja oponível.

O próprio Código estabelece uma dessas situações, ao dispor, no art. 1.193, que as restrições ao exame da escrituração **não se aplicam às autoridades fazendárias, quando estas estejam no exercício da fiscalização tributária.**[39] No mesmo sentido, aliás, dispõe o art. 195 do Código Tributário Nacional: "para os efeitos da legislação tributária, não têm aplicação quaisquer disposições legais excludentes ou limitativas do direito de examinar mercadorias, livros, arquivos, documentos, papéis e efeitos comerciais ou fiscais, dos comerciantes industriais ou produtores, ou da obrigação destes de exibi-los".

O **Supremo Tribunal Federal**, ponderando o direito ao sigilo empresarial dos empresários e o direito à fiscalização tributária das autoridades fazendárias, entende que o **exame dos livros e documentos constantes da escrituração deve ater-se ao objeto da fiscalização.** É o que dispõe o Enunciado 439 da súmula de jurisprudência dominante do STF: "estão sujeitos à fiscalização tributária ou previdenciária quaisquer livros comerciais, limitado o exame ao ponto objeto da investigação".

O sigilo que protege os livros empresariais também pode ser **"quebrado" por ordem judicial**. A **exibição** dos livros empresariais, em obediência à ordem judicial, pode ser **total ou parcial**, havendo tratamento distinto para ambos os casos.

O Novo Código de Processo Civil trata do tema, estabelecendo, em seu art. 420, que "o juiz pode ordenar, a requerimento da parte, a exibição integral dos livros comerciais e dos documentos do arquivo: I – na liquidação de sociedade; II – na sucessão por morte de sócio; III – quando e como determinar a lei". O Código Civil também cuida do assunto, preceituando, em seu art. 1.191, que "o juiz só poderá autorizar a exibição integral dos livros e papéis de escrituração quando necessária para resolver questões relativas a sucessão, comunhão ou sociedade, administração ou gestão à conta de outrem, ou em caso de falência". Interpretando harmonicamente os dois dispositivos transcritos, pode-se concluir que a exibição integral dos livros só pode ser determinada a requerimento da parte – conforme determinação da norma processual – e somente nos casos expressamente previstos na lei (por exemplo, na liquidação da sociedade, na falência, entre outros).

Ressalte-se que, em se tratando de sociedade anônima, a Lei 6.404/1976, em seu art. 105, trouxe regra especial, determinando que a exibição total dos livros da

---

[39] "Além disto, exercendo suas funções constitucionais, as Comissões Parlamentares de Inquérito podem requerer informações e examinar livros e documentos dos empresários, que digam respeito ao objeto preciso da investigação (CF, art. 58, § 3.º). Esta situação, como se verifica, é excepcional." VERÇOSA, Haroldo Malheiros Duclerc. *Curso de direito comercial*. São Paulo: Malheiros, 2004. p. 199. v. 1.

S/A pode ser determinada por juiz quando houver requerimento de acionistas que representem pelo menos 5% do capital social, apontando violação ao estatuto ou à lei ou suspeita de graves irregularidades levadas a efeito por órgão da companhia.

> E isto *[a regra do art. 105 da LSA]* justifica-se. É que, em virtude da instabilidade do quadro societário (característica das companhias abertas), não se pode admitir a qualquer acionista o acesso livre aos livros da companhia. Se isso fosse possível, qualquer concorrente poderia adquirir uma participação mínima no mercado, habilitando-se a desvendar os segredos da companhia.[40]

A exibição parcial dos livros também está disciplinada em ambos os Códigos. O Novo Código de Processo Civil estabelece, em seu art. 421, que "o juiz pode, de ofício, ordenar à parte a exibição parcial dos livros e dos documentos, extraindo-se deles a suma que interessar ao litígio, bem como reproduções autenticadas". O Código Civil, por sua vez, preceitua, em seu art. 1.191, § 1.º, que "o juiz ou tribunal que conhecer de medida cautelar ou de ação pode, a requerimento ou de ofício, ordenar que os livros de qualquer das partes, ou de ambas, sejam examinados na presença do empresário ou da sociedade empresária a que pertencerem, ou de pessoas por estes nomeadas, para deles se extrair o que interessar à questão". A interpretação harmônica desses dispositivos nos leva à conclusão de que a exibição parcial dos livros empresariais pode ser determinada pelo julgador, a requerimento ou até mesmo de ofício, e em qualquer processo.

Ressalte-se que a exibição parcial dos livros não atinge os chamados livros auxiliares, uma vez que estes, por não serem obrigatórios, não são de existência presumida. Caso o requerente consiga provar, todavia, (i) que o empresário possui determinado livro auxiliar e (ii) que esse livro é indispensável para a prova de determinado fato, a exibição pode ser determinada, mesmo a parcial, estabelecendo-se presunção contra o empresário caso ele não o apresente.

[40] MELLO FRANCO, Vera Helena. *Manual de direito comercial.* 2. ed. São Paulo: RT, 2004. p. 81. v. 1.

5.3. A eficácia probatória dos livros empresariais

Os livros empresariais são documentos que possuem força probante, sendo muitas vezes fundamentais para a resolução de um determinado litígio. Com efeito, o exame da escrituração do empresário pode ser útil para o deslinde de várias questões jurídicas relacionadas ao exercício de sua atividade. Do exame dos livros pode-se verificar a existência de relações contratuais, o seu respectivo adimplemento ou inadimplemento, uma fraude contábil, entre outras coisas. É por isso que a lei determina que os livros empresariais devem ser conservados em boa guarda, enquanto não ocorrer prescrição ou decadência no tocante aos atos neles consignados (art. 1.194 do Código Civil).

Sobre a **eficácia probatória dos livros empresariais**, dispõe o Novo Código de Processo Civil, em seu art. 417: "os livros empresariais provam contra o seu autor, sendo lícito ao empresário, todavia, demonstrar, por todos os meios permitidos em direito, que os lançamentos não correspondem à verdade dos fatos". Vê-se, pois, que a eficácia probatória dos livros empresariais contra o empresário opera-se independentemente de os mesmos estarem corretamente escriturados. Nada impede, todavia, que o empresário demonstre, por outros meios de prova, que os lançamentos constantes daquela escrituração que lhe é desfavorável são equivocados.

Em contrapartida, para que os livros façam **prova a favor do empresário** é preciso que eles estejam regularmente escriturados, conforme disposição do art. 418 do novo Código de Processo Civil: "Os livros empresariais que preencham os requisitos exigidos por lei provam a favor de seu autor no litígio entre empresários". Acrescente-se que "em regra, para provar a favor de seu proprietário contra terceiro, empresário ou não, não é necessária a apresentação dos documentos nos quais os assentos têm origem".[41]

Vale ressaltar que a regularidade da escrituração exige a obediência a **requisitos intrínsecos e extrínsecos.** Os primeiros estão previstos no art. 1.183 do Código Civil, o qual prevê que "a escrituração será feita em idioma e moeda corrente nacionais[42] e em forma contábil,[43] por ordem cronológica[44] de dia, mês e ano, sem intervalos em branco, nem entrelinhas, borrões, rasuras, emendas ou transportes para as margens".[45]

---

41 MELLO FRANCO, Vera Helena. *Manual de direito comercial*. 2. ed. São Paulo: RT, 2004. p. 79. v. 1.

42 "A fim de permitir os procedimentos de fiscalização por parte do Estado e, eventualmente, sua utilização em juízo, mesmo tratando-se de empresas estrangeiras que aqui funcionem, a escrituração dos livros mercantis deve ser expressa na Língua Portuguesa e em moeda nacional. Quanto às empresas estrangeiras ou de controle externo, havendo necessidade, seus administradores deverão providenciar a tradução dos balanços e demais documentos de interesse para a Língua da matriz". VERÇOSA, Haroldo Malheiros Duclerc. *Curso de direito comercial*. São Paulo: Malheiros, 2004. p. 191-192. v. 1.

43 "A forma contábil utilizada é a das partidas dobradas, fundadas em lançamentos duplicados a débito e a crédito, os quais darão perfeita segurança ao usuário, uma vez que, se feitos corretamente, evidenciarão sempre o equilíbrio entre o ativo e o passivo, os quais demonstrarão números absolutos idênticos." VERÇOSA, Haroldo Malheiros Duclerc. *Curso de direito comercial*. São Paulo: Malheiros, 2004. p. 192. v. 1.

44 "Para esse efeito, existem dois sistemas: o de competência, por meio do qual os lançamentos são efetuados tendo em vista o exercício ao qual se referem; e o de caixa, que leva em conta a data efetiva da movimentação das contas correspondentes. O primeiro dá uma ideia mais exata da situação da empresa em cada exercício." VERÇOSA, Haroldo Malheiros Duclerc. *Curso de direito comercial*. São Paulo: Malheiros, 2004. p. 193. v. 1.

45 "É fundamental que a escrituração seja completa. Todas as operações devem necessariamente ser registradas, sem a omissão de qualquer delas, abrangendo todo o universo dos fatos ligados ao estabelecimento comercial. Não é possível a existência de intervalos em branco, entrelinhas, borrões, rasuras, emendas ou transportes para as margens

Os requisitos extrínsecos de regularidade da escrituração, por sua vez, são a existência de um termo de abertura e de um termo de encerramento, bem assim a autenticação da Junta Comercial. Vale lembrar que, conforme determinação do art. 32, inciso III, da Lei 8.934/1994, só serão autenticados os livros empresariais dos empresários devidamente registrados na Junta Comercial.

6. NOME EMPRESARIAL

Assim como todos nós, pessoas físicas, possuímos um nome civil, o qual nos identifica nas relações jurídicas de que participamos cotidianamente, os empresários - empresário individual ou sociedade empresária - também devem possuir um nome empresarial, que consiste, justamente, na **expressão que os identifica nas relações jurídicas que formalizam em decorrência do exercício da atividade empresarial**.

O direito ao nome empresarial, segundo a doutrina majoritária, é um **direito personalíssimo**. A importância do nome empresarial como elemento identificador do empresário em suas relações jurídicas é tão grande que o Superior Tribunal de Justiça já decidiu que, havendo mudança de nome empresarial, deve haver a outorga de nova procuração aos mandatários da sociedade empresária.

> *Processual civil. Agravo de instrumento. Artigo 544 do CPC. Agravo regimental. Falta de traslado de peça obrigatória. Procuração da empresa agravante. Modificação na denominação social da empresa. Necessidade de apresentação da procuração outorgada ao advogado da empresa com a nova denominação social. Agravo regimental desprovido. 1. A procuração outorgada ao advogado da empresa agravante é peça essencial para o conhecimento do agravo de instrumento. 2. Na hipótese de ocorrer modificação na denominação social da empresa, faz-se mister a apresentação da procuração da empresa com a nova denominação social, sob pena de não conhecimento do recurso. 3. Agravo regimental desprovido (STJ, AgRg no REsp 1.023.724-RS, Rel. Min. Luiz Fux, DJ 19.12.2008).*

Como sinal distintivo que identifica o empresário no exercício de sua atividade, o nome empresarial possui duas funções relevantes, uma de ordem *subjetiva* – de individualizar e identificar o sujeito de direitos exercente da atividade empresarial – e outra de ordem objetiva – de lhe garantir fama, renome, reputação etc.

É preciso tomar cuidado, todavia, para **não confundir o nome empresarial com alguns outros importantes elementos de identificação** do empresário, tais como a *marca*, o *nome de fantasia* (também chamado por alguns de *título de estabelecimento* ou *insígnia*), o *nome de domínio* e os chamados *sinais de propaganda*.

A marca é um sinal distintivo que identifica produtos ou serviços do empresário (art. 122 da Lei 9.279/1996). Sua disciplina está adstrita ao âmbito do direito de propriedade industrial e será oportunamente analisada.

O nome de fantasia, por sua vez, é a expressão que identifica o título do estabelecimento. *Grosso modo*, está para o nome empresarial assim como o *apelido* está

---

nos registros. (...) A utilização do chamado 'Caixa 2' caracteriza, justamente, infração à obrigação de completude da escrituração, uma vez que implica sonegação de lançamentos na contabilidade 'oficial'". VERÇOSA, Haroldo Malheiros Duclerc. *Curso de direito comercial*. São Paulo: Malheiros, 2004. p. 193. v. 1.

para o nome civil. Muitas pessoas possuem apelidos e atendem por essa expressão nas suas relações informais com amigos e parentes, mas nas relações formais, obviamente, sempre se identificam com o seu nome civil. Assim também ocorre com os empresários: nos contratos ou nos documentos públicos, por exemplo, o empresário sempre se identificará com o seu nome empresarial, não obstante se identificar para seus consumidores por meio de panfletos, dos uniformes dos funcionários ou do *layout* do estabelecimento mediante o seu nome de fantasia.

Infelizmente, o ordenamento jurídico-empresarial brasileiro não reserva **proteção específica ao nome de fantasia ou título de estabelecimento**. Sendo assim, na seara civil, sua proteção é feita com base na regra geral de proteção contra a prática de atos ilícitos, contemplada no art. 186 do Código Civil de 2002: "aquele que, por ação ou omissão voluntária, negligência ou imprudência, violar direito e causar dano a outrem, ainda que exclusivamente moral, comete ato ilícito". Na seara penal, por sua vez, a proteção era conferida pelo art. 195 do Código Penal, revogado pela Lei 9.279/1996 (Lei de Propriedade Industrial, que, em seus arts. 191, 194 e 195, inciso V, passou a tratar do tema, assim dispondo: "reproduzir ou imitar, de modo que possa induzir em erro ou confusão, armas, brasões ou distintivos oficiais nacionais, estrangeiros ou internacionais, sem a necessária autorização, no todo ou em parte, em marca, título de estabelecimento, nome comercial, insígnia ou sinal de propaganda, ou usar essas reproduções ou imitações com fins econômicos. Pena – detenção, de 1 (um) a 3 (três) meses, ou multa" (art. 191 da LPI); "usar marca, nome comercial, título de estabelecimento, insígnia, expressão ou sinal de propaganda ou qualquer outra forma que indique procedência que não a verdadeira, ou vender ou expor à venda produto com esses sinais. Pena – detenção, de 1 (um) a 3 (três) meses, ou multa" (art. 194 da LPI); "comete crime de concorrência desleal quem: (...) V – usa, indevidamente, nome comercial, título de estabelecimento ou insígnia alheios ou vende, expõe ou oferece à venda ou tem em estoque produto com essas referências" (art. 195, inciso V, da LPI). Em síntese: o uso indevido de título de estabelecimento (nome de fantasia) de outro empresário, ainda que essa expressão não seja registrada como marca ou nome desse empresário, é crime.

O nome de domínio é o endereço eletrônico dos sites dos empresários na internet, hoje muito usados para negociação de produtos e serviços, em razão do desenvolvimento do chamado *comércio eletrônico* (*e-commerce* ou *e-business*). A propósito, foi aprovado o Enunciado 7, da I Jornada de Direito Comercial do CJF: "O nome de domínio integra o estabelecimento empresarial como bem incorpóreo para todos os fins de direito." Sobre nome de domínio, bem como sobre eventual conflito entre ele e o nome empresarial, decidiu o STJ que o simples fato de um empresário ou sociedade empresária ter registrado um nome empresarial que contenha uma determinada expressão não significa que ele tenha automaticamente o direito exclusivo de usar essa expressão como nome de domínio. Pode ocorrer, por exemplo, que aquela expressão já tenha sido usada por alguém em um nome de domínio. Nesse caso, o titular do nome empresarial registrado não pode, posteriormente, reclamar exclusividade, a não ser que demonstre má-fé do titular do nome de domínio. Confira-se a decisão do STJ:

> *Recurso especial. Ação de abstenção de uso. Nome empresarial. Nome de domínio na internet. Registro. Legitimidade. Contestação. Ausência de má-fé. Divergência jurisprudencial não demonstrada. Ausência de similitude fática. 1. A anterioridade do registro no nome empresarial no órgão competente não assegura, por si só, ao seu titular o direito de exigir a abstenção de uso do nome de domínio na rede mundial de computadores (internet) registrado por estabelecimento empresarial que também ostenta direitos acerca do mesmo signo distintivo. 2. No Brasil, o registro de nomes de domínio na internet é regido pelo princípio "First Come, First Served", segundo o qual é concedido o domínio ao primeiro requerente que satisfizer as exigências para o registro. 3. A legitimidade do registro do nome do domínio obtido pelo primeiro requerente pode ser contestada pelo titular de signo distintivo similar ou idêntico anteriormente registrado – seja nome empresarial, seja marca. 4. Tal pleito, contudo, não pode prescindir da demonstração de má-fé, a ser aferida caso a caso, podendo, se configurada, ensejar inclusive o cancelamento ou a transferência do domínio e a responsabilidade por eventuais prejuízos. 5. No caso dos autos, não é possível identificar nenhuma circunstância que constitua sequer indício de má-fé na utilização do nome pelo primeiro requerente do domínio. 6. A demonstração do dissídio jurisprudencial pressupõe a ocorrência de similitude fática entre o acórdão atacado e os paradigmas. 7. Recurso especial não provido. (REsp 594404/DF, Rel. Min. Ricardo Villas Bôas Cueva, Terceira Turma, j. 05.09.2013, DJe 11.09.2013).*

Assim, por exemplo, se eu resolvesse ser empresário individual, explorando a atividade de comércio, edição e distribuição de livros, teria que me registrar na Junta Comercial e adotar uma expressão como nome empresarial. Eu poderia me registrar, por exemplo, com o seguinte nome: *André Ramos Comércio, Edição e Distribuição de Livros*. Esse seria o meu nome empresarial, registrado na Junta Comercial do Estado em que eu atuasse. Mas eu poderia identificar meu negócio com um nome de fantasia, usando a seguinte expressão: *Livraria 12 de Julho*. Esse seria o meu nome de fantasia. Caso eu resolvesse identificar os livros por mim editados, poderia criar uma marca e registrá-la, podendo ser a seguinte expressão: *Livro 12*. Essa seria minha marca, que identificaria meus produtos (os livros que eu editasse) e seria registrada no INPI (Instituto Nacional da Propriedade Industrial). Eu poderia, por fim, desenvolver um *site* na internet para vender meus produtos e divulgar meu negócio, usando o endereço <*www.livraria12dejulho.com.br*>. Esse seria o meu nome de domínio. Perceba o leitor, portanto, que nome empresarial, nome de fantasia, marca e nome de domínio são coisas distintas e exercem funções distintas para o empresário que os utiliza (ver mais sobre nome de domínio em tópico específico do capítulo seguinte). Os sinais de propaganda, por fim, são aqueles que, embora não se destinem a identificar especificamente produtos ou serviços do empresário, exercem uma importante função de mercado: chamar a atenção dos consumidores.

A legislação anterior permitia o registro desses sinais no Instituto Nacional de Propriedade Industrial – INPI, o que garantia aos seus titulares o uso exclusivo, assim como ocorre com as marcas, por exemplo. A nova legislação (Lei 9.279/1996) deixou sem regulamentação os sinais de propaganda, fazendo menção a eles em apenas um dispositivo, por meio do qual lhe confere uma específica proteção penal (art. 195, inciso IV). Isso não significa, todavia, que o ordenamento jurídico não mais confira proteção às expressões de propaganda. Atualmente, elas são submetidas à fiscalização do Conselho de Autorregulamentação Publicitária – CONAR, criado como sociedade civil, em 1978, o qual, entretanto, só pode impor regras aos seus associados e aos profissionais do ramo de publicidade como, por exemplo, as agências de propaganda.

6.1. Espécies de nome empresarial

Segundo o art. 1.155 do Código Civil, "considera-se nome empresarial a firma ou a denominação adotada, de conformidade com este Capítulo, para o exercício de empresa". O Código distingue, portanto, duas espécies de nome empresarial: a) *firma*; e b) *denominação*.

A **firma**, que pode ser individual ou social, é espécie de nome empresarial, formada por um nome civil – do próprio empresário, no caso de firma individual ou de um ou mais sócios, no caso de firma social. O núcleo da firma é, pois, sempre um nome civil (por exemplo, *André Ramos* ou *A. Ramos*). Destaque-se ainda que, na firma, pode ser indicado o ramo de atividade (nos exemplos já mencionados: *André Ramos Cursos Jurídicos* ou *A. Ramos Cursos Jurídicos*). Trata-se, portanto, de uma faculdade, nos termos do art. 1.156, parte final, do Código Civil, que dispõe claramente que o titular da firma pode aditar, *se quiser*, expressão que designe de forma mais precisa sua pessoa ou o ramo de sua atividade.

A **denominação**, que pode ser usada por certas sociedades – o empresário individual somente opera sob firma –, pode ser formada por qualquer expressão linguística (o que alguns doutrinadores chamam de *elemento fantasia*). Quanto à indicação do objeto social (ramo de atividade), há divergência entre o Código Civil e a Lei 8.934/1994: esta diz ser essa indicação facultativa (art. 35, inciso III), enquanto aquele diz ser obrigatória (arts. 1.158, § 2º)[46].

A doutrina aponta, portanto, que a **firma é privativa de empresários individuais e sociedades de pessoas, enquanto a denominação é privativa de sociedades de capital**. Assim, pode-se dizer que a firma é usada, em regra, pelos empresários individuais e pelas sociedades em que existam sócios de responsabilidade ilimitada (sociedade em nome coletivo, sociedade em comandita simples e sociedade em comandita por ações), enquanto a denominação é usada, em regra, pelas sociedades em que todos os sócios respondem de forma limitada (sociedade limitada e sociedade anônima). Dissemos, *em regra*, porque a sociedade limitada *pode* usar firma social, e a sociedade em comandita por ações *pode* usar firma.

Uma última informação importante acerca da distinção entre firma e denominação precisa ser feita: a firma, seja individual ou social, além de identificar o exercente da atividade empresarial como sujeito de direitos, exerce a **função de assinatura** do empresário ou da sociedade empresária, respectivamente; a denominação não exerce

[46] Resolvendo a referida antinomia, o DREI, em sua Instrução Normativa 81/2020, entendeu que prevalece a regra da Lei 8.934/1994, de modo que, na prática, a indicação da atividade empresarial (objeto social) na denominação passou a ser também facultativa. A Medida Provisória 1.085/2021, na mesma linha da interpretação do DREI, confirmou alterações dos arts. 1.160 e 1.161 do Código Civil que constavam da Lei 14.195/2021, para retirar a obrigatoriedade de designação do objeto social na denominação da sociedade anônima e da sociedade em comandita por ações, mas "esqueceu" de alterar também o § 2º do art. 1.158, que trata da denominação da sociedade limitada. De qualquer forma, continua prevalecendo a interpretação do DREI na prática, isto é, a designação do objeto social, tanto na firma quanto na denominação, é uma faculdade, independentemente do tipo societário.

essa função, servindo apenas como elemento identificador. Por essa razão, o empresário individual deve assinar, nas suas relações empresariais, a sua firma individual (por exemplo, *J. Silva Serviços de Informática*), e não o seu nome civil (*José da Silva*, simplesmente). Do mesmo modo, o administrador de uma sociedade empresária que adote firma social deve assinar, nos contratos que celebrar em nome da pessoa jurídica, a própria firma social descrita no ato constitutivo (por exemplo, *Silva e Ribeiro Serviços de Informática*), e não seu nome civil. Em contrapartida, se a sociedade utiliza denominação social (por exemplo, *SR Computadores Serviços de Informática LTDA.*), o seu administrador, nos contratos que celebrar em nome da sociedade, deverá assinar o seu nome civil sobre a denominação social impressa ou escrita.

Assim sendo, a firma individual ou social possui a função específica de servir como a própria assinatura do empresário individual ou da sociedade empresária, respectivamente. Já a denominação, por sua vez, não funciona como assinatura.

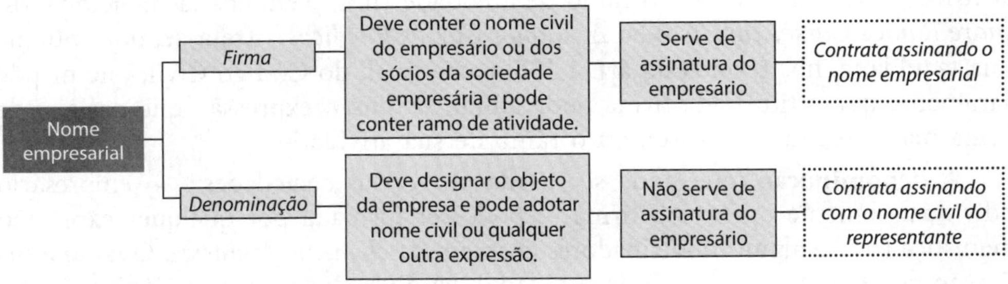

6.2. O nome empresarial das sociedades

De acordo com o tipo societário utilizado pela sociedade empresária - sociedade limitada, sociedade anônima, sociedade em comandita etc. -, o nome empresarial usado variará conforme a espécie e até mesmo conforme a estrutura da sociedade constituída.

A **sociedade limitada**, por exemplo, pode adotar firma ou denominação, integrada pela palavra final *"limitada"* ou a sua abreviatura. Se optar pelo uso da firma social, ela será composta com o nome de um ou mais sócios, desde que pessoas físicas, de modo indicativo da relação social. Se, todavia, optar pelo uso da denominação social, será permitido nela figurar o nome de um ou mais sócios ou constar apenas uma expressão linguística qualquer (art. 1.158, *caput*, §§ 1.º e 2.º, do Código Civil).

As **sociedades em que há sócios de responsabilidade ilimitada**, como é o caso da sociedade em nome coletivo, operarão sob firma, na qual somente os nomes daqueles poderão figurar, bastando para formá-la aditar ao nome de um deles a expressão "e companhia" ou a sua abreviatura (art. 1.157, *caput*, do Código Civil).

A **sociedade anônima**, por sua vez, opera sob denominação, integrada pelas expressões "sociedade anônima" ou "companhia", por extenso ou abreviadamente, nos termos do art. 1.160 do Código Civil (por exemplo, *Recife Alimentos S/A* ou *Recife Companhia de Alimentos* ou *Companhia Recife de Alimentos*). O Código ainda destaca que "pode constar da denominação o nome do fundador, acionista, ou pessoa que haja concorrido para o bom êxito da formação da empresa" (art. 1.160, parágrafo único, do Código Civil).

Já a **sociedade em comandita por ações** pode adotar firma ou denominação, aditada da expressão "*comandita por ações*" (art. 1.161 do Código Civil), e a **sociedade em conta de participação** não pode ter firma ou denominação (art. 1.162 do Código Civil), uma vez que não possui personalidade jurídica própria.

Registre-se também que os empresários individuais ou sociedades empresárias que se enquadrarem como **microempresa ou empresa de pequeno porte** tinham que acrescentar aos seus respectivos nomes empresariais as terminações ME ou EPP, conforme o caso (por exemplo, *André Ramos Cursos Jurídicos - ME, Silva e Ribeiro Serviços de Informática - ME* ou *SR Computadores Serviços de Informática LTDA. - EPP*), mas o **dispositivo legal que previa essa exigência - art. 72 da LC 123/2006 - foi revogado, de modo que, atualmente, as expressões ME e EPP não são acrescidas aos nomes empresariais das microempresas e empresas de pequeno porte.**

Por fim, no que se refere às **sociedades simples**, cumpre-nos fazer uma importante observação. O art. 997 do Código Civil, em seu inciso II, determina que o contrato social da sociedade simples deve indicar a sua *denominação*, o que pode levar o intérprete apressado a concluir que as sociedades simples não podem usar *firma*, o que é equivocado. Nesse sentido, aliás, é o Enunciado 213, da Jornada de Direito Civil do CJF: "o art. 997, inc. II, não exclui a possibilidade de sociedade simples utilizar firma ou razão social".

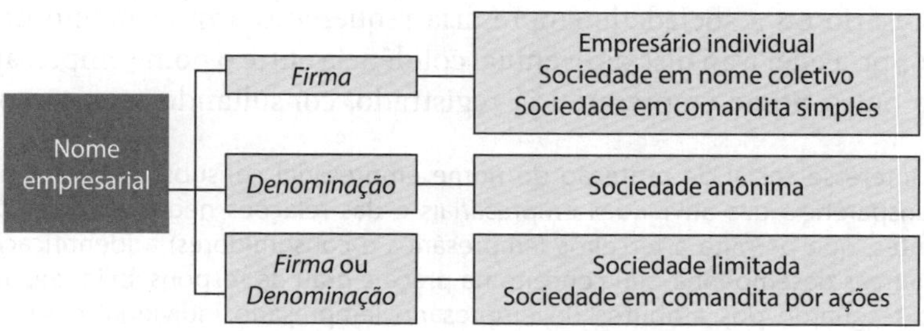

6.3. Princípios que norteiam a formação do nome empresarial

Segundo o art. 34 da Lei 8.934/1994, "o nome empresarial obedecerá aos princípios da veracidade e da novidade".

De acordo com o **princípio da veracidade**, o nome empresarial não poderá conter nenhuma informação falsa. Sendo a expressão que identifica o empresário em suas relações como tal, é imprescindível que o nome empresarial só forneça dados verdadeiros àquele que negocia com o empresário.

> O sistema da *veracidade* ou *autenticidade*, que é o sistema do direito brasileiro (...), impõe que a firma seja constituída sob o patronímico do empresário individual e, quando firma social, sob o de sócios que a compõem. Se o empresário modifica o nome, como a mulher quando casa e adota o nome de família do marido, deve alterar a sua firma. O empresário individual, dessa forma, deve necessariamente

> adotar o seu nome civil, podendo abreviá-lo ou acrescê-lo de um elemento distintivo ou característico.[47]

Exemplos de regras que incorporam o princípio da veracidade são os arts. 1.158, § 3.º ("a omissão da palavra 'limitada' determina a responsabilidade solidária e ilimitada dos administradores que assim empregarem a firma ou a denominação da sociedade"), e 1.165 ("o nome de sócio que vier a falecer, for excluído ou se retirar, não pode ser conservado na firma social"), ambos do Código Civil.

Ainda em obediência ao princípio da veracidade, pode ser que, em alguns casos, seja **obrigatória a alteração do nome empresarial**. Por exemplo: (i) quando se provar, posteriormente ao registro, a coexistência do nome registrado com outro já constante dos assentamentos da Junta Comercial; (ii) quando ocorrer a morte ou a saída de sócio cujo nome conste da firma da sociedade (nesse caso, interpretando-se harmonicamente os arts. 1.165 e 1.157, parágrafo único, do Código Civil, entende-se que se mantém a responsabilidade ilimitada do sócio retirante ou do espólio do sócio falecido, enquanto não for alterado o nome da sociedade); (iii) quando houver transformação, incorporação, fusão ou cisão da sociedade, entre outras situações específicas.

Por **princípio da novidade**, por sua vez, se entende a proibição de se registrar um nome empresarial igual ou muito parecido com outro já registrado[48]. Com efeito, segundo o disposto no art. 1.163 do Código Civil, "o nome de empresário deve distinguir-se de qualquer outro já inscrito no mesmo registro". O parágrafo único desse dispositivo prevê que "se o empresário tiver nome idêntico ao de outros já inscritos, deverá acrescentar designação que o distinga". Cabe à Junta Comercial em que o empresário ou a sociedade empresária requereu o arquivamento de seus atos constitutivos proceder à análise da eventual colidência entre o nome empresarial levado a registro e outro nome empresarial já registrado, consultando seus assentamentos.

> O interesse social de proteção do nome empresarial consubstancia-se tanto na transparência das atividades empresariais e das relações negociais delas decorrentes, que permite a terceiros (empresários e consumidores) a identificação de quem as desempenha, seu conceito na praça e grau de responsabilidade, quanto no resguardo dos atributos do empresário (empresário individual e sociedade empresária), tais como sua reputação dentro da sociedade, clientela e confiança creditícia, conquistadas ou alcançadas no decorrer do exercício habitual e profissional de atividade empresária.[49]

---

[47] REQUIÃO, Rubens. *Curso de direito comercial*. São Paulo: Saraiva, 2006, p. 230-231.

[48] Nesse sentido é o que dispõe o art. 25 da In 81/2020 do DREI: "A proteção ao nome empresarial decorre, automaticamente, do ato de registro e circunscreve-se à unidade federativa da jurisdição da Junta Comercial que o tiver procedido". Primeiro, o inciso V do art. 35 foi alterado e passou a prever que a Junta Comercial só não pode registrar nome empresarial **idêntico** a outro já registrado, retirando-se a proibição de registro de nome semelhante. Segundo, permitiu-se expressamente que se utilize o número do CNPJ como nome empresarial, "seguido da partícula identificadora do tipo societário ou jurídico, quando exigida por lei" (art. 35-A). Essas alterações tiveram o objetivo de permitir que a pesquisa prévia de nome empresarial seja automática, sem análise humana, já que a identidade entre nomes pode ser facilmente verificada por sistemas de computador, principalmente quando se utilizar o número do CNPJ. Caso, todavia, um determinado nome empresarial registrado seja semelhante a outro nome empresarial já registrado anteriormente, o prejudicado poderá recorrer ao DREI para questionar o registro posterior (art. 35, § 2º).

[49] PAZZAGLINI FILHO, Marino; CATANESE, Andrea Di Fuccio. *Direito de empresa no novo código civil*. São Paulo: Atlas, 2003. p. 25.

É preciso ressaltar, todavia, que a **proteção ao nome empresarial quanto ao princípio da novidade se inicia automaticamente**[50] **a partir do registro, e é restrita ao território do Estado da Junta Comercial em que o empresário se registrou.** Isso porque o art. 1.166 do Código Civil dispõe que "a inscrição do empresário, ou dos atos constitutivos das pessoas jurídicas, ou as respectivas averbações, no registro próprio, asseguram o uso exclusivo do nome nos limites do respectivo Estado". Sendo assim, nada impede que um empresário com atividade na Bahia registre um nome empresarial idêntico ao de outro empresário, mais antigo, com atuação em Pernambuco, salvo se este obteve o direito de usar exclusivamente seu nome empresarial em todo o território nacional, conforme previsão do parágrafo único do art. 1.166 citado. Nesse sentido, confiram-se essas decisões do STJ:

> *Nome comercial. Proteção no âmbito do estado em que registrado. Impossibilidade de alegação como proteção a marca, enquanto não registrada no INPI. Registro no INPI, superveniente, que não pode ser objeto de consideração no recurso especial. Concorrência desleal. Inadmissibilidade de julgamento diante de petição inicial circunscrita à proteção de nome e de marca. Julgamento "extra-petita" não configurado. Recurso especial improvido. I. Os artigos 61 do Decreto n.º 1800/96 e 1.166 do Código Civil de 2002, revogaram o Decreto n.º 75.572/75 no que tange à extensão territorial conferida à proteção do nome empresarial. Agora* **"A proteção legal da denominação de sociedades empresárias, consistente na proibição de registro de nomes iguais ou análogos a outros anteriormente inscritos, restringe-se ao território do Estado em que localizada a Junta Comercial encarregada do arquivamento dos atos constitutivos da pessoa jurídica"** *(EDcl nos EDcl no AgRg no REsp 653.609/RJ, Rel. Min. Jorge Scartezzini, Quarta Turma, DJ 27.06.2005). (...) (REsp 971.026/RS, Rel. Min. Sidnei Beneti, 3.ª Turma, j. 15.02.2011, DJe 02.03.2011).*

> *Agravo interno no recurso especial. Proteção ao nome empresarial. Circunscrição à unidade da federação em que realizado o registro. Conflito entre marca e nome empresarial. Anterioridade do registro do nome. Reexame de provas. Súmula 7/STJ. Agravo improvido. 1. A proteção do nome empresarial está circunscrita à unidade da federação de jurisdição da Junta Comercial em que registrados os atos constitutivos da empresa, podendo ser estendida a todo território nacional caso haja pedido complementar de arquivamento nas demais Juntas Comerciais. Precedentes. 2. Registrados os nomes comerciais das partes em diferentes estados da federação, sem pedido de proteção em todo o território nacional, não há falar em abstenção de uso, ainda que o registro da agravante seja anterior. (...) (AgInt no REsp 1.280.061/SP, Rel. Min. Raul Araújo, Quarta Turma, j. 01.09.2016, DJe 15.09.2016).*

Ainda sobre a proteção ao nome empresarial, que possui status constitucional (art. 5.º, inciso XXIX, da CF/1988), merece destaque o fato de que, até a edição do atual Código Civil, entendia a jurisprudência consolidada do STJ que o prazo prescricional das ações de abstenção do uso de nome empresarial era de dez anos, aplicando-se o art. 177 do Código de 1916. A propósito, confira-se:

---

[50] O Superior Tribunal de Justiça já decidiu, todavia, que "a proteção ao uso do nome comercial, como disciplinado pela Convenção de Paris, dispensa o registro, diante da necessidade de preservar a identidade da empresa nas suas relações com a clientela. Mesmo que a expressão seja de uso comum, não é possível, se anteriormente identifica determinada empresa, usá-la em outra, ao argumento de ser inapropriável". (STJ, REsp 65.002-SP, Rel. Min. Carlos Alberto Menezes Direito, *j.* em 16.05.02, Informativo nº 134).

Recurso especial. Ação de abstenção do uso de nome comercial. Prescrição. Matéria controvertida. Cancelamento da Súmula 142/STJ. Prazo decenal. Termo inicial. Arquivamento. Contrato. Junta Comercial. 1. A prescrição incidente sobre as ações de abstenção do uso de nome empresarial é das mais controvertidas. Duas correntes preponderam, uma defendendo a incidência da prescrição quinquenal do art. 178, § 10, IX, do Código Civil de 1916 e outra, da prescrição decenal relativa aos direitos reais – art. 177 do Código Civil de 1916. 2. **A incidência do prazo decenal parece a que melhor soluciona a questão ante a omissão legislativa quanto ao tema.** *(...) (REsp 826.818/RJ, Rel. Min. Fernando Gonçalves, 4.ª Turma, j. 15.12.2009, DJe 08.03.2010).*

Nome comercial. Abstenção de uso. Prescrição. Cancelamento da Súmula n.º 142 da Corte. 1. Com o cancelamento da Súmula n.º 142, a Corte afastou o prazo de prescrição de vinte anos para a ação que tenha por objetivo a abstenção do uso do nome ou da marca comercial; a anterior jurisprudência já afastava, de todos os modos, a incidência do art. 178, § 10, IX, do Código Civil, isto é, o prazo de cinco anos; **em conclusão, aplicável o art. 177, segunda parte, do Código Civil, sendo de dez anos entre presentes e quinze entre ausentes o prazo de prescrição.** *(...) (REsp 418.580/SP, Rel. Min. Carlos Alberto Menezes Direito, 3.ª Turma, j. 11.02.2003, DJ 10.03.2003, p. 191).*

O Código de 2002, todavia, dispôs, em seu art. 1.167, que "cabe ao prejudicado, a qualquer tempo, ação para anular a inscrição do nome empresarial feita com violação da lei ou do contrato".

Por fim, o Código Civil dispõe, em seu art. 1.164, que "o nome empresarial não pode ser objeto de alienação", mas ressalva a possibilidade de o adquirente do estabelecimento empresarial continuar usando o antigo nome empresarial do alienante, precedido do seu e com a qualificação de sucessor, desde que o contrato de trespasse permita (art. 1.164, parágrafo único, do Código Civil: "o adquirente de estabelecimento, por ato entre vivos, pode, se o contrato o permitir, usar o nome do alienante, precedido do seu próprio, com a qualificação de sucessor"). Portanto, a regra do *caput* do art. 1.164 do Código Civil, que prevê a inalienabilidade do nome empresarial, deve ser interpretada em consonância com a regra do seu parágrafo único. Assim, embora o nome empresarial, em si, não possa ser vendido, é possível que, num contrato de alienação do estabelecimento empresarial (que é chamado de *trespasse*), ele seja negociado como elemento integrante desse próprio estabelecimento (*fundo de empresa*).

A regra do art. 1.164 não agrada alguns doutrinadores, razão pela qual sua supressão foi sugerida pelo Enunciado 72 da Jornada de Direito Civil do CJF: "*Suprimir o art. 1.164 do novo Código Civil*".

6.4. Alguns entendimentos relevantes do DNRC (atual DREI) acerca da proteção ao nome empresarial

Em muitas situações, o deferimento, por parte das Juntas Comerciais, do arquivamento dos atos constitutivos de determinados empresários individuais e sociedades empresárias é levado à apreciação do DNRC (Departamento Nacional de Registro do Comércio) – que atualmente se chama DREI (Departamento de Registro Empresarial e Integração), órgão que, como visto, possui funções de orientação, coordenação, supervisão e normatização no âmbito do SINREM (Sistema Nacional de Registro de Empresas Mercantis), acerca de como proceder em caso de pedidos de registro de nomes empresariais idênticos ou semelhantes a outros já registrados.

O DREI, portanto, possui uma série de entendimentos já pacificados acerca do tema, os quais se baseiam, atualmente, nos arts. 18 a 26 da IN 81/2020.

Assim, por exemplo, o antigo DNRC (hoje DREI) já decidiu (Parecer Jurídico DNRC/COJUR 84/2006) que não há colidência entre as denominações sociais *Logística Ambiental de São Paulo S.A. - LOGA* e *LOGAJ Transportes e Logística LTDA.*, por não serem tais expressões iguais nem semelhantes, já que não são homógrafas (mesma grafia) nem homófonas (mesma pronúncia). Entendeu-se que "as expressões preponderantes, que possuem evidentes diferenciações gráficas e fonéticas, não podem ser causadoras de colidência entre nomes empresariais".

Em outro caso (Parecer Jurídico DNRC/COJUR 82/2006), o DNRC decidiu que "o uso de expressões originárias dos nomes dos sócios, de forma completa ou abreviada, sendo permitido por lei, não pode ensejar a colidência entre nomes empresariais". Assim, entendeu-se que podiam coexistir normalmente os nomes empresarias *Supermercados Bergamini LTDA.* e *Bergamini Comércio Virtual LTDA.*, uma vez que "a expressão 'BERGAMINI', integrante dos nomes empresariais da recorrida e da recorrente, não pode ser objeto da alegada colidência, por tratar-se de patronímico dos sócios, sendo permitido por lei o seu uso, de forma completa ou abreviada. Ademais, existem nos nomes empresariais no seu todo outros elementos distintivos, situação esta que afasta a hipótese de erro ou confusão pela clientela em potencial. Portanto, podem as denominações coexistir perfeitamente".

Num outro caso (Parecer Jurídico DNRC/COJUR 69/2006), ficou decidido que "não são suscetíveis de proteção ou exclusividade o uso de letras ou conjunto de letras, desde que não configurem siglas".

Já em outro caso (Parecer Jurídico DNRC/COJUR 66/2006), entendeu-se que "não são suscetíveis de proteção ou exclusividade os nomes empresariais formados por expressões comuns, de uso generalizado ou vulgar, do vernáculo nacional ou estrangeiro".

Por fim, em outra situação (Parecer Jurídico DNRC/COJUR 07/2006), o DNRC entendeu que "as expressões de fantasia incomuns, desde que contenham fortes condicionantes, podem ser causadoras de colidência entre nomes empresariais".

6.5. A proteção ao nome empresarial na jurisprudência do STJ

As disputas judiciais em decorrência da colidência entre nomes empresariais são constantes também nos tribunais. Nesse sentido, o Superior Tribunal de Justiça já decidiu que os nomes empresariais *Best Way Importação e Exportação Ltda.* e *The Best Way Informática Ltda.* são colidentes, assegurando à primeira sociedade a proteção ao seu nome.

> *Comercial e processual civil. Acórdão estadual. Nulidade não configurada. Nome comercial. Registro. Anterioridade. Conjugação de palavras inglesas (*best way*). Atividades semelhantes. Ausência de expressão comum. Identificação própria. Uso desautorizado.*

> *Proteção legal. Lei 8.934/1994, arts. 33 e 35, V. I. A conjugação de palavras corriqueiras, mas que, conjugadas, criam expressão que traz significado próprio e identificação específica para quem a emprega em seu nome (*Best Way*), constitui marca a que a lei confere proteção a partir do registro da empresa na Junta Comercial, de sorte que se afigura ilegítima a utilização, por outra, da mesma denominação, notadamente quando ainda exercem atividades sociais semelhantes, caso dos autos. (...) (REsp 267.541/SP, Rel. Min. Aldir Passarinho Junior, 4.ª Turma, j. 22.08.2006, DJ 16.10.2006, p. 376).*

No referido litígio, o relator do processo sustentou que a conjugação das duas palavras inglesas possui identidade própria e significado específico (melhor caminho), o que permite a individualização do titular, não se podendo afirmar que se trata de nome corriqueiro e comum, isento da proteção legal conferida pela Lei 8.934/1994. Ressaltou-se, ainda, que a atividade desenvolvida pelas duas empresas também é muito semelhante e poderia confundir o consumidor.

Em outra oportunidade, o Superior Tribunal de Justiça solucionou disputa referente ao uso do nome *Odebrecht*.

> *4. A proteção legal da denominação de sociedades empresárias, consistente na proibição de registro de nomes iguais ou análogos a outros anteriormente inscritos, restringe-se ao território do Estado em que localizada a Junta Comercial encarregada do arquivamento dos atos constitutivos da pessoa jurídica. 5. Não se há falar em extensão da proteção legal conferida às denominações de sociedades empresárias nacionais a todo o território pátrio, com fulcro na Convenção da União de Paris, porquanto, conforme interpretação sistemática, nos moldes da lei nacional, mesmo a tutela do nome comercial estrangeiro somente ocorre em âmbito nacional mediante registro complementar nas Juntas Comerciais de todos os Estados-membros. 6. A análise da identidade ou semelhança entre duas ou mais denominações integradas por nomes civis (patronímicos) e expressões de fantasia comuns deve considerar a composição total do nome, a fim de averiguar a presença de elementos diferenciais suficientes a torná-lo inconfundível. 7. A proteção de denominação social e nome civil em face do registro posterior de marca idêntica ou semelhante encontra previsão dentre as vedações legais previstas ao registro marcário (art. 65, V e XII, da Lei 5.772/1971, aplicável, in casu). 8. Conquanto objetivando tais proibições a proteção de nomes comerciais ou civis, mencionada tutela encontra-se prevista como tópico da legislação marcária, pelo que o exame de eventual colidência não pode ser dirimido exclusivamente com base no critério da anterioridade, subordinando-se, em atenção à interpretação sistemática, aos preceitos legais condizentes à reprodução ou imitação de marcas, é dizer, aos arts. 59 e 65, XVII, da Lei 5.772/1971, consagradores do princípio da especificidade. Precedentes. 9. Especificamente no que tange à utilização de nome civil (patronímico) como marca, verifica-se a absoluta desnecessidade de autorização recíproca entre homônimos, além da inviabilidade de exigência, ante a ausência de previsão legal, de sinais distintivos à marca do homônimo que proceder posteriormente ao registro, também submetendo-se eventual conflito ao princípio da especificidade. 10. Consoante o princípio da especificidade, o INPI agrupa os produtos ou serviços em classes e itens, segundo o critério da afinidade, de modo que a tutela da marca registrada é limitada aos produtos e serviços da mesma classe e do mesmo item. Outrossim, sendo tal princípio corolário da necessidade de se evitar erro, dúvida ou confusão entre os usuários de determinados produtos ou serviços, admite-se a extensão da análise quanto à imitação ou à reprodução de marca alheia ao ramo de atividade desenvolvida pelos respectivos titulares. 11. À caracterização de "marca notória" (art. 67, caput, da Lei 5.772/1971), a gozar de tutela especial impeditiva do registro de marcas idênticas ou semelhantes em todas as demais classes e itens, perfaz-se imprescindível a declaração de notoriedade pelo*

> *INPI, com a concessão do registro em aludida categoria especial. 12. Diversas as classes de registro e o âmbito das atividades desempenhadas pela embargante (comércio e beneficiamento de café, milho, arroz, cereais, frutas, verduras e legumes, e exportação de café) e pela embargada (arquitetura, engenharia, geofísica, química, petroquímica, prospecção e perfuração de petróleo), e não se cogitando da configuração de marca notória, não se vislumbra impedimento ao uso, pela embargante, da marca Odebrecht como designativa de seus serviços, afastando-se qualquer afronta, seja à denominação social, seja às marcas da embargada. Precedentes. 13. Possibilidade de confusão ao público consumidor dos produtos e serviços das litigantes expressamente afastada pelas instâncias ordinárias, com base no exame do contexto fático-probatório, do qual são absolutamente soberanas. Inviabilidade de revisão de mencionado entendimento nesta seara especial, nos termos da Súmula 07/STJ. Precedentes. (...) (EDcl nos EDcl no AgRg no REsp 653.609/RJ, Rel. Min. Jorge Scartezzini, 4.ª Turma, j. 19.05.2005, DJ 27.06.2005, p. 408).*

Repare-se que, nesse caso, o STJ atentou para a exata distinção entre nome empresarial e marca, como também para o fato de que a proteção legal da denominação de sociedades empresariais se circunscreve à unidade federativa de jurisdição da Junta Comercial em que o registro está arquivado (no caso da Odebrecht S/A, o estado da Bahia e, no caso da Odebrecht Café, o estado do Paraná), ressaltando que a extensão para todo o país pode ser feita por registro complementar nas Juntas Comerciais de todos os estados-membros, o que não teria ocorrido. O relator também ponderou que "Odebrecht" é sobrenome dos fundadores de ambas as sociedades empresárias e, por isso, patrimônio delas. Além disso, verificou-se que, em cada um dos registros, o termo "Odebrecht" vem acompanhado de palavras que individualizam as denominações sociais e os ramos em que as respectivas sociedades atuam, o que afastaria a possibilidade de confusão.

Em outro caso o STJ permitiu que duas sociedades empresárias usassem uma mesma expressão (*Fiorella*) na formação de seus respectivos nomes empresariais, em razão de elas atuarem em ramos distintos e de não haver possibilidade de confusão entre consumidores. Confira-se:

> *Direito empresarial. Proteção ao nome comercial. Conflito. Nome comercial e marca. Matéria suscitada nos embargos infringentes. Colidência entre nomes empresariais. Registro anterior. Uso exclusivo do nome. Áreas de atividades distintas. Ausência de confusão, prejuízo ou vantagem indevida no seu emprego. Proteção restrita ao âmbito de atividade da empresa. Recurso improvido. 1. Conflito entre nome comercial e marca, a teor do art. 59 da Lei n. 5.772/71. Interpretação. 2. Colidência entre nomes empresariais. Proteção ao nome comercial. Finalidade: identificar o empresário individual ou a sociedade empresária, tutelar a clientela, o crédito empresarial e, ainda os consumidores contra indesejáveis equívocos. 3. Utilização de um vocábulo idêntico – FIORELLA – na formação dos dois nomes empresariais – FIORELLA PRODUTOS TÊXTEIS LTDA e PRODUTOS FIORELLA LTDA. Ausência de emprego indevido, tendo em vista as premissas estabelecidas pela Corte de origem ao analisar colidência: a) ausência de possibilidade de confusão entre os consumidores; b) atuação empresarial em atividades diversas e inconfundíveis. 4. Tutela do nome comercial entendida de modo relativo. O registro mais antigo gera a proteção no ramo de atuação da empresa que o detém, mas não impede a utilização de nome em segmento diverso, sobretudo quando não se verifica qualquer confusão, prejuízo ou vantagem indevida no seu emprego. 5. Recurso a que se nega provimento (REsp 262.643/SP, Rel. Min. Vasco Della Giustina (Desembargador convocado do TJ/RS), 3.ª Turma, j. 09.03.2010, DJe 17.03.2010).*

Vê-se, portanto, que nessas lides nas quais se discutem eventuais conflitos entre nomes empresariais a maior preocupação é saber se há possibilidade de confusão entre consumidores.

Sobre eventuais conflitos entre nomes empresariais e marcas, foi aprovado o Enunciado 1, da I Jornada de Direito Comercial do CJF, com o seguinte teor: "Decisão judicial que considera ser o nome empresarial violador do direito de marca não implica a anulação do respectivo registro no órgão próprio nem lhe retira os efeitos, preservado o direito de o empresário alterá-lo".

6.6. Mudanças nas regras do nome empresarial provocadas pela Lei 14.195/2021

O inciso V do art. 35 da Lei 8.934/1994 determinava que as Juntas Comerciais não podiam registrar atos constitutivos com nome empresarial "idêntico **ou semelhante** a outro já existente", mas agora, por força de alteração decorrente da Lei 14.195/2021, a regra se refere apenas a nome empresarial **"idêntico"**. Assim, as Juntas Comerciais não farão mais análise de colidência entre nomes empresariais por semelhança, mas apenas por identidade. Eventual análise de colidência por semelhança será feita pelo DREI, e somente se houver recurso da parte interessada (art. 35, § 2º: "eventuais casos de confronto entre nomes empresariais por semelhança poderão ser questionados pelos interessados, a qualquer tempo, por meio de recurso ao DREI").

A Lei 14.195/2021 provocou outra mudança importante na disciplina legal do nome empresarial: o art. 35-A foi inserido na Lei 8.934/1994, determinando que "o empresário ou a pessoa jurídica poderá optar por utilizar o número de inscrição no Cadastro Nacional da Pessoa Jurídica (CNPJ) como nome empresarial, seguido da partícula identificadora do tipo societário ou jurídico, quando exigida por lei".

7. ESTABELECIMENTO EMPRESARIAL

A expressão *estabelecimento empresarial*[51] parece se referir, numa primeira leitura, ao local em que o empresário exerce sua atividade empresarial. Trata-se, todavia, de uma visão equivocada, que representa apenas uma noção vulgar da expressão, correspondendo tão somente ao sentido coloquial que ela possui para as pessoas em geral.

O **conceito técnico-jurídico** de estabelecimento empresarial, todavia, é algo mais complexo. No dizer de Oscar Barreto Filho, autor da mais completa obra

[51] "O novo Código Civil veio adotar, simplesmente, a designação de 'estabelecimento'. Mas preferimos utilizar a expressão '**estabelecimento empresarial**', tendo por referência histórica a terminologia francamente consagrada no direito brasileiro de 'estabelecimento comercial'. Não vemos, outrossim, impropriedade na nomenclatura de '**fundo de empresa**' para expressar o 'estabelecimento', eis que sempre foi adotada na doutrina nacional, com inspiração no direito francês, a expressão 'fundo de comércio'. Por fim, podemos, igualmente, empregar o termo '**azienda**', também utilizado em nosso Direito, por influência do Direito italiano." (CAMPINHO, Sérgio. *O direito de empresa à luz do novo Código Civil*. 9. ed. Rio de Janeiro: Renovar, 2008. p. 318).

sobre o tema no Brasil, "é o complexo de bens, materiais e imateriais, que constituem o instrumento utilizado pelo comerciante [hoje empresário] para a exploração de determinada atividade mercantil [hoje empresa]".[52] Já nas palavras de Sérgio Campinho:

> O estabelecimento empresarial é integrado por bens de variadas espécies, que mantém cada um deles sua individualidade própria, mas que se encontram reunidos pelo empresário que os conjuga e organiza, de modo a apresentarem-se como uma unidade que lhe serve de instrumento para exercitar sua empresa.[53]

Trata-se, em suma, de **todo o conjunto de bens, materiais ou imateriais, que o empresário utiliza no exercício da sua atividade**. Esta foi, aliás, a definição dada pelo legislador do Código Civil, que resolveu tratar especificamente do tema, ao contrário do que ocorria antes, já que até a edição do Código Civil de 2002 o estabelecimento era tratado basicamente na seara doutrinária. Com efeito, o art. 1.142 dispõe que "considera-se estabelecimento todo complexo de bens organizado, para exercício da empresa, por empresário, ou por sociedade empresária".[54] Confira-se, a propósito, a seguinte decisão do STJ:

> *3. O "estabelecimento comercial" é composto por patrimônio material e imaterial, constituindo exemplos do primeiro os bens corpóreos essenciais à exploração comercial, como mobiliários, utensílios e automóveis, e, do segundo, os bens e direitos industriais, como patente, nome empresarial, marca registrada, desenho industrial e o ponto (...) (REsp 633.179/MT, Rel. Min. Luis Felipe Salomão, Quarta Turma, j. 02.12.2010,* DJe *01.02.2011).*

Portanto, o local em que o empresário exerce suas atividades – ponto de negócio – é apenas um dos elementos que compõem o estabelecimento empresarial, o qual, como visto, é composto também de outros bens materiais (equipamentos, máquinas etc.) e até mesmo bens imateriais[55] (marca, patente de invenção etc.).

> Para a constituição do estabelecimento, como ensina a doutrina, não só são utilizados elementos heterogêneos, tais os bens e serviços, mas, também, bens entre si, igualmente, heterogêneos, tais os móveis e imóveis, materiais e imateriais, fungíveis e infungíveis e, inclusive, consumíveis (quando se tem em vista os elementos circulantes que se prestam ao ato de produção) e inconsumíveis, com o imóvel, as máquinas e os bens decorrentes da propriedade industrial.[56]

A Medida Provisória 1.085/2021 confirmou a inserção de três parágrafos no art. 1.142 do Código Civil, que constavam da Lei 14.195/2021: o § 1º, corroborando o que afirmamos nas linhas acima, diz que "o estabelecimento não se confunde com o

[52] BARRETO FILHO, Oscar. *Teoria do estabelecimento comercial*. São Paulo: Max Limonad, 1964. p. 73.

[53] CAMPINHO, Sérgio. *O direito de empresa à luz do novo Código Civil*. 9. ed. Rio de Janeiro: Renovar, 2008. p. 318.

[54] O Código Civil brasileiro seguiu o conceito dado pelo *Códice Civile* italiano de 1942: *"L'azienda è il complesso dei beni organizzati dall'imprenditore per l'esercizio dell'empresa".*

[55] Sobre o assunto, o Enunciado 95 das Jornadas de Direito Comercial diz que "os perfis em redes sociais, quando explorados com finalidade empresarial, podem se caracterizar como elemento imaterial do estabelecimento empresarial".

[56] MELLO FRANCO, Vera Helena de. *Manual de direito comercial*. 2. ed. São Paulo: RT, 2004. p. 135. v. 1.

local onde se exerce a atividade empresarial, que poderá ser físico ou virtual". O § 2º, por sua vez, determina que, "quando o local onde se exerce a atividade empresarial for virtual, o endereço informado para fins de registro poderá ser, conforme o caso, o do empresário individual ou o de um dos sócios da sociedade empresária". Por fim, o § 3º estabelece que, "quando o local onde se exerce a atividade empresarial for físico, a fixação do horário de funcionamento competirá ao Município, observada a regra geral do inciso II do caput do art. 3º da Lei nº 13.874, de 20 de setembro de 2019 (Lei da Liberdade Econômica)".[57]

Assim sendo, o *estabelecimento* não se confunde com a *empresa*, uma vez que esta, conforme visto, corresponde a uma atividade. Da mesma forma, o estabelecimento não se confunde com o *empresário*, já que este é uma pessoa física ou jurídica que explora essa atividade empresarial e é o titular dos direitos e obrigações dela decorrentes. Mas, embora estabelecimento, empresa e empresário sejam noções que não se confundem, são conceitos que se inter-relacionam, podendo-se dizer, pois, que o estabelecimento, como complexo de bens usado pelo empresário no exercício de sua atividade econômica, representa a projeção patrimonial da empresa ou o organismo técnico-econômico mediante o qual o empresário atua.

Por fim, antes de analisar mais detidamente as normas do Código Civil relativas ao estabelecimento empresarial, é preciso fazer uma observação relevante, que diz respeito à importância de não confundir o estabelecimento empresarial com o patrimônio do empresário. Este é todo o conjunto de bens, direitos, ações, posse e tudo o mais que pertença a uma pessoa física ou jurídica e seja suscetível de apreciação econômica. Vê-se, pois, que nem todos os bens que compõem o patrimônio são, necessariamente, componentes também do estabelecimento empresarial, uma vez que, para tanto, será imprescindível que o bem, seja ele material ou imaterial, guarde um liame com o exercício da atividade-fim do empresário.

Isso porque o estabelecimento empresarial é o instrumento utilizado pelo empresário para a realização de sua atividade empresarial, razão pela qual só o compõem aqueles bens que estejam ligados ao exercício da atividade.

Esta distinção é percebida com mais facilidade quando analisamos a figura do empresário individual. Com efeito, o patrimônio do empresário individual – que é pessoa física – constitui-se de todos os bens, direitos e tudo o mais que seja de sua titularidade. O seu patrimônio, portanto, engloba tanto aqueles bens usados para o exercício da atividade empresarial quanto os seus bens particulares,

[57] Havia uma discussão sobre as alterações no Código Civil determinadas pela Lei 14.195/2021. O caput do art. 43 dessa lei dizia o seguinte: "A Lei nº 10.406, de 10 de janeiro de 2002 (Código Civil), passa a vigorar com as seguintes alterações, renomeado o Capítulo I do Subtítulo II do Título II do Livro II da Parte Especial para 'Das Normas Gerais das Sociedades'". Dentre as alterações, várias objetivavam acabar com a sociedade simples, fazendo com que toda sociedade fosse empresária e sujeita a registro na Junta Comercial. No entanto, a Presidência da República decidiu vetar todas as regras que promoviam o fim da sociedade simples, o que exigiu o veto do próprio caput do art. 43, já que ele estava renomeando o capítulo das sociedades simples, que passaria a ser um capítulo de normas gerais das sociedades. A despeito desse veto ao caput do art. 43, não houve veto a algumas alterações do Código Civil que ele determinava, como é o caso da inserção dos três parágrafos no art. 1.142. Ocorre que, para alguns, o veto ao caput do art. 43, que era justamente o dispositivo que determinava as alterações no Código Civil, fazia com que nenhuma dessas alterações se concretizasse, inclusive aquelas não vetadas. Para resolver o problema e eliminar qualquer risco de insegurança jurídica, a Medida Provisória 1.085/2021 confirmou a inserção dos três parágrafos no art. 1.142 do Código Civil.

não afetados ao exercício da empresa. O estabelecimento empresarial desse empresário individual, entretanto, corresponde apenas àqueles bens – materiais ou imateriais – que estejam afetados ao desenvolvimento de suas atividades econômicas. O estabelecimento pode ser visto, portanto, como um *patrimônio de afetação*. Nas sociedades empresárias, a distinção é deveras mais difícil, uma vez que, em tese, todos os bens da sociedade estarão, provavelmente, afetados ao exercício da empresa. Mas se pode pensar, por exemplo, no caso de uma grande sociedade possuir um imóvel que funcione como uma sede social ou um clube para o lazer de seus funcionários. Nesse caso, o imóvel pertence ao patrimônio da sociedade, mas não integra o seu estabelecimento empresarial, posto não estar afetado ao exercício de sua atividade-fim. Em suma: sem esse imóvel a sociedade exerce sua atividade econômica normalmente.

> Se a sociedade empresária possui determinados bens, que integram seu ativo imobilizado, mas que não são utilizados em seu processo produtivo ou mercantil *stricto sensu*, não fazem parte do seu estabelecimento empresarial (...). Ou seja, sem eles a sociedade empresária consegue exercer sua atividade normalmente.[58]

Sobre o assunto, o STJ já decidiu que "as mercadorias do estoque constituem um dos elementos materiais do estabelecimento empresarial, visto tratar-se de bens corpóreos utilizados na exploração da sua atividade econômica" (REsp 1.079.781/RS, Rel. Min. Nancy Andrighi, Terceira Turma, j. 14.09.2010, *DJe* 24.09.2010).

Destaque-se ainda que, como bem aponta a doutrina italiana, há **dois elementos relevantes na noção de estabelecimento: primeiro, o complexo de bens; segundo, a organização**. Considerado como complexo de bens, vê-se que o estabelecimento empresarial assume um caráter marcantemente instrumental para o desempenho da atividade. Por outro lado, sendo o estabelecimento um conjunto de bens dotado de organização, percebe-se que os bens que o compõem constituem um todo articulado, organizado, conexo. É essa organização que o empresário confere aos bens componentes do estabelecimento que vai fazer com que este, na qualidade de complexo de bens, se diferencie sobremaneira desses bens individualmente considerados.

Assim, finalizando a ideia lançada no início deste tópico, a partir do momento em que um empresário (empresário individual ou sociedade empresária) se registra na Junta Comercial e adota um nome empresarial, poderá iniciar suas atividades, sendo preciso, para tanto, que organize seu estabelecimento empresarial. Sendo assim, se foi constituída uma sociedade empresária limitada para explorar a atividade de fabricação e venda de artigos em couro, será necessário alugar ou adquirir um ponto de negócio, comprar máquinas e equipamentos, adquirir insumos e matéria-prima, contratar funcionários, criar e registrar uma marca, desenvolver uma determina tecnologia de produção (que pode até ser patenteada) etc. Tudo isso comporá, portanto, o estabelecimento empresarial dessa sociedade.

[58] NERY JR., Nelson; NERY, Rosa Maria de Andrade. *Código civil anotado e legislação civil extravagante em vigor*. 2. ed. São Paulo: RT, 2003. p. 550.

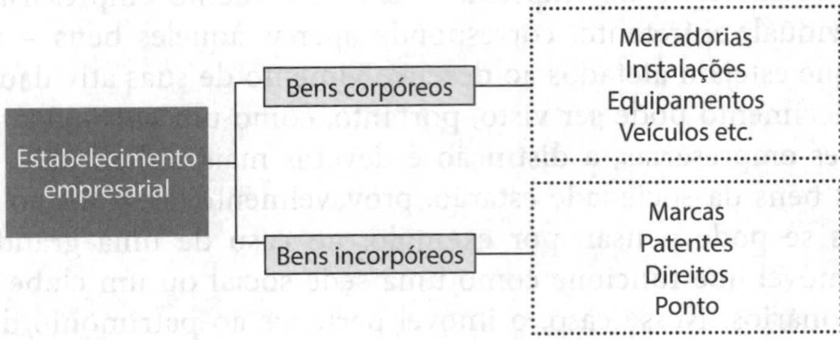

7.1. Natureza jurídica do estabelecimento empresarial

Oscar Barreto Filho, autor, conforme já mencionamos, do estudo mais profundo acerca do estabelecimento empresarial no direito comercial brasileiro, destaca que existem no direito estrangeiro diversas teorias para explicar o estabelecimento empresarial e definir a sua natureza jurídica.

De todas as teorias existentes e mencionadas pelo referido autor, portanto, preocupar-nos-emos com duas delas – por se amoldarem ao conceito legal de estabelecimento adotado pelo Código Civil –, as quais podem ser englobadas sob a rubrica de **teorias universalistas**, uma vez que consideram o estabelecimento empresarial uma universalidade, mas se dividem entre a sua caracterização como uma *universalidade de direito* ou como uma *universalidade de fato*.

Universalidade, segundo a doutrina, é um conjunto de elementos que, quando reunidos, podem ser concebidos como coisa unitária, ou seja, algo novo e distinto que não representa a mera junção dos elementos componentes.

Segundo a doutrina civilista, o que distingue a *universitas iuris* da *universitas facti* é o liame que une as coisas componentes de uma e de outra universalidade: na **universalidade de direito**, a reunião dos bens que a compõem é determinada pela lei (por exemplo: massa falida, espólio); na **universalidade de fato**, a reunião dos bens que a compõem é determinada por um ato de vontade (por exemplo: biblioteca, rebanho).

> A universalidade de fato se apresenta como conjunto ligado pelo entendimento particular; enquanto a universalidade de direito consiste na pluralidade de coisas corpóreas e incorpóreas, a que a lei, para certos efeitos, atribui o caráter de unidade (como na herança, no patrimônio, na massa falida, etc.).[59]

A doutrina brasileira majoritária, seguindo mais uma vez as ideias suscitadas pela doutrina italiana sobre o tema, sempre considerou o **estabelecimento empresarial uma *universalidade de fato***, uma vez que os elementos que o compõem formam uma coisa unitária exclusivamente em razão da destinação que o empresário lhes dá, e não em virtude de disposição legal.

> A doutrina tem convergido na opinião de que o estabelecimento constitui-se em uma universalidade de fato (*universitas facti*). É um complexo de bens, cada

59 RODRIGUES, Sílvio. *Direito civil*. São Paulo: Saraiva, 2002. p. 134. v. 1.

> qual com individualidade própria, com existência autônoma, mas que, em razão da simples vontade de seu titular, encontram-se organizados para a exploração da empresa, formando, assim, uma unidade, adquirindo um valor patrimonial pelo seu todo.[60]

Essa posição parece ter ganhado ainda mais força com a edição do Código Civil de 2002 e a consequente definição do estabelecimento como o complexo de bens organizado pelo empresário para o exercício de sua atividade econômica. É que a organização dos bens usados na atividade empresarial não decorre de determinação legal, mas da vontade do empresário, que articula os fatores de produção no intuito de explorar um determinado empreendimento e auferir lucro. De fato, o que dá origem ao estabelecimento empresarial, na qualidade universalidade, é a **vontade do empresário**, que organiza os diversos elementos que o compõem com a finalidade de exercer uma determinada econômica.

> Resumidamente, o estabelecimento consagra um conjunto de bens corpóreos e incorpóreos, constituindo uma universalidade de fato, que pode ser objeto de negócios jurídicos. Não se trata, portanto, de unidade complexa de bens destinados a um fim determinado em lei (*universitas iuris*), mas de um conjunto de bens com finalidade vinculada à vontade do seu dono, que é o empresário (*universitas rerum* ou *facti*). Cada bem integrante do estabelecimento dispõe de individualidade, mas está intrinsecamente ligado ao complexo dos bens dispostos pelo empresário para o exercício da empresa.[61]

Ressalte-se, por fim, que, sendo o estabelecimento uma universalidade de fato, ou seja, um complexo de bens organizado pelo empresário, ele não compreende os contratos, os créditos e as dívidas. Eis mais uma distinção que pode ser feita, portanto, entre estabelecimento e patrimônio, uma vez que este, ao contrário daquele, compreende até mesmo as relações jurídicas – direitos e obrigações – do seu titular.

7.2. O contrato de trespasse

Embora, como visto, o estabelecimento empresarial não compreenda as relações obrigacionais do seu titular, mas tão somente o complexo de bens, sejam eles materiais ou não, que o empresário organiza para o exercício de sua atividade, isso não significa que o Código Civil não tenha se preocupado com os efeitos obrigacionais decorrentes das negociações que envolvam o estabelecimento.

Em primeiro lugar, o Código Civil dispõe no seu art. 1.143 que "pode o estabelecimento ser objeto unitário de direitos e de negócios jurídicos, translativos ou constitutivos, que sejam compatíveis com a sua natureza". Está aqui o Código se referindo à possibilidade de o estabelecimento ser negociado como um todo unitário, ou seja, como universalidade de fato.

Claro que o estabelecimento pode ser objeto de negociações singulares, como permite o art. 90, parágrafo único, do Código Civil. Mas o que nos inte-

[60] CAMPINHO, Sérgio. *O direito de empresa à luz do novo Código Civil*. 9. ed. Rio de Janeiro: Renovar, 2008. p. 321.

[61] GONÇALVES, Maria Gabriela V. P. Rios; GONÇALVES, Vítor Eduardo Rios. *Direito comercial*: direito de empresa e sociedade empresárias. São Paulo: Saraiva, 2005. p. 37. v. 21.

ressa, nesse ponto, é analisar a negociação do estabelecimento de forma unitária, quando estaremos diante do chamado **trespasse**,[62] ou seja, do **contrato oneroso de transferência do estabelecimento empresarial**.

De acordo com o disposto no art. 1.144 do Código Civil, "o contrato que tenha por objeto a alienação, o usufruto ou arrendamento do estabelecimento, só produzirá efeitos quanto a terceiros depois de averbado à margem da inscrição do empresário, ou da sociedade empresária, no Registro Público de Empresas Mercantis, e de publicado na imprensa oficial". Vê-se, pois, que **é condição de eficácia perante terceiros (não de validade) o registro do contrato de trespasse na Junta Comercial e a sua posterior publicação.**

Ainda sobre o trespasse, o Código dispõe, no seu art. 1.145, que "se ao alienante não restarem bens suficientes para solver o seu passivo, a eficácia da alienação do estabelecimento depende do pagamento de todos os credores, ou do consentimento destes, de modo expresso ou tácito, em trinta dias a partir de sua notificação". Sendo assim, o empresário que quer vender o estabelecimento empresarial deve ter uma cautela importante: ou conserva bens suficientes para **pagar todas as suas dívidas perante seus credores, ou deverá obter o consentimento destes**, o qual poderá ser expresso ou tácito. Com efeito, caso não guarde em seu patrimônio bens suficientes para saldar suas dívidas, o empresário deverá notificar seus credores para que se manifestem em 30 dias acerca da sua intenção de alienar o estabelecimento. Uma vez transcorrido tal prazo *in albis*, o consentimento dos credores será tácito, e a venda poderá ser realizada.

A observância da condição anteriormente analisada, prevista no art. 1.145 do Código Civil, é deveras importante, tanto que a legislação falimentar (Lei 11.101/2005) prevê a alienação irregular do estabelecimento empresarial como ato de falência (art. 94, inciso III, alínea "c"), isto é, o trespasse irregular pode ensejar o pedido e a decretação da *quebra* do empresário.

7.3. A sucessão empresarial

Realizado o trespasse de maneira regular, ou seja, respeitadas as determinações legais anteriormente analisadas (arts. 1.144 e 1.145 do Código Civil), resta-nos analisar como o Código disciplinou os efeitos da negociação unitária do estabelecimento empresarial.

O art. 1.146 do Código Civil trata da chamada sucessão empresarial, estabelecendo que "o adquirente do estabelecimento responde pelo pagamento dos débitos anteriores à transferência, desde que regularmente contabilizados, continuando o devedor primitivo solidariamente obrigado pelo prazo de um ano, a partir, quanto aos créditos vencidos, da publicação, e, quanto aos outros, da data do vencimento".

Pode-se concluir, portanto, que **o adquirente do estabelecimento empresarial responde pelas dívidas existentes – contraídas pelo alienante –, desde que regu-**

[62] Este termo – trespasse – não foi adotado pelo Código Civil de 2002, mas já está há bastante tempo consagrado na doutrina comercialista. Ademais, **não se deve confundir o trespasse com a cessão de quotas de uma sociedade**, por exemplo. No trespasse, transfere-se a própria titularidade do estabelecimento empresarial, ao passo que na cessão de quotas opera-se apenas a transferência da participação societária. No dizer de um dos nossos maiores comercialistas, "no primeiro caso [trespasse] há transferência de titularidade do estabelecimento, enquanto no segundo ocorre apenas a alteração do controle acionário da qual pertence a universalidade". CARVALHOSA, Modesto. *Comentários ao código civil*: parte especial, do direito empresa. São Paulo: Saraiva, 2003. p. 635. v. 13.

larmente contabilizadas, isto é, constantes da escrituração regular do alienante, pois foram essas as dívidas de que o adquirente teve conhecimento quando da efetivação do negócio, normalmente precedido de procedimento denominado *due diligence* (medidas investigatórias sobre a real situação econômica do empresário alienante e dos bens que compõem o seu estabelecimento empresarial).

Pois bem. Embora o adquirente assuma essas dívidas contabilizadas, **o alienante fica solidariamente responsável por elas durante o prazo de um ano.** Tal prazo, todavia, será contado de maneiras distintas a depender do vencimento da dívida em questão: tratando-se de **dívida já vencida**, o prazo é contado a partir da **publicação** do contrato de trespasse (vide art. 1.144 do Código Civil); tratando-se, em contrapartida, de **dívida vincenda**, o prazo é contado do **dia de seu vencimento.**

Assim, por exemplo, se uma dívida contraída pelo alienante só vier a vencer após seis meses da publicação do contrato, somente depois de transcorridos esses seis meses é que começará a fluir o prazo de um ano referido no art. 1.146. Só após o término desse prazo é que cessará, enfim, a solidariedade passiva do alienante relativa a essa dívida.

É preciso deixar bastante claro, também, que essa sistemática de sucessão obrigacional prevista no art. 1.146 do Código Civil só se aplica às dívidas negociais do empresário, decorrentes das suas relações travadas em consequência do exercício da empresa (por exemplo, dívidas com fornecedores ou financiamentos bancários). Em se tratando, todavia, de **dívidas tributárias ou de dívidas trabalhistas, não se aplica o disposto no art. 1.146 do Código Civil**, uma vez que a sucessão tributária e a sucessão trabalhista possuem regimes jurídicos próprios, previstos em legislação específica (arts. 133 do CTN e 448 da CLT, respectivamente).[63]

Ademais, essa sistemática do art. 1.146 do Código Civil, sobretudo os seus efeitos obrigacionais, só se aplica "quando o conjunto de bens transferidos importar a transmissão da funcionalidade do estabelecimento empresarial" (Enunciado 233 do CJF). A observação é extremamente importante, uma vez que a natureza jurídica de universalidade de fato do estabelecimento empresarial dificulta muitas vezes a identificação de quando há ou não o trespasse. Na justificativa ao enunciado em questão, explicou o seu autor:

> (...) não se pode olvidar que o estabelecimento é caracterizado por sua funcionalidade. Portanto, para falar em trespasse de estabelecimento, é necessário que haja a transferência de elementos suficientes à preservação de sua funcionalidade como tal, ou seja, a universalidade adquirida deve ser idônea a operar como estabelecimento, ainda que tenha sido decotado algum de seus elementos originais.[64]

A exigência, pois, de que, para a caracterização do trespasse e consequente produção dos seus efeitos jurídicos, sobretudo obrigacionais, se verifique a **transmissão da funcionalidade do estabelecimento** como tal configura um relevante critério objetivo que ajuda a identificar, de forma mais precisa, as situações em que realmente se aperfeiçoa o contrato de trespasse.

---

[63] Ao contrário do que pode ocorrer eventualmente na sucessão trabalhista, "a mera instalação de um novo estabelecimento, em lugar antes ocupado por outro, ainda que no mesmo ramo de atividade, não implica responsabilidade por sucessão prevista no art. 1.146 do Código Civil" (Enunciado 59 das Jornadas de Direito Comercial do CJF).

[64] FÉRES, Marcelo Andrade. In: Jornada de direito civil, 3, 2005. *Anais*. Brasília: Conselho da Justiça Federal, 2005. p. 300.

Por fim, cumpre destacar que a nova legislação falimentar (Lei 11.101/2005) trouxe uma importantíssima novidade que se relaciona diretamente com a matéria ora em análise. Com efeito, determina a referida lei que a alienação de estabelecimento empresarial feita em processo de **falência ou de recuperação judicial** não acarreta, para o adquirente do estabelecimento, **nenhum ônus**, isto é, o adquirente não responderá pelas dívidas anteriores do alienante, inclusive dívidas tributárias e trabalhistas. Na falência, o assunto está disciplinado no art. 141, II, da lei mencionada: "a alienação conjunta ou separada de ativos, inclusive da empresa ou de suas filiais, promovida sob qualquer das modalidades de que trata o art. 142: (...) II – o objeto da alienação estará livre de qualquer ônus e não haverá sucessão do arrematante nas obrigações do devedor, inclusive as de natureza tributária, as derivadas da legislação do trabalho e as decorrentes de acidentes de trabalho". Na recuperação judicial, o assunto está disciplinado no art. 60, parágrafo único: "se o plano de recuperação judicial aprovado envolver alienação judicial de filiais ou de unidades produtivas isoladas do devedor, o juiz ordenará a sua realização, observado o disposto no art. 142 desta Lei. Parágrafo único. O objeto da alienação estará livre de qualquer ônus e não haverá sucessão do arrematante nas obrigações do devedor de qualquer natureza, incluídas, mas não exclusivamente, as de natureza ambiental, regulatória, administrativa, penal, anticorrupção, tributária e trabalhista, observado o disposto no § 1º do art. 141 desta Lei".

A Lei 11.101/2005 – Lei de Recuperação de Empresas – trouxe essa disposição normativa com o intuito de tornar mais atrativa a aquisição de *estabelecimentos empresariais* de empresários ou sociedades empresárias em processo de falência ou de recuperação judicial, em homenagem ao **princípio da preservação da empresa**.

7.4. A cláusula de não concorrência

O art. 1.147 do Código Civil positivou no direito empresarial brasileiro a chamada cláusula de não concorrência (também conhecida como cláusula de não restabelecimento ou cláusula de interdição da concorrência): "não havendo autorização expressa, o alienante do estabelecimento não pode fazer concorrência ao adquirente, nos cinco anos subsequentes à transferência".

O estudo da mencionada cláusula nos remete ao célebre litígio entre a *Companhia de Tecidos de Juta* contra o *Conde Álvares Penteado* e a *Companhia Paulista de Aniagem*. O caso é famoso no seio da comunidade jurídica não apenas por se tratar de *leading case* acerca do tema em foco, mas, sobretudo, por ter proporcionado uma brilhante batalha jurídica entre dois dos maiores juristas brasileiros. Advogando em nome dos interesses da Companhia de Tecidos de Juta figurava Carvalho de Mendonça. No outro polo da demanda, defendendo os interesses do Conde e da Companhia de Aniagem, encontrava-se ninguém menos do que Rui Barbosa, que passou a atuar no processo quando este já se encontrava no Supremo Tribunal Federal.

No processo em referência, discutia-se, em síntese, se a cessão de clientela era considerada algo inerente ao próprio contrato de transferência do estabelecimento. Isso porque o Conde Álvares Penteado, acionista majoritário da Companhia de Tecidos de Juta, bem como seus parentes, acionistas minoritários, alienaram sua participação societária a terceiros, os quais passaram a explorar aquele empreendimento. Efetivada a transação, entretanto, o Conde constituiu nova sociedade empresária, a Companhia Paulista de Aniagem, com atuação no mesmo ramo de atividade de sua antiga companhia, ou seja, passou o Conde a fazer concorrência aos terceiros que adquiriram seu antigo estabelecimento empresarial.

A Companhia de Tecidos de Juta, sentindo-se prejudicada em função da concorrência praticada pelo novo empreendimento, ingressou com ação judicial na qual pleiteava a devolução dos valores pagos a título de aviamento pelo antigo estabelecimento do Conde. Em decisão final, datada de 12 de agosto de 1914, o Supremo Tribunal Federal decidiu que a cláusula de não concorrência não se considerava implícita no negócio firmado entre as partes litigantes, nos seguintes termos:

> A freguesia de uma fábrica não pode ser objeto do contrato, em vista do disposto no artigo 17, do Decreto 434, de 4 de julho de 1891. A renúncia do direito ao exercício de determinado ramo de comércio ou indústria, não se presume. Ela deve ser expressa, ou pelo menos, resultar de modo inequívoco dos termos do contrato para que na solução dos conflitos não prevaleça contra o princípio soberano da livre concorrência.

Ocorre que, não obstante tenha a Suprema Corte assim decidido nesse célebre caso, a jurisprudência foi, ao longo dos anos, consolidando-se em sentido oposto. Firmou-se o entendimento de que, **mesmo na ausência de cláusula contratual expressa, o alienante tem a obrigação contratual implícita de não fazer concorrência ao adquirente do estabelecimento empresarial.**

Essa obrigação implícita imposta ao alienante é uma decorrência lógica da aplicação do **princípio da boa-fé objetiva** às relações contratuais e encontra respaldo em diversos ordenamentos jurídicos estrangeiros. Com efeito, o adquirente do estabelecimento empresarial tem em vista a clientela do alienante, razão pela qual o restabelecimento deste, na medida em que pode, claramente, desviar essa clientela, que tende a segui-lo, configura ofensa ao princípio da boa-fé objetiva, no âmbito da qual se inclui a legítima expectativa do adquirente de "herdar" a clientela atrelada ao estabelecimento empresarial por ele adquirido.

Em atenção a esse entendimento – o qual, como dito, consolidou-se na jurisprudência brasileira ao longo dos anos –, o Código Civil de 2002 editou o art. 1.147, anteriormente transcrito, que impõe a quem vende um estabelecimento empresarial, salvo disposição expressa em contrário, a obrigação contratual implícita de não se restabelecer para fazer concorrência ao adquirente por um determinado prazo – 5 (cinco) anos a partir da transferência –, a fim de evitar o desvio da clientela em detrimento do empresário-adquirente.

Nada impede, portanto, que as partes estipulem, no contrato de trespasse, que o alienante pode se restabelecer a qualquer momento, ou ainda que se estipule um prazo diverso do estatuído na norma em comento.65,66 Já no caso de arrendamento ou usufruto do estabelecimento, a proibição de não concorrência persistirá durante o prazo do respectivo contrato (art. 1.147, parágrafo único, do Código Civil).

Sobre a estipulação de cláusula de não concorrência em prazo superior ao previsto na lei, foi editado o Enunciado 489 do CJF: "A ampliação do prazo de 5 anos de proibição de concorrência pelo alienante ao adquirente do estabelecimento, ainda que convencionada no exercício da autonomia da vontade, pode ser revista judicialmente, se abusiva". No sentido desse enunciado, o STJ já considerou abusiva cláusula de não concorrência estipulada por prazo indeterminado, mandando, no caso, aplicar-se o prazo quinquenal do art. 1.147 do Código Civil:

> RECURSO ESPECIAL. PROCESSUAL CIVIL, CIVIL E EMPRESARIAL. (...) "CLÁUSULA DE NÃO RESTABELECIMENTO". AUSÊNCIA DE VIOLAÇÃO AOS ARTS. 166, II E VII, E 421 DO CÓDIGO CIVIL DE 2002. PRAZO INDETERMINADO DA REFERIDA CLÁUSULA. ABUSO. LIMITAÇÃO TEMPORAL. NECESSIDADE. PRAZO DE 5 ANOS. CRITÉRIO DO ART. 1.147 DO CC/2002.
> (...)
> 2. É válida a cláusula de "não restabelecimento" no tocante ao seu objeto, rejeitando-se a alegada violação ao art. 166, II e VII, do Código Civil de 2002, pois é regra comum nos negócios jurídicos que envolvem transmissão de direitos sobre estabelecimentos, amplamente utilizada no cotidiano empresarial. Insta mencionar que o CC/2002 inovou ao trazer expressamente, no seu art. 1.147, a "cláusula de não restabelecimento".
> 3. O art. 421 de CC/2002 positivou o princípio da função social dos contratos como limitador da liberdade de contratar, inexistindo violação a essa norma, no estabelecimento da cláusula de "não restabelecimento", usual na realidade empresarial para coibir a concorrência desleal.
> 4. **Mostra-se abusiva a vigência por prazo indeterminado da cláusula de "não restabelecimento"**, pois o ordenamento jurídico pátrio, salvo expressas exceções, não se coaduna com a ausência de limitações temporais em cláusulas restritivas ou de vedação do exercício de direitos. Assim, deve-se afastar a limitação por tempo indeterminado, fixando-se o limite temporal de vigência por cinco anos contados da data do contrato, critério razoável adotado no art.
> 1.147 do CC/2002.
> (...)
> (REsp 680.815/PR, Rel. Ministro RAUL ARAÚJO, QUARTA TURMA, julgado em 20/03/2014, DJe 03/02/2015)

Vale ressaltar que, para alguns, caso o Código Civil não tivesse estabelecido a norma contida no seu art. 1.147, ainda assim o alienante do estabelecimento estaria impedido de fazer concorrência ao adquirente por determinado prazo, em obediência ao princípio da boa-fé objetiva. No entanto, eles alegam que a norma do Código Civil não é inócua, porque a cláusula geral de boa-fé contratual, prevista no art. 422 do Código Civil, refere-se às fases de negociação, conclusão e execução do contrato, não mencionando, todavia, a fase pós-contratual. Assim, afirmam que o art. 1.147, portanto, estende a aplicação do princípio da boa-fé objetiva ao momento posterior ao contrato de trespasse, no intuito de assegurar ao adquirente a plena fruição do estabelecimento adquirido, mais especificamente no que diz respeito à clientela.

O fato é que o art. 1.147 existe e, em razão dele, pode-se concluir o seguinte: havendo tratamento expresso da obrigação de não concorrência no contrato de trespasse, prevalece o que foi pactuado pelas partes, permitida a excepcional revisão judicial dessa pactuação, a qual não pode ter prazo indeterminado; não havendo, porém, tratamento da questão no contrato de trespasse, aplica-se a regra do Código Civil, de modo que o alienante do estabelecimento empresarial fica impedido de fazer concorrência ao adquirente pelo prazo de 5 (cinco) anos.[65]

[65] Conforme já destacamos, exige-se, para a caracterização do trespasse e consequente produção dos seus efeitos jurídicos, sobretudo obrigacionais, que se verifique a transmissão da funcionalidade do estabelecimento empresarial

Uma última observação a ser feita a respeito da cláusula de não concorrência se refere ao seu **âmbito territorial de aplicação**. Afinal, qual seria o limite geográfico de atuação do alienante? A proibição de se restabelecer é ampla ou restrita quanto a esse aspecto? Poderia o alienante se restabelecer em outro Estado?

> A restrição da concorrência, a que, em princípio, fica sujeito o alienante, tem, como é óbvio, limites espaciais e temporais, que o juiz pode fixar soberanamente desde que a lei não o faça *[hoje, no Brasil, a lei o faz – art. 1.147 do CC]*. Foi o que logo se intuiu na mais antiga jurisprudência francesa, como se intuiu que, normalmente, a interdição de estabelecimento deve restringir-se ao local ou às vizinhanças do negócios cedido (...) pode abranger um bairro afastado (...) ou envolver toda uma cidade (...) e mesmo repercutir-se no estrangeiro (...). O que se entende, em suma, é que a área de interdição varia com a natureza do comércio ou indústria em causa (...) – mais pesada, em regra, numa exploração industrial do que num comércio local, como mais pesada num comércio por grosso do que num comércio de retalho (...) – e com a natureza da clientela. Do ponto de vista temporal a ideia é a de que a interdição termina quando passou tempo suficiente para se consolidarem os valores *sui generis* nas mãos do adquirente.[66]

Parece-nos que a resposta a essas indagações não pode ser resolvida, *a priori*, por meio de uma afirmação genérica que valha para qualquer situação. Caberá ao **julgador,** analisando as circunstâncias fáticas do caso concreto, verificar se o eventual restabelecimento do alienante configura, de fato, concorrência ao adquirente; e, ainda, se essa concorrência está, de fato, provocando um desvio de clientela prejudicial ao adquirente. O elemento teleológico de interpretação, nesse caso, é de extrema importância, no nosso entender.

Não se deve interpretar a norma do art. 1.147 do Código Civil de forma a significar que o alienante do estabelecimento não pode se restabelecer, simplesmente. O que o dispositivo normativo visa é coibir a concorrência desleal, caracterizada pelo desvio de clientela. Sendo assim, não havendo esse desvio, não incidirá a proibição.[67]

7.4.1. *A cláusula de não concorrência na jurisprudência do CADE*

Não obstante a cláusula de não concorrência seja absolutamente justificável do ponto de vista do direito empresarial, conforme destacamos anteriormente, no direito concorrencial ela é vista com bastante cautela pela autoridade antitruste (No Brasil, o Conselho Administrativo de Defesa Econômica – CADE), na medida em que configura disposição contratual que impede a concorrência entre agentes econômicos.

---

como tal. Portanto, nem sempre aquilo que no mercado se chama coloquialmente de "venda de empresa" configura, na realidade, um contrato de trespasse, e nesses casos não há que se falar na aplicação do art. 1.147 do Código Civil. Havendo, por exemplo, uma mera transferência de quotas, não se caracteriza o trespasse, de modo que a ausência de tratamento da obrigação de não concorrência no respectivo contrato, em princípio, não ensejará o reconhecimento implícito dessa obrigação (a propósito, confira-se o AgInt no AREsp 1.239.219).

66 CARVALHO, Orlando. *Critério e estrutura do estabelecimento comercial*. Coimbra: Atlântida, 1967. p. 497-498. v. 1.

67 Nesse sentido: "a concorrência proibida caracteriza-se quando o alienante se restabelece em ramo de atividade idêntico ou semelhante ao que era exercido através do estabelecimento alienado, na mesma praça. Logo, seu restabelecimento para exploração de atividade econômica diferente da anterior e em área distante do local do antigo estabelecimento, livre da influência do mesmo, não enseja, por essas circunstâncias, concorrência e, consequentemente, não é atingido pela proibição legal". PAZZAGLINI FILHO, Marino; CATANESE, Andrea Di Fuccio. *Direito de empresa no novo código civil*. São Paulo: Atlas, 2003. p. 30.

Em princípio, as cláusulas de não concorrência são aceitas pelo direito concorrencial, mas desde que atendidos determinados pressupostos. O CADE tem entendido que as cláusulas de não concorrência são válidas, desde que: (i) sejam medidas auxiliares ao negócio principal (acessoriedade); (ii) sirvam de garantia da viabilidade negocial (instrumentalidade); (iii) submetam-se a parâmetros mínimos fixados pelo Conselho, notadamente relacionados aos limites material, territorial e temporal da cláusula.

Nesse sentido, por exemplo, é muito comum que o CADE aprove determinados atos de concentração (fusões, incorporações, aquisições etc.) com restrição específica em relação à abrangência territorial da cláusula de não concorrência, determinando a alteração do contrato para que a referida cláusula seja adaptada aos parâmetros fixados pela jurisprudência do Conselho. A propósito, confiram-se os seguintes julgados:

> *AC 08012.009679/2007-50*
>
> *Relator: Conselheiro Olavo Zago Chinaglia*
>
> *Data do acórdão: 30.10.2009*
>
> *DECISÃO: (...) Aprovação condicionada a adequação de abrangência geográfica da cláusula de não concorrência, em consonância com pareceres da SECRETARIA DE ACOMPANHAMENTO ECONÔMICO – SEAE, SECRETARIA DE DIREITO ECONÔMICO – SDE E PROCURADORIA DO CADE – ProCADE.*
>
> *AC 08012.002397/2008-11*
>
> *Relator: Conselheiro Fernando de Magalhães Furlan*
>
> *Data do acórdão: 16.02.2009*
>
> *DECISÃO: Isto posto, voto pela aprovação da operação condicionada à adequação da dimensão geográfica da cláusula de não concorrência aos estados de Pernambuco e Paraíba, Rio Grande do Norte e Alagoas, nos termos apresentados acima, no prazo de 30 (trinta) dias, adotando como fundamentos, no que couber, os argumentos e conclusões apresentados nos pareceres da SEAE, SDE e ProCADE.*
>
> *AC 08012.008939/2008-51*
>
> *Relator: Conselheiro Fernando de Magalhães Furlan*
>
> *Data do acórdão: 16.03.2009*
>
> *DECISÃO: A cláusula de não concorrência, no que tange à sua extensão geográfica, não se encontra em consonância com entendimentos anteriores do plenário do CADE, que limita os efeitos desse tipo de cláusula à área afetada pela operação. (...) Voto pela aprovação do ato, condicionada à adequação da dimensão geográfica da cláusula de não concorrência à região metropolitana de São Paulo/SP.*
>
> *AC 08012.007166/2008-95*
>
> *Relator: Conselheiro Fernando de Magalhães Furlan*
>
> *Data do acórdão: 16.02.2009*
>
> *DECISÃO: Conforme ressaltado pela Secretaria, referida cláusula se encontra em desacordo com entendimentos recentes do plenário do CADE, no que tange à sua dimensão geográfica, uma vez que abrange uma área maior que a do mercado relevante.*
>
> *AC 08012.005779/2008-98*
>
> *Relator: Conselheiro Olavo Zago Chinaglia*
>
> *Data do acórdão: 15.10.2009*
>
> *DECISÃO: Tanto a SEAE quanto a SDE recomendaram a adequação de tal cláusula à jurisprudência do CADE: prazo de cinco anos e abrangência territorial igual à di-*

mensão geográfica dos mercados relevantes, neste caso, o território nacional. (...) As cláusulas de não concorrência justificam-se quando ancilares ao negócio principal, sendo determinantes para sua concretização possibilitando que as partes usufruam plenamente os bens tangíveis e intangíveis adquiridos. (...) Considero a cláusula de não concorrência desnecessária para a viabilização da presente operação e, considerando a alta concentração do mercado e as escassas possibilidades de entrada de novos concorrentes, prejudicial ao ambiente competitivo ao impedir que pessoas com conhecimento do negócio possam voltar ao mercado, seja através de novos investimentos, seja associando-se como concorrentes já estabelecidos e com menos participação de mercado.

AC 08012.010218/2008-19

Relator: Conselheiro Paulo Furquim de Azevedo

Data do acórdão: 22.05.2009

DECISÃO: Voto pela aprovação da operação condicionada à alteração da cláusula de não concorrência, de modo que seja limitada a todos os trechos rodoviários, até uma extensão de 100 km, adjacentes a cada estabelecimento da rede Frango Assado.

AC 08012.005881/2008-93

Relator: Conselheiro Luis Fernando Rigato Vasconcellos

Data do acórdão: 30.07.2008

DECISÃO: Voto pela imposição de restrições, em conformidade com o parecer da ProCADE, de modo que a cláusula de não concorrência seja alterada para se restringir às regiões Sul e Sudeste do Brasil.

AC 08012.002813/2007-91

Relator: Conselheiro Luis Fernando Rigato Vasconcellos

Data do acórdão: 08.08.2008

DECISÃO: Há cláusula de não concorrência no Contrato de Compra e Venda e Outras Avenças referentes às operações, cuja abrangência geográfica é o território nacional. Tendo em vista que os mercados relevantes envolvidos nas operações têm dimensões geográficas diversas, acompanho o parecer da SEAE no sentido de que a cláusula de não concorrência seja adequada para abranger a área em que o Grupo Ipiranga atuava antes das operações.

AC 08012.004757/2005-68

Relator: Conselheiro Ricardo Villas Bôas Cueva

Data do acórdão: 06.10.2005

DECISÃO: Verifico que no aspecto espacial, a cláusula abrange todo o território nacional, enquanto que, conforme entendimento já consolidado deste Conselho, a cláusula deve se limitar tão somente ao mercado relevante geográfico da operação. Isso porque a cláusula de não concorrência tem o objetivo de proteger o investimento especificamente, fazendo com que o alienante não possa, aproveitando de sua experiência, desviar a clientela "adquirida" pelo comprador naquele mercado, pois esta clientela certamente foi um fator determinante na escolha do investimento. A ampliação pretendida pela adquirente consistiria, mais uma vez, em uma limitação injustificada da concorrência em mercados distintos dos envolvidos na presente operação.

AC 08012.007585/2002-31

Relator: Conselheiro Thompson Almeida Andrade

Data do acórdão: 21.05.2004

DECISÃO: Não se pode olvidar que a cláusula de não concorrência é uma restrição acessória que de forma alguma pode transcender o principal e que deve ater-se aos âmbitos dos respectivos Atos de Concentração, razão pela qual reafirmo que a cláusula de não concorrência in caso deve se ater aos limites dos respectivos mercados relevantes definidos para as presentes operações e aos seus limites geográficos. De fato, não é razoável na perspectiva das provas e análise dos autos que se admita que tal cláusula tenha abrangência nacional. Isso porque se assim admitida não teria caráter acessório que lhe é necessário para garantir as atividades da compradora, passando, então, a ser ato que limita a livre concorrência.

Como se vê, a jurisprudência do CADE se consolidou no sentido de que a simples previsão de cláusula de não concorrência fora dos limites geográficos do mercado relevante deve ser repelida, porque tal cláusula só se justificaria como elemento acessório do contrato que instrumentaliza o ato de concentração. Assim, se a operação se restringe a um mercado relevante geográfico específico, a cláusula, por ser acessória à operação, deveria também se restringir a esse mercado. O mesmo raciocínio, frise-se, vale para a duração temporal da cláusula: se ela, por exemplo, se refere a uma operação que envolve transferência de tecnologia, seu prazo não deveria ser superior ao tempo necessário a essa transferência, segundo o CADE.

A pergunta que se deve fazer é: pode – e deve – o CADE fazer isso? Parece-nos que não.

Quando o CADE resolve intervir nos contratos firmados entre agentes econômicos, determinando a alteração de cláusulas que, na sua visão, restringem a concorrência, está resolvendo uma questão que envolve, supostamente, uma tensão entre os princípios da autonomia da vontade e da livre concorrência.

A autonomia da vontade, conforme veremos no Capítulo 5, é princípio fundamental que preside as relações contratuais, nos termos do art. 421 do Código Civil. Esse princípio assegura às partes a liberdade de contratar (faculdade de realizar ou não realizar um determinado contrato) e a liberdade contratual (faculdade de estabelecer livremente o conteúdo do contrato).

Em contrapartida, a livre concorrência, conforme já estudamos no Capítulo 1, é um princípio constitucional que fundamenta a ordem econômica, nos termos do art. 170 da Constituição Federal. Esse princípio é tão importante que, segundo alguns, assegura ao Estado a possibilidade de intervir nas relações jurídicas privadas para garantir a sua observância, por mais contraditório que isso possa parecer, já que livre concorrência não combina, de maneira alguma, com intervenção estatal.

Pois bem. O debate acerca da validade das cláusulas de não concorrência no direito antitruste envolve um conflito entre o princípio da autonomia da vontade, que garante às partes o direito de pactuar a proibição de que uma delas faça concorrência com a outra por determinado período e em certa área geográfica, e o princípio da livre concorrência, que, à luz do ordenamento jurídico vigente, garante ao Estado, por meio das autoridades competentes, o poder de intervir nas relações contratuais para evitar supostos danos ao ambiente concorrencial.

Diante do exposto, o CADE, à luz do nosso ordenamento jurídico vigente, tem competência e legitimidade para impor condições à aprovação de atos de concentração, interferindo nas relações jurídicas privadas firmadas entre os agentes econômicos que submetem atos de concentração empresarial ao SBDC (Sistema Brasileiro de Defesa da Concorrência). Isso se dá porque nesses casos o ordenamento jurídico determina (contraditoriamente, frise-se) que deve prevalecer o princípio da livre concorrência, pilar fundamental da ordem econômica, em detrimento de outros princípios que regem o mercado.

Pois bem. Considerando-se que o CADE, à luz do ordenamento jurídico vigente, pode – e deve – intervir nos contratos que instrumentalizam atos de concentração empresarial submetidos ao seu julgamento – situação com a qual não concordamos de forma alguma, é bom ressaltar –, resta então saber quando tal intervenção é legítima, segundo a própria legislação antitruste brasileira. E a resposta é: essa intervenção só será legítima quando a operação puder causar danos, efetivos ou potenciais, à livre concorrência. Trata-se de pressuposto à atuação interventiva da autoridade antitruste, já que é justamente a defesa da livre concorrência o interesse institucional que supostamente legitima a limitação da autonomia da vontade das partes.

Ora, ausente a possibilidade de a operação causar danos ao ambiente concorrencial, por que intervir no contrato? Qual o fundamento para a mitigação da liberdade contratual nesse caso? Parece-nos que intervenção da autoridade antitruste nos contratos firmados entre os agentes econômicos, nesse caso, configura uma indevida intromissão do Estado na esfera privada.

As partes requerentes possuem profissionais especializados que as orientam quanto à celebração dos contratos que instrumentalizam atos de concentração empresarial. Assim, com base no cotejo das circunstâncias do caso com a jurisprudência do CADE, pode-se prever, com segurança, que uma determinada operação será aprovada pelo Conselho, em razão da flagrante ausência de preocupações concorrenciais. Nesse caso, as partes podem pactuar livremente as cláusulas contratuais, dentre elas a que disciplina a obrigação de não concorrência do alienante do estabelecimento empresarial. E mais: na legítima expectativa de que a operação será aprovada pela autoridade antitruste, as partes podem ter precificado a obrigação de não concorrência. A determinação posterior de alteração do contrato pode, consequentemente, atingir seriamente a equação econômica do contrato.

Por tudo o que se expôs, pode-se concluir que as cláusulas de não concorrência, do ponto de vista do direito empresarial, são estipulações contratuais legítimas e justificáveis, porque se destinam a proteger o adquirente de estabelecimento empresarial (fundo de comércio) contra um possível desvio de clientela. O Estado não deveria interferir em tais negociações, em respeito à autonomia da vontade que preside os contratos entre empresários.

No entanto, não é isso o que se verifica na prática. O ordenamento jurídico brasileiro criou, infelizmente, um órgão antitruste e dotou tal órgão, mais infelizmente ainda, de competência para intervir nos contratos entre empresários e determinar a alteração de cláusulas de não concorrência, quanto aos seus aspectos material, territorial ou temporal.

O pior é que o CADE tem extrapolado suas atribuições, intervindo em atos de concentração nos quais ele mesmo afirma não existir potencial lesivo à livre concorrência. A reconhecida ausência de preocupações concorrenciais de um determinado ato de concentração não legitima a intervenção do CADE na autonomia de vontade das partes, não sendo possível, nesse caso, mesmo à luz do ordenamento jurídico vigente, que o Conselho condicione a aprovação da operação a uma alteração contratual, como tem feito usualmente nos casos de cláusula de não concorrência.

Finalmente, cumpre destacar que a análise feita no presente tópico, como fizemos questão de demonstrar em diversas passagens, se deu à luz do ordenamento jurídico vigente. O ideal mesmo seria não haver nenhuma regra legal que autorizasse o CADE ou qualquer outro ente estatal a intervir nas relações privadas entre os agentes econômicos. A própria existência de tais órgãos, dotados de tais poderes, é uma afronta ao livre mercado e aos princípios que o norteiam.[68]

7.5. A avaliação (*valuation*) do estabelecimento empresarial e a *due dilligence*

É intuitivo que um contrato de trespasse não configura uma negociação corriqueira, dada a sua complexidade. Não se trata da venda de um simples produto ou serviço, mas da venda de todo o estabelecimento empresarial, razão pela qual as partes geralmente passam por um longo de período de tratativas até que o negócio se concretize.

Esse período de tratativas, prévio à concretização do negócio, é chamado comumente de *due dilligence* (devida diligência), que significa basicamente o procedimento de análise dos documentos, da contabilidade, dos contratos, das informações etc. de um determinado empresário ou sociedade empresária, geralmente com o intuito de aferir o "valor da empresa" (*valuation*).

De todos os métodos existentes para a avaliação do estabelecimento empresarial, o mais usado e que, segundo a doutrina especializada, melhor exprime o real "valor da empresa" é o método do **fluxo de caixa descontado**, o qual é feito da seguinte forma: pegam-se os fluxos de caixa futuros que se esperam do empresário ou sociedade empresária que está sendo avaliado e depois se tenta chegar ao valor presente desses fluxos de caixa, por meio da aplicação de uma taxa de desconto.

7.6. Outras normas acerca do estabelecimento empresarial previstas no Código Civil

Segundo o art. 1.148 do Código Civil, "salvo disposição em contrário, a transferência importa a sub-rogação do adquirente nos contratos estipulados para exploração do estabelecimento, se não tiverem caráter pessoal, podendo os terceiros rescindir o contrato em noventa dias a contar da publicação da transferência, se ocorrer justa causa, ressalvada, neste caso, a responsabilidade do alienante".

Discussão interessante, decorrente da interpretação do dispositivo, é a referente ao **contrato de locação**. Com efeito, entende parte da doutrina – e esse entendimento é até mesmo anterior à vigência do Código Civil – que um exemplo de contrato que se mantém vigente após a realização do trespasse é o contrato de locação.[69] Nesse

---

[68] Para um estudo mais aprofundado sobre o assunto, confira-se: RAMOS, André Luiz Santa Cruz. *Os fundamentos contra o antitruste*. Rio de Janeiro: Forense, 2015.

[69] MELLO FRANCO, Vera Helena de. *Manual de direito comercial*. 2. ed. São Paulo: RT, 2004. p. 136-137. v. 1. A autora defende que determinadas relações jurídicas – contratos de trabalho, de fornecimento e de locação – seguem o

sentido, aliás, dispunha o Enunciado 64 do CJF, aprovado na II Jornada de Direito Civil: "a alienação do estabelecimento empresarial importa, como regra, na manutenção do contrato de locação em que o alienante figurava como locatário". Todavia, o referido enunciado foi cancelado na III Jornada de Direito Civil, realizada no ano seguinte, e substituído pelo Enunciado 234, o qual dispõe: "quando do trespasse do estabelecimento empresarial, o contrato de locação do respectivo ponto não se transmite automaticamente ao adquirente". Mais recentemente, na I Jornada de Direito Comercial, foi aprovado o Enunciado 8, com o seguinte teor: "A sub-rogação do adquirente nos contratos de exploração atinentes ao estabelecimento adquirido, desde que não possuam caráter pessoal, é a regra geral, incluindo o contrato de locação".

A matéria, como se pode perceber, é deveras polêmica. Na minha opinião, pela legislação brasileira (art. 13 da Lei 8.245/1991), o contrato de locação tem caráter pessoal (*intuitu personae*). Portanto, na interpretação do art. 1.148 do Código Civil, deve-se entender **necessária a concordância prévia do locador do imóvel** onde se situa o ponto de negócio para que o adquirente do estabelecimento suceda o alienante como locatário.[70]

Outros **contratos, como o de prestação de serviços específicos, também não se transmitem automaticamente** ao adquirente do estabelecimento empresarial trespassado, uma vez que possuem caráter pessoal no seu cumprimento, razão pela qual não se submetem à regra geral de sub-rogação prevista no início do caput do art. 1.148 do Código Civil. O mesmo ocorre, também, com um contrato que se mantinha com um advogado ou escritório de advocacia.

O art. 1.149 do Código Civil, por sua vez, prevê que "a cessão dos créditos referentes ao estabelecimento transferido produzirá efeito em relação aos respectivos devedores, desde o momento da publicação da transferência, mas o devedor ficará exonerado se de boa-fé pagar ao cedente".

> Dentre os bens materiais integrantes do estabelecimento comercial, a transferência implica também a cessão de todos os créditos contabilizados no ativo da empresa. A partir da publicação do ato de arquivamento de transferência na Junta Comercial, ocorrerá a produção dos efeitos jurídicos com relação aos créditos do estabelecimento perante terceiros, cabendo aos devedores da empresa, a partir desse momento, efetuar os pagamentos das dívidas vencidas e vincendas perante o adquirente, que se equipara ao cessionário dos créditos. Se o devedor, de boa-fé, pagar a dívida ao alienante do estabelecimento, ficará exonerado da obrigação, cabendo, então, ao adquirente proceder à cobrança contra o cedente.[71]

Vê-se, pois, que, da mesma forma que o adquirente assume as dívidas contabilizadas do alienante (art. 1.146), ele assume também todo o ativo contabilizado. Sendo assim, efetuada a transferência, a partir do registro no órgão competente,

---

próprio destino do estabelecimento, em função da conexão econômica intrínseca que possuem com o fundo de comércio. Nesses casos, ocorreria o que a professora da USP chama de fenômeno da acessoriedade legal, e os contratos seguiriam o destino do estabelecimento.

70 Nesse sentido: "para que o ponto comercial locado possa integrar o estabelecimento, para efeito de sua negociação unitária, apresenta-se indispensável a concordância prévia e escrita do senhorio do imóvel". FÉRES, Marcelo Andrade. Efeitos do trespasse do estabelecimento sobre o contrato de locação do respectivo ponto empresarial. *Repertório de Jurisprudência IOB*, v. III, n.º 24, p. 725, dez. 2004.

71 FIÚZA, Ricardo. *Novo Código Civil comentado.* São Paulo: Saraiva, 2003. p. 1.027.

conforme determinado pelo art. 1.044 do Código Civil, **cabe aos devedores pagar ao adquirente do estabelecimento.** Caso, entretanto, esses devedores paguem, de boa-fé, ao antigo titular do estabelecimento – ou seja, ao alienante –, ficarão livres de responsabilidade pela dívida, cabendo ao adquirente, nesse caso, cobrar do alienante, que recebeu os valores de forma indevida, uma vez que já havia transferido seus créditos quando da efetivação do trespasse.

7.7. Proteção ao ponto de negócio (locação empresarial)

Um dos principais elementos do estabelecimento empresarial é o chamado ponto de negócio, local em que o empresário exerce sua atividade e se encontra com a sua clientela. Nos dias atuais, não se deve entender o ponto de negócio apenas como local *físico*, em função da proliferação dos negócios via internet. Assim, o ponto pode ter existência física ou virtual. Este seria o *site*, ou seja, o endereço eletrônico por meio do qual os clientes encontram o empresário. Em suma: o *site* de determinado empresário individual ou sociedade empresária é o seu *ponto empresarial virtual* ou *ponto de negócio virtual*.

Sendo o **ponto de negócio**, como dissemos anteriormente, **um dos mais relevantes elementos do estabelecimento empresarial**, senão o mais relevante, o ordenamento jurídico lhe confere uma proteção especial, que se manifesta, sobretudo, quando o ponto é alugado.

Essa proteção especial conferida ao ponto de negócio pelo arcabouço jurídico-comercial é caracterizada, basicamente, pela possibilidade de o empresário locatário permanecer no imóvel locado mesmo contra a vontade do locador. Isso ocorre porque, conforme veremos a seguir, a lei confere ao empresário locatário, quando preenchidos certos requisitos, o **direito à renovação compulsória do contrato de aluguel.**

Antes de descermos a detalhes acerca das disposições legais pertinentes ao tema, cumpre-nos destacar as razões que levaram o legislador a conferir essa prerrogativa ao empresário. Ora, quando o empresário se estabelece num ponto alugado e permanece naquele local um determinado tempo, ele faz investimentos para ganhar o respeito dos consumidores, passar a ser conhecido e a adquirir, consequentemente, uma clientela fiel. Por essa razão, o regime jurídico-empresarial reconhece a esse empresário o chamado ***direito de inerência ao ponto***, consubstanciado na prerrogativa de permanecer naquele local mesmo na hipótese de o locador não pretender mais a renovação do contrato locatício.

> O *ponto* – também chamado de "propriedade comercial" – é o local em que o empresário se estabelece. É um dos fatores decisivos para o sucesso do seu empreendimento. Por essa razão, o interesse voltado à permanência no ponto é prestigiado pelo direito. Não apenas porque a mudança do estabelecimento empresarial costuma trazer transtornos, despesas, suspensão da atividade, perda de tempo, mas principalmente porque pode acarretar prejuízos ou redução de faturamento em função da nova localização, o empresário tem interesse em manter o seu negócio no local em que se encontra. Claro que, por vezes, a mudança pode se revelar um fator de crescimento da atividade econômica explorada, mas isto cabe ao empresário dimensionar. Se ele considera mais útil ao seu negócio

> permanecer no local em que se encontra estabelecido, este seu interesse é legítimo e goza de tutela jurídica. Proponho denominar-se *direito de inerência ao ponto* o interesse, juridicamente protegido, do empresário relativo à permanência de sua atividade no local onde se encontra estabelecido.[72]

A lei a que nos referimos anteriormente, a qual garante esse direito de inerência ao empresário locatário, é a Lei 8.245/1991, que, na seção III do capítulo II do Título I, cuida da chamada locação não residencial (*rectius*, locação empresarial).

Segundo o disposto no art. 51 da referida lei, "nas locações de imóveis destinados ao comércio, o locatário terá direito a renovação do contrato, por igual prazo, desde que, cumulativamente: I – o contrato a renovar tenha sido celebrado por escrito e com prazo determinado; II – o prazo mínimo do contrato a renovar ou a soma dos prazos ininterruptos dos contratos escritos seja de cinco anos; III – o locatário esteja explorando seu comércio, no mesmo ramo, pelo prazo mínimo e ininterrupto de três anos".

Vê-se, pois, que a tutela especial que o ordenamento jurídico confere ao empresário locatário, consistente na possibilidade de requerer por meio de ação própria – a **ação renovatória** – a renovação compulsória do contrato de locação, só deve ser assegurada ao empresário que realmente tenha agregado valor ao local onde exerce suas atividades, transformando-o em fator atrativo da clientela.

Preenchendo, pois, os **requisitos** ***formal*** (contrato escrito e por prazo determinado), ***temporal*** (mínimo de cinco anos de relação contratual contínua) e ***material*** (mínimo de três anos na exploração de atividade no mesmo ramo) supramencionados, o empresário locatário passa a ter o já mencionado direito de inerência ao ponto, que poderá ser defendido em juízo por meio de uma ação renovatória do contrato de aluguel.[73]

Quanto ao **requisito temporal**, destaque-se que o período contratual de 5 (cinco) anos exigido pela legislação não precisa, necessariamente, ter sido obtido por meio de um único contrato, podendo ser alcançado também pela soma dos prazos de vários contratos escritos, desde que a relação contratual não tenha sofrido interrupção. Quanto a esse assunto, vale ressaltar ainda que a lei estende a proteção do ponto ao cessionário ou sucessor da locação (art. 51, § 1.º, da Lei 8.245/1991). Sobre o tema, estabelece o Enunciado 482 da súmula de jurisprudência dominante do STF que "o locatário, que não for sucessor ou cessionário do que o precedeu na locação, não pode somar os prazos concedidos a este, para pedir a renovação do contrato, nos termos do Dec. 24.150 [diploma legislativo aplicável na época da aprovação do enunciado sumular]".

A propositura da referida ação renovatória, segundo o disposto no art. 51, § 5.º, da Lei 8.245/1991, deve ser feita "no interregno de um ano, no máximo, até

---

[72] COELHO, Fábio Ulhoa. *Curso de direito comercial*. 7. ed. São Paulo: Saraiva, 2003. p. 102-103. v. 1.

[73] O STJ já decidiu que "o cabimento da ação renovatória não está adstrito ao imóvel para onde converge a clientela, mas se irradia para todos os imóveis locados com o fim de promover o pleno desenvolvimento da atividade empresarial, porque, ao fim e ao cabo, contribuem para a manutenção ou crescimento da clientela". No caso concreto, entendeu-se que "a 'estação rádio-base' (ERB) instalada em imóvel locado caracteriza fundo de comércio de empresa de telefonia móvel celular, a conferir-lhe o interesse processual no manejo de ação renovatória fundada no art. 51 da Lei 8.245/1991" (REsp 1.790.074-SP).

seis meses, no mínimo, anteriores à data da finalização do prazo do contrato em vigor". Dizendo de outra forma, **a ação renovatória deve ser ajuizada nos 6 (seis) primeiros meses do último ano do contrato de aluguel.**

Sendo assim, faltando um ano para o término do contrato, deve o empresário locatário, se pretender permanecer no ponto, procurar o locador para iniciar as tratativas acerca da renovação da relação contratual. Caso o locador demonstre o interesse de retomar o ponto, não renovando o contrato, cabe ao locatário tomar as providências necessárias ao ajuizamento da ação renovatória, sob pena de ver decair o seu o direito à renovação compulsória da relação locatícia.

Segundo o art. 71 da Lei 8.245/1991, o autor da ação renovatória deve, além de preencher os requisitos do art. 319 do novo CPC, instruir sua petição inicial com: "I – prova do preenchimento dos requisitos dos incisos I, II e III do art. 51; II – prova do exato cumprimento do contrato em curso; III – prova da quitação dos impostos e taxas que incidiram sobre o imóvel e cujo pagamento lhe incumbia; IV – indicação clara e precisa das condições oferecidas para a renovação da locação; V – indicação do fiador quando houver no contrato a renovar e, quando não for o mesmo, com indicação do nome ou denominação completa, número de sua inscrição no Ministério da Fazenda, endereço e, tratando-se de pessoa natural, a nacionalidade, o estado civil, a profissão e o número da carteira de identidade, comprovando, desde logo, mesmo que não haja alteração do fiador, a atual idoneidade financeira [redação alterada pela Lei 12.112/2009]; VI – prova de que o fiador do contrato ou o que o substituir na renovação aceita os encargos da fiança, autorizado por seu cônjuge, se casado for; VII – prova, quando for o caso, de ser cessionário ou sucessor, em virtude de título oponível ao proprietário".

Com a propositura da ação renovatória, o locatário buscará obter provimento judicial que determine a renovação compulsória do contrato de aluguel, como já afirmamos. O Superior Tribunal de Justiça já decidiu que a renovação deve ser feita pelo mesmo prazo do último contrato e que o prazo máximo de renovação é de cinco anos:

> *Contrato de aluguel. Imóvel comercial. Renovatória. Prazo.* ***A Turma entendeu que o prazo do novo contrato, prorrogado por força de ação renovatória, deve ser fixado no mesmo período do ajuste anterior,*** *observado, necessariamente, o prazo máximo de cinco anos (art. 51, Lei 8.245/1991). A soma dos prazos dos últimos contratos ininterruptos, perfazendo um somatório de cinco anos, só configura pressuposto legal para a propositura da renovatória. Precedente citado: REsp 195.971-MG, DJ 12/4/1999 (REsp 182.713-RJ, Rel. Min. Hamilton Carvalhido, j. 17.08.1999,* Informativo *28/1999).*
>
> *Locação comercial. Ação renovatória. Soma de mais de dois contratos ininterruptos. Prazo da prorrogação. Período referente ao último contrato. 1. Tratando-se de soma de dois ou mais contratos ininterruptos, o prazo a ser fixado na renovatória deve ser o mesmo do último contrato em vigor, observado o limite máximo de cinco anos. 2. No caso, tendo sido o último pacto estabelecido por dois anos, por esse período deve ser prorrogada a locação na renovatória. 3. Recurso especial do qual, pelo dissídio, se conheceu em parte e ao qual se deu provimento nesse ponto (REsp 693.729/MG, Rel. Min. Nilson Naves, 6.ª Turma, j. 22.08.2006, DJ 23.10.2006, p. 359).*
>
> *Ação renovatória. Prazo do contrato. Lei 8.245/91. O prazo da locação prorrogada por força de ação renovatória, nos termos do art. 51, da Lei 8.245/91, deve ser igual ao do ajuste anterior, observado o limite máximo de 5 anos. Recurso conhecido e*

provido (REsp 267.129/RJ, Rel. Min. José Arnaldo da Fonseca, 5.ª Turma, j. 05.10.2000, DJ 06.11.2000, p. 222).

Processual civil. Locação. Ação renovatória. Prazo de renovação. Limite máximo. Cinco anos. Art. 51 da Lei 8.245/91. 1 – Na ação renovatória, embora o locatário tenha direito de renovar o contrato pelo mesmo prazo do ajuste anterior, deve ser observado o limite máximo de cinco anos, em conformidade com o disposto no art. 51 da Lei 8.245/91. 2 – Recurso especial conhecido e provido (REsp 202.180/RJ, Rel. Min. Gilson Dipp, 5.ª Turma, j. 26.10.1999, DJ 22.11.1999, p. 181).

Agravo regimental. Recurso especial. Locação. Ação renovatória. Prazo máximo da renovação do contrato. Cinco anos. 1. Esta Corte, interpretando o disposto no art. 51 da Lei n.º 8.245/1991, firmou entendimento de que o prazo máximo de prorrogação do contrato locativo estabelecido em ação renovatória é de cinco anos. 2. Agravo regimental a que se nega provimento (AgRg nos EDcl no REsp 962.945/MG, Rel. Min. Paulo Gallotti, 6.ª Turma, j. 18.11.2008, DJe 09.12.2008).

Civil. Agravo regimental no agravo em recurso especial. Locação. Ação renovatória de locação comercial. Pretensão do locador de ver somado ao prazo do contrato original o do aditamento. Impossibilidade. Agravo regimental não provido. 1. O prazo máximo da renovação contratual será de 5 anos, ainda que a vigência da avença locatícia, considerada em sua totalidade, supere esse período, nos termos da jurisprudência desta Corte. 2. Agravo regimental não provido (AgRg no AREsp 633.632/SP, Rel. Min. Moura Ribeiro, Terceira Turma, j. 28.04.2015, DJe 12.05.2015).

Mas esse direito à renovação compulsória do contrato é absoluto? Parecenos que não. Com efeito, o direito de inerência do locatário está previsto em legislação ordinária (Lei 8.245/1991), e se choca frontalmente com o direito de propriedade do locador, o qual é protegido constitucionalmente (art. 5.º, inciso XXII, da CF/1988). Por essa razão, não se pode admitir que o direito de inerência do locatário aniquile totalmente o direito de propriedade do locador. Fosse assim, a legislação infraconstitucional em enfoque incorreria, irremediavelmente, em vício de inconstitucionalidade.

Sendo assim, a própria Lei 8.245/1991 estabelece alguns casos em que o locatário, mesmo tendo preenchido os requisitos que lhe asseguram, em tese, o direito de inerência ao ponto, não terá assegurado o direito à renovação do contrato de aluguel. Nesses casos, previstos expressamente na lei,[74] o locador poderá retomar o imóvel locado, uma vez que o seu direito de propriedade prevalecerá sobre o direito do locatário de permanecer no local.

Essas **hipóteses legais que autorizam a retomada do imóvel pelo locador**, mesmo quando preenchidos os requisitos ao reconhecimento do direito de inerência do locatário, estão previstas nos arts. 52 e 72 da Lei 8.245/1991. Na ocorrência de uma delas, o locador vai poder fazer uso da chamada exceção de retomada.[75] São cinco, ao

[74] "Alguns doutrinadores entendem que o rol acima [referem-se ao rol de situações em que a lei assegura ao locador a exceção de retomada do imóvel] *é apenas exemplificativo, na medida em que o seu direito de* propriedade deve ser sempre privilegiado, prevalecendo sobre os interesses do locatário, porém, qualquer que seja a razão pela qual o locador não deseja renovar o contrato, ela terá de ser provada ao juiz na ação renovatória". GONÇALVES, Maria Gabriela V. P. Rios; GONÇALVES, Vítor Eduardo Rios. *Direito comercial*: direito de empresa e sociedade empresárias. São Paulo: Saraiva, 2005. p. 47. v. 21.

[75] "A exceção de retomada goza de presunção de sinceridade: presume-se que o fundamento alegado para a retomada é verdadeiro, cabendo ao locatário, se quiser impugná-lo, demonstrar e/ou provar sua insinceridade." (MAMEDE, Gladston. *Manual de direito empresarial.* São Paulo: Atlas, 2005. p. 251).

todo, os casos previstos na lei. Se o locador tiver razão, e a ação for julgada improcedente, o juiz determinará a desocupação do imóvel, nos termos da lei. A propósito, confira-se a seguinte decisão do STJ:

> *Direito civil. Processual civil. Recurso especial. Locação. Ação renovatória julgada improcedente. Prazo para devolução do imóvel. Fixação. Sentença extra petita. Não ocorrência. Pedido implícito na contestação. Requisitos da renovatória. Aferição. Impossibilidade. Súmula 7/STJ. Dilação probatória. Impossibilidade. Dissídio jurisprudencial. Não ocorrência. Ausência de similitude fática entre os acórdãos confrontados. Recurso especial conhecido e improvido.* ***1. Julgada improcedente a ação renovatória, havendo na contestação pedido do locador, deverá o juiz fixar o prazo de até seis meses para a desocupação do imóvel, contados a partir do trânsito em julgado da respectiva sentença. Inteligência dos arts. 52, 72, IV, II, e 74 da Lei 8.245/91.*** *2. O pedido pode estar expresso na inicial ou ser extraído de seus termos por interpretação lógico-sistemática. Assim, não há como considerar extra petita a decisão que, julgando improcedente o pedido formulado na ação renovatória, fixa prazo para devolução do imóvel locado, se da contestação consta tal pedido, ainda que formulado de forma genérica. (...) (REsp 996.621/BA, Rel. Min. Arnaldo Esteves Lima, 5.ª Turma, j. 18.11.2008, DJe 09.12.2008).*

A **primeira hipótese** (art. 72, inciso II) é a de o locatário fazer uma proposta insuficiente para a renovação do contrato de aluguel. Esta insuficiência é aferida em função do valor locativo real do imóvel. Assim, se o locatário, mesmo preenchendo os requisitos do art. 52 da lei, fizer uma nova proposta de aluguel abaixo do valor locativo do bem, o locador não será obrigado a renovar o contrato. Ressalte-se, porém, que "o locador deverá apresentar, em contraproposta, as condições de locação que repute compatíveis com o valor locativo real e atual do imóvel" (art. 72, § 1.º, da Lei 8.245/1991). A propósito, o STJ já decidiu o seguinte:

> *3. A Quinta Turma do Superior Tribunal de Justiça firmou a compreensão segundo a qual não poderá o magistrado apoiar-se em resultado pericial para arbitrar aluguel superior (na ação de majoração, proposta pelo locador) ou inferior (na ação de redução, proposta pelo locatário) àquele pretendido pela parte e explicitamente indicado em sua petição inicial, sob pena de prolatar sentença ultra petita. Precedentes. (...) (REsp 767.300/MG, Rel. Min. Arnaldo Esteves Lima, 5.ª Turma, j. 15.03.2007, DJ 23.04.2007, p. 296).*

Ressalte-se, ademais, que o Superior Tribunal de Justiça já decidiu que na aferição do valor do novo aluguel deverão ser consideradas eventuais benfeitorias realizadas no imóvel pelo próprio locatário, pois incorporadas ao domínio do locador proprietário, não se vislumbrando enriquecimento indevido.

> *Civil e comercial. Ação renovatória. Benfeitorias efetuadas pelo locatário. Inclusão na base de cálculo para a fixação do aluguel. Admissibilidade. 1. Eventuais benfeitorias realizadas pelo locatário devem ser levadas em conta, na fixação do valor do aluguel, por ocasião da ação renovatória, porquanto esses acessórios se incorporam ao domínio do locador, proprietário do bem, não havendo, pois, se falar em enriquecimento ilícito. Precedentes desta Corte. 2. Embargos de divergência rejeitados (EREsp 172.791/PR, Rel. Min. Fernando Gonçalves, 3.ª Seção, j. 13.09.2000, DJ 09.10.2000, p. 121).*

A **segunda hipótese** (art. 72, inciso III, da Lei 8.245/1991) é a de o locador possuir uma proposta de aluguel feita por um terceiro, em melhores condições que a proposta do locatário. Nesse caso, "o locador deverá juntar prova documental da proposta do terceiro, subscrita por este e por duas testemunhas, com clara indicação do ramo a ser explorado, que não poderá ser o mesmo do locatário", podendo o locatário, "em réplica, aceitar tais condições para obter a renovação pretendida" (art. 72, § 2.º). Ressalte-se que nessa situação, todavia, embora possa retomar o imóvel, o locador deverá indenizar o locatário pela perda do ponto, conforme disposição contida no art. 52, § 3.º, da Lei 8.245/1991. Essa indenização será arbitrada pelo juiz para ressarcir os prejuízos e os lucros cessantes que o locatário tiver que arcar com mudança, perda do lugar e desvalorização do estabelecimento empresarial.

A **terceira hipótese** (art. 52, inciso I) é a de o locador precisar fazer uma reforma substancial no imóvel locado, seja "por determinação do Poder Público" ou "para fazer modificações de tal natureza que aumente o valor do negócio ou da propriedade". O locador, na contestação, "deverá trazer prova da determinação do Poder Público ou relatório pormenorizado das obras a serem realizadas e da estimativa de valorização que sofrerá o imóvel, assinado por engenheiro devidamente habilitado" (art. 72, § 3.º).

A **quarta hipótese** (art. 52, inciso II, primeira parte) é a de o locador necessitar do imóvel para uso próprio, e a quinta hipótese (art. 52, inciso II, parte final) é a de ele precisar do imóvel para transferência de estabelecimento empresarial existente há mais de um ano cuja maioria do capital seja de sua titularidade ou de seu cônjuge, ascendente ou descendente.

Nestas duas últimas hipóteses, retomado o imóvel, este "não poderá ser destinado ao uso do mesmo ramo do locatário", salvo se se tratava de locação-gerência, ou seja, aquela em que o aluguel também envolvia o próprio estabelecimento empresarial, com as instalações e pertences necessários ao exercício da atividade (art. 52, § 1.º, da Lei 8.245/1991). Alguns autores, notadamente Fábio Ulhoa Coelho, sustentam que essa restrição imposta pela norma supramencionada é inconstitucional, por estabelecer uma limitação desarrazoada ao direito de propriedade do locador. Segundo o autor, a retomada do imóvel para uso próprio imóvel não deveria sofrer nenhuma limitação. Em contrapartida, caso o locador queira se estabelecer no mesmo ramo de atividade em que o locatário atuava, deverá indenizá-lo pela perda do ponto.

> (...) deve-se entender de modo absoluto e ilimitado a prerrogativa do locador de impedir a renovação compulsória do contrato de locação, sob a alegação e uso próprio. Quer dizer, o locador pode manifestar oposição à renovatória, por pretender usar o bem diretamente, para quaisquer finalidades. Isto abrange desde a hipótese de moradia do locador e sua família, até a de exploração de atividade econômica idêntica à do locatário.
>
> É inconstitucional, portanto, a *limitação* do art. 52, § 1.º, da LL, à alegação de uso próprio como fator impeditivo da renovação do contrato de locação. Pode, dessa forma, o locador arguir, na contestação à ação renovatória, o seu interesse em retomar o bem, para nele explorar igual ramo de atividade do locatário. Claro está, por outro lado, que é devida, na hipótese, a indenização em favor do locatário, pela perda do ponto, sempre que tiver sido ele o responsável pela organização do estabelecimento empresarial naquele lugar.[76]

[76] COELHO, Fábio Ulhoa. *Curso de direito comercial*. 7. ed. São Paulo: Saraiva, 2003. p. 108-109. v. 1.

Por fim, cumpre ressaltar que a lei determina que, nas últimas três hipóteses (reforma substancial, uso próprio ou transferência de estabelecimento empresarial), o locador tem um prazo de 03 (três) meses (salvo caso fortuito ou força maior), contados a partir da entrega do imóvel, para dar a este o destino alegado ou iniciar as obras determinadas pelo Poder Público ou que declarou pretender realizar, sob pena de ter que **indenizar o locatário pelos prejuízos e lucros cessantes** que tiver que arcar com mudança, perda do lugar e desvalorização do estabelecimento empresarial (art. 52, § 3.º, da Lei 8.245/1991).

O STJ também entende que o locatário tem direito à indenização se o locador der ao bem destinação diversa daquela declarada na ação renovatória. Confira-se:

> *Recurso especial. Locação. Retomada deferida em renovatória. Desvio de uso. Indenização. Possibilidade. Art. 52, § 1.º, da Lei 8.245/91. Transferência do fundo de comércio juntamente com a locação. Prequestionamento. Ausência. Súmulas 282 e 356/STF. Reexame de matéria fático-probatória. Impossibilidade. Súmula 7/STJ. Recurso especial conhecido e improvido. 1.* ***É firme a jurisprudência do Superior Tribunal de Justiça no sentido de que, nos termos do art. 52, § 3.º, da Lei 8.245/91, é assegurado ao locatário o direito de ressarcimento por eventuais danos causados pelo locador que, utilizando-se indevidamente da prerrogativa legal insculpida no art. 52, II, da Lei do Inquilinato, empregando-a como subterfúgio especulativo, confere ao imóvel destinação diversa daquela declarada na ação renovatória.*** *(...) (REsp 594.637/SP, Rel. Min. Arnaldo Esteves Lima, 5.ª Turma, j. 09.05.2006,* DJ *29.05.2006, p. 286).*

7.7.1. Shopping center

No atual estágio de desenvolvimento da economia, é cada vez mais comum a criação de prédios construídos com a finalidade específica de abrigar diversos empreendimentos. Trata-se dos conhecidos *shopping centers,* construções modernas que oferecem, por meio de locação, espaços autônomos a empresários interessados em explorar, naqueles locais, algum tipo de atividade econômica.

Em suma, "o shopping center é um empreendimento peculiar, em que espaços comerciais são alugados para empresários com determinados perfis, de forma que o complexo possa atender diversas necessidades dos consumidores".[77] Em outras palavras, o *shopping center* (ou *mall*) "é, portanto, um estabelecimento empresarial voltado para a constituição de estabelecimentos empresariais, atraindo-os com a promessa de atrair consumidores".[78]

A doutrina diverge acerca da **natureza jurídica do contrato de shopping center**, dadas as suas peculiaridades. Entendemos que se trata de contrato de locação *sui generis*. Com efeito, não obstante o contrato de *shopping center* apresentar algumas características singulares, estas não são suficientes para retirar-lhe a natureza locatícia, tanto que a Lei de Locações (Lei 8.245/1991) disciplina o referido contrato, determinando, em seu art. 54, que "nas relações entre lojistas e empreendedores de

[77] COELHO, Fábio Ulhoa. *Curso de direito comercial*. 7. ed. São Paulo: Saraiva, 2003. p. 115. v. 1.

[78] MAMEDE, Gladston. *Manual de direito empresarial*. São Paulo: Atlas, 2005. p. 252.

shopping center, prevalecerão as condições livremente pactuadas nos contratos de locação respectivos e as disposições procedimentais previstas nesta Lei". Todavia, o entendimento majoritário parece ser o de que se trata de contrato atípico misto.[79] Aliás, essa natureza atípica mista foi expressamente identificada pelo Superior Tribunal de Justiça, no julgamento do Recurso Especial 178.908, em cuja ementa afirma-se que "os contratos de locação de espaços em shopping center são contratos atípicos, ensejando locação de bens e serviços". Segundo a relatora, Ministra Eliana Calmon: "neste contrato atípico, falsamente chamado de contrato de locação, o traço marcante é a forma de remuneração, o chamado aluguel percentual, pois em vez de pagar quantia fixa, o lojista entrega parte do valor do seu faturamento (...). O aspecto mais interessante do *shopping center* e que o distingue como contrato atípico, é o propósito principal: relação associativa entre empreendedor e lojistas, que põem em prática um plano estratégico que mistura produtos e serviços, com vista a um fim comum: rentabilidade pela venda de mercadorias, da qual participam ambos".

> *Tributário.* Shopping center. *Faturamento mensal. COFINS: não incidência. 1. O fato gerador da COFINS é o faturamento mensal pela venda de mercadorias, de mercadorias e serviços e serviços de qualquer natureza. 2. O resultado econômico pela locação de coisas ou de bens escapa à incidência da contribuição questionada (LC 70/1991, art. 2.º).* ***3. Os contratos de locação de espaços em shopping center são contratos atípicos, ensejando locação de bens e serviços.*** *4. Recurso especial provido (REsp 178.908/CE, Rel. Min. Eliana Calmon, 2.ª Turma, j. 12.09.2000,* DJ *11.12.2000 p. 187).*

Sobre o contrato de *shopping center*, foi aprovado o Enunciado 30 na I Jornada de Direito Comercial do CJF: "Nos contratos de *shopping center*, a cláusula de fiscalização das contas do lojista é justificada desde que as medidas fiscalizatórias não causem embaraços à atividade do lojista". Essas cláusulas são muito comuns nos contratos de *shopping center*, sobretudo quando o aluguel é contratado em percentual do faturamento do lojista.

Por fim, destaque-se que a legislação **admite a propositura de ação renovatória** nos contratos de locação de espaços em *shopping centers*. Nesse caso, previu a lei que não cabe alegar, para a retomada do imóvel, a necessidade do bem para uso próprio, nem para transferência de estabelecimento empresarial existente há mais de um ano cuja maioria do capital seja de sua titularidade ou de seu cônjuge, ascendente ou descendente (art. 52, § 2.º, da Lei 8.245/1991).

7.7.1.1. A problemática sobre as cláusulas de raio nos contratos de shopping center

A *cláusula de raio* é comumente utilizada nos contratos de *shopping center*. Analisada sob a ótica do direito privado, em demandas entre lojistas e os respectivos *shopping centers*, os tribunais brasileiros já admitiram sua validade.

---

[79] Sobre o assunto, confira-se: FÉRES, Marcelo Andrade. Locação em *shopping center* no direito brasileiro. *Repertório de Jurisprudência IOB*, v. III, n.º 24, p. 661-652, dez. 2002.

> *Apelação. Ação renovatória. Locação entre shopping center e lojista. Cláusula proibindo o locatário de também se instalar em shopping concorrente durante a vigência do negócio. Validade, em tese, da disposição contratual, denominada cláusula de raio. Relação peculiar oriunda do contrato celebrado entre shopping centers e lojistas, caracterizando, não uma mera locação, mas parceria de negócios entre empreendedor e lojistas. Ampla liberdade para a celebração de contratos do gênero, nos termos do art. 54 da Lei 8.245/91. (...) (TJSP, Apelação com Revisão 816.681-0/4, Rel. Des. Ricardo Pessoa de Mello Belli, j. 18.10.2005, DJ 25.10.2005).*

No entanto, o CADE, ao analisar o tema sob a ótica do direito concorrencial, entendeu que em alguns casos ela viola o princípio da livre concorrência e pode configurar, pois, prática anticompetitiva.

> *Processo administrativo. Imposição de cláusula de raio aos lojistas nos contratos de locação comercial do Shopping Center Iguatemi. Irrazoabilidade. Conduta tendente ao fechamento do mercado relevante de shopping centers de alto padrão, configurando infração à ordem econômica, nos termos do art. 21, IV e V, c/c art. 20, I, da Lei 8.884/94. (...) (CADE, PA 08012.006636/1997-43, Rel. Cons. Luís Fernando Rigatto Vasconcelos, j. 04.09.2007).*

Não podemos concordar com esse entendimento do CADE. Conforme veremos no capítulo sobre *contratos empresariais*, nestas relações a autonomia da vontade das partes deve prevalecer, evitando-se ao máximo a intervenção estatal. A propósito, foi esse o entendimento manifestado pela Quarta Turma do STJ em 2016, em julgamento no qual se considerou lícita a inserção de cláusula de raio em contratos de locação em *shopping centers*:

> *Recursos especiais dos demandados. Ação declaratória de inexigibilidade contratual ajuizada por sindicato de lojistas objetivando o afastamento da cláusula de raio utilizada na locação de espaços em* shopping center. *Tribunal* a quo *que considerou abusiva a prática por violação à livre concorrência e iniciativa privada, modificação unilateral do perímetro de abrangência da limitação territorial e prejuízo ao consumidor. Irresignação das rés. Hipótese: Controvérsia acerca da ilegalidade/abusividade de "cláusula de raio" inserta em Escritura Declaratória de Normas Gerais Complementares regedoras das locações e outras avenças dos espaços comerciais situados no Shopping Center Iguatemi Porto Alegre. Estatuto disciplinador da circulação interna, do funcionamento do estabelecimento, da natureza e finalidade das atividades comerciais/empresariais, não se imiscuindo nos contratos locativos de outro modo que não para nortear a observância dos limites imprescindíveis ao pleno êxito do empreendimento. (...)* ***6. Na hipótese, a "cláusula de raio" inserta em contratos de locação de espaço em shopping center ou normas gerais do empreendimento não é abusiva, pois o shopping center constitui uma estrutura comercial híbrida e peculiar e as diversas cláusulas extravagantes insertas nos ajustes locatícios servem para justificar e garantir o fim econômico do empreendimento. 7. O controle judicial sobre eventuais cláusulas abusivas em contratos de cunho empresarial é restrito, face a concretude do princípio da autonomia privada e, ainda, em decorrência de prevalência da livre-iniciativa, do pacta sunt servanda, da função social da empresa e da livre concorrência de mercado.*** *8. Inaplicabilidade do diploma consumerista à espécie, pois não se vislumbra o alegado prejuízo genérico aos consumidores delineado pelo Tribunal* a quo, *uma vez que o simples fato de não encontrar em todos os* shopping centers *que frequenta determinadas lojas não implica em efetivo prejuízo, pois a instalação dos lojistas em tais ou quais empreendimentos depende, categorica-*

mente, de inúmeros fatores sociais, econômicos. 9. Inviável a imposição de limitações aos ajustes quando consideradas situações hipotéticas e genéricas envolvendo lojistas (de forma ampla) e empreendedor, com caracterização em abstrato da abusividade face o alegado abuso de posição dominante para prejudicar concorrência potencial, sendo imprescindível a análise da alegada abusividade considerado um específico e pontual caso concreto, o que não ocorre no presente caso. 10. Os ajustes locatícios, notadamente aqueles firmados para locação de espaço em shopping center, não constituem mero contratos de adesão, pois são de livre estipulação/comutativo entre os contratantes, sem a preponderância de um sobre outro, onde tanto locador como locatário estão livres para pactuarem as cláusulas contratuais que melhor assistam às suas necessidades. 11. A aventada modificação unilateral das normas gerais complementares do empreendimento de 2.000 (dois mil) para 3.000 (três mil) metros de raio, desde que não tenha sido imposta unilateralmente para os contratos de locação em curso quando da modificação estatutária, não apresenta qualquer ilegalidade, pois, o dono do negócio pode impor limitações e condições para o uso de sua propriedade por terceiros. 12. A conquista de mercado resultante de processo natural fundado na maior eficiência de agente econômico em relação a seus competidores não caracteriza qualquer ilícito, visto que prevista como excludente, nos exatos termos do estabelecido no § 1.º do artigo 36 da Lei 12.529/11. 13. Recursos especiais parcialmente providos para julgar improcedente a demanda (REsp 1.535.727/RS, Rel. Min. Marco Buzzi, Quarta Turma, j. 10.05.2016, DJe 20.06.2016).

7.8. Aviamento e clientela

Aviamento é expressão que significa, em síntese, a aptidão que um determinado *estabelecimento* possui para gerar lucros ao exercente da *empresa*. Embora não se confunda com a clientela, está a ela intrinsecamente relacionado. Trata-se, enfim, de uma ***qualidade ou atributo do estabelecimento***, que vai influir sobremaneira na sua valoração econômica.

A doutrina ainda costuma subdividir o aviamento em *objetivo* (ou *real*), quando derivado de condições objetivas, como o local do ponto, e *subjetivo* (ou *pessoal*), quando derivado de condições subjetivas, ligadas às qualidades pessoais do empresário.

É em função do aviamento, sobretudo, que se calcula o valor de um estabelecimento empresarial, como dito anteriormente. É por isso que muitas vezes um determinado estabelecimento é vendido por preço muito superior ao seu valor patrimonial, o qual representa apenas uma mera soma dos bens que o compõem. Para exemplificar, Gladston Mamede[80] cita o caso da *Microsoft*, do bilionário Bill Gates, que em 1999 atingiu um valor de mercado igual a U$ 507,5 bilhões, o que lhe valeu o posto, naquele momento, de empresa mais cara da história. Pois bem. Não obstante seu valor de mercado fosse mais de quinhentos bilhões de dólares, a *Microsoft* possuía "apenas" U$ 11 bilhões em ativos reais e faturava anualmente U$ 15 bilhões, sendo então a 127.ª maior empresa do mundo.

Conforme demonstrado, o estabelecimento empresarial é composto por um conjunto de bens corpóreos e incorpóreos. Se, individualmente, somássemos o valor de cada um desses elementos, obteríamos a quantia X. Todavia, como esses

[80] MAMEDE, Gladston. *Manual de direito empresarial*. São Paulo: Atlas, 2005. p. 246.

elementos foram unidos pelo empresário ou sociedade racionalmente, de modo a constituir um todo produtivo capaz de gerar lucros, compondo uma empresa (atividade econômica), o valor do conjunto é X + Y. Ao valor organizacional acrescido aos bens que compõem o estabelecimento, de modo que constituam uma empresa produtora de riquezas, dá-se o nome de "aviamento" (*achalandage*).[81]

A importância do aviamento para a correta definição do valor do estabelecimento empresarial é tão grande que o Superior Tribunal de Justiça já decidiu que mesmo uma **empresa temporariamente inativa** deve ser avaliada levando-se em consideração o seu potencial aviamento.

> *(...) 1. A jurisprudência desta Corte consolidou-se no sentido de incluir na indenização de empresa expropriada o valor do fundo de comércio. 2. O fundo de comércio é considerado patrimônio incorpóreo, sendo composto de bens como nome comercial, ponto comercial e aviamento, entendendo-se como tal a aptidão que tem a empresa de produzir lucros. 3. A empresa que esteja temporariamente paralisada ou com problemas fiscais, tal como intervenção estatal, não está despida do seu patrimônio incorpóreo, o qual oscila de valor, a depender do estágio de sua credibilidade no mercado. Situação devidamente sopesada pelo Tribunal de origem que adotou o arbitramento feito pelo perito, estimando o fundo de comércio em 1/3 (um terço) do patrimônio líquido ajustado a 31.05.1985. (...) (REsp 704.726/RS, Rel. Min. Eliana Calmon, 2.ª Turma, j. 15.12.2005,* DJ *06.03.2006 p. 329).*

A **clientela**, por sua vez, é o conjunto de pessoas que mantém com o empresário ou sociedade empresária relações jurídicas constantes. Alguns também usam a expressão *freguesia*, embora tecnicamente as expressões tenham significados distintos. A clientela é uma manifestação externa do *aviamento*, significando todo o conjunto de pessoas que se relacionam constantemente com o empresário. Sua proteção jurídica é determinada pelas normas do direito concorrencial e pelos diversos institutos técnico-jurídicos que viabilizam a livre-iniciativa e a livre concorrência. Portanto, a clientela, a exemplo do aviamento, também não é um elemento do estabelecimento, mas apenas uma *qualidade* ou um *atributo* dele.[82]

A freguesia, por fim, "é um critério geográfico, sem vínculo de lealdade, representado por aquele núcleo transeunte, passageiro, que somente adquire produtos de determinado estabelecimento por razões particulares, pessoais, de ordem subjetiva, como a localização, a vizinhança, a comodidade ou o fato de por acaso ter passado pelo estabelecimento".[83] Fregueses, pois, são as pessoas que passam em frente ao ponto de negócio, em razão de sua localização geográfica.

---

[81] GONÇALVES, Maria Gabriela V. P. Rios; GONÇALVES, Vítor Eduardo Rios. *Direito comercial*: direito de empresa e sociedade empresárias. São Paulo: Saraiva, 2005. p. 47. v. 21.

[82] Quanto à clientela, diverge a doutrina acerca da sua inclusão entre os elementos que compõem o estabelecimento empresarial. Vera Helena de Mello Franco aponta que a doutrina brasileira majoritária, ao contrário da francesa, por exemplo, não considera a clientela um bem integrante do estabelecimento empresarial, não a considerando, na verdade, sequer um bem imaterial. Seria a clientela, "apenas, uma situação de fato, decorrente dos fatores do aviamento". MELLO FRANCO, Vera Helena de. *Manual de direito comercial*. 2. ed. São Paulo: RT, 2004. p. 148. v. 1.

[83] MELLO FRANCO, Vera Helena de. *Manual de direito comercial*. 2. ed. São Paulo: RT, 2004. p. 142. v. 1.

7.9. Penhora de estabelecimento empresarial

O CPC de 1973 já previa a penhora de estabelecimento comercial em seu art. 677. O novo CPC manteve a regra em seu art. 862, mas ainda acrescentou outras, tratando o assunto de forma mais detalhada.

Inicialmente, o art. 862 do novo CPC prevê que, "quando a penhora recair em estabelecimento comercial, industrial ou agrícola *[leia-se, genericamente, estabelecimento empresarial]* (...), o juiz nomeará administrador-depositário, determinando-lhe que apresente em 10 (dez) dias o plano de administração". Apresentado o referido plano, o juiz ouvirá as partes e decidirá (§ 1.º). O § 2.º, porém, prevê que "é lícito às partes ajustar a forma de administração e escolher o depositário, hipótese em que o juiz homologará por despacho a indicação".

Corroborando o entendimento jurisprudencial do STJ, no sentido de que a penhora de estabelecimento empresarial é medida excepcional, o art. 865 do novo CPC determina o seguinte: "a penhora de que trata esta subseção somente será determinada se não houver outro meio eficaz para a efetivação do crédito".

Finalmente, cumpre destacar que não se deve confundir a penhora do estabelecimento aqui tratada com a penhora da sede do estabelecimento, que também é admitida excepcionalmente, nos termos do Enunciado 451 da Súmula do STJ: "é legítima a penhora da sede de estabelecimento comercial". Nesta, o que se penhora é o imóvel, apenas.

8. AUXILIARES E COLABORADORES DO EMPRESÁRIO

O empresário, seja ele individual ou sociedade, jamais conseguiria atuar de forma competitiva no mercado atual se não contasse com importantes auxiliares e colaboradores, os quais o Código Civil reuniu e disciplinou sob a rubrica de *prepostos* (arts. 1.169 a 1.178).

> Como organizador de atividade empresarial, o empresário (pessoa física ou jurídica) necessariamente deve contratar mão de obra, que é um dos fatores de produção. Seja como empregado pelo regime do Direito do Trabalho (CLT) ou como representante, autônomo ou pessoal terceirizado vinculados por contrato de prestação de serviços, vários trabalhadores desempenham tarefas sob a coordenação do empresário. Para efeitos do direito das obrigações, esses trabalhadores, independentemente da natureza do vínculo contratual mantido com o empresário, são chamados *prepostos* (CC, arts. 1.169 a 1.178).[84]

No atual Código Civil, por óbvio, não se lerão mais as expressões antigas que eram usadas pelo Código Comercial de 1850, tais como caixeiros, guardalivros, feitores, trapicheiros etc. O legislador cuidou especificamente do gerente e do contabilista, conforme veremos a seguir, usando a expressão *outros auxiliares*, para se referir, genericamente, aos demais auxiliares dos empresários.

[84] COELHO, Fábio Ulhoa. *Manual de direito comercial*. 18. ed. São Paulo: Saraiva, 2007. p. 22.

Quanto aos chamados *colaboradores* do empresário, o Código Civil, a exemplo do que ocorreu com o antigo Código Comercial, a eles não fez referência específica nessa parte do seu corpo normativo, razão pela qual deixaremos para estudá-los detalhadamente no capítulo referente aos contratos empresariais, em que estudaremos, por exemplo, os contratos de comissão, representação, franquia, distribuição, agência, concessão, entre outros.

8.1. Regras gerais sobre os prepostos do empresário

Dispõe o art. 1.169 do Código Civil que "o preposto não pode, sem autorização escrita, fazer-se substituir no desempenho da preposição, sob pena de responder pessoalmente pelos atos do substituto e pelas obrigações por ele contraídas". Com efeito, como o contrato de preposição implica, necessariamente, **poderes de representação típicos do mandato**, não se admite ao preposto a possibilidade de delegar poderes sem prévia autorização do preponente, uma vez que as prerrogativas que a preposição lhe confere são pessoais e intransferíveis. A regra do artigo em comento é simplesmente uma manifestação especial da regra geral do mandato, constante do art. 667 do Código Civil, o qual dispõe que "o mandatário é obrigado a aplicar toda a sua diligência habitual na execução do mandato, e a indenizar qualquer prejuízo causado por culpa sua ou daquele a quem substabelecer, sem autorização, poderes que devia exercer pessoalmente".

Outra regra específica aplicável às relações entre os prepostos e os empresários é a referente à **proibição** de os prepostos fazerem concorrência, ainda que indireta, aos seus preponentes, salvo se para tanto possuírem autorização expressa. Se não possuem referida autorização, responderão por perdas e danos, podendo o empresário prejudicado requerer a retenção dos lucros decorrentes da operação do preposto. É o que dispõe o art. 1.170 do Código Civil. Vale ressaltar que, em tal hipótese, pode-se configurar, ainda, o **crime de concorrência desleal**, previsto no art. 195 da Lei de Propriedade Industrial (Lei 9.279/1996).

O art. 1.171 do Código Civil, por sua vez, diz: "considera-se perfeita a entrega de papéis, bens ou valores ao preposto, encarregado pelo preponente, se os recebeu sem protesto, salvo nos casos em que haja prazo para reclamação".

O Código também não se esqueceu de estabelecer, em seu art. 1.178, *caput*, que "os preponentes são responsáveis pelos atos de quaisquer prepostos, praticados nos seus estabelecimentos e relativos à atividade da empresa, ainda que não autorizados por escrito". A regra é, no nosso entender, uma manifestação clara da aplicação da conhecida *teoria da aparência*, tanto que, no parágrafo único do artigo em questão, o legislador fez uma importante ressalva à sua aplicação, determinando que "quando tais atos forem praticados fora do estabelecimento, somente obrigarão o preponente nos limites dos poderes conferidos por escrito, cujo instrumento pode ser suprido pela certidão ou cópia autêntica do seu teor".

Por fim, como não poderia deixar de ser, resta claro que, não obstante os empresários preponentes responderem perante terceiros pelos atos praticados pelos seus prepostos, podem voltar-se contra estes, caso tenham agido com culpa. Caso sua atuação tenha sido dolosa, os prepostos assumem **responsabilidade solidária** com seus preponentes, podendo os terceiros exigir o cumprimento da obrigação contra qualquer deles. É o que diz o parágrafo único do art. 1.177 do Código Civil, que assim dispõe: "no exercício de suas funções, os prepostos são pessoalmente responsáveis, perante os preponentes, pelos atos culposos; e, perante terceiros, solidariamente com o preponente, pelos atos dolosos".

8.2. O contabilista

Já destacamos, quando da análise da escrituração do empresário, que um de seus principais auxiliares é o contabilista – popularmente conhecido como contador –, profissional legalmente habilitado, com formação especializada, encarregado de zelar pela contabilidade do empresário. Só se pode dispensar o auxílio de contabilista se na localidade não houver nenhum, conforme disposto no art. 1.182 do Código Civil.

Como o contabilista é preposto responsável pela escrituração do empresário, dispõe o art. 1.177 do Código Civil que "os assentos lançados nos livros ou fichas do preponente, por qualquer dos prepostos encarregados de sua escrituração, produzem, salvo se houver procedido de má-fé, os mesmos efeitos como se o fossem por aquele".

Todavia, não custa lembrar a regra do parágrafo único do art. 1.177, já mencionada no tópico antecedente, que prevê a responsabilidade solidária entre prepostos e preponentes, perante terceiros, quando o preposto agir dolosamente. Sendo assim, caso um contador, no exercício de suas funções, crie o chamado *caixa dois*, falsificando a escrituração do seu empresário preponente de forma dolosa, deve responder perante terceiros? A resposta, obviamente, é afirmativa, e a justificativa legal está justamente no art. 1.177, parágrafo único, do Código Civil.

8.3. O gerente

Trata-se, talvez, do mais importante preposto do empresário, por ser aquele ao qual o empresário confia poderes de chefia do seu negócio. Nem sempre, é verdade, o empresário necessitará do auxílio de um gerente: em pequenos negócios, nos quais basta a figura do próprio empresário individual ou dos sócios da sociedade empresária para o bom desenvolvimento do empreendimento. No entanto, se o negócio cresce e, por exemplo, amplia o seu campo de atuação – com abertura de filiais ou sucursais – o auxílio de um gerente é de extrema valia para o sucesso da empresa.

Registre-se, por oportuno, que, nesse ponto, o Código Civil não está se referindo ao *gerente sócio*, mas tão somente ao *gerente preposto* – ou, melhor dizendo, ao *gerente empregado*. Nas sociedades empresárias existe a figura do administrador, que pode ser sócio ou não, dependendo do tipo societário utilizado.

> Os gerentes *[na acepção aqui utilizada]* não se confundem com os administradores da pessoa jurídica. Estes últimos não são prepostos, mas representantes da pessoa jurídica, quer dizer, por atuarem na qualidade de mandatários dos sócios, como

> ocorre nas sociedades ditas de pessoas ou contratuais, quer como órgão seu, tal como se dá nas sociedades anônimas.[85]

Segundo o art. 1.172 do Código Civil, "considera-se gerente o preposto permanente no exercício da empresa, na sede desta, ou em sucursal, filial ou agência". Como o gerente é o preposto ao qual se atribuem funções de chefia, dispõe o art. 1.173 do Código Civil que, "quando a lei não exigir poderes especiais, considera-se o gerente autorizado a praticar todos os atos necessários ao exercício dos poderes que lhe foram outorgados". Se o empresário possuir mais de um gerente, consideram-se solidários os poderes a eles conferidos, salvo se houver alguma estipulação expressa em sentido diverso (art. 1.173, parágrafo único).

Destaque-se ainda que os poderes conferidos pela *gerência* são amplos, podendo o gerente até mesmo figurar em juízo em nome do preponente, desde que as ações versem sobre obrigações assumidas em virtude do exercício da função gerencial (art. 1.176 do Código Civil).

Não obstante os poderes do gerente serem amplos, como dito anteriormente, pode o empresário, por óbvio, limitá-los. Nesse caso, para que a limitação produza efeitos perante terceiros, deverá o empresário (i) registrá-la na Junta Comercial, por meio de averbação junto ao ato constitutivo lá arquivado ou (ii) provar que a limitação de poderes era conhecida daquele que contratou com o gerente (art. 1.174 do Código Civil). Nessas situações, portanto, caso o gerente extrapole seus poderes, o empresário não responderá pelas obrigações contraídas perante terceiros, cabendo a eles voltar-se diretamente contra o gerente. Entendemos que isso contraria a *teoria da aparência*, gerando insegurança jurídica. A lei deveria ter previsto a responsabilidade do empresário pelos atos excessivos dos gerentes, resguardando a possibilidade de agirem em regresso contra eles quando provada atuação culposa ou dolosa.

Por fim, registre-se ainda que o gerente pode atuar, eventualmente, em seu nome, mas por conta do preponente empresário - como ocorre nos contratos de comissão mercantil, por exemplo, que serão analisados com detalhes oportunamente. Nesse caso, dispõe o art. 1.175 do Código Civil que "o preponente responde com o gerente pelos atos que este pratique em seu próprio nome, mas à conta daquele".

85 MELLO FRANCO, Vera Helena. *Manual de direito comercial*. 2. ed. São Paulo: RT, 2004. p. 103 (nota de rodapé 15). v. I.

3

DIREITO DE PROPRIEDADE INDUSTRIAL

"Vemos, então, que um sistema de direitos de propriedade sobre 'objetos ideais' necessariamente requer violação de direitos à propriedade de outros indivíduos, como, por exemplo, usar sua própria propriedade tangível como bem entender. Tal sistema requer uma nova regra de apropriação que subverta a regra do primeiro ocupante. PI, ao menos na forma de patentes e direitos autorais, não pode ser justificada.

Não é de surpreender que advogados de PI, artistas e inventores costumem tomar como dada a legitimidade da PI. No entanto, aqueles mais preocupados com a liberdade, verdade e com direitos não deveriam tomar como dado o uso institucionalizado da força para aplicar direitos sobre PI. Pelo contrário, deveríamos reafirmar a primazia dos direitos individuais sobre nossos corpos e recursos escassos apropriados." (Stephen Kinsella, em Contra a propriedade intelectual)

1. INTRODUÇÃO

Vimos que o empresário (empresário individual, EIRELI ou sociedade empresária), para iniciar o exercício de uma atividade econômica (empresa) que lhe propicie auferir lucros, necessita organizar todo um complexo de bens que lhe permita desempenhar tal mister. A esse **complexo de bens** (ponto, equipamentos, marca, matéria-prima, capital etc.) dá-se o nome de **estabelecimento empresarial,** e dentre esses bens incluem-se não apenas bens materiais, mas também bens imateriais (marcas, invenções, desenhos industriais, modelos de utilidade etc.).

A esses bens imateriais que compõem o estabelecimento empresarial o ordenamento jurídico confere uma tutela jurídica especial, hodiernamente agrupada num sub-ramo específico do direito empresarial chamado de **direito de propriedade industrial**, que no Brasil está disciplinado pela Lei 9.279/1996, que nesta obra chamaremos simplesmente de **LPI (Lei de Propriedade Industrial).**

O *direito de propriedade industrial* compreende, pois, o conjunto de regras e princípios que conferem tutela jurídica específica aos elementos imateriais do estabelecimento empresarial, (i) protegendo as **marcas e desenhos industriais** registrados e as *invenções e modelos de utilidade* patenteados, e (ii) reprimindo as falsas **indicações geográficas** e a **concorrência desleal**.

2. O GÊNERO "PROPRIEDADE INTELECTUAL" E SUAS ESPÉCIES

Antes de iniciarmos o estudo específico do direito de propriedade industrial, sobretudo com a análise da legislação aplicável no Brasil, faz-se necessário, preliminarmente, identificá-lo entre as diversas ramificações do direito e situá-lo como *sub-ramo específico do regime jurídico-empresarial*.

Na verdade, **o direito de propriedade industrial é espécie do chamado direito de propriedade intelectual**, que também abrange o *direito autoral* e outros direitos sobre bens imateriais. Pode-se dizer, pois, que o direito de propriedade intelectual é gênero, do qual são espécies o direito do inventor (direito de propriedade industrial), intrinsecamente ligado ao direito empresarial, e o direito do autor (direito autoral), mais ligado ao direito civil.

O que o direito de propriedade industrial e o direito autoral têm em comum, pois, é o fato de protegerem *bens imateriais*, que resultam da atividade criativa do gênio humano, e não de forças físicas, razão pela qual são agrupados sob a denominação comum de *direito de propriedade intelectual*.

Ressalte-se, todavia, que embora o direito do autor e o direito do inventor sejam ambos agrupados sob a rubrica genérica intitulada direito de propriedade intelectual, como visto, há relevantes diferenças entre eles, sobretudo no que se refere ao regime de proteção jurídica aplicável,[1] e isso se dá, sobretudo, porque **o direito autoral protege a obra em si, enquanto o direito de propriedade industrial protege uma técnica**.

> Tanto os autores como os inventores exercem atividade intelectual. Os autores criam obras resultantes de sua atividade intelectual. O inventor não cria obra, cria uma técnica. Dá uma solução a um problema técnico. A obra do autor é expressão de sua personalidade. Ninguém faz uma obra igual à de outro (com raríssimas exceções, estatisticamente irrelevantes); pode imitá-la ou mesmo plagiá-la. Uma solução técnica pode ser desenvolvida tanto por A como por B. Não há a vinculação pessoal e íntima como entre o autor e sua obra. No tratamento jurídico, percebemos que todos os autores são protegidos independentemente de qualquer formalidade, não há necessidade de registro. A Constituição assegura esse direito. Não depende de concessão pela autoridade administrativa. A proteção do inventor está condicionada a um registro. O privilégio é conferido pela autoridade administrativa à quem primeiro registrar o invento. Não basta ter desenvolvido uma técnica nova. É preciso que a tenha tornado conhecida, por primeiro, de maneira formal. A natureza de uma técnica é tal que, se não for desenvolvida

[1] Nesse sentido: COELHO, Fábio Ulhoa. *Curso de direito comercial*. 7. ed. São Paulo: Saraiva, 2003. p. 144-146. v. 1. Diz o autor: "uma das diferenças entre o direito industrial e o direito autoral está relacionada à natureza do registro do objeto, ou da obra. O do primeiro é constitutivo; o da obra se destina apenas à prova da anterioridade". Mais adiante, o autor complementa: "a segunda diferença entre o direito industrial e o autoral está relacionada à extensão da tutela jurídica. Enquanto o primeiro protege a própria ideia inventiva, o segundo cuida apenas da forma em que a ideia se exterioriza".

> por A, pode amanhã ser desenvolvida por B, nada mudando em sua essência. A prioridade, às vezes, é questão de sorte, de tempo. Resumindo: a proteção de um e outro se funda em princípios distintos. Ainda que em ambos os casos se pretenda proteger a atividade intelectual, o direito do inventor tem o objetivo de tornar conhecido, o quanto antes, uma inovação técnica.[2]

Dentre as principais diferenças entre o direito de propriedade industrial e o direito autoral, podemos citar, por exemplo, as seguintes: (i) a proteção dos direitos de propriedade industrial depende da concessão do registro ou da patente (art. 2º da Lei 9.279/1996), ao passo que a proteção dos direitos autorais independe de registro (art. 18 da Lei 9.610/1998);[3] (ii) existe um órgão estatal específico para concessão de registros e patentes relativos aos direitos de propriedade industrial (Instituto Nacional da Propriedade Industrial – INPI; art. 2.º da Lei 5.648/1970), enquanto os direitos autorais são registrados, facultativamente e conforme a sua natureza, em órgãos variados que não foram criados especificamente para isso (Biblioteca Nacional, Escola de Música, Escola de Belas Artes da Universidade Federal do Rio de Janeiro, Instituto Nacional do Cinema e Conselho Federal de Engenharia, Arquitetura e Agronomia – CREA; art. 17 da Lei 5.988/1973);[4] e (iii) os prazos de vigência dos direitos de propriedade industrial (arts. 40, 108 e 133 da Lei 9.279/1996) são distintos dos prazos de vigência dos direitos autorais (art. 41 da Lei 9.610/1998).

Diante do acima exposto, como a presente obra tem por objetivo específico analisar o regime jurídico-empresarial, centraremos nossos estudos no direito de propriedade industrial, que cuida especificamente das criações voltadas à exploração de atividade econômica.

3. HISTÓRICO DO DIREITO DE PROPRIEDADE INDUSTRIAL

O saber sempre ocupou lugar de destaque na história da humanidade. A criatividade do ser humano, ao longo de sua existência na Terra, propiciou o desenvolvimento da sociedade, embora também tenha, em contrapartida, provocado grandes conflitos, como as duas Grandes Guerras mundiais.

Hodiernamente, diante do fenômeno da globalização da economia, os processos criativos e a competitividade empresarial têm se intensificado, e, consequentemente, há uma maior preocupação com a proteção das criações do gênio humano na área industrial e econômica.

Mas nem sempre foi assim. Durante muito tempo, o homem não teve a preocupação específica de proteger seus inventos. Alguns autores destacam que o direito do inventor ou criador somente passou a ser reconhecido quando o homem foi capaz de reproduzir em grande escala as suas ideias.

---

2 HAMMES, Bruno Jorge. *O direito de propriedade intelectual*. 3. ed. São Paulo: Unisinos, 2002. p. 279-280.

3 Art. 18 da Lei 9.610/1998. A proteção aos direitos de que trata esta Lei independe de registro.

4 Art. 17 da Lei 5.988/1973. Para segurança de seus direitos, o autor da obra intelectual poderá registrá-la, conforme sua natureza, na Biblioteca Nacional, na Escola de Música, na Escola de Belas Artes da Universidade Federal do Rio de Janeiro, no Instituto Nacional do Cinema, ou no Conselho Federal de Engenharia, Arquitetura e Agronomia.

Após a Revolução Industrial, a humanidade, surpresa com a mudança nas relações econômicas provocadas pela passagem do sistema artesanal para a indústria, atentou para a inexorável realidade de que a criação era o grande instrumento de poder e riqueza.

A história registra, todavia, que o primeiro caso conhecido de proteção concedida a um invento se deu em 1236 – muito antes, portanto, da Revolução Industrial –, quando, na cidade de Bordeaux, na França, concedeu-se a Bonafasus de Sancta e Companhia o direito de explorar com exclusividade, por 15 (quinze) anos, o método flamengo de tecer e tingir tecidos de lã.

Também se sabe que Leonardo da Vinci, talvez o maior gênio da criação em todos os tempos, tinha o cuidado de proteger suas obras, usando artifícios variados para tanto, como a prática de escrever ao contrário ou de deixar erros propositais nos seus textos.[5]

Todavia, esses primeiros registros de proteção das criações e invenções identificados pelos historiadores na Europa consistiam apenas em meros privilégios, sempre vinculados a critérios políticos de conveniência e oportunidade.

> Era uma prática comum em quase todos os países que tais privilégios fossem concedidos por corporações e senhores feudais segundo princípios bastante arbitrários, que mais impediam do que promoviam o progresso técnico. Os privilégios eram concedidos em cartas abertas (*literae patentes*), que não asseguravam uma proteção eficaz ao inventor. Tratava-se de um mero ato de graça (benevolência). Não havia um direito a tal privilégio. Além disso, o inventor recebia apenas parte do valor resultante do privilégio. A instituição concedente reivindicava a outra parte. Também um terceiro, adquirente ou possuidor do invento, poderia receber o privilégio. Finalmente o privilégio não se restringia à proteção de inventos. Abrangia também trabalhos não técnicos.[6]

A realidade começa a mudar um pouco, no entanto, com o surgimento das codificações de patentes editadas em Veneza (1474) e na Inglaterra (1623/1624), esta chamada de *statute of monopolies*. Estas duas codificações acabaram com os antigos privilégios medievais e introduziram alguns ideais que até hoje são observados pelo direito de propriedade industrial (por exemplo, os requisitos da novidade e da aplicação industrial para a caracterização de uma invenção).

Ocorre que, como dissemos acima, somente após Revolução Industrial é que se percebeu a real importância de conferir proteção aos direitos de propriedade industrial, o que acabou provocando a realização de um grande encontro de nações, a Convenção de Paris, que se reuniram pela primeira vez em 1883, com a finalidade de tentar harmonizar e uniformizar o sistema internacional de proteção à propriedade industrial.

3.1. Convenção da União de Paris (CUP)

O fator histórico determinante para a harmonização das legislações de propriedade industrial ocorreu na **exposição universal de Viena, em 1873**, quando

---

5 FURTADO, Lucas Rocha. *Sistema de propriedade industrial no Brasil*. Brasília: Brasília Jurídica, 1996.

6 HAMMES, Bruno Jorge. *O direito de propriedade intelectual*. 3. ed. São Paulo: Unisinos, 2002. p. 25.

diversos expositores, especialmente dos Estados Unidos, recusaram-se a exibir seus inventos com receio de que suas ideias fossem copiadas e comercializadas em outros países. Esse fato reforçou o argumento dos inventores, industriais e advogados que pleiteavam padrões mínimos de proteção internacional à propriedade industrial.

As discussões sobre o tema começaram em uma **conferência em Paris, em 1878**, que finalmente resultou na **Convenção da União de Paris, firmada em 1883**. A CUP já foi revisada sete vezes, estando em vigor atualmente o texto da revisão de Estocolmo, de 1967.[7] O Brasil é signatário original da referida Convenção, sendo, pois, um país **unionista.**[8]

É interessante notar que a demanda pela harmonização dos direitos intelectuais naquele contexto histórico alcançava também os direitos autorais para obras literárias, artísticas e científicas, que foram uniformizados na **Convenção de Berna, em 1886**, após campanha promovida pelo escritor francês Victor Hugo e a Associação Literária e Artística Internacional.[9] Em 1893, as duas convenções foram agrupadas e passaram a ser administradas pelo **Escritório Internacional Reunido para Proteção da Propriedade Intelectual (BIRPI, na sigla em francês).**

3.2. A Organização Mundial da Propriedade Intelectual

Na década de 60, a comunidade internacional cresceu significativamente com a descolonização afro-asiática, e muitas nações aderiram aos Tratados administrados pelo BIRPI, que ficou pequeno diante da multiplicidade de interesses envolvidos. Firmou-se, em 1967, o Tratado que estabeleceu a criação da **Organização Mundial da Propriedade Intelectual (OMPI)**, que veio a entrar em vigor em 1970. Em 1974, a OMPI passou a integrar a Organização das Nações Unidas (ONU) como agência especializada, o que lhe conferiu ainda mais legitimidade como palco das discussões sobre propriedade intelectual.

No âmbito da OMPI, a propriedade intelectual não era um fim em si mesmo, mas um meio para o desenvolvimento econômico, social e cultural dos países membros.[10] Para os países em desenvolvimento, importadores de bens intelectuais, o momento era de revisão de suas obrigações previstas na Convenção de Paris, o que chegou a ser tentado na **conferência diplomática de Nairóbi (1981)**, frustrada pelos países desenvolvidos. Para os Estados Unidos, especialmente, que já vinham tentando intro-

[7] A CUP foi revista em 1891 (Madri), 1900 (Bruxelas), 1911 (Washington), 1925 (Haia), 1934 (Londres), 1958 (Lisboa) e, finalmente, 1967 (Estocolmo).

[8] A CUP foi aprovada pelo Decreto Legislativo 78/1974 e promulgada pelo Decreto 75.572/1975, mas com ressalvas quanto aos arts. 1.º a 12 e 28, item 1. Posteriormente, porém, o Brasil aderiu também ao disposto nos referidos artigos por meio do Decreto 635/1992 (**Art. 1.º** Fica estendida aos arts. 1.º a 12 e ao art. 28, alínea 1, do texto da revisão de Estocolmo da Convenção de Paris para a Proteção da Propriedade Industrial, apenso por cópia, a adesão da República Federativa do Brasil, na forma prevista no seu art. 20, devendo ser executado e cumprido tão inteiramente como nele se contém).

[9] BARBOSA, Denis Borges. *Tratado da propriedade intelectual.* Rio de Janeiro: Lumen Juris, 2010. t. II. Conferir ainda o resumo histórico do *site* da OMPI: <http://www.wipo.int/about-wipo/en/history.html> Acesso em: 20 abr. 2016.

[10] PARANAGUÁ, Pedro; REIS, Renata. *Patentes e criações industriais.* Rio de Janeiro: Editora FGV, 2009. p. 37.

duzir um acordo anticontrafação desde o final da **Rodada de Tóquio (1973-1979) do GATT**,[11] era crucial vincular o tema às negociações do comércio internacional, onde seu poder de barganha era superior. Em um fórum multilateral especializado como a OMPI, não haveria como obter maior proteção à propriedade intelectual em troca de, por exemplo, concessões comerciais no setor agrícola ou têxtil.[12]

3.3. Propriedade intelectual na pauta do GATT

Um acordo sobre propriedade intelectual no GATT começou a ser delineado na reunião ministerial dos membros em **Punta Del Este (1986)**, que tinha por objeto a definição dos pontos a serem negociados na **Rodada do Uruguai (1986-1994)**. Na declaração ministerial resultante do encontro, na seção chamada "aspectos dos direitos de propriedade intelectual relacionados ao comércio, incluindo o comércio de bens contrafeitos", fixaram-se quatro pontos principais para as futuras negociações: (i) padrões substanciais de proteção à propriedade intelectual; (ii) procedimentos a serem incluídos nas leis nacionais para aplicabilidade de tal proteção; (iii) procedimento de resolução de conflitos entre os estados-membros do eventual acordo; e (iv) o relacionamento entre o GATT e a OMPI e o futuro **Acordo TRIPS** e as demais convenções internacionais sobre o tema.[13] Os países em desenvolvimento, liderados por Brasil e Índia, equivocadamente acreditaram que poderiam usar o texto da declaração ministerial para limitar as negociações no GATT a bens contrafeitos, deixando as grandes questões para a OMPI. Mas acabaram massacrados nas negociações sob a ameaça de sanções unilaterais por parte dos Estados Unidos.

3.4. Unilateralismo: Especial 301

As medidas unilaterais passaram a ser adotadas com base na **Seção 301 da Lei de Comércio e Tarifas de 1974**, que, alterada em 1984 e 1988, ficou conhecida como **Especial 301**.

Esse mecanismo passou a permitir a remoção de preferências tarifárias e a imposição de sanções comerciais a países que, segundo o Escritório de Comércio dos Estados Unidos (USTR), careçam de proteção "adequada e efetiva" aos direitos de propriedade intelectual de pessoas e empresas dos EUA. O desencadeamento dessas ações ocorre a partir de um relatório anual (***Special 301 Report***) no qual o USTR produz as conhecidas ***Watch List* (Lista de Observação) e *Priority Watch List* (Lista de Observação Prioritária)** com os países que, na visão do governo americano, deveriam melhorar a proteção aos direitos de propriedade intelectual. Grande parte dessas ações é provocada por associações privadas representativas dos interesses das indústrias baseadas em patentes, marcas e direitos autorais.[14]

---

[11] *General Agreement on Tariffs and Trade* ou Acordo Geral sobre Tarifas e Comércio, conjunto de tratados negociados desde 1947 em uma série de rodadas, para eliminação progressiva de tarifas alfandegárias. Foi substituído em 1994 pelo tratado que criou a Organização Mundial do Comércio, ao final da Rodada do Uruguai.

[12] YU, Peter K. Currents and crosscurrents in the international intellectual property regime, 38 Loy. L. A. L. Rev. 323-444, 2004, p. 357. Disponível em: <htt://scholarship.law.tamu.edu/facscholar/481>. Acesso em: 8 mar. 2016.

[13] Idem. p. 358.

[14] Como a *International Intellectual Property Alliance*: <http://www.iipa.com/>.

O Brasil foi um dos países mais atacados pela via da Especial 301. Pressões dos EUA conseguiram forçar a aprovação, em 1987, de lei para proteção da propriedade intelectual sobre programas de computador[15] e o compromisso do Governo Collor, em 1990, de propor a **concessão de patentes farmacêuticas.**[16] Além do Brasil, vários países em desenvolvimento – como China, Índia, México, Coreia do Sul, Egito, Tailândia e Argentina – sofreram com ameaças de sanções unilaterais pelo mecanismo da Especial 301, o que enfraqueceu definitivamente a oposição então existente ao Acordo TRIPS que se formava. Japão e a Comunidade Europeia, que inicialmente ocupavam uma posição moderada, logo aderiram ao jogo dos EUA.

Desde **1989, data em que o primeiro relatório *Special 301* foi publicado**, o Brasil só não constou na *Watch List* ou na *Priority Watch List* em dois momentos: **1994**, ano de aprovação do Acordo TRIPS, no qual o país recebeu apenas menção especial; e **1998**, ano da aprovação em conjunto das Leis 9.609/98 (Lei do Software) e 9.610/98 (Lei de Direitos Autorais), quando o país não foi listado.[17] Em 2015, o relatório manteve o Brasil na *Watch List,* com elogios e críticas ao nosso regime de proteção à propriedade intelectual:

> O Brasil permanece na WatchList em 2015. O país deu continuidade às melhorias no seu regime de proteção aos direitos de propriedade intelectual, trabalhando para aumentar a conscientização e eficácia das leis de PI. Isso é evidente, por exemplo, no trabalho do Conselho Nacional de Combate à Pirataria e Delitos contra a Propriedade Intelectual (CNPC), cujo Programa Cidade Livre de Pirataria promoveu treinamento em onze cidades para ajudar os consumidores a identificar bem contrafeitos associados à Copa do Mundo de 2014. O CNPC também realizou inúmeras operações antipirataria contra importações de bens contrafeitos. A alfândega brasileira e outras autoridades executivas cooperaram construtivamente com autoridades governamentais dos Estados Unidos no combate aos bens contrafeitos que ingressam no mercado brasileiro. Apesar desses esforços bastante positivos, permanecem os problemas quanto ao grau de contrafação e pirataria no Brasil, incluindo a pirataria na internet. É necessária maior ênfase na execução das leis de PI na região da tríplice fronteira assim como a aplicação de penas rigorosas e de caráter pedagógico para que se tenha progresso contínuo em relação a estes problemas. O Instituto Nacional de Propriedade Industrial (INPI) tem tomado medidas concernentes ao acúmulo de processos de patentes e de registro de marcas, o que inclui a contratação de novos técnicos. No entanto, ainda existem grandes atrasos e mais técnicos serão necessários. Também persistem problemas quanto à repressão ao uso comercial desleal de testes e outros dados que são realizados para obtenção de aprovação de produtos farmacêuticos e químicos para agricultura. A participação da Agência Nacional de Vigilância Sanitária (ANVISA) na análise dos requisitos de patenteabilidade ainda carece de transparência e atrasa a concessão de patentes para medicamentos novos. Os Estados Unidos continuam preocupados com os inúmeros processos ajuizados pelo INPI com

---

15 Lei 7.646/1987, revogada pela Lei 9.609/1998 (Lei do Software).

16 Os EUA começaram a pressionar o Brasil em 1987, em decorrência da falta de previsão legal para concessão de patentes farmacêuticas. O Brasil reagiu com um processo no GATT, questionando a unilateralidade da medida, mas os EUA conseguiram impedir a formação de um painel de solução de controvérsias. Em 1990, o recém-eleito presidente Fernando Collor de Mello prometeu rever a lei de patentes, evitando assim as sanções comerciais. A proteção a produtos farmacêuticos passou a vigorar com a aprovação da Lei 9.279/1996 (LPI). Para mais informações sobre a história da Especial 301, ver: <http://infojustice.org/archives/29465>, Acesso em: 2 mar. 2016.

17 Ver <http://www.iipa.com/pdf/2014SPEC301HISTORICALCHART.pdf> Acesso em: 8 mar. 2016.

vistas à invalidação ou encurtamento do termo de algumas patentes mailbox para produtos farmacêuticos e produtos químicos para agricultura.[18] Uma forte proteção aos direitos de propriedade intelectual tanto de nacionais quanto estrangeiros constitui incentivo essencial para que empresas invistam em inovação no Brasil. Os Estados Unidos esperam contribuir construtivamente com o Brasil no seu esforço de construir um ambiente de maior proteção aos direitos de propriedade intelectual, com foco nos problemas ainda existentes.

A Rodada do Uruguai culminou em 1994 com a criação da **Organização Mundial do Comércio (OMC), que sucedeu o GATT**. Dentre os acordos firmados, sem dúvida, um dos mais significativos foi o chamado **Acordo TRIPS (Trade related aspects of intellectual property rights)**. A Especial 301 foi a grande arma do governo dos EUA para a estratégica mudança de fórum no debate internacional sobre propriedade intelectual. A partir agora, nenhum país pode participar das negociações do comércio internacional sem aderir automaticamente aos rigorosos preceitos do Acordo TRIPS.

3.5. O Acordo TRIPS

Também chamado de Acordo Relativo aos Aspectos do Direito da Propriedade Intelectual Relacionados com o Comércio (ADPIC), **o TRIPS é acordo mais amplo e detalhado sobre propriedade intelectual firmado desde as Convenções de Paris e Berna**. O acordo elevou significativamente o padrão mínimo de proteção exigido dos estados membros para todos os tipos de propriedade intelectual (direitos autorais e conexos, patentes, marcas, desenho industrial, indicações geográficas, proteção de circuitos integrados e até segredos de negócio). Inseriram-se, por exemplo, temas sensíveis que antes sequer eram objeto de regulação em grande parte dos países em desenvolvimento, como o patenteamento de organismos vivos e produtos farmacêuticos.

Sobre a **incorporação do Acordo TRIPS ao ordenamento jurídico brasileiro**, estabeleceu-se polêmica interessante.[19] Segundo o próprio texto do acordo, sua vigência ficaria postergada por cinco anos nos "**países em desenvolvimento**", como é o caso do Brasil. No entanto, o Superior Tribunal de Justiça entendeu, nos primeiros casos que julgou sobre o tema, que a aplicação do Acordo TRIPS no Brasil foi imediata, em razão de nosso país não ter optado expressamente pela postergação de cinco anos prevista no texto do tratado.

> Acordo TRIPS. Vigência no Brasil. Precedente da Corte.
>
> 1. O que sustenta o período de transição é a vontade do país-membro, não sendo, portanto, obrigatório postergar a data de aplicação do disposto no Acordo TRIPS. Esta Corte já se pronunciou nessa direção assentando que se o Brasil não manifestou, "em momento oportuno, qualquer opção em postergar a vigência do TRIPS no plano do direito interno, entende-se haver renunciado à faculdade oferecida pelo art. 65 daquele acordo" (REsp n.º 423.240/RJ, Relator o Ministro Fernando Gonçalves, *DJ* de 15.3.2004).

---

18 Conferir nossos comentários ao parágrafo único do art. 229, sobre as patentes *mailbox*.

19 O Brasil ratificou o Acordo TRIPS por meio do Decreto Legislativo 30/1994 e o promulgou pelo Decreto Presidencial 1.355/1994.

2. Recurso especial não conhecido.

(REsp 661.536/RJ, Rel. Min. Carlos Alberto Menezes Direito, 3.ª Turma, j. 07.04.2005, *DJ* 30.05.2005, p. 375)

No entanto, posteriormente o STJ alterou seu entendimento, afirmando que **o próprio texto do Acordo TRIPS prevê que nos países em desenvolvimento sua vigência será prorrogada por cinco anos**, independentemente de manifestação expressa do país nesse sentido.

Recurso especial. Propriedade industrial. Prorrogação do prazo de patente concedida nos termos da Lei n. 5.772/71 por mais cinco anos. Acordo TRIPS. Vigência no Brasil.

I. O Acordo Internacional TRIPS – inserido no ordenamento jurídico brasileiro pelo Decreto n. 1.355/94 –, na parte que prevê a prorrogação do prazo de patente de 15 anos – nos termos da Lei n.o 5.772/71 – para 20 anos, não tem aplicação imediata, ficando submetida a observância de suas normas a pelo menos duas restrições, em se tratando de países em desenvolvimento, como o caso do Brasil: a) prazo geral de um ano, a contar do início da vigência do Acordo no país (art. 65.1); b) prazo especial de mais quatro anos para os países em desenvolvimento (art. 65.2), além do prazo geral.

II – A ausência de manifestação legislativa expressa, no sentido de postergar a vigência do Acordo no plano do direito interno por mais cinco anos (na modalidade 1 + 4), não pode ser interpretada como renúncia à faculdade oferecida pelo art. 65 às nações em desenvolvimento, uma vez que não havia nenhum dispositivo obrigando o país a declarar sua opção pelo prazo de transição. Precedente: REsp 960.728/RJ, Rel.a Min.a Nancy Andrighi, DJ 17.3.2009.

Recurso Especial provido.

(REsp 806.147/RJ, Rel. Min. Sidnei Beneti, 3.a Turma, j. 15.12.2009, DJe 18.12.2009)

3.6. Os acordos TRIPS-*plus*

O Acordo TRIPS não diminuiu a busca dos EUA em elevar os padrões de proteção à propriedade intelectual. Após a aprovação do Acordo TRIPS, o governo americano passou a negociar tratados bilaterais de livre comércio com países em desenvolvimento (como, por exemplo, Jordânia, México e Chile), com a inclusão de normas ainda mais rígidas para proteção dos direitos de propriedade intelectual. Esses acordos foram chamados de **TRIPS-*plus***.

Além desses acordos bilaterais, outros tratados multilaterais firmados recentemente contêm cláusulas TRIPS-*plus*, tais como: (i) o **Acordo Anti-Contrafação ou *Anti-Counterfeiting Trade Agreement*** (ACTA),[20] firmado por Estados Unidos, Japão, União Europeia e mais oito países em 2011, muito criticado pelo sigilo com que foi discutido e com a influência de grandes empresas na elaboração do acordo; e (ii) a **Parceria Transpacífico ou *Trans-Pacific Partnership***,[21] assinada por 12 países em 2016.

20 <https://ustr.gov/acta>.

21 <https://ustr.gov/tpp/>.

3.7. Os princípios da CUP na LPI

Em função da adoção, pela legislação brasileira, dos preceitos consagrados na CUP, a LPI contemplou os denominados princípios da **prioridade** e da **assimilação** no seu art. 3º, que determina a aplicação da lei: "I – ao pedido de patente ou de registro proveniente do exterior e depositado no País por quem tenha proteção assegurada por tratado ou convenção em vigor no Brasil; (**princípio da prioridade**); e II – aos nacionais ou pessoas domiciliadas em país que assegure aos brasileiros ou pessoas domiciliadas no Brasil a reciprocidade de direitos iguais ou equivalentes (**princípio da assimilação**)".

O art. 4.º da LPI, por sua vez, determina o seguinte: "as disposições dos tratados em vigor no Brasil são aplicáveis, em igualdade de condições, às pessoas físicas e jurídicas nacionais ou domiciliadas no País". Tal regra, que assegura tratamento isonômico a nacionais e estrangeiros em matéria de direito de propriedade industrial, também é decorrente do fato de o Brasil ser um país **unionista**, já que essa paridade de tratamento é uma das **regras de fundo** da Convenção da União de Paris.

3.7.1. Prioridade unionista

O art. 16 da LPI tem a seguinte redação: "ao pedido de patente depositado em país que mantenha acordo com o Brasil, ou em organização internacional, que produza efeito de depósito nacional, será assegurado direito de prioridade, nos prazos estabelecidos no acordo, não sendo o depósito invalidado nem prejudicado por fatos ocorridos nesses prazos".

Trata-se de norma condizente com os preceitos da já mencionada **Convenção da União de Paris**, que em seu art. 4.º determina que o primeiro pedido de patente depositado em um dos países da União e que sirva de base para depósitos de pedidos de patente futuros confere ao depositante um **direito de prioridade**, desde que esses depósitos de pedidos de patente futuros sejam feitos nos outros países dentro de **12 meses**. Confira-se, a propósito, o teor do art. 4.º da CUP:

> Aquele que tiver devidamente apresentado pedido de patente de invenção, de depósito de modelo de utilidade, de desenho ou modelo industrial, de registro de marca de fábrica ou de comércio num dos países da União, ou o seu sucessor, gozará, para apresentar o pedido nos outros países, do direito de prioridade durante os prazos adiante fixados.

Sobre o assunto, comenta Denis Borges Barbosa:

> Um dos mais antigos princípios internacionais relativos à propriedade industrial, o direito de prioridade é concedido aos titulares de um depósito estrangeiro, em oposição a qualquer depósito nacional subsequente. Pelo princípio da prioridade, um estrangeiro pode ter, em todos os demais países partícipes de um ato internacional, um prazo para requerer seus direitos, sem prejuízo da novidade e anterioridade.
>
> O efeito previsto nos atos internacionais para esta prioridade é a de que os fatos intercorrentes (por exemplo: o depósito de terceiros de igual invento em outro país) não prejudicarão o direito do titular da prioridade de haver o seu privilégio,

> mesmo se o depósito no país onde a prioridade é arguida só se fizer em data posterior, mas dentro do período de proteção estabelecido. Tal período é de um ano para as PI e MU e de seis meses para as DI e MI e marcas, segundo a Convenção de Paris (outros atos preveem prazos diferentes).[22]

Vale ressaltar que os pedidos de patente devem ser relacionados à mesma matéria e feitos pelo mesmo depositante (ou seus sucessores legais).

O direito de prioridade garante que o pedido depositado posteriormente em outro país não será invalidado por fatos ocorridos entre a data do primeiro depósito do pedido de patente (no país original) e as datas dos depósitos de pedidos posteriores (em outros países), mas desde que esses depósitos de pedidos posteriores, frise-se, tenham sido feitos no prazo de doze meses.

Assim, por exemplo, se alguém depositou um pedido de patente em outro país, terá prioridade para depositar esse pedido de patente no Brasil, se existir acordo internacional nesse sentido (como o Brasil é signatário da União de Paris, basta o outro país também ser um país unionista).

Perceba-se, porém, que **a prioridade não garante ao requerente a concessão da patente, porque cada país é independente para analisar os pedidos de proteção patentária e decidir conforme as regras do direito interno**. Nesse sentido:

> Importante notar que a prioridade não é um direito à patente nacional: constitui somente a faculdade de o pedido apresentado no Brasil ser considerado, para apuração de estado da técnica, à data do primeiro depósito no exterior. Apesar da prioridade, o pedido pode ser recusado, por razões específicas do procedimento brasileiro, ou até mesmo pela conclusão de que não há novidade. Como se viu ao tratarmos da Convenção de Paris, aplica-se aqui o princípio convencional da independência das patentes.[23]

3.7.2. Prioridade interna

Enquanto o art. 16 da LPI trata da chamada "prioridade externa" ou "prioridade unionista", **o art. 17 da LPI trata da "prioridade interna"**, que tem por base um depósito de pedido de patente anterior feito no Brasil: "o pedido de patente de invenção ou de modelo de utilidade depositado originalmente no Brasil, sem reivindicação de prioridade e não publicado, assegurará o direito de prioridade ao pedido posterior sobre a mesma matéria depositado no Brasil pelo mesmo requerente ou sucessores, dentro do prazo de 1 (um) ano".

O prazo da prioridade interna é de 1 ano.

Como o pedido depositado posteriormente, objeto da prioridade, tem que se referir à mesma matéria e ser feito pelo mesmo depositante (ou seus sucessores) do pedido anterior, este será arquivado.

[22] BARBOSA, Denis Borges. *Uma introdução à propriedade intelectual*. 2. ed. Rio de Janeiro: Lumen Juris, 2003. p. 331.

[23] BARBOSA, Denis Borges. *Uma introdução à propriedade intelectual*. 2. ed. Rio de Janeiro: Lumen Juris, 2003. p. 331.

4. O TRATAMENTO CONSTITUCIONAL DA MATÉRIA NO BRASIL

No plano constitucional, quase todas as Constituições brasileiras, ao longo de nossa história, cuidaram do direito de propriedade industrial.

A **nossa primeira Constituição, de 1824**, já se referia à proteção da propriedade industrial em seu art. 179, inciso XXVI, que assim dispunha: "os inventores terão propriedade de suas descobertas ou das produções. A lei lhes assegurará um privilégio exclusivo e temporário ou lhes remunerará em ressarcimento da perda que hajam de sofrer pela vulgarização".

A **Constituição de 1891** também tratou do assunto, mantendo a garantia de privilégio aos inventores ao dispor, em seu art. 72, § 25, que "os inventos industriais pertencerão aos seus autores, aos quais ficará garantido por lei um privilégio temporário, ou será concedido pelo Congresso um prêmio razoável quando haja conveniência de vulgarizar o invento".

A **Constituição de 1934** praticamente não alterou a redação do texto constitucional anterior, assim dispondo em seu art. 113, item 18: "Os inventos industriais pertencerão aos seus autores, aos quais a lei garantirá privilégio temporário ou concederá justo prêmio, quando a sua vulgarização convenha à coletividade".

A **Constituição de 1937**, porém, não trouxe nenhuma referência expressa aos direitos de propriedade industrial.

A **Constituição de 1946**, por sua vez, voltou a dispor de forma expressa sobre as criações e os inventos industriais, fazendo-o no seu art. 141, § 17: "Os inventos industriais pertencem aos seus autores, aos quais a lei garantirá privilégio temporário ou, se a vulgarização convier à coletividade, concederá justo prêmio".

A **Constituição de 1967** também cuidou da matéria em seu art. 150, § 24, dispondo que "a lei garantirá aos autores de inventos industriais privilégio temporário para sua utilização e assegurará a propriedade das marcas de indústria e comércio, bem como a exclusividade do nome comercial".

Finalmente, a **nossa atual Carta Magna, de 1988**, seguindo a tradição constitucional brasileira quanto a esse tema, cuida dos direitos de propriedade industrial na parte dos direitos e garantias individuais, estabelecendo, em **seu art. 5º, inciso XXIX**, o seguinte: **"a lei assegurará aos autores dos inventos industriais privilégio temporário para sua utilização, bem como proteção às criações industriais, à propriedade das marcas, aos nomes de empresas e a outros signos distintivos, tendo em vista o interesse social e o desenvolvimento tecnológico e econômico do País"**.

Portanto, a **Lei 9.279/1996**, que cuida dos direitos de propriedade industrial no Brasil, foi editada para atender um comando constitucional específico, previsto no art. 5º, inciso XXIX da CF/1988.

5. PROPRIEDADE INDUSTRIAL OU MONOPÓLIO INDUSTRIAL?

O art. 1.º da Lei 9.279/1996 tem a seguinte redação: "esta Lei regula direitos e obrigações relativos à **propriedade industrial**".

Apesar de o dispositivo legal se referir a "propriedade industrial" e de o termo genérico "propriedade intelectual" já estar consagrado, não há consenso acerca da natureza de "propriedade" desses direitos, de modo que muitos estudiosos preferem usar outras expressões, como **"privilégio intelectual/industrial"** ou **"monopólio intelectual/industrial"**.

> Considerar o direito do inventor como *direito de propriedade* tem livre curso na doutrina e legislação sobretudo nos países latinos, desde que adotada no Congresso Internacional de Paris de 1878, todavia, na moderna doutrina italiana, Franceschelli, Ferro, Corrado, Grosso e Sena qualificam os direitos de propriedade industrial e intelectual como *direitos de monopólio*.[24]

Uma linha de argumentação em defesa das patentes (e dos direitos de propriedade intelectual em geral) como um "direito de propriedade" se baseia no conceito de **apropriação original** (***homesteading***) formulado por John Locke: como os indivíduos têm direito natural aos frutos de seu próprio trabalho, tudo o que uma pessoa cria com seu próprio esforço e inteligência só poderia pertencer a ela e a ninguém mais, pois o que ela fez não existiria senão pelo próprio trabalho.

Essa abordagem ganhou força com a Declaração Universal dos Direitos do Homem, de 1948, que afirma "o direito à proteção dos interesses morais e materiais resultantes de trabalhos científicos, literários ou artísticos pelo seu autor". Ayn Rand, por exemplo, parecia seguir essa abordagem:

> O que as leis de patentes e de direitos autorais reconhecem é o papel fundamental do esforço mental na produção de valores materiais; essas leis protegem a contribuição da mente em sua forma mais pura: a criação de uma ideia. O cerne das patentes e dos direitos autorais é a propriedade intelectual.
>
> Uma ideia, como tal, não pode ser protegida até que tenha obtido uma forma material. Uma invenção tem de ser incorporada em um modelo físico antes que possa ser patenteada; uma história tem de ser escrita ou impressa. Mas o que a patente ou o direito autoral protege não é o objeto físico em si, mas a ideia que ele encarna. Proibindo a reprodução não autorizada do objeto, a lei declara, com efeito, que o trabalho físico de copiar não é a fonte do valor do objeto, que esse valor é criado pelo autor da ideia e não pode ser usado sem o seu consentimento; assim, a lei estabelece o direito de propriedade de uma mente sobre o que trouxe à existência.
>
> É importante notar, a esse respeito, que uma descoberta não pode ser patenteada, mas apenas uma invenção. Uma descoberta científica ou filosófica, que identifica uma lei da natureza, um princípio ou um fato da realidade não conhecido anteriormente, não pode ser propriedade exclusiva do descobridor, por que: (a) ele não criou essas coisas, e (b) se ele se preocupa em tornar sua descoberta pública, alegando que ela seja verdadeira, ele não pode exigir que os homens continuem a perseguir ou praticar falsidades, salvo com a sua permissão. Ele pode escrever um livro no qual ele apresenta a sua descoberta e exigir que a sua autoria da descoberta seja reconhecida, e que nenhum outro homem possa plagiar seu trabalho, mas ele não pode ter direitos autorais sobre o conhecimento teórico. Patentes e direitos autorais cabem somente para a aplicação prática do conhecimento, para a criação de um objeto específico que não existe na natureza, um

[24] DOMINGUES, Douglas Gabriel. *Comentários à lei de propriedade industrial*. Rio de Janeiro: Forense, 2009. p. 17.

> objeto que, no caso de patentes, poderia nunca ter existido se seu criador não existisse; e, no caso dos direitos de autor, nunca teria existido.
>
> O governo não "concede" uma patente ou direitos autorais no sentido de um presente, privilégio ou favor; o governo só protege, ou seja, o governo certifica a origem de uma ideia e protege o direito exclusivo de seu dono.[25]

Um primeiro problema dessa defesa jusnaturalista dos direitos de "propriedade intelectual" está na arbitrariedade da sua concessão, especialmente no âmbito das patentes, já que **nem toda criação/invenção é patenteável**. Como se verá com mais detalhes adiante, as leis de "propriedade industrial" - que geralmente seguem as mesmas regras e princípios, em razão de variados Tratados Internacionais sobre a matéria - não admitem a concessão de patentes sobre "descobertas, teorias científicas e métodos matemáticos", tampouco sobre "concepções puramente abstratas",[26] por mais complexas e relevantes que elas possam ser.

> O espírito humano possui uma espantosa capacidade de criação. O seu ponto mais alto está na criação das ideias. Prolonga-se depois na expressão destas, na inventividade, na aplicação industrial, na execução artística. Mas nem por isso toda a criação intelectual é protegida por um direito intelectual exclusivo. Podemos mesmo dizer que os pontos mais altos do gênio humano não recebem nenhuma proteção. Antes de mais, as ideias. As grandes concepções filosóficas, por exemplo. Também as descobertas. As geniais teorias científicas. Ou os estilos de arte. Ou os modos de representação e execução artísticas. Tudo isto é livre. Pode ser imediatamente apoderado ou imitado por quem deles tiver conhecimento.[27]

Em contrapartida, inventos simples, mas que possuem alguma "aplicação prática", são patenteados constantemente e rendem bastante dinheiro aos seus criadores/inventores. Em suma: **uma invenção/criação teórica complexa, ainda que genial e feita após grande esforço intelectual, como a fórmula $E=mc^2$** (fórmula de equivalência massa-energia, "descoberta" por Einstein), não merece proteção legal. Já uma criação/invenção prática simples, como um "lacre para conservas" ou um "porta sabão em pó com dosador",[28] pode embasar a concessão de patentes valiosas. Ora, não há como negar a arbitrariedade dessa distinção, como bem destacado por Stephan Kinsella:

> Um problema com a abordagem da criação é que ela quase que invariavelmente protege apenas certos tipos de criações - a menos que cada ideia útil que alguém elabore esteja sujeita a posse. Mas a distinção entre o que é protegido e o que não é protegido é necessariamente arbitrária. Por exemplo, verdades matemáticas ou científicas não podem ser protegidas sob as leis atuais com base no fato de que o comércio e interação social seriam interrompidos gradualmente caso cada nova frase e verdade filosófica fossem considerados propriedade exclusiva

25 RAND, Ayn. *Capitalism*: the unknown ideal. New York: New American Library, 1967. p. 130 (tradução livre).

26 Art. 10 da Lei n.º 9.279/1996. Não se considera invenção nem modelo de utilidade: I - descobertas, teorias científicas e métodos matemáticos; II - concepções puramente abstratas.

27 ASCENSÃO, José Oliveira. A pretensa "propriedade" intelectual. *Revista do Instituto dos Advogados de São Paulo*, v. 20, p. 243-254, jul. 2007.

28 Patente de invenção n.º 9101018-7 (processo para formação de um furo de alívio portador de lacre obturador destacável, em tampas metálicas, destinadas ao fechamento inviolável e à vácuo de copos outras embalagens de vidro) e Patente de modelo de utilidade n.º 7702338-2 (disposição construtiva em porta sabão em pó e similares). Fonte: <www.secitec.mt.gov.br>. Acesso em: 5 dez. 2012.

> de seu criador. Por essa razão, patentes só podem ser obtidas para "aplicações práticas" de ideias, mas não para ideias mais abstratas ou teóricas. Rand concorda com esse tratamento diferenciado, ao tentar distinguir entre uma descoberta não patenteável e uma invenção patenteável. Ela argumenta que uma "descoberta científica ou filosófica, que identifica uma lei natural, um princípio ou um fato real previamente desconhecido" não é criado pelo descobridor.
>
> Mas a distinção entre criação e descoberta não é clara nem rigorosa. Não é evidente porque tal distinção, mesmo se clara, é eticamente relevante para definir direitos de propriedade. Ninguém cria matéria; apenas se manipula e lida com ela de acordo com leis físicas. Nesse sentido, ninguém de fato cria algo. Meramente se rearranja matéria em novos arranjos e padrões. Um engenheiro que inventa uma nova ratoeira rearranjou partes existentes para prover uma função até então não desempenhada. Outros que aprendem esse novo arranjo podem agora fazer uma ratoeira melhor. Ainda assim a ratoeira meramente segue as leis da natureza. O inventor não inventou a matéria da qual a ratoeira consiste, nem os fatos e leis exploradas para fazê-la funcionar.
>
> Similarmente, a "descoberta" de Einstein da relação $E=mc^2$, uma vez conhecida por outros, lhes permite manipular matéria de uma forma mais eficiente. Sem os esforços de Einstein ou do inventor, outros teriam sido ignorantes de certas leis causais, de maneiras em que a matéria poderia ser manipulada e utilizada. Tanto o inventor quanto o cientista teórico tomam parte em esforço mental criativo para produzir novas ideias, ideias úteis. Mas um é recompensado e outro não. Em um caso recente, o inventor de uma nova forma de calcular um número representando o caminho mais curto entre dois pontos – uma técnica extremamente útil – não foi agraciado com proteção de patentes porque se tratava "meramente" de um algoritmo matemático. Mas é arbitrário e injusto recompensar inventores mais práticos e provedores de entretenimento, tais como o engenheiro e o compositor, e deixar pesquisadores mais teóricos de ciência e matemática e filósofos sem recompensas. A distinção é inerentemente vaga, arbitrária e injusta.[29]

No excerto supratranscrito, Kinsella nos alerta para outra questão relevante: **nenhuma invenção é criada do nada, principalmente nos dias atuais**. No atual estágio de desenvolvimento da sociedade, tudo o que se cria ou se inventa, por mais inovador que seja, é resultado de uma gama enorme de conhecimento acumulado ao longo do tempo, e isso nos leva a outro problema das patentes: como atribuir valor ao trabalho intelectual realizado pelo inventor? Afinal, se o inventor tem direito natural de propriedade relativo aos frutos do seu trabalho intelectual, a ele só seria devido o valor equivalente à sua contribuição, o que não corresponde necessariamente ao valor total da obra resultante, já que ideias partem sempre de outras previamente concebidas e difundidas. Nesse sentido, observa Butler Shaffer:

> A proposição de que o conhecimento e as ideias podem ser transformados em propriedade exclusiva de quem descobre ou expressa o que era até então desconhecido é algo contrário à natureza da mente inteligente, cujo conteúdo é montado a partir de uma mistura de experiências de outros e de si mesmo. Até mesmo a linguagem com que alguém formula e comunica seu conhecimento para os outros foi provida por antecessores.[30]

[29] KINSELLA, Stephan. *Contra a propriedade intelectual.* Trad. Rafael Hotz. São Paulo: Instituto Ludwig von Mises Brasil, 2010. p. 20-22.

[30] SHAFFER, Butler. *A libertarian critique of intellectual property.* Auburn: Ludwig von Mises Institute, 2013. p. 30. (tradução livre)

O *smartphone*, por exemplo, é uma criação desenvolvida a partir de ideias e tecnologias que remontam à invenção do telefone. Nessa perspectiva, seria injusto afirmar que o inventor do *smartphone* – por ser este fruto de seu labor intelectual – tem direito natural ao valor total atribuído à sua invenção. O *smartphone*, na verdade, é resultado do esforço intelectual combinado de vários inventores ao longo de mais de uma centena de anos. Por outro lado, dificilmente alguém poderá sugerir que Graham Bell pôde se apropriar inteiramente dos frutos decorrentes do seu trabalho na invenção do telefone, frutos estes que repercutem até os dias de hoje, obviamente. Nesse sentido, Butler Shaffer mais uma vez questiona:

> Se realmente acreditamos que o processo criativo requer que o Estado conceda aos inventores e descobridores uma imunidade para impedir que suas obras sejam usadas por outros, vamos exigir que os produtores modernos compensem os descendentes de criadores anteriores pelo trabalho preliminar deles ou, alternativamente, abandonem as suas pretensões de recompensas por sua suposta "originalidade"? A General Motors, a Chrysler, a Harley-Davidson e a SchwinnBicycleCompany deveriam ser obrigadas a pagar *royalties* para a prole (se for possível identificá-la) do inventor da roda? Simon & Schuster, RandomHouse e inúmeras editoras universitárias devem pagar *royalties* aos herdeiros de Johann Gutenberg pela utilização da sua invenção, que tornou possível seus negócios? Deveriam as orquestras sinfônicas ser obrigadas a pagar *royalties* para os descendentes dos compositores cujas músicas elas tocam?[31]

Alguém pode tentar refutar o questionamento de Shaffer, transcrito acima, apontando o fato de que **as patentes e os demais privilégios intelectuais possuem prazo de vigência**. Ocorre que isso, na verdade, só corrobora a crítica à consideração desses monopólios temporários como "direitos de propriedade", pois se fossem realmente propriedade dos seus criadores/inventores, não deveriam ter prazo de duração. Além disso, **o próprio estabelecimento desses prazos é também questionável, pois a sua definição também é absolutamente arbitrária**. Nas palavras de Kinsella:

> Além disso, adotar um término limitado para direitos sobre PI, oposto a um direito perpétuo, também requer arbitrariedade. Por exemplo, patentes duram por vinte anos após a data de arquivamento, enquanto direitos autorais duram, no caso de autores individuais, por setenta anos após a morte do autor. Ninguém pode manter seriamente que noventa anos para uma patente é muito pouco, e que vinte anos é muito, mais do que o preço atual para um galão de leite pode ser objetivamente classificado como muito baixo ou muito alto. Assim, um problema com a abordagem de direitos naturais validando a PI é que ela necessariamente envolve distinções arbitrárias com respeito a que classes de criações merecem proteção, e com respeito ao término da proteção.[32]

Nesse ponto, cabe uma observação: por mais que sejam arbitrários os critérios para delimitação dos prazos de vigência das patentes e dos demais privilégios intelectuais, ainda bem que eles existem. Com efeito, **se esses monopólios intelectuais**

31 SHAFFER, Butler. *A libertarian critique of intellectual property.* Auburn: Ludwig von Mises Institute, 2013. p. 37-38. (tradução livre)

32 KINSELLA, Stephan. *Contra a propriedade intelectual.* Trad. Rafael Hotz. São Paulo: Instituto Ludwig von Mises Brasil, 2010. p. 22.

fossem eternos, provavelmente a vida humana se tornaria impossível, como bem percebido por Kinsella:

> Ao aumentar o escopo da PI, e ao aumentar sua duração ao evitar fazer distinções arbitrárias como Rand, a absurdidade e a injustiça causada pela PI ficam ainda mais pronunciadas (como Galambos demonstra). E, ao estender o término das patentes e direitos autorais infinitamente, gerações subsequentes seriam sufocadas pelas crescentes restrições sobre seu próprio uso de propriedade. Ninguém seria capaz de manufaturar – ou mesmo usar – uma lâmpada sem pedir permissão aos herdeiros de Edison. Ninguém seria capaz de construir uma casa sem pedir permissão aos herdeiros do primeiro proto-humano que deixou as cavernas e construiu uma cabana. Ninguém poderia usar uma variedade de técnicas de salvamento, químicas, ou tratamentos sem obter permissão de vários descendentes sortudos e ricos. Ninguém seria capaz de ferver água para purificá-la, ou usar conservas para preservar comida, a menos que obtivesse uma licença dos originadores (ou seus distantes herdeiros) de tais técnicas. Tais direitos ideais desimpedidos se constituiriam numa ameaça aos direitos de propriedade tangíveis, e ameaçaria a sobrepujá-los. Todo uso de propriedade tangível seria impossível, uma vez que todo uso concebível de propriedade, cada ação, estaria infringindo um dos milhões de direitos sobre PI acumulados, e a raça humana morreria de inanição.[33]

Ainda sob essa perspectiva jusnaturalista de defesa das patentes e dos demais privilégios/monopólios intelectuais, também se argumenta que seria justo reconhecer direito aos frutos do trabalho intelectual como forma de recompensar o seu criador. Entretanto, além de a identificação da contribuição útil de cada inventor ser impossível, o que faz com que a lei acabe por conceder direitos com base em critérios invariavelmente arbitrários, há outra falha lógica nesse **argumento da "recompensa"**: ele considera que a única recompensa possível ao criador é a concessão de privilégios de exclusividade sobre suas criações. Mas será que os grandes feitos da humanidade só podem ser recompensados com o deferimento de um monopólio legal? E a gratidão, o reconhecimento público, os prêmios, os elogios, o *status* etc.? Nada disso seria uma recompensa justa ao criador? **A única recompensa justa é permitir que ele proíba qualquer outra pessoa de usar seu invento sem sua permissão? A arbitrariedade, aqui, também nos parece clara.**[34]

Vale ressaltar, quanto a esse ponto, que pessoas que acham justo recompensar pecuniariamente o criador/inventor são livres para fazê-lo não apenas com doações, mas sobretudo privilegiando a compra dos seus produtos ou serviços em detrimento dos demais empreendedores que o imitarem. Assim, por exemplo, se um defensor da "propriedade intelectual" deseja comprar um produto inovador recentemente lançado, e acha legítimo recompensar a pessoa ou a empresa que o criou/inventou,

---

33 KINSELLA, Stephan. *Contra a propriedade intelectual*. Tradução de Rafael Hotz. São Paulo: Instituto Ludwig von Mises Brasil, 2010. p. 23.

34 A defesa radical da propriedade intelectual pode nos conduzir a situações absurdas, como lembrou Kinsella: "Galambos supostamente levou suas ideias a extremos ridículos, alegando direito de propriedade sobre suas próprias ideias e obrigando seus estudantes a não repeti-las; colocando um níquel numa caixinha sempre que usava a palavra 'liberty', como um tributo aos descendentes de Thomas Paine, o suposto inventor da palavra 'liberty'; e ao mudar seu nome original de Joseph Andrew Galambos (Jr., presumivelmente) para Andrew Joseph Galambos, para evitar infringir os direitos sobre o nome de seu pai homônimo": KINSELLA, Stephan. *Contra a propriedade intelectual*. Trad. Rafael Hotz. São Paulo: Instituto Ludwig von Mises Brasil, 2010. p. 23.

basta comprar diretamente dela, discriminando eventuais imitadores. O que não se justifica é tentar impor que todas as outras pessoas tomem a mesma decisão.

Há ainda outro problema com as patentes e demais privilégios intelectuais, também grave: o próprio John Locke condicionava o direito de propriedade sobre os frutos do próprio labor, afirmando que não poderia haver prejuízo à posição de terceiros. Entretanto, segundo as leis de "propriedade industrial", o inventor que primeiro conseguir a patente pode condicionar a produção, o uso e a venda do invento patenteado por terceiros, ainda que estes tenham alcançado o mesmo resultado criativo de forma independente.

Isso faz com que o detentor de um monopólio intelectual, na verdade, se torne dono da propriedade tangível de terceiros. Basta imaginar um objeto patenteado qualquer: mesmo que eu tenha a matéria-prima necessária para fazer esse objeto e consiga fabricá-lo, ele não me pertencerá por completo, já que o titular da patente pode me impedir de usá-lo como eu bem entender. Nesse sentido, afirma Murray Rothbard:

> Alguns defensores das patentes afirmam que elas não são privilégios de monopólio, mas simplesmente direitos de propriedade em invenções, ou mesmo em "ideias". Mas, no livre mercado, ou no libertarianismo, o direito de todos à propriedade é defendido sem patentes. Se alguém tiver uma ideia ou plano e produz algo que, posteriormente, é roubado de sua casa, o roubo é uma ação ilegal diante da lei geral. Por outro lado, as patentes realmente invadem os direitos de propriedade dos descobridores independentes de uma ideia ou uma invenção que calham de fazer a descoberta após o detentor da patente. Estes inventores e inovadores são impedidos pela força de empregar as próprias ideias e os próprios bens. [...] As patentes, portanto, invadem em vez de defender os direitos de propriedade. A falácia do argumento de que as patentes protegem os direitos de propriedade das ideias é demonstrado pelo fato de que nem todos, mas apenas certos tipos de ideias originais e alguns tipos de inovações, são considerados legalmente patenteáveis. Numerosas ideias novas nunca são tratadas como passíveis de uma concessão de patente.[35]

Ademais, Locke também não admitia desperdício na aquisição de propriedade. Para ele, o proprietário não poderia se apropriar de mais do que preciso e destruir ou desperdiçar o resto que encontrasse. Ora, mas quando o detentor de uma patente, por exemplo, previne o seu uso por terceiros (ou proibindo ou cobrando para tanto), há um claro desperdício, já que ideias (ou expressões de ideias – as invenções), sendo não exclusivas, poderiam ser utilizadas por inúmeras outras pessoas de forma benéfica, até mesmo para o aperfeiçoamento dessas próprias ideias.

Do que se expôs até aqui, portanto, parece-nos claro que **o grande erro da defesa jusnaturalista dos privilégios intelectuais, mais precisamente as patentes, é focar na criação, e não na escassez, como origem e justificativa para os direitos de propriedade**. Afinal, é por serem escassos que os bens tangíveis/materiais precisam ter sua propriedade privada definida de forma clara e justa, a fim de evi-

35 ROTHBARD, Murray N. *Governo e mercado*: a economia da intervenção estatal. Trad. Xavier de Brito e Alessandra Lass. São Paulo: Instituto Ludwig von Mises Brasil, 2012. p. 93.

tar conflitos interpessoais sobre eles. Nesse sentido, são precisas as lições de Hans-Hermann Hoppe:

> Permita-se-nos começar com uma elucidação da precondição necessária para emergir o conceito de propriedade. Para surgir um conceito de propriedade, deve haver uma escassez de bens. Se não houvesse nenhuma escassez e todos os bens passassem a ser chamados de "bens livres", cujo uso por qualquer pessoa e para qualquer finalidade de modo nenhum excluísse (ou interferisse ou restringisse) seu uso por qualquer outra pessoa para qualquer outra finalidade, então não haveria necessidade da propriedade.
>
> Permita-se-nos afirmar que, se devido a alguma paradisíaca superabundância de bananas, meu atual consumo de bananas não reduzir de modo algum meu próprio suprimento futuro (consumo possível) de bananas, nem o consumo presente ou futuro de bananas de qualquer outra pessoa, então a atribuição de direitos de propriedade, aqui com respeito às bananas, seria supérflua. Para desenvolver o conceito de propriedade, é necessário que haja escassez de bens, de modo que os conflitos sobre o uso destes bens possivelmente possam emergir. É a função dos direitos de propriedade evitar tais possíveis conflitos sobre o uso de recursos escassos atribuindo direitos de exclusiva propriedade. A propriedade é então um conceito normativo, destinado a tornar possível uma interação livre de contendas, ao estipular normas de conduta mutuamente obrigacionais com relação aos recursos escassos. Não é necessário comentar muito para ver que existe, de fato, escassez de bens – de toda sorte de bens – em qualquer lugar, e que a necessidade de direitos de propriedade é por isto evidente.[36]

No mesmo sentido, também se manifesta Kinsella:

> A natureza contém, então, coisas que são economicamente escassas. Meu uso de alguma coisa conflita com (exclui) seu uso dela, e vice-versa. A função dos direitos de propriedade é prevenir conflito interpessoal quanto a recursos escassos, ao alocar posse exclusiva de recursos a indivíduos específicos (donos). Ao cumprir essa função, direitos de propriedade devem ser visíveis e justos. Claramente, para que os indivíduos evitem usar propriedade possuída por outros, limites e direitos de propriedade devem ser objetivos (intersubjetivamente definíveis): eles devem ser visíveis. Por essa razão, direitos de propriedade devem ser objetivos e não ambíguos. Em outras palavras, "boas cercas criam bons vizinhos".
>
> [...]
>
> Mas com certeza é claro que, dada a origem, a justificativa e a função dos direitos de propriedade, que eles são aplicáveis apenas a bens escassos. Caso estivéssemos num Jardim do Éden onde a terra e outros bens fossem infinitamente abundantes, não haveria escassez, e, portanto, nenhuma necessidade de direitos de propriedade; conceitos de propriedade não fariam sentido. A ideia de conflito, e a ideia de direitos, sequer surgiriam. Por exemplo, o fato de você pegar meu cortador de grama não acabaria me privando de um se eu pudesse encantar outro com um piscar de olhos. Pegar o cortador nessas circunstâncias não seria "roubo". Direitos de propriedade não são aplicáveis a coisas de abundância infinita, porque não há como haver conflito quanto a elas.[37]

---

[36] HOPPE, Hans-Hermann. *Uma teoria do socialismo e do capitalismo.* Trad. Bruno Garschagen. São Paulo: Instituto Ludwig von Mises Brasil, 2013. p. 17-18.

[37] KINSELLA, Stephan. *Contra a propriedade intelectual.* Trad. Rafael Hotz. São Paulo: Instituto Ludwig von Mises Brasil, 2010. p. 25-27.

Assim, uma vez reconhecida a escassez dos bens tangíveis/materiais, é imprescindível definir regras claras e justas para determinação da propriedade privada deles, como a regra lockeana do "primeiro ocupante", a fim de evitar conflitos. Sem regras claras e justas de definição dos direitos de propriedade sobre bens escassos, conflitos não seriam evitados, mas exponencialmente criados.

Portanto, **o mais grave problema do "direito de propriedade intelectual", especialmente percebido no âmbito das patentes, é que ele protege bens intangíveis/imateriais que não são escassos e, ademais, não podem ser alocados segundo regras claras e justas, como a do "primeiro ocupante"**. No dizer de Kinsella:

> Assim como o cortador de grama magicamente reproduzível, ideias não são escassas. Se eu inventar uma técnica para colher algodão, o fato de você colher algodão dessa forma não tira essa técnica de mim. Eu ainda possuo minha técnica (assim como meu algodão). Seu uso não exclui o meu; podemos ambos usar minha técnica para colher algodão. Não há escassez econômica, e nenhuma possibilidade de conflito quanto ao uso de um recurso escasso. Assim, não há necessidade de exclusividade.
>
> [...]
>
> Como Thomas Jefferson – ele mesmo um inventor, bem como o primeiro Examinador de Patentes dos EUA – escreveu, "aquele que recebe uma ideia de mim recebe instrução sem diminuir a minha; da mesma forma aquele que acende sua vela perto de mim, recebe luz sem me escurecer". Como o uso da ideia de outros não os priva da mesma, nenhum conflito quanto ao uso é possível; ideias, então, não são candidatas a possuírem direitos de propriedade.[38]

O que o Estado faz, pois, ao conceder patentes e outros direitos de exploração econômica exclusiva sobre ideias e demais criações, é **criar escassez de forma artificial, injusta e violenta**. O Estado confere um monopólio temporário a um criador ou inventor, segundo regras arbitrárias, e assim transforma um bem não escasso em um bem escasso, em prejuízo de toda a sociedade. Nesse sentido:

> Ideias não são naturalmente escassas. Entretanto, ao reconhecer um direito sobre um objeto ideal, se cria escassez onde não existia antes. Como explica Arnold Plant:[39] "É uma peculiaridade dos direitos de propriedade sobre patentes (e direitos autorais) que eles não apareçam da escassez dos objetos que são apropriados. Eles não são uma consequência da escassez. Eles são a criação deliberada de leis estatuárias, e, ao passo que em geral a instituição da propriedade privada colabora com a preservação dos bens escassos, tendendo... 'a aproveitar o máximo deles', direitos de propriedade sobre patentes e direitos autorais tornam possível a criação de uma escassez dos produtos apropriados que caso contrário não poderia ser mantida".
>
> Bouckaert[40] também argumenta que é a escassez natural o que dá origem à necessidade de regras de propriedade, e que leis de PI criam uma escassez

38 KINSELLA, Stephan. *Contra a propriedade intelectual.* Trad. Rafael Hotz. São Paulo: Instituto Ludwig von Mises Brasil, 2010. p. 27-28.

39 PLANT, Arnold. The economic theory concerning patents for inventions. *Selected Economic Essays and Addresses.* London: Routledge & Kegan Paul, 1974. p. 36.

40 BOUCKAERT, Boudewijn. What is property?. Symposium: Intellectual Property. *Harvard Journal of Law & Public Policy,* v. 13, n. 3, p. 793, 1990.

> artificial, injusta. Como ele nota: "Escassez natural é o que se segue da relação entre o homem e a natureza. A escassez é natural quando é possível concebê-la perante qualquer arranjo humano contratual, institucional. Escassez artificial, por outro lado, é o resultado de tais arranjos. Escassez artificial dificilmente pode servir como uma justificativa para o arcabouço legal que causa tal escassez. Tal argumento seria completamente circular. Pelo contrário, a escassez artificial em si precisa de uma justificativa."[41]

Ademais, como já dito, ao criar escassez artificialmente, concedendo a exclusividade da exploração econômica de determinadas ideias aos seus criadores ou inventores, o Estado transforma o titular da patente e de outros privilégios intelectuais num proprietário do corpo e dos bens materiais de todas as outras pessoas, as quais ficam impedidas de usar sua mente, sua força de trabalho e seus recursos da forma que quiserem.

Com efeito, uma patente permite que o seu titular (o inventor assim reconhecido pelo Estado) proíba todas as outras pessoas de explorarem economicamente o objeto patenteado, ou pelo menos exija delas uma retribuição pecuniária (*royalties*), ainda que essas outras pessoas, ao fazerem uso daquela "ideia" patenteada, utilizem bens e recursos que são seus (dinheiro, utensílios, instalações etc.). Fica claro, pois, que a patente transformou seu titular em uma espécie de coproprietário dos bens e recursos escassos de todas as outras pessoas, de modo que **a patente não pode ser qualificada como algo que protege a propriedade intangível de alguém, mas sim como algo que agride a propriedade tangível de outrem**. Nesse sentido, diz Hoppe:

> A PI permite que o inventor (I) ou o "primeiro criador" de um produto – um texto, uma figura, uma música ou qualquer outra coisa – proíba todas as outras pessoas de fazerem uma réplica deste produto; ou, no mínimo, que ele cobre uma licença de uso, mesmo que o replicador (R) esteja utilizando exclusivamente a sua própria propriedade (e não se aposse de nenhuma propriedade de I). Desta forma, I é elevado à condição de coproprietário da propriedade de R.
>
> Ou seja, direitos de Propriedade Intelectual não são propriedade, mas sim um ataque à propriedade alheia – e, logo, completamente ilegítimos. Ideias – receitas, fórmulas, declarações, argumentações, algoritmos, teoremas, melodias, padrões, ritmos, imagens etc. – certamente são bens (na medida em que são bons e úteis), mas não são bens escassos. Tão logo as ideias são formuladas e enunciadas, elas se tornam bens não escassos, inexauríveis. Suponha que eu assobie uma melodia ou escreva um poema, e você ouça a melodia ou leia o poema e, ato contínuo, os reproduza ou copie. Ao fazer isso, você não expropriou absolutamente nada de mim. Eu posso assobiar e escrever como antes. Com efeito, o mundo todo pode copiar de mim e, ainda assim, nada me foi tomado. (Se eu não quiser que ninguém copie minhas ideias, tudo que eu tenho de fazer é mantê-las para mim mesmo, sem jamais expressá-las.)
>
> Agora, imagine que eu realmente possua um direito de propriedade sobre minha melodia de tal modo que eu possa proibir você de copiá-la ou até mesmo exigir um *royalty* de você caso o faça. Primeiro: isso não implica, por sua vez, que eu também tenha de pagar *royalties* para a pessoa (ou para seus herdeiros) que

[41] KINSELLA, Stephan. *Contra a propriedade intelectual*. Trad. Rafael Hotz. São Paulo: Instituto Ludwig von Mises Brasil, 2010. p. 28-29.

> inventou o assobio e a escrita? Mais ainda: para a pessoa (ou seus herdeiros) que inventou a linguagem e a criação de sons? Quão absurdo é isso?
>
> Segundo: ao impedir que você assobie minha melodia ou recite meu poema, ou ao obrigá-lo a pagar caso faça isso, estou na realidade me transformando em seu proprietário (parcial): proprietário parcial de seu corpo, de suas cordas vocais, de seu papel, de seu lápis etc. porque você não utilizou nada exceto a sua própria propriedade quando me copiou. Se você não mais pode me copiar, então isso significa que eu, o dono da propriedade intelectual, expropriei de você a sua "real" propriedade. Donde se conclui: direitos de propriedade intelectual e direitos de propriedade real são incompatíveis, e a defesa da propriedade intelectual deve ser vista como um dos mais perigosos ataques à ideia de propriedade "real" (sobre bens escassos).[42]

No mesmo sentido, afirma Kinsella:

> O que, afinal, está realmente errado em reconhecer "novos" direitos de propriedade? Afinal, uma vez que novas ideias, criações artísticas e inovações continuamente nos enriquecem, qual é o mal em se "modernizar" e reconhecer novas formas de propriedade? O problema é que se direitos de propriedade são reconhecidos sobre recursos não escassos, isso necessariamente significa que direitos de propriedade sobre recursos tangíveis são correspondentemente diminuídos. Isso porque a única forma de reconhecer direitos ideais em nosso mundo real, escasso, é alocar direitos sobre bens tangíveis. O fato de eu possuir um direito efetivo de patente – um direito sobre uma ideia ou padrão, não sobre um recurso escasso – significa que eu tenho algum controle sobre os recursos escassos de todos os outros. [...] o defensor da PI deve propor alguma regra de apropriação seguindo as linhas adiante: "uma pessoa que apareça com uma ideia útil ou criativa que possa guiar ou direcionar um agente no uso de sua própria propriedade tangível ganha instantaneamente um direito de controle sobre todas as outras propriedades tangíveis no mundo, com respeito ao uso similar dessa propriedade". Essa nova técnica de apropriação é tão poderosa que dá ao criador direitos sobre propriedade tangível já possuída por terceiros. Por exemplo, ao inventar uma nova técnica para cavar um poço, o inventor pode prevenir todos os demais no mundo de cavar poços de tal maneira, mesmo com sua própria propriedade. Para usar outro exemplo, imagine o tempo em que os homens viviam em cavernas. Um cara esperto – vamos chamá-lo de Galt-Magnon – decide construir uma cabana de troncos num campo aberto, perto de sua plantação. Com certeza é uma boa ideia, e outros perceberam. Eles naturalmente imitam Galt-Magnon, e começam a construir suas próprias cabanas. Mas o primeiro homem a inventar uma casa, de acordo com os defensores da PI, teria o direito de impedir outros de construírem casas em sua própria terra, com seus próprios troncos, ou cobrar uma taxa caso eles decidam construir casas. É claro que o inovador nesses exemplos se torna um dono parcial da propriedade tangível (por exemplo, terra e troncos) de outros, não devido à primeira ocupação e uso daquela propriedade (uma vez que ela já está possuída), mas devido ao fato de ter aparecido com uma ideia. Claramente essa regra é um insulto à regra do primeiro usuário ocupante, arbitrariamente e sem bases deslocando a própria regra de apropriação que está na base de todos os direitos de propriedade.
>
> Não há, de fato, razão alguma para que a mera inovação dê ao inovador posse parcial de propriedade já possuída por outros. Só porque uma regra pode ser

---

[42] Trecho de uma entrevista concedida pelo Professor Hans-Hermann Hoppe à revista alemã *Junge Freiheit*, publicada em 2 nov. 2012. Versão em português disponível em: <http://www.mises.org.br/Article.aspx?id=1495>. Acesso em: 15 abr. 2014.

> proposta não significa que é funcional ou justa. Há muitas regras arbitrárias que podem ser imaginadas através das quais direitos de propriedade podem ser alocados. Por exemplo, um racista poderia propor que qualquer pessoa branca pode se apropriar de qualquer propriedade já apropriada por uma pessoa negra. Ou: o terceiro ocupante de um recurso escasso se torna seu dono. Ou: Estado pode se apropriar de todos os bens de capital, mesmo se já adquiridos antes por indivíduos. Ou: por decreto legislativo, o Estado pode se apropriar, na forma de impostos, de parte da propriedade já possuída por indivíduos privados. Todas essas regras arbitrárias de apropriação, incluindo a regra da PI, na qual inovadores se apropriam de controle parcial sobre recursos tangíveis de todos os outros, são injustificáveis. Todas elas conflitam com a única regra de apropriação justificável, a primeira ocupação. Nenhuma delas estabelece regras objetivas, justas, que evitem conflito interpessoal quanto a recursos escassos. Discussões de proteger direitos sobre "ideias", "criações", ou "coisas de valor" apenas servem para obscurecer o fato de que o defensor da PI se opõe ao direito não adulterado de se apropriar e possuir propriedade privada.[43]

É importante destacar que até mesmo autores que integram o *mainstream* acadêmico na área do direito de "propriedade intelectual" questionam o entendimento de que eles devem ser considerados como direitos de propriedade, e o fazem sob o mesmo argumento aqui ressaltado: ideias, criações ou invenções não são bens escassos. É o caso, por exemplo, de José Oliveira Ascensão, professor da Universidade de Lisboa e renomado estudioso desse ramo do direito. Diz ele, de forma clara e precisa:

> Os direitos intelectuais não são propriedade [...].
>
> Pode um direito, moldado durante milênios para bens materiais, estar adequado a reger bens imateriais? Admitir-se-ia que o objeto do direito se tenha assim evolado?
>
> A obra ou a invenção são coisas incorpóreas. Uma escultura, por exemplo, não é o bloco de pedra que materializa a criação artística, mas a própria ideia artística que na pedra ficou materializada. A mais-valia econômica do exemplar original é uma realidade alheia ao direito de autor; mesmo o chamado direito de sequência, nomeadamente, será um direito sobre o exemplar, mas em si não é conteúdo do direito de autor, pois este recai sobre a obra como bem incorpóreo. Ou, se quisermos, o direito de autor recai sobre a expressão intelectual da ideia e não sobre o suporte material desta. Quando se vende a estátua, não se aliena o direito de autor.
>
> A obra tem uma característica fundamental, que a diferencia das coisas corpóreas: a ubiquidade. A obra literária e artística não é aprisionável num dado continente. Comunica-se naturalmente a todos, desde que expressa ou revelada pelo seu autor. Não se desgasta com o uso, por mais extenso que ele seja. A poesia de Fernando Pessoa não se ressentiu com a globalização de que beneficiou.
>
> E com isto surge uma diferença radical da propriedade comum. O autor pode naturalmente usar sempre a sua obra. Em nada essa faculdade é diminuída pelo fato de terceiros a usarem também, ainda que sem autorização. Inversamente, um proprietário deixa de poder usar se um terceiro se apodera da coisa.
>
> Assim, o compositor continua a poder utilizar as suas sonatas, tocando-as no seu piano, ainda que estas sejam abusivamente exploradas por terceiro. Mas se lhe furtam o piano já não pode tocar; se lhe tiram os sapatos, fica descalço.

[43] KINSELLA, Stephan. *Contra a propriedade intelectual.* Trad. Rafael Hotz. São Paulo: Instituto Ludwig von Mises Brasil, 2010. p. 35-37.

> Esta diferença é radical. Os bens intelectuais, porque ubíquos, são inesgotáveis. As coisas corpóreas, pelo contrário, são de uso limitado. Cabe por isso ao direito, necessariamente, ditar as regras de utilização dessas coisas.
>
> [...]
>
> Bens como a terra, os navios, as máquinas, as coisas corpóreas em geral são raros. A utilização por uns priva os outros dessa utilização. Não obstante, as coisas raras são em larga medida repartidas, porque se parte do pressuposto que é preferível um mundo de coisas apropriadas para assim evitar a litigiosidade e tirar do interesse do titular a maior vantagem social.
>
> As coisas que não são raras, como o ar, a água do mar, os raios solares não são objeto de propriedade. Ficam naturalmente à disposição de todos.
>
> Os bens intelectuais não são raros. Como dissemos, são ubíquos e inesgotáveis. São passíveis de utilização cumulativa por todos, sem constrangimento para ninguém. Cabem assim na liberdade natural. Portanto, naturalmente, não seriam objeto de apropriação. Assim se viveu durante milênios, desde o aparecimento do homem até à invenção da imprensa.
>
> [...]
>
> Como é possível essa atribuição, se os bens intelectuais não são raros? Pela intervenção da regra jurídica, que rarifica artificialmente bens que não são raros.
>
> Procede-se tecnicamente através de regras proibitivas, que excluem a generalidade das pessoas do exercício daquela atividade. Todos, menos aquele que se quer beneficiar. Como todos os outros são afastados, este passa a usufruir de um círculo em que pode atuar sem concorrência.
>
> Esta é a técnica do exclusivo. Consiste em rarificar atividades que naturalmente seriam livres – o que é muito nítido em sociedades dominadas pelo princípio da liberdade de iniciativa econômica. Tornada rara, a atividade fica reservada para a pessoa beneficiada.
>
> [...]
>
> Concluindo: um direito intelectual não é um direito de utilização de bens. Consiste essencialmente na resultante da exclusão de terceiros de atividades relativas a bens intelectuais. É por isso um direito de exclusivo e não um direito de propriedade.[44]

Portanto, tudo o que foi exposto anteriormente resume bem por que **patentes e demais privilégios intelectuais não podem ser considerados como um direito de propriedade do seu criador/inventor, mas sim como um monopólio legal concedido pelo Estado, o qual cria escassez artificialmente** e, consequentemente, agride o direito de propriedade real das outras pessoas.

Assim, apesar de ser qualificada tanto pela lei quanto por parte da doutrina como um "direito de propriedade", a patente, pela sua própria definição – direito de exploração econômica exclusiva concedida pelo Estado – nada mais é do que um monopólio, tanto que seu **marco legal pioneiro foi exatamente o *Statue of Monopolies*, editado em 1623 na Inglaterra**. Essa lei, embora tenha restringido o poder da Coroa inglesa de conceder monopólios, excepcionou expressamente as patentes de invenção. Nesse sentido:

44 ASCENSÃO, José Oliveira. A pretensa "propriedade" intelectual. *Revista do Instituto dos Advogados de São Paulo*, v. 20, p. 243-254, jul. 2007.

> A patente representa um direito de monopólio desde os primórdios da legislação patentária: o *Statue of Monopolies* aprovado pelo Parlamento inglês em 1623 declarou nulos "os monopólios e cartas patentes de ou para a compra, venda, fabricação, exploração ou uso exclusivo de qualquer coisa dentro desse reino", com expressa exceção das patentes de invenção que eram mantidas por disposição do § VI, conservando pois expressamente o monopólio das patentes de invenção. [...]
>
> Destarte, como assinala Franceschelli, é muito natural que expressiva corrente doutrinária fale em monopólio de exploração, como Roubier, Ripert e Le Grand.[45]

Na verdade, **definir como propriedade as patentes e outros privilégios concedidos pelo Estado sobre ideias, criações e invenções foi uma artimanha para esconder o fato de que eles eram, de fato, privilégios.** Com efeito, quando os privilégios monopolísticos concedidos pela Coroa passaram a ser questionados e foram gradativamente restringidos, quiseram manter os monopólios dos criadores e inventores. Para tanto, forjou-se a infundada tese de que seriam um "direito de propriedade". Nesse sentido:

> A qualificação dos direitos intelectuais como propriedade derivou da necessidade histórica de dar outro nome aos antigos privilégios e persistiu graças à ambivalência da noção de propriedade.
>
> [...]
>
> Os países anglo-americanos não se preocuparam muito em saber se este direito representava um privilégio. Mas para a Revolução Francesa, que surge em ruptura com o passado, isso é essencial. A Revolução proclamou a abolição de todos os privilégios. Ficariam então abolidos os privilégios concedidos aos autores? Uma vez que eram concessões individuais e agora se exalta apenas o que resulta da lei geral e abstrata. Mas, como é sabido, a Revolução Francesa foi em primeira linha orientada pelos homens da pena – portanto, os principais interessados na proteção dos escritos. Rapidamente engendraram uma justificação da proteção que lhes interessava. Esta passava pelo recurso à propriedade. A propriedade era então divinizada. A Declaração dos Direitos do Homem e do Cidadão de 1789, no seu art. 17, proclamava: "Sendo a propriedade um direito inviolável e sagrado [...]". Convinha então buscar abrigo para a proteção dos autores na sombra da sagrada propriedade. Já se não tratava dos execráveis privilégios, era uma propriedade que se reivindicava. Mais ainda. O direito reclamado não é só de propriedade: é "a mais sagrada de todas as propriedades". É o sagrado do sagrado, a tender para uma proteção máxima. Temos assim que a qualificação como propriedade teve na origem uma emergência histórica que foi aproveitada. Origem ideológica, no mau sentido da palavra: qualifica-se, não por atender à natureza do ser, mas para obter resultados que interessam. Receamos que essa natureza ideológica continue a justificar a qualificação nos dias de hoje.[46]

Enfim, não há o que questionar: "uma patente é uma concessão de privilégio monopolista por parte do governo aos primeiros descobridores de certos tipos de invenções".[47] E, como todo monopólio – entendido na sua concepção correta, isto é,

[45] DOMINGUES, Douglas Gabriel. *Comentários à lei de propriedade industrial.* Rio de Janeiro: Forense, 2009. p. 24-25.

[46] ASCENSÃO, José Oliveira. A pretensa "propriedade" intelectual. *Revista do Instituto dos Advogados de São Paulo*, v. 20, p. 243-254, jul. 2007.

[47] ROTHBARD, Murray N. *Governo e mercado*: a economia da intervenção estatal. Trad. Márcia Xavier de Brito e Alessandra Lass. São Paulo: Instituto Ludwig von Mises Brasil, 2012. p. 93.

como criação de barreira legal à entrada de competidores –, uma patente configura agressão estatal à livre iniciativa e à livre concorrência, beneficiando o monopolista e prejudicado os consumidores e a sociedade.[48]

5.1. A defesa utilitarista dos monopólios intelectuais e suas falhas

Uma segunda linha de argumentação em favor das patentes e dos demais privilégios/monopólios intelectuais como um todo – muito mais influente, frise-se – é a **utilitarista**, que praticamente fundamenta o atual sistema de direitos de "propriedade intelectual" em todo o mundo: **reconhece-se que ideias, criações ou invenções não podem ser consideradas como propriedade do seu criador/inventor, mas se tenta justificar a concessão de direitos de exclusividade a eles com base no argumento de que isso é imprescindível para estimular a inovação, o desenvolvimento tecnológico, o progresso científico e cultural etc.**

A Constituição americana, por exemplo, tem uma cláusula nesse sentido, afirmando que o Congresso pode conceder patentes e direitos autorais "para promover o progresso da ciência e das artes úteis". A nossa atual Constituição também, pois a parte final do seu **art. 5.º, XXIX**, diz que a concessão dos privilégios intelectuais temporários deve ser feita "tendo em vista o interesse social e o desenvolvimento tecnológico e econômico do País".

Pois bem. Segundo os defensores utilitaristas dos privilégios/monopólios intelectuais, os lucros gerados em decorrência do privilégio monopolista concedido pelo Estado incentivariam mais investimentos em pesquisa e desenvolvimento de novos produtos que, de outro modo, não seriam possíveis (pelo menos não em um nível ótimo ou adequado), já que as ideias incorporadas poderiam ser facilmente copiadas e exploradas por aproveitadores/imitadores.

Portanto, segundo seus defensores, o direito de "propriedade intelectual" teria essa função de recompensar o criador/inventor com o fim de estimular novas criações/invenções e, assim, promover o desenvolvimento tecnológico e científico do País.

Em suma, **o monopólio intelectual não é, para os utilitaristas, um fim em si mesmo, ou uma decorrência natural da criação. Trata-se apenas de um meio para se chegar a um fim considerado benéfico para toda a sociedade: o desenvolvimento tecnológico e científico.** Nesse sentido, confiram-se duas opiniões que se alinham com esse entendimento sobre o tema:

> A propriedade intelectual incrementa a atividade concorrencial do mercado e estimula o desenvolvimento tecnológico, científico, cultural e econômico da sociedade que a protege. Um bem de propriedade industrial garante uma vantagem lícita competitiva a seu titular para concorrer no mercado. No Brasil, nos últimos anos, observa-se uma grande valorização e crescimento da propriedade intelectual e também da sua espécie, a propriedade industrial.[49]

[48] Esse é o entendimento dos autores da presente obra, sendo importante que isso fique claro desde o seu início. No entanto, ao longo do livro a nossa preocupação maior será explicar os institutos regulados pela LPI, destacando a doutrina majoritária e a jurisprudência predominante sobre os mais variados temas ligados à "propriedade industrial".

[49] MORO, Maitê Cecilia Fabbri. Os direitos de propriedade industrial no Brasil. *Questões de direito comercial no Brasil e em Portugal.* São Paulo: Saraiva, 2014. p. 171.

> Com o surgimento da propriedade industrial], o inventor passou a ter condições de acesso a certas modalidades de monopólio concedidas pela Coroa, fator essencial para motivá-lo a novas pesquisas e aprimoramentos de suas descobertas. Não é, aliás, um despropósito imaginar que o pioneirismo do direito inglês, na matéria de proteção aos inventores, pode ter contribuído decisivamente para o extraordinário processo de industrialização que teve lugar na Inglaterra, a partir de meados do século XVIII.[50]

O próprio José Oliveira Ascensão, que, como visto no tópico antecedente, rechaça a qualificação das ideias, criações ou invenções como direitos de propriedade, pode ser associado a essa corrente utilitarista. Diz ele:

> (...) há manifestações do espírito humano cujos resultados podem ser objeto duma reserva, porque por sua índole esta limitação à liberdade social não tem o mesmo impacto negativo. Esses são justamente os domínios em que se outorgam os direitos intelectuais.
>
> Como se procede, então? Atribui-se a uma pessoa o exclusivo da atividade em causa, porque isso favorece o desenvolvimento social. Quando tem na base uma criação no domínio da forma ou uma invenção, o exclusivo recompensa, alegadamente, o contributo trazido ao acervo comunitário e permitirá ressarcir os esforços necessários para a sua consecução. Tem ainda o efeito sobre os restantes membros da comunidade de estimular as atividades com idênticos objetivos, pela garantia da proteção dos eventuais resultados. Esta é a justificação oficial [...].
>
> A proteção do investimento que passou a ser necessário levou à criação de privilégios e subsequentemente, ao instituto dos direitos de autor; e após isso aos outros direitos intelectuais, pela evolução atrás assinalada.[51]

Assim, os defensores utilitaristas dos monopólios intelectuais acreditam que o processo concorrencial normal do mercado – em que empreendedores disputam as preferências dos consumidores guiados pelo sistema de preços e pelo mecanismo de lucros e prejuízos – não incentiva suficientemente a adoção de novas tecnologias, de modo que elas deveriam ser estimuladas pelo Estado.

Em primeiro lugar, não se pode negar a semelhança desse argumento com o argumento em defesa do protecionismo em favor da "indústria nacional", que também é sabidamente anticoncorrencial e prejudicial aos consumidores: **assim como o protecionismo protege empresas temerosas da concorrência proveniente de estrangeiros, as patentes e demais privilégios intelectuais protegem empresas temerosas da concorrência proveniente de imitadores**. E, tanto num caso como no outro, o resultado é o mesmo: a concessão de monopólios coercitivos impede a livre iniciativa e a livre concorrência e, consequentemente, prejudica o consumidor. Nas palavras de Rothbard:

> As patentes, como qualquer concessão de monopólio, conferem privilégios a um e restringem a entrada de outros, o que desvirtua o padrão da livre concorrência na indústria. Se o produto for suficientemente demandado pelo público, o titular da

[50] COELHO, Fábio Ulhoa. *Curso de direito comercial.* 18. ed. São Paulo: Saraiva, 2014. v. I, p. 202.

[51] ASCENSÃO, José Oliveira. A pretensa "propriedade" intelectual. *Revista do Instituto dos Advogados de São Paulo*, v. 20, p. 243-254, jul. 2007.

> patente será capaz de alcançar um preço de monopólio. Os titulares de patentes, em vez de comercializar as próprias invenções, podem escolher (1) a venda dos privilégios para outrem ou (2) a conservação do privilégio da patente, mas resguardada a venda de licenças para outras empresas, permitindo-as comercializar as invenções. O privilégio da patente, desse modo, torna-se um ganho monopolista capitalizado. A tendência será a venda ao preço da capitalização do esperado ganho monopolista futuro, a ser derivado do preço. O licenciamento é equivalente ao aluguel do capital, e a tendência de venda da licença é por um preço igual à soma descontada da renda do aluguel que a patente ganhará pelo período da licença. Um sistema de licenciamento geral é equivalente a um imposto sobre a utilização de um novo processo, salvo que é o titular da patente quem recebe o imposto em vez do governo. Este imposto restringe a produção, se comparado ao livre mercado, aumentando, assim, o preço do produto e reduzindo o padrão de vida do consumidor. Além disso, distorce a alocação de recursos, mantendo os agentes fora desses processos e forçando-os a entrar em campos de menor valor produtivo.[52]

Os utilitaristas parecem fechar os olhos para os custos inerentes à criação artificial de escassez decorrente do reconhecimento de monopólios intelectuais. Há o custo imposto ao consumidor, advindo da limitação forçada da concorrência, e, ainda, uma significativa diminuição da difusão de conhecimento e informação, os quais, sem o direito de exploração exclusiva, propagar-se-iam de forma invariavelmente mais rápida, como explica Butler Shaffer:

> A interação através da qual os *insigths* individuais são comunicados de uma pessoa para outra em um grupo, e, em seguida, submetidos a processos colaborativos de *brainstorming*, é muito mais produtiva em termos criativos do que o trabalho de indivíduos isolados. Da mesma forma, a fertilização cruzada de ideias, técnicas e outras influências entre as comunidades de artistas e cientistas provoca um enorme aprimoramento do processo criativo. Por outro lado, quando guiados pelas recompensas de patentes, cientistas e inventores acabam por manter o sigilo em seus laboratórios e pesquisas, para que um concorrente não use seus *insights* para avançar no seu próprio trabalho.[53]

A defesa utilitarista dos privilégios intelectuais, pois, só se justificaria se a sua proteção legal promovesse realmente um benefício líquido para toda a sociedade. Entretanto, não há, definitivamente, comprovação de que o incentivo econômico do atual sistema de proteção estatal da "propriedade intelectual" seja a verdadeira causa de algum aumento no nível de riqueza e desenvolvimento.

Na realidade, **o que patentes muitas vezes provocam é o desestímulo à inovação**, como tem destacado alguns estudos empíricos recentes sobre o tema.

> No geral, o peso da evidência histórica existente sugere que políticas de defesa das patentes, que garantem fortemente direitos de propriedade intelectual às primeiras gerações de inventores, podem desencorajar a inovação. Ao contrário, políticas que encorajam a difusão de ideias e modificam as leis de patentes para

---

52 ROTHBARD, Murray N. *Governo e mercado: a economia da intervenção estatal.* Tradução de Márcia Xavier de Brito e Alessandra Lass. São Paulo: Instituto Ludwig von Mises Brasil, 2012. p. 96.

53 SHAFFER, Butler. *A libertarian critique of intellectual property.* Auburn: Ludwig von Mises Institute, 2013. p. 29-30. (Tradução livre)

> facilitar a entrada e estimular a concorrência podem ser um efetivo mecanismo de incentivo à inovação.[54]

De um lado, concorrentes do titular da patente ficam desencorajados de investir em pesquisas na área do objeto patenteado, pois seus esforços podem ser vistos como uma violação da patente concedida.

> Patentes e direitos autorais inibem o processo criativo, desencorajando a troca de informações relativas a uma determinada linha de pesquisa ou exploração. Se um cientista consegue obter uma patente para uma invenção sua, outro cientista provavelmente seria desencorajado a continuar o seu trabalho em um produto similar, ou a fazer modificações ou variações sobre o item patenteado.[55]

De outro lado, o próprio titular da patente pode se acomodar com o privilégio temporário recebido e não inovar durante o período de proteção. De fato, muitas empresas se acomodam com o lucro facilmente obtido durante os anos de vigência da patente, evitando direcionar recursos para a área de pesquisa e desenvolvimento. Nesse sentido, afirma Rothbard:

> Também não é por qualquer meio autoevidente que as patentes incentivam um aumento na quantidade absoluta de despesas em pesquisa. Mas, certamente, podemos dizer que as patentes distorcem a alocação de fatores no tipo de pesquisa realizada. Por certo tempo, é verdade que o primeiro inventor se beneficia do privilégio, e é também verdade que os concorrentes são excluídos da produção na área da patente por muitos anos. E já que uma patente posterior pode estar baseada numa anterior, relacionadas no mesmo campo, os concorrentes podem muitas vezes ser desencorajados, indefinidamente, por despesas futuras em pesquisas na área geral abrangida pela patente. Além disso, o próprio titular de patente é desencorajado a realizar uma pesquisa neste domínio, pois o privilégio lhe permite satisfação por todo o período da patente, com a garantia de que nenhum concorrente transgredirá seu domínio. O estímulo competitivo para novas pesquisas são eliminados. Os gastos com pesquisa são, portanto, superestimulados nos estágios iniciais, antes que alguém tenha uma patente e seja indevidamente restrito no período após a patente ser recebida.[56]

E, mesmo se considerarmos que há, de fato, um estímulo à inovação decorrente da concessão de patentes e demais privilégios intelectuais (na indústria farmacêutica, por exemplo, há uma crença quase unânime de que são as patentes as grandes responsáveis pela constante inovação, e não por acaso essa é a indústria que lidera todo o *lobby* em favor das leis de "propriedade intelectual"), não há garantia de que o retorno obtido pelos monopolistas acarretará benefício líquido para a sociedade. O que ocorre, de fato, é uma **distorção na alocação de recursos**. Afinal, como há invenções patenteáveis e outras não patenteáveis, o incentivo legal sempre gerará

[54] MOSER, Petra. Patents and innovation: evidence from economic history. *Journal of Economic Perspectives*, n. 1, v. 27, p. 40, 2013. (Tradução livre).

[55] SHAFFER, Butler. *A libertarian critique of intellectual property*. Auburn: Ludwig von Mises Institute, 2013. p. 29 (Tradução livre).

[56] ROTHBARD, Murray N. *Governo e mercado*: a economia da intervenção estatal. Trad. Márcia Xavier de Brito e Alessandra Lass. São Paulo: Instituto Ludwig von Mises Brasil, 2012. p. 95.

distorção no gasto, com superinvestimento em invenções patenteáveis e subinvestimento em outras áreas, como bem alerta Rothbard:

> Além disso, algumas invenções são consideradas patenteáveis, enquanto outras não são. O sistema de patentes tem o efeito adicional de estimular artificialmente as despesas em pesquisa nas áreas patenteáveis, ao passo que restringe artificialmente a pesquisa em áreas não patenteáveis.[57]

Na verdade, **o que mais estimula a inovação e o progresso tecnológico e científico é a livre concorrência**. Nada estimula mais um empresário a inovar do que a necessidade de estar sempre à frente dos seus competidores. Essa foi a conclusão a que chegaram os economistas Michele Boldrin e David Levine, que estudaram a fundo o tema e concluíram que todo o sistema legal de proteção às patentes e aos demais privilégios intelectuais deveria ser abolido.[58] Segundo eles:

> O caso contra as patentes pode ser resumido em poucas palavras: não há evidência empírica de que elas servem para aumentar a inovação e a produtividade, a menos que produtividade seja identificada com o número de patentes concedidas – o que, como as evidências mostram, não tem nenhuma correlação com a medição de produtividade. Essa desconexão é a raiz do chamado "enigma das patentes": apesar do enorme aumento do número de patentes e do fortalecimento da sua proteção legal, a economia americana não tem visto uma aceleração dramática na taxa de progresso tecnológico nem um aumento no nível de gastos com pesquisa e desenvolvimento.
>
> Tanto a teoria quanto a prática sugerem que, enquanto as patentes podem ter um efeito de equilíbrio parcial de criar incentivos para inventar, o efeito de equilíbrio geral para a inovação pode ser negativo. As evidências históricas e internacionais mostram que, enquanto sistemas fracos de patentes podem aumentar ligeiramente a inovação com efeitos colaterais limitados, sistemas fortes de patentes retardam a inovação com inúmeros efeitos colaterais negativos. De modo mais geral, a erupção inicial de inovações que levam à criação de novas indústrias – de produtos químicos a automóveis, de rádio e televisão para computadores e bancos de investimentos – é raramente, ou nunca, decorrente da proteção patentária, mas sim fruto de um ambiente concorrencial. [...] Essas observações, apoiadas em um conjunto firme e crescente de evidências, são consistentes com as teorias da inovação que enfatizam a concorrência e a vantagem do pioneirismo como os principais motores da inovação, e contradizem diretamente as teorias "schumpeterianas" que postulam que monopólios garantidos pelo governo são cruciais para incentivar a inovação.[59]

Com efeito, **num ambiente sem patentes concedidas pelo Estado, a inovação tende a ser muito maior, pelo simples fato de que os empresários tentarão,**

---

57 ROTHBARD, Murray N. *Governo e mercado*: a economia da intervenção estatal. Trad. Márcia Xavier de Brito e Alessandra Lass. São Paulo: Instituto Ludwig von Mises Brasil, 2012. p. 95.

58 BOLDRIN, Michele; LEVINE, David K. *Against intellectual monopoly.* New York: Cambridge University Press, 2008. Versão eletrônica disponível em: <http://levine.sscnet.ucla.edu/general/intellectual/againstfinal.htm>. Acesso em: 10 abr. 2014. Nas palavras dos próprios autores: "É comum argumentar que propriedade intelectual, na forma de patentes e direitos autorais, é necessária para a inovação e a criação de ideias e invenções, como máquinas, drogas, programas de computador, livros, música, literatura e filmes. Mostramos, através de teoria e de exemplos, que a propriedade intelectual não é necessária para a inovação e na prática é prejudicial ao crescimento, à prosperidade e à liberdade." (Tradução livre).

59 BOLDRIN, Michele; LEVINE, David K. The case against patents. *Journal of Economic Perspectives*, n. 1, v. 27, p. 3-4, 2013. (Tradução livre).

permanentemente, estar à frente de seus concorrentes. Criar primeiro um novo produto, desenvolver primeiro uma nova tecnologia, idealizar primeiro um novo modelo de negócio. Isso é um objetivo constante de um empresário que pretende ser bem-sucedido desbancando seus competidores. E, quando eles efetivamente conseguem fazê-lo, o retorno financeiro é sempre estimulante, e é isso o que os incentiva a inovar constantemente, sem nunca se acomodarem.

Boldrin e Levine afirmam que existe um "**enigma das patentes**" a ser desvendado: o número de patentes concedidas pelo Estado aumentou exponencialmente nas últimas três décadas (nos EUA, de 1983 a 2010, o número quadruplicou, indo de 59 mil para 244 mil), e o *enforcement* do direito de "propriedade intelectual" também cresceu bastante nesse período, mas isso não significou, ao contrário do que se prega, uma aceleração da taxa de progresso tecnológico, tampouco acarretou acréscimo dos níveis de investimento em pesquisa e desenvolvimento. Para eles, isso é uma contradição que demonstra claramente como **a concessão de monopólios patentários gera menos incentivos para a inovação do que a efetiva concorrência empresarial** existente num ambiente sem *enforcement* de direitos de exclusividade intelectual, no qual a simples vantagem de ser o primeiro a desbravar uma tecnologia é suficiente para estimular os empresários a inovar constantemente.

Boldrin e Levine não negam que um sistema de patentes concedidas pelo Estado pode provocar, pelo menos no curto prazo, alguns incentivos para a inovação. No entanto, eles alertam para o fato – comprovado empiricamente! – de que, no longo prazo, esse mesmo sistema estatal de patentes tende a sufocar e inibir a inovação. Nas suas palavras:

> No longo prazo, até mesmo o efeito positivo das patentes de fornecer um incentivo à inovação pode ser mais aparente do que real: a existência de um grande número de monopólios criados por concessões de patentes no passado reduz os incentivos para inovações no presente, porque os inovadores atuais estão sujeitos a constantes medidas legais (processos judiciais e/ou administrativos por suposta violação das patentes existentes) e exigências de licenciamento de titulares de patentes anteriores. O efeito de bloqueio em cascata que os monopólios patentários existentes provocam sobre os incentivos para a inovação futura aumentou muito nas últimas décadas, pois os produtos modernos são feitos de muitos componentes diferentes (e dificilmente um deles não é objeto de patente).[60]

É óbvio que a ausência de patentes permitirá que um produto novo seja copiado, que uma tecnologia nova seja replicada e que um novo modelo de negócio seja imitado. No entanto, isso (i) é ótimo para os consumidores, (ii) obriga os empresários a nunca pararem de inovar e, em última instância, (iii) até ajuda o criador/inventor, na medida em que "a imitação é a melhor forma de elogio". De fato, se um novo produto começa a ser copiado, isso funciona como "*marketing* espontâneo" para o primeiro produtor, que tenderá a contar com a simpatia e a maior confiança do público. Sem contar o fato de que, do lançamento do produto pelo primeiro produtor à comercialização do produto pelos copiadores, provavelmente haverá um intervalo de tempo no qual aquele

[60] BOLDRIN, Michele; LEVINE, David K. The case against patents. *Journal of Economic Perspectives*, n. 1, v. 27, p. 7-8, 2013 (tradução livre).

reinará absoluto, lucrando com a exploração econômica do seu invento e fortalecendo sua imagem perante o mercado como o único que vende o produto "original".[61]

Para comprovar o argumento de que ser o primeiro a desenvolver uma nova tecnologia ou um novo produto é, por si só, algo suficiente para garantir um retorno financeiro ao criador e estimulá-lo a inovar constantemente, Boldrin e Levine citam os casos do *iPhone* e do *iPad*, que depois de lançados ficaram algum tempo sem concorrentes no mercado – aproximadamente um a dois anos, respectivamente –, permitindo que a Apple, empresa inventora desses produtos, lucrasse muito nesse período, bem como se consolidasse como a empresa desbravadora de uma nova tecnologia, o que lhe garantiu ainda mais fama e reputação perante o público consumidor. Dizem os autores:

> Na maioria das indústrias, a vantagem do pioneirismo e os ganhos competitivos que ela induz são substanciais sem patentes. A indústria do *smartphone* – carregada como está com litígios patentários – é um caso exemplar. A Apple obteve lucros enormes nesse mercado antes de enfrentar qualquer competição substancial. O primeiro iPhone foi lançado em 29 de junho de 2007. O primeiro concorrente sério, o HTC Dream (usando o sistema operacional Android) foi lançado em 22 de outubro de 2008. Nesse intervalo de tempo, mais de 5 milhões de iPhones foram vendidos, e as vendas subiram para mais de 25 milhões de unidades no ano seguinte, enquanto a venda total de todos os telefones baseados no sistema Android não chegou a 7 milhões. No mercado de *tablets*, o iPad não teve concorrente sério até o final de 2012, apesar de ter sido lançado em 10 de abril de 2010.[62]

Os estudos de Boldrin e Levine trazem muitos outros dados impressionantes para desmitificar a ideia de que sem "propriedade intelectual" protegida pelo Estado a inovação seria desestimulada.

Eles mostram, por exemplo, que pessoas como James Watt e os irmãos Wright atrasaram o desenvolvimento tecnológico em suas respectivas áreas, gastando tempo e dinheiro para impedir que terceiros aprimorassem os produtos que eles patentearam e os disponibilizassem a preços mais baratos. Sobre Watt, eles dizem que, após a obtenção de sua patente sobre a máquina a vapor, em janeiro de 1769:

> Nada mais aconteceu sobre meios de produção até 1775. Então, com um grande apoio do seu parceiro de negócios, o rico industrial Matthew Boulton, Watt conseguiu um Ato do Parlamento estendendo a patente até o ano de 1800. O grande estadista Edmund Burke falou eloquentemente no Parlamento em nome da liberdade econômica e contra a criação de um monopólio desnecessário – mas sem sucesso. As conexões de Boulton, sócio de Watt, eram muito sólidas para serem derrotadas por simples questões de princípio.
>
> Uma vez que as patentes de Watt foram garantidas e a produção começou, uma parcela substancial de sua energia foi dedicada a se defender de inventores rivais. [...]

---

[61] Alguns produtos inovadores chegam a ficar tão marcados na cabeça dos consumidores que sua marca passa a se confundir com o próprio produto, uma metonímia muito comum no mercado. Por exemplo, chama-se de Bombril toda palha de aço e chama-se de Gillette toda lâmina de barbear.

[62] BOLDRIN, Michele; LEVINE, David K. The case against patents. *Journal of Economic Perspectives*, n. 1, v. 27, p. 10, 2013. (Tradução livre).

> Na década de 1790, quando os superiores motores de Hornblower foram colocados em produção, Boulton e Watt foram atrás deles com toda a força do sistema legal. (...)
>
> Após a expiração das patentes de Watt, não apenas houve uma explosão da produção e da eficiência dos motores, mas a energia a vapor se tornou a força motriz da Revolução Industrial. Durante um período de 30 anos os motores a vapor foram modificados e melhorados como inovações cruciais, tais como o trem a vapor, o barco a vapor [...]. A inovação-chave foi a máquina a vapor de alta pressão – desenvolvimento que havia sido bloqueado por Watt pelo uso estratégico da sua patente. Vários novos melhoramentos da máquina a vapor, como os de William Bull, Richard Trevithick e Arthur Wolf, se tornaram disponíveis em 1804: embora desenvolvidos antes, essas inovações foram mantidas inativas até que a patente de Watt e Bouldon tivesse expirado. Nenhum desses inovadores queria ter o mesmo destino que Jonathan Hornblower.[63]

A análise do caso de James Watt também mostra como **as patentes atrasam e até mesmo impedem o desenvolvimento de novos modelos de negócio**. Watt e Boulton perderam muito tempo e gastaram muitos recursos se preocupando apenas em impedir que outros inventores explorassem economicamente inventos supostamente violadores da patente deles. Sem uma patente, eles teriam que se reinventar constantemente e criar novas formas de lucrar com a exploração de sua invenção original. Enfim, eles retardaram não apenas o progresso tecnológico de seus concorrentes, mas também o seu próprio. O mesmo acontece nos dias atuais com inúmeros empresários.

Boldrin e Levine também mostram que **os grandes períodos de inovação na história da humanidade aconteceram na ausência da "propriedade intelectual", e que indústrias que verificam surtos de "propriedade intelectual" acabam passando por períodos de estagnação tecnológica**. Nos primeiros anos da internet, por exemplo, a tecnologia de código aberto proporcionou um desenvolvimento tecnológico sem precedentes, até que patentes e direitos autorais começaram a ser concedidos, permitindo uma cartelização dos sistemas operacionais. Assim, hodiernamente é praticamente impossível desenvolver *softwares* sem incorrer em problemas com "propriedade intelectual", e isso desencoraja novas criações.

Os autores também analisaram mercados sem *enforcement* de patentes ou monopólios intelectuais e mostraram como eles são extremamente inovadores. É o caso da indústria pornográfica, por exemplo, que, embora seja protegida pelas leis de "propriedade intelectual", não costuma utilizar muito o sistema legal para se proteger, talvez pela desaprovação social inerente a esse tipo de atividade. Contudo, isso, em vez de obstaculizar a inovação, produz efeito exatamente oposto.

> Os milhares de *sites* na Internet que distribuem materiais de pornografia em todo o mundo são, na maioria das vezes, imitadores dos principais produtores iniciais, quase sempre em violação de direitos autorais e restrições de licenciamento. Os *sites* de pornografia *on-line* são geralmente os primeiros a explorar novas tecnologias – de

---

63 BOLDRIN, Michele; LEVINE, David K. *Against intellectual monopoly.* New York: Cambridge University Press, 2008. p. 1-2. (Tradução livre).

> *videostreaming* e assinaturas pagas a anúncios *pop-up* e pagamentos eletrônicos. Sua experimentação corajosa ajudou a tornar o pornô uma das indústrias mais rentáveis *on-line*, e suas ideias se espalharam para outras empresas "legítimas" e se tornaram a fonte de muitas imitações de sucesso altamente valiosas.
>
> (...)
>
> Se compararmos a indústria pornográfica com sua contraparte "legítima", veremos uma indústria que é mais inovadora, cria novos produtos e adota novas tecnologias mais rapidamente, e na qual a diminuição do custo de distribuição resultou em maior produção e preços mais baixos, além de produtos mais diversificados. Nós também encontraremos uma indústria povoada por inúmeros pequenos produtores, e nenhuma grande firma dominante consegue manipular o mercado nacional ou internacional.[64]

Esse argumento de que a "propriedade intelectual" favorece a concentração empresarial e o domínio de mercados por poucas empresas também é destacado por Butler Shaffer, que diz:

> Há muitos outros custos associados com a PI que raramente recebem atenção na análise de custo-benefício sobre o tema. Um deles tem a ver com o fato de que o processo de patenteamento, assim como as regulamentações governamentais em geral, é um empreendimento caro e demorado, que tende a aumentar a concentração industrial. Grandes firmas podem mais facilmente suportar os custos de aquisição e de defesa de uma patente, ao contrário do que ocorre com indivíduos pequenas empresas. Nem há qualquer garantia de que, uma vez que a patente é adquirida, um bom resultado estará assegurado. Assim, os indivíduos com produtos inovadores ficam mais inclinados a vender suas criações para empresas maiores. No que diz respeito a muitos produtos potenciais, várias agências governamentais (por exemplo, a EPA, FDA, OSHA) podem ter seus próprios requisitos de teste e aprovação, muito caros, antes de permitir a comercialização deles. Essa é uma prática que, mais uma vez, favorece as maiores e mais estabelecidas empresas.[65]

No mesmo sentido, pode ser citado um estudo brasileiro sobre o "tecnobrega", ritmo musical popular do Pará. A ausência de *enforcement* da "propriedade intelectual" nesse mercado estimulou a inovação (os artistas estão sempre criando novas músicas e melodias), propiciou a criação de novos modelos de negócio (o retorno financeiro passou a decorrer muitos mais da realização de *shows* do que da venda de discos) e aumentou os ganhos dos atores envolvidos (a lucratividade dessa indústria cresce exponencialmente). Dizem os autores Ronaldo Lemos e Oona Castro, na conclusão do estudo:

> Uma das conclusões mais importantes deste estudo, portanto, diz respeito à relação entre a sustentabilidade de um empreendimento e os direitos autorais. A aplicação das leis de propriedade intelectual, dentro do atual contexto tecnológico e socioeconômico, não tem sido necessariamente de muita valia para as indústrias criativas, tampouco tem contribuído para os consumidores.
>
> Diante de tecnologias que permitem amplo e rápido acesso a um enorme conjunto de informações – textos, vídeos, fotos, músicas, *softwares* etc. –, e baseados em

---

64 BOLDRIN, Michele; LEVINE, David K. *Against intellectual monopoly.* New York: Cambridge University Press, 2008. p. 41-42 (tradução livre).

65 SHAFFER, Butler. *A libertarian critique of intellectual property.* Auburn: Ludwig von Mises Institute, 2013. p. 42-43. (Tradução livre).

> uma lógica que vigorou em outros momentos históricos, alguns setores resistem à utilização das novas ferramentas em seus negócios, especialmente como meios de distribuição e difusão. No entanto, enquanto o acesso às obras pode ser considerado um benefício que a tecnologia possibilitou à população como um todo, muitos artistas entendem essa vantagem social como concorrente de seus direitos e interesses, inviabilizando a remuneração e o consequente estímulo à criação.
>
> No tecnobrega, o consentimento à reprodução a impede de ser considerada estritamente ilegal. Ainda assim, a ausência de um licenciamento explícito e formal livre pode criar uma faixa cinza, que, a depender da situação, permite aos artistas reclamarem os direitos exclusivos da exploração da obra, bem como a apropriação das obras por terceiros. Esses não parecem, no entanto, horizontes muito plausíveis.
>
> O que o tecnobrega mostra é que há meios mais eficazes de geração de renda para os agentes dessa rede cultural. É bem verdade que são poucas as alternativas – ainda insatisfatórias – para a figura do compositor. A estrutura informal de controle dos direitos de propriedade exclui deste mercado aqueles que têm expectativa de obter retornos financeiros somente através da composição das músicas, a ponto de tornar esta figura – o compositor que não é cantor nem DJ – um agente em extinção neste mercado. Mas, para os demais agentes, a liberação do acesso às suas obras tem mais efeitos positivos do que negativos para seu êxito no mercado. Isso denota que, possivelmente, as políticas de propriedade intelectual vigentes são pouco apropriadas e eficazes no mundo atual.
>
> O fato de a principal renda dos artistas do tecnobrega advir das apresentações ao vivo não chega a ser uma novidade em relação ao mercado fonográfico formal. Neste universo – os artistas sabem há muito tempo e as gravadoras também já perceberam –, os *shows* também são mais lucrativos do que o pagamento de direitos autorais. A grande diferença está na proporção e, principalmente, na prática de estimular e aproveitar a livre circulação de músicas como forma de divulgação e não de tentar impedi-la. Dessa forma, perder o controle sobre a execução de uma obra é condição para sua maior difusão, para se tornar um sucesso e, consequentemente, gerar contratos de *shows*.
>
> O estudo permite concluir também que a flexibilidade e o dinamismo desse mercado são fundamentais à adaptação e sobrevivência de seus agentes no circuito. A inovação é uma prerrogativa do tecnobrega. Isso faz com que as mudanças sejam mais frequentes e exijam a constante renovação dos atores. O estímulo à criação, portanto, está mais associado à necessidade de permanente inovação do que a qualquer outro fator.[66]

Analisando o mercado de forma mais ampla, os economistas Felix Oberholzer-Gee, da Universidade de Harvard, e Koleman Strumpf, da Universidade do Kansas, chegaram à mesma conclusão que os autores brasileiros e mostraram que depois da tecnologia P2P (pessoa para pessoa) e da popularização do *file-sharing* (compartilhamento de arquivos), a produção de música, livros, jogos e filmes aumentou significativamente. Os autores resumem assim sua pesquisa:

> O advento do compartilhamento de arquivos enfraqueceu consideravelmente a proteção efetiva de direitos autorais. Hoje, mais de 60% do tráfego da internet é composto por consumidores compartilhando músicas, filmes, livros e jogos. No entanto, apesar da popularidade da nova tecnologia, o compartilhamento

66 LEMOS, Ronaldo; CASTRO, Oona. *Tecnobrega: o Pará reinventando o negócio da música*. Rio de Janeiro: Aeroplano, 2008. p. 199-203. Disponível em: <http://www.law.yale.edu/documents/pdf/ISP/A2KBrazil_bkmk.pdf>.

de arquivos não tem diminuído os incentivos para que autores produzam novas obras. Nós argumentamos que o efeito de compartilhamento de arquivos foi cortado por três razões: (1) a canibalização das vendas que decorrente do compartilhamento de arquivos é mais modesta do que muitos observadores assumem. O trabalho empírico sugere que, quanto às músicas, não mais do que 20% da recente queda nas vendas se deve ao compartilhamento; (2) o compartilhamento de arquivos aumenta a demanda por complementos de obras protegidas, aumentando, por exemplo, a demanda por *shows* e os preços dos *shows*. A venda de complementos mais caros contribuiu para o aumento da renda dos artistas; (3) em muitas indústrias criativas, incentivos monetários desempenham um papel reduzido na motivação autores para permanecerem criativos. Os dados sobre a oferta de novos trabalhos são consistentes com o argumento de que o compartilhamento de arquivos não desanimou autores e editoras. Desde o advento do compartilhamento de arquivos, a produção de música, livros, filmes e aumentou drasticamente.[67]

Voltando ao estudo de Boldrin e Levine, vale lembrar que eles não se furtam a analisar o caso mais difícil para qualquer crítico das patentes: a **indústria farmacêutica**. Os autores reúnem diversas evidências de que **os monopólios intelectuais, mesmo nessa indústria, não promovem a inovação, sendo ainda os grandes responsáveis pelos altos preços dos medicamentos.**

Primeiro, os autores destacam que muitos países, como o Brasil, até bem pouco tempo atrás não admitiam a concessão de patentes sobre medicamentos.[68] E afirmam:

Você pode se perguntar por que estamos oferecendo todos esses detalhes sobre o patenteamento de processos químicos e produtos farmacêuticos em países específicos. Por uma razão muito simples: se as patentes foram um requisito necessário para a inovação farmacêutica, como reivindicado por seus apoiadores, as grandes variações históricas entre os países na proteção de patentes de produtos médicos deveriam ter tido um impacto dramático sobre as indústrias farmacêuticas nacionais. Em particular, pelo menos entre 1850 e 1980, a maioria dos medicamentos deveria ter sido inventada e produzida nos Estados Unidos e no Reino Unido, e muito pouco ou nada na Europa continental. Além disso, países como a Itália, a Suíça e, em menor grau, Alemanha, deveriam ter sido atrasados na indústria farmacêutica até recentemente. Em vez disso, ocorreu o oposto durante mais de um século.

Analisando o caso específico da Itália, Boldrin e Levine notam que antes de 1978 – ano em que a patente de medicamentos foi permitida na Itália, após pressão de multinacionais estrangeiras – esse país tinha uma vibrante indústria de medicamentos genéricos, que a partir da década de 1980 praticamente desapareceu. Nas suas palavras:

Em outras palavras, uma indústria farmacêutica próspera existiu na Itália por mais de um século, na ausência completa de patentes. Esse é o primeiro ponto. O segundo ponto é que nem o tamanho, nem a capacidade de inovar, nem o desempenho econômico dessa indústria melhoraram, em qualquer medida men-

[67] OBERHOLZER-GEE, Felix; STRUMPF, Koleman. File-sharing and copyright. *Innovation policy and the economy*. Chicago: University of Chicago Press, 2010. v. 10, p. 19-55. (Tradução livre).

[68] No Brasil, a permissão se deu apenas com a atual Lei de Propriedade Industrial.

> surável, durante os 30 anos desde a adoção das patentes. Cada indicador que se pode olhar sugere que, se houve alguma coisa, é que a indústria farmacêutica italiana foi agredida, e não ajudada, com a adoção de patentes, e cada especialista que analisou a matéria chegou a esta mesma conclusão.[69]

Outro dado interessante mencionado por Boldrin e Levine é o seguinte: as patentes não tiveram absolutamente nenhuma influência no desenvolvimento de 20 dos 46 medicamentos mais vendidos hoje em dia. Dos demais 26, quatro foram descobertos por acaso, dois foram descobertos em laboratórios universitários e alguns foram descobertos simultaneamente por mais de uma empresa. Isso também demonstra como esse argumento de que "sem patentes a indústria farmacêutica não inovaria" é falacioso. Eles questionam:

> O cerne da questão é bastante simples: mesmo hoje, mais de trinta anos após Alemanha, Itália e Suíça adotarem patentes de medicamentos e cinquenta anos após a indústria farmacêutica adotar uma política de patentear tudo o que eles desenvolviam, mais da metade dos medicamentos mais vendidos em todo o mundo não deve sua existência às patentes. Estamos assim tão certos de que medicamentos valiosos iam parar de ser inventados se suas patentes fossem abolidas ou drasticamente restringidas?[70]

Finalmente, Boldrin e Levine destacam que, na área farmacêutica, estudos demonstraram que, após o lançamento de um novo medicamento no mercado, são necessários pelo menos quatro anos para que se faça engenharia reversa e se consiga produzir uma cópia dele para comercialização. Portanto, a vantagem do pioneirismo no mercado farmacêutico também seria muito grande, assim como em outras indústrias que investem pesadamente em inovação, e isso, por si só, traria retornos financeiros para os inventores pioneiros e os estimularia a estar sempre à frente dos concorrentes, inovando permanentemente.

Enfim, a indústria farmacêutica, sem dúvida a maior defensora das patentes, não o faz por causa da sua preocupação com o progresso tecnológico e o desenvolvimento científico, mas porque suas patentes lhe permitem atuar como verdadeiros monopolistas, cobrando altos preços sem temer a concorrência.

E a enorme quantia de dinheiro gasto pela indústria farmacêutica, sempre mencionada como argumento em defesa das patentes, não decorre, como muitos equivocadamente pensam, de custos com pesquisa de novas drogas. Boa parte desse dinheiro é, na verdade, direcionada para custear o *lobby* que consegue manter o *enforcement* da propriedade intelectual nessa área. Como escreveu José Oliveira Ascensão:

> O direito intelectual tornou-se um direito de *lobbies*. Procura-se um empolamento incessante de proteção, o que leva a reformulações constantes das regras. Os grandes interesses recorrem à mediação das organizações mundiais neste domínio: primeiro à OMPI, hoje mais decisivamente a Organização Mundial do Comércio. Anexo ao Tratado que criou esta, está o instrumento denominado ADPIC ou Trips, que levou muito mais longe a proteção dos direitos intelectuais. Todos os países

---

69 BOLDRIN, Michele; LEVINE, David K. *Against intellectual monopoly.* New York: Cambridge University Press, 2008. p. 252. (Tradução livre).

70 BOLDRIN, Michele; LEVINE, David K. *Against intellectual monopoly.* New York: Cambridge University Press, 2008. p. 260. (Tradução livre).

> terão que o aceitar como pressuposto da sua participação sem inferioridade jurídica no comércio internacional. Por que todo este inesperado desvelo pelos direitos intelectuais? Não é seguramente pela proteção do intelecto, a que os grandes interesses econômicos internacionais são opacos. Aspectos como o chamado direito moral são expressamente ignorados. Não está em causa o mérito do criador ou do inventor, mas sim os grandes conglomerados econômicos a quem direta ou indiretamente esses direitos aproveitam. Os direitos intelectuais foram mercantilizados, submetidos à OMC como mercadoria. São empolados cada vez mais, fora já de toda a justificação com que eram (e continuam arcaicamente a ser) apresentados. Para dar um exemplo, a duração do direito de autor foi prorrogada 20 anos nos Estados Unidos da América, chegando a 95 anos em relação a puros direitos empresariais, como os da Disney."[71]

Portanto, não restam dúvidas de que **patentes são hoje o que foram desde o seu início: um monopólio arbitrariamente concedido pelo Estado, que impede a livre iniciativa e a livre concorrência e causa sérios prejuízos aos consumidores.** A defesa utilitarista desses privilégios, ainda hoje muito influente, precisa ser revista.

6. OS DIREITOS DE "PROPRIEDADE INDUSTRIAL" PROTEGIDOS PELA LPI

Ultrapassado o debate sobre a natureza dos direitos regulados pela LPI e sobre sua real utilidade para o desenvolvimento tecnológico, científico, cultural etc., resta-nos apontar que os bens **protegidos** pelo direito de propriedade industrial, de acordo com o art. 2º da nossa LPI (Lei 9.279/1996), são quatro: a **invenção** e o **modelo de utilidade**, protegidos mediante a concessão de **patente** (instrumentalizada por meio da respectiva carta-patente), e a **marca** e o **desenho industrial**, protegidos mediante a concessão do **registro** (instrumentalizada por meio do respectivo certificado de registro).

Ademais, o direito de propriedade industrial ainda **reprime** as falsas **indicações geográficas** e a **concorrência desleal**.

No que se refere à repressão à concorrência desleal, é importante destacar que o âmbito de incidência das regras da Lei nº 9.279/96 não se choca com o âmbito de incidência das regras da **Lei nº 12.529/2011** (Lei Antitruste). Enquanto esta se preocupa com as condutas que atingem a concorrência em geral (cartel, preço predatório, abuso de posição dominante etc.), aquela se preocupa com as condutas que atingem um **concorrente em particular** (contrafação de marca, violação de patente etc.).

Além de serem bens imateriais, isto é, não corpóreos, **os direitos de propriedade industrial (na verdade, monopólios industriais)[72] também são considerados bens móveis pelo art. 5.º da LPI, podendo, portanto, ser objeto de negociação.** Eis o teor do mencionado dispositivo legal: "consideram-se bens móveis, para os efeitos legais, os direitos de propriedade industrial".

---

71 ASCENSÃO, José Oliveira. A pretensa "propriedade" intelectual. *Revista do Instituto dos Advogados de São Paulo*, v. 20, p. 243-254, jul. 2007.

72 Em respeito à nomenclatura usada pelo legislador e à consagração da expressa no meio jurídico e empresarial, vamos usar a expressão "direitos de propriedade industrial" na obra, apesar de eles serem, na verdade, "monopólios industriais".

É por isso que é possível a licença de exploração de uma patente de invenção ou a cessão de um registro de marca, por exemplo.

A caracterização dos direitos de propriedade industrial como bens móveis está de acordo com o **art. 83, III, do Código Civil de 2002**, segundo o qual "consideram-se bens móveis para os efeitos legais: (...) III – os direitos pessoais de caráter patrimonial e respectivas ações".

7. INSTITUTO NACIONAL DA PROPRIEDADE INDUSTRIAL (INPI)

Os direitos de propriedade industrial são concedidos, no Brasil, pelo Instituto Nacional de Propriedade Industrial – INPI, que é uma autarquia federal, vinculada ao Ministério da Economia, a qual possui a atribuição de conceder privilégios e garantias aos inventores e criadores em âmbito nacional.

O art. 2.º da Lei 5.648/1970, com a redação dada pela LPI, dispõe que o INPI "tem por finalidade principal executar, no âmbito nacional, as normas que regulam a propriedade industrial, tendo em vista a sua função social, econômica, jurídica e técnica, bem como pronunciar-se quanto à conveniência de assinatura, ratificação e denúncia de convenções, tratados, convênios e acordos sobre propriedade industrial".

Como ente administrativo que é, as decisões do INPI podem sempre ser revistas pelo Poder Judiciário, em função do conhecido princípio da inafastabilidade do controle jurisdicional dos atos do Poder Público, previsto no art. 5.º, inciso XXXV, da Constituição da República.

Destaque-se que, de acordo com a jurisprudência do Superior Tribunal de Justiça, as ações contra o INPI são de competência da Justiça Federal, por se tratar de autarquia federal, e devem ser ajuizadas na seção judiciária do Rio de Janeiro, local da sede do instituto. No entanto, havendo pluralidade de réus, como ocorre nos casos em que a ação é ajuizada contra o INPI e, também, contra um particular (geralmente uma sociedade empresária), o STJ entende que cabe ao autor da ação ajuizá-la no Rio de Janeiro ou no foro do domicílio do outro réu.

> *Processual civil. Recurso especial. Ação na qual o INPI figura como parte. Foro competente para julgamento. O foro competente para julgamento de ação em que o INPI figure como parte é o de sua sede, a princípio. Contudo, o Código de Processo Civil faculta que o autor ajuize a ação no foro do domicílio do outro demandado na hipótese de pluralidade de réus, se assim preferir. Inteligência do art. 94, § 4.º,*

> *do CPC (REsp 346.628/SP, Rel. Min. Nancy Andrighi, 3.ª Turma, j. 13.11.2001, DJ 04.02.2002, p. 355).*

Por outro lado, observe-se que eventual ação de indenização por perdas e danos contra particular por infração de direito de propriedade industrial, na qual o INPI não é parte, deverá ser julgada pela justiça estadual. Assim, uma ação anulatória de registro no INPI não pode ser cumulada com ação de indenização, uma vez que a cumulação só é admitida pelo Código de Processo Civil quando o mesmo juízo é competente para conhecer todos os pedidos. Nesse sentido, decidiu o STJ:

> *Direito marcário e processual civil. Recurso especial. Competência para julgar pedido de perdas e danos decorrentes do uso da marca, cujo registro pretende-se a anulação. Lide que não envolve a União, autarquia, fundação ou empresa pública federal. Competência da justiça estadual. Registro da marca "Cheese.ki.tos", em que pese a preexistência do registro da marca "Chee.tos", ambas assinalando salgadinhos "snacks", comercializados no mesmo mercado. Impossibilidade, visto que a coexistência das marcas tem o condão de propiciar confusão ou associação ao consumidor.* ***1. A autora pretende cumular duas ações: a primeira a envolver a nulidade do registro marcário, obtido pela empresa ré e efetuado pelo INPI, e a segunda buscando a reparação dos danos alegadamente causados pela sociedade ré, isto é, lide que não envolve a autarquia. Destarte, como o artigo 292, § 1º, II, do CPC restringe a possibilidade de cumulação de pedidos, admitindo-a apenas quando o mesmo juízo é competente para conhecer de todos e o artigo 109, I, da Constituição Federal prevê que compete aos juízes federais processar e julgar as causas em que a União, entidade autárquica ou empresa pública federal forem interessadas na condição de autoras, rés, assistentes ou opoentes, é descabida a cumulação, sob pena de usurpação da competência residual da justiça estadual.*** *(...) 7. Recurso especial parcialmente provido (REsp 1188105/RJ, Rel. Ministro Luis Felipe Salomão, Quarta Turma, julgado em 05.03.2013, DJe 12.04.2013).*

Questão controversa no âmbito do STJ é a possibilidade de a justiça comum estadual declarar, incidentalmente, a nulidade de patente ou registro de marca e desenho industrial.

A 3ª Turma tem diversos precedentes recentes afirmando que a Justiça Estadual não pode, nem mesmo incidentalmente, como questão prejudicial, reconhecer a nulidade de direito de propriedade industrial. Em contrapartida, a 4ª Turma tem precedentes antigos afirmando ser possível o reconhecimento incidental de nulidade de registro/patente na Justiça Estadual, **como questão prejudicial**, caso em que, obviamente, não se produz coisa julgada material.

Parece-nos correto o entendimento da 4ª Turma: não é sempre que o reconhecimento incidental de nulidade de registro/patente na Justiça Estadual deve ser proibido, mas apenas quando for feito como questão principal (ação declaratória incidental ou reconvenção), porque nesse caso a Justiça Estadual "sequer tem competência para adentrar a referida matéria e desconstituir a marca *[ou a patente]* ou mesmo qualquer de seus atributos (...) trata-se de competência da Justiça Federal, com necessária intervenção do INPI" (REsp 1.393.123 – Informativo 667).

Em suma: a Justiça Estadual só pode analisar a validade de um direito de propriedade industrial **se o fizer incidentalmente, como mera questão prejudicial, sem**

produção de coisa julgada. Se a questão é colocada como questão principal, ainda que em matéria de defesa (ação declaratória incidental ou reconvenção), a Justiça Estadual é incompetente.[73]

8. DAS PATENTES DE INVENÇÃO E DE MODELO DE UTILIDADE

Conforme destacamos acima, dois dos bens protegidos pelo direito de propriedade industrial são a invenção e o modelo de utilidade, e sua proteção específica se dá mediante a concessão de patente, instrumentalizada pela respectiva *carta-patente*.

8.1. Conceito de invenção e de modelo de utilidade

A LPI não definiu o que vem a ser uma invenção. E talvez não o tenha feito porque se trata, ao mesmo tempo, de um conceito difícil de ser definido e de uma noção facilmente assimilada por qualquer pessoa. De fato, todos nós temos uma noção bastante comum do que seja **uma invenção: trata-se de um ato original decorrente da atividade criativa do ser humano**. Assim, a LPI limitou-se a firmar que "é patenteável a invenção que atenda aos requisitos de novidade, atividade inventiva e aplicação industrial" (art. 8º).

Quanto ao **modelo de utilidade**, a LPI optou por definir o seu conceito, afirmando, em seu art. 9.º, que se trata de "objeto de uso prático, ou parte deste, suscetível de aplicação industrial, que apresente nova forma ou disposição, envolvendo ato inventivo, que resulte em melhoria funcional no seu uso ou em sua fabricação". Vê-se, pois, que o modelo de utilidade é, como alguns autores preferem chamar, uma **mini-invenção ou pequena invenção**, isto é, trata-se de um **aprimoramento** de algo já existente. Assim, o modelo de utilidade tem que ser um **"objeto de uso prático"**, e não meramente artístico ou ornamental; tem que **"apresentar nova forma ou disposição"**, diferenciando-se, assim, do que já existe no mercado; e precisa, necessariamente, produzir uma **"melhoria funcional no uso ou na fabricação"** da coisa.

> O modelo de utilidade compreende sempre uma disposição ou forma nova obtida ou introduzida em ferramentas, instrumentos de trabalho ou utensílios, destinado a um uso prático. Como ainda explica Gama Cerqueira, são modelos os objetos que, sem visarem a um efeito técnico peculiar (caso em que constituiriam invenção propriamente dita), se destinam simplesmente a melhorar o uso ou utilidade do objeto, e dotá-lo de maior eficiência ou comodidade em seu emprego ou utilização, por meio de nova configuração que lhe é dada, da disposição ou combinação diferente de suas partes, de novo mecanismo ou dispositivos, em uma palavra: mediante modificação especial ou vantajosa introduzida nos objetos comuns.
>
> A proteção concedida ao modelo de utilidade, como é fácil de compreender, e está consignado em preceito da lei, somente diz respeito à forma ou à disposição

[73] Para um estudo mais aprofundado do assunto, inclusive com análise dos diversos precedentes do STJ, confira-se: SANTA CRUZ, André e LOPES JR., Jaylton. *Algumas reflexões acerca da alegação de nulidade de direito de propriedade industrial como questão prejudicial*. Disponível em: https://migalhas.uol.com.br/depeso/322210/algumas-reflexoes--acerca-da-alegacao-de-nulidade-de-direito-de-propriedade-industrial-como-questao-prejudicial.

nova que traga melhor utilização à função a que o objeto ou parte de máquina se destina.[74]

PATENTE DE INVENÇÃO – EXEMPLOS

Desenvolvimento do telefone

Graham Bell
Pat. US0174465
1876

Western Electric
sistema de disco
1921

Western Electric
discagem por tom
1964

Sterilair

PI 8302255-4 – Sistema de esterilização de ar por dutos de alto gradiente térmico.

Cadeira de rodas vertical

PI 0105828-2 – Dispositivo para locomoção de deficientes físicos.

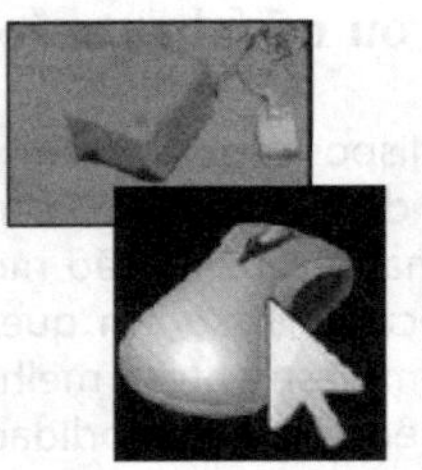

Mouse

US 3541541 – Indicador de posição X-Y para uma tela

Lacre para conservas

PI 9101018-7 – Processo para formação de um furo de alívio portador de lacre obturador destacável, em tampas metálicas, destinadas ao fechamento inviolável e a vácuo de copos e outras embalagens de vidro.

Fonte: <www.secitec.mt.gov.br>, 05.12.2012.

[74] REQUIÃO, Rubens. *Curso de direito comercial*. 25. ed. São Paulo: Saraiva, 2003. p. 294. v. I.

MODELO DE UTILIDADE – EXEMPLOS

Organizador de gavetas modular

MU 7000709-8 – Módulos para composição de caixas e/ou divisões para disposição de objetos, peças e produtos diversos

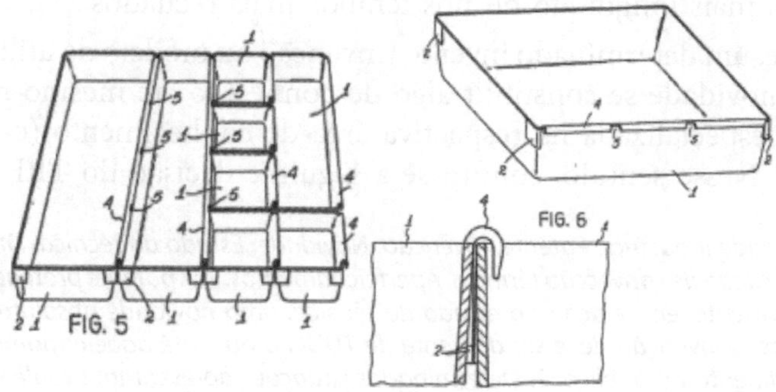

Porta Sabão em pó com dosador

MU 7702338-2 – Disposição construtiva em porta sabão em pó e similares

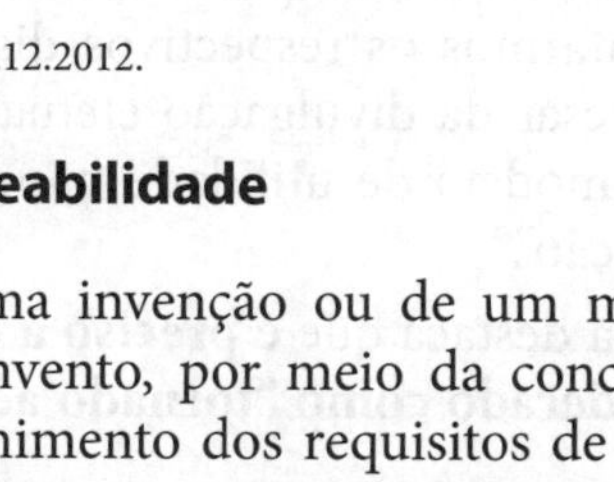

Fonte: <www.secitec.mt.gov.br>, 05.12.2012.

8.2. Requisitos de patenteabilidade

Para que o autor de uma invenção ou de um modelo de utilidade obtenha a proteção jurídica ao seu invento, por meio da concessão da respectiva patente, precisa demonstrar o preenchimento dos requisitos de patenteabilidade, a saber: a) *novidade*; b) *atividade inventiva*; c) *aplicação industrial* (ou industriabilidade); d) *licitude* (ou desimpedimento).

8.2.1. *Novidade*

O requisito da **novidade** se considera preenchido quando a invenção ou o modelo de utilidade não estão compreendidos no *estado da técnica* (art. 11 da LPI), o qual, por sua vez, "é constituído por tudo aquilo tornado acessível ao público antes da data de depósito do pedido de patente, por descrição escrita ou oral, por uso ou qualquer outro meio, no Brasil ou no exterior, ressalvado o disposto nos arts. 12, 16 e 17" (art. 11, § 1.º, da LPI).

Segundo a doutrina especializada, **a LPI adotou o critério da novidade absoluta**,[75] de modo que "para ser privilegiável, a invenção deve ser nova de maneira absoluta. Ela não possuirá esta característica se, antes da patente, houver sido conhecida mesmo no país mais longínquo ou nos tempos mais recuados".[76]

Em síntese, um determinado invento (invenção ou modelo de utilidade) atenderá o requisito da novidade se constituir algo desconhecido até mesmo para a comunidade científica especializada na respectiva área de conhecimento (critério da novidade absoluta). Nesse sentido, confira-se a seguinte decisão do TRF da 2.ª Região:

> *Propriedade industrial. Patente. Invenção. Novidade. Estado da técnica. Dispositivo de estratificação de convecção térmica. Aperfeiçoamentos. 1. A patente protege a invenção que apresente, em relação ao estado da técnica, uma novidade absoluta, em outras palavras, a invenção deve ser diferente de TUDO o que, até aquele momento, era de conhecimento do público. 2. Determinadas situações apresentam problemas técnicos que o inventor procura solucionar com sua invenção, em nítida relação de causa e efeito. Assim, a invenção é, cada vez mais, um novo meio ou uma nova aplicação de meios já conhecidos, com o fim de melhorar a invenção dos outros. 3. No caso concreto ora em análise, as novas dimensões da peça e as melhorias implementadas na proteção das tubulações, no que se refere à transmissão de calor, agregaram mais funcionalidade ao conjunto, conferindo-lhe caráter de novidade suficiente a fundamentar a concessão do privilégio. 4. Apelação desprovida (TRF-2.ª Região, AC 416314, Processo 2002.51.01.523996-8-RJ, 2.ª Turma Especializada, Rel. Des. Federal Liliane Roriz, j. 24.06.2008, DJU 08.07.2008, p. 48).*

8.2.1.1. Estado da técnica

Relembrando a regra do art. 11, § 1.º da LPI, "o estado da técnica é constituído por tudo aquilo tornado acessível ao público antes da data de depósito do pedido de patente, por descrição escrita ou oral, por uso ou qualquer outro meio, no Brasil ou no exterior, ressalvado o disposto nos arts. 12, 16 e 17". Estudaremos tais ressalvas quando comentarmos os respectivos dispositivos legais. Trata-se, em síntese, de "casos em que apesar da divulgação efetuada sobre o objeto da patente, *ex vi legis*, a invenção ou o modelo de utilidade não integram o estado da técnica em consequência da divulgação".[77]

A doutrina especializada destaca que **é preciso a configuração de três requisitos para que algo seja considerado como "tornado acessível ao público"**: "**certeza,**

[75] A novidade relativa, que, frise-se, não foi a opção do nosso legislador, "é a que se leva em conta apenas uma região geográfica, ou um prazo, ou a um meio determinado, restringindo-se, por exemplo, às tecnologias descritas e publicadas para conhecimento geral": BARBOSA, Denis Borges. *Uma introdução à propriedade intelectual.* 2. ed. Rio de Janeiro: Lumen Juris, 2003, p. 320.

[76] ALLART, Henry *apud* DOMINGUES, Douglas Gabriel. *Comentários à lei de propriedade industrial.* Rio de Janeiro: Forense, 2009. p. 42.

[77] DOMINGUES, Douglas Gabriel. *Comentários à lei de propriedade industrial.* Rio de Janeiro: Forense, 2009. p. 43.

quanto à existência e à data; **suficiência**, de modo que um técnico no assunto seja capaz de compreender devidamente o conteúdo da matéria exposta; e **publicidade**, disponível ou suscetível de ser conhecida por terceiros (público)".[78]

Questão controversa é saber se a **exposição do invento a pessoas que têm obrigação legal ou contratual de guardar segredo** configura divulgação "acessível ao público", de modo a fazer o invento integrar o estado da técnica e, consequentemente, perder o requisito da novidade. Assim se manifestam Douglas Gabriel Domingues e Denis Borges Barbosa:

> A divulgação do invento ou aperfeiçoamento a uma ou mais pessoas sujeitas à obrigação expressa ou implícita de guardar segredo não se reveste do elemento publicidade, fato que ocorre com os desenhos e especificações de fábrica quando apresentados isoladamente. Deste modo, o simples uso do invento em indústria não implica em anterioridade. O requisito da novidade somente será invalidado se, por exemplo, o empregado ou prestador de serviço revelar a invenção a terceiros. Na hipótese, a divulgação constitui falta grave.[79]
>
> Assim, pode-se concluir que o uso da invenção, para excluir a novidade do invento, deve ser público. Como o empregado (*strictu senso*) tem dever de guardar segredo de fábrica (CLT, Art. 481, g), assim como todas as pessoas que estão a serviço do detentor do segredo (Lei 9.279/96, art. 195), em princípio o simples uso do invento em indústria não perfaz anterioridade. Mas se o empregado, diretor, ou prestador de serviço, etc. o revela a terceiros, ou se o antigo empregado diretor, etc. pode compreendê-lo, então se desfaz a novidade.[80]

Finalmente, é preciso também tomar cuidado com a **comercialização de um produto antes que a patente do seu processo de fabricação seja requerida.** Nessa situação, os elementos certeza e publicidade acima descritos estarão obviamente configurados, e caso seja possível, por "**engenharia reversa**" aplicada ao produto, chegar-se ao seu processo de fabricação, o requisito da suficiência também estará configurado, de modo que a novidade restará afastada em razão de o invento já estar integrado ao estado da técnica. Caso, porém, essa "engenharia reversa" não seja possível, o invento permanecerá sendo considerado novo e apto a ser patenteado. Nesse sentido:

> O uso deve ser tal que se possa compreender o invento. Este, mesmo usado publicamente, estando oculto no interior de uma máquina, de forma a que ninguém a ele tenha acesso, não constitui anterioridade. Entender o contrário seria destruir o sistema de patentes.[81]

---

78 MITTELBACH, Maria Margarida *apud* DOMINGUES, Douglas Gabriel. *Comentários à lei de propriedade industrial.* Rio de Janeiro: Forense, 2009. p. 43.

79 DOMINGUES, Douglas Gabriel. *Comentários à lei de propriedade industrial.* Rio de Janeiro: Forense, 2009. p. 43. Além de falta grave, pode configurar-se o crime previsto no art. 195 da LPI.

80 BARBOSA, Denis Borges. *Uma introdução à propriedade intelectual.* 2. ed. Rio de Janeiro: Lumen Juris, 2003. p. 327.

81 BARBOSA, Denis Borges. *Uma introdução à propriedade intelectual.* 2. ed. Rio de Janeiro: Lumen Juris, 2003. p. 327.

8.2.1.2. Período de graça

O art. 12 da LPI prevê o seguinte: "Não será considerada como estado da técnica a divulgação de invenção ou modelo de utilidade, quando ocorrida durante os 12 (doze) meses que precederem a data de depósito ou a da prioridade do pedido de patente, se promovida: I – pelo inventor; II – pelo Instituto Nacional da Propriedade Industrial – INPI, através de publicação oficial do pedido de patente depositado sem o consentimento do inventor, baseado em informações deste obtidas ou em decorrência de atos por ele realizados; ou III – por terceiros, com base em informações obtidas direta ou indiretamente do inventor ou em decorrência de atos por este realizados."

O dispositivo legal em questão trata do que a doutrina especializada chama de "**período de graça**", primeira das três exceções à exigência de novidade absoluta dos inventos que são objeto de pedidos de patente.

Se o próprio inventor divulgou seu invento **nos 12 meses antes de depositar o pedido de patente** – em um seminário ou em uma palestra, por exemplo –, essa divulgação não o prejudicará, isto é, **não** se poderá usar essa divulgação feita por ele mesmo para se dizer que o invento está integrado ao estado da técnica e, consequentemente, não é novo.

A mesma situação ocorre se a divulgação do invento foi feita por outrem ou pelo próprio INPI, mas com base em informações obtidas do inventor.[82] No exemplo citado acima – inventor que divulga seu invento numa palestra antes de depositar o respectivo pedido de patente –, imagine-se que alguém presente à palestra use as informações do evento para depois divulgá-las, ou mesmo para depositar um pedido de patente junto ao INPI antes do verdadeiro inventor e sem o consentimento deste. Nesses casos, desde que tais divulgações (pelo terceiro ou pelo próprio INPI) tenham sido feitas **nos 12 meses antes de o inventor depositar o pedido de patente**, elas não o prejudicarão, isto é, não serão suficientes para integrar o invento ao estado da técnica e, consequentemente, retirar-lhe a novidade.

Segundo Denis Borges Barbosa, **a regra do art. 12 da LPI serve para proteger o inventor hipossuficiente**, isto é, "o inventor individual ou a pequena empresa que, historicamente, tendem a perder o direito de pedir patente por divulgarem o invento antes do depósito". Assim, prossegue o autor, "nenhuma contemplação poderá haver no caso de invento de titularidade uma grande ou média empresa que descura de pretender proteção a seus inventos; *dormientibus non soccurit jus*. Para estes, há que se aplicar o período de graça com o máximo de restrição".[83] No mesmo sentido, confira-se o seguinte excerto de julgado do TRF da 2.ª Região:

> Também no que toca a questão, convém salientar que a constatação de que a comercialização da criação industrial em comento foi realizada com o intuito de estimar a receptividade da invenção na sua área de aplicação e também avaliar

[82] "O dizer da lei, 'direta ou indiretamente', abrange toda e qualquer comunicação do teor do invento, deliberada ou não, obtida dolosa ou culposamente, ou ainda sem qualquer culpa. Só se exclui da regra geral do art.12 a divulgação de informações independentes, a de um invento autônomo": BARBOSA, Denis Borges. *Uma introdução à propriedade intelectual*. 2ª ed. Rio de Janeiro: Lumen Juris, 2003, p. 330.

[83] BARBOSA, Denis Borges. *Uma introdução à propriedade intelectual*. 2. ed. Rio de Janeiro: Lumen Juris, 2003. p. 330.

a verdadeira efetividade da solução tecnológica nela apresentada decorre do próprio contexto dos autos, a comprovar que o titular da patente PI 9703496-7 é **inventor individual, o real destinatário da proteção prevista no artigo 12 da Lei n.º 9.279-96** e cujos instrumentos de divulgação da inovação tecnológica são sabidamente limitados, se comparados aos disponibilizados para as empresas de grande porte.

(Embargos de Declaração em AC 2004.51.01.513998-3, da Segunda Turma Especializada do Tribunal Regional Federal da 2.ª Região, à unanimidade, 30 de setembro de 2008).

8.2.2. *Atividade inventiva*

O requisito da **atividade inventiva**, por sua vez, se considera preenchido quando, para um técnico no assunto, a invenção não decorrer de maneira evidente ou óbvia do estado da técnica[84] (art. 13 da LPI), e o modelo de utilidade não decorrer de maneira evidente ou vulgar do estado da técnica[85] (art. 14 da LPI).

Em suma: o inventor deverá demonstrar que chegou àquele resultado novo em decorrência específica de um ato de criação seu. Serve esse requisito, enfim, para distinguir a invenção de uma mera descoberta, de modo que o direito de propriedade protege o inventor, mas não o mero descobridor. Este, por exemplo, descobre uma jazida de metal precioso; aquele, por sua vez, cria um mecanismo para aproveitamento desse metal. Uma coisa é descobrir a eletricidade; outra coisa, bem distinta, é inventar a lâmpada.

O descobridor resolve um problema técnico. O descobridor põe à luz algo existente que não era conhecido. É o que fazem os cientistas. Pesquisam a natureza, o mundo (físicos, matemáticos, botânicos, etc.). Quem acha uma jazida de ouro ou outro metal precioso não inventa, descobre. As leis da natureza foram tornadas conhecidas pela atividade dos cientistas. O inventor, ao conhecer as leis da física, cria um mecanismo que torna as leis da física úteis ao homem. Um cientista descobriu a eletricidade. O inventor criou uma lâmpada, que ilumina, uma resistência, que gera calor, etc.

(...)

Diga-se logo que no direito da propriedade industrial não se protegem os cientistas, os descobridores, mas os inventores. O inventor terá o direito exclusivo de utilizar a técnica por ele desenvolvida.[86]

---

[84] "Sintetizando a análise do art. 13 quanto à não evidência, temos o seguinte: I – quando o novo exame do pedido de patente de invenção o resultado é intuitivo, evidente por si mesmo e óbvio para um técnico do assunto (profissional do ramo), o objeto do pedido é imprivilegiável; II – na eventualidade de ocorrer um resultado não evidente ou óbvio, que não se acha contido no universo do profissional do ramo (técnico do ramo), teremos a não evidência exigível para caracterizar a atividade inventiva, a invenção, e legitimar a concessão do privilégio": DOMINGUES, Douglas Gabriel. *Comentários à lei de propriedade industrial.* Rio de Janeiro: Forense, 2009. p. 53.

[85] "Ato inventivo (...) é um ato criador de nível menos elevado que a atividade inventiva exigida à invenção, ato onde a inventividade alcançada pelo autor do modelo de utilidade é mais superficial e menos abrangente que a existente em uma invenção, pois se limita à melhoria funcional no uso ou fabricação do objeto de uso prático; (...) verificar a maneira comum ou vulgar do estado da técnica de um modelo de utilidade exige um nível de conhecimento técnico menos elevado e abrangente que estabelecer a maneira evidente ou óbvia do estado da técnica de uma invenção; (...) na avaliação técnica do modelo de utilidade, o campo de busca é menos abrangente que o das invenções, pois os requisitos de novidade e melhoria funcional no seu uso ou fabricação estão relacionados a objeto certo (...)": DOMINGUES, Douglas Gabriel. *Comentários à lei de propriedade industrial.* Rio de Janeiro: Forense, 2009. p. 54.

[86] HAMMES, Bruno Jorge. *O direito de propriedade intelectual.* 3. ed. São Paulo: Unisinos, 2002. p. 280-281.

Foi nos Estados Unidos o local em que se desenvolveu o requisito da *atividade inventiva* (lá chamado de *non-obviousness*), tendo este sido incorporado pelo direito de propriedade industrial brasileiro somente a partir da entrada em vigor da LPI, em 1996.

Finalmente, quando a lei usa a expressão "**técnico no assunto**",[87] está se referindo a alguém especializado no ramo do invento a ser patenteado, mas **não se exige que tal pessoa seja necessariamente a mais qualificada de todas** naquela área.

> (...) o padrão de avaliação é o homem especializado na matéria, mas não o maior expoente mundial do setor. Há um parâmetro usualmente utilizado para esta avaliação, que é do profissional graduado na especialidade, detentor dos conhecimentos acadêmicos comuns, e da experiência média de um engenheiro ou técnico, operando no setor industrial pertinente. Decididamente, o parâmetro não é do cientista exponencial, laureado com o prêmio Nobel.[88]

8.2.3. Aplicação industrial

Já o terceiro requisito de patenteabilidade – **aplicação industrial** – é preenchido quando a invenção ou o modelo de utilidade possam ser utilizados ou produzidos em qualquer tipo de indústria, conforme disposto no art. 15 da LPI: "a invenção e o modelo de utilidade são considerados suscetíveis de aplicação industrial quando possam ser utilizados ou produzidos em qualquer tipo de indústria". Tem-se, aqui, requisito de patenteabilidade ligado diretamente à exigência de que o **invento seja útil e factível**, isto é, resolva um problema técnico.

> Na verdade, o que pretende a lei, ao eleger a industriabilidade como condição de patenteabilidade, é afastar a concessão de patentes a invenções que ainda não podem ser fabricadas, em razão do estágio evolutivo do estado da técnica, ou que são desprovidas de qualquer utilidade para o homem. Duas, portanto, são as invenções que não atendem ao requisito da industriabilidade: as muito avançadas e as inúteis.[89]

> O outro elemento importante da noção é que o invento seja uma solução de um problema. (...) Assim, não basta definir, dentro de um procedimento de pesquisa, um conjunto novo de objetos ou informações, resultantes de atividade humana. É preciso especificar qual o problema técnico a ser resolvido pela definição, sob pena de não ser patenteável. (...). Não se veja aqui, porém nenhuma exigência de que a invenção traga aperfeiçoamentos ou melhoras no estado da arte (como se exige para o modelo de utilidade); tal poderá ser eventualmente considerado para efeitos de avaliação de atividade inventiva. Tem utilidade industrial o que

---

87 "O técnico no assunto referido no art. 13 da lei nova, nada mais é do que *l'homme du metier* dos franceses, o *personal skilled in theart*, expressão inglesa (...) difundida na área da propriedade industrial americana e britânica (...): I – possui a formação geral de todo técnico; II – possui técnica especial do ramo da indústria onde exerce sua atividade; III – conhece nas suas generalidades mais próximas as técnicas próprias dos ramos da indústria conexos ou análogos à sua – mas não aquelas que são técnicas mais sofisticadas ou afastadas de seu ramo –, pois as invenções modernas abrangem geralmente a vários ramos e setores da indústria; IV – adquiriu a habilidade e experiência profissional de um técnico que não é mais um principiante no ramo que exerce; V – enfim, suas capacidades intelectuais são aquelas que normalmente encontramos em todo técnico do ramo." (DOMINGUES, Douglas Gabriel. *Comentários à lei de propriedade industrial.* Rio de Janeiro: Forense, 2009. p. 50-51).

88 BARBOSA, Denis Borges. *Uma introdução à propriedade intelectual.* 2. ed. Rio de Janeiro: Lumen Juris, 2003. p. 330.

89 COELHO, Fábio Ulhoa. *Curso de direito comercial.* 7. ed. São Paulo: Saraiva, 2003. p. 154. v. I.

> resolva um problema técnico, como acima definido, mesmo que sem qualquer ganho prático ou comercial sobre o que já se dispõe.[90]

Portanto, se alguém *cria* algo *novo*, mas que não pode ser produzido industrialmente, ou seja, que não pode ser objeto de aplicação industrial, a respectiva criação não poderá ser patenteada. Da mesma forma, se esse algo novo não resolve nenhum problema técnico, também não pode ser patenteado. Em síntese: **o direito de propriedade industrial não confere proteção a inventos inúteis.**

Por fim, é importante destacar que **o termo "indústria" usado pelo legislador no art. 15 da LPI deve ser interpretado de forma extensiva**, nos termos do item 3 do art. 1º da Convenção da União de Paris: "a propriedade industrial entende-se na mais ampla acepção e aplica-se não só à indústria e ao comércio propriamente ditos, mas também às indústrias agrícolas e extrativas e a todos os produtos manufaturados ou naturais, por exemplo: vinhos, cereais, tabaco em folha, frutas, animais, minérios, águas minerais, cervejas, flores, farinhas".

8.2.4. Licitude do objeto da patente

O requisito da **licitude** (ou desimpedimento, como preferem alguns autores) diz respeito ao disposto no art. 18 da LPI, o qual afirma não serem patenteáveis: "I – o que for contrário à moral, aos bons costumes e à segurança, à ordem e à saúde públicas; II – as substâncias, matérias, misturas, elementos ou produtos de qualquer espécie, bem como a modificação de suas propriedades físico-químicas e os respectivos processos de obtenção ou modificação, quando resultantes de transformação do núcleo atômico; e III – o todo ou parte dos seres vivos, exceto os micro-organismos transgênicos que atendam aos três requisitos de patenteabilidade – novidade, atividade inventiva e aplicação industrial – previstos no art. 8.º e que não possam ser mera descoberta".

A regra em questão cuida de objetos que, em tese, podem ser considerados uma invenção ou um modelo de utilidade, porque preenchidos os requisitos da novidade, da atividade inventiva e da aplicação industrial. Todavia, o ordenamento jurídico prefere não lhes conferir proteção, em homenagem a **valores supostamente mais elevados**, como a moral, a segurança, entre outros.

É preciso tomar cuidado para não confundir o disposto no art. 18 com o que dispõe o art. 10 da LPI. Este dispositivo arrola, em diversos incisos, o que a lei, *a priori*, sequer considera como invenção ou modelo de utilidade. Eis o teor da norma em comento: "não se considera invenção nem modelo de utilidade: I – descobertas, teorias científicas e métodos matemáticos; II – concepções puramente abstratas; III – esquemas, planos, princípios ou métodos comerciais, contábeis, financeiros, educativos, publicitários, de sorteio e de fiscalização; IV – as obras literárias, arquitetônicas, artísticas e científicas ou qualquer criação estética; V – programas de computador em si; VI – apresentação de informações; VII – regras de jogo; VIII – técnicas e métodos operatórios ou cirúrgicos, bem como métodos terapêuticos ou de diagnóstico, para aplicação no corpo humano

[90] BARBOSA, Denis Borges. *Uma introdução à propriedade intelectual*. 2. ed. Rio de Janeiro: Lumen Juris, 2003. p. 330.

ou animal; e IX – o todo ou parte de seres vivos naturais e materiais biológicos encontrados na natureza, ou ainda que dela isolados, inclusive o genoma ou germoplasma de qualquer ser vivo natural e os processos biológicos naturais". Quanto aos programas de computador (*softwares*), não obstante possam ser registrados no INPI, eles são considerados espécie de direito autoral e estão protegidos nos termos da Lei 9.609/1998. Por isso, eventual registro tem efeito meramente declaratório.

Enfim, o art. 10 da LPI trata de coisas, por exemplo, que merecem outro tipo de proteção jurídica concedida pelo ordenamento, como no caso das obras literárias (inciso IV), que são protegidas pelo direito autoral (Lei 9.610/1998). O mencionado art. 10, pois, traz um rol de criações que o legislador, aprioristicamente, sequer considera invenção ou modelo de utilidade.

O art. 18 da LPI, por seu turno, trata de casos que, em tese, podem ser considerados uma invenção ou um modelo de utilidade, porque preenchidos os requisitos da novidade, da atividade inventiva e da aplicação industrial. Todavia, o ordenamento jurídico prefere não lhes conferir proteção, em homenagem a valores supostamente mais elevados, como a moral, a segurança, entre outros.

8.2.4.1. Patentes de produtos e processos farmacêuticos

Acerca dos impedimentos legais à patenteabilidade, registre-se uma informação importante sobre uma mudança da nossa legislação sobre propriedade industrial, relativa aos medicamentos: **a lei anterior (Lei 5.772/1971) excluía do seu âmbito de proteção a invenção dos remédios/medicamentos,** sob o argumento de universalizar o acesso da população aos avanços da ciência médica. **A atual LPI, todavia, não mais previu esse impedimento, assegurando, assim, proteção jurídica aos inventos na área farmacêutica.**[91]

Registre-se, porém, que nesse caso exigia-se um requisito especial para a concessão da patente do medicamento, que era a **prévia anuência da ANVISA** (Agência Nacional de Vigilância Sanitária), nos termos do art. 229-C da LPI: "a concessão de patentes para produtos e processos farmacêuticos dependerá da prévia anuência da Agência Nacional de Vigilância Sanitária – ANVISA".

Ocorre que a Lei 14.195/2021 revogou essa regra, de modo que agora essa anuência prévia da Anvisa não é mais necessária para a concessão de patentes de produtos e processos farmacêuticos.

[91] "Com a proibição da patente, ninguém vai e ninguém pode investir em invenções de medicamentos. O que, entretanto, parece mais grave é que, desestimulando a pesquisa, expulsam-se do país as forças criadoras. O inventor brasileiro que inventasse um remédio que curasse, por exemplo, o câncer ou a AIDS só teria um caminho: ir para um país que lhe assegurasse proteção. A perda das forças vivas e criadoras é o resultado trágico que o dispositivo legal está provocando. Irá engrossar o número de invenções patenteadas dos países que protegem o invento de remédios. Tem-se ainda o costume de criticar os países que concentram o maior número de invenções. Eles as recebem gratuitamente dos países que enxotam seus inventores por lhes negar a proteção. Também no campo dos medicamentos continua valendo que o maior progresso terá quem melhor proteger seus inventores." (HAMMES, Bruno Jorge. *O direito de propriedade intelectual*. 3. ed. São Paulo: Unisinos, 2002. p. 295-319. Vê-se que o autor compartilha do entendimento predominante de que as patentes são imprescindíveis para estimular a pesquisa e o desenvolvimento tecnológico/científico, entendimento este, porém, que vem sendo refutado por estudos empíricos como o de Boldrin e Levine, o qual citamos nos comentários ao art. 2.º.

8.2.4.2. Patentes de segundo uso médico

O chamado "segundo uso" se refere à reivindicação de patente que é feita para um composto ou substância já conhecida, muitas vezes inclusive em domínio público, mas para um novo uso terapêutico, cujo efeito era antes ignorado.[92]

Devido à dificuldade de se caracterizar a novidade e a atividade inventiva de um invento de segundo uso e à proibição de patentes para método de tratamento (art. 10, VIII, da LPI), esses pedidos de patente historicamente eram rejeitados na Europa. No entanto, o cenário mudou a partir do caso Pharmuka,[93] julgado pelo Escritório de Patentes Europeu, que, fazendo menção à decisão do Escritório de Patentes da Suíça, concluiu que a questão se resolvia na forma da reivindicação: ao invés de "uso do composto X (já conhecido) para tratar Y", deve-se formular "uso do composto X para se obter um medicamento destinado a um tratamento Y".[94] Esse tipo de reivindicação ficou conhecido como "fórmula suíça".

Dado que a LPI não exclui expressamente a patente de segundo uso médico, o INPI admite a patenteabilidade do novo uso pela fórmula suíça.[95] Não obstante, a ANVISA tem se posicionado de forma contrária a esses pedidos por entender que eles são lesivos à saúde pública e ao desenvolvimento tecnológico e científico do país.[96] Aliás, tais discordâncias são parte da origem da disputa entre os órgãos acerca do instituto da anuência prévia, comentada no tópico anterior.

De fato, é preciso ter cuidado com as patentes de segundo uso, pois uma descoberta trivial de um novo efeito pode acabar duplicando o período de proteção do composto original, prejudicando a entrada de medicamentos genéricos no mercado. Isso pode inclusive decorrer de estratégia do laboratório detentor da patente original: obter múltiplas e sucessivas patentes de um mesmo composto químico a partir de inovações incrementais (*evergreening*),[97] como as **formas polimórficas.**[98]

---

92 Para exemplificar, recentemente a revista britânica *Economist* noticiou que duas drogas já conhecidas (o antidepressivo Imipramina e o anticoagulante Ticlopidina) tinham sido testadas com sucesso em ratos para o tratamento de glioma, uma forma bastante agressiva de câncer no cérebro. Como os efeitos dessas drogas nos seres humanos já são bem conhecidos, as próximas etapas de testes deverão ser bem mais ágeis. Embora tais drogas já tenham sido objeto de patente, muito provavelmente o laboratório responsável pelas pesquisas já providenciou novo pedido de patente das mesmas drogas para obtenção de um medicamento específico para tratar o glioma, uma vez que os efeitos dela no tratamento de glioma eram ignorados. Disponível em: <http://www.economist.com/news/science-and-technology/21666116-redeploying-two-old-drugs-may-yield-new-treatment-brain-cancer-eating>.

93 Disponível em: <http://www.epo.org/law-practice/case-law-appeals/recent/g830006ep1.html>.

94 BARBOSA, Denis Borges. *Tratado da propriedade intelectual.* Rio de Janeiro: Lumen Juris, 2010. p. 1731. t. II.

95 Resolução PR 124/2013: "3.75 Na área farmacêutica as reivindicações que envolvem o uso de produtos químico-farmacêuticos para o tratamento de uma nova doença utilizam um formato convencionalmente chamado de fórmula suíça: 'Uso de um composto de fórmula X, caracterizado por ser para preparar um medicamento para tratar a doença Y'.3.76 Ressalta-se que este tipo de reivindicação confere proteção para o uso, mas não confere proteção ao método terapêutico, o qual não é considerado invenção de acordo com o inciso VIII do art. 10 da LPI. Reivindicações do tipo 'Uso para tratamento', 'Processo/Método para tratamento', 'Administração para tratamento' ou seus equivalentes correspondem a reivindicações de método terapêutico e, portanto, não são consideradas invenção de acordo com o inciso VIII do artigo 10 da LPI".

96 Disponível em: <http://www.anvisa.gov.br/divulga/informes/2004/250804.htm>.

97 SILVA, Maria Lúcia Abranches da; BRITTO, Adriana Campos Moreira; ANTUNES, Adelaide Maria de Souza. Controvérsias sobre a proteção patentária de segundo uso médico de compostos químicos conhecidos. *Quim. Nova*, v. 33, n.º 8, 1.821-1.826, 2010. Disponível em: <http://www.scielo.br/pdf/qn/v33n8/35.pdf>.

98 Polimorfismo é a capacidade de um determinado sólido existir sob mais de uma forma cristalina. O grafite e o diamante, por exemplo, são formados a partir do mesmo elemento químico, o carbono. Ver mais a respeito em:

Esse receio levou à elaboração do Projeto de Lei n.º 5.402/2013, que propõe a proibição completa do patenteamento de novo uso e formas polimórficas. O tema ainda deverá ser objeto de inúmeros debates no Congresso Nacional.

Enquanto não há inovação legislativa, a matéria está sujeita às interpretações das autarquias especializadas e do Poder Judiciário. O Tribunal Regional Federal da 2.ª Região já teve oportunidade de debater o assunto num caso em que um laboratório, que teve seu pedido de concessão de patente negado pelo INPI, ajuizou ação de declaração de nulidade de ato administrativo para que o mérito do seu pedido fosse apreciado. Procedente a ação em primeira instância, o INPI apelou ao TRF da 2.ª Região, que decidiu, por maioria, de forma contrária às patentes de segundo uso:

> *Apelação – propriedade industrial – patente de segundo uso – falta de requisitos de patenteabilidade – recurso provido. I – Diz o art. 8.º da Lei n.º 9.279/96: "É patenteável a invenção que atenda aos requisitos de novidade, atividade inventiva e aplicação industrial", e, ainda, o art. 11: "A invenção e o modelo de utilidade são considerados novos quando não compreendidos pelo estado da técnica". II – Do cotejo dos dispositivos extrai-se:* ***primeiro, que a patente de segundo uso não atende ao requisito básico de novidade, à vista do segundo uso da mesma substância já pertencer ao estado da técnica. Segundo, o fato de uma mesma substância ser utilizada para outra finalidade não resulta em matéria patenteável por não envolver um passo inventivo (de acordo com o TRIPs) ou atividade inventiva (de acordo com a lei brasileira). No máximo estaremos diante de uma simples descoberta de um novo uso terapêutico, que não é considerado invenção nos termos do art. 10 da Lei n.º 9.279/96. III – Ademais, a concessão de um novo monopólio – para um segundo uso de substâncias já conhecidas – prolongaria indefinidamente os direitos privados do titular da patente sobre uma matéria que não apresenta os requisitos, internacionalmente aceitos, de patenteabilidade e, em contrapartida, reduziria o direito público de acesso aos novos conhecimentos pela sociedade brasileira, e impediria que pesquisadores nacionais desenvolvessem novas formulações e novos medicamentos.*** *IV – Por fim, se dúvida houvesse de que a patente em questão possui os requisitos do art. 8º, restariam dirimidas com a simples leitura das respostas dos quesitos dos réus, especialmente, 13, 15, 16, 17, 21, 22, 23, 24, 26, 27, 30, 31, 32, 33, 34, 35. V – Apelação e remessa necessária providas (TRF 2.ª Região, Apelação Cível 420502 – RJ, processo 200551015078111, Rel. Des. Messod Azulay Neto, decisão em 22.09.2009 e publicação em 30.09.2009).*

O julgado acima resume bem os argumentos desfavoráveis à patente de segundo uso, afirmando sem ressalvas que ela não atende aos requisitos básicos de novidade e atividade inventiva. Contrariamente, vale a pena destacar os fundamentos do voto vencido, que foi assim concluído pela Desembargadora Liliane Roriz:

> *"Em conclusão a tudo que foi analisado acima, podem ser fixados os seguintes parâmetros:*
>
> - *O segundo uso pode ser patenteável, dependendo da modalidade em que se enquadre;*

BARBOSA, Denis Borges. Polimorfos, Enantiômetros & coetera: uma proposta de mudança legislativa. Disponível em: <http://www.denisbarbosa.addr.com/arquivos/novidades/polimorfismo.pdf>.; e MENDES, Dany Rafael Fonseca; OLIVEIRA, Michel Angelo Constantino de; PINHEIRO, Adalberto Amorim. As patentes de segundo uso e de formas polimórficas e o Projeto de Lei n.º 5.402/2013. *Revista Eletrônica do Mestrado em Direito da UFAL*. Maceió/AL, v. 5, n.º 2 (2014), p. 29-46, jul./dez. 2014.

- *O caso ora em análise se enquadra na terceira modalidade, isto é, da utilização como remédio de um insumo já existente no estado da técnica, mas que não era até então utilizado como medicamento;*
- *Sendo da terceira modalidade, haverá patente, desde que superados os empecilhos técnicos;*
- *O pedido de patente de segundo uso pela fórmula suíça é aceita no Brasil, pelo INPI;*
- *As alterações nas reivindicações feitas pela requerente, ora apelada, foram legais e aceitas pelo INPI;*
- *A reivindicação contida na PI 9606903-1 não é um método terapêutico e, por isso, não se lhe aplica o impedimento estabelecido no art. 10, inc. VIII, da LPI;*
- *A reivindicação contida na PI 9606903-1 não é um processo e, por isso, não se lhe aplica a regra prevista no art. 229-A da LPI;*
- *A patente europeia EP 501705 não é anterioridade impeditiva à reivindicação contida na PI 9606903-1, havendo novidade;*
- *Há também atividade inventiva, por não ser óbvio o novo uso para a tomoxetina."*

Apesar de contrário às patentes de segundo uso no caso concreto, o referido julgado não nos parece indicar uma tendência do Tribunal Regional Federal da 2.ª Região de proibir a proteção legal ao novo uso médico em quaisquer hipóteses. Na verdade, o Tribunal privilegiou a decisão da autarquia especializada (que, como vimos, admite a patenteabilidade do segundo uso) que denegou a concessão da patente no caso específico, uma vez que o fármaco objeto da patente (tomoxetina) teria o mesmo mecanismo de ação tanto no primeiro quanto no segundo uso.

Em outro julgado, o Tribunal, embora mais uma vez negando o pleito de patente por ausência de prova da novidade, admitiu a possibilidade de haver inovação significativa em pedido de patente de segundo uso.

> *Apelação – propriedade industrial – concessão de patente – Anvisa – anuência prévia – inteligência do artigo 229-C da Lei 9.279/96. I – Foge ao bom senso pensar que os requisitos de uma patente farmacêutica necessitem de dupla análise e por dois órgãos públicos distintos, traduzindo-se isso em burocracia desnecessária, com prejuízos conceituais, econômicos e humanos. II – A vingar o entendimento de que o artigo 229-C passou a conferir a ANVISA poderes para decidir sobre requisitos de patenteabilidade é o mesmo que subtrair do INPI toda a sua independência e autonomia, para subordiná-lo a ANVISA, resultando isso em inarredável contrassenso. III – Claro está que a única interpretação possível para o artigo 299-C não importa em nenhuma nova atribuição para ANVISA (de análise de requisitos de patenteabilidade), mas sim na oportunidade, dada pelo legislador, de antecipar sua atuação administrativa de vigilância sanitária, pronunciando-se sobre eventual risco à saúde – o que antes só ocorria com a efetiva comercialização do produto no mercado, podendo agora fazê-lo antes da concessão da carta-patente.* ***IV – De outro lado, não se nega nos autos que a patente da empresa apelada é de segundo uso, assim denominada por objetivar a aquisição de novos títulos privilegiáveis com base em princípio ativo já conhecido, ao argumento de que as buscas por novas moléculas se tornaram economicamente proibitivas, levando os laboratórios a investirem em novos efeitos terapêuticos da mesma substância química. V – Forçoso reconhecer que o fato de uma patente ser de segundo uso não importa necessariamente em carência de novidade, sendo possível que novos efeitos terapêuticos se originem de pesquisas e estudos em tal sentido, de caráter absolutamente inovador, sem***

que se configurem em meras descobertas oriundas de uso do medicamento. VI - Ocorre que a patente em questão, por ser do tipo pipeline, nunca teve os requisitos de patenteabilidade analisados pelo INPI, inexistindo nos autos qualquer tipo de prova que ateste a novidade inarredável, ou tampouco as análises, pesquisas e investimentos realizados na tentativa de demonstrar que o segundo uso se caracteriza em uma nova invenção, como afirmado na peça inicial. VII - De sorte, não havendo nos autos prova de novidade da patente, e estando diante de patente de segundo uso referente a fármacos que, utilizados primeiramente para uma determinada doença, passam a ser empregados para combater outra enfermidade, aliado ao fato de que os requisitos do bem nunca foram objeto de análise, pelo INPI, não há como confirmar a sentença sob pena de concessão de monopólio sem os devidos requisitos legais. VIII - Apelação e remessa necessária providas (TRF 2.ª Região, Apelação Cível 418440 - RJ, processo 200551015004279, Rel. Des. Messod Azulay Neto, decisão em 25.05.2010 e publicação em 07.06.2010).

A questão remanesce aberta no Judiciário federal, mas tudo indica que a patenteabilidade dependerá em muito da posição do INPI que, no final das contas, é o órgão que tem competência para examinar a novidade e a inventividade do segundo uso.

8.2.4.3. Patentes de biotecnologia

Biotecnologia pode ser definida como "qualquer aplicação tecnológica que utilize sistemas biológicos, organismos vivos, ou seus derivados, para fabricar ou modificar produtos ou processos para utilização específica" (art. 2.º da Convenção sobre Diversidade Biológica da ONU). Em outras palavras, biotecnologia refere-se à manipulação científica de organismos vivos para um determinado fim.

A biotecnologia já proveu inúmeros benefícios para a sociedade nas mais diversas áreas. Na medicina, por exemplo, tem-se a insulina humana para o tratamento de diabetes e os anticorpos monoclonais para o tratamento de câncer. Na agricultura, já é comum o cultivo de lavouras geneticamente modificadas, com plantas resistentes a herbicidas, insetos, bactérias, vírus etc. A biotecnologia tem ainda um papel fundamental na proteção ambiental para o desenvolvimento de químicos e biocombustíveis obtidos a partir de recursos renováveis.[99]

O futuro da biotecnologia é promissor e não por acaso o número de patentes de invenções biotecnológicas vem crescendo em todo mundo.[100] Mas, se por um lado, o desenvolvimento da biotecnologia desperta o interesse econômico nas patentes dessa área, por outro, aumenta as controvérsias e o debate acerca dos riscos para a inovação e as implicações éticas na concessão de monopólio sobre organismos vivos.

---

[99] A Lei 11.105/2005, que regulamenta os incisos II, IV e V do § 1.º do art. 225 da Constituição Federal, dispõe sobre a fiscalização das atividades que envolvam organismos geneticamente modificados. Seu art. 1.º estabelece que a lei tem como diretrizes o "estímulo ao avanço científico na área de biossegurança e biotecnologia, a proteção à vida e à saúde humana, animal e vegetal, e a observância do princípio da precaução para a proteção do meio ambiente".

[100] Segundo dados do *European Patent Office* (EPO), o órgão de patentes europeu, a biotecnologia está entre as 10 principais áreas técnicas em número de depósito de patentes. Conferir em: <http://www.epo.org/news-issues/issues/biotechnology.html>.

A maior dificuldade para patentes de inovações biotecnológicas reside na sua pouca *inventividade*. Há um intenso debate, por exemplo, sobre se sequências ou segmentos de DNA (genes), ainda que isolados, manipulados ou recombinados, não caracterizariam meras descobertas. Sabe-se que cerca de 20% dos genes humanos já foram patenteados pelo Escritório de Patentes e Marcas dos Estados Unidos.[101] Muitos deles são genes relacionados a doenças e constituem objeto de pesquisas para o desenvolvimento de métodos de diagnóstico e vacinas. Se, por um lado, a patente confere um enorme incentivo financeiro para o desenvolvimento de novas drogas por grandes laboratórios, por outro, ela constitui um grande entrave a pesquisas realizadas de forma independente por entidades sem fins lucrativos, como a maior parte das universidades.

No âmbito internacional, as legislações divergem bastante acerca de quais invenções biotecnológicas podem ser objeto de patente. O Acordo TRIPS estabelece os casos em que os países-membros poderão negar a proteção patentária nessa área. São eles:

> *a) métodos diagnósticos, terapêuticos e cirúrgicos para o tratamento de seres humanos ou de animais;*
>
> *b) plantas e animais, exceto micro-organismos e processos essencialmente biológicos para a produção de plantas ou animais, excetuando-se os processos não biológicos e microbiológicos.*
>
> *Não obstante, os Membros concederão proteção a variedades vegetais, seja por meio de patentes, seja por meio de um sistema sui generis eficaz, seja por uma combinação de ambos.*

Em relação à proteção de variedades vegetais, há uma norma específica sobre o tema, que é a Lei 9.456/1997 (Lei de Proteção de Cultivares). Quanto às demais ressalvas, observa-se que o Brasil, ao contrário da maioria dos países desenvolvidos, usou toda a flexibilidade da norma internacional, sendo, em princípio, bastante restritivo em relação às patentes de biotecnologia.

A matéria é tratada nos incisos VIII e IX do art. 10 e no inciso III do art. 18 da LPI, que, conforme vimos, assim dispõem: "Art. 10. Não se consideram invenção nem modelo de utilidade: (...) VIII – técnicas e métodos operatórios ou cirúrgicos, bem como métodos terapêuticos ou de diagnóstico, para aplicação no corpo humano ou animal; e IX – o todo ou parte de seres vivos naturais e materiais biológicos encontrados na natureza, ou ainda que dela isolados, inclusive o

[101] JENSEN, Kyle; MURRAY, Fiona. Intellectual property landscape of the human genome. *Science*, 14 Oct. 2005, v. 310, n. 5.746, p. 239-240. DOI: 10.1126/science.1120014. Em 2013, a Suprema Corte dos Estados Unidos julgou que o mero isolamento de um segmento de DNA (gene), ainda que seja uma descoberta brilhante e inovadora, não satisfaz os requisitos legais de patenteabilidade por se tratar de produto isolado da natureza. Os genes em questão eram o BRCA1 e BRCA2, patenteados pela empresa Myriad Genetics, que estão relacionados ao câncer de mama. Com a patente, a Myriad Genetics tinha o direito exclusivo de desenvolver exames que indicam a presença do gene e avaliam os riscos de adquirir a doença no futuro. Foi com base em exame desta natureza que a atriz americana Angelina Jolie identificou a presença do gene BRCA1 e decidiu realizar dupla mastectomia. Disponível em: <http://www2.uol.com.br/sciam/noticias/rejeitadas_duas_patentes_de_genes_pela_suprema_corte_dos_estados_unidos.html>. No mesmo sentido, em 2015, a Suprema Corte da Austrália também rejeitou a patente do BRCA1. Disponível em: <https://www.newscientist.com/article/gene-patents-struck-down-by-australias-high-court/>.

genoma ou germoplasma de qualquer ser vivo natural e os processos biológicos naturais; Art. 18. Não são patenteáveis: (...) III - o todo ou parte dos seres vivos, exceto os micro-organismos transgênicos que atendam aos três requisitos de patenteabilidade - novidade, atividade inventiva e aplicação industrial - previstos no art. 8.º e que não sejam mera descoberta. Parágrafo único. Para os fins desta Lei, micro-organismos transgênicos são organismos, exceto o todo ou parte de plantas ou de animais, que expressem, mediante intervenção humana direta em sua composição genética, uma característica normalmente não alcançável pela espécie em condições naturais".

No final das contas, é o grau de inventividade da intervenção humana que definirá a patenteabilidade de uma *invenção biotecnológica.* Havendo uma intervenção técnica, que altere a característica natural do ser, não há dúvida de que o produto resultante será patenteável, bastando que preencha os requisitos exigidos para as demais invenções.

Isso significa, por exemplo, que o extrato natural de uma planta (como *aloe vera,* muito usado na indústria cosmética) não é patenteável porque constitui um material biológico isolado. Mas se o mesmo extrato for enriquecido em virtude de manipulação genética, ele estará sujeito à patente.

Em relação às plantas e animais, vê-se que elas também não são passíveis de proteção, assim como não são protegidos os processos biológicos naturais, como o processo natural de reprodução de seres da natureza.

Por outro lado, o INPI admite a patente de processo microbiológico, conforme exige o Acordo TRIPS,[102] e também de processo biológico que, após uma etapa técnica decisiva, resulte em um composto químico (obtenção do composto por meio do cultivo de uma bactéria X sobre Y).

Quanto aos transgênicos, não são patenteáveis as plantas e os animais geneticamente modificados (expressamente excluídos da definição de micro-organismo transgênico do parágrafo único do art. 18). No entanto, não há dúvida de que bactérias, fungos e protozoários geneticamente modificados podem ser protegidos pela LPI. No que diz respeito aos genes (sequências de DNA), o mero isolamento não seria patenteável perante a lei brasileira. Mas a recombinação de sequências de DNA vai merecer análise do INPI quanto aos critérios da novidade, atividade inventiva e aplicação industrial.

Nesses casos, a análise da aplicação industrial exigirá que o relatório contenha descrição clara e suficiente do objeto do pedido, de modo a possibilitar sua realização por técnico no assunto. O parágrafo único do art. 24 contém uma regra especial para o caso de material biotecnológico cuja mera descrição não é suficiente para a realização por técnico no assunto, sendo necessário fazer uso do próprio material. Nesse caso, "o relatório será suplementado por depósito do material em instituição autorizada pelo INPI ou indicada em acordo internacional".

---

[102] "Os processos microbiológicos englobam os processos que utilizam, se aplicam a, ou resultam em microrganismos. Embora tais processos sejam processos biológicos, o INPI considera que os mesmos são concedidos por serem uma exceção das exclusões legais permitidas no Acordo TRIPS (art. 27(3b))."

Deve-se observar ainda que o INPI pode recusar proteção para invenção biotecnológica com base no inciso I do art. 18: "não são patenteáveis: I – o que for contrário à moral, aos bons costumes e à segurança, à ordem e à saúde públicas".

Assim, um processo de clonagem de seres humanos, por exemplo, pode ter a proteção negada com base nesse dispositivo, já que a clonagem humana, no Brasil, é tipificada como crime pela Lei 11.105/2005 (Lei de Biossegurança).[103]

Por fim, cumpre fazer menção à Medida Provisória 2.186-16/2001, que dispõe sobre as condições nas quais se dará o acesso ao patrimônio genético nacional e ao conhecimento tradicional associado, especialmente quanto à repartição de benefícios e a transferência de tecnologia para sua utilização. O art. 31 estatui:

> *Art. 31. A concessão de direito de propriedade industrial pelos órgãos competentes, sobre processo ou produto obtido a partir de amostra de componente do patrimônio genético, fica condicionada à observância desta Medida Provisória, devendo o requerente informar a origem do material genético e do conhecimento tradicional associado, quando for o caso.*

Portanto, o INPI só concederá patente de biotecnologia que tenha feito uso do patrimônio genético nacional se o próprio acesso ao material tiver ocorrido de forma regular. Nesse caso, cabe ao INPI exigir que o requerente informe não apenas a origem do material genético e do conhecimento tradicional associado, mas também a própria autorização prévia ao acesso emitida pelo Conselho de Gestão do Patrimônio Genético, órgão colegiado composto por representantes de diversos órgãos da administração pública federal, incluindo o INPI.[104]

O tema é bastante polêmico e há vários projetos de lei para alteração da LPI nesse ponto, tanto para aumentar o escopo de proteção legal como para restringi-lo ainda mais. Dois se destacam em virtude da completa oposição ideológica que os norteiam. De um lado, o Projeto de Lei 4.961/2005, do Deputado Federal Antônio Carlos Mendes Thames (PSDB/SP), amplia o conceito de invenção para alcançar material biológico extraído, obtido ou isolado que apresentem os requisitos do art. 8.º e que não sejam meras descobertas. De outro, o projeto a ele apensado, de número 654/2007, do Deputado Nazareno Fonteles (PT/PI), que pretende proibir até mesmo o patenteamento dos organismos geneticamente modificados.

8.2.4.4. Patentes x Cultivares

É preciso ter cuidado para não confundir patentes com cultivares, que também configuram uma espécie de direito de propriedade intelectual, mas que se submete a regime jurídico distinto, previsto na Lei 9.456/1997.

Essa distinção entre patente e cultivar foi feita pela Segunda Seção do STJ no julgamento do REsp 1.610.728-RS: agricultores ajuizaram ação alegando que a Lei de Proteção de Cultivares (Lei 9.456/1997) os concede, sem necessidade de pagamento

[103] A clonagem humana, no Brasil, é tipificada como crime pela Lei n.º 11.105/2005 (Lei de Biossegurança).

[104] Art. 10 e 11 da Medida Provisória 2186-16/2001, Resolução CGEN n.º 34/2009 e Resolução INPI 69/2013.

de royalties, taxa tecnológica ou indenização, o chamado "privilégio do agricultor", que os autoriza a reservar o produto da soja transgênica Roundup Ready para replantio em seus campos de cultivo, a vender a produção desse cultivo como alimento ou matéria-prima e, com relação a pequenos produtores, a doar a outros pequenos produtores rurais, ou com eles trocar, sementes reservadas para tal finalidade.

A empresa ré (Monsanto), por sua vez, argumentou que os valores a que faz jus não se fundamentam no direito de proteção de cultivares, mas na titularidade de patentes relativas às invenções consistentes na soja transgênica Roundup Ready, de modo que o "privilégio do agricultor" não lhe seria oponível.

Em suma, a solução da controvérsia exigia analisar se a soja transgênica da Monsanto tinha proteção como 'cultivar' ou como patente. No primeiro caso, aplicar-se-ia o "privilégio do agricultor"; no segundo caso, não se aplicaria, prevalecendo os direitos de exclusividade do titular da proteção patentária.

A Segunda Seção do STJ entendeu que se trata de patente: "o âmbito de proteção a que está submetida a tecnologia desenvolvida pelas recorridas não se confunde com o objeto da proteção prevista na Lei de Cultivares: as patentes não protegem a variedade vegetal, mas o processo de inserção e o próprio gene por elas inoculado nas sementes de soja RR. **A proteção da propriedade intelectual na forma de cultivares abrange o material de reprodução ou multiplicação vegetativa da planta inteira, enquanto o sistema de patentes protege, especificamente, o processo inventivo ou o material geneticamente modificado**".

> INCIDENTE DE ASSUNÇÃO DE COMPETÊNCIA. RECURSO ESPECIAL. PROPRIEDADE INTELECTUAL. AÇÃO COLETIVA. SOJA ROUNDUP READY. TRANSGENIA. LEI DE PROPRIEDADE INDUSTRIAL. LEI DE PROTEÇÃO DE CULTIVARES. ART. 10. INOPONIBILIDADE AO TITULAR DE PROTEÇÃO PATENTÁRIA. DUPLA PROTEÇÃO. INOCORRÊNCIA. SISTEMAS PROTETIVOS DISTINTOS. PRINCÍPIO DA EXAUSTÃO. CIRCUNSTÂNCIA ESPECÍFICA QUE FOGE À REGRA GERAL. PREVISÃO LEGAL EXPRESSA.
>
> 1. O propósito recursal é definir se produtores de soja podem, sem que haja violação dos direitos de propriedade intelectual das recorridas, reservar livremente o produto da soja transgênica Roundup Ready (soja RR) para replantio em seus campos de cultivo, vender a produção desse cultivo como alimento ou matéria-prima e, com relação apenas a pequenos produtores, doar a outros pequenos produtores rurais ou com eles trocar as sementes reservadas.
>
> 2. A Lei de Propriedade Industrial - em consonância com as diretrizes traçadas no plano internacional e na esteira do dever imposto pela norma do art. 5º, XXIX, da Constituição de 1988 - autoriza o patenteamento de micro-organismos transgênicos, a fim de garantir, ao autor do invento, privilégio temporário para sua utilização.
>
> 3. Patentes e proteção de cultivares são diferentes espécies de direitos de propriedade intelectual, que objetivam proteger bens intangíveis distintos. Não há incompatibilidade entre os estatutos legais que os disciplinam, tampouco prevalência de um sobre o outro, pois se trata de regimes jurídicos diversos e complementares, em cujos sistemas normativos inexistem proposições contraditórias a qualificar uma mesma conduta.
>
> 4. A marcante distinção existente entre o regime da LPI e o da LPC compreende, dente outros, o objeto protegido, o alcance da proteção, as exceções e limitações oponíveis aos titulares dos respectivos direitos, os requisitos necessários à outorga

da tutela jurídica, o órgão responsável pela análise e emissão do título protetivo e o prazo de duração do privilégio.

5. O âmbito de proteção a que está submetida a tecnologia desenvolvida pelas recorridas não se confunde com o objeto da proteção prevista na Lei de Cultivares: as patentes não protegem a variedade vegetal, mas o processo de inserção e o próprio gene por elas inoculado nas sementes de soja RR. A proteção da propriedade intelectual na forma de cultivares abrange o material de reprodução ou multiplicação vegetativa da planta inteira, enquanto o sistema de patentes protege, especificamente, o processo inventivo ou o material geneticamente modificado.

6. Ainda que a LPI veicule o princípio da exaustão como norma geral aplicável a produtos patenteados, há de se destacar que seu art. 43, VI, parte final, prevê expressamente que não haverá exaustão na hipótese de tais produtos serem utilizados para "multiplicação ou propagação comercial da matéria viva em causa".

7. A toda evidência, a opção legislativa foi a de deixar claro que a exaustão, quando se cuida de patentes relacionadas à matéria viva, atinge apenas a circulação daqueles produtos que possam ser enquadrados na categoria de matéria viva não reprodutível, circunstância que não coincide com o objeto da pretensão dos recorrentes.

8. Diante disso, a tese firmada, para efeito do art. 947 do CPC/15, é a seguinte: as limitações ao direito de propriedade intelectual constantes do art. 10 da Lei 9.456/97 - aplicáveis tão somente aos titulares de Certificados de Proteção de Cultivares - não são oponíveis aos detentores de patentes de produto e/ou processo relacionados à transgenia cuja tecnologia esteja presente no material reprodutivo de variedades vegetais.

RECURSO ESPECIAL NÃO PROVIDO.

(REsp 1610728/RS, Rel. Ministra NANCY ANDRIGHI, SEGUNDA SEÇÃO, julgado em 09/10/2019, DJe 14/10/2019)

Portanto, enquanto a patente protege o produto geneticamente modificado ou o processo inventivo respectivo, a cultivar protege a variedade vegetal (art. 3º, inciso IV c/c arts. 4º e 8º da Lei 9.456/1997). Essa proteção é feita por meio da concessão de um Certificado de Proteção de Cultivar, emitido pelo Ministério da Agricultura, Pecuária e Abastecimento, que tem prazo de 15 ou 18 anos, contados a partir da concessão (art. 11 da Lei 9.456/1997).

8.3. Procedimento do pedido de patente

A concessão de uma patente de invenção ou de modelo de utilidade não é um ato simples, obtido automaticamente após o requerimento do inventor. O ato de concessão da carta-patente é precedido de um procedimento administrativo burocrático e muitas vezes lento, que perdura por diversos anos.

8.3.1. Legitimidade do autor do pedido de patente

Em princípio, o pedido de proteção será feito junto ao INPI pelo próprio autor da invenção ou do modelo de utilidade, mas também pode ser realizado, segundo o art. 6.º, § 2.º da LPI, "pelos herdeiros ou sucessores do autor, pelo cessionário ou por aquele a quem a lei ou o contrato de trabalho ou de prestação de serviços determinar que pertença a titularidade".

A lista de legitimados do § 2.º do art. 6.º da LPI, porém, não é exaustiva, sustentando alguns doutrinadores que **até mesmo incapazes podem requerer uma proteção patentária**, uma vez que "se trata de ato do qual somente vantagens podem resultar para o patrimônio do postulante, com a aquisição de um direito, fonte de eventuais benefícios".[105]

Se o invento foi realizado em conjunto por duas ou mais pessoas, o pedido de proteção poderá ser feito por todos os inventores, ou por qualquer deles, isoladamente, desde que, neste caso, sejam nomeados e qualificados os demais, para a ressalva dos respectivos direitos. É o que prevê o art. 6.º, § 3.º, da LPI: "quando se tratar de invenção ou de modelo de utilidade realizado conjuntamente por duas ou mais pessoas, a patente poderá ser requerida por todas ou qualquer delas, mediante nomeação e qualificação das demais, para ressalva dos respectivos direitos". Trata-se do que a doutrina chama de **patente coletiva ou comum**.

Situação não prevista expressamente na LPI, mas que pode gerar problemas práticos, é a do **inventor que foi financiado por alguém para desenvolver um invento**, mas depois se recusa a requerer a proteção patentária. Nesse caso, "o financiador da invenção não é um inventor conjunto e não pode requerer a patente coletiva".[106] Assim, é recomendável que o financiador tome todas as precauções antes de fornecer os recursos ao inventor, assegurando por contrato, por exemplo, os seus respectivos direitos. Uma boa assessoria jurídica de advogados especialistas, nesse caso, é fundamental.

O art. 6.º, § 4.º da LPI que permite ao inventor requerer a não divulgação do seu nome: "o inventor será nomeado e qualificado, podendo requerer a não divulgação de sua nomeação". A regra comporta exceção, pois terceiros com legítimo interesse podem requerer ao INPI, sob o compromisso de manter sigilo, informações sob o nome do inventor, a fim de fazer eventual questionamento quanto à sua legitimidade.

Finalmente, vale lembrar mais uma vez que, embora a lei diga que a patente assegura ao autor da invenção ou do modelo de utilidade a "propriedade" sobre eles, não se trata exatamente de um direito de propriedade, mas de um direito de monopólio (ou de exclusividade).

> O direito de propriedade e exclusividade conferido pela patente é um direito de monopólio, apesar de no texto legal nada constar a respeito (...). Hermano Duval, após conceituar o direito exclusivo de utilização conferido pelo Estado às marcas e patentes como monopólio legal, explica o porquê da palavra monopólio não constar do texto legal: no campo comercial e econômico, a palavra monopólio logo é associada a de um polvo a envolver em seus poderosos tentáculos setores da vida nacional. Por tal razão, o legislador, precavidamente, na área de Propriedade Industrial, emprega para o regime de monopólio das patentes e marcas registradas o *nomen juris* de privilégios e registros, procedimento que não tem o condão de alterar a natureza do direito de monopólio dos titulares de privilégios e marcas registradas para direito de propriedade ou outro direito qualquer.[107]

---

[105] CERQUEIRA, João da Gama. *Tratado da propriedade industrial.* Rio de Janeiro: Forense, 1946. p. 10. v. II. t. I.

[106] DOMINGUES, Douglas Gabriel. *Comentários à lei de propriedade industrial.* Rio de Janeiro: Forense, 2009. p. 28.

[107] DOMINGUES, Douglas Gabriel. *Comentários à lei de propriedade industrial.* Rio de Janeiro: Forense, 2009. p. 24.

8.3.1.1. Colidência entre inventos

Norma interessante se encontra no art. 7.º da LPI, a qual determina que "se dois ou mais autores tiverem realizado a mesma invenção ou modelo de utilidade, de forma independente, o direito de obter patente será assegurado àquele que provar o depósito mais antigo, independentemente das datas de invenção ou criação".

A norma acima em referência demonstra, de forma clara, uma das principais distinções entre o direito de propriedade industrial e o direito autoral. Neste, a proteção é conferida desde o momento da criação, razão pela qual o ato de concessão da proteção tem efeito meramente declaratório. Naquele, em contrapartida, a proteção só é assegurada a quem efetivamente buscar a proteção junto ao órgão competente, o INPI, e a obtiver, antes dos demais interessados.

O ato de concessão da proteção (patente ou registro), pois, tem efeito constitutivo, podendo-se concluir que **a LPI segue o sistema first-to-file (primeiro a registrar)**, utilizado em quase todo o mundo.

Os EUA, porém, adotavam até recentemente o sistema *first-to-invent* (primeiro a inventar). Lá existia um procedimento chamado de *interference*, por meio do qual o órgão encarregado de conceder patentes procurava descobrir quem efetivamente desenvolveu primeiro um determinado invento, a fim de assegurar-lhe a proteção, ainda que ele tivesse requerido a proteção patentária depois: "ao inventor que provar haver concebido e construído primeiro a invenção, será reconhecida a prioridade para efeito do privilégio, o que todavia não evita a ocorrência de complicadíssimas demandas judiciais".[108]

A situação mudou com a aprovação de uma reforma na lei de patentes norte-americana (*Leahy-Smith America Invencts Act – AIA*), que entrou em vigor em 2013. Todos os depósitos de pedido de patente feitos a partir de então passaram a ser analisados segundo a regra seguir *first-to-file*, permanecendo a regra do primeiro inventor apenas para os depósitos feitos anteriormente.

A mudança dos EUA para o sistema *first-to-file*, sem dúvida, contribui para o aumento da segurança jurídica, diminuição dos custos com processos administrativos e judiciais e, finalmente, para harmonização do regime internacional de propriedade industrial.

8.3.2. O invento realizado por funcionários do empresário

É muito comum, sobretudo nos grandes empreendimentos, que os inventos (invenções de modelos de utilidade) sejam produzidos por funcionários do empresário (empregados ou prestadores de serviços). A LPI, atenta a essa realidade, disciplinou a matéria nos arts. 88 a 91.

De início, estabeleceu a lei, em seu art. 88, que "a invenção e o modelo de utilidade pertencem exclusivamente ao empregador quando decorrerem de contrato de trabalho cuja execução ocorra no Brasil e que tenha por objeto a pesquisa ou a

[108] DOMINGUES, Douglas Gabriel. *Comentários à lei de propriedade industrial.* Rio de Janeiro: Forense, 2009. p. 32.

atividade inventiva, ou resulte esta da natureza dos serviços para os quais foi o empregado contratado". Nesse caso, "salvo expressa disposição contratual em contrário, a retribuição pelo trabalho a que se refere este artigo limita-se ao salário ajustado" (§ 1.º). E mais: "salvo prova em contrário, consideram-se desenvolvidos na vigência do contrato a invenção ou o modelo de utilidade, cuja patente seja requerida pelo empregado até 1 (um) ano após a extinção do vínculo empregatício" (§ 2.º). Assim, por exemplo, um engenheiro químico de uma indústria de fertilizantes cujo trabalho é desenvolver pesquisas não será o titular da patente de invenção relativa a um novo produto "inventado" em razão das pesquisas que ele e sua equipe realizaram. A patente será da indústria para a qual eles trabalham. E, em princípio, esse engenheiro e os demais membros da sua equipe não terão direito a nenhum percentual dos ganhos da indústria pela exploração do produto patenteado, a não ser que os seus contratos de trabalho, excepcionalmente, prevejam tal direito. Ademais, se esse engenheiro, percebendo que havia inventado um produto inovador, resolver pedir demissão e requerer a patente da invenção alguns meses após seu desligamento, por conta própria, a indústria poderá impugnar seu pleito, porque nesse caso se presume que a invenção foi feita na vigência do contrato, sendo o empregador, pois, o titular da patente.

O art. 89, por sua vez, dispõe que "o empregador, titular da patente, poderá conceder ao empregado, autor de invento ou aperfeiçoamento, participação nos ganhos econômicos resultantes da exploração da patente, mediante negociação com o interessado ou conforme disposto em norma da empresa". Essa participação, todavia, "não se incorpora, a qualquer título, ao salário do empregado" (parágrafo único).

Há ainda o caso em que o invento pertence exclusivamente ao empregado, disciplinado no art. 90 da LPI. Trata-se de hipótese em que o invento é desenvolvido pelo empregado, sem que exista nenhuma vinculação com o contrato de trabalho e sem que não decorra da utilização de recursos, meios, dados, materiais, instalações ou equipamentos do empregador: "pertencerá exclusivamente ao empregado a invenção ou o modelo de utilidade por ele desenvolvido, desde que desvinculado do contrato de trabalho e não decorrente da utilização de recursos, meios, dados, materiais, instalações ou equipamentos do empregador".

Por fim, há a hipótese em que a propriedade do invento é comum. Isso se dará quando o invento "resultar da contribuição pessoal do empregado e de recursos, dados, meios, materiais, instalações ou equipamentos do empregador, ressalvada expressa disposição contratual em contrário" (art. 91). Havendo mais de um empregado, aplica-se o § 1.º: "sendo mais de um empregado, a parte que lhes couber será dividida igualmente entre todos, salvo ajuste em contrário". Ademais, no caso de aplicação da regra prevista nesse artigo, "é garantido ao empregador o direito exclusivo de licença de exploração e assegurada ao empregado a justa remuneração" (§ 2.º). E mais: "a exploração do objeto da patente, na falta de acordo, deverá ser iniciada pelo empregador dentro do prazo de 1 (um) ano, contado da data de sua concessão, sob pena de passar à exclusiva propriedade do empregado a titularidade da patente, ressalvadas as hipóteses de falta de exploração por razões legítimas" (§ 3.º).

O Superior Tribunal de Justiça decidiu, em julgado datado de 2000, que o empregado pode requerer remuneração ao empregador, pela sua comprovada contribuição pessoal na realização do invento, ainda que a patente não tenha sido deferida, bastando que exista, pois, mero depósito do pedido.

> *Propriedade industrial. Art. 42 da Lei n.º 5.772/71. 1. A regra do art. 42 da Lei n.º 5.772/71 não autoriza interpretação que exclua do Poder Judiciário, diante do pedido de depósito do privilégio de invenção pelo empregador, fixar a remuneração diante da contribuição pessoal do empregado para o invento. 2. Recurso especial conhecido e provido (REsp 195.759/PR, Rel. Min. Carlos Alberto Menezes Direito, 3.ª Turma, j. 11.04.2000, DJ 05.06.2000, p. 155).*

Ainda sobre essa regra do art. 91 da LPI, dispõe o seu § 4.º que "no caso de cessão, qualquer dos cotitulares, em igualdade de condições, poderá exercer o direito de preferência". Assim, por exemplo, caso o empregado queira ceder seus direitos de exploração da patente a outrem, o empregador terá preferência para aquisição, passando, pois, a ser titular único.

Por fim, os arts. 92 e 93 da LPI determinam que as regras acima analisadas se aplicam também: (i) a estagiários; (ii) a trabalhadores autônomos; (iii) a empresas terceirizadas; (iv) a servidores da Administração Pública. Com efeito, segundo o art. 92, "o disposto nos artigos anteriores aplica-se, no que couber, às relações entre o trabalhador autônomo ou o estagiário e a empresa contratante e entre empresas contratantes e contratadas". Por sua vez, o art. 93 dispõe: "aplica-se o disposto neste Capítulo, no que couber, às entidades da Administração Pública, direta, indireta e fundacional, federal, estadual ou municipal". E o seu parágrafo único complementa: "na hipótese do art. 88, será assegurada ao inventor, na forma e condições previstas no estatuto ou regimento interno da entidade a que se refere este artigo, premiação de parcela no valor das vantagens auferidas com o pedido ou com a patente, a título de incentivo".

8.3.3. Análise dos requisitos de patenteabilidade

O procedimento de análise dos requisitos da patente se inicia com o **depósito do pedido**. O art. 19 da LPI determina que o pedido de patente deve conter o requerimento, um relatório descritivo, reivindicações, desenhos – se for o caso –, resumo e o comprovante do pagamento da retribuição relativa ao depósito.

Assim que o pedido é apresentado ao INPI, ele passa por um exame formal preliminar e, estando devidamente instruído, é posteriormente protocolizado. É o que determina o art. 20 da LPI: "apresentado o pedido, será ele submetido a exame formal preliminar e, se devidamente instruído, será protocolizado, considerada a data de depósito a da sua apresentação".

O exame formal preliminar pode detectar, todavia, algum defeito na formalização do pedido de patente. Por exemplo, pode ser feito um pedido sem a apresentação dos desenhos, em casos em que isso seja indispensável. Nessa situação, prevê o art. 21 da LPI que, não obstante o descumprimento de formalidade exigida pelo art. 19 da lei, se o pedido "contiver dados relativos ao objeto, ao depositante e ao inventor, poderá ser entregue, mediante recibo datado, ao INPI, que estabelecerá as exigências a serem cumpridas, no prazo de 30 (trinta) dias, sob pena de devolução ou arquivamento da documentação" (art. 21). Bastará ao autor do pedido, portanto, cumprir as exigências necessárias ao correto cumprimento das formalidades, e "o depósito será considerado como efetuado na data do recibo" (art. 21, parágrafo único). É que nessas hipóteses não se justifica um apego demasiado ao formalismo. Conseguindo o INPI identificar o objeto, o depositante e o inventor, não lhe custa receber o pedido e assinar prazo para cumprimento de exigências meramente formais. Cumpridas estas, o pedido de depósito estará devidamente formalizado, passando-se, então, à fase de análise das **condições do pedido**.

Os arts. 22 e 23 da LPI, respectivamente, determinam que "o pedido de patente de invenção terá de se referir a uma única invenção ou a um grupo de invenções inter-relacionadas de maneira a compreenderem um único conceito inventivo", e que "o pedido de patente de modelo de utilidade terá de se referir a um único modelo principal, que poderá incluir uma pluralidade de elementos distintos, adicionais ou variantes construtivas ou configurativas, desde que mantida a unidade técnico-funcional e corporal do objeto". Em suma: a lei procura proteger, conforme a dicção do próprio texto legal, um conceito inventivo, ou melhor, a ideia que norteia uma criação, ainda que a mesma envolva vários objetos que possam se inter-relacionar.

O art. 24, por sua vez, em consonância com as determinações do Acordo TRIPS, determina que o relatório deve descrever "clara e suficientemente o objeto, de modo a possibilitar sua realização por técnico no assunto e indicar, quando for o caso, a melhor forma de execução".[109] Nesse dispositivo, a lei se preocupa em estabelecer as condições necessárias para que os técnicos do INPI avaliem a industriabilidade do invento, já que, como visto, a aplicação industrial é um dos requisitos de patenteabilidade das invenções e dos modelos de utilidade. Tratando-se de material biológico, conforme já observado anteriormente, aplica-se a regra contida no parágrafo único do dispositivo em comento: "no caso de material biológico essencial à realização prática do objeto do pedido, que não possa ser descrito na forma deste artigo e que não estiver acessível ao público, o relatório será suplementado por depósito do material em instituição autorizada pelo INPI ou indicada em acordo internacional". Essa regra se justifica porque muitas vezes o técnico não conseguirá realizar o invento pela mera descrição do material biológico, sendo imprescindível o uso desse material. E o INPI, como não tem estrutura adequada para a guarda e conservação desses materiais, credencia entidades que possam cumprir tal mister.

O autor do pedido também deve, no relatório descritivo, apresentar suas reivindicações e fundamentá-las, detalhadamente, "definindo, de modo claro e preciso, a matéria objeto da proteção" (art. 25 da LPI).

> No aspecto substantivo as reivindicações estabelecem os limites da matéria a ser protegida, devem manter conexão com o relatório descritivo, e caracterizar suas particularidades de modo claro e preciso. No aspecto formal, as reivindicações

[109] A doutrina costuma pontar que o art. 24 da LPI cria "mais duas exigências comuns a todas as invenções a serem patenteadas: descrição e repetibilidade": DOMINGUES, Douglas Gabriel. *Comentários à lei de propriedade industrial*. Rio de Janeiro: Forense, 2009. p. 113.

> podem ser de uma ou várias categorias, tais como: produto e processo, processo e aparelho, produto, processo e aparelho etc., desde que ligadas por um mesmo conceito inventivo, e arranjadas da maneira mais prática possível.[110]

A lei ainda permite, também, que o pedido seja dividido em dois. Nesse caso, aplicam-se os arts. 26, 27 e 28 da LPI. De acordo com o art. 26, "o pedido de patente poderá ser dividido em dois ou mais, de ofício ou a requerimento do depositante, até o final do exame, desde que o pedido dividido: I – faça referência específica ao pedido original; e II – não exceda à matéria revelada constante do pedido original. Parágrafo único. O requerimento de divisão em desacordo com o disposto neste artigo será arquivado". O art. 27, por sua vez, dispõe que "os pedidos divididos terão a data de depósito do pedido original e o benefício de prioridade deste, se for o caso". Já o art. 28 prevê que "cada pedido dividido estará sujeito a pagamento das retribuições correspondentes".

Finalizando essa fase de análise das condições do pedido, estabelece o art. 29 da LPI que "o pedido de patente retirado ou abandonado será obrigatoriamente publicado. § 1.º O pedido de retirada deverá ser apresentado em até 16 (dezesseis) meses, contados da data do depósito ou da prioridade mais antiga. § 2.º A retirada de um depósito anterior sem produção de qualquer efeito dará prioridade ao depósito imediatamente posterior". A justificativa para essa regra é evitar que o depositante do pedido de patente o retirasse durante seu período de sigilo e logo depois o depositasse novamente, aumentando seu prazo de proteção, que se inicia desde o depósito, conforme veremos. Com a aplicação da regra ora em comento, tal estratégia perde o sentido, porque o pedido retirado ou abandonado é necessariamente publicado, passando a integrar o "estado da técnica" e perdendo, pois, o requisito da novidade.

Pois bem. Após a fase da análise das condições do pedido, passa-se à fase **do processo e do exame do pedido**. Feito o pedido dentro do que determina a lei, o INPI o manterá em **sigilo** durante o período de **18 (dezoito) meses**, e após esse prazo fará então a publicação, salvo se se tratar de patente de interesse da defesa nacional (arts. 30 e 75 da LPI, que analisaremos mais adiante). De acordo com o § 2.º do art. 30, "da publicação deverão constar dados identificadores do pedido de patente, ficando cópia do relatório descritivo, das reivindicações, do resumo e dos desenhos à disposição do público no INPI". Havendo material biológico, aplica-se o § 3.º: "no caso previsto no parágrafo único do art. 24, o material biológico tornar-se-á acessível ao público com a publicação de que trata este artigo".

Pode ser também que o autor do pedido requeira a **antecipação da publicação**, conforme determina o art. 30, § 1.º, da LPI: "a publicação do pedido poderá ser antecipada a requerimento do depositante". É que esse prazo durante o qual o pedido fica em sigilo é uma prerrogativa que a legislação oferece ao inventor, a fim de que ele possa organizar-se melhor no desenvolvimento de sua criação. Portanto, se ele entender que não precisa desse prazo, pode requerer a antecipação da publicação e acelerar o procedimento.

110 DOMINGUES, Douglas Gabriel. *Comentários à lei de propriedade industrial*. Rio de Janeiro: Forense, 2009. p. 121.

A publicação a que se refere a LPI é feita na *Revista da Propriedade Industrial* (RPI), publicação oficial do Instituto Nacional da Propriedade Industrial (INPI).

Enfim, feita a publicação do pedido de patente, ficarão à disposição do público, no INPI, cópias do relatório descritivo, das reivindicações, do resumo e dos desenhos, em obediência à norma do art. 30, § 2.º, da LPI: "da publicação deverão constar dados identificadores do pedido de patente, ficando cópia do relatório descritivo, das reivindicações, do resumo e dos desenhos à disposição do público no INPI".

Perceba-se que a publicação é ato importantíssimo para o procedimento do pedido da patente, uma vez que é por meio dela que os demais interessados - outros empresários, inventores etc. - poderão tomar conhecimento dele e de suas respectivas reivindicações, e assim oferecer eventual resistência ao requerimento do inventor. No entanto, a partir da publicação, como dito, todas as pessoas podem ter acesso ao invento e a todos os detalhes de sua criação, muitas vezes o empresário fica na dúvida entre requerer a proteção ao seu invento ou explorá-lo em **segredo de empresa**. Nesse sentido:

> A indispensabilidade da publicação, para o direito industrial, é fato que justifica, muitas vezes, o empresário preferir manter em segredo de empresa os avanços tecnológicos que seu departamento de pesquisa alcançou. Isto porque, uma vez tornada pública a reivindicação, qualquer pessoa terá acesso a esses avanços, e poderá deles se utilizar, cabendo ao empresário as providências para descobrir a utilização ilícita e bloqueá-la.[111]

Destaque-se que, caso o empresário opte por buscar a proteção ao seu invento, a partir da publicação caberá exclusivamente a ele providenciar as diligências necessárias à fiscalização do uso indevido de sua criação e, consequentemente, requerer as medidas judiciais pertinentes. Em contrapartida, se optar pela exploração do invento em *segredo de empresa*, correrá o risco de um concorrente chegar ao mesmo resultado e requerer a proteção posteriormente. Nesse caso, como no direito de propriedade industrial, conforme visto, a proteção é assegurada àquele que primeiro requerer, e não necessariamente àquele que primeiro *inventar*, pode acontecer de o concorrente passar a titularizar a patente da respectiva invenção e tentar impedi-lo de continuar explorando-a economicamente. A decisão a ser tomada é deveras difícil, cabendo ao empresário analisar as circunstâncias do caso e escolher como proceder. Nesse sentido, confira-se a seguinte decisão do STJ:

> *Processual civil e empresarial. Recurso especial. Patente. Prova juntada aos autos após a sentença. Inexistência de fato novo. Mera irregularidade ante a ausência de prejuízo. "Astreinte" imposta por decisão fundamentada. Valoração da prova. Súmula 7/STJ. (...) Ninguém está obrigado a requerer patente para proteger as invenções que utiliza em atividade industrial. Se um empresário obtém proteção para invenção que já era utilizada por seus concorrentes, abrem-se duas possibilidades aos prejudicados: (i) impugnar a patente, mediante a comprovação de ausência de novidade; ou (ii) valer-se do "direito consuetudinário" assegurado pelo art. 45 da Lei 9.279/96. A simples prova testemunhal não é idônea para que se reconheça incidentalmente a nulidade; e o tema tampouco foi objeto do recurso especial. A aplicação do art. 45 da Lei 9.279/96*

111 COELHO, Fábio Ulhoa. *Curso de direito comercial*. 7. ed. São Paulo: Saraiva, 2003. p. 164. v. I.

> *requer que a invenção tenha sido utilizada pela própria parte prejudicada, mas a prova testemunhal produzida só aponta, com segurança, o uso por terceiros. (...) (REsp 1.096.598/MG, Rel. Min. Nancy Andrighi, Terceira Turma, j. 20.08.2009,* DJe *18.11.2009).*

Pois bem. Feita a publicação, para que o INPI examine o pedido de patente apresentado, será necessário haver o requerimento de exame por parte do depositante ou de qualquer interessado. Esse requerimento deverá ser feito dentro de 36 (trinta e seis) meses, contados da data de depósito. É o que determina o art. 31 da LPI: "publicado o pedido de patente e até o final do exame, será facultada a apresentação, pelos interessados, de documentos e informações para subsidiarem o exame". E esse exame "não será iniciado antes de decorridos 60 (sessenta) dias da publicação do pedido" (art. 31, parágrafo único). O art. 32, por sua vez, prevê que "para melhor esclarecer ou definir o pedido de patente, o depositante poderá efetuar alterações até o requerimento do exame, desde que estas se limitem à matéria inicialmente revelada no pedido".

Veja-se que o requerimento de exame não deve ser feito apenas pelo autor do pedido, mas pode ser também feito por qualquer interessado como, por exemplo, um empresário do ramo relacionado ao invento que vê a possibilidade futura de explorá-lo, por meio de licença da patente. Da mesma forma, qualquer interessado pode também, durante o período de exame, apresentar ao INPI documentos e informações que o auxiliem na análise do pedido. Pode ser, pois, que um empresário concorrente junte provas de que aquele pedido em exame colide com outro pedido anterior, depositado anteriormente por ele.

Muitas pessoas, ao iniciarem o estudo do direito de propriedade industrial, se perguntam: por que a LPI exige que o inventor, após o depósito e a posterior publicação do pedido, requeira o seu exame? Não seria algo óbvio? Não seria uma exigência desnecessária? Pode parecer que sim, mas a prática mostrou que não.

> A Alemanha passou por uma experiência determinante para introduzir o pedido de exame. Se os motivos de fazer essa exigência no Brasil foram os mesmos, não sei. Na década de 1960, o número de pedidos de patentes cresceu de tal forma na Alemanha que as equipes de examinadores não mais venciam as pilhas de processos; aumentavam em vez de decrescer. Em vez de vencer foram vencidos. Os inventores ficavam esperando seis, sete a oito anos para ter sua invenção examinada. Também não seria possível aumentar sempre mais o número de examinadores. A situação se tornou tão crítica, que se pensou seriamente em abrir mão do exame. A demora causava prejuízos intoleráveis aos inventores. Mas o prestígio da patente alemã era tão grande, nacional e internacionalmente, que jamais permitiria um passo desses.
>
> O estalo se deu quando se viu que muitos pedidos de patente, após alguns anos, já não tinham mais interesse para os próprios inventores. O aperfeiçoamento técnico se deu tão rapidamente, que uma invenção era superada, em pouco tempo, por outra mais prometedora. Por que deveria o INPI continuar examinando pedidos de patente que perderam o interesse para o próprio requerente? Deveria esperar que o pedido fosse retirado? A solução foi mais radical. O INPI não mais examinaria pedidos em que o inventor não se manifestasse.
>
> O resultado foi surpreendente: 70% dos processos podiam ser arquivados, as prateleiras se esvaziaram. O INPI somente examinaria invenções que continuavam de interesse para o inventor.

> O INPI espera, pois, que o inventor se manifeste. Se não requerer o exame dentro do prazo estipulado, entende-se que não há mais interesse em levar adiante o processo. A invenção cai em domínio público.[112]

É que muitas vezes os pedidos de patente, após o depósito, perdem o objeto, provocando desinteresse dos próprios inventores. Isso ocorre porque a velocidade do desenvolvimento tecnológico e científico atingiu um grau tão espetacular que, não raro, uma invenção é superada por outra em curtíssimo espaço de tempo, tornando-se obsoleta. Por essa razão, criou-se a regra ora em comento, que fez com que o INPI somente passasse a examinar pedidos de patente de inventos que, mesmo após algum tempo da sua criação, continuassem sendo interessantes para o inventor. É por isso que o INPI espera que o inventor se manifeste e requeira formalmente o exame do pedido. Não o fazendo dentro do prazo estipulado, entende-se que não há mais interesse em levar adiante o procedimento de análise.

Explica-se, pois, a solução legal adotada pela LPI. Assim, ultrapassado o prazo sem que haja o requerimento de exame, o pedido será arquivado pelo INPI, nos termos do art. 33 da LPI: "o exame do pedido de patente deverá ser requerido pelo depositante ou por qualquer interessado, no prazo de 36 (trinta e seis) meses contados da data do depósito, sob pena do arquivamento do pedido". O parágrafo único do artigo em questão, todavia, permite que se requeira o desarquivamento do pedido, mas se isso não for feito em 60 dias após o arquivamento, este se tornará definitivo: "o pedido de patente poderá ser desarquivado, se o depositante assim o requerer, dentro de 60 (sessenta) dias contados do arquivamento, mediante pagamento de uma retribuição específica, sob pena de arquivamento definitivo".

Caso seja feito o requerimento de exame, então caberá ao INPI analisar o pedido do autor. Assim, feito o exame, será elaborado um parecer relativo à patenteabilidade do pedido, adaptação do pedido à natureza reivindicada, reformulação do pedido ou divisão ou exigências técnicas, nos termos do art. 35 da LPI.

Quando o parecer for pela não patenteabilidade, pelo não enquadramento do pedido na natureza reivindicada ou pela formulação de exigência, o depositante será intimado para manifestar-se no prazo de 90 (noventa) dias. É o que determina o art. 36 da LPI. O § 1.º desse dispositivo, por sua vez, determina que "não respondida a exigência, o pedido será definitivamente arquivado", ao passo que o § 2.º prevê que "respondida a exigência, ainda que não cumprida, ou contestada sua formulação, e havendo ou não manifestação sobre a patenteabilidade ou o enquadramento, dar-se-á prosseguimento ao exame".

8.3.4. Concessão da patente

Superados todos os trâmites legais acima descritos e concluído o exame, será proferida decisão pelo INPI, deferindo ou indeferindo o pedido de patente formulado (art. 37 da LPI). Dessa decisão **não** caberá recurso, segundo a sistemática recursal prevista nos arts. 212 a 215 da lei. Poderá o terceiro interessado, todavia, requerer

---

112 HAMMES, Bruno Jorge. *O direito de propriedade intelectual*. 3. ed. São Paulo: Unisinos, 2002. p. 324-325.

a nulidade administrativa da patente, nos termos do art. 51 da LPI, não custando lembrar, ainda, que o autor poderá também acionar o Judiciário, como não poderia deixar de ser.

Uma vez deferido o pedido e paga a retribuição correspondente, a patente será concedida, expedindo-se a respectiva carta-patente (art. 38 da LPI). De acordo com o § 1.º desse artigo, "o pagamento da retribuição e respectiva comprovação deverão ser efetuados no prazo de 60 (sessenta) dias contados do deferimento". O seu § 2.º, por sua vez, dispõe que "a retribuição prevista neste artigo poderá ainda ser paga e comprovada dentro de 30 (trinta) dias após o prazo previsto no parágrafo anterior, independentemente de notificação, mediante pagamento de retribuição específica, sob pena de arquivamento definitivo do pedido". E o seu § 3.º, finalmente, prevê: "reputa-se concedida a patente na data de publicação do respectivo ato".

Da carta-patente "deverão constar o número, o título e a natureza respectivos, o nome do inventor, observado o disposto no § 4.º do art. 6.º, a qualificação e o domicílio do titular, o prazo de vigência, o relatório descritivo, as reivindicações e os desenhos, bem como os dados relativos à prioridade" (art. 39).

8.3.5. Vigência da patente

Registre-se, por ser de extrema importância, que a patente é um privilégio concedido ao inventor que não dura para sempre. A proteção conferida é temporária, e os prazos previstos em nossa atual legislação seguem as disposições do Acordo TRIPS.

Segundo o art. 40 da LPI, "a patente de invenção vigorará pelo prazo de 20 (vinte) anos e a de modelo de utilidade pelo prazo 15 (quinze) anos contados da data de depósito".

O **art. 40, parágrafo** único **da LPI** ressalvava a hipótese de demora na concessão da patente, estabelecendo o seguinte: "o prazo de vigência não será inferior a 10 (dez) anos para a patente de invenção e a 7 (sete) anos para a patente de modelo de utilidade, a contar da data de concessão, ressalvada a hipótese de o INPI estar impedido de proceder ao exame de mérito do pedido, por pendência judicial comprovada ou por motivo de força maior". Ocorre que esse parágrafo único foi declarado inconstitucional pelo STF no julgamento da ADIn 5529, e logo depois a Lei 14.195/2021 revogou essa regra.

Ainda sobre o prazo de vigência das patentes, o Superior Tribunal de Justiça vinha entendendo que as patentes concedidas no regime da lei anterior (Lei 5.772/1971), que previa prazo de vigência de 15 anos, tiveram esse prazo de vigência aumentado para 20 anos, que é o prazo previsto na atual LPI em obediência ao disposto no Acordo TRIPS, do qual o Brasil é signatário.

> *Recurso especial. Propriedade industrial. Patente. TRIPS. Vigência. Precedentes. I. O legislador pátrio, ao aprovar e promulgar o TRIPS, tacitamente afastou a* vacatio legis, *de quarenta e cinco dias, conferindo-lhe vigor a partir de sua publicação oficial, e lhe concedendo* status *de lei ordinária. Dessa forma, sua vigência deu-se a partir de 1.º de janeiro de 1995 e, desde então, produz efeitos nas relações e situações que disciplina. II. Conforme precedentes desta Corte, a norma insculpida no artigo 33 do*

TRIPS, prorroga o prazo das patentes que foram concedidas por quinze anos, no regime do anterior Código de Propriedade Industrial. Assim, aquelas em vigor à data de 1.º de janeiro de 1995 tiveram os seus prazos de validade prorrogados para até vinte (20) anos, contados da data do requerimento. Recurso especial conhecido e provido (REsp 667.025/RJ, Rel. Min. Castro Filho, 3.ª Turma, j. 14.12.2006, DJ 12.02.2007, p. 257).

Posteriormente, no entanto, conforme já destacamos quando analisamos a incorporação do Acordo TRIPS em nosso ordenamento, o Superior Tribunal de Justiça alterou seu entendimento, afirmando que as patentes concedidas na vigência da lei anterior (que previa, repita-se, prazo de 15 anos para patentes de invenção) não podem ter seu prazo estendido para 20 anos, uma vez que o *Acordo TRIPS* não teve aplicação imediata em nosso ordenamento e a atual LPI não pode ser aplicada retroativamente, em respeito ao ato jurídico perfeito.

Comercial. Recurso especial. Mandado de segurança. Patentes. Pedido de prorrogação, por mais cinco anos, de patente concedida na vigência da Lei n.º 5.772/71, em face da adesão do Brasil ao Acordo TRIPS. Natureza do Acordo. Exame das cláusulas relativas às possíveis prorrogações de prazo de vigência do TRIPS para os países em desenvolvimento e das discussões legislativas no Congresso brasileiro durante a adesão ao Acordo. – Quando o STJ acatou, em precedentes anteriores, a prorrogação do prazo de 15 anos previsto na anterior Lei n.º 5.772/71 para 20 anos, com base no acordo TRIPS, tomou por premissa necessária um fundamento que não chegou a ser questionado e que está longe de ser pacífico, segundo o qual tal Acordo, no momento de sua recepção pelo Estado brasileiro, passou a produzir efeitos sobre as relações jurídicas privadas que tinham em um dos polos detentores de patentes ainda em curso de fruição. – Em reexame da questão, verifica-se, porém, que o TRIPS não é uma Lei Uniforme; em outras palavras, não é um tratado que foi editado de forma a propiciar sua literal aplicação nas relações jurídicas de direito privado ocorrentes em cada um dos Estados que a ele aderem, substituindo de forma plena a atividade legislativa desses países, que estaria então limitada à declaração de sua recepção. – O argumento de que o Brasil não demonstrou interesse em fazer valer o prazo extra de quatro anos, como Nação em desenvolvimento, para aplicação do TRIPS desconsidera a existência de dois prazos de carência no corpo do Acordo, pois é nítida a diferença entre as redações dos §§ 2.º e 4.º do art. 65. Com efeito, o § 2.º, quando cria o prazo geral de aplicação de cinco anos (na modalidade 1 + 4) fala expressamente que tal prazo é um direito do Estado em desenvolvimento; porém, ao tratar do segundo prazo adicional, no § 4.º, a redação muda substancialmente, estando ali consignado que um Estado nas condições do Brasil "poderá adiar" a aplicação do Acordo em alguns pontos por mais 5 anos. A segunda ressalva é uma mera possibilidade, ao contrário da primeira. – O Brasil, conforme demonstram as transcrições das discussões legislativas juntadas aos autos, abriu mão do segundo prazo especial e facultativo de mais cinco anos constante no art. 65.4, prazo esse destinado à extensão da proteção a setores tecnológicos ainda não protegidos pelas antigas Leis de Patentes; mas não do primeiro prazo, porque, em relação a este e pelos próprios termos do Acordo, qualquer manifestação de vontade era irrelevante. – Em resumo, não se pode, realmente, pretender a aplicação do prazo previsto no art. 65.4 do TRIPS, por falta de manifestação legislativa adequada nesse sentido; porém, o afastamento deste prazo especial não fulmina, de forma alguma, o prazo genérico do art. 65.2, que é um direito concedido ao Brasil e que, nesta qualidade, não pode sofrer efeitos de uma pretensa manifestação de vontade por omissão, quando nenhum dispositivo obrigava o país a manifestar interesse neste ponto como condição da eficácia de seu direito. Recurso especial não conhecido (REsp 960.728/RJ, Rel. Min. Nancy Andrighi, 3.ª Turma, j. 17.03.2009, DJe 15.04.2009).

Explicando novamente a decisão do STJ, o que aconteceu foi o seguinte: a antiga lei previa prazo de vigência de 15 anos para patentes de invenção, e a atual LPI, conforme vimos, aumentou esse prazo para 20 anos. Esse aumento do prazo ocorreu para adequar nossa legislação ao Acordo TRIPS. Diante disso, surgiu uma polêmica: o novo prazo de 20 anos, previsto na atual LPI, aplicar-se-ia a patentes concedidas na vigência da antiga lei? Para dirimir essa dúvida, era preciso definir o momento em que o *Acordo TRIPS* ingressou em nosso ordenamento. O STJ entendeu que o acordo não teve aplicação imediata, uma vez que seu próprio texto estabelece que, para os países em desenvolvimento (caso do Brasil), sua vigência seria postergada por cinco anos, independentemente de opção expressa.

8.3.6. Proteção conferida pela patente

Protegido pela patente devidamente concedida pelo INPI, nos termos das reivindicações, do relatório descritivo e dos desenhos apresentados quando da realização do pedido (art. 41 da LPI), o seu titular terá o direito de exploração econômica exclusiva do invento patenteado, podendo "impedir terceiro, sem o seu consentimento, de produzir, usar, colocar à venda, vender ou importar com estes propósitos: I – produto objeto de patente; II – processo ou produto obtido diretamente por processo patenteado" (art. 42 da LPI). Além disso, de acordo com o § 1.º do art. 42, "ao titular da patente é assegurado ainda o direito de impedir que terceiros contribuam para que outros pratiquem os atos referidos neste artigo". E mais: "ocorrerá violação de direito da patente de processo, a que se refere o inciso II, quando o possuidor ou proprietário não comprovar, mediante determinação judicial específica, que o seu produto foi obtido por processo de fabricação diverso daquele protegido pela patente" (§ 2.º).

Violado seu direito de exploração econômica exclusiva, o titular da patente poderá ingressar com ação judicial com a finalidade de obter indenização por essa exploração indevida, "inclusive em relação à exploração ocorrida entre a data da publicação do pedido e a da concessão da patente" (art. 44 da LPI). Complementando a regra do *caput*, há ainda os §§ 1.º, 2.º e 3.º: "§ 1.º Se o infrator obteve, por qualquer meio, conhecimento do conteúdo do pedido depositado, anteriormente à publicação, contar-se-á o período da exploração indevida para efeito da indenização a partir da data de início da exploração. § 2.º Quando o objeto do pedido de patente se referir a material biológico, depositado na forma do parágrafo único do art. 24, o direito à indenização será somente conferido quando o material biológico se tiver tornado acessível ao público. § 3.º O direito de obter indenização por exploração indevida, inclusive com relação ao período anterior à concessão da patente, está limitado ao conteúdo do seu objeto, na forma do art. 41".

Vale destacar, no entanto, que a própria lei se preocupou em estabelecer casos em que a exploração do objeto patenteado é permitida, como ocorre nos casos em que isso é feito com finalidade acadêmica ou meramente experimental. A matéria está disciplinada no art. 43 da LPI: "o disposto no artigo anterior não se aplica: I – aos atos praticados por terceiros não autorizados, em caráter privado e sem finalidade comercial, desde que não acarretem prejuízo ao interesse econômico do titular da patente; II – aos atos praticados por terceiros não autorizados, com finalidade experimental, relacionados a estudos ou pesquisas científicas ou tecnológicas; III – à preparação de medicamento de acordo com prescrição médica para casos individuais, executada por profissional habilitado, bem como ao medicamento assim preparado; IV – a produto fabricado de acordo com patente de processo ou de produto que tiver sido colocado no mercado interno diretamente pelo titular da patente ou com seu consentimento; V – a terceiros que, no caso de patentes relacionadas com matéria viva, utilizem, sem finalidade econômica, o produto patenteado como fonte inicial de variação ou propagação para obter outros produtos; VI – a terceiros que, no caso de patentes relacionadas com matéria viva, utilizem, ponham em circulação ou comercializem um produto patenteado que haja sido introduzido licitamente no comércio pelo detentor da patente ou por detentor de licença, desde que o produto patenteado não seja utilizado para multiplicação ou propagação comercial da matéria viva em causa; e VII – aos atos praticados por terceiros não autorizados, relacionados à invenção protegida por patente, destinados exclusivamente à produção de informações, dados e resultados de testes, visando à obtenção do registro de comercialização, no Brasil ou em outro país, para a exploração e comercialização do produto objeto da patente, após a expiração dos prazos estipulados no art. 40".

Por fim, é preciso ressalvar, também, a hipótese de um terceiro de boa-fé, anteriormente à data de depósito do pedido de patente, já explorar o objeto desta patente. Nesse caso, a LPI lhe assegura o direito de "continuar a exploração, sem ônus, na forma e condição anteriores" (art. 45). Complementando a regra do caput, dispõem seus §§ 1.º e 2.º: "§ 1.º O direito conferido na forma deste artigo só poderá ser cedido juntamente com o negócio ou empresa, ou parte desta que tenha direta relação com a exploração do objeto da patente, por alienação ou arrendamento. § 2.º O direito de que trata este artigo não será assegurado a pessoa que tenha tido conhecimento do objeto da patente através de divulgação na forma do art. 12, desde que o pedido tenha sido depositado no prazo de 1 (um) ano, contado da divulgação". Sobre o art. 45, confira-se novamente a seguinte decisão do STJ:

> *Processual civil e empresarial. Recurso especial. Patente. Prova juntada aos autos após a sentença. Inexistência de fato novo. Mera irregularidade ante a ausência de prejuízo. "Astreinte" imposta por decisão fundamentada. Valoração da prova. Súmula 7/STJ. (...) Ninguém está obrigado a requerer patente para proteger as invenções que utiliza em atividade industrial. Se um empresário obtém proteção para invenção que já era utilizada por seus concorrentes, abrem-se duas possibilidades aos prejudicados: (i) impugnar a patente, mediante a comprovação de ausência de novidade; ou (ii)* ***valer-se do "direito consuetudinário" assegurado pelo art. 45 da Lei 9.279/96****. A simples prova testemunhal não é idônea para que se reconheça incidentalmente a nulidade; e o tema tampouco foi objeto do recurso especial.* ***A aplicação do art. 45 da Lei 9.279/96 requer que a invenção tenha sido utilizada pela própria parte prejudicada,*** *mas a prova testemunhal produzida só aponta, com segurança, o uso por terceiros. (REsp 1.096.598/MG, Rel. Min. Nancy Andrighi, Terceira Turma, j. 20.08.2009, DJe 18.11.2009).*

8.3.7. Nulidade da patente

Conforme já destacamos, não cabe recurso contra a decisão que concede a patente, nos termos do art. 212, § 2.º, da LPI. No entanto, é possível requerer administrativamente a nulidade da patente, conforme previsão do art. 46 da LPI: "é nula a patente concedida contrariando as disposições desta Lei".

A nulidade pode ser total, quando incidir sobre todas as reivindicações, ou parcial, quando incidir apenas sobre uma ou algumas, nos termos do art. 47 da LPI: "a nulidade poderá não incidir sobre todas as reivindicações, sendo condição para a nulidade parcial o fato de as reivindicações subsistentes constituírem matéria patenteável por si mesmas".

O reconhecimento administrativo da nulidade da patente produz efeitos ex tunc, ou seja, seus efeitos retroagem até a data do depósito do pedido. É o que dispõe o art. 48 da LPI: "a nulidade da patente produzirá efeitos a partir da data do depósito do pedido".

Caso a nulidade da patente seja decorrente de ofensa ao art. 6.º da LPI, que dispõe sobre os legítimos titulares da patente (autores da invenção ou do modelo de utilidade), o interessado pode, alternativamente, ingressar em juízo e requerer a adjudicação da patente, ou seja, requerer que o juiz transfira para ele a titularidade da patente concedida pelo INPI. É o que prevê o art. 49 da LPI: "no caso de inobservância do disposto no art. 6.º, o inventor poderá, alternativamente, reivindicar, em ação judicial, a adjudicação da patente".

8.3.7.1. Processo administrativo de nulidade

Por outro lado, quando a nulidade da patente for decorrente de ofensa a outros preceitos legais constantes da LPI, o interessado deve requerer a nulidade ao próprio INPI, que instaurará processo administrativo, nos termos do art. 50: "a nulidade da patente será declarada administrativamente quando: I – não tiver sido atendido qualquer dos requisitos legais; II – o relatório e as reivindicações não atenderem ao disposto nos arts. 24 e 25, respectivamente; III – o objeto da patente se estenda além do conteúdo do pedido originalmente depositado; ou IV – no seu processamento, tiver sido omitida qualquer das formalidades essenciais, indispensáveis à concessão".

Caso o interessado não requeira a declaração de nulidade da patente, isso não impede o INPI de abrir, de ofício, o competente processo administrativo com essa finalidade. É o que prevê o art. 51 da LPI: "o processo de nulidade poderá ser instaurado de ofício ou mediante requerimento de qualquer pessoa com legítimo interesse, no prazo de 6 (seis) meses contados da concessão da patente". O parágrafo único desse dispositivo legal ainda prevê que "o processo de nulidade prosseguirá ainda que extinta a patente". Essa regra se explica pela produção de efeitos ex tunc da declaração de nulidade da patente. Afinal, mesmo que a patente já tenho sido extinta, ela com certeza produziu efeitos relevantes enquanto esteve vigente, e esses efeitos, se a patente era nula, devem ser anulados também. Daí a importância de o processo administrativo de nulidade da patente continuar mesmo após a extinção da patente.

Instaurado o processo administrativo de nulidade, haverá o contraditório e o titular da patente poderá exercer seu direito de defesa. O procedimento está descrito nos arts. 52 a 54 da LPI: "Art. 52. O titular será intimado para se manifestar no prazo de 60 (sessenta) dias. Art. 53. Havendo ou não manifestação, decorrido o prazo fixado no artigo anterior, o INPI emitirá parecer, intimando o titular e o requerente para se manifestarem no prazo comum de 60 (sessenta) dias. Art. 54. Decorrido o prazo fixado no artigo anterior, mesmo que não apresentadas as manifestações, o processo será decidido pelo Presidente do INPI, encerrando-se a instância administrativa."

8.3.7.2. Ação judicial de nulidade

Obviamente, como no Brasil vigora o princípio da inafastabilidade do controle jurisdicional, além do requerimento administrativo de nulidade da patente, é possível também que essa nulidade seja decretada pelo Poder Judiciário, em ação que pode ser ajuizada pelo INPI ou por qualquer interessado, enquanto estiver vigente a patente. De acordo com o art. 56 da LPI, "a ação de nulidade poderá ser proposta a qualquer tempo da vigência da patente, pelo INPI ou por qualquer pessoa com legítimo interesse". Complementando essa regra, dispõem seus §§ 1.º e 2.º: "a nulidade da patente poderá ser arguida, a qualquer tempo, como matéria de defesa"; "o juiz poderá, preventiva ou incidentalmente, determinar a suspensão dos efeitos da patente, atendidos os requisitos processuais próprios". Esse dispositivo parece se referir, obviamente, ao poder geral de cautela do magistrado, que exige a presença do periculum in mora (perigo da demora) e do *fumus boni iuris* (*fumaça do bom direito*).

Quando o INPI não for o autor da ação de nulidade, ele será parte interessada e intervirá no feito, necessariamente. Assim, conforme já destacamos quando tratamos do INPI, a ação de nulidade deve ser ajuizada na Justiça Federal. É o que dispõe o art. 57 da LPI: "a ação de nulidade de patente será ajuizada no foro da Justiça Federal e o INPI, quando não for autor, intervirá no feito". Nessa ação, a lei estabeleceu um prazo especial de resposta, bem superior ao prazo previsto no Código de Processo Civil: "o prazo para resposta do réu titular da patente será de 60 (sessenta) dias" (§ 1.º). E mais: "transitada em julgado a decisão da ação de nulidade, o INPI publicará anotação, para ciência de terceiros" (§ 2.º).

Por fim, destaque-se que, de acordo com a jurisprudência do Superior Tribunal de Justiça, que já mencionamos acima, as ações contra o INPI devem ser ajuizadas em princípio na seção judiciária do Rio de Janeiro, local da sede da autarquia. No entanto, havendo pluralidade de réus, como ocorre nos casos em que a ação é ajuizada contra o INPI e, também, contra um particular (geralmente uma sociedade empresária), o STJ entende que cabe ao autor da ação ajuizá-la no Rio de Janeiro ou no foro do domicílio do outro réu.

> *Processual civil. Recurso especial. Ação na qual o INPI figura como parte. Foro competente para julgamento. O foro competente para julgamento de ação em que o INPI figure como parte é o de sua sede, a princípio. Contudo, o Código de Processo Civil faculta que o autor ajuize a ação no foro do domicílio do outro demandado na hipótese de pluralidade de réus, se assim preferir. Inteligência do art. 94, § 4.º, do CPC (REsp 346628/SP, Rel. Min. Nancy Andrighi, 3.ª Turma, j. 13.11.2001, DJ 04.02.2002, p. 355).*

8.3.8. *Cessão da patente*

Como os direitos de propriedade industrial são considerados bens móveis para os efeitos legais, nos termos do art. 5.º da LPI, o titular da patente exerce sobre ela um direito patrimonial disponível. Assim, o titular da patente pode, por exemplo, ceder a patente ou mesmo o pedido de patente, isto é, pode haver a cessão antes mesmo de a patente ser concedida. É o que prevê o art. 58 da LPI: "o pedido de patente ou a patente, ambos de conteúdo indivisível, poderão ser cedidos, total ou parcialmente".

Havendo a cessão ou qualquer alteração do pedido de patente, por exemplo, cabe ao INPI fazer as respectivas anotações, conforme previsão do art. 59 da LPI: "o INPI fará as seguintes anotações: I – da cessão, fazendo constar a qualificação completa do cessionário; II – de qualquer limitação ou ônus que recaia sobre o pedido ou a patente; e III – das alterações de nome, sede ou endereço do depositante ou titular". Complementando, dispõe o art. 60 que "as anotações produzirão efeito em relação a terceiros a partir da data de sua publicação".

8.3.9. *Licenciamento da patente*

É preciso ressaltar, ainda, a possibilidade de o titular da patente licenciar a sua exploração, mediante contrato de licença que deverá ser averbado junto ao INPI para que produza efeitos perante terceiros. Há também a hipótese de o titular da patente ser obrigado a licenciá-la. Portanto, a licença pode ser voluntária ou compulsória.

8.3.9.1. Licença voluntária

A licença voluntária está disciplinada nos arts. 61 a 67 da LPI. De acordo com o art. 61, "o titular de patente ou o depositante poderá celebrar contrato de licença para exploração". E o parágrafo único desse dispositivo complementa: "o licenciado poderá ser investido pelo titular de todos os poderes para agir em defesa da patente".

Para que o contrato produza efeitos *erga omnes*, deverá ser registrado no INPI, segundo determinação do art. 62 da LPI: "o contrato de licença deverá ser averbado no INPI para que produza efeitos em relação a terceiros". O § 1.º desse dispositivo ainda dispõe que "a averbação produzirá efeitos em relação a terceiros a partir da data de sua publicação", e o § 2.º, por sua vez, prevê que "para efeito de validade de prova de uso, o contrato de licença não precisará estar averbado no INPI".

Para celebrar o contrato de licença voluntária, obviamente o titular da patente vai exigir do licenciado uma contraprestação, chamada de *royalty*. No caso de licenciamento do pedido de patente, embora a lei não vede expressamente a cobrança de *royalties*, o INPI não tem admitido tal prática, negando os pedidos de averbação que contenham tal previsão. Assim, os *royalties* só são admitidos nos casos de licenciamento de patente, mas não nos casos de licenciamento do pedido de patente.

De acordo com o art. 63 da LPI, "o aperfeiçoamento introduzido em patente licenciada pertence a quem o fizer, sendo assegurado à outra parte contratante o direito de preferência para seu licenciamento". Assim, por exemplo, se uma determinada patente de invenção foi licenciada e, posteriormente, o antigo titular aperfeiçoar o invento, o licenciado terá preferência para obter novo licenciamento quanto ao aperfeiçoamento realizado.

O contrato de licença voluntária pode decorrer de tratativas particulares entre o titular da patente e licenciado. Mas pode decorrer também de uma oferta pública de licença feita pelo titular da patente, com condições e preços predeterminados. É o que prevê o art. 64 da LPI: "o titular da patente poderá solicitar ao INPI que a coloque em oferta para fins de exploração". Feita a solicitação, "o INPI promoverá a publicação da oferta" (§ 1.º), publicação esta que será feita na já mencionada *Revista da Propriedade Industrial* (RPI).

Uma vez publicada a oferta de licença, "nenhum contrato de licença voluntária de caráter exclusivo será averbado no INPI sem que o titular tenha desistido da oferta" (§ 2.º). Esta regra é óbvia, porque a exclusividade da licença voluntária firmada tornaria sem nenhum sentido a oferta. No mesmo sentido dessa regra, prevê o § 3.º que "a patente sob licença voluntária, com caráter de exclusividade, não poderá ser objeto de oferta". A desistência da oferta poderá ser feita a qualquer tempo, desde que nenhum interessado tenha aceitado seus termos: "o titular poderá, a qualquer momento, antes da expressa aceitação de seus termos pelo interessado, desistir da oferta, não se aplicando o disposto no art. 66" (§ 4º).

Quanto aos *royalties* devidos pela licença decorrente de oferta pública, estabelece o art. 65 da LPI o seguinte: "na falta de acordo entre o titular e o licenciado, as partes poderão requerer ao INPI o arbitramento da remuneração". O § 2.º desse artigo ainda prevê que "a remuneração poderá ser revista decorrido 1 (um) ano de sua fixação", revisão esta que, obviamente, também caberá ao INPI.

Por fim, finalizando a disciplina da licença voluntária, o art. 67 da LPI prevê que "o titular da patente poderá requerer o cancelamento da licença se o licenciado não der início à exploração efetiva dentro de 1 (um) ano da concessão, interromper a exploração por prazo superior a 1 (um) ano, ou, ainda, se não forem obedecidas as condições para a exploração".

8.3.9.2. Licença compulsória

Além da licença voluntária, em que o titular da patente chega a acordo com o licenciado e com ele celebra contrato, há também a hipótese de licença compulsória, em que o titular da patente fica obrigado a licenciá-la, contra a sua vontade. Esta modalidade de licença tem previsão na Convenção da União de Paris.

A licença compulsória encontra-se disciplinada nos arts. 68 a 74 da LPI. Analisando esses dispositivos legais, percebe-se que a licença compulsória será determinada, em alguns casos, como forma de sancionar o titular da patente (art. 68 da LPI), e, em outros casos, como forma de atender a imperativos de ordem pública.

Segundo o art. 68, "o titular ficará sujeito a ter a patente licenciada compulsoriamente se exercer os direitos dela decorrentes de forma abusiva, ou por meio dela praticar abuso de poder econômico, comprovado nos termos da lei, por decisão administrativa ou judicial". Esse abuso de poder econômico a que se refere a lei é a prática de **infra-**

ção contra a ordem econômica, nos termos da Lei Antitruste (Lei 12.529/2011), e a decisão administrativa referida é proferida pelo CADE (Conselho Administrativo de Defesa Econômica), autoridade antitruste brasileira. A propósito, confira-se:

> *Art. 36. Constituem infração da ordem econômica, independentemente de culpa, os atos sob qualquer forma manifestados, que tenham por objeto ou possam produzir os seguintes efeitos, ainda que não sejam alcançados:*
>
> *I – limitar, falsear ou de qualquer forma prejudicar a livre concorrência ou a livre-iniciativa;*
>
> *II – dominar mercado relevante de bens ou serviços;*
>
> *III – aumentar arbitrariamente os lucros; e*
>
> *IV – exercer de forma abusiva posição dominante.*
>
> *(...)*
>
> *§ 3º As seguintes condutas, além de outras, na medida em que configurem hipótese prevista no caput deste artigo e seus incisos, caracterizam infração da ordem econômica:*
>
> *(...)*
>
> *XIV – **açambarcar ou impedir a exploração de direitos de propriedade industrial ou intelectual ou de tecnologia**;*
>
> *(...)*
>
> *XIX – **exercer ou explorar abusivamente direitos de propriedade industrial, intelectual, tecnologia ou marca**.*
>
> *Art. 38. Sem prejuízo das penas cominadas no art. 37 desta Lei, quando assim exigir a gravidade dos fatos ou o interesse público geral, poderão ser impostas as seguintes penas, isolada ou cumulativamente:*
>
> *(...)*
>
> *IV – a recomendação aos órgãos públicos competentes para que:*
>
> *a) **seja concedida licença compulsória de direito de propriedade intelectual de titularidade do infrator, quando a infração estiver relacionada ao uso desse direito**;*

Nos casos descritos no parágrafo acima, chamados pela doutrina de **licença por abuso de direitos** ou **licença por abuso de direito econômico**, resta claro que a licença compulsória da patente decorre de condutas do próprio titular da patente que não se coadunam com os princípios que justificam a concessão de um privilégio legal que lhe assegura direito de exploração exclusiva sobre seu invento. Assim, configurada uma dessas situações, como o exercício abusivo dos direitos decorrentes da patente, poderá um interessado (um concorrente, por exemplo) requerer ao INPI a licença compulsória.

Por sua vez, o § 1.º do art. 68 da Lei 9.279/1996, afirma que "ensejam, igualmente, licença compulsória: I – a não exploração do objeto da patente no território brasileiro por falta de fabricação ou fabricação incompleta do produto, ou, ainda, a falta de uso integral do processo patenteado, ressalvados os casos de inviabilidade econômica, quando será admitida a importação ou; II – a comercialização que não satisfizer às necessidades do mercado". A situação é distinta da prevista no *caput*, em que se exige a condenação administrativa ou judicial do titular da patente, de modo que a licença compulsória é uma espécie de efeito dessa condenação.

No caso do § 1º, porém, o seu titular não está praticando nenhum ato intrinsecamente ilegal ou criminoso, mas apenas não está explorando "corretamente" sua patente no País. Segundo apontam alguns autores, essa modalidade de licença compulsória foi criada não para prejudicar o titular da patente, mas para favorecê-lo, já que é uma alternativa melhor do que a declaração de caducidade.[113] Com efeito, algumas empresas estrangeiras titulares de patentes acabam não as explorando em território nacional, e nesses casos é melhor para elas a licença compulsória do que a caducidade, pois com a licença elas continuam como titulares e recebem *royalties*.

De acordo com o § 2.º do art. 68, "a licença só poderá ser requerida por pessoa com legítimo interesse e que tenha capacidade técnica e econômica para realizar a exploração eficiente do objeto da patente, que deverá destinar-se, predominantemente, ao mercado interno, extinguindo-se nesse caso a excepcionalidade prevista no inciso I do parágrafo anterior". Complementando a regra do *caput*, estabelecem os §§ 3.º, 4.º e 5.º o seguinte: "§ 3.º No caso de a licença compulsória ser concedida em razão de abuso de poder econômico, ao licenciado, que propõe fabricação local, será garantido um prazo, limitado ao estabelecido no art. 74, para proceder à importação do objeto da licença, desde que tenha sido colocado no mercado diretamente pelo titular ou com o seu consentimento. § 4.º No caso de importação para exploração de patente e no caso da importação prevista no parágrafo anterior, será igualmente admitida a importação por terceiros de produto fabricado de acordo com patente de processo ou de produto, desde que tenha sido colocado no mercado diretamente pelo titular ou com o seu consentimento. § 5.º A licença compulsória de que trata o § 1.º somente será requerida após decorridos 3 (três) anos da concessão da patente".

É óbvio que para a concessão da licença compulsória não basta o mero requerimento do interessado. A licença compulsória só será concedida pelo INPI após processo administrativo em que sejam assegurados ao titular da patente o contraditório e a ampla defesa. Nesse sentido, dispõe o art. 69 da LPI o seguinte: "a licença compulsória não será concedida se, à data do requerimento, o titular: I – justificar o desuso por razões legítimas; II – comprovar a realização de sérios e efetivos preparativos para a exploração; ou III – justificar a falta de fabricação ou comercialização por obstáculo de ordem legal".

Outra hipótese de licença compulsória está prevista no art. 70 da LPI, que assim dispõe: "a licença compulsória será ainda concedida quando, cumulativamente, se verificarem as seguintes hipóteses: I – ficar caracterizada situação de dependência de uma patente em relação a outra; II – o objeto da patente dependente constituir substancial progresso técnico em relação à patente anterior; e III – o titular não realizar acordo com o titular da patente dependente para exploração da patente anterior". Complementando a regra do *caput*, dispõem seus §§ 1.º, 2.º e 3.º o seguinte: "§ 1.º Para os fins deste artigo considera-se patente dependente aquela cuja

[113] "Licença compulsória, que os Códigos anteriores nominavam licença obrigatória, é uma forma indireta de proteção do direito do titular da patente, cuja finalidade é evitar que seja declarada a caducidade por falta de uso efetivo, nos países em que há obrigatoriedade de exploração efetiva sob pena de caducidade. (...) resulta num contrato não voluntário entre o titular da patente e o licenciado, com o que o privilégio permanece como direito do senhor da patente, invés de ser fulminado pela decretação de caducidade": DOMINGUES, Douglas Gabriel. *Comentários à lei de propriedade industrial*. Rio de Janeiro: Forense, 2009. p. 213.

exploração depende obrigatoriamente da utilização do objeto de patente anterior. § 2.º Para efeito deste artigo, uma patente de processo poderá ser considerada dependente de patente do produto respectivo, bem como uma patente de produto poderá ser dependente de patente de processo. § 3.º O titular da patente licenciada na forma deste artigo terá direito a licença compulsória cruzada da patente dependente". Essa licença prevista no art. 70 da LPI é chamada por alguns doutrinadores de **licença de dependência.**

O art. 71 da LPI também traz uma hipótese de licença compulsória, chamada de **licença por interesse público**. De acordo com a redação atual desse dispositivo, "nos casos de emergência nacional ou internacional ou de interesse público declarados em lei ou em ato do Poder Executivo federal, ou de reconhecimento de estado de calamidade pública de âmbito nacional pelo Congresso Nacional, poderá ser concedida licença compulsória, de ofício, temporária e não exclusiva, para a exploração da patente ou do pedido de patente, sem prejuízo dos direitos do respectivo titular, desde que seu titular ou seu licenciado não atenda a essa necessidade". Nesse caso, "o ato de concessão da licença estabelecerá seu prazo de vigência e a possibilidade de prorrogação" (§ 1º).[114]

Vale ressaltar que no caso da licença compulsória prevista no art. 71 da LPI ela não atende a interesses privados de interessados (como os concorrentes do titular da patente, por exemplo), mas a imperativos de ordem pública. Ademais, nesse caso não se instaura processo administrativo no INPI, cabendo ao Chefe do Poder Executivo Federal tomar a decisão, de ofício.

Seja qual for o fundamento legal da licença compulsória, elas "serão sempre concedidas sem exclusividade, não se admitindo o sublicenciamento" (art. 72 da LPI).

Ademais, em caso de licença compulsória determinada pelo INPI, a qual, conforme já mencionamos, dependerá da instauração de processo administrativo a requerimento do interessado (um concorrente, por exemplo), aplicam-se as regras procedimentais dos arts. 73 e 74 da LPI.

---

[114] A questão ganhou repercussão nacional há alguns anos, em virtude da discutida "quebra de patente" (trata-se de expressão de uso comum, mas atécnica) do medicamento *Efavirenz*, utilizado no combate ao vírus HIV, o que foi feito por meio do Decreto 6.108/2007, do Presidente da República, que determinou a licença compulsória, por interesse público e para fins de uso público não comercial, do medicamento em questão. O tema é bastante polêmico, e voltou a causar discussão recentemente, em razão da pandemia da Covid-19, resultando na edição da Lei 14.200/2021, que alterou a redação do art. 71 da LPI e previu outra hipótese de licença compulsória no art. 71-A: "poderá ser concedida, por razões humanitárias e nos termos de tratado internacional do qual a República Federativa do Brasil seja parte, licença compulsória de patentes de produtos destinados à exportação a países com insuficiente ou nenhuma capacidade de fabricação no setor farmacêutico para atendimento de sua população". Também foram acrescentados diversos parágrafos ao art. 71, merecendo destaque o § 18 ("independentemente da concessão de licença compulsória, o poder público dará prioridade à celebração de acordos de cooperação técnica e de contratos com o titular da patente para a aquisição da tecnologia produtiva e de seu processo de transferência") e os §§ 12 a 14, que tratam da remuneração do titular da patente objeto de licença compulsória (§ 12. No arbitramento da remuneração do titular da patente ou do pedido de patente, serão consideradas as circunstâncias de cada caso, observados, obrigatoriamente, o valor econômico da licença concedida, a duração da licença e as estimativas de investimentos necessários para sua exploração, bem como os custos de produção e o preço de venda no mercado nacional do produto a ela associado. § 13. A remuneração do titular da patente ou do pedido de patente objeto de licença compulsória será fixada em 1,5% sobre o preço líquido de venda do produto a ela associado até que seu valor venha a ser efetivamente estabelecido. § 14. A remuneração do titular do pedido de patente objeto de licença compulsória somente será devida caso a patente venha a ser concedida, e o pagamento, correspondente a todo o período da licença, deverá ser efetivado somente após a concessão da patente").

De acordo com o art. 73, "o pedido de licença compulsória deverá ser formulado mediante indicação das condições oferecidas ao titular da patente". Apresentado o pedido de licença, o titular será intimado para manifestar-se no prazo de 60 (sessenta) dias, findo o qual, sem manifestação do titular, será considerada aceita a proposta nas condições oferecidas (§ 1.º). O requerente de licença que invocar abuso de direitos patentários ou abuso de poder econômico deverá juntar documentação que o comprove (§ 2.º): pode-se citar, por exemplo, o caso de haver decisão do CADE – Conselho Administrativo de Defesa Econômica condenando o titular da patente por abuso de poder econômico no exercício dos direitos da patente, nos termos da Lei 12.529/2011. No caso de a licença compulsória ser requerida com fundamento na falta de exploração, caberá ao titular da patente comprovar a exploração (§ 3.º). Havendo contestação, o INPI poderá realizar as necessárias diligências, bem como designar comissão, que poderá incluir especialistas não integrantes dos quadros da autarquia, visando arbitrar a remuneração que será paga ao titular (§ 4.º). Os órgãos e entidades da administração pública direta ou indireta, federal, estadual e municipal, prestarão ao INPI as informações solicitadas com o objetivo de subsidiar o arbitramento da remuneração (§ 5.º). No arbitramento da remuneração, serão consideradas as circunstâncias de cada caso, levando-se em conta, obrigatoriamente, o valor econômico da licença concedida (§ 6.º). Instruído o processo, o INPI decidirá sobre a concessão e condições da licença compulsória no prazo de 60 (sessenta) dias (§ 7.º). O recurso da decisão que conceder a licença compulsória não terá efeito suspensivo (§ 8.º).

Por fim, estabelece o art. 74 da LPI o seguinte: "salvo razões legítimas, o licenciado deverá iniciar a exploração do objeto da patente no prazo de 1 (um) ano da concessão da licença, admitida a interrupção por igual prazo. § 1.º O titular poderá requerer a cassação da licença quando não cumprido o disposto neste artigo. § 2.º O licenciado ficará investido de todos os poderes para agir em defesa da patente. § 3.º Após a concessão da licença compulsória, somente será admitida a sua cessão quando realizada conjuntamente com a cessão, alienação ou arrendamento da parte do empreendimento que a explore".

8.3.10. Patente de interesse da defesa nacional

Tema interessante previsto na LPI é o referente às chamadas patentes de interesse da defesa nacional, que está disciplinada no art. 75 e seus §§ 1.º, 2.º e 3.º. "Art. 75. O pedido de patente originário do Brasil cujo objeto interesse à defesa nacional será processado em caráter sigiloso e não estará sujeito às publicações previstas nesta Lei. § 1.º O INPI encaminhará o pedido, de imediato, ao órgão competente do Poder Executivo para, no prazo de 60 (sessenta) dias, manifestar-se sobre o caráter sigiloso. Decorrido o prazo sem a manifestação do órgão competente, o pedido será processado normalmente. § 2.º É vedado o depósito no exterior de pedido de patente cujo objeto tenha sido considerado de interesse da defesa nacional, bem como qualquer divulgação do mesmo, salvo expressa autorização do órgão competente. § 3.º A exploração e a cessão do pedido ou da patente de interesse da defesa nacional estão condicionadas à prévia autorização do órgão competente, assegurada indenização sempre que houver restrição dos direitos do depositante ou do titular".

Além desse procedimento específico que a LPI estabelece no art. 75 para as patentes relativas a inventos que sejam de interesse da defesa nacional, a doutrina especializada ainda aponta a possibilidade de o Estado desapropriar a patente, mediante justa indenização do titular, assim como se desapropria um imóvel, por exemplo.

8.3.11. Retribuição anual

A existência do direito de propriedade industrial e o bom funcionamento do sistema normativo que congrega suas regras e princípios exigiram, conforme já vimos, a criação de um órgão específico para regular esse tão importante sub-ramo do direito empresarial. Esse órgão é o INPI, autarquia federal com sede no Rio de Janeiro.

Para o desempenho de suas competências, o INPI precisa de recursos, razão pela qual o art. 84 estabelece que "o depositante do pedido e o titular da patente estão sujeitos ao pagamento de retribuição anual, a partir do início do terceiro ano da data do depósito". De acordo com o § 1.º desse dispositivo, "o pagamento antecipado da retribuição anual será regulado pelo INPI". O § 2.º, por sua vez, prevê que "o pagamento deverá ser efetuado dentro dos primeiros 3 (três) meses de cada período anual, podendo, ainda, ser feito, independente de notificação, dentro dos 6 (seis) meses subsequentes, mediante pagamento de retribuição adicional".

Tratando-se de pedido internacional, aplica-se o art. 85 da LPI: "o disposto no artigo anterior aplica-se aos pedidos internacionais depositados em virtude de tratado em vigor no Brasil, devendo o pagamento das retribuições anuais vencidas antes da data da entrada no processamento nacional ser efetuado no prazo de 3 (três) meses dessa data".

Tratando-se, por outro lado, de patente que foi colocada em oferta pública de licença, a anuidade recebe um abatimento, nos termos do art. 66 da LPI: "a patente em oferta terá sua anuidade reduzida à metade no período compreendido entre o oferecimento e a concessão da primeira licença, a qualquer título".

Por fim, vale destacar que, segundo o art. 86 da LPI, "a falta de pagamento da retribuição anual, nos termos dos arts. 84 e 85, acarretará o arquivamento do pedido ou a extinção da patente".

8.3.12. Extinção da patente

A LPI prevê, no seu art. 78, as hipóteses de extinção da patente, afirmando que ela se extingue: "I – pela expiração do prazo de vigência; II – pela renúncia de seu titular, ressalvado o direito de terceiros; III – pela caducidade; IV – pela falta de pagamento da retribuição anual, nos prazos previstos no § 2.º do art. 84 e no art. 87; e V – pela inobservância do disposto no art. 217" (que se refere à exigência de a pessoa domiciliada no exterior constituir e manter procurador devidamente qualificado e domiciliado no País, com poderes para representá-la administrativa e judicialmente, inclusive para receber citações).

Em qualquer um desses casos, a extinção da patente fará com que seu objeto caia em domínio público, nos termos do parágrafo único do art. 78 da LPI: "extinta a patente, o seu objeto cai em domínio público".

Quanto ao prazo de vigência, já vimos que ele é improrrogável. Quanto à renúncia, dispõe o art. 79 da LPI que ela "só será admitida se não prejudicar direitos de terceiros". Assim, por exemplo, o titular da patente não poderá renunciar se firmou contrato de licença voluntária com terceiros, porque nesses casos a renúncia os prejudicaria.

Quanto à caducidade, por sua vez, prevê o art. 80 o seguinte: "caducará a patente, de ofício ou a requerimento de qualquer pessoa com legítimo interesse, se, decorridos 2 (dois) anos da concessão da primeira licença compulsória, esse prazo não tiver sido suficiente para prevenir ou sanar o abuso ou desuso, salvo motivos justificáveis". Complementando, dispõe o § 1.º que "a patente caducará quando, na data do requerimento da caducidade ou da instauração de ofício do respectivo processo, não tiver sido iniciada a exploração".

Vê-se, pois, que o reconhecimento da caducidade depende da instauração de processo administrativo no INPI. Este processo administrativo será instaurado de ofício ou a requerimento de qualquer interessado. Nesse caso, havendo desistência posterior do requerente, o INPI poderá dar continuidade ao processo (§ 2.º).

Como ocorre em qualquer processo administrativo, será assegurado ao titular da patente o contraditório e a ampla defesa. Nesse sentido, dispõe o art. 81 da LPI que ele "será intimado mediante publicação para se manifestar, no prazo de 60 (sessenta) dias, cabendo-lhe o ônus da prova quanto à exploração". Complementando, dispõem os arts. 82 e 83 o seguinte: "Art. 82. A decisão será proferida dentro de 60 (sessenta) dias, contados do término do prazo mencionado no artigo anterior. Art. 83. A decisão da caducidade produzirá efeitos a partir da data do requerimento ou da publicação da instauração de ofício do processo."

No tocante à falta de pagamento da retribuição anual, o art. 87 cuida o instituto da restauração, determinando que "o pedido de patente e a patente poderão ser restaurados, se o depositante ou o titular assim o requerer, dentro de 3 (três) meses, contados da notificação do arquivamento do pedido ou da extinção da patente, mediante pagamento de retribuição específica". No julgamento do REsp 1.837.439, a 3ª Turma do STJ decidiu que "é ilegal a Resolução 113/2013 do INPI que afasta a aplicação do direito de restauração de patente, previsto no art. 87 da Lei 9.279/1996, para as hipóteses de inadimplemento superior a uma retribuição anual".

8.4. Certificado de adição de invenção

Segundo o art. 76 da LPI, "o depositante do pedido ou titular de patente de invenção poderá requerer, mediante pagamento de retribuição específica, certificado de adição para proteger aperfeiçoamento ou desenvolvimento introduzido no objeto da invenção, mesmo que destituído de atividade inventiva, desde que a matéria se inclua no mesmo conceito inventivo".

A lei, nesse caso, visou a proteger o **conceito inventivo do inventor**, a sua criação em si. Tanto que no § 3.º do art. 76 está previsto que "o pedido de certificado de adição será indeferido se o seu objeto não apresentar o mesmo conceito inventivo".

Seguindo o princípio de que *o acessório segue o principal*, o art. 77 da LPI determina que "o certificado de adição é acessório da patente, tem a data final de vigência desta e acompanha-a para todos os efeitos legais".

Noticiam alguns doutrinadores que **muitos países estão deixando de proteger as "adições de invenção", pelo fato de elas serem desprovidas de atividade inventiva**, como o próprio art. 76, *caput*, afirma. Havendo atividade inventiva, porém, a situação muda, podendo o inventor requerer a proteção patentária não como adição de invenção, mas como modelo de utilidade.

8.5. Patentes *pipeline*

Atualmente, um dos temas mais polêmicos do direito de propriedade industrial é o referente às chamadas patentes *pipeline* (ou patentes de revalidação), que foram permitidas em nosso ordenamento jurídico pela atual LPI em seus arts. 230 e 231.

A previsão das patentes *pipeline* decorreu do fato de que a nossa legislação anterior (Lei 5.772/1971) não permitia a patente de produtos farmacêuticos e alimentícios. Como a atual LPI permite a patente desses produtos, aquelas pessoas que não fizeram pedidos de patente de medicamentos e alimentos no Brasil na vigência da lei anterior (ou fizeram esses pedidos no exterior) puderam fazer tais pedidos após a entrada em vigor da atual LPI. Aqueles que, não obstante a proibição antiga, fizeram tais pedidos, puderam convertêlos em pedidos de *pipeline*.

O tema, conforme adiantamos, é extremamente polêmico. Doutrinadores de renome advogam a inconstitucionalidade da patente *pipeline*, e cedo ou tarde essa questão será decidida pelo Supremo Tribunal Federal, uma vez que em 2009 foi ajuizada Ação Direta de Inconstitucionalidade contra os arts. 230 e 231 da LPI pelo Procurador-Geral da República (ADIn 4.234).

O Superior Tribunal de Justiça já decidiu alguns casos sobre o tema, entendendo pela legitimidade das regras dos arts. 230 e 231 da LPI. Nesses julgados, o STJ decidiu sobre o prazo de vigência das patentes *pipeline*.

> *Comercial. Patentes* pipeline. *Prazo. Lei n.º 9.279/96, artigo 230, § 4.º. Nos termos dos artigos 40,* caput *e 230, § 4.º, da Lei n.º 9.279/96, a proteção oferecida pelo ordenamento jurídico brasileiro às patentes estrangeiras vigora "pelo prazo remanescente de proteção no país onde foi depositado o primeiro pedido", limitado ao período máximo de proteção concedido pela nossa legislação, que é de 20 anos, a contar da data do depósito do pedido no Brasil. Recurso especial não conhecido, com ressalvas quanto à terminologia (REsp 445.712/RJ, Rel. Min. Castro Filho, 3.ª Turma, j. 11.05.2004,* DJ *28.06.2004, p. 301).*
>
> *Propriedade industrial. Mandado de segurança. Patente* pipeline. *Prazo de validade. Contagem. Termo inicial. Primeiro depósito no exterior. Ocorrência de desistência do pedido. Irrelevância. Interpretação restritiva e sistemática de normas. Tratados internacionais (*TRIPS *e* CUP*). Princípio da independência das patentes. Aplicação da lei. Observância da finalidade social. 1. O regime de patente* pipeline, *ou de importação, ou equivalente é uma criação excepcional, de caráter temporário, que permite a revalidação, em território nacional, observadas certas condições, de patente concedida ou depositada em outro país. 2. Para a concessão da patente* pipeline, *o princípio da novidade é mitigado, bem como não são examinados os requisitos usuais de patenteabilidade. Destarte, é um sistema de exceção, não previsto em tratados internacionais, que deve ser interpretado restritivamente, seja por contrapor ao sistema comum de patentes, seja por restringir a concorrência e a livre-iniciativa. 3. Quando se tratar da vigência da patente* pipeline, *o termo inicial de contagem do prazo remanescente à*

> *correspondente estrangeira, a incidir a partir da data do pedido de revalidação no Brasil, é o dia em que foi realizado o depósito no sistema de concessão original, ou seja, o primeiro depósito no exterior, ainda que abandonado, visto que a partir de tal fato já surgiu proteção ao invento (v.g.: prioridade unionista). Interpretação sistemática dos arts. 40 e 230, § 4.º, da Lei 9.279/96, 33 do* TRIPS *e 4.º* bis *da CUP. 4. Nem sempre a data da entrada em domínio público da patente* pipeline *no Brasil vai ser a mesma da correspondente no exterior. Incidência do princípio da independência das patentes, que se aplica, de modo absoluto, tanto do ponto de vista das causas de nulidade e de caducidade patentárias como do ponto de vista da duração normal. 5. Consoante o art. 5.º, XXIX, da CF, os direitos de propriedade industrial devem ter como norte, além do desenvolvimento tecnológico e econômico do país, o interesse social. Outrossim, na aplicação da lei, o juiz deverá atender aos fins sociais a que ela se dirige e às exigências do bem comum (art. 5.º da LICC). 6. Recurso especial a que se nega provimento (REsp 1145637/RJ, Rel. Min. Vasco Della Giustina (Desembargador convocado do TJ/RS), 3.ª Turma, j. 15.12.2009,* DJe *08.02.2010).*
>
> *Administrativo e comercial. MS. Recurso especial. Patente concedida no estrangeiro. Patentes* pipeline*. Proteção no Brasil pelo prazo de validade remanescente, limitado pelo prazo de vinte anos previsto na legislação brasileira. Termo inicial. Data do primeiro depósito. Art. 230, § 4.º, c/c o art. 40 da Lei n.º 9.279/96. 1. A Lei de Propriedade Industrial, em seu art. 230, § 4.º, c/c o art. 40, estabelece que a proteção oferecida às patentes estrangeiras, chamadas patentes* pipeline*, vigora "pelo prazo remanescente de proteção no país onde foi depositado o primeiro pedido", até o prazo máximo de proteção concedido no Brasil – 20 anos – a contar da data do primeiro depósito no exterior, ainda que posteriormente abandonado. 2. Recurso especial provido (REsp 731.101/RJ, Rel. Min. João Otávio de Noronha, 2.ª Seção, j. 28.04.2010,* DJe 19.05.2010).
>
> *Recurso especial. Processo civil e propriedade industrial. Patente* pipeline*. Prorrogação do prazo no exterior. Modificação do prazo de proteção no Brasil. Impossibilidade. (...) 2. As patentes* pipelines *são transitórias e equivalem a uma revalidação, no Brasil, da patente de produtos em desenvolvimento concedida no exterior, observados os requisitos impostos naquele território, no momento do depósito da revalidação. 3. Por isso que eventuais modificações supervenientes na legislação do país de origem, notadamente em relação ao prazo, não implicam prorrogação da proteção conferida, no Brasil, no momento da análise dos requisitos de concessão da patente* pipeline*, pois inexiste previsão legal específica nesse sentido. 4. Com efeito, as patentes* pipelines *são incorporadas ao direito brasileiro a partir do momento de sua concessão, motivo pelo qual o parâmetro temporal de sua proteção deve ser auferido no momento do depósito, sendo considerado, para tanto, o prazo de proteção conferido pela norma estrangeira naquele momento. 5. A interpretação ampliativa do § 4.º, art. 230, Lei 9.279/96, a fim de equiparar a proteção conferida a patentes de revalidação aos prazos e condições estatuídas pelo direito estrangeiro após a sua concessão, como pretende o ora recorrente, importa em violação ao princípio da independência das patentes, bem como a própria soberania do país. 6. Dissídio jurisprudencial que não logrou aperfeiçoamento, tendo em vista não terem sido observados os requisitos para a sua demonstração, arts. 541, CPC e 255, §§ 1.º e 2.º, do RISTJ, além da falta de similitude fática entre os julgados. 7. Recurso especial conhecido em parte e, nesta parte, desprovido (REsp 1.165.845/RJ, Rel. Min. Luis Felipe Salomão, Quarta Turma, j. 08.02.2011,* DJe *23.02.2011).*

O fato é que muitos titulares de patentes *pipeline* – geralmente laboratórios – tentam estender o prazo de vigência da respectiva patente no Brasil, nos casos em que tais prazos, no país de origem da patente, são mais longos ou prorrogados por algum motivo específico. O STJ tem rechaçado sistematicamente essas tentativas, conforme se vê dos acórdãos acima transcritos, entendendo que as patentes *pipeline* revalidadas no Brasil vigoram pelo prazo remanescente do país de origem, mas limitado ao prazo máximo previsto em nossa legislação (art. 40 da LPI: 20 anos para patentes de invenção e 15 anos para patentes de modelo de utilidade).

Por fim, vale ressaltar que nas patentes *pipeline*, por ocorrer apenas uma revalidação, no Brasil, de uma patente já registrada no exterior, a sua concessão dispensa a comprovação dos requisitos da "novidade", da "atividade inventiva" e da "aplicação industrial", uma vez que eles já foram analisados na jurisdição de origem. A propósito, confiram-se os seguintes julgados do STJ:

> *Direito empresarial. Requisitos de validade de patente de revalidação. Uma patente pipeline concedida no exterior e revalidada no Brasil não pode ser anulada ao fundamento de falta de um dos requisitos de mérito do art. 8.º da Lei 9.279/1996 (Lei de Propriedade Industrial – LPI), mas apenas por ausência de requisito especificamente aplicável a ela (como, por exemplo, por falta de pagamento da anuidade no Brasil) ou em razão de irregularidades formais. Da leitura dos arts. 230 e 231 da LPI e de acordo com doutrina especializada, uma vez concedida a patente pipeline por outra jurisdição, ela não poderá ser anulada invocando-se a ausência de um dos requisitos de mérito previstos no art. 8.º da LPI para a concessão das patentes ordinárias (novidade, atividade inventiva e aplicação industrial). Precedentes citados: REsp 1.145.637-RJ, Terceira Turma, DJe 08.02.2010; e REsp 1.092.139-RJ, Terceira Turma, DJe 04.11.2010. (REsp 1.201.454-RJ, Rel. Min. Ricardo Villas Bôas Cueva, J. 14.10.2014).*
>
> *(...) 6. As patentes requeridas pelo denominado sistema pipeline (patentes de importação ou patentes de revalidação), dada sua natureza excepcional em relação às patentes ordinárias, devem observar, tão somente, os pressupostos estabelecidos no art. 230 e seguintes da LPI, não sendo necessária a análise dos requisitos tradicionais previstos no art. 8º desse diploma legal. Precedentes. (...)*
> *(REsp 1753535/RJ, Rel. Ministra NANCY ANDRIGHI, TERCEIRA TURMA, julgado em 04/06/2019, DJe 07/06/2019)*

8.6. Patentes *mailbox*

As **patentes *mailbox*** (assim denominadas porque foram recebidas pelo INPI por meio de caixa postal) referem-se aos pedidos de patentes de produtos farmacêuticos e produtos químicos para agricultura depositados entre 1º de janeiro de 1995 (data em que entrou em vigor o Acordo TRIPS) e 14 de maio de 1997 (data em que entrou em vigor a LPI). Embora a legislação anterior (Lei 5.772/1971) não admitisse tais patentes, o país já estava obrigado a conferir essa proteção desde a aprovação do Acordo TRIPS. Por esse motivo, o parágrafo único do art. 229 da LPI dispôs que aos referidos pedidos aplicar-se-iam os critérios de patenteabilidade desta lei.

Considerando que muitos dos pedidos *mailbox* levaram mais de 10 anos para serem analisados, o INPI aplicou a regra do parágrafo único do art. 40, que garante o prazo mínimo de 10 anos de proteção após a concessão. No entanto, como o parágrafo único do art. 229 limita o prazo a 20 anos da data do depósito, o INPI posteriormente revisou seus atos e ingressou com diversas ações para reduzir o prazo de validade de várias patentes *mailbox*, obtendo êxito em várias delas no TRF da

2.ª Região, que acabou definindo seu entendimento sobre a questão em julgamento de IRDR, nos seguintes termos:

> O parágrafo único do artigo 40 da Lei nº 9.279/96 (Lei de Propriedade Industrial - LPI) não se aplica às patentes "mailbox", diante da limitação estabelecida pelo artigo 229, parágrafo único, da mesma lei, devendo ser aplicado o prazo de vigência máximo de 20 anos da data do depósito, nos termos do artigo 40, caput, da mesma lei.

Em abril de 2018, a questão foi decidida pela 3ª Turma Superior Tribunal de Justiça, que confirmou o entendimento do INPI, que já vinha sendo aceito pelo TRF da 2.ª Região. Confira-se, a propósito, a decisão do STJ:

> *Recurso especial. Propriedade intelectual. Medicamentos. Patente* mailbox. *Sistema transitório. Acordo TRIPS. Prazo de vigência. Regra específica. 20 anos contados da data do depósito. INPI. Desrespeito ao prazo legal de análise. Consequências jurídicas. Ausência de previsão legal. Imposição dos ônus decorrentes da demora à sociedade. Ausência de razoabilidade. Violação da boa-fé e da segurança jurídica. Não ocorrência. Interpretação passível de gerar tratamento discriminatório a setores tecnológicos específicos. Tratado internacional e lei interna. Paridade hierárquica. Precedente do STF. (...)* ***2 – O propósito recursal é definir se o prazo de vigência da patente* mailbox *concedida ao recorrente (PI9507594-1) é de 20 anos contados da data do depósito ou de 10 anos contados de sua concessão. 3 – O sistema denominado* mailbox *consistiu em mecanismo transitório adotado para salvaguarda de pedidos de patentes relacionadas a produtos farmacêuticos e produtos agroquímicos, cuja tutela jurídica resultou da internalização no País, em 1/1/1995, do Acordo TRIPS (Acordo sobre Aspectos dos Direitos de Propriedade Intelectual Relacionados ao Comércio). 4 – Tratando-se de patentes excepcionalmente requeridas pelo sistema* mailbox*, a Lei de Propriedade Industrial, em suas disposições finais e transitórias, estabeleceu regra expressa assegurando proteção, a partir da data da respectiva concessão, limitada ao prazo remanescente previsto no caput do seu art. 40 (20 anos contados do dia do depósito), circunstância que afasta, como corolário, a possibilidade de incidência do prazo excepcional do respectivo parágrafo único (10 anos a partir da concessão). 5 – A norma que prescreve que o prazo de vigência de patente de invenção não deve ser inferior a 10 anos da data de sua concessão está inserida em capítulo da LPI que versa sobre regras gerais, aplicáveis ao sistema ordinário de concessão de patentes, de modo que, à míngua de remição legal específica, não irradia efeitos sobre matéria a qual foi conferido tratamento especial pela mesma lei. 6 – A LPI não prescreve quaisquer consequências para a eventualidade de a análise dos pedidos de patente* mailbox *extrapolar o prazo nela fixado.*** *7 – Tratando-se de medicamentos, adiar a entrada em domínio público das invenções significa retardar o acesso ao mercado de genéricos, causando, como consequência, o prolongamento de preços mais altos, o que contribui para a oneração das políticas públicas de saúde e dificulta o acesso da população a tratamentos imprescindíveis. 8 – Inexistência, na espécie, de violação à proteção da boa-fé e da segurança jurídica. A um, porque a concessão da proteção patentária por período de tempo em evidente descompasso com o texto expresso da LPI, facilmente observável no particular, não pode ser considerada fonte de criação de expectativa legítima em seus titulares. A dois, porque a questão jurídica posta a desate extrapola a mera relação existente entre a autarquia e a empresa recorrente, sendo certo que os efeitos do ato administrativo irradiam-se por todo o tecido social, não se afigurando razoável impor pesados encargos à coletividade em benefício exclusivo dos interesses econômicos da empresa recorrente. 9 – Cuidando-se de eventual conflito*

envolvendo tratado internacional e lei interna, o Supremo Tribunal Federal assentou que vigora no Brasil um sistema que lhes atribui paridade hierárquica, daí resultando que eventuais dicotomias devem ser solucionadas pelo critério da especialidade ou pelo critério cronológico. 10 – O autor do invento possui tutela legal que lhe garante impedir o uso, por terceiros, do produto ou processo referente ao requerimento depositado, além de indenização por exploração indevida de seu objeto, a partir da data da publicação do pedido (e não apenas a partir do momento em que a patente é concedida). Dessa forma, apesar da expedição tardia da carta-patente pelo INPI, a invenção do recorrente não esteve, em absoluto, desprovida de amparo jurídico durante esse lapso temporal. 11 – Recurso especial não provido. (REsp 1.721.711/RJ, Rel. Ministra Nancy Andrighi, Terceira Turma, julgado em 17.04.2018, DJe 20.04.2018)

Em suma: o STJ entendeu que as patentes *mailbox* configuraram uma situação excepcional, disciplinada em dispositivo legal específico que está na parte das disposições finais e transitórias da LPI (art. 229, parágrafo único). Assim, como tal regra deixa claro que o prazo de vigência de tais patentes deve ser "limitado ao prazo previsto no *caput* do art. 40" (20 anos, a contador do depósito), o STJ entendeu que não seria possível aplicar a exceção do parágrafo único do art. 40 (10 anos, a contar da concessão).

Esse entendimento foi reafirmado pela mesma 3º Turma em novembro de 2019, no julgamento do REsp 1.840.910: "tratando-se de patentes excepcionalmente requeridas pelo sistema mailbox, a Lei de Propriedade Industrial, em suas disposições finais e transitórias, estabeleceu regra expressa assegurando proteção, a partir da data da respectiva concessão, limitada ao prazo remanescente previsto no caput do seu art. 40 (20 anos contados do dia do depósito), circunstância que afasta, como corolário, a possibilidade de incidência do prazo excepcional do respectivo parágrafo único (10 anos a partir da concessão)".

No entanto, a questão ainda não parece estar definida, já que os precedentes existentes são da 3ª Turma, e a 4ª Turma afetou para a Segunda Seção o julgamento do REsp 1.869.959, a fim de a controvérsia seja pacificada (Tema Repetitivo 1.065/STJ).

9. DESENHO INDUSTRIAL

Já vimos que a proteção ao desenho industrial não se dá por meio da concessão de patente, mas de **registro**, assim como ocorre com as marcas. O desenho industrial, pois, não é patenteável, mas registrável.

9.1. Conceito de desenho industrial

A LPI estabelece, em seu art. 95, o conceito de desenho industrial, dispondo que "considera-se desenho industrial a forma plástica ornamental de um objeto ou o conjunto ornamental de linhas e cores que possa ser aplicado a um produto, proporcionando resultado visual novo e original na sua configuração externa e que possa servir de tipo de fabricação industrial".

Cumpre estabelecer, antes da análise dos requisitos legais de registrabilidade do desenho industrial, as diferenças dele para as obras de arte. A importância de se estabelecerem essas diferenças se dá pelo fato de serem criações cuja proteção se submete a regimes jurídicos bem distintos. A obra de arte é protegida pelo direito autoral (Lei 9.610/1998), enquanto o desenho industrial é protegido pelo direito de propriedade industrial. A grande diferença entre ambos está no fato de que o desenho industrial possui uma função utilitária, ainda que mínima, ao contrário das obras de arte, figuras meramente estéticas ou decorativas. **É o requisito da aplicação industrial, pois, que distingue os desenhos industriais das obras de arte:** ambos são criações estéticas, mas somente o desenho industrial é aplicável a um produto, tendo suscetibilidade de industrialização. Segundo Fábio Ulhoa Coelho, "o desenho industrial é diferente da escultura e da pintura (obras de arte) porque o objeto a que se refere tem função utilitária e não apenas estética, decorativa ou de promoção do seu proprietário".[115]

Também é importante diferenciar o desenho industrial do modelo de utilidade. Este, conforme vimos, tem que conferir ao objeto uma melhora funcional no seu uso ou em sua fabricação. O desenho industrial, por sua vez, **não guarda nenhuma relação com a funcionalidade do produto.** Nesse sentido, o STJ julgou um caso interessante há alguns anos, mantendo a concessão de uma patente (antes da Lei 9.279/1996 os modelos ou desenhos industriais eram objeto de patente) a um fabricante de caixas de sobrepor. O cerne da questão foi justamente a distinção entre o modelo industrial (hoje chamado pela atual LPI de desenho industrial) e o modelo de utilidade (REsp 999.757/RJ, Relator Ministro João Otávio de Noronha, julgado em 05.02.2009, *DJe* 09.03.2009).

Assim, se uma determinada criação for **técnica**, estamos diante de uma invenção ou de um modelo de utilidade. Se, por outro lado, essa criação for **estética**, estamos diante de uma obra de arte (quando não aplicada a um produto industrial) ou de um desenho industrial (quando aplicada a um produto industrial). Nesse sentido:

> Quando pela primeira vez se adotou para uma viga, componente da estrutura de um edifício, o perfil no formato de um T, certamente teve-se em mente não a parte estética da viga, mas o aumento da sua estabilidade, como efeito decorrente da adoção do perfil possuindo maior momento de inércia. O mesmo pode ser dito quando numa tesoura alongamos seus braços, a fim de aumentarmos a força de corte, ou quando inserimos teclas em um aparelho de telefone, em vez de discos.[116]

9.1.1. *Requisitos de registrabilidade do desenho industrial*

Pois bem. Feitas essas observações iniciais, vê-se, pois, que os requisitos para o registro de desenho industrial são: a) *novidade*; b) *originalidade*; c) *aplicação industrial*; d) *licitude* (ou desimpedimento).

O requisito da **novidade** do desenho industrial, assim como ocorre com as invenções e os modelos de utilidade, **estará atendido quando o desenho não for compreendido no estado da técnica**, conforme previsão do art. 96 da LPI: "o dese-

[115] COELHO, Fábio Ulhoa. *Curso de direito comercial*. 7. ed. São Paulo: Saraiva, 2003. p. 148. v. I.

[116] DI BIASI, Gabriel; GARCIA, Mário S.; PARENTE, Paulo M. *A propriedade industrial*. Rio de Janeiro: Forense, 1997. p. 26.

nho industrial é considerado novo quando não compreendido no estado da técnica". Complementando essa regra, e seguindo a mesma linha dos dispositivos legais que tratam do tema em relação às patentes, os §§ 1.º, 2.º e 3.º do art. 96 dispõem o seguinte: "§ 1.º O estado da técnica é constituído por tudo aquilo tornado acessível ao público antes da data de depósito do pedido, no Brasil ou no exterior, por uso ou qualquer outro meio, ressalvado o disposto no § 3.º deste artigo e no art. 99. § 2.º Para aferição unicamente da novidade, o conteúdo completo de pedido de patente ou de registro depositado no Brasil, e ainda não publicado, será considerado como incluído no estado da técnica a partir da data de depósito, ou da prioridade reivindicada, desde que venha a ser publicado, mesmo que subsequentemente. § 3.º Não será considerado como incluído no estado da técnica o desenho industrial cuja divulgação tenha ocorrido durante os 180 (cento e oitenta) dias que precederem a data do depósito ou a da prioridade reivindicada, se promovida nas situações previstas nos incisos I a III do art. 12".

Já o requisito da **originalidade**, por sua vez, considera-se cumprido quando do desenho industrial resultar "**uma configuração visual distintiva**, em relação a outros objetos anteriores" (art. 97 da LPI). Cumpre destacar, ainda, que esse "resultado original poderá ser decorrente da combinação de elementos conhecidos" (parágrafo único). O requisito da originalidade pode ser traduzido como a necessidade de o desenho industrial apresentar um caráter distintivo em relação aos demais já existentes, ou seja, o desenho industrial será original quando for significativamente diferente dos outros existentes no mercado.

> Considera-se desenho industrial original o objeto ou o conjunto de linhas e cores que o compõem que não se identifica com nenhum modelo ou padrão conhecido. Referidas características o tornam original, diferente e distinto em relação aos demais e legitimam a concessão do registro. São também revestidos de originalidade os objetos e padrões gráficos que possuem aspecto próprio e exprimem nova tendência de linguagem formal porque apresentam características peculiares e singulares.[117]

Quanto ao requisito da aplicação industrial, conforme já destacamos, ele serve basicamente para distinguir os desenhos industriais das obras de arte: ambos são criações estéticas, mas somente o desenho industrial é aplicável a um produto, tendo suscetibilidade de industrialização. Foi por isso que a LPI se preocupou em deixar fora do âmbito de proteção legal dos desenhos industriais as obras de arte (art. 98). Afinal, conforme já destacamos, estas possuem uma proteção jurídica específica, conferida pelo direito autoral.

Também se preocupou a LPI em estabelecer – a exemplo do que fez no art. 18 com relação às patentes – casos de desenhos industriais *não registráveis*. Assim, dispõe o art. 100 da lei que "não é registrável como desenho industrial: I – o que for contrário à moral e aos bons costumes ou que ofenda a honra ou imagem de pessoas, ou atente contra liberdade de consciência, crença, culto religioso ou ideia e sentimentos dignos de respeito e veneração; II – a forma necessária, comum ou

[117] DOMINGUES, Douglas Gabriel. *Comentários à lei de propriedade industrial*. Rio de Janeiro: Forense, 2009. p. 327.

vulgar do objeto ou, ainda, aquela determinada essencialmente por considerações técnicas ou funcionais". Quanto à previsão do inciso II, ela se justifica porque a forma necessária comum ou vulgar não serve para distinguir, tampouco pode ser considerada original. Por outro lado, a forma imposta por requisitos técnicos jamais pode ser considerada uma forma ornamental.

9.2. Procedimento de registro do desenho industrial

O procedimento de registro de desenho industrial junto ao INPI segue basicamente a mesma sistemática do procedimento para concessão das patentes de invenção e de modelo de utilidade, com algumas variações.

9.2.1. Legitimidade do autor do pedido de registro de desenho industrial

De acordo com o art. 94 da LPI, "ao autor será assegurado o direito de obter registro de desenho industrial que lhe confira a propriedade, nas condições estabelecidas nesta Lei". O parágrafo único desse dispositivo legal, por sua vez, dispõe que se aplicam "ao registro de desenho industrial, no que couber, as disposições dos arts. 6.º e 7.º", já visto quando do estudo das patentes.

Assim, pode-se dizer que: (i) salvo prova em contrário, presume-se o requerente legitimado a obter o registro; (ii) o registro poderá ser requerido em nome próprio, pelos herdeiros ou sucessores do autor, pelo cessionário ou por aquele a quem a lei ou o contrato de trabalho ou de prestação de serviços determinar que pertença a titularidade; (iii) quando se tratar de desenho industrial realizado conjuntamente por duas ou mais pessoas, o registro poderá ser requerido por todas ou qualquer delas, mediante nomeação e qualificação das demais, para ressalva dos respectivos direitos; (iv) o criador do desenho industrial será nomeado e qualificado, podendo requerer a não divulgação de sua nomeação; (v) se dois ou mais autores tiverem realizado o mesmo desenho industrial, de forma independente, o direito de obter registro será assegurado àquele que provar o depósito mais antigo, independentemente da data de criação; e (vi) a retirada de depósito anterior sem produção de qualquer efeito dará prioridade ao depósito imediatamente posterior.

Aplicam-se também aos pedidos de registro de desenho industrial, analogicamente, as regras previstas na LPI sobre a titularidade de patentes de inventos realizados por funcionários do empresário (arts. 88 a 93). Essa aplicação, aliás, é determinada pela própria LPI, em seu art. 121.

9.2.2. Análise dos requisitos de registrabilidade

Conforme já destacamos, o pedido de registro de desenho industrial se assemelha, quanto ao procedimento, com o pedido de patente. Faz-se o pedido contendo o requerimento, o relatório descritivo – se for o caso –, as reivindicações – também se for o caso –, os desenhos ou fotografias, o campo de aplicação do objeto e, por fim, comprovante do pagamento da retribuição relativa ao depósito (art. 101 da LPI). Não custa lembrar que "os documentos que integram o pedido de registro deverão ser apresentados em língua portuguesa" (art. 101, parágrafo único).

O pedido é submetido a exame formal preliminar (art. 102 da LPI), podendo o INPI recebê-lo com pequenas irregularidades, assinando prazo para o interessado cumprir as exigências formais necessárias, **em 5 dias** (art. 103 da LPI). Veja-se que a disciplina procedimental é idêntica à conferida ao pedido de patente, com exceção do prazo acima mencionado, que **para as patentes é de 30 dias**.

Segundo o art. 104 da LPI, "o pedido de registro de desenho industrial terá que se referir a um único objeto, permitida uma pluralidade de variações, desde que se destinem ao mesmo propósito e guardem entre si a mesma característica distintiva preponderante, limitado cada pedido ao máximo de 20 (vinte) variações". Mais uma vez a lei se preocupou em proteger a criação em si.

O autor do pedido também deve atentar para o fato de que o desenho industrial deve, ainda, "representar clara e suficientemente o objeto e suas variações, se houver, de modo a possibilitar sua reprodução por técnico no assunto" (art. 104, parágrafo único, da LPI). Trata-se de norma que se destina a permitir a aferição, pelos técnicos do INPI, do requisito da industriabilidade.

9.2.3. Concessão do registro de desenho industrial

Nesse ponto, o procedimento do registro de desenho industrial difere do procedimento das patentes, porque a publicação e a concessão são automáticas, expedindo-se imediatamente o registro. Com efeito, segundo o art. 106 da LPI, "depositado o pedido de registro de desenho industrial e observado o disposto nos arts. 100, 101 e 104, será automaticamente publicado e simultaneamente concedido o registro, expedindo-se o respectivo certificado". Conclui-se, pois, que a concessão do registro de desenho industrial independe da prévia análise do INPI quanto ao preenchimento do requisito de registrabilidade.

Perceba-se também que não há, em princípio, aquele período de sigilo de 18 meses, salvo se o autor do pedido requerer expressamente, conforme prevê o § 1.º do art. 106: "a requerimento do depositante, por ocasião do depósito, poderá ser mantido em sigilo o pedido, pelo prazo de 180 (cento e oitenta) dias contados da data do depósito, após o que será processado". Nesse caso, aplica-se também o disposto no art. 105 da LPI: "se solicitado o sigilo na forma do § 1.º do art. 106, poderá o pedido ser retirado em até 90 (noventa) dias contados da data do depósito. Parágrafo único. A retirada de um depósito anterior sem produção de qualquer efeito dará prioridade ao depósito imediatamente posterior".

Das regras acima transcritas, pode-se concluir que, como a publicação do pedido de registro e a concessão do certificado são automáticas, o exame de mérito do pedido de registro de desenho industrial só ocorrerá quando o titular ou terceiros interessados o requeiram ao INPI, nos termos do art. 111 da LPI: "o titular do desenho industrial poderá requerer o exame do objeto do registro, a qualquer tempo da vigência, quanto aos aspectos de novidade e de originalidade". Por isso se diz que esse exame de mérito é **eventual e diferido.**

9.2.4. *Prazo de vigência do registro de desenho industrial*

Concedido o registro de desenho industrial, o titular receberá o respectivo certificado de registro, nos termos do art. 107 da LPI: "do certificado deverão constar o número e o título, nome do autor - observado o disposto no § 4.º do art. 6.º, o nome, a nacionalidade e o domicílio do titular, o prazo de vigência, os desenhos, os dados relativos à prioridade estrangeira, e, quando houver, relatório descritivo e reivindicações".

O **prazo de vigência** do registro de desenho industrial é de **10 anos, contados da data do depósito**, mas a LPI permite a prorrogação desse prazo por três períodos sucessivos de 5 anos cada, conforme previsão do art. 108: "o registro vigorará pelo prazo de 10 (dez) anos contados da data do depósito, prorrogável por 3 (três) períodos sucessivos de 5 (cinco) anos cada".

Esse pedido de prorrogação deve ser feito no último ano da vigência do registro, instruído com o comprovante do pagamento da respectiva retribuição (art. 108, § 1.º). E mais: "se o pedido de prorrogação não tiver sido formulado até o termo final da vigência do registro, o titular poderá fazê-lo nos 180 (cento e oitenta) dias subsequentes, mediante o pagamento de retribuição adicional" (art. 108, § 2.º).

9.2.5. *Proteção conferida pelo registro de desenho industrial*

O titular do registro de desenho industrial, a exemplo do titular de uma patente, tem o direito de exploração econômica exclusiva do seu objeto, aplicando-se as mesmas normas relativas à invenção e ao modelo de utilidade. É o que prevê o art. 109 da LPI e seu parágrafo único: "Art. 109. A propriedade do desenho industrial adquire-se pelo registro validamente concedido. Parágrafo único. Aplicam-se ao registro do desenho industrial, no que couber, as disposições do art. 42 e dos incisos I, II e IV do art. 43."

A LPI também se preocupou em assegurar ao terceiro de boa-fé que, antes da data do depósito do pedido de registro já explorava seu objeto, o direito de continuar a exploração, sem ônus, na forma e condição anteriores. É o que prevê, por sua vez, o art. 110 e seus parágrafos: "Art. 110. À pessoa que, de boa-fé, antes da data do depósito ou da prioridade do pedido de registro explorava seu objeto no País, será assegurado o direito de continuar a exploração, sem ônus, na forma e condição anteriores. § 1.º O direito conferido na forma deste artigo só poderá ser cedido juntamente com o negócio ou empresa, ou parte deste, que tenha direta relação com a exploração do objeto do registro, por alienação ou arrendamento. § 2.º O direito de que trata este artigo não será assegurado a pessoa que tenha tido conhecimento do objeto do registro através de divulgação nos termos do § 3.º do art. 96, desde que o pedido tenha sido depositado no prazo de 6 (seis) meses contados da divulgação".

9.2.6. *Nulidade do registro de desenho industrial*

De acordo com o art. 112 da LPI, "é nulo o registro concedido em desacordo com as disposições desta Lei". Assim como ocorre com a decretação de nulidade das patentes, a nulidade do registro de desenho industrial também produz efeitos *ex tunc*, ou seja, retroagem à data do depósito do pedido (art. 112, § 1.º).

Caso a nulidade do registro seja decorrente de ofensa ao art. 94 da LPI, que dispõe sobre os legítimos titulares do registro de desenho industrial (autor da criação), o interessado pode, alternativamente, ingressar em juízo e requerer a adjudicação do registro, ou seja, requerer que o juiz transfira para ele a titularidade do registro concedido a outrem pelo INPI. É o que prevê o art. 112, § 2.º: "no caso de inobservância do disposto no art. 94, o autor poderá, alternativamente, reivindicar a adjudicação do registro".

9.2.6.1. Processo administrativo de nulidade e ação judicial de nulidade

Por outro lado, quando a nulidade do registro for decorrente de ofensa a outros preceitos legais constantes da LPI, o interessado deve requerer a nulidade ao próprio INPI, que instaurará processo administrativo, o qual, aliás, também pode ser instaurado de ofício. É o que dispõem o art. 113 da LPI e seus parágrafos: "Art. 113. A nulidade do registro será declarada administrativamente quando tiver sido concedido com infringência dos arts. 94 a 98. § 1.º O processo de nulidade poderá ser instaurado de ofício ou mediante requerimento de qualquer pessoa com legítimo interesse, no prazo de 5 (cinco) anos contados da concessão do registro, ressalvada a hipótese prevista no parágrafo único do art. 111. § 2.º O requerimento ou a instauração de ofício suspenderá os efeitos da concessão do registro se apresentada ou publicada no prazo de 60 (sessenta) dias da concessão."

O art. 117 da LPI prevê que "o processo de nulidade prosseguirá, ainda que extinto o registro". Repetindo o que já afirmamos quando do estudo da nulidade da patente, essa regra se explica pela produção de efeitos *ex tunc* da declaração de nulidade do registro. Afinal, mesmo que o registro já tenha sido extinto, ele com certeza produziu efeitos relevantes enquanto esteve vigente, e esses efeitos, se o registro era nulo, devem ser anulados também. Daí a importância de o processo administrativo de nulidade do registro continuar mesmo após a sua extinção.

Instaurado o processo administrativo de nulidade, haverá o contraditório e o titular do registro poderá exercer seu direito de defesa. O procedimento está descrito nos arts. 114 a 116 da LPI, seguindo as mesmas linhas do processo de nulidade da patente: "Art. 114. O titular será intimado para se manifestar no prazo de 60 (sessenta) dias contados da data da publicação. Art. 115. Havendo ou não manifestação, decorrido o prazo fixado no artigo anterior, o INPI emitirá parecer, intimando o titular e o requerente para se manifestarem no prazo comum de 60 (sessenta) dias. Art. 116. Decorrido o prazo fixado no artigo anterior, mesmo que não apresentadas as manifestações, o processo será decidido pelo Presidente do INPI, encerrando-se a instância administrativa." Finalmente, quanto à ação de nulidade do registro de desenho industrial, dispõe o art. 118 da LPI o seguinte: "aplicam-se à ação de nulidade de registro de desenho industrial, no que couber, as disposições dos arts. 56 e 57". Valem aqui, pois, as observações que fizemos no tópico em que analisamos a ação de nulidade da patente.

9.2.7. *Retribuição quinquenal*

Da mesma forma que ocorre com o titular da patente, o titular do registro de desenho industrial também tem que pagar ao INPI uma determinada quantia. No entanto, enquanto o titular da patente se obriga ao pagamento de uma retribuição anual, o titular do registro de desenho industrial se obriga ao pagamento de uma retribuição quinquenal, prevista no art. 120 da LPI: "o titular do registro está sujeito ao pagamento de retribuição quinquenal, a partir do segundo quinquênio da data do depósito".

Complementando a regra acima transcrita, dispõem seus parágrafos o seguinte: "§ 1.º O pagamento do segundo quinquênio será feito durante o 5.º (quinto) ano da vigência do registro. § 2.º O pagamento dos demais quinquênios será apresentado junto com o pedido de prorrogação a que se refere o art. 108. § 3.º O pagamento dos quinquênios poderá ainda ser efetuado dentro dos 6 (seis) meses subsequentes ao prazo estabelecido no parágrafo anterior, mediante pagamento de retribuição adicional".

9.2.8. *Extinção do registro de desenho industrial*

Por fim, a LPI estabelece, em seu art. 119, que o registro se extingue: "I - pela expiração do prazo de vigência; II - pela renúncia de seu titular, ressalvado o direito de terceiros; III - pela falta de pagamento da retribuição prevista nos arts. 108 e 120; ou IV - pela inobservância do disposto no art. 217", que se refere à exigência de a pessoa domiciliada no exterior constituir e manter procurador devidamente qualificado e domiciliado no País, com poderes para representá-la administrativa e judicialmente, inclusive para receber citações.

A diferença em relação às patentes é que, **no caso do registro de desenho industrial, não há a sua extinção em razão da caducidade.**

10. MARCA

Outro bem da propriedade industrial protegido mediante o *registro* são as marcas, que a lei define como sendo "os sinais distintivos visualmente perceptíveis, não compreendidos nas proibições legais" (art. 122 da LPI). A finalidade precípua da marca, portanto, é **diferenciar/distinguir** o produto ou serviço dos seus "concorrentes" no mercado. Nesse sentido, o STJ já decidiu, por exemplo, que não há conflito entre uma marca e o nome de um edifício:

> *Civil. Propriedade industrial. Direito de marcas. Nome de condomínio fechado (Acquamarina Sernambetiba 3.360). Existência de registro de marca (Acquamarine) na classe de serviços de administração, locação e auxiliares ao comércio de bens imóveis. Ausência de colidência. Princípio da especialidade. Distinção entre ato civil e ato comercial. Composição dos signos. Mercado consumidor. Inocorrência de confusão. Reexame de fatos e provas. Súmula 07/STJ. Recurso desprovido. 1. A marca é um sinal distintivo, visualmente perceptível, que visa a identificar um produto ou serviço no mercado consumidor. Para se obter o registro da marca e, consequentemente, sua propriedade, é necessária a observância de certos requisitos como a novidade relativa, distinguibilidade, veracidade e*

> *licitude, de molde a evitar que o consumidor seja induzido a engano, ante a existência de repetições ou imitações de signos protegidos. 2. Produtos ou serviços diferentes podem apresentar marcas semelhantes, dado que incide, no direito marcário, em regra, o princípio da especialidade; ou seja, a proteção da marca apenas é assegurada no âmbito das atividades do registro, ressalvada a hipótese de marca notória.* ***3. O nome de um condomínio fechado, à semelhança de nome de edifício, não viola os direitos de propriedade industrial inerentes a uma marca registrada e protegida, ainda que seja no ramo de serviços de administração, locação e auxiliares ao comércio de bens imóveis. 4. Os nomes de edifícios ou de condomínios fechados não são marcas nem são atos da vida comercial, mas, ao revés, são atos da vida civil, pois promovem a individualização da coisa, não podendo ser enquadrados como serviços ou, ainda, produtos, mesmo porque, para estes últimos, a marca serve para distinguir séries (de mercadorias) – e não objetos singulares. 5. O fato de uma empresa construir um edifício ou um condomínio fechado, ao particularizar o empreendimento colocando-lhe um nome (que se mantém, havendo comercialização ou não de unidades habitacionais), não torna o ato civil em comercial, tampouco coloca em risco, por confusão, os efeitos jurídicos de marca registrada no ramo de serviços, pois o signo protegido é restrito à atividade, não repercutindo na nomeação de coisas. Incidência do princípio da especialidade.*** *6. Faz-se necessário, para o exame do fenômeno da colisão de marcas, não somente a aferição do ramo de atividade comercial das empresas combatentes, mas deve-se apreciar também a composição marcária como um todo. É que a proteção da marca é limitada à sua forma de composição, porquanto as partes e/ou afixos de dado signo – ainda mais quando essencialmente nominativo – podem ser destacados e combinados com outros sinais, resultando em um outro conjunto simbólico essencialmente distinto. É o fenômeno da justaposição ou aglutinação de afixos em nomes, que podem constituir outras marcas válidas, no mesmo ramo de atividade econômica (v.g.: Coca-Cola e Pepsi Cola). 7. Se o Tribunal estadual, examinando os elementos de fato e de prova dos autos, concluiu pela ausência de risco de erro, engano ou confusão entre as marcas pelo consumidor, não havendo também qualquer ato de concorrência desleal praticado pela demandada, sendo inexistente a má-fé, chegar a conclusão diversa encontra óbice na Súmula 07 do STJ. 8. Recurso especial a que se nega provimento (REsp 862.067/RJ, Rel. Min. Vasco Della Giustina (Desembargador convocado do TJ/RS), Terceira Turma, j. 26.04.2011, DJe 10.05.2011).*

Caracterizada, porém, a possibilidade de confusão entre consumidores, há conflito entre marcas, devendo prevalecer a que foi registrada anteriormente, conforme precedentes do STJ:

> *Recurso especial. Prescrição quinquenal. Não ocorrência. Propriedade industrial. Sistema atributivo. Adoção pelo ordenamento jurídico pátrio. Pedido de anulação de registro de marca. Confusão entre os consumidores. Possibilidade. Validade de pedido anterior em trâmite administrativo. Prioridade de exame. Recurso improvido. (...) II – O sistema jurídico pátrio adota o sistema atributivo, segundo o qual, somente com o registro da marca no Instituto Nacional da Propriedade Nacional é que se garante o direito de propriedade e de uso exclusivo ao seu titular, a não ser que se trate de marca notoriamente conhecida; III –* ***A similitude entre as marcas em discussão, destinadas a prestação de serviços no mesmo segmento mercadológico, qual seja, consultoria e estudos na área específica da geologia, além de comercializarem produtos e derivados minerais, é capaz de gerar confusão nos consumidores acerca da procedência dos produtos e da prestação dos serviços, configurando a hipótese de colidência prevista como impeditiva de registro.*** *(REsp 899.839/RJ, Rel. Min. Massami Uyeda, Terceira Turma, j. 17.08.2010, DJe 01.10.2010).*

> *Direito comercial. Propriedade industrial. Uso de marca com elementos semelhantes. Nomes que, embora comuns, distinguem marca de produto específico consagrado no mercado. Exclusividade de uso. Provimento. I – A exclusividade da marca "Leite de Rosas" é violada pelo uso da expressão "Desodorante Creme de Rosas", mormente em embalagem semelhante. II – Embora composta por palavras comuns, a marca deve ter distinção suficiente no mercado de modo a nomear um produto específico. Marcas semelhantes em produtos da mesma classe induzem o consumidor a erro e violam direito do titular da marca original. III – Recurso Especial provido (REsp 929.604/SP, Rel. Min. Sidnei Beneti, Terceira Turma, j. 22.03.2011,* DJe *06.05.2011).*

Como se vê, o entendimento predominante sobre a necessidade de a marca ser distintiva/diferenciadora serve a dois propósitos: defesa do empresário e proteção dos consumidores. Nesse sentido:

> Na medida em que a marca se constitui como sinal distintivo que viabiliza a identificação de produtos ou serviços disponíveis no mercado, a relevância de sua proteção é, subjetivamente, dúplice: de um lado, beneficia o titular, que tem seu produto ou serviço diferenciado dos demais no ambiente concorrencial; de outro, favorece o público consumidor, pois certifica a origem do produto ou serviço adquirido, evitando equívocos acerca de sua procedência. (REsp 1721697/RJ, Rel. Ministra NANCY ANDRIGHI, TERCEIRA TURMA, julgado em 22.03.2018, *DJe* 26.03.2018)

Por fim, percebe-se, da leitura do art. 122 da LPI, que o Brasil, ao contrário do que ocorre em alguns ordenamentos jurídicos estrangeiros, **não previu a possibilidade de se registrar como marca um *sinal sonoro***, haja vista a exigência legal de que o sinal distintivo seja **visualmente perceptível**. Da mesma forma, não é possível registrar como marca um determinado cheiro ou odor, que seria a denominada *marca olfativa*.

10.1. Sinais ou expressões não registráveis como marca

A lei também se preocupou em estabelecer casos de marcas não registráveis, em seu art. 124, que assim dispõe: "não são registráveis como marca: I – brasão, armas, medalha, bandeira, emblema, distintivo e monumento oficiais, públicos, nacionais, estrangeiros ou internacionais, bem como a respectiva designação, figura ou imitação; II – letra, algarismo e data, isoladamente, salvo quando revestidos de suficiente forma distintiva; III – expressão, figura, desenho ou qualquer outro sinal contrário à moral e aos bons costumes ou que ofenda a honra ou imagem de pessoas ou atente contra liberdade de consciência, crença, culto religioso ou ideia e sentimento dignos de respeito e veneração; IV – designação ou sigla de entidade ou órgão público, quando não requerido o registro pela própria entidade ou órgão público; V – reprodução ou imitação de elemento característico ou diferenciador de título de estabelecimento ou nome de empresa de terceiros, suscetível de causar confusão ou associação com estes sinais distintivos; VI – sinal de caráter genérico, necessário, comum, vulgar ou simplesmente descritivo, quando tiver relação com o produto ou serviço a distinguir, ou aquele empregado comumente para designar uma característica do produto ou serviço, quanto à natureza, nacionalidade, peso, valor, qualidade e época de produção ou de prestação do serviço, salvo quando revestidos de suficiente forma distintiva;

VII – sinal ou expressão empregada apenas como meio de propaganda; VIII – cores e suas denominações, salvo se dispostas ou combinadas de modo peculiar e distintivo; IX – indicação geográfica, sua imitação suscetível de causar confusão ou sinal que possa falsamente induzir indicação geográfica; X – sinal que induza a falsa indicação quanto à origem, procedência, natureza, qualidade ou utilidade do produto ou serviço a que a marca se destina; XI – reprodução ou imitação de cunho oficial, regularmente adotada para garantia de padrão de qualquer gênero ou natureza; XII – reprodução ou imitação de sinal que tenha sido registrado como marca coletiva ou de certificação por terceiro, observado o disposto no art. 154; XIII – nome, prêmio ou símbolo de evento esportivo, artístico, cultural, social, político, econômico ou técnico, oficial ou oficialmente reconhecido, bem como a imitação suscetível de criar confusão, salvo quando autorizados pela autoridade competente ou entidade promotora do evento; XIV – reprodução ou imitação de título, apólice, moeda e cédula da União, dos Estados, do Distrito Federal, dos Territórios, dos Municípios, ou de país; XV – nome civil ou sua assinatura, nome de família ou patronímico e imagem de terceiros, salvo com consentimento do titular, herdeiros ou sucessores; XVI – pseudônimo ou apelido notoriamente conhecidos, nome artístico singular ou coletivo, salvo com consentimento do titular, herdeiros ou sucessores; XVII – obra literária, artística ou científica, assim como os títulos que estejam protegidos pelo direito autoral e sejam suscetíveis de causar confusão ou associação, salvo com consentimento do autor ou titular; XVIII – termo técnico usado na indústria, na ciência e na arte, que tenha relação com o produto ou serviço a distinguir; XIX – reprodução ou imitação, no todo ou em parte, ainda que com acréscimo, de marca alheia registrada, para distinguir ou certificar produto ou serviço idêntico, semelhante ou afim, suscetível de causar confusão ou associação com marca alheia; XX – dualidade de marcas de um só titular para o mesmo produto ou serviço, salvo quando, no caso de marcas de mesma natureza, se revestirem de suficiente forma distintiva; XXI – a forma necessária, comum ou vulgar do produto ou de acondicionamento, ou, ainda, aquela que não possa ser dissociada de efeito técnico; XXII – objeto que estiver protegido por registro de desenho industrial de terceiro; e XXIII – sinal que imite ou reproduza, no todo ou em parte, marca que o requerente evidentemente não poderia desconhecer em razão de sua atividade, cujo titular seja sediado ou domiciliado em território nacional ou em país com o qual o Brasil mantenha acordo ou que assegure reciprocidade de tratamento, se a marca se destinar a distinguir produto ou serviço idêntico, semelhante ou afim, suscetível de causar confusão ou associação com aquela marca alheia".

10.1.1. Expressões comuns ou genéricas

Como a marca possui a finalidade de identificar determinado produto ou serviço do empresário, distinguindo-o dos demais, ela deve cumprir de forma eficiente essa função, sob pena de não ser considerada como marca e, consequentemente, não poder ser registrada.

É por isso que não se admite a exclusividade para registro de marca que configura expressão comum ou genérica, que não sirva para **distinguir** um produto ou serviço de outros.

A marca deve ser, portanto, individualizadora do produto ou serviço que identifica, para que possa distingui-lo dos demais.

Nesse sentido, o STJ já decidiu que a expressão "Brasil", por ser comum ou genérica, não merece a exclusividade da proteção marcaria, podendo ser usada como marca até mesmo por empresários do mesmo ramo:

> *Civil e processual civil. Propriedade industrial. Conflito entre nome fantasia e nome empresarial. Registro de marca superveniente. Vocábulo de uso comum. (...) 4. Em princípio, os elementos que formam o nome da empresa, devidamente arquivado na Junta Comercial, não podem ser registrados a título de marca, salvo pelo titular da denominação ou terceiros autorizados. 5.* ***O termo "Brasil", principal elemento do nome empresarial, é, contudo, vocábulo de uso comum, podendo, em função de seu caráter genérico, ser objeto de registro de marca até mesmo por empresas que atuem no mesmo ramo comercial****, pois carece da proteção firmada nos termos do art. 124, V, da Lei 9.279/96. (REsp 1.082.734/RS, Rel. Min. Luis Felipe Salomão, Quarta Turma, j. 03.09.2009, DJe 28.09.2009).*

Da mesma forma, o STJ já decidiu inúmeras vezes que expressões de pouca originalidade ou fraco potencial criativo (marcas sugestivas ou evocativas), bem como expressões que designem o componente principal do produto, não merecem proteção como marca:

> *Comercial. Propriedade industrial. Marca evocativa. Registro no INPI. Exclusividade. Mitigação. Possibilidade. 1. Marcas fracas ou evocativas, que constituem expressão de uso comum, de pouca originalidade, atraem a mitigação da regra de exclusividade decorrente do registro, admitindo-se a sua utilização por terceiros de boa-fé. 2. O monopólio de um nome ou sinal genérico em benefício de um comerciante implicaria uma exclusividade inadmissível, a favorecer a detenção e o exercício do comércio de forma única, com prejuízo não apenas à concorrência empresarial – impedindo os demais industriais do ramo de divulgarem a fabricação de produtos semelhantes através de expressões de conhecimento comum, obrigando-os à busca de nomes alternativos estranhos ao domínio público – mas sobretudo ao mercado em geral, que teria dificuldades para identificar produtos similares aos do detentor da marca. 3. A linha que divide as marcas genéricas – não sujeitas a registro – das evocativas é extremamente tênue, por vezes imperceptível, fruto da própria evolução ou desenvolvimento do produto ou serviço no mercado. Há expressões que, não obstante estejam diretamente associadas a um produto ou serviço, de início não estabelecem com este uma relação de identidade tão próxima ao ponto de serem empregadas pelo mercado consumidor como sinônimas. Com o transcorrer do tempo, porém, à medida que se difunde no mercado, o produto ou serviço pode vir a estabelecer forte relação com a expressão, que passa a ser de uso comum, ocasionando sensível redução do seu caráter distintivo. Nesses casos, expressões que, a rigor, não deveriam ser admitidas como marca por força do óbice contido no art. 124, VI, da LPI, acabam sendo registradas pelo INPI, ficando sujeitas a terem sua exclusividade mitigada. 4. Recurso especial a que se nega provimento (REsp 1315621/SP, Rel. Min. Nancy Andrighi, 3.ª Turma, j. 04.06.2013, DJe 13.06.2013).*

> *Propriedade industrial. Ação de nulidade de registro de marca comercial. Marca fraca ou evocativa. Possibilidade de convivência com outras marcas. Impossibilidade de conferir exclusividade à utilização de expressão de pouca originalidade ou fraco potencial criativo. 1. Marcas fracas ou evocativas, que constituem expressão de uso comum, de pouca originalidade ou forte atividade criativa, podem coexistir harmonicamente. É*

descabida, portanto, qualquer alegação de notoriedade ou anterioridade de registro, com o intuito de assegurar o uso exclusivo da expressão de menor vigor inventivo.

2. Marcas de convivência possível não podem se tornar oligopolizadas, patrimônios exclusivos de um restrito grupo empresarial, devendo o Judiciário reprimir a utilização indevida da exclusividade conferida ao registro quando esse privilégio implicar na intimidação da concorrência, de modo a impedi-la de exercer suas atividades industriais e explorar o mesmo segmento mercadológico. Aplicação da doutrina do patent misuse. Recurso especial a que se nega provimento (REsp 1.166.498/RJ, Rel. Min. Nancy Andrighi, Terceira Turma, j. 15.03.2011, DJe *30.03.2011).*

Processual civil. Recurso especial. Propriedade industrial. Ação de abstenção de uso de marca cumulada com pedido de indenização por danos materiais e compensação por danos morais. Utilização de termo designativo do componente principal do medicamento. Coexistência. Possibilidade. Concorrência desleal. Inexistência. (...) 4. A finalidade da proteção ao uso das marcas – garantida pelo disposto no art. 5.º, XXIX, da CF/88 e regulamentada pelo art. 129 da LPI – é dupla: por um lado protegê-la contra usurpação, proveito econômico parasitário e o desvio desleal de clientela alheia e, por outro, evitar que o consumidor seja confundido quanto à procedência do produto (art. 4.º, VI, do CDC). 5. Nas hipóteses previstas no art. 124, VI, da LPI não se pode falar em colidência, haja vista que, em regra, inexiste a possibilidade de uso exclusivo de elementos genéricos por qualquer empresa. 6. ***O radical "SOR", que compõe a marca SORINE, não é apropriável, uma vez que é designativo do componente principal do produto farmacológico que se pretende assinalar, prática comum na indústria farmacêutica. Do contrário, gerar-se-ia situação incoerente com a essência da LPI, que, para além da repressão à concorrência desleal, objetiva, por meio das cláusulas de irregistrabilidade, tutelar a livre concorrência.*** *7. Afastada a identidade entre as referidas marcas apta a ensejar confusão e captação indevida de consumidores, não há se falar em ofensa ao art. 195, III da LPI. 8. Recurso especial não provido (REsp 1.105.422/MG, Rel. Min. Nancy Andrighi, Terceira Turma, j. 10.05.2011,* DJe *18.05.2011).*

Em 20/09/2018, a Quarta Turma do STJ decidiu o caso Gradiente x Apple, que discute o uso da expressão "iPhone" como marca. Em 2000, a Gradiente requereu o registro da marca "G Gradiente iphone", o qual foi concedido pelo INPI em janeiro de 2008. Ocorre que em novembro de 2008 a Apple começou a vender no Brasil o seu famoso produto "iPhone", que havia sido lançado nos EUA no ano anterior.

Assim, a Apple questionou judicialmente o registro da marca da Gradiente e obteve vitória na primeira e segunda instâncias, que declararam a sua nulidade.

No STJ (REsp 1.688.243), entendeu-se que o registro da marca pela Gradiente garante a ela o seu uso, mas não com exclusividade, justamente por causa da aplicação da tese das marcas fracas, sugestivas ou evocativas, as quais possuem sua exclusividade mitigada, admitindo-se o uso por terceiros de boa-fé.

Recurso especial. Ação de "nulidade parcial" da marca mista "G GRADIENTE IPHONE". Aparelhos telefônicos com acesso à internet. Pretensão autoral de inserção de ressalva indicativa da falta de exclusividade da utilização da palavra "iPhone" de forma isolada. Mitigação da exclusividade do registro de marca evocativa. 1. A distintividade é condição fundamental para o registro da marca, razão pela qual a Lei 9.279/96 enumera vários sinais não registráveis, tais como aqueles de uso comum, genérico, vulgar ou meramente descritivos, porquanto desprovidos de um mínimo diferenciador que justifique sua apropriação a título exclusivo (artigo 124). 2. Nada obstante, as marcas registráveis podem apresentar diversos graus de distintividade. Assim, fala-se *em marcas de fantasia (expressões cunhadas, inventadas, que, como tais, não existem no vocabulário de qualquer idioma), marcas arbitrárias (expressões já existentes, mas que, diante de sua total ausência de relação com as atividades do empresário, não sugerem nem, muito menos, descrevem qualquer ingrediente, qualidade ou característica daquele produto ou serviço) e marcas evocativas. 3. A marca evocativa (ou sugestiva ou fraca) é constituída por expressão que lembra ou sugere finalidade, natureza ou outras características do produto ou serviço desenvolvido pelo titular. Em razão do baixo grau de distintividade da marca evocativa, a regra da exclusividade do registro é mitigada e seu titular deverá suportar o ônus da convivência com outras marcas semelhantes. Precedentes das Turmas de Direito Privado. 4. Contudo, deve ser ressalvada a hipótese em que o sinal sugestivo, em função do uso ostensivo e continuado, adquire incontestável notoriedade no tocante aos consumidores dos produtos ou serviços de determinado segmento de mercado. Tal exceção decorre do disposto na parte final do inciso IV do artigo 124 da Lei 9.279/96, que aponta a registrabilidade do signo genérico ou descritivo quando revestido de suficiente forma distintiva. 5. A aferição da existência de confusão ou da associação de marcas deve ter como parâmetro, em regra, a perspectiva do homem médio (*homo medius*), ou seja, o ser humano razoavelmente atento, informado e perspicaz, o que não afasta exame diferenciado a depender do grau de especialização do público-alvo do produto ou do serviço fornecido. Ademais, em seu papel de aplicador da lei, deve o juiz atender aos fins sociais a que ela se destina e às exigências do bem comum (artigo 5.º da Lei de Introdução às Normas do DireitoBrasileiro – LINDB). 6. No que diz respeito às marcas, sua proteção não tem apenas a finalidade de assegurar direitos ou interesses meramente individuais do seu titular, mas objetiva, acima de tudo, proteger os adquirentes de produtos ou serviços, conferindo-lhes subsídios para aferir a origem e a qualidade do produto ou serviço, tendo por escopo, ainda, evitar o desvio ilegal de clientela e a prática do proveito econômico parasitário. Assim pode ser resumida a função social da marca à luz da Constituição Federal e da Lei 9.279/96 7. O conjunto marcário "G GRADIENTE IPHONE" apresenta dois elementos: um elemento principal (a expressão "GRADIENTE") e dois secundários (o "G" estilizado e o termo "IPHONE"). O elemento principal exerce papel predominante no conjunto marcário, sendo o principal foco de atenção do público alvo. De outro lado, o elemento secundário pode desempenhar um papel meramente informativo ou descritivo em relação ao escopo de proteção pretendido. 8. No caso, a expressão "iphone", elemento secundário da marca mista concebida pela IGB, caracteriza-se como um termo evocativo, tendo surgido da aglutinação dos substantivos ingleses "internet" e "phone" para designar o aparelho telefônico com acesso à internet (também chamado de* smartphone*), o que, inclusive, ensejou o registro da marca na classe atinente ao citado produto. Desse modo, não há como negar que tal expressão integrante da marca mista sugere característica do produto a ser fornecido. Cuida-se, portanto, de termo evidentemente sugestivo. 9. Sob essa ótica, a IGB terá que conviver com o bônus e o ônus de sua opção pela marca mista "G GRADIENTE IPHONE": de um lado, a simplicidade e baixo custo de divulgação de um signo sugestivo de alguma característica ou qualidade do produto que visava comercializar (o que tinha por objetivo facilitar o alcance de seu público-alvo); e, de outro lado, o fato de ter que suportar a coexistência de marcas semelhantes ante a regra da exclusividade mitigada das evocativas, exegese consagrada nos precedentes desta Corte. 10. Diferentemente do que ocorreu com a IGB, a Apple, com extrema habilidade, conseguiu, desde 2007, incrementar o grau de distintividade da expressão "iPhone" (originariamente evocativa), cuja indiscutível notoriedade nos dias atuais tem o condão de alçá-la à categoria de marca notória (exceção ao princípio da territorialidade) e, quiçá, de alto renome (exceção ao princípio da especificidade). 11. No que diz respeito ao "iPhone" da Apple, sobressai a ocorrência do fenômeno mercadológico denominado* secondary meaning *("teoria do significado secundário da marca"), mediante o qual um sinal fraco (como os de caráter genérico, descri-*

> *tivo ou até evocativo) adquire eficácia distintiva (originariamente inexistente) pelo uso continuado e massivo do produto ou do serviço. A distinguibilidade nasce da perspectiva psicológica do consumidor em relação ao produto e sua marca, cujo conteúdo semântico passa a predominar sobre o sentido genérico originário. 12. Assim, é certo que a utilização da marca "iPhone" pela Apple – malgrado o registro antecedente da marca mista "G GRADIENTE IPHONE" – não evidencia circunstância que implique, sequer potencialmente, aproveitamento parasitário, desvio de clientela ou diluição da marca, com a indução dos consumidores em erro. 13. Em outra vertente, o uso isolado do termo "iPhone" por qualquer outra pessoa física ou jurídica (que não seja a Apple), para designar celulares com acesso à internet, poderá, sim, gerar as consequências nefastas expressamente rechaçadas pela lei de regência e pela Constituição da República de 1988. 14. Tal exegese não configura prejuízo à IGB, que, por ter registrado, precedentemente, a expressão "G GRADIENTE IPHONE", poderá continuar a utilizá-la, ficando apenas afastada a exclusividade de uso da expressão "iphone" de forma isolada. 15. Recursos especiais da IGB Eletrônica e do INPI não providos. (REsp 1.688.243/RJ, Rel. Min. Luis Felipe Salomão, Quarta Turma, j. 20.09.2018,* DJe *23.10.2018).*

Um destaque importante que deve ser feito no tocante a esse caso é quanto à aplicação da tese da distintividade adquirida (*acquired distinctiveness*) ou significação secundária (*secondary meaning*), que "ocorre em relação a algum signo de caráter comum, descritivo ou evocativo que, dada a perspectiva criada no consumidor ao longo de um largo tempo de uso, passa a adquirir eficácia distintiva suficiente" (REsp 1.773.244/RJ). Em outras palavras: "um sinal fraco (como os de caráter genérico, descritivo ou até evocativo) adquire eficácia distintiva (originariamente inexistente) pelo uso continuado e massivo do produto ou do serviço. A distinguibilidade nasce da perspectiva psicológica do consumidor em relação ao produto e sua marca, cujo conteúdo semântico passa a predominar sobre o sentido genérico originário" (REsp 1688.243/RJ).

Outro caso que também levou em consideração o grau de distintividade da expressão registrada como marca para mitigar a sua proteção legal foi o que envolveu a disputa Líber x Liber, no qual o STJ, mais uma vez, deixou claro que o direito ao uso exclusivo de uma determinada expressão registrada como marca pode ser mitigado quando essa expressão apresenta baixo grau de distintividade, por ser uma palavra dicionarizada e de uso comum, por exemplo.

Uma empresa de bebidas, titular da marca Líder, tentou impedir que outra empresa de bebidas pudesse usar a marca Liber, obtendo vitória em primeiro e segundo graus. No entanto, a Terceira Turma do STJ, no julgamento do REsp 1.833.422, reformou a decisão do tribunal e decidiu, conforme diversos precedentes, que "tratando-se de marca que apresenta baixo grau de distintividade, por se constituir de expressão dicionarizada e de uso comum, como ocorre no particular, a exclusividade conferida ao titular do registro comporta mitigação, devendo ele suportar o ônus da convivência com outras marcas semelhantes, afigurando-se descabida a alegação de anterioridade de registro quando o intuito da parte for o de assegurar o uso exclusivo de expressão dotada de baixo vigor inventivo".

No caso, levou-se em conta que (i) a expressão Líder "constitui termo da língua vernácula, de natureza comum e de pouca originalidade", (ii) as expressões Líder e Liber, "apesar de sua parcial colidência gráfica e fonética, apresentam significados completamente diversos, evocando ou sugerindo ideias distintas", (iii) "apesar do longo tempo de convivência entre as marcas em conflito, sequer foram deduzidas, no curso da ação, alegações no sentido de que algum consumidor tenha sido confundido", e (iv) enquanto uma parte usa a marca Liber para identificar uma cerveja sem álcool, a outra parte "atua, basicamente, no segmento de vinhos e espumantes, jamais tendo utilizado a expressão Líder para designar qualquer tipo de cerveja".

Pode-se também mencionar o caso ELLE x ELLE ELLA: a empresa titular da marca ELLE, que identifica uma famosa revista de moda feminina, ajuizou ação contra o INPI e uma empresa de cosméticos, requerendo a nulidade e a abstenção de uso da marca ELLE ELLA. O juízo de primeiro grau julgou procedentes os pedidos, mas o tribunal deu provimento ao recurso de apelação e reformou a sentença, "ao argumento de que, além de as expressões em conflito serem suficientemente distintas, a marca ELLE convive com diversas outras que se utilizam do mesmo vocábulo". No julgamento do REsp 1.819.060, o STJ manteve a decisão do tribunal, por entender que "a expressão ELLE, registrada pela recorrente, possui **baixíssimo grau distintivo**, pois consiste em **termo de uso comum**, que nada mais é do que o pronome pessoal feminino singular do caso reto, grafado em francês". Ademais, consignou-se que "apesar do tempo de convivência entre as marcas em conflito (ao menos desde 2008, ano do depósito da marca ELLE ELLA), sequer foram deduzidas alegações no sentido de que algum consumidor tenha sido confundido ou que tenha associado a marca da recorrida à da recorrente". Por fim, ainda se destacou que o tribunal reconheceu que "há diversos registros marcários em vigor formados pela expressão ELLE, dentre os quais: ELLE ET LUI, LUI POUR ELLE, ELLE POUR LUI, EMPORIO ARMANI LEI ELLE SHE ELLA, UDV PARIS POUR ELLE GOLDISSIME, ELLE MACPHERSON, ELLE L'AIME. Tal constatação, além de corroborar a natureza comum desse vocábulo, evidencia que a decretação da nulidade da marca ora impugnada poderia resultar em afronta à isonomia, à livre iniciativa e/ou à liberdade de expressão".

10.1.2. Cores e suas denominações

Sobre a vedação constante do inciso VIII, que proíbe o registro como marca de "cores e suas denominações, salvo se dispostas de modo peculiar e distintivo", o STJ decidiu, por exemplo, que a expressão "amarelas", conhecida por indicar o serviço de listas telefônicas, não podia ser apropriada como marca por uma única empresa, de modo que outras empresas que prestassem o mesmo serviço também poderiam usá-la, sem maiores problemas. Confira-se a ementa do acórdão:

> *Recurso especial – propriedade intelectual – ação ordinária de anulação de ato administrativo emanado do INPI – pedido julgado improcedente, mantendo o indeferimento e arquivamento do requerimento de registro de marca – sentença reformada pelo tribunal de origem, a fim de restabelecer o curso regular do procedimento de registro do sinal distintivo – impossibilidade de apropriação de elemento comum – proteção à livre-iniciativa e combate à concorrência desleal – marca fraca, sem originalidade marcante ou criatividade exuberante – imposição de convivência com outras semelhantes – precedentes – recurso especial desprovido. Ação ordinária de anulação de ato administrativo proferido pelo INPI que indeferiu e arquivou o requerimento de*

registro de sinal distintivo: "Classificadas amarelas". Pedido julgado improcedente, a fim de manter a exclusão registral determinada pelo órgão administrativo. Sentença reformada pelo Tribunal de origem, determinando o restabelecimento do curso regular do procedimento instaurado perante o INPI para o registro da marca – "Classificadas amarelas" –, ao fundamento de ser signo distintivo formado por elemento comum inapropriável. 1. Conflito entre marcas: "Páginas amarelas" e "Listas amarelas" versus "Classificadas amarelas". Os sinais distintivos em análise são constituídos por elemento comum inapropriável que expressa característica essencial do objeto comercializado, razão pela qual dar exclusividade ao seu uso a bem da recorrente atenta contra a livre-iniciativa, tendo em vista a inexorável dificuldade de inserção de novos bens de consumo congêneres no mercado, mormente, pela impossibilidade de denominá-los por aquilo que eles realmente são em sua essência. 1.1 Registre-se que o uso de elemento comum descritivo do serviço prestado – "Amarelas" – traz à mente do consumidor a imediata associação de característica do objeto comercializado. Contudo a vantagem comercial advinda deste expediente atrai, em contrapartida, o ônus de se criar um sinal distintivo fraco, sem originalidade marcante ou criatividade exuberante, o que, em última análise, impõe a sua convivência com outros símbolos comerciais formados pela expressão comum – "Amarelas". 2. Importa assinalar ser possível o registro perante o Instituto Nacional de Propriedade Industrial – INPI de marca formada pela combinação de dois ou mais termos genéricos, desde que esta junção se revista de caráter original e distintivo. Embora este tipo de signo comercial seja passível de proteção jurídica, a tutela destinada a ele tem abrangência menor, por ter a nova marca em sua gênese elementos comuns inapropriáveis. Isto é, mesmo sendo defesa a reprodução e a utilização integral de marca composta por elementos comuns, este sinal comercial terá que conviver no mercado com outros signos comerciais semelhantes a ele, pois a vantagem de incorporar à marca característica descritiva do objeto comercializado atrai, em contrapartida, o ônus de se criar um sinal distintivo fraco, sem originalidade marcante ou criatividade exuberante. 3. É notório que o contraste estabelecido pela superposição da cor preta sobre a amarela tem o efeito de destacar as informações inseridas em texto assim formatado. Não é de hoje que esta técnica é usada por revistas, jornais e demais periódicos, sobretudo quando se destina a anúncios comerciais, pois dá maior legibilidade à publicação, favorecendo a concentração do leitor. 3.1. Embora a recorrente alegue ser pioneira na utilização deste tipo de recurso gráfico para vinculação de notícias, não é possível obstar a criação e o registro de outras marcas semelhantes, pois os signos marcários em análise são compostos por elementos comuns, cujo uso é impossível vedar ou dar exclusividade, daí que não há como conceder tutela à pretensão que objetiva a apropriação de coisa inexoravelmente comum. 4. Proibir o registro e a utilização da marca "Classificadas Amarelas", segundo a pretensão da recorrente, prejudicaria a livre concorrência, pois a recorrida e, de maneira reflexa, todos os demais empresários que comercializam anúncios em folhas de cor amarela teriam grandes dificuldades para inserirem seus produtos no mercado, uma vez que a expressão "Amarelas" designa característica essencial do objeto comercializado. 5. Aponte-se, ainda, a suficiência da distintividade das marcas em análise. Os elementos "páginas" e "listas" possuem conteúdo fonético e gráfico aptos a se distinguir da expressão "classificadas", razão pela qual os sinais distintivos "Páginas Amarelas" e "Listas Amarelas" podem conviver com a marca "Classificadas Amarelas". 6. Ademais, não se vislumbra confusão apta a conduzir o consumidor a erro, pois os símbolos marcários em questão têm distinguibilidade própria, uma vez que a utilização das expressões "páginas", "listas" e "classificadas" mostra-se satisfatória para discriminar os empresários fornecedores de serviços congêneres, bem como possuem habilidade suficiente a particularizar cada produto posto no mercado. 7. Recurso especial desprovido (REsp 1.107.558/RJ, Rel. Ministro Marco Buzzi, Quarta Turma, j. 01.10.2013, DJe 06.11.2013).

Em outro caso, no qual a *Brahma* tentava impedir a *Itaipava* de comercializar cervejas em latas vermelhas, alegando que isso confundiria o consumidor e diluiria os efeitos de sua campanha publicitária, o STJ, mencionando expressamente o art. 124, VIII, da LPI, permitiu a concorrência entre os produtos, por entender que na hipótese em questão a cor não estava "disposta ou combinada de modo peculiar e distintivo". Confira-se:

> *Processo civil. Recurso especial. Propriedade industrial. Marca. Comercialização de cerveja. Lata com cor vermelha. Art. 124, VIII, da Lei n.o 9.279/1996 (LPI). Sinais não registráveis como marca. Prática de atos tipificados no art. 195, III e IV, da LPI. Concorrência desleal. Descaracterização. Ofensa ao direito de marca. Não ocorrência. Condenação indenizatória. Afastamento. Recurso conhecido e provido. 1. Por força do art. 124, VIII, da Lei n.o 9.279/1996 (LPI), a identidade de cores de embalagens, principalmente com variação de tons, de um produto em relação a outro, sem constituir o conjunto da imagem ou trade dress da marca do concorrente – isto é, cores "dispostas ou combinadas de modo peculiar e distintivo" –, não é hipótese legalmente capitulada como concorrência desleal ou parasitária. 2. A simples cor da lata de cerveja não permite nenhuma relação com a distinção do produto nem designa isoladamente suas características – natureza, época de produção, sabor, etc. –, de modo que não enseja a confusão entre as marcas, sobretudo quando suficiente o seu principal e notório elemento distintivo, a denominação. 3. Para que se materialize a concorrência desleal, além de visar à captação da clientela de concorrente, causando-lhe danos e prejuízos ao seu negócio, é preciso que essa conduta se traduza em manifesto emprego de meio fraudulento, voltado tanto para confundir o consumidor quanto para obter vantagem ou proveito econômico. 4. O propósito ou tentativa de vincular produtos à marca de terceiros, que se convencionou denominar de associação parasitária, não se configura quando inexiste ato que denote o uso por uma empresa da notoriedade e prestígio mercadológico alheios para se destacar no âmbito de sua atuação concorrencial. 5. A norma prescrita no inciso VIII do art. 124 da LPI – Seção II, "Dos Sinais não Registráveis como Marca" – é bastante, por si só, para elidir a prática de atos de concorrência desleal tipificados no art. 195, III e IV, do mesmo diploma, cujo alcance se arrefece ainda mais em face da inexistência de elementos fático-jurídicos caracterizadores de proveito parasitário que evidenciem que a empresa, por meio fraudulento, tenha criado confusão entre produtos no mercado com o objetivo de desviar a clientela de outrem em proveito próprio. 6. Descaracterizada a concorrência desleal, não há falar em ofensa ao direito de marca, impondo-se o afastamento da condenação indenizatória por falta de um dos elementos essenciais à constituição da responsabilidade civil – o dano. 7. Recurso especial conhecido e provido (REsp 1.376.264/RJ, Rel. Ministro João Otávio De Noronha, Terceira Turma, j. 09.12.2014, DJe 04.02.2015).*

10.1.3. *Marca* **versus** *nome empresarial*

Sobre a vedação do inciso V do art. 124 da LPI, que impede registro de marca que colida com nome empresarial, o Superior Tribunal de Justiça já decidiu que, sendo distintos os ramos de atividade, podem a marca e nome empresarial conviverem.

> *Direito comercial. Marca e nome comercial. Colidência de marca "ETEP" (registrada no INPI) com nome comercial (arquivamento dos atos constitutivos da sociedade na junta comercial). Classe de atividade. Princípio da especificidade. Interpretação*

lógico-sistemática. Recurso provido parcialmente. I – Não há confundir-se marca e nome comercial. A primeira, cujo registro é feito junto ao INPI, destina-se a identificar produtos, mercadorias e serviços. O nome comercial, por seu turno, identifica a própria empresa, sendo bastante para legitimá-lo e protegê-lo, em âmbito nacional e internacional, o arquivamento dos atos constitutivos no Registro do Comércio. II – Sobre eventual conflito entre uma e outro, tem incidência, por raciocínio integrativo, o princípio da especificidade, corolário do nosso direito marcário. Fundamental, assim, a determinação dos ramos de atividade das empresas litigantes. Se distintos, de molde a não importar confusão, nada obsta possam conviver concomitantemente no universo mercantil. III – No sistema jurídico nacional, tanto a marca, pelo Código de Propriedade Industrial, quanto o nome comercial, pela Convenção de Paris, ratificada pelo Brasil por meio do Decreto 75.572/75, são protegidos juridicamente, conferindo ao titular respectivo o direito de sua utilização. IV – Havendo colidência entre marca e parte do nome comercial, sendo distintas as atividades das duas empresas, a fim de garantir a proteção jurídica tanto a uma quanto a outro, determina-se ao proprietário do nome que se abstenha de utilizar isoladamente a expressão que constitui a marca registrada pelo outro, terceiro, de propriedade desse, sem prejuízo da utilização do seu nome comercial por inteiro (REsp 119.998/SP, Rel. Min. Sálvio de Figueiredo Teixeira, 4.ª Turma, j. 09.03.1999, DJ 10.05.1999, p. 177).

Ainda sobre o conflito entre nome empresarial e marca, confira-se o seguinte julgado do STJ, que explica bem os critérios usados pelo referido tribunal para solucionar tais questões:

Propriedade industrial. Mandado de segurança. Recurso especial. Pedido de cancelamento de decisão administrativa que acolheu registro de marca. Reprodução de parte do nome de empresa registrado anteriormente. Limitação geográfica à proteção do nome empresarial. Art. 124, V, da Lei 9.279/96. Violação. Ocorrência. Cotejo analítico. Não realizado. Similitude fática. Ausência. 1. Apesar de as formas de proteção ao uso das marcas e do nome de empresa serem diversas, a dupla finalidade que está por trás dessa tutela é a mesma: proteger a marca ou o nome da empresa contra usurpação e evitar que o consumidor seja confundido quanto à procedência do produto. 2. A nova Lei de Propriedade Industrial, ao deixar de lado a linguagem parcimoniosa do art. 65, V, da Lei 5.772/71 – corresponde na lei anterior ao inciso V, do art. 124 da LPI –, marca acentuado avanço, concedendo à colisão entre nome comercial e marca o mesmo tratamento conferido à verificação de colidência entre marcas, em atenção ao princípio constitucional da liberdade concorrencial, que impõe a lealdade nas relações de concorrência. 3. A proteção de denominações ou de nomes civis encontra-se prevista como tópico da legislação marcária (art. 65, V e XII, da Lei n.º 5.772/71), pelo que o exame de eventual colidência não pode ser dirimido exclusivamente com base no critério da anterioridade, subordinando-se, ao revés, em atenção à interpretação sistemática, aos preceitos legais condizentes à reprodução ou imitação de marcas, é dizer, aos arts. 59 e 65, XVII, da Lei n.º 5.772/71, consagradores do princípio da especificidade. Precedentes. 4. Disso decorre que, para a aferição de eventual colidência entre denominação e marca, não se pode restringir-se à análise do critério da anterioridade, mas deve também se levar em consideração os dois princípios básicos do direito marcário nacional: (i) o princípio da territorialidade, ligado ao âmbito geográfico de proteção; e (ii) o princípio da especificidade, segundo o qual a proteção da marca, salvo quando declarada pelo INPI de "alto renome" (ou "notória", segundo o art. 67 da Lei 5.772/71), está diretamente vinculada ao tipo de produto ou serviço, como corolário da necessidade de se evitar erro, dúvida ou confusão entre os usuários. 5. Atualmente a proteção ao nome comercial se circunscreve à unidade federativa de jurisdição da Junta Comercial em que registrados os atos constitutivos da empresa,

> *podendo ser estendida a todo território nacional se for feito pedido complementar de arquivamento nas demais Juntas Comerciais. Precedentes. 6.* ***A interpretação do art. 124, V, da LPI que melhor compatibiliza os institutos da marca e do nome comercial é no sentido de que, para que a reprodução ou imitação de elemento característico ou diferenciado de nome empresarial de terceiros constitua óbice ao registro de marca – que possui proteção nacional –, necessário, nessa ordem: (i) que a proteção ao nome empresarial não goze somente de tutela restrita a alguns Estados, mas detenha a exclusividade sobre o uso do nome em todo o território nacional e (ii) que a reprodução ou imitação seja "suscetível de causar confusão ou associação com estes sinais distintivos". Não sendo essa, incontestavelmente, a hipótese dos autos, possível a convivência entre o nome empresarial e a marca, cuja colidência foi suscitada.*** *(REsp 1.204.488/RS, Rel. Min. Nancy Andrighi, Terceira Turma, j. 22.02.2011, DJe 02.03.2011).*

A propósito do assunto, foi aprovado o Enunciado 2 da I Jornada de Direito Comercial do CJF, com o seguinte teor: "A vedação de registro de marca que reproduza ou imite elemento característico ou diferenciador de nome empresarial de terceiros, suscetível de causar confusão ou associação (art. 124, V, da Lei 9.279/1996), deve ser interpretada restritivamente e em consonância com o art. 1.166 do Código Civil".

Em resumo, pode-se concluir que, em caso de conflito entre nome empresarial e marca, deve-se verificar inicialmente a eventual possibilidade de convivência entre ambos, considerando-se que: (i) em princípio, o nome empresarial é protegido apenas no território do Estado da Junta Comercial na qual foi registrado; (ii) em princípio, a marca é protegida apenas no ramo de atividade referente ao produto ou serviço que identifica. Caso, todavia, verifique-se que a colidência entre o nome empresarial e a marca seja passível de provocar confusão entre consumidores, com eventual desvio de clientela, deve-se solucionar o conflito segundo o critério da anterioridade do registro.

Finalmente, sobre eventuais conflitos entre nomes empresariais e marcas, foi aprovado também o Enunciado 1 da I Jornada de Direito Comercial do CJF, com o seguinte teor: "Decisão judicial que considera ser o nome empresarial violador do direito de marca não implica a anulação do respectivo registro no órgão próprio nem lhe retira os efeitos, preservado o direito de o empresário alterá-lo."

10.1.4. Marca versus nome de domínio[118]

O nome de domínio, como já destacado no tópico referente ao nome empresarial (Capítulo 2), é o endereço eletrônico dos *sites* dos empresários na internet. Ao contrário das marcas, que se submetem aos princípios da territorialidade e da especialidade, os nomes de domínio só podem ser registrados uma única vez em todo

[118] O órgão que administra mundialmente os registros de nomes de domínio é a ICANN (*Internet Corporation for Assigned Names and Numbers*), entidade sem fins lucrativos ligada ao Departamento de Comércio dos Estados Unidos, que determina, por exemplo, a criação de novos sufixos (.com, .gov, .net, .mil etc). No Brasil, o registro desses domínios fica a cargo do NIC.br (Núcleo de Informação e Coordenação do Ponto Br). Para mais dados e informações sobre a origem do sistema de nomes de domínio no Brasil e no mundo, ver JABUR, Wilson Pinheiro. Nome de domínio: novo sinal distintivo? In: SANTOS, Manoel J. Pereira dos; JABUR, Wilson Pinheiro (Coord.). *Criações industriais, segredos de negócio e concorrência desleal.* São Paulo, 2007. p. 269 e ss.

o mundo. Por isso, adota-se o princípio *First Come, First Served*, segundo o qual o nome de domínio será concedido ao primeiro que o requerer. Em âmbito nacional, tal princípio ficou expresso no art. 1.º da Resolução 008/2008 do Comitê Gestor da Internet no Brasil - CGI.Br:[119] "um nome de domínio disponível para registro será concedido ao primeiro requerente que satisfizer, quando do requerimento, as exigências para o registro do mesmo, conforme as condições descritas nesta Resolução".

Naturalmente, essa peculiaridade do registro de nome de domínio dá margem a vários tipos de artimanhas de pessoas que querem pegar carona no sucesso alheio. Uma delas é a que se convencionou chamar de *cybersquatting*, por meio da qual um sujeito se adianta e registra antecipadamente nome de domínio com marca ou título de estabelecimento de terceiro com o objetivo de barganhar valores financeiros futuramente, quando este terceiro tentar criar um *site* com sua marca ou título de estabelecimento. Outro artifício é o *typosquatting*, que consiste na tentativa de apoderar-se do tráfego virtual decorrente de erro de digitação (por exemplo, o registro de domínio <*amazom.com.br*> – com o "m" no final – para tentar capturar clientes que digitaram errado o endereço da loja virtual da <*amazon.com.br*>).

Esse tipo de artifício malicioso pode ser combatido com fundamento na regra civil que coíbe o abuso de direito (art. 187 do Código Civil) e nas normas que reprimem a concorrência desleal.

Assim, surge a seguinte indagação: afinal, aquele que registrou determinada expressão como nome empresarial ou marca tem direito à exclusividade do uso desta expressão como nome de domínio? A resposta é negativa. Segundo o STJ, o simples fato de um empresário ou sociedade empresária ter registrado um nome empresarial ou marca que contenha uma determinada expressão não significa que ele tenha automaticamente o direito exclusivo de usar essa expressão como nome de domínio. No caso de a expressão já ter sido usada por alguém em um nome de domínio, o titular do nome empresarial ou marca registrada só poderá reclamar exclusividade **se comprovar má-fé do titular do nome de domínio** (como nos casos de *cybersquatting* e *typosquatting*, que mencionamos acima).

> *Recurso especial. Ação de abstenção de uso. Nome empresarial. Nome de domínio na internet. Registro. Legitimidade. Contestação. Ausência de má-fé. Divergência jurisprudencial não demonstrada. Ausência de similitude fática. 1. A anterioridade do registro no nome empresarial no órgão competente não assegura, por si só, ao seu titular o direito de exigir a abstenção de uso do nome de domínio na rede mundial de computadores (internet) registrado por estabelecimento empresarial que também ostenta direitos acerca do mesmo signo distintivo. 2. No Brasil, o registro de nomes de domínio na internet é regido pelo princípio "First Come, First Served", segundo o qual é concedido o domínio ao primeiro requerente que satisfizer as exigências para o registro. 3. A legitimidade do registro do nome do domínio obtido pelo primeiro*

---

[119] O Comitê Gestor da Internet no Brasil, órgão composto por representantes do governo e da sociedade civil, tem a atribuição de estabelecer diretrizes estratégicas relacionadas ao uso e desenvolvimento da Internet no Brasil e diretrizes para a execução do registro de Nomes de Domínio, alocação de Endereço IP (Internet Protocol) e administração pertinente ao Domínio de Primeiro Nível ".br". Também promove estudos e recomenda procedimentos para a segurança da Internet e propõe programas de pesquisa e desenvolvimento que permitam a manutenção do nível de qualidade técnica e inovação no uso da Internet. Foi criado pela Portaria Interministerial n.º 147 [1], de 31 de maio de 1995 e alterada pelo Decreto Presidencial n.º 4.829 [2], de 3 de setembro de 2003.

requerente pode ser contestada pelo titular de signo distintivo similar ou idêntico anteriormente registrado – seja nome empresarial, seja marca. 4. Tal pleito, contudo, não pode prescindir da demonstração de má-fé, a ser aferida caso a caso, podendo, se configurada, ensejar inclusive o cancelamento ou a transferência do domínio e a responsabilidade por eventuais prejuízos. 5. No caso dos autos, não é possível identificar nenhuma circunstância que constitua sequer indício de má-fé na utilização do nome pelo primeiro requerente do domínio. 6. A demonstração do dissídio jurisprudencial pressupõe a ocorrência de similitude fática entre o acórdão atacado e os paradigmas. 7. Recurso especial não provido (REsp 594.404/DF, Rel. Min. Ricardo Villas Bôas Cueva, Terceira Turma, j. 05.09.2013, DJe 11.09.2013).

Caso ambas as partes possuam marcas registradas semelhantes, mas em classes diferentes, aplica-se o princípio *First Come, First Served* de forma absoluta, sendo indiferente a data do registro da marca. É que o se extrai de outro recente julgado do STJ:

Direito empresarial. Recurso especial. Colidência entre marcas. Direito de exclusiva. Limitações. Existência de duplo registro. Impugnação. Ausência. Título de estabelecimento. Direito de precedência. Inaplicabilidade. Nome de domínio na internet. Princípio "first come, first served". Incidência. 1. Demanda em que se pretende, mediante oposição de direito de exclusiva, afastar a utilização de termos constantes de marca registrada do recorrente. 2. O direito de precedência, assegurado no art. 129, § 1º, da Lei n. 9.729/96, confere ao utente de marca, de boa-fé, o direito de reivindicar para si marca similar apresentada a registro por terceiro, situação que não se amolda a dos autos.
3. O direito de exclusiva, conferido ao titular de marca registrada sofre limitações, impondo-se a harmonização do princípio da anterioridade, da especialidade e da territorialidade. 4. "No Brasil, o registro de nomes de domínio na internet é regido pelo princípio 'First Come, First Served', segundo o qual é concedido o domínio ao primeiro requerente que satisfizer as exigências para o registro". Precedentes. 5. Apesar da legitimidade do registro do nome do domínio poder ser contestada ante a utilização indevida de elementos característicos de nome empresarial ou marca devidamente registrados, na hipótese ambos os litigantes possuem registros vigentes, aplicando-se integralmente o princípio "First Come, First Served". 6. Recurso especial desprovido (REsp 1.238.041/SC, Rel. Ministro Marco Aurélio Bellizze, Terceira Turma, j. 07.04.2015, DJe 17.04.2015).

10.1.5. Reprodução, ainda que em parte, de marca alheia

Ainda que uma empresa não copie totalmente a marca de um concorrente, pode ser que a imitação de parte da marca seja questionada, com base no art. 124, inciso XIX. Foi o que ocorreu, por exemplo, com a marca de sorvetes Eski Quello, que teve seu registro anulado pelo INPI a pedido do titular da marca Eski-bon, também associada a sorvetes.

O TRF da 2ª Região confirmou a decisão do INPI, em acórdão que recebeu a seguinte ementa:

Propriedade industrial – nulidade de registro de marca – ausência de distintividade – anterioridade – mesma clientela – possibilidade de confusão e/ou associação indevida. – Insurge-se a parte autora Sorvetes Frutiquello LTDA EPP contra a r. sentença que julgou improcedente o pedido, nos autos da ação ordinária pela apelante movida em face de Unilever NV e INPI, objetivando o cancelamento do ato administrativo que declarou nulo o registro nº 825.614.317 para a marca mista Sorvetes Eski Quello, na classe internacional NCL(8)30, de titularidade da autora, em face da anterioridade impeditiva do registro para a marca Eski-bon, no mesmo segmento mercadológico.

– O indeferimento da perícia que não se revele essencial ao deslinde da controvérsia posta em juízo, não implica em cerceamento de defesa.

– A função principal das marcas é distinguir os produtos de outros idênticos, semelhantes ou afins, de origens diversas, nos termos do artigo 123, I, da Lei nº 9.279/96, bem como de identificação da origem dos produtos.

– O art. 124, XIX, da Lei de Propriedade Industrial consigna que não é registrável como marca a "reprodução ou imitação, no todo ou em parte, ainda que com acréscimo, de marca alheia registrada, para distinguir ou certificar produto ou serviço idêntico, semelhante ou afim, suscetível de causar confusão ou associação com marca alheia".

– Restou demonstrado nos autos que a marca da Recorrente constitui reprodução, com acréscimo, da expressão "Eski", parte da marca registrada da apelada Eski-bon, implicando no impeditivo previsto no artigo 124, XIX, da LPI.

– Desprovida a apelação. Confirmação da sentença. (TRF 2.ª Região, Apelação Cível – RJ, processo 201351011474274, Rel. Des. Paulo Espírito Santo, decisão em 21.07.2015 e publicação em 23.07.2015.)

10.1.6. Imitação ideológica de marca alheia

Há casos em que uma marca não imita exatamente outra marca, isto é, não copia sua escrita ou sua pronúncia, mas tenta fazer uma associação ideológica, ou seja, tenta copiar a ideia que outra marca transmite.

> Outra forma de imitação, que se pode denominar ideológica, é a que procura criar confusão com a marca legítima por meio da idéia que esta evoca ou sugere ao consumidor. Há marcas que despertam a idéia do produto a que se aplicam ou de alguma de suas qualidades, ou que sugerem uma idéia qualquer, sem relação direta com o produto assinalado. O emprego de marca que desperte a mesma idéia que a marca legítima, mesmo que seja materialmente diversa, pode estabelecer confusão no espírito do consumidor, induzindo-o em erro.[120]

Pegue-se, por exemplo, o caso Bigfral × Megafral, julgado pelo STJ em março de 2018.

Recurso especial. Propriedade intelectual. Direito marcário. Ação de nulidade. Sinais evocativos. Registrabilidade. Suficiente distintividade. Imitação ideológica. Ofensa ao art. 124, XIX, da Lei de Propriedade Industrial. 1 – Ação ajuizada em 29.6.2012. Recurso especial interposto em 9/11/2016 e concluso ao Gabinete em 15.12.2017. 2 – O propósito recursal é verificar a higidez do ato administrativo que concedeu o registro da marca MEGAFRAL ao primeiro recorrido, a partir da análise de eventual colidência ideológica com a marca BIGFRAL, titulada pelo recorrente. 3 – Sinais evocativos ou sugestivos – aqueles formados por expressões que evocam ou sugerem características do produto ou serviço assinalado pela marca, mediante relações de referência indireta –, mesmo quando guardam relação com o produto ou serviço por eles designados, admitem registro marcário quando dotados de suficiente distintividade (art. 124, VI, parte final,

[120] GAMA CERQUEIRA, João da. *Tratado de Propriedade Industrial.* 2ª ed. São Paulo: RT, 1982, p. 918.

> *da LPI). 4 – A Lei 9.279/96 contém previsão específica que impede o registro de marca quando se constar a ocorrência de "reprodução ou imitação, no todo ou em parte, ainda que com acréscimo, de marca alheia registrada, para distinguir ou certificar produto ou serviço idêntico, semelhante ou afim, suscetível de causar confusão ou associação com marca alheia" (art. 124, XIX). 5 – A imitação ideológica ocorre quando uma marca reproduz a mesma ideia transmitida por outra, anteriormente registrada e inserida no mesmo segmento mercadológico, levando o público consumidor à confusão ou à associação indevida. 6 – Na espécie, contrapondo-se as marcas em disputa (BIGFRAL e MEGAFRAL), a conclusão inafastável é no sentido do reconhecimento da existência de sensível afinidade ideológica entre elas (pois transmitem a ideia de "fralda grande"), o que pode gerar confusão ou associação indevida por parte do público consumidor, caracterizando a hipótese fática defesa pelo art. 124, XIX, da LPI. 7 – Vale consignar que, para a tutela da marca, basta a possibilidade de confusão, não se exigindo prova de efetivo engano por parte de clientes ou consumidores específicos. Precedentes. 8 – No particular, contribui para evidenciar a impossibilidade de convivência das marcas em questão o fato de o próprio INPI ter negado dois pedidos de registro formulados pela empresa recorrida envolvendo a marca aqui impugnada, justamente com fundamento no inc. XIX do art. 124 da LPI. 9 – Hipótese fática distinta daquela tratada em precedentes desta Corte que admitem a mitigação da regra de exclusividade do registro de marcas "fracas", haja vista ter-se constatado, na espécie, a ocorrência de imitação ideológica. 10 – Recurso especial provido. (REsp 1721697/RJ, Rel. Ministra Nancy Andrighi, Terceira Turma, julgado em 22.03.2018, DJe 26.03.2018).*

Nesse caso, mesmo havendo uso do termo FRAL, que é "simplesmente descritivo" (art. 124, inciso VI da LPI), o STJ reconheceu a distintividade da marca BIGFRAL e assegurou-lhe exclusividade. E mais: considerando que a marca MEGAFRAL, registrada por um concorrente, fez imitação ideológica da marca BIGFRAL (porque os termos BIG e MEGA remetem à ideia de algo grande), o STJ determinou a anulação do registro.

10.1.7. Símbolos oficiais

Dentre os sinais não registráveis como marca, estão aqueles que configuram "nome, prêmio ou símbolo de evento **esportivo**, artístico, cultural, social, **político**, econômico ou técnico, oficial ou oficialmente reconhecido, bem como a imitação suscetível de criar confusão, salvo quando autorizados pela autoridade competente ou entidade promotora do evento" (at. 124, inciso XIII da LPI).

Com base nesse dispositivo, em caso no qual se discutia o registro da marca "fogo olímpico" para identificar álcool e álcool etílico, o STJ decidiu que "é nulo o registro de marca nominativa de símbolo olímpico ou paraolímpico" (REsp 1.583.007 – Informativo 693).

> RECURSO ESPECIAL. AÇÃO DE NULIDADE DE REGISTRO DE MARCA AJUIZADA PELO COMITÊ OLÍMPICO BRASILEIRO - COB. "FOGO OLÍMPICO" PARA IDENTIFICAR ÁLCOOL E ÁLCOOL ETÍLICO.
>
> 1. Como de sabença, a distintividade é condição fundamental para o registro da marca, razão pela qual a Lei 9.279/1996 enumera vários sinais não registráveis, tal como aqueles de uso comum, genérico, vulgar ou meramente descritivos, porquanto desprovidos de um mínimo diferenciador que justifique sua apropriação a título exclusivo (artigo 124, inciso VI).

2. De outro lado, **o inciso XIII do mesmo artigo 124** preceitua que não são registráveis como marca "nome, prêmio ou símbolo de evento esportivo, artístico, cultural, social, político, econômico ou técnico, oficial ou oficialmente reconhecido, bem como a imitação suscetível de criar confusão, salvo quando autorizados pela autoridade competente ou entidade promotora do evento".

3. Tal norma retrata hipótese de vedação absoluta de registro marcário de designações e símbolos relacionados a evento esportivo – assim como artístico, cultural, social, político, econômico ou técnico – **que seja oficial (realizado ou promovido por autoridades públicas) ou oficialmente reconhecido (quando organizado por entidade privada)**, o que inviabiliza "a utilização do termo protegido em qualquer classe" sem a anuência da autoridade competente ou da entidade promotora do evento.

4. Em complemento à LPI, sobreveio a Lei 9.615/1998 – apelidada de Lei Pelé –, que, em seu artigo 87, conferiu às entidades de administração do desporto ou de prática esportiva a propriedade exclusiva das denominações e dos símbolos que as identificam, preceituando que tal proteção legal é válida em todo o território nacional, por tempo indeterminado, sem necessidade de registro ou averbação no órgão competente.

5. Em observância ao compromisso assumido pelo Estado brasileiro no Tratado de Nairóbi sobre Proteção do Símbolo Olímpico (ratificado pelo Decreto 90.129/1984), a citada Lei Pelé estabeleceu, em seu artigo 15, que o Comitê Olímpico Brasileiro (COB) – associação civil de natureza desportiva filiada ao Comitê Olímpico Internacional (COI) – detém a propriedade exclusiva dos símbolos olímpicos (a exemplo dos aros interligados representativos dos cinco continentes; da tocha e da pira olímpicas; do hino; das mascotes; do lema; e das medalhas), bem como das denominações "jogos olímpicos" e "olimpíadas", sendo vedado o registro e o uso, para qualquer fim, de sinal que consubstancie imitação ou reprodução dos referidos signos distintivos sem a prévia autorização do titular.

6. Consequentemente, procedendo-se à interpretação sistemática do ordenamento jurídico – Decreto 90.129/1984; artigo 124, inciso XIII, da Lei 9.279/1996; e artigos 15, §§ 2º e 4º, e 87 da Lei 9.615/1998 (todos anteriores ao depósito do pedido de registro da marca debatida nos autos) –, ressoa inequívoca a existência de proteção especial, em todos os ramos de atividade e por tempo indeterminado, dos sinais integrantes da "propriedade industrial Olímpica", cujo reconhecimento (ex lege) como marcas de alto renome (exceção ao princípio da especialidade) decorre da incontroversa boa reputação e do acentuado magnetismo do megaevento esportivo, consagrado mundialmente e orientado pela filosofia de vida chamada Olimpismo.

7. Diante da popularidade e da relevância socioeconômica de eventos esportivos como as Olimpíadas, a proibição do registro e do uso dos respectivos signos distintivos em qualquer ramo de atividade – sem a anuência prévia da entidade titular do direito de propriedade imaterial – tem por escopo evitar a associação comercial indevida (com marcas, produtos ou serviços de terceiros), potencialmente ensejadora de aproveitamento parasitário ou de diluição da distintividade dos símbolos ou nomes relacionados aos Jogos, cuja realização periódica depende, sobremaneira, da obtenção de vultosos recursos financeiros mediante contratos de patrocínio ou de licenciamento pautados na expectativa de lucros decorrentes da grande exposição midiática.

8. Na hipótese dos autos, o COB ajuizou ação de nulidade do registro da marca nominativa "FOGO OLÍMPICO" (821.741.837) para identificar álcool e álcool etílico, referente à classe NCL(8) 01 (substâncias químicas destinadas à indústria). O pedido de registro da referida marca foi depositado em 8.6.1999, tendo sido concedido pelo INPI em 16.9.2003 (fl. 203).

9. De acordo com fotografia descrita no voto vencido (fls. 299 e 415), observa-se que, além da expressão "FOGO OLÍMPICO", consta da embalagem o desenho dos aros olímpicos e da tocha olímpica, o que configura evidente imitação ideológica dos símbolos titularizados pelo COB.

10. Diante desse quadro, deve ser reconhecida a nulidade do registro marcário, tendo em vista: (i) a proteção especial, em todos os ramos de atividade, conferida pelo ordenamento jurídico brasileiro aos sinais integrantes da "propriedade industrial Olímpica", que não podem ser reproduzidos ou imitados por terceiros sem a autorização prévia do COB; (ii) o necessário afastamento do aproveitamento parasitário decorrente do denominado "marketing de emboscada" pelo uso conjugado de expressão e símbolos olímpicos cujo magnetismo comercial é inegável; e (iii) o cabimento da aplicação da teoria da diluição a fim de proteger o titular contra a perda progressiva da distintividade dos signos olímpicos, cujo acentuado valor simbólico pode vir a ser maculado, ofuscado ou adulterado com a sua utilização em produto de uso cotidiano.

11. Recurso especial provido para julgar procedente a pretensão autoral, declarando nulo o registro da marca "FOGO OLÍMPICO".

(REsp 1583007/RJ, Rel. Ministro LUIS FELIPE SALOMÃO, QUARTA TURMA, julgado em 20/04/2021, DJe 10/05/2021)

Em outro caso em que se discutiu esse dispositivo, o STJ decidiu que "o símbolo partidário pode ser registrado como marca para que se resguarde a exploração econômica por agremiações políticas (associações civis ou partidos) do uso da marca de produtos/serviços, ainda que não exerçam precipuamente atividade empresarial" (REsp 1.353.300 – Informativo 702). Nesse caso, reconheceu-se que o símbolo partidário se submete a registro específico no TSE (art. 7º, § 3º da Lei 9.096/1995), mas se destacou que o objetivo desse registro no TSE é "evitar a confusão de siglas partidárias perante os eleitores durante o processo democrático de votação", o que não impede que o símbolo seja também registrado como marca no INPI, para exploração econômica e autofinanciamento: "afigura-se viável a dupla proteção legal, porquanto ainda que fora do período e da esfera eleitoral, o partido político, como forma de autofinanciamento, pode explorar economicamente o seu símbolo mediante o licenciamento de produtos ou serviços dos quais tenha registro marcário" (trecho do voto do relator, Ministro Buzzi).

RECURSO ESPECIAL - AÇÃO DE OBRIGAÇÃO DE FAZER - REGISTRO DE SÍMBOLO PARTIDÁRIO ENQUANTO MARCA - POSSIBILIDADE - AUSÊNCIA DE VEDAÇÃO LEGAL E INEXISTÊNCIA DE ANTINOMIA ENTRE AS NORMAS QUE REGULAM EM ESFERAS DISTINTAS A SUA ADOÇÃO E EXPLORAÇÃO.

Hipótese: a demanda originária visa à cominação de obrigação de não fazer para o fim de impedir que o recorrido utilize marca de imitação. Cinge-se a discussão quanto: a) à viabilidade de símbolos políticos serem registrados enquanto marcas junto ao INPI; b) à possibilidade de agremiações políticas (associações civis ou partidos) explorarem economicamente o uso de marca de produtos/serviços, ainda que não exerçam precipuamente atividade empresarial; e, por fim, c) à factibilidade da coexistência de dupla proteção legal frente aos regramentos específicos de direito eleitoral e marcário.

(...)

DO MÉRITO.

3. Inexiste qualquer vedação contida na Lei n.º 9.279/1996 que impeça o registro de símbolos por agremiações ou partidos políticos, razão pela qual o Poder Judiciário não pode dar interpretação extensiva proibitiva sobre aquilo que não está contido no texto legal e que não corresponde à vontade literal do legislador, sobretudo, para justificar a retirada de um direito ou o tolhimento de uma pretensão.

4. Verifica-se, ainda, da análise da legislação eleitoral, que os símbolos dos partidos políticos, regulados pela Lei n.º 9.095/95, podem ser também explorados na condição de marcas, porquanto, por força do disposto no art. 5º, inc. V, alínea "a", da Resolução nº 23.546/2017 do Tribunal Superior Eleitoral, as agremiações partidárias podem se valer, como forma de receitas decorrentes, da utilização econômica de seu símbolo, enquanto marca que os identifique junto aos seus associados e simpatizantes, mediante a venda de produtos.

5. Afigura-se viável a dupla proteção legal, porquanto ainda que fora do período e da esfera eleitoral, o partido político, como forma de autofinanciamento, pode explorar economicamente o seu símbolo mediante o licenciamento de produtos ou serviços dos quais tenha registro marcário.

6. Nos termos da Lei n.º 9.096/1995, somente o partido político que tiver registrado o seu estatuto no Tribunal Superior Eleitoral pode participar do processo eleitoral, receber recursos do Fundo Partidário e ter acesso gratuito ao rádio e à televisão, nos termos do art. 7º, § 2º, da Lei n.º 9.096/1995. Igualmente, com o registro de sua constituição regimental no TSE, o partido garante a exclusividade da sua denominação, sigla e símbolos a serem utilizados nas campanhas e nos pleitos eleitorais, sendo proibido o uso por outras legendas de variações que possam induzir o cidadão a erro ou confusão durante as eleições.

7. Destinando-se o sinal distintivo à exploração econômica de bens, como por exemplo a venda de vestuário, de flâmulas e de outros variados acessórios, há de ser protegida a marca reconhecida junto ao Instituto Nacional da Propriedade Industrial - INPI, porquanto a proteção marcária, nos termos do art. 123 da Lei n.º 9.279/1996, é utilizada restritivamente para distinguir produto ou serviço de outro de natureza idêntica ou semelhante, no âmbito de sua comercialização no mercado de consumo.

8. Entende-se, em resumo, que é possível: a) o registro de símbolos políticos enquanto marcas junto ao INPI; b) a exploração econômica por agremiações políticas (associações civis ou partidos) do uso de marca de produtos/serviços, ainda que não exerçam precipuamente atividade empresarial; e, por fim, c) a coexistência de dupla proteção legal frente aos regramentos específicos de direito eleitoral e marcário.

9. Recurso parcialmente provido.

(REsp 1353300/DF, Rel. Ministro MARCO BUZZI, QUARTA TURMA, julgado em 22/06/2021, DJe 20/08/2021)

10.2. Espécies de marca

A LPI, em seu art. 123, distingue três espécies de marca: (i) *marca de produto ou serviço*, que é aquela usada para distinguir produto ou serviço de outro idêntico, semelhante ou afim, de origem diversa; (ii) *marca de certificação*, que é aquela usada para atestar a conformidade de um produto ou serviço com determinadas normas ou especificações técnicas, notadamente quanto à qualidade, natureza, material utilizado e metodologia empregada; e (iii) marca coletiva, que é aquela usada para identificar produtos ou serviços provenientes de membros de uma determinada entidade.

A **marca de produto ou serviço** representa a noção geral de marca que todos nós possuímos, ou seja, os sinais que são usados pelos empresários para identificar os produtos ou serviços que comercializam ou produzem. Está prevista no inciso I do art. 123 da LPI.

A **marca de certificação**, por sua vez, é aquela que atesta a qualidade de determinado produto ou serviço conforme normas técnicas estabelecidas por institutos especializados, os quais podem ser de natureza governamental ou apenas credenciados pelos órgãos oficiais competentes. Está regulada no inciso II do art. 123 da LPI (exemplo: certificados ISO).

Por fim, a **marca coletiva** é aquela que atesta a proveniência de determinado produto ou serviço. Ela indica ao consumidor, por exemplo, que os empresários que a utilizam são membros de determinada associação, e que seus produtos ou serviços estão em conformidade com as regulamentações técnicas dessa entidade. Está regulada no inciso III do art. 123 da LPI (exemplo: AMORANGO, que atesta que o produtor é membro da Associação dos Agricultores Familiares Produtores de Morango de Nova Friburgo).

Perceba-se que a marca de produto ou serviço será registrada pelo próprio empresário que irá utilizá-la, enquanto a marca de certificação é registrada por um ente certificador, e a marca coletiva é registrada pela entidade que congrega os membros que vão usá-la. No caso da marca de certificação, qualquer empresário que atenda aos requisitos de controle do certificador titular da marca poderá usá-la. No caso da marca coletiva, por sua vez, qualquer membro da entidade que atenda as condições do seu regulamento de utilização poderá usá-la. Nesse sentido, dispõe o art. 150 da LPI: "o uso da marca independe de licença, bastando sua autorização no regulamento de utilização". Já o art. 149 prevê que "qualquer alteração no regulamento de utilização deverá ser comunicada ao INPI, mediante petição protocolizada, contendo todas as condições alteradas, sob pena de não ser considerada".

Existe, ainda, um outro critério importante de classificação das marcas, que leva em conta a sua **forma de apresentação**. Nesse sentido, as marcas podem ser *nominativas, figurativas, mistas* ou *tridimensionais* e *de posição.*

As **marcas nominativas** são as criadas a partir de palavras e/ou números ou **combinação de palavras e números. Podem ser expressões já existentes ou criações originais** (exemplo: Varig) As marcas figurativas, por seu turno, são aquelas constituídas por desenhos, símbolos ou figuras que apresentam configuração gráfica decorativa, incomum, não usual (exemplo: a estrela da Mercedes). As **marcas mistas**, como o nome já indica, são as que se constituem por meio da combinação das duas espécies de marcas acima mencionadas (exemplo: Coca-Cola, que usa uma escrita bem diferente). Já as **marcas tridimensionais** são aquelas que são constituídas pela forma plástica do produto, ou seja, sua configuração física, com capacidade distintiva e dissociada de efeitos técnicos (exemplo: a embalagem do chocolate Toblerone). Como a distinção entre a marca figurativa e o desenho industrial nem sempre é fácil, muitas vezes o que determina o tipo de registro feito (desenho ou marca) é a escolha do empresário.

Por fim, temos a **marca de posição**, não prevista na LPI, mas regulamentada por meio da Portaria 37/2021 do INPI. O art. 1º da referida norma diz que "será registrável como marca de posição o conjunto distintivo capaz de identificar produtos ou serviços e distingui-los de outros idênticos, semelhantes ou afins, desde que: I – seja formado pela aplicação de um sinal em uma posição singular e específica de um determinado suporte; e II – a aplicação do sinal na referida posição do suporte possa ser dissociada de efeito técnico ou funcional". Em suma: é quando a posição da marca no produto ganha uma distintividade própria (por exemplo: todos os fabricantes de certo produto posicionam sua marca em tal lugar do produto, mas um posiciona sempre em lugar diferente e passa a se caracterizar por isso).

10.3. Procedimento do pedido de registro de marca

De acordo com o art. 129 da LPI, "a propriedade da marca adquire-se pelo registro validamente expedido, conforme as disposições desta Lei, sendo assegurado ao titular seu uso exclusivo em todo o território nacional, observado quanto às marcas coletivas e de certificação o disposto nos arts. 147 e 148". Vê-se, pois, que assim como ocorre com os pedidos de patente e com o pedido de registro de desenho industrial, o pedido de registro de marca também tem seu procedimento detalhado na LPI.

10.3.1. Legitimidade do autor do pedido de registro de marca

Qualquer pessoa, física ou jurídica (de direito privado ou de direito público), pode requerer o registro de marca, conforme previsão do art. 128 da LPI: "podem requerer registro de marca as pessoas físicas ou jurídicas de direito público ou de direito privado". As pessoas de direito privado, todavia, "só podem requerer registro de marca relativo à atividade que exerçam efetiva e licitamente, de modo direto ou através de empresas que controlem direta ou indiretamente, declarando, no próprio requerimento, esta condição, sob as penas da lei" (art. 128, § 1.º). Assim, se uma determinada sociedade anônima quiser registrar no INPI uma marca para identificar determinado produto alimentício, deverá demonstrar que exerce atividade de produção ou comercialização daquele produto.

O registro de marca coletiva, por sua vez, "só poderá ser requerido por pessoa jurídica representativa de coletividade, a qual poderá exercer atividade distinta da de seus membros" (art. 128, § 2.º, da LPI), e o registro de marca de certificação somente pode ser feito "por pessoa sem interesse comercial ou industrial direto no produto ou serviço atestado" (art. 128, § 3.º, da LPI).

Assim, a marca coletiva, que identifica, conforme vimos, produtos ou serviços provindos de membros de uma determinada entidade será registrada no INPI por essa entidade (uma associação, por exemplo), e não por um dos membros que a integram. Da mesma forma, a marca de certificação, a qual, conforme vimos, atesta a conformidade de determinado produto ou serviço com normas e especificações técnicas será registrada no INPI pela entidade certificadora, e não pelos empresários que utilizarão posteriormente a marca. É por isso que os doutrinadores chamam a marca coletiva e a marca de certificação de marcas de identificação *indireta*, porque elas não são usadas pelos seus requerentes.

Em tese, o requerente do registro de marca deve ser aquele que a criou e que, consequentemente, a está usando em primeiro lugar. Pode acontecer, todavia, de isso não ocorrer, ou seja, pode ser que uma marca objeto de pedido de registro já esteja sendo usada de boa-fé por outrem, que por algum motivo até o momento não requereu seu registro junto ao INPI. Nesse caso, quem merece a titularidade do registro? O que primeiro criou a marca e a usou, mas não a registrou, ou aquele que criou a marca posteriormente, mas requereu primeiro o seu registro? De acordo com a LPI, o usuário anterior da marca tem o chamado *direito de precedência*, que está previsto no art. 129, § 1.º: "toda pessoa que, de boa-fé, na data da prioridade ou depósito, usava no País, há pelo menos 6 (seis) meses, marca idêntica ou semelhante, para distinguir ou certificar produto ou serviço idêntico, semelhante ou afim, terá direito de precedência ao registro". Complementando, o § 2.º prevê que "o direito de precedência somente poderá ser cedido juntamente com o negócio da empresa, ou parte deste, que tenha direta relação com o uso da marca, por alienação ou arrendamento".

Vale destacar, porém, que o direito de precedência deve ser exercido pelo usuário anterior da marca antes da concessão do registro dela ao usuário posterior. Após o registro, não há mais oportunidade para fazê-lo. Esse é o entendimento do Tribunal Regional Federal da 2.ª Região:

> *3. O direito de precedência, previsto no art. 129, § 3.º* [sic]*, da LPI, somente pode ser exercido antes de haver um registro, o que significa dizer que se trata de um direito a ser exercido no âmbito do processo administrativo instaurado perante o INPI. Assim, com a conclusão do procedimento administrativo e a concessão da marca, sem que tenha havido qualquer oposição por parte do detentor do direito de precedência, não cabe invocá-lo para anular judicialmente o registro de outrem, ante a ocorrência de preclusão. (TRF 2.ª Região, Apelação Cível 2003.51.01.490061-0, Rel. Des. Liliane Roriz, decisão em 24.07.2007).*

10.3.2. Depósito e exame do pedido

De acordo com o art. 155 da LPI, o pedido de registro de marca "deverá referir-se a um único sinal distintivo e, nas condições estabelecidas pelo INPI, conterá: I – requerimento; II – etiquetas, quando for o caso; e III – comprovante do pagamento da retribuição relativa ao depósito". Complementando a regra do *caput*, o parágrafo único prevê que "o requerimento e qualquer documento que o acompanhe deverão ser apresentados em língua portuguesa e, quando houver documento em língua estrangeira, sua tradução simples deverá ser apresentada no ato do depósito ou dentro dos 60 (sessenta) dias subsequentes, sob pena de não ser considerado o documento".

Tratando-se de pedido de registro de marca coletiva, o qual, conforme já destacamos, é feito pela própria entidade, e não pelos seus membros que usarão a marca posteriormente, dispõe o art. 147 da LPI que o pedido deve conter ainda "regulamento de utilização, dispondo sobre condições e proibições de uso da marca". Complementando, o parágrafo único prevê que "o regulamento de utilização, quando não acompanhar o pedido, deverá ser protocolizado no prazo de 60 (sessenta) dias do depósito, sob pena de arquivamento definitivo do pedido".

Por outro lado, tratando-se de pedido de registro de marca de certificação, o qual, conforme também já destacamos, é feito pela entidade certificadora, e não por aqueles que usarão a marca posteriormente, dispõe o art. 148 da LPI que o pedido deve conter ainda "I – as características do produto ou serviço objeto de certificação; e II – as medidas de controle que serão adotadas pelo titular". Complementando, o parágrafo único prevê que "a documentação prevista nos incisos I e II deste artigo, quando não acompanhar o pedido, deverá ser protocolizada no prazo de 60 (sessenta) dias, sob pena de arquivamento definitivo do pedido".

Segundo o art. 156 da LPI, "apresentado o pedido, será ele submetido a exame formal preliminar e, se devidamente instruído, será protocolizado, considerada a data de depósito a da sua apresentação". O art. 157, por sua vez, prevê que "o pedido que não atender formalmente ao disposto no art. 155, mas que contiver dados suficientes relativos ao depositante, sinal marcário e classe, poderá ser entregue, mediante recibo datado, ao INPI, que estabelecerá as exigências a serem cumpridas pelo depositante, em 5 (cinco) dias, sob pena de ser considerado inexistente". Complementando, seu parágrafo único estabelece que "cumpridas as exigências, o depósito será considerado como efetuado na data da apresentação do pedido".

Pois bem. Recebido o pedido, passa-se ao seu exame, que se inicia com a sua publicação, para que eventuais interessados apresentem oposição. É o que prevê o art. 158 da LPI: "protocolizado, o pedido será publicado para apresentação de oposição no prazo de 60 (sessenta) dias". Havendo oposição, "o depositante será intimado (...), podendo se manifestar no prazo de 60 (sessenta) dias" (§ 1.º).

Se a oposição fundar-se no fato de a marca a ser registrada já ser usada no Brasil ou em país signatário da Convenção da União de Paris, caberá ao autor da oposição comprovar, em 60 dias, o depósito do pedido de registro da marca que alega já usar. É o que prevê o § 2.º do art. 158 da LPI: "não se conhecerá da oposição, nulidade administrativa ou de ação de nulidade se, fundamentada no inciso XXIII do art. 124 ou no art. 126, não se comprovar, no prazo de 60 (sessenta) dias após a interposição, o depósito do pedido de registro da marca na forma desta Lei".

Dando-se sequência ao procedimento de exame do pedido de registro de marca, estabelece o art. 159 da LPI que "decorrido o prazo de oposição ou, se interposta esta, findo o prazo de manifestação, será feito o exame, durante o qual poderão ser formuladas exigências, que deverão ser respondidas no prazo de 60 (sessenta) dias". Não respondida a exigência, o pedido será definitivamente arquivado (§ 1.º). Respondida a exigência, ainda que não cumprida, ou contestada a sua formulação, dar-se-á prosseguimento ao exame (§ 2.º). Finalmente, "concluído o exame, será proferida decisão, deferindo ou indeferindo o pedido de registro" (art. 160).

10.3.3. Concessão do registro de marca

Deferido o registro de marca, após o exame do pedido, o INPI concederá o certificado. De acordo com o art. 161 da LPI, "o certificado de registro será concedido depois de deferido o pedido e comprovado o pagamento das retribuições correspondentes".

Quanto ao pagamento das retribuições, estabelece o art. 162 da LPI o seguinte: "o pagamento das retribuições, e sua comprovação, relativas à expedição do certificado de registro e ao primeiro decênio de sua vigência, deverão ser efetuados no prazo de 60 (sessenta) dias contados do deferimento". Complementando a regra do *caput*, seu parágrafo único prevê que "a retribuição poderá ainda ser paga e comprovada dentro de 30 (trinta) dias após o prazo previsto neste artigo, independentemente de notificação, mediante o pagamento de retribuição específica, sob pena de arquivamento definitivo do pedido".

O ato de concessão do certificado de registro deve ser publicado, e de acordo com o art. 163 da LPI "reputa-se concedido o certificado de registro na data da publicação do respectivo ato".

Por fim, dispõe o art. 164 da LPI que "do certificado deverão constar a marca, o número e data do registro, nome, nacionalidade e domicílio do titular, os produtos ou serviços, as características do registro e a prioridade estrangeira".

10.3.4. Vigência do registro de marca

O prazo de vigência do registro de marca é de **10 anos, contado da data de concessão**, podendo ser prorrogado por períodos iguais e sucessivos, nos termos do art. 133 da LPI, que assim dispõe: "o registro da marca vigorará pelo prazo de 10 (dez) anos, contados da data da concessão do registro, prorrogável por períodos iguais e sucessivos".

Perceba-se que, ao contrário do que ocorre com os prazos de vigência das patentes e do registro de desenho industrial, o prazo de vigência da marca se inicia a partir da concessão, e não do depósito. Ademais, dessa vez, ao contrário apenas do que ocorre com o prazo de vigência das patentes, mas igualmente ao que ocorre com o de vigência do registro de desenho industrial, o prazo de vigência do registro de marca é prorrogável. O que muda entre o prazo de vigência do registro de desenho industrial e o de vigência do registro de marca é apenas o prazo dessa prorrogação. Enquanto o prazo de vigência do registro de desenho industrial pode ser prorrogado por três períodos de cinco anos, o de vigência do registro de marca pode ser prorrogado por vários períodos de dez anos, sem limite. Portanto, o registro de marca pode vigorar indefinidamente, bastando que o seu titular requeira sempre a prorrogação do prazo de vigência, nos termos da lei.

Esse pedido de prorrogação, segundo o § 1.º do art. 133, "deverá ser formulado durante o último ano de vigência do registro, instruído com o comprovante do pagamento da respectiva retribuição". Não feito o pedido de prorrogação neste prazo, ainda há uma última alternativa ao titular da marca. Com efeito, de acordo com o § 2.º do art. 133, "se o pedido de prorrogação não tiver sido efetuado até o termo final da vigência do registro, o titular poderá fazê-lo nos 6 (seis) meses subsequentes, mediante o pagamento de retribuição adicional".

10.3.5. Proteção conferida pelo registro de marca

Ao titular do registro de marca concedido pelo INPI se confere proteção jurídica que lhe **assegura o seu uso exclusivo em todo o território nacional** (art. 129 da LPI), podendo ainda ele, conforme disposição do art. 130 da LPI: "I – ceder seu registro ou pedido de registro; II – licenciar seu uso; III – zelar pela sua integridade material ou reputação".

De acordo com o art. 131 da LPI, essa proteção conferida à marca registrada no INPI "abrange o uso da marca em papéis, impressos, propaganda e documentos relativos à atividade do titular". Isso não significa, todavia, que ninguém possa usar a marca registrada ou mencioná-la em nenhuma situação. Com efeito, não obstante o titular da marca registrada tenha direito ao seu uso exclusivo em todo o território nacional, ele "não poderá: I – impedir que comerciantes ou distribuidores utilizem sinais distintivos que lhes são próprios, juntamente com a marca do produto, na sua promoção e comercialização; II – impedir que fabricantes de acessórios utilizem a marca para indicar a destinação do produto, desde que obedecidas as práticas leais de concorrência; III – impedir a livre circulação de produto colocado no mercado interno, por si ou por outrem com seu consentimento, ressalvado o disposto nos §§ 3.º e 4.º do art. 68; e IV – impedir a citação da marca em discurso, obra científica ou literária ou qualquer outra publicação, desde que sem conotação comercial e sem prejuízo para seu caráter distintivo" (art. 132).

10.3.5.1. O princípio da especialidade ou especificidade

A proteção conferida ao titular da marca, não obstante seja abrangente no que se refere ao seu âmbito territorial – vale em todo o país, como visto – é restrita no que diz respeito ao seu âmbito material. Assim, diz-se que a proteção conferida à marca registrada se submete ao chamado **princípio da especialidade ou especificidade.**

De fato, a proteção conferida à marca, consistente no direito de uso exclusivo, submete-se ao princípio da especialidade, ou seja, essa proteção jurídica conferida pela lei é restrita ao(s) ramo(s) de atividade em que o seu titular atua. Nesse sentido, já decidiu o Superior Tribunal de Justiça:

> *Marca. Uso. Empresas. Ramos diversos. A marca "Olímpica" foi registrada pela recorrente no INPI (Instituto Nacional de Propriedade Industrial), na classe 25 (relativa a roupas e acessórios de vestuários) e na classe 28 (relativa a jogos, brinquedos, passatempos e artigos para ginástica, esporte, caça e pesca). A recorrida, empresa de refrigerante, em campanha promocional, veiculada apenas durante os jogos olímpicos de Atlanta, divulgou que os participantes que juntassem tampas de garrafa de sua marca e mais dois reais ganhariam uma pequena bola de espuma, grafada com a marca do refrigerante e a expressão "minibola olímpica". Conforme o registro do INPI, a marca "Olímpica" está restrita a produtos desportivos, não havendo empecilho de seu uso no comércio, indústria ou serviço em geral. Ademais, as empresas envolvidas exercem atividades distintas e seus produtos são de classes diversas, dirigidas a públicos diferentes, impossibilitando a confusão.* ***A proteção à marca visa impedir a concorrência desleal, no intuito de evitar que o consumidor adquira um determinado produto, pensando ser outro.*** *Com esse entendimento,*

a Turma não conheceu do recurso (REsp 550.092-SP, Rel. Min. Fernando Gonçalves, j. 22.03.2005, Informativo 240/2005).

Propriedade industrial. Direito de marca. Pretensão à exclusividade. ***O direito de exclusividade de uso de marca, decorrente do registro no INPI, é limitado à classe de atividade para o qual foi deferido.*** *O acórdão recorrido declarou que a proteção legal alcança a marca, independente de classe para a qual o registro foi concedido, pouco importando que as atividades das empresas litigantes sejam diversas. Assim procedendo, contrariou o art. 59 do Código de Propriedade Industrial, bem como a jurisprudência desta Corte. Precedentes citados: REsp 14.367-PR, DJ 21/9/1992, e REsp 9.380-SP, DJ 10/6/1991 (REsp 142.954-SP, Rel. Min. Barros Monteiro, j. 21.09.1999,* Informativo *33/99).*

Recurso especial. Propriedade industrial. Direito marcário. Pretensão de impedir a utilização da marca registrada "crescer". Princípio da especificidade. Atividades distintas enquadradas dentro da mesma classe. Serviços de educação. Serviços complementares. Finalidades idênticas e mesmos canais de comercialização. Grande risco de confusão no consumidor. 1. Pretensão da recorrente de impedir a utilização, por parte da recorrida, da marca registrada "Crescer", da qual detém a titularidade. 2. Como corolário do princípio da especificidade, o direito à exclusividade da marca se pressupõe dentro da classe de serviços na qual foi registrada. 3. Atividades da recorrente e da recorrida que, embora não sejam idênticas, se enquadram na mesma classe "serviços de ensino". 4. Grande risco de confusão no mercado de consumo, por tratar-se de atividades complementares, com finalidades idênticas, que envolvem os mesmos canais de comercialização. 5. Direito à utilização exclusiva da marca registrada que deve ser garantido. 6. Recurso especial provido (REsp 1.309.665/SP, Rel. Min. Paulo de Tarso Sanseverino, 3.ª Turma, j. 04.09.2014, DJe *15.09.2014).*

É preciso tomar cuidado, porém, com a interpretação do princípio da especialidade/especificidade. Em determinadas situações, uma mesma marca ser usada para identificar produtos de classes distintas - o que, em princípio, seria legítimo à luz do princípio da especialidade - pode gerar problemas se as classes dos produtos forem **afins**.

O STJ teve que analisar essa questão num processo em que se pediu a anulação de decisão do INPI que indeferiu o registro da marca TIC TAC pela empresa Cory, que a usaria para identificar biscoitos recheados, em razão de essa mesma expressão já ter sido registrada anteriormente pela empresa Ferrero, que a usa para identificar balas refrescantes.

Fundamentando-se no princípio da especialidade, o TRF decidiu que as marcas poderiam conviver, já que identificam produtos de classes distintas. No entanto, o STJ entendeu que, em razão da **afinidade** entre as classes de produtos, o fato de eles não serem semelhantes ou idênticos, "já que não se podem confundir balas e biscoitos recheados", não significa que eles não se insiram no "mesmo nicho comercial", pois visam a público consumidor semelhante e utilizam os mesmos canais de comercialização. Confira-se a ementa do acórdão:

Recurso especial. Direito empresarial. Propriedade industrial. Direito marcário. Violação do art. 535 do CPC. Não ocorrência. Art. 124, XIX, da Lei n. 9.279/96. Impossibilidade de registro de marca idêntica à outra já registrada para produto afim. TIC TAC (bolacha recheada) constitui reprodução da marca TIC TAC (bala). Produtos que guardam relação de afinidade. Indeferimento do registro que deve ser mantido. 1. Pretensão da autora de anular o ato do INPI que indeferiu o registro da marca TIC TAC para a distinção de biscoitos recheados. 2. Marca nominativa que configura reprodução de marca já registrada, TIC TAC, distintiva de bala. 3. Produtos que guardam relação de afinidade, pois se inserem no mesmo nicho comercial, visando a um público consumidor semelhante e utilizando os mesmos canais de comercialização. 4. Aplicação do princípio da especialidade que não deve se ater de forma mecânica à Classificação Internacional de Produtos e Serviços, podendo extrapolar os limites de uma classe sempre que, pela relação de afinidade dos produtos, houver possibilidade de se gerar dúvida no consumidor. 5. Caso concreto em que a concessão do registro pleiteado pela autora ensejaria, no consumidor, uma provável e inverídica associação dos biscoitos recheados com as pastilhas TIC TAC comercializadas pelas rés. 6. Indeferimento do registro que deve ser mantido, à luz do art. 124, XIX, da Lei n. 9.279/96. 7. Recursos especiais providos (REsp 1.340.933/SP, Rel. Ministro Paulo de Tarso Sanseverino, Terceira Turma, j. 10.03.2015, DJe 17.03.2015).

Registre-se, entretanto, que nem sempre a mera **afinidade** entre as classes de produtos ensejará a impossibilidade de convivência entre marcas iguais ou semelhantes. Deve-se levar em conta, principalmente, a possibilidade de os consumidores serem levados a erro e a probabilidade de o titular da marca anteriormente registrada sofrer prejuízos. Não ocorrendo isso, deve-se permitir a coexistência das marcas.

Foi o que decidiu o STJ, por exemplo, no conflito entre as marcas *Chester*, da BRF S/A, e da *Chester Cheetah*, da Pepsico. Confira-se a ementa do acórdão:

Agravo regimental no recurso especial. Propriedade industrial. Art. 124, XIX, da Lei nº 9.279/96. Colisão de marcas. Marca nominativa Chester e marca mista Chester Cheetah. Registro concedido sem exclusividade do uso da palavra "chester" Possibilidade de convivência das marcas. Inexistência de confusão entre consumidores. Revisão de matéria fático-probatória. Impossibilidade. Incidência da Súmula nº 07/STJ. Agravo regimental não provido. 1. Para a caracterização da infringência de marca, não é suficiente que se demonstrem a semelhança dos sinais e a sobreposição ou afinidade das atividades. É necessário que a coexistência das marcas seja apta a causar confusão no consumidor ou prejuízo ao titular da marca anterior, configurando concorrência desleal. Precedentes. 2. A doutrina criou parâmetros para a aplicação do [art.] 124, XIX, da Lei nº 9.279/96 ao caso concreto, listando critérios para a avaliação da possibilidade de confusão de marcas: a) grau de distintividade intrínseca das marcas; b) grau de semelhança das marcas; c) legitimidade e fama do suposto infrator; d) tempo de convivência das marcas no mercado; e) espécie dos produtos em cotejo; f) especialização do público-alvo; e) diluição. 3. Com base nos elementos fático-probatórios dos autos, o Tribunal de origem concluiu pela possibilidade de coexistência no mercado da marca nominativa Chester e da marca mista Chester Cheetah. 4. A primeira é um produto derivado de uma ave para festas; a outra, um produto do ramo de salgadinhos. 5. A revisão do entendimento firmado na instância ordinária atrai a incidência da Súmula nº 7 do STJ. 6. Agravo regimental não provido (AgRg no REsp 1.346.089/RJ, Rel. Ministro Moura Ribeiro, Terceira Turma, j. 05.05.2015, DJe 14.05.2015).

Merece destaque, no voto condutor do acórdão acima transcrito, o detalhamento dos critérios que devem ser levados em consideração pelo julgador na análise de eventual colidência entre marcas.

Em primeiro lugar, o relator baseou-se nas lições de Gama Cerqueira, autor clássico em matéria de propriedade industrial, o qual elencava três regras básicas: (i) as marcas não devem ser confrontadas e comparadas, mas apreciadas sucessivamente, a fim de se verificar se a impressão causada por uma recorda a impressão deixada pela outra; (ii) as marcas devem ser apreciadas, tendo-se em vista não as suas diferenças, mas as suas semelhanças; e (iii) deve-se decidir pela impressão de conjunto das marcas e não pelos seus detalhes.

Além disso, o relator também utilizou o chamado "teste 360º", merecendo transcrição o seguinte excerto do seu voto:

> *Filipe Fonteles Cabral e Marcelo Mazzzola, em estudo que teve como base o direito comparado, a doutrina e a jurisprudência, listaram sete critérios para a avaliação da possibilidade de confusão de marcas, por eles denominado "Teste 360º":*
>
> *I. Grau de distintividade intrínseca das marcas;*
>
> *II. Grau de semelhança das marcas;*
>
> *III. Legitimidade e fama do suposto infrator;*
>
> *IV. Tempo de convivência das marcas no mercado;*
>
> *V. Espécie dos produtos em cotejo;*
>
> *VI. Especialização do público-alvo; e*
>
> *VII. Diluição.*
>
> *Segundo os autores, nenhum desses elementos deve se sobrepor aos demais, sendo certo que o resultado da avaliação de um critério isoladamente não confirma nem elimina a colidência das marcas sob exame. (...) O grau de relevância de cada item do teste só poderá ser sopesado pelo examinador diante do caso concreto.*

10.3.5.1.1. Marca de alto renome

Há, porém, marcas que possuem proteção em qualquer ramo de atividade, configurando exceção ao princípio da especificidade ou especialidade. Trata-se da **marca de alto renome**, a qual, conforme disposto no art. 125 da LPI, tem proteção em todos os ramos de atividade. Eis o teor da regra em comento: "à marca registrada no Brasil considerada de alto renome será assegurada proteção especial, em todos os ramos de atividade".

> A marca de alto renome é a que, dotada de magia e magnetismo próprios, atingiu notoriedade, isto é, ampla projeção no território nacional, sendo reconhecida pelo público em geral, de qualquer categoria socioeconômica, independentemente de sua ligação com o segmento da atividade empresarial originária.
>
> E, diante disso, a legislação assegura proteção especial à marca de alto renome em todos os ramos de atividade. (...)
>
> Observe-se que a marca de alto renome, na verdade, é exceção ao princípio da especialidade, pelo qual a marca se restringe à classe a que pertence. Quanto à marca de alto renome, assim registrada, seu titular pode impedir o uso de outra semelhante ou idêntica em qualquer ramo de atividade.[121]

O Superior Tribunal de Justiça já reconheceu, por exemplo, que a marca "Ford" é de alto renome, tendo proteção em todos os ramos de atividade.

[121] RESTIFFE, Paulo Sérgio. *Manual do novo direito comercial*. São Paulo: Dialética, 2006. p. 77.

Marca. Uso indevido, por associação de ex-revendedores, da marca "Ford". Sendo a marca objeto de propriedade, seu titular tem o direito exclusivo ao respectivo uso em qualquer âmbito, sempre que, registrada no Brasil, for considerada de alto renome (Lei n.º 9.279/96, art. 125) ou for notoriamente conhecida em seu ramo de atividade (art. 126); quem a usa para reunir forças contra o seu titular viola a proteção que a lei confere à marca. Recurso especial não conhecido (REsp 758.597/DF, Rel. Min. Castro Filho, Rel. p/ Acórdão Min. Ari Pargendler, 3.ª Turma, j. 18.04.2006, DJ 30.06.2006, p. 218).

Recurso especial. Direito marcário. Proteção da marca. Registro de "marca notória". Exclusividade. Atividades diversas. Interpretação do artigo 67 da Lei 5.772/71. Revolvimento probatório. Súmula 7/STJ. I – ***Pelo princípio da especialidade, em decorrência do registro no INPI, o direito de exclusividade ao uso da marca é, em princípio, limitado à classe para a qual foi deferido, não abrangendo esta exclusividade produtos outros não similares, enquadrados em outras classes, excetuadas as hipóteses de marcas notórias.*** *II – No caso, o registro da marca CONTINENTAL como "notória" foi concedido à Companhia ré após o registro da mesma marca, pela recorrente, em seu nome comercial. Atrai à espécie a interpretação do caput do artigo 67 da Lei n.º 5.772/71, vigente à época: "A marca considerada notória no Brasil (...) terá assegurada proteção especial, em todas as classes, (...) desde que haja possibilidade de confusão quanto à origem dos produtos, mercadorias ou serviços, ou ainda prejuízo para a reputação da marca". III –* ***Nesse contexto, o registro da marca como notória confere ao seu titular proteção puramente defensiva e acautelatória, a fim de impedir futuros registros ou uso, por terceiros, de outras marcas iguais ou parecidas. Não retroage para atingir registros anteriores.*** *IV – Não se conhece do recurso especial por afirmada ofensa a comando de ato normativo interno, por não estar essa espécie compreendida na expressão "lei federal", constante da alínea "a" do inciso III do artigo 105 da Constituição Federal. Recurso especial não conhecido (STJ, REsp 246.652-RJ, Rel. Min. Castro Filho, DJ 16.04.2007, p. 180). *Observação: Onde se lê "marca notória", nesse julgado, entenda-se "marca de alto renome", já que o acórdão em questão analisou o caso à luz da antiga LPI (Lei 5.772/1971), na qual a marca de alto renome, hoje disciplinada no art. 125 da LPI vigente (Lei 9.279/1996), era chamada de marca notória.*

A marca Yahoo, porém, não foi considerada de alto renome, e por isso as empresas Yahoo! Inc. e Yahoo! do Brasil, donas dessa marca no mercado da internet, não conseguiram impedir o registro e o uso de marca idêntica pela empresa Arcor do Brasil, que a utiliza para identificar uma goma de mascar.

Registre-se que o Tribunal Regional Federal da 2.ª Região (especializado em causas sobre propriedade industrial, porque tem sede no Rio de Janeiro e, consequentemente, julga constantemente as demandas em face do INPI, que tem sede na mesma cidade) entende que não cabe ao poder Judiciário declarar que uma marca possui "alto renome", sendo isso matéria de fato que compete apenas ao INPI analisar.

Direito processual civil e da propriedade industrial. Ação rescisória. Declaração judicial de notoriedade da marca ABSOLUT. Impossibilidade. Procedência do pedido rescidendo. Necessidade de observância do procedimento previsto na Resolução 110-2004 do INPI. I – O alto renome de uma marca é situação de fato que decorre do amplo reconhecimento que o signo distintivo goza junto ao público consumidor, motivo pelo qual não pode o juiz substituir o povo no seu pensamento e impressão e declarar, de modo permanente e irrestrito, a sua fama. II – É tarefa da justificação (art. 861 do Código de Processo Civil) e não da declaração judicial (art. 4.º do Código de Processo Civil) a de documentar a existência de fato para utilização futura. III – Procedência do pedido

> *rescindendo, na forma do art. 485, V, do Código de Processo Civil, para desconstituir o* decisum *que declarou* in abstracto *da notoriedade da marca ABSOLUT. IV – Improcedência do pedido da ação principal, de molde a permitir a verificação do alto renome da marca ABSOLUT pelo Instituto Nacional da Propriedade Industrial, a partir do procedimento previsto na Resolução n.º 110-2004 (TRF 2.ª Região, Ação Rescisória 2007.02.01.013373-4, Rel. Des. André Fontes, decisão em 26.06.2008).*

A referida decisão do TRF da 2.ª Região estava de acordo com a Resolução 121/2005 do próprio INPI, segundo a qual a proteção especial conferida pelas marcas de alto renome deveria ser requerida ao INPI, incidentalmente, como matéria de defesa, quando da apresentação de oposição a pedido de registro de marca de terceiro ou do processo administrativo de nulidade de registro de marca de terceiro. O INPI, previamente ao exame da oposição ou do processo administrativo de nulidade na qual foi alegado o alto renome da marca, decidiria se a alegação era procedente. Em caso afirmativo, negaria o pedido de registro de nova marca ou determinaria a nulidade do registro de marca já registrada, e ainda promoveria a anotação do alto renome da marca no Sistema de Marcas, que seria mantida pelo prazo de 5 (cinco) anos.

O próprio STJ já decidiu que cabe ao INPI definir se uma marca é de alto renome ou não, conforme demonstra o seguinte precedente:

> *Agravo Regimental em Recurso Especial. Direito empresarial. Marca. Marca de alto renome. Atribuição do INPI. 1. Na linha dos precedentes desta Corte, cabe ao Instituto Nacional de Propriedade Industrial – INPI e não ao Poder Judiciário examinar se determinada marca atende aos requisitos para se qualificar como "marca de alto renome" e assim, na forma do artigo 125 da LPI, excepcionar o princípio da especialidade para desfrutar de proteção em todas as classes. 2. Nessa seara, o Poder Judiciário somente pode ser chamado a intervir como instância de controle da atividade administrativa do INPI. 3. Agravo Regimental improvido (AgRg no REsp 1.165.653/RJ, Rel. Min. Sidnei Beneti, 3.ª Turma, j. 17.09.2013, DJe 02.10.2013).*

No entanto, no próprio caso da marca *Absolut* acima mencionado, o STJ decidiu que, embora caiba realmente ao INPI decidir se uma marca é de alto renome ou não, a autarquia deve, caso o titular da marca requeira, fazer isso não apenas num caso concreto e de forma incidental, como era previsto em sua Resolução 121/2005, mas também de forma **autônoma e abstrata**. Confira-se a ementa do acórdão:

> *Comercial e processual civil. Marca. Alto renome. Declaração. Procedimento. Controle pelo Poder Judiciário. Limites. 1. Embora preveja os efeitos decorrentes do respectivo registro, o art. 125 da LPI não estabeleceu os requisitos necessários à caracterização do alto renome de uma marca, sujeitando o dispositivo legal à regulamentação do INPI. 2. A sistemática imposta pelo INPI por intermédio da Resolução nº 121/05 somente admite que o interessado obtenha o reconhecimento do alto renome de uma marca pela via incidental. 3. O titular de uma marca detém legítimo interesse em obter, por via direta, uma declaração geral e abstrata de que sua marca é de alto renome. Cuida-se de um direito do titular, inerente ao direito constitucional de proteção integral da marca. 4. A lacuna existente na Resolução nº 121/05 – que prevê a declaração do alto renome apenas pela via incidental – configura omissão do INPI na regulamentação do art. 125 da LPI, situação que justifica a intervenção do Poder Judiciário. 5. Ainda que haja inércia da Administração Pública, o Poder Judiciário não pode suprir*

essa omissão e decidir o mérito do processo administrativo, mas apenas determinar que o procedimento seja concluído em tempo razoável. Dessa forma, até que haja a manifestação do INPI pela via direta, a única ilegalidade praticada será a inércia da Administração Pública, sendo incabível, nesse momento, a ingerência do Poder Judiciário no mérito do ato omissivo. 6. Por outro lado, os atos do INPI relacionados com o registro do alto renome de uma marca, por derivarem do exercício de uma discricionariedade técnica e vinculada, encontram-se sujeitos a controle pelo Poder Judiciário, sem que isso implique violação do princípio da separação dos poderes. 7. Recurso especial a que se nega provimento (REsp 1.162.281/RJ, Rel. Ministra Nancy Andrighi, Terceira Turma, j. 19.02.2013, DJe *25.02.2013).*

Resumindo, o entendimento do STJ foi o seguinte: cabe ao INPI dizer se uma marca é de alto renome ou não; caso **inexista uma declaração administrativa do INPI** nesse sentido em relação a uma determinada marca, o titular pode requerê-la, não apenas num caso concreto e pela via incidental, como era previsto na Resolução 121/2005 da autarquia, mas também de forma autônoma e abstrata; se o INPI não emitisse tal declaração, mesmo tendo a parte requerido, ainda assim não caberia ao Judiciário fazê-lo, cabendo a ele, nessa situação, apenas adotar medidas para forçar a manifestação do INPI.

Pois bem. Em obediência a essa decisão do STJ, o INPI acabou alterando o seu regramento interno com a edição da Resolução 107/2013, a qual definiu o que se considera marca de alto renome, previu um procedimento autônomo para o seu reconhecimento e aumentou o prazo de sua anotação, de 5 para 10 anos. Confiram-se, a propósito, os seguintes dispositivos da norma:

Art. 1.º Para efeitos desta Resolução, considera-se de alto renome a marca registrada cujo desempenho em distinguir os produtos ou serviços por ela designados e cuja eficácia simbólica levam-na a extrapolar seu escopo primitivo, exorbitando, assim, o chamado princípio da especialidade, em função de sua distintividade, de seu reconhecimento por ampla parcela do público, da qualidade, reputação e prestígio a ela associados e de sua flagrante capacidade de atrair os consumidores em razão de sua simples presença.

(...)

§ 2.º O reconhecimento do alto renome de uma determinada marca passa a constituir etapa autônoma e prévia à aplicação da proteção especial acima mencionada, não estando vinculado a qualquer requerimento em sede de defesa.

(...)

Art. 3.º A comprovação da alegada condição de alto renome deverá estar vinculada a três quesitos fundamentais:

I. Reconhecimento da marca por ampla parcela do público brasileiro em geral;

II. Qualidade, reputação e prestígio que o público brasileiro em geral associa à marca e aos produtos ou serviços por ela assinalados; e

III. Grau de distintividade e exclusividade do sinal marcário em questão.

(...)

Art. 8.º Reconhecido o alto renome, o INPI anotará esta condição no registro da marca que ensejou tal condição.

Parágrafo único. Tal anotação perdurará por 10 (dez) anos, ressalvadas as seguintes hipóteses:

I. Extinção do registro da marca objeto do reconhecimento do alto renome;

II. Reforma da decisão que concluiu pelo reconhecimento do alto renome, em função do previsto no art. 10 desta Resolução.

Art. 9.º A partir do último ano do prazo previsto no parágrafo único do art. 8º, o titular da marca poderá encaminhar ao INPI novo requerimento de reconhecimento do alto renome da marca em questão, instruído com dados recentes, nos moldes da presente Resolução.

Parágrafo único: Deferido o requerimento a que alude o caput, o INPI fará a nova anotação, cuja vigência se iniciará no dia subsequente ao término da proteção anterior.

Acerca desses arts. 8º e 9º da Resolução 107/2013 do INPI, é importante frisar que o STJ já as considerou legítimas, decidindo, no caso da marca Goodyear, que uma marca não pode ser considerada de alto renome eternamente. Confira-se a ementa do julgado:

Recurso especial. Propriedade industrial. Marca de alto renome. Sentença. Reconhecimento da procedência do pedido por parte do INPI. Cumprimento de sentença. Delimitação temporal ao registro. Regulamentação infralegal do órgão competente. Ofensa à coisa julgada. Não ocorrência. 1. Na origem, trata-se de pedido de cumprimento de sentença requerido por Goodyear nos autos de ação ordinária proposta contra o INPI objetivando o reconhecimento do alto renome de sua marca. O Juízo de primeira instância determinou a anotação de alto renome, excluindo-se a delimitação de prazo de validade temporal ao registro. Referida decisão monocrática foi reformada pelo TRF da 2.ª Região, que reconheceu a incidência, no caso concreto, da superveniente Resolução n.º 121/2005 do INPI e delimitou a vigência do registro ao prazo normativo de 5 (cinco) anos. 2. Transitada em julgado a sentença de mérito, opera-se o fenômeno da eficácia preclusiva da coisa julgada. A partir do trânsito, inclusive por expressa disposição legal, "reputar-se-ão deduzidas e repelidas todas as alegações e defesas que a parte poderia opor assim ao acolhimento como à rejeição do pedido". 3. A superveniência da Resolução n.º 121/2005 do INPI não alterou o conteúdo do que foi decidido no título judicial. A marca da recorrente foi reconhecida como de alto renome e assim permaneceu. 4. Acolher a pretensão da recorrente e anotar o alto renome de sua marca sem prazo de validade seria o mesmo que conceder um direito perpétuo e ilimitado no tempo, o que não encontra amparo no ordenamento jurídico. 5. Recurso especial não provido (REsp 1.207.026/RJ, Rel. Ministro Ricardo Villas Bôas Cueva, Terceira Turma, j. 17.03.2015, DJe *20.03.2015).*

Vale destacar que a 3ª Turma do STJ já decidiu que "o registro de uma expressão como marca, ainda que de alto renome, não afasta a possibilidade de utilizá-la no nome de um empreendimento imobiliário".

RECURSO ESPECIAL. CIVIL. PROPRIEDADE INDUSTRIAL. AÇÃO DE ABSTENÇÃO DE USO DE MARCA E DE REPARAÇÃO DE DANOS. RECURSO MANEJADO SOB A ÉGIDE DO NCPC. NEGATIVA DE PRESTAÇÃO JURISDICIONAL. NÃO OCORRÊNCIA. MARCA DE ALTO RENOME "NATURA". EMPREENDIMENTO IMOBILIÁRIO DENOMINADO "RECREIO NATURA". DISTINÇÃO ENTRE ATO CIVIL E ATO EMPRESARIAL. RECURSO NÃO PROVIDO.

(...)

2. O propósito recursal visa analisar se houve violação ao art. 125 da Lei nº 9.279/96 (Lei de Propriedade Industrial), que confere proteção especial às marcas de alto renome, no caso a marca "NATURA", diante do seu uso no empreendimento imobiliário "RECREIO NATURA".

> 3. A marca é um sinal distintivo que tem por funções principais identificar a origem e distinguir produtos ou serviços de outros idênticos, semelhantes ou afins.
>
> 4. Os nomes atribuídos aos edifícios e empreendimentos imobiliários não gozam de exclusividade, sendo comum receberem idêntica denominação. Estes nomes, portanto, não qualificam produtos ou serviços, apenas conferem uma denominação para o fim de individualizar o bem.
>
> 5. A proteção à exclusividade da marca é criação do direito, sendo, portanto, uma opção legislativa. O nome que individualiza um imóvel é de livre atribuição pelos seus titulares e não requer criatividade ou capacidade inventiva, tampouco lhe é conferido o atributo da exclusividade.
>
> 6. O registro de uma expressão como marca, ainda que de alto renome, não afasta a possibilidade de utilizá-la no nome de um edifício. A exclusividade conferida pelo direito marcário se limita as atividades empresariais, sem atingir os atos da vida civil.
>
> 7. Recurso especial não provido.
>
> (REsp 1804960/SP, Rel. Ministra NANCY ANDRIGHI, Rel. p/ Acórdão Ministro MOURA RIBEIRO, TERCEIRA TURMA, julgado em 24/09/2019, DJe 02/10/2019)

Por fim, ainda sobre o reconhecimento do alto renome de uma marca, o STJ já decidiu que "a decisão do INPI, reconhecendo o alto renome de uma marca, tem apenas efeitos prospectivos", de modo que "o alto renome de uma marca não tem o condão de atingir as marcas já depositadas à data em que publicada a decisão administrativa que o reconheceu, salvo se o depositante tiver agido de má-fé" (REsp 1.893.426 – caso Natura x Naturaço).

> RECURSO ESPECIAL. DIREITO EMPRESARIAL. DIREITO DA PROPRIEDADE INDUSTRIAL. MARCAS. AÇÃO DE NULIDADE DO REGISTRO DA MARCA NATURAÇO EM RAZÃO DO REGISTRO PRÉVIO DA MARCA NATURA, DE ALTO RENOME. ALEGADA VIOLAÇÃO DOS ARTS. 489, § 1º, IV E 1.022, I E II, DO CPC. NÃO OCORRÊNCIA. DISSÍDIO JURISPRUDENCIAL NÃO CONFIGURADO. ALEGADA VIOLAÇÃO DO ART. 125 DA LPI. NÃO OCORRÊNCIA. INOPONIBILIDADE DO ALTO RENOME ÀS MARCAS JÁ DEPOSITADAS QUANDO DE SEU RECONHECIMENTO. ALEGADA VIOLAÇÃO DO ART. 129 DA LPI. NÃO OCORRÊNCIA. DISSÍDIO JURISPRUDENCIAL NÃO COMPROVADO. AUSÊNCIA DE SIMILITUDE FÁTICA. POSSIBILIDADE DE CONVIVÊNCIA ENTRE AS MARCAS. MARCA ANTERIOR QUE NÃO FOI REPRODUZIDA. PRODUTOS E SERVIÇOS DIFERENTES. AUSÊNCIA DE RISCO DE CONFUSÃO E DE ASSOCIAÇÃO. IMPOSSIBILIDADE DE REEXAME DE FATOS E DE PROVAS. SÚMULA 7/STJ.
>
> (...)
>
> 2. A decisão administrativa do INPI, reconhecendo o alto renome de uma marca, tem apenas efeitos prospectivos, segundo entendimento reiterado desta Terceira Turma.
>
> 3. O alto renome de uma marca não tem o condão de atingir as marcas já depositadas à data em que publicada a decisão administrativa que o reconheceu, salvo se o depositante tiver agido de má-fé.
>
> (...)
>
> (REsp 1893426/RJ, Rel. Ministro PAULO DE TARSO SANSEVERINO, TERCEIRA TURMA, julgado em 08/06/2021, DJe 15/06/2021)

X. Alto renome e teoria da diluição

Mesmo sem alto renome reconhecido pelo INPI, uma marca pode ter proteção estendida para outras classes de produtos/serviços? Em regra, não. Mas excepcionalmente, sim.

Com efeito, como regra geral, o STJ já definiu que **"uma marca sem o status de alto renome não pode impedir o registro do mesmo nome em segmentos mercadológicos distintos"** (REsp 1.787.676 – caso Perdigão).

Nesse caso, uma fábrica de calçados sediada em Perdigão-MG pediu o registro da marca Perdigão, mas o INPI indeferiu o pedido, alegando que podia haver aproveitamento parasitário em relação à famosa marca de produtos alimentícios. Ajuizada ação, o juízo de primeiro grau reconheceu que a marca de alimentos não tinha alto renome na época do pedido de registro da marca de calçados, mas decidiu que a fama daquela, à luz da **teoria da diluição**[122], impediria o registro de marcas iguais em outras classes de produtos. O tribunal manteve a sentença, sob o mesmo fundamento (teoria da diluição, mesmo a primeira marca não tendo alto renome reconhecido no momento do pedido de registro da segunda marca), mas o STJ deu provimento ao recurso especial. O relator, Ministro Sanseverino, reconheceu a importância da teoria da diluição: "quando uma marca se torna especialmente famosa, maior se torna sua exposição a tentativas de aproveitamento parasitário, do que decorre uma necessidade de maior proteção". No entanto, ele afirmou que "a proteção contra a diluição, no Brasil, se encontra umbilicalmente relacionada à marca de alto renome, tendo sido criada apenas a ela e em razão dela". E concluiu: "se uma marca não teve reconhecido esse status, ainda que seja famosa, não pode impedir o registro da mesma marca em segmentos mercadológicos **distintos**". Em resumo: como a Perdigão não tinha alto renome reconhecido quando do pedido de registro da marca de calçados, deveria ser aplicado o princípio da especialidade, com a concessão do registro e a convivência entre as marcas em ramos totalmente distintos.

> RECURSO ESPECIAL. DIREITO EMPRESARIAL. DIREITO DA PROPRIEDADE INTELECTUAL. MARCAS. AÇÃO DE NULIDADE DA DECISÃO DO INPI QUE INDEFERIU O REGISTRO DA MARCA PERDIGÃO PARA DESIGNAR ROUPAS E ACESSÓRIOS DO VESTUÁRIO FABRICADOS NA CIDADE DE PERDIGÃO/MG. INOPONIBILIDADE DE ALTO RENOME À MARCA JÁ DEPOSITADA QUANDO DE SEU RECONHECIMENTO. SENTENÇA E ACÓRDÃO RECORRIDO QUE ADOTARAM O ENTENDIMENTO DE QUE AS MARCAS FAMOSAS SÃO PROTEGIDAS CONTRA DILUIÇÃO, INDEPENDENTEMENTE DE ALTO

---

122 "Diluição, em sua acepção técnica, seria o efeito de uso por terceiros, no território nacional e no âmbito do comércio, fora do campo da especialidade, de uma marca suficientemente notória, de forma que o seu valor informacional, denotativo ou conotativo, perdesse em significação. Por definição, haverá competição entre marcas no espaço da sua especialidade e, de forma menos precisa, no âmbito da afinidade. Adotando a definição que acabamos de propor, diluição é um efeito de perda de distintividade diferencial, sem efeito necessariamente na concorrência. Onde não há competição, mesmo assim havera diluição quando a habilidade de uma marca famosa (por exemplo, Rolex, relógios do luxo com características particulares de desenho e de desempenho propiciam status aos seus usuários) de criar uma rede cognitiva particular é enfraquecida pelo fato de a mesma marca vir agora a ser associada com uma outra marca de uma categoria fora da sua área de atuação no mercado de bens ou de serviços (por exemplo, denominar um chocolate de rolex). Neste momento, para os consumidores, ainda que estejam cientes de que a marca usada no segundo contexto não corresponde à imagem-de-marca do titular da marca sênior – embora não haja nenhuma confusão – existe um enfraquecimento da distintividade da marca famosa" (BARBOSA, Dênis Borges. *Proteção das Marcas: uma perspectiva semiológica*. 2ª Ed. Rio de Janeiro: Lúmen Juris, 2017, p. 159).

RENOME. ALEGADA VIOLAÇÃO DO ART. 125 DA LPI. OCORRÊNCIA. PROTEÇÃO ESPECIAL CONTRA A DILUIÇÃO QUE, NO DIREITO BRASILEIRO, SE LIMITA ÀS MARCAS DE ALTO RENOME. ÚNICA EXCEÇÃO EXPRESSA NO ORDENAMENTO JURÍDICO BRASILEIRO AO PRINCÍPIO DA ESPECIALIDADE.

1. Decisão administrativa do INPI de reconhecimento de alto renome a uma marca que tem apenas efeitos prospectivos, conforme entendimento assente deste Superior Tribunal.

2. Alto renome que não tem o condão de atingir marcas já depositadas à época em que publicada a decisão administrativa de seu reconhecimento.

3. Caso concreto em que a controvérsia recursal versa acerca da possibilidade de se reconhecer proteção contra diluição da marca que, embora famosa, não goze de alto renome.

3. **A diluição, fenômeno de existência reconhecida no Direito de Marcas, consiste na perda gradual da força distintiva de determinado signo, decorrente do uso, por terceiros, da mesma marca para produtos ou serviços distintos, ainda que não haja confusão, tornando cada vez menos exclusivo o uso do signo, que virtualmente se dilui em meio a tantos outros usos.**

4. Proteção contra a diluição que surgiu da verificação de que as marcas, além exercerem a função de identificar a origem comercial de produtos e de serviços, também podem servir de veículo de comunicação ao consumidor, veiculando valores, imagens e sensações, tornando-se agente criador de sua própria fama e reputação.

5. Quando uma marca se torna especialmente famosa, passando a ter mais valor do que o próprio produto ou serviço a que se refere, maior se torna sua exposição a tentativas de aproveitamento parasitário, do que decorre uma necessidade de maior proteção.

6. Proteção especial contra a diluição que, tendo sido disciplinada no plano internacional apenas em 1994 no Acordo TRIPS, já se encontrava garantida no ordenamento jurídico brasileiro desde 1967, para marcas notoriamente conhecidas, isto é, marcas que tivessem atingido um determinado grau de fama e de reconhecimento perante o público consumidor.

7. **Proteção contra a diluição que, no Brasil, se encontra umbilicalmente relacionada à marca hoje denominada de alto renome, tendo sido criada apenas a ela e em razão dela.**

8. **Se uma marca não teve reconhecido esse status, ainda que seja famosa, não pode impedir o registro da mesma marca em segmentos mercadológicos distintos, sem que haja possibilidade de confusão.**

9. **A regra do art. 125 da LPI, ao prever exceção ao princípio da especialidade, conferindo à marca de alto renome proteção em todos os ramos de atividade, configura a positivação, no ordenamento jurídico brasileiro, da proteção contra a diluição.**

10. Caso concreto em que sequer há indício de má-fé por parte dos recorrentes, considerando que a marca "Perdigão" vem sendo utilizada há mais de 30 anos para designar calçados fabricados na cidade de Perdigão, Estado de Minas Gerais.

11. RECURSO ESPECIAL PROVIDO.

(REsp 1787676/RJ, Rel. Ministro PAULO DE TARSO SANSEVERINO, TERCEIRA TURMA, julgado em 14/09/2021, DJe 21/09/2021)

No entanto, conforme já destacamos anteriormente, existem situações em que há afinidade entre as classes de produtos/serviços e consequente risco de associação indevida por parte dos consumidores. Nesses casos, o STJ tem jurisprudência no sentido de que produtos/serviços enquadrados em classes distintas podem ter uma relação especial de **afinidade** que justifique a expansão da proteção à marca para além dos limites de sua respectiva classe, mesmo que não exista reconhecimento de alto renome, mas **desde que se comprove o risco de associação indevida.**

Foi o que aconteceu, por exemplo, no REsp 1.730.067 (caso PRADA) e no REsp 1.340.933 (caso TIC TAC).

No primeiro caso, a sociedade empresária titular da famosa marca de roupas PRADA ajuizou ação para impedir a produção e a comercialização de pentes/escovas para cabelo (e outros acessórios correlatos) que também usavam a expressão PRADA como marca. As sociedades empresárias rés alegaram que a marca PRADA não teve seu alto renome reconhecido pelo INPI, de modo que tal marca só teria proteção em seu ramo de atividade (roupas e outros artigos de vestuário), não podendo impedir o uso de marca idêntica em outros ramos (no caso, pentes/escovas de cabelo e outros acessórios correlatos). No entanto, o STJ rechaçou esse argumento, reafirmando sua jurisprudência no sentido de que produtos/serviços enquadrados em classes distintas podem ter uma relação especial de afinidade que justifique a expansão da proteção à marca para além dos limites de sua respectiva classe, mesmo sem reconhecimento de alto renome.

> RECURSOS ESPECIAIS. NEGATIVA DE PRESTAÇÃO JURISDICIONAL. INOCORRÊNCIA. USO DE MARCA REGISTRADA. AUSÊNCIA DE AUTORIZAÇÃO. PRODUTOS SEMELHANTES OU AFINS. VIOLAÇÃO CONFIGURADA. INDENIZAÇÃO DEVIDA. DANO MORAL. COMPROVAÇÃO. DESNECESSIDADE. PREQUESTIONAMENTO. AUSÊNCIA. JULGAMENTO EXTRA PETITA. CONFIGURAÇÃO. EMBARGOS DE DECLARAÇÃO PROTELATÓRIOS. SÚMULA 7/STJ.
>
> (...)
>
> 5. Ainda que se pudesse superar referido óbice, **a jurisprudência do STJ está firmada no sentido de que o registro de marcas semelhantes, ainda que em classes distintas, porém destinadas a identificar produtos ou serviços que guardem relação de afinidade, inseridos no mesmo segmento mercadológico, devem ser obstados. Ademais, segundo o entendimento desta Corte Superior, o princípio da especialidade não se restringe à Classificação Internacional de Produtos e Serviços, devendo levar em consideração o potencial concreto de se gerar dúvida no consumidor e desvirtuar a concorrência. Precedentes.**
>
> 6. A aposição de expressão, devidamente registrada por terceiro como marca, em artigos que guardam relação de afinidade com aqueles fabricados pelo titular do registro, pode ser interpretada pelo consumidor como sendo fruto de expansão da linha original de produtos, configurando associação indevida e concorrência desleal. Precedente.
>
> (...)
>
> (REsp 1730067/SP, Rel. Ministra NANCY ANDRIGHI, TERCEIRA TURMA, julgado em 15/12/2020, DJe 18/12/2020)

No segundo caso, uma sociedade empresária ajuizou ação para anular decisão do INPI que indeferiu o registro da expressão TIC TAC como marca de biscoitos recheados, em razão de essa expressão já estar registrada anteriormente como marca de balas refrescantes. O juízo de primeiro grau julgou improcedente o pedido, justamente por entender que há afinidade entre os segmentos mercadológicos. O tribunal reformou essa decisão, mas o STJ a restabeleceu. O relator do recurso especial, Ministro Sanseverino, reconheceu que "os produtos comercializados pelas partes não são semelhantes e tampouco idênticos" (balas e biscoitos recheados), mas destacou que eles "devem ser considerados afins, uma vez que se inserem no mesmo nicho comercial ("guloseimas"), visando a um público consumidor semelhante e, principalmente, utilizando os mesmos canais de comercialização". Assim, o Ministro concluiu que "a afinidade existente entre o produto comercializado pelas recorrentes – pastilhas comestíveis – e aquele fabricado pela recorrida – biscoitos recheados – resulta na impossibilidade de registro do mesmo signo, sob pena de se causar dúvida no mercado consumidor". De acordo com o Ministro, haveria risco de associação indevida entre as marcas, porque, no seu entender, "é perfeitamente razoável supor que o consumidor das pastilhas TIC TAC, ao se deparar com os biscoitos TIC TAC, imaginará que provêm do mesmo fabricante".

> RECURSO ESPECIAL. DIREITO EMPRESARIAL. PROPRIEDADE INDUSTRIAL. DIREITO MARCÁRIO. VIOLAÇÃO DO ART. 535 DO CPC. NÃO OCORRÊNCIA. ART. 124, XIX, DA LEI N. 9.279/96. IMPOSSIBILIDADE DE REGISTRO DE MARCA IDÊNTICA À OUTRA JÁ REGISTRADA PARA PRODUTO AFIM. TIC TAC (BOLACHA RECHEADA) CONSTITUI REPRODUÇÃO DA MARCA TIC TAC (BALA). PRODUTOS QUE GUARDAM RELAÇÃO DE AFINIDADE. INDEFERIMENTO DO REGISTRO QUE DEVE SER MANTIDO.
>
> 1. Pretensão da autora de anular o ato do INPI que indeferiu o registro da marca TIC TAC para a distinção de biscoitos recheados.
>
> 2. Marca nominativa que configura reprodução de marca já registrada, TIC TAC, distintiva de bala.
>
> 3. **Produtos que guardam relação de afinidade, pois se inserem no mesmo nicho comercial, visando a um público consumidor semelhante e utilizando os mesmos canais de comercialização.**
>
> 4. **Aplicação do princípio da especialidade que não deve se ater de forma mecânica à Classificação Internacional de Produtos e Serviços, podendo extrapolar os limites de uma classe sempre que, pela relação de afinidade dos produtos, houver possibilidade de se gerar dúvida no consumidor.**
>
> 5. Caso concreto em que a concessão do registro pleiteado pela autora ensejaria, no consumidor, uma provável e inverídica associação dos biscoitos recheados com as pastilhas TIC TAC comercializadas pelas rés.
>
> 6. Indeferimento do registro que deve ser mantido, à luz do art. 124, XIX, da Lei n. 9.279/96.
>
> 7. RECURSOS ESPECIAIS PROVIDOS.
>
> (REsp 1340933/SP, Rel. Ministro PAULO DE TARSO SANSEVERINO, TERCEIRA TURMA, julgado em 10/03/2015, DJe 17/03/2015)

Em suma: se a marca não tem alto renome reconhecido pelo INPI, não pode impedir o registro de expressão idêntica ou semelhante em **ramo de atividade realmente distinto** (caso Perdigão), mas pode, excepcionalmente, impedir o registro da expressão em **ramo de atividade afim**, desde que fique comprovado o risco de associação indevida (caso Prada e caso TIC TAC).

10.3.5.1.2. Marca de alto renome *versus* marca notoriamente conhecida

É preciso estar atento para não confundir a marca de alto renome com a **marca notoriamente conhecida**, disciplinada no art. 126 da LPI. Aquela, conforme vimos, tem proteção especial em todos os ramos de atividade, enquanto esta goza de proteção especial **no seu ramo de atividade**, mas independentemente de estar previamente depositada ou registrada no Brasil, podendo o INPI, inclusive, indeferir de ofício pedido de registro de marca que a reproduza ou a imite, no todo ou em parte.

Com efeito, dispõe o art. 126 da LPI que "a marca notoriamente conhecida em seu ramo de atividade nos termos do art. 6.º *bis* (I), da Convenção da União de Paris para Proteção da Propriedade Industrial, goza de proteção especial, independentemente de estar previamente depositada ou registrada no Brasil". E o § 2.º deste art. 126 determina que "o INPI poderá indeferir de ofício pedido de registro de marca que reproduza ou imite, no todo ou em parte, marca notoriamente conhecida".

> A marca notoriamente conhecida – que não se confunde com a marca notória do revogado art. 67 da Lei 5.772, de 21/12/1971 (anterior Código de Propriedade Industrial) diz com os sinais que tenham se tornado notoriamente conhecidos como pertencentes à determinada pessoa, física ou jurídica, domiciliada em país signatário da Convenção da União de Paris, ainda que não depositados ou registrados no Brasil. Busca-se, desse modo, proteger o titular de marcas notoriamente conhecidas, ainda que não residente no Brasil, contra o parasitismo.[123]

Sobre a importância do princípio da especialidade na proteção conferida pelo registro de marca, e também sobre a diferença entre marca de alto renome e marca notoriamente conhecida, confira-se o seguinte julgado do Superior Tribunal de Justiça, no qual se deixou claro que a marca notoriamente possui proteção independentemente de registro no Brasil, sendo essa proteção, porém, restrita ao ramo de atividade do titular:

> *Proteção. Marca. Nome comercial. A análise de colidência em casos de marca integrada pelo nome comercial do titular e outra marca em nome de terceiro posteriormente registrada no INPI não deve ser direcionada exclusivamente pela anterioridade registral. Há que se utilizar a interpretação sistemática dos preceitos contidos nos arts. 59 e 65, XVII, da Lei n.º 5.772/1971 (Código de Propriedade Industrial), que cuidam da reprodução ou imitação de marcas e consagram o princípio da especificidade em nosso sistema. Portanto a solução da questão passaria, necessariamente, pela perquirição acerca das classes em que deferidos os registros e das atividades sociais desenvolvidas pelos titulares em conflito.* ***A ressalva que se faz diz respeito à marca notória (art. 67 do referido Código), assim declarada pelo INPI, hoje intitulada de alto renome (art. 125 da Lei n.º 9.279/1996), à qual se dá tutela especial, em todos os ramos de atividade, quando previamente registrada no Brasil (exceção ao princípio da especificidade). Tal espécie não deve ser confundida com a marca notoriamente conhecida em seu ramo de atividade (art. 6.º da Convenção da União de Paris para Proteção da Propriedade Industrial – CUP e art. 126 da Lei n.º 9.279/1996), que goza de proteção especial independentemente do depósito ou registro no país, porém restrita a seu ramo de atividade (exceção ao princípio da territorialidade).*** *Na hipótese, o Tribunal, pela análise do conjunto probatório, firmou não se tratar de marca notória, distintas, também, as classes de registros e o*

123 RESTIFFE, Paulo Sérgio. *Manual do novo direito comercial*. São Paulo: Dialética, 2006. p. 77.

> *âmbito das atividades desempenhadas pelas partes, daí ser forçoso concluir que não há impedimento de uso da marca pela recorrida. Precedentes citados: REsp 9.142-SP, DJ 20.4.1992; REsp 37.646-RJ, DJ 13.6.1994; REsp 550.092-SP, DJ 11.4.2005; REsp 471.546-SP, DJ 28.4.2003; REsp 142.954-SP, DJ 13.12.1999, e REsp 14.367-PR, DJ 21.9.1992 (REsp 658.702-RJ, Rel. Min. Jorge Scartezzini, j. 29.06.2006,* Informativo *290/2006).*

Outro caso em que o STJ também decidiu no mesmo sentido foi o que envolveu uma disputa pelo uso da expressão CHANDON, que envolveu a empresa francesa produtora do champanhe MOET & CHANDON e uma boate catarinense chamada CHANDON. Destacando que a marca notoriamente conhecida goza de proteção no Brasil, mesmo sem estar registrada no INPI, mas que essa proteção é restrita ao ramo de atividade, entendeu-se que, como os ramos de atividade eram distintos, poderia haver a convivência das marcas.

> *Recurso especial. Direito marcário. Pretensão da autora de exclusividade de uso do nome "CHANDON" em qualquer atividade.*
>
> *Ausência de registro como marca de alto renome. Marca notoriamente conhecida. Proteção restrita ao respectivo ramo de atividade. Manutenção do registro de marca da recorrida. Exercício de ramos de atividades diversos. Recurso improvido.*
>
> *1. As marcas de alto renome, registradas previamente no INPI como tal, gozam, nos termos do art. 125 da Lei 9.279/96, de proteção em todos os ramos de atividade, enquanto as marcas notoriamente conhecidas gozam de proteção internacional, independentemente de formalização de registro no Brasil, apenas em seu ramo de atividade, consoante dispõem os arts. 126 da referida lei e 6.º bis, 1, da Convenção da União de Paris, ratificada pelo Decreto 75.572/75.*
>
> *Neste último, é plenamente aplicável o princípio da especialidade, o qual autoriza a coexistência de marcas idênticas, desde que os respectivos produtos ou serviços pertençam a ramos de atividades diversos.*
>
> *2. O aludido princípio visa a evitar a confusão no mercado de consumo do produto ou serviço prestado por duas ou mais marcas, de modo que, para tanto, deve ser levado em consideração o consumidor sob a perspectiva do homem médio.*
>
> *3. No caso dos autos, o uso das duas marcas não é capaz de gerar confusão aos consumidores, assim considerando o homem médio, mormente em razão da clara distinção entre as atividades realizadas por cada uma delas. Não há risco, de fato, de que o consumidor possa ser levado a pensar que a danceteria seria de propriedade (ou franqueada) da MOET CHÂNDON francesa, proprietária do famoso champanhe.*
>
> *4. Não se tratando a recorrente de marca de alto renome, mas de marca notoriamente conhecida e, portanto, protegida apenas no seu mesmo ramo de atividade, não há como alterar as conclusões constantes do acórdão recorrido.*
>
> *5. Recurso especial improvido.*
>
> *(REsp 1209919/SC, Rel. Ministro Lázaro Guimarães (Desembargador convocado do TRF 5.ª Região), Quarta Turma, julgado em 13.03.2018, DJe 19.03.2018).*

10.3.5.2. O uso indevido de marca registrada

Como o registro da marca assegura ao seu titular o **direito ao seu uso exclusivo** em todo o País, nos termos do art. 129 da LPI, aquele que usar indevidamente marca registrada por outrem poderá ser demandado em juízo e condenado ao pagamento de perdas e danos. Nesse ponto, cumpre destacar que o Superior Tribunal de Justiça entende que "prescreve em 5 (cinco) anos a ação de perdas e danos pelo uso de marca comercial" (Súmula 143 do STJ), e que a pretensão de abstenção de uso de marca para comercialização de bens tem prazo prescricional deflagrado pelo conhecimento da violação – teoria da actio nata" (REsp 1.719.131[124]).

Ademais, o mesmo Superior Tribunal de Justiça ainda entende que a simples contrafação de marca gera direito à indenização por danos materiais, mesmo que o produto não tenha sido comercializado. E mais: o uso indevido de marca também pode acarretar a condenação do infrator em **danos morais**, quando houver a prova de vulgarização da marca registrada que está sendo indevidamente usada por terceiro.

A propósito do assunto, confiram-se os seguintes julgados do STJ:

> *Direito Comercial e Processo civil. Recurso especial. Ação de conhecimento sob o rito ordinário. Propriedade industrial. Marca. Contrafação. Danos materiais devidos ao titular da marca. Comprovação. Pessoa jurídica. Dano moral. –* ***Na hipótese de contrafação de marca, a procedência do pedido de condenação do falsificador em danos materiais deriva diretamente da prova que revele a existência de contrafação, independentemente de ter sido, o produto falsificado, efetivamente comercializado ou não.*** *– Nesses termos considerados, a indenização por danos materiais não possui como fundamento tão somente a comercialização do produto falsificado, mas também a vulgarização do produto, a exposição comercial (ao consumidor) do produto falsificado e a depreciação da reputação comercial do titular da marca, levadas a cabo pela prática de falsificação. –* ***A prática de falsificação, em razão dos efeitos que irradia, fere o direito à imagem do titular da marca, o que autoriza, em consequência, a reparação por danos morais.*** *– Recurso especial a que se dá provimento (REsp 466.761/RJ, Rel. Min. Nancy Andrighi, 3.ª Turma, j. 03.04.2003, DJ 04.08.2003, p. 295).*

> *Direito empresarial. Contrafação de marca. Produto falsificado cuja qualidade, em comparação com o original, não pôde ser aferida pelo Tribunal de Justiça. Violação da marca que atinge a identidade do fornecedor. Direito de personalidade das pessoas jurídicas. Danos morais reconhecidos. – O dano moral corresponde, em nosso sistema legal, à lesão a direito de personalidade, ou seja, a bem não suscetível de avaliação em dinheiro. – Na contrafação, o consumidor é enganado e vê subtraída, de forma ardil, sua faculdade de escolha. O consumidor não consegue perceber quem lhe fornece o produto e, como consequência, também o fabricante não pode ser identificado por boa parte de seu público alvo. Assim, a contrafação é verdadeira usurpação de parte da identidade do fabricante. O contrafator cria confusão de produtos e, nesse passo,*

---

[124] No julgamento do REsp 1.719.131, além de a 3ª Turma do STJ ter reafirmado que a contagem do prazo prescricional da pretensão de abstenção de uso de marca se inicia a partir do conhecimento da violação (teoria da *actio nata*), ela também decidiu que "a empresa que comercializa responde solidariamente com o fabricante de produtos contrafeitos pelos danos causados pelo uso indevido da marca". No tocante a essa questão da responsabilidade solidária, a discussão era se apenas a fabricante dos produtos violadores da marca deveria responder, ou se também deveria responder a empresa que divulga e comercializa os produtos, que no caso pertence ao mesmo grupo econômico da fabricante. O relator do recurso, Ministro Bellizze, pontuou o seguinte: "a violação do instituto marcário acaba sendo realizada não apenas pela fabricação de produto similar e imitação da marca, mas também pelos atos subsequentes que efetivamente introduzem no mercado a oferta dos bens contrafeitos. Tem-se aí a prática de uma causalidade comum, em que ambas as empresas recorrentes concorreram efetivamente para o abalo ao direito exclusivo da exploração de marca registrada". Ademais, o Ministro destacou: "é verdade que não há na Lei n. 9.279/1996 a previsão de hipóteses de solidariedade do dever de reparar decorrentes de atos de contrafação. Entretanto, à míngua de regra específica, não se encontra a responsabilidade dos causadores do dano num vácuo legislativo absoluto, devendo-se aplicar, ao caso dos autos, a norma geral prevista no art. 942 do CC/2002".

se faz passar pelo legítimo fabricante de bens que circulam no mercado. – Certos direitos de personalidade são extensíveis às pessoas jurídicas, nos termos do art. 52 do CC/02 e, entre eles, se encontra a identidade. – Compensam-se os danos morais do fabricante que teve seu direito de identidade lesado pela contrafação de seus produtos. Recurso especial provido (REsp 1.032.014/RS, Rel. Min. Nancy Andrighi, 3.ª Turma, j. 26.05.2009, DJe 04.06.2009).

Agravo regimental no recurso especial. Civil e empresarial. Propriedade industrial. Marca. Uso indevido. Danos materiais. Presunção. 1. Jurisprudência firme do STJ no sentido de ser desnecessária a prova concreta do prejuízo nos casos de uso indevido da marca. 2. Ao depositante é assegurado o direito de zelar pela integridade material ou reputação da marca, conforme o disposto no art. 130, III, da Lei 9.279/96. 3. Agravo regimental desprovido (AgRg no REsp 1.388.817/SP, Rel. Min. Paulo de Tarso Sanseverino, 3.ª Turma, j. 20.03.2014, DJe 28.03.2014).

Civil e processual civil. Recurso especial. Ação de abstenção de uso indevido de marca cumulada com perdas e danos. Reprodução ou imitação de marca alheia. Confusão ou associação. Possibilidade. 1. Ação de abstenção de uso indevido de marca cumulada com perdas e danos distribuída em 11.06.2007, da qual foi extraído o presente recurso especial, concluso ao Gabinete em 29.04.2014. 2. Cinge-se a controvérsia em definir se houve violação do direito industrial relativo ao registro da marca da Harley-Davidson, em virtude de sua reprodução ou imitação na logomarca do recorrido, e se eventual ilicitude enseja indenização por danos materiais. 3. O art. 124, XIX, da Lei 9.279/96 veda o registro de "reprodução ou imitação, no todo ou em parte, ainda que com acréscimo, de marca alheia registrada, para distinguir ou certificar produto ou serviço idêntico, semelhante ou afim, suscetível de causar confusão ou associação com marca alheia". 4. Para a tutela da marca basta a possibilidade de confusão, não se exigindo prova de efetivo engano por parte de clientes ou consumidores específicos. 5. Na espécie, é de se reconhecer a aproximação entre os ramos de atuação das partes, pois comercializam e oferecem serviços semelhantes, igualmente voltados ao público apreciador de motocicletas. 6. Diante da reprodução, em parte, da marca Harley-Davidson, resguarda-se à recorrente o direito de fazer cessar o uso indevido da marca contrafeita pelo recorrido. 7. A reprodução ou imitação, não autorizada, no todo ou em parte, de marca alheia atribui ao titular o direito de receber uma remuneração referente ao período em que a marca contrafeita foi utilizada, proporcionalmente ao grau de semelhança entre as marcas. 8. Recurso especial parcialmente provido (REsp 1.450.143/RJ, Rel. Min. Nancy Andrighi, 3.ª Turma, j. 19.08.2014, DJe 02.09.2014).

10.3.6. Cessão do registro de marca

Conforme vimos, a propriedade que o titular exerce sobre a marca registrada lhe garante, nos termos do art. 130, inciso I, da LPI o direito de: "I – ceder seu registro ou pedido de registro". Nesse sentido, prevê o art. 134 da LPI que "o pedido de registro e o registro poderão ser cedidos, desde que o cessionário atenda aos requisitos legais para requerer tal registro".

Assim como ocorre com a patente, perceba-se que a marca não precisa sequer estar registrada, bastando que haja o simples pedido de registro. Todavia, caberá ao cessionário, que passará a deter os direitos sobre a marca, preencher os requisitos legais como se fosse ele o requerente do registro, ou seja, deve o cessionário preencher os requisitos do art. 128 da LPI. Assim, por exemplo, uma sociedade empresária titular de uma marca que identifica um determinado produto alimentício não pode cedê-la a outra sociedade empresária que atue em ramo de atividade estranho.

Ademais, havendo mais de um pedido ou registro acerca de marcas iguais ou semelhantes, a cessão deve compreender todos os pedidos ou registros, conforme determinação do art. 135 da LPI, que assim prescreve: "a cessão deverá compreender todos os registros ou pedidos, em nome do cedente, de marcas iguais ou semelhantes, relativas a produto ou serviço idêntico, semelhante ou afim, sob pena de cancelamento dos registros ou arquivamento dos pedidos não cedidos".

Finalmente, assim como ocorre com a cessão de patente, que já estudamos, o INPI deve fazer as anotações de eventuais cessões de registro de marca. Nesse sentido, dispõe o art. 136: "o INPI fará as seguintes anotações: I – da cessão, fazendo constar a qualificação completa do cessionário; II – de qualquer limitação ou ônus que recaia sobre o pedido ou registro; e III – das alterações de nome, sede ou endereço do depositante ou titular". Complementando essa regra, prevê o art. 137 que "as anotações produzirão efeitos em relação a terceiros a partir da data de sua publicação".

10.3.7. Licenciamento do registro de marca

Além da cessão, a LPI também permite que o direito de uso exclusivo da marca seja *licenciado* pelo seu titular. Nesse sentido, estabelece a LPI, em seu art. 139, que "o titular de registro ou o depositante de pedido de registro poderá celebrar contrato de licença para uso da marca, sem prejuízo de seu direito de exercer controle efetivo sobre as especificações, natureza e qualidade dos respectivos produtos ou serviços". O contrato de licença pode ainda, conforme disposição do parágrafo único do dispositivo em questão, prever que "o licenciado poderá ser investido pelo titular de todos os poderes para agir em defesa da marca, sem prejuízo dos seus próprios direitos".

Para que seja eficaz perante terceiros, todavia, o contrato de licença deverá ser obrigatoriamente averbado no INPI. É o que preceitua o art. 140 da LPI: "o contrato de licença deverá ser averbado no INPI para que produza efeitos em relação a terceiros". O § 1.º complementa a regra do *caput*, estipulando que "a averbação produzirá efeitos em relação a terceiros a partir da data de sua publicação". Vale destacar que a averbação da licença no INPI, além de fazê-la produzir efeitos *erga omnes*, permite a remessa de *royalties* para o exterior e autoriza a dedução fiscal dos valores pagos pelo licenciado.

Diante dessa possibilidade de cessão ou licença do uso da marca, fica claro que não cabe ao titular do registro consentir, em acordo privado, que outro empresário de mesmo ramo de atividade registre marca idêntica ou semelhante à sua. Se isso ocorrer, o INPI deverá denegar o registro. O eventual acordo entre as partes – titular da marca já registrada e requerente da nova marca – não tem o condão de afastar a competência legal do INPI para analisar a colidência entre as marcas e indeferir o pedido do registro posterior, sobretudo porque, ao fazê-lo, o INPI está também protegendo os interesses dos consumidores, ou seja, da coletividade em geral, conforme já decidiu o Superior Tribunal de Justiça.

> *Anulação. Ato administrativo. Registro. Marca. Trata-se de registro negado pelo Instituto Nacional de Propriedade Industrial (INPI) por anterioridade de marca impeditiva, pertencendo à mesma classe, fonética igual, grafia semelhante, além de os produtos*

> *serem afins – tintas e resinas – (art. 65, item 17, do CPI). Na espécie, a embargante alegava que a firma detentora da marca anterior (titular do registro) consentira que ela tivesse esse registro da marca. Isso posto, ressaltou o Min. Relator que* ***o INPI tem competência exclusiva no território nacional para a concessão de privilégios e sua respectiva exploração nos termos do CPI, não podendo acordos privados se sobrepor às determinações desse órgão oficial****. Observou ainda que tanto o antigo CPI quanto a vigente Lei n.º 9.279/1996 requerem instauração de processo administrativo originário do próprio INPI para qualquer procedimento e com a devida decisão fundamentada. Logo é obrigatória a participação da referida autarquia em eventual transferência do uso de marca. Outrossim, destacou que a conclusão do aresto recorrido, quanto à confusão ou induzimento a erro do consumidor, se registrada a marca, incide no enunciado da Súm. n.º 7/STJ e que não houve o cotejo analítico entre os julgados tidos como divergentes. Com esses argumentos, a Turma não conheceu do REsp. Precedentes citados: REsp 142.954-SP, DJ 13.12.1999; REsp 284.742-SP, DJ 8.10.2001; REsp 30.751-SP, DJ 1.º.8.1994, e REsp 325.158-SP, DJ 9.10.2006 (REsp 256.442-RJ, Rel. Min. Massami Uyeda, j. 19.04.2007, Informativo 317/2007).*

10.3.8. Nulidade do registro de marca

Assim como ocorre com as patentes e com o registro de desenho industrial, a LPI também previu para o registro de marca que "é nulo o registro que for concedido em desacordo com as disposições desta Lei" (art. 165). O parágrafo único desse dispositivo ainda prevê que "a nulidade do registro poderá ser total ou parcial, sendo condição para a nulidade parcial o fato de a parte subsistente poder ser considerada registrável".

Assim como ocorre com a decretação de nulidade das patentes e do registro de desenho industrial, a nulidade do registro de marca também produz efeitos *ex tunc*, ou seja, retroage à data do depósito do pedido, nos termos do art. 167 da LPI: "a declaração de nulidade produzirá efeito a partir da data do depósito do pedido". Nesse sentido, confira-se a seguinte decisão do STJ:

> *Processo civil. Embargos de divergência em recurso especial. Deserção e ausência de representação processual inocorrentes. Civil. Propriedade industrial. Marca. Caducidade. Efeitos prospectivos (ex nunc). Finalidade da lei. (...) 4.* ***A nulidade do registro de marca industrial ocorre quando se reconhece a existência de determinado vício apto a macular a concessão do registro desde seu início. Quando for impossível manter a validade de algo nulo ab ovo, operam-se efeitos retroativos (ex tunc).*** *(EREsp 964.780/SP, Rel. Min. Nancy Andrighi, 2.ª Seção, j. 10.08.2011, DJe 29.08.2011).*

Caso a nulidade do registro de marca seja decorrente do fato de ela já ser registrada em outro país signatário da Convenção da União de Paris, o interessado pode, alternativamente, ingressar em juízo e requerer a adjudicação do registro, ou seja, requerer que o juiz transfira para ele a titularidade da patente concedida pelo INPI. É o que prevê o art. 166 da LPI: "o titular de uma marca registrada em país signatário da Convenção da União de Paris para Proteção da Propriedade Industrial poderá, alternativamente, reivindicar, através de ação judicial, a adjudicação do registro, nos termos previstos no art. 6.º *septies* (1) daquela Convenção".

10.3.8.1. Processo administrativo de nulidade

De acordo com o art. 168 da LPI, "a nulidade do registro será declarada administrativamente quando tiver sido concedida com infringência do disposto nesta Lei".

Em princípio, cabe ao interessado requerer a abertura de processo administrativo de nulidade de registro de marca, em 180 dias a contar da concessão. Caso, entretanto, o interessado não requeira a declaração de nulidade do registro de marca, isso não impede o INPI de abrir, de ofício, o competente processo administrativo para tanto. É o que prevê o art. 169 da LPI: "o processo de nulidade poderá ser instaurado de ofício ou mediante requerimento de qualquer pessoa com legítimo interesse, no prazo de 180 (cento e oitenta) dias contados da data da expedição do certificado de registro".

Instaurado o processo administrativo de nulidade, haverá o contraditório e o titular do registro poderá exercer seu direito de defesa. O procedimento está descrito nos arts. 170 e 171 da LPI, seguindo as mesmas linhas do processo de nulidade da patente e do registro de desenho industrial: "Art. 170. O titular será intimado para se manifestar no prazo de 60 (sessenta) dias. Art. 171. Decorrido o prazo fixado no artigo anterior, mesmo que não apresentada a manifestação, o processo será decidido pelo Presidente do INPI, encerrando-se a instância administrativa."

Por fim, o art. 172 da LPI prevê que "o processo de nulidade prosseguirá, ainda que extinto o registro". Repetindo o que já afirmamos quando do estudo da nulidade das patentes e do registro de desenho industrial, essa regra se explica pela produção de efeitos *ex tunc* da declaração de nulidade do registro. Afinal, mesmo que o registro já tenha sido extinto, ele com certeza produziu efeitos relevantes enquanto esteve vigente, e esses efeitos, se o registro era nulo, devem ser anulados também. Daí a importância de o processo administrativo de nulidade do registro continuar mesmo após a sua extinção.

10.3.8.2. Ação judicial de nulidade

Conforme já destacamos quando do estudo da ação judicial de nulidade das patentes, como no Brasil vigora o princípio da inafastabilidade do controle jurisdicional, além do requerimento administrativo de nulidade do registro de marca, é possível também que a essa nulidade seja decretada pelo Poder Judiciário, em ação que pode ser ajuizada pelo INPI ou por qualquer interessado, enquanto estiver vigente o registro. Nesse sentido, dispõe o art. 173 da LPI: "a ação de nulidade poderá ser proposta pelo INPI ou por qualquer pessoa com legítimo interesse".

O prazo para propor essa ação de nulidade é quinquenal, contando-se a partir da concessão do registro, de acordo com o art. 174 da LPI: "prescreve em 5 (cinco) anos a ação para declarar a nulidade do registro, contados da data da sua concessão".[125]

[125] Sobre esse dispositivo legal, a 3ª Turma do STJ já decidiu que "a prescritibilidade di dureuti de alegar a nulidade de registro de marca, conforme previsto no art. 174 da Lei 9.279/1996, não pode ser afastada por meio da maplicação da teoria dualista das nulidades. No caso, o registro da marca impugnada foi concedido pelo INPI em 28/5/2002, mas a ação de nulidade só foi ajuizada em 14/1/2010. Apesar de estar claro que a ação foi proposta após o decurso do prazo prescricional, o TRF afastou a prescrição por entender que os atos administrativos ilegais podem ser

De acordo com o parágrafo único do art. 173, "o juiz poderá, nos autos da ação de nulidade, determinar liminarmente a suspensão dos efeitos do registro e do uso da marca, atendidos os requisitos processuais próprios". Esse dispositivo parece se referir, obviamente, ao poder geral de cautela do magistrado, que exige a presença do *periculum in mora* (perigo da demora) e do *fumus boni iuris* (fumaça do bom direito).

Assim como ocorre nas ações de nulidade das patentes, quando o INPI não for o autor da ação, ele será parte interessada e intervirá no feito, necessariamente. É o que prevê o art. 175 da LPI: "a ação de nulidade do registro será ajuizada no foro da justiça federal e o INPI, quando não for autor, intervirá no feito". Finalmente, mais uma vez repetindo o disposto na parte referente à ação de nulidade das patentes, a LPI estabeleceu um prazo especial de resposta, bem superior ao prazo previsto no Código de Processo Civil: "o prazo para resposta do réu titular da patente será de 60 (sessenta) dias" (§ 1.º). E mais: "transitada em julgado a decisão da ação de nulidade, o INPI publicará anotação, para ciência de terceiros" (§ 2.º).

Por fim, destaque-se que, de acordo com a jurisprudência do Superior Tribunal de Justiça, que já mencionamos acima, as ações contra o INPI devem ser ajuizadas, em princípio, na seção judiciária do Rio de Janeiro, local da sede da autarquia. No entanto, havendo pluralidade de réus, como ocorre nos casos em que a ação é ajuizada contra o INPI e, também, contra um particular (geralmente uma sociedade empresária), o STJ entende que cabe ao autor da ação ajuizá-la no Rio de Janeiro ou no foro do domicílio do outro réu.

> *Processual civil. Recurso especial. Ação na qual o INPI figura como parte. Foro competente para julgamento. O foro competente para julgamento de ação em que o INPI figure como parte é o de sua sede, a princípio. Contudo, o Código de Processo Civil faculta que o autor ajuíze a ação no foro do domicílio do outro demandado na hipótese de pluralidade de réus, se assim preferir. Inteligência do art. 94, § 4.º, do CPC (REsp 346.628/SP, Rel. Min. Nancy Andrighi, 3.ª Turma, j. 13.11.2001, DJ 04.02.2002, p. 355).*

10.3.9. Extinção do registro de marca

Dispõe a LPI, em seu art. 142, que "o registro da marca extingue-se: I – pela expiração do prazo de vigência; II – pela renúncia, que poderá ser total ou parcial em relação aos produtos ou serviços assinalados pela marca; III – pela caducida-

---

invalidados a qualquer tempo pela Administração, em decorrência de seu poder de autotutela. Invocando a teoria dualista das nulidades, que divide os atos administrativos defeituosos em nulos e anuláveis, o TRF afirmou que apenas estes estariam sujeitos à prescrição quinquenal do art. 54 da Lei 9.784/99. Porém, o STJ reformou a decisão do TRF. A relatora do recurso especial invocou precedentes e disse que "mesmo tratando-se de ato administrativo contaminado por nulidade, os efeitos dele decorrentes não podem ser afastados se entre a data de sua prática e o ajuizamento da ação já houve o transcurso do prazo prescricional previsto para incidência na correspondente hipótese fática, salvo flagrante inconstitucionalidade". Destacou-se ainda o seguinte: "entender que a ação de nulidade de marca é, em regra, imprescritível equivale a esvaziar o conteúdo normativo do dispositivo precitado, fazendo letra morta da opção legislativa e gerando instabilidade, não somente aos titulares de registro, mas também a todo o sistema de defesa da propriedade industrial". Por fim, concluiu-se: "a imprescritibilidade não constitui regra no direito brasileiro, sendo admitida somente em hipóteses excepcionalíssimas que envolvem direitos da personalidade, estado das pessoas, bens públicos. Os demais casos devem se sujeitar aos prazos prescricionais do Código Civil ou das leis especiais".

de; ou IV – pela inobservância do disposto no art. 217", que se refere à exigência de a pessoa domiciliada no exterior constituir e manter procurador devidamente qualificado e domiciliado no País, com poderes para representá-la administrativa e judicialmente, inclusive para receber citações.

Por outro lado, o art. 151 dispõe que "além das causas de extinção estabelecidas no art. 142, o registro da marca coletiva e de certificação extingue-se quando: I – a entidade deixar de existir; ou II – a marca for utilizada em condições outras que não aquelas previstas no regulamento de utilização".

Como o registro da marca coletiva, conforme já destacamos, pertence à entidade, e não aos seus membros, a sua renúncia é feita também pela própria entidade. Segundo o art. 152 da LPI, a entidade só pode renunciar ao registro da marca coletiva quando o fizer "nos termos do contrato social ou estatuto (...), ou, ainda, conforme o regulamento de utilização".

Quanto à caducidade do registro de marca, ela está disciplinada no art. 143 da LPI, segundo o qual "caducará o registro, a requerimento de qualquer pessoa com legítimo interesse se, decorridos 5 (cinco) anos da sua concessão, na data do requerimento: I – o uso da marca não tiver sido iniciado no Brasil; ou II – o uso da marca tiver sido interrompido por mais de 5 (cinco) anos consecutivos, ou se, no mesmo prazo, a marca tiver sido usada com modificação que implique alteração de seu caráter distintivo original, tal como constante do certificado de registro". Nesse sentido, já decidiu o Superior Tribunal de Justiça:

> *Marca. Declaração. Caducidade. Ausência. Uso. Trata-se de ação de restauração de registro de marca para anular a decisão administrativa que declarou a caducidade dos registros daquela marca. Destacou o Min. Relator que, se consta da inicial que o contrato, além de transferência de tecnologia e assistência técnica, previa a licença para uso de marca, fica desbastada, no plano infraconstitucional, a necessidade de sua averbação no órgão competente, antigamente o Departamento Nacional de Propriedade Industrial (INPI). Outrossim, o art. 94 do Código de Propriedade Industrial autoriza o INPI a declarar de ofício a caducidade da marca por falta de uso. Além de que o acórdão a quo explicitou que o deferimento da marca não foi para produtos importados e que havia outros meios para que a marca não ficasse inativa, não se sustentando o argumento da força maior diante da vedação da importação de produtos que seria objeto dos registros da recorrente. Com esses argumentos, a Turma, ao prosseguir o julgamento, não conheceu do recurso (REsp 649.261-RJ, Rel. Min. Carlos Alberto Menezes Direito, j. 06.03.2007,* Informativo *312/2007).*

Recentemente, o STJ decidiu outro processo relevante acerca da caducidade da marca. O caso foi julgado à luz da antiga lei (Lei 5.772/1971), e os Ministros consideraram que a impossibilidade de importação dos produtos configurou motivo de força maior, o que impede a declaração de caducidade da marca. Eis o julgado:

> *Direito processual civil. Recurso extraordinário. Ofensa indireta à Constituição. Desnecessidade. Uniformização de jurisprudência. Suscitação do incidente. Momento. Antes do julgamento do recurso. Vinculação do Tribunal. Inexistência. Sentença. Fundamentação. Livre convencimento do Juiz. Direito Comercial. Marca. Desuso. Proibição de importação do produto. Motivo de força maior. Caducidade. Inexistência. – Somente ofensa direta à Constituição Federal autoriza a admissão de recurso extraordinário. Na*

> *espécie, o Tribunal de origem decidiu a lide com base em normas infraconstitucionais, o que afasta a incidência da Súmula n.º 126 do STJ. – O incidente de uniformização de jurisprudência possui caráter preventivo, e não corretivo, pelo que a parte deve suscitá-lo nas razões do recurso ou até o seu julgamento. Precedentes. – O art. 476 do CPC não obriga o Tribunal a suscitar incidente de uniformização de jurisprudência. Precedentes. – O não acolhimento das teses contidas no recurso não implica em negativa de prestação jurisdicional, tampouco em deficiência de fundamentação, pois ao julgador cabe apreciar a questão conforme o que ele entender relevante à lide. Não está o Tribunal obrigado a julgar a questão posta a seu exame nos termos pleiteados pelas partes, mas sim com o seu livre convencimento, consoante dispõe o art. 131 do CPC, utilizando-se dos fatos, provas, jurisprudência, aspectos pertinentes ao tema e da legislação que entender aplicável ao caso. – A proibição de importação de produtos gera uma barreira que, se não é de todo intransponível, pode tornar econômica e/ou estrategicamente inviável a comercialização de tais produtos no Brasil, além de ser medida inesperada, de modo a configurar motivo de força maior, conforme previsto no art. 94 da Lei n.º 5.772/71, vigente à época dos fatos, apto a impedir que se opere a caducidade, por desuso, de marcas registradas no INPI. Recurso especial não conhecido (REsp 1.071.622-RJ, Rel. Min. Nancy Andrighi, DJ 03.02.2009).*

Sobre o art. 143, I da LPI, o STJ também já decidiu que, se uma empresa produz o produto no País, mas o destina ao mercado externo, tem direito ao registro da marca, não se justificando a declaração de caducidade nesse caso. Confira-se:

> *Recurso especial. Propriedade Industrial. Ação de anulação de registro de marca. Prescrição quinquenal. Ocorrência. Caducidade do registro (Lei 9.279/96, art. 143). Exportação do produto. Comprovação do uso no Brasil. Efetiva comercialização em território nacional. Argumento diverso levantado em contrarrazões. Ausência de uso efetivo da marca. Manutenção da caducidade reconhecida. Recurso desprovido. (...) II – De acordo com a Lei de Propriedade Industrial, uma vez passados cinco anos da concessão do registro, se requerida a sua caducidade, deve o titular da marca demonstrar que, na data do requerimento, já iniciou seu uso no Brasil, ou que, ainda que interrompido o seu uso, a interrupção não ultrapassou mais de cinco anos consecutivos, ou que não tenha, nesse prazo, feito uso com modificação que implique alteração de seu caráter distintivo original, sem que apresentadas razões legítimas. III –* ***Se o titular da marca registrada no Brasil industrializa, fabrica, elabora o produto em território nacional claramente inicia e faz uso da marca no Brasil, merecendo toda proteção legal, pois aqui empreende, gerando produção, empregos e riqueza, sendo indiferente que a mercadoria aqui produzida seja destinada ao mercado interno ou exclusivamente ao externo. Produzir no País o produto com a marca aqui registrada atende suficientemente ao requisito legal de "uso da marca iniciado no Brasil".*** *(REsp 1236218/RJ, Rel. Min. Raul Araújo, 4.ª Turma, j. 05.02.2015, DJe 11.06.2015).*

Tratando-se de marca coletiva, o art. 153 da LPI dispõe, sobre a caducidade, que ela também "será declarada se a marca coletiva não for usada por mais de uma pessoa autorizada, observado o disposto nos arts. 143 a 146". A regra se justifica porque a marca *é coletiva*, e não individual, razão pela qual deve servir ao uso de vários membros da entidade, e não de apenas um.

Como se depreende da leitura do art. 143 da LPI, a caducidade é declarada pelo INPI após regular processo administrativo, instaurado a requerimento de interessado. Em respeito ao contraditório e à ampla defesa, estabelece o § 2.º desse artigo que "o titular será intimado para se manifestar no prazo de 60 (sessenta) dias, cabendo--lhe o ônus de provar o uso da marca ou justificar seu desuso por razões legítimas". Veja-se, porém, que o ônus da prova cabe ao titular do registro de marca, e não do autor do requerimento de caducidade.

Por outro lado, dispõe o art. 145 da LPI que "não se conhecerá do requerimento de caducidade se o uso da marca tiver sido comprovado ou justificado seu desuso em processo anterior, requerido há menos de 5 (cinco) anos". Nesse caso, basta o titular do registro de marca indicar o processo administrativo anterior em que ele comprovou o uso da marca ou justificou seu desuso, o que obrigará o INPI a não conhecer do novo requerimento. Por fim, prevê o art. 146 da LPI que "da decisão que declarar ou denegar a caducidade caberá recurso".

O STJ já decidiu que o reconhecimento da caducidade da marca, ao contrário da declaração de sua nulidade, produz efeitos ex nunc, isto é, não retroagem.

> *Processo civil. Embargos de divergência em recurso especial. Deserção e ausência de representação processual inocorrentes. Civil. Propriedade industrial. Marca. Caducidade. Efeitos prospectivos (ex nunc). Finalidade da lei. (...) 5.* ***Já a caducidade do registro implica a declaração de determinada circunstância fática, que pode ser verificada pela inexistência de uso da marca desde seu registro ou pela interrupção do uso por prazo além do limite legal. Quando a condição para manutenção do registro deixa de existir, operam-se efeitos prospectivos (ex nunc).*** *6. A prospectividade dos efeitos da caducidade é a mais adequada à finalidade do registro industrial,* pois confere maior segurança jurídica aos agentes econômicos e desestimula a contrafação. 7. Embargos de divergência acolhidos para prevalecer a orientação do REsp 330.175/PR, que reconhece efeitos prospectivos (ex nunc) da declaração de caducidade da marca industrial (EREsp 964.780/SP, Rel. Min. Nancy Andrighi, 2.ª Seção, j. 10.08.2011, DJe 29.08.2011).

10.3.9.1. Renúncia ao registro de marca e continuidade de ação de nulidade: o caso Coca-Cola x Joca Cola

A 3ª Turma do STJ, no julgamento do REsp 1.832.148, entendeu que a renúncia ao registro de marca no INPI não acarreta a perda de objeto da ação de nulidade desse registro.

Uma indústria brasileira de refrigerantes registrou no INPI a marca Joca Cola, o que fez com que a famosa indústria americana titular da marca Coca-Cola ajuizasse ação de nulidade desse registro, requerendo ainda abstenção de uso e indenização por danos materiais e morais.

Em suas contestações, tanto a indústria brasileira ré quanto o próprio INPI requereram a extinção do processo por perda de objeto, em razão de ter sido homologada, administrativamente, a renúncia ao registro da marca Joca Cola.

Porém, tanto o juízo de primeiro grau quanto o tribunal regional entenderam que o processo deveria ter seguimento, o que resultou no julgamento de procedência dos pedidos de nulidade do registro e de abstenção do uso da marca Joca Cola, e de extinção, sem resolução do mérito, do pleito indenizatório.

No STJ, a decisão das instâncias ordinárias foi mantida sob a seguinte fundamentação: "como os efeitos decorrentes da renúncia ao registro operam-se prospectivamente – *ex nunc* –, sua extinção por esse motivo não enseja a perda do objeto da ação que veicula pretensão de declaração de nulidade da marca, pois a invalidação produz efeitos *ex tunc* – a partir da data do depósito do pedido (art. 167 da LPI)".

Segundo a relatora, Ministra Nancy, como o registro da marca Joca Cola valeu por certo tempo (entre a concessão e a homologação da renúncia), a declaração de sua nulidade é importante para "a necessária proteção de eventuais direitos e obrigações gerados durante a sua vigência".

11. INDICAÇÕES GEOGRÁFICAS

Como já mencionamos no início deste capítulo, a LPI, além de proteger os bens da propriedade industrial – invenção, modelo de utilidade, desenho industrial e marca –, também reprime a concorrência desleal – matéria relacionada ao direito econômico – e as falsas **indicações geográficas**.

De acordo com o art. 176 da LPI, "constitui indicação geográfica a indicação de procedência ou a denominação de origem". A repressão às falsas indicações geográficas é de extrema importância, uma vez que a indicação inverídica do local de origem ou de procedência do produto ou serviço pode induzir o consumidor a erro.

A indicação de procedência está disciplinada no art. 177 da LPI, que assim dispõe: "considera-se indicação de procedência o nome geográfico de país, cidade, região ou localidade de seu território, que se tenha tornado conhecido como centro de extração, produção ou fabricação de determinado produto ou de prestação de determinado serviço".

A denominação de origem, por sua vez, está disciplinada no art. 178 da LPI, que assim prescreve: "considera-se denominação de origem o nome geográfico de país, cidade, região ou localidade de seu território, que designe produto ou serviço cujas qualidades ou características se devam exclusiva ou essencialmente ao meio geográfico, incluídos fatores naturais e humanos".

A cidade de Franca, no estado de São Paulo, ficou muito famosa pela produção de calçados, razão pela qual foi reconhecida pelo INPI como indicação de procedência no que se refere a esse produto específico.

Já a região do Vale dos Vinhedos, no Rio Grande do Sul (municípios de Bento Gonçalves, Garibaldi e São Bento do Sul), tem características geográficas muito propícias para a produção de vinhos, razão pela qual foi reconhecida pelo INPI denominação de origem.

O art. 179 da LPI prevê ainda que "a proteção estender-se-á à representação gráfica ou figurativa da indicação geográfica, bem como à representação geográfica de país, cidade, região ou localidade de seu território cujo nome seja indicação geográfica".

Já o art. 180 da LPI faz uma ressalva à proteção legal, determinando que "quando o nome geográfico se houver tornado de uso comum, designando produto ou serviço, não será considerado indicação geográfica".

Não sendo o caso do art. 180, todavia, só podem usar a indicação geográfica aqueles produtores ou prestadores de serviços que (i) sejam estabelecidos no local e (ii) atendam requisitos de qualidade para tanto. É o que determina o art. 182 da LPI: "o uso da indicação geográfica é restrito aos produtores e prestadores de serviço estabelecidos no local, exigindo-se, ainda, em relação às denominações de origem, o atendimento de requisitos de qualidade".

O STJ já decidiu que o nome de um local considerado indicação geográfica não pode ser registrado como marca.

> – ***É permitido o registro de marca que utiliza nome geográfico, desde que esse nome seja utilizado como sinal evocativo e que não constitua indicação de procedência ou denominação de origem.***
>
> – *A proteção da marca tem um duplo objetivo. Por um lado, garante o interesse de seu titular. Por outro, protege o consumidor, que não pode ser enganado quanto ao produto que compra ou ao serviço que lhe é prestado. (REsp 989.105/PR, Rel. Min. Nancy Andrighi, 3.ª Turma, j. 08.09.2009, DJe 28.09.2009).*

No Brasil, podem-se destacar alguns locais que já foram reconhecidos pelo INPI como indicação geográfica.

Na área de artesanato, o INPI já conferiu registros de indicação geográfica para a região do Jalapão-TO (artesanatos em capim dourado), Goiabeiras-ES (panelas de barro), Pedro II-PI (opalas preciosas e joias artesanais), Cariri Paraibano-PB (renda Renascença), Divina Pastora-SE (renda de agulha em lacê) e São João del Rei-MG (peças artesanais em estanho).

Como a indicação geográfica se refere a uma região, o pedido de reconhecimento ao INPI geralmente é feito por uma entidade que congrega os interesses dos produtores ou prestadores de serviço da localidade (associação, cooperativa etc.). Por exemplo, no caso do Vale dos Vinhedos, o registro foi obtido pela *Aprovale*, a associação dos produtores de vinho locais, de modo que cabe a ela o controle dos produtos protegidos pela Indicação Geográfica do Vale dos Vinhedos e a sua gestão. Em suma: só poderão identificar seus produtos com a indicação geográfica os produtores que cumprirem os requisitos estabelecidos pela Aprovale, que no caso da denominação de origem são mais rigorosos que os da indicação de procedência.

De acordo com a Instrução Normativa 25/2013 do INPI, para que se reconheça um local como indicação de procedência, deve-se comprovar: (i) ter o nome geográfico se tornado conhecido como centro de extração, produção ou fabricação do produto ou de prestação de serviço; (ii) a existência de uma estrutura de controle sobre os produtores ou prestadores de serviços que tenham o direito ao uso exclusivo da indicação de procedência, bem como sobre o produto ou a prestação do serviço distinguido com a indicação de procedência; e (iii) estarem os produtores ou prestadores de serviços estabelecidos na área geográfica demarcada e exercendo, efetivamente, as atividades de produção ou prestação do serviço (art. 8º).

Por outro lado, para que se reconheça um local como denominação de origem, a referida Instrução Normativa exige comprovação: (i) de que a qualidade ou as características do produto ou serviço se devam exclusivamente ou essencialmente ao meio geográfico, incluindo fatores naturais e humanos; (ii) da descrição do processo ou método de obtenção do produto ou serviço, que devem ser locais, leais e constantes; (iii) da existência de uma estrutura de controle sobre os produtores ou prestadores de serviços que tenham o direito ao uso exclusivo da denominação de origem, bem como sobre o produto ou prestação do serviço distinguido com a Denominação de Origem; e (iv) de estarem os produtores ou prestadores de serviços estabelecidos na área geográfica demarcada e exercendo, efetivamente, as atividades de produção ou de prestação do serviço.

	Patente		Registro	
	Invenção	Modelo de utilidade	Desenho industrial	Marca
Duração	20 anos (mín. 10 anos)	15 anos (mín. 7 anos)	10 anos	10 anos
Prorrogação	Não admite		Prorrogável por até 3 períodos de 5 anos cada	Prorrogável sem limite (requer. 1 ano antes do término)
Licença	Cabe licença compulsória (não é pacífica a possibilidade de licença compulsória do desenho industrial)			Não admite
Requisitos	Novidade; Atividade inventiva; Aplicação industrial; Licitude.		Novidade; Originalidade; Licitude.	Novidade relativa; Não colidência; Licitude.

12. *TRADE DRESS* (CONJUNTO-IMAGEM)

A expressão *trade dress* é muito conhecida no âmbito do **direito de propriedade industrial.** Traduzida ao pé da letra, significa algo como "roupagem do negócio".

No Brasil, é comum se referir ao *trade dress* como o **conjunto-imagem** de um produto ou serviço: "o conjunto-imagem (*trade dress*) é a soma de elementos visuais e sensitivos que traduzem uma forma peculiar e suficientemente distintiva, vinculando-se à sua identidade visual, de apresentação do bem no mercado consumidor. (...) o denominado *trade dress*, não disciplinado na legislação nacional atual, tem por finalidade proteger o conjunto visual global de um produto ou a forma de prestação de um serviço. Materializa-se, portanto, pela associação de variados elementos que, conjugados, traduzem uma forma peculiar e suficientemente distintiva de inserção do bem no mercado consumidor, vinculando-se à identidade visual dos produtos ou serviços" (excertos do voto condutor do REsp 1.353.451).

Os tribunais brasileiros têm decidido que o *trade dress*, a despeito de não ter expressa previsão legal e não se confundir com outros direitos industriais (marca, desenho industrial e patentes), merece proteção jurídica quando a utilização indevida do conjunto-imagem puder causar confusão entre consumidores, caracterizando ato de **concorrência desleal**.

> PROPRIEDADE INDUSTRIAL. RECURSO ESPECIAL. CONJUNTO-IMAGEM (TRADE DRESS). COMERCIALIZAÇÃO DE PRODUTO AFIM. EMBALAGENS ASSEMELHADAS. CONCORRÊNCIA DESLEAL. ART. 209 DA LEI N. 9.279/1996 (LPI). PERÍCIA TÉCNICA REQUERIDA. DISPENSA INJUSTIFICADA. CERCEAMENTO DE DEFESA CONFIGURADO. RECURSO ESPECIAL CONHECIDO E PROVIDO.
>
> (...)
>
> 3. **Embora não disciplinado na Lei n. 9.279/1996, o conjunto-imagem de bens e produtos é passível de proteção judicial quando a utilização de conjunto similar resulte em ato de concorrência desleal, em razão de confusão ou associação com bens e produtos concorrentes (art. 209 da LPI).**
>
> (...)
>
> (REsp 1353451/MG, Rel. Ministro MARCO AURÉLIO BELLIZZE, TERCEIRA TURMA, julgado em 19/09/2017, DJe 28/09/2017)

> RECURSO ESPECIAL. PROPRIEDADE INDUSTRIAL. CONCORRÊNCIA DESLEAL. VIOLAÇÃO DE TRADE DRESS. AÇÃO COMINATÓRIA E DE REPARAÇÃO POR ATO ILÍCITO. PROTEÇÃO DO CONJUNTO-IMAGEM. LEI DE PROPRIEDADE INDUSTRIAL E CÓDIGO DE DEFESA DO CONSUMIDOR. FUNCIONALIDADE, DISTINTIVIDADE E CONFUSÃO OU ASSOCIAÇÃO INDEVIDA. PRESSUPOSTOS. PREMISSAS FÁTICAS ASSENTADAS PELOS JUÍZOS DE ORIGEM. VALORAÇÃO JURÍDICA DA PROVA. NECESSIDADE DE REPARAÇÃO DO DANO MATERIAL.
>
> (...)
>
> 3 - **A despeito da ausência de expressa previsão no ordenamento jurídico pátrio acerca da proteção ao trade dress, é inegável que o arcabouço legal brasileiro confere amparo ao conjunto-imagem, sobretudo porque sua usurpação encontra óbice na repressão da concorrência desleal. Incidência de normas de direito de propriedade industrial, de direito do consumidor e do Código Civil.**
>
> (...)
>
> (REsp 1677787/SC, Rel. Ministra NANCY ANDRIGHI, TERCEIRA TURMA, julgado em 26/09/2017, DJe 02/10/2017)

Em resumo: ocorre a violação do *trade dress* quando um concorrente não copia exatamente a marca ou o desenho industrial de outro empresário, mas **imita sutilmente** uma série de características de um produto ou o *modus operandi* da prestação de um serviço.

Para a caracterização da violação do *trade dress*, o STJ tem entendido ser imprescindível a produção de prova técnica.

> RECURSO ESPECIAL. USO INDEVIDO DE MARCA. PROPRIEDADE INDUSTRIAL. CONJUNTO-IMAGEM (TRADE DRESS). COMPARAÇÃO NECESSIDADE DE PRODUÇÃO DE PROVA TÉCNICA. ACÓRDÃO RECORRIDO FUNDAMENTADO EM SIMPLES OBSERVAÇÃO DAS EMBALAGENS DOS PRODUTOS EM CONFRONTO. DIREITO À PRODUÇÃO DE PROVA.
>
> 1. **A fim de se concluir pela existência de concorrência desleal decorrente da utilização indevida do conjunto-imagem de produto da concorrente é**

> **necessária a produção de prova técnica (CPC/73, art. 145)**. O indeferimento de perícia oportunamente requerida para tal fim caracteriza cerceamento de defesa.
>
> 2. Recurso especial provido.
>
> (REsp 1778910/SP, Rel. Ministra MARIA ISABEL GALLOTTI, QUARTA TURMA, julgado em 06/12/2018, DJe 19/12/2018)

> PROPRIEDADE INDUSTRIAL. RECURSO ESPECIAL. CONJUNTO-IMAGEM (TRADE DRESS). COMERCIALIZAÇÃO DE PRODUTO AFIM. EMBALAGENS ASSEMELHADAS. CONCORRÊNCIA DESLEAL. ART. 209 DA LEI N. 9.279/1996 (LPI). PERÍCIA TÉCNICA REQUERIDA. DISPENSA INJUSTIFICADA. CERCEAMENTO DE DEFESA CONFIGURADO. RECURSO ESPECIAL CONHECIDO E PROVIDO.
>
> (...)
>
> 5. A confusão que caracteriza concorrência desleal é questão fática, sujeita a exame técnico, a fim de averiguar o mercado em que inserido o bem e serviço e o resultado da entrada de novo produto na competição, de modo a se alcançar a imprevisibilidade da conduta anticompetitiva aos olhos do mercado.
>
> 6. O indeferimento de prova técnica, para utilizar-se de máximas da experiência como substitutivo de prova, é conduta que cerceia o direito de ampla defesa das partes.
>
> 7. Recurso especial conhecido e provido.
>
> (REsp 1353451/MG, Rel. Ministro MARCO AURÉLIO BELLIZZE, TERCEIRA TURMA, julgado em 19/09/2017, DJe 28/09/2017)

E para que se configure realmente a ilicitude por uso indevido de *trade dress*, o STJ já decidiu o seguinte, no julgamento do caso Loungerie *versus* Hope:

> RECURSO ESPECIAL. PROPRIEDADE INTELECTUAL E CONCORRÊNCIA DESLEAL. AÇÃO DE ABSTENÇÃO DE USO E INDENIZATÓRIA. PEÇAS DE VESTUÁRIO ÍNTIMO FEMININO. POSSIBILIDADE, EM TESE, DE INCIDÊNCIA DA LEI 9.610/98. DIREITO AUTORAL. AUSÊNCIA DE VIOLAÇÃO. ORIGINALIDADE NÃO CONSTATADA. CONCORRÊNCIA DESLEAL. VIOLAÇÃO DE TRADE DRESS. DISTINTIVIDADE. AUSÊNCIA. CONFUSÃO NO PÚBLICO CONSUMIDOR NÃO VERIFICADA. SÚMULA 211/STJ. SÚMULA 284/STF. SÚMULA 7/STJ.
>
> (...)
>
> 8. **Para configuração da prática de atos de concorrência desleal derivados de imitação de *trade dress*, não basta que o titular, simplesmente, comprove que utiliza determinado conjunto-imagem, sendo necessária a observância de alguns pressupostos para garantia da proteção jurídica (ausência de caráter meramente funcional, distintividade, confusão ou associação indevida e anterioridade de uso)**.
>
> (...)
>
> (REsp 1943690/SP, Rel. Ministra NANCY ANDRIGHI, TERCEIRA TURMA, julgado em 19/10/2021, DJe 22/10/2021)

Outros casos conhecidos de disputas judiciais em que se discutiu a violação ao *trade dress* foram os que envolveram a *Mr. Cat* contra a *Mr. Foot* (esta foi acusada de imitar as embalagens, a arquitetura das lojas etc.) e o *Spoleto* contra o *Gepeto* (este teve que repaginar seu estabelecimento após ser acusado de imitar o *layout* do concorrente).

Não posso deixar de externar minha opinião sobre o assunto, que obviamente é contrária ao pensamento dominante, dada a minha visão muito particular sobre a "propriedade" intelectual. Essas decisões sobre *trade dress*, ao contrário do que dizem, não protegem os consumidores, mas os prejudicam, porque impedem que empresas sofram concorrência de "imitadores", e diminuição de concorrência é algo que jamais pode ser benéfico para o consumidor. Quase sempre o que há é a proteção estatal de mero capricho de empresários estabelecidos no mercado, com limitação indevida à livre iniciativa e à livre concorrência. Ora, é normal que empresários imitem modelos de negócios bem-sucedidos, e os consumidores sabem, na maioria das vezes, fazer a devida distinção. É preferível a competitividade decorrente da livre imitação ao monopólio decorrente da proteção exagerada ao *trade dress*.

13. CONCORRÊNCIA DESLEAL[126]

Inicialmente, é importante relembrar a distinção entre **concorrência desleal** e **infração concorrencial**: aquela é reprimida civil e criminalmente nos termos da LPI e trata de condutas que atingem um concorrente *in concreto* (venda de produto pirata, por exemplo); esta é reprimida administrativamente pelo CADE (Conselho Administrativo de Defesa Econômica) nos termos da Lei Antitruste (Lei 12.529/2011) e se refere às chamadas infrações contra a ordem econômica, condutas que atingem a concorrência *in abstrato* (cartelização, por exemplo).

As regras internacionais sobre o assunto definem genericamente a concorrência desleal como os atos contrários aos "usos honestos em matéria industrial ou comercial" (CUP) e a "práticas comerciais honestas" (TRIPS), devendo os estados-membros reprimirem especialmente os atos que estabelecem "confusão" com estabelecimentos e produtos, as "falsas afirmações no exercício do comércio" e as afirmações que possam "induzir o público em erro".

13.1. Crimes de concorrência desleal

De acordo com o art. 195 da LPI, "comete crime de concorrência desleal quem: I - publica, por qualquer meio, falsa afirmação, em detrimento de concorrente, com o fim de obter vantagem; II - presta ou divulga, acerca de concorrente, falsa informação, com o fim de obter vantagem; III - emprega meio fraudulento, para desviar, em proveito próprio ou alheio, clientela de outrem; IV - usa expressão ou sinal de propaganda alheios, ou os imita, de modo a criar confusão entre os produtos ou estabelecimentos; V - usa, indevidamente, nome comercial, título de estabelecimento ou insígnia alheios ou vende, expõe ou oferece à venda ou tem em estoque produto com essas referências; VI - substitui, pelo seu próprio nome ou razão social, em produto de outrem, o nome ou razão social deste, sem o seu consentimento; VII - atribui-se, como meio de propaganda, recompensa ou distinção que não obteve; VIII - vende ou expõe ou oferece à venda, em re-

[126] Para um estudo mais aprofundado do assunto, incluindo os crimes contra a propriedade industrial, confira-se: RAMOS, André Luiz Santa Cruz; GUTERRES, Thiago Martins. *Lei de propriedade industrial comentada*. Salvador: JusPodivm, 2016.

cipiente ou invólucro de outrem, produto adulterado ou falsificado, ou dele se utiliza para negociar com produto da mesma espécie, embora não adulterado ou falsificado, se o fato não constitui crime mais grave; IX – dá ou promete dinheiro ou outra utilidade a empregado de concorrente, para que o empregado, faltando ao dever do emprego, lhe proporcione vantagem; X – recebe dinheiro ou outra utilidade, ou aceita promessa de paga ou recompensa, para, faltando ao dever de empregado, proporcionar vantagem a concorrente do empregador; XI – divulga, explora ou utiliza-se, sem autorização, de conhecimentos, informações ou dados confidenciais, utilizáveis na indústria, comércio ou prestação de serviços, excluídos aqueles que sejam de conhecimento público ou que sejam evidentes para um técnico no assunto, a que teve acesso mediante relação contratual ou empregatícia, mesmo após o término do contrato; XII – divulga, explora ou utiliza-se, sem autorização, de conhecimentos ou informações a que se refere o inciso anterior, obtidos por meios ilícitos ou a que teve acesso mediante fraude; XIII – vende, expõe ou oferece à venda produto, declarando ser objeto de patente depositada, ou concedida, ou de desenho industrial registrado, que não o seja, ou menciona-o, em anúncio ou papel comercial, como depositado ou patenteado, ou registrado, sem o ser; XIV – divulga, explora ou utiliza-se, sem autorização, de resultados de testes ou outros dados não divulgados, cuja elaboração envolva esforço considerável e que tenham sido apresentados a entidades governamentais como condição para aprovar a comercialização de produtos. Pena – detenção, de 3 (três) meses a 1 (um) ano, ou multa. § 1º Inclui-se nas hipóteses a que se referem os incisos XI e XII o empregador, sócio ou administrador da empresa, que incorrer nas tipificações estabelecidas nos mencionados dispositivos. § 2º O disposto no inciso XIV não se aplica quanto à divulgação por órgão governamental competente para autorizar a comercialização de produto, quando necessário para proteger o público".

É muito importante destacar que, **para a doutrina especializada, concorrência desleal depende de concorrência efetiva**. Isso significa que alguns elementos precisam ser preenchidos para caracterização da deslealdade, ou seja, a concorrência desleal deve ser: a) **simultânea** (não pode haver deslealdade em relação a estabelecimento que já encerrou suas atividades, por exemplo), b) **na mesma área de atuação** (não há como haver deslealdade entre uma padaria e uma farmácia) e c) **no mesmo âmbito geográfico** (não pode haver concorrência ilícita entre, por exemplo, restaurantes que se situam em cidades distantes uma da outra).

13.2. Parasitismo

Questão polêmica quando se trata de concorrência desleal é o parasitismo, conduta do empresário que se utiliza sutilmente de ativos intangíveis de outro empresário, tentando pegar carona no sucesso deste (*freeriding*), mas sem incorrer no desvio de clientela, já que eles não concorrem diretamente (por exemplo: lanchonetes chamadas *Faceburger*, em clara alusão à rede social *Facebook*).

A melhor forma de distinguir a concorrência desleal e o parasitismo é a seguinte: (i) há concorrência desleal quando existe concorrência efetiva, de modo que o infrator está realmente desviando clientela por meios ilícitos; e (ii) há parasitismo quando **não** existe concorrência efetiva (por exemplo, estabelecimentos com áreas distintas de atuação ou geograficamente muito distantes), de modo que o infrator não está desviando clientela, mas apenas pegando carona no sucesso alheio para conquistar mercado.

Há autores, porém, que subdividem o parasitismo em (i) **concorrência desleal parasitária** e (ii) **mero aproveitamento parasitário**. Para eles, a diferença estaria no fato de que na primeira a apropriação intelectual alheia tem o potencial de causar confusão entre os consumidores (por exemplo, se um restaurante usa o nome de outro estabelecido em estado distinto e muito distante não estará, obviamente, desviando clientela, mas consumidores podem pensar tratar-se de uma filial). Em contrapartida, no segundo, além de não haver desvio de clientela, também não há possibilidade de confusão entre os consumidores (por exemplo, dificilmente um consumidor de uma lanchonete chamada *Faceburger* acha que está consumindo produto da rede social *Facebook*).

Enfim, a distinção entre a concorrência desleal parasitária e o mero aproveitamento parasitário (este considerado por alguns uma conduta legítima) é importante, e é preciso ter cuidado para que a repressão ao parasitismo não se transforme em proteção estatal de mero capricho de competidor estabelecido no mercado, com limitação indevida à livre iniciativa e à livre concorrência.

13.3. Publicidade comparativa

Segundo o STJ, um empresário pode fazer uma publicidade comparando o seu produto com o do concorrente, desde que (i) não seja enganosa ou abusiva, (ii) não denigra a imagem ou gere confusão entre os produtos ou serviços comparados, acarretando degenerescência ou desvio de clientela, (iii) não configure hipótese de concorrência desleal e (iv) não peque pela subjetividade ou falsidade das informações. A propósito, confiram-se os seguintes julgados:

> *Recurso especial. Direito civil. Ação indenizatória. Responsabilidade civil. Danos morais. Pessoa jurídica. Direito à imagem. Matéria jornalística. Divulgação de pesquisa de opinião pública. Predileção dos leitores por jornais locais. Menção expressa ao nome fantasia dos jornais concorrentes e dos resultados por eles obtidos na pesquisa. Ausência de autorização prévia. Prescindibilidade no caso. Arts. 17, 18 e 52 do Código Civil. Concorrência desleal. Art. 195, inciso III, da Lei n.º 9.279/1996. Não ocorrência. Publicidade comparativa. Possibilidade. Situação fática de natureza distinta. Licitude do ato. Inexistência do dever de indenizar. 1. Ação indenizatória, por danos morais, movida por editora jornalística em desfavor de concorrente que promoveu a divulgação de pesquisa de opinião indicativa da preferência da comunidade local pela leitura desse mesmo impresso, com menção expressa e não autorizada de seu nome e respectivo desempenho apurado na citada pesquisa. 2. Recurso especial que veicula a pretensão de que seja reconhecida a configuração de danos morais indenizáveis decorrentes do uso não autorizado do nome da autora em notícia veiculada por sua concorrente, sob o fundamento de que tal proceder consistiria em ofensa aos seus direitos de personalidade, concorrência desleal e proibida espécie de publicidade comparativa. 3. O direito ao nome é parte integrante dos direitos de personalidade tanto das pessoas físicas quanto das pessoas jurídicas, constituindo o motivo pelo qual o nome (empresarial*

ou fantasia) de pessoa jurídica não pode ser empregado por outrem em publicações ou representações que a exponham ao desprezo público nem tampouco utilizado por terceiro, sem sua autorização prévia, em propaganda comercial. 4. A inexistência de norma expressa vedando a modalidade comparativa de publicidade revela sua aceitação pelo ordenamento jurídico brasileiro, mas não isenta o responsável por sua utilização de observar as regras atinentes à proteção dos direitos do consumidor e da propriedade intelectual. 5. ***Consoante a jurisprudência desta Corte, a publicidade comparativa, apesar de ser de utilização aceita, encontra limites na vedação à propaganda (i) enganosa ou abusiva; (ii) que denigra a imagem ou gere confusão entre os produtos ou serviços comparados, acarretando degenerescência ou desvio de clientela; (iii) que configure hipótese de concorrência desleal e (iv) que peque pela subjetividade e/ou falsidade das informações.*** *6. Na hipótese vertente, a divulgação objetiva do resultado de pesquisa de opinião, ainda que movida pela intenção de tornar público a apurada predileção dos leitores de determinada municipalidade pelo próprio veículo de comunicação jornalística divulgador frente aos seus concorrentes diretos, não constituiu hipótese de concorrência desleal de que trata o art. 195 da Lei n.º 9.279/1996 e, pela forma como foi promovida em concreto, além de não ter ofendido nenhum direito de personalidade da pessoa jurídica recorrente, também não assumiu natureza de propaganda comercial, pelo que não há falar em dano moral indenizável. 7. Recurso especial não provido (REsp 1.481.124/SC, Rel. Min. Ricardo Villas Bôas Cueva, j. 07.04.2015, DJe 13.04.2015).*

Recurso especial. Direito marcário, concorrencial e do consumidor. Ação de abstenção de uso de marca, reparação por danos materiais e compensação por danos morais. prequestionamento. Ausência. Súmula 282/STF. Publicidade comparativa. ausência de vedação legal. Ponderação entre os interesses do titular da *marca comparada e os do público consumidor. Impossibilidade de revolvimento do acervo fático-probatório. Conclusões do acórdão recorrido que não destoam das premissas legais e teóricas ora fixadas. 1 – Ação ajuizada em 31/3/2010. Recurso especial interposto em 17/12/2013 e atribuído ao Gabinete em 25/8/2016. 2 – O propósito recursal é definir se a estratégia de marketing utilizada pela recorrida, baseada em publicidade comparativa, violou direito marcário titulado pelas recorrentes. 3 – A ausência de decisão acerca dos dispositivos legais indicados como violados impede, quanto às normas por eles veiculadas, o conhecimento do recurso especial.* ***4 – A publicidade comparativa pode ser definida como método ou técnica de confronto empregado para enaltecer as qualidades ou o preço de produtos ou serviços anunciados em relação a produtos ou serviços de um ou mais concorrentes, explícita ou implicitamente, com o objetivo de diminuir o poder de atração da concorrência frente ao público consumidor. 5 – A despeito da ausência de abordagem legal específica acerca da matéria, a publicidade comparativa é aceita pelo ordenamento jurídico pátrio, desde que observadas determinadas regras e princípios concernentes ao direito do consumidor, ao direito marcário e ao direito concorrencial, sendo vedada a veiculação de propaganda comercial enganosa ou abusiva, que denigra a imagem da marca comparada, que configure concorrência desleal ou que cause confusão no consumidor. Precedentes.*** *6 – Na hipótese dos autos, conforme as premissas fáticas assentadas pelo juízo de origem – soberano no exame do acervo probatório –, verifica-se que a publicidade comparativa veiculada pela recorrida não violou os ditames da boa-fé, foi realizada com propósito informativo e em benefício do consumidor, não tendo sido constatada a prática de atos de concorrência desleal, tampouco de atos que tenham denegrido a marca ou a imagem dos produtos das recorrentes. 7 – Recurso especial não provido. (REsp 1668550/RJ, Rel. Ministra Nancy Andrighi, Terceira Turma, julgado em 23.05.2017,* DJe *26.05.2017).*

13.4. Repressão civil à concorrência desleal

O art. 195 da LPI, como vimos, elenca modalidades específicas de concorrência desleal, tipificadas como crimes (**concorrência desleal específica**). O art. 209 da LPI, por outro lado, contém uma cláusula genérica de concorrência desleal, não tipificada como crime (**concorrência desleal genérica**), que ressalva ao prejudicado o "direito de haver perdas e danos em ressarcimento de prejuízos causados por atos de violação de direitos de propriedade industrial e atos de concorrência desleal não previstos nesta Lei, **tendentes a prejudicar a reputação ou os negócios alheios, a criar confusão entre estabelecimentos comerciais, industriais ou prestadores de serviço, ou entre os produtos e serviços postos no comércio**". A ação cível, vale destacar, independe da criminal (art. 207 da LPI).

Segundo o art. 208, "a indenização será determinada pelos benefícios que o prejudicado teria auferido se a violação não tivesse ocorrido", o que não é nada mais do que a aplicação do critério genérico para o cálculo de perdas e danos previsto no art. 402 do Código Civil (prejuízo efetivo mais lucros cessantes). Já o art. 210 inova em relação às regras gerais de responsabilidade civil ao estabelecer critérios específicos para o cálculo dos lucros cessantes. São eles: "I) os benefícios que o prejudicado teria auferido se a violação não tivesse ocorrido; ou II) os benefícios que foram auferidos pelo autor da violação do direito; ou III) a remuneração que o autor da violação teria pago ao titular do direito violado pela concessão de uma licença que lhe permitisse legalmente explorar o bem." Cabe ao juiz aplicar sempre o **critério mais favorável ao prejudicado**, ou seja, aquele que resultar no maior valor de indenização.

4

DIREITO SOCIETÁRIO

"O teste dificilmente falha. Aborde uma pessoa relativamente culta e pergunte a ela o que os termos 'mercado', 'livre mercado' e 'mercado desregulamentado' lhe trazem à mente. O conteúdo e o grau de tergiversação da resposta podem variar, porém a conclusão final será quase sempre a mesma: 'mercado' significa 'bolsa de valores' (talvez porque o termo 'mercado financeiro' é sempre utilizado pela mídia) e 'mercado desregulamentado' é sinônimo de um sistema em que agentes financeiros poderosos, especuladores inescrupulosos e grandes corporações estão totalmente livres para fazer o que bem entenderem, sem o mínimo de respeito às leis, ao investidor e ao consumidor.

Com um cenário desse em mente, não é difícil entender por que o capitalismo não é bem visto e por que o termo 'regulamentação' exerce um fascínio mágico, quase erótico, mesmo sobre os mais bem informados." (*Leandro Roque*, em *Algumas considerações sobre capitalismo, livre mercado e bolsa de valores*)

1. INTRODUÇÃO

Sucintamente, pode-se dizer que **o direito societário compreende o estudo das sociedades**. E as **sociedades**, por sua vez, são **pessoas jurídicas de direito privado**, decorrentes da união de pessoas, que possuem **fins econômicos**, ou seja, são constituídas com a finalidade de exploração de uma atividade econômica e **repartição dos lucros** entre seus membros.

Com efeito, de acordo com o art. 44 do Código Civil, "são pessoas jurídicas de direito privado: (...) II – as sociedades". O art. 981 do Código Civil, por sua vez, dispõe que "celebram contrato de sociedade as pessoas que reciprocamente se obrigam a contribuir, com bens ou serviços,[1] para o exercício de atividade econômica e a partilha, entre si, dos resultados".

---

[1] Embora o *caput* do art. 981 mencione a possibilidade de os sócios contribuírem com bens ou serviços para a constituição da sociedade, deve-se ressalvar que **certos tipos societários não admitem a contribuição em serviços**, como ocorre, por exemplo, com a sociedade limitada (art. 1.055, § 2.º, do CC) e com a sociedade anônima (art. 7.º da Lei 6.404/1976).

Assim, são justamente a finalidade econômica e o intuito lucrativo as características que diferenciam as sociedades das associações: ambas são pessoas jurídicas de direito privado decorrentes da união de pessoas (*universitas personarum*), mas o traço diferencial entre elas é o fato de que a sociedade exerce atividade econômica e visa à partilha de lucros entre seus sócios (art. 981 do Código Civil), enquanto a **associação não possui fins econômicos** e, consequentemente, **não distribui lucros entre seus associados** (art. 53 do Código Civil).

1.1. Pluralidade de sócios

Ao usar a expressão "pessoas", no plural, o art. 981 do Código Civil indica que as sociedades pressupõem a **pluralidade de sócios**, isto é, para sua constituição, em regra, seria preciso haver dois ou mais sócios, sendo vedada, em princípio, a criação de sociedade unipessoal.

Há, porém, exceções (sociedades unipessoais) expressamente previstas em lei. Trata-se da sociedade subsidiária integral, espécie de sociedade anônima que tem como único sócio uma sociedade brasileira (art. 251, § 2.º, da LSA), da sociedade unipessoal de advocacia (art. 15 da Lei 8.906/1994, com a redação dada pela Lei 13.247/2016) e da sociedade limitada unipessoal (art. 1.052, §§ 1º e 2º, acrescentados ao Código Civil pela Le 13.874/2019, a Lei da Liberdade Econômica).[2]

Ademais, após a Lei 14.195/2021, parece-me que a questão da exigência de pluralidade de sócios para constituição de sociedades, no Brasil, precisa ser reexaminada, em razão da revogação do inciso IV e do parágrafo único do art. 1.033 do Código Civil.

O inciso IV estabelecia, como causa de dissolução das sociedades contratuais, a unipessoalidade não corrigida no prazo de 180 dias. Já o parágrafo único permitia que o sócio remanescente, em caso de unipessoalidade, fizesse uma transformação para empresário individual ou EIRELI, a fim de evitar a dissolução.

Com a revogação dessas regras, a unipessoalidade, que já não é causa de dissolução da sociedade limitada desde que a Lei 13.874/2019 (Lei da Liberdade Econômica) inseriu os §§ 1º e 2º no art. 1.052 do Código Civil), também deixa de ser causa de dissolução da sociedade simples e da sociedade em nome coletivo?[3] Parece-me que há duas interpretações possíveis, que conduzem a resultados distintos.

A primeira interpretação para a revogação do inciso IV do art. 1.033 do Código Civil é a seguinte: as sociedades contratuais não mais se dissolvem em razão da unipessoalidade, e consequentemente também podem ser constituídas por apenas

---

2 Alguns doutrinadores ainda apontam o caso da empresa pública unipessoal, na qual toda a participação societária fica concentrada em poder de uma pessoa jurídica de direito público.

3 A sociedade em comandita simples continua não admitindo a unipessoalidade, em razão da necessidade de ter mais de uma categoria de sócios (confira-se, a propósito, o inciso II do art. 1.051 do Código Civil, que prevê a dissolução da sociedade em comandita simples "quando por mais de cento e oitenta dias perdurar a falta de uma das categorias de sócio"). As sociedades por ações, com exceção da já mencionada subsidiária integral, também continuam não admitindo a unipessoalidade (confira-se, a propósito, a alínea 'd' do inciso I do art. 206 da Lei 6.404/1976, que prevê a dissolução da companhia "pela existência de 1 (um) único acionista, verificada em assembléia-geral ordinária, se o mínimo de 2 (dois) não for reconstituído até a do ano seguinte").

um sócio, tal como já ocorre com a sociedade limitada, esta por expressa previsão legal (art. 1.052, §§ 1º e 2º do Código Civil). O problema dessa interpretação é que o *caput* do art. 981 do Código Civil não foi alterado, continuando a usar a expressão "pessoas", no plural (a alteração da sua redação, constante da Lei 14.195/2021, foi vetada).

Podemos também interpretar a revogação do inciso IV do art. 1.033 do Código Civil da seguinte forma: as sociedades contratuais continuam sendo dissolvidas pela unipessoalidade não corrigida, mas o prazo para tal correção, com a reconstituição da pluralidade de sócios, passa a ser aquele previsto na Lei 6.404/1976, cuja regra respectiva se aplicaria por analogia. Assim, nos termos a alínea 'd' do inciso I do art. 206 da LSA, a sociedade simples ou a sociedade em nome coletivo que ficar com apenas um sócio deve reconstituir a pluralidade de sócios até a reunião ou assembleia ordinária do ano seguinte.

1.2. *Holding*

Ainda sobre a expressão "pessoas" constante do *caput* do art. 981 do Código Civil, destaque-se que ela abrange tanto as pessoas físicas quanto as pessoas jurídicas, de modo que uma sociedade pode ter como sócio uma outra sociedade, algo até comum na praxe empresarial.

Quando isso ocorre, isto é, quando **uma sociedade é sócia de outra sociedade**, atribui-se àquela a qualificação de *holding* (sociedade que tem por objeto social participar de outras sociedades).

Se o objeto social da sociedade é apenas participar de outras sociedades, tem-se uma ***holding* pura**; se, além da participação em outras sociedades, o objeto social também envolve o exercício de uma atividade econômica, tem-se uma ***holding* mista**.

> *Holding* pura: sociedade empresária que tem por objeto social tão somente a participação em outras sociedades.
>
> *Holding* mista: também chamada de *holding* operadora, trata-se de sociedade empresária que tem por objeto social a participação em outras sociedades e também a exploração de outras atividades econômicas.

1.3. Sociedade de Propósito Específico (SPE)

De acordo com o art. 981, parágrafo único, do Código Civil, "a atividade *[da sociedade]* pode restringir-se à realização de um ou mais negócios determinados". Trata-se do que se chama, na praxe empresarial, de "sociedade de propósito específico" (SPE).

A sociedade de propósito específico (SPE) não é, na verdade, um novo tipo societário[4], mas apenas uma sociedade empresária – geralmente uma sociedade limi-

---

4 Os manuais de registro da IN 81 do DREI deixam isso claro, ao afirmarem que "o fato de a sociedade caracterizar-se como Sociedade de Propósito Específico não altera a análise pela Junta Comercial para fins de registro, que ficará adstrita aos aspectos formais aplicáveis ao tipo societário", conforme o caso.

tada ou uma sociedade anônima – que **terá objeto social único**, exclusivo, conforme seu próprio nome já indica. Será constituída, pois, para desenvolver determinado projeto, sendo um mero instrumento de sua controladora para o atingimento de tal finalidade.

Em alguns casos, a constituição de SPE é **obrigatória**. É o que ocorre, por exemplo, no caso das famosas **Parcerias Público-Privadas** (PPPs). Com efeito, a Lei 11.079/2004 determina, em seu art. 9.º, que "antes da celebração do contrato, deverá ser constituída sociedade de propósito específico, incumbida de implantar e gerir o objeto da parceria".

2. SOCIEDADES SIMPLES × SOCIEDADES EMPRESÁRIAS

Quando abordamos, no capítulo 2, o conceito de empresário estabelecido pelo art. 966 do Código Civil, observamos que o empresário pode ser *pessoa física* ou *pessoa jurídica*. No primeiro caso, estaremos diante da figura do *empresário individual*. Quando, todavia, a empresa for exercida por uma pessoa jurídica, estaremos diante de uma *sociedade empresária*.

Obviamente, a atuação das sociedades empresárias no mercado sempre foi muito mais relevante do que a atuação dos empresários individuais. Estes, não raro, se dedicam a pequenos empreendimentos, cabendo às sociedades empresárias, em contrapartida, os empreendimentos de médio e grande porte, além de muitos dos pequenos empreendimentos, também. E a razão para que a presença das sociedades empresárias no mercado seja historicamente mais marcante que a dos empresários individuais é simples: os empreendedores sempre procuram minimizar seu risco empresarial, e a melhor forma de fazê-lo é constituindo uma pessoa jurídica, uma vez que nesse caso haverá a separação patrimonial e a possibilidade de limitação de responsabilidade[5].

Segundo o Código Civil, consideram-se pessoas jurídicas de direito privado as *associações*, as *fundações*, as *sociedades*, os *partidos políticos*, as *organizações religiosas e a EIRELI* (art. 44).[6] É claro que, quando tratamos das pessoas jurídicas que exercem atividade empresarial, como faremos no presente capítulo, só devemos nos preocupar com o estudo das *sociedades*, uma vez que se trata da única espécie de pessoa jurídica de direito privado que possui como característica o escopo negocial, a finalidade lucrativa.

[5] "Como já se adivinha, o empresário (pessoa natural) será uma exceção quase-unânime quanto à forma do exercício da atividade empresarial, uma vez que, preferencialmente, deverão os interessados adotar um dos tipos societários disponíveis (preponderantemente, a sociedade limitada e a sociedade por ações) para o fim de alcançarem limitação patrimonial da responsabilidade diante de terceiros." (VERÇOSA, Haroldo Malheiros Duclerc. *Curso de direito comercial*. São Paulo: Malheiros, 2004. p. 187. v. 1.)

[6] Tradicionalmente, sempre foram apenas três as pessoas jurídicas de direito privado: associações, fundações e sociedades. Todavia, a Lei 10.825/2003 acrescentou dois incisos ao art. 44 do Código Civil, estipulando que partidos políticos e organizações religiosas, que sempre foram considerados espécies de associação, passam a ser considerados categorias autônomas de pessoa jurídica de direito privado. Posteriormente, a Lei 12.441/2011 acrescentou mais um inciso ao art. 44 da Código Civil, prevendo a EIRELI (empresa individual de responsabilidade limitada) como nova espécie de pessoa jurídica de direito privado (esse dispositivo foi tacitamente revogado pela Lei 14.195/2021 e expressamente revogado pela Medida Provisória 1.085/2021).

Do que se afirmou nos parágrafos anteriores, poder-se-ia concluir o seguinte: sendo a sociedade a espécie de pessoa jurídica que se diferencia das demais pelo fato de exercer atividade econômica e possuir finalidade lucrativa, e sendo o empresário a pessoa física ou jurídica que exerce profissionalmente atividade econômica organizada, toda sociedade é empresária. A conclusão, que parece óbvia, ostenta um pequeno, mas relevante equívoco: conforme já destacamos nos capítulos I e II, **nem toda atividade econômica configura atividade *empresarial***, já que nesta é imprescindível o elemento da *organização dos fatores de produção*.

Portanto, assim como nem todas as pessoas físicas que exploram atividade econômica são qualificadas como empresários individuais (cite-se, por exemplo, o profissional intelectual – art. 966, parágrafo único, do Código Civil), **não são todas as sociedades que podem ser qualificadas como sociedades empresárias**. Assim, as sociedades podem ser de duas categorias: a) *sociedades simples*, que são aquelas que exploram atividade econômica não empresarial, como as sociedades uniprofissionais estudadas no capítulo 2; b) *sociedades empresárias*, que exploram atividade empresarial, ou seja, exercem profissionalmente atividade econômica organizada para a produção ou a circulação de bens ou de serviços (art. 966 do Código Civil). Interessa ao direito empresarial, especificamente, o estudo da *sociedade empresária*.

O Código Civil estabelece, em seu art. 982, que "salvo as exceções expressas, considera-se empresária a sociedade que tem por objeto o exercício de atividade própria de empresário sujeito a registro (art. 967); e, simples, as demais". Isso mostra que, em regra, o que define uma sociedade como empresária ou simples é o seu **objeto social**: se este for explorado com empresarialidade (profissionalismo e organização dos fatores de produção), a sociedade será empresária; ausente a empresarialidade, ter-se-á uma sociedade simples. Há apenas duas exceções a essa regra, previstas no parágrafo único do art. 982, o qual prevê que "independentemente de seu objeto, considerase empresária a sociedade por ações; e, simples, a cooperativa". Assim, a sociedade por ações (por exemplo, uma sociedade anônima) é sempre uma sociedade empresária, ainda que não tenha por objeto o exercício de empresa; e a sociedade cooperativa é sempre uma sociedade simples, ainda que tenha por objeto o exercício de empresa.

Exemplos de sociedade simples, pois, são as chamadas sociedades uniprofissionais, que estudamos no capítulo 2. Trata-se de sociedades formadas por profissionais intelectuais cujo objeto social é a exploração da respectiva profissão intelectual dos seus sócios. Elas são em regra sociedades simples porque nelas faltará, não raro, o requisito da *organização dos fatores de produção*, da mesma forma que ocorre com os profissionais intelectuais que exercem individualmente suas atividades.

No entanto, seguindo a diretriz do art. 966, parágrafo único, do Código Civil, nos casos em que o exercício da profissão intelectual dos sócios das sociedades uniprofissionais (que constituem o seu objeto social) constituir *elemento de empresa*, ou seja, nos casos em que as sociedades uniprofissionais explorarem seu objeto social com empresarialidade (*organização dos fatores de produção*), elas serão consideradas sociedades empresárias.

Repetindo o que já se disse anteriormente, a síntese conclusiva é a seguinte: **é o requisito da *organização dos fatores* de produção que caracteriza a presença do**

chamado *elemento de empresa* no exercício de profissão intelectual e que, consequentemente, faz que o profissional intelectual receba a qualificação jurídica de empresário. Isso, obviamente, vale tanto para o exercício de profissão intelectual individualmente quanto para o exercício de profissão intelectual em sociedade.

Portanto, a grande diferença entre as sociedades simples e as sociedades empresárias não está no fato de estas possuírem finalidade lucrativa, porque aquelas também podem ostentar essa característica. O traço distintivo entre ambas é mesmo o objeto social: a sociedade empresária tem por objeto o exercício de empresa (atividade econômica organizada de prestação ou circulação de bens ou serviços); a sociedade simples tem por objeto o exercício de atividade econômica não empresarial.

> A distinção entre sociedade simples e empresária não reside, como se poderia pensar, no intuito lucrativo. Embora seja da essência de qualquer sociedade empresária a persecução de lucros – inexiste pessoa jurídica dessa categoria com fins filantrópicos ou pios –, este é um critério insuficiente para destacá-la da sociedade simples. Isto porque também há sociedades não empresárias com escopo lucrativo, tais as sociedades de advogados, as rurais sem registro na Junta etc.
>
> O que irá, de verdade, caracterizar a pessoa jurídica de direito privado não estatal como sociedade simples ou empresária será o modo de explorar seu objeto. O objeto social explorado sem empresarialidade (isto é, sem profissionalmente organizar os fatores de produção) confere à sociedade o caráter de simples, enquanto a exploração empresarial do objeto social caracteriza a sociedade como empresária.[7]

3. TIPOS DE SOCIEDADE

As expressões "sociedade empresária" e "sociedade simples" não designam tipos societários, mas a natureza da sociedade, que variará, em regra, conforme o seu objeto social.

Segundo o art. 983 do Código Civil, "a sociedade empresária deve constituir-se segundo um dos tipos regulados nos arts. 1.039 a 1.092; a sociedade simples pode constituir-se de conformidade com um desses tipos, e, não o fazendo, subordina-se às normas que lhe são próprias".

Assim, para as sociedades empresárias o legislador criou cinco tipos societários específicos, cada qual com seu regime jurídico próprio : a) *sociedade em nome coletivo* (arts. 1.039 a 1.044); b) *sociedade em comandita simples* (arts. 1.045 a 1.051); c) *sociedade limitada* (arts. 1.052 a 1.087); d) *sociedade anônima* (arts. 1.088 a 1.089 c/c a Lei 6.404/1976); e e) *sociedade em comandita por ações* (arts. 1.090 a 1.092). Os sócios que quiserem constituir uma sociedade empresária terão, obrigatoriamente, que escolher um desses cinco tipos, não lhes sendo permitido constituir uma sociedade empresária atípica, isto é, que não se enquadre em nenhum dos tipos mencionados.

Para as sociedades simples, o legislador fez o oposto: não criou nenhum tipo societário específico, permitindo a constituição de uma sociedade simples atípica,

[7] COELHO, Fábio Ulhoa. *Manual de direito comercial*. 16. ed. São Paulo: Saraiva, 2005. p. 110-111.

que a praxe empresarial costuma chamar de **sociedade simples "pura"** (sociedade simples que não adota um tipo societário específico). Entretanto, o legislador permitiu também que a sociedade simples use "emprestado" um dos tipos societários previstos para as sociedades empresárias, que poderão ser os seguintes: sociedade em nome coletivo, sociedade em comandita simples e sociedade limitada (a sociedade simples não pode adotar a forma de sociedade por ações, pois estas são sempre empresárias, nos termos do art. 982, parágrafo único, do Código Civil).

O parágrafo único do art. 983 do CC ressalva os casos da sociedade em conta de participação (que na verdade não é uma sociedade, mas um contrato especial de investimento), da sociedade cooperativa (que é uma sociedade simples independentemente do objeto social e rege-se por lei própria, a Lei 5.764/1971) e das sociedades que devem adotar um determinado tipo societário por determinação legal (caso das instituições financeiras, que devem adotar a forma de sociedade anônima, nos termos do art. 25 da Lei 4.595/1964).

3.1. Sociedades dependentes de autorização

A Constituição Federal de 1988 consagrou em nosso ordenamento jurídico, definitivamente, o regime capitalista de mercado, estabelecendo expressamente os primados da livre-iniciativa (art. 170, parágrafo único) e da livre concorrência (art. 170, inciso IV).

Entretanto, existem atividades que dependem de autorização governamental para o seu exercício e se submetem a forte controle e fiscalização por parte do poder público. São os casos, por exemplo, das atividades financeiras, de seguro, relacionadas à saúde e à educação etc.

Aliás, o próprio dispositivo constitucional que assegura a livre-iniciativa, mencionado acima, ressalva que a lei poderá estabelecer casos específicos em que o exercício de atividade econômica dependerá de autorização prévia dos órgãos públicos.

Nesse sentido, fazendo uso da faculdade que lhe conferiu o legislador constituinte originário, o legislador do Código Civil de 2002 disciplinou, nos arts. 1.123 a 1.141, o tratamento jurídico conferido às *sociedades dependentes de autorização*, deixando claro que essa matéria é de competência do Poder Executivo Federal (art. 1.123, parágrafo único).

Em princípio, a sociedade que depende de autorização para funcionar tem o prazo de 12 (doze) meses para entrar em funcionamento, contados da publicação da lei ou do ato administrativo autorizador, salvo se nesses foi estipulado prazo distinto (art. 1.124). E mais: concedida a autorização, nada impede que seja ela cassada pelo poder concedente. Isso ocorrerá se a sociedade "infringir disposição de ordem pública ou praticar atos contrários aos fins declarados no seu estatuto" (art. 1.125).

Um exemplo de sociedade dependente de autorização são os bancos, nos termos do art. 18 da Lei 4.595/1964: "as instituições financeiras somente poderão funcionar no País mediante prévia autorização do Banco Central da República do Brasil ou decreto do Poder Executivo, quando forem estrangeiras".

Vale destacar que a autorização é necessária para o funcionamento da sociedade, mas não para o seu registro perante a Junta Comercial[8]. Nesse sentido, o art. 35, parágrafo único da Lei 8.934/1994 foi alterado para deixar claro que "o registro dos atos constitutivos e de suas alterações e extinções ocorrerá independentemente de autorização governamental prévia, e os órgãos públicos deverão ser informados pela Rede Nacional para a Simplificação do Registro e da Legalização de Empresas e Negócios (Redesim) a respeito dos registros sobre os quais manifestarem interesse". Em suma: a Junta Comercial faz o registro, independentemente de qualquer autorização prévia, e depois comunica o ente público competente para conceder a autorização de funcionamento que o registro foi realizado[9].

3.2. Sociedade nacional

Diferentemente do que se pode pensar, o critério para a definição da nacionalidade de uma sociedade adotado pelo direito brasileiro não é o da nacionalidade dos sócios nem o da origem do seu capital social. De acordo com o art. 1.126 do Código Civil, "é nacional a sociedade organizada de conformidade com a lei brasileira e que tenha no País a sede de sua administração". Se essa sociedade resolver mudar a sua nacionalidade, será necessário o consentimento unânime dos seus sócios (art. 1.127 do Código Civil).

Sendo assim, **pouco importam a nacionalidade dos sócios, o local de residência deles ou a origem do capital** empregado para aferição da nacionalidade da sociedade que eles constituíram. Se essa sociedade foi constituída no Brasil, segundo as leis brasileiras e possui sede no país, trata-se de uma sociedade nacional.

Por outro lado, se dois brasileiros, usando recursos que possuem no Brasil, constituírem uma sociedade no exterior, segundo as leis de outro país e com sede nele, essa será uma sociedade estrangeira.[10]

3.3. Sociedade estrangeira

Se a sociedade não preenche os requisitos mencionados no art. 1.126 do Código Civil – sede no Brasil e organização de conformidade com as leis brasileiras – será considerada uma sociedade estrangeira, necessitando, pois, de autorização governamental para entrar em funcionamento no nosso País. Poderá ser, todavia, acionista de sociedade anônima brasileira, sem que para tanto precise de autorização (art. 1.134).

---

8 O único caso em que é imprescindível a autorização prévia ao registro na Junta Comercial é o das empresas em faixa de fronteira, uma vez que existe regra legal expressa (art. 4º da Lei 6.634/1979 exigindo o assentimento prévio do Conselho de Defesa Nacional.

9 Art. 9º, § 2º da IN 81 do DREI: "Independentemente de autorização prévia governamental, as Juntas Comerciais irão promover o registro de atos de constituição, alteração e extinção de empresário individual, EIRELI, sociedade empresária e cooperativa; contudo, deverão realizar comunicação, nos termos do parágrafo único do art. 35 da Lei nº 8.934, de 1994, a respeito dos registros constantes de tabela própria nos Manuais de Registro, anexos a esta Instrução Normativa".

10 "No direito brasileiro, uma sociedade se considera nacional se atende a dois requisitos: sede no Brasil e organização de acordo com a nossa legislação (CC, art. 1.126; Dec.-lei n.º 2.627/40, art. 60). Não é relevante, assim, a nacionalidade dos sócios, nem a origem do capital investido na sua constituição." (COELHO, Fábio Ulhoa. *Curso de direito comercial*. 18. ed. São Paulo: Saraiva, 2014. p. 53. v. II).

Depois de autorizada, deve a sociedade proceder ao respectivo registro na Junta Comercial do Estado em que vá desenvolver suas atividades, antes do que não poderá iniciá-las (art. 1.136). Cumpridas as formalidades do registro e iniciadas as suas atividades, ela se submete às leis e aos tribunais brasileiros, quanto aos atos e operações praticados no território nacional (art. 1.137). Para tanto, deverá funcionar com o nome que tiver em seu país de origem – "podendo acrescentar as palavras 'do Brasil' ou 'para o Brasil'" (art. 1.137, parágrafo único) –, está "obrigada a ter, permanentemente, representante no Brasil, com poderes para resolver quaisquer questões e receber citação judicial pela sociedade" (art. 1.138)[11], representante este que deverá, para poder atuar em nome da sociedade estrangeira perante terceiros, averbar o instrumento de sua nomeação junto aos atos constitutivos da sociedade na Junta Comercial (art. 1.138, parágrafo único).

Por fim, registre-se que a sociedade estrangeira autorizada a funcionar no Brasil pode obter autorização do Poder Executivo Federal para nacionalizar-se, transferindo sua sede para o território de nosso País (art. 1.141).

3.4. Sociedade entre cônjuges

O Código Civil de 2002 resolveu solucionar uma antiga polêmica existente entre os estudiosos do direito societário, disciplinando a possibilidade de contratação de sociedade entre cônjuges. Nesse sentido, dispôs em seu art. 977 que "faculta-se aos cônjuges contratar sociedade entre si ou com terceiros, desde que não tenham casado no regime da comunhão universal de bens, ou no da separação obrigatória". A regra vale tanto para sociedades empresárias quanto para sociedades simples[12], segundo o STJ:

> *Direito Empresarial e Processual Civil. Recurso especial. Violação ao art. 535 do CPC. Fundamentação deficiente. Ofensa ao art. 5.º da LICC. Ausência de prequestionamento. Violação aos arts. 421 e 977 do CC/02. Impossibilidade de contratação de sociedade entre cônjuges casados no regime de comunhão universal ou separação obrigatória. Vedação legal que se aplica tanto às sociedades empresárias quanto às simples. (...)*
>
> *– A liberdade de contratar a que se refere o art. 421 do CC/02 somente pode ser exercida legitimamente se não implicar a violação das balizas impostas pelo próprio texto legal.*
>
> *– O art. 977 do CC/02 inovou no ordenamento jurídico pátrio ao permitir expressamente a constituição de sociedades entre cônjuges, ressalvando essa possibilidade apenas quando eles forem casados no regime da comunhão universal de bens ou no da separação obrigatória.*
>
> *– As restrições previstas no art. 977 do CC/02 impossibilitam que os cônjuges casados sob os regimes de bens ali previstos contratem entre si tanto sociedades empresárias quanto sociedades simples. Negado provimento ao recurso especial (REsp 1.058.165/RS, Rel. Min. Nancy Andrighi, 3.ª Turma, j. 14.04.2009,* DJe *21.08.2009).*

[11] O STJ já decidiu que "é regular a citação da pessoa jurídica estrangeira por meio de seu entreposto no Brasil, ainda que não seja formalmente aquela mesma pessoa jurídica ou agência ou filial" (HDE 410-EX, julgada pela Corte Especial).

[12] No entanto, não são todas as sociedades empresárias que se sujeitam a tal regra: "a vedação da sociedade entre cônjuges contida no art. 977 do Código Civil não se aplica às sociedades anônimas, em comandita por ações e cooperativa" (Enunciado 94 das Jornadas de Direito Comercial do CJF).

O dispositivo, todavia, tem merecido duras críticas da doutrina especializada. A propósito, o projeto de novo Código Comercial em tramitação no Congresso Nacional tem regras prevendo que "as pessoas casadas podem ser sócias entre si, independentemente do regime de bens do casamento", e que "o regime de bens do casamento dos sócios não afeta seus direitos, deveres e obrigações de direito societário".

Diz-se que a intenção do legislador, ao editar a norma do art. 977 do CC, foi proteger, de certo modo, o regime de bens adotado pelos cônjuges. Com efeito, no caso dos cônjuges casados sob o regime de comunhão universal, fica bastante difícil individualizar a contribuição de cada um para o capital da sociedade, razão pela qual, na verdade, nem sempre haveria de fato dois sócios, mas apenas um. Por outro lado, no regime da separação obrigatória, alguns bens dos cônjuges, que deveriam estar separados por determinação legal, restariam unidos por força do contrato de sociedade firmado. Em suma: a possibilidade de contratação de sociedade entre cônjuges casados sob um desses dois regimes de bens poderia, de certa forma, transmudar o regime matrimonial adotado. Mas as críticas, como dito, são fortes e muito pertinentes. Afinal, no regime de comunhão universal há bens que não se comunicam (art. 1.668 do Código Civil), e no regime de separação obrigatória admite-se a aquisição de bem em condomínio. Nesse sentido:

> (...) acreditamos que tal solução não se justifica. Há bens que, mesmo no regime da comunhão universal, não se comunicam (art. 1.168), e nem sempre é necessária a participação efetiva de todos os sócios na vida da sociedade. Além disso, se aos casados no regime da separação obrigatória não se proíbe a aquisição de um bem em condomínio, por que então proibir a associação entre os dois?[13]

Não obstante as críticas, o fato é que a norma foi editada, motivo pelo qual, atualmente, há a proibição já mencionada. Resta, então, abordar alguns aspectos relevantes acerca da sua correta interpretação.

Em primeiro lugar, cumpre delimitar o sentido exato da expressão "entre si ou com terceiros", constante do dispositivo. Por óbvio, a intenção da norma é proibir apenas a participação dos cônjuges casados sob tais regimes numa mesma sociedade, nada impedindo, pois, que alguém casado sob o regime de comunhão universal ou de separação obrigatória contrate, sozinho, sociedade com terceiro. O que se impede, repita-se, é a participação dos dois cônjuges, quando casados num dos dois regimes em questão, numa mesma sociedade. Nesse sentido, aliás, é o Enunciado 205(1) do CJF: "a vedação à participação dos cônjuges casados nas condições previstas no artigo refere-se unicamente a uma mesma sociedade". Nesse sentido também foi o entendimento do DNRC (atual DREI), em parecer no qual respondeu a consulta de uma Junta Comercial estadual sobre o assunto (Parecer Jurídico DNRC/COJUR 50/2003).

> Consulta a Procuradora da Junta Comercial do Estado de Rondônia, Dra. Maria Helena Alves Florêncio, à luz do artigo n.º 977 do novo Código Civil, se "existe impedimento de uma pessoa casada sob o regime de comunhão universal de bens, contratar sociedade com outra pessoa, também casada sob o regime de comunhão de bens?"

[13] TOMAZETTE, Marlon. In: Jornada de direito civil, 3, 2005. *Anais*. Brasília: Conselho da Justiça Federal, 2005. p. 260.

> Esse dispositivo do NCC não se encontra dentre aqueles suscitadores de polêmica, tanto que quase nada foi escrito sobre o assunto por parte da doutrina jurídica. Inobstante, entendemos, por ser no mínimo razoável em face do princípio da autonomia da vontade vigente no direito brasileiro, que a restrição da norma ali inserta, limita tão somente a constituição de sociedade entre os cônjuges casados no regime da comunhão universal de bens ou no da separação obrigatória ou desses conjuntamente com terceiros, não indo tão longe ao ponto de proibir que pessoas bastando serem casadas nesses regimes de bens, estariam impedidas de individualmente contratarem sociedade, ainda que sem qualquer vínculo entre si.

Ricardo Fiuza em suas anotações no "Novo Código Civil Comentado", explica:

> A norma do art. 977 proíbe a sociedade entre cônjuges quando o regime for o da comunhão universal (art. 1.667) ou o da separação obrigatória (art. 1.641). No primeiro caso, o da comunhão total, a sociedade seria uma espécie de ficção, já que a titularidade das quotas do capital de cada cônjuge na sociedade não estaria patrimonialmente separada no âmbito da sociedade conjugal, da mesma maneira que todos os demais bens não excluídos pelo art. 1.668, a ambos pertencentes. No que tange ao regime da separação obrigatória, a vedação ocorre por disposição legal, nos casos em que sobre o casamento possam ser levantadas dúvidas ou questionamentos acerca do cumprimento das formalidades ou pela avançada idade de qualquer dos cônjuges. Estando os cônjuges casados pelos regimes da separação total ou da comunhão parcial, podem constituir sociedade, entre si ou com terceiros. Permite-se, assim, a sociedade entre cônjuges nos regimes de comunhão parcial e da separação total, em que ambos os cônjuges podem fazer suas contribuições individuais para a formação do patrimônio social, desde que não haja abuso da personalidade jurídica societária com a intenção de prejudicar credores. A partir do novo Código Civil, o ordenamento jurídico permite, expressamente, a constituição de sociedade empresária ou simples entre marido e mulher, superando, assim, lacuna existente em nossa legislação e as divergências jurisprudenciais que vinham sendo objeto de acalorados debates pela doutrina.

Outro aspecto relevante acerca da correta interpretação da norma em comento diz respeito à sua aplicabilidade às sociedades preexistentes ao Código Civil nas quais figuram como sócios cônjuges casados sob um dos dois regimes sobre os quais recai a proibição. A questão é deveras polêmica, uma vez que alguns autores entendem que se aplica ao caso a norma constante do art. 2.031 do Código, a qual determina que "as associações, sociedades e fundações, constituídas na forma das leis anteriores, bem como os empresários, deverão se adaptar às disposições deste Código até 11 de janeiro de 2007". A despeito de o prazo para adaptação ter sido reiteradas vezes prorrogado, pergunta-se: deve uma sociedade fundada antes da vigência do Código Civil por cônjuges casados sob o regime de comunhão universal ou de separação obrigatória, por exemplo, ser dissolvida? Devem os cônjuges alterar o regime de bens? Em suma: a vedação do art. 977 do Código Civil aplica-se a essa sociedade, com base no art. 2.031 do mesmo diploma legislativo?

Parece-nos que não. E a justificativa é simples: o ato constitutivo da sociedade configura *ato jurídico perfeito*, ao qual a Constituição da República, em seu art. 5.º, inciso XXXVI, confere proteção especial, consistente no impedimento à retroatividade da lei para prejudicá-lo. Assim sendo, a constituição da sociedade é regulada pelas normas vigentes ao tempo de sua formação, entendimento este que é consagrado na doutrina há bastante tempo. Portanto, conforme disposto no Enunciado 204 do CJF, "a proibição de contratação de sociedade entre pessoas casadas sob o regime da comunhão universal ou da separação obrigatória só atinge as sociedades constituídas após a vigência do Código Civil de 2002". No mesmo sentido, entendeu o DNRC (Parecer Jurídico DNRC/COJUR/n.º 125/2003).

> Jucilei Ciriaco da Silva, em razão da proibição constante do artigo 977 do novo Código Civil, consulta a este Departamento sobre qual o procedimento a ser adotado em relação àquelas sociedades entre cônjuges, casados sob os regimes da comunhão universal de bens e da separação obrigatória, constituídas anteriormente ao Código Civil de 2002, ou seja, "se haverá necessidade de alteração de sócio ou regime de casamento".
>
> A norma do artigo 977 do CC proíbe a sociedade entre cônjuges tão somente quando o regime for o da comunhão universal de bens (art. 1.667) ou da separação obrigatória de bens (art. 1.641). Essa restrição abrange tanto a constituição de sociedade unicamente entre marido e mulher, como destes junto a terceiros, permanecendo os cônjuges como sócios entre si.
>
> De outro lado, em respeito ao ato jurídico perfeito, essa proibição não atinge as sociedades entre cônjuges já constituídas quando da entrada em vigor do Código, alcançando, tão somente, as que viessem a ser constituídas posteriormente. Desse modo, não há necessidade de se promover alteração do quadro societário ou mesmo da modificação do regime de casamento dos sócios-cônjuges, em tal hipótese.

Veja-se que isso não significa que a norma do art. 2.031 do Código Civil seja inócua: ela, na verdade, refere-se a meras formalidades contábeis, escriturais etc., mas jamais a situações que digam respeito à constituição da sociedade.

Por fim, registre-se que o art. 977 "abrange tanto a participação originária (na constituição da sociedade) quanto a derivada, isto é, fica vedado o ingresso de sócio casado em sociedade de que já participa o outro cônjuge" (Enunciado 205 das Jornadas de Direito Civil do CJF).

3.5. Sociedade rural

De acordo com o art. 984 do Código Civil, "a sociedade que tenha por objeto o exercício de atividade própria de empresário rural e seja constituída, ou transformada, de acordo com um dos tipos de sociedade empresária, pode, com as formalidades do art. 968, requerer inscrição no Registro Público de Empresas Mercantis da sua sede, caso em que, depois de inscrita, ficará equiparada, para todos os efeitos, à sociedade empresária". O parágrafo único complementa: "embora já constituída a sociedade segundo um daqueles tipos, o pedido de inscrição se subordinará, no que for aplicável, às normas que regem a transformação".

Essa regra está para as sociedades empresárias assim como a regra do art. 971 do Código Civil está para os empresários individuais: **se o objeto da sociedade for o exercício de atividade rural, ela tem a faculdade de se registrar na Junta Comercial**, só sendo considerada uma sociedade empresária, para os efeitos legais, se optar por esse registro.

4. AQUISIÇÃO DE PERSONALIDADE JURÍDICA PELAS SOCIEDADES

O art. 985 do Código Civil prevê que "a sociedade adquire personalidade jurídica com a inscrição, no registro próprio e na forma da lei, dos seus atos constitutivos (arts. 45 e 1.150)".

Ao contrário do que ocorre com as pessoas naturais, cujo reconhecimento da personalidade independe de registro, já que "a personalidade civil da pessoa começa do nascimento com vida" (art. 2.º do CC), as sociedades só tem sua personalidade reconhecida a partir do registro no órgão competente (Cartório, se for uma sociedade simples; Junta Comercial, se for uma sociedade empresária – art. 1.150 do Código Civil).[14]

Assim, enquanto não houver registro do ato constitutivo da sociedade, o direito até reconhece sua existência (sociedade em comum – arts. 986 a 990 do Código Civil), mas não lhe confere personalidade.

Se o início da personalidade jurídica da sociedade se dá com o seu registro, o término se dá com a sua dissolução e consequentes liquidação e extinção.[15] Caso a sociedade não consiga, com os seus bens sociais, honrar as dívidas sociais, os sócios podem ser responsabilizados caso o tipo societário escolhido determine a responsabilidade ilimitada deles (por exemplo, sociedade em nome coletivo). Se, em contrapartida, o tipo societário escolhido determinar a responsabilidade limitada dos sócios (por exemplo, sociedade limitada), eles poderão ser responsabilizados caso seja decretada, por exemplo, a desconsideração da personalidade jurídica, nos termos do art. 50 do CC, assunto que abordaremos com mais detalhes adiante.

5. CLASSIFICAÇÃO DAS SOCIEDADES EMPRESÁRIAS

Há três classificações importantes para as sociedades empresárias. A primeira delas leva em conta a **responsabilidade dos sócios**. Segundo esse critério classificatório, pois, as sociedades podem ser de **responsabilidade ilimitada** (por exemplo, a sociedade em nome coletivo), de **responsabilidade limitada** (por exemplo, a sociedade anônima e a sociedade limitada) ou **mistas** (por exemplo, a sociedade em comandita simples e a sociedade em comandita por ações).

É preciso destacar que a limitação ou ilimitação de responsabilidade dos sócios diz respeito à sua responsabilidade pessoal por dívidas da sociedade, ou seja, à possibilidade de os credores da sociedade executarem o patrimônio pessoal dos sócios para satisfação de obrigações sociais. A responsabilidade dos sócios é que

---

[14] Tratando-se de sociedade de advogados, sua personalidade jurídica se inicia com o registro de seus atos constitutivos na respectiva seccional da Ordem dos Advogados do Brasil, conforme disposto no art. 15, § 1.º, da Lei n.º 8.906/94 (Estatuto da OAB).

[15] "A personalidade jurídica da sociedade empresária começa com o registro de seus atos constitutivos na Junta Comercial; e termina com o procedimento dissolutório, que pode ser judicial ou extrajudicial. Esse procedimento compreende três fases: dissolução, liquidação e partilha": COELHO, Fábio Ulhoa. *Curso de direito comercial.* 18. ed. São Paulo: Saraiva, 2014, p. 47. v. II.

será limitada ou ilimitada. **A responsabilidade da sociedade, por sua vez, será sempre ilimitada.**

Assim sendo, nas sociedades de responsabilidade limitada, todos os sócios respondem limitadamente pelas obrigações sociais, ou seja, seu patrimônio pessoal, em princípio, não pode ser executado para a satisfação de débitos sociais. Sendo possível executar o seu patrimônio pessoal, eventualmente, haverá um limite de responsabilidade. Nas sociedades de responsabilidade ilimitada, por outro lado, os sócios respondem ilimitadamente, ou seja, esgotado o patrimônio da sociedade, os credores poderão executar todo o restante da dívida social no patrimônio dos sócios, sem limite.

Quanto ao **regime de constituição e dissolução**, as sociedades podem ser **contratuais** (por exemplo, a sociedade limitada), que são constituídas por um contrato social e dissolvidas segundo as regras previstas no Código Civil, ou **institucionais** (por exemplo, a sociedade anônima), que são constituídas por um ato institucional ou estatutário e dissolvidas segundo as regras previstas na Lei 6.404/1976.

Nas **sociedades contratuais**, diz-se que a **autonomia da vontade dos sócios** para a constituição do vínculo societário é **máxima**, podendo eles disciplinar as suas relações sociais como bem entenderem, desde que não desnaturem o tipo societário escolhido. Com efeito, nas sociedades contratuais "a sociedade é constituída em função dos interesses particulares dos sócios e a interferência do legislador é mínima".[16]

Já nas **sociedades institucionais** o vínculo que une os sócios não é contratual, mas estatutário, e os estatutos não cuidam dos interesses particulares dos sócios, mas do interesse geral da sociedade como instituição. Nessas sociedades, portanto, a **autonomia da vontade dos sócios** na formalização do ato constitutivo é **mínima**, e a intervenção do legislador é muito relevante, sobretudo porque essas sociedades institucionais – que tem na S/A o seu exemplo ideal – dedicam-se, não raro, a macroempreendimentos.

Por fim, quanto à **composição** (ou quanto às *condições de alienação da participação societária*, como preferem alguns doutrinadores), as sociedades podem ser **de pessoas** (sociedades *intuitu personae*) ou **de capital** (sociedades *intuitu pecuniae*). Nesse ponto, cumpre sejam feitas algumas observações mais detalhadas.

Em algumas sociedades, a figura pessoal do sócio tem uma importância muito grande – a *affectio societatis*,[17] ou seja, o "vínculo psicológico" que une os sócios é muito intenso –, exercendo papel de relevo no próprio sucesso do empreendimento. Nessas sociedades, portanto, a entrada de uma pessoa estranha ao quadro social pode afetar seriamente o destino da empresa. Já em outras sociedades, em contrapartida, a figura pessoal dos sócios não tem importância quase nenhuma, importando, na verdade, apenas a contribuição que o sócio dá ao capital social.

---

16 MELLO FRANCO, Vera Helena de. *Manual de direito comercial*. 2. ed. São Paulo: RT. p. 199. v. 1.

17 "Affectio societatis *significa confiança mútua e vontade de cooperação conjunta, a fim de obter determinado benefício, e o elemento confiança é da essência da sociedade. Por tal razão, é dever do sócio colaborar, mas colaborar lealmente para a consecução do fim comum. Se o sócio falta com este dever, rompe-se a* affectio societatis *e a sanção é a exclusão.*" (MELLO FRANCO, Vera Helena de. *Manual de direito comercial*. 2. ed. São Paulo: RT. p. 177. v. 1).

Pois bem. Nas sociedades em que a figura do sócio é muito importante, chamadas, por isso, de *sociedades de pessoas*, a entrada de estranhos ao quadro social depende do consentimento dos demais sócios.

> E a restrição tem razão de ser. As sociedades de pessoas são constituídas em função da pessoa dos sócios. A intenção de associar-se surge em função de uma determinada pessoa. Por tal razão é vedado ao sócio fazer-se substituir por outrem, sem o expresso consentimento dos demais.[18]

Por outro lado, nas chamadas *sociedades de capital*, em que o importante é tão somente o capital investido pelo sócio, a entrada de pessoas estranhas ao quadro social independe do consentimento dos demais sócios.

Esta classificação das sociedades em *sociedades de pessoas* e *sociedades de capital* tem uma importância prática interessante, em virtude da denominada problemática acerca da *(im)penhorabilidade das quotas sociais*, que será analisada mais adiante.

5.1. Sociedades limitadas "de capital" e sociedades anônimas "de pessoas"

Atualmente, não se pode mais afirmar categoricamente que toda sociedade limitada é uma sociedade de pessoas e, tampouco, que toda sociedade anônima é uma sociedade de capital.

A doutrina contemporânea defende que sociedades limitadas podem assumir feição capitalista, da mesma forma que sociedades anônimas podem assumir feição personalista.

Aliás, no Brasil não é incomum que sociedades anônimas – sobretudo companhias fechadas familiares – assumam essa feição personalista, por meio de regras estatutárias, como as que impõem a limitação de circulação de ações nominativas (art. 36 da LSA) ou por meio de acordos de acionistas (art. 118 da LSA).

A jurisprudência consolidada do STJ, a partir do EREsp 111.294/PR, relatado pelo eminente Ministro Castro Filho, e do EREsp 419.174/SP, relatado pelo eminente Ministro Aldir Passarinho Junior, está em consonância com a doutrina atual, que há tempos não adota mais a tese segundo a qual toda sociedade anônima é necessariamente uma sociedade de capital.

Assim, em cada caso devem-se analisar os aspectos estatutários e contratuais para aferir se a sociedade anônima fechada ostenta feição capitalista (vínculo *intuitu pecuniae*) ou feição personalista (vínculo *intuitu personae*). Da mesma forma, deve-se analisar atentamente o contrato social da sociedade limitada para aferir se ela ostenta feição capitalista (vínculo *intuitu pecuniae*) ou feição personalista (vínculo *intuitu personae*).

---

18 MELLO FRANCO, Vera Helena de. *Manual de direito comercial*. 2. ed. São Paulo: RT. p. 180. v. 1.

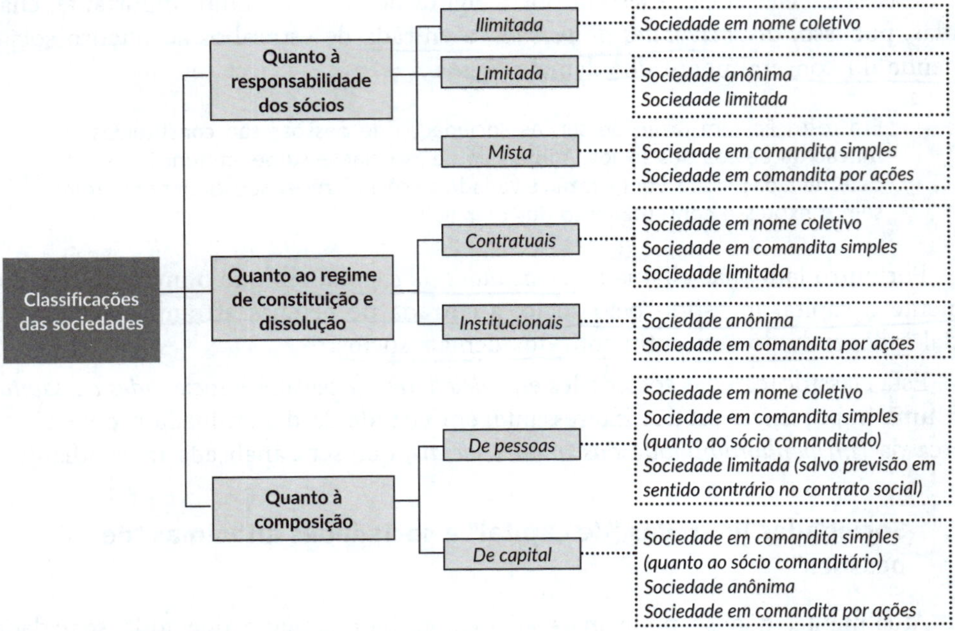

6. SOCIEDADES NÃO PERSONIFICADAS

O Código Civil divide as sociedades em dois grandes grupos: em um grupo, ele tratou das **sociedades *personificadas***; no outro, das **sociedades *não personificadas***. Neste, estão a *sociedade em comum* e a *sociedade em conta de participação*. No grupo das sociedades personificadas, por sua vez, estão a *sociedade simples pura*, a *sociedade limitada*, a *sociedade anônima*, a *sociedade em nome coletivo*, a *sociedade em comandita simples*, a *sociedade em comandita por ações* e a *sociedade cooperativa*.

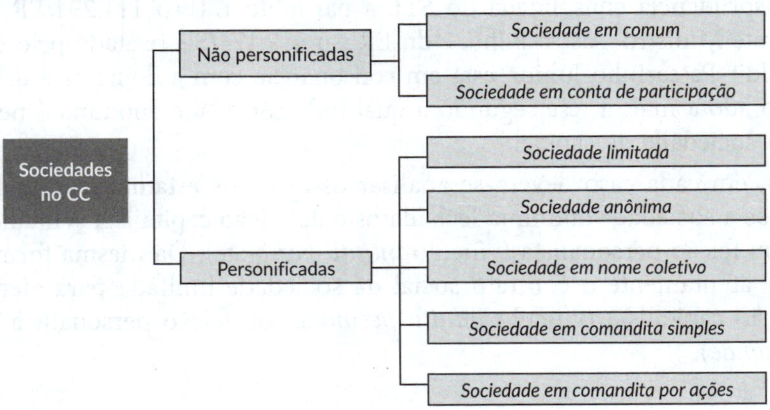

Cumpre esclarecer, inicialmente, que parece contraditória em si a expressão *sociedade não personificada*. De fato, se a sociedade é uma categoria de pessoa jurídica, não se pode admitir que uma sociedade não tenha personalidade jurídica. Ou se trata de uma sociedade, consequentemente dotada de personalidade jurídica, ou não se trata de uma sociedade.

Por outro lado, entende-se a opção do legislador de disciplinar as chamadas *sociedades não personificadas*, não obstante a impropriedade da expressão, conforme destacado acima. Quis o legislador, ao disciplinar essas "sociedades", conferir um mínimo de segurança jurídica às suas relações, que não são poucas.

Ademais, não custa lembrar que no Código Comercial de 1850 não havia uma disciplina legal específica para as sociedades sem registro, chamadas pela doutrina, como veremos adiante, de *sociedades de fato* ou *irregulares*.[19] Portanto, andou bem o legislador ao tratar especificamente das sociedades não personificadas, incluindo nesse rótulo tanto a já conhecida sociedade em conta de participação quanto a sociedade em comum.

Registre-se que essas sociedades não personificadas, embora estejam disciplinadas na parte do Código Civil referente às sociedades empresárias, podem eventualmente desenvolver atividades civis, não empresariais. Trata-se, pois, de sociedades cujo objeto social pode ser de natureza civil ou empresarial, ou seja, podem ser sociedades simples ou empresárias. Nesse sentido, dispõe o Enunciado 208 das Jornadas de Direito Civil do CJF que "as normas do Código Civil para as sociedades em comum e em conta de participação são aplicáveis independentemente de a atividade dos sócios, ou do sócio ostensivo, ser ou não própria de empresário sujeito a registro (distinção feita pelo art. 982 do Código Civil entre sociedade simples e empresária)".

Por fim, destaque-se que, segundo a doutrina majoritária e o próprio Código Civil, a personalidade jurídica se inicia com o registro (arts. 45 e 985 do Código Civil).

6.1. Sociedade em comum

A **sociedade em comum**, segundo afirmam alguns autores, é a que conhecemos tradicionalmente com os nomes de **sociedade irregular** ou **sociedade de fato**. Outros autores, todavia, não comungam dessa mesma interpretação, conforme veremos adiante.

Segundo o art. 986 do Código Civil, trata-se da sociedade que ainda não inscreveu seus atos constitutivos no órgão de registro competente: Junta Comercial, em se tratando de sociedade empresária, e Cartório de Registro Civil de Pessoas Jurídicas, em se tratando de sociedade simples. Eis o teor da norma em comento: "enquanto não inscritos os atos constitutivos, reger-se-á a sociedade, exceto por ações em organização, pelo disposto neste Capítulo, observadas, subsidiariamente e no que com ele forem compatíveis, as normas da sociedade simples".

Com efeito, a doutrina sempre fez uma **distinção entre a *sociedade de fato* e a *sociedade irregular***, seguindo a proposta de Waldemar Ferreira. Essa distinção preconiza

[19] "Com efeito, o Código Comercial de 1850 não dedicava dispositivo algum ao trato nominal das sociedades de fato e irregulares. Apenas disciplinava, em seus arts. 303 a 305, os meios de prova da sociedade sem registro. Além disso, algumas outras normas já se ocupavam de certos aspectos das sociedades sem personalidade, mas não havia, até a entrada em vigor do Código Civil de 2002, uma sistemática incumbida de tal tarefa." (FÉRES, Marcelo Andrade. Depuração da sociedade em comum: primeiras considerações sobre o regime jurídico das sociedades contratuais em formação. *Repertório de Jurisprudência IOB*, v. III, n.º 19, p. 571-572, out. 2004).

que a sociedade de fato é aquela que não possui instrumento escrito de constituição, ou seja, não possui um contrato social escrito. Por outro lado, a sociedade irregular é aquela que possui um contrato escrito, mas que não está registrado na Junta Comercial, o que enseja a sua irregularidade. Essa distinção, a rigor, nunca teve muita relevância prática, uma vez que o regime jurídico aplicável a ambas era o mesmo.

Diante dessa classificação doutrinária, muitos autores, como afirmamos acima, entendem que a sociedade em comum disciplinada pelo atual Código Civil é, na verdade, apenas uma nova expressão trazida pelo legislador para se referir às sociedades de fato e às sociedades irregulares, expressões antigas consagradas pela doutrina.

Outros autores, todavia, manifestam opinião diferente. Interpretando cuidadosamente o art. 986 do Código Civil, apontam esses autores que, ao usar a expressão "enquanto não inscritos os atos constitutivos", o legislador quis disciplinar, na verdade, as *sociedades contratuais em formação*, e não exatamente as antigas sociedades de fato e irregulares.[20] Dizemos especificamente que a norma se refere apenas às sociedades contratuais porque o próprio art. 986 deixa claro que estão excluídas do seu âmbito de incidência normativa as sociedades por ações em organização, já que a legislação acionária específica (Lei 6.404/1976 – LSA) já cuida detalhadamente das sociedades por ações no seu período de formação.

Realmente, interpretando com cuidado a regra do art. 986 do Código Civil, não há como negar que a sociedade em comum não corresponde às sociedades de fato ou irregulares, como preconiza boa parte da doutrina. As regras da sociedade em comum, na verdade, aplicam-se às sociedades contratuais que estão se consti-

[20] "Consoante mencionado, a doutrina tem dito ostensivamente que a sociedade em comum albergaria as antigas figuras das sociedades irregulares e de fato, ou seja, estas, que outrora se desenvolveram à margem da ordem jurídica, teriam sido nela incluídas por meio daquela. Nesse sentido, apresentam-se, por exemplo, as lições de Marlon Tomazete, Fábio Ulhoa Coelho, Alfredo de Assis Gonçalves Neto, Rubens Requião e Alexandre Bueno Cateb. Também tive a oportunidade de me pronunciar sobre o tema, aderindo, inicialmente, a tal pensamento. Entretanto, este estudo leva-me a divorciar da tese de incorporação (legislativa) das sociedades irregulares e de fato pela sociedade em comum, pois esta não se sobrepõe perfeitamente àquelas. Epistemologicamente, são distintas. (...) Pois bem, primeiramente, note-se o caráter transitório da sociedade em comum, isso é, constitui uma etapa que antecede o registro dos atos constitutivos das sociedades contratuais do Código Civil. A conjunção de tempo 'enquanto' revela claramente essa ideia. De acordo com o Dicionário Houaiss da Língua Portuguesa, ela significa: 'durante o tempo em que, no tempo em que, sempre que, quando'. Ademais, a disposição legal traduz pendência de registro. Parece pressupor a existência de um ato constitutivo formal, idôneo a ser levado ao registro competente. A antiga figura da sociedade de fato – que, sequer, tem um ato constitutivo documental – não pode, nesse contexto, ser abrangida pela atual sociedade em comum. Além disso, como esse regime é sempre vocacionado para a fase anterior ao registro, também não açambarca a irregularidade superveniente, o caso já referido, por exemplo, da sociedade, cuja atuação persiste após o decurso de 180 dias contados da data em que se verifica a existência de sócio único. Tais contornos epistemológicos acarretam a conclusão de que a sociedade em comum, que veio de ser regulada pelo Código Civil de 2002, é o regime jurídico das sociedades contratuais em organização. Essa é a tônica que se lhe deve emprestar. A propósito, a exclusão da sociedade por ações em organização do âmbito da sociedade em comum, determinada pelo próprio art. 986 do Código Civil, reforça o entendimento manifestado de que a nova categoria destina-se, principalmente, a albergar as sociedades contratuais em formação. Obviamente, as sociedades por ações (anônimas, comandita por ações, de garantia solidária, de economia mista e subsidiárias integrais) não podem se sujeitar aos termos do *codex* em matéria de procedimento de constituição. Imagine-se, a título ilustrativo, como seria inviável, a criação de uma companhia aberta, cujo procedimento de subscrição pública (constituição sucessiva) vem definido nos arts. 82 e seguintes da Lei n.º 6.404/76, caso pairasse sobre os sócios os riscos de uma responsabilização solidária, ilimitada e subsidiária. Assim, andou bem a nova legislação ao excepcionar as sociedades por ações de sua incidência, mas, insista-se, ao fazê-lo, traduziu o seu objetivo maior, qual seja, regular, pelas disposições da sociedade em comum, as sociedades contratuais em organização." (FÉRES, Marcelo Andrade. Depuração da sociedade em comum: primeiras considerações sobre o regime jurídico das sociedades contratuais em formação. *Repertório de Jurisprudência IOB*, v. III, n. 19, p. 570-569, out. 2004).

tuindo, ou seja, aplicam-se às suas relações entre o momento real da constituição até o respectivo registro do contrato social.[21] Isso ocorre porque nenhuma sociedade é constituída da noite para o dia. Ao contrário, no Brasil, o trâmite para constituição de uma sociedade é bastante lento, se comparado a outros países.

Desde o momento em que os sócios decidem constituir a sociedade até o momento em que o registro é deferido pelo órgão competente (Junta ou Cartório, conforme o caso), a sociedade já *existe*, embora ainda não tenha personalidade jurídica, e já pratica alguns atos (por exemplo: aluga um imóvel para lhe servir de sede, contrata advogados para redação do ato constitutivo, contrata contadores para obtenção de registro nas repartições fiscais etc.).[22] *Grosso modo*, pode-se fazer um paralelo com as pessoas físicas (pessoas naturais): embora elas só adquiram personalidade após o nascimento com vida, o ordenamento jurídico lhes reconhece existência e confere proteção desde a concepção (art. 2.º do Código Civil). Da mesma forma, embora a sociedade só adquira personalidade após o registro, o ordenamento jurídico reconhece sua existência e lhe confere proteção desde a exteriorização dos primeiros atos tendentes à constituição do vínculo societário (por exemplo: assinatura de contrato social).

Portanto, **sociedade em comum, sociedade de fato e sociedade irregular são categorias distintas**: (i) *sociedade de fato* é a sociedade sem contrato escrito, que já está exercendo suas atividades sem nenhum indício de que seus sócios estejam tomando as providências necessárias à sua regularização; (ii) *sociedade em comum* é a sociedade contratual em formação, isto é, aquela que tem contrato escrito e que está realizando os atos preparatórios para o seu registro perante o órgão competente, antes de iniciar a exploração do seu objeto social; e (iii) *sociedade irregular* é a sociedade com contrato escrito e registrado, que já iniciou suas atividades normais, mas que apresenta irregularidade superveniente ao registro (por exemplo: não averbou alterações do contrato social).

Nada impede, todavia, que eventualmente se apliquem as normas da sociedade em comum (arts. 986 a 990 do Código Civil) às sociedades de fato e às sociedades irregulares, por analogia. Nesse sentido, confira-se o Enunciado 383 do CJF: "*A falta de registro do contrato social (irregularidade originária – art. 998) ou de alteração contratual versando sobre matéria referida no art. 997 (irregularidade superveniente – art. 999, parágrafo único) conduzem à aplicação das regras da sociedade em comum (art. 986)*".

---

[21] Em outras palavras, "*pode-se dizer que a sociedade em comum nasce da assinatura do ato constitutivo e perdura até o deferimento de seu registro*": FÉRES, Marcelo Andrade. Depuração da sociedade em comum: primeiras considerações sobre o regime jurídico das sociedades contratuais em formação. *Repertório de Jurisprudência IOB*, v. III, n. 19, p. 564, out. 2004.

[22] "No âmbito dos atos anteriores ao registro, o Código foi perfeito ao perceber que a contratação da sociedade e os atos de execução desse ajuste antecedem a constituição da pessoa jurídica. Veja: Marisa, Carolina e Ailton acertam entre si uma sociedade para vender livros (uma livraria); a pessoa jurídica (a sociedade) somente passará a existir com o registro na Junta Comercial; mas o contrato de sociedade é ajustado antes, quando eles se acertaram, passando a ser, de imediato, executado: contratar um advogado para redigir o contrato social; contratar um contador para providenciar os livros da escrituração; alugar uma sede; compra de mobiliário e estoque etc. São todos atos que se dão no âmbito de uma *sociedade em comum*, regidos diretamente pelos artigos 986 a 990 do Código Civil e, supletivamente, pelos artigos 997 a 1.038 do mesmo Código. Contudo, são regras que não se aplicam às hipóteses de constituição de sociedades por ações (*sociedades anônimas* ou *sociedades em comandita por ações*), já que há normas específicas para o período de organização de tais companhias, dispostas na Lei 6.404/76." (MAMEDE, Gladston. *Manual de direito empresarial*. São Paulo: Atlas, 2005. p. 22-23).

6.1.1. Prova da existência da sociedade em comum

Uma preocupação específica do Código em relação à disciplina das sociedades contratuais em formação foi regular a prova da sua existência, já que elas **não possuem registro** e, consequentemente, **são despidas de personalidade jurídica**. A regulação dessa questão é deveras importante, sobretudo para a solução de controvérsias judiciais envolvendo: (i) a sociedade em comum e terceiros e (ii) os sócios da sociedade em comum entre si.

Nesse sentido, o art. 987 do Código Civil estabelece que "os sócios, nas relações entre si ou com terceiros, somente por escrito podem provar a existência da sociedade, mas os terceiros podem prová-la de qualquer modo". A norma em questão repete, na verdade, a disciplina que antes era dada às sociedades de fato pelo Código Comercial de 1850, nos seus arts. 303 e 304.

Portanto, no que se refere à prova da existência da sociedade em comum, dispôs o Código Civil que os terceiros, nas demandas judiciais que eventualmente necessitarem propor contra essa sociedade, podem prová-la por **qualquer meio de prova**. Em contrapartida, se quem necessita provar a existência da sociedade são os seus próprios sócios – com a finalidade, por exemplo, de discutir a partilha dos investimentos –, só se admite a prova por escrito, ou seja, a apresentação do instrumento contratual ou, pelo menos, um documento que comprove que o terceiro sabia estar negociando com a "sociedade", e não com o sócio.[23]

Sobre essa regra do art. 987 do CC, o STJ já decidiu que a prova documental é o único meio apto a demonstrar a existência da sociedade de fato entre os sócios (Informativo 656): "a prova escrita constitui requisito indispensável para a configuração da sociedade de fato perante os sócios entre si" (REsp 1.706.812-DF).

6.1.2. Responsabilidade dos sócios na sociedade em comum

O mais importante na disciplina da sociedade em comum estabelecida pelo Código Civil é a definição da responsabilidade dos sócios quanto às obrigações sociais.

É regra geral do direito societário que os sócios respondem *subsidiariamente* pelas obrigações sociais, em virtude da autonomia patrimonial das pessoas jurídicas, princípio consagrado pelo Código em seu art. 1.024, segundo o qual "os bens particulares dos sócios não serão executados por dívidas da sociedade, senão depois de executados os bens sociais".

Ocorre, todavia, que para a aplicação do disposto no art. 1.024 do Código Civil é necessário que se reconheça a existência de uma pessoa jurídica devidamente constituída, ou seja, de um ente com personalidade jurídica reconhecida pelo ordenamento jurídico.

Ora, como o Código estabelece, conforme já destacado, que a personalidade jurídica se inicia apenas com o registro dos atos constitutivos da sociedade no órgão competente, **a sociedade em comum é despida de personalidade jurídica**, tanto

[23] Nesse sentido: MAMEDE, Gladston. *Manual de direito empresarial*. São Paulo: Atlas, 2005. p. 23.

que o Código a considera uma sociedade não personificada, a despeito da impropriedade técnica dessa denominação, já apontada por nós.

Pois bem. A **consequência** da ausência de personalidade jurídica da sociedade em comum deveria acarretar, em tese, a **responsabilidade ilimitada e direta** dos seus sócios pelas obrigações sociais. Afinal, se não há personalidade jurídica não se pode aplicar o art. 1.024 do Código Civil, uma vez que tal dispositivo se refere, como já frisamos, ao princípio da autonomia patrimonial das *pessoas jurídicas*. Não havendo uma pessoa jurídica devidamente constituída, não há um ente autônomo, distinto da pessoa dos sócios, de quem se possa exigir responsabilidade por dívidas contraídas supostamente em seu nome.

Em suma: para a sociedade em comum, a qual, como o próprio Código estabelece, não é dotada de personalidade jurídica, deveria o legislador ter previsto a responsabilidade ilimitada e direta dos sócios pelas obrigações sociais. Essa seria a opção mais coerente com o sistema. No entanto, não foi essa a opção escolhida. Preferiu o legislador estabelecer a **responsabilidade ilimitada, porém *subsidiária*, dos sócios em geral**, e a **responsabilidade ilimitada e direta somente do sócio que contratou pela sociedade**: "todos os sócios respondem solidária e ilimitadamente pelas obrigações sociais, excluído do benefício de ordem, previsto no art. 1.024, aquele que contratou pela sociedade" (art. 990 do Código Civil). É preciso destacar que o Código, ao mencionar que os sócios da sociedade em comum respondem *solidariamente* pelas obrigações sociais, está determinando a solidariedade entre os sócios quanto às dívidas que estes, eventualmente, tenham que honrar com seu patrimônio pessoal. Entre sócios e sociedade, todavia, a responsabilidade é subsidiária, ou seja, primeiro responde a própria sociedade, para somente depois serem executados, eventualmente, os patrimônios pessoais dos sócios.

Entendemos que a norma em comento parece ser incoerente. No mesmo sentido é a opinião de Fábio Ulhoa Coelho:

> Ora, se a sociedade empresária sem registro é pessoa jurídica, a responsabilidade dos sócios seria ilimitada e subsidiária; se despersonalizada, ao contrário, seria ilimitada e direta. Como visto, em razão do direito vigente, a personalização se inaugura com o registro do ato constitutivo na Junta Comercial, e, portanto, para ser coerente, o sistema legal deveria dar sustentação à segunda alternativa. Desse modo, todos os sócios da sociedade empresária sem registro deveriam ser responsabilizados pelas obrigações sociais de forma direta, não se exigindo dos credores sociais o anterior exaurimento do patrimônio dela. Ocorre que a lei trata diferentemente os sócios da sociedade empresária, enquanto não regularizado o registro, atribuindo o benefício de ordem (responsabilidade subsidiária) à generalidade dos sócios e negando este benefício (responsabilidade direta) somente ao que se apresentar como seu representante.[24]

A incoerência do sistema, ora apontada, em atribuir responsabilidade subsidiária pelas dívidas sociais aos sócios da sociedade em comum – com exceção daquele que contratou pela sociedade, o qual, como visto, tem responsabilidade direta –, gera um problema relevante de ordem prática. Com efeito, determina o art. 1.024 do Código

---

[24] COELHO, Fábio Ulhoa. *Curso de direito comercial*. 6. ed. São Paulo: Saraiva, 2003. p. 17. v. 2.

Civil que os sócios não respondem pelas dívidas sociais, senão depois de esgotado o patrimônio da sociedade. As pessoas jurídicas, por possuírem patrimônio próprio, separado e distinto do patrimônio dos sócios, possuem responsabilidade patrimonial autônoma, e com seus bens e direitos devem garantir suas dívidas perante seus credores. Mas qual seria o patrimônio da sociedade em comum? Se ela não possui personalidade jurídica, como identificar o "seu" patrimônio? Que bens os credores devem atacar primeiro? Melhor dizendo, que bens constituem o "patrimônio social", aptos a serem executados?

A resposta a essas indagações está no art. 988 do Código Civil, segundo o qual "os bens e dívidas sociais constituem patrimônio especial, do qual os sócios são titulares em comum".

> A análise conjunta dessas disposições (*arts. 990 e 988 do CC*) autoriza concluir que, materialmente, não apenas no campo léxico, existe um patrimônio especial da sociedade em comum. Para o início da atividade econômica, envida-se o capital social, composto por bens e serviços disponibilizados pelos sócios, o que traduz a porta para o cômodo do patrimônio. A gestão desses bens e serviços destacados dos patrimônios individuais dos sócios gera um pólo de obrigações e direitos.
>
> Como prescreve o art. 988 do Código Civil, esse patrimônio, o conjunto das relações jurídicas de cunho econômico da sociedade, é titularizado pelos sócios em comum. Não se trata mais de bens dos sócios singularmente considerados, mas, sim, bens sociais. Não se cuida dos sócios em si, mas do núcleo social. A sociedade passa a ser uma referência no universo dos agentes econômicos. Contrai direitos e obrigações, que se orquestram, constituindo um patrimônio próprio e especial.
>
> A propósito, a lei atribui esse caráter especial ao patrimônio da sociedade em comum, em virtude de ser algo diferente daquilo que normalmente se concebe como patrimônio. A especialidade reside no fato de essa figura societária externar uma realidade material, e não formal. Ela existe concretamente, tem sócios e patrimônio, mas, formalmente, ou seja, no correlato registro, não há vestígios do seu ser. Isso gera, portanto, uma permeabilidade patrimonial. Bens e obrigações circulam sem maiores embaraços, justamente pela falta da imputabilidade formal a uma pessoa jurídica.[25]

Enfim, como a **sociedade em comum**, por não ser uma pessoa jurídica com existência formal reconhecida pelo ordenamento jurídico – já que a personalidade só se inicia com o registro – não tem um "patrimônio próprio" que possa ser formalmente identificado (não possui bens em seu nome, não possui uma conta bancária em seu nome), o seu **"patrimônio social", na verdade, é formado de bens e direitos titularizados por cada um de seus sócios**. O que o Código fez, portanto, foi estabelecer uma especialização patrimonial, ou melhor, um patrimônio de afetação.

De fato, pode-se dizer que o patrimônio social da sociedade em comum, segundo o art. 988 do Código Civil, é formado por todos os bens que estão diretamente afetados **ao exercício da atividade constitutiva do objeto social**. Nesse sentido, dispõe o Enunciado 210 das Jornadas de Direito Civil do CJF que "o patrimônio especial a que se refere o art. 988 é aquele afetado ao exercício da atividade, garan-

[25] FÉRES, Marcelo Andrade. Depuração da sociedade em comum: primeiras considerações sobre o regime jurídico das sociedades contratuais em formação. *Repertório de Jurisprudência IOB*, v. III, n.º 19, p. 562. out. 2004.

tidor de terceiro, e de titularidade dos sócios em comum, em face da ausência de personalidade jurídica". É contra esses bens que os credores sociais devem se voltar. Os bens não afetados ao exercício da empresa são bens pessoais dos sócios, portanto só podem ser executados depois de exaurido o "patrimônio social" a que se refere o artigo em referência. Corroborando nosso entendimento, dispõe o Enunciado 212 das Jornadas de Direito Civil do CJF que, "embora a sociedade em comum não tenha personalidade jurídica, o sócio que tem seus bens constritos por dívida contraída em favor da sociedade, e não participou do ato por meio do qual foi contraída a obrigação, tem o direito de indicar bens afetados às atividades empresariais para substituir a constrição".

6.2. Sociedade em conta de participação

Alguns autores apontam a sua origem nas antigas *commendas* da Idade Média, as quais, na verdade, originaram um outro tipo societário específico, as sociedades em comandita simples, conforme veremos adiante.

A sociedade em conta de participação é o que a doutrina chama de **sociedade secreta**. Na verdade, não se trata, propriamente, de uma sociedade, mas de um **contrato especial de investimento**.

> Definidas as sociedades empresárias como pessoas jurídicas, seria incorreto considerar a conta de participação uma espécie destas. Embora a maioria da doutrina conclua em sentido oposto, a conta de participação, a rigor, não passa de um contrato de investimento comum, que o legislador, impropriamente, denominou sociedade. Suas marcas características, que a afastam da sociedade empresária típica, são a despersonalização (ela não é pessoa jurídica) e a natureza secreta (seu ato constitutivo não precisa ser levado a registro na Junta Comercial). Outros de seus aspectos também justificam não considerá-la uma sociedade: a conta de participação não tem necessariamente capital social, liquida-se pela medida judicial de prestação de contas e não por ação de dissolução de sociedade, e não possui nome empresarial.[26]
>
> Embora tenha o nome de sociedade e esteja incluída no título do Código Civil que trata das sociedades, a chamada sociedade em conta de participação não é uma verdadeira sociedade. Falta-lhe o patrimônio próprio e a personalização (o próprio Código a considera não personalizada), que são características essenciais das sociedades.[27]

Com efeito, a exemplo do que já afirmamos quando do estudo da sociedade em comum, é incoerente chamar de *sociedade* a conta de participação, uma vez que ela **não possui personalidade jurídica**. Ademais, outras de suas especificidades, como sua natureza secreta e a ausência de nome empresarial apontam para a impropriedade técnica de se considerar a conta de participação uma espécie de sociedade.

A sociedade em conta de participação apresenta duas categorias distintas de sócios: o **sócio ostensivo** e os **sócios participantes** (também chamados de *sócios*

[26] COELHO, Fábio Ulhoa. *Curso de direito comercial*. 6. ed. São Paulo: Saraiva, 2003. p. 478. v. 2.

[27] TAVARES BORBA, José Edwaldo. *Direito Societário*. 14ª ed. São Paulo: Atlas, p. 109.

ocultos). A propósito, o art. 991 do Código Civil dispõe que "na sociedade em conta de participação, a atividade constitutiva do objeto social é exercida unicamente pelo sócio ostensivo, em seu nome individual e sob sua própria e exclusiva responsabilidade, participando os demais dos resultados correspondentes".

Vê-se, pois, que a conta de participação é uma "sociedade" que **só existe internamente**, ou seja, entre os sócios. Externamente, isto é, **perante terceiros, só aparece o *sócio ostensivo***, o qual exerce, em seu nome individual, a atividade empresarial, e responde sozinho pelas obrigações contraídas.

> *Duplicata. Emissão por fornecedora de mobiliário contra o proprietário de unidade autônoma de edifício. Sociedade em conta de participação. Responsabilidade perante terceiros. Sócio ostensivo. "Na sociedade em conta de participação o sócio ostensivo é quem se obriga para com terceiros pelos resultados das transações e das obrigações sociais, realizadas ou empreendidas em decorrência da sociedade, nunca o sócio participante ou oculto que nem é conhecido dos terceiros nem com estes nada trata" (REsp 168.028-SP). Recurso especial parcialmente conhecido e, nessa parte, provido (REsp 192.603/SP, Rel. Min. Barros Monteiro, 4.ª Turma, j. 15.04.2004, DJ 01.07.2004, p. 197).*
>
> *Comercial. Sociedade em conta de participação. Responsabilidade para com terceiros. Sócio ostensivo. Na sociedade em conta de participação o sócio ostensivo é quem se obriga para com terceiros pelos resultados das transações e das obrigações sociais, realizadas ou empreendidas em decorrência da sociedade, nunca o sócio participante ou oculto que nem é conhecido dos terceiros nem com estes nada trata. Hipótese de exploração de* flat *em condomínio. Recurso conhecido e provido (REsp 168.028/SP, Rel. Min. Cesar Asfor Rocha, 4.ª Turma, j. 07.08.2001, DJ 22.10.2001, p. 326).*
>
> A Archel Engenharia Ltda., construtora sediada em Porto Alegre, criou uma oportunidade de investimento para terceiros, a qual chamou de Sistema de Investimentos (SIIM), permitindo-lhes investir nos empreendimentos da construtora. Assim, para cada novo empreendimento imobiliário, a Archel constitui uma sociedade em conta de participação, ficando com um mínimo de 25% das quotas e negociando com terceiros as quotas restantes. O titular de cada quota responde por um percentual das despesas da obra e faz jus a igual percentual nos lucros; quem tiver quotas, que representem 10% do empreendimento, responderá por tal percentual nas despesas da construção e merecerá um décimo dos lucros. A Archel é a sócia ostensiva; a ela cabe vender as unidades (casas, apartamentos etc.), contratar trabalhadores, comprar materiais e construir a edificação. Os investidores são sócios ocultos, que participam das despesas e dos resultados do empreendimento.[28]

Os demais sócios, os chamados sócios participantes, não aparecem nas relações com terceiros – por isso são também chamados de *sócios ocultos* –, apenas participando dos resultados "sociais", conforme definido quando da elaboração do ato de constituição da "sociedade". Nesse sentido, é precisa a disposição constante do parágrafo único, do art. 991, do CC, segundo o qual "obriga-se perante ter-

[28] MAMEDE, Gladston. *Manual de direito empresarial*. São Paulo: Atlas, 2005. p. 25. E o autor complementa: "*Para o mercado e a comunidade em geral, existe apenas o sócio ostensivo – a construtora, no exemplo –, não a* sociedade em conta de participação. *Somente o sócio obriga-se com terceiros: trabalhadores, fornecedores, consumidores. Por seu turno, os sócios ocultos também não mantêm relação com terceiros, mas suas relações jurídicas estão limitadas ao sócio ostensivo, sendo reguladas pelo contrato que estabeleceram.*"

ceiro tão somente o sócio ostensivo; e, exclusivamente perante este, o sócio participante, nos termos do contrato social". No entanto, se os sócios participantes, em determinada negociação, "aparecerem" perante terceiros, ou seja, se atuarem em certo negócio social firmado pelo sócio ostensivo com terceiros, responderão solidariamente junto com o sócio ostensivo por essa negociação. É isso o que determina o art. 993, parágrafo único: "Sem prejuízo do direito de fiscalizar a gestão dos negócios sociais, o sócio participante não pode tomar parte nas relações do sócio ostensivo com terceiros, sob pena de responder solidariamente com este pelas obrigações em que intervier".

Sendo o sócio ostensivo quem, na verdade, exerce a atividade que constitui o objeto social, a sua falência "acarreta a dissolução da sociedade e a liquidação da respectiva conta, cujo saldo constituirá crédito quirografário" (art. 994, § 2.º), a ser habilitado no processo falimentar. Se quem falir, todavia, for o sócio participante, "o contrato social fica sujeito às normas que regulam os efeitos da falência nos contratos bilaterais do falido" (art. 994, § 3.º).[29]

As sociedades em conta de participação são bastante informais, razão pela qual a sua constituição, de acordo com o art. 992 do Código Civil, "independe de qualquer formalidade e pode provar-se por todos os meios de direito". Isso, todavia, não significa que conta de participação não possua um contrato. Este existe, sim, mas não precisa sequer ser escrito. Ademais, a conta de participação, como já frisado, não tem personalidade jurídica, mesmo que seu contrato seja escrito e inscrito em algum órgão de registro, conforme prevê o art. 993 do Código Civil: "o contrato social produz efeito somente entre os sócios, e a eventual inscrição de seu instrumento em qualquer registro não confere personalidade jurídica à sociedade". Os contratos de conta de participação podem ser registrados no cartório de títulos e documentos ou na Junta Comercial (art. 32, inciso II, alínea 'e' da Lei 8.934/1994), mas esse registro, repita-se, não confere personalidade jurídica à sociedade.

Normalmente, a sociedade em conta de participação é constituída para a realização de empreendimentos temporários ou até mesmo para a realização de determinado negócio específico, extinguindo-se posteriormente.

Por não ter personalidade jurídica, a conta de participação não possui um patrimônio social, mas, a exemplo do que ocorre com a sociedade em comum, já estudada no tópico antecedente, o legislador criou para essa sociedade um patrimônio especial, conforme disposto no art. 994 do Código Civil: "a contribuição do sócio participante constitui, com a do sócio ostensivo, patrimônio especial, objeto da conta de participação relativa aos negócios sociais". Observe-se, porém, que como a atividade é exercida unicamente pelo sócio ostensivo, que o faz em seu nome individual e sob sua própria e exclusiva responsabilidade, a referida "especialização patrimonial somente produz efeitos em relação aos sócios" (art. 994,

---

[29] Segundo o art. 117 da Lei nº 11.101/05 (Lei de Recuperação de Empresas), *"os contratos bilaterais não se resolvem pela falência e podem ser cumpridos pelo administrador judicial se o cumprimento reduzir ou evitar o aumento do passivo da massa falida ou for necessário à manutenção e preservação de seus ativos, mediante autorização do Comitê"*.

§ 1.º). Perante terceiros, frise-se, quem responde é o próprio sócio ostensivo.[30,31] Aliás, "os terceiros que com ele negociam não têm conhecimento da existência da sociedade, posto que o sócio ostensivo ou aparente comercia em seu próprio nome, sob sua firma individual, social ou denominação".[32]

Cabe ao sócio ostensivo, pois, utilizar esse patrimônio especial a que se refere o art. 994 do Código Civil para a consecução do fim almejado pela sociedade, conforme descrito no contrato social. É por essa razão que "a sociedade em conta de participação existe em uma conta especial, aberta nos livros do sócio ostensivo, e será nesta conta que serão contabilizados os recursos destinados ao exercício da atividade da sociedade".[33]

Destaque-se, ainda, que conforme disposto no art. 995 do Código Civil, "salvo estipulação em contrário, o sócio ostensivo não pode admitir novo sócio sem o consentimento expresso dos demais".

Finalmente, o Código também dispõe que "aplica-se à sociedade em conta de participação, subsidiariamente e no que com ela for compatível, o disposto para a sociedade simples, e a sua liquidação rege-se pelas normas relativas à prestação de contas, na forma da lei processual" (art. 996). Sobre esse dispositivo, a Terceira Turma do STJ já decidiu que é possível a propositura de ação de dissolução de sociedade em conta de participação, de modo que apenas a liquidação (etapa posterior ao ato dissolutório) é que será distinta, regendo-se pelas regras da prestação de contas. Confira-se, a propósito, a ementa do julgado e sua explicação detalhada no Informativo de Jurisprudência da Corte Superior:

> *Direito empresarial e civil. Recurso especial. Ação de dissolução de sociedade. Sociedade em conta de participação. Natureza societária. Possibilidade jurídica. Rompimento do vínculo societário.*
>
> *1. Discute-se a possibilidade jurídica de dissolução de sociedade em conta de participação, ao fundamento de que ante a ausência de personalidade jurídica, não se configuraria o vínculo societário.*

---

30 O sócio ostensivo responde com seu patrimônio pessoal ou com o patrimônio especial a que se refere o art. 994 do CC? Vera Helena de Mello Franco entende que *"em princípio, o sócio ostensivo não obriga seu patrimônio pessoal na gestão da conta de participação, salvo se esta vier a se tornar insolvente"* (MELLO FRANCO, Vera Helena de. *Manual de direito comercial*. 2. ed. São Paulo: RT, 2004. p. 216. v. 1). Discordamos do entendimento da autora, uma vez que a sociedade em conta de participação existe apenas entre os sócios, o contrato social dela produz efeitos somente entre os sócios e a especialização mencionada no art. 994 do CC também só produz efeitos entre eles. Os terceiros não são credores da sociedade, mas do sócio ostensivo, com quem contrataram. Muitas vezes, como dito, os terceiros sequer sabem da existência da conta de participação.

31 "A sociedade em conta de participação tem sido muito utilizada nas incorporações imobiliárias para constituição de *apart-hotéis*. Uma empresa de hotelaria assume a posição de sócio ostensivo, negociando com fornecedores e com clientes, repartindo os resultados econômicos com os proprietários dos apartamentos, sócios ocultos do contrato. No Recurso Especial 168.028/SP, o Superior Tribunal de Justiça examinou o caso de uma empresa fornecedora de mobiliário – *Qualitá Indústria e Comércio de Móveis Ltda.* – que forneceu móveis para um *apart-hotel*: o *Morumbi Business Apart Hotel*. Como não recebeu do sócio ostensivo o valor contratado, emitiu duplicatas contra os proprietários dos apartamentos. O Superior Tribunal de Justiça declarou que a duplicata não podia ser exigida, pois na sociedade em conta de participação o sócio ostensivo é quem se obriga para com terceiros pelos resultados das transações e das obrigações sociais, realizadas ou empreendidas em decorrência da sociedade, nunca o sócio oculto ou participante que nem é conhecido dos terceiros nem com estes nada contrata. Portanto, tendo a *Qualitá* contratado com a sócia ostensiva, administradora do *apart-hotel* – Conceito Assessoria e Hotelaria –, a duplicata somente poderia ser emitida contra ela e apenas dela cobrada." (MAMEDE, Gladston. *Manual de direito empresarial*. São Paulo: Atlas, 2005. p. 26).

32 MELLO FRANCO, Vera Helena de. *Manual de direito comercial*. 2. ed. São Paulo: RT, 2004. p. 214. v. 1.

33 MAMEDE, Gladston. *Manual de direito empresarial*. São Paulo: Atlas, 2005. p. 26.

2. Apesar de despersonificadas, as sociedades em conta de participação decorrem da união de esforços, com compartilhamento de responsabilidades, comunhão de finalidade econômica e existência de um patrimônio especial garantidor das obrigações assumidas no exercício da empresa.

3. Não há diferença ontológica entre as sociedades em conta de participação e os demais tipos societários personificados, distinguindo-se quanto aos efeitos jurídicos unicamente em razão da dispensa de formalidades legais para sua constituição.

4. A dissolução de sociedade, prevista no art. 1.034 do CC/02, aplica-se subsidiariamente às sociedades em conta de participação, enquanto ato inicial que rompe o vínculo jurídico entre os sócios.

5. Recurso especial provido (REsp 1.230.981/RJ, Rel. Min. Marco Aurélio Bellizze, Terceira Turma, j. 16.12.2014, DJe *05.02.2015).*

Direito civil. Dissolução de sociedade em conta de participação. Aplica-se subsidiariamente às sociedades em conta de participação o art. 1.034 do CC, o qual define de forma taxativa as hipóteses pelas quais se admite a dissolução judicial das sociedades. *Apesar de despersonificadas e de os seus sócios possuírem graus de responsabilidade distintos, as sociedades em conta de participação decorrem da união de esforços, com compartilhamento de responsabilidades, comunhão de finalidade econômica e existência de um patrimônio especial garantidor das obrigações assumidas no exercício da empresa. Não há diferença ontológica entre as sociedades em conta de participação e os demais tipos societários personificados, distinguindo-se quanto aos efeitos jurídicos unicamente em razão da dispensa de formalidades legais para sua constituição. Sendo assim, admitindo-se a natureza societária dessa espécie empresarial, deve-se reconhecer a aplicação subsidiária do art. 1.034 do CC – o qual define de forma taxativa as hipóteses pelas quais se admite a dissolução judicial das sociedades – às sociedades em conta de participação, nos termos do art. 996 do CC, enquanto ato inicial que rompe o vínculo jurídico entre os sócios. Ora, as sociedades não personificadas, diversamente das universalidades despersonalizadas, decorrem de um vínculo jurídico negocial e, no mais das vezes, plurissubjetivo. São contratos relacionais multilaterais de longa duração, os quais podem ser rompidos pela vontade das partes, em consenso ou não, porquanto não se pode exigir a eternização do vínculo contratual. E é essa a finalidade do instituto jurídico denominado dissolução. Por fim, ressalte-se que, somente após esse ato inicial, que dissolve as amarras contratuais entre os sócios, inicia-se o procedimento de liquidação. E, nesta fase, sim, a ausência de personalidade jurídica terá clara relevância, impondo às sociedades em conta de participação um regime distinto dos demais tipos societários. Isso porque a especialização patrimonial das sociedades em conta de participação só tem efeitos entre os sócios, nos termos do § 1.º do art. 994 do CC, de forma a existir, perante terceiros, verdadeira confusão patrimonial entre o sócio ostensivo e a sociedade. Assim, inexistindo possibilidade material de apuração de haveres, disciplinou o art. 996 do mesmo diploma legal que a liquidação dessas sociedades deveriam seguir o procedimento relativo às prestações de contas, solução que era adotada mesmo antes da vigência do novo Código Civil. Dessa forma, o procedimento especial de prestação de contas refere-se tão somente à forma de sua liquidação, momento posterior à dissolução do vínculo entre os sócios ostensivo e oculto. Contudo, essa disciplina da liquidação não afasta nem poderia atingir o ato inicial, antecedente lógico e necessário, qual seja, a extinção do vínculo contratual de natureza societária por meio da dissolução (REsp 1.230.981/RJ, Rel. Min. Marco Aurélio Bellizze, j. 16.12.2014,* DJe *05.02.2015).*

7. SOCIEDADES PERSONIFICADAS

Além das sociedades não personificadas de que tratamos acima - *sociedade em comum* e *sociedade em conta de participação* - o Código também cuida das **sociedades personificadas**, quais sejam: a **sociedade simples pura, a sociedade limitada, a sociedade anônima, a sociedade em nome coletivo, a sociedade em comandita simples, a sociedade em comandita por ações e a sociedade cooperativa.**

A principal consequência da personificação das sociedades[34] é o reconhecimento da sociedade como **sujeito de direitos**, ou seja, como ente autônomo dotado de personalidade distinta da pessoa dos seus sócios e com patrimônio também autônomo, que não se confunde com o patrimônio dos sócios.

> Formada a sociedade comercial pelo concurso de vontades individuais, que lhe propiciam os bens ou serviços, a consequência mais importante é o desabrochar de sua personalidade jurídica. A sociedade transforma-se em novo ser, estranho à individualidade das pessoas que participam de sua constituição, dominando patrimônio próprio, possuidor de órgãos de deliberação e execução que ditam e fazem cumprir a sua vontade. Seu patrimônio, no terreno obrigacional, assegura sua responsabilidade direta em relação a terceiros. Os bens sociais, como objetos de sua propriedade, constituem a garantia dos credores, como ocorre com os de qualquer pessoa natural.[35]

Com efeito, qualquer que seja a tese adotada acerca da natureza das pessoas jurídicas[36] - de Savigny a Hariou - a conclusão a que se chega é a de que a pessoa jurídica é um ente dotado de personalidade própria e, consequentemente, seu patrimônio não se confunde com o patrimônio dos sócios que a integram.

Em síntese, tratando-se a sociedade de uma pessoa jurídica, ou seja, de um ente personalizado ao qual o ordenamento jurídico confere a possibilidade de adquirir direitos e contrair obrigações, é importante destacar que é a própria sociedade, como pessoa jurídica, que exerce a atividade empresarial. Consequentemente, é a própria sociedade que responde pelas suas obrigações sociais. Essas assertivas decorrem da consagração do princípio da autonomia patrimonial das pessoas jurídicas, já comentado acima e reconhecido pelo nosso ordenamento jurídico no art. 1.024 do Código Civil: "os bens particulares dos sócios não podem ser executados por dívidas da sociedade, senão depois de executados os bens sociais". No mesmo sentido é o art. 795 do novo Código de Processo Civil: "os bens particulares dos sócios não respondem pelas dívidas da sociedade senão nos casos previstos em lei; o sócio réu, quando responsável pelo pagamento da dívida da sociedade, tem o direito de exigir que primeiro sejam excutidos os bens da sociedade" (§ 1.º).

---

34 A doutrina nacional aponta que o direito brasileiro sempre reconheceu personalidade jurídica às sociedades, fossem elas civis (hoje simples) ou comerciais (hoje empresárias), seguindo as orientações do mestre Teixeira de Freitas já expostas no seu conhecido *Esboço de código civil*, onde as ideias de separação e autonomia patrimonial das pessoas jurídicas já estavam consagradas.

35 REQUIÃO, Rubens. *Curso de direito comercial*. 25. ed. São Paulo: Saraiva, 2003. p. 372-373. v. 1.

36 Existem, de fato, diversas teorias que tentam explicar a natureza da pessoa jurídica. Destacam-se (i) a teoria da ficção, de Savigny; (ii) a teoria da equiparação, de Windscheid; (iii) a teoria da realidade objetiva (ou orgânica), de Gierke; e (iv) a teoria da instituição, de Hariou.

> A autonomia patrimonial é, assim, uma das mais importantes consequências da personalização, permitindo que os sócios e administradores sejam considerados, em suas relações com a sociedade e com terceiros, como pessoas estranhas, a ponto de isentá-los de responsabilidade pelos atos sociais.[37]

Como bem destaca Fábio Ulhoa Coelho, o princípio da autonomia patrimonial das pessoas jurídicas "*é um dos elementos fundamentais do direito societário*". E o jurista vai mais adiante ao comentar o referido princípio, destacando a sua relevância, sobretudo para o direito empresarial:

> Esse é o princípio da autonomia patrimonial, alicerce do direito societário. Sua importância para o desenvolvimento de atividades econômicas, da produção e circulação de bens e serviços, é fundamental, na medida em que limita a possibilidade de perdas nos investimentos mais arriscados. A partir da afirmação do postulado jurídico de que o patrimônio dos sócios *não* responde por dívidas da sociedade, motivam-se investidores e empreendedores a aplicar dinheiro em atividades econômicas de maior envergadura e risco. Se não existisse o princípio da separação patrimonial, os insucessos na exploração da empresa poderiam significar a perda de todos os bens particulares dos sócios, amealhados ao longo do trabalho de uma vida ou mesmo de gerações, e, nesse quadro, menos pessoas se sentiriam estimuladas a desenvolver novas atividades empresariais. No final, o potencial econômico do País não estaria eficientemente otimizado, e as pessoas em geral ficariam prejudicadas, tendo menos acesso a bens e serviços. O princípio da autonomia patrimonial é importantíssimo para que o direito discipline de forma adequada a exploração da atividade econômica.[38]

Não obstante a importância do princípio da autonomia patrimonial das pessoas jurídicas para a economia do País e, consequentemente, para o direito empresarial, ele não pode ser visto como um dogma absoluto, sobretudo porque, muitas vezes, pode ser utilizado de forma abusiva ou fraudulenta, servindo de instrumento para a blindagem do patrimônio de empresários inescrupulosos e nocivos ao meio empresarial. Em suma, "a personalidade jurídica não constitui um direito absoluto, mas está sujeita e contida pela teoria da fraude contra credores e pela teoria do abuso de direito".[39]

Foi por isso que, há algum tempo, foi formulada a teoria da desconsideração da personalidade jurídica (*disregard doctrine*, na Inglaterra; *disregard of legal entity*, nos Estados Unidos; *teoria de la penetración de la personalidad*, na Espanha e em alguns países de língua espanhola; *durchgriff*, na Alemanha; *superamento della personalità giuridica*, na Itália; e *mise à l'écart de la personalité morale*, na França),[40] com a finalidade de coibir o uso abusivo da personalidade jurídica. Trataremos detalhadamente desse tema ao final deste capítulo.

---

[37] NAHAS, Thereza Christina. *Desconsideração da pessoa jurídica*. São Paulo: Atlas, 2004. p. 147.

[38] COELHO, Fábio Ulhoa. *Curso de direito comercial*. 6. ed. São Paulo: Saraiva, 2003. p. 15-16. v. 2.

[39] REQUIÃO, Rubens. *Curso de direito comercial*. 25. ed. São Paulo: Saraiva, 2003. p. 379. v. 1.

[40] PAES DE ALMEIDA, Amador. *Execução de bens dos sócios*. 8. ed. São Paulo: Saraiva, 2007. p. 201.

7.1. Sociedade simples pura ("simples simples")

Sociedade simples, conforme já destacamos mais de uma vez, é a sociedade que tem por objeto o exercício de **atividade econômica não empresarial**. O caso típico de sociedade simples é o das **sociedades uniprofissionais**, estudadas no capítulo 2, que são sociedades formadas por profissionais intelectuais (médicos, engenheiros, músicos etc.) cujo objeto social é o exercício da própria atividade intelectual de seus sócios. Outro exemplo de sociedade simples de fácil compreensão é a **sociedade cujo objeto social constitui o exercício de atividade econômica rural**, desde que seus sócios optem pelo registro no Cartório, e não na Junta Comercial (art. 984 do Código Civil).

A sociedade simples pode ser organizada de várias formas, conforme preceitua o art. 983 do Código Civil: "a sociedade empresária deve constituir-se segundo um dos tipos regulados nos arts. 1.039 a 1.092; a sociedade simples pode constituir-se de conformidade com um desses tipos, e, não o fazendo, subordina-se às normas que lhe são próprias". Da leitura desse dispositivo legal, depreende-se que a sociedade simples tem um modelo de organização básico (arts. 997 a 1.038), que aqui estamos denominando de *sociedade simples pura* (alguns autores chamam de *sociedade simples simples*), mas pode também organizar-se segundo alguns tipos societários típicos da sociedade empresária. Dizemos alguns porque os modelos da sociedade anônima e da sociedade em comandita por ações jamais poderão ser usados por uma sociedade simples, em razão da regra do art. 982, parágrafo único, do Código Civil, segundo o qual as sociedades por ações são sempre sociedades empresárias. Assim, além da forma básica (*sociedade simples pura*), a sociedade simples pode adotar a forma de uma *sociedade limitada*, de uma *sociedade em nome coletivo* ou de uma *sociedade em comandita simples*. Nesse tópico, trataremos do modelo básico de constituição da sociedade simples: a *sociedade simples pura*, disciplinada nos arts. 997 a 1.038 do Código Civil.

7.1.1. Contrato social

A **sociedade simples *pura*** é uma **sociedade contratual**, ou seja, caracteriza-se por ser constituída por meio de um contrato social e tem seu regime de constituição e dissolução previsto no Código Civil.

As especificidades do *contrato social* fizeram com que, há muito tempo, a doutrina comercialista debatesse acerca da sua **natureza jurídica**, chegando a formar-se forte corrente doutrinária em defesa da tese de que o contrato social não teria natureza contratual propriamente dita, em razão da ausência de partes contrapostas. Podem-se apontar, por exemplo, as teses de que o contrato social seria um ato complexo, um ato corporativo ou um ato de fundação.

> Mesmo quando a sociedade decorre de um acordo de vontades, lavra na doutrina forte controvérsia quanto à natureza do ato constitutivo, entendendo alguns que não se teria aí um contrato, mas sim um ato coletivo, de instituição ou corporativo, em virtude do qual as vontades se somariam de forma paralela, sem, portanto, se contraporem.[41]

[41] TAVARES BORBA, José Edwaldo. *Direito Societário*. 14ª ed. São Paulo: Atlas, p. 27.

Todavia, a teoria que prevaleceu foi a contratualista, mais precisamente a do jurista italiano Tullio Ascarelli, segundo a qual o contrato social possui, sim, natureza jurídica contratual, sendo, porém, um contrato *sui generis*, diferente dos contratos bilaterais que conhecemos. O contrato social, segundo a teoria de Ascarelli, é um **contrato plurilateral**.

As principais características desse contrato plurilateral são: (i) o fato de que podem tomar parte dele várias pessoas e (ii) a *affectio societatis* (união de esforços em torno de um objetivo comum), já comentada anteriormente. Ademais, note-se que as partes do contrato social possuem direitos e deveres não apenas em relação a uma outra pessoa, mas em relação a todas as outras pessoas que compõem a sociedade, daí a sua plurilateralidade.

> Foi Tullio Ascarelli, com a teoria do contrato plurilateral, quem revitalizou a corrente contratualista. Demonstrou o insigne mestre que, além dos contratos bilaterais ou de permuta, existem os contratos plurilaterais, nos quais, em lugar da necessária contraposição de dois polos, várias podem ser as partes, todas dirigidas para uma finalidade comum.[42]

O art. 997 do Código Civil estabelece que "a sociedade constitui-se mediante contrato escrito, particular ou público, que, além de cláusulas estipuladas pelas partes, mencionará: I – nome, nacionalidade, estado civil, profissão e residência dos sócios, se pessoas naturais, e a firma ou a denominação, nacionalidade e sede dos sócios, se jurídicas; II – denominação, objeto, sede e prazo da sociedade; III – capital da sociedade, expresso em moeda corrente, podendo compreender qualquer espécie de bens, suscetíveis de avaliação pecuniária; IV – a quota de cada sócio no capital social, e o modo de realizá-la; V – as prestações a que se obriga o sócio, cuja contribuição consista em serviços; VI – as pessoas naturais incumbidas da administração da sociedade, e seus poderes e atribuições; VII – a participação de cada sócio nos lucros e nas perdas; VIII – se os sócios respondem, ou não, subsidiariamente, pelas obrigações sociais". Por fim, seu parágrafo único determina que "é ineficaz em relação a terceiros qualquer pacto separado, contrário ao disposto no instrumento do contrato".

Esse rol de indicações, previsto no art. 997, que deve conter o contrato social, destaque-se, não é exaustivo, aplicando-se também outras exigências contidas na legislação pertinente para fins de registro. Foi esse o entendimento firmado na III Jornada de Direito Civil do CJF (Enunciado 214).

7.1.1.1. Necessidade de contrato escrito

O contrato social deve ser **escrito** porque os sócios deverão levá-lo a registro no órgão competente, que, no caso da sociedade simples *pura*, é o Cartório de Registro Civil das Pessoas Jurídicas, conforme disposto no art. 1.150 do Código Civil: "o empresário e a sociedade empresária vinculam-se ao Registro Público de Empresas Mercantis a cargo das Juntas Comerciais, e a sociedade simples ao Registro Civil das

42 TAVARES BORBA, José Edwaldo. *Direito Societário*. 14ª ed. São Paulo: Atlas, p. 28.

Pessoas Jurídicas, o qual deverá obedecer às normas fixadas para aquele registro, se a sociedade simples adotar um dos tipos de sociedade empresária".

Assim, constituída a sociedade, pela formalização e assinatura do contrato social, devem os sócios proceder ao registro do ato constitutivo da sociedade no Cartório, para que ela adquira personalidade jurídica e possa dar início às suas atividades. De acordo com o art. 998 do Código Civil, o prazo para a efetivação desse **registro** é de **30 dias**: "nos trinta dias subsequentes à sua constituição, a sociedade deverá requerer a inscrição do contrato social no Registro Civil das Pessoas Jurídicas do local de sua sede".

Complementando a regra acima transcrita, dispõem seus parágrafos: "§ 1.º O pedido de inscrição será acompanhado do instrumento autenticado do contrato, e, se algum sócio nele houver sido representado por procurador, o da respectiva procuração, bem como, se for o caso, da prova de autorização da autoridade competente"; "§ 2.º Com todas as indicações enumeradas no artigo antecedente, será a inscrição tomada por termo no livro de registro próprio, e obedecerá a número de ordem contínua para todas as sociedades inscritas".

7.1.1.2. Instrumento particular ou público

Em regra, o contrato social é feito por **instrumento particular**, mas o *caput* do art. 997 do Código Civil deixa claro que o contrato social também pode ser formalizado por **instrumento público**.

Vale destacar, porém, que se o contrato social for feito por instrumento público, futuras alterações contratuais **não** precisarão ser feitas por instrumento público também, podendo ser realizadas por instrumento particular.

7.1.1.3. Qualificação dos sócios e da sociedade

De acordo com o inciso I do art. 997 do Código Civil, o contrato social deve mencionar "nome, nacionalidade, estado civil, profissão e residência dos sócios, se pessoas naturais, e a firma ou a denominação, nacionalidade e sede dos sócios, se jurídicas".

Percebe-se logo que a sociedade simples *pura* pode ter como **sócios** tanto **pessoas físicas** (pessoas naturais) quanto **pessoas jurídicas** (outra sociedade, por exemplo). A **qualificação dos sócios** é importante porque permite a verificação da existência de eventuais impedimentos à participação na sociedade. No caso de sócio pessoa jurídica, por exemplo, será preciso verificar se o seu objeto social lhe permite participar de outras sociedades.

Após a qualificação dos sócios, **deve o contrato qualificar a própria sociedade.** Com efeito, o inciso II do art. 997 do Código Civil dispõe que o contrato social também deve mencionar "II – denominação, objeto, sede e prazo da sociedade".

Quanto ao fato de o dispositivo legal em comento usar a expressão *denominação*, já afirmamos no capítulo 2, quando do estudo do nome empresarial das sociedades, que não se deve entender que as sociedades simples não podem usar *firma*. Nesse sentido, aliás, é o Enunciado 213 das Jornadas de Direito Civil do CJF: "o art. 997, inc. II, não exclui a possibilidade de sociedade simples utilizar firma ou razão social". Assim, a sociedade simples *pura* pode usar denominação social (usando, pois, uma expressão linguística qualquer na formação do seu nome) ou firma social (usando, nesse caso, o nome civil dos seus próprios sócios).

Quanto ao objeto social, é importante relembrar que a sociedade simples *pura*, embora exerça atividade econômica e possua finalidade lucrativa, não poderá explorar atividade *empresarial*, já que nesse caso a sociedade seria *empresária*, devendo registrar-se na Junta Comercial e adotar um dos tipos societários empresariais típicos previstos no Código Civil (sociedade limitada, sociedade anônima etc.). Exemplo de objeto social explorado por sociedade simples *pura*, conforme já afirmamos, é o exercício de atividade intelectual, de natureza literária, científica ou artística (art. 966, parágrafo único, do Código Civil), como ocorre nas chamadas *sociedades uniprofissionais*.

A sede e o prazo da sociedade também são dados importantes. A sede definirá o Cartório onde será feito o registro do contrato social, enquanto o prazo definirá o período de duração da sociedade, lembrando-se apenas de que, em regra, as sociedades são constituídas por prazo indeterminado.

7.1.1.4. Capital social

Outro dado que o contrato social deve necessariamente mencionar, segundo o art. 997, inciso III, do Código Civil, é o "capital da sociedade, expresso em moeda corrente, podendo compreender qualquer espécie de bens, suscetíveis de avaliação pecuniária".

Vimos que as sociedades são pessoas jurídicas de direito privado decorrentes da união de pessoas cujo objeto social é o exercício de atividade econômica. Para que a sociedade inicie sua respectiva atividade econômica, ou seja, para que ela cumpra seu objeto social, é necessário o aporte de recursos por parte de seus sócios, os quais, então, precisam entregar-lhe determinadas importâncias, que corresponderão ao chamado *capital social*.

Portanto, pode-se definir o **capital social**, *grosso modo*, como **o montante de contribuições dos sócios para a sociedade, a fim de que ela possa cumprir seu objeto social.**[43]

O capital social deve ser sempre **expresso em moeda corrente nacional**, e pode compreender **dinheiro ou bens suscetíveis de avaliação pecuniária** (bens móveis, imóveis ou semoventes; materiais ou imateriais).

7.1.1.5. Capital social x patrimônio

Considerando que o capital social é o montante correspondente à participação dos sócios na sociedade, decorrente de aportes dos sócios, consistentes na transfe-

[43] A despeito de ter essa função de permitir a realização do objeto social pela sociedade, deve-se reconhecer que, hodiernamente, é na verdade o crédito que, na prática, acaba sendo fundamental para que a sociedade consiga realizar o seu objeto social.

rência de dinheiro, bens ou créditos para a sociedade, pode-se afirmar que, no início da sociedade, isto é, no momento da sua constituição originária, o seu capital social e o seu patrimônio se equivalem.

Entretanto, tão logo a sociedade inicie suas atividades, o capital social e o patrimônio perderão essa equivalência: aquele se manterá o mesmo (intangibilidade do capital social), mas este irá variar, para mais ou para menos, conforme a sociedade tenha sucesso ou insucesso nos seus negócios.

> O capital é um valor formal e estático, enquanto o patrimônio é real e dinâmico. O capital não se modifica no dia adia da empresa – a realidade não o afeta, pois se trata de uma cifra contábil. O patrimônio encontra-se sujeito ao sucesso ou insucesso da sociedade, crescendo na medida em que esta realize operações lucrativas, e reduzindo-se com os prejuízos que se forem acumulando.[44]

Essa relação entre capital social e patrimônio é importante porque, em razão de aquele ter também a função de garantia dos credores, só será possível que a sociedade distribua dividendos ou faça reservas de lucros se o patrimônio líquido (ativo menos passivo) for superior ao capital social.[45]

7.1.1.6. Subscrição e integralização das quotas

Definido o capital social da sociedade, deve o contrato social mencionar ainda "a quota de cada sócio no capital social, e o modo de realizá-la" (art. 997, inciso IV, do Código Civil).

Da leitura do dispositivo legal acima transcrito percebe-se que, **numa sociedade simples *pura*, o capital é dividido em quotas**, e todos os sócios têm o dever de **subscrever** parcela do capital social (o que lhes conferirá um número *x* de quotas) e de **integralizar** (ou realizar) essa parcela subscrita, contribuir efetivamente no valor das quotas adquiridas.

Portanto, resta claro que todos os sócios têm o dever de *subscrição* e *integralização* de quotas. Em outras palavras, todos os sócios têm o dever de **adquirir quotas da sociedade** e de **pagar por essas respectivas quotas**, contribuindo para a formação do capital social, ainda que essa contribuição seja ínfima. Sendo a sociedade uma reunião de pessoas para a realização de um objetivo comum (exercício de atividade econômica), é imprescindível que os sócios forneçam à sociedade os meios necessários à consecução desse fim almejado. É por isso que todos os sócios têm o **dever de contribuir** para a sociedade, sendo essa contribuição de cada um deles **requisito especial de validade do contrato social**. Assim, efetivar a contribuição prometida no tempo e na forma previstos no contrato social é o principal dever de qualquer sócio.

---

[44] TAVARES BORBA, José Edwaldo. *Direito Societário*. 14ª ed. São Paulo: Atlas, 2015, p. 71-72.

[45] "Essa função *[do capital social]* seria cumprida pelo seu caráter de cifra de retenção, autorizando que somente se restitua aos sócios, durante a vida da sociedade, o montante de capital próprio (contabilmente indicado no patrimônio líquido) que ultrapassar o valor do capital social" (HUBERT, Ivens Henrique. *Capital social*. In: COELHO, Fábio Ulhoa (coord.). *Tratado de Direito Comercial*. Vol. I. São Paulo: Saraiva, 2015, p. 386).

A contribuição do sócio, ou seja, o modo de integralizar suas quotas, pode ser feita de diversas formas: com bens – móveis ou imóveis, materiais ou imateriais –, dinheiro, entre outras. Na sociedade simples *pura*, aliás, admite-se até mesmo a contribuição em serviços, conforme previsão expressa do art. 997, inciso V, do Código Civil. Nesse sentido é o Enunciado 206 das Jornadas de Direito Civil do CJF: "a contribuição do sócio exclusivamente em prestação de serviços é permitida nas sociedades cooperativas (art. 1.094, I) e nas sociedades simples propriamente ditas (art. 983, 2.ª parte)".

Se o sócio integralizar sua quota com transferência de bens para a sociedade, estes devem ser suscetíveis de avaliação pecuniária. Ademais, nesse caso o sócio responde pela evicção. Se, todavia, o sócio integralizar sua quota com a transferência de créditos de sua titularidade para a sociedade, responderá pela solvência do devedor. É o que dispõe o art. 1.005 do Código Civil: "o sócio que, a título de quota social, transmitir domínio, posse ou uso, responde pela evicção; e pela solvência do devedor, aquele que transferir crédito".

Por outro lado, se o sócio integralizar sua quota através da prestação de serviços, deve estar atento à regra do art. 1.006 do Código Civil: "o sócio, cuja contribuição consista em serviços, não pode, salvo convenção em contrário, empregar-se em atividade estranha à sociedade, sob pena de ser privado de seus lucros e dela excluído".

Por fim, independentemente da forma pela qual os sócios vão integralizar suas respectivas quotas, eles "são obrigados, na forma e prazo previstos, às contribuições estabelecidas no contrato social, e aquele que deixar de fazê-lo, nos trinta dias seguintes ao da notificação pela sociedade, responderá perante esta pelo dano emergente da mora" (art. 1.004 do Código Civil).

Ao sócio que está em mora quanto à integralização de suas quotas, nos termos do art. 1.004, dá-se o nome de *remisso*, podendo os demais sócios, conforme previsto na regra em comento, cobrar dele uma indenização por eventuais prejuízos que sua mora tenha causado à sociedade. Mas essa não é a única medida que os demais sócios podem tomar contra o remisso. Nos termos do parágrafo único do art. 1.004, "verificada a mora, poderá a maioria dos demais sócios preferir, à indenização, a exclusão do sócio remisso, ou reduzir-lhe a quota ao montante já realizado, aplicando-se, em ambos os casos, o disposto no § 1.º do art. 1.031". Assim, o sócio remisso pode ter sua participação na sociedade reduzida ao número de quotas que ele efetivamente já integralizou, ou ainda ser excluído da sociedade, por deliberação da maioria restante (ou seja, a exclusão é extrajudicial, sem necessidade de recurso ao Judiciário). Sobre a exclusão do sócio remisso, o Enunciado 62 das Jornadas de Direito Civil do CJF diz que *"com a exclusão do sócio remisso, a forma de reembolso das suas quotas, em regra, deve-se dar com base em balanço especial, realizado na data da exclusão"*.

7.1.1.7. Administração da sociedade

Embora a sociedade seja uma pessoa jurídica, ente ao qual o ordenamento confere personalidade e, consequentemente, capacidade de ser sujeito de direitos e deveres, **ela não possui vontade**. Sendo assim, as sociedades atuam por intermédio de seus respectivos administradores, que são os seus legítimos **representantes legais** (para os adeptos da **teoria da representação**); ou, como preferem alguns, seus ***presentantes*** **legais** (para os adeptos da **teoria orgânica**). Nesse sentido, dispõe o art. 1.022 do Código Civil que "a sociedade adquire direitos, assume obrigações e procede judicialmente, por meio de administradores com poderes especiais, ou, não os havendo, por intermédio de qualquer administrador".

Filiamo-nos à corrente dos adeptos da teoria orgânica porque, de fato, os administradores não são tecnicamente representantes da sociedade. Como órgão integrante da própria sociedade, portanto pertencente à própria estrutura dela, o administrador é mero órgão da pessoa jurídica que externa a sua vontade, ou seja, torna-a presente. Daí o uso da expressão *presentante*, e não representante, não obstante o art. 1.011, § 2.º, do Código Civil disponha que "aplicam-se à atividade dos administradores, no que couber, as disposições concernentes ao mandato".

De acordo com o art. 997, inciso VI, do Código Civil o contrato social deve mencionar "as pessoas naturais incumbidas da administração da sociedade, e seus poderes e atribuições". De início, percebe-se que a sociedade simples *pura* não pode ser administrada por pessoa jurídica, já que o dispositivo usa a expressão *pessoas naturais* para se referir aos administradores. Também não podem administrar a sociedade as pessoas mencionadas no art. 1.011, § 1.º, do Código: "não podem ser administradores, além das pessoas impedidas por lei especial, os condenados a pena que vede, ainda que temporariamente, o acesso a cargos públicos; ou por crime falimentar, de prevaricação, peita ou suborno, concussão, peculato; ou contra a economia popular, contra o sistema financeiro nacional, contra as normas de defesa da concorrência, contra as relações de consumo, a fé pública ou a propriedade, enquanto perdurarem os efeitos da condenação". A essas pessoas impedidas por lei especial já fizemos menção no capítulo 2, quando do estudo do art. 972 do Código (por exemplo: servidores públicos, magistrados etc.).

Ressalte-se que a **atividade do administrador é personalíssima**, não podendo outrem exercer suas funções. O máximo que se permite é a delegação de certas atividades a mandatários, nos termos do art. 1.018 do Código: "ao administrador é vedado fazer-se substituir no exercício de suas funções, sendo-lhe facultado, nos limites de seus poderes, constituir mandatários da sociedade, especificados no instrumento os atos e operações que poderão praticar".

Outro ponto interessante da norma do art. 997, inciso VI, do Código Civil é a determinação de que **o contrato social, além de designar os administradores, estabeleça seus poderes e atribuições**. No entanto, caso o contrato social silencie a esse respeito, não haverá maiores problemas, porque há regras do próprio Código que suprem essa eventual omissão contratual.

Com efeito, caso o contrato social da sociedade simples *pura* não designe expressamente seus administradores, aplica-se o art. 1.013 do Código Civil: "a administração da sociedade, nada dispondo o contrato social, compete separadamente a cada um dos sócios". Complementando a regra, dispõem seus parágrafos: "§ 1.º Se a administração competir separadamente a vários administradores, cada um pode impugnar operação pretendida por outro, cabendo a decisão aos sócios, por maioria de votos"; "§ 2.º Responde por perdas e danos perante a sociedade o administrador que realizar operações, sabendo ou devendo saber que estava agindo em desacordo com a maioria". E o art. 1.014 ainda prevê que "nos atos de competência conjunta de vários administradores, torna-se necessário o concurso de todos, salvo nos casos urgentes, em que a omissão ou retardo das providências possa ocasionar dano irreparável ou grave".

Ademais, nada impede que os sócios, embora não tenham designado o administrador no próprio contrato social, o façam em **ato separado** posteriormente. Nesse caso, deve-se atentar apenas para a imprescindibilidade de averbação do ato no órgão de registro da sociedade, em obediência ao art. 1.012 do Código Civil: "o administrador, nomeado por instrumento em separado, deve averbá-lo à margem da inscrição da sociedade, e, pelos atos que praticar, antes de requerer a averbação, responde pessoal e solidariamente com a sociedade".

A grande diferença entre o administrador nomeado no contrato social e o administrador nomeado em ato separado reside no fato de que os poderes daquele, caso seja sócio, são, em princípio, irrevogáveis, salvo por decisão judicial que reconheça a ocorrência de justa causa para a revogação. Em contrapartida, os poderes de administrador não sócio ou de administrador designado em ato separado, ainda que sócio, são revogáveis a qualquer tempo pela vontade dos demais. É o que dispõe o art. 1.019 do Código Civil: "são irrevogáveis os poderes do sócio investido na administração por cláusula expressa do contrato social, salvo justa causa, reconhecida judicialmente, a pedido de qualquer dos sócios. Parágrafo único. São revogáveis, a qualquer tempo, os poderes conferidos a sócio por ato separado, ou a quem não seja sócio".

> Cria-se, portanto, em favor do sócio-administrador contratualmente nomeado, uma espécie de estabilidade, que poderá representar, para os demais sócios, um grave comprometimento de seus interesses. Assim, afigura-se prudente que a nomeação dos administradores se processe por ato separado, que poderia ser um termo de nomeação de administrador, de modo a afastar-se a estabilidade. Esse termo, para efeito de eficácia externa, deverá ser averbado à margem da inscrição da sociedade. O não sócio, ainda que nomeado administrador no próprio contrato, não se encontra protegido contra a destituição.[46]

Caso o contrato social da sociedade simples *pura* silencie acerca dos poderes e atribuições dos seus administradores, entende-se que estes podem praticar todos e quaisquer atos pertinentes à gestão da sociedade, salvo oneração ou alienação de bens imóveis, o que só poderão fazer se tais atos constituírem o próprio objeto da sociedade. É o que dispõe o art. 1.015 do Código Civil: "no silêncio do contrato, os administradores podem praticar todos os atos pertinentes à gestão da sociedade; não constituindo objeto social, a oneração ou a venda de bens imóveis depende do que a maioria dos sócios decidir". Assim, nada dispondo o contrato social, reconhece-se aos administradores poder geral de administração.

Em contrapartida, caso o contrato social da sociedade simples *pura* faça uso da prerrogativa que lhe confere o art. 997, inciso VI, do Código Civil e estabeleça expressamente os poderes e atribuições dos administradores, é preciso analisar que

[46] TAVARES BORBA, José Edwaldo. *Direito Societário.* 14ª ed. São Paulo: Atlas, 2015, p. 96-97.

efeitos para a sociedade produzirão os atos de gestão que extrapolarem os limites estabelecidos. Afinal, não obstante se espere do administrador atuação diligente e honesta, nos termos do art. 1.011 do Código Civil ("o administrador da sociedade deverá ter, no exercício de suas funções, o cuidado e a diligência que todo homem ativo e probo costuma empregar na administração de seus próprios negócios"), é sempre possível que ele não atenda a essa expectativa.

Ora, sendo o administrador, como vimos, órgão da pessoa jurídica que externa sua própria vontade, em princípio a sociedade responde por todos os atos de seus administradores. Aliás, em homenagem à *teoria da aparência*, muito aplicada nas relações jurídico-empresariais, a sociedade, em regra, responde inclusive pelos atos com excesso de poderes praticados pelo administrador. Somente em situações excepcionais o excesso do administrador afastará a responsabilidade da sociedade pelos seus atos.

O art. 1.015, parágrafo único, do Código Civil tinha a seguinte redação: "o excesso por parte dos administradores somente pode ser oposto a terceiro se ocorrer pelo menos uma das seguintes hipóteses: I - se a limitação de poderes estiver inscrita ou averbada no registro próprio da sociedade; II - provando-se que era conhecida do terceiro; III - tratando-se de operação evidentemente estranha aos negócios da sociedade".

Esse dispositivo, especialmente em seu inciso III, consagrava a aplicação da **teoria dos atos *ultra vires***, segundo a qual a sociedade não deve responder pelos atos com excesso de poderes praticados pelos seus administradores.

Ressalte-se, entretanto, que a teoria *ultra vires*, após surgir na Inglaterra e nos Estados Unidos, foi sendo gradativamente abandonada, o que nos permite dizer que, de certo modo, a adoção dessa teoria pelo Código Civil de 2002 representou um retrocesso. É que na maioria das vezes, em razão do dinamismo inerente às atividades econômicas, é muito difícil analisar, em todas as transações negociais, se os poderes dos administradores lhe permitem firmar aquela relação jurídica específica. Portanto, a teoria *ultra vires*, é inegável, trouxe consigo uma certa insegurança jurídica para o mercado. Melhor seria, em homenagem à boa-fé dos terceiros que contratam com a sociedade limitada, reconhecer sua responsabilidade pelos atos *ultra vires*, mas assegurar-lhe a possibilidade de voltar-se em regresso contra o administrador que se excedeu.

Interpretando o dispositivo em comento, quando ele ainda estava vigente, foi editado o Enunciado 219 da Jornada de Direito Civil do CJF, entendendo-se que o art. 1.015, parágrafo único, inciso III, do CC realmente adotou a teoria *ultra vires*, mas com as seguintes ressalvas: "a) o ato *ultra vires* não produz efeito apenas em relação à sociedade; b) sem embargo, a sociedade poderá, por meio de seu órgão deliberativo, ratificá-lo; c) o Código Civil amenizou o rigor da teoria *ultra vires*, admitindo os poderes implícitos dos administradores para realizar negócios acessórios ou conexos ao objeto social, os quais não constituem operações evidentemente estranhas aos negócios da sociedade; d) não se aplica o art. 1.015 às sociedades por ações, em virtude da existência de regra especial de responsabilidade dos administradores (art. 158, II, Lei n. 6.404/1976)".

Merece menção também o Enunciado 11 da I Jornada de Direito Comercial do CJF: "A regra do art. 1.015, parágrafo único, do Código Civil deve ser aplicada à luz da teoria da aparência e do primado da boa-fé objetiva, de modo a prestigiar a segurança do tráfego negocial. As sociedades se obrigam perante terceiros de boa-fé". Tratava-se, em nossa opinião, de entendimento correto, o qual foi adotado pelo STJ:

> *Direito comercial. Sociedade por quotas de responsabilidade limitada. Garantia assinada por sócio a empresas do mesmo grupo econômico. Excesso de poder. Responsabilidade da sociedade. Teoria dos atos* ultra vires. *Inaplicabilidade. Relevância da boa-fé e da aparência. Ato negocial que retornou em benefício da sociedade garantidora.*
>
> *(...)*
>
> *3. A partir do Código Civil de 2002, o direito brasileiro, no que concerne às sociedades limitadas, por força dos arts. 1.015, § único e 1.053, adotou expressamente a* ultra vires doctrine.
>
> *4. Contudo, na vigência do antigo Diploma (Decreto n.º 3.708/19, art. 10), pelos atos* ultra vires, *ou seja, os praticados para além das forças contratualmente conferidas ao sócio, ainda que extravasassem o objeto social, deveria responder a sociedade.*
>
> *4. No caso em julgamento, o acórdão recorrido emprestou, corretamente, relevância à boa-fé do banco credor, bem como à aparência de quem se apresentava como sócio contratualmente habilitado à prática do negócio jurídico.*
>
> *5. Não se pode invocar a restrição do contrato social quando as garantias prestadas pelo sócio, muito embora extravasando os limites de gestão previstos contratualmente, retornaram, direta ou indiretamente, em proveito dos demais sócios da sociedade fiadora, não podendo estes, em absoluta afronta à boa-fé, reivindicar a ineficácia dos atos outrora praticados pelo gerente.*
>
> *6. Recurso especial improvido (REsp 704.546/DF, Rel. Min. Luis Felipe Salomão, Quarta Turma, j. 01.06.2010,* DJe *08.06.2010).*

Na linha desse entendimento doutrinário e jurisprudencial crítico ao dispositivo em questão, a Lei 14.195/2021 revogou o parágrafo único do art. 1.015 do Código Civil, reforçando a nossa interpretação de que, em respeito à teoria da aparência, a sociedade deve responder pelos atos de seus administradores mesmo quando eles agirem com excesso de poderes, cabendo a ela, posteriormente, agir em regresso para responsabilizá-los.

No entanto, mesmo com a revogação do parágrafo único do art. 1.015, parece-nos possível que a sociedade se exima de responsabilidade por atos com excesso de poderes praticados por seus administradores, quando (i) existir expressa limitação de poderes arquivada no órgão de registro competente (Cartório ou Junta Comercial, conforme a natureza da sociedade) ou (ii) ficar comprovado que o terceiro sabia dessa limitação. Essa nossa interpretação se baseia na existência de outras regras legais sobre o assunto, como os arts. 47 ("obrigam a pessoa jurídica os atos dos administradores, exercidos **nos limites de seus poderes definidos no ato constitutivo**") e 1.064 ("o uso da firma ou denominação social é privativo dos administradores **que tenham os necessários poderes**") do Código Civil.[47]

---

[47] *"Parece, portanto, à luz do ordenamento jurídico vigente, que a melhor orientação é aquela que apoia e valoriza a teoria da aparência e a boa-fé objetiva para, como regra, vincular a sociedade ao negócio celebrado por seu administrador, caracterizador de ato ultra vires. Cabe a ela provar o conhecimento do terceiro do contrato social ou do estatuto para*

Por outro lado, nos casos em que o administrador agir com culpa no desempenho de suas atribuições, seja praticando ato regular de gestão ou ato com excesso de poderes, ele responderá tanto perante terceiros quanto perante a sociedade, nos termos do art. 1.016 do Código: "os administradores respondem solidariamente perante a sociedade e os terceiros prejudicados, por culpa no desempenho de suas funções". Assim, nessas situações, poderão os terceiros cobrar a obrigação diretamente do administrador. Caso, porém, os terceiros cobrem a obrigação da sociedade, ela poderá agir em regresso contra o administrador faltoso.

Ainda se referindo a possíveis atuações faltosas do administrador, estabelece o art. 1.017 do Código Civil que "o administrador que, sem consentimento escrito dos sócios, aplicar créditos ou bens sociais em proveito próprio ou de terceiros, terá de restituí-los à sociedade, ou pagar o equivalente, com todos os lucros resultantes, e, se houver prejuízo, por ele também responderá". Complementando, o parágrafo único desse dispositivo legal ainda prevê que "fica sujeito às sanções o administrador que, tendo em qualquer operação interesse contrário ao da sociedade, tome parte na correspondente deliberação".

Por fim, registre-se que "os administradores são obrigados a prestar aos sócios contas justificadas de sua administração, e apresentar-lhes o inventário anualmente, bem como o balanço patrimonial e o de resultado econômico" (art. 1.020 do Código Civil). O levantamento anual destes dois balanços, aliás, é de suma importância para a sociedade, porque configura dever legal de escrituração, nos termos do art. 1.179 do Código, que estudamos no capítulo 2. Assim, para que os sócios possam fiscalizar o cumprimento desse e de outros deveres dos administradores, determina o art. 1.021 que "salvo estipulação que determine época própria, o sócio pode, a qualquer tempo, examinar os livros e documentos, e o estado da caixa e da carteira da sociedade".

7.1.1.8. Distribuição dos resultados

Já dissemos, mais de uma vez, que é característica de qualquer sociedade o exercício de atividade econômica, o escopo lucrativo e a partilha dos resultados entre os seus membros. Assim, da mesma forma que todos os sócios devem contribuir para a formação do capital social, é também requisito especial de validade do contrato a garantia de que todos eles participem dos resultados sociais, cabendo-lhes disciplinar a matéria no ato constitutivo (art. 997, inciso VII, do Código Civil).

É bom lembrar que, não obstante o fim social de uma sociedade seja a obtenção de lucros em decorrência do exercício de atividade econômica, é possível que ela sofra prejuízos também. Por conseguinte, os sócios da sociedade devem dividir não apenas os lucros[48], mas também as perdas eventualmente sofridas.

---

eximir-se da responsabilidade do ato derivada, ou demonstrar circunstancialmente que, em razão das condições e da natureza da negociação e pela qualidade profissional do contratante, cabia a ele diligenciar para ter acesso e conhecimento do seu objeto social. Vinculada a sociedade ao ato ultra vires, abre-se-lhe o ensejo de regressivamente responsabilizar o administrador que atuou com o excesso por ela não ratificado e que lhe causou prejuízo. A mesma orientação deve ser adotada para reger os casos de uso indevido do nome empresarial" (Sérgio Campinho).

48 "Não há que se confundir lucro com *pro labore*. A este último só deve fazer jus o sócio ou sócios que se dedicarem à administração social. Mas seu pagamento, em última análise, estará subordinado à previsão expressa no contrato

É vedada, portanto, a chamada "cláusula leonina", a qual, se existente, será considerada nula de pleno direito, conforme estabelecido no art. 1.008 do Código Civil: "é nula a estipulação contratual[49] que exclua qualquer sócio de participar dos lucros e das perdas". Explica a doutrina que a expressão "cláusula leonina", hoje largamente utilizada para fazer referência às cláusulas abusivas, nasceu no direito societário, por inspiração de uma conhecida fábula do italiano Fedro, na qual o leão, após formar sociedade com outros animais para caçar, usava da força para desfrutar sozinho do produto da caça.

Perceba-se que o legislador não estabeleceu regras, *a priori*, acerca de como deve ser feita a distribuição dos lucros da sociedade, cabendo aos sócios, pois, prever a forma de participação de cada um no contrato social. Podem estabelecer, por exemplo, a distribuição preferencial de lucros a um sócio. Podem também distribuir entre os sócios apenas uma parte dos lucros, destinando a parte restante a investimentos sociais. O que os sócios não podem, apenas, é excluir algum membro de participação nos lucros ou nas perdas da sociedade.

Se o contrato social, todavia, for omisso a respeito do assunto, aplica-se o disposto no art. 1.007 do Código Civil: "salvo estipulação em contrário, o sócio participa dos lucros e das perdas, na proporção das respectivas quotas, mas aquele, cuja contribuição consiste em serviços, somente participa dos lucros na proporção da média do valor das quotas".

Por derradeiro, prevê o art. 1.009 do Código que "a distribuição de lucros ilícitos ou fictícios acarreta responsabilidade solidária dos administradores que a realizarem e dos sócios que os receberem, conhecendo ou devendo conhecer-lhes a ilegitimidade".[50]

7.1.1.9. Responsabilidade dos sócios

Por ser a sociedade simples *pura* uma pessoa jurídica, isto é, ente ao qual o ordenamento jurídico atribui personalidade, ela responde pelas suas obrigações, com seus bens sociais. Isso decorre da consagração em nosso ordenamento do princípio da autonomia patrimonial das pessoas jurídicas, previsto no art. 1.024 do Código Civil: "os bens particulares dos sócios não podem ser executados por dívidas da sociedade, senão depois de executados os bens sociais".[51]

---

social, que deverá indicar o seu valor ou a fórmula para estabelecê-lo" (CAMPINHO, Sérgio. *O direito de empresa no Código Civil*. 9ª ed. Rio de Janeiro: Renovar, 2008, p. 105-106).

[49] Sérgio Campinho lembra que o Código Comercial de 1850 declarava nula a própria sociedade, e destaca que o Código Civil de 2002 acertou ao restringir a nulidade à estipulação contratual (cláusula), e não a todo o contrato social. Ele também afirma que a melhor interpretação do art. 1.008 é no sentido de impedir a pactuação de cláusula leonina não apenas no próprio contrato social, mas também em eventuais pactos parassociais (acordos de quotistas, por exemplo): CAMPINHO, Sérgio. *O direito de empresa no Código Civil*. 9ª ed. Rio de Janeiro: Renovar, 2008, p. 95-96.

[50] "A distribuição de lucros subentende a efetiva existência de resultados. O princípio da intangibilidade do capital social impede a atribuição de participação aos sócios, sem que lucros tenham sido efetivamente apurados, e estejam disponíveis" (TAVARES BORBA, José Edwaldo. *Direito societário*. 14ª ed. São Paulo: Atlas, 2015, p. 97-98). Não custa lembrar: a sociedade só pode distribuir dividendos ou fazer reservas de lucros se o seu patrimônio líquido estiver superior ao capital social.

[51] No mesmo sentido, cite-se também o art. 49-A do Código Civil: "A pessoa jurídica **não se confunde** com os seus sócios, associados, instituidores ou administradores".

Por outro lado, por se tratar de uma sociedade contratual, a responsabilidade dos sócios da sociedade simples *pura*, quanto às obrigações sociais, é ilimitada, ou seja, caso os bens sociais não sejam suficientes para saldar o passivo da sociedade, os credores poderão executar o restante das dívidas no patrimônio dos sócios. Nesse sentido, aliás, dispõe o art. 1.023 do Código Civil: "se os bens da sociedade não lhe cobrirem as dívidas, respondem os sócios pelo saldo, na proporção em que participem das perdas sociais, salvo cláusula de responsabilidade solidária". Essa "cláusula de responsabilidade solidária" é a prevista no art. 997, inciso VIII, do Código Civil, que estabelece a possibilidade de o contrato social prever "se os sócios respondem, ou não, ~~subsidiariamente~~ *[solidariamente]*[52] pelas obrigações sociais".

Assim, se o contrato da sociedade simples "pura" for omisso, valem as regras gerais dos arts. 1.023 e 1.024 do Código Civil, ou seja, a responsabilidade dos sócios será subsidiária em relação à sociedade (art. 1.024), mas ilimitada e proporcional entre eles (art. 1.023, primeira parte). Caso, porém, pactue-se expressamente, a responsabilidade dos sócios será subsidiária em relação à sociedade (art. 1.024), mas ilimitada e solidária entre eles (art. 1.023, parte final). Nesse sentido, confira-se o Enunciado 479 da Jornada de Direito Civil do CJF: *"Na sociedade simples pura (art. 983, parte final, do CC/2002), a responsabilidade dos sócios depende de previsão contratual. Em caso de omissão, será ilimitada e subsidiária, conforme o disposto nos arts. 1.023 e 1.024 do CC/2002"*.

Ainda sobre a responsabilidade dos sócios da sociedade simples, o enunciado 10 das Jornadas de Direito Comercial do CJF diz o seguinte: "nas sociedades simples, os sócios podem limitar suas responsabilidades entre si, à proporção da participação no capital social, ressalvadas as disposições específicas".

Por fim, destaque-se que o art. 1.025 do Código Civil dispõe que "o sócio, admitido em sociedade já constituída, não se exime das dívidas sociais anteriores à admissão".

7.1.1.10. Alteração do contrato social

O contrato social não é imutável, podendo ser alterado conforme a vontade dos sócios. Mas alterações não são fáceis de serem realizadas, já que o Código Civil exigiu *quorum* bastante expressivo para tanto.

Caso a alteração do contrato social seja referente a alguma matéria relacionada no art. 997 do Código Civil, como, por exemplo, mudança na forma de distribuição de lucros (inciso VII) ou mudança do capital social (inciso III), a modificação do contrato dependerá de aprovação unânime. Por outro lado, se a alteração do contrato social for referente a outros temas, a modificação do contrato dependerá de aprovação da maioria absoluta, salvo se o contrato dispuser diferentemente. É o que dispõe o art. 999 do Código Civil: "as modificações do contrato social, que

[52] Parece-me que houve um erro material do legislador, que escreveu "subsidiariamente" em vez de "solidariamente". Nesse sentido, confira-se o Enunciado 61 das Jornadas de Direito Civil: "o termo 'subsidiariamente', constante do inciso VIII do artigo 997 do Código Civil, deverá ser substituído por 'solidariamente', a fim de compatibilizar esse dispositivo com o artigo 1.023 do mesmo Código.

tenham por objeto matéria indicada no art. 997, dependem do consentimento de todos os sócios; as demais podem ser decididas por maioria absoluta de votos, se o contrato não determinar a necessidade de deliberação unânime". Sobre esse dispositivo, confira-se o teor do Enunciado 385 do CJF: "*A unanimidade exigida para a modificação do contrato social somente alcança as matérias referidas no art. 997, prevalecendo, nos demais casos de deliberação dos sócios, a maioria absoluta, se outra mais qualificada não for prevista no contrato*".

Não se deve esquecer, ademais, que qualquer alteração do contrato social deve ser averbada no Cartório onde foi feito o registro originário da sociedade (art. 999, parágrafo único: "qualquer modificação do contrato social será averbada, cumprindo-se as formalidades previstas no artigo antecedente").

7.1.2. Direitos e deveres dos sócios

Constituindo uma sociedade, por meio da formalização do contrato social, que analisamos detalhadamente acima, os sócios estão dando origem a uma pessoa jurídica. Consequentemente, nos termos do contrato social, os sócios assumirão uma série de obrigações entre si e perante a própria sociedade, obrigações estas que terão início imediatamente após a assinatura do contrato – ou em data específica nele designada – e só terminarão após a liquidação da sociedade. É o que estabelece claramente o art. 1.001 do Código Civil: "as obrigações dos sócios começam imediatamente com o contrato, se este não fixar outra data, e terminam quando, liquidada a sociedade, se extinguirem as responsabilidades sociais".

Dentre as principais obrigações dos sócios, podemos destacar a de **contribuir para a formação do capital social, subscrevendo e integralizando suas respectivas quotas**, e a de **participar dos resultados sociais**, nos termos estabelecidos no contrato social ou, na omissão deste, na forma prevista no art. 1.007 do Código Civil.

Relembrando uma das classificações das sociedades abordada no início deste capítulo, a sociedade simples *pura* é uma sociedade de pessoas, ou seja, existe uma forte *affectio societatis* entre os sócios e o vínculo contratual formado entre eles é *intuitu personae*, razão pela qual a entrada de estranhos no quadro societário dependerá sempre da anuência dos demais. Nesse sentido, o art. 1.002 do Código Civil determina que "o sócio não pode ser substituído no exercício das suas funções, sem o consentimento dos demais sócios, expresso em modificação do contrato social". Na mesma linha, o art. 1.003 do Código prevê que "a cessão total ou parcial de quota, sem a correspondente modificação do contrato social com o consentimento dos demais sócios, não terá eficácia quanto a estes e à sociedade".

Por fim, cumpre salientar que o sócio retirante da sociedade, que cedeu suas quotas a outrem (com a anuência dos demais, conforme destacado no parágrafo anterior), não fica automaticamente exonerado de eventuais obrigações perante terceiros e perante a própria sociedade. Com efeito, dispõe o art. 1.003, parágrafo único, do Código Civil que "até dois anos depois de averbada a modificação do contrato, responde o cedente solidariamente com o cessionário, perante a sociedade e terceiros, pelas obrigações que tinha como sócio". No mesmo sentido é a regra do art. 1.032 do Código: "a retirada, exclusão ou morte do sócio, não o exime, ou a seus herdeiros, da responsabilidade pelas obrigações sociais anteriores, até dois anos após averbada a resolução da sociedade; nem nos dois primeiros casos, pelas posteriores e em igual prazo, enquanto não se requerer a averbação".

Em um processo no qual se discutia a extensão da responsabilidade de ex-sócio com base nas regras dos arts. 1.003, parágrafo único, e 1.032 do Código Civil, a 3.ª Turma do STJ decidiu que, "na hipótese de cessão de quotas sociais, a responsabilidade do cedente pelo prazo de até 2 (dois) anos após a averbação da respectiva modificação contratual restringe-se às obrigações sociais contraídas no período em que ele ainda ostentava a qualidade de sócio, ou seja, antes da sua retirada da sociedade. Inteligência dos arts. 1.003, parágrafo único, 1.032 e 1.057, parágrafo único, do Código Civil de 2002" (REsp 1.537.521). Os Ministros reconheceram que o sócio que sai da sociedade responde por dívidas sociais até dois anos após sua saída, mas destacaram que essa responsabilidade se refere a dívidas anteriores à sua saída, e não a dívidas posteriores.

Ainda sobre a regra do parágrafo único do art. 1.003 do Código Civil, a 3ª Turma do STJ também já decidiu que **"as obrigações que geram solidariedade entre cedente e cessionário, para fins do art. 1.003, parágrafo único, do CC, são aquelas de natureza objetiva que se vinculam diretamente às quotas sociais, não estando compreendidas nesta hipótese as obrigações de caráter subjetivo do sócio, resultantes do exercício de sua autonomia privada ou da prática de ato ilícito"** (REsp 1.901.918). No caso, uma sociedade limitada assumiu uma dívida por meio de cédula de crédito bancário, e os sócios dessa sociedade figuraram no título como devedores solidários. Não paga a CCB, o banco credor ajuizou execução contra a sociedade e os sócios que assinaram como devedores solidários, mas um deles embargou alegando sua ilegitimidade passiva, pelo fato de já ter saído da sociedade há mais de dois anos. A relatora, Ministra Nancy, destacou que "não versando a hipótese dos autos sobre obrigação derivada da condição de sócio, mas sim de obrigação decorrente de manifestação de livre vontade dele, que a fez figurar como corresponsável pelo adimplemento da CCB, a cobrança da dívida deve ser regida pelas normas ordinárias concernentes à solidariedade previstas na legislação civil".

7.1.3. Deliberações sociais

Cabe aos administradores, como vimos, praticar os atos pertinentes à gestão dos negócios da sociedade, conforme o seu objeto social. No entanto, em **assuntos negociais mais relevantes**, como, por exemplo, a fusão da sociedade com outra, **a decisão não cabe aos administradores, mas ao conjunto dos sócios**, isto é, trata-se de decisão que exige deliberação social.

Em princípio, cabe ao contrato social estabelecer que matérias dependerão de deliberação dos sócios. Em alguns casos, porém, é a própria lei que o faz, como na hipótese de transformação da sociedade (art. 1.114 do Código Civil). Em ambos os casos, as deliberações serão tomadas por maioria de votos, contados segundo o valor de cada um. É o que determina o art. 1.010 do Código: "quando, por lei ou pelo contrato social, competir aos sócios decidir sobre os negócios da sociedade, as deliberações serão tomadas por maioria de votos, contados segundo o valor das quotas de cada um".

A maioria mencionada pelo dispositivo legal acima transcrito é *absoluta*[53], segundo disposto no seu § 1.º: "para formação da maioria absoluta são necessários votos correspondentes a mais de metade do capital". E essa maioria absoluta não se refere ao número de sócios votantes, mas tão somente ao valor de suas quotas. Portanto, pode ser que numa determinada sociedade com cinco sócios os votos favoráveis de apenas dois sejam suficientes para aprovação da deliberação. Basta, nesse caso, que o valor de suas quotas somadas seja superior à metade do capital social.

A aferição do número de sócios votantes será importante, entretanto, quando pelo valor das quotas houver empate na votação. Nesse caso, prevalecerá a decisão que teve o apoio da maior quantidade de sócios. Caso haja empate também no número de sócios, a matéria deverá ser levada ao Poder Judiciário, e a decisão caberá ao juiz. É o que determina o § 2.º do mesmo art. 1.010 do Código: "prevalece a decisão sufragada por maior número de sócios no caso de empate, e, se este persistir, decidirá o juiz". Exemplificando: numa sociedade com cinco sócios, se dois deles possuem 25% do capital social cada, mesmo que ambos votem contra uma determinada medida apoiada pelos demais, ela será aprovada, porque haverá empate quanto ao valor das quotas (50% contra 50%), mas o número dos sócios que apoiam a medida é maior (3 contra 2). Se, todavia, essa sociedade tivesse apenas quatro sócios, cada um com 25% do capital social, eventual empate na deliberação (50% contra 50% e 2 contra 2) exigiria decisão final do juiz.

Finalmente, ainda disciplinando as deliberações sociais, prevê o art. 1.010, § 3.º, do Código Civil que "responde por perdas e danos o sócio que, tendo em alguma operação interesse contrário ao da sociedade, participar da deliberação que a aprove graças a seu voto". Não haverá nulidade na deliberação, mas possibilidade de responsabilização do sócio conflitado por perdas e danos.[54]

7.2. Sociedade limitada

A **sociedade limitada** representa, com certeza, o **tipo societário mais utilizado na praxe comercial brasileira**, correspondendo a aproximadamente mais de 90% dos registros de sociedade no Brasil. A grande presença de sociedades limitadas no meio empresarial se deve basicamente ao fato de ela ostentar duas características específicas que a tornam um tipo societário bastante atrativo para os pequenos e médios empreendimentos: a **contratualidade** e a **limitação de responsabilidade dos sócios**.

Com efeito, o fato de os sócios responderem limitadamente pelas obrigações sociais faz com que muitos empreendedores em potencial se sintam estimulados à constituição de uma sociedade limitada para o exercício de empresa, uma vez que a

53 "(...) não havendo previsão legal ou contratual, a regra é a da maioria absoluta" (CAMPINHO, Sérgio. *O direito de empresa no Código Civil.* 9ª ed. Rio de Janeiro: Renovar, 2008, p. 108).

54 "Não abre o Código espaço à anulação da decisão, limitando-se à previsão da responsabilidade civil do sócio em razão de perdas e danos padecidos pela sociedade e, eventualmente, pelos demais sócios" (CAMPINHO, Sérgio. *O direito de empresa no Código Civil.* 9ª ed. Rio de Janeiro: Renovar, 2008, p. 108).

limitação de responsabilidade, conforme já mencionamos, funciona como relevante fator de redução do risco empresarial.

Mas o simples fato de a sociedade limitada ter como característica a limitação de responsabilidade dos seus sócios não explica, por si só, a sua extrema aceitabilidade entre os pequenos e médios empreendedores, uma vez que a sociedade anônima também é um tipo societário que se caracteriza pela responsabilidade limitada de seus acionistas.

A outra característica, pois, que faz da sociedade limitada o tipo societário mais utilizado na praxe comercial brasileira é a sua *contratualidade*, que confere aos sócios maior liberdade na hora de firmar o vínculo societário entre eles, algo que não ocorre, por exemplo, nas sociedades anônimas, cujo vínculo é estatutário e submetido a um regime legal previamente balizado na lei.

> A segunda característica que motivou a larga utilização desse tipo societário é a contratualidade. As relações entre os sócios podem pautar-se nas disposições de vontade destes, sem os rigores ou balizamentos próprios do regime legal da sociedade anônima, por exemplo. Sendo a limitada contratual, e não institucional, a margem para negociações entre os sócios é maior.[55]

De fato, ao longo do estudo da sociedade limitada veremos que muitas matérias relacionadas às relações entre sócios dependem do que dispuser o contrato social. Enfim, é a vontade societária que decide a maioria das questões que interessam aos sócios, ao contrário do que ocorre na sociedade anônima, que possui um regime legal que previamente estabelece a disciplina das relações sociais, sem dar margem de liberdade aos acionistas para tanto. Veremos, todavia, que essa "liberdade contratual" na sociedade limitada já foi maior, tendo sido reduzida com a entrada em vigor do Código Civil de 2002.

7.2.1. Legislação aplicável

Comparando-se a sociedade limitada com os demais tipos societários conhecidos, pode-se afirmar que se trata do "filho caçula" do direito societário, cujo nascimento se deve ao atendimento dos anseios dos **pequenos e médios empreendedores**, os quais reclamavam a existência de um tipo societário que permitisse a limitação de responsabilidade dos sócios, mas não possuísse um modelo legal rígido, complexo e burocrático como o das sociedades anônimas.

> A sociedade limitada – anteriormente chamada sociedade por quotas de responsabilidade limitada – tem uma história pequena e pobre. Sua criação é, em relação às demais sociedades, recente, e decorre da iniciativa de parlamentares, para atender ao interesse de pequenos e médios empreendedores, que queriam beneficiar-se, na exploração de atividade econômica, da limitação de responsabilidade típica das sociedades anônimas, mas sem atender às complexas formalidades destas, nem se sujeitar à prévia autorização governamental.[56]

---

55 COELHO, Fábio Ulhoa. *Manual de direito comercial*. 16. ed. São Paulo: Saraiva, 2005. p. 153.

56 COELHO, Fábio Ulhoa. *Curso de direito comercial*. 7. ed. São Paulo: Saraiva, 2004. p. 366. v. 2.

Ao contrário do que ocorreu com os demais tipos societários, portanto, que surgiram em decorrência da evolução de sociedades construídas no período do surgimento do direito comercial, a sociedade limitada foi criada pelo legislador com uma finalidade muito clara: permitir que pequenos e médios empreendedores gozassem da prerrogativa de limitação de responsabilidade sem, para tanto, ter que constituir uma sociedade anônima. Em suma: a sociedade limitada "surgiu no mundo jurídico como um modelo pronto, racionalmente orientado, com a finalidade de atender necessidades específicas".[57]

Com efeito, por muito tempo os pequenos e médios empreendimentos não possuíram um modelo societário que reunisse as duas características apontadas no tópico antecedente: contratualidade e limitação de responsabilidade. A flexibilidade decorrente da contratualidade era restrita às *sociedades de pessoas*, enquanto a limitação de responsabilidade era restrita às sociedades anônimas (a doutrina majoritária considerava legítima tal prática). Era preciso, pois, criar um novo modelo societário, que aliasse a contratualidade das sociedades de pessoas com a limitação de responsabilidade das sociedades anônimas, ou seja, que conjugasse, "num modelo intermediário, o princípio capitalista da S.A. e a concepção personalista da sociedade de pessoas".[58] Foi na Alemanha, no final dos anos 1800, após a guerra franco-prussiana, que isso ocorreu.

> Com isso produziu-se um novo tipo societário, que passou a conjugar a maleabilidade das sociedades de pessoas, sua administração mais personalizada, a maior ênfase na autonomia da vontade, a restrição à circulação dos quinhões societários e consequente estabilidade do quadro societário, com a limitação da responsabilidade própria da sociedade anônima.[59]

No Brasil, a sociedade limitada surgiu com a edição do Decreto 3.708/1919, a chamada *Lei das Limitadas*, que cuidava da *sociedade por quotas de responsabilidade*, como era chamada, como um tipo híbrido, que conjugava características típicas das sociedades institucionais de capital (a sociedade anônima) com características específicas das sociedades contratuais de pessoas.

Esse modelo adotado pelo legislador brasileiro mereceu muitas críticas da doutrina da época, que tratava a limitada ora como uma sociedade de pessoas, ora como uma sociedade de capital. A própria lei, por exemplo, às vezes invocava preceitos inerentes às sociedades contratuais personalistas, e outras vezes se reportava a dispositivos da legislação relativa às sociedades anônimas.

Atualmente, a sociedade limitada é um modelo societário empresarial típico, regulado por um capítulo próprio do Código Civil (arts. 1.052 a 1.087), que finalmente conferiu um novo perfil a essa sociedade, começando por lhe atribuir nova nomenclatura: de *sociedade por quotas de responsabilidade limitada* passou a ser apenas *sociedade limitada*.

---

57 MELLO FRANCO, Vera Helena de. *Manual de direito comercial*. 2. ed. São Paulo: RT, 2004. p. 219. v. 1. 380.

58 MELLO FRANCO, Vera Helena de. *Manual de direito comercial*. 2. ed. São Paulo: RT, 2004. p. 221. v. 1.

59 MELLO FRANCO, Vera Helena de. *Manual de direito comercial*. 2. ed. São Paulo: RT, 2004. p. 221. v. 1.

7.2.1.1. A correta interpretação do art. 1.053 do Código Civil

O Decreto 3.708/1919 – antiga *Lei das Limitadas* – possuía apenas 19 artigos, que tratavam de assuntos gerais da sociedade limitada, como, por exemplo: a permissão de uso de firma ou denominação social como nome empresarial da sociedade (art. 3.º); a proibição de sócio de indústria, isto é, de sócio que contribui com serviços (art. 4.º); a possibilidade de exclusão de sócio remisso (art. 7.º); a responsabilidade solidária dos sócios pela integralização do capital social (art. 9.º); e a previsão de aplicação da lei das sociedades anônimas nas omissões do contrato social (art. 18).

O atual regramento das sociedades limitadas, no entanto, é mais extenso, possuindo 36 artigos que a disciplinam especificamente (arts. 1.052 a 1.087 do Código Civil).

Ademais, o *caput* art. 1.053 do Código Civil determina que "a sociedade limitada rege-se, nas omissões deste Capítulo, pelas normas da sociedade simples". E o parágrafo único desse dispositivo, por sua vez, estabelece que "o contrato social poderá prever a regência supletiva da sociedade limitada pelas normas da sociedade anônima".

Em edições anteriores desta obra, sempre fizemos uma distinção entre a regra do *caput* do art. 1.053 (aplicação subsidiária das normas da sociedade simples) e a regra do seu parágrafo único (aplicação supletiva das normas da sociedade anônima). Em suma, defendíamos o seguinte: as normas da sociedade simples (arts. 997 a 1.038 do Código Civil) **deveriam** ser aplicadas à sociedade limitada sempre que suas normas próprias (arts. 1.052 a 1.087 do Código Civil) fossem omissas, independentemente de qualquer previsão contratual nesse sentido; já as normas da sociedade anônima (Lei 6.404/1976) **poderiam** ser aplicadas à sociedade limitada, por sua vez, quando fossem omissas tanto as normas da sociedade limitada quanto as normas da sociedade simples, e somente se houvesse previsão contratual expressa nesse sentido.

O assunto é bastante controverso na doutrina, e após muita reflexão, levando em conta especialmente o que diz a Lei 13.874/2019 (Lei da Liberdade Econômica), peço licença aos meus leitores para rever meu entendimento sobre ele.

José Edwaldo Tavares Borba, assim como fazíamos nas edições anteriores desta obra, afirma que "aplicação supletiva não se confunde com aplicação subsidiária", e sustenta que aquela "destina-se a suprir as omissões do contrato". Para ele, portanto, as normas da sociedade simples constituem "uma verdadeira parte geral do direito societário", aplicando-se subsidiariamente, de forma impositiva, nas omissões das normas da sociedade limitada.[60]

Sérgio Campinho, por sua vez, afirma que a opção de regência supletiva pela LSA afasta a aplicação subsidiária das normas da sociedade simples, salvo quando a incidência de regras da sociedade anônima "contrariar a natureza contratualista da LTDA". Segundo ele, portanto, "as questões concernentes à formação, dissolução e liquidação da LTDA serão sempre regidas pelas normas da sociedade simples, no caso de omissão".[61]

[60] TAVARES BORBA, José Edwaldo. *Direito Societário*. 14ª ed. São Paulo: Atlas, p. 121-123.

[61] CAMPINHO, Sérgio. *O direito de empresa no novo Código Civil*. 9ª ed. Rio de Janeiro: Renovar, 2008, p. 156-161.

Fábio Ulhoa Coelho tem opinião semelhante, mas para ele a opção de regência supletiva pela LSA só não afasta a aplicação subsidiária das normas da sociedade simples no que se refere à constituição e à dissolução total da sociedade.[62]

Parece-nos, porém, que a questão exige uma explicação mais detalhada. Como bem percebido por Marcos Andrey de Souza, "a regência supletiva não pode ser absoluta, somando-se ao texto da lei da sociedade limitada todo o texto das normas da sociedade simples ou todo o texto da lei das sociedades anônimas"[63]. Assim, por exemplo, uma sociedade limitada que opte pela regência supletiva da LSA continua sendo regida por normas da sociedade simples, seja porque em alguns casos há expressa remissão legal (a título ilustrativo, podem ser citados o art. 1.054, que remete ao art. 997, o art. 1.066, § 1º, que remete ao art. 1.011, § 1º, e o art. 1.087, que remete ao art. 1.044), seja porque em outros casos há uma relação de compatibilidade entre os regimes jurídicos (a título ilustrativo, podem ser citados o art. 1.000, que trata da instituição de filial, sucursal ou agência, e o art. 1.028, que cuida da morte de sócio).

Ademais, não se deve esquecer que a sociedade limitada é uma sociedade contratual, o que permite aos sócios, no contrato social, buscar socorro tanto nas normas da sociedade simples quanto nas normas da sociedade anônima, conforme o caso. Nesse sentido, confira-se o Enunciado 223 das Jornadas de Direito Civil: "o parágrafo único do art. 1.053 não significa a aplicação em bloco da Lei 6.404/1976 ou das disposições sobre a sociedade simples. O contrato social pode adotar, nas omissões do Código sobre as sociedades limitadas, tanto as regras das sociedades simples quanto as das sociedades anônimas". Quanto a esse ponto, deve-se apenas atentar para o fato de que algumas regras, tanto da sociedade simples quanto da sociedade anônima, são incompatíveis com a sociedade limitada.

A regência supletiva não pode ser absoluta, somando-se ao texto da lei da sociedade limitada todo o texto das normas da sociedade simples ou todo o texto da lei das sociedades anônimas. Tal forma de regência encontra seus limites no critério de compatibilidade, entendida esta como a necessidade de se respeitar as questões ligadas à natureza e às finalidades econômicas e empresariais das sociedades, bem como na necessidade de não lesar normas gerais e abstratas não adstritas à vontade dos sócios.

Os limites de regência supletiva se aplicam tanto em relação à sociedade anônima como em relação à sociedade simples.

Não são aplicáveis supletivamente os dispositivos da lei das sociedades anônimas que concernem à natureza institucional e de capitais que possam lesar, respectivamente, os aspectos contratualistas e personalistas que a sociedade limitada pode assumir por conta de sua hibridez.

É possível aferir a inaplicabilidade de alguns dispositivos das normas da sociedade simples, ainda que seja esta a regência supletiva eleita e que seja omisso o capítulo da limitada a respeito, sob o fundamento de incompatibilidade com os fins econômicos e empresariais da sociedade empresária limitada, além da necessidade de se respeitar regras e princípios de ordem pública.

62 COELHO, Fábio Ulhoa. *Curso de direito comercial*. Vol. 2. 20ª ed. São Paulo: RT, 2016, p. 357-360.

63 SOUZA, Marcos Andrey de. *Sociedade limitada: considerações gerais*. In: COELHO, Fábio Ulhoa. Tratado de Direito Comercial. Vol. 2. São Paulo: Saraiva, 2015, p. 103.

> Tratando-se de direitos disponíveis, reguláveis no contrato social por conta do contratualismo da sociedade, as regras do contrato prevalecem em detrimento das normas de regência supletiva, ainda que sobre a questão o capítulo da sociedade limitada seja omisso.
>
> A regência supletiva não deve implicar a transformação do tipo societário. Assim, a limitada não deve transformar-se em subespécie de sociedade anônima ou subespécie de sociedade simples.
>
> A regência supletiva não pode implicar a descaracterização, desnaturação, perda de flexibilidade e adaptabilidade, que são as principais riquezas da sociedade limitada, juntamente com a responsabilidade limitada dos sócios. Deve ser aplicada, portanto, para proporcionar abertura e busca de soluções, visando dar guarida legal ao tipo societário, mantendo este sempre sua essência e benesses.[64]

Esse critério de compatibilidade, especialmente para aplicação das normas da sociedade anônima à sociedade limitada, é de fundamental importância: o que a norma do art. 1.053, parágrafo único, do Código Civil permite é a possibilidade de incidirem as regras da LSA nas matérias sobre as quais os sócios poderiam contratar. Fica claro, pois, que existe um limite para tanto, só sendo possível essa incidência das regras da LSA quando elas forem compatíveis com o regime contratual da sociedade limitada.

> A regência supletiva, embora invocada pelo contrato social, ocorrerá apenas naquelas matérias que se encontravam abertas à convenção das partes, limitando-se portanto ao que for compatível com a natureza e a condição da sociedade limitada.[65]

Veja-se o seguinte exemplo: as regras da sociedade limitada não disciplinam expressamente a possibilidade de os sócios firmarem acordo sobre compra e venda de quotas. Também não há nada sobre esse assunto nas regras da sociedade simples. No entanto, também não há nenhuma regra, tanto na parte da sociedade limitada quanto na parte da sociedade simples, que impeça o tratamento dessa matéria no contrato social. Portanto, os sócios podem estabelecer no contrato a possibilidade de celebração de *acordo de quotistas* nas sociedades limitadas, com aplicação supletiva do disposto no art. 118 da LSA, que trata do *acordo de acionistas*: "os acordos de acionistas, sobre a compra e venda de suas ações, preferência para adquiri-las, exercício do direito a voto, ou do poder de controle deverão ser observados pela companhia quando arquivados na sua sede".

Há certas regras da LSA, todavia, que não podem ser aplicadas supletivamente às sociedades limitadas, porque se referem a matérias que são típicas das sociedades anônimas, sendo, pois, incompatíveis com o regime contratual das limitadas, como, por exemplo, a abertura do capital.[66]

---

64 SOUZA, Marcos Andrey de. *Sociedade limitada: considerações gerais*. In: COELHO, Fábio Ulhoa. Tratado de Direito Comercial. Vol. 2. São Paulo: Saraiva, 2015, p. 103-104.

65 TAVARES BORBA, José Edwaldo. *Direito Societário*. 14ª ed. São Paulo: Atlas, p. 122. No mesmo sentido, Sérgio Campinho afirma que a regência supletiva da sociedade limitada pelas LSA só pode ocorrer se isso "não contrariar a natureza contratualista da sociedade limitada" (CAMPINHO, Sérgio. O direito de empresa no novo Código Civil. 9ª ed. Rio de Janeiro: Renovar, 2008, p. 158). Fábio Ulhoa Coelho também afirma que "não se aplicam às sociedades limitadas as disposições da Lei das Anônimas (ainda que previsto ser dessa lei a regência supletiva) nos aspectos sobre os quais os sócios não possam contratar" (COELHO, Fábio Ulhoa. *Curso de direito comercial*. Vol. 2. 20ª ed. São Paulo: RT, 2016, p. 358).

66 Em edições anteriores, incluímos a emissão de debêntures dentre as matérias que seriam típicas de sociedades anônimas e, portanto, incompatíveis com o regime contratual das sociedades limitadas. Estávamos equivocados. A

Também não é possível aplicar supletivamente as regras da LSA às sociedades limitadas quando se tratar de temas relacionados à constituição e à dissolução da sociedade. Sendo a sociedade limitada tipo societário contratual, a sua constituição e dissolução deve seguir, necessariamente, as regras previstas no Código Civil.[67]

Por conseguinte, cabe aos sócios, no ato constitutivo da sociedade, conferir à sociedade limitada um perfil mais personalista (não prevendo a aplicação supletiva da Lei das S/A) ou um perfil mais capitalista (prevendo a aplicação supletiva da Lei das S/A), conforme veremos com mais detalhes em tópico subsequente.

7.2.2. Contrato social

Já mencionamos, quando da análise da classificação das sociedades quanto ao modo de constituição e dissolução, que elas podem ser contratuais ou institucionais, sendo que aquelas se caracterizam justamente por serem constituídas por meio de um *contrato social*.

Vimos também, quando do estudo da sociedade simples *pura*, que as especificidades do contrato social fizeram com que a doutrina comercialista debatesse acerca da sua natureza jurídica, prevalecendo finalmente a tese do *contrato plurilateral*, formulada por Ascarelli, para quem o contrato social seria figura contratual *sui generis*, dada a sua plurilateralidade.

Conforme já destacamos, as características do contrato social que lhe conferem a natureza jurídica de contrato plurilateral são, dentre outras, a possibilidade de várias pessoas dele tomarem parte e a conhecida *affectio societatis* (união de esforços em torno de um objetivo comum).

Segundo o art. 1.054 do Código Civil, o contrato social da sociedade limitada "mencionará, no que couber, as indicações do art. 997, e, se for o caso, a firma social". Por sua vez, o art. 997 do Código Civil, que já analisamos com detalhes quando estudamos a sociedade simples *pura*, estabelece que "a sociedade constitui-se mediante contrato escrito, particular ou público, que, além de cláusulas estipuladas pelas partes, mencionará: I – nome, nacionalidade, estado civil, profissão e residência dos sócios, se pessoas naturais, e a firma ou a denominação, nacionalidade e sede dos sócios, se jurídicas; II – denominação, objeto, sede e prazo da sociedade; III – capital da sociedade, expresso em moeda corrente, podendo compreender qualquer espécie de bens, suscetíveis de avaliação pecuniária; IV – a quota de cada sócio no capital social, e o modo de realizá-la; V – as prestações a que se obriga o sócio, cuja

---

emissão de debêntures por sociedade limitada é uma medida não apenas viável, do ponto de vista jurídico, mas também recomendável, do ponto de vista político-econômico: a sociedade limitada é o tipo societário mais usado na praxe empresarial brasileira, e dotá-la desse importante mecanismo de autofinanciamento ajudaria bastante os empreendedores que a constituem, que teriam mais uma alternativa de captação de recursos, além dos caros e burocráticos financiamentos bancários. A propósito, já existe projeto de lei nesse sentido em tramitação no Congresso Nacional (PL 6.322/2013).

[67] "Em suma, quando se trata de discutir a constituição da sociedade limitada ou a sua extinção, não se justifica invocar a Lei das Sociedades Anônimas, em nenhuma hipótese (nem mesmo se prevista no contrato social como supletiva do capítulo do Código Civil referente às limitadas). Contratual, a limitada obedece, nesses temas, unicamente ao disposto nos arts. 1.033, 1.044 e 1.087 do CC" (COELHO, Fábio Ulhoa. *Curso de direito comercial*. Vol. 2. 20ª ed. São Paulo: RT, 2016, p. 359).

contribuição consista em serviços; VI – as pessoas naturais incumbidas da administração da sociedade, e seus poderes e atribuições; VII – a participação de cada sócio nos lucros e nas perdas; VIII – se os sócios respondem, ou não, subsidiariamente, pelas obrigações sociais".

Perceba-se que o art. 1.054 do Código, ao fazer referência ao art. 997, dispõe que ele se aplica à sociedade limitada "no que couber". Assim, o legislador deixou claro que nem todas as matérias relacionadas no art. 997 precisam constar do contrato social de uma sociedade limitada. É o caso, por exemplo, do inciso V, que menciona "as prestações a que se obriga o sócio, cuja contribuição consista em serviços". É que, conforme será destacado adiante, na sociedade limitada não se admite o chamado *sócio de indústria*, que contribui apenas com a sua força de trabalho (art. 1.055, § 2.º, do Código Civil). Nesse sentido, inclusive, é o disposto no Enunciado 222 das Jornadas de Direito Civil do CJF: "não se aplica o art. 997, V, à sociedade limitada na hipótese de regência supletiva pelas regras da sociedade simples".

Já vimos também que esse rol de indicações que deve conter o contrato social, previsto no art. 997 do Código, não é exaustivo, aplicando-se também outras exigências contidas na legislação pertinente para fins de registro (Enunciado 214 das Jornadas de Direito Civil do CJF).

Em suma: muitas das observações feitas nos tópicos em que analisamos o contrato social da sociedade simples *pura* valem também para as sociedades limitadas, por força da regra prevista no art. 1.054 do Código Civil.

7.2.2.1. Necessidade de contrato escrito

O contrato social da sociedade limitada deve ser **escrito** porque os sócios deverão levá-lo a **registro** no órgão competente. Caso a sociedade limitada seja empresária, o contrato social deve ser registrado na Junta Comercial; caso a sociedade limitada seja simples (isto é, não tenha por objeto o exercício de empresa) o contrato social deve ser registrado no Cartório de Registro Civil das Pessoas Jurídicas. É o que prevê o art. 1.150 do Código Civil: "o empresário e a sociedade empresária vinculam-se ao Registro Público de Empresas Mercantis a cargo das Juntas Comerciais, e a sociedade simples ao Registro Civil das Pessoas Jurídicas, o qual deverá obedecer às normas fixadas para aquele registro, se a sociedade simples adotar um dos tipos de sociedade empresária".

Assim como ocorre na sociedade simples *pura* (art. 998 do Código Civil), a sociedade limitada também deve, após a formalização e a assinatura do contrato social, levá-lo a registro antes do início das atividades (art. 967 do Código Civil), tendo o prazo de 30 dias para fazê-lo, nos termos do art. 36 da Lei 8.934/1994, que já estudamos no capítulo 2: "os documentos referidos no inciso II do art. 32 deverão ser apresentados a arquivamento na junta, dentro de 30 (trinta) dias contados de sua assinatura, a cuja data retroagirão os efeitos do arquivamento; fora desse prazo, o arquivamento só terá eficácia a partir do despacho que o conceder". Dentre os documentos mencionados pelo citado art. 32, inciso II, da Lei 8.934/1994, está justamente o contrato social da sociedade limitada.

7.2.2.2. Instrumento particular ou público

Em regra, o contrato social é feito por instrumento particular, mas o *caput* do art. 997 do Código Civil deixa claro que o contrato social também pode ser formalizado por instrumento público.

Vale destacar, porém, que se o contrato social for feito por instrumento público, futuras alterações contratuais não precisarão ser feitas por instrumento público também, podendo ser realizadas por instrumento particular.

7.2.2.3. Qualificação dos sócios e da sociedade

O contrato social da sociedade limitada também deve mencionar, de acordo com o inciso I do art. 997 do Código Civil, "nome, nacionalidade, estado civil, profissão e residência dos sócios, se pessoas naturais, e a firma ou a denominação, nacionalidade e sede dos sócios, se jurídicas".

Assim como as sociedades simples *puras*, pode a sociedade limitada ter como sócios tanto pessoas físicas (pessoas naturais) quanto pessoas jurídicas (outra sociedade, por exemplo). Aliás, nas sociedades limitadas empresárias é muito comum a presença de sócio pessoa jurídica, ao qual se atribui o nome de *holding* (sociedade que tem por objeto social participar de outras sociedades; a *holding* será "pura" quando apenas participa de outras sociedades, sem desenvolver atividade própria, ou "mista", quando além de participar de outras sociedades explora determinada atividade econômica).

A qualificação dos sócios é importante para permitir que a Junta Comercial, por exemplo, verifique a existência de eventuais impedimentos dos sócios para participação na sociedade. Nesse sentido, pergunta-se: pode um *impedido* ou um *incapaz* fazer parte da sociedade limitada, a despeito do que dispõe o art. 972 do Código Civil? A resposta é afirmativa. Já destacamos mais de uma vez que **sócio não é empresário**, razão pela qual a regra do art. 972 tem como destinatário o empresário individual. Assim, o *incapaz* pode ser quotista de sociedade limitada, bastando para tanto que o capital social esteja totalmente integralizado, que ele não exerça poderes de administração e esteja devidamente representado ou assistido, conforme o grau de sua incapacidade (art. 974, § 3.º, do CC).[68] No caso do *impedido* (por exemplo: servidor público), basta que ele não exerça poderes de administração e que a sua responsabilidade seja limitada (ele pode ser quotista de uma LTDA, acionista de uma S/A ou comanditário em uma sociedade em comandita simples).

Após a qualificação dos sócios, deve o contrato social qualificar a própria sociedade limitada, mencionando "denominação, objeto, sede e prazo da sociedade" (art. 997, inciso II, do Código Civil).

A despeito de o art. 997, inciso II falar apenas em *denominação*, a sociedade limitada pode, a exemplo da sociedade simples *pura*, usar tanto *denominação*

[68] Sobre o tema, dispõe o enunciado nº 221 das Jornadas de Direito Civil do CJF que, "*diante da possibilidade de o contrato social permitir o ingresso na sociedade do sucessor de sócio falecido, sem liquidação da quota em ambos os casos, é lícita a participação de menor em sociedade limitada, estando o capital integralizado, em virtude da inexistência de vedação no Código Civil*".

social quanto *firma social*, em razão do disposto nos arts. 1.054 e 1.158 do Código Civil. Aliás, já tratamos do assunto quando estudamos o nome empresarial, no capítulo 2.

Quanto ao objeto social, vale destacar que a **sociedade limitada**, embora seja um tipo societário tipicamente empresarial, pode também ter por **objeto o exercício de atividade econômica não empresarial, caso em que ostentará a natureza de sociedade simples** (art. 983 do Código Civil). Portanto, não custa repetir: caso a sociedade limitada seja empresária, o contrato social deve ser registrado na Junta Comercial; caso a sociedade limitada seja simples (isto é, não tenha por objeto o exercício de empresa) o contrato social deve ser registrado no Cartório de Registro Civil das Pessoas Jurídicas (art. 1.150 do Código Civil).

Por fim, a definição da sede e do prazo da sociedade também é algo importante. A sede definirá a Junta Comercial ou o Cartório onde será feito o registro do contrato social, enquanto o prazo definirá o período de duração da sociedade, lembrando-se apenas de que em regra as sociedades são constituídas por prazo indeterminado.

7.2.2.4. Capital social

Ainda relembrando o que já afirmamos no estudo das sociedades simples *puras*, outro **dado fundamental** que o contrato social da sociedade limitada deve necessariamente mencionar, segundo o art. 997, inciso III, do Código Civil, é o "capital da sociedade, expresso em moeda corrente, podendo compreender qualquer espécie de bens, suscetíveis de avaliação pecuniária".

O **capital social**, conforme já mencionamos, corresponde ao **montante de contribuições dos sócios para a sociedade, a fim de que ela possa cumprir seu objeto social**. O capital social deve ser sempre expresso em **moeda corrente nacional**, e pode compreender **dinheiro ou bens suscetíveis de avaliação pecuniária** (bens móveis, imóveis ou semoventes; materiais ou imateriais).

Acerca do capital social, o regramento das sociedades limitadas foi mais detalhista que o das sociedades simples *puras*, prevendo expressamente as hipóteses de aumento e redução nos arts. 1.081 a 1.084 do Código Civil. Em ambos os casos, deverá haver, obviamente, a respectiva alteração do contrato social, com posterior averbação no órgão de registro.

No que se refere ao **aumento do capital social**, dispõe o art. 1.081 do Código Civil que, "ressalvado o disposto em lei especial, integralizadas as quotas, pode ser o capital aumentado, com a correspondente modificação do contrato". Perceba-se que o aumento só será possível se o capital social já estiver integralizado.

O aumento pode ser feito com **lucros ou reservas**, caso em que os sócios não precisarão fazer novos aportes. Quanto à forma, o aumento do capital social pode ser feito atribuindo-se novo valor às quotas já existentes ou criando-se novas quotas referentes ao montante correspondente ao aumento. Caso os sócios não queiram a entrada de terceiros, tendem a optar pela primeira hipótese (atribuir novo valor às quotas já existentes). A criação de novas quotas é uma alternativa melhor quando se quer a entrada de terceiros, o que será possível caso os sócios originários não exerçam o seu direito de preferência ou decidam cedê-lo.[69]

Com efeito, os sócios têm direito de preferência para participar do aumento de capital social, nos termos do § 1º do art. 1.081: "até trinta dias após a deliberação, terão os sócios preferência para participar do aumento, na proporção das quotas de que sejam titulares".

Quanto à cessão do direito de preferência, o § 2º do art. 1.081 manda aplicar o art. 1.057, que cuida da cessão de quotas: assim, o sócio pode ceder seu direito de preferência a outro sócio, independentemente de audiência dos demais, mas a cessão do direito de preferência a estranho não é livre, podendo ser obstada por titulares de mais de um quarto do capital social.

O direito de preferência é importante para evitar a chamada "diluição da participação societária". Imagine-se, por exemplo, uma sociedade de quatro sócios em que cada um tem 20 quotas de mil reais, o que corresponde a 25% do capital social. Se este for aumentado por meio da criação de mais 20 quotas de mil reais, os sócios podem exercer seu direito de preferência e adquirir cinco quotas cada, mantendo, assim, sua participação de 25%. Porém, se um deles não exercer seu direito de preferência, terá sua participação societária diluída, pois suas 20 quotas não mais representarão 25% do capital, mas apenas 20%.

O § 3º do art. 1.081 estabelece que, "decorrido o prazo da preferência, e assumida pelos sócios, ou por terceiros, a totalidade do aumento, haverá reunião ou assembleia dos sócios, para que seja aprovada a modificação do contrato". Pela leitura do dispositivo, percebe-se que há necessidade de duas deliberações distintas e independentes: uma para decidir aumentar o capital, e outra para definir a subscrição do capital aumentado e a respectiva modificação do contrato social. É possível tomar as duas deliberações numa mesma reunião/assembleia, inclusive com instrumentalização em ata única, desde que respeitados os respectivos quóruns e as formalidades legais (exercício imediato ou renúncia do direito de preferência, por exemplo).[70]

No que se refere à redução do capital social, quem cuida da matéria é o art. 1.082 do Código Civil, segundo o qual "pode a sociedade reduzir o capital, mediante a correspondente modificação do contrato: I – depois de integralizado, se houver perdas irreparáveis; II – se excessivo em relação ao objeto da sociedade".

Vale lembrar também as hipóteses de resolução da sociedade em relação a um sócio (dissolução parcial), que acarretam a liquidação da(s) quota(s) respectiva(s) (art. 1.031, *caput*) e a consequente redução do capital social, "salvo se os demais sócios suprirem o valor da quota" (art. 1.031, § 1º).

Se a redução for determinada pela ocorrência de perdas irreparáveis, aplicase então o disposto no art. 1.083: "no caso do inciso I do artigo antecedente, a redução do capital será realizada com a diminuição proporcional do valor nominal das quotas, tornando-se efetiva a partir da averbação, no Registro Público de Empresas Mercantis, da ata da assembleia que a tenha aprovado".

---

69 Nesse sentido: CAMPINHO, Sérgio. *O direito de empresa no Código Civil*. 9ª ed. Rio de Janeiro: Renovar, 2008, p. 169.

70 Nesse sentido: CAMPINHO, Sérgio. *O direito de empresa no Código Civil*. 9ª ed. Rio de Janeiro: Renovar, 2008, p. 169-170.

Por outro lado, se a redução ocorrer em função de o capital ter-se tornado excessivo em relação ao objeto social, aplica-se a regra do art. 1.084: "no caso do inciso II do art. 1.082, a redução do capital será feita restituindo-se parte do valor das quotas aos sócios, ou dispensando-se as prestações ainda devidas, com diminuição proporcional, em ambos os casos, do valor nominal das quotas".

> Em nosso entender, apesar de a lei expressamente referir-se à diminuição proporcional do valor nominal das quotas, nada impede que, quando o capital for dividido em diversas quotas de igual valor, detendo cada sócio variado número de quotas representativas de sua participação, o que é usual, a redução se perfaça com a diminuição proporcional do número de quotas. A matemática final será a mesma.[71]

Claro que a redução do capital social, quando os sócios o considerarem excessivo m relação ao objeto da sociedade, não depende tão somente da vontade dos sócios, já que algum credor que se sinta prejudicado pode apresentar impugnação. É por isso que o § 2.º do art. 1.084 do Código Civil estipula que "a redução somente se tornará eficaz se, no prazo estabelecido no parágrafo antecedente, não for impugnada, ou se provado o pagamento da dívida ou o depósito judicial do respectivo valor". E o § 3.º completa, afirmando que "satisfeitas as condições estabelecidas no parágrafo antecedente, proceder-se-á à averbação, no Registro Público de Empresas Mercantis, da ata que tenha aprovado a redução".

7.2.2.5. Subscrição e integralização das quotas

Definido o capital social da sociedade, deve o contrato social mencionar "a quota de cada sócio no capital social, e o modo de realizá-la" (art. 997, inciso IV, do Código Civil).

Na sociedade limitada, "o capital social divide-se em quotas, iguais ou desiguais, cabendo uma ou diversas a cada sócio" (art. 1.055 do Código Civil)[72]. Vê-se, pois, que o ordenamento jurídico brasileiro acolheu o *sistema da pluralidade de quotas*, mas não na sua concepção pura, de inspiração francesa, segundo o qual o capital social é dividido em diversas partes iguais. No Brasil, conforme se percebe da leitura do art. 1.055, o capital social pode ser dividido em partes iguais ou desiguais, ou seja, o nosso ordenamento jurídico se afastou de outras tendências do direito comparado: (i) ao não estipular um valor predeterminado para as quotas, mínimo ou máximo; (ii) ao não consagrar a exigência de integralização inicial de um certo percentual do capital social total; (iii) ao não fixar qualquer prazo para a sua efetiva integralização; e (iv) ao não exigir um capital mínimo para a constituição da sociedade.[73]

Cada sócio deve subscrever uma parte do capital, ficando, consequentemente, responsável pela sua respectiva integralização. Portanto, todos os sócios têm o de-

---

[71] CAMPINHO, Sérgio. *O direito de empresa no Código Civil*. 9ª ed. Rio de Janeiro: Renovar, 2008, p. 170.

[72] "Se as cotas forem de valores desiguais, o cômputo das maiorias levará em consideração não o número de cotas, mas sim o montante de capital detido por cada sócio" (TAVARES BORBA, José Edwaldo. *Direito Societário*. 14ª ed. São Paulo: Atlas, 2015, p. 131).

[73] Nesse sentido: MELLO FRANCO, Vera Helena de. *Manual de direito comercial*. 2. ed. São Paulo: RT. p. 232-233. v. 1. A autora faz amplas referências a leis estrangeiras que acolhem regras distintas das adotadas pela legislação nacional.

ver de *subscrição* e *integralização* de quotas, isto é, todos os sócios têm o dever de adquirir quotas da sociedade e de pagar por essas respectivas quotas, contribuindo para a formação do capital social, ainda que essa contribuição seja ínfima. Efetivar a contribuição prometida no tempo e na forma previstos no contrato social é o principal dever de qualquer sócio.

A contribuição do sócio, ou seja, o modo de integralizar suas quotas, pode ser feita de diversas formas: com bens – móveis ou imóveis, materiais ou imateriais –, dinheiro, entre outras. Na sociedade limitada, porém, não se admite a contribuição em serviços, conforme previsão expressa do art. 1.055, § 2.º, do Código Civil: "é vedada a contribuição que consista em prestação de serviços". Também "não poderá ser indicada como forma de integralização do capital a sua realização com lucros futuros que o sócio venha a auferir na sociedade", conforme previsão do Anexo IV da Instrução Normativa 81/2020 do DRE (item 4.3.3).

Assim como ocorre na sociedade simples *pura*, se o sócio da sociedade limitada integralizar sua quota com transferência de bens para a sociedade, estes devem ser suscetíveis de avaliação pecuniária, além de o sócio responder pela evicção, isto é, caso a sociedade perca esse bem posteriormente em razão de ele ser de outrem, o sócio que o havia transferido terá que pagar a ela o seu valor. Segundo alguns doutrinadores, deveria o CC ter previsto também a responsabilidade do sócio por eventuais vícios redibitórios da coisa. Se, todavia, o sócio integralizar sua quota com a transferência de créditos de sua titularidade para a sociedade, responderá pela solvência do devedor, isto é, caso os créditos cedidos não sejam pagos pelos seus devedores, o sócio que os cedeu terá que pagá-los. É o que dispõe o art. 1.005 do Código Civil: "o sócio que, a título de quota social, transmitir domínio, posse ou uso, responde pela evicção; e pela solvência do devedor, aquele que transferir crédito".

Tratando-se de bens imóveis, deve-se atentar para a regra do art. 35, VII, 'a' da Lei 8.934/1994: o contrato social deve conter "a descrição e identificação do imóvel, sua área, dados relativos à sua titulação, bem como o número da matrícula no registro imobiliário". E vale salientar que o arquivamento, na Junta Comercial, de contrato social com essa estipulação não é suficiente para transferir a propriedade do imóvel do sócio para a sociedade. Nesses casos de integralização de capital com bens imóveis, os interessados devem observar a regra do art. 64 da Lei 8.934/1994: "a certidão dos atos de constituição e de alteração de empresários individuais e de sociedades mercantis, fornecida pelas juntas comerciais em que foram arquivados, será o documento hábil para a transferência, por transcrição no registro público competente, dos bens com que o subscritor tiver contribuído para a formação ou para o aumento do capital". Assim, após fazer o arquivamento do contrato social, pega-se a certidão da Junta Comercial para que ela seja levada a registro no cartório de imóveis, e é isso o que operará a transferência de titularidade do bem. Nesse sentido: "o registro do título translativo no Registro de Imóveis, como condição imprescindível à transferência de propriedade de bem imóvel entre vivos, propugnada pela lei civil, não se confunde, tampouco pode ser substituído para esse efeito, pelo registro do contrato social na Junta Comercial. (...) o contrato social, que estabelece a integralização do capital social por meio de imóvel indicado pelo sócio, devidamente inscrito no Registro Público de Empresas Mercantis, não promove a incorporação do bem à sociedade; constitui, sim, título translativo hábil para proceder à transferência da propriedade, mediante registro, perante o Cartório de Registro de Imóveis em que se encontra registrada a matrícula do imóvel" (REsp 1.743.088/PR).

A doutrina costuma destacar que os bens cedidos à sociedade a título de integralização do capital social (i) devem estar relacionados ao objeto social, tendo utilidade direta ou indireta para a atividade exercida pela sociedade, e (ii) devem ser aptos à execução por eventuais credores sociais, de modo que não seria permitido integralizar quotas com bens impenhoráveis.

Ainda sobre a integralização de quota com bens, o regramento da sociedade limitada foi além, dispondo no art. 1.055, § 1.º, que "pela exata estimação de bens conferidos ao capital social respondem solidariamente todos os sócios, até o prazo de cinco anos da data do registro da sociedade". A norma em referência é de extrema valia, uma vez que assegura, em certa medida, a realidade do capital social, estimulando os sócios a avaliarem corretamente os bens que entregam à sociedade a título de integralização de suas quotas. E mais: os demais sócios também têm total interesse na correta avaliação dos bens, uma vez que a norma lhes impõe responsabilidade solidária pela exata estimação dos mesmos durante um período de cinco anos.

Sobre a regra do art. 1.055, § 1.º, confira-se o Enunciado 12, da I Jornada de Direito Comercial: "A regra contida no art. 1.055, § 1.º, do Código Civil deve ser aplicada na hipótese de inexatidão da avaliação de bens conferidos ao capital social; a responsabilidade nela prevista não afasta a desconsideração da personalidade jurídica quando presentes seus requisitos legais". Confira-se também o Enunciado 18: "o capital social da sociedade limitada poderá ser integralizado, no todo ou em parte, com quotas ou ações de outra sociedade, cabendo aos sócios a escolha do critério de avaliação das respectivas participações societárias, diante da responsabilidade solidária pela exata estimação dos bens conferidos ao capital social, nos termos do art. 1.055, § 1º, do Código Civil".

Ainda a propósito da regra do art. 1.055, § 1.º, destaque-se o fato de nas sociedades limitadas não ser necessário laudo de avaliação dos bens usados para integralização do capital social, e isso vale tanto para a constituição da sociedade quanto para os casos de aumento do capital social.

Se o capital social pode, como visto, ser dividido em quotas iguais ou desiguais, o art. 1.056 do Código Civil, em contrapartida, não admite, em princípio, a divisão de uma quota, "salvo para efeito de transferência", caso em que se estabelecerá um condomínio de quotas, interessante novidade trazida pelo Código. Nesse caso, prevê o art. 1.056, § 1.º que "no caso de condomínio de quota, os direitos a ela inerentes somente podem ser exercidos pelo condômino representante, ou pelo inventariante do espólio de sócio falecido". Em suma: a quota terá mais de um dono, mas perante a sociedade, como ela é indivisível, apenas um dos condôminos poderá exercer os direitos que ela confere, o condômino-sócio (condômino escolhido ou inventariante).[74] Quanto à responsabilidade, dispõe o art. 1.056, §

[74] Sérgio Campinho critica a regra, alegando que "o condomínio é a mãe das rixas". Para ele, é melhor ter o capital dividido em várias quotas de valor igual, para facilitar a partilha de quotas entre sucessores e a cessão de quotas entre vivos (CAMPINHO, Sérgio. *O direito de empresa no Código Civil*. 9ª ed. Rio de Janeiro: Renovar, 2008, p. 163-165).

2.º, que "sem prejuízo do disposto no art. 1.052, os condôminos de quota indivisa respondem solidariamente pelas prestações necessárias à sua integralização".

Por fim, o regramento da sociedade limitada também se preocupou em disciplinar especificamente a situação do *sócio remisso*, que é o sócio que está em mora quanto à integralização de suas quotas, nos termos do art. 1.004 do Código Civil. De acordo com o art. 1.058 do Código, "não integralizada a quota de sócio remisso, os outros sócios podem, sem prejuízo do disposto no art. 1.004 e seu parágrafo único, tomá-la para si ou transferi-la a terceiros, excluindo o primitivo titular e devolvendo-lhe o que houver pago, deduzidos os juros da mora, as prestações estabelecidas no contrato mais as despesas".

Vê-se, pois, que além da possibilidade de requerer indenização pelo dano emergente da mora ou de reduzir a quota ao montante já integralizado (art. 1004, parágrafo único, do Código Civil), os demais sócios podem excluir o sócio remisso, devolvendo o montante que ele eventualmente já tenha contribuído para o capital social, já deduzido do que ele eventualmente deva à sociedade. Entende-se que o *quorum* exigido para a exclusão do sócio remisso, bem como para a redução do valor de sua quota ao montante já integralizado, é de maioria absoluta dos demais sócios (Enunciado 216 das Jornadas de Direito Civil do CJF: "o *quorum* de deliberação previsto no art. 1.004, parágrafo único, e no art. 1.030 é de **maioria absoluta do capital representado pelas quotas dos demais sócios**, consoante a regra geral fixada no art. 999 para as deliberações na sociedade simples. Esse entendimento aplica-se ao art. 1.058 em caso de exclusão de sócio remisso ou redução do valor de sua quota ao montante já integralizado").

7.2.2.5.1. Quotas preferenciais

Existe uma polêmica sobre a possibilidade de criação, na sociedade limitada, de quotas preferenciais, as quais, a exemplo das ações preferenciais das companhias, conferem aos seus titulares alguns direitos especiais de natureza econômica (prioridade na distribuição dos lucros ou no reembolso do capital, em caso de liquidação da sociedade) ou de natureza política (possibilidade de eleger, em separado, um administrador ou um membro de um órgão deliberativo previsto no contrato social), geralmente com a contrapartida de não conceder direito de voto ou restringir o seu exercício em determinados casos.

Na vigência da antiga *Lei das Limitadas*, com base na previsão do seu art. 18, tornou-se prática comum a criação de quotas preferenciais nos contratos sociais de sociedades limitadas, em analogia às ações preferenciais das sociedades anônimas, e a doutrina majoritária considerava legítima tal prática, já que não havia norma expressa vedando-a.

O Código Civil de 2002 também não tem nenhuma regra expressa vedando a criação de quotas preferenciais, e por isso o entendimento doutrinário anterior deveria ser mantido, assim como a praxe de criá-las nos contratos sociais.

No entanto, alguns doutrinadores passaram a entender que, após o Código Civil de 2002, as quotas preferenciais não seriam mais possíveis, em razão de o texto legal, na parte da instalação e das deliberações em reuniões/assembleias, não mais falar em "capital votante", mas apenas em "capital social". Isso, para eles, tornaria impossível a previsão de quotas sem direito de voto.

O DREI, que orienta a atuação das Juntas Comerciais, acabou por acolher essa tese e passou a não admitir a criação de quotas preferenciais (Instrução Normativa 10/2013, Anexo II, item 1.2.16.3).

No entanto, nunca nos pareceu correto esse entendimento. Tradicionalmente, a doutrina societarista sempre entendeu que o direito de voto não é um direito essencial do sócio, podendo ser retirado ou ter seu exercício restringido em nome de uma contrapartida econômica ou política. Isso, aliás, pode ser interessante para a sociedade atrair sócios investidores.

Ademais, o Código Civil estabelece, no art. 1.007, que o contrato social pode estipular a distribuição desproporcional dos lucros entre os sócios, e a criação de quotas preferenciais pode ser a melhor forma de operacionalizar tal regra na prática.

Portanto, sempre reafirmamos nosso entendimento de que a orientação do DREI era equivocada e merecia revisão, o que felizmente ocorreu no início de 2017, quando a Instrução Normativa 38/2017 aprovou novos manuais de registro e retirou a proibição de quotas preferenciais em sociedades limitadas, mencionando-as expressamente no item referente à regência supletiva pela Lei 6.404/1976 (Anexo II, item 1.4).

A despeito de a IN 38/2017 ter permitido a criação de quotas preferenciais em sociedades limitadas, não se deixou claro se tais quotas poderiam retirar o direito de voto do seu titular ou, pelo menos, estabelecer restrições ao seu exercício.

No entanto, a IN 81/2020 do DREI resolveu esse problema, deixando claro não apenas que é possível criar quotas preferenciais em sociedades limitadas, pela regência supletiva da LSA, mas também que nelas é legítima a atribuição de direitos econômicos e políticos diversos e a supressão ou limitação do direito de voto[75], desde que respeitados os limites da LSA, isto é, o número de quotas preferenciais sem direito a voto, ou sujeitas a restrição no exercício desse direito, não pode ultrapassar 50% (cinquenta por cento) do total das quotas emitidas (art. 15, § 2º da LSA).

Quanto ao cálculo dos quóruns de instalação e deliberação, as quotas preferenciais sem direito a voto não devem ser consideradas para esse fim, obviamente.

Confira-se, a propósito, o item 5.3.1 do manual de registro da sociedade limitada (Anexo IV da IN 81/2020 do DREI):

> 5.3.1. Quotas preferenciais[76]
>
> São admitidas quotas de classes distintas, nas proporções e condições definidas no contrato social, que atribuam a seus titulares direitos econômicos e políticos diversos, podendo ser suprimido ou limitado o direito de voto pelo sócio titular

[75] Para a afirmação desse novo entendimento do DREI, foi decisiva a aplicação das regras do art. 3º, incisos V e VIII da Lei 13.874/2019 (Lei da Liberdade Econômica).

[76] Sobre a atual orientação do DREI, confira-se: SANTA CRUZ, André e SERUR, Eduardo Montenegro. Quotas preferenciais na sociedade limitada? Disponível em: https://www.jota.info/paywall?redirect_to=//www.jota.info/opiniao-e-analise/artigos/quotas-preferenciais-nas-sociedades-limitadas-07082020.

> da quota preferencial respectiva, observados os limites da Lei nº 6.404, de 1976, aplicada supletivamente.
>
> Havendo quotas preferenciais sem direito a voto, para efeito de cálculo dos quóruns de instalação e deliberação previstos no Código Civil consideram-se apenas as quotas com direito a voto.

7.2.2.5.2. Aquisição de quotas pela própria sociedade

O Decreto 3.078/1919, no seu art. 8.º, autorizava expressamente a aquisição de quotas pela própria sociedade limitada, nos seguintes termos: "é lícito às sociedades a que se refere esta lei adquirir quotas liberadas, desde que o façam com fundos disponíveis e sem ofensa do capital estipulado no contrato. A aquisição dar-se-á por acordo dos sócios, ou verificada a exclusão de algum sócio remisso, mantendo-se intacto o capital durante o prazo da sociedade".

A sociedade não passava a ser sócia dela mesma, pois a aquisição de quotas pela própria sociedade era feita ou para colocação delas em tesouraria, a fim de transferi-las depois a terceiros, por exemplo, ou para cancelamento. Em ambos os casos, os direitos e deveres inerentes às quotas ficavam suspensos.

Havia quatro requisitos, pois, para que a aquisição de quotas pela própria sociedade limitada pudesse ocorrer: (i) as quotas deveriam estar devidamente integralizadas; (ii) a aquisição deveria ser feita com fundos disponíveis, ou seja, com o chamado fundo de reserva (saldo de lucros não distribuídos aos sócios em exercícios anteriores); (iii) não poderia resultar em diminuição do capital social; e (iv) a operação deveria ser aprovada em deliberação unânime.

O Código Civil de 2002, no entanto, não tem regra no mesmo sentido, de modo que a partir da sua vigência passou-se a discutir se tal prática continuaria ou não sendo permitida.

De um lado, há doutrinadores que entendem pela continuidade da possibilidade de a sociedade limitada adquirir suas próprias quotas, a despeito da ausência de previsão legal expressa. Bastaria, para tanto, que o contrato social tenha cláusula nesse sentido ou que a sociedade tenha optado pela regência supletiva da Lei das S/A (essa lei prevê, em seu art. 30, § 1.º, que é possível a sociedade adquirir suas próprias ações "para permanência em tesouraria ou cancelamento, desde que até o valor do saldo de lucros ou reservas, exceto a legal, e sem diminuição do capital social, ou por doação"). No mesmo sentido, cite-se o Enunciado 391 das Jornadas de Direito Civil do CJF: "a sociedade limitada pode adquirir suas próprias quotas, observadas as condições estabelecidas na Lei das Sociedades por Ações".

Por outro lado, há quem defenda a impossibilidade da aquisição de quotas pela própria sociedade limitada, em razão de tal medida ser incompatível com a sua natureza contratual. Afirmam esses doutrinadores que o art. 1.057 permite apenas que o sócio ceda sua quota a outro sócio ou a terceiro, mas não à própria sociedade. Quanto ao art. 1.058, alegam que ele também só permite aos sócios tomar as quotas do remisso para eles ou transferi-las a terceiros, não havendo menção de transferência para a própria sociedade.

O DREI, no anexo II da Instrução Normativa 10/2013, previu no item 3.2.10.2 que "a aquisição de quotas pela própria sociedade não está autorizada pelo novo Código Civil". Filiou-se o DREI à segunda corrente doutrinária acima mencionada. Desde as edições passadas sempre deixamos claro que não concordamos com esse entendimento, pois o art. 1.057 inicia com a expressão "na omissão do contrato", que deixa clara a possibilidade de o ato constitutivo conter cláusula prevendo outras possibilidades além daquelas previstas no texto legal. Ademais, há uma tendência de se usar a Lei das S/A como diploma de regência supletiva das sociedades limitadas, nos termos do art. 1.053, parágrafo único, do CC, e o regime das sociedades anônimas, como visto, permite a aquisição de ações pela própria sociedade.

Ademais, nas últimas edições também destacamos que, com a entrada em vigor do novo CPC, o DREI seria obrigado a rever o seu entendimento, já que o referido diploma processual prevê expressamente a possibilidade de a sociedade adquirir quotas quando elas forem penhoradas e nenhum sócio deseje adquiri-las. Confira-se:

> *Art. 861. Penhoradas as quotas ou as ações de sócio em sociedade simples ou empresária, o juiz assinará prazo razoável, não superior a 3 (três) meses, para que a sociedade:*
>
> *I – apresente balanço especial, na forma da lei;*
>
> *II – ofereça as quotas ou as ações aos demais sócios, observado o direito de preferência legal ou contratual;*
>
> *III – não havendo interesse dos sócios na aquisição das ações, proceda à liquidação das quotas ou das ações, depositando em juízo o valor apurado, em dinheiro.*
>
> *§ 1.º* **Para evitar a liquidação das quotas ou das ações, a sociedade poderá adquiri-las sem redução do capital social e com utilização de reservas, para manutenção em tesouraria.**

Nossa previsão, felizmente, se confirmou, e o DREI alterou o seu entendimento. No início de 2017, a Instrução Normativa 38 aprovou novos manuais de registro e passou a permitir expressamente a aquisição de quotas pela própria sociedade limitada, quando ela for regida supletivamente pela Lei 6.404/1976 (Lei das S/A). O item 3.2.6.1 do Anexo II da referida IN tem a seguinte redação: "se o contrato social contiver cláusula determinando a regência supletiva da Lei de Sociedades por Ações, a sociedade limitada pode adquirir suas próprias quotas, observadas as condições legalmente estabelecidas, fato que não lhe confere a condição de sócia (Enunciado n.º 391 da IV Jornada de Direito Civil do Conselho da Justiça Federal)".

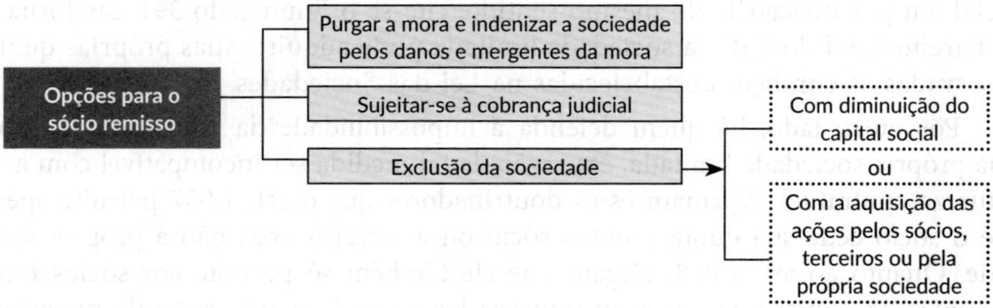

7.2.2.6. Administração da sociedade

Inicialmente, quanto à administração da sociedade limitada, valem as observações iniciais que fizemos no tópico referente à administração da sociedade simples *pura*, no sentido de que **os administradores**, na qualidade de órgão da pessoa jurídica incumbidos de sua gestão, ***presentam* a sociedade (teoria orgânica)**.

Vale também para a sociedade limitada a afirmação de que ela **não pode ser administrada por pessoa jurídica**, em razão de o art. 997, inciso VI, do Código Civil fazer uso da expressão *pessoas naturais* para se referir aos administradores. Nesse sentido é o item 3.3, inciso II manual de registro da sociedade limitada (Anexo IV da Instrução Normativa 81/2020 do DREI).[77]

Também não podem administrar a sociedade as pessoas mencionadas no art. 1.011, § 1.º, do Código: "não podem ser administradores, além das pessoas impedidas por lei especial, os condenados a pena que vede, ainda que temporariamente, o acesso a cargos públicos; ou por crime falimentar, de prevaricação, peita ou suborno, concussão, peculato; ou contra a economia popular, contra o sistema financeiro nacional, contra as normas de defesa da concorrência, contra as relações de consumo, a fé pública ou a propriedade, enquanto perdurarem os efeitos da condenação". A essas pessoas impedidas por lei especial, repita-se, já fizemos menção no capítulo 2, quando do estudo do art. 972 do Código (por exemplo: servidores públicos, magistrados etc.).

Embora o Código Civil não tenha regra expressa nesse sentido, é **possível que a sociedade limitada institua conselho de administração**, principalmente quando opte pela regência supletiva da Lei das S.A. (Lei 6.404/1976). Sobre o assunto, o enunciado 64 das Jornadas de Direito Comercial do CJF diz o seguinte: "Criado o conselho de administração na sociedade limitada, não regida supletivamente pela Lei de Sociedade por Ações (art. 1.053, parágrafo único, do Código Civil) e, caso não haja regramento específico sobre o órgão no contrato, serão aplicadas, por analogia, as normas da sociedade anônima".

Também é válida para a sociedade limitada a observação de que **a atividade do administrador é personalíssima**, não podendo outrem exercer suas funções. Nesse sentido, de acordo com o que dispõe o Código Civil em seu art. 1.060, a sociedade limitada "é administrada por uma ou mais pessoas designadas no contrato social ou em ato separado", às quais cabe, privativamente, o uso da firma ou da denominação social, ou seja, a possibilidade de atuar em nome da sociedade, exercendo direitos e assumindo obrigações (art. 1.064). O máximo que se permite, frise-se, é a delegação de certas atividades a mandatários, nos termos do art. 1.018 do Código: "ao administrador é vedado fazer-se substituir no exercício de suas funções, sendo-lhe facultado, nos limites de seus poderes, constituir mandatários da sociedade, espe-

---

77 José Edwaldo Tavares Borba entende que é possível a administração por pessoa jurídica na sociedade limitada, afirmando que essa norma do DREI é *contra legem* (TAVARES BORBA, José Edwaldo. *Direito Societário*. 14ª ed. São Paulo: Atlas, p. 125). Sérgio Campinho, por sua vez, reconhece que o Código Civil vedou a administração da sociedade limitada por pessoa jurídica, mas afirma que houve uma "involução para o tema", porque para ele, "sendo a pessoa jurídica capaz de direitos e obrigações, não se justifica a restrição estabelecida" (CAMPINHO, Sérgio. O direito de empresa no novo Código Civil. 9ª ed. Rio de Janeiro: Renovar, 2008, p. 237-238).

cificados no instrumento os atos e operações que poderão praticar". Essa delegação deve ser específica (*ad judicia ou ad negotia*), não sendo legítima a atribuição de poderes gerais de administração, os quais são indelegáveis.

> Pelo regime do novo Código não há margem à delegação da direção, razão pela qual os poderes de gestão – é o que se conclui – são indelegáveis. Mas isso não cria óbice à constituição de procuradores ad negotia e ad judicia, uma vez que serão mandatários da pessoa, não integrando, pois, o seu órgão de administração. (...) Portanto, a esdrúxula fórmula de constituir o gestor, em nome próprio, procuradores para substituí-lo na plenitude de suas funções é ilegal e, consequentemente, ineficaz.[78]

Nas sociedades limitadas menores – com dois ou três sócios, por exemplo – é comum que a administração da pessoa jurídica seja atribuída a todos os sócios, o que fica estabelecido no próprio ato constitutivo. Todavia, nesses casos, é importante destacar que se um novo sócio ingressar nessa sociedade posteriormente, a atribuição de administrar a sociedade não se estende de pleno direito a ele, em obediência ao disposto no art. 1.060, parágrafo único, do Código Civil. Por conseguinte, para que esse novo sócio também adquira o poder de administração da sociedade, terá que ser feita alteração no contrato social para que isso fique expressamente estabelecido.

Outro ponto importante disciplinado pelo Código Civil na parte da administração das sociedades limitadas foi a possibilidade de pessoas estranhas ao quadro social administrarem a sociedade. Isso só era possível, na redação original do art. 1.061 do CC, se o contrato social permitisse, mas agora é possível independentemente de expressa permissão contratual (o dispositivo sofreu alteração em 2010, retirando-se a expressão "se o contrato permitir"). E mais: a eleição de administradores não sócios depende de *quorum* bastante expressivo. Com efeito, dispõe o Código Civil, em seu art. 1.061 que enquanto o capital social não estiver integralizado, a eleição de não sócios para o cargo de administrador da sociedade limitada depende da aprovação de todos os sócios. Por outro lado, se o capital social já estiver integralizado, a eleição dependerá de aprovação de 2/3 dos sócios, no mínimo.

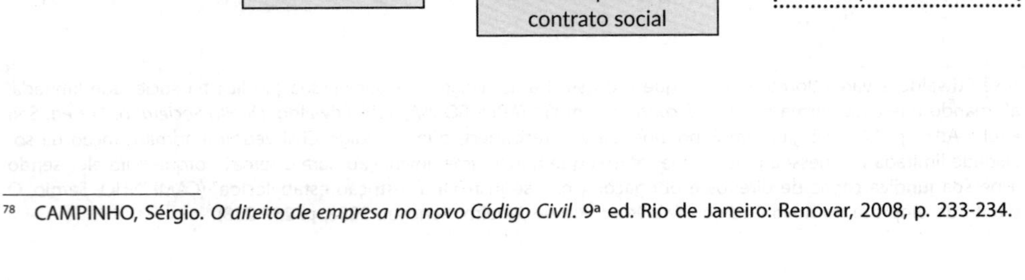

[78] CAMPINHO, Sérgio. *O direito de empresa no novo Código Civil*. 9ª ed. Rio de Janeiro: Renovar, 2008, p. 233-234.

Sócio nomeado no contrato: quórum de ¾ do capital social, em razão da necessidade de modificação do contrato social (art. 1.076, I c/c art. 1.071, V do CC).

Sócio nomeado em ato separado: quórum de maioria absoluta, isto é, mais da metade do capital social (art. 1.076, II c/c art. 1.071, II).

Não sócio: quórum de ⅔ se o capital social estiver integralizado, ou de unanimidade se o capital social não estiver integralizado (art. 1.061 do CC).

Por fim, aplicam-se também às sociedades limitadas as regras sobre a responsabilidade dos administradores, que analisamos detalhadamente quando do estudo da sociedade simples *pura*. Pela importância do tema, transcreveremos o que já afirmamos anteriormente, com as adaptações necessárias.

7.2.2.6.1. Responsabilidade dos administradores

Outro ponto interessante da norma do art. 997, inciso VI, do Código Civil é a determinação de que o contrato social, além de designar os administradores, estabeleça seus poderes e atribuições. No entanto, caso o contrato social silencie a esse respeito, não haverá maiores problemas, porque há regras do próprio Código que suprem essa eventual omissão contratual.

Com efeito, caso o contrato social da sociedade limitada não designe expressamente seus administradores, aplica-se o art. 1.013 do Código Civil: "a administração da sociedade, nada dispondo o contrato social, compete separadamente a cada um dos sócios". Complementando a regra, dispõem seus parágrafos: "§ 1.º Se a administração competir separadamente a vários administradores, cada um pode impugnar operação pretendida por outro, cabendo a decisão aos sócios, por maioria de votos"; "§ 2.º Responde por perdas e danos perante a sociedade o administrador que realizar operações, sabendo ou devendo saber que estava agindo em desacordo com a maioria". E o art. 1.014 ainda prevê que "nos atos de competência conjunta de vários administradores, torna-se necessário o concurso de todos, salvo nos casos urgentes, em que a omissão ou retardo das providências possa ocasionar dano irreparável ou grave".

Ademais, nada impede que os sócios, embora não tenham designado o administrador no próprio contrato social, o façam em ato separado posteriormente. Nesse caso, deve-se atentar apenas para a imprescindibilidade de averbação do ato no órgão de registro da sociedade (Junta Comercial, se a sociedade limitada é empresária), em obediência ao art. 1.012 do Código Civil: "o administrador, nomeado por instrumento em separado, deve averbá-lo à margem da inscrição da sociedade, e, pelos atos que praticar, antes de requerer a averbação, responde pessoal e solidariamente com a sociedade". No caso da sociedade limitada, deve-se atentar também para o art. 1.062 do Código Civil: "o administrador designado em ato separado investir-se-á no cargo mediante termo de posse no livro de atas da administração. § 1º Se o termo não for assinado nos trinta dias seguintes à designação, esta se tornará sem efeito. § 2º Nos dez dias seguintes ao da investidura, deve o administrador requerer seja averbada sua nomeação no registro competente, mencionando o seu nome, nacionalidade, estado civil, residência, com exibição de documento de identidade, o ato e a data da nomeação e o prazo de gestão". Em suma: se a designação se deu no próprio contrato, presume-se a aceitação e, consequentemente, a investidura. Se, porém, a designação se deu em ato separado, a investidura exige assinatura de termo de posse, com posterior averbação na Junta Comercial.

A grande diferença entre o administrador nomeado no contrato social e o administrador nomeado em ato separado reside no fato de que os poderes daquele, caso seja sócio, são, em princípio, irrevogáveis, salvo por decisão judicial que reconheça a ocorrência de justa causa para a revogação. Em contrapartida, os poderes de administrador não sócio ou de administrador designado em ato separado, ainda que sócio, são revogáveis a qualquer tempo pela vontade dos demais. É o que dispõe o art. 1.019 do Código Civil: "são irrevogáveis os poderes do sócio investido na administração por cláusula expressa do contrato social, salvo justa causa, reconhecida judicialmente, a pedido de qualquer dos sócios. Parágrafo único. São revogáveis, a qualquer tempo, os poderes conferidos a sócio por ato separado, ou a quem não seja sócio".

Quanto à destituição dos administradores de sociedade limitada, o art. 1.063 do Código Civil diz o seguinte: "o exercício do cargo de administrador cessa pela destituição, em qualquer tempo, do titular, ou pelo término do prazo se, fixado no contrato ou em ato separado, não houver recondução". Para essa destituição, o § 1.º do art. 1.063, na sua redação original, exigia quórum de dois terços quando o administrador era sócio e nomeado no contrato. Como isso dificultava bastante a destituição de administradores faltosos que fossem sócios e tivessem pouco mais de um terço das quotas do capital social, a redação do § 1.º foi alterada, dispondo atualmente o seguinte: "tratando-se de sócio nomeado administrador no contrato, sua destituição somente se opera pela aprovação de titulares de quotas correspondentes a mais da metade do capital social, salvo disposição contratual diversa".

Voltemos, porém, à questão dos poderes e atribuições dos administradores, a fim de estudar sua responsabilidade. Caso o contrato social da sociedade limitada silencie acerca dos poderes e atribuições dos seus administradores, entende-se que estes podem praticar todos e quaisquer atos pertinentes à gestão da sociedade, salvo oneração ou alienação de bens imóveis, o que só poderão fazer se tais atos constituírem o próprio objeto da sociedade. É o que dispõe o art. 1.015 do Código Civil: "no silêncio do contrato, os administradores podem praticar todos os atos pertinentes à gestão da sociedade; não constituindo objeto social, a oneração ou a venda de bens imóveis depende do que a maioria dos sócios decidir". Assim, **nada dispondo o contrato social**, reconhece-se aos administradores **poder geral de administração**.

Em contrapartida, caso o contrato social da sociedade limitada faça uso da prerrogativa que lhe confere o art. 997, inciso VI, do Código Civil e estabeleça expressamente os poderes e atribuições dos administradores, é preciso analisar que efeitos para a sociedade produzirão os atos de gestão que extrapolarem os limites estabelecidos. Afinal, não obstante se espere do administrador atuação diligente e honesta, nos termos do art. 1.011 do Código Civil ("o administrador da sociedade deverá ter, no exercício de suas funções, o cuidado e a diligência que todo homem ativo e probo costuma empregar na administração de seus próprios negócios"), é sempre possível que ele não atenda a essa expectativa.

Ora, sendo o administrador, como vimos, órgão da pessoa jurídica que externa sua própria vontade, em princípio a sociedade responde por todos os atos por ele praticados. Aliás, em homenagem à *teoria da aparência*, muito aplicada nas relações jurídico-empresariais, a sociedade, em regra, responde inclusive pelos atos com excesso de poderes praticados pelo administrador. Somente em situações excepcionais o excesso do administrador afastará a responsabilidade da sociedade pelos seus atos.

O art. 1.015, parágrafo único, do Código Civil tinha a seguinte redação: "o excesso por parte dos administradores somente pode ser oposto a terceiro se ocorrer pelo menos uma das seguintes hipóteses: I – se a limitação de poderes estiver inscrita ou averbada no registro próprio da sociedade; II – provando-se que era conhecida do terceiro; III – tratando-se de operação evidentemente estranha aos negócios da sociedade".

Esse dispositivo, especialmente em seu inciso III, consagrava a aplicação da **teoria dos atos *ultra vires***, segundo a qual a sociedade não deve responder pelos atos com excesso de poderes praticados pelos seus administradores.

Ressalte-se, entretanto, que a teoria *ultra vires*, após surgir na Inglaterra e nos Estados Unidos, foi sendo gradativamente abandonada, o que nos permite dizer que, de certo modo, a adoção dessa teoria pelo Código Civil de 2002 representou um retrocesso. É que na maioria das vezes, em razão do dinamismo inerente às atividades econômicas, é muito difícil analisar, em todas as transações negociais, se os poderes dos administradores lhe permitem firmar aquela relação jurídica específica. Portanto, a teoria *ultra vires*, é inegável, trouxe consigo uma certa insegurança jurídica para o mercado. Melhor seria, em homenagem à boa-fé dos terceiros que contratam com a sociedade limitada, reconhecer sua responsabilidade pelos atos *ultra vires*, mas assegurar-lhe a possibilidade de voltar-se em regresso contra o administrador que se excedeu.

Interpretando o dispositivo em comento, quando ele ainda estava vigente, foi editado o Enunciado 219 da Jornada de Direito Civil do CJF, entendendo-se que o art. 1.015, parágrafo único, inciso III, do CC realmente adotou a teoria *ultra vires*, mas com as seguintes ressalvas: "a) o ato *ultra vires* não produz efeito apenas em relação à sociedade; b) sem embargo, a sociedade poderá, por meio de seu órgão deliberativo, ratificá-lo; c) o Código Civil amenizou o rigor da teoria *ultra vires*, admitindo os poderes implícitos dos administradores para realizar negócios acessórios ou conexos ao objeto social, os quais não constituem operações evidentemente estranhas aos negócios da sociedade; d) não se aplica o art. 1.015 às sociedades por ações, em virtude da existência de regra especial de responsabilidade dos administradores (art. 158, II, Lei n. 6.404/1976)".

Merece menção também o Enunciado 11 da I Jornada de Direito Comercial do CJF: "A regra do art. 1.015, parágrafo único, do Código Civil deve ser aplicada à luz da teoria da aparência e do primado da boa-fé objetiva, de modo a prestigiar a segurança do tráfego negocial. As sociedades se obrigam perante terceiros de boa-fé". Tratava-se, em nossa opinião, de entendimento correto, o qual foi adotado pelo STJ:

> *Direito comercial. Sociedade por quotas de responsabilidade limitada. Garantia assinada por sócio a empresas do mesmo grupo econômico. Excesso de poder. Responsabilidade*

da sociedade. Teoria dos atos ultra vires. *Inaplicabilidade. Relevância da boa-fé e da aparência. Ato negocial que retornou em benefício da sociedade garantidora.*

(...)

3. A partir do Código Civil de 2002, o direito brasileiro, no que concerne às sociedades limitadas, por força dos arts. 1.015, § único e 1.053, adotou expressamente a ultra vires doctrine.

4. Contudo, na vigência do antigo Diploma (Decreto n.º 3.708/19, art. 10), pelos atos ultra vires, *ou seja, os praticados para além das forças contratualmente conferidas ao sócio, ainda que extravasassem o objeto social, deveria responder a sociedade.*

4. No caso em julgamento, o acórdão recorrido emprestou, corretamente, relevância à boa-fé do banco credor, bem como à aparência de quem se apresentava como sócio contratualmente habilitado à prática do negócio jurídico.

5. Não se pode invocar a restrição do contrato social quando as garantias prestadas pelo sócio, muito embora extravasando os limites de gestão previstos contratualmente, retornaram, direta ou indiretamente, em proveito dos demais sócios da sociedade fiadora, não podendo estes, em absoluta afronta à boa-fé, reivindicar a ineficácia dos atos outrora praticados pelo gerente.

6. Recurso especial improvido (REsp 704.546/DF, Rel. Min. Luis Felipe Salomão, Quarta Turma, j. 01.06.2010, DJe *08.06.2010).*

Na linha desse entendimento doutrinário e jurisprudencial crítico ao dispositivo em questão, a Lei 14.195/2021 revogou o parágrafo único do art. 1.015 do Código Civil, reforçando a nossa interpretação de que, em respeito à teoria da aparência, a sociedade deve responder pelos atos de seus administradores mesmo quando eles agirem com excesso de poderes, cabendo a ela, posteriormente, agir em regresso para responsabilizá-los.

No entanto, mesmo com a revogação do parágrafo único do art. 1.015, parece-nos possível que a sociedade se exima de responsabilidade por atos com excesso de poderes praticados por seus administradores, quando (i) existir expressa limitação de poderes arquivada no órgão de registro competente (Cartório ou Junta Comercial, conforme a natureza da sociedade) ou (ii) ficar comprovado que o terceiro sabia dessa limitação. Essa nossa interpretação se baseia na existência de outras regras legais sobre o assunto, como os arts. 47 ("obrigam a pessoa jurídica os atos dos administradores, exercidos **nos limites de seus poderes definidos no ato constitutivo**") e 1.064 ("o uso da firma ou denominação social é privativo dos administradores **que tenham os necessários poderes**") do Código Civil.[79]

Por outro lado, nos casos em que o administrador agir com culpa no desempenho de suas atribuições, seja praticando ato regular de gestão ou ato com excesso de poderes, ele responderá tanto perante terceiros quanto perante a sociedade, nos

[79] *"Parece, portanto, à luz do ordenamento jurídico vigente, que a melhor orientação é aquela que apoia e valoriza a teoria da aparência e a boa-fé objetiva para, como regra, vincular a sociedade ao negócio celebrado por seu administrador, caracterizador de ato ultra vires. Cabe a ela provar o conhecimento do terceiro do contrato social ou do estatuto para eximir-se da responsabilidade do ato derivada, ou demonstrar circunstancialmente que, em razão das condições e da natureza da negociação e pela qualidade profissional do contratante, cabia a ele diligenciar para ter acesso e conhecimento do seu objeto social. Vinculada a sociedade ao ato ultra vires, abre-se-lhe o ensejo de regressivamente responsabilizar o administrador que atuou com o excesso por ela não ratificado e que lhe causou prejuízo. A mesma orientação deve ser adotada para reger os casos de uso indevido do nome empresarial"* (Sérgio Campinho).

termos do art. 1.016 do Código: "os administradores respondem solidariamente perante a sociedade e os terceiros prejudicados, por culpa no desempenho de suas funções". Assim, nessas situações, poderão os terceiros cobrar a obrigação diretamente do administrador. Caso, porém, os terceiros cobrem a obrigação da sociedade, ela poderá agir em regresso contra o administrador faltoso.

Ainda se referindo a possíveis atuações faltosas do administrador, estabelece o art. 1.017 do Código Civil que "o administrador que, sem consentimento escrito dos sócios, aplicar créditos ou bens sociais em proveito próprio ou de terceiros, terá de restituí-los à sociedade, ou pagar o equivalente, com todos os lucros resultantes, e, se houver prejuízo, por ele também responderá". Complementando, o parágrafo único desse dispositivo legal ainda prevê que "fica sujeito às sanções o administrador que, tendo em qualquer operação interesse contrário ao da sociedade, tome parte na correspondente deliberação".

Por fim, registre-se que "os administradores são obrigados a prestar aos sócios contas justificadas de sua administração, e apresentar-lhes o inventário anualmente, bem como o balanço patrimonial e o de resultado econômico" (art. 1.020 do Código Civil). O levantamento anual destes dois balanços, aliás, é de suma importância para a sociedade, porque configura dever legal de escrituração, nos termos do art. 1.179 do Código, que estudamos no capítulo 2. Assim, para que os sócios possam fiscalizar o cumprimento desse e de outros deveres dos administradores, determina o art. 1.021 que "salvo estipulação que determine época própria, o sócio pode, a qualquer tempo, examinar os livros e documentos, e o estado da caixa e da carteira da sociedade".

7.2.2.7. Distribuição dos resultados

Já dissemos, mais de uma vez, que são características de qualquer sociedade o **exercício de atividade econômica, o escopo lucrativo e a partilha dos resultados entre os seus membros**. No caso de sociedade limitada empresária, essas características são ainda mais marcantes. Assim, da mesma forma que todos os sócios devem contribuir para a formação do capital social, é também requisito especial de validade do contrato a garantia de que todos os sócios participem dos resultados sociais, cabendo aos sócios disciplinar a matéria no ato constitutivo (art. 997, inciso VII, do Código Civil).

É bom lembrar que, não obstante o fim social de uma sociedade limitada empresária seja a obtenção de lucros em decorrência do exercício de atividade econômica organizada para a produção ou circulação de bens ou serviços, é possível que ela sofra prejuízos também. Por conseguinte, os sócios da sociedade devem **dividir** não apenas os lucros, mas também as **perdas** eventualmente sofridas.

É vedada, portanto, a chamada "cláusula leonina", a qual, se existente, será considerada nula de pleno direito, conforme estabelecido no art. 1.008 do Código Civil: "é nula a estipulação contratual que exclua qualquer sócio de participar dos lucros e das perdas". Conforme já mencionamos, a expressão "cláusula leonina", hoje largamente utilizada para fazer referência às cláusulas abusivas, nasceu no direito societário, por inspiração de uma conhecida fábula do italiano Fedro, na qual o leão, após formar sociedade com outros animais para caçar, usava da força para desfrutar sozinho do produto da caça.

Repetindo o que também já afirmamos no estudo da sociedade simples *pura*, perceba-se que o legislador não estabeleceu regras, *a priori*, acerca de como deve ser feita a distribuição dos lucros da sociedade, **cabendo aos sócios**, pois, **prever a forma de participação de cada um no contrato social**. Podem estabelecer, por exemplo, a distribuição preferencial de lucros a um sócio. Podem também distribuir entre os sócios apenas uma parte dos lucros, destinando a parte restante a investimentos sociais. O que os sócios não podem, apenas, é excluir algum membro de participação nos lucros ou nas perdas da sociedade.

Se o contrato social, todavia, for omisso a respeito do assunto, aplica-se o disposto no art. 1.007 do Código Civil: "salvo estipulação em contrário, o sócio participa dos lucros e das perdas, na proporção das respectivas quotas, mas aquele, cuja contribuição consiste em serviços, somente participa dos lucros na proporção da média do valor das quotas". Vale lembrar que, para as sociedades limitadas, a parte final desse dispositivo legal não tem aplicação, já que nelas não há sócios de indústria, em obediência ao disposto no art. 1.055, § 2.º, do Código Civil.

Por derradeiro, prevê o art. 1.009 do Código que "a distribuição de lucros ilícitos ou fictícios acarreta responsabilidade solidária dos administradores que a realizarem e dos sócios que os receberem, conhecendo ou devendo conhecer-lhes a ilegitimidade". No mesmo sentido, o regramento das sociedades limitadas previu expressamente que "os sócios serão obrigados à reposição dos lucros e das quantias retiradas, a qualquer título, ainda que autorizados pelo contrato, quando tais lucros ou quantia se distribuírem com prejuízo do capital" (art. 1.059 do Código Civil).

7.2.2.8. Responsabilidade dos sócios

Segundo dispõe o art. 1.052 do Código Civil, "na sociedade limitada, a responsabilidade de cada sócio é restrita ao valor de suas quotas, mas todos respondem solidariamente pela integralização do capital social". Analisemos a norma com mais detalhes.

Em regra, os sócios **não devem responder, com seu patrimônio pessoal**, pelas dívidas da sociedade. Esta, por ser pessoa jurídica a quem o ordenamento jurídico confere existência própria, possui, em consequência, responsabilidade patrimonial própria. Trata-se do chamado *princípio da autonomia patrimonial das pessoas jurídicas*, ao qual já nos referimos, previsto no art. 1.024 do Código Civil: "os bens particulares dos sócios não podem ser executados por dívidas da sociedade, senão depois de executados os bens sociais".

Diante do que dispõe o artigo acima transcrito, pode-se afirmar, inicialmente, que a **responsabilidade dos sócios** por dívidas da sociedade é **sempre subsidiária**. Em situações normais, portanto, somente em caso de insolvência da sociedade é que o sócio poderá, eventualmente, ter seus bens pessoais executados por dívidas sociais. Enquanto, todavia, a sociedade possuir bens, o sócio não poderá ser executado pessoalmente, em virtude do *benefício de ordem* que lhe confere a norma do art. 1.024 do Código.

Em segundo lugar, deve-se destacar que essa eventual responsabilidade pessoal dos sócios nas sociedades limitadas sofrerá **variação conforme o capital da sociedade esteja ou não totalmente integralizado**. Se, por exemplo, o capital social estiver totalmente integralizado, os sócios não deverão responder com seu patrimônio pessoal pelas dívidas da sociedade. Todavia, se o capital social não estiver totalmente integralizado, os sócios responderão com seu patrimônio pessoal pelas dívidas sociais até certo limite. Que limite é este? O montante que faltar para a integralização. Daí por que a responsabilidade se diz *limitada*: porque possui um limite. Fosse a responsabilidade *ilimitada*, os sócios responderiam pelas dívidas sociais, com seus bens pessoais, até a dívida ser completamente adimplida.

Por fim, merece destaque o fato de que os sócios de uma sociedade limitada são **solidariamente responsáveis pela integralização do capital social**, razão pela qual pode o credor da sociedade – uma vez exaurido o patrimônio da pessoa jurídica e verificada a não integralização total do capital social – executar **qualquer dos sócios quotistas**, ainda que um deles já tenha integralizado a parte que lhe cabe. Nesse caso, esse sócio terá, tão somente, o direito de regresso contra os demais sócios, na proporção do que cada um deve à sociedade a título de integralização de suas respectivas quotas. Estabelece-se, pois, uma solidariedade interna entre os quotistas, podendo um deles, ainda que tenha integralizado a sua respectiva parte, ser executado por credores da sociedade, se algum dos demais não tiver ainda integralizado a sua quota.

Assim, pois, é que se dá a responsabilidade limitada dos quotistas. Se o capital social estava totalmente integralizado, não se deve executar a dívida social pendente no patrimônio dos sócios (salvo em situações excepcionais, como no caso de desconsideração da personalidade jurídica, por exemplo). Caso, porém, o capital social não estivesse totalmente integralizado – situação possível porque, como visto, o Brasil não exige a integralização total do capital social para a constituição da sociedade, tampouco fixa prazo para essa integralização –, todos os sócios respondem solidariamente pela dívida da sociedade, até o limite da integralização. O **limite** de responsabilidade dos sócios quotistas, portanto, é o **montante que falta para a integralização do capital social.**[80]

---

80 Acerca dessa eventual responsabilização dos sócios de sociedade limitada por dívidas da pessoa jurídica, a 3ª Turma do STJ já decidiu que "a sucessão civil e processual dos sócios de sociedade limitada, extinta por meio do distrato, poderá ser efetivada por meio do procedimento de habilitação, mas não pela via da desconsideração da personalidade jurídica". A ação foi ajuizada contra a sociedade empresária, mas no curso do processo a sociedade foi dissolvida por meio de distrato, devidamente registrado na Junta Comercial, do qual constou que a pessoa jurídica não deixou ativo nem passivo. Após a decisão condenatória, o juízo de primeira instância, na fase de cumprimento de sentença, incluiu os sócios no polo passivo da demanda, tendo o TJSP mantido essa decisão em julgamento de recurso, com base nos arts. 43 do CPC/1973 e 50 do CC/2002. A Terceira Turma do STJ, por sua vez, decidiu que não se está diante de hipótese de aplicação do instituto da desconsideração da personalidade jurídica, mas de sucessão processual dos sócios, a ser realizada por meio do procedimento de habilitação (equiparou-se a extinção da pessoa jurídica à morte da pessoa natural). Ademais, entendeu-se que "apenas na hipótese em que a sociedade liquidada tenha resultado em patrimônio líquido positivo, com sua liquidação e efetiva distribuição entre os sócios, seria possível a sucessão da empresa". Nas palavras do relator, "a sucessão processual de empresa dissolvida somente será cabível contra os sócios ilimitadamente responsáveis ou, quando não houverem, contra

7.2.2.9. *Alteração do contrato social*

O contrato social da sociedade limitada, assim como da sociedade simples *pura*, não é imutável, podendo ser alterado conforme a vontade dos sócios. Mas, conforme já mencionamos, alterações no contrato social não são fáceis de serem realizadas, já que o Código Civil exigiu *quorum* bastante expressivo para tanto.

Na sociedade simples *pura*, vimos que a alteração do contrato social, muitas vezes, dependerá de aprovação unânime (art. 999 do Código Civil). Na sociedade limitada, por outro lado, a **modificação do contrato social exige quórum de 3/4 do capital social**, conforme previsão do art. 1.076, inciso I, do Código Civil.

Não se deve esquecer, ademais, que qualquer alteração do contrato social da sociedade limitada **deve ser averbada** no local onde foi feito o registro originário da sociedade, ou seja, Junta Comercial, em se tratando de sociedade limitada empresária, ou Cartório, em se tratando de sociedade limitada simples (art. 999, parágrafo único: "qualquer modificação do contrato social será averbada, cumprindo-se as formalidades previstas no artigo antecedente").

7.2.3. *Deliberações sociais*

Em regra, as **decisões mais corriqueiras**, as decisões menores da sociedade limitada **são tomadas unipessoalmente** por aqueles que têm poderes para administrar a sociedade, ou seja, pelo(s) administrador(es). No entanto, aquelas **decisões mais complexas** - como, por exemplo, a relativa à alteração do contrato social ou a referente à fusão com outra sociedade - **exigem uma deliberação colegiada**.

No seu art. 1.071, o Código Civil previu, em rol meramente exemplificativo, que "dependem da deliberação dos sócios, além de outras matérias indicadas na lei ou no contrato: I - a aprovação das contas da administração; II - a designação dos administradores, quando feita em ato separado; III - a destituição dos administradores; IV - o modo de sua remuneração, quando não estabelecido no contrato; V - a modificação do contrato social; VI - a incorporação, a fusão e a dissolução da sociedade, ou a cessação do estado de liquidação[81]; VII - a nomeação e destituição dos liquidantes e o julgamento das suas contas; VIII - o pedido de concordata".

A concordata, conforme veremos no capítulo referente ao direito falimentar, não foi acolhida pela nova Lei de Recuperação de Empresas (Lei 11.101/2005), que a substituiu pela **recuperação judicial.**[82]

---

os demais sócios, porém, limitadamente ao ativo por eles partilhados em razão da liquidação societária". No caso julgado, como se tratava de sociedade limitada em cujo procedimento de dissolução não se apurou patrimônio líquido positivo, afirmou-se não ser possível a sucessão processual dos sócios: "dissolvida a sociedade e extinta a personalidade jurídica litigante, sem a distribuição de patrimônio ativo remanescente, não há viabilidade para o pleito de redirecionamento do cumprimento de título executivo contra os antigos sócios da pessoa jurídica devedora".

[81] José Edwaldo Tavares Borba afirma que o legislador "esqueceu a cisão", mas sustenta que ela "afeta a estrutura da sociedade, a exemplo a incorporação e da fusão", e por isso "deverá ser considerada compreendida entre as hipóteses referidas no art. 1.071, VI" (TAVARES BORBA, José Edwaldo. *Direito Societário*. 14ª ed. São Paulo: Atlas, p. 142).

[82] Sérgio Campinho entende, no nosso entender com razão, que para negociar plano de recuperação extrajudicial é desnecessária a deliberação assemblear, "fazendo parte dos poderes gerais de administração essa forma de composição

Outras matérias que também dependem de deliberação social são as hipóteses de exclusão de sócio e de eleição do conselho fiscal, por exemplo.

O órgão específico responsável pela tomada das deliberações sociais é a assembleia dos sócios. Todavia, o Código Civil trouxe, nessa matéria, uma interessante regra: nas sociedades limitadas menores, de até 10 sócios, o Código previu que o **regime de assembleia** pode ser substituído pelo de **reunião de sócios**. Com efeito, segundo o art. 1.072 do Código "as deliberações dos sócios, obedecido o disposto no art. 1.010, serão tomadas em reunião ou em assembleia, conforme previsto no contrato social, devendo ser convocadas pelos administradores nos casos previstos em lei ou no contrato". Já nas sociedades limitadas maiores, com mais de dez sócios, o regime assemblear é imposto pela lei: "a deliberação em assembleia será obrigatória se o número dos sócios for superior a dez" (art. 1.072, § 1.º).

A grande **diferença entre a assembleia e a reunião está no procedimento**. Aquela segue rito mais solene, com o próprio Código ditando suas regras procedimentais. Esta, por sua vez, tem rito mais simplificado, cabendo aos sócios, no contrato social, estabelecer os detalhes de seu procedimento.

Tanto a reunião quanto a assembleia, entretanto, podem ser dispensadas e substituídas por um documento escrito, desde que todos os sócios estejam de acordo, ou seja, desde que a decisão seja unânime (art. 1.072, § 3.º).

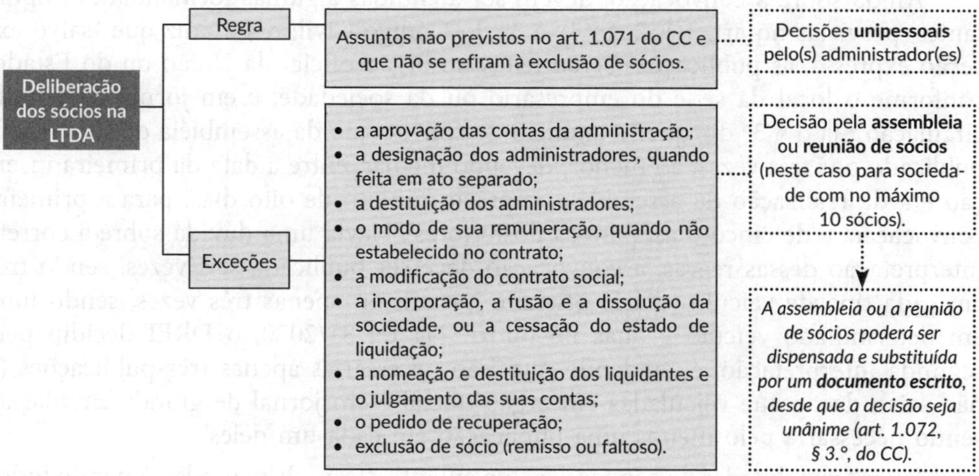

Destaque-se ainda que as deliberações sociais, desde que tomadas em conformidade com a lei e o contrato social, "vinculam todos os sócios, ainda que ausentes ou dissidentes" (art. 1.072, § 5.º). Por outro lado, estabelece o art. 1.080 do Código que "as deliberações infringentes do contrato ou da lei tornam ilimitada a responsabilidade dos que expressamente as aprovaram". Assim, para evitar ser responsabilizado

---

de débitos" (CAMPINHO, Sérgio. *O direito de empresa no novo Código Civil*. 9ª ed. Rio de Janeiro: Renovar, 2008, p. 255). Quanto ao pedido de autofalência, a despeito da ausência de previsão legal expressa, tanto no Código Civil quanto na Lei 11.101/2005, ele entende que é necessária deliberação social, por maioria simples (art. 1.076, III do Código Civil). Quanto a esse quórum, discordamos: para nós, o pedido de autofalência exige prévia deliberação por maioria absoluta, em razão de a falência ser causa de dissolução da sociedade (aplicação analógica do art. 1.033, inciso III).

futuramente, o sócio dissidente deve sempre requerer a consignação em ata do seu voto contrário à deliberação tomada.

A convocação da assembleia ou da reunião, conforme o caso, cabe ao administrador, mas também pode ser feita, segundo o disposto no art. 1.073 do Código Civil: "I – por sócio, quando os administradores retardarem a convocação, por mais de sessenta dias, nos casos previstos em lei ou no contrato, ou por titulares de mais de um quinto do capital, quando não atendido, no prazo de oito dias, pedido de convocação fundamentado, com indicação das matérias a serem tratadas; II – pelo conselho fiscal, se houver, nos casos a que se refere o inciso V do art. 1.069".

São quatro, portanto, as hipóteses excepcionais de convocação: (i) se a convocação está prevista em lei (exemplo: reunião/assembleia anual), mas o administrador atrasa sua realização por mais de sessenta dias, qualquer sócio pode convocar o conclave; (ii) se a convocação não está prevista em lei, mas qualquer sócio faz um pedido fundamentado[83] que não é atendido pelo administrador em oito dias, sócio(s) titular(es) de mais de um quinto do capital podem convocar o conclave; (iii) se o administrador atrasa a convocação da reunião/assembleia anual por mais de trinta dias, o conselho fiscal ou qualquer dos seus membros podem convocar o conclave; e (iv) se houver motivos graves e urgentes, o conselho fiscal ou qualquer dos seus membros podem convocar o conclave.

Ainda sobre a convocação, devem ser atendidas algumas formalidades importantes, previstas no art. 1.152, §§ 1º e 3º do Código Civil: o § 1º diz que "salvo exceção expressa, as publicações serão feitas no órgão oficial da União ou do Estado, conforme o local da sede do empresário ou da sociedade, e em jornal de grande circulação"; já o § 3º diz que "o anúncio de convocação da assembléia de sócios será publicado por três vezes, ao menos, devendo mediar, entre a data da primeira inserção e a da realização da assembléia, o prazo mínimo de oito dias, para a primeira convocação, e de cinco dias, para as posteriores". Havia uma dúvida sobre a correta interpretação dessas regras: a convocação deve ser publicada seis vezes, sendo três em cada tipo de veículo (diário oficial e jornal), ou apenas três vezes, sendo uma em determinado veículo e duas no outro? Na IN 81/2020, o DREI decidiu pela segunda interpretação, entendendo que "são necessárias apenas três publicações (e não seis), desde que veiculadas em órgão oficial e em jornal de grande circulação, sendo necessária pelo menos uma publicação em cada um deles".

Essas formalidades de convocação, no entanto, ficam dispensadas "quando todos os sócios comparecerem ou se declararem, por escrito, cientes do local, data, hora e ordem do dia" (art. 1.072, § 2º do Código Civil). E mais: conforme já mencionamos, o próprio conclave pode ser dispensado "quando todos os sócios decidirem, por escrito, sobre a matéria que seria objeto delas" (art. 1.072, § 3º)[84].

---

83 Para Sérgio Campinho, "o pedido em si pode ser formulado por qualquer sócio. A exigência da titularidade de mais de 20% do capital é somente para a convocação" (CAMPINHO, Sérgio. *O direito de empresa no novo Código Civil*. 9ª ed. Rio de Janeiro: Renovar, 2008, p. 258-259). Ele está certo. Na LSA, por exemplo, a regra é clara quanto à necessidade de que o pedido seja feito por titulares de pelo menos 5% do capital social (art. 123, parágrafo único, alínea 'c'), mas no Código Civil a redação é diferente.

84 Sérgio Campinho destaca que essa regra "não implica a dispensa do registro do documento no qual se materializou a decisão, nem tampouco exonera a sociedade do dever de publicá-la nas hipóteses exigidas por lei, como, por

O *quorum* de instalação da assembleia está previsto no art. 1.074 do Código Civil, segundo o qual "a assembleia dos sócios instala-se com a presença, em primeira convocação, de titulares de no mínimo três quartos do capital social, e, em segunda, com qualquer número". Sobre essa regra, uma observação importante merece ser feita: apesar de a assembleia poder ser instalada com a presença de qualquer número de sócios, em segunda convocação, muitas matérias exigem quórum elevado de deliberação (maioria absoluta, 2/3, ¾ e até unanimidade).

A propósito, o *quorum* de deliberação está previsto no art. 1.076 do Código Civil: "ressalvado o disposto no art. 1.061, as deliberações dos sócios serão tomadas: I – pelos votos correspondentes, no mínimo, a três quartos do capital social, nos casos previstos nos incisos V e VI do art. 1.071; II – pelos votos correspondentes a mais de metade do capital social, nos casos previstos nos incisos II, III, IV e VIII do art. 1.071; III – pela maioria de votos dos presentes, nos demais casos previstos na lei ou no contrato, se este não exigir maioria mais elevada".

A doutrina, em consenso, critica a opção do legislador por estabelecer diversos quóruns, alguns deles qualificados, para as deliberações sociais. De fato, melhor seria que se tivesse respeitado o princípio majoritário, tão caro ao direito societário.

> O razoável é que se reconheça à maioria o direito de determinar a vida societária, elegendo-se a unanimidade ou um quórum suficiente para bloquear a vontade do majoritário para determinadas decisões, como, *v.g.*, aquela que diz respeito a alterações drásticas do contrato social ou à venda de bens do ativo imobilizado da sociedade. Dessa forma tutela-se a minoria, sem criar impasses para o funcionamento da sociedade.[85]

O Código ainda previu expressamente que "o sócio pode ser representado na assembleia por outro sócio, ou por advogado, mediante outorga de mandato com especificação dos atos autorizados, devendo o instrumento ser levado a registro, juntamente com a ata" (art. 1.074, § 1.º). Perceba-se que o procurador tem que ser outro sócio ou advogado. Ademais, como não há vedação expressa, nada impede que um mesmo procurador represente mais de um sócio na mesma reunião/assembleia.

Questão importante é a que diz respeito à possibilidade de um sócio ser acompanhado por um terceiro no conclave. Embora omissa a lei, é legítimo o acolhimento desse pedido, caso haja motivo justo: pense-se, por exemplo, na situação em que o sócio pede para ser acompanhado por um notário, a fim de registrar os fatos ocorridos, ou na situação em que precisa ser acompanhado por advogado/contador, a fim de obter aconselhamento técnico sobre questões jurídicas ou contábeis em debate.

> Não é de todo incomum os sócios, em especial os minoritários, tentarem participar da assembleia acompanhados de um notário, com o objetivo de registrar em ata notarial com fé pública fatos (e eventuais abusos) ocorridos no curso dos trabalhos. A entrada de terceiros, dentre os quais se incluem notários, administra-

exemplo, na de redução do capital, por julgarem-no os sócios excessivo, a fim de que se possibilite o conhecimento e eventual oposição por parte dos credores quirografários" (CAMPINHO, Sérgio. *O direito de empresa no novo Código Civil.* 9ª ed. Rio de Janeiro: Renovar, 2008, p. 258).

85 MELLO FRANCO, Vera Helena de. *Manual de direito comercial*. 2. ed. São Paulo: RT. p. 247. v. 1.

dores não sócios, contadores e consultores, pode ser permitida pelo presidente da assembleia, com autorização de sócios titulares da maioria do capital social presente, com o propósito de auxiliar nas discussões.[86]

Toda assembleia, conforme disposto no art. 1.075 do Código Civil, "será presidida e secretariada por sócios escolhidos entre os presentes", e "dos trabalhos e deliberações será lavrada, no livro de atas da assembleia, ata assinada pelos membros da mesa e por sócios participantes da reunião, quantos bastem à validade das deliberações, mas sem prejuízo dos que queiram assiná-la" (art. 1.075, § 1.º). Além disso, previu o Código ainda que, realizada a assembleia, "cópia da ata autenticada pelos administradores, ou pela mesa, será, nos vinte dias subsequentes à reunião, apresentada ao Registro Público de Empresas Mercantis para arquivamento e averbação" (art. 1.075, § 2.º). Pode ser também que algum sócio queira guardar consigo cópia autenticada da ata, devendo a ele ser entregue uma (art. 1.075, § 3.º).

A despeito de o *caput* do art. 1.075 falar em "sócios", será possível atribuir a terceiros (funcionários da sociedade, por exemplo) essas funções, caso não existam sócios disponíveis e dispostos para tanto.[87]

Da mesma forma que ocorre nas sociedades anônimas, exigiu o Código Civil a realização de uma **assembleia anual** para tratar de assuntos previamente estabelecidos na própria lei. Com efeito, dispõe o art. 1.078 do Código que "a assembleia dos sócios deve realizar-se ao menos uma vez por ano, nos quatro meses seguintes ao término do exercício social, com o objetivo de: I – tomar as contas dos administradores e deliberar sobre o balanço patrimonial e o de resultado econômico; II – designar administradores, quando for o caso; III – **tratar de qualquer outro assunto constante da ordem do dia**". Perceba-se que, ao contrário da LSA, que restringe as matérias da pauta da assembleia geral ordinária (art. 132) e impõe que outras matérias sejam deliberadas em assembleia geral extraordinária (art. 131), o Código Civil permite que a reunião/assembleia anual (ordinária) da sociedade limitada trate de qualquer assunto.

Para o funcionamento eficiente da reunião/assembleia anual, o § 1º do art. 1.078 do Código Civil exige que sejam postos "por escrito, e com a prova do respectivo recebimento, à disposição dos sócios que não exerçam a administração", com trinta dias de antecedência ao conclave, as contas da administração e os balanços patrimonial e de resultado econômico. Além disso, o § 2º estabelece uma ordem para o início dos trabalhos, mandando primeiro tomar as contas da administração, o que é de suma importância nos casos em que também estiver em pauta a eventual recondução dos administradores: "instalada a assembléia, proceder-se-á à leitura dos

---

[86] NUNES, Marcelo Guedes. *Assembleia de sócios. Enciclopédia jurídica da PUC-SP*. Celso Fernandes Campilongo, Alvaro de Azevedo Gonzaga e André Luiz Freire (coords.). Tomo: Direito Comercial. Fábio Ulhoa Coelho, Marcus Elidius Michelli de Almeida (coord. de tomo). 1. ed. São Paulo: Pontifícia Universidade Católica de São Paulo, 2017. Disponível em: https://enciclopediajuridica.pucsp.br/verbete/251/edicao-1/assembleia-de-socios. Discordo do autor quando este afirma ser necessária "autorização de sócios titulares da maioria do capital social presente". Entendo que cabe ao presidente da reunião/assembleia autorizar a participação de terceiros, consignando em ata eventual discordância de algum sócio.

[87] "Não existindo sócios dispostos a exercerem essas funções em número suficiente, a eleição poderá recair naturalmente sobre profissionais contratados da sociedade (advogados, administradores etc.)" (COELHO, *Curso de direito comercial*. Vol. 2. 20ª ed. São Paulo: RT, 2016, p. 413).

documentos referidos no parágrafo antecedente *[contas e balanços]*, os quais serão submetidos, pelo presidente, a discussão e votação, nesta não podendo tomar parte os membros da administração e, se houver, os do conselho fiscal".

Ainda sobre a reunião/assembleia anual, e também seguindo a LSA (art. 134, § 3º), o § 3º do art. 1.078 determina que "a aprovação, sem reserva, do balanço patrimonial e do de resultado econômico, salvo erro, dolo ou simulação, exonera de responsabilidade os membros da administração e, se houver, os do conselho fiscal". Complementado, o § 4º prevê que "extingue-se em dois anos o direito de anular a aprovação a que se refere o parágrafo antecedente". Assim, se tiver havido a aprovação dos balanços, mas depois a sociedade quiser responsabilizar um administrador, terá que antes anular a referida aprovação, e o prazo para tanto é bienal. Sobre esses dispositivos, a 3ª Turma do STJ tem um precedente polêmico, no qual se entendeu que a propositura de ação para responsabilizar os administradores, mesmo tendo havido aprovação dos balanços (§ 3º), dispensa a prévia anulação da aprovação (§ 4º) quando as irregularidades apontadas na administração não se restringirem a aspectos relacionados aos balanços.

> RECURSO ESPECIAL. AÇÃO DE DISSOLUÇÃO PARCIAL DE SOCIEDADE LIMITADA E APURAÇÃO DE HAVERES. NEGATIVA DE PRESTAÇÃO JURISDICIONAL. NÃO OCORRÊNCIA. PREQUESTIONAMENTO. AUSÊNCIA. REEXAME DE FATOS E PROVAS. INADMISSIBILIDADE. RECONVENÇÃO APRESENTADA PELA SOCIEDADE. RESPONSABILIZAÇÃO DO SÓCIO RETIRANTE. PRÁTICA DE ATOS ILÍCITOS. ADMINISTRADOR. COMPENSAÇÃO DE VALORES. BALANÇO PATRIMONIAL E DE RESULTADO ECONÔMICO. PEDIDO DE ANULAÇÃO DAS DELIBERAÇÕES. PRESCINDIBILIDADE. DECADÊNCIA. NÃO OCORRÊNCIA. (...)
>
> 2. O propósito recursal é definir a viabilidade de se analisar pretensão indenizatória deduzida em sede de reconvenção, fundamentada na prática de atos ilícitos pelo recorrido à época em que ocupava a posição de administrador da sociedade recorrente, a fim de que, ao final, proceda-se à compensação desses valores com os créditos derivados de sua retirada dos quadros sociais da empresa. (...)
>
> 6. Partindo-se da premissa assentada pela Corte de origem – de que as assembleias que aprovaram as contas apresentadas pelo recorrido ocorreram nos anos de 2007 a 2009 -, não haveria como se reconhecer violação às normas dos §§ 3º e 4º do art. 1.078 do CC/02.
>
> 7. Todavia, **como os atos causadores dos danos indenizáveis imputados ao recorrido pela sociedade não se restringem à indicação de irregularidades relacionadas ao balanço patrimonial ou ao de resultado econômico – e como, nessa hipótese, revela-se desnecessário deduzir, previamente, pedido de anulação das deliberações assembleares que aprovaram as contas apresentadas -, não há que se cogitar da aplicação do prazo extintivo do art. 1.078, § 4º, do CC/02.**
>
> (REsp 1741338/SP, Rel. Ministra NANCY ANDRIGHI, TERCEIRA TURMA, julgado em 26/06/2018, DJe 29/06/2018)

Ainda seguindo os princípios da LSA, o Código Civil também tratou do chamado *direito de retirada* ou *direito de recesso*, estabelecendo em seu art. 1.077 que "quando houver modificação do contrato, fusão da sociedade, incorporação de outra, ou dela por outra, terá o sócio que dissentiu o direito de retirar-se da sociedade, nos trinta dias subsequentes à reunião, aplicandose, no silêncio do contrato social antes vigente, o disposto no art. 1.031".

A leitura do art. 1.077 parece indicar que, na sociedade limitada, o exercício do **direito de retirada** está restrito aos casos de: **(i) alteração do ato constitutivo, (ii) fusão e (iii) incorporação.** No entanto, a questão não é tão simples quanto parece, conforme explicaremos com mais detalhes adiante, quando do estudo da dissolução parcial das sociedades contratuais.[88]

Por fim, deve-se mencionar a regra do art. 1.074, § 2º do Código Civil: "nenhum sócio, por si ou na condição de mandatário, pode votar matéria que lhe diga respeito diretamente" (art. 1.074, § 2.º). Vale lembrar que o art. 1.072 manda aplicar o art. 1.010, que em seu § 3º diz o seguinte: "responde por perdas e danos o sócio que, tendo em alguma operação interesse contrário ao da sociedade, participar da deliberação que a aprove graças a seu voto".

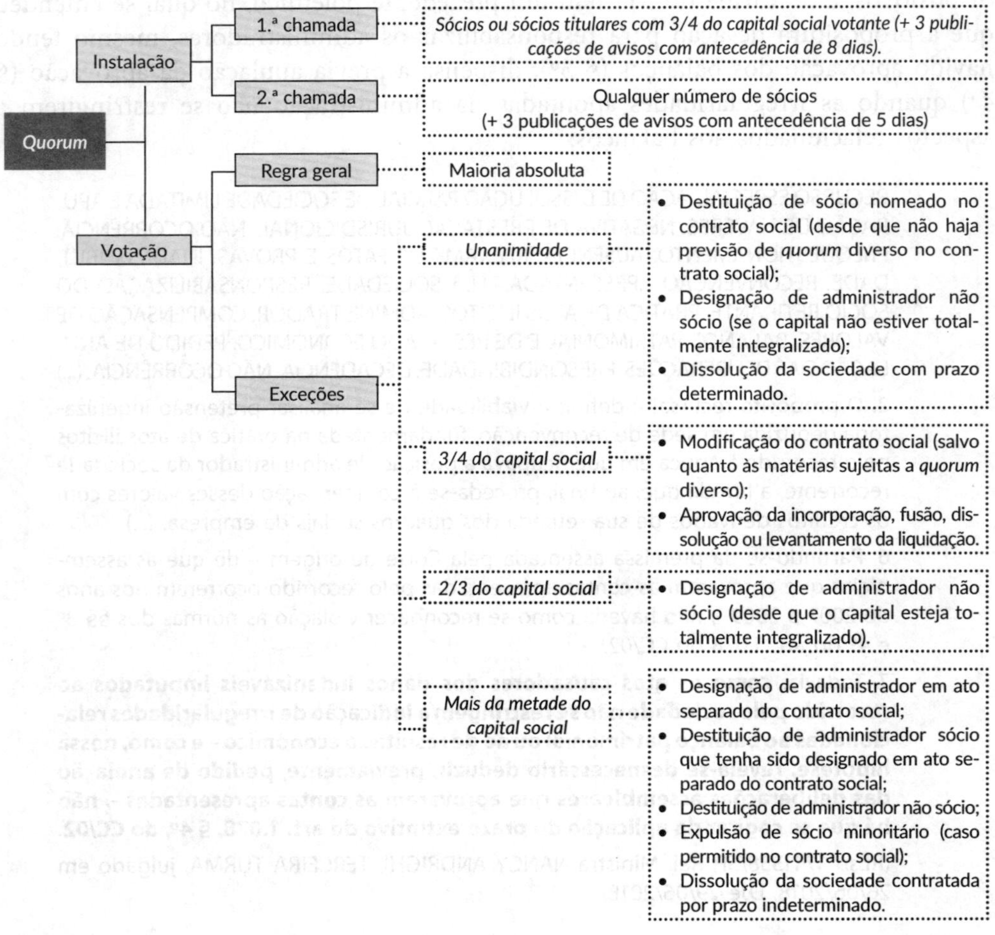

[88] Na prática, predomina o entendimento de que o art. 1.029 do Código Civil, que trata do direito de retirada na sociedade simples, se aplica sempre à sociedade limitada, independentemente da sua regência subsidiária/supletiva: (nesse sentido, confira-se o REsp 1.839.078). Assim, se a sociedade limitada for contratada por prazo indeterminado, o direito de retirada é um direito potestativo do sócio, dependendo apenas de simples notificação aos demais sócios, sem qualquer necessidade de justificativa (art. 1.029, primeira parte). Se, em contrapartida, a sociedade limitada for contratada por prazo determinado, o direito de retirada só pode ser exercido se houver (i) justa causa provada em juízo (art. 1.029, parte final) ou (ii) dissidência sobre deliberações sociais relevantes (art. 1.077).

7.2.3.1. Participação e votação a distância

A Lei 14.030/2020, fruto da conversão em lei da Medida provisória 931/2020, inseriu o art. 1.080-A e seu parágrafo único no Código Civil, com a seguinte redação: "O sócio poderá participar e votar a distância em reunião ou em assembleia, nos termos do regulamento do órgão competente do Poder Executivo federal. Parágrafo único. A reunião ou a assembleia poderá ser realizada de forma digital, respeitados os direitos legalmente previstos de participação e de manifestação dos sócios e os demais requisitos regulamentares".

De acordo com a regulamentação do DREI sobre a matéria (IN 81/2020), as reuniões e assembleias de sociedades limitadas[89] podem ser semipresenciais ou digitais: naquelas, os acionistas, sócios ou associados podem participar e votar presencialmente, no local físico da realização do conclave, mas podem também participar e votar a distância; nestas, o conclave não é feito em nenhum local físico, de modo que todos só podem participar e votar a distância.

A participação e votação a distância pode ocorrer de duas formas: mediante o envio de boletim de voto a distância ou mediante atuação remota, via sistema eletrônico. Vale destacar que a sociedade pode facultar as duas formas de participação e votação a distância ou apenas uma delas. Assim, por exemplo, uma assembleia será semipresencial caso, além de ser realizada em local físico, com participação e votação presencial, permita também participação e votação remota, via sistema eletrônico, ainda que não permita o envio de boletim de voto a distância.

Quanto às assembleias presenciais, em que sócios só podem participar e votar se estiverem presentes no local físico designado, pessoalmente ou por meio de representante, é óbvio que elas continuam sendo possíveis[90]: com a regulamentação do DREI, a realização de reuniões e assembleias semipresenciais e digitais tornou-se uma faculdade, e não uma obrigação.

7.2.4. Natureza personalista ou capitalista da sociedade limitada

No início do presente capítulo destacamos a existência de uma classificação das sociedades que leva em conta, como critério classificatório, *as condições de alienação da participação societária*. Segundo essa classificação, conforme visto, as sociedades podem ser *de pessoas* ou *de capital*.

Pois bem. As sociedades limitadas são sociedades de pessoas ou de capital? A resposta a essa indagação não é simples. Isso porque, em razão da natureza contratual da sociedade limitada, os sócios podem conferir a ela uma natureza personalista ou capitalista. Tudo dependerá do que estiver previsto no contrato social.

Se o contrato social, por exemplo, condicionar a cessão ou a alienação de quotas ao prévio consentimento dos demais sócios, estará conferindo uma **natureza personalista** à sociedade. Do mesmo modo, se o contrato social estabelecer, em caso

[89] A referida regulamentação vale também para as sociedades cooperativas (art. 43-A da Lei 5.764/1971) e sociedades anônimas fechadas (art. 121, parágrafo único e art. 124, § 2º-A da Lei 6.404/1976).

[90] Além de elas continuarem sendo possíveis, suas regras "aplicam-se às reuniões e assembleias semipresenciais e digitais, subsidiariamente e no que com elas forem compatíveis" (art. 12).

de morte de sócio, que se proceda à liquidação de sua quota, com a consequente dissolução parcial da sociedade, também estará conferindo uma natureza personalista à sociedade.

Em contrapartida, se o contrato não condicionar a cessão ou a alienação de quotas à audiência prévia dos demais sócios, bem como se estabelecer, em caso de morte de sócio, a transferência das suas quotas aos respectivos sucessores, estará conferindo à sociedade, nesses casos, **natureza capitalista**.

A sociedade limitada será, portanto, considerada uma sociedade de pessoas ou de capital a depender do que os sócios estabelecerem no ato constitutivo da sociedade: o contrato social. Mas resta ainda uma indagação: e se o contato social for omisso? Melhor explicando: e se o contrato social nada dispuser sobre a cessão ou alienação de quotas ou sobre a morte de sócio, matérias estas que, como visto, podem nos indicar a natureza personalista ou capitalista da sociedade?

A resposta a essa indagação é dada pelos arts. 1.057 e 1.028 do Código Civil. Com efeito, dispõe o art. 1.057 que "na omissão do contrato, o sócio pode ceder sua quota, total ou parcialmente, a quem seja sócio, independentemente de audiência dos outros, ou a estranho, se não houver oposição de titulares de mais de um quarto do capital social". Por sua vez, o art. 1.028 dispõe que "no caso de morte de sócio, liquidar-se-á sua quota, salvo: I – se o contrato dispuser diferentemente".

Vê-se, pois, que segundo o art. 1.057 do Código, na omissão do contrato social, o sócio poderá ceder sua quota a qualquer outro sócio sem que seja necessária a anuência dos demais. No entanto, para cedê-la à pessoa estranha ao quadro social, dependerá da manifestação dos demais sócios, os quais poderão obstá-la, conforme previsão constante do final do *caput* do artigo. A propósito da referida regra legal, confira-se o seguinte julgado do STJ (no caso, 67% dos sócios se opuseram à cessão das quotas de um sócio a terceiro estranho ao quadro social, e o STJ entendeu que essa oposição foi legítima, uma vez que o contrato era omisso quanto ao tema, aplicando-se, assim, a parte final do art. 1.057 do CC):

> *Processo civil. Direito empresarial. Recurso especial. Violação do art. 535 não configurada. Sociedade limitada. Cessão de quotas a terceiro estranho ao quadro social. Omissão do contrato social. Art. 1.057 do CC. Direito de oposição.*
>
> *1. A cessão de quotas sociais em uma sociedade por responsabilidade limitada deve observar regras específicas, previstas no art. 1.057 do CC, em cujo* caput *há permissão para que o contrato social franqueie também a terceiros não sócios o livre ingresso na sociedade – aproximando-se, assim, das sociedades de capitais – ou imponha condições e restrições de toda ordem à admissão do novo sócio, priorizando o elemento humano como fator de aglutinação na formação do ente social. De uma forma ou de outra, a previsão contratual em sentido diverso prevalece sobre o aludido preceito legal.*
>
> *2. Quando o instrumento de contrato social silenciar total ou parcialmente – embora a redação do art. 1.057 do CC não seja suficientemente clara –, é possível, desmembrando as suas normas, conceber a existência de duas regras distintas: (i) a livre cessão aos sócios; e (ii) a possibilidade de cessão a terceiros estranhos ao quadro social, desde que não haja a oposição de titulares de mais de 25% do capital social.*
>
> *3. No caso, a validade do negócio jurídico vê-se comprometida pela oposição expressa de cerca de 67% do quadro social, sendo certo que o contrato social apresenta omissão quanto aos critérios a serem observados para a implementação da cessão de posição*

societária, limitando-se a mencionar a possibilidade dessa operação na hipótese do não exercício do direito de preferência pelos sócios remanescentes.

4. Outrossim, consta da Cláusula Sétima que a comunicação da intenção de alienação das quotas aos demais sócios far-se-ia acompanhar de "outros dados que entender úteis" (fl. 674). Desse modo, causa certa estranheza o fato de os sócios remanescentes terem perquirido aos cedentes a qualificação dos cessionários e eles terem se recusado a fornecer, sob a mera alegação de que o contrato não os obrigava a tanto. Afinal, o pedido de esclarecimento consubstanciado na indicação do interessado na aquisição das quotas sociais, conquanto não fosse expressamente previsto no contrato social, era medida previsível e salutar, cujo escopo precípuo era justamente a preservação da affectio societatis *e, em última instância, da ética, transparência e boa-fé objetiva, elementos que devem nortear as relações interpessoais tanto externa quanto* interna corporis.

5. Recurso especial provido. Prejudicadas as demais questões suscitadas (REsp 1.309.188/SP, Rel. Min. Luis Felipe Salomão, 4.ª Turma, j. 24.04.2014, DJe *15.08.2014).*

Por sua vez, o art. 1.028 do Código – referente às sociedades simples, mas aplicável subsidiariamente às sociedades limitadas – prevê que, na omissão do contrato, a morte de sócio acarretará a dissolução parcial da sociedade, com a liquidação da quota pertencente ao *de cujus*.

Fácil constatar, portanto, que na omissão do contrato social o Código deu uma feição personalista à sociedade limitada, protegendo os sócios quanto à entrada de estranhos no quadro social. Em princípio, todavia, cabe aos sócios definir qual feição querem dar à sociedade que estão constituindo.

O que ocorre, na prática, é o seguinte: quando os sócios desejam dar uma **feição mais capitalista** à sociedade limitada, eles, por exemplo, (i) adotam a LSA como diploma de regência supletiva, (ii) optam pela denominação social como espécie de nome empresarial e (iii) preveem a livre negociação das quotas sociais, como analisado neste tópico.

Em contrapartida, quando desejam conferir à sociedade uma **feição mais personalista**, os quotistas (i) preferem a regência subsidiária das normas da sociedade simples, (ii) utilizam a firma social como nome empresarial e, no que tange à matéria em análise neste tópico, (iii) conferem maior estabilidade ao quadro societário, condicionando a entrada de estranhos no quadro social à prévia manifestação dos sócios.

7.2.5. Conselho fiscal

É direito de todo sócios fiscalizar a gestão os negócios sociais, conforme previsão expressa do art. 1.021 do Código Civil: "salvo estipulação que determine época própria, o sócio pode, a qualquer tempo, examinar os livros e documentos, e o estado da caixa e da carteira da sociedade".

É por isso que os administradores têm o dever de prestar contas, elaborando anualmente o inventário, o balanço patrimonial e o balanço de resultado econômico (arts. 1.020 e 1.065 do Código Civil), os quais serão analisados pelos sócios na assembleia anual de que trata o art. 1.078 do Código Civil.

Para Fábio Ulhoa Coelho, as regras citadas não são suficientes para garantir uma boa fiscalização da administração da sociedade, sendo importante prever em contrato ou ato separado "um fluxo contínuo de informações gerenciais". Mas o problema, segundo o próprio autor, é que a análise constante dessa documentação tem um custo que muitas vezes o minoritário não consegue suportar.[91]

Assim, ponto interessante e também inovador do Código Civil acerca das sociedades limitadas foi o relativo à possibilidade de ditas sociedades instituírem **conselho fiscal**. Com efeito, dispõe o art. 1.066 que, "sem prejuízo dos poderes da assembleia dos sócios, pode o contrato instituir conselho fiscal composto de três ou mais membros e respectivos suplentes, sócios ou não, residentes no País, eleitos na assembleia anual de que trata o art. 1.078".

Trata-se, é bom destacar, de mera **faculdade**, a qual só tem sido exercida pelas sociedades limitadas maiores. Em sociedades limitadas pequenas, com poucos sócios, a existência de conselho fiscal é totalmente desnecessária e, ademais, representaria um custo adicional que, com certeza, tornaria inviável a sua manutenção e funcionamento regular.

O conselho fiscal da sociedade limitada deve ser **órgão heterogêneo**, razão pela qual o Código Civil assegurou aos sócios minoritários que representem pelo menos um quinto do capital social, em seu art. 1.066, § 2.º, "o direito de eleger, separadamente, um dos membros do conselho fiscal e o respectivo suplente". Além do mais, para que o conselho exerça suas atribuições de maneira imparcial, dispôs o Código, em seu art. 1.066, § 1.º, que "não podem fazer parte do conselho fiscal, além dos inelegíveis enumerados no § 1.º do art. 1.011, os membros dos demais órgãos da sociedade ou de outra por ela controlada, os empregados de quaisquer delas ou dos respectivos administradores, o cônjuge ou parente destes até o terceiro grau".

Os membros do conselho fiscal receberão remuneração fixada na assembleia que os eleger (art. 1.068 do Código Civil), e o art. 1.069 dispõe, em rol exemplificativo, sobre suas atribuições: "I – examinar, pelo menos trimestralmente, os livros e papéis da sociedade e o estado da caixa e da carteira, devendo os administradores ou liquidantes prestar-lhes as informações solicitadas; II – lavrar no livro de atas e pareceres do conselho fiscal o resultado dos exames referidos no inciso I deste artigo; III – exarar no mesmo livro e apresentar à assembleia anual dos sócios parecer sobre os negócios e as operações sociais do exercício em que servirem, tomando por base o balanço patrimonial e o de resultado econômico; IV – denunciar os erros, fraudes ou crimes que descobrirem, sugerindo providências úteis à sociedade; V – convocar a assembleia dos sócios se a diretoria retardar por mais de trinta dias a sua convocação anual, ou sempre que ocorram motivos graves e urgentes; VI – praticar, durante o período da liquidação da sociedade, os atos a que se refere este artigo, tendo em vista as disposições especiais reguladoras da liquidação".

Destaque-se que as atribuições acima descritas competem exclusivamente ao conselho fiscal da sociedade limitada, não podendo ser conferidas a qualquer outro órgão da sociedade, conforme disposição do art. 1.070 do Código Civil: "as atribuições e poderes conferidos pela lei ao conselho fiscal não podem ser outorgados a

[91] COEHLO, Fábio Ulhoa. *Curso de direito comercial*. Vol. 2. 20ª ed. São Paulo: RT, 2016, p. 418-420.

outro órgão da sociedade, e a responsabilidade de seus membros obedece à regra que define a dos administradores (art. 1.016)".

Finalmente, registre-se que em alguns casos o bom exercício de suas atribuições exigirá dos membros do conselho fiscal conhecimentos técnicos ou contábeis que eles não possuem. Nessas situações, "o conselho fiscal poderá escolher para assisti-lo no exame dos livros, dos balanços e das contas, contabilista legalmente habilitado, mediante remuneração aprovada pela assembleia dos sócios" (art. 1.070, parágrafo único).

7.2.6. Exclusão extrajudicial de sócio minoritário por justa causa

Nas sociedades contratuais, conforme já estudamos, é imprescindível, para a manutenção do vínculo societário, a existência da chamada ***affectio societatis***. Ausente esta, não há outro caminho a não ser a dissolução da sociedade.

Ocorre que, muitas vezes, a ausência de *affectio societatis* pode estar restrita a determinado sócio, podendo a sociedade, portanto, continuar a existir sem ele. É mais salutar, nesses casos, excluir um sócio com quem os demais não querem mais manter relação social do que acabar com a própria relação societária. Essa é a solução mais condizente com o **princípio da preservação da empresa**, tão caro à doutrina contemporânea do direito empresarial.

Vale ressaltar que a mera quebra de *affectio societatis* não é motivo suficiente, por si só, para a exclusão de sócio, conforme já decidiu a 3ª Turma do STJ no julgamento do REsp 1.129.222: "para exclusão de sócio, não basta a alegação de quebra da *affectio societatis*, mas a demonstração de justa causa, ou seja, dos motivos que ocasionaram essa quebra".

Trata-se a exclusão de sócio, é verdade, de medida excepcional que o regramento anterior ao Código Civil condicionava, obrigatoriamente, à apreciação judicial. Atualmente, todavia, faculta-se à maioria dos sócios a exclusão extrajudicial de determinado sócio que pratica falta grave, o que traduz importantíssima inovação trazida pelo Código Civil em seu art. 1.085, segundo o qual "ressalvado o disposto no art. 1.030, quando a maioria dos sócios, representativa de mais da metade do capital social, entender que um ou mais sócios estão pondo em risco a continuidade da empresa, em virtude de atos de inegável gravidade, poderá excluí-los da sociedade, mediante alteração do contrato social, desde que prevista neste a exclusão por justa causa".

Perceba-se que a regra continua a ser a exclusão judicial do sócio faltoso, conforme previsto no art. 1.030 do Código Civil, ao qual o dispositivo em comento faz expressa referência. Para que haja a **exclusão extrajudicial** por justa causa é preciso que o contrato social **expressamente** contenha essa previsão. Não contendo, o recurso ao Judiciário é medida que se impõe.

Veja-se ainda que a falta cometida pelo sócio a ser excluído deve ser de intensa gravidade, sob pena de não se configurar a justa causa que autoriza a medida extrema de exclusão. Marcelo Guedes Nunes afirma que "a expressão atos de inegável gravidade, prevista no art. 1.085, corresponde à cláusula aberta falta grave do art. 1.030", e cita alguns exemplos: "concorrer com a própria sociedade, ameaçar a integridade física de sócio ou funcionário, violar segredo de negócio, apropriar-se de bens essenciais do ativo, ocultar os livros sociais e contábeis, dentre outros". Ele também faz um destaque importante: a conduta faltosa, que deve ser reprimida de imediato, sob pena ser considerada perdoada tacitamente, "não pode ter sido tolerada de forma reiterada no passado, nem pode ser tolerada quando praticada por outros sócios"[92].

O contrato social não precisa detalhar que condutas são consideradas como justa causa, mas na prática é melhor fazê-lo: como o sócio excluído pode – e provavelmente vai – questionar sua exclusão em juízo, a indicação detalhada de condutas que justificam a expulsão diminui a possibilidade de revisão judicial da medida.

Caso o contrato social faça esse detalhamento, o rol de condutas caracterizadoras de justa causa nele previsto pode ser meramente exemplificativo ou exaustivo, e neste caso a prática de condutas não arroladas exigirá que eventual exclusão seja pleiteada judicialmente.[93]

Quanto à forma, o Código Civil se preocupou em estabelecer, de forma pormenorizada, um procedimento bastante rigoroso a ser seguido pelo conjunto de sócios que deseja excluir o minoritário faltoso. Com efeito, dispõe o art. 1.085, parágrafo único que, "ressalvado o caso em que haja apenas dois sócios na sociedade, a exclusão de um sócio somente poderá ser determinada em reunião ou assembleia especialmente convocada para esse fim, ciente o acusado em tempo hábil para permitir seu comparecimento e o exercício do direito de defesa".[94]

Em sociedades limitadas com mais de dois sócios, pois, deve ser convocada assembleia ou reunião específica – conforme o regime de deliberação colegiada adotado no contrato social –, na qual só se discutirá e votará uma única matéria: a eventual exclusão do sócio faltoso. Nada mais poderá ser discutido ou votado nessa assembleia ou reunião.

Além do mencionado no parágrafo anterior, exige-se também que o sócio acusado seja cientificado em tempo hábil acerca da realização da assembleia ou reunião que deliberará a sua possível exclusão, a fim de que ele possa comparecer na data e local marcados com a finalidade de se defender das acusações que lhe são imputadas. Com essa exigência, o legislador tentou impedir a realização de assembleias ou reuniões "na calada da noite", marcadas de última hora e sem a devida comu-

---

92 NUNES, Marcelo Guedes. *Dissolução parcial na sociedade limitada.* In: COELHO, Fábio Ulhoa. *Tratado de Direito Comercial.* Vol. 2. São Paulo: Saraiva, 2015, p. 239-240.

93 Para Marcelo Guedes Nunes, o rol de condutas previsto no contrato "não pode incluir atos que não motivariam sequer a exclusão judicial e que desnaturam o conceito de justa causa". Por isso, ele defende que "não podem caracterizar motivo de exclusão extrajudicial a perda de *affectio societatis*, a falta de confiança ou a divergência em votações, por exemplo" (NUNES, Marcelo Guedes. *Dissolução parcial na sociedade limitada.* In: COELHO, Fábio Ulhoa. *Tratado de Direito Comercial.* Vol. 2. São Paulo: Saraiva, 2015, p. 240).

94 Sérgio Campinho critica essa exigência. Segundo ele, "a realização de assembleia ou reunião em nada contribuirá para o aperfeiçoamento do instituto da exclusão. Ao revés, será mais uma fonte de perpetração de disputas, estimulando o enfrentamento dos querelantes, sem as garantias, as seguranças e fatores inibidores que o processo judicial assegura àquele que deseja exercer o seu direito de defesa" (CAMPINHO, Sérgio. *O direito de empresa no novo Código Civil.* 9ª ed. Rio de Janeiro: Renovar, 2008, p. 221).

nicação ao sócio acusado. A lei não especifica um prazo de antecedência mínimo, mencionando apenas a expressão "tempo hábil": se o regime de deliberação for assemblear, terá que ser obedecido o art. 1.152, § 3º do Código Civil; se o regime for de reunião, recomenda-se, por precaução, independentemente do que estiver previsto no contrato social, o respeito ao prazo do mencionado dispositivo legal (oito dias).

Por fim, destaque-se que o Código Civil exigiu *quórum* de maioria absoluta[95] para a exclusão extrajudicial de sócio por justa causa, razão pela qual apenas os sócios minoritários poderão ser excluídos da sociedade por tal via, restando apenas a via judicial para a exclusão de sócio majoritário.

São basicamente seis, portanto, os requisitos a serem observados no procedimento de exclusão extrajudicial de sócio por justa causa, em sociedades limitadas com mais de dois sócios: a) que o sócio excluído seja minoritário; b) previsão expressa no contrato social; c) prática de atos de inegável gravidade por parte de determinado sócio; d) convocação de assembleia ou reunião específica; e) cientificação do acusado com antecedência suficiente para possibilitar o seu comparecimento e defesa; e f) *quórum* de maioria absoluta.

No tocante à sociedade limitada que possui apenas dois sócios, a possibilidade de exclusão extrajudicial do sócio minoritário não constava de forma clara e expressa da redação original do parágrafo único do art. 1.085 do Código Civil, tendo sido acrescentada em alteração legislativa do início de 2019.

A doutrina, porém, já admitia tal possibilidade, conforme demonstra o Enunciado 17 da I Jornada de Direito Comercial do CJF: "Na sociedade limitada com dois sócios, o sócio titular de mais da metade do capital social pode excluir extrajudicialmente o sócio minoritário desde que atendidas as exigências materiais e procedimentais previstas no art. 1.085, *caput* e parágrafo único, do CC".

Perceba-se, porém, que a atual redação dispositivo legal em comento foi além do que dizia a doutrina, na medida em que deixou clara a desnecessidade de convocação de reunião/assembleia para que o sócio majoritário exclua o sócio minoritário. Regulamentando a nova regra legal, o DREI determinou a necessidade de o sócio majoritário indicar, na alteração contratual que exclui o sócio minoritário, os motivos da exclusão, a fim de que ele possa conhecê-los e, se assim desejar, impugná-los pela via adequada.

Por fim, uma questão polêmica: a previsão contratual que autoriza a exclusão extrajudicial por justa causa pode ser inserida em alteração do contrato social, após a prática da conduta faltosa do sócio minoritário? Imagine-se, por exemplo, a seguinte situação: numa sociedade limitada com cinco sócios, cada um titular de 20% de participação societária, um deles pratica falta grave, mas como o contrato social não prevê a exclusão extrajudicial por justa causa, os demais sócios, no intuito de evitar uma demanda judicial de expulsão, promovem uma alteração contratual para inserir cláusula autorizativa de exclusão extrajudicial, e logo depois excluem o

95 "Não se trata de maioria dos demais sócios, como no art. 1.030, que trata da exclusão judicial, mas sim da maioria de todo o capital" (NUNES, Marcelo Guedes. *Dissolução parcial na sociedade limitada*. In: COELHO, Fábio Ulhoa. *Tratado de Direito Comercial*. Vol. 2. São Paulo: Saraiva, 2015, p. 237).

minoritário faltoso. Parece-me legítima a medida da maioria, desde, é claro, que a falta do minoritário tenha sido realmente grave, o que ele poderá discutir em juízo oportunamente.[96]

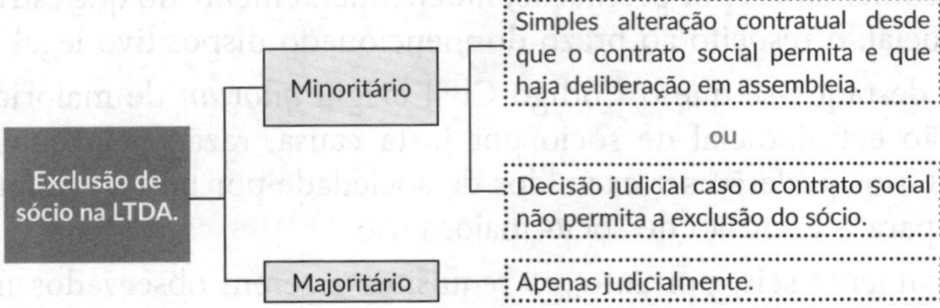

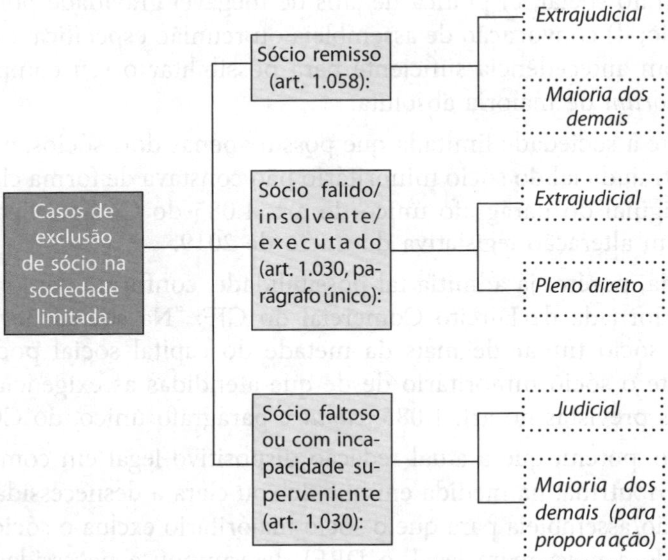

7.3. Sociedade anônima

Além da sociedade limitada, a qual, como visto, é o tipo societário mais utilizado na prática comercial brasileira, o outro tipo societário utilizado é a sociedade anônima, que possui origem muito mais remota e configura espécie societária bastante atrativa para os **grandes empreendimentos.**

7.3.1. Histórico

Noticia parte da doutrina comercialista que a origem das sociedades anônimas estaria nas associações dos credores do Estado da Idade Média, cujo maior exemplo seja, talvez, a *Officium Procuratorum Sancti Georgio* (Casa de São Jorge), uma bem

[96] No mesmo sentido: NUNES, Marcelo Guedes. *Dissolução parcial na sociedade limitada.* In: COELHO, Fábio Ulhoa. *Tratado de Direito Comercial.* Vol. 2. São Paulo: Saraiva, 2015, p. 236-237.

organizada instituição financeira que se desenvolveu em Gênova entre os séculos XV e XIX. Outros doutrinadores, por sua vez, apontam como embrião das sociedades anônimas as *Companhias das Índias* patrocinadas pelos Estados Nacionais no início da Idade Moderna, podendose citar como exemplo a Cia. das Índias Ocidentais holandesa, responsável pelas invasões do litoral brasileiro (Recife, Olinda e Salvador) em meados dos anos 1600.[97]

Seja qual for a origem precisa das sociedades anônimas, o que se pode perceber é que desde sempre essas sociedades se dedicaram a grandiosos empreendimentos, marca que as acompanha até os dias atuais.

Os negócios empreendidos pelas sociedades anônimas eram tão relevantes para a economia que durante muito tempo elas se constituíam mediante outorga do poder estatal. Como bem destaca Fran Martins, "*na realidade, constituía privilégio governamental a licença para criação dessas sociedades, dependendo, assim, da vontade do governante, sendo que sem a outorga a sociedade não se podia constituir*".[98] No mesmo sentido, assevera Fábio Ulhoa Coelho que "*o rei, ao permitir o empreendimento comercial, concedia um verdadeiro privilégio aos investidores, do qual derivavam a limitação de responsabilidade e a exclusividade do negócio*".[99]

Posteriormente, mais precisamente após a promulgação do Código Comercial francês de 1808, a constituição das sociedades anônimas deixou de ser um *privilégio* dependente de outorga do poder público para se constituir em uma faculdade aberta aos investidores interessados em constituí-las, dependendo eles apenas de uma *autorização* estatal.

Com o passar do tempo, todavia, o desenvolvimento do capitalismo exigiu que se simplificassem ainda mais as regras para a constituição das sociedades anônimas, razão pela qual a partir de meados dos anos 1800 os diversos ordenamentos jurídicos da Europa deixaram de exigir a prévia autorização governamental para a constituição de uma S/A, sendo necessário, tão somente, o registro prévio no órgão competente e a submissão a um regime legal específico. A sociedade anônima, enfim, após passar pelos períodos iniciais de *outorga* e *autorização*, iniciava o seu período de *regulamentação*.

A partir de então, afirma Fran Martins, "as sociedades anônimas tiveram grande desenvolvimento, sendo o princípio de sua livre constituição aceito, quase que unanimemente, em todos os países do mundo onde existem ditas sociedades".[100]

No Brasil, as sociedades anônimas também passaram pelas três fases históricas acima mencionadas. Inicialmente, elas eram constituídas mediante *outorga* do poder imperial, como aconteceu, por exemplo, com o Banco do Brasil, criado em 1808 por meio de alvará do rei D. João VI. Posteriormente, a partir de 1849, as sociedades

---

97 Sobre a história das sociedades anônimas e de sua importância para o desenvolvimento do capitalismo, confira-se: NUNES, Marcelo Guedes. *A companhia, a especulação e o capitalismo moderno: fazendo uma curta história longa*. In: CASTRO, Rodrigo R. Monteiro de; ARAGÃO, Leandro Santos de (Coord.). *Sociedade anônima*: 30 anos da Lei 6.404/76. São Paulo: Quartier Latin, 2007. p. 87-118.

98 MARTINS, Fran. *Curso de direito comercial*. 30. ed. Rio de Janeiro: Forense, 2006. p. 282.

99 COELHO, Fábio Ulhoa. *Curso de direito comercial*. 7. ed. São Paulo: Saraiva, 2004. p. 60-61. v. 2.

100 MARTINS, Fran. *Curso de direito comercial*. 30. ed. Rio de Janeiro: Forense, 2006. p. 283.

anônimas brasileiras passaram a ser constituídas mediante *autorização* governamental, regra que foi mantida e consolidada pelo Código Comercial de 1850. Por fim, na esteira da evolução normativa ocorrida nos diversos ordenamentos jurídicos europeus, o Brasil deixou de exigir, em regra, a prévia autorização governamental para a constituição das sociedades anônimas, incorporando o sistema da *regulamentação*. Sendo assim, a autorização do governo passou a ser exigida apenas em casos excepcionais, como, por exemplo, para a constituição de sociedades estrangeiras, instituições financeiras e companhias abertas. É por essa razão que Fábio Ulhoa Coelho chega a afirmar que "caracteriza o direito societário brasileiro da atualidade, portanto, a dualidade de sistemas: o de regulamentação para as companhias fechadas e o de autorização para as abertas".[101]

7.3.2. Legislação aplicável

No Brasil, as sociedades anônimas são regidas por **lei específica**: trata-se da Lei 6.404/1976, (LSA) resultado de projeto de autoria dos professores Alfredo Lamy Filho e José Luís Bulhões Pedreira. A lei atual das sociedades por ações foi editada em um momento bastante delicado da economia nacional. Após o famoso *boom* de 1971, marcado pela grande especulação que tomou conta das bolsas de valores de São Paulo e Rio de Janeiro, acarretando sérios prejuízos aos investidores populares, o Brasil percebeu que precisava, urgentemente, de uma nova legislação que desse mais proteção aos acionistas minoritários e mais segurança para o desenvolvimento do mercado de capitais, atingido por uma onda de descrédito em decorrência dos acontecimentos mencionados.

A LSA é muito elogiada pela doutrina comercialista, razão pela qual vigora até os dias de hoje sem que tenha sofrido alterações relevantes em seu texto original. Desde 1976, ano de sua edição, a LSA sofreu apenas algumas alterações em sua redação, provocadas pelas Leis 9.457/1997, que a preparou para o processo de privatizações; 10.303/2001, que procurou proteger os interesses dos acionistas minoritários e tornar o mercado de capitais mais seguro e atrativo para os investidores; 11.638/2007 e 11.941/2009, que, basicamente, trouxeram novas regras acerca da elaboração e da divulgação das demonstrações financeiras desse tipo societário; 12.431/2011 e 13.129/2015, que lhe trouxeram modificações e acréscimos pontuais.

Quanto a essas últimas alterações da LSA, cumpre destacar que elas foram introduzidas em nosso ordenamento jurídico para adaptá-lo às novas tendências do direito societário, sobretudo no que tange à chamada *governança corporativa*.

Mais recentemente, a LSA recebeu novas alterações das Leis 13.818 (publicações), 13.874/2019 (Lei da Liberdade Econômica), 14.030/2020 (assembleias digitais) e 14.195/2021 (melhoria do ambiente de negócios), bem como da Lei Complementar 182/2021 (marco legal das *startups*).

---

[101] COELHO, Fábio Ulhoa. *Curso de direito comercial*. 7. ed. São Paulo: Saraiva, 2004. p. 63. v. 2.

7.3.3. Governança Corporativa (corporate governance)

Um dos temas mais atuais relacionados às sociedades anônimas é o referente ao estudo das chamadas **práticas de *governança corporativa* (*corporate governance*)**, decorrente de estudos e trabalhos desenvolvidos inicialmente na Inglaterra e nos Estados Unidos.

> Governança Corporativa é o movimento, nascido nos Estados Unidos e no Reino Unido, em meados dos anos 1990, com o objetivo de identificar e sistematizar as melhores práticas de gestão da empresa e relacionamento com os acionistas. Este movimento repercute no Brasil ao inspirar a formação do Novo Mercado da BOVESPA, em 2000, e a reforma da LSA, em 2001.[102]

Trata-se, basicamente, de um movimento que visa a estabelecer padrões de gestão para os negócios explorados em sociedade,[103] centrados, fundamentalmente, nos seguintes princípios: (i) transparência (não se deve apenas cumprir o dever de informação previsto em lei, mas disponibilizar às partes interessadas toda e qualquer informação do seu interesse), (ii) equidade no tratamento entre os acionistas (criação de regras mais protetivas para os minoritários e mais eficientes na prevenção do abuso por parte dos controladores), (iii) prestação de contas confiável (*accountability*; a prestação de contas deve seguir critérios de contabilidade seguros, eficientes e internacionalmente aceitos), e (iv) responsabilidade corporativa (os administradores/controladores devem zelar pela sustentabilidade das empresas que administram/controlam, visando à longevidade delas e incorporando em suas gestões preocupações de ordem social e ambiental, por exemplo).

A preocupação com a governança corporativa nos remete a alguns fatos históricos relevantes e a alguns trabalhos acadêmicos influentes.

Quanto aos fatos históricos relevantes, merece destaque o desenvolvimento dos mercados financeiro e de capitais a partir do século XX, sobretudo nos EUA, o que acarretou uma mudança sensível na estrutura das grandes companhias, as quais passaram a ter o capital cada vez mais pulverizado (fenômeno da dispersão acionária), o que permitiu que empresas passassem a ter controle minoritário ou gerencial. Nessas situações, a gestão das companhias não cabia mais aos seus verdadeiros donos (proprietários da maioria das ações), mas àqueles administradores (acionistas minoritários ou mesmo pessoas estranhas ao quadro social) que, por sua competência/eficiência, conseguiam se eleger nas assembleias anuais. Enfim, pela primeira vez na história se verificava uma separação entre propriedade e controle dos meios de produção.

Quanto aos trabalhos acadêmicos influentes, podem ser mencionadas as obras de Berle e Means sobre dispersão acionária, e de Jensen e Meckling sobre teoria da firma. Estes autores perceberam que a separação entre propriedade e controle gera

---

102 COELHO, Fábio Ulhoa. *Curso de direito comercial.* 7. ed. São Paulo: Saraiva, 2004. p. 323. v. 2.

103 *"Cumpre observar que se corporate governance costuma ser ligada à administração de companhias abertas, não há nenhuma ressalva a que, seja no estatuto social, seja em regimento interno, as companhias fechadas a recepcionem."* (MELLO FRANCO, Vera Helena; STAJN, Rachel. *Manual de direito comercial.* São Paulo: RT, 2005. p. 195. v. 2).

o "conflito de agência", que se dá especialmente quando os proprietários da empresa (acionistas) delegam seu controle a profissionais especializados (administradores), situação que muitas vezes pode acarretar divergências sobre a melhor gestão dos negócios. É verdade que tal conflito é muito mais latente nos países em que é grande o número de companhias de capital social muito pulverizado ("controle gerencial"), mas ele também existe em países como o Brasil, onde predominam empresas com capital social concentrado ("companhias familiares"), principalmente quando tais empresas crescem e ganham novos sócios, como herdeiros ou investidores externos.

Do conflito de agência decorre o "problema do agente principal": os executivos contratados para administrar as companhias acabam tomando decisões pensando mais no seu benefício próprio (aumento de salários e de bônus, estabilidade no comando da empresa etc.) do que no benefício dos acionistas e demais partes interessadas (*stakeholders*), de modo que para evitar isso foi necessário criar mecanismos eficientes de controle da gestão, o que se convencionou chamar de "boas práticas de governança corporativa".

O marco inicial desse movimento é a publicação do *relatório Cadbury*, na Inglaterra, em 1992, produzido por uma comissão da Bolsa de Londres e que teve um anexo chamado de *Código das melhores práticas de governança corporativa*. No mesmo ano, a *General Motors* se tornou a primeira empresa a divulgar um código de governança corporativa. Posteriormente, nos Estados Unidos, foi publicado outro importante documento, pelo *American Law Institute*, chamado de *Principles of corporate governance*. A partir de então, inúmeras empresas e vários outros países também aderiram ao movimento, o que ocorreu, inclusive, com o Brasil, onde, em 1999, foi publicado o nosso Código das melhores práticas de governança corporativa, pelo Instituto Brasileiro de Governança Corporativa (IBGC), revisado e ampliado em 2001, após a criação do chamado *Novo Mercado* da BOVESPA, em 2000. A importância desse movimento no Brasil já é tão grande que é facilmente perceptível sua influência na reforma da LSA levada a efeito pela Lei 10.303/2001 e outras que a seguiram. Nos EUA, merece destaque a Lei Sarbanes-Oxley, de 2002.

A adesão ao *Novo Mercado* da BOVESPA é ato voluntário, mas existe hoje uma tendência, pode-se dizer, de que cada vez mais as companhias abertas o façam, "não porque tais preceitos deontológicos (os do código das melhores práticas) acabarão se impondo por sua justeza, mas em razão da concorrência, cada vez mais acirrada, pelo parco dinheiro dos investidores – tanto em mercados abertos de capitais como fora deles". O objetivo, de fato, é atrair a confiança dos investidores. Assim, as companhias que aderem voluntariamente ao *Novo Mercado* se comprometem a adotar uma série de medidas de governança corporativa, além das já exigidas pela LSA.

Dentre as obrigações assumidas pelas companhias que aderem ao *Novo Mercado*, destacam-se medidas que proporcionam aos acionistas a **boa gestão dos negócios** e o constante **monitoramento da atuação gerencial do empreendimento** por parte de seus executivos (membros do conselho de administração e diretores). Nesse sentido, são normas do Novo Mercado, por exemplo, (i) a opção pela arbitragem para a resolução de conflitos de interesses entre acionistas; (ii) a existência de conselho de administração com no mínimo 5 (cinco) membros, sendo 20% dos conselheiros independentes e o mandato máximo de dois anos; (iii) a prestação de contas obediente a preceitos uniformes internacionais (*accountability*); (iv) a instituição de códigos de ética; (v) o capital ser composto exclusivamente por ações ordinárias com direito a voto; (vi) em caso de alienação de controle, direito dos minoritários de vender suas ações pelo mesmo preço das ações do controlador (*tag along* de 100%); (vii) em caso de saída do *novo mercado*, dever de fazer oferta pública para recomprar as ações de todos os acionistas no mínimo pelo valor econômico delas; (viii) compromisso da companhia de manter no mínimo 25% das ações em circulação (*free float*). Por fim, ressalte-se que a governança corporativa tende também a ganhar destaque progressivo em razão da necessidade iminente de as grandes companhias recuperarem a confiança dos investidores após as recentes crises que atingiram diversas bolsas de valores em todo o mundo, desconfiança essa que se agravou ainda mais com os escândalos divulgados amplamente pela mídia ocorridos nos últimos anos, merecendo destaque, nesse particular, o caso da *Enron*, dos Estados Unidos.

7.3.3.1. *Sistemas de governança corporativa*

Embora a governança corporativa, como visto, seja um movimento mundial, sobretudo em função da globalização econômica, é possível identificar dois principais sistemas, os quais apresentam algumas características distintivas. A opção por um ou outro sistema depende muito dos ambientes social, econômico, político, corporativo e regulatório de um país.

O chamado *outsider system* é mais adotado em países onde o mercado de capitais já se encontra num estágio mais avançado de desenvolvimento, como os Estados Unidos e Inglaterra. Esse sistema costuma apresentar: (i) empresas com capital social muito pulverizado e com acionistas normalmente fora da gestão dos negócios; (ii) mercados de capitais muito movimentados e exercendo um papel de muito relevo no crescimento e no financiamento das empresas; (iii) ativismo societário intenso (os minoritários participam das assembleias e exercem seu direito de fiscalização); (iv) grande porte dos investidores institucionais; (v) possibilidades reais de aquisições hostis de controle; (vi) normas de governança que privilegiam a maximização do retorno para os acionistas. É um sistema, enfim, orientado para o acionista.

Por outro lado, o *insider system* é mais comum em países onde o mercado de capitais ainda não está tão avançado como nos EUA e Inglaterra. É o caso de alguns países asiáticos e europeus e até mesmo do Brasil. Esse sistema costuma apresentar: (i) empresas com capital social mais concentrado, muitas vezes com controle familiar ou estatal; (ii) acionistas no comando dos negócios, diretamente ou por meio de pessoas indicadas; (iii) mercado de capitais exercendo menor importância do que o mercado de crédito para o financiamento das empresas; (iv) pouco ativismo societário e poucos investidores institucionais de grande porte; (v) normas de governança preocupadas com as partes interessadas (*stakeholders*). É um sistema menos voltado para o acionista.

No Brasil, é possível notar uma maior aproximação com o *insider system*, já que aqui ainda predominam as companhias de capital concentrado ("companhias familiares"). O mercado de capitais, apesar do crescimento nos últimos anos, ainda não supera em importância o mercado de crédito (a Bovespa lançou o Bovespa

Mais, com o objetivo de ajudar pequenas e médias empresas a abrir o capital). Os acionistas ainda não participam ativamente da vida da sociedade.

7.3.3.2. Governança corporativa nas empresas estatais

Regulamentando o art. 173, § 1.º, da CF/1988, a Lei 13.303/2016 estabeleceu o estatuto jurídico da empresa pública e da sociedade de economia mista, e nessa lei é possível perceber a preocupação com a adoção de boas práticas de governança corporativa nessas entidades. Confiram-se, a propósito, o que estabelece o art. 6.º:

> *Art. 6.º O estatuto da empresa pública, da sociedade de economia mista e de suas subsidiárias deverá observar regras de governança corporativa, de transparência e de estruturas, práticas de gestão de riscos e de controle interno, composição da administração e, havendo acionistas, mecanismos para sua proteção, todos constantes desta Lei.*

Em matéria de transparência, por exemplo, um dos mais importantes princípios de governança corporativa, determina o art. 8.º o seguinte:

> *Art. 8.º As empresas públicas e as sociedades de economia mista deverão observar, no mínimo, os seguintes requisitos de transparência:*
>
> *I – elaboração de carta anual, subscrita pelos membros do Conselho de Administração, com a explicitação dos compromissos de consecução de objetivos de políticas públicas pela empresa pública, pela sociedade de economia mista e por suas subsidiárias, em atendimento ao interesse coletivo ou ao imperativo de segurança nacional que justificou a autorização para suas respectivas criações, com definição clara dos recursos a serem empregados para esse fim, bem como dos impactos econômico-financeiros da consecução desses objetivos, mensuráveis por meio de indicadores objetivos;*
>
> *II – adequação de seu estatuto social à autorização legislativa de sua criação;*
>
> *III – divulgação tempestiva e atualizada de informações relevantes, em especial as relativas a atividades desenvolvidas, estrutura de controle, fatores de risco, dados econômico-financeiros, comentários dos administradores sobre o desempenho, políticas e práticas de governança corporativa e descrição da composição e da remuneração da administração;*
>
> *IV – elaboração e divulgação de política de divulgação de informações, em conformidade com a legislação em vigor e com as melhores práticas;*
>
> *V – elaboração de política de distribuição de dividendos, à luz do interesse público que justificou a criação da empresa pública ou da sociedade de economia mista;*
>
> *VI – divulgação, em nota explicativa às demonstrações financeiras, dos dados operacionais e financeiros das atividades relacionadas à consecução dos fins de interesse coletivo ou de segurança nacional;*
>
> *VII – elaboração e divulgação da política de transações com partes relacionadas, em conformidade com os requisitos de competitividade, conformidade, transparência, equidade e comutatividade, que deverá ser revista, no mínimo, anualmente e aprovada pelo Conselho de Administração;*
>
> *VIII – ampla divulgação, ao público em geral, de carta anual de governança corporativa, que consolide em um único documento escrito, em linguagem clara e direta, as informações de que trata o inciso III;*
>
> *IX – divulgação anual de relatório integrado ou de sustentabilidade.*

Enfim, a governança corporativa é algo absolutamente já consolidado no âmbito do direito societário contemporâneo, e o que a lei das estatais fez foi deixar clara a necessidade de as empresas públicas e sociedades de economia mista adotarem as mesmas boas práticas de GC que as grandes empresas privadas já vem adotando há algum tempo.

7.3.4. *Características principais*

Dentre as principais características da sociedade anônima, podemos destacar quatro: a) sua natureza capitalista; b) sua essência empresarial; c) sua identificação exclusiva por denominação; d) a responsabilidade limitada dos seus sócios.

7.3.4.1. Natureza capitalista da S/A

A sociedade anônima é a *sociedade de capital* por excelência. Quando do estudo da sociedade limitada, viu-se que ela poderia assumir feição personalista ou capitalista, a depender do que dispusesse o contrato social. A sociedade anônima, por sua vez, tem como característica intrínseca a sua **feição eminentemente capitalista**, ou seja, nela a entrada de estranhos ao quadro social independe da anuência dos demais sócios.

Ademais, como nas sociedades anônimas o estatuto fixa o número de ações, mas não identifica a pessoa do acionista, a transferência de uma ação para outra pessoa é feita sem a necessidade de alteração do ato constitutivo, diferentemente do que ocorre nas sociedades contratuais.

Pode-se dizer, em suma, que na S/A a **participação societária** – chamada de **ação**, conforme veremos adiante – é livremente negociável e pode ser penhorada para a garantia de dívidas pessoais de seus titulares.

> Na sociedade anônima, o que ganha relevância é a aglutinação de capitais, não importando a pessoa dos sócios. A cada sócio é indiferente a pessoa dos demais sócios, não havendo entre estes o chamado *intuitu personae*. A associação é, na verdade, de capitais, pois esses é que são fundamentais para a existência e continuidade da sociedade. Esses capitais têm, evidentemente, titulares, mas esses titulares poderão variar constantemente, até diariamente, sem que a sociedade seja em nada afetada.[104]

No entanto, conforme já destacamos no início deste capítulo, quando abordamos a distinção entre sociedades de pessoas e sociedades de capital, atualmente não se pode mais afirmar categoricamente que toda sociedade anônima é necessariamente uma sociedade de capital.

No Brasil, não é incomum que sociedades anônimas – sobretudo companhias fechadas familiares – assumam uma feição personalista, por meio de regras estatutárias, como as que impõem a limitação de circulação de ações nominativas (art. 36 da LSA) ou por meio de acordos de acionistas (art. 118 da LSA).[105]

[104] TAVARES BORBA, José Edwaldo. *Direito societário*. 14ª ed. São Paulo: Atlas, 2015, p. 161.

[105] Com efeito, há autores que apontam a existência de sociedades anônimas que se organizam com princípios de sociedades de pessoas (companhias *intuitu personae*), normalmente para a exploração de pequenos e médios

7.3.4.2. *Essência empresarial da S/A*

Outra característica importante relacionada às sociedades anônimas, também já apontada anteriormente, é a sua **essência empresarial**. De fato, dispõe o Código Civil, em seu art. 982, parágrafo único, que as sociedades por ações, cuja principal espécie é justamente a sociedade anônima, é considerada uma sociedade empresária independentemente do seu objeto social.

Portanto, ainda que uma determinada S/A não explore atividade econômica de forma organizada ela será empresária e se submeterá, pois, às regras do regime jurídico empresarial. Daí a sua essência empresarial.

Ressalte-se que essa característica da S/A não é novidade. Mesmo antes da edição do Código Civil a sociedade anônima já possuía essa essência empresarial, antes chamada, todavia, de *essência mercantil*. De fato, mesmo antes da edição do Código, já dispunha a LSA, em seu art. 2.°, § 1.°, que "qualquer que seja o objeto, a companhia é mercantil e se rege pelas leis e usos do comércio".

7.3.4.3. *Identificação exclusiva por denominação*

A terceira característica específica da S/A é a sua identificação exclusiva por denominação, ponto que também já foi examinado, quando do estudo do nome empresarial. Com efeito, ao estudarmos o nome empresarial destacamos que, conforme disposto no art. 1.160 do Código Civil, a sociedade anônima opera sob denominação integrada pelas expressões "sociedade anônima" ou "companhia", por extenso ou abreviadamente, facultada a designação do objeto social.

No mesmo sentido, dispõe a LSA, em seu art. 3.°, que "a sociedade será designada por denominação acompanhada das expressões 'companhia', ou 'sociedade anônima', expressas por extenso ou abreviadamente, mas vedada a utilização da primeira ao final". É importante destacar essa referência final do dispositivo em comento: se a S/A optar pelo uso da expressão *companhia* – que costuma ser empregado abreviadamente, ou seja, apenas *Cia.* – esta jamais poderá vir no final da denominação, devendo vir apenas no começo ou no meio. Assim, uma S/A poderá se chamar *Cia. de Alimentos Recife* ou *Recife Cia. de Alimentos*, mas não poderá se chamar *Recife Alimentos Cia.*

Em resumo, resta claro, portanto, que **a S/A jamais poderá adotar firma social** como espécie do seu nome empresarial, sendo obrigatório o uso da denominação social. Nem podia ser diferente, uma vez que, conforme o próprio nome já diz, trata-se de uma sociedade *anônima*, não tendo sentido o uso de firma social por parte dela, já que firma é aquela espécie de nome empresarial que identifica os sócios da sociedade, cujos nomes civis constituem o seu núcleo. Tratando-se de sociedade anônima, de natureza essencialmente capitalista, melhor que não se identifique com a pessoa dos sócios.

---

empreendimentos. Essas companhias *intuitu personae* seriam, portanto, sociedades de capital na forma, mas sociedades de pessoas no funcionamento. Sobre o assunto, confira-se: RIBEIRO, Renato Ventura. A Lei das Sociedades por Ações e as companhias *intuitu personae*. In: CASTRO, Rodrigo R. Monteiro de; ARAGÃO, Leandro Santos de (Coord.). *Sociedade anônima*: 30 anos da Lei 6.404/76. São Paulo: Quartier Latin, 2007. p. 191-220.

7.3.4.4. Responsabilidade limitada dos acionistas

Por fim, a última das quatro importantes características da S/A que merece destaque é a responsabilidade limitada de seus sócios, os acionistas. **Cada sócio responde apenas pela sua parte no capital social**, não assumindo, senão em situações excepcionalíssimas – como a desconsideração da personalidade jurídica ou a imputação direta de responsabilidade pela prática de atos ilícitos –, qualquer responsabilidade pelas dívidas da sociedade.

Pode-se dizer até que a responsabilidade limitada dos acionistas de uma S/A é ainda "mais limitada" do que a responsabilidade limitada dos quotistas de uma sociedade limitada. Afinal, vimos que estes, além de responderem pela respectiva integralização das quotas que subscreveram, são solidariamente responsáveis pela integralização total do capital social, conforme dispõe o art. 1.052 do Código Civil. Os acionistas, por sua vez, respondem tão somente pela integralização de suas ações, não havendo, para eles, a previsão de responsabilidade solidária quanto à integralização de todo o capital social.

Com efeito, dispõe o art. 1.º da LSA que "a companhia ou sociedade anônima terá o capital dividido em ações, e a responsabilidade dos sócios ou acionistas será limitada ao preço de emissão das ações subscritas ou adquiridas".

7.3.5. Classificação das sociedades anônimas

Segundo o art. 4.º da LSA, "a companhia é aberta ou fechada conforme os valores mobiliários de sua emissão estejam ou não admitidos à negociação no mercado de valores mobiliários". Melhor dizendo, a S/A será **aberta** quando tiver **autorização para negociar seus valores mobiliários no mercado de capitais**, e **fechada** quando **não tiver autorização** para tanto.

Essa autorização para abertura do capital, com a possibilidade de negociação dos valores mobiliários no mercado de capitais, é concedida pela Comissão de Valores Mobiliários, autarquia federal ligada ao Ministério da Economia que atua, junto ao Banco Central, no controle e fiscalização das operações realizadas no mercado de capitais.

Dispõe a LSA, em seu art. 4.º, §§ 1.º e 2.º, que "somente os valores mobiliários de emissão de companhia registrada na Comissão de Valores Mobiliários podem ser negociados no mercado de valores mobiliários", e que "nenhuma distribuição pública de valores mobiliários será efetivada no mercado sem prévio registro na Comissão de Valores Mobiliários".

7.3.6. Mercado de capitais

O **mercado de capitais** – ou **mercado de valores mobiliários** – é o "local" onde se efetuam as diversas operações envolvendo os valores mobiliários emitidos pelas companhias abertas. Como a sociedade anônima é, conforme destacamos acima, uma sociedade de capital por excelência, suas ações – que, conforme veremos adiante, são o principal valor mobiliário emitido pelas companhias – são livremente negociáveis. Assim, em razão da constante negociação das ações e dos demais valores mobiliários que as companhias emitem, formou-se ao longo dos anos um verdadeiro **mercado** no qual essas **operações de compra e venda** são desenvolvidas.

Atualmente, o Brasil vive um momento de forte crescimento das operações do mercado de capitais. Com efeito, nos últimos anos o mercado de capitais brasileiro vem experimentando um ciclo virtuoso, com a abertura do capital de diversas companhias. A título ilustrativo, registre-se que somente nos dois últimos anos mais de 30 companhias abriram seu capital.

A abertura de capital (conhecida no mercado como IPO, sigla que se refere à expressão *initial public offer*) de uma companhia é um importante instrumento de captação de recursos, uma vez que suas operações no mercado de capitais não são necessariamente de crédito, em que ela assume a posição de devedora e se compromete, não raro, a devolver os valores captados em curto espaço de tempo e a taxas de juros altas. Ao contrário, muitas dessas operações são de investimento, de modo que seus participantes não se tornarão credores da companhia, mas sócios e partes interessadas no sucesso da empresa, pois é dele que advirá o retorno do investimento feito por eles.

Outra distinção entre o mercado de capitais e o mercado de crédito é que neste há sempre a atuação de um intermediário, como uma instituição financeira, o que tende a burocratizar e encarecer a operação. Naquele, em contrapartida, há uma negociação direta entre a companhia que precisa de recursos e o investidor que os possui, já que ele adquire os títulos da empresa diretamente dela. É por isso que se diz que o mercado de capitais é um mecanismo de acesso à "poupança popular".

Assim, é da natureza do mercado de capitais funcionar como um ambiente de negociação de "risco", já que os investidores que nele atuam, adquirindo os títulos negociados pelas companhias abertas, não possuem garantia de retorno do investimento feito, o qual dependerá sempre do sucesso empresarial da companhia investida. Assim, da mesma forma que o bom conhecimento técnico do funcionamento do mercado de capitais pode gerar aos investidores altos ganhos, o investimento sem o devido conhecimento pode acarretar perdas imensuráveis.

Por fim, cumpre destacar que, a despeito das vantagens acima mencionadas, pode ocorrer de uma abertura de capital não ter sucesso, obrigando a sociedade a voltar a ser uma companhia fechada. Nesse caso, determina a LSA, em seu art. 4.º, § 4.º, o seguinte: "§ 4.º O registro de companhia aberta para negociação de ações no mercado somente poderá ser cancelado se a companhia emissora de ações, o acionista controlador ou a sociedade que a controle, direta ou indiretamente, formular oferta pública para adquirir a totalidade das ações em circulação no mercado, por preço justo, ao menos igual ao valor de avaliação da companhia, apurado com base nos critérios, adotados de forma isolada ou combinada, de patrimônio líquido contábil, de patrimônio líquido avaliado a preço de mercado, de fluxo de caixa descontado, de comparação por múltiplos, de cotação das ações no mercado de valores mobiliários, ou com base em outro critério aceito pela Comissão de Valores Mobiliários, assegurada a revisão do valor da oferta, em conformidade com o disposto no art. 4.º-A". A preocupação do dispositivo foi proteger os acionistas minoritários, mas alguns doutrinadores criticaram a indefinição do critério a ser usado para calcular o valor da ação (a regra menciona alguns e ainda remete a outros aceitos pela CVM) e o uso da expressão "preço justo", que é bastante vago.

Caso alguns minoritários, representativos de menos de 5% do capital, não concordem com o fechamento do capital e, por conseguinte, não vendam suas ações nos termos do art. 4.º, § 4.º, aplica-se o § 5.º, que assim dispõe: "terminado o prazo da oferta pública fixado na regulamentação expedida pela Comissão de Valores Mobiliários, se remanescerem em circulação menos de 5% (cinco por cento) do total das ações emitidas pela companhia, a assembleia geral poderá deliberar o resgate dessas ações pelo valor da oferta de que trata o § 4.º, desde que deposite em estabelecimento bancário autorizado pela Comissão de Valores Mobiliários, à disposição dos seus titulares, o valor de resgate, não se aplicando, nesse caso, o disposto no § 6.º do art. 44". Trata-se de um resgate compulsório (*squezee out*). Enquanto o § 4.º visa proteger os minoritários, o § 5.º visa respeitar a vontade da maioria que, ao aceitar a oferta do § 4.º e vender suas ações, concordou com o fechamento do capital e não pode, pois, ficar a mercê da vontade de uma minoria inferior a 5%.

7.3.6.1. A Comissão de Valores Mobiliários (CVM)

Em razão do já mencionado *boom* ocorrido nas bolsas de valores do Rio de Janeiro e de São Paulo em 1971, foi criado, alguns anos depois, um **ente estatal específico** com a finalidade de assumir o **controle e a fiscalização das operações do mercado de capitais no Brasil**. Com efeito, em 1976 a Lei 6.385 criou a Comissão de Valores Mobiliários (CVM), inspirada na *Securities and Exchange Comission* do direito norte-americano.

A CVM é uma entidade autárquica federal de natureza especial, com qualidade de agência reguladora. Confira-se, a propósito, o art. 5.º da Lei 6.385/1976: "é instituída a Comissão de Valores Mobiliários, entidade autárquica em regime especial, vinculada ao Ministério da Fazenda, com personalidade jurídica e patrimônio próprios, dotada de autoridade administrativa independente, ausência de subordinação hierárquica, mandato fixo e estabilidade de seus dirigentes, e autonomia financeira e orçamentária".

As atividades disciplinadas e fiscalizadas pela CVM são as seguintes: "I – a emissão e distribuição de valores mobiliários no mercado; II – a negociação e intermediação no mercado de valores mobiliários; III – a negociação e intermediação no mercado de derivativos; IV – a organização, o funcionamento e as operações das Bolsas de Valores; V – a organização, o funcionamento e as operações das Bolsas de Mercadorias e futuros; VI – a administração de carteiras e a custódia de valores mobiliários; VII – a auditoria das companhias abertas; e VIII – os serviços de consultor e analista de valores mobiliários" (art. 1.º da Lei 6.385/1976).

A competência da CVM no controle e na fiscalização do mercado de capitais é exercida, pode-se dizer, de três diferentes formas: a) *regulamentar*, uma vez que cabe à CVM estabelecer o regramento geral relativo ao funcionamento do mercado de capitais; b) *autorizante (registrária)*, uma vez que é a CVM que autoriza a constituição de companhias abertas e a emissão e negociação de seus valores mobiliários; e c) *fiscalizatória*, uma vez que a CVM deve zelar pela lisura das operações realizadas no mercado de capitais, sendo investida, para tanto, de poderes sancionatórios.

Quanto a esses poderes sancionatórios da CVM, merece destaque a Lei 13.506/2017, que permitiu à CVM celebrar "acordo administrativo em processo de supervisão" (acordo de leniência é a expressão usada no mercado). Esse acordo está disciplinado nos arts. 30 a 32 da referida lei, e embora se refira ao Banco Central também se aplica à CVM, por força do art. 34.

Esse acordo pode ser celebrado pela CVM "com pessoas físicas ou jurídicas que confessarem a prática de infração às normas legais ou regulamentares cujo cumprimento lhe caiba fiscalizar", e sua celebração poderá acarretar "extinção de sua ação punitiva ou redução de 1/3 (um terço) a 2/3 (dois terços) da penalidade aplicável", desde que haja "efetiva, plena e permanente cooperação para a apuração dos fatos, da qual resulte utilidade para o processo, em especial: I – a identificação dos demais envolvidos na prática da infração, quando couber; e II – a obtenção de informações e de documentos que comprovem a infração noticiada ou sob investigação" (art. 30).

A proposta desse acordo de leniência permanecerá sob sigilo até que ele seja celebrado (art. 30, § 1.º), o que só ocorrerá "se forem preenchidos, cumulativamente, os seguintes requisitos: I – a pessoa jurídica for a primeira a se qualificar com respeito à infração noticiada ou sob investigação; II – o envolvimento na infração noticiada ou sob investigação a partir da data de propositura do acordo cessar completamente; III – a CVM não dispuser de provas suficientes para assegurar a condenação administrativa das pessoas físicas ou jurídicas por ocasião da propositura do acordo; e IV – a pessoa física ou jurídica confessar participação no ilícito, cooperar plena e permanentemente com as investigações e com o processo administrativo e comparecer, sob suas expensas, sempre que solicitada, a todos os atos processuais, até seu encerramento".

Celebrado o acordo, suspende-se o prazo prescricional no âmbito administrativo com relação ao proponente signatário (art. 30, § 5.º), mas isso "não afeta a atuação do Ministério Público e dos demais órgãos públicos no âmbito de suas correspondentes competências".

7.3.6.2. Bolsa de Valores

A Bolsa de Valores,[106] ao contrário do que muitos podem pensar, não é órgão que integra a Administração Pública. Trata-se de entidade privada formada por sociedades corretoras que, por meio de autorização da CVM, presta serviço de interesse público inegável,[107] consistente na manutenção de local adequado à realização

[106] O Código Comercial de 1850 não usava a expressão "bolsa de valores", mas "*praça de comércio*", para designar os locais de concentração da oferta e da procura de valores e mercadorias. A expressão *bolsa* só foi adotada pela legislação brasileira em 1893, com a edição do Decreto 1.359/1893.

[107] Segundo alguns autores, as bolsas de valores, não obstante serem entidades privadas, são prestadoras de serviços públicos (é a opinião, por exemplo, de Fábio Konder Comparato). Para outros, todavia, as bolsas seriam órgãos

das operações de compra e venda dos diversos valores mobiliários emitidos pelas companhias.

> O termo "Bolsa" não é unívoco. Na lição da doutrina, a palavra tanto indica o local, quanto o estado das operações bolsísticas, como a instituição Bolsa (a ideia de mercado especial).
>
> E a Bolsa é tudo isso. É o local onde se realizam as negociações, posto que mercado *apregoado* e não mercado negociado (como ocorre com o mercado de balcão organizado), é o estado das operações (v. variações dos índices), cujos resultados afetam a economia como um todo (basta lembrar a Bolsa de Nova Yorque em 1929), e é a instituição, com suas características particulares de mercado hetero ou autorregulado, frequentada por comerciantes, com a despersonalização ou objetivação dos contratos, papéis e mercadorias ali negociados.[108]

Tradicionalmente, as bolsas eram constituídas como associações sem fins lucrativos, mas atualmente é comum que as bolsas sejam constituídas como sociedades anônimas, como é o caso da mais importante bolsa de valores do Brasil: a B3 (Brasil, Bolsa, Balcão), resultado da união entre a Bolsa de Valores, Mercadorias e Futuros de São Paulo (BM&FBOVESPA) com a Central de Custódia e de Liquidação Financeira de Títulos (CETIP). A propósito, é interessante destacar que a B3 não é a única bolsa de valores do Brasil. Há outras bolsas, algumas com mais de cem anos de existência, como é o caso da Bolsa de Valores da Bahia, cujas origens remontam ao ano de 1851 e que recentemente se uniu a outras bolsas, formando a Bolsa de Valores Bahia Sergipe Alagoas (BOVESBA). Ocorre que a B3 é a única bolsa de valores do país que tem importância quando se trata de negociação de valores mobiliários, por ser a única que pode fazê-lo. As demais bolsas ou foram absorvidas pela B3 ou exercem apenas atividades de difusão do mercado de capitais e de prestação de serviços.

A grande finalidade da bolsa de valores é dinamizar as operações do mercado de capitais, ampliando o volume de negócios por meio da realização de pregão diário em que os agentes das diversas corretoras que a compõem, obedecendo às regras do mercado mobiliário, se encontram e mantêm relações constantemente.

7.3.6.3. Mercado de Balcão

O Mercado de Balcão, por sua vez, compreende **toda e qualquer operação do mercado de capitais realizada *fora* da bolsa de valores.** Quem atua no mercado de balcão, portanto, são as sociedades corretoras e instituições financeiras autorizadas pela CVM.

> O mercado de balcão é atividade exercida fora do âmbito das bolsas de valores. E considera-se realizada em mercado de balcão a operação cuja contratação

de colaboração com o poder público (assim entendem, por exemplo, Nelson Eizirik e Arnoldo Wald). A par essas discussões doutrinárias, o certo é que as bolsas, conforme dito, prestam serviços de *interesse público* e são fiscalizadas e regulamentadas pelo poder público (MELLO FRANCO, Vera Helena de. *Manual de direito comercial.* 2. ed. São Paulo: RT, 2004. p. 115-116. v. 1).

[108] MELLO FRANCO, Vera Helena de. *Manual de direito comercial.* 2. ed. São Paulo: RT, 2004. p. 113. v. 1.

não seja efetivada por meio de leilão ou apregoamento, isto é, sem local físico definido.[109]

Há que se distinguir ainda o simples mercado de balcão (*mercado de balcão não organizado*), cujas operações são realizadas por sociedades corretoras e instituições financeiras autorizadas, e o Mercado de Balcão Organizado (MBO), composto no Brasil pela Sociedade Operadora do Mercado de Acesso (SOMA), companhia criada especialmente com a finalidade de manter um sistema que viabilize as operações de compra e venda de valores mobiliários. Em síntese: "mercado de balcão organizado é o segmento do mercado de capitais que compreende as operações realizadas por meio de um sistema, mantido e normatizado por uma entidade, autorizada a operar pela CVM".[110]

Mercado de capitais ou mercado de valores mobiliários

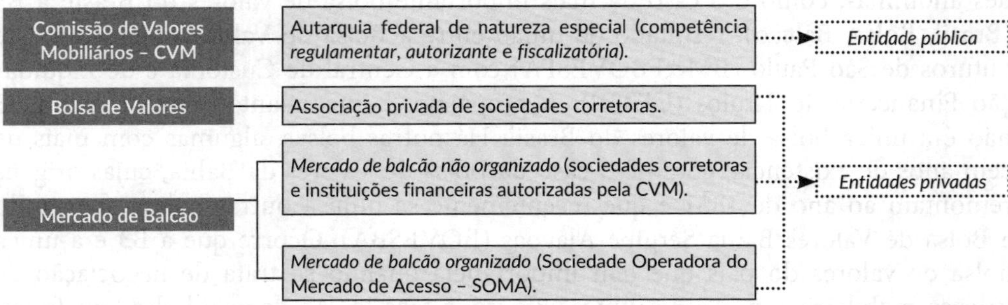

7.3.6.4. *Mercado de capitais primário e secundário*

Costuma-se classificar o mercado de capitais em *primário* e *secundário*. **No mercado de capitais primário, são realizadas as operações de subscrição e emissão de ações e outros valores mobiliários das companhias. Por sua vez, o mercado de capitais secundário compreende as operações de compra e venda desses valores.**

Perceba-se que nas operações de emissão e subscrição a sociedade anônima está colocando no mercado de capitais um valor mobiliário *novo*. Tem-se aqui, portanto, uma relação estabelecida entre a própria companhia – que está emitindo o valor mobiliário – e o investidor – que o está subscrevendo. Nessa operação, o investidor pagará o chamado *preço de emissão* do valor mobiliário que está subscrevendo (em geral, uma ação), que corresponde, por sua vez, ao valor com que o investidor está contribuindo para o capital social da sociedade, tornando-se, a partir de então, um acionista.

No mercado de capitais secundário, por outro lado, o que ocorre são operações de compra e venda. Trata-se, pois, de operações com valores mobiliários já existentes, os quais estão sendo alienados a um outro investidor neles interessado. Nessa ope-

[109] RESTIFFE, Paulo Sérgio. *Manual do novo direito comercial*. São Paulo: Dialética, 2006. p. 155.
[110] COELHO, Fábio Ulhoa. *Curso de direito comercial*. 7. ed. São Paulo: Saraiva, 2004. p. 78. v. 1.

ração, é fácil perceber que a sociedade não mais participa da relação jurídica, a qual se estabelece apenas entre o titular do valor mobiliário – que a está vendendo – e o seu novo "dono" – que a está comprando. Por fim, registre-se que nessa compra e venda o investidor que adquire o valor mobiliário não paga por ele o seu *preço de emissão*. Este foi pago quando da sua subscrição, levada a efeito pelo seu primeiro titular no momento em que a própria sociedade o emitiu e o pôs em negociação. Agora, por se tratar de valor mobiliário já existente, que apenas está passando de um titular para outro, paga-se por ele um *valor de mercado*, que oscilará conforme o momento, se de sucesso ou fracasso financeiro, pelo qual passa a companhia. Se a companhia vem apresentando bons resultados, seus valores mobiliários passam a ter maior valor. Se, em contrapartida, a companhia passa por dificuldades, seus valores mobiliários tendem a perder valor.

Registre-se, ainda, que na **Bolsa de Valores** só se realizam operações de **compra e venda de valores mobiliários**, ou seja, a bolsa só atua no mercado de capitais secundário. No **mercado de balcão**, porém, são realizadas **tanto operações de compra e venda quanto operações de emissão e subscrição de novos valores mobiliários**. Portanto, no mercado de balcão se desenvolvem operações tanto do mercado de capitais primário quanto do mercado de capitais secundário.

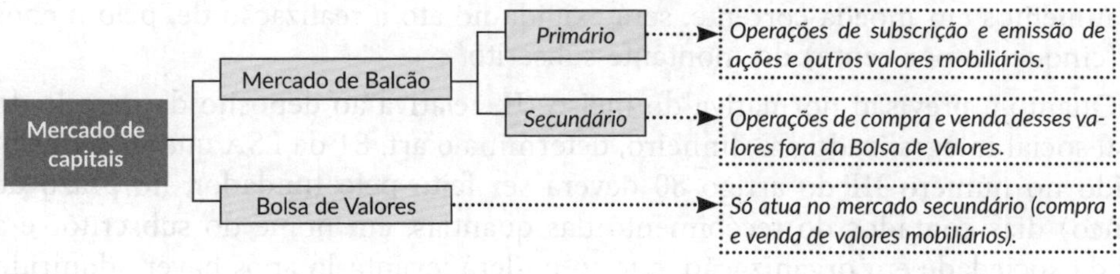

7.3.7. Constituição da sociedade anônima

Sendo a sociedade anônima, como visto, uma **sociedade institucional**, e não contratual, ela se constitui não por meio de um contrato social, mas de um **ato institucional ou estatutário (estatuto social)**. E mais: ausente a contratualidade, a constituição da sociedade anônima deve seguir uma série de requisitos formais previstos na legislação acionária. Estes requisitos estão divididos na LSA em duas etapas distintas: na primeira, devem ser observados os chamados *requisitos preliminares*; na segunda, devem ser observadas algumas *formalidades complementares*.

7.3.7.1. Requisitos preliminares

De acordo com o art. 80 da LSA, "a constituição da companhia depende do cumprimento dos seguintes requisitos preliminares: I – subscrição, pelo menos por 2 (duas) pessoas[111], de todas as ações em que se divide o capital social fixado no

[111] A legislação anterior exigia um número de sete subscritores, mas a atual fixou-se na mera pluralidade de sócios, considerando suficiente para a constituição de uma sociedade anônima a presença de duas pessoas. Andou bem o legislador nesse particular, uma vez que a exigência de sete acionistas nunca apresentou qualquer significado

estatuto; II – realização, como entrada, de 10% (dez por cento), no mínimo, do preço de emissão das ações subscritas em dinheiro; III – depósito, no Banco do Brasil S/A., ou em outro estabelecimento bancário autorizado pela Comissão de Valores Mobiliários, da parte do capital realizado em dinheiro".

No que tange à determinação do inciso I, vê-se, pois, que se exige a **pluralidade de sócios** para a constituição de uma sociedade anônima, não sendo permitida a criação de sociedade anônima unipessoal, com **exceção** da chamada **sociedade subsidiária integral**, disciplinada pelo art. 251 da LSA.

Por outro lado, no que se refere à exigência do inciso II, de realização mínima de 10% do preço de emissão das ações subscritas em dinheiro, ela só se aplica se a integralização vai ser feita em dinheiro e a prazo: se a integralização será em bens ou créditos, não há essa exigência de realização mínima; e se a integralização será em dinheiro, mas à vista, obviamente é todo o valor que deve ser realizado de imediato. Ademais, há casos especiais em que se exige percentual maior, conforme previsão do parágrafo único do dispositivo em análise, segundo o qual "o disposto no número II não se aplica às companhias para as quais a lei exige realização inicial de parte maior do capital social". Mencione-se, ainda, quanto às instituições financeiras, o art. 27, *caput*, da Lei 4.595/1964: "Na subscrição do capital inicial e na de seus aumentos em moeda corrente, será exigida no ato a realização de, pelo menos 50% (cinquenta por cento) do montante subscrito."

Quanto à previsão normativa do inciso III, relativa ao depósito da parcela do capital social integralizado em dinheiro, determina o art. 81 da LSA que "o depósito referido no número III do artigo 80 deverá ser feito pelo fundador, no prazo de 5 (cinco) dias contados do recebimento das quantias, em nome do subscritor e a favor da sociedade em organização, que só poderá levantá-lo após haver adquirido personalidade jurídica". No Brasil, como se sabe, a personalidade jurídica só se inicia com o registro da sociedade na Junta Comercial. Portanto, somente depois de estar devidamente registrada na Junta é que a companhia poderá levantar o valor depositado inicialmente a título de integralização do capital social por parte dos seus primeiros acionistas. Se o registro não se concretizar, estabelece o parágrafo único do art. 81 que "caso a companhia não se constitua dentro de 6 (seis) meses da data do depósito, o banco restituirá as quantias depositadas diretamente aos subscritores".

7.3.7.1.1. Constituição por subscrição pública

Vimos que, de acordo com o art. 4.º da LSA, as companhias podem ser classificadas em *abertas* e *fechadas*, residindo a diferença entres ambas na possibilidade de negociação dos valores mobiliários no mercado de capitais. Pois bem, as companhias abertas se constituem por meio de subscrição pública de ações. Nessa modalidade de constituição, exigem-se algumas formalidades específicas, tais como (i)

---

prático. Era comum a colocação de pessoas que ingressavam no quadro social apenas para fazer número, sendo irrisória a participação e nenhuma a influência que exerciam na sociedade" (TAVARES BORBA, José Edwaldo. *Direito Societário*. 14ª ed. São Paulo: Atlas, p. 205).

o registro prévio na Comissão de Valores Mobiliários (CVM), (ii) a colocação das ações à disposição dos investidores interessados; e (iii) a realização de assembleia inicial de fundação.

De acordo com o art. 82 da LSA, "a constituição de companhia por subscrição pública depende do prévio registro da emissão na Comissão de Valores Mobiliários, e a subscrição somente poderá ser efetuada com a intermediação de instituição financeira". Veja-se, portanto, que o fundador de uma companhia aberta deverá necessariamente contratar os serviços de uma empresa especializada para constituí-la. Trata-se do chamado serviços de *underwriting*. Caberá a essa empresa contratada não apenas colocar as ações junto aos investidores – etapa seguinte do procedimento constitutivo da companhia – mas também cuidar de uma série de documentos a serem apresentados à CVM, assinando-os.

> Antes de preparar o pedido de registro na CVM, o fundador deve procurar uma instituição financeira para contratar a prestação dos serviços de underwriting. O essencial, nesses serviços, é a colocação das ações junto ao público investidor, etapa seguinte da constituição, mas, como a lei exige que parte dos documentos indispensáveis ao pedido de registro na CVM seja assinada pela instituição financeira intermediária (LSA, art. 82, § 1.º, c), a contratação desta é uma das providências iniciais que o fundador deve adotar. Claro que o envolvimento da instituição financeira no processo de constituição da sociedade anônima por subscrição pública importa a divisão de responsabilidades com o fundador, relativamente ao atendimento dos pressupostos legais e regulamentares dos atos de que ela participa. O objetivo da lei, ao condicionar a apresentação do pedido de registro na CVM à prévia contratação do underwriter, é ampliar as garantias dos investidores (LSA, art. 92).[112]

Contratada a instituição financeira especializada para a prestação dos respectivos serviços de *underwriting*, poderá então ser apresentado o pedido de registro à CVM. E, de acordo com o § 1.º do art. 82 da LSA "o pedido de registro de emissão obedecerá às normas expedidas pela Comissão de Valores Mobiliários e será instruído com: a) o estudo de viabilidade econômica e financeira do empreendimento; b) o projeto do estatuto social; c) o prospecto, organizado e assinado pelos fundadores e pela instituição financeira intermediária".

O projeto de estatuto, de acordo com o art. 83 da LSA, "deverá satisfazer a todos os requisitos exigidos para os contratos das sociedades mercantis em geral *[art. 997 do Código Civil]* e aos peculiares às companhias, e conterá as normas pelas quais se regerá a companhia". Trata-se, enfim, do ato que regulará as relações sociais, assim como o contrato social faz em relação às sociedades contratuais.

Já o prospecto, por sua vez, de acordo com o art. 84 da LSA, "deverá mencionar, com precisão e clareza, as bases da companhia e os motivos que justifiquem a expectativa de bom êxito do empreendimento, e em especial: I – o valor do capital social a ser subscrito, o modo de sua realização e a existência ou não de autorização para aumento futuro; II – a parte do capital a ser formada com bens, a discriminação desses bens e o valor a eles atribuídos pelos fundadores; III – o número, as

[112] COELHO, Fábio Ulhoa. *Curso de direito comercial*. 7. ed. São Paulo: Saraiva, 2004. p. 179-180. v. 2.

espécies e classes de ações em que se dividirá o capital; o valor nominal das ações, e o preço da emissão das ações; IV – a importância da entrada a ser realizada no ato da subscrição; V – as obrigações assumidas pelos fundadores, os contratos assinados no interesse da futura companhia e as quantias já despendidas e por despender; VI – as vantagens particulares, a que terão direito os fundadores ou terceiros, e o dispositivo do projeto do estatuto que as regula; VII – a autorização governamental para constituir-se a companhia, se necessária; VIII – as datas de início e término da subscrição e as instituições autorizadas a receber as entradas; IX – a solução prevista para o caso de excesso de subscrição; X – o prazo dentro do qual deverá realizar-se a assembleia de constituição da companhia, ou a preliminar para avaliação dos bens, se for o caso; XI – o nome, nacionalidade, estado civil, profissão e residência dos fundadores, ou, se pessoa jurídica, a firma ou denominação, nacionalidade e sede, bem como o número e espécie de ações que cada um houver subscrito; XII – a instituição financeira intermediária do lançamento, em cujo poder ficarão depositados os originais do prospecto e do projeto de estatuto, com os documentos a que fizerem menção, para exame de qualquer interessado". Esse documento visa a demonstrar ao regulador – a CVM – que o empreendimento é viável, a fim de que seja autorizada a captação pública de recursos junto a investidores.

Então, com base nessa documentação apresentada – estudo, projeto e prospecto – caberá à CVM avaliar o empreendimento. Assim, conforme disposto no § 2.º, do mesmo art. 82, da LSA "a Comissão de Valores Mobiliários poderá condicionar o registro a modificações no estatuto ou no prospecto e denegá-lo por inviabilidade ou temeridade do empreendimento, ou inidoneidade dos fundadores". Perceba-se que são sanáveis apenas as irregularidades no estatuto e no prospecto. Eventual verificação de inviabilidade/temeridade do empreendimento ou de inidoneidade dos fundadores impõe que a CVM denegue o registro.[113]

Caso a CVM aprove os documentos apresentados, com ou sem modificações, ela deferirá o registro e terá início, então, a segunda etapa desse procedimento constitutivo da companhia aberta, por meio da colocação das ações junto aos investidores interessados, a fim de que estes possam proceder à subscrição delas. Em suma: caberá à instituição financeira *underwriter* captar recursos no mercado, atraindo investidores para o empreendimento a ser desenvolvido pela companhia. Sua tarefa é de extrema importância, porque nas companhias abertas todo o capital social deve ser subscrito, sob pena de cancelamento do registro de emissão anteriormente concedido pela CVM.[114]

---

113 "Ao apreciar o aspecto da matéria (viabilidade da empresa e idoneidade dos empresários), a CVM tem apenas duas alternativas: ou defere ou denega o registro. Já no tocante ao segundo aspecto (estatuto e prospecto), abre-se a possibilidade de se condicionar o registro de emissão a alterações nos documentos apresentados pelos fundadores" (COELHO, Fábio Ulhoa. *Curso de direito comercial*. Vol. 2. 20ª ed. São Paulo: RT, 2016, p. 192). O autor também destaca que a denegação do registro não impede a exploração daquela empresa, mas apenas a captação pública de recursos no mercado de capitais. É possível, pois, que se constitua uma companhia fechada ou uma sociedade limitada, por exemplo.

114 *"A segunda fase da constituição por subscrição pública consiste na colocação das ações junto aos investidores, por meio da instituição financeira intermediária e demais agentes do mercado de capitais envolvidos com a operação. Ao término dessa fase, todas as ações da companhia em constituição devem ter sido subscritas, sob pena de se frustrar a operação, como um todo."* (COELHO, Fábio Ulhoa. *Curso de direito comercial*. 7. ed. São Paulo: Saraiva, 2004. p. 183. v. 2).

> O contrato de *underwritng* pode ser celebrado em três condições básicas: melhor esforço (a instituição não assume a obrigação de subscrever, mas apenas a de se empenhar na procura de investidores), garantia de subscrição parcial (em que se obriga a subscrever parte do capital) ou garantia de subscrição total (pela qual a instituição financeira se obriga a subscrever todo o capital social, negociando, depois, as ações no mercado secundário).[115]

Os investidores interessados que a instituição *underwriter* captar passarão a subscrever as ações da companhia, no modo definido pelo prospecto (art. 84, inciso I). De acordo com o art. 85 da LSA, "no ato da subscrição das ações a serem realizadas em dinheiro, o subscritor pagará a entrada e assinará a lista ou o boletim individual autenticados pela instituição autorizada a receber as entradas, qualificando-se pelo nome, nacionalidade, residência, estado civil, profissão e documento de identidade, ou, se pessoa jurídica, pela firma ou denominação, nacionalidade e sede, devendo especificar o número das ações subscritas, a sua espécie e classe, se houver mais de uma, e o total da entrada". Complementando, o parágrafo único desse dispositivo ainda dispõe que "a subscrição poderá ser feita, nas condições previstas no prospecto, por carta à instituição, com as declarações prescritas neste artigo e o pagamento da entrada".

Colocadas as ações à disposição dos investidores interessados pela empresa *underwriter*, como visto, todo o capital social deve ser subscrito. Ocorrendo tal fato, passa-se então à terceira etapa do procedimento, com a realização da assembleia de fundação. Com efeito, dispõe o art. 86 da LSA que "encerrada a subscrição e havendo sido subscrito todo o capital social, os fundadores convocarão a assembleia geral que deverá: I – promover a avaliação dos bens, se for o caso (artigo 8.º); II – deliberar sobre a constituição da companhia". Sobre a convocação dessa assembleia, determina o parágrafo único do artigo em questão que "os anúncios de convocação mencionarão hora, dia e local da reunião e serão inseridos nos jornais em que houver sido feita a publicidade da oferta de subscrição".

O *quorum* de instalação dessa assembleia inicial de fundação está previsto no art. 87 da LSA: "a assembleia de constituição instalar-se-á, em primeira convocação, com a presença de subscritores que representem, no mínimo, metade do capital social, e, em segunda convocação, com qualquer número".

Instalada a assembleia, iniciar-se-ão os trabalhos. Nesse sentido, determina o § 1.º do art. 87 que "na assembleia, presidida por um dos fundadores e secretariada por subscritor, será lido o recibo de depósito de que trata o número III do artigo 80, bem como discutido e votado o projeto de estatuto". O § 2.º, por sua vez, prevê que "cada ação, independentemente de sua espécie ou classe, dá direito a um voto; a maioria não tem poder para alterar o projeto de estatuto". Veja-se que todos votam, inclusive eventuais subscritores de ações preferenciais que não confiram esse direito. Quanto à parte final da norma em comento, ela não estabelece a inalterabilidade do projeto de estatuto, mas apenas que para a sua alteração é imprescindível a deliberação unânime, e não apenas a maioria, seja ela simples, absoluta ou mesmo

---

115 COELHO, Fábio Ulhoa. *Curso de direito comercial*. Vol. 2. 20ª ed. São Paulo: RT, 2016, p. 190.

qualificada. Assim, repita-se, para que a assembleia de fundação altere o projeto de estatuto, será imprescindível deliberação unânime dos subscritores.

Para que se aprove a constituição da companhia aberta, basta que não haja oposição de mais da metade do capital social, nos termos do § 3.º do art. 87 da LSA, que assim dispõe: "verificando-se que foram observadas as formalidades legais e não havendo oposição de subscritores que representem mais da metade do capital social, o presidente declarará constituída a companhia, procedendo-se, a seguir, à eleição dos administradores e fiscais". Por fim, prevê o § 4.º que "a ata da reunião, lavrada em duplicata, depois de lida e aprovada pela assembleia, será assinada por todos os subscritores presentes, ou por quantos bastem à validade das deliberações; um exemplar ficará em poder da companhia e o outro será destinado ao registro do comércio". Registre-se apenas que os atos constitutivos, de acordo com o art. 36 da Lei 8.934/1994, devem ser levados a registro na Junta Comercial no prazo de 30 (trinta) dias seguintes à sua realização.

7.3.7.1.2. Constituição por subscrição particular

Em se tratando de **constituição de companhias fechadas**, o **procedimento** é bem mais **simplificado**, uma vez que é realizado por meio de subscrição particular, sem a captação de recursos junto a investidores no mercado de capitais.

De acordo com o art. 88 da LSA, "a constituição da companhia por subscrição particular do capital pode fazer-se por deliberação dos subscritores em assembleia geral ou por escritura pública, considerando-se fundadores todos os subscritores". Vê-se então que podem ser adotadas **duas modalidades de constituição: (i) a realização de assembleia dos subscritores; ou (ii) a lavratura de escritura pública em cartório.**

Caso a opção adotada seja a **realização de assembleia de fundação**, ela deverá submeter-se ao mesmo procedimento da assembleia de fundação da companhia aberta, analisado no tópico antecedente. É o que determina o § 1.º do art. 88: "se a forma escolhida for a de assembleia geral, observar-se-á o disposto nos artigos 86 e 87, devendo ser entregues à assembleia o projeto do estatuto, assinado em duplicata por todos os subscritores do capital, e as listas ou boletins de subscrição de todas as ações".

Caso, em contrapartida, a opção adotada seja a **lavratura de escritura pública em cartório**, devem ser observadas as formalidades constantes do § 2.º do art. 88: "preferida a escritura pública, será ela assinada por todos os subscritores, e conterá: a) a qualificação dos subscritores, nos termos do artigo 85; b) o estatuto da companhia; c) a relação das ações tomadas pelos subscritores e a importância das entradas pagas; d) a transcrição do recibo do depósito referido no número III do artigo 80; e) a transcrição do laudo de avaliação dos peritos, caso tenha havido subscrição do capital social em bens (artigo 8.º); f) a nomeação dos primeiros administradores e, quando for o caso, dos fiscais".

Ultimadas as referidas providências, conforme o caso, passa-se então à fase denominada pela legislação acionária de *formalidades complementares* de constituição da companhia.

7.3.7.1.3. Algumas regras gerais acerca do procedimento de subscrição das ações

Independentemente da modalidade de constituição da sociedade anônima, seja por subscrição pública ou por subscrição particular, a legislação do anonimato estabelece algumas **regras gerais** aplicáveis aos procedimentos acima analisados.

De acordo com o art. 89 da LSA, "a incorporação de imóveis para formação do capital social não exige escritura pública". De fato, pode ser que parte do capital social da companhia seja formado por bens (sejam eles móveis ou imóveis), e a lei deixou claro que, mesmo tratando-se de bens imóveis, é dispensável que a sua incorporação ao capital da sociedade seja feita por meio de escritura pública.

O art. 90 da LSA, por sua vez, estabelece que "o subscritor pode fazer-se representar na assembleia geral ou na escritura pública por procurador com poderes especiais".

Já o art. 91 da LSA determina que "nos atos e publicações referentes a companhia em constituição, sua denominação deverá ser aditada da cláusula 'em organização'". Somente após a sua efetiva constituição, com o posterior registro dos atos constitutivos na Junta Comercial, poderá ser retirada a expressão "em organização" de sua denominação.

O art. 92 da LSA, por outro lado, regula as responsabilidades dos fundadores da companhia e da instituição financeira prestadora dos serviços de *underwriting*, dispondo que "os fundadores e as instituições financeiras que participarem da constituição por subscrição pública responderão, no âmbito das respectivas atribuições, pelos prejuízos resultantes da inobservância de preceitos legais". Complementando essa regra do *caput*, estabelece o seu parágrafo único que "os fundadores responderão, solidariamente, pelo prejuízo decorrente de culpa ou dolo em atos ou operações anteriores à constituição". Isso mostra que a exigência de contratação de instituição financeira *underwriter* é importante para dar mais segurança aos investidores.

Por fim, o art. 93 da LSA determina que "os fundadores entregarão aos primeiros administradores eleitos todos os documentos, livros ou papéis relativos à constituição da companhia ou a esta pertencentes".

7.3.7.2. Formalidades complementares

Uma vez ultrapassadas todas as etapas analisadas acima, que correspondem, como visto, aos requisitos preliminares e demais providências para a subscrição do capital social – que pode ser pública ou particular –, passa-se então à fase denominada pela lei de ***formalidades complementares da constituição*** **da sociedade anônima**, fase esta que compreende, basicamente, os procedimentos de registro na Junta Comercial, além de outras pequenas medidas de cunho administrativo e operacional.

Com efeito, segundo o art. 94 da LSA, "nenhuma companhia poderá funcionar sem que sejam arquivados e publicados seus atos constitutivos". Afinal, conforme já estudamos, no Brasil a personalidade jurídica só se inicia com o respectivo registro da pessoa jurídica no órgão competente (art. 985 do Código Civil). Tratandose de sociedade empresária, como é o caso da sociedade anônima, o órgão registral competente é justamente a Junta Comercial do Estado em que se localizar a sede da companhia (art. 1.150 do Código Civil). A regra em comento (art. 94 da LSA) se coaduna com a regra do art. 967 do Código Civil.

Caso a constituição da companhia tenha ocorrido por meio da realização de **assembleia de fundação**, a LSA determina o arquivamento de uma série de documentos, nos termos do seu art. 95, que assim dispõe: "se a companhia houver sido constituída por deliberação em assembleia geral, deverão ser arquivados no registro do comércio do lugar da sede: I – um exemplar do estatuto social, assinado por todos os subscritores (artigo 88, § 1.º) ou, se a subscrição houver sido pública, os originais do estatuto e do prospecto, assinados pelos fundadores, bem como do jornal em que tiverem sido publicados; II – a relação completa, autenticada pelos fundadores ou pelo presidente da assembleia, dos subscritores do capital social, com a qualificação, número das ações e o total da entrada de cada subscritor (artigo 85); III – o recibo do depósito a que se refere o número III do artigo 80; IV – duplicata das atas das assembleias realizadas para a avaliação de bens quando for o caso (artigo 8.º); V – duplicata da ata da assembleia geral dos subscritores que houver deliberado a constituição da companhia (artigo 87)".

Caso, entretanto, a companhia tenha sido constituída por meio da **lavratura de escritura pública em cartório**, o que só pode ocorrer, frise-se, com as **companhias fechadas**, a LSA determina que basta o arquivamento da certidão expedida pelo cartório no qual foi lavrada a escritura. É que dispõe o seu art. 96: "se a companhia tiver sido constituída por escritura pública, bastará o arquivamento de certidão do instrumento".

Na análise dos atos levados a registro, caberá à Junta Comercial, conforme determinação do art. 97 da LSA, "examinar se as prescrições legais foram observadas na constituição da companhia, bem como se no estatuto existem cláusulas contrárias à lei, à ordem pública e aos bons costumes". Sendo negado o registro pela Junta, aplica-se a regra constante do parágrafo único do dispositivo em questão: "se o arquivamento for negado, por inobservância de prescrição ou exigência legal ou por irregularidade verificada na constituição da companhia, os primeiros administradores deverão convocar imediatamente a assembleia geral para sanar a falta ou irregularidade, ou autorizar as providências que se fizerem necessárias. A instalação e funcionamento da assembleia obedecerão ao disposto no artigo 87, devendo a deliberação ser tomada por acionistas que representem, no mínimo, metade do capital social. Se a falta for do estatuto, poderá ser sanada na mesma assembleia, a qual deliberará, ainda, sobre se a companhia deve promover a responsabilidade civil dos fundadores (artigo 92)".

Deferido o arquivamento dos atos constitutivos da companhia pela Junta Comercial, devem os administradores providenciar a publicação de tais atos na imprensa oficial de sua localidade, nos termos do art. 98 da LSA: "arquivados os documentos relativos à constituição da companhia, os seus administradores providenciarão, nos 30 (trinta) dias subsequentes, a publicação deles, bem como a de certidão do arquivamento, em órgão oficial do local de sua sede". Feita a publicação, manda o § 1.º do mesmo art. 98 que "um exemplar do órgão oficial deverá ser arquivado no registro do comércio".

Cumpridas todas as formalidades acima detalhadas, a sociedade anônima poderá, enfim, entrar em funcionamento. Assim, se a companhia começar a exercer suas atividades antes de cumpridas as *formalidades complementares* ora em análise, será considerada **irregular**, determinando, inclusive, o art. 99, parágrafo único, da LSA que "a companhia não responde pelos atos ou operações praticados pelos primeiros administradores antes de cumpridas as formalidades de constituição, mas a assembleia geral poderá deliberar em contrário". Isso significa que os atos e operações praticados pelos primeiros administradores antes de cumpridas as formalidades de constituição são de responsabilidade deles, e não da companhia, salvo se a assembleia geral, por exemplo, ratificar tais atos.

Finalmente, caso sobrevenha algum prejuízo para a companhia em razão de atraso na satisfação de todas essas exigências formais da lei, prevê o art. 99 da LSA que os primeiros administradores devem responder perante a sociedade, podendo esta ingressar com ação de reparação civil contra eles. Nesse sentido, dispõe o art. 99 da LSA que "os primeiros administradores são solidariamente responsáveis perante a companhia pelos prejuízos causados pela demora no cumprimento das formalidades complementares à sua constituição".

7.3.8. O capital social

Já vimos que o empresário é aquele que organiza os fatores de produção (capital, insumos, mão de obra e tecnologia) tendo em vista o exercício profissional de uma atividade econômica destinada a produzir ou fazer circular bens ou serviços (art. 966 do Código Civil).

No caso das sociedades empresárias, a atividade econômica é exercida por uma pessoa jurídica, constituída especificamente para tal finalidade. Portanto, o empresário é a própria pessoa jurídica, isto é, a própria sociedade. Daí o porquê do nome *sociedade empresária.*

Ora, em se tratando de sociedades anônimas, já destacamos que elas desempenham, invariavelmente, empreendimentos de grande porte, para os quais é necessário o aporte de somas consideráveis de recursos. E estes recursos são obtidos pela sociedade, em princípio, junto aos seus próprios sócios, os quais, para ingressarem na companhia, precisam entregar-lhe determinadas importâncias, que corresponderão, então, ao chamado *capital social.*[116]

Portanto, pode-se definir o **capital social**, *grosso modo*, como o **montante das contribuições dos sócios para a sociedade**. Já numa definição mais precisa e técnica, pode-se afirmar que o capital social é "a parcela do valor subscrito que a companhia destina, em cada exercício, à consecução do objeto social".[117]

---

[116] Vale lembrar que não se deve confundir o capital social com o patrimônio: aquele é intangível; este é variável. "O patrimônio inicial da sociedade corresponde mais ou menos ao capital. Iniciadas as atividades sociais, o patrimônio líquido tende a exceder o capital, se a sociedade acumula lucros, e a inferiorizar-se, na hipótese de prejuízos. Quando o patrimônio líquido excede o capital social, a sociedade pode distribuir esse excesso aos sócios, como lucro, ou conservá-lo como reserva ou lucros acumulados. Encontrando-se o patrimônio líquido aquém do capital social, nenhuma distribuição de lucros se efetivará. O **princípio da intangibilidade** do capital social inibe qualquer distribuição que não se apoie em excesso patrimonial, uma vez que o capital social é a garantia dos credores" (TAVARES BORBA, José Edwaldo. Direito Societário. 14ª ed. São Paulo: Atlas, 2015, p. 72).

[117] CARVALHOSA, Modesto. *Comentários à lei de sociedades anônimas*. São Paulo: Saraiva, 1997. p. 107. v. 1.

> A companhia, para dar início à sua atividade econômica, necessita evidentemente de recursos, isto é, de máquinas, tecnologia, serviços, trabalho e outros meios indispensáveis à organização da empresa abrangida no objeto social. Cabe aos sócios prover tais recursos. Fazem-no transferindo, do seu patrimônio, ao da pessoa jurídica, a propriedade de dinheiro, bens ou crédito, e recebendo, em troca, ações emitidas pela sociedade, em valor correspondente. (...) Esses aportes são apropriados, na contabilidade da companhia, como capital social.[118]

De acordo com o art. 5.º da LSA, "o estatuto da companhia fixará o valor do capital social, expresso em moeda nacional". Complementando a regra do *caput*, o seu parágrafo único determina que "a expressão monetária do valor do capital social realizado será corrigida anualmente (artigo 167)", o que deve ser feito, conforme diz a própria LSA em seu art. 132, na assembleia geral ordinária realizada todo ano após o término do exercício social.[119]

O art. 6.º da LSA, por sua vez, dispõe que "o capital social somente poderá ser modificado com observância dos preceitos desta Lei e do estatuto social (artigos 166 a 174)".

Cumpre destacar que, na sistemática da legislação acionária brasileira, admite-se a emissão de **ações sem valor nominal**, bem como a possibilidade de emissão de **ações com preço superior ao seu valor nominal**, razão pela qual o capital social da companhia nem sempre corresponderá, exatamente, à soma das contribuições dos sócios pelas ações subscritas. No primeiro caso – ações sem valor nominal – a própria legislação acionária permite que parte do preço de emissão não seja computada para o capital, mas para a formação de *reserva de capital* (art. 14, parágrafo único, da LSA). Da mesma forma, no segundo caso – ações com valor nominal subscritas por preço superior a esse valor – determina a lei que o excedente, chamado de *ágio*, seja destinado também à formação de *reserva de capital.*

> A Lei 6.404/76 alterou, significativamente, o regime do Decreto 2.627/40 no que diz respeito à relação entre preço das ações e capital social.
>
> Enquanto o antigo decreto estabelecia o princípio da fixidez do capital social com sua divisão em ações de valor igual cuja somatória correspondia ao valor do capital social; a lei acionária de 1976 inovou, admitindo ações sem valor nominal, venda de ações por preço superior ao valor nominal, a que se acresce a previsão de correção monetária do valor do capital no período inflacionário.
>
> Destarte, é possível que a expressão monetária do capital social não corresponda à soma das entradas se as ações emitidas forem sem valor nominal ou se forem negociadas com ágio embora tenham valor nominal.
>
> Quando a sociedade emitir somente ações sem valor nominal o capital social não corresponderá ao valor das entradas (cf. Art. 14, Lei 6.404/76) e, ocorrendo a hipótese da emissão de ações com valor nominal, vendidas com ágio, somente

[118] COELHO, Fábio Ulhoa. *Curso de direito comercial*. 7. ed. São Paulo: Saraiva, 2004. p. 156. v. 2.

[119] "Com a revogação da correção monetária das demonstrações financeiras, inclusive para fins societários (art. 4º e seu parágrafo único da Lei 9.249/95), deixou-se de constituir a reserva de correção monetária do capital, a ser capitalizada anualmente. Ficou, pois, afastada, desde 1997, e enquanto não restaurada a correção monetária das demonstrações financeiras, essa hipótese de aumento de capital" (TAVARES BORBA, José Edwaldo. *Direito Societário*. 14ª ed. São Paulo: Atlas, 2015, p. 425).

o valor nominal integrará o capital social, destinando-se aquele correspondente ao ágio à formação de reservas.[120]

Outro ponto importante a ser destacado acerca do capital social das sociedades anônimas é que, ao contrário do que acontece nas sociedades contratuais de pessoas, os sócios não são seus senhores absolutos, sendo vedada, em princípio, a restituição aos acionistas de suas contribuições para o capital social. Trata-se do que a doutrina especializada chama de **princípio da *intangibilidade* do capital social**. É por isso que nas companhias é fundamental a formação de ***reservas* de capital**, a serem usadas em situações específicas, como os casos de reembolso ou resgate de ações.[121]

No que se refere à **formação do capital**, dispõe a LSA, em seu art. 7.º, que "o capital social poderá ser formado com contribuições em dinheiro ou em qualquer espécie de bens suscetíveis de avaliação em dinheiro".

Nesse ponto, é importante fazer outra observação sobre o capital social, relativa à diferença existente entre o **capital social *subscrito*** e o **capital social *integralizado*** (ou ***realizado***). Com efeito, o capital subscrito corresponde ao valor com o qual os sócios prometeram contribuir para a sociedade, enquanto o capital integralizado corresponde ao valor que os sócios efetivamente já contribuíram. No tópico antecedente, vimos que a companhia só será constituída se todo o capital social tiver sido subscrito (vide, por exemplo, o art. 86 da LSA). Assim, uma vez subscrito, deverão os investidores subscritores integralizar a parte que subscreveram, ou seja, deverão efetivamente contribuir para a formação do capital social, nos limites do preço e da quantidade de ações subscritas.

Quando o art. 7.º da LSA se refere, pois, ao fato de que as contribuições podem ser feitas com dinheiro ou bens avaliáveis em dinheiro (bens móveis, imóveis, créditos etc.), está se referindo à *integralização* (ou *realização*) do capital social.[122]

Quando a integralização é feita em **bens**, eles devem ser **avaliados**, nos termos do art. 8.º da LSA, que assim determina: "a avaliação dos bens será feita por 3 (três) peritos ou por empresa especializada, nomeados em assembleia geral dos subscritores, convocada pela imprensa e presidida por um dos fundadores, instalando-se em primeira convocação com a presença de subscritores que representem metade, pelo menos, do capital social, e em segunda convocação com qualquer número".

Feita a avaliação respectiva, determina o § 1.º do artigo em questão que "os peritos ou a empresa avaliadora deverão apresentar laudo fundamentado, com a indicação dos critérios de avaliação e dos elementos de comparação adotados e instruído com os documentos relativos aos bens avaliados, e estarão presentes à assembleia que conhecer do laudo, a fim de prestarem as informações que lhes forem solicitadas".

[120] MELLO FRANCO, Vera Helena de. *Manual de direito comercial*. 2. ed. São Paulo: RT, 2004. p. 81-82. v. 1.

[121] A intangilidade significa que *"o capital social não pode ser devolvido aos acionistas durante a vida da sociedade, o que impõe a obrigação de formar reservas para atender a determinadas situações, tais como as de reembolso (...), tais aquelas de resgate de ações".* (MELLO FRANCO, Vera Helena de. *Manual de direito comercial*. 2. ed. São Paulo: RT, 2004. p. 83-84. v. 1).

[122] Assim como ocorre na sociedade limitada (art. 1.055, § 2º do Código Civil), na sociedade anônima também não se admite contribuição em serviços.

Apresentado o laudo pelos peritos, cabe então ao subscritor que entregou os bens à sociedade concordar ou não com o laudo, nos termos do § 2.º: "se o subscritor aceitar o valor aprovado pela assembleia, os bens incorporar-se-ão ao patrimônio da companhia, competindo aos primeiros diretores cumprir as formalidades necessárias à respectiva transmissão". Em qualquer hipótese, frise-se, "os bens não poderão ser incorporados ao patrimônio da companhia por valor acima do que lhes tiver dado o subscritor" (§ 4.º). Ademais, "se a assembleia não aprovar a avaliação, ou o subscritor não aceitar a avaliação aprovada, ficará sem efeito o projeto de constituição da companhia" (§ 3.º). Por fim, registre-se que "os avaliadores e o subscritor responderão perante a companhia, os acionistas e terceiros, pelos danos que lhes causarem por culpa ou dolo na avaliação dos bens, sem prejuízo da responsabilidade penal em que tenham incorrido; no caso de bens em condomínio, a responsabilidade dos subscritores é solidária" (§ 6.º).

Ainda sobre a integralização das ações por meio de bens, a LSA também se preocupou em regular a transferência desses bens do patrimônio dos sócios subscritores para o patrimônio da companhia. Nesse sentido, dispõe o art. 9.º da LSA que "na falta de declaração expressa em contrário, os bens transferem-se à companhia a título de propriedade"[123], ou seja, a sociedade anônima passa a ser proprietária dos bens, incorporando-os ao seu patrimônio social. De acordo com o art. 98, § 2.º, da LSA "a certidão dos atos constitutivos da companhia, passada pelo registro do comércio em que foram arquivados, será o documento hábil para a transferência, por transcrição no registro público competente, dos bens com que o subscritor tiver contribuído para a formação do capital social (artigo 8.º, § 2.º)"[124]. O § 3.º desse mesmo art. 98, por sua vez, dispõe que "a ata da assembleia geral que aprovar a incorporação deverá identificar o bem com precisão, mas poderá descrevê-lo sumariamente, desde que seja suplementada por declaração, assinada pelo subscritor, contendo todos os elementos necessários para a transcrição no registro público".

Por fim, é óbvio que a legislação acionária preocupou-se em estabelecer regras relativas à responsabilidade dos acionistas que integralizam suas ações com bens ou créditos. Quanto ao primeiro caso – integralização com bens – dispõe o art. 10 da LSA que "a responsabilidade civil dos subscritores ou acionistas que contribuírem com bens para a formação do capital social será idêntica à do vendedor"[125]. Quanto

---

[123] "Para que seja a transferência realizada a diferente título – por exemplo, usufruto –, deve o boletim de subscrição, ou o ato equivalente, mencioná-lo de modo expresso. A avaliação, nesse caso, deve restringir seu objeto ao direito especificamente transferido à sociedade" (COELHO, Fábio Ulhoa. *Curso de Direito Comercial*. Vol. 2. 20ª ed. São Paulo: RT, 2016, p. 172).

[124] A regra em questão se coaduna com o art. 64 da Lei 8.934/1994: "a certidão dos atos de constituição e de alteração de empresários individuais e de sociedades mercantis, fornecida pelas juntas comerciais em que foram arquivados, será o documento hábil para a transferência, por transcrição no registro público competente, dos bens com que o subscritor tiver contribuído para a formação ou para o aumento do capital". Conforme já explicamos quando do estudo da sociedade limitada, após fazer o arquivamento do estatuto social, pega-se a certidão da Junta Comercial para que ela seja levada a registro no cartório de imóveis, e é isso o que operará a transferência de titularidade do bem. Nesse sentido: REsp 1.743.088/PR.

[125] Sérgio Campinho destaca que a LSA, nesse ponto, é melhor que o Código Civil, porque este, em seu art. 1.005, prevê apenas a responsabilidade pela evicção, enquanto a LSA equipara a responsabilidade do subscritor à do vendedor, "na qual ficam circunscritas as responsabilidades pela evicção e pelos vícios redibitórios" (CAMPINHO, Sérgio. *O direito de empresa no novo Código Civil*. 9ª ed. Rio de Janeiro: Renovar, 2008, p. 99).

ao segundo caso – integralização com créditos – dispõe o parágrafo único do art. 10 que "quando a entrada consistir em crédito, o subscritor ou acionista responderá pela solvência do devedor".

7.3.8.1. A obrigação de integralizar (realizar) o capital social

Como destacamos acima, as sociedades anônimas, por desempenharem, não raro, empreendimentos de grande porte, necessitam do aporte de somas consideráveis de recursos, os quais são obtidos, em princípio, junto aos próprios acionistas, já que cada um deles, quando da constituição da companhia, *subscreverá* parcela do capital social, parcela esta que deverá, posteriormente, ser *integralizada*.

A obrigação de o acionista integralizar ou realizar o valor das ações subscritas está expressamente prevista no art. 106 da LSA, que assim dispõe: "o acionista é obrigado a realizar, nas condições previstas no estatuto ou no boletim de subscrição, a prestação correspondente às ações subscritas ou adquiridas".

Cabe ao estatuto ou ao boletim de subscrição definir as prestações e o prazo para pagamento. Caso sejam omissos, todavia, aplica-se a regra do § 1.º do art. 106: "se o estatuto e o boletim forem omissos quanto ao montante da prestação e ao prazo ou data do pagamento, caberá aos órgãos da administração efetuar chamada, mediante avisos publicados na imprensa, por 3 (três) vezes, no mínimo, fixando prazo, não inferior a 30 (trinta) dias, para o pagamento".

Por fim, complementa o § 2.º estabelecendo que "o acionista que não fizer o pagamento nas condições previstas no estatuto ou boletim, ou na chamada, ficará de pleno direito constituído em mora, sujeitando-se ao pagamento dos juros, da correção monetária e da multa que o estatuto determinar, esta não superior a 10% (dez por cento) do valor da prestação".

7.3.8.1.1. O acionista remisso

Nos termos do § 2.º do art. 106 da LSA, transcrito acima, o **acionista que não realizar/integralizar o valor das ações que subscreveu** nas condições estabelecidas no estatuto, no boletim ou na chamada, conforme o caso, será constituído em mora, tornando-se, a partir de então, *acionista remisso*.

Vale destacar que mesmo que a ação ainda não tenha sido integralizada, ela pode ser negociada, mas nesse caso haverá responsabilidade solidária, entre alienante e adquirente, pela integralização, conforme previsão do art. 108 da LSA: "Ainda quando negociadas as ações, os alienantes continuarão responsáveis, solidariamente com os adquirentes, pelo pagamento das prestações que faltarem para integralizar as ações transferidas. Parágrafo único. Tal responsabilidade cessará, em relação a cada alienante, no fim de 2 (dois) anos a contar da data da transferência das ações".

Contra o remisso, a companhia pode tomar duas medidas, ambas previstas no art. 107 da LSA: "I – promover contra o acionista, e os que com ele forem solidariamente responsáveis (artigo 108), processo de execução para cobrar as importâncias devidas, servindo o boletim de subscrição e o aviso de chamada como título extrajudicial nos termos do Código de Processo Civil; ou II - mandar vender as ações em bolsa de valores, por conta e risco do acionista".

O direito que a companhia tem de adotar tais medidas contra o acionista remisso é tão relevante que a própria lei determina, no § 1.º do dispositivo em questão, que "será havida como não escrita, relativamente à companhia, qualquer estipulação do estatuto ou do boletim de subscrição que exclua ou limite o exercício da opção prevista neste artigo[126], mas o subscritor de boa-fé terá ação, contra os responsáveis pela estipulação, para haver perdas e danos sofridos, sem prejuízo da responsabilidade penal que no caso couber".

Caso a companhia opte pela medida prevista no inciso II do art. 107 - venda das ações em bolsa - estabelece o § 2.º que "a venda será feita em leilão especial na bolsa de valores do lugar da sede social, ou, se não houver, na mais próxima, depois de publicado aviso, por 3 (três) vezes, com antecedência mínima de 3 (três) dias. Do produto da venda serão deduzidas as despesas com a operação e, se previstos no estatuto, os juros, correção monetária e multa, ficando o saldo à disposição do ex-acionista, na sede da sociedade". Como se trata de um "leilão especial", as companhias fechadas também podem fazê-lo, e o lance mínimo deve ser o valor nominal da ação.[127]

Quanto à medida prevista no inciso I do art. 107 - execução das importâncias devidas em decorrência da mora -, estabelece o § 3.º que "é facultado à companhia, mesmo após iniciada a cobrança judicial, mandar vender a ação em bolsa de valores; a companhia poderá também promover a cobrança judicial se as ações oferecidas em bolsa não encontrarem tomador, ou se o preço apurado não bastar para pagar os débitos do acionista". Portanto, a companhia pode adotar as duas medidas contra o remisso simultaneamente, abandonando uma delas caso a outra seja bem sucedida.[128]

Por fim, o § 4.º, do art. 107, da LSA cuida da hipótese em que as medidas adotadas pela companhia forem infrutíferas. Eis o teor do dispositivo ora em comento: "se a companhia não conseguir, por qualquer dos meios previstos neste artigo, a integralização das ações, poderá declará-las caducas e fazer suas as entradas realizadas, integralizando-as com lucros ou reservas, exceto a legal; se não tiver lucros e reservas suficientes, terá o prazo de 1 (um) ano para colocar as ações caídas em comisso, findo o qual, não tendo sido encontrado comprador, a assembleia geral deliberará sobre a redução do capital em importância correspondente". Portanto, sendo infrutíferas a execução e a venda em bolsa, há três possibilidades, nessa ordem:

---

[126] "Essas regras possuem natureza cogente nas sociedades anônimas, não podendo ser modificadas pelo estatuto ou pelo boletim de subscrição" (HÜBERT, Ivens Henrique. Capital social. In: *Tratado de Direito Comercial*. São Paulo: Saraiva, 2015, p. 397).

[127] Nesse sentido: "A venda, nesse caso, é feita em leilão especial, e por isso a alternativa também pode ser usada por companhias fechadas. (...) O lance mínimo admissível no leilão é necessariamente, o valor nominal da ação. Caso não tenha valor nominal, deve equivaler ao resultado aritmético da divisão do capital social pelo número de ações. (...) a diferença entre o lance mínimo e o de arrematação constitui ágio e deve ser careada à conta de reserva de capital" (COELHO, Fábio Ulhoa. *Curso de Direito Comercial*. Vol. 2. 20ª ed. São Paulo: RT, 2016, p. 175).

[128] *"As duas providências podem ser simultâneas (LSA, art. 107, § 3º), mas é claro que, resultando frutífera uma delas, a outra deve ser prontamente interrompida para não ocorrer enriquecimento indevido da sociedade"* (COELHO, Fábio Ulhoa. *Curso de Direito Comercial*. Vol. 2. 20ª ed. São Paulo: RT, 2016, p. 175).

(i) a companhia integraliza a ação com lucros ou reservas, (ii) a companhia busca compradores por um ano ou (iii) a companhia reduz o capital social.

7.3.8.1.2. Aumento e redução do capital social

O art. 5º da LSA estabelece que "o estatuto da companhia fixará o valor do capital social, expresso em moeda nacional", e o art. 6º determina que "o capital social somente poderá ser modificado com observância dos preceitos desta Lei e do estatuto social (**artigos 166 a 174**)".

De acordo com o art. 166 da LSA, "o capital social pode ser aumentado: I – por deliberação da assembléia-geral ordinária, para correção da expressão monetária do seu valor (artigo 167)[129]; II – por deliberação da assembléia-geral ou do conselho de administração, observado o que a respeito dispuser o estatuto, nos casos de emissão de ações dentro do limite autorizado no estatuto (artigo 168); III – por conversão, em ações, de debêntures ou parte beneficiárias e pelo exercício de direitos conferidos por bônus de subscrição, ou de opção de compra de ações; IV – por deliberação da assembléia-geral extraordinária convocada para decidir sobre reforma do estatuto social, no caso de inexistir autorização de aumento, ou de estar a mesma esgotada".

No caso do inciso II, conforme estabelecido no art. 168 da LSA, o aumento do capital social ocorrerá "independentemente de reforma estatutária", porque o próprio estatuto já prevê essa possibilidade, de forma detalhada (ver § 1º). É uma forma simplificar e agilizar o procedimento de aumento do capital social.

No caso do inciso III, o aumento do capital social é feito sem o ingresso de novos recursos na sociedade anônima. No entanto, como há redução do passivo (os titulares dos valores mobiliários convertidos deixam de ser credores e passam a ser sócios), ocorre uma elevação do patrimônio líquido da companhia.

No caso do inciso IV, a subscrição pode ser pública ou particular, e só pode ocorrer se já tiver ocorrido a integralização de pelo menos três quartos do capital social (art. 170 da LSA). Ademais, aplicam-se, no que couber, as regras sobre constituição da S/A (por exemplo: art. 8º para o caso de integralização em bens; necessidade de registro na CVM para subscrição for pública etc.).

O art. 169 da LSA prevê que "o aumento de capital social mediante **capitalização de lucros ou de reservas** importará alteração do valor nominal das ações ou distribuições das ações novas, correspondentes ao aumento, entre acionistas, na proporção do número de ações que possuírem". Nesse caso, o aumento do capital social também é feito sem o ingresso de novos recursos na sociedade anônima, e pode ser realizado de duas formas: emissão de novas ações (que serão distribuídas proporcionalmente e terão os mesmos ônus e direitos das anteriores, salvo cláusula expressa em contrário) ou majoração do valor nominal das ações existentes.

[129] "Com a revogação da correção monetária das demonstrações financeiras, inclusive para fins societários (art. 4º e seu parágrafo único da Lei 9.249/95), deixou-se de constituir a reserva de correção monetária do capital, a ser capitalizada anualmente. Ficou, pois, afastada, desde 1997, e enquanto não restaurada a correção monetária das demonstrações financeiras, essa hipótese de aumento de capital" (TAVARES BORBA, José Edwaldo. *Direito Societário*. 14ª ed. São Paulo: Atlas, 2015, p. 425).

É preciso cumprir algumas formalidades em caso de aumento de capital social da sociedade anônima. De acordo com o § 1º do 166 da LSA, "dentro dos 30 (trinta) dias subseqüentes à efetivação do aumento, a companhia requererá ao registro do comércio a sua **averbação**, nos casos dos números I a III, ou o **arquivamento** da ata da assembléia de reforma do estatuto, no caso do número IV". O § 2º, por sua vez, dispõe que "o **conselho fiscal**, se em funcionamento, deverá, salvo nos casos do número III, ser obrigatoriamente ouvido antes da deliberação sobre o aumento de capital".

Além do cumprimento dessas formalidades, o aumento do capital social da sociedade anônima deve respeitar a regra do art. 171 da LSA, que trata do direito de preferência: "na proporção do número de ações que possuírem, os acionistas terão preferência para a subscrição do aumento de capital".

O direito de preferência é um mecanismo de proteção dos acionistas minoritários, que podem exercê-lo para evitar uma "**diluição da participação societária**". Trata-se de direito essencial do acionista (art. 109, inciso IV da LSA), e na companhia se aplica também aos casos de emissão de valores mobiliários conversíveis em ações (art. 171, § 3º da LSA). O prazo para exercício desse direito será fixado pelo estatuto ou pela assembleia, mas não pode ser inferior a 30 dias. Caso queira, o acionista poderá ceder esse direito (art. 171, § 6º da LSA).

Quanto à redução do capital social da sociedade anônima, o art. 173 da LSA estabelece o seguinte: "a assembléia-geral poderá deliberar a redução do capital social se houver **perda**, até o montante dos prejuízos acumulados, ou se julgá-lo **excessivo**".

Se a redução do capital social se dá por excesso, deve-se verificar se já houve a sua integralização total: em caso negativo, reduz-se o valor das ações ao montante já integralizado; em caso afirmativo, a companhia pode usar os recursos correspondentes à redução do capital para (i) criar ou aumentar reservas ou (ii) restituir os acionistas.

Além desses casos em que a redução do capital social da sociedade anônima se dá por deliberação assemblear (perdas e excesso), existem situações de redução obrigatória: (i) não substituição, em 120 dias, de acionistas cujas ações tenham sido reembolsadas (art. 45, § 6º da LSA); e (ii) inexistência de compradores para ações não integralizadas de acionista remisso (art. 107, § 4º da LSA).

Por fim, destaque-se que, afora esses casos de redução obrigatória, o art. 174 da LSA determina que "a redução do capital social com restituição aos acionistas de parte do valor das ações, ou pela diminuição do valor destas, quando não integralizadas, à importância das entradas, **só se tornará efetiva 60 (sessenta) dias após a publicação da ata da assembléia-geral que a tiver deliberado**". E mais: durante esse prazo de 60 dias, "os credores quirografários por títulos anteriores à data da publicação da ata poderão, mediante notificação, de que se dará ciência ao registro do comércio da sede da companhia, **opor-se à redução do capital**" decaindo desse direito os credores que o não exercerem dentro do prazo (§ 1º). Esgotado esse prazo, "a ata da assembléia-geral que houver deliberado à redução poderá ser arquivada se não tiver havido oposição ou, se tiver havido oposição de algum credor, desde que feita a prova do pagamento do seu crédito ou do depósito judicial da importância respectiva". E, caso existam debêntures da companhia em circulação, "a redução do capital não poderá ser efetivada sem **prévia aprovação pela maioria dos debenturistas**, reunidos em assembléia especial".

7.3.9. Ações

A ação é o principal *valor mobiliário* emitido pela companhia. Trata-se de valor mobiliário[130] que **representa parcela do capital social**, conferindo ao seu titular o ***status* de sócio**, o chamado *acionista*. As ações são consideradas **bens móveis** para os efeitos legais. Pela sua importância, analisaremos a ação em tópico específico, deixando a análise dos demais valores mobiliários emitidos pelas companhias para o tópico seguinte.

7.3.9.1. Classificação das ações

As ações, como dissemos, são os valores mobiliários mais importantes das sociedades anônimas, porque representam parcela do capital social e conferem aos seus titulares a condição de acionistas da companhia. Existem duas classificações importantes das ações de uma S/A: uma que leva em conta os **direitos e obrigações** que elas conferem aos seus titulares, e outra que leva em consideração a **forma de transferência**.

7.3.9.1.1. Quanto aos direitos e obrigações

Segundo esse critério classificatório, as ações são classificadas em: a) **ordinárias,** que conferem direitos normais ao seu titular; b) **preferenciais**, que conferem uma preferência ou vantagem ao seu titular; e c) **de fruição**, que conferem apenas direitos de gozo ao seu titular.

As ações ordinárias, como o próprio nome já indica, são aquelas que conferem aos seus titulares direitos comuns, ordinários. O **ordinarialista**, como é chamado o titular de uma ação dessa espécie, não possui, portanto, nenhum direito especial ou vantagem em relação aos demais sócios, mas também não se sujeita a nenhuma restrição, como acontece com titulares de outras espécies de ação.

Dentre os direitos conferidos aos ordinarialistas está o direito de voto, o qual, ao contrário do que se possa pensar, não constitui um direito essencial de qualquer acionista (vide art. 109 da LSA). Sendo assim, como o titular da ação ordinária possui o direito de voto, é normalmente entre os ordinarialistas que se estabelece a maioria controladora e os minoritários. A legislação que regula as sociedades anônimas há muito se preocupa com as relações entre esses dois grupos de sócios, tentando, na medida do possível, compatibilizar o exercício do poder de controle e a proteção aos interesses da minoria.

A ação preferencial, por sua vez, como o próprio nome também já indica, confere ao seu titular, chamado de **preferencialista**, uma preferência ou vantagem em relação aos ordinarialistas. Em contrapartida, o estatuto pode retirar ou restrin-

---

130 *"As ações, como valores mobiliários, ou títulos-valor, são consideradas bens móveis como ensina Tullio Ascarelli e consigna Trajano Valverde, obedecem, por isso, à lei de circulação dos bens móveis, sujeitas a penhor, usufruto, prescrição extintiva e/ou aquisitiva."* (LAMY FILHO, Alfredo. Ações nominativas e ações escriturais – natureza. Usucapião. In: CASTRO, Rodrigo R. Monteiro de; ARAGÃO, Leandro Santos de (Coord.). *Sociedade anônima*: 30 anos da Lei 6.404/76. São Paulo: Quartier Latin, 2007. p. 24).

gir alguns dos direitos normalmente conferidos aos titulares de ações ordinárias, inclusive o direito de voto. No entanto, é preciso destacar que essas **restrições** que podem ser impostas aos preferencialistas, as quais devem vir **expressamente consignadas no estatuto** – conforme disposto no art. 19 da LSA –, jamais poderão privar o titular da ação preferencial dos seus direitos fundamentais de acionista, previstos no art. 109 da lei.

As vantagens ou preferências que a ação preferencial confere aos seus titulares também devem vir especificadas no estatuto social da companhia. O art. 17 da LSA estabelece que essas preferências ou vantagens podem consistir: "I – em prioridade na distribuição de dividendo, fixo ou mínimo; II – em prioridade no reembolso do capital, com prêmio ou sem ele; ou III – na acumulação das preferências e vantagens de que tratam os incisos I e II".

Analisando uma controvérsia relacionada ao direito de participação nos lucros de um acionista preferencialista, o Superior Tribunal de Justiça entendeu ser legítima a previsão estatutária que determina a não participação do preferencialista nos lucros remanescentes, depois de recebido por ele o dividendo mínimo:

> *Recurso especial. Direito empresarial. Sociedade anônima. Violação ao art. 535, II, do CPC. Não ocorrência. Distribuição de dividendos mínimos. Participação nos lucros remanescentes. Exclusão. Previsão estatutária expressa. Art. 17, § 2.º, da Lei n. 6.404/76 (com redação anterior à Lei n. 10.303/2001). Possibilidade. Recurso não conhecido. 1. Não há falar em omissão do acórdão guerreado, porquanto houve expressa manifestação da Corte estadual sobre as matérias devolvidas no apelo manejado pelo recorrente, máxime no que toca à limitação imposta estatutariamente aos acionistas preferenciais e à normação relativa aos incentivos fiscais. 2. No caso em exame,* ***registrou o acórdão guerreado a existência de cláusula expressa no estatuto social da recorrida, dispondo que as ações preferenciais, de classe idêntica àquelas possuídas pelo recorrente, não participarão dos lucros remanescentes, após o recebimento do dividendo mínimo; por conseguinte, havendo previsão expressa de limitação, nos termos da norma de regência (Lei n. 6.404/76, art. 17, § 2.º, com a redação anterior às alterações promovidas pela Lei n. 10.303/2001), não se há falar em qualquer irregularidade****. 3. Recurso especial não conhecido (STJ, REsp 642.611-BA, Rel. Min. Hélio Quaglia Barbosa, DJ 06.08.2007, p. 497).*

Registre-se ainda que, conforme disposto no art. 15, § 2.º, da LSA "o número de ações preferenciais sem direito a voto, ou sujeitas a restrição no exercício desse direito, não pode ultrapassar 50% (cinquenta por cento) do total das ações emitidas".

Por fim, a terceira espécie de ação segundo o critério classificatório ora em análise, que leva em conta os direitos e obrigações que elas conferem aos seus titulares, são as ações de fruição, as quais são emitidas em substituição a ações ordinárias ou preferenciais que foram totalmente *amortizadas*, conferindo aos seus titulares meros direitos de gozo ou fruição. Nesse sentido, dispõe o art. 44 da LSA que "o estatuto ou a assembleia geral extraordinária pode autorizar a aplicação de lucros ou reservas no resgate ou na amortização de ações, determinando as condições e o modo de proceder-se à operação". O § 2.º desse dispositivo, por sua vez, estabelece que "a amortização consiste na distribuição aos acionistas, a título de antecipação e sem redução do capital social, de quantias que lhes poderiam tocar em caso de liquidação da companhia". E o § 5.º complementa: "as ações integralmente amortizadas poderão ser substituídas por ações de fruição, com as restrições fixadas pelo estatuto ou pela assembleia geral que deliberar a amortização; em qualquer caso, ocorrendo liquidação da companhia, as ações amortizadas só concorrerão ao acervo líquido depois de assegurado às ações não amortizadas valor igual ao da amortização, corrigido monetariamente".

Assim sendo, determinada a amortização de uma ação preferencial ou ordinária, calcula-se o seu valor patrimonial naquele momento e paga-se esse valor ao titular da ação. Nesse caso, o estatuto ou a assembleia geral que decidir por essa amortização, conforme o caso, vai também decidir se a substitui por uma ação de fruição. Fazendo-o, o titular dessa ação de fruição terá, a partir de então, apenas direitos de gozo ou fruição contra a companhia.

7.3.9.1.2. *Golden share*

Golden share é uma expressão que designa uma **categoria especial de ação preferencial**, que confere direitos bem específicos ao seu titular, como o **direito de veto** a certas deliberações sociais, por exemplo.

A origem dessa ação está no Reino Unido, entre o fim dos anos 1970 e o início dos anos 1980, quando o governo de Margaret Thatcher promoveu uma série de privatizações. Para manter um certo controle sobre as empresas privatizadas, foi criada a *golden share*.

No Brasil, a *golden share* apareceu inicialmente no art. 8º da Lei 8.031/1990, que instituiu o PND (Plano Nacional de Desestatização): "sempre que houver razões que o justifiquem, a União deterá, direta ou indiretamente, ações de classe especial do capital social de empresas privatizadas, que lhe confiram poder de veto em determinadas matérias (...)".

Com base no art. 8º da Lei 8.031/1990, houve a previsão de *golden share* nas privatizações da Celma, da Embraer e da Vale. No caso da Embraer, por exemplo, a *golden share* da União conferia direito de veto em deliberações sobre mudança do objeto social e alteração do controle acionário, dentre outros casos.

Atualmente, a *golden share* está prevista no art. 17, § 7º da LSA, podendo ser usada por qualquer ente político (União, Estados, DF e Municípios): "nas companhias objeto de desestatização poderá ser criada ação preferencial de classe especial, de propriedade exclusiva do ente desestatizante, à qual o estatuto social poderá conferir os poderes que especificar, inclusive o poder de veto às deliberações da assembleia geral nas matérias que especificar".

Embora a prerrogativa de emissão de *golden share* tenha sido assegurada, em princípio, apenas aos entes desestatizantes, nada impede que ela seja emitida também em caso de alienação de controle de companhias privadas, com base no art. 17, § 2º da LSA, que permite previsão estatutária de outras preferências ou vantagens às ações preferenciais.

Caso interessante sobre *golden share* foi o seguinte: o TCU teve que responder a uma consulta do antigo Ministério da Fazenda (na gestão de Henrique Meireles) sobre a possibilidade de a União abrir mão das *golden shares* que possui (o ex-ministro entendia que essas ações são ruins aos olhos do mercado, configurando entraves a novos investimentos, já que investidores não se sentem muito à vontade para investir numa companhia em que um ente político detém direitos especiais, como o direito de veto a determinadas deliberações).

O ministro Walton Alencar votou pela possibilidade: para ele, não apenas o Executivo poderia suprimir suas *golden shares*, como também deveria ser indenizado por essa supressão, quando fosse previsível e mensurável a valorização dela decorrente.

Prevaleceu, porém, o voto do ministro Vital do Rego: segundo ele, cabe ao Congresso Nacional decidir sobre a supressão das *golden shares* da União, bem como sobre eventual necessidade de compensação financeira.

7.3.9.1.3. Quanto à forma de transferência

Além da classificação acima analisada, que leva em conta os direitos e obrigações conferidos ao acionista, há ainda uma outra classificação, que leva em conta a **forma de transferência das ações**. Segundo essa classificação, as ações podem ser de dois tipos: a) *nominativas*; e b) *escriturais*.

Antes de explicar cada um desses tipos de ação, é preciso fazer uma observação importante. Até 1990, as ações, quanto à forma de transferência, podiam ser de quatro tipos distintos: além das já mencionadas ações nominativas e escriturais, havia também as *ações endossáveis*, transmissíveis por endosso praticado no próprio certificado, e as *ações ao portador*, transmissíveis pela mera tradição desse documento. Todavia, a Lei 8.021/1990 determinou que, no prazo de dois anos a partir da sua vigência, as ações endossáveis e ao portador fossem retiradas de circulação. É bem verdade que na LSA ainda podem ser vistas algumas normas que fazem menção a essas espécies de ações. Forçoso reconhecer, entretanto, que esses dispositivos da lei estão tacitamente revogados.

As **ações nominativas** são aquelas que **se transferem mediante registro levado a efeito em livro específico** escriturado pela S/A para tal finalidade (trata-se do livro *Registro de ações nominativas*, mencionado no art. 31 da LSA). O registro no livro, portanto, é condição indispensável para que se opere validamente a transferência da propriedade da ação.

> Os diversos atos anteriores a esse registro, que normalmente as partes praticam na compra e venda da ação, como a definição do preço, eventual assinatura de contrato, entrega do certificado etc., não operam a transferência da titularidade da ação, quer dizer, embora projetem cada um os seus válidos e próprios efeitos, nenhum deles importa a circulação do valor mobiliário. Este apenas se desloca do patrimônio do acionista-vendedor para o do acionista-comprador, concretizando a mudança do titular da ação, no momento em que é lançado o respectivo termo no livro específico, escriturado pela sociedade anônima emissora.[131]

A transferência de uma ação nominativa, portanto, é **ato formal** que exige certa **solenidade**, consistente no comparecimento do vendedor e do comprador – ou de seus representantes – à companhia para assinatura do livro de "transferência das ações

[131] COELHO, Fábio Ulhoa. *Curso de direito comercial*. 7. ed. São Paulo: Saraiva, 2004. p. 108-109. v. 2.

nominativas" (art. 31, § 1.º, da LSA). Em se tratando, todavia, de ação negociada na bolsa de valores, "o cessionário – *vendedor* – será representado, independentemente de instrumento de procuração, pela sociedade corretora, ou pela caixa de liquidação da Bolsa de Valores" (art. 31, § 3.º, da LSA).

Além das ações nominativas, há também as ações escriturais, previstas no art. 34 da LSA, o qual dispõe que "o estatuto da companhia pode autorizar ou estabelecer que todas as ações da companhia, ou uma ou mais classes delas, sejam mantidas em contas de depósito, em nome de seus titulares, na instituição que designar, sem emissão de certificados". As ações escriturais, portanto, são mantidas em contas de depósito junto a instituições financeiras designadas pela própria companhia, devendo essas instituições possuir autorização da CVM para prestar esse tipo de serviço (art. 34, § 2.º, da LSA).

As **ações escriturais**, ao contrário das ações nominativas, **não possuem certificado** – na verdade elas sequer se materializam num documento, sendo incorpóreas – **nem exigem muita solenidade para a sua transferência**. Elas se transferem "pelo lançamento efetuado pela instituição depositária em seus livros, a débito da conta de ações do alienante e a crédito a conta de ações do adquirente, à vista de ordem escrita do alienante, ou de autorização ou ordem judicial, em documento hábil que ficará em poder da instituição" (art. 35, § 1.º, da LSA).

A propriedade das ações escriturais, portanto, é comprovada pela mera exibição do extrato da conta de depósito de ações que a instituição financeira fornece ao seu titular (i) quando o acionista requerer, (ii) todo mês em que houver movimentação ou (iii) pelo menos uma vez ao ano (art. 35, § 2.º, da LSA).

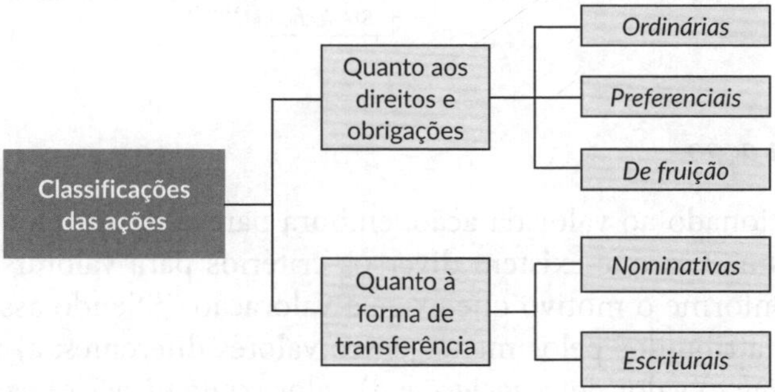

7.3.9.2. Classes de ações

Como a **sociedade anônima**, conforme destacamos no início do seu estudo, é o tipo societário mais atrativo para os grandes empreendimentos, ela possui um interessante mecanismo para atração de investidores os mais variados: a **divisão de suas ações em classes, nomeadas pelas letras do alfabeto, cada qual conferindo certos direitos e deveres aos seus titulares**. Dividindo suas ações em classes distintas, a companhia consegue agrupá-las conforme os direitos e restrições por elas conferidos, o que lhe permite atrair investidores que possuem interesses distintos em relação à sociedade.

Com efeito, imagine-se que uma determinada companhia, por exemplo, atue no ramo industrial de alimentos e tenha seu capital dividido em ações ordinárias – cujos acionistas, como visto, possuem direito de voto – e ações preferenciais sem direito a voto, estas divididas nas classes A, cujos titulares possuem direito ao recebimento e dividendo fixo, e B, cujos titulares possuem direito à prioridade no reembolso de capital. Essa companhia conseguirá atrair investidores interessados nas ações ordinárias – provavelmente um grupo econômico ligado ao ramo industrial de alimentos que deseja o controle da sociedade –, investidores interessados nas ações preferenciais da classe A – provavelmente especuladores do mercado de capitais, que viram naquela S/A uma possibilidade segura para aplicação para seus recursos, dada a garantia de dividendo fixo oferecida pelas suas ações – e investidores interessados nas ações preferenciais da classe C – possivelmente um fundo de pensão, por exemplo.

Registre-se, por fim, que segundo o art. 15, § 1.º, da LSA "as ações ordinárias e preferenciais poderão ser de uma ou mais classes, observado, no caso das ordinárias, o disposto nos arts. 16, 16-A e 110-A desta Lei". O art. 110-A trata do voto plural, novidade introduzida na LSA pela Lei 14.195/2021.

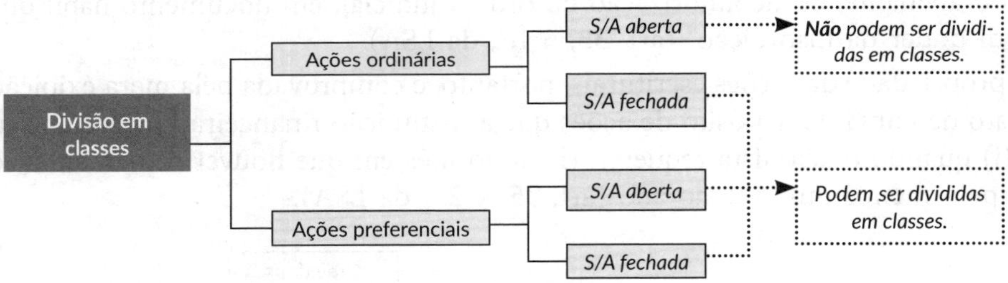

7.3.9.3. *Valor da ação*

O tema relacionado ao valor da ação, embora pareça de simples análise, é bastante complexo, uma vez que existem diversos critérios para valorar uma ação, e o uso deles varia conforme o motivo que exige a valoração.[132] Sendo assim, diz-se que à ação podem ser atribuídos pelos menos cinco valores diferentes: a) valor *nominal*; b) valor *patrimonial*; c) valor de *negociação*; d) valor *econômico*; e e) valor de *emissão*.

7.3.9.3.1. Valor nominal

O valor nominal da ação é alcançado por meio de uma simples operação aritmética: **divide-se o capital social total da S/A – calculado em moeda corrente – pelo número total de ações por ela emitidas** e tem-se, com precisão, o valor nominal de cada uma delas. Assim, por exemplo, se uma determinada companhia

[132] Nesse sentido: *"dependendo do contexto em que é necessário atribuir valor à participação societária, isto é, em função dos objetivos da avaliação, a ação poderá ter, e normalmente têm, valores diferentes"*. (COELHO, Fábio Ulhoa. *Curso de direito comercial*. 7. ed. São Paulo: Saraiva, 2004. p. 82. v. 2).

possui um capital social de R$ 1.000.000,00 (um milhão de reais) e emitiu, ao todo, 100.000 (cem mil) ações, cada ação dessa companhia possui valor nominal equivalente a R$ 10,00 (dez reais).

A LSA permitiu, em seu art. 14, que as companhias emitam ações sem valor nominal, submetendo-se essa matéria à disciplina estatutária, ou seja, cabe ao estatuto da S/A definir se suas ações terão valor nominal ou não. Se o estatuto optar por não atribuir valor nominal às ações, chama-se de **valor-quociente** o resultado decorrente da operação aritmética de **divisão do capital social total pelo número de ações emitidas**.

A atribuição de valor nominal às ações possui uma **finalidade específica**, a de conferir certa **garantia aos acionistas contra a chamada *diluição injustificada do valor patrimonial das ações quando da emissão de novas ações***. Com efeito, sempre que a companhia emitir novas ações com preço de emissão inferior ao valor patrimonial das ações já existentes, estas terão seu valor patrimonial reduzido, fenômeno econômico a que se dá o nome de **diluição do patrimônio acionário**, o qual atinge os acionistas antigos, em detrimento dos novos investidores que ingressaram na companhia.

Perceba-se, no entanto, que se a S/A atribui valor nominal às suas ações, os acionistas adquirem uma garantia relativa de que o patrimônio acionário não será diluído, uma vez que, conforme determina o art. 13 da LSA, "é vedada a emissão de ações por preço inferior ao seu valor nominal". Sendo assim, atribui-se um valor mínimo para o preço das novas ações que serão emitidas, preço esse nunca inferior ao valor nominal das ações. Por conseguinte, ainda que possa haver alguma diluição acionária em caso de emissão de novas ações que possuam preço de emissão inferior ao valor patrimonial das ações já existentes, essa diluição possui um limite que resguarda, de certa forma, os interesses dos antigos acionistas. Com efeito, como as novas terão que possuir, no mínimo, preço de emissão igual ao valor nominal, a diluição acionária, se ocorrer, não alcançará patamares muito grandes nem imprevistos. Em contrapartida, se a companhia não atribui valor nominal às suas ações, essa diluição pode atingir níveis alarmantes, ante a possibilidade de a S/A fixar o preço de emissão das suas novas ações sem limite mínimo, ou seja, num valor muito abaixo do valor patrimonial das ações existentes.

Por fim, registre-se que nada impede que o preço de emissão das novas ações emitidas pela companhia seja superior ao valor nominal. Nesse caso, a **diferença entre o preço de emissão e o seu valor nominal** é chamada de **ágio**, determinando a lei, em seu art. 13, § 2.º, que a mesma seja destinada à constituição de **reserva de capital**.

7.3.9.3.2. Valor patrimonial

O valor patrimonial ou valor real da ação é calculado levando-se em conta o patrimônio líquido da sociedade anônima. **Divide-se o patrimônio líquido da companhia pelo número de ações** e obtém-se, assim, o valor patrimonial de cada uma delas.

O **patrimônio líquido** da S/A, por sua vez, é calculado pela **diferença entre o seu ativo e seu passivo**. Digamos, pois, que uma determinada companhia possua um ativo correspondente a R$ 1.000.000,00 (um milhão de reais) e um passivo equivalente a R$ 400.000,00 (quatrocentos mil reais). Seu patrimônio líquido, obtido a partir da conta ativo menos passivo, será de R$ 600.000,00 (seiscentos mil reais). Se essa companhia possuir, por exemplo, 100.000 (cem mil) ações emitidas, cada ação terá o valor patrimonial de R$ 6,00 (seis reais).

Quando da constituição da sociedade anônima, caso o seu estatuto tenha optado por atribuir valor nominal às suas ações, este será igual ao valor patrimonial delas. Afinal, no ato de constituição da sociedade, seu patrimônio é composto, unicamente, pelas contribuições dos seus acionistas, não tendo a S/A ainda nenhuma obrigação. Nesse momento inicial, portanto, ante a ausência de passivo, seu patrimônio corresponderá exatamente ao seu capital social, razão pela qual o valor nominal de suas ações será igual ao seu valor patrimonial. Com o passar do tempo, todavia, a companhia assumirá obrigações, contrairá empréstimos, contratará empregados e deverá tributos ao fisco, bem como receberá pagamentos por serviços prestados ou mercadorias vendidas, o que fará seu patrimônio aumentar ou diminuir, conforme os negócios por ela empreendidos fracassem ou prosperem. Tudo isso acarretará uma variação constante de seu patrimônio líquido, o qual diferirá do seu capital social, dificilmente voltando a coincidir com ele.

Ressalte-se que o cálculo do valor patrimonial da ação é de suma importância em algumas situações como, por exemplo, quando da liquidação da companhia, em que após a realização do ativo e satisfação do passivo deve-se proceder à partilha do saldo remanescente, que corresponde justamente ao patrimônio líquido da S/A. Nesse caso, cada acionista receberá, na partilha, o valor patrimonial correspondente às ações que possuir. Outra situação em que sobressai a importância do cálculo do valor patrimonial da ação é a operação de amortização, que mencionamos com detalhes quando do estudo das ações de fruição. Deliberada a amortização da ação, por exemplo, antecipa-se ao acionista, no todo ou em parte, o valor que ele receberia se a companhia estivesse sendo dissolvida naquele momento, ou seja, o valor patrimonial de sua ação.

Sobre o cálculo do valor patrimonial da ação, assim já decidiu o Superior Tribunal de Justiça:

> *Direito civil. Contrato de participação financeira. Violação dos artigos 165, 458, II e 535 do CPC. Não caracterização. Legitimidade. Incidência do verbete sumular n.º 07 dessa Corte. Prescrição prevista no artigo 287, II, "g" da Lei 6.404/76. Não incidência. Valor patrimonial da ação. Apuração no mês da integralização. Multa do artigo 538, § único, do CPC. Exclusão. Recurso especial conhecido em parte, e na extensão, provido. 1. O v. acórdão veio devidamente fundamentado, nele não havendo qualquer contradição, obscuridade ou omissão. 2. Nos contratos de participação financeira, não incide a prescrição prevista no artigo 287, inciso II, alínea "g", da Lei n.º 6.404/76. 3. O valor patrimonial da ação, nos contratos de participação financeira, deve ser o fixado no mês da integralização,* rectius, *pagamento, do preço correspondente, com base no balancete mensal aprovado. 4. Nos casos de parcelamento do desembolso, para fins de apuração da quantidade de ações a que tem direito o consumidor, o valor patrimonial será definido com base no balancete do mês do pagamento da primeira parcela. 5. Multa do artigo 538, parágrafo único, do Código de Processo Civil, afastada. 6. Recurso especial parcialmente conhecido e, na extensão, provido (STJ, REsp 975.834-RS, Rel. Min. Hélio Quaglia Barbosa, DJ 26.11.2007, p. 115).*

Ainda sobre o valor patrimonial da ação, o STJ recentemente editou a Súmula 371, que dispõe: "Nos contratos de participação financeira para a aquisição de linha telefônica, o Valor Patrimonial da Ação (VPA) é apurado com base no balancete do mês da integralização".

7.3.9.3.3. Valor de negociação

Desde o início do estudo da sociedade anônima destacamos que uma de suas principais características é a sua **natureza capitalista**, que assegura a livre negociabilidade da participação societária, ou seja, a possibilidade de os acionistas alienarem suas ações livremente, sem que para tanto a comunidade de sócios tenha que ser previamente consultada, como ocorre nas sociedades de pessoas.

Viu-se também que as operações de **compra e venda de ações** são travadas no chamado ***mercado de capitais secundário***, no qual os acionistas alienam suas ações a investidores interessados, cobrando nessas transações um valor de negociação, que oscila conforme o momento econômico pelo qual passa a companhia. É claro que o valor nominal ou o valor patrimonial da ação pode servir de referência para a determinação do seu valor de negociação. Não obstante, é a vontade das partes – *vendedor* e *comprador* – que definirá, no final das contas, o valor a ser pago.

> Valor de negociação da ação é o contratado, por livre manifestação de vontade, entre quem a aliena e quem a adquire. O principal elemento que as partes do negócio levam em consideração, para chegar ao acordo, diz respeito às perspectivas de rentabilidade da empresa.[133]
>
> (...) o valor (de negociação) da ação é determinado por regras de mercado, onde prevalecem inúmeros fatores, tais como a pujança da sociedade, os resultados do setor econômico onde ela se insere, o momento econômico pelo qual passa o País, a qualidade de suas demonstrações contábeis, a necessidade financeira daquele que está vendendo as ações e o interesse daquele que as compra, a cotação das ações na bolsa de valores, em se tratando de companhia aberta, a importância dessas ações para o exercício do poder de controle da companhia etc.[134]

Merece destaque, por fim, o fato de que o valor de negociação da ação se subdivide em: (i) valor de negociação privada; e (ii) valor de mercado.

O primeiro se refere às ações negociadas fora do mercado aberto de capitais. O segundo, por sua vez, refere-se às ações de companhias abertas negociadas no âmbito do mercado de capitais, o qual compreende, conforme já estudado, a bolsa de valores e o mercado de balcão.

As **ações de companhias fechadas**, portanto, como não são admitidas à negociação no mercado de capitais, possuem apenas **valor de negociação privada**. Por outro lado, as **ações de companhias abertas** podem ter um **valor de negociação privada – quando vendidas fora do mercado de capitais – ou um valor de mercado, o que é mais comum**, já que as operações de compra e venda dessas ações

---

[133] COELHO, Fábio Ulhoa. *Curso de direito comercial*. 7. ed. São Paulo: Saraiva, 2004. p. 87. v. 2.

[134] BERTOLDI, Marcelo M.; RIBEIRO, Marcia Carla Pereira. *Curso avançado de direito comercial*. 3. ed. São Paulo: RT, 2006. p. 239.

se desenvolve, normalmente, no mercado de capitais, seja na bolsa ou no mercado de balcão. Esse valor de mercado que as ações da companhia aberta possuem é também chamado de *valor bursítico* ou *valor de cotação*, variando em função dos mais diversos fatores econômicos.

7.3.9.3.4. Valor econômico

A avaliação do valor econômico da ação também é muitas vezes importante. Chega-se a esse valor por meio da realização de estudos altamente complexos elaborados por técnicos especializados. Após esses estudos, consegue-se estabelecer um valor que seria vantajoso para a parte que está negociando a ação, comprando-a ou vendendo-a. Em suma: o valor econômico é aquele que os peritos entendem, após a elaboração de estudos técnicos específicos, que as ações possivelmente valeriam se fossem postas à venda no mercado de capitais.

Dentre os métodos usados pelos especialistas para o cálculo do valor econômico da ação, merece destaque o **método do fluxo de caixa descontado.**

> Os profissionais especializados na avaliação de empresas costumam adotar determinados modelos, de aceitação generalizada entre os *experts*, para a realização do cálculo do valor econômico da ação. Todavia, esse é um trabalho muito complexo, e assim como os advogados têm diferentes visões acerca dos direitos e deveres da sociedade anônima (no campo fiscal, trabalhista, comercial etc.), e contabilistas discordam sobre critérios de classificação de certos fatos contábeis, também os profissionais especializados na avaliação de investimentos nutrem suas divergências técnicas. Estabelecido tal pressuposto, pode-se apontar como o principal modelo de avaliação o denominado "fluxo de caixa descontado", em que se estimam, em valor presente, os fluxos de caixa futuros, correspondentes à participação acionária. Quer dizer, procura-se traduzir em dinheiro presente os futuros embolsos e desembolsos da sociedade, considerando-se o risco de inadimplência de devedores ou da existência de passivos ocultos (não contabilizados). Trata-se de modelo eficientemente aplicável na avaliação da maioria das empresas em atividade regular, mas apresenta limitações quando utilizado na avaliação de empresas em dificuldades, parcialmente desativadas, titulares de patentes, envolvidas em processo de reestruturação ou aquisição ou que se apresentem especialmente sensíveis a ciclos macroeconômicos. Nesses casos, os fluxos de caixa futuros não existem ou revelam maior inconstância. Também na hipótese de companhias fechadas a aplicação do modelo é limitada, porque a mensuração dos riscos, nesse caso, envolve maiores dificuldades.[135]

A definição do valor econômico de uma ação é de muita valia, por exemplo, em casos de averiguação de responsabilidade dos administradores de companhias em cuja gestão tenha havido negociações envolvendo ações das quais a mesma era titular. Imagine-se uma situação em que os administradores da companhia *X*, que era proprietária de ações da companhia *Y*, venderam essas por um determinado valor. O conselho fiscal da companhia *X*, duvidando do acerto da referida operação, resolve analisá-la, procedendo-se, então, ao cálculo do valor econômico daquelas ações no

[135] COELHO, Fábio Ulhoa. *Curso de direito comercial*. 7. ed. São Paulo: Saraiva, 2004, p. 90-91. v. 2.

momento em que foram alienadas. Caso se constate que as ações foram vendidas por um preço muito aquém do valor econômico apurado pelos especialistas contratados para a avaliação, pode-se responsabilizar os administradores que conduziram a negociação, que com certeza foi prejudicial aos interesses da companhia.

7.3.9.3.5. Preço de emissão

Além das operações de compra e venda de ações, realizadas no mercado de capitais secundário e nas quais se observa o valor de negociação, há também as operações de emissão e subscrição de novas ações, as quais, conforme já estudado anteriormente, se desenvolvem no âmbito do mercado de capitais primário. Trata-se de operações entre a própria companhia, que emite novas ações – o que ocorre quando a mesma é constituída ou quando aumenta o seu capital social – e investidores interessados em se tornarem acionistas, que as subscrevem.

Nessas operações, paga-se pela ação o seu preço de emissão, o qual representa, pois, **o valor que o investidor entrega à sociedade a título de contribuição ao capital social**. O preço de emissão, portanto, é estipulado unilateralmente pela companhia emissora, que também estabelecerá todas as condições para o seu pagamento por parte do subscritor. Claro está, todavia, que isso não significa que a sociedade fixará o preço de emissão das ações em valores muito altos, uma vez que nesse caso dificilmente os investidores se interessarão em adquiri-las. Por outro lado, isso também não significa que a companhia vá fixar o preço de emissão das ações em valores muito baixos, já que nesse caso ela estará subvalorizando sua participação acionária. Ademais, já se viu que quando o estatuto estipula valor nominal para as ações, o seu preço de emissão não poderá ser inferior ao seu valor nominal (art. 13 da LSA).

Por fim, reitere-se que caso o preço de emissão da ação seja superior ao seu valor nominal, a diferença, chamada de *ágio*, não compõe o capital social da companhia, devendo ser contabilizada em conta específica, denominada *reserva de capital*.

7.3.9.4. Direitos e obrigações conferidos pelas ações

Conforme visto no início do presente tópico, as ações da sociedade anônima podem ser de diferentes espécies, e, conforme a espécie, elas podem conferir direitos distintos aos seus titulares, bem como trazer algumas restrições ao exercício de determinados direitos. Assim ocorre, por exemplo, com as ações preferenciais, que podem conferir prioridade no recebimento de dividendo, mas em regra restringem o exercício do direito de voto.

Cada ação confere, pois, alguns direitos aos seus titulares. Como há diferentes espécies de ações, pode-se concluir, então, que certos acionistas possuem alguns direitos que não são conferidos a outros acionistas, e vice-versa.

7.3.9.4.1. Direitos essenciais dos acionistas

No entanto, existem certos direitos que são conferidos a todos os acionistas, independentemente da espécie de ação que ele titulariza. Trata-se, portanto, de *direi-*

tos essenciais dos acionistas: são direitos que nem a assembleia geral, nem o estatuto da companhia podem retirar dos sócios.

Tais direitos essenciais estão arrolados nos incisos do art. 109 da LSA, que assim dispõe: "nem o estatuto social nem a assembleia geral poderão privar o acionista dos direitos de: I - participar dos lucros sociais; II - participar do acervo da companhia, em caso de liquidação; III - fiscalizar, na forma prevista nesta Lei, a gestão dos negócios sociais; IV - preferência para a subscrição de ações, partes beneficiárias conversíveis em ações, debêntures conversíveis em ações e bônus de subscrição, observado o disposto nos artigos 171 e 172; V - retirar-se da sociedade nos casos previstos nesta lei".

São direitos essenciais de qualquer acionista, pois, os direitos: (i) de participação nos lucros sociais, (ii) de participação na partilha do acervo líquido da companhia, nos casos em que esta for dissolvida, (iii) de fiscalização da gestão da sociedade, (iv) de preferência na subscrição de novos valores mobiliários e (v) de retirada.

Nenhum desses direitos poderá ser retirado do acionista, seja qual for a espécie de ação que ele titularize. E mais: o legislador não apenas assegurou abstratamente esses direitos essenciais, como também assegurou aos acionistas a possibilidade de defendê-los em juízo. Nesse sentido, dispõe o § 2.º do referido dispositivo legal que "os meios, processos ou ações que a lei confere ao acionista para assegurar os seus direitos não podem ser elididos pelo estatuto ou pela assembleia geral".

7.3.9.4.2. Direito de participação nos lucros

Sobre o direito de participação nos lucros, primeiro é preciso verificar se a companhia produziu resultados distribuíveis no respectivo exercício social (art. 191 da LSA)[136], e depois é preciso verificar o que a AGO vai deliberar sobre a destinação do lucro líquido do exercício (art. 192), devendo-se observar as regras de dividendo obrigatório (art. 202), bem como as regras legais e estatutárias sobre reservas (arts. 193 e 194).

Ademais, é importante destacar que os acionistas não possuem direitos equânimes de participação nos lucros, já que o exercício desse direito varia conforme a espécie, a classe e o número de ações (ações preferenciais, por exemplo, podem assegurar aos seus titulares o direito ao recebimento de dividendos fixos ou mínimos (art. 17, I).

Caso seja feita distribuição de dividendos aos acionistas em desobediência às regras legais, isto é, sem que tenha havido lucro líquido no respectivo exercício e sem que existam lucros acumulados ou reservas de lucros (art. 201 da LSA), isso "implica responsabilidade solidária dos administradores e fiscais, que deverão repor à caixa social a importância distribuída, sem prejuízo da ação penal que no caso couber" (§ 1º). Quanto aos acionistas que receberam tais dividendos, eles não são obrigados a restituí-los, desde que o tenham feito de boa-fé. Esta, por sua, vez, será

[136] *Lucro líquido = RE (receita bruta – custos etc.) – prejuízos acumulados (se houver) – tributos (IRPJ e CSLL) – participações (empregados, administradores e debenturistas).*

presumida "quando os dividendos forem distribuídos sem o levantamento do balanço ou em desacordo com os resultados deste".

7.3.9.4.3. Direito de participação no acervo da companhia

Quanto ao direito de participação no acervo da companhia, ele se dá em caso de **dissolução da sociedade** (excepcionalmente, o acionista pode receber o que lhe cabe em caso de exercício do direito de recesso ou de amortização de ações).

Normalmente, esse direito será exercido na **partilha**, que ocorre no fim do procedimento dissolutório, após a fase de liquidação (realização do ativo e pagamento do passivo), mas o art. 215 da LSA permite que se façam **rateios antecipados**, após o pagamento de todos os credores.

Em regra, os acionistas recebem o **valor patrimonial** das ações que titularizam, mas pode haver preferencialistas com **"prioridade no reembolso de capital, com prêmio ou sem ele"** (art. 17, II), bem como deliberação da AG por **"condições especiais para partilha"**, desde que atendidas três condições: aprovação de 90% dos votos conferidos pelas ações com direito a voto, pagamento/garantia dos credores e não prejuízo aos minoritários (art. 215, §§ 1º e 2º da LSA).

7.3.9.4.4. Direito de fiscalização

No tocante ao direito de fiscalização, há um certo consenso na doutrina no sentido de que esse direito só pode ser exercido por meio dos instrumentos que a própria LSA assegura[137].

Um desses instrumentos é o conselho fiscal, que na sociedade anônima é órgão de existência obrigatória, mas cujo funcionamento pode ser permanente ou não (art. 161 da LSA), caso em que só será instalado quando houver pedido de acionistas, e esta instalação pode ser determinada em qualquer assembleia geral (§ 3º), mas desde que seja formulado pedido para tanto, por "acionistas que representem, no mínimo, 0,1 (um décimo) das ações com direito a voto, ou 5% (cinco por cento) das ações sem direito a voto" (§ 2º).

Outro instrumento de fiscalização é o pedido de exibição dos livros da companhia, que "pode ser ordenada judicialmente sempre que, a requerimento de acionistas que representem, pelo menos, **5% (cinco por cento) do capital social**, sejam apontados **atos violadores da lei ou do estatuto**, ou haja fundada **suspeita de graves irregularidades** praticadas por qualquer dos órgãos da companhia".

O direito de fiscalização também é exercido por ocasião da assembleia geral ordinária, em que se faz a análise das demonstrações financeiras e do relatório da administração, documentos que devem ser disponibilizados aos acionistas anualmente, com no mínimo um mês dias de antecedência ao referido conclave (arts. 132 e 133 da LSA).

137 "O acionista pode fiscalizar a administração da sociedade anônima fazendo uso apenas dos instrumentos referidos na lei. Ele não é livre para definir o meio pelo qual exercerá esse direito essencial" (COELHO, Fábio Ulhoa. *Curso de direito comercial*. Vol. 2. São Paulo: RT, 2016, p. 292).

Quando se trata de companhia aberta, os acionistas ainda possuem outra forma de exercer seu direito de fiscalização. Nessas sociedades, de acordo com o Art. 177, § 3º da LSA, "as demonstrações financeiras observarão, ainda, as normas expedidas pela Comissão de Valores Mobiliários e **serão obrigatoriamente submetidas a auditoria por auditores independentes** nela registrados".[138]

7.3.9.4.5. Direito de preferência

Ao comentarmos as regras sobre aumento do capital social da sociedade anônima, já destacamos que o direito de preferência, previsto no art. 171 da LSA, é um direito fundamental para proteção dos acionistas minoritários, na medida em que funciona como mecanismo que permite evitar a diluição da participação acionária deles.

Na sociedade anônima, o direito de preferência se aplica não apenas em caso de aumento de capital social (emissão de novas ações), mas também em caso de emissão de valores mobiliários conversíveis em ações: "os acionistas terão direito de preferência para subscrição das emissões de debêntures conversíveis em ações, bônus de subscrição e partes beneficiárias conversíveis em ações emitidas para alienação onerosa; mas na conversão desses títulos em ações, ou na outorga e no exercício de opção de compra de ações, não haverá direito de preferência" (art. 171, § 3º da LSA).

O prazo para exercício do direito de preferência será fixado pelo estatuto ou pela assembleia, mas não pode ser inferior a 30 dias (art. 171, § 4º), e caso queira, o acionista poderá ceder esse direito (art. 171, § 6º).

Conquanto seja um direito essencial, a própria LSA prevê, em seu art. 172, a possibilidade excepcional de exclusão estatutária do direito de preferência ou a redução do prazo para seu exercício, mas desde que seja uma companhia aberta de capital autorizado e que se trate de "ações e debêntures conversíveis em ações, ou bônus de subscrição, cuja colocação seja feita mediante: I – venda em bolsa de valores ou subscrição pública; ou II – permuta por ações, em oferta pública de aquisição de controle, nos termos dos arts. 257 e 263".

Tratando-se de companhia fechada, o parágrafo único do art. 172 permite a exclusão estatutária do direito de preferência "para subscrição de ações nos termos de lei especial sobre incentivos fiscais".

7.3.9.4.6. Direito de retirada (direito de recesso)

Embora muitos juristas usem as expressões direito de retirada e direito de recesso indistintamente, há quem faça a seguinte distinção: d**ireito de retirada seria** o direito de sair da sociedade sem apresentar justificativa (art. 1.029 do Código Ci-

---

[138] Art. 3º da Lei 11.638/2007. Aplicam-se às **sociedades de grande porte**, ainda que não constituídas sob a forma de sociedades por ações, as disposições da Lei nº 6.404, de 15 de dezembro de 1976, sobre escrituração e elaboração de demonstrações financeiras e a obrigatoriedade de auditoria independente por auditor registrado na Comissão de Valores Mobiliários.

vil); direito **de recesso seria o** direito de sair da sociedade apresentando justificativa fundada na lei (art. 1.077 do Código Civil e hipóteses previstas na LSA). O CPC, ao tratar da dissolução parcial de sociedade, acolheu, pelo menos em parte, essa distinção (art. 605, incisos II e III), mas aqui usaremos as expressões como sinônimas.

Enquanto na sociedade limitada o direito de retirada tende a ser considerado um direito potestativo, especialmente quando ela é regida subsidiariamente pelas normas da sociedade simples e contratada por prazo indeterminado (art. 1.029 do Código Civil), na sociedade anônima o direito de retirada é mais restrito, em razão de ela ser uma sociedade de capital (vínculo *intuitu pecuniae*) na qual impera, em princípio, a livre negociação das ações. Portanto, **o acionista só pode exercer o direito de recesso nas hipóteses expressamente previstas na LSA**, que se resumem, basicamente, a casos de dissidência em deliberações da assembleia geral sobre certas matérias relevantes.

De acordo com o art. 137 da LSA, "a **aprovação das matérias previstas nos incisos I a VI e IX do art. 136 dá ao acionista dissidente o direito de retirar-se da companhia**, mediante reembolso do valor das suas ações (...)". Os mencionados incisos do art. 136, por sua vez, tratam das seguintes matérias, que se sujeitam a quórum qualificado: "I – criação de ações preferenciais ou aumento de classe de ações preferenciais existentes, sem guardar proporção com as demais classes de ações preferenciais, salvo se já previstos ou autorizados pelo estatuto; II – alteração nas preferências, vantagens e condições de resgate ou amortização de uma ou mais classes de ações preferenciais, ou criação de nova classe mais favorecida; III – redução do dividendo obrigatório; IV – fusão da companhia, ou sua incorporação em outra; V – participação em grupo de sociedades (art. 265); VI – mudança do objeto da companhia; IX – cisão da companhia".

A depender da hipótese, o exercício do direito de retirada exige a verificação de alguns requisitos.

Conforme previsto no art. 137, inciso I, "nos casos dos incisos I e II do art. 136 *[dissidência em caso de criação de ações preferenciais, por exemplo]*, somente terá direito de retirada o titular de ações de espécie ou classe prejudicadas". O foco aqui deve ser a existência de prejuízo para o acionista que pretende exercer o seu direito de retirada, valendo destacar que esse prejuízo não se presume, devendo ser demonstrado pelo acionista ao formular seu respectivo pedido de reembolso à companhia. Pela descrição das hipóteses, é mais fácil que os ordinarialistas sejam prejudicados, mas é possível que o prejuízo ocorra também para preferencialistas.

Já nos casos dos incisos IV e V do art. 136 *[dissidência em caso de fusão, incorporação ou participação em grupo de sociedades]*, o art. 137, inciso II estabelece que "não terá direito de retirada o titular de ação de espécie ou classe que tenha liquidez e dispersão no mercado, considerando-se haver: a) **liquidez**, quando a espécie ou classe de ação, ou certificado que a represente, integre índice geral representativo de carteira de valores mobiliários admitido à negociação no mercado de valores mobiliários, no Brasil ou no exterior, definido pela Comissão de Valores Mobiliários; e b) **dispersão**, quando o acionista controlador, a sociedade controladora ou outras sociedades sob seu controle detiverem menos da metade da espécie ou classe de ação". A justificativa para essa regra é simples: se há liquidez e dispersão, o acionista dissidente pode facilmente sair da sociedade vendendo suas ações no mercado, não sendo razoável impor à companhia o ônus de reembolsá-lo. A propósito, "o correto seria aplicar a exceção da liquidez e dispersão a todas as hipóteses de recesso"[139].

No caso do inciso IX do art. 136 *[dissidência em caso de cisão]*, o art. 137, inciso III da LSA prevê que "**somente haverá direito de retirada se a cisão implicar**: a) mudança do objeto social, salvo quando o patrimônio cindido for vertido para sociedade cuja atividade preponderante coincida com a decorrente do objeto social da sociedade cindida; b) redução do dividendo obrigatório; ou c) participação em grupo de sociedades". Na hipótese dessa alínea 'c', deve-se aplicar a mesma ressalva do art. 137, inciso II: não haverá direito de recesso caso as ações do acionista sejam facilmente negociáveis (liquidez e dispersão).

Além dos casos previstos no art. 137, que relaciona o exercício do direito de preferência a hipóteses de dissidência do acionista em deliberações sobre assuntos relevantes, a LSA prevê o direito de preferência em outros dispositivos, alguns deles também associados e outros dissociados a eventual dissidência em deliberação relevante: dissidência em deliberação não unânime sobre transformação da companhia (art. 221); fechamento de capital de companhia aberta envolvida em incorporação, fusão ou cisão (art. 223, § 4º); mudança de controle acionário de companhia privada por desapropriação (art. 236); dissidência em incorporação de ações (art. 252, § 1º); dissidência sobre compra de controle de sociedade por companhia aberta (art. 256, § 2º); e dissidência sobre inserção de convenção de arbitragem no estatuto social (art. 136-A).

O acionista que quiser exercer seu direito de retirada deve requerer à sociedade o reembolso de sua(s) ação(ões), normalmente "no **prazo de 30 (trinta) dias** contado da publicação da ata da assembléia-geral" (art. 137, inciso IV da LSA), e "decairá do direito de retirada o acionista que não o exercer no prazo fixado" (§ 4º).

No caso de desapropriação do controle de companhia privada por pessoa jurídica de direito público (art. 236, parágrafo único), **o prazo para o pedido de reembolso é maior (60 dias)**, e sua contagem se dá a partir da "publicação da primeira ata da assembléia-geral realizada após a aquisição do controle".

Em outros casos, apenas o termo inicial da contagem do prazo (30 dias) muda: (i) quando há necessidade de assembleia especial de aprovação ou ratificação (art. 136, § 1º e art. 256, § 1º), o prazo é contado da publicação da ata dela (art. 137, inciso V); (ii) na hipótese de fusão e incorporação, como há várias assembleias, o prazo é contado separadamente para cada companhia, e o reembolso só será pago se a operação de concretizar (art. 230); (iii) no caso de não manutenção do capital aberto de companhia envolvida em operação societária, o prazo é contado após 120 dias da assembleia que aprovou a operação (art. 223, §§ 3º e 4º).

Além de existirem casos em que o direito de retirada independe da dissidência em assembleia geral (por exemplo, desapropriação de controle pelo Poder Público ou

[139] NUNES, Marcelo Guedes. *Direito de recesso nas sociedades anônimas*. In: COELHO, Fábio Ulhoa. *Tratado de Direito Comercial*. Vol. 3. São Paulo: Saraiva, 2015, p. 344.

não manutenção de capital aberto após operação societária), é importante destacar que o § 2º do art. 137 da LSA prevê que o direito de reembolso poderá ser exercido "**ainda que o titular das ações tenha se abstido de votar contra a deliberação ou não tenha comparecido à assembléia**". Não há necessidade, portanto, de que tenha havido uma real dissidência.

Após transcorrido o prazo para que os acionistas retirantes peçam o reembolso, os órgãos de administração da sociedade têm 10 dias para "**convocar a assembléia-geral para ratificar ou reconsiderar a deliberação, se entenderem que o pagamento do preço do reembolso das ações aos acionistas dissidentes que exerceram o direito de retirada porá em risco a estabilidade financeira da empresa" (art. 137, inciso VI e § 3º)**. Aqui vale relembrar que há casos em que o direito de retirada independe da dissidência em assembleia geral, e nesses casos não há que se falar em assembleia de reconsideração.

Ainda sobre o pedido de reembolso, é importante destacar o acionista retirante não pode pedir reembolso de apenas parte das suas ações, mas há juristas que criticam essa impossibilidade, porque "caso permitisse o recesso parcial, a LSA, além de oferecer maior liberdade para o investidor modelar o perfil de seu investimento, beneficiaria a companhia, que não seria obrigada a reembolsar todas as ações dos retirantes".[140]

Quanto ao cálculo do valor do reembolso, a regra é que ele seja feito com base no valor patrimonial, considerando-se para tanto o último balanço aprovado (art. 45, § 1º da LSA). Caso, porém, esse balanço tenha mais de 60 dias, o acionista interessado pode pedir o levantamento de um balanço especial, e "nesse caso, a companhia pagará imediatamente 80% (oitenta por cento) do valor de reembolso calculado com base no último balanço e, levantado o balanço especial, pagará o saldo no prazo de 120 (cento e vinte) dias, a contar da data da deliberação da assembléia-geral" (§ 2º).

O estatuto pode até estipular que o reembolso seja calculado por critério diferente do valor patrimonial, mas para que o resultado possa ser inferior ao "valor de patrimônio líquido", deve-se fazer o cálculo "com base no valor econômico da companhia" (art. 45, § 1º da LSA), seguindo-se uma sistemática detalhada na própria LSA: "se o estatuto determinar a avaliação da ação para efeito de reembolso, o valor será o determinado por **três peritos ou empresa especializada**, mediante laudo que satisfaça os requisitos do § 1º do art. 8º e com a responsabilidade prevista no § 6º do mesmo artigo. Os peritos ou empresa especializada serão indicados em lista sêxtupla ou tríplice, respectivamente, pelo Conselho de Administração ou, se não houver, pela diretoria, e escolhidos pela Assembléia-geral em deliberação tomada por maioria absoluta de votos, não se computando os votos em branco, cabendo a cada ação, independentemente de sua espécie ou classe, o direito a um voto" (§§ 3º e 4º).

Por fim, quanto ao prazo para a companhia proceder ao reembolso, em princípio o seu pagamento deve ser à vista, tão logo o acionista exerça o seu direito de retirada, salvo quando for cabível a realização de assembleia de ratificação/reconsideração (nesse caso, ou a sociedade paga após o prazo de 10 dias, caso não decida fazer a

[140] NUNES, Marcelo Guedes. *Direito de recesso nas sociedades anônimas*. In: COELHO, Fábio Ulhoa. *Tratado de Direito Comercial*. Vol. 3. São Paulo: Saraiva, 2015, p. 354.

assembleia, ou paga após a assembleia, caso nela seja ratificada a deliberação objeto da dissidência), quando for caso de fusão/incorporação (nesse caso, a sociedade paga após a operação se concretizar) ou quando o acionista pedir o levantamento de balanço especial (art. 45, § 2º da LSA).

7.3.9.4.7. Direito de voto

Perceba-se que **entre os direitos essenciais do acionista não se encontra o *direito de voto***, razão pela qual se conclui, obviamente, que tal direito não é essencial. É por isso que as ações preferenciais, em regra, não conferem direito de voto ao seu titular.

Vale lembrar, porém, o que diz o art. 125, parágrafo único da LSA: "os acionistas **sem direito de voto** podem comparecer à assembléia-geral e discutir a matéria submetida à deliberação". Assim, a despeito de o direito de voto não ser um direito essencial e, por isso, nem todo acionista possuir esse direito nas deliberações das assembleias gerais, é fundamental destacar que **todo acionista possui direito de voz**, isto é, pode participar das assembleias, pedir a palavra, manifestar-se, solicitar esclarecimentos etc.

Costuma-se distinguir o voto de vontade do voto de verdade. Chama-se **voto de vontade** aquele em que o acionista realiza uma verdadeira manifestação de vontade ao votar, **fazendo uma escolha** (eleição de administradores ou alteração do estatuto, por exemplo). Já o **voto de verdade** é aquele em que o acionista não escolhe entre propostas que lhe são oferecidas, mas apenas **manifesta um entendimento** sobre documentos que lhe são apresentados (demonstração financeira, laudo de avaliação, prestação de contas etc.). Fábio Ulhoa Coelho lembra que a distinção é importante porque **apenas o voto de vontade pode ser negociado**, sendo crime a negociação do voto de verdade (art. 177, § 2º do Código Penal).[141]

Se, por um lado, as ações preferenciais normalmente não conferem direito de voto, em contrapartida as ações ordinárias conferem aos seus titulares esse direito, conforme previsão expressa do art. 110 da LSA: "A cada ação ordinária corresponde 1 (um) voto nas deliberações da assembleia geral".

Não obstante as ações ordinárias confiram direito de voto, nos termos do dispositivo legal acima transcrito, permite a lei que o estatuto fixe limitações ao número de votos de cada acionista. É o que prevê o § 1.º, do art. 110, da LSA: "o estatuto pode estabelecer limitação ao número de votos de cada acionista".

X. Voto plural

A legislação societária brasileira sempre adotou o princípio *"one share, one vote"* ("uma ação, um voto"), e nesse sentido o § 2º do art. 110 da LSA vedava a atribuição de voto plural a qualquer classe de ações.

Atribuir voto plural é permitir que uma mesma ação dê direito a mais de um voto ao seu titular. Essa prática era vedada expressamente pela LSA em sua reda-

[141] COELHO, Fábio Ulhoa. *Curso de direito comercial*. Vol. 2. 20ª ed. São Paulo: RT, 2016, p. 308.

ção original. Claro que certo acionista podia ter várias ações, e nesse caso ele teria tantos votos quantas fossem suas ações. O que não se admitia era a atribuição de mais de um voto a uma mesma ação.

Na edição passada desta obra, eu já alertava, em nota de rodapé, que a vedação ao voto plural estava prestes a ser revogada: "A legislação societária brasileira adota o princípio "*one share, one vote*", mas em outros ordenamentos jurídicos, notadamente o norte-americano, o voto plural é permitido e muito usado na prática. Nos EUA, é comum que acionistas fundadores de grandes companhias tenham ações que conferem a eles mais direitos de voto do que as ações dos demais acionistas investidores, e muitos especialistas afirmam que esse mecanismo é importante para facilitar a captação de investimentos, na medida em que permite uma dissociação entre direitos políticos, de interesse dos fundadores, e direitos econômicos, de interesse dos investidores. Nos últimos anos, em função de algumas novas companhias brasileiras terem optado fazer *IPO* em outros países – algumas delas usando como justificativa a proibição de voto plural da LSA –, a questão começou a ser debatida no Brasil, havendo inclusive um projeto de lei sobre o assunto em tramitação o Congresso Nacional (PL 10.736/2018). Sobre o tema, confira-se: EIZIRIK, Nelson. *A Lei das S/A Comentada*. Vol. I. São Paulo: Quartier Latin, 2011, p. 622".

De fato, como eu já destacava, a regra que vedava o voto plural já vinha sendo criticada há algum tempo pela doutrina, e por isso ela foi revogada pela Lei 14.195/2021, que inseriu o art. 110-A na LSA, com a seguinte redação: "é admitida a criação de uma ou mais classes de ações ordinárias com atribuição de voto plural, não superior a 10 (dez) votos por ação ordinária: I – na companhia fechada; e II – na companhia aberta, desde que a criação da classe ocorra previamente à negociação de quaisquer ações ou valores mobiliários conversíveis em ações de sua emissão em mercados organizados de valores mobiliários".

Contrariando os reclamos da doutrina especializada[142], a Lei 14.195/2021 foi muito detalhista e restritiva na disciplina do voto plural, conforme veremos a seguir.

De acordo com o § 1º do art. 110-A, "a criação de classe de ações ordinárias com atribuição do voto plural depende do voto favorável de acionistas que representem: I – metade, no mínimo, do total de votos conferidos pelas ações com direito a voto; e II – metade, no mínimo, das ações preferenciais sem direito a voto ou com voto restrito, se emitidas, reunidas em assembleia especial convocada e instalada com as formalidades desta Lei". Mas o estatuto social da companhia, seja ela aberta ou fechada, poderá exigir quórum maior para essas deliberações (§ 3º).

O § 2º, por sua vez, cria mais uma hipótese de direito de retirada na sociedade anônima, determinando que, nas deliberações para criação de classe de ações ordinárias com atribuição de voto plural, "será assegurado aos acionistas dissidentes o

[142] "Consideramos que a melhor alternativa para o tratamento da questão do voto plural é deixar os limites e condições para serem estabelecidos pelos estatutos das companhias e, no caso das companhias abertas, pelas bolsas. Entendemos, portanto, que a lei não deve estabelecer: (i) número máximo de votos por ação; (ii) prazo máximo de duração, nem limite de prorrogações quando o estatuto estabelecer prazo; (iii) proibição à adoção do voto plural por companhias já listadas; nem (iv) intransferibilidade do voto plural em caso de venda do controle" (texto de manifestação enviada ao deputado relator da Lei 14.195/2021, assinada por diversos professores de direito empresarial).

direito de se retirarem da companhia mediante reembolso do valor de suas ações nos termos do art. 45 desta Lei, salvo se a criação da classe de ações ordinárias com atribuição de voto plural já estiver prevista ou autorizada pelo estatuto".

O § 4º cuida da listagem de companhias que adotem voto plural e da admissão de valores mobiliários de emissão dessas companhias em segmento de listagem de mercados organizados. Conforme esse dispositivo legal, essas situações devem respeitar as "regras editadas pelas respectivas entidades administradoras, que deverão dar transparência sobre a condição de tais companhias abertas".

Já o § 5º determina que, "após o início da negociação das ações ou dos valores mobiliários conversíveis em ações em mercados organizados de valores mobiliários, é vedada a alteração das características de classe de ações ordinárias com atribuição de voto plural, **exceto para reduzir os respectivos direitos ou vantagens**".

O § 6º, por seu turno, diz que "é facultado aos acionistas estipular no estatuto social o fim da vigência do voto plural condicionado a um evento ou a termo". Para tanto, porém, é necessário observar as regras dos parágrafos seguintes.

Primeiro, o § 7º diz que se deve garantir que o voto plural atribuído às ações ordinárias tenha prazo de vigência inicial de até 7 anos, e eventual prorrogação deve (i) observar os quóruns dos §§ 1º e 3º, (ii) excluir das votações os titulares de ações da classe cujo voto plural se pretende prorrogar, e (iii) assegurar aos acionistas dissidentes, nas hipóteses de prorrogação, o direito de retirada previsto no § 2º.

Segundo, o § 8º diz que "as ações de classe com voto plural serão automaticamente convertidas em ações ordinárias sem voto plural na hipótese de: I – transferência, a qualquer título, a terceiros, exceto nos casos em que: a) o alienante permanecer indiretamente como único titular de tais ações e no controle dos direitos políticos por elas conferidos; b) o terceiro for titular da mesma classe de ações com voto plural a ele alienadas; ou c) a transferência ocorrer no regime de titularidade fiduciária para fins de constituição do depósito centralizado; ou II – o contrato ou acordo de acionistas, entre titulares de ações com voto plural e acionistas que não sejam titulares de ações com voto plural, dispor sobre exercício conjunto do direito de voto".

O § 9º faz uma ressalva importante ao voto plural: "quando a lei expressamente indicar quóruns com base em percentual de ações ou do capital social, sem menção ao número de votos conferidos pelas ações, o cálculo respectivo deverá desconsiderar a pluralidade de voto".

O § 11 veda algumas operações societárias com participação de companhias que adotem voto plural: o inciso I impede a incorporação, a incorporação de ações e a fusão "de companhia aberta que não adote voto plural, e cujas ações ou valores mobiliários conversíveis em ações sejam negociados em mercados organizados, em companhia que adote voto plural"; e o inciso II proíbe a "cisão de companhia aberta que não adote voto plural, e cujas ações ou valores mobiliários conversíveis em ações sejam negociados em mercados organizados, para constituição de nova companhia com adoção do voto plural, ou incorporação da parcela cindida em companhia que o adote".

O § 12 lista duas situações em que "não será adotado o voto plural nas votações pela assembleia de acionistas": deliberações sobre "a remuneração dos administradores" (inciso I) e deliberações sobre "a celebração de transações com partes relacionadas que atendam aos critérios de relevância a serem definidos pela Comissão de Valores Mobiliários" (inciso II).

O § 13 detalha o mínimo que o estatuto social deve estabelecer, além do número de ações de cada espécie e classe em que se divide o capital social: "I – o número de votos atribuído por ação de cada classe de ações ordinárias com direito a voto, respeitado o limite de que trata o caput deste artigo; II – o prazo de duração do voto plural, observado o limite previsto no § 7º deste artigo, bem como eventual quórum qualificado para deliberar sobre as prorrogações, nos termos do § 3º deste artigo; e III – se aplicável, outras hipóteses de fim de vigência do voto plural condicionadas a evento ou a termo, além daquelas previstas neste artigo, conforme autorizado pelo § 6º deste artigo".

Por fim, o § 14 determina que "as disposições relativas ao voto plural não se aplicam às empresas públicas, às sociedades de economia mista, às suas subsidiárias e às sociedades controladas direta ou indiretamente pelo poder público".

Deve-se atentar também para a **distinção entre voto plural e *voto múltiplo***, este expressamente admitido pela LSA, no art. 141, na assembleia geral que elege os membros do conselho de administração.

7.3.9.4.7.1. O exercício do direito de voto

Quando abordamos as **ações preferenciais**, destacamos que elas, a despeito de conferirem algumas preferências ou vantagens aos seus titulares, trazem também **algumas restrições ao exercício de certos direitos, inclusive o direito de voto**. É muito comum, portanto, que as ações preferenciais não confiram direito de voto ao seu titular ou restrinjam o exercício desse direito. Nesse sentido, dispõe o art. 111 da LSA: "o estatuto poderá deixar de conferir às ações preferenciais algum ou alguns dos direitos reconhecidos às ações ordinárias, inclusive o de voto, ou conferi-lo com restrições, observado o disposto no artigo 109".

No entanto, há casos em que os acionistas preferencialistas sem direito de voto adquirem esse direito. É o que prevê o § 1.º do art. 111, segundo o qual "as ações preferenciais sem direito de voto adquirirão o exercício desse direito se a companhia, pelo prazo previsto no estatuto, não superior a 3 (três) exercícios consecutivos, deixar de pagar os dividendos fixos ou mínimos a que fizerem jus, direito que conservarão até o pagamento, se tais dividendos não forem cumulativos, ou até que sejam pagos os cumulativos em atraso". No mesmo sentido, dispõe o § 2.º que "na mesma hipótese e sob a mesma condição do § 1.º, as ações preferenciais com direito de voto restrito terão suspensas as limitações ao exercício desse direito". Complementando as regras em questão, estabelece o § 3.º, por sua vez, que "o estatuto poderá estipular que o disposto nos §§ 1.º e 2.º vigorará a partir do término da implantação do empreendimento inicial da companhia".

Um ponto interessante, no que se refere ao exercício do direito de voto, está relacionado com as ações que eventualmente são **objeto de garantia pignoratícia ou fiduciária**. Nesses casos, é importante saber quem pode exercer o direito de voto que a ação confere e em que condições esse direito de voto deverá ser exercido.

Quanto à ação sobre a qual recai garantia pignoratícia, determina o art. 113 da LSA que "o penhor da ação não impede o acionista de exercer o direito de voto; será lícito, todavia, estabelecer, no contrato, que o acionista não poderá, sem consentimento do credor pignoratício, votar em certas deliberações". Portanto, **o acionista que empenha sua ação não perde, em princípio, o direito de voto**, salvo se no contrato tiver sido estipulada cláusula em sentido contrário.

Por outro lado, quanto à ação que é objeto de **garantia fiduciária, o direito de voto deve ser exercido pelo devedor, nos termos do contrato**. É o que prevê o parágrafo único, do art. 113, da LSA: "o credor garantido por alienação fiduciária da ação não poderá exercer o direito de voto; o devedor somente poderá exercê-lo nos termos do contrato".

Outro ponto relevante no que se refere ao exercício do direito de voto é o referente às ações que são eventualmente **gravadas com usufruto**. Nesse caso, dispõe o art. 114 da LSA que "o direito de voto da ação gravada com usufruto, se não for regulado no ato de constituição do gravame, somente poderá ser exercido mediante prévio acordo entre o proprietário e o usufrutuário".

Ainda no que se refere ao exercício do direito de voto, preocupou-se o legislador em coibir o *abuso do direito de voto* por parte do acionista. Nesse sentido, estabelece a LSA, em seu art. 115, que "o acionista deve exercer o direito a voto no interesse da companhia; considerar-se-á abusivo o voto exercido com o fim de causar dano à companhia ou a outros acionistas, ou de obter, para si ou para outrem, vantagem a que não faz jus e de que resulte, ou possa resultar, prejuízo para a companhia ou para outros acionistas". Trata-se de dispositivo incluído na LSA no bojo da reforma operada pela Lei 10.303/2001, reforma essa que tentou incorporar à nossa legislação do anonimato princípios básicos de *governança corporativa*. A preocupação em coibir o uso abusivo do direito de voto foi tão grande que o legislador ainda estabeleceu no § 3.º do dispositivo em comento que "o acionista responde pelos danos causados pelo exercício abusivo do direito de voto, ainda que seu voto não haja prevalecido".

Por fim, preocupou-se também o legislador em disciplinar os casos de deliberações em que os **interesses do acionista sejam conflitantes com os interesses da companhia**, determinando que nesses casos será **vedado o exercício do direito de voto**. Assim, por exemplo, não pode o acionista votar nas deliberações que possam lhe trazer benefício particular, como é o caso da deliberação que analisa o laudo de avaliação dos bens que ele usou a título de contribuição para o capital social. É o que prevê o § 1.º, do art. 115, da LSA: "o acionista não poderá votar nas deliberações da assembleia geral relativas ao laudo de avaliação de bens com que concorrer para a formação do capital social e à aprovação de suas contas como administrador, nem em quaisquer outras que puderem beneficiá-lo de modo particular, ou em que tiver interesse conflitante com o da companhia". Complementando a regra em questão, dispõe o § 2.º que "se todos os subscritores forem condôminos de bem com que concorreram para a formação do capital social, poderão aprovar o laudo, sem prejuízo da responsabilidade de que trata o § 6.º do artigo 8.º". E, finalizando, prevê o § 4.º a possibilidade de a companhia anular a deliberação em que o acionista com interesse conflitante votou: "a deliberação tomada em decorrência do voto de acionista que tem interesse conflitante com o da companhia é anulável; o acionista responderá pelos danos causados e será obrigado a transferir para a companhia as vantagens que tiver auferido".

Sobre a vedação do exercício do direito de voto nos casos em que os interesses da companhia e do acionista sejam conflitantes, confira-se o Enunciado 14 da I Jornada de Direito Comercial do CJF: "é vedado aos administradores de sociedades anônimas votarem para aprovação/rejeição de suas próprias contas, mesmo que o façam por interposta pessoa".

7.3.9.4.7.1.1. Voto conflitante: conflito formal x conflito material

Conforme já destacado, o **voto abusivo** está disciplinado no *caput* do art. 115 da Lei 6.404/1976 *[causar dano à companhia ou a acionistas...]*, enquanto o **voto conflitante** está disciplinado no § 1º do art. 115 *[situações em que há conflito entre o interesse do acionista e o interesse da companhia]*.

- Voto abusivo: responsabilidade pelos danos causados, ainda que o voto não tenha prevalecido.

- Voto conflitante: responsabilidade pelos danos causados e possibilidade de anulação da deliberação, se o voto foi decisivo.

O conflito de interesses que caracteriza o voto conflitante pode ser **formal** ou **material**. No formal, o conflito de interesses é definido *a priori* pela própria legislação, isto é, **presume-se o conflito**, de modo que o acionista fica impedido de proferir seu voto (proibição de voto). Em contrapartida, no conflito material/substancial, **não há uma presunção** decorrente de uma situação fática previamente prevista na lei, de modo que o voto poderá ser exercido, mas ficará sujeito a controle posterior, conforme as circunstâncias do caso.[143]

Nos dois casos mencionados na primeira parte do art. 115, § 1º da LSA (votação sobre o laudo de avaliação dos seus bens usados para integralização e votação sobre as suas próprias contas como administrador), entende-se que há conflito formal, havendo uma proibição absoluta de voto (ressalvas: art. 115, § 2º e art. 134, § 6º; Tavares Borba também menciona outras possíveis ressalvas, que seriam casos em que todos estejam em situação de conflito). Quanto às situações descritas na parte final do dispositivo, a doutrina diverge, mas me parece que são casos de conflito material (§ 4º).[144]

---

[143] *"A doutrina, ao tratar do voto conflitante, faz uma distinção entre o conflito formal e o conflito substancial de interesses. No primeiro caso, presume-se o abuso pela situação de fato e, por isso, veda-se previamente o exercício do direito de voto. Já no segundo caso, não se presume o abuso e, por isso, o voto não é vedado previamente, mas deve ser feita uma análise a posteriori caso a caso para verificar a existência ou não do abuso"* (TOMAZETTE, Marlon. *Curso de direito empresarial*. Vol. 1. 8ª ed. São Paulo: Atlas, 2017, p. 533).

[144] Sobre a questão, merece menção o REsp 1.692.803, que saiu no Informativo 686 do STJ. Numa companhia fechada com apenas dois acionistas, um deles (minoritário) ajuizou ação para anular a AGO, e um dos argumentos foi o de que o outro acionista (majoritário) votou para aprovar suas próprias contas, o que é expressamente vedado pela Lei 6.404/1976 (art. 115, § 1º). A ação foi julgada improcedente, mas o TJSP reformou a sentença em parte, anulando a deliberação assemblear sobre a aprovação das contas, por entender que o administrador não poderia ter votado sobre esse assunto. No STJ, o entendimento do TJSP foi mantido: o relator, Ministro Ricardo Villas-Bôas Cueva, afirmou que "a aprovação das próprias contas é caso típico de conflito formal (ou impedimento de voto), sendo vedado ao acionista-administrador proferir voto acerca da regularidade de suas contas". Ademais, ele afastou a aplicação da exceção do art. 134, § 6º [que permite que os administradores votem quando a companhia é fechada e eles são os únicos acionistas], porque o minoritário tinha sido também diretor por apenas alguns meses do referido exercício, não mais ocupando tal cargo quando da deliberação. Por fim, rechaçando argumento do majoritário de que, no caso, ele estaria sujeito a uma "ditadura da minoria", Cueva destacou que "o fato de a sociedade ter somente 2 (dois)

7.3.9.4.8. Acionista controlador

Nas sociedades anônimas, sociedades institucionais que, não raro, possuem quadro societário extenso e de perfil diversificado, as relações que se estabelecem entre os sócios tendem a ser complexas, sobretudo em razão da luta pelo poder de controle[145] travada entre os acionistas ou grupos de acionistas.

Com efeito, é muito comum, além de ser extremamente importante, que a sociedade anônima possua sócios com os mais variados perfis, cada um com objetivos e interesses distintos em relação à companhia. Atenta a esse dado da realidade, a doutrina costuma classificar os acionistas, segundo os seus interesses, em *empreendedores* e *investidores*. Os **empreendedores** são aqueles que possuem interesse na gestão dos negócios da sociedade, por isso são titulares, em regra, de **ações ordinárias com direito de voto**. Os **investidores**, por sua vez, têm interesse apenas num bom retorno para o capital que investem na companhia, e são subdivididos em **rendeiros**, quando pensam em longo prazo, e **especuladores**, quando visam apenas a ganhos imediatos. Em regra, os investidores – rendeiros ou especuladores – **possuem ações preferenciais sem direito de voto**.

Dentro dessa perspectiva, pode-se concluir que é entre os acionistas com direito de voto, em regra os acionistas empreendedores, que se estabelecem as maiores batalhas pelo *poder de controle* da companhia. É nessa categoria de acionistas, pois, que se formarão os controladores da sociedade.

De acordo com o art. 116 da LSA, "entende-se por acionista controlador a pessoa, natural ou jurídica, ou o grupo de pessoas vinculadas por acordo de voto, ou sob controle comum, que: a) é titular de direitos de sócio que lhe assegurem, de modo permanente, a maioria dos votos nas deliberações da assembleia geral e o poder de eleger a maioria dos administradores da companhia; e b) usa efetivamente seu poder para dirigir as atividades sociais e orientar o funcionamento dos órgãos da companhia".

Vê-se que para a configuração do **acionista controlador** são necessários **dois requisitos**, um de natureza *objetiva* – percentual do capital votante que confira maioria na assembleia e possibilidade de eleição da maioria dos administradores – e outro de natureza *subjetiva* – uso efetivo do percentual do capital votante para comandar a gestão dos negócios sociais.[146]

Duas observações precisam ser feitas sobre a alínea 'a' do art. 116 da LSA: (i) ao mencionar "direitos de sócio", a nossa legislação não contempla o chamado con-

sócios não é suficiente para afastar a proibição de o administrador aprovar suas próprias contas, pois o acionista minoritário deverá proferir seu voto no interesse da sociedade, podendo responder por eventual abuso". Em síntese: havendo apenas dois acionistas, e sendo um deles administrador, a aprovação das contas caberá unicamente ao outro, que deve votar no interesse da sociedade, sob pena de responder por exercício abusivo do voto.

145 "Controle deve ser entendido como gênero, do qual são espécies o **societário** e o **empresarial**. A distinção não se acomoda apenas no plano teórico. É no plano prático que se manifestam suas principais consequências. Nesse sentido, o controle societário pressupõe a propriedade acionária e a dominação das deliberações societárias, enquanto o controle empresarial indica a titularidade e o domínio da empresa" (CASTRO, Rodrigo R. Monteiro de. *O controlador. In: Tratado de Direito Comercial*. São Paulo: Saraiva, 2015, p. 22-23). Em suma: o controle societário é exercido pelo(s) sócio(s), e o controle empresarial é exercido pelo(s) administrador(es). Essa distinção é importante para compreender uma das modalidades de controle que serão analisadas adiante: o controle gerencial.

146 Nesse sentido: RESTIFFE, Paulo Sérgio. *Manual do novo direito comercial*. São Paulo: Dialética, 2006. p. 172.

trole gerencial, que é exercido por não sócios; e (ii) para interpretar a expressão "de modo permanente" usada pela lei, muitos ainda usam como referência uma norma infralegal antiga e já revogada do BACEN, que utilizava como parâmetro as três últimas assembleias gerais da companhia.[147]

Sobre a alínea 'b' do art. 116 da LSA, é importante destacar que não se deve confundir o acionista majoritário com o acionista controlador, até porque a lei impõe a este deveres e responsabilidades específicos, de modo que para a sua caracterização é imprescindível verificar se, de fato, há o uso efetivo da maioria nas assembleias gerais para direção dos negócios sociais. Como alerta a doutrina, "se o acionista majoritário mantém-se em posição passiva, não é considerado controlador".[148]

O poder de controle é um poder-dever, e por isso a LSA se preocupou em disciplinar a atuação do acionista controlador, determinando que ele "(...) deve usar o poder com o fim de fazer a companhia realizar o seu objeto e cumprir sua função social, e tem deveres e responsabilidades para com os demais acionistas da empresa, os que nela trabalham e para com a comunidade em que atua, cujos direitos e interesses deve lealmente respeitar e atender" (art. 116, parágrafo único). No mesmo sentido, o art. 116-A da LSA, incluído pela Lei 10.303/2001, determina que "o acionista controlador da companhia aberta e os acionistas, ou grupo de acionistas, que elegerem membro do conselho de administração ou membro do conselho fiscal, deverão informar imediatamente as modificações em sua posição acionária na companhia à Comissão de Valores Mobiliários e às Bolsas de Valores ou entidades do mercado de balcão organizado nas quais os valores mobiliários de emissão da companhia estejam admitidos à negociação, nas condições e na forma determinadas pela Comissão de Valores Mobiliários".

Note-se que a preocupação do legislador vai além da previsão de **regras de orientação de conduta**, havendo também a previsão **de regras de responsabilização do controlador que usar seu poder de forma abusiva**. Nesse sentido, dispõe o art. 117 que "o acionista controlador responde pelos danos causados por atos praticados com abuso de poder".

Complementando a regra em questão, dispõe o seu § 1.º que "são modalidades de exercício abusivo de poder: a) orientar a companhia para fim estranho ao objeto social ou lesivo ao interesse nacional, ou levá-la a favorecer outra sociedade, brasileira ou estrangeira, em prejuízo da participação dos acionistas minoritários nos lucros ou no acervo da companhia, ou da economia nacional; b) promover a liquidação de companhia próspera, ou a transformação, incorporação, fusão ou cisão da companhia, com o fim de obter, para si ou para outrem, vantagem indevida, em prejuízo dos demais acionistas, dos que trabalham na empresa ou dos investidores em valores mobiliários emitidos pela companhia; c) promover alteração estatutária, emissão de valores mobiliários ou adoção de políticas ou decisões que não tenham por fim o interesse da companhia e visem a causar prejuízo a acionistas minoritários, aos que trabalham na empresa ou aos investidores em valores mobiliários emitidos pela companhia; d) eleger administrador ou fiscal que sabe inapto, moral

[147] Resolução 401/1976.

[148] MUNHOZ, Eduardo Secchi. *Empresa contemporânea no direito societário.* São Paulo: Juarez de Oliveira, 2002, p. 239.

ou tecnicamente; e) induzir, ou tentar induzir, administrador ou fiscal a praticar ato ilegal, ou, descumprindo seus deveres definidos nesta Lei e no estatuto, promover, contra o interesse da companhia, sua ratificação pela assembleia geral; f) contratar com a companhia, diretamente ou através de outrem, ou de sociedade na qual tenha interesse, em condições de favorecimento ou não equitativas; g) aprovar ou fazer aprovar contas irregulares de administradores, por favorecimento pessoal, ou deixar de apurar denúncia que saiba ou devesse saber procedente, ou que justifique fundada suspeita de irregularidade; h) subscrever ações, para os fins do disposto no art. 170, com a realização em bens estranhos ao objeto social da companhia".

O STJ já decidiu que o rol previsto no art. 117, § 1.º, da LSA é meramente exemplificativo. No mesmo julgado, entendeu o STJ que a caracterização do abuso de poder independe da intenção subjetiva do controlador, mas é imprescindível a ocorrência de dano.

> *Recurso especial. Direito Processual Civil e Direito societário. Art. 117, § 1.º, da Lei n.º 6.404/76 (Lei das Sociedades). Modalidades de abuso de poder de acionista controlador. Forma exemplificativa. Caracterização do abuso de poder. Prova do dano. Precedente. Montante do dano causado pelo abuso de poder do acionista controlador. Fixação em liquidação de sentença. Possibilidade. –* ***O § 1.º, do art. 117, da Lei das Sociedades Anônimas enumera as modalidades de exercício abusivo de poder pelo acionista controlador de forma apenas exemplificativa. Doutrina.*** *– A Lei das Sociedades Anônimas adotou padrões amplos no que tange aos atos caracterizadores de exercício abusivo de poder pelos acionistas controladores, porquanto esse critério normativo permite ao juiz e às autoridades administrativas, como a Comissão de Valores Mobiliários (CVM), incluir outros atos lesivos efetivamente praticados pelos controladores. –* ***Para a caracterização do abuso de poder de que trata o art. 117 da Lei das Sociedades por Ações, ainda que desnecessária a prova da intenção subjetiva do acionista controlador em prejudicar a companhia ou os minoritários, é indispensável a prova do dano. Precedente.*** *– Se, não obstante, a iniciativa probatória do acionista prejudicado, não for possível fixar, já no processo de conhecimento, o montante do dano causado pelo abuso de poder do acionista controlador, esta fixação deverá ser deixada para a liquidação de sentença. Recurso especial provido (REsp 798.264/SP, Rel. Min. Carlos Alberto Menezes Direito, Rel. p/ Acórdão Min. Nancy Andrighi, 3.ª Turma, j. 06.02.2007, DJ 16.04.2007, p. 189).*

Sobre a reparação de danos decorrente de abuso de poder de controle, o art. 246 da LSA dispõe o seguinte: "a sociedade controladora será obrigada a reparar os danos que causar à companhia por atos praticados com infração ao disposto nos artigos 116 e 117". O § 1º estabelece que "a ação para haver reparação cabe: a) a acionistas que representem 5% (cinco por cento) ou mais do capital social; b) a qualquer acionista, desde que preste caução pelas custas e honorários de advogado devidos no caso de vir a ação ser julgada improcedente". Por fim, o § 2º prevê que "a sociedade controladora, se condenada, além de reparar o dano e arcar com as custas, pagará honorários de advogado de 20% (vinte por cento) e prêmio de 5% (cinco por cento) ao autor da ação, calculados sobre o valor da indenização".

Sobre esses dispositivos legais, a Terceira Turma do STJ já decidiu que "de acordo com a autonomia da decisão empresarial, não compete ao Poder Judiciário adentrar o mérito das decisões tomadas pelo acionista controlador na condução dos negócios sociais, ressalvada a hipótese de abuso do poder de controle" (REsp 1.337.265/SP).

Vale ainda mencionar o Enunciado 88 das Jornadas de Direito Comercial do CJF: "a ação de responsabilidade contra controlador (LSA, art. 117) ou sociedade controladora (LSA, art. 246) não pressupõe a prévia deliberação assemblear".

Por fim, destaque-se que, conforme o § 2.º do dispositivo em análise, "no caso da alínea 'e' do § 1.º, o administrador ou fiscal que praticar o ato ilegal responde solidariamente com o acionista controlador". E, conforme o § 3.º, "o acionista controlador que exerce cargo de administrador ou fiscal tem também os deveres e responsabilidades próprios do cargo".

7.3.9.4.8.1. Espécies de poder de controle

O estudo do poder de controle nas sociedades anônimas remete necessariamente a uma clássica obra dos americanos Adolf Berle e Gardiner Means, na qual eles estudaram o desenvolvimento das grandes sociedades anônimas nos Estados Unidos.[149]

Nessa obra, Berle e Means destacaram que as modernas sociedades anônimas permitiram, pela primeira vez na história, a dissociação entre propriedade e controle dos meios de produção, porque no modelo societário das companhias o controle nem sempre fica com aqueles que detêm a maioria do capital, podendo ficar também com a minoria, por exemplo, o que ocorre quando há uma dispersão acionária muito grande.

No Brasil, o poder de controle também foi objeto de um estudo clássico, do professor Fábio Konder Comparato, publicado pela primeira vez na década de 1970.[150]

De acordo com esses estudos, pode-se dividir o poder de controle em quatro modalidades distintas: (i) controle totalitário; (ii) controle majoritário; (iii) controle minoritário; e (iv) controle gerencial.

O **controle totalitário** se dá normalmente nas sociedades anônimas fechadas familiares e na sociedade subsidiária integral (art. 251 da Lei 6.404/1976, modalidade de sociedade anônima unipessoal), ou seja, nas companhias em que todos os acionistas possuem direito de voto e, consequentemente, todos podem exercer o controle da sociedade, sendo que todas as ações são de titularidade de uma única pessoa ou grupo de pessoas. Nesses casos, percebe-se um altíssimo grau de confiança e colaboração entre os acionistas, tal como ocorre nas sociedades contratuais de pessoas, em que o vínculo entre os sócios é *intuitu personae*, em razão da *affectio societatis*.

O **controle majoritário**, por sua vez, se dá nas sociedades em que o poder de controle é exercido pelo acionista que detém a maioria das ações com direito de voto. Trata-se de modalidade de controle muito comum no universo das companhias brasileiras: o acionista que detém o maior número de ações com direito a voto usa efetivamente esse direito para controlar a companhia, assumindo a posição de acionista controlador, nos termos do art. 116 da LSA. Quanto mais ações votantes o controlador tiver, proporcionalmente ao capital social da companhia, mais **estável**

[149] BERLE, Adolf A. e MEANS, Gardiner C. *A moderna sociedade anônima e a propriedade privada*. São Paulo: Nova Cultural, 1988.

[150] COMPARATO, Fábio Konder e SALOMÃO FILHO, Calixto. *O poder de controle na sociedade anônima*. 5ª ed. Rio de Janeiro: Forense, 2008.

será o seu poder de controle, e vice-versa. Quanto a essa modalidade de poder de controle, é importante lembrar a novidade trazida pela Lei 10.303/2001, que alterou o art. 15, § 2.º, da LSA, diminuindo o número máximo de ações preferenciais sem direito de voto que uma companhia pode ter (antes, a companhia podia ter até 2/3 do capital de ações preferenciais sem direito de voto; agora, o máximo é de 50% do capital social). Assim, atualmente é necessário um número maior de ações ordinárias para que se adquira o poder de controle.

O **controle minoritário**, por outro lado, se dá quando a sociedade anônima tem capital social pulverizado, o que permite que um acionista minoritário, ou seja, que possui menos da metade das ações com direito de voto, assuma o poder de controle da companhia. Isso é possível sobretudo em razão do *quorum* de instalação da assembleia geral previsto no art. 125 da LSA, que permite a instalação da assembleia, em segunda convocação, com a presença de qualquer número de acionistas com direito de voto. Nesse caso, o poder de controle é sempre instável, estando sujeito a inversão de comando conforme variadas circunstâncias (acordo de acionistas, compra de ações, mudança de postura etc.).

Por fim, o **controle gerencial** se dá quando há uma grande dispersão acionária, ou seja, quando o capital social é de tal forma disperso e pulverizado que os verdadeiros controladores da sociedade anônima são os administradores, assumindo os acionistas a posição de meros investidores. Trata-se de modalidade de poder de controle presente nas grandes companhias de capital aberto, em que o universo de acionistas é vastíssimo. Nessas sociedades, a adoção de boas práticas de governança corporativa é imprescindível, para permitir a segurança dos investidores.

Vale relembrar aqui a distinção entre controle societário e controle empresarial: quanto maior for a concentração da propriedade acionária, maior é a probabilidade de reunião dos controles societário e empresarial/gerencial (o acionista controlador se elege para os cargos de administração e elege também pessoas ligadas a ele). Em contrapartida, quanto maior for a diluição da propriedade acionária, maior é a probabilidade de separação entre os controles societário e empresarial (os administradores cooptam acionistas dispersos e passivos e conseguem se manter no comando da empresa). Não é impossível, porém, que se tenha controle gerencial em companhias com capital não disperso, o que se dá quando os acionistas adotam postura passiva, por exemplo.[151]

7.3.9.4.8.2. Alienação de controle

Como forma de proteger o acionista minoritário, a LSA não apenas define regras que impõem deveres e responsabilidades ao acionista controlador, conforme destacamos acima, mas também disciplina a alienação do poder de controle da companhia.

Uma das regras mais importantes da LSA sobre o tema é a prevista no art. 254-A, que trata do chamado ***tag along*, também conhecido como direito de venda conjunta**: "a alienação, direta ou indireta, do controle de companhia aberta somente poderá ser contratada sob a condição, suspensiva ou resolutiva, de que

[151] Nesse sentido, confira-se: CASTRO, Rodrigo R. Monteiro de. *O controlador*. In: Tratado de Direito Comercial. São Paulo: Saraiva, 2015, p. 32-35.

o adquirente se obrigue a fazer oferta pública de aquisição das ações com direito a voto de propriedade dos demais acionistas da companhia, de modo a lhes assegurar o preço no mínimo igual a 80% (oitenta por cento) do valor pago por ação com direito a voto, integrante do bloco de controle".

O *tag along* é um importante instrumento de defesa dos minoritários. Caso o controlador da companhia resolva alienar suas ações, transferindo o poder de controle a outrem, este deverá se comprometer a adquirir as ações com direito de voto dos minoritários – se eles quiserem vender, obviamente – pagando por essas ações no mínimo 80% do que pagou pelas ações do controlador, o que garante aos minoritários a oportunidade de aproveitar a valorização das ações do controlador.

Embora a LSA só confira esse direito do *tag along* aos acionistas minoritários com direito de voto e permita que o adquirente do poder de controle pague por essas ações apenas 80% do valor pago pelas ações do bloco de controle, nas grandes companhias de capital aberto, que adotam boas práticas de governança corporativa, é muito comum a previsão de *tag along* para qualquer tipo de ação e com obrigação de o adquirente fazer oferta aos minoritários garantindo-lhes 100% do valor pago pelas ações do controlador.

7.3.9.4.8.3. Oferta Pública de Aquisição (OPA)

Normalmente, a compra e venda de ações, sobretudo quando envolve alienação de controle de companhia, é precedida de negociação entre as partes. No entanto, a própria Lei 6.404/1976 prevê, em seu art. 257, *caput*, a possibilidade de um interessado em adquirir o controle de determinada companhia aberta fazer uma oferta pública de aquisição de ações (OPA ou *take over*): "Art. 257. A oferta pública para aquisição de controle de companhia aberta somente poderá ser feita com a participação de instituição financeira que garanta o cumprimento das obrigações assumidas pelo ofertante".

De acordo com o art. 258 da LSA, "o instrumento de oferta de compra, firmado pelo ofertante e pela instituição financeira que garante o pagamento, será publicado na imprensa e deverá indicar: I – o número mínimo de ações que o ofertante se propõe a adquirir e, se for o caso, o número máximo; II – o preço e as condições de pagamento; III – a subordinação da oferta ao número mínimo de aceitantes e a forma de rateio entre os aceitantes, se o número deles ultrapassar o máximo fixado; IV – o procedimento que deverá ser adotado pelos acionistas aceitantes para manifestar a sua aceitação e efetivar a transferência das ações; V – o prazo de validade da oferta, que não poderá ser inferior a 20 (vinte) dias; VI – informações sobre o ofertante. Parágrafo único. A oferta será comunicada à Comissão de Valores Mobiliários dentro de 24 (vinte e quatro) horas da primeira publicação".

É muito importante que se mantenha sigilo quanto à oferta antes de ela ser publicada, uma vez que se trata de companhia aberta, que negocia seus valores mobiliários no mercado de capitais. Nesse sentido, dispõe o art. 260 da LSA: "até a publicação da oferta, o ofertante, a instituição financeira intermediária e a Comissão de Valores Mobiliários devem manter sigilo sobre a oferta projetada, respondendo o infrator pelos danos que causar".

Quando a oferta pública de aquisição é precedida de negociação com os administradores da companhia a ser adquirida, mais precisamente com o conselho de administração, diz-se que se trata de uma oferta amigável. No entanto, quando a oferta pública de aquisição é feita sem essa prévia negociação, diz-se que se trata de uma **oferta hostil** (*hostile takeover*). Também se usa o termo *oferta hostil* para identificar a oferta pública de aquisição feita mesmo após a rejeição inicial do conselho de administração.

Nos anos 1980, os Estados Unidos viveram um período de muitas ofertas hostis (o fato é bem retratado no filme *Wall Street – poder e cobiça*, dirigido por Oliver Stone e estrelado pelo ator Michael Douglas), o que acarretou a criação das chamadas *poison pills*, que são cláusulas estatutárias que obrigam o comprador de determinado percentual do capital de uma companhia aberta (geralmente esse percentual é fixado em 20%) a realizar uma oferta pública de aquisição de ações a todos os demais acionistas com prêmio elevado. Com essas cláusulas, fica muito difícil para um determinado acionista adquirir grande percentual da companhia (acima de 20%, por exemplo), o que garante aos controladores uma certa estabilidade do seu poder de controle e desestimula a realização de ofertas hostis.

Sobre a OPA, confira-se a seguinte decisão do STJ:

> *Direito Comercial. Ações. Oferta pública. Abrangência. Ações preferenciais. Inclusão. Natureza. Responsabilidade extracontratual. Juros. Contagem. Evento danoso. Súmula 54/STJ. –* ***A oferta pública de ações visa a assegurar o tratamento equitativo dos acionistas, devendo, necessariamente, abranger a aquisição de todas as ações que não aquelas em poder do acionista controlador, inclusive as preferenciais. O art. 255 da Lei n.º 6.404/76, na sua redação original, tinha o escopo de evitar que os acionistas com poder de controle se apropriassem do valor dos bens intangíveis não contabilizados, o qual, na verdade, deveria ser rateado entre todos os acionistas da companhia.*** *– O descumprimento da exigência de oferta pública de ações caracteriza ato ilícito de natureza extracontratual, de sorte que os juros de mora devem incidir desde o evento danoso. Inteligência da Súmula 54/STJ. Vencida, nesse ponto, a Relatora para o acórdão. Recurso especial da instituição financeira não conhecido. Recurso especial do autor parcialmente conhecido e, nessa parte, provido (REsp 901.260/PR, Rel. Min. Carlos Alberto Menezes Direito, Rel. p/ Acórdão Min. Nancy Andrighi, 3.ª Turma, j. 13.11.2008,* DJe *20.03.2009).*

7.3.9.4.9. Acordo de acionistas

Outro tema extremamente relevante no que se refere às relações entre os sócios de uma companhia é o chamado **acordo de acionistas**.

Trata-se de importante instrumento/mecanismo de **estabilização das relações de poder na sociedade anônima**, por meio do qual os acionistas signatários pactuam obrigações recíprocas que lhes garantem suas posições/participações societárias.

Segundo a doutrina majoritária, o acordo de acionistas tem natureza jurídica de **contrato parassocial**: é feito fora do ato constitutivo (no caso da S/A, o estatuto), mas está intrinsecamente ligado a ele, produzindo efeitos não apenas entre os sócios, mas também perante a própria sociedade.

O acordo de acionistas está disciplinado no art. 118 da LSA, com a redação alterada pela Lei 10.303/2001: "os acordos de acionistas, sobre a compra e venda de suas ações, preferência para adquiri-las, exercício do direito a voto, ou do poder de controle deverão ser observados pela companhia quando arquivados na sua sede".

Vê-se, pois, que o acordo típico[152] de acionistas pode se referir aos seguintes assuntos: (i) compra e venda de ações; (ii) preferência para aquisição de ações; (iii) exercício do direito de voto; ou (iv) exercício do poder de controle da companhia.

Nesses casos, se o acordo for arquivado na sede da sociedade anônima, os seus termos deverão ser respeitados, podendo o interessado, inclusive, requerer a execução judicial do que foi acordado, conforme disposto na própria lei: "nas condições previstas no acordo, os acionistas podem promover a execução específica das obrigações assumidas". Nesse sentido, já decidiu o STJ que "a sociedade também tem legitimidade passiva para a causa em que se busca o cumprimento de acordo de acionistas, porque terá que suportar os efeitos da decisão; como na espécie em que o cumprimento do acordo implicaria na cisão parcial da sociedade" (STJ, REsp 784.267-RJ, Relatora Ministra Nancy Andrighi, *DJ* 17.09.2007, p. 256).

De acordo com o § 1.º do, art. 118, da LSA "as obrigações ou ônus decorrentes desses acordos somente serão oponíveis a terceiros, depois de averbados nos livros de registro e nos certificados das ações, se emitidos". Já o § 2.º, por sua vez, determina que "esses acordos não poderão ser invocados para eximir o acionista de responsabilidade no exercício do direito de voto (artigo 115) ou do poder de controle (artigos 116 e 117)".

Por outro lado, o § 4.º estabelece que "as ações averbadas nos termos deste artigo não poderão ser negociadas em bolsa ou no mercado de balcão". Conforme o § 5.º, "no relatório anual, os órgãos da administração da companhia aberta informarão à assembleia geral as disposições sobre política de reinvestimento de lucros e distribuição de dividendos, constantes de acordos de acionistas arquivados na companhia".

A força do acordo de acionistas é tão grande que, além de o interessado poder executá-lo judicialmente, conforme visto, a LSA determina que "o presidente da assembleia ou do órgão colegiado de deliberação da companhia não computará o voto proferido com infração de acordo de acionistas devidamente arquivado" (art. 118, § 8.º) e, ainda, que "o não comparecimento à assembleia ou às reuniões dos órgãos de administração da companhia, bem como as abstenções de voto de qualquer parte de acordo de acionistas ou de membros do conselho de administração eleitos nos termos de acordo de acionistas, assegura à parte prejudicada o direito de votar com as ações pertencentes ao acionista ausente ou omisso e, no caso de membro do conselho de administração, pelo conselheiro eleito com os votos da parte prejudicada" (art. 118, § 9.º).

7.3.9.4.9.1. Modalidades de acordo de acionistas

Os acordos de acionistas costumam ser divididos em três tipos: (i) acordos de voto, (ii) acordos de controle, e (iii) acordos de bloqueio.

Nos acordos de voto, os acionistas signatários assumem a obrigação de exercer o seu direito de voto nos termos que acordaram, geralmente formando um bloco para atuação conjunta (*pooling agreements*). Podem-se dividir esses acordos de voto

---

[152] É possível celebrar **acordos atípicos**, cujo objeto está fora das hipóteses do art. 118 da LSA, mas nesses casos eles não asseguram **direitos especiais**, como a vinculação da própria companhia e a possibilidade de execução específica, de modo que o eventual descumprimento se resolve em **perdas e danos**.

em **acordos de comando** (para formar uma maioria) e **acordos de defesa** (para fortalecer uma minoria). São exemplos de acordo de voto: (i) aqueles que estabelecem a necessidade de os signatários fazerem reunião prévia a qualquer deliberação (da assembleia ou do conselho de administração), a fim de combinarem o exercício do direito de voto em bloco; (ii) aqueles que conferem direito de veto a acionista ou grupo de acionistas em determinadas matérias específicas.

Os acordos de bloqueio são os mais comuns, referindo-se à negociação das ações ou ao exercício do direito de preferência. Por meio desses acordos, os acionistas signatários tentam **manter suas posições acionárias**, evitando, por exemplo, a entrada de terceiros. São exemplos de acordos de bloqueio: lock up (impede a negociação de ações por um tempo), direito de preferência (obriga oferecer ao signatário antes, nos mesmos termos de proposta de terceiro), call option (opção de compra), put option (opção de venda), tag along (venda conjunta), drag along (direito de arraste) etc.

Outra espécie interessante de acordo de acionista é o *shotgun* (cláusula de *buy or sell*). É usado para solução de impasses societários, isto é, quando estiver havendo divergências constantes entre acionistas, um deles pode acionar esse mecanismo e iniciar um procedimento de compra das ações do outro ou venda de suas ações para ele. Quem inicia o procedimento faz uma oferta de compra das ações do outro. Este, por sua vez, ou as vende ou compra as do ofertante. O preço é definido por quem inicia o procedimento, o que o obriga a formular proposta boa.

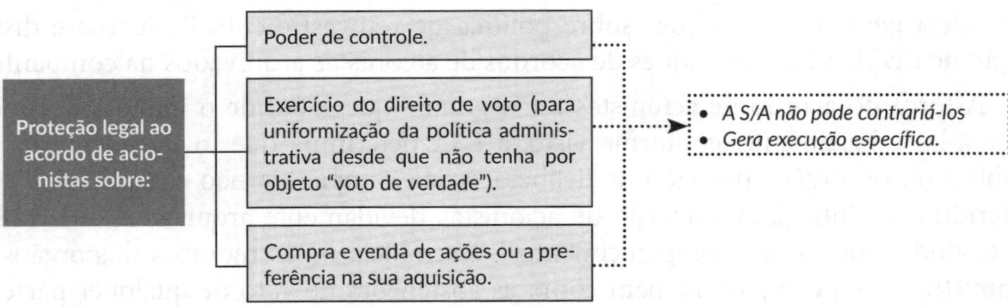

7.3.10. Valores mobiliários

Além das ações, que, como visto, são o principal valor mobiliário emitido por uma S/A, as **sociedades anônimas também emitem outros valores mobiliários**, dentre os quais se destacam as **debêntures, as partes beneficiárias e os bônus de subscrição**, que estudaremos especificamente no presente tópico.

Os valores mobiliários configuram, para a sociedade anônima, instrumentos extremamente úteis para a captação de recursos no mercado de capitais. Para os seus titulares, por sua vez, os valores mobiliários representam uma importante oportunidade de investimento.

Com efeito, ao iniciarmos o estudo das sociedades anônimas, destacamos que elas sempre foram, desde o seu surgimento, o tipo societário ideal para os grandes empreendimentos, justamente pela sua possibilidade de mobilizar grandes somas de capital por meio de apelo à poupança popular, através da negociação de seus valores mobiliários no mercado de capitais. Diz-se, pois, que as companhias são dotadas de mecanismos de autofinanciamento, o que lhes permite captar recursos sem necessidade de recorrer a financiamento externo (empréstimos bancários etc.).

Esse **autofinanciamento** das sociedades anônimas é feito, basicamente, por meio da (i) capitalização, que consiste na emissão de novas ações (conforme estudamos no tópico anterior); e da (ii) securitização, que consiste na emissão de outros valores mobiliários, como os que doravante analisaremos.

Assim, por meio desses instrumentos – capitalização e securitização – as companhias conseguem se autofinanciar, captando junto aos investidores do mercado de capitais os recursos necessários ao desenvolvimento de suas atividades.

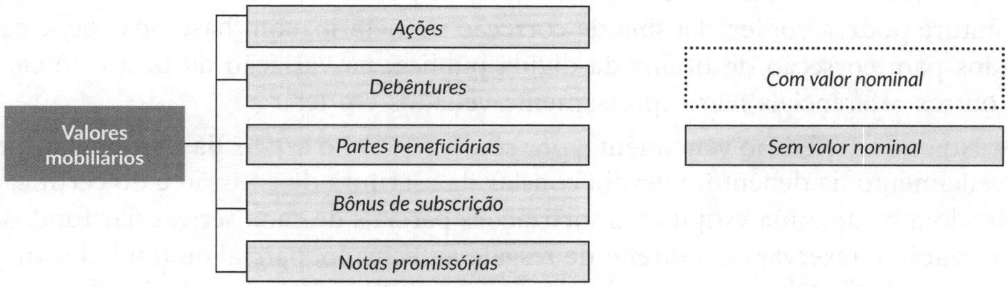

7.3.10.1. Debêntures

Segundo o art. 52 da LSA, "a companhia poderá emitir debêntures que conferirão aos seus titulares direito de crédito contra ela, nas condições constantes da escritura de emissão e, se houver, do certificado". Assim, embora o dispositivo em questão não traga uma definição específica para as debêntures, pode-se afirmar que ***debênture* é uma espécie de valor mobiliário emitido pelas sociedades anônimas que confere ao seu titular um direito de crédito certo contra a companhia, nos termos do que dispuser a sua escritura de emissão ou o seu certificado**.

Destaque-se ainda que, segundo a legislação processual, a debênture é considerada **título executivo extrajudicial**, nos termos do art. 784, inciso I, do Código de Processo Civil.

A doutrina tradicional costuma afirmar que as debêntures **representam, *grosso modo*, um contrato de mútuo/empréstimo** que a companhia faz com os investidores adquirentes. Assim, diz-se que aquele que subscreve a debênture está emprestando à sociedade anônima o valor investido na sua subscrição, e esta, a partir do momento em que emite a debênture para o investidor que a subscreveu, assume o dever de pagar posteriormente a este o valor respectivo, na forma prescrita no seu certificado ou na escritura de emissão, conforme o caso.

O certificado de debêntures, quando houver, ou a escritura de emissão de debênture deve detalhar minuciosamente as características desse valor mobiliário, tais como o vencimento, os juros e a correção monetária. É o que determina o art. 61 da LSA: "a companhia fará constar da escritura de emissão os direitos conferidos pelas debêntures, suas garantias e demais cláusulas ou condições". Tratando-se de debênture que será negociada no mercado aberto de capitais, dispõe o § 3.º do artigo em questão que "a Comissão de Valores Mobiliários poderá aprovar padrões de cláusulas e condições que devam ser adotados nas escrituras de emissão de debêntures destinadas à negociação em bolsa ou no mercado de balcão, e recusar a admissão ao mercado da emissão que não satisfaça a esses padrões".

Perceba-se que, se a debênture não for atrativa, oferecendo garantias ao investidor, este não a verá como uma alternativa de investimento, e consequentemente não a subscreverá. Afinal, nenhum investidor adquire debêntures ou qualquer outro valor mobiliário de uma companhia aleatoriamente: seu interesse é obter um bom retorno financeiro, já que para ele a operação é vista, frise-se, como um investimento.

No que se refere à correção monetária, dispõe o art. 54, § 1.º, da LSA que "a debênture poderá conter cláusula de correção monetária, com base nos coeficientes fixados para correção de títulos da dívida pública, na variação da taxa cambial ou em outros referenciais não expressamente vedados em lei".

No que se refere ao vencimento, por sua vez, prevê o art. 55 da LSA que "a época do vencimento da debênture deverá constar da escritura de emissão e do certificado, podendo a companhia estipular amortizações parciais de cada série, criar fundos de amortização e reservar-se o direito de resgate antecipado, parcial ou total, dos títulos da mesma série". Ademais, segundo o § 4.º deste artigo, "a companhia poderá emitir debêntures cujo vencimento somente ocorra nos casos de inadimplemento da obrigação de pagar juros e dissolução da companhia, ou de outras condições previstas no título". Vê-se, pois, que há **certa liberdade na hora de criar a debênture**, mas é óbvio que a sociedade sempre o fará observando não apenas os seus interesses, mas também os dos investidores, já que se estes não se virem atraídos por uma boa alternativa de investimento, não adquirirão a debênture, o que frustrará a operação de captação de recursos pretendida pela companhia emissora.

Já quanto aos juros, estabelece o art. 56 da LSA que "a debênture poderá assegurar ao seu titular juros, fixos ou variáveis, participação no lucro da companhia e prêmio de reembolso".

Outra coisa que o certificado ou a escritura de emissão pode estipular é a conversão da debênture em ação, conforme dispõe o art. 57 da LSA, devendo ser especificadas: "I – as bases da conversão, seja em número de ações em que poderá ser convertida cada debênture, seja como relação entre o valor nominal da debênture e o preço de emissão das ações; II – a espécie e a classe das ações em que poderá ser convertida; III – o prazo ou época para o exercício do direito à conversão; IV – as demais condições a que a conversão acaso fique sujeita".

7.3.10.1.1. Emissão de debêntures

Em princípio, cabe privativamente à assembleia geral deliberar sobre a emissão de debêntures, conforme disposto no art. 59 da LSA. Observando o que a respeito dispuser o estatuto, a deliberação deve fixar: "I – o valor da emissão ou os critérios de determinação do seu limite, e a sua divisão em séries, se for o caso; II – o número e o valor nominal das debêntures; III – as garantias reais ou a garantia flutuante, se houver; IV – as condições da correção monetária, se houver; V – a conversibilidade ou não em ações e as condições a serem observadas na conversão; VI – a época e as condições de vencimento, amortização ou resgate; VII – a época e as condições do pagamento dos juros, da participação nos lucros e do prêmio de reembolso, se houver; VIII – o modo de subscrição ou colocação, e o tipo das debêntures".

Há, todavia, a possibilidade de a emissão de debêntures ser deliberada pelo Conselho de Administração, conforme previsão do § 1.º do referido artigo: *"Na companhia aberta, o conselho de administração pode deliberar sobre a emissão de debêntures não conversíveis em ações, salvo disposição estatutária em contrário. (Redação dada pela Lei n.º 12.431, de 2011)"*.

Até 2011, a LSA estabelecia, em seu art. 60, um limite de endividamento por emissão de debêntures para as companhias. No entanto, essa limitação de endividamento foi revogada pela Lei 12.431/2011. Correta a revogação, por dar mais liberdade de atuação às sociedades anônimas.

Pois bem. Uma vez deliberada a sua emissão pelo órgão competente, nos termos acima expostos, exige a lei que ela obedeça a alguns requisitos formais, previstos no art. 62 da LSA, segundo o qual "nenhuma emissão de debêntures será feita sem que tenham sido satisfeitos os seguintes requisitos: I – arquivamento, no registro do comércio, e publicação da ata da assembleia geral, ou do conselho de administração, que deliberou sobre a emissão; II – inscrição da escritura de emissão no registro do comércio; III – constituição das garantias reais, se for o caso". A obediência a tais requisitos é extremamente importante, sobretudo porque, de acordo com o § 1.º desse artigo, "os administradores da companhia respondem pelas perdas e danos causados à companhia ou a terceiros por infração deste artigo". Para tanto, inclusive, as Juntas Comerciais mantêm livros especiais, conforme determina o § 4.º: "os registros do comércio manterão livro especial para inscrição das emissões de debêntures, no qual serão anotadas as condições essenciais de cada emissão".

7.3.10.1.2. Espécies de debêntures

As debêntures podem ser de quatro tipos: **(i) com garantia real; (ii) com garantia flutuante; (iii) quirografárias; e (iv) subordinadas**. É o que dispõe o art. 58 da LSA, segundo o qual "a debênture poderá, conforme dispuser a escritura de emissão, ter garantia real ou garantia flutuante, não gozar de preferência ou ser subordinada aos demais credores da companhia".

Ressalte-se que, de acordo com o § 1.º desse artigo, "a garantia flutuante assegura à debênture privilégio geral sobre o ativo da companhia, mas não impede a negociação dos bens que compõem esse ativo".

7.3.10.2. Partes beneficiárias

Outro valor mobiliário emitido pelas sociedades anônimas são as *partes beneficiárias*, as quais, de acordo com o art. 46, § 1.º, da LSA são títulos que conferem aos seus titulares um **direito de crédito eventual contra a companhia**.

Com efeito, dispõe o art. 46 que "a companhia pode criar, a qualquer tempo, títulos negociáveis, sem valor nominal e estranhos ao capital social, denominados 'partes beneficiárias'". E o seu § 1.º complementa, afirmando que "as partes beneficiárias conferirão aos seus titulares direito de crédito eventual contra a companhia, consistente na participação nos lucros anuais (artigo 190)". Entende-se agora porque o direito de crédito que a parte beneficiária confere ao seu titular é **eventual: depende de o resultado da companhia, no respectivo exercício social, ter sido positivo, pois do contrário não haverá lucros a serem partilhados.**

Ressalte-se que a parte beneficiária, em princípio, não confere ao seu titular qualquer outro direito além da eventual participação nos lucros anuais da companhia, tanto que o § 3.º do art. 46 dispõe que "é vedado conferir às partes beneficiárias qualquer direito privativo de acionista, salvo o de fiscalizar, nos termos desta Lei, os atos dos administradores". Não obstante, assim como ocorre com as debêntures, as partes beneficiárias também podem ser conversíveis em ações, conforme disposto no art. 48, § 2.º, da LSA: "o estatuto poderá prever a conversão das partes beneficiárias em ações, mediante capitalização de reserva criada para esse fim".

Destaque-se ainda que a lei impõe um limite de comprometimento da sociedade anônima com as partes beneficiárias, no intuito de evitar que o excessivo endividamento da companhia prejudique o legítimo direito dos acionistas de receberem seus dividendos ao final do exercício social. Portanto, de acordo com o § 2.º do art. 46 da LSA, "a participação atribuída às partes beneficiárias, inclusive para formação de reserva para resgate, se houver, não ultrapassará 0,1 (um décimo) dos lucros".

Também é importante anotar que **somente as companhias fechadas podem emitir partes beneficiárias**, conforme determinação do art. 47, parágrafo único, da LSA, segundo o qual "é vedado às companhias abertas emitir partes beneficiárias".

Por fim, ressalte-se que as partes beneficiárias, em regra, assim como os demais valores mobiliários, servem à companhia como instrumentos de autofinanciamento, ou seja, como mecanismos de captação de recursos junto a investidores. Todavia, as partes beneficiárias também podem ser emitidas com outra finalidade, qual seja, a remuneração da prestação de serviços. Com efeito, prevê o art. 47 da LSA que "as partes beneficiárias poderão ser alienadas pela companhia, nas condições determinadas pelo estatuto ou pela assembleia geral, ou atribuídas a fundadores, acionistas ou terceiros, como remuneração de serviços prestados à companhia". E há ainda uma terceira hipótese de emissão de partes beneficiárias: a atribuição gratuita. Nesse caso, a S/A emissora confere a parte beneficiária, por exemplo, a uma entidade filantrópica ou assistencial.

7.3.10.3. Bônus de subscrição

Outro valor mobiliário emitido pelas companhias, menos conhecido do que os demais, é o chamado *bônus de subscrição*, que **assegura ao seu titular o direito de preferência na subscrição de novas ações**. Eis o que dispõe o art. 75 da LSA: "a companhia poderá emitir, dentro do limite de aumento de capital autorizado no estatuto (artigo 168), títulos negociáveis denominados 'Bônus de Subscrição'". O parágrafo único complementa, afirmando que "os bônus de subscrição conferirão aos seus titulares, nas condições constantes do certificado, direito de subscrever ações do capital social, que será exercido mediante apresentação do título à companhia e pagamento do preço de emissão das ações".

Com efeito, sempre que a sociedade anônima emite novas ações (operação chamada, como visto, de *capitalização*) são os acionistas da companhia respectiva que têm preferência para subscrevê-las, em obediência ao art. 109, inciso IV, da LSA.

Assim, numa sociedade que está muito bem no mercado, com muitos investidores interessados em se tornarem seus acionistas, as suas ações com certeza estarão muito valorizadas. Diante dessa realidade, sabendo-se que a sociedade irá, num futuro próximo, capitalizar-se, ou seja, aumentar o seu capital social com a emissão de novas ações, ela pode aproveitar o bom momento de seus negócios e emitir bônus de subscrição, captando recursos junto a investidores interessados em adquirir as novas ações a serem emitidas. Assim, quando do efetivo aumento do capital social e da consequente emissão das novas ações, elas terão que ser oferecidas, primeiramente, aos titulares dos bônus, nos termos do seu certificado. Perceba-se que **o bônus não confere aos seus titulares a ação, mas apenas um direito de preferência na sua subscrição**, razão pela qual o investidor, na hora de exercer esse direito, terá de pagar, obviamente, o preço de emissão da ação.

Dessa forma, pode-se dizer, *grosso modo*, que quem adquire um bônus de subscrição "compra" o direito de preferência, tomando-o dos acionistas. Ocorre, todavia, que a lei, assegurando os direitos do **acionista**, conferiu a ele a **preferência na subscrição dos próprios bônus**, conforme prevê o art. 77, parágrafo único: "os acionistas da companhia gozarão, nos termos dos artigos 171 e 172, de preferência para subscrever a emissão de bônus". Portanto, se um acionista investidor quiser manter o seu direito de preferência na subscrição de novas ações, deverá adquirir os bônus eventualmente emitidos, tendo para tanto **preferência em relação a investidores externos.**

Ressalte-se, entretanto, que nem sempre os bônus de subscrição são emitidos para posterior alienação a interessados. Eles podem também ser atribuídos adicionalmente ao subscritor de uma ação ou debênture. É o que dispõe o art. 77 da LSA: "Os bônus de subscrição serão alienados pela companhia ou por ela atribuídos, como vantagem adicional, aos subscritos de emissões de suas ações ou debêntures".

Por fim, registre-se que, segundo o art. 76 da LSA, "a deliberação sobre emissão de bônus de subscrição compete à assembleia geral, se o estatuto não a atribuir ao conselho de administração".

7.3.11. Órgãos societários

As **sociedades anônimas**, por explorarem sempre empreendimentos de grande envergadura, possuem invariavelmente uma **estrutura deveras complexa, composta de diversos órgãos, cada um com funções específicas.**

A depender do tamanho e da complexidade da empresa exercida pela companhia, ela terá mais ou menos órgãos e maior ou menor será o seu organograma administrativo.

Há até quem compare a estrutura organizacional das sociedades anônimas à própria estrutura do Estado.

> A sociedade anônima, do ponto de vista da sua organização interna, está estruturada em órgãos diversos, cada um com competência própria específica.
>
> Repete-se, destarte, no âmbito privado, a mesma estrutura orgânica que se encontra no Estado de Direito, distribuindo-se poderes ou competências originários e indelegáveis entre os diferentes órgãos da sociedade, a saber: assembleia geral, órgão deliberativo, administração que pode ser bipartida entre Conselho de Administração e Diretoria ou apenas diretoria, este órgão executivo, e o Conselho Fiscal, órgão fiscalizador e opinativo.[153]

Nas grandes companhias, que exploram grandes empreendimentos industriais, por exemplo, é comum que o seu organograma administrativo seja extremamente complexo, com diversos órgãos entre os quais se repartem as inúmeras funções de administração e gestão dos negócios. Essa sociedade, pois, possui uma série de *chefias*, *departamentos*, *superintendências*, *coordenações* etc.

Não se vai encontrar, todavia, disciplina específica quanto à atuação desses órgãos sociais na LSA. Sendo assim, **cabe ao estatuto social**, conforme o caso, **cuidar das regras sobre sua criação, organização, estrutura, composição, funcionamento e função**. A disciplina desses órgãos, portanto, é estatutária.

A LSA se preocupa, todavia, com os **órgãos de cúpula da companhia: a assembleia geral, o conselho de administração, a diretoria e o conselho fiscal**. Esses órgãos são detalhadamente regulados pela lei, que disciplina de forma pormenorizada sua estrutura, composição, funcionamento e atribuições.

> Nem todos os órgãos da sociedade anônima interessam ao direito. Ao contrário, a lei se ocupa apenas dos situados no topo da hierarquia estrutural, que são a assembleia geral, o conselho de administração, a diretoria e o conselho fiscal. A organização da estrutura administrativa adotada pelas companhias abaixo do nível da diretoria (coordenadorias, superintendências, departamentos, chefias etc.) é assunto irrelevante para o direito societário; cada sociedade se estrutura e se reestrutura como e quando quer, documentando-se com maior, menor ou nenhuma formalidade. Mas, em relação àqueles quatro órgãos, sua composição, competência, funcionamento, bem como a forma dos atos praticados devem obedecer aos ditames legais.[154]

Diante do exposto, nos tópicos seguintes analisaremos especificamente o tratamento legal dispensado aos principais órgãos da estrutura orgânica das companhias, os quais, repita-se, são (i) a assembleia geral, (ii) o conselho de administração, (iii) a diretoria e (iv) o conselho fiscal.

---

153 MELLO FRANCO, Vera Helena; STAJN, Rachel. *Manual de direito comercial*. São Paulo: RT, 2005. p. 168. v. 2.

154 COELHO, Fábio Ulhoa. *Curso de direito comercial*. 7. ed. São Paulo: Saraiva, 2004. p. 191-192. v. 2.

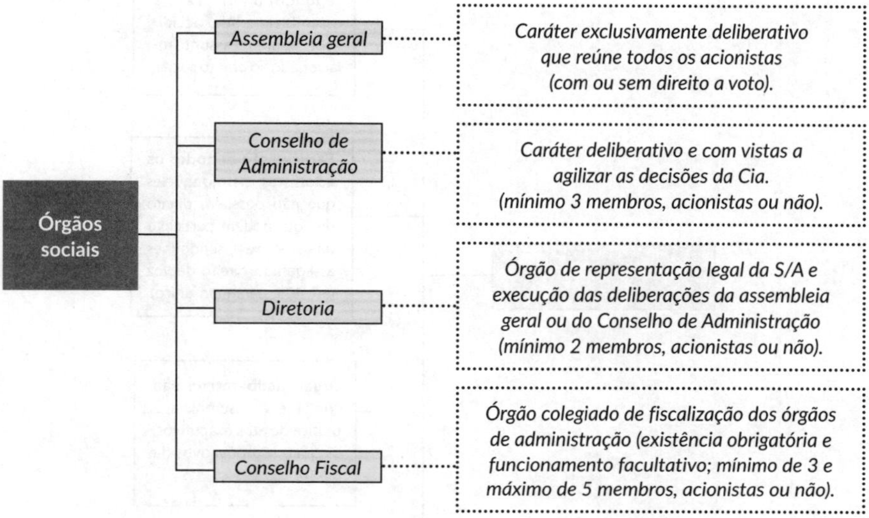

Vale destacar que a assembleia-geral, o conselho de administração, a diretoria e o conselho fiscal são meros órgãos da sociedade anônima, de modo que não possuem personalidade jurídica própria e não são, consequentemente, sujeitos autônomos de direitos e obrigações (teoria orgânica).

Assim, como meros órgãos, eles expressam a vontade da sociedade (são seus presentantes, e não representantes) nos limites de suas respectivas competências legais (a assembleia altera o estatuto, o conselho de administração fixa a orientação geral dos negócios, a diretoria assina os contratos, o conselho fiscal convoca assembleia etc.).

Por fim, registre-se que **órgãos da sociedade anônima podem ser classificados como divisíveis ou indivisíveis**: os órgãos divisíveis atuam como colegiado e também por seus membros, individualmente (exemplos: conselho fiscal e diretoria). Por outro lado, os órgãos indivisíveis atuam apenas como colegiado, isto é, por meio de deliberação (exemplos: conselho de administração e assemblei-geral).[155]

7.3.11.1. Assembleia geral

A assembleia geral, como o próprio nome já sugere, é o órgão máximo de deliberação da sociedade anônima, que possui competência para tratar de todo e qualquer assunto relacionado ao objeto social.

[155] COELHO, Fábio Ulhoa. *Curso de direito comercial*. Vol. 2. 20ª ed. São Paulo: RT, 2016, p. 203.

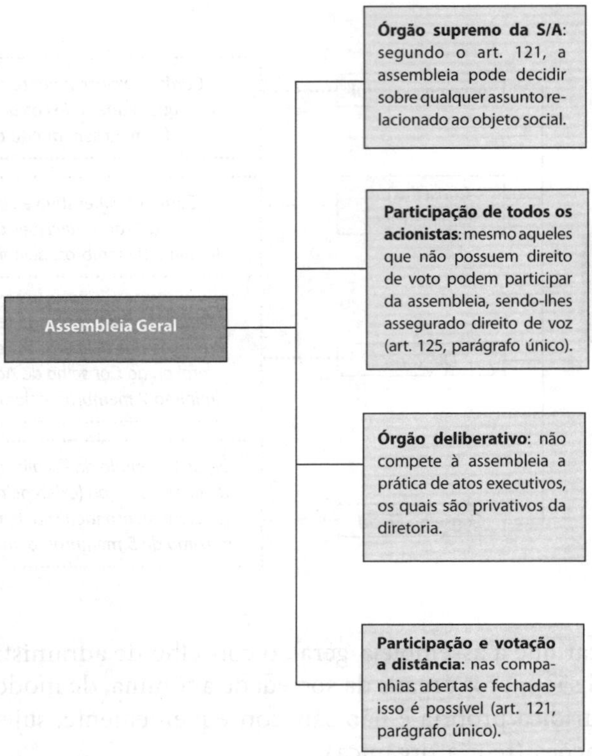

De acordo com o art. 121 da LSA, "a assembleia geral, convocada e instalada de acordo com a lei e o estatuto, tem poderes para decidir todos os negócios relativos ao objeto da companhia e tomar as resoluções que julgar convenientes à sua defesa e desenvolvimento". Veja-se que, conforme a disposição legal transcrita, cabe à assembleia geral, consoante destacamos, tratar de qualquer assunto relativo à gestão dos negócios da companhia, ainda que se trate de questão de pouca relevância[156]. Atualmente, todavia, essas questões menores acabam sendo decididas por outro órgão, o conselho de administração, conforme veremos adiante.

Certas matérias, entretanto, são de **competência privativa da assembleia geral**, cabendo somente a ela deliberar sobre as mesmas. E, na verdade, o que se vê na prática é que somente nesses casos a assembleia costuma ser convocada, restando aos demais órgãos, sobretudo ao conselho de administração, conforme dissemos acima, decidir sobre os demais assuntos de interesse social.

Estas matérias de competência privativa da assembleia estão elencadas no art. 122 da LSA, a saber: "I – reformar o estatuto social; II – eleger ou destituir, a qualquer tempo, os administradores e fiscais da companhia, ressalvado o disposto no inciso II do art. 142; III – tomar, anualmente, as contas dos administradores e deliberar sobre as demonstrações financeiras por eles apresentadas; IV – autorizar a emissão de debêntures, ressalvado o disposto nos §§ 1.º, 2.º e 4.º do art. 59; V

[156] *"No Brasil não há, como em outros países, óbices à intromissão dos acionistas, reunidos em assembleia, nos assuntos de natureza administrativa, por mais particulares que sejam"* (COELHO, Fábio Ulhoa. *Curso de direito comercial*. V. 2. 20ª ed. São Paulo: RT, 2016, p. 203).

– suspender o exercício dos direitos do acionista (art. 120); VI – deliberar sobre a avaliação de bens com que o acionista concorrer para a formação do capital social; VII – autorizar a emissão de partes beneficiárias; VIII – deliberar sobre transformação, fusão, incorporação e cisão da companhia, sua dissolução e liquidação, eleger e destituir liquidantes e julgar as suas contas; e "IX – autorizar os administradores a confessar falência e a pedir recuperação judicial; e X – deliberar, quando se tratar de companhias abertas, sobre a celebração de transações com partes relacionadas, a alienação ou a contribuição para outra empresa de ativos, caso o valor da operação corresponda a mais de 50% (cinquenta por cento) do valor dos ativos totais da companhia constantes do último balanço aprovado".[157]

Quanto ao inciso IX, o parágrafo único traz uma regra especial, dispondo que "em caso de urgência, a confissão de falência ou o pedido de recuperação judicial poderá ser formulado pelos administradores, com a concordância do acionista controlador, se houver, convocando-se imediatamente a assembleia geral para deliberar sobre a matéria". Nesse caso, a assembleia geral será convocada apenas para ratificar ou não o ato de urgência praticado pelos administradores.

7.3.11.2. Convocação da assembleia geral

Havendo, portanto, a necessidade de deliberar sobre qualquer uma das matérias descritas no art. 122 da LSA, deverá ser convocada assembleia geral, em princípio, pelo conselho de administração, se houver, ou pela diretoria, nos termos da lei e do estatuto social. Assim, de acordo com o disposto no art. 123, "compete ao conselho de administração, se houver, ou aos diretores, observado o disposto no estatuto, convocar a assembleia geral".

Mas a competência do conselho de administração e da diretoria para a convocação da assembleia geral **não é exclusiva**, prevendo a lei hipóteses especiais em que ela pode ser convocada por outros órgãos ou mesmo acionistas.

Com efeito, estabelece o parágrafo único do art. 123 que "a assembleia geral pode também ser convocada: a) pelo conselho fiscal, nos casos previstos no número V, do artigo 163; b) por qualquer acionista, quando os administradores retardarem, por mais de 60 (sessenta) dias, a convocação nos casos previstos em lei ou no estatuto; c) por acionistas que representem cinco por cento, no mínimo, do capital social, quando os administradores não atenderem, no prazo de oito dias, a pedido de convocação que apresentarem, devidamente fundamentado, com indicação das matérias a serem tratadas; d) por acionistas que representem cinco por cento, no mínimo, do capital votante, ou cinco por cento, no mínimo, dos acionistas sem direito a voto, quando os administradores não atenderem, no prazo de oito dias, a pedido de convocação de assembleia para instalação do conselho fiscal".

Nos termos do art. 163, inciso V da LSA, o conselho fiscal pode "convocar a assembléia-geral ordinária, se os órgãos da administração retardarem por mais de 1 (um) mês essa convocação, e a extraordinária, sempre que ocorrerem motivos graves ou urgentes, incluindo na agenda das assembléias as matérias que considerarem

---

[157] Essa ampliação de competências da assembleia geral, com a inserção do inciso X ao art. 122 da LSA pela Lei 14.195/2021 (Lei da melhoria do ambiente de negócios), visa a proteger o acionista minoritário, que antes não tinha voz e voto nessas questões.

necessárias". Perceba-se a diferença: a convocação de AGO pelo conselho fiscal só pode ocorrer se houver desídia dos órgãos de administração, mas a convocação de AGE não está sujeita a essa condição, bastando apenas que exista justificativa para tanto (motivos graves e urgentes, no dizer da lei).

Nos casos de convocação da assembleia por parte dos acionistas, ela se dá, basicamente, quando há inércia dos órgãos originariamente competentes para tanto: (i) se a convocação é obrigatória, por previsão legal ou estatutária, mas os administradores a atrasam por mais de 60 dias, **qualquer acionista** pode fazê-la; (ii) se, porém, não há previsão legal ou estatutária, mas houve pedido fundamentado de realização de assembleia, feito por acionistas que representem 5% ou mais do **capital social**, e os administradores não atenderam tal pedido em 8 dias, os mesmos acionistas podem fazer a respectiva convocação; e (iii) se, por fim, acionistas que representem 5% ou mais do **capital votante** ou do **capital não votante** pedirem a realização de assembleia para instalação de conselho fiscal, e os administradores não atenderem tal pedido em 8 dias, esses mesmos acionistas podem proceder à respectiva convocação.

De acordo com o art. 124 da LSA, a convocação da assembleia geral "far-se-á mediante anúncio publicado por 3 (três) vezes, no mínimo, contendo, além do local, data e hora da assembleia, a ordem do dia, e, no caso de reforma do estatuto, a indicação da matéria".

Quanto a essas publicações, o art. 289 da LSA dizia que "as publicações ordenadas pela presente Lei serão feitas no órgão oficial da União ou do Estado ou do Distrito Federal, conforme o lugar em que esteja situada a sede da companhia, e em outro jornal de grande circulação editado na localidade em que está situada a sede da companhia". Havia duas possibilidades de interpretação do art. 124 c/c o art. 289: necessidade de seis publicações ao todo, sendo três em órgão oficial e três em jornal de grande circulação; ou necessidade de apenas três publicações ao todo, sendo pelo menos uma em órgão oficial e duas em jornal de grande circulação ou vice-versa. No manual de registro da IN 81 do DREI, optou-se pela segunda interpretação, deixando-se claro que eram apenas três publicações ao todo, e não seis.

Atualmente, porém, o art. 289 da LSA não mais exige publicação em Diário Oficial, tendo a seguinte redação (determinada pela Lei 13.818/2019 e com vigência a partir de 1º/01/2022): "As publicações ordenadas por esta Lei obedecerão às seguintes condições: I – deverão ser efetuadas em jornal de grande circulação editado na localidade em que esteja situada a sede da companhia, de forma resumida e com divulgação simultânea da íntegra dos documentos na página do mesmo jornal na internet, que deverá providenciar certificação digital da autenticidade dos documentos mantidos na página própria emitida por autoridade certificadora credenciada no âmbito da Infraestrutura de Chaves Públicas Brasileiras (ICP-Brasil); II – no caso de demonstrações financeiras, a publicação de forma resumida deverá conter, no mínimo, em comparação com os dados do exercício social anterior, informações ou valores globais relativos a cada grupo e a respectiva classificação de contas ou registros, assim como extratos das informações relevantes contempladas nas notas explicativas e nos pareceres dos auditores independentes e do conselho fiscal, se houver".

Tratando-se de companhia fechada com receita bruta anual de até R$ 78.000.000,00 (setenta e oito milhões de reais), o inciso III do art. 294 da LSA, incluído pela Lei

Complementar 182/2021 (marco legal das startups), determina que ela poderá realizar as publicações de forma eletrônica, em exceção ao disposto no art. 289.[158]

Veja-se que a lei se preocupou bastante com a publicidade do ato de convocação, a fim de garantir que os acionistas tomem conhecimento da realização da assembleia e possam comparecer e defender seus interesses. Assim, detalhando ainda mais as formalidades da convocação, dispõe o § 1.º do art. 124 que "a primeira convocação da assembleia geral deverá ser feita: I – na companhia fechada, com 8 (oito) dias de antecedência, no mínimo, contado o prazo da publicação do primeiro anúncio; não se realizando a assembleia, será publicado novo anúncio, de segunda convocação, com antecedência mínima de 5 (cinco) dias; II – na companhia aberta, com 21 (vinte e um) dias de antecedência, e a segunda convocação com 8 (oito) dias de antecedência".[159]

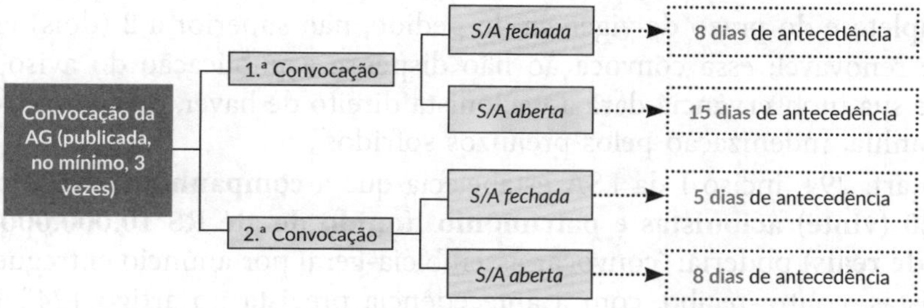

É bem verdade que, em alguns casos, a convocação e a realização da assembleia geral são mera formalidade, o que ocorre, por exemplo, quando o poder de controle da companhia é centralizado em um único acionista. Noutros casos, em contrapartida, em que o poder de controle é descentralizado entre os diversos acionistas ou entre determinados grupos, a convocação e a realização da assembleia geral possuem extrema relevância, porque nela se desenvolvem intensos debates que culminarão, enfim, na própria definição acerca do controle da sociedade. Nesses casos, pois, a obediência aos procedimentos formais estabelecidos na LSA é fundamental, uma vez que serve para a própria garantia dos direitos dos acionistas. A desobediência às solenidades legais pode acarretar a anulação futura da assembleia, o que trará prejuízos para toda a companhia.

Ressalte-se, todavia, que ainda que as formalidades de convocação não tenham sido atendidas corretamente, a assembleia poderá ser considerada válida se todos os acionistas comparecerem. É o que dispõe o § 4.º do art. 124 da LSA: "independentemente das formalidades previstas neste artigo, será considerada regular a assembleia geral a que comparecerem todos os acionistas".

[158] Conforme a regulamentação do Ministério da Economia (Portaria 12.071/2021), essa publicação eletrônica: (i) será realizada na Central de Balanços do Sistema Público de Escrituração Digital – SPED, (ii) deve ser feita com assinatura eletrônica que utiliza certificado digital e (iii) é gratuita. Essa mesma Portaria ainda determina que as companhias fechadas em questão disponibilizem o conteúdo da publicação eletrônica em seu *site* na internet.

[159] A Lei 14.195/2021 (Lei da melhoria do ambiente de negócios) alterou o dispositivo para aumentar o prazo de antecedência mínima da primeira convocação, de 15 para 21 dias. Ademais, o inciso I do § 5º foi alterado, e agora a CVM pode "determinar, fundamentadamente, o adiamento de assembleia geral por até 30 (trinta) dias, em caso de insuficiência de informações necessárias para a deliberação, contado o prazo da data em que as informações completas forem colocadas à disposição dos acionistas". Trata-se de regras que visam à proteção do acionista minoritário, garantindo seu acesso à informação antes das deliberações.

Por fim, ainda quanto aos procedimentos de convocação, destaque-se que, conforme disposto no § 6.º do artigo em comento, "as companhias abertas com ações admitidas à negociação em bolsa de valores deverão remeter, na data da publicação do anúncio de convocação da assembleia, à bolsa de valores em que suas ações forem mais negociadas, os documentos postos à disposição dos acionistas para deliberação na assembleia geral".

7.3.11.2.1. Convocação epistolar

De acordo com o art. 124, § 3º da LSA, "nas **companhias fechadas**, o acionista que representar 5% (cinco por cento), ou mais, do capital social, será convocado por telegrama ou carta registrada, expedidos com a antecedência prevista no § 1º, desde que o tenha solicitado, por escrito, à companhia, com a indicação do endereço completo e do prazo de vigência do pedido, não superior a 2 (dois) exercícios sociais, e renovável; essa convocação não dispensa a publicação do aviso previsto no § 1º, e sua inobservância dará ao acionista direito de haver, dos administradores da companhia, indenização pelos prejuízos sofridos".

Já o art. 294, inciso I da LSA estabelecia que a **companhia fechada com menos de 20 (vinte) acionistas e patrimônio líquido de até R$ 10.000.000,00 (dez milhões de reais)** poderia: "convocar assembléia-geral por anúncio entregue a todos os acionistas, contra-recibo, com a antecedência prevista no artigo 124". E o § 1º complementava: "a companhia deverá guardar os recibos de entrega dos anúncios de convocação e arquivar no registro de comércio, juntamente com a ata da assembléia, cópia autenticada dos mesmos".

É importante distinguir bem essas duas hipóteses de convocação epistolar: no caso do art. 124, § 3º, a convocação epistolar é um direito do acionista minoritário titular de 5% ou mais do capital social, além de ser complementar às publicações (eventual irregularidade dá direito a indenização). Já no caso do art. 294, inciso I, a convocação epistolar era um direito da própria sociedade, dispensando-se a publicação (eventual irregularidade invalidava a assembleia).

Importante destacar que a Lei 14.195/2021 revogou o inciso I do art. 294 da LSA.

7.3.11.2.2. Local de realização do conclave

De acordo com a redação original do art. 124, § 2º da LSA, "salvo motivo de força maior, a assembléia-geral realizar-se-á no edifício onde a companhia tiver a sede; quando houver de efetuar-se em outro, os anúncios indicarão, com clareza, o lugar da reunião, que em nenhum caso poderá realizar-se fora da localidade da sede".

Ocorre que esse dispositivo teve sua redação alterada pela Lei 14.030/2020: "a assembleia geral deverá ser realizada, preferencialmente, no edifício onde a companhia tiver sede ou, por motivo de força maior, em outro lugar, desde que seja no mesmo Município da sede e seja indicado com clareza nos anúncios".

Ademais, foi acrescido o § 2º-A, que permitiu expressamente que tanto as companhias abertas quanto as companhias fechadas realizem "**assembleia digital**, nos termos do regulamento da Comissão de Valores Mobiliários e do órgão competente do Poder Executivo federal, respectivamente". No caso das companhias abertas, a regulamentação foi feita pela Instrução 622 da CVM, e no caso das companhias fechadas, a regulamentação consta da IN 81 do DREI.

7.3.11.2.3. Quóruns de instalação e deliberação

Uma vez convocada a assembleia geral, com obediência às formalidades acima detalhadas, ela somente se instalará validamente se estiverem presentes à sessão um determinado número de acionistas.

Assim, de acordo com o art. 125 da LSA, "ressalvadas as exceções previstas em lei, a assembleia geral instalar-se-á, em primeira convocação, com a presença de acionistas que representem, no mínimo, 1/4 (um quarto) do total de votos conferidos pelas ações com direito a voto e, em segunda convocação, instalar-se-á com qualquer número".

Relembre-se de que nem todos os acionistas de uma companhia possuem direito de voto, mas todos eles podem comparecer às assembleias. Afinal, ainda que determinados sócios não tenham direito de votar nas deliberações, eles possuem o chamado **direito de voz**, que lhes permite **discutir as matérias em debate antes da decisão ser tomada**. É o que prevê expressamente o parágrafo único do art. 125: "os acionistas sem direito de voto podem comparecer à assembleia geral e discutir a matéria submetida à deliberação".

Todos os que comparecerem à assembleia geral devem comprovar a sua qualidade de acionista, nos termos estabelecidos no art. 126 da LSA, observadas as seguintes normas: "I – os titulares de ações nominativas exibirão, se exigido, documento hábil de sua identidade; II – os titulares de ações escriturais ou em custódia nos termos do art. 41, além do documento de identidade, exibirão, ou depositarão na companhia, se o estatuto o exigir, comprovante expedido pela instituição financeira depositária".

Pode ocorrer, porém, que algum acionista não compareça pessoalmente à assembleia, sendo representado no ato por seu representante legal, conforme previsão do § 4.º do art. 126: "têm a qualidade para comparecer à assembleia os representantes legais dos acionistas". Pode ainda o acionista constituir procurador especificamente para atuar em seu nome na assembleia. Nesse caso, dispõe o § 1.º do art. 126 que "o acionista pode ser representado na assembleia geral por procurador constituído há menos de 1 (um) ano, que seja acionista, administrador da companhia ou advogado; na companhia aberta, o procurador pode, ainda, ser instituição financeira, cabendo ao administrador de fundos de investimento representar os condôminos".

As formalidades previstas em lei para a assembleia, ressalte-se, não se restringem à sua convocação, mas também à sua realização. Assim, prevê o art. 127 que "antes de abrir-se a assembleia, os acionistas assinarão o 'Livro de Presença', indicando o seu nome, nacionalidade e residência, bem como a quantidade, espécie e classe das ações de que forem titulares". Feito isso e instalada a assembleia, deverá então ser composta a mesa que presidirá os trabalhos, nos termos do art. 128, que assim dispõe: "os trabalhos da assembleia serão dirigidos por mesa composta, salvo disposição diversa do estatuto, de presidente e secretário, escolhidos pelos acionistas presentes".

Instalada a assembleia, em primeira ou segunda convocação, conforme o caso, assinado o livro de presença por todos os que comparecerem e composta a mesa que presidirá os trabalhos, poderá a assembleia geral passar a discutir as matérias e deliberar sobre estas. Para tanto, todavia, será preciso observar o *quorum* de deliberação, o qual, em regra, é de maioria dos acionistas com direito a voto presentes à sessão. Com efeito, dispõe o art. 129 da LSA que "as deliberações da assembleia geral, ressalvadas as exceções previstas em lei, serão tomadas por maioria absoluta de votos, não se computando os votos em branco".

Perceba-se, nesse ponto, que embora a lei use a expressão *maioria absoluta de votos*, trata-se, na verdade, do que se conhece na prática por **maioria simples**, ou seja, **maioria dos presentes**. E a razão para se chegar a essa conclusão é bastante simples: se o *quorum* exigido para a instalação é de apenas 1/4 dos acionistas com direito de voto, em primeira convocação, e de qualquer número de acionistas, em segunda convocação, entender que o *quorum* de deliberação fixado no art. 129 é de maioria absoluta significaria admitir a instalação de assembleia geral, na maioria das vezes, para deliberar sobre nada, já que nesses casos a maioria absoluta – mais de 50% de todos os acionistas com direito de voto – não seria obtida.

Ressalte-se que esse *quorum* de deliberação do art. 129 da LSA é o *quorum* normal, mas em certas situações pode ser exigido um ***quorum* diferenciado**. Assim, prevê o § 1.º do artigo em questão que "o estatuto da companhia fechada pode aumentar[160] o *quorum* exigido para certas deliberações, desde que especifique as matérias". Trata-se do que alguns doutrinadores chamam de *quorum* estatutário, o qual só pode ser estabelecido, frise-se, nas sociedades anônimas fechadas, e sempre corresponderá a *quorum* superior ao normalmente estabelecido para aquela matéria. Em síntese, ao estabelecer o *quorum* estatutário para determinada matéria, a companhia fechada cria o que a doutrina chama de **"minoria de bloqueio"**, importantíssimo **mecanismo de defesa dos acionistas minoritários**, que pode chegar a prever até mesmo a necessidade de deliberação unânime para a aprovação de determinadas matérias.

Além do *quorum* normal do art. 129, analisado acima, há também o ***quorum* qualificado**, estabelecido para a deliberação sobre certas matérias especiais previstas no art. 136 da LSA, que assim dispõe: "é necessária a aprovação de acionistas que representem metade, no mínimo, do total de votos conferidos pelas ações com direito a voto, se maior *quorum* não for exigido pelo estatuto da companhia cujas ações não estejam admitidas à negociação em bolsa ou no mercado de balcão, para deliberação sobre: I – criação de ações preferenciais ou aumento de classe de ações preferenciais existentes, sem guardar proporção com as demais classes de ações preferenciais, salvo se já previstos ou autorizados pelo estatuto; II – alteração nas preferências, vantagens e condições de resgate ou amortização de uma ou mais classes de ações preferenciais, ou criação de nova classe mais favorecida; III – redução do dividendo obrigatório; IV – fusão da companhia, ou sua incorporação em outra; V – participação em grupo de sociedades (art. 265); VI – mudança do objeto da companhia; VII – cessação do estado de liquidação da companhia; VIII – criação de partes beneficiárias; IX – cisão da companhia; X – dissolução da companhia". Veja-se que nesse caso a deliberação dependerá não apenas da aprovação da maioria simples, mas da aprovação de metade dos acionistas com direito de voto, independentemente de quantos estiverem presentes. Trata-se, pois, de *quorum* mais difícil

[160] O quórum estatutário pode ser superior ao quórum previsto em lei, mas não inferior.

de ser atingido, e por isso é exigido apenas para as matérias elencadas no art. 136, as quais, como se pode perceber, envolvem questões de mais relevo para os negócios da companhia.

Há também situações em que a própria LSA exige deliberação unânime (arts. 221 e 229, § 5º).

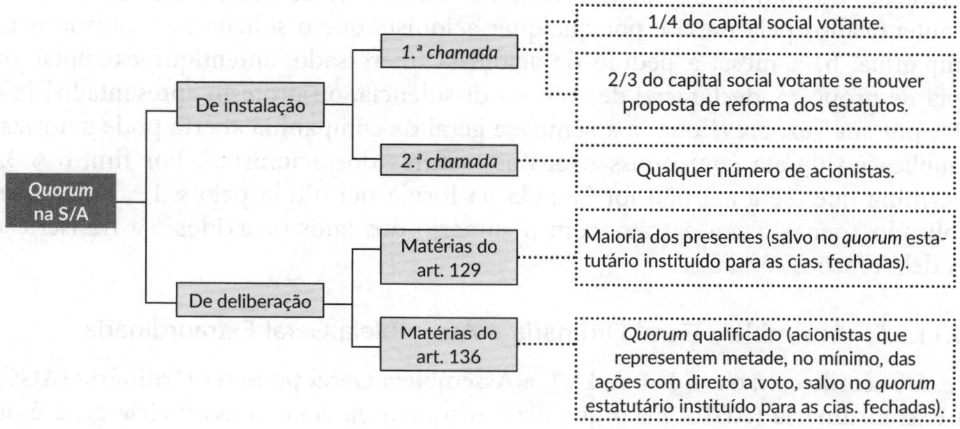

Por fim, destaque-se que pode haver, excepcionalmente, empate em alguma deliberação, hipótese em que deve ser aplicada a regra do § 2.º do art. 129 da LSA, segundo a qual "no caso de empate, se o estatuto não estabelecer procedimento de arbitragem e não contiver norma diversa, a assembleia será convocada, com intervalo mínimo de 2 (dois) meses, para votar a deliberação; se permanecer o empate e os acionistas não concordarem em cometer a decisão a um terceiro, caberá ao Poder Judiciário decidir, no interesse da companhia". Portanto, em princípio **cabe ao estatuto disciplinar a solução a ser adotada em caso de empate**, podendo, por exemplo, prever o voto de qualidade ou a designação de árbitro para resolver a controvérsia. Caso, todavia, o estatuto seja **omisso**, convoca-se **nova assembleia**, nos dois meses seguintes. Enfim, **persistindo o empate**, podem os acionistas decidir pela submissão da decisão a um **terceiro** ou ao **juiz**. Caso a decisão caiba ao juiz, Tavares Borba entende que deve haver perícia, por se tratar de questão econômico-negocial e não técnico-jurídica.[161]

7.3.11.2.4. Formalidades

Deliberadas as matérias submetidas à discussão, com obediência aos *quora* acima detalhados, deverá então ser lavrada a **ata da assembleia**, nos termos do art. 130 da LSA: "dos trabalhos e deliberações da assembleia será lavrada, em livro próprio, ata assinada pelos membros da mesa e pelos acionistas presentes. Para validade da ata é suficiente a assinatura de quantos bastem para constituir a maioria necessária para as deliberações tomadas na assembleia. Da ata tirar-se-ão certidões ou cópias autênticas para os fins legais".

[161] TAVARES BORBA, José Edwaldo. *Direito societário*. 14ª ed. São Paulo: Atlas, 2015, p. 368.

Tendo-se em vista a simplificação dos procedimentos, a lei estabelece ainda algumas regras específicas sobre a lavratura da ata. Assim, de acordo com o § 1.º do art. 130, "a ata poderá ser lavrada na forma de sumário dos fatos ocorridos, inclusive dissidências e protestos, e conter a transcrição apenas das deliberações tomadas, desde que: a) os documentos ou propostas submetidos à assembleia, assim como as declarações de voto ou dissidência, referidos na ata, sejam numerados seguidamente, autenticados pela mesa e por qualquer acionista que o solicitar, e arquivados na companhia; b) a mesa, a pedido de acionista interessado, autentique exemplar ou cópia de proposta, declaração de voto ou dissidência, ou protesto apresentado". Já o § 2.º, por sua vez, prevê que "a assembleia geral da companhia aberta pode autorizar a publicação de ata com omissão das assinaturas dos acionistas". Por fim, o § 3.º determina que "se a ata não for lavrada na forma permitida pelo § 1.º, poderá ser publicado apenas o seu extrato, com o sumário dos fatos ocorridos e a transcrição das deliberações tomadas".

7.3.11.2.5. Assembleia Geral Ordinária e Assembleia Geral Extraordinária

De acordo com o art. 131 da LSA, **a Assembleia Geral pode ser Ordinária (AGO) ou Extraordinária (AGE)**. Eis o que diz a regra em questão: "a assembleia geral é ordinária quando tem por objeto as matérias previstas no artigo 132, e extraordinária nos demais casos". Assim, enquanto a assembleiageral ordinária só pode tratar das matérias previstas no art. 132 da LSA, a assembleia geral extraordinária será sempre convocada para tratar das demais matérias que exijam a sua deliberação (vide art. 122).[162]

Ressalte-se que, tendo em vista a simplificação do procedimento, o parágrafo único do mesmo art. 131 dispõe que "a assembleia geral ordinária e a assembleia geral extraordinária poderão ser, cumulativamente, convocadas e realizadas no mesmo local, data e hora, instrumentadas em ata única".

A **Assembleia Geral Ordinária** (AGO), de acordo com o art. 132 da LSA, **deve ocorrer todo ano, nos quatro primeiros meses após o fim do exercício social**. Com efeito, dispõe o dispositivo em questão que "anualmente, nos 4 (quatro) primeiros meses seguintes ao término do exercício social, deverá haver 1 (uma) assembleia geral para: I – tomar as contas dos administradores, examinar, discutir e votar as demonstrações financeiras; II – deliberar sobre a destinação do lucro líquido do exercício e a distribuição de dividendos; III – eleger os administradores e os membros do conselho fiscal, quando for o caso; IV – aprovar a correção da expressão monetária do capital social (artigo 167)". Vê-se, pois, que, conforme já afirmamos acima, a AGO somente pode deliberar sobre as matérias constantes dos incisos do art. 132. Qualquer outra matéria que exija deliberação assemblear deverá ser tomada em sede de AGE.

No que se refere ao inciso I, perceba-se que a lei se refere a duas coisas distintas: (i) tomada de contas e (ii) exame, discussão e votação das demonstrações financeiras. Assim, pode ser que uma AGO aprove as demonstrações financeiras, mas rejeite as contas. Isso porque as demonstrações financeiras apenas exprimem a situação financeira e os resultados da companhia, devendo ser aprovadas se o fizerem

162 Há ainda alguns casos de **assembleias especiais** (exemplos: art. 18, parágrafo único e art. 136, § 1º da LSA).

de modo verdadeiro e correto, o que não significa, necessariamente, que as contas dos administradores devam ser aprovadas. Ao contrário: pode ser que as demonstrações financeiras indiquem justamente o oposto, demonstrando que a gestão dos negócios foi realizada de maneira impudente ou até mesmo com violação ao estatuto social.

Em se tratando de AGO, a LSA estabelece um procedimento específico que deve ser observado antes da sua realização. Com efeito, determina o art. 133 que "os administradores devem comunicar, até 1 (um) mês antes da data marcada para a realização da assembleia geral ordinária, por anúncios publicados na forma prevista no artigo 124, que se acham à disposição dos acionistas: I – o relatório da administração sobre os negócios sociais e os principais fatos administrativos do exercício findo; II – a cópia das demonstrações financeiras; III – o parecer dos auditores independentes, se houver; IV – o parecer do conselho fiscal, inclusive votos dissidentes, se houver; e V – demais documentos pertinentes a assuntos incluídos na ordem do dia".

Essas formalidades prévias à AGO são importantes em função das matérias por ela tratadas. Assim, os documentos mencionados no art. 133 são de suma importância para que as decisões da AGO sejam tomadas. Nesse sentido, estabelece o art. 134 da LSA que "instalada a assembleia geral, proceder-se-á, se requerida por qualquer acionista, à leitura dos documentos referidos no artigo 133 e do parecer do conselho fiscal, se houver, os quais serão submetidos pela mesa à discussão e votação". No mesmo sentido, estabelece o § 1.º deste artigo que "os administradores da companhia, ou ao menos um deles, e o auditor independente, se houver, deverão estar presentes à assembleia para atender a pedidos de esclarecimentos de acionistas, mas os administradores não poderão votar, como acionistas ou procuradores, os documentos referidos neste artigo". A análise desses documentos e os esclarecimentos sobre eles são tão importantes que, segundo o § 2.º do mesmo art. 134, a assembleia pode ser adiada por causa de dúvidas. Eis o que diz a regra em comento: "se a assembleia tiver necessidade de outros esclarecimentos, poderá adiar a deliberação e ordenar diligências; também será adiada a deliberação, salvo dispensa dos acionistas presentes, na hipótese de não comparecimento de administrador, membro do conselho fiscal ou auditor independente".

Ainda para destacar a importância que possuem essas deliberações tomadas pela AGO, veja-se o que determina o § 3.º do art. 134 da LSA: "a aprovação, sem reserva, das demonstrações financeiras e das contas, exonera de responsabilidade os administradores e fiscais, salvo erro, dolo, fraude ou simulação (artigo 286)". Resta claro, pois, que é fundamental que os acionistas votantes tenham analisado com cuidado toda a documentação referida no art. 133, uma vez que as deliberações tomadas na AGO, dada a sua relevância, podem ter repercussões importantes no futuro para os negócios da companhia.

No que se refere, por outro lado, à AGE, a LSA também estabeleceu regras procedimentais específicas, inclusive impondo *quorum* especial para a sua instalação, em determinados casos. Assim, de acordo com o art. 135, "a assembleia geral extraordinária que tiver por objeto a reforma do estatuto somente se instalará, em primeira convocação, com a presença de acionistas que representem, no mínimo, 2/3 (dois terços), do total de votos conferidos pelas ações com direito a voto, mas poderá instalar-se, em segunda convocação, com qualquer número". Que fique bem claro: não são todas as AGEs que devem obedecer a esse *quorum* especial de instalação, mas apenas a AGE que vá deliberar sobre a reforma do estatuto. As demais AGEs, portanto, se submetem ao *quorum* normal de instalação, constante do art. 125 da LSA.

No § 1.º do referido art. 135, a LSA dispõe que "os atos relativos a reformas do estatuto, para valerem contra terceiros, ficam sujeitos às formalidades de arquivamento e publicação, não podendo, todavia, a falta de cumprimento dessas formalidades ser oposta, pela companhia ou por seus acionistas, a terceiros de boa-fé". Trata-se de regra óbvia, decorrente da regra geral aplicável a qualquer ato societário que deva ser levado a registro, conforme já estudamos no tópico 3 do capítulo 2 (vide também art. 1.º da Lei 8.934/1994).

Quanto aos documentos relativos às matérias a serem discutidas e deliberadas na AGE, aplica-se a regra do § 3.º do art. 135: "os documentos pertinentes à matéria a ser debatida na assembleia geral extraordinária deverão ser postos à disposição dos acionistas, na sede da companhia, por ocasião da publicação do primeiro anúncio de convocação da assembleia geral".

7.3.11.2.6. Assembleia Geral Virtual *(digital)*

Em 2008, a CVM permitiu a transmissão das assembleias-gerais de companhias abertas pela internet, bem como o uso de procuração eletrônica por parte dos acionistas, o que lhes permite participar de tais conclaves societários à distância, acompanhando a atuação de seu procurador.

Pois bem. Em 2011, a própria LSA foi alterada para permitir expressamente que, nas companhias abertas, o acionista participe da assembleia e exerça seu direito de voto à distância, o que representa um avanço maior ainda.

Foram incluídos parágrafos nos arts. 121 e 127, com a seguinte redação, respectivamente: "nas companhias abertas, o acionista poderá participar e votar a distância em assembleia geral, nos termos da regulamentação da Comissão de Valores Mobiliários. (Incluído pela Lei 12.431/2011)"; "considera-se presente em assembleia geral, para todos os efeitos desta Lei, o acionista que registrar a distância sua presença, na forma prevista em regulamento da Comissão de Valores Mobiliários. (Incluído pela Lei 12.431/2011)".

Em 2020, o parágrafo único do art. 121 foi alterado, e agora a participação e a votação a distância podem ocorrer também nas companhias fechadas: "nas companhias, abertas e fechadas, o acionista poderá participar e votar a distância em assembleia geral, nos termos do regulamento da Comissão de Valores Mobiliários e do órgão competente do Poder Executivo federal, respectivamente" (Lei 14.030/2020).

Na verdade, a alteração da LSA promovida em 2020 foi além e, conforme já destacamos, permitiu-se mais do que a simples participação e votação a distância: com a alteração § 2º do art. 124 e a inserção do § 2º-A, autorizou-se a realização de assembleias digitais, as quais já foram regulamentadas pela CVM (Instrução 622) e pelo DREI (Instrução Normativa 81).

7.3.11.3. Os órgãos de administração da companhia

Quando do estudo da administração da sociedade simples *pura* e da sociedade limitada, já destacamos que, não obstante a sociedade empresária seja uma espécie de pessoa jurídica, e que as pessoas jurídicas sejam entes aos quais o ordenamento jurídico confere personalidade e, consequentemente, capacidade de serem sujeitos de direitos e obrigações, elas não possuem vontade. Sendo assim, as sociedades atuam por intermédio de alguém que externa a sua vontade.

Durante muito tempo entendeu-se que a relação estabelecida entre a pessoa jurídica e seus administradores seria de representação, visão que modernamente perdeu espaço para a chamada **teoria orgânica**, segundo a qual a administração da sociedade cabe aos seus órgãos administrativos, os quais, por sua vez, não assumem a posição de representantes legais da sociedade, mas, como afirmava Pontes de Miranda, de seus **presentantes legais**, já que estes, de fato, "não substituem a vontade da sociedade anônima, mas a expressam. Não são, a rigor, representantes, mas presentantes, no sentido de que tornam presente a vontade da companhia".[163]

Para a teoria orgânica, **os administradores da sociedade são meros agentes que manifestam externamente a vontade da pessoa jurídica, sendo, portanto, partes integrantes dela.**

> Por tal razão, quando o membro do órgão atua, é a própria pessoa jurídica quem o faz. Inexiste, como ocorre na representação, uma relação entre o órgão e a pessoa jurídica ou entre esta e seu membro. A representação decorre de um ato jurídico ou advém de determinação legal. O órgão resulta da própria constituição da sociedade, eis que elemento da sua estrutura. Assim sendo, no caso de sociedade anônima, é a própria pessoa jurídica que se manifesta por seu órgão e a administração, destarte, nada mais é do que um meio para a imputação da vontade da pessoa jurídica.[164]

Pois bem. A legislação do anonimato brasileira, no que se refere aos órgãos de administração da Companhia, adotou um **sistema dual**, em que a administração é subdividida entre **dois órgãos**: o **conselho de administração e a diretoria.**[165] Com efeito, dispõe o art. 138 da LSA que "a administração da companhia competirá, conforme dispuser o estatuto, ao conselho de administração e à diretoria, ou somente à diretoria". A referência, no final do dispositivo, à possibilidade de a administração da companhia caber exclusivamente aos diretores se dá porque **o conselho de administração é órgão facultativo nas sociedades anônimas fechadas, sendo obrigatório apenas nas companhias abertas, nas de capital autorizado e nas sociedades de economia mista** (arts. 138, § 2.º, e 239 da LSA).

De acordo com o § 1.º do art. 138, "o conselho de administração é órgão de deliberação colegiada, sendo a representação da companhia privativa dos diretores". Veja-se que,

[163] COELHO, Fábio Ulhoa. *Curso de direito comercial*. 7. ed. São Paulo: Saraiva, 2004. p. 191-192. v. 2.

[164] MELLO FRANCO, Vera Helena; STAJN, Rachel. *Manual de direito comercial*. São Paulo: RT, 2005. p. 176-177. v. 2.

[165] Fábio Ulhoa Coelho fornece explicação diferente para a distinção entre os sistemas monistas e dualista. Segundo ele, no sistema monista há um único órgão de fiscalização e controle dos atos de gestão praticados pelos diretores, que é a assembleia geral; no sistema dualista, por sua vez, há, além da assembleia geral, outro órgão de fiscalização e controle do diretores, que é o conselho de administração (COELHO, Fábio Ulhoa. *Curso de direito comercial*. Vol. 2. 20ª edição. São Paulo: RT, p. 239-241.

a despeito da prevalência atual da teoria orgânica sobre a teoria da representação, como afirmamos acima, a lei utiliza a expressão *representação*, afirmando que esta cabe apenas aos diretores. Por essa razão, também utilizaremos a referida expressão ao longo da presente obra, mas deixando claro, como já fizemos, que os diretores não atuam, tecnicamente, como verdadeiros representantes, e sim como *presentantes* da vontade da sociedade.

A Lei 14.195/2021 incluiu dois parágrafos no art. 138 da LSA: o § 3º determina que "é vedada, nas companhias abertas, a acumulação do cargo de presidente do conselho de administração e do cargo de diretor-presidente ou de principal executivo da companhia". Já o § 4º estabelece que "a Comissão de Valores Mobiliários poderá editar ato normativo que excepcione as companhias de menor porte previstas no art. 294-B desta Lei da vedação de que trata o § 3º deste artigo". Essas novas regras tiveram o objetivo de incorporar boas práticas de governança corporativa na LSA.

Por fim, destaque-se que, em obediência ao disposto no art. 139 da LSA, "as atribuições e poderes conferidos por lei aos órgãos de administração não podem ser outorgados a outro órgão, criado por lei ou pelo estatuto". Portanto, as atribuições do conselho de administração e da diretoria são exercidas exclusivamente por esses órgãos, nos estritos termos estabelecidos em lei.

7.3.11.3.1. O Conselho de Administração

Enquanto a assembleia geral possui competência privativa para deliberar sobre questões de interesse geral da companhia, o **conselho de administração é órgão também deliberativo** que assume a incumbência básica de tratar das matérias especificamente relacionadas à **gestão dos negócios** da sociedade anônima. É bem verdade que, de maneira geral, tanto a assembleia geral quanto o conselho de administração possuem competência para deliberar sobre qualquer matéria de interesse social, mas o que acaba ocorrendo na prática é que a assembleia geral só é convocada para discutir e deliberar sobre as questões previstas no art. 122 da LSA, as quais, como visto, se inserem na sua competência privativa. As demais questões de interesse da companhia, portanto, são acometidas, não raro, ao conselho de administração.

Assim acontece porque a assembleia geral, conforme analisamos no tópico antecedente, é órgão cuja convocação e realização depende de uma série de formalidades procedimentais. Assim, se para cada questão importante da companhia fosse imprescindível a deliberação em assembleia, isso poderia quase sempre atrasar sobremaneira a tomada da decisão, causando sérios prejuízos aos próprios interesses da sociedade. Portanto, o conselho de administração, órgão deliberativo cuja convocação e funcionamento são bem menos formais em comparação à assembleia geral, funciona como uma *microassembleia*, o que dinamiza a tomada de decisões nas companhias que o possuem, isto é, "proporciona rapidez à sociedade anônima no enfrentamento de assuntos de maior relevância". Em síntese, pois, pode-se dizer que o conselho de administração é "órgão destinado a agilizar o processo decisório interno da sociedade".[166]

De acordo com o art. 140 da LSA, "o conselho de administração será composto por, no mínimo, 3 (três) membros, eleitos pela assembleia geral e por ela destituíveis

[166] COELHO, Fábio Ulhoa. *Curso de direito comercial*. 7. ed. São Paulo: Saraiva, 2004. p. 214-215. v. 2.

a qualquer tempo, devendo o estatuto estabelecer: I – o número de conselheiros, ou o máximo e mínimo permitidos, e o processo de escolha e substituição do presidente do conselho pela assembleia ou pelo próprio conselho; II – o modo de substituição dos conselheiros; III – o prazo de gestão, que não poderá ser superior a 3 (três) anos, permitida a reeleição; IV – as normas sobre convocação, instalação e funcionamento do conselho, que deliberará por maioria de votos, podendo o estatuto estabelecer *quorum* qualificado para certas deliberações, desde que especifique as matérias".

Sobre o inciso III, cabe uma observação importante: apesar de haver mandato, não há qualquer direito de permanência no cargo, de modo que o conselheiro de administração pode ser destituído, a qualquer tempo, de forma motivada ou não, pela assembleia geral.[167]

Na sua redação original, a LSA exigia que o conselho de administração fosse formado exclusivamente por **acionistas pessoas físicas**. Atualmente, não há mais essa exigência, uma vez que o art. 146 foi alterado e passou a ter a seguinte redação: "apenas pessoas naturais poderão ser eleitas para membros dos órgãos de administração". Essa mudança já era reclamada há tempos pelos operadores do direito societário. Muitas vezes o controlador vendia ou emprestava uma única ação a alguém, apenas para que essa pessoa adquirisse a condição de acionista e pudesse compor o conselho de administração.

Ademais, o § 1º, do art. 140, da LSA admite a participação **excepcional** de representantes dos funcionários da companhia no conselho, dispondo que "o estatuto poderá prever a participação no conselho de representantes dos empregados, escolhidos pelo voto destes, em eleição direta, organizada pela empresa, em conjunto com as entidades sindicais que os representem".

Por fim, registre-se que a Lei 14.195/2021 acrescentou o § 2º ao art. 140 da LSA, determinando que "na composição do conselho de administração das companhias abertas, é obrigatória a participação de conselheiros independentes, nos termos e nos prazos definidos pela Comissão de Valores Mobiliários".

7.3.11.3.2. Voto múltiplo

No que tange à votação para a eleição dos membros do conselho de administração, pode-se adotar o **critério majoritário** ou o **critério proporcional**, cabendo ao estatuto social da companhia a escolha de um deles.

No critério majoritário de votação, os acionistas podem votar em chapas (equipes previamente formadas) ou em cada cargo separadamente (isto é, realizam-se eleições isoladas, uma para cada cargo do conselho a ser preenchido), mas em ambas as situações cada ação com direito de voto corresponderá a um voto, como ocorre normalmente, nos termos do art. 110 da LSA. Perceba-se que, adotando-se o critério majoritário, o acionista controlador acaba conseguindo eleger, invariavelmente, todos os membros do conselho de administração.

No critério proporcional de votação, por sua vez, não é possível a formação de chapas para a disputa dos cargos. Ademais, não são feitas eleições isoladas para cada

[167] Nesse sentido: COELHO, Fábio Ulhoa. *Curso de direito comercial*. Vol. 2. 20ª ed. São Paulo: RT, 2016. p. 229.

cargo do conselho, mas apenas uma, que servirá ao preenchimento de todo o órgão. Assim, nesse critério são eleitos para os cargos do conselho os candidatos mais votados, conforme a quantidade de cargos a serem preenchidos, o que acaba por produzir um órgão provavelmente de composição heterogênea, com participação de membros eleitos pelos controladores e também pelos minoritários, de maneira proporcional.

> Exemplificando as duas modalidades: considere-se que o capital votante de uma sociedade anônima é distribuído entre dois acionistas, Antonio, com 60%, e Benedito, com 40%, e que o conselho, composto por cinco membros, está sendo totalmente renovado. Se adotada a votação majoritária, Antonio deposita todos os seus votos nas cinco pessoas de sua confiança (na chapa ou nas candidaturas isoladas), e ganha a eleição porque tem mais votos que Benedito. Por outro lado, adotada a votação proporcional, a tendência será a de Antonio eleger três, e Benedito dois dos membros do conselho.[168]

Além dessas duas modalidades de votação analisadas, a LSA ainda prevê uma outra modalidade especial, em que se adota o **critério de voto múltiplo**. Assim, de acordo com o seu art. 141, que disciplina essa modalidade de votação, "na eleição dos conselheiros, é facultado aos acionistas que representem, no mínimo, 10% do capital social com direito a voto, esteja ou não previsto no estatuto, requerer a adoção do processo de voto múltiplo, por meio do qual o número de votos de cada ação será multiplicado pelo número de cargos a serem preenchidos, reconhecido ao acionista o direito de cumular os votos num só candidato ou distribuí-los entre vários".

Vê-se, desde logo, que **a modalidade de voto múltiplo é uma faculdade outorgada pela lei aos acionistas minoritários com direito de voto**. Trata-se, enfim, de um modelo especial de votação proporcional, em que cada ação votante corresponderá a tantos votos quantos forem os membros do conselho de administração. E mais: cada acionista poderá usar os votos que suas ações lhe conferem da forma que bem entender, ou seja, pode concentrá-los todos num único candidato ou distribuí-los em candidatos distintos.

Ressalte-se que essa faculdade conferida pela lei aos acionistas minoritários com direito de voto deve ser-lhes assegurada, não podendo o estatuto social lhes negar essa prerrogativa. No entanto, para que possam os minoritários utilizar essa faculdade legal, deverão representar, no mínimo, **um décimo do capital social votante** e atender aos demais requisitos legais, como, por exemplo, o disposto no **§ 1.º do art. 141 da LSA**: "a faculdade prevista neste artigo deverá ser exercida pelos acionistas até 48 (quarenta e oito) horas antes da assembleia geral, cabendo à mesa que dirigir os trabalhos da assembleia informar previamente aos acionistas, à vista do 'Livro de Presença', o número de votos necessários para a eleição de cada membro do conselho".

Em caso de empate, aplica-se a regra do art. 141, § 2º da LSA: "os cargos que, em virtude de empate, não forem preenchidos, serão objeto de nova votação, pelo mesmo processo, observado o disposto no § 1º, in fine".

Por fim, o § 3º estabelece que "**sempre que a eleição tiver sido realizada por esse processo, a destituição de qualquer membro do conselho de administração**

[168] COELHO, Fábio Ulhoa. *Curso de direito comercial*. Vol. 2. 20ª ed. São Paulo: RT, 2016, p. 223.

pela assembléia-geral importará destituição dos demais membros, procedendo-se a nova eleição; nos demais casos de vaga, não havendo suplente, a primeira assembléia-geral procederá à nova eleição de todo o conselho".

7.3.11.3.3. Eleição em separado

Ainda no dispositivo que trata do voto múltiplo, que é o art. 141 da LSA, o § 4º estabelece duas possibilidades de se determinar uma eleição em separado para eleição/destituição de membro do conselho de administração **nas companhias abertas**: "terão direito de eleger e destituir um membro e seu suplente do conselho de administração, **em votação em separado na assembléia-geral**, **excluído o acionista controlador**, a maioria dos titulares, respectivamente: I – de ações de emissão de **companhia aberta** com direito a voto, que representem, pelo menos, 15% (quinze por cento) do total das ações com direito a voto; e II – de ações preferenciais sem direito a voto ou com voto restrito de emissão de **companhia aberta**, que representem, no mínimo, 10% (dez por cento) do capital social, que não houverem exercido o direito previsto no estatuto, em conformidade com o art. 18".

O § 6º complementa a regra, determinando que "somente poderão exercer o direito previsto no § 4º os acionistas que comprovarem a titularidade ininterrupta da participação acionária ali exigida durante o período de 3 (três) meses, no mínimo, imediatamente anterior à realização da assembléia-geral".

Perceba-se que essas votações em separado (sem a participação do controlador) só podem ocorrer em companhias abertas: no primeiro caso, o conselheiro e o respectivo suplente são eleitos/destituídos pela maioria de acionistas que representem 15% ou mais do capital vontante; no segundo caso, o conselheiro e o respectivo suplente são eleitos/destituídos pela maioria de preferencialistas não votantes (ou com voto restrito) que representem 10% ou mais do capital social, valendo destacar que tais preferencialistas não tenham exercido eventual direito estatutário de eleger separadamente um membro do conselho de administração, nos termos do art. 18 da LSA.

Se nenhuma das minorias mencionadas nos incisos do § 4º conseguir atingir o respectivo percentual exigido (acionistas representativos de 15% do capital votante ou preferencialistas representativos de 10% do capital social), o § 5º permite que elas se juntem, e nessa hipótese, caso seja atingido o quórum de pelo menos 10% do capital social, elas poderão eleger "**em conjunto** um membro e seu suplente para o conselho de administração". Aqui não há eleição de um membro e suplente por cada minoria, mas de um único membro e suplente pelo conjunto das minorias.

Finalmente, deve-se atentar para a regra do § 7º do art. 141 da LSA, que visa a proteger o controlador de companhia aberta na hipótese excepcional de uso cumulativo do voto múltiplo (*caput*) e das eleições em separado (§ 4º): nesse caso, "**será assegurado a acionista ou grupo de acionistas vinculados por acordo de votos que detenham mais do que 50% (cinqüenta por cento) do total de votos conferidos pelas ações com direito a voto o direito de eleger conselheiros em número igual ao dos eleitos pelos demais acionistas, mais um**, independentemente do número de conselheiros que, segundo o estatuto, componha o órgão".

É que o uso cumulativo do voto múltiplo e das eleições em separado acarretará a eleição de membros e suplentes representantes dos minoritários. Assim, para garantir, ao mesmo tempo, a representatividade das minorias no conselho de administração e o controle dele por quem detém a maioria do capital votante, a LSA assegura que quem detém essa maioria terá mais cargos no conselho, ainda que para isso seja necessário que o órgão possua mais membros do que o número previsto no estatuto social.

7.3.11.3.4. Competência do conselho de administração

Por fim, após fixar as normas gerais sobre a composição, o funcionamento e a eleição do conselho de administração, a LSA, em seu **art. 142**, estabelece as suas **competências**.

Assim, de acordo com o referido dispositivo, "compete ao conselho de administração: I – fixar a orientação geral dos negócios da companhia; II – eleger e destituir os diretores da companhia e fixar-lhes as atribuições, observado o que a respeito dispuser o estatuto; III – fiscalizar a gestão dos diretores, examinar, a qualquer tempo, os livros e papéis da companhia, solicitar informações sobre contratos celebrados ou em via de celebração, e quaisquer outros atos; IV – convocar a assembleiageral quando julgar conveniente, ou no caso do artigo 132; V – manifestar-se sobre o relatório da administração e as contas da diretoria; VI – manifestarse previamente sobre atos ou contratos, quando o estatuto assim o exigir; VII – deliberar, quando autorizado pelo estatuto, sobre a emissão de ações ou de bônus de subscrição; VIII – autorizar, se o estatuto não dispuser em contrário, a alienação de bens do ativo não circulante, a constituição de ônus reais e a prestação de garantias a obrigações de terceiros [redação alterada pela Lei 11.941/2009]; IX – escolher e destituir os auditores independentes, se houver".

Da leitura do art. 142, percebe-se que as competências do conselho de administração se dividem em funções (i) programáticas/normativas, (ii) de fiscalização/controle e (iii) propriamente administrativas.

No exercício das atribuições acima transcritas, caso o conselho tome alguma deliberação que deva produzir efeitos perante terceiros, obviamente a ata da reunião respectiva deverá ser obrigatoriamente levada a registro na Junta Comercial. É o que determina – embora de fato nem fosse necessária a previsão expressa – o § 1.º do art. 142: "serão arquivadas no registro do comércio e publicadas as atas das reuniões do conselho de administração que contiverem deliberação destinada a produzir efeitos perante terceiros".

7.3.11.3.5. A diretoria

Conforme a legislação acionária brasileira, como visto, adota o modelo dualista de administração para as sociedades anônimas, além do conselho de administração, estudado no tópico antecedente, o outro órgão encarregado da administração da companhia é a diretoria, que corresponde, na verdade, ao **órgão realmente incumbido de desempenhar, de maneira efetiva, a gestão dos negócios sociais.** Assim, os

diretores são os verdadeiros ***executivos* da sociedade anônima**, sendo responsáveis pela sua direção e pela sua representação legal (art. 138, § 1.º, da LSA).

Em síntese, "*a diretoria é o órgão executivo da companhia. Aos seus membros compete, no plano interno, dirigir a empresa, e, externamente, manifestar a vontade da pessoa jurídica, na generalidade dos atos e negócios*".[169]

De acordo com o art. 143 da LSA, "a Diretoria será composta por 1 (um)[170] ou mais membros, eleitos e destituíveis a qualquer tempo pelo conselho de administração ou, se inexistente, pela assembleia geral, e o estatuto estabelecerá: I – o número de diretores, ou o máximo e o mínimo permitidos; II – o modo de sua substituição; III – o prazo de gestão, que não será superior a 3 (três) anos, permitida a reeleição; IV – as atribuições e poderes de cada diretor".

Assim como ocorre com os membros do conselho de administração, a existência de mandato não implica a existência de direito de permanência no cargo por quaisquer diretores.

Ressalte-se que os membros da diretoria – **os diretores – não precisam ser acionistas**, mas devem ser **pessoas físicas**[171]. Destaque-se ainda que alguns membros do conselho de administração podem também ocupar a posição de diretores. É o que prevê o § 1.º do art. 143, segundo o qual "os membros do conselho de administração, até o máximo de 1/3 (um terço), poderão ser eleitos para cargos de diretores". Pode-se ter uma situação em que todos os diretores são membros do conselho de administração, desde que sejam apenas um terço dele (exemplo: conselho de administração com 9 membros e diretoria com 3 membros).

Outro ponto importante a ser observado sobre a composição da diretoria é que, conforme dispõe a lei, cabe ao estatuto social definir (i) o número de diretores, (ii) o prazo de gestão deles, (iii), a sua substituição e (iv) os poderes e atribuições de cada um. Assim, a depender do tamanho e da complexidade das atividades desenvolvidas pela companhia, ela poderá ter mais ou menos diretores, conforme dispuser o seu estatuto. Por isso é que nas grandes companhias temos diversos diretores (diretor comercial, diretor jurídico, diretor financeiro, diretor de vendas, diretor de contratos etc.), cada um com competência específica, enquanto em outras companhias menores há apenas dois, o mínimo legal exigido.

Mas não cabe ao estatuto apenas estabelecer as atribuições específicas de cada diretor. Pode ainda o estatuto definir que determinadas matérias sejam atribuição da própria diretoria como órgão colegiado, hipótese em que as decisões relativas a tal matéria deverão ser tomadas em reunião dos diretores. É o que prevê o § 2.º do art. 143: "o estatuto pode estabelecer que determinadas decisões, de competência dos diretores, sejam tomadas em reunião da diretoria".[172]

---

169 COELHO, Fábio Ulhoa. *Curso de direito comercial*. 7. ed. São Paulo: Saraiva, 2004. p. 226. v. 2.

170 A alteração do art. 143, para que ele passasse a permitir que a diretoria tenha apenas um membro, foi determinada pela Lei Complementar 182/2021 (marco legal das startups).

171 A Lei 14.195/2021 alterou a redação do art. 146 da LSA, retirando-se a exigência de que os diretores da companhia sejam residentes no Brasil. Agora, portanto, quaisquer administradores (membros do conselho de administração ou diretores) podem ser residentes ou domiciliados no exterior, mas nesse caso terão que manter representante no Brasil, nos termos do § 2º do art. 146.

172 "Admite-se, mais, que o estatuto condicione a prática de determinados atos à assinatura deste ou daquele diretor específico ou que exija, para tanto, mais de uma assinatura" (TAVARES BORBA, José Edwaldo. *Direito societário*. 14ª ed. São Paulo: Atlas, 2015, p. 398).

No que se refere à representação da companhia, por sua vez, ela compete, em princípio, a quaisquer diretores, podendo cada um deles praticar os atos de gestão pertinentes aos negócios sociais. Nesse sentido, dispõe o art. 144 da LSA que "no silêncio do estatuto e inexistindo deliberação do conselho de administração (artigo 142, n. II e parágrafo único), competirão a qualquer diretor a representação da companhia e a prática dos atos necessários ao seu funcionamento regular".

Em suma: internamente, os diretores dirigem a empresa. Externamente, eles exteriorizam a vontade da companhia ("representação", no dizer da lei, mas "presentação", conforme destaca a doutrina), podendo praticar quaisquer atos de gestão, com exceção da alienação de bens do ativo circulante, da constituição de ônus reais e da prestação de garantia a obrigações de terceiros (art. 142, inciso VIII da LSA).

Pode ainda um diretor, conforme o caso, constituir mandatários para atuar em nome da companhia, desde que o faça nos limites das atribuições e poderes do diretor mandante. É o que prevê o parágrafo único do art. 144, segundo o qual "nos limites de suas atribuições e poderes, é lícito aos diretores constituir mandatários da companhia, devendo ser especificados no instrumento os atos ou operações que poderão praticar e a duração do mandato, que, no caso de mandato judicial, poderá ser por prazo indeterminado". Como se vê, os poderes dos diretores são indelegáveis, não obstante eles possam constituir procuradores para a prática de certos atos. Procurações 'ad negocia' devem ser específicas e ter prazo determinado, mas procurações 'ad judicia' podem ter prazo indeterminado.

7.3.11.3.6. Normas comuns aos conselheiros e diretores

Como a LSA adotou, repita-se, o **modelo dualista** de administração para as sociedades anônimas, dividindo sua administração, pois, entre dois órgãos – o **conselho de administração** e a **diretoria** – podemos chamar de ***administradores* da companhia** tanto os **conselheiros** quanto os **diretores**. Assim, dispõe o art. 145 da LSA que "as normas relativas a requisitos, impedimentos, investidura, remuneração, deveres e responsabilidade dos administradores aplicam-se a conselheiros e diretores".

Dispõe ainda o art. 160 que "as normas desta Seção *[refere-se às normas comuns aos conselheiros e diretores]* aplicam-se aos membros de quaisquer órgãos, criados pelo estatuto, com funções técnicas ou destinados a aconselhar os administradores".

Reiterando o que já havíamos dito, o art. 146 da LSA, atualmente, não mais exige que os membros do conselho de administração sejam acionistas. Portanto, repita-se, agora tanto os **conselheiros** quanto os **diretores** podem ser **acionistas ou não**.

Ademais, pela atual redação do art. do art. 146 da LSA, determinada pela Lei 14.195/2021, conclui-se que não apenas os conselheiros, mas também diretores, podem residir fora do país. Nesse caso, porém, deve-se observar o que dispõe o § 2.º do artigo em questão, segundo o qual "a posse de administrador residente ou domiciliado no exterior fica condicionada à constituição de representante residente no País, com poderes para, até, no mínimo, 3 (três) anos após o término do prazo de gestão do administrador, receber: I – citações em ações contra ele propostas com base na legislação societária; e II – citações e intimações em processos administrativos instaurados pela Comissão de Valores Mobiliários, no caso de exercício de cargo de administração em companhia aberta".

A legislação acionária também prevê **impedimentos** para a investidura nos cargos de **conselheiro e diretor da companhia**. Nesse sentido, estabelece o art. 147, § 1.º, da LSA que "são inelegíveis para os cargos de administração da companhia as pessoas impedidas por lei especial, ou condenadas por crime falimentar, de prevaricação, peita ou suborno, concussão, peculato, contra a economia popular, a fé pública ou a propriedade, ou a pena criminal que vede, ainda que temporariamente, o acesso a cargos públicos". No mesmo sentido, dispõe o § 2.º que "são ainda inelegíveis para os cargos de administração de companhia aberta as pessoas declaradas inabilitadas por ato da Comissão de Valores Mobiliários".

Especificamente quanto aos conselheiros, determina o § 3.º, por sua vez, que "o conselheiro deve ter reputação ilibada, não podendo ser eleito, salvo dispensa da assembleia geral, aquele que: I – ocupar cargos em sociedades que possam ser consideradas concorrentes no mercado, em especial, em conselhos consultivos, de administração ou fiscal; e II – tiver interesse conflitante com a sociedade". Essa regra, sobretudo o inciso I, trata da proibição da chamada *interlocking directorates*, que se resume na ideia de que "um homem deve servir a um chefe, apenas" ("serve one master only").[173]

Norma interessante acerca dos administradores da companhia é a do art. 148 da LSA, que permite ao estatuto exigir que os membros eleitos para o conselho de administração ou para a diretoria prestem garantia em favor da companhia, a qual só será levantada pelos mesmos após a aprovação de suas contas. Eis o teor do dispositivo: "o estatuto pode estabelecer que o exercício do cargo de administrador deva ser assegurado, pelo titular ou por terceiro, mediante penhor de ações da companhia ou outra garantia". Complementando, o parágrafo único prevê que "a garantia só será levantada após aprovação das últimas contas apresentadas pelo administrador que houver deixado o cargo".

Ainda dentre as normas gerais aplicáveis aos *administradores* da companhia – conselheiros e diretores – a LSA cuida das regras relativas à sua **investidura** (art. 149), **substituição** (art. 150) e **renúncia** (art. 151). No art. 152, por sua vez, cuida de sua remuneração, dispondo que "a assembleia geral fixará o montante global ou individual da remuneração dos administradores, inclusive benefícios de qualquer natureza e verbas de representação, tendo em conta suas responsabilidades, o tempo dedicado às suas funções, sua competência e reputação profissional e o valor dos seus serviços no mercado".

Pode o estatuto, no que se refere à remuneração dos administradores, estabelecer a participação deles nos lucros da sociedade anônima, nos termos dos §§ 1.º e 2.º do art. 152. O primeiro dispõe que "o estatuto da companhia que fixar o dividendo obrigatório em 25% (vinte e cinco por cento) ou mais do lucro líquido, pode atribuir aos administradores participação no lucro da companhia, desde que

---

[173] Sobre o assunto, inclusive com análise do tema no direito comparado, confira-se: ARAGÃO, Leandro Santos de. *Interlocking directorates* (*personelle Verflechtungen*) e a proibição do art. 147, § 3.º, inciso I, da Lei das Sociedades Anônimas: o conflito entre a liberdade de concorrência e a liberdade de estruturação do organograma administrativo da sociedade empresária. In: CASTRO, Rodrigo R. Monteiro de; ARAGÃO, Leandro Santos de (Coord.). *Sociedade anônima*: 30 anos da Lei 6.404/76. São Paulo: Quartier Latin, 2007. p. 65-85.

o seu total não ultrapasse a remuneração anual dos administradores nem 0,1 (um décimo) dos lucros (artigo 190), prevalecendo o limite que for menor". O segundo, por sua vez, dispõe que "os administradores somente farão jus à participação nos lucros do exercício social em relação ao qual for atribuído aos acionistas o dividendo obrigatório, de que trata o artigo 202".

7.3.11.3.6.1. Deveres dos administradores

No que diz respeito às **normas comuns aplicáveis aos conselheiros e diretores da companhia**, isto é, aos seus *administradores*, ressalta a importância das regras relativas aos seus deveres e responsabilidades, razão pela qual as analisaremos em tópicos específicos. Dentre os deveres específicos regulados expressamente na lei do anonimato, destacam-se, por exemplo, o *dever de diligência*, o *dever de lealdade*, o *dever de informação*, dentre outros.

7.3.11.3.6.2. Dever de diligência

Em primeiro lugar, determina o art. 153 da LSA que "o administrador da companhia deve empregar, no exercício de suas funções, o cuidado e diligência que todo homem ativo e probo[174] costuma empregar na administração dos seus próprios negócios".

Trata-se, de fato, de norma muito vaga, que pode trazer dúvidas de interpretação. O melhor, portanto, é entender que esse dever de diligência será atendido sempre que o administrador atuar em conformidade com os padrões de gestão fixados pela ciência da administração de empresas.

Assim, de acordo com a doutrina, o dever de diligência pressupõe a obrigação do administrador de (i) qualificar-se para o exercício do cargo, (ii) administrar bem, (iii) informar-se, (iv) investigar, e (v) vigiar.

> O administrador diligente é aquele que emprega na condução dos negócios sociais as cautelas, métodos, recomendações, postulados e diretivas da "ciência" da administração de empresas. O dever de diligência, portanto, corresponde a obrigações de meio e não de resultado. O administrador, em outros termos, tem o dever de empregar certas técnicas – aceitas como adequadas pela "ciência" da administração – na condução dos negócios sociais, tendo em vista a realização dos fins da empresa. Mas ele não responde pela efetiva realização dos fins sociais, sujeitos também à implementação de várias outras condições não inteiramente controláveis pela administração societária. A pesquisa jurídica sobre a incidência da norma do art. 153 da LSA, em determinado caso, não precisa e não deve ultrapassar os limites da apreciação técnica pertinente ao cumprimento da obrigação de meio.[175]

Deixando claro que a **obrigação** assumida pelos administradores é **de meio**, e não de resultado, estabelece o art. 154 da LSA que "o administrador deve exercer as

---

[174] Como bem destaca a doutrina especializada, a regra do art. 153 da LSA não se refere ao "modelo civilístico ordinário do *bonus pater familias* como régua do padrão de conduta dos administradores", sendo mais correto usar como padrão o *businessman* do direito anglo-saxão, isto é, alguém com "postura íntegra e reta, mas ao mesmo tempo altiva, arrojada, instruída e empreendedora" (BARBOSA, Henrique Cunha. *Business Judgement Rule*, in: Tratado de Direito Comercial. Vol. 2. São Paulo: Saraiva, 2015, p. 468).

[175] COELHO, Fábio Ulhoa. *Curso de direito comercial*. 7. ed. São Paulo: Saraiva, 2004. p. 244. v. 2.

atribuições que a lei e o estatuto lhe conferem para lograr os fins e no interesse da companhia, satisfeitas as exigências do bem público e da função social da empresa". Veja-se que não se exige, nem se podia exigir, que o administrador efetivamente atinja os fins que deve perseguir, bastando apenas que ele oriente sua atuação no sentido da consecução de finalidades de interesse da companhia. Nesse sentido, confira-se o enunciado 86 das Jornadas de Direito Comercial do CJF: "o desacerto do mérito da decisão negocial não é, por si só, causa de responsabilidade civil do administrador, a qual pressupõe o descumprimento de dever legal ou estatutário".

Ainda que o administrador tenha sido eleito por um determinado grupo ou classe de acionistas, ele não deve atuar no interesse apenas desse grupo ou classe, tendo em relação à companhia o mesmo dever de diligência e lealdade que os demais administradores. Nesse sentido, dispõe de forma clara o art. 154, § 1.º, que "o administrador eleito por grupo ou classe de acionistas tem, para com a companhia, os mesmos deveres que os demais, não podendo, ainda que para defesa do interesse dos que o elegeram, faltar a esses deveres".

Assim, detalhando de forma bem precisa os deveres dos administradores quanto a esse aspecto, dispõe ainda a LSA, em seu art. 154, § 2.º, ser vedado ao administrador: "a) praticar ato de liberalidade à custa da companhia; b) sem prévia autorização da assembleia geral ou do conselho de administração, tomar por empréstimo recursos ou bens da companhia, ou usar, em proveito próprio, de sociedade em que tenha interesse, ou de terceiros, os seus bens, serviços ou crédito; c) receber de terceiros, sem autorização estatutária ou da assembleia geral, qualquer modalidade de vantagem pessoal, direta ou indireta, em razão do exercício de seu cargo".

A infringência a essas vedações traz consequências, prevendo a LSA, por exemplo, que "as importâncias recebidas com infração ao disposto na alínea *c* do § 2.º pertencerão à companhia" (§ 3.º).

Não se deve esquecer, todavia, que atualmente as grandes companhias têm procurado adotar práticas de gestão alinhadas com o que se convencionou chamar de *responsabilidade social da empresa*. Nesse sentido, o § 4.º do artigo em comento estabelece que "o conselho de administração ou a diretoria podem autorizar a prática de atos gratuitos razoáveis em benefício dos empregados ou da comunidade de que participe a empresa, tendo em vista suas responsabilidades sociais".

7.3.11.3.6.3. *Business judgement rule*

Conforme vimos, a doutrina costuma afirmar que o dever de diligência será atendido sempre que o administrador **agir em conformidade com os padrões de gestão fixados pela ciência da administração de empresas**, mas essa afirmação é um tanto vaga e imprecisa. Afinal, que padrões são esses?

A expressão *business judgement rule* (regra de julgamento do negócio, numa tradução literal, ou regra da decisão negocial, como preferem alguns juristas) se refere a uma teoria que visa a **estabelecer parâmetros minimamente objetivos para a definição da responsabilidade de administradores** de sociedades anônimas por seus atos de gestão.

> A *business judgement rule* teve origem nos tribunais ingleses ainda em meados do século XVIII, desenvolvendo-se então a partir da jurisprudência das Cortes americanas, especialmente do Estado de Delaware.[176]

Uma das formulações mais influentes dessa teoria foi estabelecida pela Suprema Corte de Delaware no julgamento do caso *Aronson vs. Lewis*, quando se decidiu que "a *business judgment rule* é uma presunção de que ao tomar decisões negociais os administradores de uma sociedade agiram de maneira informada, de boa-fé e na crença honesta de que a sua ação fora feita no melhor interesse da companhia".

Em síntese, a *business judgement rule* reconhece que **a obrigação do administrador é de meio, e não de resultado**. Ademais, consagra-se uma **presunção de legitimidade** dos seus atos de gestão, não sendo possível ao julgador discutir o seu **mérito**, mas apenas o **procedimento** que o conduziu à tomada de decisão.

Partindo das premissas de que os empreendedores são fundamentais numa economia de livre mercado, o risco é inerente a qualquer atividade empresarial, a obrigação dos administradores de uma sociedade é de meio e as decisões negociais são tomadas sob pressão, a *business judgement rule* cria incentivos para que bons executivos se sintam à vontade para assumir cargos de gestão e tomar decisões arriscadas, sem receio de responderem, no futuro, por tais atos.[177]

Portanto, como o dever de diligência envolve uma análise procedimental da ação dos administradores, deve-se verificar se a atuação do administrador foi **independente**, **desinteressada**, **informada** e **no interesse da companhia**. Nesse sentido, a propósito, o **art. 159, § 6º** da Lei 6.404/1976 estabelece que "o juiz poderá reconhecer a exclusão da responsabilidade do administrador, se convencido de que este agiu de boa-fé e visando ao interesse da companhia".

A teoria acaba sendo mais discutida e aplicada nos julgamentos da Comissão de Valores Mobiliários - CVM, no âmbito de processos administrativos sancionadores. A autarquia entende que se a decisão foi **informada, refletida e desinteressada**, não cabe a ela, posteriormente, discutir o seu mérito para responsabilizar o administrador. Ainda segundo a CVM, (i) a **decisão informada** é aquela na qual os administradores basearam-se nas informações razoavelmente necessárias para tomá-la; (ii) a **decisão refletida** é aquela tomada depois da análise das diferentes alternativas ou possíveis conseqüências ou, ainda, em cotejo com a documentação que fundamenta o negócio; e (iii) a **decisão desinteressada** é aquela que não resulta em benefício pecuniário ao administrador (ver, por exemplo, o PAS RJ2005/1443).

Apesar de pouco aplicada pelo Judiciário brasileiro, alguns julgados do STJ possuem conexão com essa teoria, ainda que não façam expressa menção a ela. No **REsp 810.667**, disse o Min. Humberto Gomes de Barros: "**adotando uma opção empresarial regular, com objetivo de lucro, que depois se mostrou equivocada, o**

---

[176] BARBOSA, Henrique Cunha. *Business Judgement Rule*, in: Tratado de Direito Comercial. Vol. 2. São Paulo: Saraiva, 2015, p. 469.

[177] Nesse sentido, confira-se: BARBOSA, Henrique Cunha. *Business Judgement Rule*, in: Tratado de Direito Comercial. Vol. 2. São Paulo: Saraiva, 2015, p. 461-494. Conforme destacado pelo autor, a *business judgement rule* pode funcionar como um porto seguro para o administrador diligente, como um padrão de revisão (ou não revisão) judicial e como uma política de estímulo ao empreendedor.

administrador está imune ao dever de indenizar. O prejuízo e o lucro, como faces da mesma moeda, são inerentes à atividade empresarial. Não basta, portanto, que a sociedade experimente prejuízo para que o administrador tenha dever de indenizar. Para que haja responsabilidade, é preciso que ele atue em ofensa à Lei ou ao estatuto ou, dentro de suas atribuições, incorra em dolo ou culpa".

7.3.11.3.6.4. Dever de lealdade

Ainda sobre os deveres dos administradores da companhia, mais especificamente quanto ao chamado *dever de lealdade*, determina o art. 155 da LSA que "o administrador deve servir com lealdade à companhia e manter reserva sobre os seus negócios, sendo-lhe vedado: I – usar, em benefício próprio ou de outrem, com ou sem prejuízo para a companhia, as oportunidades comerciais de que tenha conhecimento em razão do exercício de seu cargo; II – omitir-se no exercício ou proteção de direitos da companhia ou, visando à obtenção de vantagens, para si ou para outrem, deixar de aproveitar oportunidades de negócio de interesse da companhia; III – adquirir, para revender com lucro, bem ou direito que sabe necessário à companhia, ou que esta tencione adquirir".

Dentre esses deveres de lealdade, perceba-se que a legislação acionária brasileira dá destaque ao **dever de sigilo** acerca de informações relevantes sobre os negócios da sociedade, sobretudo quando se trata de companhia aberta. Nesse sentido, aliás, é a regra especial do § 1.º do art. 155, que assim dispõe: "cumpre, ademais, ao administrador de companhia aberta, guardar sigilo sobre qualquer informação que ainda não tenha sido divulgada para conhecimento do mercado, obtida em razão do cargo e capaz de influir de modo ponderável na cotação de valores mobiliários, sendo-lhe vedado valer-se da informação para obter, para si ou para outrem, vantagem mediante compra ou venda de valores mobiliários". Complementando essa regra especial, dispõe ainda o § 2.º que "o administrador deve zelar para que a violação do disposto no § 1.º não possa ocorrer através de subordinados ou terceiros de sua confiança". E mais: sendo eventualmente desrespeitada essa regra especial, prevê o § 3.º que "a pessoa prejudicada em compra e venda de valores mobiliários, contratada com infração do disposto nos §§ 1.º e 2.º, tem direito de haver do infrator indenização por perdas e danos, a menos que ao contratar já conhecesse a informação".

7.3.11.3.6.5. *Insider trading*

O grande objetivo da legislação acionária, nesses casos acima analisados, é evitar a prática do chamado ***insider trading***, que consiste, *grosso modo*, no **uso de informações relevantes internas e/ou sigilosas para obtenção de vantagem**, conduta que, além de configurar violação do dever de lealdade, é tipificada como crime previsto no art. 27-D da Lei 6.385/1976: "Utilizar informação relevante de que tenha conhecimento, ainda não divulgada ao mercado, que seja capaz de propiciar, para si ou para outrem, vantagem indevida, mediante negociação, em nome próprio ou de terceiros, de valores mobiliários: Pena – reclusão, de 1 (um) a 5 (cinco) anos, e multa de até 3 (três) vezes o montante da vantagem ilícita obtida em decorrência do crime".[178]

Perceba-se que **é preciso que a informação seja relevante**. De acordo com o art. 2º da Instrução 358/2002 da CVM, "considera-se relevante, para os efeitos desta Instrução, qualquer decisão de acionista controlador, deliberação da assembleia geral ou dos órgãos de administração da companhia aberta, ou qualquer outro ato ou fato de caráter político-administrativo, técnico, negocial ou econômico-financeiro ocorrido ou relacionado aos seus negócios que possa influir de modo ponderável: I – na cotação dos valores mobiliários de emissão da companhia aberta ou a eles referenciados; II – na decisão dos investidores de comprar, vender ou manter aqueles valores mobiliários; III – na decisão dos investidores de exercer quaisquer direitos inerentes à condição de titular de valores mobiliários emitidos pela companhia ou a eles referenciados".

A referida norma infralegal dá alguns exemplos: "assinatura de acordo ou contrato de transferência do controle acionário da companhia, ainda que sob condição suspensiva ou resolutiva; (...) incorporação, fusão ou cisão envolvendo a companhia ou empresas ligadas; (...) e pedido de recuperação judicial ou extrajudicial, requerimento de falência ou propositura de ação judicial, de procedimento administrativo ou arbitral que possa vir a afetar a situação econômico-financeira da companhia".

Até 2017, exigia-se, para a própria caracterização do referido crime, que a informação, além de relevante, fosse sigilosa, mas a Lei 13.506/2017 alterou o tipo penal, de modo que **agora basta que ela seja relevante**. Portanto, na mesma linha do art. 155, § 4º da LSA, **estendeu-se o conceito de insider a qualquer pessoa que tenha tido acesso à informação. Em suma: antes só se punia o insider primário, aquele que tem acesso à informação em razão do cargo e, por isso, possui dever legal de sigilo em relação a ela; agora, pune-se também o insider secundário, aquele que não obteve a informação em razão do cargo e, pois, não é legalmente obrigado a guardá-la em sigilo.** Se, porém, ela for também sigilosa, incidirá uma causa de aumento de pena: "a pena é aumentada em 1/3 (um terço) se o agente comete o crime previsto no **caput** deste artigo valendo-se de informação relevante de que tenha conhecimento e da qual deva manter sigilo" (§ 2.º do art. 27-D).

Em fevereiro de 2011, a CVM e o Ministério Público Federal conseguiram no Judiciário a primeira condenação penal por *insider trading* no Brasil, em caso referente à Oferta Pública de Aquisição (OPA) da Perdigão feita pela Sadia em 2006: tendo informações privilegiadas sobre a oferta de compra da Perdigão pela Sadia, executivos desta compraram ações daquela, obtendo ganhos expressivos. Confiram-se trechos do acórdão do TRF da 3ª Região:

> *Penal e processual penal – crime contra o mercado de capitais – uso indevido de informação privilegiada – insider trading – art. 27-D da Lei n.º 6.385/76 – Justiça*

[178] *"De modo simples, a expressão* (insider trading) *significa o uso de informação interna para obter vantagens. Ou melhor: a utilização em proveito próprio ou alheio de informações relevantes sobre uma companhia, por parte de uma pessoa ou de pessoas que, em virtude do exercício profissional estão 'inteiradas' ('por dentro') dos seus negócios, com o fito de transacionar com suas ações antes que tais informações cheguem ao mercado."* (MELLO FRANCO, Vera Helena; STAJN, Rachel. *Manual de direito comercial.* São Paulo: RT, 2005. p. 183-185. v. 2).

> *Federal – competência – autoria, materialidade e dolo – comprovação – ofensa ao bem jurídico tutelado no Brasil – reprimendas que devem ser majoradas – pena de multa – fundo penitenciário nacional – artigo 72 do CP – inaplicabilidade – fixação do dano moral coletivo (art. 387, VI, CPP) – aplicação – apelação ministerial parcialmente provida – apelação defensiva desprovida.*
>
> *(...)*
>
> *2. Autoria delitiva comprovada ante o conjunto probatório carreado, apto à demonstração de infringência ao dever de lealdade consubstanciada na utilização de informações privilegiadas ainda não divulgadas ao mercado acionário nas operações referentes à oferta pública de ações, em razão dos cargos ocupados pelos acusados. Materialidade induvidosa ante a prova documental coligida.*
>
> *3. Não há falar em ausência de dolo, pois os acusados eram ocupantes de funções de alta relevância na empresa, e por óbvio tinham ciência do dever de lealdade e de sigilo das informações em razão dos cargos que ocupavam, bem como não poderiam utilizar de informações privilegiadas para negociar valores mobiliários no mercado de capitais, valendo-se de intermediários estrangeiros com o intuito de ocultar das autoridades brasileiras as operações negociadas no exterior.*
>
> *4. O bem jurídico tutelado no delito em apreço consiste na confiança depositada pelos investidores no mercado a fim de assegurar o correto funcionamento do mercado de capitais. Ademais, a credibilidade das operações do mercado de valores mobiliários se consubstancia na transparência das informações e na divulgação ampla de fato ou ato relevante a fim de garantir a igualdade de condições a todos investidores de operar no mercado de capitais.*
>
> *(...)*
>
> *16.* In casu, *além do insider ter praticado a conduta delitiva prevista no art. 27-D da Lei n.º 6.385/76, ele violou, da mesma forma, as disposições contidas nos artigos 153 e 155 da Lei n.º 6.404/76, bem como no art. 1.º, I e II, da Lei n.º 7.913/89.*
>
> *(...)*
>
> *19. A despeito das previsões contidas no artigo 13 da Lei n.º 7.347/85 e art. 2.º, § 2.º, da Lei n.º 7.913/89, os valores serão destinados à Comissão de Valores Mobiliários (CVM) que, conforme especificado na sentença, deverão ser utilizados na promoção de eventos educativos, bem como na edição de material informativo acerca da conscientização dos investidores sobre os malefícios da prática do delito de* insider trading.
>
> *20. Preliminar rejeitada. Improvimento do recurso defensivo. Parcial provimento da apelação ministerial. (Apelação Criminal 0005123-26.2009.4.03.6181/SP)*

Em 2017, o Superior Tribunal de Justiça (REsp 1.569.171) e o Supremo Tribunal Federal (ARE 971.736) mantiveram essa primeira decisão condenatória por *insider trading* do Brasil. Confira-se, a propósito, o acórdão do STJ:

> PENAL E PROCESSUAL. CRIME CONTRA O MERCADO DE CAPITAIS. ART. 27-D DA LEI N. 6.385/1976. USO INDEVIDO DE INFORMAÇÃO PRIVILEGIADA – *INSIDER TRADING*. ALEGAÇÃO DE ATIPICIDADE DA CONDUTA. NÃO ACOLHIMENTO. DOSIMETRIA DA PENA. PENA-BASE. AUMENTO. CULPABILIDADE EXACERBADA. FUNDAMENTO IDÔNEO. PENA DE MULTA. APLICAÇÃO CORRETA. DANOS MORAIS. NÃO CABIMENTO. CRIME COMETIDO ANTES DA VIGÊNCIA DA LEI N. 11.719/2008. IRRETROATIVIDADE.
>
> 1. Não mais subsistem a utilidade e o interesse recursais em relação ao segundo recorrente, em face da superveniência da prescrição da pretensão punitiva, nos termos do art. 109, V, c/c o art. 110, § 1º, ambos do Código Penal.
>
> 2. Quanto ao recurso do primeiro recorrente, cinge-se a controvérsia à análise da qualificação jurídica dada aos fatos delineados pelas instâncias ordinárias,

notadamente se a conduta praticada pelo agente se subsume ao tipo previsto no art. 27-D da Lei n. 6.385/1976, e ao exame da dosimetria da pena, não sendo o caso de incidência da Súmula 7 do STJ.

3. A responsabilidade penal pelo uso indevido de informação privilegiada, ou seja, o chamado *Insider Trading* - expressão originária do ordenamento jurídico norte-americano - ocorreu com o advento da Lei n. 10.303/2001, que acrescentou o artigo 27-D à Lei n. 6.385/76, não existindo, ainda, no Brasil, um posicionamento jurisprudencial pacífico acerca da conduta descrita no aludido dispositivo, tampouco consenso doutrinário a respeito do tema.

4. A teor do disposto nos arts. 3º e 6º da Instrução Normativa n. 358/2002 da Comissão de Valores Mobiliários e no art. 157, § 4º, da Lei n. 6.404/1976, quando o *insider* detiver informações relevantes sobre sua companhia deverá comunicá-las ao mercado de capitais tão logo seja possível, ou, no caso em que não puder fazê-lo, por entender que sua revelação colocará em risco interesses da empresa, deverá abster-se de negociar com os valores mobiliários referentes às informações privilegiadas, enquanto não forem divulgadas.

5. Com efeito, para a configuração do crime em questão, as "informações" apenas terão relevância para esfera penal se a sua utilização ocorrer antes de serem divulgadas no mercado de capitais. A legislação penal brasileira, entretanto, não explicitou o que venha a ser informação economicamente relevante, fazendo com que o intérprete recorra a outras leis ou atos normativos para saber o alcance da norma incriminadora.

6. Em termos gerais, os arts. 155, § 1º, da Lei n. 6.404/1976 e 2º da Instrução n. 358/2002 da CVM definem o que vem a ser informação relevante, assim como a doutrina pátria, que leciona ser idônea qualquer informação capaz de "influir, de modo ponderável, na decisão dos investidores do mercado", gerando "apetência pela compra ou venda de ativos", de modo a "influenciar a evolução da cotação" (CASTELLAR, João Carlos. *Insider Trading* e os novos crimes corporativos, Rio de Janeiro: Editora Lúmen Júris, 2008, p. 112/113).

7. No caso concreto, não há controvérsia quanto às datas em que as operações ocorreram e nem quanto ao fato de que o acusado participou das discussões e tratativas visando à elaboração da oferta pública de aquisição de ações da Perdigão S.A, obtendo, no ano de 2006, informações confidenciais de sua companhia - Sadia S.A. - as quais, no exercício de sua profissão, tinha o dever de manter em sigilo.

8. Ainda que a informação em comento se refira a operações, na época, em negociação, ou seja, não concluídas, os estudos de viabilidade de aquisição das ações da Perdigão já se encontravam em estágio avançado, conforme decisão proferida no procedimento administrativo realizado na CVM, destacada no acórdão recorrido.

9. Diante do quadro delineado na origem, constata-se que a conduta do recorrente se subsume à norma prevista no art. 27-D da Lei n. 6.385/76, que foi editada justamente para assegurar a todos os investidores o direito à equidade da informação, condição inerente à garantia de confiabilidade do mercado de capitais, sem a qual ele perde a sua essência, notadamente a de atrair recursos para as grandes companhias.

10. Quanto à dosimetria da pena, não prospera a aventada contrariedade ao art. 617 do Código de Processo Penal, que trata da proibição de alterar ou agregar novos fundamentos para justificar o agravamento da pena quando somente a defesa houver recorrido, não se aplicando nas hipóteses em que o Ministério Público também recorre com o objetivo de aumentar a reprimenda, sob o argumento de que a sanção final não se revelou suficiente à reprovação e à prevenção do crime.

11. O cargo exercido pelo recorrente na época dos fatos - Diretor de Finanças e Relações com Investidores da Sadia S.A. - constitui fundamento idôneo para justificar o aumento da pena-base, "diante da sua posição de destaque na empre-

> sa e de liderança no processo de tentativa de aquisição da Perdigão", conforme destacou o acórdão recorrido.
>
> 12. Pena de multa aplicada de forma fundamentada, em R$ 349.711,53 (trezentos e quarenta e nove mil, setecentos e onze reais e cinqüenta e três centavos), nos termos dos arts. 27-D e 27-F da Lei n. 6.385/1976 e do art. 71 do Código Penal, com o objetivo de desestimular a conduta ilícita e resguardar a confiança do mercado mobiliário.
>
> 13. A despeito de a redação do art. 387, IV, do Código de Processo Penal, conferida pela Lei n. 11.719/2008, estabelecer que o juiz, ao proferir sentença condenatória, "fixará valor mínimo para reparação dos danos causados pela infração, considerando os prejuízos sofridos pelo ofendido", a referida norma, por possuir caráter processual e penal, não pode ser aplicada à espécie, em face do preceito constitucional previsto no art. 5º, XL, da CF/88, que veda a retroatividade da lei penal *in pejus*.
>
> 14. Recurso especial do segundo recorrente prejudicado, em razão do reconhecimento da prescrição da pretensão punitiva; recurso especial do primeiro recorrente parcialmente provido para afastar da condenação a imposição de valor mínimo para a reparação a título de danos morais coletivos.
>
> (REsp 1569171/SP, Rel. Ministro GURGEL DE FARIA, QUINTA TURMA, julgado em 16/02/2016, DJe 25/02/2016)

Registre-se aqui uma opinião pessoal: num ambiente de livre mercado genuíno, porém, o simples uso de informações ainda não tornadas públicas por um investidor não é algo errado, *per se*. Os especuladores, fundamentais para o funcionamento do mercado de capitais, sempre buscam todas as informações possíveis para fazer seus investimentos, inclusive aquelas que ainda não foram tornadas públicas (aliás, essas são as melhores). Ora, contanto que tais informações tenham sido adquiridas sem a utilização de nenhum meio ilícito (fraude, violência etc.), não consigo vislumbrar nada de errado em tal procedimento. Ademais, é forçoso reconhecer que a definição legal do "crime" de *insider trading* é extremamente vaga, criando mais insegurança jurídica, a qual a regra supostamente visa a proteger. O Estado pode usar a regra que coíbe o *insider trading* para punir, eventualmente, alguém que obteve sucesso no mercado de capitais de forma honesta. Isso pode ocorrer porque é praticamente impossível diferenciar de forma clara e objetiva o *insider trading* que deve ser punido e as pesquisas especulativas legítimas feitas por um investidor.

Por outro lado, é óbvio que os próprios estatutos das companhias abertas vão prever formas de combater a prática do uso de informações sigilosas por parte de seus administradores, mas isso é algo que cabe à companhia fazer, punindo seus administradores por quebra da relação de confiança que deve existir entre eles.

7.3.11.3.6.6. Dever de informação

Outro dever específico que a LSA impõe aos administradores da companhia está disciplinado em seu art. 156, segundo o qual "é vedado ao administrador intervir em qualquer operação social em que tiver interesse conflitante com o da companhia, bem como na deliberação que a respeito tomarem os demais administradores, cumprindo-lhe cientificá-los do seu impedimento e fazer consignar, em ata de reunião do conselho de administração ou da diretoria, a natureza e extensão do seu interesse". Aqui o que a legislação acionária tem em vista é evitar eventual conflito de interesses entre os administradores e a companhia, também no sentido de impedir que os mesmos se beneficiem de sua condição na empresa em detrimento de pessoas estranhas aos quadros administrativos. Assim, complementando a regra do *caput* do art. 156, dispõe o seu § 1.º que "ainda que observado o disposto neste artigo, o administrador somente pode contratar com a companhia em condições razoáveis ou equitativas, idênticas às que prevalecem no mercado ou em que a companhia contrataria com terceiros". Em complemento, caso seja desobedecida a regra em questão, determina o § 2.º que "o negócio contratado com infração do disposto no § 1.º é anulável, e o administrador interessado será obrigado a transferir para a companhia as vantagens que dele tiver auferido".

Por fim, a LSA ainda trata de outro dever específico dos administradores da companhia, que é justamente o **dever de informação**, aplicável sobretudo no âmbito das sociedades anônimas abertas. Com efeito, o seu art. 157 prevê que "o administrador de companhia aberta deve declarar, ao firmar o termo de posse, o número de ações, bônus de subscrição, opções de compra de ações e debêntures conversíveis em ações, de emissão da companhia e de sociedades controladas ou do mesmo grupo, de que seja titular".

Ainda sobre esse dever específico de informação, dispõe o § 1.º do artigo em comento que "o administrador de companhia aberta é obrigado a revelar à assembleia geral ordinária, a pedido de acionistas que representem 5% (cinco por cento) ou mais do capital social: a) o número dos valores mobiliários de emissão da companhia ou de sociedades controladas, ou do mesmo grupo, que tiver adquirido ou alienado, diretamente ou através de outras pessoas, no exercício anterior; b) as opções de compra de ações que tiver contratado ou exercido no exercício anterior; c) os benefícios ou vantagens, indiretas ou complementares, que tenha recebido ou esteja recebendo da companhia e de sociedades coligadas, controladas ou do mesmo grupo; d) as condições dos contratos de trabalho que tenham sido firmados pela companhia com os diretores e empregados de alto nível; e) quaisquer atos ou fatos relevantes nas atividades da companhia".

No mesmo sentido, dispõe o § 4.º que "os administradores da companhia aberta são obrigados a comunicar imediatamente à bolsa de valores e a divulgar pela imprensa qualquer deliberação da assembleia geral ou dos órgãos de administração da companhia, ou fato relevante ocorrido nos seus negócios, que possa influir, de modo ponderável, na decisão dos investidores do mercado de vender ou comprar valores mobiliários emitidos pela companhia".

Caso, todavia, os administradores entendam que a divulgação das informações referidas nos dispositivos acima mencionados (§§ 1.º e 4.º), pode trazer prejuízos para a companhia, podem recusar-se a prestá-las, nos termos do § 5.º, que assim estabelece: "os administradores poderão recusar-se a prestar a informação (§ 1.º, alínea *e*), ou deixar de divulgá-la (§ 4.º), se entenderem que sua revelação porá em risco interesse legítimo da companhia, cabendo à Comissão de Valores Mobiliários, a pedido dos administradores, de qualquer acionista, ou por iniciativa própria, decidir sobre a prestação de informação e responsabilizar os administradores, se for o caso".

Por fim, prevê também o § 6.º que "os administradores da companhia aberta deverão informar imediatamente, nos termos e na forma determinados pela Comissão de Valores Mobiliários, a esta e às bolsas de valores ou entidades do mercado de balcão organizado nas quais os valores mobiliários de emissão da companhia estejam admitidos à negociação, as modificações em suas posições acionárias na companhia".

7.3.11.3.6.7. Responsabilidade dos administradores[179]

Quando iniciamos o estudo das sociedades personificadas, destacamos que as **sociedades empresárias**, por serem pessoas jurídicas – isto é, entes personalizados aos quais o ordenamento jurídico confere a possibilidade de adquirir direitos e contrair obrigações – exercem elas mesmas a atividade empresarial constitutiva do seu objeto social, e, consequentemente, são as próprias sociedades empresárias que **respondem pelas obrigações que assumirem**. Essa ideia, repita-se, está associada diretamente à consagração do princípio da autonomia patrimonial das pessoas jurídicas, reconhecido pelo nosso ordenamento jurídico no art. 1.024 do CC.

Da mesma forma, vimos também que, como as pessoas jurídicas não possuem vontade, elas sempre atuam por meio de seus órgãos administrativos, os quais, por sua vez, são compostos por pessoas físicas, os chamados *administradores*, que na sociedade anônima são os *conselheiros* e os *diretores*.

Pois bem. Diante do exposto, não obstante saibamos que são os administradores da companhia que a representam legalmente – ou, melhor dizendo, a *presentam* – nos negócios jurídicos dos quais ela participa cotidianamente, eles não o fazem em seu nome. Ao contrário, eles agem, conforme já vimos, como a própria sociedade. Na qualidade de meros órgãos, quando eles atuam, quem está atuando, propriamente, é a própria sociedade. Os administradores, portanto, apenas exteriorizam a vontade da sociedade. Sendo assim, a responsabilidade pelos atos de gestão dos negócios sociais por eles praticados não recai sobre os mesmos, mas sobre a própria companhia.

Portanto, de acordo com o art. 158 da LSA, "o administrador não é pessoalmente responsável pelas obrigações que contrair em nome da sociedade e em virtude de ato regular de gestão; responde, porém, civilmente, pelos prejuízos que causar, quando proceder: I – dentro de suas atribuições ou poderes, com culpa ou dolo; II – com violação da lei ou do estatuto".

Veja-se, pois, que **quem responde pelos atos de gestão dos administradores da companhia é a própria companhia**. Caberá a ela, no máximo, exigir reparação civil de danos eventualmente causados por atos dos administradores que (i) tenham agido com culpa ou dolo ou que (ii) violem o estatuto ou a lei.

No caso do **inciso I do art. 158 da LSA**, há consenso na doutrina de que a responsabilidade do administrador é **subjetiva**, exigindo a prova de culpa ou dolo. Já no caso do **inciso II**, a doutrina diverge: para a maioria, a responsabilidade do

[179] Os administradores de sociedades anônimas podem ser responsabilizados administrativamente, por entidades como o CADE, a CVM e o BACEN. Também podem responsabilizados criminalmente, havendo tipos penais tanto no Código Penal (art. 177) quanto em leis esparsas (Lei 11.101/2005, Lei 6.385/1976 e 8.137/1990, por exemplo). Nesse tópico, porém, trataremos da responsabilidade civil dos administradores.

administrador também é **subjetiva**, mas com **presunção de culpa** (inversão do ônus da prova); para Modesto Carvalhosa, a responsabilidade é **objetiva**; e para Fábio Ulhoa Coelho, a responsabilidade é **subjetiva, tal como no caso do inciso I.**[180]

Como a sociedade anônima, não raro, possui mais de um administrador, a legislação acionária preocupou-se especificamente em disciplinar a responsabilidade de um administrador por atos praticados por outro administrador. Nesse sentido, inicialmente dispõe a LSA, em seu art. 158, § 1.º que "o administrador não é responsável por atos ilícitos de outros administradores, salvo se com eles for conivente, se negligenciar em descobri-los ou se, deles tendo conhecimento, deixar de agir para impedir a sua prática. Exime-se de responsabilidade o administrador dissidente que faça consignar sua divergência em ata de reunião do órgão de administração ou, não sendo possível, dela dê ciência imediata e por escrito ao órgão da administração, ao conselho fiscal, se em funcionamento, ou à assembleia geral". Assim, em princípio **um administrador não responde por atos ilícitos de outros administradores**, salvo se agir com conivência ou negligência em relação aos mesmos, quando deles tiver conhecimento. Se, por outro lado, toma as medidas que lhe cabem, como a cientificação dos órgãos competentes, exime-se totalmente de qualquer responsabilidade.

No entanto, se um determinado administrador, descumprindo dever imposto pela lei referente ao funcionamento normal dos negócios da sociedade, causa prejuízos à companhia, todos os administradores são solidariamente responsáveis por esses prejuízos, ainda que os deveres descumpridos não fossem incumbência específica de todos ou de alguns deles. É o que determina a regra do § 2.º do art. 158 da LSA: "os administradores são solidariamente responsáveis pelos prejuízos causados em virtude do não cumprimento dos deveres impostos por lei para assegurar o funcionamento normal da companhia, ainda que, pelo estatuto, tais deveres não caibam a todos eles". Essa regra tem aplicação específica, todavia, nas sociedades anônimas fechadas, uma vez que, segundo o § 3.º, "nas companhias abertas, a responsabilidade de que trata o § 2.º ficará restrita, ressalvado o disposto no § 4.º, aos administradores que, por disposição do estatuto, tenham atribuição específica de dar cumprimento àqueles deveres". Este § 4.º, por sua vez, dispõe que "o administrador que, tendo conhecimento do não cumprimento desses deveres por seu predecessor, ou pelo administrador competente nos termos do § 3.º, deixar de comunicar o fato a assembleia geral, tornar-se-á por ele solidariamente responsável".

A situação, em resumo, é a seguinte: (i) tratando-se de companhia fechada, aplica-se a regra do § 2.º, ou seja, os administradores são solidariamente responsáveis, ainda que o dever legal descumprido não seja atribuição específica de algum(ns) deles; (ii) tratando-se de companhia aberta, em princípio só são responsáveis os administradores cujo dever legal descumprido seja atribuição específica deles; (iii) ainda em se tratando de companhia aberta, mesmo que um administrador não tivesse atribuição específica de dar cumprimento ao dever legal descumprido, ele responderá solidariamente se tomou conhecimento do fato e não o comunicou à assembleia geral.

---

180 COELHO, Fábio Ulhoa. *Curso de direito comercial.* Vol. 2. 20ª ed. São Paulo: RT, 2016, p. 252.

A mesma responsabilidade solidária, ressalte-se, recai sobre qualquer pessoa que tenha concorrido para a prática violadora da lei ou do estatuto em que incorreu o administrador. É o que determina o § 5.º do art. 158: "responderá solidariamente com o administrador quem, com o fim de obter vantagem para si ou para outrem, concorrer para a prática de ato com violação da lei ou do estatuto".

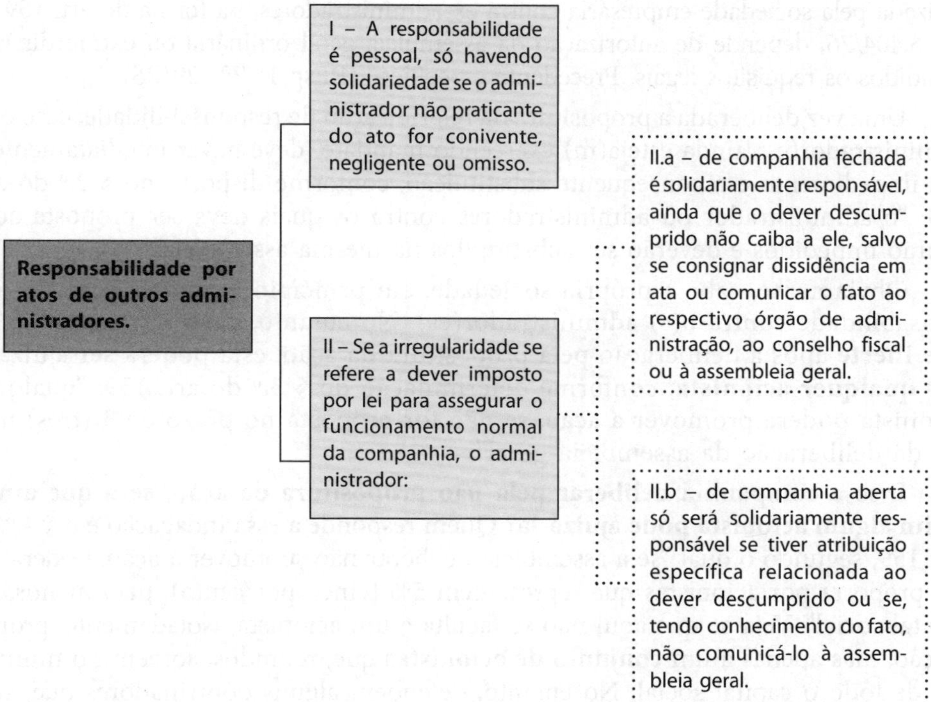

7.3.11.3.6.8. Ação de responsabilidade

Visto, portanto, que quem responde pelos atos de gestão dos administradores da companhia é a própria companhia, cabendo a ela, quando muito, exigir dos administradores respectivos a responsabilização civil pelos danos eventualmente causados por seus atos, nos termos das regras que analisamos acima, deve a sociedade promover essa responsabilização ingressando com ação própria, que a LSA chama de **ação de responsabilidade**.

De acordo com o art. 159 da LSA, "compete à companhia, mediante prévia deliberação da assembleia geral, a ação de responsabilidade civil contra o administrador, pelos prejuízos causados ao seu patrimônio". Em princípio, frise-se, a **deliberação acerca da propositura da referida ação** contra os administradores compete à **assembleia geral ordinária**, já que é ela quem possui competência, nos termos do art. 132, inciso I, da LSA, para tomar as contas dos administradores. Todavia, pode também a deliberação pela propositura de ação de responsabilidade ser tomada em assembleia geral extraordinária, caso alguma questão discutida e deliberada nela acarrete essa necessidade. Nesse sentido, dispõe o § 1.º do artigo em comento:

"a deliberação poderá ser tomada em assembleia geral ordinária e, se prevista na ordem do dia, ou for consequência direta de assunto nela incluído, em assembleia geral extraordinária".

Vale lembrar que essa prévia deliberação em assembleia geral (ordinária ou extraordinária) é necessária mesmo que a ação de responsabilidade seja direcionada contra **ex-administrador**, conforme já decidiu o STJ: "a ação social reparatória (*ut universi*) ajuizada pela sociedade empresária contra ex-administradores, na forma do art. 159 da Lei 6.404/76, depende de autorização da assembleia geral ordinária ou extraordinária, atendidos os requisitos legais. Precedente específico" (REsp 1.778.629/RS).

Uma vez deliberada a propositura da referida ação de responsabilidade, caso o(s) administrador(es) ainda esteja(m) exercendo mandato, deve haver imediatamente o seu impedimento e a consequente substituição, conforme disposto no § 2.º do art. 159: "o administrador ou administradores contra os quais deva ser proposta ação ficarão impedidos e deverão ser substituídos na mesma assembleia".

Obviamente, cabe à própria sociedade, em princípio, propor a ação de responsabilidade contra o(s) administrador(es). No entanto, **caso a companhia fique inerte** após a deliberação pela propositura da ação, esta poderá ser ajuizada por **qualquer acionista**, conforme determinação do § 3.º do art. 159: "qualquer acionista poderá promover a ação, se não for proposta no prazo de 3 (três) meses da deliberação da assembleia geral".

E se a companhia deliberar pela não propositura da ação, será que ainda assim algum acionista pode ajuizá-la? Quem responde a essa indagação é o § 4.º do art. 159, segundo o qual "se a assembleia deliberar não promover a ação, poderá ela ser proposta por acionistas que representem 5% (cinco por cento), pelo menos, do capital social". Veja-se que aqui não se faculta a um acionista, isoladamente, propor a ação, mas apenas a um **conjunto de acionistas** que, reunidos, somem no mínimo 5% de todo o capital social. No entanto, defendem alguns doutrinadores que, se a decisão pela não propositura da ação decorrer de voto abusivo do controlador, um único acionista, isoladamente, teria legitimidade para buscar, judicialmente, a responsabilização dos administradores, bastando, para tanto, que primeiro pleiteasse a anulação da deliberação, com fundamento no art. 117, § 1.º, alínea *g*, da LSA.[181]

Ressalte-se ainda que, como não poderia deixar de ser, mesmo que a ação de responsabilidade seja ajuizada por um acionista (§ 3.º) ou por grupo de acionistas (§ 4.º), o resultado da ação, caso ela seja bem-sucedida, será revertido em favor da própria sociedade, e não dos acionistas que ajuizaram a demanda. Cabe a estes acionistas demandantes, tão somente, o ressarcimento das despesas que realizaram para ingressar em juízo. É o que dispõe de forma clara o § 5.º do mesmo art. 159:

[181] *"Numa situação em que se verifique a recusa da assembleia geral em aprovar a propositura da ação de responsabilidade contra o administrador por voto abusivo do acionista controlador, os acionistas minoritários (mesmo detendo menos de 5% do capital social) poderiam propor ação para anular esta deliberação, formulando pedidos sucessivos (i) de anulação da anterior aprovação de contas dos administradores e (ii) de sua responsabilização."* (BULHÕES PEDREIRA, José Luiz; ROSMAN, Luiz Alberto Colonna. *Aprovação das demonstrações financeiras, tomada de contas dos administradores e seus efeitos: necessidade de prévia anulação da deliberação que aprovou as contas dos administradores para a propositura de ação de responsabilidade.* In: CASTRO, Rodrigo R. Monteiro de; ARAGÃO, Leandro Santos de (Coord.). *Sociedade anônima*: 30 anos da Lei 6.404/76. São Paulo: Quartier Latin, 2007. p. 55).

"os resultados da ação promovida por acionista deferem-se à companhia, mas esta deverá indenizá-lo, até o limite daqueles resultados, de todas as despesas em que tiver incorrido, inclusive correção monetária e juros dos dispêndios realizados".

Resumindo, a ação **social** de responsabilidade civil dos administradores pode ser proposta pela própria sociedade (ação social ut universi) ou por acionistas (ação social ut singuli), que nesse caso atuarão como substitutos processuais originários (art. 159, § 4.º) ou derivados (art. 159, § 3.º). O STJ decidiu também que pode haver um litisconsórcio ativo entre a sociedade e os acionistas:

> *Direito empresarial e processual civil. Legitimidade ativa para ação social.*
>
> *Acionistas e companhia podem litigar em litisconsórcio facultativo ativo em ação de responsabilidade civil contra o administrador pelos prejuízos causados ao patrimônio da sociedade anônima (art. 159 da Lei 6.404/1976), quando não proposta a ação pela companhia no prazo de três meses após a deliberação da assembleia geral (§ 3.º).*
>
> *(REsp 1.515.710-RJ, Rel. Min. Marco Aurélio Bellizze, j. 12.5.2015, DJe 02.06.2015. Informativo 563)*

Mais uma vez corroborando o entendimento sustentado no tópico antecedente, de que a obrigação dos administradores é de meio, e não de resultado, dispõe o § 6.º do art. 159 que "o juiz poderá reconhecer a exclusão da responsabilidade do administrador, se convencido de que este agiu de boa-fé e visando ao interesse da companhia". Vê-se, pois, que a lei não exige que o administrador seja necessariamente bem-sucedido na sua gestão; basta que ele tenha agido de boa-fé e no interesse da companhia, além do que, é claro, tenha usado das boas técnicas de administração de empresas (decisão informada, refletida e desinteressada, nos termos da *business judgement rule*).

Da mesma forma, também fica excluída a responsabilidade dos administradores, conforme já destacamos, se a assembleia geral aprovar, sem reservas, suas contas e demonstrações financeiras (implicando tal decisão em quitação das contas), salvo erro, dolo, fraude ou simulação (art. 134, § 3.º, da LSA; REsp 257.573/DF, Relator Ministro Waldemar Zveiter, Relator p/ Acórdão Ministro Ari Pargendler, *DJ* 25.06.2001, p. 172). Nesse caso, frise-se, só uma decisão judicial posterior pode anular a decisão da assembleia geral, em ação cujo prazo prescricional para a propositura é de *02 (dois anos)* (art. 286 da LSA). Portanto, se a sociedade quiser, posteriormente, ingressar com ação de responsabilidade contra os administradores, não bastará a ela deliberar pela propositura da ação em nova assembleia. Terá, antes, que pleitear judicialmente a anulação da deliberação que aprovou suas contas e demonstrações financeiras, sem reservas, conforme a jurisprudência majoritária do STJ e a doutrina.

> *Direito Comercial. Sociedade por ações. Ação anulatória de deliberação de assembleia geral e ação de responsabilidade do administrador. Prescrição. Contagem do prazo. Lei n.º 6.404, de 15.12.1976, arts. 134, § 3.º, 159, 286 e 287, II, b, 2. Interpretação.* ***I – Considera-se prescrita a ação de responsabilidade de administrador que teve suas contas aprovadas sem reservas pela assembleia geral, se esta não foi anulada dentro do biênio legal, mas só posteriormente, por deliberação de outra assembleia geral, a partir de cuja publicação da ata se pretendeu contar o triênio extintivo.*** *II – Ofensa aos citados textos legais caracterizada. III – Recurso especial conhecido e provido (STJ, REsp 256.596/SP, Rel. Min. Nancy Andrighi, Rel. p/ Acórdão Min. Antônio de Pádua Ribeiro, DJ 18.06.2001, p. 150).*

> *Comercial. Prescrição. Sociedade anônima. Aprovação das contas dos administradores.* ***A aprovação das contas pela assembleia geral implica quitação, sem cuja anulação os administradores não podem ser chamados à responsabilidade****. Recurso especial não conhecido (STJ, REsp 257.573/DF, Rel. Min. Waldemar Zveiter, Rel. p/ Acórdão Min. Ari Pargendler, DJ 25.06.2001, p. 172).*

> Se a assembleia aprova, sem reservas, as demonstrações financeiras, sua deliberação exonera os administradores de responsabilidade – salvo erro, dolo, fraude ou simulação. Neste caso, seu ato só pode ser anulado por deliberação judicial, e a ação de reparação pressupõe a anulação do ato da assembleia geral, que exonera os administradores de responsabilidade, ação esta que deve ser promovida, na forma do art. 286, no prazo de dois anos, contados da deliberação.[182]

Por fim, registre-se que a própria LSA ressalva, no § 7.º do art. 159, que a ação de responsabilidade da companhia contra o administrador (ação social de responsabilidade, seja ela *ut universi* ou *ut singuli*) não se confunde com eventuais ações que qualquer acionista ou terceiro ingresse contra ele, em razão de prejuízos diretos que seus atos lhes tenha eventualmente causado (ação individual de responsabilidade). Eis o teor da norma em comentário: "a ação prevista neste artigo não exclui a que couber ao acionista ou terceiro diretamente prejudicado por ato de administrador". Esta ação individual, obviamente, não depende de deliberação assemblear.

7.3.11.3.6.9. Ação social de responsabilidade × ação individual de responsabilidade

Quando o administrador pratica atos de gestão que causam prejuízos, é preciso ter muito cuidado para saber se a ação de responsabilidade ajuizada contra ele visa à reparação de prejuízos sociais (indiretos) ou pessoais (diretos). No primeiro caso, a ação de responsabilidade é ***social***, devendo seu resultado beneficiar a própria sociedade, conforme exposto no parágrafo acima. No segundo caso, a ação de responsabilidade é ***individual***, devendo seu resultado beneficiar o acionista diretamente prejudicado.

A ação ***social*** de responsabilidade, como vimos acima, está subordinada a uma série de requisitos legais, previstos nos §§ 1.º a 6.º do art. 159 da Lei 6.404/1976. Por outro lado, a ação ***individual*** de responsabilidade não se submete a nenhum desses requisitos, amparando-se tão somente no § 7.º do art. 159.

Quando são alegados danos sociais, os quais atingem diretamente a sociedade, mas apenas indiretamente os acionistas, deve-se propor a ação ***social*** de responsabilidade, e não de ação ***individual***, nos termos da jurisprudência do STJ:

> *Processual civil e societário. Ação proposta por acionistas minoritários em face de administradores que supostamente subcontabilizam receitas. Ajuizamento de ação individual para ressarcimento de danos causados à sociedade empresária. Ilegitimidade ativa reconhecida. – Os danos diretamente causados à sociedade, em regra, trazem reflexos indiretos a todos os seus acionistas. Com o ressarcimento dos prejuízos à*

[182] BULHÕES PEDREIRA, José Luiz; ROSMAN, Luiz Alberto Colonna. *Aprovação das demonstrações financeiras, tomada de contas dos administradores e seus efeitos: necessidade de prévia anulação da deliberação que aprovou as contas dos administradores para a propositura de ação de responsabilidade.* In: CASTRO, Rodrigo R. Monteiro de; ARAGÃO, Leandro Santos de (Coord.). *Sociedade anônima*: 30 anos da Lei 6.404/76. São Paulo: Quartier Latin, 2007. p. 62.

companhia, é de se esperar que as perdas dos acionistas sejam revertidas. Por isso, se os danos narrados na inicial não foram diretamente causados aos acionistas minoritários, não detêm eles legitimidade ativa para a propositura de ação individual com base no art. 159, § 7.º, da Lei das Sociedades por Ações. Recurso Especial não conhecido (REsp 1.014.496/SC, Rel. Min. Nancy Andrighi, 3.ª Turma, j. 04.03.2008, DJe *1.º.04.2008).*

Civil, processual e societário. Ação de indenização. Acionistas minoritários. Administradores. Alegação de danos causados à sociedade. Prejuízo indireto aos sócios. Prejuízo direto à empresa. Ajuizamento de ação individual. Ilegitimidade ativa. Reconhecimento. Ação social. Lei das Sociedades Anônimas, art. 159, §§ 1.º a 7.º. Exegese. Extinção do processo sem julgamento do mérito. I. Tratando-se de alegação de dano causado à sociedade, carecem de legitimidade ativa para a causa os acionistas autores, que buscam indevidamente, pela ação social, o ressarcimento por violação, em tese, a direitos individuais. II. Recurso especial não conhecido (REsp 1.002.055/SC, Rel. Min. Aldir Passarinho Junior, 4.ª Turma, j. 09.12.2008, DJe *23.03.2009).*

Recurso especial. Processual civil e empresarial. Julgamento antecipado da lide. Cerceamento de defesa (CPC, art. 130). Não ocorrência. Sociedade anônima. Ação de responsabilidade civil contra administrador (Lei 6.404/76, art. 159) ou acionistas controladores (aplicação analógica): ação social ut universi e ação social ut singuli (Lei 6.404/76, art. 159, § 4.º). Danos causados diretamente à sociedade. Ação individual (Lei 6.404/76, art. 159, § 7.º). Ilegitimidade ativa de acionista. Recurso provido.

1. Aplica-se, por analogia, a norma do art. 159 da Lei 6.404/76 (Lei das Sociedades Anônimas) à ação de responsabilidade civil contra os acionistas controladores da companhia por danos decorrentes de abuso de poder.

2. Sendo os danos causados diretamente à companhia, são cabíveis as ações sociais ut universi e ut singuli, esta obedecidos os requisitos exigidos pelos §§ 3.º e 4.º do mencionado dispositivo legal da Lei das S/A.

3. Por sua vez, a ação individual, prevista no § 7.º do art. 159 da Lei 6.404/76, tem como finalidade reparar o dano experimentado não pela companhia, mas pelo próprio acionista ou terceiro prejudicado, isto é, o dano direto causado ao titular de ações societárias ou a terceiro por ato do administrador ou dos controladores. Não depende a ação individual de deliberação da assembleia geral para ser proposta.

4. É parte ilegítima para ajuizar a ação individual o acionista que sofre prejuízos apenas indiretos por atos praticados pelo administrador ou pelos acionistas controladores da sociedade anônima.

5. Recurso especial provido (REsp 1.207.956/RJ, Rel. Ministro João Otávio de Noronha, Rel. p/ Acórdão Ministro Raul Araújo, Quarta Turma, j. 23.09.2014, DJe *06.11.2014)*

Portanto, um acionista ou terceiro que eventualmente ingressar com a ação individual de responsabilidade prevista no art. 159, § 7.º, da LSA tem que tomar muito cuidado com a redação de sua petição inicial, porque se alegar danos causados à sociedade, e não deixar claro que prejuízos diretos sofreu, corre sério risco de ver sua ilegitimidade reconhecida, uma vez que a alegação de danos causados à sociedade dá ensejo apenas à ação social de responsabilidade.

7.3.11.3.6.10. Seguros de responsabilidade civil

Tem sido cada vez mais comum no Brasil, principalmente quando se trata de companhias abertas, a contratação de seguros de responsabilidade civil para os administradores (conhecidos pela sigla *D&O*, que se refere à expressão *"Directors and Officers"*).

Havendo a contratação de tais seguros, os administradores são ressarcidos em relação aos eventuais gastos que tiverem com indenizações, honorários advocatícios, custas judiciais etc.

Trata-se de instrumento importante para dar segurança aos administradores no exercício da gestão dos negócios sociais. No entanto, é preciso tomar cuidado para que uma excessiva proteção não crie o chamado "risco moral", fazendo com que o administrador perca a necessária preocupação em obedecer ao seu dever legal de diligência.

7.3.11.4. Conselho fiscal

Completando a lista dos quatro órgãos de cúpula da sociedade anônima, disciplina a legislação acionária a composição, o funcionamento, a estrutura e as atribuições do conselho fiscal, **órgão interno de fiscalização da gestão da administração da companhia e de assessoramento da assembleia geral**.

Conforme já destacamos quando do estudo dos direitos essenciais dos acionistas, além de o conselho fiscal ser o órgão de assessoramento da assembleia geral no controle de regularidade da administração da companhia, ele é o principal instrumento de exercício do direito de fiscalização (art. 109, III) por parte dos sócios.

> O conselho fiscal é órgão de assessoramento da assembleia geral, na votação de matérias atinentes à regularidade os atos de administração da companhia. É, por outras palavras, o principal instrumento, conferido pela lei aos acionistas, de fiscalização da gestão da empresa. No desempenho de suas atribuições, o conselho requisita informações, examina documentos e opina sobre a legalidade e adequabilidade contábil dos atos da administração, tendo ao seu alcance todos os meios indispensáveis ao exercício de sua competência.[183]

De acordo com o art. 161 da LSA, "a companhia terá um conselho fiscal e o estatuto disporá sobre seu funcionamento, de modo permanente ou nos exercícios sociais em que for instalado a pedido de acionistas". Diante do que dispõe a norma em questão, costuma-se afirmar que o conselho fiscal, nas sociedades anônimas, é órgão de existência obrigatória, mas de funcionamento facultativo.

De fato, a lei afirma que **toda companhia *terá* um conselho fiscal**, mas que **cabe ao estatuto dispor sobre o seu funcionamento**, e este pode estabelecer, por exemplo, que o conselho não funcione de modo permanente, mas apenas em determinados exercício sociais, quando houver pedido expresso de acionistas para a sua instalação, nos termos do § 2.º, do art. 161, que assim dispõe: "o conselho fiscal, quando o funcionamento não for permanente, será instalado pela assembleia geral a pedido de acionistas que representem, no mínimo, 0,1 (um décimo) das ações com direito a voto, ou 5% (cinco por cento) das ações sem direito a voto, e cada período de seu funcionamento terminará na primeira assembleia geral ordinária após a sua instalação". Ressalte-se que **esse pedido de instalação pode ser feito em qualquer assembleia, ainda que a matéria não conste da ordem do dia**. É o que prevê o § 3.º do mesmo art. 161: "o pedido de funcionamento do conselho fiscal, ainda que a

[183] COELHO, Fábio Ulhoa. *Curso de direito comercial*. 7. ed. São Paulo: Saraiva, 2004. p. 228. v. 2.

matéria não conste do anúncio de convocação, poderá ser formulado em qualquer assembleia geral, que elegerá os seus membros".

Em se tratando de companhia aberta, os percentuais mínimos de participação acionária para pedir a instalação de conselho fiscal são menores, conforme a Instrução 324/2000 da CVM, que em seu art. 1º dispõe o seguinte: "por meio desta Instrução, a CVM, utilizando-se de competência expressamente prevista e buscando garantir a efetividade da proteção à minoria acionária, inclusive no tocante às companhias com capital social de valor elevado, reduz os percentuais mínimos de participação acionária necessários ao pedido de instalação de Conselho Fiscal de companhia aberta (dez por cento das ações com direito a voto e cinco por cento das ações sem direito a voto)". O art. 2º da referida Instrução da CVM, por sua vez, estabelece esses percentuais reduzidos conforme o capital social da companhia aberta: "o Conselho Fiscal de funcionamento não permanente das companhias abertas será instalado pela assembléia geral, a pedido de acionistas que representem, no mínimo, as porcentagens de ações constantes da seguinte escala":

Capital Social	**% de Ações com direito a voto**	**% de Ações sem direito a voto**
Até R$ 50.000.000,00	8%	4%
Entre R$ 50M e R$ 100M	6%	3%
Entre R$ 100M e R$ 150M	4%	2%
Acima de R$ 150M	2%	1%

Se os acionistas minoritários desejarem a instalação do conselho fiscal com certa urgência, mas não existir a expectativa de realização de assembleia geral no curto prazo, eles podem, caso representem pelo menos 5% do capital votante ou do capital não votante, requerer que os administradores assembleia geral com o fim específico de instalar conselho fiscal, e se o referido pedido não for atendido em 8 dias, essa própria minoria pode proceder á respectiva convocação do conclave. É o que dispõe o art. 123, parágrafo único, alínea 'd' da LSA: "a assembléia-geral pode também ser convocada por acionistas que representem cinco por cento, no mínimo, do capital votante, ou cinco por cento, no mínimo, dos acionistas sem direito a voto, quando os administradores não atenderem, no prazo de oito dias, a pedido de convocação de assembléia para instalação do conselho fiscal".

Quanto à composição, dispõe o § 1.º do art. 161, da LSA que "o conselho fiscal será composto de, no mínimo, 3 (três) e, no máximo, 5 (cinco) membros, e suplentes em igual número, acionistas ou não, eleitos pela assembleia geral".

Como se trata de **órgão fiscalizador**, quis a legislação acionária que sua **constituição** fosse **plural**, a fim de propiciar a sua atuação com mais **independência e imparcialidade**. Nesse sentido, o § 4.º do art. 161 impõe as seguintes regras: "na constituição do conselho fiscal serão observadas as seguintes normas: a) os titulares de ações preferenciais sem direito a voto, ou com voto restrito, terão direito de eleger, em votação em separado, 1 (um) membro e respectivo suplente; igual direito terão os acionistas minoritários, desde que representem, em conjunto, 10% (dez por cento) ou mais das ações com direito a voto; b) ressalvado o disposto na alínea anterior, os demais acionistas com direito a voto poderão eleger os membros efetivos e suplentes que, em qualquer caso, serão em número igual ao dos eleitos nos termos da alínea *a*, mais um". O mandato dos conselheiros fiscais dura até a próxima assembleia geral ordinária, a qual, como visto, tem por atribuição específica elegê-los. Pode a AGO, inclusive, reeleger os membros atuais, de acordo com a previsão do § 6.º do art. 161: "os membros do conselho fiscal e seus suplentes exercerão seus cargos até a primeira assembleia geral ordinária que se realizar após a sua eleição, e poderão ser reeleitos". Destaque-se, ainda, que, como não poderia deixar de ser, as funções fiscalizatórias exercidas pelos membros do conselho fiscal são atribuições típicas desse órgão, não podendo eles, portanto, delegá-las a outras pessoas: "a função de membro do conselho fiscal é indelegável" (§ 7.º).

No que se refere aos requisitos para a participação como membro do conselho fiscal, dispõe o art. 162 da LSA que "somente podem ser eleitos para o conselho fiscal pessoas naturais, residentes no País, diplomadas em curso de nível universitário, ou que tenham exercido por prazo mínimo de 3 (três) anos, cargo de administrador de empresa ou de conselheiro fiscal". O § 1.º do referido dispositivo prevê, por sua vez, que "nas localidades em que não houver pessoas habilitadas, em número suficiente, para o exercício da função, caberá ao juiz dispensar a companhia da satisfação dos requisitos estabelecidos neste artigo".

Por outro lado, quanto aos **impedimentos legais**, estabelece o § 2.º do mesmo dispositivo que "não podem ser eleitos para o conselho fiscal, além das pessoas enumeradas nos parágrafos do artigo 147, membros de órgãos de administração e empregados da companhia ou de sociedade controlada ou do mesmo grupo, e o cônjuge ou parente, até terceiro grau, de administrador da companhia". Os parágrafos do art. 147 da LSA, apenas relembrando, estabelecem os requisitos e impedimentos para o exercício da função de administrador da companhia (membros do conselho de administração e da diretoria).

Assim como ocorre com os administradores da companhia (conselheiros da administração e diretores), os **conselheiros fiscais** também **recebem remuneração** pelo desempenho de suas funções, nos termos do art. 162, § 3.º, que assim dispõe: "a remuneração dos membros do conselho fiscal, além do reembolso, obrigatório, das despesas de locomoção e estada necessárias ao desempenho da função, será fixada pela assembleia geral que os eleger, e não poderá ser inferior, para cada membro em exercício, a dez por cento da que, em média, for atribuída a cada diretor, não computados benefícios, verbas de representação e participação nos lucros".

A **competência do conselho fiscal** está fixada no art. 163 da LSA, qual seja: "I – fiscalizar, por qualquer de seus membros, os atos dos administradores e verificar o cumprimento dos seus deveres legais e estatutários; II – opinar sobre o relatório anual da administração, fazendo constar do seu parecer as informações complementares que julgar necessárias ou úteis à deliberação da assembleia geral; III – opinar sobre as propostas dos órgãos da administração, a serem submetidas à assembleia geral, relativas a modificação do capital social, emissão de debêntures ou bônus de subscrição, planos de investimento ou orçamentos de capital, distribuição de dividendos, transformação, incorporação, fusão ou cisão; IV – denunciar, por qualquer de seus membros, aos órgãos de administração e, se estes não tomarem as providências necessárias para a proteção dos interesses da companhia, à assembleia geral, os erros, fraudes ou crimes que descobrirem, e sugerir providências úteis à companhia;

V – convocar a assembleia geral ordinária, se os órgãos da administração retardarem por mais de 1 (um) mês essa convocação, e a extraordinária, sempre que ocorrerem motivos graves ou urgentes, incluindo na agenda das assembleias as matérias que considerarem necessárias; VI – analisar, ao menos trimestralmente, o balancete e demais demonstrações financeiras elaboradas periodicamente pela companhia; VII – examinar as demonstrações financeiras do exercício social e sobre elas opinar; VIII – exercer essas atribuições, durante a liquidação, tendo em vista as disposições especiais que a regulam".

Para que os membros do conselho fiscal possam exercer de maneira eficiente as atribuições acima descritas, estabelece o § 1.º do art. 163 que "os órgãos de administração são obrigados, através de comunicação por escrito, a colocar à disposição dos membros em exercício do conselho fiscal, dentro de 10 (dez) dias, cópias das atas de suas reuniões e, dentro de 15 (quinze) dias do seu recebimento, cópias dos balancetes e demais demonstrações financeiras elaboradas periodicamente e, quando houver, dos relatórios de execução de orçamentos".

No mesmo sentido, a lei ainda lhes oferece **prerrogativas específicas**. Assim, dispõem, respectivamente, os §§ 2.º, 3.º, 4.º, 5.º e 8.º, do mesmo art. 163, que (i) "o conselho fiscal, a pedido de qualquer dos seus membros, solicitará aos órgãos de administração esclarecimentos ou informações, desde que relativas à sua função fiscalizadora, assim como a elaboração de demonstrações financeiras ou contábeis especiais", que (ii) "os membros do conselho fiscal assistirão às reuniões do conselho de administração, se houver, ou da diretoria, em que se deliberar sobre os assuntos em que devam opinar (ns. II, III e VII)", que (iii) "se a companhia tiver auditores independentes, o conselho fiscal, a pedido de qualquer de seus membros, poderá solicitar-lhes esclarecimentos ou informações, e a apuração de fatos específicos", que (iv) "se a companhia não tiver auditores independentes, o conselho fiscal poderá, para melhor desempenho das suas funções, escolher contador ou firma de auditoria e fixar-lhes os honorários, dentro de níveis razoáveis, vigentes na praça e compatíveis com a dimensão econômica da companhia, os quais serão pagos por esta", e que (v) "o conselho fiscal poderá, para apurar fato cujo esclarecimento seja necessário ao desempenho de suas funções, formular, com justificativa, questões a serem respondidas por perito e solicitar à diretoria que indique, para esse fim, no prazo máximo de trinta dias, três peritos, que podem ser pessoas físicas ou jurídicas, de notório conhecimento na área em questão, entre os quais o conselho fiscal escolherá um, cujos honorários serão pagos pela companhia".

Ressalte-se que essas são prerrogativas típicas do conselho fiscal, constituídas em seu favor justamente para que ele exerça com eficiência sua função fiscalizatória. Portanto, "as atribuições e poderes conferidos pela lei ao conselho fiscal não podem ser outorgados a outro órgão da companhia", conforme disposto no § 7.º, do art. 163 da LSA.

Destaque-se, em contrapartida, que os acionistas também possuem direito de tomar conhecimento sobre a gestão dos negócios sociais, razão pela qual "o conselho fiscal deverá fornecer ao acionista, ou grupo de acionistas que representem, no mínimo, 5% (cinco por cento) do capital social, sempre que solicitadas, informações sobre matérias de sua competência" (art. 163, § 6.º, da LSA).

No mesmo sentido, o art. 164 da LSA também determina que "os membros do conselho fiscal, ou ao menos um deles, deverão comparecer às reuniões da assembleia geral e responder aos pedidos de informações formulados pelos acionistas". Complementando a regra do *caput*, seu parágrafo único dispõe que "os pareceres e representações do conselho fiscal, ou de qualquer um de seus membros, poderão ser apresentados e lidos na assembleia geral, independentemente de publicação e ainda que a matéria não conste da ordem do dia".

Por fim, no que tange aos **deveres e** às **responsabilidades dos conselheiros fiscais**, a LSA estabelece regras muito parecidas com as aplicáveis aos administradores da companhia (membros do conselho de administração e diretores). Com efeito, o seu art. 165 determina que "os membros do conselho fiscal têm os mesmos deveres dos administradores de que tratam os arts. 153 a 156 e respondem pelos danos resultantes de omissão no cumprimento de seus deveres e de atos praticados com culpa ou dolo, ou com violação da lei ou do estatuto".

Seguindo a mesma linha, o § 1.º desse dispositivo determina ainda que "os membros do conselho fiscal deverão exercer suas funções no exclusivo interesse da companhia; considerar-se-á abusivo o exercício da função com o fim de causar dano à companhia, ou aos seus acionistas ou administradores, ou de obter, para si ou para outrem, vantagem a que não faz jus e de que resulte, ou possa resultar, prejuízo para a companhia, seus acionistas ou administradores".

No que se refere à **responsabilidade de conselheiro fiscal por ato de outro conselheiro**, a LSA também previu que, em princípio, ele não é responsável, salvo se houver conivência ou se o ato ilícito decorrer de atuação conjunta ou concorrente. É o que dispõe o § 2.º do art. 165: "o membro do conselho fiscal não é responsável pelos atos ilícitos de outros membros, salvo se com eles foi conivente, ou se concorrer para a prática do ato". Já quanto à responsabilidade por atos omissivos, a regra aplicável é a do § 3.º, segundo a qual "a responsabilidade dos membros do conselho fiscal por omissão no cumprimento de seus deveres é solidária, mas dela se exime o membro dissidente que fizer consignar sua divergência em ata da reunião do órgão e a comunicar aos órgãos da administração e à assembleia geral".

Por fim, em obediência ao **dever de informação**, o art. 165-A da LSA estabelece que "os membros do conselho fiscal da companhia aberta deverão informar imediatamente as modificações em suas posições acionárias na companhia à Comissão de Valores Mobiliários e às Bolsas de Valores ou entidades do mercado de balcão organizado nas quais os valores mobiliários de emissão da companhia estejam admitidos à negociação, nas condições e na forma determinadas pela Comissão de Valores Mobiliários".

7.3.12. Livros sociais e demonstrações contábeis

Já vimos, no capítulo 2, que, de acordo com o art. 1.179 do CC todos os empresários e sociedades empresárias são obrigados a seguir um sistema de contabilidade baseado na **escrituração de seus livros** e a levantar anualmente os balanços patrimonial e de resultado econômico. Trata-se do **dever de escrituração do empresário**.

A sociedade anônima, além de ter que escriturar os livros obrigatórios comuns a quaisquer empresários, tem ainda que escriturar alguns livros específicos, conforme disposto no art. 100 da LSA: "a companhia deve ter, além dos livros obrigatórios para qualquer comerciante, os seguintes, revestidos das mesmas formalidades legais: I – o livro de Registro de Ações Nominativas, para inscrição, anotação ou averbação: a) do nome do acionista e do número das suas ações; b) das entradas ou prestações de capital realizado; c) das conversões de ações, de uma em outra espécie ou classe; d) do resgate, reembolso e amortização das ações, ou de sua aquisição pela companhia; e) das mutações operadas pela alienação ou transferência de ações; f) do penhor, usufruto, fideicomisso, da alienação fiduciária em garantia ou de qualquer ônus que grave as ações ou obste sua negociação. II – o livro de 'Transferência de Ações Nominativas', para lançamento dos termos de transferência, que deverão ser assinados pelo cedente e pelo cessionário ou seus legítimos representantes; III – o livro de 'Registro de Partes Beneficiárias Nominativas' e o de 'Transferência de Partes Beneficiárias Nominativas', se tiverem sido emitidas, observando-se, em ambos, no que couber, o disposto nos números I e II deste artigo; IV – o livro de Atas das Assembleias-Gerais; V – o livro de Presença dos Acionistas; VI – os livros de Atas das Reuniões do Conselho de Administração, se houver, e de Atas das Reuniões de Diretoria; VII – o livro de Atas e Pareceres do Conselho Fiscal".

Vale destacar que em 2011 uma importante alteração foi feita na LSA sobre esse assunto, permitindo-se que os livros mencionados no art. 100 sejam escriturados de forma eletrônica: "*§ 2.º **Nas companhias abertas**, os livros referidos nos incisos I a V do* caput *deste artigo poderão ser substituídos, observadas as normas expedidas pela Comissão de Valores Mobiliários, por registros mecanizados ou eletrônicos*". Em 2021, nova alteração foi realizada nesse dispositivo: "§ 3º **Nas companhias fechadas**, os livros referidos nos incisos I, II, III, IV e V do caput deste artigo poderão ser substituídos por registros mecanizados ou eletrônicos, nos termos do regulamento". Agora, portanto, tanto as companhias abertas quanto as companhias fechadas podem substituir seus livros societários por registros mecanizados ou eletrônicos. A diferença é que as companhias abertas seguem regulamentação da CVM, e as companhias fechadas seguem regulamentação do DREI.[184]

No caso das sociedades anônimas, a LSA também se preocupou em disciplinar suas obrigações contábeis e escriturais, determinando em seu art. 176 que "ao fim de cada exercício social, a diretoria fará elaborar, com base na escrituração mercantil da companhia, as seguintes demonstrações financeiras, que deverão exprimir com clareza a situação do patrimônio da companhia e as mutações ocorridas no exercício: I – balanço patrimonial; II – demonstração dos lucros ou prejuízos acumulados; III – demonstração do resultado do exercício; e IV – demonstração dos fluxos de caixa; e V – se companhia aberta, demonstração do valor adicionado". De acordo com o § 6.º do art. 176, "a companhia fechada com patrimônio líquido, na data do balanço, inferior a R$ 2.000.000,00 (dois milhões de reais) não será obrigada à elaboração e publicação da demonstração dos fluxos de caixa".

---

[184] Os §§ 2º e 3º do art. 100 da LSA se referem apenas aos livros dos incisos I a V desse dispositivo legal, deixando de fora os livros dos incisos VI e VII. Tratando-se, porém, de companhias fechadas com receita bruta anual de até R$ 78 milhões, elas podem substituir todos os livros de que trata o art. 100 por registros mecanizados ou eletrônicos. Essa possibilidade está garantida no art. 294, inciso IV da LSA, regra incluída pela Lei Complementar 182/2021 (marco legal das startups).

A preocupação da LSA com a escrituração das companhias é tão grande que o § 4.º do art. 176 determina que "as demonstrações serão complementadas por notas explicativas e outros quadros analíticos ou demonstrações contábeis necessárias para esclarecimento da situação patrimonial e dos resultados do exercício".

Segundo o § 5.º, inciso IV, do art. 176 da LSA, as notas explicativas devem indicar: "a) os principais critérios de avaliação dos elementos patrimoniais, especialmente estoques, dos cálculos de depreciação, amortização e exaustão, de constituição de provisões para encargos ou riscos, e dos ajustes para atender a perdas prováveis na realização de elementos do ativo; b) os investimentos em outras sociedades, quando relevantes (artigo 247, parágrafo único); c) o aumento de valor de elementos do ativo resultante de novas avaliações (artigo 182, § 3.º); d) os ônus reais constituídos sobre elementos do ativo, as garantias prestadas a terceiros e outras responsabilidades eventuais ou contingentes; e) a taxa de juros, as datas de vencimento e as garantias das obrigações a longo prazo; f) o número, espécies e classes das ações do capital social; g) as opções de compra de ações outorgadas e exercidas no exercício; h) os ajustes de exercícios anteriores (artigo 186, § 1.º); i) os eventos subsequentes à data de encerramento do exercício que tenham, ou possam vir a ter, efeito relevante sobre a situação financeira e os resultados futuros da companhia".

7.3.13. Lucros e dividendos

Dentre as principais **funções das demonstrações contábeis** está a de **definir o lucro líquido da sociedade no fim do exercício social**. De acordo com o art. 175 da LSA, "o exercício social terá duração de 1 (um) ano e a data do término será fixada no estatuto". O parágrafo único desse dispositivo, por sua vez, prevê que "na constituição da companhia e nos casos de alteração estatutária o exercício social poderá ter duração diversa".

Segundo o art. 189 da LSA, "do resultado do exercício serão deduzidos, antes de qualquer participação, os prejuízos acumulados e a provisão para o Imposto sobre a Renda". Veja-se, pois, que nem sempre a sociedade terá lucro para repartir entre os acionistas. Havendo prejuízo no exercício, a lei estabelece que ele deve ser absorvido pelos lucros acumulados, pelas reservas de lucros da companhia e pela reserva legal. É o que dispõe o parágrafo único do art. 189: "o prejuízo do exercício será obrigatoriamente absorvido pelos lucros acumulados, pelas reservas de lucros e pela reserva legal, nessa ordem".

Quanto às participações estatutárias, determina o art. 190 da LSA que "as participações estatutárias de empregados, administradores e partes beneficiárias serão determinadas, sucessivamente e nessa ordem, com base nos lucros que remanescerem depois de deduzida a participação anteriormente calculada".

Feitas, então, todas as deduções acima mencionadas, chegar-se-á ao lucro líquido do exercício, nos termos do art. 191 da LSA: "lucro líquido do exercício é o resultado do exercício que remanescer depois de deduzidas as participações de que trata o artigo 190". Em resumo: o ***lucro líquido*** **é o resultado do exercício, depois de deduzidos (i) os prejuízos acumulados, (ii) a provisão para o imposto de renda e (iii) as participações estatutárias de empregados, administradores e partes beneficiárias.**

Após a definição do lucro líquido, nos termos acima descritos, cabe à assembleia geral ordinária deliberar sobre a sua destinação, após análise da proposta elaborada pelos órgãos de administração da companhia. É o que dispõe o art. 192 da LSA: "juntamente com as demonstrações financeiras do exercício, os órgãos da administração da companhia apresentarão à assembleiageral ordinária, observado o disposto nos artigos 193 a 203 e no estatuto, proposta sobre a destinação a ser dada ao lucro líquido do exercício". Nesse sentido, pode-se concluir que mesmo a existência de lucro líquido em determinado exercício não assegura aos acionistas a sua distribuição, cabendo à assembleia essa decisão, conforme as circunstâncias.

Assim, a **assembleia geral ordinária (i) pode deliberar pela distribuição do lucro líquido como dividendos entre os acionistas ou (ii) pode deliberar pela apropriação do lucro líquido como reserva de lucros pela companhia**.

É preciso destacar, todavia, que a própria lei já estabelece a apropriação de um **percentual do lucro líquido como reserva para a companhia**. Trata-se da chamada **reserva legal**, disciplinada no art. 193 da LSA: "do lucro líquido do exercício, 5% (cinco por cento) serão aplicados, antes de qualquer outra destinação, na constituição da reserva legal, que não excederá de 20% (vinte por cento) do capital social". O § 1.º desse dispositivo traz uma exceção, prevendo que "a companhia poderá deixar de constituir a reserva legal no exercício em que o saldo dessa reserva, acrescido do montante das reservas de capital de que trata o § 1.º do artigo 182, exceder de 30% (trinta por cento) do capital social".

A lei não apenas cuidou de criar essa reserva legal, mas também se preocupou em definir sua **função**, o que fez no § 2.º do art. 193: "a reserva legal tem por fim assegurar a integridade do capital social e somente poderá ser utilizada para compensar prejuízos ou aumentar o capital".

Além da reserva legal, o próprio estatuto pode prever **outras reservas, com finalidades específicas**. É o que prevê o art. 194 da LSA: "o estatuto poderá criar reservas desde que, para cada uma: I – indique, de modo preciso e completo, a sua finalidade; II – fixe os critérios para determinar a parcela anual dos lucros líquidos que serão destinados à sua constituição; e III – estabeleça o limite máximo da reserva".

A própria assembleia geral também pode criar algumas reservas. Assim, por exemplo, ocorre com a **reserva para contingências**, prevista no art. 195 da LSA: "a assembleia geral poderá, por proposta dos órgãos da administração, destinar parte do lucro líquido à formação de reserva com a finalidade de compensar, em exercício futuro, a diminuição do lucro decorrente de perda julgada provável, cujo valor possa ser estimado". Nesse caso, dispõe o § 1.º que "a proposta dos órgãos da administração deverá indicar a causa da perda prevista e justificar, com as razões de prudência que a recomendem, a constituição da reserva". Já o § 2.º, por sua vez, dispõe que "a reserva será revertida no exercício em que deixarem de existir as razões que justificaram a sua constituição ou em que ocorrer a perda".

Outro exemplo de reserva que pode ser criada pela assembleia geral é a **reserva de incentivos fiscais**, esta uma **novidade** criada pela Lei 11.638/2007, que incluiu o art. 195-A na LSA: "a assembleia geral poderá, por proposta dos órgãos de administração, destinar para a reserva de incentivos fiscais a parcela do lucro líquido decorrente de doações ou subvenções governamentais para investimentos, que poderá ser excluída da base de cálculo do dividendo obrigatório (inciso I do *caput* do art. 202 desta Lei)".

Outra reserva que pode ser criada pela assembleia geral é a **reserva de lucros a realizar**, prevista no art. 197 da LSA: "no exercício em que o montante do dividendo obrigatório, calculado nos termos do estatuto ou do art. 202, ultrapassar a parcela realizada do lucro líquido do exercício, a assembleia geral poderá, por proposta dos órgãos de administração, destinar o excesso à constituição de reserva de lucros a realizar".

Além dessas reservas, a assembleia geral ainda pode deliberar pela *retenção de lucros*, nos termos do art. 196 da LSA: "a assembleia geral poderá, por proposta dos órgãos da administração, deliberar reter parcela do lucro líquido do exercício prevista em orçamento de capital por ela previamente aprovado".

Ressalte-se, entretanto, que existem **limites legais** para a constituição de tais reservas e para a determinação da retenção dos lucros. Nesse sentido, determina a LSA, em seu art. 198, que "a destinação dos lucros para constituição das reservas de que trata o artigo 194 e a retenção nos termos do artigo 196 não poderão ser aprovadas, em cada exercício, em prejuízo da distribuição do dividendo obrigatório (artigo 202)". No mesmo sentido, estabelece o art. 199 da LSA que "o saldo das reservas de lucros, exceto as para contingências, de incentivos fiscais e de lucros a realizar, não poderá ultrapassar o capital social. Atingindo esse limite, a assembleia deliberará sobre aplicação do excesso na integralização ou no aumento do capital social ou na distribuição de dividendos".

X. Publicações

De acordo com a redação atual do art. 289 da LSA (determinada pela Lei 13.818/2019 e com vigência a partir de 1º/01/2022), "as publicações ordenadas por esta Lei obedecerão às seguintes condições: I – deverão ser efetuadas em jornal de grande circulação editado na localidade em que esteja situada a sede da companhia, de forma resumida e com divulgação simultânea da íntegra dos documentos na página do mesmo jornal na internet, que deverá providenciar certificação digital da autenticidade dos documentos mantidos na página própria emitida por autoridade certificadora credenciada no âmbito da Infraestrutura de Chaves Públicas Brasileiras (ICP-Brasil); II – no caso de demonstrações financeiras, a publicação de forma resumida deverá conter, no mínimo, em comparação com os dados do exercício social anterior, informações ou valores globais relativos a cada grupo e a respectiva classificação de contas ou registros, assim como extratos das informações relevantes contempladas nas notas explicativas e nos pareceres dos auditores independentes e do conselho fiscal, se houver". Não havendo jornal, "a publicação se fará em órgão de grande circulação local" (§ 2º).

O jornal ou veículo de grande circulação utilizado deve ser sempre o mesmo, "e qualquer mudança deverá ser precedida de aviso aos acionistas no extrato da ata da assembléia-geral ordinária" (§ 3º), ficando, porém, excepcionada dessa regra a "eventual publicação de atas ou balanços em outros jornais" (§ 4º).

A regularidade dessas publicações será verificada pela Junta Comercial respectiva, porque todas as publicações ordenadas na LSA "deverão ser arquivadas no registro do comércio" (§ 5º).

Tratando-se de companhia aberta, há duas regras específicas: (i) a CVM poderá determinar que as publicações "sejam feitas, também, em jornal de grande circulação nas localidades em que os valores mobiliários da companhia sejam negociados em bolsa ou em mercado de balcão, ou disseminadas por algum outro meio que assegure sua ampla divulgação e imediato acesso às informações" (§ 1º); e elas poderão, ainda, disponibilizar as referidas publicações pela rede mundial de computadores, sem prejuízo da obrigação de fazer as publicações nos termos do *caput* do art. 289 (§ 7º), isto é, a publicação na internet, nesse caso, é facultativa e complementar.

Por fim, vale lembrar que, conforme previsão do inciso III do art. 294 da LSA, incluído pela Lei Complementar 182/2021 (marco legal das startups), "a companhia fechada que tiver receita bruta anual de até R$ 78.000.000,00 (setenta e oito milhões de reais) poderá realizar as publicações ordenadas por esta Lei de forma eletrônica, em exceção ao disposto no art. 289".[185]

X. Companhia de menor porte

A Lei Complementar 182/2021 (marco legal das startups) inseriu os arts. 294-A e 294-B na LSA, disciplinando a companhia de menor porte e prevendo regras especiais para ela.

De acordo com o art. 294-B da LSA, "para fins do disposto nesta Lei, considera-se companhia de menor porte aquela que aufira receita bruta anual inferior a R$ 500.000.000,00 (quinhentos milhões de reais)".

O art. 294-A, por sua vez, determina que "a Comissão de Valores Mobiliários regulamentará as **condições facilitadas para o acesso de companhias de menor porte ao mercado de capitais**, e será permitido **dispensar ou modular** a observância ao disposto: I – no art. 161 desta Lei, quanto à obrigatoriedade de instalação do conselho fiscal a pedido de acionistas; II – no § 5º do art. 170 desta Lei, quanto à obrigatoriedade de intermediação de instituição financeira em distribuições públicas de valores mobiliários, sem prejuízo da competência prevista no inciso III do § 3º do art. 2º da Lei nº 6.385, de 7 de dezembro de 1976; III – no inciso I do caput do art. 109, nos §§ 1º e 2º do art. 111 e no art. 202 desta Lei, quanto ao recebimento de dividendo obrigatório; IV – no art. 289 desta Lei, quanto à forma de realização das publicações ordenadas por esta Lei".

O § 1º do art. 294-B complementa, afirmando que, além da regulamentação nos termos do art. 294-A, a CVM também pode estabelecer "procedimentos simplificados aplicáveis às companhias de menor porte (...), especialmente quanto: I – à obtenção de registro de emissor; II – às distribuições públicas de valores mobiliários de sua emissão; e III – à elaboração e à prestação de informações periódicas e eventuais".

[185] Conforme a regulamentação do Ministério da Economia (Portaria 12.071/2021), essa publicação eletrônica: (i) será realizada na Central de Balanços do Sistema Público de Escrituração Digital – SPED, (ii) deve ser feita com assinatura eletrônica que utiliza certificado digital e (iii) é gratuita. Essa mesma Portaria ainda determina que as companhias fechadas em questão disponibilizem o conteúdo da publicação eletrônica em seu site na internet.

Vê-se, pois, que o objetivo da inserção desses dispositivos na LSA foi permitir que a CVM flexibilize algumas regras para que tais companhias consigam ingressar no mercado de capitais, com menor custo e menos burocracia.[186]

X. Sociedade anônima do futebol – SAF

Com a pretensão de solucionar o antigo problema da má gestão dos clubes de futebol no Brasil, que quase sempre estão em situação de grave crise financeira, foi editada a Lei 14.193/2021, que "institui a Sociedade Anônima do Futebol e dispõe sobre normas de constituição, governança, controle e transparência, meios de financiamento da atividade futebolística, tratamento dos passivos das entidades de práticas desportivas e regime tributário específico".

Como se percebe, o escopo da lei é amplo, envolvendo até questões tributárias. Nesta obra, porém, limitar-nos-emos a abordar alguns aspectos societários distintivos dessa espécie de sociedade.

O art. 1º da Lei 14.192/2021 define a SAF como "a companhia cuja atividade principal consiste na prática do futebol, feminino e masculino, em competição profissional, sujeita às regras específicas desta Lei e, subsidiariamente, às disposições da Lei nº 6.404, de 15 de dezembro de 1976, e da Lei nº 9.615, de 24 de março de 1998".

O § 2º do art. 1º detalha que atividades podem ser objeto social da SAF: "I – o fomento e o desenvolvimento de atividades relacionadas com a prática do futebol, obrigatoriamente nas suas modalidades feminino e masculino; II – a formação de atleta profissional de futebol, nas modalidades feminino e masculino, e a obtenção de receitas decorrentes da transação dos seus direitos desportivos; III – a exploração, sob qualquer forma, dos direitos de propriedade intelectual de sua titularidade ou dos quais seja cessionária, incluídos os cedidos pelo clube ou pessoa jurídica original que a constituiu; IV – a exploração de direitos de propriedade intelectual de terceiros, relacionados ao futebol; V – a exploração econômica de ativos, inclusive imobiliários, sobre os quais detenha direitos; VI – quaisquer outras atividades conexas ao futebol e ao patrimônio da SAF, incluída a organização de espetáculos esportivos, sociais ou culturais; VII – a participação em outra sociedade, como sócio ou acionista, no território nacional, cujo objeto seja uma ou mais das atividades mencionadas nos incisos deste parágrafo, com exceção do inciso II".

O § 3º cuida do nome empresarial da SAF. Como se trata de uma sociedade anônima, ela usa denominação social, que "deve conter a expressão Sociedade Anônima do Futebol ou a abreviatura S.A.F.".

O art. 2º disciplina as formas pelas quais a SAF pode ser constituída: "I – transformação do clube ou pessoa jurídica original[187] em SAF; II – cisão do departamento de futebol do clube ou pessoa jurídica original e transferência do seu patrimônio relacionado à atividade futebol; III – iniciativa de pessoa natural ou jurídica ou de fundo de investimento".

---

186 "São modificações que não chegam a criar uma Sociedade Anônima Simplificada, já que são tímidas ante à extensão da regulamentação das S/A, mas se trata de um início de abordagem do tema. É preciso salientar que nenhuma dessas mudanças são restritas a startups que adotem a forma de S/A, elas valem para todos os tipos de empreendimentos sob esse tipo societário" (MICHILES, Saulo. Marco Legal das Startups. Salvador: JusPodivm, 2021, p. 129.

187 O § 1º do art. 1º diz que, para os fins da Lei 14.193/2021, clube é a "associação civil, regida pela Código Civil, dedicada ao fomento e à prática do futebol" (inciso I), e pessoa jurídica original é a "sociedade empresarial dedicada ao fomento e à prática do futebol" (inciso II).

Caso a constituição se dê com base no inciso II do art. 2º (cisão do departamento de futebol), há a aplicação de uma série de regras específicas, merecendo destaque, sob o ponto de vista societário, a seguinte: "a SAF emitirá obrigatoriamente ações ordinárias da classe A para subscrição exclusivamente pelo clube ou pessoa jurídica original que a constituiu".

A criação dessa classe A de ações ordinárias, com destinação delas para o clube ou a pessoa jurídica original que constituiu a SAF, tem o objetivo de assegurar algumas prerrogativas importantes.

Por exemplo, o § 3º do art. 2º determina que "**enquanto as ações ordinárias da classe A corresponderem a pelo menos 10% (dez por cento) do capital social votante ou do capital social total**, o voto afirmativo do seu titular no âmbito da assembleia geral será **condição necessária** para a SAF deliberar sobre: I – alienação, oneração, cessão, conferência, doação ou disposição de qualquer bem imobiliário ou de direito de propriedade intelectual conferido pelo clube ou pessoa jurídica original para formação do capital social; II – qualquer ato de reorganização societária ou empresarial, como fusão, cisão, incorporação de ações, incorporação de outra sociedade ou trespasse; III – dissolução, liquidação e extinção; e IV – participação em competição desportiva sobre a qual dispõe o art. 20 da Lei nº 9.615, de 24 de março de 1998".

O § 4º é ainda mais rigoroso, estabelecendo que "depende da concordância do titular das ações ordinárias da classe A, **independentemente do percentual da participação no capital votante ou social**, a deliberação, em qualquer órgão societário, sobre as seguintes matérias: I – alteração da denominação; II – modificação dos signos identificativos da equipe de futebol profissional, incluídos símbolo, brasão, marca, alcunha, hino e cores; e III – mudança da sede para outro Município".

O estatuto da SAF ainda "pode prever outros direitos para o titular das ações ordinárias da classe A" (§ 5º). Ademais, "depende de aprovação prévia do clube ou pessoa jurídica original, que é titular de ações ordinárias da classe A, qualquer alteração no estatuto da SAF para modificar, restringir ou subtrair os direitos conferidos por essa classe de ações, ou para extinguir a ação ordinária da classe A" (§ 6º).

Quanto à integralização da parte do capital social da SAF que será de titularidade do clube ou da pessoa jurídica original que constituiu, o art. 3º diz que ela pode ser realizada "por meio da transferência à companhia de seus ativos, tais como, mas não exclusivamente, nome, marca, dísticos, símbolos, propriedades, patrimônio, ativos imobilizados e mobilizados, inclusive registros, licenças, direitos desportivos sobre atletas e sua repercussão econômica".

E o parágrafo único do art. 3º faz uma ressalva importante: "enquanto o clube ou pessoa jurídica original registrar, em suas demonstrações financeiras, obrigações anteriores à constituição da companhia, será vedada: I – a transferência ou alienação do seu ativo imobilizado que contenha gravame ou tenha sido dado em garantia, exceto mediante autorização do respectivo credor; II – o desfazimento da sua participação acionária na integralidade".

Nos arts. 4º a 8º, a Lei 14.193/2021 institui algumas regras de governança da SAF, como a que impede que o seu acionista controlador, seja ele individual ou integrante de acordo de controle, detenha "participação, direta ou indireta, em outra SAF" (art. 4º).

Se o acionista não é controlador, mas tem 10% ou mais do capital votante ou total de uma SAF, pode até participar de outra SAF, mas nesse caso "não terá direito a voz nem a voto nas assembleias gerais, nem poderá participar da administração dessas companhias, diretamente ou por pessoa por ele indicada" (art. 4º, parágrafo único).

Seguindo essa mesma diretriz de impor boas práticas de governança corporativa à SAF, o art. 5º da Lei 14.193/2021 determina que nela "o conselho de administração e o conselho fiscal são órgãos de existência obrigatória e funcionamento permanente". E o § 1º desse dispositivo impede a participação no conselho de administração, no conselho fiscal ou na diretoria da SAF das seguintes pessoas: "I – membro de qualquer órgão de administração, deliberação ou fiscalização, bem como de órgão executivo, de outra SAF; II – membro de qualquer órgão de administração, deliberação ou fiscalização, bem como de órgão executivo, de clube ou pessoa jurídica original, salvo daquele que deu origem ou constituiu a SAF; III – membro de órgão de administração, deliberação ou fiscalização, bem como de órgão executivo, de entidade de administração[188]; IV – atleta profissional de futebol com contrato de trabalho desportivo vigente; V – treinador de futebol em atividade com contrato celebrado com clube, pessoa jurídica original ou SAF; e VI – árbitro de futebol em atividade". O objetivo aqui parece ser, claramente, evitar situações que potencializem eventuais conflitos de interesse.

Além dos impedimentos mencionados, o estatuto da SAF ainda "poderá estabelecer outros requisitos necessários à eleição para o conselho de administração" (art. 4º, § 2º), e "os diretores deverão ter dedicação exclusiva à administração da SAF, observados, se houver, os critérios estabelecidos no estatuto" (§ 5º).

Se determinado acionista da SAF for também "associado e integrar qualquer órgão, eletivo ou não, de administração, deliberação ou fiscalização do clube ou pessoa jurídica original" que a constituiu, ele até pode ser membro do conselho de administração, mas nesse caso "não poderá receber nenhuma remuneração" (art. 4º, § 3º).

Já o acionista da SAF que for também "empregado ou membro de qualquer órgão, eletivo ou não, de administração, deliberação ou fiscalização do clube ou pessoa jurídica original" que a constituiu, ele "não poderá ser eleito para o conselho fiscal ou para a diretoria" (art. 4º, § 4º).

O art. 6º da Lei 14.193/2021 determina que "a pessoa jurídica que detiver participação igual ou superior a 5% (cinco por cento) do capital social da SAF deverá informar a esta, assim como à entidade nacional de administração do desporto, o nome, a qualificação, o endereço e os dados de contato da pessoa natural que, direta ou indiretamente, exerça o seu controle ou que seja a beneficiária final, sob pena de suspensão dos direitos políticos e retenção dos dividendos, dos juros sobre o capital próprio ou de outra forma de remuneração declarados, até o cumprimento desse dever".

[188] Entidade de administração, para os fins da Lei 14.193/2021, é a "confederação, federação ou liga, com previsão na Lei nº 9.615, de 24 de março de 1998, que administra, dirige, regulamenta ou organiza competição profissional de futebol" (art. 1º, § 1º, inciso III).

O art. 7º, na mesma linha de uma alteração feita pela Lei Complementar 182/2021 (marco legal das startups) na LSA (art. 294, inciso III), estabelece que "a SAF que tiver receita bruta anual de até R$ 78.000.000,00 (setenta e oito milhões de reais) poderá realizar todas as publicações obrigatórias por lei de forma eletrônica, incluídas as convocações, atas e demonstrações financeiras, e deverá mantê-las, no próprio sítio eletrônico, durante o prazo de 10 (dez) anos".

Para finalizar essas regras sobre governança, o art. 8º prevê que "a SAF manterá em seu sítio eletrônico: II – o estatuto social e as atas das assembleias gerais; III – a composição e a biografia dos membros do conselho de administração, do conselho fiscal e da diretoria; e IV – o relatório da administração sobre os negócios sociais, incluído o Programa de Desenvolvimento Educacional e Social, e os principais fatos administrativos". Essas informações devem ser atualizadas mensalmente (§ 1º).

Ainda sobre os aspectos societários relevantes da disciplina legal da SAF, merece menção o art. 26 da Lei 14.193/2021, que cria um tipo específico de debêntures para financiamento da SAF. Trata-se das 'debêntures-fut', que ostentam as seguintes características: "I – remuneração por taxa de juros não inferior ao rendimento anualizado da caderneta de poupança, permitida a estipulação, cumulativa, de remuneração variável, vinculada ou referenciada às atividades ou ativos da SAF; II – prazo igual ou superior a 2 (dois) anos; III – vedação à recompra da debênture-fut pela SAF ou por parte a ela relacionada e à liquidação antecipada por meio de resgate ou pré-pagamento, salvo na forma a ser regulamentada pela Comissão de Valores Mobiliários; IV – pagamento periódico de rendimentos; V – registro das debêntures-fut em sistema de registro devidamente autorizado pelo Banco Central do Brasil ou pela Comissão de Valores Mobiliários, nas suas respectivas áreas de competência".

Vale destacar que o § 1º do art. 26 deixa claro que "os recursos captados por meio de debêntures-fut deverão ser alocados no desenvolvimento de atividades ou no pagamento de gastos, despesas ou dívidas relacionados às atividades típicas da SAF previstas nesta Lei, bem como em seu estatuto social".

7.4. Sociedade em nome coletivo

Trata-se, segundo a doutrina comercialista, do mais antigo tipo societário medieval. Sua origem está nas *comunidades familiares* italianas da Idade Média, que consistiam, *grosso modo*, em **associações decorrentes de laços familiares**, às quais se atribuem diversas nomenclaturas: *fraternitates*, *societates*, *collegia* etc.

> Essas sociedades constituíam verdadeiras sociedades fraternas entre artesãos e mercadores, sedimentadas por um dever de recíproca solidariedade entre os membros e dotadas de um patrimônio comum, num regime de copropriedade entre todos os sócios, que eram co-obrigados perante terceiros. Por tal razão as dívidas sociais eram rateadas entre os sócios, proporcionalmente à sua participação nos negócios sociais.
>
> Paulatinamente, esta obrigação, direta e proporcional, foi substituída pela ideia de ilimitação de responsabilidade, ao que se acrescentou, posteriormente, a ideia de solidariedade, passando todos os sócios a responderem, solidária e ilimitadamente, pelos débitos sociais, independentemente do montante da sua participação nos negócios societários.[189]

[189] MELLO FRANCO, Vera Helena de. *Manual de direito comercial*. 2. ed. São Paulo: RT, 2004. p. 207. v. 1.

A principal característica dessa sociedade, como destacado na passagem doutrinária acima transcrita, é a ***responsabilidade ilimitada dos sócios* que a compõem**, ou seja, esgotado o patrimônio da sociedade em nome coletivo, seus credores podem executar o restante das dívidas sociais no patrimônio pessoal dos sócios. Nesse sentido, dispõe o Código Civil, em seu art. 1.039, que "somente pessoas físicas podem tomar parte na sociedade em nome coletivo, respondendo todos os sócios, solidária e ilimitadamente, pelas obrigações sociais". Vê-se, pois, que a sociedade em nome coletivo **não admite sócio pessoa jurídica.**

Cumpre destacar a norma do parágrafo único do art. 1.039, acima referido, segundo a qual "sem prejuízo da responsabilidade perante terceiros, podem os sócios, no ato constitutivo, ou por unânime convenção posterior, limitar entre si a responsabilidade cada um". Note-se bem que a **limitação de responsabilidade** que os sócios podem estabelecer produz **efeitos somente entre eles**, e não a terceiros. Nem poderia ser diferente, uma vez que, sendo essa limitação de responsabilidade estabelecida por meio de contrato (contrato social ou convenção posterior), só produz efeitos entre as partes contratantes, não sendo oponível a terceiros. **Perante os credores** da sociedade, portanto, a **responsabilidade dos sócios** de uma sociedade em nome coletivo é sempre **ilimitada.** Havendo, todavia, a previsão contratual de limitação de responsabilidade entre eles, isso repercutirá apenas "internamente", dando ensejo, por exemplo, ao direito de regresso de um sócio contra outro.

Sendo uma **sociedade contratual**, assim como a sociedade limitada, a sociedade em nome coletivo é regida, subsidiariamente, pelas normas da sociedade simples, conforme disposição normativa constante do art. 1.040 do Código Civil, e o seu contrato social deve conter as cláusulas gerais previstas no art. 997 do Código, conforme determina o art. 1.041.

Ademais, sendo a sociedade em nome coletivo modelo societário em que os sócios respondem ilimitadamente pelas obrigações sociais, subentende-se que (i) ela deve sempre adotar *firma social* como espécie de nome empresarial (art. 1.041, parte final, c/c o art. 1.157 do CC), (ii) não se admite a participação de incapazes, (iii) os sócios têm ampla liberdade para disciplinar as suas relações sociais, desde que não desnaturem o tipo societário escolhido, (iv) ela é uma sociedade de pessoas, dependendo de consentimento dos demais sócios a entrada de estranhos ao quadro social e (v) a sua administração compete aos próprios sócios, não se admitindo a designação de não sócio para o desempenho de tal mister (art. 1.042 do Código Civil).

Como nas sociedades em nome coletivo a *affectio societatis* é muito forte, o quadro societário delas é bastante estável, tanto que o Código Civil prevê, em seu art. 1.043, que "o credor particular de sócio não pode, antes de dissolver-se a sociedade, pretender a liquidação da quota do devedor", salvo se "a sociedade houver sido prorrogada tacitamente" (parágrafo único, inciso I) ou "tendo ocorrido prorrogação contratual, for acolhida judicialmente oposição do credor, levantada no prazo de noventa dias, contado da publicação do ato dilatório" (parágrafo único, inciso II). Em suma: as quotas da sociedade em nome coletivo são, em princípio, impenhoráveis para pagamento de dívidas particulares do sócio. Nesse caso, aplica-se subsidiariamente a primeira parte do *caput* do art. 1.026 do Código Civil (penhora de lucros). Há também quem defenda que as quotas devem ficar indisponíveis até que a dívida seja paga.[190]

Por fim, dispõe o Código Civil, em seu art. 1.044, que a sociedade em nome coletivo "se dissolve de pleno direito por qualquer das causas enumeradas no art. 1.033 e, se empresária, também pela declaração da falência".

7.5. Sociedade em comandita simples

Não há consenso quanto à origem histórica das sociedades em comandita simples, havendo quem aponte sua origem na própria sociedade em nome coletivo – a comandita simples seria uma evolução dela, acrescida da característica de **responsabilidade limitada de alguns sócios**.

Todavia, parece-nos que a origem dessas sociedades está nas *commendas* medievais, uma espécie de **contrato especial** em que um "capitalista" – chamado de *comanditário* – entregava dinheiro ou bens a navegadores ou mercadores, a fim de que estes os negociassem, repartindo-se os lucros posteriormente. Essas *commendas* foram se desenvolvendo com o passar dos anos, e uma de suas principais características era justamente a responsabilidade limitada dos sócios capitalistas, os chamados *comanditários*.

As *commendas* tinham, assim, **duas categorias de sócios**: os que investiam bens ou capital no empreendimento – chamados de **comanditários** e a quem o direito reservava responsabilidade limitada aos bens ou capital investidos – e os que **efetivamente negociavam com esses bens ou capital** – que respondiam ilimitadamente.

É com esse perfil que a sociedade em comandita simples está acolhida em nosso ordenamento jurídico, dispondo o Código Civil, em seu art. 1.045, que "na sociedade em comandita simples tomam parte sócios de duas categorias: os comanditados, pessoas físicas, responsáveis solidária e ilimitadamente pelas obrigações sociais; e os comanditários, obrigados somente pelo valor de sua quota". Cabe ao **contrato social**, registre-se, **especificar claramente quem são os comanditados e quem são os comanditários** (parágrafo único).

Como nesse tipo societário existem sócios de responsabilidade ilimitada, prevê o Código, em seu art. 1.046, *caput*, que "aplicam-se à sociedade em comandita simples as normas da sociedade em nome coletivo, no que forem compatíveis (...)". No mesmo sentido, no parágrafo único desse dispositivo se estabelece que "aos comanditados cabem os mesmos direitos e obrigações dos sócios da sociedade em nome coletivo". Em suma: o regime jurídico do sócio comanditado é o mesmo do sócio da sociedade em nome coletivo, ou seja: (i) o comanditado tem que ser pessoa física, (ii) só o comanditado pode administrar a sociedade, (iii) só o nome do comanditado pode constar da firma social e (iv) a responsabilidade do comanditado é ilimitada.

A obrigação precípua do **sócio comanditário**, tal como ocorria nas *commendas*, é tão somente **contribuir para a formação do capital social**, contribuição esta que pode ser feita em dinheiro ou bens – mas não em serviços, como temos enfatizado

[190] TAVARES BORBA, José Edwaldo. *Direito Societário*. 14ª ed. São Paulo: Atlas, p. 101-102.

no estudo das sociedades empresárias. Sua responsabilidade restringe-se a tanto, ou seja, uma vez efetivada a contribuição a que se comprometeu no contrato social, cumpriu sua obrigação social, não podendo os credores, em princípio, nada mais exigir dele, em função da limitação de responsabilidade que a lei lhe assegura.

Em contrapartida a essa limitação de responsabilidade, o Código, em seu art. 1.047, determina que "sem prejuízo da faculdade de participar das deliberações da sociedade e de lhe fiscalizar as operações, não pode o comanditário praticar qualquer ato de gestão, nem ter o nome na firma social, sob pena de ficar sujeito às responsabilidades de sócio comanditado".

Vê-se, pois, que a administração da comandita simples compete apenas aos sócios comanditados, não obstante o Código Civil permita, em seu art. 1.047, parágrafo único, que o comanditário seja "constituído procurador da sociedade, para negócio determinado e com poderes especiais".

Da mesma forma, somente os nomes dos sócios comanditados podem constar da firma social, uma vez que são estes os que respondem ilimitadamente pelas obrigações da sociedade (vide art. 1.157 do Código Civil).

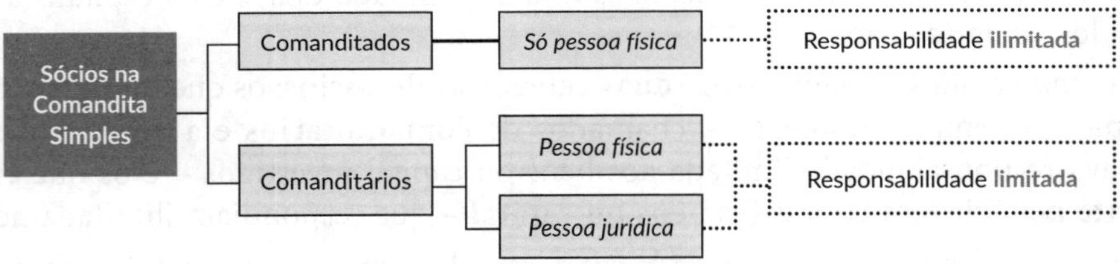

Por fim, destaque-se que a sociedade em comandita simples, tal como a sociedade em nome coletivo, dissolve-se de pleno direito por qualquer das causas previstas no art. 1.033 do Código Civil e também pela declaração de sua falência, se for empresária.

Mas o Código traz ainda outra hipótese de dissolução da comandita simples: segundo dispõe o art. 1.051, inciso II, a sociedade se dissolve "quando por mais de cento e oitenta dias perdurar a falta de uma das categorias de sócio". Portanto, a sociedade em comandita simples não pode subsistir com apenas uma categoria de sócio. Em suma, exige-se a **pluralidade** e a **diversidade de sócios**. Ficando a sociedade sem nenhum sócio comanditário ou comanditado, a lei concede prazo de 180 dias para que a sociedade se recomponha, sob pena de dissolução. Durante esses 180 dias, se a categoria de sócio que faltar for a dos comanditados, dispõe o Código, no parágrafo único do art. 1.051, que os comanditários nomearão administrador provisório para praticar, durante esse período e sem assumir a condição de sócio, os atos de administração.

7.6. Sociedade em comandita por ações

Segundo a doutrina, a sociedade em comandita por ações é uma **sociedade empresária híbrida**: tem aspectos de sociedade em comandita e aspectos de sociedade anônim.[191] Com efeito, a sociedade em comandita por ações, assim como as sociedades anônimas, tem o seu **capital dividido em ações**; e, assim como as sociedades em comandita simples, possui **duas categorias distintas de sócios**, uma com responsabilidade limitada e a outra com responsabilidade ilimitada.

Segundo o art. 1.090 do Código Civil, "a sociedade em comandita por ações tem o capital dividido em ações, regendo-se pelas normas relativas à sociedade anônima, sem prejuízo das modificações constantes deste Capítulo, e opera sob firma ou denominação". No mesmo sentido, dispõe o art. 280 da LSA que "a sociedade em comandita por ações terá o capital dividido em ações e reger-se-á pelas normas relativas às companhias ou sociedades anônimas, sem prejuízo das modificações constantes deste Capítulo".

Enquanto na sociedade anônima, como visto, a responsabilidade de todos os acionistas é limitada, na sociedade em comandita por ações o **acionista diretor**, ou seja, aquele acionista que exerce função de administração da sociedade, **responde ilimitadamente pelas obrigações sociais**.

Com efeito, de acordo com o art. 1.091 do Código Civil, "somente o acionista tem qualidade para administrar a sociedade e, como diretor, responde subsidiária e ilimitadamente pelas obrigações da sociedade". No mesmo sentido é a norma do art. 282 da LSA, que assim dispõe: "apenas o sócio ou acionista tem qualidade para administrar ou gerir a sociedade, e, como diretor ou gerente, responder subsidiária mas ilimitada e solidariamente, pelas obrigações da sociedade". Havendo **mais de um diretor**, a lei estabelece a **responsabilidade solidária entre eles**, após esgotados os bens sociais (art. 1.091, § 1.º, do Código Civil).

De acordo com o art. 1.091, § 2.º, do Código (regra que é idêntica à do art. 282, § 1.º, da LSA) "os diretores serão nomeados no ato constitutivo da sociedade, sem limitação de tempo, e somente poderão ser destituídos por deliberação de acionistas que representem no mínimo dois terços do capital social". E a legislação ainda se preocupou em estabelecer as responsabilidades dos acionistas diretores após o término dos seus respectivos mandatos. Nesse sentido, determina o art. 1.091, § 3.º, do Código (regra que, por sua vez, é semelhante à do art. 282, § 2.º, da LSA) que "o diretor destituído ou exonerado continua, durante dois anos, responsável pelas obrigações sociais contraídas sob sua administração".

Perceba-se que, na sociedade em comandita por ações, em função de os **diretores** não serem eleitos pela assembleia geral, mas simplesmente **nomeados no ato constitutivo**, e de, por isso, não terem mandato, a legislação lhes impõe **regras severas quanto à sua responsabilidade**, a qual, conforme salientamos, é **ilimitada**. Diante de tal fato, os poderes da assembleia geral são limitados, não tendo ela competência para deliberar sobre certas matérias específicas que possam repercutir na responsabilidade dos acionistas diretores. Nesse sentido, estabelece o art. 1.092 do Código Civil que "a assembleia geral não pode, sem o consentimento dos diretores, mudar o objeto essencial da sociedade, prorrogar-lhe o prazo de duração, aumentar ou diminuir o capital social, criar debêntures, ou partes bene-

[191] Nesse sentido: REQUIÃO, Rubens. *Curso de direito comercial*. 23. ed. São Paulo: Saraiva, 2003. p. 299. v. 2.

ficiárias". No mesmo sentido é a regra do art. 283 da LSA, que ainda acrescenta uma vedação: a assembleia geral também não pode "aprovar a participação em grupo de sociedade".

No geral, pois, estas são as regras especiais aplicáveis às sociedades em comandita por ações, aplicando-se a elas, por conseguinte, as regras estabelecidas na Lei 6.404/1976, a LSA. Por tal razão, pode a comandita por ações abrir o seu capital, emitir valores mobiliários etc.

> O regime da comandita por ações é o das anônimas. São ambas sociedades de capital e institucionais. Assim, exceção feita às regras próprias, justificáveis pela especial responsabilização dos seus acionistas-diretores, aplica-se às comanditas por ações as preceituadas para as companhias. Desse modo, as ações da comandita podem ser ordinárias ou preferenciais; os titulares destas últimas devem ter vantagens estatutárias na distribuição do resultado, e podem sofrer restrições ou supressão do direito de voto; a sociedade pode ser aberta, para fins de captação de recursos junto ao mercado de capitais, ou fechada; os sócios têm direito ao dividendo mínimo definido nos estatutos etc.[192]

Por fim, registre-se apenas que, de acordo com o art. 284 da LSA, "não se aplica à sociedade em comandita por ações o disposto nesta Lei sobre voto plural, sobre conselho de administração, sobre autorização estatutária de aumento de capital e sobre emissão de bônus de subscrição".

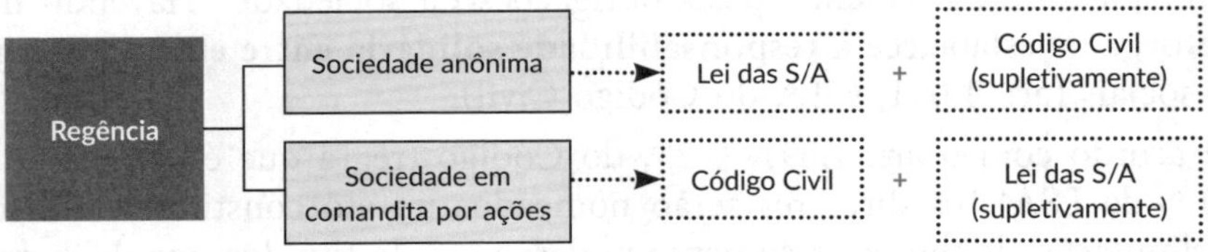

7.7. Sociedade cooperativa

Em 1971, foi editada a Lei 5.764, que definiu a Política Nacional de Cooperativismo e instituiu o regime jurídico das sociedades cooperativas no Brasil. As cooperativas também mereceram especial atenção da Constituição Federal de 1988, que permitiu a sua criação independentemente de autorização e vedou a interferência estatal no seu funcionamento (art. 5.º, inciso XVIII).

O Código Civil, ressalvando as disposições específicas da Lei do Cooperativismo (Lei 5.764/1971), também disciplinou as cooperativas, estabelecendo que elas são sempre sociedades simples, independentemente do seu objeto social (art. 982, parágrafo único), e detalhando suas principais características, no art. 1.094: "são características da sociedade cooperativa: I – variabilidade, ou dispensa do capital social; II – concurso de sócios em número mínimo necessário a compor a administração da sociedade, sem limitação de número máximo; III – limitação do valor da soma de quotas do capital social que cada sócio poderá tomar; IV – intransferibilidade

[192] COELHO, Fábio Ulhoa. *Curso de direito comercial*. 7. ed. São Paulo: Saraiva, 2004. p. 478. v. 2.

das quotas do capital a terceiros estranhos à sociedade, ainda que por herança; V – *quorum*, para a assembleiageral funcionar e deliberar, fundado no número de sócios presentes à reunião, e não no capital social representado; VI – direito de cada sócio a um só voto nas deliberações, tenha ou não capital a sociedade, e qualquer que seja o valor de sua participação; VII – distribuição dos resultados, proporcionalmente ao valor das operações efetuadas pelo sócio com a sociedade, podendo ser atribuído juro fixo ao capital realizado; VIII – indivisibilidade do fundo de reserva entre os sócios, ainda que em caso de dissolução da sociedade".

Quanto à responsabilidade dos sócios, estabeleceu o art. 1.095 do Código Civil que "na sociedade cooperativa, a responsabilidade dos sócios pode ser limitada ou ilimitada. § 1.º É limitada a responsabilidade na cooperativa em que o sócio responde somente pelo valor de suas quotas e pelo prejuízo verificado nas operações sociais, guardada a proporção de sua participação nas mesmas operações. § 2.º É ilimitada a responsabilidade na cooperativa em que o sócio responde solidária e ilimitadamente pelas obrigações sociais".

Por fim, dispõe o art. 1.096 do Código Civil: "no que a lei for omissa, aplicam-se as disposições referentes à sociedade simples, resguardadas as características estabelecidas no art. 1.094".

Sobre essa aplicação subsidiária das regras da sociedade simples (arts. 997 a 1.038 do Código Civil) às cooperativas, a 3ª Turma do STJ decidiu que "a responsabilidade do cooperado, pelo rateio dos prejuízos acumulados, não se limita ao prazo disposto para as sociedades simples previsto nos arts. 1.003, parágrafo único, e 1.032, ambos do CC/2002, de até dois anos de seu desligamento da cooperativa". Assim, "na ausência de disciplina específica sobre a prescrição da cobrança de ato cooperativo, deve incidir o prazo prescricional geral de des anos, previsto no art. 205 do CC/2002" (REsp 1.774.434). Parece-me equivocado o entendimento do STJ: se a cooperativa é uma sociedade simples (art. 982, parágrafo único do CC) e ainda há regra expressa mandando aplicar a ela, em caso de omissão da lei, as normas da sociedade simples, não há razão para não se aplicar ao caso os arts. 1.003 e 1.032 do Código.

7.7.1. A problemática sobre a cláusula de unimilitância nos estatutos das cooperativas

A *cláusula de unimilitância*, à luz do direito privado, durante muito tempo foi admitida no ordenamento jurídico brasileiro. Nesse sentido, confira-se o entendimento do Superior Tribunal de Justiça:

> *Agravo regimental. Recurso especial. UNIMED. Médico cooperado. Cláusula de exclusividade. Validade. 1 – Consoante entendimento desta Corte, é válida a cláusula do estatuto social que impõe aos médicos cooperados o dever de exclusividade, vedando a vinculação a outra congênere, sob pena de exclusão do seu quadro associativo. Precedentes. 2 – Agravo regimental desprovido (AgRg no REsp 179.711/SP, Rel. Min. Fernando Gonçalves, 4.ª Turma, j. 29.11.2005, DJ 19.12.2005, p. 411).*

No entanto, quando a matéria foi analisada pelo CADE (Conselho Administrativo de Defesa Econômica), à luz do direito concorrencial, entendeu-se que ela ofende o princípio da livre concorrência e configura, pois, prática anticompetitiva. Nesse sentido, confira-se o Enunciado 7 da Súmula de Jurisprudência do CADE:

> *Constitui infração contra a ordem econômica a prática, sob qualquer forma manifestada, de impedir ou criar dificuldades a que médicos cooperados prestem serviços fora do âmbito da cooperativa, caso esta detenha posição dominante.*

O Superior Tribunal de Justiça já enfrentou a polêmica, prevalecendo a visão do direito antitruste:

> *Direito econômico. Livre concorrência. (...). UNIMED. Cooperativa de saúde. Submissão irrestrita às normas jurídicas que regulam a atividade econômica. Cláusula de exclusividade para médicos cooperados. Impossibilidade tanto sob o aspecto individual quanto sob o aspecto difuso. Inaplicabilidade ao profissional liberal do § 4.º do artigo 29 da Lei n. 5.764/71, que exige exclusividade. Causa de pedir remota vinculada a limitações à concorrência. Violação, pelo Tribunal de origem, do art. 20, incisos I, II e IV; do art. 21, incisos IV e V, ambos da Lei n. 8.884/94, e do art. 18, inciso III, da Lei n. 9.656/98. Infrações ao princípio da livre concorrência pelo agente econômico configuradas. (...) 2. A Constituição Federal de 1988, ao tratar do regime diferenciado das cooperativas não as excepcionou da observância do princípio da livre concorrência estabelecido pelo inciso IV do art. 170. 3. A causa de pedir remota nas lides relativas à cláusula de exclusividade travadas entre o cooperado e a cooperativa é diversa da causa de pedir remota nas lides relativas a direito de concorrência. No primeiro caso, percebe-se a proteção de suposto direito ou interesse individual; no segundo, a guarda de direito ou interesse difuso. Portanto, inaplicáveis os precedentes desta Corte pautados em suposto direito ou interesse individual. 4. Ao médico cooperado que exerce seu labor como profissional liberal, não se aplica a exigência de exclusividade do § 4.º do art. 29 da Lei n. 5.764/71, salvo quando se tratar de agente de comércio ou empresário. 5. A cláusula de exclusividade em tela é vedada pelo inciso III do art. 18 da Lei n. 9.656/98, mas, ainda que fosse permitida individualmente a sua utilização para evitar a livre concorrência, através da cooptação de parte significativa da mão de obra, encontraria óbice nas normas jurídicas do art. 20, I, II e IV, e do art. 21, IV e V, ambos da Lei n. 8.884/94. Portanto, violados pelo acórdão de origem todos aqueles preceitos. 6. Ainda que a cláusula de exclusividade não fosse vedada, a solução minimalista de reputar lícita para todo o sistema de cláusula contratual, somente por seus efeitos individuais serem válidos, viola a evolução conquistada com a criação da Ação Civil Pública, com a promulgação da Constituição Cidadã de 1988, com o fortalecimento do Ministério Público, com a criação do Código de Defesa do Consumidor, com a revogação do Código Civil individualista de 1916, com a elaboração de um futuro Código de Processos Coletivos e com diversos outros estatutos que celebram o interesse público primário. Recurso especial provido (REsp 1.172.603/RS, Rel. Min. Humberto Martins, 2.ª Turma, j. 04.03.2010, DJe 12.03.2010).*

7.8. A antiga sociedade de capital e indústria

O Código Comercial de 1850 tratava, em seus arts. 317 a 324, da chamada *sociedade de capital e indústria*. O **Código Civil de 2002, todavia, não a acolheu como tipo societário específico**.

A principal característica desse tipo societário era a possibilidade de contribuição de um dos sócios por meio da **prestação de serviços**. Havia, portanto, duas categorias de sócios: de um lado, o *sócio capitalista*, que contribuía com dinheiro ou bens para a formação do capital social; de outro, o *sócio de indústria*, que contribuía com a sua força de trabalho, ou seja, com a prestação de serviços. Vale lembrar ainda que o Código Comercial regulava de maneira distinta a responsabilidade de cada categoria de sócio: o sócio capitalista assumia responsabilidade solidária e ilimitada pelas obrigações sociais (art. 320); já o sócio de indústria não se responsabilizava perante credores da sociedade (art. 321).

> Em suas origens, a sociedade de capital e indústria mostrava-se uma eficiente opção para ricos investidores que pretendessem diversificar seus negócios. Por seu intermédio, o sócio de capital alocava recursos em diversas sociedades em concurso com o trabalho de sócios menos abastados.
>
> Contemporaneamente, entretanto, a sociedade em análise caiu em desuso. Como assinala Waldirio Bulgarelli, ela "foi contemplada, apenas, em quatro países: Brasil, Argentina, Uruguai e Paraguai – não se contando Portugal que, após tê-la consagrado, pioneiramente, no Código Comercial de 1833, não a inclui no Código de Comércio de 1888".[193]

Pois bem. Não obstante, como já dissemos, o Código Civil não tenha acolhido esse modelo societário específico, bem como tenha afirmado expressamente que na sociedade limitada os sócios não podem contribuir para a formação do capital social através da prestação de serviços (art. 1.055, § 2.º), permitiu que nas sociedades simples isso ocorresse (art. 981).[194]

Na sociedade limitada e na sociedade anônima, portanto, por força de previsões legais expressas, **não é permitido aos sócios contribuir com serviços para a formação do capital social.** No entanto, nas sociedades simples *puras* isso é possível, por força do que dispõe o art. 981 do CC: "celebram contrato de sociedade as pessoas que reciprocamente se obrigam a contribuir, com bens ou serviços, para o exercício de atividade econômica e a partilha, entre si, dos resultados". Será possível ao sócio contribuir com serviços também nas sociedades em nome coletivo e nas sociedades em comandita simples, uma vez que a elas se aplicam subsidiariamente as normas da sociedade simples *pura* e não há, nos seus regramentos específicos, vedação legal expressa.[195]

Em suma: **o modelo societário específico chamado de *sociedade de capital e indústria* foi abolido pelo legislador do Código Civil de 2002. No entanto, é possível que uma sociedade simples *pura*, por exemplo, mantenha uma estrutura com sócios capitalistas – que investem capital no empreendimento – e sócios de indústria – que contribuem apenas com a prestação de serviços.**

---

[193] FÉRES, Marcelo Andrade. Requiem à sociedade de capital de indústria. *Repertório de Jurisprudência IOB*, v. III, n.º 05, p. 162, mar. 2004.

[194] *"A norma do art. 981 do CC/2002, ao admitir a contribuição para a sociedade quer em bens quer em serviços, mantém aberta a possibilidade da existência de uma sociedade de trabalho e de capital sem um tipo determinado."* (MELLO FRANCO, Vera Helena de. *Manual de direito comercial*. 2. ed. São Paulo: RT, 2004. p. 209. v. 1).

[195] Nesse sentido: FÉRES, Marcelo Andrade. Réquiem à sociedade de capital de indústria. *Repertório de Jurisprudência IOB*. v. III, n.º 05, p. 162, mar. 2004. Diz o autor: *"Em princípio, elas* (as sociedades de capital de indústria existentes) *podem se transformar em qualquer dos tipos previstos no Código Civil de 2002, pois todos admitem o aporte consistente em serviços, por força da aplicação supletiva das normas da sociedade simples, exceto a sociedade limitada, cujo regime contempla proibição expressa (art. 1.055, § 2º)."*

8. OPERAÇÕES SOCIETÁRIAS

No campo do direito societário, são muito comuns as chamadas *operações societárias*, nas quais as sociedades se relacionam entre si, transformando-se, fundindo-se, incorporando outras ou transferindo parcela de seu patrimônio a outras. Em todos esses casos - transformação, incorporação, fusão e cisão -, haverá mudanças relevantes na *estrutura* das sociedades, que trarão consequências jurídicas relevantes.

A matéria está disciplinada tanto na Lei 6.404/1976 (LSA) quanto no Código Civil. Assim, se numa determinada operação societária há a participação de uma sociedade anônima, o que é o mais comum, aplicam-se as regras previstas na LSA, em razão da *especialidade* desse diploma legislativo. Todavia, se a operação não conta com a participação de uma sociedade anônima, o que é raro, aplicam-se as regras do Código Civil.

Sobre o assunto, dispõe o Enunciado 70 do CJF: "As disposições sobre incorporação, fusão e cisão previstas no Código Civil não se aplicam às sociedades anônimas. As disposições da Lei n. 6.404/76, sobre essa matéria aplicam-se, por analogia, às demais sociedades naquilo em que o Código Civil for omisso".

8.1. Transformação

De acordo com o art. 220 da LSA, "a transformação é a operação pela qual a sociedade passa, independentemente de dissolução e liquidação, de um tipo para outro". No mesmo sentido, dispõe o Código Civil, em seu art. 1.113, que "o ato de transformação independe de dissolução ou liquidação da sociedade, e obedecerá aos preceitos reguladores da constituição e inscrição próprios do tipo em que vai converter-se".

A transformação é, pois, a **mera mudança no tipo societário**, que ocorre, por exemplo, quando uma sociedade limitada se transforma em uma sociedade anônima, e vice-versa. Não há mudança no quadro societário, no patrimônio e nas obrigações. Não há também que se falar em sucessão, e os bens continuam sob mesma titularidade, sendo preciso apenas averbar no órgão de registro o novo nome da sociedade.

Ressalte-se, porém, que a transformação não se dá apenas entre sociedades limitadas e anônimas, como no exemplo mencionado. Usa-se sempre esse exemplo porque, conforme já destacamos mais de uma vez, trata-se dos dois tipos societários disparadamente mais usados na prática empresarial brasileira. No entanto, nada impede, por exemplo, que uma sociedade em nome coletivo se transforme numa sociedade limitada ou que uma sociedade em comandita simples se transforme numa sociedade em comandita por ações.

A **deliberação acerca da transformação exige**, em regra, **votação unânime**, salvo nos casos em que o ato constitutivo (contrato social ou estatuto social) da sociedade transformanda já contenha expressa disposição autorizando a operação. Nesse caso, aprovando-se a transformação por maioria, permite a lei que o sócio dissidente se retire da sociedade. É o que estabelece o art. 221 da LSA, segundo o qual "a transformação exige o consentimento unânime dos sócios ou acionistas, salvo se prevista no estatuto ou no contrato social, caso em que o sócio dissidente terá o direito de retirar-se da sociedade". Complementando a regra do *caput*, o parágrafo único prevê que "os sócios podem renunciar, no contrato social, ao direito de retirada no caso de transformação em companhia". No mesmo sentido, dispõe o Código Civil, em seu art. 1.114, que "a transformação depende do consentimento de todos os sócios, salvo se prevista no ato constitutivo, caso em que o dissidente poderá retirar-se da sociedade, aplicando-se, no silêncio do estatuto ou do contrato social, o disposto no art. 1.031".

O art. 222 da LSA, por sua vez, determina que "a transformação não prejudicará, em caso algum, os direitos dos credores, que continuarão, até o pagamento integral dos seus créditos, com as mesmas garantias que o tipo anterior de sociedade lhes oferecia". Isso porque, conforme já dito acima, a transformação é a mera mudança de tipo societário, sem que haja liquidação ou dissolução da pessoa jurídica. Não há razão alguma, pois, para que os direitos dos credores da sociedade sejam atingidos. No mesmo sentido, o art. 1.115 do Código Civil estabelece que "a transformação não modificará nem prejudicará, em qualquer caso, os direitos dos credores".

Por fim, o parágrafo único do art. 222 da LSA dispõe que "a falência da sociedade transformada somente produzirá efeitos em relação aos sócios que, no tipo anterior, a eles estariam sujeitos, se o pedirem os titulares de créditos anteriores à transformação, e somente a estes beneficiará". Regra idêntica está prevista no art. 1.115, parágrafo único, do Código Civil.

A Lei Complementar 128/2008 trouxe duas regras que preveem a "transformação" do empresário individual em sociedade empresária e vice-versa. Trata-se do § 3.º acrescentado ao art. 968 do Código Civil e do parágrafo único acrescentado ao art. 1.033 do Código Civil. De acordo com o art. 968, § 3.º, "caso venha a admitir sócios, o empresário individual poderá solicitar ao Registro Público de Empresas Mercantis a transformação de seu registro de empresário para registro de sociedade empresária, observado, no que couber, o disposto nos arts. 1.113 a 1.115 deste Código". Por sua vez, o art. 1.033, parágrafo único, foi revogado pela Lei 14.195/2021. Sobre esses dispositivos legais, foi editado o Enunciado 464 do CJF: *"A 'transformação de registro' prevista no art. 968, § 3.º, e no art. 1.033, parágrafo único, do Código Civil não se confunde com a figura da transformação de pessoa jurídica"*.

8.1.1. Transformação de sociedade cooperativa

De acordo com o art. 63, inciso IV da Lei 5.764/1971 (Lei das Cooperativas), "as sociedades cooperativas se dissolvem de pleno direito: (...) IV – devido à alteração de sua forma jurídica".

Com base nessa regra, há quem sustente que a cooperative não pode transformer-se em outro tipo societário, e esse entendimento era adotado no âmbito do registro empresarial brasileiro.

No entanto, o DREI alterou esse entendimento a partir da IN 81/2020, passando a permitir expressamente a transformação de sociedade cooperativa.

O novo entendimento do departamento se deu em função das regras da Lei 13.874/2019, a conhecida Lei da Liberdade Econômica (art. 3º, incisos V e VII, e art.

4º, inciso VII), bem como em razão da existência de decisões judiciais que reconheciam às cooperativas o direito de se transformar (converter) em sociedades empresárias:

> ADMINISTRATIVO. SOCIEDADE COOPERATIVA. TIPO DE SOCIEDADE SIMPLES. TRANSFORMAÇÃO EM TIPO DIVERSO. POSSIBILIDADE. PRESCINDIBILIDADE DE DISSOLUÇÃO OU LIQUIDAÇÃO.
>
> 1. O art. 4º da Lei n. 5.764/71 estabelece que "as cooperativas são sociedades de pessoas, com forma e natureza jurídica próprias, de natureza civil, não sujeitas a falência, constituídas para prestar serviços aos associados (...)".
>
> 2. Consoante jurisprudência do STJ, as cooperativas, nos termos do art. 982, parágrafo único, do Código Civil, são sociedades simples que não exercem atividade empresarial (art. 1.093 do mesmo diploma legal).
>
> 3. O art. 63, IV, da Lei 5.765/71 prevê que, em caso de transformação da forma jurídica, ocorrerá, de pleno direito, a dissolução da sociedade cooperativa, dissolução esta compreendida como a resolução da função social para a qual foi criada a cooperativa em decorrência da transformação do tipo de sociedade.
>
> 4. O art. 1.113 do Código Civil de 2002 autoriza o ato de transformação societária independentemente "de dissolução ou liquidação da sociedade", resguardando, apenas, a observância dos "preceitos reguladores da constituição e inscrição do tipo em que vai converter-se", de modo que a transformação do tipo societário simples (classificação das cooperativas) não impõe a necessidade de liquidá-la, porque a pessoa jurídica é uma só, tanto antes como depois da operação, mudando apenas o tipo (de cooperativa para limitada, na hipótese).
>
> Recurso especial improvido.
>
> (REsp 1528304/RS, Rel. Ministro HUMBERTO MARTINS, SEGUNDA TURMA, julgado em 20/08/2015, DJe 01/09/2015)

8.1.2. Conversão de associação civil em sociedade empresária

No âmbito do registro empresarial brasileiro, usa-se a expressão conversão para identificar a operação pela qual uma sociedade simples se converte em sociedade empresária, passando do registro civil (Cartório) para o registro empresarial (Junta Comercial), ou vice-versa.

Mas e quanto a associações civis? Podem as associações civis se converterem em sociedades empresárias?

A despeito de sempre ter permitido a conversão de sociedades simples em sociedades empresárias, o DREI não admitia a conversão de associações civis em sociedades empresárias, mas a partir da IN 81/2020 o departamento alterou seu entendimento e passou a permitir essa operação expressamente.

Mais uma vez, foram determinantes para a mudança de entendimento do DREI as regras dos arts. 3º, incisos V e VIII, e 4º, inciso VII da Lei 13.874/2019 (Lei da Liberdade Econômica), que asseguram a autonomia privada e a Liberdade contractual quando não há vedação legal expressa ou contrariedade a preceito de ordem pública.[196]

[196] *"Dessa forma, considerando a ausência de vedação legal e o disposto no art. 2.033 do Código Civil uma associação que tenha interesse em realizar a operação de conversão, deverá proceder aos mesmos trâmites que uma sociedade empresária realiza ou seja, inicialmente aprovar, por unanimidade, em assembleia acerca do assunto, salvo se no estatuto social constar previsão de quórum diferenciado, nos termos da legislação" (item 103 da Nota Técnica do DREI que embasou a IN 81).*

8.2. Incorporação

De acordo com o art. 227 da LSA, "a incorporação é a operação pela qual uma ou mais sociedades são absorvidas por outra, que lhes sucede em todos os direitos e obrigações". No mesmo sentido, dispõe o art. 1.116 do Código Civil que "na incorporação, uma ou várias sociedades são absorvidas por outra, que lhes sucede em todos os direitos e obrigações, devendo todas aprová-la, na forma estabelecida para os respectivos tipos".

Quanto ao procedimento, o art. 227, § 1º da LSA determina que "a assembléia-geral da companhia incorporadora, se aprovar o protocolo da operação, deverá autorizar o aumento de capital a ser subscrito e realizado pela incorporada mediante versão do seu patrimônio líquido, e nomear os peritos que o avaliarão". Já o § 2º estabelece que "a sociedade que houver de ser incorporada, se aprovar o protocolo da operação, autorizará seus administradores a praticarem os atos necessários à incorporação, inclusive a subscrição do aumento de capital da incorporadora". No mesmo sentido, veja-se o que dispõem o art. 1.117 do Código Civil e seus parágrafos: "Art. 1.117. A deliberação dos sócios da sociedade incorporada deverá aprovar as bases da operação e o projeto de reforma do ato constitutivo. § 1º A sociedade que houver de ser incorporada tomará conhecimento desse ato, e, se o aprovar, autorizará os administradores a praticar o necessário à incorporação, inclusive a subscrição em bens pelo valor da diferença que se verificar entre o ativo e o passivo. § 2º A deliberação dos sócios da sociedade incorporadora compreenderá a nomeação dos peritos para a avaliação do patrimônio líquido da sociedade, que tenha de ser incorporada".

Em suma: tanto a sociedade incorporadora quanto a sociedade incorporada devem aprovar a operação, nos termos dos seus respectivos regimes jurídicos. Ademais, haverá aumento de capital da sociedade incorporadora, que será subscrito e realizado pela sociedade incorporada com o seu patrimônio líquido, após avaliação por peritos nomeados pela assembleia geral da sociedade incorporadora (nesta, portanto, haverá duas assembleias: uma para aprovar o protocolo da operação e noemar os peritos, e outra para aprovar o laudo pericial e consumar a operação).

Na incorporação, portanto, **haverá a extinção da(s) sociedade(s) incorporada(s), mas não surgirá uma nova sociedade**. Apenas a sociedade incorporada desaparecerá, e será sucedida em todos os seus direitos e obrigações pela sociedade incorporadora. Assim, dispõe o § 3.º, do art. 227, da LSA que "aprovados pela assembleia geral da incorporadora o laudo de avaliação e a incorporação, extingue-se a incorporada, competindo à primeira promover o arquivamento e a publicação dos atos da incorporação". No mesmo sentido é a regra do art. 1.118 do Código Civil, que assim prescreve: "aprovados os atos da incorporação, a incorporadora declarará extinta a incorporada, e promoverá a respectiva averbação no registro próprio".

Como na incorporação não surge uma nova sociedade, a sociedade incorporadora continuará normalmente, mas com novo capital social (em regra, há aumento de capital, mas ele pode continuar igual ou até mesmo sofrer diminuição, porque o art. 70, parágrafo único da IN 81/2020 do DREI prevê que "não há vedação para a incorporação de sociedade com o patrimônio líquido negativo").

8.3. Fusão

De acordo com o art. 228 da LSA, "a fusão é a operação pela qual se unem duas ou mais sociedades para formar sociedade nova, que lhes sucederá em todos os direitos e obrigações". No mesmo sentido, prevê o art. 1.119 do Código Civil que "a fusão determina a extinção das sociedades que se unem, para formar sociedade nova, que a elas sucederá nos direitos e obrigações".

Vê-se, pois, que enquanto na incorporação não há o surgimento de uma nova sociedade, **na fusão há o surgimento, sim, de uma nova sociedade**, resultado da união das sociedades fundidas.

Quanto ao procedimento da fusão, o art. 228, § 1º da LSA prevê que "a assembléia-geral de cada companhia, se aprovar o protocolo de fusão, deverá nomear os peritos que avaliarão os patrimônios líquidos das demais sociedades". No mesmo sentido, o art. 1.120 do Código Civil estabelece que "a fusão será decidida, na forma estabelecida para os respectivos tipos, pelas sociedades que pretendam unir-se. § 1º Em reunião ou assembléia dos sócios de cada sociedade, deliberada a fusão e aprovado o projeto do ato constitutivo da nova sociedade, bem como o plano de distribuição do capital social, serão nomeados os peritos para a avaliação do patrimônio da sociedade". Portanto, na primeira etapa do procedimento, cada sociedade envolvida na operação realizará uma assembleia geral, a qual deverá aprovar a fusão e nomear os peritos que avaliarão os patrimônios das outras sociedades envolvidas.

Na segunda etapa do procedimento, haverá uma assembleia conjunta, na qual deverão ser aprovados os respectivos laudos (obviamente, os sócios só votarão os laudos das outras sociedades, e não o da sociedade da qual fazem parte) e a constituição definitiva da nova sociedade. Nesse sentido, confira-se o art. 228, § 2º da LSA: "apresentados os laudos, os administradores convocarão os sócios ou acionistas das sociedades para uma assembléia-geral, que deles tomará conhecimento e resolverá sobre a constituição definitiva da nova sociedade, vedado aos sócios ou acionistas votar o laudo de avaliação do patrimônio líquido da sociedade de que fazem parte". No mesmo sentido, confira-se o art. 1.120, §§ 2º e 3º do Código Civil: "§ 2º apresentados os laudos, os administradores convocarão reunião ou assembléia dos sócios para tomar conhecimento deles, decidindo sobre a constituição definitiva da nova sociedade. § 3º É vedado aos sócios votar o laudo de avaliação do patrimônio da sociedade de que façam parte".

Por fim, como na fusão há a extinção das sociedades fundidas e a constituição de uma nova sociedade, ela deverá ser registrada na Junta Comercial competente. É o que determinam o art. 228, § 3º da LSA ("constituída a nova companhia, incumbirá aos primeiros administradores promover o arquivamento e a publicação dos atos da fusão) e o art. 1.121 do Código Civil ("constituída a nova sociedade, aos administradores incumbe fazer inscrever, no registro próprio da sede, os atos relativos à fusão").

8.4. Cisão

De acordo com o disposto no art. 229 da LSA, "a cisão é a operação pela qual a companhia transfere parcelas do seu patrimônio para uma ou mais sociedades, constituídas para esse fim ou já existentes, extinguindo-se a companhia cindida, se houver versão de todo o seu patrimônio, ou dividindo-se o seu capital, se parcial a versão".

Vê-se, pois, que a cisão pode ser definida, sucintamente, como **transferência de patrimônio de uma sociedade para outra**. Se se transferem apenas alguns bens da sociedade cindida, há uma *cisão parcial*. Por outro lado, havendo a transferência de todos os bens da sociedade cindida, há uma *cisão total*, e nesse caso a sociedade cindida se extingue.

Quanto ao procedimento, deve-se distinguir a situação em que há versão de patrimônio para sociedade nova da situação em que há versão de patrimônio para sociedade existente: no primeiro caso, "a operação será deliberada pela assembléia-geral da companhia à vista de justificação que incluirá as informações de que tratam os números do artigo 224; a assembléia, se a aprovar, nomeará os peritos que avaliarão a parcela do patrimônio a ser transferida, e funcionará como assembléia de constituição da nova companhia" (art. 229, § 2º); no segundo caso, aplica-se o procedimento da incorporação (art. 229, § 3º).

No que se refere à sucessão nos direitos e obrigações, dispõe o § 1.º do art. 229 da LSA que, "sem prejuízo do disposto no artigo 233, a sociedade que absorver parcela do patrimônio da companhia cindida sucede a esta nos direitos e obrigações relacionados no ato da cisão; no caso de cisão com extinção, as sociedades que absorverem parcelas do patrimônio da companhia cindida sucederão a esta, na proporção dos patrimônios líquidos transferidos, nos direitos e obrigações não relacionados".

Quanto ao cumprimento das formalidades de registro da operação, o § 4º do art. 229 determina o seguinte: "efetivada a cisão com extinção da companhia cindida, caberá aos administradores das sociedades que tiverem absorvido parcelas do seu patrimônio promover o arquivamento e publicação dos atos da operação; na cisão com versão parcial do patrimônio, esse dever caberá aos administradores da companhia cindida e da que absorver parcela do seu patrimônio".

Por fim, destaque-se que "as ações integralizadas com parcelas de patrimônio da companhia cindida serão atribuídas a seus titulares, em substituição às extintas, na proporção das que possuíam; a atribuição em proporção diferente requer **aprovação de todos os titulares, inclusive das ações sem direito a voto**" (art. 229, § 5º).

8.4.1. *Protocolo e justificação*

Dada a relevância que a incorporação, a fusão e a cisão ostentam, a legislação exige que a realização delas seja precedida da celebração de um protocolo entre os órgãos de administração ou sócios das sociedades envolvidas. Confira-se, a propósito, o que determina o art. 224 da LSA: "as condições da incorporação, fusão ou cisão com incorporação em sociedade existente **constarão de protocolo firmado pelos órgãos de administração ou sócios das sociedades interessadas**, que incluirá: I – o número, espécie e classe das ações que serão atribuídas em substituição dos direitos de sócios que se extinguirão e os critérios utilizados para determinar as relações de substituição; II – os elementos ativos e passivos que formarão cada parcela do patrimônio, no caso de cisão; III – os critérios de avaliação do patrimônio líquido, a data a que será referida a avaliação, e o tratamento das variações patrimoniais posteriores; IV – a solução a ser adotada quanto às ações ou quotas do capital de uma das sociedades possuídas por outra; V – o valor do capital das sociedades a serem criadas ou do aumento ou redução do capital das sociedades que forem parte na operação; VI – o projeto ou projetos de estatuto, ou de alterações estatutárias, que deverão ser aprovados para efetivar a operação; VII – todas as demais condições a que estiver sujeita a operação. Parágrafo único. Os valores sujeitos a determinação serão indicados por estimativa".

Perceba-se que, quanto à cisão, a LSA só exige a celebração de protocolo quando há versão de patrimônio para sociedade já existente. Portanto, na cisão não haverá celebração de protocolo quando a transferência de patrimônio se der para sociedade nova, até porque nesse caso tudo será decidido pela própria sociedade cindida.

Antes da celebração desse protocolo de que trata o art. 224 da LSA, provavelmente os controladores/administradores das sociedades envolvidas na operação mantiveram contatos – quase sempre sigilosos/confidenciais – e combinaram a realização de auditorias prévias em cada uma das empresas (é o que se chama no mercado de *"due diligence"*).

Sobre a assembleia geral que cada sociedade terá que fazer para aprovar a operação, o art. 225 da LSA determina que ela ocorrerá "**mediante justificação**, na qual serão expostos: I – os motivos ou fins da operação, e o interesse da companhia na sua realização; II – as ações que os acionistas preferenciais receberão e as razões para a modificação dos seus direitos, se prevista; III – a composição, após a operação, segundo espécies e classes das ações, do capital das companhias que deverão emitir ações em substituição às que se deverão extinguir; IV – o valor de reembolso das ações a que terão direito os acionistas dissidentes".

Destaque-se, pois, que o protocolo celebrado pelas sociedades envolvidas não obriga a conclusão da respectiva operação societária, sendo absolutamente livre e soberana a assembleia geral para decidir sobre o assunto.

8.4.2. Direitos dos debenturistas

Ainda no que se refere apenas à incorporação, à fusão e à cisão, o art. 231 da LSA determina que, caso a companhia envolvida numa dessas operações societárias tenha debêntures em circulação, será necessária "**prévia aprovação dos debenturistas**, reunidos em assembléia especialmente convocada com esse fim".

Porém, o § 1º dispensa a necessidade dessa prévia aprovação "se for assegurado aos debenturistas que o desejarem, durante o prazo mínimo de 6 (seis) meses a contar da data da publicação das atas das assembléias relativas à operação, o **resgate das debêntures** de que forem titulares".

Em se tratando de cisão, o § 2º estabelece que, havendo a dispensa da prévia aprovação dos debenturistas, "a sociedade cindida e as sociedades que absorverem parcelas do seu patrimônio **responderão solidariamente** pelo resgate das debêntures".

8.4.3. Direitos dos credores

Como a transformação é uma operação que ocorre independentemente de dissolução ou liquidação, os credores conservam seus direitos contra a sociedade transformada. Nesse sentido, o art. 222 da LSA prevê que "a transformação não prejudicará, em caso algum, os direitos dos credores, que continuarão, até o pagamento integral dos seus créditos, com as mesmas garantias que o tipo anterior de sociedade lhes oferecia". No mesmo sentido, confira-se o art. 1.115 do Código Civil: "a transformação não modificará nem prejudicará, em qualquer caso, os direitos dos credores".

Complementando a regra do *caput*, os referidos dispositivos legais possuem regra idêntica no parágrafo único: "a falência da sociedade transformada somente produzirá efeitos em relação aos sócios que, no tipo anterior, a eles estariam sujeitos, se o pedirem os titulares de créditos anteriores à transformação, e somente a estes beneficiará".

A lei também se preocupou em proteger os direitos dos credores nas demais operações societárias. O art. 232 da LSA estabelece que "até **60 (sessenta) dias** depois de publicados os atos relativos à incorporação ou à fusão, o credor anterior por ela prejudicado poderá pleitear judicialmente a anulação da operação; findo o prazo, decairá do direito o credor que não o tiver exercido". O § 1º determina que "a consignação da importância em pagamento prejudicará a anulação pleiteada", e o § 2º, por sua vez, prevê que, "sendo ilíquida a dívida, a sociedade poderá garantir-lhe a execução, suspendendo-se o processo de anulação". Para finalizar, o § 3º cuida da hipótese de falência da sociedade incorporadora ou da sociedade nova: nesse caso, "qualquer credor anterior terá o direito de pedir a separação dos patrimônios, para o fim de serem os créditos pagos pelos bens das respectivas massas".

O art. 1.122 do Código Civil tem regras praticamente idênticas às do art. 232 da LSA e seus parágrafos, com duas diferenças: o prazo para pleitear a anulação da operação é de 90 dias, em vez de 60 dias, e há menção expressa à cisão, tanto no *caput* quanto no § 3º.

Na LSA, o tratamento dos direitos dos credores na cisão é feito separadamente no art. 233 e seu parágrafo único, que possuem a seguinte redação: "na **cisão com extinção da companhia cindida**, as sociedades que absorverem parcelas do seu patrimônio responderão solidariamente pelas obrigações da companhia extinta. A **companhia cindida que subsistir** e as que absorverem parcelas do seu patrimônio responderão solidariamente pelas obrigações da primeira anteriores à cisão. O ato de **cisão parcial** poderá estipular que as sociedades que absorverem parcelas do patrimônio da companhia cindida serão responsáveis apenas pelas obrigações que lhes forem transferidas, sem solidariedade entre si ou com a companhia cindida, mas, nesse caso, **qualquer credor anterior poderá se opor à estipulação**, em relação ao seu crédito, desde que notifique a sociedade no prazo de 90 (noventa) dias a contar da data da publicação dos atos da cisão".

Em suma: na cisão total, haverá sucessão e, caso mais de uma sociedade tenha recebido patrimônio da sociedade cindida e extinta, elas terão responsabilidade solidária (art. 233, primeira parte); já na cisão parcial, em princípio, a sucessão é objeto de negociação entre as sociedades envolvidas (art. 229, § 1º), mas o credor insatisfeito poderá se opor em até 90 dias (art. 233, parágrafo único), e não havendo estipulação sobre o assunto, prevalece a solidariedade entre as sociedades envolvidas na operação (art. 233, parte final).

O STJ tem precedentes confirmando essa possibilidade de as sociedades envolvidas na cisão parcial estipularem regra específica afastando a responsabilidade entre elas:

> AGRAVO INTERNO NO RECURSO ESPECIAL. REPARAÇÃO DE DANOS. ACIDENTE EM LINHA FÉRREA. CISÃO PARCIAL E ASSUNÇÃO DE OBRIGAÇÕES. POSSIBILIDADE DE RESPONSABILIZAÇÃO POR EVENTOS OCORRIDOS PREVIAMENTE QUANDO A PARTE NÃO PODERIA SE OPOR. APLICAÇÃO DOS ARTS. 229 E 233 DA LEI DAS SOCIEDADES ANÔNIMAS. LEGITIMIDADE PASSIVA DA CPTM. AGRAVO INTERNO DESPROVIDO.
>
> 1. **Tratando-se de cisão parcial, via de regra, prevalece a solidariedade entre as empresas, a menos que, no ato de reestruturação societária exista disposição em sentido contrário**. Neste caso, tendo sido afastada a solidariedade entre a sociedade cindida e as sociedades que vierem a absorver parcela do patrimônio cindido, os credores anteriores à cisão podem se opor à estipulação de ausência de solidariedade com relação a seus créditos, mediante o envio de notificação à sociedade no prazo de 90 (noventa) dias a contar da publicação dos atos da cisão. **Precedentes.**
>
> 2. Todavia, consoante o Superior Tribunal de Justiça, **"em relação aos credores com títulos constituídos após a cisão, mas referentes a negócios jurídicos anteriores, não se aplica a estipulação que afasta a solidariedade, já que, à época da cisão, ainda não detinham a qualidade de credores, portanto, não podiam se opor à estipulação. Esta interpretação dos arts. 229, § 1º c/c 233, parágrafo único, da Lei n.º 6.404/76 garante tratamento igualitário entre todos os credores da sociedade cindida"** (REsp 478.824/RS, Rel. Ministro Castro Meira, Segunda Turma, julgado em 24/08/2005, DJ 19/09/2005).
>
> 3. Agravo interno desprovido.
>
> (AgInt no REsp 1690977/SP, Rel. Ministro MARCO AURÉLIO BELLIZZE, TERCEIRA TURMA, julgado em 20/05/2019, DJe 24/05/2019)

Deve-se atentar, no entanto, para a ressalva feita no item 2 da ementa do acórdão acima transcrito: aqueles que tinham negócios com a sociedade cindida antes da cisão, mas que só tiveram seus créditos constituídos após a operação, não tinham como se opor a ela no prazo legal, e por isso a eventual estipulação que afasta a solidariedade entre as sociedades não se aplica a esses credores.

8.5. A atuação do CADE (Conselho Administrativo de Defesa Econômica)

Muitas dessas operações societárias podem afetar a economia, positiva ou negativamente. Isso porque dessas operações podem advir reflexos relevantes no mercado concorrencial. Diante desse fato, merece menção a atuação de uma autarquia federal especializada, que supostamente atua na defesa da economia e dos princípios que informam a ordem econômica, notadamente o da livre concorrência.

Trata-se do CADE (Conselho Administrativo de Defesa Econômica), criado pela Lei 4.137/1962, transformado em autarquia federal pela Lei 8.884/1994 e reestruturado pela Lei 12.529/2011 (nossa atual lei antitruste, já apelidada de Lei do Super CADE ou Lei do Novo CADE).

De acordo com o art. 88 da referida lei, "*serão submetidos ao CADE pelas partes envolvidas na operação os atos de concentração econômica em que, cumulativamente: I – pelo menos um dos grupos envolvidos na operação tenha registrado, no último balanço, faturamento bruto anual ou volume de negócios total no País, no ano anterior à operação, equivalente ou superior a R$ 400.000.000,00 (quatrocentos milhões de reais); e II – pelo menos um outro grupo envolvido na operação tenha registrado, no último balanço, faturamento bruto anual ou volume de negócios total no País, no ano anterior à operação, equivalente ou superior a R$ 30.000.000,00 (trinta milhões de reais)*". Esses valores foram atualizados para R$ 750.000.000,00 (setecentos e cinquenta milhões de reais) e R$ 75.000.000,00 (setenta e cinco milhões de reais), respectivamente, por meio de portaria interministerial, conforme prevê o § 1º do art. 88.

Dentre tais atos mencionados pelo art. 88, obviamente, merecem destaque as operações societárias. Nesse sentido, estabelece o art. 90 que "*para os efeitos do art. 88 desta Lei, realiza-se um ato de concentração quando: I – 2 (duas) ou mais empresas anteriormente independentes se fundem; II – 1 (uma) ou mais empresas adquirem, direta ou indiretamente, por compra ou permuta de ações, quotas, títulos ou valores mobiliários conversíveis em ações, ou ativos, tangíveis ou intangíveis, por via contratual ou por qualquer outro meio ou forma, o controle ou partes de uma ou outras empresas; III – 1 (uma) ou mais empresas* incorporam outra ou outras empresas; ou IV – 2 (duas) ou mais empresas celebram contrato associativo, consórcio ou joint venture".

Sendo assim, qualquer operação societária que tenha, **cumulativamente**, (i) participação de agente econômico com faturamento bruto anual ou volume de negócios no Brasil igual ou superior a R$ 750 milhões (setecentos e cinquenta milhões de reais) e (ii) participação de outro agente econômico com faturamento bruto anual ou volume de negócios no Brasil igual ou superior a R$ 75.000.000,00 (setenta e cinco milhões de reais) deverá ser apresentada para análise do CADE. A lei antitruste atual optou por prever um único critério (faturamento bruto anual/volume de negócios) para exigência de notificação dos atos de concentração, ao contrário da lei anterior (Lei 8.884/1994), que também previa o critério alternativo da participação de mercado (operações envolvendo agentes econômicos com pelo menos 20% do mercado relevante também deveriam ser notificadas).

Outra novidade trazida pela atual lei antitruste que merece destaque é a **análise prévia das operações (atos de concentração econômica) submetidas ao CADE**, ao contrário do que ocorria na lei anterior (Lei 8.884/1994), que previa a possibilidade de os agentes econômicos apresentarem a operação até 15 dias úteis após a sua realização.

Atualmente, de acordo com o § 3º do art. 88, "os atos que se subsumirem ao disposto no caput deste artigo **não podem ser consumados antes de apreciados**, nos termos deste artigo e do procedimento previsto no Capítulo II do Título VI desta Lei, **sob pena de nulidade, sendo ainda imposta multa pecuniária**, de valor não inferior a R$ 60.000,00 (sessenta mil reais) nem superior a R$ 60.000.000,00 (sessenta milhões de reais), a ser aplicada nos termos da regulamentação, **sem prejuízo da abertura de processo administrativo**, nos termos do art. 69 desta Lei".

O desrespeito a essa regra é conhecida na prática como "*gun jumping*", expressão que significa algo como "queimar a largada".Regulamentando a referida regra, o Regimento Interno do CADE determinou, em seu art. 106, § 2º, que as partes envolvidas em um ato de concentração "deverão manter as estruturas físicas e as condições competitivas inalteradas até a apreciação final do CADE, sendo vedadas, inclusive, quaisquer transferências de ativos e qualquer tipo de influência de uma parte sobre a outra, bem como a troca de informações concorrencialmente sensíveis que não seja estritamente necessária para a celebração do instrumento formal que vincule as partes".

Portanto, as empresas devem tomar muito cuidado para, antes da apresentação do ato de concentração a exame ou antes da sua aprovação pelo CADE, não adotarem condutas que possam ser interpretadas como consumação antecipada da operação, tais como paralisação de marketing competitivo entre as partes, unificação da gestão ou do exercício do poder de controle, compartilhamento de informações confidenciais, desenvolvimento conjunto de produtos etc.

Foi o que ocorreu, por exemplo, no AC 08700.010394/2014-32, que tratou da aquisição de ativos da Brasfrigo pela Goiás Verde: o CADE aplicou multa de R$ 3 milhões por entender que houve consumação prematura do negócio, por ter havido efetiva transferência de ativos - marcas e equipamentos - antes da análise da autoridade antitruste (a Goiás Verde já vinha utilizando em seu site as marcas da Brasfrigo, tendo inclusive alterado a embalagem dos produtos comercializados sob a marca Jurema).

A fim de orientar as empresas quanto a condutas que podem caracterizar *gun jumping*, ajudando-as a evitar a sua ocorrência, **o CADE publicou, em maio de 2015, um "Guia para análise da consumação prévia de atos de concentração econômica"**[197], dividido em três partes: "a primeira aborda a definição de *gun jumping* e quais atividades podem levar à sua caracterização. A segunda aborda procedimentos específicos que podem ser adotados pelos agentes econômicos de forma a minimizar riscos de verificação de *gun jumping* (...). A terceira finaliza com a discussão de possíveis punições que possam ser impostas (...)".

Dentre as medidas sugeridas pelo referido Guia para evitar ou minimizar os riscos de *gun jumping*, destaca-se a celebração de um **Protocolo Antitruste** pelas empresas que formalizam um ato de concentração econômica. As empresas podem constituir um **comitê executivo** com funcionários delas para tratar das informações trocadas durante a negociação da operação. Recomenda-se que os integrantes desse comitê afastem-se das suas funções normais, assinem termos de confidencialidade, sejam monitorados por membros externos independentes etc. O objetivo é impedir a prática de condutas que possam caracterizar a consumação precipitada da operação (*gun jumping*).

Obviamente, pela visão liberal adotada na presente obra, não se deve esperar que aqui se encontrem elogios à Lei 12.529/2011 e ao órgão que ela disciplina. Numa economia de livre mercado genuíno, é absolutamente desnecessária a existência de um órgão antitruste, razão pela qual o CADE deveria ser extinto, e não reformulado por uma lei que lhe deu ainda mais poder para perseguir empresas e "planejar" a economia.

[197] 26-09-2016_guia-gun-jumping-versao-final-3.pdf (cade.gov.br).

O argumento de que todos os países capitalistas do mundo, inclusive os EUA, também possuem leis e autoridades antitruste não é suficiente para legitimar a existência do CADE. Isso só mostra que o mundo todo vive uma escalada estatista contrária ao livre mercado, o que é um fato a se lamentar.

A origem das leis e dos órgãos antitruste e a razão que os levou a se desenvolver ao longo da história são conhecidas: a tentativa (bemsucedida) de empresários incompetentes de usarem o Estado para atacar empresários competentes, que conquistam poder de mercado a partir da eficiência (produtos/serviços que são escolhidos voluntariamente pelos consumidores).

O controle antitruste tem inúmeros problemas, os quais são mais do que suficientes para justificar a revogação imediata da Lei 12.529/2011 e a abolição urgente do CADE. Podemos destacar alguns desses problemas: (i) desrespeito à propriedade privada e à liberdade contratual; (ii) fundamentação em uma teoria econômica absolutamente equivocada, que considera o mercado uma realidade estática que pode ser prevista e manipulada por burocratas; (iii) utilização de conceitos também equivocados, como concorrência perfeita e monopólio natural, os quais ignoram a criatividade empresarial; e (iv) possibilidade de ser usado politicamente para perseguir e coagir empresários.

O único agente que pode realmente prejudicar a concorrência, criando cartéis, monopólios, duopólios, oligopólios etc. e impedindo a verdadeira livre concorrência é o Estado, com seu excesso de regulamentação que cria barreiras legais intransponíveis à entrada de novos competidores nos mais variados setores da economia.[198]

8.6. Outras operações entre sociedades

As quatro operações societárias analisadas acima não são as únicas operações realizadas entre sociedades empresárias, o que se dá, sobretudo, em função da possibilidade de que os sócios de algumas sociedades sejam também sociedades, ou seja, certas sociedades podem ter como sócios pessoas jurídicas.

8.6.1. Coligação de sociedades

A LSA disciplinou as coligações entre sociedades nos seus arts. 243 e seguintes. O Código Civil também tratou expressamente da coligação de sociedades, disciplinando-a em seus arts. 1.097 a 1.101. Os dispositivos, em geral, têm a mesma redação. Aqui, portanto, vale a mesma interpretação já exposta no início deste tópico: **havendo a participação de uma S/A, aplicam-se as regras da LSA** (Lei 6.404/1976); **não havendo a participação de uma S/A, aplicam-se as regras do Código Civil**, podendo haver ainda a aplicação analógica das regras da LSA quando o Código for omisso.

De acordo com o art. 1.097 do Código Civil, "consideram-se coligadas as sociedades que, em suas relações de capital, são controladas, filiadas, ou de simples participação, na forma dos artigos seguintes".

---

[198] Para um estudo mais aprofundado sobre o assunto, confira-se: RAMOS, André Luiz Santa Cruz. *Os fundamentos contra o antitruste*. Rio de Janeiro: Forense, 2015.

Dispõe o art. 243, § 2.º, da LSA: "Considera-se controlada a sociedade na qual a controladora, diretamente ou através de outras controladas, é titular de direitos de sócio que lhe assegurem, de modo permanente, preponderância nas deliberações sociais e o poder de eleger a maioria dos administradores".

No mesmo sentido, dispõe o art. 1.098 do Código Civil que é controlada: "I – a sociedade de cujo capital outra sociedade possua a maioria dos votos nas deliberações dos quotistas ou da assembleia geral e o poder de eleger a maioria dos administradores; II – a sociedade cujo controle, referido no inciso antecedente, esteja em poder de outra, mediante ações ou quotas possuídas por sociedade ou sociedades por esta já controladas".

No caso do inciso I, tem-se o chamado **controle societário direto**. Ressalte-se que não se deve aferir esse controle eventualmente: como bem destaca o dispositivo da LSA, é preciso haver a preponderância, de modo permanente. O inciso II, por sua vez, trata do **controle societário indireto.**[199]

Já o art. 1.099 do Código Civil trata das sociedades coligadas ou filiadas, dispondo: "diz-se coligada ou filiada a sociedade de cujo capital outra sociedade participa com dez por cento ou mais, do capital da outra, sem controlá-la". Até 2009, o art. 243, § 1.º, da LSA tinha regra praticamente idêntica: "são coligadas as sociedades quando uma participa, com 10% (dez por cento) ou mais, do capital da outra, sem controlá-la". No entanto, este dispositivo legal foi alterado, e a LSA passou a adotar o conceito de **influência significativa** para definir a sociedade coligada. A nova redação do dispositivo dispõe que "são coligadas as sociedades nas quais a investidora tenha influência significativa". Complementando, os §§ 4.º e 5.º dispõem o seguinte: "§ 4.º Considera-se que há influência significativa quando a investidora detém ou exerce o poder de participar nas decisões das políticas financeira ou operacional da investida, sem controlá-la"; "§ 5.º É presumida influência significativa quando a investidora for titular de 20% (vinte por cento) ou mais dos votos conferidos pelo capital da investida, sem controlá-la".

Por outro lado, o art. 1.100 do Código Civil disciplina a simples participação, estabelecendo que "é de simples participação a sociedade de cujo capital outra sociedade possua menos de dez por cento do capital com direito de voto".

Por fim, registre-se que o art. 1.101 do Código Civil determina que, "salvo disposição especial de lei, a sociedade não pode participar de outra, que seja sua sócia, por montante superior, segundo o balanço, ao das próprias reservas, excluída a reserva legal". Complementando tal regra, o seu parágrafo único estabelece que "aprovado o balanço em que se verifique ter sido excedido esse limite, a sociedade não poderá exercer o direito de voto correspondente às ações ou quotas em excesso, as quais devem ser alienadas nos cento e oitenta dias seguintes àquela aprovação".

---

[199] *"Há, ainda, o controle indireto: é controlada a sociedade cujo controle, como acima posto, esteja em poder de outra, mediante ações ou quotas possuídas por sociedade ou sociedades por estarem já controladas. Assim, se a sociedade B decide sobre as deliberações e eleições da sociedade C, e a sociedade A decide sobre as deliberações e eleições da sociedade B, tem-se, por via de consequência, que a sociedade A é considerada controladora indireta da sociedade C, mesmo não tendo uma única quota ou ação desta última."* (MAMEDE, Gladston. *Manual de direito empresarial*. São Paulo: Atlas, 2005. p. 196).

8.6.2. *Grupos societários*

Além da coligação simples de sociedades, pode haver também a formação dos chamados **grupos societários entre sociedades controladoras e controladas**, nos termos do art. 265 da LSA: "a sociedade controladora e suas controladas podem constituir, nos termos deste Capítulo, grupo de sociedades, mediante convenção pela qual se obriguem a combinar recursos ou esforços para a realização dos respectivos objetos, ou a participar de atividades ou empreendimentos comuns".

Vê-se, pois, que para a constituição do *grupo de sociedades* será necessário estabelecer uma **convenção**, que disciplinará todos os detalhes da relação entre as sociedades envolvidas, conforme disposto no art. 266 da LSA: "as relações entre as sociedades, a estrutura administrativa do grupo e a coordenação ou subordinação dos administradores das sociedades filiadas serão estabelecidas na convenção do grupo, mas cada sociedade conservará personalidade e patrimônios distintos".

Além da formalização da convenção, é preciso que seja obedecido o § 1.º, do art. 265, da LSA, o qual determina que "a sociedade controladora, ou de comando do grupo, deve ser brasileira, e exercer, direta ou indiretamente, e de modo permanente, o controle das sociedades filiadas, como titular de direitos de sócio ou acionista, ou mediante acordo com outros sócios ou acionistas".

Na convenção, conforme dito, serão disciplinados todos os detalhes das relações entre as sociedades. Assim, de acordo com o art. 269 da LSA, "o grupo de sociedades será constituído por convenção aprovada pelas sociedades que o componham, a qual deverá conter: I – a designação do grupo; II – a indicação da sociedade de comando e das filiadas; III – as condições de participação das diversas sociedades; IV – o prazo de duração, se houver, e as condições de extinção; V – as condições para admissão de outras sociedades e para a retirada das que o componham; VI – os órgãos e cargos da administração do grupo, suas atribuições e as relações entre a estrutura administrativa do grupo e as das sociedades que o componham; VII – a declaração da nacionalidade do controle do grupo; VIII – as condições para alteração da convenção".

Complementando a regra, dispõe o seu parágrafo único que, "para os efeitos do número VII, o grupo de sociedades considera-se sob controle brasileiro se a sua sociedade de comando está sob o controle de: a) pessoas naturais residentes ou domiciliadas no Brasil; b) pessoas jurídicas de direito público interno; ou c) sociedade ou sociedades brasileiras que, direta ou indiretamente, estejam sob o controle das pessoas referidas nas alíneas *a* e *b*".

8.6.3. *Consórcios*

Outra forma de relação entre sociedades é a constituição de **consórcio** para a **execução de empreendimentos específicos**. De acordo com o art. 278 da LSA, "as companhias e quaisquer outras sociedades, sob o mesmo controle ou não, podem constituir consórcio para executar determinado empreendimento, observado o disposto neste Capítulo".

O consórcio **não possui personalidade jurídica própria**. É o que dispõe o § 1.º do dispositivo em análise: "o consórcio não tem personalidade jurídica e as consorciadas somente se obrigam nas condições previstas no respectivo contrato, respondendo cada uma por suas obrigações, sem presunção de solidariedade". Assim, como cada sociedade mantém sua personalidade jurídica autônoma, prevê o § 2.º que "a falência de uma consorciada não se estende às demais, subsistindo o consórcio com as outras contratantes; os créditos que porventura tiver a falida serão apurados e pagos na forma prevista no contrato de consórcio".

Quanto à **constituição do consórcio**, estabelece o art. 279 da LSA que "o consórcio será constituído mediante contrato aprovado pelo órgão da sociedade competente para autorizar a alienação de bens do ativo não circulante, do qual constarão: I – a designação do consórcio se houver; II – o empreendimento que constitua o objeto do consórcio; III – a duração, endereço e foro; IV – a definição das obrigações e responsabilidade de cada sociedade consorciada, e das prestações específicas; V – normas sobre recebimento de receitas e partilha de resultados; VI – normas sobre administração do consórcio, contabilização, representação das sociedades consorciadas e taxa de administração, se houver; VII – forma de deliberação sobre assuntos de interesse comum, com o número de votos que cabe a cada consorciado; VIII – contribuição de cada consorciado para as despesas comuns, se houver". Complementando a regra, seu parágrafo único prevê que "o contrato de consórcio e suas alterações serão arquivados no registro do comércio do lugar da sua sede, devendo a certidão do arquivamento ser publicada".

8.6.4. Sociedade subsidiária integral

Já destacamos que o direito societário brasileiro só admite três **casos de sociedade unipessoal**: e um desses casos é justamente o da conhecida **sociedade subsidiária integral**[200], modelo específico de sociedade anônima em que todas as ações são de titularidade de um único acionista, o qual, por sua vez, será sempre uma sociedade brasileira.

A sociedade subsidiária integral está disciplinada no art. 251 da LSA, que assim dispõe: "a companhia pode ser constituída, mediante escritura pública, tendo como único acionista sociedade brasileira". Pode ser também que a subsidiária integral não seja constituída originariamente como tal, mas decorra da conversão de uma companhia já existente. É o que prevê o § 2.º, do art. 251, da LSA: "a companhia pode ser convertida em subsidiária integral mediante aquisição, por sociedade brasileira, de todas as suas ações, ou nos termos do artigo 252". Este art. 252, por sua vez, prevê a possibilidade de a subsidiária surgir após uma incorporação, estabelecendo o seguinte: "a incorporação de todas as ações do capital social ao patrimônio de outra companhia brasileira, para convertê-la em subsidiária integral, será submetida à deliberação da assembleia geral das duas companhias mediante protocolo e justificação, nos termos dos artigos 224 e 225".

---

200 Os outros dois casos, conforme já visto, são os da sociedade unipessoal de advocacia (art. 15 da Lei 8.906/1994) e da sociedade limitada unipessoal (art. 1.052, §§ 1º e 2º, do CC).

8.6.5. Joint venture

Pode-se definir sucintamente uma *joint venture* como uma **modalidade de cooperação entre sociedades empresárias com a finalidade de exercício de uma atividade econômica independente e com intuito lucrativo.** Numa acepção mais ampla, pois, o conceito de *joint venture* compreende qualquer associação de duas ou mais sociedades empresárias com o objetivo de criar ou desenvolver uma atividade econômica.

Diz-se que a *joint venture* exerce atividade econômica independente porque ela não é criada apenas para prestar serviços às sociedades que a criaram ou para servir como um prolongamento ou apêndice delas, mas para exercer uma atividade econômica específica.

A *joint venture* pode ser constituída, por exemplo, com o fim de buscar novas tecnologias, para assegurar a presença de determinado agente econômico num setor do mercado etc. O direito concorrencial lida muito com essa figura jurídica, já que ela muitas vezes é instrumento para realização de atos de concentração de poder de mercado.

Por fim, como a *joint venture* compreende, num sentido amplo, qualquer associação entre sociedades empresárias com escopo lucrativo, vale destacar que tal associação **não precisa assumir forma societária com personalidade jurídica autônoma e distinta das sociedades que a formaram.**

8.6.6. *Fundos de* private equity *e* venture capital

Os fundos de *private equity* e *venture capital* se desenvolveram inicialmente nos Estados Unidos e hoje representam uma importantíssima ferramenta de investimento em empreendimentos nascentes ou de risco com grande potencial de crescimento.

Podem-se definir esses fundos de capital de risco como um investimento privado por meio do qual se compra participação em determinadas sociedades empresárias que ostentem possibilidades reais de crescimento e desenvolvimento posterior. Os investidores assumem participação direta nos riscos e se comprometem em alavancar o negócio com potencial de sucesso, por meio de orientação administrativa, comercial, financeira etc. Após a alavancagem do negócio, é comum que os investidores vendam as participações que haviam adquirido e procurem outro negócio potencialmente rentável para investir.

Como o objetivo desses fundos é ingressar em pequenas e médias sociedades empresárias com potencial de crescimento e depois sair delas, buscando novas oportunidades de investimento, é comum que eles procurem se cercar de garantias para uma saída segura e rentável. Um mecanismo muito usado para atingir tal objetivo é o ***drag along***, também conhecido como **direito de arraste**.

O *drag along* pode ser definido como o direito de um sócio que está vendendo suas ações de obrigar os demais sócios a também vendê-las, caso o comprador tenha feito oferta de compra de toda a companhia. Em suma, trata-se do direito que um sócio possui de fazer com que os demais sócios o acompanhem numa venda de ações. Assim, se um determinado estatuto social contém cláusula que prevê o *drag along*, se um determinado acionista ou grupo de acionistas tiver interesse na venda de suas respectivas participações na companhia, os demais sócios também deverão vender as suas participações.

Essa cláusula de *drag along* é comumente inserida em estatutos de companhias que recebem investimentos de fundos de *private equity* e *venture capital*, como estratégia para permitir a saída futura desses investidores, já que eles normalmente ingressam nesses empreendimentos com o objetivo de sair após determinado período, para procurar novas possibilidades para investir.

9. DISSOLUÇÃO, LIQUIDAÇÃO E EXTINÇÃO DAS SOCIEDADES

Quando se estuda a dissolução das sociedades, é preciso fazer duas observações relevantes, de início. Em primeiro lugar, é imprescindível **distinguir o *procedimento de dissolução* da sociedade com o *ato de dissolução* da sociedade**. Este precede aquele, isto é, antes há o ato de dissolução, que pode ser extrajudicial ou judicial, e após esse ato se desencadeia todo o procedimento dissolutório, que abrange ainda a liquidação e a partilha.

> Dissolução é um conceito ambíguo, no direito societário. Em sentido amplo, significa o procedimento de terminação da personalidade jurídica da sociedade empresária, isto é, o conjunto de atos necessários à sua eliminação, como sujeito de direito. A partir da dissolução, compreendida nesse primeiro sentido, a sociedade empresária não mais titulariza direitos, nem é devedora de prestação. Em sentido estrito, a dissolução se refere ao ato, judicial ou extrajudicial, que desencadeia o procedimento de extinção da pessoa jurídica. Os atos de encerramento da personalidade jurídica da sociedade empresária (a dissolução, em sentido amplo) distribuem-se nas fases de dissolução (sentido estrito), liquidação e partilha.[201]

Em segundo lugar, deve-se atentar para o fato de que existem **dois regimes distintos de dissolução** das sociedades no direito brasileiro, um aplicável às sociedades contratuais e previsto no Código Civil, outro aplicável às sociedades institucionais e previsto na LSA (Lei 6.404/1976). O leitor mais atento, todavia, perceberá que os regimes de dissolução do Código Civil e da LSA são muito parecidos, seguindo ambos uma mesma sequência lógica e tendo ambos uma série de regras idênticas.

9.1. Dissolução, liquidação e extinção das sociedades contratuais

Conforme já adiantamos no tópico antecedente, o procedimento dissolutório da sociedade se inicia com o **ato de dissolução**, que pode ser **extrajudicial ou judicial**. Quanto às sociedades contratuais, dispõe o art. 1.033 do Código Civil que "dissolve-se a sociedade quando ocorrer: I – o vencimento do prazo de duração, salvo se, vencido este e sem oposição de sócio, não entrar a sociedade em liquidação, caso em que se prorrogará por tempo indeterminado; II – o consenso unânime dos sócios; III – a deliberação dos sócios, por maioria absoluta, na sociedade de prazo indeterminado; V – a extinção, na forma da lei, de autorização

201 COELHO, Fábio Ulhoa. *Curso de direito comercial*. 7. ed. São Paulo: Saraiva, 2004. p. 452. v. 2.

para funcionar". No mesmo sentido, estabelece o art. 1.034 do Código que "a sociedade pode ser dissolvida judicialmente, a requerimento de qualquer dos sócios, quando: I – anulada a sua constituição; II – exaurido o fim social, ou verificada a sua inexequibilidade".

Segundo certa doutrina, na norma do art. 1.033 do Código Civil estariam previstas as causas de **dissolução de pleno direito** da sociedade – por exemplo, a falta de pluralidade de sócios – e as causas de **dissolução amigável** da sociedade – por exemplo, o consenso unânime. Por outro lado, na norma do art. 1.034 do Código estariam as causas de *dissolução judicial* da sociedade.

Outros doutrinadores, porém, preferem distinguir apenas a **dissolução extrajudicial** da **dissolução judicial**, em função do instrumento usado para tal finalidade: se os sócios formalizam a dissolução em assembleia ou por distrato, a dissolução é extrajudicial; se, em contrapartida, recorrem ao Judiciário, a dissolução é judicial.[202]

O procedimento da ação de dissolução judicial da sociedade era previsto no antigo Código de Processo Civil de 1939, em seus arts. 655 a 674, que continuaram em vigor por força do disposto no art. 1.218, VII, do Código de Processo Civil de 1973. O prazo de contestação era de 48 horas, nos casos de dissolução de pleno direito, ou de 5 (cinco) dias, nos casos de dissolução contenciosa (agora, com o novo CPC, a **dissolução total seguirá o procedimento comum**; por outro lado, previu-se um **procedimento especial para a ação de dissolução parcial** de sociedade, que abordaremos adiante, no tópico 8.3).

Não se deve esquecer ainda o caso da **falência da sociedade**, que **também acarreta a sua dissolução**. Ademais, o próprio contrato social pode prever outras hipóteses de dissolução, conforme estabelece o art. 1.035 do Código Civil: "o contrato pode prever outras causas de dissolução, a serem verificadas judicialmente quando contestadas".

Ocorrido o ato de dissolução da sociedade, cumpre destacar que ela **não perde automaticamente a sua personalidade jurídica**. O ato de dissolução – um distrato ou uma decisão judicial, por exemplo – deverá ser registrado no órgão competente (Cartório, se for uma sociedade simples, ou Junta Comercial, se for uma sociedade empresária), e a sociedade então inicia sua fase de liquidação, devendo acrescer ao seu nome empresarial, para a proteção de terceiros que com ela contratem, a expressão "em liquidação", bem como designar o respectivo liquidante.

De acordo com o art. 1.036 do Código Civil, "ocorrida a dissolução, cumpre aos administradores providenciar imediatamente a investidura do liquidante, e restringir a gestão própria aos negócios inadiáveis, vedadas novas operações, pelas quais responderão solidária e ilimitadamente". Complementando a regra, prevê seu parágrafo único que, "dissolvida de pleno direito a sociedade, pode o sócio requerer, desde logo, a liquidação judicial". Vê-se, pois, que embora a sociedade dissolvida – "em liquidação" – não perca imediatamente a sua personalidade jurídica, ela continua a existir apenas para ultimar suas obrigações.

---

202 Nesse sentido, confira-se: COELHO, Fábio Ulhoa. *Curso de direito comercial*. 7. ed. São Paulo: Saraiva, 2004. p. 453-454. v. 2.

Tratando-se de dissolução provocada pela perda de autorização para funcionamento da sociedade, dispõe o art. 1.037 do Código, "ocorrendo a hipótese prevista no inciso V do art. 1.033, o Ministério Público, tão logo lhe comunique a autoridade competente, promoverá a liquidação judicial da sociedade, se os administradores não o tiverem feito nos trinta dias seguintes à perda da autorização, ou se o sócio não houver exercido a faculdade assegurada no parágrafo único do artigo antecedente". Complementando a regra, dispõe seu parágrafo único que "caso o Ministério Público não promova a liquidação judicial da sociedade nos quinze dias subsequentes ao recebimento da comunicação, a autoridade competente para conceder a autorização nomeará interventor com poderes para requerer a medida e administrar a sociedade até que seja nomeado o liquidante".

No que se refere à escolha do liquidante, aplica-se a regra do art. 1.038 do Código Civil: "se não estiver designado no contrato social, o liquidante será eleito por deliberação dos sócios, podendo a escolha recair em pessoa estranha à sociedade". O § 1.º desse dispositivo, por sua vez, estabelece que "o liquidante pode ser destituído, a todo tempo: I – se eleito pela forma prevista neste artigo, mediante deliberação dos sócios; II – em qualquer caso, por via judicial, a requerimento de um ou mais sócios, ocorrendo justa causa". Sobre o assunto, diz o enunciado 87 das Jornadas de Direito Comercial do CJF: "o cargo de liquidante pode ser ocupado tanto por pessoa natural, quanto por pessoa jurídica, sendo obrigatória, neste último caso, a indicação do nome do profissional responsável pela condução dos trabalhos, que deverá atender aos requisitos e impedimentos previstos em lei, e sobre o qual recairão os deveres e as responsabilidades legais".

Quanto ao procedimento da liquidação, determina o § 2.º, do art. 1.038 que "a liquidação da sociedade se processa de conformidade com o disposto no Capítulo IX, deste Subtítulo", ou seja, seguindo o disposto nos arts. 1.102 a 1.112 do Código.

De acordo com o art. 1.102 do Código Civil, "dissolvida a sociedade e nomeado o liquidante na forma do disposto neste Livro, procede-se à sua liquidação, de conformidade com os preceitos deste Capítulo, ressalvado o disposto no ato constitutivo ou no instrumento da dissolução". O parágrafo único desse dispositivo complementa, determinando que "o liquidante, que não seja administrador da sociedade, investir-se-á nas funções, averbada a sua nomeação no registro próprio".

Na condução do procedimento de liquidação da sociedade, o liquidante assume diversos deveres. Nesse sentido, prevê o art. 1.103 do CC que "constituem deveres do liquidante: I – averbar e publicar a ata, sentença ou instrumento de dissolução da sociedade; II – arrecadar os bens, livros e documentos da sociedade, onde quer que estejam; III – proceder, nos quinze dias seguintes ao da sua investidura e com a assistência, sempre que possível, dos administradores, à elaboração do inventário e do balanço geral do ativo e do passivo; IV – ultimar os negócios da sociedade, realizar o ativo, pagar o passivo e partilhar o remanescente entre os sócios ou acionistas; V – exigir dos quotistas, quando insuficiente o ativo à solução do passivo, a integralização de suas quotas e, se for o caso, as quantias necessárias, nos limites da responsabilidade de cada um e proporcionalmente à respectiva participação nas perdas, repartindo-se, entre os sócios solventes e na mesma proporção, o devido pelo insolvente; VI – convocar assembleia dos quotistas, cada seis meses, para apresentar relatório e balanço do estado da liquidação, prestando conta dos atos praticados durante o semestre, ou sempre que necessário; VII – confessar a falência da sociedade e pedir concordata, de acordo com as formalidades prescritas para o tipo de sociedade liquidanda; VIII – finda a liquidação, apresentar aos sócios o relatório da liquidação e as suas contas finais; IX – averbar a ata da reunião ou da assembleia, ou o instrumento firmado pelos sócios, que considerar encerrada a liquidação".

Ademais, confirmando o que já afirmamos acima, estabelece o parágrafo único desse dispositivo que "em todos os atos, documentos ou publicações, o liquidante empregará a firma ou denominação social sempre seguida da cláusula 'em liquidação' e de sua assinatura individual, com a declaração de sua qualidade".

Como se vê, **o liquidante passa a ser, *grosso modo*, o administrador da sociedade "em liquidação"**. Nesse sentido, aliás, prevê o art. 1.104 do Código Civil que "as obrigações e a responsabilidade do liquidante regem-se pelos preceitos peculiares às dos administradores da sociedade liquidanda". No mesmo sentido, estabelece o art. 1.105 do Código que "compete ao liquidante representar a sociedade e praticar todos os atos necessários à sua liquidação, inclusive alienar bens móveis ou imóveis, transigir, receber e dar quitação". O parágrafo único desse dispositivo, por sua vez, dispõe que, "sem estar expressamente autorizado pelo contrato social, ou pelo voto da maioria dos sócios, não pode o liquidante gravar de ônus reais os móveis e imóveis, contrair empréstimos, salvo quando indispensáveis ao pagamento de obrigações inadiáveis, nem prosseguir, embora para facilitar a liquidação, na atividade social".

É óbvio que a liquidação é conduzida com a finalidade de atingir **dois objetivos básicos**: (i) **realização do ativo**, com a venda dos bens da sociedade e a cobrança de seus devedores; e (ii) **satisfação do passivo**, com o pagamento de todos os seus credores. Nesse sentido, dispõe o art. 1.106 do Código Civil que, "respeitados os direitos dos credores preferenciais, pagará o liquidante as dívidas sociais proporcionalmente, sem distinção entre vencidas e vincendas, mas, em relação a estas, com desconto". Complementando a regra, dispõe seu parágrafo único que "se o ativo for superior ao passivo, pode o liquidante, sob sua responsabilidade pessoal, pagar integralmente as dívidas vencidas".

Feitos os pagamentos aos credores, entra-se então na fase da **partilha do acervo líquido da sociedade entre os seus sócios**. Claro que se a sociedade tiver um passivo maior do que o ativo, não haverá o que partilhar. Nesse caso, aliás, caberá ao liquidante, conforme visto, confessar a insolvência da sociedade e requerer a sua falência.

Quanto à partilha dos bens entre os sócios, prevê o art. 1.107 do Código Civil que "os sócios podem resolver, por maioria de votos, antes de ultimada a liquidação, mas depois de pagos os credores, que o liquidante faça rateios por antecipação da partilha, à medida em que se apurem os haveres sociais".

Após a partilha, cumpre ao liquidante prestar contas de suas atividades, nos termos do art. 1.108 do Código: "pago o passivo e partilhado o remanescente, convocará o liquidante assembleia dos sócios para a prestação final de contas". Sobre essa prestação de contas, estabelece o art. 1.109 do Código Civil que "aprovadas as contas, encerra-se a liquidação, e a sociedade se extingue, ao ser averbada no registro próprio a ata da assembleia". Vê-se, pois, que após a liquidação, a partilha e a prestação de contas, nos termos da lei, o procedimento dissolutório se encerrará e a sociedade finalmente se extinguirá, o que será registrado na Junta Comercial.

Caso algum sócio discorde da prestação de contas do liquidante, mas seja vencido na assembleia que a aprovou, terá apenas 30 dias para propor a ação que entender cabível. É o que prevê o parágrafo único do art. 1.109: "O dissidente tem o prazo de trinta dias, a contar da publicação da ata, devidamente averbada, para promover a ação que couber".

Em contrapartida, havendo algum credor não satisfeito com o procedimento de liquidação, cabe-lhe apenas fazer uso da faculdade prevista no art. 1.110 do Código Civil: "Encerrada a liquidação, o credor não satisfeito só terá direito a exigir dos sócios, individualmente, o pagamento do seu crédito, até o limite da soma por eles recebida em partilha, e a propor contra o liquidante ação de perdas e danos".

Registre-se também que a liquidação pode ser judicial, caso em que o procedimento será distinto do acima analisado. Com efeito, de acordo com o art. 1.111 do Código Civil, "no caso de liquidação judicial, será observado o disposto na lei processual". No mesmo sentido, dispõe o art. 1.112 do Código o seguinte: "no curso de liquidação judicial, o juiz convocará, se necessário, reunião ou assembleia para deliberar sobre os interesses da liquidação, e as presidirá, resolvendo sumariamente as questões suscitadas". Complementando a regra em questão, seu parágrafo único determina que "as atas das assembleias serão, em cópia autêntica, apensadas ao processo judicial".

9.1.1. Dissolução parcial das sociedades contratuais

Além da dissolução total, destaque-se que também é possível a liquidação parcial da sociedade, construção doutrinária e jurisprudencial antiga, que hoje está expressamente admitida no Código Civil, em seus arts. 1.028 a 1.032.

> O novo Código Civil, incorporando conceito já assente na doutrina e consagrado pela jurisprudência, prevê, de forma expressa, a figura da dissolução parcial da sociedade, nas hipóteses de retirada, exclusão ou morte do sócio. Essa disciplina é feita sob a nomenclatura 'da resolução da sociedade em relação a um sócio'. Desse modo, a sociedade será resolvida, na dicção legal, em relação a um ou mais sócios, então se verificando a liquidação da sua quota-parte no capital social.[203]

São basicamente quatro as situações previstas no Código Civil que podem ensejar a dissolução parcial de uma sociedade contratual: penhora de quota por dívida particular de sócio (art. 1.026), morte de sócio (art. 1.028), exercício do direito de retirada (art. 1.029) e exclusão de sócio (art. 1.030 – no caso da sociedade limitada, a exclusão pode ser extrajudicial, nos termos do art. 1.085).

Em caso de dissolução parcial, não haverá nomeação de liquidante, bastando a indicação de perito contábil para a apuração dos haveres, conforme já decidiu o Superior Tribunal de Justiça.

203 CAMPINHO, Sérgio. *O direito de empresa no novo Código Civil*. 9ª ed. Rio de Janeiro: Renovar, 2008, p. 119.

> *Comercial e processual civil. Dissolução parcial de sociedade. Nomeação de liquidante. Descabimento. Procedimento de apuração de haveres. Indicação de técnico pelo juízo para realização de perícia contábil. (...) 2. A dissolução parcial de sociedade, com a retirada de um dos sócios, não prevê procedimento de liquidação, incompatível com o objetivo de preservação da atividade empresarial, sendo cabível a indicação de perito contábil, pelo juízo, para apuração dos haveres do sócio excluído. (REsp 242.603/SC, Rel. Min. Luis Felipe Salomão, 4.ª Turma, j. 04.12.2008,* DJe *18.12.2008).*

Ainda sobre dissolução parcial de sociedades contratuais (no caso, tratava-se de sociedade limitada), o STJ tem jurisprudência consolidada no sentido de que o fundo de comércio deve ser levado em conta na apuração dos haveres do sócio que está deixando a sociedade. Confira-se:

> *Direito societário. Dissolução parcial de sociedade. Apuração de haveres. Inclusão do fundo de comércio. 1. De acordo com a jurisprudência consolidada do Superior Tribunal de Justiça, o fundo de comércio (hoje denominado pelo Código Civil de estabelecimento empresarial – art. 1.142) deve ser levado em conta na aferição dos valores eventualmente devidos a sócio excluído da sociedade. 2. O fato de a sociedade ter apresentado resultados negativos nos anos anteriores à exclusão do sócio não significa que ela não tenha fundo de comércio. 3. Recurso especial conhecido e provido (REsp 907.014/MS, Rel. Min. Antonio Carlos Ferreira, 4.ª Turma, j. 11.10.2011,* DJe *19.10.2011).*

Por fim, confira-se o Enunciado 13 da I Jornada de Direito Comercial do CJF, segundo o qual "a decisão que decretar a dissolução parcial da sociedade deverá indicar a data de desligamento do sócio e o critério de apuração de haveres".

9.1.1.1. Penhora de quota por dívida particular de sócio

Conforme já destacamos, existe uma classificação das sociedades que as divide em sociedades de pessoas e sociedades de capital. Este critério classificatório tem importância prática sobretudo no que diz respeito à questão da "(im)penhorabilidade das quotas sociais".

Segundo o posicionamento de parte da doutrina, que já encontrou respaldo na jurisprudência do Superior Tribunal de Justiça, conforme se verá adiante, as quotas de uma sociedade "de pessoas" seriam impenhoráveis, em obediência à vontade societária manifestada no contrato social e ao princípio da *affectio societatis*.

Com efeito, em se tratando de uma sociedade de pessoas, na qual a entrada de estranhos ao quadro social depende da anuência dos demais sócios, a possibilidade de penhora de quotas pode acarretar um forte abalo no vínculo societário, podendo até mesmo fazer desaparecer a *affectio societatis*, o que culminaria na dissolução da sociedade.

Pense-se, por exemplo, numa sociedade com apenas dois sócios – dois irmãos ou marido e mulher – em que um deles teve suas quotas penhoradas por dívidas pessoais. Indo as quotas a leilão, e sendo adquiridas por terceiro, este passaria a ser sócio da sociedade, que dificilmente conseguiria manter-se após essa relevante alteração de seu quadro social. É por isso que uma forte corrente doutrinária – que encontra respaldo, repita-se, na jurisprudência – defende que as quotas de uma sociedade de pessoas não podem ser objeto de penhora. Respeita-se, aqui, não apenas a vontade societária manifestada no contrato social, mas também os princípios da *affectio societatis* e da preservação da empresa.

O Superior Tribunal de Justiça, em alguns julgados, já decidiu pela impenhorabilidade das quotas, em nome da *affectio societatis*.

> *Sociedade de Responsabilidade Limitada. Dívida de Sócio. Penhora de Quotas. As quotas, em princípio, são penhoráveis. Havendo, entretanto, cláusula impediente, cumpre respeitar a vontade societária, preservando-se a* affectio societatis, *que restaria comprometida com a participação de um estranho não desejado. Recurso conhecido e provido (REsp 148.947/MG, Rel. Min. Carlos Alberto Menezes Direito, 3.ª Turma, j. 15.12.2000,* DJ *29.04.2002, p. 241).*

Em outros julgados, o STJ decidiu ser plenamente possível a penhora de quotas da sociedade limitada, ainda que exista cláusula no contrato social que condicione a entrada de estranhos ao quadro social ao prévio consentimento dos demais sócios.

> *(...) 4. A previsão contratual de proibição à livre alienação das cotas de sociedade de responsabilidade limitada não impede a penhora de tais cotas para garantir o pagamento de dívida pessoal de sócio. Isto porque, referida penhora não encontra vedação legal e nem afronta o princípio da* affectio societatis, *já que não enseja, necessariamente, a inclusão de novo sócio. Ademais, o devedor responde por suas obrigações com todos os seus bens presentes e futuros, nos termos do art. 591 do Código de Processo Civil. 5. Precedentes (REsp n.os 327.687/SP, 172.612/SP e 147.546/RS). 6. Recurso não conhecido (REsp 317.651/AM, Rel. Min. Jorge Scartezzini, 4.ª Turma, j. 05.10.2004,* DJ *22.11.2004, p. 346).*
>
> *Civil e processual. Locação. Ação de despejo. Execução. Penhora. Sociedade por cotas de responsabilidade limitada. Possibilidade. 1. É possível a penhora de cotas de sociedade limitada, porquanto prevalece o princípio de ordem pública, segundo o qual o devedor responde por suas dívidas com todos os seus bens presentes e futuros, não sendo, por isso mesmo, de se acolher a oponibilidade da* affectio societatis. *É que, ainda que o estatuto social proíba ou restrinja a entrada de sócios estranhos ao ajuste originário, é de se facultar à sociedade (pessoa jurídica) remir a execução ou o bem, ou, ainda, assegurar a ela e aos demais sócios, o direito de preferência na aquisição a tanto por tanto. 2. Recurso conhecido mas improvido (REsp 201.181/SP, Rel. Min. Fernando Gonçalves, 6.ª Turma, j. 29.03.2000,* DJ *02.05.2000, p. 189).*

Após o Código Civil de 2002, todavia, parece-nos que a possibilidade de penhora de quotas para garantia de dívida pessoal do sócio é admitida nas sociedades contratuais. Com efeito, dispõe o art. 1.026 do CC que "o credor particular de sócio pode, na insuficiência de outros bens do devedor, fazer recair a execução sobre o que a este couber nos lucros da sociedade, ou na parte que lhe tocar em caso de liquidação". E o seu parágrafo único complementa: "se a sociedade não estiver dissolvida, pode o credor requerer a liquidação da quota do devedor, cujo valor, apurado na forma do art. 1.031, será depositado em dinheiro, no juízo da execução, até noventa dias após aquela liquidação". Sobre esse dispositivo legal, confira-se o Enunciado 386 do CJF: "Na apuração dos haveres do sócio, por consequência da liquidação de suas quotas na sociedade para pagamento ao seu credor (art. 1.026, parágrafo único), não devem ser consideradas eventuais disposições contratuais restritivas à determinação de seu valor".

Portanto, **as quotas da sociedade limitada (regida subsidiariamente pelas normas da sociedade simples, e por isso se submete ao disposto nos artigos supramencionados) são hoje penhoráveis para a garantia de dívidas pessoais do sócio.** Nesse caso, o credor não ingressa na sociedade. A quota será liquidada e o valor será utilizado para o pagamento do credor particular do sócio. O sócio que teve suas quotas penhoradas, por sua vez, será excluído da sociedade, conforme determina o art. 1.030, parágrafo único, do Código Civil. A saída do sócio que teve sua quota penhorada, pois, acarretará a dissolução parcial da sociedade.

Por fim, vale ressaltar apenas que, em se tratando de sociedade em nome coletivo, a penhora de quotas do sócio não é, em princípio, permitida. Com efeito, como nessas sociedades a *affectio societatis* é muito forte, o quadro societário delas é bastante estável, e o Código Civil prevê, em seu art. 1.043, que "o credor particular de sócio não pode, antes de dissolver-se a sociedade, pretender a liquidação da quota do devedor", salvo se "a sociedade houver sido prorrogada tacitamente" (parágrafo único, inciso I) ou "tendo ocorrido prorrogação contratual, for acolhida judicialmente oposição do credor, levantada no prazo de noventa dias, contado da publicação do ato dilatório" (parágrafo único, inciso II).

9.1.1.1.1. A penhora de quotas no novo CPC

O CPC de 1973 previa a possibilidade de penhora e quotas em seu art. 655, VI, mas não detalhava o seu procedimento. O novo CPC, porém, fez isso em seu art. 861:

> *Art. 861. Penhoradas as quotas ou as ações de sócio em sociedade simples ou empresária, o juiz assinará prazo razoável, não superior a 3 (três) meses, para que a sociedade:*
>
> *I – apresente balanço especial, na forma da lei;*
>
> *II – ofereça as quotas ou as ações aos demais sócios, observado o direito de preferência legal ou contratual;*
>
> *III – não havendo interesse dos sócios na aquisição das ações, proceda à liquidação das quotas ou das ações, depositando em juízo o valor apurado, em dinheiro.*
>
> *§ 1.º Para evitar a liquidação das quotas ou das ações, a sociedade poderá adquiri-las sem redução do capital social e com utilização de reservas, para manutenção em tesouraria.*
>
> *§ 2.º O disposto no* caput *e no § 1.º não se aplica à sociedade anônima de capital aberto, cujas ações serão adjudicadas ao exequente ou alienadas em bolsa de valores, conforme o caso.*
>
> *§ 3.º Para os fins da liquidação de que trata o inciso III do caput, o juiz poderá, a requerimento do exequente ou da sociedade, nomear administrador, que deverá submeter à aprovação judicial a forma de liquidação.*
>
> *§ 4.º O prazo previsto no caput poderá ser ampliado pelo juiz, se o pagamento das quotas ou das ações liquidadas:*
>
> *I – superar o valor do saldo de lucros ou reservas, exceto a legal, e sem diminuição do capital social, ou por doação; ou*
>
> *II – colocar em risco a estabilidade financeira da sociedade simples ou empresária.*

> *§ 5.º Caso não haja interesse dos demais sócios no exercício de direito de preferência, não ocorra a aquisição das quotas ou das ações pela sociedade e a liquidação do inciso III do* caput *seja excessivamente onerosa para a sociedade, o juiz poderá determinar o leilão judicial das quotas ou das ações.*

Enfim, havendo penhora de quotas, podem ocorrer, basicamente, três situações, sucessivamente: (i) os próprios sócios fazerem a aquisição delas, nos termos do art. 861, II; (ii) caso os sócios não as adquiram, a própria sociedade pode fazê-lo, usando seu fundo de reserva e colocando-as em tesouraria (tratamos do tema com mais detalhes no item 6.2.2.4.2), nos termos do art. 861, § 1.º; e, finalmente, (iii) caso nem os sócios nem a sociedade adquiram as quotas, elas serão postas à venda em leilão judicial. Em qualquer dos casos, os recursos obtidos com a venda serão usados para pagamento do credor que as penhorou.

9.1.1.2. Morte de sócio

Durante muito tempo, a morte de um dos sócios de uma sociedade contratual (por exemplo, sociedade limitada) configurou causa de dissolução total da sociedade, salvo disposição em contrário dos sócios remanescentes.

Hodiernamente, porém, em razão da consagração do princípio da preservação da empresa, entende-se que a **morte de sócio deve acarretar apenas a dissolução parcial da sociedade**, com a liquidação da(s) quota(s) do sócio falecido.

Aliás, a própria dissolução parcial da sociedade pode ser evitada nesses casos, por expressa previsão contratual ou acordo que permita a sociedade continuar funcionando com os herdeiros do sócio falecido assumindo sua(s) quota(s).

Nesse sentido, dispõe o art. 1.028 do Código Civil que "no caso de morte de sócio, liquidar-se-á sua quota, salvo: I – se o contrato dispuser diferentemente; II – se os sócios remanescentes optarem pela dissolução da sociedade; III – se, por acordo com os herdeiros, regular-se a substituição do sócio falecido".

Portanto, conforme o disposto no Código Civil, a sociedade contratual (sociedade simples *pura* e sociedade limitada, por exemplo) só se dissolverá totalmente, em caso de morte de um dos sócios, se essa for a vontade dos sócios remanescentes (art. 1.028, II). Não sendo essa a vontade deles, há duas possibilidades: (i) liquidação da(s) quota(s) do sócio falecido, pagando-se aos herdeiros o seu respectivo valor, ou (ii) substituição do sócio falecido pelos herdeiros ou por terceiros, conforme previsão contratual ou acordo.

9.1.1.3. Exercício do direito de retirada

O pedido de retirada por parte de um dos sócios de uma sociedade contratual também gerava, antigamente, a dissolução total da sociedade. Atualmente, entretanto, esse é mais um caso em que se **permite a dissolução parcial da sociedade**, com a apuração de haveres do sócio retirante e continuidade da existência da pessoa jurídica.

O **direito de retirada**, também chamado de direito de recesso ou direito de denúncia, fundamenta-se na ideia de que ninguém é obrigado a contratar contra sua própria vontade. No entanto, esse direito do sócio não poderia acarretar sempre a dissolução total da sociedade, porque isso significaria impedir os demais sócios de continuar o vínculo contratual que os une e preservar a existência da pessoa jurídica que criaram.

Antes mesmo da entrada em vigor do Código Civil de 2002, a jurisprudência pátria já entendia ser possível transformar o pedido de dissolução total em pedido de dissolução parcial, com a extinção do vínculo social em relação apenas ao sócio retirante e a posterior apuração de seus haveres.

O Código Civil trata do tema em seu art. 1.029: "além dos casos previstos na lei ou no contrato, qualquer sócio pode retirar-se da sociedade; se de prazo indeterminado, mediante notificação aos demais sócios, com antecedência mínima de sessenta dias; se de prazo determinado, provando judicialmente justa causa". Caso, todavia, os demais sócios não queiram continuar a sociedade, aplica-se a regra do parágrafo único: "nos trinta dias subsequentes à notificação, podem os demais sócios optar pela dissolução da sociedade".

Em suma: se a sociedade é contratada por prazo determinado, a retirada é um direito potestativo[204] do sócio, que pode exercê-lo, pois, independentemente de qualquer justificativa, mediante simples notificação, respeitando-se apenas a antecedência mínima de 60 (sessenta) dias (art. 1.029, primeira parte); se, entretanto, a sociedade é contratada por prazo determinado, a retirada não é um direito potestativo, já que o sócio se comprometeu a manter seu investimento na sociedade por um certo período de tempo, de modo que eventual saída antecipada deve ser justa causa, a ser comprovada em juízo (art. 1.029, parte final).

Sobre esse dispositivo, o STJ já decidiu que "exclusão de sócio só é efetivada após o prazo de, no mínimo, 60 dias da notificação" (REsp 1.602.240/MG), ou seja, nos casos de exercício de direito de retirada em sociedade de prazo indeterminado, com base no art. 1.029 do CC, a resolução da sociedade (dissolução parcial) em relação a esse sócio se dará no sexagésimo dia seguinte ao recebimento da notificação do sócio retirante (nesse sentido, confira-se o art. 605, inciso II do CPC/2015). A propósito, confira-se também o seguinte julgado do STJ:

> RECURSO ESPECIAL. AÇÃO DE DISSOLUÇÃO PARCIAL DE SOCIEDADE LIMITADA DE PRAZO INDETERMINADO. NOTIFICAÇÃO PRÉVIA. APURAÇÃO DE HAVERES. DATA-BASE. PRAZO DE 60 DIAS.
>
> (...)
>
> 2. O propósito recursal é definir a data-base para apuração dos haveres devidos ao sócio em caso de dissolução parcial de sociedade limitada de prazo indeterminado.
>
> 3. O direito de recesso, tratando-se de sociedade limitada constituída por prazo indeterminado, pode ser exercido mediante envio de notificação prévia, respeitado o prazo mínimo de sessenta dias. Inteligência do art. 1.029 do CC.

[204] "O direito de retirada de sociedade constituída por tempo indeterminado, a partir do Código Civil de 2002, é **direito potestativo** que pode ser exercido mediante a simples notificação com antecedência mínima de sessenta dias (art. 1.209), dispensando a propositura de ação de dissolução parcial para tal finalidade" (REsp 1602240/MG, Rel. Ministro MARCO AURÉLIO BELLIZZE, TERCEIRA TURMA, julgado em 06/12/2016, DJe 15/12/2016).

4. O contrato societário fica resolvido, em relação ao sócio retirante, após o transcurso de tal lapso temporal, devendo a data-base para apuração dos haveres levar em conta seu termo final.

RECURSO ESPECIAL NÃO PROVIDO.

(REsp 1.735.360/MG, Rel. Ministra NANCY ANDRIGHI, TERCEIRA TURMA, julgado em 12/03/2019, DJe 15/03/2019)

9.1.1.4. Direito de retirada na sociedade limitada

Na sociedade simples *pura*, valem os comentários feitos nos parágrafos anteriores sobre o direito de retirada do sócio, mas na sociedade limitada a questão é mais complicada, gerando discussões doutrinárias interessantes.

De acordo com o art. 1.077 do Código Civil, "quando houver modificação do contrato, fusão da sociedade, incorporação de outra, ou dela por outra, terá o sócio que dissentiu o direito de retirar-se da sociedade, nos trinta dias subseqüentes à reunião, aplicando-se, no silêncio do contrato social antes vigente, o disposto no art. 1.031".

Como se vê, o regime jurídico da sociedade limitada tem regra expressa sobre o assunto, que aproxima o seu tratamento ao daquele previsto na Lei 6.404/1976: o direito de retirada só pode ser exercido em situações muito específicas, nas quais o sócio retirante dissentiu da maioria a respeito de questões societárias relevantes (alteração contratual ou fusão, por exemplo).

Na doutrina, podem-se identificar basicamente três posições a respeito desse assunto.

Uma primeira corrente de pensamento defende que o art. 1.029 do Código Civil, que se encontra na parte da sociedade simples, é de aplicação obrigatória à sociedade limitada, uma vez que se refere à dissolução/liquidação, ainda que parcial, do vínculo societário. Assim, se a sociedade limitada tem prazo indeterminado, a retirada independe de motivação e se faz de forma extrajudicial (direito potestativo). Se, porém, a sociedade limitada tem prazo determinado, a retirada depende de ação judicial na qual se comprove juta justa causa, que pode ser, por exemplo, a quebra da *affectio societatis*. Para essa corrente, portanto, o art. 1.077 trata apenas de situações em que o sócio pode retirar-se da sociedade limitada independentemente do seu prazo de duração e da propositura de ação judicial.[205]

Uma segunda corrente de pensamento defende que o art. 1.029 do Código Civil não se aplica à sociedade limitada, uma vez que o regime jurídico desta tem regra própria sobre o assunto (art. 1.077), não se podendo cogitar, por isso, de aplicação subsidiária de uma regra das sociedades simples. Assim, argumenta-se que o direito de retirada só pode ser exercido quando o sócio da sociedade limitada divergir de

[205] Nesse sentido: CAMPINHO, Sérgio. *O direito de empresa no Código Civil.* 9ª ed. Rio de Janeiro: Renovar, 2008, p. 216-219. Campinho ainda destaca que, caso a sociedade limitada opte pela regência supletiva da LSA, aplica-se o seu art. 137, § 3º: a sociedade tem 10 dias para ratificar ou reconsiderar a deliberação, se os demais sócios entenderem que o pagamento do reembolso das quotas ao sócio dissidente que exerceu o direito de recesso porá em risco a estabilidade financeira da empresa.

deliberações que tratem das questões mencionadas no art. 1.077 (modificação do contrato social, fusão e incorporação) ou, excepcionalmente, nos casos de "opressão da minoria" por abuso de poder da maioria.[206]

Por fim, uma terceira corrente de pensamento defende que a solução do problema passa pela verificação do prazo de vigência e da regência subsidiária/supletiva da sociedade limitada: se ela for regida subsidiariamente pelas normas da sociedade simples, aplica-se o art. 1.029 combinado com o art. 1.077 (se o prazo de vigência é indeterminado, assegura-se ao sócio o direito de retirada imotivada; se o prazo é determinado, o direito de retirada depende de justa causa provada judicialmente ou dissidência quanto a deliberações sobre modificação do contrato social, fusão ou incorporação); se, no entanto, ela for regida supletivamente pelas normas da LSA, o direito de retirada, independentemente do prazo de vigência da sociedade, só pode ser exercido nos casos do art. 1.077.[207]

Na prática, predomina o entendimento mais maleável da primeira corrente: o art. 1.029 do Código Civil se aplica à sociedade limitada, independentemente da sua regência subsidiária/supletiva, de modo que a retirada, na sociedade contratada por prazo indeterminado, é um direito potestativo do sócio[208], ao passo que, na sociedade contratada por prazo determinado, só pode ser exercida se houver justa causa provada em juízo ou dissidência nos termos do art. 1.077.

> *(...) O direito de retirada imotivada de sócio de sociedade limitada por tempo indeterminado constitui direito potestativo à luz dos princípios da autonomia da vontade e da liberdade de associação.* (REsp 1403947/MG, Rel. Ministro RICARDO VILLAS BÔAS CUEVA, TERCEIRA TURMA, julgado em 24/04/2018, DJe 30/04/2018)

Mesmo se a sociedade limitada optar, no contrato social, pela regência supletiva da Lei das Sociedades por Ações (Lei 6.404/1976), o STJ já decidiu que a retirada é um direito potestativo do sócio.

> RECURSO ESPECIAL. DIREITO EMPRESARIAL. DIREITO SOCIETÁRIO. SOCIEDADE LIMITADA. APLICAÇÃO SUPLETIVA DAS NORMAS RELATIVAS A SOCIEDADES ANÔNIMAS. ART. 1.053 DO CC. POSSIBILIDADE DE RETIRADA VOLUNTÁRIA IMOTIVADA. APLICAÇÃO DO ART. 1.029 DO CC. LIBERDADE DE NÃO PERMANECER ASSOCIADO GARANTIDA CONSTITUCIONALMENTE. ART. 5º, XX, DA CF. OMISSÃO RELATIVA À RETIRADA IMOTIVADA NA LEI N. 6.404/76. OMISSÃO INCOMPATÍVEL COM A NATUREZA DAS SOCIEDADES LIMITADAS. APLICAÇÃO DO ART. 1.089 DO CC.

206 Nesse sentido: TAVARES BORBA, José Edwaldo. *Direito Societário*. 14ª ed. São Paulo: Atlas, p. 148-151. O autor ainda afirma que o sócio da sociedade limitada pode abandonar suas quotas sociais, isto é, despedir-se da sociedade renunciando aos seus haveres.

207 Nesse sentido: COELHO, Fábio Ulhoa. *Curso de direito comercial*. 18.ª ed. São Paulo: Saraiva, 2014, p. 420-422. Nas palavras do autor: "As condições para o exercício do direito de retirada variam, segundo a limitada tenha sido contratada por prazo indeterminado ou determinado e de acordo com o seu subtipo".

208 Diante desse quadro fático, o item 4.4.3 do manual de registro de sociedades limitadas, instituído pela IN 81 do DREI, estabelece que, "qualquer sócio pode retirar-se da sociedade, se de prazo indeterminado, mediante notificação aos demais sócios, com antecedência mínima de sessenta dias, a contar da notificação do último sócio". Caso os demais sócios não formalizem a retirada do sócio retirante, com a respectiva alteração do contrato social, o manual diz que "observar-se-á o seguinte: a) passado o prazo, deverá ser providenciado arquivamento da notificação, que poderá ser por qualquer forma que ateste a cientificação dos sócios; b) a Junta Comercial anotará no cadastro da empresa a retirada do sócio; c) a sociedade deverá, na alteração contratual seguinte, regularizar o quadro societário".

> 1. Entendimento firmado por este Superior Tribunal no sentido de ser a regra do art. 1.029 do CC aplicável às sociedades limitadas, possibilitando a retirada imotivada do sócio e mostrando-se descipicendo, para tanto, o ajuizamento de ação de dissolução parcial.
>
> 2. **Direito de retirada imotivada que, por decorrer da liberdade constitucional de não permanecer associado, garantida pelo inciso XX do art. 5º da CF, deve ser observado ainda que a sociedade limitada tenha regência supletiva da Lei n. 6.404/76 (Lei das Sociedades Anônimas).**
>
> 3. A ausência de previsão na Lei n. 6.404/76 acerca da retirada imotivada não implica sua proibição nas sociedades limitadas regidas supletivamente pelas normas relativas às sociedades anônimas, especialmente quando o art. 1.089 do CC determina a aplicação supletiva do próprio Código Civil nas hipóteses de omissão daquele diploma.
>
> 4. **Caso concreto em que, ainda que o contrato social tenha optado pela regência supletiva da Lei n. 6.404/76, há direito potestativo de retirada imotivada do sócio na sociedade limitada em questão.**
>
> (...)
>
> (REsp 1839078/SP, Rel. Ministro PAULO DE TARSO SANSEVERINO, TERCEIRA TURMA, julgado em 09/03/2021, DJe 26/03/2021)

Esse entendimento predominante na prática recebe duras críticas, que "afirmam que a retirada não poderia ser imotivada e que a liquidação da participação do sócio retirante pode, muitas vezes, inviabilizar a continuidade da sociedade, forçando a sua dissolução". O que se alega é que o sócio não deveria ter o direito potestativo de "forçar o desinvestimento de uma parcela do capital social", mas apenas poder exercer esse direito em situações justificáveis, como a dissidência em caso de fusão, por exemplo, que é uma das hipóteses previstas no já mencionado art. 1.077 do Código Civil. No entanto, a jurisprudência não é sensível a esse argumento que critica o "desinvestimento forçado", entendendo que a retirada imotivada acaba evitando crises políticas mais sérias.[209]

Para concluir, creio que uma observação merece ser feita: com a aplicação dos dispositivos da Lei 13.874/2019 (Lei da Liberdade Econômica) que reforçam a autonomia privada e a liberdade contratual, especialmente no âmbito do direito empresarial, parece-me que eventual estipulação contratual que afaste a aplicação do art. 1.029 do Código Civil, deixando claro que o direito de retirada só pode ser exercido nos casos do art. 1.077, deve ser respeitada pelo Poder Judiciário. De qualquer forma, sabendo-se do risco de isso não ocorrer na prática, e a fim de minimizar os danos de um desinvestimento forçado decorrente do exercício do direito de retirada por um sócio, é fundamental que o contrato social preveja critério específico de apuração de haveres (art. 1.031) e forma específica de reembolso (art. 1.031, § 2º).

9.1.1.5. Exclusão de sócio

Finalmente, outra causa de dissolução parcial das sociedades contratuais é a exclusão de sócio. Nesse caso, procede-se da mesma maneira: em vez de dissolver-

[209] NUNES, Marcelo Guedes. *Dissolução parcial na sociedade limitada*. In: COELHO, Fábio Ulhoa. *Tratado de Direito Comercial*. Vol. 2. São Paulo: Saraiva, 2015, p. 230-235.

-se totalmente a sociedade, haverá apenas a **liquidação da(s) quota(s) do sócio excluído**, com a respectiva apuração de haveres.

A regra geral de exclusão de sócio nas sociedades contratuais, que já analisamos, está prevista no art. 1.030 do Código Civil, que cuida da **exclusão judicial**: "ressalvado o disposto no art. 1.004 e seu parágrafo único, pode o sócio ser excluído judicialmente, mediante iniciativa da maioria dos demais sócios, por falta grave no cumprimento de suas obrigações, ou, ainda, por incapacidade superveniente. Parágrafo único. Será de pleno direito excluído da sociedade o sócio declarado falido, ou aquele cuja quota tenha sido liquidada nos termos do parágrafo único do art. 1.026".

Tratando-se de sociedade limitada, já vimos também que o Código Civil tem norma específica sobre o tema, permitindo a **exclusão extrajudicial**. Trata-se do art. 1.085: "ressalvado o disposto no art. 1.030, quando a maioria dos sócios, representativa de mais da metade do capital social, entender que um ou mais sócios estão pondo em risco a continuidade da empresa, em virtude de atos de inegável gravidade, poderá excluí-los da sociedade, mediante alteração do contrato social, desde que prevista neste a exclusão por justa causa. Parágrafo único. Ressalvado o caso em que haja apenas dois sócios na sociedade, a exclusão de um sócio somente poderá ser determinada em reunião ou assembleia especialmente convocada para esse fim, ciente o acusado em tempo hábil para permitir seu comparecimento e o exercício do direito de defesa".

Sobre a distinção entre a exclusão judicial de sócio prevista no art. 1.030 do CC (que pode atingir inclusive o sócio majoritário, mediante **iniciativa** da **maioria dos demais** sócios) e a exclusão extrajudicial de sócio prevista no art. 1.085 do CC (que pode atingir apenas sócios minoritários, por deliberação de **mais da metade de todo o capital social**), confira-se a seguinte decisão do STJ:

> ***Recurso especial. Direito societário. Ação de dissolução parcial de sociedade. Negativa de prestação jurisdicional. Não ocorrência. Cerceamento de defesa. Inexistência. Sócio majoritário. Prática de falta grave. Exclusão. Art. 1.030 do Código Civil de 2002. Sócios minoritários. Iniciativa. Possibilidade.***
>
> *1. Controvérsia limitada a definir se é possível a exclusão judicial de sócio majoritário de sociedade limitada por falta grave no cumprimento de suas obrigações, mediante iniciativa da maioria dos demais sócios.*
>
> *2. Nos termos do Enunciado n.º 216/CJF, aprovado na III Jornada de Direito Civil, o quórum de deliberação previsto no art. 1.030 do Código Civil de 2002 é de maioria absoluta do capital representado pelas quotas dos demais sócios.*
>
> *3. Na apuração da maioria absoluta do capital social para fins de exclusão judicial de sócio de sociedade limitada, consideram-se apenas as quotas dos demais sócios, excluídas aquelas pertencentes ao sócio que se pretende excluir, não incidindo a condicionante prevista no art. 1.085 do Código Civil de 2002, somente aplicável na hipótese de exclusão extrajudicial de sócio por deliberação da maioria representativa de mais da metade do capital social, mediante alteração do contrato social.*
>
> *4. Recurso especial não provido (REsp 1.653.421/MG, Rel. Ministro Ricardo Villas Bôas Cueva, Terceira Turma, j. 10.10.2017,* DJe *13.11.2017).*

Em resumo, portanto, portanto, são essas as hipóteses de exclusão de sócio nas sociedades contratuais (sociedade simples *pura* e sociedade limitada, por exemplo): (i) exclusão extrajudicial de sócio remisso, por iniciativa da maioria dos demais sócios, (ii) exclusão extrajudicial do sócio declarado falido ou civilmente insolvente e do sócio cuja quota for liquidada nos termos do parágrafo único do art. 1.026 (penhora por dívida particular), de pleno direito, (iii) exclusão judicial do sócio que incorrer em falta grave no cumprimento de suas obrigações ou sócio que for declarado incapaz por fato superveniente, por iniciativa da maioria dos demais sócios, e (iv) exclusão extrajudicial de sócio minoritário por justa causa, por deliberação da maioria absoluta do capital social (esta hipótese se dá apenas nas sociedades limitadas – art. 1.085 do Código Civil).

9.1.1.6. Efeitos da dissolução parcial

Repetindo o que já foi dito nos tópicos anteriores, **a dissolução parcial da sociedade não acarretará a liquidação e a partilha**, com a consequente extinção da pessoa jurídica. Haverá apenas um **procedimento de apuração de haveres**, a fim de que o valor da(s) quota(s) do sócio retirante, excluído, falecido etc., seja avaliado.

> *(...) 2. A dissolução parcial de sociedade, com a retirada de um dos sócios, não prevê procedimento de liquidação, incompatível com o objetivo de preservação da atividade empresarial, sendo cabível a indicação de perito contábil, pelo juízo, para apuração dos haveres do sócio excluído. (...) 4. Conforme precedentes desta Corte, comprovada a resistência dos réus em promover a dissolução extrajudicial da sociedade, forçando o autor a ingressar em juízo, incide a regra contida no art. 20 do CPC, com a sucumbência da parte vencida. 5. Recurso especial não conhecido (STJ, REsp 242.603-SC, Rel. Min. Luís Felipe Salomão, DJ 18.12.2008).*

Sobre a apuração de haveres, o art. 1.031 do Código Civil dispõe o seguinte: "nos casos em que a sociedade se resolver em relação a um sócio, o valor da sua quota, considerada pelo montante efetivamente realizado, liquidar-se-á, salvo disposição contratual em contrário, com base na situação patrimonial da sociedade, à data da resolução, verificada em balanço especialmente levantado".

O art. 606 do CPC também trata do assunto: "em caso de omissão do contrato social, o juiz definirá, como critério de apuração de haveres, o valor patrimonial apurado em balanço de determinação, tomando-se por referência a data da resolução e avaliando-se bens e direitos do ativo, tangíveis e intangíveis, a preço de saída, além do passivo também a ser apurado de igual forma".

Percebe-se, pois, que é importante que os próprios sócios estabeleçam, no contrato social, o critério que eles consideram mais adequado para a apuração de haveres, e feita essa escolha o Poder judiciário deve respeitá-la, sobretudo após as regras de reforço da autonomia privada e da liberdade contratual previstas na Lei 13.874/2019 (Lei da Liberdade Econômica).[210]

---

[210] "O novel artigo 606 do Código de Processo Civil de 2015 nada mais fez do que reforçar o que já estava previsto no Código Civil de 2002 (artigo 1.031), tornando ainda mais nítida a opção legislativa segundo a qual, **na omissão do contrato social** quanto ao critério de apuração de haveres no caso de dissolução parcial de sociedade, o valor da quota do sócio retirante deve ser avaliado pelo **critério patrimonial** mediante balanço de determinação" (REsp 1.877.331). Em suma: se os sócios querem um critério específico de apuração de haveres, precisam estipular isso no contrato social, senão o critério legal (patrimonial) será impositivo (a depender do tipo de empreendimento, tal critério pode não ser o mais adequado). A mesma observação vale para a forma de reembolso do sócio falecido/retirante/

No entanto, precedentes recentes do STJ vêm destacando que "na dissolução parcial de sociedade por quotas de responsabilidade limitada, o critério previsto no contrato social para a apuração dos haveres do sócio retirante somente prevalecerá se houver consenso entre as partes quanto ao resultado alcançado, sendo que, em caso de discordância, deverá ser adotado o balanço de determinação, por melhor refletir o valor patrimonial da empresa" (AgInt no AREsp 1.663.721/MS, julgado pela 3ª Turma em 28/09/2020; no mesmo sentido: AgInt no AREsp 1.626.253/SP, julgado pela 4ª Turma em 24/08/2020). Tais precedentes usaram como referência o seguinte julgado:

> DIREITO EMPRESARIAL. DISSOLUÇÃO PARCIAL DE SOCIEDADE POR QUOTAS DE RESPONSABILIDADE LIMITADA. SÓCIO DISSIDENTE. CRITÉRIOS PARA APURAÇÃO DE HAVERES. BALANÇO DE DETERMINAÇÃO. FLUXO DE CAIXA.
>
> 1. Na dissolução parcial de sociedade por quotas de responsabilidade limitada, o critério previsto no contrato social para a apuração dos haveres do sócio retirante somente prevalecerá se houver consenso entre as partes quanto ao resultado alcançado.
>
> 2. Em caso de dissenso, a jurisprudência do Superior Tribunal de Justiça está consolidada no sentido de que o balanço de determinação é o critério que melhor reflete o valor patrimonial da empresa.
>
> 3. O fluxo de caixa descontado, por representar a metodologia que melhor revela a situação econômica e a capacidade de geração de riqueza de uma empresa, pode ser aplicado juntamente com o balanço de determinação na apuração de haveres do sócio dissidente.
>
> 4. Recurso especial desprovido.
>
> (REsp 1.335.619/SP, Rel. Ministra NANCY ANDRIGHI, Rel. p/ Acórdão Ministro JOÃO OTÁVIO DE NORONHA, TERCEIRA TURMA, julgado em 03/03/2015, DJe 27/03/2015)

Nesse julgado, discutiu-se se a apuração de haveres do sócio retirante deveria ser feita com base na forma prevista no contrato social (balanço especial, ajustado a valores de mercado, levantado à época da exclusão do sócio) ou com base no valor econômico da sociedade, aferido por meio de metodologias como FCF (*Free Cash Flow*) ou EVA (*Economic Value Added*). A despeito de, por maioria, ter prevalecido a não utilização da forma prevista no contrato social, alinho-me ao voto divergente do Ministro Ricardo Villas Bôas Cueva, que destacou ser "imperiosa" a utilização do método contratualmente pactuado pelos sócios, "em atenção ao princípio da autonomia da vontade". O Ministro citou, inclusive, vários precedentes antigos do STJ que reconhecem "o princípio da força obrigatória dos contratos na apuração de haveres do sócio retirante".

Em princípio, a dissolução parcial da sociedade acarretará a **redução do capital social**, salvo se os sócios o complementarem. É o que dispõe o § 1.º do art. 1.031: "o capital social sofrerá a correspondente redução, salvo se os demais sócios suprirem o valor da quota".

Por fim, quanto ao pagamento do sócio retirante, excluído, falecido (nesse caso, o pagamento será feito aos herdeiros, obviamente) etc., dispõe o § 2.º do art. 1.031

excluído: se o contrato social não determinar uma forma específica (pagamento parcelado, por exemplo), aplica-se a forma prevista em lei, que é o pagamento em dinheiro no prazo de 90 dias (art. 1.031, § 2º do Código Civil).

o seguinte: "a quota liquidada será paga em dinheiro, no prazo de noventa dias, a partir da liquidação, salvo acordo, ou estipulação contratual em contrário".

Sobre esse dispositivo, veja-se que mais uma vez o legislador privilegiou a autonomia privada e a liberdade contratual, de modo que o contrato pode estabelecer forma específica de reembolso da(s) quota(s) liquidada(s), o que é altamente recomendável: um pagamento parcelado, com carência, pode salvar uma sociedade num caso de exercício de direito de retirada, por exemplo.

Por fim, vale lembrar que na dissolução parcial não se nomeia liquidante, mas apenas perito contábil, conforme já decidiu o STJ:

> RECURSOS ESPECIAIS. AÇÃO DE DISSOLUÇÃO PARCIAL DE SOCIEDADE. SÓCIO FALECIDO. APURAÇÃO DE HAVERES. HERDEIROS. FASE INSTRUTÓRIA. DECISÕES INTERLOCUTÓRIAS. AGRAVO DE INSTRUMENTO. NOMEAÇÃO DE LIQUIDANTE. NÃO CABIMENTO. INDICAÇÃO DE PERITO DO JUÍZO. ADEQUAÇÃO. (...)
>
> 2. A nomeação de liquidante somente se faz necessária nos casos de dissolução total da sociedade, porquanto suas atribuições estão relacionadas com a gestão do patrimônio social de modo a regularizar a sociedade que se pretende dissolver.
>
> 3. Na dissolução parcial, em que se pretende apurar exclusivamente os haveres do sócio falecido ou retirante, com a preservação da atividade da sociedade, é adequada simplesmente a **nomeação de perito técnico habilitado a realizar perícia contábil** a fim de determinar o valor da quota-parte devida ao ex-sócio ou aos seus herdeiros.
>
> (REsp 1557989/MG, Rel. Ministro RICARDO VILLAS BÔAS CUEVA, TERCEIRA TURMA, julgado em 17/03/2016, DJe 31/03/2016)

Quanto a esse perito, o art. 606, parágrafo único do CPC determina que "em todos os casos em que seja necessária a realização de perícia, a nomeação do perito recairá preferencialmente sobre especialista em avaliação de sociedades".

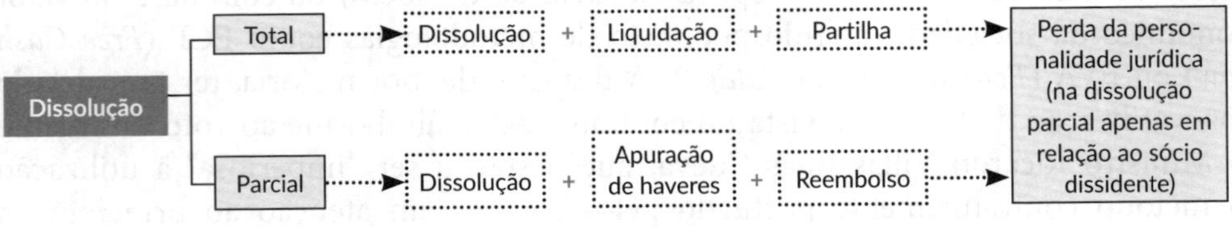

9.2. Dissolução, liquidação e extinção das sociedades por ações

Em se tratando de sociedades institucionais – sociedades por ações – **o procedimento de dissolução não segue as regras previstas no Código Civil**, e sim as regras da LSA (Lei 6.404/1976). Assim, quanto ao ato de dissolução das sociedades institucionais, prevê o art. 206 da LSA que "dissolve-se a companhia: I – de pleno direito: a) pelo término do prazo de duração; b) nos casos previstos no estatuto; c) por deliberação da assembleia geral (art. 136, X); d) pela existência de 1 (um) único acionista, verificada em assembleia geral ordinária, se o mínimo de 2 (dois) não for reconstituído até à do ano seguinte, ressalvado o disposto no artigo 251; e) pela extinção, na forma da lei, da autorização para funcionar; II – por decisão judicial:

a) quando anulada a sua constituição, em ação proposta por qualquer acionista; b) quando provado que não pode preencher o seu fim, em ação proposta por acionistas que representem 5% (cinco por cento) ou mais do capital social; c) em caso de falência, na forma prevista na respectiva lei; III – por decisão de autoridade administrativa competente, nos casos e na forma previstos em lei especial".

Sobre a regra do inciso II, alínea *b*, confira-se a seguinte decisão do STJ:

> *Direito societário. Ação de dissolução de sociedade anônima, proposta por acionistas minoritários. Quórum mínimo atendido na data da propositura da ação. Desistência da ação por um dos autores, no curso do processo. Homologação pelo juízo. Correspondente diminuição da participação detida pelos autores no capital social da companhia a ser dissolvida, para patamar inferior ao mínimo legal. Irrelevância. –* ***A titularidade de 5% do capital social da companhia, em ações de dissolução proposta com base no art. 206 da Lei das S.A.,*** **é condição a ser preenchida na data da propositura da demanda, sendo irrelevantes as alterações nesse percentual ocorridas no curso do processo.** *– Na hipótese dos autos, a desistência de um dos litigantes não poderia prejudicar os demais. Sendo necessário o litisconsórcio formado por ocasião da propositura da ação, o consentimento dado pelo autor no início do processo não pode ser revogado em seu curso. A desistência só pode ser admitida caso subscrita por todos os autores. Recurso especial conhecido e provido (REsp 408.122/PR, Rel. Min. Humberto Gomes de Barros, Rel. p/ Acórdão Min. Nancy Andrighi, 3.ª Turma, j. 20.06.2006, DJ 27.11.2006, p. 272).*

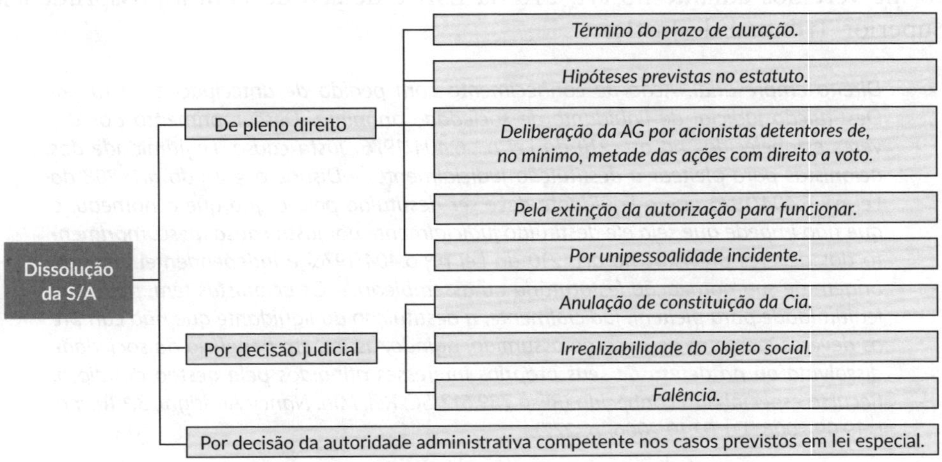

Vê-se, pois, que os casos de dissolução previstos na LSA são bem parecidos com os casos de dissolução previstos no Código Civil, tendo a LSA também previsto separadamente as hipóteses de dissolução extrajudicial e as hipóteses de dissolução judicial.

Segundo o art. 674 do Código de Processo Civil de 1939, que tinha continuado em vigor, conforme já destacamos, por força do disposto no art. 1.218 do Código de Processo Civil de 1973, agora também revogado, "a dissolução das sociedades anônimas far-se-á na forma do processo ordinário. Se não for contestado, o juiz mandará que se proceda à liquidação, na forma estabelecida para a liquidação das sociedades civis ou mercantis" (agora, com o novo CPC, **a dissolução total seguirá**

o procedimento comum; por outro lado, previu-se um **procedimento especial para a ação de dissolução parcial** de sociedade, que abordaremos adiante, no tópico 8.3).

Quanto ao fato de a sociedade conservar a sua personalidade jurídica durante o procedimento de dissolução, a LSA é expressa, destacando, em seu art. 207, que "a companhia dissolvida conserva a personalidade jurídica, até a extinção, com o fim de proceder à liquidação". Quanto ao nome empresarial, por sua vez, o art. 212 determina que "em todos os atos ou operações, o liquidante deverá usar a denominação social seguida das palavras 'em liquidação'".

Ocorrendo um dos atos de dissolução, passa-se então à fase de liquidação. Nesse sentido, dispõe o art. 208 da LSA o seguinte: "silenciando o estatuto, compete à assembleia geral, nos casos do número I do artigo 206, determinar o modo de liquidação e nomear o liquidante e o conselho fiscal que devam funcionar durante o período de liquidação". O § 1.º do dispositivo em análise prevê que "a companhia que tiver conselho de administração poderá mantê-lo, competindo-lhe nomear o liquidante; o funcionamento do conselho fiscal será permanente ou a pedido de acionistas, conforme dispuser o estatuto". O § 2.º, por sua vez, prevê que "o liquidante poderá ser destituído, a qualquer tempo, pelo órgão que o tiver nomeado". Nada impede, todavia, que os acionistas requeiram a destituição judicial do liquidante, caso se verifique o descumprimento de alguns dos seus deveres, conforme veremos adiante no art. 210 da LSA e de acordo com a jurisprudência do Superior Tribunal de Justiça.

> *Direito empresarial. Ação de conhecimento com pedido de antecipação de tutela. Destituição judicial de liquidante de sociedade anônima. Descumprimento dos deveres estabelecidos no art. 210 da Lei n.º 6.404/1976. Justa causa. Legitimidade dos acionistas para pleitear a destituição judicialmente. – Dispõe o § 2.º do art. 208 da Lei n.º 6.404/1976 que o liquidante deve ser destituído pelo órgão que o nomeou, o que não impede que seja ele destituído judicialmente por justa causa (descumprimento dos deveres previstos no art. 210 da Lei n.º 6.404/1976) e independentemente da origem de sua nomeação (estatutária ou assemblear). – Os acionistas têm, portanto, legitimidade para pleitear, judicialmente, a destituição do liquidante que não cumpre os deveres inerentes ao encargo assumido, agindo, assim, em benefício da sociedade dissolvida ou na defesa de seus próprios interesses atingidos pela gestão desidiosa. Recurso especial não conhecido (REsp 789.612/SC, Rel. Min. Nancy Andrighi, 3.ª Turma, j. 19.09.2006, DJ 02.10.2006, p. 277).*

Veja-se que o art. 208 da LSA trata da liquidação nos moldes previstos no estatuto, o que ocorrerá, em tese, quando o ato de dissolução for extrajudicial – como, por exemplo, no caso de deliberação da assembleia geral.

No entanto, há casos em que a liquidação é judicial, o que ocorre quando o ato de dissolução for judicial – como, por exemplo, no caso de anulação do ato constitutivo – ou quando a liquidação normal não acontecer tempestivamente. Nessa hipótese, aplica-se a regra do art. 209 da LSA: "além dos casos previstos no número II do artigo 206, a liquidação será processada judicialmente: I – a pedido de qualquer acionista, se os administradores ou a maioria de acionistas deixarem de promover a liquidação, ou a ela se opuserem, nos casos do número I do artigo 206; II – a requerimento do Ministério Público, à vista de comunicação da autoridade competente, se a companhia, nos 30 (trinta) dias subsequentes à dissolução, não iniciar a liquidação ou, se após iniciá-la, a interromper por mais de 15 (quinze) dias, no caso da alínea *e* do número I do artigo 301". Segundo o parágrafo único do dispositivo em exame, "na liquidação judicial será observado o disposto na lei processual, devendo o liquidante ser nomeado pelo Juiz".

Assim como faz o Código Civil, a LSA também estabeleceu detalhadamente uma série de **deveres do liquidante**. Nesse sentido, prevê o art. 210 da LSA que "são deveres do liquidante: I – arquivar e publicar a ata da assembleia geral, ou certidão de sentença, que tiver deliberado ou decidido a liquidação; II – arrecadar os bens, livros e documentos da companhia, onde quer que estejam; III – fazer levantar de imediato, em prazo não superior ao fixado pela assembleia geral ou pelo juiz, o balanço patrimonial da companhia; IV – ultimar os negócios da companhia, realizar o ativo, pagar o passivo, e partilhar o remanescente entre os acionistas; V – exigir dos acionistas, quando o ativo não bastar para a solução do passivo, a integralização de suas ações; VI – convocar a assembleia geral, nos casos previstos em lei ou quando julgar necessário; VII – confessar a falência da companhia e pedir concordata, nos casos previstos em lei; VIII – finda a liquidação, submeter à assembleia geral relatório dos atos e operações da liquidação e suas contas finais; IX – arquivar e publicar a ata da assembleia geral que houver encerrado a liquidação".

Também da mesma forma que faz o Código Civil, a LSA cuidou do liquidante como se ele fosse, *grosso modo*, o administrador da companhia "em liquidação". Nesse sentido, o art. 211 da LSA determina que "compete ao liquidante representar a companhia e praticar todos os atos necessários à liquidação, inclusive alienar bens móveis ou imóveis, transigir, receber e dar quitação". Complementando, seu parágrafo único estabelece que "sem expressa autorização da assembleia geral o liquidante não poderá gravar bens e contrair empréstimos, salvo quando indispensáveis ao pagamento de obrigações inadiáveis, nem prosseguir, ainda que para facilitar a liquidação, na atividade social". No mesmo sentido, o art. 217 dispõe o seguinte: "o liquidante terá as mesmas responsabilidades do administrador, e os deveres e responsabilidades dos administradores, fiscais e acionistas subsistirão até a extinção da companhia".

Periodicamente, durante o processo de liquidação da companhia, o liquidante deve prestar contas de suas atividades à assembleia geral. É o que dispõe o art. 213 da LSA: "o liquidante convocará a assembleia geral cada 6 (seis) meses, para prestar-lhe contas dos atos e operações praticados no semestre e apresentar-lhe o relatório e o balanço do estado da liquidação; a assembleia geral pode fixar, para essas prestações de contas, períodos menores ou maiores que, em qualquer caso, não serão inferiores a 3 (três) nem superiores a 12 (doze) meses".

Cumpre destacar que nessas assembleias-gerais realizadas durante a fase de liquidação da companhia todas as ações passam a ser "iguais" no que tange ao direito de voto, não se aplicando qualquer restrição ao exercício desse direito. É o que prevê o § 1.º, do art. 213, da LSA: "nas assembleiasgerais da companhia em liquidação todas as ações gozam de igual direito de voto, tornando-se ineficazes as restrições ou limitações porventura existentes em relação às ações ordinárias ou preferenciais; cessando o estado de liquidação, restaura-se a eficácia das restrições ou limitações relativas ao direito de voto".

Tratando-se, por outro lado, de liquidação judicial, aplica-se o disposto no § 2.º do dispositivo legal em exame: "no curso da liquidação judicial, as assembleias-gerais necessárias para deliberar sobre os interesses da liquidação serão convocadas por ordem do juiz, a quem compete presidi-las e resolver, sumariamente, as dúvidas e litígios que forem suscitados. As atas das assembleias-gerais serão, por cópias autênticas, apensadas ao processo judicial".

Mais uma vez seguindo a mesma linha do Código Civil – na verdade, foi o Código Civil que seguiu a linha da LSA, já que esta é mais antiga –, desta feita no que toca ao pagamento dos credores, o art. 214 da LSA estabelece que, "respeitados os direitos dos credores preferenciais, o liquidante pagará as dívidas sociais proporcionalmente e sem distinção entre vencidas e vincendas, mas, em relação a estas, com desconto às taxas bancárias". O parágrafo único desse dispositivo, por sua vez, prevê que "se o ativo for superior ao passivo, o liquidante poderá, sob sua responsabilidade pessoal, pagar integralmente as dívidas vencidas".

Havendo acervo líquido a partilhar, após a realização do ativo e a satisfação do passivo, começa então a partilha, e mais uma vez a LSA e o Código Civil possuem regras semelhantes. Com efeito, o art. 215 da LSA estabelece que "a assembleia geral pode deliberar que antes de ultimada a liquidação, e depois de pagos todos os credores, se façam rateios entre os acionistas, à proporção que se forem apurando os haveres sociais". Esta regra do art. 215 é complementada por dois parágrafos. O § 1.º prevê que "é facultado à assembleia geral aprovar, pelo voto de acionistas que representem 90% (noventa por cento), no mínimo, das ações, depois de pagos ou garantidos os credores, condições especiais para a partilha do ativo remanescente, com a atribuição de bens aos sócios, pelo valor contábil ou outro por ela fixado". Já o § 2.º prevê que, "provado pelo acionista dissidente (artigo 216, § 2.º) que as condições especiais de partilha visaram a favorecer a maioria, em detrimento da parcela que lhe tocaria, se inexistissem tais condições, será a partilha suspensa, se não consumada, ou, se já consumada, os acionistas majoritários indenizarão os minoritários pelos prejuízos apurados".

Concluídas, enfim, as fases de liquidação e de partilha, cabe ao liquidante, então, proceder à sua prestação de contas final, nos termos do art. 216 da LSA: "pago o passivo e rateado o ativo remanescente, o liquidante convocará a assembleia geral para a prestação final das contas". Segundo o § 1.º desse dispositivo, "aprovadas as contas, encerra-se a liquidação e a companhia se extingue".

Assim como ocorre no regime de dissolução do Código Civil, a LSA permite que o acionista discordante da aprovação das contas do liquidante promova ação em trinta dias: "o acionista dissidente terá o prazo de 30 (trinta) dias, a contar da publicação da ata, para promover a ação que lhe couber" (art. 216, § 2.º). Da mesma forma, a LSA também se preocupou em resguardar os direitos de eventuais credores não satisfeitos na liquidação. Cabe a eles usar a faculdade do art. 218 da LSA: "encerrada a liquidação, o credor não satisfeito só terá direito de exigir dos acionistas, individualmente, o pagamento de seu crédito, até o limite da soma, por eles recebida, e de propor contra o liquidante, se for o caso, ação de perdas e danos. O acionista executado terá direito de haver dos demais a parcela que lhes couber no crédito pago".

Finalizando, e lembrando que a extinção da sociedade não se confunde com a sua dissolução nem com a sua liquidação, estabelece o art. 219 da LSA o seguinte: "extingue-se a companhia: I – pelo encerramento da liquidação; II – pela incorporação ou fusão, e pela cisão com versão de todo o patrimônio em outras sociedades".

9.2.1. Dissolução parcial das sociedades por ações

Durante muito tempo, a jurisprudência pátria não admitia a figura da dissolução parcial nas sociedades anônimas, em razão da ausência de *affectio societatis* nesse tipo societário – decorrente do seu caráter de sociedade de capital (*intuitu pecuniae*) – e do fato de o direito de retirada do acionista estar previsto taxativamente na Lei 6.404/1976. Eis alguns acórdãos do Superior Tribunal de Justiça que entendiam pela impossibilidade da dissolução parcial da S/A:

> *Comercial. Sociedade anônima. Dissolução parcial. Impossibilidade jurídica do pedido. Nas sociedades anônimas o direito de retirada do acionista é restrito às hipóteses do art. 137 da Lei 6.404/1976, apresentando-se impossível o pedido de dissolução parcial da sociedade, próprio das empresas organizadas por quotas de responsabilidade limitada, sem relevo a qualificação de coligada da empresa acionista, cuja condição poderá ser desfeita mediante alienação de ações de modo a reduzir a menos de dez por cento do capital da sociedade anônima (AgRg no Ag 34.120/SP, Rel. Min. Dias Trindade, 3.ª Turma, j. 26.04.1993, DJ 14.06.1993, p. 11.785).*
>
> *Comercial. Sociedade anônima. Dissolução. Impossibilidade jurídica do pedido. Carência de ação. I – Pedido de dissolução,* in casu, *é juridicamente impossível pois a espécie societária admite o direito de recesso do sócio descontente. II – Recurso não conhecido (REsp 171.354/SP, Rel. Min. Waldemar Zveiter, 3.ª Turma, j. 16.11.2000, DJ 05.02.2001, p. 99).*
>
> *Sociedade anônima. Dissolução parcial. Precedentes da Corte. 1. É incompatível com a natureza e o regime jurídico das sociedades anônimas o pedido de dissolução parcial, feito por acionistas minoritários, porque reguladas em lei especial que não contempla tal possibilidade. 2. Recurso especial conhecido e provido (REsp 419.174/SP, Rel. Min. Carlos Alberto Menezes Direito, 3.ª Turma, j. 15.08.2002, DJ 28.10.2002, p. 311).*

No entanto, com o passar do tempo a jurisprudência foi mudando seu entendimento, passando a permitir a dissolução parcial das sociedades anônimas fechadas organizadas como grupos familiares, porque nessas é patente a presença da *affectio societatis*. Nesse sentido, eis alguns julgados do Superior Tribunal de Justiça:

> *(...)* ***Não há impossibilidade jurídica no pedido de dissolução parcial de sociedade anônima de capital fechado, que pode ser analisado sob a ótica do art. 335, item 5, do Código Comercial, desde que diante de peculiaridades do caso concreto. – A affectio societatis decorre do sentimento de empreendimento comum que reúne os sócios em torno do objeto social, e não como consequência lógica do restrito quadro social, característica peculiar da maioria das sociedades anônimas de capital fechado.*** *(...) (REsp 247.002/RJ, Rel. Min. Nancy Andrighi, 3.ª Turma, j. 04.12.2001, DJ 25.03.2002, p. 272).*
>
> *Direito comercial. Sociedade anônima. Grupo familiar. Inexistência de lucros e de distribuição de dividendos há vários anos. Dissolução parcial. Sócios minoritários. Possibilidade. Pelas peculiaridades da espécie, em que o elemento preponderante, quando do recrutamento dos sócios, para a constituição da sociedade anônima*

> *envolvendo pequeno grupo familiar, foi a afeição pessoal que reinava entre eles, a quebra da* affecttio societatis *conjugada à inexistência de lucros e de distribuição de dividendos, por longos anos, pode se constituir em elemento ensejador da dissolução parcial da sociedade, pois seria injusto manter o acionista prisioneiro da sociedade, com seu investimento improdutivo, na expressão de Rubens Requião.* ***O princípio da preservação da sociedade e de sua utilidade social afasta a dissolução integral da sociedade anônima, conduzindo à dissolução parcial.*** *Recurso parcialmente conhecido, mas improvido (REsp 111.294/PR, Rel. Min. Barros Monteiro, Rel. p/ Acórdão Min. Cesar Asfor Rocha, 4.ª Turma, j. 19.09.2000, DJ 28.05.2001, p. 161).*
>
> *(...) III – Sociedade anônima. Dissolução parcial. Possibilidade jurídica. Requisitos. 1. Normalmente não se decreta dissolução parcial de sociedade anônima: a Lei das S/A prevê formas específicas de retirada – voluntária ou não – do acionista dissidente. 2.* ***Essa possibilidade é manifesta, quando a sociedade, embora formalmente anônima, funciona de fato como entidade familiar, em tudo semelhante à sociedade por cotas de responsabilidade limitada.*** *(...) (REsp 507.490/RJ, Rel. Min. Humberto Gomes de Barros, 3.ª Turma, j. 19.09.2006, DJ 13.11.2006, p. 241).*

Finalmente, diante de posicionamentos divergentes no âmbito de suas Turmas, a Segunda Seção do Superior Tribunal de Justiça pacificou a questão, entendendo pela possibilidade de dissolução parcial da sociedade anônima nos casos em que se verifique a presença de vínculo *intuitu personae* (*affectio societatis*) e a posterior quebra desse vínculo, por algum motivo. Nesses casos, é preferível a dissolução parcial da sociedade, com a continuação desta, do que sua dissolução total, o que atentaria contra o princípio da preservação da empresa. Confira-se a ementa do acórdão:

> *(...) III – É inquestionável que as sociedades anônimas são sociedades de capital (*intuitu pecuniae*), próprio às grandes empresas, em que a pessoa dos sócios não tem papel preponderante. Contudo, a realidade da economia brasileira revela a existência, em sua grande maioria, de sociedades anônimas de médio e pequeno porte, em regra, de capital fechado, que concentram na pessoa de seus sócios um de seus elementos preponderantes, como sói acontecer com as sociedades ditas familiares, cujas ações circulam entre os seus membros, e que são, por isso, constituídas* intuitu personae. *Nelas, o fator dominante em sua formação é a afinidade e identificação pessoal entre os acionistas, marcadas pela confiança mútua. Em tais circunstâncias, muitas vezes, o que se tem, na prática, é uma sociedade limitada travestida de sociedade anônima, sendo, por conseguinte, equivocado querer generalizar as sociedades anônimas em um único grupo, com características rígidas e bem definidas.*
>
> *Em casos que tais, porquanto reconhecida a existência da* affectio societatis *como fator preponderante na constituição da empresa, não pode tal circunstância ser desconsiderada por ocasião de sua dissolução. Do contrário, e de que é exemplo a hipótese em tela, a ruptura da* affectio societatis *representa verdadeiro impedimento a que a companhia continue a realizar o seu fim, com a obtenção de lucros e distribuição de dividendos, em consonância com o artigo 206, II, "b", da Lei n.º 6.404/1976, já que dificilmente pode prosperar uma sociedade em que a confiança, a harmonia, a fidelidade e o respeito mútuo entre os seus sócios tenham sido rompidos.*
>
> *A regra da dissolução total, nessas hipóteses, em nada aproveitaria aos valores sociais envolvidos, no que diz respeito à preservação de empregos, arrecadação de tributos e desenvolvimento econômico do país. À luz de tais razões, o rigorismo legislativo deve ceder lugar ao princípio da preservação da empresa, preocupação, inclusive, da nova Lei de Falências – Lei n.º 11.101/2005, que substituiu o Decreto-lei n.º 7.661/1945, então vigente, devendo-se permitir, pois, a dissolução parcial, com a retirada dos sócios dissidentes, após a apuração de seus haveres em função do valor real do ativo e passivo.*

A solução é a que melhor concilia o interesse individual dos acionistas retirantes com o princípio da preservação da sociedade e sua utilidade social, para evitar a descontinuidade da empresa, que poderá prosseguir com os sócios remanescentes.

Embargos de divergência improvidos, após rejeitadas as preliminares (EREsp 111.294/PR, Rel. Min. Castro Filho, 2.ª Seção, j. 28.06.2006, DJ 10.09.2007, p. 183).

O STJ já teve a oportunidade de analisar o tema em outras ocasiões, mantendo-se fiel ao entendimento consolidado no julgado acima transcrito. Nesse sentido:

Comercial. Sociedade anônima familiar. Dissolução parcial. Inexistência de affectio societatis. *Possibilidade. Matéria pacificada. I. A 2.ª Seção, quando do julgamento do EREsp n. 111.294/PR (Rel. Min. Castro Filho, por maioria, DJU de 10.09.2007), adotou o entendimento de que é possível a dissolução de sociedade anônima familiar quando houver quebra da* affectio societatis. *II. Embargos conhecidos e providos, para julgar procedente a ação de dissolução parcial (EREsp 419.174/SP, Rel. Min. Aldir Passarinho Junior, 2.ª Seção, j. 28.05.2008, DJe 04.08.2008).*

O tema voltou a ser discutido pela Segunda Seção do STJ posteriormente, a fim de que o tribunal esclarecesse uma questão: a mera quebra da *affectio societatis* em uma sociedade anônima fechada de cunho familiar é suficiente para permitir que um sócio peça a sua dissolução parcial, ou é preciso aliar a esse fato a circunstância de a companhia mostrar-se inviável economicamente? Segundo a Ministra Isabel Gallotti, a mera quebra da *affectio societatis* não seria suficiente. Confira-se, a propósito, o seu argumento:

É possível o conhecimento dos embargos de divergência na hipótese em que o acórdão embargado entendeu possível a ***dissolução parcial*** *de sociedade* ***anônima*** *de caráter familiar e fechado em razão, exclusivamente, da quebra da affectio societatis, e os paradigmas concluíram pela necessidade de conjugação com fato que demonstre a sua inviabilidade econômica, pois é manifesta a divergência com o acórdão embargado, o qual adotou a exceção admitida no julgamento dos paradigmas como regra, passando a reconhecer o direito de* ***dissolução parcial*** *da sociedade* ***anônima*** *fechada saudável exclusivamente em razão da vontade unilateral e potestativa dos autores, que afirmam não mais querer se manter na sociedade.*

Não é possível a ***dissolução parcial*** *de sociedade* ***anônima*** *de caráter familiar e fechado em razão, exclusivamente, da quebra da affectio societatis, pois ao decidirem pela constituição de sociedade* ***anônima*** *e não de uma sociedade limitada, os sócios fundadores da empresa familiar optaram por regência legal própria, devendo ser respeitado, salvo situações excepcionalíssimas, o modelo societário estabelecido pelos fundadores, talvez, até mesmo, com o objetivo de limitar as hipóteses de dissolução e recesso.*

No entanto, o argumento acima transcrito não prevaleceu, e a Segunda Seção do STJ esclareceu que, em se tratando de sociedade anônima fechada, basta que exista a quebra da *affectio societatis* para se admitir o pedido de dissolução parcial por parte de um dos sócios. Confira-se a ementa do julgado:

Embargos de divergência. Dissolução parcial de sociedade anônima de caráter familiar e fechado. Requisito da quebra da affectio societatis afirmado suficiente pelos acórdãos expostos como paradigmas. Acórdão embargado que julgou no mesmo sentido. Incidência da Súmula 168/STJ.

1. O Acórdão ora embargado, firmando, como único requisito à dissolução parcial da sociedade anônima familiar fechada a quebra da affectio societatis, julgou exatamente no mesmo sentido dos Acórdãos invocados como paradigmas pretensamente divergentes, de modo que não cabem Embargos de Divergência, nos termos da Súmula 168/STJ.

2. Subsistência da orientação constante do Acórdão embargado: "A 2.ª Seção, quando do julgamento do EResp n. 111.294/PR (Rel. Min. Castro Filho, por maioria, DJU *de 10.09.2007), adotou o entendimento de que **é possível a dissolução de sociedade anônima familiar quando houver quebra da** **affectio societatis** (EResp 419.174/SP, Rel. Min. Aldir Passarinho,* DJ *04.08.2008)".*

3. Embargos de divergência não conhecidos (EREsp 1.079.763/SP, Rel. Ministro Sidnei Beneti, Segunda Seção, j. 25.04.2012, DJe *06.09.2012).*

Em 2015, o Código de Processo Civil disciplinou expressamente, em seus arts. 599 a 609, o procedimento especial de dissolução parcial de sociedade, estabelecendo o seguinte no § 2º do art. 599: "a ação de dissolução parcial de sociedade pode ter também por objeto a sociedade anônima de capital fechado quando demonstrado, por acionista ou acionistas que representem cinco por cento ou mais do capital social, que não pode preencher o seu fim".

Vale lembrar que na LSA a impossibilidade de preenchimento do seu fim é causa e dissolução total da sociedade anônima (art. 206, inciso II, alínea 'b'), e não de dissolução parcial. Ademais, conforme a jurisprudência do STJ acima analisada, basta que se trate de companhia fechada familiar e que tenha ocorrido a quebra da *affectio societatis*. A propósito, confira-se precedente recente da 4ª Turma (2020), que por sua vez cita outro precedente recente da 3ª Turma (2017):

AGRAVO INTERNO NO AGRAVO EM RECURSO ESPECIAL. DECISÃO DA PRESIDÊNCIA. RECONSIDERAÇÃO. AÇÃO DE DISSOLUÇÃO PARCIAL DE SOCIEDADE. PROCESSUAL CIVIL E SOCIETÁRIO. TRIBUNAL LOCAL CONCLUIU PELA LEGITIMIDADE DOS SÓCIOS DISSIDENTES PARA PROMOVER A AÇÃO. REEXAME FÁTICO E PROBATÓRIO DOS AUTOS. SÚMULA 7/STJ. ALEGAÇÃO DE OFENSA A DISPOSITIVO DISSOCIADO DA TESE RECURSAL. SÚMULA 284/STF. SOCIEDADE ANÔNIMA DE CUNHO FAMILIAR. DISSOLUÇÃO DA SOCIEDADE POR QUEBRA DA AFFECTTIO SOCIETATIS E DA CONFIANÇA ENTRE OS SÓCIOS. POSSIBILIDADE. SÚMULA 83/STJ. AGRAVO INTERNO PROVIDO PARA CONHECER DO AGRAVO E NEGAR PROVIMENTO AO RECURSO ESPECIAL.

4."A jurisprudência do STJ reconheceu a possibilidade jurídica da dissolução parcial de sociedade anônima fechada, em que prepondere o liame subjetivo entre os sócios, ao fundamento de quebra da affectio societatis" (REsp 1.400.264/RS, Rel. Ministra Nancy Andrighi, Terceira Turma, julgado em 24/10/2017, DJe de 30/10/2017).

5. Agravo interno provido para conhecer do agravo e negar provimento ao recurso especial.

(AgInt no AREsp 1539920/RS, Rel. Ministro RAUL ARAÚJO, QUARTA TURMA, julgado em 18/05/2020, DJe 01/06/2020)

9.3. O procedimento de dissolução parcial previsto no novo CPC

A dissolução parcial, como dito, é fruto de construção doutrinária e jurisprudencial, com base no princípio da preservação da empresa: quando um sócio não queria mais a sociedade e pedia a sua dissolução, muitas vezes os outros queriam continuar as atividades, de modo que a dissolução parcial foi construída para permitir que, nesses casos, o sócio dissidente se retirasse – recebendo seus respectivos haveres –, mas a sociedade permanecesse existindo com os demais.

Diante dos inúmeros casos de dissolução parcial que ocorrem na prática, o novo CPC não tinha como deixar de estabelecer um procedimento específico para tanto, o que foi feito em seus arts. 599 a 609.

Normalmente, a dissolução parcial é medida que atinge sociedades limitadas, dada a sua natureza contratual. Por isso, o novo CPC faz menção, em seu art. 599, I, às sociedades empresariais contratuais ou simples (sociedade limitada, sociedade em nome coletivo, sociedade comandita simples e sociedade simples pura). Merece destaque, porém, o fato de que o novo CPC permitiu expressamente a ação de dissolução parcial de sociedades anônimas fechadas, algo que já vem sendo admitido pelo STJ, conforme visto acima, mas com contornos distintos. A regra do CPC sobre o assunto tem o seguinte teor: "a ação de dissolução parcial de sociedade pode ter também por objeto a sociedade anônima de capital fechado quando demonstrado, por acionista ou acionistas que representem cinco por cento ou mais do capital social, que não pode preencher o seu fim".

O novo CPC permitiu o uso da ação de dissolução parcial somente para a (i) resolução da sociedade empresária em relação a um sócio (em razão da sua morte, da sua exclusão ou de sua simples retirada), ou somente para a (ii) apuração de haveres de um sócio (pelos mesmos motivos). A ação pode também envolver ambas as hipóteses, caso em que terá uma fase inicial para decisão sobre a saída do sócio, e uma fase posterior para apuração dos seus haveres (art. 599).

Se, por exemplo, (i) os sócios divergem apenas sobre se o vínculo societário entre eles está ou não desfeito, mas concordam com a avaliação da sociedade, a ação será proposta com base no art. 599, III, primeira parte; se, por outro lado, (ii) os sócios divergem apenas sobre a avaliação da sociedade, mas concordam com a sua dissolução parcial, a ação será proposta com base no art. 599, III, parte final; finalmente, se (iii) os sócios divergem sobre ambas as coisas – resolução do vínculo societário e avaliação da sociedade – o fundamento da ação serão os incisos I e II do art. 599, e nesse caso o juiz terá que decidir, primeiramente, sobre o término do vínculo societário, e depois sobre a avaliação das quotas do sócio que está saindo.

Nessa terceira situação descrita no parágrafo anterior, pode ser que as partes, uma vez ajuizada a ação, concordem sobre a resolução do vínculo societário. Aplica-se, então, o art. 603: "havendo manifestação expressa e unânime pela concordância da dissolução, o juiz a decretará, passando-se imediatamente à fase de liquidação". A fim de facilitar esse tipo de acordo, o § 1.º desse dispositivo legal prevê que, "na hipótese prevista no *caput*, não haverá condenação em honorários advocatícios de nenhuma das partes, e as custas serão rateadas segundo a participação das partes no capital social".

Quando as partes concordam com a resolução do vínculo societário, mas divergem quanto ao valor das quotas de quem está saindo, é comum que os sócios remanescentes usem a ação de dissolução parcial para protelar o pagamento delas. A fim de evitar esse tipo de manobra, o novo CPC previu o seguinte no art. 604, §§ 1.º, 2.º e 3.º: "§ 1.º O juiz determinará à sociedade ou aos sócios que nela permanecerem que depositem em juízo a parte incontroversa dos haveres devidos. § 2.º O depósito poderá ser, desde logo, levantando pelo ex-sócio, pelo espólio ou pelos sucessores. § 3.º Se o contrato social estabelecer o pagamento dos haveres, será observado o que nele se dispôs no depósito judicial da parte incontroversa". Assim, a discussão remanescerá apenas quanto à parte incontroversa.

Nos casos em que a dissolução parcial se deu por exclusão de sócio (sócio remisso ou sócio que praticou falta grave, por exemplo), pode ser que a sociedade tenha uma indenização a receber dele, hipótese em que fará uso da prerrogativa do art. 602: "a sociedade poderá formular pedido de indenização compensável com o valor dos haveres a apurar".

Na fase de liquidação, quando já acordada ou decidida a resolução do vínculo societário, restando apenas apurar o valor a ser recebido pelo sócio que está saindo, é imprescindível que se definam claramente (i) a data de resolução da sociedade e (ii) o critério de apuração de haveres. Atualmente, muitas ações desse tipo são julgadas sem que o juiz, na sentença, defina de forma clara essas duas coisas, dificultando sobremaneira a liquidação do julgado. Por isso, o novo CPC determinou, em seu art. 604, o seguinte: "para apuração dos haveres, o juiz: I – fixará a data da resolução da sociedade; II – definirá o critério de apuração dos haveres à vista do disposto no contrato social; e III – nomeará o perito". Este perito, é importante destacar, deve ser preferencialmente um especialista em avaliação de sociedades (art. 606, parágrafo único).

Quanto à fixação da data de resolução da sociedade, o novo CPC preocupou-se em estabelecê-la claramente, levando em conta o motivo que deu causa à dissolução parcial (morte, exclusão etc.), e o juiz deve estrita obediência ao comando normativo. Assim, de acordo com o art. 605, "a data da resolução da sociedade será: I – no caso de falecimento do sócio, a do óbito; II – na retirada imotivada, o sexagésimo dia seguinte ao do recebimento, pela sociedade, da notificação do sócio retirante; III – no recesso, o dia do recebimento, pela sociedade, da notificação do sócio dissidente; IV – na retirada por justa causa de sociedade por prazo determinado e na exclusão judicial de sócio, a do trânsito em julgado da decisão que dissolver a sociedade; e V – na exclusão extrajudicial, a data da assembleia ou da reunião de sócios que a tiver deliberado".

Quanto à fixação do critério de apuração de haveres, o juiz deve obediência ao contrato social, não podendo estabelecer critério diverso do previsto no ato constitutivo. Se o contrato social não estabelecer nenhum critério, aplica-se o art. 606: "em caso de omissão do contrato social, o juiz definirá, como critério de apuração de haveres, o valor patrimonial apurado em balanço de determinação, tomando-se por referência a data da resolução e avaliando-se bens e direitos do ativo, tangíveis e intangíveis, a preço de saída, além do passivo também a ser apurado de igual forma".

Até a realização da perícia, o juiz pode revisar a data de resolução da sociedade ou o critério de apuração de haveres (art. 607), mas sempre atentando, quanto à primeira, ao que dispõe o art. 605, e, quanto ao segundo, ao que dispõem o contrato social ou o art. 606.

Até a data da resolução, integram o valor devido ao ex-sócio, ao espólio ou aos sucessores a participação nos lucros ou os juros sobre o capital próprio declarados pela sociedade e, se for o caso, a remuneração como administrador (art. 608). Após a data da resolução, o ex-sócio, o espólio ou os sucessores terão direito apenas à correção monetária dos valores apurados e aos juros contratuais ou legais (art. 608, parágrafo único).

Finalmente, resolvida a sociedade e apurados os haveres, o sócio retirante os receberá conforme disciplinar o contrato social. Caso, porém, o contrato seja omisso, o pagamento será feito nos termos do CC: "a quota liquidada será paga em dinheiro, no prazo de noventa dias (...)".

10. ARBITRAGEM NOS CONFLITOS SOCIETÁRIOS

Conforme será visto no capítulo referente aos contratos empresariais, o uso da arbitragem tem crescido muito no Brasil, como **meio alternativo de solução de conflitos**, sendo esta uma realidade cada vez mais latente no meio empresarial.

Assim, diante desse vertiginoso desenvolvimento da arbitragem, os estudiosos do direito societário têm deparado com uma questão deveras polêmica e de grande repercussão prática: o uso da **arbitragem para a solução de controvérsias entre os sócios.**

Sobre o assunto, cumpre destacar, inicialmente, que o próprio Código Comercial de 1850 previa arbitragem compulsória para questões societárias, dispondo, em seu art. 294, o seguinte: "todas as questões sociais que se suscitarem entre sócios durante a existência da sociedade ou companhia, sua liquidação ou partilha, serão decididas em juízo arbitral". Vê-se, pois, que o tema em exame não se trata sequer de novidade, não obstante seu estudo, em razão das inovações legislativas recentes sobre a matéria, mostre-se extremamente atual.

10.1. A cláusula compromissória nos estatutos das sociedades anônimas

No que se refere às sociedades anônimas, o art. 109, § 3.º, da LSA estabelece que "o estatuto da sociedade pode estabelecer que as divergências entre os acionistas e a companhia, ou entre os acionistas controladores e os acionistas minoritários, poderão ser solucionadas mediante arbitragem, nos termos em que especificar". De início, cabem duas observações sobre o dispositivo transcrito: (i) trata-se de regra inserida na LSA pela reforma provocada pela Lei 10.303/2001, a qual, conforme já destacamos, veio incorporar à nossa legislação do anonimato alguns princípios básicos de *governança corporativa*, e tal norma é exemplo claro dessa tendência; (ii) onde o legislador escreveu "poderão ser", obviamente, deve-se ler "serão", sob pena de a regra tornar-se inócua.[211]

A grande discussão acerca do uso da arbitragem nas sociedades anônimas, nos termos da regra em análise, está em precisar a **validade da cláusula compromissória** constante do estatuto **em relação aos sócios que não se manifestaram expressamente sobre ela.**

211 Nesse sentido: CARMONA, Carlos Alberto. *Arbitragem e processo*. 2. ed. São Paulo: Atlas, 2007. p. 111.

Se a cláusula foi **prevista originariamente no estatuto da companhia**, tendo os sócios aprovado tal cláusula por unanimidade, não há o que discutir: é **plenamente válida** a cláusula e **legítimo o uso da arbitragem** nos termos em que ela especificar.

Se, todavia, a cláusula compromissória for introduzida em **alteração estatutária**, a situação é bem diferente, já que nessa situação pode ser que alguns acionistas não se manifestem expressamente sobre a cláusula, ou mesmo que alguns acionistas sejam contrários a ela, não obstante sua aprovação por maioria. A despeito das diversas opiniões sobre o assunto, parecia-nos que a solução mais adequada era a proposta por Carlos Alberto Carmona, para quem a alteração estatutária, para incluir cláusula compromissória de arbitragem, deveria ser sempre *unânime*.[212]

No entanto, a Lei 13.129/2015 resolveu a polêmica ao incluir o art. 136-A na LSA, que assim dispõe: "a aprovação da inserção de convenção de arbitragem no estatuto social, observado o *quorum* do art. 136, obriga a todos os acionistas, assegurado ao acionista dissidente o direito de retirar-se da companhia mediante o reembolso do valor de suas ações, nos termos do art. 45". Não se exige, pois, deliberação unânime, mas o quórum qualificado do art. 136 (mais da metade do capital votante), garantindo-se, ademais, ao acionista dissidente o direito de retirada. Tal direito não será assegurado, porém, em duas situações: "I – caso a inclusão da convenção de arbitragem no estatuto social represente condição para que os valores mobiliários de emissão da companhia sejam admitidos à negociação em segmento de listagem de bolsa de valores ou de mercado de balcão organizado que exija dispersão acionária mínima de 25% (vinte e cinco por cento) das ações de cada espécie ou classe; II – caso a inclusão da convenção de arbitragem seja efetuada no estatuto social de companhia aberta cujas ações sejam dotadas de liquidez e dispersão no mercado, nos termos das alíneas 'a' e 'b' do inciso II do art. 137 desta Lei" (§ 2.º).

Ultrapassada essa questão polêmica, cumpre também registrar que não se deve permitir o abuso de direito pelo acionista controlador quando da inclusão de cláusula compromissória no estatuto social da companhia, tendo-se em vista, sobretudo, a proteção aos acionistas minoritários. Assim, por exemplo, não se deve admitir uma cláusula compromissória que preveja a indicação dos árbitros somente pelo

---

[212] "O estatuto social, desnecessário dizer, é um e único para todos os sócios. Trata-se de 'lei interna, reguladora, principalmente, dos direitos e obrigações dos sócios em suas relações recíprocas e com terceiros'. Não se pode conceber, portanto, que haja um estatuto híbrido, que obrigue alguns sócios e não vincule outros. Digo isso para que o raciocínio sirva de ponto de partida para minha análise: se os sócios deliberarem a inclusão de cláusula compromissória no estatuto, tal cláusula haverá de obrigar todos os sócios, presentes e futuros. Mas como harmonizar tal conclusão com o fato de que a cláusula deve ser consensual, dependendo sua validade de expressa manifestação de vontade no sentido de retirar a competência do juiz togado? Parece-me que a resposta está baseada na necessidade de a deliberação sobre a inclusão da cláusula ser sempre unânime, contando com a adesão de todos os sócios. Explico: se os sócios fundadores resolverem encartar o dispositivo no estatuto, tal deliberação fará parte da carta de regência da companhia; todos quantos vierem a adquirir ações no futuro estarão vinculados, portanto, a tal carta de direitos e deveres, de tal sorte que estarão, por vontade própria, sujeitando-se a todas as regras estatutárias – inclusive aquela que determina a solução arbitral de certas controvérsias. Caso entretanto a cláusula não tenha sido introduzida no momento da constituição da companhia, somente com o voto de todos os acionistas poderá ser incluída no estatuto, pouco importando o quórum estabelecido na lei ou no próprio estatuto para as demais alterações pontuais, eis que estará em jogo direito essencial do acionista, qual seja, o de dirigir-se ao Estado para tratar de lesão ou ameaça de lesão a suposto direito seu. Em conclusão, o interessado em adquirir ações – inclusive no mercado aberto – deverá tomar o cuidado de conhecer previamente o estatuto da companhia a que irá aderir." (CARMONA, Carlos Alberto. *Arbitragem e processo*. 2. ed. São Paulo: Atlas, 2007. p. 111-112).

controlador ou de modo proporcional à participação societária dos litigantes. Da mesma forma, não se deve escolher entidade arbitral demasiadamente cara, dentre outras situações.

Por fim, ainda no que tange ao uso da arbitragem nas sociedades anônimas, saliente-se que é também possível a previsão de **cláusula compromissória em acordos de acionistas**, desde que o objeto do litígio refira-se a **direito patrimonial disponível**. Não há razão para se vedar o uso da arbitragem na solução de conflitos relativos a acordo de acionistas, mesmo se o estatuto social não contiver cláusula compromissória. Deve-se apenas tentar ao máximo evitar possíveis incongruências entre as cláusulas arbitrais do estatuto social e as cláusulas do eventual acordo de acionistas.

10.1.1. Arbitragem e empresas públicas: o caso Petrobras

Na Câmara de Arbitragem do Mercado – CAM, foi instaurado procedimento arbitral contra a Petrobras e a União, sua controladora, para apurar prejuízos causados a investidores em razão da desvalorização de seus ativos após a operação Lava Jato.

A União alegou que a cláusula arbitral do estatuto da Petrobras não se aplicaria a ela, mas o presidente da CAM rejeitou a alegação, o que fez a União ajuizar ação na Justiça Federal para não se submeter ao procedimento, obtendo liminar nesse sentido.

Como o STJ cassou a referida liminar, o procedimento teve seguimento, formando-se o tribunal arbitral, que proferiu decisão pela aplicabilidade da cláusula compromissória do estatuto da Petrobras à União, reconhecendo sua legitimidade passiva na arbitragem.

Suscitou-se conflito de competência ao STJ para definir a questão, e após o voto vencido da relatora, Ministra Nancy Andrighi, os demais Ministros, acompanhando o voto do Ministro Luís Felipe Salomão, entenderam que apesar "da possibilidade da adoção da arbitragem pela Administração Pública, direta e indireta, bem como da arbitrabilidade das relações societárias", a submissão da União ao procedimento arbitral instaurado, com base na cláusula compromissória do estatuto da Petrobras, dependeria de "previsão legal ou regulamentar próprias".

Argumentou-se também que a cláusula arbitral discutida se refere apenas a questões societárias, enquanto a arbitragem instaurada "ultrapassa, no tocante à União, os atos societários", sendo na verdade uma ação "de responsabilidade civil extracontratual". Nesse ponto, citou-se o parecer do MPF: "a pretensão ora formulada pelos acionistas que se sentiram lesados pela 'Operação Lava Jato' é extravagante ao universo estritamente societário, ultrapassa em muito a competência do juízo arbitral, nos precisos limites do estatuto da própria Companhia".

10.2. A cláusula compromissória nos contratos sociais de sociedades limitadas

Já destacamos que as sociedades anônimas diferem das sociedades limitadas sobretudo em função do regime de constituição de cada uma delas: enquanto as companhias se constituem por meio de um estatuto social, criando vínculos institucionais entre seus sócios, as limitadas se constituem por meio de um contrato social, razão pela qual o vínculo que une seus sócios é contratual.

Não obstante tal diferença essencial, é cada vez maior a semelhança entre as grandes sociedades limitadas e as sociedades anônimas. Nesse sentido, inclusive, vimos que o Código Civil permite expressamente que os sócios de uma sociedade limitada adotem a regência supletiva da LSA (Lei 6.404/1976), o que lhes faculta a adoção de certos institutos da S/A à sua sociedade.

Assim, mesmo diante da ausência de regra expressa no Código Civil permitindo que as sociedades limitadas utilizem a arbitragem para a solução de questões societárias, entendemos ser plenamente possível que o contrato social contenha cláusula compromissória de arbitragem para a solução de controvérsias entre os quotistas, bastando para tanto que os sócios tenham optado pela regência supletiva da LSA, nos termos do art. 1.053, parágrafo único, do Código Civil, o que torna aplicável à sociedade limitada da qual fazem parte, supletivamente, a norma contida no art. 109, § 3.º, da LSA.

Finalizando, registre-se que valem para as sociedades limitadas o mesmo que foi dito em relação às companhias, no que toca à validade da cláusula compromissória prevista em contrato social: (i) se ela foi prevista originariamente, aplica-se a todos os sócios, sem maiores problemas; (ii) se ela foi prevista em alteração contratual, deve-se aplicar, por analogia e no que couber, o disposto no art. 136-A da LSA.

A propósito do assunto, foi aprovado o Enunciado 16 da I Jornada de Direito Comercial do CJF, com o seguinte teor: "O adquirente de cotas ou ações adere ao contrato social ou estatuto no que se refere à cláusula compromissória (cláusula de arbitragem) nele existente; assim, estará vinculado à previsão da opção da jurisdição arbitral, independentemente de assinatura e/ou manifestação específica a esse respeito".

10.3. A Câmara de Arbitragem do Mercado (CAM)

O uso da arbitragem para a solução de questões de direito societário tem crescido tanto que foi criada recentemente a *Câmara de Arbitragem do Mercado* (CAM). Trata-se de um **foro criado pela Bovespa para resolver disputas societárias e do mercado de capitais**. A CAM tem regras próprias e possui um quadro de árbitros especializados. Qualquer interessado, investidor ou empresa, que seja ou não uma companhia aberta pode utilizar a estrutura da CAM para solucionar conflitos relativos ao mercado de capitais e ao direito societário.

A adesão à CAM é **obrigatória** para as companhias que fazem parte do chamado *Novo Mercado* da Bovespa. Atualmente, segundo o próprio *site* da CAM na internet, já aderiram a ela várias empresas, o que mostra o crescimento do uso da arbitragem no direito societário e no mercado de capitais. Trata-se, sem dúvida alguma, de um caminho sem volta.

11. TEORIA DA DESCONSIDERAÇÃO DA PERSONALIDADE JURÍDICA

O **princípio da autonomia patrimonial das pessoas jurídicas**, consagrado nos arts. 49-A[213] e 1.024[214] do Código Civil, constitui uma importantíssima ferramenta jurídica de incentivo ao empreendedorismo, na medida em que consagra a limitação de responsabilidade – a depender do tipo societário adotado – e, consequentemente, atua como importante redutor do risco empresarial.

> Observe-se que ao Estado interessa essa permissão de formação de entes independentes inconfundíveis com a figura humana, principalmente na sociedade capitalista, entendida essa no sentido preconizado por Max Weber, ou seja, uma sociedade que busca o lucro renovado "por meio da empresa permanente, capitalista e racional".[215]

Como bem destaca a doutrina, o **reconhecimento de personalidade** às pessoas jurídicas corresponde a uma **sanção positiva ou premial**, pela qual o ordenamento jurídico incentiva os particulares a desempenharem atividades econômicas, o que interessa não apenas aos empreendedores, mas também à própria sociedade.[216] No caso das sociedades empresárias, permitir sua criação e consagrar regras de limitação da responsabilidade dos seus membros significa estimular o exercício de atividade econômica, o que é fundamental quando se adota o regime capitalista de mercado baseado na livre iniciativa. Em outras palavras, "essa limitação de responsabilidade no exercício de atividades econômicas, sob a forma de sociedades regulares, é meio idôneo a estimular o progresso, pois os sujeitos que desejam concorrer para uma determinada empresa têm como conhecer previamente seus riscos patrimoniais".[217]

Nesse sentido, a Lei 13.874/2019, a Lei da Liberdade Econômica, inseriu o art. 49-A no Código Civil, e o parágrafo único desse dispositivo assim estabelece: "a autonomia patrimonial das pessoas jurídicas é um instrumento lícito de alocação e segregação de riscos, estabelecido pela lei com a finalidade de estimular empreendimentos, para a geração de empregos, tributo, renda e inovação em benefício de todos".

Mas não se deve esquecer que as pessoas jurídicas, quaisquer que sejam, devem ser criadas para a persecução de fins acolhidos pelo direito e manterem atuação em conformidade com os ditames legais traçados no ordenamento jurídico vigente.

Todavia, a história das relações econômicas demonstrou que o uso das pessoas jurídicas e a consagração do princípio da autonomia patrimonial podem dar ensejo a abusos. Empresários maliciosos, não raro, utilizavam-se das mais variadas artimanhas para fraudar seus credores, usando a personalidade jurídica e beneficiando-se

213 "A pessoa jurídica não se confunde com os seus sócios, associados, instituidores ou administradores".

214 "Os bens particulares dos sócios não podem ser executados por dívidas da sociedade, senão depois de executados os bens sociais".

215 NAHAS, Thereza Christina. *Desconsideração da pessoa jurídica*. São Paulo: Atlas, 2004. p. 143.

216 JUSTEN FILHO, Marçal. *Desconsideração da personalidade societária no direito brasileiro*. São Paulo: RT, 1987. p. 48.

217 FÉRES, Marcelo Andrade. Sociedade unipessoal no direito comunitário europeu. In: SANTOS, Theophilo de Azeredo (Coord.). *Novos estudos de direito comercial em homenagem a Celso Barbi Filho*. Rio de Janeiro: Forense, 2003. p. 175.

da separação patrimonial como um verdadeiro escudo protetor contra os ataques ao seu patrimônio pessoal.

Sendo assim, com a clara finalidade de **salvaguardar o princípio da autonomia patrimonial**, evitando o seu uso abusivo e deturpado, formulou-se a **doutrina da desconsideração da personalidade jurídica**, a qual deveria ser aplicada quando se constatasse o uso abusivo da personalidade jurídica em detrimento de seus credores.

11.1. As bases históricas da teoria da desconsideração

A **doutrina da desconsideração (*disregard doctrine*) é fruto de construção jurisprudencial**, notadamente a jurisprudência inglesa e norte-americana. Com efeito, a doutrina comercialista aponta que o caso pioneiro acerca da teoria da desconsideração da personalidade jurídica ocorreu na Inglaterra, em 1897. Trata-se do caso *Salomon versus Salomon & Co. Ltd.*, cuja transcrição mais detalhada, no Brasil, talvez esteja na obra de Rubens Requião.[218]

No caso em referência, a sentença de 1.º grau entendeu pela possibilidade de desconsideração da personalidade jurídica da *Salomon & Co. Ltd.*, após reconhecer que Mr. Salomon tinha, na verdade, o total controle societário sobre a sociedade, não se justificando a separação patrimonial entre ele e a pessoa jurídica. Essa decisão é considerada, pois, a grande precursora da teoria da desconsideração,[219] não obstante tenha sido posteriormente reformada pela *Casa dos Lords*, a qual entendeu pela impossibilidade de desconsideração, fazendo prevalecer a separação entre os patrimônios de Mr. Salomon e de sua sociedade e, consequentemente, a sua irresponsabilidade pessoal pelas dívidas sociais.

> A Casa dos Lordes reformou, unanimemente, esse entendimento (pela desconsideração), julgando que a company havia sido validamente constituída (...) Mas a tese das decisões reformadas das instâncias inferiores repercutiu, dando origem à doutrina do disregard of legal entity, sobretudo nos Estados Unidos, onde se formou larga jurisprudência, expandindo-se mais recentemente na Alemanha e em outros países europeus.[220]

O que se firmou, portanto, a partir dos precedentes mencionados, foi a **possibilidade de afastamento dos efeitos da personalização da sociedade – autonomia e separação patrimonial – nos casos em que a personalidade jurídica fosse utilizada de forma abusiva, em prejuízo aos interesses dos credores**. Nesses casos, poderia o juiz ou tribunal desconsiderar os efeitos da personalidade jurídica, permitindo-se, assim, a execução do patrimônio pessoal dos sócios por dívidas da sociedade.

---

[218] REQUIÃO, Rubens. *Aspectos modernos do direito comercial*. São Paulo: Saraiva, 1971.

[219] Fábio Ulhoa Coelho também cita o caso *State versus Standard Oil Co.*, julgado pela Corte Suprema de Ohio em 1892, além de apontar que, afora os casos jurisprudenciais, o principal precursor da *disregard doctrine* foi Rolf Serick, em tese de doutorado defendida em 1953 na Universidade de Tübigen. Serick, segundo Fábio Ulhoa, teria construído as bases da teoria da desconsideração a partir da jurisprudência americana, estabelecendo para tanto seus quatro princípios fundamentais: COELHO, Fábio Uhoa. *Curso de direito comercial*. 7. ed. São Paulo: Saraiva, 2004. p. 35-37. v. 2. Há ainda outros autores que apontam a precedência do direito norte-americano no tratamento da matéria, usando como referência o caso *Bank of United States versus Deveaux*, julgado em 1809: KOURY, Suzy Elizabeth Cavalcante. *A desconsideração da personalidade jurídica (disregard doctrine) e os grupos de empresas*. 2. ed. Rio de Janeiro: Forense, 1995.

[220] REQUIÃO, Rubens. *Curso de direito comercial*. 25. ed. São Paulo: Saraiva, 2003. p. 378. v. 1.

Essa ideia de que a desconsideração da personalidade jurídica só deve ser decretada quando houver a caracterização do abuso de personalidade jurídica é, pois, a noção que representa o ideal originário da *disregard doctrine*. Com efeito, somente nos casos de *abuso de personalidade jurídica* deve ser admitida a desconsideração.

Tradicionalmente, esse abuso de personalidade jurídica que admite a sua desconsideração só se caracterizava quando houvesse a prova efetiva da fraude, ou seja, da atuação dolosa, maliciosa, desonesta dos sócios em detrimento dos credores da sociedade. Adotava-se, pois, uma **concepção subjetivista** da *disregard doctrine*, que exigia a **prova da fraude** como elemento imprescindível à sua aplicação, isto é, era imprescindível a demonstração inequívoca de uma intenção (elemento subjetivo) de prejudicar credores.

Hodiernamente, todavia, tem-se tentado estabelecer critérios mais seguros para a aplicação da teoria da desconsideração, sem que seja necessária a prova da fraude, ou seja, sem que seja preciso demonstrar a intenção de usar a pessoa jurídica de forma fraudulenta. Adota-se, pois, pelo menos em parte, uma ***concepção objetivista*** da *disregard doctrine*, segundo a qual a caracterização do abuso de personalidade pode ser verificada por meio da **análise de dados estritamente objetivos, como a *confusão patrimonial*.**

11.2. A teoria da desconsideração da personalidade jurídica no Brasil

A teoria da desconsideração da personalidade jurídica chegou ao Brasil pelas mãos de Rubens Requião, na década de 1960, quando o autor já defendia a sua aplicação no País, a despeito da ausência de previsão legislativa.

> Ora, diante do abuso de direito e da fraude no uso da personalidade jurídica, o juiz brasileiro tem o direito de indagar, em seu livre convencimento, se há de consagrar a fraude ou o abuso de direito, ou se deva desprezar a personalidade, para, penetrando em seu âmago, alcançar as pessoas e bens que dentro dela se escondem para fins ilícitos ou abusivos.[221]

Amador Paes de Almeida cita um caso célebre, julgado pelo TJSP, em que foi aplicada a teoria da desconsideração muito antes de ela conter disciplina normativa. Nesse caso, decidiu-se que "a assertiva de que a sociedade não se confunde com a pessoa dos sócios é um princípio jurídico, mas não pode ser um tabu a entravar a própria ação do Estado, na realização de perfeita e boa justiça".[222]

José Lamartine Corrêa, autor da mais completa obra sobre as pessoas jurídicas no Brasil, também aponta que a teoria da desconsideração já era aplicada no país há bastante tempo, nos casos em que se caracterizava o desvio de finalidade das sociedades.[223] Nesse sentido, decidiu o Superior Tribunal de Justiça, ainda em 2001:

> *Processual civil e direito comercial. Falência. Extensão dos efeitos. Comprovação de fraude. Aplicação da teoria da desconsideração da pessoa jurídica. Recurso especial.*

---

221 REQUIÃO, Rubens. Abuso de direito e fraude através da personalidade jurídica (*disregard doctrine*). *Revista dos Tribunais*. São Paulo, v. 58, n.º 410, p. 12-24, dez. 1969.

222 PAES DE ALMEIDA, Amador. *Execução de bens dos sócios*. 8. ed. São Paulo: Saraiva, 2007. p. 197.

223 OLIVEIRA, José Lamartine Corrêa. *A dupla crise da pessoa jurídica*. São Paulo: Saraiva, 1979. p. 519 e ss.

> *Decisão que decreta a quebra. Natureza jurídica. Necessidade de imediato processamento do especial. Exceção à regra do art. 542, § 3.º do CPC. Dissídio pretoriano não demonstrado. I – Não comporta retenção na origem o recurso especial que desafia decisão que decreta a falência. Exceção à regra do § 3.º, art. 542 do Código de Processo Civil. II – O dissídio pretoriano deve ser demonstrado mediante o cotejo analítico entre o acórdão recorrido e os arestos paradigmáticos. Inobservância ao art. 255 do RISTJ. III –* ***Provada a existência de fraude, é inteiramente aplicável a Teoria da Desconsideração da Pessoa Jurídica a fim de resguardar os interesses dos credores prejudicados****. IV – Recurso especial não conhecido (citado por José Lamartine Corrêa Oliveira,* A dupla crise da pessoa jurídica. *São Paulo: Saraiva, 1979, pp. 519 e segs. Destaques não constantes do texto original).*

Somente em 1990, todavia, a *disregard doctrine* teve **regulamentação legal no Direito brasileiro, com a edição do Código de Defesa do Consumidor** (Lei 8.078/1990),[224] o qual, em seu art. 28, tratou especificamente do tema, dispondo que "o juiz poderá desconsiderar a personalidade jurídica da sociedade quando, em detrimento do consumidor, houver abuso de direito, excesso de poder, infração da lei, fato ou ato ilícito ou violação dos estatutos ou contrato social. A desconsideração também será efetivada quando houver falência, estado de insolvência, encerramento ou inatividade da pessoa jurídica provocados por má administração". O § 5.º desse dispositivo, por sua vez, previu que "também poderá ser desconsiderada a pessoa jurídica sempre que sua personalidade for, de alguma forma, obstáculo ao ressarcimento de prejuízos causados aos consumidores".

Posteriormente, a **Lei 8.884/1994**[225]**, que dispõe sobre a prevenção e a repressão às infrações à ordem econômica**, também regulamentou a aplicação da teoria da desconsideração, estatuindo, em seu art. 18, que "a personalidade jurídica do responsável por infração da ordem econômica poderá ser desconsiderada quando houver da parte deste abuso de direito, excesso de poder, infração da lei, fato ou ato ilícito ou violação dos estatutos ou contrato social. A desconsideração também será efetivada quando houver falência, estado de insolvência, encerramento ou inatividade da pessoa jurídica provocados por má administração".

---

[224] Autores há que discordam dessa afirmação, apontando que a CLT pode ser considerado o diploma legislativo pioneiro sobre o tema: "*conquanto renomados autores fixem-se no art. 28 do Código de Defesa do Consumidor (Lei n.º 8.078/90), como marco legislativo da aplicação, entre nós, da teoria da desconsideração, na verdade, pioneiramente, já estabelecia a legislação trabalhista os princípios da doutrina mencionada, no art. 2.º, § 2.º, da Consolidação das Leis do Trabalho que, como se sabe, foi promulgada em 1.º de maio de 1943 pelo Decreto-lei n.º 5.452*". (PAES DE ALMEIDA, Amador. *Execução de bens dos sócios*. 8. ed. São Paulo: Saraiva, 2007. p. 196). Em sentido contrário: "*A questão da desconsideração da pessoa jurídica já vinha sendo considerada no sistema jurídico trabalhista, através de inúmeras decisões dos tribunais em todos os níveis, tendo a jurisprudência e a doutrina trabalhista por posição, pode-se dizer unânime, que o artigo 2.º da Consolidação das Leis do Trabalho teria assegurado a possibilidade de se desconsiderar a personalidade jurídica. (...) Não obstante os diversos entendimentos no mesmo sentido, esposados por especialistas do mais alto gabarito, ousamos deles discordar. Entendemos que a Consolidação das Leis do Trabalho não tratou do tema, e, em nenhum momento, previu o legislador trabalhista a hipótese de desconsideração da personalidade jurídica, a qual sempre foi aplicada na esfera trabalhista fundamentada, em entendimento equivocado sobre a norma invocada.*" (NAHAS, Thereza Christina. *Desconsideração da pessoa jurídica*. São Paulo: Atlas, 2004. p. 150-151).

[225] A Lei 8.884/1994 foi revogada e substituída pela Lei 12.529/2011, que manteve a regra sobre desconsideração da personalidade jurídica, com a mesma redação: "Art. 34. A personalidade jurídica do responsável por infração da ordem econômica poderá ser desconsiderada quando houver da parte deste abuso de direito, excesso de poder, infração da lei, fato ou ato ilícito ou violação dos estatutos ou contrato social. Parágrafo único. A desconsideração também será efetivada quando houver falência, estado de insolvência, encerramento ou inatividade da pessoa jurídica provocados por má administração".

Em 1998, com a edição da **Lei 9.605, que regula os crimes ambientais**, mais uma vez o legislador regulamentou o tema da desconsideração da personalidade jurídica. O art. 4.º dessa lei prevê que "poderá ser desconsiderada a pessoa jurídica sempre que sua personalidade for obstáculo ao ressarcimento de prejuízos causados à qualidade do meio ambiente".

Vê-se, pois, que a previsão normativa constante do CDC inspirou claramente os dois textos legais posteriores que também cuidaram da aplicação da teoria da desconsideração. Enquanto a Lei 8.884/1994, em seu art. 18, repetiu a redação do art. 28, *caput*, do CDC, a Lei 9.605/1998 repetiu, em seu art. 4.º, a redação do art. 28, § 5.º, do diploma consumerista.

A despeito de terem sido inovadoras, as três leis acima mencionadas, além de não servirem como regra geral de aplicação da teoria, por terem sua incidência restrita às matérias específicas que regulam, receberam duras e justas críticas da doutrina, sobretudo dos comercialistas. Com efeito, as normas acima transcritas não condizem com as formulações doutrinárias que deram origem à *disregard doctrine*, prevendo a sua aplicação em casos para os quais o ordenamento jurídico já contém remédios eficientes, como acontece nas situações de excesso de poder ou de prática de ato ilícito, com infração da lei, dos estatutos ou do contrato social.

Ademais, a previsão normativa constante do art. 28, § 5.º, do CDC, copiada pela lei de crimes ambientais, consagra a possibilidade de desconsideração da personalidade jurídica quando há a demonstração de **mero prejuízo do credor**, o que não se justifica.

Ocorre que, **com a edição do Código Civil de 2002, a teoria da desconsideração recebeu novo tratamento legislativo**, e dessa vez o legislador editou dispositivo que refletiu, com fidelidade, os ideais originais da *disegard doctrine*.[226] Com efeito, o art. 50 do Código Civil estabeleceu que "em caso de abuso da personalidade jurídica, caracterizado pelo desvio de finalidade, ou pela confusão patrimonial, pode o juiz decidir, a requerimento da parte, ou do Ministério Público[227] quando lhe couber intervir no processo, que os efeitos de certas e determinadas obrigações sejam estendidos aos bens particulares dos administradores ou sócios da pessoa jurídica".[228]

---

226 *"Numa ligeira análise, ainda que sem maiores aprofundamentos, percebe-se que essa normatização da teoria da desconsideração da personalidade jurídica é, em muito, superior às propostas que a antecederam, caracterizando-se pela adequação e precisão no tratamento dispensado à matéria. Cabe anotar ainda que a previsão não é limitativa, permitindo a utilização do instituto nos diversos ramos do direito. O texto mantém-se apegado à utilização excepcional da teoria, submetendo-a ao prudente critério do Judiciário. O fenômeno da desconsideração é inserido no plano da eficácia, seguindo o entendimento da melhor doutrina sobre a questão, e há extensão da responsabilidade não somente aos sócios, mas também aos administradores da sociedade."* (XAVIER, José Tadeu Neves. A teoria da desconsideração da pessoa jurídica no novo código civil. *Revista de Direito Privado*, São Paulo, n.º 10, p. 75).

227 Rubens Requião, ainda em 1975, criticou a possibilidade de requerimento por parte do Ministério Público, alegando que os casos que envolvem a desconsideração da pessoa jurídica interessam apenas às partes, mais precisamente os credores insatisfeitos. (REQUIÃO, Rubens. Projeto de código civil: apreciação crítica sobre a parte geral e o livro I (das obrigações). *Revista dos Tribunais*. São Paulo, ano 64, v. 477, p. 20, jul. 1975.

228 A redação do dispositivo sofreu algumas transformações até chegar ao texto original, o que só ocorreu na fase final de tramitação do projeto do CC, quando este já se encontrava no Senado Federal. Para que se chegasse a atual redação, foi fundamental a participação do jurista Fábio Konder Comparato, sobretudo no que tange à inclusão da confusão patrimonial como elemento caracterizador do abuso de personalidade. Sobre as ideias do autor sobre o tema, confira-se: COMPARATO, Fábio Konder. *O poder de controle na sociedade anônima*. São Paulo: RT, 1976.

Ao prever a aplicação da teoria da desconsideração apenas quando demonstrado o abuso de personalidade jurídica, e caracterizando a ocorrência deste nos casos de desvio de finalidade e confusão patrimonial, o Código Civil manteve-se fiel aos postulados fundamentais da *disregard doctrine*, mas, infelizmente, não revogou as equivocadas regras especiais sobre o tema existentes em nosso ordenamento jurídico, as quais, por isso, continuam em vigor. Nesse sentido é o Enunciado 51 do CJF: "*A teoria da desconsideração da personalidade jurídica –* disregard doctrine *– fica positivada no novo Código Civil, mantidos os parâmetros existentes nos microssistemas legais e na construção jurídica sobre o tema*".

Portanto, **o art. 50 do Código Civil** é, atualmente, a **regra matriz acerca da *disregard doctrine* no direito brasileiro, sendo de aplicação obrigatória, portanto, a todos os casos de desconsideração da personalidade jurídica**, com exceção dos referentes às relações de consumo, aos crimes ambientais e às infrações à ordem econômica, os quais, como visto, possuem disciplina normativa própria prevista em leis especiais. Nesse sentido, dispõe o Enunciado 51 do CJF: "a teoria da desconsideração da personalidade jurídica – *disregard doctrine* – fica positivada no novo Código Civil, mantidos os parâmetros existentes nos microssistemas legais e na construção jurídica sobre o tema".

11.2.1. *Teoria da desconsideração e imputação direta de responsabilidade: crítica ao art. 28,* caput*, do CDC*

Uma das principais críticas feitas ao art. 28, *caput*, do CDC, bem como aos dispositivos legais posteriores que o copiaram, foi aquela referente ao fato de ele *não ter feito a devida distinção* entre as *hipóteses de desconsideração da personalidade jurídica* e as de *imputação direta de responsabilidade decorrente da prática de atos ilícitos*. Basta uma leitura perfunctória nas obras dos principais autores de direito empresarial para constatar que essa crítica está presente em todas elas.

> Este, sem dúvida, o caminho trilhado pelo legislador brasileiro no art. 28 do Código de Proteção ao Consumidor (Lei n.º 8.078/90), admitindo a aplicação da *disregard doctrine* às hipóteses de infração da lei ou da prática de atos ilícitos.
>
> A *disregard doctrine*, contudo, assim entendemos, não se aplica a tais atos.
>
> (...)
>
> Na verdade, a teoria da desconsideração visa, isso sim, responsabilizar diretamente os administradores quando estes utilizam a pessoa jurídica, aparentemente na forma da lei, com desvio, porém, da sua exata função (...).
>
> Assim, o uso abusivo da sociedade, a fraude, como artifício para prejudicar terceiros, levados a efeito "dentro da presumida legalidade", é que, a nosso ver, autorizam a aplicação da *disregard*.[229]

Com efeito, nos casos de aplicação da teoria da desconsideração não se está diante, em princípio, de nenhuma ilicitude típica. Em casos de prática de atos ilícitos ou com infração dos estatutos ou contrato social, por exemplo, não é necessária a

[229] PAES DE ALMEIDA, Amador. *Execução de bens dos sócios*. 8. ed. São Paulo: Saraiva, 2007. p. 204-205.

desconsideração da personalidade jurídica para a responsabilização dos sócios ou administradores que praticaram tais atos, uma vez que, nessas hipóteses, o próprio ordenamento jurídico já estabelece a sua responsabilização pessoal e direta pelas obrigações decorrentes desses atos. A aplicação da teoria da desconsideração nesses casos, pois, é completamente desnecessária.

> Somente é cabível falar em desconsideração da personalidade jurídica quando a responsabilidade pelo ato não puder ser imputada diretamente ao sócio, administrador ou qualquer outra pessoa jurídica. Ou seja, somente terá pertinência falarmos em se desconsiderar a pessoa jurídica quando a personalidade que a lei lhe atribui é obstáculo à consecução dos fins a que se destina, ou essa personalização desviar-se dos fins sociais para o qual foi suportada e aceita pelo direito. Caso contrário, não há razão para se aplicar o instituto da desconsideração, pelo simples fato de que a própria lei permite a responsabilização direta do sócio ou administrador, sem qualquer necessidade de se comprovar desvio, fraude ou qualquer das situações previstas nas disposições legais.[230]

Nesse sentido, confira-se o seguinte julgado do STJ, no qual se faz a devida distinção entre a desconsideração da personalidade jurídica e a imputação direta de responsabilidade por ato ilícito:

> *Direito Processual Civil e Comercial. Desconsideração da personalidade jurídica de instituição financeira sujeita à liquidação extrajudicial nos autos de sua falência. Possibilidade. A constrição dos bens do administrador é possível quando este se beneficia do abuso da personalidade jurídica. –* ***A desconsideração não é regra de responsabilidade civil, não depende de prova da culpa, deve ser reconhecida nos autos da execução, individual ou coletiva, e, por fim, atinge aqueles indivíduos que foram efetivamente beneficiados com o abuso da personalidade jurídica, sejam eles sócios ou meramente administradores.*** *– O administrador, mesmo não sendo sócio da instituição financeira liquidada e falida, responde pelos eventos que tiver praticado ou omissões em que houver incorrido, nos termos do art. 39, Lei 6.024/74, e, solidariamente, pelas obrigações assumidas pela instituição financeira durante sua gestão até que estas se cumpram, conforme o art. 40, Lei 6.024/74. A responsabilidade dos administradores, nestas hipóteses, é subjetiva, com base em culpa ou culpa presumida, conforme os precedentes desta Corte, dependendo de ação própria para ser apurada. –* ***A responsabilidade do administrador sob a Lei 6.024/74 não se confunde a desconsideração da personalidade jurídica. A desconsideração exige benefício daquele que será chamado a responder. A responsabilidade, ao contrário, não exige este benefício, mas culpa. Desta forma, o administrador que tenha contribuído culposamente, de forma ilícita, para lesar a coletividade de credores de uma instituição financeira, sem auferir benefício pessoal, sujeita-se à ação do art. 46 Lei 6.024/74, mas não pode ser atingido propriamente pela desconsideração da personalidade jurídica****. Recurso Especial provido (REsp 1.036.398/RS, Rel. Min. Nancy Andrighi, 3.ª Turma, j. 16.12.2008,* DJe *03.02.2009).*

No mesmo sentido, pode-se citar também o Enunciado 229 das Jornadas de Direito Civil do CJF: *"A responsabilidade ilimitada dos sócios pelas deliberações infringentes da lei ou do contrato torna desnecessária a desconsideração da personalidade*

230 NAHAS, Thereza Christina. *Desconsideração da pessoa jurídica.* São Paulo: Atlas, 2004. p. 153.

jurídica, por não constituir a autonomia patrimonial da pessoa jurídica escudo para a responsabilização pessoal e direta".

Há autores, todavia, que defendem a postura adotada pelo legislador do CDC, afirmando que este, na verdade, quis claramente redefinir os contornos da teoria da desconsideração em nosso ordenamento jurídico,[231] opinião com a qual não podemos concordar. O legislador, de fato, equivocou-se, prevendo a aplicação da *disregard doctrine* em situações em que ela é totalmente dispensável – *e.g.*, prática de ato ilícito, excesso de poderes etc. –, uma vez que o arcabouço jurídico já continha solução eficiente para elas, consistente na atribuição de responsabilidade pessoal e direta aos seus responsáveis.

11.2.2. Teoria da desconsideração e mero prejuízo do credor: crítica ao art. 28, § 5.º, do CDC

Outra dura crítica feita pela doutrina comercialista ao art. 28 do CDC diz respeito ao disposto no seu § 5.º, que prevê a desconsideração da pessoa jurídica quando há **mero prejuízo do credor**. Na nossa opinião, essa previsão normativa é uma demonstração clara da crise pela qual passam hodiernamente o princípio da autonomia patrimonial das pessoas jurídicas e as regras de limitação de responsabilidade. A sociedade como um todo – e mesmo uma parcela da comunidade jurídica – não os vê com bons olhos. Afirmar a impossibilidade de responsabilização de sócios ou administradores por dívidas sociais, em alguns casos, soa para muitos como um verdadeiro disparate. Parece, para eles, que se está institucionalizando a falcatrua, que se está acobertando a fraude em detrimento do credor honesto.

Portanto, tem-se relativizado progressivamente a autoridade do princípio da autonomia patrimonial, por meio de inúmeras concepções doutrinárias recentes, que tentam conferir à *disregard doctrine* novos parâmetros. É nesse contexto que se insere a regra do art. 28, § 5.º, do CDC.

Segundo esse dispositivo legal, pois, admite-se a desconsideração quando há, tão somente, a ocorrência de prejuízo ao credor. Melhor dizendo: quando a pessoa jurídica restar insolvente, não conseguindo honrar, com seu patrimônio, as dívidas sociais, já estará aberto o caminho para a desconsideração da personalidade jurídica e o consequente ataque ao patrimônio pessoal dos sócios. Em suma: o mero prejuízo do credor, configurado com a simples insolvência da pessoa jurídica, autoriza a desconsideração.

Os defensores da regra em comento alegam que sua aplicação se justifica, nesses casos, porque para eles o risco empresarial normal decorrente do exercício de atividades econômicas não deveria ser suportado, indistintamente, por todos os credores da pessoa jurídica, mas apenas pelos chamados *credores negociais*.

Assim, para entender melhor o posicionamento dos defensores da regra em análise, é interessante dividir os credores da pessoa jurídica em dois grupos: a)

[231] GUIMARÃES, Flávia Lefèvre. *Desconsideração da personalidade jurídica no código de defesa do consumidor*. São Paulo: Max Limonad, 1998. p. 51 e ss.

credores negociais e b) *credores não negociais*. Os primeiros seriam aqueles que têm condições de pactuar previamente a formação do seu crédito (ex.: bancos, fornecedores etc.), exigindo garantias, por exemplo. Já os credores do segundo grupo são aqueles que, contrariamente, não negociam a formação de seus créditos (ex.: trabalhadores, consumidores etc.). Assim, submetê-los ao risco empresarial seria injusto.

É com base nesse raciocínio que a **jurisprudência trabalhista** aplica a teoria da desconsideração da personalidade jurídica, mesmo sem previsão legal expressa nesse sentido. Faz-se *tabula rasa* do princípio da autonomia patrimonial das pessoas jurídicas e das regras de limitação de responsabilidade dos sócios.

No nosso entender, a aplicação da teoria da desconsideração em razão do mero prejuízo do credor, mesmo sendo medida excepcionalíssima, só aplicável nos estritos casos permitidos em lei (art. 28, § 5.º, do CDC e art. 4.º da Lei 9.605/1998) e na defesa dos interesses dos trabalhadores (por aplicação dos princípios protetivos do direito do trabalho), configura um violento golpe contra a segurança jurídica, gerando danos imensuráveis para o mercado.

11.2.3. Teoria da desconsideração e abuso de personalidade jurídica: elogio ao art. 50 do Código Civil

Conforme já afirmamos acima, a **regra matriz** sobre a *disregard doctrine* no Brasil, desde 2002, é o art. 50 do Código Civil, que sofreu mudanças com a edição da Lei 13.874/2019, a Lei da Liberdade Econômica (a redação do *caput* foi levemente alterada e foram acrescidos cinco parágrafos).

> Art. 50. Em caso de abuso da personalidade jurídica, caracterizado pelo desvio de finalidade ou pela confusão patrimonial, pode o juiz, a requerimento da parte, ou do Ministério Público quando lhe couber intervir no processo, desconsiderá-la para que os efeitos de certas e determinadas relações de obrigações sejam estendidos aos bens particulares de administradores ou de sócios da pessoa jurídica beneficiados direta ou indiretamente pelo abuso.
>
> § 1º Para os fins do disposto neste artigo, desvio de finalidade é a utilização da pessoa jurídica com o propósito de lesar credores e para a prática de atos ilícitos de qualquer natureza.
>
> § 2º Entende-se por confusão patrimonial a ausência de separação de fato entre os patrimônios, caracterizada por:
>
> I – cumprimento repetitivo pela sociedade de obrigações do sócio ou do administrador ou vice-versa;
>
> II – transferência de ativos ou de passivos sem efetivas contraprestações, exceto os de valor proporcionalmente insignificante; e
>
> III – outros atos de descumprimento da autonomia patrimonial.
>
> § 3º O disposto no *caput* e nos §§ 1º e 2º deste artigo também se aplica à extensão das obrigações de sócios ou de administradores à pessoa jurídica.
>
> § 4º A mera existência de grupo econômico sem a presença dos requisitos de que trata o *caput* deste artigo não autoriza a desconsideração da personalidade da pessoa jurídica.
>
> § 5º Não constitui desvio de finalidade a mera expansão ou a alteração da finalidade original da atividade econômica específica da pessoa jurídica.

Segundo esse dispositivo legal, vê-se que a desconsideração da pessoa jurídica só é permitida em caso de abuso de personalidade jurídica, o que demonstra o seu alinhamento aos ideais originários da *disregard doctrine*. Além disso, o Código Civil previu que o abuso de personalidade pode ser caracterizado pelo desvio de finalidade ou pela confusão patrimonial, o que atesta a adoção da *concepção objetivista* da teoria da desconsideração.

Ora, a razão de ser do **princípio da autonomia patrimonial** está na **separação entre os patrimônios dos sócios e da sociedade**. Sendo a sociedade uma pessoa jurídica, a quem o ordenamento jurídico atribui existência e patrimônio próprios, é uma decorrência lógica a sua responsabilidade patrimonial autônoma. Todavia, a partir do momento em que se comprova não existir, de forma clara, uma separação patrimonial entre a pessoa jurídica e os sócios que a compõem (confusão patrimonial), cai por terra o fundamento da responsabilidade patrimonial autônoma.[232] Da mesma forma, se está demonstrado que a pessoa jurídica se desviou do seu objeto social, também não se justifica reconhecer os efeitos da personalização.

A propósito, confira-se o seguinte julgado do STJ sobre o tema, no qual se deixa claro que a desconsideração é medida excepcional, que não deve ser banalizada:

> *Falência. Arrecadação de bens particulares de sócios-diretores de empresa controlada pela falida. Desconsideração da personalidade jurídica (disregard doctrine). Teoria maior. Necessidade de fundamentação ancorada em fraude, abuso de direito ou confusão patrimonial. Recurso provido. 1. A teoria da desconsideração da personalidade jurídica – disregard doctrine –, conquanto encontre amparo no direito positivo brasileiro (art. 2.º da Consolidação das Leis Trabalhistas, art. 28 do Código de Defesa do Consumidor, art. 4.º da Lei n. 9.605/98, art. 50 do CC/02, dentre outros), deve ser aplicada com cautela, diante da previsão de autonomia e existência de patrimônios distintos entre as pessoas físicas e jurídicas. 2. A jurisprudência da Corte, em regra, dispensa ação autônoma para se levantar o véu da pessoa jurídica, mas somente em casos de abuso de direito – cujo delineamento conceitual encontra-se no art. 187 do CC/02 –, desvio de finalidade ou confusão patrimonial, é que se permite tal providência. Adota-se, assim, a "teoria maior" acerca da desconsideração da personalidade jurídica, a qual exige a configuração objetiva de tais requisitos para sua configuração. (...) (REsp 693.235/MT, Rel. Min. Luis Felipe Salomão, 4.ª Turma, j. 17.11.2009,* DJe *30.11.2009).*

Sobre a distinção entre o art. 50 do CC e as demais regras legais que tratam da desconsideração da personalidade jurídica, foi aprovado o Enunciado 9 da I Jornada de Direito Comercial do CJF, com o seguinte teor: "Quando aplicado às relações jurídicas empresariais, o art. 50 do Código Civil não pode ser interpretado analogamente ao art. 28, § 5.º, do CDC ou ao art. 2.º, § 2.º, da CLT".

Concluindo: na nossa opinião, a previsão normativa do art. 50 do Código Civil, que só admite a aplicação da *disregard doctrine* quando há abuso de personalida-

---

[232] Nesse sentido: LEÃES, Luiz Gastão Paes de Barros. *Pareceres*. São Paulo: Singular, 2004. p. 377. Diz o autor: *"Quem não observa as regras da separação patrimonial não pode se amparar na separação de patrimônios perante os credores, devendo responder pessoalmente pelas dívidas da sociedade. Quando ocorre confusão de esferas jurídicas, e a sociedade e os sócios desenvolvem a mesma atividade, tendo a mesma sede, as mesmas instalações, a mesma linha telefônica e os mesmos funcionários, e a separação não é identificável para o público, não podem eles arguir a separação jurídica existente perante credores. A aparência jurídica de identidade leva imperativamente à identidade também da responsabilidade."*

de jurídica, caracterizado tanto pela demonstração de desvio de finalidade quanto pela comprovação de confusão patrimonial, deveria ser a única regra legal sobre o tema do nosso ordenamento jurídico. O legislador do Código deveria ter revogado as demais disposições legais sobre o tema, que o tratam de maneira equivocada e geram insegurança para o mercado.

11.2.3.1. A caracterização do abuso da personalidade jurídica

Na redação original do art. 50 do CC, apenas se dizia que o abuso da personalidade jurídica se caracterizava pelo desvio de finalidade ou pela confusão patrimonial, mas não se explicava o que poderia configurar, na prática, desvio de finalidade ou confusão patrimonial, algo que acabou tendo que ser feito pelos juízos e tribunais do País.

A Lei 13.874/2019 (Lei da Liberdade Econômica) tentou resolver esse problema, trazendo para o texto legal as definições de desvio de finalidade e de confusão patrimonial, com o objetivo de conferir mais previsibilidade e segurança jurídica à aplicação do instituto.

De acordo com o § 1º, "desvio de finalidade é a utilização da pessoa jurídica com o propósito de lesar credores e para a prática de atos ilícitos de qualquer natureza". Parece-nos que o objetivo, nesse ponto, foi deixar claro que a caracterização do abuso com base em desvio de finalidade exige a comprovação do dolo, isto é, da intenção de lesar credores ou praticar ilícitos (concepção subjetivista). Essa interpretação ganha força quando lemos o § 5º, segundo o qual "não constitui desvio de finalidade a mera expansão ou a alteração da finalidade original da atividade econômica específica da pessoa jurídica".

Quanto à confusão patrimonial, o § 2º estabelece o seguinte: "Entende-se por confusão patrimonial a ausência de separação de fato entre os patrimônios, caracterizada por: I – cumprimento repetitivo pela sociedade de obrigações do sócio ou do administrador ou vice-versa; II – transferência de ativos ou de passivos sem efetivas contraprestações, exceto os de valor proporcionalmente insignificante; e III – outros atos de descumprimento da autonomia patrimonial". Nesse caso, parece-me que se adotou uma concepção objetivista, que dispensa a comprovação de dolo: demonstrada a ocorrência de algumas dessas situações, o abuso estará caracterizado.

No que se refere a grupos econômicos, o § 4º assim dispõe, na linha do que já vinha decidindo o STJ: "a mera existência de grupo econômico sem a presença dos requisitos de que trata o *caput* deste artigo não autoriza a desconsideração da personalidade da pessoa jurídica".

No mesmo sentido, vale lembrar o que dispõem os Enunciados 22 e 91 das Jornadas de Direito Comercial do CJF: "não se presume solidariedade passiva (art. 265 do Código Civil) pelo simples fato de duas ou mais pessoas jurídicas integrarem o mesmo grupo econômico" e "a desconsideração da personalidade jurídica de sociedades integrantes de mesmo grupo societário (de fato ou de direito) exige a comprovação dos requisitos do art. **50** do **Código Civil** por meio do incidente de desconsideração da personalidade jurídica ou na forma do art. **134**, § 2º, do Código de Processo Civil".

11.3. Efeitos da desconsideração da personalidade jurídica da sociedade

Outro ponto importante a ser destacado no estudo da teoria da desconsideração é o relativo aos seus efeitos. A desconsideração da personalidade jurídica, ao contrário do que se possa imaginar, **não acarreta o fim da pessoa jurídica**, ou seja, esta não será dissolvida nem liquidada.

Como bem destaca Rubens Requião, "*não se trata, é bom esclarecer, de considerar ou declarar* nula *a personificação, mas de torná-la ineficaz para determinados atos*".[233] No mesmo sentido, pondera Amador Paes de Almeida que a desconsideração da pessoa jurídica "*não objetiva a sua anulação ou pura e simples supressão, mas, tão-somente, desconsiderá-la, superá-la sem suprimi-la, todavia*".[234]

Assim, a desconsideração da personalidade jurídica tem os seus efeitos adstritos ao caso concreto em que foi requerida, continuando a sociedade – ainda que "desconsiderada" naquele caso – a existir normalmente e a ter os efeitos da sua personalização respeitados em todas as demais relações jurídicas em que figurar. É por isso que se critica a expressão *despersonalização da pessoa jurídica*, utilizada por alguns autores.

> A primeira observação a ser feita é que está equivocado o uso da expressão *despersonalização da pessoa jurídica*, posto que tal fenômeno não ocorre quando tratamos da questão ora estudada (*da desconsideração*). Despersonalizar quer dizer retirar a personalidade que lhe foi atribuída, e o que ocorre nas hipóteses aqui tratadas é, dentro do caso concreto, desconsiderar aquela atribuição inicial de personalidade para, dentro de determinados limites, atingir pessoas e bens que se escondem atrás daquela personalidade.[235]

Portanto, a aplicação da teoria da desconsideração implica, tão somente, uma *suspensão temporária dos efeitos da personalização num determinado caso específico*, não estendendo seus efeitos para as demais relações jurídicas das quais a pessoa jurídica faça parte. Nesse sentido, já decidiu o STJ:

> *Recurso especial. Direito civil. Artigos 472, 593, II, e 659, § 4.º, do Código de Processo Civil. Fundamentação deficiente. Incidência da Súmula 284/STF. Desconsideração da personalidade jurídica da sociedade empresária. Medida excepcional. Observância das hipóteses legais. Abuso de personalidade. Desvio de finalidade. Confusão patrimonial. Dissolução irregular da sociedade. Ato efeito provisório que admite impugnação. Bens dos sócios. Limitação às quotas sociais. Impossibilidade. Responsabilidade dos sócios com todos os bens presentes e futuros nos termos do art. 591 do CPC. Recurso especial parcialmente conhecido e, nessa extensão, improvido. (...) IV –* ***A desconsideração não importa em dissolução da pessoa jurídica, mas se constitui apenas em um ato de efeito provisório, decretado para determinado caso concreto e objetivo,*** *dispondo, ainda, os sócios incluídos no polo passivo da demanda, de meios processuais para impugná-la. (...) (REsp 1.169.175/DF, Rel. Min. Massami Uyeda, 3.ª Turma, j. 17.02.2011, DJe 04.04.2011).*

---

233 REQUIÃO, Rubens. *Curso de direito comercial*. 25. ed. São Paulo: Saraiva, 2003. p. 378. v. 1.

234 PAES DE ALMEIDA, Amador. *Execução de bens dos sócios*. 8. ed. São Paulo: Saraiva, 2007. p. 201.

235 NAHAS, Thereza Christina. *Desconsideração da pessoa jurídica*. São Paulo: Atlas, 2004. p. 146.

> *1. A desconsideração da personalidade jurídica não visa à sua anulação, mas somente objetiva desconsiderar, no caso concreto, dentro de seus limites, a pessoa jurídica, em relação às pessoas ou bens que atrás dela se escondem, com a declaração de sua ineficácia para determinados efeitos, prosseguindo, todavia, incólume para seus outros fins legítimos. (REsp 1729554/SP, Rel. Ministro Luis Felipe Salomão, Quarta Turma, julgado em 08.05.2018, DJe 06.06.2018).*

Da mesma forma, a aplicação da teoria da desconsideração não significa a possibilidade de execução de todos os sócios e/ou administradores da sociedade, indistintamente. **Somente serão atingidos aqueles sócios que se beneficiaram do uso abusivo da pessoa jurídica, algo que está atualmente bastante claro no próprio *caput* do art. 50 do CC, após a alteração redacional provocada pela Lei 13.874/2019, a Lei da Liberdade Econômica:** "em caso de abuso da personalidade jurídica, caracterizado pelo desvio de finalidade ou pela confusão patrimonial, pode o juiz, a requerimento da parte, ou do Ministério Público quando lhe couber intervir no processo, desconsiderá-la para que os efeitos de certas e determinadas relações de obrigações sejam estendidos aos bens particulares de **administradores ou de sócios da pessoa jurídica beneficiados direta ou indiretamente pelo abuso**". Nesse sentido, já vinha decidindo o STJ:

> *Outra questão de relevo que se apresenta é que, apesar de não existir qualquer restrição no art. 50 do CC/2002, o instituto da desconsideração da personalidade jurídica deve ter aplicação sobre os bens dos administradores ou sócios que efetivamente contribuíram na prática do abuso ou fraude na condução administrativa da sociedade empresarial, devendo, pois, ser afastada a responsabilidade do sócio minoritário que não teve atuação na prática dos referidos atos. (...)*
>
> *Por isso, é possível limitar a responsabilidade de sócio minoritário, afastado das funções de gerência e administração, que comprovadamente não concorreu para o desvio de finalidade ou confusão patrimonial. (...)*
>
> *Como consectário lógico do instituto, a responsabilização deve recair sobre o sócio administrador e gerenciador, sobretudo quando se trata de empresa modesta, como no caso, composta de apenas 2 (dois) sócios, devendo ser resguardada e limitada, assim, a responsabilidade do sócio minoritário (AgRg no AREsp 621.926/RJ, Rel. Min. Marco Aurélio Bellizze, 3.ª Turma, j. 12.05.2015, DJe 20.05.2015).*
>
> *Processo civil e direito civil. Recurso especial. Desconsideração da personalidade jurídica. Excesso de execução. Juros moratórios. Cabimento da exceção de pré-executividade. Prescrição da pretensão de execução de verba honorária de sucumbência. Violação do art. 535 do CPC. Fixação de honorários em exceção de pré-executividade. Não ocorrência de vício de citação.*
>
> *(...)*
>
> *9. Nos termos do art. 50 do CC, o decreto de desconsideração da personalidade jurídica de uma sociedade somente pode atingir o patrimônio dos sócios e administradores que dela se utilizaram indevidamente, por meio de desvio de finalidade ou confusão patrimonial.*
>
> *(...) (REsp 1.412.997/SP, Rel. Min. Luis Felipe Salomão, 4.ª Turma, j. 08.09.2015, DJe 26.10.2015).*

Assim, por exemplo, verificada a confusão patrimonial entre a sociedade e um de seus sócios, no nome de quem estão registrados veículos usados na atividade da sociedade, a decretação da desconsideração da pessoa jurídica deve atingir apenas esse sócio, fazendo a execução recair apenas sobre aqueles bens que caracterizam a confusão patrimonial (no caso, os veículos).

Vale ressaltar, porém, que a desconsideração da personalidade jurídica da sociedade pode atingir, excepcionalmente, sócio que não exerça poderes de administração/gerência, conforme já decidiu o STJ (atente-se, porém, para a peculiaridade do caso, em que a sociedade tinha apenas dois sócios e a sócia que não exercia poderes de gerência era majoritária):

> *Processual civil e civil. Recurso especial. Execução. Desconsideração da personalidade jurídica. Sociedade limitada. Sócia majoritária que, de acordo com o contrato social, não exerce poderes de gerência ou administração. Responsabilidade.*
>
> *1. Possibilidade de a desconsideração da personalidade jurídica da sociedade limitada atingir os bens de sócios que não exercem função de gerência ou administração.*
>
> *2. Em virtude da adoção da Teoria Maior da Desconsideração, é necessário comprovar, para fins de desconsideração da personalidade jurídica, a prática de ato abusivo ou fraudulento por gerente ou administrador.*
>
> *3. Não é possível, contudo, afastar a responsabilidade de sócia majoritária, mormente se for considerado que se trata de sociedade familiar, com apenas duas sócias.*
>
> *4. Negado provimento ao recurso especial (REsp 1315110/SE, Rel. Min. Nancy Andrighi, 3.ª Turma, j. 28.05.2013,* DJe *07.06.2013).*

Por fim, merece menção também um precedente do STJ que analisou a possibilidade de aplicação da teoria da desconsideração da personalidade jurídica para atingir os bens pessoais de membros do conselho fiscal. Entendeu-se que isso só é possível se houver indícios de que eles contribuíram, ao menos culposamente, e com desvio de função, para a prática de atos de administração. Confira-se a ementa do julgado:

> *RECURSO ESPECIAL. CIVIL E PROCESSUAL CIVIL. EXCEÇÃO DE PRÉ-EXECUTIVIDADE. EMPREENDIMENTO HABITACIONAL. SOCIEDADE COOPERATIVA. DESCONSIDERAÇÃO DA PERSONALIDADE JURÍDICA. TEORIA MENOR. ART. 28, § 5º, DO CDC. MEMBRO DE CONSELHO FISCAL. ATOS DE GESTÃO. PRÁTICA. COMPROVAÇÃO. AUSÊNCIA. INAPLICABILIDADE.*
>
> *(...)*
>
> *2. A despeito de não se exigir prova de abuso ou fraude para fins de aplicação da Teoria Menor da desconsideração da personalidade jurídica, tampouco de confusão patrimonial, o § 5º do art. 28 do CDC não dá margem para admitir a responsabilização pessoal de quem jamais atuou como gestor da empresa.*
>
> *3. A desconsideração da personalidade jurídica de uma sociedade cooperativa, ainda que com fundamento no art. 28, § 5º, do CDC (Teoria Menor), não pode atingir o patrimônio pessoal de membros do Conselho Fiscal sem que que haja a mínima presença de indícios de que estes contribuíram, ao menos culposamente, e com desvio de função, para a prática de atos de administração.*
>
> *4. Recurso especial provido.*
>
> *(REsp 1.766.093/SP, Rel. Ministra NANCY ANDRIGHI, Rel. p/ Acórdão Ministro RICARDO VILLAS BÔAS CUEVA, TERCEIRA TURMA, julgado em 12/11/2019, DJe 28/11/2019)*

11.4. A desconsideração inversa

Viu-se até o presente momento que a teoria da desconsideração surgiu e foi aplicada, historicamente, com a finalidade de permitir a execução de bens particulares dos sócios e/ou administradores por dívidas da sociedade. Mas será possível fazer o caminho inverso? **Será possível, por exemplo, executar bens sociais por dívidas pessoais de um de seus sócios?**

Trata-se do que se tem chamado de **desconsideração inversa**, que consiste, como a própria expressão indica, aplicar os fundamentos da *disregard doctrine* para permitir que a pessoa jurídica, eventualmente, responda por obrigações pessoais de um ou mais de seus integrantes.

Atualmente, a desconsideração inversa tem sido muito aplicada em questões relativas ao **direito de família**, em processos nos quais se percebe que um dos cônjuges desvia bens pessoais para o patrimônio de uma pessoa jurídica com a finalidade clara de afastá-los da partilha ou frustrar a execução de alimentos.

> (...) quando o marido transfere para sua empresa o rol mais significativo de bens matrimoniais, sentença final de cunho declaratório haverá de desconsiderar esse negócio específico, flagrada a fraude ou abuso, havendo, em consequência, como matrimoniais esses bens, para ordenar sua partilha no ventre da separação judicial, na fase destinada a sua divisão, já considerados comuns e incomunicáveis.[236]

Sobre o assunto, já decidiu o Tribunal de Justiça do Rio Grande do Sul o seguinte:

> *(...) muito embora na aplicação da* disregard doctrine, *parte-se do pressuposto que responde o sócio com seu patrimônio particular pela obrigação da empresa, o direito não pode se furtar a aplicação da teoria da desconsideração de forma inversa quando o devedor cria uma veste jurídica para tentar defender seu patrimônio particular ameaçado de alienação judicial por força de dívidas contraídas junto a terceiros. Caso em que o princípio da separação patrimonial deve ser superado e ceder em face de circunstâncias especiais e excepcionais diante da prova robusta de fraude por parte do sócio para desfrutar dos benefícios de sua posição, restando assente que a separação da pessoa jurídica da pessoa física é mera ficção legal, não sendo justificável que o sócio que se esconde sob o manto desta sociedade fuja de sua responsabilidade ou de seu fim social, para alcançar benefícios e interesses antissociais (TJRS, AI 70005085048, 13.ª Câmara Cível, Rel. Eduardo Kraemer, j. 25.05.2004).*

No mesmo sentido já decidiu o Superior Tribunal de Justiça:

> (...) III – A desconsideração inversa da personalidade jurídica caracteriza-se pelo afastamento da autonomia patrimonial da sociedade, para, contrariamente do que ocorre na desconsideração da personalidade propriamente dita, atingir o ente coletivo *e seu patrimônio social, de modo a responsabilizar a pessoa jurídica por obrigações do sócio controlador. IV – Considerando-se que a finalidade da* disregard doctrine *é combater a utilização indevida do ente societário por seus sócios, o que pode ocorrer também nos casos em que o sócio controlador esvazia o seu patrimônio pessoal e o integraliza na pessoa jurídica, conclui-se, de uma interpretação teleológica do art. 50 do CC/2002, ser*

[236] MADALENO, Rolf. *Direito de família*: aspectos polêmicos. Porto Alegre: Livraria do Advogado, 1998. p. 27.

possível a desconsideração inversa da personalidade jurídica, de modo a atingir bens da sociedade em razão de dívidas contraídas pelo sócio controlador, conquanto preenchidos os requisitos previstos na norma. (...) VI – À luz das provas produzidas, a decisão proferida no primeiro grau de jurisdição, entendeu, mediante minuciosa fundamentação, pela ocorrência de confusão patrimonial e abuso de direito por parte do recorrente, ao se utilizar indevidamente de sua empresa para adquirir bens de uso particular. (...) (REsp 948.117/MS, Rel. Min. Nancy Andrighi, 3.ª Turma, j. 22.06.2010, DJe *03.08.2010).*

Direito civil. Recurso especial. Ação de dissolução de união estável. Desconsideração inversa da personalidade jurídica. Possibilidade. Reexame de fatos e provas. Inadmissibilidade. Legitimidade ativa. Companheiro lesado pela conduta do sócio. Artigo analisado: 50 do CC/02.

(...)

2. Discute-se se a regra contida no art. 50 do CC/02 autoriza a desconsideração inversa da personalidade jurídica e se o sócio da sociedade empresária pode requerer a desconsideração da personalidade jurídica desta.

3. A desconsideração inversa da personalidade jurídica caracteriza-se pelo afastamento da autonomia patrimonial da sociedade para, contrariamente do que ocorre na desconsideração da personalidade propriamente dita, atingir o ente coletivo e seu patrimônio social, de modo a responsabilizar a pessoa jurídica por obrigações do sócio controlador.

4. É possível a desconsideração inversa da personalidade jurídica sempre que o cônjuge ou companheiro empresário valer-se de pessoa jurídica por ele controlada, ou de interposta pessoa física, a fim de subtrair do outro cônjuge ou companheiro direitos oriundos da sociedade afetiva.

(...) (REsp 1.236.916/RS, Rel. Min. Nancy Andrighi, 3.ª Turma, j. 22.10.2013, DJe *28.10.2013).*

Destaque-se, por fim, que o Enunciado 283 das Jornadas de Direito Civil do CJF já **admitia a interpretação do art. 50 do Código Civil para permitir a chamada desconsideração inversa**. Eis o teor do enunciado: "é cabível a desconsideração da personalidade jurídica denominada 'inversa' para alcançar bens de sócio que se valeu da pessoa jurídica para ocultar ou desviar bens pessoais, com prejuízo a terceiros". Após a Lei 13.874/2019, a Lei da Liberdade Econômica, o próprio Código Civil passou a ter regra nesse sentido: "o disposto no *caput* e nos §§ 1º e 2º deste artigo também se aplica à extensão das obrigações de sócios ou de administradores à pessoa jurídica" (art. 50, § 3º).

11.5. Aspectos processuais da aplicação da teoria da desconsideração (de acordo com o Novo CPC)

O dispositivo normativo que contém a regra geral acerca da teoria da desconsideração em nosso ordenamento, como visto, é atualmente o art. 50 do Código Civil. Nesse dispositivo se estabelecem, detalhadamente, as hipóteses em que o juiz pode decretar a desconsideração da personalidade jurídica, mas não é fixada, em contrapartida, a disciplina procedimental dessa decretação.

O novo CPC, atendendo aos reclamos dos comercialistas e processualistas, finalmente estabeleceu um procedimento próprio para a decretação da desconsideração da personalidade jurídica, criando um **incidente processual** específico em seus arts. 133 a 137.

De acordo com o art. 133, "o incidente de desconsideração da personalidade jurídica será instaurado a pedido da parte ou do Ministério Público, quando lhe couber intervir no processo".[237] O § 1.º dispõe que "o pedido observará os pressupostos previstos em lei", e o § 2.º determina expressamente que o procedimento também se aplica "à hipótese de desconsideração inversa da personalidade jurídica".

Perceba-se que o novo CPC **não criou nova hipótese de desconsideração**, mas apenas disciplinou o seu procedimento. Em caso de litígios empresariais, os "pressupostos previstos em lei" a que se refere o art. 133, § 1.º, são aqueles do art. 50 do CC: abuso de personalidade jurídica, caracterizado pelo desvio de finalidade ou pela confusão patrimonial. Em litígios consumeristas, "os pressupostos previstos em lei" serão os do art. 28 do CDC, e assim por diante. Nesse sentido, confira-se o que decidiu o STJ:

> 4. Os pressupostos da desconsideração da personalidade jurídica continuam a ser estabelecidos por normas de direito material, cuidando o diploma processual tão somente da disciplina do procedimento. Assim, os requisitos da desconsideração variarão de acordo com a natureza da causa, seguindo-se, entretanto, em todos os casos, o rito procedimental proposto pelo diploma processual.
>
> 5. Nas causas em que a relação jurídica subjacente ao processo for cível-empresarial, a desconsideração da personalidade da pessoa jurídica será regulada pelo art. 50 do Código Civil, nos casos de abuso da personalidade jurídica, caracterizado pelo desvio de finalidade, ou pela confusão patrimonial. (REsp 1729554/SP, Rel. Ministro LUIS FELIPE SALOMÃO, QUARTA TURMA, julgado em 08.05.2018, *DJe* 06.06.2018).

Antes do novo CPC, o STJ entendia que a desconsideração podia ser decretada nos próprios autos, **sem necessidade de citação**, de modo que o sócio só poderia defender-se após já realizada a constrição de seus bens pessoais. Confira-se:

> *Direito civil e do consumidor. Desconsideração da personalidade jurídica. Pressupostos processuais e materiais. Observância. Citação dos sócios em prejuízo de quem foi decretada a desconsideração. Desnecessidade. Ampla defesa e contraditório garantidos com a intimação da constrição.*
>
> *(...)*
>
> *2. A superação da pessoa jurídica afirma-se como um incidente processual e não como um processo incidente, razão pela qual* ***pode ser deferida nos próprios autos, dispensando-se também a citação dos sócios****, em desfavor de quem foi superada a pessoa jurídica,* ***bastando a defesa apresentada a posteriori****, mediante embargos, impugnação ao cumprimento de sentença ou exceção de pré-executividade.*
>
> *(...)*

[237] Como se vê, tanto o art. 50 do Código Civil quanto o art. 133 do Código de Processo Civil exigem requerimento para a decretação da desconsideração da personalidade jurídica. No entanto, há autores que entendem que nos casos regulados pelas leis especiais juiz pode desconsiderar a personalidade jurídica de ofício. Nesse sentido: NAHAS, Thereza Christina. *Desconsideração da pessoa jurídica*. São Paulo: Atlas, 2004. p. 159-164. No mesmo sentido, mas com relação especificamente ao direito do consumidor, confira-se: GARCIA, Leonardo de Medeiros. *Direito do consumidor*. 2. ed. Niterói: Impetus, 2006. p. 90-91. Diz o autor, embasado em julgado do STJ: "*sendo as normas consumeristas consideradas de ordem pública e de interesse social, o juiz, verificando qualquer das hipóteses presentes no art. 28, poderá imputar a responsabilidade diretamente aos sócios, inclusive de ofício, de modo a tutelar os consumidores, considerados vulneráveis nas relações contratuais*".

> *4. Portanto, não se havendo falar em prejuízo à ampla defesa e ao contraditório, em razão da ausência de citação ou de intimação para o pagamento da dívida (art. 475-J do CPC), e sob pena de tornar-se infrutuosa a desconsideração da personalidade jurídica,* ***afigura-se bastante – quando, no âmbito do direito material, forem detectados os pressupostos autorizadores da medida – a intimação superveniente da penhora dos bens dos ex-sócios****, providência que, em concreto, foi realizada.*
>
> *(...) (REsp 1.096.604/DF, Rel. Min. Luis Felipe Salomão, 4.ª Turma, j. 02.08.2012,* DJe *16.10.2012)*
>
> *Direito processual civil. Agravo regimental no recurso especial. 1. Ofensa a dispositivos constitucionais. Matéria estranha à finalidade do recurso especial. 2. Desconsideração da personalidade jurídica. Desnecessidade de citação dos sócios atingidos. Precedentes. Verificação da presença dos requisitos previstos no art. 50 do Código Civil. Enunciado n. 7 da Súmula do STJ. 3. Divergência jurisprudencial. Não caracterizada. 4. Ausência de argumentos aptos a infirmar os fundamentos da decisão agravada. 5. Agravo regimental improvido.*
>
> *(...)*
>
> *3. Segundo a jurisprudência do STJ, a desconsideração da personalidade jurídica, como incidente processual, pode ser decretada sem a prévia citação dos sócios atingidos, aos quais se garante o exercício postergado ou diferido do contraditório e da ampla defesa.* ***Precedentes de ambas as Turmas que integram a Segunda Seção do STJ.***
>
> *(...) (AgRg no REsp 1.459.784/MS, Rel. Ministro Marco Aurélio Bellizze, Terceira Turma, j. 04.08.2015,* DJe *14.08.2015).*

A partir da vigência do novo CPC, porém, parece-nos que essa jurisprudência terá de ser revista, uma vez que será preciso instaurar um incidente processual específico (de preferência em autos apartados, mas não necessariamente), com a imprescindível citação do sócio ou da pessoa jurídica. Confira-se, a propósito, o que diz o art. 135: "instaurado o incidente, o sócio ou a pessoa jurídica será citado para manifestar-se e requerer as provas cabíveis no prazo de 15 (quinze) dias".

Com a instauração do incidente, o processo será suspenso (art. 134, § 3.º) e, "concluída a instrução, se necessária, o incidente será resolvido por decisão interlocutória" (art. 136), contra a qual, obviamente, poderá ser interposto agravo de instrumento.

O art. 134 do novo CPC, por sua vez, deixa claro que "o incidente de desconsideração é cabível em todas as fases do processo de conhecimento, no cumprimento de sentença e na execução fundada em título executivo extrajudicial". O § 2.º desse dispositivo traz regra interessante: "dispensa-se a instauração do incidente se a desconsideração da personalidade jurídica for requerida na petição inicial, hipótese em que será citado o sócio ou a pessoa jurídica". Nesse caso, além de não haver a instauração do incidente, o processo, obviamente, não será suspenso.

11.5.1. Condenação em honorários?

De acordo com a jurisprudência consolidada do STJ, firmada nojulgamento do EREsp 1.366.014-SP, "não são cabíveis honorários advocatícios nos incidentes processuais, exceto nos casos em que haja extinção ou alteração substancial do processo principal".

Esse entendimento se aplica ao incidente de desconsideração da personalidade jurídica: "tratando-se de incidente de desconsideração da personalidade jurídica, o descabimento da condenação nos ônus sucumbenciais decorre da ausência de previsão legal excepcional, sendo irrelevante se apurar quem deu causa ou foi sucumbente no julgamento final do incidente. Precedentes" (AgInt no REsp 1852515/SP).

11.5.2. Desconsideração da personalidade jurídica e fraude à execução.

O art. 137 do CPC afirma que, "acolhido o pedido de desconsideração, a alienação ou a oneração de bens, havida em fraude de execução, será ineficaz em relação ao requerente".

O art. 792, § 3º do CPC complementa o art. 137, ao afirmar que, "nos casos de desconsideração da personalidade jurídica, a fraude à execução verifica-se a partir da **citação da parte cuja personalidade se pretende desconsiderar**".

Já tivemos a oportunidade de escrever que "essa regra do art. 792, § 3º do CPC/2015 nos parece **absolutamente desarrazoada, quiçá inconstitucional**, e sua interpretação literal pode levar a situações extremamente injustas, gerando gravíssimas violações à segurança jurídica"[238].

Com efeito, quando o pedido de desconsideração da personalidade jurídica é feito incidentalmente numa ação de conhecimento ou execução, **"a parte cuja personalidade se pretende desconsiderar"** é obviamente a própria pessoa jurídica ré ou executada (normalmente uma sociedade empresária), e o efeito da medida será a possibilidade de responsabilizar seus membros (sócios, no caso de uma sociedade empresária) ou administradores por suas dívidas (art. 790, VII do CPC/2015).

Se o marco temporal para a caracterização da fraude à execução for a citação da pessoa jurídica no processo de conhecimento ou de execução, como sugere a literalidade da regra contida no art. 792, § 3º do CPC/2015, um determinado negócio firmado pelo(s) sócio(s) de uma sociedade empresária ré ou executada, conforme o caso, poderá ser reconhecido como fraude à execução mesmo tendo sido celebrado **quando não existia nenhuma demanda judicial em curso contra esses(s) sócio(s)**, mas apenas contra a sociedade da qual faz(em) parte.

Na vigência do CPC/1973, o STJ já havia firmado entendimento no sentido de que "é necessário, para a configuração de fraude à execução, que corra **contra o próprio devedor** a demanda capaz de reduzi-lo à insolvência, exigindo-se, para tanto, que o ato de disposição do bem seja **posterior à citação válida do sócio devedor**, quando redirecionada a execução originariamente ajuizada contra a pessoa jurídica" (AgInt no AREsp 1402956/SP). No mesmo sentido, confira-se o seguinte julgado:

DIREITO PROCESSUAL CIVIL. RECURSO ESPECIAL. EMBARGOS DE TERCEIRO. ALIENAÇÃO DE IMÓVEL POR SÓCIO DA PESSOA JURÍDICA ANTES DO REDIRECIONAMENTO

[238] SANTA CRUZ, André e LOPES JR., Jaylton. *Desconsideração da personalidade e fraude à execução: em busca de um sentido constitucional para o art. 792, § 3º do CPC/2015*. Disponível em: https://migalhas.uol.com.br/depeso/324973/desconsideracao-da-personalidade-juridica-e-fraude-a-execucao--em-busca-de-um-sentido-constitucional-para-o--art--792----3--do-cpc-15.

DA EXECUÇÃO. DESCONSIDERAÇÃO DA PERSONALIDADE JURÍDICA. FRAUDE À EXECUÇÃO NÃO CONFIGURADA.

1. Cinge-se a controvérsia em determinar se a venda de imóvel realizada por sócio de empresa executada, após a citação desta em ação de execução, mas antes da desconsideração da personalidade jurídica da empresa, configura fraude à execução.

2. **A fraude à execução só poderá ser reconhecida se o ato de disposição do bem for posterior à citação válida do sócio devedor, quando redirecionada a execução que fora originariamente proposta em face da pessoa jurídica.**

3. Na hipótese dos autos, ao tempo da alienação do imóvel corria demanda executiva apenas contra a empresa da qual os alienantes eram sócios, tendo a desconsideração da personalidade jurídica ocorrido mais de três anos após a venda do bem. Inviável, portanto, o reconhecimento de fraude à execução.

4. Recurso especial não provido.

(REsp 1.391.830/SP, Rel. Ministra NANCY ANDRIGHI, TERCEIRA TURMA, julgado em 22/11/2016, DJe 01/12/2016)[239]

Portanto, entendo que a interpretação do art. 792, § 3º do CPC deve ser a seguinte: **"nos casos de desconsideração da personalidade jurídica, a fraude à execução verifica-se a partir da citação da parte cujo patrimônio se busca atingir"**, que, em se tratando de desconsideração direta, é o respectivo membro da pessoa jurídica (sócio, associado, instituidor ou administrador).

11.6. Necessidade de demonstração da insolvência da pessoa jurídica

Uma questão das mais relevantes diretamente relacionada à aplicação da teoria da desconsideração da personalidade jurídica é a seguinte: **é necessário provar a insolvência da pessoa jurídica para requerer a sua desconsideração?** Ou a desconsideração, como medida punitiva aplicável aos sócios e administradores que abusam do uso da pessoa jurídica caberia independentemente da demonstração de que ela não possui mais bens para honrar seus compromissos?

Parece-nos que a segunda hipótese é a mais acertada, sendo, pois, desnecessário comprovar a insuficiência patrimonial da pessoa jurídica como medida prévia à aplicação da teoria da desconsideração. Nesse sentido, aliás, apresentei proposta de enunciado na IV Jornada de Direito Civil do Conselho da Justiça Federal, realizado em 2006, o qual foi aprovado. Trata-se do Enunciado 281, e tem o seguinte teor: "A aplicação da teoria da desconsideração, descrita no art. 50 do Código Civil, prescinde da demonstração de insolvência da pessoa jurídica."

Seguindo esse entendimento, o STJ já decidiu pela desnecessidade de demonstração de insolvência da pessoa jurídica para decretação da sua desconsideração. Confiram-se os seguintes julgados:

Finalmente, registre-se que alegação de que a empresa BMZ Couros tem bens a serem executados é irrelevante, pois 'a aplicação da teoria da desconsideração, descrita no art. 50 do Código Civil, prescinde da demonstração de insolvência da pessoa jurídica'

[239] No voto condutor do referido acórdão, a relatora deixou claro que o julgamento foi pautado pela aplicação do CPC/1973, conforme Enunciado Administrativo 2 do STJ.

(Enunciado n.º 281 das Jornadas de Direito Civil do CJF) (AREsp 562.280/SP, Rel. Min. Marco Buzzi, 4.ª Turma, j. 04.12.2014, DJe 12.12.2014).

Recurso especial. Desconsideração da personalidade jurídica. CPC/2015. Procedimento para declaração. Requisitos para a instauração. Observância das regras de direito material. Desconsideração com base no art. 50 do cc/2002. Abuso da personalidade jurídica. desvio de finalidade. Confusão patrimonial. Insolvência do devedor. Desnecessidade de sua comprovação. (...) 7. A inexistência ou não localização de bens da pessoa jurídica não é condição para a instauração do procedimento que objetiva a desconsideração, por não ser sequer requisito para aquela declaração, já que imprescindível a demonstração específica da prática objetiva de desvio de finalidade ou de confusão patrimonial. 8. Recurso especial provido. (REsp 1729554/SP, Rel. Ministro Luis Felipe Salomão, Quarta Turma, julgado em 08.05.2018, DJe 06.06.2018)

11.7. Teoria maior × teoria menor

Em matéria de desconsideração da personalidade jurídica, o Superior Tribunal de Justiça tem um acórdão paradigmático, que foi relatado pela Ministra Nancy Andrighi no julgamento do caso que envolvia a explosão de um *shopping* na cidade paulistana de Osasco (REsp 279.273):

Responsabilidade civil e Direito do consumidor. Recurso especial. Shopping Center *de Osasco-SP. Explosão. Consumidores. Danos materiais e morais. Ministério Público. Legitimidade ativa. Pessoa jurídica. Desconsideração. Teoria maior e teoria menor. Limite de responsabilização dos sócios. Código de Defesa do Consumidor. Requisitos. Obstáculo ao ressarcimento de prejuízos causados aos consumidores. Art. 28, § 5.º.*

– Considerada a proteção do consumidor um dos pilares da ordem econômica, e incumbindo ao Ministério Público a defesa da ordem jurídica, do regime democrático e dos interesses sociais e individuais indisponíveis, possui o Órgão Ministerial legitimidade para atuar em defesa de interesses individuais homogêneos de consumidores, decorrentes de origem comum.

– A **teoria maior** *da desconsideração, regra geral no sistema jurídico brasileiro, não pode ser aplicada com a mera demonstração de estar a pessoa jurídica insolvente para o cumprimento de suas obrigações. Exige-se, aqui, para além da prova de insolvência, ou a demonstração de desvio de finalidade (teoria subjetiva da desconsideração), ou a demonstração de confusão patrimonial (teoria objetiva da desconsideração).*

– A **teoria menor** *da desconsideração, acolhida em nosso ordenamento jurídico excepcionalmente no Direito do Consumidor e no Direito Ambiental, incide com a mera prova de insolvência da pessoa jurídica para o pagamento de suas obrigações, independentemente da existência de desvio de finalidade ou de confusão patrimonial.*

– Para a **teoria menor**, *o risco empresarial normal às atividades econômicas não pode ser suportado pelo terceiro que contratou com a pessoa jurídica, mas pelos sócios e/ou administradores desta, ainda que estes demonstrem conduta administrativa proba, isto é, mesmo que não exista qualquer prova capaz de identificar conduta culposa ou dolosa por parte dos sócios e/ou administradores da pessoa jurídica.*

– A aplicação da **teoria menor** *da desconsideração às relações de consumo está calcada na exegese autônoma do § 5.º do art. 28, do CDC, porquanto a incidência desse dispositivo não se subordina à demonstração dos requisitos previstos no* caput *do artigo indicado, mas apenas à prova de causar, a mera existência da pessoa jurídica, obstáculo ao ressarcimento de prejuízos causados aos consumidores.*

– Recursos especiais não conhecidos.

Nesse acórdão, o STJ entendeu: (i) que a regra geral sobre a *disregard doctrine* no Brasil é o art. 50 do Código Civil; e (ii) que para a aplicação da teoria da desconsideração é preciso, "para além da prova da insolvência", a demonstração do desvio de finalidade (que a relatora associa à concepção subjetivista) ou da confusão patrimonial (que a relatora associa à concepção objetivista). Pelo que já expusemos, discordamos de um ponto até agora destacado. Com efeito, na nossa opinião: é dispensável a prova da insolvência da pessoa jurídica.

A análise do acórdão também deixa claro que o STJ entendeu que no direito do consumidor e no direito ambiental aplica-se a *disregard doctrine* quando há o mero prejuízo do credor (por haver regras legais específicas nesse sentido), ideia com a qual nós também não concordamos.

Por fim, registre-se que o acórdão faz uso das expressões *teoria maior* e *teoria menor* da desconsideração da personalidade jurídica, que foram lançadas por Fábio Ulhoa Coelho,[240] mas que hoje não são usadas nem mesmo por ele nas últimas edições de sua obra. A expressão *teoria maior* é usada para identificar a regra legal geral que só admite a desconsideração quando há abuso de personalidade jurídica, caracterizado pelo desvio de finalidade ou pela confusão patrimonial (art. 50 do Código Civil). Por outro lado, a expressão *teoria menor* é usada para identificar as regras legais específicas que admitem a desconsideração quando há o mero prejuízo do credor, ou seja, a simples insolvência da pessoa jurídica (art. 28, § 5.º, do CDC, e art. 4.º da Lei 9.605/1998). Confiram-se, a propósito, outros julgados do STJ sobre o tema:

> *Direito do consumidor e processual civil. Recurso especial. Execução frustrada. Pedido de desconsideração da personalidade jurídica. Indeferimento. Fundamentação apoiada na inexistência dos requisitos previstos no art. 50 do Código Civil de 2002 (teoria maior). Alegação de que se tratava de relação de consumo. Incidência do art. 28, § 5.º, do CDC (teoria menor). Omissão. Ofensa ao art. 535 do CPC reconhecida.*
>
> *1. É possível, em linha de princípio, em se tratando de vínculo de índole consumerista, a utilização da chamada Teoria Menor da desconsideração da personalidade jurídica, a qual se contenta com o estado de insolvência do fornecedor, somado à má administração da empresa, ou, ainda, com o fato de a personalidade jurídica representar um "obstáculo ao ressarcimento de prejuízos causados aos consumidores" (art. 28 e seu § 5.º, do Código de Defesa do Consumidor).*
>
> *(...) (REsp 1.111.153/RJ, Rel. Min. Luis Felipe Salomão, 4.ª Turma, j. 06.12.2012,* DJe *04.02.2013).*
>
> *É possível a desconsideração da personalidade jurídica com base no artigo 28, § 5.º, do CDC, na hipótese em que comprovada a insolvência da empresa, pois tal providência dispensa a presença dos requisitos contidos no* caput *do artigo 28, isto é, abuso de poder, infração da lei, fato ou ato ilícito ou violação dos estatutos ou contrato social, encerramento ou inatividade da pessoa jurídica, sendo aplicável a* ***teoria menor*** *da desconsideração, subordinada apenas à prova de que a mera existência da pessoa jurídica pode causar, de alguma forma, obstáculo ao ressarcimento de prejuízos*

[240] *"Há duas formulações para a teoria da desconsideração: a maior, pela qual o juiz é autorizado a ignorar a autonomia patrimonial das pessoas jurídicas, como forma de coibir fraudes e abusos praticados através dela, e a menor, em que o simples prejuízo do credor já possibilita afastar a autonomia patrimonial."* (COELHO, Fábio Ulhoa. *Curso de direito comercial*. 7. ed. São Paulo: Saraiva, 2004. p. 35. v. 2).

causados aos consumidores (AgRg no Ag 1.342.443/PR, Rel. Min. Massami Uyeda, 3.ª Turma, j. 15.05.2012, DJe *24.05.2012).*

Processo civil. Agravo regimental. Ausência de prequestionamento. Súmula n. 282/STF. Reexame do conjunto fático-probatório. Impossibilidade. Súmula n. 7 do STJ. Desconsideração da personalidade jurídica ante a insolvência da sociedade empresária. Possibilidade. Precedentes.

(...)

3. Tratando-se de relação consumerista, é possível a desconsideração da personalidade jurídica da sociedade empresária ante sua insolvência para o pagamento de suas obrigações, independentemente da existência de desvio de finalidade ou de confusão patrimonial.

4. Agravo regimental desprovido (AgRg no AREsp 511.744/SP, Rel. Min. João Otávio de Noronha, Terceira Turma, j. 24.03.2015, DJe *31.03.2015).*

(...) Insolvência da pessoa jurídica – desconsideração da pessoa jurídica – art. 28, § 5°, do Código de Defesa do Consumidor – possibilidade – precedentes do STJ (...)

1. É possível a desconsideração da personalidade jurídica da sociedade empresária – acolhida em nosso ordenamento jurídico, excepcionalmente, no Direito do Consumidor – bastando, para tanto, a mera prova de insolvência da pessoa jurídica para o pagamento de suas obrigações, independentemente da existência de desvio de finalidade ou de confusão patrimonial, é o suficiente para se "levantar o véu" da personalidade jurídica da sociedade empresária. Precedentes do STJ: REsp 737.000/MG, Rel. Ministro Paulo de Tarso Sanseverino, DJe 12/9/2011; (REsp 279.273, Rel. Ministro Ari Pargendler, Rel. p/ acórdão Ministra Nancy Andrighi, 29.3.2004; REsp 1.111.153/RJ, Rel. Min. Luis Felipe Salomão, DJe de 04/02/2013; REsp 63.981/SP, Rel. Min. Aldir Passarinho Júnior, Rel. p/acórdão Min. Sálvio de Figueiredo Teixeira, DJe de 20/11/2000.

(...) (AgRg no REsp 1.106.072/MS, Rel. Min. Marco Buzzi, 4.ª Turma, j. 02.09.2014, DJe *18.09.2014).*

Recurso especial. Ação de resolução de contrato de promessa de compra e venda de imóvel proposta contra a construtora e seus sócios. Desconsideração da personalidade jurídica. Art. 28, caput *e § 5.º, do CDC. Prejuízo a consumidores. Inatividade da empresa por má administração.*

(...)

3. No contexto das relações de consumo, em atenção ao art. 28, § 5.º, do CDC, os credores não negociais da pessoa jurídica podem ter acesso ao patrimônio dos sócios, mediante a aplicação da disregard doctrine*, bastando a caracterização da dificuldade de reparação dos prejuízos sofridos em face da insolvência da sociedade empresária.*

4. Precedente específico desta Corte acerca do tema (REsp. n.º 279.273/SP, Rel. Min. Ari Pargendler, Rel. p/ Acórdão Min. Nancy Andrighi, Terceira Turma, DJ de 29.03.2004).

(...) (REsp 737.000/MG, Rel. Min. Paulo de Tarso Sanseverino, 3.ª Turma, j. 01.09.2011, DJe *12.09.2011).*

Ainda sobre o assunto, destaco o seguinte precedente do STJ:

RECURSO ESPECIAL. PROCESSUAL CIVIL. PERSONALIDADE JURÍDICA. DESCONSIDERAÇÃO. INCIDENTE. RELAÇÃO DE CONSUMO. ART. 28, § 5º, DO CDC. TEORIA MENOR. ADMINISTRADOR NÃO SÓCIO. INAPLICABILIDADE. CUMPRIMENTO DE SENTENÇA. POLO PASSIVO. EXCLUSÃO.

(...)

2. Para fins de aplicação da Teoria Menor da desconsideração da personalidade jurídica (art. 28, § 5º, do CDC), basta que o consumidor demonstre o estado de

insolvência do fornecedor ou o fato de a personalidade jurídica representar um obstáculo ao ressarcimento dos prejuízos causados.

3. **A despeito de não exigir prova de abuso ou fraude para fins de aplicação da Teoria Menor da desconsideração da personalidade jurídica, tampouco de confusão patrimonial, o § 5º do art. 28 do CDC não dá margem para admitir a responsabilização pessoal de quem não integra o quadro societário da empresa, ainda que nela atue como gestor. Precedente.**

4. Recurso especial provido.

(REsp 1862557/DF, Rel. Ministro RICARDO VILLAS BÔAS CUEVA, TERCEIRA TURMA, julgado em 15/06/2021, DJe 21/06/2021)

Nesse precedente, apesar de ter reafirmado a aplicação da "teoria menor" nas questões "consumeristas", por incidência do § 5º do artigo 28 do CDC, a 3ª Turma do STJ fez uma importante ressalva: a "teoria menor" não se aplica quando se trata de responsabilizar um administrador não sócio. Para tanto, tem aplicação a "teoria maior", isto é, aquela baseada no artigo 50 do Código Civil, que exige prova do abuso da personalidade jurídica, caracterizado por desvio de finalidade (concepção subjetivista) ou confusão patrimonial (concepção objetivista).

11.8. Dissolução irregular de empresa

No Brasil, é comum ocorrer a chamada "dissolução irregular" da empresa, isto é, o encerramento das atividades sem a devida baixa na Junta Comercial e demais órgãos públicos.

As Turmas de direito público do STJ (1ª e 2ª Turmas, que compõem a Primeira Seção) entendem que, "em execução fiscal de dívida ativa tributária ou não-tributária, dissolvida irregularmente a empresa, está legitimado o redirecionamento ao sócio-gerente" (REsp 1.371.128 – Tema Repetitivo 630).

Essas mesmas Turmas do STJ também editaram a Súmula 435, com o seguinte teor: "presume-se dissolvida irregularmente a empresa que deixar de funcionar no seu domicílio fiscal, sem comunicação aos órgãos competentes, legitimando o redirecionamento da execução fiscal para o sócio-gerente".

No entanto, esse entendimento restringe-se à execução fiscal. As Turmas de direito privado do STJ (3.ª e 4.ª Turmas, que compõem a Segunda Seção) entendem que **a mera dissolução irregular da empresa não é motivo suficiente para aplicação da desconsideração da personalidade jurídica**. Nesse sentido:

Agravo regimental no agravo em recurso especial. Ofensa ao art. 535 do CPC. Alegação genérica. Inovação em sede de agravo regimental. Impossibilidade. Desconsideração da personalidade jurídica. Art. 50 do CC/2002. Teoria maior. Dissolução irregular. Insuficiência e inexistência de prova. Aferição da presença dos elementos autorizadores da teoria da disregard doctrine. *Súmula 7/STJ. Agravo regimental não provido.*

(...)

3. ***A mera demonstração de insolvência da pessoa jurídica ou de dissolução irregular da empresa sem a devida baixa na junta comercial, por si sós, não ensejam a desconsideração da personalidade jurídica. Precedentes.***

(...) (AgRg no AREsp 550.419/RS, Rel. Min. Raul Araújo, Quarta Turma, j. 28.04.2015, DJe *19.05.2015).*

Agravo regimental. Recurso especial. Processual civil. Execução. Dissolução irregular da sociedade. Desconsideração da personalidade jurídica. Descabimento. Art. 50 do CCB.

1. A desconsideração da personalidade jurídica de sociedade empresária com base no art. 50 do Código Civil exige, na esteira da jurisprudência desta Corte Superior, o reconhecimento de abuso da personalidade jurídica.

2. ***O encerramento irregular da atividade não é suficiente, por si só, para o redirecionamento da execução contra os sócios.***

3. ***Limitação da Súmula 435/STJ ao âmbito da execução fiscal.***

4. Precedentes específicos do STJ.

5. Agravo regimental desprovido (AgRg no REsp 1.386.576/SC, Rel. Min. Paulo de Tarso Sanseverino, Terceira Turma, j. 19.05.2015, DJe *25.05.2015).*

Agravo regimental. Agravo. Recurso especial. Desconsideração da personalidade jurídica. Encerramento de atividades sem baixa na junta comercial. Requisitos. Ausência. Valoração da prova. Equívoco. Não ocorrência. Não provimento.

1. ***A mera circunstância de a empresa devedora ter encerrado suas atividades sem baixa na Junta Comercial, se não evidenciado dano decorrente de violação ao contrato social da empresa, fraude, ilegalidade, confusão patrimonial ou desvio de finalidade da sociedade empresarial, não autoriza a desconsideração de sua personalidade para atingir bens pessoais de herdeiro de sócio falecido. Inaplicabilidade da Súmula 435/STJ, que trata de redirecionamento de execução fiscal ao sócio-gerente de empresa irregularmente dissolvida, à luz de preceitos do Código Tributário Nacional.***

(...) (AgRg no AREsp 251.800/SP, Rel. Min. Maria Isabel Gallotti, 4.ª Turma, DJe *13.09.2013).*

Em suma: a dissolução irregular de sociedade ou a presunção de sua ocorrência legitimam o redirecionamento da execução fiscal (Tema Repetitivo 630 e Súmula 435), mas em se tratando de demanda comum (execução privada, por exemplo), não legitimam a desconsideração da personalidade jurídica com base na aplicação do art. 50 do Código Civil (EREsp 1.306.553).

Para finalizar, sobre o redirecionamento da execução fiscal com base na dissolução irregular de sociedade ou na presunção de sua ocorrência, vale destacar que a Primeira Seção do STJ firmou uma tese importante sobre contra quem tal redirecionamento pode ser feito:

> "O redirecionamento da execução fiscal, quando fundado na dissolução irregular da pessoa jurídica executada ou na presunção de sua ocorrência, não pode ser autorizado contra o sócio ou o terceiro não sócio que, embora exercesse poderes de gerência ao tempo do fato gerador, sem incorrer em prática de atos com excesso de poderes ou infração à lei, ao contrato social ou aos estatutos, dela regularmente se retirou e não deu causa à sua posterior dissolução irregular, conforme art. 135, III, do CTN" (Tema Repetitivo 962).[241]

[241] Outra tese pode ser firmada em breve, no seguinte sentido: "O redirecionamento da execução fiscal, quando fundado na dissolução irregular da pessoa jurídica executada ou na presunção de sua ocorrência, pode ser autorizado contra o sócio ou terceiro não sócio com poderes de administração na data em que configurada ou presumida a dissolução irregular, ainda que não tenha exercido poderes de gerência quando ocorrido o fato gerador do tributo não adimplido, conforme artigo 135, inciso III, do CTN" (Tema Repetitivo 981). Já houve votos favoráveis, mas um pedido de vista adiou a conclusão do julgamento, que ainda não havia ocorrido quando do fechamento desta edição.

11.9. Prazo para requerimento da desconsideração da personalidade jurídica

De acordo com o art. 1.032 do CC, "a retirada, exclusão ou morte do sócio, não o exime, ou a seus herdeiros, da responsabilidade pelas obrigações sociais anteriores, até dois anos após averbada a resolução da sociedade; nem nos dois primeiros casos, pelas posteriores e em igual prazo, enquanto não se requerer a averbação".

Com base nesse dispositivo legal, há quem alegue que a desconsideração da personalidade jurídica não poderia, por exemplo, atingir um sócio que já se retirou da sociedade há mais de dois anos. No entanto, o STJ já decidiu que a regra do art. 1.032 do CC não tem aplicação quando se trata de desconsideração da personalidade jurídica. Confiram-se, a propósito, os seguintes julgados:

> *Direito civil e comercial. Desconsideração da personalidade jurídica. Direito potestativo que não se extingue pelo não uso. Prazo prescricional referente à retirada de sócio da sociedade. Não aplicação. Institutos diversos. Requisitos para a desconsideração. Revisão. Súmula 7/STJ.*
>
> *(...)*
>
> *4. Descabe, por ampliação ou analogia, sem qualquer previsão legal, trazer para a desconsideração da personalidade jurídica os prazos prescricionais previstos para os casos de retirada de sócio da sociedade (arts. 1.003, 1.032 e 1.057 do Código Civil), uma vez que institutos diversos.*
>
> *(...) (REsp 1.312.591/RS, Rel. Ministro Luis Felipe Salomão, Quarta Turma, j. 11.06.2013,* DJe *01.07.2013).*
>
> *Direito empresarial e processual civil. Desconsideração inversa da personalidade jurídica. Reexame de fatos e provas. Impossibilidade. Súmula 7/STJ. Negativa de prestação jurisdicional. Não ocorrência.*
>
> *(...)*
>
> *3. O artigo 1.032 do Código Civil de 2002 trata da ultratividade da responsabilidade do sócio tem pelas obrigações da sociedade em situações ordinárias. Na hipótese não se cuida de uma responsabilidade ordinária, mas de responsabilidade extraordinária, fundada na existência de abuso de direito, tanto assim que aplicada a teoria da desconsideração da personalidade jurídica, razão por que o referido dispositivo não tem incidência.*
>
> *(...) (REsp 1.269.897/SP, Rel. Ministro Sidnei Beneti, Terceira Turma, j. 05.03.2013,* DJe *02.04.2013).*

11.10. Subcapitalização

Ocorre o fenômeno da subcapitalização quando uma sociedade tem capital social claramente incompatível com o seu objeto social. Isso seria, por si só, fundamento para decretação da desconsideração da personalidade jurídica? Para alguns doutrinadores, sim.

Também é possível encontrar julgados que citam a subcapitalização como fundamento para a decretação da desconsideração da personalidade jurídica. Nesse sentido:

> *Ação monitória. Mútuo. Desconsideração da personalidade jurídica.*
>
> *1. As hipóteses atualmente mais conhecidas de desconsideração da pessoa jurídica, abrangendo em teor as legais, consagradas pela doutrina e jurisprudência, são: a) caso*

de alter ego (megassócio ou super-sócio); b) caso de abuso de direito (abuso na utilização da forma societária); c) caso de fraude (utilização da sociedade para lesar terceiros, também chamada desconsideração inversa); e d) ***caso de subcapitalização (capital social insuficiente para a atividade e riscos inerentes a ela).***

(...) (TJSP, AI 0076467-06.2012.8.26.0000, Relator(a): Vanderci Álvares; Comarca: Araraquara; Órgão julgador: 25.ª Câmara de Direito Privado; j. 15.08.2012; Data de registro: 17.08.2012).

Em determinados países, a legislação exige capital social mínimo para a constituição de sociedades, de modo que nesses ordenamentos jurídicos é fácil identificar quando uma sociedade está subcapitalizada (subcapitalização legal).

A legislação societária brasileira, no entanto, não prevê capital social mínimo para a constituição de sociedades (a EIRELI, que não é propriamente uma sociedade, tem capital social mínimo previsto em lei: art. 980-A do CC; as instituições financeiras e seguradoras também precisam ter um capital social mínimo, em obediência a normas infralegais das suas respectivas autoridades regulatórias), tornando difícil a caracterização da subcapitalização.

Em nosso ordenamento jurídico, a exigência de adequação do capital social ao objeto social é extraída de uma interpretação dos arts. 173 da Lei 6.404/1976 ("a assembleia geral poderá deliberar a redução do capital social se houver perda, até o montante dos prejuízos acumulados, ou se julgá-lo excessivo") e 1.082, II, do CC ("pode a sociedade reduzir o capital, mediante a correspondente modificação do contrato: (...) II – se excessivo em relação ao objeto da sociedade". Ora, se a lei menciona que o capital social pode ser reduzido quando se tornar excessivo em relação ao objeto social, está implícito que se espera uma congruência entre eles: se o capital não deve ser excessivo em relação objeto, também não deve ser insuficiente.

Assim, tendo-se em vista que a legislação exige uma congruência entre o capital social e o objeto social, há quem defenda que os sócios possuem a obrigação de capitalizar adequadamente a sociedade, sob pena de perderem o privilégio da limitação de responsabilidade.

Portanto, quando há, por exemplo, uma clara desproporção entre o volume de negócios de uma empresa e o seu capital social, pode-se dizer que há uma **subcapitalização substancial**, e isso pode ser usado 'segundo alguns', como fundamento para a aplicação da teoria da desconsideração da personalidade jurídica.

5

TÍTULOS DE CRÉDITO

"Então o senhor acha que o dinheiro é a origem de todo o mal? O senhor já se perguntou qual é a origem do dinheiro? O dinheiro é um instrumento de troca, que só pode existir quando há bens produzidos e homens capazes de produzi-los. O dinheiro é a forma material do princípio de que os homens que querem negociar uns com os outros precisam trocar um valor por outro. O dinheiro não é o instrumento dos pidões, que pedem produtos por meio de lágrimas, nem dos saqueadores, que os levam à força. O dinheiro só se torna possível através dos homens que produzem. É isto que o senhor considera mau? Quem aceita dinheiro como pagamento por seu esforço só o faz por saber que ele será trocado pelo produto de esforço de outrem. Não são os pidões nem os saqueadores que dão ao dinheiro o seu valor. Nem um oceano de lágrimas nem todas as armas do mundo podem transformar aqueles pedaços de papel no seu bolso no pão de que você precisa para sobreviver. Aqueles pedaços de papel, que deveriam ser ouro, são penhores de honra; por meio deles você se apropria da energia dos homens que produzem. A sua carteira afirma a esperança de que em algum lugar no mundo a seu redor existem homens que não traem aquele princípio moral que é a origem da produção? Olhe para um gerador de eletricidade e ouse dizer que ele foi criado pelo esforço muscular de criaturas irracionais. Tente plantar um grão de trigo sem os conhecimentos que lhe foram legados pelos homens que foram os primeiros a plantar trigo. Tente obter alimentos usando apenas movimentos físicos, e descobrirá que a mente do homem é a origem de todos os produtos e de toda a riqueza que já houve na terra.

(...)

Enquanto pessoas como o senhor não descobrirem que o dinheiro é a origem de todo bem, estarão caminhando para sua própria destruição. Quando o dinheiro deixa de ser o instrumento por meio do qual os homens lidam uns com os outros, os homens se tornam os instrumentos dos homens. Sangue, açoites, armas – ou dólares. Façam sua escolha – não há outra opção – e o tempo está esgotando." (*Ayn Rand*, em *A revolta de Atlas*, na passagem conhecida como "o discurso do dinheiro")

1. INTRODUÇÃO

Desde que o homem deixou de produzir bens apenas para a sua própria subsistência, podemos verificar, ao longo da história, um lento e gradual processo de criação de instrumentos comerciais que tornaram as trocas mais rápidas e mais seguras. O **título de crédito** é um desses instrumentos.

Nas sociedades mais primitivas, o comércio se limitava ao **escambo**, isto é, a **troca direta** de mercadoria por mercadoria. Com o passar do tempo e a consequente necessidade de dinamizar as trocas, certos bens passaram a ser usados como **"moeda"**, ou seja, como meios de **troca indireta** (inicialmente, o sal, que foi sucedido por metais preciosos, sobretudo prata e ouro, e finalmente a moeda-fiduciária ou papel-moeda, imposta pelo estado como meio de troca universal). Mais adiante, a própria moeda já não conseguia atender à dinâmica e à complexidade do mercado, e foi para preencher esse vazio que surgiram os **títulos de crédito, os quais servem até hoje**[1] **para tornar mais rápida e mais segura a circulação de riqueza.**

> Assim, da chamada *economia natural* (troca *in natura*) passou-se à fase monetária, caracterizada já pela moeda como instrumento de troca ou denominador comum de valores.
>
> Finalmente, da economia monetária chegou-se à *economia creditória*, ampliando-se, como se vê, o conceito de troca. O crédito assume especial relevo.[2]

Segundo Tullio Ascarelli, o desenvolvimento dos títulos de crédito permitiu que o mundo moderno mobilizasse suas próprias riquezas, vencendo o tempo e o espaço.

> Se nos perguntassem qual a contribuição do direito comercial na formação da economia moderna, outra não poderia talvez apontar que mais tipicamente tenha influído nessa economia do que o instituto dos títulos de crédito. A vida econômica moderna seria incompreensível sem a densa rede de títulos de crédito; às invenções técnicas teriam faltado meios jurídicos para a sua adequada realização social; as relações comerciais tomaria necessariamente outro aspecto. Graças aos títulos de crédito pode o mundo moderno mobilizar as próprias riquezas; graças a eles o direito consegue vencer tempo e espaço, transportando, com a maior facilidade, representados nestes títulos, bem distantes e materializando, no presente, as possíveis riquezas futuras.[3]

Com efeito, o crédito, que consiste, basicamente, num direito a uma prestação futura que se baseia, fundamentalmente, na confiança (elementos boa-fé e prazo), surgiu da constante necessidade de viabilizar uma circulação mais rápida de riqueza do que a obtida pela moeda manual.

O crédito, ao conseguir fazer com que o capital circule, torna-o extremamente mais produtivo e útil. Sendo assim, resta clara a importância dos títulos de crédito

[1] Hodiernamente, vivemos um novo período de transição, chamada por alguns doutrinadores de *desmaterialização dos títulos de crédito*. Com efeito, os próprios títulos de crédito, na sua feição tradicional, são incapazes de instrumentalizar as cada vez mais complexas e velozes transações comerciais. A *internet* acabou com as distâncias entre os países, e o comércio eletrônico, através de contratações virtuais, é uma realidade inexorável. Os próprios conceitos de *documento* e *assinatura* mudaram.

[2] ALMEIDA, Amador Paes de. *Teoria e prática dos títulos de crédito*. 29. ed. São Paulo: Saraiva, 2011. p. 20.

[3] ASCARELLI, Tullio. *Teoria geral dos títulos de crédito*. Campinas: Servanda, 2009. p. 33.

para a história da economia mundial, na qualidade de documento[4] que instrumentaliza o crédito e permite a sua mobilização com rapidez e segurança. Assim, os títulos de crédito são, em síntese, instrumentos de circulação de riqueza.

> O título dá ao crédito qualidades tais que afastam dúvidas sobre a sua idoneidade. Mas também constitui um meio de mobilizar o crédito, ou torná-lo circulável, indo de uma pessoa para outra, através do endosso ou cessão. Esta, sem dúvida, uma das maiores vantagens que proporciona o título.[5]

2. ORIGEM E DESENVOLVIMENTO DOS TÍTULOS DE CRÉDITO

A doutrina noticia que o momento histórico em que os títulos de crédito se desenvolveram foi a **Idade Média**[6] – não por mera coincidência, foi justamente o período histórico em que surgiu o próprio direito comercial, conforme já estudado no capítulo 1 –, uma vez que "*o direito romano chegou lentamente à ideia da cessão de crédito, e, assim mesmo, de forma indireta através da procuração em causa própria*".[7]

Costuma-se dividir o direito cambiário[8] em quatro períodos históricos distintos. O primeiro deles é o *período italiano*, que vai até o ano de 1650. Nesse período inicial, possuem destaque as cidades marítimas italianas onde se realizavam as feiras medievais que atraíam os grandes mercadores da época. Outra característica importante desse período é o desenvolvimento das operações de câmbio, em razão da diversidade de moedas entre as várias cidades medievais. Surge o câmbio trajetício, pelo qual o transporte da moeda em um determinado trajeto ficava por conta e risco de um banqueiro. Esse câmbio trajetício se instrumentalizava por meio de dois documentos: a *cautio*, apontada como origem da nota promissória, por envolver uma promessa de pagamento (o banqueiro reconhecia a dívida e prometia pagá-la no prazo, lugar e moeda convencionados), e a *littera cambii*, apontada como origem da letra de câmbio, por se referir a uma ordem de pagamento (o banqueiro ordenava ao seu correspondente que pagasse a quantia nela fixada).

---

4 Fábio Ulhoa Coelho, destacando que os títulos de crédito são *documentos*, aponta três aspectos que os distinguem dos demais documentos disciplinados pelo direito: a) o fato de eles se referirem unicamente a relações creditícias, sem conterem nenhuma outra obrigação, de dar, fazer ou não fazer; b) a facilidade na cobrança do crédito que representam em juízo, dada a sua natureza de título executivo extrajudicial; e c) a negociabilidade assegurada pelas regras do regime jurídico-cambial, que facilitam a circulação do crédito por oferecerem mais garantia e segurança aos credores do que as regras do regime jurídico civil. (COELHO, Fábio Ulhoa. *Curso de direito comercial*. 7. ed. São Paulo: Saraiva, 2003. p. 369-371. v. I.).

5 RIZZARDO, Arnaldo. *Títulos de crédito*. Rio de Janeiro: Forense, 2006. p. 9.

6 Nesse sentido: COSTA, Wille Duarte. *Títulos de crédito*. 2. ed. Belo Horizonte: Del Rey, 2006. p. 6-9; MARTINS, Fran. *Títulos de crédito*. 13. ed. Rio de Janeiro: Forense, 2000. p. 28.

7 ROSA JR., Luiz Emygdio F. da. *Títulos de crédito*. 4. ed. Rio de Janeiro: Renovar, 2006. p. 39-40. O autor destaca as razões pelas quais era difícil a circulação de direitos de crédito em Roma: a) a natureza pessoal, e não patrimonial, da obrigação do devedor; b) o excessivo formalismo das regras do direito comum romano; c) a falta de proteção ao terceiro adquirente do crédito; d) o risco de aquisição *a non domino* do crédito, uma vez que à circulação do crédito não se aplicava o princípio de que *a posse de boa-fé vale como propriedade*.

8 *Direito cambiário* ou *direito cambial* é o sub-ramo do direito empresarial que disciplina todo o regime jurídico aplicável aos títulos de crédito. Trata-se, conforme se verá adiante, de regime jurídico recheado de princípios e regras especiais, criados especialmente para que os títulos de crédito consigam desempenhar de forma eficiente e segura a sua principal função, que é a circulação de riqueza.

O segundo período histórico da evolução do direito cambiário é o *período francês*, que vai de 1650 a 1848. Merece destaque, nessa fase do direito cambiário, o surgimento da cláusula à ordem, na França, o que acarretou, consequentemente, a criação do instituto cambiário do endosso, que permitia ao beneficiário da letra de câmbio transferi-la independentemente de autorização do sacador. Assim, "*pela cláusula à ordem e, por consequência, pelo endosso dela resultante, o título podia circular, vinculando todos à obrigação decorrente*".[9]

De 1848 a 1930, o direito cambiário viveu a terceira fase de sua evolução histórica. Trata-se do *período alemão*, que se inicia com a edição, em 1848, da *Ordenação Geral do Direito Cambiário*, "*que codificou as normas disciplinadoras da cambial, separando-as das normas do direito comum, que regiam as relações jurídicas que permitiam o saque da letra de câmbio*".[10] O período alemão é bastante destacado pelos doutrinadores por ter consolidado a letra de câmbio, especificamente - e os títulos de crédito, de uma forma geral - como instrumento de crédito viabilizador da circulação de direitos. E mais: nesse período, "*a legislação cambiária caracteriza-se principalmente pela permanente e crescente preocupação com a proteção do terceiro adquirente de boa-fé, para facilitar a circulação do título, que constitui a sua função precípua*".[11]

Por fim, a quarta e última fase da evolução histórica do direito cambiário corresponde ao chamado *período uniforme*, que se iniciou em 1930, com a realização da Convenção de Genebra sobre títulos de crédito e a consequente aprovação, no mesmo ano, da *Lei Uniforme das Cambiais*, aplicável às letras de câmbio e às notas promissórias. No ano seguinte, foi aprovada a *Lei Uniforme do Cheque*. Cabe ressaltar que as leis uniformes genebrinas receberam forte influência da já mencionada Ordenação Geral Alemã de 1848.

Atualmente, os títulos de crédito passam por um importante **período de transição**. Letras de câmbio já não são vistas no mercado, e mesmo títulos como o cheque e a nota promissória vão caindo em desuso e dando lugar às transações com os cartões de débito e crédito, os quais já admitem a *assinatura eletrônica*. Assim, como tem alertado a doutrina especializada, vivemos a era do **comércio eletrônico**.

3. HISTÓRICO DA LEGISLAÇÃO CAMBIÁRIA

Em virtude do caráter altamente internacionalizado do direito comercial, já destacamos que uma de suas principais características é o **cosmopolitismo**. Com efeito, o comércio internacional é gradativamente mais intenso, sobretudo em função do processo que se tem denominado de *globalização*, mais latente, sobretudo, no âmbito das relações econômicas, haja vista o grande número de acordos internacionais de comércio firmados entre os países e o surgimento de expressivos blocos econômicos como, por exemplo, o Mercosul.

[9] COSTA, Wille Duarte. *Títulos de crédito*. 2. ed. Belo Horizonte: Del Rey, 2006. p. 12.

[10] ROSA JR., Luiz Emygdio F. da. *Títulos de crédito*. 4. ed. Rio de Janeiro: Renovar, 2006. p. 44-45.

[11] ROSA JR., Luiz Emygdio F. da. *Títulos de crédito*. 4. ed. Rio de Janeiro: Renovar, 2006. p. 46.

Nesse sentido, ao longo da história os diversos países atentaram para a necessidade de uniformização da legislação aplicável aos títulos de crédito, uma vez que eles constituem os principais instrumentos de efetivação das negociações mercantis internacionais.

> (...) o desenvolvimento do comércio internacional sempre foi dificultado pela diversidade de legislações sobre matéria comercial, ocasionando conflitos de leis no espaço, principalmente quanto à letra de câmbio, à nota promissória e ao cheque, que sempre serviram de instrumentos dessas relações comerciais internacionais. (...) Daí a preocupação da Organização das Nações Unidas em obter, no menor prazo possível, ainda que de forma progressiva, a uniformização das normas do direito comercial internacional (...).[12]

Foi então que, em consequência do esforço constante de algumas associações internacionais, como as *Câmaras de Comércio italianas* e a *Association Internationalle pour le Progrès de Sciences Sociales*, se organizaram congressos e encontros para a discussão do assunto, os quais culminaram na realização das duas *Conferências de Haia*, em 1910 e 1912.

Na conferência de 1912, foi aprovado o *Regulamento uniforme relativo à letra de câmbio e à nota promissória*, o qual, seguindo o sistema alemão da Ordenação Geral de 1848, representou um importantíssimo passo no caminho da uniformização internacional do direito cambiário, não obstante as dificuldades encontradas, notadamente a resistência de países como a Inglaterra e a eclosão da 1.ª Guerra Mundial.

Encerrada a grande guerra, a Liga das Nações, organismo multilateral que ganhava importância na disciplina das relações entre os povos, organiza, em 1930, a *Convenção de Genebra*, que aprovou a chamada *Lei Uniforme das Cambiais*, relativa às letras de câmbio e às notas promissórias. No ano seguinte, foi realizada nova Convenção, na qual foi aprovada a *Lei Uniforme do Cheque*.

O Brasil participou das Convenções de Genebra, representado pelo professor Deoclécio de Campos, e aderiu, em 1942, ao que nelas ficou decidido. As Convenções foram aprovadas pelo Congresso Nacional, por sua vez, em 08.09.1964, por meio do Decreto Legislativo 54. Por fim, os Decretos 57.663/1966 e 57.595/1966 promulgaram as Leis Uniformes das Cambiais e do Cheque, respectivamente, em nosso ordenamento jurídico.

Observe-se que a forma de o Brasil adotar os preceitos das Leis Uniformes foi, por assim dizer, um tanto pitoresca. Isso porque o Brasil já possuía uma legislação muito bem elaborada sobre títulos e crédito: o **Decreto 2.044/1908 (Lei Saraiva)**. Como esse decreto possuía *status* de lei ordinária, somente por outra lei poderia ser revogado. Portanto, esperava-se que a incorporação da Lei Uniforme de Genebra em nosso ordenamento fosse instrumentalizada pelo envio de projeto de lei ao Congresso Nacional, que reproduzisse as normas da LUG.[13]

---

12 ROSA JR., Luiz Emygdio F. da. *Títulos de crédito*. 4. ed. Rio de Janeiro: Renovar, 2006. p. 10.

13 Essa é a opinião de Fábio Ulhoa Coelho: "*a via escolhida, em 1966, para fazer valer a Convenção de Genebra no direito brasileiro, não era a tecnicamente correta*". O jurista destaca que o Brasil "*já possuía um direito cambiário bastante evoluído, representado pelo Decreto n.º 2.044/08*", e como esse decreto possuía *status* de lei ordinária, diz ele: "*o meio adequado de atender ao compromisso internacional teria sido, assim, o envio de um projeto de lei ao Poder Legislativo,*

Houve, portanto, grande controvérsia doutrinária acerca da efetiva adoção, pelo direito cambiário brasileiro, dos preceitos das Leis Uniformes genebrinas. No entanto, em julgamento datado de 04.08.1971, o Supremo Tribunal Federal, em sessão plenária, entendeu ter sido legítima a forma de incorporação das Leis Uniformes ao nosso ordenamento jurídico e reconheceu a sua aplicabilidade imediata, inclusive naquilo em que modificar a legislação interna:

> *Lei uniforme sobre o cheque, adotada pela Convenção de Genebra. Aprovada essa Convenção pelo Congresso Nacional, e regularmente promulgada, suas normas têm aplicação imediata, inclusive naquilo em que modificarem a legislação interna. Recurso extraordinário conhecido e provido (STF, RE 71.154-PR, Rel. Min. Oswaldo Trigueiro, DJ 27.08.1971, RTJ 58/70).*

A partir desse julgamento, a Corte Suprema consolidou seu entendimento, razão pela qual as controvérsias doutrinárias e jurisprudenciais acerca do tema se dissiparam.

3.1. O Código Civil de 2002 e os títulos de crédito

Já vimos que o Código Civil de 2002, inspirando-se no *Codice Civile* italiano de 1942, tentou unificar o direito privado, disciplinando, num único diploma legislativo, tanto a matéria cível quanto a matéria empresarial. Essa tentativa, todavia, restou fracassada, tendo propiciado quando muito uma mera unificação formal.

Essa tentativa de unificação, entretanto, fez com que o CC tratasse dos títulos de crédito, reservando um capítulo específico para a disciplina da matéria, que vai do art. 887 ao art. 926.

Mas por que disciplinar os títulos de crédito no CC, se eles já eram disciplinados pela Lei Uniforme de Genebra, bem como por algumas leis específicas? Confira-se a explicação de Mauro Brandão Lopes na Exposição de Motivos do Anteprojeto do CC enviado ao Congresso:

> Tem assim a aludida regulamentação dois objetivos básicos: de um lado, estabelecer os requisitos mínimos para título de crédito, ressalvadas as disposições de leis especiais; de outro lado, permitir a criação de títulos atípicos ou inominados. Neste último objetivo está o principal valor do Anteprojeto; regulando ele títulos atípicos, terão estes de se amoldar aos novos requisitos. Os títulos atípicos, que estão indubitavelmente surgindo, encontrarão assim o seu apoio e o seu corretivo no Título VIII – apoio, porque terão maior força jurídica do que os créditos de direito não cambiário, embora menor força do que os títulos regulados em leis especiais como a letra de câmbio e a nota promissória; corretivo, porque se evitarão títulos sem requisitos mínimos de segurança, os quais ficarão desautorizados pelo Código Civil.[14]

A primeira preocupação que logo tiveram os juristas foi quanto à possibilidade de o Código Civil alterar as regras do direito cambiário. Mas não se pode dizer que

---

que reproduzisse o texto uniforme". (COELHO, Fábio Ulhoa. *Curso de direito comercial.* 7. ed. São Paulo: Saraiva, 2003. p. 389. v. I).

14 LOPES, Mauro Brandão. Observações sobre o livro I, título VIII (dos títulos de crédito). *Anteprojeto do código civil.* 2. ed. Brasília: Ministério da Justiça, 1973. p. 91.

isso tenha ocorrido. No dizer de Wille Duarte Costa, "*praticamente, nada foi alterado em relação aos títulos de crédito regulados por leis especiais: letras de câmbio, notas promissórias, cheques, duplicatas, títulos rurais e outros continuam regulados por suas próprias e vigentes leis*".[15]

De fato, o CC afirma, em seu art. 887, que "*o título de crédito, documento necessário ao exercício do direito literal e autônomo nele contido, somente produz efeito quando preencha os requisitos da lei*". E mais: no seu art. 903, reforçando a disposição constante do art. 887, estabelece que "*salvo disposição diversa em lei especial, regem-se os títulos de crédito pelo disposto neste Código*".

Portanto, resta claro que os títulos de crédito só produzirão efeitos se preencherem os requisitos previstos na legislação específica e, não dispondo de modo diverso a lei especial, reger-se-ão pelo disposto no novo CC.

Assim, as disposições do CC, em princípio, **não se aplicam aos títulos de crédito nominados/típicos**, que possuem legislação especial. É o caso da duplicata, da letra de câmbio, da nota promissória e do cheque, para citar apenas os principais. O Código Civil funciona, pois, na parte relativa aos títulos de crédito, como uma teoria geral para os chamados títulos atípicos ou inominados, isto é, que não possuem lei específica.[16]

> O Código Civil de 2002 contém normas sobre os títulos de crédito (arts. 887 a 926) que se aplicam apenas quando compatíveis com as disposições constantes de lei especial ou se inexistentes estas (art. 903). De modo sumário, são normas de aplicação supletiva, que se destinam a suprir lacunas em regramentos jurídicos específicos. De qualquer modo, as normas do Código Civil não revogam nem afastam a incidência do disposto na Lei Uniforme de Genebra, Lei do Cheque, Lei das Duplicatas, Decreto n.º 1.103/1902 (sobre *warrant* e conhecimento de depósito) e demais diplomas legislativos que disciplinam algum título peculiar (próprio ou impróprio). Apenas quando a lei cria um novo título de crédito e não o disciplina exaustivamente, nem elege outra legislação cambial como fonte supletiva de regência da matéria, tem aplicação o previsto pelo Código Civil.
> A disciplina estabelecida pelo Código Civil seria também aplicável, segundo alguma doutrina, aos títulos de crédito inominados ou atípicos, isto é, os criados pelos próprios agentes econômicos independentemente de previsão legal.[17]

Pode-se até dizer que a intenção do legislador foi boa – de fato, é realmente muito interessante para o mercado ter a permissão legal geral e abstrata de criação de títulos de crédito –, mas o resultado não o foi. O tratamento dado pelo Código Civil aos títulos de crédito recebeu inúmeras e contundentes críticas da doutrina comercialista,[18] sobretudo porque alguns institutos cambiários relevantes, como o

---

[15] COSTA, Wille Duarte. Títulos de crédito e o novo código civil. *Revista Virtual das Faculdades Milton Campos*. Ano I, n.º 01, nov. 2003. Disponível em: <http://www.revista.mcampos.br>. Acesso em: 16 ago. 2006.

[16] Nesse sentido é a disposição do enunciado n.º 52 do CJF, aprovado na I Jornada de Direito Civil: "*por força da regra do art. 903 do Código Civil, as disposições relativas aos títulos de crédito não se aplicam aos já existentes*".

[17] COELHO, Fábio Ulhoa. *Curso de direito comercial*. 20. ed. São Paulo: RT, 2016. p. 289-290. v. I.

[18] Confira-se, por todos: COSTA, Wille Duarte. Títulos de crédito e o novo código civil. *Revista Virtual das Faculdades Milton Campos*. Ano I. n.º 01, nov. 2003. Disponível em: <http://www.revista.mcampos.br>. Acesso em: 16 ago. 2006.

aval e o endosso, foram disciplinados com regras que contrariam frontalmente a Lei Uniforme de Genebra. Basta citar, por exemplo, que o Código Civil não admite o aval parcial (art. 897, parágrafo único)[19] e não prevê a corresponsabilização do endossante pelo pagamento do título (art. 914). A lei Uniforme, por sua vez, admite o aval parcial (art. 30) e prevê a corresponsabilização do endossante (art. 15). A questão será analisada com mais detalhes adiante, em tópico específico.

4. CONCEITO, CARACTERÍSTICAS E PRINCÍPIOS DOS TÍTULOS DE CRÉDITO

O conceito de título de crédito unanimemente aceito pelos doutrinadores é o que foi dado por Cesare Vivante. O grande jurista italiano definiu *título de crédito* como o *documento necessário ao exercício do direito, literal e autônomo, nele mencionado*.

Tal conceito foi adotado pelo Código Civil, que em seu art. 887 dispõe que "o título de crédito, documento necessário ao exercício do direito literal e autônomo nele contido, somente produz efeito quando preencha os requisitos da lei". Apesar de ter-se baseado no famoso conceito de título de crédito dado por Vivante, o CC, na verdade, afastou-se um pouco dele ao usar a palavra "**contido**", e não a palavra "**mencionado**". Há quem critique essa opção do legislador, já que o título, realmente, não "contém" um crédito, mas apenas o "menciona", em razão do princípio da autonomia, que detalharemos adiante.

Há outros conceitos conhecidos, como o de José Maria Whitaker,[20] para quem título de crédito é o documento capaz de realizar imediatamente o valor que representa. Trata-se de conceito que ressalta, com propriedade, a função econômica dos títulos de crédito.

O conceito de Vivante é o ideal porque nos remete, por intermédio das expressões "necessário", "literal" e "autônomo", aos três princípios informadores do regime jurídico cambial: a) *cartularidade*; b) *literalidade*; c) *autonomia*.[21]

Ademais, segundo a doutrina especializada, do conceito de títulos podemos extrair também suas principais características.

---

19 Alguns autores aplaudiram a regra do art. 897, parágrafo único, do CC. Nesse sentido: FÉRES, Marcelo Andrade; GALIZZI, Gustavo Oliva. Aval entre a legislação cambiária e o Código Civil de 2002. *Repertório IOB de Jurisprudência*. v. III, n.º 11, jun. 2004, p. 339. Dizem os autores: *"Ao vedar a possibilidade do aval parcial nos títulos atípicos, o Código Civil, em uma só tacada, demonstrou uma admirável modernidade e eliminou, em sua raiz, a possibilidade da existência de um problema operacional que, há tempos, vem desafiando a doutrina especializada, sem perspectiva de solução."*

20 WHITAKER, José Maria. *Letra de câmbio*. 6. ed. São Paulo: RT, 1961. p. 18.

21 Alguns autores ainda apontam outros princípios, como a **independência/substantividade** e a **legalidade/tipicidade**: ROSA JR., Luiz Emygdio F. da. *Títulos de crédito*. 4. ed. Rio de Janeiro: Renovar, 2006. p. 61. Independentes seriam os títulos autossuficientes, ou seja, que não dependem de nenhum outro documento para completá-los. Os títulos de crédito próprios – letra de câmbio, nota promissória, cheque e duplicata – são independentes. Já o princípio da legalidade significa que os títulos de crédito são tipos legais, ou seja, só receberiam a qualificação de título de crédito aqueles documentos assim definidos em lei. Cumpre ainda ressaltar que não há uniformidade quanto à terminologia adotada, havendo autores que se referem aos princípios como características ou como atributos. A opção pela expressão princípios, no entanto, é majoritária.

4.1. Características

Primeiro, os títulos de crédito possuem *natureza essencialmente comercial*, daí por que o direito cambiário é sub-ramo específico do direito empresarial, desenvolvido com a finalidade clara de conferir aos títulos de crédito as prerrogativas necessárias ao cumprimento de sua função primordial: circulação de riqueza com rapidez e segurança.

Com efeito, os títulos de crédito são **institutos típicos do direito empresarial**, desde o seu surgimento, de modo que essa "**natureza empresarial**" deles faz com que sejam **sempre regidos pelas regras e princípios do direito empresarial**, ainda que sejam usados por quem não é empresário ou sociedade empresária.[22]

Pode-se dizer ainda que os **títulos de crédito** são **documentos formais**, por precisarem observar os requisitos essenciais previstos na legislação cambiária para que se caracterizem como tais e possam ostentar suas características, bem como se sujeitar às suas regras e aos seus princípios. Nesse sentido, o art. 888 do Código Civil prevê que "a omissão de qualquer requisito legal, que tire ao escrito a sua validade como título de crédito, não implica a invalidade do negócio jurídico que lhe deu origem". Em suma: em obediência ao formalismo, só será título de crédito, com as prerrogativas que lhe são próprias, o documento que cumprir as formalidades legais (se típico, as que forem previstas em sua lei própria; se atípico, as que forem previstas no Código Civil). Mas o não cumprimento dessas formalidades não anula o documento por completo, significando apenas que ele não é título de crédito e não goza de suas prerrogativas, o que não impede que seja usado de outra forma (meio de prova de sua determinada obrigação, por exemplo).

Os títulos de crédito também são considerados **bens móveis** para fins legais (art. 83, inciso III do Código Civil), sujeitando-se aos princípios que norteiam a circulação desses bens, como o que prescreve que a posse de boa-fé vale como propriedade. Nesse sentido, confira-se o art. 16 da LUG: "se uma pessoa foi por qualquer maneira desapossada de uma letra, o portador dela, desde que justifique o seu direito pela maneira indicada na alínea precedente, não é obrigado a restituí-la, salvo se a adquiriu de má-fé ou se, adquirindo-a, cometeu uma falta grave". No mesmo sentido, confira-se o art. 896 do Código Civil: "o título de crédito não pode ser reivindicado do portador que o adquiriu de boa-fé e na conformidade das normas que disciplinam a sua circulação".

Outra característica dos títulos de crédito é que eles são **títulos de apresentação**, por serem documentos necessários ao exercício dos direitos neles contidos, isto é, **o titular do crédito só poderá exigi-lo se apresentar o título ao devedor** (só poderá protestar se apresentar o documento ao cartório; só poderá executar se apresentar o documento em juízo).[23]

---

22 *"Tal característica tem uma importância fundamental, na medida em que os princípios que regem o direito comercial são diferentes dos princípios do direito civil, devendo-se recorrer àqueles para a interpretação das regras sobre os títulos de crédito"* (TOMAZETTE, Marlon. Curso de direito empresarial. Vol. 2. São Paulo: Atlas, 2017, p. 17).

23 *"A necessidade de apresentação do título decorre, dentre outros motivos, da possibilidade de circulação simplificada do título. Ora, como o título de crédito pode circular, o devedor só saberá quem é o atual credor com a apresentação do próprio documento. O devedor deve ter a cautela de só efetuar o pagamento a quem seja o portador legítimo do título,*

Ademais, os títulos de crédito também tem como característica o fato de que eles constituem **títulos executivos extrajudiciais**, por configurarem uma obrigação líquida, certa e exigível. Com efeito, de acordo com o art. 784 do CPC, "são títulos executivos extrajudiciais: I – a letra de câmbio, a nota promissória, a duplicata, a debênture e o cheque; (...) XII – todos os demais títulos aos quais, por disposição expressa, a lei atribuir força executiva". Vale lembrar, porém, que essa é uma característica apenas dos títulos de crédito típicos.

Destaque-se também que os títulos de crédito representam **obrigações quesíveis (*querable*)**, cabendo ao credor dirigir-se ao devedor para receber a importância devida.[24] Na obrigação portável (*portable*), em contrapartida, cabe ao devedor procurar o credor para efetuar o pagamento.

O título de crédito é também um **título de circulação**, uma vez que sua principal função é, como já afirmamos reiteradas vezes, a circulabilidade do crédito. Cabe ressaltar, porém, que o título de crédito é **título de resgate**, porque sua emissão pressupõe futuro pagamento em dinheiro que extinguirá a relação cambiária, sendo direito do devedor o resgate do documento para que ele não continue em circulação permanentemente. Nesse sentido, dispõe o art. 39 da LUG: "o sacado que paga uma letra pode exigir que ela lhe seja entregue com a respectiva quitação". No mesmo sentido, diz o art. 901, parágrafo único do Código Civil: "pagando, pode o devedor exigir do credor, além da entrega do título, quitação regular".

Por fim, como o título de crédito é normalmente emitido para instrumentalizar um determinado negócio, é importante perquirir se essa emissão é feita com efeito pro soluto (caso em que extingue a obrigação) ou pro solvendo (caso em que não extingue a obrigação, o que só ocorrerá com o efetivo pagamento do título). **O entendimento majoritário é de que a emissão do título de crédito é feita com efeito pro solvendo**, salvo se as partes expressamente pactuarem em sentido contrário. Nesse sentido, confiram-se os seguintes precedentes do STJ:

> O cheque, ordem de pagamento à vista, tem por função extinguir a obrigação causal que ensejou sua emissão; sendo, em regra, pro solvendo, de modo que, salvo pactuação em contrário, só extingue a dívida, isto é, a obrigação que a cártula visa satisfazer consubstanciada em pagamento de importância em dinheiro, com o efetivo pagamento (REsp 1.199.001/RS, Rel. Ministro LUIS FELIPE SALOMÃO, QUARTA TURMA, julgado em 02/05/2013, DJe 20/05/2013).
>
> Em regra, a emissão do título de crédito é pro solvendo, isto é, a simples entrega do título ao credor não significa a efetivação do pagamento. No entanto, terá natureza pro soluto quando emitido e entregue ao beneficiário visando extin-

evitando o mau pagamento, que geraria o dever de pagar de novo a mesma obrigação (quem paga mal paga duas vezes)" (TOMAZETTE, Marlon. *Curso de direito empresarial.* Vol. 2. São Paulo: Atlas, 2017, p. 20).

24 *"Como o devedor não tem certeza de quem é o atual credor do título, nada mais lógico do que exigir que o credor o apresente, para poder exigir o seu pagamento. Diante da necessidade de apresentação do documento ao devedor, é óbvio que o título de crédito contém uma obrigação quesível, no sentido de que cabe ao credor dirigir-se ao devedor para exigir o cumprimento da obrigação. Nos títulos de crédito, há uma obrigação a ser cumprida pelo devedor e recebida pelo credor. Em toda obrigação, uma das duas partes deve tomar a iniciativa para o cumprimento da obrigação. No caso dos títulos de crédito, essa iniciativa compete ao credor, logo, é ele que deve se dirigir ao devedor para exigir o pagamento e não o contrário"* (TOMAZETTE, Marlon. *Curso de direito empresarial.* Vol. 2. São Paulo: Atlas, 2017, p. 20).

> guir a obrigação que gerou a sua criação, ou seja, quando dado em pagamento da relação causal (REsp 1.745.652/RS, Rel. Ministra NANCY ANDRIGHI, TERCEIRA TURMA, julgado em 10/12/2019, DJe 13/12/2019).

Princípios e características dos títulos de crédito:

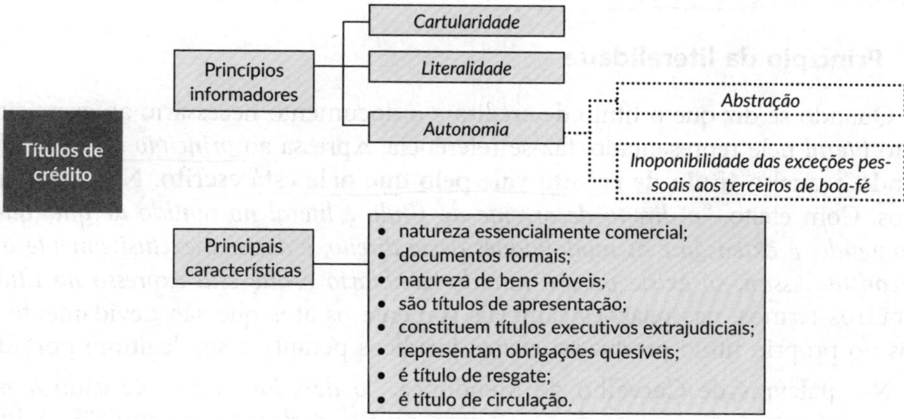

4.2. Princípio da cartularidade

Quando se afirma que o título de crédito é o **documento *necessário* ao exercício do direito nele mencionado**, há uma referência clara ao *princípio da cartularidade*, segundo o qual se entende que o exercício de qualquer direito representado no título pressupõe a sua posse legítima. O titular do crédito representado no título deve estar na posse deste (ou seja, da cártula), que se torna, pois, imprescindível para a comprovação da própria existência do crédito e da sua consequente exigibilidade.

> Pelo princípio da cartularidade, a posse do título de crédito é condição para o exercício do direito nele incorporado. O objetivo desta regra principiológica é impedir que alguém se apresente como credor do título, depois de ter negociado o crédito com terceiro, cedendo-o.[25]

Em síntese, o princípio da cartularidade nos permite afirmar que o direito de crédito mencionado na cártula não existe sem ela, não pode ser transmitido sem a sua tradição e não pode ser exigido sem a sua apresentação.

É em função da obediência ao princípio da cartularidade que alguns autores inserem os títulos de crédito na categoria de *documentos dispositivos*, que consistem, justamente, naqueles documentos que são imprescindíveis para o exercício dos direitos que eles representam.

Também se costuma utilizar, com o mesmo sentido de cartularidade, a expressão *princípio da incorporação*, segundo o qual o direito de crédito materializa-se no próprio documento, não existindo o direito sem o respectivo título. A incorporação,

[25] COELHO, Fábio Ulhoa. *Princípios do direito comercial*. São Paulo: Saraiva, 2012. p. 55.

pois, representa a relação direta que se opera entre o documento e o direito de crédito, não existindo este sem aquele.

Em obediência ao princípio da cartularidade, (i) a posse do título pelo devedor presume o pagamento do título, (ii) só é possível protestar o título apresentando-o, (iii) só é possível executar o título apresentando-o, não suprindo a sua ausência nem mesmo a apresentação de cópia autenticada.

4.3. Princípio da literalidade

Quando se diz que o título de crédito é o documento necessário ao exercício do direito *literal* nele representado, faz-se referência expressa ao *princípio da literalidade*, segundo o qual **o título de crédito vale pelo que nele está escrito**. Nem mais, nem menos. Com efeito, "*o direito decorrente do título é literal no sentido de que, quanto ao conteúdo, à extensão e às modalidades desse direito, é decisivo exclusivamente o que dele consta. Assim, só existe para o mundo cambiário o que está expresso no título*".[26] Em outros termos, nas relações cambiais somente os atos que são devidamente lançados no próprio título produzem efeitos jurídicos perante o seu legítimo portador.

Nas palavras de Carvalho de Mendonça, "*o devedor não é obrigado a mais, nem o credor pode ter outros direitos senão aqueles declarados no título*".[27] A literalidade, em síntese, é o princípio que assegura às partes da relação cambial a exata correspondência entre o teor do título e o direito que ele representa. Por um lado, o credor pode exigir tudo o que está expresso na cártula, não devendo se contentar com menos. Por outro, o devedor também tem o direito de só pagar o que está expresso no título, não admitindo que lhe seja exigido nada mais. Daí por que Tullio Ascarelli mencionava que o princípio da literalidade age em duas direções, uma positiva e outra negativa.

> A literalidade é a medida do direito contido no título. Vale, assim, o documento pelo que nele se contém, exprimindo, portanto, a sua existência, o seu conteúdo, a sua extensão e a modalidade do direito nele mencionado. Em consequência, assinala Ascarelli que a literalidade atua tanto em favor do credor, que pode exigir o que nele está mencionado, insuscetível de discussão, assim, o valor, o prazo etc., como também em favor do devedor, pois o credor não poderá pedir mais do que está estabelecido no título. Daí se dizer que "o que não está no título não está no mundo".[28]

Perceba-se a importância do princípio da literalidade para que os títulos de crédito cumpram de forma segura a sua função precípua de circulação do crédito: como a pessoa que recebe o título tem a certeza de que a partir de sua simples leitura ficará ciente de toda a extensão do crédito que está recebendo, sente-se segura a realizar a operação.

Assim, uma quitação parcial, por exemplo, deve ser feita no próprio título, porque, caso contrário, poderá ser contestada. O mesmo ocorre, também, com o

26 ROSA JR., Luiz Emygdio F. da. *Títulos de crédito*. 4. ed. Rio de Janeiro: Renovar, 2006. p. 61.

27 CARVALHO DE MENDONÇA, J. Xavier. *Tratado de direito comercial brasileiro*. Rio de Janeiro: Freitas Bastos, 1938. p. 47. v. V.

28 BULGARELLI, Waldirio. *Títulos de crédito*. 17. ed. São Paulo: Atlas, 2001. p. 66.

aval e com o endosso. Um aval tem que ser feito no próprio título, sob pena de não produzir efeito de aval. O endosso, da mesma forma, tem de ser feito no próprio título, sob pena de não valer como endosso.

Se o aval é feito, eventualmente, num instrumento separado do título, não será válido como aval, porque não respeita o princípio da literalidade. Poderá valer, no máximo, como uma fiança, que é um instituto do direito civil assemelhado ao aval, porém com efeitos jurídicos diversos.

4.3.1. *Literalidade indireta*

Segundo alguns autores, a afirmação de que o título de crédito, em respeito ao princípio da literalidade, só vale pelo que nele está escrito deve comportar certa flexibilização, de modo a permitir, por exemplo, o reconhecimento de obrigações a que o título faz expressa remissão ou que decorrem da própria lei. Comentando o assunto, Marlon Tomazette explica:

> A interpretação extremada do princípio da literalidade geraria algumas iniquidades, como, por exemplo, o não pagamento de juros de mora, em caso de atraso. Todavia, obviamente isso não ocorre. Os juros de mora são exigíveis mesmo que não previstos no título, uma vez que decorrem da lei. Além disso, outros encargos não expressamente previstos no título também são exigíveis, se o devedor tinha como conhecê-los, dada a boa-fé que deve reger essas relações.
>
> Martorano entende que é possível falar-se também numa literalidade indireta, sem perder a segurança, podendo tal literalidade decorrer de uma remissão do título ou do próprio regime jurídico a que ele se sujeita. Assim, quando determinados valores decorrem da lei (juros de mora), poderão ser exigidos, mesmo que não expressamente previstos no título. Da mesma forma, encargos decorrentes de uma remissão que o título faz a outro documento também poderão ser exigidos. Em ambos os casos, o devedor tem como conhecer os exatos limites do que pode ser exigido, seja em razão da lei, seja em razão da referência a outro documento.[29]

Exemplo de aplicação dessa literalidade indireta ocorreu no julgamento do REsp 1.790.004: a 3ª Turma do STJ decidiu que "a assinatura do sacador/emitente da duplicata é requisito que pode ser suprido por outro meio", isto é, essa assinatura, quando não constante da própria cártula, pode ser inferida a partir dos documentos que originaram a emissão do título, como as notas fiscais e a fatura.[30]

4.4. Princípio da autonomia

O terceiro e mais importante princípio relacionado aos títulos de crédito, considerado a pedra fundamental de todo o regime jurídico cambial, é o **princípio da autonomia.**[31] Por esse princípio, entende-se que o título de crédito configura

[29] TOMAZETTE, Marlon. *Curso de direito empresarial*. Vol. 2. São Paulo: Atlas, 2017, p. 33.

[30] "A duplicata, por ser um título causal, permite a incidência da **literalidade indireta**, que autoriza a identificação de seus elementos no documento da compra e venda mercantil ou da prestação de serviços que lhe serve de ensejo, pois o devedor tem a ciência de que aquela obrigação também tem seus limites definidos em outro documento" (REsp 1.790.004/PR, Rel. Ministra NANCY ANDRIGHI, TERCEIRA TURMA, julgado em 13/10/2020, DJe 19/10/2020).

[31] "Pelo princípio da autonomia das obrigações cambiais, vícios que possam eventualmente comprometer qualquer das relações obrigacionais documentadas no título não se estendem às demais. Também facilita a circulação, por-

documento constitutivo de direito novo, autônomo, originário e completamente desvinculado da relação que lhe deu origem. Assim, as relações jurídicas representadas num determinado título de crédito são autônomas e independentes entre si, razão pela qual o vício que atinge uma delas, por exemplo, não contamina a(s) outra(s). Melhor dizendo: o legítimo portador do título pode exercer seu direito de crédito sem depender das demais relações que o antecederam, estando completamente imune aos vícios ou defeitos que eventualmente as acometeram.

> Significa a autonomia o fato de não estar o cumprimento das obrigações assumidas por alguém no título vinculado a outra obrigação qualquer, mesmo ao negócio que deu lugar ao nascimento do título. Isso se justifica porque a obrigação, em princípio, tem sua origem nos verdadeiros títulos de crédito, em um ato unilateral de vontade de quem se obriga; aquele que assim o faz não subordina sua obrigação a qualquer outra por acaso já existente no título.
>
> (...)
>
> Desse modo, ao falar-se em autonomia deve-se entender que autônomas são as obrigações resultantes do título, o que significa que uma obrigação não fica a depender de outra para ter validade.[32]

Assim, como bem ensinou o próprio Cesare Vivante, o direito representado num título de crédito é autônomo porque a sua posse legítima caracteriza a existência de um direito próprio, não limitado nem destrutível por relações anteriores.

Um exemplo prático explica melhor. Digamos que "A" compra um carro de "B", sendo esta compra instrumentalizada por meio da emissão de uma nota promissória no valor de R$ 10.000,00 (dez mil reais). "B", por sua vez, tem uma dívida perante "C" no valor aproximado de R$ 10.000,00 (dez mil reais). Nesse caso, "B" poderá quitar a dívida que tem perante "C" utilizando-se da nota promissória dada por "A", endossando-a (o *endosso*, como veremos a seguir, é o ato cambial próprio para transferir um título de crédito) para "C", que se torna o titular dessa nota, podendo cobrar o seu respectivo valor de "A" na data do vencimento. Nessa hipótese, "A" poderá recusar-se ao pagamento do título alegando, por exemplo, eventual nulidade da venda que "B" lhe fez, venda essa que, como dito acima, originou a emissão da nota promissória? A resposta é negativa, e a justificativa está exatamente na aplicação do princípio da autonomia dos títulos de crédito. Ora, se as relações representadas naquele título são autônomas e independentes, os eventuais vícios que maculam a relação de "A" com "B" não atingem a relação de "B" com "C" nem a relação deste com "A".

Pode-se entender, agora, por que afirmamos que o princípio da autonomia é o mais importante princípio do regime jurídico cambial. Não fosse ele, não haveria segurança nas relações cambiais, e os títulos perderiam suas principais características: a *negociabilidade* e a *circulabilidade*. Afinal, ninguém se sentiria seguro ao receber um título de crédito como pagamento, via endosso, haja vista a possibilidade de ser

---

que os potenciais interessados em adquirir o crédito não precisam investigar se todas as relações obrigacionais documentadas no título são válidas e eficazes; mesmo que alguma delas não seja, isto nunca prejudicará o direito de cobrar o título." (COELHO, Fábio Ulhoa. *Princípios do direito comercial*. São Paulo: Saraiva, 2012. p. 55).

32 MARTINS, Fran. *Títulos de crédito*. 13. ed. Rio de Janeiro: Forense, 2000. p. 8-9. v. I.

surpreso pela alegação de um vício anterior, do qual sequer tinha conhecimento. Em decorrência do princípio da autonomia, portanto, a pessoa que recebe um título de crédito numa negociação não precisa se preocupar em investigar a sua origem nem as relações que eventualmente o antecederam, uma vez que ainda que tais relações existam e estejam viciadas, elas não contaminam as relações futuras decorrentes da circulação desse mesmo título.

4.4.1. A abstração dos títulos de crédito e a inoponibilidade das exceções pessoais ao terceiro de boa-fé

Decorrentes do princípio da autonomia, há dois outros importantes princípios – ou *subprincípios*, como preferem alguns autores, uma vez que não trazem nenhuma ideia nova em relação à autonomia, mas apenas uma outra forma de se encarar este princípio. Trata-se dos subprincípios da *abstração* e da *inoponibilidade das exceções pessoais* ao terceiro de boa-fé.

Segundo o subprincípio da abstração,[33] entende-se que quando o título circula, ele se desvincula da relação que lhe deu origem. Assim, no exemplo dado anteriormente, quando "B" endossou o título para "C", fazendo-o circular, tal título se desvinculou da operação que lhe deu origem – a compra e venda do carro. A abstração significa, portanto, a completa desvinculação do título em relação à causa que originou sua emissão.

Veja-se que enquanto a relação cambial é travada entre os próprios sujeitos que participaram da relação que originou o título, existe uma vinculação entre esta relação e o título dela originado. No mesmo exemplo já mencionado, se "B" não circula o título para "C", há uma vinculação entre o título emitido e a relação de compra e venda que acarretou sua emissão.

Resta claro, portanto, que a circulação do título é fundamental para que se opere a sua abstração, ou seja, para que o título se desvincule completamente do seu negócio originário. Posto em circulação, o título passará a vincular outras pessoas, que não participaram da relação originária, e que por isso assumem obrigações e direitos tão somente em função do título, representado pela cártula.

Não custa lembrar, ainda, que essa abstração, decorrente do princípio da autonomia dos títulos de crédito, desaparecerá com a prescrição do título. A prescrição do título opera, pois, não apenas a perda da sua executividade, mas também a perda da sua *cambiaridade*, ou seja, o título perde as suas características intrínsecas de título de crédito, dentre elas a abstração. Por isso, caberá ao credor, na cobrança de título prescrito, demonstrar a origem da dívida, o locupletamento ilícito do devedor etc., conforme tem decidido o Superior Tribunal de Justiça:

> *Direito comercial e processual civil. Agravo no agravo de instrumento. Embargos à ação monitória. Nota promissória prescrita. Propositura de ação contra o avalista.*

---

[33] Alguns autores confundem a abstração como *subprincípio* do regime jurídico-cambial e a abstração que caracteriza os chamados títulos de crédito *abstratos*, que não têm a sua emissão condicionada a certas causas previstas em lei, o que ocorre apenas com os títulos *causais*.

Necessidade de se demonstrar o locupletamento. Precedentes. ***Prescrita a ação cambial, desaparece a abstração das relações jurídicas cambiais firmadas,*** *devendo o beneficiário do título demonstrar, como causa de pedir na ação própria, o locupletamento ilícito, seja do emitente ou endossante, seja do avalista. Agravo não provido (STJ, AgRg no AG 549.924/MG, Rel. Min. Nancy Andrighi, DJ 05.04.2004, p. 260).*

Direito Comercial. Recurso Especial. Embargos à ação monitória. Cheque prescrito. Propositura de ação contra o avalista. Necessidade de se demonstrar o locupletamento. Precedente. – Prescrita a ação cambial, desaparece a abstração das relações jurídicas cambiais firmadas, devendo o beneficiário do título demonstrar, como causa de pedir na ação própria, o locupletamento ilícito, seja do emitente ou endossante, seja do avalista. – Recurso especial a que não se conhece (STJ, REsp 457.556/SP, Rel. Min. Nancy Andrighi, DJ 16.12.2002, p. 331).

O **princípio da *inoponibilidade das exceções pessoais***[34] (a expressão *exceção* é aqui utilizada em seu sentido técnico-processual, significando defesa) ao terceiro de boa-fé, por sua vez, nada mais é do que a manifestação processual do princípio da autonomia. Assim, ainda utilizando o exemplo acima mencionado, se "A", procurado por "C", não paga a dívida constante do título, "C" poderá executar "A", e este, ao apresentar os embargos, não poderá opor o vício existente na relação originária, travada entre "A" e "B". Com efeito, os vícios relativos à relação que originou o título são oponíveis apenas contra "B", mas não contra "C", terceiro de boa-fé que recebeu o título legitimamente.

Afinal, em função do princípio da autonomia, o portador legítimo do título de crédito exerce um direito próprio e autônomo, desvinculado das relações jurídicas antecedentes, por força do subprincípio da abstração. Sendo assim, o portador do título não pode ser atingido por defesas relativas a negócio do qual ele não participou. O título chega a ele completamente livre dos vícios que eventualmente adquiriu em relações pretéritas.

A inoponibilidade das exceções pessoais ao terceiro de boa-fé está assegurada pelo art. 17 da Lei Uniforme, segundo o qual "as pessoas acionadas em virtude de uma letra não podem opor ao portador exceções fundadas sobre as relações pessoais delas com o sacador ou com os portadores anteriores, a menos que o portador ao adquirir a letra tenha procedido conscientemente em detrimento do devedor". No mesmo sentido, dispõe o art. 916 do Código Civil que "as exceções fundadas em relação de devedor com os portadores precedentes, somente poderão ser por ele opostas ao portador, se este, ao adquirir o título tiver agido de má-fé".

Vale ressaltar que a boa-fé do portador do título se presume. Por essa razão, se o devedor quiser opor exceções pessoais contra ele, deverá se desincumbir do ônus de provar a sua má-fé, demonstrando, por exemplo, que houve conluio entre o atual portador do título e seu antigo titular.[35] Não demonstrada a má-fé, todavia,

[34] A expressão *exceção* é aqui utilizada em seu sentido técnico-processual, significando defesa.

[35] *"Exemplo de má-fé tem-se no conluio entre endossante e endossatário, para ensejar o recebimento do valor de título vinculado a contrato de compra e venda de imóvel, sem cumprir cláusula contratual que obrigava o primeiro a outorgar escritura definitiva do imóvel. Àquele poderia ser arguida o inadimplemento contratual; ao endossatário de boa-fé, não."* (FAZZIO JÚNIOR, Waldo. *Manual de direito comercial*. 5. ed. São Paulo: Atlas, 2005. p. 374). Para Fábio Ulhoa Coelho,

as exceções pessoais, como já frisamos, são inoponíveis ao terceiro de boa-fé, que exercerá seu direito de crédito sem ser atingido por nenhum vício ligado a relações anteriores.

As defesas que o devedor pode opor a um terceiro de boa-fé, portanto, resumem-se, basicamente, àquelas que digam respeito a relações diretas entre eles, bem como eventuais alegações relativas a vício de forma do título, ao próprio conteúdo literal da cártula, a prescrição, a falsidade, entre outras.

Por fim, vale destacar que alguns autores confundem a abstração como *subprincípio* do regime jurídico cambial e a abstração que caracteriza os chamados títulos de crédito *abstratos*, que não têm a sua emissão condicionada a certas causas previstas em lei, o que ocorre apenas com os títulos *causais*.

5. CLASSIFICAÇÃO DOS TÍTULOS DE CRÉDITO

Costuma-se classificar os títulos de crédito a partir de diversos critérios. Passaremos, a partir de agora, a abordar os principais critérios classificatórios utilizados pela doutrina.

5.1. Quanto à forma de transferência ou circulação

Sendo a negociabilidade e a circulabilidade as principais características dos títulos de crédito, conforme já apontamos, a classificação deles quanto à forma de transferência merece destaque.[36] Segundo esse critério, os títulos podem ser: a) ao portador; b) nominais à ordem; c) nominais não à ordem; e d) nominativos.

Título ao portador é aquele que circula pela mera tradição (art. 904 do Código Civil), uma vez que neles a identificação do credor não é feita de forma expressa. Sendo assim, qualquer pessoa que esteja com a simples posse do título é considerada titular do crédito nele mencionado. A simples transferência do documento (cártula), portanto, opera a transferência da titularidade do crédito.

Título nominal, por sua vez, é aquele que identifica expressamente o seu titular, ou seja, o credor. A transferência da titularidade do crédito, pois, não depende apenas da mera entrega do documento (cártula) a outra pessoa: é preciso, além disso, praticar um ato formal que opere a transferência da titularidade do crédito. Nos títulos nominais com cláusula "à ordem", esse ato formal é o *endosso*, típico do regime jurídico cambial (art. 910 do Código Civil). Já nos títulos nominais com cláusula "não à ordem" esse ato formal é a cessão civil de crédito, a qual, como o próprio nome já indica, submete-se ao regime jurídico civil.

Por fim, os **títulos nominativos**, segundo o art. 921 do Código Civil, são aqueles emitidos em favor de pessoa determinada, cujo nome consta de registro específico

---

"o simples conhecimento, pelo terceiro, de fato oponível ao credor anterior do título já é suficiente para caracterizar a má-fé". (COELHO, Fábio Ulhoa. *Curso de direito comercial.* 7. ed. São Paulo: Saraiva, 2003. p. 378. v. I.).

[36] João Eunápio Borges afirma ser essa a principal classificação dos títulos de crédito e cita posicionamento de Vivante no sentido de que esta é, na verdade, a única classificação relevante: BORGES, João Eunápio. *Títulos de crédito.* Rio de Janeiro: Forense, 1971. p. 32.

mantido pelo emitente do título. Nesse caso, portanto, a transferência só se opera validamente por meio de termo no referido registro, o qual deve ser assinado pelo emitente e pelo adquirente do título (art. 922 do Código Civil).

Em regra, os títulos de crédito *típicos, nominados ou próprios* – letra de câmbio, nota promissória, cheque e duplicata, por exemplo – são títulos **nominais à ordem**, ou seja, devem ser emitidos com indicação expressa do beneficiário do crédito e podem circular via endosso. O único caso de título ao portador, quanto a estes títulos, é o do cheque até o limite de R$ 100,00 (cem reais), conforme veremos adiante.

5.2. Quanto ao modelo

Segundo esse critério classificatório, os títulos de crédito podem ser títulos de modelo livre ou títulos de modelo vinculado.

Título de modelo livre é aquele para o qual a lei não estabelece uma padronização obrigatória, ou seja, a sua emissão não se sujeita a uma forma específica preestabelecida. É o que ocorre, por exemplo, com a letra de câmbio e com a nota promissória, títulos de crédito que podem ser criados em uma simples folha de papel, bastando para tanto que nela constem os requisitos essenciais desses títulos.

Já o **título de modelo vinculado**, ao contrário, se submete a uma rígida padronização fixada pela legislação cambiária específica, só produzindo feitos legais quando preenchidas as formalidades legais exigidas. É o que ocorre com o cheque e com a duplicata. Esta, por exemplo, em obediência ao disposto no art. 27 da Lei das Duplicatas (Lei 5.474/1968), deve ser emitida segundo as normas fixadas pelo Conselho Monetário Nacional.

5.3. Quanto à estrutura

Segundo esse critério classificatório, os títulos de crédito podem ser uma ordem de pagamento ou uma promessa de pagamento.

Os **títulos que se estruturam como ordem de pagamento** – letra de câmbio, cheque e duplicata – se caracterizam por estabelecerem três situações jurídicas distintas a partir da sua emissão: em primeiro lugar, tem-se a figura do *sacador*, que emite o título, ou seja, ordena o pagamento; em segundo lugar, tem-se a situação do *sacado*, contra quem o título é emitido, ou seja, trata-se da pessoa que recebe a ordem de pagamento; por fim, tem-se a figura do *tomador* (ou beneficiário), em favor de quem o título é emitido, isto é, pessoa a quem o sacado deve pagar, em obediência à ordem que lhe foi endereçada pelo sacador.

No cheque, por exemplo, que se estrutura como uma ordem de pagamento, como dito acima, podem-se ser facilmente identificadas as figuras do sacador (correntista que emite o cheque), do sacado (instituição financeira que cumprirá a ordem de pagamento que lhe foi dada) e o tomador (terceiro que recebe o cheque como forma de pagamento e que irá descontá-lo).

Por outro lado, nos **títulos que se estruturam como promessa de pagamento** – nota promissória – existem apenas duas situações jurídicas distintas: de um lado tem-se a figura do *sacador* ou *promitente*, que promete pagar determinada quantia;

de outro, tem-se a situação do *tomador*, beneficiário da promessa que receberá o valor prometido.

5.4. Quanto às hipóteses de emissão

Por fim, os títulos de crédito, segundo esse derradeiro critério classificatório, podem ser títulos causais ou títulos abstratos.[37]

Título causal é aquele que somente pode ser emitido nas restritas hipóteses em que a lei autoriza a sua emissão. É o caso, por exemplo, da duplicata, que só pode ser emitida, como será visto com mais detalhes adiante, para documentar a realização de uma compra e venda mercantil (duplicata mercantil) ou um contrato de prestação de serviços (duplicata de serviços).

Título abstrato, por sua vez, é aquele cuja emissão não está condicionada a nenhuma causa preestabelecida em lei. Em síntese: podem ser emitidos em qualquer hipótese. É o caso, por exemplo, do cheque, que pode ser emitido para documentar qualquer relação negocial.

Nesse ponto, é preciso reforçar observação que já fizemos anteriormente: não se deve confundir a abstração como subprincípio do regime jurídico cambial com a abstração ora analisada. Aquela, como visto, é um predicado de qualquer título de crédito, já que todos eles podem circular e, consequentemente, se desprender da relação que lhes deu origem.[38] Esta significa tão somente um atributo que alguns títulos ostentam, o de não ter sua emissão submetida a causas preestabelecidas na legislação.

No entanto, é preciso deixar claro que essa é uma opinião particular nossa, a qual, a despeito de ser compartilhada por alguns autores de renome, não é seguida, ao que nos parece, pela doutrina majoritária. Muitos autores, pois, tratam a abstração com um único sentido, razão pela qual defendem que os títulos causais, como a duplicata, não se desvinculariam da relação original, ainda que postos em circulação.

5.5. Quanto à prestação constante do título

Normalmente, os títulos de crédito asseguram ao seu titular o recebimento de um determinado valor em dinheiro (exemplos: nota promissória, letra de câmbio, duplicata, cheque etc.).

Há certos títulos, porém, que são chamados de **títulos representativos**, porque se caracterizam como documentos que representam mercadorias ou bens (exemplos: conhecimento de depósito, *warrant* e cédula de produto rural).

[37] Fábio Ulhoa Coelho, analisando os títulos quanto às suas hipóteses de emissão, menciona uma terceira espécie: a dos títulos limitados, que seriam aqueles cuja emissão é vedada em algumas situações. Cita o caso da letra de câmbio, que não pode ser sacada pelo comerciante para documentar uma compra e venda mercantil, segundo a inteligência do art. 2.º da Lei das Duplicatas: COELHO, Fábio Ulhoa. *Curso de direito comercial*. 7. ed. São Paulo: Saraiva, 2003. p. 382. v. I.

[38] É preciso deixar claro que essa é uma opinião particular nossa, a qual, a despeito de ser compartilhada por alguns autores de renome (COELHO, Fábio Ulhoa. *Curso de direito comercial*. 7. ed. São Paulo: Saraiva, 2003. p. 377-378 e 382. v. I.), não é seguida, ao que nos parece, pela doutrina majoritária. Entende contrariamente, por exemplo, Waldo Fazzio Júnior, que trata a abstração com um único sentido, razão pela qual defende que os títulos causais, como a duplicata, não se desvinculariam da relação original, ainda que postos em circulação (FAZZIO JÚNIOR, Waldo. *Manual de direito comercial*. 5. ed. São Paulo: Atlas, 2005. p. 373).

O titular de um título representativo, em princípio, não tem direito de exigir o seu pagamento em dinheiro, podendo apenas exigir a entrega das respectivas mercadorias representadas pelo título.

5.6. Quanto à tipicidade

Título de crédito típico (ou nominado) é aquele que possui disciplina em lei própria, que lhe atribui uma nomenclatura específica e detalha suas regras (exemplos: letra de câmbio, nota promissória, cheque, duplicata, cédula de crédito bancário etc.).

Título de crédito atípico (ou inominado) é aquele criado pelo próprio mercado, sem previsão legal específica, isto é, não existe uma lei própria criando aquele título e detalhando as regras aplicáveis a ele.

Há autores que negam a possibilidade de criação de títulos de crédito atípicos pelo mercado, afirmando que somente a lei poderia atribuir a qualquer documento as prerrogativas de um título de crédito (circulação por endosso, garantia por aval, cobrança por execução etc.).[39]

Outros autores, em contrapartida, entendem que a criação de títulos de crédito atípicos é possível, sendo-lhes aplicáveis as regras gerais do Código Civil (arts. 887 a 926). É o que sustenta, por exemplo, Marlon Tomazette, que faz apenas uma ressalva: os títulos de crédito atípicos não possuem executividade, porque esta é uma prerrogativa que depende de previsão legal específica.

> A nosso ver, os títulos atípicos são perfeitamente admissíveis atualmente. Tais documentos surgem para atender à criatividade do meio empresarial, não se destinando a negócios em massa, mas a negócios peculiares, nos quais os títulos típicos não sejam capazes de atender às necessidades privadas. Portanto, da autonomia privada podem surgir novos títulos de crédito.
>
> Tal possibilidade de criação de títulos atípicos é fruto da existência de uma disciplina geral sobre os títulos de crédito no Código Civil brasileiro de 2002. A nosso ver, apenas a lei pode garantir a aplicação da cartularidade ou incorporação, da literalidade, da autonomia e da abstração, mas não precisa ser uma lei específica, pode ser uma lei geral, como o Código Civil.
>
> Assim, apesar da opinião contrária de Fábio Ulhoa Coelho, os títulos de crédito atípicos são regidos pelo Código Civil de 2002. Tal interpretação se sustenta no disposto no artigo 903 do Código, que determina sua aplicação apenas na ausência de regra especial. Assim, o Código Civil se aplicaria nas lacunas dos títulos típicos e integralmente aos títulos atípicos. Outrossim, o artigo 907 diz que é nulo o título ao portador emitido sem autorização de lei especial, logo, os títulos nominativos ou à ordem poderiam ser emitidos independentemente dessa autorização legal específica.
>
> Diante disso, embora baseados na autonomia privada, é certo que os títulos atípicos possuem certos limites impostos pelo Código Civil. Desse modo, um documento criado pelos particulares só valerá como título de crédito se contiver a data da emissão, a indicação precisa dos direitos que confere e a assinatura do emitente (CC – art. 889). De outro lado, como já dito, nenhum título atípico poderá ser ao portador.

---

[39] Nesse sentido: BULGARELLI, Waldirio. *Títulos de crédito*. 14. ed. São Paulo: Atlas, 1998.

Além disso, há uma série de regras no Código Civil que se distanciam das regras constantes das leis especiais sobre os títulos de crédito típicos. Apenas a título exemplificativo, o aval parcial é vedado no Código Civil (art. 897, parágrafo único), mas é permitido na letra de câmbio e na nota promissória (LUG – art. 30). Desse modo, o Código Civil instaurou uma disciplina dúplice no nosso direito, havendo regras comuns aos títulos típicos e atípicos e outras regras peculiares aos títulos atípicos.

Por derradeiro, é certo que os títulos atípicos, embora sejam títulos de crédito, não são títulos executivos, na medida em que a executividade pressupõe um reconhecimento legal específico. A tipicidade não atinge mais os títulos de crédito, mas atinge ainda os títulos executivos. Um exemplo de título atípico usado no país é o chamado FICA, ou vaca-papel, que visa instrumentalizar os direitos decorrentes do contrato de parceria pecuária. Nesse contrato, o objeto é a cessão de animais para cria, recria, invernagem e engorda, mediante partilha proporcional dos riscos e dos frutos ou lucros havidos. O título (vaca-papel) representaria justamente o direito ao recebimento dos lucros e à devolução dos animais entregues.[40]

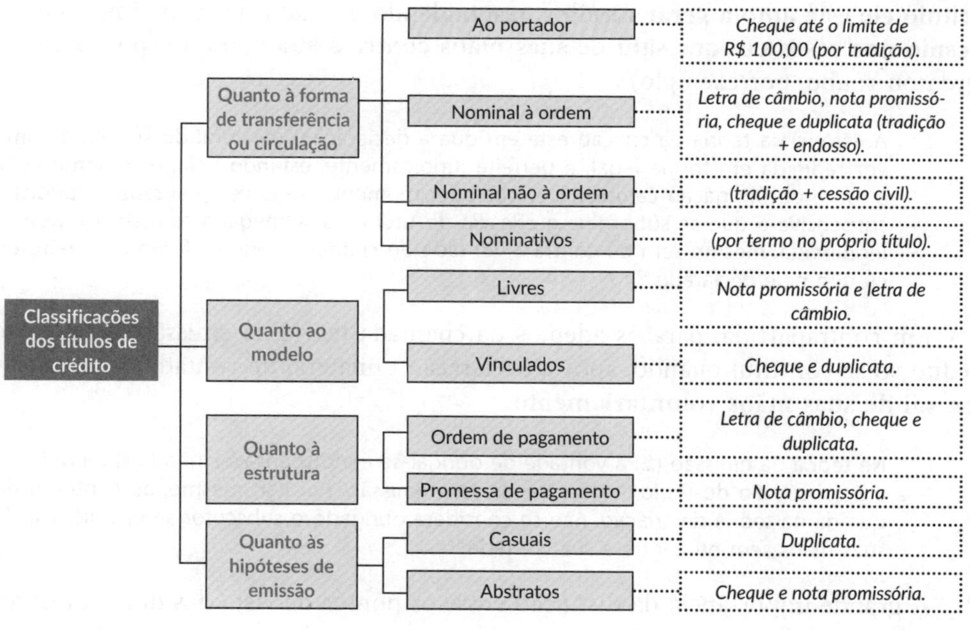

6. A OBRIGAÇÃO CAMBIAL

A despeito de existirem teorias contratualistas e legalistas sobre a fonte da obrigação cambial, entendida esta como a obrigação assumida em determinado título de crédito, é certo que prevalece na doutrina o entendimento de que a obrigação cambial é decorrente de uma **declaração unilateral de vontade**.

É por isso que a obrigação cambial não se confunde com o eventual negócio jurídico que deu origem à emissão do título (princípio da autonomia).

[40] TOMAZETTE, Marlon. *Curso de direito empresarial*. Vol. 2. São Paulo: Atlas, 2017, p. 11-13.

> Reconhecendo-se a vontade como fonte das obrigações cambiárias, mas afastada a natureza contratual dessa manifestação, é certo que o melhor enquadramento para a vontade criadora da obrigação é como uma **declaração unilateral de vontade**. Desse modo, para surgir a obrigação cambiária é necessária uma vontade e apenas uma vontade, especialmente em razão da autonomia e da abstração que regem os títulos de crédito. Tal teoria sustenta que **o título de crédito não é um simples documento probatório, mas é o portador da própria obrigação**. Ademais, segundo essa teoria, afirma-se que **o título de crédito funciona separadamente do negócio jurídico subjacente** e a obrigação teria seu fundamento em uma promessa dirigida ao público.[41]

Mas embora exista certo consenso sobre a fonte da obrigação cambial, que é uma declaração unilateral de vontade, há certa divergência doutrinária acerca do momento em que essa obrigação nasce, isto é, acerca de quando o título de crédito passa efetivamente a gerar direitos.

Para os adeptos da chamada **teoria da criação**, o título de crédito se constitui a partir da declaração unilateral de vontade de seu criador, ou seja, **uma vez criado o título ele está apto a gerar direitos**, respondendo o criador pela sua importância **mesmo nos casos em que saiu de suas mãos contra a sua vontade** (por extravio, perda ou roubo, por exemplo).

> A essência a teoria da criação está em que a declaração unilateral do subscritor, uma vez redigida em forma legal, é perfeita juridicamente, estando nela, e somente nela, a fonte da obrigação cambiária. A qualquer momento, uma vez realizada a condição suspensiva a que se subordina a eficácia do título - sua chegada às mãos de pessoa legitimada, mesmo sem ou contra a vontade do criador - será ele fonte do direito de crédito nele declarado.[42]

Em contrapartida, para os adeptos da chamada teoria da emissão, o título de crédito só se constitui quando, após a declaração unilateral de vontade do seu criador, **sai de suas mãos voluntariamente**.

> Na teoria da emissão (...) a vontade de obrigar-se é indispensável: não basta a redação e a subscrição do título, é necessária a sua emissão. Por isso mesmo, ao contrário do que dá na teoria da criação, não se considera obrigado o subscritor se o título sair de suas mãos sem ou contra a sua vontade.[43]

A grande importância da distinção entre os pontos de vista das duas correntes doutrinárias mencionadas - teoria da criação e teoria da emissão - se dá para a **solução de casos em que o título seja extraviado ou posto em circulação contra a vontade do sacador**.

Para a **teoria da criação**, como a obrigação cambial já havia nascido desde a confecção do título, o sacador estará obrigado nessas situações.

Por outro lado, para a **teoria da emissão**, a obrigação cambial ainda não teria se aperfeiçoado, e, portanto, o sacador não assumiria, nesses casos, obrigação cambial alguma.

---

41 TOMAZETTE, Marlon. *Curso de direito empresarial*. Vol. 2. São Paulo: Atlas, 2017, p. 45.

42 BORGES, João Eunápio. *Títulos de crédito*. Rio de Janeiro: Forense, 1971, p. 22.

43 BORGES, João Eunápio. *Títulos de crédito*. Rio de Janeiro: Forense, 1971, p. 24.

> A distinção é útil para dispor sobre o tratamento jurídico da situação em que o sacador, após assinar a letra, ainda não está completamente convencido da pertinência do ato praticado, e quer refletir melhor; mas, por furto, desvio ou simples desencontro, a letra é entregue ao tomador. Somente nesse caso é relevante a distinção proposta [entre a teoria da criação e a teoria da emissão].[44]

Na Lei Uniforme de Genebra, a previsão do art. 16, parte final ("Se uma pessoa foi por qualquer maneira desapossada de uma letra, o portador dela, desde que justifique o seu direito pela maneira indicada na alínea precedente, não é obrigado a restituí-la, salvo se a adquiriu de má-fé ou se, adquirindo-a, cometeu uma falta grave"), indica filiação à teoria da criação.

No Código Civil, as previsões do art. 896 ("O título de crédito não pode ser reivindicado do portador que o adquiriu de boa-fé e na conformidade das normas que disciplinam a sua circulação") e do art. 905, parágrafo único ("O possuidor de título ao portador tem direito à prestação nele indicada, mediante a sua simples apresentação ao devedor. A prestação é devida ainda que o título tenha entrado em circulação contra a vontade do emitente") também indicam filiação à teoria da criação.

7. ATOS CAMBIÁRIOS

O regime jurídico cambial, que congrega as regras e princípios aplicáveis aos títulos de crédito, disciplina detalhadamente alguns atos cambiários importantíssimos, dentre os quais merecem destaque o endosso, o aval e o protesto, que analisaremos separadamente nos tópicos subsequentes.

7.1. Endosso

O endosso é o ato cambiário mediante o qual o credor do título de crédito (*endossante*) transmite seus direitos a outrem (*endossatário*). É ato cambiário, pois, que põe o título em circulação.

> O endosso é a declaração cambial lançada na letra de câmbio (ou em qualquer outro título de crédito) pelo seu proprietário, a fim de transferi-lo a terceiro.
>
> É por meio dele que se opera a circulação dos títulos à ordem e, na formação da teoria dos títulos de crédito, na sua disciplina, o que predomina é o interesse da circulação, e a segurança do terceiro de boa-fé, que recebe o título sem saber, e sem precisar saber das causas determinantes de sua criação.[45]

Os títulos "não à ordem", registre-se, são transmitidos mediante cessão civil de crédito, conforme já mencionamos quando estudamos a classificação dos títulos quanto à forma de transferência. Os títulos de crédito típicos, nominados ou próprios (letra de câmbio, nota promissória, cheque, duplicata etc.) circulam mediante endosso porque todos eles possuem implícita a cláusula "à ordem" (a propósito,

[44] COELHO, Fábio Ulhoa. *Curso de direito comercial*. Vol. I. 16ª ed. São Paulo: Saraiva, 2012, p. 457.

[45] BORGES, João Eunápio. *Títulos de crédito*. Rio de Janeiro: Forense, 1971. p. 71.

confiram-se o art. 11 da LUG, o art. 2º, § 1º inciso VII da Lei 5.474/1968 e o art. 17 da Lei 7.357/1985). Somente quando for inserida, expressamente, a **cláusula "não à ordem"** num título de crédito típico é que ele não poderá circular por endosso, e sim por mera cessão civil de crédito[46] (a propósito, confiram-se o art. 11 da LUG e o art. 17, § 1º da Lei 7.357/1985).[47]

Se for feito um endosso num título de crédito em que se inseriu expressamente a cláusula não à ordem, o endosso é nulo? Há divergência, mas nos parece que a maioria da doutrina entende que não: nesse caso, o ato é válido, mas não produz efeitos de endosso, e sim de uma mera cessão civil de crédito.

7.1.1. Efeitos do endosso

O endosso produz dois efeitos, basicamente: a) *transfere a titularidade do crédito*; e b) *responsabiliza o endossante*, passando este a ser codevedor do título (se o devedor principal não pagar, o endossatário poderá cobrar do endossante).

O endosso, portanto, não transfere apenas o crédito, mas também a efetiva garantia do seu pagamento.[48]

Pode o endosso, todavia, conter a chamada "cláusula sem garantia", que exonera expressamente o endossante de responsabilidade pela obrigação constante do título.

Confira-se, a propósito, o que dispõe o art. 15 da LUG: "o endossante, salvo cláusula em contrário, é garante tanto da aceitação como do pagamento da letra". No mesmo sentido, diz o art. 21 da Lei 7.357/1985 que, "salvo estipulação em contrário, o endossante garante o pagamento".

Quanto se trata, entretanto, de título de crédito atípico, aplica-se o art. 914 do Código Civil: "ressalvada cláusula expressa em contrário, constante do endosso, não responde o endossante pelo cumprimento da prestação constante do título". Perceba-se, pois, que nos títulos de crédito atípicos a situação se inverte: a regra é a não responsabilização do endossante, enquanto a exceção é a sua responsabilização, que depende de ressalva expressa.

7.1.2. Formalidades do endosso

Em princípio, o endosso deve ser feito no verso do título, bastando para tanto a assinatura do endossante. Nesse sentido, confira-se a parte final do art. 910, § 1º do Código Civil: "para validade do endosso, dado no verso do título, é suficiente a

---

[46] "O simples fato de riscar a cláusula à ordem impressa no título não é suficiente para tornar o título não passível de endosso. Apenas a menção expressa da cláusula não à ordem ou uma cláusula equivalente é que irá impedir o endosso do título" (TOMAZETTE, Marlon. *Curso de direito empresarial*. Vol. 2. São Paulo: Atlas, 2017, p. 104).

[47] *"Os títulos de crédito possuem, implícita, a cláusula 'à ordem', em virtude da qual se admite a circulação sujeita à disciplina do direito cambiário. A cláusula 'não à ordem', que deve ser expressa, não impede a circulação do crédito, apenas altera o regime jurídico aplicável."* (COELHO, Fábio Ulhoa. *Curso de direito comercial*. 7. ed. São Paulo: Saraiva, 2003. p. 402. v. I).

[48] *"Dessa forma, o endosso engloba dois elementos:* veritas, *que corresponde à garantia da realidade (validade) do título, e* bonitas, *garantia de realização de seu valor."* (GONÇALVES, Victor Eduardo Rios. *Títulos de crédito e contratos mercantis*. Coleção sinopses jurídicas, v. 22. São Paulo: Saraiva, 2004. p. 39).

simples assinatura do endossante". No mesmo sentido, diz a parte final do art. 13 da LUG: "o endosso pode (...) consistir simplesmente na assinatura do endossante (endosso em branco). Neste último caso, o endosso para ser valido deve ser escrito no verso da letra ou na folha anexa".

Caso, no entanto, o endosso seja feito no anverso da cártula, o que também é permitido (art. 910 do Código Civil), deverá conter, além da assinatura do endossante, menção expressa de que se trata de endosso.[49]

A legislação cambiária específica veda o *endosso parcial* ou *limitado* a certo valor da dívida representada no título (art. 8.º, § 3º do Decreto 2.044/1908), bem como o endosso subordinado a alguma condição (art. 12 da Lei Uniforme), caso em que esta será considerada não escrita. No mesmo sentido, o Código Civil dispõe em seu art. 912 que "considera-se não escrita no endosso qualquer condição a que o subordine o endossante", prevendo ainda, no parágrafo único do referido dispositivo, que "é nulo o endosso parcial".[50]

Ressalte-se, por fim, que **em princípio não há limite quanto ao número de endossos**, mesmo em relação ao cheque, já que a legislação tributária aplicável à CPMF, que permitia apenas um único endosso nesse título de crédito, foi revogada.

7.1.3. Endosso em branco e endosso em preto

O endosso poderá ser feito *em branco* ou *em preto*. O **endosso *em branco*** é aquele que **não identifica o seu beneficiário**, chamado de *endossatário*. Nesse caso, simplesmente o endossante assina no verso do título, sem identificar a quem está endossando, o que acaba, na prática, permitindo que o título circule ao portador, ou seja, pela mera tradição da cártula.

O beneficiário de endosso em branco pode, então, tomar basicamente três atitudes: (i) transformá-lo em endosso em preto, completando-o com o seu nome ou de terceiro; (ii) endossar novamente o título, em branco ou em preto; ou (iii) transferir o título sem praticar novo endosso, ou seja, pela mera tradição da cártula (art. 14 da Lei Uniforme e art. 913 do Código Civil).

Na segunda situação acima descrita, o endossatário, ao realizar novo endosso, passa a integrar a cadeia de codevedores, responsabilizando-se pelo adimplemento da obrigação constante do título. Na terceira situação descrita, todavia, o endossatário

---

49 *"Para simplificar e agilizar o endosso, entende-se que a simples assinatura do beneficiário no verso (dorso) do título é suficiente para representar a manifestação de vontade apta a transferir o título. Embora esse seja o padrão formal para o endosso, é certo que nossa legislação admite uma segunda forma para tal declaração de vontade. Também vale como endosso a assinatura do beneficiário na face (anverso) do título, desde que acompanhada de alguma expressão que demonstre que a intenção ali era transferir o título (Pague-se a, Transfiro para...)"* (TOMAZETTE, Marlon. *Curso de direito empresarial*. Vol. 2. São Paulo: Atlas, 2017, p. 105).

50 *"Indicando ou não o nome do beneficiário, o endosso deverá transferir sempre a totalidade dos direitos incorporados ao documento. O princípio da cartularidade impede que seja feita uma cisão do direito mencionado do título, uma vez que terá que se apresentar o documento para exercer o direito. A divisibilidade do crédito é incompatível com a unidade do crédito ali representado, em especial pela exigência de um protesto único do título. Além disso, a necessidade da entrega do original como recibo de pagamento afasta qualquer possibilidade de divisão no endosso. Assim sendo, o endosso parcial de uma letra de câmbio é nulo (LUG – art. 12)"* (TOMAZETTE, Marlon. *Curso de direito empresarial*. Vol. 2. São Paulo: Atlas, 2017, p. 107).

transfere o crédito sem assumir nenhuma responsabilidade pelo seu adimplemento, já que não pratica novo endosso.

O **endosso *em preto***, por sua vez, é aquele que **identifica expressamente a quem está sendo transferida a titularidade do crédito**, ou seja, o endossatário. Assim, só poderá circular novamente por meio de um novo endosso, que poderá ser em branco ou em preto. Nesse caso, pois, o endossatário, ao recolocar o título em circulação, assumirá a responsabilidade pelo adimplemento da dívida, uma vez que deverá praticar novo endosso.

7.1.4. O endosso em branco e as leis do Plano Collor

De acordo com o art. 19 da Lei 8.088/1990, "todos os títulos, valores mobiliários e cambiais serão emitidos sempre sob a forma nominativa, sendo transmissíveis somente por **endosso em preto**". O § 2° complementa, afirmando que "a emissão em desobediência à forma nominativa prevista neste artigo torna inexigível qualquer débito representado pelo título, valor mobiliário ou cambial irregular".

No mesmo sentido, o art. 1° da Lei 8.021/1990 estabeleceu que, a partir de sua vigência, "fica vedado o pagamento ou resgate de qualquer título ou aplicação, bem como dos seus rendimentos ou ganhos, a beneficiário não identificado". O art. 2°, inciso II, por sua vez, determinou que "fica vedada a emissão de títulos e a captação de depósitos ou aplicações ao portador ou nominativos-endossáveis".

Essas regras, que se inseriram no contexto do famigerado Plano Collor, suscitaram preocupações, mas a doutrina logo apontou que a aplicação delas aos títulos de crédito típicos/nominados "importaria a completa descaracterização da circulação de efeitos cambiários", e por isso sempre se defendeu que elas teriam aplicação restrita "aos títulos de crédito impróprios de investimento". Quanto à possibilidade de endosso em branco e circulação por simples tradição nos títulos de crédito típicos, firmou-se o entendimento de que as referidas regras não impediram isso, exigindo-se apenas que, "para obedecer ao ditame legal de identificação da pessoa para quem o título é pago" (controle fiscal), o endosso seja convertido em preto no vencimento.[51]

Portanto, a despeito dessas regras das Leis 8.088/1990 e 8.021/1990, entende-se que os títulos de crédito podem circular por meio de endosso em branco, sendo necessário, porém, que ele seja completado no momento do pagamento. Nesse sentido, confiram-se os seguintes precedentes do STJ:

> CHEQUE. ENDOSSO EM BRANCO. ARGÜIÇÃO DE NULIDADE DO TÍTULO E DE ILEGITIMIDADE DO CREDOR. EXIGÊNCIA LEGAL DE QUE O BENEFICIÁRIO SEJA IDENTIFICADO. LEIS NºS 8.021, DE 12.04.90, E 8.088, DE 31.10.90.
>
> - Satisfeito pelo credor o requisito da identificação para fins de controle fiscal, não há falar em nulidade do título ou ilegitimidade de parte.
>
> Recurso especial não conhecido.
>
> (REsp 204.595/GO, Rel. Ministro BARROS MONTEIRO, QUARTA TURMA, julgado em 25/04/2000, DJ 16/10/2000, p. 314)

---

[51] COELHO, Fábio Ulhoa. *Curso de direito comercial.* Vol. 1. 20ª ed. São Paulo: RT, 2016, p. 413-415.

AÇÃO MONITÓRIA. PROCURAÇÃO. RECONHECIMENTO DE FIRMA. CHEQUE. IDENTIFICAÇÃO DO ENDOSSATÁRIO. ARTS. 1º E 2º DA LEI Nº 8.021, DE 12.4.1990.

- Satisfeito pelo credor o requisito da identificação para fins de controle fiscal, não há falar-se em nulidade do título ou ilegitimidade de parte. O fato de não haver o endossante aposto, no verso da cártula, o nome do endossatário não o nulifica, nem obsta a que o credor, identificando-se, venha a cobrar o quantum devido. Precedente da Quarta Turma.

Recurso especial não conhecido.

(REsp 329.996/SP, Rel. Ministro BARROS MONTEIRO, QUARTA TURMA, julgado em 04/10/2001, DJ 22/04/2002, p. 213)

7.1.5. Endosso impróprio

Há também a figura do chamado endosso impróprio, que compreende duas modalidades distintas: a) *endosso-caução*; e b) *endosso-mandato*.

Em princípio, como foi dito, o endosso tem dois efeitos: transferir a titularidade do crédito e responsabilizar o endossante como codevedor. Assim, é considerado *próprio* o endosso que produz normalmente os efeitos acima apontados, e *impróprio* o endosso que não produz esses efeitos. O endosso impróprio tem a finalidade apenas de legitimar a posse de alguém sobre o título, permitindo-lhe, assim, o exercício dos direitos representados na cártula.

Serve o endosso impróprio, enfim, para aquelas situações em que não se quer transferir o crédito, mas é necessário legitimar a posse daquele que vai recebê-lo, a fim de que dito possuidor exerça os direitos representados na cártula. Nesse caso, não se poderia simplesmente entregar o título à pessoa, porque ela se tornaria portadora ilegítima. O endosso impróprio, portanto, legitima a posse do detentor.

Dessa forma, deve-se praticar um ato no título para que a posse do detentor seja legitimada. Este ato é exatamente o endosso impróprio, o qual, portanto, apenas legitima a posse de alguém sobre o título, para que essa pessoa exerça os direitos nele representados.

O **endosso-mandato**, também chamado de *endosso-procuração*, está previsto no art. 18 da Lei Uniforme (no mesmo sentido é o art. 917 do Código Civil). Por meio dele, o endossante confere poderes ao endossatário – por exemplo, uma instituição financeira – para agir como seu legítimo representante, exercendo em nome daquele os direitos constantes do título, podendo cobrá-lo, protestá-lo, executá-lo etc.

Faz-se o endosso-mandato, segundo a Lei Uniforme, mediante a colocação, junto ao endosso, das expressões "para cobrança", "valor a cobrar" ou "por procuração".[52]

Ressalte-se que o Superior Tribunal de Justiça entende que os bancos, como mandatários decorrentes de endosso-mandato, só respondem por eventuais danos

[52] A doutrina diverge quanto à possibilidade de o endossatário-mandatário reendossar o título, obrigando cambialmente o endossante-mandante. A maioria defende que isso é possível. Em sentido contrário: BORGES, João Eunápio. *Títulos de crédito*. Rio de Janeiro: Forense, 1971. p. 78-79. Diz o autor: "*O endosso mandato concede todos os poderes para o recebimento da letra, neles se compreendendo os de dar quitação, transigir, substabelecer (mediante novo endosso-mandato, inclusive) etc., etc. Não, porém, o de obrigar cambialmente o mandante.*"

causados ao devedor do título se for comprovada a sua atuação culposa, o que ocorre, por exemplo, quando o banco tem conhecimento inequívoco de que o negócio jurídico que embasou a duplicata foi desfeito.

> *Duplicata sem aceite. Endosso-mandato. Estabelecimento bancário. A Turma proveu o recurso ao entendimento de que* ***descabe a condenação da instituição bancária por danos morais pelo protesto indevido de duplicata sem causa, uma vez que na qualidade de endossatáriomandatário agiu em nome e por conta da empresa sacadora endossante****, não se lhe podendo culpar por ter promovido o protesto do quirógrafo. Outrossim, não compete ao banco, de antemão, verificar a existência de lastro da duplicata protestada, pois essa é de responsabilidade exclusiva do sacador (art. 159 do CC/1916). Precedentes citados: REsp 1.013-RS, DJ 10/3/2003, e AgRg no REsp 434.467-PB,* DJ *10/3/2002 (REsp 265.432-RJ, Rel. Min. Barros Monteiro, j. 10.08.2004,* Informativo *217/2004).*

> *Dano moral. Protesto indevido. Duplicata. Nas instâncias ordinárias, o banco recorrente foi condenado à indenização dos danos morais causados pelo indevido envio de duplicata a protesto. Diante disso, a Turma aduziu que,* ***em casos de endosso-mandato, a responsabilidade do mandatário que recebe a cártula com o fito de efetuar a cobrança e a remete a protesto surge quando há a identificação concreta de seu agir culposo, visto não ser possível lhe atribuir a ilicitude pelo estrito cumprimento das obrigações relativas à exigibilidade do pagamento.*** *Firmou, todavia, que, no caso, há a responsabilidade do banco réu, pois o pagamento da duplicata fez-se perante aquela própria instituição bancária. Anotou que não acolhida pelo acórdão estadual recorrido a alegação de que é a sacadora, mediante comando eletrônico, quem dá a ordem da cobrança, além de se afigurar irrelevante tal postulação, posto que a imperfeição do sistema é fato alheio ao direito da sacada, cabendo ação regressiva do banco contra a sacadora (REsp 297.430-MG, Rel. Min. Aldir Passarinho Junior, j. 06.02.2007,* Informativo *309/2007).*

> *Processual civil. Recurso especial. Negativa de prestação jurisdicional. Inexistência. Direito comercial. Título de crédito. Protesto indevido. Banco endossatário. Legitimidade passiva. I – É inviável o recurso especial em relação à afirmada ausência de prestação jurisdicional, quando as questões apontadas pelo recorrente não foram objeto dos embargos de declaração por ele opostos perante o tribunal estadual. II –* ***Embora seja assegurado ao endossatário de boa-fé levar o título a protesto para preservar seu direito de regresso contra o emitente endossante, tendo ele conhecimento prévio e inequívoco de que a duplicata não tem causa ou que o negócio jurídico foi desfeito, deverá responder, juntamente com o endossante, por eventuais danos que tenha causado ao sacado, em virtude desse protesto****. Recurso especial não conhecido (STJ, REsp 188.996-SP, Rel. Min. Castro Filho,* DJ *10.09.2007, p. 224).*

Esse entendimento foi pacificado pelo STJ no julgamento do REsp 1.063.474/RS, submetido à sistemática dos recursos repetitivos:

> *Direito Civil e Cambiário. Recurso especial representativo de controvérsia. Art. 543-C do CPC. Duplicata recebida por endossomandato. Protesto. Responsabilidade do endossatário. Necessidade de culpa. 1. Para efeito do art. 543-C do CPC:* ***Só responde por danos materiais e morais o endossatário que recebe título de crédito por endosso-mandato e o leva a protesto se extrapola os poderes de mandatário ou em razão de ato culposo próprio, como no caso de apontamento depois da ciência acerca do pagamento anterior ou da falta de higidez da cártula****. 2. Recurso especial não provido (REsp 1.063.474/RS, Rel. Min. Luis Felipe Salomão, 2.ª Seção, j. 28.09.2011,* DJe *17.11.2011).*

Hoje esse entendimento está previsto no Enunciado 476 da Súmula do STJ: "O endossatário de título de crédito por endosso-mandato só responde por danos decorrentes de protesto indevido se extrapolar os poderes de mandatário".

Já o **endosso-caução**, também chamado de *endosso-pignoratício* ou de *endosso--garantia*, está previsto no art. 19 da Lei Uniforme (no mesmo sentido é o art. 918 do Código Civil), e caracteriza-se quando o endossante transmite o título como forma de garantia de uma dívida contraída perante o endossatário. Nesse caso, o endosso-caução é feito com o uso das expressões "valor em garantia", "valor em penhor" ou outra que implique uma caução.

Havendo o endosso-caução, o endossatário não assume a titularidade do crédito, ficando o título em sua posse apenas como forma de garantia da dívida que o endossante contraiu perante ele. Caso o endossante pague a dívida contraída, portanto, resgata o título; caso, todavia, a dívida não seja honrada, o endossatário poderá executar a garantia e passar, então, a possuir a titularidade plena do crédito.

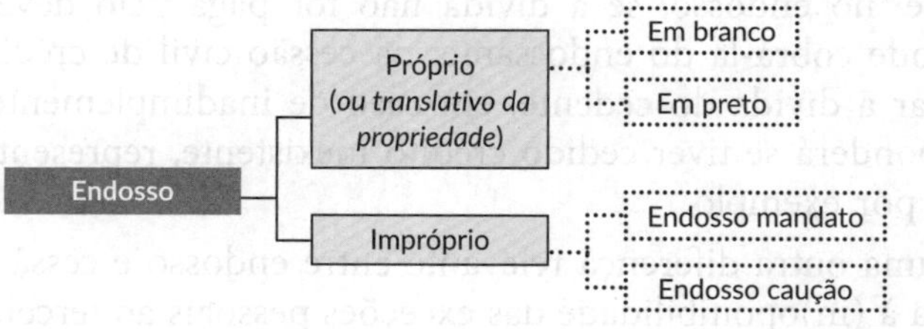

7.1.6. Endosso póstumo ou tardio

Segundo o art. 20 da Lei Uniforme, o endosso pode ser dado após o vencimento do título, caso em que produzirá seus efeitos de transferência do crédito e de responsabilização do endossante normalmente. No entanto, o mesmo dispositivo dispõe que, "todavia, o endosso posterior ao protesto por falta de pagamento, ou feito depois de expirado o prazo fixado para se fazer o protesto, produz apenas os efeitos de uma cessão ordinária de créditos".

Esse endosso feito após o protesto ou após o prazo para a realização do protesto é chamado pela doutrina de *endosso póstumo* ou *endosso tardio*, expressões que denotam, claramente, que tal endosso foi levado a efeito tarde demais. Nesse caso, portanto, como a norma acima transcrita deixa claro, o endosso não produz os efeitos normais de um endosso, valendo tão somente como uma mera cessão civil de crédito (CCC).

O mesmo art. 20 da Lei Uniforme estabelece a presunção de que o endosso sem data foi feito antes do prazo para a realização do protesto. No mesmo sentido é a disposição normativa constante do art. 920 do Código Civil.

7.1.7. Endosso x cessão civil de crédito

A cessão civil de crédito, conforme já visto no tópico em que estudamos a classificação dos títulos quanto à forma de transferência, é ato formal que opera a transferência dos *títulos não à ordem*, enquanto o endosso transfere os *títulos à ordem*.

Há uma série de diferenças entre os dois institutos, decorrentes da submissão de cada um deles a regimes jurídicos distintos: o endosso é ato submetido às regras e princípios do regime jurídico cambial, e a cessão civil de crédito é submetida ao regime jurídico civil.

Sendo assim, enquanto o **endosso é ato unilateral** que deve ser feito no próprio título, em obediência ao princípio da literalidade, a **cessão civil de crédito é negócio bilateral** formalizado por meio de contrato, ou seja, instrumento à parte.

Ademais, o endosso acarreta a responsabilização do endossante, o qual passa a ser codevedor da dívida representada no título. Na cessão civil de crédito, por sua vez, o cedente não assume responsabilidade pelo adimplemento da obrigação que cedeu, respondendo tão somente pela existência do crédito cedido (art. 296 do Código Civil).

Em síntese: no endosso, se a dívida não for paga pelo devedor principal, o endossatário pode cobrá-la do endossante; na cessão civil de crédito, o cessionário não pode cobrar a dívida do cedente, em caso de inadimplemento do devedor. O cedente só responderá se tiver cedido crédito inexistente, representado por um documento falso, por exemplo.

Por fim, uma outra diferença relevante entre endosso e cessão civil de crédito está relacionada à (in)oponibilidade das exceções pessoais ao terceiro de boa-fé. Em decorrência do princípio da autonomia e do subprincípio da abstração, o endosso transfere o crédito sem nenhum vício relativo aos negócios feitos anteriormente com o título. Assim, o devedor não poderá opor ao endossatário – se este recebeu o título de boa-fé, o que em princípio se presume – exceções que não lhe digam respeito, ou seja, exceções relacionadas a relações antecedentes.

Na cessão civil de crédito, no entanto, o mesmo não ocorre. O devedor pode opor contra o cessionário qualquer exceção pessoal que tinha contra o cedente (nesse sentido é a regra do art. 294 do Código Civil).

> (...) enquanto a cessão é sempre contrato bilateral, o endosso constitui ato unilateral. A cessão pode revestir qualquer forma, e o endosso é ato formal; a cessão é ato causal, o endosso, abstrato. A cessão transfere ao cessionário um direito derivado, o direito do cedente; o endosso não transfere ao endossatário o direito do endossador; transfere-lhe o título, com os direitos nesse assegurados ao seu legítimo possuidor. O endossatário adquire o direito literal e autônomo resultante do título, completamente imune às exceções que, na pessoa do antecessor, poderá paralisar a eficácia da promessa nele contida.[53]

Vê-se, portanto, que o endosso é ato que transfere a titularidade do crédito com muito mais facilidade, já que feito mediante a simples assinatura no título – em geral no verso – e segurança, uma vez que responsabiliza o endossante e protege o endossatário contra eventuais vícios decorrentes de relações anteriores.

---

[53] BORGES, João Eunápio. *Títulos de crédito*. Rio de Janeiro: Forense, 1971. p. 74.

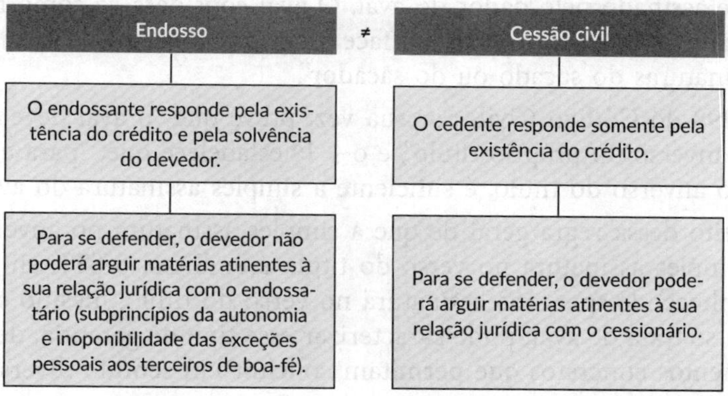

7.2. Aval

Outro instituto importante do regime jurídico cambial é o *aval*, ato cambiário pelo qual um terceiro (o *avalista*) se responsabiliza pelo pagamento da obrigação constante do título.

> Ato cambiário pelo qual uma pessoa (avalista) se compromete a pagar título de crédito, nas mesmas condições que um devedor desse título (avalizado).[54]
>
> Declaração cambial, eventual e sucessiva, pela qual o signatário responde pelo pagamento do título de crédito.[55]

O aval é ato cambiário que está regulado pelo art. 30 da Lei Uniforme: "o pagamento de uma letra pode ser no todo ou em parte garantido por aval. Esta garantia é dada por um terceiro ou mesmo por um signatário da letra.

No mesmo sentido é o art. 897 do Código Civil: "o pagamento de título de crédito, que contenha obrigação de pagar soma determinada, pode ser garantido por aval".

O avalista, ao garantir o cumprimento da obrigação do avalizado, responde de forma equiparada a este.

7.2.1. Formalidades do aval

O aval deve ser dado no próprio título de crédito (princípio da literalidade), e o local apropriado para a realização dessa garantia, em princípio, é o anverso do título, caso em que basta a simples assinatura do avalista.

Nada impede, todavia, que o aval seja feito no verso da cártula, nesse caso sendo imprescindível que, além da assinatura, seja feita expressa menção de que se trata de aval.

O art. 31 da LUG assim dispõe: "o aval é escrito na própria letra ou numa folha anexa. Exprime-se pelas palavras 'bom para aval' ou por qualquer fórmula

[54] COELHO, Fábio Ulhoa. *Curso de direito comercial*. 8. ed. São Paulo: Saraiva, 2004, v. 1, p. 410.

[55] COSTA, Wille Duarte. *Títulos de crédito*. Belo Horizonte: Del Rey, 2003, p. 199.

equivalente; e assinado pelo dador do aval. O aval considera-se como resultante da simples assinatura do dador aposta na face anterior [anverso] da letra, salvo se se trata das assinaturas do sacado ou do sacador".

O art. 898 do Código Civil, por sua vez, prevê que "o aval deve ser dado no verso ou no anverso do próprio título", e o § 1º estabelece que, "para a validade do aval, dado no anverso do título, é suficiente a simples assinatura do avalista".

A despeito dessa regra geral de que a simples assinatura no anverso do título é aval, e a simples assinatura no verso do título é endosso, o STJ tem precedentes antigos reconhecendo que uma assinatura no verso do título, mesmo sem especificação de que se trata de aval, pode caracterizar esse tipo de garantia, desde que não existam elementos concretos que permitam concluir em sentido diverso.

> PROCESSUAL CIVIL. EXECUÇÃO FUNDADA EM TÍTULO DE CRÉDITO. CHEQUE. LEGITIMIDADE PASSIVA AD CAUSAM. CARACTERIZAÇÃO. ASSINATURA NO VERSO DA CÁRTULA. AVAL.
>
> 1 - Consignado pelas instâncias ordinárias haver o recorrente assinado no verso do cheque, sem indicação alguma, não se trata de reexame de provas, mas de, partindo dessa premissa fática, dar à espécie a qualificação jurídica que o caso requer.
>
> 2 - Denotado que o cheque, na hipótese vertente não é ao portador, mas nominal, e a assinatura constante do seu verso é de outra pessoa, que não o seu beneficiário, a conclusão é de que somente pode ter sido efetivada como aval, ainda que não especificada a sua finalidade (por aval), pois, do contrário, estar-se-ia admitindo quebra na cadeia creditícia.
>
> 3 - Somente poderia ser endosso se a assinatura constante no verso da cártula coincidisse com quem dela seja o beneficiário, o que não ocorre na espécie, pois o beneficiário é pessoa diversa daquela que após a assinatura no dorso do cheque em apreço.
>
> 4 - A assinatura, que não se pode ter por inútil no título, faz atribuir à pessoa que a apôs coobrigação e responsabilidade pelo crédito por ele representado.
>
> 5 - Legitimidade passiva ad causam que se impõe àquele tido por avalista.
>
> 6 - Recurso especial não conhecido.
>
> (REsp 493.861/MG, Rel. Ministro ALDIR PASSARINHO JUNIOR, Rel. p/ Acórdão Ministro FERNANDO GONÇALVES, QUARTA TURMA, julgado em 04/09/2008, DJe 01/12/2008)

> Nota promissória. aval. assinatura no verso da promissória. É de ter-se como representativa de aval, desde que não concorram elementos de convicção em contrário. Ofensa ao art. 31 da Lei Uniforme de Genebra não caracterizada. Recurso não conhecido.
>
> (REsp 90.269/MG, Rel. MIN. COSTA LEITE, TERCEIRA TURMA, julgado em 02/12/1997, DJ 23/03/1998, p. 88).

7.2.2. *Aval em branco x aval em preto*

O aval também pode ser feito *em branco*, hipótese em que não identifica o avalizado, ou *em preto*, caso em que o avalizado é expressamente indicado.

Quando o aval é em branco, presume-se que foi dado em favor de alguém: no caso da letra de câmbio, presume-se em favor do sacador; nos demais títulos, em favor do emitente ou subscritor.

Com efeito, de acordo com o art. 31 da LUG, "o aval deve indicar a pessoa por quem se dá. Na falta de indicação entender-se-á ser pelo sacador". A parte final do art. 77, por sua vez, prevê o seguinte: "no caso previsto na última alínea do artigo 31, se o aval não indicar a pessoa por quem é dado entender-se-á ser pelo subscritor da nota promissória".

Já o Código Civil estabelece, em seu art. 899, que "o avalista equipara-se àquele cujo nome indicar; na falta de indicação, ao emitente ou devedor final [devedor direto ou devedor principal]".

7.2.3. *Avais simultâneos e avais sucessivos*

Há que se diferenciar ainda os *avais simultâneos* dos *avais sucessivos*.

Os **avais simultâneos**, também denominados *coavais*, ocorrem quando duas ou mais pessoas avalizam um título conjuntamente, garantindo a mesma obrigação cambial. Assim, nos avais simultâneos os avalistas são considerados uma só pessoa, razão pela qual assumem responsabilidade solidária regida pelas regras do direito civil. Em suma: eles dividem a dívida, razão pela qual se um deles pagá-la integralmente ao credor, terá direito de regresso contra o devedor principal relativo ao total da dívida, mas terá direito de regresso contra o outro avalista apenas em relação à sua parte – se forem apenas dois avalistas, por exemplo, terá direito de regresso em relação a apenas metade da dívida.

Os avais sucessivos, por sua vez, também chamados de *aval de aval*, ocorrem quando alguém avaliza um outro avalista. Nesse caso, todos os eventuais avalistas dos avalistas terão a mesma responsabilidade do avalizado, ou seja, aquele que pagar a dívida terá direito de regresso em relação ao total da dívida, e não apenas em relação a uma parte dela.

7.2.4. *Aval × fiança*

O aval também tem um instituto similar no direito civil, que é a *fiança*. Mas, assim como ocorre com o endosso e a cessão civil de crédito, aval e fiança possuem diferenças relevantes, decorrentes, sobretudo, do regime jurídico ao qual se submetem: enquanto o aval é garantia cambial, submetida aos princípios do regime jurídico cambial, a fiança é garantia civil, regida pelas regras desse regime jurídico.

Ademais, o aval é uma **declaração unilateral de vontade** feita em títulos de crédito, enquanto a fiança é um negócio jurídico bilateral feito em qualquer obrigação.

Existem outras duas diferenças fundamentais entre o aval e a fiança.

A primeira delas é decorrente da submissão do aval ao princípio da autonomia, inerente aos títulos de crédito. Com efeito, o aval, por ser um instituto do regime jurídico cambial, constitui uma obrigação autônoma em relação à dívida assumida pelo avalizado. Assim, se a obrigação do avalizado, eventualmente, for atingida por algum vício, este não se transmite para a obrigação do avalista. Na fiança isso não ocorre: ela, como obrigação acessória, leva a mesma sorte da obrigação principal a que está relacionada.

Nesse sentido, o art. 32 da LUG prevê que "a sua obrigação [do avalista] mantém-se, mesmo no caso de a obrigação que ele garantiu ser nula por qualquer razão que não seja um vício de forma". No mesmo sentido, o art. 899, § 2º do Código Civil estabelece que "subsiste a responsabilidade do avalista, ainda que nula a obrigação daquele a quem se equipara, a menos que a nulidade decorra de vício de forma".

> Da autonomia do aval seguem-se importantes consequências. Em primeiro lugar, a sua existência, validade e eficácia não estão condicionadas à da obrigação avalizada. Desse modo, se o credor não puder exercer, *por qualquer razão*, o direito contra o avalizado, isto não compromete a obrigação do avalista. (...) Também em decorrência da autonomia do aval, não pode o avalista, quando executado em virtude do título de crédito, valer-se das exceções pessoais do avalizado, mas apenas as suas próprias exceções.[56]
>
> *Direito cambiário e processual civil. Recurso especial. Revelia. Efeitos relativos. Aval. Necessidade de outorga uxória ou marital. Disposição restrita aos títulos de crédito inominados ou atípicos. Art. 1.647, III, do CC/2002. Interpretação que demanda observância à ressalva expressa do art. 903 do CC e ao disposto na LUG acerca do aval. Revisão do entendimento do colegiado. Cogitação de aplicação da regra nova para aval dado antes da vigência do novo CC. Manifesta inviabilidade.*
>
> *(...)*
>
> *2. Diversamente do contrato acessório de fiança, o aval é ato cambiário unilateral, que propicia a salutar circulação do crédito, ao instituir, dentro da celeridade necessária às operações a envolver títulos de crédito, obrigação autônoma ao avalista, em benefício da negociabilidade da cártula. Por isso, o aval "considera-se como resultante da simples assinatura" do avalista no anverso do título (art. 31 da LUG), devendo corresponder a ato incondicional, não podendo sua eficácia ficar subordinada a evento futuro e incerto, porque dificultaria a circulação do título de crédito, que é a sua função precípua. (...) (REsp 1.633.399/SP, Rel. Min. Luis Felipe Salomão, Quarta Turma, j. 10.11.2016,* DJe *01.12.2016).*

Sobre a autonomia do aval, veja-se o que já decidiu o Superior Tribunal de Justiça:

> *Execução. Nota promissória. Avalista. Discussão sobre a origem do débito. Inadmissibilidade. Ônus da prova.* ***O aval é obrigação autônoma e independente, descabendo assim a discussão sobre a origem da dívida.*** *Instruída a execução com título formalmente em ordem, é do devedor o ônus de elidir a presunção de liquidez e certeza. Recurso especial conhecido e provido (STJ, REsp 190753/SP, Rel. Min. Barros Monteiro, DJ 19.12.2003, p. 467).*
>
> *Direito comercial. Nota promissória. Avalista. Discussão da* causa debendi. *Impossibilidade, como regra. Exceções. Má-fé do beneficiário. Nulidade do negócio subjacente por erro, dolo ou fraude. Temas não abordados pelas instâncias ordinárias. Recurso desacolhido. I –* ***Em regra, na linha dos precedentes desta Corte e do Supremo Tribunal Federal, não se permite ao avalista da nota promissória opor exceção pessoal do avalizado ou discutir a causa debendi****. II – Excepcionalmente, como nos casos de má-fé do beneficiário do título ou de nulidade do negócio subjacente por erro, dolo ou fraude, é dado ao avalista a discussão da causa originária da cártula. III – Não tendo as instâncias ordinárias abordado tema de possível exceção à regra da inoponibilidade, que se assentaria na seara dos fatos, resta vedado à instância especial o exame das provas dos autos. IV – A verificação do preenchimento abusivo da nota*

[56] COELHO, Fábio Ulhoa. *Curso de direito comercial.* 16. ed. São Paulo: Saraiva, 2012. p. 477. v. I.

> *promissória e da sua assinatura em branco demandaria o reexame de provas, atraindo a incidência do Enunciado n.º 7 da Súmula/STJ. V – Exige-se o prequestionamento dos temas abordados no aresto paradigma para se conhecer do recurso especial pela alínea c do permissor constitucional (STJ, REsp 249155/SP, Rel. Min. Sálvio de Figueiredo Teixeira, DJ 07.08.2000, p. 115).*
>
> *Processual civil e comercial. Nota promissória. Execução de sócioavalista. Empresa avalizada com falência decretada. Suspensão da ação. Não cabimento. Inexistência de solidariedade entre sócio e sociedade falida. – Como instituto típico do direito cambiário,* ***o aval é dotado de autonomia substancial, de sorte que a sua existência, validade e eficácia não estão jungidas à da obrigação avalizada****. (...) (REsp 883.859/SC, Rel. Min. Nancy Andrighi, 3.ª Turma, j. 10.03.2009, DJe 23.03.2009).*
>
> *Direito Comercial. Aval. Autonomia e independência da obrigação avalizada. Cédula de crédito industrial. 1.* ***Ao subtrair do aval a característica de garantia cambial típica, substancialmente autônoma e independente, porque não se subordina à obrigação avalizada, o julgado recorrido entra em aberto confronto com as disposições do Decreto-lei 413/69 – arts. 41 e 52 – e da Lei Uniforme de Genebra – art. 32 – além de divergir do entendimento pacífico dos Tribunais, inclusive Supremo Tribunal Federal (RE 105.362-3/SP) e Superior Tribunal de Justiça (REsp 43.922-1/MG)****. (...) (REsp 981.317/PE, Rel. Min. Fernando Gonçalves, 4.ª Turma, j. 26.08.2008, DJe 22.09.2008).*
>
> *Comercial. Títulos de crédito. Avalista. Óbito antes do vencimento. Obrigação não personalíssima. Transmissão aos herdeiros. I –* ***O aval, espécie de obrigação cambial, é autônomo em relação à obrigação do devedor principal e se constitui no momento da aposição da assinatura do avalista no título de crédito****. (...) (REsp 260.004/SP, Rel. Min. Castro Filho, 3.ª Turma, j. 28.11.2006, DJ 18.12.2006, p. 358).*
>
> *Execução. Cédula de crédito rural pignoratícia e hipotecária. Aval. Objeção de não executividade oferecida pelo avalista. Inaplicabilidade da regra inscrita no art. 655, § 2.º, do CPC. –* ***O aval constitui obrigação autônoma. Tratando-se de responsabilidade solidária dos devedores, ao credor é permitido mover a execução desde logo contra o avalista, independentemente da regra inserta no art. 655, § 2.º, do CPC****. Recurso especial conhecido e provido (REsp 443.432/GO, Rel. Min. Fernando Gonçalves, Rel. p/ Acórdão Min. Barros Monteiro, 4.ª Turma, j. 12.04.2005, DJ 15.08.2005, p. 317).*

Como bem destacado em um dos acórdãos acima transcritos, a jurisprudência do Supremo Tribunal Federal também caminhou sempre no sentido de reconhecer a autonomia do aval e a impossibilidade de o avalista se valer das exceções pessoais do avalizado, *in verbis*:

> ***Em face da autonomia do aval, não se pode prevalecer, o avalista, das exceções pessoais do avalizado****. Por isso a concordata do emitente não exime o avalista dos juros de lei e da correção monetária, de acordo com a Lei n. 6.899-81. – Divergência jurisprudencial não caracterizada. Recurso extraordinário de que não se conhece (RE 109.958, Rel. Min. Octavio Gallotti, 1.ª Turma, j. 12.09.1986, DJ 10.10.1986, p. 18.932, Ement. vol-01436-03, p. 632).*
>
> ***Aval. Defesa do avalista. Em face da autonomia do aval, não pode o avalista valer-se das exceções pessoais do avalizado, mas apenas de exceções que lhe são próprias. Precedentes do STF****. Recurso extraordinário conhecido, mas não provido (RE 100.822, Rel. Min. Moreira Alves, 2.ª Turma, j. 04.11.1983, DJ 03.02.1984, p. 650, Ement. vol-01322-03, p. 491, RTJ vol-00109-01, p. 432).*

A autonomia e a abstração do aval são tamanhas que se admite até o aval contra a vontade do avalizado, bem como o chamado aval antecipado, o qual é prestado antes mesmo do surgimento da obrigação do avalizado e sequer se condiciona à sua futura constituição válida. Nesse sentido são as lições de João Eunápio Borges, autor da mais completa obra sobre o tema no Direito brasileiro.

> Além de autônoma e independente, é a obrigação do avalista abstrata, como o é toda obrigação cambial. A abstração, a *'astrateza'*, representa verdadeira intensificação ou exacerbação da autonomia.
>
> (...)
>
> No aval, obrigação de uma garantia, a abstração é ainda, se possível, maior do que em qualquer outra obrigação cambial. (...).
>
> Garantia cujo caráter nitidamente objetivo o nosso direito mais ainda acentuou, o aval pode ser dado não apenas sem o conhecimento, mas contra a vontade do avalizado.[57]
>
> O aval pode ser firmado antes da obrigação a que o avalista pretende equiparar-se. Obrigações autônomas, entre as quais não existe nenhuma relação de acessoriedade, não é contra os princípios do nosso direito cambial que a do avalista seja cronologicamente anterior à da pessoa a que se equipara.
>
> (...).
>
> É válido o aval em favor do sacado, antes do aceite. A recusa total ou parcial do aceite nenhuma influência exercerá sobre a responsabilidade do avalista, que independente do aceite assumiu obrigação de garantir o pagamento do título.[58]

A outra distinção fundamental entre o aval e a fiança diz respeito ao *benefício de ordem*, presente nesta e ausente naquele.

De fato, o aval não admite o chamado *benefício de ordem*, razão pela qual o avalista pode ser acionado juntamente com o avalizado, tendo, pois, responsabilidade solidária.

Na fiança, todavia, o benefício de ordem assegura ao fiador a prerrogativa de somente ser acionado após o afiançado. A responsabilidade do fiador é, portanto, subsidiária.

Nesse sentido, dispõe o art. 32 da LUG: "o dador de aval é responsável da mesma maneira que a pessoa por ele afiançada". No mesmo sentido, dispõe o art. 899 do Código Civil: "o avalista equipara-se àquele cujo nome indicar; na falta de indicação, ao emitente ou devedor final".

Por fim, além dessas diferenças relevantes acima apontadas, há outras pequenas distinções entre aval e fiança: o aval, por exemplo, deve ser prestado no próprio título, em obediência ao princípio da literalidade; já a fiança pode ser prestada em instrumento separado.

---

57 BORGES, João Eunápio. *Do aval*. 4. ed. Rio-São Paulo: Forense, 1975. p. 166-167.

58 BORGES, João Eunápio. *Do aval*. 4. ed. Rio-São Paulo: Forense, 1975. p. 151-156. Mas a doutrina diverge quanto à produção de efeitos desse aval antecipado: *"Afirma-se que o aval pode ser dado a favor do sacado, mas só produzirá efeitos caso o mesmo se torne aceitante, pois só assim o avalizado assumirá obrigações e consequentemente o avalista, pois o mesmo assume obrigações da mesma natureza que o avalizado (LUG – art. 32). Pontes de Miranda afirma que "se não vem a compor-se a vinculação do avalizado, falta eficácia ao aval"* (TOMAZETTE, Marlon. *Curso de direito empresarial*. Vol. 2. São Paulo: Atlas, 2017, p. 133).

7.2.5. Necessidade de outorga conjugal em aval prestado por pessoa casada

O Código Civil, em seu art. 1.647, inciso III, tratou da mesma forma o aval e a fiança, no que tange à necessidade de outorga conjugal para que tais garantias sejam prestadas, salvo se o regime de bens for o da separação absoluta.

Essa regra mereceu duras críticas da doutrina comercialista, merecidamente, já que a dinâmica das relações empresariais não se compatibiliza com esse excesso de formalismo.

> É difícil conceber uma exigência como essa, manifestamente contrária aos princípios sobre os quais repousam a rapidez e a segurança da circulação cambiária. Como conciliar com tais princípios uma exigência que obriga os adquirentes do título a procederem a uma indagação prévia, fora dele, a respeito do estado civil dos respectivos avalistas? A proteção do patrimônio do casal é uma aspiração acima de tudo louvável, mas é contraproducente querer realizá-la tornando praticamente inacessível ao cônjuge casado, na condição acima referida, o uso de um instituto precioso como o título de crédito.[59]

Apesar de tais críticas, o STJ já aplicou a referida regra, declarando a nulidade de aval sem outorga conjugal prestado por pessoa casada.

> *Agravo Regimental no Recurso Especial. Direito Civil e Direito Processual Civil. Ação anulatória de aval. Outorga uxória. Necessidade. Agravo desprovido. 1.* ***Necessária a vênia conjugal para a prestação de aval por pessoa casada, por força do artigo 1.647, III, do Código Civil****. 2. Precedentes específicos desta Corte. 3. Agravo regimental desprovido (AgRg no REsp 1.109.667/PB, Rel. Min. Paulo de Tarso Sanseverino, 3.ª Turma, j. 07.06.2011,* DJe *10.06.2011).*
>
> *Recurso especial. Ação anulatória de aval. Outorga conjugal para cônjuges casados sob o regime da separação obrigatória de bens. Necessidade. Recurso provido. 1.* ***É necessária a vênia conjugal para a prestação de aval por pessoa casada sob o regime da separação obrigatória de bens, à luz do artigo 1.647, III, do Código Civil****. 2. A exigência de outorga uxória ou marital para os negócios jurídicos de (presumidamente) maior expressão econômica previstos no artigo 1.647 do Código Civil (como a prestação de aval ou a alienação de imóveis) decorre da necessidade de garantir a ambos os cônjuges meio de controle da gestão patrimonial, tendo em vista que, em eventual dissolução do vínculo matrimonial, os consortes terão interesse na partilha dos bens adquiridos onerosamente na constância do casamento. (...) (REsp 1.163.074/PB, Rel. Min. Massami Uyeda, 3.ª Turma, j. 15.12.2009,* DJe *04.02.2010).*

Sempre deixei clara minha discordância com tal entendimento do STJ, desde edições passadas desta obra. Com efeito, declarar a nulidade de aval sem outorga conjugal prestado por pessoa casada significa beneficiar o avalista, justamente a pessoa que deu causa à nulidade, e isso ofende um princípio básico do Direito. Ademais, se o objetivo da regra em comento é proteger o cônjuge que não consentiu, basta determinar que sua meação não pode ser atingida na execução proposta contra o avalista, salvo se ficar demonstrado que o aval trouxe benefícios, ainda que indiretos, ao casal.

---

[59] FÉRES, Marcelo Andrade; GALIZZI, Gustavo Oliva. Aval entre a legislação cambiária e o Código Civil de 2002. *Repertório IOB de Jurisprudência*. v. III, n.º 11, jun. 2004, p. 337-338.

Pois bem. No julgamento do REsp 1.644.334/SC, a 3ª Turma do STJ adotou o entendimento que sempre defendi: a ausência de outorga conjugal não invalida o aval dado por pessoa casada, apenas tornando-o ineficaz em relação ao cônjuge que não consentiu, e isso somente se ele não tiver se beneficiado da operação: "conquanto a ausência da outorga não tenha o condão de invalidar o aval prestado nas notas promissórias emitidas em favor de credor de boa-fé, não podem as recorrentes suportar com seus bens a garantia dada sem o seu consentimento, salvo se dela tiverem se beneficiado".

Ainda sobre o referido dispositivo legal, no final de 2016 a 4ª Turma do STJ proferiu um julgado interessante sobre o tema, no qual se decidiu que a regra do art. 1.647, III, do CC só se aplica aos títulos de crédito atípicos/inominados, apesar de essa regra não se encontrar na parte do Código relativa aos títulos de crédito, e sim na parte referente ao Direito de Família. Confira-se a ementa do acórdão:

> *Direito cambiário e processual civil. Recurso especial. Revelia. Efeitos relativos. Aval.* ***Necessidade de outorga uxória ou marital. Disposição restrita aos títulos de crédito inominados ou atípicos. Art. 1.647, III, do CC/2002. Interpretação que demanda observância à ressalva expressa do art. 903 do CC e ao disposto na LUG acerca do aval. Revisão do entendimento do colegiado.*** *Cogitação de aplicação da regra nova para aval dado antes da vigência do novo CC. Manifesta inviabilidade.*
>
> *(...)*
>
> *3. É imprescindível proceder-se à interpretação sistemática para a correta compreensão do art. 1.647, III, do CC/2002, de modo a harmonizar os dispositivos do Diploma civilista. Nesse passo, coerente com o espírito do Código Civil, em se tratando da disciplina dos títulos de crédito, o art. 903 estabelece que "salvo disposição diversa em lei especial, regem-se os títulos de crédito pelo disposto neste Código".*
>
> *4. No tocante aos títulos de crédito nominados, o Código Civil deve ter uma aplicação apenas subsidiária, respeitando-se as disposições especiais, pois o objetivo básico da regulamentação dos títulos de crédito, no novel Diploma civilista, foi permitir a criação dos denominados títulos atípicos ou inominados, com a preocupação constante de diferençar os títulos atípicos dos títulos de crédito tradicionais, dando aos primeiros menos vantagens.*
>
> *5. A necessidade de outorga conjugal para o aval em títulos inominados – de livre criação – tem razão de ser no fato de que alguns deles não asseguram nem mesmo direitos creditícios, a par de que a possibilidade de circulação é, evidentemente, deveras mitigada. A negociabilidade dos títulos de crédito é decorrência do regime jurídico-cambial, que estabelece regras que dão à pessoa para quem o crédito é transferido maiores garantias do que as do regime civil.*
>
> *6. As normas das leis especiais que regem os títulos de crédito nominados, v.g., letra de câmbio, nota promissória, cheque, duplicata, cédulas e notas de crédito, continuam vigentes e se aplicam quando dispuserem diversamente do Código Civil de 2002, por força do art. 903 do Diploma civilista. Com efeito, com o advento do Diploma civilista, passou a existir uma dualidade de regramento legal: os títulos de crédito típicos ou nominados continuam a ser disciplinados pelas leis especiais de regência, enquanto os títulos atípicos ou inominados subordinam-se às normas do novo Código, desde que se enquadrem na definição de título de crédito constante no art. 887 do Código Civil.*
>
> *7. Recurso especial não provido (REsp 1.633.399/SP, Rel. Min. Luis Felipe Salomão, Quarta Turma, j. 10.11.2016,* DJe *01.12.2016).*[60]

[60] Marlon Tomazette discorda do entendimento do STJ: ""*A nosso ver, tal dispositivo atinge todos os títulos de crédito, sejam eles típicos (letra de câmbio, cheque, nota promissória...) ou atípicos. O silêncio das leis especiais sobre o assunto*

Registre-se também que o STJ já decidiu que a expressão "separação absoluta" constante do art. 1.647, caput, do CC se refere apenas ao regime de separação convencional de bens (em que os cônjuges decidem livremente se casar sob esse regime), mas não ao regime de separação obrigatória de bens (em que a lei impõe esse regime aos cônjuges, como ocorre no caso em que um deles é idoso). Assim, se os cônjuges forem casados no regime de separação convencional, um deles pode prestar aval sem outorga do outro. Se, porém, forem casados no regime de separação obrigatória (separação legal), um deles não pode prestar aval sem outorga do outro. Confira-se, a propósito, a decisão do STJ:

> *Recurso especial. Ação anulatória de aval. Outorga conjugal para cônjuges casados sob o regime da separação obrigatória de bens. Necessidade. Recurso provido.*
>
> *1. É necessária a vênia conjugal para a prestação de aval por pessoa casada sob o regime da separação obrigatória de bens, à luz do art. 1.647, III, do Código Civil.*
>
> *2. A exigência de outorga uxória ou marital para os negócios jurídicos de (presumidamente) maior expressão econômica previstos no art. 1.647 do Código Civil (como a prestação de aval ou a alienação de imóveis) decorre da necessidade de garantir a ambos os cônjuges meio de controle da gestão patrimonial, tendo em vista que, em eventual dissolução do vínculo matrimonial, os consortes terão interesse na partilha dos bens adquiridos onerosamente na constância do casamento.*
>
> *3. Nas hipóteses de casamento sob o regime da separação legal, os consortes, por força da Súmula n.º 377 do STF, possuem o interesse pelos bens adquiridos onerosamente ao longo do casamento, razão por que é de rigor garantir-lhes o mecanismo de controle de outorga uxória/marital para os negócios jurídicos previstos no art. 1.647 da lei civil.*
>
> *4. Recurso especial provido (REsp 1163074/PB, Rel. Min. Massami Uyeda, 3.ª Turma, j. 15.12.2009, DJe 04.02.2010).*

Por fim, O STJ também já decidiu uma questão processual relevante aceca dessa regra do art. 1.647, inciso III do Código Civil: num determinado caso em que o marido prestou aval com a devida outorga conjugal, mas não pagou a obrigação e foi executado, ele alegou a nulidade do processo em razão de sua mulher não ter sido citada como litisconsorte. O tribunal local entendeu que "por ser o aval garantia de natureza pessoal, não pode ser o cônjuge que presta consentimento considerado avalista e, por conseqüência, não se pode pretender a sua inclusão no polo passivo da ação de execução". O STJ seguiu esses mesmo entendimento: "o cônjuge que apenas autorizou seu consorte a prestar aval, nos termos do art. 1.647 do Código Civil (outorga uxória), não é avalista. Dessa forma, não havendo sido prestada garantia real, não é necessária sua citação como litisconsorte, bastando a mera intimação" (REsp 1.475.257/MG).

7.2.6. Aval parcial

Enquanto a LUG e outras leis que disciplinam títulos de crédito específicos permitem o aval parcial, o Código Civil veda o aval parcial expressamente.

---

faz com que sejam aplicáveis as regras do Código Civil, pois nos termos do seu artigo 903: "Salvo disposição diversa em lei especial, regem-se os títulos de crédito pelo disposto neste Código." Não há disposição diversa de lei especial, logo, o artigo 1.647 atinge todos os títulos de crédito" (TOMAZETTE, Marlon. *Curso de direito empresarial.* Vol. 2. São Paulo: Atlas, 2017, p. 129).

Com efeito, de acordo com o art. 30 da LUG, "o pagamento de uma letra pode ser no todo ou em parte garantido por aval". O art. 29 da Lei 7.357/1985. Por sua vez, estabelece que "o pagamento do cheque pode ser garantido, no todo ou em parte, por aval prestado por terceiro, exceto o sacado, ou mesmo por signatário do título".

Já o Código Civil, em seu art. 897, parágrafo único é bem claro, afirmando peremptoriamente que "é vedado o aval parcial". Mas essa regra, vale lembrar, aplica-se apenas aos títulos de crédito atípicos/inominados, de modo que nos títulos de crédito típicos (letra de câmbio, nota promissória, cheque, duplicata etc.) é possível o aval parcial.

Nesse sentido, confira-se o enunciado 39 das Jornadas de Direito Comercial: "não se aplica a vedação do art. 897, parágrafo único, do Código Civil, aos títulos de crédito regulados por lei especial, nos termos do seu art. 903, sendo, portanto, admitido o aval parcial nos títulos de crédito regulados em lei especial".

7.2.7. *Aval posterior ao vencimento*

O avalista pode garantir o cumprimento da obrigação cambial a qualquer tempo, **mesmo após vencida a dívida**.

Existe divergência na doutrina sobre a produção de efeitos desse aval realizado após o vencimento, mas para a legislação brasileira é **irrelevante,** para os efeitos decorrentes do aval, o momento em que ele foi realizado.

Com efeito, o Código Civil dispõe, em seu art. 900, que "o aval posterior ao vencimento produz os mesmos efeitos do anteriormente dado". No mesmo sentido, a o art. 12, parágrafo único da Lei 5.474/1968 estabelece que "o aval dado posteriormente ao vencimento do título produzirá os mesmos efeitos que o prestado anteriormente àquela ocorrência".

7.2.8. *Prescrição de título de crédito avalizado*

A prescrição do título de crédito avalizado cessa a eficácia do aval? O avalista garante a obrigação em si ou garante apenas o título de crédito?

No julgamento do REsp 1.799.962, a 3ª Turma do STJ decidiu um caso que tratava de ação monitória ajuizada contra avalistas de notas promissórias prescritas, no qual o TJSP entendeu que a prescrição não afastava a responsabilidade dos avalistas: "O aval não cessa apenas pelo fato de estar prescrita a ação executiva. O aval não garante a força executiva do título, mas sim o cumprimento da obrigação principal, que em última análise é o crédito por ele representado. Dar por cessada a eficácia do aval importaria em deixar o credor sem a garantia correspondente, o que por certo teria inclusive evitado a realização da concessão do crédito, caso soubesse ele que a garantia seria desconstituída pelo formalismo invocado. Se ainda cabe à apelante buscar a satisfação de seu crédito por outras vias judiciais que não seja a execução, os apelados, como garantidores solidários da dívida, terão legitimidade para figurarem no polo passivo de todas elas".

No entanto, o recurso especial interposto contra essa decisão do TJSP foi provido pelo STJ, que entendeu que **a prescrição da ação cambial tira a eficácia do aval:**

"Considerando a natureza eminentemente cambiária do aval, cessam as pretensões do portador do título contra os avalistas a partir da prescrição cambial das cártulas. Assim, seguindo o entendimento jurisprudencial consolidado desta Corte no sentido de que, prescrita a ação cambiária, perde eficácia o aval, não respondendo o garante pela obrigação assumida pelo devedor principal, é de rigor o provimento do recurso especial" (trecho do voto do relator).

> RECURSO ESPECIAL. DIREITO CAMBIÁRIO E PROCESSUAL CIVIL. NOTAS PROMISSÓRIAS. AÇÃO MONITÓRIA. EMBARGOS MONITÓRIOS. NEGATIVA DE PRESTAÇÃO JURISDICIONAL. NÃO OCORRÊNCIA. CARÊNCIA DE FUNDAMENTAÇÃO.
>
> NÃO VERIFICADA. PRESCRIÇÃO. PERDA DA EFICÁCIA DO AVAL. ILEGITIMIDADE DOS AVALISTAS. RECONHECIDA.
>
> 1. Ações monitórias propostas pela empresa recorrida contra os recorrentes pretendendo o recebimento dos valores constantes de notas promissórias prescritas.
>
> (...)
>
> 5. Natureza eminentemente cambiária do aval, cessando as pretensões do portador do título contra os avalistas a partir da prescrição cambial das cártulas.
>
> 6. Jurisprudência do Superior Tribunal de Justiça no sentido de que, prescrita a ação cambiária, perde eficácia o aval, não respondendo o garante pela obrigação assumida pelo devedor principal.
>
> (...)
>
> (REsp 1.799.962/SP, Rel. Ministro PAULO DE TARSO SANSEVERINO, TERCEIRA TURMA, julgado em 02/02/2021, DJe 09/02/2021)

7.3. Protesto

Um dos institutos cambiários mais importantes é o protesto, que pode ser definido como o ato formal pelo qual se atesta um fato relevante para a relação cambial. Esse fato relevante pode ser (i) a falta de aceite do título, (ii) a falta de devolução do título ou (iii) a falta de pagamento do título.

> Ato praticado pelo credor, perante o competente cartório, para fins de incorporar ao título de crédito a **prova de fato relevante** para as relações cambiais.[61]

De acordo com o art. 1.º da Lei 9.492/1997, "protesto é o ato formal e solene pelo qual se prova a inadimplência e o descumprimento de obrigação originada em títulos e outros documentos[62] de dívida".

---

[61] COELHO, Fábio Ulhoa. *Curso de direito comercial*. 8ª ed. São Paulo: Saraiva, 2004, v. 1, p. 421.

[62] Aqui estamos tratando do protesto cambial, isto é, aquele referente a títulos de crédito, mas vale destacar que, quando se trata de "outros documentos de dívida", o STJ tem precedentes no sentido de que o protesto só é cabível quando houver liquidez, certeza e exigibilidade: "*PROCESSUAL CIVIL. RECURSO EM MANDADO DE SEGURANÇA. PROTESTO DE CONTRATO DE LOCAÇÃO DE IMÓVEL. PERMISSÃO AOS TABELIÃES DE PROTESTOS DE LETRAS E TÍTULOS DA COMARCA DE SÃO PAULO. CANCELAMENTO. ATO DE CORREGEDOR GERAL DE JUSTIÇA DO ESTADO DE SÃO PAULO. DIREITO LÍQUIDO E CERTO. INEXISTÊNCIA. EXIGÊNCIA DE QUE O TÍTULO EXECUTIVO CONTENHA OBRIGAÇÃO PECUNIÁRIA LÍQUIDA, CERTA E EXIGÍVEL. CONTRATO DE LOCAÇÃO. INEXISTÊNCIA DE LIQUIDEZ. RECURSO EM MANDADO DE SEGURANÇA DENEGADO. 1. Com efeito, tem-se que o contrato de locação foi caracterizado pela legislação como título executivo extrajudicial, transmutando-o com força executiva. Contudo, o protesto será devido sempre que a obrigação expressa no título for líquida, certa e exigível. 2. Na hipótese dos autos, o contrato de locação de imóvel apresentado evidencia*

7.3.1. *Características do protesto*

Marlon Tomazette destaca que o protesto é um ato cambiário **público** (as informações dele são acessíveis por todos), **solene** (deve obedecer a formalidades legais), **extrajudicial** (é feito em cartório) e **realizado fora do título** (na cártula não constará informação sobre a sua realização).[63]

Deve-se destacar também que o protesto **não é propriamente um meio de cobrança**, embora precise ser feito para execução de certos devedores e possa ser usado pelo credor como meio legítimo de constranger o devedor ao pagamento da dívida.

7.3.2. *Espécies de protesto*

O art. 21 da Lei 9.492/1997 dispõe que "o protesto será tirado por falta de pagamento, de aceite ou de devolução". Em suma: o fato relevante a ser comprovado pelo protesto pode ser (i) a **falta de aceite** do título, (ii) a **falta de devolução** do título ou (iii) a **falta de pagamento** do título.

Se o protesto for por falta de aceite, somente poderá ser efetuado antes do vencimento da obrigação e após o decurso do prazo legal para o aceite ou a devolução[64] (§ 1.º). Após o vencimento, o protesto sempre será efetuado por falta de pagamento, vedada a recusa da lavratura e registro do protesto por motivo não previsto na lei cambial (§ 2.º).

7.3.3. *Formalidades do protesto*

Como se trata de um ato solene, a realização do protesto exige que se obedeça a um procedimento previsto em lei, que abrange a distribuição, a apresentação, a intimação e o registro.

Quanto à distribuição, o art. 7º da Lei 9.492/1997 determina que "os títulos e documentos de dívida destinados a protesto somente estarão sujeitos a prévia distribuição obrigatória nas localidades onde houver mais de um Tabelionato de Protesto de Títulos". O parágrafo único complementa, estabelecendo que "onde houver mais de um Tabelionato de Protesto de Títulos, a distribuição será feita por um Serviço instalado e mantido pelos próprios Tabelionatos, salvo se já existir Ofício Distribuidor organizado antes da promulgação desta Lei".

No tocante à apresentação do título, deve-se atentar para o art. 9º da Lei 9.492/1997: "todos os títulos e documentos de dívida protocolizados serão examinados em seus caracteres formais e terão curso se não apresentarem vícios, não cabendo ao Tabelião de Protesto investigar a ocorrência de prescrição ou caducidade".

---

ser título com o atributo da certeza, em decorrência da determinação cogente da norma legal, bem como também demonstra possuir exigibilidade, por presunção de que houve o vencimento da dívida, sem revestir-se, no entanto, do atributo da liquidez, fato que inviabiliza o protesto do referido título. 3. Recurso em Mandado de Segurança a que se nega provimento. (RMS 17.400/SP, Rel. Ministra LAURITA VAZ, Rel. p/ Acórdão Ministro ADILSON VIEIRA MACABU (DESEMBARGADOR CONVOCADO DO TJ/RJ), QUINTA TURMA, julgado em 21/06/2011, DJe 03/11/2011)".

[63] TOMAZETTE, Marlon. Curso de direito empresarial. Vol. 2. São Paulo: Atlas, 2017, p. 161.

[64] *"A legislação não estabelece o prazo no qual deverá haver a devolução do título, sendo razoável entender-se que o prazo é de 24 horas, caso não haja nenhum prazo combinado entre as partes. Passado esse prazo, a retenção do título se mostra indevida, autorizando a prova solene da não devolução do título, que representará a prova da recusa do aceite ou do pagamento"* (TOMAZETTE, Marlon. *Curso de direito empresarial.* Vol. 2. São Paulo: Atlas, 2017, p. 162).

A despeito dessa regra, o STJ tem precedentes no sentido de que a prescrição, por ser matéria de ordem pública, diz respeito à própria regularidade formal do título, o que autoriza o tabelião a reconhecê-la, conforme parágrafo único do próprio art. 9º: "qualquer irregularidade formal observada pelo Tabelião obstará o registro do protesto".

> AGRAVO REGIMENTAL NO AGRAVO REGIMENTAL EM RECURSO ESPECIAL - AÇÃO DE INDENIZAÇÃO POR DANOS MORAIS - PROTESTO DE DUPLICATA PRESCRITA - DECISÃO MONOCRÁTICA QUE RECONSIDEROU ANTERIOR PRONUNCIAMENTO A FIM DE DAR PARCIAL PROVIMENTO AO RECURSO ESPECIAL DO AUTOR. INSURGÊNCIA DO CREDOR.
>
> (...)
>
> 2. **Em que pese o artigo 9º da Lei nº 9.492/97 estabelecer que não cabe ao tabelião investigar a ocorrência de prescrição ou caducidade, é preciso observar a inovação legislativa causada pelo advento da Lei nº 11.280/2006, que alçou a prescrição ao patamar das matérias de ordem pública, cognoscíveis de ofício pelo juiz, passando, portanto, o exame da prescrição a ser pertinente à observância da regularidade formal do título, condição para o registro de protesto, como exige o parágrafo único do mesmo art. 9º da Lei nº 9.492/97.**
>
> (AgRg no AgRg no REsp 1.100.768/SE, Rel. Ministro MARCO BUZZI, QUARTA TURMA, julgado em 11/11/2014, DJe 17/11/2014)

Feita a apresentação do título, passa-se à etapa da intimação, aplicando-se a regra do art. 14 da lei 9.492/1997: "protocolizado o título ou documento de dívida, o Tabelião de Protesto expedirá a intimação ao devedor, no endereço fornecido pelo apresentante do título ou documento, considerando-se cumprida quando comprovada a sua entrega no mesmo endereço".

O § 1º é bem flexível quanto à forma dessa intimação, prevendo que ela "poderá ser feita por portador do próprio tabelião, ou por qualquer outro meio, desde que o recebimento fique assegurado e comprovado através de protocolo, aviso de recepção (AR) ou documento equivalente".

No protesto cambial, vale a regra do art. 14: a entrega da intimação no endereço indicado é suficiente. No entanto, em se tratando de protesto especial para fins falimentares (art. 94 da Lei 11.101/2005), a Súmula 361 do STJ diz o seguinte: "a notificação do protesto, para requerimento de falência da empresa devedora, exige a identificação da pessoa que a recebeu".

Enfim, no que se refere ao registro do protesto, o art. 12 da lei 9.492/1997 determina que "o protesto será registrado dentro de três dias úteis contados da protocolização do título ou documento de dívida". Na contagem desse prazo, "exclui-se o dia da protocolização e inclui-se o do vencimento" (§ 1º). Ademais, "considera-se não útil o dia em que não houver expediente bancário para o público ou aquele em que este não obedecer ao horário normal" (§ 2º).

7.3.4. Efeitos do protesto

Os efeitos do protesto variam a depender da espécie de protesto – falta de pagamento, falta de aceite ou falta de devolução.

O protesto por falta de aceite acarreta o vencimento antecipado do título (art. 43, item 1 da LUG) e a consequente possibilidade de cobrança/execução do sacador e dos eventuais codevedores (endossantes e avalistas). Na letra de câmbio, como o aceite é facultativo, esse protesto não gera efeitos contra o sacado. Na duplicata, como o aceite é obrigatório, esse protesto permite a cobrança/execução do sacado, desde que comprovada a entrega das mercadorias (art. 15, II da Lei 5.474/1968).

O protesto por falta de pagamento também produz o efeito de possibilitar a cobrança/execução dos codevedores, mas apenas se foi feito dentro do prazo legalmente previsto, o qual varia conforme o título.

Outros efeitos desse protesto – nesses casos independentemente do prazo em que for feito – são a interrupção da prescrição, a possibilidade de pedido de falência (art. 94, inciso I da Lei 11.101/2005) e a possibilidade de inclusão do devedor em cadastros negativos.

Sobre o efeito de interromper a prescrição, é necessária uma explicação mais detalhada: de acordo com o art. 202, inciso III do Código Civil, o protesto cambial interrompe a prescrição, desde que feito no prazo e na forma da lei. Essa regra acabou por superar a Súmula 153 do STF, de seguinte teor: "o simples protesto cambiário não interrompe a prescrição".

Portanto, antes do Código Civil de 2002, o protesto cambial não interrompia a prescrição, por força do disposto na Súmula 153 do STF. Após o Código Civil de 2002, o protesto cambial interrompe a prescrição, por força de regra legal expressa (art. 202, inciso III). Nesse sentido, confiram-se as seguintes decisões do STJ:

> Não se deve ter por causa interruptiva, antes da vigência do Código Civil de 2002, o protesto cambial realizado em cartório notarial, porquanto este não se equipara ao protesto judicial realizado com o objetivo especial de interrupção daquele prazo. Incidência da Súmula 153/STF.
>
> *(REsp 694.766/RS, Rel. Min. LUIS FELIPE SALOMÃO, QUARTA TURMA, julgado em 06/05/2010,* DJe *24/05/2010).*

> *Conforme disposto no art. 202, III, do Código Civil de 2002, o protesto cambial interrompe o prazo prescricional para ajuizamento de ação cambial de execução, ficando, com a vigência do novel Diploma, superada a Súmula 153/STF.*
>
> (REsp 1.231.856/PR, Rel. Ministro LUIS FELIPE SALOMÃO, QUARTA TURMA, julgado em 04/02/2016, DJe 08/03/2016)

Sobre o efeito de possibilitar a inscrição do devedor em cadastros negativos, o STJ firmou as seguintes teses em julgamento de recurso especial repetitivo: "diante da presunção legal de veracidade e publicidade inerente aos registros do cartório de protesto, a reprodução objetiva, fiel, atualizada e clara desses dados na base de órgão de proteção ao crédito – ainda que sem a ciência do consumidor – não tem o condão de ensejar obrigação de reparação de danos" (REsp 1.444.469/DF, Rel. Ministro LUIS FELIPE SALOMÃO, SEGUNDA SEÇÃO, julgado em 12/11/2014, DJe 16/12/2014).

Por fim, quanto ao protesto por falta de devolução do título de crédito, ele "terá efeitos idênticos aos do protesto por falta de aceite, se o título foi remetido para aceitação, ou efeitos idênticos ao do protesto por falta de pagamento, se o título foi remetido para pagamento".[65]

7.3.5. *(Im)prescindibilidade do protesto*

No que toca estritamente à relação cambiária, o protesto, em regra, ao contrário do que muitos pensam, só é imprescindível se o credor deseja executar eventuais codevedores (ou devedores indiretos), como é o caso, por exemplo, do endossante e seu(s) avalista(s).

Daí por que ser comum a afirmativa genérica de que o protesto garante o direito de regresso em face dos devedores indiretos do título.

Em contrapartida, se a execução é dirigida contra o devedor direto do título de crédito (também chamado de devedor principal ou devedor final), o protesto é prescindível.

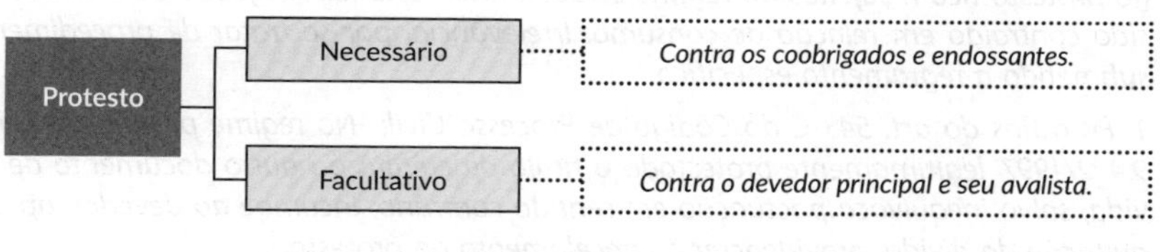

No entanto, é importante lembrar que muitas vezes o protesto é necessário para o atendimento de outras finalidades, que não dizem respeito diretamente à relação cambiária. É o caso, por exemplo, do protesto exigido para a propositura de pedido de falência por impontualidade injustificada (art. 94, inciso I da Lei 11.101/2005). Era o caso, também, do protesto para comprovação da mora do devedor do contrato de alienação fiduciária em garantia (art. 2º, § 2º do Decreto-lei 911/1969; após a alteração provocada pela Lei 13.043/2014, agora apenas se exige carta registrada com aviso de recebimento).

7.3.6. *Sustação e cancelamento de protesto*

Medida processual muito comum é a cautelar de sustação de protesto. É preciso destacar, porém, que ela só é cabível enquanto o protesto ainda não foi lavrado. Após a sua lavratura, o máximo que se pode determinar é a sustação dos seus efeitos, mas, nesse caso, o protesto permanece incólume e continuará registrado nos assentamentos do cartório em que foi lavrado, até que seja feito o seu cancelamento.

Esse cancelamento, por sua vez, será feito após requerimento do interessado, quando houver o pagamento do título. Caso o título não seja pago no próprio cartório, o cancelamento dependerá da apresentação de documento assinado por aquele que figurou no protesto como credor (na praxe comercial, chama-se esse documento de "carta de anuência").

Vale ressaltar ainda que, segundo o STJ, o requerimento do cancelamento do protesto é ônus do devedor. Nesse sentido, confiram-se os seguintes julgados:

65 TOMAZETTE, Marlon. *Curso de direito empresarial*. Vol. 2. São Paulo: Atlas, 2017, p. 167.

> *Protesto extrajudicial de duplicatas. Recurso especial. Local a ser tirado protesto de duplicata. Praça de pagamento constante do título. Ônus do cancelamento do protesto. Devedor. Reexame de provas, em sede de recurso especial. Inviabilidade.*
>
> *(...)*
>
> *2. Embora o art. 26 da Lei 9.492/1997 disponha que o cancelamento do registro do protesto será solicitado diretamente ao Tabelionato de Protesto de Títulos, por "qualquer interessado", conforme a jurisprudência do Superior Tribunal de Justiça a melhor interpretação é a de que o maior interessado é o devedor, de modo a pesar sobre ele o ônus do cancelamento.*
>
> *(...) (REsp 1.015.152/RS, Rel. Min. Luis Felipe Salomão, Quarta Turma, j. 09.10.2012,* DJe *30.10.2012).*

> *Cancelamento de protesto extrajudicial. Recurso especial representativo de controvérsia. Art. 543-C do CPC. Ônus do cancelamento do protesto legitimamente efetuado. Devedor. Conforme dispõe o art. 2.º da Lei n. 9.492/1997, os serviços concernentes ao protesto ficam sujeitos ao regime estabelecido nesta lei. Alegação de o débito ter sido contraído em relação de consumo. Irrelevância, por se tratar de procedimento submetido a regramento específico.*
>
> *1. Para fins do art. 543-C do Código de Processo Civil: "No regime próprio da Lei n. 9.492/1997, legitimamente protestado o título de crédito ou outro documento de dívida, salvo inequívoca pactuação em sentido contrário, incumbe ao devedor, após a quitação da dívida, providenciar o cancelamento do protesto.*
>
> *2. Recurso especial não provido (REsp 1.339.436/SP, Rel. Min. Luis Felipe Salomão, 2.ª Seção, j. 10.09.2014,* DJe *24.09.2014).*

7.3.7. Protesto indevido e responsabilidade do endossante

Outra questão relacionada ao protesto muito discutida nos tribunais é a responsabilidade daquele que recebe um título de crédito por endosso e o leva a protesto indevidamente.

Em se tratando de credor que recebeu o título por endosso normal (conhecido como endosso translativo), entende o STJ que "responde pelos danos decorrentes de protesto indevido o endossatário que recebe por endosso translativo título de crédito contendo vício formal extrínseco ou intrínseco, ficando ressalvado seu direito de regresso contra os endossantes e avalistas" (Súmula 475).

Em se tratando, porém, de instituição financeira que apenas recebeu o título por endosso-mandato, entende o STJ que "o endossatário de título de crédito por endosso-mandato só responde por danos decorrentes de protesto indevido se extrapolar os poderes de mandatário" (Súmula 476).

7.3.8. Prazo para realização do protesto

Nos termos do art. 21, § 1º da Lei 9.492/1997, "o protesto por falta de aceite somente poderá ser efetuado antes do vencimento da obrigação e após o decurso do prazo legal para o aceite ou a devolução". Assim, após o vencimento, o protesto será por falta de pagamento (art. 21, § 2º).

Quanto ao prazo para a realização do protesto por falta de pagamento, ele varia conforme o título de crédito: na duplicata, o protesto deve ser feito em 30 dias, contados do vencimento do título (art. 13, § 4º da Lei 5.474/1968); no cheque, o protesto deve ser feito no prazo de apresentação, isto é, em 30 ou 60 dias, conforme o título seja de mesma praça ou de praça diferente (art. 48 da Lei 7.357/1985); na letra de câmbio e na nota promissória, o protesto deve ser feito em um dia útil (art. 28 do Decreto 2.044/1908).

Sobre esse prazo de apenas um dia útil para realização do protesto por falta de pagamento na letra de câmbio e na nota promissória, uma explicação mais detalhada se faz necessária: o art. 44 da LUG estabelece que "o protesto por falta de pagamento de uma letra pagável em dia fixo ou a certo termo de data ou de vista deve ser feito num dos dois dias úteis seguintes àquele em que a letra é pagável". No entanto, como esse dispositivo foi objeto de reserva pelo Brasil, prevalece o entendimento de que o prazo aplicável é o da Lei Saraiva (Decreto 2.044/1908).

> Parte da doutrina entende que, apesar da reserva feita pelo Brasil à LUG, deve prevalecer o texto da mesma, que estabelece o prazo de dois dias em relação aos títulos com vencimento em dia certo, a certo termo da data, e a certo termo da vista. Tal caso seria uma hipótese de reenvio que dependeria da legislação local para produzir seus efeitos.
>
> De outro lado, a nosso ver com razão, outros autores sustentam que o prazo da LUG não se aplica. Ao fazer a reserva a tal dispositivo, o Brasil optou por aplicar a legislação interna já existente sobre o assunto. Nessa legislação, o prazo para que o protesto seja tempestivo é de um dia útil após o vencimento (Decreto no 2.044/1908, art. 28).[66]

Por fim, vale destacar que o respeito aos prazos legais de realização do protesto por falta de pagamento é importante, porque isso é condição necessária para que o protesto produza o efeito permitir a execução dos eventuais codevedores.

No entanto, é importante ressaltar que é possível fazer o protesto por falta de pagamento após aqueles prazos, mas nesse caso não será permitido executar os codevedores, caso existam.

Com efeito, em tese o protesto por falta de pagamento pode ser feito a qualquer momento, enquanto ainda existir uma dívida, mesmo que o título já esteja prescrito e, portanto, não tenha mais executividade.[67] O próprio STJ já acolheu esse entendimento em precedentes antigos:

> Ação de cancelamento de protesto. Nota promissória. Protesto. Cancelamento diante da prescrição do título executivo.
>
> 1. Não tem agasalho na Lei nº 9.492/97 a interpretação que autoriza o cancelamento do protesto simplesmente porque prescrito o título executivo. Hígido o

[66] TOMAZETTE, Marlon. *Curso de direito empresarial*. Vol. 2. São Paulo: Atlas, 2017, p. 169.

[67] "Embora tenha um termo inicial (após o vencimento do título), não se pode visualizar um termo final para a realização do protesto por falta de pagamento, vale dizer, ele pode ser feito a qualquer momento, enquanto existir uma dívida para ser paga. Mesmo que já tenha ocorrido até a prescrição da execução, se a dívida ainda existe (pois pode ser cobrada pela ação de locupletamento), o protesto será legítimo" (TOMAZETTE, Marlon. *Curso de direito empresarial*. Vol. 2. São Paulo: Atlas, 2017, p. 172).

> débito, sem vício o título, permanece o protesto, disponível ao credor a cobrança por outros meios.
>
> 2. Recurso especial conhecido e provido.
>
> (REsp 671.486/PE, Rel. Ministro CARLOS ALBERTO MENEZES DIREITO, TERCEIRA TURMA, julgado em 08/03/2005, DJ 25/04/2005, p. 347)

No entanto, em precedentes mais recentes, o STJ alterou seu entendimento e passou a decidir pela impossibilidade de protesto de título prescrito:

> AGRAVO INTERNO NO RECURSO ESPECIAL. DIREITO CAMBIÁRIO. PROTESTO DE DUPLICATA PRESCRITA. NÃO CABIMENTO. PRECEDENTES.
>
> 1. É firme a jurisprudência do STJ no sentido de ser indevido o protesto de título prescrito. Isto porque "a perda das características cambiárias do título de crédito, como autonomia, abstração e executividade, quando ocorre a prescrição, compromete a pronta exigibilidade do crédito nele representado, o que desnatura a função exercida pelo ato cambiário do protesto de um título prescrito". (AgRg no AREsp 593.208/SP, Rel. Ministro RAUL ARAÚJO, QUARTA TURMA, julgado em 25/11/2014, DJe 19/12/2014).
>
> (...)
>
> (AgInt no REsp 1.869.358/SE, Rel. Ministro LUIS FELIPE SALOMÃO, QUARTA TURMA, julgado em 10/08/2020, DJe 13/08/2020)

Em resumo: (i) o protesto por falta de pagamento só produz o efeito de permitir a execução dos codevedores se for realizado no prazo legalmente previsto, que varia conforme o título de crédito; (ii) após o respectivo prazo legal, o protesto ainda pode ser realizado, mas produzirá apenas outros efeitos (interrupção da prescrição, por exemplo); (iii) consumada a prescrição, o STJ entende que o protesto não pode mais ser realizado.[68]

7.4. Solidariedade cambial

Conforme já destacamos, os títulos de crédito surgiram com a finalidade de tornar mais rápida, fácil e segura a circulação da riqueza, e por isso eles possuem, normalmente, a cláusula à ordem, que permite a transferência por endosso. Ademais, para que as relações cambiais tenham mais segurança, é possível que sejam garantidas por aval.

Quando o título de crédito é endossado e/ou avalizado, a relação cambial se torna mais complexa, passando a ter, além do devedor principal (devedor direto), outros codevedores (devedores indiretos), e a lei diz que há, entre eles, solidariedade.

Nesse sentido, confira-se o que diz o art. 47 da LUG: "os sacadores, aceitantes, endossantes ou avalistas de uma letra são todos solidariamente responsáveis para

[68] *"Embora a opinião já tenha sido acolhida pelas duas turmas de direito privado do STJ, não vemos a consumação da prescrição da execução como impeditiva do protesto do título, porquanto ainda existiriam outros meios para tentar receber o título, como, na linha do mesmo STJ, ação monitória. Assim, enquanto houver uma pretensão, cuja prescrição possa ser interrompida pelo protesto, seria legítima sua realização"* (TOMAZETTE, Marlon. *Curso de direito empresarial*. Vol. 2. São Paulo: Atlas, 2017, p. 172).

com o portador. O portador tem o direito de acionar todas estas pessoas individualmente, sem estar adstrito a observar a ordem por que elas se obrigaram. O mesmo direito possui qualquer dos signatários de uma letra quando a tenha pago. A ação intentada contra um dos co-obrigados não impede acionar os outros, mesmo os posteriores aquele que foi acionado em primeiro lugar".

Na direito civil, a existência de solidariedade em determinada obrigação significa que o credor pode exigir toda a dívida de qualquer um dos devedores solidários, e qualquer um desses devedores solidários que eventualmente pagar a dívida terá direito de regresso contra todos os demais, no valor da quota-parte de cada um.

Nesse sentido, o art. 267 do CC diz que "cada um dos credores solidários tem direito a exigir do devedor o cumprimento da prestação por inteiro". O art. 283, por sua vez, estabelece que "o devedor que satisfez a dívida por inteiro tem direito a exigir de cada um dos co-devedores a sua quota, dividindo-se igualmente por todos a do insolvente, se o houver, presumindo-se iguais, no débito, as partes de todos os co-devedores".

Mas quando se diz que o devedor principal e os codevedores de um título de crédito são devedores solidários, é preciso analisar com cuidado essa afirmação: de fato, o credor pode exigir de todos os devedores a dívida, mas o exercício do direito de regresso, nos títulos de crédito, atende a peculiaridades próprias do regime jurídico cambial.

> De comum entre o regime cambial e a disciplina civil da solidariedade existe apenas o fato de que o credor pode exercer seu direito, pelo valor total, contra qualquer um dos devedores. Quando se trata de discutir a composição, em regresso, dos interesses desses devedores, a regra aplicável ao direito cambial é diferente da pertinente à solidariedade passiva.[69]

Portanto, é importante estar muito atento para as peculiaridades da solidariedade cambial, diferenciando-a da solidariedade civil. Com efeito, no regime jurídico da solidariedade cambial, (i) nem todos os devedores possuem direito de regresso, (ii) há devedores que não terão dever de regresso perante outros e (iii) o direito de regresso, em regra, não se exerce no valor de uma quota-parte, mas no valor total da dívida.

> Na solidariedade civil passiva, qualquer codevedor que paga a dívida terá direito de regresso contra os outros codevedores. Na solidariedade cambiária, nem todos os devedores terão direito de regresso, vale dizer, alguns devedores, ao pagarem o título, nada podem exigir dos outros coobrigados. (...) Além disso, na solidariedade civil o direito de regresso poderá ser exercido contra todos os codevedores. Já na solidariedade cambial, quando nascer o direito de regresso, ele só poderá ser exercido em face dos devedores anteriores (...). Além desses limites subjetivos, (...) na solidariedade civil, aquele que paga pode exigir a quota-parte dos demais (CC – art. 283). Já nos títulos de crédito, todos são obrigados pela dívida inteira, mas, caso um deles pague, o direito de regresso contra os demais coobrigados é exercido por todo o valor do título e não pela quota-parte de cada um (LUG – art. 49). Ademais, na solidariedade civil, a interrupção da prescrição em face de um devedor afeta os demais devedores (CC – art. 202, parágrafo único). Já

[69] COELHO, Fábio Ulhoa. *Curso de direito comercial*. Vol. 1. 20ª ed. São Paulo: RT, 2016, p. 386.

na solidariedade cambiária, a prescrição é individual, corre ou interrompe-se para cada codevedor (LUG – art. 71).[70]

8. TÍTULOS DE CRÉDITO EM ESPÉCIE

Dentre os principais títulos de crédito previstos na legislação brasileira, destacam-se quatro: (i) letra de câmbio, (ii) nota promissória, (iii) cheque e (iv) duplicata. São títulos que possuem disciplina legal específica e que, por isso, são denominados comumente de títulos de crédito próprios, típicos ou nominados.

8.1. Letra de câmbio

Trata-se, talvez, do título de crédito com origem histórica mais remota, já mencionada, em linhas gerais, no tópico inicial do presente capítulo. No período italiano da evolução do direito cambiário, situado na Idade Média, a descentralização do poder político favoreceu o surgimento de cidades (burgos) com relativa autonomia, a qual se manifestava, sobretudo, na utilização de moeda própria. Isso, por sua vez, exigiu o desenvolvimento das operações de câmbio, dado o fato de que as moedas de cada cidade eram diferentes.

A letra de câmbio, pois, surge como decorrência dessas operações cambiais (*câmbio trajetício*). Com efeito, quando um determinado comerciante realizava negócios em determinada cidade, acumulava uma soma de riqueza representada por moeda local. Ao chegar a outra localidade, todavia, a moeda era diferente. Ele, então, sempre que deixava uma cidade na qual negociara, trocava todo o seu dinheiro com um banqueiro, que lhe entregava uma carta (*littera cambii*), ordenando que outro banqueiro pagasse a quantia nela fixada ao seu portador.

A letra de câmbio é considerada pelos doutrinadores como o título mais apropriado para servir de referência no estudo da teoria geral dos atos cambiários, em razão de sua estrutura permitir, com mais facilidade, o exame dos aspectos mais relevantes relacionados à constituição e à exigibilidade do crédito cambial.[71] Trata-se, todavia, de título que não vingou no Brasil, tendo sido substituído, na praxe comercial, pela duplicata.

Alguns autores afirmam que a letra de câmbio não teria tido aceitação no Brasil por possuir uma sistemática interessante: é emitida por alguém para que outro *aceite* e *pague*. Enfim, é um título de crédito que depende sobremaneira da boa-fé.

8.1.1. Saque e estrutura da letra

A letra de câmbio é um título de crédito que se estrutura como *ordem de pagamento*, razão pela qual, ao ser emitida, dá origem a três situações jurídicas distintas:

[70] TOMAZETTE, Marlon. *Curso de direito empresarial*. Vol. 2. São Paulo: Atlas, 2017, p. 23.

[71] Nesse sentido: COELHO, Fábio Ulhoa. *Curso de direito comercial*. 7. ed. São Paulo: Saraiva, 2003. p. 387. v. I. No mesmo sentido: BORGES, João Eunápio. *Títulos de crédito*. Rio de Janeiro: Forense, 1971. p. 36. Diz este autor: "Entre os títulos de crédito, o mais importante é, sem dúvida, a letra de câmbio, em torno da qual (...) foi elaborada a teoria geral dos títulos de crédito."

a) a do *sacador*, que emite a ordem; b) a do *sacado*, a quem a ordem é destinada; c) a do *tomador*, que é o beneficiário da ordem.

Essas três situações jurídicas distintas a que nos referimos acima não precisam, necessariamente, estar ocupadas por três pessoas diferentes. De fato, a Lei Uniforme admite, em seu art. 3.º, que a letra seja sacada: (i) à ordem do próprio sacador; (ii) sobre o próprio sacador; ou (iii) por ordem e conta de terceiro.

No primeiro caso, o sacador e o tomador são a mesma pessoa, ou seja, a letra é emitida por alguém em seu próprio benefício. No segundo caso, o sacador e o sacado são a mesma pessoa, ou seja, a letra é emitida pelo sacado contra ele mesmo. Já no terceiro caso, ocorre a situação usual, em que as três situações jurídicas são ocupadas por sujeitos de direito também distintos, ou seja, uma pessoa (sacador) ordena que alguém (sacado) pague a outrem (tomador).

> O sacador da letra de câmbio é a pessoa que dá a ordem de pagamento; o sacado, a pessoa para quem a ordem é dada; e o tomador, o beneficiário da ordem. A letra de câmbio, assim, é a ordem que o sacador dá ao sacado, no sentido de pagar determinada importância ao tomador. A redação do título, desse modo, será algo como: *"aos trinta e um dias do mês de janeiro de ..., pagará V. S.ª* (sacado) *por esta única via de letra de câmbio, a importância de $ 100 a Fulano* (tomador). *Local, data e assinatura* (do sacador)". Emitido pelo sacador, o título é entregue ao tomador, que deverá procurar o sacado, normalmente duas vezes: a primeira, para consultá-lo sobre se aceita ou não cumprir a ordem; caso aceite, a segunda, para receber o pagamento.[72]

8.1.2. Requisitos essenciais da letra de câmbio

Em tese, a letra de câmbio deve ser emitida preenchendo os seus **requisitos essenciais**, estabelecidos na legislação (arts. 1.º e 2.º da Lei Uniforme): a) a expressão *letra de câmbio* (*cláusula cambiária*); b) uma ordem incondicional para pagamento de quantia determinada;[73] c) o nome do sacado; d) o nome do tomador; e) a assinatura do sacador; e f) a data do saque.

Vale destacar que a ausência de requisitos essenciais não invalida o respectivo documento, mas apenas faz com que ele não configure uma letra de câmbio (art. 2º da LUG).

A identificação precisa do título, feita por meio da chamada *cláusula cambiária*, é de suma importância, porque o título de crédito, a depender da sua espécie, submete-se a regimes jurídicos distintos. Perceba-se que a LUG menciona apenas a expressão "letra", porque o Brasil acabou usando a tradução portuguesa, mas na prática é melhor escrever a expressão **"letra de câmbio"** no título, para evitar eventuais problemas.

Quanto ao segundo requisito ("mandato puro e simples de pagar quantia determinada"), a doutrina critica a expressão "mandato", afirmando que se deve ler,

---

72 COELHO, Fábio Ulhoa. *Curso de direito comercial.* 7. ed. São Paulo: Saraiva, 2003. p. 398. v. I.

73 *"O cumprimento da obrigação materializada no título de crédito não pode ficar sujeito, pelo saque, ao implemento de qualquer condição, suspensiva ou mesmo resolutiva."* (COELHO, Fábio Ulhoa. *Curso de direito comercial.* 7. ed. São Paulo: Saraiva, 2003. p. 393. v. I.) Quanto ao valor da letra, deve ser mencionada a moeda de pagamento, e o art. 1.º, inciso II, do Decreto n.º 2.044/2008 estabelece que as letras emitidas em território brasileiro devem ser pagas em moeda nacional. Admite-se também emissão de letra com indexação, desde que o índice seja conhecido e de ampla utilização na praxe comercial.

em seu lugar, a expressão "mandado" ou "ordem". Ademais, perceba-se que não se admite que o cumprimento da obrigação mencionada na letra fique sujeito à implementação de qualquer condição, suspensiva ou resolutiva.

Quanto ao valor da letra, deve ser mencionada a moeda de pagamento (nacional ou estrangeira), mas o art. 1.º, inciso II, do Decreto 2.044/1908 estabelece que as letras emitidas em território brasileiro devem ser pagas em moeda nacional: assim, a letra de câmbio pode ser emitida em **moeda estrangeira** em certos casos (contratos de câmbio, exportação/importação e arrendamento mercantil com captação de recursos no exterior), mas o pagamento deve ser feito em **moeda nacional** pelo câmbio do dia do vencimento ou do pagamento (art. 41 da LUG). Admite-se também emissão de letra com indexação, desde que o índice seja conhecido e de ampla utilização na praxe comercial. Por fim, a letra à vista ou a certo termo da vista pode prever juros, desde que a previsão seja inserida pelo sacador e que a taxa seja indicada (art. 5º da LUG).

Ainda sobre o valor: havendo divergência entre o valor numérico e o valor por extenso, prevalece este último. Mas se o valor numérico ou o valor por extenso estiver mencionado duas vezes, prevalece o menor (art. 6º da LUG).

A identificação do sacado, devedor principal da letra, também é deveras relevante, e essa identificação deve ser feita com a menção ao número de sua carteira de identidade, do seu CPF, do seu título de eleitor ou de sua carteira profissional (CTPS). Admite-se indicação cumulativa, sucessiva ou alternativa, mas **o(s) sacado(s) só assume obrigação se fizer(em) o aceite**.

Já a exigência de identificação do tomador, por sua vez, denota a impossibilidade, pelo menos em tese – já que se admite a emissão de título em branco ou incompleto –, de emissão de letra de câmbio ao portador.[74]

Quanto à indicação da data em que a letra de câmbio é passada (sacada/emitida), "tal marco temporal é importante para aferir, por exemplo, a capacidade de o sacador se obrigar no momento em que emitiu o título. Além disso, tal data pode servir de referência para o vencimento do título, ou mesmo como marco da contagem de certos prazos referentes à letra, como o prazo de um ano para apresentação ao sacado da letra emitida à vista".[75]

Deve a letra de câmbio conter também a assinatura do sacador,[76] o qual, embora não seja o devedor principal desse título – posição ocupada pela sacado –, torna-se codevedor a partir da sua emissão, uma vez que ele, conforme determinação do art. 9.º da Lei Uniforme, garante a aceitação e o pagamento da letra. Em síntese: se o sacado não aceitar a letra ou não pagá-la, pode o tomador voltar-se contra o sacador.

[74] *"De não confundir a letra de câmbio em branco, isto é, sem que conste do contexto o nome do beneficiário, e a letra de câmbio ao portador, pois nesta deverá constar a expressão 'ao portador', já naquela fica em branco o local do nome, que poderá ser preenchido oportunamente."* (BULGARELLI, Waldirio. *Títulos de crédito*. 17. ed. São Paulo: Atlas, 2001. p. 151).

[75] TOMAZETTE, Marlon. *Curso de direito empresarial*. Vol. 2. São Paulo: Atlas, 2017, p. 85.

[76] *"A assinatura há de ser de próprio punho. Ou do sacador ou de seu mandatário, com poder especial para firmá-la. Não se admite assinatura a rogo. Se o sacador não souber ou não puder assinar, deverá, por instrumento público, constituir mandatário para assinar em seu nome."* (BORGES, João Eunápio. *Títulos de crédito*. Rio de Janeiro: Forense, 1971. p. 58).

8.1.3. *Requisitos não essenciais*

Alguns dos requisitos mencionados no art. 1º da LUG não são essenciais para o aperfeiçoamento do documento como letra de câmbio, porque o art. 2º estabelece presunções legais em caso de não indicação deles.

Um desses requisitos não essenciais é a época de pagamento: de acordo com uma das alíneas do art. 2º da LUG, "a letra em que se não indique a época do pagamento entende-se **pagável à vista**".

A indicação do lugar em que se deve efetuar o pagamento da letra de câmbio também não é essencial, porque outra alínea do art. 2º da LUG determina o seguinte: "na falta de indicação especial, o lugar designado ao lado do nome do sacado considera-se como sendo o lugar do pagamento e, ao mesmo tempo, o lugar do domicílio do sacado".

Por fim, também não é essencial a indicação do lugar onde a letra de câmbio é passada (sacada/emitida): nesse caso, diz a última alínea o art. 2º da LUG que "a letra sem indicação do lugar onde foi passada considera-se como tendo-o sido no lugar designado ao lado do nome do sacador".

8.1.4. *Letra em branco ou incompleta*

A despeito de todos esses requisitos essenciais e não essenciais mencionados pela Lei Uniforme, destaque-se, todavia, que é possível a emissão da letra de câmbio – e de qualquer outro título de crédito – em branco ou incompleta, devendo o credor completá-la de forma correta e no momento oportuno.

Esse entendimento, a propósito, está consolidado na Súmula 387 **do Supremo Tribunal Federal**: "a cambial emitida ou aceita com omissões ou em branco, pode ser completada pelo credor de boa-fé antes da cobrança ou do protesto".

No entanto, "se uma letra incompleta no momento de ser passada tiver sido completada contrariamente aos acordos realizados, não pode a inobservância desses acordos ser motivo de oposição ao portador, salvo se este tiver adquirido a letra de má-fé ou, adquirindo-a, tenha cometido uma falta grave" (no mesmo sentido, confira-se o at. 891, parágrafo único do Código Civil).

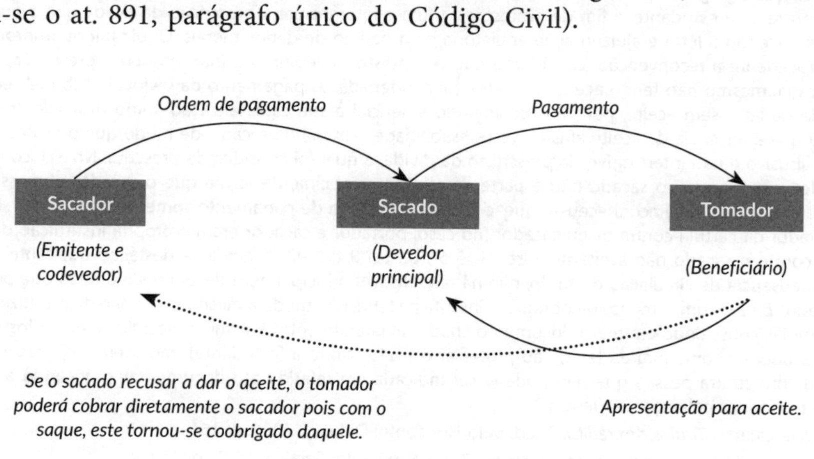

8.1.5. *Aceite da letra*

Emitida a letra de câmbio, ela será entregue ao tomador, o qual, por sua vez, a levará ao sacado, para que este a *aceite* (art. 25 da Lei Uniforme), o que deve ser feito no próprio título por meio da expressão "aceito" ou "aceitamos", seguida da assinatura do sacado ou de procurador com poderes especiais para tanto (art. 11 do Decreto 2.044/1908). Se a letra foi emitida contra mais de um sacado, o tomador deve apresentá-la, inicialmente, ao primeiro nomeado no título, e depois sucessivamente.

Em princípio, perceba-se que o sacado não tem obrigação cambial alguma, uma vez que ele não é obrigado a cumprir a ordem de pagamento emitida pelo sacador contra a sua vontade[77]. O aceite, portanto, é o ato pelo qual o sacado assume obrigação cambial e se torna o devedor principal da letra (aceitante).

> Aceite é a declaração cambial pela qual o signatário admite a ordem contra ele dada para pagar uma quantia determinada, concordando com os termos do saque e assumindo a qualidade de responsável principal pelo pagamento da letra de câmbio.
>
> (...) Sem o aceite na letra de câmbio o sacado não assume obrigação alguma no título, já que não o assinou.[78]

O aceite, na letra de câmbio, é *facultativo*, porém *irretratável*. Como bem ensina Fábio Ulhoa Coelho, "na letra de câmbio, o aceite é sempre facultativo. Isso significa que, mesmo na hipótese de o sacado ser devedor do sacador ou tomador, ele não está obrigado a representar essa dívida por um título de crédito, isto é, por um documento de circulação cambial".[79]

De acordo com art. 25 da LUG, "o aceite é escrito na própria letra. Exprime-se pela palavra "aceite" ou qualquer outra palavra equivalente; o aceite é assinado pelo sacado. **Vale como aceite a simples assinatura do sacado aposta na parte**

---

77 Sobre a ausência de responsabilidade cambial do sacado que não aceita uma letra de câmbio emitida contra ele, merece menção o julgamento do REsp 1.748.779 pela 3ª Turma do STJ: uma instituição de ensino emitiu letra de câmbio contra uma estudante, a fim de protestar o título e interromper a prescrição da dívida que o embasou. A sacada não aceitou a letra e ajuizou ação anulatória com pedido de danos morais. O juiz julgou improcedente a ação e procedente a reconvenção: considerou que o protesto foi legítimo e interrompeu a prescrição, de modo que a sacada, mesmo não tendo aceitado a letra, foi condenada ao pagamento da dívida. O tribunal reconheceu a validade da letra sem aceite, por não considerá-lo essencial à sua caracterização como título de crédito, mas entendeu que a ausência de aceite afastou responsabilidade cambial da sacada, de modo que o protesto foi considerado abusivo e não interruptivo da prescrição da dívida, a qual foi considerada prescrita. No STJ, confirmou-se que na "letra sem aceite, o sacado não é parte da relação cambiária, de forma que o sacador só possui, contra ele, ações extracambiais". Reconheceu-se que "o protesto por falta de pagamento somente poderia ser sido tirado pelo portador da cártula contra o seu sacador [no caso, portador e sacador eram a própria instituição de ensino], e nunca contra o sacado não aceitante" (art. 21, § 5º, da Lei 9.492/97). E ainda se destacou que "ante a falta de aceite e a ausência de circulação do título, não há responsável principal nem devedores indiretos que possam ser demandados para o cumprimento da obrigação inscrita na letra, não tendo a mesma o condão de produzir qualquer efeito cambial, consistindo em mero documento criado unilateralmente". Em suma: decidiu-se que a instituição de ensino (sacadora e tomadora da letra), "ao protestar o título contra a [estudante] não aceitante, tirou o protesto indevidamente contra pessoa que não poderia ser indicada em referido ato documental, praticando ato ilícito e devendo responder pelas consequências".

78 COSTA, Wille Duarte. *Títulos de crédito*. 2. ed. Belo Horizonte: Del Rey, 2006. p. 161.

79 COELHO, Fábio Ulhoa. *Curso de direito comercial*. 7. ed. São Paulo: Saraiva, 2003. p. 398. v. 1.

anterior da letra". Assim, o aceite deve ser feito **no próprio título** por meio da expressão "aceito" ou "aceitamos" (ou qualquer outra), seguida da assinatura do sacado (ou de procurador com poderes especiais para tanto – art. 11 do Decreto 2.044/1908). A simples assinatura do sacado no anverso do título vale como aceite. Caso, porém, a assinatura seja feita no verso do título, deve-se especificar que se trata de aceite.

Em respeito ao princípio da literalidade, o aceite deve ser feito no próprio título, mas em caso de aceite riscado, eventual comunicação por escrito do sacado feita fora do título terá efeitos contra ele, nos termos do art. 29 da LUG: "se o sacado, antes da restituição da letra, riscar o aceite que tiver dado, tal aceite é considerado como recusado. Salvo prova em contrário, a anulação do aceite considera-se feita antes da restituição da letra. Se, porém, o sacado tiver informado por escrito o portador ou qualquer outro signatário da letra de que a aceita, fica obrigado para com estes, nos termos do seu aceite". Em suma: o sacado pode se arrepender do aceite e riscá-lo, mas se antes de fazer isso ele comunicou por escrito que havia aceitado a letra, o risco não produzirá efeitos contra quem recebeu essa comunicação.

Normalmente, não é necessário datar o aceite, mas em alguns casos é preciso fazê-lo (exemplo: letra com vencimento a certo termo da vista), sendo possível, nesses casos, protestar o título pela não indicação da data. Caso esse protesto não seja feito, considera-se que o aceite foi dado no último dia para apresentação. A propósito, confira-se o art. 25 da LUG: "quando se trate de uma letra pagável a certo termo de vista, ou que deva ser apresentada ao aceite dentro de um prazo determinado por estipulação especial, o aceite deve ser datado do dia em que foi dado, salvo se o portador exigir que a data seja a da apresentação. A falta de data, o portador, para conservar os seus direitos de recurso contra os endossantes e contra o sacador, deve fazer constatar essa omissão por um protesto feito em tempo útil".

De acordo com o art. 21 da LUG, "a letra pode ser apresentada, até o vencimento, ao aceite do sacado, no seu domicílio, pelo portador ou até por um simples detentor". Em princípio, pois, a apresentação prévia da letra de câmbio para aceite não é obrigatória, de modo que o tomador (ou eventual endossatário) pode apresentar o título ao sacado apenas no dia do vencimento, quando aceite e pagamento serão feitos simultaneamente. Porém, apresentar a letra de câmbio antes do vencimento é importante porque, caso haja recusa do sacado, a letra vence antecipadamente, autorizando-se, desde já, a cobrança do sacador e demais codevedores, caso existam.

Há dois casos, porém, em que a apresentação prévia da letra de câmbio para aceite do sacado é obrigatória. A primeira hipótese está prevista no art. 22 da LUG: "o sacador pode em qualquer letra, estipular que ela será apresentada ao aceite, com ou sem fixação de prazo". Assim, se, por exemplo, não há certeza da aceitação do título pelo sacado, pode-se determinar a obrigatoriedade da apresentação para aceite, inclusive estipulando-se prazo para tanto (ver art. 53, parte final, da LUG). A segunda hipótese está prevista no art. 23 da LUG: "as letras a certo termo de vista devem ser apresentadas ao aceite dentro do prazo de um ano das suas datas. O sacador pode reduzir este prazo ou estipular um prazo maior.

Esses prazos podem ser reduzidos pelos endossantes". Em suma: quando o prazo de vencimento da letra começar a correr a partir do aceite, é óbvio que é obrigatória a apresentação do título para o sacado, o que deve ser feito no prazo de um ano a contar da emissão, salvo se o sacador ou um endossante alterou esse prazo (o sacador pode reduzir ou aumentar, mas o endossante só pode reduzir).

Uma vez apresentada a letra de câmbio para aceite, o sacado deverá devolvê-la de imediato (art. 24 da LUG), não podendo retê-la, sob pena, inclusive, de responsabilização penal pelo crime de apropriação indébita (art. 168 do Código Penal). Pode o sacado, todavia, requerer ao tomador que a letra lhe seja apresentada novamente no dia seguinte ao da primeira apresentação, ou seja, 24 horas depois. Trata-se do chamado "prazo de respiro", previsto no art. 24 da LUG: "o sacado pode pedir que a letra lhe seja apresentada uma segunda vez **no dia seguinte ao da primeira apresentação.** Os interessados somente podem ser admitidos a pretender que não foi dada satisfação a este pedido no caso de ele figurar no protesto. O portador **não é obrigado** a deixar nas mãos do aceitante a letra apresentada ao aceite".

Sendo o aceite uma faculdade do sacado, conforme já destacamos, ele pode simplesmente recusá-lo, sem precisar dar qualquer justificativa para tanto. É preciso ressaltar, todavia, que a recusa do aceite produzirá efeitos relevantes para o sacador e para o tomador, uma vez que ocorrerá o *vencimento antecipado* do título, podendo o credor exigir do sacador - codevedor da letra, como visto - e de eventuais endossantes o seu pronto pagamento (art. 43, item 1 da LUG). Para essa execução, porém, é imprescindível o protesto do título (art. 44 da LUG).

Cumpre esclarecer, ainda, que o **sacado pode aceitar a letra parcialmente**, situação em que haverá, consequentemente, uma *recusa parcial.* Nesse caso, também ocorrerá o vencimento antecipado do título, podendo o tomador cobrar a totalidade do crédito contra o sacador. A única diferença entre a recusa total e a recusa parcial, pois, relaciona-se à posição assumida pelo sacado. No primeiro caso, ele não assume obrigação cambial nenhuma. No segundo caso, porém, ele se vincula ao pagamento do título nos termos do seu aceite (art. 26 da LUG: "o aceite é puro e simples, mas o sacado pode **limitá-lo** a uma parte da importância sacada. Qualquer outra **modificação** introduzida pelo aceite no enunciado da letra equivale a uma recusa de aceite. O aceitante fica, todavia, obrigado nos termos do seu aceite").

Há duas espécies de aceite parcial: a) *aceite-limitativo*, através do qual o sacado aceita apenas parte do valor do título; b) *aceite-modificativo*, por meio do qual o sacado altera alguma condição de pagamento do título, como, por exemplo, o seu vencimento.

Vê-se, portanto, que ao emitir uma letra de câmbio o sacador corre o risco de ter de honrá-la mesmo antes do seu vencimento, o que ocorre quando o sacado não aceita a letra, total ou parcialmente. Mas há uma forma específica de o sacador se prevenir quanto ao vencimento antecipado da letra: colocando no título a *cláusula não aceitável*, que impõe ao tomador a obrigação de só procurar o sacado para o aceite na data do vencimento. Se resolver procurar antes, em desatendimento à referida cláusula, não será possível ao sacado recusar o aceite e, portanto, não haverá o vencimento antecipado do título. O máximo que poderá acontecer é o tomador procurar o sacado na data do vencimento. Nesse caso, se o sacado se recusar a fazer o aceite, não ocorrerá o vencimento antecipado da letra, uma vez que aquele dia já é a data de vencimento do título. Assim, garante o sacador que não será surpreendido com o vencimento antecipado do título. Confira-se, a propósito, o art. 22 da LUG: "o sacador (...) pode **proibir na própria letra a sua apresentação ao aceite**, salvo se se tratar de uma letra pagável em domicílio de terceiro, ou de uma letra pagável em localidade diferente da do domicílio do sacado, ou de uma letra sacada a certo termo de vista".

> Se o sacador proíbe, no próprio título, sua apresentação para aceite, tal letra de câmbio é considerada não aceitável. E a letra de câmbio não aceitável só deverá ser apresentada ao sacado no vencimento, para pagamento. Isto se faz para que não haja protesto por falta de aceite e, por consequência, não haja antecipação do vencimento em razão do protesto.[80]

Existe ainda uma pequena variante da cláusula não aceitável, por meio da qual o sacador estipula uma data certa a partir da qual a letra pode ser levada a aceite. É o que está previsto no final do art. 22 da LUG: "o sacador pode também estipular que a apresentação ao aceite não poderá efetuar-se antes de determinada data". Antes dessa data, portanto, é vedada a apresentação do título para aceite do sacado. Veja-se a diferença: na cláusula não aceitável, a letra não pode ser levada a aceite antes do vencimento; nessa variante da cláusula, a letra pode ser apresentada para aceite antes do seu vencimento, mas somente após uma certa data fixada pelo sacador.

Destaque-se, por fim, que a cláusula não aceitável não é admitida nas letras de câmbio a certo termo da vista, uma vez que nestas, conforme se verá no tópico seguinte, o prazo de vencimento somente se inicia a partir do aceite.

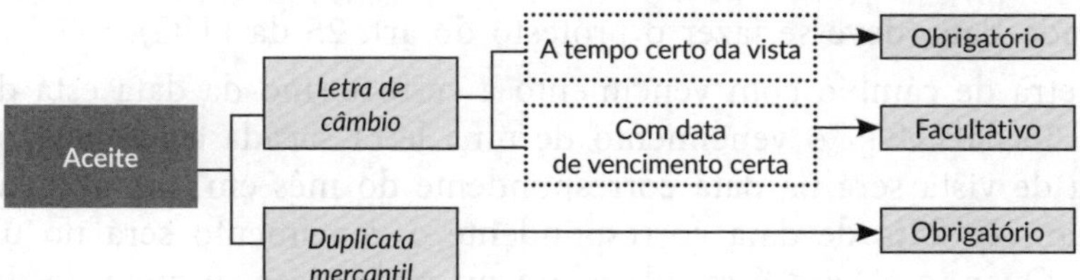

8.1.6. *Vencimento da letra*

Emitida a letra e realizado o aceite pelo sacado, o título se torna exigível a partir do seu vencimento, podendo-se distinguir, quanto a esse fato, quatro espécies de letras de câmbio: a) letra com dia certo; b) letra à vista; c) letra a certo termo da vista; e d) letra a certo termo da data.

80 COSTA, Wille Duarte. *Títulos de crédito*. 2. ed. Belo Horizonte: Del Rey, 2006. p. 164.

A **letra com dia certo** é a que vence em data preestabelecida pelo sacador, logicamente posterior à data do saque. Assim, no momento da emissão é fixada uma data certa, mencionada no título, em que a letra irá vencer. A **letra à vista**, por sua vez, é aquela que tem seu vencimento no dia da apresentação do título ao sacado. Não há a prefixação de uma data específica, portanto. Já a **letra a certo termo da vista** é a que vence após um determinado prazo, estipulado pelo sacador quando de sua emissão, que começa a correr a partir da vista (aceite) do título. Pode-se prever, pois, que a letra vence dois meses após o aceite. Por fim, a **letra a certo termo da data** também vence após um determinado prazo estipulado pelo sacador, mas que começa a correr não a partir do aceite, mas a partir da própria emissão (saque) do título.

A letra de câmbio à vista está disciplinada no art. 34 da LUG, que assim dispõe: "a letra à vista é pagável a apresentação. Deve ser apresentada a pagamento dentro do prazo de um ano, a contar da sua data. O sacador pode reduzir este prazo ou estipular um outro mais longo. Estes prazos podem ser encurtados pelos endossantes. O sacador pode estipular que uma letra pagável à vista não deverá ser apresentada a pagamento antes de uma certa data. Nesse caso, o prazo para a apresentação conta-se dessa data". Portanto, na letra com vencimento à vista, aceite e pagamento serão feitos no mesmo momento, e caso o prazo de apresentação não seja respeitado, a letra de câmbio não poderá ser cobrada do sacador e dos demais codevedores, se houver. Além disso, iniciar-se-á a contagem do prazo prescricional.

A letra de câmbio com vencimento a certo termo da vista, por sua vez, está disciplinada no art. 35 da LUG: "o vencimento de uma letra a certo termo de vista determina-se, quer pela data do aceite, quer pela do protesto. Na falta de protesto, o aceite não datado entende-se, no que respeita ao aceitante, como tendo sido dado no último dia do prazo para a apresentação ao aceite". Nesse caso, a apresentação do título para aceite, conforme já destacamos, é obrigatória, e o aceite deve ser datado, para que se possa começar a contagem do prazo do vencimento (não havendo data, deve-se fazer o protesto do art. 25 da LUG).

Já a letra de câmbio com vencimento a certo termo da data está disciplinada no art. 36 da LUG: "o vencimento de uma letra sacada a um ou mais meses de data ou de vista será na data correspondente do mês em que o pagamento se deve efetuar. Na falta de data correspondente o vencimento será no último dia desse mês. Quando a letra é sacada a um ou mais meses e meio de data ou de vista, contam-se primeiro os meses inteiros. As expressões 'oito dias' ou 'quinze dias' entendem-se não como uma ou duas semanas, mas como um prazo de oito ou quinze dias efetivos. A expressão 'meio mês' indica um prazo de quinze dias". Nesse tipo de letra, a apresentação do título para aceite não é obrigatória, e vale destacar que essas regras sobre contagem de prazos também valem para a letra com vencimento a certo termo da vista.

O art. 36 também tem regra sobre a letra de câmbio com vencimento em dia certo: "se o vencimento for fixado para o princípio, meado ou fim do mês, entende-se que a letra será vencível no primeiro, no dia quinze, ou no último dia desse mês". Vale lembrar que nessa modalidade de vencimento, a apresentação do título para aceite também não é obrigatória.

Por fim, deve-se lembrar o art. 43 da LUG, que trata das situações que acarretam o vencimento antecipado da letra de câmbio: "o portador de uma letra pode exercer os seus direitos de ação contra os endossantes, sacador e outros co-obrigados, mesmo antes do vencimento, se houve recusa total ou parcial de aceite".

É verdade que os itens 2 e 3 desse dispositivo também preveem o vencimento antecipado da letra de câmbio em outras situações, mas o Brasil fez reservas à LUG que implicam a não aplicabilidade desses itens. Nesse caso, aplica-se o art. 19 do Decreto 2.044/1908, de modo que o vencimento antecipado ocorre não apenas na hipótese de recusa do aceite, mas também no caso de falência do aceitante (nessa situação, é desnecessário o protesto, bastando a apresentação da sentença – art. 44 da LUG, embora existam opiniões em contrário[81]).

8.1.7. *Pagamento da letra*

Aceita a letra, caberá ao tomador aguardar a data do seu vencimento. Vencida a letra, ela se tornará, como mencionamos no tópico antecedente, exigível, devendo então ser apresentada ao aceitante para pagamento, que deve ser realizado, em princípio, por ele próprio, que é o seu devedor principal.

Diz-se que o pagamento é extintivo quando ele é feito pelo devedor direto do título de crédito (também chamado de devedor principal ou devedor final), que no caso da letra de câmbio é sacado (ou, excepcionalmente, o sacador, quando a letra não for aceita pelo sacado). Por outro lado, diz-se que o pagamento é recuperatório quando ele é feito por qualquer codevedor do título (sacador, endossantes e respectivos avalistas), porque nesse caso o pagante ainda poderá usar o título para exercer o direito de regresso.

De acordo com a parte inicial do art. 39 da LUG, "o sacado que paga uma letra pode exigir que ela lhe seja entregue com a respectiva quitação", o que é de extrema importância, a fim de evitar que o título continue em circulação. O mesmo dispositivo ainda diz que "o portador não pode recusar qualquer pagamento parcial", e nesse caso "o sacado pode exigir que desse pagamento se faça menção na letra e que dele lhe seja dada quitação". Essa necessidade de menção da quitação parcial no título se deve ao princípio da literalidade.

Ainda sobre o pagamento, o art. 40 da LUG prevê o seguinte: "o portador de uma letra não pode ser obrigado a receber o pagamento dela antes do vencimento. O sacado que paga uma letra antes do vencimento fá-lo sob sua responsabilidade[82]. Aquele que paga uma letra no vencimento fica validamente desobrigado, salvo se da sua parte tiver havido fraude ou falta grave, é obrigado a verificar a regularidade da sucessão dos endossos mas não a assinatura dos endossantes".

---

[81] *"Não é a falta ou recusa do aceite, nem a falência do aceitante que, por si só, determina o vencimento antecipado da letra. É indispensável o protesto, motivado por um desses fatos."* (BORGES, João Eunápio. *Títulos de crédito.* Rio de Janeiro: Forense, 1971. p. 98).

[82] *"Tal previsão visa a proteger o beneficiário do título que o perdeu, uma vez que, sabendo o dia do vencimento, ele poderá até o dia do vencimento tomar as medidas necessárias para reavê-lo. Desse modo, o pagamento anterior poderá ser feito a um credor indevido e, por isso, os riscos desse pagamento são imputados ao devedor que o faz"* (TOMAZETTE, Marlon. *Curso de direito empresarial.* Vol. 2. São Paulo: Atlas, 2017).

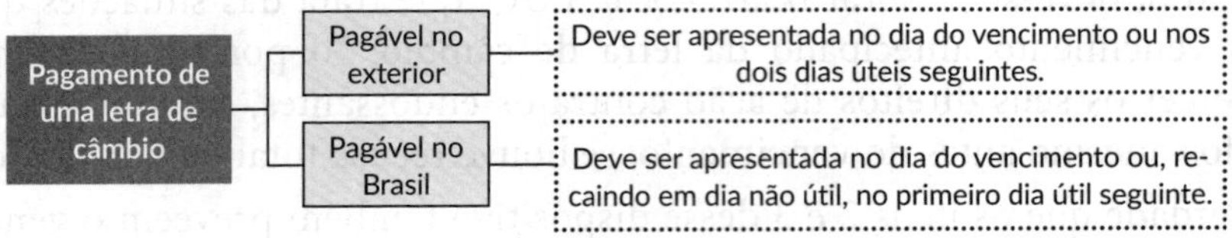

Fonte: Imagem disponível no endereço <http://www.protestoosasco.com.br/geral.titulos.html>, acesso em 14.07.2010.

8.2. Nota promissória

Trata-se de título de crédito que também tem origem histórica no período italiano (cautio), e ao contrário da letra de câmbio ainda é muito usado no Brasil, especialmente em financiamentos.

> A nota promissória serve para representar **operações típicas de crédito**, nas quais é concedido um prazo para pagamento. Hoje em dia, é bem frequente a emissão de notas promissórias em aquisições de imóveis ou de veículos, em prestações. Em todos esses casos, a nota promissória representa a promessa do devedor de honrar a sua obrigação, tendo como vantagem a possibilidade do uso de todos os institutos cambiais, especialmente o endosso e o aval.[83]

8.2.1. Saque e estrutura da nota promissória

Já destacamos, quando do estudo das classificações dos títulos de crédito, que a nota promissória se estrutura como uma promessa de pagamento, razão pela qual sua emissão dá origem a duas situações jurídicas distintas: a do **sacador ou promitente** (chamado na Lei Uniforme de subscritor), que emite a nota e promete pagar determinada quantia a alguém; e a do **tomador**, em favor de quem a nota é emitida e que receberá a importância prometida.

[83] TOMAZETTE, Marlon. *Curso de direito empresarial*. Vol. 2. São Paulo: Atlas, 2017, p. 219.

Portanto, na nota promissória não existe a figura do sacado e, consequentemente, não há que se falar em aceite.

8.2.2. *Requisitos essenciais*

Da mesma forma que ocorre com a letra de câmbio, a nota promissória deve atender aos requisitos essenciais previstos em lei para que valha como título de crédito. São eles (art. 75 da lei Uniforme): a) a expressão *nota promissória* (*cláusula cambiária*); b) uma promessa incondicional de pagamento de quantia determinada; c) o nome do tomador; d) a data do saque; e e) a assinatura do subscritor.

Vale relembrar que a ausência de algum desses requisitos não invalida o documento em si, mas apenas faz com que ele não configure uma nota promissória (art. 76 da LUG).

No que se refere à cláusula cambiária, em razão de uma reserva adotada pelo Brasil, aplica-se, quanto à denominação desse título de crédito, a Lei Saraiva (Decreto 2.044/1908), que permite o uso da expressão nota promissória "ou termo correspondente, na língua em que for emitida".

Quanto à exigência de que a nota contenha promessa pura e simples de pagar uma quantia determinada", fica claro que na nota, assim como ocorre na letra, não se admite que o cumprimento da obrigação mencionada no título fique sujeito à implementação de qualquer condição, suspensiva ou resolutiva. No mais, valem as observações já feitas no estudo da letra de câmbio (indexação, juros, moeda estrangeira etc.).

No tocante à exigência de que e nota promissória indique "o nome da pessoa a quem ou a ordem de quem deve ser paga", isso denota a impossibilidade, pelo menos em tese, de emissão de nota promissória ao portador, devendo-se ressalvar, porém, a possibilidade de emissão de nota promissória incompleta ou em branco (nesse ponto, valem também as observações já feitas no estudo da letra de câmbio, especialmente a menção à Súmula 387 do STF).

O requisito da "indicação da data em que a nota promissória é passada" é importante para aferir a capacidade do subscritor e para se saber a partir de quando são contados determinados prazos (por exemplo, o vencimento do título na nota a certo termo da data).

Por mim, a assinatura do emitente/subscritor também é requisito essencial da nota promissória, e a sua identificação deve ser feita com a menção ao número de sua carteira de identidade, do seu CPF, do seu título de eleitor ou de sua carteira profissional (CTPS).

8.2.3. *Requisitos não essenciais*

Assim como ocorre na letra de câmbio, na nota promissória também existem alguns requisitos que não são essenciais para a sua caracterização como título de crédito, uma vez que a lei supre a ausência de indicação expressa deles com presunções legais.

Com efeito, as alíneas do art. 76 da LUG dizem o seguinte: "a nota promissória em que não se indique a época do pagamento será considerada pagável à vista. Na falta de indicação especial, lugar onde o título foi passado considera-se como sendo o lugar do pagamento e, ao mesmo tempo, o lugar do domicílio do subscritor da nota promissória. A nota promissória que não contenha indicação do lugar onde foi passada considera-se como tendo-o sido no lugar designado ao lado do nome do subscritor".[84]

8.2.4. *Regime jurídico*

Pode-se perceber que o regime jurídico a que se submete a nota promissória é o mesmo aplicável às letras de câmbio, que está estabelecido, como visto, na Lei Uniforme de Genebra, incorporada ao ordenamento jurídico brasileiro pelo Decreto 57.663/1966.

Mas algumas observações relevantes precisam ser feitas para que se compreenda bem a afirmação contida no parágrafo *supra.*

Em primeiro lugar, a **letra de câmbio é uma ordem de pagamento**, enquanto a **nota promissória é uma promessa de pagamento**. Sendo assim, são inaplicáveis às notas promissórias as regras sobre aceite (cláusula não aceitável, prazo de respiro, vencimento antecipado por recusa do aceite, entre outras). Por essa razão, pode-se pensar que a nota promissória poderia ser sacada com dia certo, à vista e a certo termo da data, mas não poderia ser sacada a certo termo da vista, justamente por não depender de aceite.

Ocorre que a própria Lei Uniforme admite, em seu art. 78, a emissão de nota promissória a certo termo da vista, caso em que o título deverá ser levado ao visto do subscritor no prazo de um ano a contar do saque da nota. Após o visto do subscritor, começará então a correr um certo prazo, já estipulado desde a emissão, após o qual considera-se vencido o título.

---

84 Sobre a indicação da data de vencimento, a 3ª Turma do STJ decidiu um caso interessante, em que a nota promissória continha duas datas de vencimento indicadas no título (em algarismos e por extenso), e discutia-se no processo a possibilidade de aplicação analógica do art. 6º da LUG, de modo a prevalecer a data escrita por extenso (o que, no caso, acarretaria o reconhecimento da prescrição da pretensão executiva). Segundo a relatora, Ministra Nancy Andrighi, "não é cabível a incidência analógica do art. 6º, alínea 1ª, da LUG" (esse dispositivo, vale lembrar, refere-se a uma situação em que o valor do título é indicado por algarismos e por extenso de forma divergente). Ela ainda lembrou que a data de vencimento não é requisito essencial do título, e afirmou que "para a solução de questões relacionadas a defeitos supríveis ou requisitos não essenciais o critério deve ser pautado pela busca da vontade presumida do emitente". Na situação dos autos, em que o título informava duas datas divergentes ("cinco dias do mês de fevereiro de dois mil e oito" e "05 de julho de 2.008"), a Ministra apontou que, na verdade, ambas indicavam o mês (justamente a questão divergente) "igualmente por extenso". Assim, como uma dessas datas era exatamente a data de emissão da nota promissória, a Ministra destacou que "não se pode presumir que a vontade do emitente da nota promissória era a de que a dívida fosse exigível no mesmo momento em que expedia a promessa de pagamento". Portanto, concluiu a Ministra, como "a nota promissória (...) deve representar os elementos essenciais de uma operação de crédito, que são a confiança e o intervalo de tempo entre a prestação e a contraprestação (...), deve-se presumir que a efetiva vontade do emitente das notas era a de que o vencimento se desse após a emissão, prevalecendo, assim, a segunda e mais futura data de vencimento", a qual, frise-se, também fora indicada por extenso quanto ao mês (REsp 1.730.682). Em suma: "a aposição de datas de vencimento divergentes em nota promissória não inquina os títulos de crédito de nulidade, devendo-se adotar a data posterior se a outra coincide com a data de emissão do título" (REsp 1.920.311 – Informativo 697).

Registre-se ainda que na letra de câmbio o devedor principal é o sacado, enquanto na nota promissória o devedor principal é o *próprio sacador* (ou *subscritor*). Portanto, a Lei Uniforme determina, também no seu art. 78, que "o subscritor de uma nota promissória é responsável da mesma forma que o aceitante de uma letra". As regras aplicáveis ao aceitante da letra, pois, devem ser aplicadas ao subscritor da nota. Exemplificando, podese dizer que o prazo de prescrição da nota em relação ao seu subscritor é igual ao da letra em relação ao aceitante (três anos, contados do vencimento, conforme disposto no art. 70 da Lei Uniforme).

Por fim, cumpre mencionar que o prazo para ajuizamento de ação monitória em face do emitente de nota promissória sem força executiva é quinquenal, a contar do dia seguinte ao vencimento do título (Súmula 504 do STJ).

8.2.5. Nota promissória vinculada a contrato

Anota promissória ainda tem uma certa importância – ao contrário da letra de câmbio, que é título praticamente em desuso –, sendo usada não raro em contratos bancários, mas não apenas neles.

Nesse sentido, o Superior Tribunal de Justiça firmou alguns entendimentos relevantes sobre a emissão de notas promissórias para a instrumentalização de contratos.

Inicialmente, cumpre destacar que quando a nota promissória for emitida com vinculação a um determinado contrato – não apenas contratos bancários, o que é mais comum, mas qualquer contrato –, tal fato deve constar expressamente do título, uma vez que este pode circular, e o terceiro que recebê-lo por endosso deve ter conhecimento da relação contratual à qual o título está atrelado.

O fato de uma nota promissória (ou qualquer outro título) estar vinculada a um determinado contrato **não é suficiente**, por si só, para desnaturá-la como título de crédito, de modo que ela continua se sujeitando ao regime jurídico cambial (pode ser endossada e avalizada, por exemplo).

> Embora esteja vinculada a um contrato, **a nota promissória não perde a sua identidade, isto é, ela continua a ser um título de crédito.** A vinculação não desnatura a essência da nota promissória enquanto declaração unilateral de vontade no sentido de uma promessa direta de pagamento. Assim, ela ainda admite os institutos típicos dos títulos de crédito, como o endosso e o aval.[85]

Mas, constando expressamente da nota promissória a vinculação a determinado contrato, de certa forma estará descaracterizada a abstração/autonomia do título, já que o terceiro que o recebeu via endosso tem conhecimento da relação que lhe deu origem, e, portanto, está consciente de que contra ele poderão ser opostas exceções ligadas ao referido contrato.

> COMERCIAL. ESCRITURA DE PROMESSA DE COMPRA E VENDA. RESOLUÇÃO. NOTAS PROMISSORIAS VINCULADAS. ANULAÇÃO. ENDOSSO-CAUÇÃO. ABSTRAÇÃO E AUTONOMIA. DOUTRINA. RECURSO NÃO CONHECIDO.

85 TOMAZETTE, Marlon. *Curso de direito empresarial*. Vol. 2. São Paulo: Atlas, 2017, 223.

- Ainda que de boa-fé, o endossatário de notas promissórias, das quais conste **expressa vinculação a contrato**, fica sujeito às exceções de que disponha o emitente com base no ajuste subjacente.

- Os títulos, em hipóteses tais, **perdem a natureza abstrata que lhes é peculiar**, sendo oponível ao portador, mesmo nos casos em que tenha havido circulação por endosso, recusa fundada em vicissitude ou desconstituição da 'causa debendi'.

(REsp 14.012/RJ, Rel. Ministro SÁLVIO DE FIGUEIREDO TEIXEIRA, QUARTA TURMA, julgado em 10/08/1993, DJ 06/09/1993, p. 18034)

NOTA PROMISSORIA. ENDOSSO. VINCULAÇÃO A CONTRATO CONSTANTE DO VERSO DO TITULO.

A nota promissória que contenha no verso expressa vinculação ao contrato subjacente perde a característica de abstração, podendo ao endossatário ser oposta a defesa que o devedor teria em razão do contrato.

Recurso conhecido e provido.

(REsp 111.961/RS, Rel. Ministro RUY ROSADO DE AGUIAR, QUARTA TURMA, julgado em 11/03/1997, DJ 12/05/1997, p. 18817)[86]

Atente-se, entretanto, que a nota promissória perde apenas, e em certa medida, a sua abstração (subprincípio ligado à autonomia), permitindo-se que o devedor alegue contra um eventual terceiro endossatário, conforme visto acima, as exceções fundadas na relação contratual que está atrelada ao título. Todavia, a nota promissória conserva, em princípio, a sua executividade, salvo se o contrato a que está ligada descaracterizar a sua liquidez. Nesse sentido:

Processo civil. Recurso especial. Execução. Nota promissória vinculada a contrato de confissão de dívida. Executoriedade. Precedentes.

1 – Consoante entendimento desta Corte, **o fato de achar-se a nota promissória vinculada a contrato não a desnatura como título executivo extrajudicial**.

2 – Recurso provido para determinar o regular prosseguimento da execução (STJ, REsp 259.819-PR, Rel. Min. Jorge Scartezzini, DJ 05.02.2007, p. 237).

Agravo regimental nos embargos de declaração no recurso especial. Embargos à execução. Nota promissória. Contrato de parceria com valor determinado. Executoriedade. Agravo desprovido.

1. A jurisprudência desta Corte Superior é no sentido de que a nota promissória vinculada a um contrato de abertura de crédito perde a sua autonomia ante a iliquidez do título que a originou, acarretando, portanto, na nulidade da execução por ela embasada. Súmula 258/STJ.

2. Entretanto, **a vinculação de uma nota promissória a um contrato retira a autonomia de título cambial, mas não, necessariamente, a sua executoriedade. Assim, quando a relação jurídica subjacente estiver consubstanciada em contrato que espelhe uma dívida líquida, como no caso, não há empecilho**

[86] Esse entendimento vale para qualquer título: "Cheque. Vinculação a contrato de compra e venda. Possibilidade de exame da causa do débito. Fundamentação que permanece suficiente para a manutenção do julgado. Se o cheque foi dado em garantia, 'deve ser admitida a investigação da causa debendi' (REsp nº 111.154/DF, da minha relatoria, DJ de 19/12/97; no mesmo sentido: REsp nº 43.513/SP, Relator o Ministro Aldir Passarinho Junior, DJ de 15/4/02; REsp nº 434.433/MG, Relator o Ministro Aldir Passarinho Junior, DJ de 23/6/03). (...)" (REsp 659.327/MG, Rel. Ministro CARLOS ALBERTO MENEZES DIREITO, TERCEIRA TURMA, julgado em 06/02/2007, DJ 30/04/2007, p. 310).

> **ao prosseguimento da execução. Diversamente, se estiver amparada em contrato que não espelhe dívida líquida, como se verifica do contrato de abertura de crédito, não será possível a execução. Dessa forma, este Tribunal tem admitido a execução de nota promissória vinculada a contrato de mútuo que contenha valor determinado, por se entender que o contrato traduz a existência de dívida líquida e certa.** Precedentes.
>
> 3. Agravo regimental desprovido (AgRg nos EDcl no REsp 1.367.833/SP, Rel. Min. Marco Aurélio Bellizze, Terceira Turma, j. 16.02.2016, DJe 19.02.2016).

A questão merece explicação mais detalhada. A nota promissória vinculada a um contrato específico, com expressa menção no título a este fato, tem a sua abstração e autonomia, pode-se dizer, relativizada. Isso se dá porque o título passa a ter uma ligação intrínseca com o contrato que o originou.

Portanto, se o contrato a que está ligada a nota promissória não descaracterizar a sua liquidez, ela continuará ostentando a característica de título executivo extrajudicial, nos termos do art. 784 do Código de Processo Civil, e poderá fundamentar ação executiva contra o devedor.

É por isso que o Superior Tribunal de Justiça tem entendido que o simples fato de a nota promissória estar ligada a um contrato de mútuo não a descaracteriza como título executivo, isto é, ela não perde a sua executividade. Isso ocorre porque esse tipo de contrato bancário não desfigura a liquidez da nota promissória. Assim, "a nota promissória, ainda que vinculada a contrato de mútuo bancário, não perde a sua executoriedade. Precedentes do STJ" (AgRg no REsp 777.912/RS, Rel. Min. Nancy Andrighi, *DJ* 28.11.2005, p. 289).

Em contrapartida, a situação é totalmente diferente quando a nota promissória está atrelada a contrato de abertura de crédito rotativo. É que esse contrato, segundo jurisprudência consolidada há algum tempo pelo STJ, é ilíquido, tornando o título a ele atrelado também título ilíquido. Recentemente, entretanto, surgiram alguns precedentes do STJ favoráveis aos bancos, quando se trata de contrato de abertura de crédito fixo:

> *Processo civil. Contrato bancário. Mútuo. Originário de débito em conta-corrente. Título executivo. O contrato de abertura de crédito fixo, é título executivo, nos termos do Art. 585, II, do CPC, ainda que oriundo de débito em conta-corrente (AgRg no REsp 623.809/MT).*

Com efeito, os bancos tentaram, durante muito tempo, fazer com que os contratos de abertura de crédito fossem reconhecidos como títulos executivos extrajudiciais, tentativa que foi repelida pela jurisprudência, ao argumento de que tais contratos eram ilíquidos, já que seu valor era apurado unilateral e arbitrariamente pelo banco exequente. Os bancos tentaram, então, uma saída alternativa: executar os contratos de abertura de crédito acompanhados de extratos pormenorizados do débito, alegando que estes confeririam liquidez ao contrato exequendo. Mais uma vez a jurisprudência repeliu a tentativa dos bancos, editando a Súmula 233: "o contrato de abertura de crédito, ainda que acompanhado de extrato da conta-corrente, não é título executivo". O máximo que o STJ permite, nesse caso, é a propositura de ação monitória (Súmula 247: "o contrato de abertura de crédito em conta-corrente, acompanhado do demonstrativo de débito, constitui documento hábil ao ajuizamento da ação monitória").

A saída encontrada pelos bancos, então, foi vincular aos contratos de abertura de crédito rotativo um título executivo que pudesse, futuramente, embasar uma eventual execução contra o cliente, e esse título foi justamente a nota promissória. Ocorre que mais uma vez o Superior Tribunal de Justiça frustrou a tentativa dos bancos de garantir mais o crédito que fornece aos seus clientes, firmando entendimento de que "a nota promissória vinculada a contrato de abertura de crédito não goza de autonomia em razão da iliquidez do título que a originou" (Súmula 258).

> *Ausente a circulação do título de crédito, a nota promissória que não é sacada como promessa de pagamento, mas como garantia de contrato de abertura de crédito, a que foi vinculada, tem sua natureza cambial desnaturada, subtraída a sua autonomia. A iliquidez do contrato de abertura de crédito é transmitida à nota promissória vinculada, contaminando-a, pois o objeto contratual é a disposição de certo numerário, dentro de um limite prefixado, sendo que indeterminação do* quantum *devido comunica-se com a nota promissória por terem nascido da mesma obrigação jurídica (STJ, EDiv em REsp 262.623/RS, Rel. Min. Nancy Andrighi, DJ 02.04.2001, p. 182).*
>
> *Processo civil e comercial. Recurso especial. Executividade. Notas promissórias decorrentes de contrato de abertura de crédito rotativo. Contrato de vendor. Prequestionamento. Reexame de provas e reinterpretação de contrato.*
>
> *(...)*
>
> *4. Caracterizada entre a instituição financeira e a empresa adquirente dos bens a celebração de contrato de abertura de crédito rotativo, cujo limite poderia ser utilizado, aplicam-se as Súmulas n. 233 ("o contrato de abertura de crédito, ainda que acompanhado de extrato da conta-corrente, não é título executivo") e 258 do STJ ("a nota promissória vinculada a contrato de abertura de crédito não goza de autonomia em razão da iliquidez do título que a originou").*
>
> *Precedente.*
>
> *(...) (AgRg no REsp 864.481/SC, Rel. Min. Antonio Carlos Ferreira, Quarta Turma, j. 08.10.2013, DJe 25.10.2013).*

O que se percebe, portanto, é que o crédito bancário, como é sabido há bastante tempo no Brasil, acaba sendo muito arriscado, o que contribui, de certa forma, para os altos juros nas operações bancárias em nosso país. O chamado *spread* (diferença entre a taxa de juros cobrada aos tomadores de crédito e a taxa de juros paga aos depositantes pelos bancos), no Brasil, é um dos mais altos do mundo, senão o mais alto. Talvez se os nossos legisladores e os nossos tribunais percebessem o estrago que essa insegurança do crédito bancário traz para a economia alguns entendimentos poderiam ser revistos, o que já ocorreu, é bem verdade, com a edição da nova lei de falências, que adiante comentaremos com mais detalhes.

Enfim, a grande solução para os bancos acabou vindo com a edição da Lei 10.931/2004, que criou a *cédula de crédito bancário*, título de crédito específico destinado a operacionalizar contratos bancários, que estudaremos adiante.

8.2.5.1. A cláusula-mandato (Súmula 60 do STJ)

Outro entendimento pretoriano acerca das notas promissórias ligadas a contratos bancários está consolidado no Enunciado 60 da Súmula de jurisprudência dominante do STJ, segundo o qual "é nula a obrigação cambial assumida por procurador do mutuário vinculado ao mutuante, no exclusivo interesse deste".

Tal enunciado sumular se refere à chamada *cláusula-mandato*, a qual era comumente colocada em contratos bancários, constituindo a própria instituição financeira, ou às vezes uma empresa coligada a ela, como procuradora do cliente contratante. Assim, em caso de inadimplemento da obrigação contratual, o banco ou a sua coligada, conforme o caso, emitia um título de crédito (nota promissória) em seu próprio favor, no valor da dívida, na condição de mandatária do cliente devedor. Com isso, estaria sanado o problema da eventual iliquidez (vide jurisprudência transcrita no tópico acima e Súmula 258 do STJ).

O entendimento consolidado pelo STJ na sua Súmula 60, transcrita acima, foi firmado, sobretudo, com base na interpretação do art. 51, inciso VIII, do Código de Defesa do Consumidor, segundo o qual são nulas de pleno direito as cláusulas contratuais que "imponham representante para concluir ou realizar outro negócio jurídico pelo consumidor".

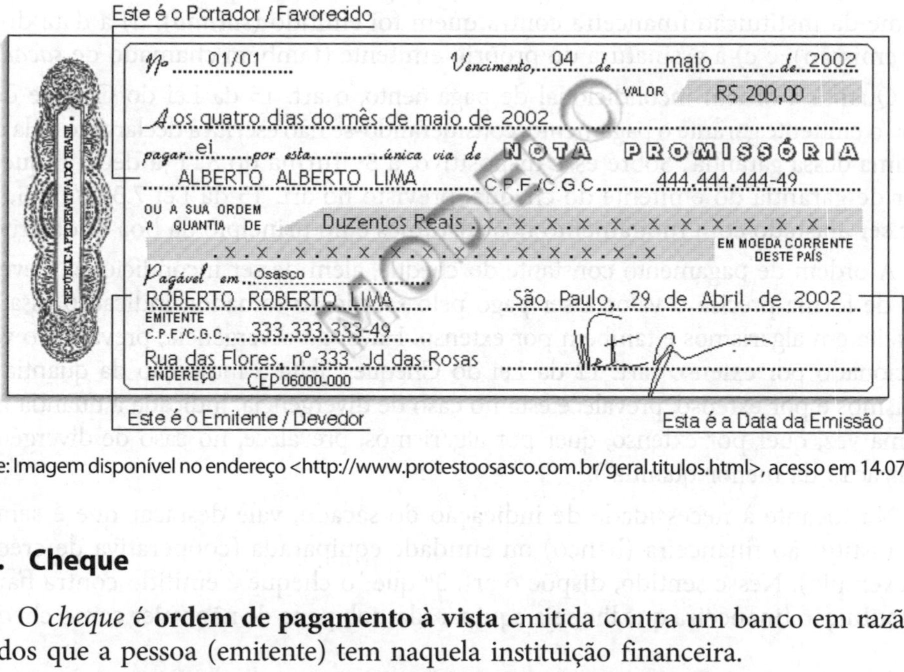

Fonte: Imagem disponível no endereço <http://www.protestoosasco.com.br/geral.titulos.html>, acesso em 14.07.2010.

8.3. Cheque

O *cheque* é **ordem de pagamento à vista** emitida contra um banco em razão de fundos que a pessoa (emitente) tem naquela instituição financeira.

Trata-se, como visto, de um **título de modelo vinculado**, uma vez que só é cheque aquele documento emitido pelo banco, em talonário específico, com uma numeração própria, seguindo os padrões fixados pelo Banco Central.

Parte da doutrina mais antiga chega a negar ao cheque a qualificação de título de crédito próprio,[87] mas se trata de entendimento minoritário.[88]

---

[87] *"As origens do cheque confundem-se com as da letra de câmbio, da qual ele se distingue apenas pela sua função econômica mais restrita, sendo essencialmente um meio de pagamento e só eventual e transitoriamente instrumento de crédito. É em rigor simples modalidade de letra de câmbio, com a peculiaridade de só poder ser sacado contra determinadas pessoas e sempre à vista."* (BORGES, João Eunápio. *Títulos de crédito*. Rio de Janeiro: Forense, 1971. p. 156).

[88] *"O cheque, salvo quando empregado pelo emitente como mero instrumento de retirada de fundos, é título de crédito, e toda a discussão a respeito da sua natureza jurídica resulta simplesmente do fato de alguns autores confundirem a sua*

8.3.1. Legislação aplicável

O Brasil adotou a Lei Uniforme do Cheque, incorporando-a ao nosso ordenamento jurídico por meio do Decreto 57.595/1966, e o STF considerou, conforme já destacamos, legítima essa forma de incorporação.

No entanto, o Brasil adotou 24 reservas à Lei Uniforme do Cheque, no que se refere às suas regras não essenciais, o que acabou fazendo com que fosse necessária a edição de uma lei específica para disciplinar esse importante título de crédito: trata-se da Lei 7.357/1985.

8.3.2. Requisitos essenciais

Logo em seu art. 1.º, a Lei do Cheque estabelece os requisitos essenciais desse título de crédito, determinando que ele deve conter: a) a expressão *cheque* (*cláusula cambiária*); b) uma ordem incondicional de pagamento de quantia determinada; c) o nome da instituição financeira contra quem foi emitido (*sacado*); d) a data do saque (emissão); e e) a assinatura do próprio emitente (também chamado de *sacador*).

Quanto à ordem incondicional de pagamento, o art. 15 da Lei do Cheque deixa claro: "o emitente garante o pagamento, considerando-se não escrita a declaração pela qual se exima dessa garantia". Sobre esse dispositivo, a 3ª Turma do STJ já decidiu que " o dever de garantia do emitente do cheque, previsto no art. 15 da Lei 7.357/1985, não pode ser afastado com fundamento nos costumes e no princípio da boa-fé objetiva".[89]

A ordem de pagamento constante do cheque, além de ser incondicional, deve indicar de forma precisa o valor a ser pago pelo sacado ao tomador, indicação essa que será feita em algarismos e também por extenso. Havendo divergência, prevalece o valor mencionado por extenso (art. 12 da Lei do Cheque: "feita a indicação da quantia em algarismos e por extenso, prevalece esta no caso de divergência. Indicada a quantia mais de uma vez, quer por extenso, quer por algarismos, prevalece, no caso de divergência, a indicação da menor quantia").

No tocante à necessidade de indicação do sacado, vale destacar que é sempre uma instituição financeira (banco) ou entidade equiparada (cooperativa de crédito, por exemplo). Nesse sentido, dispõe o art. 3º que "o cheque é emitido contra banco, ou instituição financeira que lhe seja equiparada, sob pena de não valer como cheque".

---

função econômica com a sua estrutura jurídica.' (ROSA JR., Luiz Emygdio F. da. *Títulos de crédito*. 7. ed. Rio de Janeiro: Renovar, 2011, p. 532).

89 No caso que deu origem a esse entendimento, uma pessoa emprestou folhas de cheque a um amigo, que as usou e se obrigou perante um terceiro, o qual, uma vez não paga a obrigação, ajuizou execução contra o emitente, que, por sua vez, chamou ao processo o amigo a quem emprestou os títulos. O tribunal estadual entendeu que, "diante do costume de se emprestar lâminas de cheque a amigos e familiares, e em homenagem à boa-fé", quem deveria responder não seria o emitente, e sim o seu amigo que usou os cheques, "porque foi ele quem efetivamente assumiu a obrigação perante o credor". O STJ, porém, entendeu que "na ausência de lacuna, não cabe ao julgador se valer de um costume para afastar a aplicação da lei, sob pena de ofensa ao art. 4º da LINDB, conquanto ele possa lhe servir de parâmetro interpretativo quanto ao sentido e alcance do texto normativo". Assim, decidiu-se que "a flexibilização das normas de regência, à luz do princípio da boa-fé objetiva, não tem o condão de excluir o dever de garantia do emitente do cheque, previsto no art. 15 da Lei 7.357/85, sob pena de se comprometer a segurança na tutela do crédito, pilar fundamental das relações jurídicas desse jaez". Portanto, ambos (emitente e amigo) foram condenados ao pagamento da quantia inscrita nos cheques, sem prejuízo de posterior ação de regresso do emitente contra o amigo.

Sendo o cheque uma ordem de pagamento à vista, a data do saque deveria ser sempre aquela em que o título está sendo efetivamente emitido. No entanto, todos sabemos que já se consolidou no mercado a utilização do chamado cheque "pré--datado", no qual o emitente indica data posterior à sua emissão para pagamento do título. Analisaremos o assunto com mais detalhes adiante.

Por fim, é também de fundamental importância a assinatura do emitente, que será conferida pelo estabelecimento bancário sacado antes de efetuar o seu pagamento.

8.3.3. *Requisitos não essenciais*

Outra indicação importante constante do cheque deve ser o local de sua emissão (art. 1º, inciso V), que deve corresponder, exatamente, ao local em que o emitente se encontra no momento do seu preenchimento. A correção dessa informação é deveras importante, uma vez que ela determinará, como veremos a seguir, a duração do prazo de apresentação do título ao banco sacado. Mais uma vez é preciso destacar, todavia, que na praxe comercial não se costuma seguir à risca a regra em comento: as pessoas costumam escrever no cheque o local de sua agência bancária, ainda que estejam emitindo o cheque em outra cidade ou estado. Nesse caso, prevalece o que está escrito, ou seja, o cheque considera-se emitido no local indicado no título (art. 2º, inciso II: "não indicado o lugar de emissão, considera-se emitido o cheque no **lugar indicado junto ao nome do emitente**").

Por fim, o cheque também deve conter a indicação do lugar de pagamento (art. 1º, inciso IV), mas, "na falta de indicação especial, é considerado lugar de pagamento o lugar designado junto ao nome do sacado; se designados vários lugares, o cheque é pagável no primeiro deles; não existindo qualquer indicação, o cheque é pagável no lugar de sua emissão" (art. 2º, inciso I da Lei do Cheque).

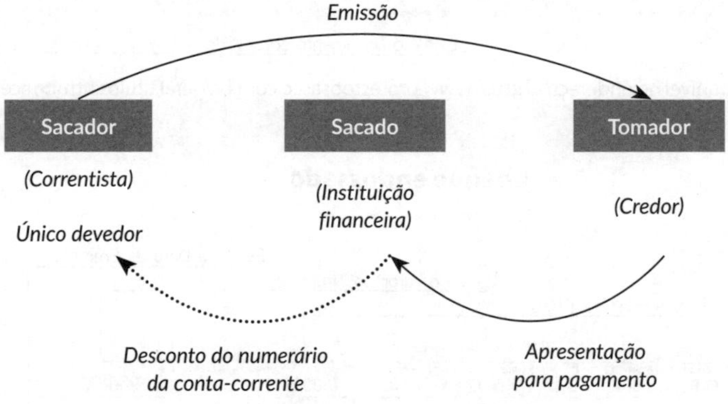

Cheque ao portador

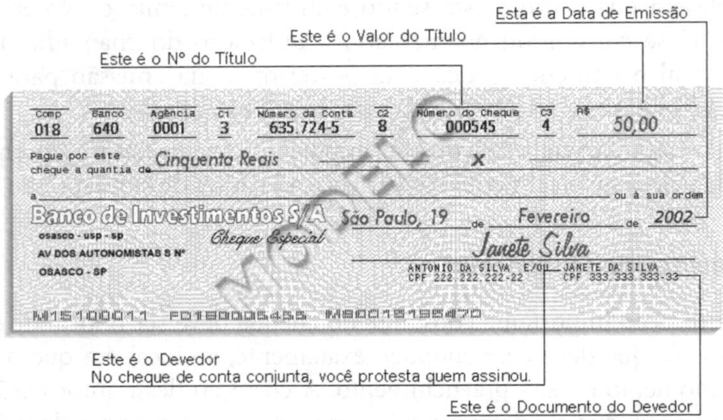

Fonte: Imagem disponível no endereço <http://www.protestoosasco.com.br/geral.titulos.html>, acesso em 14.07.2010.

Cheque nominal

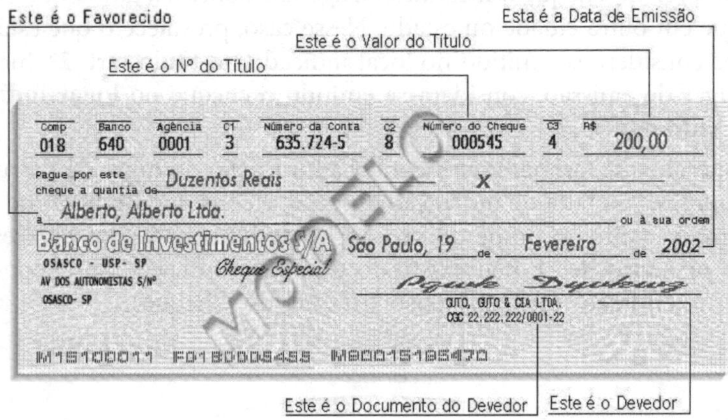

Fonte: Imagem disponível no endereço <http://www.protestoosasco.com.br/geral.titulos.html>, acesso em 14.07.2010.

Cheque endossado

Fonte: Imagens disponíveis no endereço <http://www.protestoosasco.com.br/geral.titulos.html>, acesso em 14.07.2010.

8.3.4. Algumas características importantes do cheque

Em princípio, não há limite de endossos nos títulos de crédito. No cheque, todavia, a realidade era diferente, uma vez que a legislação que instituiu a CPMF no Brasil (Lei 9.311/1996) previa a possibilidade de um único endosso nesse título de crédito: "somente é permitido um único endosso nos cheques pagáveis no país" (art. 17, I).[90] Assim, enquanto os demais títulos de crédito próprios sempre puderam receber mais de um endosso, o cheque, em obediência ao disposto na legislação tributária referente à CPMF (art. 17, I, da mesma Lei 9.311/1996), só admitia um único endosso, com o objetivo de evitar a circulação indefinida do cheque sem o recolhimento da referida contribuição. No entanto, com a extinção desse tributo, a vedação deixou de existir, e hoje o cheque, assim como os demais títulos de crédito, não tem limite de número de endossos que nele podem ser feitos.

Ainda sobre o endosso no cheque, destaque-se que a Lei do Cheque prevê, em seu art. 39, que o banco tem a obrigação legal de verificar a regularidade da cadeia de endossos: "o sacado que paga cheque 'à ordem' é obrigado a verificar a regularidade da série de endossos, mas não a autenticidade das assinaturas dos endossantes. A mesma obrigação incumbe ao banco apresentante do cheque a câmara de compensação". Por sua vez, o seu parágrafo único prevê que "ressalvada a responsabilidade do apresentante, no caso da parte final deste artigo, o banco sacado responde pelo pagamento do cheque falso, falsificado ou alterado, salvo dolo ou culpa do correntista, do endossante ou do beneficiário, dos quais poderá o sacado, no todo ou em parte, reaver a que pagou". Perceba-se que a lei impõe ao banco o dever legal de verificar a regularidade da série de endossos, mas não a autenticidade das assina-

[90] Quando ainda havia essa regra, Fábio Ulhoa Coelho assim a comentava: "Sobre a circulação do cheque, importar registrar (...) que a legislação tributária, quando elege a movimentação financeira como fato imponível de imposto (*na verdade, o autor se referia à CPMF, que era tributo da espécie 'contribuição'*), costuma limitar o número de endossos que o cheque pode receber, com o objetivo de forçar a verificação da hipótese de incidência, isto é, a constituição da obrigação de pagar o tributo. De constitucionalidade questionável, essas limitações impedem que o cheque tenha mais de um endosso." (COELHO, Fábio Ulhoa. *Curso de direito comercial*. 7. ed. São Paulo: Saraiva, 2003. p. 437. v. 1).

turas, até porque tal medida seria inviável na maioria das vezes. A única assinatura que o banco tem condições de conferir a legitimidade é a do emitente do cheque, a partir da análise do *cartão de autógrafo* do correntista. Pois bem. Não obstante tal fato, interpretando essa norma do art. 39, o Superior Tribunal de Justiça já decidiu, invocando precedente específico, que se insere nas obrigações do banco a análise da legitimidade do endossante.

> *Direito comercial e direito processual civil. Cheque. Pagamento indevido a terceiro. Aceitação de falso endosso. Art. 39 da Lei n.º 7.357/85 (Lei do Cheque). Danos ao cliente titular do cheque. Responsabilidade do banco. Precedente da segunda seção.*
>
> *- **O banco que recebe o cheque endossado está obrigado a verificar a regularidade da série de endossos, aí incluída a legitimidade dos endossantes. Precedente da segunda seção.***
>
> *- Uma das funções precípuas de um banco é o cuidado com os valores e documentos de seus clientes, por isso os cheques destes devem ser manejados com extremo cuidado pelo banco.*
>
> (REsp 605.088/MT, Rel. Min. Nancy Andrighi, DJ 03.10.2005, p. 243).

> *Direito comercial e direito processual civil. Cheque. Irregularidade dos endossos. Responsabilidade do banco intercalar. Divergência entre julgados das Turmas que compõem a Segunda Seção.*
>
> *I - O banco apresentante do cheque à câmara de compensação tem o dever de verificar a regularidade da sucessão dos endossos. **Deve, pois, tomar a cautela de exigir prova da legitimidade do endossante, como, por exemplo, cópia do contrato social da empresa, quando o título for nominal a pessoa jurídica.***
>
> (EREsp 280.285/SP, Rel. Min. Nancy Andrighi, Rel. p/ Acórdão Min. Antônio de Pádua Ribeiro, DJ 28.06.2004, p. 182).

Outra característica importante dos cheques é a de que tais títulos, quando possuírem valor não superior a R$ 100,00 (cem reais), podem ser emitidos ao portador. Cheques acima desse valor, todavia, deverão ser emitidos nominalmente. Nesse ponto, cumpre esclarecer que a *legislação cambiária especial*, em regra, não admite a *emissão* de títulos ao portador no Brasil. A única exceção, de fato, dá-se com o cheque de valor não superior a R$ 100,00 (cem reais), cuja emissão ao portador é expressamente autorizada pelo art. 69 da Lei 9.069/1995.[91]

Duas observações, porém, precisam ser feitas: (i) o Código Civil, ao tratar sobre títulos de crédito, permitiu a emissão de títulos ao portador, disciplinando-os de forma detalhada, o que analisaremos com mais detalhes adiante; (ii) deve-se ressalvar a hipótese de *endosso em branco* dos títulos de crédito, medida permitida pela legislação cambiária especial que acaba por transformar os títulos em docu-

[91] Sobre esse dispositivo, o STJ já decidiu que, não obstante os cheques acima de R$ 100,00 devam ser emitidos nominalmente, nada impede a execução de um cheque ao portador (ou seja, sem indicação do beneficiário) em valor acima desse patamar, desde que se possa identificar o favorecido: "A interpretação teleológica do art. 69 da Lei n.º 9.069/95 indica que tal dispositivo legal foi editado à época dos denominado 'Plano Collor', tendo por escopo tão somente possibilitar a identificação, para efeitos fiscais e tributários, dos beneficiários de cheques emitidos com valor superior a R$ 100,00. A inexistência de indicação de quem é o beneficiário do cheque não obsta sua cobrança frente ao emitente, pela via judicial, desde que haja plena identificação do favorecido." (REsp 908.251/SC, Rel. Ministra NANCY ANDRIGHI, TERCEIRA TURMA, julgado em 1.º.10.2009, *DJe* 19.10.2009).

mentos ao portador, uma vez que poderão circular pela mera tradição, bastando ao último recebedor "fechá-lo" em seu nome.

Quando o cheque é nominal, o art. 8ª da Lei do Cheque diz o seguinte: "pode-se estipular no cheque que seu pagamento seja feito: I – a pessoa nomeada, com ou sem cláusula expressa 'à ordem'; II – a pessoa nomeada, com a cláusula 'não à ordem', ou outra equivalente".

Também é característica especial do cheque a sua, por assim dizer, *autonomia relativa*. É que, segundo a jurisprudência do Superior Tribunal de Justiça, a submissão do cheque ao princípio da autonomia não deve ser entendida de forma absoluta, permitindo-se, em situações excepcionais, que o devedor discuta a *causa debendi*. Nesse sentido, confiram-se os seguintes julgados:

> *Comercial e processual civil. Cheque. Investigação da* causa debendi. *Circunstâncias especiais, que o permitem. Lei n. 7.357/85. Exegese. Honorários. Fixação equitativa. CPC, Art. 20, § 4.º. I. A autonomia do cheque não é absoluta, permitida, em certas circunstâncias especiais, como a prática de ilícito pelo vendedor de mercadoria não entregue, após fraude notória na praça, a investigação da causa subjacente e o esvaziamento do título pré-datado em poder de empresa de "factoring", que o recebeu por endosso. II. Honorários advocatícios já fixados em valor módico, não cabendo ainda maior redução. III. Recurso especial não conhecido (STJ, REsp 434.433/MG, Rel. Min. Aldir Passarinho Júnior, DJ 23.06.2003, p. 378).*

> *Comercial e processual civil. Cheque. Execução. Autonomia relativa da cártula.* Causa debendi. *Investigação. Possibilidade. CPC, Arts. 585, I e 586. Lei n. 7.357/85. Exegese. Matéria de fato. Reexame. Impossibilidade. Súmula n. 7-STJ. I. A autonomia e independência do cheque em relação à relação jurídica que o originou é presumida, porém não absoluta, sendo possível a investigação da* causa debendi *e o afastamento da cobrança quando verificado que a obrigação subjacente claramente se ressente de embasamento legal. II. "A pretensão de simples reexame de prova não enseja recurso especial" (Súmula n. 07). III. Recurso especial não conhecido (STJ, REsp 43.513/SP, Rel. Min. Aldir Passarinho Júnior, DJ 15.04.2002, p. 219).*

> *Cheque. Vinculação a contrato de compra e venda. Possibilidade de exame da causa do débito. Fundamentação que permanece suficiente para a manutenção do julgado. 1.* ***Se o cheque foi dado em garantia, "deve ser admitida a investigação da causa debendi"*** *(REsp n.º 111.154/DF, da minha relatoria, DJ de 19/12/97; no mesmo sentido: REsp n.º 43.513/SP, Relator o Ministro Aldir Passarinho Junior, DJ de 15/4/02; REsp n.º 434.433/MG, Relator o Ministro Aldir Passarinho Junior, DJ de 23/6/03). 2. O acórdão, no caso, está subordinado a dois fundamentos que permanecem fortes, a saber, a ausência de pedido para que fosse efetuada a compensação e a ausência de "prova do acolhimento da reclamatória nem do valor de possível condenação" (fl. 101). Esses fundamentos são suficientes para manter o julgado, tornando hígido aquele cheque que estaria vinculado ao negócio de compra e venda. 3. Recurso especial não conhecido (STJ, REsp 659.327-MG, Rel. Min. Carlos Alberto Menezes Direito, DJ 30.04.2007, p. 310).*

O entendimento manifestado nos acórdãos acima transcritos é deveras temerário, por relativizar o mais importante princípio do regime jurídico cambial, algo que traz insegurança jurídica para as transações com emissão de cheques. Ao emitir um cheque, o devedor deve estar consciente de que aquele título de crédito representa uma dívida autônoma em relação ao negócio que lhe deu origem.

Ainda sobre as características do cheque, destaque-se que ele, como título de crédito, possui implícita, como já destacamos quando do estudo da letra de câmbio e da nota promissória, a cláusula à ordem, o que admite a sua circulação via endosso, com a ressalva apontada no início do presente tópico.

Nada impede, entretanto, que o emitente do cheque faça dele constar, expressamente, a *cláusula não à ordem*, situação em que o título não poderá circular por meio de endosso, sendo plenamente possível, porém, que circule via cessão civil de crédito. Nessa hipótese, frise-se, a circulação não se submete às regras do regime cambial, mas aos ditames próprios do regime civil (vide arts. 21 e 25 da Lei do Cheque), destacando-se, pois, a ausência de imunidade do cessionário, ainda que seja este um terceiro de boa-fé, às exceções pessoais que o emitente venha a suscitar.

Finalmente, cumpre destacar que o cheque não é uma forma de pagamento de aceitação obrigatória por estabelecimentos comerciais, conforme já decidiu o STJ em algumas situações:

> *Recurso especial. Inscrição em cadastro de inadimplentes. Conduta do comerciante. Legalidade. 1.* ***Receber ou recusar cheque é opção do comerciante. Não há Lei que determine curso forçado dessa forma de pagamento****. 2. Não comete ato ilícito o comerciante que, recebendo cheque sem provisão de fundos, encaminha o nome do emitente para cadastro de proteção ao crédito. (...) (REsp 831.336/RJ, Rel. Min. Humberto Gomes de Barros, 3.ª Turma, j. 06.03.2008,* DJe *01.04.2008).*

Em contrapartida, o mesmo STJ já entendeu que, se o estabelecimento comercial admite o pagamento em cheque, só pode negar essa faculdade a um consumidor se apresentar justa causa, entendimento com o qual não concordamos. Confira-se:

> *Civil. Recurso Especial. Ação de indenização por danos materiais e morais. Embargos de declaração. Omissão, contradição ou obscuridade. Não ocorrência. Recusa indevida de cheque. Alegação de que não há provisão de fundos. Configuração de danos morais. Compra realizada por outra forma de pagamento. Irrelevância. Após recusa da sociedade empresária em receber cheque emitido pelo consumidor, sob o falso argumento de que não havia provisão de fundos, o pagamento da mercadoria foi efetuado mediante cartão de débito em conta-corrente.* ***Embora o cheque não seja título de crédito de aceitação compulsória no exercício da atividade empresarial, a sociedade empresária, ao possibilitar, inicialmente, o pagamento de mercadoria por meio desse título, renunciou sua mera faculdade de aceitação e se obrigou a demonstrar justa causa na recusa, sob pena de violação ao princípio da boa-fé objetiva****. Na hipótese julgada, não foi demonstrada justa causa para a recusa do cheque, sobretudo porque na data da emissão deste havia provisão de fundos em conta-corrente, bem como o nome da recorrente não estava inscrito em cadastros de proteção ao crédito. Dessarte, a recusa indevida de cheque, sob a alegação inverídica de que não há provisão de fundos, ocasiona danos morais in re ipsa. Ademais, a utilização de outra forma de pagamento e a posterior realização do negócio jurídico não ilidiram a conduta ilícita já consumada. Recurso especial provido (REsp 981.583/PR, Rel. Min. Nancy Andrighi, 3.ª Turma, j. 23.03.2010,* DJe *01.07.2010).*

8.3.5. Cheque "pré-datado" (ou "pós-datado")

Embora seja uma ordem de pagamento à vista, popularizou-se bastante no Brasil a emissão de cheque para ser pago em data futura. Nesse caso, costuma-se usar a expressão cheque "pré-datado" – expressão comum na prática comercial – ou cheque "pós-datado" – expressão preferida por alguns doutrinadores.

Nesse caso, perderia o cheque a sua natureza de ordem de pagamento à vista? Deve o banco recebê-lo normalmente, sem levar em conta a data futura mencionada no título? Segundo a legislação (art. 32 da Lei do Cheque), o cheque será sempre uma ordem de pagamento à vista, devendo ser considerada não escrita qualquer menção em sentido contrário eventualmente colocada na cártula. Sendo assim, havendo saldo, um cheque pré-datado pode ser descontado ou devolvido, conforme o emitente possua ou não fundos suficientes para o seu pagamento.

Em suma: "(...) a emissão de cheque pósdatado, popularmente conhecido como cheque pré-datado, não o desnatura como título de crédito, e traz como única consequência a ampliação do prazo de apresentação (...)" (STJ, REsp 612.423/DF, Rel. Min. Nancy Andrighi, *DJ* 26.06.2006, p. 132).

Esse entendimento do STJ, ressalte-se, está restrito ao aspecto civil/comercial, uma vez que, no aspecto criminal, conforme veremos adiante, entende a referida Corte que a emissão de cheque "pré-datado" descaracteriza esse título como ordem de pagamento à vista e o transforma em mera garantia de dívida.

Ocorre, todavia, que embora o banco não tenha responsabilidade alguma nesse caso – já que no cheque o banco sacado, como visto, não assume nenhuma obrigação cambial –, o mesmo não se pode dizer quanto àquele que apresentou o cheque para pagamento extemporaneamente. Isso porque, a partir do momento em que é emitido um cheque pré-datado em favor de alguém, resta claro que houve um acordo entre as partes, razão pela qual a apresentação precipitada do cheque configura *quebra de acordo*, podendo ensejar a responsabilidade civil.

> O cheque pós-datado é importante instrumento de concessão de crédito ao consumidor. Embora a pós-datação não produza efeitos perante o banco sacado, na hipótese de apresentação para liquidação, ela representa um acordo entre tomador e emitente. A apresentação precipitada do cheque significa o descumprimento do acordo.[92]

Provando o emitente do cheque, por exemplo, que a apresentação precipitada do título e o seu consequente pagamento pelo banco lhe deixou sem recursos suficientes para outras obrigações, pode requerer indenização por dano moral ao tomador que o descontou antes da data aprazada, referente aos prejuízos de ordem material e moral eventualmente sofridos, conforme tem decidido os tribunais pátrios, inclusive o Superior Tribunal de Justiça:

> *Civil. Recurso especial. Cheque pré-datado. Apresentação antes do prazo. Compensação por danos morais. – Não ataca o fundamento do acórdão o recurso especial que discute apenas a natureza jurídica do título cambial emitido e desconsidera o posicionamento do acórdão a respeito da existência de má-fé na conduta de um dos contratantes. –* ***A apresentação do cheque pré-datado antes do prazo estipulado gera o dever de indenizar, presente, como no caso, a devolução do título por ausência de provisão de fundos****. Recurso especial não conhecido (STJ, REsp 707.272/PB, Rel. Min. Nancy Andrighi,* DJ *21.03.2005, p. 382).*
>
> *Responsabilidade civil. Cheques pré-datados. Apresentação antecipada. Devolução das cártulas por insuficiência de fundos. Dano moral. Ocorrência. Redução do* quantum

[92] COELHO, Fábio Ulhoa. *Curso de direito comercial*. 7. ed. São Paulo: Saraiva, 2003. p. 441. v. I.

> *indenizatório para atentar aos valores habitualmente fixados pelas turmas recursais.* ***Dano moral caracterizado pela apresentação antecipada de cheque pré-datado e que resultou na devolução da cártula por insuficiência de fundos.*** *Deram parcial provimento ao recurso (TJRS, Recurso Cível 71001005610, 1.ª Turma Recursal Cível, Rel. Heleno Tregnago Saraiva, j. 30.11.2006).*

Confirmando esse entendimento, o STJ editou a Súmula 370, com o seguinte teor: "caracteriza dano moral a apresentação antecipada de cheque pré-datado". Merece destaque também a Súmula 388, que assim dispõe: "a simples devolução indevida de cheque caracteriza dano moral".

Quanto à Súmula 370, cumpre apenas destacar que, em nossa opinião, é incorreto afirmar que a mera apresentação de cheque pré-datado caracteriza dano moral. Na verdade, a apresentação antecipada de cheque pré-datado, por configurar quebra de acordo, caracteriza ato ilícito. Desse ato ilícito pode advir um dano moral ou material (por exemplo, a devolução do cheque ou a inscrição num cadastro de proteção ao crédito), e entre o ato ilícito e o dano pode haver um nexo de causalidade, o que ensejará a responsabilização civil do causador do dano, com o seu consequente dever de indenizar.

Ainda sobre a apresentação antecipada de cheque pré-datado, vale ressaltar que um terceiro de boa-fé que recebe um cheque e o apresenta a pagamento antes da data combinada entre emitente e tomador não pode ser responsabilizado por tal ato, já que o acordo de "pré-datação" vincula apenas as partes que o fizeram. Nesse sentido, confira-se a seguinte decisão do STJ:

> *Direito cambiário e responsabilidade civil. Recurso especial. Ação de indenização por danos morais. Cheque pós-datado. Pactuação extracartular. Costume contra legem. Beneficiário do cheque que o faz circular, antes da data avençada para apresentação. Terceiro de boa-fé, estranho ao pactuado. Ilegitimidade passiva. Aplicação do princípio da relatividade dos efeitos contratuais. 1. O cheque é ordem de pagamento à vista e submete-se aos princípios, caros ao direito cambiário, da literalidade, abstração, autonomia das obrigações cambiais e inoponibilidade das exceções pessoais a terceiros de boa-fé. 2. Com a decisão contida no REsp. 1.068.513-DF, relatado pela Ministra Nancy Andrighi, ficou pacificado na jurisprudência desta Corte a ineficácia, no que tange ao direito cambiário, da pactuação extracartular da pós-datação do cheque, pois descaracteriza referido título de crédito como ordem de pagamento à vista e viola os princípios cambiários da abstração e da literalidade. 3. O contrato confere validade à obrigação entre as partes da relação jurídica original, não vinculando ou criando obrigações para terceiros estranhos ao pacto. Por isso, a avença da pós-datação extracartular, embora não tenha eficácia, traz consequências jurídicas apenas para os contraentes. 4. Com efeito, em não havendo ilicitude no ato do réu, e não constando na data de emissão do cheque a pactuação, tendo em vista o princípio da relatividade dos efeitos contratuais e os princípios inerentes aos títulos de crédito, não devem os danos ocasionados em decorrência da apresentação antecipada do cheque ser compensados pelo réu, que não tem legitimidade passiva por ser terceiro de boa-fé, mas sim pelo contraente que não observou a alegada data convencionada para apresentação da cártula. 5. Recurso especial provido (REsp 884.346/SC, Rel. Min. Luis Felipe Salomão, 4.ª Turma, j. 06.10.2011, DJe 04.11.2011).*

Perceba-se que o acórdão acima transcrito ainda consagra outro entendimento importante: eventual "pré-datação" do cheque deve ser formalizada no próprio título, por meio da colocação de data futura quando da sua emissão. A "pré-datação" extracartular, feita em contrato separado, é ineficaz, segundo o STJ (REsp 1.068.513-DF).

8.3.6. Modalidades de cheque

A legislação especial cuida de algumas modalidades específicas de cheque, que serão analisados agora.

Há, por exemplo, o **cheque cruzado** (arts. 44 e 45 da Lei do Cheque), muito utilizado na praxe comercial. O cruzamento consiste na aposição de dois traços transversais e paralelos no anverso do título, e tem por objetivo conferir segurança à liquidação de cheques ao portador. Isso porque ao ser feito o cruzamento o cheque só pode ser pago a um banco ou a um cliente do banco, mediante crédito em conta, o que evita, consequentemente, o seu desconto na boca do caixa.

Ocorre que, conforme bem aponta Fábio Ulhoa Coelho, "a utilidade do cruzamento é reduzida, no direito brasileiro, em razão da obrigatoriedade da forma nominativa dos cheques superiores a R$ 100,00".[93]

Destaque-se que o cruzamento pode ser feito *em branco ou em preto*. No primeiro caso – também chamado de cruzamento geral – apenas são apostos os dois traços no título, podendo-se ainda mencionar a expressão "banco" entre os traços. No segundo caso – também chamado de cruzamento especial – além da aposição dos traços, é mencionado um banco entre os traços referidos (colocando-se o seu nome ou o seu número junto ao Banco Central), o que faz com que o cheque só possa ser pago ao banco identificado ou a um cliente seu, mediante crédito em conta corrente.

Outra modalidade de cheque disciplinada pela lei é o cheque visado (art. 7.º da Lei do Cheque), aquele em que o banco confirma, mediante assinatura no verso do título, a existência de fundos suficientes para pagamento do valor mencionado. Segundo a lei, somente pode receber o visto do banco o cheque nominativo que ainda não tiver sido endossado.

Ao visar o cheque, o banco garante que ele tem fundos e assegura o seu pagamento durante o *prazo de apresentação*. Com o visto, o banco se obriga a reservar a quantia constante do cheque durante o período de apresentação.[94]

É preciso deixar claro que o visto que o banco coloca no cheque não se confunde com um aceite, não implica na assunção de nenhuma obrigação cambial por parte do banco, nem exonera o emitente e eventuais codevedores (endossante, por exemplo) de responsabilidade pelo seu pagamento.

A lei também menciona o **cheque administrativo** (art. 9.º, inciso III, da Lei do Cheque), que é aquele emitido por um banco contra ele mesmo, para ser liquidado em uma de suas agências. O banco, portanto, é ao mesmo tempo emitente e sacado.

O cheque administrativo tem exercido uma importante função no mercado, a de conferir segurança a operações com valores altos: primeiro, porque dispensa

93 COELHO, Fábio Ulhoa. *Curso de direito comercial*. 7. ed. São Paulo: Saraiva, 2003. p. 439. v. I.

94 Hoje em dia, o cheque visado vem sendo progressivamente substituído pelo uso do cheque administrativo.

o pagador de movimentar o alto valor em papel-moeda; segundo, porque o recebedor tem a certeza quase absoluta de que o título será honrado. Afinal, o cheque está sendo emitido por um banco, razão pela qual a chance de esse título não ser descontado por insuficiência de fundos é praticamente igual a zero.

Assim, alguém que vai realizar uma venda, por exemplo, em valor muito expressivo, pode exigir que o comprador pague a soma em cheque administrativo. Em tese, o correto, nesses casos, seria o uso do cheque visado, mas a praxe comercial, como dito, tem preferido o uso do cheque administrativo nessas situações. Destaque-se que o cheque administrativo tem que ser necessariamente nominal.

Por fim, trata a lei ainda do chamado **cheque para ser creditado em conta** (art. 46 da Lei do Cheque), aquele que o sacado não pode pagar em dinheiro, por expressa proibição colocada no anverso do título pelo próprio emitente, consistente na colocação da expressão "para ser creditado em conta" (como manda a lei) ou da menção ao número da conta do beneficiário entre os traços do cruzamento (como é feito na prática). Nesse caso, o banco sacado deve proceder ao pagamento do cheque por meio de lançamento contábil (crédito em conta, transferência ou compensação).

8.3.7. Sustação do cheque

De acordo com a legislação, o pagamento de determinado cheque pode ser "sustado" pelo seu emitente em dois casos, previstos, respectivamente, nos arts. 35 (revogação ou contraordem) e 36 (oposição) da Lei do Cheque.

Segundo o art. 35, "o emitente do cheque pagável no Brasil pode revogálo, mercê de contraordem dada por aviso epistolar, ou por via judicial ou extrajudicial, com as razões motivadoras do ato". Essa revogação ou contraordem[95], ressalte-se, só pode ser feita pelo emitente e só produz efeitos após expirado o prazo de apresentação (art. 35, parágrafo único).

Já o art. 36, por sua vez, prevê que "mesmo durante o prazo de apresentação, o emitente e o portador legitimado podem fazer sustar o pagamento, manifestando ao sacado, por escrito, oposição fundada em relevante razão de direito". Nesse caso, o emitente e os legítimos possuidores podem fazer a sustação, e ela pode ser feita já no prazo de apresentação, produzindo efeitos imediatamente.

Vale destacar que a própria Lei do Cheque, em seu art. 36, § 2.º, determina que não cabe ao banco sacado analisar a relevância das razões invocadas pelo emitente para proceder à sustação do título. Por esse motivo, é totalmente descabida a exigência, feita pelos bancos na prática, de que o emitente apresente boletim de ocorrência policial.[96]

---

95 "Ato cambiário pelo qual o emitente pode limitar a eficácia chéquica do título aos 30 ou 60 dias seguintes à emissão" (COELHO, Fábio Ulhoa. *Curso de direito comercial*. 8. ed. São Paulo: Saraiva, 2004, v. 1, p. 449).

96 Nesse sentido: COELHO, Fábio Ulhoa. *Curso de direito comercial*. 7. ed. São Paulo: Saraiva, 2003, p. 445-446. v. I. Diz o autor, com razão: *"O banco geralmente cobra tarifas consideráveis para acolher a sustação, tendo em vista os custos e a dificuldade de sua operacionalização. Desde que compatíveis com os parâmetros do mercado, não há nenhuma irregularidade na cobrança. Irregular, porque não respaldado na lei, é a exigência, feita por muitos bancos, de exibição, pelo emitente, do simulacro de prova do desapossamento indevido, o* Boletim de Ocorrência Policial. *Se ao banco não cabe adentrar as razões do ato de sustação, não é possível condicionar a revogação ou oposição à apreciação de qualquer documento. Basta, com efeito, a comunicação escrita do emitente".*

No entanto, caberá ao eventual prejudicado, conforme o caso, responsabilizar o emitente se entender que houve abuso de direito por parte dele. Aliás, poderá até mesmo requerer a sua responsabilização penal pela prática de crime de estelionato (art. 171, § 2.º, VI, do Código Penal).

Quanto a esse fato específico – responsabilização penal do emitente do cheque por crime de estelionato – cumpre-nos fazer uma interessante observação. Muitas pessoas costumavam dirigir-se a uma delegacia para oferecer *notitia criminis* contra o emitente de cheque sustado de maneira infundada ou sem fundos. A prática visava, na verdade, a pressionar o emitente ao pagamento da dívida, impondo-lhe o constrangimento e o risco de submissão a um processo criminal. Ocorre que na grande maioria dos casos os cheques não honrados são "pré-datados", os quais, como visto, representam um acordo entre as partes da relação cambial. Diante disso, o Superior Tribunal de Justiça consolidou entendimento segundo o qual a "pré-datação" do cheque o transformaria em mera garantia de dívida, fato que, por si só, afastaria a possibilidade de incriminação do emitente no tipo penal de estelionato. Nesse sentido, *in verbis*:

> *Recurso ordinário em* habeas corpus. *Estelionato. Revogação da prisão preventiva. Emissão de cheque pré-datado. Atipicidade da conduta. Ordem concedida de ofício para trancar a ação penal. 1. Em que pese o pedido do recorrente se restringir a revogação da prisão preventiva por ausência dos requisitos que autorizam a segregação cautelar, percebe-se, conforme pacífica jurisprudência desta Corte, que a emissão de cheque pré-datado descaracteriza a cártula de um título de pagamento à vista, transformando-a numa garantia de dívida. Atipicidade da conduta. 2. Recurso conhecido para conceder, de ofício a ordem, para trancar a ação penal (STJ, RHC 16.880/PB, Rel. Min. Hélio Quaglia Barbosa, DJ 24.10.2005, p. 381).*

8.3.8. *Prazo de apresentação*

Desde o início do presente tópico, mencionamos diversas vezes a questão do *prazo de apresentação* do cheque. Fizemos isso quando destacamos que no cheque visado o banco assegura o seu pagamento durante esse prazo e quando tratamos da possibilidade de oposição do cheque, entre outras vezes.

Trata-se, enfim, de prazo dentro do qual o emitente deverá levar o cheque para pagamento junto à instituição financeira sacada (art. 33 da Lei do Cheque).

O prazo de apresentação do cheque, ressalte-se, não se confunde com o seu prazo de prescrição. Na verdade, funciona, *grosso modo*, como o prazo de protesto nos demais títulos, uma vez que se destina, precipuamente, a assegurar o direito de execução contra os codevedores do título (art. 47, inciso II, da Lei do Cheque).

Se o cheque for "da mesma praça", o prazo de apresentação é de *30 dias*. Se, todavia, for "de praças diferentes", o prazo de apresentação será de *60 dias*.[97] Em ambos os casos, o prazo é contado da data de emissão.

[97] *"a definição de uma ou de outra categoria de cheque é feita pela comparação entre o município que consta como local de emissão e o da agência pagadora. Se coincidentes, o cheque é considerado 'da mesma praça'; caso contrário, de 'praças diferentes'. É irrelevante, para os fins de definição do prazo de apresentação do cheque, se os municípios – do local do saque e do estabelecimento bancário pagador – integram a mesma câmara de compensação (art. 11 da Res. n.º 1.682/90 do Banco Central)".* (COELHO, Fábio Ulhoa. *Curso de direito comercial*. 7. ed. São Paulo: Saraiva, 2003. p. 440. v. I).

O prazo de apresentação, como dito, serve para marcar o período que se tem que observar para conservar o direito de executar os codevedores. Assim, se o portador do cheque perde o prazo de apresentação, consequentemente perde o direito de executar os codevedores.

Caso "B" endosse um cheque recebido de "A" a "C", será considerado codevedor perante "C". Este, por sua vez, poderá descontar o cheque a qualquer momento, dentro do prazo de prescrição. Caso não observe o prazo de apresentação, e sendo devolvido o cheque por insuficiência de fundos, perderá "C" o direito de executar "B", mas permanecerá o direito de executar o emitente, apenas. Havendo saldo, o cheque será descontado normalmente. Nesse sentido, dispõe o Enunciado 600 da Súmula de jurisprudência dominante do STF: "cabe ação executiva contra o emitente do cheque e seus avalistas, ainda que não apresentado o cheque ao sacado no prazo legal, desde que não prescrita a ação cambiária".

Há um caso excepcional, apenas, em que a perda do prazo de apresentação gera, inclusive, a perda do direito de executar o próprio emitente, e não apenas o codevedor. Trata-se da hipótese em que o emitente prova que tinha fundos suficientes durante o prazo de apresentação, mas deixou de tê-los por motivos alheios à sua vontade (art. 47, § 3.º, da Lei do Cheque).

Perceba-se que, nesse ponto, o prazo de apresentação se assemelha ao prazo de protesto nos demais títulos cambiais, uma vez que nestes, perdido o prazo de protesto, perderá o credor o direito de executar os codevedores. No cheque, isso ocorre com o decurso do prazo de apresentação.

O transcurso do prazo de apresentação, enfim, não impede que o cheque seja levado ao banco sacado para ser descontado, uma vez que somente depois de transcorrido o prazo prescricional é que a instituição financeira não poderá mais receber nem processar o título, conforme disposto no art. 35, parágrafo único, da Lei do Cheque.

8.3.9. *Prescrição do cheque*

O cheque, como título de crédito que é, possui executividade, ou seja, é considerado pela legislação processual (art. 784, I, do CPC/2015) um título executivo extrajudicial. Não honrado seu pagamento pelo emitente, portanto, poderá o portador da cártula de cheque promover ação de execução contra ele e contra os eventuais codevedores (endossante, avalistas).[98]

O prazo prescricional dessa ação de execução do cheque é de 6 *meses*, contados após o término do prazo de apresentação (art. 59 da Lei do Cheque), o qual, como visto, é de 30 ou 60 dias, conforme a praça de emissão. Perceba-se que a lei é clara

[98] Qual deve ser o termo inicial para a fluência dos juros de mora de dívida instrumentalizada em cheque? O STJ entendeu que os juros de mora devem fluir a partir do primeiro ato do credor no sentido de satisfazer o seu crédito, o que pode se dar pela apresentação do cheque ao banco, pelo protesto cambial, por uma notificação extrajudicial ou pela citação numa ação de cobrança do respectivo título (REsp 1.768.022 – Informativo 705). No caso julgado, como o cheque não tinha sido apresentado ao banco para compensação, verificou-se que o primeiro ato do credor para a satisfação do seu crédito foi a propositura de uma ação monitória, razão pela qual se entendeu que os juros de mora deveriam fluir a partir da citação nessa ação.

ao estabelecer que o início do prazo prescricional ocorre a partir do término do prazo de apresentação, e não da sua efetiva apresentação ao banco sacado. Portanto, independentemente de quando o cheque foi apresentado ao banco sacado – pouco importa se dentro ou fora do prazo de 30 ou 60 dias, conforme a praça – o prazo de prescrição da sua ação de execução só começará a fluir após o término do prazo de apresentação.[99]

Não é correto afirmar, pois, que o prazo prescricional do cheque é de 7 meses ou 8 meses, respectivamente, conforme seja de mesma praça ou de praças diferentes. Primeiro, porque ***prazo de apresentação* e *prazo de prescrição* são situações distintas**, não podendo ser somados e transformados num único prazo; segundo, porque os prazos em dias se contam em dias, e os prazos em meses se contam meses. Assim, nem sempre a soma de 30 dias mais 6 meses será igual a 7 meses, por exemplo.

Há que se mencionar um caso, entretanto, em que o início do prazo prescricional do cheque não segue a regra acima apontada, segundo a qual ele flui a partir do término do prazo de apresentação. Trata-se, mais uma vez, de situação peculiar decorrente de "pré-datação" do cheque. Com efeito, em caso de cheque "pré-datado" apresentado ao banco sacado precipitadamente, deve-se proceder da seguinte maneira: considera-se iniciado o prazo de prescrição não a partir do término do prazo de apresentação, mas a partir da data em que o título foi efetivamente levado ao banco para desconto; a partir desse dia, pois, inicia-se o prazo prescricional de seis meses.

A observação feita no parágrafo anterior é deveras importante, uma vez que visa a evitar que o tomador de cheque "pré-datado" que o apresenta extemporaneamente se beneficie da sua própria torpeza, infringindo um princípio basilar da teoria geral do direito. Pense-se, por exemplo, na situação em que "A", no dia 02/05, emite um cheque "pré-datado" de mesma praça para o dia 20/06 em favor de "B". Este, desrespeitando o acordo feito com "A", leva o título para desconto no banco sacado no dia seguinte, 03/05. Se aplicarmos a regra geral do art. 59 da Lei do Cheque, o prazo de apresentação do cheque emitido por "A" findaria apenas em 20/07, data na qual se iniciaria, por sua vez, o prazo prescricional, que se encerraria em 20/01 do ano seguinte. O que se defende, em contrapartida, é que nesse caso específico o prazo de prescrição comece a fluir a partir da data em que o cheque foi levado ao banco para desconto, ou seja, 03/05.

Nesse sentido, confira-se o Enunciado 40 da I Jornada de Direito Comercial do CJF: "O prazo prescricional de 6 (seis) meses para o exercício da pretensão à execução do cheque pelo respectivo portador é contado do encerramento do prazo de apresentação, tenha ou não sido apresentado ao sacado dentro do referido prazo. No caso de cheque pós-datado apresentado antes da data de emissão ao sacado ou da data pactuada com o emitente, o termo inicial é contado da data da primeira apresentação".

[99] Há autores que sustentam entendimento diverso, no sentido de que *"se, no entanto, a apresentação do cheque ocorrer dentro do prazo legal, o termo inicial do prazo prescricional será a data da apresentação e da recusa de pagamento pelo sacado porque neste momento consuma-se o dano ao patrimônio do credor, que já tem o direito de acionar os obrigados no cheque"*. (ROSA JR., Luiz Emygdio F. da. *Títulos de crédito*. 7. ed. Rio de Janeiro: Renovar, 2011. p. 655).

8.3.9.1. A cobrança de cheque prescrito

O cheque prescrito, é óbvio, não poderá mais ser executado. Não obstante, a Lei do Cheque ainda prevê, em seu art. 61, a possibilidade de propositura da chamada *ação de enriquecimento ilícito* (também chamada de *ação de locupletamento*) contra o emitente ou demais coobrigados.

Essa ação específica prevista na legislação checária prescreve em dois anos, contados a partir do término do prazo prescricional. Destaque-se que se trata de *ação cambial*, ou seja, nela o cheque conserva suas características intrínsecas de título de crédito, como a autonomia e a consequente inoponibilidade das exceções pessoais ao terceiro de boa-fé. Segue, todavia, o rito ordinário de uma ação de conhecimento, uma vez que com a prescrição o cheque perdeu, como dito, a sua executividade.

Ultrapassado o referido prazo de prescrição da ação de locupletamento, o cheque ainda pode ser cobrado, desde que comprovado o seu não pagamento, mediante ação de cobrança, na qual caberá ao portador, todavia, provar a relação causal que originou o título (art. 62 da Lei do Cheque). Veja-se, pois, que não se trata mais de uma ação cambial, ou seja, aqui o portador do cheque não se beneficia mais dos predicados decorrentes dos princípios que informam o regime jurídico cambial, como a autonomia da dívida checária em relação ao negócio que originou a sua emissão, da qual decorre, logicamente, a inoponibilidade das exceções pessoais ao terceiro de boa-fé. Nessa ação, portanto, o devedor do cheque poderá discutir a causa que o originou e opor quaisquer exceções contra o autor da demanda.

Por fim, registre-se que a jurisprudência do Superior Tribunal de Justiça já consolidou entendimento no sentido de que é plenamente cabível a propositura de ação monitória lastreada em cheque prescrito. Nesse sentido, aliás, é o que dispõe o Enunciado 299 da Súmula de jurisprudência dominante do STJ: "é admissível ação monitória fundada em cheque prescrito".

O STJ ainda entende que na ação monitória de cheque prescrito o credor não precisa demonstrar a causa da emissão do título, cabendo ao devedor fazer prova da eventual inexistência da dívida (Súmula 531):

> *Processo civil. Recurso especial. Ação monitória. Instrução. Cheque prescrito. Demonstração da* causa debendi. *Desnecessidade. Recurso provido. 1. A teor da jurisprudência desta Corte, na ação monitória fundada em cheque prescrito, é desnecessária a demonstração da causa de sua emissão, cabendo ao réu o ônus da prova da inexistência do débito. 2. Recurso conhecido e provido para afastar a extinção do feito sem julgamento do mérito e determinar o regular processamento da ação pelas instâncias ordinárias (STJ, 4.ª Turma, REsp 801.715/MS, Rel. Min. Jorge Scartezini, DJ 20.11.2006, p. 337).*
>
> *Processual civil. Recurso especial representativo de controvérsia. Art. 543-C do CPC. Ação monitória aparelhada em cheque prescrito. Dispensa da menção à origem da dívida.*
>
> *1. Para fins do art. 543-C do CPC: Em ação monitória fundada em cheque prescrito, ajuizada em face do emitente, é dispensável menção ao negócio jurídico subjacente à emissão da cártula.*
>
> *2. No caso concreto, recurso especial parcialmente provido (REsp 1.094.571/SP, Rel. Min. Luis Felipe Salomão, Segunda Seção, j. 04.02.2013,* DJe *14.02.2013).*

Vale ressaltar que a ação monitória de cheque prescrito não é propriamente uma ação cambial, de modo que nela, conforme já decidiu o STJ, "é possível a oposição de exceção pessoal ao portador de cheque prescrito".

> DIREITO EMPRESARIAL. RECURSO ESPECIAL. EMBARGOS DE DECLARAÇÃO. OMISSÃO, CONTRADIÇÃO, OBSCURIDADE OU ERRO MATERIAL. NÃO OCORRÊNCIA. AÇÃO MONITÓRIA. CHEQUE PRESCRITO. PERDA DOS ATRIBUTOS CAMBIÁRIOS. POSSIBILIDADE DE DISCUSSÃO DA CAUSA DEBENDI.
>
> 1. Ação monitória fundada em cheques prescritos.
>
> (...)
>
> 3. O propósito recursal, além de analisar acerca da ocorrência de negativa de prestação jurisdicional, é definir se, na hipótese, é aplicável o princípio da inoponibilidade das exceções pessoais ao recorrente - portador dos cheques e terceiro de boa-fé.
>
> (...)
>
> 5. Nos termos do art. 25 da Lei 7.357/85, quem for demandado por obrigação resultante de cheque não pode opor ao portador exceções fundadas em relações pessoais com o emitente, ou com os portadores anteriores, salvo se o portador o adquiriu conscientemente em detrimento do devedor, isto é, salvo se constatada a má-fé do portador do título.
>
> 6. Na hipótese dos autos, contudo, verifica-se que os cheques, que embasaram o ajuizamento da ação monitória, já estavam prescritos, não havendo mais que se falar em manutenção das suas características cambiárias, tais quais a autonomia, a independência e a abstração.
>
> 7. Perdendo o cheque prescrito os seus atributos cambiários, dessume-se que a ação monitória neste documento fundada admitirá a discussão do próprio fato gerador da obrigação, sendo possível a oposição de exceções pessoais a portadores precedentes ou mesmo ao próprio emitente do título.
>
> 8. Recurso especial conhecido e não provido, com majoração de honorários.
>
> (REsp 1.669.968/RO, Rel. Ministra NANCY ANDRIGHI, TERCEIRA TURMA, julgado em 08/10/2019, DJe 11/10/2019)

Quanto ao prazo para a propositura da ação monitória de cheque prescrito, o STJ tem entendido que é de cinco anos, nos termos do Enunciado 503 da sua Súmula de Jurisprudência: "o prazo para ajuizamento da ação monitória em face do emitente de cheque sem força executiva é quinquenal, a contar do dia seguinte à data de emissão estampada na cártula". Confiram-se, a propósito, os seguintes julgados:

> *Direito Comercial e Processual Civil. Recurso especial. Ação monitória embasada em cheque prescrito. Viabilidade. Menção ao negócio jurídico subjacente. Desnecessidade. Oposição de embargos à monitória discutindo o negócio que ensejou a emissão do cheque. Possibilidade. 1. O cheque é ordem de pagamento à vista, sendo de 6 (seis) meses o lapso prescricional para a execução após o prazo de apresentação, que é de 30 (trinta) dias a contar da emissão, se da mesma praça, ou de 60 (sessenta) dias, também a contar da emissão, se consta no título como sacado em praça diversa, isto é, em município distinto daquele em que se situa a agência pagadora. 2. Se ocorreu a prescrição para execução do cheque, o artigo 61 da Lei do Cheque prevê, no prazo de 2 (dois) anos a contar da prescrição, a possibilidade de ajuizamento de ação de locupletamento ilícito que, por ostentar natureza cambial, prescinde da descrição do negócio jurídico subjacente. Expirado o prazo para ajuizamento da ação por enrique-*

> *cimento sem causa, o artigo 62 do mesmo Diploma legal ressalva a possibilidade de ajuizamento de ação de cobrança fundada na relação causal. 3. No entanto,* ***caso o portador do cheque opte pela ação monitória, como no caso em julgamento, o prazo prescricional será quinquenal, conforme disposto no artigo 206, § 5.º, I, do Código Civil e não haverá necessidade de descrição da causa debendi.*** *4. Registre-se que, nesta hipótese, nada impede que o requerido oponha embargos à monitória, discutindo o negócio jurídico subjacente, inclusive a sua eventual prescrição, pois o cheque, em decorrência do lapso temporal, já não mais ostenta os caracteres cambiários inerentes ao título de crédito. 5. Recurso especial provido (REsp 926.312/SP, Rel. Min. Luis Felipe Salomão, 4.ª Turma, j. 20.09.2011, DJe 17.10.2011).*
>
> *Civil e processual civil. Cheque prescrito. Mensalidades escolares. Ação monitória. Causa debendi. Prazo prescricional.*
>
> *1. A ação monitória fundada em cheque prescrito, independentemente da relação jurídica que deu causa à emissão do título, está subordinada ao prazo prescricional de 5 (cinco) anos previsto no artigo 206, § 5.º, I, do Código Civil.*
>
> *2. Recurso Especial a que se nega provimento (REsp 1.339.874/RS, Rel. Min. Sidnei Beneti, Terceira Turma, j. 09.10.2012, DJe 16.10.2012)*

Discordo do entendimento do acórdão acima transcrito. Uma vez prescrito o cheque, não cabe mais cogitar de aplicar ao documento em si um prazo prescricional de cobrança. Entendo que se deve perquirir o prazo prescricional da dívida em si. Assim, por exemplo, o prazo para ajuizar ação monitória fundada em cheque que foi emitido para pagamento de aluguel é de três anos, porque esse é o prazo de prescrição de tal dívida (art. 206, § 3.º, inciso I).

Finalmente, para finalizar este tópico, confira-se o seguinte julgado do STJ, que resume muito bem as alternativas do credor para a cobrança de um cheque, antes e após a prescrição:

> *Direito Comercial. Recurso especial. Cheques. Beneficiária domiciliada no exterior. Praça de emissão. Observância ao que consta na cártula. Ação de locupletamento sem causa de natureza cambial. Transcurso do prazo previsto no artigo 61 da Lei 7.357/85. Possibilidade de ajuizamento de ação de cobrança, com descrição do negócio jurídico subjacente, ou de ação monitória, cujo prazo prescricional é de 5 anos. 1. O cheque é título de crédito que se submete aos princípios cambiários da cartularidade, literalidade, abstração, autonomia das obrigações cambiais e inoponibilidade das exceções pessoais a terceiros de boa-fé, por isso deve ser considerado como local de emissão o indicado no título. (...) 4.* ***O cheque é ordem de pagamento à vista, sendo de 6 (seis) meses o lapso prescricional para a execução após o prazo de apresentação, que é de 30 (trinta) dias a contar da emissão, se da mesma praça, ou de 60 (sessenta) dias, também a contar da emissão, se consta no título como sacado em praça diversa, isto é, em município distinto daquele em que se situa a agência pagadora.*** *5.* ***Prescrito o prazo para execução do cheque, o artigo 61 da Lei do Cheque prevê, no prazo de 2 (dois) anos a contar da prescrição, a possibilidade de ajuizamento de ação de locupletamento ilícito que, por ostentar natureza cambial, prescinde da descrição do negócio jurídico subjacente. Expirado o prazo para ajuizamento da ação por enriquecimento sem causa, o artigo 62 do mesmo Diploma legal ressalva ainda a possibilidade de ajuizamento de ação fundada na relação causal, a exigir, portanto, menção ao negócio jurídico que ensejou a emissão do cheque. 6. A jurisprudência desta Corte admite também o ajuizamento de ação monitória (Súmula 299/STJ) com base em cheque prescrito, sem necessidade de descrição da causa debendi, reconhecendo que a cártula satisfaz a exigência da "prova escrita sem eficácia de título executivo", a que alude o artigo 1.102-A do CPC.*** *7. Recurso especial não provido (REsp 1.190.037/SP, Rel. Min. Luis Felipe Salomão, 4.ª Turma, j. 06.09.2011, DJe 27.09.2011).*

8.4. Duplicata

A doutrina aponta que a duplicata é título de crédito concebido pelo direito brasileiro, que nasceu como instrumento de política fiscal – controlava a incidência do imposto do selo – e se consolidou em razão do pouquíssimo uso da letra de câmbio na praxe comercial nacional.[100]

> A duplicata é um **título de crédito genuinamente brasileiro**, cuja origem remonta ao artigo 219 do Código Comercial que, todavia, permaneceu letra morta na prática do comércio, durante o século XIX. Nesse momento, a duplicata era na verdade a **fatura ou conta de um contrato de compra e venda de mercadorias entre comerciantes**. Em tal negócio, eram emitidas duas vias da conta, ficando uma com o comprador e outra com o vendedor. **Se uma das vias fosse devidamente assinada pela outra parte, a fatura era equiparada aos títulos de crédito**, inclusive para fins de cobrança judicial.[101]

De fato, já apontamos que a letra de câmbio é título praticamente inexistente na praxe mercantil, e isso se deve, sobretudo, em função da sua sistemática de aceite facultativo, que a torna um título extremamente dependente da honestidade e da boa-fé do devedor, algo que, no Brasil, infelizmente não é a regra.

É por isso que a grande característica da duplicata, que a difere essencialmente da letra de câmbio, é a sua sistemática de aceite obrigatório, que analisaremos com mais cuidado adiante.

Registre-se, ainda, que atualmente a duplicata é regulada por legislação específica: trata-se da **Lei 5.474/1968**, que foi alterada em alguns pontos pelo Decreto-lei 436/1969, pela Lei 6.458/1977 e pela Lei 14.206/2021[102]. De acordo com o art. 25 da Lei das Duplicatas, "aplicam-se à duplicata e à triplicata, no que couber, os dispositivos da legislação sobre emissão, circulação e pagamento das Letras de Câmbio".

8.4.1. *Causalidade da duplicata*

Quando estudamos as classificações dos títulos de crédito, mencionamos que a duplicata é título causal, ou seja, só pode ser emitida para documentar determinadas relações jurídicas preestabelecidas pela sua lei de regência, quais sejam: (i) uma compra e venda mercantil, ou (ii) um contrato de prestação de serviços.

Nenhum outro negócio jurídico, portanto, admite a emissão de duplicata. Na prática, a duplicata mais utilizada, com ampla folga, é a que representa uma compra e venda mercantil, chamada simplesmente de duplicata mercantil. O Su-

[100] Nesse sentido: COELHO, Fábio Ulhoa. *Curso de direito comercial*. 7. ed. São Paulo: Saraiva, 2003. p. 452-453. v. I. Sobre as origens da duplicata, confira-se: BORGES, João Eunápio. *Títulos de crédito*. Rio de Janeiro: Forense, 1971. p. 201-206.

[101] TOMAZETTE, Marlon. *Curso de direito empresarial*. Vol. 2. São Paulo: Atlas, 2017.

[102] A Lei 14.206/2021 alterou o art. 20 da Lei 5.474/1968. Na sua redação original, o dispositivo tinha a seguinte redação: "As emprêsas, individuais ou coletivas, fundações ou sociedades civis, que se dediquem à prestação de serviços, poderão, também, na forma desta lei, emitir fatura e duplicata". Agora, o dispositivo está assim redigido: "Poderão emitir, na forma prevista nesta Lei, fatura e duplicata: I - as empresas, individuais ou coletivas, fundações ou sociedades civis que se dediquem à prestação de serviços; II - o Transportador Autônomo de Cargas (TAC), de que trata o inciso I do caput do art. 2º da Lei nº 11.442, de 5 de janeiro de 2007".

perior Tribunal de Justiça já decidiu, por exemplo, que é nula duplicata emitida em razão de contrato de *leasing*.

> Leasing. *Duplicatas. Protesto. A Turma conheceu em parte do recurso para determinar a sustação ou cancelamento dos protestos das duplicatas enviadas a cartório, por entender que* ***o negócio de leasing não admite a emissão de duplicata****, ainda que avençada, razão pela qual não pode tal título ser levado a protesto (REsp 202.068-SP, Rel. Min. Ruy Rosado, j. 11.05.1999,* Informativo *18/1999).*

Mais uma vez é preciso atentar para a nossa opinião de que a causalidade da duplicata - que se contrapõe, por exemplo, à abstração do cheque, o qual pode ser emitido para documentar qualquer negócio - não significa, de modo algum, a não aplicação do princípio da abstração ao seu regime jurídico. A causalidade da duplicata, portanto, significa tão somente que ela só pode ser emitida nas causas em que a lei expressamente admite a sua emissão. Nesse sentido:

> Da causalidade da duplicata, note-se bem, não é correto concluir qualquer limitação ou outra característica atinente à negociação do crédito registrado pelo título. A duplicata mercantil circula como qualquer outro título de crédito, sujeita ao regime do direito cambiário. Isso significa, em concreto, que ela comporta endosso, que o endossante responde pela solvência do devedor, que o executado não pode opor contra terceiros de boa-fé exceções pessoais, que as obrigações dos avalistas são autônomas em relação às dos avalizados etc. Não é jurídico pretender vinculação entre a duplicata e a compra e venda mercantil, que lhe deu ensejo, maior do que a existente entre a letra de câmbio, a nota promissória ou o cheque e as respectivas relações originárias. Pontes de Miranda e até mesmo Tullio Ascarelli se preocupam, especialmente, em esclarecer a questão: a circulação da duplicata se opera segundo o princípio da abstração.[103]

No mesmo sentido, confira-se a jurisprudência do Superior Tribunal de Justiça:

> *Recurso especial. Comercial. Títulos de crédito. Duplicata. Aceite. Teoria da aparência. Ausência de entrega das mercadorias. Exceção oposta a terceiros. Princípio da autonomia das cambiais. Impossibilidade. 1.* ***Ainda que a duplicata mercantil tenha por característica o vínculo à compra e venda mercantil ou prestação de serviços realizada, ocorrendo o aceite - como verificado nos autos -, desaparece a causalidade, passando o título a ostentar autonomia bastante para obrigar a recorrida ao pagamento da quantia devida, independentemente do negócio jurídico que lhe tenha dado causa****; 2. Em nenhum momento restou comprovado qualquer comportamento inadequado da recorrente, indicador de seu conhecimento quanto ao descumprimento do acordo realizado entre as partes originárias; 3. Recurso especial provido (STJ, REsp 668.682/MG, Rel. Min. Hélio Quaglia Barbosa, DJ 19.03.2007, p. 355).*
>
> *Recurso especial. Direito comercial. Títulos de crédito. Ação anulatória de duplicatas mercantis. Ausência de entrega das mercadorias. Negócio jurídico subjacente desfeito. Irrelevância em relação a endossatários de boa-fé. Duplicata aceita. Pedido reconvencional julgado procedente. Recurso especial parcialmente conhecido e, na extensão, provido.*
>
> *1.* ***A causalidade da duplicata reside apenas na sua origem, mercê do fato de somente poder ser emitida para a documentação de crédito nascido de venda mercantil ou de prestação de serviços. Porém, a duplicata mercantil é título de***

[103] COELHO, Fábio Ulhoa. *Curso de direito comercial*. 7. ed. São Paulo: Saraiva, 2003. p. 455. v. I.

crédito, na sua generalidade, como qualquer outro, estando sujeita às regras de direito cambial, nos termos do art. 25 da Lei n.o 5.474/68, ressaindo daí, notadamente, os princípios da cartularidade, abstração, autonomia das obrigações cambiais e inoponibilidade das exceções pessoais a terceiros de boa-fé.

2. A compra e venda é contrato de natureza consensual, de sorte que a entrega do bem vendido não se relaciona com a esfera de existência do negócio jurídico, mas tão somente com o seu adimplemento. Vale dizer, o que dá lastro à duplicata de compra e venda mercantil, como título de crédito apto à circulação, é apenas a existência do negócio jurídico subjacente, e não o seu adimplemento.

3. Com efeito, a ausência de entrega da mercadoria não vicia a duplicata no que diz respeito a sua existência regular, de sorte que, uma vez aceita, o sacado (aceitante) vincula-se ao título como devedor principal e a ausência de entrega da mercadoria somente pode ser oponível ao sacador, como exceção pessoal, mas não a endossatários de boa-fé. Há de ser ressalvado, no caso, apenas o direito de regresso da autora-reconvinda (aceitante), em face da ré (endossante), diante do desfazimento do negócio jurídico subjacente.

4. Recurso especial parcialmente conhecido e, na extensão, provido.

(REsp 261.170/SP, Rel. Ministro Luis Felipe Salomão, Quarta Turma, julgado em 04.08.2009, DJe 17.08.2009).

Direito comercial. Duplicata aceita e endossada em garantia pignoratícia. Execução pelo endossatário de boa-fé. Oposição pelo sacado. Impossibilidade. Autonomia e abstração do título. Direito processual civil. Embargos de declaração. Prequestionamento. fins não procrastinatórios. Multa do art. 538, parágrafo único, CPC. inaplicabilidade.

– A duplicata mercantil é título de crédito criado pelo direito brasileiro, disciplinada pela Lei 5.474/68, submetendo-se ao mesmo regime jurídico cambial dos demais títulos de crédito, sujeita, portanto, aos princípios da cartularidade, da literalidade e, principalmente, da autonomia das obrigações.

– Nos termos do art. 15 da Lei n.º 5.474/68, para execução judicial da duplicata basta o próprio título, desde que aceito. Assim, não se exige que o endossatário confira a regularidade do aceite, pois se trata de ato pelo qual o título transmuda de causal para abstrato, desvencilhando-se do negócio originário.

– Ausente qualquer indício de má-fé por parte do endossatário, exigir que ele responda por fatos alheios ao negócio jurídico que o vinculam à duplicata contraria a própria essência do direito cambiário, aniquilando sua principal virtude, que é permitir a fácil e rápida circulação do crédito.

– Embargos de declaração que tenham por fim o prequestionamento não se sujeitam à sanção do artigo 538, parágrafo único, do CPC. Súmula 98/STJ.

Recurso especial conhecido e parcialmente provido.

(REsp 1102227/SP, Rel. Ministra Nancy Andrighi, Terceira Turma, julgado em 12.05.2009, DJe 29.05.2009)

CIVIL E PROCESSUAL. EMBARGOS DE DIVERGÊNCIA EM RECURSO ESPECIAL. CONTRATO DE FACTORING. *DUPLICATAS PREVIAMENTE ACEITAS. ENDOSSO À FATURIZADORA. CIRCULAÇÃO E ABSTRAÇÃO DO TÍTULO DE CRÉDITO APÓS O ACEITE. OPOSIÇÃO DE EXCEÇÕES PESSOAIS. NÃO CABIMENTO.*

1. A duplicata mercantil, apesar de causal no momento da emissão, com o aceite e a circulação adquire abstração e autonomia, desvinculando-se do negócio jurídico subjacente, impedindo a oposição de exceções pessoais a terceiros endossatários de boa-fé, como a ausência ou a interrupção da prestação de serviços ou a entrega das mercadorias.

> *2. Hipótese em que a transmissão das duplicatas à empresa de* factoring *operou-se por endosso, sem questionamento a respeito da boa-fé da endossatária, portadora do título de crédito, ou a respeito do aceite aposto pelo devedor.*
>
> *3. Aplicação das normas próprias do direito cambiário, relativas ao endosso, ao aceite e à circulação dos títulos, que são estranhas à disciplina da cessão civil de crédito.*
>
> *4. Embargos de divergência acolhidos para conhecer e prover o recurso especial.*
>
> *(EREsp 1.439.749/RS, Rel. Ministra Maria Isabel Gallotti, 2.ª Seção, julgado em 28.11.2018,* DJe *06.12.2018).*

Feita a observação acima, deve-se frisar que a causalidade da duplicata é tão forte que o Código Penal previa, até meados de 1990, como crime a emissão e o aceite de duplicata que não correspondesse efetivamente a uma compra e venda mercantil ou um contrato de prestação de serviços. A Lei 8.137/1990, entretanto, alterou o art. 172 do Código Penal, passando a prever como crime a emissão de duplicata em desacordo com a mercadoria vendida.

8.4.2. *Características essenciais*

Além de ser um título causal, a duplicata é **título de modelo vinculado**, ou seja, só pode ser emitida com obediência rigorosa aos padrões de emissão fixados pelo Conselho Monetário Nacional. Além disso, deve conter os seguintes elementos (art. 2.º, § 1º da Lei das Duplicatas): a) a expressão ***duplicata*** (*cláusula cambiária*) e a *cláusula à ordem*, que autoriza, como visto, a sua circulação via endosso; b) data de emissão, coincidente com a data da fatura; c) os números da fatura e da duplicata; d) a data do vencimento, quando não for à vista; e) o nome e o domicílio do vendedor (*sacador*); f) o nome, o domicílio e o número de inscrição no cadastro de contribuintes do comprador (*sacado*); g) a importância a ser paga, por extenso e em algarismos; h) o local do pagamento; i) o local para o aceite do sacado; j) a assinatura do sacador.

A obediência ao art. 2º, § 1º da Lei das Duplicatas é tão importante que o STJ já decidiu que "a aposição de número incorreto da fatura na duplicata invalida o título de crédito, retirando-lhe a exigibilidade executiva extrajudicial" (REsp 1.601.552 – Informativo 660).

> RECURSO ESPECIAL. AÇÕES CONEXAS (SUSTAÇÃO DE PROTESTO, ANULATÓRIA E DE COBRANÇA). JULGAMENTO CONJUNTO. PROCESSO CIVIL. NEGATIVA DE PRESTAÇÃO JURISDICIONAL. NÃO OCORRÊNCIA. COMERCIAL. FATURA. NÚMERO. INCORREÇÃO. DUPLICATA. TÍTULO DE CRÉDITO. NULIDADE. EXIGIBILIDADE. INEXISTÊNCIA. CONTRATO DE DISTRIBUIÇÃO. VIGÊNCIA. PRORROGAÇÃO. VERBA DE PUBLICIDADE E PROPAGANDA. CLÁUSULA. VALIDADE. COBRANÇA. POSSIBILIDADE.
>
> (...)
>
> 3. Em observância ao princípio da literalidade, **a aposição de número incorreto da fatura na duplicata invalida o título de crédito, retirando-lhe a exigibilidade executiva extrajudicial**.
>
> (...)
>
> (REsp 1.601.552/PE, Rel. Ministro RICARDO VILLAS BÔAS CUEVA, TERCEIRA TURMA, julgado em 05/11/2019, DJe 08/11/2019)

Em outro caso, no entanto, o STJ não foi tão rigoroso, decidindo que **"a assinatura do sacador/emitente da duplicata é requisito que pode ser suprido por outro meio"**, isto é, essa assinatura, quando não constante da própria cártula, pode ser inferida a partir dos documentos que originaram a emissão do título, como as notas fiscais e a fatura (REsp 1.790.004). Aplicou-se, no caso, aquilo que alguns autores chamam de literalidade indireta.

> RECURSO ESPECIAL. PROCESSUAL CIVIL E EMPRESARIAL. EMBARGOS À EXECUÇÃO. DUPLICATAS. REQUISITOS. ART. 2º, § 1º, DA LEI 5.474/68. ASSINATURA DO EMITENTE. AUSÊNCIA. IRREGULARIDADE SANÁVEL. LITERALIDADE INDIRETA. TÍTULO CAUSAL. NEGÓCIO JURÍDICO SUBJACENTE. VINCULAÇÃO. CIRCULAÇÃO. NÃO OCORRÊNCIA. INFERÊNCIA. DADOS DO PRÓPRIO TÍTULO. ENTREGA DAS MERCADORIAS. COMPROVAÇÃO. DOCUMENTO. HIGIDEZ. EXECUTIBILIDADE. MANUTENÇÃO. DESPROVIMENTO.
>
> 1. Cuida-se de embargos à execução que impugnam a execução subsidiada em duplicatas mercantis ao argumento, entre outros, de estar ausente a assinatura do emitente da cártula, requisito que seria essencial à existência do título.
>
> (...)
>
> 3. O propósito recursal consiste em determinar se: a) a assinatura do sacador da duplicata é requisito essencial ou se sua ausência pode ser suprida por outro meio; e b) a duplicata sem assinatura do emitente e que não circula possibilita o ajuizamento de ação de execução de título extrajudicial.
>
> 4. Em regra, o rigor formal garante a segurança dos envolvidos na circulação de crédito, razão pela qual, se ausente um dos requisitos considerados essenciais, um determinado documento não terá valor de título de crédito.
>
> 5. A Lei Uniforme de Genebra, aplicável subsidiariamente às duplicatas, prevê, no entanto, que nem todos os requisitos legais são essenciais, pois, nos termos de seu art. 2º, existem aqueles cujos defeitos podem ser supridos, desde que exista uma solução objetiva e segura para a correção da irregularidade.
>
> 6. A duplicata é título de crédito causal no momento da emissão e adquire abstração e autonomia, desvinculando-se do negócio jurídico subjacente, com o aceite e a circulação. Precedente da 2ª Seção.
>
> 7. Com fundamento no protesto por indicação do art. 13, § 1º, da Lei 5.474/68, a jurisprudência desta Corte entendeu pela dispensabilidade da apresentação física da duplicata, bastando, para a constituição de título executivo extrajudicial i) os boletos de cobrança bancária; ii) os protestos por indicação; e iii) os comprovantes de entrega de mercadoria ou de prestação de serviços, o que permitiu a execução da denominada duplicata virtual. Precedentes.
>
> 8. Se o boleto que subsidia o protesto por indicação é suficiente para o protesto, o qual, somado ao comprovante da entrega de mercadorias, justifica o ajuizamento de ação executiva, deve-se entender que **alguns dos elementos mencionados no art. 2º, § 1º, da Lei 5.474/68 admitem suprimento, podendo ser corrigidos por formas que não prejudiquem a segurança na tramitação da duplicata**.
>
> 9. A assinatura do emitente na cártula cumpre as funções de representar a declaração de vontade unilateral que dá origem ao título de crédito e a de vincular o sacador, na hipótese de circulação do documento, como um dos devedores do direito nele inscrito.
>
> 10. **A duplicata, por ser um título causal, permite a incidência da literalidade indireta, que autoriza a identificação de seus elementos no documento da compra e venda mercantil ou da prestação de serviços que lhe serve de ensejo, pois o devedor tem a ciência de que aquela obrigação também tem seus limites definidos em outro documento**.

11. Na hipótese específica dos autos, não há dúvidas de que houve vontade expressa da recorrida em sacar as duplicatas, tendo em vista a comprovação da realização dos negócios jurídicos causais que autorizam a criação desse título de crédito e, ademais, como as duplicatas não circularam, existe apenas um devedor principal da ordem de pagamento nelas inscrita, qual seja, a recorrente, adquirente das mercadorias vendidas pelo emitente sacador.

12. Nessas circunstâncias, as duplicatas devem ser consideradas perfeitas e, assim, aptas ao ajuizamento da ação de execução, pois **a irregularidade relacionada à ausência de assinatura das cártulas pelo emitente deve ser considerada perfeitamente sanável e sanada.**

(REsp 1.790.004/PR, Rel. Ministra NANCY ANDRIGHI, TERCEIRA TURMA, julgado em 13/10/2020, DJe 19/10/2020)

Em mais um caso sobre o dispositivo legal em questão, no qual se questionava a validade de uma duplicata que não respeitava "os limites do documento, com altura mínima de 148mm e máxima de 152mm e largura mínima de 203mm e máxima de 210mm, conforme modelo estabelecido na Resolução CMN/BACEN 102/1968", o STJ entendeu que "**a cártula, contendo todos os requisitos essenciais previstos no art. 2º, § 1º, da Lei das Duplicatas, tem validade e eficácia de duplicata, mesmo que não siga rigorosamente as medidas do modelo estabelecido na Resolução CMN/BACEN 102/1968** e tenha, também, a descrição da mercadoria objeto da compra e venda e uma fatura da mercadoria objeto da negociação" (REsp 1.518.203 – Informativo 694).

RECURSO ESPECIAL. DUPLICATA. DIREITO EMPRESARIAL. DESTACA-SE PELA SIMPLICIDADE DE FÓRMULAS E INTERNACIONALIDADE DE SUAS REGRAS E INSTITUTOS. REQUISITOS ESSENCIAIS DA DUPLICATA. ART. 2º, § 1º, DA LEI N. 5.747/1968. DIMENSÕES DA CÁRTULA QUE NÃO CUMPREM PRECISAMENTE AQUELAS ESTABELECIDAS PELO MODELO DA RESOLUÇÃO CMN N. 102/1968. IRREGULARIDADE IRRELEVANTE. DESCRIÇÃO DA MERCADORIA. INEXISTÊNCIA DE ALTERAÇÃO DA FEIÇÃO CARACTERÍSTICA DO TÍTULO DE CRÉDITO. DUPLICATA COM ACEITE. OPOSIÇÃO DE EXCEÇÕES PESSOAIS EM FACE DO ENDOSSATÁRIO. INVIABILIDADE.

1. O direito comercial caracteriza-se pela simplicidade de suas fórmulas, pela internacionalidade de suas regras e institutos, pela rapidez de sua aplicação, pela elasticidade dos seus princípios e também pela onerosidade de suas operações. As obrigações resultantes dos atos de natureza cambiária não podem, em geral, acomodar-se às formas hieráticas e solenes dos contratos civis, e os usos e costumes comerciais influenciam a obrigação que resulta do ato mercantil.

2. Os requisitos essenciais da duplicata – reconhecidos pela Corte local como devidamente supridos – estão claramente previstos no art. 2º, § 1º, da Lei das Duplicatas, que estabelece que a cártula conterá: I - a denominação "duplicata", a data de sua emissão e o número de ordem; II - o número da fatura; III - a data certa do vencimento ou a declaração de ser a duplicata à vista; IV - o nome e domicílio do vendedor e do comprador; V - a importância a pagar, em algarismos e por extenso; VI - a praça de pagamento; VII - a cláusula à ordem; VIII - a declaração do reconhecimento de sua exatidão e da obrigação de pagá-la, a ser assinada pelo comprador, como aceite, cambial; IX - a assinatura do emitente. Com efeito, o entendimento sufragado pelo acórdão recorrido, assentando não ter validade e eficácia de duplicata, por não observar, com precisão, "os limites do documento, com altura mínima de 148 mm e máxima de 152 mm e largura mínima de 203 mm e máxima de 210 mm", conforme modelo estabelecido na Resolução CMN n.

> 102/1968, testilha com o mencionado dispositivo legal e com os usos e costumes comerciais, sendo incomum que o sacado e os endossatários se valham de régua, por ocasião, respectivamente, do aceite e da operação de endosso, para aferição do preenchimento preciso das dimensões de largura e altura da cártula.
>
> 3. É inviável o entendimento de que, como a cártula apresenta também a descrição da mercadoria objeto da compra e venda, uma fatura da mercadoria objeto da negociação, isso desnatura e descaracteriza por completo o título como duplicata. A descrição da mercadoria, a par de caracterizar uma duplicata da fatura na própria acepção do termo, embora represente redobrada cautela, não pode inviabilizar a cártula, pois o art. 2º, § 2º, da Lei n. 5.474./1968 dispõe que uma duplicata tem de corresponder a uma única fatura, e o art. 24 expressamente faculta que conste na cártula outras indicações, contanto que não alterem sua feição característica.
>
> 4. Havendo aceite, este se vincula à duplicata, afastada a possibilidade de investigação do negócio causal. Conquanto o título seja causal apenas na sua origem/emissão, sua circulação – após o aceite do sacado ou, na sua falta, pela comprovação do negócio mercantil subjacente e do protesto – rege-se pelo princípio da abstração, desprendendo-se de sua causa original, sendo por isso inoponíveis exceções pessoais a terceiros de boa-fé, como ausência de entrega da mercadoria ou de prestação de serviços, ou mesmo quitação ao credor originário. Precedentes.
>
> (REsp 1.518.203/PR, Rel. Ministro LUIS FELIPE SALOMÃO, QUARTA TURMA, julgado em 27/04/2021, DJe 02/08/2021)

Veja-se que o regime jurídico aplicável às duplicatas, ao contrário do que ocorre com as notas promissórias e as letras de câmbio, não admite a extração de duplicatas com vencimento *a certo termo* da vista nem *a certo termo* da data. A duplicata, pois, só pode ser emitida *com dia certo* ou *à vista*.

Emitida com obediência aos requisitos acima listados, deve a duplicata ser enviada ao sacado (comprador) para que ele a pague – quando se tratar de duplicata à vista – ou a aceite e devolva – se se tratar de duplicata a prazo.

Vê-se, pois, que a duplicata é título estruturado como *ordem de pagamento*. Ademais, conforme já adiantamos no início do presente tópico, seu *aceite é obrigatório*, ou seja, emitido o título, com base na fatura ou nota fiscal que documenta a venda, o devedor é obrigado a aceitá-la. E mais: ainda que não assine o título, aceitando-o expressamente, assumirá a obrigação dele constante.

É preciso ressalvar, no entanto, que aceite obrigatório não significa, de modo algum, aceite irrecusável. A obrigatoriedade do aceite da duplicata, portanto, não permite a afirmação de que o aceite jamais poderá ser recusado, significando apenas que para que haja recusa, é necessária a apresentação de justificativa plausível, tal como: (i) o não recebimento das mercadorias, (ii) a existência de vícios nos produtos recebidos, (iii) a entrega fora do prazo estipulado etc. (art. 8.º da Lei das Duplicatas).[104]

[104] *"Se a mercadoria não foi recebida, ou não é a mesma que foi adquirida, ou se o valor da duplicata não corresponde ao que foi pactuado, em tais casos, o comprador pode recusar tranquilamente o seu aceite. A lei o ampara e o aceite recusado por um dos motivos do art. 8.º é, para todos os efeitos, insuprível. Protestada ou não a duplicata, nenhuma obrigação dela resultará para o comprador."* (BORGES, João Eunápio. *Títulos de crédito*. Rio de Janeiro: Forense, 1971. p. 215).

8.4.3. Sistemática de emissão, aceite e cobrança da duplicata

De acordo com o art. 1.º da Lei das Duplicatas, "em todo o contrato de compra e venda mercantil entre partes domiciliadas no território brasileiro, com prazo não inferior a 30 (trinta) dias, contado da data da entrega ou despacho das mercadorias, o vendedor extrairá a respectiva fatura para apresentação ao comprador". O § 1.º complementa a regra, determinando que "a fatura discriminará as mercadorias vendidas ou, quando convier ao vendedor, indicará somente os números e valores das notas parciais expedidas por ocasião das vendas, despachos ou entregas das mercadorias".

O art. 2.º da Lei das Duplicatas, por sua vez, prevê que "no ato da emissão da fatura, dela poderá ser extraída uma duplicata para circulação como efeito comercial, não sendo admitida qualquer outra espécie de título de crédito para documentar o saque do vendedor pela importância faturada ao comprador". A despeito da redação do art. 2º, é possível a emissão da duplicata após a emissão da fatura, e é possível a emissão de outros títulos de crédito, como nota promissória ou cheque, porque não são títulos emitidos pelo credor. Nesse sentido:

> COMERCIAL. VENDA DE MERCADORIAS. EMISSÃO DE NOTA PROMISSÓRIA E DUPLICATA. COBRANÇA VIA EXECUTIVA DA PRIMEIRA. POSSIBILIDADE. LEI N. 5.474/68, ART. 2º. INTERPRETAÇÃO.
>
> I. A restrição contida no art. 2º da Lei n. 5.474/68 refere-se apenas à emissão de qualquer outro título, que não a duplicata, "para documentar o saque do vendedor pela importância faturada ao comprador", não obstando, todavia, que o devedor emita nota promissória comprometendo-se a pagar o débito decorrente da compra e venda mercantil realizada entre as partes.
>
> II. Hígida, pois, a execução baseada nas notas promissórias assim emitidas.
>
> III. Recurso especial não conhecido.
>
> (REsp 136.637/SC, Rel. Ministro ALDIR PASSARINHO JUNIOR, QUARTA TURMA, julgado em 05/09/2002, DJ 28/10/2002, p. 321)

Vê-se, pois, que a duplicata **é título de crédito emitido pelo próprio credor** (vendedor). E mais: ao contrário do que pode parecer após uma primeira leitura desse artigo, não se deve entender que a duplicata é efetivamente o único título que pode ser emitido para documentar uma compra e venda. Essa regra, na verdade, exclui apenas a possibilidade de emissão de letra de câmbio, mas é plenamente possível a emissão de nota promissória ou cheque, por exemplo. Nesse sentido, aliás, já decidiu o Superior Tribunal de Justiça:

> *Comercial. Venda de mercadorias. Emissão de nota promissória e duplicata. Cobrança via executiva da primeira. Possibilidade. Lei n. 5.474/68, Art. 2.º. Interpretação. I. A restrição contida no art. 2.º da Lei n. 5.474/68 refere-se apenas à emissão de qualquer outro título, que não a duplicata, "para documentar o saque do vendedor pela importância faturada ao comprador", não obstando, todavia, que o devedor emita nota promissória comprometendo-se a pagar o débito decorrente da compra e venda mercantil realizada entre as partes. II. Hígida, pois, a execução baseada nas notas promissórias assim emitidas. III. Recurso especial não conhecido (STJ, RESP 136.637/SC, Rel. Min. Aldir Passarinho Júnior, DJ 28.10.2002, p. 321).*

Pois bem. Emitida a duplicata, ela deverá então ser enviada para o devedor (comprador), para que este efetue o aceite e a devolva. Caso ele recuse o aceite, conforme já destacamos, terá que justificar tal ato (art. 8.º da Lei das Duplicatas). Essa sistemática está disciplinada na Lei das Duplicatas, que, em seu art. 6.º, estabelece que "a remessa de duplicata poderá ser feita diretamente pelo vendedor ou por seus representantes, por intermédio de instituições financeiras, procuradores ou, correspondentes que se incumbam de apresentá-la ao comprador na praça ou no lugar de seu estabelecimento, podendo os intermediários devolvê-la, depois de assinada, ou conservá-la em seu poder até o momento do resgate, segundo as instruções de quem lhes cometeu o encargo". O § 1.º desse artigo ainda prevê que "o prazo para remessa da duplicata será de 30 (trinta) dias, contado da data de sua emissão". E o § 2.º complementa: "se a remessa for feita por intermédio de representantes instituições financeiras, procuradores ou correspondentes, estes deverão apresentar o título ao comprador dentro de 10 (dez) dias, contados da data de seu recebimento na praça de pagamento".

Feita a remessa, cabe então ao devedor (comprador) aceitar a duplicata e devolvê-la, salvo, repita-se, se tiver razões plausíveis para recusar o aceite, caso em que deve fazê-lo de forma escrita e justificada. É o que prevê o art. 7.º da Lei das Duplicatas: "a duplicata, quando não for à vista, deverá ser devolvida pelo comprador ao apresentante dentro do prazo de 10 (dez) dias, contado da data de sua apresentação, devidamente assinada ou acompanhada de declaração, por escrito, contendo as razões da falta do aceite".

Do que foi exposto, e considerando sobretudo o fato de que o aceite no regime da duplicata é obrigatório, vê-se então que o devedor (comprador) se obriga ao pagamento desse título independentemente de aceitá-lo expressamente.[105] Daí por que se diz que o aceite, na duplicata, pode ser *expresso* (ordinário) ou *presumido* (por presunção).

O aceite expresso, como o próprio nome já indica, é aquele realizado no próprio título, no local indicado. Nesse caso, a duplicata se aperfeiçoa como título de crédito sem maiores formalidades.

> A duplicata que ostenta aceite ordinário torna-se título de crédito sem nenhuma especificidade. Aplicam-se-lhe integralmente, nesse caso, as regras do direito cambiário, inclusive no tocante à facultatividade do protesto contra o devedor principal e responsabilidade dos codevedores. Ou seja, a duplicata com aceite ordinário é título executivo extrajudicial contra o sacado e seu avalista, independentemente de se encontrar protestada, ou não (LD, art. 15, I).[106]

Já o aceite presumido, por sua vez, ocorre quando o devedor (comprador) recebe, sem reclamação, as mercadorias adquiridas e enviadas pelo credor (vendedor). Nesse caso, ainda que a duplicata não seja aceita expressamente, o simples fato de o devedor ter recebido as mercadorias sem recusa formal já caracteriza o aceite do título, que se diz, portanto, presumido, provando-se pela mera demonstração do recebimento das mercadorias.

> O aceite por presunção decorre do recebimento das mercadorias pelo comprador, quando inexistente recusa formal. Trata-se da forma mais corriqueira de se vincular o sacado ao pagamento da duplicata. Caracteriza-se o aceite presumido, mesmo que o comprador tenha retido ou inutilizado a duplicata, ou a tenha restituído sem assinatura. Desde que recebidas as mercadorias, sem a manifestação formal de recusa, é o

---

[105] *"A lei vigente – e nisto está a sua grande inovação – deu o passo decisivo: tornou possível, em certos casos, a ação executiva contra o comprador, com base em duplicata não aceita."* (BORGES, João Eunápio. *Títulos de crédito.* Rio de Janeiro: Forense, 1971. p. 226).

[106] COELHO, Fábio Ulhoa. *Curso de direito comercial.* 7. ed. São Paulo: Saraiva, 2003. p. 458. v. I.

comprador devedor cambiário, independentemente da atitude que adota em relação ao documento que lhe foi enviado.[107]

A grande diferença entre o aceite expresso e o aceite presumido se manifesta na execução da duplicata. Com efeito, a duplicata aceita expressamente, como é título de crédito perfeito e acabado, pode ser executada sem a exigência de maiores formalidades. Basta a apresentação do título. No entanto, a execução da duplicata aceita por presunção segue regra diferente. Além da apresentação do título, são necessários o protesto (mesmo que a execução se dirija contra o devedor principal) e o comprovante de entrega das mercadorias. Essa sistemática está prevista no art. 15 da Lei das Duplicatas.

De acordo com esse dispositivo, "a cobrança judicial de duplicata ou triplicata será efetuada de conformidade com o processo aplicável aos títulos executivos extrajudiciais, de que cogita o Livro II do Código de Processo Civil, quando se tratar: I - de duplicata ou triplicata aceita, protestada ou não; II - de duplicata ou triplicata não aceita, contanto que, cumulativamente: a) haja sido protestada; b) esteja acompanhada de documento hábil comprobatório da entrega e recebimento da mercadoria; e c) o sacado não tenha, comprovadamente, recusado o aceite, no prazo, nas condições e pelos motivos previstos nos arts. 7.º e 8.º da Lei das Duplicatas".

O § 1.º desse artigo ainda complementa, afirmando que "contra o sacador, os endossantes e respectivos avalistas caberá o processo de execução referido neste artigo, quaisquer que sejam a forma e as condições do protesto".

O Superior Tribunal de Justiça é bastante rigoroso na análise da possibilidade de execução de duplicata sem aceite – ou seja, aceita por presunção. Exige-se a prova inequívoca do recebimento das mercadorias ou da efetiva prestação dos serviços. Nesse sentido já decidiu o STJ:

> *Duplicata sem aceite. Fatura. Execução. Na espécie, não foi expedida fatura e as notas fiscais não estão referidas nas duplicatas sem aceite, não ficando claro se as mercadorias entregues, conforme consta ao pé de algumas notas fiscais, não de todas, correspondem às duplicatas que instruíram a inicial do processo de execução. Assim,* ***o exequente não comprovou que as duplicatas correspondem às operações de compra e venda das mercadorias efetivamente entregues e recebidas. Logo, não cabe a ação executiva*** *(REsp 450.628-MG, Rel. Min. Ruy Rosado, j. 12.11.2002,* Informativo *154/2002).*
>
> *Execução. Duplicata sem aceite. Não havendo comprovação de efetiva prestação do serviço, a sacada não após o seu aceite nos títulos, e é inexistente a comunicação do devedor ao apresentante das cártulas, no sentido de que as reteve, mas aceitou-as. Logo, trata-se, na espécie, de títulos desprovidos de aceite, sendo necessário que a execução viesse instruída com os instrumentos de protesto, cujo teor se fizesse constar em qualquer documento comprobatório do vínculo contratual e da efetiva prestação de serviços. A remessa dos títulos à sacada, sem que esta ofereça oposição, não equivale ao aceite. Assim, forçoso reconhecer-se a nulidade de execução, nos termos do art. 618, I, do CPC (REsp 68.735-AM, Rel. Min. Barros Monteiro, j. 26.10.1999,* Informativo *38/1999).*
>
> *Duplicata. Validade. Valores. Ocorrência. Danos. A jurisprudência assente deste Superior Tribunal afirma: para valer como documento hábil à instauração do processo executivo, a duplicata deve conter o aceite do devedor; a falta deste, desde que protestado o título, pode ser contornada com documento que comprove a efetiva prestação do serviço e o*

[107] COELHO, Fábio Ulhoa. *Curso de direito comercial*. 7. ed. São Paulo: Saraiva, 2003. p. 458-459. v. I.

> *vínculo contratual que o autorizou. Contudo, na espécie, a duplicata não teve origem válida, pois a emitente, além dos serviços contratados (locação de veículos), acrescentou, no título, a quantia referente ao reparo do automóvel em decorrência de acidente de trânsito. Assim, além de extrapolar o pactuado, tal atitude unilateral por parte da credora impede que o devedor acompanhe a real extensão do dano, tornando a duplicata inválida de pleno direito. Precedentes citados: REsp 40.720-MT, DJ 14/11/1994, e REsp 327.720-SP, DJ 18/2/2002 (REsp 190.735-RO, Rel. Min. Luís Felipe Salomão, j. 14.10.2008).*

Em contrapartida, é entendimento também do Superior Tribunal de Justiça que a exigência de comprovação da entrega das mercadorias, para que a duplicata não aceita expressamente se aperfeiçoe como título executivo, só é necessária se a execução é voltada contra o devedor principal, ou seja, o comprador. Se, todavia, a execução é direcionada contra o sacador, isto é, contra o próprio vendedor, no caso de ele ter endossado o título a terceiros, é desnecessária a referida comprovação. Nesse sentido:

> *Execução. Duplicata sem aceite.* ***A cobrança de duplicata não aceita e protestada só torna necessária a comprovação da entrega e recebimento da mercadoria em relação ao sacado, devedor do vendedor, e não quanto ao sacador, endossantes e respectivos avalistas****. O endossatário de duplicata sem aceite, desacompanhada de prova de entrega da mercadoria, não pode executá-la contra o sacado, mas pode fazê-la contra o endossante e o avalista. Precedente citado: REsp 168.288-SP, DJ 24/5/1999 (REsp 250.568-MS, Rel. Min. Antônio de Pádua Ribeiro, j. 19.10.2000,* Informativo *75/2000).*

Por outro lado, entende também o mesmo STJ que a duplicata sem aceite, caso não se consiga demonstrar inequivocamente a entrega das mercadorias, pode embasar o ajuizamento de ação monitória. Nesse sentido:

> *Ação monitória. Duplicata sem aceite protestada. A Turma não conheceu do recurso por considerar correto o entendimento do acórdão recorrido, no sentido de que* ***a duplicata sem aceite é documento hábil para instruir a ação monitória****, sendo suficiente a prova escrita que ateste a existência da obrigação. Precedentes citados: REsp 167.618-MS, DJ 14/6/1999; REsp 166.343-MG, DJ 27/3/2000; REsp 247.342-MG, DJ 22/5/2000, e REsp 167.222-MG, DJ 4/10/1999 (REsp 204.894-MG, Rel. Min. Waldemar Zveiter, j. 19.02.2001,* Informativo *85/2001).*

Outro entendimento importante do STJ sobre duplicatas diz respeito aos casos em que uma duplicata sem causa é transferida por endosso. O STJ pacificou seu entendimento, no sentido de que o endossatário que recebe tal título e o encaminha a protesto responde perante o suposto devedor. Confira-se:

> *Direito Civil e Cambiário. Recurso especial representativo de controvérsia. Art. 543-C do CPC. Duplicata desprovida de causa recebida por endosso translativo. Protesto. Responsabilidade do endossatário. 1. Para efeito do art. 543-C do CPC:* ***O endossatário que recebe, por endosso translativo, título de crédito contendo vício formal, sendo inexistente a causa para conferir lastro a emissão de duplicata, responde pelos danos causados diante de protesto indevido, ressalvado seu direito de regresso contra os endossantes e avalistas****. 2. Recurso especial não provido (REsp 1.213.256/RS, Rel. Min. Luis Felipe Salomão, 2.ª Seção, j. 28.09.2011, DJe 14.11.2011).*

No que se refere ao protesto da duplicata, destaque-se que este pode ser de três tipos: (i) por falta de aceite; (ii) por falta de devolução; (iii) por falta de pagamento. É o que prescreve o art. 13 da Lei das Duplicatas: "a duplicata é protestável por falta de aceite de devolução ou pagamento".

Segundo o § 2.º do referido art. 13, "o fato de não ter sido exercida a faculdade de protestar o título, por falta de aceite ou de devolução, não elide a possibilidade de protesto por falta de pagamento". E o § 3.º complementa, determinando que "o protesto será tirado na praça de pagamento constante do título". Por fim, o § 4.º estabelece o prazo de 30 dias para a realização do protesto, sob pena de perda do direito de execução contra os codevedores: "o portador que não tirar o protesto da duplicata, em forma regular e dentro do prazo da [sic] 30 (trinta) dias, contado da data de seu vencimento, perderá o direito de regresso contra os endossantes e respectivos avalistas".

Ressalte-se que a praça de pagamento constante do título, além de ser o local indicado para a realização do protesto, é também o foro competente para a ação de execução, nos termos do art. 17 da Lei das Duplicatas: "o foro competente para a cobrança judicial da duplicata ou da triplicata é o da praça de pagamento constante do título, ou outra de domicílio do comprador e, no caso de ação regressiva, a dos sacadores, dos endossantes e respectivos avalistas".

Uma regra importante sobre o protesto da duplicata está prevista no art. 13, § 1.º, da Lei das Duplicatas, que admite o chamado *protesto por indicações*: "por falta de aceite, de devolução ou de pagamento, o protesto será tirado, conforme o caso, mediante apresentação da duplicata, da triplicata, ou, ainda, por simples indicações do portador, na falta de devolução do título". Esse *protesto por indicações* é realizado quando há a retenção (não devolução) do título por parte do devedor (comprador). Nesse caso, como o credor (vendedor) não está na posse do título, deverá então fornecer ao cartório as indicações deste, retiradas da fatura e do Livro de Registro de Duplicatas de que trata o art. 19 da lei: "a adoção do regime de vendas de que trata o art. 2.º desta Lei obriga o vendedor a ter e a escriturar o Livro de Registro de Duplicatas". O § 1.º desse art. 19 prevê que "no Registro de Duplicatas serão escrituradas, cronologicamente, todas as duplicatas emitidas, com o número de ordem, data e valor das faturas originárias e data de sua expedição; nome e domicílio do comprador; anotações das reformas; prorrogações e outras circunstâncias necessárias".

Portanto, havendo a retenção da duplicata, o procedimento mais correto a ser adotado para a conservação dos direitos creditórios é a realização do protesto por indicações. Com esse protesto, bem assim com a comprovação da entrega das mercadorias, poderá ser ajuizada a competente execução. Trata-se, pois, de uma importante exceção ao princípio da cartularidade, já que se está admitindo o protesto e a execução de um título sem que o credor esteja na posse desse título. O Superior Tribunal de Justiça decidiu que não é admissível o protesto por indicações de meros boletos bancários, sendo indispensável que tenha havido a emissão de duplicatas e a posterior retenção delas por parte do comprador:

> *Direito Comercial. Duplicata mercantil. Protesto por indicação de boletos bancários. Inadmissibilidade. I – A retenção da duplicata remetida para aceite é* conditio sine qua non *exigida pelo art. 13, § 1.º da Lei n.º 5.474/68 a fim de que haja protesto por indicação, não sendo admissível protesto por indicação de boletos bancários. II – Recurso não conhecido (STJ, REsp 827.856-SC, Rel. Min. Antônio de Pádua Ribeiro,* DJ *17.09.2007, p. 295).*

Não obstante seja a sistemática do protesto por indicações prevista na lei, não é o que ocorre na prática, algumas vezes. É comum, quando há retenção da duplicata, que o credor emita uma triplicata, enviando-a posteriormente a protesto para executá-la na sequência. Em tese, não é o procedimento correto. Com efeito, a triplicata só deve ser emitida quando há perda ou extravio da duplicata, nos termos do art. 23 da Lei das Duplicatas: "a perda ou extravio da duplicata obrigará o vendedor a extrair triplicata, que terá os mesmos efeitos e requisitos e obedecerá às mesmas formalidades daquela". No entanto, como não há maiores prejuízos, tem-se aceito a prática sem maiores problemas.

Por fim, destaque-se que a execução da duplicata prescreve: (i) em três anos contra o devedor principal e seus avalistas, (ii) em um ano contra os codevedores e seus avalistas, e em um ano entre os codevedores. É o que estabelece o art. 18 da Lei das Duplicatas: "a pretensão à execução da duplicata prescreve: I – contra o sacado e respectivos avalistas, em 3 (três) anos, contados da data do vencimento do título; II – contra endossante e seus avalistas, em 1 (um) ano, contado da data do protesto; III – de qualquer dos coobrigados contra os demais, em 1 (um) ano, contado da data em que haja sido efetuado o pagamento do título".

8.4.4. Duplicata escritural

Foi publicada em 21.12.2018 a Lei 13.775, que dispõe sobre a emissão de duplicata sob a forma escritural (também conhecida no mercado como duplicata eletrônica ou duplicata virtual).

Essa duplicata será emitida "mediante lançamento em sistema eletrônico de escrituração gerido por quaisquer das entidades que exerçam a atividade de escrituração de duplicatas escriturais" (art. 3.º), e tais entidades "deverão ser autorizadas por órgão ou entidade da administração federal direta ou indireta a exercer a atividade de escrituração de duplicatas" (ver Decreto 9.769/2019).

Esse sistema eletrônico, que dispensará o livro de registro de duplicatas (art. 9.º), deverá conter a escrituração do seguinte (art. 4.º):

a) apresentação, aceite, devolução e formalização da prova do pagamento;
b) controle e transferência da titularidade;
c) prática de atos cambiais sob a forma escritural, tais como endosso e aval;
d) inclusão de indicações, de informações ou de declarações referentes à operação com base na qual a duplicata foi emitida ou ao próprio título; e
e) inclusão de informações a respeito de ônus e gravames constituídos sobre as duplicatas.

O gestor desse sistema eletrônico deverá realizar as comunicações desses atos ao devedor e aos demais interessados (art. 4.º, § 1.º), e expedirá, quando solicitado, extrato do registro eletrônico da duplicata (art. 6.º), sendo importante destacar que a duplicata e esse extrato são títulos executivos extrajudiciais (art. 7.º), que podem ser cobrados judicialmente nos termos do art. 15 Lei das Duplicatas.

A lei ainda determinou que os tabeliães de protesto mantenham uma central nacional de serviços eletrônicos compartilhados, que prestará, dentre outros, os serviços de emissão dessas duplicatas, recepção delas para protesto e consulta de devedores inadimplentes (art. 41-A da Lei 9.492/1997).

Prestação de serviço com aceite

Este é o Número do Título

Este é o Devedor

REVISTA PUBLICIDADE LTDA
Rua "B", nº 20 - Centro
São Paulo - Capital

C.G.C. (MF) nº 44.444.444/0004-44
C.C.M. Nº66.666.666
Mun. S. Paulo - Est. SP

DATA DE EMISSÃO: 30 / 03 / 2002

DUPLICATA

NF FATURA nº	NF-FATF/Duplicata-Valor	Duplicata - nº de ordem	Vencimento
007585	R$ 485,07	007585 - B	04-05-2002

PARA USO DA INSTITUIÇÃO FINANCEIRA

Desconto de % sobre até
Condições Especiais

REVISTA PUBLICIDADE LTDA
Assinatura do Emitente

Nome do Sacado: MAZANI SILVA SOUZA.
Endereço: Rua Reis, nº 51 - Centro
CEP/Município: 06000-000 Osasco Estado: S P
Praça de pagamento: Osasco
CEP/Município: Estado: S P
I.C.G.C. (MF) Nº: CPF 777.777.777-77 Insc. Est. nº: Isento

Rep. M
100

Valor por extenso: Quatrocentos e Oitenta e Cinco Reais, Sete Centavos . - . - . - . - . - . - . - . - . - . - . - .

Reconhecemos a exatidão desta Duplicata de Prestação de Serviços, na importância acima que pagaremos à Revista Publicidade Ltda. ou à sua ordem, na praça e vencimento indicados.

Em 03 / 04 / 2002
(Data do aceite)

NÃO SENDO PAGA NO DIA DO VENCIMENTO, COBRAR JUROS DE MORA E DESPESAS FINANCEIRAS, NÃO CONCEDER DESCONTOS MESMO CONDICIONALMENTE.

Mazani Silva Souza

MODELO

Esta duplicata está aceita pela devedora.
Nenhum documento a mais é necessário para protestá-la.

Este é o Portador/Favorecido

Prestação de serviço sem aceite

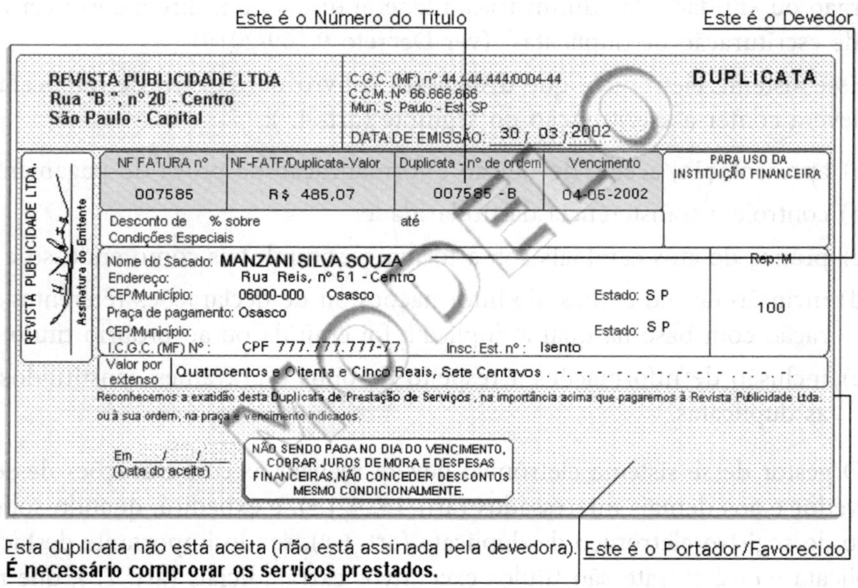

Este é o Número do Título

Este é o Devedor

REVISTA PUBLICIDADE LTDA
Rua "B", nº 20 - Centro
São Paulo - Capital

C.G.C. (MF) nº 44.444.444/0004-44
C.C.M. Nº 66.666.666
Mun. S. Paulo - Est. SP

DATA DE EMISSÃO: 30 / 03 / 2002

DUPLICATA

NF FATURA nº	NF-FATF/Duplicata-Valor	Duplicata - nº de ordem	Vencimento
007585	R$ 485,07	007585 - B	04-05-2002

PARA USO DA INSTITUIÇÃO FINANCEIRA

Desconto de % sobre até
Condições Especiais

REVISTA PUBLICIDADE LTDA.
Assinatura do Emitente

Nome do Sacado: MANZANI SILVA SOUZA
Endereço: Rua Reis, nº 51 - Centro
CEP/Município: 06000-000 Osasco Estado: S P
Praça de pagamento: Osasco
CEP/Município: Estado: S P
I.C.G.C. (MF) Nº: CPF 777.777.777-77 Insc. Est. nº: Isento

Rep. M
100

Valor por extenso: Quatrocentos e Oitenta e Cinco Reais, Sete Centavos . - . - . - . - . - . - . - . - . - . - . - .

Reconhecemos a exatidão desta Duplicata de Prestação de Serviços, na importância acima que pagaremos à Revista Publicidade Ltda. ou à sua ordem, na praça e vencimento indicados.

Em ___/___/___
(Data do aceite)

NÃO SENDO PAGA NO DIA DO VENCIMENTO, COBRAR JUROS DE MORA E DESPESAS FINANCEIRAS, NÃO CONCEDER DESCONTOS MESMO CONDICIONALMENTE.

MODELO

Esta duplicata não está aceita (não está assinada pela devedora).
É necessário comprovar os serviços prestados.

Este é o Portador/Favorecido

De venda mercantil

Este é o Número do Título — Este é o Devedor

DADO, DADO & CIA LTDA.
Rua "A", nº 10 - Jardim Ipê
São Paulo - Capital

C.G.C. (MF) nº 33.333.333/0003-33
C.C.M. Nº 22.222-3
Mun. S. Paulo - Est. SP

DUPLICATA

DATA DE EMISSÃO: 01 / 04 / 2002

NF FATURA nº	NF-FATF/Duplicata-Valor	Duplicata - nº de ordem	Vencimento	PARA USO DA INSTITUIÇÃO FINANCEIRA
007585	R$ 485,07	007585 - B	04-05-2002	

DADO, DADO & CIA LTDA. — Assinatura do Emitente

Desconto de % sobre até
Condições Especiais

Nome do Sacado: ROSA DOS VENTOS LTDA.
Endereço: Rua 20, nº 20 Jd. Taí
CEP/Município: 06000-000 Osasco — Estado: S P
Praça de pagamento: Osasco
CEP/Município: — Estado: S P
I.C.G.C. (MF) Nº: 55.555.555/0001-55 — Insc. Est. nº: Isento

Rep. M
100

Valor por extenso: Quatrocentos e Oitenta e Cinco Reais, Sete Centavos . - . - . - . - . - . - . - .

Reconhecemos a exatidão desta **Duplicata de Venda Mercantil**, na importância acima que pagaremos à DADO, DADO & CIA LTDA. ou à sua ordem, na praça e vencimento indicados.

Em 03 / 04 / 2002
(Data do aceite)

NÃO SENDO PAGA NO DIA DO VENCIMENTO, COBRAR JUROS DE MORA E DESPESAS FINANCEIRAS, NÃO CONCEDER DESCONTOS MESMO CONDICIONALMENTE.

ROSA DOS VENTOS LTDA.

Este é o Portador/Favorecido

Esta duplicata está aceita pela devedora.
Nenhum documento a mais se faz necessário para protestá-la.

De venda mercantil por indicação

CARTA EM PAPEL TIMBRADO DA EMPRESA

AO
TABELIONATO DE PROTESTO DE TÍTULOS DE OSASCO

Ref.: Protesto de duplicata mercantil POR INDICAÇÃO

Na qualidade de: (x) SACADOR ( ) ENDOSSATÁRIO, solicitamos o protesto do título abaixo descrito, por indicação, nos termos da Lei nº 5.474 de 18.07.68, com redação dada pela Lei nº 6.458 de 1º.11.77 e artigo 21 e parágrafos da Lei nº 9.492 de 10.09.97.

Sacado: ROSA DOS VENTOS LTDA — **CGC/CPF:** 55.555.555/0001-55
Endereço: Rua 20 Nº 20 — **Bairro:** Jardim Taí
Cidade: OSASCO — **Cep:** 06000-000 — **Praça de Pagamento:** OSASCO
Data de Emissão: 25/04/2002 — **Vencimento:** 25/05/2002 — **Nº da Duplicata:** 0522-00
Valor: R$ 302,22 — **Endosso: (x) nao tem. ( ) Mandato. ( ) Translativo.**
Sacador: DADO, DADO & CIA LTDA — **CGC.:** 33.333.333/0003-33
Endereço: RUA "A" Nº 10 JD. IPÊ - — **Telefone:** 999-9999

Declaramos, para os devidos fins, sob as penas da lei, que os documentos originais que comprovam a venda mercantil, bem como o comprovante da entrega e recebimento das mercadorias, estão em nosso poder, e nos comprometemos a exibí-los a qualquer momento, quando exigidos, no lugar em que for determinado.

Sem mais firmamo-nos,

São Paulo, 10 de Maio de 2002
DADO, DADO & CIA LTDA

(Ass. da empresa sob carimbo)

9. ALGUMAS REGRAS DO CÓDIGO CIVIL SOBRE TÍTULOS DE CRÉDITO

Conforme já destacamos, as disposições do Código Civil não se aplicam, em princípio, aos títulos de crédito típicos/nominados, que possuem legislação especial (duplicata, letra de câmbio, nota promissória, cheque etc.). As regras do Código Civil sobre títulos de crédito funcionam como uma teoria geral dos títulos atípicos/inominados, que não possuem lei específica.[108]

Apontamos que apesar de a intenção do legislador ter sido boa - dar ao mercado uma permissão legal geral e abstrata de criação de títulos de crédito atípicos -, o fato de alguns institutos cambiários relevantes, como o aval e o endosso, terem sido disciplinados com regras que contrariam frontalmente a Lei Uniforme gerou críticas.

Nos tópicos seguintes, analisaremos algumas regras do CC sobre o assunto.

9.1. Autonomia e omissão de requisito legal

Apesar de o art. 887 do Código Civil determinar que o título de crédito só produz efeito quando preencher os requisitos legais, o art. 888 prevê que "a omissão de qualquer requisito legal, que tire ao escrito a sua validade como título de crédito, não implica a invalidade do negócio jurídico que lhe deu origem".

Vê-se que o art. 888 é uma regra que concretiza o princípio da autonomia, pois deixa claro que eventual invalidade do título de crédito não invalida o negócio jurídico que deu origem a esse título.

Assim, caso um título não contenha um determinado requisito legal que lhe seja essencial, não terá validade como título de crédito, mas o negócio jurídico que deu ensejo à emissão do título não será contaminado. Em suma: "se alguém emite uma nota promissória para pagamento de um mútuo, a nulidade do título não invalida a sua causa, ou seja, o mútuo".[109]

Ademais, o próprio documento em si não será necessariamente inválido. Ele não será considerado um título de crédito, não tendo, pois, as suas características essenciais (executividade, por exemplo), mas poderá valer como prova de dívida em uma eventual ação de cobrança.

9.2. Conteúdo e forma dos títulos de crédito

Quando se trata de título nominado/típico, a própria lei de regência normalmente estabelece os requisitos essenciais para sua emissão. É o que ocorre, por exemplo, com a letra de câmbio e a nota promissória, cujos requisitos essenciais são previstos na Lei Uniforme de Genebra (arts. 1.º e 75 da LUG).

Em se tratando de títulos inominados/atípicos, porém, os requisitos essenciais estão descritos no art. 889 do CC: "deve o título de crédito conter a data da emissão, a indicação precisa dos direitos que confere, e a assinatura do emitente".

---

[108] Enunciado 52 das Jornadas de Direito Civil, com a redação dada pelo Enunciado 464, aprovado na V Jornada: *"As disposições relativas aos títulos de crédito do Código Civil aplicam-se àqueles regulados por leis especiais, no caso de omissão ou lacuna."*

[109] MARTINS, Fran. *Títulos de crédito*. 16. ed. Rio de Janeiro: Forense, 2013. p. 16.

Outros requisitos, portanto, não são essenciais, de modo que na ausência deles se estabelecem presunções legais. Assim, quando não há menção expressa à data de vencimento, o título se considera à vista (§ 1.º), e quando não há menção expressa ao lugar de emissão e de pagamento, considera-se como tal o domicílio do emitente (§ 2.º).

9.3. A desmaterialização dos títulos de crédito

O atual desenvolvimento crescente da informática tem propiciado, gradativamente, o surgimento de títulos de crédito que não chegam a ser materializados numa cártula, razão pela qual o princípio da cartularidade tem sido reexaminado pela doutrina.

> (...) os avanços tecnológicos têm demonstrado a necessidade de se repensar a doutrina sobre a cartularidade ou a incorporação, como, ocorre, por exemplo, com os cartões de banco com tarja magnética, que permitem a retirada de dinheiro da conta-corrente bancária em substituição ao cheque. O mesmo ocorre com as *duplicatas virtuais*, correspondentes a registros eletromagnéticos transmitidos via computador por empresário ao banco, que, também através de computador, pode processar a cobrança ao devedor.[110]

Algumas disposições do Código Civil relacionam-se a esse tema. Com efeito, uma das novidades do código foi a permissão expressa, constante do art. 889, § 3.º, de que sejam emitidos títulos de crédito a partir dos caracteres criados em computador ou meio técnico equivalente e que constem da escrituração do emitente, observados os requisitos mínimos previstos no art. 889. Wille Duarte Costa comenta a inovação, fazendo algumas críticas:

> Ora, entre os requisitos mínimos enumerados no artigo mencionado está a assinatura do emitente. E esta, a assinatura do emitente, não parte de *"caracteres criados em computador"*. Quando muito, quando se fala em "ou meio técnico equivalente" podemos admitir a cópia por fax ou outra forma de reprografia. Mas aí, como fica o conceito do art. 887 que impede que a assinatura, por exemplo, ocorra por meio reprográfico? E o requisito da assinatura do emitente não pode ser reproduzido por qualquer meio, até mesmo para evitar a fraude. Logo, ainda que os demais dados e requisitos do título possam ser criados e reproduzidos por meio eletrônico, é certo que a assinatura do emitente é que vai dar o caráter da incorporação do direito decorrente do conceito ditado por Vivante e contido no art. 887 do novo Código.
>
> A incorporação, que é um dos atributos comuns aos títulos de crédito e corresponde à materialização do direito no documento (papel ou cártula), de tal forma que o direito (direito cartular) não poderá ser exercido sem a exibição do documento no original. Para cobrar, o título de crédito deve ser exibido ao devedor. Para executar, em juízo deve estar o original do título de crédito e, neste caso, nenhuma cópia é válida.
>
> Na espécie antes tratada, a assinatura haverá de ser do próprio punho do emitente ou de seu procurador bastante. Dessa forma, o novo Código não deu qualquer tratamento para os casos de assinatura "criptografada", nem para as chamadas "chaves privadas" e "chaves públicas", assunto provavelmente desconhecido da Comissão elaboradora do novo Código.[111]

---

110 ROSA JR., Luiz Emygdio F. da. *Títulos de crédito*. 4. ed. Rio de Janeiro: Renovar, 2006. p. 66.

111 COSTA, Wille Duarte. Títulos de crédito e o novo código civil. *Revista Virtual das Faculdades Milton Campos*, ano I, n.º 01, nov. 2003. Disponível em: <http://www.revista.mcampos.br/>. Acesso em: 16 ago. 2006.

A doutrina tem se referido a esse processo como a *desmaterialização dos títulos de crédito*, que acaba por exigir um reexame do princípio da cartularidade, dada a proliferação dos títulos em meio magnético, sem que eles sejam, enfim, materializados num documento em meio físico. A respeito do assunto, comenta Fábio Ulhoa Coelho:

> (...) importantes transformações, já em curso, alterarão a substância do direito cambiário. O quadro é provocado pelo extraordinário progresso no tratamento magnético das informações, o crescente uso dos recursos da informática no cotidiano da atividade de administração do crédito. De fato, o meio magnético vem substituindo paulatina e decisivamente o meio papel como suporte de informações. O registro da concessão, cobrança e cumprimento do crédito comercial não fica, por evidente, à margem desse processo, ao qual se refere a doutrina pela noção de *desmaterialização dos títulos de crédito*.

O fato é que a desmaterialização dos títulos de crédito, por permitir a criação de títulos não cartularizados, ou seja, não documentados em papel, cria situações em que, por exemplo, o credor pode executar um determinado título de crédito sem a necessidade de apresentá-lo em juízo. É o que ocorre com as chamadas **duplicatas virtuais**, muito comuns na praxe mercantil, as quais podem ser executadas mediante a apresentação, apenas, do instrumento de protesto por indicações e do comprovante de entrega das mercadorias (art. 15, § 2.º, da Lei 5.474/1968).

Nesse sentido, vale lembrar a inovação trazida pela Lei 11.419/2006, a qual deu nova redação ao art. 365, § 2.º, do CPC/1973, que passou a ter o seguinte teor: "tratando-se de cópia digital de título executivo extrajudicial ou outro documento relevante à instrução do processo, o juiz poderá determinar o seu depósito em cartório ou secretaria". Essa disposição foi repetida pelo CPC/2015, no art. 425, § 2.º.

Vale destacar também a Lei 11.076/2004, que criou títulos eletrônicos para o agronegócio.

Enfim, **o processo de desmaterialização dos títulos de crédito é uma consequência natural do desenvolvimento do comércio eletrônico**, que exige que repensemos o conceito de documento, o qual não pode mais ser visto apenas como algo materializado em papel. O documento eletrônico é uma realidade já consolidada nos dias atuais, e o mercado, obviamente, foi quem mais rápido se adaptou a ela, criando a assinatura digital, por meio do sistema de criptografia.

Atualmente, o Brasil já possui regulamentação legal da matéria: tratase da Medida Provisória 2.200/2, de 2001, a qual instituiu a Infraestrutura de Chaves Públicas Brasileira (ICP-Brasil) e que dispôs, em seu art. 1.º, o seguinte: "*Fica instituída a Infraestrutura de Chaves Públicas Brasileira – ICP-Brasil, para garantir a autenticidade, a integridade e a validade jurídica de documentos em forma eletrônica, das aplicações de suporte e das aplicações habilitadas que utilizem certificados digitais, bem como a realização de transações eletrônicas seguras.*"

Finalmente, em consonância com esse processo de desmaterialização dos títulos de crédito, foram editados os Enunciados 461 e 462 da *Jornada de Direito Civil* do CJF, que possuem a seguinte redação, respectivamente: "*Art. 889. As duplicatas eletrônicas podem ser protestadas por indicação e constituirão título executivo extrajudicial mediante a exibição pelo credor do instrumento de protesto, acompanhado do comprovante de entrega das mercadorias ou de prestação dos serviços.*"; "*Art. 889, § 3.º Os títulos de crédito podem ser emitidos, aceitos, endossados ou avalizados eletronica-*

mente, mediante assinatura com certificação digital, respeitadas as exceções previstas em lei." No mesmo sentido, decidiu o STJ pela validade da chamada duplicata virtual:

> Embargos de divergência em recurso especial. Divergência demonstrada. Execução de título extrajudicial. Duplicata virtual. Protesto por indicação. Boleto bancário acompanhado do instrumento de protesto, das notas fiscais e respectivos comprovantes de entrega das mercadorias. Executividade reconhecida.
>
> 1. Os acórdãos confrontados, em face de mesma situação fática, apresentam solução jurídica diversa para a questão da exequibilidade da duplicata virtual, com base em boleto bancário, acompanhado do instrumento de protesto por indicação e das notas fiscais e respectivos comprovantes de entrega de mercadorias, o que enseja o conhecimento dos embargos de divergência.
>
> 2. Embora a norma do art. 13, § 1.º, da Lei 5.474/1968 permita o protesto por indicação nas hipóteses em que houver a retenção da duplicata enviada para aceite, o alcance desse dispositivo deve ser ampliado para harmonizar-se também com o instituto da duplicata virtual, conforme previsão constante dos arts. 8.º e 22 da Lei 9.492/1997.
>
> 3. A indicação a protesto das duplicatas mercantis por meio magnético ou de gravação eletrônica de dados encontra amparo no art. 8.º, parágrafo único, da Lei 9.492/1997. O art. 22 do mesmo Diploma Legal, a seu turno, dispensa a transcrição literal do título quando o Tabelião de Protesto mantém em arquivo gravação eletrônica da imagem, cópia reprográfica ou micrográfica do título ou documento da dívida.
>
> 4. Quanto à possibilidade de protesto por indicação da duplicata virtual, deve-se considerar que o que o art. 13, § 1.º, da Lei 5.474/1968 admite, essencialmente, é o protesto da duplicata com dispensa de sua apresentação física, mediante simples indicação de seus elementos ao cartório de protesto. Daí, é possível chegar-se à conclusão de que é admissível não somente o protesto por indicação na hipótese de retenção do título pelo devedor, quando encaminhado para aceite, como expressamente previsto no referido artigo, mas também na de duplicata virtual amparada em documento suficiente.
>
> 5. Reforça o entendimento acima a norma do § 2.º do art. 15 da Lei 5.474/1968, que cuida de executividade da duplicata não aceita e não devolvida pelo devedor, isto é, ausente o documento físico, autorizando sua cobrança judicial pelo processo executivo quando esta haja sido protestada mediante indicação do credor, esteja acompanhada de documento hábil comprobatório da entrega e recebimento da mercadoria e o sacado não tenha recusado o aceite pelos motivos constantes dos arts. 7.º e 8.º da Lei.
>
> 6. No caso dos autos, foi efetuado o protesto por indicação, estando o instrumento acompanhado das notas fiscais referentes às mercadorias comercializadas e dos comprovantes de entrega e recebimento das mercadorias devidamente assinados, não havendo manifestação do devedor à vista do documento de cobrança, ficando atendidas, suficientemente, as exigências legais para se reconhecer a executividade das duplicatas protestadas por indicação.
>
> 7. O protesto de duplicata virtual por indicação apoiada em apresentação do boleto, das notas fiscais referentes às mercadorias comercializadas e dos comprovantes de entrega e recebimento das mercadorias devidamente assinados não descuida das garantias devidas ao sacado e ao sacador.
>
> 8. Embargos de divergência conhecidos e desprovidos (EREsp 1.024.691/PR, Rel. Min. Raul Araújo, Segunda Seção, j. 22.08.2012, DJe 29.10.2012).
>
> Agravo regimental no recurso especial. Processual e civil. Execução. Duplicata virtual. Requisitos. Ausência de prequestionamento. Súmula n.º 211/STJ. Reexame de provas. Súmula n.º 7/STJ.

> 1. A jurisprudência desta Corte é assente no sentido de ser possível o ajuizamento de execução de duplicata virtual, desde que devidamente acompanhada dos instrumentos de protesto por indicação e dos comprovantes de entrega da mercadoria e da prestação do serviço.
>
> (AgRg no REsp 1.559.824/MG, Rel. Min. Ricardo Villas Bôas Cueva, 3.ª Turma, j. 03.12.2015, DJe 11.12.2015).

9.4. Cláusulas proibidas nos títulos de crédito

De acordo com o art. 890 do CC, "consideram-se não escritas no título a cláusula de juros, a proibitiva de endosso, a excludente de responsabilidade pelo pagamento ou por despesas, a que dispense a observância de termos e formalidade prescritas, e a que, além dos limites fixados em lei, exclua ou restrinja direitos e obrigações".

Esse dispositivo contraria algumas regras da Lei Uniforme de Genebra, lei que, como sabemos, regula especificamente a letra de câmbio e a nota promissória, mas que também funciona como lei geral sobre matéria cambiária no Brasil, aplicando-se subsidiariamente, no que couber, aos demais títulos de crédito típicos/nominados.

O art. 5.º da LUG, por exemplo, permite a cláusula de juros em determinadas situações: "numa letra pagável à vista ou a um certo termo de vista, pode o sacador estipular que a sua importância vencerá juros. Em qualquer outra espécie de letra a estipulação de juros será considerada como não escrita. A taxa de juros deve ser indicada na letra; na falta de indicação, a cláusula de juros é considerada como não escrita. Os juros contam-se da data da letra, se outra data não for indicada".

O art. 15 da LUG, por sua vez, permite a inserção de cláusula que proíbe novo endosso: "o endossante, salvo cláusula em contrário, é garante tanto da aceitação como do pagamento da letra. O endossante pode proibir um novo endosso, e, neste caso, não garante o pagamento as pessoas a quem a letra for posteriormente endossada".

Conforme já destacamos e veremos novamente adiante, essas regras do CC que contrariam as regras da Lei Uniforme de Genebra não se aplicam aos títulos típicos/nominados, que possuem legislação específica própria. Aplicam-se apenas aos títulos atípicos/inominados, isto é, títulos que venham a ser criados pela praxe mercantil, mas que não tenham legislação própria.

9.5. Títulos de crédito em branco ou incompletos

O art. 891 do CC dispõe o seguinte: "o título de crédito, incompleto ao tempo da emissão, deve ser preenchido de conformidade com os ajustes realizados". O seu parágrafo único complementa: "o descumprimento dos ajustes previstos neste artigo pelos que deles participaram, não constitui motivo de oposição ao terceiro portador, salvo se este, ao adquirir o título, tiver agido de má-fé".

Quanto ao *caput* do art. 891, já destacamos que a jurisprudência há tempos admite a emissão da letra de câmbio – e de qualquer outro título de crédito – em branco ou incompleta. Esse entendimento, aliás, está consolidado no enunciado 387 da súmula de jurisprudência dominante do Supremo Tribunal Federal: "a cambial emitida ou aceita com omissões, ou em branco, pode ser completada pelo credor de boa-fé antes da cobrança ou do protesto".

Quanto ao parágrafo único do art. 891, a LUG tem regra semelhante: "se uma letra incompleta no momento de ser passada tiver sido completada contrariamente aos acordos realizados, não pode a inobservância desses acordos ser motivo de oposição ao portador, salvo se este tiver adquirido a letra de má-fé ou, adquirindo-a, tenha cometido uma falta grave" (art. 10).

Assim, caso o título incompleto seja completado contrariamente ao que havia sido acordado, isso não pode ser alegado contra o portador, se ele o recebeu depois de já estar completado o título, pois nesse caso ele é um terceiro de boa-fé. Provada a má-fé do portador, porém, a situação muda completamente. Tem-se aqui a aplicação do subprincípio da inoponibilidade das exceções pessoais ao terceiro de boa-fé, o qual é decorrente do princípio da autonomia.

9.6. Obrigação cambial de representante/mandatário

Conforme o art. 892 do CC, "aquele que, sem ter poderes, ou excedendo os que tem, lança a sua assinatura em título de crédito, como mandatário ou representante de outrem, fica pessoalmente obrigado, e, pagando o título, tem ele os mesmos direitos que teria o suposto mandante ou representado".

Há regra semelhante no art. 8.º da Lei Uniforme de Genebra: "todo aquele que apuser a sua assinatura numa letra, como representante duma pessoa, para representar a qual não tinha de fato poderes, fica obrigado em virtude da letra e, se a pagar, tem os mesmos direitos que o pretendido representado. A mesma regra se aplica ao representante que tenha excedido os seus poderes".

Assim, se, por exemplo, o administrador de uma sociedade empresária assina um título de crédito assumindo obrigação em nome da sociedade, mas sem ter poderes para tanto (imagine-se, por exemplo, que o contrato social proíbe expressamente o administrador de assinar títulos de crédito contra a sociedade), quem assumirá responsabilidade pessoal pelo pagamento da obrigação cambial nesse caso é o administrador.

9.7. Títulos representativos

Os arts. 894 e 895 do CC tratam dos chamados títulos representativos: "o portador de título representativo de mercadoria tem o direito de transferi-lo, de conformidade com as normas que regulam a sua circulação, ou de receber aquela independentemente de quaisquer formalidades, além da entrega do título devidamente quitado"; "enquanto o título de crédito estiver em circulação, só ele poderá ser dado em garantia, ou ser objeto de medidas judiciais, e não, separadamente, os direitos ou mercadorias que representa". Fran Martins e Fábio Ulhoa Coelho explicam esses títulos:

> Títulos representativos são chamados os títulos causais que não expressam uma verdadeira operação de crédito, mas sim representam mercadorias ou bens que fundamentam a sua existência. (...)
>
> Caracterizam-se, assim, os títulos representativos pelo fato de, representando mercadorias ou bens, darem aos seus possuidores o poder de exercer certos direitos sobre os mesmos, quer transferindo-os, com o documento que os representa, para terceiros, quer constituindo direitos reais sobre esses bens.[112]

[112] MARTINS, Fran. *Títulos de crédito*. 16. ed. Rio de Janeiro: Forense, 2013. p. 553.

> *Títulos representaivos*. Sob essa denominação costuma-se designar o instrumento jurídico que representa a titularidade de mercadorias custodiadas, vale dizer, que se encontram sob os cuidados de terceiro (não proprietário). Podem tais instrumentos exercer, além dessa função meramente documental, a de título de crédito, na medida em que possibilitam ao proprietário da mercadoria custodiada a negociação dela, sem prejuízo da custódia. Os títulos representativos não se encontram inteiramente sujeitos ao regime jurídico-cambial, porque possuem finalidade originária diversa dos títulos de crédito. Estes se destinam a representar obrigação pecuniária; já os títulos representativos têm por objeto mercadorias custodiadas. Somente em caráter secundário é que os títulos representativos podem referir-se a obrigações pecuniárias.[113]

Os títulos representativos geralmente nascem de operações de transporte ou de depósito. São exemplos de títulos representativos o **conhecimento de depósito**, o ***warrant*** e o **conhecimento de frete**. Esses títulos, porém, possuem normas específicas, como o Decreto 1.102/1903, de modo que as regras do CC ora em comento se aplicam a títulos representativos atípicos/inominados.

9.8. Nascimento da obrigação cambial (teoria da criação *versus* teoria da emissão)

Há uma certa divergência doutrinária acerca do momento em que o título de crédito passa efetivamente a gerar direitos.[114]

Para os adeptos da chamada *teoria da criação*, o título de crédito se constitui a partir da declaração unilateral de vontade de seu criador, ou seja, uma vez criado o título ele está apto a gerar direitos, respondendo o criador pela sua importância mesmo nos casos em que saiu de suas mãos por extravio, perda ou roubo.

> (...) a essência a teoria da criação está em que a declaração unilateral do subscritor, uma vez redigida em forma legal, é perfeita juridicamente, estando nela, e somente nela, a fonte da obrigação cambiária.
>
> A qualquer momento, uma vez realizada a condição suspensiva a que se subordina a eficácia do título – sua chegada às mãos de pessoa legitimada, mesmo *sem* ou *contra* a vontade do criador – será ele fonte do direito de crédito nele declarado.[115]

Em contrapartida, para os adeptos da chamada *teoria da emissão*, o título de crédito só se constitui quando, após a declaração unilateral de vontade do seu criador, sai de suas mãos voluntariamente.

> Na teoria da emissão (...) a vontade de obrigar-se é indispensável: não basta a redação e a subscrição do título, é necessária a sua emissão. Por isso mesmo, ao contrário do que dá na teoria da criação, não se considera obrigado o subscritor; se o título sair de suas mãos, *sem* ou *contra* a sua vontade.[116]

A grande importância da distinção entre os pontos de vista das duas correntes doutrinárias mencionadas – *teoria da criação* e *teoria da emissão* – se dá para

[113] COELHO, Fábio Ulhoa. *Curso de direito comercial*. 20. ed. São Paulo: RT, 2016. p. 475. v. I.

[114] Para um estudo mais aprofundado sobre cada uma das correntes doutrinárias, confira-se: BORGES, João Eunápio. *Títulos de crédito*. Rio de Janeiro: Forense, 1971. p. 18-29; e COSTA, Wille Duarte. *Títulos de crédito*. 2. ed. Belo Horizonte: Del Rey, 2006. p. 135-140.

[115] BORGES, João Eunápio. *Títulos de crédito*. Rio de Janeiro: Forense, 1971. p. 22.

[116] BORGES, João Eunápio. *Títulos de crédito*. Rio de Janeiro: Forense, 1971. p. 24.

a solução de casos em que o título seja extraviado ou posto em circulação contra a vontade do sacador.[117] Para a teoria da criação, como a obrigação cambial já havia nascido desde a confecção do título, o sacador estará obrigado nessas situações. No entanto, para a teoria da emissão, a obrigação cambial ainda não teria se aperfeiçoado, e, portanto, o sacador não assumiria, nesses casos, obrigação cambial alguma.

O Código Civil parece ter se aproximado mais da teoria da criação, uma vez que em seu art. 905, parágrafo único, determina que "*a prestação é devida ainda que o título tenha entrado em circulação contra a vontade do emitente*". Em seu art. 896, por sua vez, o CC previu que "*o título de crédito não pode ser reivindicado do portador que o adquiriu de boa-fé e na conformidade das normas que disciplinam a sua circulação*".

9.9. Aval no Código Civil

O aval é ato cambiário pelo qual um terceiro (o avalista) se responsabiliza pelo pagamento da obrigação constante do título. O Código Civil trata do assunto nos arts. 897 a 900:

> *Art. 897. O pagamento de título de crédito, que contenha obrigação de pagar soma determinada, pode ser garantido por aval.*
>
> *Parágrafo único. É vedado o aval parcial.*
>
> *Art. 898. O aval deve ser dado no verso ou no anverso do próprio título.*
>
> *§ 1.º Para a validade do aval, dado no anverso do título, é suficiente a simples assinatura do avalista.*
>
> *§ 2.º Considera-se não escrito o aval cancelado.*
>
> *Art. 899. O avalista equipara-se àquele cujo nome indicar; na falta de indicação, ao emitente ou devedor final.*
>
> *§ 1.º Pagando o título, tem o avalista ação de regresso contra o seu avalizado e demais coobrigados anteriores.*
>
> *§ 2.º Subsiste a responsabilidade do avalista, ainda que nula a obrigação daquele a quem se equipara, a menos que a nulidade decorra de vício de forma.*
>
> *Art. 900. O aval posterior ao vencimento produz os mesmos efeitos do anteriormente dado.*

Assim como ocorre com o endosso, o aval também foi disciplinado pelo Código Civil de forma contrária, em alguns pontos, ao que prescreve a legislação cambiária uniforme. Com efeito, dispõe o art. 897, parágrafo único, do Código Civil que "**é vedado o aval parcial**". No entanto, o art. 30 da Lei Uniforme de Genebra dispõe que "**o pagamento de uma letra pode ser no todo ou em parte garantido por aval**", o que deixa bastante clara a possibilidade de aval parcial.

Portanto, deve-se mais uma vez destacar que, conforme determinação do próprio art. 903 do Código Civil, a regra do seu art. 897, parágrafo único, aplica-se tão somente aos títulos de crédito que não possuam regulamentação por lei especial

[117] Nesse sentido: COELHO, Fábio Ulhoa. *Curso de direito comercial*. 16. ed. São Paulo: Saraiva, 2012. p. 457. v. I. Diz o autor: "*a distinção é útil para dispor sobre o tratamento jurídico da situação em que o sacador, após assinar a letra, ainda não está completamente convencido da pertinência do ato praticado, e quer refletir melhor; mas, por furto, desvio ou simples desencontro, a letra é entregue ao tomador. Somente nesse caso é relevante a distinção proposta* (entre a teoria da criação e a teoria da emissão)".

que disponha de forma distinta – títulos atípicos ou inominados. Assim, numa nota promissória, por exemplo, é plenamente admissível o **aval parcial**, em consonância com a regra do art. 30 da Lei Uniforme, acima mencionada. Nesse sentido, vale relembrar o enunciado 39 das Jornadas de Direito Comercial: "não se aplica a vedação do art. 897, parágrafo único, do Código Civil, aos títulos de crédito regulados por lei especial, nos termos do seu art. 903, sendo, portanto, admitido o aval parcial nos títulos de crédito regulados em lei especial".

Quanto ao local apropriado para a realização do aval, o art. 898 do CC deixa claro que é no anverso do título, caso em que basta a simples assinatura do avalista (§ 1.º). Nada impede, todavia, que o aval seja feito no verso da cártula, bastando para tanto, além da assinatura, a expressa menção de que se trata de aval.

O art. 899, § 1.º, do CC, nesse ponto em consonância com a Lei Uniforme, deixa claro que **a obrigação do avalista é solidária**. Caso, porém, o avalista pague a obrigação cambial avalizada, tem direito de regresso contra o avalizado e demais coobrigados anteriores em relação ao total da dívida, e não apenas em relação a uma parte desta, como ocorre na solidariedade civil. É importante, pois, atentar para esse aspecto da solidariedade cambial, que a distingue da solidariedade civil.

O aval também pode ser feito **em branco**, hipótese em que não identifica o avalizado, ou **em preto**, caso em que o avalizado é expressamente indicado. Quando o aval é em branco, presume-se que foi dado em favor de alguém: no caso da letra de câmbio, presume-se em favor do sacador; nos demais títulos, em favor do emitente ou subscritor (art. 899, *caput*, do CC).

O § 2.º do art. 899 apenas ressalta a aplicação do princípio da autonomia ao aval ("Subsiste a responsabilidade do avalista, ainda que nula a obrigação daquele a quem se equipara, a menos que a nulidade decorra de vício de forma"), e o art. 900 dispõe que "o aval posterior ao vencimento produz os mesmos efeitos do anteriormente dado". Assim, o avalista pode garantir o cumprimento da obrigação a qualquer tempo, mesmo após vencida, sendo irrelevante para os efeitos decorrentes do aval o momento em que ele foi realizado.

9.10. Lei Uniforme de Genebra x Código Civil

O art. 903 do CC tem a seguinte redação: "salvo disposição diversa em lei especial, regem-se os títulos de crédito pelo disposto neste Código". Assim, conforme já dito, as disposições do Código Civil, em princípio, não se aplicam aos títulos de crédito nominados/típicos, que possuem legislação especial. É o caso da duplicata, da letra de câmbio, da nota promissória e do cheque, para citar apenas os principais. O Código Civil funciona, pois, na parte relativa aos títulos de crédito, como uma teoria geral para os chamados títulos atípicos/inominados, isto é, que não possuem lei específica.

É por isso que, como visto, a vedação de aval parcial prevista no art. 897, parágrafo único, do CC, por exemplo, não se aplica aos títulos de crédito típicos/nominados, já que a Lei Uniforme prevê a possibilidade de aval parcial. Nesse sentido, vale lembrar os enunciados 39 da I Jornada de Direito Comercial ("não se aplica a vedação do art. 897, parágrafo único, do Código Civil, aos títulos de crédito regulados por lei especial, nos termos do seu art. 903, sendo, portanto, admitido o aval parcial nos títulos de crédito regulados em lei especial") e 52 da I Jornada de Direito Civil ("as disposições relativas aos títulos de crédito do Código Civil aplicam-se àqueles regulados por leis especiais, no caso de omissão ou lacuna"). Confira-se, a propósito, a seguinte decisão do STJ:

> *Direito cambiário e processual civil. Recurso especial. Revelia. Efeitos relativos. Aval. Necessidade de outorga uxória ou marital. Disposição restrita aos títulos de crédito inominados ou atípicos. Art. 1.647, III, do CC/2002. Interpretação que demanda observância à ressalva expressa do art. 903 do CC e ao disposto na LUG acerca do aval. Revisão do entendimento do colegiado. Cogitação de aplicação da regra nova para aval dado antes da vigência do novo CC. Manifesta inviabilidade.*
>
> *(...)*
>
> *4. No tocante aos títulos de crédito nominados, o Código Civil deve ter uma aplicação apenas subsidiária, respeitando-se as disposições especiais, pois o objetivo básico da regulamentação dos títulos de crédito, no novel Diploma civilista, foi permitir a criação dos denominados títulos atípicos ou inominados, com a preocupação constante de diferençar os títulos atípicos dos títulos de crédito tradicionais, dando aos primeiros menos vantagens.*
>
> *(...)*
>
> *6. As normas das leis especiais que regem os títulos de crédito nominados,* v.g., *letra de câmbio, nota promissória, cheque, duplicata, cédulas e notas de crédito, continuam vigentes e se aplicam quando dispuserem diversamente do Código Civil de 2002, por força do art. 903 do Diploma civilista. Com efeito, com o advento do Diploma civilista, passou a existir uma dualidade de regramento legal: os títulos de crédito típicos ou nominados continuam a ser disciplinados pelas leis especiais de regência, enquanto os títulos atípicos ou inominados subordinam-se às normas do novo Código, desde que se enquadrem na definição de título de crédito constante no art. 887 do Código Civil.*
>
> *7. Recurso especial não provido (REsp 1.633.399/SP, Rel. Min. Luis Felipe Salomão, Quarta Turma, j. 10.11.2016,* DJe *01.12.2016).*

9.11. O endosso e seus efeitos

Sabe-se que no endosso, o endossante responde pela solvência do crédito, enquanto na cessão civil de crédito (CCC) o cedente responde apenas pela existência do crédito. Assim, se o devedor principal de um título de crédito não paga, o credor pode voltar-se contra o endossante, desde que protestado o título no prazo legal. Isso não ocorre com o cedente, o qual só poderá ser acionado pelo credor, conforme já destacado em tópico antecedente, se tiver transferido crédito inexistente (documento falso, por exemplo).

Nesse ponto, todavia, cumpre apenas destacar que o Código Civil trouxe regra totalmente contrária ao que sempre se observou na prática comercial brasileira, determinando no art. 914, por exemplo, que o endossante não responde pela solvência do crédito, salvo cláusula expressa em sentido contrário.

Ocorre que essa disposição do Código Civil não invalida o que se disse acima sobre endosso, uma vez que o próprio código, no seu art. 903, ressalva a aplicação da lei especial. Assim, por exemplo, se o endosso é praticado numa nota promissória, o endossante responderá pela solvência do crédito, em razão de a nota promissória ser regida pela Lei Uniforme, e não pelas regras do Código Civil.

9.12. Os títulos ao portador

De acordo com a legislação especial aplicável aos principais títulos de crédito próprios ou típicos - letra de câmbio, nota promissória, cheque e duplicata -, em regra eles deverão ser transmitidos por meio de endosso, ou seja, trata-se de títulos nominais e à ordem. A única exceção, conforme vimos, é a referente ao cheque de valor não superior a R$ 100,00 (cem reais).

Ademais, os títulos ao portador, de uma maneira geral, foram proibidos no Brasil por força de determinação legal expressa da Lei 8.021/1990, numa tentativa de combate à sonegação fiscal.

O Código Civil, todavia, disciplinou os títulos ao portador em seus arts. 904 a 909. Mas o próprio legislador do Código Civil ressalvou a excepcionalidade do título ao portador, dispondo no art. 907 que "é nulo o título ao portador emitido sem autorização de lei especial". Portanto, mais uma vez cumpre ressaltar que, em se tratando dos principais títulos de crédito próprios ou típicos, eles são títulos nominais à ordem, com exceção do cheque até o valor de R$ 100,00 (cem reais), que pode ser emitido ao portador por força de autorização legal expressa (art. 69 da Lei do Cheque).

10. OUTROS TÍTULOS DE CRÉDITO

Além dos títulos de crédito próprios/nominados/típicos já estudados - letra de câmbio, nota promissória, cheque e duplicata - há outros títulos de crédito também importantes para o mercado, merecendo destaque os **títulos de crédito comercial, industrial, rural, à exportação, imobiliário e bancário**.

Tais títulos podem ser definidos, genericamente, como títulos de crédito causais, representativos de promessa de pagamento, com ou sem garantia real, conforme a natureza e a área de atividade própria. Dentre esses títulos se destacam as *cédulas de crédito* e as *notas de crédito*, que se distinguem, basicamente, em razão do fato de as cédulas de crédito serem providas de garantia real, incorporada às próprias cártulas, e as notas de crédito serem desprovidas de garantia, apenas gozando de privilégio especial sobre bens livres do devedor, em caso de sua insolvência ou falência.

Destaque-se ainda que, quanto às cédulas de crédito bancário e imobiliário, elas são geralmente providas de garantia real, incorporada à própria cártula. Todavia, nessas modalidades de crédito - imobiliário e bancário - elas podem também conter garantia fidejussória, ou mesmo serem emitidas sem garantia alguma.

Por fim, ainda sobre os títulos de crédito imobiliário e bancário, registre-se que tais títulos, em geral, são transferidos por endosso em preto, com efeito de mera cessão de crédito, sendo igualmente dispensado o protesto cambial para assegurar o direito de regresso.

E sobre a legislação que disciplina alguns desses títulos, dispõe a Súmula 93 do STJ que "a legislação sobre cédulas de crédito rural, comercial e industrial admite o pacto de capitalização de juros".

10.1. Títulos de crédito comercial

Dentre os chamados títulos de crédito comercial, destacam-se o *conhecimento de depósito* e o *warrant*, disciplinados pelo Decreto 1.102/1903. Trata-se de títulos emitidos pelos armazéns-gerais, referentes a depósito de mercadorias: o conhecimento de depósito é título representativo da mercadoria depositada, a qual pode ser transferida com o endosso do título. Já o *warrant*, por sua vez, é título constitutivo de promessa de pagamento, cuja garantia é a própria mercadoria depositada.

Além dos dois títulos acima mencionados, há também a *cédula de crédito comercial* e a *nota de crédito comercial*, disciplinadas pela Lei 6.840/1980. Trata-se de títulos causais, resultantes de financiamento obtido por empresas no mercado financeiro, para finalidade comercial. Ambos constituem promessa de pagamento, com a distinção já apontada acima: a cédula de crédito comercial ostenta garantia real, incorporada à própria cártula, e a nota de crédito comercial não possui garantia real.

10.2. Títulos de crédito industrial

Os títulos de crédito industrial são a *cédula de crédito industrial* e a *nota de crédito industrial*, disciplinadas pelo Decreto-lei 413/1969. Trata-se de títulos causais, resultantes de financiamento obtido por empresas no mercado financeiro, para finalidade industrial. Ambas constituem promessa de pagamento, com a distinção já apontada acima: a cédula de crédito industrial ostenta garantia real, incorporada à própria cártula, e a nota de crédito industrial não possui garantia real.

10.3. Títulos de crédito à exportação

Os títulos de crédito à exportação são a *cédula de crédito à exportação* e a *nota de crédito à exportação*, disciplinadas pela Lei 6.313/1975. Trata-se de títulos causais, resultantes de financiamento à exportação ou à produção de bens destinados à exportação. Ambas constituem promessa de pagamento, com a distinção já apontada acima: a cédula de crédito à exportação ostenta garantia real, incorporada à própria cártula, e a nota de crédito à exportação não possui garantia real.

10.4. Títulos de crédito rural

Os títulos de crédito rural são vários. Em primeiro lugar, temos a *cédula de crédito rural* e a *nota de crédito rural*, disciplinadas pelo Decreto-lei 167/1967. Trata-se de títulos causais, de natureza civil, resultantes de financiamento a cooperativa, empresa ou produtor rural. Ambas constituem promessa de pagamento, com a distinção já apontada acima: a cédula de crédito rural possui garantia real, incorporada à própria cártula, e a nota de crédito comercial não possui garantia real.

Outros títulos de crédito rural são a *nota promissória rural* e a *duplicata rural*, também disciplinadas pelo Decreto-lei 167/1967. Trata-se de títulos causais, fundados em operações de compra e venda de natureza rural, contratadas a prazo, não constitutivas de financiamento no âmbito do crédito rural.

Por fim, há também a *cédula de produto rural*, esta disciplinada pela Lei 8.929/1994. Trata-se de título de natureza causal, emitido por produtor ou cooperativa rural, como promessa de entrega de produtos rurais, podendo conter garantia hipotecária, pignoratícia ou fiduciária.

A CPR é um título de crédito específico utilizado, por exemplo, em operações nas quais um agricultor adquire insumos – fertilizantes ou defensivos agrícolas – e se compromete a pagá-los entregando determinada quantidade de produto rural em data combinada. Trata-se, pois, de um título de crédito versátil e muito útil ao agronegócio, na medida em que permite ao produtor rural, sem desembolsar recursos, financiar sua produção, assumindo apenas a obrigação futura de entregar parte da safra aos seus fornecedores de insumos.

A propósito, a versatilidade da CPR já foi consagrada em decisão do STJ, que entendeu que "a emissão desse título pode se dar para financiamento da safra, com o pagamento antecipado do preço, mas também pode ocorrer numa operação de 'hedge', na qual o agricultor, independentemente do recebimento antecipado do pagamento, pretende apenas se proteger contra os riscos de flutuação de preços no mercado futuro" (REsp 866.414/GO, Rel. Min. Massami Uyeda, Rel. p/ Acórdão Ministra Nancy Andrighi, 3.ª Turma, j. 20.11.2012, DJe 04.02.2013).

No mesmo sentido:

> *Civil. Recurso especial. Execução de título extrajudicial. Ocorrência de praga na lavoura, conhecida como "ferrugem asiática". Onerosidade excessiva. Ausência. Agrário. Contrato de compra e venda de soja. Fechamento futuro do preço, em data a ser escolhida pelo produtor rural. Ausência de abusividade. Emissão de Cédula de Produto Rural (CPR) em garantia da operação. Ausência de adiantamento do preço. Validade.*
>
> *1. Nos termos de precedentes do STJ, a ocorrência de "ferrugem asiática" não é fato extraordinário e imprevisível conforme exigido pelo art. 478 do CC/02.*
>
> *2. A Lei n.º 8.929/1994 não impõe, como requisito essencial para a emissão de uma Cédula de Produto Rural, o prévio pagamento pela aquisição dos produtos agrícolas nela representados. A emissão desse título pode se dar para financiamento da safra, com o pagamento antecipado do preço, mas também pode ocorrer numa operação de 'hedge', na qual o agricultor, independentemente do recebimento antecipado do pagamento, pretende apenas se proteger contra os riscos de flutuação de preços no mercado futuro.*
>
> *3. Recurso especial conhecido e provido (REsp 866.414/GO, Rel. Min. Nancy Andrighi, 3.ª Turma, j. 20.06.2013,* DJe *02.08.2013).*

Regra importante da CPR é o art. 18 da sua lei de regência (Lei 8.929/1994), que prevê a impenhorabilidade dos bens vinculados a ela: "os bens vinculados à CPR não serão penhorados ou seqüestrados por outras dívidas do emitente ou do terceiro prestador da garantia real, cumprindo a qualquer deles denunciar a existência da cédula às autoridades incumbidas da diligência, ou a quem a determinou, sob pena de responderem pelos prejuízos resultantes de sua omissão". Essa regra é tão importante que a Quarta Turma do STJ já decidiu que "a impenhorabilidade dos bens vinculados à Cédula de Produto Rural (CPR) é absoluta, não podendo ser afastada para satisfação de crédito trabalhista".

RECURSO ESPECIAL. VIOLAÇÃO AO ART. 535 DO CPC/1973. NÃO OCORRÊNCIA. SISTEMA PRIVADO DE FINANCIAMENTO DO SETOR AGRÍCOLA. CÉDULA DE PRODUTO RURAL. TÍTULO DE CRÉDITO. LEI N. 8.929/1994. IMPENHORABILIDADE LEGAL DO BEM VINCULADO À CPR QUE PREVALECE MESMO DIANTE DA PENHORA QUE GARANTE O CRÉDITO TRABALHISTA. PRELAÇÃO JUSTIFICADA PELO INTERESSE PÚBLICO.

(...)

2. O Sistema Privado de Financiamento do Agronegócio identifica-se pelo patrocínio privado da agricultura comercial profissionalizada e da agroindústria, assim como por uma política pública de renegociação das dívidas dos agropecuaristas e pela criação de bancos especializados e de títulos de crédito do agronegócio.

3. A Cédula de Produto Rural (Lei n. 8.929/1994) é instrumento-base do financiamento do agronegócio, facilitadora da captação de recursos. É título de crédito, líquido e certo, de emissão exclusiva dos produtores rurais, suas associações e cooperativas, traduzindo-se na operação de entrega de numerário ou de mercadorias, com baixo custo operacional para as partes.

4. Tendo em vista sua função social e visando garantir eficiência e eficácia à CPR, o art. 18 da Lei n. 8.929/1994 prevê que os bens vinculados à CPR não serão penhorados ou sequestrados por outras dívidas do emitente ou do terceiro prestador da garantia real, cabendo a estes comunicar tal vinculação a quem de direito.

5. A impenhorabilidade criada por lei é absoluta em oposição à impenhorabilidade por simples vontade individual. A impenhorabilidade absoluta é aquela que se constitui por interesse público, e não por interesse particular, sendo possível o afastamento apenas desta última hipótese.

6. O direito de prelação em favor do credor cedular se concretiza no pagamento prioritaritário com o produto da venda judicial do bem objeto da garantia excutida, não significando, entretanto, tratamento legal discriminatório e anti-isonômico, já que é justificado pela existência da garantia real que reveste o crédito privilegiado.

7. Os bens vinculados à cédula rural são impenhoráveis em virtude de lei, mais propriamente do interesse público de estimular o crédito agrícola, devendo prevalecer mesmo diante de penhora realizada para garantia de créditos trabalhistas.

8. Recurso especial provido.

(REsp 1327643/RS, Rel. Ministro LUIS FELIPE SALOMÃO, QUARTA TURMA, julgado em 21/05/2019, DJe 06/08/2019)

10.5. Títulos de crédito imobiliário

Dentre os títulos de crédito imobiliário, destaca-se a *letra imobiliária*, disciplinada pela Lei 4.380/1964. Trata-se de título causal, representativo de promessa de pagamento, emitido para captação de recursos destinados à execução de projeto imobiliário, mediante garantia do governo federal.

Há ainda a *letra hipotecária* e a *cédula hipotecária*. Trata-se de títulos causais, representativos de promessa de pagamento, ambos emitidos com lastro sobre crédito hipotecário: a letra hipotecária, por instituição financeira; a cédula hipotecária, por associação de poupança e empréstimo. A letra hipotecária é disciplinada pela Lei 7.684/1988 (derivada do Decreto-lei 2.478/1988). A cédula hipotecária, por sua vez, é disciplinada pelo Decreto-lei 70/1966.

10.5.1. Novos títulos imobiliários

Recentemente, novos títulos de crédito imobiliário foram criados. A Lei 9.514/1997 criou o *certificado de recebíveis imobiliários*, que é título causal, emitido por companhias securitizadoras de crédito, como promessa de pagamento, sob a forma escritural, com registro no sistema CETIP.

A Lei 10.931/2004, por sua vez, criou a *letra de crédito imobiliário*, que é título causal, emitido por instituição financeira, como promessa de pagamento, com lastro em crédito imobiliário decorrente de hipoteca ou alienação fiduciária.

Por fim, a mesma Lei 10.931/2004 criou a *cédula de crédito hipotecário*, que é título causal, emitido pelo tomador do crédito imobiliário, em favor da instituição financeira credora, com garantia real ou fidejussória, ou mesmo sem garantia.

10.6. Títulos de crédito bancário

Dentre os títulos de crédito bancário, destaca-se a *cédula de crédito bancário*, também criada pela Lei 10.931/2004. Trata-se de título causal, emitido pelo tomador em favor da instituição financeira, com garantia real ou fidejussória, ou sem garantia, em operação de crédito de qualquer modalidade. A grande diferença entre a cédula de crédito bancário e as demais cédulas de crédito acima estudadas (cédulas de crédito comercial, industrial, rural etc.) está no fato de que nestas a destinação do capital objeto do financiamento é específica, devendo voltar-se para o desenvolvimento de atividades comerciais, industriais, rurais etc., conforme o caso. Já na cédula de crédito bancário, em contrapartida, o capital objeto do financiamento pode ser utilizado no desenvolvimento de qualquer atividade.

Sobre a executividade da cédula de crédito bancário, foi aprovado o Enunciado 41 da I Jornada de Direito Comercial do CJF: "A cédula de crédito bancário é título de crédito dotado de força executiva, mesmo quando representativa de dívida oriunda de contrato de abertura de crédito bancário em conta-corrente, não sendo a ela aplicável a orientação da Súmula 233 do STJ". Nesse sentido, confiram-se os seguintes julgados do STJ, que pacificaram o entendimento do referido tribunal sobre a executividade da CCB:

> *Direito bancário e processual civil. Recurso especial representativo de controvérsia. Art. 543-C do CPC. Cédula de crédito bancário vinculada a contrato de crédito rotativo. Exequibilidade. Lei n.º 10.931/2004. Possibilidade de questionamento acerca do preenchimento dos requisitos legais relativos aos demonstrativos da dívida. Incisos I e II do § 2.º do art. 28 da Lei Regente.*
>
> *1. Para fins do art. 543-C do CPC: A Cédula de Crédito Bancário é título executivo extrajudicial, representativo de operações de crédito de qualquer natureza, circunstância que autoriza sua emissão para documentar a abertura de crédito em conta-corrente, nas modalidades de crédito rotativo ou cheque especial. O título de crédito deve vir acompanhado de claro demonstrativo acerca dos valores utilizados pelo cliente, trazendo o diploma legal, de maneira taxativa, a relação de exigências que o credor deverá cumprir, de modo a conferir liquidez e exequibilidade à Cédula (art. 28, § 2.º, I e II, da Lei n.º 10.931/2004).*
>
> *2. No caso concreto, recurso especial não provido (REsp 1291575/PR, Rel. Min. Luis Felipe Salomão, 2.ª Seção, j. 14.08.2013, DJe 02.09.2013).*

> *Direito bancário e processual civil. Recurso especial. Cédula de crédito bancário vinculada a contrato de crédito rotativo. Exequibilidade. Lei 10.931/2004. Possibilidade de questionamento acerca do preenchimento dos requisitos legais relativos aos demonstrativos da dívida. Incisos I e II do § 2.º do art. 28 da Lei Regente.*
>
> *1. A Lei 10.931/2004 estabelece que a Cédula de Crédito Bancário é título executivo extrajudicial, representativo de operações de crédito de qualquer natureza, circunstância que autoriza sua emissão para documentar a abertura de crédito em conta corrente, nas modalidades de crédito rotativo ou cheque especial.*
>
> *2. Para tanto, o título de crédito deve vir acompanhado de claro demonstrativo acerca dos valores utilizados pelo cliente, trazendo o diploma legal a relação de exigências que o credor deverá cumprir, de modo a conferir liquidez e exequibilidade à Cédula (art. 28, § 2.º, incisos I e II, da Lei 10.931/2004).*
>
> *3. No caso em julgamento, tendo sido afastada a tese de que, em abstrato, a Cédula de Crédito Bancário não possuiria força executiva, os autos devem retornar ao Tribunal a quo para a apreciação das demais questões suscitadas no recurso de apelação.*
>
> *4. Recurso especial provido (REsp 1.283.621/MS, Rel. Min. Luis Felipe Salomão, Segunda Seção, j. 23.05.2012, DJe 18.06.2012).*

Ainda sobre a executividade da cédula de crédito bancário, o seu prazo prescricional é de 3 (três) anos, porque o artigo 44 da Lei 10.931/2004 prevê que é aplicável a esse título, no que couber, a Lei Uniforme de Genebra, a qual estabelece esse prazo prescricional trienal. No entanto, mesmo escoado esse prazo prescricional, vale destacar que ainda é possível cobrar o crédito objeto de uma CCB por meio de ação monitória, e para tanto o prazo prescricional é quinquenal. Nesse sentido:

> RECURSO ESPECIAL. EMPRESARIAL. CIVIL. AÇÃO MONITÓRIA. CÉDULA DE CRÉDITO BANCÁRIO. PRESCRIÇÃO. DÍVIDA LÍQUIDA. INSTRUMENTO PARTICULAR. PRAZO QUINQUENAL. INCIDÊNCIA.
>
> (...)
>
> 2. Cinge-se a controvérsia a definir o prazo prescricional aplicável à pretensão de cobrança, por meio de ação monitória, de dívida representada por cédula de crédito bancário.
>
> 3. No caso de a pretensão executiva estar prescrita, ainda é possível que a cobrança do crédito se dê por meio de ações causais, pelo procedimento comum ou monitório, no qual o título de crédito serve apenas como prova (documento probatório) e não mais como título executivo extrajudicial (documento dispositivo).
>
> 4. A cédula de crédito bancário representa promessa de pagamento em dinheiro, decorrente de operação de crédito, de qualquer modalidade, tratando-se de dívida certa, líquida e exigível, seja pela soma nela indicada, seja pelo saldo devedor demonstrado em planilha de cálculo, ou nos extratos da conta corrente. Trata-se de dívida líquida constante de instrumento particular, motivo pelo qual a pretensão de sua cobrança prescreve em 5 (cinco) anos, nos termos do artigo 206, § 5º, I, do Código Civil.
>
> 5. Na hipótese dos autos, a ação monitória foi proposta dentro do prazo de 5 (cinco) anos, que tem como termo inicial o vencimento da cédula de crédito bancário, não sendo o caso de declarar a prescrição.
>
> 6. Recurso especial conhecido e não provido.
>
> (REsp 1.940.996/SP, Rel. Ministro RICARDO VILLAS BÔAS CUEVA, TERCEIRA TURMA, julgado em 21/09/2021, DJe 27/09/2021)

Outro título de crédito bancário importante é o *certificado de depósito bancário*, disciplinado pela Lei 4.728/1965. Trata-se de título causal, emitido por banco comercial ou banco de investimento, como promessa de pagamento, a título de captação de depósito a prazo, com ou sem certificado.

Finalmente, tem-se o *certificado de depósito em garantia*, também disciplinado pela Lei 4.728/1965, bem como pela Lei 6.404/1976, a conhecida LSA. Trata-se de título causal, emitido por instituição financeira, relativo ao depósito em garantia de títulos de crédito ou de valores mobiliários, que permanecem no estabelecimento bancário, como lastro da operação, até a devolução do certificado.

10.7. Letra de Arrendamento Mercantil

A Lei 11.882/2008 criou uma nova espécie de título de crédito, que pode ser emitida pelas sociedades de arrendamento mercantil. Trata-se da LAM (Letra de Arrendamento Mercantil). De acordo com o art. 2.º da referida lei, "as sociedades de arrendamento mercantil poderão emitir título de crédito representativo de promessa de pagamento em dinheiro, denominado Letra de Arrendamento Mercantil - LAM".

O § 1.º dispõe que a LAM deve ser nominativa, endossável, de livre negociação e deverá conter: "I - a denominação 'Letra de Arrendamento Mercantil'; II - o nome do emitente; III - o número de ordem, o local e a data de emissão; IV - o valor nominal; V - a taxa de juros, fixa ou flutuante, admitida a capitalização; VI - a descrição da garantia, real ou fidejussória, quando houver; VII - a data de vencimento ou, se emitido para pagamento parcelado, a data de vencimento de cada parcela e o respectivo valor; VIII - o local de pagamento; e IX - o nome da pessoa a quem deve ser pago".

O § 2.º traz regra interessante, que contraria a regra sobre endosso prevista na Lei Uniforme, mas se coaduna com a regra sobre endosso prevista no art. 914 do Código Civil. Com efeito, dispõe o § 2.º que "o endossante da LAM não responde pelo seu pagamento, salvo estipulação em contrário". O endosso da LAM, pois, tem o efeito de uma *cessão civil de crédito*. A regra é estranha, porque o próprio art. 4.º da lei em comento determina que "aplica-se à LAM, no que não contrariar o disposto nesta Lei, a legislação cambiária". Ora, a legislação cambiária - leia-se Lei Uniforme de Genebra - determina que o endossante responde pelo pagamento do título endossado.

6

CONTRATOS EMPRESARIAIS

"Nós negociamos como iguais, por consentimento mútuo, para mútua vantagem, e eu tenho orgulho de cada centavo que ganhei dessa maneira"

(Ayn Rand, em A revolta de Atlas, em passagem que expressa fala do personagem Hank Rearden, um empresário).

1. INTRODUÇÃO

No conceito de empresário descrito no art. 966 do Código Civil está implícito o conceito de empresa, entendida esta como *atividade econômica organizada para a produção ou a circulação de bens ou de serviços*. Por *atividade econômica organizada* se entende aquela em que, além do intuito de lucro, há articulação dos diversos fatores de produção (capital, mão de obra, insumos e tecnologia). Sendo assim, é óbvio que no exercício de sua atividade econômica, o empresário (tanto o empresário individual quanto a sociedade empresária) celebra diversos contratos cotidianamente.

Quando uma determinada sociedade empresária que explora atividade industrial de grande porte, por exemplo, necessita de recursos para ampliar seu maquinário, pode celebrar com uma instituição financeira um contrato de financiamento ou mesmo adquirir as novas máquinas por meio de *leasing*. Da mesma forma, um pequeno comerciante pode celebrar com outro contrato de compra e venda de mercadorias, a fim de revendê-las aos seus consumidores, com os quais celebrará novos contratos de compra e venda, os quais, por sua vez, poderão ser celebrados por meio de operações especiais como, por exemplo, o cartão de crédito. Já uma outra sociedade empresária, que teve aumento significativo de suas vendas, poderá estar precisando de mais funcionários, razão pela qual firmará uma série de contratos de trabalho com novos empregados. Pode-se pensar também no caso de uma sociedade empresária que, para absorver novos mercados, resolve se expandir por meio da concessão de franquias ou da constituição de representantes comerciais. Por fim, pode-se citar, ainda, a hipótese de determinada sociedade empresária que participa de procedimento licitatório e, vencendo-o, contrata com o poder público a prestação de serviços específicos.

São, enfim, diversos os contratos que os empresários individuais, as EIRELI e as sociedades empresárias celebram no exercício diário de suas atividades econômicas. Estes **contratos, perceba-se, podem ser estritamente empresariais, quando firmados entre empresários** – é o caso do *leasing* feito entre a indústria e o banco para a aquisição de novas máquinas –, ou não, caso em que se sujeitarão a disciplina especial – são os casos dos contratos de trabalho com empregados, dos contratos com consumidores e dos contratos com a Administração Pública. Nesta obra, voltaremos nossos estudos para os contratos estritamente empresariais, ou seja, para aquelas avenças celebradas entre empresários.

Cabe aqui uma importante observação: os contratos entre empresários **podem eventualmente se submeter às regras do Código de Defesa do Consumidor – CDC (Lei 8.078/1990), bastando para tanto que um dos contratantes assuma a posição de consumidor**, ou seja, de destinatário final do produto ou serviço negociado, nos termos do art. 2.º do CDC. Nossas atenções, todavia, voltar-se-ão para os contratos empresariais que não se enquadram nessa situação, motivo pelo qual os chamamos contratos *estritamente empresariais.*

1.1. Aplicação do CDC aos contratos entre empresários

Uma relação empresarial (mesmo que as partes sejam empresários individuais) não pode ser considerada uma relação de consumo, razão pela qual não deveriam ser aplicadas a uma relação empresarial as regras do CDC. Isso se dá porque nas relações empresariais nenhuma das partes adquire produto ou serviço como destinatário final. A propósito, confiram-se os seguintes julgados do STJ:

> *Competência. Relação de consumo. Utilização de equipamento e de serviços de crédito prestado por empresa administradora de cartão de crédito. Destinação final inexistente.* ***A aquisição de bens ou a utilização de serviços, por pessoa natural ou jurídica, com o escopo de implementar ou incrementar a sua atividade negocial, não se reputa como relação de consumo e, sim, como uma atividade de consumo intermediária****. Recurso especial conhecido e provido para reconhecer a incompetência absoluta da Vara Especializada de Defesa do Consumidor, para decretar a nulidade dos atos praticados e, por conseguinte, para determinar a remessa do feito a uma das Varas Cíveis da Comarca (REsp 541.867/BA, Rel. Min. Antônio de Pádua Ribeiro, Rel. p/ Acórdão Min. Barros Monteiro, 2.ª Seção, j. 10.11.2004, DJ 16.05.2005, p. 227).*
>
> *Conflito positivo de competência. Medida cautelar de arresto de grãos de soja proposta no foro de eleição contratual. Expedição de carta precatória. Conflito suscitado pelo juízo deprecado, ao entendimento de que tal cláusula seria nula, porquanto existente relação de consumo. Contrato firmado entre empresa de insumos e grande produtor rural. Ausência de prejuízos à defesa pela manutenção do foro de eleição. Não configuração de relação de consumo.* ***A jurisprudência atual do STJ reconhece a existência de relação de consumo apenas quando ocorre destinação final do produto ou serviço, e não na hipótese em que estes são alocados na prática de outra atividade produtiva****. (...) (CC 64.524/MT, Rel. Min. Nancy Andrighi, 2.ª Seção, j. 27.09.2006, DJ 09.10.2006, p. 256).*

Conflito de competência. Sociedade empresária. Consumidor. Destinatário final econômico. Não ocorrência. Foro de eleição. Validade. Relação de consumo e hipossuficiência. Não caracterização. 1. A jurisprudência desta Corte sedimenta-se no sentido da adoção da teoria finalista ou subjetiva para fins de caracterização da pessoa jurídica como consumidora em eventual relação de consumo, devendo, portanto, ser destinatária final econômica do bem ou serviço adquirido (REsp 541.867/BA). 2. Para que o consumidor seja considerado destinatário econômico final, o produto ou serviço adquirido ou utilizado não pode guardar qualquer conexão, direta ou indireta, com a atividade econômica por ele desenvolvida; o produto ou serviço deve ser utilizado para o atendimento de uma necessidade própria, pessoal do consumidor. 3. No caso em tela, não se verifica tal circunstância, porquanto o serviço de crédito tomado pela pessoa jurídica junto à instituição financeira de certo foi utilizado para o fomento da atividade empresarial, no desenvolvimento da atividade lucrativa, de forma que a sua circulação econômica não se encerra nas mãos da pessoa jurídica, sociedade empresária, motivo pelo qual não resta caracterizada, in casu, *relação de consumo entre as partes. (...) (CC 92.519/SP, Rel. Min. Fernando Gonçalves, 2.ª Seção, j. 16.02.2009,* DJe *04.03.2009).*

Direito Civil. Produtor rural. Compra e venda de sementes de milho para o plantio. Código de Defesa do Consumidor. Não aplicação. Precedentes. Reexame de matéria fático probatória. Óbice da Súmula 7/STJ. Recurso especial improvido. I – Os autos dão conta tratar-se de compra e venda de sementes de milho por produtor rural, destinadas ao plantio em sua propriedade para posterior colheita e comercialização, as quais não foram adquiridas para o próprio consumo. II – ***O entendimento da egrégia Segunda Seção é no sentido de que não se configura relação de consumo nas hipóteses em que o produto ou o serviço são alocados na prática de outra atividade produtiva. Precedentes.*** *(...) (REsp 1.132.642/PR, Rel. Min. Nancy Andrighi, Rel. p/ Acórdão Min. Massami Uyeda, 3.ª Turma, j. 05.08.2010,* DJe *18.11.2010).*

Recurso especial. Contrato de seguro-saúde de reembolso de despesas médico-hospitalares. Plano empresarial. Contrato firmado entre o empregador e a seguradora. Não aplicação do CDC. Código de Defesa do Consumidor. E da hipossuficiência na relação entre as empresas contratantes. Contrato oneroso. Reajuste. Possibilidade. Artigos 478 e 479 do Código Civil. Recurso especial improvido. I – Trata-se de contrato de seguro de reembolso de despesas de assistência médica e/ou hospitalar, firmado entre duas empresas. II – A figura do hipossuficiente, que o Código de Defesa do Consumidor procura proteger, não cabe para esse tipo de relação comercial firmado entre empresas, mesmo que uma delas seja maior do que a outra e é de se supor que o contrato tenha sido analisado pelos advogados de ambas as partes. III – ***Embora a recorrente tenha contratado um seguro de saúde de reembolso de despesas médico-hospitalares, para beneficiar seus empregados, dentro do pacote de retribuição e de benefícios que oferta a eles, a relação da contratante com a seguradora recorrida é comercial. IV – Se a mensalidade do seguro ficou cara ou se tornou inviável paras os padrões da empresa contratante, seja por variação de custos ou por aumento de sinistralidade, cabe ao empregador encontrar um meio de resolver o problema, o qual é de sua responsabilidade, pois é do seu pacote de benefícios, sem transferir esse custo para a seguradora. A recorrida não tem a obrigação de custear benefícios para os empregados da outra empresa.*** *(...) (REsp 1.102.848/SP, Rel. Min. Nancy Andrighi, Rel. p/ Acórdão Min. Massami Uyeda, 3.ª Turma, j. 03.08.2010,* DJe *25.10.2010).*

Recurso especial. Contrato de mútuo bancário. Empresa. Capital de giro. Inaplicabilidade do CDC. Precedentes. ***Não se aplica o CDC ao contrato de mútuo tomado por empresa junto à instituição financeira destinado ao fomento da atividade empresarial.*** *Precedentes da Corte. Recurso Especial improvido (REsp 773.927/MG, Rel. Min. Sidnei Beneti, 3.ª Turma, j. 03.12.2009,* DJe *14.12.2009).*

> *Direito empresarial. Importação. Transporte aéreo internacional. Dano em equipamento hospitalar. Raio X. Seguradora. Ressarcimento. Ação regressiva. Sub-rogação. Ausência de relação de consumo. Convenção de Varsóvia. Prescrição. Ilegitimidade ativa. Enunciado n. 7 da Súmula do STJ. Indenização tarifada.*
>
> *(...)*
>
> *3. A expressão "destinatário final" contida no art. 2.º,* caput, *do CDC deve ser interpretada à luz da razão pela qual foi editado o referido diploma, qual seja, proteger o consumidor porque reconhecida sua vulnerabilidade frente ao mercado de consumo. Assim, considera-se consumidor aquele que retira o produto do mercado e o utiliza em proveito próprio. Sob esse enfoque,* ***como regra, não se pode considerar destinatário final para efeito da lei protetiva aquele que, de alguma forma, adquire o produto ou serviço com intuito profissional, com a finalidade de integrá-lo no processo de produção, transformação ou comercialização.***
>
> *4. As normas do CDC não são aplicáveis à aquisição e à importação de aparelho de raio X por entidade hospitalar, não hipossuficiente nem vulnerável, no intuito de incrementar sua atividade, ampliar a gama de serviços e aumentar os lucros. Igualmente, não se aplica o referido diploma ao transporte aéreo internacional de respectivo equipamento, por representar mera etapa do ato complexo de importar.*
>
> *(...)*
>
> *7. Recurso especial parcialmente provido (REsp 1.162.649/SP, Rel. Min. Luis Felipe Salomão, Rel. p/ acórdão Min. Antonio Carlos Ferreira, 4.ª Turma, j. 13.05.2014,* DJe *18.08.2014).*

> *Agravo interno no recurso especial. Execução, embargos à execução e ação revisional (julgamento simultâneo). Cédula de crédito industrial.*
>
> *(...)*
>
> *2. Inaplicabilidade do Código de Defesa do Consumidor. Sociedade empresária que não ostenta condição de destinatária final (critério finalista), inexistindo, outrossim, elementos nos autos que possibilitem a análise de sua vulnerabilidade in concreto (finalismo aprofundado).*
>
> *(...) (AgInt no REsp 1.216.570/SP, Rel. Min. Luis Felipe Salomão, Quarta Turma, j. 13.09.2016,* DJe *19.09.2016).*

Enfim, o STJ tem entendido que um empresário individual, uma EIRELI ou uma sociedade empresária não são considerados consumidores quando adquirem produtos ou serviços que são utilizados, direta ou indiretamente, na atividade econômica que exercem.

Está correto o entendimento do STJ, porque nesses casos há uma **relação empresarial**, e não uma relação de consumo. Nesse sentido, confira-se o Enunciado 20 da I Jornada de Direito Comercial do CJF: "Não se aplica o Código de Defesa do Consumidor aos contratos celebrados entre empresários em que um dos contratantes tenha por objetivo suprir-se de insumos para sua atividade de produção, comércio ou prestação de serviços".

No entanto, quando o empresário individual, a EIRELI ou a sociedade empresária adquirem produtos ou serviços na qualidade de destinatários finais **econômicos** deles, o STJ entende configurada uma relação de consumo e aplica o CDC a tais relações.

> *Recurso especial. Fornecimento de água. Consumidor. Destinatário final. Relação de consumo. Devolução em dobro dos valores pagos indevidamente. Aplicação dos artigos 2.º e 42, parágrafo único, da Lei n.º 8.078/90.*

I – "O conceito de 'destinatário final', do Código de Defesa do Consumidor, alcança a empresa ou o profissional que adquire bens ou serviços e os utiliza em benefício próprio" (AgRg no Ag n.º 807.159/SP, Rel. Min. Humberto Gomes de Barros, DJ de 25.10.2008). II – No caso em exame, a recorrente enquadra-se em tal conceituação, visto ser empresa prestadora de serviços médico-hospitalares, que utiliza a água para a manutenção predial e o desenvolvimento de suas atividades, ou seja, seu consumo é em benefício próprio. III – ***A empresa por ser destinatária final do fornecimento de água e, portanto, por se enquadrar no conceito de consumidora, mantém com a recorrida relação de consumo, o que torna aplicável o disposto no artigo 42, parágrafo único, da Lei 8.078/90****. IV – Recurso especial conhecido e provido (REsp 1.025.472/SP, Rel. Min. Francisco Falcão, 1.ª Turma, j. 03.04.2008, DJe 30.04.2008).*

Processo civil. Conflito de competência. Contrato. Foro de eleição. Relação de consumo. Contratação de serviço de crédito por sociedade empresária. Destinação final caracterizada. – Aquele que exerce empresa assume a condição de consumidor dos bens e serviços que adquire ou utiliza como destinatário final, isto é, quando o bem ou serviço, ainda que venha a compor o estabelecimento empresarial, não integre diretamente – por meio de transformação, montagem, beneficiamento ou revenda – o produto ou serviço que venha a ser ofertado a terceiros. – O empresário ou sociedade empresária que tenha por atividade precípua a distribuição, no atacado ou no varejo, de medicamentos, deve ser considerado destinatário final do serviço de pagamento por meio de cartão de crédito, porquanto esta atividade não integra, diretamente, o produto objeto de sua empresa (CC 41.056/SP, Rel. Min. Aldir Passarinho Junior, Rel. p/ Acórdão Min. Nancy Andrighi, 2.ª Seção, j. 23.06.2004, DJ 20.09.2004, p. 181).

Agravo regimental. Recurso especial. Civil. Direito do consumidor. Compra de aeronave por empresa administradora de imóveis. Aquisição como destinatária final. Existência de relação de consumo.

1. Controvérsia acerca da existência de relação de consumo na aquisição de aeronave por empresa administradora de imóveis.

2. Produto adquirido para atender a uma necessidade própria da pessoa jurídica, não se incorporando ao serviço prestado aos clientes.

3. Existência de relação de consumo, à luz da teoria finalista mitigada. Precedentes.

4. Agravo regimental desprovido (AgRg no REsp 1.321.083/PR, Rel. Min. Paulo de Tarso Sanseverino, Terceira Turma, j. 09.09.2014, DJe 25.09.2014).

O STJ também tem admitido a aplicação do CDC a relações entre empresários quando fica caracterizada a vulnerabilidade técnica, jurídica ou econômica de uma das partes.

Processual civil. Sociedade estrangeira sem imóveis, mas com filial no país. Desnecessidade de caução para litigar em juízo. Mitigação da exigência legal. Código de Defesa do Consumidor. Pessoa jurídica. Teoria finalista. 1. O autor estrangeiro prestará, nas ações que intentar, caução suficiente às custas e honorários de advogado da parte contrária, se não tiver no Brasil imóveis que lhes assegurem o pagamento. 2. Tal exigência constitui pressuposto processual que, por isso, deve ser satisfeito ao início da relação jurídico-processual. Nada impede, porém, que seja ela suprida no decorrer da demanda, não havendo falar em nulidade processual sem que haja prejuízo, especialmente em caso no qual a pessoa jurídica estrangeira já veio pagando adequadamente todas as despesas processuais incorridas e possui filial no país. 3. No caso concreto, ademais, considerando-se o resultado da demanda, não faz sentido exigir a caução em referência. Não há porque exigir da recorrida o depósito de caução cuja finalidade é garantir o pagamento de despesas que, com o resultado do julgamento, ficarão por conta da parte contrária. 4. A jurisprudência desta Corte, no tocante à matéria relativa ao consumidor, tem mitigado os rigores da teoria finalista para autorizar a incidência do Código de Defesa do Consumidor nas hipóteses em que a parte (pessoa física ou jurídica), embora não seja tecnicamente a destinatária final do produto ou serviço, se apresenta em situação de vulnerabilidade. 5. O Acórdão recorrido destaca com propriedade, porém, que a recorrente é uma sociedade de médio porte e que não se vislumbra, no caso concreto, a vulnerabilidade que inspira e permeia o Código de Defesa do Consumidor. 6. Recurso Especial a que se nega provimento (REsp 1.027.165/ ES, Rel. Min. Sidnei Beneti, 3.ª Turma, j. 07.06.2011, DJe *14.06.2011).*

Agravo regimental. Agravo de instrumento. Consumidor. Relação de consumo. Caracterização. Destinação final fática e econômica do produto ou serviço. Atividade empresarial. Mitigação da regra. Vulnerabilidade da pessoa jurídica. Presunção relativa. 1. O consumidor intermediário, ou seja, aquele que adquiriu o produto ou o serviço para utilizá-lo em sua atividade empresarial, poderá ser beneficiado com a aplicação do CDC quando demonstrada sua vulnerabilidade técnica, jurídica ou econômica frente à outra parte. 2. Agravo regimental a que se nega provimento (AgRg no Ag 1.316.667/ RO, Rel. Min. Vasco Della Giustina (Desembargador convocado do TJ/RS), 3.ª Turma, j. 15.02.2011, DJe *11.03.2011).*

Processo Civil e Consumidor. Agravo de instrumento. Concessão de efeito suspensivo. Mandado de segurança. Cabimento. Agravo. Deficiente formação do instrumento. Ausência de peça essencial. Não conhecimento. Relação de consumo. Caracterização. Destinação final fática e econômica do produto ou serviço. Atividade empresarial. Mitigação da regra. Vulnerabilidade da pessoa jurídica. Presunção relativa. (...) – A jurisprudência consolidada pela 2.ª Seção deste STJ entende que, a rigor, a efetiva incidência do CDC a uma relação de consumo está pautada na existência de destinação final fática e econômica do produto ou serviço, isto é, exige-se total desvinculação entre o destino do produto ou serviço consumido e qualquer atividade produtiva desempenhada pelo utente ou adquirente. ***Entretanto, o próprio STJ tem admitido o temperamento desta regra, com fulcro no art. 4.º, I, do CDC, fazendo a lei consumerista incidir sobre situações em que, apesar do produto ou serviço ser adquirido no curso do desenvolvimento de uma atividade empresarial, haja vulnerabilidade de uma parte frente à outra****. – Uma interpretação sistemática e teleológica do CDC aponta para a existência de uma vulnerabilidade presumida do consumidor, inclusive pessoas jurídicas, visto que a imposição de limites à presunção de vulnerabilidade implicaria restrição excessiva, incompatível com o próprio espírito de facilitação da defesa do consumidor e do reconhecimento de sua hipossuficiência, circunstância que não se coaduna com o princípio constitucional de defesa do consumidor, previsto nos arts. 5.º, XXXII, e 170, V, da CF. Em suma, prevalece a regra geral de que a caracterização da condição de consumidor exige destinação final fática e econômica do bem ou serviço, mas a presunção de vulnerabilidade do consumidor dá margem à incidência excepcional do CDC às atividades empresariais, que só serão privadas da proteção da lei consumerista quando comprovada, pelo fornecedor, a não vulnerabilidade do consumidor pessoa jurídica. – Ao encampar a pessoa jurídica no conceito de consumidor, a intenção do legislador foi conferir proteção à empresa nas hipóteses em que, participando de uma relação jurídica na qualidade de consumidora, sua condição ordinária de fornecedora não lhe proporcione uma posição de igualdade frente à parte contrária. Em outras palavras, a pessoa jurídica deve contar com o mesmo grau de vulnerabilidade que qualquer pessoa comum se encontraria ao celebrar aquele negócio, de sorte a manter o desequilíbrio da relação de consumo. A "paridade de armas" entre a empresa-fornecedora e a empresa-consumidora afasta a presunção de fragilidade desta. Tal consideração se mostra de extrema relevância, pois uma mesma pessoa jurídica, enquanto consumidora, pode se mostrar vulnerável em determinadas relações de consumo e em outras não. Recurso provido (RMS 27.512/ BA, Rel. Min. Nancy Andrighi, 3.ª Turma, j. 20.08.2009,* DJe *23.09.2009).*

> *Agravo regimental no agravo em recurso especial. Contrato bancário. Consumidor. Teoria finalista. Empresa hipossuficiente. Destinação final. Ocorrência.*
>
> *1. Existe relação de consumo nas hipóteses em que há destinação final do produto ou serviço. Precedentes.*
>
> *2. Verificado o inexpressivo porte financeiro ou econômico da pessoa tida por consumidora, cabível a aplicação do CDC.*
>
> *3. Agravo regimental desprovido (AgRg no AREsp 626.223/RN, Rel. Min. Paulo de Tarso Sanseverino, Terceira Turma, j. 08.09.2015,* DJe *15.09.2015).*

Portanto, pode-se concluir que, nas relações entre empresários: **(i)** em regra, não se aplica o CDC, porque nenhuma das partes assume a condição de destinatário final, já que os produtos ou serviços que são utilizados, direta ou indiretamente, na atividade econômica que exercem; **(ii)** aplica-se o CDC quando uma das partes, ainda que seja um empresário individual ou sociedade empresária, assuma a condição de destinatário final **econômico** do produto ou serviço; e **(iii)** aplica-se excepcionalmente o CDC, ainda que nenhuma das partes seja destinatária final do bem, mas ostente vulnerabilidade técnica, econômica ou jurídica em relação à outra.

Para finalizar, esclareço apenas que não concordo com esse alargamento da aplicação do CDC às relações entre empresários. O CDC é um microssistema legislativo específico que consagra um sistema de proteção do consumidor, entendido pelo legislador como parte contratual vulnerável, que precisa da tutela estatal. Na visão liberal adotada nesta obra, a própria existência do CDC, pois, é um erro, mas não cabe essa discussão neste espaço. O que cabe é apontar o erro maior ainda, que é a aplicação desse sistema protetivo a relações empresariais, nas quais a intervenção estatal deve ser a todo custo evitada, com as partes tendo ampla e irrestrita liberdade contratual e assumindo os riscos de suas contratações. Os entendimentos acima transcritos do STJ aumentam os custos de transação e trazem insegurança jurídica, o que, em última análise, acaba prejudicando justamente os consumidores, porque tais custos acabam sendo internalizados e refletem no geral um aumento dos preços.

2. O CÓDIGO CIVIL DE 2002 E A UNIFICAÇÃO DO DIREITO OBRIGACIONAL

Nos capítulos I e II desta obra apontamos mais de uma vez que o Código Civil de 2002, seguindo a inspiração do Codice Civile italiano de 1942, tentou unificar o direito privado, abrangendo em um único diploma legislativo tanto as normas do direito civil quanto as normas do direito empresarial.

Vimos, todavia, que parte dessa pretendida unificação, se de fato ocorreu, deu-se tão somente no plano formal, uma vez que o Código Civil, realmente, hoje contempla uma série de regras que disciplinam as atividades empresariais, reunidas basicamente nos Títulos I a IV, do Livro II, da Parte Especial, que trata do *direito de empresa*. No entanto, **substancialmente (ou materialmente) continuam a existir o direito civil e o direito comercial (ou empresarial) como ramos autônomos e independentes** da árvore jurídica. Basta citar, por exemplo, o direito falimentar. Se tivesse havido mesmo a unificação substancial ou material do direito privado, a falência deveria ser instituto aplicável tanto aos empresários quanto aos não empresários, o que, conforme veremos no capítulo seguinte, não é verdadeiro.[1]

No campo obrigacional, entretanto, a situação parece ser um pouco distinta, submetendo-se os contratos civis e empresariais a uma mesma disciplina geral, constante do Código Civil de 2002. Com efeito, os contratos mercantis estavam disciplinados no Código Comercial de 1850 em sua parte primeira, a qual, como já visto, foi totalmente revogada pelo atual Código Civil. Assim, portanto, atualmente tanto os contratos civis quanto os contratos empresariais regem-se pelas mesmas regras gerais, dispostas basicamente no Título V, do Livro I, da Parte Especial, que vai do art. 421 ao 480. Ademais, vários contratos em espécie também possuem a mesma disciplina legal, a despeito de poderem ser qualificados como civis ou empresariais, a depender das circunstâncias em que são celebrados. É o caso, por exemplo, da compra e venda (arts. 481 a 532 do Código Civil).

2.1. Contratos civis x contratos empresariais

A situação descrita no parágrafo anterior se mostrou extremamente perigosa, como destacamos nas edições anteriores desta obra. Submeter contratos civis e contratos empresariais (estes entendidos como aqueles firmados entre empresários, no exercício de atividade econômica organizada para a produção ou a circulação de bens ou de serviços) a uma mesma "teoria geral" constante do Código Civil, que em sua redação original era bastante intervencionista, foi algo que o tempo mostrou ser absolutamente equivocado e que a doutrina empresarialista, praticamente de forma unânime, tem criticado constantemente.

Com efeito, essa unificação do direito obrigacional se mostrou preocupante porque o Código Civil, na sua redação original, tinha regras muito intervencionistas quanto aos contratos, submetendo a autonomia da vontade (liberdade de contratar e liberdade contratual) a um controle estatal muito forte.

Essa maior intervenção estatal nos contratos provocada pelo Código Civil foi decorrente da **publicização/constitucionalização do direito privado**,[2] que no campo obrigacional se manifestou na consagração do **dirigismo contratual**, o qual, apontam seus defensores, se deu em razão do reconhecimento de que a liberdade de contratar e a liberdade contratual, num regime de desigualdades econômicas latentes, produzem um forte desequilíbrio em muitas relações negociais. Assim, é comum ler em

---

1 Nesse sentido: PAULINO, Daniella Bernucci. A unificação das obrigações no novo Código Civil. In: VIANA, Frederico Rodrigues (Coord.). *Direito de empresa no novo código civil.* Rio de Janeiro: Forense, 2004. p. 471. Diz a autora: *"Mencione-se a falência como exemplo: qualquer proposta de unificação completa deve, certamente, estendê-la para os não comerciantes, sob pena de não se alcançar uma total união do direito privado."*

2 "O conteúdo conceptual, a natureza, as finalidades dos institutos básicos do direito civil, nomeadamente a família, a propriedade e o contrato, não são mais os mesmos que vieram do individualismo jurídico e da ideologia liberal oitocentista, cujos traços marcantes persistem na legislação civil. As funções do Código esmaeceram-se, tornando-o obstáculo à compreensão do direito civil atual e de seu real destinatário; sai de cena o indivíduo proprietário para revelar, em todas suas vicissitudes, a pessoa humana. Despontam a afetividade, como valor essencial da família; a função social, como conteúdo e não penas como limite, da propriedade, nas dimensões variadas; o princípio da equivalência material e a tutela do contratante mais fraco, no contrato." (LOBO, Paulo Luiz Netto. Constitucionalização do direito civil. *Revista de Informação Legislativa.* n.º 141, p. 108, jan./mar. 1999).

obras sobre contratos a já famosa afirmação de que, em matéria obrigacional, "a lei liberta, e a liberdade escraviza".

Ocorre que os muitos empresarialistas sempre sustentaram que **no direito empresarial não se pode pressupor uma assimetria contratual**, porque na relação entre empresários não há, em princípio, uma parte presumidamente vulnerável ou hipossuficiente, de modo que o dirigismo contratual deveria ser evitado ou, pelo menos, aplicado com mais cautela.

Analisando essa questão, Fábio Ulhoa Coelho defende que nos contratos empresariais o dirigismo contratual deve ser menor que em outras áreas do direito privado, uma vez que nem toda relação empresarial é assimétrica. Ademais, o autor entende que no direito empresarial a assimetria não deriva da vulnerabilidade nem da hipossuficiência, mas sim do que ele chama de **dependência empresarial**, que se faz presente quando um empresário tem que organizar sua atividade segundo diretrizes emanadas por outro empresário (é o que ocorre com frequência, por exemplo, nos contratos de colaboração: franquia, representação etc.). Segundo ele, somente quando caracterizada essa dependência é que se justificaria a **proteção do contratante mais fraco** no direito empresarial.

> Sendo os contratantes empresários e relacionando-se a prestação contratual à exploração de atividade empresarial, a autonomia da vontade ainda corresponde ao princípio jurídico mais adequado à disciplina das relações entre as partes. (...)
>
> Quando se trata de negócios civis ou de consumo, (...) relativizações no princípio da vinculação dos contratantes ao contrato justificam-se. No entanto, sendo empresarial o contrato, somente em situações realmente excepcionais – e mesmo assim, desde que respeitadas as especificidades do direito comercial – pode o juiz rever as cláusulas contratadas.
>
> Os contratos empresariais podem ser simétricos ou assimétricos. (...)
>
> No campo das relações empresariais, a assimetria não deriva nem da hipossuficiência nem da vulnerabilidade daquele empresário contratante mais débil. (...) O que marca a assimetria nas relações contratuais entre empresários é a dependência empresarial. De modo esquemático, a dependência empresarial está para o empresário mais fraco assim como a hipossuficiência está para o trabalhador, e a vulnerabilidade, para o consumidor.
>
> Por dependência empresarial entende-se aquela situação de fato, no contexto de um contrato empresarial, em que a empresa de um dos empresários contratantes deve ser organizada de acordo com instruções ditadas pelo outro.[3]

Do que se expôs acima, formulamos, nas edições anteriores desta obra, algumas conclusões importantes quanto à aplicação do Código Civil (na sua redação original) aos contratos empresariais: (i) nos contratos empresariais o dirigismo contratual deve ser aplicado apenas quando se constatar, no caso concreto, a existência excepcional de uma assimetria contratual;[4] (ii) as regras contratuais protetivas do CC devem ser aplicadas aos contratos empresariais com cautela, sempre levando-se

[3] COELHO, Fábio Ulhoa. *Princípios do direito comercial*. São Paulo: Saraiva, 2012. p. 49-53.

[4] Nesse sentido, confira-se o Enunciado 21 das Jornadas de Direito Comercial do CJF, de nossa autoria: "Nos contratos empresariais, o dirigismo contratual deve ser mitigado, tendo em vista a simetria natural das relações interempresariais."

em conta a especificidade desses contratos,[5] e (iii) princípios contratuais protetivos, como a função social dos contratos e a boa-fé objetiva, devem ser interpretados de forma diferente quando aplicados aos contratos empresariais.[6]

Corroborando o que defendemos acima, confiram-se os seguintes acórdãos do STJ:

> *Direito empresarial. Contratos. Compra e venda de coisa futura (soja). Teoria da imprevisão. Onerosidade excessiva. Inaplicabilidade.*
>
> *1.* ***Contratos empresariais não devem ser tratados da mesma forma que contratos cíveis em geral ou contratos de consumo. Nestes admite-se o dirigismo contratual. Naqueles devem prevalecer os princípios da autonomia da vontade e da força obrigatória das avenças.***
>
> *2. Direito Civil e Direito Empresarial, ainda que ramos do Direito Privado, submetem-se a regras e princípios próprios. O fato de o Código Civil de 2002 ter submetido os contratos cíveis e empresariais às mesmas regras gerais não significa que estes contratos sejam essencialmente iguais.*
>
> *(...) (REsp 936.741/GO, Rel. Min. Antonio Carlos Ferreira, 4.ª Turma, j. 03.11.2011).*
>
> *Conflito de competência. Cláusula de eleição de foro. Relação empresarial. Não incidência do Código de Defesa do Consumidor.*
>
> *I – É válida cláusula de eleição de foro consensualmente estipulada pelas partes em relação tipicamente empresarial, mormente quando se trata de produtores rurais que desenvolvem atividades de grande porte e contratam em igualdades de condições.*
>
> *Agravo Regimental improvido (AgRg no CC 68.062/SP, Rel. Min. Sidnei Beneti, 2.ª Seção, j. 13.10.2010,* DJe *27.10.2010).*
>
> *Recurso especial. Direito civil e processual civil. Locação de espaço em* shopping center. *Ação de despejo por falta de pagamento. Aplicação do art. 54 da Lei de Locações. Cobrança em dobro do aluguel no mês de dezembro. Concreção do princípio da autonomia privada. Necessidade de respeito aos princípios da obrigatoriedade ("pacta sunt servanda") e da relatividade dos contratos ("inter alios acta"). Manutenção das cláusulas contratuais livremente pactuadas. Recurso especial provido.*
>
> *1. Afastamento pelo acórdão recorrido de cláusula livremente pactuada entre as partes, costumeiramente praticada no mercado imobiliário, prevendo, no contrato de locação de espaço em shopping center, o pagamento em dobro do aluguel no mês de dezembro.*
>
> ***2. O controle judicial sobre eventuais cláusulas abusivas em contratos empresariais é mais restrito do que em outros setores do Direito Privado, pois as negociações são entabuladas entre profissionais da área empresarial,***

---

[5] Nesse sentido, confira-se o Enunciado 25 das Jornadas de Direito Comercial do CJF: "A revisão do contrato por onerosidade excessiva fundada no Código Civil deve levar em conta a natureza do objeto do contrato. Nas relações empresariais, deve-se presumir a sofisticação dos contratantes e observar a alocação de riscos por eles acordada." No mesmo sentido, confira-se também o Enunciado 28: "Em razão do profissionalismo com que os empresários devem exercer sua atividade, os contratos empresariais não podem ser anulados pelo vício da lesão fundada na inexperiência."

[6] Nesse sentido, confira-se o Enunciado 26 das Jornadas de Direito Comercial: "O contrato empresarial cumpre sua função social quando não acarreta prejuízo a direitos ou interesses, difusos ou coletivos, de titularidade de sujeitos não participantes da relação negocial." No mesmo sentido, confira-se também o Enunciado 27: "Não se presume violação à boa-fé objetiva se o empresário, durante as negociações do contrato empresarial, preservar segredo de empresa ou administrar a prestação de informações reservadas, confidenciais ou estratégicas, com o objetivo de não colocar em risco a competitividade de sua atividade."

> ***observando regras costumeiramente seguidas pelos integrantes desse setor da economia.***
>
> ***3. Concreção do princípio da autonomia privada no plano do Direito Empresarial, com maior força do que em outros setores do Direito Privado, em face da necessidade de prevalência dos princípios da livre-iniciativa, da livre concorrência e da função social da empresa.***
>
> *4. Recurso especial provido (REsp 1.409.849/PR, Rel. Min. Paulo de Tarso Sanseverino, Terceira Turma, j. 26.04.2016, DJe 05.05.2016).*

Mais uma vez corroborando nosso entendimento de que as regras originais do Código Civil sobre contratos, em razão do seu forte intervencionismo, não deviam ser aplicadas indistintamente a contratos civis e empresariais, mas sim respeitar as especificidades destes, confira-se o Enunciado 29 das Jornadas de Direito Comercial do CJF: "aplicam-se aos negócios jurídicos entre empresários a função social do contrato e a boa-fé objetiva (arts. 421 e 422 do Código Civil), **em conformidade com as especificidades dos contratos empresariais**".

Enfim, sempre defendemos, nas edições anteriores desta obra, a importância de se fazer, pela via da interpretação, uma imprescindível distinção entre os contratos civis e empresariais, dada a nítida diferença que há entre eles. Com efeito, os contratos empresariais se caracterizam pela simetria natural entre os contratantes, não sendo justificável aplicar a eles certas regras originais do Código Civil que limitavam ou relativizavam a liberdade para a celebração de contratos.

Ademais, em homenagem aos princípios da livre-iniciativa, da livre concorrência e da propriedade privada (princípios constitucionais que sustentam o direito empresarial, conforme visto no Capítulo 1), sempre apontamos que os empresários devem ter total liberdade para realizar negócios – desde que lícitos, obviamente –, bem como assumir os riscos de contratações malfeitas. A regra de ouro do livre mercado é a seguinte: o empresário que acerta, ganha; o empresário que erra, perde. Portanto, a intervenção estatal prévia (dirigismo contratual) ou posterior (revisão judicial) nos contratos empresariais deturpa a lógica natural do livre mercado, cria risco moral e traz insegurança jurídica para as relações interempresariais.

Na linha do que sempre defendemos, a Lei 13.874/2019 (Lei da Liberdade Econômica) promoveu importantes alterações em algumas regras gerais do Código Civil sobre contratos, com o objetivo de diminuir o controle estatal sobre as relações privadas.

O art. 421 do CC ganhou um parágrafo único com a seguinte redação: "nas relações contratuais privadas, prevalecerão o princípio da intervenção mínima e a excepcionalidade da revisão contratual".

Houve ainda o acréscimo do art. 421-A ao texto do CC, que assim dispõe: "os contratos civis e empresariais presumem-se paritários e simétricos até a presença de elementos concretos que justifiquem o afastamento dessa presunção, ressalvados os regimes jurídicos previstos em leis especiais, garantido também que: I – as partes negociantes poderão estabelecer parâmetros objetivos para a interpretação das cláusulas negociais e de seus pressupostos de revisão ou de resolução; II – a alocação de riscos definida pelas partes deve ser respeitada e observada; e III – a revisão contratual somente ocorrerá de maneira excepcional e limitada".

O leitor mais atento deve ter percebido que a nova redação do Código Civil não diminuiu o dirigismo contratual apenas nos contratos empresariais, mas até mesmo nos contratos civis. Com efeito, o parágrafo único do art. 421 fala em "relações contratuais privadas", e o art. 421-A é ainda mais claro, referindo-se indistintamente a "contratos civis e empresariais".

Isso não invalida, no entanto, as conclusões que sempre formulamos sobre a aplicação do Código Civil aos contratos empresariais, porque existem outras regras intervencionistas do seu texto legal que não foram alteradas, continuando a haver a necessidade, na nossa opinião, de aplicá-las com ressalvas aos contratos empresariais.

3. TEORIA GERAL DO DIREITO CONTRATUAL

Antes de se fazer qualquer abordagem sobre a teoria geral do direito contratual, é preciso destacar, inicialmente, que tanto na doutrina quanto na jurisprudência as noções de fato jurídico, ato jurídico e negócio jurídico estão longe de alcançar entendimentos consensuais.[7] O que tentaremos fazer, pois, é apenas definir, sucinta e superficialmente, a natureza jurídica das relações contratuais e enquadrá-las como espécie de obrigação.

Parte da doutrina costuma apontar que o *fato jurídico "lato sensu"* pode ser dividido em *ato jurídico "lato sensu"* e *fato jurídico "stricto sensu"*, correspondendo aquele à noção de ato voluntário, e este à noção de fato involuntário. O *ato jurídico "lato sensu"*, por sua vez, pode ser subdividido em *ato jurídico "stricto sensu"*, do qual decorrem efeitos jurídicos independentemente da vontade do agente, e *negócio jurídico*, do qual decorrem os efeitos jurídicos perseguidos pelo agente.

> É a noção de ato jurídico *lato sensu* que abrange as ações humanas, tanto aquelas que são meramente obedientes à ordem constituída, determinantes de consequências jurídicas *ex lege*, independente de serem ou não queridas como aquelas outras declarações de vontade, polarizadas no sentido de uma finalidade, hábeis a produzir efeitos jurídicos queridos.
>
> A esta segunda categoria, constituída de uma declaração de vontade dirigida no sentido da obtenção de um resultado, é que a doutrina tradicional denominava ato jurídico (*stricto sensu*), e a moderna denomina negócio jurídico.
>
> Observa-se então que se distinguem o "negócio jurídico" e "ato jurídico". Aquele é declaração de vontade, em que o agente persegue o efeito jurídico; no ato jurídico *stricto sensu* ocorre manifestação volitiva também, mas os efeitos jurídicos são gerados independentemente de serem perseguidos diretamente pelo agente.[8]

Feitas, então, as distinções entre o ato jurídico *stricto sensu* e o negócio jurídico, cumpre-nos agora enquadrar os contratos nessa segunda categoria. Ora, os negócios

---

[7] "doutrinadores e órgãos jurisdicionais jamais estiveram próximos de consenso sobre as noções de fato, ato, negócio e contrato". (CORRÊA LIMA, Sérgio Mourão. Contratos no novo Código Civil. In: VIANA, Frederico Rodrigues (Coord.). *Direito de empresa no novo código civil.* Rio de Janeiro: Forense, 2004. p. 490).

[8] PEREIRA, Caio Mário da Silva. *Instituições de direito civil.* Rio de Janeiro: Forense: 2001. p. 303.

jurídicos se subdividem em negócios jurídicos unilaterais, que se formam a partir da declaração de vontade de uma única pessoa, e negócios jurídicos bilaterais,[9] que se formam a partir de declarações coincidentes de vontade de mais de um indivíduo.[10]

Com base nos critérios distintivos acima delineados, portanto, pode-se compreender o contrato como um *negócio jurídico bilateral*.

3.1. Princípios gerais dos contratos

Desde a sua formação, passando pela sua execução e até a sua definitiva resolução, o contrato se submete a uma série de princípios norteadores, atualmente disciplinados pelo Código Civil, dentre os quais se destacam, por exemplo, a boa-fé objetiva, a força obrigatória e a autonomia da vontade. Passemos, pois, a analisar detalhadamente os diversos princípios que informam o regime jurídico contratual dos empresários.

3.1.1. Princípio da autonomia da vontade

O princípio fundamental da teoria geral do direito contratual é o da *autonomia da vontade* das partes contratantes, que está positivado no art. 421 do Código Civil: "a liberdade contratual será exercida nos limites da função social do contrato".[11]

Alguns autores desdobram o princípio da autonomia da vontade em duas vertentes distintas. A primeira seria a que consagra a *liberdade de contratar*, que assegura a faculdade de realizar ou não um determinado contrato. A segunda seria a que consagra a chamada *liberdade contratual*, que permite às partes estabelecer livremente o conteúdo do contrato.[12]

Assim, as partes são livres, em princípio, para (i) escolher com quem vão manter relações contratuais, (ii) delimitar o que vai ser objeto da relação contratual e (iii) fixar o conteúdo dessa mesma relação.

Entende-se que a liberdade de contratar e a liberdade contratual asseguradas às partes de maneira ampla pelo princípio da autonomia da vontade não são absolutas, sendo limitadas não apenas pela necessidade de atendimento à sua função social, conforme determinação do art. 421 do Código Civil, mas também pelos preceitos de *ordem pública* e pelo respeito aos *bons costumes*.

> Ora, o princípio da autonomia da vontade esbarra sempre na liberdade criada por lei de ordem pública. Esbarra, igualmente, na noção de bons costumes, ou seja,

---

[9] Nesse ponto não custa lembrar também o contrato plurilateral, do qual é exemplo o contrato social, já estudado no capítulo anterior (tópico 5.2).

[10] Essa distinção, destaque-se, leva em conta apenas o aspecto da formação dos contratos. Quanto aos efeitos, todavia, o negócio jurídico unilateral é aquele que gera obrigações para apenas uma das partes contratantes, e o negócio jurídico bilateral, por outro lado, é o que gera obrigações para ambas as partes. Em suma: "*na formação, todo contrato é negócio jurídico bilateral, mas, nos efeitos, tanto pode ser bilateral como unilateral*". (GOMES, Orlando. *Contratos*. 24. ed. Rio de Janeiro: Forense, 2001. p. 71).

[11] Na sua redação original, o art. 421 do CC tinha a seguinte redação: "a liberdade de contratar será exercida em razão e nos limites da função social do contrato". A Lei da Liberdade Econômica alterou a sua redação: em vez da liberdade de contratar, o texto passou a se referir à liberdade contratual; ademais, deixou-se de afirmar que as partes devem contratar em razão da função social, para se afirmar apenas que devem contratar nos limites dela.

[12] Nesse sentido: WALD, Arnoldo. *Obrigações e contratos*. 16. ed. São Paulo: Saraiva, 2004. p. 190.

> naquelas regras morais não reduzidas a escrito, mas aceitas pelo grupo social e que constituem o substrato ideológico inspirador do sistema jurídico.
>
> A noção de ordem pública e o respeito aos bons costumes constituem, consequentemente, barreiras limitadores da liberdade individual em matéria de contrato.[13]

Ademais, conforme já destacamos no tópico em que tratamos das diferenças entre contratos civis e contratos empresariais, o ordenamento jurídico, hodiernamente, tem procurado cada vez mais assegurar o equilíbrio contratual entre as partes contratantes, razão pela qual a própria legislação estipula limites, não raro, à autonomia da vontade, o que se convencionou chamar de **dirigismo contratual**.

> As ideias solidaristas e socialistas e a hipertrofia do Estado levaram todavia o direito ao dirigismo contratual, expandindo-se a área das normas de ordem pública destinadas a proteger os elementos economicamente fracos, favorecendo o empregado, pela criação do direito do trabalho, o inquilino, com a legislação de emergência sobre locações, e o consumidor, por uma legislação específica em seu favor.
>
> O *dirigismo contratual* diminuiu e restringiu a autonomia da vontade, em virtude da elaboração de uma série de normas legislativas fixando princípios mínimos que os contratos não podem afastar (salário-mínimo, tabelamento de gênero, fixação de percentagem de juros).[14]

Conforme já destacamos, o surgimento desse dirigismo contratual, apontam os doutrinadores defensores dessa ideia, deu-se em razão do reconhecimento de que a liberdade de contratar e a liberdade contratual, num regime de desigualdades econômicas latentes, produzem um forte desequilíbrio em muitas relações contratuais. Assim, "o pensamento jurídico modificou-se radicalmente, convencendo-se os juristas (...) que entre o forte e o fraco é a liberdade que escraviza, e a lei que liberta".[15]

Registre-se aqui apenas uma opinião particular nossa. A autonomia da vontade, como se sabe, desenvolveu-se a partir da ideologia do liberalismo, que consagrou a liberdade individual que cada pessoa possui para obrigar-se contratualmente. Portanto, não nos encanta essa recente tendência de realçar o chamado *conteúdo social* do contrato. Trata-se, na verdade, de um flerte com o autoritarismo ideológico, uma brecha a mais para que a lei fustigue o individualismo. No âmbito do direito empresarial, principalmente, o norte interpretativo deve ser sempre, na nossa modesta opinião, a autonomia da vontade das partes. Caso contrário, o que se instaura é a insegurança jurídica, que se manifesta especificamente nas atividades econômicas como um obstáculo ao desenvolvimento.[16]

---

13 RODRIGUES, Sílvio. *Direito civil*: dos contratos e das declarações unilaterais da vontade. 29. ed. São Paulo: Saraiva, 2003. p. 17. v. III.

14 WALD, Arnoldo. *Obrigações e contratos*. 16. ed. São Paulo: Saraiva, 2004. p. 191.

15 GOMES, Orlando. *Contratos*. 24. ed. Rio de Janeiro: Forense, 2001. p. 26.

16 A dura crítica que fazemos, desde a primeira edição desta obra, a essa mitigação generalizada da *autonomia da vontade*, em razão da enfadonha pregação por uma suposta *socialização* do contrato, parece ser compartilhada, em certa medida, por outros juristas: *"o Código Civil/2002 trouxe para seu bojo alguns institutos anteriormente exclusivos do Direito do Consumidor (...). Percebe-se, portanto, uma generalizada aplicação de tratamento privilegiado, que pode ser criticado, pela redução de fronteiras entre um Direito geral (Código Civil/2002) e um Direito especial (Código de Defesa do Consumidor), com expressivo e indesejável aumento dos custos de transação, causadores do encarecimento de produtos e serviços no mercado".* (VERÇOSA, Haroldo Malheiros Duclerc. *Curso de direito comercial*. São Paulo: Malheiros, 2004. p. 72. v. I).

Em determinados ramos do direito, como o direito do consumidor e o direito do trabalho, por exemplo, pode até ser justificável, para alguns, a preocupação da lei em proteger a parte contratual reconhecidamente vulnerável ou hipossuficiente (na visão liberal adotada na presente obra, nem isso é aceitável). O que não se pode é querer generalizar regras desses direitos especiais e transformá-las em normas gerais do direito contratual. Em vez disso, talvez fosse melhor o legislador tentar entender os motivos que fazem o Brasil aparecer sempre nas últimas posições no *ranking* que classifica os países segundo índices de cumprimentos dos contratos.

Finalmente, cabe relembrar apenas que, no que tange ao cumprimento da função social do contrato empresarial, foi aprovado o Enunciado 26 da I Jornada de Direito Comercial do CJF, com o seguinte teor: "O contrato empresarial cumpre sua função social quando não acarreta prejuízo a direitos ou interesses, difusos ou coletivos, de titularidade de sujeitos não participantes da relação negocial".

3.1.1.1. O princípio da atipicidade dos contratos empresariais

Pode-se também analisar o princípio da autonomia da vontade sob outra perspectiva, relativa à possibilidade conferida às partes para a criação de contratos atípicos, isto é, não compreendidos nas modalidades típicas expressamente reguladas pelo ordenamento jurídico. Essa possibilidade, frise-se, está expressamente consagrada no atual Código Civil, em seu art. 425, segundo o qual "é lícito às partes estipular contratos atípicos, observadas as normas gerais fixadas neste Código".

Na verdade, nos contratos empresariais a atipicidade contratual deveria ser a regra geral, devendo o legislador evitar ao máximo criar contratos típicos.

Prevalecendo a atipicidade dos contratos empresariais, os empresários estariam absolutamente livres para celebrar qualquer tipo de contrato, adaptando cada avença às necessidades específicas de determinada negociação.

No entanto, quando se cria um contrato típico, com detalhada regulamentação legal, essa liberdade contratual dos empresários diminui, já que eles ficam impossibilitados de estipular cláusulas que supostamente contrariem a chamada "essência" do contrato ou as regras legais cogentes que o disciplinam. Isso ocorre, por exemplo, com muitos contratos de colaboração empresarial (representação comercial e franquia, por exemplo, que analisaremos adiante) e com o contrato de *factoring*, no caso da cláusula de regresso, que abordaremos com mais detalhes oportunamente.

3.1.1.2. A autonomia da vontade após a Lei da Liberdade Econômica

A dura crítica que sempre fizemos ao dirigismo contratual consagrado pelo Código Civil também era feita por outros juristas, especialmente no âmbito do direito empresarial.

Com o objetivo de diminuir esse dirigismo contratual, já mencionamos que a Lei 13.874/2019 (Lei da Liberdade Econômica) alterou o Código Civil, acrescentou dois importantes dispositivos legais ao seu texto: o parágrafo único do art. 421 e o art. 421-A.

De acordo com o parágrafo único do art. 421, "nas relações contratuais privadas, prevalecerão o princípio da intervenção mínima e a excepcionalidade da revisão contratual".

Por sua vez o art. 421-A determina que "os contratos civis e empresariais presumem-se paritários e simétricos até a presença de elementos concretos que justifiquem o afastamento dessa presunção, ressalvados os regimes jurídicos previstos em leis especiais, garantido também que: I – as partes negociantes poderão estabelecer parâmetros objetivos para a interpretação das cláusulas negociais e de seus pressupostos de revisão ou de resolução; II – a alocação de riscos definida pelas partes deve ser respeitada e observada; e III – a revisão contratual somente ocorrerá de maneira excepcional e limitada".

Da interpretação dessas duas novas regras legais, podemos estabelecer algumas conclusões importantes: a primeira delas é a de que estão "ressalvados os regimes jurídicos previstos em leis especiais", isto é, microssistemas legais protetivos como o Código de Defesa do Consumidor, por exemplo, continuam plenamente vigentes, de modo que nas relações jurídicas por eles reguladas permanece havendo um maior dirigismo contratual, que autoriza uma intervenção estatal mais forte e uma mais ampla possibilidade de revisão contratual.

Outra conclusão é a seguinte: a presunção de paridade e simetria dos contratos civis e empresariais não é absoluta, mas só pode ser afastada quando houver "elementos concretos" nesse sentido. A redação, ao que nos parece, não foi das melhores: a jurisprudência pode esvaziar o conteúdo dessa regra. Basta, por exemplo, que juízos e tribunais entendam que a desigualdade econômica entre as partes é um "elemento concreto" que justifica o afastamento da presunção de paridade e simetria de um contrato empresarial. Espera-se, no entanto, que isso não aconteça. O afastamento dessa presunção de paridade e simetria só deve ocorrer em situações realmente excepcionais, principalmente quando se tratar de contratos empresariais. Após a Lei da Liberdade Econômica, afirmar genericamente que uma das partes ostenta "vulnerabilidade técnica, econômica ou jurídica" em relação à outra, como tem feito o STJ em contratos empresariais para intervir nessas relações e revisar suas cláusulas (vide tópico 1.1 deste capítulo), não nos parece algo que possa ser admitido.

3.1.2. Princípio do consensualismo

De acordo com o princípio do consensualismo ou do consentimento, **basta para a constituição do vínculo contratual o acordo de vontade entre as partes**, sendo, pois, desnecessária qualquer outra condição para que se aperfeiçoe o contrato.

Nem todos os contratos, todavia, podem ser classificados como consensuais. Fogem a essa regra os *contratos reais*, para os quais, além do consentimento, é imprescindível, para o aperfeiçoamento da relação contratual, a entrega de uma determinada coisa. É o que ocorre, por exemplo, no mútuo, no depósito, no comodato etc. Da mesma forma, fogem à regra da necessidade do mero consentimento das partes os *contratos solenes*, que se submetem a formalidades específicas, sem as quais a relação contratual não se aperfeiçoa.

3.1.3. *Princípio da relatividade*

Segundo o princípio da relatividade dos contratos, entende-se que **a relação contratual produz efeitos somente entre as partes contratantes** – bem como aos seus herdeiros, salvo se o contrato é personalíssimo – e não se estende além do objeto da avença.

Em outras palavras, pode-se dizer que esse princípio possui um aspecto subjetivo e outro aspecto objetivo. Quanto ao seu aspecto subjetivo, entende-se que o contrato vale apenas entre as pessoas que contraíram o vínculo contratual, não produzindo efeitos perante terceiros estranhos à relação pactuada. De acordo com o seu aspecto objetivo, por outro lado, entende-se que o contrato está restrito ao seu objeto, não atingindo bens estranhos a este.

> O *princípio da relatividade dos contratos* diz respeito à sua eficácia. Sua formulação fez-se em termos claros e concisos ao dizer-se que o contrato é *res inter alios acta, neque nocet neque podest*, o que significa que seus efeitos se produzem exclusivamente entre as partes, não aproveitando nem prejudicando a terceiros. Para torná-lo compreensível, é indispensável distinguir da existência do contrato os *efeitos internos*. A *existência* de um contrato é um *fato* que não pode ser indiferente a outras pessoas, às quais se torna *oponível*. Os *efeitos internos*, isto é, os *direitos e obrigações* dos contratantes, a eles se limitam, reduzem-se, circunscrevem-se. Em regra, não é possível criar, mediante contrato, direitos e obrigações para outrem. Sua eficácia interna é *relativa*; seu campo de aplicação comporta, somente, as *partes*. Em síntese, ninguém pode tornar-se *credor ou devedor* contra a vontade se dela depende o nascimento do crédito ou da dívida. Pothier, chamando-a de verdade evidente, enunciou a regra nesses termos: "uma convenção não tem efeito senão a respeito das coisas que constituem seu objeto; e *somente entre as partes contratantes*".[17]

Tal princípio, entretanto, não é absoluto, existindo algumas exceções quanto à sua aplicação, ou seja, há contratos que, excepcionalmente, produzem efeitos em relação a terceiros não vinculados à relação contratual. É o que ocorre, por exemplo, no contrato de seguro em favor de terceiro. Ressaltese, entretanto, que para que o contrato possa produzir efeitos sobre a esfera jurídica de terceiros estranhos ao pacto, é preciso que esta possibilidade esteja prevista expressamente em lei.

3.1.3.1. *A teoria da aparência*

Uma questão interessante acerca do princípio da relatividade dos contratos e que tem repercussão específica relevante no âmbito das relações empresariais é a da possibilidade de uma relação contratual acarretar deveres para pessoa estranha, em razão da ocorrência de situações aparentes que possam levar a erro contratantes de boa-fé.

A discussão se dá em função da aplicação da chamada *teoria da aparência*, segundo a qual, em determinados casos específicos em que um **contratante de boa-fé engana-se diante de uma situação aparente, tomando-a como verdadeira, podem**

---

17 GOMES, Orlando. *Contratos*. 24. ed. Rio de Janeiro: Forense, 2001. p. 43.

ser criadas obrigações em relação a terceiros que não atuaram diretamente na constituição do vínculo contratual.

A teoria da aparência, segundo aponta a doutrina, merece ser aplicada especificamente, por exemplo, nas hipóteses de excesso de mandato ou de continuação de mandato encerrado, o que ocorre, não raro, em relações mercantis. Outra hipótese específica de aplicação da teoria da aparência se dá nos contratos de representação comercial, quando o representante se desvia das orientações do representado.

A teoria da aparência tem tanta aplicação no âmbito dos contratos empresariais, que certa doutrina costuma identificar a *proteção da aparência* como característica essencial do direito empresarial.

> *Proteção da aparência:* a extrema velocidade da realização de negócios mercantis, a par de levar ao desprezo generalizado quanto a formalidades, muitas vezes julgadas inúteis pelos comerciantes, também acarreta a necessidade de se proteger o terceiro de boa-fé quando este se encontra diante de situação de aparente regularidade jurídica. Isto se revela, entre outros casos, na celebração de contratos por pessoas que aparentemente são administradoras de sociedades, independentemente de confirmação dessa qualidade perante a Junta Comercial ou a própria sociedade, mediante consultas formais.[18]

3.1.4. Princípio da força obrigatória

Visto que os contratos só geram direitos e deveres entre as partes contratantes, salvo em situações excepcionais, cumpre destacar que **esses direitos e deveres assumidos valem como lei entre essas partes**. Trata-se da aplicação do princípio da força obrigatória dos contratos, representado pela conhecida **cláusula *pacta sunt servanda***, implícita em qualquer relação contratual.

Em outros termos, pode-se dizer ainda que o princípio da força obrigatória tem uma manifestação especial, relativa à impossibilidade de uma das partes contratantes se retratar ou alterar, unilateralmente, as condições acordadas. Assim, em consequência da *força obrigatória*, há nos contratos, implicitamente, uma cláusula geral de *irretratabilidade* e de *intangibilidade*, fundamental para a garantia da segurança jurídica das relações contratuais.

3.1.4.1. A teoria da imprevisão

Da mesma forma que o princípio da relatividade é excepcionado pela teoria da aparência, conforme vimos, o princípio da força obrigatória também é excepcionado pela aplicação da chamada *teoria da imprevisão*, representada pela cláusula *rebus sic stantibus*, segundo a qual **os direitos e deveres assumidos em determinado contrato podem ser revisados se houver uma alteração significativa e imprevisível nas condições econômicas que originaram a constituição do vínculo contratual.**

Ocorrendo tal alteração, pode acontecer de o cumprimento das obrigações contratuais assumidas se tornar demasiadamente oneroso para uma das partes, o

[18] VERÇOSA, Haroldo Malheiros Duclerc. *Curso de direito comercial*. São Paulo: Malheiros, 2004. p. 68-69. v. I.

que rompe o equilíbrio contratual e autoriza a revisão do contrato. Em síntese, pois, a cláusula *rebus sic stantibus* determina que a obrigatoriedade do contrato só deverá ser observada se as condições existentes no momento da celebração da avença se mantiverem inalteradas ou, pelo menos, sofrerem alterações que não afetem o equilíbrio contratual.[19]

> Portanto, quando acontecimentos extraordinários determinam radical alteração no estado de fato contemporâneo à celebração do contrato, acarretando consequências imprevisíveis, das quais decorre excessiva onerosidade no cumprimento da obrigação, o vínculo contratual pode ser resolvido ou, a requerimento do prejudicado, o juiz altera o conteúdo do contrato, restaurando o equilíbrio desfeito. Em síntese apertada: ocorrendo anormalidade da alea que todo contrato dependente de futuro encerra, pode-se operar sua resolução ou a redução das prestações.[20]

Registre-se que o Código Civil esteve atento a essa cláusula *rebus sic stantibus*, permitindo que o contrato seja resolvido ou modificado em razão de alterações fáticas relevantes e imprevisíveis que tornem a execução do pacto muito onerosa para uma das partes. Nesse sentido, dispôs o art. 478 do Código Civil que "nos contratos de execução continuada ou diferida, se a prestação de uma das partes se tornar excessivamente onerosa, com extrema vantagem para a outra, em virtude de acontecimentos extraordinários e imprevisíveis, poderá o devedor pedir a resolução do contrato. Os efeitos da sentença que a decretar retroagirão à data da citação". O art. 479 do Código, por sua vez, permite uma solução alternativa, dispondo que "a resolução poderá ser evitada, oferecendo-se o réu a modificar equitativamente as condições do contrato". O mesmo faz o art. 480 do Código em relação aos contratos em que apenas uma das partes assume obrigações: "se no contrato as obrigações couberem a apenas uma das partes, poderá ela pleitear que a sua prestação seja reduzida, ou alterado o modo de executá-la, a fim de evitar a onerosidade excessiva".

No âmbito dos contratos empresariais, é temerário admitir a rescisão ou a revisão de contratos com base na onerosidade excessiva, ainda que esta seja decorrente de situações extraordinárias e imprevisíveis. Trata-se de uma regra que não pode ser aplicada indistintamente a contratos civis, contratos de consumo e contratos empresariais. Nas duas primeiras espécies de contrato, pode-se até aceitar a aplicação da teoria da imprevisão, mas nos contratos empresariais ela deve ser rechaçada.

Se um empresário celebra um contrato no qual ele vislumbra a possibilidade, ainda que mínima, de alterações circunstanciais que afetem a relação contratual, deve se precaver, por exemplo, por meio de um *hedge*.

O *hedge* é uma operação muito específica, usada principalmente no mercado de valores mobiliários (mercado de capitais). Traduzidas para o português, as expressões "hedge" ou "hedging" significam "cerca", "proteção" ou "cobertura", e isso ajuda

---

[19] *"O cumprimento do contrato pressupõe as partes continuarem na mesma condição que dispunham quando de sua celebração. A cláusula* rebus sic stantibus *contempla a resolução do contrato ou sua adequação em caso de alteração profunda da situação de qualquer das partes, inclusive como forma de se manter a equidade, evitando-se, assim, o ganho excessivo para uma parte em detrimento da outra."* (RESTIFFE, Paulo Sérgio. *Manual do novo direito comercial.* São Paulo: Dialética, 2006. p. 265).

[20] GOMES, Orlando. *Contratos*. 24. ed. Rio de Janeiro: Forense, 2001. p. 39.

a entender melhor o instituto, que visa a proteger um determinado agente econômico quanto a eventuais riscos de uma operação futura sujeita a oscilações naturais do seu mercado. Assim, o *hedge*, na verdade, não é um contrato típico, mas apenas uma operação ínsita a determinados negócios aleatórios (que envolvem risco), como os realizados no mercado de capitais, por exemplo.

Um exemplo bem simples de *hedge* é dado pela Exposição de Motivos da Resolução 272 do Conselho Monetário Nacional (CMN), que foi a primeira norma regulamentar das atividades de "*hedging*" no Brasil: "*um exportador adquire, na época de colheita, uma mercadoria que será posteriormente vendida, a preços que poderão variar. Para se prevenir contra possíveis prejuízos causados pela oscilação de preços, o exportador vende a futuro igual quantidade na bolsa de mercadorias, para o prazo em que pretende efetivar a venda física das mercadorias estocadas. Quando ocorrer a venda das mercadorias, caso os preços tenham baixado, o prejuízo que terá em seus estoques de mercadorias será compensado pela liquidação do seu contrato a futuro, vendido a um preço mais caro, o que lhe dará um lucro*".

Finalmente, é preciso destacar também que, para um empresário, certas situações, que dizem respeito à sua atividade, não podem ser consideradas como fatos extraordinários e imprevisíveis. Por exemplo, podemos citar a variação cambial. Em contratos de consumo, o STJ já decidiu várias vezes que a variação cambial é motivo suficiente para a aplicação da teoria da imprevisão.

> *Direito do Consumidor. Leasing. Contrato com cláusula de correção atrelada à variação do dólar americano. Aplicabilidade do Código de Defesa do Consumidor. Revisão da cláusula que prevê a variação cambial. Onerosidade excessiva. Distribuição dos ônus da valorização cambial entre arrendantes e arrendatários. Recurso parcialmente acolhido. (...) III –* ***Consoante o art. 6.º, V, do Código de Defesa do Consumidor, sobrevindo, na execução do contrato, onerosidade excessiva para uma das partes, é possível a revisão da cláusula que gera o desajuste, a fim de recompor o equilíbrio da equação contratual.*** *IV –* ***No caso dos contratos de leasing atrelados à variação cambial, os arrendatários, pela própria conveniência e a despeito do risco inerente, escolheram a forma contratual que no momento da realização do negócio lhes garantia prestações mais baixas, posto que o custo financeiro dos empréstimos em dólar era bem menor do que os custos em reais. A súbita alteração na política cambial, condensada na maxidesvalorização do real, ocorrida em janeiro de 1999, entretanto, criou a circunstância da onerosidade excessiva, a justificar a revisão judicial da cláusula que a instituiu.*** *V –* ***Contendo o contrato opção entre outro indexador e a variação cambial e tendo sido consignado que os recursos a serem utilizados tinham sido captados no exterior, gerando para a arrendante a obrigação de pagamento em dólar, ensejase a revisão da cláusula de variação cambial com base no art. 6.º, V, do Código de Defesa do Consumidor, para permitir a distribuição, entre arrendantes e arrendatários, dos ônus da modificação súbita da política cambial com a significativa valorização do dólar americano*** *(REsp 437.660/SP, Rel. Min. Sálvio de Figueiredo Teixeira, 4.ª Turma, j. 08.04.2003, DJ 05.05.2003, p. 306).*

No entanto, o mesmo STJ, corretamente, já negou a aplicação da teoria da imprevisão, em contratos empresariais, em casos de variação cambial, bem como em outras situações normais às atividades dos empresários, as quais não podem, portanto, serem consideradas fatos extraordinários e imprevisíveis.

Direito Civil e Comercial. Compra de safra futura de soja. Elevação do preço do produto. Teoria da imprevisão. Inaplicabilidade. Onerosidade excessiva. Inocorrência. 1. A cláusula rebus sic stantibus permite a inexecução de contrato comutativo – de trato sucessivo ou de execução diferida – se as bases fáticas sobre as quais se ergueu a avença alterarem-se, posteriormente, em razão de acontecimentos extraordinários, desconexos com os riscos ínsitos à prestação subjacente. 2. Nesse passo, em regra, é inaplicável a contrato de compra futura de soja a teoria da imprevisão, porquanto o produto vendido, cuja entrega foi diferida a um curto espaço de tempo, possui cotação em bolsa de valores e a flutuação diária do preço é inerente ao negócio entabulado. 3. A variação do preço da saca da soja ocorrida após a celebração do contrato não se consubstancia acontecimento extraordinário e imprevisível, inapto, portanto, à revisão da obrigação com fundamento em alteração das bases contratuais. 4. Ademais, a venda antecipada da soja garante a aferição de lucros razoáveis, previamente identificáveis, tornando o contrato infenso a quedas abruptas no preço do produto. Em realidade, não se pode falar em onerosidade excessiva, tampouco em prejuízo para o vendedor, mas tão somente em percepção de um lucro aquém daquele que teria, caso a venda se aperfeiçoasse em momento futuro. 5. Recurso especial conhecido e provido (REsp 849.228/GO, Rel. Min. Luis Felipe Salomão, 4.ª Turma, j. 03.08.2010, DJe *12.08.2010).*

Civil. Recurso especial. Ação revisional de contratos de compra e venda de safra futura de soja. Ocorrência de praga na lavoura, conhecida como "ferrugem asiática". Onerosidade excessiva. Pedido formulado no sentido de se obter complementação do preço da saca de soja, de acordo com a cotação do produto em bolsa que se verificou no dia do vencimento dos contratos. Impossibilidade. Direito agrário. Contrato de compra e venda de soja. Fechamento futuro do preço, em data a ser escolhida pelo produtor rural. Ausência de abusividade. Emissão de Cédula de Produto Rural (CPR) em garantia da operação. Anulação do título, porquanto o adiantamento do preço consubstanciaria requisito fundamental. Reforma da decisão. Reconhecimento da legalidade da CPR. Precedentes. – Nos termos de precedentes do STJ, a ocorrência de "ferrugem asiática" não é fato extraordinário e imprevisível conforme exigido pelo art. 478 do CC/02. – A Lei 8.929/94 não impõe, como requisito essencial para a emissão de uma Cédula de Produto Rural, o prévio pagamento pela aquisição dos produtos agrícolas nela representados. A emissão desse título pode se dar para financiamento da safra, com o pagamento antecipado do preço, mas também pode ocorrer numa operação de "hedge", na qual o agricultor, independentemente do recebimento antecipado do pagamento, pretende apenas se proteger contra os riscos de flutuação de preços no mercado futuro. Recurso especial conhecido e provido (REsp 858.785/GO, Rel. Min. Humberto Gomes de Barros, Rel. p/ Acórdão Min. Nancy Andrighi, 3.ª Turma, j. 08.06.2010, DJe *03.08.2010).*

Corretíssimo o posicionamento do STJ. Empresários são profissionais dos seus respectivos ramos de atividade, não podendo alegar a imprevisibilidade de situações que dizem respeito aos negócios que exploram.

Destaquem-se alguns enunciados sobre o tema aprovados na I Jornada de Direito Comercial do CJF:

Enunciado 23. Em contratos empresariais, é lícito às partes contratantes estabelecer parâmetros objetivos para a interpretação dos requisitos de revisão e/ou resolução do pacto contratual.

Enunciado 25. A revisão do contrato por onerosidade excessiva fundada no Código Civil deve levar em conta a natureza do objeto do contrato. Nas relações empresariais, deve-se presumir a sofisticação dos contratantes e observar a alocação de riscos por eles acordada.

Estes enunciados estão em perfeita sintonia com o que defendemos nesta obra acerca da teoria geral dos contratos empresariais, e acabaram inspirando o legislador: a Lei 13.874/2019 (Lei da Liberdade Econômica), conforme já destacamos, acrescentou o art. 421-A ao Código Civil, e os incisos I e II desse dispositivo legal assim dispõem: "I – as partes negociantes poderão estabelecer parâmetros objetivos para a interpretação das cláusulas negociais e de seus pressupostos de revisão ou de resolução; II – a alocação de riscos definida pelas partes deve ser respeitada e observada". Assim, especialmente num contrato empresarial, as partes podem estipular previamente que determinados fatos não podem ser alegados no futuro como causa para a revisão de um contrato, por exemplo.

3.1.5. Princípio da boa-fé

O princípio da boa-fé, no âmbito do direito contratual, está relacionado, em um primeiro aspecto, a uma questão de interpretação do contrato. Nesse sentido, **entende-se que não se deve fazer prevalecer, sobre a real intenção das partes, apenas o que está eventualmente escrito no acordo firmado**. Assim, em todos os contratos há certas regras implícitas, decorrentes da própria natureza da relação contratual firmada.

> O princípio da boa-fé entende mais com a interpretação do contrato do que com a estrutura. Por ele se significa que o literal da linguagem não deve prevalecer sobre a intenção manifestada na declaração de vontade, ou dela inferível. Ademais, subentendem-se, no conteúdo do contrato, proposições que decorrem da natureza das obrigações contraídas, ou se impõem por força de uso regular e da própria equidade. Fala-se na existência de condições subentendidas. Admitem-se, enfim, que as partes aceitaram essas consequências, que realmente rejeitariam se as tivessem previsto. No caso, pois, a interpretação não se resume a simples apuração da intenção das partes.[21]

Mas esse princípio pode ser ainda visualizado sob outro aspecto, o da necessidade de as partes contratantes atuarem com boa-fé na celebração do contrato, bem como na sua execução, algo que é defendido há bastante tempo pela doutrina contratualista e que o Código Civil expressamente consagrou em seu art. 422: "Os contratantes são obrigados a guardar, assim na conclusão do contrato, como em sua execução, os princípios de probidade e boa-fé". Este dispositivo incorporou ao ordenamento jurídico-contratual brasileiro, conforme aponta a doutrina, o chamado princípio da boa-fé objetiva.

> Em matéria contratual, uma das mais importantes alterações trazidas pelo novo Código Civil foi a menção, em seu art. 422, da obrigatoriedade de os contratantes atuarem conforme a cláusula geral de boa-fé, também denominada pela doutrina de boa-fé objetiva, tanto na conclusão quanto na sua execução. Introduziu-se expressamente no novo Código Civil um dos princípios norteadores de todas as relações obrigacionais e relevante para a leitura dos negócios jurídicos, envolvendo a valoração dos usos do tráfego ao considerar a

[21] GOMES, Orlando. *Contratos*. 24. ed. Rio de Janeiro: Forense, 2001. p. 42.

> ética e a boa conduta das partes desde as tratativas até a execução completa das obrigações. (...)
>
> A regra de boa-fé objetiva configura-se como cláusula geral e, portanto, corresponde a uma técnica legislativa que busca garantir a relação entre o direito e a realidade social, possibilitando a existência de um sistema jurídico aberto com constantes adaptações das normas legais às exigências do mundo de relações e da alteração dos seus valores com o tempo. Assim, a cláusula geral fornece um ponto de partida para se alcançar resultados justos e adequados.
>
> (...)
>
> (...) na boa-fé objetiva busca-se a proteção da confiança, exigindo-se que as partes atuem de acordo com os padrões usuais. Representa, por um lado, o dever de lealdade, e, por outro, a correlativa proteção da expectativa que nasce em uma pessoa. (...)
>
> A partir da regra de boa-fé nascem deveres acessórios de proteção (informação e lealdade), que não derivam da vontade das partes contratantes. Nesse sentido, a boa-fé tem natureza supletiva e função instrumental, reduz a margem de autonomia privada, uma vez que a sua observância independe da vontade das partes. Exige-se a concretização dos escopos visados pelos contratantes, que devem observar os deveres secundários, para não frustrar o fim do contrato e agravar a vinculação do devedor.
>
> Dessa forma, além dos direitos e das obrigações principais estabelecidos nos contratos, existem deveres secundários (*Nebenpflicht*) para ambos os contratantes que decorrem da regra geral da boa-fé, denominada na doutrina italiana dever de *correttezza* e na alemã *Treu und Glauben*. Exige-se que a atuação de uma parte não cause danos à esfera jurídica da outra, e a intensidade desses deveres secundários é verificada de acordo com o fim do negócio jurídico.[22]

Com base na interpretação da norma do art. 422 do Código Civil, foram aprovados importantes enunciados nas Jornadas de Direito Civil promovidas pelo Conselho da Justiça Federal. O Enunciado 168 dispõe que "o princípio da boa-fé objetiva importa no reconhecimento de um direito a cumprir em função o titular passivo da obrigação". Já o Enunciado 169 dispõe que "o princípio da boa-fé objetiva deve levar o credor a evitar o agravamento do próprio prejuízo". O Enunciado 170, por sua vez, dispõe que "a boa-fé objetiva deve ser observada pelas partes na fase de negociações preliminares e após a execução do contrato, quando tal exigência decorrer da natureza do contrato".

Finalmente, sobre a aplicação do princípio da boa-fé objetiva especificamente aos contratos empresariais, foi aprovado o Enunciado 27 da I Jornada de Direito Comercial do CJF: "Não se presume violação à boa-fé objetiva se o empresário, durante as negociações do contrato empresarial, preservar segredo de empresa ou administrar a prestação de informações reservadas, confidenciais ou estratégicas, com o objetivo de não colocar em risco a competitividade de sua atividade".

---

[22] WALD, Arnoldo. *Obrigações e contratos*. 16. ed. São Paulo: Saraiva, 2004. p. 191-194.

3.2. A exceção do contrato não cumprido

Para finalizar este tópico sobre a teoria geral do direito contratual, importante destacar a importância da consagração da chamada *exceção do contrato não cumprido* (***exceptio non adimpleti contractus***), segundo a qual **uma parte contratante não pode exigir o cumprimento da obrigação da outra parte se não cumpriu também a sua obrigação respectiva**.

É o que determina de forma bastante clara o art. 476 do Código Civil, segundo o qual "nos contratos bilaterais, nenhum dos contratantes, antes de cumprida a sua obrigação, pode exigir o implemento da do outro".

O art. 477 do Código Civil, por sua vez, traz uma regra complementar à do art. 476, dispondo o seguinte: "se, depois de concluído o contrato, sobrevier a uma das partes contratantes diminuição em seu patrimônio capaz de comprometer ou tornar duvidosa a prestação pela qual se obrigou, pode a outra recusar-se à prestação que lhe incumbe, até que aquela satisfaça a que lhe compete ou dê garantia bastante de satisfazê-la".

3.3. A teoria do adimplemento substancial

Desenvolvida no direito consuetudinário inglês (*subtantial performance*) e positivada expressamente em alguns ordenamentos jurídicos estrangeiros (art. 1.455 do Código Civil italiano, por exemplo), a teoria do adimplemento substancial tem ganhado força na doutrina e na jurisprudência brasileiras nos últimos anos.

Trata-se, sucintamente, da relativização ou minimização dos efeitos do descumprimento do contrato nos casos em que o acordo foi substancialmente cumprido pela parte contratante inadimplente. Assim, por exemplo, quando o inadimplemento de um contratante for mínimo, e o contrato, consequentemente, tiver sido substancialmente cumprido, a outra parte pode ser privada do direito de extinguir o acordo, resolvendo-se a questão em perdas e danos.

Sobre o assunto, foi aprovado o enunciado 361 na IV Jornada de Direito Civil do CJF: "o adimplemento substancial decorre dos princípios gerais contratuais, de modo a fazer preponderar a função social do contrato e o princípio da boa-fé objetiva, balizando a aplicação do art. 475".

É possível encontrar julgados antigos do STJ sobre o tema, nos quais a Corte Superior entendeu, por exemplo, que o não pagamento de apenas uma parcela (a última) do contrato de alienação fiduciária em garantia não autorizava a instituição financeira a rescindir a avença e requerer a busca e apreensão do bem. Confira-se:

> *Alienação fiduciária. Busca e apreensão. Falta da última prestação. Adimplemento substancial.*
>
> *O cumprimento do contrato de financiamento, com a falta apenas da última prestação, não autoriza o credor a lançar mão da ação de busca e apreensão, em lugar da cobrança da parcela faltante. O adimplemento substancial do contrato pelo devedor não autoriza ao credor a propositura de ação para a extinção do contrato, salvo se demonstrada a perda do interesse na continuidade da execução, que não é o caso.*

Na espécie, ainda houve a consignação judicial do valor da última parcela.

Não atende à exigência da boa-fé objetiva a atitude do credor que desconhece esses fatos e promove a busca e apreensão, com pedido liminar de reintegração de posse. Recurso não conhecido (REsp 272.739/MG, Rel. Min. Ruy Rosado de Aguiar, Quarta Turma, j. 01.03.2001, DJ 02.04.2001, p. 299).

É preciso ter muito cuidado, porém, com o uso dessa teoria, especialmente no âmbito dos contratos empresariais. É temerário banalizar a sua aplicação, como infelizmente tem acontecido em nossos tribunais, os quais muitas vezes usam critérios meramente matemáticos para aferir eventual adimplemento substancial do contrato, desconsiderando outras questões como a própria natureza do acordo. Confiram-se, a propósito, os seguintes julgados do STJ:

Direito Civil. Contrato de arrendamento mercantil para aquisição de veículo (leasing). Pagamento de trinta e uma das trinta e seis parcelas devidas. Resolução do contrato. Ação de reintegração de posse. Descabimento. Medidas desproporcionais diante do débito remanescente. Aplicação da teoria do adimplemento substancial.

1. É pela lente das cláusulas gerais previstas no Código Civil de 2002, sobretudo a da boa-fé objetiva e da função social, que deve ser lido o art. 475, segundo o qual "[a] parte lesada pelo inadimplemento pode pedir a resolução do contrato, se não preferir exigir-lhe o cumprimento, cabendo, em qualquer dos casos, indenização por perdas e danos".

2. Nessa linha de entendimento, a teoria do substancial adimplemento visa a impedir o uso desequilibrado do direito de resolução por parte do credor, preterindo desfazimentos desnecessários em prol da preservação da avença, com vistas à realização dos princípios da boa-fé e da função social do contrato.

3. No caso em apreço, é de se aplicar a da teoria do adimplemento substancial dos contratos, porquanto o réu pagou: "31 das 36 prestações contratadas, 86% da obrigação total (contraprestação e VRG parcelado) e mais R$ 10.500,44 de valor residual garantido". O mencionado descumprimento contratual é inapto a ensejar a reintegração de posse pretendida e, consequentemente, a resolução do contrato de arrendamento mercantil, medidas desproporcionais diante do substancial adimplemento da avença.

4. Não se está a afirmar que a dívida não paga desaparece, o que seria um convite a toda sorte de fraudes. Apenas se afirma que o meio de realização do crédito por que optou a instituição financeira não se mostra consentâneo com a extensão do inadimplemento e, de resto, com os ventos do Código Civil de 2002. Pode, certamente, o credor valer-se de meios menos gravosos e proporcionalmente mais adequados à persecução do crédito remanescente, como, por exemplo, a execução do título.

5. Recurso especial não conhecido (REsp 1.051.270/RS, Rel. Min. Luis Felipe Salomão, 4.ª Turma, j. 04.08.2011, DJe 05.09.2011).

Arrendamento mercantil. Reintegração de posse. Adimplemento substancial.

Trata-se de REsp oriundo de ação de reintegração de posse ajuizada pela ora recorrente em desfavor do recorrido por inadimplemento de contrato de arrendamento mercantil (leasing) para a aquisição de 135 carretas. A Turma reiterou, entre outras questões, que, diante do substancial adimplemento do contrato, qual seja, foram pagas 30 das 36 prestações da avença, mostra-se desproporcional a pretendida reintegração de posse e contraria princípios basilares do Direito Civil, como a função social do contrato e a boa-fé objetiva. Ressaltou-se que a teoria do substancial adimplemento visa impedir o uso desequilibrado do direito de resolução por parte do credor, preterindo desfazimentos desnecessários em prol da preservação da avença, com vistas à realização dos aludidos princípios. Assim, tendo ocorrido um adimplemento parcial da dívida muito próximo do resultado final, daí a expressão "adimplemento substancial", limita-se o direito do credor, pois a resolução direta do contrato mostrar-se-ia um exagero, uma demasia. Dessa forma, fica preservado o direito de crédito, limitando-se apenas a forma como pode ser exigido pelo credor, que não pode escolher diretamente o modo mais gravoso para o devedor, que é a resolução do contrato. Dessarte, diante do substancial adimplemento da avença, o credor poderá valer-se de meios menos gravosos e proporcionalmente mais adequados à persecução do crédito remanescente, mas não a extinção do contrato. Precedentes citados: REsp 272.739-MG, DJ 2/4/2001; REsp 1.051.270-RS, DJe 5/9/2011, e AgRg no Ag 607.406-RS, DJ 29/11/2004 (REsp 1.200.105-AM, Rel. Min. Paulo de Tarso Sanseverino, j. 19.06.2012).

Decisões mais recentes do STJ, porém, parecem indicar, felizmente, que a Corte Superior começou a ter mais cautela na aplicação da teoria do adimplemento substancial, algo que já pedimos há algumas edições desta obra. A propósito, confiram-se os seguintes julgados:

Recurso especial. Direito civil. Responsabilidade civil. Ação de indenização por danos morais e materiais. Transtornos resultantes da busca e apreensão de automóvel. Financiamento. Alienação fiduciária em garantia. Inadimplemento parcial. Ausência de quitação de apenas uma das parcelas contratadas. ***Inaplicabilidade, no caso, da teoria do adimplemento substancial do contrato.*** *Busca e apreensão. Autorização expressa do Decreto-Lei n.º 911/1969. Exercício regular de direito. Dever de indenizar. Inexistência. Pedido de desistência recursal. Indeferimento. Termo final para apresentação. Início da sessão de julgamento.*

1. Ação indenizatória promovida por devedor fiduciante com o propósito de ser reparado por supostos prejuízos, de ordem moral e material, decorrentes do cumprimento de medida liminar deferida pelo juízo competente nos autos de ação de busca e apreensão de automóvel objeto de contrato de financiamento com cláusula de alienação fiduciária em garantia.

2. Recurso especial que veicula pretensão da instituição financeira ré de (i) ver excluída sua responsabilidade pelos apontados danos morais, reconhecida no acórdão recorrido, por ter agido, ao propor a ação de busca e apreensão do veículo, em exercício regular de direito e (ii) ver reconhecida a inaplicabilidade, no caso, da "teoria do adimplemento substancial do contrato".

(...)

4. A teor do que expressamente dispõem os arts. 2.º e 3.º do Decreto-lei n.º 911/1969, é assegurado ao credor fiduciário, em virtude da comprovação da mora ou do inadimplemento das obrigações assumidas pelo devedor fiduciante, pretender, em juízo, a busca e apreensão do bem alienado fiduciariamente. O ajuizamento de ação de busca e apreensão, nesse cenário, constitui exercício regular de direito do credor, o que afasta sua responsabilidade pela reparação de danos morais resultantes do constrangimento alegadamente suportado pelo devedor quando do cumprimento da medida ali liminarmente deferida.

5. ***O fato de ter sido ajuizada a ação de busca e apreensão pelo inadimplemento de apenas 1 (uma) das 24 (vinte e quatro) parcelas avençadas pelos contratantes não é capaz de, por si só, tornar ilícita a conduta do credor fiduciário, pois não há na legislação de regência nenhuma restrição à utilização da referida medida judicial em hipóteses de inadimplemento meramente parcial da obrigação.***

6. Segundo a teoria do adimplemento substancial, que atualmente tem sua aplicação admitida doutrinária e jurisprudencialmente, não se deve acolher a pretensão do credor de extinguir o negócio em razão de inadimplemento que se refira a parcela de menos importância do conjunto de obrigações assumidas e já adimplidas pelo devedor.

*7. **A aplicação do referido instituto, porém, não tem o condão de fazer desaparecer a dívida não paga, pelo que permanece possibilitado o credor fiduciário de perseguir seu crédito remanescente (ainda que considerado de menor importância quando comparado à totalidade da obrigação contratual pelo devedor assumida) pelos meios em direito admitidos, dentre os quais se encontra a própria ação de busca e apreensão de que trata o Decreto-Lei n.º 911/1969, que não se confunde com a ação de rescisão contratual – esta, sim, potencialmente indevida em virtude do adimplemento substancial da obrigação.***

8. Recurso especial provido para, restabelecendo a sentença de primeiro grau, julgar improcedente o pedido indenizatório autoral (REsp 1.255.179/RJ, Rel. Min. Ricardo Villas Bôas Cueva, Terceira Turma, j. 25.08.2015, DJe 18.11.2015).

Direito civil. Recurso especial. Rescisão contratual. Reintegração na posse. Indenização. Cumprimento parcial do contrato. Inadimplemento. Relevância. Teoria do adimplemento substancial. Inaplicabilidade na espécie. Recurso não provido.

*1. **O uso do instituto da substancial performance não pode ser estimulado a ponto de inverter a ordem lógico-jurídica que assenta o integral e regular cumprimento do contrato como meio esperado de extinção das obrigações.***

*2. Ressalvada a hipótese de evidente relevância do descumprimento contratual, **o julgamento sobre a aplicação da chamada "Teoria do Adimplemento Substancial" não se prende ao exclusivo exame do critério quantitativo, devendo ser considerados outros elementos que envolvem a contratação, em exame qualitativo que, ademais, não pode descurar dos interesses do credor, sob pena de afetar o equilíbrio contratual e inviabilizar a manutenção do negócio.***

3. A aplicação da Teoria do Adimplemento Substancial exigiria, para a hipótese, o preenchimento dos seguintes requisitos: a) a existência de expectativas legítimas geradas pelo comportamento das partes; b) o pagamento faltante há de ser ínfimo em se considerando o total do negócio; c) deve ser possível a conservação da eficácia do negócio sem prejuízo ao direito do credor de pleitear a quantia devida pelos meios ordinários (critérios adotados no REsp 76.362/MT, Quarta Turma, j. em 11/12/1995, DJ 01/04/1996, p. 9917).

4. No caso concreto, é incontroverso que a devedora inadimpliu com parcela relevante da contratação, o que inviabiliza a aplicação da referida doutrina, independentemente da análise dos demais elementos contratuais.

5. Recurso especial não provido (REsp 1.581.505/SC, Rel. Min. Antonio Carlos Ferreira, Quarta Turma, j. 18.08.2016, DJe 28.09.2016).

3.4. A interpretação dos negócios jurídicos empresariais

A Lei 13.874/2019 (Lei da Liberdade Econômica) trouxe ao nosso ordenamento jurídico importantes e inovadoras regras de interpretação dos negócios jurídicos, com a inserção de dois parágrafos no art. 113 do Código Civil.

§ 1.º A interpretação do negócio jurídico deve lhe atribuir o sentido que:

I – for confirmado pelo comportamento das partes posterior à celebração do negócio;

II – corresponder aos usos, costumes e práticas do mercado relativas ao tipo de negócio;

III – corresponder à boa-fé;

IV – for mais benéfico à parte que não redigiu o dispositivo, se identificável; e

V – corresponder a qual seria a razoável negociação das partes sobre a questão discutida, inferida das demais disposições do negócio e da racionalidade econômica das partes, consideradas as informações disponíveis no momento de sua celebração.

§ 2.º As partes poderão livremente pactuar regras de interpretação, de preenchimento de lacunas e de integração dos negócios jurídicos diversas daquelas previstas em lei.

Uma observação inicial deve ser feita quanto a essas novas regras: normalmente quando se fala em interpretação no Direito, pensa-se na interpretação das normas legais, mas não na interpretação das normas negociais. A Lei da Liberdade Econômica muda esse paradigma, como bem observado por Fábio Ulhoa Coelho:

> Até a entrada em vigor da Lei 13.874/19, o Código Civil era por demais econômico na disciplina do assunto (interpretação dos negócios jurídicos), limitando-se à clássica formulação da prevalência da intenção consubstanciada na declaração sobre a literalidade da cláusula. A alteração introduzida no art. 113 pela Lei da Liberdade Econômica pretendeu ampliar o rol de critérios legais de interpretação dos negócios jurídicos; tendo sido redundante, no caso dos incisos II e III, ao contemplar critérios que já se encontravam e permaneceram no *caput* do dispositivo. De qualquer modo, antes disso, somente no Código Comercial de 1850, o legislador havia se detido sobre o tema (arts. 130 e 131).[23-24]

Quanto ao inciso I do § 1º, muitos autores têm apontado sua semelhança com a *supressio*, que nada mais é do que a supressão de uma obrigação quando o direito dela decorrente não é exercido pelo seu titular por um determinado lapso temporal, criando na outra parte uma legítima expectativa de que não será mais exercido. Assim, por exemplo, se um contrato relativo a um bem é omisso quanto ao responsável pelo pagamento de uma despesa recorrente relacionada a esse bem, e uma das partes acaba assumindo o pagamento todo mês, seu comportamento deve ser levado em conta num eventual litígio sobre esse assunto: a despeito da ausência de estipulação contratual expressa, deve-se interpretar que a obrigação é de responsabilidade da parte que sempre se comportou como a responsável.

Os incisos II e III do § 1º, ao que nos parece, acabaram sendo redundantes, porque falam em usos, costumes, práticas de mercado e boa-fé, o que, pelo

---

[23] COELHO, Fábio Ulhoa. A interpretação dos negócios jurídicos após a Lei das Liberdades Econômicas. *Capítulo de livro ainda não publicado.*

[24] Os mencionados arts. 130 e 131 do Código Comercial tinham a seguinte redação: "Art. 130 – As palavras dos contratos e convenções mercantis devem inteiramente entender-se segundo o costume e uso recebido no comércio, e pelo mesmo modo e sentido por que os negociantes se costumam explicar, posto que entendidas de outra sorte possam significar coisa diversa. Art. 131 – Sendo necessário interpretar as cláusulas do contrato, a interpretação, além das regras sobreditas, será regulada sobre as seguintes bases: 1 – a inteligência simples e adequada, que for mais conforme à boa fé, e ao verdadeiro espírito e natureza do contrato, deverá sempre prevalecer à rigorosa e restrita significação das palavras; 2 – as cláusulas duvidosas serão entendidas pelas que o não forem, e que as partes tiverem admitido; e as antecedentes e subseqüentes, que estiverem em harmonia, explicarão as ambíguas; 3 – o fato dos contraentes posterior ao contrato, que tiver relação com o objeto principal, será a melhor explicação da vontade que as partes tiverem no ato da celebração do mesmo contrato; 4 – o uso e prática geralmente observada no comércio nos casos da mesma natureza, e especialmente o costume do lugar onde o contrato deva ter execução, prevalecerá a qualquer inteligência em contrário que se pretenda dar às palavras; 5 – nos casos duvidosos, que não possam resolver-se segundo as bases estabelecidas, decidir-se-á em favor do devedor."

menos em parte, já é dito na redação original do *caput* do art. 113: "os negócios jurídicos devem ser interpretados conforme a boa-fé e os usos do lugar de sua celebração". A única diferença é que enquanto o *caput* fala apenas em usos, o inciso II fala também em "costumes e práticas do mercado", que não deixam de ser expressões similares quanto ao seu sentido e conteúdo. Usemos o mesmo exemplo do parágrafo anterior – um contrato relativo a um bem que é omisso quanto ao responsável pelo pagamento de uma despesa recorrente relacionada a esse bem –, mas consideremos que nenhuma das partes assumiu o pagamento: caso esse contrato seja muito comum, é provável que exista um costume ou uma prática de mercado sobre o assunto. Se, por exemplo, a quase totalidade dos contratos desse tipo estipula que a parte contratada é a responsável pelo pagamento em questão, e não a parte contratante, deve-se interpretar o contrato dessa maneira.

O inciso IV consagra a conhecida regra *contra proferentem*: "se os termos do contrato fornecidos por uma parte não são claros, uma interpretação contra essa parte é preferível".[25] Essa regra já existe há tempos no Brasil (art. 423 do CC), mas para os contratos de adesão. O que o dispositivo legal em cometo fez foi estender sua aplicação a todos os contratos, mas apenas quando for possível identificar quem redigiu a cláusula controvertida. O objetivo é criar incentivos à melhoria dos contratos, o que pode acarretar redução da taxa de litigiosidade.[26]

Quanto ao inciso V, ele talvez seja o que traz a regra de interpretação mais inovadora. Sua determinação é no sentido de que o intérprete deva tentar identificar qual seria a **vontade presumível** das partes contratantes, e para tanto deve levar em conta (i) as demais disposições do negócio, (ii) a racionalidade econômica e (iii) as informações que havia no momento da celebração.

> Regra da vontade presumível (inciso V): na dúvida, deve-se adotar a interpretação compatível com a vontade presumível das partes, levando em conta a *racionalidade econômica*, a *coerência lógica* com as demais cláusulas do negócio e *o contexto da época* ("informações disponíveis no momento" da celebração do contrato). Essa regra está conectada com o inciso II do art. 421-A do CC, que prevê o respeito à alocação de riscos definida pelas partes de um contrato.[27]

Por fim, o § 2º do art. 113, na linha de todas as demais alterações provocadas no Código Civil pela Lei da Liberdade Econômica, dá ampla liberdade às partes para que elas estipulem regras próprias de interpretação, preenchimento de lacunas e

[25] "If contract terms supplied by one party are unclear, an interpretation against that party is preferred" (Artigo 4.6 dos princípios do Unidroit).

[26] A regra não agradou muitos juristas, inclusive da área do direito empresarial: "Uma vez mais, o legislador foi infeliz na disciplina do contrato empresarial. Ao dar importância, para fins de interpretação do contrato, saber qual parte havia redigido a cláusula em primeiro lugar, a lei força os empresários a manterem arquivadas todas as versões de minutas trocadas entre elas no curso das negociações. Isso aumenta os custos das empresas, no sentido oposto ao pretendido pela Lei das Liberdades Econômicas. É provável até mesmo que relutem os advogados dos empresários em tomarem a iniciativa de elaboração da minuta do contrato, numa estranha inversão das tradicionais táticas de negociação, no Brasil" (COELHO, Fábio Ulhoa. A interpretação dos negócios jurídicos após a Lei das Liberdades Econômicas. *Capítulo de livro ainda não publicado*).

[27] OLIVEIRA, Carlos Eduardo Elias de. *Lei da Liberdade Econômica: diretrizes interpretativas da nova lei e análise detalhada das mudanças no direito civil e no registros públicos*. Disponível em: <http://genjuridico.com.br/2019/09/24/lei-da-liberdade-economica-diretrizes/>.

integração dos negócios jurídicos que celebram, regras essas que podem até mesmo ser contrárias às regras legais que analisamos. Assim, por exemplo, num contrato empresarial é possível que as partes afastem a aplicação da regra *contra proferentem*.

4. COMPRA E VENDA EMPRESARIAL

Iniciaremos o estudo específico dos contratos estritamente empresariais com o contrato de compra e venda empresarial, por se tratar, com certeza, da mais importante e relevante modalidade contratual para o exercício de atividade econômica organizada.

> O estudo da compra e venda mercantil, no contexto do direito comercial, reveste particular relevância porque ele representa o tipo de contrato mais importante para a maioria das atividades empresariais. O comércio, enquanto aproximação do produtor do consumidor, poderia até mesmo ser definido, pelo seu perfil jurídico, como uma sucessão de contratos de compra e venda mercantil.[28]

De acordo com o art. 481 do Código Civil, "pelo contrato de compra e venda, um dos contratantes se obriga a transferir o domínio de certa coisa, e o outro, a pagar-lhe certo preço em dinheiro". Assim, o vendedor assume a obrigação de entregar ao comprador determinada coisa, e este assume a obrigação de entregar àquele o respectivo preço.

Claro que nem todo contrato de compra e venda é *empresarial*. Até a entrada em vigor do Código Civil de 2002 só eram mercantis os contratos de compra e venda que atendessem a três requisitos, de forma cumulativa: (i) o *subjetivo*, que exigia a presença de um *comerciante* em um dos polos da relação contratual, ou seja, como comprador ou vendedor; (ii) o *objetivo*, que restringia a mercantilidade da compra e venda aos contratos que tivessem por objeto, apenas, bens móveis ou semoventes; e (iii) o *finalístico*, segundo o qual só era mercantil a compra e venda que tivesse a finalidade de propiciar a circulação de mercadorias.

Com a entrada em vigor do Código de 2002, todavia, a situação mudou radicalmente, e agora uma compra e venda é considerada mercantil a depender, tão somente, da qualidade de *empresário* das partes contratantes. Assim, **é mercantil o contrato de compra e venda celebrado entre empresários**, ou seja, em que comprador e vendedor são empresários (empresários individuais ou sociedades empresárias), com a ressalva já apontada quanto aos casos em que o empresário comprador se enquadra no conceito de consumidor, hipótese em que terão incidência as normas especiais do CDC (Lei 8.078/1990).

4.1. Elementos essenciais da compra e venda

Segundo entendimento unânime da doutrina contratualista, o contrato de compra e venda possui três elementos essenciais à sua caracterização: **(i) o consentimento; (ii) a coisa; e (iii) o preço.**

---

[28] COELHO, Fábio Ulhoa. *Curso de direito comercial*. 7. ed. São Paulo: Saraiva, 2007. p. 55. v. III.

É o que se infere a partir da leitura do art. 482 do Código Civil, segundo o qual "a compra e venda, quando pura, considerar-se-á obrigatória e perfeita, desde que as partes acordarem no objeto e no preço".

No que se refere ao *consentimento*, deve ele ser livre e espontâneo, sob pena de o contrato de compra e venda se tornar anulável por vício na sua formação. Assim, pode-se dizer que a compra e venda é um contrato consensual, que se aperfeiçoa, pois, a partir do mero consentimento das partes acerca do seu objeto, do respectivo preço e das demais condições da avença. Ressalve-se, contudo, a situação especial da compra e venda de bens imóveis, que somente se aperfeiçoa com o respectivo registro, nos termos do art. 108 do Código Civil.

Quanto à *coisa* objeto da compra e venda, por sua vez, ela pode ser um bem móvel, semovente ou imóvel, podendo ainda se referir a bens incorpóreos. O Código Civil contempla algumas regras específicas sobre o tema. De acordo com o art. 483 do Código Civil, "a compra e venda pode ter por objeto coisa atual ou futura. Neste caso, ficará sem efeito o contrato se esta não vier a existir, salvo se a intenção das partes era de concluir contrato aleatório". Assim, a mercadoria não precisa, necessariamente, ser uma coisa presente, que exista já no momento da celebração do contrato. É plenamente possível que a mercadoria contratada seja uma coisa futura, isto é, ainda não existente no momento da contratação. É o que ocorre, por exemplo, num contrato de compra e venda de uma determinada safra. Atente-se, apenas, para o final da regra em comento, segundo a qual, nos casos de compra e venda relativa à coisa futura (*emptio rei speratae* = venda de coisa esperada), o contrato não produzirá efeito se esta não vier a existir, salvo se as partes contratantes tiverem firmado contrato *aleatório*, ou seja, que envolve risco. Nesse caso, as partes já sabiam do risco de a coisa futura não vir a existir, e, assim, esse fato, por si só, não torna sem efeito a relação contratual. A parte que assumiu esse risco arcará com os prejuízos decorrentes.

Outra regra específica relativa à coisa objeto da compra e venda está prevista no art. 484 do Código Civil, segundo o qual, "se a venda se realizar à vista de amostras, protótipos ou modelos, entender-se-á que o vendedor assegura ter a coisa as qualidades que a elas correspondem". Complementando a regra do *caput*, dispõe o seu parágrafo único que "prevalece a amostra, o protótipo ou o modelo, se houver contradição ou diferença com a maneira pela qual se descreveu a coisa no contrato".

No que se refere ao *preço*, é óbvio que as partes devem estipulá-lo. O Código também traz uma série de regras específicas sobre o assunto. Segundo o art. 485 do Código Civil, "a fixação do preço pode ser deixada ao arbítrio de terceiro, que os contratantes logo designarem ou prometerem designar. Se o terceiro não aceitar a incumbência, ficará sem efeito o contrato, salvo quando acordarem os contratantes designar outra pessoa".

Já o art. 486 do Código prevê a possibilidade de as partes contratantes deixarem "a fixação do preço à taxa de mercado ou de bolsa, em certo e determinado dia e lugar".

O art. 487 do Código, por sua vez, determina que "é lícito às partes fixar o preço em função de índices ou parâmetros, desde que suscetíveis de objetiva determinação".

Caso, todavia, as partes contratantes não estipulem expressamente o preço nem o fixem nos termos das regras acima transcritas, aplica-se a regra do art. 488 do Código, que assim dispõe: "convencionada a venda sem fixação de preço ou de critérios para a sua determinação, se não houver tabelamento oficial, entende-se que as partes se sujeitaram ao preço corrente nas vendas habituais do vendedor". E o seu parágrafo único complementa, afirmando que "na falta de acordo, por ter havido diversidade de preço, prevalecerá o termo médio".

O que a legislação não admite, porém, é que se deixe ao arbítrio exclusivo de uma das partes a fixação do preço, pois nesse caso o contrato de compra e venda será considerado nulo, conforme disposto no art. 489 do Código: "nulo é o contrato de compra e venda, quando se deixa ao arbítrio exclusivo de uma das partes a fixação do preço".

Por fim, registre-se que, em decorrência da própria aplicação da conhecida cláusula da exceção do contrato não cumprido (*exceptio non adimpleti contractus*), o art. 491 do Código determina que "não sendo a venda a crédito, o vendedor não é obrigado a entregar a coisa antes de receber o preço".

4.2. Direitos e deveres fundamentais do comprador e do vendedor

Como contrato sinalagmático que é, a compra e venda gera direitos e deveres para ambas as partes contratantes, quais sejam comprador e vendedor. A mais elementar obrigação do comprador é pagar o preço correspondente à coisa comprada, o que lhe assegura o respectivo direito de recebê-la. Consequentemente, cabe ao vendedor a obrigação de entregar a coisa vendida, bem como o direito de receber o preço dela.[29]

Porém, estes, embora sejam os principais direitos e deveres do comprador e do vendedor, não são os únicos, obviamente. O Código Civil possui uma série de regras específicas que trata de direitos e deveres acessórios relativos à compra e venda.

De acordo com o art. 490 do Código, "salvo cláusula em contrário, ficarão as despesas de escritura e registro a cargo do comprador, e a cargo do vendedor as da tradição". O art. 492, por sua vez, prevê que "até o momento da tradição, os riscos da coisa correm por conta do vendedor, e os do preço por conta do comprador". O § 1.º, no entanto, faz uma ressalva, dispondo o seguinte: "todavia, os casos fortuitos, ocorrentes no ato de contar, marcar ou assinalar coisas, que comumente se recebem, contando, pesando, medindo ou assinalando, e que já tiverem sido postas à disposição do comprador, correrão por conta deste". E o § 2.º dispõe que "correrão também por conta do comprador os riscos das referidas coisas, se estiver em mora de as receber, quando postas à sua disposição no tempo, lugar e pelo modo ajustados".

No que se refere à regra do art. 490, mencionada acima, cabe fazer uma importante ressalva: as partes podem estipular no contrato regras diversas da prevista em

[29] Além de entregar a coisa, o vendedor deve também, no dizer da doutrina contratualista, garantir a efetividade do direito sobre a coisa, o que se traduz numa *obrigação de garantia*. Nese sentido: RESTIFFE, Paulo Sérgio. *Manual do novo direito comercial*. São Paulo: Dialética, 2006. p. 285. Diz o autor: *"A obrigação de garantir a efetividade do direito sobre a coisa (obrigação de garantia) compreende não apenas a entrega da coisa, mas também todas as qualidades prometidas e que asseguram a utilização, em bom funcionamento, por parte do comprador do objeto do contrato. Desse modo, o vendedor responsabiliza-se pelos vícios ocultos do objeto entregue e responde pela evicção."*

lei. Nesse sentido, a prática empresarial criou os chamados INCOTERMS 2000, que são termos internacionais de comércio que definem os direitos e obrigações mínimas do vendedor e do comprador quanto a fretes, seguros, movimentação em terminais, liberações em alfândegas e obtenção de documentos de um contrato internacional de venda de mercadorias, como, por exemplo, as cláusulas FOB (*free on board*) e CIF (*cost, insurance and freight*). Segundo a cláusula FOB, todas as despesas correm por conta do comprador. Já pela cláusula CIF, o preço abrange, além do valor das mercadorias, também o valor do frete e do seguro.

A seguir, confira-se a Resolução 21/2011, da CAMEX, que reproduz os Incoterms, versão 2010, divulgados pela Câmara Internacional de Comércio:

RESOLUÇÃO N.º 21, DE 07 DE ABRIL DE 2011

O PRESIDENTE DO CONSELHO DE MINISTROS DA CÂMARA DE COMÉRCIO EXTERIOR, no uso da atribuição que lhe confere o § 3.º do art. 5.º do Decreto n.º 4.732, de 10 de junho de 2003, com fundamento na alínea "a" do inciso III e no inciso VII do art. 2.º do mesmo diploma legal,

RESOLVE, *ad referendum* do Conselho:

Art. 1.º Nas exportações e importações brasileiras, serão aceitas quaisquer condições de venda praticadas no comércio internacional, desde que compatíveis com o ordenamento jurídico nacional.

Art. 2.º Para fins de identificação da condição de venda praticada, nos documentos e registros de controle dos órgãos da Administração Federal, deverão ser adotados os seguintes códigos:

I – Termos Internacionais de Comércio *(Incoterms)* discriminados pela *International Chamber of Commerce (ICC)* em sua Publicação n.º 715E, de 2010:

CÓDIGO	DESCRIÇÃO
EXW	*EX WORKS (named place of delivery)* NA ORIGEM (local de entrega nomeado) O vendedor limita-se a colocar a mercadoria à disposição do comprador no seu domicílio, no prazo estabelecido, não se responsabilizando pelo desembaraço para exportação nem pelo carregamento da mercadoria em qualquer veículo coletor. Utilizável em qualquer modalidade de transporte. Nota: em virtude de o comprador estrangeiro não dispor de condições legais para providenciar o desembaraço para saída de bens do País, fica subentendido que esta providência é adotada pelo vendedor, sob suas expensas e riscos, no caso da exportação brasileira.
FCA	*FREE CARRIER (named place of delivery)* LIVRE NO TRANSPORTADOR (local de entrega nomeado) O vendedor completa suas obrigações e encerra sua responsabilidade quando entrega a mercadoria, desembaraçada para a exportação, ao transportador ou a outra pessoa indicada pelo comprador, no local nomeado do país de origem. Utilizável em qualquer modalidade de transporte.

CÓDIGO	DESCRIÇÃO
FAS	*FREE ALONGSIDE SHIP (named port of shipment)* LIVRE AO LADO DO NAVIO (porto de embarque nomeado) O vendedor encerra suas obrigações no momento em que a mercadoria é colocada, desembaraçada para exportação, ao longo do costado do navio transportador indicado pelo comprador, no cais ou em embarcações utilizadas para carregamento da mercadoria, no porto de embarque nomeado pelo comprador. Utilizável exclusivamente no transporte aquaviário (marítimo ou hidroviário interior).
FOB	*FREE ON BOARD (named port of shipment)* LIVRE A BORDO (porto de embarque nomeado) O vendedor encerra suas obrigações e responsabilidades quando a mercadoria, desembaraçada para a exportação, é entregue, arrumada, a bordo do navio no porto de embarque, ambos indicados pelo comprador, na data ou dentro do período acordado. Utilizável exclusivamente no transporte aquaviário (marítimo ou hidroviário interior).
CFR	*COST AND FREIGHT (named port of destination)* CUSTO E FRETE (porto de destino nomeado) Além de arcar com obrigações e riscos previstos para o termo FOB, o vendedor contrata e paga frete e custos necessários para levar a mercadoria até o porto de destino combinado. Utilizável exclusivamente no transporte aquaviário (marítimo ou hidroviário interior).
CIF	*COST, INSURANCE AND FREIGHT (named port of destination)* CUSTO, SEGURO E FRETE (porto de destino nomeado) Além de arcar com obrigações e riscos previstos para o termo FOB, o vendedor contrata e paga frete, custos e seguro relativos ao transporte da mercadoria até o porto de destino combinado. Utilizável exclusivamente no transporte aquaviário (marítimo ou hidroviário interior).
CPT	*CARRIAGE PAID TO (named place of destination)* TRANSPORTE PAGO ATÉ (local de destino nomeado) Além de arcar com obrigações e riscos previstos para o termo FCA, o vendedor contrata e paga frete e custos necessários para levar a mercadoria até o local de destino combinado. Utilizável em qualquer modalidade de transporte.
CIP	*CARRIAGE AND INSURANCE PAID TO (named place of destination)* TRANSPORTE E SEGURO PAGOS ATÉ (local de destino nomeado) Além de arcar com obrigações e riscos previstos para o termo FCA, o vendedor contrata e paga frete, custos e seguro relativos ao transporte da mercadoria até o local de destino combinado. Utilizável em qualquer modalidade de transporte.

CÓDIGO	DESCRIÇÃO
DAT	*DELIVERED AT TERMINAL (named terminal at port or place of destination)* ENTREGUE NO TERMINAL (terminal nomeado no porto ou local de destino) O vendedor completa suas obrigações e encerra sua responsabilidade quando a mercadoria é colocada à disposição do comprador, na data ou dentro do período acordado, num terminal de destino nomeado (cais, terminal de contêineres ou armazém, dentre outros), descarregada do veículo transportador mas não desembaraçada para importação. Utilizável em qualquer modalidade de transporte.
DAP	*DELIVERED AT PLACE (named place of destination)* ENTREGUE NO LOCAL (local de destino nomeado) O vendedor completa suas obrigações e encerra sua responsabilidade quando coloca a mercadoria à disposição do comprador, na data ou dentro do período acordado, num local de destino indicado que não seja um terminal, pronta para ser descarregada do veículo transportador e não desembaraçada para importação. Utilizável em qualquer modalidade de transporte.
DDP	*DELIVERED DUTY PAID (named place of destination)* ENTREGUE COM DIREITOS PAGOS (local de destino nomeado) O vendedor completa suas obrigações e encerra sua responsabilidade quando a mercadoria é colocada à disposição do comprador, na data ou dentro do período acordado, no local de destino designado no país importador, não descarregada do meio de transporte. O vendedor, além do desembaraço, assume todos os riscos e custos, inclusive impostos, taxas e outros encargos incidentes na importação. Utilizável em qualquer modalidade de transporte. Nota: em virtude de o vendedor estrangeiro não dispor de condições legais para providenciar o desembaraço para entrada de bens do País, este termo não pode ser utilizado na importação brasileira, devendo ser escolhido o DAT ou DAP no caso de preferência por condição disciplinada pela ICC.

II – Condições de venda não disciplinadas pela Publicação n.º 715E, de 2010, da ICC:

CÓDIGO	DESCRIÇÃO
C + F	*COST PLUS FREIGHT* CUSTO MAIS FRETE O vendedor arca com os custos e riscos das tarefas no país de exportação, bem como contrata e paga o transporte internacional convencional. Utilizável em qualquer modalidade de transporte.
C + I	*COST PLUS INSURANCE* CUSTO MAIS SEGURO O vendedor arca com os custos e riscos das tarefas no país de exportação, bem como contrata e paga o seguro de transporte internacional convencional. Utilizável em qualquer modalidade de transporte.
OCV	OUTRA CONDIÇÃO DE VENDA Utilizável em operação que não se enquadre em qualquer das situações descritas nesta Resolução.

Parágrafo único. As descrições contidas neste artigo não têm o objetivo de disciplinar as condições de venda acordadas entre as partes nas exportações e importações nem substituem ou alteram as regras definidas para os Incoterms pela ICC em sua Publicação n.º 715E, de 2010.

Art. 3.º A utilização das condições de venda previstas nesta Resolução não modifica as responsabilidades legais das pessoas envolvidas nas operações de exportação e de importação perante as autoridades administrativas.

Art. 4.º Esta Resolução entra em vigor em 30 dias após a sua publicação.

FERNANDO DAMATA PIMENTEL

No que se refere ao local da entrega da mercadoria vendida, dispõe o art. 493 do Código que "a tradição da coisa vendida, na falta de estipulação expressa, dar-se-á no lugar onde ela se encontrava, ao tempo da venda". Porém, o art. 494 traz regra excepcional, dispondo que "se a coisa for expedida para lugar diverso, por ordem do comprador, por sua conta correrão os riscos, uma vez entregue a quem haja de transportá-la, salvo se das instruções dele se afastar o vendedor".

Quanto aos débitos anteriores à entrega que eventualmente recaiam sobre a mercadoria comprada, o Código estabelece a responsabilidade do vendedor, salvo se o contrato dispuser expressamente de forma diversa. É o que determina o art. 502: "o vendedor, salvo convenção em contrário, responde por todos os débitos que gravem a coisa até o momento da tradição".

4.3. Cláusulas especiais da compra e venda

A compra e venda é um contrato que admite a sua celebração com algumas cláusulas especiais, que configuram verdadeiros pactos acessórios ou adjetos à compra e venda. O Código Civil não os esqueceu, trazendo em seu bojo todo um conjunto de regras específicas para a disciplina do assunto.

4.3.1. Retrovenda

A cláusula especial de *retrovenda* é aquela que assegura ao vendedor, nos contratos de compra e venda de bem *imóvel*, o **direito de *recomprar* o bem vendido no prazo máximo de três anos após a venda**. Essa cláusula está disciplinada pelo Código Civil em seu art. 505, que assim dispõe: "o vendedor de coisa imóvel pode reservar-se o direito de recobrá-la no prazo máximo de decadência de três anos, restituindo o preço recebido e reembolsando as despesas do comprador, inclusive as que, durante o período de resgate, se efetuaram com a sua autorização escrita, ou para a realização de benfeitorias necessárias". Frise-se que a retrovenda, como é fácil perceber da leitura do dispositivo transcrito, só é possível quando o bem objeto do contrato for *imóvel*.

Caso o comprador não queira receber o dinheiro a que tem direito, colocando empecilhos para a recompra do bem, caberá ao vendedor recorrer ao Judiciário, efetuando o depósito judicial do valor, nos termos do que dispõe o art. 506 do Código: "se o comprador se recusar a receber as quantias a que faz jus, o vendedor, para exercer o direito de resgate, as depositará judicialmente". Claro que o depósito tem que ser do valor integral devido ao comprador. Assim, determina o parágrafo único do art. 506 que, "verificada a insuficiência do depósito judicial, não será o vendedor restituído no domínio da coisa, até e enquanto não for integralmente pago o comprador".

O art. 507 do Código assegura a possibilidade de recompra do bem também aos sucessores do vendedor, e este direito pode ser exercido, inclusive, contra um terceiro adquirente. Eis o teor da norma: "o direito de retrato, que é cessível e transmissível a herdeiros e legatários, poderá ser exercido contra o terceiro adquirente".

Por fim, o Código regula a hipótese excepcional de existência de mais de um direito de recompra sobre um mesmo bem imóvel. Nesse caso, estabelece o art. 508 do Código que "se a duas ou mais pessoas couber o direito de retrato sobre o mesmo imóvel, e só uma o exercer, poderá o comprador intimar as outras para nele acordarem, prevalecendo o pacto em favor de quem haja efetuado o depósito, contanto que seja integral".

Faça-se ainda um último registro: aponta Arnoldo Wald que a retrovenda tem sido muito usada como instituto de garantia, substituindo várias vezes a hipoteca. O autor destaca, entretanto, que essa prática é ilegal, assim como seria ilegal o uso de retrovenda nos contratos de promessa de compra e venda. Eis o que diz o autor:

> A retrovenda tem sido utilizada no direito contemporâneo para garantia de direitos, substituindo muitas vezes a hipoteca e permitindo ao credor, na hipótese de não pagamento do devedor, ficar com o imóvel dado em garantia sem necessidade de venda em leilão, fazendo com que prevaleça uma espécie de pacto comissório, proibido pelo nosso direito no tocante à garantia hipotecária, em virtude do qual o credor, não pagando o débito, se tornaria proprietário do bem dado em garantia. Tal função da retrovenda não se ajusta às normas existentes e é técnica usurária que o direito deve combater. A praxe também introduziu a retrovenda nas promessas de compra e venda, sendo discutível a sua validade em tais casos. A jurisprudência do Tribunal de Justiça do Rio de Janeiro passou a entender como nulo o pacto de retrovenda com finalidade usurária, bem como as adaptadas à promessa de compra e venda (na promessa, não há venda, logo, não pode haver retrovenda).[30]

4.3.2. *Venda a contento*

Outra cláusula especial da compra e venda expressamente disciplinada pelo Código Civil é a chamada *venda a contento*. Trata-se de **venda realizada sob condição suspensiva, relacionada ao agrado do comprador em relação à mercadoria adquirida**. O contrato só se aperfeiçoa, então, quando o comprador manifesta o seu contentamento com a mercadoria entregue pelo vendedor. É o que dispõe o art. 509

[30] WALD, Arnoldo. *Obrigações e contratos*. 16. ed. São Paulo: Saraiva, 2004. p. 342.

do Código Civil, segundo o qual "a venda feita a contento do comprador entende-se realizada sob condição suspensiva, ainda que a coisa lhe tenha sido entregue; e não se reputará perfeita, enquanto o adquirente não manifestar seu agrado".

Uma modalidade especial de venda a contento é a *venda sujeita a prova*, regulada pelo art. 510 do Código Civil. Nesse caso, a venda também é feita sob condição suspensiva, mas desta vez relacionada à certeza de que a coisa vendida tenha realmente as qualidades que o vendedor assegurou. Eis o teor da regra em questão: "também a venda sujeita a prova presume-se feita sob a condição suspensiva de que a coisa tenha as qualidades asseguradas pelo vendedor e seja idônea para o fim a que se destina".

Assim, na venda a contento, enquanto o comprador não manifesta seu agrado sobre a coisa comprada, assume a posição de mero comodatário, nos termos do art. 511 do Código, que assim dispõe: "em ambos os casos, as obrigações do comprador, que recebeu, sob condição suspensiva, a coisa comprada, são as de mero comodatário, enquanto não manifeste aceitá-la".

Claro, porém, que o comprador deve manifestar seu agrado ou desagrado em um determinado prazo, que deve vir estipulado no contrato. Caso, todavia, não exista essa estipulação expressa, aplica-se a regra do art. 512 do Código, segundo a qual "não havendo prazo estipulado para a declaração do comprador, o vendedor terá direito de intimá-lo, judicial ou extrajudicialmente, para que o faça em prazo improrrogável".

4.3.3. Preempção ou preferência

Outra cláusula especial que pode ser estipulada nos contratos de compra e venda é *da preempção* ou *preferência*, que assegura ao vendedor o chamado *direito de prelação*. Segundo essa cláusula, **sempre que o comprador quiser vender ou dar em pagamento o bem que adquiriu do vendedor, tem que oferecê-lo a este, nas mesmas condições de preço**. É o que determina o art. 513 do Código, segundo o qual "a preempção, ou preferência, impõe ao comprador a obrigação de oferecer ao vendedor a coisa que aquele vai vender, ou dar em pagamento, para que este use de seu direito de prelação na compra, tanto por tanto". De acordo com o parágrafo único desse dispositivo, "o prazo para exercer o direito de preferência não poderá exceder a cento e oitenta dias, se a coisa for móvel, ou a dois anos, se imóvel".

Se o vendedor souber, de alguma forma, que o comprador pretende vender o bem, poderá intimá-lo para que resguarde o seu direito de prelação (o legislador usa três termos como sinônimos: preempção, preferência e prelação),[31] nos termos

[31] *"O Código Civil usa três termos como sinônimos:* preempção, preferência e prelação. *Em latim, temos o verbo* émere = *comprar, cujos termos primitivos são:* emo, emis, emere. Emptor *ou* emtor *é comprador.* Praemptor = *primeiro comprador. Já* preferência *vem do verbo* praeferre *(formado com o verbo* ferre, *muito irregular, pois os termos primitivos são:* fero, fers, tuli, latum, ferre, *donde* praeter, praefers, praetuli, praelatum, praeferre*). Este último (infinitivo) deu* preferir *e* preferência*; mas o supino deu* prelação, *que é sinônimo de* preferência." (WALD, Arnoldo. *Obrigações e contratos*. 16. ed. São Paulo: Saraiva, 2004. p. 343-344).

do art. 514 do Código: "o vendedor pode também exercer o seu direito de prelação, intimando o comprador, quando lhe constar que este vai vender a coisa".

Se o vendedor exercer a preferência, então recairá sobre ele a obrigação legal de pagar o mesmo preço e nas mesmas condições da venda que seria feita. É o que manda o art. 515 do Código: "aquele que exerce a preferência está, sob pena de a perder, obrigado a pagar, em condições iguais, o preço encontrado, ou o ajustado".

Comunicado acerca da venda ou da dação em pagamento do bem, o vendedor deverá exercer o seu direito de prelação, se assim o desejar, no prazo previsto no art. 516 do Código, que assim dispõe: "inexistindo prazo estipulado, o direito de preempção caducará, se a coisa for móvel, não se exercendo nos três dias, e, se for imóvel, não se exercendo nos sessenta dias subsequentes à data em que o comprador tiver notificado o vendedor".

O art. 517, por sua vez, regula a situação em que a *preempção* foi assegurada a mais de uma pessoa, assim dispondo: "quando o direito de preempção for estipulado a favor de dois ou mais indivíduos em comum, só pode ser exercido em relação à coisa no seu todo. Se alguma das pessoas, a quem ele toque, perder ou não exercer o seu direito, poderão as demais utilizá-lo na forma sobredita".

Caso a cláusula especial da *preempção* não seja respeitada pelo comprador, claro que o Código lhe atribui responsabilidades. Nesse sentido, estabelece o art. 518 que "responderá por perdas e danos o comprador, se alienar a coisa sem ter dado ao vendedor ciência do preço e das vantagens que por ela lhe oferecem. Responderá solidariamente o adquirente, se tiver procedido de má-fé".

Por fim, registre-se que, nos termos do art. 520 do Código, "o direito de preferência não se pode ceder nem passa aos herdeiros". Trata-se, pois, de um direito exclusivo do vendedor.

4.3.4. Venda com reserva de domínio

Outra cláusula especial da compra e venda é a que **assegura ao vendedor a reserva de domínio sobre a coisa vendida, até que o comprador pague integralmente o preço ajustado**. Está regulada no art. 521 do Código, que assim dispõe: "na venda de coisa móvel, pode o vendedor reservar para si a propriedade, até que o preço esteja integralmente pago". Perceba-se que essa cláusula especial de reserva de domínio só é possível quando o bem objeto do contrato for *móvel*.

Para que essa cláusula produza os seus efeitos legais perante terceiros, deve estar expressamente prevista no contrato, além de ser registrada em cartório, no local do domicílio do comprador. Nesse sentido é a regra do art. 522 do Código: "a cláusula de reserva de domínio será estipulada por escrito e depende de registro no domicílio do comprador para valer contra terceiros".

Além de o bem ser móvel, é imprescindível que ele seja suscetível de caracterização perfeita. Assim, de acordo com o art. 523 do Código, "não pode ser objeto de venda com reserva de domínio a coisa insuscetível de caracterização perfeita, para estremá-la de outras congêneres. Na dúvida, decide-se a favor do terceiro adquirente de boa-fé".

Se a compra e venda contém a cláusula especial de reserva de domínio, dá-se então o seguinte: o comprador, enquanto não terminar de pagar o preço, não tem a propriedade do bem, que continua sendo, pois, do vendedor. Apenas quando houver o pagamento integral do preço, dar-se-á a transferência de propriedade do bem do vendedor para o comprador. Não obstante, como o comprador fica na posse do bem desde a formalização do contrato, ele responde pelos riscos da coisa desde o momento em que ela lhe foi entregue, nos termos do que dispõe o art. 524 do Código: "a transferência de propriedade ao comprador dá-se no momento em que o preço esteja integralmente pago. Todavia, pelos riscos da coisa responde o comprador, a partir de quando lhe foi entregue".

Como a propriedade do bem, conforme destacamos acima, é do vendedor, enquanto não pago o preço integralmente, ele poderá, em caso de inadimplemento por parte do comprador, tomar duas atitudes: (i) cobrar as prestações, com as devidas correções e juros; (ii) tomar o bem de volta. É o que prevê o art. 526 do Código: "verificada a mora do comprador, poderá o vendedor mover contra ele a competente ação de cobrança das prestações vencidas e vincendas e o mais que lhe for devido; ou poderá recuperar a posse da coisa vendida".

Para tomar o bem de volta, todavia, recuperando a sua posse, deverá o vendedor constituir o comprador em mora, o que pode ser feito por meio de protesto do título que embasou a venda ou mediante interpelação judicial. Nesse sentido é o art. 525 do Código: "o vendedor somente poderá executar a cláusula de reserva de domínio após constituir o comprador em mora, mediante protesto do título ou interpelação judicial".

É claro que, caso o vendedor execute a cláusula de reserva de domínio, tomando o bem de volta e recuperando a sua posse, deverá restituir ao comprador as prestações eventualmente pagas por ele. Todavia, prevê o Código, em seu art. 527, que nesse caso "é facultado ao vendedor reter as prestações pagas até o necessário para cobrir a depreciação da coisa, as despesas feitas e o mais que de direito lhe for devido. O excedente será devolvido ao comprador; e o que faltar lhe será cobrado, tudo na forma da lei processual".

Por fim, dispõe o art. 528 do Código que "se o vendedor receber o pagamento à vista, ou, posteriormente, mediante financiamento de instituição do mercado de capitais, a esta caberá exercer os direitos e ações decorrentes do contrato, a benefício de qualquer outro. A operação financeira e a respectiva ciência do comprador constarão do registro do contrato".

4.3.5. *Venda sobre documentos*

A última cláusula especial do contrato de compra e venda disciplinada pelo Código Civil é a referente à venda sobre documentos. De acordo com o art. 529 do Código, "na venda sobre documentos, a tradição da coisa é substituída pela entrega do seu título representativo e dos outros documentos exigidos pelo contrato ou, no silêncio deste, pelos usos". Veja-se, pois, que nesse contrato especial de compra e venda não há a tradição da própria coisa vendida, mas tão somente de um título ou de documentos que a representem.

O novo Código Civil incluiu essa espécie de compra e venda, que é usada no comércio, e especialmente no comércio internacional. A doutrina costuma chamar tal contrato de "venda contra documentos", parecendo que nosso legislador se inspirou no Código Civil italiano de 1942, que regula este e outro contrato sob a rubrica "Da venda sobre documentos e com pagamento contra documentos" (*Della vendita su documenti e com pagamento contra documenti* – arts. 1527 a 1530). Alguns autores já falavam em *venda contra documentos*, como é o caso de Tullio Ascarelli.

Usa-se tal modalidade no comércio internacional, em que se prova o embarque das mercadorias, por exemplo, pelo conhecimento marítimo, em geral contendo as cláusulas CIF (*cost, insurance, freight* = custo, seguro e frete incluídos) ou FOB (*free on board* = livre a bordo).[32]

Dispõe o parágrafo único do art. 529 do Código que, "achando-se a documentação em ordem, não pode o comprador recusar o pagamento, a pretexto de defeito de qualidade ou do estado da coisa vendida, salvo se o defeito já houver sido comprovado".

Já o art. 530 do Código determina que, "não havendo estipulação em contrário, o pagamento deve ser efetuado na data e no lugar da entrega dos documentos". O art. 531, por sua vez, prevê que "se entre os documentos entregues ao comprador figurar apólice de seguro que cubra os riscos do transporte, correm estes à conta do comprador, salvo se, ao ser concluído o contrato, tivesse o vendedor ciência da perda ou avaria da coisa". Por fim, o art. 532 determina que, "estipulado o pagamento por intermédio de estabelecimento bancário, caberá a este efetuá-lo contra a entrega dos documentos, sem obrigação de verificar a coisa vendida, pela qual não responde". Complementando a regra do *caput*, o seu parágrafo único prevê que, "nesse caso, somente após a recusa do estabelecimento bancário a efetuar o pagamento, poderá o vendedor pretendê-lo, diretamente do comprador".

5. CONTRATOS DE COLABORAÇÃO EMPRESARIAL

Conforme destacamos no início da presente obra, o comércio foi o grande responsável pelo surgimento e pelo desenvolvimento do *direito comercial*. No tópico anterior deste capítulo, por sua vez, analisamos detalhadamente o contrato de compra e venda mercantil, que se traduz, como visto, na principal modalidade contratual para exploração do comércio, ou seja, para a intermediação de bens entre o mercado produtor e o mercado consumidor.

Ocorre, entretanto, que a compra e venda não é, obviamente, o único contrato que interessa ao *comércio*. Ao contrário: com o desenvolvimento da economia e a cada vez maior complexidade das relações econômicas, surge uma incrível quantidade de contratos específicos que se destinam, especialmente, a facilitar o comércio, aproximando o produtor do consumidor. Chamaremos esses contratos, seguindo a terminologia de Fábio Ulhoa Coelho, de *contratos de colaboração*.

O comércio é uma atividade humana bastante antiga, cuja essência consiste em levar toda sorte de bens a quem se interesse em possuí-los e se disponha a pagar

32 WALD, Arnoldo. *Obrigações e contratos*. 16. ed. São Paulo: Saraiva, 2004. p. 348.

> por eles. Trata-se de uma atividade de intermediação entre o consumidor e o produtor, pela qual os bens por este último fabricados ou colhidos da natureza são distribuídos ao mercado. Para desenvolver esta atividade, o comerciante geralmente adquire do produtor bens para os revender a outros comerciantes ou aos próprios consumidores. O contrato de compra e venda mercantil, assim, constitui-se no meio contratual por excelência para a exploração de atividade comercial. Não é, contudo, o único. Outras relações contratuais têm sido desenvolvidas pelo comércio com vistas ao fornecimento de bens ao mercado consumidor. São elas a comissão, a representação comercial, a concessão mercantil, a franquia e a distribuição. Proponho agrupá-los sob a denominação de "contratos de colaboração".[33]

Trata-se, em síntese, de contratos entre empresários que dinamizam a atividade empresarial, aproximando o produtor do bem ou prestador do serviço dos seus respectivos consumidores finais. Assim, o colaborador assume a obrigação contratual de ajudar a formar ou ampliar o mercado consumidor do colaborado.

A colaboração pode ser feita por intermediação ou por aproximação: naquela, o colaborador compra produtos do colaborado em condições especiais, para depois revender esses produtos adquiridos aos consumidores (ex.: concessão comercial); nesta, o colaborador não adquire produtos do colaborado, mas apenas consegue compradores para esses produtos (ex.: representação comercial). A distinção relevante entre essas duas modalidades de colaboração está na forma como o colaborador obtém seu retorno financeiro: na primeira, seu ganho está na diferença entre o preço de compra ao colaborado e o preço de revenda ao consumidor; na segunda, seu ganho está no recebimento de um percentual por cada compra conseguida para o colaborado, ao qual se dá o nome comissão.

5.1. Subordinação empresarial nos contratos de colaboração

Em todos os contratos de colaboração que iremos analisar adiante, há uma marca característica: a subordinação *empresarial* entre o colaborador e o colaborado.

Destaque-se que essa subordinação é empresarial, e não pessoal, uma vez que esta, se presente, poderia configurar a existência de relação empregatícia, o que não é o caso.

Essa subordinação empresarial, em síntese, representa a obrigatoriedade de o colaborador manter uma organização de sua atividade seguindo padrões fixados pelo colaborado.

Em alguns contratos, o grau de subordinação é maior (franquia, por exemplo). Em outros, a subordinação pode não ser tão acentuada (representação comercial, por exemplo).

O que se deve questionar, porém, é se esta subordinação empresarial típica dos contratos de colaboração é suficiente para caracterizar essas avenças como relações contratuais assimétricas, a justificar o dirigismo contratual como forma de tutelar os interesses dos colaboradores (representantes, franqueados etc.), os quais seriam, na visão de alguns, contratantes vulneráveis ou hipossuficientes.

---

[33] COELHO, Fábio Ulhoa. *Manual de direito comercial.* 18. ed. São Paulo: Saraiva, 2007. p. 430.

Em nossa opinião, essa tese é insustentável. Ainda que saibamos que, muitas vezes, o colaborador é um empresário individual ou uma pequena sociedade empresária, enquanto o colaborado é uma sociedade empresária de maior porte, não podemos concordar com a ideia de que contratos de colaboração são relações assimétricas nas quais é necessário o dirigismo contratual. Relações entre empresários não podem ser tratadas, conforme já frisamos, como relações civis, de consumo ou de trabalho. Empresários são profissionais dos seus respectivos ramos e negociam com outros empresários como iguais, por mútuo consentimento e para mútua vantagem, razão pela qual devem ter ampla liberdade para contratar entre si e, em contrapartida, suportar os prejuízos normais de tais contratações.

No entanto, se formos observar algumas leis que disciplinam tais contratos (cite-se, por exemplo, a Lei 4.886/1965, que disciplina o contrato de representação comercial), veremos que elas são extremamente protetivas e "dirigistas", algo que, no nosso entender, não é compatível com a essência dos contratos empresariais.

Na doutrina, também encontramos vozes respeitáveis que defendem a possibilidade de certo dirigismo contratual nos contratos de colaboração empresarial: já destacamos, no início deste capítulo, a opinião de Fábio Ulhoa Coelho, que, apesar de defender que nos contratos empresariais o dirigismo contratual deve ser menor que em outras áreas do direito privado, uma vez que nem toda relação empresarial é assimétrica, reconhece a existência de assimetria nos contratos de colaboração empresarial, afirmando que ela não deriva da vulnerabilidade nem da hipossuficiência, mas sim do que ele chama de dependência empresarial *[que estamos aqui chamando de subordinação empresarial]*, que se faz presente quando um empresário tem que organizar sua atividade segundo diretrizes emanadas por outro empresário. Segundo ele, somente quando caracterizada essa dependência é que se justificaria a proteção do contratante mais fraco no direito empresarial.

Na jurisprudência do STJ, também podemos encontrar julgados que respaldam a tese de que contratos de colaboração empresarial admitem certo grau de dirigismo contratual. Por exemplo: é comum a estipulação de cláusula de eleição de foro em contratos de colaboração empresarial, e muitas vezes o colaborador (franqueado, representante, concessionário etc.), em caso de ajuizamento de ação, requer a nulidade dessa cláusula. O STJ tem jurisprudência no sentido do reconhecimento dessa nulidade quando o foro eleito tornar inviável ou muito difícil o acesso ao Judiciário por parte do colaborador.

> CIVIL. PROCESSUAL CIVIL. AGRAVO REGIMENTAL NO AGRAVO EM RECURSO ESPECIAL. RECURSO MANEJADO SOB A ÉGIDE DO CPC/73. AÇÃO DE INDENIZAÇÃO. CONTRATO DE FRANQUIA. CLÁUSULA DE FORO DE ELEIÇÃO. AFASTAMENTO. POSSIBILIDADE. PARTE HIPOSSUFICIENTE. SÚMULAS NºS 5 E 7 DO STJ. ACÓRDÃO ESTADUAL ALINHADO À JURISPRUDÊNCIA DO STJ. AUSÊNCIA DE IMPUGNAÇÃO DE FUNDAMENTO SUFICIENTE DO ACÓRDÃO. DEFICIÊNCIA. SÚMULAS NºS 283 E 284 DO STF. AGRAVO REGIMENTAL NÃO PROVIDO. (...)
>
> 2. A jurisprudência desta Corte entende ser válida a cláusula de eleição de foro estabelecida em contrato de franquia, exceto quando reconhecida a hipossuficiência da parte ou a dificuldade de acesso à justiça. (...)
>
> (AgRg no AREsp 775.828/RJ, Rel. Ministro MOURA RIBEIRO, TERCEIRA TURMA, julgado em 25/10/2016, DJe 08/11/2016)

RECURSO ESPECIAL. DIREITO CIVIL E PROCESSUAL CIVIL. IRRESIGNAÇÃO MANEJADA NA ÉGIDE DO CPC/73. EXCEÇÃO DE INCOMPETÊNCIA. CONTRATO DE REPRESENTAÇÃO COMERCIAL. CLÁUSULA DE ELEIÇÃO DE FORO. VALIDADE.

1. A competência territorial para dirimir controvérsias surgidas entre o representante comercial e o representado fixa-se, consoante previsto no art. 39 da Lei nº 4.886/65, no foro do domicílio do representante comercial.

2. Referida competência é de ordem relativa e pode ser validamente afastada por cláusula de eleição de foro, mesmo inserida em contrato de adesão, caso não comprovada a hipossuficiência do representante comercial ou prejuízo ao seu direito de ampla defesa. (...)

(REsp 1628160/SC, Rel. Ministro MOURA RIBEIRO, TERCEIRA TURMA, julgado em 18/10/2016, DJe 07/11/2016)

Quanto a essa jurisprudência do STJ, vale destacar, porém, que o simples fato de as partes terem portes econômicos distintos não é suficiente para o afastamento da cláusula.

Processo civil. Recurso especial. Ação cautelar. Incidente de exceção de incompetência. Contratos celebrados entre montadora e concessionária de veículos. Cláusula de eleição de foro. Validade. – ***Os ajustes firmados entre montadora e concessionária de veículos constituem contratos empresariais pactuados entre empresas de porte, financeiramente capazes de demandar no foro de eleição contratual. – A mera circunstância de a montadora de veículos ser empresa de maior porte do que a concessionária não é suficiente, por si só, a afastar o foro eleito.*** *– Recurso especial provido (REsp 471.921/BA, Rel. Min. Nancy Andrighi, 3.ª Turma, j. 03.06.2003, DJ 04.08.2003, p. 297).*

Processual civil. Recurso especial. Competência. Foro de eleição. Empresas de grande porte. Alto valor do contrato. Montadora de veículos e concessionária. Precedentes da 2.ª Seção. 1 – ***Contratos firmados entre montadora e concessionária de veículos constituem contratos empresariais pactuados entre empresas de porte, financeiramente capazes de demandar no foro de eleição contratual.*** *2 –* ***A mera circunstância de a montadora de veículos ser empresa de maior porte do que a concessionária não é suficiente, por si só, a afastar o foro eleito.*** *3 – Recurso especial conhecido e provido para reconhecer a competência do foro de eleição, qual seja, da cidade de São Bernardo do Campo/SP, para o processo e julgamento do feito (REsp 827.318/RS, Rel. Min. Jorge Scartezzini, 4.ª Turma, j. 12.09.2006, DJ 09.10.2006, p. 309).*

Em suma: em contratos de colaboração empresarial, é possível encontrar julgados do STJ que reconhecem que a subordinação empresarial, que é típica desses contratos, pode acarretar uma **vulnerabilidade técnica, econômica ou jurídica do empresário colaborador**, o que acaba admitindo, pois, o controle de validade de certas cláusulas pactuadas (**dirigismo contratual**).

5.2. As cláusulas de exclusividade nos contratos de colaboração

Outro tema deveras interessante relacionado aos contratos de colaboração empresarial é o referente às cláusulas de exclusividade, muito comuns nessas avenças.

Tais cláusulas são muitos importantes nos contratos de colaboração, uma vez que visam a assegurar ao colaborador (*representante, franqueado etc.*) o retorno dos investimentos que eles provavelmente fizeram para iniciar a colaboração (pesquisa de mercado, formação de estoque, campanhas publicitárias etc.). Assim, por exemplo, fica o colaborado obrigado a não comercializar diretamente seus produtos na região do colaborador, nem por meio de outro colaborador.

Pense-se, por exemplo, no caso do contrato de representação comercial. Se isso fosse possível, o representante comercial que fez todo o trabalho de abertura daquele mercado referente à sua zona de exclusividade sofreria prejuízos consideráveis, uma vez que teve gastos para promover o produto. Assim, jamais conseguiria o representante praticar preços compatíveis, já que necessita embutir seus gastos nos preços. Portanto, a cláusula de exclusividade de zona é, em síntese, o segredo, no mais das vezes, para o sucesso de um contrato de colaboração. Portanto, as partes devem estar bastante atentas na hora de redigir o contrato, para que tal assunto seja tratado com cuidado.

Em alguns contratos, porém, dado o dirigismo contratual que marca suas respectivas leis, a cláusula de exclusividade de zona é considerada implícita, como ocorre, por exemplo, no contrato de representação comercial (vide art. 31 da Lei 4.886/1965, que analisaremos adiante).

Finalmente, ainda sobre as cláusulas de exclusividade comumente presentes nos contratos de colaboração empresarial, é importante lembrar que, não obstante elas sejam absolutamente justificáveis do ponto de vista do direito empresarial, muitas vezes elas são contestadas no âmbito do direito concorrencial perante a autoridade antitruste (no Brasil, o Conselho Administrativo de Defesa Econômica - CADE), a qual, em algumas situações, rechaça tais estipulações, por vislumbrar nelas, em determinadas circunstâncias, efeitos nocivos à livre concorrência.

Na visão liberal adotada na presente obra, a intervenção do CADE nesses casos é descabida. Aliás, a própria existência de uma autoridade antitruste é questionável num regime capitalista de livre mercado genuíno. As cláusulas de exclusividade só são contratadas quando se justificam economicamente, para ambas as partes. Com efeito, se determinada relação contratual entre empresários ostenta uma cláusula de exclusividade, é porque tal cláusula se afigura vantajosa para ambos os contratantes. Caso contrário, não teria sido convencionada. Um distribuidor aceita uma cláusula de exclusividade porque ela lhe traz benefícios, como o retorno mais rápido e fácil dos investimentos realizados para iniciar a contratação. Por outro lado, a mesma cláusula de exclusividade é benéfica também para o distribuído, porque provavelmente sem ela nenhum distribuidor se interessaria em realizar os investimentos iniciais necessários à distribuição de seus produtos.

5.3. Comissão mercantil

De acordo com o art. 693 do Código Civil, "o contrato de comissão tem por objeto a aquisição ou a venda de bens pelo comissário, em seu próprio nome, à conta do comitente". Em suma: o ***comissário* é um empresário que irá realizar negócios no interesse de um outro empresário, o *comitente*, mas os realizará em seu nome.**

Relação jurídica firmada entre uma parte a conta de quem se faz o negócio, intitulada de comitente, e outra, que diretamente realiza o negócio em seu próprio nome,

> intitulada de comissário, que tem direito a remuneração contratada previamente ou posteriormente arbitrada.[34]

Portanto, o comissário age no interesse e seguindo as instruções do comitente, mas o faz em seu nome, ou seja, assumindo responsabilidade perante os terceiros com quem contrata. É o que prevê o art. 694 do Código, que assim dispõe: "o comissário fica diretamente obrigado para com as pessoas com quem contratar, sem que estas tenham ação contra o comitente, nem este contra elas, salvo se o comissário ceder seus direitos a qualquer das partes".

Atente-se para o fato de que essa regra do art. 694 é que distingue, claramente, a comissão do contrato de mandato, já que neste o *mandatário* age em nome do *mandante*, enquanto na comissão, conforme visto, o comissário age em seu próprio nome. Daí porque alguma doutrina chega a chamar a comissão de *mandato sem representação*. Isso é muito importante para o próprio sucesso do contrato de comissão mercantil, uma vez que em diversas situações o comitente não quer aparecer na relação. É o que ocorre, por exemplo, com grandes empresários, que muitas vezes usam comissários, porque se fossem negociar diretamente teriam dificuldades em barganhar preços e outras condições contratuais.[35] É o que ocorre também nas negociações realizadas na Bolsa de Valores. Conforme menciona Paulo Sérgio Restiffe, "a comissão mercantil tem grande utilidade nos contratos celebrados em bolsa, bem como nas intermediações exercidas pelas agências de publicidade".[36]

Não obstante a distinção entre mandato e comissão, determina o art. 709 do Código que "são aplicáveis à comissão, no que couber, as regras sobre mandato".

Segundo o disposto no art. 695 do Código, "o comissário é obrigado a agir de conformidade com as ordens e instruções do comitente, devendo, na falta destas, não podendo pedi-las a tempo, proceder segundo os usos em casos semelhantes". Complementando a regra em questão, o parágrafo único deste artigo, levando em consideração que a comissão é feita no interesse do comitente, determina que "ter-se-ão por justificados os atos do comissário, se deles houver resultado vantagem para o comitente, e ainda no caso em que, não admitindo demora a realização do negócio, o comissário agiu de acordo com os usos". Se comitente e comissário já contratam há algum tempo, existe um **histórico de negociações** entre eles (usos) que pode legitimar a conduta do comissário, na falta de ajuste expresso. Ademais, se o negócio foi vantajoso ao comitente, presume-se que o comissário agiu corretamente.[37]

---

34 DEL MASSO, Fabiano. *Contrato de comissão e mandato mercantil*. In: Tratado de Direito Comercial. Vol. 5. São Paulo: Saraiva, 2015, p. 273.

35 Nesse sentido: COELHO, Fábio Ulhoa. *Manual de direito comercial*. 18. ed. São Paulo: Saraiva, 2007. p. 433. Diz o autor: "*trata-se de contrato normalmente empregado em operações nas quais o comprador ou vendedor de mercadorias prefere não ser conhecido. Nem sempre convém ao empresário que se saiba do seu interesse em comprar ou vender certo bem. Há casos, por exemplo, em que o preço da coisa pode crescer, e muito, quando o vendedor sabe que o interessado é um grande empresário*".

36 RESTIFFE, Paulo Sérgio. *Manual do novo direito comercial*. São Paulo: Dialética, 2006. p. 324.

37 "*Em tudo que for omisso o contrato, o comissário, agindo em nome próprio, pode decidir o que for mais conveniente, levando-se em conta o interesse presumido do comitente*" (VENOSA, Sílvio. *Direito Civil*. Vol. 3. 3ª ed. São Paulo: Atlas, 2003, p. 555).

Ainda sobre as instruções do comitente para o comissário realizar suas atividades, dispõe o art. 699 do Código que "presume-se o comissário autorizado a conceder dilação do prazo para pagamento, na conformidade dos usos do lugar onde se realizar o negócio, se não houver instruções diversas do comitente". Já o art. 700, por sua vez, estabelece que "se houver instruções do comitente proibindo prorrogação de prazos para pagamento, ou se esta não for conforme os usos locais, poderá o comitente exigir que o comissário pague incontinenti ou responda pelas consequências da dilação concedida, procedendo-se de igual modo se o comissário não der ciência ao comitente dos prazos concedidos e de quem é seu beneficiário". São três, portanto, as hipóteses em que o comissário responderá caso conceda dilação de prazo: (i) se houver proibição expressa do comitente; (ii) se, não havendo proibição expressa, a dilação não for feita conforme os usos; e (iii) se, não havendo proibição expressa e sendo feita conforme os usos, o comitente não for cientificado dos prazos e do beneficiário.

Vê-se, pois, que é deveras importante que o comissário exerça suas atividades seguindo as instruções do comitente, cabendo ressaltar ainda que é interessante que essas instruções sejam detalhadamente pactuadas, para que o comissário atue com segurança no desempenho de seu mister. Nada impede, porém, que as instruções inicialmente pactuadas sejam depois alteradas, caso em que as novas instruções serão observadas, inclusive, nos negócios pendentes. É o que preceitua o art. 704 do Código: "salvo disposição em contrário, pode o comitente, a qualquer tempo, alterar as instruções dadas ao comissário, entendendo-se por elas regidos também os negócios pendentes". A doutrina aponta que a mudança tem que ser viável e respeitar a boa-fé objetiva.

No art. 696 do Código determina-se que "no desempenho das suas incumbências o comissário é obrigado a agir com cuidado e diligência, não só para evitar qualquer prejuízo ao comitente, mas ainda para lhe proporcionar o lucro que razoavelmente se podia esperar do negócio". Caso não cumpra suas tarefas satisfatoriamente, acarretando prejuízos ao comitente por ato omissivo ou comissivo, poderá ser responsabilizado. É o que prevê o parágrafo único do dispositivo em comento: "responderá o comissário, salvo motivo de força maior, por qualquer prejuízo que, por ação ou omissão, ocasionar ao comitente". Quanto a esse assunto, o Código Comercial de 1850 era mais específico ao tratar dos deveres de cuidado e diligência do comissário, detalhando algumas coisas que ele deveria fazer nos arts. 170 a 172 (guardar e conservar os bens, comunicar dano etc.). O Código Civil de 2002 tratou a questão de forma mais genérica.

Claro que o comissário deverá ser remunerado pelo comitente pelos negócios que realizar, já que estes são efetuados no interesse do comitente. A essa remuneração dá-se o nome de **comissão**. Em princípio, deve a comissão devida ao comissário ser estipulada no contrato. Não obstante, prevê o art. 701 do Código que, "não estipulada a remuneração devida ao comissário, será ela arbitrada segundo os usos correntes no lugar".

O STJ já decidiu que, sendo a comissão mercantil celebrada por prazo indeterminado, pode o comitente mudar unilateralmente o valor da comissão. Nesse sentido:

Comissão. Mercantil. Venda de passagens aéreas. Valor da comissão. Alteração. Possibilidade.

– No contrato de comissão mercantil por tempo indeterminado, o comitente pode modificar unilateralmente o valor a ser pago ao comissário (REsp 762.773/GO, Rel. Min. Humberto Gomes de Barros, Terceira Turma, j. 17.04.2007, DJ *07.05.2007, p. 316).*

Ainda sobre a remuneração devida ao comissário, dispõe o art. 702 do Código que "no caso de morte do comissário, ou, quando, por motivo de força maior, não puder concluir o negócio, será devida pelo comitente uma remuneração proporcional aos trabalhos realizados". Por sua vez, o art. 703 estipula que "ainda que tenha dado motivo à dispensa, terá o comissário direito a ser remunerado pelos serviços úteis prestados ao comitente, ressalvado a este o direito de exigir daquele os prejuízos sofridos". Se, todavia, a dispensa do comissário se der sem justa causa, aplica-se então a regra do art. 705, que assim dispõe: "se o comissário for despedido sem justa causa, terá direito a ser remunerado pelos trabalhos prestados, bem como a ser ressarcido pelas perdas e danos resultantes de sua dispensa".

Falindo o comitente, a comissão devida ao comissário é classificada no processo falimentar como *crédito com privilégio geral*, nos termos do art. 707 do Código: "o crédito do comissário, relativo a comissões e despesas feitas, goza de privilégio geral, no caso de falência ou insolvência do comitente".

Por fim, registre-se que o contrato de comissão pode ostentar a chamada cláusula *del credere*. Conforme vimos, os riscos do negócio cabem ao comitente, já que o comissário, embora atue em seu próprio nome, o faz no interesse do comitente e à conta dele, seguindo, aliás, as suas instruções. Assim, se os terceiros com quem o comissário contratou não honrarem suas obrigações, o prejuízo deverá ser suportado pelo comitente, e não pelo comissário (art. 697). Todavia, havendo a previsão da **cláusula *del credere***, o comissário assumirá a responsabilidade solidária juntamente com os terceiros com quem contratar. Claro que, nesse caso, como o risco de suas operações aumenta, ele será ainda mais diligente, e terá, obviamente, direito a uma comissão maior. A regra está disciplinada no art. 698 do Código: "se do contrato de comissão constar a cláusula *del credere*, responderá o comissário solidariamente com as pessoas com que houver tratado em nome do comitente, caso em que, salvo estipulação em contrário, o comissário tem direito a remuneração mais elevada, para compensar o ônus assumido".[38]

5.4. Representação comercial

A representação comercial autônoma é **modalidade especial de contrato de colaboração em que o colaborador, chamado de *representante*, assume a incumbência de obter pedidos de compra e venda para os produtos comercializados pelo colaborado, chamado de *representado*.**

[38] Sobre o assunto, confira-se ainda o Enunciado 68 das Jornadas de Direito Comercial do CJF: "no contrato de comissão com cláusula *del credere*, responderá solidariamente com o terceiro contratante o comissário que tiver cedido seus direitos ao comitente, nos termos da parte final do art. **694** do **Código Civil**".

Trata-se de contrato que possui regulamentação legal específica (Lei 4.886/1965, que sofreu relevantes alterações provocadas pela Lei 8.420/1992). Não obstante, o Código Civil trouxe disciplina legal para contrato semelhante, denominando-o de contrato de *agência* (arts. 710 a 721), expressão que, segundo alguns autores, é mais apropriada.

> O nome escolhido pelo legislador brasileiro, registro, não é o mais apropriado: a atividade típica do representante comercial não é representação, quer dizer, obter pedidos de compra dos produtos fabricados ou comercializados por certo empresário não significa praticar atos em nome deste. Ademais, os pedidos encaminhados pelo representante comercial não vinculam o representado, que pode simplesmente recusá-los. Se houvesse representação, no sentido em que tradicionalmente se entende o instituto no direito privado, os atos praticados pelo colaborador obrigariam o fornecedor, tal como no mandato. Por isso, melhor seria chamar o contrato de representação comercial de "agência", denominação que lhe reservam, aliás, direitos estrangeiros, como o argentino e o espanhol. O Código Civil de 2002 empregou a expressão "agência" na identificação de contrato de colaboração assemelhado ao da representação comercial.[39]

Embora alguns considerem *representação comercial* e *agência* como uma mesma figura contratual, é importante destacar que há autores que distinguem esses contratos, entendendo que a *agência* seria modalidade contratual de maior amplitude, que englobaria qualquer contrato firmado com pessoa que exerça a intermediação com habitualidade. São os casos, por exemplo, de *agentes* de atletas ou artistas.[40]

De acordo com o art. 1.º da Lei 4.886/1965, "exerce a representação comercial autônoma a pessoa jurídica ou a pessoa física, sem relação de emprego, que desempenha, em caráter não eventual por conta de uma ou mais pessoas, a mediação para a realização de negócios mercantis, agenciando propostas ou pedidos, para transmiti-los aos representados, praticando ou não atos relacionados com a execução dos negócios".

Perceba-se, pois, que a representação comercial **não se confunde com o mandato**, uma vez que o representante não tem poderes para concluir os negócios em nome do representado. Cabe a este, em última análise, aprovar ou não os pedidos de compra obtidos pelo representante. Não obstante tal distinção, a lei autoriza, no parágrafo único do seu art. 1.º, que a representação inclua também os poderes do mandato: "quando a representação comercial incluir poderes atinentes ao mandato mercantil, serão aplicáveis, quanto ao exercício deste, os preceitos próprios da legislação comercial".

Perceba-se também que na representação comercial não se caracteriza nenhum tipo de relação empregatícia entre representante e representado. A subordinação existente entre ambos, conforme já apontamos, é eminentemente empresarial, e não

---

39 COELHO, Fábio Ulhoa. *Curso de direito comercial.* 7. ed. São Paulo: Saraiva, 2007. p. 113. v. III.

40 Nesse sentido: CASES, José Maria Trepat. *Código civil comentado.* São Paulo: Atlas, 2003. p. 54.). Em contrapartida, entendendo que *agência* e *representação* são figuras contratuais idênticas: THEODORO JÚNIOR, Humberto. Do contrato de agência e distribuição no novo código civil. *Revista da Faculdade de Direito da Universidade de Minas Gerais*, Belo Horizonte, n.º 42, jul./dez. 2002, p. 129-163. Diz o autor: *"o novo Código Civil, a exemplo do direito europeu, abandonou o* nomem iuris *de 'representante comercial', substituindo-o por 'agente'. Sua função, porém, continua sendo exatamente a mesma do representante comercial autônomo".*

pessoal. Essa subordinação diz respeito apenas à forma de organização empresarial do representante, que deve, obviamente, seguir determinadas instruções do representado. Caso, todavia, essa subordinação seja pessoal, e não meramente empresarial, descaracterizado estará o vínculo contratual da representação, havendo, na verdade, um contrato de trabalho ou um contrato de prestação de serviços. Nesse sentido, confiram-se decisões do Superior Tribunal de Justiça e do Tribunal Superior do Trabalho em que se destaca, claramente, que o importante para definir se há contrato de representação ou não é a análise do tipo de subordinação existente: se meramente empresarial, trata-se de representação; se pessoal, não se trata de representação.

> *Contrato. Venda. Assinatura. Jornal. Prestação. Serviço. Firmado que o contrato para a venda de assinaturas de jornal em questão foi cumprido com subordinação a regime de metas, prestação de contas diárias e com atuação do contratado no próprio endereço comercial da contratante, não há que se falar em contrato de representação comercial (Lei n. 4.886/1965), mas, sim, em de prestação de serviços (REsp 642.728-PR, Rel. Min. Carlos Alberto Menezes Direito, j. 20.09.2005,* Informativo *261/2005).*
>
> *Recurso de revista. Representante comercial. Vínculo empregatício. Não configuração. Ausência de subordinação. Ausência de registro no Conselho Regional. Irrelevância. Verificando-se a ausência do elemento subordinação, previstos no artigo 3.º da CLT, a partir da análise da realidade fática havida entre as partes, incabível o reconhecimento de vínculo. A simples ausência de registro do reclamante no Conselho Regional não tem o condão, por si só, de descaracterizar uma relação de representação comercial, mormente se nos autos existem outros elementos que conduzam à conclusão de que o vínculo havido entre as partes tinha tal natureza. Recurso de Revista conhecido e não provido (TST, RR 42319-2002-900-10-00, 3.ª Turma, Rel. Juíza convocada Dora Maria da Costa, DJ 31.10.2003).*

Por outro lado, é importante destacar também que o contrato de representação comercial é um contrato empresarial (entre empresários), razão pela qual é inaplicável o CDC.

> *Direito Comercial. Contratos mercantis. Representação comercial autônoma. Código de Defesa do Consumidor. Não incidência. Processual civil. Recurso especial. Dispositivo legal inapto para sustentar a pretensão recursal. Prequestionamento. I –* ***A relação jurídica que se estabelece entre o representante comercial autônomo e a sociedade representada é regulada por disciplina jurídica própria, não se aplicando as regras protetivas do Código de Defesa do Consumidor****. (...) (REsp 761.557/RS, Rel. Min. Sidnei Beneti, 3.ª Turma, j. 24.11.2009, DJe 03.12.2009).*

De acordo com o art. 2.º da Lei 4.886/1965, é obrigatório registro dos representantes comerciais no órgão regulador de sua atividade, o Conselho Regional dos Representantes Comerciais. O art. 5.º desta mesma lei determina que "somente será devida remuneração, como mediador de negócios comerciais, a representante comercial devidamente registrado". No entanto, entende-se que a referida regra do art. 5º é inconstitucional.

> O exercício da atividade de representante comercial autônomo sem o regular registro importa apenas sanções administrativas, a serem impostas pelos órgãos profissionais, após o devido procedimento em que se assegure o direito de defesa ao investigado, como em qualquer outra profissão regulamentada. A jurisprudência

> já proclamou a inconstitucionalidade do art. 5.º da Lei n.º 4.886/65, que condiciona o recebimento da remuneração ao registro profissional. De fato, o representado não pode furtar-se ao cumprimento da obrigação de pagar o ajustado com o representante a pretexto de não possuir este situação profissional regular. Mesmo que o representante se recuse a exibir a prova do registro obrigatório por lei, o representado deve proceder ao pagamento, podendo, em seguida, levar o fato ao conhecimento do Conselho Regional, que, se for o caso, intimará o infrator a se regularizar.[41]

Interpretando a regra do art. 5º, o STJ já decidiu pela sua não recepção pela Constituição Federal de 1988, mas com um detalhe: embora a ausência de registro do conselho não seja motivo legítimo para afastar o direito do representante ao recebimento da comissão, ela é requisito para a sujeição do contrato aos ditames da Lei 4.886/1965:

> RECURSO ESPECIAL. DIREITO EMPRESARIAL. REPRESENTAÇÃO COMERCIAL. INAPLICABILIDADE DO REGIME JURÍDICO PREVISTO NA LEI 4.886/65 A NÃO INSCRITOS NO RESPECTIVO CONSELHO REGIONAL. ATIVIDADE QUE NÃO EXIGE QUALIFICAÇÃO TÉCNICA ESPECÍFICA. A AUSÊNCIA DE REGISTRO NÃO AUTORIZA A RECUSA AO PAGAMENTO POR SERVIÇOS EFETIVAMENTE PRESTADOS. RELAÇÃO REGIDA PELO CÓDIGO CIVIL.
>
> 1. Controvérsia em torno da exigibilidade da indenização prevista no artigo 27 da Lei 4.886/65, destinada aos representantes comerciais, a quem não tenha registro no respectivo Conselho Regional de Representantes Comerciais.
>
> 2. Pacífico o entendimento do STJ de que o artigo 5º da Lei 4.886/65 não foi recepcionado pela Constituição Federal de 1988, pois, por se tratar de profissão que não exige qualificação técnica específica, o condicionamento ao recebimento de qualquer valor por serviços efetivamente prestados violaria à garantia de "livre o exercício de qualquer trabalho, ofício ou profissão, atendidas as qualificações profissionais que a lei estabelecer".
>
> 3. Reconhecimento do direito ao recebimento do valor correspondente aos serviços efetivamente prestados.
>
> 4. Inaplicabilidade, porém, do regime jurídico previsto na Lei 4.886/65, cujo pressuposto de incidência é o registro no respectivo conselho regional, requisito estabelecido pelo microssistema normativo para que se possa atribuir a qualidade de representante comercial a determinada pessoa, passando a estar submetida a regime jurídico específico.
>
> 5. A exigência de registro destina-se a assegurar a boa prestação dos serviços, com o controle do Conselho Regional, de modo que a aceitação irrestrita da aplicação do regime jurídico previsto na Lei 4.886/65 estimularia a atuação sem registro.
>
> 6. Aplicação aos prestadores de serviços de representação, não registrados no respectivo Conselho Regional, das disposições do Código Civil, que, apesar de prever a remuneração pelos serviços prestados, não contempla a indenização prevista no artigo 27 da Lei 4.886/65.
>
> 7. Recurso especial provido.
>
> (REsp 1678551/DF, Rel. Ministro PAULO DE TARSO SANSEVERINO, TERCEIRA TURMA, julgado em 06/11/2018, DJe 27/11/2018)

[41] COELHO, Fábio Ulhoa. *Curso de direito comercial.* 7. ed. São Paulo: Saraiva, 2007. p. 115. v. III.

De acordo com o art. 27 da Lei 4.886/1965, "do contrato de representação comercial, além dos elementos comuns e outros a juízo dos interessados, constarão obrigatoriamente: a) condições e requisitos gerais da representação; b) indicação genérica ou específica dos produtos ou artigos objeto da representação; c) prazo certo ou indeterminado da representação; d) indicação da zona ou zonas em que será exercida a representação; e) garantia ou não, parcial ou total, ou por certo prazo, da exclusividade de zona ou setor de zona; f) retribuição e época do pagamento, pelo exercício da representação, dependente da efetiva realização dos negócios, e recebimento, ou não, pelo representado, dos valores respectivos; g) os casos em que se justifique a restrição de zona concedida com exclusividade; h) obrigações e responsabilidades das partes contratantes; i) exercício exclusivo ou não da representação a favor do representado; j) indenização devida ao representante pela rescisão do contrato fora dos casos previstos no art. 35, cujo montante não poderá ser inferior a 1/12 (um doze avos) do total da retribuição auferida durante o tempo em que exerceu a representação".

No que se refere ao requisito da alínea *c*, dispõe o § 2.º do art. 27 que "o contrato com prazo determinado, uma vez prorrogado o prazo inicial, tácita ou expressamente, torna-se a prazo indeterminado". Já o § 3.º, por sua vez, dispõe que se considera "por prazo indeterminado todo contrato que suceder, dentro de seis meses, a outro contrato, com ou sem determinação de prazo". Vê-se, pois, que somente o primeiro contrato de representação pode ser estipulado com prazo determinado. E essa regra legal foi estabelecida como forma de proteger o representante. Afinal, em cada renovação o representado, provavelmente, iria tentar estabelecer novas condições contratuais, e o representante, para não perder o vínculo, muitas vezes seria obrigado a aceitá-las. Sobre o assunto, decidiu o Superior Tribunal de Justiça:

> *Indenização. Rescisão. Contrato. Representação comercial. Prosseguindo o julgamento, a Turma entendeu que, na vigência da Lei n. 8.420/1992, nos contratos de representação comercial seguidamente firmados com prazos determinados, com duração de um ano cada, cujo objeto, basicamente, foi o mesmo, está caracterizada a continuidade, devendo ser considerados, assim, por prazo indeterminado. Dessa forma, faz jus o representante comercial ao pagamento de aviso prévio e de indenização quando da extinção injusta do contrato. No caso, o primeiro contrato de representação entre as partes foi firmado em 1.º/12/1975 e o último em 2/1/1992 rescindido em 1.º/7/1992. Dessarte, o pagamento ao representante comercial será relativo ao período posterior à vigência da Lei n. 8420/1992, (2/1/1992), uma vez que seus efeitos não retroagem para atingir situações consolidadas na vigência da Lei 4.886/1965 (REsp 198.149-RS, Rel. Min. Ari Pargendler, j. 1.º.04.2003,* Informativo *168/2003).*

Por outro lado, no que se refere à indenização devida em caso de rescisão contratual (matéria tratada na alínea *j*), determina o § 1.º do art. 27 que "na hipótese de contrato a prazo certo, a indenização corresponderá à importância equivalente à média mensal da retribuição auferida até a data da rescisão, multiplicada pela metade dos meses resultantes do prazo contratual".

Ainda sobre a alínea *j*, vale destacar que o STJ já decidiu que "é nula a cláusula que prevê o pagamento antecipado da indenização devida ao representante comercial no caso de rescisão injustificada do contrato pela representada" (REsp 1.831.947[42] – Informativo 662).

No que tange, por sua vez, aos requisitos de que tratam as alíneas *d*, *e* e *g*, que mencionam a *cláusula de exclusividade de zona*, deve ser feita aqui uma observação especial. Essa cláusula é deveras importante nos contratos de colaboração, notadamente no de representação, uma vez que visa a assegurar ao colaborador (no caso, o *representante*) o retorno dos investimentos que ele fez para iniciar a colaboração (pesquisa de mercado, formação de estoque, campanhas publicitárias etc.). Assim, fica o colaborador (no caso, o *representado*) obrigado a não comercializar seus produtos na região do representante diretamente nem por meio de outro representante. Afinal, se isto fosse possível, o representante comercial que fez todo o trabalho de abertura daquele mercado referente à sua zona de exclusividade sofreria prejuízos consideráveis, uma vez que teve gastos para promover o produto. Assim, jamais conseguiria o representante praticar preços compatíveis, já que necessita embutir seus gastos nos preços. Portanto, a cláusula de exclusividade de zona é, em síntese, o segredo, no mais das vezes, para o sucesso de um contrato de colaboração. Nesse sentido, veja-se que a Lei 4.886/1965, com vistas a proteger o representante que possui exclusividade de zona, estipula, em seu art. 31, que "prevendo o contrato de representação a exclusividade de zona ou zonas, ou quando este for omisso, fará jus o representante à comissão pelos negócios aí realizados, ainda que diretamente pelo representado ou por intermédio de terceiros".

Em suma: a **cláusula de exclusividade de zona, nos contratos de representação, é implícita**. O STJ já decidiu que essa cláusula deve ser observada até mesmo em contratos de representação comercial **verbais.**

> *Processual civil e comercial. Recurso especial. Contrato de representação. Embargos declaratórios. Omissão. Inocorrência. Rescisão imotivada. Exclusividade. Contrato verbal. Possibilidade. Interpretação de cláusulas contratuais e reexame de prova. (...) 2.* ***Possibilidade da demonstração da existência de cláusula de exclusividade mesmo em contratos de representação firmados verbalmente****, admitindo-se a respectiva prova por todos os meios em direito admitidos. Aplicação do art. 212 do CC/02 c/c os arts. 400 e segs. do CPC. Doutrina e jurisprudência desta Corte acerca do tema. 3. Estabelecida, no caso concreto, pelo acórdão recorrido a premissa de que o ajuste de representação comercial vigorava com cláusula de exclusividade, confirmada por prova testemunhal, inarredável a conclusão de que houve rescisão imotivada do contrato, pela contratação de novo representante para atuar na mesma zona anteriormente conduzida pela recorrida. (...) (REsp 846.543/RS, Rel. Min. Paulo de Tarso Sanseverino, 3.ª Turma, j. 05.04.2011,* DJe *11.04.2011).*

[42] No caso, houve a rescisão imotivada pela representada, que ao ser questionada pela representante acerca do pagamento da indenização do art. 27, alínea *j*, alegou que ele já havia sido feito antecipadamente, junto com as comissões mensais pagas ao longo da relação contratual, conforme cláusula expressamente pactuada. No entanto, o STJ decidiu por "declarar a ilegalidade da cláusula contratual que prevê o pagamento antecipado da indenização". Prevaleceu o entendimento de que o pagamento antecipado desvirtua a finalidade indenizatória prevista no art. 27, alínea *j*, não há previsão legal de pagamento antecipado da indenização em prestações mensais e devem prevalecer os vetores interpretativos da boa-fé objetiva e da proteção jurídica do representante. Destaco, porém, o ótimo voto vencido do Ministro Cueva, que não reconheceu assimetria contratual na relação entre representada e representante, lembrou que não há vedação expressa à pactuação da cláusula e apontou a ausência de boa-fé da parte que pediu a nulidade da cláusula que pactuou (*venire contra factum proprium*).

No entanto, ressalte-se que, de acordo com o parágrafo único do art. 31, "a exclusividade de representação não se presume na ausência de ajustes expressos". Assim, embora a cláusula de exclusividade de zona seja implícita, a **cláusula de exclusividade de representação não é**: isso significa que o representante, salvo cláusula contratual expressa em contrário, pode trabalhar para outro(s) representado(s). Nesse sentido, aliás, dispõe expressamente o art. 41 da Lei 4.886/1965 que, "ressalvada expressa vedação contratual, o representante comercial poderá exercer sua atividade para mais de uma empresa e empregá-la em outros misteres ou ramos de negócios".

> Na representação comercial, a exclusividade de zona é implícita no contrato. Assim, para que o representado possa comercializar na zona do representante, direta ou indiretamente, o contrato deve trazer essa permissão expressa.
>
> A cláusula de exclusividade de representação, contudo, não é implícita. Para que o representante seja impedido de trabalhar para concorrentes do representado, a proibição deve ser expressa no contrato.[43]

No mesmo sentido, confira-se a seguinte decisão do STJ:

> *Comercial. Contrato de representação. Exclusividade.* ***A exclusividade de representação não se presume (Lei n.º 4.886/65, art. 31, parágrafo único)****; o ajuste de exclusividade numa praça, só a esta se aplica, pouco importando que a representação tenha se estendido a outra praça, salvo aditamento expresso a respeito – no caso, inexistente. Recurso especial conhecido e provido em parte (REsp 229.761/ES, Rel. Min. Waldemar Zveiter, Rel. p/ Acórdão Min. Ari Pargendler, 3.ª Turma, j. 05.12.2000, DJ 09.04.2001, p. 354).*

A Lei 4.886/1965 estabelece uma série de deveres ao representante comercial. Assim, por exemplo, o art. 28 dispõe que "o representante comercial fica obrigado a fornecer ao representado, segundo as disposições do contrato ou, sendo este omisso, quando lhe for solicitado, informações detalhadas sobre o andamento dos negócios a seu cargo, devendo dedicar-se à representação, de modo a expandir os negócios do representado e promover os seus produtos". O art. 29, por seu turno, prevê que, "salvo autorização expressa, não poderá o representante conceder abatimentos, descontos ou dilações, nem agir em desacordo com as instruções do representado". Em suma: deverá o representante seguir as instruções do representado, o que configura, conforme já destacamos, a subordinação empresarial típica deste contrato. Já o art. 30 estabelece que "para que o representante possa exercer a representação em Juízo, em nome do representado, requer-se mandato expresso. Incumbir-lhe-á porém, tomar conhecimento das reclamações atinentes aos negócios, transmitindo-as ao representado e sugerindo as providências acauteladoras do interesse deste". Complementando essa regra, o parágrafo único do art. 30 prevê que "o representante, quanto aos atos que praticar, responde segundo as normas do contrato e, sendo este omisso, na conformidade do direito comum".

A Lei 4.886/1965 também estabeleceu as obrigações do representado, dentre as quais se destacam a de pagar a comissão do representante e a de respeitar a cláusula de exclusividade de zona.

[43] COELHO, Fábio Ulhoa. *Curso de direito comercial*. 7. ed. São Paulo: Saraiva, 2007. p. 116. v. III.

No que tange ao **pagamento da comissão**, prevê o art. 32 que "o representante comercial adquire o direito às comissões quando do pagamento dos pedidos ou propostas". O § 1.º determina que "o pagamento das comissões deverá ser efetuado até o dia 15 do mês subsequente ao da liquidação da fatura, acompanhada das respectivas cópias das notas fiscais". Já o § 2.º estabelece que "as comissões pagas fora do prazo previsto no parágrafo anterior deverão ser corrigidas monetariamente". O § 3.º, por sua vez, faculta ao representante "emitir títulos de créditos para cobrança de comissões", e como se trata de compra e venda mercantil, presume-se que esse título é a duplicata. No que se refere ao cálculo das comissões, determina o § 4.º que elas "deverão ser calculadas pelo valor total das mercadorias". Continua o § 5.º estabelecendo que "em caso de rescisão injusta do contrato por parte do representando, a eventual retribuição pendente, gerada por pedidos em carteira ou em fase de execução e recebimento, terá vencimento na data da rescisão". Por fim, o § 7.º determina que "são vedadas na representação comercial alterações que impliquem, direta ou indiretamente, a diminuição da média dos resultados auferidos pelo representante nos últimos seis meses de vigência". Sobre a regra do § 4.º, confiram-se os seguintes julgados do STJ:

> *Agravo interno no recurso especial. Contrato de representação comercial. Prequestionamento. Súmula n.º 211/STJ. Comissão por vendas. Base de cálculo. Súmula n.º 83/STJ.*
>
> *(...)*
>
> *2. A comissão deve ser calculada com base no preço da mercadoria no momento da venda intermediada pelo representante, o que corresponde ao valor total do produto.*
>
> *3. Agravo interno não provido (AgInt no REsp 1.419.461/RS, Rel. Min. Ricardo Villas Bôas Cueva, Terceira Turma, j. 22.11.2016, DJe 01.12.2016).*
>
> *Agravo interno. Embargos de declaração. Agravo em recurso especial. Ação de cobrança. Contrato de representação comercial. Comissão. Base de cálculo. Preço total do produto, incluídos os impostos.*
>
> *1. A jurisprudência desta Corte firmou entendimento no sentido de que, nos casos de representação comercial, a comissão contratada deverá incidir sobre o valor total das mercadorias, sem os descontos de impostos e encargos financeiros, nos termos do art. 32, § 4.º, da Lei n. 4.886/1965, com as modificações da Lei n. 8.420/1992.*
>
> *2. Agravo interno a que se nega provimento (AgInt nos EDcl no AREsp 269.483/SP, Rel. Min. Maria Isabel Gallotti, Quarta Turma, j. 29.09.2016, DJe 05.10.2016).*

As comissões deverão ser pagas, em princípio, mensalmente, salvo se o contrato dispuser de forma diversa. É o que determina o art. 33, § 2.º, da Lei 4.886/1965: "salvo ajuste em contrário, as comissões devidas serão pagas mensalmente, expedindo o representado a conta respectiva, conforme cópias das faturas remetidas aos compradores, no respectivo período".

O art. 33, § 1.º, da Lei 4.886/1965 prevê, entretanto, que "nenhuma retribuição será devida ao representante comercial, se a falta de pagamento resultar de insolvência do comprador, bem como se o negócio vier a ser por ele desfeito ou for sustada a entrega de mercadorias devido à situação comercial do comprador, capaz de comprometer ou tornar duvidosa a liquidação". Nada mais justo. Afinal, se a operação agenciada pelo representante não se consumar, não recebendo o representado o valor dos produtos, não deve pagar comissão. Em síntese: "*se, adotadas as tentativas razoavelmente exigíveis para a cobrança, resultar não recebido o preço, não se constitui o direito à comissão, visto que o representante, no desenvolvimento de sua atividade de colaboração, assume risco empresarial semelhante ao do representado*".[44]

Registre-se que, conforme veremos também no capítulo seguinte, o art. 44 da Lei 4.886/1965 previa que, "no caso de falência do representado, as importâncias por ele devidas ao representante comercial, relacionadas com a representação, inclusive comissões vencidas e vincendas, indenização e aviso prévio, serão considerados créditos da mesma natureza dos créditos trabalhistas". A redação desse dispositivo foi alterada pela Lei 14.195/2021, e agora ela menciona **tanto a falência quanto a recuperação judicial**, além de mencionar expressamente **qualquer outra verba devida ao representante**: "no caso de falência ou de recuperação judicial do representado, as importâncias por ele devidas ao representante comercial, relacionadas com a representação, inclusive comissões vencidas e vincendas, indenização e aviso prévio, e qualquer outra verba devida ao representante oriunda da relação estabelecida com base nesta Lei, serão consideradas créditos da mesma natureza dos créditos trabalhistas para fins de inclusão no pedido de falência ou plano de recuperação judicial".

Houve também a alteração do parágrafo único no art. 44, que antes dizia apenas que "prescreve em cinco anos a ação do representante comercial para pleitear a retribuição que lhe é devida e os demais direitos que lhe são garantidos por esta lei". Agora, a regra continua dizendo que a prescrição é quinquenal, mas determina também que "os créditos devidos ao representante comercial reconhecidos em título executivo judicial transitado em julgado após o deferimento do processamento da recuperação judicial, e a sua respectiva execução, inclusive quanto aos honorários advocatícios, não se sujeitarão à recuperação judicial, aos seus efeitos e à competência do juízo da recuperação, ainda que existentes na data do pedido". Em suma: para os créditos em geral, o que importa, para fins de submissão aos efeitos da recuperação judicial, é a data da ocorrência do fato gerador (REsp 1.840.531), mas para o crédito devido ao representante comercial criou-se essa regra protetiva específica de não sujeição aos efeitos da recuperação judicial (tal regra tem sido muito criticada na doutrina e foi objeto de uma Ação Direta de inconstitucionalidade ajuizada pelo Conselho Federal da OAB: ADIn 7.054).

No tocante ao prazo prescricional, ressalte-se que a contagem dos cinco anos se inicia a partir do término do contrato, conforme já decidiu o Superior Tribunal de Justiça:

> *Representação comercial. Rescisão. Indenização. Prescrição. Trata-se de ação de indenização pela ruptura unilateral do contrato de representação comercial. Nesse contexto,* ***a Turma, prosseguindo o julgamento, entendeu que o direito de o representante comercial pleitear em juízo a indenização prescreve em cinco anos contados da data em que rompido o contrato (art. 44, parágrafo único, da Lei n. 4.886/1965).*** *Anotou-se que a prescrição de que trata o referido artigo diz respeito ao exercício do direito de ação e não ao próprio direito indenizatório, sendo certo que o representante pode reivindicar indenização calculada sobre comissões auferidas em todo período laboral, porém propondo a ação dentro do prazo quinquenal. O Min. Carlos Alberto Menezes Direito acompanhou o entendimento diante da*

[44] COELHO, Fábio Ulhoa. *Curso de direito comercial*. 7. ed. São Paulo: Saraiva, 2007. p. 118. v. III.

constatação feita pelo Min. Relator de que a hipótese não cuida da matéria referente a direito intertemporal, mesmo diante de inovações trazidas por lei nova, estando em questão apenas a interpretação do referido artigo de lei. Acompanhou também pela conclusão de que o não conhecimento é compatível com precedentes do STJ, entendimento constante do voto vista da Min. Nancy Andrighi (REsp 434.885-AM, Rel. Min. Castro Filho, j. 16.09.2004, Informativo *221/2004).*

Já destacamos acima que na representação comercial o representado não é obrigado a aceitar os pedidos de compra obtidos pelo representante. Portanto, o contrato de representação possui a seguinte sistemática: o representante, seguindo as instruções do representado, procura clientes para os produtos deste, enviando-lhe então os respectivos pedidos. A partir do envio, cabe ao representado manifestar-se, informando se aceita ou não o pedido obtido pelo representante. Os prazos para essa manifestação devem estar descritos no contrato. Na ausência de previsão expressa, aplica-se o disposto no art. 33 da Lei 4.886/1965: "não sendo previstos, no contrato de representação, os prazos para recusa das propostas ou pedidos, que hajam sido entregues pelo representante, acompanhados dos requisitos exigíveis, ficará o representado obrigado a creditar-lhe a respectiva comissão, se não manifestar a recusa, por escrito, nos prazos de 15, 30, 60 ou 120 dias, conforme se trate de comprador domiciliado, respectivamente, na mesma praça, em outra do mesmo Estado, em outro Estado ou no estrangeiro". Assim, se o comprador é domiciliado na mesma praça do representado, o prazo para este manifestar eventual recusa é de 15 dias; se é domiciliado no mesmo Estado, mas em praça diversa, o prazo é de 30 dias; se é domiciliado em outro Estado, o prazo passa a ser de 60 dias; por fim, se o comprador é de outro país, o prazo então será de 120 dias.

Outra preocupação específica da Lei 4.886/1965 foi estabelecer a **indenização devida em caso de resolução imotivada do contrato de representação comercial**. Assim, determina o art. 34 que "a denúncia, por qualquer das partes, sem causa justificada, do contrato de representação, ajustado por tempo indeterminado e que haja vigorado por mais de seis meses, obriga o denunciante, salvo outra garantia prevista no contrato, à concessão de pré-aviso, com antecedência mínima de trinta dias, ou ao pagamento de importância igual a um terço (1/3) das comissões auferidas pelo representante, nos três meses anteriores". Interpretando *a contrario sensu* o dispositivo em questão, vê-se que se o contrato era por tempo indeterminado, e vigorou por menos de seis meses, nenhuma indenização será devida em caso de resolução imotivada. Da mesma forma, se a resolução for justamente motivada, também não caberá nenhuma indenização. Se a resolução do contrato que durou mais de seis meses, todavia, for imotivada, caberá ao representado, frise-se, indenizar o representante. Nesse sentido, confira-se o seguinte julgado do Superior Tribunal de Justiça:

Representação. Comissão. Indenização. Rescisão contratual desmotivada. A Turma proveu parcialmente o recurso ao entendimento de que o contrato de representação comercial, por se assemelhar a contrato de trabalho, acarreta o dever de indenização no caso de rescisão desmotivada e por iniciativa de representado, não se aplicando o art. 35 da Lei n. 4.886/1965 por inocorrência das hipóteses nele previstas. Outrossim, é devido, também, o pagamento de comissão por representação comercial em razão de negócios realizados. Precedentes citados: REsp 4.474-SP, DJ 1.º/7/1991, e REsp 9.144-MG, DJ 1.º/7/1991 (REsp 577.864-MG, Rel. Min. Antônio de Pádua Ribeiro, j. 30.11.2004, Informativo *231/2004).*

No que se refere aos **motivos que justificam a resolução do contrato**, por parte do representado, dispõe assim o art. 35 da Lei 4.886/1965: "constituem motivos justos para rescisão do contrato de representação comercial, pelo representado: a) a desídia do representante no cumprimento das obrigações decorrentes do contrato; b) a prática de atos que importem em descrédito comercial do representado; c) a falta de cumprimento de quaisquer obrigações inerentes ao contrato de representação comercial; d) a condenação definitiva por crime considerado infamante; e) força maior". Em contrapartida, quanto aos motivos que justificam a resolução do contrato, por parte do representante, assim dispõe o art. 36 da mesma lei: "constituem motivos justos para rescisão do contrato de representação comercial, pelo representante: a) redução de esfera de atividade do representante em desacordo com as cláusulas do contrato; b) a quebra, direta ou indireta, da exclusividade, se prevista no contrato; c) a fixação abusiva de preços em relação à zona do representante, com o exclusivo escopo de impossibilitar-lhe ação regular; d) o não pagamento de sua retribuição na época devida; e) força maior".

Interessante é a regra do art. 37 da Lei 4.886/1965, que permite ao representado reter comissões do representante, para compensação de eventuais prejuízos, quando a resolução do contrato ocorrer com base num dos motivos acima elencados (art. 35). Eis o que dispõe o art. 37: "somente ocorrendo motivo justo para a rescisão do contrato, poderá o representado reter comissões devidas ao representante, com o fim de ressarcir-se de danos por este causados e, bem assim, nas hipóteses previstas no art. 35, a título de compensação".

O art. 39 da Lei 4.886/1965, por sua vez, traz importante regra, determinando o juízo competente para dirimir eventuais litígios entre representado e representante. Eis o que determina a regra legal em comento: "para julgamento das controvérsias que surgirem entre representante e representado é competente a Justiça Comum e o foro do domicílio do representante, aplicando-se o procedimento sumaríssimo previsto no art. 275 do Código de Processo Civil, ressalvada a competência do Juizado de Pequenas Causas". Não obstante tal regra, o Superior Tribunal de Justiça vem decidindo que é possível às partes eleger outro foro, sendo válida tal previsão contratual, desde que o representante não seja hipossuficiente e que isso não obstaculize seu acesso à justiça.

> *Competência. Foro de eleição. Na espécie, cuidou-se de uma representação comercial na qual se tratava de contrato de adesão. O Min. Barros Monteiro entendeu que deveria prevalecer a cláusula eletiva do foro, como permite o art. 111 do CPC.* ***A competência estabelecida pelo art. 39 da Lei n. 4.886/1965, com a redação da Lei n. 8.420/1992, é de natureza relativa, permitindo, pois, que as partes ajustem o foro de eleição.*** *Substancialmente, não há que se falar em hipossuficiência de uma das partes, quando contendem duas empresas de porte razoável (REsp 579.324-SC, Rel. originário Min. Jorge Scartezzini, Rel. p/ Acórdão Min. Barros Monteiro, j. 15.02.2005,* Informativo *235/2005).*

> *Contrato de representação comercial. Foro de eleição. Em retificação à notícia do julgamento do REsp 110.104-SP (v. Informativo 01), tratando-se de ação em que se cuida de controvérsias surgidas entre representante e representado, a Turma, por maioria, entendeu que* ***a competência estabelecida pelo art. 39 da Lei n.º 4.886/65, com a redação da Lei n.º 8.420/92, é relativa, podendo ser modificada pela vontade***

> ***das partes, como, no caso, por eleição de foro (art. 111, CPC)*** *(REsp 110.104-SP, Rel. Min. Waldemar Zveiter, Rel. p/ Acórdão Min. Carlos Alberto Menezes Direito, j. 24.11.1998,* Informativo *02/1998).*
>
> *Direito comercial. Representação comercial. Art. 39 da Lei n.º 4.886/65. Competência relativa. Eleição de foro. Possibilidade, mesmo em contrato de adesão, desde que ausente a hipossuficiência e obstáculo ao acesso à justiça. A Lei n.º 4.886/65 tem nítido caráter protetivo do representante comercial. Na hipótese específica do art. 39 da Lei n.º 4.886/95, o objetivo é assegurar ao representante comercial o acesso à justiça.* ***A competência prevista no art. 39 da Lei n.º 4.886/65 é relativa, podendo ser livremente alterada pelas partes, mesmo via contrato de adesão, desde que não haja hipossuficiência entre elas e que a mudança de foro não obstaculize o acesso à justiça do representante comercial.*** *Embora a Lei n.º 4.886/65 tenha sido editada tendo em vista a realidade vivenciada pela grande maioria dos representantes comerciais, não se pode ignorar a existência de exceções. Em tais circunstâncias, ainda que a relação entre as partes continue a ser regulada pela Lei n.º 4.886/65, esta deve ser interpretada e aplicada como temperança e mitigação, sob pena da norma se transformar em instrumento de beneficiamento indevido do representante em detrimento do representado. Embargos conhecidos, mas não providos (EREsp 579.324/SC, Rel. Min. Nancy Andrighi, 2.ª Seção, j. 12.03.2008,* DJe *02.04.2008).*
>
> *Recurso especial. Direito civil e processual civil. Irresignação manejada na égide do CPC/73. Exceção de incompetência. Contrato de representação comercial. Cláusula de eleição de foro. Validade.*
>
> *1. A competência territorial para dirimir controvérsias surgidas entre o representante comercial e o representado fixa-se, consoante previsto no art. 39 da Lei n.º 4.886/65, no foro do domicílio do representante comercial.*
>
> *2. Referida competência é de ordem relativa e pode ser validamente afastada por cláusula de eleição de foro, mesmo inserida em contrato de adesão, caso não comprovada a hipossuficiência do representante comercial ou prejuízo ao seu direito de ampla defesa.*
>
> *3. A superioridade econômica da empresa contratante não gera, por si só, a hipossuficiência da contratada, em especial, nos contratos de concessão empresarial.*
>
> *4. Recurso especial provido (REsp 1.628.160/SC, Rel. Min. Moura Ribeiro, Terceira Turma, j. 18.10.2016,* DJe *07.11.2016).*

Ainda sobre a competência para o julgamento dos litígios entre o representante e o representado, merece destaque a polêmica que se estabeleceu a respeito do assunto após a edição da Emenda Constitucional 45/2004, que alterou a redação do art. 114 da Constituição Federal, o qual passou a prever a competência da Justiça do Trabalho para o julgamento de todas as ações oriundas da *relação de trabalho* (antes se falava na relação entre trabalhadores e *empregadores*). Com a mudança, entende-se atualmente que a Justiça do Trabalho é competente para julgar toda e qualquer demanda referente a uma relação de trabalho, em cujo conceito poderiam se incluir as relações mantidas, por exemplo, pelos profissionais liberais com seus clientes. Diante dessa nova realidade, questionou-se a conformidade do art. 39 da Lei 4.886/1965 com o novo texto constitucional, uma vez que as relações entre os representantes e os representados podem se inserir no conceito genérico de *relação de trabalho*. No entanto, o STJ entendeu que, mesmo após a EC 45/2004, continua sendo competente a Justiça Comum Estadual para processar e julgar as causas relativas aos contratos de representação comercial por se tratar de relação mercantil (empresarial).

> *Conflito negativo de competência. Justiça Estadual e Justiça do Trabalho. Contrato de representação comercial. Competência da Justiça Estadual. 1. Malgrado o artigo 114, inciso I da Constituição Federal, disponha que compete à Justiça do Trabalho processar e julgar as ações oriundas da relação de trabalho, na Segunda Seção desta Corte Superior é firme a orientação de que a competência* ratione materiae *deve ser definida em face da natureza jurídica da* quaestio, *deduzida dos respectivos pedido e causa de pedir. 2. O art. 1.º da Lei n.º 4.886/65 é claro quanto ao fato de o exercício da representação comercial autônoma não caracterizar relação de emprego. 3. Não se verificando,* in casu, *pretensão de ser reconhecido ao autor vínculo empregatício, uma vez que objetiva ele o recebimento de importância correspondente pelos serviços prestados, a competência para conhecer de causas envolvendo contratos de representação comercial é da justiça comum, e não da justiça laboral, mesmo após o início da vigência da EC n.º 45/2004. 4. Conflito conhecido para declarar competente o Juízo de Direito da 1.ª Vara de Canoinhas/SC, o suscitado (CC 96.851/SC, Rel. Min. convocado Carlos Fernando Mathias,* DJ *20.03.2009).*
>
> *Conflito negativo de competência. Contrato de representação comercial entre pessoas jurídicas. Relação de trabalho. Inexistência. Competência da Justiça comum estadual. – A Justiça do Trabalho não é competente para julgar ação indenizatória oriunda de representação comercial, envolvendo pessoas jurídicas. É que o suposto dano não decorre de relação de trabalho, mas de relação mercantil (CC 77.034/SP, Rel. Min. Humberto Gomes de Barros, 2.ª Seção, j. 27.06.2007,* DJ *01.08.2007, p. 432).*

No dia 25/09/2020, ao julgar o RE 606.003, o STF definiu a questão, também entendendo que **a competência é da Justiça Comum**. Prevaleceu o voto do Ministro Barroso, que afirmou que a representação comercial é um contrato típico de natureza empresarial, não configurando vínculo de emprego ou relação de trabalho.

> *"Preenchidos os requisitos dispostos na Lei 4.886/65, compete à Justiça Comum o julgamento de processos envolvendo relação jurídica entre representante e representada comerciais, uma vez que não há relação de trabalho entre as partes"* (Tese de repercussão geral).

Por fim, destaque-se que, no contrato de representação comercial, é expressamente **vedada a previsão da cláusula *del credere***, que analisamos quando do estudo do contrato de comissão mercantil. É o que preceitua o art. 43 da Lei 4.886/1965: "é vedada no contrato de representação comercial a inclusão de cláusulas *del credere*".

5.5. Concessão mercantil

Nesse contrato específico de colaboração, **um empresário, o concessionário, assume a obrigação de comercializar produtos fabricados por outro empresário, o concedente**.

Trata-se, em regra, de contrato atípico (muitas vezes chamado de distribuição, embora exista uma diferença sutil entre esses contratos[45]), com exceção da concessão

[45] *"Na categoria dos contratos de colaboração por intermediação, distinguem-se duas espécies: a distribuição-intermediação e a concessão. A diferença entre elas é sutil, e alguns autores consideram incorreto considerá-las modalidades distintas de contrato. Orlando Gomes, por exemplo, não as diferencia. Há, entretanto, na distribuição-intermediação e na concessão certa variância do grau de subordinação da empresa do colaborador em relação à do fornecedor. No contrato de distribuição-intermediação, o distribuído tem menos poder de ingerência sobre a organização empresarial do distribuidor que o concedente, na concessão, relativamente à empresa do concessionário. Essa gradação na subordinação empresarial,*

comercial relativa a veículos automotores terrestres, que é disciplinada especialmente pela Lei 6.729/1979, batizada de Lei Ferrari. Assim, em regra, as partes são livres para estipular as cláusulas do contrato de concessão mercantil, salvo, frise-se, no caso da concessão relativa a veículos automotores, em que o contrato se submete ao disposto na Lei 6.729/1979 (há um forte dirigismo contratual).

> (...) quando o contrato vincula, de um lado, a fábrica de automóveis (ou de motocicletas, caminhões, tratores etc.) como concedente e, de outro lado, a revendedora autorizada como concessionária, ele é típico e está regulado na Lei n.º 6.729/79 – conhecida como Lei Ferrari. Quando, por outro lado, o objeto da concessão for, por exemplo, a comercialização de aquecedores residenciais de água, concedente e concessionário poderão livremente pactuar as condições do contrato, porque não sujeitas a nenhuma específica limitação legal (nem mesmo às da lei de concessão para a comercialização de veículos automotores terrestres). E é por essa razão, pela inexistência de tipicidade, que, naquela última situação, não haverá nenhum problema se as partes resolverem chamar o contrato de distribuição, ainda que este preveja a obrigação de o colaborador prestar assistência técnica aos consumidores do produto fornecido.[46]

Sobre a distinção entre o contrato de distribuição (atípico) e o contrato de concessão mercantil de veículos automotores (típico), o STJ já decidiu pela inaplicabilidade da Lei Ferrari àquele, em razão de ela ser uma lei muito específica.

> *Recurso especial. Direito civil e processual civil. Violação ao art. 535 do CPC/1973. Não ocorrência. Ação indenizatória. Contrato de distribuição de bebidas. Não renovação. Validade de cláusula contratual. Ato ilícito. Inexistência. Dever de indenizar. Não configuração. Lei n.º 6.729/1973 (Lei Ferrari). Inaplicabilidade.*
>
> *(...)*
>
> *3. Consoante a jurisprudência desta Corte Superior, é impossível aplicar, por analogia, as disposições contidas na Lei n.º 6.729/1979 à hipótese de contrato de distribuição de bebidas, haja vista o grau de particularidade da referida norma, que, como consabido, estipula exclusiva e minuciosamente as obrigações do cedente e das concessionárias de veículos automotores de via terrestre, além de restringir de forma bastante grave a liberdade das partes contratantes em casos tais.*
>
> *4. A não renovação de contrato de distribuição de bebidas e/ou alimentos, após expirado o termo final da avença, com amparo e perfeita observância de expressa e válida cláusula que assegura a ambas as partes contratantes o direito de não mais prorrogar tal relação, não constitui ato ilícito gerador do dever de indenizar. Precedentes.*
>
> *(...) (REsp 1.494.332/PE, Rel. Min. João Otávio de Noronha, Rel. p/ Acórdão Min. Ricardo Villas Bôas Cueva, Terceira Turma, j. 04.08.2016, DJe 13.09.2016).*

Portanto, na concessão atípica (também chamada por muitos de distribuição, repita-se), os direitos e deveres das partes são aqueles previstos contratualmente, uma vez que não existe uma legislação própria. Assim, é fundamental que sejam objeto de pactuação, por exemplo: cláusulas de exclusividade, quotas de aquisição e fornecimento, condições e vantagens especiais ao distribuidor, rescisão (indenização) etc.

---

inclusive, vocaciona a concessão como espécie de contrato de colaboração por intermediação mais apropriada à hipótese em que o colaborador não só vende os produtos do fornecedor como também presta serviços de assistência técnica aos consumidores ou adquirentes" (COELHO, Fábio Ulhoa. *Curso de direito comercial.* Vol. 3. 17ª ed. São Paulo: RT, 2016, p. 109).

[46] COELHO, Fábio Ulhoa. *Curso de direito comercial.* 7. ed. São Paulo: Saraiva, 2007. p. 107. v. III.

Na sua redação original, a Lei Ferrari era muito intervencionista, mas a jurisprudência atenuava um pouco esse intervencionismo. Por exemplo, o § 2º do art. 5º determinava o seguinte: "na eventualidade de venda de veículo automotor ou implementos novos a comprador domiciliado em outra área demarcada, o concessionário que a tiver efetuado destinará parte da margem de comercialização aos concessionários da área do domicílio do adquirente". Porém, o STJ construiu jurisprudência relativizando a regra: "a proibição contida nos arts. 5º, § 2º e 17, II, da Lei 6729/79 não veda que a concessionária realize vendas a clientes residentes fora da sua área de atuação, mas apenas que adote uma postura ativa nesse sentido" (REsp 167.100/SP, Rel. Ministro EDUARDO RIBEIRO, TERCEIRA TURMA, julgado em 12/05/1998, DJ 31/08/1998, p. 79). Depois de alguns anos, a Lei Ferrari foi reformada pela Lei 8.132/1990, mas ainda continuou intervencionista, embora um pouco menos.

De acordo com o art. 21 da Lei Ferrari, "a concessão comercial entre produtor e distribuidor de veículos automotores será de prazo indeterminando e somente cessará nos termos desta Lei". E o parágrafo único complementa: "o contrato poderá ser inicialmente ajustado por prazo determinado, não inferior a cinco anos, e se tornará automaticamente de prazo indeterminado se nenhuma das partes manifestar à outra a intenção de não prorrogá-lo, antes de cento e oitenta dias do seu termo final e mediante notificação por escrito devidamente comprovada". Portanto, assim como ocorre na Lei de Representação Comercial, só se admite que o primeiro contrato de concessão comercial típica seja por prazo determinado, e nesse caso ele deve ter no mínimo 5 anos de vigência. É uma forma de proteger o concessionário (colaborador), já que a cada renovação ele estaria sujeito ao maior poder de barganha do concedente (colaborado).

No contrato de concessão comercial típica, é possível estipular uma cláusula de exclusividade de concessão, isto é, "vedar a comercialização de veículos automotores novos fabricados ou fornecidos por outro produtor" (art. 3º, § 1º, alínea 'b' da Lei Ferrari), o que normalmente ocorre, ou seja, o concessionário só comercializa veículos de uma determinada marca.

Existem autores que defendem que a exclusividade de concessão deve ser respeitada ainda que não seja expressamente contratada. O argumento em defesa dessa exclusividade de concessão implícita é no sentido de que a concorrência entre fabricantes deve dar-se externamente (intermarcas), e não internamente (intramarcas), porque nesse caso haveria um enfraquecimento da própria rede de distribuição. Vale lembrar também que essa exclusividade de concessão é compensada por outras regras, como a que restringe as vendas diretas pelo próprio concedente e a que assegura o uso gratuito da marca do concedente pelo concessionário.

Já no tocante à exclusividade de zona, que a Lei Ferrari chama de área operacional, não há discussão: ela é inerente a todo contrato de concessão comercial típica, conforme previsão do art. 5º: "são inerentes à concessão: I – área operacional de responsabilidade do concessionário para o exercício de suas atividades; II – distâncias mínimas entre estabelecimentos de concessionários da mesma rede, fixadas segundo critérios de potencial de mercado".

Em suma: a exclusividade zona (ou área operacional, no dizer da lei) é inerente ao contrato típico de concessão comercial, o que funciona como uma proteção ao concessionário. Pode até haver mais de um concessionário numa mesma área operacional (art. 5º, § 1º), mas desde que sejam obedecidas distâncias mínimas, conforme o potencial de mercado de cada concessionário. Ademais, o concessionário não pode atuar ativamente fora de sua área (art. 5º, § 2º), não obstante possa vender a consumidores de fora da sua área, quando eles livremente decidirem comprar do concessionário (art. 5º, § 3º).

Conforme o art. 22 da Lei Ferrari, "dar-se-á a resolução do contrato: I – por acordo das partes ou força maior; II – pela expiração do prazo determinado, estabelecido no início da concessão, salvo se prorrogado nos termos do artigo 21, parágrafo único; III – por iniciativa da parte inocente, em virtude de infração a dispositivo desta Lei, das convenções ou do próprio contrato, considerada infração também a cessação das atividades do contraente". São quatro, portanto, as hipóteses legais de resolução do contrato de concessão comercial típica: (i) distrato, (ii) força maior, (iii) decurso do prazo determinado e (iv) rescisão unilateral motivada.

Sobre a rescisão unilateral imotivada, o § 1º do art. 22 prevê que ela "deverá ser precedida da aplicação de penalidades gradativas", e o STJ já decidiu ser inválida cláusula contratual que afasta essa regra:

> RECURSO ESPECIAL. CIVIL E PROCESSUAL CIVIL. CONCESSÃO DE VENDA DE AUTOMÓVEIS. LEI FERRARI. NEGATIVA DE PRESTAÇÃO JURISDICIONAL. NÃO OCORRÊNCIA. ALTERAÇÃO DA CAUSA DE PEDIR. INOVAÇÃO RECURSAL. INOCORRÊNCIA DE CERCEAMENTO DE DEFESA. INFRAÇÃO CONTRATUAL. REGIME DE PENALIDADES GRADATIVAS. NORMA DE EFICÁCIA IMEDIATA.
>
> (...)
>
> 4. Condicionamento da resolução do contrato por infração contratual à prévia aplicação de penalidades gradativas (art. 22, § 1º, da Lei 6.729/79).
>
> 5. **Invalidade da cláusula contratual que prevê a resolução direta do contrato, sem prévia aplicação gradativa de penalidades.**
>
> 6. Eficácia imediata da lei, mediante colmatação judicial da lacuna normativa. Doutrina sobre o tema.
>
> 7. Possibilidade de o magistrado emitir juízo sobre a gravidade da infração, ou conjunto de infrações, imputadas ao culpado, na hipótese de ausência de pactuação de penalidades gradativas, podendo, ainda, desconstituir a resolução do contrato.
>
> (...)
>
> (REsp 1338292/SP, Rel. Ministro PAULO DE TARSO SANSEVERINO, TERCEIRA TURMA, julgado em 02/09/2014, DJe 29/09/2014)

De acordo com o art. 22, § 2º da Lei Ferrari, "em qualquer caso de resolução contratual, as partes disporão do prazo necessário à extinção das suas relações e das operações do concessionário, nunca inferior a cento e vinte dias, contados da data da resolução". **Não se trata de aviso prévio.** Trata-se de um prazo para que concedente e concessionário finalizem eventuais pendências recíprocas, e também para que o concessionário conclua negócios em curso (**não** pode celebrar **novos** negócios nesse período). O prazo ainda serve para que o concedente procure concessionário substituto.

Quanto à rescisão unilateral imotivada, a Lei Ferrari não prevê nada sobre essa forma de resolução do contrato de concessão comercial típica, mas ela pode ocorrer na prática. Nesse caso, para que a parte rescindente não tenha dever de indenizar, tem que dar aviso prévio razoável, e o contrato tem que ter vigorado por tempo compatível com a natureza e o vulto dos investimentos (aplicação subsidiária do art. 473 do Código Civil).

Quando a resolução do contrato de concessão comercial típica se dá por decurso de prazo, em razão de **desinteresse do concedente**, aplica-se o *caput* art. 23 da Lei Ferrari: "o concedente que não prorrogar o contrato ajustado nos termos do art. 21, parágrafo único, ficará obrigado perante o concessionário a: I – readquirir-lhe o estoque de veículos automotores e componentes novos, estes em sua embalagem original, pelo preço de venda à rede de distribuição, vigente na data de reaquisição: II – comprar-lhe os equipamentos, máquinas, ferramental e instalações à concessão, pelo preço de mercado correspondente ao estado em que se encontrarem e cuja aquisição o concedente determinara ou dela tivera ciência por escrito sem lhe fazer oposição imediata e documentada, excluídos desta obrigação os imóveis do concessionário". Vale destacar que a **obrigação do inciso II se refere apenas aos bens móveis que são inerentes à concessão**: outros bens, aos quais o concessionário pode dar destinação econômica, não devem ser comprados pelo concedente. Ademais, é importante ressaltar que **esse dever de recompra não tem natureza indenizatória**, conforme já decidiu o STJ.

> RECURSO ESPECIAL - AÇÃO DE RESCISÃO DE CONTRATO DE CONCESSÃO COMERCIAL ENTRE PRODUTORES E DISTRIBUIDORES DE VEÍCULOS CUMULADA COM INDENIZAÇÃO POR PERDAS E DANOS - OBRIGAÇÃO DE COMPRAR OS EQUIPAMENTOS, MÁQUINAS, FERRAMENTAL E INSTALAÇÕES À CONCESSÃO EM DECORRÊNCIA DA NÃO PRORROGAÇÃO DO CONTRATO DE PRAZO INDETERMINADO PELO CONCEDENTE - INOCORRÊNCIA - PRETENSÃO DO CONCEDENTE DE DAR CONTINUIDADE AO CONTRATO - DEMONSTRAÇÃO - RECURSO ESPECIAL PROVIDO.
>
> I - A obrigação consubstanciada em comprar o estoque de peças e ferramentas que a concessionária detiver em seu domínio, de fato, não ostenta, na espécie, natureza indenizatória, pois, se assim fosse, teria sido cominada com fulcro no artigo 24, II, da referida Lei, que tratam especificamente da inexecução culposa do contrato de concessão, ut art. 22, III, da lei nº 6.729/79;
>
> (...)
>
> (REsp 780.764/GO, Rel. Ministro MASSAMI UYEDA, QUARTA TURMA, julgado em 20/09/2007, DJ 26/11/2007, p. 197)

Se, porém, a resolução do contrato de concessão comercial típica se dá por decurso de prazo, em razão do **desinteresse do concessionário**, aplica-se o parágrafo único do art. 23 da Lei Ferrari: "cabendo ao concessionário a iniciativa de não prorrogar o contrato, ficará desobrigado de qualquer indenização ao concedente".

A Lei Ferrari também cuida detalhadamente da hipótese de resolução do contrato de concessão comercial típica por **culpa do concedente**. Quando o ajuste é por prazo indeterminado, diz o art. 24 o seguinte: "se o concedente der causa à rescisão do contrato de prazo indeterminado, deverá reparar o concessionário: I – readquirindo-lhe o estoque de veículos automotores, implementos e componentes novos, pelo preço de venda ao consumidor, vigente na data da rescisão contratual; II – efetuando-lhe a compra prevista no art. 23, inciso II; III – pagando-lhe perdas e danos, à razão de quatro por cento do faturamento projetado para um período correspondente à soma de uma parte fixa de dezoito meses e uma variável de três meses por quinqüênio de vigência da concessão, devendo a projeção tomar por base o valor corrigido monetariamente do faturamento de bens e serviços concernentes a concessão, que o concessionário tiver realizado nos dois anos anteriores à rescisão; IV – satisfazendo-lhe outras reparações que forem eventualmente ajustadas entre o produtor e sua rede de distribuição". Nesse caso, perceba-se que **há natureza indenizatória na obrigação imposta ao concedente**, porque ele deu causa à rescisão. Em contrapartida, quando o ajuste é por prazo determinado, aplica-se o art. 25: "se a infração do concedente motivar a rescisão do contrato de prazo determinado, previsto no art. 21, parágrafo único, o concessionário fará jus às mesmas reparações estabelecidas no artigo anterior, sendo que: I – quanto ao inciso III, será a indenização calculada sobre o faturamento projetado até o término do contrato e, se a concessão não tiver alcançado dois anos de vigência, a projeção tomará por base o faturamento até então realizado; II – quanto ao inciso IV, serão satisfeitas as obrigações vincendas até o termo final do contrato rescindido". Nesse caso, vê-se que também haverá o dever de recompra do estoque e de compra dos bens móveis inerentes à concessão. Quanto às perdas e danos, o que muda é a forma de cálculo.

Pode ocorrer também de a culpa pela rescisão do contrato de concessão comercial típica ser do concessionário, hipótese em que se aplica o art. 26 da Lei Ferrari: "se o concessionário der causa à rescisão do contrato, pagará ao concedente a indenização correspondente a cinco por cento do valor total das mercadorias que dele tiver adquirido nos últimos quatro meses de contrato". Nesse caso, o concessionário, além de ter que pagar indenização ao concedente, não terá como obrigar o concedente a recomprar seu estoque e comprar os bens móveis inerentes à concessão. Quanto às causas que caracterizam culpa do concessionário, podem ser citadas as seguintes: baixa performance na revenda ou não aquisição da quota mínima de fornecimento, por exemplo.

Uma questão polêmica sobre a Lei Ferrari é a tarifação da indenização que ela estabelece, que para alguns poderia configurar ofensa ao princípio da ampla reparação. Outros, porém, destacam que o próprio art. 402 do Código Civil ressalva "as exceções expressamente previstas em lei".

Sobre o assunto, o STJ tem precedentes antigos, firmados sob a vigência do Código Civil de 1916, com conclusões divergentes: no REsp 10.391, decidiu-se que a indenização tarifada da Lei Ferrari não exclui a possibilidade de condenação à reparação de outros danos que venham a ser cabalmente comprovados. Em contrapartida, no REsp 104.180, o STJ decidiu que na concessão comercial típica, regida pela Lei Ferrari, "as perdas e danos são fixadas de forma tarifária, não sendo lícito ao Juiz afastar-se dos parâmetros legais".

Mais recentemente, em 2018, o STJ voltou a analisar o tema, e decidiu o seguinte: "a Quarta Turma já se pronunciou quanto à aplicabilidade da Lei 6.729/79 aliada à reparação de danos extracontratuais, concluindo que a Lei 6.729/79 não exclui a reparação de danos que venham a ser cabalmente comprovados, por culpa do concedente, com suporte jurídico nas disposições do direito comum no tocante à responsabilidade civil, não se restringindo às verbas previstas nos artigos 24 e 25 da mencionada lei" (trecho do voto do relator, Desembargador convocado Lázaro Guimarães, que se apoiou no REsp 10.931; houve, proém, voto divergente da Ministra Maria Isabel Gallotti).

Por fim, destaco que o contrato de concessão mercantil típica se caracteriza pelo fato de a subordinação empresarial existente entre as partes ser um pouco maior, ou seja, o concedente exerce sobre o concessionário um maior grau de ingerência na organização de sua atividade. Com efeito, como é muito comum nesses contratos que o concessionário assuma a obrigação de prestar assistência técnica aos consumidores dos produtos do concedente, por exemplo, justifica-se um maior controle do concedente sobre a atuação do concessionário.

Sobre o contrato de concessão de veículos automotores, o STJ já decidiu, mais de uma vez, que concedente e concessionária são solidariamente responsáveis perante o consumidor.

> *Direito Civil e Processual Civil. Código de Defesa do Consumidor. Ação de indenização. Compra de automóvel novo. Defeito de fábrica. Responsabilidade solidária do fabricante e da concessionária. Art. 18 da Lei n. 8.078/90. Caso concreto. Responsabilidade da concessionária afastada. Decisão anterior irrecorrida. Preclusão. Julgamento extra petita. Ausência de prequestionamento. Danos morais. Liquidação por arbitramento. Desnecessidade. Fixação desde logo. Quantum. Meros dissabores e aborrecimentos. Redução da indenização. Recurso parcialmente provido. I –* ***Em princípio, considerando o sistema de comercialização de automóvel, através de concessionárias autorizadas, são solidariamente responsáveis o fabricante e o comerciante que aliena o veículo****. II – Tratando-se de responsabilidade solidária, a demanda pode ser direcionada contra qualquer dos coobrigados. A existência de solidariedade, no entanto, não impede que seja apurado, no caso concreto, o nexo de causalidade entre as condutas dos supostos responsáveis para concluir-se pela responsabilidade de apenas um deles. (...) (REsp 402.356/MA, Rel. Min. Sálvio de Figueiredo Teixeira, 4.ª Turma, j. 25.03.2003, DJ 23.06.2003, p. 375).*
>
> *Recurso especial. Ação indenizatória. Compra de automóvel. Concessionária. Entrega. Não ocorrência. Responsabilidade solidária do fabricante. Art. 18 da Lei n. 8.078/90. 1.* ***Em princípio, considerando o sistema de comercialização de automóvel, através de concessionárias autorizadas, são solidariamente responsáveis o fabricante e o comerciante que aliena o veículo****. 2. Tratando-se de responsabilidade solidária, a demanda pode ser direcionada contra qualquer dos coobrigados. A existência de solidariedade, no entanto, não impede que seja apurado, no caso concreto, o nexo de causalidade entre as condutas dos supostos responsáveis para concluir-se pela responsabilidade de apenas um deles. (...) (REsp 1.155.730/SP, Rel. Min. Sidnei Beneti, 3.ª Turma, j. 16.08.2011,* DJe *09.09.2011).*

5.6. Franquia (*franchising*)

Empreender, sabe-se, não é tarefa fácil. Aquele que resolve investir em determinado empreendimento, seja como empresário individual, seja constituindo com alguém uma sociedade empresária, sabe dos riscos que corre. Todo empreendedor em potencial, portanto, antes de se aventurar no exercício de uma atividade econômica, calcula – espera-se que ele o faça, pelo menos – o risco empresarial do seu empreendimento.

Com efeito, é deveras difícil decidir em que ramo de atividade atuar, em que local se estabelecer, como investir os recursos iniciais, entre outras coisas. Se o empreendedor não possui muita experiência, o risco aumentará consideravelmente, e é por isso que há, inclusive, uma preocupação específica do Estado em oferecer condições especiais para que os pequenos empreendedores consigam se desenvolver (art. 179 da CF/1988 e Lei Complementar 123/2006).

Pois bem. Uma forma inteligente de um empreendedor diminuir o risco inerente ao exercício de atividade econômica é procurar serviços especializados de organização empresarial, e talvez a forma mais apropriada de fazê-lo seja celebrando um contrato de franquia (*franchising*), cujos aspectos principais de sua formação estão atualmente regulados pela Lei 13.966/2019, que revogou e substituiu a Lei 8.955/1994.

A nova lei continua definindo o contrato, mas a atual definição parece ser melhor e mais completa: a definição anterior destacava que a franquia não caracteriza vínculo empregatício, enquanto a nova, além de manter esse destaque, acrescenta que também não se caracteriza relação de consumo: "esta Lei disciplina o sistema de franquia empresarial, pelo qual um franqueador autoriza por meio de contrato um franqueado a usar marcas e outros objetos de propriedade intelectual, sempre associados ao direito de produção ou distribuição exclusiva ou não exclusiva de produtos ou serviços e também ao direito de uso de métodos e sistemas de implantação e administração de negócio ou sistema operacional desenvolvido ou detido pelo franqueador, mediante remuneração direta ou indireta, sem caracterizar relação de consumo ou vínculo empregatício em relação ao franqueado ou a seus empregados, ainda que durante o período de treinamento" (art. 1.º).

Vê-se, pois, que o contrato de franquia atende tanto aos interesses do franqueador, que consegue expandir seus negócios e divulgar sua marca sem necessitar investir na construção de novos pontos de negócios, quanto aos interesses do franqueado, o qual se aproveita da "fama" do franqueador e de sua experiência administrativa e empresarial.

Percebe-se também que o contrato de franquia envolve outros contratos, como a cessão do uso de marca ou patente e a distribuição exclusiva ou semiexclusiva de produtos ou serviços. Em síntese: "*o franqueador autoriza o uso de sua marca e presta aos franqueados de sua rede os serviços de organização empresarial, enquanto estes pagam os* royalties *pelo uso da marca e remuneram os serviços adquiridos, conforme a previsão contratual*".[47] Esses serviços de organização empresarial que o franqueador presta ao franqueado se desdobram, basicamente, em três contratos específicos: (i) *engineering*, por meio do qual o franqueador orienta o franqueado em todo o processo de montagem e planejamento do seu estabelecimento; (ii) *management*, mediante o qual o franqueador orienta o franqueado no treinamento de sua equipe de funcionários e na gerência de sua atividade; (iii) *marketing*, por meio do qual o franqueador orienta o franqueado quanto aos procedimentos de divulgação e promoção dos produtos comercializados.

Assim como ocorre em todos os contratos de colaboração, há na franquia uma clara subordinação empresarial do franqueado em relação ao franqueador, sem que

[47] COELHO, Fábio Ulhoa. *Curso de direito comercial*. 7. ed. São Paulo: Saraiva, 2007. p. 125. v. III.

exista, todavia, vínculo empregatício. Essa subordinação, pois, diz respeito apenas à organização da atividade do franqueado, que deve seguir as orientações traçadas pelo franqueador, já que este tem total interesse de que os seus produtos mantenham a sua qualidade e sua marca conserve o "respeito" adquirido junto ao mercado consumidor.

Com o incrível crescimento do número de franquias verificado a partir de 1990, o legislador sentiu a necessidade de regulamentar minimamente o contrato de franquia, fazendo-o por meio da edição da Lei 8.955/1994, já mencionada, e que atualmente está revogada e substituída pela Lei 13.966/2019. Ressalte-se que essa legislação não disciplinou detalhadamente o contrato de franquia, mas regulou alguns aspectos essenciais de sua formação, no intuito de conferir maior transparência a essa modalidade de contratação entre empresários.

Para atender o objetivo acima referido de conferir maior transparência na formalização dos contratos de franquia, a Lei 8.955/1994 determinava, em seu art. 3.º, que o franqueador interessado em "abrir" franquias deve fornecer aos potenciais franqueados uma *Circular de Oferta de Franquia* (COF), contendo os dados fundamentais do negócio a ser realizado entre as partes. A Lei 13.966/2019, em seu art. 2.º, continua exigindo que o franqueador forneça aos interessados uma Circular de Oferta de Franquia (COF), mas a quantidade de informações que a COF deve conter agora é bem maior (na lei anterior eram 15 incisos, e na lei aprovada são 23).

Assim, sempre que o franqueador tiver interesse na implantação de sistema de franquia empresarial, deverá fornecer ao interessado em tornar-se franqueado uma circular de oferta de franquia, por escrito e em linguagem clara e acessível, contendo obrigatoriamente as seguintes informações:

> I – histórico resumido do negócio franqueado;
>
> II – qualificação completa do franqueador e das empresas a que esteja ligado, identificando-as com os respectivos números de inscrição no Cadastro Nacional da Pessoa Jurídica (CNPJ);
>
> III – balanços e demonstrações financeiras da empresa franqueadora, relativos aos 2 (dois) últimos exercícios;
>
> IV – indicação das ações judiciais relativas à franquia que questionem o sistema ou que possam comprometer a operação da franquia no País, nas quais sejam parte o franqueador, as empresas controladoras, o subfranqueador e os titulares de marcas e demais direitos de propriedade intelectual;
>
> V – descrição detalhada da franquia e descrição geral do negócio e das atividades que serão desempenhadas pelo franqueado;
>
> VI – perfil do franqueado ideal no que se refere a experiência anterior, escolaridade e outras características que deve ter, obrigatória ou preferencialmente;
>
> VII – requisitos quanto ao envolvimento direto do franqueado na operação e na administração do negócio;
>
> VIII – especificações quanto ao:
>
> a) total estimado do investimento inicial necessário à aquisição, à implantação e à entrada em operação da franquia;
>
> b) valor da taxa inicial de filiação ou taxa de franquia;
>
> c) valor estimado das instalações, dos equipamentos e do estoque inicial e suas condições de pagamento;

IX – informações claras quanto a taxas periódicas e outros valores a serem pagos pelo franqueado ao franqueador ou a terceiros por este indicados, detalhando as respectivas bases de cálculo e o que elas remuneram ou o fim a que se destinam, indicando, especificamente, o seguinte:

a) remuneração periódica pelo uso do sistema, da marca, de outros objetos de propriedade intelectual do franqueador ou sobre os quais este detém direitos ou, ainda, pelos serviços prestados pelo franqueador ao franqueado;

b) aluguel de equipamentos ou ponto comercial;

c) taxa de publicidade ou semelhante;

d) seguro mínimo;

X – relação completa de todos os franqueados, subfranqueados ou subfranqueadores da rede e, também, dos que se desligaram nos últimos 24 (vinte quatro) meses, com os respectivos nomes, endereços e telefones;

XI – informações relativas à política de atuação territorial, devendo ser especificado:

a) se é garantida ao franqueado a exclusividade ou a preferência sobre determinado território de atuação e, neste caso, sob que condições;

b) se há possibilidade de o franqueado realizar vendas ou prestar serviços fora de seu território ou realizar exportações;

c) se há e quais são as regras de concorrência territorial entre unidades próprias e franqueadas;

XII – informações claras e detalhadas quanto à obrigação do franqueado de adquirir quaisquer bens, serviços ou insumos necessários à implantação, operação ou administração de sua franquia apenas de fornecedores indicados e aprovados pelo franqueador, incluindo relação completa desses fornecedores;

XIII – indicação do que é oferecido ao franqueado pelo franqueador e em quais condições, no que se refere a:

a) suporte;

b) supervisão de rede;

c) serviços;

d) incorporação de inovações tecnológicas às franquias;

e) treinamento do franqueado e de seus funcionários, especificando duração, conteúdo e custos;

f) manuais de franquia;

g) auxílio na análise e na escolha do ponto onde será instalada a franquia; e

h) leiaute e padrões arquitetônicos das instalações do franqueado, incluindo arranjo físico de equipamentos e instrumentos, memorial descritivo, composição e croqui;

XIV – informações sobre a situação da marca franqueada e outros direitos de propriedade intelectual relacionados à franquia, cujo uso será autorizado em contrato pelo franqueador, incluindo a caracterização completa, com o número do registro ou do pedido protocolizado, com a classe e subclasse, nos órgãos competentes, e, no caso de cultivares, informações sobre a situação perante o Serviço Nacional de Proteção de Cultivares (SNPC);

XV – situação do franqueado, após a expiração do contrato de franquia, em relação a:

a) **know-how** da tecnologia de produto, de processo ou de gestão, informações confidenciais e segredos de indústria, comércio, finanças e negócios a que venha a ter acesso em função da franquia;

b) implantação de atividade concorrente à da franquia;

XVI – modelo do contrato-padrão e, se for o caso, também do pré-contrato-padrão de franquia adotado pelo franqueador, com texto completo, inclusive dos respectivos anexos, condições e prazos de validade;

XVII – indicação da existência ou não de regras de transferência ou sucessão e, caso positivo, quais são elas;

XVIII – indicação das situações em que são aplicadas penalidades, multas ou indenizações e dos respectivos valores, estabelecidos no contrato de franquia;

XIX – informações sobre a existência de cotas mínimas de compra pelo franqueado junto ao franqueador, ou a terceiros por este designados, e sobre a possibilidade e as condições para a recusa dos produtos ou serviços exigidos pelo franqueador;

XX – indicação de existência de conselho ou associação de franqueados, com as atribuições, os poderes e os mecanismos de representação perante o franqueador, e detalhamento das competências para gestão e fiscalização da aplicação dos recursos de fundos existentes;

XXI – indicação das regras de limitação à concorrência entre o franqueador e os franqueados, e entre os franqueados, durante a vigência do contrato de franquia, e detalhamento da abrangência territorial, do prazo de vigência da restrição e das penalidades em caso de descumprimento;

XXII – especificação precisa do prazo contratual e das condições de renovação, se houver;

XXIII – local, dia e hora para recebimento da documentação proposta, bem como para início da abertura dos envelopes, quando se tratar de órgão ou entidade pública.

De acordo com o art. 2.º, § 1.º, da lei, "a circular de oferta de franquia deverá ser entregue ao candidato a franqueado, no mínimo, 10 (dez) dias antes da assinatura do contrato ou pré-contrato de franquia ou, ainda, do pagamento de qualquer tipo de taxa pelo franqueado ao franqueador ou a empresa ou a pessoa ligada a este (...)".

A exigência de que a COF seja enviada ao potencial franqueado tem a finalidade clara de lhe permitir conhecer com detalhes os termos do contrato e analisar a viabilidade econômica do negócio.

A lei deu tanta importância ao assunto que o § 2.º do dispositivo em questão estabelece que "na hipótese de não cumprimento do disposto no § 1.º, o franqueado poderá arguir anulabilidade ou nulidade, conforme o caso, e exigir a devolução de todas e quaisquer quantias já pagas ao franqueador, ou a terceiros por este indicados, a título de filiação ou de *royalties*, corrigidas monetariamente".

No mesmo sentido é a regra do art. 4.º da lei em análise, segundo o qual "aplica-se ao franqueador que omitir informações exigidas por lei ou veicular informações falsas na Circular de Oferta de Franquia a sanção prevista no § 2.º do art. 2.º desta Lei, sem prejuízo das sanções penais cabíveis".

Não basta, pois, enviar a COF no prazo legal: é fundamental que a COF contemple informações verdadeiras e completas sobre o negócio oferecido. De fato, segundo a atual lei não apenas o não envio da COF ou seu envio com informações falsas, como previsto na lei anterior, mas também o envio com omissões gera "anulabilidade ou nulidade, conforme o caso" (a lei anterior falava apenas em "anulabilidade").

Houve, portanto, duas mudanças em relação à lei anterior no tratamento dessa questão do envio da COF: (i) a lei atual fala em anulabilidade ou nulidade, enquanto a lei revogada só falava em anulabilidade;[48] e (ii) a lei anterior falava também perdas e danos, mas a lei atual fala apenas em devolução de quantias pagas (não obstante, se houver perdas e danos elas poderão ser indenizadas, com base no princípio da ampla reparação, previsto no art. 402 do Código Civil).

O art. 5º da atual lei (Lei 13.966/2019) diz o seguinte: "para os fins desta Lei, as disposições referentes ao franqueador ou ao franqueado aplicam-se, no que couber, ao subfranqueador e ao subfranqueado, respectivamente". O subfranqueador é o que se conhece na prática como franqueado-máster: trata-se de um franqueado que recebe autorização para, numa determinada área geográfica, agir como se fosse o próprio franqueador (seleciona, envia COF, assina contrato, cobra royalties etc.).[49]

O art. 8.º da Lei 13.966/2019, por sua vez, estabelece que "a aplicação desta Lei observará o disposto na legislação de propriedade intelectual vigente no País". E o art. 211 da LPI determina que os contratos de franquia devem ser registrados no Instituto Nacional da Propriedade Industrial (INPI), nos seguintes termos: "o INPI fará o registro dos contratos que impliquem transferência de tecnologia, contratos de franquia e similares para produzirem efeitos em relação a terceiros". Como conjugar, então, as duas regras? Ora, uma trata da validade do contrato, e a outra da sua eficácia perante terceiros. Assim, a ausência de registro da franquia no INPI não invalida o contrato, mas nesse caso ele só produzirá efeitos perante as partes contratantes – franqueador e franqueado –, não sendo oponível perante terceiros.[50]

Vale registrar, novamente, que a relação entre franqueador e franqueado é empresarial, não se aplicando a ela, pois, as regras do CDC, o que, conforme já destacamos, agora está expresso na Lei 13.966/2019. Nesse sentido:

> *Agravo regimental em recurso especial. Direito processual civil. Negativa de prestação jurisdicional. Súmula n. 284 do STF. Contrato de franquia. Ausência de relação consumerista. Foro de eleição. Possibilidade. Inversão do julgado. Súmulas ns. 5 e 7 do STJ. Recurso da recorrente não provido.*
>
> *(...)*
>
> *2. "O contrato de franquia, por sua natureza, não está sujeito ao âmbito de incidência da Lei n. 8.078/1990, eis que o franqueado não é consumidor de produtos ou serviços da franqueadora, mas aquele que os comercializa junto a terceiros, estes sim, os destinatários finais." (REsp 632.958/AL, Rel. Ministro Aldir Passarinho Junior, Quarta Turma, julgado em 04/03/2010, DJe 29/03/2010)*
>
> *(...) (AgRg no REsp 1.336.491/SP, Rel. Min. Marco Buzzi, Quarta Turma, j. 27.11.2012,* DJe *13.12.2012).*
>
> *Recurso especial. Direito civil e processual civil. Contrato de franquia. Contrato de adesão. Arbitragem. Requisito de validade do art. 4.º, § 2.º, da Lei 9.307/96. Descumprimento. Reconhecimento prima facie de cláusula compromissória "patológica". Atuação do Poder Judiciário. Possibilidade. Nulidade reconhecida. Recurso provido.*

---

[48] Sobre o assunto, destaco o enunciado IV das Câmaras Reservadas de Direito Empresarial do TJSP: "a inobservância da formalidade prevista no art. 4º da Lei nº 8.955/94 pode acarretar a anulação do contrato de franquia, **desde que tenha sido requerida em prazo razoável e que haja comprovação do efetivo prejuízo**".

[49] Não se deve confundir o subfranqueador com o desenvolvedor de rede: aquele negocia direto com os subfranqueados, enquanto este apenas faz intermediação entre novos franqueados e o franqueador.

[50] Na prática, **o registro de franquia internacional é obrigatório** (é condição para pagamento dos royalties), mas **o registro da franquia nacional é facultativo**.

> *(...)*
>
> *2. O contrato de franquia, por sua natureza, não está sujeito às regras protetivas previstas no CDC, pois não há relação de consumo, mas de fomento econômico.*
>
> *(...) (REsp 1.602.076/SP, Rel. Min. Nancy Andrighi, Terceira Turma, j. 15.09.2016,* DJe *30.09.2016).*

Nas relações do franqueado com seus clientes, porém, aplica-se o CDC, e o STJ entende que o franqueador responde solidariamente com o franqueado perante terceiros com quem este contrata. Nesse sentido:

> *Direito do consumidor. Recurso especial. Franquia. Responsabilidade civil perante terceiros. Aplicação do CDC. Incidência.*
>
> *1. Os contratos de franquia caracterizam-se por um vínculo associativo em que empresas distintas acordam quanto à exploração de bens intelectuais do franqueador e têm pertinência estritamente* inter partes.
>
> *2. Aos olhos do consumidor, trata-se de mera intermediação ou revenda de bens ou serviços do franqueador – fornecedor no mercado de consumo, ainda que de bens imateriais.*
>
> *3. Extrai-se dos arts. 14 e 18 do CDC a responsabilização solidária de todos que participem da introdução do produto ou serviço no mercado, inclusive daqueles que organizem a cadeia de fornecimento, pelos eventuais defeitos ou vícios apresentados. Precedentes.*
>
> *4. Cabe às franqueadoras a organização da cadeia de franqueados do serviço, atraindo para si a responsabilidade solidária pelos danos decorrentes da inadequação dos serviços prestados em razão da franquia.*
>
> *5. Recurso especial não provido (REsp 1.426.578/SP, Rel. Min. Marco Aurélio Bellizze, Terceira Turma, j. 23.06.2015,* DJe *22.09.2015).*

> *Agravo regimental em agravo (art. 544 do CPC). Ação de rescisão contratual c/c perdas e danos. Decisão monocrática que negou provimento ao reclamo. Insurgência dos réus.*
>
> *(...) Tribunal local que, com amparo nos elementos de convicção dos autos, entendeu pela responsabilidade solidária da franqueadora, porquanto aos olhos dos clientes se confunde com a empresa franqueada (teoria da aparência). (...)*
>
> *2. Não bastasse, esta Corte possui julgado no sentido de ser solidária a responsabilidade da franqueadora pelos danos decorrentes em razão da franquia. Ademais, essa interpretação vem sendo acolhida por este Tribunal Superior em situações que se correspondem por compreender relações empresariais associativas entre aqueles apontados no polo passivo das respectivas demandas.*
>
> *Precedentes.*
>
> *3. Agravo regimental desprovido (AgRg no AREsp 398.786/PR, Rel. Min. Marco Buzzi, Quarta Turma, j. 16.02.2016,* DJe *23.02.2016).*

Por fim, destaco que a Lei 13.966/2019 (i) deixou claro que "as partes poderão eleger juízo arbitral para solução de controvérsias relacionadas ao contrato de franquia" (art. 7º, § 1º), e (ii) previu a possibilidade de franquia de empresas estatais, mas o dispositivo respectivo (art. 6º) foi objeto de veto presidencial.

5.6.1. *Sublocação na franquia*

Normalmente o franqueador quer escolher o melhor ponto comercial possível para a instalação de franqueados. Assim, se ele próprio escolhe o ponto e faz reformas no imóvel, é do seu interesse sublocar posteriormente ao franqueado, com dois detalhes: (i) possibilidade de propor ação renovatória, para não correr o risco de perder o ponto, e (ii) possibilidade de cobrar um aluguel mais caro do que o que paga, para recuperar o investimento feito no imóvel. Ocorre que, de acordo com a Lei 8.245/1991 (Lei de Locações), as duas possibilidades mencionadas não existem, o que exigiu que a Lei 13.966/2019 (Lei de Franquias) corrigisse o problema.

Com efeito, o art. 51, § 1º da Lei 8.245/1991 (Lei de Locações) estabelece que "no caso de sublocação total do imóvel, o direito a renovação somente poderá ser exercido pelo sublocatário". No entanto, o art. 3º da Lei 13.966/2019 (Lei de Franquias) permite que o sublocador (franqueador) também exerça esse direito, como forma de protegê-lo em caso de eventual desídia do sublocatário (franqueado): "nos casos em que o franqueador subloque ao franqueado o ponto comercial onde se acha instalada a franquia, qualquer uma das partes terá legitimidade para propor a renovação do contrato de locação do imóvel, vedada a exclusão de qualquer uma delas do contrato de locação e de sublocação por ocasião da sua renovação ou prorrogação, salvo nos casos de inadimplência dos respectivos contratos ou do contrato de franquia".

Quanto ao valor do aluguel da sublocação, o art. 21 da Lei 8.245/1991 determina que "o aluguel da sublocação não poderá exceder o da locação", mas na prática das franquias isso costuma ocorrer, e por isso o art. 3º, parágrafo único da Lei 13.966/2019 permitiu expressamente, fazendo apenas algumas ressalvas: (i) previsão expressa na COF e no contrato e (ii) ausência de onerosidade excessiva: "o valor do aluguel a ser pago pelo franqueado ao franqueador, nas sublocações de que trata o caput, poderá ser superior ao valor que o franqueador paga ao proprietário do imóvel na locação originária do ponto comercial, desde que: I – essa possibilidade esteja expressa e clara na Circular de Oferta de Franquia e no contrato; e II – o valor pago a maior ao franqueador na sublocação não implique excessiva onerosidade ao franqueado, garantida a manutenção do equilíbrio econômico-financeiro da sublocação na vigência do contrato de franquia".

Por fim, quanto à necessidade de consentimento do locar para que ocorra a sublocação, confira-se o que diz o art. 13 da Lei 8.245/1991: "a cessão da locação, a sublocação e o empréstimo do imóvel, total ou parcialmente, dependem do consentimento prévio e escrito do locador". O § 1º complementa, determinando que "não se presume o consentimento pela simples demora do locador em manifestar formalmente a sua oposição", e o § 2º prevê que "desde que notificado por escrito pelo locatário, de ocorrência de uma das hipóteses deste artigo, o locador terá o prazo de trinta dias para manifestar formalmente a sua oposição".

Quanto a essa questão, como a Lei 13.966/2019 não fez ressalva expressa (a exemplo do que fez quanto à legitimidade para a renovatória e ao valor do aluguel), entende-se que o art. 13 da Lei 8.245/1991 se aplica ao contrato de franquia, de modo que o franqueador só pode sublocar o imóvel ao franqueado se houver expressa autorização do locador.

6. CONTRATOS BANCÁRIOS

A atividade bancária é importantíssima para o desenvolvimento das atividades empresariais, na medida em que permite aos empreendedores a obtenção de recursos para fazer frente aos seus investimentos.[51] Entenda-se atividade bancária, pois, como a intermediação de recursos monetários entre os agentes econômicos.

No Brasil, a atividade bancária está regulada pela Lei 4.595/1964. Na verdade, após a promulgação da Constituição Federal de 1988, ficou estabelecido em seu art. 192 que o *Sistema Financeiro Nacional* seria regulado por *Lei Complementar*. Este dispositivo constitucional, todavia, era de *eficácia limitada*, e a referida lei complementar jamais foi editada, ao que nos parece em razão do que dispunha o § 3.º do comando constitucional em enfoque, o qual determinava que tal lei complementar deveria dispor que as taxas de juros reais não poderiam ser superiores a 12% ao ano, devendo ainda tipificar como crime de usura a cobrança de juros acima deste limite. Diante disso, a Emenda Constitucional 40/2003 trouxe significativa alteração nesse ponto. Com efeito, o art. 192 da Carta Magna, agora, tem a seguinte redação: "o sistema financeiro nacional, estruturado de forma a promover o desenvolvimento equilibrado do País e a servir aos interesses da coletividade, em todas as partes que o compõem, abrangendo as cooperativas de crédito, será regulado por leis complementares que disporão, inclusive, sobre a participação do capital estrangeiro nas instituições que o integram".

Vê-se, então, que a partir da EC 40/2003 o sistema financeiro nacional foi "fatiado" em diversas leis complementares, e a Constituição não mais desceu a detalhes acerca de como se deve dar essa regulamentação legal. Não obstante, até o presente momento essas leis complementares não foram editadas, e é por isso que a atividade bancária continua sendo regulada pela antiga Lei 4.595/1964 (houve apenas a edição da Lei Complementar 130/2009, que disciplina as cooperativas de crédito).

De acordo com o art. 17 da referida lei, "consideram-se instituições financeiras, para os efeitos da legislação em vigor, as pessoas jurídicas públicas ou privadas, que tenham como atividade principal ou acessória a coleta, intermediação ou aplicação de recursos financeiros próprios ou de terceiros, em moeda nacional ou estrangeira, e a custódia de valor de propriedade de terceiros". Desse dispositivo, portanto, é que extraímos o conceito de atividade bancária que mencionamos acima.

A **atividade bancária é exercida pelas instituições financeiras** (*bancos*),[52] as quais, segundo o art. 18 da Lei 4.595/1964, "somente poderão funcionar no País mediante prévia autorização do Banco Central da República do Brasil ou decreto do Poder Executivo, quando forem estrangeiras". Ademais, devem essas instituições, quando privadas, constituir-se sob a forma de *sociedade anônima*, com exceção das

[51] *"Basicamente, grande parte das atividades produtivas depende do crédito. O progresso e a expansão do comércio e da indústria são movidos pelos empréstimos, que munem os mais variados setores da economia de meios para alcançar os objetivos a que se destinam."* (RIZZARDO, Arnaldo. *Contratos de crédito bancário*. 6. ed. São Paulo: RT, 2003. p. 15).

[52] *"Empresa que tem por escopo principal a intermediação do crédito mediante operações típicas que envolvem aqueles que dão o dinheiro e aqueles que o recebem."* (COVELO, Sérgio Carlos. *Contratos bancários*. 4. ed. São Paulo: Livraria Universitária de Direito, 2001. p. 15).

chamadas cooperativas de crédito. É o que dispõe o art. 25 da lei em análise: "as instituições financeiras privadas, exceto as cooperativas de crédito, constituir-se-ão unicamente sob a forma de sociedade anônima, devendo a totalidade de seu capital com direito a voto ser representada por ações nominativas".

Diante do que se expôs acima, enfim, pode-se concluir que os contratos bancários são aquelas modalidades contratuais formalizadas pelos bancos no exercício de atividade bancária, ou seja, com a finalidade de coletar, intermediar ou aplicar recursos junto aos agentes econômicos. Perceba-se que nos contratos bancários sempre estará presente um banco, mas isso não significa que todo contrato firmado por um banco mereça a qualificação de **contrato bancário**. Só receberão essa qualificação aqueles contratos **(i) firmados por bancos e (ii) que se insiram no conceito de atividade bancária**.

Registre-se que os **contratos bancários se submetem à disciplina do Código de Defesa do Consumidor**. Esse sempre foi o entendimento pacífico do Superior Tribunal de Justiça, que acabou sendo consolidado no Enunciado 297 de sua súmula de jurisprudência dominante, que assim dispõe: "o Código de Defesa do Consumidor é aplicável às instituições financeiras".

O entendimento do STJ está calcado na interpretação do art. 3.º, § 2.º, do CDC, que tem a seguinte redação: "serviço é qualquer atividade fornecida no mercado de consumo, mediante remuneração, inclusive as de natureza bancária, financeira, de crédito e securitária, salvo as decorrentes das relações de caráter trabalhista".

Esse dispositivo foi objeto de Ação Direta de Inconstitucionalidade (ADI 2.591), mas o Supremo Tribunal Federal julgou improcedente o pedido, nos seguintes termos:

> *Art. 3.º, § 2.º, do CDC. Código de Defesa do Consumidor. Art. 5.º, XXXII, da CB/88. Art. 170, V, da CB/88. Instituições financeiras. Sujeição delas ao Código de Defesa do Consumidor. Ação Direta de Inconstitucionalidade julgada improcedente. 1. As instituições financeiras estão, todas elas, alcançadas pela incidência das normas veiculadas pelo Código de Defesa do Consumidor. 2. "Consumidor", para os efeitos do Código de Defesa do Consumidor, é toda pessoa física ou jurídica que utiliza, como destinatário final, atividade bancária, financeira e de crédito. 3. Ação direta julgada improcedente.*

Perceba-se, porém, o seguinte: a aplicação do CDC aos contratos bancários somente ocorrerá, obviamente, se ficar caracterizada relação de consumo, isto é, se aquele que contratar com a instituição financeira (banco) for caracterizado como consumidor (destinatário final do produto ou serviço bancário contratado).

Em decorrência dessa submissão dos contratos bancários ao sistema de proteção previsto no CDC, o Conselho Monetário Nacional (CMN), entre outras regras, proibiu que os bancos cobrem de seus clientes qualquer taxa para emissão de boletos bancários ou carnês referentes a operações de crédito e de *leasing*. O STJ chegou a considerar legítima a cobrança de tais taxas, desde que pactuadas expressamente no contrato, mas a Segunda Seção do STJ, em julgamento de recursos especiais submetidos à sistemática dos recursos repetitivos – REsp 1.251.331 e REsp 1.255.573 –, pacificou o entendimento de que a TAC (tarifa de abertura de crédito) e a TEC (tarifa de emissão de carnê), ainda que recebam outra denominação, não podem mais ser cobradas, desde 30 de abril de 2008. Confiram-se as teses firmadas pela Corte Superior no referido julgamento:

> *1. Nos contratos bancários celebrados até 30.04.2008 (fim da vigência da Resolução CMN 2.303/96) era válida a pactuação das tarifas de abertura de crédito (TAC) e de emissão de carnê (TEC), ou outra denominação para o mesmo fato gerador, ressalvado o exame de abusividade em cada caso concreto;*
>
> 2. Com a vigência da Resolução CMN 3.518/2007, em 30.04.2008, a cobrança por serviços bancários prioritários para pessoas físicas ficou limitada às hipóteses taxativamente *previstas em norma padronizadora expedida pela autoridade monetária. Desde então, não mais tem respaldo legal a contratação da tarifa de emissão de carnê (TEC) e da tarifa de abertura de crédito (TAC), ou outra denominação para o mesmo fato gerador. Permanece válida a tarifa de cadastro expressamente tipificada em ato normativo padronizador da autoridade monetária, a qual somente pode ser cobrada no início do relacionamento entre o consumidor e a instituição financeira;*
>
> *3. Podem as partes convencionar o pagamento do imposto sobre operações financeiras e de crédito (IOF) por meio de financiamento acessório ao mútuo principal, sujeitando--o aos mesmos encargos contratuais.*
>
> *Direito bancário. Recurso especial. Ação revisional de contrato bancário. Juros remuneratórios. Taxa prevista no contrato reconhecidamente abusiva pelo Tribunal de origem. Súmula 7 do STJ. Capitalização mensal dos juros. Ausência de expressa pactuação contratual. Súmulas 5 e 7/STJ. Tarifa para abertura de crédito e para emissão de carnê. Legitimidade. Abusividade não demonstrada. Descaracterização da mora. Cobrança de acréscimos indevidos. Violação do art. 535 do CPC não configurada. (...) 5.* ***As tarifas de abertura de crédito (TAC) e emissão de carnê (TEC), por não estarem encartadas nas vedações previstas na legislação regente (Resoluções 2.303/1996 e 3.518/2007 do CMN), e ostentarem natureza de remuneração pelo serviço prestado pela instituição financeira ao consumidor, quando efetivamente contratadas, consubstanciam cobranças legítimas, sendo certo que somente com a demonstração cabal de vantagem exagerada por parte do agente financeiro é que podem ser consideradas ilegais e abusivas, o que não ocorreu no caso presente.*** *(...) (REsp 1.246.622/RS, Rel. Min. Luis Felipe Salomão, 4.ª Turma, j. 11.10.2011,* DJe *16.11.2011).*

Vale ressaltar, porém, que mesmo estando sujeitos às normas do CDC, os contratos bancários não podem ter suas cláusulas declaradas abusivas, de ofício, pelo juiz. É o que dispõe a Súmula 381 do STJ: "Nos contratos bancários, é vedado ao julgador conhecer, de ofício, da abusividade das cláusulas".

Registre-se ainda que os contratos bancários podem ser *típicos* ou *atípicos*. Típicos são os que têm por objeto a atividade bancária propriamente dita. Atípicos, por sua vez, são os que têm por objeto operações correlatas ou acessórias à atividade bancária, como, por exemplo, o aluguel de cofre para a guarda de valores. Neste tópico, cuidaremos apenas dos contratos bancários típicos, que se subdividem, por sua vez, em *próprios* – depósito, mútuo, desconto etc. – e *impróprios* – alienação fiduciária em garantia, arrendamento mercantil (*leasing*), faturização (fomento mercantil ou *factoring*) e cartão de crédito.

Finalmente, cumpre fazer uma observação deveras importante: o ramo da economia que definitivamente não conhece o *livre mercado* é o bancário. Os Bancos Centrais do mundo todo cartelizam o sistema financeiro com suas pesadas e esquizofrênicas regulações, manipulam as taxas de juros, imprimem dinheiro sem lastro desenfreadamente e são, sem dúvida alguma, os verdadeiros causadores da inflação monetária e dos ciclos econômicos, como há tempos nos alertam os economistas da Escola Austríaca, notadamente Ludwig von Mises e Friedrich von Hayek. Ademais, o setor bancário é aquele que os políticos e burocratas mais protegem nas situações de crise, com seus pacotes de socorro que solidarizam os prejuízos dos bancos entre toda a população. Esta obra não é o local mais apropriado para o aprofundamento desses temas, mas é extremamente importante e salutar que as pessoas conheçam mais o sistema bancário e entendam por que o Banco Central e sua intervenção na economia representam uma antítese do genuíno sistema capitalista.

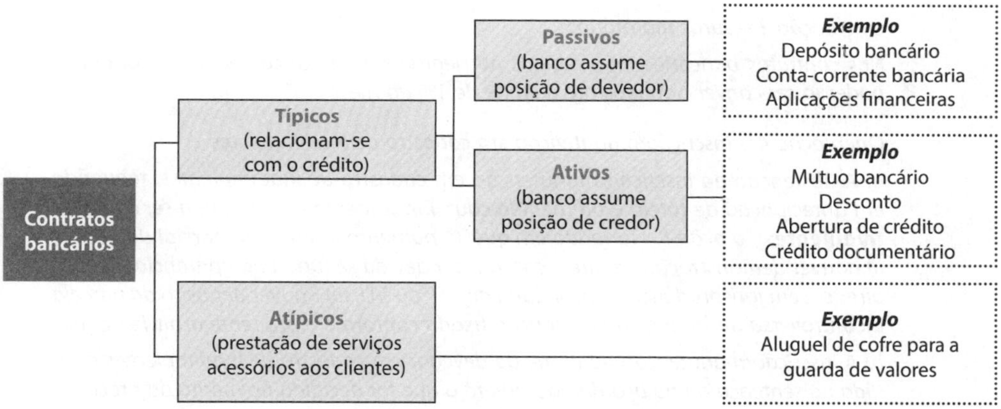

6.1. Decisões importantes do STJ sobre contratos bancários

Um dos julgados mais importantes sobre contratos bancários foi o Recurso Especial 1.061.530-RS, relatado pela Ministra Nancy Andrighi, no qual a Corte Especial do STJ pacificou seu entendimento sobre as seguintes questões: (a) juros remuneratórios; (b) configuração da mora; (c) juros moratórios; (d) inscrição/manutenção em cadastro de inadimplentes e (e) julgamento das disposições de ofício pelo Tribunal.

Confira-se a ementa do acórdão:

> *Direito Processual Civil e Bancário. Recurso especial. Ação revisional de cláusulas de contrato bancário. Incidente de processo repetitivo. Juros remuneratórios. Configuração da mora. Juros moratórios. Inscrição/manutenção em cadastro de inadimplentes. Disposições de ofício.*
>
> *(...)*
>
> *Orientação 1 – Juros remuneratórios*
>
> *a) As instituições financeiras não se sujeitam à limitação dos juros remuneratórios estipulada na Lei de Usura (Decreto 22.626/33), Súmula 596/STF;*
>
> *b) A estipulação de juros remuneratórios superiores a 12% ao ano, por si só, não indica abusividade;*

c) São inaplicáveis aos juros remuneratórios dos contratos de mútuo bancário as disposições do art. 591 c/c o art. 406 do CC/02;

d) É admitida a revisão das taxas de juros remuneratórios em situações excepcionais, desde que caracterizada a relação de consumo e que a abusividade (capaz de colocar o consumidor em desvantagem exagerada – art. 51, § 1.º, do CDC) fique cabalmente demonstrada, ante às peculiaridades do julgamento em concreto.

Orientação 2 – Configuração da mora

a) O reconhecimento da abusividade nos encargos exigidos no período da normalidade contratual (juros remuneratórios e capitalização) descaracteriza a mora;

b) Não descaracteriza a mora o ajuizamento isolado de ação revisional, nem mesmo quando o reconhecimento de abusividade incidir sobre os encargos inerentes ao período de inadimplência contratual.

Orientação 3 – Juros moratórios

Nos contratos bancários, não regidos por legislação específica, os juros moratórios poderão ser convencionados até o limite de 1% ao mês.

Orientação 4 – Inscrição/manutenção em cadastro de inadimplentes

a) A abstenção da inscrição/manutenção em cadastro de inadimplentes, requerida em antecipação de tutela e/ou medida cautelar, somente será deferida se, ***cumulativamente****: i) a ação for fundada em questionamento integral ou parcial do débito; ii) houver demonstração de que a cobrança indevida se funda na aparência do bom direito e em jurisprudência consolidada do STF ou STJ; iii) houver depósito da parcela incontroversa ou for prestada a caução fixada conforme o prudente arbítrio do juiz;*

b) A inscrição/manutenção do nome do devedor em cadastro de inadimplentes decidida na sentença ou no acórdão observará o que for decidido no mérito do processo. Caracterizada a mora, correta a inscrição/manutenção.

Orientação 5 – Disposições de ofício

É vedado aos juízes de primeiro e segundo graus de jurisdição julgar, com fundamento no art. 51 do CDC, sem pedido expresso, a abusividade de cláusulas nos contratos bancários. Vencidos quanto a esta matéria a Min. Relatora e o Min. Luis Felipe Salomão (REsp 1.061.530/RS, Rel. Min. Nancy Andrighi, 2.ª Seção, j. 22.10.2008, DJe *10.03.2009).*

Esse julgamento deu origem às seguintes súmulas do STJ:

> **Súmula 382:** *A estipulação de juros remuneratórios superiores a 12% ao ano, por si só, não indica abusividade.* (2.ª S., j. 27.05.2009, *DJe* 08.06.2009)
>
> **Súmula 381:** *Nos contratos bancários, é vedado ao julgador conhecer, de ofício, da abusividade das cláusulas.* (2.ª S., j. 22.04.2009, *DJe* 05.05.2009)
>
> **Súmula 380:** *A simples propositura da ação de revisão de contrato não inibe a caracterização da mora do autor.* (2.ª S., j. 22.04.2009, *DJe* 05.05.2009)
>
> **Súmula 379:** *Nos contratos bancários não regidos por legislação específica, os juros moratórios poderão ser convencionados até o limite de 1% ao mês.* (2.ª S., j. 22.04.2009, *DJe* 05.05.2009)

Nos casos em que não é possível verificar qual a taxa de juros do contrato, seja porque não foi pactuada entre as partes, seja pela ausência do instrumento contratual, o STJ entende que deve prevalecer a taxa média de mercado. Nesse sentido, confira-se:

> *Bancário. Agravo regimental em agravo de instrumento. Ação revisional de cláusulas de contrato bancário. Juros remuneratórios. Contrato que não prevê o percentual de juros remuneratórios a ser observado. Capitalização mensal. Inexistência de previsão contratual. Súmulas 5 e 7/STJ. Recurso manifestamente improcedente. Multa, art. 557, § 2.º, do CPC. 1 – Nos contratos de mútuo em que a disponibilização do capital é imediata, o montante dos juros remuneratórios praticados deve ser consignado no respectivo instrumento. Ausente a fixação da taxa no contrato, o juiz deve limitar os juros à média de mercado nas operações da espécie, divulgada pelo Bacen, salvo se a taxa cobrada for mais vantajosa para o cliente. Precedentes. (...) (AgRg no Ag 1.417.040/RS, Rel. Min. Luis Felipe Salomão, 4.ª Turma, j. 18.10.2011, DJe 26.10.2011).*
>
> *Agravo regimental. Recurso especial. Contrato bancário. Juros remuneratórios limitados à taxa média de mercado. Recurso improvido. (...) 2. Não tendo como se aferir a taxa de juros acordada, sendo pela própria falta de pactuação ou pela não juntada do contrato aos autos, devem os juros remuneratórios ser fixados à taxa média do mercado em operações da espécie. (...) (AgRg no REsp 1.242.844/SC, Rel. Min. Sidnei Beneti, 3.ª Turma, j. 18.10.2011, DJe 07.11.2011).*
>
> *Civil e processual. Bancário. Cartão de crédito. Taxa de juros remuneratórios. Ausência de previsão contratual. Taxa média de mercado. Precedentes. Comissão de permanência. Afastamento em face da cobrança de demais encargos da mora (Súmulas 30, 294 e 296 do STJ). 1. A jurisprudência do STJ firmou seu posicionamento no sentido de que em não havendo pacto de juros remuneratórios, prevalece a taxa média de mercado (Segunda Seção, REsp 1.112.880/PR, Rel. Min. Nancy Andrighi, DJe 19.5.2010). (...) 3. Agravo regimental parcialmente provido para permitir a cobrança dos juros remuneratórios à taxa média de mercado (AgRg no Ag 1.095.350/SE, Rel. Min. Maria Isabel Gallotti, 4.ª Turma, j. 06.10.2011, DJe 13.10.2011).*

Outro julgado importante do STJ sobre o tema foi o Recurso Especial 1.058.114-RS, relatado pelo Ministro João Otávio de Noronha, representativo da controvérsia atinente à legalidade da cláusula que, em contratos bancários, prevê a cobrança da comissão de permanência na hipótese de inadimplência do consumidor. Confira-se a ementa do acórdão:

> *Direito Comercial e Bancário. Contratos bancários sujeitos ao Código de Defesa do Consumidor. Princípio da boa-fé objetiva. Comissão de permanência. Validade da cláusula. Verbas integrantes. Decote dos excessos. Princípio da conservação dos negócios jurídicos. Artigos 139 e 140 do Código Civil alemão. Artigo 170 do Código Civil brasileiro. (...) 2. Nos contratos bancários sujeitos ao Código de Defesa do Consumidor, é válida a cláusula que institui comissão de permanência para viger após o vencimento da dívida. 3. A importância cobrada a título de comissão de permanência não poderá ultrapassar a soma dos encargos remuneratórios e moratórios previstos no contrato, ou seja: a) juros remuneratórios à taxa média de mercado, não podendo ultrapassar o percentual contratado para o período de normalidade da operação; b) juros moratórios até o limite de 12% ao ano; e c) multa contratual limitada a 2% do valor da prestação, nos termos do art. 52, § 1.º, do CDC. 4. Constatada abusividade dos encargos pactuados na cláusula de comissão de permanência, deverá o juiz decotá-los, preservando, tanto quanto possível, a vontade das partes manifestada na celebração do contrato, em homenagem ao princípio da conservação dos negócios jurídicos consagrado nos arts. 139 e 140 do Código Civil alemão e reproduzido no art. 170 do Código Civil brasileiro. 5. A decretação de nulidade de*

cláusula contratual é medida excepcional, somente adotada se impossível o seu aproveitamento. Recurso especial conhecido e parcialmente provido (REsp 1.058.114/RS, Rel. Min. Nancy Andrighi, Rel. p/ Acórdão Min. João Otávio de Noronha, 2.ª Seção, j. 12.08.2009, DJe *16.11.2010).*

Conclui-se que (i) a cláusula contratual a qual prevê a cobrança da comissão de permanência não é potestativa, devendo ser calculada pela taxa média de mercado apurada pelo Banco Central do Brasil, de acordo com a espécie da operação, limitada à taxa do contrato; (ii) a comissão de permanência é admitida, desde que pactuada, apenas no período de inadimplência e não cumulada com os encargos da normalidade (juros remuneratórios e correção monetária) e/ou com os encargos moratórios (juros de mora e multa contratual). A esse respeito, é importante também conferir as Súmulas 30, 294 e 296 do STJ:

Súmula 30: ***Comissão de Permanência – Correção Monetária – Cumulação.*** *A comissão de permanência e a correção monetária são inacumuláveis* (j. 09.10.1991, *DJ* 18.10.1991).

Súmula 294: ***Cláusula Potestativa – Comissão de Permanência – Taxa média de mercado.*** *Não é potestativa a cláusula contratual que prevê a comissão de permanência, calculada pela taxa média de mercado apurada pelo Banco Central do Brasil, limitada à taxa do contrato* (j. 12.05.2004, *DJ* 09.09.2004).

Súmula 296: ***Juros Remuneratórios – Comissão de Permanência – Inadimplência – Taxa média de mercado.*** *Os juros remuneratórios, não cumuláveis com a comissão de permanência, são devidos no período de inadimplência, à taxa média de mercado estipulada pelo Banco Central do Brasil, limitada ao percentual contratado* (j. 12.05.2004, *DJ* 09.09.2004).

Outro assunto relativo a contratos bancários muito discutido no STJ é o referente à possibilidade de capitalização dos juros em **periodicidade mensal, desde que pactuada**, para os contratos celebrados a **partir de 31 de março de 2000**, data da primitiva publicação da MP 2.170-36/2001. Nesse sentido, confira-se o posicionamento do STJ:

Agravo regimental. Recurso especial. Contrato bancário. Revisão. Capitalização mensal. Comissão de permanência. Honorários advocatícios. Sucumbência recíproca. Compensação. 1 – Para os contratos celebrados anteriormente à edição da MP 1.963-17/2000, persiste a vedação da capitalização dos juros em periodicidade mensal, contida no artigo 4.º do Decreto 22.626/33, pois, no caso, inexistente legislação específica que autorize o anatocismo, como ocorre com as cédulas de crédito rural, comercial e industrial. (...) (AgRg no REsp 645.990/RS, Rel. Min. Paulo de Tarso Sanseverino, 3.ª Turma, j. 02.06.2011, DJe *09.06.2011).*

Recurso especial. Agravo regimental. Contrato bancário. Capitalização mensal dos juros. Ausência de pactuação. Mora. Descaracterizada. Cobrança de encargos ilegais. Vedação da inscrição do nome do contratante nos cadastros de inadimplentes. Manutenção do devedor na posse do bem. Possibilidade. I. É admissível a capitalização mensal dos juros nos contratos celebrados a partir da publicação da Medida Provisória n. 1.963-17/2000, desde que pactuada. (...) (AgRg no REsp 1.077.479/RS, Rel. Min. Sidnei Beneti, 3.ª Turma, j. 17.05.2011, DJe *27.05.2011).*

Se o contrato foi firmado antes da publicação da MP 2.170-36/2001, é vedada a capitalização mensal dos juros, segundo a jurisprudência do STJ.

Finalmente, deve-se mencionar também o julgado abaixo, no qual o STJ entendeu que os bancos respondem civilmente, de forma objetiva, por danos causados a seus clientes em razão de fraudes ou delitos praticados por terceiros, como o uso de documento falso para abertura de contas.

> *Recurso especial representativo de controvérsia. Julgamento pela sistemática do art. 543-C do CPC. Responsabilidade civil. Instituições bancárias. Danos causados por fraudes e delitos praticados por terceiros. Responsabilidade objetiva. Fortuito interno. Risco do empreendimento. 1. Para efeitos do art. 543-C do CPC:* ***As instituições bancárias respondem objetivamente pelos danos causados por fraudes ou delitos praticados por terceiros – como, por exemplo, abertura de conta-corrente ou recebimento de empréstimos mediante fraude ou utilização de documentos falsos –, porquanto tal responsabilidade decorre do risco do empreendimento, caracterizando-se como fortuito interno.*** *2. Recurso especial provido (REsp 1.197.929/PR, Rel. Min. Luis Felipe Salomão, 2.ª Seção, j. 24.08.2011, DJe 12.09.2011).*

6.2. Depósito bancário

Trata-se de contrato bancário próprio que se enquadra na categoria de operações passivas, ou seja, naquelas em que o banco assume o polo passivo da relação contratual. Noutros termos, o banco é o devedor.

No depósito bancário, uma pessoa (*depositante*) entrega ao banco (*depositário*) uma determinada quantia em dinheiro, cabendo ao banco restituí-la, na mesma espécie, em data predeterminada ou quando o depositante solicitar. No linguajar comum, chamamos esse contrato de *conta*.

> O contrato veículo das operações passivas dos bancos é o depósito bancário, conhecido vulgarmente como conta. Quando se diz que alguém abriu uma conta no banco, em termos técnicos, essa pessoa celebrou contrato de depósito bancário. Nas operações passivas, o banco assume o polo passivo da relação obrigacional, tornando-se devedor do outro contratante, seu cliente. Os contratos bancários insertos nessa categoria de operações cumprem, assim, a função econômica de captação dos recursos excedentes das unidades de dispêndio superavitárias.[53]

Assim, vê-se claramente que o depósito bancário é o mais importante dos contratos bancários, uma vez que quase todos, atualmente, possuem *conta* em banco, ou seja, firmam um contrato de depósito com um banco no intuito de manter nele recursos monetários e sacá-los quando for preciso. Esse saque é feito, por exemplo, por meio da emissão de cheque, da realização de DOC/TED ou do uso dos conhecidos cartões de débito, muito comuns na atualidade.

O depósito bancário é contrato *real*, isto é, somente se aperfeiçoa com a entrega do dinheiro à instituição financeira depositária.

Não se deve confundir o depósito bancário com o depósito regular, porque neste (art. 627 do Código Civil) o depositário tem a obrigação de guardar (cuidar,

[53] COELHO, Fábio Ulhoa. *Curso de direito comercial*. 7. ed. São Paulo: Saraiva, 2007. p. 128. v. III.

proteger, custodiar) o bem depositado, enquanto no depósito bancário isso não ocorre, ficando o depositário (banco) livre para usar o dinheiro depositado.

> No contrato de depósito bancário, o depositante (cliente) entrega à instituição financeira (depositária) certa quantia em dinheiro com curso legal no país (esse é o objeto do contrato), tornando-se credor do banco, não das cédulas e moedas entregues, mas do valor equivalentemente depositado. Uma vez que o bem entregue (depositado) é fungível por natureza, surge para o banco, assim como ocorria com os ourives da Antiguidade, a possibilidade de utilização do bem, que é repassado a terceiros mediante pagamento de juros maiores que aqueles porventura pagos ao depositante, resultando, então, em auferimento de lucros. Depositado o valor, não nasce para o banco a obrigação de guardar (no sentido de proteger ou de cuidar), mas, sim, de manter a capacidade de restituir quando solicitada a devolução do bem, uma vez que pacífica é a concessão do uso da coisa.[54]

Também não se deve confundir o depósito bancário com o depósito irregular (depósito de coisas fungíveis), o qual é regulado pelas regras do mútuo, nos termos do art. 645 do Código Civil: "o depósito de coisas fungíveis, em que o depositário se obrigue a restituir objetos do mesmo gênero, qualidade e quantidade, regular-se-á pelo disposto acerca do mútuo". O depósito bancário difere do depósito irregular (mútuo) porque naquele, além de haver a transferência de propriedade da coisa depositada, o depositante pode aumentar ou diminuir o valor depositado, bem como desfazer o próprio depósito.

> Depositando, o cliente empresta ao banco, em última análise, a soma depositada. (...) Distingue-se esse empréstimo, todavia, do mútuo ordinário, pois de regra pode ser aumentado, diminuído ou desfeito pelo mutuante.[55]

O depósito bancário tem como característica a **transferência de propriedade da coisa depositada (dinheiro) ao depositário (banco)**. É por isso que, na falência do banco, o STJ entende que não cabe a formulação de pedido de restituição pelo "correntista" (depositante), e sim a habilitação do valor depositado como crédito quirografário.

> O depósito bancário não se equipara às hipóteses em que o devedor ostenta a condição de mero detentor ou custodiante do bem, hipóteses fáticas que atraem a incidência do art. 85 da LFRE. **Nos contratos de depósito bancário, ocorre a transferência da propriedade do bem para a instituição financeira, ocupando o depositante a posição de credor dos valores correspondentes. Doutrina e precedentes.** A natureza creditícia da relação existente entre a recorrente e a instituição financeira exige que o montante impugnado se sujeite aos efeitos da execução concursal, em respeito ao par conditio creditorum.
>
> (REsp 1.801.031/SP, Rel. Ministra NANCY ANDRIGHI, TERCEIRA TURMA, julgado em 04/06/2019, DJe 07/06/2019).

Para finalizar, vale destacar que existem diversas espécies de depósito bancário: **quanto à forma**, ele pode ser **simples** (há apenas uma operação de ingresso e de

[54] SCHONBLUM, Paulo Maximilian W. Mendlowicz. *Contratos bancários*. 4ª ed. Rio de Janeiro: Forense, 2015, p. 55.

[55] GOMES, Orlando. *Contratos*. Rio de Janeiro: Forense, 1981, p. 324-325.

retirada) ou **de movimento** (há vários ingressos e retiradas); **quanto à titularidade**, ele pode ser **individual** (há um único beneficiário) ou **conjunto** (há mais de um beneficiário), subdividindo-se em simples ou solidário (neste, qualquer titular pode movimentar isoladamente); e **quanto ao termo**, ele pode ser **à vista** (o banco deve restituir imediatamente a quantia, assim que depositante solicitar), **a pré-aviso** (a restituição, quando solicitada, deve ser feita pelo banco em um prazo contratualmente estipulado) e **a prazo fixo** (a restituição só pode ser solicitada após uma determinada data fixada no contrato).

6.3. Mútuo bancário

Trata-se o mútuo bancário (também chamado de *empréstimo bancário*), ao contrário do depósito, de uma operação ativa dos bancos, ou seja, nesse contrato o banco assume o polo ativo da relação contratual, tornando-se credor.[56]

O mútuo consiste, como dito acima, em um empréstimo, ou seja, é o **contrato bancário por meio do qual o banco disponibiliza para o cliente determinada quantia, cabendo a este pagar ao banco o valor correspondente, com os acréscimos legais, no prazo contratualmente estipulado**.

Também se trata de *contrato real*, uma vez que somente se aperfeiçoa com a efetiva entrega da quantia emprestada ao cliente. Ademais, é contrato unilateral, já que o banco não assume nenhuma obrigação perante o mutuário, a não ser **obrigação pré-contratual de disponibilizar a quantia emprestada**. Na fase contratual propriamente dita, ao mutuário é que cabem as obrigações do contrato: restituir o valor corrigido monetariamente, arcar com os juros de demais encargos etc.[57]

Um ponto de extrema importância no que se refere ao estudo do contrato de mútuo bancário está relacionado à taxa de juros aplicável a essa modalidade contratual.

O mútuo civil presume-se gratuito, mas caso tenha fins econômicos presumem-se devidos juros remuneratórios, os quais não podem ultrapassar o percentual permitido em lei para os juros moratórios (art. 591 c/c art. 406 do Código Civil). A jurisprudência entende que a taxa de juros moratórios a que se refere esses dispositivos legais é a SELIC, vedada a acumulação com correção monetária (Temas repetitivos 99 e 112 do STJ).

Porém, em se tratando de mútuo bancário, vale a já mencionada orientação firmada pelo STJ no REsp 1.061.530: "a) As instituições financeiras não se sujeitam à limitação dos juros remuneratórios estipulada na Lei de Usura (Decreto 22.626/33), Súmula 596/STF"; b) A estipulação de juros remuneratórios superiores a 12% ao ano,

[56] *"Contrato pelo qual o banco (prestamista) entrega certa soma pecuniária ao cliente (prestatório), o qual, por sua vez, se obriga a restituí-la, no prazo avençado, no mesmo gênero, quantidade e qualidade, acrescida de juros e comissões, conforme prévia estipulação"* (COVELLO, Sérgio Carlos. Contratos bancários. 4ª ed. São Paulo: Leud, 2001, p. 157).

[57] *"Unilateral – a única obrigação do mutuante é pré-contratual, qual seja, a entrega do numerário, prestação imprescindível para aperfeiçoamento do contrato. Entregue o valor pecuniário, somente o tomador contrairá obrigações, sendo o seu dever primordial restituir o equivalente em dinheiro recebido, acrescido dos juros e comissões convencionados, correspondendo os juros à remuneração do capital e as comissões ao pagamento pelo serviço prestado pela instituição bancária"* (SCHONBLUM, Paulo Maximilian W. Mendlowicz. *Contratos bancários*. 4ª ed. Rio de Janeiro: Forense, 2015, p. 108).

por si só, não indica abusividade; c) São inaplicáveis aos juros remuneratórios dos contratos de mútuo bancário as disposições do art. 591 c/c o art. 406 do CC/02; d) É admitida a revisão das taxas de juros remuneratórios em situações excepcionais, desde que caracterizada a relação de consumo e que a abusividade (capaz de colocar o consumidor em desvantagem exagerada - art. 51, §1º, do CDC) fique cabalmente demonstrada, ante às peculiaridades do julgamento em concreto".

Outro assunto importante (e polêmico) sobre o contrato de mútuo bancário é o referente à antecipação de pagamento.

De acordo com o art. 52, § 2º do CDC, "é assegurado ao consumidor a liquidação antecipada do débito, total ou parcialmente, mediante redução proporcional dos juros e demais acréscimos".

Vale destacar, porém, que esse dispositivo só será aplicável a um contrato de mútuo bancário se ficar caracterizada a relação de consumo. Caso contrário (mútuo bancário firmado com banco por empresário ou sociedade empresária, por exemplo), o mutuário só terá esse direito se houver previsão contratual.[58]

Por fim, é importante fazer uma observação sobre o financiamento, espécie de mútuo em que há uma destinação específica para o dinheiro emprestado (compra de um veículo ou viabilização de uma produção agrícola, por exemplo).

Normalmente o financiamento tem juros mais baixos, em razão da possibilidade de o próprio bem financiado servir de garantia ao negócio (alienação fiduciária em garantia). Ademais, no financiamento o banco tem a prerrogativa de fiscalizar o correto uso do dinheiro emprestado.[59]

Lembre-se ainda que, de acordo com a Súmula 26 do STJ, "o avalista do título de crédito vinculado a contrato de mútuo também responde pelas obrigações pactuadas, quando no contrato figurar como devedor solidário".

6.4. Desconto bancário

O desconto bancário também é uma modalidade contratual muito utilizada na prática. Consiste, basicamente, na **antecipação de pagamento ao cliente, que em troca cede ao banco determinado crédito**, ainda que não vencido, contra ele mesmo ou contra terceiro.[60]

Esse crédito cedido geralmente é documentado por meio de um título de crédito, por exemplo, e o cliente assume perante o banco a responsabilidade pelo

---

[58] "O mutuário empresário não tem o direito de antecipar o pagamento do dinheiro com redução proporcional de juros e encargos, a menos que expressamente previsto no instrumento contratual ou caso de aplique o CDC ao contrato (art. 52, § 2º)" (COELHO, Fábio Ulhoa. *Curso de direito comercial*. Vol. 3. 17ª ed. São Paulo: RT, 2016, p. 138).

[59] "O mutuário, no financiamento, não é inteiramente livre para destinar os recursos tomados, sujeitando-se aos balizamentos da operação. Em decorrência, o banco por vezes tem o direito contratual de proceder a vistorias que confirmem o emprego adequado do dinheiro ou de entregar o valor diretamente a terceiros (p. ex., a incorporadora do imóvel adquirido com financiamento)" (COELHO, Fábio Ulhoa. *Curso de direito comercial*. Vol. 3. 17ª ed. São Paulo: RT, 2016, p. 138).

[60] *"Contrato pelo qual o banco, com prévia dedução do juro, comissão e despesas, antecipa ao cliente a importância representada por um título de crédito, não vencido, contra terceiro, mediante endosso do próprio título"* (ABRÃO, Nélson. *Direito bancário*. 6. ed., São Paulo: Saraiva, 2000, p. 105).

seu pagamento. Em síntese: o banco adianta ao cliente um determinado valor em dinheiro, e o cliente cede ao banco um título de crédito não vencido.

É claro que o banco, ao realizar essa operação, não antecipa ao cliente o valor total do crédito cedido, deduzindo um valor (*deságio*) que representará, justamente, o seu ganho econômico.

O desconto bancário também é um *contrato real*, uma vez que só se aperfeiçoa com a efetiva entrega do instrumento de crédito ao banco.

O crédito que o banco antecipa, conforma já destacamos, normalmente é documentado por meio de um título de crédito (duplicata, por exemplo), que é objeto de endosso pelo descontário. Portanto, o banco está protegido pela inoponibilidade das exceções pessoais ao terceiro de boa-fé.[61]

Ademais, além de o endosso proteger o banco (inoponibilidade das exceções pessoais ao terceiro de boa-fé), oferece mais segurança de recebimento do valor descontado, porque o endossante se responsabiliza pelo pagamento da obrigação constante do título endossado. Em suma: o banco tem direito de regresso contra o cliente descontário.[62]

Por fim, registre-se que o próprio banco que fez o contrato de desconto bancário com um cliente seu pode repassar esse título a outro banco, também por meio de um contrato de desconto, ao qual se dá o nome de redesconto.

> A operação de desconto bancário é um verdadeiro adiantamento (parecido com um empréstimo) efetuado pelo banco (descontador/endossatário), dos recursos financeiros a serem recebidos em data futura pelo cedente do título (descontário/endossante), provenientes de uma venda a prazo ou de um direito de crédito. (...) **Tem-se, por vezes, que o banco, preferindo não aguardar o vencimento do crédito endossado, desconta-o junto a outro banco, recuperando o próprio capital investido. A tal operação, realizada somente entre bancos, se dá o nome de redesconto.** Nas palavras de Arnaldo Rizzardo: 'o redesconto é um desconto que se superpõe a outro precedente – o banco que fora cessionário de um crédito de seu cliente torna-se cedente do mesmo crédito em benefício de outro banco'.[63]

6.5. Abertura de crédito

Outra modalidade típica de contrato bancário é a abertura de crédito. Por meio desse contrato, **o banco põe à disposição do cliente uma quantia determinada de dinheiro, que ele poderá utilizar, caso necessite.**[64]

---

61 *"Normalmente, os bancos descontam apenas os documentos bancáveis, ou seja, duplicata, nota promissória e cheque pós--datado, porque os títulos de crédito prestam-se eficientemente ao desconto bancário. (...) o direito cambiário garante os credores de cambiais contra eventuais exceções, oponíveis pelos devedores ao titular originário do crédito, barreira inexistente na cessão civil"* (COELHO, Fábio Ulhoa. *Curso de direito comercial.* Vol. 3. 17ª ed. São Paulo: RT, 2016, p. 140).

62 *"Nesse contrato (...), o cliente garante ao banco o pagamento do crédito transferido. Se o devedor com quem o descontário entabulou a relação jurídica originária do crédito não honra a obrigação no vencimento, o banco pode cobrá-la do seu cliente, em regresso"* (COELHO, Fábio Ulhoa. Curso de direito comercial. Vol. 3. 17ª ed. São Paulo: RT, 2016, p. 141).

63 SCHONBLUM, Paulo Maximilian W. Mendlowicz. Contratos bancários. 4ª ed. Rio de Janeiro: Forense, 2015, p. 122.

64 *"A abertura de crédito é o contrato por via do qual se obriga um banco a colocar à disposição do cliente determinada soma para ser utilizada, mediante saque único ou repetido"* (GOMES, Orlando. *Contratos.* 20ª ed. Rio de Janeiro: Forense, 2000, p. 326).

O ganho econômico do banco nessa operação está, basicamente, nos juros cobrados do cliente caso ele use a quantia disponibilizada. Na verdade, os bancos também podem cobrar do cliente uma comissão pela simples disponibilização do crédito, mas não costumam fazê-lo, por mera liberalidade que, na verdade, traduz-se em política negocial para atrair clientes. Assim, os bancos só costumam cobrar do cliente os juros e encargos a partir da efetiva utilização dos recursos disponibilizados, havendo casos até de bancos que, como sabemos, oferecem esse crédito sem nenhuma cobrança de juros nos primeiros dias. Enfim, a abertura de crédito é o contrato que, no linguajar comum, chamamos de *cheque especial.*

Relembre-se, ainda, que a jurisprudência do Superior Tribunal de Justiça entende que o contrato de abertura de crédito não é título executivo extrajudicial, ainda que esteja acompanhado do extrato pormenorizado do débito. Eis o teor do Enunciado 233 da súmula de jurisprudência dominante do STJ: "o contrato de abertura de crédito, ainda que acompanhado de extrato da conta-corrente, não é título executivo".

No entanto, não obstante o STJ não reconheça o contrato de abertura de crédito como título executivo extrajudicial, admite que ele embase a propositura de ação monitória. É o que estabelece o Enunciado Sumular 247: "o contrato de abertura de crédito em conta-corrente, acompanhado do demonstrativo de débito, constitui documento hábil ao ajuizamento da ação monitória".

Vale ressaltar, porém, que os referidos enunciados sumulares se referem ao contrato de abertura de crédito rotativo, que é justamente a modalidade contratual que ora estamos analisando. Por outro lado, em se tratando de abertura de crédito fixo, a situação muda:

> *Conforme a jurisprudência deste Tribunal, o contrato de abertura de crédito fixo constitui título executivo extrajudicial, nos termos do art. 585, inciso II do CPC/73, pois o valor da dívida é demonstrável de plano, sendo sua evolução aferível por simples cálculos aritméticos, diversamente do que ocorre no contrato de abertura de crédito em conta corrente/rotativo. Precedentes".*
>
> (AgInt no REsp 1279219/SP, Rel. Ministro MARCO BUZZI, QUARTA TURMA, julgado em 10/10/2017, DJe 19/10/2017).

> *O contrato de abertura de crédito fixo, aquele utilizado de uma só vez para ser pago em parcelas mensais e sucessivas, constitui título executivo extrajudicial.*
>
> (AgRg no Ag 750.014/SP, Rel. Ministro ARI PARGENDLER, TERCEIRA TURMA, julgado em 02/09/2008, DJe 03/11/2008).

Por fim, registre-se o entendimento consolidado no Enunciado 322 da súmula de jurisprudência do mesmo STJ, que assim dispõe: "para a repetição de indébito, nos contratos de abertura de crédito em conta-corrente, não se exige a prova do erro". Explica Paulo Sérgio Restiffe: "*na verdade, essa orientação do STJ, em princípio, parece contrariar o disposto no art. 877, do CC, mas não é isso o que ocorre, já que, nos contratos de abertura de crédito em conta corrente, os lançamentos são feitos pelo próprio credor, no caso, a instituição financeira*".[65]

[65] RESTIFFE, Paulo Sérgio. *Manual do novo direito comercial.* São Paulo: Dialética, 2006. p. 358.

6.6. Contratos bancários impróprios

Adotando nomenclatura proposta por Fábio Ulhoa Coelho, chamaremos de *contratos bancários impróprios* algumas modalidades contratuais específicas sobre as quais divergem os doutrinadores acerca da sua real natureza bancária típica. Para alguns, em suma, esses contratos não seriam essencialmente bancários, ou seja, por seu objeto não se inserir perfeitamente na noção de atividade bancária, eles não teriam que ter, obrigatoriamente, uma instituição financeira em um dos polos da relação contratual.

Trata-se dos seguintes contratos: (i) alienação fiduciária em garantia; (ii) arrendamento mercantil (*leasing*); (iii) faturização (fomento mercantil ou *factoring*); e (iv) cartão de crédito.

6.6.1. Alienação fiduciária em garantia

O contrato de alienação fiduciária em garantia é um contrato instrumental em que **uma das partes, em confiança, aliena a outra a propriedade de determinado bem, móvel ou imóvel, ficando esta parte (uma instituição financeira, em regra) obrigada a devolver àquela o bem que lhe foi alienado quando verificada a ocorrência de determinado fato**. Diz-se que é contrato instrumental porque, em regra, é formalizado como um meio para a concretização de um outro negócio principal. Assim, geralmente está associada a um mútuo, servindo-lhe de garantia.

Exemplificando: se alguém deseja adquirir um veículo automotor, mas não dispõe de recursos para fazer a compra à vista, procura então uma instituição financeira para intermediar seu negócio. Essa instituição financeira empresta-lhe os recursos necessários (mútuo) e a compra é feita. Como garantia do pagamento do empréstimo, transfere-se para a instituição financeira a propriedade resolúvel do bem adquirido, mas o devedor fica, obviamente, na posse do bem. Uma vez satisfeito o empréstimo, a anterior propriedade se resolve e a propriedade plena do bem passa, enfim, a ser do antigo devedor.

A **disciplina legal dessa modalidade contratual, atualmente, não está concentrada num único diploma legislativo**. Com efeito, tratandose de alienação fiduciária de bens imóveis, aplica-se o disposto nos arts. 22 a 33 da Lei 9.514/1997. Em se tratando, por outro lado, de alienação fiduciária em garantia no âmbito do mercado financeiro e de capitais, aplica-se o disposto no art. 66-B da Lei 4.728/1965. Há ainda o Decreto-lei 911/1969, que regula os aspectos processuais desse contrato, e o Código Civil, que em seus arts. 1.361 a 1.368 cuida da chamada *propriedade fiduciária*.

> Trata-se a alienação fiduciária em garantia de contrato instrumental do mútuo, em que o mutuário-fiduciante (devedor), para garantia do cumprimento de suas obrigações, aliena ao mutuante-fiduciário (credor) a propriedade de um bem de seu patrimônio. Essa alienação faz-se em fidúcia, de modo que o credor tem apenas o domínio resolúvel e a posse indireta da coisa alienada, ficando o devedor como o seu depositário e possuidor direto. Feito o pagamento da dívida, ou seja, com a devolução do dinheiro emprestado, resolve-se o domínio em favor do fiduciante, que volta a titularizar a plena propriedade do bem dado em garantia.[66]

[66] COELHO, Fábio Ulhoa. *Curso de direito comercial*. 7. ed. São Paulo: Saraiva, 2007. p. 148. v. III.

Em princípio, perceba-se que o contrato de alienação fiduciária, embora celebrado apenas entre o *devedor-fiduciante* (aquele que deseja adquirir um bem) e o *credor-fiduciário* (aquele que vai emprestar o valor necessário para a compra, ou seja, em regra, uma instituição financeira), tem a participação indireta de um terceiro agente econômico: o vendedor do bem (que, no exemplo acima, pode ser a concessionária de veículos que vende o automóvel). Não obstante, admite o Superior Tribunal de Justiça que o contrato de alienação fiduciária em garantia recaia sobre bem do próprio devedor-fiduciante. É o que dispõe o Enunciado 28 da súmula de jurisprudência dominante daquela corte: "o contrato de alienação fiduciária em garantia pode ter por objeto bem que já integrava o patrimônio do devedor". É o que chamamos, no jargão do comércio, de **refinanciamento**, o que é feito geralmente por pessoas que estão em crise financeira momentânea e precisam de recursos imediatos: fazse um empréstimo (mútuo) e entrega-se, em garantia do pagamento, um bem de sua propriedade, formalizando essa operação num contrato de alienação fiduciária em garantia.

6.6.1.1. Bens imóveis

Conforme mencionamos anteriormente, a alienação fiduciária de bens imóveis está disciplinada na Lei 9.514/1997. De acordo com o art. 22 da referida lei, "a alienação fiduciária regulada por esta Lei é o negócio jurídico pelo qual o devedor, ou fiduciante, com o escopo de garantia, contrata a transferência ao credor, ou fiduciário, da propriedade resolúvel de coisa imóvel".

O art. 23, por sua vez, estabelece que se constitui "a propriedade fiduciária de coisa imóvel mediante registro, no competente Registro de Imóveis, do contrato que lhe serve de título". E o seu parágrafo único complementa, prevendo que "com a constituição da propriedade fiduciária, dá-se o desdobramento da posse, tornando-se o fiduciante possuidor direto e o fiduciário possuidor indireto da coisa imóvel".

Uma vez paga a dívida e seus encargos por parte do devedor-fiduciante, determina o art. 25 da lei em questão que a propriedade fiduciária se resolverá, ou seja, o imóvel passará a ser de propriedade plena do antigo devedor. Eis o teor da regra: "com o pagamento da dívida e seus encargos, resolve-se, nos termos deste artigo, a propriedade fiduciária do imóvel".

Em contrapartida, uma vez não paga a dívida pelo devedor-fiduciante, dá-se o inverso, consolidando-se a propriedade em nome do credor-fiduciário. É o que estipula o art. 26 da lei: "vencida e não paga, no todo ou em parte, a dívida e constituído em mora o fiduciante, consolidar-se-á, nos termos deste artigo, a propriedade do imóvel em nome do fiduciário". Nesse caso, cabe ao credor-fiduciário, então, promover leilão público para a venda do bem, nos termos do art. 27 da lei: "uma vez consolidada a propriedade em seu nome, o fiduciário, no prazo de trinta dias, contados da data do registro de que trata o § 7.º do artigo anterior, promoverá público leilão para a alienação do imóvel". Os recursos arrecadados com a venda do bem serão usados para a quitação da dívida perante o credor-fiduciário. Havendo eventual saldo, ele será repassado para o devedor-fiduciante.

Percebe-se que o inadimplemento do contrato (mora no pagamento das prestações) é pressuposto para a aplicação das regras dos arts. 26 e 27 (consolidação da propriedade na pessoa do credor fiduciário e consequente possibilidade de venda do bem por leilão). Diante disso, tornou-se comum que, em contratos de compra e venda de imóveis com alienação fiduciária em garantia, adquirentes adimplentes ajuizassem ações pedindo a resolução do contrato e a devolução dos valores pagos, sem incidência das mencionadas regras legais.

No entanto, a 3ª Turma do STJ, no julgamento do REsp 1.867.209, decidiu que "o inadimplemento não pode ser interpretado restritivamente ao mero descumprimento das prestações (mora), devendo ser entendido também como o comportamento que se mostra contrário à manutenção do contrato, aí incluindo-se a pretensão do adquirente de resolver o negócio, postulando ao Judiciário a suspensão da exigibilidade das prestações". Nos termos do voto do relator, Ministro Paulo de Tarso Sanseverino, "a figura bem se compatibiliza com o instituto da quebra antecipada (*antecipatory breach*), segundo o qual há inadimplemento, mesmo antes do vencimento, quando o devedor pratica atos abertamente contrários ao cumprimento do contrato".

Portanto, entendeu-se que nesses casos de pedido de resolução do contrato por desinteresse do adquirente, mesmo que ainda não tenha havido mora no pagamento das prestações, a eventual devolução de valores pagos deve observar os arts. 26 e 27 da Lei 9.514/97: "resolvida a compra e venda, consolida-se a propriedade no credor fiduciário para, então, submeter-se o bem a leilão, satisfazendo-se o débito do devedor ainda inadimplido e solvendo-se as demais dívidas relativas ao imóvel, para devolver-se o que sobejar ao adquirente, se sobejar". Em suma: "o pedido de resolução do contrato de compra e venda *[de bem imóvel]* com pacto de alienação fiduciária em garantia sem a imputação de culpa ao vendedor, mas por conveniência do adquirente, representa quebra antecipada do contrato e, assim, satisfaz o requisito para a incidência dos arts. 26 e 27 da Lei 9.514/97. Resolvido o contrato, a devolução dos valores adimplidos pelo adquirente deverá observar o disposto no §4º do art. 27 da Lei 9.514/97".

6.6.1.2. Bens móveis

A alienação fiduciária em garantia de bens móveis, por sua vez, está regulada pelo art. 66-B da Lei 4.728/1965, quando celebrado no âmbito do mercado financeiro e de capitais ou feito em garantia de créditos fiscais e previdenciários. Nesses casos, ademais, aplicam-se as regras processuais do Decreto-lei 911/1969, por força do que dispõe o art. 8.º-A, desse diploma legal: "o procedimento judicial disposto neste Decreto-lei aplica-se exclusivamente às hipóteses da Seção XIV da Lei n.º 4.728, de 14 de julho de 1965, ou quando o ônus da propriedade fiduciária tiver sido constituído para fins de garantia de débito fiscal ou previdenciário".

De acordo com o art. 2.º do Decreto-lei em referência, com a redação dada pela Lei 13.043/2014, "no caso de inadimplemento ou mora nas obrigações contratuais garantidas mediante alienação fiduciária, o proprietário fiduciário ou credor poderá vender a coisa a terceiros, independentemente de leilão, hasta pública, avaliação prévia ou qualquer outra medida judicial ou extrajudicial, salvo disposição expressa em contrário prevista no contrato, devendo aplicar o preço da venda no pagamento de seu crédito e das despesas decorrentes e entregar ao devedor o saldo apurado, se houver, com a devida prestação de contas[67]".

Caso, porém, não exista saldo a entregar ao devedor, e sim crédito remanescente do banco, ele pode executar esse valor? O STJ entende que não, sendo possível, no máximo, o ajuizamento de uma ação monitória:

> *Direito Civil e Processual Civil. Alienação fiduciária em garantia. Venda extrajudicial. Execução do saldo remanescente. Impossibilidade. Ausência de título certo e líquido. Precedentes da Quarta Turma. Recurso especial não conhecido. (...)*
>
> *2. O § 5.º, do art. 66, da Lei n. 4.728/65, com redação dada pelo art. 1.º do DL n. 911/69, proclama que "o devedor continuará pessoalmente obrigado a pagar o saldo devedor apurado" com a venda extrajudicial do bem alienado fiduciariamente. Não se pode concluir, contudo, que a norma empresta eficácia executiva ao contrato celebrado anteriormente, com vistas ao recebimento do saldo remanescente.*
>
> *3. O credor pode alienar o bem apreendido como melhor lhe convier, uma vez que lhe é dado vender a coisa a terceiros, independentemente de leilão, hasta pública, avaliação prévia ou qualquer outra medida judicial ou extrajudicial, circunstância que evidencia a incerteza do saldo remanescente, uma vez que apurado à revelia do devedor.*
>
> *4. A aplicação do art. 5.º do DL 911/69, por outro lado, não tem o alcance pretendido pelo recorrente. Isso porque não se está a dizer que após a venda extrajudicial poderá preferir o credor a via executiva para o recebimento do saldo devedor remanescente. Ao reverso, e por óbvio, tal dispositivo apenas concede ao credor a faculdade de optar pela via executiva ou pela busca e apreensão. Porém, optando o credor por essa última diretriz – busca e apreensão e posterior venda extrajudicial –, ser-lhe-á vedada a via executiva, por inexistência de título que a aparelhe.*
>
> *5. Por tais fundamentos, não se há reconhecer certeza e liquidez ao saldo remanescente apurado com a venda extrajudicial do bem, porquanto realizada ao sabor e conveniência exclusiva do credor, ao largo do crivo do Poder Judiciário e sem o consentimento do consumidor, que é, sem dúvida, a parte mais frágil da relação jurídica em exame.*
>
> *6. Recurso especial não conhecido (STJ, REsp 265.256-SP, Rel. Min. Luís Felipe Salomão, DJ 26.02.2009).*

O entendimento do STJ é interessante: decidiu-se que, na alienação fiduciária, não se há de reconhecer certeza e liquidez de saldo remanescente apurado com a venda extrajudicial do bem feita à revelia do crivo do Poder Judiciário e sem o consentimento do consumidor, sendo, pois, inaplicável ao caso o art. 5.º do DL 911/1969. Isso porque não se quer dizer que, após a venda extrajudicial, poderá o credor preferir a via executiva para obter o saldo devedor remanescente. Ao contrário, tal norma concede ao credor apenas a faculdade de optar pela via executiva ou pela busca e apreensão. Se tiver optado pela última, descabe a via executiva por inexistir título a embasá-la (ver Informativo 382 do STJ). No entanto, cabe ação monitória, conforme disposto na Súmula 384 do STJ: "cabe ação monitória para

[67] Sobre essa prestação de contas, a 3ª Turma do STJ já decidiu que "há necessidade de ajuizamento de ação autônoma para pleitear a prestação de contas relativa à venda extrajudicial em ação de busca e apreensão de bem alienado fiduciariamente" (REsp 1.866.230). Em suma: se o devedor quiser que o banco preste contas sobre a venda extrajudicial do bem, para verificar se há eventual sobra que lhe deva ser entregue, deve ajuizar ação autônoma, não podendo exigir essa prestação de contas no bojo da própria ação de busca e apreensão.

haver saldo remanescente oriundo de venda extrajudicial de bem alienado fiduciariamente em garantia".[68]

Claro que para proceder à venda do bem, caso opte por isso, o credor-fiduciário tem que estar na posse dele. Sendo assim, cabe a ele, fazendo uso da prerrogativa que lhe confere o art. 3.º, *caput*, do aludido Decreto-lei, **requerer a sua busca e apreensão**. Eis o que diz a regra em comento, com redação atualizada pela Lei 13.043/2014: "o proprietário fiduciário ou credor poderá, desde que comprovada a mora, na forma estabelecida pelo § 2.º do art. 2.º, ou o inadimplemento, requerer contra o devedor ou terceiro a busca e apreensão do bem alienado fiduciariamente, a qual será concedida liminarmente, podendo ser apreciada em plantão judiciário".

O mencionado art. 2.º, § 2.º, com a redação atualizada pela Lei 13.043/2014, assim dispõe: "a mora decorrerá do simples vencimento do prazo para pagamento e poderá ser comprovada por carta registrada com aviso de recebimento, não se exigindo que a assinatura constante do referido aviso seja a do próprio destinatário" (**não há mais necessidade de protesto ou de que a carta seja expedida por intermédio de Cartório, como previsto na redação anterior dessa norma**). E o § 3.º, por sua vez, regula os efeitos da mora, assim determinando: "a mora e o inadimplemento de obrigações contratuais garantidas por alienação fiduciária, ou a ocorrência legal ou convencional de algum dos casos de antecipação de vencimento da dívida facultarão ao credor considerar, de pleno direito, vencidas todas as obrigações contratuais, independentemente de aviso ou notificação judicial ou extrajudicial".

Sobre o tema da **comprovação da mora**, registre-se o disposto nos Enunciados 72 e 245 da súmula de jurisprudência do STJ, respectivamente: "a comprovação da mora é imprescindível à busca e apreensão do bem alienado fiduciariamente"; "a notificação destinada a comprovar a mora nas dívidas garantidas por alienação fiduciária dispensa a indicação do valor do débito".

Após a concessão, será executado o provimento liminar de busca e apreensão mencionado no *caput* do art. 3º, e 5 (cinco) dias após essa execução, isto é, 5 (cinco) dias após a busca e apreensão do bem, "consolidar-se-ão a propriedade e a posse plena e exclusiva do bem no patrimônio do credor fiduciário, cabendo às repartições competentes, quando for o caso, expedir novo certificado de registro de propriedade em nome do credor, ou de terceiro por ele indicado, livre do ônus da propriedade fiduciária" (art. 3º, § 1º).

Nesse mesmo prazo de 5 (cinco) dias, porém, o devedor pode evitar que a propriedade e a posse plena do bem se consolidem no patrimônio do banco cre-

[68] A fim de que banco credor possa cobrar do devedor eventual crédito remanescente, após a venda extrajudicial do bem, é fundamental que o contrato continue em vigor. Por isso, o STJ entendeu que, em ação de busca e apreensão de bem alienado fiduciariamente, o juiz não pode, ao julgar procedente o pedido, extinguir o contrato de financiamento objeto da garantia (REsp 1.779.751). O relator, Ministro Ricardo Villas Bôas Cueva, destacou que o provimento jurisdicional na ação de busca e apreensão tem natureza executiva, de modo que não há uma desconstituição do contrato, mas apenas sua execução: "ao julgar procedente o pedido apresentado na ação de busca e apreensão, o magistrado apenas consolida a propriedade do bem – no caso, um veículo automotor – com vistas a garantir que o credor se utilize dos meios legais (alienação do bem) para obter os valores a que faz jus decorrente do contrato (art. 2º, § 3º, do DL 911/69). Nesses termos, a reversão da propriedade plena (consolidação) em favor do credor fiduciário constitui apenas uma etapa da execução do contrato, não pondo fim a ele".

dor, mas para tanto terá que "pagar a integralidade da dívida pendente, segundo os valores apresentados pelo credor fiduciário na inicial, hipótese na qual o bem lhe será restituído livre do ônus" (art. 3º, § 2º).

Sobre esse prazo de 5 (cinco) dias a que se referem os dispositivos mencionados (art. 3º, §§ 1º e 2º), a 3ª Turma do STJ decidiu que ele "deve ser considerado de direito material, não se sujeitando, assim, à contagem em dias úteis prevista no art. 219, *caput*, do CPC/2015" (REsp 1.770.863). Portanto, a contagem deve ser feita em dias corridos.

Vale registrar que os procedimentos previstos no *caput* do art. 2.º e no respectivo § 2.º do Decreto-lei 911/1969 aplicam-se também às operações de arrendamento mercantil previstas na Lei 6.099/1974, assunto a ser estudado no próximo tópico.

A regra desse Decreto-lei que causava bastante polêmica, realmente, era a do art. 4.º, que assim prescrevia: "se o bem alienado fiduciariamente não for encontrado ou não se achar na posse do devedor, o credor poderá requerer a conversão do pedido de busca e apreensão, nos mesmos autos, em ação de depósito, na forma prevista no Capítulo II, do Título I, do Livro IV, do Código de Processo Civil". Ora, admitindo-se a conversão da busca e apreensão em ação de depósito, abria-se a possibilidade de decretação da prisão civil do devedor-fiduciante, como depositário infiel, na hipótese de o bem não ser encontrado.

O Superior Tribunal de Justiça, em diversos precedentes, firmou posicionamento de que era ilegal a prisão civil do devedor-fiduciante nos contratos de alienação fiduciária em garantia, por entender que, nesses casos, não havia, tecnicamente, um contrato de depósito, mas tão somente um depósito ficto, decorrente da conversão da busca e apreensão em ação depósito. Nesse sentido, confiram-se os seguintes julgados da Corte Especial:

> *Prisão civil. Alienação fiduciária. Prosseguindo o julgamento do EREsp remetido pela Segunda Seção,* ***a Corte Especial, por unanimidade, decidiu que não cabe a prisão civil do devedor fiduciante, porquanto, no caso específico da alienação fiduciária em garantia, não existe relação de depósito****. O credor não é tecnicamente proprietário do bem, nem o devedor fiduciante está na situação jurídica de depositário. A expressão "depositário", a que se refere o art. 66 da Lei n.º 4.728/65 alterado pelo Decreto-lei n.º 911/69, juridicamente não se equipara àquela em que civilmente se admite compelir o devedor, mediante prisão, a restituir ou a entregar a coisa (apropriação indébita) (EREsp 149.518-GO, Rel. Min. Ruy Rosado, j. 05.05.1999,* Informativo *17/1999).*
>
> *Prisão civil. Alienação fiduciária.* ***A Corte Especial conheceu dos embargos de divergência e recebeu-os, decidindo que não cabe prisão civil de devedor que descumpre contrato garantido por alienação fiduciária****. Precedente citado: HC 11.918-CE e EREsp 149.518-GO, DJ 28/2/2000 (EREsp 127.098-RJ, Rel. Min. Nilson Naves, j. 29.06.2001,* Informativo *102/2001).*

No entanto, o Supremo Tribunal Federal chegou a adotar posicionamento diverso, entendendo ser possível a prisão civil do devedor-fiduciante, como depositário infiel, nos contratos de alienação fiduciária em garantia. Afastouse a argumentação de que o Pacto de São José da Costa Rica vedava essa espécie de prisão civil. Eis o conteúdo da notícia no Informativo de Jurisprudência 14, bem como o acórdão do *habeas corpus*:

> *Concluído o julgamento do* habeas corpus *em que se discutia sobre a subsistência, ou não, em face do art. 5.º, LXVII, da CF ("não haverá prisão civil por dívida, salvo...") e da Convenção de S. José da Costa Rica, da situação jurídica do devedor na alienação fiduciária em garantia e da possibilidade de ser ele preso, caso o bem alienado não seja encontrado ou não se ache na sua posse (DL 911/69, art. 4.º). Os Ministros Marco Aurélio, relator originário, Francisco Rezek, Carlos Velloso e Sepúlveda Pertence votaram pela concessão da ordem; pelo indeferimento, votaram os Ministros Moreira Alves, Maurício Corrêa, Ilmar Galvão, Celso de Mello, Octavio Gallotti, Sydney Sanches e Néri da Silveira (HC 72.131-RJ, Rel. p/ Acórdão Min. Moreira Alves, sessão de 22.11.1995).*
>
> Habeas corpus. *Alienação fiduciária em garantia. Prisão civil do devedor como depositário infiel.* ***Sendo o devedor, na alienação fiduciária em garantia, depositário necessário por força de disposição legal que não desfigura essa caracterização, sua prisão civil, em caso de infidelidade, se enquadra na ressalva contida na parte final do artigo 5.º, LXVII, da Constituição de 1988****. Nada interfere na questão do depositário infiel em matéria de alienação fiduciária o disposto no § 7.º do artigo 7.º da Convenção de San José da Costa Rica. "Habeas corpus" indeferido, cassada a liminar concedida (STF, HC 72.131-RJ, Rel. p/ o Acórdão Ministro Moreira Alves, DJ 146, 01.08.2003).*

O STF manteve esse seu entendimento em diversos outros julgados. No entanto, a questão foi chamada novamente a julgamento pelo Plenário, e o Pretório Excelso, com uma composição quase totalmente distinta daquela de outrora, alterou seu posicionamento. Com efeito, no julgamento do RE 466.343, o Supremo Tribunal Federal entendeu pela inconstitucionalidade da prisão civil do devedor-fiduciante nos contratos de alienação fiduciária em garantia. Nesse julgamento, prevaleceu a tese do Ministro Gilmar Mendes de que os Tratados Internacionais que versam sobre direitos humanos têm *status* de norma supralegal, como é caso do *Pacto de San Jose da Costa Rica*, que em seu art. 7.º, 7, restringe a prisão civil por dívidas aos casos de descumprimento inescusável de prestação alimentícia.

A decisão do STF, pois, não se restringiu apenas aos casos de depositário infiel nos contratos de alienação fiduciária em garantia. Segundo o Supremo, nenhuma hipótese de prisão civil do depositário infiel subsiste em nosso ordenamento jurídico. **É o que dispõe atualmente a Súmula Vinculante 25: "É ilícita a prisão civil de depositário infiel, qualquer que seja a modalidade de depósito".** Registro apenas a minha opinião pessoal de que o entendimento anterior do STF, capitaneado por voto lapidar da lavra do Ministro Moreira Alves, é o mais adequado.

Dessa forma, em consonância com o mencionado entendimento do STF, a Lei 13.043/2014 alterou a redação do art. 4.º do Decreto-lei, de modo que **hoje não é mais possível converter a busca e apreensão em ação de depósito, mas apenas em ação executiva**. Segue o dispositivo na redação atual: "se o bem alienado fiduciariamente não for encontrado ou não se achar na posse do devedor, fica facultado ao credor requerer, nos mesmos autos, a conversão do pedido de busca e apreensão em ação executiva, na forma prevista no Capítulo II do Livro II da Lei n.º 5.869, de 11 de janeiro de 1973 – Código de Processo Civil".

Quando há a conversão da busca e apreensão em execução, nos moldes do art. 4º do DL 911/69, o STJ já decidiu que **o débito exequendo não deve se limitar ao valor de mercado do bem dado em garantia, devendo representar o valor da integralidade**

da dívida (REsp 1.814.200). Antes da Lei 13.043/2014, quando a busca e apreensão só podia ser convertida em ação de depósito, o STJ entendia que "o prosseguimento com a cobrança da dívida dava-se com relação ao menor valor entre o valor de mercado do bem oferecido em garantia e o valor do débito apurado". No entanto, como a referida lei alterou o art. 4º do DL 911/69, permitindo a conversão da busca e apreensão em execução, a situação mudou: "isso porque, não realizada a busca e apreensão e a consequente venda extrajudicial do bem, remanesce a existência de título executivo hábil a dar ensejo à busca pela satisfação integral do crédito. O próprio art. 5º do DL 911/69 dispõe que, se o credor preferir recorrer à ação executiva, direta ou convertida na forma do art. 4º, serão penhorados bens do devedor quantos bastem para assegurar a execução, o que denota a intenção de conferir proteção ao valor estampado no próprio título executivo. Ademais, o próprio art. 3º do DL 911/1969 prevê que, após cumprida a liminar de busca e apreensão, o bem só poderá ser restituído livre de ônus ao devedor fiduciante na hipótese de este pagar a **integralidade da dívida pendente**. Sob esse aspecto, inviável admitir que a conversão da busca e apreensão em execução represente apenas o valor do 'equivalente em dinheiro' do bem – o que, no caso, seria o valor do veículo na Tabela FIPE –, impondo ao credor que ajuíze outra ação para o recebimento de saldo remanescente. Ao revés, deve-se reconhecer que **o valor executado refere-se, de fato, às parcelas vencidas e vincendas do contrato de financiamento**, representado pela cédula de crédito bancário".

Ainda sobre essa dupla faculdade do banco credor (busca e apreensão do bem ou execução da dívida), o STJ também já decidiu que "o credor fiduciário regido pelo Decreto-lei 911/1969, em caso de inadimplemento contratual, pode promover a inscrição dos nomes dos devedores solidários em banco de dados de proteção ao crédito, independentemente de optar pela excussão da garantia ou pela ação de execução" (REsp 1.833.824). A relatora, Ministra Nancy, destacou que "o DL 911/1969 contém disposição expressa que faculta ao credor fiduciário, na hipótese de inadimplemento ou mora no cumprimento das obrigações contratuais pelo devedor, optar por recorrer diretamente à ação de execução, caso não prefira retomar a posse do bem e vendê-lo a terceiros". Portanto, concluiu a Ministra, "independentemente de optar o credor pela venda do bem alienado fiduciariamente a terceiros ou pela execução direta, a inscrição do nome dos devedores solidários em bancos de dados de proteção ao crédito, na hipótese de inadimplemento, não se reveste de qualquer ilegalidade, tratando-se de exercício regular de direito do credor".

Por fim, lembre-se também que, de acordo com a Súmula 92 do STJ, "A terceiro de boa-fé não é oponível a alienação fiduciária não anotada no certificado de registro do veículo automotor". Isso ocorre porque o veículo objeto do contrato de alienação fiduciária em garantia não é de propriedade do possuidor do automóvel, e sim do banco. Por isso é que o documento do veículo, embora seja emitido em nome do devedor, sempre contém a observação de que ele é objeto de alienação fiduciária, para deixar claro que a propriedade ainda é da instituição financeira.

6.6.2. *Arrendamento mercantil* (leasing)

Pode-se definir o contrato de arrendamento mercantil, também chamado de *leasing*, como um **contrato especial de locação que assegura ao locatário a prer-**

rogativa de adquirir o bem alugado ao final da avença, pagando, nesse caso, uma diferença chamada de *valor residual*.

Em síntese: o *leasing* ou arrendamento mercantil é um contrato de locação em que se asseguram ao arrendatário três opções ao final do aluguel: (i) renovar a locação; (ii) encerrar o contrato, não mais renovando a locação; (iii) comprar o bem alugado, pagando-se o valor residual. Enfim, "*trata-se, na essência - e essas são suas notas conceituais - de um contrato de arrendamento com tríplice opção assegurada ao arrendatário (continuar o arrendamento, terminá-lo ou comprar o bem)*".[69]

O *leasing* não pode ser considerado um contrato típico: a Lei 6.099/1974 regula apenas o seu aspecto tributário. Mas essa lei se preocupou em definir essa modalidade contratual, fazendo-o em seu art. 1.º, parágrafo único, que assim dispõe: "considera-se arrendamento mercantil, para os efeitos desta Lei, o negócio jurídico realizado entre pessoa jurídica, na qualidade de arrendadora, e pessoa física ou jurídica, na qualidade de arrendatária, e que tenha por objeto o arrendamento de bens adquiridos pela arrendadora, segundo especificações da arrendatária e para uso próprio desta". Portanto, conclui-se que nem todo contrato de locação de bens com opção final de compra pode ser considerado *leasing* ou arrendamento mercantil, para fins tributários: somente se esses contratos atenderem aos requisitos da norma ora em comento poderão ser assim qualificados. Nesse sentido, a própria lei determina, em seu art. 11, § 1.º, que "a aquisição pelo arrendatário de bens arrendados em desacordo com as disposições desta Lei, será considerada operação de compra e venda a prestação".

Recentemente, outra lei tratou desse contrato, mais especificamente do *leasing* que tem por objeto veículo automotivo. Trata-se da Lei 11.649/2008, cujo art. 1.º determina que "nos contratos de arrendamento mercantil de veículos automotivos, após a quitação de todas as parcelas vencidas e vincendas, das obrigações pecuniárias previstas em contrato, e do envio ao arrendador de comprovante de pagamento dos IPVAs e dos DPVATs, bem como das multas pagas nas esferas Federal, Estaduais e Municipais, documentos esses acompanhados de carta na qual a arrendatária manifesta formalmente sua opção pela compra do bem, exigida pela Lei n.º 6.099, de 12 de setembro de 1974, a sociedade de arrendamento mercantil, na qualidade de arrendadora, deverá, no prazo de até trinta dias úteis, após recebimento destes documentos, remeter ao arrendatário: I - o documento único de transferência (DUT) do veículo devidamente assinado pela arrendadora, a fim de possibilitar que o arrendatário providencie a respectiva transferência de propriedade do veículo junto ao departamento de trânsito do Estado; II - a nota promissória vinculada ao contrato e emitida pelo arrendatário, se houver, com o devido carimbo de 'liquidada' ou 'sem efeito', bem como o termo de quitação do respectivo contrato de arrendamento mercantil (*leasing*)". O parágrafo único desse dispositivo ainda determina: "Considerar-se-á como nula de pleno direito qualquer cláusula contratual relativa à operação de arrendamento mercantil de veículo automotivo que disponha de modo contrário ao disposto neste artigo". O art. 2.º, por sua vez, prevê que "o descumprimento do disposto no art. 1.º sujeitará a parte infratora, sociedade de arrendamento mercantil

---

69 BULGARELLI, Waldirio. *Contratos mercantis*. 11. ed. São Paulo: Atlas, 1999. p. 382.

ou arrendatário, ao pagamento de multa equivalente a dois por cento do valor da venda do bem, podendo a parte credora cobrá-la por meio de processo de execução".

Perceba-se que, segundo a lei, o arrendador deve ser sempre uma pessoa jurídica, e essa pessoa jurídica, em obediência ao disposto no art. 1.º da Resolução 2.309/1996, do BACEN, deve ter como objeto principal de sua atividade a prática de operações de arrendamento mercantil, ser um banco múltiplo com carteira de arrendamento mercantil ou uma instituição financeira autorizada a contratar operações de arrendamento com o próprio vendedor do bem ou com pessoas jurídicas a ele coligadas ou interdependentes.

O *leasing* pode ter por objeto tanto bens móveis quanto bens imóveis, e esses bens podem ser de fabricação nacional ou estrangeira, desde que autorizados pelo Conselho Monetário Nacional, nos termos do art. 10 da Lei 6.099/1974.

De acordo com a Resolução 2.309/1996 do BACEN, mencionada acima, existem duas espécies de *leasing*: (i) financeiro e (ii) operacional.

O *leasing* financeiro é a modalidade típica de arrendamento mercantil, em que o bem arrendado não pertence à arrendadora, mas é indicado pelo arrendatário. Ela então deverá adquirir o bem indicado para depois alugá-lo ao arrendatário. Veja-se que nessa espécie de *leasing*, como a arrendadora tem um alto custo inicial, em razão da necessidade de adquirir o bem indicado pelo arrendatário, as prestações referentes ao aluguel devem ser suficientes para a recuperação desse custo. Por isso, caso seja feita a opção final de compra pelo arrendatário, o valor residual será de pequena monta.

O *leasing* operacional, por sua vez, se caracteriza pelo fato de o bem arrendado já ser da arrendadora, que então apenas o aluga ao arrendatário, sem ter o custo inicial de aquisição do bem, comprometendo-se também a prestar assistência técnica. Aliás, justamente pelo fato de a arrendadora não ter esse custo inicial de aquisição do bem, no *leasing* operacional a soma das prestações do aluguel não pode ultrapassar 75% do valor do bem. Portanto, nessa modalidade de arrendamento mercantil o valor residual, em caso de opção final de compra, geralmente é alto.

Registre-se ainda uma modalidade específica de *leasing*, chamada de *lease back* ou *leasing* de retorno. Neste, o bem arrendado era de propriedade do arrendatário, que o vende à arrendadora para depois arrendá-lo, podendo, obviamente, readquirir o bem ao final do contrato, caso se utilize da opção de compra pagando o valor residual.

É muito comum confundir o contrato de *leasing* com o contrato de alienação fiduciária em garantia, sobretudo porque muitas vezes o *leasing* é utilizado com verdadeiro financiamento, conforme se verá no tópico seguinte. No entanto, trata-se de modalidades contratuais bem diferentes. O *leasing* é, *grosso modo*, uma locação com opção de compra. Nem sempre, pois, o arrendatário quer adquirir o bem, e muitas vezes isso realmente não ocorre. O contrato de alienação fiduciária em garantia, todavia, é um contrato de aquisição de um bem, ou seja, ele instrumentaliza uma venda. Outra diferença importante entre esses dois contratos é a forma de cobrança do devedor em caso de inadimplemento. No caso do *leasing*, não se utiliza a busca e apreensão, mas uma ação de reintegração de posse.[70]

[70] Tanto em caso de reintegração de posse (arrendamento mercantil) quanto em caso de busca e apreensão (alienação fiduciária em garantia), o STJ entende que o responsável pelo pagamento das despesas de remoção e estadia de

Por fim, registre-se que o STJ editou a Súmula 369, segundo a qual "no contrato de arrendamento mercantil (*leasing*), ainda que haja cláusula resolutiva expressa, é necessária a notificação prévia do arrendatário para constituí-lo em mora" (Rel. Min. Fernando Gonçalves, em 16.02.2009).

6.6.2.1. *A cobrança antecipada do valor residual (VRG)*

O assunto sem dúvida mais polêmico relacionado ao contrato de *leasing* é o referente à possibilidade ou não de cobrança antecipada do valor residual, o chamado Valor Residual Garantido (VRG). Nesse caso, o valor residual é diluído nas prestações do aluguel e, pois, é como se a opção de compra fosse feita no início do contrato, e não ao seu término, como deveria ser, em tese. O tema é muito debatido na doutrina comercialista e proporcionou interessante debate no Superior Tribunal de Justiça, conforme veremos a seguir.

Primeiramente, explique-se a posição majoritária da doutrina. Como o contrato de *leasing*, conforme vimos, caracteriza-se pela tríplice opção do arrendatário ao final da locação (renovar, não renovar ou comprar), entende a doutrina que a cobrança antecipada do valor residual descaracteriza o contrato de *leasing*, transformando-o numa mera compra e venda a prestação.

> Prática comum é a exigência por parte das instituições financeiras arrendantes de que o arrendatário faça o pagamento do valor residual de forma adiantada, o chamado VRG – Valor Residual Garantido. Essa prática tolhe a possibilidade de o arrendatário vir a rejeitar o bem ao final do contrato, não se verificando a opção pela aquisição do bem arrendado, mas, isso sim, a imposição de sua compra desde o início da relação contratual, fato esse que transforma o leasing em um simples contrato de compra e venda financiada.[71]

Inicialmente, o Superior Tribunal de Justiça seguiu, em diversos julgados, o entendimento da doutrina majoritária, tendo, inclusive, editado um enunciado sumular a respeito do assunto. Tratava-se do Enunciado 263, que assim dispunha: "a cobrança antecipada do valor residual (VRG) descaracteriza o contrato de arrendamento mercantil, transformando-o em compra e venda a prestação". Destaque-se, entretanto, que esse posicionamento foi consolidado no âmbito das Turmas de Direito Privado do STJ, que compõem a sua 2.ª Seção. Os julgados que deram origem a esse enunciado sumular, portanto, referiam-se a ações de reintegração de posse propostas pelas arrendadoras contra arrendatários inadimplentes.

Em contrapartida, o tema voltou a ser muito debatido nas Turmas de Direito Público do STJ, que compõem, por sua vez, a 1.ª Seção dessa Corte Superior.

---

veículo em pátio de propriedade privada, quando a obtenção do bem deu-se, por ordem judicial, no bojo de ação ajuizada pelo banco credor, em razão de inadimplemento contratual, é do próprio banco credor, e não do devedor. Trata-se, nesses casos, de obrigações *propter rem*: "isso equivale a dizer que as despesas com a remoção e a guarda dos veículos objeto de contrato de arrendamento mercantil estão vinculadas ao bem e a seu proprietário, isto é, ao arrendante. Este é, inclusive, o mesmo entendimento adotado por este STJ quando se trata de veículo é alienado fiduciariamente" (REsp 1.828.147). Tratando-se, porém, de situação em que o bem (veículo) foi removido por infrações administrativas de trânsito, a responsabilidade pelo pagamento das despesas é do devedor arrendatário/fiduciante (REsp 1.114.406).

[71] BERTOLDI, Marcelo M.; RIBEIRO, Marcia Carla Pereira. *Curso avançado de direito comercial*. 3. ed. São Paulo: RT, 2006. p. 751.

Nesses casos, os Ministros julgavam lides entre o fisco e as empresas arrendadoras, lides essas relacionadas aos aspectos tributários do *leasing*. Em síntese: caso o fisco conseguisse descaracterizar os contratos de arrendamento mercantil com VRG, transformando-os em compra e venda a prestação, as arrendadoras perderiam alguns benefícios fiscais que o *leasing* lhes confere, sobretudo no que se refere ao *imposto de renda*. Ocorre que nesses casos as Turmas de Direito Público, que compõem a 1.ª Seção do STJ, entenderam que a cobrança antecipada do VRG não descaracteriza o contrato de *leasing*. Confira-se:

> Leasing. *IR. O recurso pretendia definir se o contrato de* leasing *descaracteriza-se, passando a ser considerado, para fins de cobrança de imposto de renda, como contrato de compra e venda, quando estabelece em uma das suas cláusulas um valor residual ínfimo e prazos de contrato muito inferiores à expectativa da vida útil do bem. A Turma negou provimento, considerando que a tese desenvolvida pelo Fisco carece de sustentação jurídica. Outrossim, tendo o negócio jurídico firmado pelas partes todos os elementos disciplinados no art. 1.º, da Lei n.º 6.099/74, alterada pela Lei n.º 7.132/83, não pode ser descaracterizado pelo Fisco sob pena de se aceitar uma atitude ditatorial tributante (REsp 268.005-MG, Rel. Min. José Delgado, j. 23.10.2000,* Informativo *76/2000).*

Diante da flagrante divergência entre o entendimento da 1.ª Seção e o da 2.ª Seção, a matéria foi submetida à análise da Corte Especial do STJ, no julgamento dos EREsp 213.828/RS.

> Leasing. *Arrendamento mercantil. VRG. Súm. n. 263-STJ. No caso, diante das divergências entre as Primeira e Segunda Seções, e a Súm. n. 263/STJ, editada por essa última, discutiu-se se a antecipação da cobrança do valor residual em garantia – VRG importa ou não em descaracterização do contrato de* leasing*; seja no âmbito do contrato propriamente dito, entre arrendador e arrendatário, seja quando considerado para fins tributários do Fisco. Prosseguindo o julgamento,* ***a Corte Especial, preliminarmente, por maioria, conheceu dos embargos e, no mérito, também por maioria, contra o enunciado da Súm. n. 263-STJ, entendeu que o pagamento adiantado do VRG não descaracteriza o contrato de leasing****. Considerou-se que a antecipação do VRG não afeta a intenção das partes. Pois é absolutamente desinfluente para a caracterização do contrato de* leasing *o fato de as partes estipularem preço simbólico ou de inexpressivo valor para o exercício da opção de compra do bem arrendado, ou se o arrendatário deposita antecipadamente, mensalmente, para o arrendador alguma importância em garantia do pagamento do valor residual (EREsp 213.828-RS, Rel. originário Min. Milton Luiz Pereira, Rel. p/ Acórdão Min. Cesar Asfor Rocha, j. 07.05.2003).*

A partir desse julgamento, portanto, decidiu-se pelo cancelamento do Enunciado Sumular 263 e pela edição do Enunciado 293, que assim dispõe: "a cobrança antecipada do Valor Residual Garantido (VRG) não descaracteriza o contrato de arrendamento mercantil".

Registre-se uma observação sobre o assunto: a decisão do STJ, sem sombra de dúvida, foi claramente influenciada pela relevância econômica que o contrato de *leasing* tem na economia nacional. Caso prevalecesse o entendimento das Turmas de Direito Privado, haveria uma diminuição considerável dessas operações, o que poderia causar uma retração em setores do mercado em que a presença dessa modalidade contratual é significativa.

Com o entendimento do STJ de que a cobrança antecipada do Valor Residual (VRG) é legítima, surgiu outra questão polêmica: em caso de inadimplemento contratual e consequente tomada do bem pela instituição arrendadora, teria o arrendatário direito à restituição das parcelas do VRG que pagou? A resposta é afirmativa, mas essa devolução deve ser simples, e não em dobro, como alguns juízes vinham determinando. Nesse sentido, confira-se o Enunciado 38 da I Jornada de Direito Comercial do CJF: "É devida devolução simples, e não em dobro, do Valor Residual Garantido (VRG) em caso de reintegração de posse do bem objeto de arrendamento mercantil celebrado entre empresários". Sobre o mesmo assunto, confira-se também entendimento firmado pelo STJ em julgamento de recurso especial submetido à sistemática dos recursos repetitivos:

> *Recurso especial. Repetitivo. Rito do artigo 543-C do CPC. Arrendamento mercantil. Leasing. Inadimplemento. Reintegração de posse. Valor residual garantidor (VRG). Forma de devolução.*
>
> *1. Para os efeitos do artigo 543-C do CPC: "Nas ações de reintegração de posse motivadas por inadimplemento de arrendamento mercantil financeiro, quando o produto da soma do VRG quitado com o valor da venda do bem for maior que o total pactuado como VRG na contratação, será direito do arrendatário receber a diferença, cabendo, porém, se estipulado no contrato, o prévio desconto de outras despesas ou encargos contratuais".*
>
> *2. Aplicação ao caso concreto: recurso especial parcialmente conhecido e, nessa parte, não provido (REsp 1099212/RJ, Rel. Min. Massami Uyeda, Rel. p/ Acórdão Min. Ricardo Villas Bôas Cueva, 2.ª Seção, j. 27.02.2013,* DJe *04.04.2013).*

6.6.3. Faturização (fomento mercantil ou factoring)

É muito comum, no mercado, que os empresários concedam crédito a seus clientes, como forma de alavancar suas vendas. Num cenário de economia estável e inflação baixa, o crédito assume uma função importantíssima para o desenvolvimento das atividades negociais. Ocorre que, ao conceder crédito, o empresário, além de assumir o risco da insolvência de seus clientes, chama para si uma tarefa a mais: a de administrar a sua carteira de devedores.

O contrato de *factoring*, pois, serve ao empresário justamente para lhe permitir uma melhor organização do seu negócio, atendendo principalmente aos interesses dos pequenos e médios empreendedores, que têm mais dificuldade de acesso ao crédito pelas vias normais do sistema financeiro nacional.[72] Trata-se, enfim, de um contrato por meio do qual o empresário transfere a uma instituição financeira (que não precisa ser, necessariamente, um banco) as atribuições atinentes à administração

[72] *"A utilidade da faturização destaca-se porque ela é destinada, principalmente, às pequenas e médias empresas, em que as dificuldades de capital de giro muitas vezes são prementes. Distanciando-se do desconto bancário principalmente no fato de não ter o faturizador ação regressiva contra o faturizado, assumindo aquele os riscos da não liquidação dos débitos, essa vantagem suplanta a desvantagem de ser, na faturização, a comissão do faturizador, em regra superior à taxa de desconto bancário. Aplicada com o devido critério, a faturização pode ser um remédio eficiente para suprir a falta de capital de giro de empresas em formação que não contam, por isso, com numerário suficiente para expandir-se."* (MARTINS, Fran. *Contratos e obrigações comerciais*. 14. ed. Rio de Janeiro: Forense, 1997. p. 475-476).

do seu crédito. Algumas vezes, esse contrato também envolve a antecipação desse crédito ao empresário. Em síntese: **a instituição financeira orienta o empresário acerca da concessão do crédito a seus clientes, antecipa o valor dos créditos que o empresário possui e assume o risco da inadimplência desses créditos.**

Ressalte-se que essa antecipação dos valores não é obrigatória em todos os contratos de *factoring*, daí porque se distinguem duas espécies dessa modalidade contratual: (i) *conventional factoring* e (ii) *maturity factoring*.

No *conventional factoring* há a antecipação dos valores referentes aos créditos do faturizado, mas o mesmo não ocorre no *maturity factoring*, em que há apenas a prestação de serviços de administração do crédito. Claro que no *conventional factoring* a remuneração da instituição financeira faturizadora costuma ser mais elevada, em razão do fato de ela antecipar ao cliente faturizado os valores dos seus créditos.

O *factoring* envolve, portanto, uma técnica de gestão comercial, caracterizada pela participação do faturizador nos negócios do faturizado: o faturizador passa a orientar o faturizado na escolha dos seus clientes, na concessão de crédito a esses clientes etc. Isso, em última análise, é importante para o próprio faturizador, uma vez que irá minimizar os seus riscos. Afinal, se os clientes do faturizado forem escolhidos de forma mais criteriosa, menores serão as chances de que não honrem os títulos de crédito objeto da faturização.

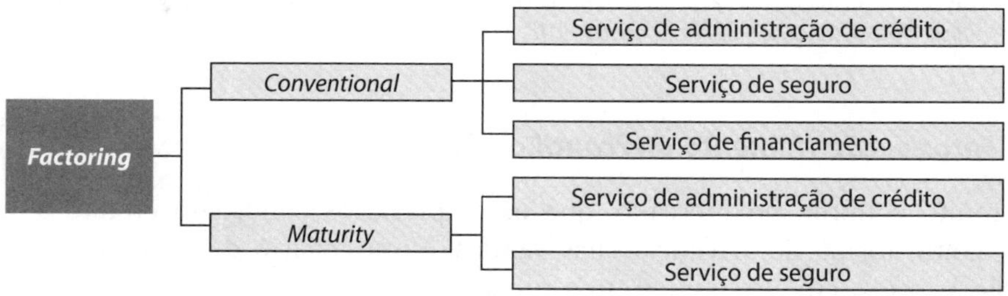

6.6.3.1. *O problema do direito de regresso do faturizador contra o faturizado*

Nas edições anteriores dessa obra, defendi que nos contratos de *factoring*, seja qual for a espécie – *maturity* ou *conventional* –, a instituição financeira deveria assumir o risco do inadimplemento dos créditos do faturizado que lhe são cedidos. Eu sustentava que isso distinguia o ***factoring* do desconto bancário**, e complementava afirmando que o faturizado, que cede o crédito à faturizadora, não deveria responder pela inadimplência dos créditos que cedeu, porque isso contrariaria a própria natureza do *factoring*. Cheguei a defender, absurdamente, que se deveria desconsiderar eventual endosso praticado no título cedido, atribuindo-lhe efeito de mera cessão civil de crédito.

O tema é deveras controvertido na doutrina. Porém, não é difícil perceber que a posição por mim defendida nas edições anteriores era absolutamente incongruente com a visão liberal que atribuo ao direito empresarial. Portanto, evoluí meu entendimento sobre o assunto.

O STJ possui acórdãos negando a possibilidade de exercício do direito de regresso do faturizador contra o faturizado, mas também julgados que o admitem:

> *Agravo regimental. Ação declaratória. Nulidade de notas promissórias. Empresa de* factoring. *Realização de empréstimos e de desconto de títulos com garantia de direito de regresso. Impossibilidade. Prática privativa de instituições financeiras integrantes do sistema financeiro nacional. Precedentes desta corte. Incidência do Enunciado n. 83 da Súmula/STJ. Ademais, entendimento obtido da análise do conjunto fático-probatório. Reexame de provas. Óbice do Enunciado n. 7 da Súmula/STJ. Manutenção da decisão agravada. Agravo improvido (AgRg no Ag 1.071.538/SP, Rel. Min. Massami Uyeda, 3.ª Turma, j. 03.02.2009,* DJe *18.02.2009).*

> *Recurso especial. Títulos de crédito. Duplicatas sem causa. Protesto. Indenização por danos morais. Redução. 1. O contrato de factoring convencional é aquele que encerra a seguinte operação: a empresacliente transfere, mediante uma venda cujo pagamento dá-se à vista, para a empresa especializada em fomento mercantil, os créditos derivados do exercício da sua atividade empresarial na relação comercial com a sua própria clientela – os sacados, que são os devedores na transação mercantil. 2. Nada obstante os títulos vendidos serem endossados à compradora,* ***não há por que falar em direito de regresso contra o cedente em razão do seguinte: (a) a transferência do título é definitiva, uma vez que feita sob o lastro da compra e venda de bem imobiliário, exonerando-se o endossante/cedente de responder pela satisfação do crédito; e (b) o risco assumido pelo faturizador é inerente à atividade por ele desenvolvida, ressalvada a hipótese de ajustes diversos no contrato firmado entres as partes****. (...) (REsp 992.421/RS, Rel. Min. Humberto Gomes de Barros, Rel. p/ Acórdão Min. João Otávio de Noronha, 3.ª Turma, j. 21.08.2008,* DJe *12.12.2008).*

> *Cheque. Endosso. Factoring. Responsabilidade da endossante-faturizada pelo pagamento. – Salvo estipulação em contrário expressa na cártula, a endossante-faturizada garante o pagamento do cheque a endossatária-faturizadora (Lei do Cheque, Art. 21) (REsp 820.672/DF, Rel. Min. Humberto Gomes de Barros, 3.ª Turma, j. 06.03.2008,* DJe *01.04.2008).*

O entendimento de que é possível o direito de regresso, na nossa opinião, deveria prevalecer.

Em primeiro lugar, é preciso destacar que isso, de maneira alguma, significaria que a empresa *factoring* estaria assumindo o papel de instituição financeira, porque o *factoring* se distingue do desconto bancário pelo fato de que neste a instituição financeira opera com recursos captados de terceiros, enquanto naquele o faturizador opera com recursos próprios. Nesse sentido, confira-se:

> *Processual penal.* Factoring. *Crime contra o sistema financeiro nacional. Inexistência. Empréstimo a juros abusivos. Usura. Competência da Justiça estadual. 1. A caracterização do crime previsto no art. 16, da Lei n.º 7.492/86, exige que as operações irregulares tenham sido realizadas por instituição financeira. 2.* ***As empresas popularmente conhecidas como factoring desempenham atividades de fomento mercantil, de cunho meramente comercial, em que se ajusta a compra de créditos vencíveis, mediante preço certo e ajustado, e com recursos próprios, não podendo ser caracterizadas como instituições financeiras****. (...) (CC 98.062/SP, Rel. Min. Jorge Mussi, 3.ª Seção, j. 25.08.2010,* DJe *06.09.2010).*

> *Civil. Contrato de "factoring". Julgamento extra petita. Exclusão do tema abordado de ofício. Juros remuneratórios. Lei de Usura. Incidência. Limitação. (...) II.* ***As empresas de "factoring" não se enquadram no conceito de instituições financeiras, e por***

> ***isso os juros remuneratórios estão limitados em 12% ao ano, nos termos da Lei de Usura.*** *III. Recurso especial conhecido e parcialmente provido (REsp 1.048.341/RS, Rel. Min. Aldir Passarinho Junior, 4.ª Turma, j. 10.02.2009,* DJe *09.03.2009).*

Por outro lado, não há nenhuma razão para se defender que o exercício de direito de regresso do faturizador contra o faturizado seria contrário à própria essência do *factoring*, porque a tipicidade contratual (que no *factoring* sequer existe, frise-se) não pode ter o condão de vedar às partes a livre estipulação de cláusulas.

Ademais, sendo o *factoring* um contrato empresarial, deve prevalecer a autonomia da vontade, como temos defendido ao longo deste capítulo.

Vale frisar que a previsão da cláusula que garante o direito de regresso do faturizador contra o faturizado gera eficiências contratuais importantes, como a necessidade de o faturizado a escolher com mais critério, já que a eventual inadimplência deles lhe será prejudicial.

Portanto, se num contrato de *factoring* as partes livremente optaram por garantir o direito de regresso ao faturizador, por meio de cláusula contratual expressa ou simplesmente por meio do endosso dos títulos cedidos, esse direito do faturizador é legítimo. Não existe regra legal que impeça a previsão de tal cláusula ou que afaste a produção normal dos efeitos do endosso nesse caso.

Nesse sentido, confira-se a seguinte decisão do STJ, na qual se afastou, no caso concreto, a possibilidade de exercício do direito de regresso do faturizador contra o faturizado, mas claramente se admitiu que cláusula contratual específica o preveja:

> *Recurso especial. Títulos de crédito. Duplicatas sem causa. Protesto. Indenização por danos morais. Redução. 1. O contrato de* factoring *convencional é aquele que encerra a seguinte operação: a empresa-cliente transfere, mediante uma venda cujo pagamento dá-se à vista, para a empresa especializada em fomento mercantil, os créditos derivados do exercício da sua atividade empresarial na relação comercial com a sua própria clientela – os sacados, que são os devedores na transação mercantil. 2. Nada obstante os títulos vendidos serem endossados à compradora, não há por que falar em direito de regresso contra o cedente em razão do seguinte: (a) a transferência do título é definitiva, uma vez que feita sob o lastro da compra e venda de bem imobiliário, exonerando-se o endossante/cedente de responder pela satisfação do crédito; e (b) o risco assumido pelo faturizador é inerente à atividade por ele desenvolvida,* ***ressalvada a hipótese de ajustes diversos no contrato firmado entres as partes****. 3. Na indenização por dano moral por indevido protesto de título, mostra-se adequado o valor de R$ 10.000,00 (dez mil reais). Precedentes. 4. Recurso especial conhecido em parte e provido (REsp 992.421/RS, Rel. Min. Humberto Gomes de Barros, Rel. p/ Acórdão Min. João Otávio de Noronha, 3.ª Turma, j. 21.08.2008,* DJe *12.12.2008).*

Entendo necessário registrar também que os Tribunais brasileiros precisam deixar de lado certo preconceito que parecem ter em relação às operações de *factoring*, não as confundindo com a atividade ilícita de agiotagem. Sobre o assunto, transcrevo trecho do voto do eminente Ministro Humberto Gomes de Barros, proferido no REsp 820.672, *in verbis*:

> *Tenho percebido que a jurisprudência tem feito restrições cambiais à atividade de fomento mercantil. Com todo respeito, não entendo o porquê das limitações feitas*

> *a tal atividade empresarial, pois a Lei não as faz. Trata-se de negócio lícito, mesmo porque não é proibido. Tal atividade, inclusive, possibilita a sobrevivência de muitas micro e pequenas empresas mediante a negociação imediata de créditos que demorariam certo tempo para ingressarem no caixa das faturizadas-clientes caso não fosse a atividade empresarial das faturizadoras. É verdade que o faturizador compra o título de crédito com abatimento pelo valor de face, mas esse é justamente lucro perseguido nessa empresa (atividade), que não pode ser discriminada pelos Tribunais. Não se pode perder de vista que a livre-iniciativa é fundamento da República Federativa do Brasil (CF, Art. 1.º, IV).*

O contrato de *factoring* tem uma importância crucial para o mercado, razão pela qual se deve fortalecê-lo, e não desprestigiá-lo.

No entanto, infelizmente, nenhum dos argumentos mencionados nas linhas anteriores tem prevalecido no âmbito do STJ, e os precedentes mais recentes são todos no sentido de não permitir a pactuação, no contrato de factoring, do direito de regresso do faturizador contra o faturizado.

No REsp 1.711.412 (Informativo 695), em que se discutia esse "direito de regresso do faturizador contra o faturizado" em caso de não pagamento dos títulos cedidos no contrato de factoring, o STJ reafirmou a impossibilidade desse direito, sob a alegação de que ele contraria a natureza dessa modalidade contratual (atenção para o item 3 da ementa).

> RECURSO ESPECIAL. EMBARGOS À EXECUÇÃO. CONTRATO DE FACTORING. 1. NEGATIVA DE PRESTAÇÃO JURISDICIONAL. NÃO OCORRÊNCIA. NECESSIDADE DE OPOSIÇÃO DOS EMBARGOS DE DECLARAÇÃO NA ORIGEM. RECONHECIMENTO. IMPOSIÇÃO DE MULTA. AFASTAMENTO. 2. CLÁUSULA QUE ESTABELECE A RESPONSABILIZAÇÃO DA FATURIZADA, NÃO APENAS PELA EXISTÊNCIA, MAS TAMBÉM PELA SOLVÊNCIA DOS CRÉDITOS CEDIDOS À FATURIZADORA, INCLUSIVE COM A EMISSÃO DE NOTAS PROMISSÓRIAS DESTINADAS A GARANTIR TAL OPERAÇÃO, A PRETEXTO DE ATENDIMENTO AO PRINCÍPIO DA AUTONOMIA DA VONTADE E APLICAÇÃO DO ART. 290 DO CÓDIGO CIVIL. IMPOSSIBILIDADE. VULNERAÇÃO DA PRÓPRIA NATUREZA DO CONTRATO DE FACTORING. RECONHECIMENTO.
>
> (...)
>
> 2. O contrato de factoring não se subsume a uma simples cessão de crédito, contendo, em si, ainda, os serviços prestados pela faturizadora de gestão de créditos e de assunção dos riscos advindos da compra dos créditos da empresa faturizada. **O risco advindo dessa operação de compra de direitos creditórios, consistente justamente na eventual inadimplência do devedor/sacado, constitui elemento essencial do contrato de factoring, não podendo ser transferido à faturizada/cedente, sob pena de desnaturar a operação de fomento mercantil em exame.**
>
> 2.1 **A natureza do contrato de factoring, diversamente do que se dá no contrato de cessão de crédito puro, não dá margem para que os contratantes, ainda que sob o signo da autonomia de vontades que regem os contratos em geral, estipulem a responsabilidade da cedente (faturizada) pela solvência do devedor/sacado.** Por consectário, a ressalva constante no art. 296 do Código Civil – *in verbis*: "Salvo estipulação em contrário, o cedente não responde pela solvência do devedor" – não tem nenhuma aplicação no contrato de factoring.
>
> 3. **Ratificação do posicionamento prevalecente no âmbito desta Corte de Justiça, segundo o qual, no bojo do contrato de factoring, a faturizada/**

> **cedente não responde, em absoluto, pela insolvência dos créditos cedidos, afigurando-se nulos a disposição contratual nesse sentido e eventuais títulos de créditos emitidos com o fim de garantir a solvência dos créditos cedidos no bojo de operação de factoring, cujo risco é integral e exclusivo da faturizadora.**
>
> (...)
>
> (REsp 1.711.412/MG, Rel. Ministro MARCO AURÉLIO BELLIZZE, TERCEIRA TURMA, julgado em 04/05/2021, DJe 10/05/2021)

No entanto, em se tratando de FIDC (fundo de investimento em direitos creditórios), o STJ tem entendimento diferente, afirmando que "é válida a cláusula contratual inserida em contrato de cessão de crédito celebrado com um FIDC que consagra a responsabilidade do cedente pela solvência do devedor (cessão de crédito pro solvendo)" (REsp 1.909.459 – Informativo 697). Consta do referido julgado a seguinte fundamentação: "não há, no ordenamento jurídico brasileiro, previsão legal que vede os FIDCs de estipular a responsabilidade do cedente pelo pagamento do débito em caso de inadimplemento do devedor e, segundo dispõe o art. 296 do CC, o cedente ficará incumbido do pagamento da dívida se houver previsão contratual nesse sentido". Ora, também não há previsão legal que vede as faturizadoras de fazerem o mesmo, de modo que a incoerência do STJ no tratamento dessa questão me parece inegável.

6.6.3.2. *Características do* factoring

O faturizador não é obrigado a aceitar todos os créditos que o faturizado queira repassar-lhe. Cabe ao faturizador proceder a uma análise criteriosa dos créditos objeto da faturização, e só aceitar aqueles que lhe parecerem seguros. Por isso é tão importante que o *factoring* contenha também, conforme já destacamos, a prestação dos serviços de administração de crédito do faturizado, devendo o faturizador orientá-lo na escolha dos seus clientes, na concessão de crédito a esses clientes, dentre outras medidas que tornem mais eficiente e segura a relação contratual de faturização.

> Estabelecido o contrato de faturização, as suas operações começam com a transferência, para o faturizador, de todas as contas do faturizado concernentes aos seus clientes. Fica, entretanto, o faturizador com o direito de escolher as contas que deseja garantir, aprovando-as. Para isso, pode ele verificar, no arquivo do faturizado, tudo o que disser respeito aos clientes desse para poder escolher os que melhor lhes convêm. Tem, necessariamente, o faturizador o seu próprio arquivo de informações a respeito dos clientes cujas contas lhes vão ser cedidas. A ele cabe, inclusive, orientar o faturizado na escolha dos clientes, para evitar futuros dissabores.[73]

Destaque-se ainda que, conforme orientação jurisprudencial do Superior Tribunal de Justiça, **aplica-se aos contratos de *factoring* a limitação de juros de 12% ao ano**, prevista na Lei de Usura. É que o STJ entende que o *factoring* não possui, de acordo com a Lei 4.595/1964, natureza de contrato bancário típico, razão pela

[73] MARTINS, Fran. *Contratos e obrigações comerciais*. 14. ed. Rio de Janeiro: Forense, 1997. p. 478-479.

qual, inclusive, as faturizadoras não precisam de autorização do Banco Central para funcionar nem lhes é aplicável a regra do dever de sigilo.[74] Nesse sentido:

> *Empresa.* Factoring. *Limitação. Taxa de juros. Trata-se de empresa que opera no ramo de* factoring, *não integrante do Sistema Financeiro Nacional e, como tal, não se inclui no sistema introduzido no direito brasileiro pela Lei n. 4.595/1964. Nessas condições, é aplicável a Lei de Usura, razão pela qual é de ser mantida a limitação dos juros remuneratórios à taxa de 12% ao ano (Dec. n. 22.626/1933, art. 1.º). Precedentes citados: REsp 330.845-RS,* DJ *15/9/2003; REsp 119.705-RS,* DJ *29/6/1998, e HC 7.463-PR,* DJ *22/2/1999 (REsp 489.658-RS, Rel. Min. Barros Monteiro, j. 05.05.2005,* Informativo *245/2005).*
>
> Factoring. *Sistema financeiro. Limitação. Juros. Prosseguindo o julgamento,* ***a Turma entendeu que, apesar de desempenharem algumas atividades também desenvolvidas por instituições financeiras, as empresas de factoring não integram o Sistema Financeiro Nacional, aplicando-se-lhes o disposto na Lei de Usura (Dec. n. 22.626/1933) a limitar a taxa de juros remuneratórios ao teto de 12% ao ano.*** *O Min. Aldir Passarinho Junior aduziu, em seu voto-vista, que a* factoring *também não se inclui na exceção prevista no art. 4.° da MP n. 2.172/2001 (semelhante à MP n. 1.820/1999), pois não necessitaria de autorização do Banco Central para funcionar, não sendo também incluída na LC n. 105/2001, que cuida do sigilo de operações de instituições financeiras, não se caracterizando como tal. Precedentes citados: REsp 119.705-RS,* DJ *29/6/1998, e HC 7.463-PR,* DJ *22/2/1999 (REsp 330.845-RS, Rel. Min. Barros Monteiro, j. 17.06.2003,* Informativo *177/2003).*

Dentre as **cláusulas típicas de um contrato de faturização**, merecem destaque as seguintes: a) *cláusula de exclusividade*, por meio da qual se compromete a não contratar outro faturizador (tal cláusula impede que o faturizado ceda os créditos bons a um faturizador, deixando os créditos ruins para outro faturizador); b) *cláusula de totalidade*, por meio da qual o faturizado transmite todos os seus créditos ao faturizador, cabendo a este escolher os que vai garantir (tal cláusula, por sua vez, impede que o faturizado só transfira os créditos ruins); c) *cláusula de aprovação* prévia pelo faturizador.

Por fim, registre-se que é preciso ter muito cuidado para não serem confundidas as operações de *factoring* com as atividades de **agiotagem**, as quais, embora sejam muito comuns, são ilegais. Assim, uma forma de se fazer a devida distinção é analisar se, efetivamente, são prestados os serviços de administração do crédito e se as operações são constantes ou esporádicas. Caso não sejam prestados tais serviços, havendo tão somente a antecipação de crédito, em caráter eventual, estar-se-á diante de agiotagem, e não de contrato de *factoring*. A relevância desses serviços de administração do crédito é tão importante para a caracterização do *factoring* que o Superior Tribunal de Justiça entende que as instituições financeiras que operam com faturização mercantil devem ser registradas no Conselho Regional de Administração (STJ, REsp 497.882/SC, Rel. Min. João Otávio de Noronha, *DJ* 24.05.2007, p. 342).

[74] As empresas de *factoring* não são *bancos*, uma vez que estes captam e intermediam recursos próprios e de terceiros, enquanto as faturizadoras sempre aplicam recursos próprios. Nesse sentido: LEITE, Luiz Lemos. *Factoring no Brasil*. 9. ed. São Paulo: Atlas, 2004. p. 38. Diz o autor: "*À empresa de factoring, assim como a quaisquer pessoas físicas ou jurídicas, é proibido, por lei, fazer captação de recursos no mercado e aplicá-los em empréstimos. Quem capta dinheiro e empresta dinheiro é banco, que depende de autorização do Banco Central para funcionar. Quem pratica, sem autorização do Banco Central, qualquer atividade que legalmente é de banco responde por ilícito administrativo e por um ilícito criminal (Resolução n.° 2.144/95 do CMN).*"

6.6.4. Cartão de crédito

As operações com cartão de crédito têm crescido consideravelmente nos últimos anos. Hoje em dia, dificilmente um estabelecimento comercial não aceita pagamentos por meio de cartão de crédito. Se o faz, corre sério risco de ver suas vendas diminuírem sensivelmente, uma vez que seus concorrentes, muito provavelmente, facultam ao cliente essa possibilidade.

Trata-se de contrato por meio do qual uma instituição financeira, a operadora do cartão, permite aos seus clientes a compra de bens e serviços em estabelecimentos comerciais cadastrados, que receberão os valores das compras diretamente da operadora. Esta, por sua vez, cobra dos clientes, mensalmente, o valor de todas as suas compras realizadas num determinado período. Chama-se *cartão de crédito*, então, o documento por meio do qual o cliente realiza a compra, apresentando-o ao estabelecimento comercial cadastrado.

Do que foi exposto, pode-se então distinguir três relações jurídicas distintas numa operação com cartão de crédito: (i) a da operadora com o seu cliente; (ii) a do cliente com o estabelecimento comercial; (iii) a do estabelecimento comercial com a operadora.[75]

Perceba-se que só há relação de consumo nas duas primeiras relações jurídicas ora destacadas. Em contrapartida, não há relação de consumo na relação entre a operadora e o estabelecimento comercial credenciado, conforme orientação jurisprudencial do Superior Tribunal de Justiça:

> *Administradora. Cartão de crédito. Inexistência. Relação de consumo. Empresa. Trata-se de autos remetidos da Terceira Turma, em que a empresa administradora de cartão de crédito, por equívoco, emitiu cartão personalizado à empresa cliente, ora recorrida, com numeração de créditos errada. Assim, os valores resultantes de compras de clientes que deveriam ser repassados à recorrida, foram depositados em conta de terceiros (outra empresa). Apesar de a empresa ter recebido o dinheiro, nestes autos busca indenização pelos danos materiais sofridos pelos atrasos no repasse dos créditos. Isso posto, a questão resume-se em saber se existe ou não relação de consumo entre a administradora de cartão de crédito e a empresa que deveria receber os créditos das vendas com o cartão. Note-se que o acórdão recorrido considerou que existe uma relação de consumo. Prosseguindo o julgamento,* ***a Seção, por maioria, deu provimento ao recurso da empresa administradora, reconhecendo que não há relação de consumo porque a empresa recorrida filia-se e utiliza o sistema de cartões de crédito para facilitar as vendas, ou seja, somente o usa com intuito de obter lucro, como atividade comercial. E só há relação de consumo entre a empresa e o cliente, que compra seu produto no varejo****. Consequentemente, ausente a relação de consumo entre a operadora de cartões e a empresa recorrida, é incompetente o juízo especializado de defesa do consumidor e nulos todos os atos processuais praticados por esse juízo. O Min. Relator e os vencidos reconheciam a*

[75] Paulo Sérgio Restiffe destaca ainda uma quarta relação jurídica: "*há ainda, além dessas relações jurídicas do cartão de crédito mencionadas, uma outra, que existe entre, de um lado, a administradora de cartão de crédito (ou emissora), que é vinculada a uma instituição financeira, e, de outro lado, a bandeira, detentora de marca mundialmente reconhecida. Por essa relação jurídica, a bandeira autoriza a administradora do cartão de crédito, que é a emissora, a gerar cartões com a sua marca, mediante licença*". (RESTIFFE, Paulo Sérgio. *Manual do novo direito comercial*. São Paulo: Dialética, 2006. p. 367).

> *relação de consumo e, em decorrência, a responsabilidade objetiva da empresa administradora (REsp 541.867-BA, Rel. originário Min. Antônio de Pádua Ribeiro, Rel. p/ Acórdão Min. Barros Monteiro, j. 10.11.2004,* Informativo *228/2004).*

O mesmo Superior Tribunal de Justiça também reconhece que as **operadoras de cartões de crédito são instituições financeiras e, por isso, entendem que nas suas operações não incide o limite de juros de 12% ao ano** previsto na Lei de Usura. É o que prevê o Enunciado 283 da súmula de jurisprudência dominante do STJ: "As empresas administradoras de cartão de crédito são instituições financeiras e, por isso, os juros remuneratórios por elas cobrados não sofrem as limitações da Lei de Usura".

Outro entendimento relevante do STJ, já manifestado em diversos precedentes, é o de que o cliente tem o direito à prestação de contas por parte da operadora do cartão, a fim de dirimir dúvidas sobre os critérios adotados nos encargos e juros que lhe são cobrados no extrato da fatura mensal.

> *Cartão. Crédito. Prestação. Contas. Trata-se de ação de prestação de contas em que o autor deseja verificar lançamentos de valores de encargos e juros em seu extrato de cartão de crédito realizados pela empresa administradora. As instâncias ordinárias julgaram improcedente o pedido, alegando não ser cabível ação de prestação de contas contra aquela empresa para esclarecer tais lançamentos, uma vez que os associados recebem mensalmente os extratos detalhados das faturas. O autor, ora recorrente, sustenta que os extratos mensais são resumidos, o que impossibilita uma conferência induvidosa e insiste na necessidade da prestação de contas. Isso posto, o Min. Relator deu provimento ao recurso com base na jurisprudência firmada neste Superior Tribunal, no sentido de que, independentemente do fornecimento de extratos mensais, remanesce o interesse do titular do cartão de crédito de obter da administradora a prestação de contas para esclarecer dúvidas sobre os critérios adotados nos encargos e juros que lhe são cobrados. Precedentes citados: REsp 457.391-RS, DJ 16/12/2002; REsp 503.958-RS, DJ 29/9/2003; REsp 485.965-RS, DJ 29/9/2003, e REsp 397,796-RS 10/3/2003 (REsp 457.055-RS, Rel. Min. Jorge Scartezzini, j. 14.11.2006,* Informativo *304/2006).*

Por fim, registre-se que é de fundamental importância que o estabelecimento comercial credenciado pela operadora confira a assinatura do cliente titular do cartão, comparando-a com a assinatura usada em seus documentos de identidade. Nesse sentido, já decidiu o Superior Tribunal de Justiça:

> *Furto. Cartão de crédito. Despesas. Trata-se de saber se são da responsabilidade do titular do cartão de crédito as despesas ocorridas antes da comunicação do furto, extravio, roubo ou falsificação, conforme prevista em cláusula contratual. Note-se que, no caso, em questão de horas, o titular do cartão comunicou o furto e os valores dos gastos questionados também ocorreram no mesmo dia. O juiz de Direito julgou procedente o pedido do recorrido, chegando à conclusão de que o ato criminoso não poderia produzir efeitos nem atribuir responsabilidades à vítima por ser um ato nulo. O Tribunal a quo manteve a sentença, explicitando que, em se tratando de cartão de crédito, seu uso está condicionado à utilização correta da assinatura do titular.* ***Assim, verificada, por menor que seja, a divergência entre as assinaturas, está contaminado o negócio, sendo essa conferência responsabilidade do vendedor que, negligente, passa a ser o único responsável, na pendência de seus vínculos com a empresa de administração de cartões.*** *A Turma, ao prosseguir o julgamento, negou provimento ao recurso, confirmando o acórdão recorrido (REsp 348.343-SP, Rel. Min. Humberto Gomes de Barros, j. 14.02.2006).*

7. CONTRATO DE SEGURO

O contrato de seguro é bastante antigo, tendo sua origem na fase inicial do Direito Comercial, quando o comércio marítimo se intensificou e trouxe consigo a preocupação dos mercadores de se precaverem quanto a prejuízos suportados em decorrência de naufrágios ou ataques de corsários. E não é à toa que o seguro tenha surgido e se desenvolvido no âmbito das relações comerciais, conforme lembra Orlando Gomes:

> O contrato de seguro, tal como se pratica na atualidade, pertence ao campo do Direito Comercial, pois somente empresas organizadas sob a forma de sociedade anônima podem celebrá-lo na qualidade de segurador. Essa impossibilidade legal decorre da própria função econômico-social do contrato. Para cobrir os inúmeros riscos que podem ser objeto de seguro, mister se faz uma organização econômica que, utilizando técnica especial, possa atender ao pagamento das indenizações prováveis com o produto da arrecadação das contribuições pagas por grande número de segurados. A natural exigência de que o segurado seja uma sociedade por ações desloca o contrato do Direito Civil para o Direito Comercial, tornando-o um contrato mercantil.[76]

Atualmente, o contrato de seguro possui regulamentação legal detalhada no Código Civil, que assim dispõe em seu art. 757: "pelo contrato de seguro, o segurador se obriga, mediante o pagamento do prêmio, a garantir interesse legítimo do segurado, relativo a pessoa ou a coisa, contra riscos predeterminados". O Código Civil ainda estabelece, no parágrafo único desse dispositivo, que "somente pode ser parte, no contrato de seguro, como segurador, entidade para tal fim legalmente autorizada".

Da definição do Código, podem ser destacadas as partes desse contrato: (i) o segurado, que paga o chamado *prêmio*, e (ii) o segurador, que em troca do recebimento desse prêmio assume a obrigação de garantir o segurado contra riscos preestabelecidos.

> O contrato de seguro é assunção por empresa especializada (segurador) da obrigação de, em virtude de evento futuro e incerto, mas predeterminado (risco), e mediante retribuição (prêmio), ressarcir o prejuízo (indenização) pessoal ou patrimonial sofrido pelo segurado (ou estipulante) ou seu beneficiário na ocorrência do sinistro, que é a verificação da concretização danosa do risco, isto é, a ocorrência de evento futuro e incerto, mas predeterminado.[77]

De acordo com o art. 758 do Código Civil, "o contrato de seguro provase com a exibição da apólice ou do bilhete do seguro, e, na falta deles, por documento comprobatório do pagamento do respectivo prêmio". Esse dispositivo deixa claro que o seguro é um contrato consensual, que se aperfeiçoa, pois, pelo mero acordo de vontade entre as partes.

Ressalte-se que normalmente esse acordo de vontades no contrato de seguro se dá pela **simples adesão** do segurado às cláusulas previamente estabelecidas pelo

---

[76] GOMES, Orlando. *Contratos*. 24. ed. Rio de Janeiro: Forense, 2001. p. 410.

[77] RESTIFFE, Paulo Sérgio. *Manual do novo direito comercial*. São Paulo: Dialética, 2006. p. 335.

segurador, uma vez que se trata, em regra, de *contrato de adesão*. Porém, essas cláusulas, é bom destacar, são regulamentadas por um órgão estatal específico, a Superintendência de Seguros Privados (SUSEP), nos termos do que dispõe o Decreto-lei 73/1966 (com as atualizações promovidas pela Lei Complementar 126/2007), o que faz com que o seguro seja qualificado também como um *contrato dirigido*.

> O contrato de seguro é dirigido, pois depende da aprovação do seu texto pelas autoridades administrativas (SUSEP – Superintendência de Seguros Privados), e é de adesão, pois o segurado não tem a possibilidade de discutir as cláusulas contratuais com o segurador, podendo apenas aceitá-las ou deixar de contratar. Muitas vezes, nem a liberdade de contratar, ou não, existe, pois a lei impõe a determinadas classes de pessoas o seguro obrigatório (acidentes de trabalho, de trânsito e outros).[78]

O próprio Código Civil também se preocupou com esse *dirigismo* do contrato de seguro. Nesse sentido, por exemplo, dispôs, em seu art. 762, que "nulo será o contrato para garantia de risco proveniente de ato doloso do segurado, do beneficiário, ou de representante de um ou de outro".

Além do mais, uma característica típica do seguro é a sua *mutualidade*, que se traduz no fato de ele representar, na prática, uma forma de socialização dos riscos entre os diversos segurados. Melhor explicando: por meio de cálculos *atuariais*, o segurador consegue prever, com certo grau de correção, a possibilidade de ocorrência dos eventos danosos que garante. Assim, calcula o valor dos *prêmios* de modo que o montante arrecadado com eles seja suficiente para cobrir os gastos com as indenizações dos eventos danosos que efetivamente se concretizarem. Em suma: o dinheiro dos segurados é usado para o pagamento das indenizações devidas a eles, em caso de ocorrência do *sinistro*.

Outra característica típica do seguro é a forte regulamentação estatal a que é submetida essa modalidade contratual, em virtude da importância que ela representa para o mercado. Essa regulamentação é feita por meio do *Sistema Nacional de Seguros Privados*, que é formado: (i) pelo Conselho Nacional de Seguros Privados – CNSP, que possui atribuições gerais de regulamentação e normatização; (ii) pela já mencionada SUSEP, autarquia federal incumbida de executar as políticas traçadas pelo CNSP, fiscalizar as seguradoras e proceder à sua liquidação; (iii) pelos resseguradores (art. 8.º, *c*, do Decreto-lei 73/1966, com redação alterada pela LC 126/2007); (iv) pelas sociedades seguradoras, sociedades anônimas autorizadas a exercer atividade securitária; e (v) pelos corretores, pessoas físicas ou jurídicas que se encarregam de aproximar segurados e seguradores. Confira-se, a respeito desses agentes, a regra do art. 775 do Código Civil: "os agentes autorizados do segurador presumem-se seus representantes para todos os atos relativos aos contratos que agenciarem".

Questão doutrinária que tem causado polêmica acerca do contrato de seguro diz respeito à sua **natureza jurídica**. Com efeito, sempre se afirmou que o seguro é um contrato aleatório, uma vez que nele "*há, enfim, uma alternativa de ganho ou*

[78] WALD, Arnoldo. *Obrigações e contratos*. 16. ed. São Paulo: Saraiva, 2004. p. 605.

perda, não se sabendo qual das partes obterá a vantagem, ou sofrerá o prejuízo",[79] já que as partes contratantes não sabem, de início, se vai ocorrer ou não o evento danoso. Todavia, a partir da entrada em vigor do Código Civil de 2002, sustentam alguns autores que o seguro não seria mais um contrato aleatório, já que o Código estabelece como principal dever contratual da seguradora a obrigação certa de *garantir o segurado contra riscos*, o que implica, por exemplo, manter reservas suficientes para honrar os pagamentos dos prêmios, algo que não está submetido a nenhuma *alea*. É o que defende, por exemplo, Fábio Ulhoa Coelho:

> Com a entrada em vigor do Código Civil de 2002, altera-se substancialmente o tratamento da matéria no direito brasileiro. Não há mais elementos para sustentar a natureza aleatória do contrato de seguro, entre nós. Isto porque a lei não define mais a obrigação de a seguradora pagar ao segurado (ou a terceiro beneficiário) uma determinada prestação, caso venha a ocorrer evento danoso futuro e incerto. Este pagamento é, na verdade, *um* dos aspectos da obrigação que a seguradora contrai ao contratar o seguro: *a de garantir o segurado contra riscos*.
>
> Para dar cumprimento a essa obrigação – garantir os segurados contra riscos –, a seguradora não está só obrigada a pagar a prestação devida, nas hipóteses delineadas em contrato, mas deve adotar providências de gerenciamento empresarial com vistas a manter-se em condições econômicas, financeiras e patrimoniais para fazê-lo. Quando a seguradora não constitui reservas adequadas, ela não está apenas descumprindo normas administrativas da SUSEP; está também faltando ao cumprimento da obrigação de garantir seus segurados. Não há, em outros termos, nenhuma álea: executar o contrato de seguro significa administrar a empresa securitária de modo a garantir os seus segurados contra os riscos contratados.[80]

7.1. Regras gerais

O Código Civil, conforme já adiantamos, traz uma disciplina legal detalhada do contrato de seguro, estabelecendo uma série de regras gerais aplicáveis a essa figura contratual específica. Ressalte-se, todavia, que essas regras são de **aplicação supletiva** aos contratos de seguro que possuam regulamentação especial. É o que prevê o art. 777 do Código: "o disposto no presente Capítulo aplica-se, no que couber, aos seguros regidos por leis próprias".

De acordo com o art. 759 do Código Civil, "a emissão da apólice deverá ser precedida de proposta escrita com a declaração dos elementos essenciais do interesse a ser garantido e do risco". Essa proposta é de fundamental importância, a fim de que o segurador possa elaborar os cálculos atuariais que definirão o valor do prêmio do seguro.

Nesse sentido, aliás, o art. 765 prevê que "o segurado e o segurador são obrigados a guardar na conclusão e na execução do contrato, a mais estrita boa-fé e

[79] GOMES, Orlando. *Contratos*. 24. ed. Rio de Janeiro: Forense, 2001. p. 411.

[80] COELHO, Fábio Ulhoa. *Manual de direito comercial*. 18. ed. São Paulo: Saraiva, 2007. p. 488. Em sentido contrário, entendendo que o seguro mantém sua natureza de contrato aleatório mesmo após a entrada em vigor do novo CC, em razão de as partes não saberem, no momento da contratação, quem terá vantagem ou perda: RESTIFFE, Paulo Sérgio. *Manual do novo direito comercial*. São Paulo: Dialética, 2006. p. 336.

veracidade, tanto a respeito do objeto como das circunstâncias e declarações a ele concernentes". E o art. 766 e seu parágrafo único complementam a regra: o primeiro assevera que "se o segurado, por si ou por seu representante, fizer declarações inexatas ou omitir circunstâncias que possam influir na aceitação da proposta ou na taxa do prêmio, perderá o direito à garantia, além de ficar obrigado ao prêmio vencido"; o segundo, por sua vez, estipula que "se a inexatidão ou omissão nas declarações não resultar de má-fé do segurado, o segurador terá direito a resolver o contrato, ou a cobrar, mesmo após o sinistro, a diferença do prêmio".

A apólice ou o bilhete do seguro, conforme disposição do art. 760 do Código, "serão nominativos, à ordem ou ao portador, e mencionarão os riscos assumidos, o início e o fim de sua validade, o limite da garantia e o prêmio devido, e, quando for o caso, o nome do segurado e o do beneficiário". O parágrafo único desse dispositivo faz, porém, uma ressalva, dispondo que "no seguro de pessoas, a apólice ou o bilhete não podem ser ao portador".

A norma do art. 761 do Código se refere especificamente ao cosseguro, estabelecendo que, "quando o risco for assumido em cosseguro, a apólice indicará o segurador que administrará o contrato e representará os demais, para todos os seus efeitos".

O art. 763 do Código, por sua vez, traz regra polêmica. Com efeito, determina esse dispositivo que "não terá direito a indenização o segurado que estiver em mora no pagamento do prêmio, se ocorrer o sinistro antes de sua purgação". O Superior Tribunal de Justiça entende que a caracterização da mora não se dá com o mero atraso, sendo necessário, para tanto, que a seguradora interpele o segurado. Em um caso específico, todavia, entendeu o STJ que o atraso longo e continuado é suficiente para a caracterização da mora. Confiram-se os julgados:

> *Indenização. Seguro. Prestação. Atraso. Notificação. Mora. Prosseguindo o julgamento, a Seção, por maioria, decidiu que, em caso de sinistro nos contratos de seguro de automóvel,* ***a inadimplência parcial não afasta o direito à indenização, malgrado o atraso das duas últimas das quatro prestações do prêmio. Ausentes, ademais, os requisitos para a resolução do contrato, como a interpelação para constituir em mora e a respectiva ação judicial.*** *Outrossim, a notificação da constituição em mora é necessária para que, efetivamente, se produzam os efeitos da cláusula resolutiva. Precedentes citados: REsp 323.251-SP, DJ 8/4/2002, e REsp 76.362-MT, DJ 1.º/4/1996 (REsp 316.449-SP, Rel. Min. Aldir Passarinho Junior, j. 09.10.2002,* Informativo *150/2002).*
>
> *Seguro de vida. Cancelamento. Mora. Notificação. Requisito. Mero atraso. A Turma decidiu que, para a caracterização da mora no pagamento de prestações relativas ao prêmio, é preciso antes a interpelação do segurado, uma vez que o mero atraso não é suficiente para desconstituir o contrato. Não obstante,* ***15 meses de atraso não podem ser qualificados como "mero atraso", pelo que inexiste o direito à indenização securitária mesmo na falta da notificação da seguradora.*** *Precedentes citados: REsp 286.472-ES, DJ 17/2/2203; REsp 318.408-SP, DJ 10/10/2005; REsp 316.552-SP, DJ 12/4/2004; REsp 647.186-MG, DJ 14/11/2005, e REsp 278.064-MS, DJ 14/4/2003 (REsp 842.408-RS, Rel. Min. Humberto Gomes de Barros, j. 16.11.2006,* Informativo *304/2006).*

Registre-se ainda um argumento adicional que é deveras relevante, na nossa opinião particular: se a seguradora cobra juros do segurado pelo atraso no pagamento das prestações, é absurda a recusa de cobertura do sinistro se este ocorrer durante o período de inadimplência. Ou a seguradora cobra juros, mas cobre o sinistro independentemente do atraso no pagamento das prestações, ou não cobra juros pelo eventual atraso. Como justificar a cobrança de juros se a seguradora, caso ocorresse o evento danoso no período de inadimplência, entende-se no direito de não o garantir? Diante disso, pois, a jurisprudência do STJ merece aplausos.

Continuando a disciplina geral do seguro, em normas que tratam do *risco*, o CC, em seu art. 764, dispõe que, "salvo disposição especial, o fato de se não ter verificado o risco, em previsão do qual se faz o seguro, não exime o segurado de pagar o prêmio". O art. 768, por sua vez, prevê que "o segurado perderá o direito à garantia se agravar intencionalmente o risco objeto do contrato". O mesmo ocorre se forjar a ocorrência do evento danoso. No que se refere ao seguro para cobrir acidente de trânsito, o Superior Tribunal de Justiça entende que a embriaguez, se for meramente ocasional, não configura agravamento do risco:

> *Seguro. Embriaguez ocasional. A embriaguez apenas episódica, ocasional, por si só, não é excludente do direito à cobertura securitária pelo falecimento em acidente de trânsito. Tal circunstância não configura agravamento do risco previsto no art. 1.454 do CC/1916. Precedentes citados: REsp 79.533-MG, DJ 6/12/1999; REsp 180.411-RS, DJ 7/12/1998; REsp 192.347-RS, DJ 24/5/1999; REsp 223.119-MG, DJ 14/2/2000; REsp 231.995-RS, DJ 6/11/2000; REsp 236.052-SP, DJ 28/8/2000, e REsp 341.372-MG, DJ 31/3/2003 (REsp 212.725-RS, Rel. Min. Barros Monteiro, j. 02.12.2003).*

Na mesma linha do art. 768, o art. 769 do Código determina que "o segurado é obrigado a comunicar ao segurador, logo que saiba, todo incidente suscetível de agravar consideravelmente o risco coberto, sob pena de perder o direito à garantia, se provar que silenciou de má-fé". E, complementando a regra em questão, o seu § 1.º estabelece que "o segurador, desde que o faça nos quinze dias seguintes ao recebimento do aviso da agravação do risco sem culpa do segurado, poderá dar-lhe ciência, por escrito, de sua decisão de resolver o contrato". Finalizando, o § 2.º reza que "a resolução só será eficaz trinta dias após a notificação, devendo ser restituída pelo segurador a diferença do prêmio".

O art. 767 traz regra especial aplicável aos seguros à conta de outrem: "no seguro à conta de outrem, o segurador pode opor ao segurado quaisquer defesas que tenha contra o estipulante, por descumprimento das normas de conclusão do contrato, ou de pagamento do prêmio".

Ora, se o agravamento do risco, conforme vimos acima, pode acarretar até mesmo a resolução do contrato por parte da seguradora, é claro que a diminuição do risco também produz efeitos relevantes, em determinadas situações. Nesse sentido, dispõe o art. 770 que, "salvo disposição em contrário, a diminuição do risco no curso do contrato não acarreta a redução do prêmio estipulado; mas, se a redução do risco for considerável, o segurado poderá exigir a revisão do prêmio, ou a resolução do contrato".

No art. 771 do Código, começa-se a tratar do **sinistro**. Esse dispositivo, por exemplo, determina que, "sob pena de perder o direito à indenização, o segurado participará o sinistro ao segurador, logo que o saiba, e tomará as providências imediatas para minorar-lhe as consequências". Seu parágrafo único, por sua vez, prevê que "correm à conta do segurador, até o limite fixado no contrato, as despesas de salvamento consequente ao sinistro".

No que se refere à eventual mora do segurador no pagamento do sinistro, estipula o art. 772 do Código que "a mora do segurador em pagar o sinistro obriga à atualização monetária da indenização devida segundo índices oficiais regularmente estabelecidos, sem prejuízo dos juros moratórios".

O art. 773, por seu turno, assim prescreve: "o segurador que, ao tempo do contrato, sabe estar passado o risco de que o segurado se pretende cobrir, e, não obstante, expede a apólice, pagará em dobro o prêmio estipulado".

E quanto ao pagamento da indenização, determina o art. 776 do Código que "o segurador é obrigado a pagar em dinheiro o prejuízo resultante do risco assumido, salvo se convencionada a reposição da coisa".

Por fim, registre-se o que estipula o art. 774 do Código: "a recondução tácita do contrato pelo mesmo prazo, mediante expressa cláusula contratual, não poderá operar mais de uma vez".

7.2. Seguro de dano

Trata-se o seguro de dano (ou de *ramos elementares*) de **modalidade do contrato de seguro em que a seguradora garante o segurado contra eventuais prejuízos em seu patrimônio, em sua saúde ou em sua integridade física**, razão pela qual a doutrina aponta que sua função é nitidamente **indenizatória**, servindo, em síntese, para a reposição das perdas que sofreu em virtude da ocorrência do evento danoso. Assim, nos termos do art. 779 do Código, "o risco do seguro compreenderá todos os prejuízos resultantes ou consequentes, como sejam os estragos ocasionados para evitar o sinistro, minorar o dano, ou salvar a coisa". Sobre o assunto, registre-se, pois, que o segurador garante todos os riscos de danos que sejam inerentes às atividades desenvolvidas pelo segurado. Nesse sentido, decidiu o STJ:

> *Seguro. Carga. Descarga. Restrição abusiva. Cláusula contratual. Nulidade. É nula a cláusula que exclui da indenização os riscos dos danos decorrentes de operações de carga e descarga no transporte do veículo cargueiro, porquanto inerentes à própria atividade deste. Precedente citado: REsp 247.203-GO, DJ 12/2/2001 (REsp 613.397-MG, Rel. Min. Humberto Gomes de Barros, j. 25.09.2006,* Informativo *298/2006).*

De acordo com o art. 778 do Código, "nos seguros de dano, a garantia prometida não pode ultrapassar o valor do interesse segurado no momento da conclusão do contrato, sob pena do disposto no art. 766, e sem prejuízo da ação penal que no caso couber".

Da mesma forma, não pode o segurado contratar pelo valor integral mais de um seguro de dano referente ao mesmo interesse, prática essa denominada de **sobresseguro**. Pode-se contratar mais de um seguro sobre o mesmo interesse, mas desde que cada seguradora assuma apenas parcela do risco. Nesse sentido, aliás, dispõe o art. 782: "o segurado que, na vigência do contrato, pretender obter novo seguro sobre o mesmo interesse, e contra o mesmo risco junto a outro segurador, deve previamente comunicar sua intenção por escrito ao primeiro, indicando a soma por que pretende segurar-se, a fim de se comprovar a obediência ao disposto no art. 778".

> Não é lícito que o segurado contrate novo seguro de dano sobre um mesmo interesse, situação a que se dá o nome de sobresseguro, pois, nesse caso, estar-se-ia infringindo o referido princípio indenitário, na medida em que o segurado, em caso de sinistro, receberia valor superior ao efetivo prejuízo patrimonial. Nada impede, no entanto, que sejam contratados vários seguros parciais sobre o mesmo interesse, assumindo cada seguradora uma parcela do risco, sendo que, na hipótese de ocorrência do sinistro, seriam elas obrigadas a ratear o pagamento da indenização na medida da proporcionalidade do risco assumido, recebendo o segurado, na soma das indenizações, o limite máximo do valor do interesse segurado. A essa operação dá-se o nome de cosseguro.[81]

No mesmo sentido das regras acima destacadas, prevê o Código Civil, em seu art. 781, que "a indenização não pode ultrapassar o valor do interesse segurado no momento do sinistro, e, em hipótese alguma, o limite máximo da garantia fixado na apólice, salvo em caso de mora do segurador". Em contrapartida, dispõe o art. 783 que "salvo disposição em contrário, o seguro de um interesse por menos do que valha acarreta a redução proporcional da indenização, no caso de sinistro parcial".

Como o seguro, conforme vimos quando da sua definição, garante o segurado contra a ocorrência de evento danoso futuro e incerto, obviamente a seguradora não pode se responsabilizar por vício intrínseco da coisa, quando este não foi informado a ela pelo segurado. É o que estabelece claramente o art. 784 do Código Civil: "não se inclui na garantia o sinistro provocado por vício intrínseco da coisa segurada, não declarado pelo segurado". E o parágrafo único desse dispositivo complementa, estipulando que "entende-se por vício intrínseco o defeito próprio da coisa, que se não encontra normalmente em outras da mesma espécie".

O art. 785 do Código regula a hipótese de transferência do contrato de seguro a terceiros, estabelecendo que, "salvo disposição em contrário, admite-se a transferência do contrato a terceiro com a alienação ou cessão do interesse segurado". O § 1.º prevê que "se o instrumento contratual é nominativo, a transferência só produz efeitos em relação ao segurador mediante aviso escrito assinado pelo cedente e pelo cessionário". Já o § 2.º prevê que "a apólice ou o bilhete à ordem só se transfere por endosso em preto, datado e assinado pelo endossante e pelo endossatário".

Regra importantíssima está presente no art. 786 do Código, que regula a possibilidade de a seguradora voltar-se contra o causador do dano, após pagar a indenização ao segurado. Eis o teor da norma em comento: "paga a indenização, o segurador sub-roga-se, nos limites do valor respectivo, nos direitos e ações que competirem ao segurado contra o autor do dano". Se o causador do dano, entretanto, for parente próximo do segurado, não haverá essa sub-rogação, salvo se o dano foi causado de forma dolosa. É o que prevê o § 1.º do art. 786: "salvo dolo, a sub-rogação não tem lugar se o dano foi causado pelo cônjuge do segurado, seus descendentes ou ascendentes, consanguíneos ou afins". Complementando, o § 2.º ainda determina que "é ineficaz qualquer ato do segurado que diminua ou extinga, em prejuízo do segurador, os direitos a que se refere este artigo".

---

[81] BERTOLDI, Marcelo M.; RIBEIRO, Marcia Carla Pereira. *Curso avançado de direito comercial*. 3. ed. São Paulo: RT, 2006. p. 745-746.

O art. 787, por seu turno, regula o *seguro de responsabilidade civil*, por meio do qual a seguradora garante o pagamento de indenizações que o segurado deva a terceiros. Assim dispõe a regra em questão: "no seguro de responsabilidade civil, o segurador garante o pagamento de perdas e danos devidos pelo segurado a terceiro". Nesse caso, "tão logo saiba o segurado das consequências de ato seu, suscetível de lhe acarretar a responsabilidade incluída na garantia, comunicará o fato ao segurador e uma vez intentada a ação contra o segurado, dará este ciência da lide ao segurador" (§§ 1.º e 3.º). Por outro lado, "é defeso ao segurado reconhecer sua responsabilidade ou confessar a ação, bem como transigir com o terceiro prejudicado, ou indenizá-lo diretamente, sem anuência expressa do segurador" (§ 2.º). Complementando, o § 4.º estipula que "subsistirá a responsabilidade do segurado perante o terceiro, se o segurador for insolvente".

Os seguros de responsabilidade civil têm sido muito utilizados atualmente pelas grandes sociedades empresárias, sobretudo sociedades anônimas. Trata-se dos seguros de responsabilidade civil dos administradores (os famosos *D&O*, que significa *Directors and Officers*).

Por fim, o art. 788 do Código disciplina os seguros que são contratados obrigatoriamente, por força de determinação legal específica. De acordo com esse dispositivo, "nos seguros de responsabilidade legalmente obrigatórios, a indenização por sinistro será paga pelo segurador diretamente ao terceiro prejudicado". E o seu parágrafo único prevê que, "demandado em ação direta pela vítima do dano, o segurador não poderá opor a exceção de contrato não cumprido pelo segurado, sem promover a citação deste para integrar o contraditório". Perceba-se que no caso de seguro obrigatório, portanto, a vítima do dano pode ajuizar ação diretamente contra a seguradora (que tem responsabilidade por força da apólice securitária e não por ter agido com culpa no acidente), o que não pode ocorrer nos casos de seguro voluntário (ou seja, quando o contrato de seguro é feito em benefício do segurado), conforme jurisprudência do Superior Tribunal de Justiça (REsp 256.424-SE, Rel. originário Min. Fernando Gonçalves, Rel. p/ Acórdão Min. Aldir Passarinho Junior, j. 29.11.2005, *Informativo* 269/2005).

O exemplo talvez mais conhecido de seguro obrigatório seja o *Seguro Obrigatório de Danos Pessoais Causados por Veículos Automotores* (DPVAT), cujo prêmio é pago pelos proprietários dos veículos junto com o IPVA. Para garantia dos pagamentos dos danos, criou-se um consórcio entre diversas seguradoras, podendo a indenização correspondente ser cobrada de qualquer uma delas, conforme orientação do STJ:

> *Veículo automotor. DPVAT. Legitimidade passiva. A Turma desproveu o recurso, entendendo que, no trato de ação de indenização referente ao seguro obrigatório de veículo, qualquer seguradora do sistema tem legitimidade passiva. E, ainda, quanto ao valor de cobertura do DPVAT, seria de quarenta salários mínimos, inexistindo incompatibilidade com a Lei n. 6.194/1974 e demais normas que impedem o uso do salário mínimo como parâmetro de correção monetária. Precedentes citados: REsp 602.165-RJ, DJ 13/9/2004; REsp 579.891-SP, DJ 8/11/2004, e REsp 153.209-RS, DJ 2/2/2004 (AgRg no Ag 742.443-RJ, Rel. Min. Nancy Andrighi, j. 04.04.2006).*

Ainda sobre o seguro obrigatório DPVAT, atente-se para o disposto na Súmula 257 do STJ: "a falta de pagamento do prêmio do seguro obrigatório de Danos Pessoais Causados por Veículos Automotores de Vias Terrestres (DPVAT) não é motivo para a recusa do pagamento da indenização".

> *Indenização. Ação direta. Seguradora. O Min. Relator, invocando precedentes deste Superior Tribunal, entendeu que a ação indenizatória por danos morais e materiais advindos de atropelamento e morte causados por segurado pode ser ajuizada diretamente contra a seguradora, que tem responsabilidade por força da apólice securitária e não por ter agido com culpa no acidente, sendo, portanto, parte legítima para figurar no polo passivo da referida ação. O Min. Aldir Passarinho Junior, divergindo do Min. Relator, entendeu que, no caso, em que não se discute seguro DPVAT. O que se tem é uma ação movida para pedir uma cobertura securitária, feita em benefício de outro, porque o seguro contratado é uma terceirização do risco, em que a seguradoraré não tem sequer condição de se defender porque não sabe o que aconteceu, não estava presente no momento do acidente. Outrossim, se o segurado não está presente na lide, não é possível ação direta contra a seguradora quando o contrato de seguro é feito em benefício do segurado. A seguradora não pode ser parte legítima no caso, apenas o é quando figura na lide juntamente com o próprio segurado ou quando denunciada à lide. Com esse entendimento, a Turma, por maioria, não conheceu do recurso (REsp 256.424-SE, Rel. originário Min. Fernando Gonçalves, Rel. p/ Acórdão Min. Aldir Passarinho Junior, j. 29.11.2005,* Informativo *269/2005).*

7.3. Seguro de pessoa

A grande diferença entre o seguro de dano e o seguro de pessoa, como vimos, é que naquele a prestação devida pela seguradora, em caso de sinistro, tem natureza nitidamente indenizatória, o que não ocorre nessa modalidade do contrato. Por isso, **no seguro de pessoa não é vedado o *sobresseguro***, do mesmo modo que não há limite para o valor devido pela seguradora, em caso de ocorrência do sinistro.

Nesse sentido, dispõe o art. 789 do Código Civil que "nos seguros de pessoas, o capital segurado é livremente estipulado pelo proponente, que pode contratar mais de um seguro sobre o mesmo interesse, com o mesmo ou diversos seguradores". E mais: "é nula, no seguro de pessoa, qualquer transação para pagamento reduzido do capital segurado" (art. 795).

Registre-se que o Superior Tribunal de Justiça entende que "o contrato de seguro por danos pessoais compreende os danos morais, salvo cláusula expressa de exclusão" (Súmula 402 do STJ).

Conforme disposto no art. 790 do Código, "no seguro sobre a vida de outros, o proponente é obrigado a declarar, sob pena de falsidade, o seu interesse pela preservação da vida do segurado". No entanto, essa declaração é presumida, salvo prova em contrário, quando o segurado é cônjuge, ascendente ou descendente do proponente. É o que estabelece o parágrafo único da regra em comento: "até prova em contrário, presume-se o interesse, quando o segurado é cônjuge, ascendente ou descendente do proponente".

Se, por outro lado, não houver a indicação expressão do beneficiário do seguro, aplica-se a regra do art. 792, que assim estabelece: "na falta de indicação da pessoa ou beneficiário, ou se por qualquer motivo não prevalecer a que for feita, o capital segurado será pago por metade ao cônjuge não separado judicialmente, e o restante aos herdeiros do segurado, obedecida a ordem da vocação hereditária". Complementando a regra do *caput*, seu parágrafo único estipula que, "na falta das pessoas indicadas neste artigo, serão beneficiários os que provarem que a morte do segurado os privou dos meios necessários à subsistência".

Sobre a possibilidade de se colocar o companheiro como beneficiário, prescreve o art. 793 do Código que "é válida a instituição do companheiro como beneficiário, se ao tempo do contrato o segurado era separado judicialmente, ou já se encontrava separado de fato". Trata-se de importante inovação do Código Civil de 2002 em relação ao Código de 1916. Afinal, a própria Constituição Federal reconheceu que a união estável entre homem e mulher é considerada como entidade familiar e merece proteção jurídica. Nesse sentido, decidiu o STJ recentemente, mesmo tratando-se de caso julgado ainda à luz do antigo Código Civil (CC/1916).

> *Direito civil. Recursos especiais. Contratos, família e sucessões. Contrato de seguro instituído em favor de companheira. Possibilidade. – É vedada a designação de concubino como beneficiário de seguro de vida, com a finalidade assentada na necessária proteção do casamento, instituição a ser preservada e que deve ser alçada à condição de prevalência, quando em contraposição com institutos que se desviem da finalidade constitucional. – A união estável também é reconhecida constitucionalmente como entidade familiar; o concubinato, paralelo ao casamento e à união estável, enfrenta obstáculos à geração de efeitos dele decorrentes, especialmente porque concebido sobre o leito do impedimento dos concubinos para o casamento. – Se o Tribunal de origem confere à parte a qualidade de companheira do falecido, essa questão é fática e posta no acórdão é definitiva para o julgamento do recurso especial. –* ***Se o capital segurado for revertido para beneficiário licitamente designado no contrato de seguro de vida, sem desrespeito à vedação imposta no art. 1.474 do CC/1916, porque instituído em favor da companheira do falecido, o instrumento contratual não merece ter sua validade contestada.*** *– Na tentativa de vestir na companheira a roupagem de concubina, fugiram as recorrentes da interpretação que confere o STJ à questão, máxime quando adstrito aos elementos fáticos assim como descritos pelo Tribunal de origem. Recursos especiais não conhecidos (REsp 1.047.538/RS, Rel. Min. Nancy Andrighi, 3.ª Turma, j. 04.11.2008,* DJe *10.12.2008).*

Veja-se que o STJ entende ser possível a designação de companheiro como beneficiário do seguro de vida, porque essa relação é decorrente de união estável, entidade familiar reconhecida pela Constituição Federal. No entanto, o acórdão deixa claro que **não** é possível a designação de concubino como beneficiário do seguro, já que o concubinato é transgressão do casamento, instituição que deve ser protegida.

Regra importante está prevista no art. 794 do Código: "no seguro de vida ou de acidentes pessoais para o caso de morte, o capital estipulado não está sujeito às dívidas do segurado, nem se considera herança para todos os efeitos de direito". Assim, a seguradora deve pagar o valor devido diretamente ao beneficiário, e sobre essa operação não deve incidir o imposto de transmissão *causa mortis*.

O art. 797 permite expressamente que, no seguro de vida para o caso de morte, se estipule "um prazo de carência, durante o qual o segurador não responde pela ocorrência do sinistro". Todavia, embora o segurador não responda pelo sinistro, ele "é obrigado a devolver ao beneficiário o montante da reserva técnica já formada".

Outra regra que causa polêmicas e discussões é a do art. 798 do Código, que assim dispõe: "o beneficiário não tem direito ao capital estipulado quando o segurado se suicida nos primeiros dois anos de vigência inicial do contrato, ou da sua recondução depois de suspenso, observado o disposto no parágrafo único do artigo antecedente". A regra é justa, porque nesses casos a morte é voluntária e muito próxima à contratação do seguro. Ressalte-se, todavia, que o Superior Tribunal de Justiça consolidou, na sua Súmula 61, o entendimento de que "o seguro de vida cobre o suicídio não premeditado". E mais: o próprio Código Civil se preocupou em estabelecer que, com exceção da hipótese prevista no *caput* do art. 798, "é nula a cláusula contratual que exclui o pagamento do capital por suicídio do segurado".

Ressalte-se também que o simples fato de a morte ter sido causada em virtude do uso de transporte arriscado ou da prática de esportes perigosos, por exemplo, não exime o segurador de sua obrigação. É o que estabelece claramente o art. 799 do Código: "o segurador não pode eximir-se ao pagamento do seguro, ainda que da apólice conste a restrição, se a morte ou a incapacidade do segurado provier da utilização de meio de transporte mais arriscado, da prestação de serviço militar, da prática de esporte, ou de atos de humanidade em auxílio de outrem".

O art. 800, por sua vez, contrariamente ao que prevê o art. 786 no que tange ao seguro de dano, estabelece que "nos seguros de pessoas, o segurador não pode sub-rogar-se nos direitos e ações do segurado, ou do beneficiário, contra o causador do sinistro".

Por fim, destaque-se que, de acordo com o art. 802 do Código, "não se compreende nas disposições desta Seção a garantia do reembolso de despesas hospitalares ou de tratamento médico, nem o custeio das despesas de luto e de funeral do segurado".

8. FUNDOS DE INVESTIMENTO

No Brasil, estima-se que os fundos de investimento sejam responsáveis pela gestão de **aproximadamente R$ 5 trilhões**, o que corresponde a mais de 70% do PIB nacional.

A despeito desse relevante fato, até bem pouco tempo atrás não havia um tratamento legal específico dos fundos de investimento em nosso ordenamento jurídico, de modo que a pouca regulamentação legal deles tinha respaldo na Lei do Mercado de Capitais (6.385/1976) e nos arts. 49 e 50 da Lei 4.728/1965 (Lei do Mercado Financeiro). Mas em nenhuma dessas leis havia uma definição conceitual dos fundos, o que acabava sendo feito pela CVM, por meio de normas infralegais.

Esse contexto foi profundamente alterado pela edição da Lei 13.874/2019 (Lei da Liberdade Econômica), que incluiu os arts. 1.368-C a 1.368-F no Código Civil, dando um tratamento legal mais detalhado aos fundos de investimento.

Em resumo, a Lei da Liberdade Econômica (i) definiu o fundo de investimento como um condomínio de natureza especial, (ii) previu o registro do regulamento do fundo na CVM, dispensando o registro em cartório, (iii) possibilitou a limitação da responsabilidade de cada investidor ao valor de suas respectivas cotas, (iv) alterou o regime de responsabilidades dos prestadores de serviços (administrador, gestor etc.)

do fundo e (v) permitiu a criação de classes de cotas, com direitos e obrigações distintos e patrimônios separados.

A Instrução CVM 555/2014, em seu art. 3º, dizia o seguinte: "o fundo de investimento é uma comunhão de recursos, constituído sob a forma de condomínio, destinado à aplicação em ativos financeiros". O art. 1.368-C do Código Civil, por sua vez, afirma que "o fundo de investimento é uma comunhão de recursos, constituído sob a forma de **condomínio de natureza especial**[82], destinado à aplicação em **ativos financeiros, bens e direitos de qualquer natureza**".

Além de o *caput* do art. 1.368-C do CC afirmar expressamente que o fundo de investimento é um condomínio **de natureza especial**, o § 1º determina que "não se aplicam ao fundo de investimento as disposições constantes do art. 1.314 ao 1.358-A" (condomínio geral).

O § 2º, por sua vez, complementa prevendo que "competirá à Comissão de Valores Mobiliários disciplinar o disposto no *caput* deste artigo", o que também **reforça a natureza especial** do condomínio formado pelo fundo de investimento.

Além de se submeter a regras legais e infralegais, o fundo de investimento é regido pelo seu regulamento. Antes, esses regulamentos precisavam ser registrados em cartório, com custos altíssimos, mas agora o art. 1.368-C, § 3º do CC prevê que "o registro dos regulamentos dos fundos de investimentos **na Comissão de Valores Mobiliários** é condição suficiente para garantir a sua publicidade e a oponibilidade de efeitos em relação a terceiros". É verdade que a própria CVM ainda exige, em alguns dos seus normativos, registro em cartório de alguns fundos, mas ela mesma divulgou comunicado informando que vai revogar essas exigências e que "tal registro na CVM será realizado sem imposição de custos para os regulados".

De acordo com o art. 1.368-D, inciso I do CC, "o regulamento do fundo de investimento (...) poderá estabelecer a **limitação de responsabilidade de cada investidor ao valor de suas cotas**". Nesse ponto houve uma inovação importante, porque até então, em linha com a legislação civil (arts. 1.315 a 1.317 do CC), a Instrução CVM 555/2014 previa em seu art. 15 que "**os cotistas respondem por eventual patrimônio líquido negativo do fundo**, sem prejuízo da responsabilidade do administrador e do gestor em caso de inobservância da política de investimento ou dos limites de concentração previstos no regulamento e nesta Instrução".

Vale lembrar, porém, que "a adoção da responsabilidade limitada por fundo de investimento constituído sem limitação de responsabilidade **somente abrangerá fatos ocorridos após a respectiva mudança em seu regulamento**" (art. 1.368-D, § 1º do CC).

Quanto à responsabilidade dos prestadores de serviços dos fundos (administradores, gestores etc.), as regras do Código Civil incluídas pela Lei de Liberdade

82 A doutrina já tratava os fundos de investimento como um **condomínio de natureza especial**: "A despeito de alguma controvérsia em torno do tema, para o sistema jurídico brasileiro, desde a Lei 4.728 de 1965 **os fundos de investimentos tem natureza jurídica de condomínio**, o que é confirmado tanto por boa parte da doutrina como pelas próprias normas e decisões da CVM. (...) Os fundos de investimento encontram-se nessa seara das exceções. A Lei os define como condomínios, **mas certamente em muitos pontos se afastam drasticamente do condomínio previsto nos artigos 1.314 a 1.326 do Código Civil"** (SATIRO, Francisco. *Constrição judicial sobre ativos de fundos de investimento em participações*).

Econômica também trouxeram inovações relevantes, como a possibilidade de "**limitação da responsabilidade**, bem como parâmetros de sua aferição, dos prestadores de serviços do fundo de investimento, perante o condomínio e entre si, ao cumprimento dos deveres particulares de cada um, **sem solidariedade**" (art. 1.368-D, II do CC).

Antes dessa regra, a Instrução CVM 555/2014, em seu art. 79, § 2º, previa que os fundos "devem conter cláusula que estipule a responsabilidade solidária entre o administrador do fundo e os terceiros contratados pelo fundo por eventuais prejuízos causados aos cotistas em virtude de condutas contrárias à lei, ao regulamento ou aos atos normativos expedidos pela CVM". Nesse ponto, pois, **a novidade trazida pela Lei de Liberdade Econômica foi a possibilidade de não haver solidariedade entre os prestadores de serviço** (administrador, gestor etc.).

Outra novidade quanto a essa questão foi a menção expressa de que a obrigação desses prestadores de serviço é uma obrigação de meio, e não de resultado: "a avaliação de responsabilidade dos prestadores de serviço deverá levar sempre em consideração os riscos inerentes às aplicações nos mercados de atuação do fundo de investimento e a natureza de **obrigação de meio** de seus serviços" (art. 1.368-D, § 2º do CC). Essa regra é importante porque, caso contrário, com certeza os custos de eventual responsabilização dos prestadores de serviços do fundo seriam repassados para os investidores.

O novo regramento legal também prevê que "**os fundos de investimento respondem diretamente pelas obrigações legais e contratuais por eles assumidas**, e os prestadores de serviços não respondem por essas obrigações, mas respondem pelos prejuízos que causarem quando procederem com dolo ou má-fé" (art. 1.368-E do CC), aplicando-se as regras de **insolvência civil** caso o fundo com limitação de responsabilidade não tenha patrimônio suficiente para responder por suas dívidas (art. 1.368-E, § 1º do CC).

Nesse ponto, tem sido feitas duas críticas ao texto legal: (i) previsão de que a responsabilidade dos prestadores de serviços se dará apenas em caso de dolo ou má-fé, **mas não em casos de culpa**; e (ii) submissão dos fundos com limitação de responsabilidade ao regime da insolvência civil, **e não ao regime da liquidação extrajudicial da Lei 9.514/1997**.

Outra novidade foi a previsão de que o regulamento pode estabelecer a criação de "classes de cotas com direitos e obrigações distintos, com possibilidade de constituir patrimônio segregado para cada classe" (art. 1.368-D, III do CC). E esse patrimônio segregado "só responderá por obrigações vinculadas à classe respectiva, nos termos do regulamento" (art. 1.368-D, § 3º do CC). Essas regras permitem a criação de fundos de investimento complexos, com vários acervos de bens distintos e separados, sendo que cada um desses acervos será de titularidade de um grupo de condôminos específico, agrupados em função da classe de suas respectivas cotas ("subfundos").

Por fim, não podemos deixar de destacar que o legislador perdeu uma grande oportunidade de prever expressamente a não aplicação do CDC (Código de Defesa do Consumidor) aos fundos de investimento.

Durante a tramitação da MP 881, que acabou sendo convertida na Lei da Liberdade Econômica, havia um § 3º do art. 1.368-C do CC que afastava a aplicação do CDC à relação entre os cotistas e o fundo de investimento, mas a regra acabou não constando do texto final aprovado pelo Congresso Nacional.

No caso Marka (REsp 656.932/SP, Rel. Ministro ANTONIO CARLOS FERREIRA, QUARTA TURMA, julgado em 24/04/2014, DJe 02/06/2014), o STJ decidiu que "por estar caracterizada relação de consumo, incidem as regras do CDC aos contratos relativos a aplicações em fundos de investimento celebrados entre instituições financeiras e seus clientes. Enunciado n. 297 da Súmula do STJ".[83]

[83] Eu discordo da decisão do STJ. Com efeito, "a aplicação do CDC para investidores em fundos de investimento é descabida por diversos motivos: (i) os conceitos de consumo e investimento são ontologicamente antinômicos e excludentes; (ii) não se pode dizer que o investidor seria um 'vulnerável' enquanto cotista de um fundo; (iii) aplicar um regime jurídico superprotetor aos investidores para impor aos administradores e gestores as perdas geradas pela atividade de risco assumida pelo investidor não parece razoável, dentre outros motivos que não vêm ao caso" (DUFLOTH, Rodrigo. *A proteção do investidor em fundos de investimento*. Prefácio de Otavio Yazbek. Rio de Janeiro: Lumen Juris, 2017.).

7

DIREITO FALIMENTAR E RECUPERACIONAL

"O fracasso não é divertido, mas ele nos ensina lições essenciais. Não devemos ignorar essas lições só porque acreditamos que o certo é despejar dinheiro do contribuinte nos cofres de empresas insolventes. Ao invés de tentar abolir as falências por meio de socorros financeiros, deveríamos deixar o mercado funcionar, deixar que os ineficientes quebrem e aprender a lição" (Ron Paul, político libertário americano, em *As falências são o verdadeiro estímulo econômico*).

1. AS ORIGENS HISTÓRICAS DO DIREITO FALIMENTAR

Na Roma antiga, houve um período em que o devedor respondia por suas obrigações com a própria liberdade e às vezes até mesmo com a própria vida[1]. A garantia do credor era, pois, a pessoa do devedor. Assim, este poderia, por exemplo, tornar-se escravo do credor por certo tempo, bem como entregar-lhe em pagamento da dívida uma parte do seu corpo.

Somente com a edição da *Lex Poetelia Papiria* em 428 a.C., a qual proibiu o encarceramento, a venda como escravo e a morte do devedor, o direito romano passou a conter regras que consagravam a sua responsabilidade patrimonial, em contraposição às regras de outrora, que o puniam com a pena de responsabilidade pessoal por suas dívidas. Enfim, passou-se a entender que os bens do devedor, e não a sua pessoa, deveriam servir de garantia aos seus credores.

> Com a *manus iniectio*, uma das cinco ações previstas no direito romano da época das *legis actiones*, surge o processo de execução, em sua primeira fase. A execução inicialmente era feita sobre o próprio corpo do devedor, permitindo a lei que se repartissem tantos pedaços do corpo do devedor quantos fossem os credores. Sem embargo da previsão legal em tal sentido, nunca teria, porém, sido efetivamente aplicada tal pena por ser repudiada pelos costumes públicos. A execução seria feita

---

1 *"Devemos enfatizar que essa não era uma prática restrita ao Império Romano. Na mesma vertente escravocrata agiram outros povos da Antiguidade, como os egípcios, hindus, gregos e hebreus."* (TZIRULNIK, Luiz. *Direito falimentar*. 7. ed. São Paulo: RT, 2005. p. 38).

> mesmo sobre o corpo do devedor, porém vendendo-o como escravo e repartindo o preço apurado entre os diversos credores. (...) Ainda no campo da execução pessoal, formou-se entre os romanos o contrato denominado *nexum*, mediante o qual o devedor poderia evitar o início da execução contra ele, obrigando-se a prestar serviços como escravo ao credor, até a satisfação de toda a dívida. Verifica-se assim a execução sobre a pessoa do devedor, evoluindo-se gradativamente no sentido de tornar proibido tal tipo de execução, permitindo-se apenas que a execução se faça sobre o patrimônio do devedor. Neste rumo surge a famosa *Lex Poetelia Papiria*, marco histórico do sistema de execução judicial, em 428 a.C., proibindo expressamente a morte ou a venda para escravização, estabelecendo que a garantia do credor é o patrimônio do devedor.[2]

Mas ainda assim havia um problema a ser solucionado: e quando o patrimônio do devedor não fosse suficiente para a satisfação dos seus credores? Melhor dizendo: como pagaria os seus credores aquele devedor que não possuísse bens suficientes para tanto? A solução legislativa mais antiga a essas indagações, segundo a doutrina comercialista, estava contida no Código de Justiniano.

Com efeito, no direito de Justiniano havia a previsão de uma execução especial contra o devedor insolvente: tratava-se da chamada *missio in possessio bonorum*, por meio da qual os credores adquiriam a posse comum dos bens do devedor, os quais, por sua vez, passavam a ser administrados por um curador, o *curator bonorum*. A partir de então, os credores adquiriam, consequentemente, o direito de vender os bens do devedor, com o intuito de saldar a dívida que este tinha em relação àqueles.

Perceba-se que nesse período inicial o direito falimentar – se é que já podemos assim chamá-lo – possuía um caráter extremamente repressivo, tendo como finalidade precípua a punição do devedor, e não a satisfação dos legítimos interesses dos seus credores, consistentes no recebimento de seus créditos. Ademais, essa execução especial do direito de Justiniano era aplicável a qualquer tipo de devedor, fosse ele exercente de atividade econômica ou não. Aliás, como bem destacado no início do primeiro capítulo, nessa época ainda nem existia o "direito comercial", pois o seu surgimento, como visto, só ocorreu muito tempo depois, e somente a partir desse momento é que foram estabelecidas regras distintas para a disciplina das relações jurídicas dos agentes econômicos.

Na Idade Média, quando o direito comercial começou a ser construído a partir da compilação dos usos e práticas mercantis, sobretudo nas cidades italianas, a doutrina também identificou regras especiais para a execução dos devedores insolventes que podiam ser vistas como precursoras do atual direito falimentar. Todavia, ainda se tratava de regras que se aplicavam indistintamente a qualquer espécie de devedor, comerciante ou não, e que mantinham seu caráter extremamente repressivo.

Mas a codificação napoleônica, conforme já apontado no primeiro capítulo desta obra, provocou uma profunda mudança no direito privado, dividindo-o em dois ramos autônomos e independentes, cada qual com um regime jurídico próprio para a disciplina de suas relações. O direito civil se consolidou como regime jurídico geral (direito comum) aplicável à quase totalidade das relações privadas, e

2 BEZERRA FILHO, Manoel Justino. *Lei de recuperação de empresas e falências comentada*. 4. ed. São Paulo: RT, 2007. p. 33-34.

o direito comercial se firmou como regime jurídico especial aplicável à disciplina das atividades mercantis, identificadas a partir da antiga *teoria dos atos de comércio*.

A mudança que o *Code de Commerce* de Napoleão trouxe para o direito comercial atingiu, consequentemente, o direito falimentar, que passou a constituir um conjunto de regras especiais, aplicáveis restritamente aos devedores insolventes que revestiam a qualidade de comerciantes. Para o devedor insolvente de natureza civil, não se aplicavam as regras do direito falimentar, mas as disposições constantes do regime jurídico geral, qual seja, o direito civil.

Observe-se, todavia, que a codificação napoleônica não chegou a alterar uma outra característica marcante do direito falimentar desde os seus primórdios: o caráter repressivo e punitivo do devedor.

Mas o tempo passa, a sociedade evolui, a economia avança em uma velocidade incrível e o direito falimentar, acompanhando esse processo de mudanças, vê-se obrigado a adaptar-se a novos paradigmas. A falência,[3] até então considerada como uma certa patologia de mercado inerente aos devedores desonestos, passa a ser vista com outros olhos e analisada sob novas perspectivas.

> No século XX, depois das grandes guerras mundiais, quando se iniciou o processo de globalização, cujo primeiro sintoma foi o estabelecimento das grandes indústrias, importantes mudanças culturais, sociais, ideológicas e políticas e, sobretudo, econômicas resultaram em progressos positivos inquestionáveis. As grandes indústrias geraram grandes comércios. O desenvolvimento científico e tecnológico gerou a necessidade de prestação de novos serviços. Indústria, comércio e serviços se tornaram absolutamente dependentes. A figura do obsoleto comerciante individual dá lugar ao empresário e à empresa. Com isso, urge a concorrência de mercados que fragiliza as economias regionais e potencializa as crises econômicas das empresas. E neste momento o instituto da falência passa a ser reexaminado: a questão primária deixa de ser o devedor *per se* para enfocar as consequências sociais e econômicas advindas da sua inadimplência.
>
> Mais do que a punição ao devedor, há que se focalizar a manutenção de um Estado socioeconômico saudável.[4]

Com efeito, o desenvolvimento econômico vivenciado a partir da Revolução Industrial e acentuado progressivamente por meio do processo batizado de *globa-*

[3] Segundo a maioria dos autores, o termo falência deriva do verbo falir, o qual, por sua vez, originou-se da expressão latina fallere, que significa, grosso modo, esconder, encobrir, enganar, ludibriar; ou ainda, em outra acepção, significa fugir, escapar. Juridicamente, a expressão falência *"passou a exprimir a impossibilidade de o devedor arcar com a satisfação de seus débitos, dado a impotência de seu patrimônio para a geração dos recursos e meios necessários aos pagamentos devidos"*. (CAMPINHO, Sérgio. *Falência e recuperação de empresa*. Rio de Janeiro: Renovar, 2006. p. 3). Mas nem sempre se usou essa expressão para se designar a execução especial que recai sobre o devedor insolvente. De fato, a expressão quebra, durante algum tempo e em alguns ordenamentos jurídicos, foi utilizada para identificar o estado de insolvência do devedor. Esta expressão, segundo a doutrina, era *"inspirada na tradição de os credores promoverem a quebra da banca do comerciante que não houvesse honrado seus compromissos, impossibilitando-o, assim, de comerciar"* (CAMPINHO, Sérgio. *Falência e recuperação de empresa*. Rio de Janeiro: Renovar, 2006. p. 3). Da expressão quebra, por exemplo, surgiu a expressão bancarrota, que exprime a ideia de "banca quebrada" e que ganhou, na língua inglesa, o paralelo bankruptcy. Aliás, no Brasil o Código Comercial de 1850 consagrou a expressão, cuidando na sua parte terceira *"das quebras"*. Com o passar do tempo, todavia, a expressão foi sendo usada para designar, especificamente, a falência fraudulenta, passando a ser abandonada posteriormente, de forma gradual. Não obstante, ainda hoje é muito usada coloquialmente.

[4] TZIRULNIK, Luiz. *Direito falimentar*. 7. ed. São Paulo: RT, 2005. p. 41-42.

lização trouxe relevantes alterações na conjuntura socioeconômica, que exigiram do operador do direito uma completa reformulação dos princípios e institutos do direito falimentar.

A noção de insolvência com um sentido pejorativo – como algo, enfim, ocorrente apenas ao devedor desonesto – começa a ser revista, passando a ser considerada um fenômeno normal, inerente ao risco empresarial. A afirmação dos postulados da livre-iniciativa e da livre concorrência conduz à inexorável constatação de que não apenas os devedores desonestos atravessavam crises econômicas, mas qualquer devedor.

Ademais, essas crises econômicas, de tão naturais que se tornam, passam a ser encaradas sob novas perspectivas, não mais se colocando para elas como único e inevitável remédio a decretação da falência do devedor e o seu consequente afastamento do mercado. O reconhecimento da função social da empresa e dos efeitos nefastos que a paralisação de certos agentes econômicos produz fez com que o legislador percebesse que muitas vezes a permanência do devedor em crise poderia ser mais benéfica do que a sua imediata exclusão do meio empresarial, ante a possibilidade de sua recuperação e da consequente manutenção de sua atividade econômica, que gera empregos e contribui para o progresso econômico e social.

Essa moderna concepção do direito falimentar, contraposta à antiga concepção que consagrava regras extremamente punitivas ao devedor, influenciou a reformulação da legislação em diversos países.

Hodiernamente, portanto, o direito falimentar não mais tem como característica a preocupação preponderante de punir o devedor insolvente, criminalizando sua conduta e excluindo-o do mercado a todo custo. A grande preocupação do direito falimentar atual é a *preservação da empresa*, razão pela qual a legislação tenta fornecer ao devedor em crise todos os instrumentos necessários à sua recuperação, reservando a falência apenas para os devedores realmente irrecuperáveis.

1.1. O direito falimentar no Brasil

Durante o período de colonização, o Brasil esteve sujeito, até meados dos anos 1800, às Ordenações do Reino de Portugal. Sendo assim, vigoraram no Brasil as Ordenações Afonsinas, depois as Ordenações Manuelinas e, por fim, as Ordenações Filipinas. Como essas Ordenações eram fortemente influenciadas pelo direito estatutário italiano, elas continham "regras falimentares" extremamente severas com o devedor, conforme mencionado no início do tópico.

Dentre essas regras falimentares aplicáveis nesse período da história brasileira, destaca-se o Alvará de 1756, promulgado pelo Marquês de Pombal, que obrigava o devedor a comparecer à Junta Comercial e lá entregar as chaves de seus armazéns e seu livro Diário, bem como declarar todos os seus bens. Após isso, seus credores eram convocados por publicação editalícia, seu patrimônio era liquidado e 90% do produto arrecadado eram destinados ao ressarcimento dos credores, ficando os 10% restantes para o sustento do devedor e de seus familiares. Vê-se claramente como a falência, nessa época, tinha um caráter extremamente punitivo, significando muitas vezes não apenas a ruína patrimonial do devedor, mas também a ruína moral dele e de toda a sua família.

Após a proclamação da Independência, determinou-se a observância da chamada *Lei da Boa Razão*, que mandava aplicar no Brasil, subsidiariamente, as leis dos países civilizados europeus quanto aos negócios mercantis e marítimos, o que fez com que preceitos do Código Comercial francês fossem incorporados ao nosso ordenamento.

Mas a pressão por uma legislação nacional era cada vez mais forte. Com efeito, assim que a família real aportou no Brasil, D. João tomou uma medida que iria mudar, definitivamente, o rumo da economia nacional e, consequentemente, do direito comercial brasileiro: a abertura dos portos às nações amigas.

O incremento das relações mercantis decorrente dessa medida fez com que os grandes comerciantes brasileiros passassem a exigir a promulgação de leis nacionais, atentas às peculiaridades da nossa realidade econômica. Nesse sentido, foi criada, conforme mencionamos no capítulo 1, a "Real Junta de Comércio, Agricultura, Fábrica e Navegação", que foi incumbida de tornar viável a ideia de criar um direito comercial brasileiro, ideia essa que culminou com a promulgação, em 1850, da Lei 556, o nosso Código Comercial.

A parte terceira do Código Comercial de 1850, como já reiteradas vezes afirmado, tratava "das quebras", cujos dispositivos normativos constituíam, então, o nosso direito falimentar. O processo falimentar, por sua vez, foi regulado à parte, com a edição, no mesmo ano de 1850, do Regulamento 738.

1.2. A evolução da legislação falimentar brasileira

O Código Comercial brasileiro, na parte relativa ao direito falimentar, sofreu duras críticas da doutrina comercialista.

> Discutia-se que esse Código Comercial brasileiro havia dado excessiva importância aos interesses dos credores, concedendo-lhes tal autonomia que, ao juiz, cabia apenas homologar as suas decisões tomadas em assembleia geral. Além disso, dois terços dos credores quirografários podiam conceder a moratória e mesmo decidir sobre a decretação da falência. Muita ênfase era dada à ruína do devedor como resultado inevitável de sua falência. E mais, os críticos dessa legislação acusavam o Código de lento e muito dispendioso, e ao mesmo tempo sustentavam que ele havia conseguido a proeza de prejudicar tanto devedores quanto credores.[5]

Diante de tantos defeitos apontados, a única solução encontrada foi a alteração legislativa, que só ocorreu, todavia, 40 anos depois, com a edição do Decreto 917/1890, que aboliu o sistema da cessação de pagamentos e adotou os sistemas da impontualidade e da enumeração legal como critérios de caracterização da insolvência do devedor, além de ter trazido profundas mudanças na parte terceira do Código Comercial.

Daí em diante, uma série de leis e decretos se sucedeu, todos incorporando novas modificações ao direito falimentar brasileiro, umas simples, outras mais relevantes. Esse processo intenso de reformulação da legislação falimentar brasileira só teve fim em 1945, quando foi editado o Decreto-lei 7.661, cujo projeto foi elaborado por uma comissão de juristas nomeada pelo então Ministro da Fazenda, Alexandre Marcondes

5 TZIRULNIK, Luiz. *Direito falimentar*. 7. ed. São Paulo: RT, 2005. p. 43.

Filho. O referido Decreto-lei foi, durante 60 anos, o diploma legislativo que regulou o direito falimentar brasileiro.

A partir da década de 1980, todavia, as transformações sociais e econômicas mencionadas no início do tópico, decorrentes do processo de *globalização* da economia, começaram a ser sentidas no Brasil de forma mais intensa, o que exigiu, mais uma vez, a reformulação da legislação falimentar nacional.

> O sistema jurídico brasileiro regulador das relações emergentes da insolvência empresarial estava em franca dissonância com o moderno perfil da empresa e as características da economia globalizada. Tinha como alvo não a atividade econômica organizada, mas a pessoa do empresário paciente das concordatas e da falência.
>
> O Decreto-lei n.º 7.661/45, produzido logo após a guerra mundial concluída em 1945, concebia um modelo de empresa próprio da economia nacional defasada que refletia as coordenadas da ordem capitalista instaurada, em 1944, a partir da Conferência de Bretton Woods. Concebia o crédito como, simplesmente, mais uma espécie de relação obrigacional, desconsiderava a repercussão da insolvência no mercado e concentrava-se no ajustamento das relações entre os credores e o ativo do devedor.
>
> Por meio de uma sistemática processual que prestigiava a morosidade e condenava ao relento os créditos não públicos, e enfatizando o componente punitivo do concurso coletivo, a LFC (Lei de Falências e Concordatas) já não dava conta dos intricados problemas diuturnamente gerados pelos processos de concordata e de falência, cada vez mais complexos, burocratizados e inócuos.
>
> As rápidas transformações econômicas das últimas décadas do século passado modificaram substancialmente, e por diversas vezes, as hesitantes políticas econômicas do país, projetando um universo microeconômico de incertezas e, ao mesmo tempo, de inovações. Isso é particularmente ostensivo na eclosão de diversos institutos contratuais, no advento de novas formas de garantias, no desprestígio da personificação jurídica, na desvinculação entre propriedade e gestão empresariais e na visceral mudança do papel da empresa na sociedade. A LFC não oferecia soluções compatíveis com o mercado, com a moderna compreensão do crédito, com a intervenção estatal na economia privada e com o fenômeno polimorfo da empresa.[6]

Diante desse contexto, o Poder Executivo federal apresentou, em 1993, na gestão de Itamar Franco como Presidente da República e de Maurício Corrêa como Ministro da Justiça, projeto de lei que alterava, sensivelmente, o regime jurídico falimentar brasileiro. Após mais de dez anos de tramitação no Congresso Nacional – mais de 400 emendas foram propostas e 5 substitutivos foram apresentados –, o referido projeto foi aprovado, dando origem à Lei 11.101, de 9 de fevereiro de 2005, com vigência desde 9 de junho do mesmo ano, após o período de *vacatio legis* estabelecido pelo seu art. 201.

Registre-se que durante o período de tramitação do projeto de lei no Congresso Nacional, mais precisamente em 1999, foi publicado um importante estudo patrocinado pelo Banco Mundial sobre os sistemas de insolvência na América Latina, com enfoque especial para o sistema falimentar brasileiro. Nesse estudo, que acabou influenciando sobremaneira a Lei 11.101/2005, apontou-se, por exemplo, a

6 FAZZIO JR., Waldo. *Nova lei de falência e recuperação de empresas*. São Paulo: Atlas, 2005. p. 18-19.

insegurança do crédito em nosso país e a necessidade de distinguir empresa (*business*) e empresário (*businessman*).[7]

Vale destacar também que a Lei 11.101/2005 foi objeto de duas ações diretas de inconstitucionalidade propostas pela Confederação Nacional das Profissões Liberais (CNPL) e pelo Partido Democrático Trabalhista. Trata-se da ADI 3.424 e da ADI 3.934, que atacaram vários dispositivos da lei.

A ADI 3.934, relatada pelo Ministro Ricardo Lewandowski, foi julgada improcedente pelo Supremo Tribunal Federal em 2009. Já a ADI 3.424, relatada pelo Ministro Edson Fachin, também foi julgada improcedente pelo Supremo Tribunal Federal em 2021. Eis as ementas dos acórdãos:

> AÇÃO DIRETA DE INCONSTITUCIONALIDADE. ARTIGOS 60, PARÁGRAFO ÚNICO, 83, I E IV, c, E 141, II, DA LEI 11.101/2005. FALÊNCIA E RECUPERAÇÃO JUDICIAL. INEXISTÊNCIA DE OFENSA AOS ARTIGOS 1º, III E IV, 6º, 7º, I, E 170, DA CONSTITUIÇÃO FEDERAL de 1988. ADI JULGADA IMPROCEDENTE.
>
> I - Inexiste reserva constitucional de lei complementar para a execução dos créditos trabalhistas decorrente de falência ou recuperação judicial.
>
> II - Não há, também, inconstitucionalidade quanto à ausência de sucessão de créditos trabalhistas.
>
> III - Igualmente não existe ofensa à Constituição no tocante ao limite de conversão de créditos trabalhistas em quirografários.
>
> IV - Diploma legal que objetiva prestigiar a função social da empresa e assegurar, tanto quanto possível, a preservação dos postos de trabalho.
>
> V - Ação direta julgada improcedente.
>
> (ADI 3934, Relator(a): RICARDO LEWANDOWSKI, Tribunal Pleno, julgado em 27/05/2009, DJe-208 DIVULG 05-11-2009 PUBLIC 06-11-2009 EMENT VOL-02381-02 PP-00374 RTJ VOL-00216-01 PP-00227)

> Ação Direta de Inconstitucionalidade e Arguição de Descumprimento de Preceito Fundamental julgadas em conjunto.
>
> 2. Legitimidade. Entidade sindical de grau superior. Pertinência temática. Conhecimento.
>
> 3. Superveniência da Lei Federal 14.112, de 24 de dezembro de 2020. Alteração normativa da Lei 11.101/2005. Perda de objeto unicamente quanto ao § 4º do art. 83 da Lei 11.101/2005.
>
> 4. Art. 83, I e VI, "c". Saldo dos créditos derivados da legislação do trabalho que excederem o limite estabelecido em lei (cento e cinquenta salários mínimos). Modificação da qualificação de créditos preferenciais para quirografários. Reafirmação do que decidido na ADI 3.934, Rel. Min. Ricardo Lewandowski, Tribunal Pleno, DJe 6.11.2009.
>
> 5. Art. 84, I-E e V (dispositivos correlatos à norma original do art. 84, V). Continuidade normativa. Concurso de créditos. Situações excepcionais nas quais há a qualificação como créditos extraconcursais a serem pagos com precedência sobre os demais, voltados à tentativa de preservação da empresa. Justiça social da tributação. Discrímen justificado.

[7] Sobre o assunto, confira-se: ASTIGARRAGA, José; ROWAT, Malcolm. *Latin American insolvency systems*. Washington: World Bank, 1999.

6. Art. 75, § 3º, da Lei 4.728/1965 e art. 86, II, da Lei 11.101/2005. Antecipação de contrato de câmbio referente a exportações. Restituição em dinheiro de valor adiantado ao devedor-falido. Matéria regulada pelo Banco Central. Importância para o fomento das exportações. RE 627.815, Rel. Min. Rosa Weber, Pleno, DJe 1º.10.2013.

7. Ações julgadas improcedentes.

(ADI 3424, Relator(a): EDSON FACHIN, Relator(a) p/ Acórdão: GILMAR MENDES, Tribunal Pleno, julgado em 19/04/2021, PROCESSO ELETRÔNICO DJe-128 DIVULG 29-06-2021 PUBLIC 30-06-2021)

O principal destaque a ser feito acerca da Lei 11.101/2005 está relacionado à clara influência que ela sofreu do **princípio da preservação da empresa**, o qual, segundo alguns autores, tem origem remota na própria Constituição Federal, que acolheu a **valorização do trabalho humano e a livre-iniciativa como princípios jurídicos fundamentais.**[8]

Dentre as principais alterações trazidas pela Lei 11.101/2005, já batizada de *Lei de Recuperação de Empresas* (LRE), podemos citar: (i) a substituição da ultrapassada figura da *concordata* pelo instituto da *recuperação judicial*; (ii) o aumento do prazo de contestação, de 24 horas para 10 dias; (iii) a exigência de que a impontualidade injustificada que embasa o pedido de falência seja relativa à dívida superior a 40 salários mínimos; (iv) a redução da participação do Ministério Público no processo falimentar; (v) a alteração de regras relativas ao síndico, que passa a ser chamado agora de *administrador judicial*; (vi) a mudança na ordem de classificação dos créditos e a previsão de créditos *extraconcursais*; (vii) a alteração nas regras relativas à ação revocatória; (viii) o fim da medida cautelar de verificação de contas; (ix) o fim do inquérito judicial para apuração de crime falimentar; e (x) a criação da figura da *recuperação extrajudicial.*

Após mais de uma década de vigência da LRE e depois de a jurisprudência ter construído diversos entendimentos sobre assuntos que não estavam nela tratados expressamente, foi promulgada a Lei 14.112/2020, que provocou uma verdadeira reforma na nossa legislação falimentar, principalmente nas regras que cuidam da recuperação judicial.

2. TEORIA GERAL DO DIREITO DIREITO FALIMENTAR

O **direito falimentar** é um sub-ramo específico do direito empresarial, ou seja, **só se aplica aos empresários**, sejam eles pessoas físicas (empresários individuais) ou pessoas jurídicas (sociedades empresárias).

Trata-se de regime jurídico que **disciplina a crise dos empresários**, tentando solucioná-la por meio dos processos de **recuperação judicial/extrajudicial**, ou resolvendo-a por meio do processo de **falência**.

[8] TZIRULNIK, Luiz. *Direito falimentar*. 7. ed. São Paulo: RT, 2005. p. 51.

2.1. Sujeição legal

Conforme já analisamos detalhadamente nos capítulos I e II, empresário é, segundo o art. 966 do Código Civil, "quem exerce profissionalmente atividade econômica organizada para a produção ou a circulação de bens ou de serviços".

Já destacamos também que o empresário pode ser tanto uma pessoa física (empresário individual) quanto uma pessoa jurídica (sociedade empresária).

A Lei 11.101/2005 dispõe, em seu art. 1.º que ela "disciplina a recuperação judicial, a recuperação extrajudicial e a falência do empresário e da sociedade empresária, doravante referidos simplesmente como devedor". Só os empresários, portanto, se submetem aos ditames da legislação falimentar.

Da leitura do art. 1.º percebe-se que as regras da LRE não se aplicam a devedores civis (não empresários), os quais se submetem, quando caracterizada a sua insolvência, às regras do concurso de credores, previstas no Código de Processo Civil.

Assim, das pessoas jurídicas de direito privado (art. 44 do CC), apenas as sociedades empresárias se submetem às regras da LRE (as EIRELI, quando exerciam atividades empresariais e eram registradas na Junta Comercial, também se submetiam às regras da LRE, mas vale lembrar que elas não mais subsistem em nosso ordenamento jurídico, em razão da Lei 14.195/2021 e da Medida Provisória 1.085/2021). Portanto, uma associação, uma fundação, um partido político, uma organização religiosa ou uma sociedade simples não podem requerer recuperação ou ter sua falência requerida.[9]-[10]

O mesmo ocorre com as cooperativas, as quais, por serem sociedades simples, independentemente do seu objeto social (art. 982, parágrafo único, do Código Civil), não podem requerer recuperação nem ter sua falência requerida[11]. Nesse sentido, já decidiu o Superior Tribunal de Justiça:

> *(...) As sociedades cooperativas não se sujeitam à falência, dada a sua natureza civil e atividade não empresária, devendo prevalecer a forma de liquidação extrajudicial prevista na Lei 5.764/71, que não prevê a exclusão da multa moratória, nem a limitação dos juros moratórios posteriores à data da liquidação judicial condicionada*

[9] É importante destacar, entretanto, que há algum tempo se discute, no Brasil, a necessidade de mudança da nossa legislação falimentar, a fim de que ela passe a aplicar-se a todo e qualquer agente econômico, e não apenas aos empresários (empresário individual e sociedade empresária). O assunto chegou a ser discutido na tramitação do processo legislativo que deu origem à Lei 14.112/2020, mas o Poder Legislativo preferiu manter a aplicação da Lei 11.101/2005 apenas aos empresários. Não obstante, já há casos em que o Poder Judiciário, ignorando a restrição legal do art. 1º da LRE, tem admitido que agentes econômicos "não empresários" peçam recuperação judicial, por exemplo. A título ilustrativo, pode-se citar o caso da Universidade Cândido Mendes, associação civil sem fins lucrativos que teve o processamento de recuperação judicial deferido em primeira instância e confirmado pelo TJRJ.

[10] Em se tratando de associação civil dedicada ao fomento e à prática do futebol, a Lei 14.193/2021 (Lei da SAF, a sociedade anônima do futebol) permitiu que ela peça recuperação judicial ou recuperação extrajudicial (art. 13, inciso II e art. 25).

[11] A reforma da LRE, provocada pela Lei 14.112/2020, acrescentou o § 13 ao art. 6º, prevendo a sujeição de cooperativas médicas às regras da Lei 11.101/2005. O dispositivo foi inicialmente vetado pela Presidência da República, mas o veto foi derrubado pelo Congresso Nacional. Portanto, agora há um dispositivo legal para fundamentar a possibilidade de cooperativas médicas pedirem recuperação e terem sua falência requerida. Ressalto, porém, que tal dispositivo legal teve grave vício na tramitação do processo legislativo, porque a sua parte final – justamente a que trata das cooperativas médicas – foi inserida pelo Senado como mera emenda de redação, o que definitivamente não corresponde à realidade (como não foi uma mera emenda de redação, o texto deveria ter voltado à Câmara dos Deputados para reapreciação).

à existência de saldo positivo no ativo da sociedade. 2. A Lei de Falências vigente à época – Decreto-lei n.º 7.661/45 – em seu artigo 1.º, considerava como sujeito passivo da falência o comerciante, assim como a atual Lei 11.101/05, que a revogou, atribui essa condição ao empresário e à sociedade empresária, no que foi secundada pelo Código Civil de 2002 no seu artigo 982, § único c/c artigo 1.093, corroborando a natureza civil das referidas sociedades, e, a fortiori, *configurando a inaplicabilidade dos preceitos da Lei de Quebras às cooperativas. (...) (AgRg no REsp 999.134/*PR, Rel. Min. *Luiz Fux, 1.ª Turma, j. 18.08.2009,* DJe *21.09.2009).*

Tributário – execução fiscal contra cooperativa em liquidação judicial – inaplicabilidade da lei de falências – remessa do produto da arrematação ao juízo da liquidação – inexistência de previsão legal.

1. As sociedades cooperativas não estão sujeitas à falência, uma vez que não possuem natureza empresarial, devendo, portanto, prevalecer a forma de liquidação prevista na Lei 5.764/71.

(...)

3. Agravo regimental não provido (AgRg no AgRg nos EDcl no REsp 1.129.512/SP, Rel. Ministra Eliana Calmon, Segunda Turma, j. 03.12.2013, DJe *10.12.2013).*

Por fim, registre-se que os profissionais liberais (profissionais intelectuais – art. 966, parágrafo único, do Código Civil), em regra não são considerados empresários, não podendo também, pois, requerer recuperação nem ter sua falência requerida.

Feitas essas observações, resta ainda uma pergunta: será que todos os *empresários* estão abrangidos no âmbito de incidência da lei em referência? Parece-nos que não. A própria LRE, em seu art. 2.º, exclui do seu regime jurídico alguns empresários.

2.2. As empresas públicas e as sociedades de economia mista

Até a entrada em vigor da LRE, estabeleceu-se certa polêmica acerca da submissão ou não das empresas públicas e das sociedades de economia mista, quando exploradoras de atividade econômica, ao regime jurídico falimentar até então regulado pelo Decreto-lei 7.661/1945.

As empresas públicas e sociedades de economia mista são entes integrantes da chamada Administração Pública indireta. Podem ser prestadoras de serviços públicos ou exploradoras de atividade econômica, hipótese em que funcionam como instrumentos estatais para exploração direta de atividades econômicas, conforme disposto no art. 173, *caput*, da CF/1988.

A polêmica em foco, portanto, era alimentada, basicamente, pela disposição normativa constante do art. 173, § 1.º, II, da Constituição da República, o qual assim dispõe: "a lei estabelecerá o estatuto jurídico da empresa pública, da sociedade de economia mista e de suas subsidiárias que explorem atividade econômica de produção ou comercialização e bens ou de prestação de serviços, dispondo sobre: (...) II – a sujeição ao regime jurídico próprio das empresas privadas, inclusive quanto aos direitos e obrigações civis, comerciais, trabalhistas e tributários".

Interpretando o dispositivo constitucional acima transcrito, defendiam alguns autores que as empresas públicas e sociedades de economia mista, quando constituídas para a exploração de atividade econômica, deveriam submeter-se ao regime jurídico falimentar aplicável às empresas privadas. Contribuiu para esse entendimento se formar a revogação do art. 242 da LSA (Lei 6.404/1976), que expressamente excluía as sociedades de economia mista do procedimento falimentar. Essa revogação reforçou o posicionamento dos que defendiam a sujeição dessas entidades - e paralelamente das empresas públicas - ao regime jurídico falimentar.

Ocorre que, a partir da vigência da LRE, a discussão ganhou novos contornos, porque a referida lei, em seu art. 2.º, I, expressamente determinou que ela não se aplica a "empresa pública e sociedade de economia mista", sem proceder a qualquer distinção entre as prestadoras de serviços públicos e as exploradoras de atividade econômica. Ademais, a Lei 13.303/2016, que regulamentou o art. 173, § 1.º, II, da CF/1988, silenciou sobre essa questão específica.

Diante de tal fato, pode-se afirmar, com certa segurança, que os regimes falimentar e recuperacional disciplinados na LRE não se aplicam às empresas públicas nem às sociedades de economia mista, ainda que sejam exploradoras de atividade econômica.

Não obstante, há ainda vozes que advogam a inconstitucionalidade da regra do art. 2.º, I, da Lei 11.101/2005, por ser ela incompatível com a já mencionada regra constitucional do art. 173, § 1.º, II, da CF/1988. Outros autores propõem uma "interpretação conforme" da regra, de modo a permitir que apenas as empresas públicas e sociedades de economia exploradoras de atividade econômica se submetam aos ditames da legislação falimentar.

A questão será decidida pelo Supremo Tribunal Federal no julgamento do RE 1.249.945. No voto em que reconheceu a repercussão geral da matéria, o relator, Ministro Luís Roberto Barroso, assim se manifestou:

> "O tema tem sido objeto de intenso debate na doutrina do direito administrativo. Em síntese, há **três correntes doutrinárias sobre a matéria**. A primeira sustenta a **inconstitucionalidade do art. 2º, I, da Lei 11.105/2005, por afronta o art. 173, §1º, II, da Constituição**, tendo em vista que as entidades administrativas possuem os mesmos direitos que as empresas privadas, o que incluiria o mesmo regime de insolvência. A segunda defende a **interpretação conforme a Constituição do dispositivo, de modo a afastar o regime falimentar apenas das empresas estatais prestadoras de serviço público**, submetendo as que exercem atividade econômica ao regime de falência e recuperação judicial. Por fim, a terceira corrente afirma a **constitucionalidade da exclusão das empresas estatais do regime falimentar, na medida em que a extinção dessas entidades administrativas somente poderia ocorrer por lei** e não por decisão judicial de decretação de insolvência".

2.3. Empresários submetidos a procedimento de liquidação extrajudicial

Assim como fazia a lei anterior, a legislação falimentar atual, no mesmo dispositivo normativo em que excluiu as empresas públicas e as sociedades de economia mista do seu âmbito de incidência, excluiu algumas sociedades empresárias do regime falimentar.

Dispõe o art. 2.º, II, da LRE que ela não se aplica a "instituição financeira pública ou privada, cooperativa de crédito, consórcio, entidade de previdência complementar, sociedade operadora de plano de assistência à saúde, sociedade seguradora, sociedade de capitalização e outras entidades legalmente equiparadas às anteriores". Trata-se, basicamente, de sociedades empresárias que atuam em mercados regulados.

A norma em questão deve ser interpretada com cuidado. Não se deve entender, pela simples leitura do dispositivo acima transcrito, que as sociedades empresárias nele referidas estão completamente excluídas do regime falimentar estabelecido pela LRE. Na verdade, a situação desses agentes, ao que nos parece, não sofreu alteração, uma vez que eles, de fato, também não se submetiam, em princípio, ao Decreto-lei 7.661/1945, nosso antigo diploma falimentar. Tais agentes possuem, na verdade, leis específicas que disciplinam o tratamento jurídico de sua insolvência, submetendo--os a um processo especial de *liquidação extrajudicial*. Citem-se, por exemplo, a Lei 6.024/1974, aplicável às instituições financeiras, e o Decreto-lei 73/1966, aplicável às seguradoras.

Ocorre que essas leis específicas, em alguns casos, preveem a aplicação subsidiária da antiga legislação falimentar, como o art. 34 da Lei 6.024/1974, que elege como fonte subsidiária o Decreto-lei 7.661/1945. Pensando nisso, a própria LRE estabeleceu, em seu art. 197, que, "enquanto não forem aprovadas as respectivas leis específicas, esta Lei aplica-se subsidiariamente, no que couber, aos regimes previstos no Decreto-lei n.º 73, de 21 de novembro de 1966, na Lei n.º 6.024, de 13 de março de 1974, no Decreto-lei n.º 2.321, de 25 de fevereiro de 1987, e na Lei n.º 9.514, de 20 de novembro de 1997".

Há que se fazer, pois, duas observações relevantes acerca do dispositivo acima transcrito: (i) o dispositivo sugere a revisão das leis que relaciona, a fim de que estas se adaptem aos novos paradigmas do direito falimentar brasileiro incorporados pela Lei de Recuperação de Empresas, e (ii) o dispositivo substitui o Decreto-lei 7.661/1945, sempre que as leis especiais em referência fizerem remissão a ele, pela Lei 11.101/2005.

2.4. As cooperativas médicas

A menção às cooperativas de crédito no art. 2º, inciso II da LRE era desnecessária, porque as sociedades cooperativas não se sujeitam à LRE por força do seu art. 1º, que restringe sua aplicação aos empresários e às sociedades empresárias.

Quanto às cooperativas médicas, no entanto, a reforma da LRE trouxe uma polêmica mudança: o § 13 do art. 6º diz, na sua parte final, que não se aplica "a vedação contida no inciso II do art. 2º quando a sociedade operadora de plano de assistência à saúde for cooperativa médica".

Isso faz com que as cooperativas médicas – somente essa espécie de cooperativas, frise-se – se submetam à LRE e, consequentemente, possam pedir recuperação judicial. Parece-nos que foi uma clara reação a decisões do Poder Judiciário que, corretamente, negaram o processamento de pedidos de recuperação judicial de algumas Unimed no País (Unimed Paulistana, por exemplo).

Ocorre que o referido § 13 do art. 6º foi vetado pela Presidência da República, que assim se manifestou nas razões do veto:

> "Embora a boa intenção do legislador, a medida contraria o interesse público, pois a previsão de recuperação judicial somente para cooperavas médicas, além de ferir o princípio da isonomia em relação as demais modalidades societárias, afasta os instrumentos regulatórios que oportunizam às operadoras no âmbito administrativo a recuperação de suas anormalidades econômico-financeiras e as liquidações extrajudiciais.
>
> Ademais, tem-se, ainda, que a criação dessa excepcionalidade impacta nas concessões de portabilidades especiais de carências a beneficiários de operadoras a serem compulsoriamente retiradas do mercado regulado, em prejuízo ao acompanhamento econômico-financeiro das operadoras pela Agência Nacional de Saúde Suplementar - ANS, e submete milhões de brasileiros a riscos de desassistência."

No entanto, o veto foi derrubado pelo Congresso Nacional, de modo que as sociedades cooperativas, no geral, continuam não se sujeitando à falência e à recuperação judicial/extrajudicial, dada a sua natureza de sociedades simples, mas as cooperativas médicas, excepcionalmente, passaram a ter um dispositivo que será usado para defender a sujeição delas às regras da LRE.[12]

2.5. Foro competente

Segundo o art. 3.º da LRE, "é competente para homologar o plano de recuperação extrajudicial, deferir a recuperação judicial ou decretar a falência o juízo do local do principal estabelecimento do devedor ou da filial de empresa que tenha sede fora do Brasil".

O conceito de *principal estabelecimento*, todavia, não corresponde à noção geral que a expressão suscita inicialmente.

De fato, quando se fala em principal estabelecimento, vem em nosso pensamento, de imediato, a ideia de sede estatutária/contratual ou matriz administrativa da empresa. Trata-se, porém, de noção equivocada.

Para o direito falimentar, a correta noção de principal estabelecimento está ligada ao aspecto econômico: é o local onde o devedor concentra o *maior volume de negócios*, local este, frise-se, que muitas vezes não coincide com o local da sede da empresa ou do seu centro administrativo.

Na vigência do Decreto-lei 7.661/1945, já se entendia que o foro competente era o do principal estabelecimento do devedor (art. 7º), e a definição do principal estabelecimento já levava em conta o volume de negócios da empresa, e não necessariamente o local da sede.

> *CONCORDATA - COMPETENCIA. FORO COMPETENTE PARA A CONCORDATA PREVENTIVA E O DO LOCAL EM QUE O COMERCIANTE TEM SEU PRINCIPAL ESTABELECIMENTO. ENTENDE-SE POR PRINCIPAL ESTABELECIMENTO, NÃO NECESSARIAMENTE AQUELE INDICADO COMO SEDE, NOS ESTATUTOS OU NO CONTRATO SOCIAL, MAS A VERDA-*

12 Ressalto, mais uma vez, que houve vício no processo legislativo que redundou na inserção do § 13 ao art. 6º da LRE, porque a parte final do dispositivo – justamente a que trata das cooperativas médicas – foi inserida pelo Senado como mera emenda de redação, o que definitivamente não corresponde à realidade (como não foi uma mera emenda de redação, o texto deveria ter voltado à Câmara dos Deputados para reapreciação).

DEIRA SEDE ADMINISTRATIVA, EM QUE ESTA SITUADA A DIREÇÃO DA EMPRESA, DE ONDE PARTE O COMANDO DE SEUS NEGOCIOS.

(CC 366/PR, Rel. Ministro EDUARDO RIBEIRO, SEGUNDA SEÇÃO, julgado em 11/10/1989)

PROCESSUAL CIVIL - CONCORDATA PREVENTIVA - CONFLITO POSITIVO DE COMPETÊNCIA. INEXISTÊNCIA DE PREVENÇÃO DO JUÍZO SUSCITANTE PARA PROCESSAMENTO DA CONCORDATA. PRETENDIDA PREVALÊNCIA DO FORO DE BRASÍLIA PARA PROCESSAMENTO DA CONCORDATA, - DOMICÍLIO ANTERIOR DA SOCIEDADE - ARGUMENTO DE SER FRAUDULENTA A TRANSFERÊNCIA DA SEDE EFETIVA DE BRASÍLIA PARA GOIÂNIA INADMITIDO. CONFLITO IMPROCEDENTE.

- Foro competente para a concordata preventiva é o local em que o comerciante tem seu principal estabelecimento, isto é, onde se encontra a verdadeira sede administrativa, o comando dos negócios.

(CC 21.775/DF, Rel. Ministro BUENO DE SOUZA, SEGUNDA SEÇÃO, julgado em 24/06/1998)

A situação não mudou com a edição da Lei 11.101/2005: para o direito falimentar, principal estabelecimento continua sendo o local onde o devedor concentra o maior de volume de negócios, o qual, frise-se, muitas vezes não coincide com o local da sede da empresa ou do seu centro administrativo.

AGRAVO INTERNO NO CONFLITO DE COMPETÊNCIA. RECUPERAÇÃO JUDICIAL. PRINCIPAL ESTABELECIMENTO DO DEVEDOR.

1. Esta Corte, interpretando o conceito de "principal estabelecimento do devedor" referido no artigo 3º da Lei nº 11.101/2005, firmou o entendimento de que o Juízo competente para processamento de pedido de recuperação judicial deve ser o do local em que se centralizam as atividades mais importantes da empresa.

(AgInt no CC 157.969/RS, Rel. Ministro RICARDO VILLAS BÔAS CUEVA, SEGUNDA SEÇÃO, julgado em 26/09/2018, DJe 04/10/2018)

Em suma, o **STJ** já decidiu que a expressão *principal estabelecimento* pode significar (embora os acórdãos sejam anteriores à LRE, o entendimento continua atual): (i) o centro vital das principais atividades do devedor; (ii) local onde o devedor mantém suas atividades e seu principal estabelecimento; (iii) local onde a atividade se mantém centralizada.

No mesmo sentido da jurisprudência do STJ, confirase o Enunciado 465 das Jornadas de Direito Civil: "*Para fins do Direito Falimentar, o local do principal estabelecimento é aquele de onde partem as decisões empresariais, e não necessariamente a sede indicada no registro público*".

E há uma razão lógica para a regra do art. 3.º da LRE: é no local do principal estabelecimento do devedor onde se encontram, provavelmente, a maioria dos seus clientes e a maior parte do seu patrimônio, o que facilita sobremaneira a instauração do concurso de credores e a arrecadação dos seus bens. Por isso a referida *competência é de natureza absoluta*, conforme também já decidiu o STJ:

"(...) a norma constante do artigo 3º da Lei 11.101/05 encerra regra de competência absoluta, afastando eventual alegação da existência de preclusão quanto à suscitação do conflito.

3. O art. 3º da Lei n. 11.101/05, ao repetir com pequenas modificações o revogado artigo 7º do Decreto-Lei 7.661/45, estabelece que o Juízo do local do principal estabelecimento do devedor é o competente para processar e julgar pedido de recuperação judicial.

4. A Segunda Seção do Superior Tribunal de Justiça, respaldada em entendimento firmado há muito anos no Supremo Tribunal Federal e na própria Corte, assentou clássica lição acerca da interpretação da expressão "principal estabelecimento do devedor" constante da mencionada norma, afirmando ser "o local onde a 'atividade se mantém centralizada', não sendo, de outra parte, 'aquele a que os estatutos conferem o título principal, mas o que forma o corpo vivo, o centro vital das principais atividades do devedor'." (CC 32.988/RJ, rel.

Min. Sálvio de Figueiredo Teixeira, DJ de 04/02/2002).

5. Precedentes do STJ no mesmo sentido (REsp 1.006.093/DF, Rel.

Ministro ANTONIO CARLOS FERREIRA, QUARTA TURMA, DJe de 16/10/2014; CC 37.736/SP, Rel. Ministra NANCY ANDRIGHI, SEGUNDA SEÇÃO, DJ de 16/08/2004; e CC 1.930/SP, Rel. Min. ATHOS CARNEIRO, SEGUNDA SEÇÃO, DJ de 25/11/1991).

(CC 146.579/MG, Rel. Ministro PAULO DE TARSO SANSEVERINO, SEGUNDA SEÇÃO, julgado em 09/11/2016, DJe 11/11/2016)

Além de a competência do foro do local do principal estabelecimento do devedor ser absoluta, ela deve ser aferida no momento da propositura da demanda, e qualquer eventual alteração posterior não terá o condão de modificar a competência verificada inicialmente. Foi isso o que decidiu a Segunda Seção do STJ no julgamento do CC 163.818: *"é absoluta a competência do local em que se encontra o principal estabelecimento para processar e julgar pedido de recuperação judicial, que deve ser aferido no momento de propositura da demanda, sendo irrelevantes para esse fim modificações posteriores de volume negocial"*. Confira-se, a propósito, a ementa do julgado:

CONFLITO DE COMPETÊNCIA. PROCESSUAL CIVIL. 1. PEDIDO DE RECUPERAÇÃO JUDICIAL AJUIZADO NO FORO DO LOCAL DO PRINCIPAL ESTABELECIMENTO DO DEVEDOR. ART. 3º DA LEI 11.101/05. COMPETÊNCIA FUNCIONAL. PRECEDENTES. 2. ALTERAÇÃO DO ESTADO DE FATO SUPERVENIENTE. MAIOR VOLUME NEGOCIAL TRANSFERIDO PARA OUTRO ESTABELECIMENTO DO DEVEDOR NO CURSO DA DEMANDA RECUPERACIONAL. IRRELEVÂNCIA. NOVOS NEGÓCIOS QUE NÃO SE SUBMETEM AO PROCESSO DE RECUPERAÇÃO JUDICIAL. COMPETÊNCIA ABSOLUTA INALTERADA. 3. CONFLITO CONHECIDO PARA DECLARAR COMPETENTE O JUÍZO DE DIREITO DA VARA DE PORTO NACIONAL/TO.

1. O Juízo competente para processar e julgar pedido de recuperação judicial é aquele situado no local do principal estabelecimento (art. 3º da Lei n. 11.101/2005), compreendido este como o local em que se encontra "o centro vital das principais atividades do devedor". Precedentes.

2. Embora utilizado o critério em razão do local, a regra legal estabelece critério de competência funcional, encerrando hipótese legal de competência absoluta, inderrogável e improrrogável, devendo ser aferido no momento da propositura da demanda - registro ou distribuição da petição inicial.

3. A utilização do critério funcional tem por finalidade o incremento da eficiência da prestação jurisdicional, orientando-se pela natureza da lide, assegurando coerência ao sistema processual e material.

4. No curso do processo de recuperação judicial, as modificações em relação ao principal estabelecimento, por dependerem exclusivamente de decisões de gestão de negócios, sujeitas ao crivo do devedor, não acarretam a alteração do Juízo competente, uma vez que os negócios ocorridos no curso da demanda nem mesmo se sujeitam à recuperação judicial.

> *5. Conflito conhecido para declarar competente o Juízo de Direito da Vara de Porto Nacional/TO.*
>
> (CC 163.818/ES, Rel. Ministro MARCO AURÉLIO BELLIZZE, SEGUNDA SEÇÃO, julgado em 23/09/2020, DJe 29/09/2020)

Registre-se ainda que, tratando-se de sociedade estrangeira, o foro competente também será o do seu principal estabelecimento, mas para determiná-lo serão levados em conta apenas os estabelecimentos localizados em território nacional. Dentre esses, enfim, vê-se em qual deles a sociedade estrangeira concentra o maior volume de negócios, sendo ele, então, o foro competente para a ação falimentar a ser ajuizada contra ela.

Por fim, destaque-se que, em obediência ao disposto no art. 6.º, § 8.º, da LRE, "a distribuição do pedido de falência ou de recuperação judicial ou a homologação de recuperação extrajudicial previne a jurisdição para qualquer outro pedido de falência, de recuperação judicial ou de homologação de recuperação extrajudicial relativo ao mesmo devedor".

3. ATUAÇÃO DO MP NOS PROCESSOS DE FALÊNCIA/RECUPERAÇÃO

A participação do Ministério Público nos processos de falência e de recuperação de empresas é um tema que, após a edição da LRE, trouxe polêmicos debates, porque a legislação falimentar anterior previa, em seu art. 210, uma ampla participação do *parquet* no processo falimentar e em todas as ações em que a massa fosse parte ou interessada.

A LRE, por sua vez, trazia dispositivo com regra semelhante, que dava ampla atuação do Ministério Público nos processos falimentares e nas demais ações propostas pela massa falida ou contra ela.

Tratava-se do art. 4.º, que dispunha o seguinte: "o representante do Ministério Público intervirá nos processos de recuperação judicial e de falência". No mesmo sentido, o seu parágrafo único estabelecia que, "além das disposições previstas nesta Lei, o representante do Ministério Público intervirá em toda ação proposta pela massa falida ou contra ela".

Ocorre que essas duas normas foram vetadas pelo Poder Executivo, sob o seguinte fundamento:

> "O dispositivo reproduz a atual Lei de Falências – Decreto-Lei nº 7.661, de 21 de junho de 1945, que obriga a intervenção do parquet não apenas no processo falimentar, mas também em todas as ações que envolvam a massa falida, ainda que irrelevantes, e.g. execuções fiscais, ações de cobrança, mesmo as de pequeno valor, reclamatórias trabalhistas etc., sobrecarregando a instituição e reduzindo sua importância institucional.
>
> Importante ressaltar que no autógrafo da nova Lei de Falências enviado ao Presidente da República são previstas hipóteses, absolutamente razoáveis, de intervenção obrigatória do Ministério Público, além daquelas de natureza penal. Senão, veja-se:
>
> 'Art. 52. Estando em termos a documentação exigida no art. 51 desta Lei, o juiz deferirá o processamento da recuperação judicial e, no mesmo ato: (...)

> V – ordenará a intimação do Ministério Público e a comunicação por carta às Fazendas Públicas Federal e de todos os Estados e Municípios em que o devedor tiver estabelecimento.'
>
> 'Art. 99. A sentença que decretar a falência do devedor, dentre outras determinações: (...)
>
> XIII – ordenará a intimação do Ministério Público e a comunicação por carta às Fazendas Públicas Federal e de todos os Estados e Municípios em que o devedor tiver estabelecimento, para que tomem conhecimento da falência.'
>
> 'Art. 142 (...)
>
> § 7º Em qualquer modalidade de alienação, o Ministério Público será intimado pessoalmente, sob pena de nulidade.'
>
> 'Art. 154. Concluída a realização de todo o ativo, e distribuído o produto entre os credores, o administrador judicial apresentará suas contas ao juiz no prazo de 30 (trinta) dias. (...)
>
> § 3º Decorrido o prazo do aviso e realizadas as diligências necessárias à apuração dos fatos, o juiz intimará o Ministério Público para manifestar-se no prazo de 5 (cinco) dias, findo o qual o administrador judicial será ouvido se houver impugnação ou parecer contrário do Ministério Público.'
>
> O Ministério Público é, portanto, comunicado a respeito dos principais atos processuais e nestes terá a possibilidade de intervir. Por isso, é estreme de dúvidas que o representante da instituição poderá requerer, quando de sua intimação inicial, a intimação dos demais atos do processo, de modo que possa intervir sempre que entender necessário e cabível. A mesma providência poderá ser adotada pelo parquet nos processos em que a massa falida seja parte.
>
> Pode-se destacar que o Ministério Público é intimado da decretação de falência e do deferimento do processamento da recuperação judicial, ficando claro que sua atuação ocorrerá pari passu ao andamento do feito.
>
> Ademais, o projeto de lei não afasta as disposições dos arts. 82 e 83 do Código de Processo Civil, os quais prevêem a possibilidade de o Ministério Público intervir em qualquer processo, no qual entenda haver interesse público, e, neste processo específico, requerer o que entender de direito".

O veto em referência não deixa dúvidas: a nova legislação falimentar brasileira reduziu a **atuação do Ministério Público nos processos falimentares**, estando ela **restrita, agora, aos casos em que a lei expressamente determinar a sua participação** – como ocorre, por exemplo, nos casos em que há indícios de responsabilidade penal do devedor (art. 22, § 4.º) e em que for determinada a alienação de bens do devedor (art. 142, § 7.º).

A respeito do assunto, confira-se a opinião de Fábio Ulhoa Coelho:

> Pela simples comparação dos dois dispositivos (o da lei anterior e o vetado), percebe-se que uma das mais importantes alterações trazidas pela nova Lei de Falências diz respeito ao papel do Ministério Público nos feitos falimentares. Ele não atua mais em *toda* ação de que a seja parte a massa; não mais tem o dever de se pronunciar *em qualquer fase do processo.* A inexistência, na lei atual, de uma previsão genérica implica que o Ministério Público só terá participação na falência ou recuperação judicial nas hipóteses especificamente apontadas na lei (por exemplo: arts. 52, V, 99, XIII, 142, § 7.º, 154, § 3.º, etc.).
>
> (...)

> Espera-se que o novo perfil que a lei atribui à atuação do Ministério Público nos feitos falimentares seja *prestigiado* pelos seus membros e pelo juiz. Digo que os promotores se abstenham de falar e os juízes não lhes enviem os autos a cada passo da falência ou da recuperação judicial, isto é, que a manifestação do Ministério Público se resuma estritamente aos casos em que é necessária.[13]

O entendimento acima transcrito não é comungado por todos, muito menos pelos próprios membros do parquet. Há notícia, por exemplo, de que no Rio de Janeiro, logo após a edição da lei, foi expedida recomendação formal (Recomendação 01/2005) pela Procuradoria-Geral de Justiça no sentido de que os promotores daquela unidade federativa continuassem atuando da mesma forma que atuavam sob a vigência da lei anterior.

Manoel Justino Bezerra Filho também se opõe ao veto ao art. 4º da LRE, afirmando que o ele é um reflexo da hipertrofia do Poder Executivo. E o autor vai além, defendendo que "*sempre que necessário, o Ministério Público deve ser ouvido, zelando o juiz do processo para que os autos lhes sejam remetidos quando a situação, a critério judicial, assim recomendar*".[14]

Em nossa opinião, o melhor entendimento é o da participação mínima do Ministério Público nos processos de falência e de recuperação de empresas, sobretudo em obediência ao **princípio da celeridade processual**, consagrado expressamente pelo art. 75, § 1º, da LRE. Com efeito, as sucessivas remessas dos autos ao órgão ministerial burocratizam o processo e atrasam a sua tramitação. O *parquet* só deve ser ouvido, portanto, quando a lei expressamente determinar a sua participação.

Ainda na vigência da lei antiga, entendia o Superior Tribunal de Justiça que era desnecessária a atuação do Ministério Público na chamada fase pré-falimentar (antes da prolação da sentença que denega ou decreta a falência), justamente porque não havia regra expressa nesse sentido:

> *(...) O procedimento estabelecido pelo DL n.º 7.661/45 previa, para a fase pré-falimentar, uma instrução sumária, própria das ações executórias, de sorte que, não havendo depósito elisivo e não sendo requerida a concessão do prazo previsto no art. 11, § 3.º, o Tribunal, após afastar os argumentos da defesa, podia de plano decretar a quebra.*
>
> *– Não havia no DL n.º 7.661/45 um único dispositivo que determinasse a intervenção do Ministério Público no processo pré-falimentar. A análise sistemática do art. 15, II, permite concluir que o Ministério Público somente deveria ter ciência do pedido de falência após a prolação da respectiva decisão de quebra. (...) (REsp 867.128/SP, Rel. Min. Nancy Andrighi, 3.ª Turma, j. 01.10.2009, DJe 18.11.2009).*

Na vigência da Lei 11.101/2005, o STJ manteve esse entendimento, principalmente por causa do veto ao art. 4º: a participação do Ministério Público nos processos de falência e recuperação só é obrigatória quando a lei expressamente determinar; ademais, o fato de o Ministério Público não ser ouvido, mesmo nos casos em que sua participação seja obrigatória, só acarreta eventual nulidade de ficar caracterizado efetivo prejuízo.

---

13 COELHO, Fábio Ulhoa. *Comentários à lei de falências e recuperação de empresas*. 3. ed. São Paulo: Saraiva, 2005.

14 BEZERRA FILHO, Manoel Justino. *Lei de recuperação de empresas e falências comentada*. 4. ed. São Paulo: RT, 2007. p. 57-58.

Processual civil. Ministério Público. Atuação. Ausência. Nulidade. Inexistência. Ação de rescisão de contrato. Falência posterior da autora. Quantia ilíquida. Instrumentalidade das formas.

1 – Ocorrida a falência da autora em outro juízo e somente sete meses depois de ajuizada a presente demanda, onde se postula quantia ilíquida, a participação do Ministério Público é despicienda, sobrelevando a instrumentalidade das formas, apta a afastar eventual nulidade pela ausência de participação do Parquet, máxime em se tratando de direito disponível, que ainda não está em fase de liquidação.

2 – Recurso especial não conhecido.

(REsp 419.020/MG, Rel. Min. Fernando Gonçalves, 4.ª Turma, j. 20.10.2009, DJe 09.11.2009).

Comercial e processo civil. Pedido de falência ajuizado na vigência do DL n.º 7.661/45. Intervenção do Ministério Público em ação conexa antes do trânsito em julgado da decisão que decreta a quebra. Possibilidade. Anulação do processo. Demonstração de prejuízo. Necessidade.

1. Na vigência do DL 7.661/45 era possível a intervenção do Ministério Público durante todo o procedimento de quebra, inclusive em sua fase pré-falimentar, alcançando também as ações conexas.

*2. **Com o advento da Lei 11.101/05, houve sensível alteração desse panorama, sobretudo ante a constatação de que o número excessivo de intervenções do Ministério Público vinha assoberbando o órgão e embaraçando o trâmite das ações falimentares. Diante disso, vetou-se o art. 4.º da Lei 11.101/05, que mantinha a essência do art. 210 do DL 7.661/45, ficando a atuação do Ministério Público, atualmente, restrita às hipóteses expressamente previstas em lei.***

3. Tendo em vista o princípio da instrumentalidade das formas, a anulação do processo falimentar ou de ações conexas por ausência de intervenção ou pela atuação indevida do Ministério Público somente se justifica quando for caracterizado efetivo prejuízo à parte.

4. Recurso especial não provido.

(REsp 1.230.431/SP, Rel. Min. Nancy Andrighi, Terceira Turma, j. 18.10.2011, DJe 18.11.2011).

*Processo civil. **Intervenção do Ministério Público. Lei 11.101/05. Pedido de falência. Fase pré-falimentar. Desnecessidade.***

1. O interesse público que justifica a intervenção do Ministério Público nos procedimentos falimentares não deve ser confundido com a repercussão econômica que toda quebra compreende, ou mesmo com interesses específicos de credores trabalhistas ou fiscais.

2. Não há, na Lei 11.101/05, qualquer dispositivo que determine a manifestação do Ministério Público em estágio anterior ao decreto de quebra nos pedidos de falência.

Recurso especial a que se nega provimento.

(REsp 1.094.500/DF, Rel. Ministra Nancy Andrighi, Terceira Turma, j. 16.09.2010, DJe 20.10.2010).

O art. 4º da Lei nº 11.101/2005, que previa ampla participação do Parquet nos processos de falência e recuperação de empresas, foi vetado pela Presidência da República. Assim, prevalece o entendimento de que, na vigência da atual legislação falimentar, a intervenção do Ministério Público só é obrigatória quando expressamente prevista na lei, não sendo plausível o argumento de que toda falência envolve interesse público a exigir a atuação ministerial em todas as suas fases e em qualquer de seus incidentes. Precedentes. Ainda que se considerasse obrigatória a intervenção do Ministério Público em todas as fases do processo falimentar, a simples ausência de sua intimação numa determinada fase não seria suficiente, por si só, para acarretar a nulidade do processo desde então. Mesmo nessa eventual situação seria necessária a demonstração de prejuízo concreto, em respeito ao princípio da instrumentalidade das formas e à máxima "pas de nullité sans grief" (não há nulidade sem prejuízo)".

(AgRg no Ag 1328934/GO, Rel. Ministro MARCO BUZZI, QUARTA TURMA, julgado em 04/11/2014, DJe 14/11/2014)

A Lei de Falência e Recuperação de Empresas não exige a atuação obrigatória do Ministério Público em todas as ações em que empresas em recuperação judicial figurem como parte. A anulação da sentença por ausência de intervenção do Ministério Público, na espécie, somente seria justificável se ficasse caracterizado efetivo prejuízo às partes, circunstância que sequer foi aventada por elas nas manifestações que se seguiram à decisão tornada sem efeito pela Corte de origem.

(REsp 1536550/RJ, Rel. Ministra NANCY ANDRIGHI, TERCEIRA TURMA, julgado em 08/05/2018, DJe 11/05/2018)

Por fim, vale mencionar um precedente mais recente do STJ sobre o assunto, em que se decidiu que "o Ministério Público é parte legítima para recorrer da decisão que fixa os honorários do administrador na recuperação judicial".

Nesse caso (REsp 1.884.860), o Ministério Público recorreu de decisão que deferiu o processamento da recuperação judicial, pedindo a redução da remuneração do administrador judicial, que fora fixada no patamar máximo. A relatora, Ministra Nancy Andrighi, aparentemente revendo posição manifestada em outros casos por ela julgados, disse que **"o veto presidencial ao art. 4º não autoriza a conclusão de que o MP somente pode intervir quando a Lei 11.101/05 expressamente autorizá-lo"**. Segundo ela, "é a própria lei processual que assegura ao MP a faculdade de recorrer de decisões proferidas em ações nas quais há previsão de sua participação como custos legis". Assim, concluiu ela, "a partir da interpretação conjunta da regra do art. 52, V, da Lei 11.101/05 – que determina a intimação do MP acerca da decisão que defere o processamento da recuperação judicial – e daquela constante no art. 179, II, do CPC/15 – que autoriza a interposição de recurso pelo órgão ministerial –, pode-se evidenciar a legitimidade recursal do *Parquet* na hipótese concreta".

Parece-me, pois, que após esse precedente a conclusão que podemos estabelecer é a seguinte: a participação do MP só é **obrigatória** quando a Lei 11.101/05 expressamente determinar, mas isso não impede que ele atue em outras situações, como fiscal da lei.

4. APLICAÇÃO SUBSIDIÁRIA DO CPC

De acordo com a redação original do art. 189 da LRE, "aplica-se a Lei nº 5.869, de 11 de janeiro de 1973 – Código de Processo Civil, no que couber, aos procedimentos previstos nesta Lei".

Como se sabe, o CPC/1973 foi revogado e substituído pelo CPC/2015 (Lei 13.105/2015).

Sobre a aplicação do novo CPC aos processos de falência e recuperação judicial/extrajudicial, duas observações importantes precisam ser feitas, uma sobre o cabimento de agravo de instrumento contra decisões interlocutórias e outra sobre a contagem dos prazos.

O novo CPC restringiu as hipóteses de cabimento do agravo de instrumento, listando os casos em que tal recurso é cabível no seu art. 1.015, o que gerou certa discussão sobre a recorribilidade de decisões interlocutórias proferidas nos processos de falência e recuperação judicial/extrajudicial, quando não previsto expressamente o cabimento de agravo.

O entendimento que prevaleceu na doutrina foi o de que cabe agravo de instrumento nesses casos, por aplicação analógica do art. 1.015, parágrafo único do novo CPC, que assim dispõe: "também caberá agravo de instrumento contra decisões interlocutórias proferidas na fase de liquidação de sentença ou de cumprimento de sentença, no processo de execução e no processo de inventário".

Nesse sentido, confira-se o enunciado 69 das Jornadas de Direito Processual Civil do CJF: "a hipótese do art. 1.015, parágrafo único, do CPC abrange os processos concursais, de falência e recuperação".

Foi também nesse mesmo sentido que decidiram a 3ª e a 4ª Turmas do STJ:

> RECURSO ESPECIAL. RECUPERAÇÃO JUDICIAL. SISTEMA RECURSAL. DECISÃO INTERLOCUTÓRIA. HONORÁRIOS DO ADMINISTRADOR JUDICIAL E RENOVAÇÃO BENEFÍCIO PRODEIC. AGRAVO DE INSTRUMENTO. CABIMENTO. ART. 1.015, PARÁGRAFO ÚNICO, DO CPC/15. INTERPRETAÇÃO EXTENSIVA. POSSIBILIDADE.
>
> 1. O Código de Processo Civil, na qualidade de lei geral, é, ainda que de forma subsidiária, a norma a espelhar o processo e o procedimento no direito pátrio, sendo normativo suplementar aos demais institutos do ordenamento. O novel diploma, aliás, é categórico em afirmar que "permanecem em vigor as disposições especiais dos procedimentos regulados em outras leis, às quais se aplicará supletivamente este Código" (art. 1.046, § 2°). 2. A Lei de Recuperação e Falência previu sistema recursal próprio, prevendo, para diversas situações específicas, o recurso adequado a desafiar o correspondente ato judicial. Estabeleceu, ainda, em seu art. 189, que, "no que couber", haverá aplicação supletiva da lei adjetiva geral.
>
> 3. Com relação aos recursos, por sua característica estritamente processual, assim como pela ausência de vedação específica na Lei n° 11.101/2005, deve incidir o novo diploma processual, seja para suprimento, seja para complementação e disciplinamento de lacunas e omissões, desde que, por óbvio, não conflite com a lei especial.
>
> Deveras, verifica-se que a lei especial não se ocupou de situações que, por sua natureza e relevância, devam ser passíveis de contradita por meio de recurso.
>
> 4. O rol taxativo do art. 1.015 do CPC/2015 não afasta a incidência das hipóteses previstas na LREF, pois o próprio inciso XIII estabelece o cabimento do agravo de instrumento nos "outros casos expressamente referidos em lei". Havendo disposição expressa da Lei de Recuperação de Empresas e Falência, essa prevalecerá sobre o numerus clausus do dispositivo do CPC, de modo que a aplicação desse Código será apenas para suprimento de lacunas e omissões. Por outro lado, se o provimento judicial, no âmbito falimentar/recuperacional, enquadrar-se em uma das hipóteses do rol do diploma processual, será também possível o manejo do agravo de instrumento.
>
> 5. Nas decisões interlocutórias sem previsão específica de recurso, incidirá o parágrafo único do art. 1.015 do CPC/2015, justamente porque, em razão das características próprias do processo falimentar e recuperacional, haverá tipificação com

a ratio do dispositivo - falta de interesse/utilidade de revisão da decisão apenas no momento do julgamento da apelação -, permitindo a impugnação imediata dos provimentos judiciais.

6. Assim como se dá nos procedimentos previstos no parágrafo único do art. 1.015 do CPC/2015, as decisões de maior relevância na recuperação judicial e na falência são tomadas antes da sentença propriamente dita, que, via de regra, se limita a reconhecer fatos e atos processuais firmados anteriormente. Consequentemente, aguardar a análise pelo Tribunal, apenas em sede de apelação, equivaleria à irrecorribilidade prática da interlocutória, devendo incidir a interpretação extensiva do dispositivo em comento.

7. Além disso, a natureza também processual (de execução coletiva e negocial) da LREF justifica a interpretação do parágrafo único do art. 1.015 no CPC (ou dos incisos do caput do art. 1.015) no sentido de estender a interposição do recurso de agravo de instrumento às decisões que envolvam matérias dos regimes falimentar e recuperatório. 8. Na hipótese, o magistrado de piso indeferiu os pleitos das recuperandas quanto à renovação do benefício fiscal (PRODEIC) e determinou que elas efetuassem o imediato depósito de 40% dos honorários do administrador judicial, sob pena de convolação da recuperação em falência. Portanto, tal decisão desafia o recurso de agravo de instrumento, na forma do artigo 203, §2°, do CPC.

9. Recurso especial provido.

(REsp 1722866/MT, Rel. Ministro LUIS FELIPE SALOMÃO, QUARTA TURMA, julgado em 25/09/2018, DJe 19/10/2018)

RECURSO ESPECIAL. PROCESSUAL CIVIL. EMPRESARIAL. LEI DE RECUPERAÇÃO JUDICIAL E FALÊNCIA. SISTEMA RECURSAL PRÓPRIO. CÓDIGO DE PROCESSO CIVIL. APLICAÇÃO SUPLETIVA. DECISÕES INTERLOCUTÓRIAS. AGRAVO DE INSTRUMENTO. CABIMENTO.

1. Recurso especial interposto contra acórdão publicado na vigência do Código de Processo Civil de 2015 (Enunciados Administrativos nºs 2 e 3/STJ).

2. Cinge-se a controvérsia a definir se é cabível a interposição de agravo de instrumento contra decisão proferida após a sentença de habilitação de crédito, para a qual a LREF não prevê recurso específico.

3. A Lei nº 11.101/2005 tem normas de direito material e processual, instituindo um regime recursal próprio. Esse regramento não é exaustivo, prevendo a lei a aplicação supletiva do Código de Processo Civil quando for cabível. 4. Nas hipóteses em que a lei especial apontar o recurso próprio, esse é o que deve ser utilizado, somente se cogitando da incidência das normas adjetivas se não houver previsão expressa do remédio aplicável. 5. As questões interlocutórias proferidas durante o processamento da recuperação judicial e da falência (e que não se enquadram nos incisos do artigo 1.015 do CPC/2015) não terão oportunidade de revisão em eventual apelação, como prevê o art. 1.009, § 1º, do CPC/2015.

6. Na forma como a Lei de Recuperação de Empresas e Falência está estruturada, é necessário que as decisões interlocutórias sejam decididas desde logo. A recuperação judicial não é um processo em que há uma sucessão ordenada de atos que termina na sentença. A recuperação judicial busca coordenar o interesse dos credores e do devedor, a partir da realização de diversos atos paralelos, que ao final serão alinhados para possibilitar a votação do plano e sua eventual aprovação ou a decretação da quebra. As questões surgidas nas fases postulatória e deliberativa não podem aguardar a sentença de encerramento.

7. O legislador elencou outras situações em que, como no caso da recuperação judicial e falência, não será possível a revisão de questões interlocutórias em futura

apelação, admitindo sua impugnação por agravo de instrumento, norma que deve ser aplicada por interpretação extensiva aos processos de recuperação e falência.

8. Recurso especial conhecido e provido.

(REsp 1786524/SE, Rel. Ministro RICARDO VILLAS BÔAS CUEVA, TERCEIRA TURMA, julgado em 23/04/2019, DJe 29/04/2019)

Posteriormente, a questão foi afetada a julgamento da Segunda Seção, sob a sistemática dos recursos repetitivos, e firmou-se a seguinte tese: "cabe agravo de instrumento de todas as decisões interlocutórias proferidas no processo de recuperação judicial e no processo de falência, por força do art. 1.015, parágrafo único, do CPC/2015". Confira-se, a propósito, a ementa do julgado, com destaque para o item 7, em que se estabelece uma modulação dos efeitos da decisão (no mesmo sentido: REsp 1.707.066 e REsp 1.712.231):

RECURSO ESPECIAL REPRESENTATIVO DE CONTROVÉRSIA. DIREITO EMPRESARIAL E DIREITO PROCESSUAL CIVIL. DECISÕES INTERLOCUTÓRIAS PROFERIDAS EM RECUPERAÇÃO JUDICIAL E FALÊNCIA. RECORRIBILIDADE POR AGRAVO DE INSTRUMENTO. DECISÕES PROFERIDAS EM PROCEDIMENTO COMUM QUE OBSERVAM A REGRA DO ART. 1.015, INCISOS, CPC/15, COM A FLEXIBILIZAÇÃO TRAZIDA PELA TESE DA TAXATIVIDADE MITIGADA. DECISÕES PROFERIDAS NAS FASES DE LIQUIDAÇÃO E CUMPRIMENTO DA SENTENÇA, NO PROCESSO EXECUTIVO E NA AÇÃO DE INVENTÁRIO QUE OBSERVAM A REGRA DO ART. 1.015, PARÁGRAFO ÚNICO, CPC/15. CABIMENTO DE AGRAVO DE INSTRUMENTO CONTRA TODAS AS DECISÕES INTERLOCUTÓRIAS QUE SE JUSTIFICA DIANTE DA PROVÁVEL INUTILIDADE DE REDISCUSSÃO DA MATÉRIA POR OCASIÃO DO JULGAMENTO DE APELAÇÃO, QUE, QUANDO CABÍVEL, APENAS OCORRERÁ QUANDO MEDIDAS INVASIVAS E GRAVES JÁ HOUVEREM SIDO ADOTADAS E EXAURIDAS. HIPÓTESES DE CABIMENTO DO AGRAVO DE INSTRUMENTO PREVISTAS NA LEI 11.101/2005. CONCRETIZAÇÕES DO RISCO DE LESÃO GRAVE E DE DIFÍCIL REPARAÇÃO EXIGIDOS PELO CPC/73. RESSIGNIFICAÇÃO DO CABIMENTO À LUZ DO CPC/15. NATUREZA JURÍDICA DO PROCESSO RECUPERACIONAL. LIQUIDAÇÃO E EXECUÇÃO NEGOCIAL. NATUREZA JURÍDICA DO PROCESSO FALIMENTAR. LIQUIDAÇÃO E EXECUÇÃO COLETIVA. APLICABILIDADE DA REGRA DO ART. 1.015, PARÁGRAFO ÚNICO, CPC/15. CABIMENTO DE AGRAVO DE INSTRUMENTO CONTRA TODAS AS DECISÕES INTERLOCUTÓRIAS PROFERIDAS NOS PROCESSOS RECUPERACIONAIS E FALIMENTARES. MODULAÇÃO. SEGURANÇA JURÍDICA E PROTEÇÃO DA CONFIANÇA. RECORRIBILIDADE DIFERIDA DE QUEM NÃO IMPUGNOU IMEDIATAMENTE AS INTERLOCUTÓRIAS FORA DA HIPÓTESES DE CABIMENTO PREVISTAS NA LEI 11.101/2005. POSSIBILIDADE. APLICABILIDADE DA TESE ÀS DECISÕES PROFERIDAS APÓS A PUBLICAÇÃO DO ACÓRDÃO E A TODOS OS AGRAVOS DE INSTRUMENTOS INTERPOSTOS ANTERIORMENTE, MAS AINDA PENDENTES DE JULGAMENTO NO MOMENTO DA PUBLICAÇÃO DO ACÓRDÃO.

1- O propósito do presente recurso especial, processado e julgado sob o rito dos recursos repetitivos, é definir se é cabível agravo de instrumento contra decisões interlocutórias proferidas em processos de recuperação judicial e falência em hipóteses não expressamente previstas na Lei 11.101/05.

2- No regime recursal adotado pelo CPC/15, há dois diferentes modelos de recorribilidade das decisões interlocutórias: (i) para as decisões proferidas na fase de conhecimento, será cabível o agravo de instrumento nas hipóteses listadas nos incisos do art. 1.015, observado, ainda, o abrandamento da taxatividade desse rol em razão da tese fixada por ocasião do julgamento do tema repetitivo 988 (tese da taxatividade mitigada); (ii) para as decisões proferidas nas fases de liquidação e cumprimento da sentença, no processo executivo e na ação de inventário, será cabível o agravo de instrumento contra todas as decisões interlocutórias, por força do art. 1.015, parágrafo único.

3- O regime recursal diferenciado para as decisões interlocutórias proferidas nas fases de liquidação e cumprimento de sentença, no processo executivo e na ação de inventário se justifica pela impossibilidade de rediscussão posterior da questão objeto da interlocutória, na medida em que nem sempre haverá apelação nessas espécies de fases procedimentais e processos, inviabilizando a incidência da regra do art. 1.009, §1º, CPC/15 e também pela altíssima invasividade e gravidade das decisões interlocutórias proferidas nessas espécies de fases procedimentais e processos, uma vez que, em regra, serão praticados inúmeros e sucessivos atos judiciais de índole satisfativa (pagamento, penhora, expropriação e alienação de bens, etc.) que se revelam claramente incompatíveis com a recorribilidade apenas diferida das decisões interlocutórias.

4- Conquanto a Lei 11.101/2005 preveja o cabimento do agravo de instrumento em específicas hipóteses, como, por exemplo, o art. 17, caput, art. 59, §2º e art. 100, não se pode olvidar que, por ocasião da edição da referida lei, vigorava no Brasil o CPC/73, cujo sistema recursal, no que tange às decisões interlocutórias, era diametralmente oposto ao regime recursal instituído pelo CPC/15, de modo que a escolha, pelo legislador, de apenas algumas específicas hipóteses de recorribilidade imediata das interlocutórias proferidas nos processos recuperacionais e falimentares deve ser interpretada como o reconhecimento de que, naquelas hipóteses, estava presumidamente presente o risco de causar à parte lesão grave e de difícil reparação, requisito exigido pelo art. 522, caput, CPC/73.

5- Ao se reinterpretar a questão relacionada à recorribilidade das decisões interlocutórias proferidas nos processos recuperacionais e falimentares à luz do regime instituído pelo CPC/15, conclui-se que, tendo o processo recuperacional a natureza jurídica de liquidação e de execução negocial das dívidas da pessoa jurídica em recuperação e tendo o processo falimentar a natureza jurídica de liquidação e de execução coletiva das dívidas da pessoa jurídica falida, a esses processos deve ser aplicada a regra do art. 1.015, parágrafo único, CPC/15.

6- Assim, nos termos do art. 1.036 e seguintes do CPC/15, fixa-se a seguinte tese jurídica: Cabe agravo de instrumento de todas as decisões interlocutórias proferidas no processo de recuperação judicial e no processo de falência, por força do art. 1.015, parágrafo único, CPC/15.

7- Para propiciar segurança jurídica e proteger as partes que, confiando na irrecorribilidade das decisões interlocutórias fora das hipóteses de cabimento previstas na Lei 11.101/2005, não interpuseram agravo de instrumento com base no art. 1.015, parágrafo único, CPC/15, faz-se necessário estabelecer que: (i) as decisões interlocutórias que não foram objeto de recurso de agravo de instrumento poderão ser objeto de impugnação pela parte em eventual e hipotética apelação ou em contrarrazões, como autoriza o art.

1.009, §1º, CPC/15, se entender a parte que ainda será útil o enfrentamento da questão incidente objeto da decisão interlocutória naquele momento processual; (ii) que a presente tese jurídica vinculante deverá ser aplicada a todas as decisões interlocutórias proferidas após a publicação do acórdão que fixou a tese e a todos os agravos de instrumento interpostos antes da fixação da tese e que ainda se encontrem pendentes de julgamento ao tempo da publicação deste acórdão, excluindo-se aqueles que não foram conhecidos por decisão judicial transitada em julgado.

8- Na hipótese, a decisão interlocutória proferida no processo de recuperação judicial determinou à parte que devolvesse determinado valor à Caixa Econômica Federal, sob pena de penhora e multa, e, interposto o agravo de instrumento, entendeu o TJ/MT por não conhecer o recurso de agravo de instrumento ao fundamento de que a hipótese em exame não se amoldaria a nenhum dos incisos do art.

> 1.015 do CPC, de modo que, fixada a tese jurídica vinculante no sentido de que cabe agravo de instrumento contra todas as decisões interlocutórias proferidas nos processos de recuperação judicial e de falência, por força do art. 1.015, parágrafo único, CPC/15, deve ser provido o recurso especial, a fim de determinar ao TJ/MT que, afastado o óbice do cabimento, conheça do agravo de instrumento, se preenchidos os demais pressupostos de admissibilidade, e dê regular prosseguimento ao agravo de instrumento.
>
> 9 - Recurso especial conhecido e provido.
>
> (REsp 1717213/MT, Rel. Ministra NANCY ANDRIGHI, SEGUNDA SEÇÃO, julgado em 03/12/2020, DJe 10/12/2020)

Ainda sobre essa questão da recorribilidade das decisões interlocutórias proferidas em processos de falência e recuperação, cumpre destacar que o art. 189 da LRE foi alterado pela Lei 14.112/2020, e a atual redação deixa claro, na mesma linha do que decidiu o STJ, que "as decisões proferidas nos processos a que se refere esta Lei serão passíveis de agravo de instrumento, exceto nas hipóteses em que esta Lei prever de forma diversa" (§ 1º, inciso II).

Quanto à contagem dos prazos, sabe-se que o art. 219 do CPC/2015 determinou que, "na contagem de prazo em dias, estabelecido por lei ou pelo juiz, computar-se-ão somente os dias úteis". O parágrafo único desse dispositivo legal, porém, ressalvou que "o disposto neste artigo aplica-se somente aos prazos processuais".

Por uma interpretação literal desses dispositivos legais, poderíamos chegar à seguinte conclusão: como na Lei 11.101/2005 há normas de direito material e normas de direito processual, seria preciso distingui-las com cuidado, aplicando-se a estas a contagem de prazos em dias úteis, e àquelas a contagem de prazos em dias corridos. Assim, segundo essa linha interpretativa, os prazos para a interposição de recursos previstos na Lei 11.101/2005 (art. 100, por exemplo), por serem processuais, deveriam ser contados em dias úteis, conforme o art. 219, caput do CPC/2015; em contrapartida, prazos como os de apresentação de relatórios ou prestação de contas pelo administrador judicial (art. 22, inciso II, alínea "d" e art. 31, § 2.º, por exemplo), por não serem estritamente processuais, deveriam ser contados em dias corridos, conforme a ressalva do art. 219, parágrafo único do CPC/2015.

Há situações, entretanto, nas quais é difícil afirmar com absoluta certeza se o prazo é processual ou material, como nos casos do prazo de suspensão das ações e execuções contra o devedor que pede recuperação judicial (stay period previsto no art. 6.º, § 4.º da LRE) ou do prazo de apresentação do plano de recuperação pelo devedor (art. 53 da LRE). Porém, como se trata de prazos longos e dada a necessidade de celeridade nos processos de falência e recuperação, sempre se entendeu que a contagem desses prazos fosse feita em dias corridos, restringindo-se a contagem em dias úteis apenas para os casos óbvios de prazos estritamente processuais.

Foi exatamente essa interpretação, explicada nos parágrafos anteriores, que a 3ª Turma do STJ acolheu no julgamento do REsp 1.698.283-GO:

> RECURSO ESPECIAL. RECUPERAÇÃO JUDICIAL. DISCUSSÃO QUANTO À FORMA DE CONTAGEM DO PRAZO PREVISTO NO ART. 6º, § 4º, DA LEI N. 11.101/2005 (STAY PERIOD), SE CONTÍNUA OU SE EM DIAS ÚTEIS, EM RAZÃO DO ADVENTO DO CÓDIGO DE PROCESSO CIVIL DE 2015. APLICAÇÃO SUBSIDIÁRIA DA LEI ADJETIVA

CIVIL À LRF APENAS NAQUILO QUE FOR COMPATÍVEL COM AS SUA PARTICULARIDADES, NO CASO, COM A SUA UNIDADE LÓGICO-TEMPORAL. PRAZO MATERIAL. RECONHECIMENTO. RECURSO ESPECIAL PROVIDO.

1. A partir da vigência do Código de Processo Civil de 2015, que inovou a forma de contagem dos prazos processuais em dias úteis, adveio intenso debate no âmbito acadêmico e doutrinário, seguido da prolação de decisões díspares nas instâncias ordinárias, quanto à forma de contagem dos prazos previstos na Lei de Recuperações e Falência _ destacadamente acerca do lapso de 180 (cento e oitenta) dias de suspensão das ações executivas e de cobrança contra a recuperanda, previsto no art. 6º, § 4º, da Lei n. 11.101/2005.

2. Dos regramentos legais (arts. 219 CPC/2015, c.c 1.046, § 2º, e 189 da Lei n. 11.101/2005), ressai claro que o Código de Processo Civil, notadamente quanto à forma de contagem em dias úteis, somente se aplicará aos prazos previstos na Lei n. 11.101/2005 que se revistam da qualidade de processual.

2.1 Sem olvidar a dificuldade, de ordem prática, de se identificar a natureza de determinado prazo, se material ou processual, cuja determinação não se despoja, ao menos integralmente, de algum grau de subjetivismo, este é o critério legal imposto ao intérprete do qual ele não se pode apartar.

2.2 A aplicação do CPC/2015, no que se insere a forma de contagem em dias úteis dos prazos processuais previstos em leis especiais, somente se afigura possível "no que couber"; naquilo que não refugir de suas particularidades inerentes. Em outras palavras, a aplicação subsidiária do CPC/2015, quanto à forma de contagem em dias úteis do prazos processuais previstos na Lei n. 11.101/2005, apenas se mostra admissível se não contrariar a lógica temporal estabelecida na lei especial em comento.

2.3 Em resumo, constituem requisitos necessários à aplicação subsidiária do CPC/2015, no que tange à forma de contagem em dias úteis nos prazos estabelecidos na LRF, simultaneamente: primeiro, se tratar de prazo processual; e segundo, não contrariar a lógica temporal estabelecida na Lei n. 11.101/2005.

3. A Lei n. 11.101/2005, ao erigir o microssistema recuperacional e falimentar, estabeleceu, a par dos institutos e das finalidades que lhe são próprios, o modo e o ritmo pelo qual se desenvolvem os atos destinados à liquidação dos ativos do devedor, no caso da falência, e ao soerguimento econômico da empresa em crise financeira, na recuperação.

4. O sistema de prazos adotado pelo legislador especial guarda, em si, uma lógica temporal a qual se encontram submetidos todos os atos a serem praticados e desenvolvidos no bojo do processo recuperacional ou falimentar, bem como os efeitos que deles dimanam _ que, não raras às vezes, repercutem inclusive fora do processo e na esfera jurídica de quem sequer é parte.

4.1 Essa lógica adotada pelo legislador especial pode ser claramente percebida na fixação do prazo sob comento _ o stay period, previsto no art. 6º, § 4º da Lei n. 11.101/2005 _, em relação a qual gravitam praticamente todos os demais atos subsequentes a serem realizados na recuperação judicial, assumindo, pois, papel estruturante, indiscutivelmente. Revela, de modo inequívoco, a necessidade de se impor celeridade e efetividade ao processo de recuperação judicial, notadamente pelo cenário de incertezas quanto à solvibilidade e à recuperabilidade da empresa devedora e pelo sacrifício imposto aos credores, com o propósito de minorar prejuízos já concretizados.

5. Nesse período de blindagem legal, devedor e credores realizam, no âmbito do processo recuperacional, uma série de atos voltados à consecução da assembleia geral de credores, a fim de propiciar a votação e aprovação do plano de recuperação apresentado pelo devedor, com posterior homologação judicial. Esses atos, em específico, ainda que desenvolvidos no bojo do processo recuperacional,

> referem-se diretamente à relação material de liquidação, constituindo verdadeiro exercício de direitos (atrelados à relação creditícia subjacente), destinado a equacionar os interesses contrapostos decorrente do inadimplemento das obrigações estabelecidas, individualmente, entre a devedora e cada um de seus credores.
>
> 5.1 Ainda que a presente controvérsia se restrinja ao stay period, por se tratar de prazo estrutural ao processo recuperacional, de suma relevância consignar que os prazos diretamente a ele adstritos devem seguir a mesma forma de contagem, seja porque ostentam a natureza material, seja porque se afigura impositivo alinhar o curso do processo recuperacional, que se almeja ser célere e efetivo, com o período de blindagem legal, segundo a lógica temporal impressa na Lei n. 11.101/2005.
>
> 5.2 Tem-se, assim, que os correlatos prazos possuem, em verdade, natureza material, o que se revela suficiente, por si, para afastar a incidência do CPC/2015, no tocante à forma de contagem em dias úteis.
>
> 6. Não se pode conceber, assim, que o prazo do stay period, previsto no art. no art. 6º, § 4º da Lei n. 11.101/2005, seja alterado, por interpretação extensiva, em virtude da superveniência de lei geral adjetiva civil, no caso, o CPC/2015, que passou a contar os prazos processuais em dias úteis, primeiro porque a modificação legislativa passa completamente ao largo da necessidade de se observar a unidade lógico-temporal estabelecida na lei especial; e, segundo (e não menos importante), porque de prazo processual não se trata _ com a vênia de autorizadas vozes que compreendem de modo diverso.
>
> 7. Recurso especial provido.
>
> (REsp 1698283/GO, Rel. Ministro MARCO AURÉLIO BELLIZZE, TERCEIRA TURMA, julgado em 21/05/2019, DJe 24/05/2019)

Já a 4ª Turma do STJ, no julgamento do REsp 1.699.528-MG, decidiu de maneira um pouco diferente: em vez de se fazer a distinção entre prazos materiais e processuais, aplicando formas de contagem distintas para cada situação, entendeu-se que a contagem em dias corridos é mais compatível com a lógica sistemática dos processos de falência e recuperação.

> RECURSO ESPECIAL. RECUPERAÇÃO JUDICIAL. ADVENTO DO CPC/2015. APLICAÇÃO SUBSIDIÁRIA. FORMA DE CONTAGEM DE PRAZOS NO MICROSSISTEMA DA LEI DE 11.101/2005. CÔMPUTO EM DIAS CORRIDOS. SISTEMÁTICA E LOGICIDADE DO REGIME ESPECIAL DE RECUPERAÇÃO JUDICIAL E FALÊNCIA.
>
> 1. O Código de Processo Civil, na qualidade de lei geral, é, ainda que de forma subsidiária, a norma a espelhar o processo e o procedimento no direito pátrio, sendo normativo suplementar aos demais institutos do ordenamento. O novel diploma, aliás, é categórico em afirmar que "permanecem em vigor as disposições especiais dos procedimentos regulados em outras leis, as quais se aplicará supletivamente este Código" (art. 1046, § 2º).
>
> 2. A Lei de Recuperação e Falência (Lei 11.101/2005), apesar de prever microssistema próprio, com específicos dispositivos sobre processo e procedimento, acabou explicitando, em seu art. 189, que, "no que couber", haverá incidência supletiva da lei adjetiva geral.
>
> 3. A aplicação do CPC/2015, no âmbito do microssistema recuperacional e falimentar, deve ter cunho eminentemente excepcional, incidindo tão somente de forma subsidiária e supletiva, desde que se constate evidente compatibilidade com a natureza e o espírito do procedimento especial, dando-se sempre prevalência às regras e aos princípios específicos da Lei de Recuperação e Falência e com vistas a atender o desígnio da norma-princípio disposta no art. 47.

> 4. A forma de contagem do prazo - de 180 dias de suspensão das ações executivas e de 60 dias para a apresentação do plano de recuperação judicial - em dias corridos é a que melhor preserva a unidade lógica da recuperação judicial: alcançar, de forma célere, econômica e efetiva, o regime de crise empresarial, seja pelo soerguimento econômico do devedor e alívio dos sacrifícios do credor, na recuperação, seja pela liquidação dos ativos e satisfação dos credores, na falência.
>
> 5. O microssistema recuperacional e falimentar foi pensado em espectro lógico e sistemático peculiar, com previsão de uma sucessão de atos, em que a celeridade e a efetividade se impõem, com prazos próprios e específicos, que, via de regra, devem ser breves, peremptórios, inadiáveis e, por conseguinte, contínuos, sob pena de vulnerar a racionalidade e a unidade do sistema.
>
> 6. A adoção da forma de contagem prevista no Novo Código de Processo Civil, em dias úteis, para o âmbito da Lei 11.101/05, com base na distinção entre prazos processuais e materiais, revelar-se-á árdua e complexa, não existindo entendimento teórico satisfatório, com critério seguro e científico para tais discriminações. Além disso, acabaria por trazer perplexidades ao regime especial, com riscos a harmonia sistêmica da LRF, notadamente quando se pensar na velocidade exigida para a prática de alguns atos e na morosidade de outros, inclusive colocando em xeque a isonomia dos seus participantes, haja vista a dualidade de tratamento.
>
> 7. Na hipótese, diante do exame sistemático dos mecanismos engendrados pela Lei de Recuperação e Falência, os prazos de 180 dias de suspensão das ações executivas em face do devedor (art. 6, § 4°) e de 60 dias para a apresentação do plano de recuperação judicial (art. 53, caput) deverão ser contados de forma contínua.
>
> 8. Recurso especial não provido.
>
> (REsp 1699528/MG, Rel. Ministro LUIS FELIPE SALOMÃO, QUARTA TURMA, julgado em 10/04/2018, DJe 13/06/2018)

Para resolver a questão de vez, eliminando a insegurança jurídica que reinava nos processos de falência e recuperação, especialmente na primeira instância, o art. 189 da LRE foi alterado pela Lei 14.112/2020, e agora o inciso I do § 1º desse dispositivo diz clara e expressamente o seguinte: "para os fins do disposto nesta Lei, todos os prazos nela previstos ou que dela decorram serão contados em dias corridos".

Por fim, cumpre destacar outras duas regras que foram inseridas na LRE pela reforma da Lei 14.112/2020: o § 2º do art. 189 ("para os fins do disposto no art. 190 do CPC/2015, a manifestação de vontade do devedor será expressa e a dos credores será obtida por maioria, na forma prevista no art. 42 desta Lei [mais da metade do valor total dos créditos presentes à assembléia-geral]" e o art. 189-A ("os processos disciplinados nesta Lei e os respectivos recursos, bem como os processos, os procedimentos e a execução dos atos e das diligências judiciais em que figure como parte empresário individual ou sociedade empresária em regime de recuperação judicial ou extrajudicial ou de falência terão prioridade sobre todos os atos judiciais, salvo o habeas corpus e as prioridades estabelecidas em leis especiais").

5. ADMINISTRADOR JUDICIAL

O principal auxiliar do juiz na condução dos processos falimentares é o administrador judicial, que a legislação anterior chamava de *síndico*.

O administrador judicial atua como auxiliar da Justiça, mas sem vínculo com a Administração Pública. É um particular em colaboração com o poder público, que exerce suas funções de forma temporária e voluntária, mediante remuneração arbitrada pelo juízo, mas paga pelo devedor.[15]

Além de exercer as diversas **atribuições de cunho administrativo** que a lei lhe reserva (vide extenso rol do art. 22 da LRE), o administrador também é o **representante legal da *massa falida***, comunidade de credores que se instala com a decretação da falência. Trata-se, enfim, de pessoa a quem o ordenamento jurídico-falimentar incumbiu tarefas relevantes, razão pela qual ele é considerado funcionário público para fins penais.

A atuação do administrador judicial é diferente nos processos de falência e de recuperação judicial[16]. Na falência, o administrador judicial assume a administração da massa (art. 22, inciso III, alíneas 'c' e 'n' da Lei 11.101/2005), já que o devedor é afastado da administração da empresa: a atuação do administrador judicial, portanto, se assemelha a de um liquidante. Na recuperação judicial, em princípio, o devedor se mantém na administração da empresa, atuando o administrador judicial como um auxiliar e fiscal do devedor.

A escolha correta do administrador judicial, que é feita pelo juiz, é fundamental para o bom desenvolvimento do processo falimentar. Na falência, a nomeação é feita na sentença que decreta a quebra (art. 99, IX). Na recuperação judicial, a nomeação é feita na decisão que defere o processamento do pedido (art. 52, I).[17]

Segundo o art. 21 da LRE, essa escolha deve recair sob profissional idôneo, e ele deve ter formação profissional preferencialmente em Direito, Economia, Administração de Empresas ou Ciências Contábeis, respeitados os impedimentos constantes do art. 30 da LRE.

Veja-se que a lei não exige que o profissional escolhido para a função de administrar a falência tenha formação específica numa das quatro áreas de conhecimento indicadas no *caput* do art. 21. Diz o texto legal apenas que é **preferível**.

A grande novidade da LRE sobre esse tema, todavia, foi a possibilidade de o administrador judicial ser uma **pessoa jurídica especializada**, caso em que "declarar-se-á, no termo de que trata o art. 33 desta Lei, o nome de profissional responsável pela condução do processo de falência ou de recuperação judicial, que não poderá ser substituído sem autorização do juiz" (art. 21, parágrafo único). Esse profissional responsável, é importante destacar, não precisa ser sócio nem representante legal da pessoa jurídica nomeada como administradora judicial: o que importa é que exista uma pessoa natural assumindo as responsabilidades do cargo.

[15] "O administrador judicial possui a natureza jurídica de órgão auxiliar da Justiça, nos exatos termos do art. 149 do CPC, integrando a organização judiciária da recuperação judicial e da falência" (SCALZILLI, João Pedro; SPINELLI, Luís Felipe e TELLECHEA, Rodrigo. *Recuperação de empresas e falência: teoria e prática na Lei 11.101/2005*. 3ª ed. São Paulo: Almedina, 2018, p. 244).

[16] Na recuperação extrajudicial, a lei **não** prevê a nomeação de administrador judicial.

[17] Embora a LRE não preveja expressamente, já houve casos de nomeação de mais de um administrador judicial. No caso da Oi, por exemplo, "foram, originalmente, nomeados um administrador judicial que respondia pelas questões jurídicas e outro pelas questões financeiras" (SCALZILLI, João Pedro; SPINELLI, Luís Felipe e TELLECHEA, Rodrigo. *Recuperação de empresas e falência: teoria e prática na Lei 11.101/2005*. 3ª ed. São Paulo: Almedina, 2018, p. 263).

Em qualquer situação, o administrador judicial deve agir sempre com imparcialidade: ele não atua em favor do devedor nem dos credores, e apesar de ser nomeado pelo juízo, pode recorrer de suas decisões.

5.1. Impedimentos

De acordo com o art. 30 da LRE, "não poderá integrar o Comitê ou exercer as funções de administrador judicial quem, nos últimos 5 (cinco) anos, no exercício do cargo de administrador judicial ou de membro do Comitê em falência ou recuperação judicial anterior, foi destituído, deixou de prestar contas dentro dos prazos legais ou teve a prestação de contas desaprovada".

O § 1º complementa a regra, afirmando que "ficará também impedido de integrar o Comitê ou exercer a função de administrador judicial quem tiver relação de parentesco ou afinidade até o 3º (terceiro) grau com o devedor, seus administradores, controladores ou representantes legais ou deles for amigo, inimigo ou dependente".

Ocorrendo qualquer situação de impedimento, o § 2º determina que "o devedor, qualquer credor ou o Ministério Público poderá requerer ao juiz a substituição do administrador judicial ou dos membros do Comitê nomeados em desobediência aos preceitos desta Lei". Nesse caso, "o juiz decidirá, no prazo de 24 (vinte e quatro) horas, sobre o requerimento" (§ 3º).

Vale destacar que esse rol de impedimentos previsto na LRE não é taxativo, de modo que podem ocorrer outras causas que impedem alguém de ser administrador judicial (por exemplo: ser concorrente do devedor). Ademais, como se trata de auxiliar da justiça, aplicam-se as causas de impedimento/suspeição previstas na legislação processual (art. 148, II do CPC).

5.1.1. Auxiliares do administrador judicial

Claro que em muitos casos o administrador judicial não conseguirá desincumbir-se de suas tarefas sem a ajuda de algumas pessoas, razão pela qual a legislação lhe permite contratar, mediante autorização judicial, profissionais ou empresas especializadas para auxiliá-lo no exercício de suas funções (art. 22, inciso I, alínea 'h' da LRE). Assim, por exemplo, pode se valer dos serviços de um contador, para análise da escrituração do falido.

Nesse caso, "as remunerações dos auxiliares do administrador judicial serão fixadas pelo juiz, que considerará a complexidade dos trabalhos a serem executados e os valores praticados no mercado para o desempenho de atividades semelhantes" (art. 22, § 1º).

5.1.2. Atribuições do administrador judicial

Conforme já destacamos, a atuação do administrador judicial é diferente nos processos de falência e de recuperação judicial. Na falência, o administrador judicial assume a administração dos bens da massa, já que o devedor é afastado da administração da empresa. Na recuperação judicial, em princípio, o devedor se mantém na administração da empresa, atuando o administrador judicial como um fiscal.[18]

Embora na falência o administrador judicial assuma a administração, ele não é totalmente livre para agir como bem entender. O § 3º do art. 22 da LRE estabelece que, "na falência, o administrador judicial não poderá, sem autorização judicial, após ouvidos o Comitê e o devedor no prazo comum de 2 (dois) dias, transigir sobre obrigações e direitos da massa falida e conceder abatimento de dívidas, ainda que sejam consideradas de difícil recebimento".

De acordo com o art. 22 da LRE, "ao administrador judicial compete, sob a fiscalização do juiz e do Comitê, além de outros deveres que esta Lei lhe impõe: I – na recuperação judicial e na falência: a) enviar correspondência aos credores constantes na relação de que trata o inciso III do caput do art. 51, o inciso III do caput do art. 99 ou o inciso II do caput do art. 105 desta Lei, comunicando a data do pedido de recuperação judicial ou da decretação da falência, a natureza, o valor e a classificação dada ao crédito; b) fornecer, com presteza, todas as informações pedidas pelos credores interessados; c) dar extratos dos livros do devedor, que merecerão fé de ofício, a fim de servirem de fundamento nas habilitações e impugnações de créditos; d) exigir dos credores, do devedor ou seus administradores quaisquer informações; e) elaborar a relação de credores de que trata o § 2º do art. 7º desta Lei; f) consolidar o quadro-geral de credores nos termos do art. 18 desta Lei; g) requerer ao juiz convocação da assembléia-geral de credores nos casos previstos nesta Lei ou quando entender necessária sua ouvida para a tomada de decisões; h) contratar, mediante autorização judicial, profissionais ou empresas especializadas para, quando necessário, auxiliá-lo no exercício de suas funções; i) manifestar-se nos casos previstos nesta Lei; j) estimular, sempre que possível, a conciliação, a mediação e outros métodos alternativos de solução de conflitos relacionados à recuperação judicial e à falência, respeitados os direitos de terceiros, na forma do § 3º do art. 3º da Lei nº 13.105, de 16 de março de 2015 (Código de Processo Civil); k) manter endereço eletrônico na rede mundial de computadores, com informações atualizadas sobre os processos de falência e de recuperação judicial, com a opção de consulta às peças principais do processo, salvo decisão judicial em sentido contrário; l) manter endereço eletrônico específico, para o recebimento de pedidos de habilitação ou a apresentação de divergências, ambos em âmbito administrativo, com modelos que poderão ser utilizados pelos credores, salvo decisão judicial em sentido contrário; m) providenciar, no prazo máximo de 15 (quinze) dias, as respostas aos ofícios e às solicitações enviadas por outros juízos e órgãos públicos, sem necessidade de prévia deliberação do juízo; II – na recuperação judicial: a) fiscalizar as atividades do devedor e o cumprimento do plano de recuperação judicial; b) requerer a falência no caso de descumprimento de obrigação assumida no plano de recuperação; c) apresentar ao juiz, para juntada aos autos, relatório mensal das atividades do devedor, fiscalizando a veracidade e a conformidade das informações prestadas pelo

[18] "Melhor teria andado da LRE se tivesse designado o administrador judicial de liquidante judicial na falência e fiscal judicial na recuperação" (SCALZILLI, João Pedro; SPINELLI, Luís Felipe e TELLECHEA, Rodrigo. *Recuperação de empresas e falência: teoria e prática na Lei 11.101/2005*. 3ª ed. São Paulo: Almedina, 2018, p. 246).

devedor; d) apresentar o relatório sobre a execução do plano de recuperação, de que trata o inciso III do caput do art. 63 desta Lei; e) fiscalizar o decurso das tratativas e a regularidade das negociações entre devedor e credores; f) assegurar que devedor e credores não adotem expedientes dilatórios, inúteis ou, em geral, prejudiciais ao regular andamento das negociações; g) assegurar que as negociações realizadas entre devedor e credores reger-se-ão pelos termos convencionados entre os interessados ou, na falta de acordo, pelas regras propostas pelo administrador judicial e homologadas pelo juiz, observado o princípio da boa-fé para solução construtiva de consensos, que acarretem maior efetividade econômico-financeira e proveito social para os agentes econômicos envolvidos; e h) apresentar, para juntada aos autos e no endereço eletrônico específico, relatório mensal das atividades do devedor e relatório sobre o plano de recuperação judicial, no prazo de até 15 (quinze) dias, após sua apresentação, fiscalizando a veracidade e a conformidade das informações prestadas pelo devedor, além de informar eventual ocorrência das condutas previstas no art. 64 desta Lei; e III – na falência: a) avisar, pelo órgão oficial, o lugar e hora em que, diariamente, os credores terão à sua disposição os livros e documentos do falido; b) examinar a escrituração do devedor; c) relacionar os processos e assumir a representação judicial e extrajudicial, incluídos os processos arbitrais, da massa falida; d) receber e abrir a correspondência dirigida ao devedor, entregando a ele o que não for assunto de interesse da massa; e) apresentar, no prazo de 40 (quarenta) dias, contado da assinatura do termo de compromisso, prorrogável por igual período, relatório sobre as causas e circunstâncias que conduziram à situação de falência, no qual apontará a responsabilidade civil e penal dos envolvidos, observado o disposto no art. 186 desta Lei; f) arrecadar os bens e documentos do devedor e elaborar o auto de arrecadação, nos termos dos arts. 108 e 110 desta Lei; g) avaliar os bens arrecadados; h) contratar avaliadores, de preferência oficiais, mediante autorização judicial, para a avaliação dos bens caso entenda não ter condições técnicas para atarefa; i) praticar os atos necessários à realização do ativo e ao pagamento dos credores; j) proceder à venda de todos os bens da massa falida no prazo máximo de 180 (cento e oitenta) dias, contado da data da juntada do auto de arrecadação, sob pena de destituição, salvo por impossibilidade fundamentada, reconhecida por decisão judicial; l) praticar todos os atos conservatórios de direitos e ações, diligenciar a cobrança de dívidas e dar a respectiva quitação; m) remir, em benefício da massa e mediante autorização judicial, bens apenhados, penhorados ou legalmente retidos; n) representar a massa falida em juízo, contratando, se necessário, advogado, cujos honorários serão previamente ajustados e aprovados pelo Comitê de Credores; o) requerer todas as medidas e diligências que forem necessárias para o cumprimento desta Lei, a proteção da massa ou a eficiência da administração; p) apresentar ao juiz para juntada aos autos, até o 10º (décimo) dia do mês seguinte ao vencido, conta demonstrativa da administração, que especifique com clareza a receita e a despesa; q) entregar ao seu substituto todos os bens e documentos da massa em seu poder, sob pena de responsabilidade; r) prestar contas ao final do processo, quando for substituído, destituído ou renunciar ao cargo; s) arrecadar os valores dos depósitos realizados em processos administrativos ou judiciais nos quais o falido figure como parte, oriundos de penhoras, de bloqueios, de apreensões, de leilões, de alienação judicial e de outras hipóteses de constrição judicial, ressalvado o disposto nas Leis 9.703, de 17 de novembro de 1998, e 12.099, de 27 de novembro de 2009, e na Lei Complementar 151, de 5 de agosto de 2015".

As alíneas 'j', 'k', 'l' e 'm' do inciso I, as alíneas 'e', 'f', 'g' e 'h' do inciso II e a alínea 's' do inciso III foram incluídas na LRE pela reforma provocada pela Lei 14.112/2020, que também alterou a redação da alínea 'c' do inciso II e das alíneas "c' e 'j' do inciso III.

Quanto às atribuições previstas no inciso I do art. 22 da LRE, algumas observações merecem ser feitas: a correspondência a que se refere a alínea 'a' tem caráter meramente informativo e complementar ao edital, e é a partir deste (e não das correspondências em questão) que correm os prazos; quanto à alínea 'b', é importante destacar que pedidos "despropositados e abusivos" não devem ser atendidos (meras consultas processuais ou solicitação de assessoramento jurídico, por exemplo)[19]; no tocante à alínea 'i', o juiz pode determinar a manifestação do administrador judicial sempre que entender pertinente, ainda que não exista determinação legal expressa (análise da legalidade de cláusulas do plano de recuperação, por exemplo).

Quanto às atribuições previstas no inciso II do art. 22 da LRE, que são específicas para a recuperação judicial, também é importante fazer algumas observações: com base na atribuição da alínea 'a' (fiscalização), o administrador judicial deve ter acesso aos estabelecimentos do devedor e aos seus documentos fiscais/contábeis, mas não deve se imiscuir nos negócios, participar de reuniões ou interferir na administração da empresa; a hipótese da alínea 'b' é de convolação da recuperação judicial em falência (art. 73, inciso IV da LRE), e não de pedido de falência autônomo (art. 94, inciso III, alínea 'g' da LRE).

Por fim, dentre as atribuições do administrador judicial na falência (art. 22, inciso III da LRE), algumas também merecem observações: a reforma da LRE alterou a alínea 'c' para fazer menção expressa à "representação extrajudicial, incluídos os processos arbitrais"; no DL 7.661/1945, a abertura da correspondência prevista na alínea 'd' devia ser feita na presença do falido ou de pessoa indicada por ele, mas agora não há mais essa exigência[20]; quanto ao relatório da alínea 'e', o juiz pode (e deve) fixar prazo maior quando a falência for complexa, e se esse relatório "apontar responsabilidade penal de qualquer dos envolvidos, o Ministério Público será intimado para tomar conhecimento de seu teor" (art. 22, § 4º da LRE).

5.1.3. *Remuneração do administrador judicial e dos seus auxiliares*

Outro ponto importante relativo ao administrador judicial, e que também contempla inovação trazida pela LRE, é o referente à sua remuneração e de seus auxiliares, que será, obviamente, custeada pela massa, conforme disposto no art. 25 da LRE ("Caberá ao devedor ou à massa falida arcar com as despesas relativas

---

[19] Nesse sentido: SCALZILLI, João Pedro; SPINELLI, Luís Felipe e TELLECHEA, Rodrigo. *Recuperação de empresas e falência: teoria e prática na Lei 11.101/2005*. 3ª ed. São Paulo: Almedina, 2018, p. 248.

[20] Na vigência da lei anterior, alguns juristas consideravam que essa regra não teria sido recepcionada pela CF/1988, por colidir com o direito fundamental de inviolabilidade do sigilo de correspondência (art. 5.º, XII, da CF/1988).

à remuneração do administrador judicial e das pessoas eventualmente contratadas para auxiliá-lo").

De acordo com o art. 24 da LRE, a remuneração deve ser fixada pelo juiz atendendo aos critérios estabelecidos na regra em análise: (i) a capacidade de pagamento do devedor, (ii) o grau de complexidade do trabalho e (iii) os valores praticados no mercado para o desempenho de atividades semelhantes.

Em regra, o valor da remuneração "não excederá 5% (cinco por cento) do valor devido aos credores submetidos à recuperação judicial ou do valor de venda dos bens na falência" (§ 1º). No entanto, em se tratando de devedor ME, EPP ou produtor rural pessoa física, "a remuneração do administrador judicial fica reduzida ao limite de 2% (dois por cento)" (§ 5º).

Quanto a essa limitação da remuneração do administrador judicial prevista no § 5º, o STJ já decidiu que ela incide não apenas quando a ME/EPP opta pela recuperação judicial especial dos arts. 70 a 72, mas também quando a ME/EPP opta pela recuperação judicial normal (REsp 1.825.555 – Informativo 695).

> RECURSO ESPECIAL. RECUPERAÇÃO JUDICIAL. MICRO EMPRESA E EMPRESA DE PEQUENO PORTE. REMUNERAÇÃO DO ADMINISTRADOR JUDICIAL. INCIDÊNCIA DO ART. 24, § 5º, DA LEI N. 11.101/2005 INDEPENDENTEMENTE DA OPÇÃO PELA ADOÇÃO DO PLANO ESPECIAL DE RECUPERAÇÃO, PREVISTOS NOS ARTS. 70-72 DA LREF. A PROTEÇÃO NORMATIVA SE DÁ EM RAZÃO DA PESSOA DO DEVEDOR E NÃO DO RITO PROCEDIMENTAL ESCOLHIDO.
>
> 1. A remuneração do administrador judicial, valor e forma de pagamento, deverá ser fixada pelo magistrado, tendo-se como norte a capacidade de pagamento do devedor, o grau de complexidade do trabalho e os valores praticados no mercado para o desempenho de atividades semelhantes, "em qualquer hipótese, o total pago ao administrador judicial não excederá 5% (cinco por cento) do valor devido aos credores submetidos à recuperação judicial ou do valor de venda dos bens na falência" ficando a remuneração "reduzida ao limite de 2% (dois por cento), no caso de microempresas e de empresas de pequeno porte" (LREF, art. 24, §§ 1º e 5º).
>
> 2. A regra de limitação remuneratória teve o escopo de proteger eminentemente a pessoa jurídica que se enquadra nos requisitos legais da microempresa e da empresa de pequeno porte, ante o objetivo visado pelo legislador de proporcionar-lhes um tratamento favorecido, conforme comando do texto constitucional.
>
> 3. A remuneração do administrador judicial é categoria jurídica específica dotada de conteúdo normativo próprio e, por conseguinte, a eventual escolha do devedor pelo plano especial de recuperação judicial (LFRE, arts. 70-72), não pode ser tida como critério determinante a afastar a limitação de 2% imposta pela lei.
>
> 4. Recurso especial não provido.
>
> (REsp 1.825.555/MT, Rel. Ministro LUIS FELIPE SALOMÃO, QUARTA TURMA, julgado em 04/05/2021, DJe 11/06/2021)

A remuneração do administrador judicial e dos seus auxiliares é considerada *crédito extraconcursal*, segundo o disposto no art. 84, I-D, da LRE, e, uma vez fixada, 40% do seu valor ficará reservado para ser pago logo após o cumprimento dos arts. 154 e 155 da LRE (art. 24, § 2º), que tratam da sentença de julgamento das contas do administrador e da sentença que encerra a falência, após a apresentação do seu relatório final. Assim sendo, na falência, a remuneração do administrador judicial é paga em duas parcelas: a primeira, correspondente a 60% do valor total, quando do pagamento dos créditos extraconcursais; e a segunda, correspondente aos 40% restantes, somente após a aprovação das suas contas.

Na recuperação judicial, essa sistemática do art. 24, § 2º da LRE não se aplica, conforme já decidiu a 3ª Turma do STJ: "o art. 24, § 2º, da LRE faculta a reserva de 40% dos honorários do administrador judicial para pagamento posterior, providência que se condiciona, segundo a mesma norma, à verificação e à realização de procedimentos relativos estritamente a processos de falência – (i) prestação de contas (após a realização do ativo e a distribuição do produto entre os credores); e (ii) apresentação do relatório final da falência, indicando valores patrimoniais e pagamentos feitos, bem como as responsabilidades com que continuará o falido. Diante disso, uma vez que as condições a que se sujeita o pagamento diferido guardam relação com procedimentos específicos de processos falimentares, não se pode considerar tal providência aplicável às ações de recuperação judicial" (REsp 1.700.700/SP).

5.1.4. Destituição

Há dois dispositivos da LRE que tratam da destituição do administrador judicial.

O art. 23 estabelece que "o administrador judicial que não apresentar, no prazo estabelecido, suas contas ou qualquer dos relatórios previstos nesta Lei será intimado pessoalmente a fazê-lo no prazo de 5 (cinco) dias, sob pena de desobediência". O seu parágrafo único, por sua vez, prevê que. "decorrido o prazo do caput deste artigo, o juiz destituirá o administrador judicial e nomeará substituto para elaborar relatórios ou organizar as contas, explicitando as responsabilidades de seu antecessor".

O outro dispositivo que trata do assunto é o art. 31; "o juiz, de ofício ou a requerimento fundamentado de qualquer interessado, poderá determinar a destituição do administrador judicial ou de quaisquer dos membros do Comitê de Credores quando verificar desobediência aos preceitos desta Lei, descumprimento de deveres, omissão, negligência ou prática de ato lesivo às atividades do devedor ou a terceiros".

Havendo destituição, o juiz deve, no mesmo ato, nomear novo administrador judicial (art. 31, § 1º), sendo que, "na falência, o administrador judicial substituído prestará contas no prazo de 10 (dez) dias, nos termos dos §§ 1º a 6º do art. 154" (§ 2º).

É importante diferenciar a mera substituição (quando há perda de confiança por parte do juiz, por exemplo) da substituição em razão de destituição, porque neste caso a medida tem caráter sancionatório, só podendo ocorrer quando houver prova da irregularidade e respeito ao contraditório e à ampla defesa.

5.1.5. Responsabilidade

De acordo com o art. 32 da LRE, "o administrador judicial e os membros do Comitê responderão pelos prejuízos causados à massa falida, ao devedor ou aos credores por dolo ou culpa, devendo o dissidente em deliberação do Comitê consignar sua discordância em ata para eximir-se da responsabilidade".

Para haver a responsabilização do administrador judicial, não basta a ocorrência de irregularidade (que será suficiente para a sua destituição): é preciso que tenha havido dano, nexo de causalidade entre o dano e a conduta irregular e culpa ou dolo.[21]

Caso a conduta não tenha sido praticada diretamente pelo administrador judicial, deve-se atentar para o seguinte: se o administrador judicial tem prepostos ou empregados, responde objetivamente pelos atos praticados por eles; se o administrador judicial contrata auxiliares com autorização do juiz (art. 22, I, 'h' da LRE), só responde por atos deles se tiver agido com culpa ou dolo concorrente.[22]

5.2. Comitê de credores

O comitê de credores é um importante órgão criado pela atual legislação falimentar. Sua criação se coaduna com a intenção do legislador de aumentar a participação dos credores no processo de tentativa de solução da crise do empresário.

Perceba-se que o comitê **não é um órgão obrigatório nos processos de falência e de recuperação**. O próprio juiz pode entender ser conveniente a sua criação (art. 99, XII, da LRE), caso em que convocará a assembleia para a que eleja os membros, mas o fato é que, na prática, tem havido um desinteresse dos credores na criação desse órgão.[23]

Quando não houver comitê, o administrador judicial exerce suas atribuições (art. 28 da LRE).

5.2.1. Constituição

De acordo com o art. 26 da LRE, "o Comitê de Credores será constituído por deliberação de qualquer das classes de credores na assembléia-geral (...)". Assim, basta que qualquer das classes de credores delibere nesse sentido em assembleia geral, e a reforma da LRE permitiu que essa deliberação seja substituída "por documento que comprove a adesão da maioria dos créditos de cada conjunto de credores previsto no art. 26 desta Lei" (art. 45-A, § 2º).

Caso uma classe de credores delibere pela constituição do comitê, já deve indicar seus respectivos membros (titular e suplentes), e se outra(s) classe(s) não indicar(em) seus membros, isso "não prejudicará a constituição do Comitê, que poderá funcionar com número inferior ao previsto no caput deste artigo" (art. 26, § 1º da LRE).

Nessa hipótese de constituição do comitê sem membros de uma determinada classe, a indicação pode também ser feita posteriormente, nos termos do § 2º do

---

21 "Para responsabilizar o administrador judicial, será preciso provar a culpa ou o dolo. Trata-se de responsabilidade subjetiva, razão pela qual devem estar presentes os seguintes requisitos: (i) conduta antijurídica comissiva ou omissiva do administrador judicial; (ii) dano ao lesado; (iii) nexo de causalidade entre a conduta do administrador e o dano sofrido; e (iv) culpa ou dolo do administrador judicial" (SCALZILLI, João Pedro; SPINELLI, Luís Felipe e TELLECHEA, Rodrigo. *Recuperação de empresas e falência: teoria e prática na Lei 11.101/2005*. 3ª ed. São Paulo: Almedina, 2018, p. 277).

22 Nesse sentido: SCALZILLI, João Pedro; SPINELLI, Luís Felipe e TELLECHEA, Rodrigo. *Recuperação de empresas e falência: teoria e prática na Lei 11.101/2005*. 3ª ed. São Paulo: Almedina, 2018, p. 277.

23 "O comitê de credores exerce um papel absolutamente marginal nos regimes de crise regulados pela LFRE, sendo raros os casos em que chega a ser constituído" (SCALZILLI, João Pedro; SPINELLI, Luís Felipe e TELLECHEA, Rodrigo. *Recuperação de empresas e falência: teoria e prática na Lei 11.101/2005*. 3ª ed. São Paulo: Almedina, 2018, p. 280).

art. 26, que também trata da substituição de membros: "o juiz determinará, mediante requerimento subscrito por credores que representem a maioria dos créditos de uma classe, independentemente da realização de assembléia: I – a nomeação do representante e dos suplentes da respectiva classe ainda não representada no Comitê; ou II – a substituição do representante ou dos suplentes da respectiva classe".

5.2.2. Composição

O comitê de credores, se houver, terá em regra quatro pessoas: uma indicada pelos credores trabalhistas; uma indicada pelos credores com garantia real ou com privilégio especial; uma indicada pelos credores quirografários e com privilégio geral; e uma indicada pelos credores que são ME ou EPP (art. 26 da LRE).

Cada membro titular terá dois suplentes.

Dissemos que o comitê terá *em regra* quatro membros porque ele pode funcionar também com número inferior, caso uma das classes de credores não indique representante (art. 26, § 1º da LRE).

Formado o comitê, seus próprios membros elegerão o presidente (art. 26, § 3º da LRE).

A doutrina critica muito a regra do art. 26, quanto à composição do comitê de credores, porque ela não é congruente com a regra do art. 41, que trata da composição da assembleia geral de credores.

Por fim, quanto ao representante de cada classe no comitê de credores, não precisa ser um credor, podendo ser, por exemplo, um advogado.

5.2.3. Atribuições do comitê de credores

De acordo com o art. 27 da LRE, "o Comitê de Credores terá as seguintes atribuições, além de outras previstas nesta Lei: I – na recuperação judicial e na falência: a) fiscalizar as atividades e examinar as contas do administrador judicial; b) zelar pelo bom andamento do processo e pelo cumprimento da lei; c) comunicar ao juiz, caso detecte violação dos direitos ou prejuízo aos interesses dos credores; d) apurar e emitir parecer sobre quaisquer reclamações dos interessados; e) requerer ao juiz a convocação da assembleia geral de credores; f) manifestar-se nas hipóteses previstas nesta Lei; II – na recuperação judicial: a) fiscalizar a administração das atividades do devedor, apresentando, a cada 30 (trinta) dias, relatório de sua situação; b) fiscalizar a execução do plano de recuperação judicial; c) submeter à autorização do juiz, quando ocorrer o afastamento do devedor nas hipóteses previstas nesta Lei, a alienação de bens do ativo permanente, a constituição de ônus reais e outras garantias, bem como atos de endividamento necessários à continuação da atividade empresarial durante o período que antecede a aprovação do plano de recuperação judicial".

Pelas atribuições descritas no art. 27 da LRE, percebe-se que o comitê de credores exerce uma função preponderantemente **fiscalizatória**. Mas em diversos dispositivos da LFRE há a previsão de atuação do comitê de credores como um **órgão consultivo** (arts. 22, § 3º, 66, 69-A, 71, IV, 111, 113, 119, IV e 142, § 3º-B,

III) ou **autorizativo** (arts. 114, 117 e 118). Ademais, o comitê também tem **legitimidade para atuar** em diversos casos (arts. 8º, 19 e 144).

No que se refere à **função fiscalizatória**, prevalece o entendimento de que, além de o comitê de credores exercê-la como órgão, cada um de seus membros também pode exercê-la individualmente.

Quando se trata, porém, de outras atuações (autorizações, por exemplo) o comitê age como órgão, e nesses casos **as decisões do comitê serão tomadas por maioria (contagem por cabeça, e não por crédito)**. É o que prevê o § 1.º do art. 27: "as decisões do Comitê, tomadas por maioria, serão consignadas em livro de atas, rubricado pelo juízo, que ficará à disposição do administrador judicial, dos credores e do devedor".

No entanto, não se obtendo a necessária maioria, a decisão caberá, em princípio, ao administrador judicial, e caso ele não possa decidir, por incompatibilidade (por exemplo, numa decisão em que ele seja interessado), o juiz o fará. É o que prevê o § 2.º do art. 27: "caso não seja possível a obtenção de maioria em deliberação do Comitê, o impasse será resolvido pelo administrador judicial ou, na incompatibilidade deste, pelo juiz".

5.2.4. Remuneração

Ao contrário do que ocorre com o administrador judicial e seus auxiliares, os membros do comitê não são remunerados pela massa ou pelo devedor em recuperação.

O máximo que pode ocorrer é o ressarcimento de despesas comprovadas e autorizadas pelo juiz, conforme previsão do art. 29 da LRE: "os membros do Comitê não terão sua remuneração custeada pelo devedor ou pela massa falida, mas as despesas realizadas para a realização de ato previsto nesta Lei, se devidamente comprovadas e com a autorização do juiz, serão ressarcidas atendendo às disponibilidades de caixa".

Vale destacar que a reforma da LRE, provocada pela Lei 14.112/2020, colocou "os reembolsos devidos a membros do comitê de credores" como créditos extraconcursais (art. 84, inciso I-D).

Por fim, vale um registro: se a classe de credores respectiva quiser remunerar o seu representante no comitê, pode fazê-lo.

5.2.5. Investidura, impedimentos e destituição

As regras sobre investidura, impedimentos e destituição dos membros do comitê de credores são as mesmas que já analisamos no estudo do administrador judicial, (arts. 30 a 33 da LRE), com destaque para a parte final do art. 32: se um membro do comitê de credores consignar expressamente a sua dissidência em uma deliberação que gere posterior responsabilização, ele se eximirá dessa responsabilidade.

5.3. Assembleia geral de credores

Uma das características da nova legislação falimentar foi a previsão de maior participação dos credores no processo falimentar, o que foi permitido, basicamente, a partir da criação da assembleia geral de credores, que tem suas atribuições descritas no art. 35 da LRE.

> Consiste a assembleia geral de credores na reunião da coletividade de credores para a tomada de decisões estratégicas sobre a recuperação judicial ou a falência. Sua função é formar e expressar a vontade da coletividade (do grupo de credores), a partir das vontades individuais manifestadas.[24]

Na recuperação judicial, as atribuições da AGC são: (i) aprovação, rejeição ou modificação do plano de recuperação judicial apresentado pelo devedor; (ii) a constituição do Comitê de Credores, a escolha de seus membros e sua substituição; (iii) o pedido de desistência do devedor, nos termos do § 4.º do art. 52 desta Lei; (iv) o nome do gestor judicial, quando do afastamento do devedor; (v) qualquer outra matéria que possa afetar os interesses dos credores; (vi) financiamento, nos termos estabelecidos na Seção IV-A do Capítulo III da LRE; e (vii) alienação de bens ou direitos o ativo não circulante do devedor, não prevista no plano de recuperação judicial (essas duas últimas atribuições foram incluídas pela reforma da LRE, provocada pela Lei 14.112/2020).

Na falência, as atribuições da AGC são: (i) a constituição do Comitê de Credores, a escolha de seus membros e sua substituição; (ii) a adoção de outras modalidades de realização do ativo, na forma do art. 145 da LRE; e (iii) qualquer outra matéria que possa afetar os interesses dos credores.

Quanto a essa competência para tratar de qualquer outra matéria que possa afetar os interesses dos credores, pode-se citar a deliberação sobre aditivos ou modificações ao plano de recuperação judicial, prática que se tornou bastante comum e que já foi chancelada pelo STJ.[25]

Deve-se destacar também que a realização da assembleia geral de credores é um ato extrajudicial, de modo que os atos nela praticados são considerados atos administrativos. Daí que, não sendo um ato processual, mas um ato administrativo, a assembleia geral: (i) não ocorre na sede do juízo, mas em local livremente escolhido pelo administrador judicial; (ii) não é presidida pelo juiz da causa, mas pelo administrador judicial; nem é secretariada por serventuário público, mas por um dos credores ou auxiliar do administrador (quando a assembleia versar sobre afastamento do administrador judicial ou sobre matérias em que ele se incompatibilize, o presidente será o titular de maior crédito presente no ato); (iii) não tem a participação obrigatória do devedor, que só participa do ato se for convidado pelos credores ou se o juízo assim determinar, salvo quando a deliberação for sobre o plano de recuperação, em que ele sempre estará presente; (iv) admite que os credores compareçam pessoalmente ou através de representantes, que podem ser advogados ou não; (v) exige, para a representação, a outorga de procurações *ad negotia*, e não

[24] SCALZILLI, João Pedro; SPINELLI, Luís Felipe e TELLECHEA, Rodrigo. *Recuperação de empresas e falência: teoria e prática na Lei 11.101/2005*. 3ª ed. São Paulo: Almedina, 2018, p. 285.

[25] A despeito de não existir previsão legal expressa, é comum, na prática, apresentação de planos de recuperação aditivos/modificativos, e a jurisprudência já se consolidou quanto a essa possibilidade: "a Lei 11.101/2005 não prevê a possibilidade de que, após a aprovação do plano de recuperação judicial, sejam apresentados aditivos ou mesmo um novo plano para aprovação dos credores". No entanto, "tem ganhado fôlego o entendimento, fundamentado na prevalência do princípio da preservação da empresa e da soberania da vontade dos credores, de que cabe aos credores decidir se é o caso de admitir a alteração do plano e prosseguir com a recuperação judicial ou pedir a falência do devedor" (REsp 1.853.347).

ad juditia; (vi) decide soberanamente sobre o plano de recuperação e sobre as demais matérias de sua competência exclusiva, e o juízo se limita apenas a homologar as deliberações, salvo na hipótese do art. 58, § 1.º, da LRE.

Sobre a participação dos credores na assembleia geral, confira-se o enunciado 53 das Jornadas de Direito Comercial: "a assembleia geral de credores para deliberar sobre o plano de recuperação judicial é una, podendo ser realizada em uma ou mais sessões, das quais participarão ou serão considerados presentes apenas os credores que firmaram a lista de presença encerrada na sessão em que instalada a assembleia geral".

5.3.1. *Composição da assembleia geral de credores*

A assembleia geral de credores é dividida em quatro classes: (i) a primeira, formada por credores titulares de créditos derivados da legislação do trabalho ou decorrentes de acidentes de trabalho; (ii) a segunda, formada por titulares de créditos com garantia real; (iii) a terceira, formada por titulares de créditos quirografários, com privilégio especial, com privilégio geral ou subordinados; (iv) a quarta, formada por titulares de créditos enquadrados como microempresa ou empresa de pequeno porte (art. 41 da LRE).

Perceba-se que a Fazenda Pública, titular de créditos tributários, não compõe a assembleia geral de credores, já que tais créditos não estão sujeitos aos efeitos da recuperação judicial/extrajudicial[26] e possuem um tratamento específico na falência.

Quanto credores trabalhistas, a despeito de eles terem seu crédito cindido para efeito de pagamento na falência (art. 83, inciso I da LRE), eles integram apenas uma classe de credores, votando com essa classe (inciso I do art. 41 da LRE) com o total de seu crédito, independentemente do valor.

Já os credores com garantia real podem, eventualmente, fazer parte de duas classes distintas, a segunda e a terceira (incisos II e III do art. 41 da LRE). Isso ocorrerá quando o valor do seu crédito superar o valor do bem gravado com ônus real. Nesse caso, o credor com garantia real votará na segunda classe até o limite do valor do bem gravado, e na terceira classe com o valor restante do seu crédito (art. 41, § 2.º).

---

[26] Sobre a não sujeição dos créditos públicos não tributários aos efeitos da recuperação judicial, confira-se o REsp 1.931.633 (Informativo 703). O juízo de primeiro grau entendeu que o crédito da Anvisa, referente a multa administrativa aplicada pela agência, não se sujeita aos efeitos da recuperação judicial, por ser dívida ativa da Fazenda Pública. O tribunal manteve a decisão, afirmando o seguinte: "os créditos da Fazenda Pública, fiscais tributários ou não, estão fora do alcance do concurso de credores, devendo ser cobrados por meio de execução fiscal e, por conseqüência, não podem ser incluídos no concurso de credores". O STJ também manteve a decisão. A relatora, Ministra Nancy, reconheceu que o crédito em discussão tem natureza NÃO tributária e que o art. 187 do CTN, que trata da não sujeição a concursos de credores, refere-se apenas ao crédito tributário. Mas ela destacou que, "na medida em que o art. 187 do CTN versa apenas sobre a cobrança judicial de créditos tributários, não se pode extrair de seu conteúdo normativo que aqueles de natureza não tributária devam trilhar caminho diverso, isto é, ao mesmo tempo em que impõe a não sujeição dos primeiros a concursos de credores, o dispositivo em questão não determina que os segundos estejam a eles sujeitos". Ademais, disse a Ministra, "é de se sublinhar que a Lei 11.101 excepciona, sem distinção quanto à natureza do crédito, as execuções fiscais da regra geral de suspensão prevista em seu art. 6º". Assim, concluiu ela, "ao referir-se a 'execuções fiscais', portanto, a LFRE está tratando do instrumento processual que o ordenamento jurídico disponibiliza aos entes federados para cobrança de seus créditos, qualquer que seja a natureza da obrigação". Em suma, concluiu-se o seguinte: "em que pese a dicção aparentemente restritiva da norma do caput do art. 187 do CTN, a interpretação conjugada das demais disposições que regem a cobrança dos créditos da Fazenda Pública insertas na Lei de Execução Fiscal, bem como daquelas integrantes da própria Lei 11.101 e da Lei 10.522, autorizam a conclusão de que, para fins de não sujeição aos efeitos da recuperação judicial, a natureza tributária ou não tributária do valor devido é irrelevante".

5.3.2. Convocação

De acordo com o art. 36 da LRE, "a assembleia geral de credores será convocada pelo juiz por meio de edital publicado no diário oficial eletrônico e será disponibilizado no sítio eletrônico do administrador judicial, com antecedência mínima de 15 (quinze) dias, o qual conterá: I – local, data e hora da assembleia em 1ª (primeira) e em 2ª (segunda) convocação, não podendo esta ser realizada menos de 5 (cinco) dias depois da 1ª (primeira); II – a ordem do dia; III – local onde os credores poderão, se for o caso, obter cópia do plano de recuperação judicial a ser submetido à deliberação da assembleia".

Perceba-se que a reforma da LRE alterou o caput do art. 36, que passou a prever a publicação do edital de convocação em diário oficial eletrônico e a sua disponibilização no site do administrador judicial. Mas o § 1º ainda prevê que "cópia do aviso de convocação da assembleia deverá ser afixada de forma ostensiva na sede e filiais do devedor".

O § 2º, por sua vez, estabelece que, "além dos casos expressamente previstos nesta Lei, credores que representem no mínimo 25% (vinte e cinco por cento) do valor total dos créditos de uma determinada classe poderão requerer ao juiz a convocação de assembleia geral".

Quanto às despesas de convocação, bem como realização da AGC, o § 3º deixa claro que elas: "correm por conta do devedor ou da massa falida, salvo se convocada em virtude de requerimento do Comitê de Credores ou na hipótese do § 2º deste artigo *[convocação por credores]*".

Deve-se distinguir o requerimento de convocação da convocação propriamente dita: o requerimento pode ser feito pelo administrador judicial (art. 22, I, 'g'), pelo comitê (art. 27, I, 'e') ou por credores (art. 36, § 2º), mas a convocação é sempre feita pelo juiz.

Por fim, vale destacar que, apesar de não haver previsão expressa na lei, o devedor pode requerer ao juiz a convocação de assembleia (exemplo: apresentação plano aditivo/modificativo).

5.3.3. Dispensa de convocação, dispensa da AGC e AGC virtual

Antes da reforma da LRE, já se defendia a possibilidade de dispensa de convocação da assembleia ou de dispensa da própria realização da assembleia, por aplicação dos §§ 2º e 3º do art. 1.072 do Código Civil.[27]

Com a reforma da LRE, foram inseridos na lei o § 4º do art. 39 e o art. 45-A.

Agora, de acordo com § 4º do art. 39, "qualquer deliberação prevista nesta Lei a ser realizada por meio de assembleia geral de credores poderá ser substituída, com idênticos efeitos, por: I – termo de adesão firmado por tantos credores quantos satisfaçam o quórum de aprovação específico, nos termos estabelecidos no art. 45-A desta Lei; II – votação realizada por meio de sistema eletrônico que reproduza as

27 Nesse sentido: SCALZILLI, João Pedro; SPINELLI, Luís Felipe e TELLECHEA, Rodrigo. *Recuperação de empresas e falência: teoria e prática na Lei 11.101/2005.* 3ª ed. São Paulo: Almedina, 2018, p. 294.

condições de tomada de voto da assembleia geral de credores; ou III – outro mecanismo reputado suficientemente seguro pelo juiz".

Complementando essa regra, o § 5º determina que "as deliberações nos formatos previstos no § 4º deste artigo serão fiscalizadas pelo administrador judicial, que emitirá parecer sobre sua regularidade, previamente à sua homologação judicial, inclusive no caso de concessão ou não da recuperação judicial".

5.3.4. *Presidência, instalação e participação por representação*

De acordo com o art. 37 da LRE, "a assembleia geral de credores será presidida pelo administrador judicial[28], que designará 1 (um) secretário dentre os credores presentes".

O § 1º do art. 37 prevê que "nas deliberações sobre o afastamento do administrador judicial ou em outras em que haja incompatibilidade deste, a assembleia será presidida pelo credor presente que seja titular do maior crédito". No entanto, esse dispositivo perdeu o sentido em razão do veto presidencial aos dispositivos do art. 35, inciso I, alínea 'c' e do art. 35, inciso II, alínea 'a' da LRE.

A assembleia geral de credores se instala, em 1.ª convocação, com a presença de credores que representem mais da metade dos créditos de cada classe. Em 2.ª convocação, a assembleia se instala com qualquer número de credores. É o que prevê o art. 37, § 2.º, da LRE.

O quórum de instalação é contado pelo valor do crédito, e não por cabeça. Ademais, não são considerados, para verificação desse quórum, os credores não sujeitos à recuperação judicial (art. 39, § 1º da LRE) e outras pessoas que podem apenas participar do conclave, mas sem direito de voto (art. 43 da LRE).

O credor que comparece à AGC assina uma lista de presença, "que será encerrada no momento da instalação" (art. 37, § 3º da LRE), valendo destacar que, se a assembleia geral de credores for suspensa e continuar em outro dia, não será possível acrescentar credores na lista de presença (princípio da unicidade assemblear – enunciado 53 das Jornadas de Direito Comercial).

Caso seja representado por procurador, o credor deve indicar com 24 horas de antecedência ao administrador judicial o documento que outorga os poderes; ou, se esse documento já estiver nos autos, basta indicar a folha (§ 4º), sendo importante ressaltar que a procuração deve conferir poderes específicos para transigir, renunciar etc. (cláusula *ad negotia*, e não *ad judicia*), não devendo estabelecer apenas 'poderes gerais'.

No caso de credor pessoa jurídica, não se aplica o referido § 4º, isto é, não se exige que o administrador da pessoa jurídica apresente procuração (pela teoria orgânica, o administrador presenta a pessoa jurídica, não sendo seu representante, conforme já destacamos no capítulo referente ao direito societário).

Em se tratando de credores trabalhistas, eles podem ser representados pelos respectivos sindicatos, desde que este apresente ao administrador judicial, com dez dias

28 "Em nenhuma hipótese, a assembleia será presidida pelo juiz ou a ele caberá qualquer papel no conclave, embora o magistrado possa se fazer presente, caso entenda necessário. O mesmo pode ser feito pelo representante do Ministério público" (SCALZILLI, João Pedro; SPINELLI, Luís Felipe e TELLECHEA, Rodrigo. *Recuperação de empresas e falência: teoria e prática na Lei 11.101/2005*. 3ª ed. São Paulo: Almedina, 2018, p. 297).

de antecedência, a relação dos associados. Se o trabalhador fizer parte de mais de um sindicato, deverá informar, com 24 horas de antecedência, qual deles o representará. Tudo isso está previsto no art. 37, § 5º e 6º da LRE: "Os sindicatos de trabalhadores poderão representar seus associados titulares de créditos derivados da legislação do trabalho ou decorrentes de acidente de trabalho que não comparecerem, pessoalmente ou por procurador, à assembleia. Para exercer a prerrogativa, o sindicato deverá apresentar ao administrador judicial, até 10 (dez) dias antes da assembleia, a relação dos associados que pretende representar, e o trabalhador que conste da relação de mais de um sindicato deverá esclarecer, até 24 (vinte e quatro) horas antes da assembleia, qual sindicato o representa, sob pena de não ser representado em assembleia por nenhum deles".

Por fim, "nos casos de emissão de títulos de dívida pela companhia recuperanda, na qual exista agente fiduciário ou figura similar representando uma coletividade de credores, caberá ao agente fiduciário o exercício do voto em assembleia-geral de credores, nos termos e mediante as autorizações previstas no documento de emissão, ressalvada a faculdade de qualquer investidor final pleitear ao juízo da recuperação o desmembramento do direito de voz e voto em assembleia para exercê-los individualmente, unicamente mediante autorização judicial" (enunciado 76 das Jornadas de Direito Comercial).

5.3.5. Direito de voto

Segundo o art. 39 da LRE, "terão direito a voto na assembleia geral as pessoas arroladas no quadro geral de credores ou, na sua falta, na relação de credores apresentada pelo administrador judicial na forma do art. 7º, § 2º , desta Lei, ou, ainda, na falta desta, na relação apresentada pelo próprio devedor nos termos dos arts. 51, incisos III e IV do caput, 99, inciso III do caput, ou 105, inciso II do caput, desta Lei, acrescidas, em qualquer caso, das que estejam habilitadas na data da realização da assembleia ou que tenham créditos admitidos ou alterados por decisão judicial, inclusive as que tenham obtido reserva de importâncias[29], observado o disposto nos §§ 1º e 2º do art. 10 desta Lei".

Em suma: para ter direito de voto na assembleia geral de credores, o credor deve, em princípio, constar do quadro geral de credores ou da mais recente relação de credores disponível nos autos. Caso não conste, terá direito de voto se tiver conseguido o reconhecimento judicial do seu crédito antes do conclave.

A LRE, em alguns dispositivos, exclui o direito de voto de determinados credores: trata-se dos credores retardatários (art. 10, §§ 1º e 2º) e dos credores proprietários (art. 39 c/c art. 49, §§ 3º e 4º).

Com efeito, o art. 10, § 1º estabelece que, "na recuperação judicial, os titulares de créditos retardatários, excetuados os titulares de créditos derivados da relação de trabalho, não terão direito a voto nas deliberações da assembleia-geral de credores", e o § 2º complementa, afirmando que "aplica-se o disposto no § 1º deste artigo ao processo de falência, salvo se, na data da realização da assembleia geral, já houver sido homologado o quadro geral de credores contendo o crédito retardatário".

29 "Os credores que demandam quantia ilíquida e que tenham obtido reservas têm seu voto computado pelo valor estimado, sendo o juiz por isto responsável" (SCALZILLI, João Pedro; SPINELLI, Luís Felipe e TELLECHEA, Rodrigo. *Recuperação de empresas e falência: teoria e prática na Lei 11.101/2005.* 3ª ed. São Paulo: Almedina, 2018, p. 307).

O art. 39, por sua vez, prevê que "não terão direito a voto e não serão considerados para fins de verificação do quorum de instalação e de deliberação os titulares de créditos excetuados na forma dos §§ 3º e 4º do art. 49 desta Lei".

Além dos credores retardatários e dos credores proprietários (alienação fiduciária em garantia e arrendamento mercantil, por exemplo), também não possuem direito de voto e não são considerados para fins de verificação de quórum: (i) a Fazenda Pública e (ii) os titulares de créditos que, na recuperação judicial, não sofrerem alteração de valor ou de outras condições de pagamento (art. 45, § 3º da LRE).

O art. 43 da LRE ainda trata daqueles credores que se encontram em situação de conflito de interesses: "os sócios do devedor, bem como as sociedades coligadas, controladoras, controladas ou as que tenham sócio ou acionista com participação superior a 10% (dez por cento) do capital social do devedor ou em que o devedor ou algum de seus sócios detenham participação superior a 10% (dez por cento) do capital social, poderão participar da assembleia geral de credores, sem ter direito a voto e não serão considerados para fins de verificação do quorum de instalação e de deliberação". O parágrafo único complementa a regra, afirmando que "o disposto neste artigo também se aplica ao cônjuge ou parente, consangüíneo ou afim, colateral até o 2º (segundo) grau, ascendente ou descendente do devedor, de administrador, do sócio controlador, de membro dos conselhos consultivo, fiscal ou semelhantes da sociedade devedora e à sociedade em que quaisquer dessas pessoas exerçam essas funções".

Alguns doutrinadores entendem que, além dessas hipóteses legais de conflito (formal) de interesses, que geram impedimento ao direito de voto, também se deve impedir o direito de voto quando há o chamado conflito material de interesses[30], o qual deve ser apurado casuisticamente, aplicando-se para tanto dispositivos legais do direito societário (art. 115 da Lei 6.404/1976 e art. 1.074, § 2º do Código Civil), com o devido cuidado: é que no direito societário o voto deve ser exercido no interesse da sociedade (art. 115 da Lei 6.404/1976), enquanto no direito falimentar é totalmente legítimo que o credor exerça seu direito de voto no seu particular e exclusivo interesse.

Para finalizar esse tópico, vale destacar que a doutrina diverge sobre o direito de voz dos credores não sujeitos à recuperação judicial, mas parece prevalecer a corrente que defende esse direito, com a qual concordamos.[31]

5.3.6. *Exercício do direito de voto*

De acordo com o art. 38 da LRE, "o voto do credor será proporcional ao valor de seu crédito, ressalvado, nas deliberações sobre o plano de recuperação judicial, o disposto no § 2º do art. 45 desta Lei".

---

30 "O clássico exemplo doutrinário de conflito material aplicado ao contexto do direito da insolvência é o da indústria automobilística credora que vota contrariamente à aprovação do plano de recuperação por ser de seu interesse a falência do devedor, seu concessionário, com o intuito de repassar a concessão a outrem" (SCALZILLI, João Pedro; SPINELLI, Luís Felipe e TELLECHEA, Rodrigo. *Recuperação de empresas e falência: teoria e prática na Lei 11.101/2005.* 3ª ed. São Paulo: Almedina, 2018, p. 311).

31 "São os participantes chamados 'com voz e sem voto'" (BEZERRA FILHO, Manoel Justino. *Lei de recuperação de empresas e falência*. 14ª ed. São Paulo: RT, 2019, p. 155).

Em regra, funciona assim: a contagem de votos é feita com base no valor dos créditos de cada credor, de modo que, numa determinada votação, um titular de crédito de valor muito elevado terá muito mais "votos" do que um titular de crédito de valor irrisório.

No entanto, na deliberação sobre o plano de recuperação judicial, ocorre o seguinte: credores das classes I e IV (credores trabalhistas/acidentários e credores que são ME/EPP) votam apenas por cabeça (art. 45, § 2º), mas credores das classes II e III (credores com garantia real, com privilégio especial, com privilégio geral, quirografários e subordinados) votam por crédito e por cabeça (art. 45, § 1º).

Para aferir o valor do crédito que está previsto em moeda estrangeira, aplica-se a regra do art. 38, parágrafo único: "na recuperação judicial, para fins exclusivos de votação em assembleia geral, o crédito em moeda estrangeira será convertido para moeda nacional pelo câmbio da véspera da data de realização da assembleia".

Antes da reforma da LRE, provocada pela Lei 14.112/2020, a cessão de créditos trabalhistas alterava a classificação do crédito (antigo § 4º do art. 83, que foi revogado), mas após a reforma a regra mudou, e agora quaisquer créditos cedidos conservam sua natureza e classificação (art. 83, § 5º). Portanto, o cessionário/endossatário vota na mesma classe que o cedente/endossante votaria, devendo-se apenas atentar para a regra do art. 39, § 7º da LRE: "a cessão ou a promessa de cessão do crédito habilitado deverá ser imediatamente comunicada ao juízo da recuperação judicial".

Por fim, devem-se mencionar as regras dos §§ 1º e 2º do art. 41 da LRE: de acordo com o § 1º, "os titulares de créditos derivados da legislação do trabalho votam com a classe prevista no inciso I do caput deste artigo com o total de seu crédito, independentemente do valor"; e de acordo com o § 2º, "os titulares de créditos com garantia real votam com a classe prevista no inciso II do caput deste artigo até o limite do valor do bem gravado e com a classe prevista no inciso III do caput deste artigo pelo restante do valor de seu crédito". Em suma: a limitação da preferência do crédito trabalhista (art. 83, inciso I da LRE) se aplica apenas ao seu pagamento, mas não ao exercício do direito de voto. Já a limitação da preferência do crédito com garantia real (art. 83, inciso II da LRE) se aplica tanto ao seu pagamento quanto ao exercício do direito de voto.

5.3.7. Quórum de deliberação

Em regra, as deliberações na assembleia geral de credores são tomadas por "maioria geral", ou seja, a proposta é considerada aprovada se obtiver votos favoráveis de credores que representem mais da metade do valor total dos créditos presentes. Essa regra é excepcionada apenas nas deliberações (i) sobre aprovação, rejeição ou alteração do plano de recuperação judicial, (ii) sobre a composição do Comitê de Credores e (iii) sobre forma alternativa de realização do ativo nos termos do art. 145 da LRE (art 42 da LRE).

No caso da deliberação sobre aprovação, rejeição ou alteração do plano de recuperação judicial, aplica-se a regra do art. 45 da LRE: cada classe vota separadamente, e o plano tem que ser aprovado por todas elas, por maioria simples, mas com um método de contagem *sui generis* (nas classes dos credores trabalhistas/acidentários e dos credores enquadrados como microempresa ou empresa de pequeno porte, a contagem é apenas por cabeça, independentemente do valor de seu crédito; mas nas outras classes de credores, a contagem é por cabeça e por valor do crédito, cumulativamente).

No caso da deliberação sobre a composição do comitê de credores, aplica-se a regra do art. 44 da LRE: cada classe vota separadamente e elege seus respectivos membros, por maioria simples, com contagem por valor do crédito.

Por fim, no caso da deliberação sobre eventual forma alternativa de realização do ativo no processo de falência (venda dos bens), aplica-se a regra do art. 46, ou seja, a votação é global, a contagem é por valor do crédito e exige-se maioria qualificada (é necessário o voto favorável de credores que representem 2/3 dos créditos presentes à assembleia).

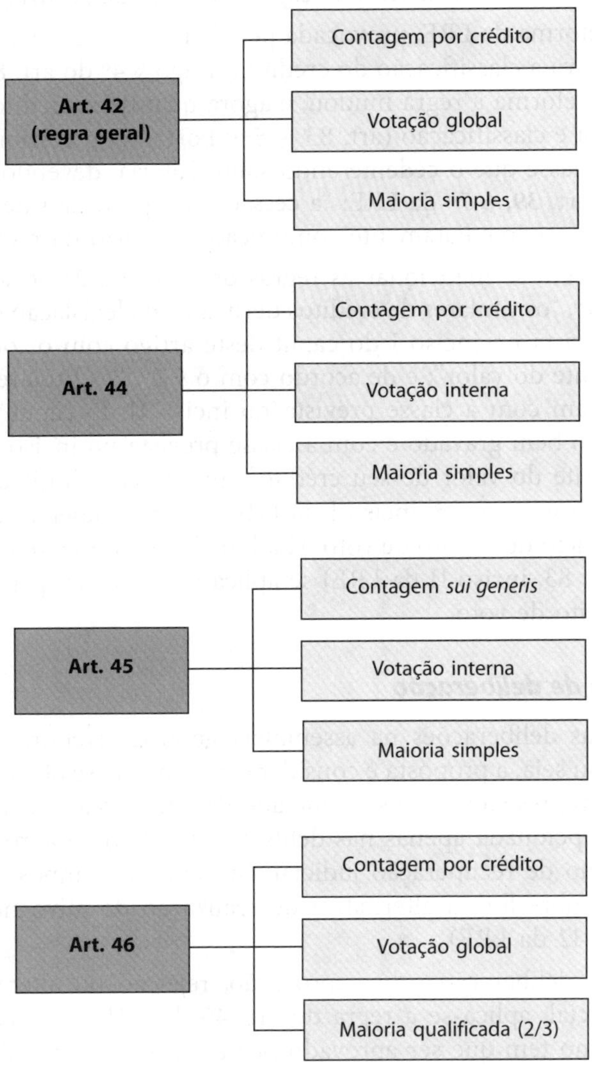

Finalizando esse tópico, cumpre destacar que a reforma da LRE, provocada pela Lei 14.112/2020, inseriu nela importantes regras de simplificação do procedimento da assembleia geral de credores, permitindo que as deliberações assembleares sejam substituídas, com os mesmos efeitos, por termo de adesão assinado pelos credores, desde que respeitados, obviamente, os já mencionados quóruns de deliberação (art. 45-A, §§ 1º, 2º e 3º da LRE).

Nesses casos de deliberação por termo de adesão, deve-se observar a regra do art. 45-A, § 4º da LRE: "as deliberações no formato previsto neste artigo serão fiscalizadas pelo administrador judicial, que emitirá parecer sobre sua regularidade, com oitiva do Ministério Público, previamente à sua homologação judicial, inclusive no caso de concessão ou não da recuperação judicial".

5.3.8. Criação de subclasses de credores

Como cada uma das classes de credores vota separadamente na deliberação sobre o plano de recuperação judicial (art. 45 da LRE), é comum que a empresa devedora proponha condições de renegociação distintas para os credores delas, mas será que entre credores de uma mesma classe é possível estabelecer condições de renegociação distintas?

A 3ª Turma do STJ decidiu que sim no julgamento do REsp 1.634.844: no plano de recuperação judicial de uma sociedade empresária cujo objeto social é o comércio de produtos químicos, os credores quirografários foram divididos em duas subclasses: (i) fornecedores essenciais e (ii) demais fornecedores. Aqueles, por serem essenciais ao funcionamento da empresa recuperanda, teriam seus créditos liquidados preferencialmente, desde que preservada a continuidade de fornecimento.

Um credor quirografário que votou contra a aprovação do plano, mas restou vencido pela maioria, recorreu alegando "não ser possível imprimir tratamento diferenciado entre os credores da mesma classe, estabelecendo subclasses dentro do plano de recuperação judicial".

Primeiramente, o Ministro relator, Ricardo Villas-Bôas Cueva, destacou que não há vedação expressa na legislação falimentar "no que respeita à concessão de tratamento diferenciado entre os credores de uma mesma classe na recuperação judicial", de modo que, "a princípio, a previsão de tratamento diferenciado aos credores não se submeteria à apreciação do Poder Judiciário", já que este, ao examinar as deliberações da assembleia geral de credores, deve respeitar a sua soberania decisória, limitando-se a realizar um controle judicial que "está restrito à legalidade do ato deliberativo".

Em contrapartida, o Ministro relator apontou que, conforme dispõe o enunciado 81 das Jornadas de Direito Comercial, "aplica-se à recuperação judicial, no que couber, o princípio da *par condicio creditorum*", o que autorizaria, excepcionalmente, um controle judicial da deliberação assemblear sob essa perspectiva.

Seguindo a sua argumentação, o Ministro relator reconheceu que "deve haver tratamento igualitário entre os credores", mas ponderou que "pode ocorrer o estabelecimento de distinções entre integrantes de uma mesma classe com interesses semelhantes". Segundo ele, "tal fato se justifica pela constatação de que as classes de credores, especialmente a de credores quirografários, reúne credores com interesses bastante heterogêneos: credores financeiros, fornecedores em geral, fornecedores dos quais depende a continuidade da atividade econômica, credores eventuais, entre outros". E concluiu: "nesse contexto, a divisão em subclasses deve se pautar pelo estabelecimento de um critério objetivo, abrangendo credores com interesses homogêneos, com a clara justificativa de sua adoção no plano de recuperação".

O Ministro ainda citou o enunciado 57 das Jornadas de Direito Comercial: "o plano de recuperação judicial deve prever tratamento igualitário para os membros da mesma classe de credores que possuem interesses homogêneos, sejam estes delineados em função da natureza do crédito, da importância do crédito ou e outro critério de similitude justificado pelo proponente do plano homologado pelo magistrado".

> RECURSO ESPECIAL. EMPRESARIAL. RECUPERAÇÃO JUDICIAL. PARIDADE. CREDORES. CRIAÇÃO. SUBCLASSES. PLANO DE RECUPERAÇÃO. POSSIBILIDADE. PARÂMETROS. (...)
>
> 2. Cinge-se a controvérsia a definir se é possível a criação de subclasses de credores dentro de uma mesma classe no plano de recuperação judicial.
>
> 3. Em regra, a deliberação da assembleia de credores é soberana, reconhecendo-se aos credores, diante da apresentação de laudo econômico-financeiro e de demonstrativos e pareceres acerca da viabilidade da empresa, o poder de decidir pela conveniência de se submeter ao plano de recuperação judicial ou pela realização do ativo com a decretação da quebra, o que decorre da rejeição da proposta. A interferência do magistrado fica restrita ao controle de legalidade do ato jurídico. Precedentes.
>
> 4. A Lei de Recuperação de Empresas e Falências consagra o princípio da paridade entre credores. Apesar de se tratar de um princípio norteador da falência, seus reflexos se irradiam na recuperação judicial, permitindo o controle de legalidade do plano de recuperação sob essa perspectiva.
>
> 5. A criação de subclasses entre os credores da recuperação judicial é possível desde que seja estabelecido um critério objetivo, justificado no plano de recuperação judicial, abrangendo credores com interesses homogêneos, ficando vedada a estipulação de descontos que impliquem verdadeira anulação de direitos de eventuais credores isolados ou minoritários.
>
> 6. Na hipótese, ficou estabelecida uma distinção entre os credores quirografários, reconhecendo-se benefícios aos fornecedores de insumos essenciais ao funcionamento da empresa, prerrogativa baseada em critério objetivo e justificada no plano aprovado pela assembleia geral de credores.
>
> 7. A aplicação do cram down exige que o plano de recuperação judicial não implique concessão de tratamento diferenciado entre os credores de uma mesma classe que tenham rejeitado a proposta, hipótese da qual não se cogita no presente caso.
>
> (REsp 1634844/SP, Rel. Ministro RICARDO VILLAS BÔAS CUEVA, TERCEIRA TURMA, julgado em 12/03/2019, DJe 15/03/2019)

Assim, ao criar-se uma determinada subclasse de credores, é importante que no plano de recuperação judicial fique "expresso o motivo pelo qual o tratamento diferenciado desse grupo se justifica e favorece a recuperação judicial, possibilitando o controle acerca da legalidade do parâmetro estabelecido" (trecho do voto condutor do precedente citado).

Após esse precedente da 3ª Turma, o seu entendimento foi reafirmado em dois outros julgados: um da própria 3ª Turma (REsp 1.700.487), e outro da 4ª Turma (AgInt no AREsp 1.510.244).

Vale mencionar, porém, uma ressalva: se o plano de recuperação judicial não for aprovado nos termos do art. 45 da LRE, o juiz pode homologá-lo se forem cumpridos os requisitos do art. 58, § 1º (*cram down*). Nesse caso, porém, não é possível o estabelecimento de condições diferenciadas entre credores da classe que não aprovou o plano (art. 58, § 2º).

Por fim, cumpre destacar que a reforma da LRE alterou a redação do parágrafo único do seu art. 67, que agora diz o seguinte: "o plano de recuperação judicial poderá prever tratamento diferenciado aos créditos sujeitos à recuperação judicial pertencentes a fornecedores de bens ou serviços que continuarem a provê-los normalmente após o pedido de recuperação judicial, desde que tais bens ou serviços sejam necessários para a manutenção das atividades e que o tratamento diferenciado seja adequado e razoável no que concerne à relação comercial futura".

5.3.9. Controle jurisdicional da assembleia geral de credores

Conforme já destacamos, a assembleia geral de credores é um ato administrativo, e como tal se submete ao controle do Poder Judiciário. No entanto, o próprio legislador previu regras que limitam ou relativizam esse controle jurisdicional.

Segundo o art. 39, § 2.º da LRE, decisões judiciais posteriores a uma determinada assembleia que decidam sobre a existência, a quantificação ou a classificação de créditos não invalidam automaticamente a deliberação assemblear tomada. Caso, porém, a decisão judicial posterior expressamente determine a invalidação da deliberação assemblear, ainda assim ficam resguardados os direitos de terceiros de boa-fé, respondendo os credores que aprovarem a deliberação pelos prejuízos comprovados causados por dolo ou culpa (§ 3.º).

Quanto ao § 2º, é preciso fazer duas ressalvas: além de a deliberação da assembleia geral de credores poder ser anulada por outros motivos (descumprimento das formalidades de convocação, por exemplo), deve-se atentar para casos extremos que possam justificar o afastamento da regra.[32] Quanto ao § 3º, pode-se citar o exemplo de uma venda de bens que foi feita com base num plano aprovado pela assembleia geral de credores, mas que depois teve essa aprovação anulada pelo Poder Judiciário: o adquirente do bem estará protegido.

O dispositivo mais importante sobre controle jurisdicional da assembleia geral de credores, todavia, é o art. 40 da LRE, que impede o deferimento de medida de urgência (cautelar ou tutela antecipada) para a suspensão ou adiamento da assembleia geral de credores **em razão de pendência de discussão acerca da existência, da quantificação ou da classificação de créditos**. Caso o fundamento do pedido de suspensão ou adiamento da assembleia seja outro (descumprimento das formalidades de convocação, por exemplo), é óbvio que será possível o deferimento de liminar.

Entende-se o objetivo do legislador com a previsão da regra do art. 40 da LRE: evitar atrasos nos processos de falência e de recuperação judicial (principalmente!)

---

[32] "Por exemplo, se for verificada a situação extrema de um crédito forjado, cujo voto foi decisivo para a aprovação de certa matéria, podem, sim, os interessados requererem a anulação da deliberação" (SCALZILLI, João Pedro; SPINELLI, Luís Felipe e TELLECHEA, Rodrigo. *Recuperação de empresas e falência: teoria e prática na Lei 11.101/2005*. 3ª ed. São Paulo: Almedina, 2018, p. 325).

em virtude de discussões pontuais sobre créditos. No entanto, a doutrina diverge sobre a constitucionalidade do referido dispositivo legal.

> O inciso XXXV do art. 5º da constituição Federal, consagrando o princípio da indeclinabilidade da Jurisdição, estabelece que "a lei não excluirá da apreciação do Poder Judiciário lesão ou ameaça a direito", de tal forma que este art. 40 padece de inconstitucionalidade, devendo ser objeto do devido trato jurisprudencial.[33]
>
> Entende-se que o art. 40 é constitucional, porque a LFRE assegura aos credores cujos créditos estejam pendentes de discussão a possibilidade de requererem provimento liminar de caráter antecipatório para, assim, poderem apresentar objeção e/ou participar da assembleia com o crédito pretendido.[34]

Cabe destacar também que as decisões da assembleia geral de credores, quando versarem sobre as matérias de sua competência privativa, são **soberanas.**

Portanto, só se deve admitir a intervenção do Poder Judiciário nas deliberações da assembleia geral para simples controle da legalidade formal do conclave (por exemplo, observância das formalidades legais referentes à convocação, instalação etc.) e, excepcionalmente, para controle da legalidade material ou substancial (por exemplo, verificação se houve fraude à lei ou abuso de direito).

Em suma: as decisões da assembleia geral de credores, quando versarem sobre as matérias de sua competência, são **soberanas**, não devendo o Poder Judiciário rever o mérito delas. Nesse sentido:

> **Enunciado 46 das Jornadas de Direito Comercial**: "não compete ao juiz deixar de conceder a recuperação judicial ou de homologar a extrajudicial com fundamento na análise econômico-financeira do plano de recuperação aprovado pelos credores".
>
> RECURSO ESPECIAL. RECUPERAÇÃO JUDICIAL. ASSEMBLEIA GERAL DE CREDORES. APROVAÇÃO DO PLANO. CUMPRIMENTO DOS REQUISITOS LEGAIS. CONCESSÃO DE PRAZOS E DESCONTOS. POSSIBILIDADE.
>
> (...)
>
> 2. O propósito recursal é verificar se o plano de recuperação judicial apresentado pelas recorrentes - aprovado pela assembleia geral de credores e homologado pelo juízo de primeiro grau - apresenta ilegalidade passível de ensejar a decretação de sua nulidade e, consequentemente, autorizar a convolação do processo de soerguimento em falência.
>
> 3. **O plano de recuperação judicial, aprovado em assembleia pela vontade dos credores nos termos exigidos pela legislação de regência, possui índole marcadamente contratual. Como corolário, ao juízo competente não é dado imiscuir-se nas especificidades do conteúdo econômico do acordo estipulado entre devedor e credores.**
>
> 4. Para a validade das deliberações tomadas em assembleia acerca do plano de soerguimento apresentado, o que se exige é que todas as classes de credores aprovem a proposta enviada, observados os quóruns fixados nos incisos do art. 45 da LFRE.
>
> 5. **A concessão de prazos e descontos para pagamento dos créditos novados insere-se dentre as tratativas negociais passíveis de deliberação pelo devedor e pelos credores quando da discussão assemblear sobre o plano**

[33] BEZERRA FILHO, Manoel Justino. *Lei de recuperação de empresas e falência.* 14ª ed. São Paulo: RT, 2019, p. 156.

[34] SCALZILLI, João Pedro; SPINELLI, Luís Felipe e TELLECHEA, *Rodrigo. Recuperação de empresas e falência: teoria e prática na Lei 11.101/2005.* 3ª ed. São Paulo: Almedina, 2018, p. 295.

de recuperação apresentado, respeitado o disposto no art. 54 da LFRE quanto aos créditos trabalhistas.

6. Cuidando-se de hipótese em que houve a aprovação do plano pela assembleia de credores e não tendo sido apontadas, no acórdão recorrido, quaisquer ilegalidades decorrentes da inobservância de disposições específicas da LFRE (sobretudo quanto às regras dos arts. 45 e 54), deve ser acolhida a pretensão recursal das empresas recuperandas.

7. Recurso especial provido.

(REsp 1631762/SP, Rel. Ministra NANCY ANDRIGHI, TERCEIRA TURMA, julgado em 19/06/2018, DJe 25/06/2018)

RECURSO ESPECIAL. DIREITO DE EMPRESA. PLANO DE RECUPERAÇÃO JUDICIAL HOMOLOGADO. (...) CONTEÚDO ECONÔMICO DO PLANO DE RECUPERAÇÃO. REVISÃO JUDICIAL. DESCABIMENTO. (...)

1. Controvérsia acerca da validade de um plano de recuperação judicial, na parte em que prevista a suspensão dos protestos e a atualização dos créditos por meio de TR + 1% ao ano, com prazo de pagamento de 14 anos.

(...)

4. **"Não compete ao juiz deixar de conceder a recuperação judicial ou de homologar a extrajudicial com fundamento na análise econômico-financeira do plano de recuperação aprovado pelos credores"** (Enunciado nº 46 da I Jornada de Direito Comercial do CJF). Julgados desta Corte Superior nesse sentido.

5. Descabimento da revisão judicial da taxa de juros e do índice de correção monetária aprovados pelos credores, **em respeito à soberania da assembleia geral**.

(...)

8. RECURSO ESPECIAL PARCIALMENTE PROVIDO.

(REsp 1630932/SP, Rel. Ministro PAULO DE TARSO SANSEVERINO, TERCEIRA TURMA, julgado em 18/06/2019, DJe 01/07/2019)

Para que fique claro: o STJ já decidiu que as deliberações da assembleia geral de credores são soberanas quanto ao mérito, mas nada impede que se faça um **controle de legalidade** dessas deliberações, de modo a aferir a eventual existência de vícios dos negócios jurídicos. Nesse sentido:

Enunciado 44 das Jornadas de Direito Comercial: "a homologação de plano de recuperação judicial aprovado pelos credores está sujeita ao controle judicial de legalidade".

RECURSO ESPECIAL. RECUPERAÇÃO JUDICIAL. APROVAÇÃO DE PLANO PELA ASSEMBLEIA DE CREDORES. INGERÊNCIA JUDICIAL. IMPOSSIBILIDADE. CONTROLE DE LEGALIDADE DAS DISPOSIÇÕES DO PLANO. POSSIBILIDADE. RECURSO IMPROVIDO.

1. **A assembleia de credores é soberana em suas decisões quanto aos planos de recuperação judicial. Contudo, as deliberações desse plano estão sujeitas aos requisitos de validade dos atos jurídicos em geral, requisitos esses que estão sujeitos a controle judicial.**

2. Recurso especial conhecido e não provido.

(REsp 1314209/SP, Rel. Ministra NANCY ANDRIGHI, TERCEIRA TURMA, julgado em 22/05/2012, DJe 01/06/2012)

RECURSO ESPECIAL. AÇÃO DE RECUPERAÇÃO JUDICIAL. CONTROLE DO MAGISTRADO SOBRE O PLANO DE SOERGUIMENTO. APROVAÇÃO DA ASSEMBLEIA GERAL DE CREDORES. VIABILIDADE ECONÔMICA. SOBERANIA DA AGC. LEGALIDADE.

> VERIFICAÇÃO PELO JUDICIÁRIO. REEXAME DE FATOS E PROVAS E INTERPRETAÇÃO DE CLÁUSULAS CONTRATUAIS. INADMISSIBILIDADE.
>
> (...)
>
> 2. **A jurisprudência das duas Turmas de Direito Privado do STJ sedimentou que o juiz está autorizado a realizar o controle de legalidade do plano de recuperação judicial, sem adentrar no aspecto da sua viabilidade econômica, a qual constitui mérito da soberana vontade da assembleia geral de credores.**
>
> (...)
>
> 4. Recurso especial não provido.
>
> (REsp 1660195/PR, Rel. Ministra NANCY ANDRIGHI, TERCEIRA TURMA, julgado em 04/04/2017, DJe 10/04/2017)

No voto condutor de um dos acórdãos acima transcritos (REsp 1.314.209), a Ministra Nancy Andrighi explica melhor o assunto:

> *A apresentação, pelo devedor, de plano de recuperação, bem como sua aprovação, pelos credores, seja pela falta de oposição, seja pelos votos em assembleia de credores (arts. 56 e 57 da LFRJ) consubstanciam atos de manifestação de vontade. Ao regular a recuperação judicial, com efeito, a Lei submete à vontade da coletividade diretamente interessada na realização do crédito a faculdade de opinar e autorizar os procedimentos de reerguimento econômico da sociedade empresária em dificuldades, chegando-se a uma solução de consenso. Disso decorre que, de fato, não compete ao juízo interferir na vontade soberana dos credores, alterando o conteúdo do plano de recuperação judicial, salvo em hipóteses expressamente autorizadas por lei (v.g. art. 58, § 1.º, da LFRJ). A obrigação de respeitar o conteúdo da manifestação de vontade, no entanto, não implica impossibilitar ao juízo que promova um controle quanto à licitude das providências decididas em assembleia. Qualquer negócio jurídico, mesmo no âmbito privado, representa uma manifestação soberana de vontade, mas que somente é válida se, nos termos do art. 104 do CC/02, provier de agente capaz, mediante a utilização de forma prescrita ou não defesa em lei, e se contiver objeto lícito, possível, determinado ou determinável. Na ausência desses elementos (dos quais decorre, com adição de outros, as causas de nulidade previstas nos arts. 166 e seguintes do CC/02, bem como de anulabilidade dos arts. 171 e seguintes do mesmo diploma legal), o negócio jurídico é inválido. A decretação de invalidade de um negócio jurídico em geral não implica interferência, pelo Estado, na livre manifestação de vontade das partes. Implica, em vez disso, controle estatal justamente sobre a liberdade dessa manifestação, ou sobre a licitude de seu conteúdo.*

Portanto, com exceção das situações que se caracterizam como controle de legalidade (formal ou material), não cabe ao Poder judiciário interferir na manifestação de vontade do devedor e dos credores, em respeito à soberania das deliberações assembleares.

Vale destacar que a verificação de eventual abuso no exercício do direito de voto se insere no âmbito desse controle de legalidade (material/substancial). Nesse sentido, confira-se o enunciado 45 das Jornadas de Direito Comercial: "o magistrado pode desconsiderar o voto de credores ou a manifestação de vontade do devedor, em razão de abuso de direito". No mesmo sentido, confira-se o § 6º do art. 39 da LRE, inserido pela reforma provocada pela Lei 14.112/2020: "o voto será exercido pelo credor no seu interesse e de acordo com o seu juízo de conveniência e poderá ser declarado nulo por abusividade somente quando manifestamente exercido para obter vantagem ilícita para si ou para outrem".

6. RECUPERAÇÃO JUDICIAL

No início do presente capítulo, fizemos uma extensa abordagem acerca dos novos paradigmas que orientam o direito falimentar moderno. Destacamos que o desenvolvimento das relações socioeconômicas fez com que o ordenamento jurídico passasse a tratar a crise da empresa de modo diverso, e assim a falência, que até pouco tempo atrás era vista como algo ocorrente apenas aos devedores desonestos, passou a ser considerada como uma situação de ocorrência comum, decorrente das dificuldades inerentes do exercício de atividade econômica.

Também destacamos o fato de que o desenvolvimento econômico, verificado sobretudo após a Revolução Industrial e intensificado pelo processo de *globalização*, deixou clara a relevância das atividades econômicas para o progresso da sociedade como um todo, em função da geração de empregos, do avanço tecnológico etc. Os operadores do direito passam a se preocupar, enfim, com a *função social da empresa*, o que faz surgir no direito empresarial, com toda a força, o denominado *princípio da preservação da empresa*.[35]

Foi com base nesse princípio que vários pontos relevantes do direito falimentar brasileiro foram alterados pela Lei 11.101/2005, dentre os quais se destaca a substituição da obsoleta figura da *concordata* pelo instituto da *recuperação judicial*.

Segundo o art. 47 da LRE, "a recuperação judicial tem por objetivo viabilizar a superação da situação de crise econômico-financeira do devedor, a fim de permitir a manutenção da fonte produtora, do emprego dos trabalhadores e dos interesses dos credores, promovendo, assim, a preservação da empresa, sua função social e o estímulo à atividade econômica".

O dispositivo deixa clara a sua finalidade: permitir a recuperação dos empresários individuais e das sociedades empresárias em crise, em reconhecimento à função social da empresa e em homenagem ao princípio da preservação da empresa. Perceba-se, todavia, que a recuperação só deve ser facultada aos devedores que realmente se mostrarem em condições de se recuperar. A recuperação é medida, enfim, que se destina aos devedores viáveis. Se a situação de crise que acomete o devedor é de tal monta que se mostra insuperável, o caminho da *recuperação* lhe deve ser negado, não restando outra alternativa a não ser a decretação de sua falência.

Com base no referido dispositivo legal, o STJ já admitiu a participação, em procedimento licitatório, de sociedade empresária em recuperação judicial, entendendo ser dispensável a apresentação de "certidão negativa de recuperação judicial" por parte da licitante (AgRg na MC 23.499/RS).

Enfim, dando eficácia máxima ao princípio da preservação da empresa, o STJ decidiu que "a exigência de apresentação de certidão negativa de recuperação judicial deve ser relativizada a fim de possibilitar à empresa em recuperação judicial participar do certame, desde que demonstre, na fase de habilitação, a sua viabilidade econômica" (AREsp 309.867/ES). Confira-se a ementa do acórdão:

---

[35] Há outros princípios que também orientam a recuperação judicial, inclusive alguns que, à primeira vista, parecem ser exclusivos da falência. Nesse sentido, confira-se o enunciado 81 das Jornadas de Direito Comercial: "aplica-se à recuperação judicial, no que couber, o princípio da par condicio creditorum".

Administrativo. Licitação. Empresa em recuperação judicial. Participação. Possibilidade. Certidão de falência ou concordata. Interpretação extensiva. Descabimento. Aptidão econômico-financeira. Comprovação. Outros meios. Necessidade.

(...)

2. Conquanto a Lei n.o 11.101/2005 tenha substituído a figura da concordata pelos institutos da recuperação judicial e extrajudicial, o art. 31 da Lei n.o 8.666/1993 não teve o texto alterado para se amoldar à nova sistemática, tampouco foi derrogado.

3. À luz do princípio da legalidade, "é vedado à Administração levar a termo interpretação extensiva ou restritiva de direitos, quando a lei assim não o dispuser de forma expressa" (AgRg no RMS 44099/ES, Rel. Min. Benedito Gonçalves, Primeira Turma, julgado em 03.03.2016, DJe 10.03.2016).

4. Inexistindo autorização legislativa, incabível a automática inabilitação de empresas submetidas à Lei n.o 11.101/2005 unicamente pela não apresentação de certidão negativa de recuperação judicial, principalmente considerando o disposto no art. 52, I, daquele normativo, que prevê a possibilidade de contratação com o poder público, o que, em regra geral, pressupõe a participação prévia em licitação.

5. O escopo primordial da Lei n.o 11.101/2005, nos termos do art. 47, é viabilizar a superação da situação de crise econômico-financeira do devedor, a fim de permitir a manutenção da fonte produtora, do emprego dos trabalhadores e dos interesses dos credores, promovendo, assim, a preservação da empresa, sua função social e o estímulo à atividade econômica.

6. A interpretação sistemática dos dispositivos das Leis n.o 8.666/1993 e n.o 11.101/2005 leva à conclusão de que é possível uma ponderação equilibrada dos princípios nelas contidos, pois a preservação da empresa, de sua função social e do estímulo à atividade econômica atendem também, em última análise, ao interesse da coletividade, uma vez que se busca a manutenção da fonte produtora, dos postos de trabalho e dos interesses dos credores.

7. A exigência de apresentação de certidão negativa de recuperação judicial deve ser relativizada a fim de possibilitar à empresa em recuperação judicial participar do certame, desde que demonstre, na fase de habilitação, a sua viabilidade econômica.

8. Agravo conhecido para dar provimento ao recurso especial.

(AREsp 309.867/ES, Rel. Ministro Gurgel de Faria, Primeira Turma, julgado em 26.06.2018, DJe 08.08.2018)

6.1. O pedido de recuperação judicial

O empresário sabe quando está iniciando uma crise em sua atividade. A perda de clientes, a redução do faturamento, o desaquecimento do setor em que atua etc. são fatores que permitem ao empresário prever futuras dificuldades e tomar medidas preventivas, dentre elas um eventual pedido de recuperação judicial.

Em princípio, pois, a recuperação judicial será requerida antes de a crise do empresário chegar a uma situação irreversível[36], isto é, o pedido de recuperação geralmente é feito antes de algum credor pedir a falência do devedor.

[36] Não obstante, muitas vezes por razões idiossincráticas, o devedor se recusa a aceitar e reconhecer a realidade e acaba ignorando, por um tempo, a crise pela qual passa. Quando, porém, a realidade se impõe e não pode mais ser ignorada, é tarde demais, e a perda do timing para o pedido de recuperação judicial é, não raras vezes, o principal motivo do eventual insucesso do plano de soerguimento da respectividade atividade empresarial.

É possível, todavia, que o pedido de recuperação judicial seja feito após um credor pedir a falência do devedor. Esse pedido deve ser feito durante o prazo de contestação ao requerimento da falência, conforme previsto no art. 95 da LRE.

A norma em questão prevê um **pedido de recuperação judicial incidental ao pedido de falência**. Note-se bem que, nesse caso, o devedor ainda não é falido. Esse registro é importante porque a atual legislação falimentar não previu figura semelhante à antiga *concordata suspensiva*, que o devedor podia requerer mesmo depois de ter sua falência decretada. Na atual lei, ao contrário, a decretação da falência impede o devedor de obter o benefício da recuperação (art. 48, inciso I da LRE).

Finalmente, pode-se dizer que o procedimento do pedido de recuperação judicial, que analisaremos a seguir, é uma espécie de "procedimento especial". Todos os credores devem se habilitar (o procedimento de verificação e habilitação dos créditos já foi estudado, nos comentários aos arts. 7.º a 20) para que possam votar nas assembleias. O devedor apresenta seu plano, os credores são comunicados, via edital, para que apresentem eventuais objeções e, caso haja alguma, a assembleia geral de credores é convocada para deliberar sobre o plano apresentado.

6.1.1. O autor do pedido de recuperação judicial (legitimidade ativa)

De acordo com o art. 1.º da LRE, que já analisamos, suas normas só se aplicam àqueles que exercem atividade empresarial, não se referindo a devedores civis. Portanto, somente empresários (empresários individuais e sociedades empresárias) podem requerer recuperação judicial.[37]

Não se pode esquecer, no entanto, que a própria LRE, em seu art. 2.º, exclui alguns empresários do âmbito de incidência de suas regras. Portanto, empresa pública, sociedade de economia mista[38], instituição financeira pública ou privada, cooperativa de crédito, consórcio, entidade de previdência complementar, sociedade operadora de plano de assistência à saúde, sociedade seguradora, sociedade de capitalização e outras entidades legalmente equiparadas não podem requerer recuperação judicial.

O § 1º do art. 48 da LRE prevê hipóteses de legitimação extraordinária para o pedido de recuperação judicial: "a recuperação judicial também poderá ser re-

[37] Relembro, entretanto, as ponderações que já fiz anteriormente sobre as discussões acadêmicas a respeito da aplicação da LRE a todo e qualquer "agente econômico", bem como sobre alguns casos em que o Poder Judiciário vem admitindo pedidos de recuperação judicial formulados por "não empresários" (casos da Universidade Cândido Mendes e da Unimed Norte-Nordeste, por exemplo).

[38] No caso de empresas públicas e sociedades de economia mista, vale lembrar que a questão será decidida pelo Supremo Tribunal Federal no julgamento do RE 1.249.945 (Tema 1.101). No voto em que reconheceu a repercussão geral da matéria, o relator, Ministro Luís Roberto Barroso, assim se manifestou: "O tema tem sido objeto de intenso debate na doutrina do direito administrativo. Em síntese, há três correntes doutrinárias sobre a matéria. A primeira sustenta a inconstitucionalidade do art. 2º, I, da Lei 11.105/2005, por afronta o art. 173, §1º, II, da Constituição, tendo em vista que as entidades administrativas possuem os mesmos direitos que as empresas privadas, o que incluiria o mesmo regime de insolvência. A segunda defende a interpretação conforme a Constituição do dispositivo, de modo a afastar o regime falimentar apenas das empresas estatais prestadoras de serviço público, submetendo as que exercem atividade econômica ao regime de falência e recuperação judicial. Por fim, a terceira corrente afirma a constitucionalidade da exclusão das empresas estatais do regime falimentar, na medida em que a extinção dessas entidades administrativas somente poderia ocorrer por lei e não por decisão judicial de decretação de insolvência". No referido processo, o que se discute é justamente a (im)possibilidade de uma empresa pública pedir recuperação judicial (o deferimento do processamento do pedido foi negado pelo TJMG).

querida pelo cônjuge sobrevivente, herdeiros do devedor, inventariante ou sócio remanescente".

Quando menciona o pedido feito por cônjuge sobrevivente, herdeiro ou inventariante, a LRE se refere ao devedor empresário individual. Já no tocante à menção ao sócio remanescente, entendo que se trata do sócio minoritário, em caso de falecimento do sócio majoritário.[39]

6.1.2. Consolidação processual (litisconsórcio ativo)

Embora a LRE, ao tratar do pedido de recuperação judicial, não tenha regra expressa sobre a possibilidade de litisconsórcio ativo em caso de grupo econômico, isso é algo que ocorre comumente na prática, e no julgamento do REsp 1.665.042, a 3ª Turma do STJ confirmou que "é possível a formação de litisconsórcio ativo na recuperação judicial para abranger as sociedades integrantes do mesmo grupo econômico".

De acordo com o relator, Ministro Ricardo Villas-Bôas Cueva, "a admissão do litisconsórcio ativo na recuperação judicial obedece a dois importantes fatores: (i) a interdependência das relações societárias formadas pelos grupos econômicos e a necessidade de superar simultaneamente o quadro de instabilidade econômico-financeiro, e (ii) a autorização da legislação processual civil para as partes (no caso, as sociedades) litigarem em conjunto no mesmo processo (art. 113 do CPC/2015 e 46 do CPC/1973) e a ausência de colisão com os princípios e os fundamentos preconizados pela Lei 11.101/2005".

Essa situação em que empresas de um mesmo grupo econômico pedem recuperação judicial em litisconsórcio ativo é conhecida na prática como consolidação processual, e a reforma da LRE fez com que ela passasse a tratar expressamente do assunto em seus arts. 69-G a 69-I.

Na linha do precedente do STJ mencionado, o § 1º do art. 69-G determina que "cada devedor apresentará individualmente a documentação exigida no art. 51", e o § 2º estabelece que o juízo competente é aquele "do local do principal estabelecimento entre os dos devedores".

Na consolidação processual, "apenas um administrador judicial será nomeado" (art. 69-H) e haverá uma "coordenação dos atos processuais" (art. 69-I), mas será garantida e respeitada a independência dos devedores, dos seus ativos e dos seus passivos, de modo que, embora seja possível a apresentação de um plano de recuperação judicial único do grupo, "os devedores proporão meios de recuperação independentes e específicos para a composição de seus passivos" (§ 1º), "os credores de cada devedor deliberarão em assembleias gerais independentes" (§ 2º) e "os quóruns de instalação e de deliberação das assembleias gerais serão verificados, exclusivamente, em referência aos credores de cada devedor, e serão elaboradas atas para cada um dos devedores" (§ 3º).

---

[39] Fábio Ulhoa Coelho, porém, tem entendimento diferente: para ele, a expressão "sócio remanescente" se refere, na verdade, ao sócio que restou vencido em reunião/assembleia na qual a sociedade deliberou pela não propositura do pedido de recuperação judicial, caso em que o pedido, segundo o jurista, pode ser feito pelo sócio dissidente, mas só deve ser processado pelo juiz se ficar constatado o abuso de poder do sócio majoritário/controlador: COELHO, Fábio Ulhoa. *Comentários à Lei de Falências e Recuperação de Empresas*. 14ª ed. São Paulo: RT, 2021, p. 171-172.

Portanto, na consolidação processual é possível que "alguns devedores obtenham a concessão da recuperação judicial e outros tenham a falência decretada" (§ 4º), e nesse caso "o processo será desmembrado em tantos processos quantos forem necessários" (§ 5º).

6.1.3. *Consolidação substancial*

Situação bem diferente da mera consolidação processual (litisconsórcio ativo) é a da consolidação substancial, que também já era muito aplicada na prática e, após a reforma da LRE, igualmente passou a ser prevista expressamente no texto legal (arts. 69-J a 69-L).

Na consolidação substancial, além de as sociedades integrantes de um grupo econômico formarem litisconsórcio ativo para formulação do pedido de recuperação judicial, elas têm sua autonomia patrimonial desconsiderada, de modo que será apresentado um único plano de recuperação, que reunirá todos os credores em um mesmo quadro-geral, os quais votarão em assembleia conjunta.

O TJSP já tinha, antes da reforma da LRE, precedentes no sentido de que a consolidação processual não conduz automaticamente a uma consolidação substancial, sendo imprescindível que se verifiquem outros requisitos, como a existência de garantias cruzadas, a unidade de instalações físicas, o uso de contas centralizadas, a adoção de regime de caixa único, dentre outros.[40]

O TJSP também já tinha, antes da reforma da LRE, precedentes no sentido de que cabia às assembleia-gerais de credores das sociedades integrantes do grupo econômico, com base na regra do art. 35, inciso I, alínea 'f' da LRE, deliberar sobre a aplicação da consolidação substancial, fazendo-o em votações separadas.[41]

Após a reforma da LRE, porém, é preciso atentar para as regras que constam dos seus novos dispositivos legais que tratam do assunto.

De acordo com o art. 69-J, "o juiz poderá, de forma excepcional, independentemente da realização de assembleia geral, autorizar a consolidação substancial de ativos e passivos dos devedores integrantes do mesmo grupo econômico que estejam

---

[40] "O trâmite da recuperação com a consolidação de ativos e passivos de vários devedores componentes de um mesmo grupo econômico, mesmo ausente específica regra positivada e tal qual admitido por numerosos julgados, pode se tornar, até mesmo, obrigatório diante de uma confusão patrimonial explícita (com aplicação do artigo 114 do CPC de 2015) e gera consequências muito graves e que condicionam o trâmite de toda a recuperação judicial, sendo seu escopo a economia de recursos e a cooperação de todas empresas envolvidas para um maior eficiência em sua atuação diante de uma situação de crise econômica e financeira (...) Uma unificação procedimental ampla precisa derivar, no entanto, de maneira explícita, da afirmação da unidade gerencial, da integração patrimonial ou da simbiose do objeto social dos devedores, que buscam superar uma conjuntura desfavorável em conjunto, reunindo suas forças e conformando uma interdependência, não se admitindo a utilização da consolidação substancial como forma artificial de simples diluição de créditos. Nesse sentido, a superação da mera consolidação processual e a adoção da consolidação substancial não constituem o resultado da aplicação de uma regra geral, mas, isso sim, uma excepcionalidade" (TJSP, AI 2032440-88.2018.8.26.0000, 1ª C. Res. D. Emp., Rel. Des. Fortes Barbosa, julg. 20.6.2018).

[41] "Recurso tirado contra decisão que acolheu pedido da credora para determinar que os credores de cada uma das devedoras, em votações separadas, deliberem sobre a consolidação substancial, com a aprovação ou não de plano unitário e comunhão de ativos e passivos. Decisão acertada. Admissão do litisconsórcio ativo que não encaminha, obrigatoriamente, à consolidação substancial. Necessidade de anuência da maioria dos credores de cada uma das devedoras, sob pena de subversão do instituto" (TJSP, AI 2072604-95.2018.8.26.0000, 2ª C. Res. D. Emp., Rel. Des. Araldo Telles, julg. 30.7.2018).

em recuperação judicial sob consolidação processual, apenas quando constatar a interconexão e a confusão entre ativos ou passivos dos devedores, de modo que não seja possível identificar a sua titularidade sem excessivo dispêndio de tempo ou de recursos, cumulativamente com a ocorrência de, no mínimo, 2 (duas) das seguintes hipóteses: I – existência de garantias cruzadas; II – relação de controle ou de dependência; III – identidade total ou parcial do quadro societário; e IV – atuação conjunta no mercado entre os postulantes".

> Na consolidação substancial, a autonomia patrimonial das sociedades recuperandas é afastada. Trata-se de fenômeno intimamente ligado ao instituto da desconsideração da personalidade jurídica, na medida em que haverá desconsideração das estruturas divisórias das várias pessoas jurídicas que integram o grupo econômico que ajuizou o pedido de recuperação judicial de forma conjunta.
>
> Muito embora não houvesse previsão legal até essa reforma legislativa, a jurisprudência já vinha admitindo a existência da consolidação substancial. No entanto, havia uma grande variação de critérios utilizados pelos Tribunais, o que causava grande insegurança jurídica e falta de previsibilidade decisória.
>
> Nesse sentido, a reforma trouxe regulação objetiva, estabelecendo os requisitos que devem estar presentes para que o juiz, de forma excepcional, autorize ou determine a consolidação substancial em recuperações judiciais de grupos econômicos.
>
> Considerando o modelo normativo brasileiro, é coerente a regulação da consolidação substancial, atribuindo-se ao magistrado o poder para decidir sobre sua excepcional aplicação, diferentemente do que ocorre no sistema norte americano, em que a decisão cabe aos credores reunidos em Assembleia Geral de Credores.[42]

Assim, na consolidação substancial não há independência entre os devedores, de modo que seus ativos e passivos "serão tratados como se pertencessem a um único devedor" (art. 69-K), acarretando-se "a extinção imediata de garantias fidejussórias e de créditos detidos por um devedor em face de outro" (§ 1º). No que se refere a garantias reais de credores, a consolidação substancial não as impactará, "exceto mediante aprovação expressa do titular" (§ 2º).

Como não há independência entre os devedores, que são tratados como um só, na consolidação substancial será apresentado um plano unitário, o qual será submetido a uma assembleia geral que reunirá os credores de todos os devedores (art. 69-L, § 1º), de modo que o destino do grupo todo será o mesmo: ou será concedida a recuperação judicial, em caso de aprovação do plano, ou será decretada a falência, em caso de sua rejeição (§ 2º).

6.1.4. Requisitos materiais do pedido de recuperação judicial

No art. 48 da LRE estão delineados os requisitos que o devedor deve atender para que o juiz autorize o processamento do seu pedido de recuperação. Veja-se que não estamos falando ainda na *concessão* do pedido do devedor, mas apenas no deferimento de seu *processamento*.

---

42 COSTA, Daniel Carnio e MELO, Alexandre Correa Nasser de. *Comentários à Lei de Recuperação de Empresas e Falência*, art. 69 «in» JuruáDocs n. 201.2281.1322.0993. Disponível em: <www.juruadocs.com>. Acesso em: 19/02/2021.

Assim, de acordo com o dispositivo em questão, "poderá requerer recuperação judicial o devedor que, no momento do pedido, exerça regularmente suas atividades há mais de 2 (dois) anos e que atenda aos seguintes requisitos, cumulativamente: I – não ser falido e, se o foi, estejam declaradas extintas, por sentença transitada em julgado, as responsabilidades daí decorrentes; II – não ter, há menos de 5 (cinco) anos, obtido concessão de recuperação judicial; III – não ter, há menos de 5 (cinco) anos, obtido concessão de recuperação judicial com base no plano especial de que trata a Seção V deste Capítulo; IV – não ter sido condenado ou não ter, como administrador ou sócio controlador, pessoa condenada por qualquer dos crimes previstos nesta Lei".

Em primeiro lugar, pois, é preciso que o devedor comprove estar exercendo sua atividade empresarial regularmente há mais de dois anos. Sendo assim, fica claro **que o empresário individual irregular e a sociedade empresária irregular não têm direito à recuperação judicial**.

A comprovação desse requisito inicial, conforme será visto adiante, é feita por meio da juntada de certidão da Junta Comercial competente que ateste o exercício regular da atividade empresarial por tempo superior ao exigido na legislação falimentar.

Tratando-se, porém, de pessoa jurídica que explora atividade rural, diz o § 2.º do art. 48 da LRE que: "admite-se a comprovação do prazo estabelecido no *caput* deste artigo por meio da Escrituração Contábil Fiscal (ECF), ou por meio de obrigação legal de registros contábeis que venha a substituir a ECF, entregue tempestivamente".

Além do requisito constante do *caput* do art. 48 da LRE, há os que constam dos incisos desse dispositivo legal. Conforme o inciso I, o devedor precisa comprovar também que nunca teve sua falência decretada ou, se teve, que as suas obrigações já foram declaradas extintas por sentença transitada em julgado. Mais uma vez é preciso destacar que essa é mais uma das normas da LRE que foram redigidas tendo como referência o empresário individual. Assim, quando o dispositivo em enfoque utiliza a expressão "falido", está se referindo ao empresário individual: se ele já teve sua falência decretada, não pode requerer recuperação judicial, salvo se suas obrigações já foram declaradas extintas por sentença transitada em julgado. Tratando-se de sociedade empresária, será óbice ao deferimento de seu pedido a existência de sócios de responsabilidade ilimitada que já tenham tido a sua falência decretada anteriormente ou que tenham participado de outra sociedade que teve sua falência decretada.[43]

No inciso II, consta ainda a exigência de que o devedor não tenha, há menos de cinco anos, obtido a concessão de recuperação judicial. No mesmo sentido é o inciso III, que obsta o deferimento de recuperação judicial ao devedor qualificado como ME ou EPP que tenha, há menos de cinco anos, obtido a concessão da recuperação especial disciplinada nos arts. 70 a 72 da LRE.

Por fim, no inciso IV, a lei ainda exige, no caso de empresário individual, que ele não tenha sido condenado por crime falimentar, ou, no caso de sociedade em-

[43] Nesse sentido: "quando a lei diz não ser 'falido', na realidade está se referindo aos sócios de responsabilidade ilimitada que tiveram a falência de sua empresa anterior decretada: pelos arts. 81 e 190, esses sócios são considerados também falidos. Aplica-se também essa restrição àquele que, como empresário individual, teve sua falência decretada." (BEZERRA FILHO, Manoel Justino. *Lei de recuperação de empresas e falências comentada*. 4. ed. São Paulo: RT, 2007. p. 138).

presária, que isso não tenha ocorrido com nenhum de seus sócios controladores ou administradores. Perceba-se que, se um sócio minoritário, sem poder de controle ou de administração, já tenha eventualmente sido condenado por crimes tipificados na LRE, isso por si só não impede o juiz de deferir o processamento do pedido de recuperação da sociedade devedora. A regra é clara ao afirmar que o óbice legal só incide se o condenado era administrador ou controlador da sociedade.

6.1.5. Recuperação judicial de produtor rural

Ainda sobre quem explora atividade rural – pessoa natural ou jurídica – havia uma polêmica quanto à interpretação do *caput* do art. 48 da LRE, em razão de o produtor rural não ser obrigado a se registrar na Junta Comercial (arts. 971 e 984 do Código Civil).

A polêmica era a seguinte: produtores rurais não registrados na Junta Comercial podem obter o benefício da recuperação judicial, algo típico do regime jurídico empresarial?

No julgamento do REsp 1.193.115-MT, a 3ª Tuma do STJ, analisando um caso em que o produtor rural pediu a recuperação judicial e só fez seu registro na Junta Comercial após o ajuizamento do pedido, decidiu, por maioria, que não: sem registro na Junta, produtores rurais não são considerados empresários, para os efeitos legais, e não podem obter o benefício da recuperação judicial. Eis a ementa do acórdão:

> RECUPERAÇÃO JUDICIAL. COMPROVAÇÃO DA CONDIÇÃO DE EMPRESÁRIO POR MAIS DE 2 ANOS. NECESSIDADE DE JUNTADA DE DOCUMENTO COMPROBATÓRIO DE REGISTRO COMERCIAL. DOCUMENTO SUBSTANCIAL. INSUFICIÊNCIA DA INVOCAÇÃO DE EXERCÍCIO PROFISSIONAL. INSUFICIÊNCIA DE REGISTRO REALIZADO 55 DIAS APÓS O AJUIZAMENTO. POSSIBILIDADE OU NÃO DE RECUPERAÇÃO DE EMPRESÁRIO RURAL NÃO ENFRENTADA NO JULGAMENTO.
>
> 1.- O deferimento da recuperação judicial pressupõe a comprovação documental da qualidade de empresário, mediante a juntada com a petição inicial, ou em prazo concedido nos termos do CPC 284, de **certidão de inscrição na Junta Comercial, realizada antes do ingresso do pedido em Juízo, comprovando o exercício das atividades por mais de dois anos, inadmissível a inscrição posterior ao ajuizamento.** Não enfrentada, no julgamento, questão relativa às condições de admissibilidade ou não de pedido de recuperação judicial rural.
>
> 2.- Recurso Especial improvido quanto ao pleito de recuperação.
>
> (REsp 1193115/MT, Rel. Ministra NANCY ANDRIGHI, Rel. p/ Acórdão Ministro SIDNEI BENETI, TERCEIRA TURMA, julgado em 20/08/2013, DJe 07/10/2013)

Anos após esse julgamento, foram aprovados dois importantes enunciados das Jornadas de Direito Comercial do CJF: o enunciado 96 diz que "a recuperação judicial do empresário rural, pessoa natural ou jurídica, sujeita todos os créditos existentes na data do pedido, inclusive os anteriores à data da inscrição no Registro Público de Empresas Mercantis"; já o enunciado 97 diz que "o produtor rural, pessoa natural ou jurídica, na ocasião do pedido de recuperação judicial, não precisa estar inscrito há mais de dois anos no Registro Público de Empresas Mercantis, bastando a demonstração de exercício de atividade rural por esse período e a comprovação da inscrição anterior ao pedido".

Depois da aprovação desses enunciados, a 4ª Turma do STJ enfrentou essa questão no julgamento do REsp 1.800.032-MT. Assim como ocorreu na Terceira Turma, a decisão não foi unânime, e prevaleceu o entendimento de que o produtor rural pode se beneficiar da recuperação judicial desde que tenha **registro na Junta anterior ao ajuizamento do pedido**. Na linha do enunciado 97 das Jornadas de Direito Comercial, entendeu-se que esse registro, porém, não precisa ter sido feito há mais de dois anos do pedido de recuperação, bastando apenas que se comprove o exercício de atividade rural há mais de dois anos, por quaisquer meios de prova. Por fim, decidiu-se também no mesmo sentido do enunciado 96 das Jornadas de Direito Comercial, isto é, todos os créditos se sujeitarão ao plano de recuperação, inclusive aqueles constituídos antes do registro na Junta Comercial.

Algum tempo após essa decisão da 4ª Turma, a 3ª Turma seguiu o mesmo entendimento no julgamento do REsp 1.811.953. Confiram-se, a propósito, as ementas de ambos os acórdãos:

> RECURSO ESPECIAL. CIVIL E EMPRESARIAL. EMPRESÁRIO RURAL E RECUPERAÇÃO JUDICIAL. REGULARIDADE DO EXERCÍCIO DA ATIVIDADE RURAL ANTERIOR AO REGISTRO DO EMPREENDEDOR (CÓDIGO CIVIL, ARTS. 966, 967, 968, 970 E 971). EFEITOS EX TUNC DA INSCRIÇÃO DO PRODUTOR RURAL. PEDIDO DE RECUPERAÇÃO JUDICIAL (LEI 11.101/2005, ART. 48). CÔMPUTO DO PERÍODO DE EXERCÍCIO DA ATIVIDADE RURAL ANTERIOR AO REGISTRO. POSSIBILIDADE. RECURSO ESPECIAL PROVIDO.
>
> 1. O produtor rural, por não ser empresário sujeito a registro, está em situação regular, mesmo ao exercer atividade econômica agrícola antes de sua inscrição, por ser esta para ele facultativa.
>
> 2. Conforme os arts. 966, 967, 968, 970 e 971 do Código Civil, com a inscrição, fica o produtor rural equiparado ao empresário comum, mas com direito a "tratamento favorecido, diferenciado e simplificado (...), quanto à inscrição e aos efeitos daí decorrentes".
>
> 3. Assim, os efeitos decorrentes da inscrição são distintos para as duas espécies de empresário: o sujeito a registro e o não sujeito a registro. Para o empreendedor rural, o registro, por ser facultativo, apenas o transfere do regime do Código Civil para o regime empresarial, com o efeito constitutivo de "equipará-lo, para todos os efeitos, ao empresário sujeito a registro", sendo tal efeito constitutivo apto a retroagir (ex tunc), pois a condição regular de empresário já existia antes mesmo do registro. Já para o empresário comum, o registro, por ser obrigatório, somente pode operar efeitos prospectivos, ex nunc, pois apenas com o registro é que ingressa na regularidade e se constitui efetivamente, validamente, empresário.
>
> 4. Após obter o registro e passar ao regime empresarial, fazendo jus a tratamento diferenciado, simplificado e favorecido quanto à inscrição e aos efeitos desta decorrentes (CC, arts. 970 e 971), adquire o produtor rural a condição de procedibilidade para requerer recuperação judicial, com base no art. 48 da Lei 11.101/2005 (LRF), bastando que comprove, no momento do pedido, que explora regularmente a atividade rural há mais de 2 (dois) anos. Pode, portanto, para perfazer o tempo exigido por lei, computar aquele período anterior ao registro, pois tratava-se, mesmo então, de exercício regular da atividade empresarial.
>
> 5. Pelas mesmas razões, não se pode distinguir o regime jurídico aplicável às obrigações anteriores ou posteriores à inscrição do empresário rural que vem a pedir recuperação judicial, ficando também abrangidas na recuperação aquelas obrigações e dívidas anteriormente contraídas e ainda não adimplidas.

6. Recurso especial provido, com deferimento do processamento da recuperação judicial dos recorrentes.

(REsp 1800032/MT, Rel. Ministro MARCO BUZZI, Rel. p/ Acórdão Ministro RAUL ARAÚJO, QUARTA TURMA, julgado em 05/11/2019, DJe 10/02/2020)

RECURSO ESPECIAL. PEDIDO DE RECUPERAÇÃO JUDICIAL EFETUADO POR EMPRESÁRIO INDIVIDUAL RURAL QUE EXERCE PROFISSIONALMENTE A ATIVIDADE AGRÍCOLA ORGANIZADA HÁ MAIS DE DOIS ANOS, ENCONTRANDO-SE, PORÉM, INSCRITO HÁ MENOS DE DOIS ANOS NA JUNTA COMERCIAL. DEFERIMENTO. INTELIGÊNCIA DO ART. 48 DA LRF. RECURSO ESPECIAL PROVIDO.

1. Controverte-se no presente recurso especial acerca da aplicabilidade do requisito temporal de 2 (dois) anos de exercício regular da atividade empresarial, estabelecido no art. 48 da Lei n. 11.101/2005, para fins de deferimento do processamento da recuperação judicial requerido por empresário individual rural que exerce profissionalmente a atividade agrícola organizada há mais de 2 (dois) anos, encontrando-se, porém, inscrito há menos de 2 (dois) anos na Junta Comercial.

2. Com esteio na Teoria da Empresa, em tese, qualquer atividade econômica organizada profissionalmente submete-se às regras e princípios do Direito Empresarial, salvo previsão legal específica, como são os casos dos profissionais intelectuais, das sociedades simples, das cooperativas e do exercente de atividade econômica rural, cada qual com tratamento legal próprio. Insere-se na ressalva legal, portanto, o exercente de atividade econômica rural, o qual possui a faculdade, o direito subjetivo de se submeter, ou não, ao regime jurídico empresarial.

3. A constituição do empresário rural dá-se a partir do exercício profissional da atividade econômica rural organizada para a produção e circulação de bens ou de serviços, sendo irrelevante, à sua caracterização, a efetivação de sua inscrição na Junta Comercial. Todavia, sua submissão ao regime empresarial apresenta-se como faculdade, que será exercida, caso assim repute conveniente, por meio da inscrição no Registro Público de Empresas Mercantis.

3.1 Tal como se dá com o empresário comum, a inscrição do produtor rural na Junta Comercial não o transforma em empresário. Perfilha-se o entendimento de que, também no caso do empresário rural, a inscrição assume natureza meramente declaratória, a autorizar, tecnicamente, a produção de efeitos retroativos (ex tunc).

3.2 A própria redação do art. 971 do Código Civil traz, em si, a assertiva de que o empresário rural poderá proceder à inscrição. Ou seja, antes mesmo do ato registral, a qualificação jurídica de empresário - que decorre do modo profissional pelo qual a atividade econômica é exercida - já se faz presente. Desse modo, a inscrição do empresário rural na Junta Comercial apenas declara, formaliza a qualificação jurídica de empresário, presente em momento anterior ao registro. Exercida a faculdade de inscrição no Registro Público de Empresas Mercantis, o empresário rural, por deliberação própria e voluntária, passa a se submeter ao regime jurídico empresarial.

4. A finalidade do registro para o empresário rural, difere, claramente, daquela emanada da inscrição para o empresário comum. Para o empresário comum, a inscrição no Registro Público de Empresas Mercantis, que tem condão de declarar a qualidade jurídica de empresário, apresenta-se obrigatória e se destina a conferir-lhe status de regularidade. De modo diverso, para o empresário rural, a inscrição, que também se reveste de natureza declaratória, constitui mera faculdade e tem por escopo precípuo submeter o empresário, segundo a sua vontade, ao regime jurídico empresarial.

4.1 O empresário rural que objetiva se valer dos benefícios do processo recuperacional, instituto próprio do regime jurídico empresarial, há de proceder à inscrição no Registro Público de Empresas Mercantis, não porque o registro o transforma em empresário, mas sim porque, ao assim proceder, passou a voluntariamente se submeter ao aludido regime jurídico. A inscrição, sob esta perspectiva, assume a condição de procedibilidade ao pedido de recuperação judicial, como bem reconheceu esta Terceira Turma, por ocasião do julgamento do REsp 1.193.115/MT, e agora, mais recentemente, a Quarta Turma do STJ (no REsp 1.800.032/MT) assim compreendeu.

4.2 A inscrição, por ser meramente opcional, não se destina a conferir ao empresário rural o status de regularidade, simplesmente porque este já se encontra em situação absolutamente regular, mostrando-se, por isso, descabida qualquer interpretação tendente a penalizá-lo por, eventualmente, não proceder ao registro, possibilidade que a própria lei lhe franqueou. Portanto, a situação jurídica do empresário rural, mesmo antes de optar por se inscrever na Junta comercial, já ostenta status de regularidade.

5. Especificamente quanto à inscrição no Registro Público das Empresas Mercantis, para o empresário comum, o art. 967 do Código Civil determina a obrigatoriedade da inscrição no Registro Público de Empresas Mercantis da respectiva sede, antes do início de sua atividade. Será irregular, assim, o exercício profissional da atividade econômica, sem a observância de exigência legal afeta à inscrição. Por consequência, para o empresário comum, o prazo mínimo de 2 (dois) anos deve ser contado, necessariamente, da consecução do registro. Diversamente, o empresário rural exerce profissional e regularmente sua atividade econômica independentemente de sua inscrição no Registro Público de Empresas Mercantis. Mesmo antes de proceder ao registro, atua em absoluta conformidade com a lei, na medida em que a inscrição, ao empresário rural, apresenta-se como faculdade - de se submeter ao regime jurídico empresarial.

6. Ainda que relevante para viabilizar o pedido de recuperação judicial, como instituto próprio do regime empresarial, o registro é absolutamente desnecessário para que o empresário rural demonstre a regularidade (em conformidade com a lei) do exercício profissional de sua atividade agropecuária pelo biênio mínimo, podendo ser comprovado por outras formas admitidas em direito e, principalmente, levando-se em conta período anterior à inscrição.

7. Recurso especial provido.

(REsp 1811953/MT, Rel. Ministro MARCO AURÉLIO BELLIZZE, TERCEIRA TURMA, julgado em 06/10/2020, DJe 15/10/2020)

Resumindo: o produtor rural precisa estar registrado há mais de 2 (dois) anos na Junta Comercial para requerer recuperação judicial? Não. Basta que ele (i) tenha se registrado na Junta Comercial antes do ajuizamento do pedido e (ii) tenha mais de 2 (dois) anos de exercício de atividade econômica rural. E mais: uma vez deferido o processamento da recuperação judicial do produtor rural, as dívidas anteriores ao seu registro na Junta Comercial se sujeitam ao plano de recuperação? Sim. Entendeu-se que como o registro, para o produtor rural, é facultativo, o exercício de atividade econômica por ele antes do registro não pode ser considerado irregular, merecendo o mesmo tratamento dado ao exercício de atividade econômica após o registro.

Mesmo com a questão resolvida na jurisprudência do STJ, a reforma da LRE tratou do assunto, tentando trazer mais segurança jurídica aos casos de recuperação judicial de produtores rurais.

Sobre a comprovação do exercício de atividade rural, confiram-se o que dispõem os §§ 2º a 5º do art. 48 da LFRE, o primeiro alterado e os demais inseridos pela reforma: "§ 2º No caso de exercício de atividade rural por pessoa jurídica, admite-se a comprovação do prazo estabelecido no caput deste artigo por meio da Escrituração Contábil Fiscal (ECF), ou por meio de obrigação legal de registros contábeis que venha a substituir a ECF, entregue tempestivamente. § 3º Para a comprovação do prazo estabelecido no caput deste artigo, o cálculo do período de exercício de atividade rural por pessoa física é feito com base no Livro Caixa Digital do Produtor Rural (LCDPR), ou por meio de obrigação legal de registros contábeis que venha a substituir o LCDPR, e pela Declaração do Imposto sobre a Renda da Pessoa Física (DIRPF) e balanço patrimonial, todos entregues tempestivamente. § 4º Para efeito do disposto no § 3º deste artigo, no que diz respeito ao período em que não for exigível a entrega do LCDPR, admitir-se-á a entrega do livro-caixa utilizado para a elaboração da DIRPF. § 5º Para os fins de atendimento ao disposto nos §§ 2º e 3º deste artigo, as informações contábeis relativas a receitas, a bens, a despesas, a custos e a dívidas deverão estar organizadas de acordo com a legislação e com o padrão contábil da legislação correlata vigente, bem como guardar obediência ao regime de competência e de elaboração de balanço patrimonial por contador habilitado". O texto aqui exposto não é o texto oficial das Leis nº 11.101/2005, nº 10.522/2002 e nº 8.929/1994. Trata-se de compilado da redação das Leis nº 11.101/2005, nº 10.522/2002 e nº 8.929/1994 com as modificações do Projeto de Lei nº 6.229/2005, conforme aprovado pela Câmara dos Deputados em 26 de agosto de 2020, atual Projeto de Lei nº 4.458/2020, aprovado pelo Senado Federal em 25 de novembro de 2020.

Sobre a sujeição dos créditos aos efeitos da recuperação judicial de produtores rurais, a reforma inseriu os § 6º a 9º no art. 49 da LFRE: "§ 6º Nas hipóteses de que tratam os §§ 2º e 3º do art. 48 desta Lei, somente estarão sujeitos à recuperação judicial os créditos que decorram exclusivamente da atividade rural e estejam discriminados nos documentos a que se referem os citados parágrafos, ainda que não vencidos. § 7º Não se sujeitarão aos efeitos da recuperação judicial os recursos controlados e abrangidos nos termos dos arts. 14 e 21 da Lei nº 4.829, de 5 de novembro de 1965. § 8º Estarão sujeitos à recuperação judicial os recursos de que trata o § 7º deste artigo que não tenham sido objeto de renegociação entre o devedor e a instituição financeira antes do pedido de recuperação judicial, na forma de ato do Poder Executivo. § 9º Não se enquadrará nos créditos referidos no caput deste artigo aquele relativo à dívida constituída nos 3 (três) últimos anos anteriores ao pedido de recuperação judicial, que tenha sido contraída com a finalidade de aquisição de propriedades rurais, bem como as respectivas garantias".

6.1.6. O foro competente para o pedido de recuperação judicial

O pedido de recuperação deve ser feito ao juízo competente, nos termos do art. 3.º da LRE, ou seja, no **foro do *principal estabelecimento* do devedor**, o qual, conforme já estudamos, corresponde não exatamente à sede administrativa da empresa, mas ao local onde se concentra o maior volume de negócios dela.

A Viação Aérea Riograndense (Varig), por exemplo, era uma sociedade empresária sediada em Porto Alegre, no Rio Grande do Sul, mas teve seu pedido de recuperação judicial ajuizado e processado na comarca do Rio de Janeiro, local do seu "principal estabelecimento".

Nesse sentido, confira-se o **enunciado 466 das Jornadas de Direito Civil do CJF**: "para fins do direito falimentar, o local do principal estabelecimento *é* aquele de onde partem as decisões empresariais, e não necessariamente a sede indicada no registro público".

A propósito, confiram-se também os seguintes julgados da Segunda Seção do STJ:

> AGRAVO INTERNO NO CONFLITO DE COMPETÊNCIA. RECUPERAÇÃO JUDICIAL. PRINCIPAL ESTABELECIMENTO DO DEVEDOR.
>
> 1. Esta Corte, interpretando o conceito de "principal estabelecimento do devedor" referido no artigo 3º da Lei nº 11.101/2005, firmou o entendimento de que o Juízo competente para processamento de pedido de recuperação judicial deve ser o do **local em que se centralizam as atividades mais importantes da empresa**.
>
> 2. Hipótese em que o grupo empresarial transferiu-se para a cidade de Itumbiara - GO, onde centralizou suas principais atividades empresariais, não havendo falar em competência do local da antiga sede estatutária - Porto Alegre-RS - para o processamento do pedido de recuperação judicial.
>
> 3. Agravo interno não provido.
>
> (AgInt no CC 157.969/RS, Rel. Ministro RICARDO VILLAS BÔAS CUEVA, SEGUNDA SEÇÃO, julgado em 26/09/2018, DJe 04/10/2018)

> CONFLITO DE COMPETÊNCIA. PROCESSUAL CIVIL. PEDIDO DE RECUPERAÇÃO JUDICIAL AJUIZADO NA COMARCA DE CATALÃO/GO POR GRUPO DE DIFERENTES EMPRESAS. ALEGAÇÃO DA EXISTÊNCIA DE GRUPO ECONÔMICO. DECLINAÇÃO DA COMPETÊNCIA PARA A COMARCA DE MONTE CARMELO/MG. FORO DO LOCAL DO PRINCIPAL ESTABELECIMENTO DO DEVEDOR. ARTIGO 3º DA LEI 11.101/05. PRECEDENTES. (...)
>
> 2. A circunstância de as recuperandas não terem impugnado a decisão declinatória proferida pelo relator do agravo de instrumento (n.º 348379-48.2015.8.09.0000) no Tribunal de Justiça do Estado de Goiás não interfere no conhecimento do incidente, pois **a norma constante do artigo 3º da Lei 11.101/05 encerra regra de competência absoluta**, afastando eventual alegação da existência de preclusão quanto à suscitação do conflito.
>
> 3. O art. 3º da Lei n. 11.101/05, ao repetir com pequenas modificações o revogado artigo 7º do Decreto-Lei 7.661/45, estabelece que o Juízo do local do principal estabelecimento do devedor é o competente para processar e julgar pedido de recuperação judicial.
>
> 4. A Segunda Seção do Superior Tribunal de Justiça, respaldada em entendimento firmado há muito anos no Supremo Tribunal Federal e na própria Corte, assentou clássica lição acerca da interpretação da expressão "principal estabelecimento do devedor" constante da mencionada norma, afirmando ser **"o local onde a 'atividade se mantém centralizada', não sendo, de outra parte, 'aquele a que os estatutos conferem o título principal, mas o que forma o corpo vivo, o centro vital das principais atividades do devedor'."** (CC 32.988/RJ, rel. Min. Sálvio de Figueiredo Teixeira, DJ de 04/02/2002).
>
> 5. Precedentes do STJ no mesmo sentido (REsp 1.006.093/DF, Rel. Ministro ANTONIO CARLOS FERREIRA, QUARTA TURMA, DJe de 16/10/2014; CC 37.736/SP, Rel. Ministra NANCY ANDRIGHI, SEGUNDA SEÇÃO, DJ de 16/08/2004; e CC 1.930/SP, Rel. Min. ATHOS CARNEIRO, SEGUNDA SEÇÃO, DJ de 25/11/1991).
>
> (...)
>
> (CC 146.579/MG, Rel. Ministro PAULO DE TARSO SANSEVERINO, SEGUNDA SEÇÃO, julgado em 09/11/2016, DJe 11/11/2016)

Esse último julgado destaca algo também importante: **o art. 3º da Lei 11.101/2005 consagra regra de competência absoluta.** Foi o que decidiu a mesma Segunda Seção do STJ no julgamento do CC 163.818: "é absoluta a competência do local em que se encontra o principal estabelecimento para processar e julgar pedido de recuperação judicial, **que deve ser aferido no momento de propositura da demanda, sendo irrelevante para esse fim modificações posteriores de volume negocial**".

Ainda sobre a competência do juízo da recuperação judicial, importante atentar para o Enunciado 480 da Súmula do STJ: "*O juízo da recuperação judicial não é competente para decidir sobre a constrição de bens não abrangidos pelo plano de recuperação da empresa*".[44]

6.1.7. A petição inicial do pedido de recuperação

Segundo o art. 51 da LRE, a petição inicial do pedido de recuperação judicial deve ser minuciosamente preparada e devidamente instruída com os documentos exigidos, sob pena de indeferimento.

Assim, a petição deve conter, segundo o inciso I, "a exposição das causas concretas da situação patrimonial do devedor e das razões da crise econômico-financeira", o que é de extrema relevância para que o juiz e os credores analisem a efetiva viabilidade da empresa. Não obstante a exigência, o que se vê na prática é "*uma exposição estereotipada, normalmente dizendo, de forma bastante genérica, que a situação de crise que o País atravessa, os problemas decorrentes da inflação (ou da globalização, ou do aumento do petróleo, ou da diminuição do poder aquisitivo da população como um todo) é que haviam levado o devedor à situação que o obrigava a pedir o favor legal*".[45] O correto é fazer uma descrição detalhada da crise, apontando as causas específicas – inadimplência de algum cliente relevante, desaquecimento dos negócios no ramo em que o devedor atua, pressão concorrencial na sua região de atuação etc. –, e não genéricas.

No inciso II, exige-se que a petição seja acompanhada das "demonstrações contábeis relativas aos 3 (três) últimos exercícios sociais e as levantadas especialmente para instruir o pedido, confeccionadas com estrita observância da legislação societária

---

[44] É com base nesse entendimento sumulado que a Segunda Seção do STJ tem vários precedentes afirmando ser possível que a Justiça do Trabalho determine a desconsideração da personalidade jurídica da sociedade empresária recuperanda, uma vez que nessa situação serão atingidos bens dos sócios, e não da empresa devedora: "Nos termos da iterativa jurisprudência desta Corte, a Justiça do Trabalho tem competência para decidir acerca da desconsideração da personalidade jurídica da sociedade em recuperação judicial, bem como para, em consequência, incluir coobrigado no polo passivo da execução, pois tal mister não é atribuído com exclusividade a um determinado Juízo ou ramo da Justiça. Nas hipóteses em que bens de terceiros, de sócios, de coobrigados, de devedores solidários ou de sociedade do mesmo grupo econômico, não submetidos ao plano de recuperação judicial, são chamados para responder à execução ajuizada contra a sociedade em recuperação judicial, a jurisprudência desta egrégia Corte firmou o entendimento de não reconhecer a existência de conflito de competência, porquanto não há dois juízes decidindo acerca do destino do mesmo patrimônio. Em casos assim, a sociedade em recuperação judicial é até mesmo beneficiada com a continuidade da execução contra os sócios ou coobrigados, pois em um primeiro momento fica desonerada daquela obrigação, que somente depois lhe será exigida, se for o caso, regressivamente. Incidência da Súmula 480 desta Corte: 'o juízo da recuperação judicial não é competente para decidir sobre a constrição de bens não abrangidos pelo plano de recuperação da empresa'." (AgInt no CC 160.384/SP, Rel. Ministro RAUL ARAÚJO, SEGUNDA SEÇÃO, julgado em 23/10/2019, DJe 30/10/2019).

[45] BEZERRA FILHO, Manoel Justino. *Lei de recuperação de empresas e falências comentada*. 4. ed. São Paulo: RT, 2007. p. 153.

aplicável e compostas obrigatoriamente de: a) balanço patrimonial; b) demonstração de resultados acumulados; c) demonstração do resultado desde o último exercício social; d) relatório gerencial de fluxo de caixa e de sua projeção; e e) descrição das sociedades de grupo societário, de fato ou de direito". A exigência, embora seja correta, acaba na prática não sendo de muita valia, uma vez que o juiz, na maioria das vezes, não possui conhecimento técnico em contabilidade e finanças para analisar a escrituração do devedor. O ideal, portanto, é que o juiz da vara falimentar - que em muitas unidades da federação sequer existem, correndo os processos de falência e de recuperação perante as varas cíveis comuns - tenha o auxílio de apoio técnico especializado na análise desses documentos. Ressalte-se, ademais, que, tratando-se de ME ou EPP elas "poderão apresentar livros e escrituração contábil simplificados nos termos da legislação específica" (§ 2.º) e que estes documentos mencionados no dispositivo em comento "permanecerão à disposição do juízo, do administrador judicial e, mediante autorização judicial, de qualquer interessado" (§ 1.º), podendo o juiz, inclusive, determinar o depósito deles em cartório, inclusive de cópias (§ 3.º). A reforma da LRE acrescentou ainda uma § 4º, com a seguinte redação: "na hipótese de o ajuizamento da recuperação judicial ocorrer antes da data final de entrega do balanço correspondente ao exercício anterior, o devedor apresentará balanço prévio e juntará o balanço definitivo no prazo da lei societária aplicável".

No inciso III, por sua vez, está a exigência de que o devedor apresente, com a inicial, "a relação nominal completa dos credores, sujeitos ou não à recuperação judicial, inclusive aqueles por obrigação de fazer ou de dar, com a indicação do endereço físico e eletrônico de cada um, a natureza, conforme estabelecido nos arts. 83 e 84 desta Lei, e o valor atualizado do crédito, com a discriminação de sua origem, e o regime dos vencimentos"[46]. A apresentação dessa relação de credores é fundamental para que o administrador judicial, caso o deferimento do processamento da recuperação seja posteriormente deferido, publique o edital previsto no art. 7.º, § 2.º, da LRE. Caso o credor conste da relação de credores apresentada pelo próprio devedor, e seu crédito esteja devidamente indicado (valor, natureza e classificação), ele não precisa fazer nada. Entretanto, (i) se ele não constar da relação de credores apresentada pelo devedor, deve fazer a sua habilitação oportunamente; e (ii) se constar da relação, mas com algum erro, deve apresentar divergência oportunamente.[47]

[46] **Enunciado 78 das Jornadas de Direito Comercial**: "O pedido de recuperação judicial deve ser instruído com a relação completa de todos os credores do devedor, **sujeitos ou não à recuperação judicial, inclusive fiscais**, para um completo e adequado conhecimento da situação econômico-financeira do devedor".

[47] Caso o devedor não relacione o crédito de um determinado credor, o administrador não identifique esse crédito no procedimento de verificação e o próprio credor não o habilite oportunamente, o que acontece? A 2ª Seção do STJ já decidiu que "a habilitação é providência que cabe ao credor, mas a este não se impõe. Caso decida aguardar o término da recuperação para prosseguir na busca individual de seu crédito, é direito que se lhe assegura" (CC 114.952 - no mesmo sentido: AgInt no REsp 1.872.740 e REsp 1.571.107, ambos da 3ª Turma). Assim, a 4ª Turma decidiu, no REsp 1.851.692 (Informativo 698), que "o titular do crédito que for voluntariamente excluído do plano recuperacional detém a prerrogativa de decidir entre habilitar o seu crédito ou promover a execução individual após finda a recuperação. (...) Caso o credor excluído tenha optado pela execução individual, ficará obrigado a aguardar o encerramento da recuperação judicial e assumir as consequências jurídicas (processuais e materiais) de sua escolha, para só então dar prosseguimento ao feito, em consonância com o procedimento estabelecido pelo CPC". Essa decisão recebeu críticas da doutrina, sob a argumentação de que ela viola o princípio do tratamento paritário entre credores (*par condicio creditorum*) e cria incentivos para conluio entre o devedor e algum credor.

Outra exigência está contida no inciso IV, que determina que a inicial contenha também "a relação integral dos empregados, em que constem as respectivas funções, salários, indenizações e outras parcelas a que têm direito, com o correspondente mês de competência, e a discriminação dos valores pendentes de pagamento". Essa informação também será de extrema valia para que o juiz e os credores avaliem a viabilidade da empresa. Ademais, uma observação importante sobre esse dispositivo precisa ser feita: ainda que existam créditos que se equiparam aos créditos trabalhistas, como as comissões de representantes comerciais (art. 44 da Lei 4.886/1965) e os honorários de profissionais liberais (REsp 1.152.218 e REsp 1.851.770), **nessa relação de empregados devem constar apenas os "celetistas"**. Os mencionados "equiparados" constarão apenas da relação de credores.

No inciso V, exige-se que a inicial apresente "certidão de regularidade do devedor no Registro Público de Empresas, o ato constitutivo atualizado e as atas de nomeação dos atuais administradores". A exigência em questão tem em vista permitir ao juiz analisar o cumprimento do requisito constante do art. 48, *caput*, da LRE, já analisado acima.

A exordial ainda deve apresentar, segundo o inciso VI, "a relação dos bens particulares dos sócios controladores e dos administradores do devedor". A exigência em questão tem sua importância, uma vez que futuramente esses controladores ou administradores podem ser responsabilizados – citemse, por exemplo, o art. 82, § 2.º, da LRE e a eventual decretação da desconsideração da personalidade jurídica pelo juiz.

> Outro aspecto ainda recomenda especial rigor na conferência dessa relação, tendo em vista a ocorrência, às vezes frequente, de aumento substancial do patrimônio pessoal dos sócios controladores e administradores, em proporção inversa ao empobrecimento da empresa. Este também é um dado de extrema relevância para o exame dos autos e até para eventual aplicação eficiente, se for o caso, da teoria da desconsideração da personalidade jurídica.[48]

No entanto, há juristas que criticam a exigência do inciso VI, afirmando que ela seria inconstitucional.

> A indicação dos bens particulares dos sócios controladores e administradores deve acompanhar a petição inicial, independentemente de a sociedade ser de responsabilidade limitada ou ilimitada. Gladston Mamede faz duras críticas a esse requisito, afirmando que configura total desrespeito ao princípio da distinção entre a pessoa jurídica de direito privado e os seus sócios e administradores. A pessoa jurídica, dotada de personalidade jurídica própria, não se confunde com a figura dos seus membros, na medida em que adquire direitos e contrai obrigações em seu próprio nome. Como se não bastasse, o patrimônio da pessoa jurídica é totalmente distinto do patrimônio de seus sócios ou administradores, de modo que, quem com ela se relaciona por meio de um negócio jurídico, não está a se relacionar diretamente com os seus membros. Nesse sentido, não haveria qualquer interesse dos credores da empresa devedora em tomar conhecimento acerca dos bens particulares dos sócios controladores e dos administradores sociais, pois estes não são os seus devedores, e os seus bens não podem ser utilizados para

[48] BEZERRA FILHO, Manoel Justino. *Lei de recuperação de empresas e falências comentada*. 4. ed. São Paulo: RT, 2007. p. 156.

satisfazer o seu crédito. O autor ainda considera inconstitucional essa previsão, tendo em vista que a CF/88, art. 5º, X e XII, prevê como inviolável a intimidade e a vida privada das pessoas, bem como o sigilo de dados. Em diversos casos, o devedor solicita que o documento apresentado seja protegido com sigilo fiscal, a fim de assegurar o sigilo das informações, o que tem sido deferido pelos juízes.[49]

No inciso VII, consta a exigência de apresentação dos "extratos atualizados das contas bancárias do devedor e de suas eventuais aplicações financeiras de qualquer modalidade, inclusive em fundos de investimento ou em bolsas de valores, emitidos pelas respectivas instituições financeiras". O devedor deverá expor, enfim, todos os seus dados bancários relevantes para que o juiz e os credores avaliem a sua situação patrimonial e financeira. Sendo assim, vê-se que *"o sigilo bancário daquele que pede recuperação está rompido, evidentemente não como penalidade, mas sim como necessidade de prestação de informações precisas a todos os interessados no andamento da recuperação"*.[50]

No inciso VIII, por seu turno, está a exigência de que o devedor apresente "certidões dos cartórios de protestos situados na comarca do domicílio ou sede do devedor e naquelas onde possui filial". Veja-se que a LRE, ao contrário do que fazia a lei anterior, **não** exige a apresentação de certidões **negativas** dos cartórios, bastando apenas a apresentação das certidões, ainda que estas indiquem a existência de títulos protestados. Isso, portanto, não impede o processamento da recuperação. Mais uma vez o legislador mostrou-se atento ao que vinham decidindo os tribunais, uma vez que a jurisprudência entendia, na vigência da lei anterior, que a despeito de sua exigência de que o devedor não tivesse títulos protestados, era possível deferir o processamento da concordata se o protesto tivesse sido realizado *às vésperas* do requerimento, o que correspondia, na prática, aos trinta dias antecedentes.

O inciso IX exige que a inicial contenha "a relação, subscrita pelo devedor, de todas as ações judiciais e procedimentos arbitrais em que este figure como parte, inclusive as de natureza trabalhista, com a estimativa dos respectivos valores demandados". Trata-se de mais uma exigência que objetiva permitir ao juiz e aos credores a aferição da gravidade da crise da empresa e consequentemente a análise da sua viabilidade. Alguns até recomendam que se indique, para cada ação relacionada, a real possibilidade de vitória ou de derrota na demanda.

Por fim, a reforma da LRE, provocada pela Lei 14.112/2020, acrescentou mais dois incisos ao art. 51: "X – o relatório detalhado do passivo fiscal; e XI – a relação de bens e direitos integrantes do ativo não circulante, incluídos aqueles não sujeitos à recuperação judicial, acompanhada dos negócios jurídicos celebrados com os credores de que trata o § 3º do art. 49 desta Lei".

Se a petição inicial não estiver devidamente instruída com toda a documentação exigida pelo art. 51 da LRE, o juiz deve, primeiramente, determinar a sua emenda (art. 321 do CPC)[51], somente indeferindo o processamento do pedido de recuperação

---

[49] COSTA, Daniel Carnio e MELO, Alexandre Correa Nasser de. *Recuperação e falência*, art. 51 «in» JuruaDocs n. 201.2281.1360.2636. Disponível em: <www.juruadocs.com>. Acesso em: 18/01/2021.

[50] BEZERRA FILHO, Manoel Justino. *Lei de recuperação de empresas e falências comentada*. 4. ed. São Paulo: RT, 2007. p. 157.

[51] Súmula 56 do TJSP: "Na recuperação judicial, ao determinar a complementação da inicial, o juiz deve individualizar os elementos faltantes".

judicial em caso de não atendimento dessa determinação (frise-se que, nesse caso, o indeferimento do processamento do pedido não acarreta a decretação da falência, e o devedor pode formular novo pedido posteriormente, quando conseguir reunir todos os documentos necessários).[52]

6.1.8. Valor da causa no pedido de recuperação judicial

De acordo com o § 5º do art. 51 da LRE, dispositivo nela incluído pela reforma provocada pela Lei 14.112/2020, "o valor da causa corresponderá ao montante total dos créditos sujeitos à recuperação judicial".

Sobre esse assunto, existe uma questão polêmica: o fato de a empresa devedora estar pedindo recuperação judicial justifica eventual pedido de gratuidade judiciária?

Segundo a súmula 481 do STJ, "faz jus ao benefício da Justiça gratuita a pessoa jurídica com ou sem fins lucrativos que demonstrar sua impossibilidade de arcar com os encargos processuais".

No entanto, o próprio STJ tem precedentes no sentido de que o mero fato de a empresa estar pedindo recuperação judicial não é suficiente para legitimar a concessão a ela do benefício da gratuidade judiciária.

> (...) A circunstância de a pessoa jurídica encontrar-se submetida a processo de recuperação judicial, por si só, é insuficiente para evidenciar a hipossuficiência necessária ao deferimento da gratuidade de justiça. Precedente.
>
> 3. Agravo interno desprovido.
>
> (AgInt nos EDcl no AREsp 1388726/SP, Rel. Ministro MARCO AURÉLIO BELLIZZE, TERCEIRA TURMA, julgado em 18/02/2019, DJe 21/02/2019)

> (...) 4. O processamento da recuperação judicial, por si só, não importa reconhecimento da necessária hipossuficiência para fins de concessão da assistência judiciária gratuita à pessoa jurídica.
>
> 5. Agravo interno não provido.
>
> (AgInt no AREsp 1218648/SP, Rel. Ministro RICARDO VILLAS BÔAS CUEVA, TERCEIRA TURMA, julgado em 19/06/2018, DJe 26/06/2018)

No TJSP, chegou-se a tentar definir a polêmica por meio de um IRDR (incidente de resolução de demandas repetitivas – art. 976 do CPC), mas se decidiu que essa questão é casuística, não sendo possível estabelecer uma regra geral e abstrata para todos os casos.

Na prática, costuma-se permitir o parcelamento das custas (art. 98, § 6º do CPC) ou diferir o pagamento para o final do processo.

---

[52] "No caso de indeferimento do pedido de recuperação judicial, poderá haver duas hipóteses cujos meios recursais serão diferentes; a saber: I. Se, no polo ativo, há apenas um sujeito processual, o recurso adequado contra a decisão que indeferiu o pedido de recuperação será o de **apelação**, haja vista que, com o indeferimento, haverá a extinção do processo, ou seja, ter-se-á uma sentença nos autos; II. Por outro lado, se nos autos há litisconsórcio ativo e o juiz indefere o pedido de recuperação judicial apenas de uma das empresas, dando processamento do pedido perante a outra demandante, referida decisão terá natureza de decisão interlocutória, visto que não sucedeu a extinção do processo, motivo pelo qual a decisão desafia recurso de **agravo de instrumento**" (MARTINS, Adriano de Oliveira. *Recuperação de empresa em crise: a efetividade da autofalência no caso de inviabilidade de recuperação.* Curitiba: Juruá, 2016, p. 142).

6.1.9. *A constatação prévia na recuperação judicial*

Há algum tempo, seguindo prática que se iniciou em uma das varas de falência e recuperação judicial da comarca de São Paulo-SP, alguns juízos passaram a adotar uma cautela antes de deferir o processamento do pedido de recuperação judicial formulado pelo devedor: determinar que um profissional fizesse uma "constatação prévia" para conferir a regularidade da documentação do art. 51 da LFRE e a real situação fática da empresa recuperanda.

Em 2019, o Conselho Nacional de Justiça emitiu a Recomendação 57, que tratava justamente desse assunto.

> Art. 1º Recomendar a todos os magistrados responsáveis pelo processamento e julgamento dos processos de recuperação empresarial, em varas especializadas ou não, que determinem a constatação das reais condições de funcionamento da empresa requerente, bem como a verificação da completude e da regularidade da documentação apresentada pela devedora/requerente, previamente ao deferimento do processamento da recuperação empresarial, com observância do procedimento estabelecido nesta Recomendação.
>
> Art. 2º Logo após a distribuição do pedido de recuperação empresarial, poderá o magistrado nomear um profissional de sua confiança, com capacidade técnica e idoneidade para promover a constatação das reais condições de funcionamento da empresa requerente e a análise da regularidade e da completude da documentação apresentada juntamente com a petição inicial.
>
> Parágrafo único. A remuneração do profissional deverá ser arbitrada posteriormente à apresentação do laudo, observada a complexidade do trabalho desenvolvido.
>
> Art. 3º O magistrado deverá conceder o prazo máximo de cinco dias para que o perito nomeado apresente laudo de constatação das reais condições de funcionamento da devedora e de verificação da regularidade documental, decidindo, em seguida, sem a necessidade de oitiva das partes.
>
> Art. 4º A constatação prévia consistirá, objetivamente, na análise da capacidade da devedora de gerar os benefícios mencionados no art. 47, bem como na constatação da presença e regularidade dos requisitos e documentos previstos nos artigos 48 e 51 da Lei nº 11.101/2005.
>
> Art. 5º Não preenchidos os requisitos legais, o magistrado poderá indeferir a petição inicial, sem convolação em falência.
>
> Art. 6º Caso a constatação prévia demonstre que o principal estabelecimento da devedora não se situa na área de competência do juízo, o magistrado deverá determinar a remessa dos autos, com urgência, ao juízo competente.
>
> Art. 7º Esta Recomendação entra em vigor na data da sua publicação.[53]

Com a reforma da LRE, esse procedimento passou a constar expressamente no texto legal, em seu art. 51-A, que tem a seguinte redação: "após a distribuição do

[53] "Tal procedimento de perícia prévia, recomendado pelo CNJ e agora previsto na Lei 11.101/2005, já vinha sendo aplicado desde o ano de 2011 na 1ª Vara de Falências e Recuperações Judiciais de São Paulo, com resultados satisfatórios. A experiência prática da 1ª Vara de Falências e Recuperações Judiciais de São Paulo demonstra que a perícia prévia poderá revelar quatro situações distintas: (i) a inexistência de qualquer atividade empresarial; (ii) irregularidade ou incompletude documental; (iii) fraudes; e (iv) incompetência funcional do juízo" (COSTA, Daniel Carnio e MELO, Alexandre Correa Nasser de. *Comentários à Lei de Recuperação de Empresas e Falência*, art. 51 «in» JuruáDocs n. 201.2281.1955.2430. Disponível em: <www.juruadocs.com>. Acesso em: 19/02/2021).

pedido de recuperação judicial, poderá o juiz, quando reputar necessário, nomear profissional de sua confiança, com capacidade técnica e idoneidade, para promover a constatação exclusivamente das reais condições de funcionamento da requerente e da regularidade e da completude da documentação apresentada com a petição inicial".

O profissional nomeado terá prazo de 5 dias para apresentar laudo (§ 2º) e sua remuneração será fixada após a apresentação (§ 1º). O laudo deverá, objetivamente, apontar as reais condições de funcionamento da empresa e a situação documental, sendo vedado ao juiz indeferir o processamento da recuperação judicial baseado na análise de viabilidade econômica do devedor (§ 5º). No entanto, "caso a constatação prévia detecte indícios contundentes de utilização fraudulenta da ação de recuperação judicial, o juiz poderá indeferir a petição inicial, sem prejuízo de oficiar ao Ministério Público para tomada das providências criminais eventualmente cabíveis" (§ 6º).

A constatação prévia também serve para conferir se o foro é realmente o do principal estabelecimento do devedor, e se não for, "o juiz deverá determinar a remessa dos autos, com urgência, ao juízo competente" (§ 7º).

Pensando na efetividade e no sucesso da medida, o § 3º determina que "a constatação prévia será determinada sem que seja ouvida a outra parte (inaudita altera parte) e sem apresentação de quesitos por qualquer das partes, com a possibilidade de o juiz determinar a realização da diligência sem a prévia ciência do devedor, quando entender que esta poderá frustrar os seus objetivos".

Por fim, o § 4º prevê que "o devedor será intimado do resultado da constatação prévia concomitantemente à sua intimação da decisão que deferir ou indeferir o processamento da recuperação judicial, ou que determinar a emenda da petição inicial, e poderá impugná-la mediante interposição do recurso cabível".

A despeito de já ser uma prática adotada há um bom tempo por alguns juízos, ter sido objeto de recomendação do CNJ e hoje constar expressamente do texto da LRE, a constatação prévia está longe de ser uma unanimidade na doutrina[54], embora seus defensores apresentem números positivos nos casos em que a medida foi adotada[55].

---

[54] Fábio Ulhoa Coelho, por exemplo, antes da reforma da LRE, sempre questionou a constitucionalidade da recomendação do CNJ, por entender que tal órgão não pode tratar de matéria jurisdicional, e afirmou que a constatação prévia "não se compatibilizava com a distribuição de competências estabelecida na LRE", uma vez que caberia aos credores, e não ao juiz, verificar a viabilidade econômica da empresa devedor que pede recuperação judicial. Mesmo após a reforma da LRE e da previsão expressa da constatação prévia no texto legal, o referido jurista continuou criticando a medida, afirmando que seus eventuais benefícios não superam "a demora, os custos e os conflitos de interesse" que ela causa (COELHO, Fábio Ulhoa. *Comentários à Lei de Falências e Recuperação de Empresas*. 14ª ed. São Paulo: RT, 2021, p. 211-214).

[55] "Os índices de sucesso em recuperações judiciais na 1ª Vara de Falência e Recuperação Judicial de São Paulo [onde a medida começou a ser aplicada, nos idos de 2011] superam em muito a média nacional. Levando-se em consideração os processos de recuperação judicial que venceram a fase de perícia prévia e tiveram o processamento deferido, desde 2011 até janeiro de 2018, observa-se um índice de sucesso de 81,7%. Considera-se como sucesso o processo de recuperação judicial no qual os credores aprovaram o plano de recuperação judicial apresentado pela devedora e no qual a devedora cumpriu as obrigações assumidas no plano por mais de dois anos, sem que tenha havido convocação da recuperação em falência. Nesse sentido, em 81,7% dos casos (que tiveram deferido o processamento do pedido), houve plano aprovado e cumprido por mais de dois anos, sem convolação em falência" (COSTA, Daniel Carnio. *A perícia prévia em recuperação judicial de empresas* – Fundamentos e ...- Migalhas (uol.com.br)).

6.1.10. Do deferimento do processamento do pedido de recuperação judicial

Conforme já destacamos, caso a petição inicial esteja em desacordo com as determinações constantes do art. 51 da LRE, o juiz não deve indeferi-la de imediato e decretar a falência do devedor, conforme determinava a lei anterior. A prudência recomenda – e a legislação processual determina – que o juiz, na ausência de algum documento, por exemplo, determine a **emenda da inicial**.

Estando, todavia, devidamente instruída a exordial do devedor, prevê o art. 52 da LRE que "o juiz deferirá o processamento da recuperação judicial", o que, repita-se, não significa o mesmo que conceder a recuperação judicial, o que só ocorrerá, eventualmente, em momento posterior. Neste momento, o juiz apenas está deferindo o *processamento do pedido de recuperação*, por entender, após juízo sumário de cognição, que aquele atendeu aos requisitos mínimos exigidos pela lei.

Sobre essa decisão que apenas defere o processamento do pedido de recuperação, foi aprovado o Enunciado 54 da I Jornada de Direito Comercial do CJF: "O deferimento do processamento da recuperação judicial não enseja o cancelamento da negativação do nome do devedor nos órgãos de proteção ao crédito e nos tabelionatos de protestos". No entanto, entendo que poderá o juízo da recuperação, no exercício do seu poder geral de cautela, determinar a suspensão dos efeitos de eventuais negativações.

Na lei anterior, estabeleceu-se o entendimento jurisprudencial de que "é irrecorrível o ato judicial que apenas manda processar a concordata preventiva" (Enunciado 264 da súmula de jurisprudência dominante do Superior Tribunal de Justiça). Alguns doutrinadores chegaram a defender que esse entendimento fosse aplicado analogicamente para o caso de mero deferimento do processamento do pedido de recuperação judicial.[56] No entanto, a prática tem demonstrado que os tribunais têm aceitado recurso de agravo de instrumento contra tal despacho, já que ele tem conteúdo decisório, conforme se verá a seguir. Nesse sentido, foi aprovado o Enunciado 52 da I Jornada de Direito Comercial do CJF: "A decisão que defere o processamento da recuperação judicial desafia agravo de instrumento".[57]

Deferido o processamento do pedido de recuperação, o juiz então deverá tomar as medidas descritas nos incisos do art. 52 da LRE.

6.2. Nomeação do administrador judicial

No inciso I do art. 52, determina a LRE que **o juiz "nomeará o administrador judicial**, observado o disposto no art. 21 desta Lei".

[56] "Sua natureza é a de despacho de mero expediente, cujo conteúdo é por lei definido, funcionando apenas como medida necessária a assegurar o movimento regular do processo. É, dessa feita, irrecorrível." (CAMPINHO, Sérgio. Falência e recuperação de empresa. Rio de Janeiro: Renovar, 2006. p. 137). No mesmo sentido: "o despacho que defere o processamento é irrecorrível, aplicando-se analogicamente o entendimento sumulado sob o nº 264 pelo STJ (...)." (BEZERRA FILHO, Manoel Justino. *Lei de recuperação de empresas e falências comentada*. 4. ed. São Paulo: RT, 2007. p. 159).

[57] O enunciado 102, aprovado na III Jornada de Direito Comercial, praticamente repete o 52, aprovado na I Jornada: "a decisão que defere o processamento da recuperação judicial desafia agravo de instrumento, nos termos do art. **1.015** do **CPC/2015**". Talvez a repetição tenha sido para deixar claro que, mesmo após o novo CPC, cabe agravo de instrumento contra a decisão que defere o processamento do pedido de recuperação judicial.

Remetemos o leitor aos nossos comentários sobre o administrador judicial, e lembramos que, na recuperação judicial, a função do administrador judicial é diferente da função por ele exercida no processo falimentar: na falência, o administrador judicial passa a administrar os bens da massa, já que o falido perde o direito de administração sobre eles (art. 103 da LRE); em contrapartida, na recuperação judicial o devedor continua, em princípio, com plenos direitos de administração da empresa (art. 64 da LRE), sendo apenas fiscalizado de perto pelo administrador judicial.

6.2.1. Dispensa da apresentação de certidões negativas

No inciso II, o art. 52 da LRE prevê que o juiz "determinará a **dispensa da apresentação de certidões negativas** para que o devedor exerça suas atividades, observado o disposto no § 3º do art. 195 da Constituição Federal e no art. 69 desta Lei".

Em nossa opinião, para que o dispositivo realmente fosse útil na prática, deveria dispensar a apresentação de certidões negativas em qualquer situação. Afinal, se o devedor for sociedade empresária que tem boa parte de sua receita decorrente de contratação com a Administração Pública, suas atividades estarão seriamente comprometidas. Aliás, pode ser justamente esta a razão de sua crise. O ideal, pois, seria que a regra dispensasse, de forma genérica, a apresentação de certidões negativas para que o devedor exercesse normalmente suas atividades.

6.2.2. Participação do devedor em licitações públicas

O art. 31 da Lei 8.666/1993 (antiga Lei de Licitações) dizia o seguinte: "a documentação relativa à qualificação econômico-financeira limitar-se-á a: (...) II – certidão negativa de falência ou concordata expedida pelo distribuidor da sede da pessoa jurídica, ou de execução patrimonial, expedida no domicílio da pessoa física".

Sabe-se que a concordata foi substituída pela recuperação judicial, mas seria legítimo afirmar que onde a Lei 8.666/1993 mencionava "concordata", em seu art. 31, inciso II, deveríamos ler "recuperação judicial"? Parece-nos que não, porque os institutos guardam diferenças relevantes entre si.

> A Lei 8.666/1993, art. 31, II, faz menção à necessidade de apresentação de certidões negativas de falência e concordata, mas não há qualquer menção à recuperação judicial. Não é possível promover uma interpretação ampliativa do termo concordata para que se alcance a recuperação judicial, uma vez que se tratam de institutos distintos na sua essência, embora ambos busquem, à sua maneira, conceder uma chance de sobrevivência da atividade. Mas inegável que a recuperação judicial é um instrumento dotado de maior complexidade e dinâmica própria, na qual há efetiva participação dos credores na discussão dos destinos da empresa. Logo, a melhor interpretação no caso concreto é a de que houve derrogação do inc. II da Lei 8.666/1993, art. 31, seja porque não é possível a comparação entre concordata e recuperação judicial, seja porque não se pode dar interpretação ampliada a regra restritiva de direito, de acordo com as regras de hermenêutica jurídica.[58]

[58] COSTA, Daniel Carnio e RODRIGUES FILHO, João de Oliveira. *Prática de insolvência empresarial:* Decisões judiciais em recuperação de empresas e falências. Curitiba: Juruá, 2019, p. 98-100.

A 2ª Turma do STJ já admitiu a participação, em procedimento licitatório, de sociedade empresária em recuperação judicial, entendendo ser dispensável a apresentação de "certidão negativa de recuperação judicial" por parte da licitante (AgRg na MC 23.499), algo que estava sendo exigido com base no referido art. 31, inciso II da Lei 8.666/1993.

Outro precedente que enfrentou essa questão foi o AREsp 309.867, julgado pela 1ª Turma do STJ sob a relatoria do Ministro Gurgel de Faria. No caso, o TJES tinha mantido decisão judicial da primeira instância que manteve a inabilitação de uma empresa em recuperação judicial num determinado procedimento licitatório, justamente pelo fato de não ter sido apresentada a "certidão negativa de recuperação judicial", com base no art. 31, inciso II da Lei 8.666/1993.

O Ministro relator destacou que "conquanto a Lei 11.101/2005 tenha substituído a figura da concordata pelos institutos da recuperação judicial e extrajudicial, o art. 31 da Lei 8.666/1993 não teve o texto alterado para se amoldar à nova sistemática, tampouco foi derrogado".

Depois, o Ministro ponderou que na doutrina há entendimentos distintos sobre o assunto: Marçal Justen Filho entende que empresas em recuperação judicial não podem participar de certames públicos, enquanto Joel de Menezes Niebuhr defende que a Administração Pública não pode exigir certidão negativa de recuperação judicial, em razão da ausência de previsão legal expressa.

Alinhando-se com a segunda opinião, o Ministro apontou ainda que "norma restritiva, como é o caso do art. 31 da Lei 8.666/1993, não admite interpretação que amplie o seu sentido, de modo que, à luz do princípio da legalidade, 'é vedado à Administração levar a termo interpretação extensiva ou restritiva de direitos, quando a lei assim não o dispuser de forma expressa' (AgRg no RMS 44.099)".

No entanto, é importante mencionar que o Ministro relator fez uma ressalva: "a dispensa de apresentação de certidão negativa não exime a empresa em recuperação judicial de comprovar a sua capacidade econômica para poder participar da licitação, (...) cabendo ao pregoeiro ou à comissão de licitação diligenciar a fim de avaliar a real situação de capacidade econômico-financeira da empresa licitante".

Enfim, dando eficácia máxima ao princípio da preservação da empresa, o STJ decidiu que "a exigência de apresentação de certidão negativa de recuperação judicial deve ser relativizada a fim de possibilitar à empresa em recuperação judicial participar do certame, desde que demonstre, na fase de habilitação, a sua viabilidade econômica". Confira-se a ementa do acórdão:

> ADMINISTRATIVO. LICITAÇÃO. EMPRESA EM RECUPERAÇÃO JUICIAL. PARTICIPAÇÃO. POSSIBILIDADE. CERTIDÃO DE FALÊNCIA OU CONCORDATA. INTERPRETAÇÃO EXTENSIVA. DESCABIMENTO. APTIDÃO ECONÔMICO-FINANCEIRA. COMPROVAÇÃO. OUTROS MEIOS. NECESSIDADE.
>
> (...)
>
> 2. Conquanto a Lei n.o 11.101/2005 tenha substituído a figura da concordata pelos institutos da recuperação judicial e extrajudicial, o art. 31 da Lei n.o 8.666/1993 não teve o texto alterado para se amoldar à nova sistemática, tampouco foi derrogado.
>
> 3. À luz do princípio da legalidade, "é vedado à Administração levar a termo interpretação extensiva ou restritiva de direitos, quando a lei assim não o dispuser de forma expressa" (AgRg no RMS 44099/ES, Rel. Min. Benedito Gonçalves, Primeira Turma, julgado em 03.03.2016, DJe 10.03.2016).

> 4. Inexistindo autorização legislativa, incabível a automática inabilitação de empresas submetidas à Lei 11.101/2005 unicamente pela não apresentação de certidão negativa de recuperação judicial, principalmente considerando o disposto no art. 52, I, daquele normativo, que prevê a possibilidade de contratação com o poder público, o que, em regra geral, pressupõe a participação prévia em licitação.
>
> 5. O escopo primordial da Lei 11.101/2005, nos termos do art. 47, é viabilizar a superação da situação de crise econômico-financeira do devedor, a fim de permitir a manutenção da fonte produtora, do emprego dos trabalhadores e dos interesses dos credores, promovendo, assim, a preservação da empresa, sua função social e o estímulo à atividade econômica.
>
> 6. A interpretação sistemática dos dispositivos das Leis 8.666/1993 e 11.101/2005 leva à conclusão de que é possível uma ponderação equilibrada dos princípios nelas contidos, pois a preservação da empresa, de sua função social e do estímulo à atividade econômica atendem também, em última análise, ao interesse da coletividade, uma vez que se busca a manutenção da fonte produtora, dos postos de trabalho e dos interesses dos credores.
>
> 7. A exigência de apresentação de certidão negativa de recuperação judicial deve ser relativizada a fim de possibilitar à empresa em recuperação judicial participar do certame, desde que demonstre, na fase de habilitação, a sua viabilidade econômica.
>
> 8. Agravo conhecido para dar provimento ao recurso especial.
>
> (AREsp 309.867/ES, Rel. Ministro GURGEL DE FARIA, Primeira Turma, julgado em 26.06.2018, DJe 08.08.2018)

O TCU também tem precedentes sobre o assunto: a Corte de Contas já decidiu que "é possível a participação em licitações de empresas em recuperação judicial", mas destacou que elas precisam estar "amparadas em certidão emitida pela instância judicial competente, que certifique que a interessada está apta econômica e financeiramente" (Acórdão 1201/2020).

Em decisão mais recente (Acórdão 2265/2020), o TCU disse que é possível exigir uma certidão negativa de RJ, mas ressalvou que a sua não apresentação "não implica a imediata inabilitação da licitante, cabendo ao pregoeiro ou à comissão diligenciar no sentido de aferir se a empresa teve seu plano de recuperação concedido".

Ambas as decisões do TCU apresentam problemas de ordem prática: quanto ao primeiro precedente mencionado, não me parece ser papel do juízo da recuperação judicial certificar aptidão econômica e financeira do devedor; quanto ao segundo, pode ser que o devedor esteja tentando participar de licitação no período entre o deferimento do processamento do pedido de recuperação judicial e a efetiva concessão do benefício legal.

Em resumo: a jurisprudência do TCU e do STJ parecem caminhar no sentido de não permitir a exigência de certidão negativa de recuperação judicial para que uma empresa participe de licitação, isto é, a empresa não pode ser desclassificada do certame pelo simples fato de ter pedido recuperação judicial ou já estar em gozo do benefício legal. Nada impede, porém, segundo os próprios precedentes do TCU e do STJ, que a comissão de licitação ou o pregoeiro façam uma análise técnica mais aprofundada, com o fim de averiguar se a empresa em recuperação judicial tem ou não viabilidade econômico-financeira para participar daquele certame.[59]

[59] "Eis que, a partir daqui, uma questão exige reflexão: que grau de discricionariedade deve ser dado para a Administração Pública, no que tange à sua possibilidade de alijar do certame determinada empresa em recuperação

6.2.3. Stay period

No seu inciso III, estabelece o art. 52 da LRE que o juiz "ordenará a **suspensão de todas as ações ou execuções contra o devedor**, na forma do art. 6.º desta Lei, permanecendo os respectivos autos no juízo onde se processam, ressalvadas as ações previstas nos §§ 1.º, 2.º e 7.º do art. 6.º desta Lei e as relativas a créditos excetuados na forma dos §§ 3.º e 4.º do art. 49 desta Lei".

O art. 6º da LRE, por sua vez, tem a seguinte redação (após a reforma provocada pela Lei 14.112/2020): "(...) o deferimento do processamento da recuperação judicial implica: I – suspensão do curso da prescrição das obrigações do devedor sujeitas ao regime desta Lei; II – suspensão das execuções ajuizadas contra o devedor, inclusive daquelas dos credores particulares do sócio solidário, relativas a créditos ou obrigações sujeitos à recuperação judicial (...); III – proibição de qualquer forma de retenção, arresto, penhora, sequestro, busca e apreensão e constrição judicial ou extrajudicial sobre os bens do devedor, oriunda de demandas judiciais ou extrajudiciais cujos créditos ou obrigações sujeitem-se à recuperação judicial (...)".

O dispositivo em questão, no que se refere à recuperação judicial, cuida do chamado *stay period*: trata-se de um período em que o devedor que pede recuperação judicial ficará imune a certos atos processuais, a fim de que possa ter um mínimo de tranquilidade para elaborar seu plano de recuperação e negociá-lo com seus credores.

> CONFLITO DE COMPETÊNCIA. RECUPERAÇÃO JUDICIAL. (...)
>
> 4. Um dos pontos mais importantes do processo de recuperação judicial é a suspensão das execuções contra a sociedade empresária que pede o benefício, o chamado *stay period* (art. 6º da LRF). Essa pausa na perseguição individual dos créditos é fundamental para que se abra um espaço de negociação entre o devedor e seus credores, evitando que, diante da notícia do pedido de recuperação, se estabeleça uma verdadeira corrida entre os credores, cada qual tentando receber o máximo possível de seu crédito, com o consequente perecimento dos ativos operacionais da empresa.

---

judicial? O primeiro ponto a ser destacado, quanto a essa questão, é o seguinte: eventual ato de desclassificação da empresa em recuperação judicial deve ser o mais motivado possível, a fim de fornecer elementos suficientemente esclarecedores para um possível questionamento judicial posterior. Dito de outro modo, a comissão de licitação ou o pregoeiro devem, inarredavelmente, conferir o máximo de fundamentação a qualquer decisão administrativa que não permita a participação de determinada empresa em recuperação judicial em certames licitatórios. A falha na fundamentação já alimenta e possibilita, por si só, a impetração de mandado de segurança, porque uma tacanha motivação pode ser encarada como violação a direito líquido e certo. Interessante, pois, que a comissão de licitação ou o pregoeiro fundamentem o ato de maneira adequada, com análise de balanços e demais índices demonstrativos da saúde financeira da potencial licitante. Em caso de permissão para que a empresa em recuperação judicial participe de licitação, principalmente na hipótese de ela ser declarada vencedora do certame, a relevância e a imprescindibilidade da fundamentação, por parte da comissão ou do pregoeiro, são talvez até maiores, mas dessa vez como proteção ao próprio gestor público: afinal, se, no futuro, a recuperação judicial não for bem sucedida e a empresa falir, ficando impossibilitada de honrar suas obrigações com a Administração Pública contratante, o gestor pode ser responsabilizado por não ter feito uma análise bem fundamentada sobre a viabilidade econômico-financeira da empresa na época do certame licitatório. Por fim, deve-se também questionar a possibilidade de a Administração Pública já excluir, em regra do próprio edital da respectiva licitação, a participação de empresas em recuperação judicial. Parece-nos que isso deve ser possível, especialmente em contratações mais sensíveis, nas quais a complexidade do objeto do contrato e/ou o seu grande vulto econômico podem justificar a decisão do Poder Público de não querer assumir o ônus de contratar uma empresa em recuperação judicial, cuja situação de crise, aliada à incerteza do seu plano de soerguimento, agravam sobremaneira o risco de insucesso da respectiva contratação administrativa. Mas também nesse caso, não custa lembrar, é absolutamente imprescindível que a Administração Pública, ao elaborar a regra editalícia que exclui a participação de empresas em recuperação judicial, fundamente de forma clara e detalhada sua decisão" (SANTA CRUZ, André e CARVALHO, Guilherme. *Empresas em recuperação judicial e participação em licitação: discricionariedade da administração pública e seus limites*, Zênite Fácil, categoria Doutrina, 04 set. 2020. Disponível em: http://www.zenitefacil.com.br. Acesso em: 19.02.2021).

> 5. A suspensão das execuções e, por consequência, dos atos expropriatórios, é medida com nítido caráter acautelatório, buscando assegurar a elaboração e aprovação do plano de recuperação judicial pelos credores ou, ainda, a paridade nas hipóteses em que o plano não alcance aprovação e seja decretada a quebra.
>
> (...)
>
> (CC 168.000/AL, Rel. Ministro RICARDO VILLAS BÔAS CUEVA, SEGUNDA SEÇÃO, julgado em 11/12/2019, DJe 16/12/2019)

6.2.4. *Suspensão da prescrição*

Nos termos do inciso I do art. 6º da LRE, a decisão que defere o processamento do pedido de recuperação judicial acarreta a "suspensão do curso da prescrição das obrigações do devedor sujeitas ao regime desta Lei".

Veja-se que a lei fala em prescrição, e não em decadência, de modo que eventual prazo decadencial contra o devedor não se suspenderá.

Ademais, vale destacar que só se suspende a prescrição das obrigações (i) contra o devedor (se aquele que pede recuperação judicial é credor de determinada obrigação, ela não se suspende) e (ii) que se sujeitem aos efeitos da recuperação judicial.

6.2.5. *Suspensão das execuções*

O inciso II do art. 6º da LRE prevê que o deferimento do processamento do pedido de recuperação judicial provoca também a "suspensão das execuções ajuizadas contra o devedor, inclusive daquelas dos credores particulares do sócio solidário, relativas a créditos ou obrigações sujeitos à recuperação judicial (...)".

Conforme já destacamos, o objetivo dessa suspensão das execuções individuais contra o devedor que pede recuperação judicial é permitir que ele tenha um mínimo de tranquilidade para elaborar seu plano de recuperação e negociá-lo com seus credores.

Vale destacar, porém, que assim como ocorre com a suspensão da prescrição, apenas as execuções de obrigações sujeitas aos efeitos da recuperação judicial são suspensas.

6.2.6. *Sócio solidário*

Antes da reforma da LRE, provocada pela Lei 14.112/2020, a redação do art. 6º já falava em suspensão das execuções "dos credores particulares do sócio solidário", e a interpretação dessa expressão "sócio solidário" suscitou uma discussão nos tribunais pátrios, referente aos efeitos do deferimento do processamento da recuperação judicial sobre as obrigações do sócio avalista da sociedade empresária devedora.

O fato é que, em muitas situações, as sociedades empresárias em dificuldades financeiras recorrem a empréstimos e financiamentos, e muitas vezes esses negócios são avalizados pelos próprios sócios, que passam a ser, portanto, devedores solidários da sociedade da qual fazem parte em relação àquela específica obrigação.

Assim, em caso de inadimplemento do empréstimo, por exemplo, a instituição financeira poderá executar tanto a sociedade quanto o sócio avalista, o qual, repita-se, assume a posição de devedor solidário da dívida.

Pois bem. Quais os efeitos do eventual deferimento do processamento da recuperação judicial da sociedade empresária devedora perante essas obrigações do sócio avalista? O curso da prescrição e de eventual execução relativa a essa dívida se suspende tanto em relação à sociedade quanto no tocante ao sócio avalista? Ou o sócio avalista não pode ser compreendido na expressão "sócio solidário" usada pelo legislador?

O entendimento predominante é o de que o deferimento do processamento da recuperação judicial da sociedade empresária somente gera os efeitos do art. 6.º da LRE sobre as ações e execuções contra a própria sociedade, mas não contra eventuais sócios avalistas, isto é, as ações e execuções contra esses sócios não são suspensas e tramitam normalmente.

Segundo esse entendimento predominante, o "sócio solidário" a que faz referência o dispositivo legal em análise seria apenas aquele que tem responsabilidade ilimitada, como o sócio da sociedade em nome coletivo, por exemplo.

Ademais, entende-se que, no caso dos sócios que assumem a posição de avalistas, deve-se aplicar o disposto no art. 49, § 1º da LRE: "os credores do devedor em recuperação judicial conservam seus direitos e privilégios contra os coobrigados, fiadores e obrigados de regresso".

No sentido da posição majoritária, o Enunciado 43 das Jornadas de Direito Comercial diz o seguinte: "a suspensão das ações e execuções previstas no art. 6.º da Lei n. 11.101/2005 não se estende aos coobrigados do devedor".[60]

No mesmo sentido, confiram-se os seguintes precedentes do STJ:

> *Processual civil e comercial. Nota promissória. Execução de sócioavalista. Empresa avalizada com falência decretada. Suspensão da ação. Não cabimento. Inexistência de solidariedade entre sócio e sociedade falida. Como instituto típico do direito cambiário, o aval é dotado de autonomia substancial, de sorte que a sua existência, validade e eficácia não estão jungidas à da obrigação avalizada. Diante disso, o fato do sacador de nota promissória vir a ter sua falência decretada, em nada afeta a obrigação do avalista do título, que, inclusive, não pode opor em seu favor qualquer dos efeitos decorrentes da quebra do avalizado. O art. 24 do DL 7.661/45 determina a suspensão das ações dos credores particulares de sócio solidário da sociedade falida, circunstância que não alcança a execução ajuizada em desfavor de avalista da falida. Muito embora o avalista seja devedor solidário da obrigação avalizada, ele não se torna, por conta exclusiva do aval, sócio da empresa em favor da qual presta a garantia.* ***Mesmo na hipótese do avalista ser também sócio da empresa avalizada, para que se possa falar em suspensão da execução contra o sócio-avalista, tendo por fundamento a quebra da empresa avalizada, é indispensável, nos termos do art. 24 do DL 7.661/45, que se trate de sócio solidário da sociedade falida.*** *Recurso especial a que se nega provimento (REsp 883.859/SC, Rel. Min. Nancy Andrighi, 3.ª Turma, j. 10.03.2009, DJe 23.03.2009).*
>
> *Agravo regimental. Direito empresarial e processual civil. Recurso especial. Execução ajuizada em face de sócio-avalista de pessoa jurídica em recuperação judicial. Suspensão da ação. Impossibilidade.*

[60] Seguindo a mesma linha interpretativa, também já decidiu o STJ que o plano de recuperação judicial pode estipular que a sua aprovação suspende os protestos feitos contra a empresa recuperanda, mas não os protestos feitos contra os codevedores (REsp 1.630.932-SP).

1. O caput do art. 6.º da Lei n. 11.101/05, no que concerne à suspensão das ações por ocasião do deferimento da recuperação, alcança apenas os sócios solidários, presentes naqueles tipos societários em que a responsabilidade pessoal dos consorciados não é limitada às suas respectivas quotas/ações.

2. Não se suspendem, porém, as execuções individuais direcionadas aos avalistas de título cujo devedor principal é sociedade em recuperação judicial, pois diferente é a situação do devedor solidário, na forma do § 1.º do art. 49 da referida Lei. De fato, "[a] suspensão das ações e execuções previstas no art. 6.º da Lei n. 11.101/2005 não se estende aos coobrigados do devedor" (Enunciado n. 43 da I Jornada de Direito Comercial CJF/STJ).

3. Agravo regimental não provido (AgRg no REsp 1.342.833/SP, Rel. Min. Luis Felipe Salomão, 4.ª Turma, j. 15.05.2014, DJe 21.05.2014).

6.2.7. Proibição de atos constritivos

A redação original do *caput* do art. 6º da LRE já determinava a suspensão da prescrição e das execuções contra o devedor que pede recuperação judicial, algo que após a reforma provocada pela Lei 14.112/2020, conforme visto nos tópicos anteriores, está previsto nos incisos I e II do mencionado dispositivo legal.

O inciso III, por sua vez, vai além, e deixa claro que o deferimento do processamento do pedido de recuperação judicial também acarreta a "proibição de qualquer forma de retenção, arresto, penhora, sequestro, busca e apreensão e constrição judicial ou extrajudicial sobre os bens do devedor, oriunda de demandas judiciais ou extrajudiciais cujos créditos ou obrigações sujeitem-se à recuperação judicial (...)".

Mais uma vez é preciso lembrar que a regra se refere apenas às obrigações sujeitas aos efeitos da recuperação judicial.

6.2.8. *Não aplicação do* stay period *a credores proprietários*

Como a suspensão e a proibição de que tratam os incisos I, II e III do art. 6º da LRE só se aplicam às obrigações sujeitas aos efeitos da recuperação judicial, existem créditos contra o devedor que não terão o prazo prescricional suspenso e poderão ser executados, mesmo durante o *stay period*.

É o caso, por exemplo, dos créditos titularizados pelos chamados credores proprietários, que estão mencionados nos §§ 3º e 4º do art. 49 da LRE (alienação fiduciária, arrendamento mercantil, adiantamento a contrato de câmbio etc.).

Quanto a esses credores, aplica-se o § 7º-A do art. 6º da LRE, que assim dispõe: "o disposto nos incisos I, II e III do caput deste artigo não se aplica aos créditos referidos nos §§ 3º e 4º do art. 49 desta Lei, admitida, todavia, a competência do juízo da recuperação judicial para determinar a suspensão dos atos de constrição que recaiam sobre bens de capital essenciais à manutenção da atividade empresarial durante o prazo de suspensão a que se refere o § 4º deste artigo, a qual será implementada mediante a cooperação jurisdicional, na forma do art. 69 da Lei nº 13.105, de 16 de março de 2015 (Código de Processo Civil), observado o disposto no art. 805 do referido Código".

Em suma: embora a prescrição da cobrança desses créditos não se suspenda e os respectivos credores possam iniciar ou continuar suas execuções contra o devedor que pede recuperação judicial, inclusive requerendo a prática de atos constritivos, a LRE permite que o juízo onde tramita o processo recuperacional determine, excepcionalmente, a suspensão desses eventuais atos constritivos, durante o *stay period*, caso os bens constritos sejam de capital e essenciais à manutenção da empresa recuperanda.

6.2.9. Não aplicação do stay period *a execuções fiscais*

O § 7º do art. 6º da LRE, que foi revogado na reforma provocada pela Lei 14.112/2020, tinha a seguinte redação: "as execuções de natureza fiscal não são suspensas pelo deferimento da recuperação judicial, ressalvada a concessão de parcelamento nos termos do Código Tributário Nacional e da legislação ordinária específica".

Nas edições anteriores desta obra, eu expliquei que havia uma certa divergência entre a Primeira e a Segunda Seções do STJ sobre a interpretação desse dispositivo legal: enquanto a Primeira Seção (composta por Turmas que julgam questões de direito público, como execuções fiscais) tinha julgados que interpretavam literalmente o § 7º, entendendo que o deferimento do processamento da recuperação judicial **não suspendia** o curso das execuções fiscais contra a empresa recuperanda[61], a Segunda Seção (composta por Turmas que julgam questões de direito privado, como recuperações judiciais) construiu jurisprudência no sentido de que, em respeito ao princípio da preservação da empresa, era incompatível o cumprimento da recuperação judicial e o prosseguimento normal das execuções fiscais (com penhoras, bloqueios de ativos etc.), porque isso atingiria o patrimônio do devedor e poderia comprometer o sucesso do plano de recuperação, de modo que quaisquer atos de constrição praticados no bojo de execução fiscal deviam se submeter ao crivo do juízo da recuperação judicial.[62]

No sentido da jurisprudência da Segunda Seção, confira-se o enunciado 74 das Jornadas de Direito Comercial: "embora a execução fiscal não se suspenda em virtude do deferimento do processamento da recuperação judicial, os atos que importem em constrição do patrimônio do devedor devem ser analisados pelo Juízo recuperacional, a fim de garantir o princípio da preservação da empresa".

No mesmo sentido, confira-se também o enunciado 8 da Jurisprudência em Teses do STJ, que tem o seguinte teor: "o deferimento da recuperação judicial não suspende a execução fiscal, mas os atos que importem em constrição ou alienação do patrimônio da recuperanda devem se submeter ao juízo universal".

Para solucionar a divergência, a Corte Especial do STJ, em 2012, no julgamento de Questão de Ordem no CC 120.432, decidiu que a Segunda Seção é competente

[61] A título ilustrativo, confira-se o seguinte julgado: "Assim, considerando que os efeitos da recuperação judicial não alcançam a cobrança judicial da dívida ativa da Fazenda Pública, ficando restritos aos débitos perante credores privados, não há que se suspender o prosseguimento da execução fiscal" (CC 116.579/DF, Rel. Min. Mauro Campbell Marques, 1.ª Seção, j. 22.06.2011, DJe 02.08.2011).

[62] A título ilustrativo, confira-se o seguinte julgado: "Apesar de a execução fiscal não se suspender em face do deferimento do pedido de recuperação judicial (art. 6º, § 7º, da Lei 11.101/2005, art. 187 do CTN e art. 29 da Lei 6.830/1980), submetem-se ao crivo do juízo universal os atos de alienação voltados contra o patrimônio social das sociedades empresárias em recuperação, em homenagem ao princípio da preservação da empresa" (CC 114.987/SP, Rel. Ministro Paulo de Tarso Sanseverino, Segunda Seção, julgado em 14.03.2011, DJe 23.03.2011).

para julgar conflitos de competência que envolvam execuções fiscais movidas contra empresas em recuperação judicial. Esse entendimento foi reafirmado em 2019, no julgamento do CC 153.998.

No entanto, as referidas decisões da Corte Especial, por se referirem a conflitos de competência, acabaram não resolvendo o problema, porque quando se trata de recursos especiais continua a existir dualidade de competência em processos envolvendo execuções fiscais e recuperações judiciais: ora os recursos são distribuídos para as Turmas de Direito Público, ora são distribuídos para as Turmas de Direito Privado.[63]

Diante desse contexto, eu alertava, nas edições anteriores desta obra, que o ideal seria a Corte Especial do STJ determinar, definitivamente, que Seção *é competente para julgar essas questões que envolvem execuções fiscais contra empresas em recuperação judicial*, seja qual for o tipo de processo (recurso especial, conflito de competência etc.).

Eis que, então, a matéria foi afetada novamente, mas dessa vez para a Primeira Seção e não como questão de ordem em conflito de competência, e sim sob a sistemática dos recursos especiais repetitivos (Tema Repetitivo 987), cuja questão jurídica foi assim delimitada: "possibilidade da prática de atos constritivos, em face de empresa em recuperação judicial, em sede de execução fiscal de dívida tributária e não tributária". Houve, inclusive, "determinação de suspensão nacional de todos os processos pendentes, individuais ou coletivos (Art. 1.037, II, CPC)".

Pois bem. Com a reforma da LRE, provocada pela Lei 14.112/2020, o § 7º do art. 6º, dispositivo legal que era o cerne de toda essa controvérsia, foi revogado, e no seu lugar foi inserido o § 7º-B, com a seguinte redação: "o disposto nos incisos I, II e III do caput deste artigo não se aplica às execuções fiscais, admitida, todavia, a competência do juízo da recuperação judicial para determinar a **substituição** dos atos de constrição que recaiam sobre bens de capital essenciais à manutenção da atividade empresarial até o encerramento da recuperação judicial, a qual será implementada mediante a cooperação jurisdicional, na forma do art. 69 da Lei nº 13.105, de 16 de março de 2015 (Código de Processo Civil), observado o disposto no art. 805 do referido Código".

Portanto, a questão foi resolvida pela própria lei, que acabou adotando solução parecida com a jurisprudência que estava consolidada na Segunda Seção do STJ: pela nova regra, a execução fiscal realmente não se suspende com o deferimento do processamento do pedido de recuperação judicial, e no seu bojo podem ser determinados atos constritivos; no entanto, se o bem constrito for essencial à manutenção da empresa recuperanda, o juízo onde tramita o processo recuperacional pode determinar a substituição da constrição.[64]

---

63 A título ilustrativo, confira-se o seguinte julgado da Segunda Turma do STJ (que não devia mais estar julgando esse tipo de caso), no qual se permitiu não apenas o seguimento da execução fiscal, mas também a determinação de medidas constritivas contra a empresa recuperanda: "Processual civil. Agravo interno no recurso especial. Submissão à regra prevista no Enunciado Administrativo 03/STJ. Execução fiscal. Empresa em recuperação judicial. Medidas constritivas. Possibilidade. Entendimento do Tribunal de origem no sentido de que, no caso, a medida não prejudica o plano de recuperação judicial. Questão atrelada ao reexame de matéria de fato" (AgInt no REsp 1.615.859/MG, Rel. Min. Mauro Campbell Marques, Segunda Turma, j. 10.11.2016, DJe 18.11.2016).

64 Com base na nova regra da LRE (art. 6º, § 7º-B), a União, por meio da Procuradoria-Geral da Fazenda Nacional, pediu ao STJ a desafetação dos recursos especiais referentes ao Tema Repetitivo 987, retirando-se a determinação

Registre-se ainda que o § 11 do art. 6º da LRE deixa claro que "o disposto no § 7º-B deste artigo aplica-se, no que couber, às execuções fiscais e às execuções de ofício que se enquadrem respectivamente nos incisos VII e VIII do caput do art. 114 da Constituição Federal, vedados a expedição de certidão de crédito e o arquivamento das execuções para efeito de habilitação na recuperação judicial ou na falência".

Já com base nesse novo regramento legal, a Segunda Seção do STJ, no julgamento do CC 181.190, relatado pelo Ministro Marco Aurélio Bellizze, decidiu o seguinte:

> CONFLITO DE COMPETÊNCIA. EXECUÇÃO FISCAL AJUIZADA PELA FAZENDA NACIONAL CONTRA EMPRESA EM RECUPERAÇÃO JUDICIAL. REJEIÇÃO DA EXCEÇÃO DE PRÉ-EXECUTIVIDADE, COM O PROSSEGUIMENTO DA EXECUÇÃO, A AUTORIZAR A CONSTRIÇÃO JUDICIAL DOS BENS DA RECUPERANDA. A CARACTERIZAÇÃO DE CONFLITO DE COMPETÊNCIA PERANTE ESTA CORTE DE JUSTIÇA PRESSUPÕE A MATERIALIZAÇÃO DA OPOSIÇÃO CONCRETA DO JUÍZO DA EXECUÇÃO FISCAL À EFETIVA DELIBERAÇÃO DO JUÍZO DA RECUPERAÇÃO JUDICIAL A RESPEITO DO ATO CONSTRITIVO. CIRCUNSTÂNCIA NÃO VERIFICADA. CONFLITO DE COMPETÊNCIA NÃO CONHECIDO.
>
> 1. O dissenso constante do presente incidente centra-se em saber se o Juízo em que se processa a execução fiscal contra empresa em recuperação judicial, ao rejeitar a exceção de pré-executividade e determinar o prosseguimento do feito executivo, com a realização de atos constritivos sobre o patrimônio da executada –, invade ou não a competência do Juízo da recuperação judicial, segundo dispõe o § 7º-B do art. 6º da Lei de Recuperação e Falência, com redação dada pela Lei n. 14.112/2020.
>
> 2. **A divergência jurisprudencial então existente entre esta Segunda Seção e as Turmas integrantes da Seção de Direito Público do Superior Tribunal de Justiça acabou por se dissipar em razão da edição da Lei n. 14.112/2020, que, a seu modo, delimitou a competência do Juízo em que se processa a execução fiscal (a qual não se suspende pelo deferimento da recuperação judicial) para determinar os atos de constrição judicial sobre os bens da recuperanda; e firmou a competência do Juízo da recuperação judicial para, no exercício de um juízo de controle, "determinar a substituição dos atos de constrição que recaiam sobre bens de capital essenciais à manutenção da atividade empresarial até o encerramento da recuperação judicial"**.
>
> 3. Ainda que se possa reputar delimitada, nesses termos, a extensão da competência dos Juízos da execução fiscal e da recuperação judicial a respeito dos atos constritivos determinados no feito executivo fiscal, tem-se, todavia, não se encontrar bem evidenciado, até porque a lei não o explicita, o modo de como estas competências se operacionalizam na prática, de suma relevância à caracterização do conflito positivo de competência perante esta Corte de Justiça.
>
> 3.1 É justamente nesse ponto – em relação ao qual já se antevê uma tênue dispersão nas decisões monocráticas e que motivou a submissão da presente questão a este Colegiado – que se reputa necessário um direcionamento seguro por parte do Superior Tribunal de Justiça, para que o conflito de competência perante esta

de suspensão nacional de todas as execuções fiscais pendentes contra empresas em recuperação judicial, e esse pedido foi atendido. Com efeito, foi cancelada a afetação do Tema Repetitivo 987, e no voto condutor do acórdão que decidiu pela desafetação afirmou-se o seguinte: "na verdade, cabe ao juízo da recuperação judicial verificar a viabilidade da constrição efetuada em sede de execução fiscal, observando as regras do pedido de cooperação jurisdicional (art. 69 do CPC/2015), podendo determinar eventual substituição, a fim de que não fique inviabilizado o plano de recuperação judicial" (REsp 1.694.261).

> Corte Superior não seja mais utilizado, inadvertidamente, como mero subterfúgio para se sobrestar a execução fiscal (ao arrepio da lei), antes de qualquer deliberação do Juízo da recuperação judicial a respeito da constrição judicial realizada, e, principalmente, antes de uma decisão efetivamente proferida pelo Juízo da execução fiscal que se oponha à deliberação do Juízo da recuperação judicial acerca da constrição judicial.
>
> 4. A partir da vigência da Lei n. 14.112/2020, com aplicação aos processos em trâmite (afinal se trata de regra processual que cuida de questão afeta à competência), não se pode mais reputar configurado conflito de competência perante esta Corte de Justiça pelo só fato de o Juízo da recuperação ainda não ter deliberado sobre a constrição judicial determinada no feito executivo fiscal, em razão justamente de não ter a questão sido, até então, a ele submetida.
>
> 4.1 A submissão da constrição judicial ao Juízo da recuperação judicial, para que este promova o juízo de controle sobre o ato constritivo, pode ser feita naturalmente, de ofício, pelo Juízo da execução fiscal, em atenção à propugnada cooperação entre os Juízos. O § 7ª-B do art. 6º da Lei n. 11.101/2005 apenas faz remissão ao art. 69 do CPC/2015, cuja redação estipula que a cooperação judicial prescinde de forma específica. E, em seu § 2º, inciso IV, estabelece que "os atos concertados entre os juízos cooperantes poderão consistir, além de outros, no estabelecimento de procedimento para a efetivação de medidas e providências para recuperação e preservação de empresas".
>
> 4.2 Caso o Juízo da execução fiscal assim não proceda, tem-se de todo prematuro falar-se em configuração de conflito de competência perante esta Corte de Justiça, a pretexto, em verdade, de obter o sobrestamento da execução fiscal liminarmente. Não há, por ora, nesse quadro, nenhuma usurpação da competência, a ensejar a caracterização de conflito perante este Superior Tribunal. A inação do Juízo da execução fiscal - como um "não ato" que é - não pode, por si, ser considerada idônea a fustigar a competência do Juízo recuperacional ainda nem sequer exercida.
>
> 4.3 Na hipótese de o Juízo da execução fiscal não submeter, de ofício, o ato constritivo ao Juízo da recuperação judicial, deve a recuperanda instar o Juízo da execução fiscal a fazê-lo ou levar diretamente a questão ao Juízo da recuperação judicial, que deverá exercer seu juízo de controle sobre o ato constritivo, se tiver elementos para tanto, valendo-se, de igual modo, se reputar necessário, da cooperação judicial preconizada no art. 69 do CPC/2015.
>
> 5. Em resumo, a caracterização de conflito de competência perante esta Corte de Justiça pressupõe a materialização da oposição concreta do Juízo da execução fiscal à efetiva deliberação do Juízo da recuperação judicial a respeito do ato constritivo.
>
> 6. Conflito de competência não conhecido.

Em resumo, fixou-se a seguinte orientação: o deferimento do processamento da recuperação judicial realmente não suspende a execução fiscal, e o juízo desta pode dar seguimento normal ao feito, inclusive determinando atos constritivos contra a recuperanda; informada essa constrição ao juízo recuperacional, pelo juízo da execução fiscal ou pela própria recuperanda, cabe a ele analisar se ela recaiu sobre bem de capital essencial e determinar a sua substituição, se for o caso. Tudo isso deve ser feito com base na cooperação jurisdicional prevista no CPC, e somente caberá suscitar conflito de competência ao STJ se tal cooperação não lograr êxito, com "a materialização da oposição concreta do juízo da execução fiscal à efetiva deliberação do juízo da recuperação judicial a respeito do ato constritivo".

6.3. Ações que demandam quantia ilíquida, reclamações trabalhistas e processos arbitrais

Conforme vimos, as execuções contra o devedor que tem deferido o processamento do seu pedido de recuperação judicial são suspensas, com exceção das execuções movidas por credores cujos créditos não se sujeitam ao processo recuperacional, nos termos do art. 49, §§ 3º e 4º da LRE (art. 6º, § 7º-A) e das execuções fiscais (art. 6º, § 7º-B).

Também não se suspendem as ações que demandam quantia ilíquida (art. 6º, § 1º)[65], as reclamações trabalhistas (art. 6º, § 2º) e os processos arbitrais (art. 6º, § 9º): nesses casos, o juízo da recuperação judicial não atrairá as ações para a sua competência[66]: elas continuam nos respectivos juízos onde estão sendo processadas até a apuração do respectivo crédito[67], podendo tais juízos determinarem, inclusive, a reserva de importância que estimarem devida.

Com efeito, o § 3º do art. 6º da LRE diz o seguinte: "o juiz competente para as ações referidas nos §§ 1º *[ações que demandam quantia ilíquida]* e 2º *[reclamações trabalhistas]* deste artigo poderá determinar a reserva da importância que estimar devida na recuperação judicial ou na falência, e, uma vez reconhecido líquido o direito, será o crédito incluído na classe própria".

Quando esses processos forem ajuizados após o pedido de recuperação judicial, deve-se atentar para a regra do § 6º do art. 6º da LRE: "independentemente da verificação periódica perante os cartórios de distribuição, as ações que venham a ser propostas contra o devedor deverão ser comunicadas ao juízo (...) da recuperação judicial: I – pelo juiz competente, quando do recebimento da petição inicial; II – pelo devedor, imediatamente após a citação".

Considerando que as ações que demandam quantia ilíquida não se suspendem com o deferimento do processamento da recuperação judicial (art. 6º, § 1º da LRE), é possível, após eventual sentença de procedência, iniciar o seu cumprimento e

[65] "As ações monitórias também não se suspendem se estiverem tramitando para discussão de obrigação ilíquida. Mas se não foram embargadas, como deveriam prosseguir com observância das normas atinentes às execuções (CPC, art. 702, § 8º), as ações monitórias se suspendem" (COELHO, Fábio Ulhoa. *Comentários à Lei de Falências e Recuperação de Empresas*. 14ª ed. São Paulo: RT, 2021, p. 69).

[66] "A formação de um juízo universal e indivisível, dotado de competência para conhecer de todas as ações sobre bens, interesses e negócios do devedor, somente foi prevista na Lei 11.101/2005 para as hipóteses de falência (art. 76), não havendo regra semelhante incidindo sobre os casos que envolvam processos de recuperação judicial" (REsp 1.868.182). É por isso que alguns juristas chegam a afirmar que na recuperação judicial a universalidade do juízo é mitigada, apenas para preservar bens e valores imprescindíveis ao sucesso do processo recuperacional.

[67] "De acordo com a iterativa jurisprudência do STJ, as ações movidas em face de empresas em recuperação judicial que demandam quantias ilíquidas devem tramitar regularmente onde foram propostas, inclusive aquelas submetidas a juízo arbitral, até a apuração do montante devido". Portanto, "não é a natureza do crédito (concursal ou extraconcursal) que define a competência para julgamento de ações (etapa cognitiva) propostas em face de empresa em recuperação judicial, mas sim as regras ordinárias dispostas na legislação processual". Em suma: ações que demandam quantia ilíquida, inclusive processos arbitrais, "devem prosseguir perante o juízo na qual foram propostas – independentemente de envolverem créditos concursais ou extraconcursais – até a determinação do valor efetivo da quantia devida, momento a partir do qual dois caminhos se descortinam: (i) tratando-se de crédito concursal, e estando ainda em curso o processo de soerguimento, os valores deverão ser habilitados no quadro geral de credores; (ii) tratando-se de crédito extraconcursal, ou finda a recuperação judicial, deve ser deflagrada a etapa executiva do processo" (REsp 1.953.212).

aplicar o art. 523, § 1º do CPC (acréscimo de multa e honorários em caso de não pagamento voluntário no prazo de 15 dias)?

Segundo precedentes do STJ, depende: se o crédito é concursal, deve ser habilitado no processo recuperacional, sem o acréscimo da multa e dos honorários previstos no art. 523, § 1º do CPC, já que nesse caso ele será pago conforme previsto no plano de recuperação judicial para a sua respectiva classe (REsp 1.873.081 e REsp 1.937.516).

> RECURSO ESPECIAL. RECUPERAÇÃO JUDICIAL. NEGATIVA DE PRESTAÇÃO JURISDICIONAL. NÃO OCORRÊNCIA. CRÉDITO RECONHECIDO JUDICIALMENTE. AÇÃO QUE DEMANDAVA QUANTIA ILÍQUIDA. ART. 6º, § 1º, DA LEI 11.101/05. FATO GERADOR ANTERIOR AO PEDIDO. SUBMISSÃO AOS EFEITOS DO PROCESSO DE SOERGUIMENTO. NOVAÇÃO. ART. 59 DA LEI 11.101/05. CUMPRIMENTO DE SENTENÇA. ART. 523, § 1º, DO CPC/15. MULTA E HONORÁRIOS ADVOCATÍCIOS. NÃO INCIDÊNCIA. AUSÊNCIA DE RECUSA VOLUNTÁRIA AO ADIMPLEMENTO DA OBRIGAÇÃO.
>
> (...)
>
> 2. O propósito recursal é analisar (i) se houve negativa de prestação jurisdicional e (ii) se o crédito sujeito ao processo de recuperação judicial da devedora, decorrente de ação que demandava quantia ilíquida, deve ser acrescido da multa e dos honorários advocatícios previstos no art. 523, § 1º, do CPC/15.
>
> (...)
>
> 4. Nos termos do art. 59, caput, da Lei 11.101/05, o plano de recuperação judicial implica novação dos créditos anteriores ao pedido e obriga o devedor e todos os credores a ele sujeitos.
>
> 5. No que concerne à habilitação, em processo de recuperação judicial, de quantias decorrentes de demandas cujos pedidos são ilíquidos, esta Corte Superior entende que, nos termos do art. 6, § 1º, da Lei 11.101/05, a ação de conhecimento deverá prosseguir perante o juízo na qual foi proposta até a determinação do valor do crédito, momento a partir do qual este deverá ser habilitado no quadro geral de credores da recuperanda.
>
> 6. A multa e os honorários advocatícios previstos no art. 523, § 1º, do CPC/15, por seu turno, somente incidem sobre o valor da condenação nas hipóteses em que o executado não paga voluntariamente a quantia devida estampada no título executivo judicial.
>
> 7. **Na hipótese, portanto, não há como acrescer ao valor do crédito devido pela recorrente a penalidade do dispositivo supra citado, uma vez que o adimplemento da quantia reconhecida em juízo, por decorrência direta da sistemática prevista na Lei 11.101/05, não constituía obrigação passível de ser exigida da recuperanda nos termos da regra geral da codificação processual.**
>
> 8. Ademais, estando em curso processo recuperacional, a livre disposição, pela devedora, de seu acervo patrimonial para pagamento de créditos individuais sujeitos ao plano de soerguimento violaria o princípio segundo o qual os credores devem ser tratados em condições de igualdade dentro das respectivas classes.
>
> (REsp 1873081/RS, Rel. Ministra NANCY ANDRIGHI, TERCEIRA TURMA, julgado em 02/03/2021, DJe 04/03/2021)

> RECURSO ESPECIAL. RECUPERAÇÃO JUDICIAL. CRÉDITO RECONHECIDO JUDICIALMENTE. AÇÃO QUE DEMANDA QUANTIA ILÍQUIDA. ART. 6º, § 1º, DA LEI 11.101/05. FATO GERADOR ANTERIOR AO PEDIDO. SUBMISSÃO AOS EFEITOS DO PROCESSO DE SOERGUIMENTO. CUMPRIMENTO DE SENTENÇA. ART. 523, § 1º, DO CPC/15.

NÃO INCIDÊNCIA. AUSÊNCIA DE RECUSA VOLUNTÁRIA AO ADIMPLEMENTO DA OBRIGAÇÃO. PRECEDENTE ESPECÍFICO DA TERCEIRA TURMA DO STJ.

(...)

2. O propósito recursal consiste em definir se o crédito sujeito ao processo de recuperação judicial da devedora, decorrente de ação que demandava quantia ilíquida, deve ser acrescido da multa prevista no art. 523, § 1º, do CPC/15.

3. Nos termos do art. 59, caput, da Lei 11.101/05, o plano de recuperação judicial implica novação dos créditos anteriores ao pedido e obriga o devedor e todos os credores a ele sujeitos.

4. No que concerne à habilitação, em processo de recuperação judicial, de quantias decorrentes de demandas cujos pedidos são ilíquidos, esta Corte Superior entende que, nos termos do art. 6, § 1º, da Lei 11.101/05, a ação de conhecimento deverá prosseguir perante o juízo na qual foi proposta até a determinação do valor do crédito, momento a partir do qual este deverá ser habilitado no quadro geral de credores da recuperanda.

5. A multa prevista no art. 523, § 1º, do CPC/15 somente incide sobre o valor da condenação nas hipóteses em que o executado não paga voluntariamente a quantia devida estampada no título executivo judicial.

6. **Na hipótese, portanto, não há como acrescer ao valor do crédito devido pela recorrente a penalidade do dispositivo supra citado, uma vez que o adimplemento da quantia reconhecida em juízo, por decorrência direta da sistemática prevista na Lei 11.101/05, não constituía obrigação passível de ser exigida da recuperanda nos termos da regra geral da codificação processual.**

7. Ademais, estando em curso processo recuperacional, a livre disposição, pela devedora, de seu acervo patrimonial para pagamento de créditos individuais sujeitos ao plano de soerguimento violaria o princípio segundo o qual os credores devem ser tratados em condições de igualdade dentro das respectivas classes.

(REsp 1937516/SP, Rel. Ministra NANCY ANDRIGHI, TERCEIRA TURMA, julgado em 03/08/2021, DJe 09/08/2021)

Se, porém, o crédito é extraconcursal, não se sujeita aos efeitos do plano de recuperação judicial, e "a recuperanda não está impedida, pelo texto da Lei 11.101/2005, de satisfazer voluntariamente créditos extraconcursais perseguidos em execuções individuais, de modo que as consequências jurídicas previstas na norma do dispositivo precitado [art. 523, § 1º do CPC] devem incidir quando não pago o montante devido" (REsp 1.953.197).

RECURSO ESPECIAL. RECUPERAÇÃO JUDICIAL. CRÉDITO EXTRACONCURSAL. CUMPRIMENTO DE SENTENÇA. ART. 523, § 1º, DO CPC/15. INCIDÊNCIA. NECESSIDADE, NO PARTICULAR, DE AUTORIZAÇÃO DO JUÍZO DA RECUPERAÇÃO PARA INÍCIO DA FLUÊNCIA DO PRAZO. MOMENTO A PARTIR DO QUAL EVENTUAL RECUSA AO ADIMPLEMENTO SERÁ CONSIDERADA VOLUNTÁRIA.

(...)

2. O propósito recursal consiste em definir se crédito extraconcursal devido por empresa em recuperação judicial, objeto de cumprimento de sentença em curso, pode ser acrescido das penalidades previstas no art. 523, § 1º, do CPC/15.

3. A multa e os honorários advocatícios previstos no art. 523, § 1º, do CPC/15 somente incidem sobre o valor da condenação nas hipóteses em que o executado não paga voluntariamente a quantia devida estampada no título judicial no prazo de 15 dias.

4. **A recuperanda não está impedida, pelo texto da Lei 11.101/05, de satisfazer voluntariamente créditos extraconcursais perseguidos em execuções individuais, de modo que as consequências jurídicas previstas na norma do dispositivo precitado devem incidir quando não pago o montante devido.**
5. **Hipótese concreta em que o juízo da recuperação judicial estabeleceu critérios que devem ser observados para o pagamento dos créditos extraconcursais: expedição de ofício pelo juízo da execução singular, seguido de comunicação à recuperanda para depósito do valor devido.**

6. Não sendo, portanto, defeso à recuperanda dispor de seu acervo patrimonial para pagamento de créditos extraconcursais (observada a exceção do art. 66 da LFRE), uma vez recebida a comunicação do juízo do soerguimento para depósito da quantia objeto da execução, deve passar a correr o prazo de 15 dias estabelecido no art. 523, caput, do CPC/15.

(REsp 1953197/GO, Rel. Ministra NANCY ANDRIGHI, TERCEIRA TURMA, julgado em 05/10/2021, DJe 08/10/2021)

Nessa hipótese de o crédito ser extraconcursal, a relatora do precedente mencionado, Ministra Nancy, destacou que o pagamento deve ser feito por depósito judicial, seguindo uma ordem cronológica definida pelo juízo recuperacional, de modo que este deve ser oficiado pelo juízo do cumprimento de sentença quanto ao pagamento da respectiva obrigação. Assim, concluiu a Ministra, "afigura-se razoável que a fluência do prazo do art. 523, § 1º do CPC tenha início tão somente a partir do momento em que a recuperanda for instada a realizar o depósito judicial correspondente".

6.3.1. *Execuções trabalhistas*

Apesar de as reclamações trabalhistas não serem suspensas pelo deferimento do processamento do pedido de recuperação judicial, as execuções trabalhistas, obviamente, se suspendem (art. 6º, inciso II).[68]

Mas seria possível ao juízo em que se processa determinada execução trabalhista determinar a desconsideração da personalidade jurídica da sociedade empresária em recuperação judicial? Ou essa determinação seria competência exclusiva do juízo recuperacional?

A Segunda Seção do STJ tem jurisprudência consolidada no sentido da ausência de competência exclusiva do juízo recuperacional para decretar a desconsideração da personalidade jurídica de sociedade empresária em recuperação judicial. Confira-se, a propósito, o seguinte precedente:

AGRAVO INTERNO NO CONFLITO DE COMPETÊNCIA. RECUPERAÇÃO JUDICIAL. EXECUÇÃO DE CRÉDITO TRABALHISTA. INCLUSÃO DE COOBRIGADOS NO POLO

[68] Nesse sentido, a propósito, o § 5º do art. 6º da LRE foi alterado pela Lei 14.112/2020: "O § 5º do artigo em exame foi alterado pela reforma da Lei, com a exclusão da parte que previa a possibilidade das execuções trabalhistas, após o fim da suspensão, terem continuidade, ainda que o crédito já estivesse inscrito no quadro geral de credores da recuperação judicial. Dessa forma fica clara a previsão de que após o processamento da recuperação judicial as execuções trabalhistas estarão obstadas, uma vez que ou serão novadas pela aprovação do plano de recuperação judicial ou quando ocorrer a rejeição do plano pelos credores, deverão ser habilitadas no concurso de credores da falência" (COSTA, Daniel Carnio e MELO, Alexandre Correa Nasser de. *Comentários à Lei de Recuperação de Empresas e Falência*, art. 6 «in» JuruáDocs n. 201.2281.1656.7719. Disponível em: <www.juruadocs.com>. Acesso em: 19/02/2021).

PASSIVO. DESCONSIDERAÇÃO DA PERSONALIDADE JURÍDICA. COMPETÊNCIA INDISTINTA DA JUSTIÇA COMUM E DA JUSTIÇA DO TRABALHO. AUSÊNCIA DE INVASÃO DE ATRIBUIÇÕES JUDICIAIS. AGRAVO INTERNO DESPROVIDO.

1. Nos termos da iterativa jurisprudência desta Corte, a Justiça do Trabalho tem competência para decidir acerca da desconsideração da personalidade jurídica da sociedade em recuperação judicial, bem como para, em consequência, incluir coobrigado no polo passivo da execução, pois tal mister não é atribuído com exclusividade a um determinado Juízo ou ramo da Justiça.

2. Nas hipóteses em que bens de terceiros, de sócios, de coobrigados, de devedores solidários ou de sociedade do mesmo grupo econômico, não submetidos ao plano de recuperação judicial, são chamados para responder à execução ajuizada contra a sociedade em recuperação judicial, a jurisprudência desta egrégia Corte firmou o entendimento de não reconhecer a existência de conflito de competência, porquanto não há dois juízes decidindo acerca do destino do mesmo patrimônio.

3. Em casos assim, a sociedade em recuperação judicial é até mesmo beneficiada com a continuidade da execução contra os sócios ou coobrigados, pois em um primeiro momento fica desonerada daquela obrigação, que somente depois lhe será exigida, se for o caso, regressivamente.

4. Incidência da Súmula 480 desta Corte: "O juízo da recuperação judicial não é competente para decidir sobre a constrição de bens não abrangidos pelo plano de recuperação da empresa".

5. Agravo interno desprovido.

(AgInt no CC 160.384/SP, Rel. Ministro RAUL ARAÚJO, SEGUNDA SEÇÃO, julgado em 23/10/2019, DJe 30/10/2019)

6.3.2. *Prazo do* stay period

A redação original do art. 6º, § 4º da LRE era bastante clara quanto ao prazo do *stay period* e quanto à impossibilidade de sua prorrogação: "na recuperação judicial, a suspensão de que trata o caput deste artigo em hipótese nenhuma excederá o prazo improrrogável de 180 (cento e oitenta) dias contado do deferimento do processamento da recuperação, restabelecendo-se, após o decurso do prazo, o direito dos credores de iniciar ou continuar suas ações e execuções, independentemente de pronunciamento judicial".

No entanto, a despeito da clareza do dispositivo legal, o STJ vinha mitigado tal regra, permitindo que a suspensão extrapolasse o prazo de 180 dias. Confiram-se, a propósito, os seguintes precedentes:

PROCESSUAL CIVIL. CONFLITO POSITIVO DE COMPETÊNCIA. AGRAVO REGIMENTAL. JUÍZO DE DIREITO E JUÍZO DO TRABALHO. RECUPERAÇÃO JUDICIAL. RECLAMAÇÃO TRABALHISTA. ATOS DE EXECUÇÃO. MONTANTE APURADO. SUJEIÇÃO AO JUÍZO DA RECUPERAÇÃO JUDICIAL. ART. 6º, § 4º, DA LEI N. 11.101/2005. RETOMADA DAS EXECUÇÕES INDIVIDUAIS. AUSÊNCIA DE RAZOABILIDADE. COMPETÊNCIA DA JUSTIÇA ESTADUAL.

(...)

3. **A Segunda Seção do STJ tem jurisprudência firmada no sentido de que, no normal estágio da recuperação judicial, não é razoável a retomada das execuções individuais após o simples decurso do prazo legal de 180 dias de que trata o art. 6º, § 4º, da Lei n. 11.101/2005.**

4. Agravo regimental desprovido.

(AgRg no CC 101.628/SP, Rel. Ministro JOÃO OTÁVIO DE NORONHA, SEGUNDA SEÇÃO, julgado em 25/05/2011, DJe 01/06/2011)

PROCESSUAL CIVIL. CONFLITO POSITIVO DE COMPETÊNCIA. JUÍZO DE DIREITO E JUÍZO DO TRABALHO. RECUPERAÇÃO JUDICIAL. PROCESSAMENTO DEFERIDO. NECESSIDADE DE SUSPENSÃO DAS AÇÕES E EXECUÇÕES. COMPETÊNCIA DO JUÍZO DA RECUPERAÇÃO JUDICIAL. PRECEDENTES.

(...)

3. **Em regra, uma vez deferido o processamento ou, a fortiori, aprovado o plano de recuperação judicial, revela-se incabível o prosseguimento automático das execuções individuais, mesmo após decorrido o prazo de 180 dias previsto no art. 6º, § 4, da Lei 11.101/2005**.

4. Conflito conhecido para declarar a competência do Juízo de Direito da Vara de Falências e Recuperações Judiciais do Distrito Federal.

(CC 112.799/DF, Rel. Ministro LUIS FELIPE SALOMÃO, SEGUNDA SEÇÃO, julgado em 14/03/2011, DJe 22/03/2011)

Em edições anteriores desta obra, criticamos o entendimento do STJ. Veja-se que, no segundo precedente transcrito, o tribunal fala em *stay period* após a aprovação do plano e concessão da recuperação judicial, o que não faz sentido. Explico: uma vez aprovado e homologado o plano de recuperação, com a concessão do benefício legal, há uma novação dos créditos a ele submetidos, e a decisão que o homologa constitui novo título executivo em favor dos credores.

Assim, as eventuais execuções contra o devedor, que estavam suspensas, devem ser oportunamente extintas, e cada credor receberá seu crédito por meio de pagamentos espontâneos do devedor, nos termos no plano. Nesse sentido, confira-se o seguinte julgado, relatado pela Ministra Nancy Andrighi, com o qual concordamos:

COMERCIAL. AGRAVO NO CONFLITO POSITIVO DE COMPETÊNCIA. JUSTIÇA COMUM E DO TRABALHO. LEI 11.101/05. RECUPERAÇÃO JUDICIAL. SUSPENSÃO DE AÇÕES E EXECUÇÕES. PRAZO.

(...)

- Outrossim, **uma vez aprovado o plano de recuperação, não se faz plausível a retomada das ações e execuções individuais após o decurso do prazo legal de 180 dias, pois nos termos do art. 59 da Lei nº 11.101/05, tal aprovação implica novação**.
- Em situações excepcionais, a serem oportunamente enfrentadas por esta Corte, a regra pode comportar exceções. Todavia, o temperamento banalizado e desmedido do prazo de suspensão pode, desde já, importar retrocesso para o drama vivido na época das intermináveis concordatas, que o legislador procurou sepultar.
- Agravo não provido.

(AgRg no CC 110.250/DF, Rel. Ministra NANCY ANDRIGHI, SEGUNDA SEÇÃO, julgado em 08/09/2010, DJe 16/09/2010)

Ademais, é preciso lembrar que a regra do art. 6.º, § 4.º, da LRE sempre teve o objetivo de assegurar a rápida solução do processo de recuperação judicial, evitando que o devedor postergasse o seu andamento e, ao mesmo tempo, se beneficiasse da suspensão das execuções contra ele propostas.

Em suma: antes da reforma da LRE, provocada pela Li 14.112/2020, se o atraso na conclusão do processo não era culpa do devedor, o STJ entendia pela possibilidade excepcional de manutenção do *stay period* após os 180 dias do § 4º do art. 6º. Confiram-se alguns precedentes nesse sentido:

> COMERCIAL E PROCESSUAL CIVIL. AGRAVO REGIMENTAL. CONFLITO DE COMPETÊNCIA. RECUPERAÇÃO JUDICIAL. LEI N. 11.101/2006, ART. 6º, § 4º. SUSPENSÃO DAS AÇÕES E EXECUÇÕES. PRAZO DE 180 DIAS. HOMOLOGAÇÃO DO PLANO DE RECUPERAÇÃO. PROVA DO RETARDAMENTO. AUSÊNCIA. FLEXIBILIZAÇÃO. POSSIBILIDADE. IMPROVIMENTO.
>
> (...)
>
> II. A extrapolação do prazo de 180 dias previsto no art. 6º, § 4º, da Lei n. 11.101/2005 não causa o automático prosseguimento das ações e das execuções contra a empresa recuperanda, senão quando comprovado que sua desídia causou o retardamento da homologação do plano de recuperação.
>
> III. Agravo regimental improvido.
>
> (AgRg no CC 113.001/DF, Rel. Ministro ALDIR PASSARINHO JUNIOR, SEGUNDA SEÇÃO, julgado em 14/03/2011, DJe 21/03/2011)
>
> FALÊNCIA E RECUPERAÇÃO JUDICIAL. RECURSO ESPECIAL. EXECUÇÃO. AJUIZAMENTO. ANTERIOR. LEI 11.101/05. SUSPENSÃO. PRAZO. 180 (CENTO E OITENTA) DIAS. PLANO. APROVAÇÃO. IMPROVIMENTO.
>
> (...)
>
> II. Em homenagem ao princípio da continuidade da sociedade empresarial, o simples decurso do prazo de 180 (cento e oitenta) dias entre o deferimento e a aprovação do plano de recuperação judicial não enseja retomada das execuções individuais quando à pessoa jurídica, ou seus sócios e administradores, não se atribui a causa da demora.
>
> III. Recurso especial improvido.
>
> (REsp 1193480/SP, Rel. Ministro ALDIR PASSARINHO JUNIOR, QUARTA TURMA, julgado em 05/10/2010, DJe 18/10/2010)
>
> CONFLITO POSITIVO DE COMPETÊNCIA. JUÍZO DO TRABALHO E JUÍZO DA RECUPERAÇÃO JUDICIAL. ADJUDICAÇÃO DO BEM, NA JUSTIÇA TRABALHISTA, DEPOIS DE DEFERIDO O PEDIDO DE PROCESSAMENTO DA RECUPERAÇÃO JUDICIAL. DESFAZIMENTO DO ATO. COMPETÊNCIA DO JUÍZO UNIVERSAL.
>
> (...)
>
> 2- De acordo com o entendimento deste Tribunal Superior, admite-se a prorrogação do prazo suspensivo das ações e execuções ajuizadas em face da sociedade em crise econômico-financeira, previsto no art.
>
> 6º, § 4º, da Lei n. 11.101/2005.
>
> 3- Conflito de competência conhecido, declarada a competência do Juízo da Vara de Falência e Recuperações Judiciais e decretada a nulidade da adjudicação.
>
> (CC 111.614/DF, Rel. Ministra NANCY ANDRIGHI, SEGUNDA SEÇÃO, julgado em 12/06/2013, DJe 19/06/2013)

No mesmo sentido desses precedentes transcritos acima, foi aprovado o Enunciado 42 das Jornadas de Direito Comercial: "O prazo de suspensão previsto no art. 6.º, § 4.º, da Lei 11.101/2005 pode excepcionalmente ser prorrogado, se o retardamento do feito não puder ser imputado ao devedor".

Após a reforma da LRE, a possibilidade prorrogação do *stay period* está expressamente prevista no texto legal: "na recuperação judicial, as suspensões e a proibição de que tratam os incisos I, II e III do caput deste artigo perdurarão pelo prazo de 180 (cento e oitenta) dias, contado do deferimento do processamento da recuperação, prorrogável por igual período, uma única vez, em caráter excepcional, desde que o devedor não haja concorrido com a superação do lapso temporal" (redação atual do art. 6º, § 4º).

É importante destacar, porém, que a prorrogação (i) deve dar-se pelo mesmo prazo (180 dias), (ii) só pode ser determinada uma única vez e (iii) e tem como pressuposto o fato de o devedor não ter dado causa à extrapolação do *stay period.*

6.3.3. Apresentação de plano de recuperação alternativo pelos credores

Além da alteração da redação do § 4º do art. 6º da LRE, a reforma provocada pela Lei 14.112/2020 também acrescentou o § 4º-A, que prevê o seguinte: "o decurso do prazo previsto no § 4º deste artigo sem a deliberação a respeito do plano de recuperação judicial proposto pelo devedor faculta aos credores a propositura de plano alternativo, na forma dos §§ 4º, 5º, 6º e 7º do art. 56 desta Lei, observado o seguinte: I – as suspensões e a proibição de que tratam os incisos I, II e III do caput deste artigo não serão aplicáveis caso os credores não apresentem plano alternativo no prazo de 30 (trinta) dias, contado do final do prazo referido no § 4º deste artigo ou no § 4º do art. 56 desta Lei; II – as suspensões e a proibição de que tratam os incisos I, II e III do caput deste artigo perdurarão por 180 (cento e oitenta) dias contados do final do prazo referido no § 4º deste artigo, ou da realização da assembleia-geral de credores referida no § 4º do art. 56 desta Lei, caso os credores apresentem plano alternativo no prazo referido no inciso I deste parágrafo ou no prazo referido no § 4º do art. 56 desta Lei".[69]

Segundo alguns doutrinadores, a apresentação de plano de recuperação alternativo pelos credores já era possível antes da reforma da LRE, mas não ocorria na prática por dois motivos: carência de informações e custo de elaboração.[70]

Agora, a LRE prevê expressamente essa possibilidade, em duas situações distintas: (i) extrapolação do *stay period*, após sua prorrogação, sem deliberação sobre o plano de recuperação judicial apresentado pelo devedor; e (ii) rejeição, pela assembleia geral de credores, do plano de recuperação judicial apresentado pelo devedor (art. 56, § 4º).

Várias questões polêmicas de ordem prática devem surgir em caso de apresentação de plano de recuperação alternativo pelos credores, mas creio que a principal delas será a seguinte: tal plano poderá ser imposto ao devedor contra a sua vontade? Fábio Ulhoa Coelho entende que não:

---

69 "Sendo assim, nessa hipótese, excepcionalmente, é possível que o prazo de stay perdure por até 570 dias (até 360 dias previstos no art. 6º, § 4º, mais 30 dias para apresentação do plano alternativo, mais 180 dias, previstos no art. 6º, § 4º-A, II)" (COSTA, Daniel Carnio e MELO, Alexandre Correa Nasser de. *Comentários à Lei de Recuperação de Empresas e Falência*, art. 6 «in» JuruáDocs n. 201.2281.1656.7719. Disponível em: <www.juruadocs.com>. Acesso em: 19/02/2021).

70 Nesse sentido: COELHO, Fábio Ulhoa. *Comentários à Lei de Falências e Recuperação de Empresas*. 14ª ed. São Paulo: RT, 2021, p. 71.

> A lei, contudo, não traz nenhuma regra explícita vinculando o devedor à aprovação do plano alternativo pela AGC. Sendo a recuperação judicial, em essência, um acordo judicial feito entre o devedor em crise os seus credores sujeitos aos efeitos da novação recuperacional, por interpretação sistemática da lei não se pode chegar a nenhuma outra conclusão, senão de que o devedor não está vinculado ao plano alternativo aprovado pela AGC.
>
> Para que houvesse vinculação do devedor ao plano alternativo aprovado pelos credores, o legislador deveria expressamente consigná-la em norma legal; mesmo assim, a disposição seria de questionável constitucionalidade, em vista do direito de propriedade.
>
> Inexistindo a previsão legal de vinculação e levando-se em conta a natureza da recuperação judicial (criação de um ambiente negocial propício à reestruturação do passivo de um devedor em crise) e o direito constitucional da propriedade, não há como escapar: nenhum plano alternativo apresentado pelos credores vinculará o devedor, se este não concordar com os seus termos.[71]

De fato, não há como impor ao devedor, sem a sua concordância, um plano alternativo elaborado pelos credores, ainda que aprovado pela assembleia geral, mas a questão mais problemática, para o devedor, é que ele estará numa situação delicada: ou aceita os termos e condições do plano alternativo apresentado e aprovado pelos credores, obtendo a concessão da recuperação judicial; ou não aceita, e tem sua falência decretada (art. 73, inciso III da LRE).

6.4. Antecipação do *stay period*

Embora o *stay period*, de acordo com a LRE, só tenha início com a prolação da decisão que defere o processamento do pedido de recuperação judicial (art. 52, inciso III), tem sido comum o requerimento de tutela de urgência para antecipação do *stay period*, de modo que a suspensão das ações e execuções individuais contra o devedor se inicie desde o ajuizamento do pedido de recuperação judicial. O STJ já considerou legítima essa medida:

> CONFLITO DE COMPETÊNCIA. RECUPERAÇÃO JUDICIAL. PEDIDO DE PROCESSAMENTO PENDENTE DE ANÁLISE. TUTELA DE URGÊNCIA. SUSPENSÃO. ATOS EXPROPRIATÓRIOS. COMPETÊNCIA DO JUÍZO DA RECUPERAÇÃO JUDICIAL.
>
> 1. Cinge-se a controvérsia a definir o juízo competente para o julgamento de tutela de urgência incidente em ação de recuperação judicial na qual ainda não foi deferido o processamento do pedido, objetivando a suspensão de atos expropriatórios determinados em execução fiscal.
>
> (...)
>
> 7. O Juízo da recuperação é competente para avaliar se estão presentes os requisitos para a concessão de tutela de urgência objetivando antecipar o início do *stay period* ou suspender os atos expropriatórios determinados em outros juízos, antes mesmo de deferido o processamento da recuperação.
>
> 8. Conflito positivo de competência conhecido para declarar a competência do Juízo da 10ª Vara Cível de Maceió/AL.

---

[71] COELHO, Fábio Ulhoa. *Comentários à Lei de Falências e Recuperação de Empresas*. 14ª ed. São Paulo: RT, 2021, p. 71-72.

(CC 168.000/AL, Rel. Ministro RICARDO VILLAS BÔAS CUEVA, SEGUNDA SEÇÃO, julgado em 11/12/2019, DJe 16/12/2019)

No mesmo sentido desse precedente do STJ, o § 12 do art. 6º da LRE, incluído pela reforma provocada pela Lei 14.112/2020, dispõe o seguinte: "observado o disposto no art. 300 da Lei nº 13.105, de 16 de março de 2015 (Código de Processo Civil), o juiz poderá antecipar total ou parcialmente os efeitos do deferimento do processamento da recuperação judicial".[72]

6.4.1. *Apresentação de contas demonstrativas mensais*

De acordo com o inciso IV do art. 52 da LRE, o juiz ainda "determinará ao devedor a **apresentação de contas demonstrativas mensais** enquanto perdurar a recuperação judicial, sob pena de destituição de seus administradores".

> Um equívoco recorrente por parte dos devedores em processos de recuperação judicial é considerar que o inc. IV desse artigo [Lei 11.101/2005, art. 52] deve ser cumprido apresentando documentos diretamente ao Administrador Judicial. Todavia, essa responsabilidade deve ser cumprida com a juntada de DRE do mês anterior nos autos do processo. Isso deve ocorrer independentemente da responsabilidade de apresentação das informações solicitadas pelo Administrador Judicial para elaboração do Relatório Mensal de Atividades.[73]

6.4.2. *Intimação do MP e das Fazendas Públicas*

Por fim, conforme o inciso V do art. 52 da LRE, o juiz "ordenará a intimação eletrônica do Ministério Público e das Fazendas Públicas federal e de todos os Estados, Distrito Federal e Municípios em que o devedor tiver estabelecimento, a fim de que tomem conhecimento da recuperação judicial e informem eventuais créditos perante o devedor, para divulgação aos demais interessados".

Vale lembrar que a LRE não prevê a intimação do Ministério Público antes dessa decisão que defere o processamento do pedido de recuperação judicial, de modo que não é obrigatório ouvir o *Parquet* para a sua prolação.

6.4.3. *Outros efeitos decorrentes da distribuição do pedido de recuperação judicial e do deferimento do seu processamento*

De acordo com o art. 6º, § 8º da LRE, "a distribuição do pedido de falência ou de recuperação judicial ou a homologação de recuperação extrajudicial previne

[72] "Essa disposição legal é de essencial importância para a proteção das empresas que buscam em juízo a recuperação judicial. Isso porque o simples protocolo do pedido acarreta em uma verdadeira corrida ao ouro, com o ajuizamento de ações pelos credores em busca de seus direitos, antes de o juízo conceder a suspensão prevista na Lei 11.101/2005, art. 6º, § 4º. Ao possibilitar a suspensão antes mesmo de ser deferido o processamento da recuperação judicial a lei protege a devedora e assegura ao juízo a tranquilidade de não colocar em processamento recuperação judicial de empresa cuja situação esteja irregular" (COSTA, Daniel Carnio; MELO, Alexandre Correa Nasser De. *Comentários à Lei de Recuperação de Empresas e Falência*, art. 6 «in» JuruáDocs n. 201.2281.1870.9893. Disponível em: <www.juruadocs.com>. Acesso em: 19/02/2021).

[73] COSTA, Daniel Carnio e MELO, Alexandre Correa Nasser de. *Comentários à Lei de Recuperação de Empresas e Falência*, art. 52 «in» JuruáDocs n. 201.2281.1538.8511. Disponível em: <www.juruadocs.com>. Acesso em: 21/02/2021.

a jurisdição para qualquer outro pedido de falência, de recuperação judicial ou de homologação de recuperação extrajudicial relativo ao mesmo devedor".

Já o art. 6º-A da LRE, nela inserido pela reforma provocada pela Lei 14.112/2020, prevê que "é vedado ao devedor, até a aprovação do plano de recuperação judicial, distribuir lucros ou dividendos a sócios e acionistas, sujeitando-se o infrator ao disposto no art. 168 desta Lei".

Por sua vez, o art. Art. 48-A da LRE, que também foi incluído nela pela reforma provocada pela Lei 14.112/2020, estabelece que, "na recuperação judicial de companhia aberta, serão obrigatórios a formação e o funcionamento do conselho fiscal, nos termos da Lei nº 6.404, de 15 de dezembro de 1976, enquanto durar a fase da recuperação judicial, incluído o período de cumprimento das obrigações assumidas pelo plano de recuperação".

Por fim, o art. 52, § 4º da LRE determina que "o devedor não poderá desistir do pedido de recuperação judicial após o deferimento de seu processamento, salvo se obtiver aprovação da desistência na assembléia-geral de credores".

6.4.4. Ações em que a empresa recuperanda é autora ou litisconsorte ativa

Quando se trata de ação ou execução proposta pelo devedor, isto é, pela própria empresa recuperanda, haverá atração da competência pelo juízo da recuperação judicial? Ou a ação/execução que tem o devedor como autor/exequente poderá continuar tramitando normalmente no juízo respectivo?

No julgamento do REsp 1.868.182, a 3ª Turma do STJ enfrentou essa questão: uma concessionária ajuizou ação contra a concedente para restabelecer o contrato entre elas e requereu a distribuição do feito por dependência ao seu processo de recuperação judicial.

O juiz e o tribunal reconheceram a competência do juízo da recuperação judicial, sob o fundamento de que o processo de recuperação judicial exerce *vis attractiva* sobre quaisquer demandas que possam ter repercussão no cumprimento do plano de recuperação.

No julgamento do recurso especial, a decisão das instâncias ordinárias foi revertida: entendeu-se que o juízo da recuperação judicial **não** é universal como o da falência (art. 76), ostentando somente uma **universalidade mitigada**, "devendo apenas ser a ele submetidos atos de penhora e de expropriação eventualmente incidentes sobre bens da recuperanda".

Citando a doutrina de Manoel Justino Bezerra Filho, segundo o qual há apenas uma "universalidade mitigada" no juízo da recuperação judicial, "quando se trata de preservação dos bens e valores necessários ao êxito da recuperação", a Ministra relatora, Nancy Andrighi, ressaltou o seguinte: "mesmo em situações bastante sensíveis, como nas hipóteses de reclamatórias trabalhistas, de afetações indevidas de bens de terceiros, de ações de despejo e de consumo (v.g.), o STJ vem entendendo que não se pode cogitar da existência de força atrativa do juízo recuperacional para julgamento de tais demandas, devendo apenas ser a ele submetidos atos de penhora e de expropriação eventualmente incidentes sobre bens da recuperanda. Nesse sentido: CC 112.799/DF, Segunda Seção, DJe 22/3/2011; AgInt no CC 157.947/MT,

Segunda Seção, DJe 13/8/2018; CC 148.803/RJ, Segunda Seção, DJe 2/5/2017; REsp 1.598.130/RJ, Terceira Turma, DJe 14/3/2017".

Registrou-se também que a 3ª Turma do STJ já decidiu que "nas ações em que a recuperanda figura como autora ou litisconsorte ativa, seu julgamento não compete ao juízo onde tramita a ação de soerguimento" (REsp 1.766.412).

Em suma: decidiu-se que o juízo da recuperação judicial não tinha competência para a ação em questão: primeiro, porque a recuperanda não figurava no polo passivo da demanda, mas no polo ativo; segundo, porque ainda que a recuperanda figurasse no polo passivo, a competência do juízo da recuperação judicial se limitaria à análise de eventuais atos constritivos/expropriatórios.

> RECURSO ESPECIAL. EXCEÇÃO DE INCOMPETÊNCIA. AÇÃO EM QUE SE DISCUTE A VALIDADE DE CLÁUSULAS DE CONTRATO DE CONCESSÃO COMERCIAL. VENDA DE VEÍCULOS AUTOMOTORES. AUTORA DA AÇÃO EM RECUPERAÇÃO JUDICIAL. CLÁUSULA DE ELEIÇÃO DE FORO. VIS ATTRACTIVA DO JUÍZO RECUPERACIONAL. INEXISTÊNCIA. PREVALÊNCIA DO FORO ELEITO. PRECEDENTES.
>
> 1. Exceção de incompetência apresentada em 25/7/2014. Recurso especial interposto em 9/5/2018 e concluso ao Gabinete em 4/11/2019.
>
> 2. O propósito recursal é definir o juízo competente para julgamento de ação - movida por sociedade empresária em recuperação judicial - que tem como objeto questões concernentes a contrato de concessão de venda de veículos automotores.
>
> 3. A Lei 11.101/05 dispõe, em seu art. 6º, §§ 1º e 3º, que o deferimento do processamento da recuperação judicial tem como efeito, sobre as ações ajuizadas em face do devedor, a suspensão de seus processamentos nos juízos onde estejam tramitando, inclusive aquelas que envolvam discussão sobre o pagamento de quantias ilíquidas. Nesses casos, o juízo competente poderá determinar a reserva das importâncias que estimar devidas no processo de soerguimento, sendo o respectivo crédito incluído na classe própria quando reconhecida a liquidez do direito.
>
> 4. Por outro lado, o julgamento de ações em que a recuperanda figure como autora ou litisconsorte ativa não compete ao juízo onde tramita a ação de soerguimento. Precedente da Terceira Turma.
>
> 5. Ainda que assim não fosse, a formação de um juízo universal e indivisível, dotado de competência para conhecer de todas as ações sobre bens, interesses e negócios do devedor, somente foi prevista na LFRE para as hipóteses de falência (art. 76), não havendo regra semelhante incidindo sobre os casos que envolvam processos de recuperação judicial.
>
> (...)
>
> RECURSO ESPECIAL PROVIDO.
>
> (REsp 1868182/BA, Rel. Ministra NANCY ANDRIGHI, TERCEIRA TURMA, julgado em 26/05/2020, DJe 29/05/2020)

6.5. Publicação de edital

Proferida a decisão de deferimento do processamento do pedido de recuperação judicial, "o juiz ordenará a expedição de **edital**, para publicação no órgão oficial, que conterá: I – o resumo do pedido do devedor e da decisão que defere o processamento da recuperação judicial; II – a relação nominal de credores, em que se discrimine o valor atualizado e a classificação de cada crédito; III – a advertência acerca dos prazos para habilitação dos créditos, na forma do art. 7.º, § 1.º, desta Lei, e para que os credores apresentem objeção ao plano de recuperação judicial apresentado pelo devedor nos termos do art. 55 desta Lei" (art. 52, § 1º da LRE).

A fim de reduzir os custos com a publicação do edital, pode-se admitir que a publicação seja feita de forma reduzida, com indicação de um site onde ficam as informações completas.[74] Nesse sentido, vale mencionar o que diz o enunciado 103 das Jornadas de Direito Comercial: "em se tratando de processo eletrônico, os editais previstos na Lei 11.101/2005 podem ser publicados em versão resumida, somente apontando onde se encontra a relação de credores nos autos, bem como indicando o sítio eletrônico que contenha a íntegra do edital".

Após a reforma da LRE, provocada pela Lei 14.112/2020, que passou a exigir que os administradores judiciais mantenham um site (art. 22, inciso I, alíneas 'k' e 'l'), esse entendimento se fortalece.

6.6. Verificação e habilitação de créditos na recuperação judicial

Uma das principais funções do administrador judicial, tanto na falência quanto na recuperação judicial, é fazer a verificação e a habilitação dos créditos, cujo procedimento está detalhado nos arts. 7º a 20 da LRE.

Ao contrário do que fazia a lei anterior, segundo a qual a habilitação dos créditos era feita pelo juiz, a LRE previu a "desjudicialização" dessa matéria, determinado, em seu art. 7º, que "a verificação dos créditos será realizada pelo administrador judicial, com base nos livros contábeis e documentos comerciais e fiscais do devedor e nos documentos que lhe forem apresentados pelos credores, podendo contar com o auxílio de profissionais ou empresas especializadas".

> Atuou aqui o legislador de maneira correta, com o chamado espírito de "desjudicialização" de matérias que podem ser solucionadas independentemente de atividade jurisdicional. (...)
>
> (...) agiu corretamente o legislador pois, para a simples formação de um quadro de credores, não há mesmo necessidade da jurisdição. Se o administrador, no exercício de seu trabalho, elabora o quadro-geral e todos estão de acordo, tal quadro deve apenas ser apresentado em juízo para os fins de direito, não havendo qualquer necessidade de decisões do juiz, tendo em vista que todas as partes estão de acordo com a classificação feita e com os valores apontados. (...)[75]

Na recuperação judicial, o procedimento de verificação e habilitação de créditos se inicia com a publicação do edital previsto no art. 52, § 1º da LRE. Com efeito, o art. 7º, § 1º da LRE diz que, "publicado o edital previsto no art. 52, § 1º (...), os credores terão o prazo de 15 (quinze) dias para apresentar ao administrador judicial suas habilitações ou suas divergências quanto aos créditos relacionados".

---

[74] "Observe-se, a propósito, o louvável uso que está bastante disseminado, no sentido de informar no edital que a relação de credores está publicada em determinado endereço eletrônico, diminuindo substancialmente a extensão da publicação; neste sentido, aliás, já vem se firmando a jurisprudência" (BEZERRA FILHO, Manoel Justino. *Lei de recuperação de empresas e falência*. 14ª ed. São Paulo: RT, 2019, p. 211).

[75] BEZERRA FILHO, Manoel Justino. *Lei de recuperação de empresas e falências comentada*. 4. ed. São Paulo: RT, 2007. p. 70-71.

Como o devedor apresentou uma relação de credores junto com a sua petição inicial (art. 51, inciso III da LRE), é esta relação que será objeto do edital mencionado, de modo que os credores, ao tomarem conhecimento dela, poderão adotar três condutas: (i) não fazer nada, se o seu crédito está devidamente relacionado[76]; (ii) fazer um pedido de habilitação, se o seu crédito não está sequer relacionado; oi (iii) apresentar uma divergência, se o seu crédito está relacionado, mas com algum equívoco (valor, natureza, classificação etc.).[77]

As habilitações e divergências devem conter as informações previstas no art. 9º da LRE[78], e serão apresentadas perante o administrador judicial, que deve "manter endereço eletrônico específico, para o recebimento de pedidos de habilitação ou a apresentação de divergências, ambos em âmbito administrativo, com modelos que poderão ser utilizados pelos credores, salvo decisão judicial em sentido contrário" (art. 22, inciso I, alínea 'l').

Apresentadas as referidas habilitações e divergências pelos credores interessados, aplica-se o § 2º do art. 7º da LRE: "o administrador judicial, com base nas informações e documentos colhidos na forma do caput e do § 1º deste artigo, fará publicar edital contendo a relação de credores no prazo de 45 (quarenta e cinco) dias, contado do fim do prazo do § 1º deste artigo, devendo indicar o local, o horário e o prazo comum em que as pessoas indicadas no art. 8º desta Lei terão acesso aos documentos que fundamentaram a elaboração dessa relação".

Tem-se, agora, uma segunda relação de credores, mais atualizada, mas que ainda não é definitiva, porque contra ela podem ser ajuizadas impugnações[79], conforme

---

76 Mesmo que o seu crédito não tenha sido relacionado, o credor também pode não fazer nada, segundo precedentes do STJ. Com efeito, a 2ª Seção do STJ já decidiu que "a habilitação é providência que cabe ao credor, mas a este não se impõe. Caso decida aguardar o término da recuperação para prosseguir na busca individual de seu crédito, é direito que se lhe assegura" (CC 114.952 – no mesmo sentido: AgInt no REsp 1.872.740 e REsp 1.571.107, ambos da 3ª Turma). Assim, a 4ª Turma decidiu, no REsp 1.851.692 (Informativo 698), que "o titular do crédito que for voluntariamente excluído do plano recuperacional detém a prerrogativa de decidir entre habilitar o seu crédito ou promover a execução individual após finda a recuperação. (...) Caso o credor excluído tenha optado pela execução individual, ficará obrigado a aguardar o encerramento da recuperação judicial e assumir as consequências jurídicas (processuais e materiais) de sua escolha, para só então dar prosseguimento ao feito, em consonância com o procedimento estabelecido pelo CPC". Essa decisão recebeu críticas da doutrina, sob a argumentação de que ela viola o princípio do tratamento paritário entre credores (*par condicio creditorum*) e cria incentivos para conluio entre o devedor e algum credor.

77 De acordo com o STJ, uma vez que o procedimento de habilitação de crédito tem caráter contencioso, com instrução probatória, o título que o embasa não precisa ser um título executivo, entendimento que vale tanto para a lei anterior quanto para a lei atual: "Procedimento de habilitação de crédito. Desnecessidade de embasamento em título executivo. 1. O requerimento de habilitação de crédito não precisa estar lastreado em título executivo, em razão do caráter cognitivo e contencioso do seu procedimento. 2. O contrato de abertura de crédito, a despeito de não ser considerado título executivo (Súmula n. 233 do STJ), é documento hábil a embasar requerimento de habilitação de crédito em processo falimentar. 3. Recurso especial conhecido em parte, mas desprovido (REsp 992.846/PR, Rel. Min. Antonio Carlos Ferreira, 4.ª Turma, j. 27.09.2011, DJe 03.10.2011).

78 Art. 9º A habilitação de crédito realizada pelo credor nos termos do art. 7º , § 1º , desta Lei deverá conter: I – o nome, o endereço do credor e o endereço em que receberá comunicação de qualquer ato do processo; II – o valor do crédito, atualizado até a data da decretação da falência ou do pedido de recuperação judicial, sua origem e classificação; III – os documentos comprobatórios do crédito e a indicação das demais provas a serem produzidas; IV – a indicação da garantia prestada pelo devedor, se houver, e o respectivo instrumento; V – a especificação do objeto da garantia que estiver na posse do credor. Parágrafo único. Os títulos e documentos que legitimam os créditos deverão ser exibidos no original ou por cópias autenticadas se estiverem juntados em outro processo.

79 Se não houver impugnações, aplica-se o art. 14: "Caso não haja impugnações, o juiz homologará, como quadro-geral de credores, a relação dos credores de que trata o § 2º do art. 7º, ressalvado o disposto no art. 7º-A desta Lei".

previsão do art. 8º da LRE: "no prazo de 10 (dez) dias, contado da publicação da relação referida no art. 7º , § 2º , desta Lei, o Comitê, qualquer credor, o devedor ou seus sócios ou o Ministério Público podem apresentar ao juiz impugnação contra a relação de credores, apontando a ausência de qualquer crédito ou manifestando-se contra a legitimidade, importância ou classificação de crédito relacionado".[80]

De acordo com o parágrafo único do art. 8º, "autuada em separado, a impugnação será processada nos termos dos arts. 13 a 15 desta Lei", e o art. 13, por sua vez, prevê que "a impugnação será dirigida ao juiz por meio de petição, instruída com os documentos que tiver o impugnante, o qual indicará as provas consideradas necessárias".

Caso haja mais de uma impugnação, cada uma "será autuada em separado, com os documentos a ela relativos, mas terão uma só autuação as diversas impugnações versando sobre o mesmo crédito" (art. 13, parágrafo único).

O art. 11 determina que "os credores cujos créditos forem impugnados serão intimados para contestar a impugnação, no prazo de 5 (cinco) dias, juntando os documentos que tiverem e indicando outras provas que reputem necessárias". E o art. 12 complementa: "transcorrido o prazo do art. 11 desta Lei, o devedor e o Comitê, se houver, serão intimados pelo juiz para se manifestar sobre ela no prazo comum de 5 (cinco) dias". Após esse prazo, "o administrador judicial será intimado pelo juiz para emitir parecer no prazo de 5 (cinco) dias, devendo juntar à sua manifestação o laudo elaborado pelo profissional ou empresa especializada, se for o caso, e todas as informações existentes nos livros fiscais e demais documentos do devedor acerca do crédito, constante ou não da relação de credores, objeto da impugnação" (parágrafo único).

Dando sequência ao procedimento de impugnação, o art. 15 diz o seguinte: "transcorridos os prazos previstos nos arts. 11 e 12 desta Lei, os autos de impugnação serão conclusos ao juiz, que: I – determinará a inclusão no quadro-geral de credores das habilitações de créditos não impugnadas, no valor constante da relação referida no § 2º do art. 7º desta Lei; II – julgará as impugnações que entender suficientemente esclarecidas pelas alegações e provas apresentadas pelas partes, mencionando, de cada crédito, o valor e a classificação; III – fixará, em cada uma das restantes impugnações, os aspectos controvertidos e decidirá as questões processuais pendentes; e IV – determinará as provas a serem produzidas, designando audiência de instrução e julgamento, se necessário".

Por fim, o art. 17 prevê que "da decisão judicial sobre a impugnação caberá agravo", e recebido o recuso no tribunal, "o relator poderá conceder efeito suspensivo à decisão que reconhece o crédito ou determinar a inscrição ou modificação do seu

---

80 A 3ª Turma do STJ já decidiu, por maioria, ser inviável a impugnação retardatária, que não se confunde com a habilitação retardatária, esta expressamente admitida na lei: "RECURSO ESPECIAL. RECUPERAÇÃO JUDICIAL. IMPUGNAÇÃO DE CRÉDITO. INTEMPESTIVIDADE. DECURSO DO PRAZO DO ART. 8º, CAPUT, DA LEI 11. 101/05. (...) 2. O propósito recursal é definir se, no curso do processo de recuperação judicial, a impugnação de crédito apresentada fora do prazo de 10 dias previsto no caput do art. 8º da Lei 11.101/05 pode ter seu mérito apreciado pelo juízo. 3. A norma do artigo retro citado contém regra de aplicação cogente, que revela, sem margem para dúvida acerca de seu alcance, a opção legislativa a incidir na hipótese concreta. Trata-se de prazo peremptório específico, estipulado expressamente pela lei de regência. 4. Eventual superação de regra legal deve ser feita de forma excepcional, observadas determinadas condições específicas, tais como elevado grau de imprevisibilidade, ineficiência ou desigualdade, circunstâncias não verificadas na espécie" (REsp 1.704.201/RS, Rel. Ministro PAULO DE TARSO SANSEVERINO, Rel. p/ Acórdão Ministra NANCY ANDRIGHI, TERCEIRA TURMA, julgado em 07/05/2019, DJe 24/05/2019). Cabe ressalvar, porém, o fato de que esse precedente é anterior à reforma da LRE, provocada pela Lei 14.112/2020, e que agora o art. 10, § 8º menciona expressamente a impugnação retardatária.

valor ou classificação no quadro-geral de credores, para fins de exercício de direito de voto em assembléia-geral" (parágrafo único).[81]

Ressalte-se que a perda do prazo para a apresentação de habilitação/divergência do crédito não significa que o credor perdeu o direito de fazê-lo: o art. 10 da LRE determina, apenas, que as habilitações, nesse caso, sejam recebidas como retardatárias[82], o que, por óbvio, trará algumas consequências negativas, como a prevista no § 1º: "na recuperação judicial, os titulares de créditos retardatários, excetuados os titulares de créditos derivados da relação de trabalho, não terão direito a voto nas deliberações da assembléia-geral de credores".

Se as habilitações/divergências retardatárias forem apresentadas antes da homologação do quadro-geral de credores, elas serão recebidas como impugnação e processadas na forma dos arts. 13 a 15 da LRE (art. 10, § 5.º). Se, no entanto, a habilitação/divergência for feita com tanto atraso que já tenha sido homologado o quadro-geral, será necessário requerer ao juízo, em ação própria que obedeça ao procedimento comum do CPC, a retificação do quadro, para a inclusão do respectivo crédito (art. 10, § 6.º).

Definidos, enfim, todos os incidentes acima descritos, caberá ao administrador judicial consolidar, definitivamente, o **quadro-geral de credores**, que será então homologado pelo juiz (art. 18 da LRE).

Esse quadro, vale destacar, "será formado com o julgamento das impugnações tempestivas e com as habilitações e as impugnações retardatárias decididas até o momento da sua formação" (art. 10, § 7º). Ele será "assinado pelo juiz e pelo administrador judicial, mencionará a importância e a classificação de cada crédito na data do requerimento da recuperação judicial ou da decretação da falência, será juntado aos autos e publicado no órgão oficial, no prazo de 5 (cinco) dias, contado da data da sentença que houver julgado as impugnações" (art. 18, parágrafo único).

Mas vale ressaltar que o referido quadro poderá ser alterado, após sua homologação, por meio de ação própria a ser ajuizada pelo administrador judicial, por qualquer credor, pelo comitê de credores ou pelo Ministério Público (art. 19 da LRE – no mesmo sentido, vale lembrar a regra do art. 10, § 6º)[83]. Nesta ação, que

---

81 Destaque-se que, conforme entendimento consolidado do STJ, são devidos honorários advocatícios nos casos em que a habilitação de crédito é impugnada, porque nesse caso a impugnação confere litigiosidade ao procedimento. Nesse sentido: "São devidos honorários advocatícios nas hipóteses em que o pedido de habilitação de crédito (...) for impugnado, conferindo litigiosidade ao processo. Precedentes" (REsp 1197177/RJ, Rel. Min. Nancy Andrighi, 3.ª Turma, j. 03.09.2013, DJe 12.09.2013); "*É impositiva a condenação aos honorários de sucumbência quando apresentada impugnação ao pedido de habilitação de crédito em concordata ou falência, haja vista a litigiosidade da demanda.* Precedentes" (AgRg no AREsp 62.801/SP, Rel. Min. Marco Buzzi, 4.ª Turma, j. 20.08.2013, DJe 30.08.2013).

82 Embora a LRE não mencione expressamente a possibilidade de divergência retardatária, parece-nos óbvio que ela deve ser admitida, a despeito desse vacilo do legislador. Nesse sentido: "a interpretação do art. 10 da LRE, conforme à Constituição, impõe, a partir do princípio constitucional da igualdade, a conclusão pela admissão da divergência retardatária" (COELHO, Fábio Ulhoa. *Comentários à Lei de Falências e Recuperação de Empresas*. 14ª ed. São Paulo: RT, 2021, p. 86).

83 Tratando-se de recuperação judicial, o STJ decidiu, antes da reforma da LRE, que o prazo fatal para a propositura dessa ação era a decisão de encerramento do processo recuperacional (art. 63 da LRE): "uma vez homologado o quadro-geral de credores, a única via para o credor pleitear a habilitação de seu crédito é a judicial, mediante a propositura de ação autônoma que tramitará pelo rito ordinário e que deve ser ajuizada até a prolação da decisão de encerramento do processo recuperacional" (REsp 1.840.166). Portanto, encerrada a recuperação judicial por sentença (art. 63), o STJ disse que eventuais credores não constantes do quadro-geral deveriam buscar a satisfação dos seus créditos por outras vias. Ocorre que a reforma da LRE incluiu no art. 10 o § 9º, com a seguinte redação: "a

seguirá o rito comum do CPC, poder-se-á "pedir a exclusão, outra classificação ou a retificação de qualquer crédito, nos casos de descoberta de falsidade, dolo, simulação, fraude, erro essencial ou, ainda, documentos ignorados na época do julgamento do crédito ou da inclusão no quadro-geral de credores".

Destaque-se que referida ação deverá ser ajuizada no juízo universal da falência ou, nas hipóteses previstas no art. 6.º, §§ 1.º e 2.º, da LRE, perante o juízo que tenha originariamente reconhecido o crédito (art. 19, § 1.º). Ademais, o eventual pagamento ao titular do crédito que ajuizou a ação em comento só poderá ser efetuado mediante a prestação de caução no mesmo valor do crédito questionado (art. 19, § 2.º).

6.7. A apresentação do plano de recuperação judicial

Publicada a decisão que defere o processamento do pedido de recuperação, o devedor terá prazo de 60 dias para apresentar ao juízo o seu *plano de recuperação*, conforme previsão do art. 53 da LRE: "o plano de recuperação será apresentado pelo devedor em juízo no prazo improrrogável de 60 (sessenta) dias da publicação da decisão que deferir o processamento da recuperação judicial, sob pena de convolação em falência".

Se o plano não for apresentado no prazo acima mencionado (60 dias), a falência do devedor será decretada. Portanto, é importante destacar: a partir do deferimento do processamento do pedido de recuperação judicial, ou o devedor conseguirá sua recuperação judicial ou sua falência será decretada. Não há uma terceira saída.

Ainda segundo o próprio art. 53 da LRE, o plano de recuperação do devedor deverá conter: "I – discriminação pormenorizada dos meios de recuperação a ser empregados, conforme o art. 50 desta Lei, e seu resumo; II – demonstração de sua viabilidade econômica; e III – laudo econômico-financeiro e de avaliação dos bens e ativos do devedor, subscrito por profissional legalmente habilitado ou empresa especializada".

Quanto à necessidade de "discriminação pormenorizada dos meios de recuperação", parece-nos claro que não deve ser admitida a apresentação genérica dos meios de recuperação. Ademais, em caso de consolidação processual/substancial, deve-se atentar para os arts. 69-I, § 1º e 69-L da LRE.

No tocante à demonstração da "viabilidade econômica" do plano de recuperação, o devedor deve demonstrar que, para os credores, a recuperação judicial será melhor do que eventual falência, mas vale destacar que não cabe ao juiz fazer essa análise, e sim aos próprios credores, que o farão quando do exercício do voto na assembleia geral.

Em relação ao "laudo econômico-financeiro e de avaliação dos bens e ativos do devedor", ele será fundamental para que os credores façam a referida análise de viabilidade econômica do plano de recuperação, isto é, se a recuperação judicial será melhor do que eventual falência.

---

recuperação judicial poderá ser encerrada ainda que não tenha havido a consolidação definitiva do quadro-geral de credores, hipótese em que as ações incidentais de habilitação e de impugnação retardatárias serão redistribuídas ao juízo da recuperação judicial como ações autônomas e observarão o rito comum".

Vê-se, pois, que o plano de recuperação não é uma mera formalidade, devendo ser encarado pelo devedor como a coisa mais importante para o eventual sucesso de seu pedido. Portanto, é interessante que o plano seja minuciosamente elaborado, se possível por profissionais especializados em administração de empresas ou áreas afins, e que proponha medidas viáveis para a superação da crise que atinge a empresa.

> Nesse momento, ocorre verdadeiro jogo político, tanto do devedor quanto dos credores. Ao devedor compete apresentar um plano viável e consistente, lembrado que um plano inconsistente levará à discordância dos credores e ao decreto de falência. Aos credores compete examinar o plano para que se veja a possibilidade de sua aprovação, cientes de que a alternativa à não aprovação é a falência, que sempre é pior do que a recuperação; no entanto, se o plano se afigura inviável, aos credores só resta mesmo a opção de discordância e consequente falência.[84]

Quanto a essas medidas, propostas no plano como meios de recuperação do devedor, o art. 50 da LRE oferece a ele um extenso rol de alternativas, espalhadas em dezoito incisos: "I – concessão de prazos e condições especiais para pagamento das obrigações vencidas ou vincendas; II – cisão, incorporação, fusão ou transformação de sociedade, constituição de subsidiária integral, ou cessão de cotas ou ações, respeitados os direitos dos sócios, nos termos da legislação vigente; III – alteração do controle societário; IV – substituição total ou parcial dos administradores do devedor ou modificação de seus órgãos administrativos; V – concessão aos credores de direito de eleição em separado de administradores e de poder de veto em relação às matérias que o plano especificar; VI – aumento de capital social; VII – trespasse ou arrendamento de estabelecimento, inclusive à sociedade constituída pelos próprios empregados; VIII – redução salarial, compensação de horários e redução da jornada, mediante acordo ou convenção coletiva; IX – dação em pagamento ou novação de dívidas do passivo, com ou sem constituição de garantia própria ou de terceiro; X – constituição de sociedade de credores; XI – venda parcial dos bens; XII – equalização de encargos financeiros relativos a débitos de qualquer natureza, tendo como termo inicial a data da distribuição do pedido de recuperação judicial, aplicando-se inclusive aos contratos de crédito rural, sem prejuízo do disposto em legislação específica; XIII – usufruto da empresa; XIV – administração compartilhada; XV – emissão de valores mobiliários; XVI – constituição de sociedade de propósito específico para adjudicar, em pagamento dos créditos, os ativos do devedor; XVII – conversão de dívida em capital social; e XVIII – venda integral da devedora, desde que garantidas aos credores não submetidos ou não aderentes condições, no mínimo, equivalentes àquelas que teriam na falência, hipótese em que será, para todos os fins, considerada unidade produtiva isolada".

Trata-se, porém, de rol meramente exemplificativo, nada impedindo, pois, que o devedor sugira outros.

A medida constante do inciso I é extremamente simplória, e, tomada de forma isolada, dificilmente resolverá a crise do devedor. Não custa lembrar que a antiga concordata baseava-se justamente nessa medida, e mostrou-se instituto totalmente

[84] BEZERRA FILHO, Manoel Justino, *Lei de recuperação de empresas e falências comentada*. 4. ed. São Paulo: RT, 2007. p. 146-147.

ineficiente na tarefa de ajudar os devedores na superação da crise que atravessavam. O mesmo se pode dizer da medida prevista no inciso IX.

Mas o que se vê, na prática, é que todos os planos de recuperação judicial usam o inciso I para estipular, acerca do pagamento das obrigações sujeitas, um longo período de carência, um extenso parcelamento e um agressivo deságio. Quanto a isso, é importante lembrar que cabe aos credores, conforme já destacamos, avaliar se é melhor aprovar um plano com tais características ou rejeitá-lo, neste caso tentando buscar a satisfação de seus créditos, nas suas condições originais, por meio do processo falimentar. Excepcionalmente, porém, defende-se a possibilidade de o juiz realizar um controle de legalidade de determinadas estipulações do plano que se inserem nessa possibilidade de "concessão de prazos e condições especiais para pagamento das obrigações vencidas ou vincendas": há quem defenda, por exemplo, que o juiz determine a aplicação de correção monetária mesmo quando ausente estipulação nesse sentido, ou que o juiz afaste estipulações que se fundamentem em condição potestativa, como a que subordina pagamentos a eventual faturamento da recuperanda.[85]

Nos incisos II, III, IV, V, VI, VII, XIII e XIV, por sua vez, preveem-se como meios de recuperação medidas que buscam, de certa forma, alterar o comando da empresa em crise, e pode ser exatamente disso que a empresa necessita. Com efeito, a crise da empresa muitas vezes é resultado de má administração, decorrente, por exemplo, da dificuldade de adaptação a novas tecnologias de produção, da incompetência na utilização dos recursos humanos e técnicos disponíveis ou da incapacidade de diversificação da atuação da empresa para absorver novas oportunidades de negócios. Assim, a simples mudança no controle societário (inciso III) pode significar uma verdadeira revolução na condução do empreendimento.[86] Ressalte-se, entretanto, que o plano de recuperação não deve apenas propor, de forma genérica, a realização de certas operações societárias, uma vez que elas *"representam instrumentos jurídicos que, por si sós, não são aptos a propiciar a recuperação da empresa em crise. É necessário contextualizá-las num plano econômico que mostre como sua efetivação poderá acarretar as condições para o reerguimento da atividade"*.[87]

O meio de recuperação previsto no inciso VIII pode ser muito eficiente, mas deve sempre ser precedido de contrato coletivo de trabalho, no qual os sindicatos e os trabalhadores por eles assistidos terão ampla possibilidade de discutir as medidas em questão. Em certas empresas, o diagnóstico da crise demonstra que o seu passivo trabalhista é o grande causador do *déficit* de suas contas. Nesses casos, a redução de salários, por exemplo, pode ser providência extremamente útil na superação da crise.

No inciso X, por outro lado, previu-se um meio de recuperação que depende essencialmente da vontade dos credores de continuar explorando a atividade desenvolvida pelo devedor em crise. Pode ser que o devedor esteja sem recursos para

---

85 Nesse sentido: SACRAMONE, Marcelo Barbosa. Comentários à lei de recuperação de empresas e falência. 2ª ed. São Paulo: Saraiva, 2021, p. 278-279.

86 Fábio Ulhoa Coelho discorda dessa opinião, entendendo que a alteração deve ser sempre "acompanhada de medidas de revitalização da empresa, como aumento do capital e mudanças na administração", uma vez que, segundo o autor, sem essas medidas correlatas, "é improvável que a simples mudança no controle societário leve à superação da crise." (COELHO, Fábio Ulhoa. *Comentários à lei de falências e recuperação de empresas*. 3. ed. São Paulo: Saraiva, 2005. p. 387).

87 COELHO, Fábio Ulhoa. *Comentários à lei de falências e recuperação de empresas*. 3. ed. São Paulo: Saraiva, 2005. p. 386.

modernizar o seu estabelecimento ou para fazer investimentos necessários à absorção de novos mercados emergentes. Os credores podem visualizar na empresa em crise um empreendimento com potencial para desenvolver-se e superar as dificuldades. Sendo assim, podem constituir sociedade para, por meio dela, assumirem o comando das atividades do devedor, na expectativa de que os eventuais lucros advindos da exploração da empresa em crise sejam superiores aos créditos que tinham a receber.

A medida constante do inciso XI é, em nossa opinião, solução que pode ser extremamente eficiente. Muitas vezes uma empresa possui uma grande parte de seu ativo imobilizado – sede, galpões, filiais etc. –, quando poderia ter os recursos referentes a esses bens em caixa para movimentá-los e aumentar seus ganhos de capital. Nesses casos, portanto, pode ser bastante útil vender alguns imóveis e locá-los posteriormente. Assim, o devedor pode usar os recursos adquiridos com a venda de seu ativo imobilizado para fazer novos investimentos.

Já o meio previsto no inciso XV, além de ser possível apenas para as sociedades anônimas, dificilmente será viável na prática, em nossa opinião. Afinal, provavelmente os investidores do mercado de capitais não estarão muito dispostos a adquirir valores mobiliários de uma empresa cuja crise econômica é tão acentuada que lhe exigiu recorrer ao Judiciário para a obtenção de recuperação judicial.

6.7.1. *A venda de filiais ou unidades produtivas isoladas do devedor*

Dispõe o art. 60 da LRE que, "se o plano de recuperação judicial aprovado envolver alienação judicial de filiais ou de unidades produtivas isoladas do devedor, o juiz ordenará a sua realização, observado o disposto no art. 142 desta Lei".

De acordo com o art. 60-A, incluído na LRE pela reforma provocada pela Lei 14.112/2020, "a unidade produtiva isolada de que trata o art. 60 desta Lei poderá abranger bens, direitos ou ativos de qualquer natureza, tangíveis ou intangíveis, isolados ou em conjunto, incluídas participações dos sócios".

Destaque-se ainda que, da mesma forma que prescreve o art. 141, II, da LRE, o parágrafo único do art. 60 estabelece que "O objeto da alienação estará livre de qualquer ônus e não haverá sucessão do arrematante nas obrigações do devedor de qualquer natureza, incluídas, mas não exclusivamente, as de natureza ambiental, regulatória, administrativa, penal, anticorrupção, tributária e trabalhista, observado o disposto no § 1º do art. 141 desta Lei".[88] Em suma: quem adquire uma filial ou UPI de empresa em recuperação judicial, nos termos do art. 60 e seu parágrafo único, não herda dívida alguma.[89]

---

88 A redação do dispositivo foi alterada na reforma da LRE, provocada pela Lei 14.112/2020, a fim de fazer menção expressa às dívidas "de natureza ambiental, regulatória, administrativa, penal, anticorrupção, tributária e trabalhista". O dispositivo foi inicialmente vetado pela Presidência da República, mas o Congresso nacional derrubou o veto. Na verdade, entendo que a redação original já permitia essa interpretação de ausência total de sucessão, mas entendeu-se que era melhor deixar a questão em termos mais explícitos, em nome da segurança jurídica dos adquirentes.

89 "A determinação da Lei é essa porque a recuperanda, por óbvio, já possui débitos resultantes de seu estado de crise econômico-financeira. Portanto, em caso de sucessão subjetiva do adquirente, não haveria interessados no negócio jurídico de trespasse, inviabilizando a venda e esse importante meio de recuperação" (COSTA, Daniel Carnio; MELO, Alexandre Correa Nasser De. *Comentários à Lei de Recuperação de Empresas e Falência*, art. 60 «in» JuruáDocs n. 201.2281.1973.8724. Disponível em: <www.juruadocs.com>. Acesso em: 22/02/2021).

Sobre esse dispositivo legal, foi aprovado o Enunciado 47 das Jornadas de Direito Comercial: "nas alienações realizadas nos termos do art. 60 da Lei 11.101/2005, não há sucessão do adquirente nas dívidas do devedor, inclusive nas de natureza tributária, **trabalhista e decorrentes de acidentes de trabalho**".[90]

É verdade que alguns juízes trabalhistas não entendem dessa forma, e muitas vezes reconhecem a ocorrência de sucessão trabalhista nesses casos, mas a jurisprudência do STJ exclui a sucessão trabalhista, e ainda afirma que a competência para decidir qualquer questão sobre eventual efeito da venda de filial ou unidade produtiva isolada feita com base no art. 60, parágrafo único da LRE é do juízo da recuperação judicial, e não da Justiça do Trabalho:

> CONFLITO DE COMPETÊNCIA. RECUPERAÇÃO JUDICIAL. ALIENAÇÃO DE UNIDADE PRODUTIVA ISOLADA, COM FULCRO NO ART. 60, PARÁGRAFO ÚNICO, DA LEI N. 11.101/2005. RECONHECIMENTO DE SUCESSÃO TRIBUTÁRIA PELO JUÍZO TRABALHISTA. INVASÃO DA COMPETÊNCIA DO JUÍZO DA RECUPERAÇÃO.
>
> 1. O ponto fulcral da controvérsia reside na definição do juízo competente para averiguar a existência ou não de sucessão, pelas adquirentes de unidade produtiva isolada (UPI) pertencente à sociedade em recuperação judicial, das obrigações e dos ônus da recuperanda, o que perpassa, necessariamente, pela aferição da validade do plano de recuperação no que tange às previsões e regras dessa alienação.
>
> 2. A jurisprudência desta Casa tem reiteradamente reconhecido a configuração de conflito nas hipóteses em que juízos distintos divergem acerca da existência de sucessão nas dívidas e obrigações da recuperanda pela arrematante, nos casos de alienação judicial de unidade produtiva (art. 60, parágrafo único, c/c art. 141, § 1º, da Lei n. 11.101/2005), inclusive declarando a competência do Juízo da recuperação judicial, haja vista ser este o mais habilitado para verificar a extensão e a higidez da alienação, além do evidente prejuízo decorrente do desenvolvimento simultâneo da atividade jurisdicional, sobre o mesmo tema, pelos juízos suscitados.
>
> 3. Conflito de competência conhecido para declarar a competência do Juízo da recuperação.
>
> (CC 152.841/SP, Rel. Ministro MOURA RIBEIRO, Rel. p/ Acórdão Ministro LUIS FELIPE SALOMÃO, SEGUNDA SEÇÃO, julgado em 08/11/2018, DJe 04/12/2018)

Sobre a forma de vender as filiais ou unidades produtivas isoladas, a parte final do art. 60 da LRE é bastante clara: deve ser observado o procedimento do art. 142 da LRE.

Na sua redação original, esse dispositivo previa a realização de hasta pública e admitia três formas de venda (leilão, propostas fechadas e pregão). No entanto, no julgamento do REsp 1.689.187, a 3ª Turma do STJ admitiu, excepcionalmente, que a venda de filial ou unidade produtiva isolada fosse feita de forma direta, sem necessidade de hasta pública. Segundo o relator, Ministro Ricardo Villas Bôas Cueva, "a despeito de a transparência e a concorrência estarem melhor garantidas com a realização de hasta pública para a alienação de UPI, sendo esta a regra que deve

[90] Vale ainda mencionar o enunciado 104 das Jornadas de Direito Comercial: "não haverá sucessão do adquirente de ativos em relação a penalidades pecuniárias aplicadas ao devedor com base na Lei n. 12.846/2013 (Lei Anticorrupção), quando a alienação ocorrer com fundamento no art. 60 da Lei 11.101/2005".

ser aplicada na maior parte dos casos, como defende a doutrina majoritária, existem situações em que a flexibilização da forma de alienação, nos termos do artigo 145, é a única maneira de viabilizar a venda". Na conclusão do seu voto, ficou consignado o seguinte: "(i) a alienação de UPI na RJ deve seguir a regra dos arts. 60 e 142 da Lei 11.101/2005 (venda por hasta pública) e (ii) essa regra, com a aplicação do disposto no art. 145, que prevê outras modalidades de alienação, somente pode ser afastada em situações excepcionais, que devem estar explicitamente justificadas. Nessas hipóteses, as condições do negócio devem estar minuciosamente descritas no PRJ, que deve ter votação destacada deste ponto, ser aprovado por maioria substancial dos credores (art. 46) e, posteriormente, homologado pelo juízo". Confira-se, a propósito, a ementa do acórdão:

> RECURSO ESPECIAL. EMPRESARIAL. RECUPERAÇÃO JUDICIAL. ALIENAÇÃO. UNIDADES PRODUTIVAS ISOLADAS. HASTA PÚBLICA. REGRA. OUTRA MODALIDADE. EXCEÇÃO. REQUISITOS. COMPROVAÇÃO. NECESSIDADE.
>
> 1. Recurso especial interposto contra acórdão publicado na vigência do Código de Processo Civil de 1973 (Enunciados Administrativos nºs 2 e 3/STJ).
>
> 2. Cinge-se a controvérsia a definir se a alienação de ativos na forma de unidade produtiva isolada pode se dar por meio diverso do previsto nos artigos 60 e 142 da Lei nº 11.101/2005.
>
> 3. A alienação de unidades produtivas isoladas prevista em plano de recuperação judicial aprovado deve, **em regra**, se dar na forma de alienação por hasta pública, conforme o disposto nos artigos 60 e 142 da Lei nº 11.101/2005.
>
> 4. **A adoção de outras modalidades de alienação, na forma do artigo 145 da Lei nº 11.101/2005, só pode ser admitida em situações excepcionais, que devem estar explicitamente justificadas na proposta apresentadas aos credores. Nessas hipóteses, as condições do negócio devem estar minuciosamente descritas no plano de recuperação judicial que deve ter votação destacada deste ponto, ser aprovado por maioria substancial dos credores e homologado pelo juiz**.
>
> 5. No caso dos autos, a venda direta da unidade produtiva isolada foi devidamente justificada, tendo sido obedecidos os demais requisitos que autorizam o afastamento da alienação por hasta pública.
>
> 6. Recurso especial não provido.
>
> (REsp 1689187/RJ, Rel. Ministro RICARDO VILLAS BÔAS CUEVA, TERCEIRA TURMA, julgado em 05/05/2020, DJe 11/05/2020)

Ocorre que com a reforma da LRE o art. 142 sofreu profunda reformulação, que me parece ir no mesmo sentido desse precedente do STJ: com efeito, as formas de venda agora são (i) leilão eletrônico, presencial ou híbrido; (ii) – processo competitivo organizado promovido por agente especializado e de reputação ilibada, cujo procedimento deverá ser detalhado em relatório anexo ao plano de realização do ativo ou ao plano de recuperação judicial, conforme o caso; e (iii) qualquer outra modalidade, desde que aprovada nos termos desta Lei.

6.7.2. Os créditos trabalhistas no plano de recuperação judicial

Segundo o art. 54 da LRE, "o plano de recuperação judicial não poderá prever prazo superior a 1 (um) ano para pagamento dos créditos derivados da legislação do trabalho ou decorrentes de acidentes de trabalho vencidos até a data do pedido de recuperação judicial".

E mais: "o plano não poderá, ainda, prever prazo superior a 30 (trinta) dias para o pagamento, até o limite de 5 (cinco) salários mínimos por trabalhador, dos créditos de natureza estritamente salarial vencidos nos 3 (três) meses anteriores ao pedido de recuperação judicial" (§ 1º).

A reforma da LRE, provocada pela Lei 14.112/2020, permitiu que, excepcionalmente, o prazo do *caput* do art. 54 seja "estendido em até 2 (dois) anos", mas somente "se o plano de recuperação judicial atender aos seguintes requisitos, cumulativamente: I – apresentação de garantias julgadas suficientes pelo juiz; II – aprovação pelos credores titulares de créditos derivados da legislação trabalhista ou decorrentes de acidentes de trabalho, na forma do § 2º do art. 45 desta Lei; e III – garantia da integralidade do pagamento dos créditos trabalhistas".

Sobre o termo inicial da contagem desse prazo para pagamento dos credores trabalhistas, o STJ decidiu, no julgamento do REsp 1.924.164 (Informativo 701), que "o termo inicial da contagem do prazo para pagamento dos credores trabalhistas no procedimento de recuperação judicial do devedor é a data da concessão desta". A relatora, Ministra Nancy, reconheceu que "a lei falimentar e recuperacional não prevê o termo inicial do prazo de pagamento dos credores trabalhistas", mas destacou que "a doutrina, apesar de manifestar certa divergência, é majoritária no sentido de que tal prazo deverá ser contado da data da concessão da recuperação judicial". Ela citou precedente do próprio STJ (REsp 1.853.347) e, fazendo uma interpretação sistemática da LFRE, decidiu que o início do cumprimento de qualquer obrigação prevista no plano de recuperação está condicionado à concessão da recuperação judicial (art. 61 c/c art. 58).

> RECURSO ESPECIAL. RECUPERAÇÃO JUDICIAL. PRAZO PARA PAGAMENTO DOS CREDORES TRABALHISTAS. MARCO INICIAL. ART. 54 DA LEI 11.101/05. DATA DA CONCESSÃO DA RECUPERAÇÃO JUDICIAL. MOMENTO A PARTIR DO QUAL AS OBRIGAÇÕES DEVEM SER CUMPRIDAS.
>
> (...)
>
> 2. O propósito recursal consiste em definir o termo inicial da contagem do prazo para pagamento dos credores trabalhistas no procedimento de recuperação judicial do devedor.
>
> 3. A liberdade de negociar prazos de pagamentos é diretriz que serve de referência à elaboração do plano de recuperação judicial. Todavia, a fim de evitar abusos que possam inviabilizar a concretização dos princípios que regem o processo de soerguimento, a própria Lei 11.101/05 cuidou de impor limites à deliberação dos envolvidos na negociação. Dentre esses limites, vislumbra-se aquele estampado em seu art. 54, que garante o pagamento privilegiado de créditos trabalhistas. Tal privilégio encontra justificativa por incidir sobre verba de natureza alimentar, titularizada por quem goza de proteção jurídica especial em virtude de sua maior vulnerabilidade.
>
> 4. A par de garantir pagamento especial aos credores trabalhistas no prazo de um ano, o art. 54 da LFRE não fixou o marco inicial para cumprimento dessa obrigação.
>
> 5. Todavia, decorre da interpretação sistemática desse diploma legal que **o início do cumprimento de quaisquer obrigações previstas no plano de soerguimento está condicionado à concessão da recuperação judicial (art. 61, caput, c/c o art. 58, caput, da LFRE).**

6. Isso porque é apenas a partir da concessão do benefício legal que o devedor poderá satisfazer seus credores, conforme assentado no plano, sem que isso implique tratamento preferencial a alguns em detrimento de outros. Doutrina.
7. Vale observar que, quando a lei pretendeu que determinada obrigação fosse cumprida a partir de outro marco inicial, ela o declarou de modo expresso, como ocorreu, a título ilustrativo, na hipótese do inciso III do art. 71 da LFRE (plano especial de recuperação judicial).
8. Acresça-se a isso que a novação dos créditos existentes à época do pedido (art. 59 da LFRE) apenas se perfectibiliza, para todos os efeitos, com a prolação da decisão que homologa o plano e concede a recuperação, haja vista que, antes disso, verificada uma das situações previstas no art. 73 da LFRE, o juiz deverá convolar o procedimento recuperacional em falência.
9. Nesse norte, não se poderia cogitar que o devedor adimplisse obrigações antes de ser definido que o procedimento concursal será, de fato, a recuperação judicial e não a falência. Somente depois de aprovado o plano e estabelecidas as condições específicas dos pagamentos é que estes podem ter início. Doutrina.
10. O fundamento que serve de suporte à conclusão do acórdão recorrido - no sentido de que o pagamento dos créditos trabalhistas deveria ter início imediatamente após o decurso do prazo suspensivo de 180 dias - decorre da compreensão de que, findo tal período, estaria autorizada a retomada da busca individual dos créditos detidos contra a recuperanda. Essa compreensão, contudo, não encontra respaldo na jurisprudência deste Tribunal Superior, que possui entendimento consolidado no sentido de que o decurso do prazo acima indicado não pode conduzir, automaticamente, à retomada da cobrança dos créditos sujeitos ao processo de soerguimento, uma vez que o objetivo da recuperação judicial é garantir a preservação da empresa e a manutenção dos bens de capital essenciais à atividade na posse da devedora. Precedente.
11. Ademais, a manutenção da solução conferida pelo Tribunal de origem pode resultar em prejuízo aos próprios credores a quem a Lei 11.101/05 procurou conferir tratamento especial, haja vista que, diante dos recursos financeiros limitados da recuperanda, poderão eles ser compelidos a aceitar deságios ainda maiores em razão de terem de receber em momento anterior ao início da reorganização da empresa.
RECURSO ESPECIAL PROVIDO.

(REsp 1.924.164/SP, Rel. Ministra NANCY ANDRIGHI, TERCEIRA TURMA, julgado em 15/06/2021, DJe 17/06/2021)

Respeitadas essas regras do art. 54 e seus parágrafos, pode um plano de recuperação judicial prever um deságio para pagamento dos créditos trabalhistas? No julgamento da TP 2.778, o Ministro Ricardo Villas Bôas Cueva, em decisão monocrática, entendeu que sim: o tribunal estadual tinha declarado a nulidade de uma cláusula (aprovada por unanimidade) do plano de recuperação judicial que previu deságio de 60% para os créditos trabalhistas, sob o fundamento de que não houve "participação do sindicato dos trabalhadores" (art. 50, inciso VIII da LRE), mas o Ministro Cueva afirmou que "não existe, a princípio, óbice para o pagamento do crédito trabalhista com deságio, tampouco se exige a presença do sindicato dos trabalhadores para validade da votação implementada pela assembleia geral de credores".[91]

[91] Foi uma decisão monocrática, mas me parece que ela tende a ser mantida pela 3ª Turma, uma vez que o STJ tem jurisprudência consolidada no sentido de que o controle judicial das deliberações da assembleia geral de credores

Destaque-se ainda que alguns créditos são **equiparados a créditos trabalhistas** para fins de classificação na recuperação judicial (ou na falência). É o caso dos créditos devidos aos representantes comerciais autônomos a título de comissões (art. 44 da Lei 4.886/1965) e dos créditos referentes a honorários de profissionais liberais, como **advogados contadores etc.**, ainda que o titular seja pessoa jurídica: "os créditos resultantes de honorários advocatícios, sucumbenciais ou contratuais, têm natureza alimentar e equiparam-se aos trabalhistas para efeito de habilitação em falência, seja pela regência do Decreto-lei 7.661/1945, seja pela forma prevista na Lei 11.101/2005, observado o limite de valor previsto no art. 83, I, do referido diploma legal" (REsp 1.152.218/RS; no mesmo sentido: 1.851.770). É o caso, também, de quaisquer outros créditos que tenham natureza alimentar, como um crédito decorrente de pensão fixada em decisão judicial contra a empresa falida ou em recuperação: "o Superior Tribunal de Justiça tem entendido que créditos de natureza alimentar, ainda que não decorram especificamente de relação jurídica submetida aos ditames da legislação trabalhista, devem receber tratamento análogo para fins de classificação em processos de execução concursal. Versando a hipótese sobre valores que ostentam indubitável natureza alimentar, pois se referem à pensão fixada em decorrência de perda definitiva da capacidade laboral do recorrido, deve ser observado, quanto a esses, o tratamento conferido aos créditos derivados da legislação do trabalho" (REsp 1.799.041). É também o caso de créditos decorrentes de condenação por danos morais imposta à recuperanda na Justiça do Trabalho (REsp 1.869.964). Tratando-se, porém, de crédito decorrente de astreintes (multa processual), mesmo que aplicada no bojo de processo trabalhista, tem natureza de crédito quirografário (REsp 1.804.563).

Para finalizar, uma questão polêmica sobre o tratamento dos créditos trabalhistas: o plano de recuperação judicial pode estabelecer que o valor excedente a determinado montante de um crédito trabalhista será reclassificado como crédito quirografário, prevendo para ele um pagamento parcelado em prazo superior ao previsto no art. 54 da LRE?

No REsp 1.812.143, a 4ª Turma do STJ analisou um caso em que o plano de recuperação judicial criou uma subclasse de credores trabalhistas (titulares de créditos superiores a 150 salários-mínimos) e previu, para eles, um pagamento parcelado em prazo bem superior ao previsto no art. 54 da LRE. Um escritório de advocacia titular de crédito de aproximadamente R$ 4 milhões, referentes a honorários advocatícios (crédito trabalhista por equiparação, conforme jurisprudência), recorreu, e o tribunal local deu provimento ao recurso, afirmando que "o art. 83 da Lei 11.101/2005 é inaplicável à RJ, motivo pelo qual os créditos trabalhistas (e seus equivalentes) habilitados não se sujeitam ao limite de 150 salários-mínimos estabelecido no bojo da falência". Interposto recurso especial, a ele foi dado provimento, "para reformar o acórdão e, assim, restabelecer os termos convencionados no plano de recuperação judicial sobre o crédito em discussão". O relator, Ministro Marco Buzzi, destacou que o crédito discutido nos autos, além de ser "trabalhista por equiparação", tinha valor

---

deve limitar-se a aspectos de legalidade, não cabendo ao Poder Judiciário se imiscuir em questões que dizem respeito à viabilidade econômica da empresa recuperanda e do seu plano de recuperação.

expressivo, de modo que o montante excedente a 150 salários-mínimos não merecia o reconhecimento como "verba de natureza alimentar", legitimando a estipulação, no plano de recuperação judicial, de que o seu pagamento fosse feito como crédito quirografário, tal como ocorre na falência (Buzzi ainda lembrou que, na falência, o STF já reconheceu a constitucionalidade do inciso I do art. 83 da LRE, regra que determina essa cisão do crédito trabalhista). O relator destacou também a existência de precedentes da 3ª e da 4ª Turmas sobre o mesmo tema:

> RECURSOS ESPECIAIS. RECUPERAÇÃO JUDICIAL. DISCUSSÃO QUANTO À LEGALIDADE DE CLÁUSULA CONSTANTE DO PLANO DE RECUPERAÇÃO JUDICIAL APROVADO QUE ESTABELECE LIMITE DE VALOR PARA O TRATAMENTO PREFERENCIAL DO CRÉDITO TRABALHISTA, INSERIDO NESTE O RESULTANTE DE HONORÁRIOS ADVOCATÍCIOS, DESDE QUE DE TITULARIDADE DE ADVOGADO PESSOA FÍSICA. 1. CONTROLE JUDICIAL DE LEGALIDADE DO PLANO DE RECUPERAÇÃO JUDICIAL APROVADO PELA ASSEMBLEIA GERAL DE CREDORES. POSSIBILIDADE, EM TESE. 2. CRÉDITO DECORRENTE DE HONORÁRIOS ADVOCATÍCIOS. NATUREZA ALIMENTAR, A ENSEJAR TRATAMENTO PREFERENCIAL EQUIPARADO AO CRÉDITO TRABALHISTA. TESE FIRMADA EM REPETITIVO. COMPREENSÃO QUE NÃO SE ALTERA EM VIRTUDE DE A DISCUSSÃO SE DAR NO BOJO DE RECUPERAÇÃO JUDICIAL; DE O TITULAR SER SOCIEDADE DE ADVOGADOS; OU DE SE TRATAR DE EXPRESSIVO VALOR. 3. ESTABELECIMENTO DE PATAMARES MÁXIMOS PARA QUE OS CRÉDITOS TRABALHISTAS E EQUIPARADOS TENHAM UM TRATAMENTO PREFERENCIAL, CONVERTENDO-SE, O QUE SOBEJAR DESSE LIMITE QUANTITATIVO, EM CRÉDITO QUIROGRAFÁRIO. LICITUDE DO PROCEDER. 4. RECURSOS ESPECIAIS IMPROVIDOS.
>
> 1. Afigura-se absolutamente possível que o Poder Judiciário, sem imiscuir-se na análise da viabilidade econômica da empresa em crise, promova controle de legalidade do plano de recuperação judicial que, em si, em nada contemporiza a soberania da assembleia geral de credores.
>
> 2. Especificamente em razão da natureza dos créditos resultantes de honorários advocatícios, que ostenta o caráter alimentar, admite-se a equiparação destes com o créditos trabalhistas, a ensejar aos seus titulares os correspondentes privilégios fixados em lei em face de concurso de credores em geral, tal como se dá na falência e na recuperação judicial. Tese firmada em recurso especial representativo da controvérsia pela Corte Especial, por ocasião do julgamento do REsp 1.152.218/ES.
>
> 2.1 A qualificação de determinado crédito, destinada a situá-lo em uma das diversas classes de credores, segundo a ordem de preferência legal, há de ter tratamento único, seja na recuperação judicial, seja na falência, naturalmente para dar consecução ao declarado propósito de conferir tratamento isonômico aos titulares do crédito de uma mesma categoria. Não se divisa, assim, nenhuma razão jurídica idônea, ou de ordem prática, que justifique a admissão do tratamento equiparado do crédito resultante de honorários advocatícios ao crédito trabalhista na falência, mas o refute no bojo da recuperação judicial.
>
> 2.2 A partir do específico tratamento legal ofertado às sociedades de advogados, considerado o seu objeto social, constata-se que os honorários advocatícios decorrem, necessariamente, do labor, da exploração da atividade profissional de advocacia exercida por seus sócios, do que decorre sua natureza alimentar e, pois, sua similitude com o crédito trabalhista a ensejar o mesmo tratamento privilegiado. É indiferente, para esse propósito, se a exploração da atividade profissional da advocacia dá-se individualmente, ou se organizada em sociedade simples. Fato é que a remuneração pelo trabalho desenvolvido pelos advogados em sociedade é, na forma do contrato social, repartida e destina-se, de igual modo, à subsistência de cada um dos causídicos integrantes da banca e de sua família.

2.3 A considerável importância econômica do crédito resultante de honorários advocatícios, titularizado pela sociedade de advogados recorrente, habilitado na recuperação judicial subjacente, em si, também não desnatura sua qualidade de verba alimentar.

3. **Sem descurar dos privilégios legais daí advindos, em se tratando de concurso de credores, de todo desejável, senão necessária, a equalização dos direitos e interesses de todos os envolvidos. Para esse propósito, ressai absolutamente possível o estabelecimento de patamares máximos para que os créditos trabalhistas (ou a eles equiparados) tenham um tratamento preferencial, definido pela lei, no caso da falência (art. 83, I, da LRF), ou, consensualmente, no caso da recuperação judicial, convertendo-se, o que sobejar desse limite quantitativo, em crédito quirografário.**

3.1 A proteção legal, como se constata, destina-se a garantir o pagamento prévio dos credores trabalhistas e equiparados – e nisso reside o privilégio legal – de uma quantia suficiente e razoável que lhe garanta a subsistência, um mínimo para o seu sustento. Em relação àquilo que excede essa importância, ainda que se revista da natureza alimentar, seu titular não faz jus ao tratamento privilegiado de receber com precedência aos demais credores.

3.2 A preferência legal conferida à classe dos empregados e equiparados justifica-se pela necessidade de se privilegiar aqueles credores que se encontram em situação de maior debilidade econômica e possuem como fonte de sobrevivência, basicamente, a sua força de trabalho, devendo-se, por isso, abarcar o maior número de pessoas que se encontrem em tal situação.

3.3 No processo recuperacional, por ocasião da deliberação do plano de recuperação apresentado, credores, representados por sua respectiva classe, e devedora, procedem às tratativas negociais destinadas a adequar os interesses contrapostos, bem avaliando em que extensão de esforços e renúncias estariam dispostos a suportar, no intento de reduzir os prejuízos que se avizinham (sob a perspectiva dos credores), bem como de permitir a reestruturação da empresa em crise (sob o enfoque da devedora). Cabe, portanto, às recuperandas e aos credores da respectiva classe, segundo os critérios e quórum definidos em lei, deliberarem sobre o estabelecimento de um patamar máximo para o tratamento preferencial dos créditos trabalhistas, não havendo a incidência automática do limite previsto no art. 83, I, da LRF, tal como pretendido, subsidiariamente, pelas recuperandas.

3.4 **Na presente hipótese, em relação aos débitos trabalhistas, no que se inserem os honorários advocatícios, as recuperandas estipularam o limite de R$ 2.000.000,00, (dois milhões de reais), a fim de assegurar a natureza alimentar, sendo que qualquer valor que excedesse esse limite seria tratado como crédito quirografário, o que foi devidamente aprovado pela correlata classe de credores.**

3.5 Justamente para evitar que os poucos credores trabalhistas, titulares de expressivos créditos, imponham seus interesses em detrimento dos demais, a lei de regência, atenta às particularidades dessa classe, determina que "a proposta deverá ser aprovada pela maioria simples dos credores presentes, independentemente do valor de seu crédito" (§ 2º do art. 45 da LRF).

3.6 Se assim é, a sociedade de advogados recorrente, que pretende ser reconhecida, por equiparação, como credora trabalhista, há, naturalmente, de se submeter às decisões da respectiva classe. Afigurar-se-ia de todo descabido, aliás, concebê-la como credora trabalhista equiparada, com os privilégios legais daí advindos, e afastar-lhe o limite quantitativo imposto aos demais trabalhadores, integrantes dessa classe de credores.

4. Recursos especiais improvidos.

> (REsp 1.649.774/SP, Rel. Ministro MARCO AURÉLIO BELLIZZE, TERCEIRA TURMA, julgado em 12/02/2019, DJe 15/02/2019)
>
> AGRAVO INTERNO NO RECURSO ESPECIAL. DIREITO COMERCIAL. RECUPERAÇÃO JUDICIAL. HONORÁRIOS DE ADVOGADOS. HABILITAÇÃO COMO CRÉDITO TRABALHISTA. LIMITAÇÃO DE PAGAMENTO ANUAL.POSSIBILIDADE, DESDE QUE ESTABELECIDO NO PLANO DE RECUPERAÇÃO JUDICIAL. ACÓRDÃO RECORRIDO EM CONFORMIDADE COM A JURISPRUDÊNCIA DO STJ. AGRAVO NÃO PROVIDO.
>
> 1. Os créditos resultantes de honorários advocatícios têm natureza alimentar e equiparam-se aos trabalhistas para efeito de habilitação em falência ou recuperação judicial. Precedentes.
>
> 2. **Possibilidade de estabelecer o limite previsto no art. 83, I, da Lei n. 11.101/2005 às empresas em recuperação judicial, mas desde que devidamente previsto pelo respectivo Plano, instrumento adequado para dispor sobre forma de pagamento dos créditos. Precedente.**
>
> 3. Ausência de previsão, no caso concreto, da limitação, nos termos do art. 83, I, da Lei n. 11.101/2005, do pagamento aos credores trabalhistas ou equiparados no plano de recuperação.
>
> 4. Agravo interno não provido.
>
> (AgInt no REsp 1.924.178/SP, Rel. Ministro LUIS FELIPE SALOMÃO, QUARTA TURMA, julgado em 14/09/2021, DJe 23/09/2021)

Em suma: decidiu-se, mais uma vez, que o plano de recuperação judicial pode fixar um limite para os créditos trabalhistas de alto valor, limite esse que represente sua "natureza alimentar", e a esses créditos "limitados" se aplicará a regra do art. 54 da LRE, que restringe a possibilidade de alongamento do pagamento, conforme visto. Por outro lado, os valores que excederem esse limite (que pode ser 150 salários-mínimos, por aplicação analógica do inciso I do art. 83 da LRE, ou outro valor superior livremente estipulado no plano de recuperação judicial) serão reclassificados como créditos quirografários, não se aplicando a eles as restrições do art. 54.

> RECURSO ESPECIAL - AUTOS DE AGRAVO DE INSTRUMENTO NA ORIGEM - RECUPERAÇÃO JUDICIAL - HONORÁRIOS DE ADVOGADO - CRÉDITO TRABALHISTA POR EQUIPARAÇÃO - POSSIBILIDADE DE LIMITAÇÃO DE PAGAMENTO, DESDE QUE CONSENSUALMENTE ESTABELECIDO PELA ASSEMBLEIA GERAL DE CREDORES - PRECEDENTES DE AMBAS AS TURMAS DE DIREITO PRIVADO DO STJ.
>
> 1. O Superior Tribunal de Justiça possui jurisprudência firmada no sentido de que não há aplicação automática do limite previsto no art. 83, I, da Lei nº 11.101/2005 às empresas em recuperação judicial, pois a forma de pagamento dos créditos é estabelecida consensualmente pelos credores e pela recuperanda no plano de recuperação judicial 1.1. É permitido, portanto, à Assembleia Geral de Credores - AGC, em determinados créditos e situações específicas, a liberdade de negociar prazos de pagamentos, diretriz, inclusive, que serve de referência à elaboração do plano de recuperação judicial da empresa.
>
> 2. **Em se tratando de crédito trabalhista por equiparação (honorários advocatícios de alta monta), as Turmas de Direito Privado firmaram o entendimento de que é possível, por deliberação da AGC, a aplicação do limite previsto no art. 83, I, da Lei 11.101/2005 às empresas em recuperação judicial, desde que devida e expressamente previsto pelo plano de recuperação judicial, instrumento adequado para dispor sobre forma de pagamento das dívidas da empresa em soerguimento (princípio da preservação da empresa). Precedentes.**

> 3. Recurso especial provido para cassar o acórdão estadual e, por conseguinte, restabelecer, em relação ao referido crédito concursal, o plano de recuperação judicial homologado pelo juízo universal.
>
> (REsp 1812143/MT, Rel. Ministro MARCO BUZZI, QUARTA TURMA, julgado em 09/11/2021, DJe 17/11/2021)

Note-se que o precedente acima transcrito se refere a créditos trabalhistas "equiparados" (no caso, eram honorários advocatícios), mas a fundamentação dele e dos demais precedentes mencionados parece permitir que a mesma sistemática seja aplicada aos créditos trabalhistas "puros".

6.7.3. A aplicação da **failing firm theory** *no Brasil*

O art. 50, II, da LRE prevê que o plano de recuperação judicial pode propor como meio de recuperação a realização de uma determinada operação societária (fusão, incorporação etc.).

Conforme dito no capítulo 4, algumas dessas operações societárias podem depender, para sua concretização, da aprovação prévia do CADE (Conselho Administrativo de Defesa Econômica), desde que presentes, cumulativamente, os requisitos do art. 88 da Lei 12.529/2011: (i) participação de agente econômico com faturamento bruto anual ou volume de negócios no Brasil igual ou superior a R$ 750 milhões (setecentos e cinquenta milhões de reais), e (ii) participação de outro agente econômico com faturamento bruto anual ou volume de negócios no Brasil igual ou superior a R$ 75.000.000,00 (setenta e cinco milhões de reais).

Assim, se uma operação societária for proposta como meio de recuperação no plano e preencher os requisitos acima mencionados, como se deve proceder?

Alguns autores, como Sérgio Campinho, entendem que esse caso configura uma situação excepcional que afasta a exigência de submissão prévia da operação societária à aprovação do CADE, mas se trata de entendimento minoritário e que não tem ocorrido na prática. Assim, de acordo com o entendimento majoritário, se o plano de recuperação judicial envolve a realização de operação societária que preenche os requisitos do art. 88 da Lei 12.529/2011, tal operação deve ser previamente submetida ao CADE, não cabendo ao juízo universal da recuperação usurpar a competência da autoridade antitruste.

Superada essa questão da competência, porém, outra questão surge: a possibilidade de aplicação da *failing firm theory*, formulada no direito americano. De acordo com essa teoria, quando, segundo os critérios corriqueiros de análise antitruste, um ato de concentração econômica não tem sua aprovação recomendada, ou tem alguma restrição sugerida, a situação de crise da empresa alvo da operação pode permitir alguma maleabilidade em tais critérios antitruste, de maneira que a operação seja admitida. Alega-se, em suma, que o princípio da preservação da empresa deveria prevalecer, em detrimento dos princípios que informam a legislação de defesa da concorrência.

O caso *Citizen Publishing Co x U.S. é reconhecido como aquele no qual* os requisitos de aplicação da *failing firm theory* foram formulados. Os requisitos são, basicamente, os seguintes: (i) demonstração de que a companhia a ser adquirida sofre iminente perigo de falência; (ii) inexistência de perspectiva realista de reorganização para a sociedade empresária em crise; e (iii) inexistência de comprador alternativo viável que signifique um risco competitivo menor para o mercado.

Como tais requisitos são dificilmente configurados na prática, é rara a aplicação dessa teoria no direito brasileiro, mas o CADE já a utilizou, por exemplo, para aprovar a aquisição, pela Votorantim Metais Zinco S/A, dos direitos minerários da massa falida da Mineração Areiense S/A.

6.8. Credores submetidos aos efeitos da recuperação judicial

O art. 49 da LRE prevê que "estão sujeitos à recuperação judicial todos os créditos existentes na data do pedido, ainda que não vencidos".

Duas observações importantes, porém, precisam ser feitas sobre esse dispositivo legal: (i) o que se considera como "crédito existente na data do pedido"?; e (ii) pode-se afirmar realmente que "todos os créditos" se sujeitam aos efeitos da recuperação judicial?

6.8.1. O significado de "crédito existente na data do pedido".

Se, no momento do pedido de recuperação judicial, tramita uma ação que discute um suposto crédito contra a empresa recuperanda, esse crédito deve se sujeitar ao plano de recuperação judicial, mesmo que a sentença que o reconheça seja posterior ao pedido de recuperação?

A 3ª e a 4ª Turmas do STJ já tinham vários precedentes afirmando que o importante é que o fato gerador do crédito seja anterior ao pedido de recuperação judicial, ainda que o seu reconhecimento seja posterior.

> AGRAVO INTERNO. RECURSO ESPECIAL. DIREITO EMPRESARIAL E PROCESSUAL CIVIL. CPC/2015. RECUPERAÇÃO JUDICIAL. CRÉDITO DECORRENTE DE AÇÃO DE COMPLEMENTAÇÃO DE AÇÕES. CONDENAÇÃO ILÍQUIDA. SUJEIÇÃO AO PLANO DE RECUPERAÇÃO JUDICIAL. FATO GERADOR ANTERIOR À DATA DO PEDIDO DE RECUPERAÇÃO. PRECEDENTES. SUSPENSÃO DA EXECUÇÃO PROVISÓRIA.
>
> (...)
>
> 2. Precedentes desta Corte Superior, proferidos em demandas relativas a crédito trabalhista e de responsabilidade civil, no sentido de que a data do fato gerador da obrigação seria o marco temporal para a sujeição ou não do crédito à recuperação judicial, ainda que a liquidação venha a ocorrer em data posterior.
>
> (...)
>
> (AgInt no REsp 1793713/DF, Rel. Ministro PAULO DE TARSO SANSEVERINO, TERCEIRA TURMA, julgado em 08/04/2019, DJe 15/04/2019)

> AGRAVO INTERNO NO RECURSO ESPECIAL - AUTOS DE AGRAVO DE INSTRUMENTO NA ORIGEM - DECISÃO MONOCRÁTICA QUE NEGOU PROVIMENTO RECLAMO. INSURGÊNCIA DA AGRAVANTE.
>
> 1. Nos termos da orientação jurisprudencial desta Corte Superior, a data do fato gerador da obrigação é o marco temporal para a sujeição ou não do crédito à recuperação judicial, ainda que a liquidação venha a ocorrer em data posterior. Precedentes do STJ.
>
> (...)

(AgInt no REsp 1849373/SP, Rel. Ministro MARCO BUZZI, QUARTA TURMA, julgado em 04/05/2020, DJe 07/05/2020)

No mesmo sentido desses precedentes, o enunciado 100 das Jornadas de Direito Comercial diz o seguinte: "consideram-se sujeitos à recuperação judicial, na forma do art. 49 da Lei n. 11.101/2005, os créditos decorrentes de fatos geradores anteriores ao pedido de recuperação judicial, independentemente da data de eventual acordo, sentença ou trânsito em julgado".

Mas como alguns juízos e tribunais não estavam seguindo esse entendimento, a questão foi afetada a julgamento da 2ª Seção do STJ, na sistemática dos recursos repetitivos.

RECURSO ESPECIAL REPETITIVO. DIREITO EMPRESARIAL. RECUPERAÇÃO JUDICIAL. CRÉDITO. EXISTÊNCIA. SUJEIÇÃO AOS EFEITOS DA RECUPERAÇÃO JUDICIAL. ART. 49, CAPUT, DA LEI Nº 11.101/2005. DATA DO FATO GERADOR.

1. Recurso especial interposto contra acórdão publicado na vigência do Código de Processo Civil de 2015 (Enunciados Administrativos nºs 2 e 3/STJ).

2. Ação anulatória e de reparação de danos pela inclusão indevida em cadastro restritivo de crédito. Discussão acerca da sujeição do crédito aos efeitos da recuperação judicial.

3. Diante da opção do legislador de excluir determinados credores da recuperação judicial, mostra-se imprescindível definir o que deve ser considerado como crédito existente na data do pedido, ainda que não vencido, para identificar em quais casos estará ou não submetido aos efeitos da recuperação judicial.

4. A existência do crédito está diretamente ligada à relação jurídica que se estabelece entre o devedor e o credor, o liame entre as partes, pois é com base nela que, ocorrido o fato gerador, surge o direito de exigir a prestação (direito de crédito).

5. Os créditos submetidos aos efeitos da recuperação judicial são aqueles decorrentes da atividade do empresário antes do pedido de soerguimento, isto é, de fatos praticados ou de negócios celebrados pelo devedor em momento anterior ao pedido de recuperação judicial, excetuados aqueles expressamente apontados na lei de regência.

6. Em atenção ao disposto no art. 1.040 do CPC/2015, fixa-se a seguinte tese: **Para o fim de submissão aos efeitos da recuperação judicial, considera-se que a existência do crédito é determinada pela data em que ocorreu o seu fato gerador.**

7. Recurso especial provido.

(REsp 1.840.531/RS, Rel. Ministro RICARDO VILLAS BÔAS CUEVA, SEGUNDA SEÇÃO, julgado em 09/12/2020, DJe 17/12/2020)

6.8.1.1. O tratamento especial dos créditos de representantes comerciais

O art. 44 da lei 4.886/1965 previa que, "no caso de falência do representado, as importâncias por ele devidas ao representante comercial, relacionadas com a representação, inclusive comissões vencidas e vincendas, indenização e aviso prévio, serão considerados créditos da mesma natureza dos créditos trabalhistas".

A redação do dispositivo foi alterada, e agora ela menciona tanto a falência quanto a recuperação judicial, além de mencionar expressamente qualquer outra verba devida ao representante: "no caso de falência ou de recuperação judicial do representado, as importâncias por ele devidas ao representante comercial, relacionadas com a representação, inclusive comissões vencidas e vincendas, indenização e aviso prévio, e qualquer outra verba devida ao representante oriunda da relação estabelecida com base nesta Lei, serão consideradas créditos da mesma natureza dos créditos trabalhistas para fins de inclusão no pedido de falência ou plano de recuperação judicial".

Houve também a alteração do parágrafo único do art. 44 da Lei 4.886/1965, que antes dizia apenas que "prescreve em cinco anos a ação do representante comercial para pleitear a retribuição que lhe é devida e os demais direitos que lhe são garantidos por esta lei".

Agora, a regra continua dizendo que a prescrição é quinquenal, mas determina também que "os créditos devidos ao representante comercial reconhecidos em título executivo judicial transitado em julgado após o deferimento do processamento da recuperação judicial, e a sua respectiva execução, inclusive quanto aos honorários advocatícios, não se sujeitarão à recuperação judicial, aos seus efeitos e à competência do juízo da recuperação, ainda que existentes na data do pedido".

Portanto, para os créditos em geral, o que importa, para fins de submissão aos efeitos da recuperação judicial, é a data da ocorrência do fato gerador (REsp 1.840.531), mas para o crédito devido ao representante comercial criou-se essa regra protetiva específica de não sujeição aos efeitos da recuperação judicial (tal regra tem sido muito criticada na doutrina e foi objeto de uma Ação Direta de inconstitucionalidade ajuizada pelo Conselho Federal da OAB: ADIn 7.054).

6.8.2. Quando o crédito de honorários advocatícios se torna existente?

O STJ decidiu, por meio da sua Segunda Seção, que crédito referente a honorários advocatícios sucumbenciais que foram fixados em sentença proferida após o pedido de recuperação judicial, mas cuja ação foi ajuizada antes, não se sujeita aos efeitos da recuperação judicial, por ser crédito extraconcursal.

A relatora, Ministra Nancy Andrighi, reconheceu que o crédito referente a honorários advocatícios sucumbenciais só nasce com a prolação da sentença que os fixa, a qual, no caso em questão, foi prolatada após o pedido de recuperação judicial. No entanto, ela defendeu que mesmo assim o crédito deveria se sujeitar ao plano de recuperação, porque "o tratamento dispensado aos honorários advocatícios deve ser o mesmo conferido aos créditos de origem trabalhista, em virtude de ambos ostentarem natureza alimentar". Segundo a Ministra, como os créditos trabalhistas reconhecidos por sentença posterior ao pedido de RJ se sujeitam ao plano caso a ação tenha sido ajuizada antes, o mesmo deveria ocorrer com os honorários advocatícios sucumbenciais.

Prevaleceu, porém, o voto divergente do Ministro Luís Felipe Salomão. Segundo ele, "a Corte Especial do STJ, no julgamento do EAREsp 1.255.986, decidiu que a sentença é o ato processual que qualifica o nascedouro do direito à percepção dos honorários advocatícios sucumbenciais". Portanto, "se a sentença que arbitrou os honorários sucumbenciais se deu posteriormente ao pedido de recuperação judicial, o crédito que dali emana, necessariamente, nascerá com natureza extraconcursal, já que, nos termos do art. 49, caput da Lei 11.101/2005, sujeitam-se ao plano de soerguimento os créditos existentes na data do pedido de recuperação judicial, ainda que não vencidos, e não os posteriores".

Vale destacar, no entanto, que se fez uma ressalva importante: não se sujeitando o crédito aos efeitos da recuperação judicial, a sua execução prossegue, mas eventuais atos constritivos/expropriatórios se submetem ao controle do juízo recuperacional.

6.8.3. Créditos não sujeitos aos efeitos da recuperação judicial

A despeito de o art. 49 da LRE usar a expressão "todos os créditos", sem ressalva, é sabido que nem todos os créditos, na verdade, se sujeitam aos efeitos da recuperação judicial.

De fato, estão **excluídos da recuperação judicial**, segundo os §§ 3.º e 4.º, do art. 49 da LRE, o "credor titular da posição de proprietário fiduciário de bens móveis ou imóveis, de arrendador mercantil, de proprietário ou promitente vendedor de imóvel cujos respectivos contratos contenham cláusula de irrevogabilidade ou irretratabilidade, inclusive em incorporações imobiliárias, ou de proprietário em contrato de venda com reserva de domínio (...)" e os credores titulares de "importância entregue ao devedor, em moeda corrente nacional, decorrente de adiantamento a contrato de câmbio para exportação, na forma do art. 75, §§ 3.º e 4.º, da Lei n.º 4.728, de 14 de julho de 1965, desde que o prazo total da operação, inclusive eventuais prorrogações, não exceda o previsto nas normas específicas da autoridade competente".

Trata-se, basicamente, de créditos titularizados por bancos, que nesse caso são "credores proprietários". A LRE deu tratamento privilegiado a esses créditos, determinando que eles não se submetem aos efeitos da recuperação judicial. O objetivo foi dar mais segurança ao crédito bancário no Brasil, e com isso tentar diminuir os juros dessas operações (o chamado *spread*).

Quanto à regra do art. 49, § 3º, o STJ já confirmou, no julgamento do REsp 1.725.609, que os créditos referentes a contrato de compra e venda com reserva de domínio não estão sujeitos aos efeitos da recuperação judicial. Ademais, entendeu-se que para incidência da mencionada regra **não é preciso que tenha sido feito o registro do contrato em cartório**: "muito embora não haja precedentes do STJ tratando especificamente da matéria objeto deste recurso, verifica-se que esta 3ª Turma, em situações análogas – versando sobre direitos de crédito cedidos fiduciariamente –, já firmou posição no sentido da desnecessidade do registro para sua exclusão dos efeitos da recuperação judicial do devedor (REsp 1.412.529 e REsp 1.592.647)".

> RECURSO ESPECIAL. RECUPERAÇÃO JUDICIAL. NEGATIVA DE PRESTAÇÃO JURISDICIONAL. INOCORRÊNCIA. COMPRA E VENDA COM RESERVA DE DOMÍNIO. NÃO SUJEIÇÃO AOS EFEITOS DA RECUPERAÇÃO JUDICIAL DA COMPRADORA. DESNECESSIDADE DE REGISTRO.
>
> (...)
>
> 2. O propósito recursal, além de verificar a ocorrência de negativa de prestação jurisdicional, é definir se os créditos titularizados pela recorrente, concernentes a contrato de compra e venda com reserva de domínio celebrado com a recorrida, estão ou não sujeitos aos efeitos da recuperação judicial desta.
>
> (...)

4. Segundo o art. 49, § 3º, da Lei 11.101/05, o crédito titularizado por proprietário em contrato de venda com reserva de domínio não se submete aos efeitos da recuperação judicial do comprador, prevalecendo os direitos de propriedade sobre a coisa e as condições contratuais.

5. A manutenção da propriedade do bem objeto do contrato com o vendedor até o implemento da condição pactuada (pagamento integral do preço) não á afetada pela ausência de registro perante a serventia extrajudicial.

6. O dispositivo legal precitado exige, para não sujeição dos créditos detidos pelo proprietário em contrato com reserva de domínio, apenas e tão somente que ele ostente tal condição (de proprietário), o que decorre da própria natureza do negócio jurídico.

7. O registro se impõe como requisito tão somente para fins de publicidade, ou seja, para que a reserva de domínio seja oponível a terceiros que possam ser prejudicados diretamente pela ausência de conhecimento da existência de tal cláusula. É o que pode ocorrer com aquele que venha a adquirir o bem cujo domínio ficou reservado a outrem (venda a non domino); ou, ainda, com aqueles que pretendam a aplicação, em juízo, de medidas constritivas sobre a coisa que serve de objeto ao contrato. Todavia, a relação estabelecida entre o comprador - em recuperação judicial - e seus credores versa sobre situação distinta, pois nada foi estipulado entre eles acerca dos bens objeto do contrato em questão.

RECURSO ESPECIAL PROVIDO.

(REsp 1.725.609/RS, Rel. Ministra NANCY ANDRIGHI, TERCEIRA TURMA, julgado em 20/08/2019, DJe 22/08/2019)[92]

O STJ também já se manifestou sobre a regra do art. 49, § 4.º, e a considerou legítima, afirmando que os créditos referentes a adiantamento a contrato de câmbio (ACC) realmente não se sujeitam aos efeitos da recuperação judicial:

Recurso especial. Recuperação judicial. Adiantamento a contrato de câmbio – ACC. Preservação da empresa. Arts. 47 e 49, § 4.º, da Lei n.º 11.101/2005.

1. As execuções de títulos de adiantamento a contrato de câmbio – ACC não se sujeitam aos efeitos da recuperação judicial (art. 49, § 4.º, da Lei n.º 11.101/2005). Precedentes.

2. Sem declaração de inconstitucionalidade, as regras da Lei n.º 11.101/2005, sobre as quais não existem dúvidas quanto às hipóteses de aplicação, não podem ser afastadas a pretexto de se preservar a empresa.

3. Recurso especial provido (REsp 1279525/PA, Rel. Min. Ricardo Villas Bôas Cueva, 3.ª Turma, j. 07.03.2013, DJe 13.03.2013).

Entretanto, no julgamento do REsp 1.810.447, a Terceira Turma do STJ decidiu que encargos de adiantamento a contrato de câmbio (ACC) configuram crédito sujeito à recuperação judicial. Com efeito, o ACC recebe um tratamento especial da legislação falimentar: em caso de falência, o banco credor não se sujeita ao procedimento de habilitação, recebendo seu crédito por meio de pedido de restituição em dinheiro (art. 86, II); em caso de recuperação judicial, o valor objeto do negó-

[92] A Ministra relatora apontou que "o registro do contrato não é requisito constitutivo do negócio jurídico respectivo", tendo função meramente declaratória, "conferindo ao pacto eficácia contra terceiros". E depois complementou: "não se pode exigir que o contrato que contenha a cláusula de reserva de domínio seja registrado no cartório competente para, só então, ter seu objeto preservado dos efeitos da recuperação judicial da devedora. O dispositivo precitado [art. 49, § 3º] exige, para não sujeição dos créditos detidos pelo proprietário em contrato com reserva de domínio, apenas e tão somente que ele ostente tal condição (de proprietário), o que decorre da própria natureza do contrato entabulado, consoante se extrai da interpretação das normas dos arts. 521 e 524 do CC/02".

cio não se sujeita aos efeitos do plano (art. 49, § 4º). Mas e os eventuais encargos decorrentes do ACC? Também teriam esse tratamento especial, segundo o princípio de que o acessório segue o principal? A 3ª Turma do STJ, por maioria, decidiu que não: "a sujeição dos valores impugnados aos efeitos do procedimento recuperacional é a medida que mais se coaduna à finalidade retro mencionada [preservação da empresa], pois permite que a empresa e seus credores, ao negociar as condições de pagamento, alcancem a melhor saída para a crise enfrentada".

> RECURSO ESPECIAL. RECUPERAÇÃO JUDICIAL. IMPUGNAÇÃO DE CRÉDITO. NEGATIVA DE PRESTAÇÃO JURISDICIONAL. NÃO OCORRÊNCIA. ADIANTAMENTO DE CONTRATOS DE CÂMBIO (ACCs). ENCARGOS. SUJEIÇÃO AO PROCESSO DE SOERGUIMENTO. AUSÊNCIA DE REGRA ESPECÍFICA. PRINCÍPIO DA PRESERVAÇÃO DA EMPRESA. RISCO DE DECISÕES CONFLITANTES. INEXISTÊNCIA.
>
> (...)
>
> 2. O propósito recursal, além de verificar se houve negativa de prestação jurisdicional, é definir se os encargos derivados de adiantamento de contratos de câmbio se submetem aos efeitos da recuperação judicial da devedora.
>
> 3. Muito embora os arts. 49, § 4º, e 86, II, da Lei 11.101/05 estabeleçam a extraconcursalidade dos créditos referentes a adiantamento de contratos de câmbio, há de se notar que tais normas não dispõem, especificamente, quanto à destinação que deva ser conferida aos encargos incidentes sobre o montante adiantado ao exportador pela instituição financeira.
>
> 4. Inexistindo regra expressa a tratar da questão, a hermenêutica aconselha ao julgador que resolva a controvérsia de modo a garantir efetividade aos valores que o legislador privilegiou ao editar o diploma normativo.
>
> 5. Como é cediço, o objetivo primordial da recuperação judicial, estampado no art. 47 da Lei 11.101/05, é viabilizar a superação da situação de crise econômico-financeira do devedor, a fim de permitir a manutenção da fonte produtora, do emprego dos trabalhadores e dos interesses dos credores.
>
> 6. A sujeição dos valores impugnados aos efeitos do procedimento recuperacional é a medida que mais se coaduna à finalidade retro mencionada, pois permite que a empresa e seus credores, ao negociar as condições de pagamento, alcancem a melhor saída para a crise enfrentada.
>
> RECURSO ESPECIAL PARCIALMENTE CONHECIDO E NÃO PROVIDO.
>
> (REsp 1810447/SP, Rel. Ministra NANCY ANDRIGHI, TERCEIRA TURMA, julgado em 05/11/2019, DJe 22/11/2019)[93]

6.8.4. O problema das travas bancárias

Como dito, os credores titulares da posição de proprietários fiduciários de bens móveis ou imóveis não se sujeitam à recuperação judicial.

Normalmente, é uma instituição financeira que ocupa essa posição de proprietário fiduciário, e muitas vezes os bens dados em garantia fiduciária são créditos

[93] Vale destacar, porém, o voto vencido do Ministro Bellizze (na minha opinião, mais bem fundamentado do que o voto vencedor): "a Lei 11.101/2005 excluiu os créditos advindos de Adiantamento de Contrato de Câmbio (ACC) dos efeitos da recuperação judicial, sem tecer nenhuma discriminação, se relacionado ao principal, ou se aos acessórios (juros de mora e variação cambial), não cabendo, pois, ao intérprete, limitar o alcance da norma, por meio de interpretação análoga ao tratamento legal então conferido à concordata".

futuros (recebíveis) da empresa devedora, os quais são considerados, para os efeitos legais, como bens móveis.

Funciona assim: a empresa faz um empréstimo e entrega à instituição financeira, em garantia fiduciária, créditos futuros (recebíveis) seus, de modo que o banco se torna um credor titular da posição de proprietário fiduciário em relação a tais "bens".

Na prática, portanto, a empresa devedora não vai receber diretamente esses créditos futuros, os quais serão pagos ao banco credor e ficarão numa conta específica, como garantia, para eventual satisfação do empréstimo em caso de inadimplemento.

Daí a "trava bancária": se a empresa devedora pedir recuperação judicial, os seus créditos futuros (recebíveis) estarão com o banco credor e não se sujeitarão ao plano de recuperação, o que faz com que a empresa recuperanda não possa usá-los em seu fluxo de caixa, já que estão "travados". Vale lembrar ainda que, muitas vezes, esses recebíveis correspondem a boa parte do que a empresa recuperanda tem para receber.

Por isso, tornou-se comum que empresas devedoras nessa situação alegassem em juízo a ilegalidade da exclusão desses créditos aos efeitos da recuperação judicial. Argumentava-se que isso violaria o princípio da preservação da empresa (art. 47 da Lei 11.101/2005), bem como que não haveria propriedade fiduciária sobre coisas fungíveis ou títulos de crédito.

No entanto, o Superior Tribunal de Justiça já tem vários precedentes concluindo pela legalidade das travas bancárias[94] na recuperação judicial:

> RECURSO ESPECIAL. RECUPERAÇÃO JUDICIAL. CONTRATO DE CESSÃO FIDUCIÁRIA DE DUPLICATAS. INCIDÊNCIA DA EXCEÇÃO DO ART. 49, § 3º DA LEI 11.101/2005. ART. 66-B, § 3º DA LEI 4.728/1965.
>
> 1. Em face da regra do art. 49, § 3º da Lei nº 11.101/2005, não se submetem aos efeitos da recuperação judicial os créditos garantidos por cessão fiduciária.
>
> 2. Recurso especial provido.
>
> (REsp 1.263.500/ES, Rel. Ministra MARIA ISABEL GALLOTTI, QUARTA TURMA, julgado em 05/02/2013, DJe 12/04/2013)
>
> * Esse precedente saiu no Informativo 514 do STJ

> RECURSO ESPECIAL. RECUPERAÇÃO JUDICIAL. CÉDULA DE CRÉDITO GARANTIDA POR CESSÃO FIDUCIÁRIA DE DIREITOS CREDITÓRIOS. NATUREZA JURÍDICA. PROPRIEDADE FIDUCIÁRIA. NÃO SUJEIÇÃO AO PROCESSO DE RECUPERAÇÃO JUDICIAL. "TRAVA BANCÁRIA".
>
> 1. A alienação fiduciária de coisa fungível e a cessão fiduciária de direitos sobre coisas móveis, bem como de títulos de crédito, possuem a natureza jurídica de propriedade fiduciária, não se sujeitando aos efeitos da recuperação judicial, nos termos do art. 49, § 3º, da Lei nº 11.101/2005.
>
> 2. Recurso especial não provido.
>
> (REsp 1.202.918/SP, Rel. Ministro RICARDO VILLAS BÔAS CUEVA, TERCEIRA TURMA, julgado em 07/03/2013, DJe 10/04/2013)
>
> * Esse precedente saiu no Informativo 518 do STJ

---

94 Vale destacar, porém, o que diz o enunciado 51 das Jornadas de Direito Comercial do CJF: "o saldo do crédito não coberto pelo valor do bem e/ou da garantia dos contratos previstos no § 3º do art. 49 da Lei 11.101/2005 é crédito quirografário, sujeito à recuperação judicial".

No primeiro precedente (REsp 1.263.500), o tribunal estadual havia decidido o seguinte: "a cessão fiduciária de títulos não se assemelha à exceção prevista na lei de recuperação judicial no tocante ao proprietário fiduciário. Nesta o que se pretende é proteger o credor que aliena fiduciariamente determinado bem móvel ou imóvel para a empresa em recuperação, circunstância oposta ao que ocorre nos casos em que a empresa cede fiduciariamente os títulos ao banco. O § 3º do artigo 49 da Lei 11.101/05 refere-se a bens móveis materiais, pois faz alusão expressa à impossibilidade de venda ou retirada dos bens do estabelecimento da empresa no período de suspensão previsto no § 4º do art. 6º, da referida Lei, circunstância que não se aplica aos títulos de crédito, pois os créditos em geral são bens móveis imateriais".

No entanto, a Ministra relatora, Maria Isabel Gallotti, rechaçou essa argumentação, afirmando que "a explicitação legal das garantias dos titulares de propriedade fiduciária de bens corpóreos (coisas) em nada diminui a garantia outorgada por lei aos titulares de cessão fiduciária de bens incorpóreos".

Por outro lado, no segundo precedente (REsp 1.202.918), o Ministro relator, Ricardo Cueva, destacou que o Código Civil, na sua redação original, restringiu a propriedade fiduciária a coisas móveis infungíveis (art. 1.361), mas a Lei 10.931/2004 (i) inseriu o art. 1.368-A no CC, para falar de outras "espécies de propriedade fiduciária ou de titularidade fiduciária", e (ii) alterou a Lei 4.728/1965, para permitir expressamente a "alienação fiduciária de coisa fungível e a cessão fiduciária de direitos sobre coisas móveis, bem como de títulos de crédito".

Assim, o Ministro concluiu o seguinte: "a alienação fiduciária de coisa fungível e a cessão fiduciária de direitos sobre coisas móveis, bem como de títulos de crédito, afiguram-se como (ou possuem a natureza jurídica de) propriedade fiduciária, não se sujeitando, portanto, aos efeitos da recuperação judicial, nos termos do § 3º do art. 49 da Lei nº 11.101/2005".

Quanto ao argumento de eventual violação ao princípio da preservação da empresa, em ambos os precedentes os Ministros relatores destacaram, em seus votos condutores, que o objetivo dessas regras foi proteger o crédito bancário, na expectativa de conferir-lhe mais segurança e reduzir os juros (*spread*).

> "Se, por um lado, a disciplina legal da cessão fiduciária de título de crédito coloca os bancos em situação extremamente privilegiada em relação aos demais credores, até mesmo aos titulares de garantia real (cujo bem pode ser considerado indispensável à atividade empresarial), e dificulta a recuperação da empresa, por outro, não se pode desconsiderar que a forte expectativa de retorno do capital decorrente deste tipo de garantia permite a concessão de financiamentos com menor taxa de risco e, portanto, induz à diminuição do spread bancário, o que beneficia a atividade empresarial e o sistema financeiro nacional como um todo" (REsp 1.263.500).

> "Em outra perspectiva, não há falar em ofensa ao princípio da preservação da empresa, pois a análise evolutiva da legislação relacionada aos institutos jurídicos ora em estudo evidencia que o intento da lei ao criar um mecanismo jurídico que permite a obtenção de empréstimos a juros mais baixos, é o de promover um ambiente propício ao desenvolvimento econômico, especialmente em casos em que a ausência de lastro patrimonial, em regra, impossibilitava essa alternativa" (REsp 1.202.918).

Ainda sobre o assunto das travas bancárias, mas dessa vez analisando uma questão formal, a 3ª Turma do STJ, no julgamento do REsp 1.797.196, decidiu que "no caso de cessão fiduciária de direitos creditórios, para a consumação do negócio fiduciário, que exclui o respectivo credor dos efeitos da recuperação judicial (art. 49, § 3º da Lei 11.101/2005), o contrato deve indicar, de maneira precisa, o crédito objeto de cessão, mas não o título representativo desse crédito, que pode não ter sido sequer emitido ainda".

> RECURSO ESPECIAL. RECUPERAÇÃO JUDICIAL. PRETENSÃO DE EXCLUSÃO DE CRÉDITO CEDIDO FIDUCIARIAMENTE AO ARGUMENTO DE QUE O TÍTULO DE CRÉDITO (DUPLICATAS VIRTUAIS) NÃO SE ENCONTRARIA DEVIDAMENTE DESCRITO NO INSTRUMENTO CONTRATUAL. DESCABIMENTO. CORRETA DESCRIÇÃO DO CRÉDITO, OBJETO DE CESSÃO. RECONHECIMENTO. OBSERVÂNCIA DA LEI DE REGÊNCIA. RECURSO ESPECIAL PROVIDO.
>
> 1. A controvérsia posta no presente recurso especial cinge-se em saber se, para a perfectibilização do negócio fiduciário, a permitir a exclusão do credor titular da posição fiduciária dos efeitos da recuperação judicial, no específico caso de cessão fiduciária de direitos creditórios, o correlato instrumento deve indicar, de maneira precisa, os títulos representativos do crédito (in casu, duplicatas virtuais), como entendeu o Tribunal de origem; ou se é o crédito, objeto de cessão, que deve estar suficientemente identificado, como defende o banco recorrente.
>
> 2. Dos termos do art. 18, IV, e 19, I, da Lei n. Lei n. 9.514/1997, ressai absolutamente claro que a cessão fiduciária sobre títulos de créditos opera a transferência da titularidade dos créditos cedidos. Ou seja, o objeto da cessão fiduciária são os direitos creditórios que hão de estar devidamente especificados no instrumento contratual, e não o título, o qual apenas os representa.
>
> 3. Por meio da cessão fiduciária de direitos creditórios, representados pelos correlatos títulos, o devedor fiduciante, a partir da contratação, cede "seus recebíveis" à instituição financeira (credor fiduciário), como garantia ao mútuo bancário, que, inclusive, poderá apoderar-se diretamente do crédito constante em conta vinculada ("trava bancária") ou receber o respectivo pagamento diretamente do terceiro (devedor do devedor fiduciante). Por consectário, em atenção à própria natureza do direito creditício sobre o qual recai a garantia fiduciária - bem incorpóreo e fungível, por excelência -, sua identificação no respectivo contrato, naturalmente, referir-se-á à mensuração do valor constante da conta vinculada ou dos "recebíveis", cedidos em garantia ao débito proveniente do mútuo bancário e representados por títulos de crédito.
>
> 4. A exigência de especificação do título representativo do crédito, como requisito formal à conformação do negócio fiduciário, além de não possuir previsão legal - o que, por si, obsta a adoção de uma interpretação judicial ampliativa - cede a uma questão de ordem prática incontornável. Por ocasião da realização da cessão fiduciária, afigura-se absolutamente possível que o título representativo do crédito cedido não tenha sido nem sequer emitido, a inviabilizar, desde logo, sua determinação no contrato.
>
> 5. Registre-se, inclusive, que a lei especial de regência (Lei n. 10.931/2004, que disciplina a cédula de crédito bancário) é expressa em admitir que a cessão fiduciária em garantia da cédula de crédito bancário recaia sobre um crédito futuro (a performar), o que, per si, inviabiliza a especificação do correlato título (já que ainda não emitido).
>
> 6. Na hipótese dos autos, as disposições contratuais estabelecidas pelas partes não deixam nenhuma margem de dúvidas quanto à indicação dos créditos cedidos, representados por duplicatas físicas ou escriturais - sendo estas, por sua vez, representadas pelos correlatos borderôs, sob a forma escrita ou eletrônica

-, os quais ingressarão, a esse título (em garantia fiduciária), em conta vinculada para esse exclusivo propósito.

7. A duplicata virtual é emitida sob a forma escritural, mediante o lançamento em sistema eletrônico de escrituração, pela empresa credora da subjacente relação de compra e venda mercantil/prestação de serviços (no caso, as próprias recuperandas), responsável pela higidez da indicação.

8. É, portanto, a própria devedora fiduciante que alimenta o sistema, com a emissão da duplicata eletrônica, que corporifica uma venda mercantil ou uma prestação de serviços por ela realizada, cuja veracidade é de sua exclusiva responsabilidade, gerando a seu favor um crédito, a permitir a geração de um borderô (o qual contém, por referência, a respectiva duplicata), remetida ao sacado/devedor. Já se pode antever o absoluto contrassenso de se reconhecer a inidoneidade desse documento em prol dos interesses daquele que é o próprio responsável por sua conformação. O pagamento, por sua vez, ingressa na conta vinculada, em garantia fiduciária ao mútuo bancário tomada pela empresa fiduciante, não pairando nenhuma dúvida quanto à detida especificação do crédito (e não do título que o representa), nos moldes exigidos pelo art. 18, IV, da Lei n. 9.514/1997.

9. Recurso especial provido.

(REsp 1797196/SP, Rel. Ministro MARCO AURÉLIO BELLIZZE, TERCEIRA TURMA, julgado em 09/04/2019, DJe 12/04/2019)

No caso, o TJSP havia afastado a aplicação do art. 49, § 3º por entender que a cessão fiduciária não havia se aperfeiçoado, em virtude de os títulos oferecidos em garantia não terem sido devidamente individualizados no contrato.

A 3ª Turma do STJ entendeu, porém, que é o crédito que precisa estar suficientemente identificado no contrato, e não o título, até porque este pode não ter sido emitido ainda: "o objeto da cessão fiduciária são os direitos creditórios que hão de estar devidamente especificados no instrumento contratual, e não o título, o qual apenas os representa. (...) Afigura-se absolutamente possível que o título representativo do crédito cedido não tenha sido nem sequer emitido, a inviabilizar, desde logo, sua determinação no contrato".

Ainda sobre esse assunto, e mais uma vez analisando questões formais relacionadas a ele, também já se firmou jurisprudência no sentido de que para a cessão fiduciária de créditos ser validamente constituída, com incidência da regra do § 3º do art. 49 da LFRE, é desnecessário o registro do contrato em cartório.

AGRAVO INTERNO NOS EMBARGOS DE DECLARAÇÃO NO AGRAVO EM RECURSO ESPECIAL. RECUPERAÇÃO JUDICIAL. CESSÃO DE DIREITOS CREDITÓRIOS. CREDOR TITULAR DE POSIÇÃO DE PROPRIETÁRIO FIDUCIÁRIO SOBRE DIREITOS CREDITÍCIOS. NÃO SUJEIÇÃO AOS EFEITOS DA RECUPERAÇÃO JUDICIAL, NOS TERMOS DO § 3º DO ART. 49 DA LEI N. 11.101/2005. MATÉRIA PACÍFICA NO ÂMBITO DAS TURMAS DE DIREITO PRIVADO DO STJ. PRETENSÃO DE SUBMETER AOS EFEITOS DA RECUPERAÇÃO JUDICIAL, COMO CRÉDITO QUIROGRAFÁRIO, OS CONTRATOS DE CESSÃO FIDUCIÁRIA QUE, À ÉPOCA DO PEDIDO DE RECUPERAÇÃO JUDICIAL, NÃO SE ENCONTRAVAM REGISTRADOS NO CARTÓRIO DE TÍTULOS E DOCUMENTOS DO DOMICÍLIO DO DEVEDOR, COM ESTEIO NO § 1º DO ART. 1.361-A DO CÓDIGO CIVIL. INSUBSISTÊNCIA. AGRAVO INTERNO DESPROVIDO.

1. O STJ entende que não se submetem aos efeitos da recuperação judicial do devedor os direitos de crédito cedidos fiduciariamente por ele em garantia de obrigação representada por Cédula de Crédito Bancário existentes na data do pe-

dido de recuperação, **independentemente de a cessão ter ou não sido inscrita no registro de títulos e documentos do domicílio do devedor**.

2. A exigência de registro, para efeito de constituição da propriedade fiduciária, não se faz presente no tratamento legal ofertado pela Lei n. 4.728/1995, em seu art. 66-B (introduzido pela Lei n. 10.931/2004) à cessão fiduciária de direitos sobre coisas móveis, bem como de títulos de crédito (bens incorpóreos e fungíveis, por excelência), tampouco com ela se coaduna. A constituição da propriedade fiduciária, oriunda de cessão fiduciária de direitos sobre coisas móveis e de títulos de crédito, dá-se a partir da própria contratação, afigurando-se, desde então, plenamente válida e eficaz entre as partes. A consecução do registro do contrato, no tocante à garantia ali inserta, afigura-se relevante, quando muito, para produzir efeitos em relação a terceiros, dando-lhes a correlata publicidade.

(...)

(AgInt nos EDcl no AREsp 1009521/AL, Rel. Ministro MARCO AURÉLIO BELLIZZE, TERCEIRA TURMA, julgado em 21/11/2017, DJe 29/11/2017)

AGRAVO INTERNO NO RECURSO ESPECIAL. RECUPERAÇÃO JUDICIAL. CESSÃO FIDUCIÁRIA DE CRÉDITO. REGISTRO EM CARTÓRIO DE TÍTULOS E DOCUMENTOS. DESNECESSIDADE DE REGISTRO PARA A CONSTITUIÇÃO DA GARANTIA. CREDOR NÃO SUJEITO A RECUPERAÇÃO JUDICIAL.

1. A cessão fiduciária de título de crédito, nos termos da disciplina específica da Lei 4.728/95, com a redação dada pela Lei 10.931/2004, **não depende de registro em cartório de títulos e documentos para ser constituída**, não se lhe aplicando a regra do § 1º do art. 1.361 do Código Civil, regente da cessão fiduciária de coisa móvel infungível.

2. Agravo interno a que se nega provimento.

(AgInt no AgInt no REsp 1444873/GO, Rel. Ministra MARIA ISABEL GALLOTTI, QUARTA TURMA, julgado em 16/08/2021, DJe 18/08/2021)

DIREITO CIVIL E COMERCIAL. RECUPERAÇÃO JUDICIAL. CESSÃO FIDUCIÁRIA DE DIREITO DE CRÉDITO. REGISTRO EM CARTÓRIO DE TÍTULOS E DOCUMENTOS. DESNECESSIDADE DE REGISTRO PARA A CONSTITUIÇÃO DA GARANTIA. CREDOR NÃO SUJEITO Á RECUPERAÇÃO JUDICIAL. IMPOSSIBILIDADE.

1. A cessão fiduciária de título de crédito, nos termos da disciplina específica da Lei 4.728/95, com a redação dada pela Lei 10.931/2004, não depende de registro em cartório de títulos e documentos para ser constituída, não se lhe aplicando a regra do art. §1º do art. 1.361 do Código Civil, regente da cessão fiduciária de coisa móvel infungível.

2. O registro da cessão fiduciária do título de crédito pode ser necessário para salvaguardar eventual direito de terceiro a quem o título de crédito seja oponível, a saber, o devedor do título de crédito cedido pela recuperanda. Não há repercussão na esfera de direitos dos demais credores, donde a irrelevância da existência do registro para o processo de recuperação.

(...)

(REsp 1.629.470/MS, Rel. Ministra MARIA ISABEL GALLOTTI, SEGUNDA SEÇÃO, julgado em 30/11/2021, DJe 17/12/2021)

6.8.5. A questão dos bens de capital essenciais à atividade empresarial

Vimos que de acordo com o art. 49, § 3.º da LRE, o crédito do titular da posição de proprietário fiduciário de bens móveis ou imóveis não se submete aos efeitos da recuperação judicial, de modo que esses bens podem ser vendidos ou retirados da posse da empresa recuperanda.

Ademais, vimos também que o STJ já tem jurisprudência no sentido de que esses bens podem ser créditos futuros (recebíveis) da empresa recuperanda, o que causa as chamadas "travas bancárias".

Ocorre que a parte final do art. 49, § 3.º da LRE ressalva os **bens de capital essenciais à própria atividade empresarial**, determinando que eles não podem ser vendidos ou retirados da posse da empresa recuperanda durante o *stay period* (art. 6.º, § 4.º: 180 dias).

Exemplifico: se uma máquina importante de uma indústria que pediu recuperação judicial for objeto de contrato de alienação fiduciária, o banco credor não pode retirar essa máquina da empresa recuperanda durante o *stay period*, por se tratar de bem de capital essencial à sua atividade produtiva.

Mas e quando o objeto da cessão/alienação fiduciária são créditos futuros (recebíveis) da empresa recuperanda, é possível aplicar a parte final do art. 49, § 3.º da LRE, afastando a "trava bancária"? Podemos caracterizar esses recebíveis como bens de capital essenciais à atividade empresarial do devedor?

A 3ª Turma do STJ decidiu que **não**. Entendeu-se que "o bem, para se caracterizar como bem de capital, precisa ser utilizado no processo produtivo da empresa, já que necessário ao exercício da atividade econômica exercida pelo empresário". Entendeu-se ainda que "o bem, para tal categorização, há de se encontrar na posse da recuperanda, porquanto, como visto, utilizado em seu processo produtivo". Finalmente, entendeu-se que "não se pode atribuir tal qualidade (bem de capital) a um bem cuja utilização signifique o próprio esvaziamento da garantia fiduciária". Em suma: decidiu-se que, para ser bem de capital, o bem deve ser corpóreo, se encontrar na posse direta do devedor e não ser perecível nem consumível, de modo que possa ser entregue ao titular da propriedade fiduciária, caso persista a inadimplência, ao final do *stay period*.

> *Recurso especial. Recuperação judicial. Cessão de crédito/recebíveis em garantia fiduciária a empréstimo tomado pela empresa devedora. Retenção do crédito cedido fiduciariamente pelo juízo recuperacional, por reputar que o aludido bem é essencial ao funcionamento da empresa, compreendendo-se, reflexamente, que se trataria de bem de capital, na dicção do § 3.º,* in fine, *do art. 49 da Lei n.º 11.101/2005. Impossibilidade. Definição, pelo STJ, da abrangência do termo "bem de capital". Necessidade. Trava bancária restabelecida. Recurso especial provido.*
>
> *1. A Lei n.º 11.101/2005, embora tenha excluído expressamente dos efeitos da recuperação judicial o crédito de titular da posição de proprietário fiduciário de bens imóveis ou móveis, acentuou que os "bens de capital", objeto de garantia fiduciária, essenciais ao desenvolvimento da atividade empresarial, permaneceriam na posse da recuperanda durante o* stay period. *1.1 A conceituação de "bem de capital", referido na parte final do § 3.º do art. 49 da LRF, inclusive como pressuposto lógico ao subsequente juízo de essencialidade, há de ser objetiva. Para esse propósito, deve-se inferir, de modo objetivo, a abrangência do termo "bem de capital", conferindo-se-lhe interpretação sistemática que, a um só tempo, atenda aos ditames da lei de regência e não descaracterize ou esvazie a garantia fiduciária que recai sobre o "bem de capital", que se encontra provisoriamente na posse da recuperanda.*
>
> *2. De seu teor infere-se que o bem, para se caracterizar como bem de capital, deve ser utilizado no processo produtivo da empresa, já que necessário ao exercício da atividade econômica exercida pelo empresário. Constata-se, ainda, que o bem, para tal categorização, há de se encontrar na posse da recuperanda, porquanto, como visto, utilizado*

em seu processo produtivo. Do contrário, aliás, afigurar-se-ia de todo impróprio e na lei não há dizeres inúteis falar em "retenção" ou "proibição de retirada". Por fim, ainda para efeito de identificação do "bem de capital" referido no preceito legal, não se pode atribuir tal qualidade a um bem, cuja utilização signifique o próprio esvaziamento da garantia fiduciária. Isso porque, ao final do stay period, *o bem deverá ser restituído ao proprietário, o credor fiduciário.*

3. A partir da própria natureza do direito creditício sobre o qual recai a garantia fiduciária – bem incorpóreo e fungível, por excelência –, não há como compreendê-lo como bem de capital, utilizado materialmente no processo produtivo da empresa.

4. Por meio da cessão fiduciária de direitos sobre coisas móveis ou de títulos de crédito (em que se transfere a propriedade resolúvel do direito creditício, representado, no último caso, pelo título – bem móvel incorpóreo e fungível, por natureza), o devedor fiduciante, a partir da contratação, cede "seus recebíveis" à instituição financeira (credor fiduciário), como garantia ao mútuo bancário, que, inclusive, poderá apoderar-se diretamente do crédito ou receber o correlato pagamento diretamente do terceiro (devedor do devedor fiduciante). Nesse contexto, como se constata, o crédito, cedido fiduciariamente, nem sequer se encontra na posse da recuperanda, afigurando-se de todo imprópria a intervenção judicial para esse propósito (liberação da trava bancária).

5. A exigência legal de restituição do bem ao credor fiduciário, ao final do stay period, *encontrar-se-ia absolutamente frustrada, caso se pudesse conceber o crédito, cedido fiduciariamente, como sendo "bem de capital". Isso porque a utilização do crédito garantido fiduciariamente, independentemente da finalidade (angariar fundos, pagamento de despesas, pagamento de credores submetidos ou não à recuperação judicial, etc.), além de desvirtuar a própria finalidade dos "bens de capital", fulmina por completo a própria garantia fiduciária, chancelando, em última análise, a burla ao comando legal que, de modo expresso, exclui o credor, titular da propriedade fiduciária, dos efeitos da recuperação judicial.*

6. Para efeito de aplicação do § 3.º do art. 49, "bem de capital", ali referido, há de ser compreendido como o bem, utilizado no processo produtivo da empresa recuperanda, cujas características essenciais são: bem corpóreo (móvel ou imóvel), que se encontra na posse direta do devedor, e, sobretudo, que não seja perecível nem consumível, de modo que possa ser entregue ao titular da propriedade fiduciária, caso persista a inadimplência, ao final do stay period.

6.1 A partir de tal conceituação, pode-se concluir, in casu, *não se estar diante de bem de capital, circunstância que, por expressa disposição legal, não autoriza o Juízo da recuperação judicial obstar que o credor fiduciário satisfaça seu crédito diretamente com os devedores da recuperanda, no caso, por meio da denominada trava bancária.*

7. Recurso especial provido.

(REsp 1758746/GO, Rel. Ministro Marco Aurélio Bellizze, Terceira Turma, julgado em 25.09.2018, DJe 01.10.2018)[95]

No final de 2021, a Segunda Seção seguiu o mencionado entendimento da 3ª Turma, decidindo que bem de capital é o "bem corpóreo, na posse direta do devedor, e, sobretudo, que não seja perecível e nem consumível, de modo que possa ser entregue ao titular da propriedade fiduciária, caso persista a inadimplência, ao final do *stay period*". Em suma: trata-se de "imóveis, máquinas e utensílios necessários à produção" (REsp 1.629.470).

---

[95] Ainda sobre a interpretação da parte final do § 3º do art. 49 da LRE, registre-se que o enunciado 99 das Jornadas de Direito Comercial diz que "para fins de aplicação da parte final do art. 49, § 3º, da Lei 11.101/2005, é do devedor o ônus da prova da essencialidade do bem".

Para finalizar esse tópico, vale relembrar o que dispõe o § 7º-A do art. 6º da LRE, incluído pela reforma provocada pela Lei 14.112/2020, e que segue a mesma linha da parte final do art. 49, § 3º: em princípio, a suspensão da execução e a proibição de atos constritivos previstas no art. 6º (*stay period*) não se aplica aos credores proprietários, mas o juízo da recuperação judicial pode suspender a constrição se ela recair sobre bens de capital essenciais à manutenção da empresa recuperanda.

6.8.6. *Art. 49, §§ 6º a 9º*

A reforma da LRE, provocada pela Lei 14.112/2020, a despeito de ter definido a possibilidade de o produtor rural pedir recuperação judicial, conforme já vinha decidindo o STJ, limitou os créditos sujeitos, deixando de fora: (i) créditos não relacionados à atividade rural (art. 49, § 6º), (ii) créditos não contabilizados (art. 49, § 6º), (iii) operações de crédito rural oficial renegociadas antes do pedido de recuperação judicial (art. 49, §§ 7º e 8º) e (iv) créditos para aquisição de propriedade rural contraídos nos 3 anos anteriores ao pedido de recuperação judicial (art. 49, § 9º).

Essa excessiva restrição dos créditos sujeitos à recuperação judicial do produtor foi muito criticada por diversos autores, com razão, porque pode comprometer o sucesso de planos de recuperação judicial desses agentes econômicos[96], sendo razoável prever que os juízes e tribunais devem afastar a aplicação de tais regras.[97]

6.8.7. *Coobrigados, fiadores e obrigados de regresso*

Além de alguns credores estarem imunes aos efeitos da recuperação judicial, segundo o § 1.º do art. 49, "os credores do devedor em recuperação judicial conservam seus direitos e privilégios contra os coobrigados, fiadores e obrigados de regresso". Assim, por exemplo, o pedido de recuperação judicial por uma determinada empresa não exime um fiador ou avalista quanto à garantia que eles prestaram ao devedor.[98]

Caso esse fiador ou avalista venha a pagar a dívida após o pedido de recuperação judicial feito pela empresa afiançada ou avalizada, ele pode se habilitar nos autos da recuperação judicial? A 3ª Turma do STJ, no julgamento do REsp 1.860.368,

96 "Resta verificar se tais restrições legais não resultarão na inviabilidade dos procedimentos de recuperação judicial para produtores rurais, uma vez que o legislador, apesar de permitir a utilização do instituto pelos produtores, por outra via retirou a sujeição da maioria dos créditos vinculados à produção rural. Certamente, a aplicação prática desse instituto resultará em dúvidas que deverão ser dirimidas pela jurisprudência" (COSTA, Daniel Carnio e MELO, Alexandre Correa Nasser de. *Comentários à Lei de Recuperação de Empresas e Falência*, art. 49 «in» JuruáDocs n. 201.2281.1960.4138. Disponível em: <www.juruadocs.com>. Acesso em: 26/03/2021).

97 "A restrição aos créditos apenas relacionados à atividade rural é injustificável. Cria-se nova exceção à submissão de todos os créditos em face do devedor à recuperação judicial e nova diferenciação entre os submetidos à recuperação judicial e à falência, o que incentiva estratégias oportunistas das diversas partes interessadas e esvazia a recuperação judicial como negociação coletiva para a obtenção de uma melhor solução para a superação da crise e satisfação de todos os credores" (SACRAMONE, Marcelo Barbosa. *Comentários à lei de recuperação de empresas e falência*. 2ª ed. São Paulo: Saraiva, 2021, p. 272). O autor também critica as outras exclusões, afirmando que "a exigência de que os créditos tenham sido devidamente contabilizados é absolutamente ilógica", que a regra do § 7º do art. 49 "não tem qualquer justificativa" e que a regra do § 9º é "uma opção legislativa criticável" e "deve ser interpretada a hipótese de forma restritiva" (p. 273-274).

98 Seguindo a mesma linha interpretativa, também já decidiu o STJ que o plano de recuperação judicial pode estipular que a sua aprovação suspende os protestos feitos contra a empresa recuperanda, mas não os protestos feitos contra os codevedores (REsp 1.630.932-SP).

decidiu que não, entendendo que, como o pagamento feito pelo fiador ocorreu após o pedido de recuperação judicial, o crédito não existia no momento do pedido: "a existência/constituição do negócio jurídico (fiança) não pode ser confundida com a existência/constituição do crédito", disse a Ministra relatora, Nancy Andrighi.

Assim, não importa se a fiança (ou o aval) foi contratada antes do pedido de recuperação judicial. O que importa é que o momento do pagamento feito pelo fiador (ou avalista), fato que o tornou credor da empresa recuperanda afiançada (ou avalizada): se esse pagamento foi posterior ao pedido de recuperação judicial, o crédito não existia na data do pedido e, portanto, não se sujeita aos efeitos da recuperação judicial.

> RECURSO ESPECIAL. RECUPERAÇÃO JUDICIAL. IMPUGNAÇÃO DE CRÉDITO. NEGATIVA DE PRESTAÇÃO JURISDICIONAL. NÃO OCORRÊNCIA. FIANÇA. GARANTIA PRESTADA EM FAVOR DA RECUPERANDA. DISCUSSÃO ACERCA DE SUA SUJEIÇÃO AO PLANO DE SOERGUIMENTO. ART. 49 DA LEI 11.101/05. INEXISTÊNCIA DO CRÉDITO À ÉPOCA DA FORMULAÇÃO DO PEDIDO DE RECUPERAÇÃO JUDICIAL. EXTRACONCURSALIDADE. DISSÍDIO JURISPRUDENCIAL. AUSÊNCIA DE SIMILITUDE FÁTICA.
>
> (...)
>
> 2. O propósito recursal é definir se créditos lastreados em contratos de fiança bancária, firmados para garantia de obrigação contraída pela recorrente, submetem-se ou não aos efeitos de sua recuperação judicial.
>
> (...)
>
> 4. De acordo com a norma do art. 49, caput, da Lei 11.101/05, não se submetem aos efeitos do processo de soerguimento do devedor aqueles credores cujas obrigações foram constituídas após a data em que o devedor ingressou com o pedido de recuperação judicial.
>
> 5. Esta Terceira Turma já teve a oportunidade de esclarecer que "a noção de crédito envolve basicamente a troca de uma prestação atual por uma prestação futura. A partir de um vínculo jurídico existente entre as partes, um dos sujeitos, baseado na confiança depositada no outro (sob o aspecto subjetivo, decorrente dos predicados morais deste e/ou sob o enfoque objetivo, decorrente de sua capacidade econômico-financeira de adimplir com sua obrigação), cumpre com a sua prestação (a atual), com o que passa a assumir a condição de credor, conferindo a outra parte (o devedor) um prazo para a efetivação da contraprestação" (REsp 1.634.046/RS, DJe 18/5/2017).
>
> 6. O crédito passível de ser perseguido pelo fiador em face do afiançado - hipótese em exame -, somente se constitui a partir do adimplemento da obrigação principal pelo garante. Antes disso, não existe dever jurídico de caráter patrimonial em favor deste.
>
> (...)
>
> RECURSO ESPECIAL NÃO PROVIDO.
>
> (REsp 1860368/SP, Rel. Ministra NANCY ANDRIGHI, TERCEIRA TURMA, julgado em 05/05/2020, DJe 11/05/2020)
>
> "O negócio jurídico (fiança) existe desde a celebração do contrato respectivo. Já o crédito, por seu turno, passível de ser perseguido pelo fiador em face do afiançado – hipótese em exame –, somente se constitui a partir do adimplemento da obrigação principal pelo garante. Antes disso, não existe dever jurídico de caráter patrimonial em favor deste. Não há, até então, qualquer direito do fiador de exigir alguma prestação diretamente do afiançado. Na fiança, até que a obrigação garantida não

seja descumprida pelo devedor, não há saída de numerário da esfera patrimonial do fiador para a do credor, o que é imprescindível para a constituição de seu crédito contra o afiançado. No particular, portanto, tratando-se de situação em que, à data do pedido de RJ, o banco emitente das cartas-fiança não era titular de créditos contra a recuperanda, impõe-se a manutenção do acórdão recorrido, que assegurou a extraconcursalidade dos valores correspondentes" (trecho do voto condutor).

6.8.8. *Sujeição de débito decorrente de aval*

Ainda sobre os créditos sujeitos à recuperação, vale mencionar um julgado do STJ que analisou a seguinte questão: se uma sociedade empresária é avalista em um determinado negócio e pede recuperação judicial, esse seu "débito" referente ao aval se sujeita aos efeitos da recuperação? Segundo a 3ª Turma do STJ, depende: se o aval foi oneroso, sim (art. 49 da LRE); se o aval foi gratuito, não (art. 5º, inciso I da LRE).

No caso, o administrador judicial disse: "a manutenção da credora no rol de créditos tem por base apenas evitar discussões no futuro relativas a sua não participação efetiva nas discussões sobre o plano apresentado e que espera seja aprovado, eis que se eventualmente o devedor principal deixar de efetuar o pagamento das dívidas o aval da empresa recuperanda deverá ser pago nos moldes do plano ora aprovado".

Mas o juízo da recuperação excluiu o crédito do plano, a pedido do próprio credor: "a despeito da condição de avalista ostentada pela recuperanda, não há previsão legal a autorizar a inclusão de créditos devidos por terceiros no processo de soerguimento, sobretudo quando, como na hipótese, na data do pedido de recuperação, não havia se configurado o inadimplemento do devedor principal".

O TJRS reformou a decisão e manteve o crédito no quadro-geral de credores, entendendo ser viável "a habilitação de crédito decorrente de aval, porquanto o avalista garante o pagamento como devedor solidário, podendo, inclusive, ser acionado individualmente, sem que seja necessário observar a ordem pela qual se obrigaram em razão da solidariedade cambiária".

A 3ª Turma do STJ manteve a decisão do tribunal:

> RECURSOS ESPECIAIS. RECUPERAÇÃO JUDICIAL. IMPUGNAÇÃO DE CRÉDITO. AVAL PRESTADO PELA SOCIEDADE RECUPERANDA EM MOMENTO ANTERIOR AO PEDIDO DE SOERGUIMENTO. NEGATIVA DE PRESTAÇÃO JURISDICIONAL. NÃO OCORRÊNCIA. AVAL. OBRIGAÇÃO AUTÔNOMA. SUJEIÇÃO AOS EFEITOS DA RECUPERAÇÃO JUDICIAL. CRÉDITOS EXISTENTES NA DATA DO PEDIDO, AINDA QUE NÃO VENCIDOS. OBRIGAÇÕES A TÍTULO GRATUITO. EXCEÇÃO. VERIFICAÇÃO DA ONEROSIDADE/GRATUIDADE. IMPRESCINDIBILIDADE. RETORNO DOS AUTOS AO JUÍZO DE ORIGEM.
>
> (...)
>
> 2. O propósito recursal é definir se os créditos derivados de garantia cambiária (aval) prestada por sociedade empresária que veio a ingressar com pedido de recuperação judicial sujeita-se ou não aos efeitos do processo de soerguimento.
>
> (...)
>
> 4. O art. 49, caput, da Lei 11.101/05 estipula que todos os créditos existentes na data do pedido de recuperação judicial ficam sujeitos a seus efeitos (ainda que não vencidos), excetuados aqueles listados nos §§ 3º e 4º do mesmo dispositivo, dentre os quais não se incluiu o aval prestado pela recuperanda.
>
> 5. Assim, dada a autonomia dessa espécie de garantia e a permissão legal para inclusão no plano dos créditos ainda não vencidos, não haveria motivos para a exclusão pleiteada pelo recorrente.

6. Há que se ponderar, todavia, acerca da disposição constante no art. 5º, I, da Lei 11.101/05, que afasta expressamente da recuperação judicial a exigibilidade das obrigações a título gratuito.
7. Tratando-se, como no particular, de aval prestado por sociedade empresária, não se pode presumir que a garantia cambiária tenha sido concedida como ato de mera liberalidade, devendo-se apurar as circunstâncias que ensejaram sua concessão.
8. De fato, é bastante comum que as relações negociais travadas no âmbito empresarial envolvam a prestação de garantias em contrapartida a algum outro ato praticado (ou a ser praticado) pelo avalizado ou por terceiros interessados.
9. Conforme anota respeitável doutrina, ainda que não exista contraprestação direta pelo aval, há situações em que a garantia foi prestada com o objetivo de auferir algum ganho, mesmo que intangível, como ocorre na hipótese de aval prestado em benefício de sociedades do mesmo grupo econômico ou para viabilizar operações junto a parceiros comerciais, hipóteses nas quais não se pode considerar tal obrigação como a título gratuito.
10. Desse modo - considerando a impossibilidade de se examinar fatos e provas em sede de recurso especial e tendo em vista que partes não tiveram a oportunidade de se manifestar acerca do fundamento sobre o qual se assenta o presente entendimento -, devem os autos retornar ao juízo a quo para que, após oportunizar às partes que comprovem o que for de seu interesse, verifique se o aval pode ou não ser classificado como ato de mera liberalidade e prossiga no julgamento da impugnação apresentada pelo recorrente.
RECURSO ESPECIAL PARCIALMENTE PROVIDO.
(REsp 1.829.790/RS, Rel. Ministra NANCY ANDRIGHI, TERCEIRA TURMA, julgado em 19/11/2019, DJe 22/11/2019)

6.9. A análise do plano de recuperação judicial

Deferido o processamento da recuperação judicial pelo juiz e apresentado o plano de recuperação pelo devedor, conforme visto nos tópicos antecedentes, estabelece o art. 53, parágrafo único da LRE que "o juiz ordenará a publicação de edital contendo aviso aos credores sobre o recebimento do plano de recuperação e fixando o prazo para a manifestação de eventuais objeções (...)".

Assim, depois que o devedor apresentar o seu plano de recuperação judicial, cabe aos credores analisar o plano e decidir se o devedor deve ter a concessão da recuperação judicial ou não.

Portanto, houve mudança relevante em relação ao regime anterior, previsto no Decreto-lei 7.661/1945, no qual a decisão sobre a concessão da concordata cabia ao juiz, após análise dos requisitos legais.

Na LRE, em contrapartida, são os credores que decidem, e o juiz apenas "homologa" essa decisão, concedendo a recuperação judicial, caso o plano seja aprovado, ou decretando a falência, caso o plano seja rejeitado.

As **objeções dos credores ao plano de recuperação judicial apresentado pelo devedor deverão ser apresentadas ao juiz no prazo de 30 dias, contados da publicação da relação preliminar de credores que o administrador judicial elaborará** nos termos do art. 7.º, § 2.º, da LRE.

Mas esse prazo é contado a partir de quando? Depende. Em regra, esse prazo deve ser contado a partir da publicação da relação preliminar de credores elaborada pelo administrador judicial, nos termos do art. 7.º, § 2.º, da LRE. No entanto, pode ocorrer de o plano não ter sido ainda apresentado nessa data, o que acontecerá quando o procedimento de habilitação e verificação dos créditos for rápido. Nesse caso, o plano pode ainda não ter sido apresentado, visto que o devedor tem, conforme vimos, 60 dias para cumprir tal dever. Assim, aplica-se a regra do parágrafo único do art. 55 da LRE: o prazo das objeções só será contado a partir da publicação do aviso de recebimento do plano, nos termos do art. 53, parágrafo único.

Há discussão sobre que credores podem apresentar objeções: alguns defendem que todos, inclusive os credores não sujeitos, possuem legitimidade para tanto[99], mas outros entendem que são legitimados apenas os credores arrolados na segunda lista (art. 7º, § 2º da LRE) ou que, pelo menos, estão pleiteando sua inclusão no quadro geral de credores (impugnantes, por exemplo – art. 8º da LRE)[100]. Parece-nos que a interpretação pela legitimidade mais ampla deve ser adotada, já que a lei usou a expressão "qualquer credor", sem fazer restrições.

No tocante ao conteúdo da objeção, a doutrina parece convergir no sentido de que ela deve ser fundamentada[101], o que autorizaria o juiz a desconsiderar eventuais objeções desprovidas de uma mínima fundamentação de fato ou de direito[102]. Nesse ponto, recomenda-se muita cautela ao juízo recuperacional: objeções só devem ser desconsideradas por ausência de fundamentação em situações absolutamente excepcionais.

Se nenhum credor apresentar objeções ao plano de recuperação judicial apresentado pelo devedor, significa que houve uma aprovação tácita. Nesse caso, não se convoca assembleia geral de credores, passando-se já para a fase do art. 57 da LRE (apresentação de CND), que será analisado adiante.

---

99 "O artigo estabelece que qualquer credor poderá manifestar objeção ao plano, incluindo também os credores que, embora submetidos à recuperação, ainda assim não tenham sofrido alteração no valor ou condições de pagamento de seu crédito. Igualmente, os credores não sujeitos ao plano de recuperação (§§ 3º e 4º do art. 49) podem manifestar objeção" (BEZERRA FILHO, Manoel Justino. *Lei de recuperação de empresas e falência.* 14ª ed. São Paulo: RT, 2019, p. 218).

100 "São legitimados para sua oposição os credores que foram indicados na relação apresentada pelo administrador judicial. Ainda que o credor tenha deduzido habilitação administrativa não acolhida pelo administrador judicial, o mero fato de já ter apresentado impugnação judicial, ainda que não tenha sido apreciada, autoriza que o impugnante possa opor sua objeção. (...) Dessa forma, consideram-se legitimados à oposição de objeções todos os credores submetidos à recuperação judicial ou os que impugnaram pretendendo esse reconhecimento judicial" (SACRAMONE, Marcelo Barbosa. Comentários à lei de recuperação de empresas e falência. 2ª ed. São Paulo: Saraiva, 2021, p. 321). No mesmo sentido: "Para apresentar objeção, o credor ao menos teria que ter pleiteado a sua inclusão no quadro de credores" (SCALZILLI, João Pedro; SPINELLI, Luís Felipe e TELLECHEA, Rodrigo. *Recuperação de empresas e falência: teoria e prática na Lei 11.101/2005.* 3ª ed. São Paulo: Almedina, 2018, p. 459).

101 "A objeção tem caráter contestatório e pode dizer respeito a requisitos formais ou materiais do plano. Mesmo que a LFRE não tenha expressamente disposto sobre a questão, a peça processual deve vir acompanhada de fundamentação, não podendo ser aceita objeção desmotivada ou por motivos irrelevantes. O princípio da razoabilidade impõe relevância mínima na objeção apresentada pelo credor" (SCALZILLI, João Pedro, SPINELLI, Luís Felipe e TELLECHEA, Rodrigo. *Recuperação de empresas e falência: teoria e prática na Lei 11.101/2005.* 3ª ed. São Paulo: Almedina, 2018, p. 460). No mesmo sentido: "Na oposição, o credor deverá fundamentar sua discordância por meio de razões de fato e de direito que justifiquem a não aceitação do plano apresentado. Não se trata aqui de uma simples informação de discordância, mas de um arrazoado especificando os motivos da oposição. Para tanto, pode-se invocar um sacrifício maior dos credores do que o necessário, a ausência de colaboração do próprio devedor que mantém níveis elevados de remuneração para seus administradores ou qualquer outro motivo que fundamente essa discordância em relação ao plano apresentado" (TOMAZETTE, Marlon. *Curso de direito empresarial.* Vol. 3. 5ª ed. São Paulo: Atlas, 2017, p. 206).

102 "Como é preciso motivar a resistência que se impõe à aprovação do plano, o magistrado pode até desconsiderar a objeção – tal como também pode eventualmente anular voto de credores. Por outro lado, se as objeções forem intempestivas, não terão efeito" (SCALZILLI, João Pedro, SPINELLI, Luís Felipe e TELLECHEA, Rodrigo. *Recuperação de empresas e falência: teoria e prática na Lei 11.101/2005.* 3ª ed. São Paulo: Almedina, 2018, p. 461). No mesmo sentido: "A própria boa-fé objetiva exige uma justificativa, sob pena de indeferimento da oposição, ou seja, oposições injustificadas não podem ter o trâmite normal, devendo ser indeferidas de plano pelo juiz" (TOMAZETTE, Marlon. *Curso de direito empresarial.* Vol. 3. 5ª ed. São Paulo: Atlas, 2017, p. 206).

Por outro lado, se for apresentada alguma objeção por parte de qualquer credor ao plano de recuperação judicial apresentado pelo devedor, o art. 56 da LRE dispõe que "o juiz convocará a assembleia geral de credores para deliberar sobre o plano de recuperação".

O STJ já decidiu que o credor pode desistir da objeção apresentado contra o plano, se o fizer antes da convocação da assembleia.

> *Recurso especial. Pedido de recuperação judicial. Impugnação de credor. Desistência antes de convocada a Assembleia Geral de credores. Possibilidade. 1.* ***O credor pode desistir da objeção ao plano de recuperação judicial se o pedido de desistência tiver sido apresentado antes de convocada a assembleia geral de credores****. 2. Recurso especial provido (REsp 1.014.153/RN, Rel. Min. João Otávio de Noronha, 4.ª Turma, j. 04.08.2011,* DJe *05.09.2011).*

É importante destacar que, havendo objeção de algum credor, não cabe ao juiz analisá-la e julgá-la. O juiz deve convocar a assembleia geral de credores para que ela decida sobre o plano de recuperação judicial apresentado pelo devedor. No entanto, conforme apontamos, há quem defenda a possibilidade de o juiz indeferir objeções não fundamentadas, por exemplo, o que, na nossa opinião, só deve ocorrer em hipóteses realmente excepcionais.

A convocação não pode demorar, e a lei determina que a data designada para a realização da assembleia geral não excederá 150 dias contados do deferimento do processamento da recuperação judicial (art. 56, § 1º da LRE). A previsão desse prazo de 150 dias para a realização da assembleia teve o objetivo de assegurar que a deliberação dos credores sobre o plano de recuperação ocorreria dentro do *stay period*, mas na prática esse prazo quase nunca é respeitado, em razão da morosidade do processo judicial. A propósito, foi por isso que, antes da reforma da LRE provocada pela Lei 14.112/2020, firmou-se jurisprudência pela possibilidade de prorrogação do *stay period*, apesar de a redação original da LRE ter sido clara quanto à impossibilidade dessa prorrogação (com a reforma da LRE, a prorrogação passou a ser expressamente permitida, uma única vez, conforme já mencionamos).

Nas objeções que os credores apresentarem ao juiz, eles poderão expor meios alternativos de recuperação, diferentes dos meios indicados pelo devedor no seu plano.

A assembleia geral de credores será realizada, e os credores devidamente habilitados deliberarão sobre a aprovação, a alteração ou a rejeição do plano de recuperação judicial apresentado pelo devedor.

Caso o plano seja aprovado, nos termos da lei (art. 45 da LRE), a assembleia poderá, ainda, conforme previsão do § 2.º do art. 56, "indicar os membros do Comitê de Credores, na forma do art. 26 desta Lei, se já não estiver constituído".

Ressalte-se que eventuais alterações propostas ao plano de recuperação judicial apresentado pelo devedor poderão ser aprovadas pela assembleia geral dos credores, "desde que haja expressa concordância do devedor e em termos que não impliquem diminuição dos direitos exclusivamente dos credores ausentes" (art. 56, § 3.º).

Caso, todavia, o plano de recuperação do devedor não convença os credores quanto à sua viabilidade, a assembleia geral o rejeitará. Nesse caso, qual é a consequência legal dessa rejeição?

Na redação original da LRE, o § 4º do art. 56 previa o seguinte: "rejeitado o plano de recuperação pela assembleia geral de credores, o juiz decretará a falência do devedor", ressalvando-se apenas a hipótese excepcional de *cram down* (art. 58, § 1º, da LRE), que será analisada oportunamente.

Ocorre que a reforma da LRE, provocada pela Lei 14.112/2020, alterou a redação do § 4º, que agora prevê o seguinte: "rejeitado o plano de recuperação judicial, o administrador judicial submeterá, no ato, à votação da assembleia-geral de credores a concessão de prazo de 30 (trinta) dias para que seja apresentado plano de recuperação judicial pelos credores".

Em suma: a assembleia geral de credores pode tomar basicamente três decisões sobre o plano de recuperação judicial apresentado pelo devedor: (i) aprovar sem alterações; (ii) aprovar com alterações; (iii) não aprovar.

No primeiro caso – aprovação sem alterações – a própria assembleia geral já pode eleger os membros do comitê de credores, se for o caso, e passa-se à fase do art. 57 da LRE (apresentação de CND), que será analisado a seguir.[103]

No segundo caso – aprovação com alterações – será necessário que o devedor consinta expressamente com as mudanças e que elas não causem prejuízos aos credores ausentes, que não puderam votar. Cumpridos esses requisitos, passa-se à fase do art. 57 da LRE.

No terceiro caso – rejeição do plano – a redação original da LRE estabelecia que cabia ao juiz, em princípio, decretar a falência do devedor, salvo em caso de *cram down* (art. 58, § 1º). Mas após a reforma da LRE, conforme vimos, a rejeição do plano provoca consequência diversa: possibilidade de a AGC conceder prazo de 30 dias para que os credores apresentem plano de recuperação alternativo. Assim, a não aprovação do plano de recuperação judicial pela assembleia geral de credores só gera a decretação da falência se também não for aprovada, pela mesma assembleia, a apresentação de plano alternativo pelos credores ou se, aprovando-se tal providência, o plano dos credores for igualmente rejeitado (art. 56, § 8º da LRE).

Conforme já destacamos, a reforma da LRE provocada pela Lei 14.112/2020 permitiu que qualquer deliberação assemblear seja substituída por termo de adesão (art. 39, § 4º, inciso I).

No caso da deliberação sobre o plano de recuperação, o art. 56-A da LRE diz o seguinte: "até 5 (cinco) dias antes da data de realização da assembleia-geral de credores convocada para deliberar sobre o plano, o devedor poderá comprovar a aprovação dos credores por meio de termo de adesão, observado o quórum previsto no art. 45 desta Lei, e requerer a sua homologação judicial".

---

103 Sobre o assunto, foi aprovado o Enunciado 46 da I Jornada de Direito Comercial do CJF: "Não compete ao juiz deixar de conceder a recuperação judicial ou de homologar a extrajudicial com fundamento na análise econômico-financeira do plano de recuperação aprovado pelos credores." No mesmo sentido desse enunciado, o STJ já decidiu que "o plano de recuperação judicial, aprovado em assembleia pela vontade dos credores nos termos exigidos pela legislação de regência, possui índole marcadamente contratual. Como corolário, ao juízo competente não é dado imiscuir-se nas especificidades do conteúdo econômico do acordo estipulado entre devedor e credores". Assim, entendeu-se que "a concessão de prazos e descontos para pagamento dos créditos novados insere-se dentre as tratativas negociais passíveis de deliberação pelo devedor e pelos credores quando da discussão assemblear sobre o plano de recuperação apresentado, respeitado o disposto no art. 54 da LFRE quanto aos créditos trabalhistas" (REsp 1.631.762). Ainda no mesmo sentido, o STJ também já decidiu que o plano de recuperação judicial pode estabelecer o índice de correção monetária e a taxa de juros aplicável aos créditos a ele submetidos: "descabimento da revisão judicial da taxa de juros e do índice de correção monetária, em respeito à soberania da assembleia geral" (REsp 1.630.932).

Nessa situação, como não haverá conclave no qual os credores debaterão o plano, a lei previu um procedimento para garantir esse "debate": o § 1º determina que, "no caso previsto no caput deste artigo, a assembleia-geral será imediatamente dispensada, e o juiz intimará os credores para apresentarem eventuais oposições, no prazo de 10 (dez) dias, o qual substituirá o prazo inicialmente estipulado nos termos do caput do art. 55 desta Lei". O § 2º, por sua vez, estabelece que, "oferecida oposição prevista no § 1º deste artigo, terá o devedor o prazo de 10 (dez) dias para manifestar-se a respeito, ouvido a seguir o administrador judicial, no prazo de 5 (cinco) dias". Já o § 3º trata do conteúdo dessas oposições: "no caso de dispensa da assembleia-geral ou de aprovação do plano de recuperação judicial em assembleia-geral, as oposições apenas poderão versar sobre: I – não preenchimento do quórum legal de aprovação; II – descumprimento do procedimento disciplinado nesta Lei; III – irregularidades do termo de adesão ao plano de recuperação; ou IV – irregularidades e ilegalidades do plano de recuperação".

Em síntese: ao permitir a aprovação do plano de recuperação por meio de termo de adesão, a reforma da LRE criou um procedimento de oposições dos credores não aderentes, limitando o conteúdo delas (o juiz, vale lembrar, não pode fazer análise de viabilidade econômica do plano de recuperação).

Há uma questão problemática, porém, no § 3º do art. 56-A, que fala em oposição a plano de recuperação judicial aprovado em assembleia: o dispositivo (i) não guarda coerência com o § 1º, que parece deixar claro que as oposições só cabem quando há termo de adesão, e ainda (ii) legitima uma prática (não prevista em lei) de credores que atravessam petições, após a assembleia geral de credores, para questionar a validade de cláusulas do plano. Na nossa opinião, juízos e tribunais devem corrigir essa incongruência do texto legal, somente admitindo esse procedimento de oposições quando houver termo de adesão.

Para finalizar esse tópico, cabe uma indagação: e se o juiz acolher alguma oposição e não homologar o termo de adesão? Nesse caso, parece-nos que não cabe equiparar essa hipótese a uma rejeição do plano, sendo o mais correto retornar-se ao procedimento normal, com a convocação da assembleia geral de credores para deliberação.[104]

6.9.1. *Cram down*

Conforme mencionado acima, a LRE, em princípio, condiciona a concessão da recuperação judicial ao consentimento dos credores (pelo menos de parte expressiva deles), o que pode ocorrer se estes não apresentarem nenhuma objeção ao plano de recuperação do devedor ou se, apresentada objeção, o plano seja aprovado pela assembleia geral, com ou sem alterações.

Nesses casos, caberá ao juiz apenas homologar o plano e conceder o benefício legal, após comprovada pelo devedor a sua regularidade fiscal, por meio da juntada aos autos das certidões negativas de débitos tributários (art. 57 da LRE, que suscita polêmicas que analisaremos oportunamente).

---

[104] Nesse sentido: "A rejeição por falta dos requisitos do termo de adesão não implica convolação em falência. Diante da falta de anuência expressa dos credores, a assembleia geral de credores deverá ser convocada para deliberação sobre o plano de recuperação judicial proposto" (SACRAMONE, Marcelo Barbosa. *Comentários à lei de recuperação de empresas e falência*. 2ª ed. São Paulo: Saraiva, 2021, p. 329).

No entanto, a LRE prevê também **situação excepcional** em que a recuperação judicial do devedor poderá ser concedida pelo juiz mesmo que a assembleia geral não tenha aprovado o plano de recuperação nos termos do art. 45: trata-se do chamado *cram down*, expressão bastante conhecida no direito falimentar, que se refere à imposição de um plano de recuperação empresarial por um juízo ou tribunal, a despeito da não aprovação desse plano por alguma(s) classe(s) de credores.

A expressão tem origem no direito norte-americano, estando atualmente disciplinada na Seção 1129(b) do Código de Falências dos EUA (Bankruptcy Code).

Em linhas gerais, a lei americana permite impor judicialmente a aprovação do plano de recuperação se ele for "justo e equitativo" (*fair and equitable*) no tratamento das diversas classes de credores e "não discriminar injustamente" (*not discriminate unfairly*) os credores de uma mesma classe.

No Brasil, o *cram down* está previso no art. 58, §§ 1º e 2º da Lei 11.101/2005, e a expressão tem sido traduzida como "goela abaixo", justamente por se referir a uma situação em que o juízo da recuperação judicial impõe aos credores um plano não aprovado, nos termos da lei (art. 45), por todas as classes de credores (art. 41) da assembleia geral.

De acordo com o art. 58, § 1º, da LRE, "o juiz poderá conceder a recuperação judicial com base em plano que não obteve aprovação na forma do art. 45 desta Lei, desde que, na mesma assembleia, tenha obtido, de forma cumulativa: I – o voto favorável de credores que representem mais da metade do valor de todos os créditos presentes à assembleia, independentemente de classes; II – a aprovação de 3 (três) das classes de credores ou, caso haja somente 3 (três) classes com credores votantes, a aprovação de pelo menos 2 (duas) das classes ou, caso haja somente 2 (duas) classes com credores votantes, a aprovação de pelo menos 1 (uma) delas, sempre nos termos do art. 45 desta Lei; e III – na classe que o houver rejeitado, o voto favorável de mais de 1/3 (um terço) dos credores, computados na forma dos §§ 1.º e 2.º, do art. 45 desta Lei". O § 2º complementa, afirmando que "a recuperação judicial somente poderá ser concedida com base no § 1º deste artigo se o plano não implicar tratamento diferenciado entre os credores da classe que o houver rejeitado".

Alguns juristas criticam a forma como a lei brasileira disciplinou o *cram down*, com a previsão de um quórum alternativo (mais reduzido) de aprovação, e por isso propõem uma interpretação mais flexível da regra, focada nos pressupostos da legislação americana e na premissa de que nenhum credor pode receber menos do que receberia em uma eventual falência.

Uma questão polêmica sobre a aplicação do *cram down* no Brasil é a seguinte: configurados os requisitos do art. 58, §§ 1º e 2º da LRE, o juízo deve conceder a recuperação judicial? Parece-nos que não, já que a regra usa a expressão "poderá". No mesmo sentido, Fábio Ulhoa Coelho afirma que, nesse caso, o juiz "terá a discricionariedade para aprovar ou não o plano que quase alcançou o quórum qualificado"[105].

Outra questão polêmica: é possível conceder uma recuperação judicial por meio de *cram down* fora dos limites do art. 58, §§ 1º e 2º da LRE? A 4ª Turma do STJ, no julgamento do REsp 1.337.989, entendeu que sim, relativizando a exigência de

105 COELHO, Fábio Ulhoa. *Comentários à Lei de Falências e Recuperação de Empresas*. 14ª ed. São Paulo: RT, 2021, p. 241.

cumprimento de um dos requisitos para "evitar abuso do direito de voto" e concretizar o "princípio da preservação da empresa".

No caso, o juízo da recuperação judicial aplicou o *cram down* mesmo sem o preenchimento do requisito previsto no art. 58, § 1º, inciso III da LRE: na classe que rejeitou o plano (créditos com garantia real, que exige contagem 'por valor' e 'por cabeça'), apenas um dos três credores o aprovou (embora esse credor fosse titular de 80% dos créditos dessa classe, não houve aprovação de mais de um terço dos credores na contagem 'por cabeça').

O TJSP manteve a decisão da primeira instância, afirmando que "ao julgador há de ser dado certo campo de atuação além dos limites literais da lei para que prevaleça o princípio da manutenção da empresa que revele possibilidade de superar a crise econômico-financeira pela qual esteja passando".

No STJ, o relator do recurso especial, Ministro Luís Felipe Salomão, destacou que "visando evitar eventual abuso do direito de voto, justamente no momento de superação de crise, se tem conferido certa sensibilidade na verificação dos requisitos do cram down". Segundo ele, "a mantença de empresa ainda recuperável deve-se sobrepor aos interesses de um ou poucos credores divergentes, ainda mais quando sem amparo de fundamento plausível, deixando a realidade se limitar à fria análise de um quórum alternativo, com critério complexo de funcionamento, em detrimento da efetiva possibilidade de recuperação da empresa e, pior, com prejuízos aos demais credores favoráveis ao plano".

O Ministro ainda citou opiniões de autores que criticam o art. 58, § 1º, inciso III da LRE. Segundo eles, essa regra cria incentivos para comportamento oportunista dos credores com garantia real.

> Credores bem classificados na falência – aqueles com garantia real, por exemplo –, podem preferir a liquidação imediata da empresa ao invés da sua recuperação, mormente quando os ativos do devedor bastarem para pagar o seu crédito, ficando o juiz, em princípio, sem margem de manobra, caso tais credores sejam titulares de mais de 1/3 dos votos da classe.[106]

> Por outro lado, o requisito previsto no inciso III do § 1º do art. 58 pode inviabilizar, por completo, a aprovação de um plano de recuperação, ainda que este não acarrete *unfair discrimination* e seja *fair and equitable* em relação a todas as classes. Isso porque, se uma classe de credores rejeitar o plano com votos representativos de mais de 2/3 do total dos créditos dessa classe, esse veto não poderá ser superado pelo juiz. Com isso, pode uma classe de credores com maior prioridade para o recebimento dos créditos (v.g., com garantia real), dependendo da situação patrimonial do devedor, preferir sua liquidação imediata, já que os ativos seriam suficientes para o pagamento dos respectivos créditos ainda que essa solução seja prejudicial às demais classes com prioridade inferior e ainda que a aprovação do plano não deixasse a classe com maior prioridade em situação pior. O voto, assim manifestado por essa classe de credores, seria claramente incompatível com a função pública do instituto da recuperação da empresa.[107]

---

[106] SCALZILLI, João Pedro; SPINELLI, Luís Felipe e TELLECHEA, Rodrigo. *Recuperação de empresas e falência: teoria e prática na Lei 11.101/2005.* 2ª ed. São Paulo: Almedina, 2017, p. 402.

[107] MUNHOZ, Eduardo Secchi. *Comentários à lei de recuperação de empresas e falência.* Coord. Francisco Satiro de Souza Junior e Antonio Sérgio A. de Moares Pitombo. São Paulo: RT, 2007, p. 291.

Por fim, o Ministro ainda considerou o seguinte: "a recuperação em questão foi aprovada em 15/05/2009, sendo que, consultando o sítio de informações do Tribunal de origem, verifica-se que o processo continua em pleno andamento. Em sendo assim, trata-se de situação jurídica que está consolidada há 9 anos, não sendo razoável nem proporcional, a meu juízo, negar a recuperação".

> RECURSO ESPECIAL. DIREITO EMPRESARIAL. RECUPERAÇÃO JUDICIAL. PLANO. APROVAÇÃO JUDICIAL. CRAM DOWN. REQUISITOS DO ART. 58, § 1º, DA LEI 11.101/2005. EXCEPCIONAL MITIGAÇÃO. POSSIBILIDADE. PRESERVAÇÃO DA EMPRESA.
>
> 1. A Lei nº 11.101/2005, com o intuito de evitar o "abuso da minoria" ou de "posições individualistas" sobre o interesse da sociedade na superação do regime de crise empresarial, previu, no § 1º do artigo 58, mecanismo que autoriza ao magistrado a concessão da recuperação judicial, mesmo que contra decisão assemblear.
> 2. A aprovação do plano pelo juízo não pode estabelecer tratamento diferenciado entre os credores da classe que o rejeitou, devendo manter tratamento uniforme nesta relação horizontal, conforme exigência expressa do § 2º do art. 58.
> 3. O microssistema recuperacional concebe a imposição da aprovação judicial do plano de recuperação, desde que presentes, de forma cumulativa, os requisitos da norma, sendo que, em relação ao inciso III, por se tratar da classe com garantia real, exige a lei dupla contagem para o atingimento do quórum de 1/3 – por crédito e por cabeça –, na dicção do art. 41 c/c 45 da LREF.
> 4. No caso, foram preenchidos os requisitos dos incisos I e II do art. 58 e, no tocante ao inciso III, o plano obteve aprovação qualitativa em relação aos credores com garantia real, haja vista que recepcionado por mais da metade dos valores dos créditos pertencentes aos credores presentes, pois "presentes 3 credores dessa classe o plano foi recepcionado por um deles, cujo crédito perfez a quantia de R$ 3.324.312,50, representando 97,46376% do total dos créditos da classe, considerando os credores presentes" (fl. 130). Contudo, não alcançou a maioria quantitativa, já que recebeu a aprovação por cabeça de apenas um credor, apesar de quase ter atingido o quórum qualificado (obteve voto de 1/3 dos presentes, sendo que a lei exige "mais" de 1/3). Ademais, a recuperação judicial foi aprovada em 15/05/2009, estando o processo em pleno andamento.
> 5. Assim, visando evitar eventual abuso do direito de voto, justamente no momento de superação de crise, é que deve agir o magistrado com sensibilidade na verificação dos requisitos do *cram down*, preferindo um exame pautado pelo princípio da preservação da empresa, optando, muitas vezes, pela sua flexibilização, especialmente quando somente um credor domina a deliberação de forma absoluta, sobrepondo-se àquilo que parece ser o interesse da comunhão de credores.
> 6. Recurso especial não provido.
>
> (REsp 1337989/SP, Rel. Ministro LUIS FELIPE SALOMÃO, QUARTA TURMA, julgado em 08/05/2018, DJe 04/06/2018)

6.9.2. Apresentação de plano de recuperação alternativo pelos credores

Após a reforma da LRE, provocada pela Lei 14.112/2020, ela prevê duas situações em que os credores podem apresentar plano de recuperação alternativo: a primeira está prevista no art. 6º, § 4º-A (extrapolação do prazo do *stay period* sem deliberação sobre o plano de recuperação apresentado pelo devedor), e a segunda está prevista no art. 56, § 4º (rejeição, pela assembleia geral de credores, do plano de recuperação apresentado pelo devedor).

Em ambos os casos, deve-se obedecer ao disposto nos § 5º a 7º do art. 56 da LRE.

De acordo com o § 5º, "a concessão do prazo a que se refere o § 4º deste artigo deverá ser aprovada por credores que representem mais da metade dos créditos presentes à assembleia-geral de credores". Portanto, a rejeição do plano de recuperação pela assembleia geral não confere aos credores, automaticamente, a prerrogativa de apresentar plano alternativo: é preciso que a mesma assembleia geral delibere nesse sentido, em votação global, por maioria absoluta (contagem por valor do crédito, e não por cabeça).

Caso seja aprovada a apresentação de plano de recuperação alternativo pelos credores, eles terão 30 (trinta) dias para fazê-lo, e tal plano, segundo § 6º, "somente será posto em votação caso satisfeitas, cumulativamente, as seguintes condições: I – não preenchimento dos requisitos previstos no § 1º do art. 58 desta Lei; II – preenchimento dos requisitos previstos nos incisos I, II e III do caput do art. 53 desta Lei; III – apoio por escrito de credores que representem, alternativamente: a) mais de 25% (vinte e cinco por cento) dos créditos totais sujeitos à recuperação judicial; ou b) mais de 35% (trinta e cinco por cento) dos créditos dos credores presentes à assembleia-geral a que se refere o § 4º deste artigo; IV – não imputação de obrigações novas, não previstas em lei ou em contratos anteriormente celebrados, aos sócios do devedor; V – previsão de isenção das garantias pessoais prestadas por pessoas naturais em relação aos créditos a serem novados e que sejam de titularidade dos credores mencionados no inciso III deste parágrafo ou daqueles que votarem favoravelmente ao plano de recuperação judicial apresentado pelos credores, não permitidas ressalvas de voto; e VI – não imposição ao devedor ou aos seus sócios de sacrifício maior do que aquele que decorreria da liquidação na falência".

Complementando, o § 7º ainda prevê que "o plano de recuperação judicial apresentado pelos credores poderá prever a capitalização dos créditos, inclusive com a consequente alteração do controle da sociedade devedora, permitido o exercício do direito de retirada pelo sócio do devedor".

Por fim, cumpre destacar que, nos termos do § 8º, "não aplicado o disposto nos §§ 4º, 5º e 6º deste artigo *[art. 56]*, ou rejeitado o plano de recuperação judicial proposto pelos credores, o juiz convolará a recuperação judicial em falência". Em suma, são três situações que acarretam essa convolação em falência: (i) não aprovação da concessão de prazo para apresentação de plano alternativo; (ii) aprovação da concessão desse prazo, mas não apresentação do plano alternativo em 30 (trintas) dias; ou (iii) apresentação desse plano alternativo, mas sua rejeição.

Para finalizar esse tópico, vale apenas relembrar o que já destacamos quando da análise do art. 6º, § 4º-A da LRE, que trata da outra situação em que se autoriza a apresentação de plano de recuperação alternativo pelos credores: não há como impor ao devedor, sem a sua concordância, um plano alternativo elaborado pelos credores, ainda que aprovado pela assembleia geral.[108]

[108] "A lei, contudo, não traz nenhuma regra explícita vinculando o devedor à aprovação do plano alternativo pela AGC. Sendo a recuperação judicial, em essência, um acordo judicial feito entre o devedor em crise os seus credores sujeitos aos efeitos da novação recuperacional, por interpretação sistemática da lei não se pode chegar a nenhuma outra conclusão, senão de que o devedor não está vinculado ao plano alternativo aprovado pela AGC. Para que houvesse vinculação do devedor ao plano alternativo aprovado pelos credores, o legislador deveria expressamente consigná-la em norma legal; mesmo assim, a disposição seria de questionável constitucionalidade, em vista do direito de propriedade. Inexistindo a previsão legal de vinculação e levando-se em conta a natureza da recuperação judicial (criação de um ambiente negocial propício à reestruturação do passivo de um devedor em crise) e o direito constitucional da propriedade, não há como escapar: nenhum plano alternativo apresentado pelos credores vinculará o devedor, se este não concordar com os seus termos" (COELHO, Fábio Ulhoa. *Comentários à Lei de Falências e Recuperação de Empresas*. 14ª ed. São Paulo: RT, 2021, p. 71-72).

6.9.3. Exigência de apresentação de certidão negativa de débitos tributários

De acordo com o art. 57 da LRE, "após a juntada aos autos do plano aprovado pela assembléia-geral de credores ou decorrido o prazo previsto no art. 55 desta Lei sem objeção de credores, o devedor apresentará certidões negativas de débitos tributários nos termos dos arts. 151, 205, 206 da Lei nº 5.172, de 25 de outubro de 1966 – Código Tributário Nacional".

Em suma: se os credores consentirem com o plano de recuperação do devedor, sem a apresentação de qualquer objeção, ou se eles aprovarem o plano, com ou sem alterações, na assembleia geral, caberá apenas ao devedor providenciar a apresentação de certidões negativas de débitos tributários, nos termos previstos pela legislação tributária.

Para facilitar o cumprimento dessa regra, a própria LRE previu, em seu art. 68, a criação de um parcelamento tributário específico para devedores em recuperação judicial: "as Fazendas Públicas e o Instituto Nacional do Seguro Social – INSS poderão deferir, nos termos da legislação específica, parcelamento de seus créditos, em sede de recuperação judicial, de acordo com os parâmetros estabelecidos na Lei nº 5.172, de 25 de outubro de 1966 – Código Tributário Nacional".

Porém, essa legislação criando um parcelamento tributário específico para devedores em recuperação judicial demorou muito a ser editada, e enquanto não ocorreu sua edição firmou-se o entendimento de inaplicabilidade da exigência de CND prevista no art. 57 da LRE.

Nesse sentido, confira-se o enunciado 55 das Jornadas de Direito Comercial: "o parcelamento do crédito tributário na recuperação judicial é um direito do contribuinte, e não uma faculdade da Fazenda Pública, e, enquanto não for editada lei específica, não é cabível a aplicação do disposto no art. 57 da Lei n. 11.101/2005 e no art.191-A do CTN".

No mesmo sentido, decidiu a Corte Especial do STJ, no julgamento do REsp 1.187.404, relatado pelo Ministro Luís Felipe Salomão. Confira-se, a propósito, a ementa do referido julgado:

> DIREITO EMPRESARIAL E TRIBUTÁRIO. RECURSO ESPECIAL. RECUPERAÇÃO JUDICIAL. EXIGÊNCIA DE QUE A EMPRESA RECUPERANDA COMPROVE SUA REGULARIDADE TRIBUTÁRIA. ART. 57 DA LEI N. 11.101/2005 (LRF) E ART. 191-A DO CÓDIGO TRIBUTÁRIO NACIONAL (CTN). INOPERÂNCIA DOS MENCIONADOS DISPOSITIVOS. INEXISTÊNCIA DE LEI ESPECÍFICA A DISCIPLINAR O PARCELAMENTO DA DÍVIDA FISCAL E PREVIDENCIÁRIA DE EMPRESAS EM RECUPERAÇÃO JUDICIAL.
>
> 1. O art. 47 serve como um norte a guiar a operacionalidade da recuperação judicial, sempre com vistas ao desígnio do instituto, que é "viabilizar a superação da situação de crise econômico-financeira do devedor, a fim de permitir a manutenção da fonte produtora, do emprego dos trabalhadores e dos interesses dos credores, promovendo, assim, a preservação da empresa, sua função social e o estímulo à atividade econômica".
>
> 2. O art. 57 da Lei n. 11.101/2005 e o art. 191-A do CTN devem ser interpretados à luz das novas diretrizes traçadas pelo legislador para as dívidas tributárias, com vistas, notadamente, à previsão legal de parcelamento do crédito tributário em benefício da empresa em recuperação, que é causa de suspensão da exigibilidade do tributo, nos termos do art. 151, inciso VI, do CTN.

3. O parcelamento tributário é direito da empresa em recuperação judicial que conduz a situação de regularidade fiscal, de modo que eventual descumprimento do que dispõe o art. 57 da LRF só pode ser atribuído, ao menos imediatamente e por ora, à ausência de legislação específica que discipline o parcelamento em sede de recuperação judicial, não constituindo ônus do contribuinte, enquanto se fizer inerte o legislador, a apresentação de certidões de regularidade fiscal para que lhe seja concedida a recuperação.

4. Recurso especial não provido.

(REsp 1187404/MT, Rel. Ministro LUIS FELIPE SALOMÃO, CORTE ESPECIAL, julgado em 19/06/2013, DJe 21/08/2013)

Ocorre que a Lei 13.043/2014 finalmente disciplinou o parcelamento específico previsto no art. 68 da LRE, acrescentando o art. 10-A na Lei 10.522/2002. Desde então, o devedor que pleiteia recuperação judicial pode parcelar seus débitos com a Fazenda Nacional em condições especiais.

Enfim, após a edição dessa legislação era de se esperar que o devedor não teria mais saída, o que até chegamos a escrever em edições anteriores desta obra: para obter a concessão da recuperação judicial, a aplicação do comando do art. 57 da LRE parecia inevitável.

No entanto, muitos juízes continuaram não aplicando o art. 57 da LRE, por variados motivos (inconstitucionalidade, por exemplo)[109], e a 3ª Turma do STJ, no julgamento do REsp 1.864.625, acabou decidindo que "a apresentação de CND não constitui requisito obrigatório para concessão do pedido de recuperação judicial".

Segundo a relatora, Ministra Nancy Andrighi, "muito embora a lacuna legislativa acerca do parcelamento especial tenha sido preenchida, na esfera federal, com a edição da Lei 13.043/2014 (regulamentada pela Portaria PGFN-RFB 1/2015), a demonstração da regularidade fiscal do devedor que busca o benefício recuperatório não pode ser exigida sem que se verifique sua compatibilidade com os princípios e objetivos que estruturam e servem de norte à operacionalização do microssistema instituído pela Lei 11.101/2005, elencados neste mesmo diploma legal".

Continuando seu raciocínio, a Ministra Nancy afirmou que "o que se constata é que a exigência legal não se mostra adequada para o fim por ela perseguido – garantir o adimplemento do crédito tributário", uma vez que a decretação da falência, em lugar da concessão da recuperação judicial, "dificultaria o recebimento do crédito tributário, haja vista estarem eles classificados em terceiro lugar na ordem de preferências (art. 83, III)".

Ademais, a relatora ainda afirmou que "a exigência da regularidade fiscal do devedor não se revela necessária, pois, no atual sistema de recuperação judicial, a

[109] A título ilustrativo, foi o que fez o juiz do famoso caso da recuperação judicial da Odebrecht: "O parcelamento instituído pela Lei 13.043/2014, na contramão do quanto disposto acima, determina um tratamento jurídico-tributário uniforme para todos os empresários que se sujeitem à recuperação judicial, independentemente de quaisquer critérios ou circunstâncias que permitam apurar diferenças resultantes da complexidade de operações ou estruturas de empreendimentos. O mesmo parcelamento será empregado para empresários diversos, independentemente das particularidades das atividades exercidas, o que contraria a isonomia material buscada pela Constituição Federal. Por tais fundamentos, pronuncio a inconstitucionalidade do art. 43 da Lei 13.043/2014, para se afastar as exigências previstas nos arts. 57 e 68 da Lei 11.101/2005, diante a ausência de diploma jurídico válido necessário ao cumprimento de tais obrigações".

Fazenda Pública não fica desprovida dos meios próprios para cobrança dos créditos de sua titularidade, porque as execuções fiscais, ao contrário do que ocorre com as demais ações e execuções movidas por credores particulares, não são suspensas" (art. 6º, § 7º).

Por fim, a Ministra concluiu que **"o condicionamento da concessão da recuperação judicial à apresentação de certidões negativas de débitos tributários resulta em afronta à própria lógica do sistema instituído pela Lei 11.101/2005**, na medida em que, ao mesmo tempo em que se exige a comprovação da regularidade fiscal do devedor, exclui-se o titular desses créditos (Fazenda Pública) dos efeitos de seu processamento".

> RECURSO ESPECIAL. RECUPERAÇÃO JUDICIAL. CERTIDÕES NEGATIVAS DE DÉBITOS TRIBUTÁRIOS. ART. 57 DA LEI 11.101/05 E ART. 191-A DO CTN. EXIGÊNCIA INCOMPATÍVEL COM A FINALIDADE DO INSTITUTO. PRINCÍPIO DA PRESERVAÇÃO DA EMPRESA E FUNÇÃO SOCIAL. APLICAÇÃO DO POSTULADO DA PROPORCIONALIDADE. INTERPRETAÇÃO SISTEMÁTICA DA LEI 11.101/05.
>
> 1. Recuperação judicial distribuída em 18/12/2015. Recurso especial interposto em 6/12/2018. Autos conclusos à Relatora em 30/1/2020.
>
> 2. O propósito recursal é definir se a apresentação das certidões negativas de débitos tributários constitui requisito obrigatório para concessão da recuperação judicial do devedor.
>
> 3. O enunciado normativo do art. 47 da Lei 11.101/05 guia, em termos principiológicos, a operacionalidade da recuperação judicial, estatuindo como finalidade desse instituto a viabilização da superação da situação de crise econômico-financeira do devedor, a permitir a manutenção da fonte produtora, do emprego dos trabalhadores e dos interesses dos credores, promovendo, assim, a preservação da empresa, sua função social e o estímulo à atividade econômica. Precedente.
>
> 4. **A realidade econômica do País revela que as sociedades empresárias em crise usualmente possuem débitos fiscais em aberto, podendo-se afirmar que as obrigações dessa natureza são as que em primeiro lugar deixam de ser adimplidas, sobretudo quando se considera a elevada carga tributária e a complexidade do sistema atual.**
>
> 5. **Diante desse contexto, a apresentação de certidões negativa de débitos tributários pelo devedor que busca, no Judiciário, o soerguimento de sua empresa encerra circunstância de difícil cumprimento.**
>
> 6. **Dada a existência de aparente antinomia entre a norma do art. 57 da LFRE e o princípio insculpido em seu art. 47 (preservação da empresa), a exigência de comprovação da regularidade fiscal do devedor para concessão do benefício recuperatório deve ser interpretada à luz do postulado da proporcionalidade.**
>
> 7. Atuando como conformador da ação estatal, tal postulado exige que a medida restritiva de direitos figure como adequada para o fomento do objetivo perseguido pela norma que a veicula, além de se revelar necessária para garantia da efetividade do direito tutelado e de guardar equilíbrio no que concerne à realização dos fins almejados (proporcionalidade em sentido estrito).
>
> 8. Hipótese concreta em que a exigência legal não se mostra adequada para o fim por ela objetivado - garantir o adimplemento do crédito tributário -, tampouco se afigura necessária para o alcance dessa finalidade: (i) inadequada porque, ao impedir a concessão da recuperação judicial do devedor em situação fiscal irregular, acaba impondo uma dificuldade ainda maior ao Fisco, à vista da classificação do

> crédito tributário, na hipótese de falência, em terceiro lugar na ordem de preferências; (ii) desnecessária porque os meios de cobrança das dívidas de natureza fiscal não se suspendem com o deferimento do pedido de soerguimento. Doutrina.
>
> 9. Consoante já percebido pela Corte Especial do STJ, a persistir a interpretação literal do art. 57 da LFRE, inviabilizar-se-ia toda e qualquer recuperação judicial (REsp 1.187.404/MT).
>
> 10. Assim, de se concluir que os motivos que fundamentam a exigência da comprovação da regularidade fiscal do devedor (assentados no privilégio do crédito tributário), não tem peso suficiente - sobretudo em função da relevância da função social da empresa e do princípio que objetiva sua preservação - para preponderar sobre o direito do devedor de buscar no processo de soerguimento a superação da crise econômico-financeira que o acomete.
>
> RECURSO ESPECIAL NÃO PROVIDO.
>
> (REsp 1.864.625/SP, Rel. Ministra NANCY ANDRIGHI, TERCEIRA TURMA, julgado em 23/06/2020, DJe 26/06/2020)

Ocorre que essa decisão do STJ teve seus efeitos sobrestados por decisão liminar do Ministro Luiz Fux, do STF, proferida na Rcl 43.169. Segundo ele, o afastamento da exigência de CND, prevista no art. 57 da LRE, exigiria o respeito à cláusula de reserva de plenário (art. 97 da CF/88), o que não ocorreu (Súmula Vinculante 10).

Essa liminar, porém, durou pouco: o Ministro Dias Toffoli a derrubou e negou seguimento à reclamação da União, sob o fundamento de que "a controvérsia relativa à exigência de apresentação de CND na forma do art. 57 da Lei 11.101/2005 é eminentemente infraconstitucional, como já decidiu o Plenário da Corte em sede de controle concentrado, nos autos da ADC 46". Sendo infraconstitucional a controvérsia, concluiu Toffoli, o julgamento da 3ª Turma do STJ foi legítimo e não ofendeu diretamente a cláusula de reserva de plenário e a Súmula Vinculante 10: "o que fez a 3ª Turma do STJ foi olhar a teleologia da Lei 11.101/2005, como um todo, e procurar a solução que apresentava menor restrição possível às normas legais que nortearam o instituto da recuperação judicial".

Com a reforma da LRE, o parcelamento específico para devedores em recuperação judicial teve suas regras alteradas, uma vez que houve uma grande mudança na redação do art. 10-A da Lei 10.522/2002.

Agora, por exemplo, o parcelamento pode ser feito em mais prestações (de 84, passou para 120), o escalonamento das parcelas ficou mais vantajoso e se admitiu expressamente o uso de prejuízo fiscal e base de cálculo negativa para liquidação de parte da dívida.

Ademais, a Lei 14.112/2020 ainda incluiu o art. 10-C na Lei 10.522/2002, permitindo que devedor que pede recuperação judicial faça proposta de transação tributária, com prazo máximo de quitação de até 120 (cento e vinte) meses e reduções de até 70% (setenta por cento)

No entanto, é preciso esperar para ver como os juízos e tribunais agirão após a entrada em vigor dessas novas regras: continuarão não aplicando a exigência de CND prevista no art. 57 da LRE ou passarão a aplicá-la? E mais: caso passem a aplicá-la, que consequência atribuirão a uma eventual não apresentação de CND?

Respondendo a essa última pergunta, não nos parece correto que a não apresentação de CND acarrete a convolação da recuperação judicial em falência, por falta de previsão legal expressa. Uma solução possível seria simplesmente extinguir o processo, sem decretação da falência, mas nesse caso se abriria brecha para um comportamento oportunista da empresa devedora, já que ela poderia fazer novo pedido de recuperação judicial, com direito a novo *stay period.*

Enfim, na nossa opinião, o ideal seria a revogação do art. 57 da LRE, até porque a reforma da LRE reforçou a regra de que a execução fiscal não se suspende e pode ensejar a constrição de bens, com ressalva apenas dos bens de capital essenciais à manutenção da empresa (art. 6º, § 7º-B).

6.10. A decisão que concede a recuperação judicial e seus efeitos

Se o devedor apresentar as certidões exigidas, comprovando sua regularidade fiscal, ou se o juízo competente afastar essa exigência, com base no entendimento do STJ, o art. 58 da LRE prevê que "o juiz concederá a recuperação judicial do devedor cujo plano não tenha sofrido objeção de credor nos termos do art. 55 desta Lei ou tenha sido aprovado pela assembleia-geral de credores na forma dos arts. 45 ou 56-A desta Lei".

Conforme já destacamos, criou-se uma prática (não prevista em lei) de "homologação judicial" do plano de recuperação, antes da concessão do benefício legal. É nesse momento em que o juiz faz o tal "controle de legalidade" da deliberação assemblear e das cláusulas estipuladas no plano (lembrar os enunciados 44, 45 e 46 das Jornadas de Direito Comercial).

Uma vez concedida a recuperação judicial, dispõe o art. 59 da LRE que "o plano de recuperação judicial implica novação dos créditos anteriores ao pedido, e obriga o devedor e todos os credores a ele sujeitos[110], sem prejuízo das garantias, observado o disposto no § 1.º do art. 50 desta Lei". Sobre essa regra, confira-se o seguinte julgado STJ:

> *Recuperação judicial. Homologação. Dívidas Compreendidas no plano. Novação. Inscrição em cadastro de inadimplentes. Protestos. Baixa, sob condição resolutiva. Cumprimento das obrigações previstas no plano de recuperação.*
>
> *1. Diferentemente do regime existente sob a vigência do DL 7.661/1945, cujo art. 148 previa expressamente que a concordata não produzia novação, a primeira parte do art. 59 da Lei n.º 11.101/2005 estabelece que o plano de recuperação judicial implica novação dos créditos anteriores ao pedido.*

[110] "A extinção do direito de crédito anterior e sua substituição pelo direito de crédito nas condições e formas estabelecidas no plano de recuperação judicial ocorrem mesmo quando o crédito não tenha sido habilitado na recuperação judicial. Desde que os créditos sejam existentes anteriormente à distribuição do pedido de recuperação judicial e não se encontrem nas exceções legais, o crédito está sujeito aos efeitos do plano de recuperação judicial cuja concessão foi homologada, ainda que não tenha se habilitado no procedimento recuperacional. A sujeição, independentemente da habilitação, ocorre porque, se é obrigação do devedor informar quais são seus efetivos credores, também é ônus imposto aos credores o de se habilitarem ou impugnarem a lista do administrador judicial que não os incluiu. Sua não sujeição ao plano de recuperação judicial implicaria tratamento privilegiado ao credor em detrimento dos demais e em prejuízo à recuperação judicial pretendida pelo devedor e que favorecia o interesse coletivo de todos" (SACRAMONE, Marcelo. *Comentários à Lei de recuperação de empresas e falência.* 2ª ed. São Paulo: Saraiva, 2021, p. 338-339). Estou de acordo com esse entendimento, sobretudo porque "aplica-se à recuperação judicial, no que couber, o princípio da par condicio creditorum" (Enunciado 81 das Jornadas de Direito Comercial).

> *2. A novação induz a extinção da relação jurídica anterior, substituída por uma nova, não sendo mais possível falar em inadimplência do devedor com base na dívida extinta.*
>
> *3. Todavia, a novação operada pelo plano de recuperação fica sujeita a uma condição resolutiva, na medida em que o art. 61 da Lei 11.101/2005 dispõe que o descumprimento de qualquer obrigação prevista no plano acarretará a convolação da recuperação em falência, com o que os credores terão reconstituídos seus direitos e garantias nas condições originalmente contratadas, deduzidos os valores eventualmente pagos e ressalvados os atos validamente praticados no âmbito da recuperação judicial.*
>
> *4. Diante disso, uma vez homologado o plano de recuperação judicial, os órgãos competentes devem ser oficiados a providenciar a baixa dos protestos e a retirada, dos cadastros de inadimplentes, do nome da recuperanda e dos seus sócios, por débitos sujeitos ao referido plano, com a ressalva expressa de que essa providência será adotada sob a condição resolutiva de a devedora cumprir todas as obrigações previstas no acordo de recuperação.*
>
> *5. Recurso especial provido (REsp 1.260.301/DF, Rel. Min. Nancy Andrighi, Terceira Turma, j. 14.08.2012,* DJe *21.08.2012).*

Ademais, segundo o § 1.º desse mesmo dispositivo, "a decisão judicial que conceder a recuperação judicial constituirá título executivo judicial, nos termos do art. 584, inciso III, do *caput* da Lei n.º 5.869, de 11 de janeiro de 1973 – Código de Processo Civil".

Da decisão que conceder a recuperação judicial serão intimadas eletronicamente as Fazendas Públicas federal e de todos os Estados, Distrito Federal e Municípios em que o devedor tiver estabelecimento (§ 3º).

Por fim, registre-se que a decisão que *concede* a recuperação judicial é recorrível, e o recurso cabível é o *agravo de instrumento*, conforme previsão do art. 59, § 2.º, da LRE: "contra a decisão que conceder a recuperação judicial caberá agravo, que poderá ser interposto por qualquer credor e pelo Ministério Público".

6.10.1. A supressão de garantias

Apesar de a concessão da recuperação judicial implicar novação dos créditos sujeitos ao plano, a lei faz expressa ressalva às eventuais garantias existentes (art. 59 da LRE, parte final).

Com efeito, o art. 49, § 1º da LRE diz que "os credores do devedor em recuperação judicial conservam seus direitos e privilégios contra os coobrigados, fiadores e obrigados de regresso", e o art. 50, § 1º estabelece que "na alienação de bem objeto de garantia real, a supressão da garantia ou sua substituição somente serão admitidas mediante aprovação expressa do credor titular da respectiva garantia".

Nesse contexto, poderia um plano de recuperação estipular a supressão de garantias? E mais: nesse caso, a supressão se daria apenas em relação aos credores que com ela consentiram na assembleia geral que deliberou a aprovação do plano, ou se estenderia aos credores ausentes e dissidentes?

Em decisão polêmica, a 3ª Turma do STJ decidiu, por maioria, pela possibilidade de o plano de recuperação judicial estipular a supressão de garantias, entendendo ainda que essa supressão, se aprovada pela maioria, aplica-se a todos os credores, inclusive os dissidentes.

RECURSO ESPECIAL. PLANO DE RECUPERAÇÃO. 1. DELIMITAÇÃO DA CONTROVÉRSIA. 2. TRATAMENTO DIFERENCIADO. CREDORES DA MESMA CLASSE. POSSIBILIDADE. PARÂMETROS. 3. CONVOLAÇÃO DA RECUPERAÇÃO EM FALÊNCIA. CONVOCAÇÃO DE ASSEMBLEIA DE CREDORES. DESNECESSIDADE. 4. PREVISÃO DE SUPRESSÃO DAS GARANTIAS REAIS E FIDEJUSSÓRIAS DEVIDAMENTE APROVADA PELA ASSEMBLEIA GERAL DE CREDORES. VINCULAÇÃO DA DEVEDORA E DE TODOS OS CREDORES, INDISTINTAMENTE. 5. RECURSO ESPECIAL PARCIALMENTE PROVIDO.

1. Cinge-se a controvérsia a definir: a) se é possível imprimir tratamento diferenciado entre credores de uma mesma classe na recuperação judicial; b) se é necessária a convocação da assembleia de credores antes da convolação da recuperação judicial em falência na hipótese de descumprimento de obrigação constante do plano de recuperação judicial; c) se a supressão das garantias real e fidejussória estampada expressamente no plano de recuperação judicial, aprovada em assembleia geral de credores, vincula todos os credores da respectiva classe ou apenas aqueles que votaram favoravelmente à supressão.

Por unanimidade de votos.

2. A criação de subclasses entre os credores da recuperação judicial é possível desde que seja estabelecido um critério objetivo, justificado no plano de recuperação judicial, abrangendo credores com interesses homogêneos, ficando vedada a estipulação de descontos que impliquem em verdadeira anulação de direitos de eventuais credores isolados ou minoritários.

3. O devedor pode propor, quando antever dificuldades no cumprimento do plano de recuperação, alterações em suas cláusulas, as quais serão submetidas ao crivo dos credores. Uma vez descumpridas as obrigações estipuladas no plano e requerida a convolação da recuperação em falência, não pode a recuperanda submeter aos credores decisão que complete exclusivamente ao juízo da recuperação.

Por maioria de votos.

4. Na hipótese dos autos, a supressão das garantias real e fidejussórias restou estampada expressamente no plano de recuperação judicial, que contou com a aprovação dos credores devidamente representados pelas respectivas classes, o que importa na vinculação de todos os credores, indistintamente.

4.1 Em regra (e no silêncio do plano de recuperação judicial), a despeito da novação operada pela recuperação judicial, preservam-se as garantias, no que alude à possibilidade de seu titular exercer seus direitos contra terceiros garantidores e impor a manutenção das ações e execuções promovidas contra fiadores, avalistas ou coobrigados em geral, a exceção do sócio com responsabilidade ilimitada e solidária (§ 1º, do art. 49 da Lei n. 11.101/2005). E, especificamente sobre as garantias reais, estas somente poderão ser supridas ou substituídas, por ocasião de sua alienação, mediante expressa anuência do credor titular de tal garantia, nos termos do § 1º do art. 50 da referida lei.

4.2 Conservadas, em princípio, as condições originariamente contratadas, no que se insereM as garantias ajustadas, a lei de regência prevê, expressamente, a possibilidade de o plano de recuperação judicial, sobre elas, dispor de modo diverso (§ 2º, do art. 49 da Lei n. 11.101/2009).

4.3. Por ocasião da deliberação do plano de recuperação apresentado, credores, representados por sua respectiva classe, e devedora, procedem às tratativas negociais destinadas a adequar os interesses contrapostos, bem avaliando em que extensão de esforços e renúncias estariam dispostos a suportar, no intento de reduzir os prejuízos que se avizinham (sob a perspectiva dos credores), bem como de permitir a reestruturação da empresa em crise (sob o enfoque da devedora). E, de modo a permitir que os credores ostentem adequada representação, seja para instauração da assembléia geral, seja para a aprovação do plano de recuperação judicial, a lei de regência estabelece, nos arts. 37 e 45, o respectivo quorum mínimo.

4.4 Inadequado, pois, restringir a supressão das garantias reais e fidejussórias, tal como previsto no plano de recuperação judicial aprovado pela assembleia geral, somente aos credores que tenham votado favoravelmente nesse sentido, conferindo tratamento diferenciado aos demais credores da mesma classe, em manifesta contrariedade à deliberação majoritária.

4.5 No particular, a supressão das garantias real e fidejussórias restou estampada expressamente no plano de recuperação judicial, que contou com a aprovação dos credores devidamente representados pelas respectivas classes (providência, portanto, que converge, numa ponderação de valores, com os interesses destes majoritariamente), o que importa, reflexamente, na observância do § 1º do art. 50 da Lei n. 11.101/2005, e, principalmente, na vinculação de todos os credores, indistintamente.

5. Recurso especial parcialmente provido.

(REsp 1700487/MT, Rel. Ministro RICARDO VILLAS BÔAS CUEVA, Rel. p/ Acórdão Ministro MARCO AURÉLIO BELLIZZE, TERCEIRA TURMA, julgado em 02/04/2019, DJe 26/04/2019)

Discordo do entendimento que se sagrou vencedor nesse julgamento, me alinhando com os votos divergentes.

O Ministro Ricardo Villas-Bôas Cueva, com base nos dispositivos legais já mencionados (art. 49, § 1º e art. 50, § 1º), votou no sentido de que "a cláusula que estende a novação aos coobrigados seria apenas legítima e oponível aos credores que aprovarem o plano de recuperação sem nenhuma ressalva, não sendo eficaz, portanto, no tocante aos credores que não se fizeram presentes quando da assembleia geral de credores, abstiveram-se de votar ou se posicionaram contra tal disposição".

No mesmo sentido votou a Ministra Nancy Andrighi, para quem "a supressão das garantias somente pode ser admissível – por se tratar de direitos disponíveis – na hipótese de haver anuência prévia dos respectivos titulares, consubstanciada na manifestação assemblear favorável à proposta de soerguimento apresentada pelo devedor".

No entanto, conforme se pode perceber da leitura da ementa do acórdão, prevaleceu o voto do Ministro Marco Aurélio Bellizze. Segundo ele, se a supressão das garantias estiver prevista no plano de recuperação judicial e se esse plano for aprovado pela maioria, isso "importa, reflexamente, na observância do § 1º do art. 50 da Lei 11.101/2005, e, principalmente, na vinculação de todos os credores, indistintamente".

Como o precedente mencionado foi da 3ª Turma e não teve julgamento unânime, a questão voltou a ser discutida posteriormente, dessa vez no âmbito da Segunda Seção do STJ, que congrega a 3ª e a 4ª Turmas.

Nessa ocasião, decidiu-se que **não há problema em se estabelecer uma cláusula de supressão de garantias no plano de recuperação judicial, desde que o respectivo credor a aprove**. Mas "inexistindo manifestação do titular do crédito com inequívoco ânimo de novar em relação às garantias, não se mostra possível afastar a expressa previsão legal de que a novação não se estende aos coobrigados (art. 49, § 1º)". Confira-se a ementa do acórdão:

RECURSO ESPECIAL. DIREITO EMPRESARIAL. RECUPERAÇÃO JUDICIAL. PLANO DE RECUPERAÇÃO. NOVAÇÃO. EXTENSÃO. COOBRIGADOS. IMPOSSIBILIDADE.

GARANTIAS. SUPRESSÃO OU SUBSTITUIÇÃO. CONSENTIMENTO. CREDOR TITULAR. NECESSIDADE.

(...)

2. Cinge-se a controvérsia a definir se a cláusula do plano de recuperação judicial que prevê a supressão das garantias reais e fidejussórias pode atingir os credores que não manifestaram sua expressa concordância com a aprovação do plano.

3. **A cláusula que estende a novação aos coobrigados é legítima e oponível apenas aos credores que aprovaram o plano de recuperação sem nenhuma ressalva, não sendo eficaz em relação aos credores ausentes da assembleia geral, aos que abstiveram-se de votar ou se posicionaram contra tal disposição.**

4. **A anuência do titular da garantia real é indispensável na hipótese em que o plano de recuperação judicial prevê a sua supressão ou substituição.**

(...)

(REsp 1.794.209/SP, Rel. Ministro RICARDO VILLAS BÔAS CUEVA, SEGUNDA SEÇÃO, julgado em 12/05/2021, DJe 29/06/2021)

6.10.2. A atuação da empresa em crise durante o processo de recuperação judicial

Ao contrário do que acontece no processo falimentar, no processo de recuperação judicial o devedor em crise não perde, em princípio, a administração da empresa: segundo o art. 64 da LRE, "durante o procedimento de recuperação judicial, o devedor ou seus administradores serão mantidos na condução da atividade empresarial, sob fiscalização do Comitê, se houver, e do administrador judicial (...)".

Como medida de transparência, o art. 69 da LRE determina que "em todos os atos, contratos e documentos firmados pelo devedor sujeito ao procedimento de recuperação judicial deverá ser acrescida, após o nome empresarial, a expressão 'em Recuperação Judicial'". E mais: "o juiz determinará ao Registro Público de Empresas e à Secretaria Especial da Receita Federal do Brasil a anotação da recuperação judicial nos registros correspondentes" (parágrafo único).

Excepcionalmente, no entanto, o devedor ou seus administradores podem ser afastados da condução da atividade empresarial. Isso ocorrerá "se qualquer deles: I – houver sido condenado em sentença penal transitada em julgado por crime cometido em recuperação judicial ou falência anteriores ou por crime contra o patrimônio, a economia popular ou a ordem econômica previstos na legislação vigente; II – houver indícios veementes de ter cometido crime previsto nesta Lei; III – houver agido com dolo, simulação ou fraude contra os interesses de seus credores; IV – houver praticado qualquer das seguintes condutas: a) efetuar gastos pessoais manifestamente excessivos em relação a sua situação patrimonial; b) efetuar despesas injustificáveis por sua natureza ou vulto, em relação ao capital ou gênero do negócio, ao movimento das operações e a outras circunstâncias análogas; c) descapitalizar injustificadamente a empresa ou realizar operações prejudiciais ao seu funcionamento regular; d) simular ou omitir créditos ao apresentar a relação de que trata o inciso III do *caput* do art. 51 desta Lei, sem relevante razão de direito ou amparo de decisão judicial; V – negar-se a prestar informações solicitadas pelo administrador judicial ou pelos demais membros do Comitê; VI – tiver seu afastamento previsto no plano de recuperação judicial" (art. 64 da LRE).

Verificando-se uma das situações acima transcritas, prevê o parágrafo único do mesmo art. 64 que "o juiz destituirá o administrador, que será substituído na forma prevista nos atos constitutivos do devedor ou do plano de recuperação judicial". O art. 65, por sua vez, estabelece que, "quando do afastamento do devedor, nas hipóteses previstas no art. 64 desta Lei, o juiz convocará a assembleia geral de credores para deliberar sobre o nome do gestor judicial que assumirá a administração das atividades do devedor, aplicando-se-lhe, no que couber, todas as normas sobre deveres, impedimentos e remuneração do administrador judicial". Como compatibilizar essas duas regras? Uma diz que deve haver substituição do administrador destituído, mas a outra diz que haver nomeação de gestor judicial.

No nosso entender, a nomeação de gestor judicial só será necessária quando houver afastamento do próprio devedor (empresário individual, por exemplo). Em se tratando de afastamento de administrador(es) de sociedade empresária, em princípio não há necessidade de gestor judicial, e sim de mera substituição do(s) administrador(es) afastado(s), salvo em situações excepcionais nas quais essa substituição seja inviável[111] ou inútil[112].

Por fim, destaque-se que, enquanto não for eleito o gestor judicial pela assembleia geral, o administrador judicial exercerá suas funções (art. 65, § 1º), e caso o gestor eleito não aceite a incumbência de gerir a empresa em recuperação ou esteja impedido de fazê-lo, caberá ao juiz convocar, no prazo de 72 horas, contado da recusa ou da declaração do impedimento nos autos, uma nova assembleia geral de credores, para que se eleja um novo gestor, continuando o administrador judicial a exercer suas funções por enquanto (§ 2º).

6.10.3. Obrigações contraídas durante a recuperação judicial

A LRE privilegia os credores que firmam relações jurídicas válidas com o devedor que pede recuperação judicial: segundo o art. 67, "os créditos decorrentes de obrigações contraídas pelo devedor durante a recuperação judicial, inclusive aqueles relativos a despesas com fornecedores de bens ou serviços e contratos de mútuo, serão considerados extraconcursais, em caso de decretação de falência, respeitada, no que couber, a ordem estabelecida no art. 83 desta Lei".

O objetivo dessa regra é criar incentivos para que os parceiros comerciais da empresa recuperanda (clientes, fornecedores etc.) continuem negociando com ela, porque nenhum plano de soerguimento da atividade empresarial vai ser bem su-

[111] "Efetivamente, nem sempre a substituição na forma dos atos constitutivos é possível, pois em certos casos todos os que teriam condições de ser eleitos foram afastados. Imagine-se uma sociedade limitada de dois sócios, ambos com poderes de administração. Se ambos forem afastados e não houver a possibilidade de administrador não sócio, não há como substituir o administrador pelos termos do ato constitutivo. Apenas nesses casos, acreditamos que deve ser usado o gestor judicial para substituir o administrador afastado" (TOMAZETTE, Marlon. *Curso de direito empresarial*. Vol. 3. 5ª ed. São Paulo: Atlas, 2017, p. 247).

[112] "Caso a destituição seja decorrente da subordinação do administrador ao controlador, a substituição do administrador nos termos do contrato ou do estatuto social é medida absolutamente ineficaz para se assegurar a regularidade da administração da sociedade empresária em recuperação judicial. Isso porque o sócio controlador simplesmente nomearia outro administrador que continuaria a proteger seus interesses particulares em detrimento dos interesses sociais" (SACRAMONE, Marcelo. *Comentários à Lei de recuperação de empresas e falência*. 2ª ed. São Paulo: Saraiva, 2021, p. 359).

cedido, por mais ousado que seja (carência grande, parcelamento longo e deságio alto), se os negócios normais do devedor pararem.

Na redação original do parágrafo único do art. 67, a LRE atribuía privilégio especial aos créditos quirografários pertencentes a fornecedores que continuavam a negociar com o devedor durante a recuperação judicial e, depois, tinha a sua falência decretada.

Como a experiência demonstrou que essa medida não surtiu os efeitos esperados, o dispositivo legal foi alterado, e agora possui a seguinte redação: "o plano de recuperação judicial poderá prever tratamento diferenciado aos créditos sujeitos à recuperação judicial pertencentes a fornecedores de bens ou serviços que continuarem a provê-los normalmente após o pedido de recuperação judicial, desde que tais bens ou serviços sejam necessários para a manutenção das atividades e que o tratamento diferenciado seja adequado e razoável no que concerne à relação comercial futura".

Trata-se de regra que legitima uma prática que já era comum nos processos de recuperação judicial: criação de subclasses de credores, conforme já explicamos em tópico anterior.[113]

6.10.4. Alienação ou oneração de bens ou direitos do ativo não circulante

Não obstante o devedor que pede recuperação judicial, em princípio, não perca a administração da empresa, o art. 66 da LRE[114] prevê que, "após a distribuição do pedido de recuperação judicial, o devedor não poderá alienar ou onerar bens ou direitos de seu ativo não circulante, inclusive para os fins previstos no art. 67 desta Lei, salvo mediante autorização do juiz, depois de ouvido o Comitê de Credores, se houver, com exceção daqueles previamente autorizados no plano de recuperação judicial".

[113] "A criação de subclasses entre os credores da recuperação judicial é possível desde que seja estabelecido um critério objetivo, justificado no plano de recuperação judicial, abrangendo credores com interesses homogêneos, ficando vedada a estipulação de descontos que impliquem verdadeira anulação de direitos de eventuais credores isolados ou minoritários" (REsp 1634844/SP, Rel. Ministro RICARDO VILLAS BÔAS CUEVA, TERCEIRA TURMA, julgado em 12/03/2019, DJe 15/03/2019).

[114] Na sua redação original, o art. 66 da LRE dizia o seguinte: "após a distribuição do pedido de recuperação judicial, o devedor não poderá alienar ou onerar bens ou direitos de seu ativo permanente, salvo evidente utilidade reconhecida pelo juiz, depois de ouvido o Comitê, com exceção daqueles previamente relacionados no plano de recuperação judicial". Interpretando esse dispositivo legal, a 3ª Turma do STJ decidiu que empresas em recuperação judicial podiam celebrar contratos de *factoring* no curso do processo recuperacional, independentemente de autorização do juízo, porque como os contratos de *factoring* envolvem a negociação de direitos de crédito, os quais não integram o ativo permanente do devedor, e sim o seu ativo circulante, não haveria incidência da regra legal (REsp 1.783.068). Ainda sobre a redação original do art. 66 da LRE, a mesma 3ª Turma do STJ entendeu que eventuais alienações de bens do ativo permanente da recuperanda, feitas com base no referido dispositivo legal, não precisavam ser realizadas por hasta pública, em razão de não haver remissão expressa ao art. 142 da LRE (REsp 1.819.057 – Informativo 667). Por fim, a 3ª Turma do STJ também decidiu que, em execução de dívida particular de sócio, é possível penhorar quotas que ele possui em uma sociedade limitada que está em recuperação judicial (REsp 1.803.250). O relator, Ministro Marco Aurélio Bellizze, entendeu ser aplicável ao caso o art. 66 da LRE, na sua redação original, que restringia a alienação/oneração de bens/direitos do ativo permanente da recuperanda aos casos em que o juiz autorizasse ou o plano de recuperação previsse. No entanto, prevaleceu o voto divergente do Ministro Ricardo Villas Bôas Cueva: "parece não existir vedação legal, ao menos a priori, que obste a penhora de quotas de sociedade em recuperação judicial, tendo em vista a multiplicidade de situações que podem ocorrer no prosseguimento da execução. Assim, eventual interferência da penhora de quota social na recuperação judicial da empresa deve ser analisada com o decorrer da execução, não podendo ser vedada desde logo, devendo os juízes (da execução e da RJ) se valerem do instituto da cooperação de que trata do artigo 69 do CPC".

Caso o juiz autorize a referida alienação/oneração, o § 1º do art. 66 determina que "observar-se-á o seguinte: I – nos 5 (cinco) dias subsequentes à data da publicação da decisão, credores que corresponderem a mais de 15% (quinze por cento) do valor total de créditos sujeitos à recuperação judicial, comprovada a prestação da caução equivalente ao valor total da alienação, poderão manifestar ao administrador judicial, fundamentadamente, o interesse na realização da assembleia-geral de credores para deliberar sobre a realização da venda; e II – nas 48 (quarenta e oito) horas posteriores ao final do prazo previsto no inciso I deste parágrafo, o administrador judicial apresentará ao juiz relatório das manifestações recebidas e, somente na hipótese de cumpridos os requisitos estabelecidos, requererá a convocação de assembleia-geral de credores, que será realizada da forma mais célere, eficiente e menos onerosa, preferencialmente por intermédio dos instrumentos referidos no § 4º do art. 39 desta Lei".

Se os credores fizerem uso da prerrogativa que lhes é assegurada pelo inciso I do § 1º do art. 66, o § 2º estabelece que as despesas com a convocação e a realização da assembleia-geral correrão por conta deles, proporcionalmente ao valor total de seus créditos.

Por fim, vale destacar o art. 66-A da LRE, mais um dispositivo nela incluído na reforma provocada pela Lei 14.112/2020: "a alienação de bens ou a garantia outorgada pelo devedor a adquirente ou a financiador de boa-fé, desde que realizada mediante autorização judicial expressa ou prevista em plano de recuperação judicial ou extrajudicial aprovado, não poderá ser anulada ou tornada ineficaz após a consumação do negócio jurídico com o recebimento dos recursos correspondentes pelo devedor".

Quanto à sucessão, o § 3º prevê que, "desde que a alienação seja realizada com observância do disposto no § 1º do art. 141 e no art. 142 desta Lei, o objeto da alienação estará livre de qualquer ônus e não haverá sucessão do adquirente nas obrigações do devedor, incluídas, mas não exclusivamente, as de natureza ambiental, regulatória, administrativa, penal, anticorrupção, tributária e trabalhista". Essa regra foi inicialmente vetada pela Presidência da República, mas o veto foi derrubado pelo Congresso Nacional.

Em síntese: caso os interessados não consigam, antes da consumação do negócio, suspender ou reformar eventual autorização judicial ou estipulação de plano de recuperação que permitiu determinada alienação/oneração de bens ou direitos, nos termos do art. 66 da LRE, esse negócio não poderá mais ser anulado ou tornado ineficaz, o que confere proteção às partes, em nome da segurança jurídica.

6.11. *DIP financing*

O financiamento DIP (*debtor-in-possession*) é um instituto previsto na legislação falimentar americana (seção 364 do capítulo 11 do *Bankruptcy Code*), que se refere aos novos financiamentos obtidos pela empresa em crise que pede recuperação judicial.[115]

[115] "O financiamento DIP é disciplinado pela Seção 364 do Bankruptcy Code, que estabelece generosos incentivos legais para que financiadores emprestem recursos em operações DIP. A Seção 364 é sugestivamente intitulada 'obtaining credit' (obtendo crédito). Em comum, todas as modalidades de financiamento DIP asseguram aos financiadores prioridade no pagamento em relação aos credores existentes" (CAVALLI, Cassio. https://www.cassiocavalli.com.br/financiamento-dip-ou-como-financiar-empresas-em-recuperacao-judicial/).

O objetivo primordial das operações de *DIP financing* é resolver um grave problema das empresas em crise, especialmente daquelas que pedem recuperação judicial: obtenção de crédito novo, que será usado para suprir a falta de capital de giro, cobrindo as despesas operacionais mais básicas, como pagamento de salários e de fornecedores essenciais, por exemplo.

Ao contrário da legislação americana, a LRE, na sua redação original, não tratava do tema de forma detalhada e suficiente, o que fazia com que essas operações, no Brasil, não fossem tão utilizadas pelas instituições financeiras, em razão da insegurança jurídica que ainda pairava sobre elas.

A redação original do art. 67 da Lei 11.101/2005, que determinava que "os créditos decorrentes de obrigações contraídas pelo devedor durante a recuperação judicial, inclusive aqueles relativos a despesas com fornecedores de bens ou serviços e contratos de mútuo, serão considerados extraconcursais, em caso de decretação de falência", não se mostrou suficiente na prática.

Mas a despeito dessa insuficiência da LRE, em sua redação original, houve casos relevantes de financiamento DIP no Brasil, como o do Grupo Aralco, que durante sua recuperação judicial foi autorizado, pela assembleia geral de credores, a fazer um *DIP Financing* de 42 milhões de dólares.

Contudo, a fim de melhorar o tratamento legal da matéria, a reforma da LRE, provocada pela Lei 14.112/2020, inseriu nela os art. 69-A a 69-F, que tratam do financiamento do devedor durante a recuperação judicial.

De acordo com o art. 69-A, "durante a recuperação judicial, nos termos dos arts. 66 e 67 desta Lei, o juiz poderá, depois de ouvido o Comitê de Credores, autorizar a celebração de contratos de financiamento com o devedor, garantidos pela oneração ou pela alienação fiduciária de bens e direitos, seus ou de terceiros, pertencentes ao ativo não circulante, para financiar as suas atividades e as despesas de reestruturação ou de preservação do valor de ativos".

Na linha do já comentado art. 66-A da LRE, o art. 69-B determina o seguinte: "a modificação em grau de recurso da decisão autorizativa da contratação do financiamento não pode alterar sua natureza extraconcursal, nos termos do art. 84 desta Lei, nem as garantias outorgadas pelo devedor em favor do financiador de boa-fé, caso o desembolso dos recursos já tenha sido efetivado".

Essas regras legais incorporam na nossa legislação falimentar a *mootness doctrine*, formulada no direito norte-americano, cujo objetivo é conferir segurança jurídica ao financiamento do devedor em crise.

> Ainda que haja a interposição de recurso e este reforme a decisão que autorizou a contratação, não é possível alterar a natureza extraconcursal ou as garantias outorgadas pelo devedor em favor do financiador de boa-fé, se os recursos já tiverem sido liberados.
>
> Trata-se de uma proteção para o financiador que se baseia na *mootness doctrine*, evitando incertezas e anulação do negócio consumado. Com isso, garante-se segurança jurídica para estimular o acesso ao crédito, reduzindo a percepção de risco por parte dos financiadores – o que é de extrema relevância, visto que a obtenção de crédito aumenta a probabilidade de uma recuperação bem-sucedida.

> A *mootness doctrine* deriva do direito norte-americano, e já vinha sendo reconhecida no Brasil pela jurisprudência e doutrina que estabeleciam os requisitos da irreversibilidade por meio de recurso. Com a reforma legislativa, passou a estar expressamente prevista no artigo em comento.
>
> Nos EUA, a *mootness doctrine* surgiu para lidar com as dificuldades inerentes ao financiamento DIP na pendência de recursos, bem como para preservar planos de recuperação que já estão substancialmente consumados. Quando o DIP já afetou as esferas jurídicas do devedor, credores e terceiros, ainda que um recurso esteja pendente, o Poder Judiciário não poderá revertê-lo ou anulá-lo, porque já estará impossibilitada a restauração do *statu quo ante*, impedindo um resultado não equitativo. Por esse motivo, este ensinamento é chamado também de *doctrine of equitable mootness*.
>
> Alterar a decisão judicial, neste ponto, seria impraticável e imprudente. Sendo assim, *equitable mootness* é a doutrina pela qual um tribunal de apelação considera prudente, por razões práticas, abster-se de decidir sobre um recurso quando a reparação solicitada irá minar a finalidade e confiabilidade de um plano de reorganização consumado.
>
> Esta doutrina é amplamente reconhecida e aplicada pelos juízes norte-americanos, especialmente para apelações relacionadas ao *Chapter 11*, com fundamento no *Article III* da Constituição dos Estados Unidos, e tem como base, de forma geral, o fato de que uma discussão equitativa (ou justa) já não é possível quando o direito de uma parte causará danos a outras partes. Os fatores para isso incluem uma análise sobre: (i) de que forma a medida solicitada (em recurso) afetará o direito de outras partes; (ii) de que forma a medida solicitada afeta o sucesso da recuperação da empresa e dos objetivos do sistema de insolvência; e (iii) o necessário caráter definitivo das decisões nos sistemas falimentar e recuperacional.[116]

O art. 69-C prevê que "o juiz poderá autorizar a constituição de garantia subordinada sobre um ou mais ativos do devedor em favor do financiador, dispensando a anuência do detentor da garantia original". Mas para proteger esse credor não anuente, é óbvio que a LRE determina que "a garantia subordinada, em qualquer hipótese, ficará limitada ao eventual excesso resultante da alienação do ativo objeto da garantia original" (§ 1º). Tratando-se, porém, de alienação ou cessão fiduciária, não se aplica o art. 69-C.

O art. 69-D cuida da situação em que há convolação da recuperação judicial em falência antes da liberação integral dos valores do financiamento DIP, determinado que, nesse caso, "o contrato de financiamento será considerado automaticamente rescindido". Tendo havido liberação de parte dos valores, "as garantias constituídas e as preferências serão conservadas até o limite dos valores efetivamente entregues ao devedor antes da data da sentença que convolar a recuperação judicial em falência" (parágrafo único).

O financiamento DIP não é algo restrito a instituições financeiras. Com efeito, o art. 69-E prevê que "o financiamento de que trata esta Seção poderá ser realizado por qualquer pessoa, inclusive credores, sujeitos ou não à recuperação judicial, familiares, sócios e integrantes do grupo do devedor". Esse amplo leque de financiadores pode atrair para essas operações novos atores do mercado de crédito, como as *fintechs*, por exemplo.

---

116 COSTA, Daniel Carnio e MELO, Alexandre Correa Nasser de. *Comentários à Lei de Recuperação de Empresas e Falência*, art. 69 «in» JuruáDocs n. 201.2281.1220.5462. Disponível em: <www.juruadocs.com>. Acesso em: 22/02/2021.

Por fim, o art. 69-F também prevê uma ampla possibilidade de garantidores: "qualquer pessoa ou entidade pode garantir o financiamento de que trata esta Seção mediante a oneração ou a alienação fiduciária de bens e direitos, inclusive o próprio devedor e os demais integrantes do seu grupo, estejam ou não em recuperação judicial".

6.12. O encerramento do processo de recuperação judicial

O objetivo do processo de recuperação judicial é propiciar ao devedor as condições necessárias à superação de sua crise econômico-financeira. As medidas propostas no plano de recuperação, pois, devem ser levadas a cabo para que surtam os efeitos esperados e permitam que a empresa continue em atividade.

O plano de recuperação judicial normalmente envolve a "concessão de prazos e condições especiais de pagamento das obrigações vencidas e vincendas" (art. 50, inciso I da LRE): na prática, o devedor sempre propõe, além de deságio, um extenso parcelamento das obrigações e um longo período de carência até o primeiro pagamento, de modo que o cumprimento total do plano pode demorar muitos anos.

No entanto, isso não significa que o devedor permanecerá "em recuperação judicial" por todo esse tempo: a lei estabelece que o juiz fixará um período de fiscalização do cumprimento do plano pelo devedor, de no máximo 2 (dois) anos, mas depois desse período o processo é encerrado, mesmo que o plano ainda tenha obrigações a serem cumpridas.[117]

Com efeito, estabelece o art. 63 da LRE que, "cumpridas as obrigações vencidas no prazo previsto no *caput* do art. 61 desta Lei *[período de fiscalização judicial, que pode ser de até dois anos]*, o juiz decretará por sentença o encerramento da recuperação judicial (...)". O art. 61, por sua vez, prevê que, "proferida a decisão prevista no art. 58 desta Lei *[concessão do benefício legal]*, o juiz poderá determinar a manutenção do devedor em recuperação judicial até que sejam cumpridas todas as obrigações previstas no plano que vencerem até, no máximo, 2 (dois) anos depois da concessão da recuperação judicial, independentemente do eventual período de carência". Cumpridas essas obrigações, não deve mais ter continuidade o processo recuperacional, uma vez que as circunstâncias indicam que o devedor já superou a crise ou que ele, no mínimo, caminha seguramente no sentido de superá-la.

Na mesma sentença em que o juiz der por encerrado o processo de recuperação judicial, deve determinar ainda uma série de medidas, arroladas nos incisos I a V do art. 63: "I – o pagamento do saldo de honorários ao administrador judicial, somente podendo efetuar a quitação dessas obrigações mediante prestação de contas, no prazo de 30 (trinta) dias, e aprovação do relatório previsto no inciso III do caput deste artigo; II – a apuração do saldo das custas judiciais a serem recolhidas; III – a apresentação de relatório circunstanciado do administrador judicial,

[117] "É possível, e comum, que o plano de recuperação preveja obrigações ou medidas recuperacionais que perdurarão por um tempo posterior ao encerramento do processo. O plano deverá continuar sendo cumprido, mas a fiscalização, agora, será de exclusiva responsabilidade dos credores, e não mais do administrador judicial" (COSTA, Daniel Carnio e MELO, Alexandre Correa Nasser de. *Comentários à Lei de Recuperação de Empresas e Falência*, art. 63 «in» JuruáDocs n. 201.2281.1746.9515. Disponível em: <www.juruadocs.com>. Acesso em: 22/02/2021).

no prazo máximo de 15 (quinze) dias, versando sobre a execução do plano de recuperação pelo devedor; IV – a dissolução do Comitê de Credores e a exoneração do administrador judicial; V – a comunicação ao Registro Público de Empresas e à Secretaria Especial da Receita Federal do Brasil do Ministério da Economia para as providências cabíveis".

Ressalte-se, entretanto, que o fim do prazo mencionado no art. 61 da LRE não significa, necessariamente, que a partir de então o descumprimento das obrigações constantes do plano não surtirão qualquer efeito: segundo o art. 62 da LRE, "após o período previsto no art. 61 desta Lei *[período de fiscalização judicial, que pode ser de até dois anos]*, no caso de descumprimento de qualquer obrigação prevista no plano de recuperação judicial, qualquer credor poderá requerer a execução específica ou a falência com base no art. 94 desta Lei".

Assim, ainda que o processo de recuperação judicial venha a ser extinto por sentença, nos termos do art. 63, poderão os credores, caso alguma obrigação do plano seja descumprida, (i) executar a respectiva dívida (art. 59, § 1º da LRE) ou (ii) requerer a falência do devedor (art. 94, inciso III, alínea 'g' da LRE).

Por fim, vale ressaltar que a reforma da LRE, provocada pela Lei 14.112/2020, acrescentou um parágrafo único ao art. 63, com a seguinte redação: "o encerramento da recuperação judicial não dependerá da consolidação do quadro-geral de credores". Nesse caso, aplica-se o § 9º do art. 10, que também foi inserido na LRE pela reforma: "a recuperação judicial poderá ser encerrada ainda que não tenha havido a consolidação definitiva do quadro-geral de credores, hipótese em que as ações incidentais de habilitação e de impugnação retardatárias serão redistribuídas ao juízo da recuperação judicial como ações autônomas e observarão o rito comum".[118]

[118] "O § 9º foi introduzido ao art. 10 pela reforma da Lei recuperacional, mas o seu regramento já vinha sendo aplicado pela jurisprudência. Dessa forma, fica expresso que as recuperações judiciais podem ser encerradas mesmo em caso de existência de impugnações ou habilitações retardatárias ainda em andamento. Se assim não fosse, seria verificado evidente desrespeito ao princípio constitucional da duração razoável do processo (CF/88, art. 5º, LXXVIII), uma vez que a quantidade de impugnações a serem julgadas em apartado a um processo de recuperação judicial, com grande quantidade de credores, certamente iria inviabilizar o encerramento do caso no período de dois anos, eternizando, de certa forma, o andamento processual. Nesse contexto, amparado pela nova redação da Lei recuperacional, o magistrado, quando entender que o período de fiscalização ao cumprimento do plano se deu de forma regular e suficiente, pode determinar o encerramento da recuperação judicial, mesmo que não tenha havido a homologação do quadro geral de credores, hipótese em que as ações incidentais de habilitação e de impugnação retardatárias serão redistribuídas ao juízo da recuperação judicial como ações autônomas e observarão o rito comum. A redação desse dispositivo foi complementada pelo Senado durante a tramitação legislativa, mediante o acolhimento de emenda de redação para esclarecer que o encerramento da recuperação judicial poderá acontecer antes de se ter um quadro de credores consolidado. A redação anterior fazia referência à homologação definitiva do quadro geral de credores e passava a impressão de que, em algum momento, o juízo do processo recuperacional deveria homologar o tal quadro. Na verdade, não haverá homologação formal do quadro de credores na recuperação judicial. Esse quadro, depois de encerrado o processo de recuperacional, será apenas consolidado em razão do julgamento final de todas as impugnações de crédito, sem a necessidade de uma sentença que o homologue. Nesse sentido é que foi alterada a redação do dispositivo, para deixar claro que não haverá necessidade de posterior homologação por sentença do quadro geral de credores. Apenas como anotação histórica, essa sugestão partiu de grupo de magistrados do TJMG, integrantes do Fórum Nacional dos Juízes de Competência Empresarial – FONAJEM" (COSTA, Daniel Carnio e MELO, Alexandre Correa Nasser de. *Comentários à Lei de Recuperação de Empresas e Falência*, art. 10 «in» JuruáDocs n. 201.2281.1536.5577. Disponível em: <www.juruadocs.com>. Acesso em: 22/02/2021).

6.12.1. Apresentação de planos de recuperação aditivos/modificativos

A despeito de não existir previsão legal expressa, é comum, na prática, a apresentação de planos de recuperação aditivos/modificativos, e a jurisprudência já se consolidou quanto a essa possibilidade.

No STJ, merece menção o julgamento do REsp 1.853.347 pela 3ª Turma. O relator, Ministro Ricardo Villas Bôas Cueva, destacou que "a Lei 11.101/2005 não prevê a possibilidade de que, após a aprovação do plano de recuperação judicial, sejam apresentados aditivos ou mesmo um novo plano para aprovação dos credores". No entanto, ele mesmo ponderou depois "tem ganhado fôlego o entendimento, fundamentado na prevalência do princípio da preservação da empresa e da soberania da vontade dos credores, de que cabe aos credores decidir se é o caso de admitir a alteração do plano e prosseguir com a recuperação judicial ou pedir a falência do devedor".

Quanto à contagem do prazo do art. 61 da LRE, caso exista aditamento ao plano, ela deve ser feita a partir da data da concessão da recuperação judicial ou da data da homologação do plano aditivo/modificativo?

A 3ª Turma, nesse mesmo julgamento, entendeu que o prazo sempre deve ser contado a partir da data da concessão da recuperação judicial: "a apresentação de aditivos ao plano de recuperação judicial pressupõe que ele estava sendo cumprido e, por situações que somente se mostraram depois, teve que ser modificado, o que foi admitido pelos credores. Não há, assim, propriamente uma ruptura da fase de execução, motivo pelo qual inexiste justificativa para a modificação do termo inicial da contagem do prazo bienal para o encerramento da recuperação judicial".

Portanto, mesmo que sejam feitos aditamentos ao plano, a recuperação judicial deve ser encerrada após o período de fiscalização fixado pelo juiz, que é de no máximo dois anos após a sua concessão, "seja pelo cumprimento das obrigações estabelecidas para esse período, seja pela eventual decretação da falência" *[caso haja algum descumprimento]*" (REsp 1.853.347).

6.12.2. Da convolação da recuperação judicial em falência

No tópico anterior, analisamos a situação em que o devedor cumpriu regularmente as obrigações constantes do seu plano de recuperação no período de até dois anos após a sua concessão, caso em que o juiz deverá encerrar o processo por sentença, continuando o devedor a exercer normalmente as suas atividades.

Pode ocorrer, todavia, de o devedor não conseguir cumprir, dentro desse prazo de fiscalização judicial, as obrigações que assumiu no plano, hipótese em que a LRE prevê, em seu art. 61, § 1º, a convolação da recuperação judicial em falência: "durante o período estabelecido no *caput* deste artigo, o descumprimento de qualquer obrigação prevista no plano acarretará a convolação da recuperação em falência, nos termos do art. 73 desta Lei".

Perceba-se que a convolação da recuperação judicial em falência, por esse motivo, só tem lugar quando o descumprimento de obrigação prevista no plano se dá **dentro do prazo de fiscalização fixado pelo juiz, que é de no máximo dois**

anos após a concessão da recuperação. Se, por outro lado, o descumprimento de obrigação prevista no plano ocorrer após o prazo de fiscalização, isto é, após o encerramento do processo recuperacional, não será o caso de convolar a recuperação judicial em falência, mas de o credor interessado executar especificamente a dívida (art. 59, § 1º da LRE) ou requerer a falência do devedor (art. 94, inciso III, alínea 'g' da LRE).

Detalhe importante: em caso de convolação da recuperação judicial em falência, em razão do descumprimento de obrigação prevista no plano durante o período de fiscalização, "os credores terão reconstituídos seus direitos e garantias nas condições originalmente contratadas, deduzidos os valores eventualmente pagos e ressalvados os atos validamente praticados no âmbito da recuperação judicial" (art. 61, § 2º da LRE).

Mas não é apenas o descumprimento, durante o prazo de fiscalização, de obrigação assumida no plano que enseja a convolação do processo recuperacional em processo falimentar.

Com efeito, outras **hipóteses** em que tal medida deve ser adotada pelo juiz estão previstas no art. 73 da LRE, segundo o qual "o juiz decretará a falência durante o processo de recuperação judicial: "I – por deliberação da assembléia-geral de credores, na forma do art. 42 desta Lei; II – pela não apresentação, pelo devedor, do plano de recuperação no prazo do art. 53 desta Lei; III – quando não aplicado o disposto nos §§ 4º, 5º e 6º do art. 56 desta Lei, ou rejeitado o plano de recuperação judicial proposto pelos credores, nos termos do § 7º do art. 56 e do art. 58-A desta Lei; IV – por descumprimento de qualquer obrigação assumida no plano de recuperação, na forma do § 1º do art. 61 desta Lei; V – por descumprimento dos parcelamentos referidos no art. 68 desta Lei ou da transação prevista no art. 10-C da Lei nº 10.522, de 19 de julho de 2002; e VI – quando identificado o esvaziamento patrimonial da devedora que implique liquidação substancial da empresa, em prejuízo de credores não sujeitos à recuperação judicial, inclusive as Fazendas Públicas".

Destaque-se ainda que a falência do devedor também pode ser decretada durante o processo de recuperação judicial sem que decorra, necessariamente, de uma das situações descritas no art. 73 da LRE.

De fato, o § 1º desse dispositivo estabelece que, além das hipóteses de convolação da recuperação judicial em falência nele previstas, pode o devedor ter a sua falência decretada em função de requerimento autônomo de credor não sujeito aos efeitos da recuperação.

Assim, os titulares dos créditos mencionados nos §§ 3º e 4º do art. 49 da LRE, que não se submetem aos efeitos do processo recuperacional, conforme já vimos, podem requerer a falência do devedor em recuperação judicial por qualquer dos fundamentos previstos nos incisos I, II e III do art. 94 da LRE. Nesse caso, frise-se, não se trata de convolação da recuperação judicial em falência, mas de simples decretação da falência, em virtude da ocorrência de uma de suas causas ensejadoras.

Por fim, registre-se a previsão normativa do art. 74 da LRE: "na convolação da recuperação em falência, os atos de administração, endividamento, oneração ou alienação praticados durante a recuperação judicial presumem-se válidos, desde que realizados na forma desta Lei".[119]

6.12.3. Descumprimento de parcelamento tributário ou transação tributária

Sobre a convolação da recuperação judicial em falência em razão do descumprimento de parcelamento tributário ou transação tributária, algumas observações precisam ser feitas.

O descumprimento do parcelamento tributário deve ser entendido como a exclusão do benefício legal por falta de pagamento, conforme previsto no art. 10-A, § 4º, incisos I e II da Lei 10.522/2002: (i) falta de pagamento de 6 parcelas consecutivas ou de 9 parcelas alternadas, ou (ii) falta de pagamento de 1 até 5 parcelas, conforme o caso, se todas as demais estiverem pagas. Nesses casos, a Fazenda Pública pode requerer a convolação da recuperação judicial em falência (art. 10-A, § 4º-A, inciso IV da Lei 10.522/2002). Entendo não ser permitido ao juiz, nessa hipótese, decretar a falência de ofício.

No tocante à transação tributária, o seu descumprimento deve ser entendido como a rescisão por inadimplemento, conforme previsto no art. 10-C, inciso VII, alíneas 'a' e 'b' da Lei 10.522/2002: (i) falta de pagamento de 6 parcelas consecutivas ou de 9 parcelas alternadas, ou (ii) falta de pagamento de 1 até 5 parcelas, conforme o caso, se todas as demais estiverem pagas. Nesses casos, a Fazenda Pública pode requerer a convolação da recuperação judicial em falência. Também entendo que, nessa hipótese, o juiz não pode decretar a falência de ofício.

6.12.4. Liquidação substancial da empresa

O inciso VI do art. 73 da LRE, que trata da convolação da recuperação judicial em falência quando há esvaziamento patrimonial do devedor que implique liquidação substancial da empresa, foi inserido na reforma provocada pela Lei 14.112/2020.

A regra em questão parece ser uma contrapartida a outras, como a do art. 60, que facilitam a alienação e a oneração de bens do devedor que pede recuperação judicial, a fim de evitar que ele as use com o objetivo de prejudicar credores não sujeitos ao processo recuperacional.[120]

---

119 "Para garantir segurança jurídica aos atos realizados durante a recuperação judicial, o artigo em análise prevê que, mesmo que ocorra a convolação em falência, os atos que tenham sido praticados de acordo com a lei, permanecerão válidos e eficazes. Assim não fosse, terceiros teriam resistência a firmar negócios jurídicos com empresas em recuperação, e isso poderia obstar o seu soerguimento, visto que muitos desses atos são previstos no plano como medida recuperatória. Dessa forma, somente se tornarão ineficazes se restar comprovado que foram praticados em desacordo com a lei ou o plano de recuperação judicial. Os credores que receberam algum pagamento durante a recuperação judicial, se houver convolação em falência, terão esse valor deduzido do crédito a ser habilitado no processo falimentar" (COSTA, Daniel Carnio e MELO, Alexandre Correa Nasser de. *Comentários à Lei de Recuperação de Empresas e Falência*, art. 74 «in» JuruáDocs n. 201.2281.1397.4733. Disponível em: <www.juruadocs.com>. Acesso em: 22/02/2021).

120 "Se de um lado a lei facilita a alienação e a oneração de bens, inclusive da empresa como um todo, de outro a lei pune o esvaziamento patrimonial com a convolação da recuperação judicial em falência. Como explicado nos comentários ao art. 60, o adquirente de unidade produtiva isolada, de bens do ativo permanente ou mesmo da empresa como um todo, não responde pelas dívidas do devedor alienante; não sucede o devedor Assim, para que

Sobre a caracterização da tal liquidação substancial por esvaziamento patrimonial, o § 3º do art. 73 da LRE diz que ela se dá "quando não forem reservados bens, direitos ou projeção de fluxo de caixa futuro suficientes à manutenção da atividade econômica para fins de cumprimento de suas obrigações, facultada a realização de perícia específica para essa finalidade". A redação desse dispositivo, porém, recebeu duras críticas.[121]

Por fim, vale destacar que, caso se verifique a caracterização de esvaziamento patrimonial que implique liquidação substancial da empresa, com a consequente convolação da recuperação judicial em falência, é importante destacar que isso "não implicará a invalidade ou a ineficácia dos atos, e o juiz determinará o bloqueio do produto de eventuais alienações e a devolução ao devedor dos valores já distribuídos, os quais ficarão à disposição do juízo".

6.13. Do plano especial de recuperação judicial das microempresas e das empresas de pequeno porte

No capítulo 8, examinamos com detalhes todo o arcabouço jurídicoinstitucional que disciplina o tratamento diferenciado conferido às microempresas e às empresas de pequeno porte no Brasil. Assim, seguindo a orientação do art. 179 da Constituição da República, a LRE houve por bem estabelecer para as MEs e EPPs um **plano especial de recuperação judicial**, disciplinado nos seus arts. 70 a 72.

A opção do legislador em conceder às microempresas e às empresas de pequeno porte um plano especial de recuperação judicial é louvável. No entanto, em nossa opinião, o plano especial disciplinado pela LRE não atendeu às expectativas, uma vez que se resume, basicamente, a um curto parcelamento de seus débitos. A propósito, a experiência confirma essa nossa crítica, porque é baixíssimo o número de casos em que tal plano especial é efetivamente utilizado pelos devedores que se enquadram como ME ou EPP.

É preciso destacar que, pela leitura do art. 70, § 1.º, da LRE, parece-nos que a submissão ao plano de recuperação especial é uma **faculdade** colocada à disposição dos microempresários e dos empresários de pequeno porte. De fato, eis o teor da norma em comento: "as microempresas e as empresas de pequeno porte, conforme definidas em lei, **poderão** apresentar plano especial de recuperação judicial, desde que afirmem sua intenção de fazê-lo na petição inicial de que trata o art. 51 desta Lei".

Cabe aos devedores enquadrados como ME ou EPP, pois, **optar pelo plano especial da lei**, mencionando essa opção em sua petição inicial. O uso do termo

---

a alienação de ativos não prejudique os credores, especialmente os extraconcursais, a lei ameaça o devedor com a convolação da recuperação em falência, caso os bens remanescentes não sejam suficientes para responder pelas obrigações não sujeitas à recuperação judicial" (BARROS NETO, Geraldo Fonseca de. *Reforma da lei de recuperação judicial e falência*. Rio de Janeiro: Forense, 2021, p. 127-128).

121 "Ao tentar tipificá-la *[a liquidação substancial da empresa]*, o legislador não poderia ter se atrapalhado mais. De um lado, proceder a 'reserva de bens' é a própria negação da exploração de qualquer atividade econômica de modo racional, que pressupõe exatamente o inverso: otimizar o emprego de todos os ativos como fonte de geração de valor. Por outro lado, a 'reserva de projeção de fluxo de caixa futuro' é um requisito etéreo, por ser a mera quantificação unilateral, feita pelo devedor, de suas expectativas de rentabilidade, ou seja, um palpite altamente subjetivo" (COELHO, Fábio Ulhoa. *Comentários à Lei de Falências e Recuperação de Empresas*. 14ª ed. São Paulo: RT, 2021, p. 285).

"poderão", em nossa opinião, não deixa dúvidas quanto à interpretação da regra: trata-se, indubitavelmente, de uma faculdade.[122]

Conforme o art. 71 da LRE, "o plano especial de recuperação judicial será apresentado no prazo previsto no art. 53 desta Lei e limitar-se-á às seguintes condições: I – abrangerá todos os créditos existentes na data do pedido, ainda que não vencidos, excetuados os decorrentes de repasse de recursos oficiais, os fiscais e os previstos nos §§ 3.º e 4.º do art. 49; II – preverá parcelamento em até 36 (trinta e seis) parcelas mensais, iguais e sucessivas, acrescidas de juros equivalentes à taxa Sistema Especial de Liquidação e de Custódia – SELIC, podendo conter ainda a proposta de abatimento do valor das dívidas; III – preverá o pagamento da 1.º (primeira) parcela no prazo máximo de 180 (cento e oitenta) dias, contado da distribuição do pedido de recuperação judicial; IV – estabelecerá a necessidade de autorização do juiz, após ouvido o administrador judicial e o Comitê de Credores, para o devedor aumentar despesas ou contratar empregados".

Perceba-se que o dispositivo acima transcrito cuida apenas do plano de recuperação que deve ser apresentado pelas MEs e EPPs (ou pelo produtor rural pessoa física). Mas antes da apresentação do plano caberá a elas requerer o deferimento do processamento do seu pedido, nos termos do art. 51 da LRE, que já estudamos. E esse deferimento só ocorrerá se o juiz constatar o preenchimento dos requisitos constantes do art. 48 da LRE, que também já estudamos. Pois bem. Feito o requerimento regularmente e preenchidos os requisitos legais, o juiz deferirá o processamento do pedido, abrindo-se o prazo de 60 dias previsto no art. 53 para a apresentação do plano especial, nos termos do art. 71, acima transcrito.

De acordo com a redação original do inciso I do art. 71, apenas os créditos quirografários podiam ser abrangidos pelo plano especial das MEs e EPPs em crise, com as mesmas exceções do plano normal dos demais devedores, relativas aos créditos previstos no art. 49, §§ 3.º e 4.º, da LRE. Portanto, segundo a redação original da LRE, os créditos trabalhistas, fiscais, com garantia real, com privilégio especial ou geral etc. não se submetiam aos efeitos do plano especial de recuperação dos microempresários e dos empresários de pequeno porte. Ocorre que essa regra foi alterada em 2014, e atualmente o plano especial abrange "todos os créditos existentes na data do pedido, ainda que não vencidos, excetuados os decorrentes de repasse de recursos oficiais, os fiscais e os previstos nos §§ 3.º e 4.º do art. 49".

Ademais, segundo o parágrafo único do art. 71, "o pedido de recuperação judicial com base em plano especial não acarreta a suspensão do curso da prescrição nem das ações e execuções por créditos não abrangidos pelo plano". Sendo assim, todas as ações e execuções relativas a créditos não abrangidos pelo plano terão prosseguimento regular em suas respectivas varas, não sofrendo qualquer paralisação. E mais: segundo o § 2.º do art. 70, "os credores não atingidos pelo plano especial não terão seus créditos habilitados na recuperação judicial".

[122] A reforma da LRE, provocada pela Lei 14.112/20202, inseriu nela o art. 70-A, que permite o uso do plano especial de recuperação judicial também pelo produtor rural pessoa física: "o produtor rural de que trata o § 3º do art. 48 desta Lei poderá apresentar plano especial de recuperação judicial, nos termos desta Seção, desde que o valor da causa não exceda a R$ 4.800.000,00 (quatro milhões e oitocentos mil reais)".

De acordo com o inciso II do art. 71, por sua vez, os créditos submetidos aos efeitos do plano especial serão parcelados em até 36 prestações mensais, iguais e sucessivas, sobre as quais incidirão juros equivalentes à SELIC. O plano pode propor, também, um abatimento das dívidas a ele submetidas.

Já o inciso III do art. 71 prevê que o pagamento da primeira prestação ocorrerá no prazo máximo de 180 dias, contados da data de distribuição do pedido de recuperação judicial. Vê-se, pois, que o devedor não terá muito tempo para iniciar os pagamentos, uma vez que o requerimento provavelmente foi distribuído há no mínimo 60 dias, que é o prazo concedido pela lei para que ele apresente seu plano após deferido o processamento de seu pedido pelo juiz.

Por fim, o inciso IV do art. 71 prevê que caberá ao juiz, após ouvir o administrador judicial e o comitê de credores, autorizar qualquer aumento de despesas ou contratação de empregados por parte do devedor.

Além de todas as especificidades do plano especial descritas no art. 71 da LRE e acima analisadas, há uma outra característica relevante a ser destacada: o art. 72 prevê que a **aprovação do plano especial** apresentados pelas MEs e EPPs devedoras, ao contrário do que ocorre no processo de recuperação normal dos demais devedores, não é **competência** da assembleia geral dos credores, mas **do próprio juiz**. Eis o que diz a regra em questão: "caso o devedor de que trata o art. 70 desta Lei opte pelo pedido de recuperação judicial com base no plano especial disciplinado nesta Seção, não será convocada assembleia geral de credores para deliberar sobre o plano, e o juiz concederá a recuperação judicial se atendidas as demais exigências desta Lei".

Da mesma forma, é ao juiz que competem a rejeição do plano especial e a consequente decretação da falência do micro ou pequeno devedor. Com efeito, dispõe o art. 72, parágrafo único, que "o juiz também julgará improcedente o pedido de recuperação judicial e decretará a falência do devedor se houver objeções, nos termos do art. 55, de credores titulares de mais da metade de qualquer uma das classes de créditos previstos no art. 83, computados na forma do art. 45, todos desta Lei".

6.14. Mediação e conciliação na recuperação judicial

Com a reforma provocada pela Lei 14.112/2020, muitos dispositivos da LRE foram alterados, e outros tantos dispositivos foram nela inseridos, merecendo destaque, dentre estes, os art. 20-A a 20-D, que cuidam "das conciliações e das mediações antecedentes ou incidentais aos processos de recuperação judicial".

De acordo com o art. 20-A da LRE, "a conciliação e a mediação deverão ser incentivadas em qualquer grau de jurisdição, inclusive no âmbito de recursos em segundo grau de jurisdição e nos Tribunais Superiores, e não implicarão a suspensão dos prazos previstos nesta Lei, salvo se houver consenso entre as partes em sentido contrário ou determinação judicial".

Essa nova regra está em sintonia com a Recomendação 58/2019 do CNJ, que já orientava os juízos especializados em processos de insolvência a promover, sempre que possível, o uso da mediação, e também com o enunciado 45 das Jornadas de Prevenção e Solução Extrajudicial de Litígios, que assim dispõe: "a mediação e conciliação são compatíveis com a recuperação judicial, a extrajudicial e a falência do empresário e da sociedade empresária, bem como em casos de superendividamento, observadas as restrições legais".

As eventuais conciliações e mediações, segundo o art. 20-B, poderão ser "antecedentes ou incidentais aos processos de recuperação judicial", e a lei exemplifica algumas situações: "I – nas fases pré-processual e processual de disputas entre os sócios e acionistas de sociedade em dificuldade ou em recuperação judicial, bem como nos litígios que envolverem credores não sujeitos à recuperação judicial, nos termos dos §§ 3º e 4º do art. 49 desta Lei, ou credores extraconcursais; II – em conflitos que envolverem concessionárias ou permissionárias de serviços públicos em recuperação judicial e órgãos reguladores ou entes públicos municipais, distritais, estaduais ou federais; III – na hipótese de haver créditos extraconcursais contra empresas em recuperação judicial durante período de vigência de estado de calamidade pública, a fim de permitir a continuidade da prestação de serviços essenciais; IV – na hipótese de negociação de dívidas e respectivas formas de pagamento entre a empresa em dificuldade e seus credores, em caráter antecedente ao ajuizamento de pedido de recuperação judicial".

O § 1º do art. 20-B permite que, na hipótese de existir conciliação/mediação antecedente para negociação de dívidas (inciso IV) já instaurada perante um CEJUSC[123], o juiz conceda liminar para determinar um *stay period* (suspensão das execuções) de 60 (sessenta) dias, desde que o devedor preencha os requisitos legais para requerer recuperação judicial, isto é, desde que sejam atendidos os requisitos do art. 48 e apresentada a documentação do art. 51. Nesse caso, se posteriormente o devedor formular pedido de recuperação judicial ou extrajudicial, o § 3º determina que esses 60 (sessenta) dias serão abatidos do *stay period* previsto no art. 6º, § 4º da LRE.

O § 2º do art. 20-B, por sua vez, diz que "são vedadas a conciliação e a mediação sobre a natureza jurídica e a classificação de créditos, bem como sobre critérios de votação em assembleia-geral de credores".[124]

Segundo o art. 20-C, eventual acordo obtido por meio de conciliação ou mediação "deverá ser homologado pelo juiz competente conforme o disposto no art. 3º", isto é, no foro do local do principal estabelecimento do devedor, o qual, para fins do direito falimentar, é aquele onde se concentra o maior volume de negócios, conforme já analisamos em tópico anterior deste capítulo.

A fim de proteger os credores que eventualmente firmarem acordos com o devedor em conciliação ou mediação antecedente, o parágrafo único do art. 20-C estabelece

[123] CEJUSC (Centro Judiciário de Solução de Conflitos e Cidadania) é uma unidade do Poder Judiciário, responsável pela realização ou gestão de sessões e audiências de conciliação e mediação, sem prejuízo de outros métodos consensuais, bem como pelo atendimento e orientação dos cidadãos.

[124] "A Lei 11.101/2005, art. 20-B, § 2º, traz importante normativa. Em que pese a conciliação e a mediação sejam incentivadas, a Lei traz a expressa ressalva que é vedada a composição acerca da classificação de créditos e da natureza jurídica, o que poderia ser utilizado para burlar o concurso de credores reclassificando créditos conforme o interesse e conveniência das recuperandas e ferindo o *par conditio creditorum*. Assim, fica ressalvado ao Juízo a decisão acerca da natureza e classificação do crédito em suas respectivas classes" (COSTA, Daniel Carnio e MELO, Alexandre Correa Nasser de. *Comentários à Lei de Recuperação de Empresas e Falência*, art. 20 «in» JuruáDocs n. 201.2281.1406.2949. Disponível em: <www.juruadocs.com>. Acesso em: 25/02/2021.

o seguinte: "requerida a recuperação judicial ou extrajudicial em até 360 (trezentos e sessenta) dias contados do acordo firmado durante o período da conciliação ou de mediação pré-processual, o credor terá reconstituídos seus direitos e garantias nas condições originalmente contratadas, deduzidos os valores eventualmente pagos e ressalvados os atos validamente praticados no âmbito dos procedimentos previstos nesta Seção".

Por fim, o art. 20-D prevê que "as sessões de conciliação e de mediação de que trata esta Seção poderão ser realizadas por meio virtual, desde que o CEJUSC do tribunal competente ou a câmara especializada responsável disponham de meios para a sua realização".

7. RECUPERAÇÃO EXTRAJUDICIAL

Uma das provas mais inequívocas de que a legislação falimentar brasileira era obsoleta e necessitava urgentemente de reformulação era a regra do art. 2.º, III, do Decreto-lei 7.661/1945, que punia o devedor comerciante que convocava seus credores, propondo-lhes dilação, remissão de créditos ou cessão de bens, com a possibilidade de decretação de sua falência.

A convocação extrajudicial de credores era considerada um *ato de falência* pela lei anterior. Assim, "o empresário individual ou a sociedade empresária que se arriscasse a convocar os credores para lhes submeter um plano qualquer de recuperação podia ter a falência requerida e decretada, frustrando-se assim a solução de mercado que tentara encaminhar".[125]

A LRE, entretanto, adotou posição distinta, **incentivando a solução de mercado** no seu art. 161, segundo o qual "o devedor que preencher os requisitos do art. 48 desta Lei poderá propor e negociar com credores plano de recuperação extrajudicial".

Não obstante a previsão legal, é triste a constatação de que, em geral, pouca importância tem sido dada ao tema. Talvez, em virtude do âmbito restrito de aplicação do instituto, conforme veremos a seguir. De fato, no primeiro ano de vigência da LRE, as varas especializadas em feitos falimentares da comarca de São Paulo receberam 1.109 pedidos de falência, 17 pedidos de autofalência e 56 pedidos de recuperação judicial, não havendo nenhum registro de pedido de recuperação extrajudicial (fonte: <www.tj.sp.gov.br> - seção notícias).

O que se pode concluir, portanto, é que o legislador foi um tanto tímido ao disciplinar a figura da recuperação extrajudicial, o que, sem dúvida, merece críticas. Todavia, sob o ponto de vista do direito comparado, a introdução da recuperação extrajudicial no Brasil, em 2005, sinalizou um avanço. Foi o primeiro passo para uma mudança de paradigmas falimentares ultrapassados que muitos insistiam em manter no nosso ordenamento jurídico.

Com a reforma da LRE, provocada pela Lei 14.112/2020, a realidade da pouca utilização da recuperação extrajudicial pelos empresários e sociedades empresárias em crise tentou ser alterada, com algumas mudanças pontuais que analisaremos a seguir.

[125] COELHO, Fábio Ulhoa. *Comentários à lei de falências e recuperação de empresas*. 3. ed. São Paulo: Saraiva, 2005. p. 391.

7.1. Requisitos legais da recuperação extrajudicial

Da leitura do art. 161 da LRE, percebe-se que para fazer jus ao benefício da recuperação extrajudicial o devedor em crise deverá preencher os **mesmos requisitos exigíveis para a consecução da recuperação judicial**, constantes do art. 48 e já examinados, quais sejam: (i) exercer atividade empresarial regularmente há mais de dois anos; (ii) não ser falido ou, se tiver sido, já ter suas obrigações e responsabilidade declaradas extintas por sentença transitada em julgado; (iii) não ter, há menos de cinco anos, obtido concessão de recuperação judicial – tratandose de ME ou EPP, não ter, há menos de cinco anos, obtido concessão de recuperação judicial com base no plano especial já examinado; (iv) não ter sido condenado ou não ter, como administrador ou sócio controlador, pessoa condenada por crime falimentar.

Além desses requisitos gerais previstos no art. 48, há ainda outro, constante da norma do art. 161, § 3.º, da LRE: "o devedor não poderá requerer a homologação de plano extrajudicial, se estiver pendente pedido de recuperação judicial ou se houver obtido recuperação judicial ou homologação de outro plano de recuperação extrajudicial há menos de 2 (dois) anos".

O preenchimento dos requisitos acima delineados, pois, permite que o devedor apresente plano de recuperação extrajudicial aos seus credores e posteriormente o submeta à homologação judicial. Nesse ponto, é importante destacar, não obstante seja óbvio, que o devedor só precisa preencher os requisitos ora em exame se realmente pretender a homologação do plano extrajudicial em juízo. Se, em contrapartida, pretende apenas negociar com os seus credores uma saída para a sua crise, sem nenhuma intermediação do Judiciário, o preenchimento de qualquer desses requisitos é irrelevante. Nesse sentido, prevê o art. 167 da LRE que "o disposto neste Capítulo não implica impossibilidade de realização de outras modalidades de acordo privado entre o devedor e seus credores".

7.2. O plano de recuperação extrajudicial

O plano de recuperação extrajudicial do devedor em crise, a ser submetido posteriormente à homologação do Judiciário, se diferencia em alguns pontos do plano de recuperação judicial, mas se assemelha a ele em outros.

Em primeiro lugar, prevê o § 2.º do art. 161 que "o plano não poderá contemplar o pagamento antecipado de dívidas nem tratamento desfavorável aos credores que a ele não estejam sujeitos". A regra em questão tem uma finalidade bastante clara: respeitar o princípio da *par condicio creditorum*.[126] Afinal, se o devedor está em crise, não se justifica que proponha como alternativa à sua crise o pagamento antecipado de dívidas. Por outro lado, também não se poderia admitir, jamais, que os credores não submetidos ao plano fossem prejudicados. Em ambas as situações, haveria tratamento privilegiado de alguns credores em detrimento de outros, o que

[126] O enunciado 81 das Jornadas de Direito Comercial diz que "aplica-se à recuperação judicial, no que couber, o princípio da *par condicio creditorum*". Entendo que, pela mesma lógica que guia esse enunciado, tal princípio se aplica também à recuperação extrajudicial.

violaria o referido princípio do direito falimentar, que se funda, em última análise, no princípio geral da isonomia.

Em segundo lugar, o plano de recuperação extrajudicial só poderá abranger créditos existentes até a data do pedido de homologação em juízo, em obediência ao disposto na primeira parte do art. 161, § 1º da LRE. Como esse dispositivo usou a mesma expressão usada pelo art. 49 da LRE – "créditos existentes na data do pedido" –, entendo que se aplica o mesmo entendimento já consolidado pelo STJ: "considera-se que a existência do crédito é determinada pela data em que ocorreu o seu fato gerador" (REsp 1.840.531).

Além disso, segundo o disposto no art. 163, § 4.º, "na alienação de bem objeto de garantia real, a supressão da garantia ou sua substituição somente serão admitidas mediante a aprovação expressa do credor titular da respectiva garantia". E, conforme previsto no art. 163, § 5.º, "nos créditos em moeda estrangeira, a variação cambial só poderá ser afastada se o credor titular do respectivo crédito aprovar expressamente previsão diversa no plano de recuperação extrajudicial". Essas duas regras, vale lembrar, também se aplicam à recuperação judicial (art. 50, §§ 1.º e 2.º, da LRE).

7.2.1. *Credores submetidos ao plano de recuperação extrajudicial*

De acordo com a redação original do art. 161, § 1º da LRE, além de os credores previstos no art. 49, §§ 3º e 4º não se sujeitarem aos efeitos da recuperação extrajudicial – assim como não se sujeitam aos efeitos da recuperação judicial –, também ficavam de fora dos efeitos da recuperação extrajudicial os titulares de créditos fiscais, trabalhistas e acidentários.

Entretanto, a reforma da LRE, provocada pela Lei 14.112/2020, alterou a redação do referido dispositivo legal: agora, apenas os créditos fiscais e aqueles previstos no art. 49, §§ 3º e 4º não se sujeitam à recuperação extrajudicial; créditos trabalhistas e acidentários se sujeitam, mas desde que ocorra "negociação coletiva com o sindicato da respectiva categoria profissional".

Pode-se concluir, portanto, que os credores que podem estar abrangidos no plano de recuperação extrajudicial são os mesmos que também podem estar abrangidos no plano de recuperação judicial: (i) trabalhistas/acidentários; (ii) com garantia real; (iii) com privilégio especial; (iv) com privilégio geral; (v) quirografários; e (vi) subordinados.

Ressalte-se que, segundo o § 4.º do mesmo art. 161, as ações e execuções que os credores não submetidos ao plano de recuperação extrajudicial eventualmente tenham contra o devedor não se suspenderão em razão do ajuizamento de pedido de homologação do plano pelo juiz. E mais: eles poderão requerer, a qualquer momento, a falência do devedor, caso se verifique alguma das situações previstas no art. 94, I, II e III, da LRE.

7.3. O pedido de homologação do art. 162 da LRE

Em regra, para obter a homologação do plano de recuperação extrajudicial pelo juiz, deverá o devedor requerê-la **por meio de petição**, na qual deverá, de imediato, comprovar o preenchimento dos requisitos acima apontados. Além do mais, em obediência ao disposto no art. 162 da LRE, caberá ao devedor "requerer a homologação em juízo do plano de recuperação extrajudicial, juntando sua justificativa e o documento que contenha seus termos e condições, com as assinaturas dos credores que a ele aderiram".

O pedido de homologação do plano, nesse caso, é **mera faculdade** que a legislação confere ao devedor. Afinal, se ele conseguiu a concordância dos credores, que aderiram ao plano, a sua **homologação judicial é apenas formalidade**, não sendo condição imprescindível para a sua execução. Na verdade, nesse caso haveria uma renegociação das dívidas, e não propriamente uma "recuperação extrajudicial".

> Quando todos os credores cujos créditos são alcançados pelo plano (isto é, nele altera-se seu valor, vencimento, condições de pagamento, garantias etc.) aderiram a ele, a homologação judicial não é obrigatória para a sua implementação. Se o plano de recuperação extrajudicial ostenta a assinatura de todos os credores por ele atingidos, a homologação não é condição para os obrigar. Eles já se encontram obrigados nos termos do plano por força da adesão resultante de sua manifestação de vontade. O ato judicial não é necessário para que o crédito seja alterado em sua extensão ou condições.[127]

Pode ocorrer, entretanto, de o devedor vislumbrar uma relevante utilidade no pedido de homologação. É que estes credores que aderiram previamente ao plano, assinando o documento que será juntado aos autos pelo devedor com sua petição inicial, em princípio não poderão mais desistir da referida adesão após a distribuição do pedido de homologação ao juízo competente. A desistência só será permitida se os demais credores que também aderiram expressamente concordarem. É o que estabelece o § 5.º do art. 161: "após a distribuição do pedido de homologação, os credores não poderão desistir da adesão ao plano, salvo com a anuência expressa dos demais signatários".

Por conseguinte, se o devedor tiver motivos suficientes para suspeitar que algum dos credores que previamente aderiram ao plano pode dele desistir, o pedido de homologação possui uma utilidade prática incontestável, na medida em que proíbe, em princípio, essa eventual desistência.

7.4. O pedido de homologação do art. 163 da LRE

Destaque-se, todavia, que **nem sempre será preciso que todos os credores submetidos ao plano consintam com ele.**

O art. 163 da LRE prevê situação excepcional em que "o devedor poderá também requerer a homologação de plano de recuperação extrajudicial que obriga todos os credores por ele abrangidos, desde que assinado por credores que representem mais da metade dos créditos de cada espécie abrangidos pelo plano de recuperação extrajudicial".

Sobre o quórum, vale destacar que "não serão considerados para fins de apuração do percentual previsto no caput deste artigo os créditos não incluídos no plano de

[127] COELHO, Fábio Ulhoa. *Comentários à lei de falências e recuperação de empresas*. 3. ed. São Paulo: Saraiva, 2005. p. 395-396.

recuperação extrajudicial, os quais não poderão ter seu valor ou condições originais de pagamento alteradas" (art. 163, § 2º).

Ainda sobre o quórum, a redação original da LRE falava em "mais de 3/5", mas ele foi alterado para "mais da metade" na reforma provocada pela Lei 14.112/2020. Ademais, a reforma também inseriu o § 7º no art. 163, prevendo que "o pedido previsto no caput deste artigo poderá ser apresentado com comprovação da anuência de credores que representem pelo menos 1/3 (um terço) de todos os créditos de cada espécie por ele abrangidos e com o compromisso de, no prazo improrrogável de 90 (noventa) dias, contado da data do pedido, atingir o quórum previsto no caput deste artigo, por meio de adesão expressa, facultada a conversão do procedimento em recuperação judicial a pedido do devedor".

Em síntese: o devedor pode ajuizar o pedido de recuperação extrajudicial mesmo sem ter conseguido a adesão dos credores necessários (titulares de mais da metade dos créditos de cada espécie abrangida pelo plano). Nessa situação, ele deve (i) ter adesão de credores titulares de 1/3 dos créditos de cada espécie abrangida pelo plano e (ii) comprometer-se a conseguir a adesão dos credores faltantes em no máximo 90 (noventa) dias. Caso não consiga cumprir esse compromisso, o devedor ainda tem a alternativa de converter o pedido de recuperação extrajudicial em pedido de recuperação judicial.

Enfim, o importante é destacar que, nessa hipótese do art. 163 da LRE, o devedor é **obrigado** a fazer o pedido de homologação do plano em juízo se quiser obrigar ao seu cumprimento os credores que a ele não aderiram.

> Trata-se, agora, da hipótese em que o devedor conseguiu obter a adesão de parte significativa dos seus credores ao plano de recuperação, mas uma pequena minoria destes resiste a suportar suas consequências. Nesse caso, é injusto que a oportunidade de reerguimento da empresa do devedor se perca em razão da recusa de adesão ao plano por parte de parcela minoritária dos credores. Com a homologação judicial do plano de recuperação extrajudicial, estendem-se os efeitos do plano aos minoritários nele referidos, suprindo-se desse modo a necessidade de sua adesão voluntária.[128]

Para finalizar, registre-se que o art. 163, § 6º da LRE cuida, especificamente, de algumas formalidades da petição inicial do pedido de homologação do plano em juízo, prevendo que, "além dos documentos previstos no *caput* do art. 162 desta Lei, o devedor deverá juntar: I – exposição da situação patrimonial do devedor; II – as demonstrações contábeis relativas ao último exercício social e as levantadas especialmente para instruir o pedido, na forma do inciso II do *caput* do art. 51 desta Lei; e III – os documentos que comprovem os poderes dos subscritores para novar ou transigir, relação nominal completa dos credores, com a indicação do endereço de cada um, a natureza, a classificação e o valor atualizado do crédito, discriminando sua origem, o regime dos respectivos vencimentos e a indicação dos registros contábeis de cada transação pendente".

[128] COELHO, Fábio Ulhoa. *Comentários à lei de falências e recuperação de empresas*. 3. ed. São Paulo: Saraiva, 2005. p. 395-396.

7.5. Procedimento do pedido de homologação

Seja qual for o fundamento do pedido de homologação – art. 162 ou art. 163 da LRE –, o seu procedimento é o mesmo.

Assim, apresentada a petição inicial do pedido de homologação do plano de recuperação extrajudicial nos seus devidos termos, estabelece o art. 164 da LRE que, "recebido o pedido de homologação do plano de recuperação extrajudicial previsto nos arts. 162 e 163 desta Lei, o juiz ordenará a publicação de edital eletrônico com vistas a convocar os credores do devedor para apresentação de suas impugnações ao plano de recuperação extrajudicial, observado o disposto no § 3º deste artigo.".

Esse § 3.º, por sua vez, limita a matéria a ser alegada nas impugnações, determinando que, "para opor-se, em sua manifestação, à homologação do plano, os credores somente poderão alegar: I – não preenchimento do percentual mínimo previsto no caput do art. 163 desta Lei; II – prática de qualquer dos atos previstos no inciso III do art. 94 ou do art. 130 desta Lei, ou descumprimento de requisito previsto nesta Lei; III – descumprimento de qualquer outra exigência legal".

Vê-se, pois, que não caberá aos credores simplesmente se oporem ao plano de recuperação do devedor, tampouco alegar, em objeção, questões estranhas às acima transcritas. Caberá a eles, apenas, apontar uma dessas situações. Assim, por exemplo, um credor pode alegar que o devedor está usando de meios ruinosos para fazer pagamentos ou que reforçou garantia a certo credor por dívida já contraída, condutas estas que estão descritas no art. 94, III, como *atos de falência*; pode o credor, outrossim, alegar que o número de credores que aderiram ao plano é inferior ao mínimo legal exigido pelo art. 163.

Destaque-se que o **prazo para apresentação das referidas impugnações é de 30 (trinta) dias**, contados da data de publicação do edital mencionado pelo *caput* do art. 164. Nesse sentido, a fim de que os credores interessados tomem conhecimento do pedido de homologação e possam impugná-lo, se assim entenderem, determina a LRE, em seu art. 164, § 1.º, que "no prazo do edital, deverá o devedor comprovar o envio de carta a todos os credores sujeitos ao plano, domiciliados ou sediados no país, informando a distribuição do pedido, as condições do plano e prazo para impugnação". Na petição de impugnação, frise-se, o credor deverá juntar comprovação do seu crédito, sob pena de não recebimento da mesma (art. 164, § 2.º).

Uma vez oferecida alguma impugnação ao plano, determina o art. 164, § 4.º, que "será aberto **prazo de 5 (cinco) dias para que o devedor sobre ela se manifeste**". Após esse prazo, com manifestação ou não, prevê o § 5.º que "os autos serão conclusos imediatamente ao juiz para apreciação de eventuais impugnações e decidirá, no prazo de 5 (cinco) dias, acerca do plano de recuperação extrajudicial, homologando-o por sentença se entender que não implica prática de atos previstos no art. 130 desta Lei e que não há outras irregularidades que recomendem sua rejeição". Para aprovar o plano, pois, veja-se que caberá ao juiz, basicamente, analisar se ele não representa uma mera artimanha do devedor para fraudar credores, nos termos do art. 130 da LRE, já examinado quando do estudo da falência. Nesse sentido, aliás, o próprio § 6.º do art. 164 prevê que, "havendo prova de simulação de créditos ou vício de representação dos credores que subscreverem o plano, a sua homologação será indeferida".

Indeferido o pedido de homologação, a LRE não previu como consequência a decretação da falência do devedor. Assim, indeferido o pedido de homologação abrem-se duas alternativas ao devedor: (i) interpor recurso de apelação, conforme previsão do § 7.º do art. 164 da LRE ("da sentença cabe apelação sem efeito suspensivo"), ou (ii) apresentar novo pedido de homologação, desde que o indeferimento tenha ocorrido em razão do descumprimento de formalidades e que elas, então, tenham sido cumpridas.

Essa segunda alternativa está expressamente destacada no § 8.º do mesmo art. 164: "na hipótese de não homologação do plano o devedor poderá, cumpridas as formalidades, apresentar novo pedido de homologação de plano de recuperação extrajudicial".

Obviamente que contra a sentença que defere o pedido de homologação também caberá a interposição de recurso de apelação, o qual será recebido, da mesma forma, sem efeito suspensivo. Ademais, prevê o § 6.º do art. 161 que "a sentença de homologação do plano de recuperação extrajudicial constituirá título executivo judicial, nos termos do art. 584, inciso III do *caput*, da Lei n.º 5.869, de 11 de janeiro de 1973 – Código de Processo Civil".

Por fim, cumpre destacar que, "havendo impugnação pelos credores, é cabível a fixação de honorários advocatícios sucumbenciais em procedimento de homologação do plano de recuperação extrajudicial" (REsp 1.924.580 – Informativo 702). A 3ª Turma entendeu que a apresentação de oposição à homologação do plano de recuperação extrajudicial pelos credores os habilita a serem condenados a pagar honorários advocatícios de sucumbência, porque confere litigiosidade a uma demanda que, ordinariamente, não possui interesses contrapostos.

> RECURSO ESPECIAL. RECUPERAÇÃO EXTRAJUDICIAL. PEDIDO DE HOMOLOGAÇÃO DO PLANO APRESENTADO PELO DEVEDOR. ACÓRDÃO QUE DEFERIU O REQUERIMENTO. HONORÁRIOS ADVOCATÍCIOS DE SUCUMBÊNCIA. CABIMENTO. IMPUGNAÇÕES APRESENTADAS QUE CONFERIRAM LITIGIOSIDADE AO PROCEDIMENTO. IMPOSSIBILIDADE DE EXAME DAS CIRCUNSTÂNCIAS FÁTICO-PROBATÓRIAS DOS AUTOS. RETORNO AO TRIBUNAL DE ORIGEM.
>
> (...)
>
> 2. O propósito recursal consiste em definir se é cabível a fixação de honorários advocatícios sucumbenciais em procedimento de homologação de plano de recuperação extrajudicial.
>
> 3. **Muito embora o procedimento judicial decorrente do pedido de homologação de plano de recuperação extrajudicial não possua, ordinariamente, interesses contrapostos que autorizem, ao seu final, a condenação ao pagamento de honorários advocatícios de sucumbência, a apresentação de oposição à homologação pelos credores confere litigiosidade à demanda, de modo que ao vencido deve ser imposta a obrigação de pagamento em favor dos advogados do vencedor**.
>
> 4. A jurisprudência desta Corte está assentada no sentido de que mesmo em procedimentos de jurisdição voluntária a existência de litigiosidade excepciona a regra de não cabimento de condenação em honorários advocatícios.

(...)

(REsp 1.924.580/RJ, Rel. Ministra NANCY ANDRIGHI, TERCEIRA TURMA, julgado em 22/06/2021, DJe 25/06/2021)

7.6. Efeitos da homologação do plano de recuperação extrajudicial

Segundo o art. 165 da LRE, em princípio "o plano de recuperação extrajudicial produz efeitos após sua homologação judicial". Isso significa, então, que **em regra o plano de recuperação extrajudicial não pode, uma vez homologado, produzir efeitos pretéritos, retroativos**. Dizemos em regra porque o próprio § 1.º do dispositivo em questão abre uma ressalva, afirmando que "é lícito, contudo, que o plano estabeleça a produção de efeitos anteriores à homologação, desde que exclusivamente em relação à modificação do valor ou da forma de pagamento dos credores signatários".

Assim sendo, pode ser que certas medidas do plano, relativas ao valor ou à forma de pagamento de determinados créditos de titularidade de credores que aderiram a ele, sejam implementadas antes de sua homologação judicial. Caso essa situação se verifique, e o plano posteriormente tenha a sua homologação indeferida pelo juiz, determina o § 2.º do mesmo art. 165 que "devolve-se aos credores signatários o direito de exigir seus créditos nas condições originais, deduzidos os valores efetivamente pagos".

Por fim, no que se refere aos efeitos da homologação do plano, destaquese que o art. 166 da LRE prevê que, "se o plano de recuperação extrajudicial homologado envolver alienação judicial de filiais ou de unidades produtivas isoladas do devedor, o juiz ordenará a sua realização, observado, no que couber, o disposto no art. 142 desta Lei". Quanto a esse dispositivo, duas observações merecem ser feitas: (i) a possibilidade de sua aplicação é um dos motivos que torna o pedido de homologação com base no art. 162 vantajoso[129]; e (ii) entendo nas alienações com base no art. 166 também se deve aplicar a regra de não sucessão do adquirente (art. 60, parágrafo único da LRE), embora o assunto, na doutrina, seja controverso.[130]

7.7. *Stay period* na recuperação extrajudicial

Tanto a recuperação judicial quanto a recuperação extrajudicial não produzem efeitos em relação a determinados créditos, como os fiscais e aqueles previstos no art.

---

[129] "Como já exposto, no instituto da recuperação extrajudicial da empresa, há duas espécies de homologação judicial. A primeira, cuja previsão normativa está inserida no art. 162 da Legislação Falimentar [Lei 11.101/2005, art. 162], é denominada pela doutrina de homologação judicial facultativa e surge quando a totalidade dos credores abrangidos no plano de recuperação anui à renegociação das dívidas contraídas pela empresa devedora perante eles. A realização do ato é facultativa, porque o instrumento contratual em que houve a renegociação das dívidas já é suficiente para impor a obrigatoriedade de seu cumprimento entre as partes, sendo a realização da homologação judicial justificada por duas razões: revestir o ato de maior solenidade, visto que a sentença de homologação do plano de recuperação extrajudicial constituirá título executivo judicial, e viabilizar a alienação judicial de filiais ou de unidades produtivas isoladas por hasta judicial" (MARTINS, Adriano de Oliveira. *Recuperação de empresa em crise:* a efetividade da autofalência no caso de inviabilidade de recuperação. Curitiba: Juruá, 2016, p. 174).

[130] Fábio Ulhoa Coelho entende que, em respeito ao princípio da isonomia, "também na recuperação extrajudicial incide a exclusão da sucessão" (COELHO, Fábio Ulhoa. *Comentários à Lei de Falências e Recuperação de Empresas*. 14ª ed. São Paulo: RT, 2021, p. 498). Já Marlon Tomazette entende que "será obedecida apenas a forma prevista para a alienação de estabelecimentos na falência, mas não seus efeitos, vale dizer, o adquirente de um estabelecimento alienado em uma recuperação extrajudicial responderá pelas dívidas do alienante, nas condições previstas pelo direito comum" (TOMAZETTE, Marlon. *Curso de direito empresarial*. Vol. 3. 5ª ed. São Paulo: Atlas, 2017, p. 272).

49, §§ 3º e 4º da LRE (credores proprietários). Os titulares desses créditos, portanto, podem cobrá-los do devedor que pede qualquer um dos benefícios legais em questão.

A propósito, o art. 161, § 4º da LRE diz claramente que "o pedido de homologação do plano de recuperação extrajudicial não acarretará suspensão de direitos, ações ou execuções, nem a impossibilidade do pedido de decretação de falência pelos credores não sujeitos ao plano de recuperação extrajudicial".

No caso da recuperação judicial, a reforma da LRE, provocada pela Lei 14.112/2020, inseriu os §§ 7º-A e 7º-B no art. 6º: de acordo com o § 7º-A, a execução dos créditos de credores proprietários pode prosseguir, mas o juízo da recuperação judicial pode **suspender** constrições que recaiam sobre bens de capital essenciais à manutenção da empresa durante a recuperação judicial; já de acordo com o § 7º-B, a execução fiscal também pode prosseguir, mas o juízo da recuperação judicial pode **substituir** constrições que recaiam sobre bens de capital essenciais à manutenção da empresa durante o *stay period*.

Em se tratando de recuperação extrajudicial, a redação original da LRE não previa para ela a ocorrência de *stay period*, embora na doutrina se defendesse essa possibilidade: "o juízo da recuperação extrajudicial poderá determinar, no início do processo, a suspensão de ações ou execuções propostas por credores sujeitos ao plano de recuperação extrajudicial, com a finalidade de preservar a eficácia e a utilidade da decisão que vier a homologá-lo" (Enunciado 106 das Jornadas de Direito Comercial).

Todavia, com a reforma da LRE, provocada pela Lei 14.112/2020, inseriu-se o § 8º no art. 163, com a seguinte redação: "aplica-se à recuperação extrajudicial, desde o respectivo pedido, a suspensão de que trata o art. 6º desta Lei *[stay period]*, exclusivamente em relação às espécies de crédito por ele abrangidas, e somente deverá ser ratificada pelo juiz se comprovado o quórum inicial exigido pelo § 7º deste artigo".

Diante desse atual regramento, pergunta-se: os §§ 7º-A e 7º-B do art. 6º da LRE também se aplicam à recuperação extrajudicial, isto é, o juízo da recuperação extrajudicial pode determinar, durante o *stay period*, a suspensão ou a substituição de constrições determinadas, respectivamente, em execuções de credores proprietários ou execuções fiscais, quando entender que elas recaem sobre bens de capital essenciais à manutenção da atividade empresarial do devedor?

Entendo que sim. Como defende Fábio Ulhoa Coelho, "o devedor em recuperação extrajudicial e seus credores devem ser tratados com plena isonomia em relação ao devedor que ingressa com a recuperação judicial e os credores deste"[131]. Ainda que essa afirmação dele se refira a outra discussão *[não sucessão em caso de alienação com base no art. 166 da LRE]*, parece-me que o fundamento que a sustenta pode ser invocado também nessa discussão que proponho: se os bens de capital essenciais à manutenção da empresa do devedor que pede recuperação judicial são protegidos, durante o *stay period*, em execuções de credores não sujeitos, a mesma proteção deve ser conferida aos bens de capital essenciais à manutenção da empresa do devedor que pede recuperação extrajudicial.[132]

---

131 COELHO, Fábio Ulhoa. *Comentários à Lei de Falências e Recuperação de Empresas*. 14ª ed. São Paulo: RT, 2021, p. 498.

132 Fazendo um contraponto ao meu próprio argumento, pode-se defender que os §§ 7º-A e 7º-B do art. 6º da LRE não se aplicam à recuperação extrajudicial por um simples motivo: como se trata de regras excepcionais e res-

Uma alerta, porém, deve ser feito: como na recuperação extrajudicial o devedor pode negociar um plano bem específico, que abranja apenas uma classe ou um diminuto grupo de credores (art. 163, § 1º da LRE), haverá, numa situação dessa, uma grande variedade e quantidade de credores não sujeitos, os quais não se limitarão aos credores proprietários e aos credores fiscais. Nesse caso, às execuções desses outros eventuais credores não sujeitos também é possível aplicar os já mencionados §§ 7º-A e 7º-B do art. 6º da LRE? Entendo que sim, por analogia e isonomia, mas o juízo da recuperação extrajudicial deve ter extremo cuidado ao analisar um provável pedido de suspensão ou substituição de constrição feito com base nas regras em questão, a fim de evitar possíveis comportamentos oportunistas do devedor (exemplo: pedir a homologação de um plano que abrange poucos credores para tentar obstar penhoras em diversas outras execuções de credores não abrangidos).

8. FALÊNCIA

Desde que o direito passou a consagrar a responsabilidade patrimonial do devedor, em substituição às antigas regras de responsabilidade pessoal, como visto acima, cabe ao credor, individualmente, buscar no patrimônio do devedor a satisfação do seu crédito.

Ocorre que, quando o ativo do devedor é insuficiente para a satisfação do seu passivo – situação em que seu patrimônio, portanto, está negativo, caracterizando a sua insolvência ou insolvabilidade –, essa regra de execução individual se torna injusta, uma vez que com certeza alguns credores conseguirão o ressarcimento do seu crédito, enquanto outros não terão a mesma sorte.

Para os devedores insolventes, portanto, estabelece o arcabouço normativo uma **execução especial, na qual todos os credores deverão ser reunidos em um único processo, para a execução conjunta do devedor**. Em vez de se submeter a uma execução individual, pois, o devedor insolvente deverá se submeter a uma execução concursal, em obediência ao **princípio da *par conditio creditorum*, segundo o qual deve ser dado aos credores tratamento isonômico**.

> Sabe-se que a garantia dos credores é o patrimônio do devedor. Isto quer dizer que, em ocorrendo o inadimplemento de qualquer obrigação por parte de determinada pessoa, o credor desta poderá promover, perante o Poder Judiciário, a execução de tantos bens do patrimônio do devedor quantos bastem à integral satisfação de seu crédito. A execução processar-se-á, em regra, individualmente, com um exequente se voltando contra o devedor para dele haver o cumprimento da obrigação devida.
>
> Quando, porém, o devedor tem, em seu patrimônio, bens de valor inferior à totalidade de suas dívidas, quando ele deve mais do que possui, a regra da individualidade da execução torna-se injusta. Isto porque não dá aos credores de uma mesma categoria de crédito as mesmas chances. Aquele que se antecipasse

tritivas de direito, devem ser interpretadas restritivamente, e não extensivamente. Assim, a ausência de proteção especial aos bens de capital essenciais durante o *stay period* seria uma desvantagem da recuperação extrajudicial em relação à recuperação judicial, que deveria ser levada em conta pelo devedor no momento de escolher que instituto irá utilizar.

> na propositura da execução possivelmente receberia a totalidade do seu crédito, enquanto os que se demorassem – até porque, eventualmente, nem tivesse ainda vencido a respectiva obrigação – muito provavelmente não receberiam nada, posto encontrarem o patrimônio do devedor já totalmente exaurido.
>
> Para se evitar essa injustiça, conferindo as mesmas chances de realização do crédito a todos os credores de uma mesma categoria, o direito afasta a regra da individualidade da execução e prevê, na hipótese, a obrigatoriedade da execução concursal, isto é, do concurso de credores (antigamente denominada execução "coletiva"). Se o devedor possui em seu patrimônio menos bens que os necessários ao integral cumprimento de suas obrigações, a execução destes não poderá ser feita de forma individual, mas coletivamente. Ou seja, abrangendo a totalidade de seus credores e a totalidade de seus bens, todo o passivo e todo o ativo do devedor.
>
> Isto é o que se entende por *par condicio creditorum*, princípio básico do direito falimentar. Os credores do devedor que não possui condições de saldar, na integralidade, todas as suas obrigações devem receber do direito um tratamento parificado, dando-se aos que integram uma mesma categoria iguais chances de efetivação de seus créditos.[133]

Assim, diante da injustiça da regra da execução individual quanto ao devedor insolvente e em obediência ao princípio da *par conditio creditorum*, o ordenamento jurídico estabelece um processo de execução concursal contra ele.

Mas é preciso destacar que o regime jurídico aplicável a essa execução concursal do devedor insolvente varia de acordo com a *qualidade* do devedor, quer dizer, varia conforme o devedor seja ou não qualificado como *empresário*.

Com efeito, se o devedor insolvente não é empresário – um simples trabalhador ou uma associação, por exemplo –, o procedimento aplicável à sua execução concursal é um, estabelecido no Código de Processo Civil (arts. 748 a 786-A do CPC, que cuidam do chamado *concurso de credores*, mantidos em vigor pelo art. 1.052 do novo CPC até que seja editada lei específica). Se, todavia, o devedor insolvente é empresário – seja ele empresário individual ou sociedade empresária, conforme disposto nos arts. 966 e 982 do Código Civil –, o procedimento é outro, regulado pela legislação falimentar (atualmente, como visto, a Lei 11.101/2005). O regime jurídico empresarial, portanto, traz procedimento de execução concursal específico para o devedor empresário que se encontra insolvente, com algumas prerrogativas não constantes do regime jurídico aplicável aos devedores civis, prerrogativas estas previstas em homenagem à função social da empresa.

A falência, pois, é um instituto típico do regime jurídico empresarial, aplicável tão somente aos devedores empresários (empresário individual ou sociedade empresária). Ao devedor civil, o arcabouço jurídico-processual reserva o concurso de credores, não estando estes, por conseguinte, submetidos à legislação falimentar. É por isso que a Lei 11.101/2005, em seu art. 1.º, dispõe que "esta lei disciplina a recuperação judicial, a recuperação extrajudicial e a falência do empresário e da sociedade empresária, doravante referidos simplesmente como devedor". Nesse sentido, confira-se a seguinte decisão do STJ, que, embora ainda analise o caso à luz da legislação falimentar anterior (DL n.º 7.661/1945), deixa claro que ao devedor civil

---

[133] COELHO, Fábio Ulhoa. *Manual de direito comercial*. 18. ed. São Paulo: Saraiva, 2007. p. 307-308.

aplicam-se as regras do CPC relativas ao concurso de credores (insolvência civil), enquanto aos empresários (no acórdão ainda chamados de comerciantes) aplicam-se as regras do direito falimentar. O acórdão é interessante também por explicar com clareza algo que já mencionamos nesta obra algumas vezes: a diferença entre o sócio (pessoa natural) e a sociedade (pessoa jurídica).

> *Recurso especial. Direito civil e processual civil. Insolvência civil. Ofensa aos arts. 458, II, e 515, § 1.º, do CPC. Alegação genérica. Incidência da súmula 284/STF. Omissão. Não ocorrência. manifestação direta do tribunal acerca do ponto pretensamente omisso. Julgamento da causa madura. aplicação extensiva do art. 515, § 3.º, do CPC. Pedido de insolvência civil manejado contra sócio de empresa. Possibilidade. Ausência da figura do comerciante. Recurso especial não conhecido.*
>
> *1. A circunstância de as razões recursais não declinarem com precisão em que consistiria a alegada ofensa à legislação federal atrai a incidência da Súmula n.º 284/STF.*
>
> *2. De outra parte, não há no acórdão recorrido qualquer omissão apta a ensejar a sua nulidade, porquanto o Tribunal a quo se manifestou expressamente acerca do ponto pretensamente omisso.*
>
> *3. Não obstante o art. 515, § 3.º, do CPC, utilize a expressão "exclusivamente de direito", na verdade não excluiu a possibilidade de julgamento da causa quando não houver necessidade de outras provas. O mencionado dispositivo deve ser interpretado em conjunto com o art. 330, o qual permite ao magistrado julgar antecipadamente a lide se esta versar unicamente sobre questões de direito ou, "sendo de direito e de fato, não houver necessidade de produzir prova em audiência". Assim, firmada a conclusão adotada pelo Tribunal a quo na suficiência de elementos para julgar o mérito da causa, não pode esta Corte revê-la sem incursionar nas provas dos autos, o que é vedado pela Súmula 07/STJ.*
>
> 5. ***A pessoa física, por meio de quem o ente jurídico pratica a mercancia, por óbvio, não adquire a personalidade desta. Nesse caso, comerciante é somente a pessoa jurídica, mas não o civil, sócio ou preposto, que a representa em suas relações comerciais. Em suma, não se há confundir a pessoa, física ou jurídica, que pratica objetiva e habitualmente atos de comércio, com aquela em nome da qual estes são praticados. O sócio de sociedade empresarial não é comerciante, uma vez que a prática de atos nessa qualidade são imputados à pessoa jurídica à qual está vinculada, esta sim, detentora de personalidade jurídica própria. Com efeito, deverá aquele sujeitar-se ao Direito Civil comum e não ao Direito Comercial, sendo possível, portanto, a decretação de sua insolvência civil.***
>
> *6. Recurso especial não conhecido.*
>
> *(REsp 785.101/MG, Rel. Ministro Luis Felipe Salomão, Quarta Turma, julgado em 19.05.2009, DJe 01.06.2009)*

Feitas essas observações, pode-se conceituar a falência como a *execução concursal do devedor empresário.*

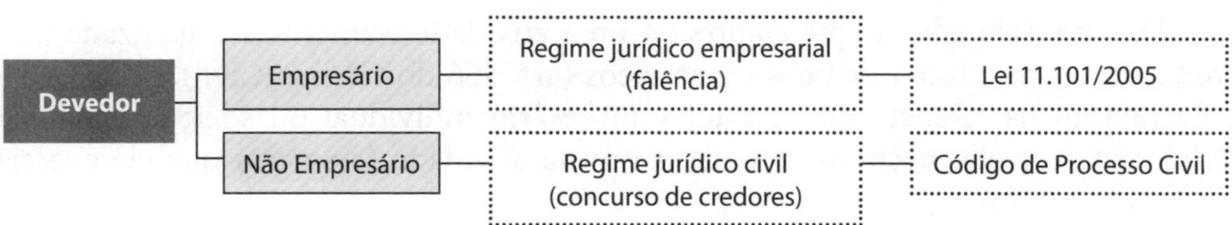

8.1. Natureza jurídica da falência

O direito falimentar é extremamente complexo, razão pela qual se estabeleceu, há muito tempo, intrigante polêmica acerca da natureza jurídica da falência: afinal, seria ela instituto de direito material ou de direito processual?

Sérgio Campinho, acolhendo ensinamentos de Carvalho de Mendonça, afirma que a discussão em questão é "*acadêmica e inócua*" e lembra que ela atravessa os mais variados ramos da árvore jurídica, contendo normas "*de fundo e de forma, não havendo que se falar na prevalência do caráter material ou processual do instituto, pois a feição híbrida lhe é peculiar*".[134]

Com efeito, a despeito de a falência se desenvolver, conforme já ressaltamos, como uma execução concursal do devedor empresário insolvente, o que lhe confere natureza nitidamente processual, a legislação falimentar também regula, por exemplo, os efeitos da decretação da quebra em relação aos bens, à pessoa, aos contratos e aos atos do falido, situação em que estabelece preceitos de ordem claramente material.

Não há como deixar de reconhecer, pois, o *caráter híbrido* ou *complexo* da falência, diante da confluência de normas processuais e materiais no arcabouço jurídico-falimentar.

8.2. Princípios da falência

O art. 75 da LRE, na sua redação original, dizia o seguinte: "a falência, ao promover o afastamento do devedor de suas atividades, visa a preservar e otimizar a utilização produtiva dos bens, ativos e recursos produtivos, inclusive os intangíveis, da empresa".

A reforma da LRE, provocada pela Lei 14.112/2020, alterou a redação do referido dispositivo: parte do texto *caput* se transformou no inciso I e outros dois incisos foram acrescentados. Agora, o art. 75 diz o seguinte: "a falência, ao promover o afastamento do devedor de suas atividades, visa a: I – preservar e a otimizar a utilização produtiva dos bens, dos ativos e dos recursos produtivos, inclusive os intangíveis, da empresa; II – permitir a liquidação célere das empresas inviáveis, com vistas à realocação eficiente de recursos na economia; e III – fomentar o empreendedorismo, inclusive por meio da viabilização do retorno célere do empreendedor falido à atividade econômica".

Um dos objetivos primordiais do processo falimentar, segundo o dispositivo ora em análise, continua sendo "promover o afastamento do devedor de suas atividades" visando a "preservar e a otimizar a utilização produtiva dos bens, ativos e recursos produtivos, inclusive os intangíveis, da empresa". Aqui se destacam dois importantes princípios do direito falimentar moderno: (i) o princípio da *preservação da empresa* e (ii) o princípio da *maximização dos ativos*.

De fato, sabendo-se que *empresa* é uma atividade econômica organizada para produção ou circulação de bens ou serviços (art. 966 do Código Civil), nota-se que a decretação da falência do devedor (empresário individual ou sociedade empresária) não acarreta, necessariamente, o fim da atividade (*empresa*) que ele exercia.

[134] CAMPINHO, Sérgio. *Falência e recuperação de empresa*. Rio de Janeiro: Renovar, 2006. p. 08-09.

Essa atividade (*empresa*) pode continuar sob a responsabilidade de outro empresário (empresário individual ou sociedade empresária), caso ocorra, por exemplo, a venda do estabelecimento empresarial do devedor, nos termos do art. 140, I, da LRE.

Portanto, é por isso que a lei, no artigo em comento, fala em preservar e otimizar a utilização produtiva dos ativos, mesmo após o afastamento do devedor. Mantendo-se a empresa em funcionamento, evita-se que seus ativos – sobretudo ativos intangíveis, como uma marca – se desvalorizem ou se deteriorem, por exemplo. Isso contribui para que, no curso do processo falimentar, quando for realizada a venda dos bens, consigam-se interessados em adquirir o estabelecimento empresarial do devedor, dando continuidade à atividade que ele desenvolvia (princípio da *preservação da empresa*). Ademais, evitando-se a desvalorização e a deterioração, consegue-se fazer com que no momento da venda esta seja feita por um preço justo, o que em última análise interessa aos credores da massa, visto que o dinheiro arrecadado será usado para o pagamento de seus créditos (princípio da *maximização dos ativos*).

Resta-nos agora analisar os outros dois objetivos da falência, inseridos na LRE pela reforma provocada pela Lei 14.112/2020: (i) permitir a liquidação célere das empresas inviáveis, com vistas à realocação eficiente de recursos na economia; e (ii) fomentar o empreendedorismo, inclusive por meio da viabilização do retorno célere do empreendedor falido à atividade econômica.

Na epígrafe deste capítulo, eu cito trecho de um artigo de um ex-congressista americano, o libertário Ron Paul, no qual ele destaca a importância da falência para o mercado, algo que infelizmente poucas pessoas compreendem, especialmente parte da magistratura brasileira, que de tanto exacerbar a aplicação do princípio da preservação da empresa criou uma espécie de "direito de não falir" em nosso País.

De fato, a falência de um empresário ou sociedade empresária significa que estava havendo uma alocação ineficiente dos seus recursos, com atendimento insuficiente ou insatisfatório dos consumidores dos seus produtos/serviços, o que acarretou prejuízos constantes que conduziram a uma crise insuperável. Nesse contexto, a decretação da falência, se feita com rapidez e com base em um arcabouço normativo bem elaborado, pode permitir que os ativos sejam rapidamente liquidados e/ou realocados, como o mínimo de "prejuízo social" possível. Em suma: postergar falências inevitáveis é uma intervenção indevida no mecanismo de lucros e prejuízos que, juntamente com o sistema de preços, forma a "mão invisível" que deve guiar o mercado.

Portanto, andou bem o legislador ao inserir no art. 75 o inciso II, bem como o § 2º, que assim dispõe: "A falência é mecanismo de preservação de benefícios econômicos e sociais decorrentes da atividade empresarial, por meio da liquidação imediata do devedor e da rápida realocação útil de ativos na economia".

No tocante ao outro objetivo da falência acrescentado no art. 75 da LRE – "fomentar o empreendedorismo, inclusive por meio da viabilização do retorno célere do empreendedor falido à atividade econômica" –, parece-nos que o objetivo do legislador foi mudar outra infeliz tradição do direito falimentar brasileiro: a de que o empreendedor falido quase nunca consegue retornar ao mercado para "recomeçar do zero".

Com efeito, a falência, conforme já destacamos, não pode ser mais encarada como um fenômeno que só ocorre com empresários desonestos, mas sim como algo que que acontece, inevitavelmente, com todo e qualquer empresário, sobretudo no ambiente mercadológico, cada vez mais complexo e competitivo.

Um bom arcabouço falimentar, portanto, deve não apenas primar pela rápida decretação da falência numa situação de crise insuperável, mas também assegurar que o falido possa, o mais rápido possível, retornar ao mercado sem quaisquer restrições ou obstáculos decorrentes do seu fracasso anterior. Afinal, a história é farta de exemplos que comprovam que fracassar, no mundo do empreendedorismo, não é apenas normal, mas muitas imprescindível para que o empreendedor consiga, a partir do aprendizado decorrente de um acúmulo de erros anteriores, prosperar no futuro.

Por fim, registre-se também que o art. 75, em seu § 1º, ainda prevê que "o processo de falência atenderá aos princípios da celeridade e da economia processual, sem prejuízo do contraditório, da ampla defesa e dos demais princípios previstos na Lei nº 13.105, de 16 de março de 2015 (Código de Processo Civil)". Com efeito, quanto mais rápido o processo falimentar se desenvolver, melhor será para todos, haja vista que o tempo, nesse caso, só contribui para a desvalorização e a deterioração dos ativos do devedor e para o atraso no pagamento dos credores.

8.3. Pressupostos da falência

A doutrina aponta que são três os pressupostos da falência: o primeiro, denominado de *pressuposto material subjetivo*, consiste na qualidade de empresário do devedor; o segundo, denominado de *pressuposto material objetivo*, é consubstanciado na insolvência do devedor; e o terceiro, por fim, denominado de *pressuposto formal*, é a sentença que a decreta.

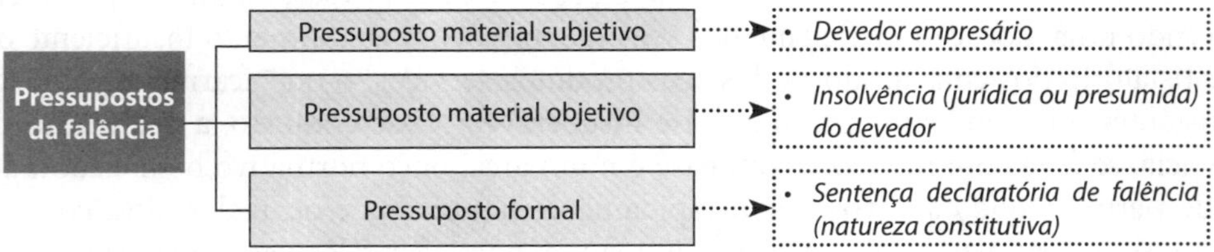

Assim sendo, o regime de execução concursal especial a que nos referimos anteriormente só se instaura quando presentes os pressupostos acima listados: o devedor empresário, a sua insolvência e a consequente sentença judicial de decretação da falência.

8.4. Procedimento para a decretação da falência

Estando o devedor *empresário* (primeiro pressuposto) em estado de *insolvência* (segundo pressuposto), assim caracterizada pela configuração de uma das situações previstas na lei (art. 94, I, II e III), está traçado o caminho para que se inicie o processo especial de execução concursal do seu patrimônio, chamado de falência. Essa execução só se inicia, todavia, com a prolação da *sentença declaratória da falência* (terceiro pressuposto), respeitado o devido processo legal.

Portanto, antes do início do processo falimentar propriamente dito, se estabelece toda uma *fase pré-falimentar*, que vai do pedido de falência até a sua eventual decretação. É o que passaremos a analisar a seguir.

Chamaremos de procedimento pré-falimentar a fase processual que vai do pedido de falência até a sentença do juiz, que pode ser denegatória, caso em que o processo se extingue sem a instauração da execução concursal do devedor, ou declaratória, hipótese em que se iniciará o processo falimentar propriamente dito, com a reunião dos credores e a liquidação do patrimônio do devedor.

Nesse procedimento pré-falimentar, pois, o juiz analisará, basicamente, a ocorrência dos dois primeiros pressupostos acima mencionados – a qualidade de empresário do devedor e o seu estado de insolvência – para então decidir se decreta a falência ou se a denega.

8.4.1. O sujeito passivo do pedido de falência

Conforme já analisamos detalhadamente nos capítulos I e II, empresário é, segundo o art. 966 do Código Civil, "quem exerce profissionalmente atividade econômica organizada para a produção ou a circulação de bens ou de serviços". Já destacamos também que o empresário pode ser tanto uma pessoa física (empresário individual) quanto uma pessoa jurídica (sociedade empresária).

Pois bem. A Lei 11.101/2005 dispõe, em seu art. 1.º, que ela "disciplina a recuperação judicial, a recuperação extrajudicial e a falência do empresário e da sociedade empresária, doravante referidos simplesmente como devedor". Só os empresários, portanto, se submetem aos ditames da legislação falimentar.[135]

Com efeito, da leitura do art. 1.º percebe-se que as regras da LRE não se aplicam a devedores civis, os quais se submetem, quando caracterizada a sua insolvência, às regras do concurso de credores, previstas no Código de Processo Civil. Assim, das pessoas jurídicas de direito privado (art. 44 do CC) apenas as sociedades empresárias se submetem às regras da LRE. Portanto, uma associação, uma fundação, um partido político, uma organização religiosa ou uma sociedade simples não podem requerer recuperação ou ter sua falência requerida.

O mesmo ocorre com as cooperativas, as quais, por serem sociedades simples, independentemente do seu objeto social (art. 982, parágrafo único, do Código Civil), não podem requerer recuperação nem ter sua falência requerida. Nesse sentido, já decidiu o Superior Tribunal de Justiça:

> *(...) As sociedades cooperativas não se sujeitam à falência, dada a sua natureza civil e atividade não empresária, devendo prevalecer a forma de liquidação extrajudicial prevista na Lei 5.764/71, que não prevê a exclusão da multa moratória, nem a limitação dos juros moratórios posteriores à data da liquidação judicial condicionada à existência de saldo positivo no ativo da sociedade. 2. A Lei de Falências vigente à época – Decreto-lei n.º 7.661/45 – em seu artigo 1.º, considerava como sujeito passivo*

[135] Relembro, entretanto, as ponderações que já fiz anteriormente sobre as discussões acadêmicas a respeito da aplicação da LRE a todo e qualquer "agente econômico".

da falência o comerciante, assim como a atual Lei 11.101/05, que a revogou, atribui essa condição ao empresário e à sociedade empresária, no que foi secundada pelo Código Civil de 2002 no seu artigo 982, § único c/c artigo 1.093, corroborando a natureza civil das referidas sociedades, e, a fortiori, *configurando a inaplicabilidade dos preceitos da Lei de Quebras às cooperativas. (...) (AgRg no REsp 999.134/*PR, Rel. Min. *Luiz Fux, 1.ª Turma, j. 18.08.2009,* DJe *21.09.2009).*

Tributário – execução fiscal contra cooperativa em liquidação judicial – inaplicabilidade da lei de falências – remessa do produto da arrematação ao juízo da liquidação – inexistência de previsão legal.

1. As sociedades cooperativas não estão sujeitas à falência, uma vez que não possuem natureza empresarial, devendo, portanto, prevalecer a forma de liquidação prevista na Lei 5.764/71.

(...)

3. Agravo regimental não provido (AgRg no AgRg nos EDcl no REsp 1.129.512/SP, Rel. Ministra Eliana Calmon, Segunda Turma, j. 03.12.2013, DJe *10.12.2013).*

Por fim, registre-se que os profissionais liberais (profissionais intelectuais – art. 966, parágrafo único, do Código Civil) em regra não são considerados empresários, não podendo também, pois, requerer recuperação nem ter sua falência requerida.

Feitas essas observações, resta ainda uma pergunta: será que todos os *empresários* estão abrangidos no âmbito de incidência da lei em referência? Parece-nos que não. A própria LRE, em seu art. 2.º, exclui do seu regime jurídico alguns empresários, conforme já destacamos.

8.4.1.1. As empresas públicas e as sociedades de economia mista

Já destacamos, em tópico anterior deste capítulo, que existe uma polêmica sobre submissão ou não das empresas públicas e das sociedades de economia mista ao regime jurídico falimentar disciplinado pela LRE.

A questão será decidida pelo Supremo Tribunal Federal no julgamento do RE 1.249.945. No voto em que reconheceu a repercussão geral da matéria, o relator, Ministro Luís Roberto Barroso, assim se manifestou:

> "O tema tem sido objeto de intenso debate na doutrina do direito administrativo. Em síntese, há três correntes doutrinárias sobre a matéria. A primeira sustenta a inconstitucionalidade do art. 2º, I, da Lei 11.105/2005, por afronta o art. 173, §1º, II, da Constituição, tendo em vista que as entidades administrativas possuem os mesmos direitos que as empresas privadas, o que incluiria o mesmo regime de insolvência. A segunda defende a interpretação conforme a Constituição do dispositivo, de modo a afastar o regime falimentar apenas das empresas estatais prestadoras de serviço público, submetendo as que exercem atividade econômica ao regime de falência e recuperação judicial. Por fim, a terceira corrente afirma a constitucionalidade da exclusão das empresas estatais do regime falimentar, na medida em que a extinção dessas entidades administrativas somente poderia ocorrer por lei e não por decisão judicial de decretação de insolvência".

8.4.1.2. *Empresários submetidos a procedimento de liquidação extrajudicial*

Também já destacamos, em outro tópico anterior deste capítulo, que o art. 2.º, inciso II, da LRE diz que ela não se aplica a "instituição financeira pública ou privada, cooperativa de crédito, consórcio, entidade de previdência complementar, sociedade operadora de plano de assistência à saúde, sociedade seguradora, sociedade de capitalização e outras entidades legalmente equiparadas às anteriores".

Trata-se, basicamente, de agentes econômicos que atuam em mercados regulados, os quais, conforme já explicamos, sujeitam-se a leis específicas que disciplinam o tratamento jurídico de sua insolvência, submetendo-os a um processo especial de *liquidação extrajudicial*. Citem-se, por exemplo, a Lei 6.024/1974, aplicável às instituições financeiras, e o Decreto-lei 73/1966, aplicável às seguradoras.

Detalhe importante: essas leis específicas, em alguns casos, determinam a aplicação subsidiária da legislação falimentar (exemplo: art. 34 da Lei 6.024/1974), inclusive prevendo a possibilidade de decretação da falência, mas nesse caso a pedido do liquidante, e não de um credor qualquer.

8.4.2. *O sujeito ativo do pedido de falência*

Segundo o art. 97 da LRE, "podem requerer a falência do devedor: I – o próprio devedor, na forma do disposto nos arts. 105 a 107 desta Lei; II – o cônjuge sobrevivente, qualquer herdeiro do devedor ou o inventariante; III – o cotista ou o acionista do devedor na forma da lei ou do ato constitutivo da sociedade; IV – qualquer credor".

Vê-se, pois, que, enquanto o sujeito passivo do pedido de falência tem que ser necessariamente *empresário* (empresário individual ou sociedade empresária), o mesmo não ocorre com o sujeito ativo do pedido de falência, que pode ser *empresário* ou não.

8.4.2.1. *Autofalência*

O pedido de falência feito pelo próprio devedor – chamado de *autofalência* –, apesar de estar previsto na lei, é hipótese rara na prática.

Na verdade, costuma o devedor em crise tomar duas atitudes, basicamente: (i) não aceitar que sua crise é irremediável, insistindo na atividade até ter, eventualmente, a sua falência decretada a pedido de terceiro, normalmente um credor; ou (ii) encerrar o exercício da atividade empresarial, muitas vezes sem a observância das regras legais impostas para tanto (é a chamada dissolução irregular).

Veja-se que a lei impõe ao devedor o *dever* de requerer a sua própria falência, determinando em seu art. 105 que "o devedor em crise econômico-financeira que julgue não atender aos requisitos para pleitear sua recuperação judicial deverá requerer ao juízo sua falência, expondo as razões da impossibilidade de prosseguimento da atividade empresarial, acompanhadas dos seguintes documentos: I – demonstrações contábeis referentes aos 3 (três) últimos exercícios sociais e as levantadas especialmente para instruir o pedido, confeccionadas com estrita observância da legislação societária aplicável e compostas obrigatoriamente de: a) balanço patrimonial; b) demonstração de resultados acumulados; c) demonstração do resultado desde o último exercício social; d) relatório do fluxo de caixa; II – relação nominal dos credores, indicando endereço, importância, natureza e classificação dos respectivos créditos; III – relação dos bens e direitos que compõem o ativo, com a respectiva estimativa de valor e documentos comprobatórios de propriedade; IV – prova da condição de empresário, contrato social ou estatuto em vigor ou, se não houver, a indicação de todos os sócios, seus endereços e a relação de seus bens pessoais; V – os livros obrigatórios e documentos contábeis que lhe forem exigidos por lei; VI – relação de seus administradores nos últimos 5 (cinco) anos, com os respectivos endereços, suas funções e participação societária".

Ocorre que, não obstante a lei imponha ao devedor esse *dever*, não prevê nenhuma sanção para a hipótese de descumprimento, o que desestimula o devedor a seguir o comando legal.

Ademais, na doutrina há certa divergência a respeito de o pedido de autofalência ser um dever ou uma faculdade do devedor. Entendo que se trata de uma faculdade, mas há opiniões divergentes.

> Numa primeira leitura do artigo 105 da Lei no 11.101/2005, vê-se o pedido de autofalência como um dever do empresário "em crise econômico-financeira que julgue não atender aos requisitos para pleitear sua recuperação judicial". Contudo, não há nenhuma sanção para a falta do pedido e, por isso, não se pode falar propriamente em um dever jurídico de requerer a autofalência. O que há é uma opção do devedor.[136]
>
> Trata-se de um direito-dever do empresário insolvente. Um direito, porque o devedor, impossibilitado de honrar os compromissos assumidos, encontra no processo falimentar um meio idôneo de encerrar as atividades com maior segurança jurídica, liquidando a empresa com regras e parâmetros preestabelecidos. Um dever, porque a própria redação do dispositivo em comento estabelece que "o devedor em crise econômico-financeira que julgue não atender aos requisitos para pleitear sua recuperação judicial deverá requerer ao juízo sua falência", como forma de evitar a submissão de credores e terceiros a riscos desnecessários.[137]

Caso o devedor seja um empresário individual, a decisão de pedir autofalência será exclusivamente sua.

Em se tratando de sociedade empresária, o pedido de autofalência dependerá de deliberação dos sócios, sendo importante atentar para o quórum de deliberação exigido em cada tipo societário, assunto que causa divergências na doutrina.

Na sociedade limitada, o quórum é de três quartos do capital social, porque a falência é causa de dissolução da sociedade (art. 1.071, inciso VI c/c art. 1.076, inciso I do Código Civil).

Na sociedade por ações, entendo que se aplica o quórum qualificado de mais da metade das ações com direito a voto, também pelo fato de a falência ser

---

[136] TOMAZETTE, Marlon. *Curso de direito empresarial*. Vol. 3. 5ª ed. São Paulo: Atlas, 2017, p. 324.

[137] COSTA, Daniel Carnio e MELO, Alexandre Correa Nasser de. *Comentários à Lei de Recuperação de Empresas e Falência*, art. 105 «in» JuruáDocs n. 201.2291.2831.9583. Disponível em: <www.juruadocs.com>. Acesso em: 23/02/2021.

causa de dissolução da sociedade (art. 122, inciso IX c/c art. 136, inciso X da Lei 6.404/1976).

Nas sociedades em que há sócios de responsabilidade ilimitada (nome coletivo e comandita simples), entendo que a deliberação deve ser unânime ou, pelos menos, ter voto favorável dos sócios ilimitadamente responsáveis, em razão de eles também irem à falência junto com a sociedade (art. 81 da LRE), mas na doutrina parece predominar o entendimento que defende a necessidade de deliberação por maioria absoluta.[138]

Vale lembrar que, em caso de urgência, a Lei 6.404/1976 permite que o administrador peça a autofalência da sociedade empresária antes da deliberação dos sócios: "em caso de urgência, a confissão de falência ou o pedido de recuperação judicial poderá ser formulado pelos administradores, com a concordância do acionista controlador, se houver, hipótese em que a assembleia geral será convocada imediatamente para deliberar sobre a matéria" (art. 122, parágrafo único).

Se a sociedade empresária está em liquidação, tanto o Código Civil (art. 1.103, inciso VII) quanto a Lei 6.404/1976 (art. 210, inciso VII) estabelecem que é dever do liquidante "confessar a falência" da sociedade.

Para finalizar esse tópico, cumpre apenas enfrentar uma questão interessante: na prática, existe alguma vantagem em se pedir autofalência? Marlon Tomazette destaca que a boa-fé do devedor que pede autofalência pode livrá-lo de uma eventual desconsideração da personalidade jurídica por dissolução irregular[139]. Fábio Ulhoa Coelho, por sua vez, diz que a autofalência é uma forma de o devedor "desincumbir-se das tarefas de liquidação", transferindo-as ao Estado (Poder Judiciário)[140]. Eu acrescentaria apenas que, com a autofalência, o devedor pode se beneficiar das regras de extinção das obrigações, que ficaram melhores com a reforma provocada pela Lei 14.112/2020 (por exemplo, o art. 158, inciso V da LRE).

8.4.2.2. Pedido de falência feito por cônjuge, herdeiro ou inventariante do empresário individual

A regra do art. 97, II, da LRE é aplicável ao empresário individual, e não à sociedade empresária. Se o empresário individual falecer, seus sucessores podem ter interesse em dar continuidade à sua atividade ou não.

Caso não tenham interesse em dar continuidade à empresa, em princípio cabe a eles promover o encerramento normal das atividades do empresário individual falecido, dando-se a devida baixa na Junta Comercial competente.

---

[138] "Nas sociedades em nome coletivo e em comandita simples, a princípio, a decisão deverá decorrer da maioria absoluta dos votos computados de acordo com o capital social (CC – artigos 1.010, 1.040 e 1.046). Contudo, tais sociedades possuem sócios de responsabilidade ilimitada que também serão considerados falidos (Lei no 11.101/2005 – art. 81). Em razão disso, Adalberto Simão Filho fala que todos deverão assinar o pedido. Ricardo Tepedino, por sua vez, afirma que todos os sócios devem ser ao menos ouvidos, mas que a vontade da maioria prevalece. Acreditamos que a razão está com o último, vale dizer, a nosso ver, prevalecerá a vontade da maioria, admitindo-se a oposição dos sócios que discordarem do cabimento da medida" (TOMAZETTE, Marlon. *Curso de direito empresarial*. Vol. 3. 5ª ed. São Paulo: Atlas, 2017, p. 325).

[139] TOMAZETTE, Marlon. *Curso de direito empresarial*. Vol. 3. 5ª ed. São Paulo: Atlas, 2017, p. 324.

[140] COELHO, Fábio Ulhoa. *Comentários à Lei de Falências e Recuperação de Empresas*. 14ª ed. São Paulo: RT, 2021, p. 379.

Pode ocorrer, todavia, de os sucessores perceberem que o empresário individual falecido estava em situação de insolvência, cabendo a eles, nesse caso, pedir a sua falência, com base no dispositivo legal em comento.

Em síntese, "trata-se de falência póstuma, que constitui uma forma de confissão de falência, cujos casos são bastante raros. (...) O rito a ser seguido é o da autofalência (art. 105)"[141].

8.4.2.3. Pedido de falência feito por sócio da sociedade empresária

O pedido de falência feito por sócio da sociedade empresária – quotista ou acionista – é também pouco usual na praxe empresarial.

Na verdade, quando um sócio entende ser essa a melhor alternativa, mas a maioria dos sócios não concorda com seu posicionamento, o que ocorre, comumente, é a dissolução parcial da sociedade, com a retirada do sócio dissidente e a continuidade da empresa.

Vale destacar que nesse caso não se trata de autofalência, porque nesta o pedido teria que ser feito pela própria sociedade empresária. Portanto, o sócio que pedir a falência da sociedade empresária da qual faz parte deve fundamentar seu pedido no art. 94, e não no art. 105.[142]

8.4.2.4. Pedido de falência feito por credor

Não há dúvidas de que a maioria dos pedidos de falência é feita por credores do devedor, os quais, muitas vezes, nem pretendem exatamente a decretação da quebra, mas apenas pressionar o devedor ao pronto pagamento da dívida.

Ressalte-se que, se o credor for empresário – seja empresário individual ou sociedade empresária –, deverá instruir sua petição inicial com certidão da Junta Comercial que comprove a regularidade de suas atividades, em obediência ao disposto no art. 97, § 1.º, da LRE. Entenda-se bem a regra: não se está afirmando que somente o credor que também é empresário pode requerer a falência do devedor. Qualquer credor civil poderá também ser autor do pedido de falência, como, por exemplo, um trabalhador ou um consumidor. Está-se afirmando apenas que, caso o credor seja empresário, deverá comprovar que exerce regularmente sua atividade empresarial, fazendo-o por meio da juntada de certidão da Junta Comercial.

Por outro lado, se o credor não possui domicílio no Brasil, determina a lei, em seu art. 97, § 2.º, que ele "deverá prestar caução relativa às custas e ao pagamento da indenização de que trata o art. 101 desta Lei". Essa indenização é devida em alguns casos de denegação da falência, e será estudada com mais detalhes adiante.

---

141 SCALZILLI, João Pedro; SPINELLI, Luís Felipe e TELLECHEA, Rodrigo. *Recuperação de empresas e falência: teoria e prática na Lei 11.101/2005*. 3ª ed. São Paulo: Almedina, 2018, p. 594-595.

142 "Qualquer cotista ou acionista da sociedade devedora pode requerer a sua falência, na forma prevista em Lei ou no ato constitutivo da sociedade (contrato ou estatuto social). Este pedido não é caracterizado como autofalência, pois esta se configura por meio de requerimento da própria pessoa jurídica. Portanto, o sócio ou acionista deve fundamentar o requerimento em uma das situações descritas na Lei 11.101/2005, art. 94" (COSTA, Daniel Carnio e MELO, Alexandre Correa Nasser de. *Comentários à Lei de Recuperação de Empresas e Falência*, art. 97 «in» JuruáDocs n. 201.2291.2151.3944. Disponível em: <www.juruadocs.com>. Acesso em: 24/02/2021).

Ainda sobre o pedido de falência formulado por credor do empresário, há uma questão interessante: é necessário que a dívida do devedor em relação a ele esteja vencida? Parece-nos que não.[143] Primeiro, porque o pedido de falência pode estar lastreado na prática de um dos atos de falência previstos no art. 94, III, da LRE, caso em que a demonstração inequívoca de que o devedor incidiu em uma daquelas condutas é por si só suficiente à caracterização de sua insolvência. Segundo, porque, se o devedor já está inadimplente, por exemplo, em relação a outros credores, está configurado o interesse de todos os credores – e não apenas dos que possuem títulos inadimplidos – na instauração da execução concursal. Afinal, se o devedor não está pagando seus credores de hoje, nada garante que ele pagará seus credores de amanhã. Ao contrário, tudo indica que ele não o fará.

Outra polêmica interessante acerca dos credores legitimados ao pedido de falência do devedor empresário é a relativa aos credores com garantia real. No regime da lei anterior, havia regra expressa disciplinando a questão. Tratava-se do art. 9.º, III, alínea *b*, segundo o qual esse credor só poderia requerer a falência do devedor se (i) renunciasse a garantia ou (ii) se provasse que a garantia já não era mais suficiente, em razão da depreciação do bem. A atual legislação falimentar silenciou, o que nos leva a crer que agora pode o credor com garantia real requerer a falência do devedor, independentemente de qualquer circunstância. Com efeito, se a lei afirma expressamente que *qualquer* credor pode requerer a falência do devedor, não cabe excepcionar onde a própria lei assim não o fez.

Por fim, resta ainda a questão de saber se a Fazenda Pública pode requerer a falência do devedor. Não obstante exista controvérsia doutrinária sobre o tema, o Superior Tribunal de Justiça tem diversos precedentes no sentido de que a Fazenda Pública não tem legitimidade, nem interesse de agir, para pedir a falência do devedor. Eis alguns acórdãos:

---

143 "O credor, no pedido de falência, deve exibir o seu título. Deve-se admitir a legitimação do credor *mesmo que seu crédito não esteja ainda vencido*. O direito falimentar está atento aos interesses dos que não podem exigir o pagamento de seus créditos, porque ainda em curso o prazo de vencimento da obrigação, mas que presenciam a deterioração da situação econômica e patrimonial da sociedade empresária devedora. Se tivessem que aguardar o vencimento o título, para somente então se legitimarem ao pedido de falência, poderia ser tarde demais para a tutela dos seus direitos. De início, a legitimação ativa do credor com título não vencido parece referir-se somente ao pedido fundado em ato de falência, visto que a impontualidade e a execução frustrada pressupõem o vencimento. Contudo, a hipótese também se aplica ao pedido de falência fundado nessas causas, quando o credor deve exibir o seu título não vencido e também a prova da impontualidade ou da tríplice omissão de devedor *relativamente à obrigação titularizada por* terceiro (por meio de certidão de protesto ou do cartório judicial em que correu a execução frustrada). Assim, não é necessário que o requerente da falência tenha o seu título vencido, mesmo quando o pedido se fundar na impontualidade injustificada ou na execução frustrada, desde que estas tenham ocorrido em relação a título executivo de outro credor" (COELHO, Fábio Ulhoa. *Curso de direito comercial*. 7. ed. São Paulo: Saraiva, 2007. p. 260. v. III.). No mesmo sentido: "Adalberto Simão Filho entende que só podem formular o pedido de falência aqueles credores cujos créditos já estejam vencidos, entendendo que aqueles titulares de créditos vincendos não teriam como protestar seus títulos e não poderiam se beneficiar de um eventual depósito elisivo. A nosso ver, porém, não há qualquer restrição para o titular de créditos vincendos, na medida em que a lei exige apenas a qualidade de credor e a comprovação da insolvência do devedor empresário. Ainda que se trate de um crédito ilíquido, vincendo ou mesmo condicional, o credor terá a legitimidade para formular o pedido de falência. Não se dispensa aqui a comprovação da insolvência, que poderá se dar por um protesto emprestado ou pela certidão de processo movido por outro credor. O que se quer dizer aqui é que presentes os demais pressupostos, qualquer credor, inclusive o titular de crédito vincendo, terá legitimidade ativa para o feito" (TOMAZETTE, Marlon. *Curso de direito empresarial*. Vol. 3. 5ª ed. São Paulo: Atlas, 2017, p. 331).

Processo civil. Pedido de falência formulado pela Fazenda Pública com base em crédito fiscal. Ilegitimidade. Falta de interesse. Doutrina. Recurso desacolhido. I – Sem embargo dos respeitáveis fundamentos em sentido contrário, a Segunda Seção decidiu adotar o entendimento de que a Fazenda Pública não tem legitimidade, e nem interesse de agir, para requerer a falência do devedor fiscal. II – Na linha da legislação tributária e da doutrina especializada, a cobrança do tributo é atividade vinculada, devendo o fisco utilizar-se do instrumento afetado pela lei à satisfação do crédito tributário, a execução fiscal, que goza de especificidades e privilégios, não lhe sendo facultado pleitear a falência do devedor com base em tais créditos (STJ, REsp 164.389/MG, Rel. Min. Sálvio de Figueiredo Teixeira, DJ 16.08.2004, p. 130).

Tributário e comercial. Crédito tributário. Protesto prévio. Desnecessidade. Presunção de certeza e liquidez. Art. 204 do Código Tributário Nacional. Fazenda Pública. Ausência de legitimação para requerer a falência do comerciante contribuinte. Meio próprio para cobrança do crédito tributário. Lei de execuções fiscais. Impossibilidade de submissão do crédito tributário ao regime de concurso universal próprio da falência. Arts. 186 e 187 do CTN. I – A Certidão de Dívida Ativa, a teor do que dispõe o art. 204 do CTN, goza de presunção de certeza e liquidez que somente pode ser afastada mediante apresentação de prova em contrário. II – A presunção legal que reveste o título emitido unilateralmente pela Administração Tributária serve tão somente para aparelhar o processo executivo fiscal, consoante estatui o art. 38 da Lei 6.830/80 (Lei de Execuções Fiscais) III – Dentro desse contexto, revela-se desnecessário o protesto prévio do título emitido pela Fazenda Pública. IV – Afigura-se impróprio o requerimento de falência do contribuinte comerciante pela Fazenda Pública, na medida em que esta dispõe de instrumento específico para cobrança do crédito tributário. V – Ademais, revela-se ilógico o pedido de quebra, seguido de sua decretação, para logo após informar-se ao Juízo que o crédito tributário não se submete ao concurso falimentar, consoante dicção do art. 187 do CTN. VI – O pedido de falência não pode servir de instrumento de coação moral para satisfação de crédito tributário. A referida coação resta configurada na medida em que o art. 11, § 2.º, do Decreto-lei 7.661/45 permite o depósito elisivo da falência. VII – Recurso especial improvido (STJ, REsp 287.824/MG, Rel. Min. Francisco Falcão, DJ 20.02.2006, p. 205).

Tributário e comercial. Crédito tributário. Fazenda Pública. Ausência de legitimidade para requerer a falência de empresa.

1. A controvérsia versa sobre a legitimidade de a Fazenda Pública requerer falência de empresa.

2. O art. 187 do CTN dispõe que os créditos fiscais não estão sujeitos a concurso de credores. Já os arts. 5.º, 29 e 31 da LEF, a fortiori, determinam que o crédito tributário não está abrangido no processo falimentar, razão pela qual carece interesse por parte da Fazenda em pleitear a falência de empresa.

3. Tanto o Decreto-lei n. 7.661/45 quanto a Lei n. 11.101/2005 foram inspirados no princípio da conservação da empresa, pois preveem respectivamente, dentro da perspectiva de sua função social, a chamada concordata e o instituto da recuperação judicial, cujo objetivo maior é conceder benefícios às empresas que, embora não estejam formalmente falidas, atravessam graves dificuldades econômico-financeiras, colocando em risco o empreendimento empresarial.

4. O princípio da conservação da empresa pressupõe que a quebra não é um fenômeno econômico que interessa apenas aos credores, mas sim, uma manifestação jurídico-econômica na qual o Estado tem interesse preponderante.

5. Nesse caso, o interesse público não se confunde com o interesse da Fazenda, pois o Estado passa a valorizar a importância da iniciativa empresarial para a saúde econômica de um país. Nada mais certo, na medida em que quanto maior a iniciativa privada em determinada localidade, maior o progresso econômico, diante do aquecimento da economia causado a partir da geração de empregos.

6. Raciocínio diverso, isto é, legitimar a Fazenda Pública a requerer falência das empresas inviabilizaria a superação da situação de crise econômico-financeira do devedor, não permitindo a manutenção da fonte produtora, do emprego dos trabalhadores, tampouco dos interesses dos credores, desestimulando a atividade econômico-capitalista. Dessarte, a Fazenda poder requerer a quebra da empresa implica incompatibilidade com a ratio essendi da Lei de Falências, mormente o princípio da conservação da empresa, embasador da norma falimentar. Recurso especial improvido (REsp 363.206/MG, Rel. Min. Humberto Martins, Segunda Turma, j. 04.05.2010, DJe *21.05.2010).*

Em suma: entende o STJ que, uma vez que a Fazenda Pública dispõe de instrumento específico para cobrança do crédito tributário, a Lei 6.380/1980 (Lei de Execuções Fiscais), falta-lhe interesse de agir para o pedido de falência.

No mesmo sentido da jurisprudência do STJ, foi aprovado o Enunciado 56 da I Jornada de Direito Comercial do CJF: "A Fazenda Pública não possui legitimidade ou interesse de agir para requerer a falência do devedor empresário".[144]

8.4.3. O foro competente para o pedido de falência

Conforme já destacamos em tópico anterior, o art. 3.º da LRE determina que "é competente para homologar o plano de recuperação extrajudicial, deferir a recuperação judicial ou decretar a falência o juízo do local do principal estabelecimento do devedor ou da filial de empresa que tenha sede fora do Brasil".

Também já apontamos que *principal estabelecimento*, para fins do direito falimentar, é o local onde o devedor concentra o *maior volume de negócios*, o qual, frise-se, muitas vezes não coincide com o local da sede da empresa ou do seu centro administrativo. Nesse sentido, confiram-se os seguintes acórdãos do Superior Tribunal de Justiça:

(...) O juízo competente para processar e julgar pedido de falência e, por conseguinte, de concordata é o da comarca onde se encontra "o centro vital das principais atividades

[144] O TJSP já admitiu pedido de falência formulado pela Fazenda Pública. Decisão da 1ª Câmara Reservada de Direito Empresarial do TJSP sobre falência. No caso, o juiz indeferiu liminarmente um pedido de falência feito pela União contra uma sociedade limitada, por falta de interesse de agir. A União recorreu alegando que "qualquer credor" pode pedir a falência de um devedor empresário, nos termos do art. 97, inciso IV da LRE. Ademais, destacou que o pedido foi formulado com base na "execução frustrada" (art. 94, inciso II da LRE), após diversas tentativas de cobrança pela via normal da execução fiscal. O TJSP deu provimento ao recurso. O relator reconheceu que "a questão relativa à possibilidade de a Fazenda Pública pedir falência do devedor é controvertida desde a vigência do antigo DL 7.661/1945", existindo precedentes do próprio TJSP e do STJ "que concluíram pela falta de legitimidade e/ou de interesse da Fazenda" (destaque para o REsp 164.389). No entanto, o relator ponderou que, "com a entrada em vigor da Lei 11.101, além da sujeição da Fazenda ao concurso material de credores (em situação diferente daquela existente no DL 7.661), nova interpretação deve ser conferida à possibilidade da formulação do pedido de falência pela Fazenda em determinadas situações". Para ele, a Fazenda não pode pedir a falência de um devedor com base no art. 94, I (impontualidade injustificada), mas a situação muda quando se trata do inciso II (execução frustrada). Nesse caso, como ela recorreu primeiro à via da execução, mas não logrou êxito, "não é razoável tolher a possibilidade de postular a falência do devedor, não havendo que se falar em quebra do princípio da impessoalidade". Dentre outros argumentos, o relator ainda afirmou que "o pedido falimentar, nesses casos, tem por objetivo, precipuamente, a repressão aos agentes econômicos nocivos ao mercado e à livre concorrência, os quais, muitas vezes, não pagam seus débitos tributários e concorrem deslealmente com aqueles agentes econômicos que atuam regularmente, adimplindo as obrigações tributárias" (Processo 1001975-61.2019.8.26.0491).

> *do devedor" (...) A competência do juízo falimentar é absoluta. (...) (STJ, CC 37.736/SP, Rel. Min. Nancy Andrighi, DJ 16.08.2004, p. 130).*
>
> *(...) Competente para o processamento e julgamento do pedido de falência é o Juízo do local onde o devedor mantém suas atividades e seu principal estabelecimento. (...) (STJ, AgRg no AG 451.614/DF, Rel. Min. Carlos Alberto Menezes Direito, DJ 17.02.2003, p. 275).*
>
> *(...) A competência para o processo e julgamento do pedido de falência é do Juízo onde o devedor tem o seu principal estabelecimento, e este "é o local onde a atividade se mantém centralizada", não sendo, de outra parte, "aquele a que os estatutos conferem o título principal, mas o que forma o corpo vivo, o centro vital das principais atividades do devedor" (...) (STJ, CC 27.835/DF, Rel. Min. Antônio de Pádua Ribeiro, DJ 09.04.2001, p. 328).*

Em suma, o **STJ** já decidiu que a expressão *principal estabelecimento* pode significar (embora os acórdãos sejam anteriores à LRE, o entendimento continua atual): (i) o centro vital das principais atividades do devedor; (ii) local onde o devedor mantém suas atividades e seu principal estabelecimento; (iii) local onde a atividade se mantém centralizada.

Nesse sentido, confirase o Enunciado 465 do CJF: "*Para fins do Direito Falimentar, o local do principal estabelecimento é aquele de onde partem as decisões empresariais, e não necessariamente a sede indicada no registro público*".

E há uma razão lógica para a regra do art. 3.º da LRE: é no local do principal estabelecimento do devedor onde se encontram, provavelmente, a maioria dos seus clientes e a maior parte do seu patrimônio, o que facilita sobremaneira a instauração do concurso de credores e a arrecadação dos seus bens. Por isso, ademais, que a *competência é de natureza absoluta.*

Registre-se ainda que, tratando-se de sociedade estrangeira, o foro competente também será o do seu principal estabelecimento, mas para determiná-lo serão levados em conta apenas os estabelecimentos localizados em território nacional. Dentre esses, enfim, vê-se em qual deles a sociedade estrangeira concentra o maior volume de negócios, sendo ele, então, o foro competente para a ação falimentar a ser ajuizada contra ela.

Por fim, destaque-se que, em obediência ao disposto no art. 6.º, § 8.º, da LRE, "a distribuição do pedido de falência ou de recuperação judicial ou a homologação de recuperação extrajudicial previne a jurisdição para qualquer outro pedido de falência, de recuperação judicial ou de homologação de recuperação extrajudicial relativo ao mesmo devedor". Distribuído o pedido de falência, portanto, dá-se a prevenção do juízo, o qual passará a ser o competente para apreciação de qualquer pedido posterior de falência, recuperação judicial ou recuperação extrajudicial relativo àquele devedor.

8.4.4. O pedido de falência: a demonstração da insolvência (jurídica ou presumida) do devedor

Já dissemos que a falência é um processo de execução especial – execução concursal – aplicável aos empresários que estejam insolventes. Para que se admita, portanto, a instauração desse processo de execução concursal é preciso que esteja caracterizada a *insolvência* do empresário devedor.

No seu sentido técnico/econômico, a insolvência – também chamada de *insolvabilidade* – é o estado patrimonial do devedor caracterizado pela insuficiência do ativo para saldar o passivo. Assim, o devedor que possui patrimônio negativo – ativo menor que passivo – se diz insolvente. Se ele é empresário, poderá ter a sua falência decretada, a fim de estabelecer a sua execução concursal em obediência ao princípio da *par conditio creditorum*.

A doutrina costuma apontar, todavia, que a insolvência do empresário, como pressuposto para a decretação da falência, não deve ser compreendida no seu sentido técnico/econômico acima referido, mas em um sentido jurídico, definido pela própria legislação falimentar.[145] Nesse sentido, já decidiu o Superior Tribunal de Justiça:

> *(...) A insolvência econômica do devedor não é pressuposto para o requerimento ou decretação da falência. Verificadas as situações fáticas previstas em lei, abre-se aos legitimados a oportunidade para pedir a falência. (...) (REsp 733.060/MG, Rel. Min. Sidnei Beneti, 3.ª Turma, j. 24.11.2009,* DJe *02.12.2009).*

Cabe à lei, pois, definir os casos específicos em que se admite caracterizada a insolvência do empresário, razão pela qual alguns autores chegam a afirmar que se trata de uma insolvência presumida, mas nem sempre real.

Na doutrina brasileira, já se tornaram clássicas as lições de Rubens Requião acerca dos sistemas de determinação da insolvência existentes, bem como dos sistemas adotados pela legislação falimentar pátria. O autor apontava para a existência de quatro sistemas distintos, afirmando ainda que a legislação brasileira adotava dois deles.[146]

O primeiro sistema é o do *estado patrimonial deficitário*, segundo o qual a insolvência restaria caracterizada quando se constatasse, efetivamente, a insuficiência do ativo do empresário para saldar o seu passivo. Esse sistema, em síntese, exige a demonstração da insolvência econômica do devedor, e por isso recebe duras críticas da doutrina comercialista, não obstante consista no sistema mais preciso e seguro para a real aferição do estado patrimonial do devedor.[147] Esse sistema torna o processo pré-falimentar muito lento, em razão da necessidade de adoção de procedimentos contábeis para a análise do patrimônio do empresário. Além disso, ele também pode, em alguns casos, ensejar a decretação da falência de determinado empresário que, embora temporariamente insolvente, seja viável ou recuperável.

O segundo sistema é o da *cessação de pagamentos*, segundo o qual a insolvência do devedor estaria caracterizada quando ele parasse de efetuar o pagamento

---

[145] Deve ser a insolvência compreendida num sentido jurídico preciso que a lei falimentar estabelece. (...) Para fins de decretação da falência, o pressuposto da insolvência não se caracteriza por um determinado estado patrimonial, mas pela ocorrência de um dos fatos previstos em lei como ensejadores da quebra (COELHO, Fábio Ulhoa. *Comentários à nova lei de falências e recuperação de empresas*. 3. ed. São Paulo: Saraiva, 2005. p. 252).

[146] REQUIÃO, Rubens. *Curso de direito falimentar*. 16. ed. São Paulo: Saraiva, 1998. p. 20 e segs. v. I.

[147] "Sopesando, de um lado, a precisão e, de outro, a lentidão, conclui-se que balanço determinativo não é o ideal para atender aos propósitos perseguidos pelo direito." (FAZZIO JÚNIOR, Waldo. *Nova lei de falência e recuperação de empresas*. São Paulo: Atlas, 2005. p. 192).

de suas dívidas, o que indicaria uma situação de impossibilidade de adimplemento das suas obrigações. Veja-se que esse sistema, ao contrário do primeiro, baseia-se fundamentalmente em uma presunção de insolvabilidade, porque em alguns casos a cessação de pagamentos pode significar uma crise temporária, não representando, realmente, um estado patrimonial de insolvência econômica.

O terceiro sistema, por sua vez, é o da *impontualidade injustificada*, segundo o qual o devedor se considera juridicamente insolvente quando não paga, injustificadamente, uma determinada obrigação líquida no seu vencimento. Perceba-se que nesse sistema a insolvência do devedor empresário também é presumida, no entanto, com ainda mais rigor que no sistema anterior, uma vez que neste basta a mera inadimplência isolada de uma dívida, enquanto naquele se exige a inadimplência reiterada.

Por fim, tem-se ainda o sistema da *enumeração legal*, segundo o qual a insolvência do devedor se caracteriza pela prática de determinados atos previstos taxativamente na legislação falimentar: são os chamados *atos de falência*, que correspondem a comportamentos do devedor que também presumem o seu estado de insolvabilidade, mesmo que ele, eventualmente, não esteja sequer impontual quanto ao pagamento de suas dívidas.

8.4.4.1. Uso do pedido de falência como meio de cobrança de dívidas

Vistos os quatro sistemas determinantes da insolvência, é preciso desde já apontar que apenas um deles – o do estado patrimonial deficitário, o primeiro a ser analisado – se preocupa em averiguar o verdadeiro estado patrimonial do devedor. Ocorre que esse sistema, justamente por ser o que exige mais precisão na determinação da insolvência do devedor, é bastante desprestigiado pela doutrina e pelas legislações, em razão de ser bastante lento e burocrático.

Os demais sistemas, por sua vez, fundamentam-se essencialmente em presunções. Com efeito, o segundo sistema presume a insolvência do devedor que cessa seus pagamentos; o terceiro, do devedor que atrasa seus pagamentos; e o quarto, do devedor que, ainda que pontual, pratica certos atos definidos previamente na lei. A incerteza quanto ao real estado patrimonial do devedor é inerente em todos esses três sistemas.

Agora talvez se possa entender melhor uma afirmação que fizemos acima, dando conta de que para a doutrina comercialista a insolvência do empresário, como pressuposto para a abertura do processo falimentar, não deve ser compreendida no seu sentido real ou econômico acima referido, mas em um sentido jurídico ou presumido, preestabelecido em lei.

O Decreto-lei 7.661/1945 adotava os sistemas da impontualidade e da enumeração legal para a caracterização da insolvência do devedor, mas, na prática, a quase totalidade dos processos falimentares baseava-se mesmo na impontualidade injustificada, situação essa, aliás, que perdura até os dias atuais, como se verá adiante.

A severidade do sistema da impontualidade, já apontada, fez com que a ação de falência fosse utilizada, diversas vezes, como mero instrumento de cobrança de dívidas não pagas. Como a legislação falimentar anterior era muito severa, o devedor empresário que era citado em um processo falimentar ficava muitas vezes desesperado, optando por pagar a dívida ou depositar o seu valor para *elidir* a sua falência, ainda que para ele essa dívida, eventualmente, pudesse ser contestada. Contribuía para tanto o fato de o prazo de resposta, na lei anterior, ser extremamente exíguo: apenas 24 horas. Com um prazo tão curto, o devedor muitas vezes não conseguia se organizar bem para elaborar sua defesa, comprovando eventualmente a ilegitimidade da dívida questionada. Tudo isso sempre fez do pedido de falência um eficiente instrumento de cobrança de dívidas, mas também servia para trazer insegurança e mesmo para admitir a abertura de processos falimentares contra empresários viáveis, que atravessavam apenas um momento de crise transitória.

As novas tendências do direito falimentar, todavia, permitiram que a jurisprudência, em alguns casos, repelisse esse uso da ação falimentar. Com efeito, o Superior Tribunal de Justiça, em homenagem aos ideais de preservação da empresa, firmou em alguns julgados entendimento segundo o qual a ação de falência não poderia ser utilizada como substitutivo da ação de cobrança. Nesse sentido, confiram-se os seguintes acórdãos:

> *Falência. Instrumento de coação para cobrança de dívidas. Incompatibilidade. Não havendo real fundamento para o requerimento da falência, que, de procedimento indispensável à liquidação de patrimônio de empresa insolvente, transmuda-se em instrumento de coação para a cobrança de dívidas, a quitação do débito, descaracterizando o estado de insolvência, mormente quando comunicado ao juízo o desinteresse do credor único no prosseguimento do processo falimentar, impõe a extinção do processo. Recurso especial conhecido e provido (STJ, REsp 399.644/SP, Rel. Min. Castro Filho, DJ 17.06.2002, p. 259).*
>
> *Falência. Cobrança. Incompatibilidade. O processo de falência não deve ser desvirtuado para servir de instrumento de coação para a cobrança de dívidas. Considerando os graves resultados que decorrem da quebra da empresa, o seu requerimento merece ser examinado com rigor formal, e afastado sempre que a pretensão do credor seja tão somente a satisfação do seu crédito. Propósito que se caracterizou pelo requerimento de envio dos autos à Contadoria, para apurar o valor do débito, pelo posterior recebimento daquela quantia, acompanhado de pedido de desistência da ação. Recurso conhecido e provido (STJ, REsp 136.565/RS, Rel. Min. Ruy Rosado de Aguiar, DJ 14.06.1999, p. 198).*

O entendimento ora em enfoque, é preciso destacar, não é compartilhado por todos os doutrinadores, havendo vozes autorizadas que o criticam com veemência e com argumentos bastante convincentes. É o caso de Fábio Ulhoa Coelho, por exemplo, para quem "o pedido de falência tem-se revelado um eficaz instrumento de cobrança". O autor defende o uso da ação falimentar como espécie de cobrança judicial de dívidas, entendimento com o qual concordamos, sustentando que "não é correto o entendimento de alguns juízes que indeferem a petição inicial de pedido de falência, quando não tentado pelo credor, antes, o recebimento do crédito através da execução". E arremata: "a utilização da via falimentar para recebimento de devido, embora não corresponda exatamente ao que diz alguma doutrina, é legítima".[148]

Aliás, além de parte da doutrina, o próprio Superior Tribunal de Justiça também já firmou entendimento, em alguns acórdãos, no sentido de permitir o uso

[148] COELHO, Fábio Ulhoa. *Curso de direito comercial*. 7. ed. São Paulo: Saraiva, 2007. p. 259. v. III.

da ação de falência como meio de cobrança de dívidas, em julgado cuja ementa merece transcrição:

> *Falência. Requerimento. Pequeno credor. Licitude. Indeferimento. Substituição do processo executivo. Abuso inexistente. 1. O Ordenamento jurídico põe à disposição do credor lesado por inadimplemento de comerciante, dois caminhos, absolutamente lícitos, a saber: a) o primeiro – linear e barato – que é requerer a declaração da falência materializada pelo inadimplemento. Esta via, apesar de mais cômoda, é mais arriscada. De fato, se o devedor por descuido ou falta de dinheiro, não pagar no prazo assinalado, instaura-se o processo falimentar e a nota promissória perde a força executiva, para tornar-se reles título quirografário, despido de qualquer preferência; b) a segunda via é a cobrança executiva. Para percorrê-la, o credor é obrigado a localizar bens do devedor, indicá-los à penhora, pagar o oficial de justiça, para que efetue a citação e, depois, para que consume a penhora. Depois, com o processo suspenso, o exequente é obrigado a esperar o julgamento dos embargos. Por último, decorridos vários anos, é compelido a despender mais dinheiro, para os editais de praça ou leilão. Como se vê, este segundo caminho é consideravelmente lento e dispendioso. Obrigar o pequeno credor a segui-lo é colocar o Poder Judiciário a serviço do mau pagador, em patente injustiça. 2. Para obviar a declaração de falência o comerciante solvente e decente deve resgatar seus títulos, no próprio dia do vencimento. Em caso de protesto, honra a obrigação imediatamente, ou informa ao oficial de protesto, os motivos que justificam o não pagamento. Por exigir decência de todos os comerciantes, o Direito Positivo enxerga na inadimplência um sinal inconfundível de insolvência. 3. Em constatando que o comerciante "sem relevante razão de direito" não pagou, no vencimento, obrigação líquida, constante de título que legitime ação executiva, cumpre ao juiz declarar a falência. Não lhe é lícito furtar-se à declaração, a pretexto de que o credor está usando o pedido de falência, como substitutivo da ação de execução (STJ, 3.ª Turma, REsp 515.285/SC, Rel. Min. Castro Filho, Rel. p/ Acórdão Min. Humberto Gomes de Barros, DJ 07.06.2004, p. 220).*

O fato é que muitos juízes acabaram criando o hábito de indeferir liminarmente petições iniciais de pedidos de falência quando a dívida era de pequena monta, alegando que, nesses casos, como estaria clara a mera intenção do credor de forçar o devedor ao pronto pagamento da dívida, a via adequada seria a ação de execução do título. Outra alegação seria a de que essas dívidas ínfimas não seriam aptas a caracterizar a *insolvência* do devedor, mas atestariam, tão somente, uma situação de iliquidez temporária, o que não justificaria a decretação da falência.

Não vemos com bons olhos, todavia, esse entendimento. Na verdade, ele só contribui para a insegurança do crédito no Brasil. Se a lei prevê a caracterização da insolvência quando há a mera impontualidade do devedor, não deve o juiz, ao arrepio da lei, afastar a presunção legal, ainda que se trate de dívida de pequena monta, conforme já decidiu o Superior Tribunal de Justiça:

> *Pedido. Falência. Promissória. Valor módico. Trata-se de REsp interposto contra acórdão que não acolheu pedido de quebra, por entender caracterizado o desvirtuamento do procedimento falimentar como instrumento de coação para cobrança de dívida representada por duas notas promissórias que, no dizer do acórdão, têm valor módico. Prosseguindo o julgamento, a Turma, por maioria, deu provimento ao REsp, considerando que contraria o art. 1.º da Lei de Falências deixar de declarar a falência de devedora que, apesar de ser notificada do protesto, nada alegou, nem honrou o compromisso. Explicitou-se que, a teor do nosso direito positivo, o comerciante que não paga título protestado está legalmente falido, não existindo respaldo legal para o argumento de se tratar de dívida de pequena monta (REsp 515.285-SC, Rel. originário*

Min. Castro Filho, Rel. para acórdão Min. Humberto Gomes de Barros, j. 20.04.2004, Informativo *206/2004).*

Portanto, o indeferimento liminar da petição inicial da ação falimentar pelo juízo de 1.ª instância, quando este entender que o autor do pedido está querendo tão somente utilizá-lo como meio de cobrança, é equivocado. Não cabe ao juiz, ignorando a regra legal, retirar da parte o direito de uso da ação falimentar nesse caso. Claro que, se posteriormente ele perceber que o pedido é infundado, denegará a falência, podendo ainda condenar o autor ao pagamento de perdas e danos ao réu, conforme veremos adiante (art. 101 da LRE).

Não obstante esse nosso entendimento e alguns julgados antigos do STJ acima transcritos que o corroboram, é preciso reconhecer que, atualmente, o tema parece já estar pacificado na jurisprudência do referido tribunal em sentido contrário.

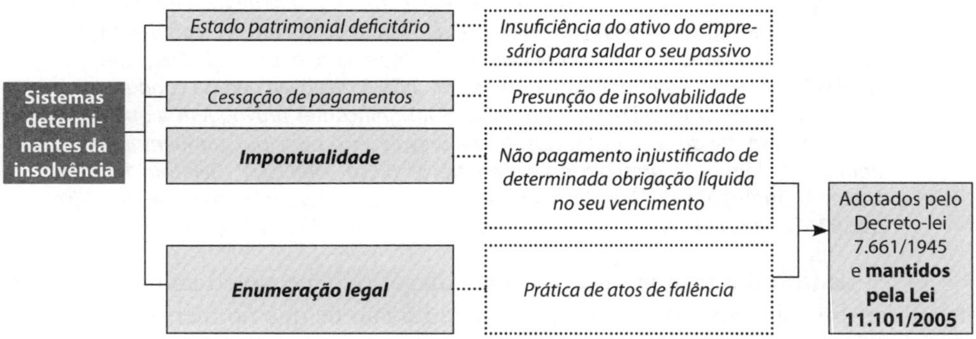

8.4.4.2. *Os sistemas de determinação da insolvência adotados pela Lei 11.101/2005*

O Decreto-lei 7.661/1945 adotava dois sistemas para a determinação da insolvência do devedor: o da impontualidade e o da enumeração legal. A sistemática foi mantida pela Lei 11.101/2005, em seu art. 94.

8.4.4.2.1. A impontualidade injustificada

O sistema da *impontualidade injustificada* está claramente previsto no inciso I do art. 94 da LRE, que prevê a possibilidade de decretação da falência do empresário quando ele, "sem relevante razão de direito, não paga, no vencimento, obrigação líquida materializada em título ou títulos executivos protestados cuja soma ultrapasse o equivalente a 40 salários mínimos na data do pedido de falência".

8.4.4.2.1.1. Necessidade de que a dívida seja superior a 40 salários mínimos

De novidade em relação à legislação falimentar anterior tem-se a atual exigência de que a dívida seja superior a 40 salários mínimos. Nesse ponto, fica patente a tentativa do legislador de desestimular o uso da ação de falência como meio de cobrança de dívidas de pequeno valor, visto que elas se prestam a presumir, na verdade, uma situação de iliquidez do devedor (crise temporária, passageira), mas não de insolvência (crise mais séria). Segundo o legislador, as dívidas menores, de até quarenta salários mínimos, não são, por si sós, suficientes para caracterizar uma situação de inviabilidade da empresa, devendo o credor, nesse caso, tentar o recebimento de seu crédito pela via executiva ordinária.

Recentemente, o Superior Tribunal de Justiça julgou dois recursos especiais (REsp 870.509 e REsp 959.695) que visavam a reformar acórdãos do Tribunal de Justiça de São Paulo que julgaram indevidos pedidos de falência feitos com base em dívidas inferiores a 40 salários mínimos, formulados na vigência da lei anterior (DL 7.661/1945). O STJ manteve as decisões do TJSP, mesmo tendo as ações sido ajuizadas antes da entrada em vigor da LRE. O mesmo aconteceu no REsp 598.881:

> *Comercial. Recurso especial. Falência. Decreto-lei 7.661/45. Títulos de valor insignificante frente ao princípio da preservação da empresa. Decreto de quebra. Descabimento. Precedentes. I. Nos termos da jurisprudência do STJ, "Apesar de o art. 1.º do Decreto-lei n.º 7.661/45 ser omisso quanto ao valor do pedido, não é razoável, nem se coaduna com a sistemática do próprio Decreto, que valores insignificantes provoquem a quebra de uma empresa. Nessas circunstâncias, há de prevalecer o princípio, também implícito naquele diploma, de preservação da empresa" (REsp 959695/SP, Relatora Ministra Nancy Andrighi,* DJe *10/03/2009). Precedentes. II. Recurso especial não conhecido (REsp 598.881/SC, Rel. Min. Aldir Passarinho Junior, 4.ª Turma, j. 15.12.2009,* DJe *08.02.2010).*

O legislador foi infeliz na redação desse dispositivo, no nosso entender. Por que estabelecer um valor mínimo a *priori*, ignorando o fato de que no mercado há empresários individuais e sociedades empresárias com situações econômicas completamente distintas? Com efeito, uma dívida de 40 salários mínimos pode não representar nada para uma grande sociedade anônima, mas pode ser uma dívida muito grande para um empresário individual que explora um determinado microempreendimento.

É preciso destacar, porém, que, **embora a LRE exija que a dívida seja superior a 40 salários mínimos, ela permite que os credores se reúnam para somar seus créditos, a fim de que o montante ultrapasse tal valor e lhes permita pedir, em litisconsórcio, a falência do devedor**. É o que prevê o art. 94, § 1.º, da LRE: "credores podem reunir-se em litisconsórcio a fim de perfazer o limite mínimo para o pedido de falência com base no inciso I do *caput* deste artigo".

8.4.4.2.1.2. Necessidade de protesto do título que embasa a dívida

A LRE determina, no § 3.º do art. 94, que, "na hipótese do inciso I do *caput* deste artigo, o pedido de falência será instruído com os títulos executivos na forma do parágrafo único do art. 9.º desta Lei, acompanhados, em qualquer caso, dos respectivos instrumentos de protesto para fim falimentar nos termos da legislação específica".

Portanto, fica claro que **a única forma de demonstrar a impontualidade injustificada (*sem relevante razão de direito*, no dizer da lei) é o *protesto do título*.** Não se admite nenhum outro meio de prova – documental, testemunhal ou pericial – para a comprovação do inadimplemento do devedor: apenas o protesto serve a essa finalidade. Sendo assim, qualquer título executivo que o credor possua contra o devedor deve ser levado a protesto, para só depois servir de base ao pedido de falência. Se o título que representa a dívida for um título de crédito, por exemplo, basta o seu protesto cambial, ainda que realizado fora do prazo previsto na legislação cambiária. Se, por outro lado, o título não comporta o protesto cambial – uma sentença ou um contrato, por exemplo –, deve ser tirado o chamado *protesto especial para fins de falência*. Nesse sentido, já decidiu o Superior Tribunal de Justiça, citando precedente do Supremo Tribunal Federal, que é possível o *protesto especial* de uma decisão judicial, para fins de instruir o pedido de falência:

> *Protesto. Título judicial. Pedido de falência. Discute-se a necessidade ou não de protesto de título judicial para postular pedido de falência. O título judicial originou-se de um acordo celebrado em uma medida cautelar de sustação de protesto de outro título. De posse do título judicial inadimplido, pretendeu o recorrente credor o seu protesto para embasar pedido de quebra da devedora recorrida, que a levou ao ajuizamento de uma ação ordinária de cancelamento de protesto, com o deferimento da tutela antecipada, do qual decorre o agravo e o presente recurso. Pretendia o recorrente protestar o título judicial apenas para firmar o descumprimento do acordo, já que inexistia execução anterior, situação em que até se dispensaria o protesto, e forte na letra do art. 10 da LF, que não excepciona do protesto título algum e abarca também os judiciais. No STF, prevaleceu, por maioria, o entendimento que admite o protesto de sentença trabalhista para a instrução do pedido de quebra (RE 81.202-RS, 1.ª Turma). A Turma conheceu em parte do recurso e deu-lhe provimento para autorizar o protesto do título (REsp 252.134/SP, Rel. Min. Aldir Passarinho Junior, j. 25.11.2002).*

Da mesma forma, já decidiu o Superior Tribunal de Justiça, corroborando a tese suscitada no parágrafo anterior, que, em se tratando de título de crédito, é desnecessário o *protesto especial*, bastando o protesto comum:

> *Títulos de crédito. Protesto. Pedido de falência. Os títulos de créditos subordinados ao protesto comum escapam à necessidade de protesto especial. No caso, onde se discute a suficiência do protesto, o cheque, levado a protesto regular, é título hábil para instruir o pedido de falência. Precedentes citados: REsp 50.827/GO, DJ 10.06.1996, e REsp 74.847/SP, DJ 02/06/1997 (REsp 203.791/MG, Rel. Min. Sálvio de Figueiredo, j. 08.06.1999,* Informativo *22/1999).*

Tratando-se de cheque, o protesto é indispensável, mesmo que nele conste a declaração de devolução da instituição financeira. É que essa declaração substitui o protesto para fins cambiais, mas não substitui o protesto para fins de falência.

Tratando-se de duplicata não aceita, além do protesto será necessária a comprovação da entrega das mercadorias, conforme já estudado no tópico referente a este título. Eis o que diz o Enunciado 248 da súmula de jurisprudência dominante do STJ: "comprovada a prestação dos serviços, a duplicata não aceita, mas protestada, é título hábil para instruir pedido de falência".

Ainda sobre o protesto de título para pedido de falência, dispõe a Súmula 361 do STJ que "a notificação do protesto, para requerimento de falência da empresa devedora, exige a identificação da pessoa que a recebeu". Esse entendimento vem sendo reafirmado em julgados posteriores:

> *Agravo regimental. Coisa julgada decorrente da medida cautelar de atribuição de efeito suspensivo. Descabimento. Falência. Cheque. Protesto para aparelhar pedido de quebra. Identificação da pessoa que recebeu a intimação. Necessidade. Súmula n. 361/STJ. Agravo improvido (AgRg no REsp 994.951/MS, Rel. Min. Massami Uyeda, 3.ª Turma, j. 13.10.2009,* DJe *29.10.2009).*

Por fim, lembre-se que o pedido de falência com base na impontualidade injustificada é o mais comum na prática, correspondendo à quase totalidade das ações de falência propostas diariamente nos diversos tribunais do País.

8.4.4.2.2. Os atos de falência

Além de permitir o pedido de falência do devedor com fundamento na sua impontualidade injustificada, a legislação falimentar brasileira também possibilita que o pedido seja lastreado na prática dos chamados *atos de falência*, enumerados no inciso II do art. 94 (*execução frustrada*) e em rol taxativo constante das alíneas do seu inciso III.

8.4.4.2.2.1. A execução frustrada

No inciso II do art. 94 da LRE, permite-se o pedido de falência do devedor quando este, "executado por qualquer quantia líquida, não paga, não deposita e não nomeia à penhora bens suficientes dentro do prazo legal". Trata-se da chamada execução frustrada, que se caracteriza pela tríplice omissão do devedor quando citado em processo executivo.

Se o pedido de falência estiver lastreado na chamada *execução frustrada*, a LRE determina, no § 4.º do mesmo art. 94, que "o pedido de falência será instruído com certidão expedida pelo juízo em que se processa a execução". Nesse caso, basta ao credor requerer certidão junto à vara em que a execução tramita na qual conste que o devedor não pagou, não depositou o montante da dívida nem nomeou bens à penhora. De posse dessa certidão, pode-se ingressar em juízo com a ação falimentar fundada no permissivo da norma em análise. Ressalte-se que nesse caso **a ação de falência constituirá processo autônomo, e não mero incidente do processo de execução.** A falência será requerida em ação própria e no foro competente, segundo as regras de organização judiciária. Atente-se, ademais, que nessa situação a legislação sequer exige valor mínimo para a dívida, como fez na hipótese analisada no tópico antecedente. Assim, qualquer que seja o valor da dívida exequenda, se o devedor incorrer na tríplice omissão apontada, poderá ter sua falência requerida e eventualmente decretada.

Uma observação sobre a *execução frustrada* deve ser feita. No regime da lei anterior, sempre se entendeu que a configuração da chamada *execução frustrada* só se daria quando o devedor executado ficasse totalmente inerte. Parece que, com a redação dada ao inciso II do art. 94 da LRE, a situação mudou um pouco. Com efeito, a lei atual afirma que a *execução frustrada* se caracteriza quando o devedor "não paga, não deposita e não nomeia bens à penhora suficientes", o que nos leva a crer que não é imprescindível a sua total inércia. Se o devedor executado, por exemplo, nomeia bens manifestamente insuficientes, estaria caracterizada também a execução frustrada, admitindo-se o requerimento de sua falência.

No entanto, o Superior Tribunal de Justiça já decidiu que **não se caracteriza execução frustrada quando o devedor apresenta bens à penhora intempestivamente**, ou seja, nesse caso o STJ entendeu que só há realmente a *execução frustrada* se o devedor de fato incidir na tríplice omissão.

> *(...) A nomeação de bens à penhora na execução singular, ainda que realizada de forma intempestiva, descaracteriza a execução frustrada, circunstância que impede o prosseguimento do pedido de falência com base no art. 2.º, inciso I, da antiga Lei de Quebras. (...) (REsp 741.053/SP, Rel. Min. Luis Felipe Salomão, 4.ª Turma, j. 20.10.2009,* DJe *09.11.2009).*

Da leitura do acórdão fica claro, todavia, que o STJ analisou o caso ainda à luz da legislação falimentar anterior.

8.4.4.2.2.2. Os demais atos de falência

No inciso III do art. 94 da LRE, a legislação falimentar brasileira estabelece, em diversas alíneas, uma série de condutas que, uma vez praticadas pelo devedor, podem também ensejar o requerimento de sua falência e a sua eventual decretação pelo juiz.

Se o pedido de falência é formulado com base na prática dos atos de falência (inciso III), a petição inicial, em obediência ao comando normativo do § 5.º do art. 94 da LRE, deverá descrever "os fatos que a caracterizam [a falência], juntando-se as provas que houver e especificando-se as que serão produzidas".

Na alínea *a*, prevê-se a situação do devedor que "procede à liquidação precipitada de seus ativos ou lança mão de meio ruinoso ou fraudulento para realizar pagamentos". Com efeito, se o **devedor está se desfazendo do seu patrimônio de forma precipitada**, isso pode significar, muitas vezes, a tentativa de encerrar as atividades sem obedecer às regras legais impostas. Já a utilização de meios ruinosos ou fraudulentos para fazer pagamentos – como, por exemplo, a contratação sucessiva de empréstimos a juros exorbitantes – demonstra a dificuldade de a empresa se manter com seus próprios recursos. Em ambos os casos, há indícios fortes de que o devedor esteja em situação de insolvência.

Na alínea *b*, está prevista a situação do devedor que "realiza ou, por atos inequívocos, tenta realizar, com o objetivo de retardar pagamentos ou fraudar credores, negócio simulado ou alienação de parte ou da totalidade de seu ativo a terceiro, credor ou não". Nesse caso, o **devedor pode estar claramente tentando livrar-se de bens que futuramente poderiam ser arrecadados** pela massa de credores para o pagamento dos seus créditos.

Na alínea *c*, a lei cuida do caso em que o devedor "transfere estabelecimento a terceiro, credor ou não, sem o consentimento de todos os credores e sem ficar com bens suficientes para solver seu passivo". Quando do estudo do estabelecimento empresarial, destacamos que o Código Civil estabeleceu regras especiais para a validade do contrato de **trespasse**, entre as quais se destaca a constante do art. 1.145, segundo a qual o alienante do estabelecimento deve guardar bens suficientes para solver o seu passivo ou então notificar os credores para que estes consintam com a venda. A infringência a essa regra, conforme já havíamos adiantado, é punida com rigor pela legislação. O trespasse irregular do estabelecimento, pois, é considerado ato de falência.

Na alínea *d*, a lei também previu a situação em que o devedor "simula a transferência de seu principal estabelecimento com o objetivo de burlar a legislação ou a fiscalização ou para prejudicar credor". Nesse caso, o **empresário ou a sociedade empresária transferem o seu principal estabelecimento para outra localidade com a clara intenção de fugir de credores ou de dificultar a fiscalização tributária**, por exemplo.

Outra situação disciplinada como ato de falência pela lei é a do devedor que "dá ou reforça garantia a credor por dívida contraída anteriormente sem ficar com bens livres e desembaraçados suficientes para saldar seu passivo". Aqui se tem um caso específico de conduta do devedor que viola, frontalmente, o princípio da *par conditio creditorum*. De fato, se a dívida já tinha sido contraída, não há razão para o devedor dar ou reforçar garantia sobre ela. Para o devedor, dar ou reforçar uma garantia só é interessante no momento da obtenção do crédito, quando ele precisa, eventualmente, barganhar a consecução de mais prazo para pagamento ou de juros menores. Mas, se a dívida já foi contraída, **o ato de dar ou reforçar uma garantia sobre ela perde a sua utilidade prática, sendo razoável imaginar que nessa hipótese o devedor estará agindo de forma temerária**, o que faz pressupor o seu estado de insolvabilidade.

A alínea *f*, por sua vez, trata do caso em que o devedor "ausenta-se sem deixar representante habilitado e com recursos suficientes para pagar os credores, abandona estabelecimento ou tenta ocultar-se de seu domicílio, do local de sua sede ou de seu principal estabelecimento". A hipótese descrita nesse dispositivo configura o que a doutrina comercialista chama de **abandono de estabelecimento**. Trata-se de situação em que o estado de insolvabilidade do devedor é praticamente confessado de forma tácita. A fuga dele, sem deixar procurador para solucionar as dívidas pendentes, deixa clara a sua condição de insolvente.

Por fim, a alínea *g* prevê a situação do devedor que "**deixa de cumprir, no prazo estabelecido, obrigação assumida no plano de recuperação judicial**". O dispositivo é autoexplicativo. Se o devedor está em recuperação judicial, significa que se encontra em crise. A superação dessa crise e a sua consequente volta ao mercado pressupõem o estrito cumprimento das obrigações assumidas no plano de recuperação apresentado e aprovado pela assembleia de credores. Caso isso não ocorra, fica evidente que o devedor não merecia a chance que lhe foi dada, não restando alternativa senão a decretação de sua falência.

8.4.5. A resposta do devedor ao pedido de falência

Segundo a legislação falimentar anterior (DL 7.661/1945), o prazo de resposta do devedor era extremamente curto – apenas 24 horas –, o que contribuiu, de certa forma, para o uso da ação falimentar como instrumento eficiente de cobrança judicial de dívidas. Tentando mudar essa realidade, a LRE aumentou esse prazo sensivelmente, passando então a ser de **dez dias**. Para aqueles que desaprovam o uso da ação falimentar como meio de cobrança, a inovação foi aplaudida; para os críticos desse entendimento, em contrapartida, a inovação foi recebida com duras críticas.

Na contestação, o **devedor poderá alegar qualquer das matérias previstas no art. 96 da LRE**, que assim está redigido: "a falência requerida com base no art. 94, inciso I do *caput*, desta Lei, não será decretada se o requerido provar: I – falsidade de título; II – prescrição; III – nulidade de obrigação ou de título; IV – pagamento da dívida; V – qualquer outro fato que extinga ou suspenda obrigação ou não legitime a cobrança de título; VI – vício em protesto ou em seu instrumento; VII – apresentação de pedido de recuperação judicial no prazo da contestação, observados os requisitos do art. 51 desta Lei; VIII – cessação das atividades empresariais mais de 2 (dois) anos antes do pedido de falência, comprovada por documento hábil do Registro Público de Empresas, o qual não prevalecerá contra prova de exercício posterior ao ato registrado".

Se o devedor for **sociedade anônima**, o § 1.º do art. 96 ainda prevê que "não será decretada a falência de sociedade anônima após liquidado e partilhado seu ativo nem do espólio após 1 (um) ano da morte do devedor".

Por fim, o § 2.º do art. 96 determina que "as defesas previstas nos incisos I a VI do *caput* deste artigo não obstam a decretação de falência se, ao final, restarem obrigações não atingidas pelas defesas em montante que supere o limite previsto naquele dispositivo". Exemplificando: o pedido de falência estava lastreado em vários títulos executivos, o devedor alegou a prescrição de todos eles, mas o juiz só reconheceu a prescrição de alguns. Se, quanto aos títulos cuja prescrição não foi reconhecida, o valor ultrapassar a soma de 40 salários mínimos, a falência do devedor será decretada.

8.4.5.1. Pedido incidental de recuperação judicial

A matéria de defesa mencionada no inciso VII do art. 96 da LRE (*apresentação de pedido de recuperação judicial no prazo da contestação*) está expressamente prevista no art. 95 da LRE: "dentro do prazo de contestação, o devedor poderá pleitear sua recuperação judicial".

A norma em análise prevê um pedido de recuperação judicial incidental ao pedido de falência. Note-se bem que, nesse caso, o devedor ainda não é falido. Esse registro é importante porque a atual legislação falimentar não previu figura semelhante à antiga *concordata suspensiva*, que o devedor podia requerer mesmo depois de ter sua falência decretada. Na atual lei, ao contrário, a decretação da falência impede o devedor de obter o benefício da recuperação (art. 48, I, da LRE)[149].

8.4.5.2. Depósito elisivo da falência

No prazo de resposta, o devedor pode *elidir a falência*, assegurando-se de que o juiz não a decretará de maneira alguma. A **elisão da falência é feita com o depósito em juízo do valor da dívida reclamada no pedido falimentar, devidamente corrigido**

[149] Foi o que decidiu a 4ª Turma do STJ, por exemplo, no julgamento do REsp 1.267.282.

e acrescido de juros e honorários advocatícios. É o que dispõe o art. 98, parágrafo único, da LRE, segundo o qual "nos pedidos baseados nos incisos I e II do *caput* do art. 94 desta Lei, o devedor poderá, no prazo da contestação, depositar o valor correspondente ao total do crédito, acrescido de correção monetária, juros e honorários advocatícios, hipótese em que a falência não será decretada e, caso julgado procedente o pedido de falência, o juiz ordenará o levantamento do valor pelo autor".

Ainda na vigência da legislação falimentar anterior (DL 7.661/1945), o Superior Tribunal de Justiça já entendia que o depósito deveria abranger não apenas o valor de face do título que embasa o pedido, mas também a correção monetária, os juros e os honorários. Nesse sentido, aliás, dispõe o Enunciado 29 de sua súmula de jurisprudência dominante: "no pagamento em juízo para elidir falência, são devidos correção monetária, juros e honorários de advogado".

Portanto, deve o juízo, no despacho que manda citar o devedor, arbitrar preliminarmente os honorários, a fim de que o devedor possa incluí-lo no valor a ser depositado. Caso o juiz não o faça, pode então o devedor fazer o depósito elisivo acrescido apenas dos juros e da correção monetária, peticionando ao juízo, posteriormente, para que este arbitre os honorários. Feito isso, o devedor realiza um depósito complementar.

Veja-se que a realização do depósito elisivo, nos termos determinados pela lei, **confere ao devedor a certeza absoluta de que a sua falência não será decretada**, mesmo que ele não apresente defesa e ainda que o pedido do autor seja julgado procedente. Neste caso, a falência deve ser denegada, mas o valor do depósito será levantado pelo credor.

Note-se ainda que o início do parágrafo único do art. 98 faz menção apenas aos pedidos de falência fundados na impontualidade injustificada e na execução frustrada, o que nos traz a seguinte questão: caso a falência tenha sido requerida com base na prática dos atos de falência descritos no art. 94, III, da LRE, cabe a elisão da falência, na forma prevista na norma ora em análise? Parece-nos que não. Primeiro, porque a interpretação *a contrario sensu* do dispositivo não deixa dúvidas: se ele fez referência específica aos incisos I e II, é porque teve a intenção clara e inequívoca de restringir o permissivo legal a esses dois casos. Segundo, porque, nas hipóteses de incidência nas condutas descritas como atos de falência, a presunção de insolvência do devedor independe do fato de ele, eventualmente, estar impontual quanto às suas obrigações. A doutrina[150] e a jurisprudência, todavia, tendem a admitir o depósito elisivo em qualquer caso.

8.4.6. A denegação da falência

A denegação da falência pode fundamentar-se em dois motivos, basicamente: (i) a improcedência do pedido de falência (quando o juiz, por exemplo, acolher al-

[150] COELHO, Fábio Ulhoa. *Curso de direito comercial*. 7. ed. São Paulo: Saraiva, 2007. p. 264. v. III. Diz o autor: "Embora a lei não o preveja expressamente, deve ser admitido o depósito elisivo também nos pedidos de credor fundados em ato e falência, já que ele afasta a legitimidade do requerente. Assegurado, pelo depósito, o pagamento do crédito por ele titularizado, não tem interesse legítimo na instauração do concurso falimentar."

guma alegação de defesa constante do art. 96 da LRE, como a prescrição da dívida ou a falsidade do título); ou (ii) a realização do depósito elisivo.

8.4.6.1. Improcedência do pedido de falência

Quando a falência é denegada em razão da improcedência do pedido de falência, como o pedido do autor foi julgado improcedente pelo juiz, cabe a ele arcar com os **ônus da sucumbência (custas e honorários advocatícios)**. E mais: de acordo com o art. 101 da LRE, o juiz poderá condenar o autor a pagar **indenização ao devedor** se entender que a ação falimentar foi requerida por dolo manifesto daquele, caso em que as perdas e danos serão apurados em liquidação de sentença. O § 1.º do referido dispositivo o complementa, determinando que, "havendo mais de 1 (um) autor do pedido de falência, serão solidariamente responsáveis aqueles que se conduziram na forma prevista no *caput* deste artigo".

A regra do art. 101 da LRE tem uma finalidade clara e bastante justa: desestimular os pedidos de falência maliciosos, por meio dos quais o autor pretende apenas causar constrangimento ao devedor. Em termos processuais, tem-se em vista coibir a litigância de má-fé ou a litigância temerária. Devese ressaltar, porém, que nem todo pedido de falência julgado improcedente acarretará a imposição de tal indenização. Isso só deve acontecer quando o juiz da causa verificar que houve a intenção do autor do pedido de causar constrangimento ao réu. Nesse sentido, o STJ, à luz da legislação antiga (art. 20, parágrafo único do DL 7.661/1945), afastou o dolo do credor pelo fato de a lei exigir a demonstração do elemento subjetivo e nexo de causalidade para que se justifique a condenação, sendo insuficiente a simples propositura da ação falimentar para a caracterização destes (REsp 512.399/PE, Rel. Min. Luís Felipe Salomão, *DJ* 15.12.2008).

> *Processual civil e comercial. Recurso especial. Ação de indenização por suposto ato ilícito praticado em virtude do ajuizamento de pedido de falência. Desnecessidade de pagamento de multa para a interposição do recurso especial. Embargos de declaração rejeitados na origem, com modificação do voto de um dos desembargadores. Desnecessidade de embargos infringentes para o esgotamento da instância. Inexistência de dolo, culpa e nexo de causalidade no requerimento da falência. Fixação de honorários advocatícios. Recurso conhecido em parte e provido.*
>
> *(...)*
>
> *7. Na ação falimentar, foi afastado o dolo do Banco, previsto no artigo 20,* caput*, do Decreto-lei 7.661/45. Por outro lado, o parágrafo único do mencionado dispositivo exige a configuração de culpa ou abuso, assim também o artigo 159 do Código Civil de 1916 permite entrever a necessidade de demonstração do elemento subjetivo e nexo de causalidade para que se justifique a condenação. Desse modo, a lei não se contenta com a simples propositura da ação falimentar. Se fosse assim, todo pedido de falência julgado improcedente ensejaria indenização.*
>
> *(...)*
>
> *9. Inexistindo culpa ou dolo no requerimento de falência reconhecidos de maneira coerente pelas instâncias ordinárias, bem como nexo de causalidade, fica impedido o acolhimento do pedido indenizatório.*
>
> *(...)*
>
> *11. Recurso especial conhecido em parte e provido (STJ, REsp 512.399-PE, Rel. Min. Luís Felipe Salomão,* DJ *15.12.2008).*

Na verdade, o simples pedido de falência não traz nenhuma consequência jurídica negativa para o devedor, mas pode causar-lhe, por exemplo, um sério abalo de crédito. Pense-se na seguinte hipótese: uma grande companhia está prestes a fechar um vultoso financiamento bancário para realizar investimentos consideráveis em um novo segmento de mercado em que pretende atuar. Tentando "melar" a negociação, um credor concorrente requer a sua falência, mesmo sabendo que o pedido é totalmente improcedente, porque a dívida já estava quitada. O objetivo do credor, na verdade, era fazer com que a notícia de que aquela companhia teve sua falência requerida fosse amplamente divulgada no meio empresarial, e para tanto diligenciou para que ela fosse noticiada em jornal de grande circulação. Os parceiros investidores, sabendo da "notícia", podem desistir do empreendimento. O banco, que já estava prestes a aprovar o financiamento, pode rever sua posição. As ações da companhia, caso sejam negociáveis na bolsa, podem sofrer uma grande desvalorização. Quando a sentença for proferida, ainda que nela o juiz constate que a companhia nada devia, a situação pode se tornar irreversível. Trata-se de situação, portanto, em que o juiz pode – e deve – fixar indenização em favor do devedor, aplicando a regra do art. 101 da LRE, para que aquele seja ressarcido dos prejuízos causados pelo requerimento doloso e infundado de sua falência por parte do autor.

No mesmo sentido, prevê ainda o § 2.º do mesmo art. 101 que, "por ação própria, o terceiro prejudicado também pode reclamar indenização dos responsáveis". Veja-se que, nesse caso, como o terceiro não é parte no processo, não pode o juiz condenar o autor na própria sentença que denega a falência. Por isso, caberá ao terceiro prejudicado – por exemplo, um franqueador que sofreu prejuízos em razão do pedido infundado de falência de seu franqueado – requerer indenização em ação autônoma.

8.4.6.2. Realização do depósito elisivo

O segundo fundamento em que se pode basear a sentença denegatória da falência é a realização regular e tempestiva do depósito elisivo. É claro que o **devedor pode fazer o depósito elisivo e contestar**. Nesse caso, cabe ao juiz analisar os seus argumentos. Se acolhê-los, a falência será denegada não em razão do depósito elisivo, mas da improcedência do pedido do autor. Se o juiz, todavia, não acolher os argumentos do devedor, deveria, em tese, decretar a sua falência. Mas, como foi feito o depósito elisivo, ele a denegará, mandando o autor levantar a importância depositada.

Nesse caso, o pedido do autor foi julgado procedente, mas ainda assim a falência será denegada, em obediência ao disposto no art. 98, parágrafo único, da LRE, que já analisamos.

Como nessa situação o pedido do autor foi julgado procedente pelo juiz, a parte derrotada na ação foi o devedor – ainda que sua falência tenha sido denegada –, razão pela qual é ele quem deve arcar com o ônus da sucumbência. Aqui, a sua falência só não foi decretada única e exclusivamente porque foi realizado o depósito elisivo. Ademais, ainda em função da procedência do pedido do autor, caberá a ele levantar a quantia depositada, o que será prontamente determinado pelo juiz na própria sentença.

8.4.7. A decretação da falência

A decretação da falência do devedor ocorrerá caso o **pedido de falência seja julgado procedente e não tenha sido realizado o depósito elisivo.**[151] Com a sentença que decreta a falência, será instaurado o processo de execução concursal do empresário (empresário individual ou sociedade empresária) falido.

Em primeiro lugar, cabe-nos perquirir se a sentença que decreta a falência do devedor se trata de ato judicial que pode realmente ser encaixado na categoria de *sentença*. De acordo com a doutrina e a sistemática processualista tradicionais, sentença era o ato judicial que encerrava o processo, com ou sem julgamento do mérito (antiga redação do art. 162, § 1.º, do Código de Processo Civil de 1973). Nesse sentido, era difícil entender a decisão que decreta a falência como uma sentença, visto que ela não encerra o processo falimentar, mas, ao contrário, dá início a ele. De fato, **o processo falimentar se inicia com a sentença que decreta a quebra: ela é, pois, o seu ato inicial.**

A reforma do processo de execução, levada a efeito pela Lei 11.232/2005, alterou a redação do art. 162, § 1.º, do Código de Processo Civil de 1973, o qual passou a designar a sentença como o ato do juiz que implica alguma das situações previstas nos seus arts. 267 e 269. O novo CPC, por sua vez, dispõe em seu art. 203, § 1.º, que "sentença é o pronunciamento por meio do qual o juiz, com fundamento nos arts. 485 e 487, põe fim à fase cognitiva do procedimento comum, bem como extingue a execução". Parece-nos, pois, que ainda assim fica **difícil entender a decisão que decreta a falência, tecnicamente, como uma sentença. Afinal, ela não põe fim à fase cognitiva do procedimento comum nem extingue a execução.** Como exposto no parágrafo anterior, a *decisão* que decreta a falência apenas dá início ao processo falimentar, o qual só se encerrará, realmente, após a realização do ativo, o pagamento dos credores e a apresentação do relatório final por parte do administrador judicial (*vide* art. 156 da LRE).

8.4.7.1. Natureza jurídica da sentença que decreta a falência

A legislação falimentar anterior e boa parte da doutrina comercialista se referem à sentença que decreta a falência como *sentença declaratória da falência*, o que também não corresponde, tecnicamente, à realidade. De fato, as sentenças declaratórias são aquelas que apenas declaram a existência de determinada relação jurídica ou apenas atestam a falsidade ou autenticidade de determinado documento. Seus efeitos, portanto, são retroativos. Já as sentenças constitutivas são aquelas que criam, modificam ou extinguem certa relação jurídica.

Diante disso, não há como negar que a **sentença que decreta a falência possui natureza *constitutiva***, conforme entendimento majoritário na doutrina, dado que é ela que constitui o devedor em estado falimentar e instaura o regime de execução

[151] "Não há, no pedido de falência, a possibilidade de acolhimento parcial do pedido (ou a falência é decretada, porque presentes os seus pressupostos, ou denegada, por ausentes, não existe meio-termo)(...)." (COELHO, Fábio Ulhoa. *Curso de direito comercial*. 7. ed. São Paulo: Saraiva, 2007. p. 271.)

concursal do seu patrimônio. Assim, pois, "*a sentença declaratória da falência não é declaratória, mas constitutiva, porque altera as relações entre os credores em concurso e a sociedade devedora falida, ao fazer incidir sobre elas as normas específicas do direito falimentar*".[152]

No julgamento do REsp 1.780.442, a Terceira Turma do STJ enfrentou essa questão sobre a natureza jurídica da decisão que decreta a falência, com a finalidade de definir o cabimento de ação rescisória contra ela.

O entendimento doutrinário foi confirmado pela decisão do STJ: "o ato decisório que decreta a falência possui natureza de sentença constitutiva, pois sua prolação faz operar a dissolução da sociedade empresária, conduzindo à inauguração de um regime jurídico específico. Doutrina. Inteligência do art. 99 da Lei 11.101/05".

Assim, como o art. 485 do CPC/1973 (aplicável ao caso) previa o cabimento de ação rescisória contra sentenças de mérito, entendeu-se que a decisão que decreta a falência se enquadra no permissivo legal, inclusive porque "a doutrina e a jurisprudência, desde há muito, entendem que à expressão 'sentença', veiculada no dispositivo precitado [art. 485 do CPC/1973), deveria ser conferida uma abrangência mais ampla".

8.4.7.2. *Conteúdo específico da sentença que decreta a falência*

Embora tenhamos sustentado acima que a decisão que decreta a falência não é, tecnicamente, uma sentença, ela possui a forma de sentença, com relatório, fundamentação e dispositivo (art. 489 do novo Código de Processo Civil), além de ostentar conteúdo específico estabelecido pela legislação falimentar.

Com efeito, o art. 99 da LRE determina que "a sentença que decretar a falência do devedor, dentre outras determinações: I – conterá a síntese do pedido, a identificação do falido e os nomes dos que forem a esse tempo seus administradores; II – fixará o termo legal da falência, sem poder retrotraí-lo por mais de 90 (noventa) dias contados do pedido de falência, do pedido de recuperação judicial ou do 1.º (primeiro) protesto por falta de pagamento, excluindo-se, para esta finalidade, os protestos que tenham sido cancelados; III – ordenará ao falido que apresente, no prazo máximo de 5 (cinco) dias, relação nominal dos credores, indicando endereço, importância, natureza e classificação dos respectivos créditos, se esta já não se encontrar nos autos, sob pena de desobediência; IV – explicitará o prazo para as habilitações de crédito, observado o disposto no § 1.º do art. 7.º desta Lei; V – ordenará a suspensão de todas as ações ou execuções contra o falido, ressalvadas as hipóteses previstas nos §§ 1.º e 2.º do art. 6.º desta Lei; VI – proibirá a prática de qualquer ato de disposição ou oneração de bens do falido, submetendo-os preliminarmente à autorização judicial e do Comitê, se houver, ressalvados os bens cuja venda faça parte das atividades normais do devedor se autorizada a continuação provisória nos termos do inciso XI do *caput* deste artigo; VII – determinará as diligências necessárias para salvaguardar os interesses das partes envolvidas, podendo ordenar a prisão preventiva do falido ou de seus administradores quando requerida com fundamento em provas da prática de crime definido nesta Lei;

[152] COELHO, Fábio Ulhoa. *Curso de direito comercial*. 7. ed. São Paulo: Saraiva, 2007. p. 267. v. III.

VIII – ordenará ao Registro Público de Empresas e à Secretaria Especial da Receita Federal do Brasil que procedam à anotação da falência no registro do devedor, para que dele constem a expressão 'falido', a data da decretação da falência e a inabilitação de que trata o art. 102 desta Lei; IX – nomeará o administrador judicial, que desempenhará suas funções na forma do inciso III do *caput* do art. 22 desta Lei sem prejuízo do disposto na alínea *a* do inciso II do caput do art. 35 desta Lei; X – determinará a expedição de ofícios aos órgãos e repartições públicas e outras entidades para que informem a existência de bens e direitos do falido; XI – pronunciar-se-á a respeito da continuação provisória das atividades do falido com o administrador judicial ou da lacração dos estabelecimentos, observado o disposto no art. 109 desta Lei; XII – determinará, quando entender conveniente, a convocação da assembleia geral de credores para a constituição de Comitê de Credores, podendo ainda autorizar a manutenção do Comitê eventualmente em funcionamento na recuperação judicial quando da decretação da falência; XIII – ordenará a intimação eletrônica, nos termos da legislação vigente e respeitadas as prerrogativas funcionais, respectivamente, do Ministério Público e das Fazendas Públicas federal e de todos os Estados, Distrito Federal e Municípios em que o devedor tiver estabelecimento, para que tomem conhecimento da falência".

A identificação precisa do falido, em obediência ao disposto no inciso I do dispositivo em análise, com a menção aos nomes dos administradores ao tempo da decretação, é deveras importante, sobretudo para a delimitação futura de eventual responsabilidade por atos de gestão da sociedade empresária falida.

Outra determinação importante da sentença que decreta a falência é a constante do inciso III da norma em questão, que obriga o devedor a apresentar uma relação de todos os seus credores. Como a falência é uma execução concursal, a convocação dos credores é etapa imprescindível do seu processamento, e a apresentação da relação de todos eles, portanto, facilita o andamento do processo falimentar.

8.4.7.2.1. O termo legal da falência

Uma das medidas mais importantes tomadas pelo juiz quando da decretação da falência do devedor é a fixação do *termo legal da falência*, conforme o que dispõe o inciso II do art. 99 da LRE.

Tratando-se, por exemplo, de pedido de falência fundado na impontualidade injustificada (art. 94, I), o **termo legal deve ser fixado pelo juiz** da seguinte maneira: na data da decretação da sentença (por exemplo, 08.05.2007), considera-se a data do primeiro protesto por falta de pagamento (por exemplo, 25.10.2006) – não necessariamente a do protesto do título que embasa a falência, mas a do primeiro protesto feito contra o devedor – retrotraindo-a por até 90 dias (no exemplo em questão, voltaríamos ao dia 27.07.2006). O período compreendido entre 27.07.2006 e 08.05.2007 corresponderia ao chamado *termo legal da falência*, que a doutrina, encampando uma expressão criada por Carvalho de Mendonça, também denomina de *período suspeito*.

Se o pedido é fundado na prática de atos de falência, considerar-se-á a data do próprio pedido de falência, retrotraindo-a por até 90 dias. Se, todavia, a decretação

é decorrente da convolação de recuperação em falência, considerar-se-á a data do respectivo requerimento da recuperação, também a retrotraindo por até 90 dias.

Sobre a importância e a finalidade da fixação do termo legal da falência, já decidiu o Superior Tribunal de Justiça:

> *(...) O termo legal da falência estabelece o espaço de tempo imediatamente anterior à declaração da falência dentro do qual os atos eventualmente praticados pelo falido são considerados suspeitos de fraude e, por isso, suscetíveis de investigação, podendo vir a ser declarados ineficazes em relação à massa. (...) (REsp 752.624/PR, Rel. Min. Sidnei Beneti, 3.ª Turma, j. 10.11.2009,* DJe *23.11.2009).*

A fixação do termo legal, portanto, delimita um lapso temporal imediatamente anterior à decretação da falência que será investigado pelos credores do devedor. Afinal, como bem destaca a doutrina, a decretação da quebra nunca pega o devedor de surpresa. Geralmente, como a falência é precedida de uma crise econômica lenta e gradual, o empresário devedor ou os sócios da sociedade empresária devedora, muitas vezes desesperados pela iminente possibilidade de instauração do processo falimentar, podem praticar atos que prejudiquem os interesses de credores, na tentativa de salvaguardar certos bens que poderiam, no futuro, ser arrecadados para a massa falida e servir ao pagamento das dívidas.

8.4.7.2.2. O poder geral de cautela do juízo que decreta a falência

O inciso VII do art. 99 da LRE confere ao juízo que decreta a falência um **poder geral de cautela** que lhe permite: (i) tomar medidas que salvaguardem os interesses das partes; (ii) decretar a prisão preventiva do empresário individual falido ou dos administradores da sociedade empresária falida; e (iii) autorizar a continuação provisória das atividades do devedor.

Quanto à possibilidade de decretação de **prisão preventiva** pelo juízo falimentar, é preciso fazer algumas observações. Em primeiro lugar, resta claro que a prisão só poderá ser decretada, segundo a lei, se a falência tiver sido requerida com base em provas da prática de crime falimentar, os quais estão previstos na própria LRE (arts. 168 a 178). Além disso, deverão estar presentes os pressupostos que autorizam a prisão preventiva, constantes dos arts. 312 e 313 do Código de Processo Penal.

Essa possibilidade de o juízo da falência decretar prisão preventiva do devedor já existia na legislação falimentar anterior (art. 14, parágrafo único, VI, do DL 7.661/1945), e a jurisprudência do Superior Tribunal de Justiça a considerava constitucional. Nesse sentido:

> *Constitucional, processual penal e comercial. Recurso de* habeas corpus. *Falência. Prisão cautelar decretada no bojo da sentença da quebra. Possibilidade. Não violação do inciso LXI do art. 5.º da Constituição. Desnecessidade de aguardar inquéritos. Recurso improvido. I – O recorrente, sócio-gerente da falida, teve sua prisão cautelar decretada no bojo da sentença que declarou a quebra da falida. A prisão cautelar é instituto do direito processual e não do direito penal. Por outro lado, a sentença, por ser proferida por juiz cível (falências), não maltrata o inciso LXI do art. 5.º da Constituição, uma vez que decretada por autoridade judicial. II – Recurso ordinário improvido (STJ, 6.ª Turma, RHC 1.756/PR, Rel. Min. Adhemar Maciel, j. 08.03.1993).*

Deve-se atentar, no entanto, para não confundir essa prisão preventiva permitida pelo art. 99, VII, da LRE com aquela prisão administrativa prevista na legislação falimentar antiga (art. 35, parágrafo único, do DL 7.661/1945). Além de a LRE não ter previsto medida semelhante, a jurisprudência já havia considerado que ela não fora recepcionada pela CF/1988. Nesse sentido, aliás, dispõe a súmula 280 do STJ: "o art. 35 do Decreto-lei n.º 7.661/45, que estabelece a prisão administrativa, foi revogado pelos incisos LXI e LXVII do art. 5.º da CF de 1988".

8.4.7.2.3. A publicidade da sentença da falência

Por se tratar de decisão judicial que repercute não apenas na esfera jurídica do devedor, mas também na de todos os seus credores, a legislação falimentar se preocupa em dar ampla publicidade à sentença que decreta a falência do devedor.

É por isso que a LRE estabelece, no inciso VIII do art. 99, que a **Junta Comercial** e a **Secretaria Especial da Receita Federal do Brasil sejam imediatamente comunicadas quanto à decretação da quebra, a fim de que anotem tal fato junto aos atos constitutivos do devedor**, fazendo deles constar expressamente a expressão "falido", acompanhada da data da decretação e da informação de que, a partir de então, o empresário devedor e os administradores da sociedade empresária devedora estão inabilitados para o exercício de empresa, nos termos do art. 102 da mesma LRE.

Da mesma forma, o inciso X do mesmo art. 99 estabelece que a sentença determine a expedição de ofícios a diversos órgãos públicos que possam eventualmente fornecer informações relevantes sobre a existência de bens e direitos do devedor. Assim, deve o juiz ordenar a expedição de ofício, por exemplo, para o Banco Central, para o Detran, para a Receita Federal, para o Cartório de Registro de Imóveis etc., a fim de que estes informem se em seus assentos consta a existência de bens em nome do devedor, os quais serão arrecadados para a massa e usados para o pagamento dos credores.

No mesmo sentido, prevê também o inciso XIII do art. 99 a intimação eletrônica, nos termos da legislação vigente e respeitadas as prerrogativas funcionais, respectivamente, do Ministério Público e das Fazendas Públicas federal e de todos os Estados, Distrito Federal e Municípios em que o devedor tiver estabelecimento, para que tomem conhecimento da falência.

Quanto a essa intimação das Fazendas Públicas, o § 2º complementa, afirmando o seguinte: "a intimação eletrônica das pessoas jurídicas de direito público integrantes da administração pública indireta dos entes federativos referidos no inciso XIII do caput deste artigo será direcionada: I – no âmbito federal, à Procuradoria-Geral Federal e à Procuradoria-Geral do Banco Central do Brasil; II – no âmbito dos Estados e do Distrito Federal, à respectiva Procuradoria-Geral, à qual competirá dar ciência a eventual órgão de representação judicial específico das entidades interessadas; e III – no âmbito dos Municípios, à respectiva Procuradoria-Geral ou, se inexistir, ao gabinete do Prefeito, à qual competirá dar ciência a eventual órgão de representação judicial específico das entidades interessadas".

Por fim, ainda a respeito da publicidade da sentença que decreta a falência do devedor, estabelece o § 1º do art. 99 da LRE que "**O juiz ordenará a publicação de**

edital eletrônico com a íntegra da decisão que decreta a falência e a relação de credores apresentada pelo falido". Não se deve publicar apenas a parte dispositiva da sentença, como se faz nas sentenças em geral. Deve-se publicar o seu inteiro teor.

8.4.7.2.4. A designação do administrador judicial

A designação do administrador judicial deve ser feita pelo juiz na própria sentença que decreta a falência, nos termos do art. 99, IX, da LRE.

Remetemos o leitor aos nossos comentários sobre o administrador judicial, feitos em tópico anterior deste capítulo, e lembramos que, na falência, o administrador judicial passa a administrar os bens da massa, como se fosse um liquidante, já que o falido perde o direito de administração sobre eles (art. 103 da LRE).

Ademais, cumpre destacar que a reforma da LRE, provocada pela Lei 14.112/2020, inseriu o § 3º no art. 99, que criou uma importante atribuição para o administrador judicial no processo falimentar: "após decretada a quebra ou convolada a recuperação judicial em falência, o administrador deverá, no prazo de até 60 (sessenta) dias, contado do termo de nomeação, apresentar, para apreciação do juiz, plano detalhado de realização dos ativos, inclusive com a estimativa de tempo não superior a 180 (cento e oitenta) dias a partir da juntada de cada auto de arrecadação, na forma do inciso III do caput do art. 22 desta Lei".

8.4.8. Recurso contra a sentença que julga o pedido de falência

Em princípio, cumpre destacar que, embora a LRE não preveja expressamente, claro que tanto contra a sentença que decreta quanto a que denega a falência serão **oponíveis embargos de declaração**. Ainda que a LRE não faça menção específica a esse recurso, ele é cabível contra qualquer decisão que contenha omissão, obscuridade ou contradição (art. 1.022 do Código de Processo Civil).

O art. 100 da LRE afirma que **contra a sentença que decreta a falência cabe *agravo***, e contra a **sentença que denega a falência cabe *apelação***.

No caso da sentença que decreta a falência, a lei usa apenas a expressão *agravo*, mas é óbvio que a única modalidade cabível é o agravo de instrumento. Se o agravo seguisse a modalidade retida, só seria apreciado quando do julgamento da apelação interposta contra a sentença que encerra a falência (art. 156 da LRE), momento em que já não teria mais utilidade, uma vez que a execução concursal já teria sido processada e finalizada.

Por fim, destaque-se que o STJ já decidiu pelo cabimento da propositura de ação rescisória contra a decisão que decreta a falência.

> RECURSO ESPECIAL. FALÊNCIA. PROVIMENTO JURISDICIONAL QUE DECRETA A QUEBRA. ART. 99 DA LEI 11.101/05. NATUREZA DE SENTENÇA CONSTITUTIVA. DOUTRINA. CABIMENTO DA AÇÃO RESCISÓRIA.
>
> (...)
>
> 2. O propósito recursal é definir se é cabível o ajuizamento de ação rescisória em face da decisão que decreta a falência.

3. A ação rescisória, na redação do art. 485 do CPC/73 (vigente à época dos fatos), é cabível contra "sentença de mérito" transitada em julgado.

4. O ato decisório que decreta a falência possui natureza de sentença constitutiva, pois sua prolação faz operar a dissolução da sociedade empresária, conduzindo à inauguração de um regime jurídico específico. Doutrina. Inteligência do art. 99 da Lei 11.101/05.

5. Ainda que assim não fosse, doutrina e jurisprudência, desde há muito, entendem que à expressão "sentença" veiculada no caput do art. 485 do CPC/73 deveria ser conferida uma abrangência mais ampla, de modo a alcançar também decisões interlocutórias que enfrentem o mérito.

6. A previsão legal do cabimento de agravo de instrumento para a hipótese de decretação da falência se deve ao fato de tal ação ser dividida em fases, havendo a necessidade de se manter o processo no juízo de origem, após a quebra, para o processamento da segunda etapa, quando ocorrerá a arrecadação dos bens do falido e a apuração do ativo e do passivo, com a finalidade satisfação dos créditos.

RECURSO ESPECIAL PROVIDO.

(REsp 1780442/MG, Rel. Ministra NANCY ANDRIGHI, TERCEIRA TURMA, julgado em 03/12/2019, DJe 05/12/2019)

8.4.9. A participação do Ministério Público na fase pré-falimentar

A participação do membro do Ministério Público nos processos de falência (e também nos processos de recuperação de empresas) é um tema que, após a edição da LRE, trouxe polêmicos debates, conforme já destacamos em tópico anterior deste capítulo, por causa do veto ao art. 4º.

Vimos também que, no REsp 1.884.860, o STJ reafirmou seu entendimento de que a participação do Ministério Público só é obrigatória quando a LRE expressamente determinar, mas isso não impede que ele atue em outras situações, como fiscal da lei.

Como não há previsão legal expressa de participação do *parquet* antes da sentença que julga o pedido de falência, não é obrigatória a sua ouvida na fase pré-falimentar, tampouco é legítima eventual alegação de nulidade por ausência de parecer ministerial antes da decisão que decreta ou denega a quebra.

8.5. Efeitos da decretação da falência

Já se destacou que a sentença que decreta a falência do devedor tem *natureza constitutiva*, uma vez que constitui o devedor em estado falimentar e inicia o processo de execução concursal dos seus bens. Assim, decretada a falência se instaura um novo regime jurídico aplicável ao devedor, que repercutirá em toda a sua esfera jurídica e patrimonial. A falência produz efeitos, pois, quanto à pessoa do falido, quanto aos seus bens, quanto aos seus contratos, quanto aos seus credores etc.

Mais uma vez é preciso destacar que na imensa maioria dos casos os processos falimentares dizem respeito a sociedades empresárias, e não a empresários individuais. Todavia, o texto legal da LRE, seguindo defeito da legislação falimentar anterior, continua utilizando o empresário pessoa física como referência para a redação de suas normas, o que gera confusão na interpretação de diversos dispositivos. Refazemos essa observação neste tópico porque é justamente no que se refere aos efeitos da falência que esses problemas de interpretação se manifestam de maneira mais clara.

Efeitos da falência

- **Em relação à pessoa do devedor**
  - Falência dos sócios de responsabilidade ilimitada;
  - Apuração de eventual responsabilidade pessoal dos sócios de responsabilidade limitada (ação prescreve em 2 anos);
  - Inabilitação empresarial;
  - Perda do direito de administração dos seus bens e da disponibilidade sobre eles (formação da massa falida objetiva);
  - Não pode ausentar-se do lugar da falência sem autorização do juiz;
  - Comparecimento a todos os atos da falência;
  - Suspensão do direito ao sigilo à correspondência e ao livre exercício da profissão;
  - Dever de colaboração com a administração da falência.
- **Em relação aos bens do devedor:**
  - Formação da massa falida objetiva (arrecadação de todos os bens do devedor, exceto os absolutamente impenhoráveis).
- **Em relação às obrigações do devedor:**
  - Suspensão do exercício do direito de retenção (sobre os bens sujeitos à arrecadação), de retirada ou recebimento do valor de quotas ou ações por parte dos sócios da sociedade falida;
  - Vencimento antecipado das dívidas do devedor e dos sócios ilimitada e solidariamente responsáveis (com abatimento proporcional dos juros e conversão de todos os créditos em moeda estrangeira para a moeda do País);
  - Limitação à compensação de dívidas do devedor até o dia da decretação da falência;
  - Inexigibilidade de juros vencidos, previstos em lei ou em contrato, se o ativo apurado não bastar para o pagamento dos credores subordinados;
  - Continuidade dos contratos que puderem ser cumpridos e que possam reduzir ou evitar o aumento do passivo.
- **Em relação aos credores do falido:**
  - Formação da massa falida subjetiva (procedimento de verificação e habilitação dos créditos).
- **Em relação aos atos do falido:**
  - Fixação do termo legal da falência (ineficácia dos atos).

8.5.1. *Efeitos da falência quanto à pessoa e aos bens do devedor*

Como o estudo da falência, no presente capítulo, está enfocando preponderantemente as sociedades empresárias, o primeiro efeito da falência a ser destacado é, logicamente, a **dissolução da sociedade**. Afinal, com a decretação da quebra e a instauração do processo de execução concursal do devedor, haverá o encerramento da atividade empresarial e a consequente liquidação do patrimônio social para o posterior pagamento dos credores.

Mas a falência não atinge apenas a pessoa jurídica. Os membros que a compõem, ou seja, os sócios da sociedade empresária falida, também são atingidos, variando os efeitos sobre as suas pessoas a depender do tipo societário e da função que eles exerciam na sociedade.

Tratando-se de sociedade em que a responsabilidade dos sócios é ilimitada, prevê o art. 81 da LRE que a decretação da falência da sociedade também acarreta a **decretação da falência dos sócios**: "a decisão que decreta a falência da sociedade com sócios ilimitadamente responsáveis também acarreta a falência destes, que ficam sujeitos aos mesmos efeitos jurídicos produzidos em relação à sociedade falida e, por isso, deverão ser citados para apresentar contestação, se assim o desejarem". Veja-se que nesse caso a repercussão da falência da sociedade sobre a pessoa dos sócios é tão relevante que a lei determina que eles devem ser também citados quanto aos termos da ação falimentar, para que possam se defender. O dispositivo transcrito ainda determina, em seu § 1.º, que a regra nele prevista "aplica-se ao sócio que tenha se retirado voluntariamente ou que tenha sido excluído da sociedade, há menos de 2 (dois) anos, quanto às dívidas existentes na data do arquivamento da alteração do contrato, no caso de não terem sido solvidas até a data da decretação da falência".

Em se tratando, em contrapartida, de sociedade em que os **sócios respondem de forma limitada**, eles **em princípio não se submetem aos efeitos da falência, uma vez que quem faliu foi a sociedade**, pessoa jurídica com existência e patrimônio distintos da pessoa dos sócios. Não obstante, caberá ao juízo da falência apurar eventual responsabilidade pessoal dos quotistas e administradores, conforme regra estabelecida no art. 82 da LRE, segundo a qual "a responsabilidade pessoal dos sócios de responsabilidade limitada, dos controladores e dos administradores da sociedade falida, estabelecida nas respectivas leis, será apurada no próprio juízo da falência, independentemente da realização do ativo e da prova da sua insuficiência para cobrir o passivo, observado o procedimento ordinário previsto no Código de Processo Civil".

Essa **ação para responsabilizar pessoalmente os sócios prescreve em dois anos, contados do trânsito em julgado da sentença que encerra a falência** (art. 82, § 1.º, da LRE). E mais: "o juiz poderá, de ofício ou mediante requerimento das partes interessadas, ordenar a indisponibilidade de bens particulares dos réus, em quantidade compatível com o dano provocado, até o julgamento da ação de responsabilização" (art. 82, § 2.º, da LRE).

Está claro, pois, que a lei trata os sócios de responsabilidade limitada de maneira bem diferente dos sócios de responsabilidade ilimitada. Estes são tratados da mesma forma que os empresários individuais.

Sobre o art. 82, foi aprovado o Enunciado 48 da I Jornada de Direito Comercial do CJF: "A apuração da responsabilidade pessoal dos sócios, controladores e administradores feita independentemente da realização do ativo e da prova da sua insuficiência para cobrir o passivo, prevista no art. 82 da Lei n. 11.101/2005, não se refere aos casos de desconsideração da personalidade jurídica".

Com efeito, não se deve confundir a ação de responsabilidade de sócios/administradores/controladores com o incidente de desconsideração da personalidade jurídica. Nesse sentido, confira-se o seguinte precedente do STJ:

DIREITO CIVIL E COMERCIAL. DESCONSIDERAÇÃO DA PERSONALIDADE JURÍDICA. SEMELHANÇA COM AS AÇÕES REVOCATÓRIA FALENCIAL E PAULIANA. INEXISTÊNCIA. PRAZO DECADENCIAL. AUSÊNCIA. DIREITO POTESTATIVO QUE NÃO SE EXTINGUE PELO NÃO-USO. DEFERIMENTO DA MEDIDA NOS AUTOS DA FALÊNCIA. POSSIBILIDADE. AÇÃO DE RESPONSABILIZAÇÃO SOCIETÁRIA. INSTITUTO DIVERSO. EXTENSÃO DA DISREGARD A EX-SÓCIOS. VIABILIDADE.

> (...)
>
> 6. Não há como confundir a ação de responsabilidade dos sócios e administradores da sociedade falida (art. 6º do Decreto-lei n.º 7.661/45 e art. 82 da Lei n.º 11.101/05) com a desconsideração da personalidade jurídica da empresa. Na primeira, não há um sujeito oculto, ao contrário, é plenamente identificável e evidente, e sua ação infringe seus próprios deveres de sócio/administrador, ao passo que na segunda, supera-se a personalidade jurídica sob cujo manto se escondia a pessoa oculta, exatamente para evidenciá-la como verdadeira beneficiária dos atos fraudulentos. Ou seja, a ação de responsabilização societária, em regra, é medida que visa ao ressarcimento da sociedade por atos próprios dos sócios/administradores, ao passo que a desconsideração visa ao ressarcimento de credores por atos da sociedade, em benefício da pessoa oculta.
>
> (...)
>
> (REsp 1180191/RJ, Rel. Ministro LUIS FELIPE SALOMÃO, QUARTA TURMA, julgado em 05/04/2011, DJe 09/06/2011)

Por fim, com objetivo de evitar uma prática que, infelizmente, tornou-se comum nos juízos e tribunais brasileiros, consistente na "extensão da falência" ou "extensão dos efeitos da falência", a reforma da LRE, provocada pela Lei 14.112/2020, inseriu nela o art. 82-A: "é vedada a extensão da falência ou de seus efeitos, no todo ou em parte, aos sócios de responsabilidade limitada, aos controladores e aos administradores da sociedade falida, admitida, contudo, a desconsideração da personalidade jurídica". E mais: nesse caso, o parágrafo único deixa claro que "a desconsideração da personalidade jurídica da sociedade falida, para fins de responsabilização de terceiros, grupo, sócio ou administrador por obrigação desta, somente pode ser decretada pelo juízo falimentar com a observância do art. 50 da Lei nº 10.406, de 10 de janeiro de 2002 (Código Civil) e dos arts. 133, 134, 135, 136 e 137 da Lei nº 13.105, de 16 de março de 2015 (Código de Processo Civil), não aplicada a suspensão de que trata o § 3º do art. 134 da Lei nº 13.105, de 16 de março de 2015 (Código de Processo Civil)".

Com a inserção dessa regra, fica estabelecido, de forma bastante clara, que não se admite, nas sociedades em que os sócios respondem de forma limitada, a famigerada extensão da falência ou dos seus efeitos, que significava, na prática, uma medida que ia além da mera responsabilização patrimonial dos atingidos, sujeitando-os a obrigações de outra natureza, além de diversas restrições de direito, como a de não se ausentar do lugar da falência sem autorização judicial.

Enfim, em se tratando de sociedades limitadas ou anônimas, por exemplo, o máximo que a LRE permite é a responsabilização patrimonial de terceiros (sócios/administradores/controladores, por exemplo), o que ocorrerá por aplicação da desconsideração da personalidade jurídica, desde que presentes os requisitos do art. 50 do Código Civil e instaurado o incidente dos arts. 133 a 137 do CPC, com um detalhe importante: o processo falimentar não será suspenso.

8.5.1.1. Inabilitação empresarial

Uma das regras mais importantes acerca dos efeitos da falência quanto à pessoa do devedor é a que prevê a sua *inabilitação empresarial*, prevista no art. 102 da LRE, segundo o qual "o falido fica inabilitado para exercer qualquer atividade empresarial a partir da decretação da falência e até a sentença que extingue suas obrigações, respeitado o disposto no § 1.º do art. 181 desta Lei".

Mais uma vez é importante destacar a diferença entre o empresário individual e a sociedade empresária. Se a falência atinge um empresário individual, é ele, obviamente, que sofrerá o efeito específico do dispositivo legal em comento. No entanto, se a falência atinge uma sociedade empresária, a situação é diferente, uma vez que quem faliu foi a própria sociedade, e não seus sócios.

Assim, o empresário individual que vai à falência ou o sócio de responsabilidade ilimitada de uma sociedade que tem sua falência decretada, por exemplo, ficam **impedidos de exercer qualquer atividade empresarial até que suas obrigações sejam consideradas extintas** por sentença transitada em julgado.

Ressalte-se que essa **inabilitação é automática**, iniciando-se com a decretação da falência e terminando com a sentença de encerramento do processo falimentar (art. 156 da LRE). No entanto, deve-se ressalvar a hipótese de o falido ser condenado por **crime falimentar**, caso em que referida condenação também lhe impõe a pena acessória de inabilitação empresarial, e nesse caso essa **inabilitação só cessará cinco anos após a extinção da punibilidade**, nos termos do art. 181 da LRE.

Assim, no art. 102 a LRE trata tão somente da inabilitação decorrente da sentença que decreta a falência. Nesse caso, assim que o juiz comunicar a Junta Comercial da sua decisão, nos termos do art. 99, VIII, ela deve anotar tal fato junto aos atos constitutivos do devedor, fazendo deles constar a expressão "falido", acompanhada da data da decretação e da informação de que, a partir de então, o empresário individual falido (ou, por exemplo, os sócios de responsabilidade ilimitada de uma sociedade empresária falida) está inabilitado para o exercício de empresa, nos termos do dispositivo ora em exame.

8.5.1.2. Perda do direito de administração dos bens

Outro efeito importante da falência sobre a pessoa do devedor é a **perda do direito de administração dos seus bens e da disponibilidade sobre eles,** o que está previsto no art. 103 da LRE: "Desde a decretação da falência ou do sequestro, o devedor perde o direito de administrar os seus bens ou deles dispor". A lei prevê apenas que o falido "poderá, contudo, fiscalizar a administração da falência, requerer as providências necessárias para a conservação de seus direitos ou dos bens arrecadados e intervir nos processos em que a massa falida seja parte ou interessada, requerendo o que for de direito e interpondo os recursos cabíveis" (parágrafo único).

Afinal, caso a falência não esteja sendo bem administrada, não são apenas os credores que serão prejudicados, mas também o próprio devedor, que tem a legítima expectativa de ver suas dívidas rapidamente honradas, na medida do possível, para que possa pedir no futuro a extinção de suas obrigações e voltar, eventualmente, a exercer atividade empresarial.

Ademais, quanto à sua possibilidade de intervir nos processos em que a massa seja parte, muitas vezes é fundamental essa atuação do devedor, porque ele, presume-se, conhece melhor do que qualquer pessoa os fatos que envolvem as demandas em que a massa é parte.

8.5.1.3. Deveres específicos do falido

A LRE ainda impõe aos representantes legais do falido uma série de deveres, previstos no seu art. 104.

Devem, enfim, os representantes legais do falido: "I – assinar nos autos, desde que intimado da decisão, termo de comparecimento, com a indicação do nome, da nacionalidade, do estado civil e do endereço completo do domicílio, e declarar, para constar do referido termo, diretamente ao administrador judicial, em dia, local e hora por ele designados, por prazo não superior a 15 (quinze) dias após a decretação da falência, o seguinte: a) as causas determinantes da sua falência, quando requerida pelos credores; b) tratando-se de sociedade, os nomes e endereços de todos os sócios, acionistas controladores, diretores ou administradores, apresentando o contrato ou estatuto social e a prova do respectivo registro, bem como suas alterações; c) o nome do contador encarregado da escrituração dos livros obrigatórios; d) os mandatos que porventura tenha outorgado, indicando seu objeto, nome e endereço do mandatário; e) seus bens imóveis e os móveis que não se encontram no estabelecimento; f) se faz parte de outras sociedades, exibindo respectivo contrato; g) suas contas bancárias, aplicações, títulos em cobrança e processos em andamento em que for autor ou réu; II – entregar ao administrador judicial os seus livros obrigatórios e os demais instrumentos de escrituração pertinentes, que os encerrará por termo; III – não se ausentar do lugar onde se processa a falência sem motivo justo e comunicação expressa ao juiz, e sem deixar procurador bastante, sob as penas cominadas na lei[153]; IV – comparecer a todos os atos da falência, podendo ser representado por procurador, quando não for indispensável sua presença; V – entregar ao administrador judicial, para arrecadação, todos os bens, papéis, documentos e senhas de acesso a sistemas contábeis, financeiros e bancários, bem como indicar aqueles que porventura estejam em poder de terceiros; VI – prestar as informações reclamadas pelo juiz, administrador judicial, credor ou Ministério Público sobre circunstâncias e fatos que interessem à falência; VII – auxiliar o administrador judicial com zelo e presteza; VIII – examinar as habilitações de crédito apresentadas; IX – assistir ao levantamento, à verificação do balanço e ao exame dos livros; X – manifestar-se sempre que for determinado pelo juiz; XI – apresentar ao administrador judicial a relação de seus credores, em arquivo eletrônico, no dia em que prestar as declara-

[153] O art. 34, inciso III do antigo DL 7.661/1945 impunha ao devedor falido o dever "não se ausentar do lugar da falência, sem motivo justo e **autorização expressa do juiz**, e sem deixar procurador bastante, sob as penas cominadas na lei". Como se vê, a Lei 11.101/2005 tratou o assunto de forma diferente, não mais exigindo autorização judicial para afastamento do lugar onde se processa a falência, mas apenas "motivo justo e **comunicação expressa ao juiz**", bem como nomeação de procurador (art. 104, inciso III). Assim, com base em precedentes do próprio STJ (HC 92.327 e HC 279.036), a 4ª Turma, em processo de falência cuja sentença foi proferida em 2004 e no qual o juízo falimentar e o tribunal estadual negaram pedido formulado por sócia minoritária da sociedade falida, que pretendia ausentar-se do País e residir no exterior, aplicou a regra atual, mais benéfica, para permitir o afastamento: levou-se em consideração o fato de que a pessoa em questão era sócia minoritária da sociedade falida, não tinha poderes de administração e não respondia a nenhuma investigação por eventual crime falimentar. Ademais, havia motivo justo para a saída do País: acompanhar o marido, que recebera proposta de trabalho nos EUA (RHC 80.124).

ções referidas no inciso I do caput deste artigo; XII – examinar e dar parecer sobre as contas do administrador judicial".

Por fim, prevê o parágrafo único do dispositivo em questão que, "faltando ao cumprimento de quaisquer dos deveres que esta Lei lhe impõe, após intimado pelo juiz a fazê-lo, responderá o falido por crime de desobediência".

8.5.2. Efeitos da falência quanto às obrigações do devedor

A decretação da falência também atinge as obrigações do devedor falido. A partir da instauração do processo falimentar, todos os credores se sujeitarão às suas regras, e só poderão exercer os seus direitos sobre os bens do falido na forma que a LRE prescrever. É o que dispõe o art. 115 da LRE: "a decretação da falência sujeita todos os credores, que somente poderão exercer os seus direitos sobre os bens do falido e do sócio ilimitadamente responsável na forma que esta Lei prescrever".

Em princípio, a forma correta para os credores exercerem seus direitos sobre os bens do devedor é a **habilitação dos seus créditos**, nos termos dos arts. 7.º e seguintes da LRE, para recebimento no momento oportuno, conforme a ordem legal de classificação. No entanto, há também outras formas, como o ajuizamento de pedido de restituição (arts. 85 e seguintes da LRE). Analisaremos os dois procedimentos adiante.

Embora o art. 115 mencione apenas o sócio ilimitadamente responsável – o qual, conforme vimos (art. 81), submete-se aos mesmos efeitos da sentença que decreta a falência da sociedade da qual faz parte –, é óbvio que os credores também poderão voltar-se, eventualmente, contra um sócio limitadamente responsável, desde que o façam nos termos da LRE (ver art. 82, já analisado).

De acordo com o art. 116 da LRE, "a decretação da falência suspende: I – o exercício do direito de retenção sobre os bens sujeitos à arrecadação, os quais deverão ser entregues ao administrador judicial; II – o exercício do direito de retirada ou de recebimento do valor de suas quotas ou ações, por parte dos sócios da sociedade falida".

A decretação da falência também acarreta "o vencimento antecipado das dívidas do devedor e dos sócios ilimitada e solidariamente responsáveis, com o abatimento proporcional dos juros, e converte todos os créditos em moeda estrangeira para a moeda do País, pelo câmbio do dia da decisão judicial" (art. 77 da LRE).

Ademais, prescreve o art. 122 da LRE que "compensam-se, com preferência sobre todos os demais credores, as dívidas do devedor vencidas até o dia da decretação da falência, provenha o vencimento da sentença de falência ou não, obedecidos os requisitos da legislação civil". A regra do art. 122, todavia, não é absoluta, uma vez que o seu parágrafo único estabelece que "não se compensam: I – os créditos transferidos após a decretação da falência, salvo em caso de sucessão por fusão, incorporação, cisão ou morte; ou II – os créditos, ainda que vencidos anteriormente, transferidos quando já conhecido o estado de crise econômico-financeira do devedor ou cuja transferência se operou com fraude ou dolo".

Por fim, determina o art. 124 da LRE que "contra a massa falida não são exigíveis juros vencidos após a decretação da falência, previstos em lei ou em contrato, se o ativo apurado não bastar para o pagamento dos credores subordinados". Assim, em princípio fica suspensa a fluência de juros contra o devedor falido. Todavia, uma vez realizado o ativo e verificando-se que a massa possui recursos suficientes para saldar todos os seus credores, inclusive os subordinados, computam-se os juros normalmente e a massa deve pagá-los, conforme entendimento pacífico do Superior Tribunal de Justiça:

> *(...) 9. Os juros moratórios devidos pela massa falida obedecem ao seguinte regime: (a) antes da decretação da falência, são devidos os juros de mora, independentemente da existência de ativo suficiente para pagamento do principal, (b) após a decretação da falência, a incidência dos juros fica condicionada à suficiência do ativo para pagamento do principal. Precedentes: REsp n.º 794664/SP, DJ 13.02.2006, REsp n.º 719.507/SP, Rel. Min. Castro Meira, DJ de 20.06.2005; REsp n.º 332.215/RS, Rel. Min. Francisco Peçanha Martins, DJ de 13.09.2004; REsp n.º 611.680/PR, Rel. Min. José Delgado, DJ de 14.06.2004; AAREsp n.º 466.301/PR, desta relatoria, DJ de 01.03.2004; e EDREsp n.º 408.720/PR, Rel. Min. Eliana Calmon, DJ de 30.09.2002. (...) (STJ, REsp 760.752/SC, Rel. Min. Luiz Fux, DJ 02.04.2007, p. 237).*
>
> *(...) 2. Antes da decretação da falência, são devidos os juros de mora, sendo viável, portanto, a aplicação da taxa Selic, que se perfaz em índice de correção monetária e juros e, após a decretação da falência, a incidência da referida taxa fica condicionada à suficiência do ativo para pagamento do principal. Precedente: EREsp 631.658/RS, Primeira Seção, DJ de 9.9.2008. (...) (AgRg no REsp 762.420/PR, Rel. Min. Mauro Campbell Marques, 2.ª Turma, j. 06.08.2009, DJe 19.08.2009).*

Além do mais, tratando-se de debênture ou crédito com garantia real, não se aplica a regra em questão: nesse caso, o produto dos bens que constituem a garantia será utilizado para pagamento do crédito, inclusive dos juros (art. 124, parágrafo único, da LRE).

8.5.2.1. Os contratos do falido

Ao contrário do que se possa imaginar, os contratos do devedor falido **não se extinguem de pleno direito em razão da decretação da falência**. De acordo com o art. 117 da LRE, "os contratos bilaterais não se resolvem pela falência e podem ser cumpridos pelo administrador judicial se o cumprimento reduzir ou evitar o aumento do passivo da massa falida ou for necessário à manutenção e preservação de seus ativos, mediante autorização do Comitê". De fato, muitas vezes a manutenção de certos vínculos contratuais pode ser extremamente interessante para a massa, do ponto de vista da maximização do seu ativo, uma vez que da continuidade do contrato podem advir recursos para o devedor, os quais posteriormente serão usados para saldar o seu passivo.

Caso o administrador judicial não se manifeste expressamente sobre a continuação ou não de determinado contrato, "o contratante pode interpelar o administrador judicial, no prazo de até 90 (noventa) dias, contado da assinatura do termo de sua nomeação, para que, dentro de 10 (dez) dias, declare se cumpre ou não o contrato" (art. 117, § 1.º). Feita a interpelação, por meio de notificação extrajudicial ou por carta com aviso de recebimento, por exemplo, se o administrador silenciar ou negar-se a continuar o vínculo contratual, o contratante terá "direito à indenização, cujo valor, apurado em processo ordinário, constituirá crédito quirografário" (art. 117, § 2.º).

O art. 118 da LRE, por sua vez, trata dos contratos unilaterais do falido, dispondo que "o administrador judicial, mediante autorização do Comitê, poderá dar cumprimento a contrato unilateral se esse fato reduzir ou evitar o aumento do passivo da massa falida ou for necessário à manutenção e preservação de seus ativos, realizando o pagamento da prestação pela qual está obrigada".

Ressalte-se, todavia, que, segundo alguns doutrinadores, notadamente Fábio Ulhoa Coelho, embora a redação do art. 117 da LRE não seja clara, ele se refere apenas aos contratos bilaterais que ainda não tiveram sua execução iniciada por qualquer uma das partes contratantes. Assim sendo, "a falência do contratante pode provocar a resolução do contrato em que ambas as partes assumem obrigações (sinalagmático) se a sua execução ainda não teve início por nenhuma delas".[154] Em contrapartida, se a execução do contrato já foi iniciada por alguma das partes, ou por ambas, não poderá ser resolvido o contrato, não se aplicando, nesse caso, a regra do art. 117 acima transcrita. Ocorrendo essa situação, a solução dependerá, segundo o referido autor, da posição assumida pelo devedor falido na relação contratual: (i) se ele é credor, caberá ao administrador judicial tomar as providências necessárias ao recebimento do crédito, que se incorporará à massa; (ii) se ele é devedor, caberá à parte contratante adversa habilitar o seu crédito no processo falimentar, a fim de receber o que lhe for devido no momento oportuno.

Por fim, cumpre esclarecer que a regra dos arts. 117 e 118 da LRE, acima analisadas, são excepcionadas quando o contrato possuir, expressamente, a chamada **cláusula de resolução por falência.** Nesse caso, a decretação da quebra implicará a resolução imediata do contrato, o que acontecerá, frise-se, não por força da sentença de falência ou de regras do direito falimentar, mas tão somente em obediência à vontade das partes contratantes, manifestada em cláusula contratual expressa nesse sentido.[155]

8.5.2.1.1. A disciplina especial de alguns contratos

O art. 119 da LRE cuida em seus incisos da situação de determinados contratos específicos, para os quais o direito falimentar conferiu disciplina especial.

Um dos contratos que mereceu tratamento especial da LRE foi a **compra e venda mercantil**, sobretudo quando o devedor falido ocupa a posição de comprador, caso em que os efeitos da decretação da falência dependerão, sobremaneira, do momento da entrega das mercadorias.

De acordo com o inciso I do art. 119, "o vendedor não pode obstar a entrega das coisas expedidas ao devedor e ainda em trânsito, se o comprador, antes do requerimento da falência, as tiver revendido, sem fraude, à vista das faturas e co-

---

[154] COELHO, Fábio Ulhoa. *Curso de direito comercial*. 7. ed. São Paulo: Saraiva, 2007. p. 302. v. III.

[155] "Note-se que, atualmente, alguns empresários, em especial os bancos, têm eleito como causa rescisória do contrato não a decretação da falência, mas sim a mera distribuição de pedido contra qualquer dos contratantes. Essa cláusula é igualmente válida e eficaz e não pode deixar de ser obedecida pelos órgãos da falência (Comitê e administrador judicial)." (COELHO, Fábio Ulhoa. *Curso de direito comercial*. 7. ed. São Paulo: Saraiva, 2007. p. 303-304. v. III.).

nhecimentos de transporte, entregues ou remetidos pelo vendedor". Este dispositivo consagrou, no direito falimentar brasileiro, o *right of stoppage in transitu* do direito anglo-saxão, segundo o qual o vendedor pode obstar a entrega de coisa vendida ao falido, enquanto esta ainda estiver no caminho. O dispositivo em comento só não permite que a entrega seja obstada se o falido, de boa-fé, já havia revendido a coisa a terceiro, antes de sua falência ter sido requerida. Nesse caso, a coisa deve seguir o seu destino, cabendo ao vendedor tão somente habilitar eventual crédito no processo falimentar.

Nos incisos II e III do art. 119, a LRE cuidou de situações em que o devedor falido ocupa a posição de vendedor. Assim, "se o devedor vendeu coisas compostas e o administrador judicial resolver não continuar a execução do contrato, poderá o comprador pôr à disposição da massa falida as coisas já recebidas, pedindo perdas e danos" (inciso II). Nesse caso, perceba-se que de fato não haveria outra medida a ser tomada. Por se tratar de coisa composta que não foi entregue por completo – por exemplo, uma máquina, cujas partes seriam entregues separadamente, sobrevindo a falência quando ainda faltavam partes a entregar –, caso o administrador judicial resolva não continuar a execução do contrato, a única alternativa viável parece ser mesmo a devolução das partes entregues e a resolução da avença em perdas e danos, por meio de ação que correrá perante o juízo universal falimentar.

Por outro lado, "não tendo o devedor entregue coisa móvel ou prestado serviço que vendera ou contratara a prestações, e resolvendo o administrador judicial não executar o contrato, o crédito relativo ao valor pago será habilitado na classe própria" (inciso III). Aqui, mais uma vez, fica clara a discricionariedade conferida pela legislação falimentar ao administrador judicial no que tange à continuação das relações contratuais em que a massa seja parte. Nesse caso, perceba-se, caberá àquele que contratou com o devedor falido apenas habilitar seu crédito no processo falimentar e aguardar o momento oportuno do seu eventual recebimento.

No inciso IV do art. 119, por sua vez, a LRE cuidou da **compra e venda com reserva de domínio** em que o devedor falido ocupa a posição de comprador, estabelecendo que "o administrador judicial, ouvido o Comitê, restituirá a coisa móvel comprada pelo devedor com reserva de domínio do vendedor se resolver não continuar a execução do contrato, exigindo a devolução, nos termos do contrato, dos valores pagos". Mais uma vez cabe ao administrador judicial – ouvindo sempre o comitê de credores, se houver – decidir sobre a conveniência de continuar o vínculo contratual. Nesse caso, se ele optar por não dar continuidade ao contrato, deve devolver a coisa ao vendedor e exigir dele a restituição dos valores pagos, os quais se incorporarão à massa falida para posterior pagamento dos credores.

O inciso V do art. 119, por outro lado, trata da **compra e venda a termo de bens com cotação em bolsa ou mercado**, dispondo o seguinte: "tratando-se de coisas vendidas a termo, que tenham cotação em bolsa ou mercado, e não se executando o contrato pela efetiva entrega daquelas e pagamento do preço, prestar-se-á a diferença entre a cotação do dia do contrato e a da época da liquidação em bolsa ou mercado". Nessa modalidade de compra e venda, o comprador adquire mercadorias que serão entregues posteriormente – uma safra de determinado produto agrícola, por exemplo – e se compromete a pagar o preço da mercadoria comprada de acordo com a cotação no momento da entrega – no exemplo dado, pagaria o comprador o valor da safra conforme a sua cotação em bolsa ou mercado na data em que os produtos forem entregues. Nesse caso, se antes de aperfeiçoada a entrega e feito o respectivo pagamento ocorrer a falência, e decidindo o administrador judicial pela não continuidade do contrato, deve-se comparar a cotação do dia em que o contrato foi assinado com a cotação do dia em que as mercadorias seriam entregues. Feita a comparação e calculando-se crédito em favor do devedor falido, cabe ao administrador cobrá-lo e incorporá-lo à massa. Caso, todavia, calcule-se débito para o devedor, resta à parte contratante apenas habilitar o respectivo crédito no processo falimentar.

Tratando-se de **contrato de promessa de compra e venda de bens imóveis**, o inciso VI do art. 119 da LRE determina a aplicação da legislação respectiva. Sendo assim, aplica-se a regra do art. 30 da Lei 6.766/1979: (i) havendo a falência do promitente vendedor, a promessa de compra e venda deve ser cumprida; (ii) havendo a falência do promitente comprador, seus direitos serão arrecadados e vendidos em juízo, ou seja, aquele que comprálos se sub-roga no contrato, continuando a pagar as prestações e adquirindo o direito de receber o imóvel objeto do negócio.

Tratando-se, porém, de **contrato de locação**, a disciplina é dada pelo inciso VII do art. 119 da LRE, segundo o qual "a falência do locador não resolve o contrato de locação e, na falência do locatário, o administrador judicial pode, a qualquer tempo, denunciar o contrato". Assim, um determinado locatário de imóvel pertencente ao devedor falido deve continuar pagando os aluguéis normalmente, mas deve fazê-lo, a partir da decretação da falência, ao administrador judicial, que incorporará os valores recebidos à massa falida. Em contrapartida, se o devedor falido era o locatário, caberá ao administrador judicial, mais uma vez, analisar a conveniência da continuação do contrato, podendo denunciá-lo se entender ser essa a medida mais interessante para a massa.

O inciso VIII do art. 119 merece destaque especial, uma vez que se trata de mais um dos dispositivos da lei acusados de trazer favorecimento excessivo às instituições financeiras no processo falimentar. Eis o teor da norma em questão: "caso haja acordo para compensação e liquidação de **obrigações no âmbito do sistema financeiro nacional**, nos termos da legislação vigente, a parte não falida poderá considerar o contrato vencido antecipadamente, hipótese em que será liquidado na forma estabelecida em regulamento, admitindo-se a compensação de eventual crédito que venha a ser apurado em favor do falido com créditos detidos pelo contratante". Embora alguns doutrinadores critiquem esse dispositivo, não se pode esquecer que uma das finalidades específicas da reforma do direito falimentar brasileiro foi a tentativa de diminuição do *spread bancário*, e é nesse contexto que a norma em comento deve ser analisada, assim como outras que tragam, de certa forma, alguns "privilégios" aos créditos bancários. Dando mais segurança a estes créditos, o legislador esperava criar condições para que as taxas de risco dos financiamentos diminuíssem, o que, consequentemente, permitiria a redução dos juros e estimularia o crédito na economia. Caso as inovações da LRE nesse sentido sejam sempre vistas, *a priori*, como ilegalidades ou abusos, a reforma da legislação não conseguirá cumprir um de seus principais objetivos.

Por fim, o inciso IX do art. 119 estabelece que "os **patrimônios de afetação**, constituídos para cumprimento de destinação específica, obedecerão ao disposto na legislação respectiva, permanecendo seus bens, direitos e obrigações separados dos do falido até o advento do respectivo termo ou até o cumprimento de sua finalidade, ocasião em que o administrador judicial arrecadará o saldo a favor da massa falida ou inscreverá na classe própria o crédito que contra ela remanescer".

No art. 120, a LRE cuidou especificamente do **mandato**, dispondo que "o mandato conferido pelo devedor, antes da falência, para a realização de negócios, cessará seus efeitos com a decretação da falência, cabendo ao mandatário prestar contas de sua gestão". Vê-se, pois, que é efeito imediato da decretação da quebra a resolução do mandato que o devedor tinha conferido a alguém para a realização de negócios em seu nome. Resolvido o mandato, não pode o mandatário, após a decretação da falência, praticar qualquer negócio em nome do falido, devendo, assim que possível, prestar contas dos negócios que eventualmente já havia realizado. Tratando-se, todavia, de mandato conferido pelo devedor para a sua representação judicial, dispõe o § 1.º do art. 120 que o instrumento "continua em vigor até que seja expressamente revogado pelo administrador judicial". Se o devedor falido, entretanto, ocupa a posição de mandatário, e não de mandante, dispõe § 2.º do art. 120 que, "para o falido, cessa o mandato ou comissão que houver recebido antes da falência, salvo os que versem sobre matéria estranha à atividade empresarial".

Finalmente, estabelece o art. 121 que "as **contas-correntes** com o devedor consideram-se encerradas no momento de decretação da falência, verificando-se o respectivo saldo". Entende a doutrina que, embora não haja previsão expressa nesse sentido, os **contratos de depósito bancário** devem seguir a mesma regra, por analogia.[156] Portanto, após a decretação da quebra, as contas do devedor em alguma instituição financeira devem ser imediatamente encerradas, apurando-se o saldo respectivo: se for negativo, cabe ao banco habilitar o crédito no processo falimentar; se for positivo, o valor deve ser repassado ao administrador judicial, para que seja incorporado à massa. Assim, por exemplo, se ainda há cheques emitidos pelo devedor falido em poder de terceiros, estes não devem ser pagos pela instituição financeira sacada após a decretação da falência.[157]

8.5.2.1.1.1. Falência e arbitragem

Como vimos no capítulo anterior, a arbitragem é muito usada como meio alternativo de solução de litígios empresariais. É cada vez mais comum a pactuação, em contratos empresariais, de cláusulas compromissórias de arbitragem.

Havendo a decretação da falência, algumas questões que envolvem a arbitragem suscitam polêmica. Por exemplo: a existência de cláusula arbitral, que, como se sabe, afasta a atuação do Poder Judiciário para solução de litígios decorrentes daquele

---

[156] Nesse sentido: COELHO, Fábio Ulhoa. *Curso de direito comercial*. 7. ed. São Paulo: Saraiva, 2007. p. 310. ; e BEZERRA FILHO, Manoel Justino. Lei de recuperação de empresas e falências comentada. 4. ed. São Paulo: RT, 2007. p. 298.

[157] ROSA JR., Luiz Emygdio F. da. *Títulos de crédito*. 4. ed. Rio de Janeiro: Renovar, 2006. p. 587-588.

contrato, impede que uma das partes requeira a decretação da falência da outra? A Terceira Turma do STJ entendeu que não. Decidiu-se que é possível a decretação de falência na hipótese de inadimplemento de títulos de crédito ligados a contrato no qual há previsão de convenção de arbitragem, visto que o inadimplemento serve de base tanto para dar início à execução por quantia certa quanto para fundamentar pedido de falência, sendo certo, ademais, que a convenção de arbitragem em nada afeta a executividade dos títulos de crédito, nem constitui causa impeditiva da deflagração do procedimento falimentar perante o Poder Judiciário. Confira-se a ementa do acórdão:

> *Direito processual civil e falimentar. Recurso especial. Embargos de declaração. Omissão, contradição ou obscuridade. Não ocorrência. Pedido de falência. Inadimplemento de títulos de crédito. Contrato com cláusula compromissória. Instauração prévia do juízo arbitral. Desnecessidade.*
>
> *(...)*
>
> *2 – A convenção de arbitragem prevista em contrato não impede a deflagração do procedimento falimentar fundamentado no art. 94, I, da Lei n. 11.101/05.*
>
> *3 – A existência de cláusula compromissória, de um lado, não afeta a executividade do título de crédito inadimplido. De outro lado, a falência, instituto que ostenta natureza de execução coletiva, não pode ser decretada por sentença arbitral. Logo, o direito do credor somente pode ser exercitado mediante provocação da jurisdição estatal.*
>
> *4 – Admite-se a convivência harmônica das duas jurisdições – arbitral e estatal –, desde que respeitadas as competências correspondentes, que ostentam natureza absoluta. Precedente.*
>
> *5 – Recurso especial não provido (REsp 1.277.725/AM, Rel. Min. Nancy Andrighi, 3.ª Turma, j. 12.03.2013, DJe 18.03.2013).*

Outra questão que se tem debatido é a seguinte: decretada a falência, caso exista procedimento arbitral já em curso, ele deve ser suspenso, nos termos do art. 6.º, *caput*, da LRE? Antes da reforma da LRE, provocada pela Lei 14.112/2020, o entendimento majoritário já era de que a arbitragem não se suspende, aplicando-se a ela a ressalva do art. 6.º, § 1.º, da LRE, que assim determina: "terá prosseguimento no juízo no qual estiver se processando a ação que demandar quantia ilíquida". Agora, o § 9º diz claramente que "(...) a decretação da falência não autoriza o administrador judicial a recusar a eficácia da convenção de arbitragem, não impedindo ou suspendendo a instauração de procedimento arbitral". Assim, o procedimento arbitral pode ser iniciado, e aquele já em trâmite continua normalmente até que seja decidido. Se a decisão do árbitro impuser uma condenação pecuniária ao falido, o crédito será habilitado no processo falimentar, exatamente como ocorre com qualquer ação que demanda quantia ilíquida.

Pode ainda o árbitro, no curso do procedimento arbitral, determinar ao juízo falimentar a reserva de valores, nos termos do art. 6.º, § 3.º, da LRE. Vale salientar, porém, que nesses casos as partes provavelmente terão que abrir mão do sigilo que normalmente envolve os processos arbitrais, não apenas para permitir ao juízo arbitral a comunicação ao juízo falimentar (art. 6.º, §§ 3.º e 6.º, da LRE), mas também em nome do princípio da transparência que deve ser sempre observado nas demandas concursais.

Finalmente, resta uma terceira questão polêmica da arbitragem em processos falimentares. Após a decretação da falência, pode ser iniciado novo procedimento arbitral? Poderia o administrador judicial recusar o cumprimento de cláusula compromissória? Antes da reforma da LRE, já prevalecia na doutrina o entendimento de que é possível, sim, o início de procedimento arbitral depois de decretada a quebra de umas das partes contratantes, caso exista cláusula compromissória no contrato em questão. Ademais, nesse caso, não cabe ao administrador judicial recusar cumprimento à cláusula compromissória com base no art. 117 da LRE. Nesse sentido, foi aprovado o Enunciado 75 da II Jornada de Direito Comercial do CJF, de nossa autoria: "havendo convenção de arbitragem, caso uma das partes tenha a falência decretada: (i) eventual procedimento arbitral já em curso não se suspende e novo procedimento arbitral pode ser iniciado, aplicando-se, em ambos os casos, a regra do art. 6.º, § 1.º, da Lei n. 11.101/2005; e (ii) o administrador judicial não pode recusar a eficácia da cláusula compromissória, dada a autonomia desta em relação ao contrato". Esse entendimento, obviamente, só se confirmou com o já mencionado § 9º do art. 6º, inserido na LRE na reforma provocada pela Lei 14.112/2020.

8.5.3. Efeitos da falência quanto aos credores do falido

O principal objetivo do processo falimentar é a reunião de todos os credores do devedor e de todos os seus bens, para que, vendidos estes, sejam pagos aqueles, na ordem de preferência dos seus respectivos créditos. Assim, enquanto a arrecadação dos bens dá origem à chamada massa falida objetiva, a reunião dos credores, por sua vez, forma a denominada *massa falida subjetiva* (*corpus creditorum*), que concorrerá ao produto da venda dos bens do falido segundo a ordem de classificação estabelecida na própria lei, em obediência ao princípio da *par conditio creditorum.*

Em razão do exposto acima, um dos efeitos da falência é, justamente, a instauração do *juízo universal* e a consequente suspensão do curso de todas as ações e execuções em face do devedor, com algumas exceções que estudaremos adiante.

Mesmo nessas ações que correm fora do juízo falimentar, no entanto, os princípios que regem a execução concursal do devedor falido devem ser observados. Nesse sentido, dispõe o art. 126 da LRE que, "nas relações patrimoniais não reguladas expressamente nesta Lei, o juiz decidirá o caso atendendo à unidade, à universalidade do concurso e à igualdade de tratamento dos credores, observado o disposto no art. 75 desta Lei".

A formação da *massa falida subjetiva* será feita por meio do procedimento de verificação e habilitação dos créditos, regulado nos arts. 7.º e seguintes da LRE, que também estudaremos com mais detalhes adiante.

Deve-se ressaltar desde já, todavia, que a nova legislação falimentar, no que se refere à participação dos credores no processo falimentar, trouxe relevantes inovações, como a criação do comitê de credores e da assembleia geral de credores, órgãos que permitiram aos credores uma participação muito mais ativa.

8.5.3.1. *A instauração do juízo universal da falência*

Decretada a falência pelo juízo competente, instaura-se o chamado *juízo universal da falência*, que atrairá para si todas – na verdade, quase todas – as ações que envolvam o devedor falido. Trata-se do que os doutrinadores chamam de **aptidão atrativa do juízo falimentar**, que passa a ser o juízo competente para processar e julgar todas as demandas de cunho patrimonial relativas ao devedor.

A matéria está traçada no art. 76 da LRE: "o juízo da falência é indivisível e competente para conhecer todas as ações sobre bens, interesses e negócios do falido, ressalvadas as causas trabalhistas, fiscais e aquelas não reguladas nesta Lei em que o falido figurar como autor ou litisconsorte ativo". Sobre a universalidade do juízo falimentar, já decidiu o Superior Tribunal de Justiça:

> *Processual civil. Mandado de segurança. Ato judicial passível de recurso. Súmula 267/STF. Falência. Juízo universal. 1. Não cabe mandado de segurança contra ato judicial passível de recurso (Súmula 267/STF). 2.* ***O processo falimentar está sujeito ao princípio da universalidade, com o qual se objetiva não somente evitar a dispersão do patrimônio, como também submeter as questões relevantes a um mesmo juízo, conhecedor da realidade do processo****. 3. Os pedidos de falência devem ser processados no mesmo juízo, sendo que o primeiro atrai os demais (art. 6.º, § 8.º, da Lei 11.101/05). 4. Recurso ordinário desprovido (RMS 30.078/SP, Rel. Ministro Fernando Gonçalves, 4.ª Turma, j. 01.12.2009,* DJe *18.12.2009).*

A universalidade do juízo falimentar, todavia, não é absoluta, visto que há certas demandas judiciais, mencionadas no próprio art. 76 da LRE, que não são atraídas para ele: "causas trabalhistas, fiscais e aquelas não reguladas nesta Lei em que o falido figurar como autor ou litisconsorte ativo". Devem-se acrescentar ainda as ações que demandam quantia ilíquida (art. 6.º, § 1.º, da LRE) e as ações em que for parte União ou entidade federal (art. 109, I, da CF/1988).[158]

Quanto às ações não reguladas pela LRE em que a massa falida atue no polo ativo da relação processual, individualmente ou em litisconsórcio, cumpre frisar que estamos nos referindo apenas às ações não reguladas na LRE. Portanto, nas ações reguladas pela LRE, ainda que a massa falida seja autora ou litisconsorte ativa, o juízo falimentar será o juízo competente para processá-la e julgá-la. É o que ocorre, por exemplo, na hipótese de a massa falida ajuizar ação revocatória (art. 132 da LRE) contra o devedor. Como se trata de ação regulada na própria legislação falimentar, a competência para o seu processamento e julgamento é do juízo universal da falência, não obstante esteja a massa no polo ativo da demanda.

Por fim, vale lembrar que, de acordo com o art. 76, parágrafo único, da LRE, todas as ações do devedor falido, inclusive as que correm fora do juízo universal da falência, "terão prosseguimento com o administrador judicial, que deverá ser intimado para representar a massa falida, sob pena de nulidade do processo". O administrador judicial passa a ser, pois, o representante legal da massa falida, atuando em juízo na defesa de seus interesses em todos os processos nos quais a mesma seja parte ou interessada.

---

158 Nesse sentido: "O juízo falimentar é universal, porque atrai todas as ações e interesses da sociedade falida e da massa falida. A atratividade do juízo falimentar não se verifica relativamente às ações não reguladas pela Lei de Falências de que seja autora ou litisconsorte ativa a massa falida, às que demandam quantia ilíquida ou às execuções fiscais. Também não ocorre a atração prevista em lei se a competência jurisdicional é ditada pela Constituição (Justiça do Trabalho e Justiça Federal)" (COELHO, Fábio Ulhoa. *Curso de direito comercial.* 7. ed. São Paulo: Saraiva, 2007. p. 263.). O autor ressalta, entretanto, que a matéria é controversa, dizendo: "Certa jurisprudência entende que o princípio da universalidade do juízo falimentar é mais simples, de sorte a serem atraídas apenas as ações reguladas pela Lei de Falências, continuando as disciplinadas por outros diplomas legais a tramitar perante o juízo competente de acordo com as regras gerais do processo civil. Com esse entendimento, é claro que a lista das ações não atraídas ao juízo falimentar é bem mais extensa."

Portanto, ainda que o juízo universal não atraia para si todas as ações e execuções em que seja parte o falido, estas devem ser comunicadas ao juízo falimentar assim que possível. É o que prevê o art. 6.º, § 6.º, da LRE: "independentemente da verificação periódica perante os cartórios de distribuição, as ações que venham a ser propostas contra o devedor deverão ser comunicadas ao juízo da falência ou da recuperação judicial: I – pelo juiz competente, quando do recebimento da petição inicial; II – pelo devedor, imediatamente após a citação".

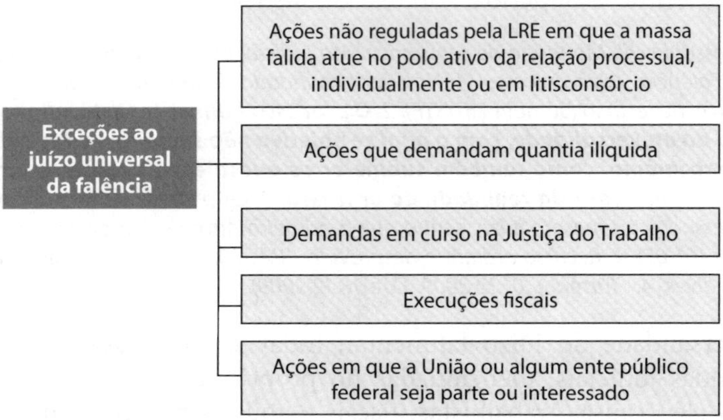

8.5.3.1.1. A suspensão da prescrição e das ações e execuções contra o devedor falido

No mesmo sentido da regra do art. 76 da LRE, que estabelece a formação do juízo universal da falência, o art. 6.º determina que "a decretação da falência (...) implica: I – suspensão do curso da prescrição das obrigações do devedor sujeitas ao regime desta Lei; II – suspensão das execuções ajuizadas contra o devedor, inclusive daquelas dos credores particulares do sócio solidário, relativas a créditos ou obrigações sujeitos à recuperação judicial ou à falência; III – proibição de qualquer forma de retenção, arresto, penhora, sequestro, busca e apreensão e constrição judicial ou extrajudicial sobre os bens do devedor, oriunda de demandas judiciais ou extrajudiciais cujos créditos ou obrigações sujeitem-se à recuperação judicial ou à falência". Essa suspensão será decretada na própria sentença que decreta a falência, conforme determinação do art. 99, V, da LRE.

Da mesma forma que a universalidade do juízo falimentar não é absoluta, a regra que estabelece a suspensão da prescrição e das ações e execuções contra o devedor falido também **admite exceções**: embora a lei diga que a decretação da falência suspende a prescrição e o curso de "todas" as ações e execuções contra o devedor, a verdade é que não são todas as ações e execuções que se submetem a essa regra.

Ademais, quanto à expressão "sócio solidário" prevista no inciso II do art. 6.º da LRE, já destacamos que o STJ tem entendido que ela não se refere aos sócios que, eventualmente, assumem a condição de fiadores ou avalistas da sociedade em determinados negócios jurídicos, mas apenas aos sócios de responsabilidade ilimitada presentes em alguns tipos societários específicos, como a sociedade em nome coletivo, por exemplo. Nesse sentido, foi aprovado o Enunciado 43 da I Jornada de Direito Comercial do CJF: "a suspensão das ações e execuções previstas no art. 6.º da Lei n. 11.101/2005 não se estende aos coobrigados do devedor".

Sobre essa regra do art. 6.º e sua aplicação no caso de falência, a Terceira Turma do STJ entendeu que a suspensão das execuções individuais contra o devedor falido (art. 6.º, *caput* e art. 99, inciso V da LRE) só deve ser mantida enquanto houver possibilidade de reforma da decisão que decretou a falência. Após isso, as execuções devem ser extintas: "exceto na hipótese de a decisão que decreta a falência ser reformada em grau de recurso, a suspensão das execuções terá força de definitividade, correspondendo à extinção do processo." (REsp 1.564.021).

8.5.3.1.1.1. As ações que demandam quantia ilíquida e as reclamações trabalhistas

De acordo com os §§ 1.º e 2.º do art. 6.º da LRE, as ações que demandam quantia ilíquida e as reclamações trabalhistas **não se suspendem com a decretação da falência**. Eis o teor das normas em comento: "terá prosseguimento no juízo no qual estiver se processando a ação que demandar quantia ilíquida"; "é permitido pleitear, perante o administrador judicial, habilitação, exclusão ou modificação de créditos derivados da relação de trabalho, mas as ações de natureza trabalhista, inclusive as impugnações a que se refere o art. 8.º desta Lei, serão processadas perante a justiça especializada até a apuração do respectivo crédito, que será inscrito no quadro-geral de credores pelo valor determinado em sentença".

A **primeira exceção** é referente às *ações que demandam quantia ilíquida*, esteja a massa falida no polo ativo ou no polo passivo da relação processual. Como a falência é um processo de execução - execução concursal de devedor empresário insolvente -, seu rito é incompatível com o de ações que demandam quantia ilíquida, razão pela qual essas ações, obviamente, não se suspendem nem são atraídas para o juízo falimentar, devendo prosseguir na vara em que tramitam até que o valor devido seja devidamente apurado e liquidado. Essa exceção se aplica, conforme já dito, aos procedimentos arbitrais eventualmente em curso contra o falido.

> *Agravo interno nos embargos de declaração no recurso especial. Ação de rescisão de contrato. Falência. Competência do juízo em que estiver sendo processada a ação de conhecimento. Agravo não provido.*
>
> *1. Tratando-se de demandas cujos pedidos são ilíquidos, a ação de conhecimento deverá prosseguir, não havendo falar em competência absoluta do Juízo Falimentar para apreciar e julgar a demanda, nos termos do artigo 6.º, § 1.º, da Lei n.11.101/2005. Precedentes.*
>
> *2. Agravo interno não provido (AgInt nos EDcl no REsp 1.617.538/PR, Rel. Min. Luis Felipe Salomão, Quarta Turma, j. 01.12.2016, DJe 07.12.2016).*

A **segunda exceção** se refere às *demandas em curso na Justiça do Trabalho*, que são, basicamente, as reclamações trabalhistas. Nesse caso, cabe à própria justiça trabalhista processar e julgar a ação, até que seja definido e liquidado o respectivo crédito. Somente então deverá remeter a execução desse crédito ao juízo falimentar, que o incluirá na ordem correspondente, assegurando-lhe a preferência que a legislação falimentar confere. Nesse sentido, confiram-se os acórdãos do Superior Tribunal de Justiça, anteriores à LRE, mas que manifestaram entendimento que se mantém atual:

> *(...) uma vez decretada a quebra, as reclamações trabalhistas anteriormente intentadas serão ultimadas pela Justiça do Trabalho, absolutamente competente para o respectivo julgamento. Porém, definitivamente julgados e liquidados os créditos trabalhistas, sua execução deve ser remetida ao Juízo Falimentar, a quem compete ordenar os crédi*tos segundo as preferências legais e, uma vez classificados, conferir tratamento paritário aos credores de uma mesma categoria. (...) (STJ, CC 37.680/PR, Rel. Min. Jorge Scartezzini, DJ 07.03.2005, p. 137).
>
> (...) Com a edição da Lei n. 11.101/05, respeitadas as especificidades da falência e da recuperação judicial, é competente o respectivo Juízo para prosseguimento dos atos de execução, tais como alienação de ativos e pagamento de credores, que envolvam *créditos apurados em outros órgãos judiciais, inclusive trabalhistas, ainda que tenha ocorrido a constrição de bens do devedor. (...) (EDcl no CC 95.639/GO, Rel. Min. João Otávio de Noronha, 2.ª Seção, j. 10.02.2010,* DJe *19.02.2010).*
>
> *Processual civil. Agravo regimental. Conflito positivo de competência. Juízo da vara empresarial e juízo do trabalho. Recuperação judicial. Reclamação trabalhista. Ordem de reintegração do reclamante no emprego. Execução trabalhista suspensa. Disposições da Lei n. 11.101/2005. Ausência de ofensa. Quantificação do crédito. Habilitação no processo de recuperação judicial. Conflito não conhecido.*
>
> *(...)*
>
> *2. As reclamatórias trabalhistas devem prosseguir até a quantificação do valor pela Justiça especializada, que, após a devida homologação, expedirá a correspondente habilitação no processo de recuperação judicial, para que seja inscrito o crédito no quadro geral de credores, segundo classificação e preferências legais.*
>
> *3. Agravo regimental desprovido.*
>
> *(AgRg no CC 89.223/RJ, Rel. Ministro João Otávio de Noronha, Segunda Seção, j. 11.05.2011,* DJe *19.05.2011)*

Vê-se, pois, que o STJ decidiu que, uma vez decretada a quebra, as reclamações trabalhistas anteriormente intentadas devem ser ultimadas pela Justiça do Trabalho, que é absolutamente competente para o respectivo julgamento (art. 114 da CF/1988). Entretanto, definitivamente julgados e liquidados os créditos trabalhistas, a respectiva execução deles deve ser remetida ao juízo universal da falência, a quem compete classificar os créditos de acordo com ordem legal, em respeito a *par conditio creditorum*.

Sobre esse § 2.º do art. 6.º, foi editado o Enunciado 73 na II Jornada de Direito Comercial do CJF: "para que seja preservada a eficácia do disposto na parte final do § 2.º do artigo 6.º da Lei n. 11.101/05, é necessário que, no juízo do trabalho, o crédito trabalhista para fins de habilitação seja calculado até a data do pedido da recuperação judicial ou da decretação da falência, para não se ferir a *par conditio creditorum* e observarem-se os arts. 49, *caput*, e 124 da Lei n. 11.101/2005".

Portanto, tanto as ações que demandam quantia ilíquida quanto as reclamações trabalhistas não se suspendem, continuando a tramitar no respectivo juízo até que se apure o valor do crédito.

Todavia, pode ser que a demora na definição dos créditos discutidos nessas ações comprometa o direito dos respectivos credores, sobretudo se o processo de falência tramitar rapidamente. Pensando nisso, previu a LRE, no § 3.º do art. 6.º, que "o juiz competente para as ações referidas nos §§ 1.º e 2.º deste artigo poderá determinar a reserva da importância que estimar devida na recuperação judicial ou na falência, e, uma vez reconhecido líquido o direito, será o crédito incluído na classe própria".

Sendo assim, cabe aos interessados – por exemplo, o reclamante – pleitear, perante o juízo em que tramita o seu processo – no caso, o juízo trabalhista –, a reserva de valor. Assim, nesse exemplo dado, o Juiz do Trabalho determinaria ao juízo da falência que reservasse um valor determinado, para que, na eventualidade de aquele reclamante vencer a reclamação trabalhista, não ver frustrado seu direito de crédito em razão de a massa já ter usado seus recursos para pagamento dos demais credores.

8.5.3.1.1.2. Execuções fiscais

Antes da reforma da LRE, provocada pela Lei 14.112/2020, outra exceção prevista à regra de suspensão das ações e execuções contra o devedor falido era relativa às *execuções fiscais* (Lei 6.830/1980), uma vez que a Fazenda Pública, segundo o art. 187 do Código Tributário Nacional, não se sujeita a nenhum tipo de concurso de credores.

No entanto, pelas novas regras da LRE o tratamento dos créditos tributários na falência sofreu profundas alterações, inclusive com a previsão expressa de suspensão das execuções fiscais (art. 7º-A, § 4º, inciso V).

8.5.3.1.2. O tratamento dado às execuções com atos de constrição já realizados

Um tema deveras polêmico relacionado à instauração do juízo universal da falência diz respeito ao tratamento que deve ser dispensado às execuções ajuizadas anteriormente ao decreto de falência nas quais já houve a realização de atos de constrição de bens, por exemplo, a penhora.

A antiga legislação falimentar continha regra específica sobre o assunto. Tratava-se do art. 24, § 1.º, que assim dispunha: "as ações ou execuções individuais dos credores, sob direitos e interesses relativos à massa falida, inclusive as dos credores particulares de sócio solidário da sociedade falida, ficam suspensas, desde que seja declarada a falência até o seu encerramento. § 1.º Achando-se os bens já em praça, com dia definitivo para arrematação, fixado por editais, far-se-á esta, entrando o produto para a massa. Se, porém, os bens já tiverem sido arrematados ao tempo da declaração da falência, somente entrará para a massa a sobra, depois de pago o exequente". Nesse sentido, o Superior Tribunal de Justiça tinha inúmeros precedentes:

> *Agravo regimental em embargos de divergência. Execução fiscal. Falência posterior à penhora de bens. Massa. Direito ao produto da alienação dos bens. Divergência superada. Súmula 168/STJ. Indeferimento liminar dos embargos. Na assentada de*

> *22.10.2003, a Primeira Seção, ao julgar os Embargos de Divergência no Recurso Especial 446.035/RS, firmou o entendimento segundo o qual o produto resultante da alienação dos bens penhorados, antes da decretação da falência, deve ser incluído no juízo falimentar. Dessa forma, deve-se prosseguir a execução fiscal até a alienação dos bens penhorados, quando entrará o produto da alienação para a massa, uma vez que devem ser respeitados os créditos preferenciais, quais sejam, os créditos decorrentes de acidentes de trabalho e os créditos trabalhistas (artigos 102, § 1.º, da Lei de Falências, 186 e 187 do CTN). Satisfeitos tais créditos preferenciais, a exequente, por ter aparelhado execução fiscal, passará então a ter preferência perante os demais créditos, no que tange ao produto da execução fiscal. Agravo regimental improvido (STJ, AgRg no EREsp 463.558/RS, Rel. Min. Franciuli Netto, DJ 16.05.2005, p. 224).*

> *Execução fiscal. Produto da arrematação. Entrega. Juízo falimentar. Crédito trabalhista. A Corte Especial proveu o EREsp reafirmando a tese de que a decretação da falência não paralisa o processo de execução fiscal, nem desconstitui a penhora. Sendo assim, a execução fiscal continuará a se desenvolver até a alienação dos bens penhorados e o dinheiro resultante dessa alienação será entregue ao juízo da falência para rateio, observadas as preferências legais. Note-se que, embora os créditos fiscais não estejam sujeitos à habilitação no juízo falimentar, não se livram de classificação para disputa de preferência com os créditos trabalhistas (DL n. 7.661/1945, art. 126). Precedentes citados: REsp 188.148-RS, DJ 27.05.2003, e EREsp 444.964-RS, DJ 09.12.2003 (EREsp 536.033/RS, Rel. Min. Eliana Calmon, j. 1.º.12.2004,* Informativo *231/2004 (Ver* Informativo *193).*

Em suma: o STJ entendia que a execução com penhora já realizada deveria prosseguir, com a realização da hasta pública e a consequente venda do bem. No entanto, o produto resultante da alienação dos bens, os quais foram penhorados antes da decretação da falência, deve ser remetido ao juízo universal da falência, a fim de que neste se proceda aos pagamentos de acordo com a ordem legal de preferência dos créditos, respeitando-se o princípio da *par conditio creditorum*.

A atual legislação, todavia, não contém regra específica. Não obstante, acreditamos que nada impede que se continue entendendo da mesma maneira. Afinal, se os bens foram arrematados antes da decretação da falência, nada justifica que o decreto de quebra posterior determine a remessa ao juízo falimentar do produto arrecadado com a arrematação. Deve-se privilegiar, nesse caso, o credor da execução individual, que teve todo o trabalho de conduzir o processo executivo até os seus atos finais. Assim, somente o eventual saldo remanescente deve ser enviado para a massa. Caso, em contrapartida, ainda não tenha ocorrido a venda do bem, deve-se proceder de forma diversa. Com efeito, nessa situação recomenda-se seja realizada a hasta pública – para que não sejam desperdiçados os atos processuais já praticados até aquele momento –, enviando-se apenas o produto arrecadado para o juízo falimentar. Não há como negar, pois, que nesse caso o credor da execução individual será de certa forma prejudicado, uma vez que todo o seu trabalho será aproveitado pelos demais credores habilitados no juízo da falência. E mais: caso ele não seja um credor privilegiado, pode até nem ser beneficiado com o produto arrecadado com a venda daquele(s) bem(ns) objeto de sua execução individual. Mas se deve agir assim em obediência ao princípio da *par conditio creditorum*.

Em suma: **decretada a falência, a *execução* de quaisquer créditos contra o devedor falido deve ser feita no juízo universal da falência**. Admite-se o prosseguimento da execução, excepcionalmente, apenas para que se ultimem alguns atos executórios já iniciados, em homenagem aos princípios da economia e celeridade processuais. Mesmo assim, o produto arrecadado deve ser remetido ao juízo falimentar, que o incorporará à massa e pagará os credores segundo a ordem de preferência determinada em lei. Nesse sentido, confiram-se as seguintes decisões do STJ, que explicam muito bem a questão:

> *Conflito positivo de competência. Execução trabalhista. Falência. 1. Após decretada a falência, prosseguirá a execução dos julgados, mesmo os trabalhistas, no Juízo Falimentar. O crédito trabalhista, assim, está sujeito a rateio dentre os de igual natureza, não se enquadrando na exceção prevista no artigo 24, § 2.º, inciso I, da Lei n.º 7.661/45. Se já designada praça e arrematado o bem, determina-se a remessa do produto da arrematação ao Juízo Falimentar, preservando-se o ato já realizado. Não consta destes autos, cujo conflito foi suscitado pela própria falida, a ocorrência de arrematação do mesmo bem perante o Juízo da Falência, mas, apenas, a arrecadação. 2. Conflito conhecido para declarar a competência do Juízo de Direito da 3.ª Vara da Fazenda Pública, Falências e Concordatas de Curitiba/PR. (STJ, CC 56.347/PR, Rel. Min. Carlos Alberto Menezes Direito,* DJ *08.02.2006, p. 220).*
>
> *Processual civil. Tributário. Execução fiscal e falência do executado. Leilão. Arrematação. 1. O produto arrecadado com a alienação de bem penhorado em execução fiscal, antes da decretação da quebra, deve ser entregue ao juízo universal da falência. Precedentes: REsp 188.418/RS, Rel. Min. Humberto Gomes de Barros, Corte Especial,* DJ *de 27.05.2002; AgRg no Ag 1115891/SP, Rel. Min. Mauro Campbell Marques,* DJe *28.09.2009; AgRg no REsp 783318/SP, Rel. Min. Humberto Martins,* DJe *14.04.2009; AgRg nos EDcl no REsp 421994/RS, Rel. Min. Teori Albino Zavascki, 1.ª Turma,* DJ *06.10.2003; AgRg na MC 11937/SP, Rel. Min. Francisco Falcão, Rel. p/ Acórdão Ministro Luiz Fux, 1.ª Turma,* DJ *30.10.2006 2. A falência superveniente do devedor não tem o condão de paralisar o processo de execução fiscal, nem de desconstituir a penhora realizada anteriormente à quebra. Outrossim, o produto da alienação judicial dos bens penhorados deve ser repassado ao juízo universal da falência para apuração das preferências. (...) (REsp 1.013.252/RS, Rel. Min. Luiz Fux, 1.ª Turma, j. 19.11.2009,* DJe *09.12.2009).*
>
> *(...) 1. Decretada a quebra, a Justiça do Trabalho é competente para definir o crédito trabalhista, que será, então, habilitado no juízo universal e atrativo da falência; excepcionalmente, porém, se os bens já estiverem em praça, a arrematação terá curso, mas o produto será transferido para o juízo falimentar. Precedentes. (...) (AgRg no CC 95.001/BA, Rel. Min. Fernando Gonçalves, 2.ª Seção, j. 22.04.2009,* DJe *29.04.2009).*
>
> *Processual civil. Agravo regimental. Conflito positivo de competência. Juízo de direito e juízo federal. Falência. Execução fiscal. Não cabimento de suspensão. Necessidade de conjugação de regras e princípios. Atos de constrição judicial e alienação de ativos após a decretação da quebra. Necessidade de envio dos valores auferidos para o juízo universal. Competência do juízo da falência para realização de concurso de credores e rateio dos bens arrecadados entre os credores. Reconhecimento de prejudicialidade externa homogênea. Necessidade de suspensão do processo. Art. 265, IV, "A", do CPC.*
>
> *1. Embora as execuções fiscais não se suspendam com o deferimento da falência, caso realizados atos de constrição judicial anteriormente à quebra, devem ser liquidados e, somente após auferidos, os valores deverão ser revertidos à massa falida para apuração da ordem legal de classificação creditícia.*
>
> *(...) (AgRg no CC 137.123/PR, Rel. Ministro João Otávio de Noronha, Segunda Seção, j. 28.10.2015,* DJe *03.11.2015).*

8.6. O processo falimentar

Uma vez sendo a sentença de procedência e não tendo sido realizado o depósito elisivo, a falência do devedor será decretada, o que iniciará o processo falimentar propriamente dito, ou seja, a execução concursal do empresário individual ou da sociedade empresária.

O grande responsável pelo bom desenvolvimento do processo falimentar é o administrador judicial, que ficará encarregado de proceder, concomitantemente, ao (i) procedimento de arrecadação dos bens do devedor falido, o que dará origem à *massa falida objetiva*, e ao (ii) procedimento de verificação e habilitação dos créditos, o que dará origem à *massa falida subjetiva.*

8.6.1. O procedimento de arrecadação dos bens do devedor

Já vimos que a decretação da falência produz efeitos jurídicos relevantes sobre os bens do devedor. Também já ressaltamos que não se deve confundir a pessoa jurídica (sociedade empresária) com a pessoa natural dos sócios que a integram. Sendo assim, tratando-se de decretação da falência de uma sociedade empresária, situação muito mais comum na prática, os bens atingidos pela instauração da execução concursal, em princípio, são os bens da sociedade, e não os dos sócios que a integram.

Dizemos em princípio porque, em se tratando de sociedades nas quais a responsabilidade é ilimitada – hipótese não muito comum, visto que a grande maioria das sociedades empresárias é limitada ou anônima, cuja responsabilidade dos sócios é limitada –, a decretação da falência da sociedade também acarreta a decretação da falência dos sócios, que se submetem aos mesmos efeitos, conforme disposto no art. 81 da LRE, já analisado. Ademais, ainda que se trate de sociedade cuja responsabilidade dos sócios seja limitada, eles poderão ter o seu patrimônio pessoal atingido, conforme previsto no art. 82 da LRE, também já examinado. Não se pode esquecer, ainda, da possibilidade de desconsideração da personalidade jurídica da sociedade falida (art. 50 do Código Civil), caso em que os sócios também poderão ser pessoalmente atingidos pelos efeitos da falência.

Já se viu que "desde a decretação da falência o devedor perde o direito de administrar os seus bens ou deles dispor" (art. 103 da LRE). Em razão disso, a administração dos seus bens passa para o administrador judicial, o qual, assim que assinar o termo de compromisso, "efetuará a arrecadação dos bens e documentos e a avaliação dos bens, separadamente ou em bloco, no local em que se encontrem, requerendo ao juiz, para esses fins, as medidas necessárias" (art. 108 da LRE).

Vê-se, então, que também **é efeito específico da falência a arrecadação de todos os bens do devedor – com exceção dos bens absolutamente impenhoráveis** (art. 108, § 4.º, da LRE), os quais deverão ser vendidos para que o produto da venda seja utilizado para o pagamento dos credores. Os bens arrecadados constituem, pois, a chamada **massa falida** objetiva, que corresponde, então, ao ativo do devedor submetido à execução concursal falimentar.

Arrecadados os bens, ou seja, formada a massa falida objetiva, estes "ficarão sob a guarda do administrador judicial ou de pessoa por ele escolhida, sob responsabilidade daquele, podendo o falido ou qualquer de seus representantes ser nomeado depositário dos bens" (art. 108, § 1.º, da LRE). Caso seja necessário, para facilitar os trabalhos de arrecadação, o juiz poderá até mesmo determinar a lacração do estabelecimento (art.109 da LRE).

A arrecadação será formalizada por meio da lavratura do **auto de arrecadação** (art. 110 da LRE), que será composto do inventário e do laudo de avaliação dos bens, os quais, sempre que possível, deverão ser individualizados. No inventário, serão referidos: "I – os livros obrigatórios e os auxiliares ou facultativos do devedor, designando-se o estado em que se acham, número e denominação de cada um, páginas escrituradas, data do início da escrituração e do último lançamento, e se os livros obrigatórios estão revestidos das formalidades legais; II – dinheiro, papéis, títulos de crédito, documentos e outros bens da massa falida; III – os bens da massa falida em poder de terceiro, a título de guarda, depósito, penhor ou retenção; IV – os bens indicados como propriedade de terceiros ou reclamados por estes, mencionando-se essa circunstância" (art. 110, § 2.º).

O juiz também poderá, se houver necessidade, autorizar a remoção dos bens arrecadados, para a sua melhor guarda e conservação, "hipótese em que permanecerão em depósito sob responsabilidade do administrador judicial, mediante compromisso" (art. 112 da LRE).

Tratando-se, por outro lado, de bens perecíveis, deterioráveis, sujeitos à considerável desvalorização ou que sejam de conservação arriscada ou dispendiosa, o juiz poderá autorizar a sua venda antecipada, ouvidos o comitê de credores, se houver, e o falido no prazo de 48 horas (art. 113 da LRE). Nesse sentido, já decidiu o Superior Tribunal de Justiça:

> *Falência. Leilão. Venda antecipada. Risco. Invasão.* In casu, *o Tribunal a quo reconheceu a necessidade da venda antecipada de duas fazendas de propriedade da massa falida, a fim de evitar invasões do MST, até porque já ocorreram no passado, além de serem dispendiosos os gastos para fiscalizar e guardar os imóveis. Ao prosseguir o julgamento, a Turma não conheceu do REsp. Embora a matéria requeira apreciação de fatos, o Min. Relator argumentou que, apesar de ainda não terem sido apreciados todos os créditos declarados no processo de falência, inviabilizando a confecção final do quadro geral de credores, justificase a medida devido ao risco de invasão pelo MST. Ademais, a título de cautela, a situação de urgência reclama e até autoriza o juízo falimentar a deferir a venda antecipada do bem, evitando prejuízos à massa falida e aos empregados sem pagamento. Outrossim, invocando palavras do MPF, destacou-se que a interposição do recurso contra a decisão de venda antecipada indica o exercício do direito ao contraditório pelo recorrente (REsp 648.014/RJ, Rel. Min. Castro Filho, j. 05.04.2005,* Informativo *241/2005).*

Outra medida que pode ser tomada pelo juiz, com a oitiva prévia do comitê, se houver, é a autorização para que alguns credores, de forma individual ou coletiva, em razão dos custos e no interesse da massa falida, adquiram ou adjudiquem, de imediato, os bens arrecadados, pelo valor da avaliação, atendida a regra de classificação e preferência entre eles (art. 111 da LRE). Essa medida é muitas vezes interessante, porque evita a realização de leilão para a venda dos bens, acelerando o trâmite do processo falimentar.

Por fim, regra muito importante quanto aos bens arrecadados do devedor é a prevista no art. 114 da LRE, segundo o qual "o administrador judicial poderá alugar ou celebrar outro contrato referente aos bens da massa falida, com o objetivo de produzir renda para a massa falida, mediante autorização do Comitê". Trata-se de medida extremamente relevante, em alguns casos, podendo servir de modo deveras útil para a maximização do ativo do devedor falido. Com efeito, nos processos de falência que se prolonguem no tempo, é um desperdício deixar bens do devedor inutilizados, sobretudo quando há terceiros interessados em alugá-los, por exemplo. O valor dos aluguéis é uma renda extra que poderá ser de extrema valia no futuro, quando for realizado o pagamento dos credores.

8.6.1.1. Falência frustrada

A reforma da LRE, provocada pela Lei 14.112/2020, acrescentou nela o art. 114-A, com a seguinte redação: "se não forem encontrados bens para serem arrecadados, ou se os arrecadados forem insuficientes para as despesas do processo, o administrador judicial informará imediatamente esse fato ao juiz, que, ouvido o representante do Ministério Público, fixará, por meio de edital, o prazo de 10 (dez) dias para os interessados se manifestarem".

> O art. 114-A foi incluído pela reforma legislativa da Lei falimentar para resolver o impasse sobre o que ocorre quando não são encontrados bens a serem arrecadados, ou quando os ativos arrecadados são insuficientes até mesmo para arcar com as despesas do processo.
>
> A nova redação é um claro resgate ao contido no Decreto-Lei 7.661/1945, art. 75, que trazia previsão de solução para um processo de falência que não tinha condições de quitar as suas próprias despesas.
>
> Como os casos de falência frustrada são uma realidade constante nos juízos brasileiros, era necessária essa previsão para que o Poder Judiciário não mais utilize suas cansadas engrenagens para movimentar um caso falimentar que não chegará a sua principal finalidade – pagar seus credores –, pelo simples fato de não haver qualquer ativo para ser dividido.[159]

Em caso de falência frustrada (ou falência sumária), o processo falimentar só terá prosseguimento se houver requerimento de credor(es) nesse sentido, "desde que paguem a quantia necessária às despesas e aos honorários do administrador judicial, que serão considerados despesas essenciais nos termos estabelecidos no inciso I-A do caput do art. 84" (§ 1º).

Caso, entretanto, nenhum credor se interesse pelo prosseguimento do processo falimentar no prazo estipulado, "o administrador judicial promoverá a venda dos bens arrecadados no prazo máximo de 30 (trinta) dias, para bens móveis, e de 60 (sessenta) dias, para bens imóveis, e apresentará o seu relatório, nos termos e para os efeitos dispostos neste artigo" (§ 2º).

---

[159] COSTA, Daniel Carnio e MELO, Alexandre Correa Nasser de. *Comentários à Lei de Recuperação de Empresas e Falência*, art. 114 «in» JuruáDocs n. 201.2291.2770.1981. Disponível em: <www.juruadocs.com>. Acesso em: 25/02/2021.

O § 3º está mal redigido, mas o que ele quer dizer, em síntese, é que feitas as vendas mencionadas e apresentado o relatório pelo administrador judicial, o juiz encerrará a falência por sentença.

8.6.1.1.1. A investigação do período suspeito

A arrecadação dos bens do devedor falido não deve se restringir ao ativo que o devedor possui no momento em que sua falência foi decretada. Afinal, é bem possível que o devedor tenha se desfeito de bens que compunham seu ativo antes da decretação da quebra com o objetivo de evitar que tais bens fossem arrecadados no processo falimentar.

É justamente por esse motivo que, quando estudamos a sentença que decreta a falência do devedor, vimos que uma das principais medidas tomadas pelo juízo falimentar quando da sua prolação consiste na fixação do ***termo legal da falência*****, que irá delimitar o chamado *período suspeito*.**

A principal finalidade da fixação do termo legal, como visto, é delimitar um lapso temporal prévio à decretação da falência que será investigado pelos credores, uma vez que durante esse período o empresário individual falido ou os administradores da sociedade empresária falida, por exemplo, pressentindo a futura decretação da quebra e temerosos quanto aos efeitos patrimoniais negativos advindos da instauração do processo falimentar, podem eventualmente ter praticado alguns atos que prejudiquem os interesses de credores.

Diante dessa inexorável realidade, a LRE contempla uma série de regras específicas que estabelecem a ***ineficácia* de certos atos praticados pelo devedor falido antes da decretação da falência**, e o reconhecimento da ineficácia desses atos perante a massa, consequentemente, permitirá que mais bens sejam incorporados a ela.

8.6.1.1.2. Ineficácia *versus* nulidade

Antes de analisarmos especificamente os atos objetivamente e subjetivamente ineficazes perante a massa, cumpre esclarecer que há uma relevante diferença entre ineficácia e nulidade. A declaração de ineficácia do ato perante a massa não se confunde com a declaração de sua nulidade.

> Os atos da sociedade falida considerados ineficazes pela Lei de Falências não produzem qualquer efeito jurídico *perante a massa*. Não são atos nulos ou anuláveis, ressalte-se, mas ineficazes. Quer dizer, sua validade não se compromete pela lei falimentar – embora de alguns deles até se pudesse cogitar de invalidação por vício social, nos termos da lei civil. Por isso, os atos referidos pela Lei de Falências como ineficazes diante da massa falida produzem, amplamente, todos os efeitos para os quais estavam preordenados em relação aos demais sujeitos de direito.[160]

É bem verdade que a LRE, repetindo a técnica constante da lei anterior, usa expressões distintas para se referir aos atos objetivamente ineficazes e aos atos subje-

160 COELHO, Fábio Ulhoa. *Curso de direito comercial*. 7. ed. São Paulo: Saraiva, 2007. p. 293. v. III.

tivamente ineficazes. No primeiro caso, fala realmente em *ineficácia perante a massa*, que pode ser reconhecida até mesmo de ofício pelo juiz, enquanto no segundo caso fala em revogação, que só poderia ser reconhecida por meio de ação autônoma, a ação revocatória. Não obstante o uso equivocado da expressão *revogação* para os atos subjetivamente ineficazes (art. 130 da LRE), não é exatamente isso o que ocorre com eles, na verdade. De fato, a consequência jurídica que a LRE atribui, tanto para os atos do art. 129 quanto para os atos do art. 130 é a *ineficácia perante a massa*, ou seja, trata-se de atos válidos, mas que não produzem nenhum efeito jurídico perante a massa falida.

Corrobora esse nosso entendimento - que, conforme demonstra a transcrição acima, não é isolado, mas compartilhado pela doutrina majoritária - a norma do art. 136 da LRE, segundo a qual *"reconhecida a ineficácia ou julgada procedente a ação revocatória, as partes retornarão ao estado anterior, e o contratante de boa-fé terá direito à restituição dos bens ou valores entregues ao devedor"*. Veja-se que a lei atribui os mesmos efeitos tanto à hipótese de reconhecimento de ineficácia (art. 129 - atos objetivamente ineficazes) quanto à hipótese de "revogação" decorrente da procedência da ação revocatória (art. 130 - atos subjetivamente ineficazes).

Em conclusão, pode-se dizer, então, que apesar de a LRE usar a expressão revogação para os atos do art. 130, eles são na verdade ineficazes perante a massa, assim como os atos do art. 129. A diferença, conforme será visto adiante, é que estes são *objetivamente* ineficazes, e aqueles são *subjetivamente* ineficazes.

8.6.1.1.3. Os atos do falido objetivamente ineficazes perante a massa

Segundo o art. 129 a LRE, alguns atos praticados pelo devedor falido antes da decretação de sua quebra, previstos nos seus incisos I a VII, "são ineficazes em relação à massa falida, tenha ou não o contratante conhecimento do estado de crise econômico-financeira do devedor, seja ou não intenção deste fraudar credores".

Trata-se do que a doutrina chama de atos *objetivamente ineficazes*, uma vez que o **reconhecimento de sua ineficácia independe da demonstração de fraude do devedor ou de conluio com o terceiro que com ele contratou**. Veja-se que os atos objetivamente ineficazes estão previstos em *rol taxativo* e sua prática, em geral, ocorreu em certo lapso temporal específico - que muitas vezes é justamente o denominado *período suspeito*, delimitado a partir da fixação do termo legal da falência.

No inciso I do art. 129 da LRE, prevê-se como ato objetivamente ineficaz "o pagamento de dívidas não vencidas realizado pelo devedor dentro do termo legal, por qualquer meio extintivo do direito de crédito, ainda que pelo desconto do próprio título". Ora, se a dívida não estava vencida, não era ainda exigível. O seu pagamento antecipado, por devedor que estava em situação pré-falimentar, é deveras estranho, justificando plenamente a previsão legal de sua completa ineficácia perante a massa. O pagamento antecipado de dívida ainda não vencida, enfim, viola a *par conditio creditorum*, pois concede a credor específico vantagem desarrazoada.

No inciso II, prevê-se também a ineficácia objetiva do "pagamento de dívidas vencidas e exigíveis realizado dentro do termo legal, por qualquer forma que não seja a prevista pelo contrato". Nesse caso, veja-se, a dívida já estava vencida e era, portanto, exigível. Todavia, o seu pagamento por meio diverso do previsto contratualmente é que causa estranheza e justifica a previsão de sua ineficácia perante a massa.

No inciso III, prevê-se que é objetivamente ineficaz "a constituição de direito real de garantia, inclusive a retenção, dentro do termo legal, tratandose de dívida contraída anteriormente; se os bens dados em hipoteca forem objeto de outras posteriores, a massa falida receberá a parte que devia caber ao credor da hipoteca revogada". Caso semelhante já foi analisado quando do estudo do ato de falência constante do art. 94, inciso III, alínea *e*, da LRE. Tem-se em ambos os casos uma conduta do devedor que viola, frontalmente, a *par conditio creditorum*. Afinal, se a dívida já tinha sido contraída, sem que no momento de sua assunção tivesse sido exigida garantia, não há razão para o devedor dar essa garantia posteriormente. Com efeito, dar ou reforçar uma garantia só é interessante, para o devedor, no momento da obtenção do crédito, podendo servir, por exemplo, para a consecução de mais prazo ou para o acerto de menores taxas de juros. Se a dívida já foi contraída, todavia, o oferecimento de garantia ou o reforço da garantia já existente perdem a sua utilidade prática, sendo razoável imaginar que nessa hipótese o devedor está agindo para beneficiar um credor em detrimento dos demais.

No inciso IV, por sua vez, é prevista como ato objetivamente ineficaz "a prática de atos a título gratuito, desde 2 (dois) anos antes da decretação da falência". Embora nesse caso não se utilize o termo legal como referência, também se exige, para o reconhecimento da ineficácia do ato, que este tenha sido praticado em determinado lapso temporal prévio à decretação da quebra. Ora, já vimos, no capítulo 2, que é da essência do direito empresarial lidar com situações onerosas, dados a especulação e o intuito lucrativo típicos das atividades econômicas exercidas pelos empresários e pelas sociedades empresárias. O simples fato de o devedor falido ter praticado atos gratuitos, de mera liberalidade, em período no qual, supõe-se, ele já tinha consciência do seu estado de crise, por si só justifica o dispositivo em questão. Devem ser ressalvados, entretanto: (i) os atos gratuitos de valor irrisório, como as doações a entidades beneficentes e os brindes promocionais, e (ii) as gratificações pagas a diretores e empregados.[161]

No inciso V, por outro lado, está prevista a ineficácia objetiva da "renúncia à herança ou a legado, até 2 (dois) anos antes da decretação da falência". Mais uma vez não se usou o termo legal como referência temporal, mas o prazo de dois anos anterior à quebra. A justificativa desse dispositivo é a mesma do dispositivo analisado no parágrafo anterior. A renúncia pode ter sido feita de forma premeditada, na certeza de que os valores herdados seriam inevitavelmente arrecadados para a massa quando da decretação da quebra.

No inciso VI, por sua vez, é considerada ato objetivamente ineficaz "a venda ou transferência de estabelecimento feita sem o consentimento expresso ou o pagamento de todos os credores, a esse tempo existentes, não tendo restado ao devedor bens suficientes para solver o seu passivo, salvo se, no prazo de 30 (trinta) dias, não houver

---

[161] Nesse sentido, citando lições de Rubens Requião: COELHO, Fábio Ulhoa. *Curso de direito comercial*. 7. ed. São Paulo: Saraiva, 2007. p. 297. v. III.

oposição dos credores, após serem devidamente notificados, judicialmente ou pelo oficial do registro de títulos e documentos". Esse caso também já foi analisado quando do estudo do ato de falência constante do art. 94, III, alínea *c* (ver ainda o tópico do capítulo 2 sobre estabelecimento empresarial). Com efeito, dentre as regras especiais previstas pelo Código Civil para a realização do trespasse, destacase a constante do art. 1.145, segundo a qual o alienante do estabelecimento deve guardar bens suficientes para solver o seu passivo ou então notificar os credores para que estes consintam com a venda. O trespasse irregular do estabelecimento, pois, além de ser considerado ato de falência, é fulminado com a previsão de ineficácia objetiva perante a massa.

Por fim, no inciso VII, a lei prevê a ineficácia objetiva dos "registros de direitos reais e de transferência de propriedade entre vivos, por título oneroso ou gratuito, ou a averbação relativa a imóveis realizados após a decretação da falência, salvo se tiver havido prenotação anterior". Sabe-se que a oneração ou a alienação de bem imóvel só se aperfeiçoa, produzindo efeitos perante terceiros, depois de devidamente registrada no órgão competente, isto é, o cartório de registro de imóveis. Ora, se até a decretação da falência não tinha sido levado a efeito o registro, ele será completamente ineficaz perante a massa se feito após a sentença de quebra. A única exceção aberta pela norma em questão é a existência de prenotação anterior. Isso nos leva a concluir, pois, *a contrario sensu*, que a simples operação de venda de bens imóveis do devedor ou a mera constituição de garantia sobre eles, antes da decretação de sua falência – ainda que dentro do *período suspeito* –, é plenamente válida e eficaz. Esse sempre foi o entendimento pacífico do Superior Tribunal de Justiça, conforme demonstram os julgados a seguir transcritos:

> *Ação revocatória. Art. 52, VII, da Lei de Falências. Precedentes da Corte. 1. Como assentado na jurisprudência da Corte, "inocorrendo demonstração de fraude, é eficaz em relação à massa falida a alienação de imóvel de sua propriedade ocorrida dentro do termo legal da falência, também denominado período suspeito, mas anteriormente à declaração da quebra" (REsp n.º 246.667/SP, Relator o Ministro Sálvio de Figueiredo Teixeira, DJ de 14.04.2003; na mesma linha: REsp n.º 168.401/RS, relator o Ministro Barros Monteiro, DJ de 17/2/03; REsp n.º 228.197/SP, de minha relatoria, DJ de 18/12/2000). 2. Recurso especial conhecido e provido. (STJ, REsp 681.798/PR, Rel. Min. Carlos Alberto Menezes Direito, DJ 22.08.2005, p. 271).*
>
> *Ação revocatória. Venda de bem imóvel no período suspeito. Súmula n.º 07 da Corte. Dissídio. 1. Precedentes da Corte já assentaram que "se a transferência se deu no período suspeito, mas antes da decretação da falência, sua nulidade depende da prova da fraude" (REsp n.º 139.304/SP, Relator o Ministro Ari Pargendler, DJ de 23.04.2001). 2. Não cabe em recurso especial fazer um novo exame da prova dos autos para desmontar aquele constante do acórdão recorrido sobre o cenário fático relativo à operação com os imóveis, à fraude em relação à certidão para a operação e ao preço vil. 3. O dissídio sem a devida demonstração analítica, com a mera transcrição de ementas, no caso, não tem como ter êxito. 4. Recurso especial não conhecido (STJ, REsp 510.404/SP, Rel. Min. Carlos Alberto Menezes Direito, DJ 29.03.2004, p. 232).*
>
> *Falência. Alienação. Imóvel. Período suspeito. A Turma reafirmou que, se não existir demonstração de fraude, é eficaz a alienação de imóvel de propriedade da massa falida ocorrida durante o termo legal da falência (período suspeito), mas anterior à declaração da quebra. Precedentes citados: REsp 246.667/SP, DJ 14.04.2003; REsp 168.401/RS, DJ 17.02.2003, e REsp 228.197/SP, DJ 18.12.2000 (REsp 681.798/PR, Rel. Min. Carlos Alberto Menezes Direito, j. 12.05.2005,* Informativo *246/2005).*

Ocorre que, se a venda foi feita, mas o registro respectivo não foi efetuado, não se poderá fazê-lo depois da sentença de quebra. É isso o que a regra em comento preceitua. E a razão para essa regra é bastante simples: caso se admitisse o registro posterior, estar-se-ia abrindo uma brecha perigosa, isto é, permitindo que se forjasse um contrato de compra e venda anterior à sentença, para justificar o registro posterior à quebra. Isso explica, ademais, o fato de a lei fazer uma única ressalva: a existência de prenotação anterior.

Pois bem. Descoberta a prática de um dos atos acima descritos e analisados, "a ineficácia poderá ser declarada de ofício pelo juiz, alegada em defesa ou pleiteada mediante ação própria ou incidentalmente no curso do processo" (art. 129, parágrafo único, da LRE). Trata-se de novidade interessantíssima trazida pela nova legislação falimentar, uma vez que na vigência da legislação anterior o reconhecimento da ineficácia objetiva se submetia ao procedimento da ação revocatória, hoje restrita às hipóteses de ineficácia subjetiva, analisadas adiante.

É preciso destacar, entretanto, que, segundo o art. 131 da LRE, "nenhum dos atos referidos nos incisos I, II, III e VI do caput do art. 129 desta Lei que tenham sido previstos e realizados na forma definida no plano de recuperação judicial ou extrajudicial será declarado ineficaz ou revogado".

8.6.1.1.4. Os atos do falido subjetivamente ineficazes perante a massa

Além dos atos objetivamente ineficazes, previstos no rol exaustivo do art. 129 da LRE, ela também prevê, no seu art. 130, que "são revogáveis os atos praticados com a intenção de prejudicar credores, provando-se o conluio fraudulento entre o devedor e o terceiro que com ele contratar e o efetivo prejuízo sofrido pela massa falida". Trata o dispositivo em questão, pois, dos atos com *ineficácia subjetiva*,[162] os quais só terão reconhecida a sua ineficácia se forem provados (i) a intenção de prejudicar os credores, (ii) o conluio fraudulento entre o devedor e o terceiro que contratou com ele e (iii) o real prejuízo da massa.

Perceba-se ainda que, no caso dos atos subjetivamente ineficazes, não há a previsão específica de condutas típicas do devedor nem a utilização de nenhum marco temporal como referência. Em princípio, portanto, qualquer ato do devedor que os credores julguem encaixar-se na previsão do art. 130 da LRE, independentemente da época de sua prática, pode ser questionado com o requerimento de declaração da sua ineficácia perante a massa.

8.6.1.1.4.1. A ação revocatória

Ao contrário do que ocorre com os atos de ineficácia objetiva previstos no art. 129 da LRE, a **declaração de ineficácia subjetiva não poderá ser reconhecida de**

[162] Não obstante a LRE repita o erro da lei anterior, falando em atos revogáveis, a verdade é que a expressão é atécnica. De fato, não se trata de hipótese de revogação, mas apenas de reconhecimento da ineficácia do ato perante a massa, o que, como visto, é bem diferente. No mesmo sentido, entendendo que, a despeito da redação da lei, o caso é de ineficácia, e não de revogação: COELHO, Fábio Ulhoa. *Comentários à lei de falências e recuperação de empresas*. 3. ed. São Paulo: Saraiva, 2005. p. 352.

ofício pelo juiz, alegada em defesa ou pleiteada incidentalmente. Nesse caso, **será necessário o ajuizamento de ação própria, a chamada *ação revocatória***, a qual, segundo o art. 132 da LRE, "deverá ser proposta pelo administrador judicial, por qualquer credor ou pelo Ministério Público no prazo de 3 (três) anos contado da decretação da falência". Aqui houve mais uma novidade importante trazida pela legislação falimentar atual. É que na lei anterior o prazo para a sua propositura era de apenas 1 (um) ano, e a legitimidade ativa, no primeiro mês, era exclusiva do síndico. Na LRE, além de o prazo ter sido aumentado para **três anos**, a legitimidade, desde o início, é **concorrente entre administrador judicial, credores e Ministério Público.**

Embora o art. 132 da LRE confira legitimidade ativa ao administrador judicial, a melhor interpretação, de fato, é a de que tal legitimidade é da própria massa falida, agindo o administrador judicial como seu representante – ou presentante. Com efeito, muitas vezes, na prática quem ingressa com a ação é o próprio administrador judicial, em seu nome, e isso, na nossa opinião, configura vício formal sanável, devendo o juiz, com base no art. 321 do CPC/2015, determinar a emenda da inicial para a sua correção, e não extinguir o processo por ilegitimidade *ad causam*, como fazem alguns magistrados. Nesse sentido, confira-se o seguinte julgado do STJ, o qual, embora tenha analisado a questão à luz da lei antiga, vale também para a lei atual:

> *Direito falimentar. Ação revocatória. Legitimidade ativa. 1. A redação do art. 55 do antigo Decreto-Lei n. 7.661/1945 gerava dúvidas quanto à legitimidade ativa para a ação revocatória, embora a melhor interpretação fosse a que conferia tal legitimidade à própria massa, agindo o síndico como seu representante. 2. No entanto, o fato de o síndico ingressar com a ação em seu nome configura vício formal sanável, que pode ser corrigido com a determinação de emenda da inicial (art. 284 do CPC). 3. Aplicação, ao caso, do princípio da instrumentalidade das formas. 4. Recurso especial conhecido e provido (STJ, 4.ª T., REsp 919.737/RJ, Rel. Min. Antonio Carlos Ferreira, j. 18.10.2011, DJ 24.10.2011).*

A ação revocatória, que corre perante o juízo universal da falência e segue o rito comum do Novo Código de Processo Civil (art. 134 da LRE), pode ser ajuizada contra: (i) todos os que figuraram no ato ou que por efeito dele foram pagos, garantidos ou beneficiados; (ii) os terceiros adquirentes, se tiveram conhecimento, ao se criar o direito, da intenção do devedor de prejudicar os credores; (iii) os herdeiros ou legatários das pessoas indicadas nos dois casos ora mencionados (art. 133 da LRE).

Julgada procedente a ação revocatória pelo juiz da falência, este "determinará o retorno dos bens à massa falida em espécie, com todos os acessórios, ou o valor de mercado, acrescidos das perdas e danos" (art. 135 da LRE). Esses bens ou valores obtidos por meio da ação revocatória, é óbvio, servirão no futuro para pagamento de todos os credores, respeitada a ordem de preferência de cada um deles. Da sentença proferida na ação revocatória cabe apelação (art. 135, parágrafo único).

Ressalte-se ainda que durante o curso da ação revocatória o juiz pode, exercendo o seu poder geral de cautela, "a requerimento do autor da ação, ordenar, como medida preventiva, na forma da lei processual civil, o sequestro dos bens retirados do patrimônio do devedor que estejam em poder de terceiros".

Por fim, o ato objetivamente ou subjetivamente ineficaz pode assim ser reconhecido "ainda que praticado com base em decisão judicial, observado o disposto no art. 131 desta Lei" (art. 138 da LRE). Nesse caso, "ficará rescindida a sentença que o motivou" (art. 138, parágrafo único).

8.6.1.2. Os pedidos de restituição

Acabamos de ver que a arrecadação dos bens do devedor, como medida que visa à definição do seu ativo, com a consequente formação da massa falida objetiva, é procedimento que determina que o administrador judicial arrecade todos os bens do falido, ficando estes sob os seus cuidados. Assim, o administrador judicial se responsabilizará pela sua guarda e conservação até o momento da realização da venda, cujo produto será usado para pagamento dos credores.

Ocorre que o procedimento de arrecadação abrange tanto os bens de propriedade do devedor falido quanto os bens que apenas se encontram na sua posse, como, por exemplo, bens dos quais ele é mero locatário ou comodatário. Sendo assim, pode ser, eventualmente, que a arrecadação atinja bens de terceiros, os quais, logicamente, não poderão de forma alguma ser utilizados para pagamento dos credores do falido. Portanto, para que se complete a correta definição do ativo que será executado no processo falimentar, é preciso proceder, após a arrecadação, à restituição de alguns bens aos seus reais proprietários.

Alguns doutrinadores, pois, dividem o **procedimento de definição do ativo do devedor falido** em duas fases: (i) a *integração*, que corresponde à arrecadação de todos os bens em posse do falido, e (ii) a *desintegração*, que corresponde à restituição de alguns desses bens arrecadados.

> Waldemar Ferreira chama a arrecadação de integração da massa ativa e a restituição de desintegração. Pois bem, a definição do ativo é o resultado desses dois movimentos do processo falimentar, a integração e a desintegração da massa falida objetiva. Os bens na posse da falida e as mercadorias entregues às vésperas da falência, entre outros, não devem integrar, ou melhor, devem ser desintegrados da massa de bens a serem vendidos em juízo para pagamento dos credores participantes do concurso.[163]

Há basicamente quatro hipóteses que ensejam a possibilidade de pedido de restituição de bens, para as quais a LRE estabelece procedimento específico, regulado nos seus arts. 85 a 93.

8.6.1.2.1. Os fundamentos dos pedidos de restituição

O primeiro caso de restituição de bens arrecadados está consagrado no art. 85 da LRE, segundo o qual "o proprietário de bem arrecadado no processo de falência ou que se encontre em poder do devedor na data da decretação da falência poderá pedir sua restituição". Tem-se, aqui, caso em que o bem arrecadado é de **propriedade de terceiro**. Pode ser, por exemplo, que o bem tivesse sido entregue ao falido em comodato.

---

[163] COELHO, Fábio Ulhoa. *Curso de direito comercial*. 7. ed. São Paulo: Saraiva, 2007. p. 331. v. III.

O segundo caso está previsto no art. 85, parágrafo único, da LRE, que dispõe o seguinte: "também pode ser pedida a restituição de coisa vendida a crédito e entregue ao devedor nos 15 (quinze) dias anteriores ao requerimento de sua falência, se ainda não alienada". Aqui a situação é um pouco diferente. Trata-se de **bem que foi vendido a crédito ao falido**, entregue a este até quinze dias antes da decretação de sua quebra e ainda não alienado. O objetivo do legislador, nesse caso, foi proteger o terceiro de boa-fé que contratou com o falido às vésperas de sua falência. Afinal, nos quinze dias anteriores à quebra é bastante provável que o empresário devedor ou os administradores da sociedade devedora soubessem da situação de crise da empresa, fato que deveria fazer com que não adquirissem mercadorias a crédito, haja vista a grande possibilidade de não poderem honrar o compromisso assumido.

A terceira hipótese de restituição, por sua vez, está assegurada pelo art. 86, II, da LRE, que faz referência a outro dispositivo normativo. Com efeito, prevê a norma em comento que caberá a restituição em dinheiro "da importância entregue ao devedor, em moeda corrente nacional, decorrente de **adiantamento a contrato de câmbio para exportação**, na forma do art. 75, §§ 3.º e 4.º, da Lei n.º 4.728, de 14 de julho de 1965, desde que o prazo total da operação, inclusive eventuais prorrogações, não exceda o previsto nas normas específicas da autoridade competente". Destaque-se que, nesse caso, conforme será reiterado adiante, a restituição deve ser feita em dinheiro. O dispositivo em questão foi uma importante inovação da LRE, mas que tem causado muita polêmica entre os doutrinadores. Enquanto uns o defendem de forma veemente, destacando a importância da reforma do direito falimentar brasileiro para a redução dos juros e o desenvolvimento da economia nacional,[164] outros o criticam severamente, vendo nele apenas mais uma medida da lei em defesa do capital financeiro e em detrimento dos demais credores do falido[165]. Em nossa opinião particular, o dispositivo é bem-vindo. Com efeito, já afirmamos aqui mais de uma vez que um dos principais objetivos da LRE foi conferir mais segurança ao crédito e, com isso, reduzir os juros cobrados nessas operações. Portanto, regras como a ora analisada servem bem a essa finalidade, conferindo a ela um custo-benefício positivo.

Ademais, não custa lembrar que há bastante tempo os Tribunais Superiores pátrios já vinham entendendo que os valores referentes a adiantamento a contrato de câmbio deveriam mesmo ser restituídos, e não habilitados junto aos demais créditos para recebimento posterior. Isso porque a própria Lei 4.728/1965 determina isso expressamente, em seu art. 75, § 3.º. O Supremo Tribunal Federal, analisando essa norma, entendeu pela sua constitucionalidade.

> *Lei de Mercado de Capitais. Adiantamento feito por instituição financeira a exportador, por conta do valor do contrato de câmbio. Concordata. A restituição a que alude o*

[164] "(...) o pedido de restituição do art. 75, § 3.º, da Lei n.º 4.728/65 contribui para a facilitação e o barateamento do financiamento às exportações; ajuda, em última instância, o enfrentamento do desafio nacional pela redução da dependência externa." (COELHO, Fábio Ulhoa. *Comentários à lei de falências e recuperação de empresas*. 3. ed. São Paulo: Saraiva, 2005. p. 243).

[165] BEZERRA FILHO, Manoel Justino. *Lei de recuperação de empresas e falências comentada*. 4. ed. São Paulo: RT, 2007. p. 231. Segundo o autor, o pedido de restituição ora examinado apenas "demonstra a absoluta preponderância da Lei na defesa do capital financeiro, em prejuízo de todos os demais créditos (...)".

par. 3.º do art. 75 da Lei 4.728/65, não viola o princípio da isonomia (par. 1.º do art. 153 da Constituição Federal). Inexistência de dissídio com a Súmula 417 que, por ser anterior à Lei de Mercado de Capitais, não se refere à restituição em causa. Recurso extraordinário não conhecido (STF, RE 88.156, Rel. Min. Rodrigues Alckmin).

Após a promulgação da atual Constituição, o mesmo Supremo Tribunal Federal voltou a decidir sobre o assunto, entendendo que a questão é de índole infraconstitucional (AI 435.032, Rel. Min. Cezar Peluso). E o Superior Tribunal de Justiça, competente para uniformização da interpretação da legislação infraconstitucional, também entendeu, em vários julgados, da mesma forma que o STF, consolidando seu posicionamento no Enunciado 307 de sua súmula de jurisprudência dominante, que assim dispõe: "a restituição de adiantamento de contrato de câmbio, na falência, deve ser atendida antes de qualquer crédito".

(...) É pacífica a jurisprudência deste Tribunal Superior no sentido de que, em processo de falência, os pedidos de restituições adiantadas à conta de contrato de câmbio (art. 75, § 3.º, da Lei n. 4.728/1965) devem efetivar-se antes do pagamento de qualquer crédito, ainda que trabalhista, pois os bens a que se referem não integram o patrimônio do falido. (...) (REsp 439.814/RS, Rel. Min. Barros Monteiro, j. 18.11.2004, Informativo *229/2004).*

(...) Consoante jurisprudência consolidada nesta Corte Superior, é cabível o pedido de restituição baseado no adiantamento de contrato de câmbio, pois os valores dele decorrentes não integram o patrimônio da massa falida ou da empresa concordatária (art. 75, § 3.º, da Lei 4.728/65 – Lei do Mercado de Capitais). 4. A teor da Súmula 133 do STJ, "a restituição da importância adiantada, a conta de contrato de câmbio, independe de ter sido a antecipação efetuada nos quinze dias anteriores ao requerimento da concordata" ou da falência, não incidindo, portanto, a condição temporal prevista no art. 76, § 2.º, da antiga Lei de Falências. 5. "A restituição de adiantamento de contrato de câmbio, na falência [ou concordata], deve ser atendida antes de qualquer crédito" (Súmula 307 do STJ), ainda que seja o mesmo de natureza trabalhista. (...) (AgRg no Ag 510.416/RJ, Rel. Min. Vasco Della Giustina (desembargador convocado do TJ/RS), 3.ª Turma, j. 04.02.2010, DJe *23.02.2010).*

Pode-se dizer, portanto, que "a nova disposição [art. 86, inciso II, da LRE] (...) repetindo, grosso modo, o teor do art. 75, §§ 3.º e 4.º, da Lei n.º 4.728/65, vem apenas consolidar o tratamento que a legislação pretérita e a jurisprudência já dispensavam ao adiantamento do contrato de câmbio para exportação diante da quebra empresarial".[166]

Ainda segundo o adiantamento em contrato de câmbio, a Súmula 36 do STJ dispõe que "a correção monetária integra o valor da restituição, em caso de adiantamento de cambio, requerida em concordata ou falência".

Há ainda uma quarta hipótese de restituição, prevista no art. 86, III, da LRE, que está disciplinada no art. 136 da LRE. Trata-se da situação em que o juiz declara a ineficácia de ato praticado pelo falido antes da decretação da quebra, caso em que "as partes retornarão ao estado anterior, e o **contratante de boa-fé terá direito à restituição dos bens ou valores entregues ao devedor**". Sendo assim, "o contratante de boa-fé em cuja propriedade se encontrava bem que, em razão da declaração da

166 FÉRES, Marcelo Andrade. *O adiantamento do contrato de câmbio para exportação e o pedido de restituição na nova Lei de Falências: exame de constitucionalidade.* Jus Navigandi, Teresina, ano 10, n.º 871, 21 nov. 2005. Disponível em: <http://jus2.uol.com.br/doutrina/texto.asp?id=7529>. Acesso em: 21 maio 2007.

ineficácia objetiva ou subjetiva de um ato da sociedade falida, deve retornar à massa, tem o direito de ser compensado pecuniariamente pelo seu prejuízo. Esse direito é exercido por meio de um pedido de restituição".[167] Nesse caso a restituição também será feita em dinheiro, conforme será reiterado no tópico seguinte.

Destaque-se também uma situação especial, relativa aos valores descontados pelo devedor falido no salário de seus empregados, a título de **contribuição social para o INSS**. De acordo com o art. 51, parágrafo único, da Lei 8.212/1991, nos processos de falência "o Instituto Nacional do Seguro Social-INSS reivindicará os valores descontados pela empresa de seus empregados e ainda não recolhidos". Portanto, tratando-se dos valores devidos pelo devedor falido relativos à contribuição social dos seus empregados – que cabe a ele, empresário, descontar do salário dos funcionários e recolher –, deve o INSS formular pedido de restituição, e não habilitar tais créditos no quadro-geral. A habilitação é feita apenas em relação aos valores devidos pelo próprio devedor falido, relativos à contribuição social devida por ele mesmo. Nesse sentido, entende o Superior Tribunal de Justiça:

> *Falência. Recolhimento. Contribuição previdenciária. Os valores recolhidos dos empregados a título de contribuição previdenciária não podem incorporar-se à massa falida porque não fazem parte do ativo da empresa. Sequer há que se falar em preferência de créditos trabalhistas, pois há, sim, a não incorporação ao patrimônio do falido, que é mero intermediário entre empregados e o INSS (REsp 596.797/RS, Rel. Min. Eliana Calmon, j. 11.05.2004).*
>
> *Execução fiscal. Contribuição previdenciária. Massa falida. Tratase de execução fiscal interposta pelo INSS em processo falimentar, pedindo a restituição das contribuições previdenciárias descontadas dos salários dos empregados, mas não repassadas à autarquia. O Tribunal* a quo *admitiu a procedência do pedido, considerando incabível a inclusão de juros no valor a restituir e, ainda, determinou que a restituição fosse processada após a satisfação dos créditos trabalhistas. A Turma deu parcial provimento, entendendo que não houve prequestionamento quanto à questão dos juros, porém reconheceu que os valores dos salários dos empregados retidos a título de contribuição previdenciária pela empresa devem ser devolvidos independentemente de rateio (art. 76 da Lei de Falências). Ressaltouse a jurisprudência da Segunda Seção deste Tribunal, no sentido de que esse crédito não integra o patrimônio do falido. Precedente citado: REsp 90.068/SP, DJ 15.12.1997 (REsp 506.096/RS, Rel. Min. Eliana Calmon, j. 18.11.2003,* Informativo *192/2003).*

Em suma: o INSS deve (i) pedir restituição das contribuições sociais devidas pelos empregados – que o devedor falido devia ter descontado dos seus salários e recolhido – e (ii) habilitar como crédito fiscal as contribuições devidas pelo empregador. E a razão é bem simples: no que se refere às contribuições dos empregados, os valores não podem ser incorporados à massa, conforme descrito na decisão do STJ acima transcrita, uma vez que não se trata de dinheiro do devedor falido. Cuida-se, na verdade, de dinheiro do INSS, que o falido apenas tinha a obrigação de descontar dos seus funcionários e recolher aos cofres públicos. Se não o fez, o INSS deve tão somente pedir a sua restituição.

Essa situação descrita nos parágrafos anteriores agora está contemplada na própria LRE: o inciso IV do art. 86, inserido na reforma provocada pela Lei 14.112/2020,

---

[167] COELHO, Fábio Ulhoa. *Curso de direito comercial*. 7. ed. São Paulo: Saraiva, 2007. p. 338. v. III.

prevê que também cabe pedido de restituição em dinheiro pelas Fazendas Públicas, "relativamente a tributos passíveis de retenção na fonte, de descontos de terceiros ou de sub-rogação e a valores recebidos pelos agentes arrecadadores e não recolhidos aos cofres públicos".

Por fim, cumpre fazer uma observação relevante, referente aos valores dos correntistas de instituições financeiras – bancos – que eventualmente tenham a sua falência decretada. Pergunta-se: nesse caso, poderiam os correntistas fazer pedido de restituição em relação aos valores depositados em suas contas bancárias, alegando que os valores em questão não seriam da instituição financeira, mas deles? A resposta é negativa. A matéria, ainda na vigência da legislação falimentar anterior – que cuidava dos pedidos de restituição em seu art. 76 –, já estava pacificada no âmbito da jurisprudência do Superior Tribunal de Justiça:

> *Agravos contra decisão monocrática proferida em recurso especial. Restituição de depósitos bancários. Indevida. Honorários advocatícios. Reduzidos. Art. 20, § 4.º, do CPC. Os depósitos bancários não se enquadram na hipótese do art. 76 da Lei de Falências, pois neles, em particular, ocorre a transferência da titularidade dos valores à instituição bancária, ficando o correntista apenas com o direito ao crédito correspondente. A verba honorária fixada "consoante apreciação equitativa do juiz" (art. 20, § 4.º, CPC), por decorrer de ato discricionário do magistrado, deve traduzir-se num valor que não fira a chamada lógica do razoável, pois em nome da equidade não se pode baratear a sucumbência, nem elevá-la a patamares pinaculares. Improvido o agravo da Massa Falida do Banco do Progresso S.A. e provido o agravo do correntista, para reduzir a verba honorária (AgRg no REsp 660.762/MG, Rel. Min. Cesar Asfor Rocha, DJ 13.06.2005, p. 316).*
>
> *Direito comercial. Agravos no recurso especial. Ação de restituição. Falência de instituição financeira. Correntista. Depósito bancário. Impossibilidade de restituição. Decisão unipessoal. Precedente da Segunda Seção não publicado. Na falência de instituição financeira, o titular de contrato depósito de dinheiro em conta-corrente não possui direito à restituição dos valores depositados. Não há nulidade na decisão unipessoal que, ao utilizar precedente não publicado, aponta as razões adotadas pelo Colegiado. Precedentes do STF. Agravos não providos (AgRg no REsp 509.467/MG, Rel. Min. Nancy Andrighi, DJ 28.06.2004, p. 306).*
>
> *Recurso especial. Depósito. Caderneta de poupança. Instituição bancária. Decretação de falência. Artigo 76, do DL 7661/45. Inexistência de afronta ao artigo 535, II, do Código de Processo Civil. Aplicação* in casu *da Súmula 417/STF. Provimento do recurso. 1. No contrato de depósito bancário, o depositante transfere à instituição financeira depositária a propriedade do dinheiro, passando esta a ter sobre ele total disponibilidade. Este contrato, por construção doutrinária e jurisprudencial, é equiparado ao contrato de mútuo. É chamado de depósito irregular (depósito de coisas fungíveis). 2. Decretada a falência da instituição financeira, os depósitos decorrentes de contrato autorizado em lei passam a incorporar a massa falida, e não podem ser objeto de ação de restituição, exceto nos casos em que possa haver a individuação das notas ou do metal que as represente, nos termos do artigo 76, da Lei de Falências (DL 7661/45). Sobre a matéria manifestou-se o colendo Supremo Tribunal Federal mediante a edição da Súmula 417: "pode ser objeto de restituição, na falência, dinheiro em poder do falido, recebido em nome de outrem, ou do qual, por lei ou contrato, não tivesse ele a responsabilidade". 3. Ocorrendo a liquidação extrajudicial da Instituição Financeira os depósitos denominados irregulares, passam a integrar a massa falida gerando direito de crédito e não à restituição dos valores depositados, concorrendo o correntista com os demais credores quirografários. 4. Recurso especial provido para, reformando o acórdão, negar*

o direito à restituição dos depósitos dos recorrentes, cujos valores deverão ser incluídos no quadro geral de credores, em liquidação, sem qualquer privilégio (REsp 492.956/MG, Rel. Min. José Delgado, DJ 26.05.2003, p. 268).

Civil e processual. Recurso especial. Falência. Restituição de depósitos bancários. Impossibilidade. Precedentes. Provimento. I. "Os depósitos bancários não se enquadram na hipótese do art. 76 da Lei de Falências, pois neles, em particular, ocorre a transferência da titularidade dos valores à instituição bancária, ficando o correntista apenas com o direito ao crédito correspondente" (AgRg no REsp 660762/MG, Rel. Min. Cesar Asfor Rocha, DJ 13.06.2005 p. 316). Precedentes. II. Recurso especial provido para julgar improcedente a ação de restituição de depósitos (REsp 810.390/MG, Rel. Min. Aldir Passarinho Junior, 4.ª Turma, j. 03.09.2009, DJe 13.10.2009).

Em resumo: havendo a decretação da falência de instituição financeira, os correntistas não fazem *jus* ao pedido de restituição dos valores depositados, devendo, pois, requerer habilitação do crédito respectivo, concorrendo na classe dos credores quirografários.

8.6.1.2.2. As hipóteses de restituição em dinheiro

A restituição, em geral, poderá ser feita em dinheiro ou por meio da devolução do próprio bem. Em alguns casos, porém, a LRE impõe que a restituição seja feita em dinheiro. Com efeito, o art. 86 determina que "proceder-se-á à restituição em dinheiro: I – se a coisa não mais existir ao tempo do pedido de restituição, hipótese em que o requerente receberá o valor da avaliação do bem, ou, no caso de ter ocorrido sua venda, o respectivo preço, em ambos os casos no valor atualizado; II – da importância entregue ao devedor, em moeda corrente nacional, decorrente de adiantamento a contrato de câmbio para exportação, na forma do art. 75, §§ 3º e 4º , da Lei nº 4.728, de 14 de julho de 1965, desde que o prazo total da operação, inclusive eventuais prorrogações, não exceda o previsto nas normas específicas da autoridade competente; III – dos valores entregues ao devedor pelo contratante de boa-fé na hipótese de revogação ou ineficácia do contrato, conforme disposto no art. 136 desta Lei; e IV – às Fazendas Públicas, relativamente a tributos passíveis de retenção na fonte, de descontos de terceiros ou de sub-rogação e a valores recebidos pelos agentes arrecadadores e não recolhidos aos cofres públicos".

As hipóteses dos incisos II e III foram analisadas detalhadamente nos parágrafos anteriores, e a hipótese do inciso IV foi inserida na LRE na reforma provocada pela Lei 14.112/2020.

Na redação original da LRE, o art. 86, parágrafo único, determinava que todas essas hipóteses de restituição em dinheiro somente seriam efetuadas após o pagamento previsto no art. 151. Esse dispositivo foi revogado, e agora a matéria está tratada no inciso I-C do art. 84.

8.6.1.2.3. O procedimento do pedido de restituição

De acordo com o art. 87 da LRE, "o pedido de restituição deverá ser fundamentado e descreverá a coisa reclamada". Uma vez formulado, ele "suspende a disponibilidade da coisa até o trânsito em julgado" (art. 91 da LRE).

É óbvio que o requerimento será formulado perante o juízo universal da falência, o qual "mandará autuar em separado o requerimento com os documentos que o instruírem e determinará a intimação do falido, do Comitê, dos credores e do administrador judicial para que, no prazo sucessivo de 5 (cinco) dias, se manifestem, valendo como contestação a manifestação contrária à restituição" (art. 87, § 1.º). Poderá o juiz, inclusive, se entender necessário, determinar a realização de audiência de instrução e julgamento (art. 87, § 2.º).

Julgado procedente por sentença o pedido de restituição, o juiz determinará, imediatamente, que a coisa seja entregue ao autor do pedido no prazo de 48 horas (art. 88 da LRE). Logicamente, a massa só será condenada ao pagamento de honorários advocatícios se contestar o pedido de restituição formulado (art. 88, parágrafo único). Não há razão para condená-la em honorários quando ela não oferecer contestação, uma vez que, conforme já estudamos, a arrecadação do bem a ser restituído não se deu por erro ou má-fé, mas porque a própria LRE determina que todos os bens em posse do falido sejam arrecadados, mesmo os que não sejam de sua propriedade. Trata-se de etapa normal do processo falimentar.

Caso o pedido de restituição seja julgado improcedente pelo juiz da falência, mas este entenda que o requerente é credor do devedor falido, determinará na própria sentença a sua inclusão no quadro-geral de credores, na ordem de classificação respectiva (art. 89 da LRE).

Contra a sentença, de procedência ou improcedência, cabe recurso de apelação, apenas com efeito devolutivo (art. 90). Em caso de pedido julgado procedente, o requerente pode pleitear o recebimento do bem ou do valor reclamado antes do trânsito em julgado da sentença, mas para tanto deverá prestar caução idônea (art. 90, parágrafo único).

Não se deve esquecer que muitas vezes a massa teve custos para guardar e conservar o bem arrecadado que será restituído. Diante disso, determina o art. 92 da LRE que "o requerente que tiver obtido êxito no seu pedido ressarcirá a massa falida ou a quem tiver suportado as despesas de conservação da coisa reclamada". Ora, a massa, no mais das vezes, possui recursos escassos para saldar suas dívidas perante os credores concursais. Não seria nada justo, pois, que esses parcos recursos fossem utilizados para a conservação de bens de terceiros, sem que estes, posteriormente, os cobrissem.

Finalmente, a LRE ainda assegura ao interessado que "nos casos em que não couber pedido de restituição, fica resguardado o direito dos credores de propor embargos de terceiros, observada a legislação processual civil".

8.6.2. O procedimento de verificação e habilitação dos créditos

Já destacamos reiteradas vezes que a falência, na qualidade de execução concursal do devedor empresário insolvente, tem como finalidade reunir os credores (massa falida subjetiva) e arrecadar todos os bens (massa falida objetiva) do devedor.

A formação da massa falida subjetiva se dá com o procedimento de verificação e habilitação dos créditos, para o qual a LRE trouxe interessantes inovações, visando a dar mais celeridade ao processo falimentar.

Com efeito, já vimos, quando do estudo da sentença que decreta a falência, que uma das medidas específicas ditadas pelo juiz é a determinação para que o devedor falido apresente, em **cinco dias, a relação completa e detalhada de todos os seus credores**. Da mesma forma, o juiz fixa na sentença o prazo para a apresentação de **habilitação/divergência dos créditos perante o administrador judicial (quinze dias**, conforme dispõe o art. 7.º, § 1.º, da LRE).

Segundo o art. 9.º da LRE, a habilitação do crédito deverá conter: "I – o nome, o endereço do credor e o endereço em que receberá comunicação de qualquer ato do processo; II – o valor do crédito, atualizado até a data da decretação da falência ou do pedido de recuperação judicial, sua origem e classificação; III – os documentos comprobatórios do crédito e a indicação das demais provas a serem produzidas; IV – a indicação da garantia prestada pelo devedor, se houver, e o respectivo instrumento; V – a especificação do objeto da garantia que estiver na posse do credor". Além do mais, conforme determinação do parágrafo único do dispositivo em comento, "os títulos e documentos que legitimam os créditos deverão ser exibidos no original ou por cópias autenticadas se estiverem juntados em outro processo".

De acordo com o STJ, uma vez que o procedimento de habilitação de crédito tem caráter contencioso, com instrução probatória, o título que o embasa não precisa ser um título executivo, entendimento que vale tanto para a lei anterior quanto para a lei atual.

> *Direito falimentar. Falência regulada pelo Decreto-lei n. 7.661/1945. Procedimento de habilitação de crédito. Desnecessidade de embasamento em título executivo. 1.* ***O requerimento de habilitação de crédito não precisa estar lastreado em título executivo, em razão do caráter cognitivo e contencioso do seu procedimento****. 2. O contrato de abertura de crédito, a despeito de não ser considerado título executivo (Súmula n. 233 do STJ), é documento hábil a embasar requerimento de habilitação de crédito em processo falimentar. 3. Recurso especial conhecido em parte, mas desprovido (REsp 992.846/PR, Rel. Min. Antonio Carlos Ferreira, 4.ª Turma, j. 27.09.2011,* DJe *03.10.2011).*

Após o período de apresentação de habilitação/divergência, o administrador judicial, com base na relação fornecida pelo devedor e nos documentos apresentados pelos credores em suas habilitações/divergências, terá prazo de **45 (quarenta e cinco) dias para "publicar edital contendo a relação de credores** (...), devendo indicar o local, o horário e o prazo comum em que as pessoas indicadas no art. 8.º da LRE terão acesso aos documentos que fundamentaram a elaboração dessa relação" (art. 7.º, § 2.º, da LRE). Não havendo nenhuma impugnação, a relação de credores estará formalizada (art. 14 da LRE).[168]

Caso, todavia, algum credor, o próprio devedor – ou sócio da sociedade devedora – ou mesmo o Ministério Público verifiquem algum **equívoco na relação apresentada pelo administrador judicial**, consistente, por exemplo, na ausência de algum crédito ou na inclusão de crédito ilegítimo, poderão apresentar **impugnação ao juiz, no prazo de dez dias**, contados da publicação do edital que contém a relação, acima referido.

[168] Sobre esse e outros editais previstos na LFRE, vale mencionar o que diz o enunciado 103 das Jornadas de Direito Comercial do CJF: "em se tratando de processo eletrônico, os editais previstos na Lei n. **11.101**/2005 podem ser publicados em versão resumida, somente apontando onde se encontra a relação de credores nos autos, bem como indicando o sítio eletrônico que contenha a íntegra do edital".

O procedimento de impugnação segue o rito previsto nos arts. 13 e 15 da LRE. Em princípio, cada impugnação, dirigida por petição com a documentação necessária, será autuada em separado e julgada pelo juízo universal da falência. Havendo, porém, mais de uma impugnação sobre o mesmo crédito, serão autuadas e julgadas conjuntamente (art. 13, parágrafo único, da LRE).

O juiz mandará intimar o credor cujo crédito foi impugnado para apresentar **contestação, no prazo de cinco dias** (art. 11 da LRE). O devedor e o comitê de credores, se houver, também serão intimados para se manifestarem sobre a impugnação no mesmo prazo de cinco dias (art. 12 da LRE), e o administrador judicial, por fim, terá também cinco dias para apresentar parecer (art. 12, parágrafo único). Instruídos os autos, inclusive com a possibilidade de produção de prova em audiência de instrução (art. 15, IV, da LRE), o **juiz proferirá decisão, contra a qual caberá agravo de instrumento** (art. 17 da LRE).

Destaque-se que, conforme entendimento consolidado do STJ, são devidos honorários advocatícios nos casos em que a habilitação de crédito é impugnada, pois nesse caso a impugnação confere litigiosidade ao procedimento. Nesse sentido:

> *Processo civil. Julgamento monocrático de embargos de declaração contra decisão colegiada. Presença dos requisitos do art. 557 do CPC. Possibilidade. Posterior ratificação pelo órgão colegiado. Nulidade. Suprimento. Recuperação judicial. Habilitação de crédito. Impugnação. Honorários advocatícios. Cabimento. Sucumbência recíproca. Sucumbência. Distribuição. Proporção de ganho e perda de cada parte sobre a parte controvertida do pedido.*
>
> *(...)*
>
> *2. São devidos honorários advocatícios nas hipóteses em que o pedido de habilitação de crédito (...) for impugnado, conferindo litigiosidade ao processo. Precedentes.*
>
> *(...)*
>
> *4. Recurso especial parcialmente provido. (REsp 1197177/RJ, Rel. Min. Nancy Andrighi, 3.ª Turma, j. 03.09.2013,* DJe *12.09.2013).*
>
> *Agravo Regimental em Agravo (art. 544 do CPC). Recuperação judicial. Impugnação de crédito. Decisão monocrática que negou provimento ao agravo. Irresignação da autora.*
>
> *(...)*
>
> *2. É impositiva a condenação aos honorários de sucumbência quando apresentada impugnação ao pedido de habilitação de crédito em concordata ou falência, haja vista a litigiosidade da demanda.*
> *Precedentes.*
>
> *3. Agravo regimental não provido (AgRg no AREsp 62.801/SP, Rel. Min. Marco Buzzi, 4.ª Turma, j. 20.08.2013,* DJe *30.08.2013).*

Ressalte-se que a perda do prazo para a habilitação do crédito não significa que o credor perdeu o direito de receber seu crédito no processo falimentar. O art. 10 da LRE determina, apenas, que as habilitações, nesse caso, sejam recebidas como retardatárias, o que, por óbvio, trará algumas consequências negativas.[169]

[169] Embora a LRE não mencione expressamente a possibilidade de divergência retardatária, parece-nos óbvio que ela deve ser admitida, a despeito desse vacilo do legislador. Nesse sentido: "a interpretação do art. 10 da LRE, conforme à Constituição, impõe, a partir do princípio constitucional da igualdade, a conclusão pela admissão da divergência

Se as habilitações retardatárias forem apresentadas antes da homologação do quadro-geral de credores, serão elas recebidas como impugnação e processadas na forma dos arts. 13 a 15 da LRE (art. 10, § 5.º). Se, no entanto, a habilitação for feita com tanto atraso que já tenha sido homologado o quadro-geral, será necessário requerer ao juízo universal da falência, em ação própria que obedeça ao procedimento comum do Novo CPC, a retificação do quadro, para a inclusão do crédito retardatário (art. 10, § 6.º).

Ademais, não se deve esquecer que os credores retardatários, conforme já mencionado acima, sofrerão algumas consequências negativas, previstas nos parágrafos do art. 10 da LRE, em razão do seu atraso na habilitação dos respectivos créditos. Assim, por exemplo, os credores retardatários, "excetuados os titulares de créditos derivados da relação de trabalho, não terão direito a voto nas deliberações da assembleia geral de credores" (§§ 1.º e 2.º). Da mesma forma, os credores retardatários "perderão o direito a rateios eventualmente realizados e ficarão sujeitos ao pagamento de custas, não se computando os acessórios compreendidos entre o término do prazo e a data do pedido de habilitação" (§ 3.º).

Definidos, enfim, todos os incidentes acima descritos, caberá ao administrador judicial consolidar, definitivamente, o *quadro-geral de credores*, que será então homologado pelo juiz (art. 18 da LRE).

Esse quadro, vale destacar, "será formado com o julgamento das impugnações tempestivas e com as habilitações e as impugnações retardatárias decididas até o momento da sua formação" (art. 10, § 7º). Ele será "assinado pelo juiz e pelo administrador judicial, mencionará a importância e a classificação de cada crédito na data do requerimento da recuperação judicial ou da decretação da falência, será juntado aos autos e publicado no órgão oficial, no prazo de 5 (cinco) dias, contado da data da sentença que houver julgado as impugnações" (art. 18, parágrafo único).

Mas ainda assim o referido quadro poderá ser alterado, até o encerramento do processo falimentar, por meio de ação própria a ser ajuizada pelo administrador judicial, por qualquer credor, pelo comitê de credores ou pelo Ministério Público (art. 19 da LRE – no mesmo sentido, vale lembrar a regra do art. 10, § 6º). Nesta ação, que seguirá o rito comum do Novo CPC, poder-se-á "pedir a exclusão, outra classificação ou a retificação de qualquer crédito, nos casos de descoberta de falsidade, dolo, simulação, fraude, erro essencial ou, ainda, documentos ignorados na época do julgamento do crédito ou da inclusão no quadro-geral de credores".

Destaque-se que referida ação deverá ser ajuizada no juízo universal da falência ou, nas hipóteses previstas no art. 6.º, §§ 1.º e 2.º, da LRE, perante o juízo que tenha originariamente reconhecido o crédito (art. 19, § 1.º). Ademais, o eventual pagamento ao titular do crédito que ajuizou a ação em comento só poderá ser efetuado mediante a prestação de caução no mesmo valor do crédito questionado (art. 19, § 2.º).

retardatária" (COELHO, Fábio Ulhoa. *Comentários à Lei de Falências e Recuperação de Empresas*. 14ª ed. São Paulo: RT, 2021, p. 86).

8.6.2.1. Habilitação de créditos fiscais

Pela redação original da LRE, como as execuções fiscais não se suspendiam em razão da decretação da falência, a Fazenda Pública não precisava formular pedido de habilitação de crédito ao administrador judicial: o próprio juízo da execução fiscal comunicava ao juízo falimentar o valor do crédito tributário exequendo, o qual era devidamente inscrito no quadro geral de credores.

No entanto, o STJ entendia que a Fazenda Pública podia, se quisesse, optar por habilitar o crédito como os demais credores. Nesse sentido, confira-se:

> *Agravo regimental. Agravo de instrumento. Comercial e processo civil. Falência. Habilitação de crédito tributário. Possibilidade. Ausência de obrigatoriedade de propositura de execução fiscal. Admissibilidade de opção da via adequada ao caso concreto. 1.* ***A jurisprudência desta Corte Superior se firmou na vertente de que os arts. 187 do CTN e 29 da LEF (Lei 6.830/80) conferem, na realidade, ao Ente de Direito Público a prerrogativa de optar entre o ajuizamento de execução fiscal ou a habilitação de crédito na falência, para a cobrança em juízo dos créditos tributários e equiparados. Assim, escolhida uma via judicial, ocorre a renúncia com relação a outra, pois não se admite a garantia dúplice****. 2. Agravo regimental a que se nega provimento (AgRg no Ag 713.217/RS, Rel. Min. Vasco Della Giustina (desembargador convocado do TJ/RS), 3.ª Turma, j. 19.11.2009, DJe 01.12.2009).*

> *Processual civil e tributário. Apresentação de créditos na falência. Prestação de contas apresentada pelo síndico. Créditos tributários de pequeno valor. Habilitação. Caso concreto. Possibilidade. (...) 2.* ***Os arts. 187 e 29 da Lei 6.830/80 não representam um óbice à habilitação de créditos tributários no concurso de credores da falência; tratam, na verdade, de uma prerrogativa da entidade pública em poder optar entre o pagamento do crédito pelo rito da execução fiscal ou mediante habilitação do crédito****. 3. Escolhendo um rito, ocorre a renúncia da utilização do outro, não se admitindo uma garantia dúplice. Precedentes. (...) (REsp 1.103.405/MG, Rel. Min. Castro Meira, 2.ª Turma, j. 02.04.2009, DJe 27.04.2009).*

> *Falência. Habilitação de Crédito. Contribuição parafiscal devida ao Senai. Possibilidade.*
> ***1. De acordo com a jurisprudência desta Corte, a possibilidade de cobrança do crédito por meio de execução fiscal não impede a opção do credor pela habilitação do crédito no processo falimentar.***
> *(...) (REsp 874.065/RS, Rel. Min. Antonio Carlos Ferreira, Quarta Turma, j. 17.11.2011, DJe 25.11.2011).*

Em suma: o STJ vinha os arts. 187 do CTN e 29 da Lei 6.830/1980 não representam óbices à habilitação de créditos tributários no concurso de credores da falência, conferindo, na verdade, uma prerrogativa ao ente público em poder optar pela execução fiscal ou pela habilitação diretamente nos autos da falência. No entanto, o STJ também deixava claro que, escolhendo o ente estatal um dos ritos [execução fiscal ou habilitação de crédito], ocorria a renúncia do outro – "ou a paralisação de sua tramitação, especialmente no caso de a ação executiva ter sido ajuizada anteriormente à quebra –, na medida em que não se pode admitir *bis in idem*" (REsp 1.857.055).

Com a reforma da LRE, provocada pela Lei 14.112/2020, a situação mudou radicalmente, porque foi instituído, no processo falimentar, um incidente de classificação do crédito público.

De acordo com o art. 7º-A da LRE, "na falência, após realizadas as intimações e publicado o edital, conforme previsto, respectivamente, no inciso XIII do caput e no § 1º do art. 99 desta Lei, o juiz instaurará, de ofício, para cada Fazenda Pública credora, **incidente de classificação de crédito público** e determinará a sua intimação eletrônica para que, no prazo de 30 (trinta) dias, apresente diretamente ao administrador judicial ou em juízo, a depender do momento processual, a relação completa de seus créditos inscritos em dívida ativa, acompanhada dos cálculos, da classificação e das informações sobre a situação atual".

Em princípio, o juiz só instaurará o referido incidente para as Fazendas Públicas que constem da relação de credores apresentada pelo devedor, mas o § 1º do art. 7º-A esclarece que ele também será instaurado para qualquer outra Fazenda Pública que, "após a intimação prevista no inciso XIII do caput do art. 99 desta Lei, alegue nos autos, no prazo de 15 (quinze) dias, possuir crédito contra o falido". Caso existam "créditos não definitivamente constituídos, não inscritos em dívida ativa ou com exigibilidade suspensa", o § 2º prevê que eles "poderão ser informados em momento posterior".

Uma vez encerrado o prazo de 30 (trinta) dias para que cada Fazenda Pública apresente a sua respectiva relação de créditos inscritos em dívida ativa, seguir-se-á o procedimento previsto no § 3º do art. 7º-A: "I – o falido, os demais credores e o administrador judicial disporão do prazo de 15 (quinze) dias para manifestar objeções, limitadamente, sobre os cálculos e a classificação para os fins desta Lei; II – a Fazenda Pública, ultrapassado o prazo de que trata o inciso I deste parágrafo, será intimada para prestar, no prazo de 10 (dez) dias, eventuais esclarecimentos a respeito das manifestações previstas no referido inciso; III – os créditos serão objeto de reserva integral até o julgamento definitivo quando rejeitados os argumentos apresentados de acordo com o inciso II deste parágrafo; IV – os créditos incontroversos, desde que exigíveis, serão imediatamente incluídos no quadro-geral de credores, observada a sua classificação; e V – o juiz, anteriormente à homologação do quadro-geral de credores, concederá prazo comum de 10 (dez) dias para que o administrador judicial e a Fazenda Pública titular de crédito objeto de reserva manifestem-se sobre a situação atual desses créditos e, ao final do referido prazo, decidirá acerca da necessidade de mantê-la".

Ainda em relação ao trâmite do incidente de classificação do crédito público, o § 4º do art. 7º-A estabelece algumas regras importantes: (i) as execuções fiscais se suspendem em relação ao falido até o encerramento da falência, mas podem prosseguir contra eventuais corresponsáveis (inciso V); (ii) quem decide sobre a existência, a exigibilidade e o valor do crédito, bem como sobre o prosseguimento da execução fiscal contra eventuais corresponsáveis, é o próprio juízo da execução fiscal (inciso II), mesmo que esta ainda não tenha sido ajuizada (inciso III); (iii) quem decide sobre os cálculos e a classificação dos créditos, bem como sobre a arrecadação dos bens, a realização do ativo e o pagamento aos credores, é o juízo universal da falência (inciso I); (iv) o crédito tributário inscrito em dívida ativa goza de presunção de liquidez e certeza o que deve ser respeitado pelo administrador judicial e pelo juízo falimentar (inciso IV); e (v) a restituição em dinheiro e a compensação serão preservadas, nos termos dos arts. 86 e 122 da LRE (inciso VI).

Caso uma Fazenda Pública credora não apresente a relação completa de seus créditos inscritos em dívida ativa, o incidente respectivo será arquivado, mas ela poderá, posteriormente, requerer o desarquivamento, aplicando-se, nesse caso, o art. 10 da LRE, que trata das habilitações de crédito retardatárias (art. 7º-A, § 4º, inciso V e § 5º).

Os §§ 6º e 7º do art. 7º-A deixam clara a abrangência geral do incidente de classificação do crédito, destacando que ele se aplica "às execuções de ofício que se enquadrem no disposto nos incisos VII e VIII do caput do art. 114 da Constituição Federal", e "aos créditos do Fundo de Garantia do Tempo de Serviço (FGTS)".

Por fim, o § 8º do art. 7º-A estabelece que "não haverá condenação em honorários de sucumbência no incidente de que trata este artigo".

8.6.2.2. Necessidade de demonstração da origem da dívida

Na vigência da legislação falimentar anterior, o STJ entendia que o credor tinha o dever de comprovar a origem do seu crédito do pedido de habilitação, uma vez que o art. 82 do antigo Decreto-lei 7.661/1945 assim determinava, expressamente. Nesse sentido, confira-se:

> *Direito Empresarial. Recurso especial. Habilitação de crédito em falência. Nota Promissória. Ausência de demonstração da origem do crédito. Improcedência do pedido de habilitação reconhecida. –* ***Nas habilitações de crédito regidas pelo Decreto-Lei 7.661/45, é imprescindível que seja demonstrada a origem do crédito, mesmo nas hipóteses em que o valor reclamado encontra-se lastreado em título de crédito dotado de autonomia e abstração. Precedentes.*** *– A exigência legal de demonstração da origem do crédito justifica-se pela necessidade de verificação da legitimidade dos créditos, com o intuito de impossibilitar que fraudes e abusos sejam cometidos em detrimento dos verdadeiros credores da falida. – Não indicado o negócio, o fato ou as circunstâncias da quais resultariam as obrigações do falido, impõe-se a improcedência do pedido de habilitação do crédito. Recurso especial provido. Ônus sucumbenciais redistribuídos (REsp 890.518/SC, Rel. Min. Nancy Andrighi, 3.ª Turma, j. 20.10.2009, DJe 17.11.2009).*
>
> *Habilitação de crédito em falência. Art. 82 da Lei Falimentar. Origem do crédito. 1.* ***A jurisprudência da Corte tem entendido que é necessária a correta demonstração da origem do crédito, o que, segundo as instâncias ordinárias, não ocorreu no presente caso****. 2. Recurso especial não conhecido (REsp 556.032/SP, Rel. Min. Carlos Alberto Menezes Direito, 3.ª Turma, j. 14.06.2004, DJ 20.09.2004, p. 285).*
>
> *Comercial. Falência. Habilitação de crédito. Indicação da origem.* ***A indicação da origem do crédito, para sua habilitação em falência, é exigência destinada a dar segurança à massa e aos credores****, cabendo fazê-lo sobretudo quando os mesmos são representados por títulos cambiais de fácil emissão fraudulenta (REsp 10.208/SP, Rel. Min. Dias Trindade, 3.ª Turma, j. 01.10.1991, DJ 28.10.1991, p. 15.254).*
>
> *Civil. Concordata preventiva. Habilitação. Cheque. Ordem de pagamento. Eficácia de título de crédito. Art. 82, do Decreto-lei n. 7.661/45. I –* ***Consoante afirma a doutrina, "deve a declaração conter a origem do crédito. Essa exigência é de suma importância e se acha consagrada nas legislações falimentares. É um meio fácil de controlar a legitimidade dos créditos. O credor que não explica satisfatoriamente a causa ou origem do seu crédito, ou lhe atribui causa di-***

> ***versa, deve ser excluído"****. II – Tem-se que, no caso, o cheque permaneceu com sua natureza e eficácia de título de crédito íntegra, eis que, na fase instrutória, não logrou o recorrente desnaturá-la. Razão suficiente para que como ordem de pagamento de efeito cambiário fosse habilitado. III – Recurso não conhecido (REsp 18.995/SP, Rel. Min. Waldemar Zveiter, 3.ª Turma, j. 01.09.1992,* DJ *03.11.1992, p. 19.762).*

Na legislação falimentar atual, como o art. 9.º, inciso II, também exige expressamente que o credor demonstre a origem do crédito, o entendimento manifestado nos acórdãos acima transcritos deve permanecer válido. Nesse sentido:

> *Processual civil. Direito falimentar. Recuperação judicial. Habilitação de credores. Requisitos formais. Memorial de cálculo. Aprovação do plano de recuperação judicial. Novação das dívidas anteriores. Créditos trabalhistas. Dívidas consolidadas.*
>
> *1. A Lei de Falências exige que a habilitação de crédito se faça acompanhar da prova da dívida (an e quantum debeatur), bem como da origem e classificação dessa mesma dívida. Se as instâncias de origem, soberanas na apreciação da prova, concluíram pelo atendimento dessas exigências legais não há como barrar o processamento do pedido de recuperação judicial por ausência de memorial descritivo da dívida.*
>
> *(...)*
>
> *4. Recurso Especial a que se nega provimento (REsp 1.321.288/MT, Rel. Ministro Sidnei Beneti, Terceira Turma, j. 27.11.2012,* DJe *18.12.2012).*

8.6.2.3. *Rateios na falência*

A reforma da LRE, provocada pela Lei 14.112/2020, alterou o art. 16 para dar melhor tratamento aos rateios no processo falimentar, que serão feitos com base em quadro-geral de credores provisório: "para fins de rateio na falência, deverá ser formado quadro-geral de credores, composto pelos créditos não impugnados constantes do edital de que trata o § 2º do art. 7º desta Lei, pelo julgamento de todas as impugnações apresentadas no prazo previsto no art. 8º desta Lei e pelo julgamento realizado até então das habilitações de crédito recebidas como retardatárias".

> A antiga redação da Lei 11.101/2005, art. 16 dispunha simplesmente que o juiz determinaria, para fins de rateio, a reserva de valores para a satisfação do crédito impugnado, e que sendo parcial, a impugnação não impediria o pagamento da parte incontroversa.
>
> Já pela nova redação dada ao dispositivo, o rateio só ocorrerá se elaborado quadro geral de credores composto pelos créditos não impugnados constantes do edital publicado com a lista elaborada pelo administrador judicial (Lei 11.101/2005, art. 15, I); pelos créditos decorrentes do julgamento de todas as impugnações apresentadas no prazo previsto no art. 8º [Lei 11.101/2005, art. 8º] (ou seja, de todas as impugnações tempestivas); bem como pelos créditos cujas habilitações retardatárias tenham sido julgadas até então.[170]

Quanto às habilitações/divergências retardatárias não julgadas, aplica-se o § 1º: a parte controversa será objeto de reserva do valor, e a parte incontroversa poderá ser paga.

[170] COSTA, Daniel Carnio e MELO, Alexandre Correa Nasser de. *Comentários à Lei de Recuperação de Empresas e Falência*, art. 16 «in» JuruáDocs n. 201.2281.1622.1579. Disponível em: <www.juruadocs.com>. Acesso em: 25/02/2021.

Por fim, o § 2º determina que, "ainda que o quadro-geral de credores não esteja formado, o rateio de pagamentos na falência poderá ser realizado desde que a classe de credores a ser satisfeita já tenha tido todas as impugnações judiciais apresentadas no prazo previsto no art. 8º desta Lei, ressalvada a reserva dos créditos controvertidos em função das habilitações retardatárias de créditos distribuídas até então e ainda não julgadas".

8.6.3. A realização do ativo do devedor

Ultimadas as etapas de definição da massa falida objetiva, que corresponde, como visto, ao ativo do devedor que será utilizado para o pagamento dos credores habilitados (a massa falida subjetiva), proceder-se-á ao início da fase chamada pela lei de **realização do ativo** (art. 139 da LRE), que consiste, *grosso modo*, na **venda dos bens da massa.**

Veja-se que a LRE, em seu art. 140, § 2.º, determina que a venda dos bens deve ser iniciada antes mesmo de formado o quadro-geral de credores, e a determinação é realmente correta. Afinal, a demora na venda dos bens é extremamente prejudicial ao atingimento das finalidades do processo falimentar.

Quanto maior for a demora na venda dos bens, maiores serão as chances de eles se deteriorarem, desvalorizarem ou às vezes até desaparecerem, dada a dificuldade encontrada, em muitos casos, de guardá-los e conservá-los.

8.6.3.1. Os procedimentos de venda dos bens

No art. 140 da LRE, estão previstas as formas de venda dos bens do falido. Perceba-se que o legislador estabeleceu uma interessante ordem de preferência, sempre em atenção aos princípios da preservação da empresa e da maximização dos ativos.

Em primeiro lugar, a LRE previu, no inciso I do art. 140, "alienação da empresa,[171] com a venda de seus estabelecimentos em bloco". Mais uma vez acertou o legislador. A prioridade conferida à venda de todo o estabelecimento empresarial (*trespasse*) visa à manutenção da atividade econômica, em obediência ao princípio da preservação da empresa, grande inspiração da LRE. Daí por que alguns autores afirmam, com razão, que a falência deve atingir o empresário (empresário individual ou sociedade empresária), mas não a empresa, vista esta como *atividade econômica organizada*. Se for possível a continuação da atividade econômica, ou seja, da *empresa*, agora conduzida por outro agente econômico, que irá adquirir o estabelecimento empresarial do devedor falido, esta possibilidade deve ser privilegiada, e foi exatamente isso o que o legislador fez, merecendo aplausos a sua atuação.

Em segundo lugar, na ordem de preferência, previu a LRE, em seu art. 140, II, a "alienação da empresa, com a venda de suas filiais ou unidades produtivas isola-

[171] É preciso destacar aqui que o legislador foi impreciso. Já vimos que empresa, no seu sentido técnico-jurídico, é uma atividade (Capítulo II, tópico 1), não obstante a expressão seja usada, coloquialmente, com outros significados. Esperava-se do legislador o uso da expressão no seu sentido técnico, o que infelizmente não ocorreu. Na verdade, ao mencionar a expressão empresa, nos incisos I e II do seu art. 140, a LRE está se referindo, tecnicamente, ao estabelecimento empresarial (Capítulo II, tópico 6).

damente". A mesma ideia do inciso I está presente, implicitamente, também nesse caso. A única diferença é que, na situação descrita no inciso II, pode ocorrer que se trate de uma grande sociedade empresária, com diversas filiais espalhadas pelo País, por exemplo. Nessa hipótese, pode ser mais conveniente vender as unidades produtivas correspondentes a cada filial de modo separado, sobretudo se uma das filiais é muito mais valiosa do que as outras. De fato, a venda de todo o estabelecimento empresarial, nesse caso, não é interessante, porque os defeitos das demais filiais afetarão o preço da filial mais valorizada. Sua venda isolada, pois, poderá render muito mais do que sua venda em conjunto com as demais unidades.

Já no inciso III, previu a LRE a hipótese de "alienação em bloco dos bens que integram cada um dos estabelecimentos do devedor". Só se deve privilegiar essa hipótese quando as duas primeiras, analisadas acima, se mostrarem economicamente inviáveis. Assim, quando não se conseguir um bom preço no *trespasse*, ou seja, na venda de todo o estabelecimento empresarial (inciso I), nem na venda autônoma das filiais (inciso II), a terceira melhor solução é tentar vender os bens do estabelecimento em bloco, sempre na busca de conseguir arrecadar o máximo de recursos.

Por fim, a última alternativa de venda dos bens está prevista no inciso IV do art. 140, que prevê a "alienação dos bens individualmente considerados". Trata-se de regra que só deve ser aplicada quando a situação do devedor falido for realmente de crise econômica gravíssima e conjuntural, de modo que seu estabelecimento empresarial não oferece nenhum atrativo para o mercado e seus bens estão completamente desarticulados uns dos outros, impedindo sequer a consecução de sua venda em bloco.

Não se deve esquecer ainda que, segundo o § 1.º do art. 140, "se convier à realização do ativo, ou em razão de oportunidade, podem ser adotadas mais de uma forma de alienação". Assim, em determinado processo falimentar de uma sociedade empresária com cinco filiais, por exemplo, pode ser feita a venda autônoma de duas delas, a venda em bloco dos bens de outras duas e a venda em separado dos bens da última. Caberá aos órgãos do processo falimentar avaliar a melhor alternativa para a maximização do ativo do devedor.

8.6.3.1.1. Modalidades de venda

Definida(s) a(s) melhor(es) forma(s) de realização do ativo do devedor falido, proceder-se-á à venda, o que em regra se dará sob uma das modalidades previstas no art. 142 da LRE, segundo o qual "a alienação de bens dar-se-á por uma das seguintes modalidades: I – leilão eletrônico, presencial ou híbrido; (...) IV – processo competitivo organizado promovido por agente especializado e de reputação ilibada, cujo procedimento deverá ser detalhado em relatório anexo ao plano de realização do ativo ou ao plano de recuperação judicial, conforme o caso; V – qualquer outra modalidade, desde que aprovada nos termos desta Lei".

Segundo o § 2º-A do referido dispositivo, "a alienação de que trata o caput deste artigo: I – dar-se-á independentemente de a conjuntura do mercado no momento da venda ser favorável ou desfavorável, dado o caráter forçado da venda; II – independerá da consolidação do quadro-geral de credores; III – poderá contar com serviços de terceiros como consultores, corretores e leiloeiros; IV – deverá ocorrer no prazo máximo de 180 (cento e oitenta) dias, contado da data da lavratura do auto de arrecadação, no caso de falência; e V – não estará sujeita à aplicação do conceito de preço vil". As regras desses incisos deixam claro que o legislador da reforma fez uma opção: "prevalência da celeridade em detrimento da avaliação"[172].

Caso a venda seja feita por meio de leilão eletrônico, o § 3º determina que "aplicam-se no que couber, as regras do CPC", e o § 3º-A complementa, afirmando que modalidade de alienação "dar-se-á: I – em primeira chamada, no mínimo pelo valor de avaliação do bem; II – em segunda chamada, dentro de 15 (quinze) dias, contados da primeira chamada, por no mínimo 50% (cinquenta por cento) do valor de avaliação; e III – em terceira chamada, dentro de 15 (quinze) dias, contados da segunda chamada, por qualquer preço".

Caso, entretanto, a venda seja feita por processo competitivo organizado ou qualquer outra modalidade, o § 3º-B determina que, no processo falimentar[173], essa venda "observará o seguinte: I – será aprovada pela assembleia-geral de credores; (...) ou III – deverá ser aprovada pelo juiz, considerada a manifestação do administrador judicial e do Comitê de Credores, se existente".

Destaque-se que todas as formas de alienação mencionadas são consideradas "alienações judiciais" (§ 8º)[174], e em qualquer uma delas "o Ministério Público e as Fazendas Públicas serão intimados por meio eletrônico, nos termos da legislação vigente e respeitadas as respectivas prerrogativas funcionais, sob pena de nulidade" (§ 7º).

Ademais, segundo o art. 146 da LRE, "em qualquer modalidade de realização do ativo adotada, fica a massa falida dispensada da apresentação de certidões negativas". Trata-se de interessante novidade da legislação atual. Quase sempre o devedor falido possui pendências fiscais. Caso a apresentação de certidões negativas fosse necessária, isso com certeza obstaria invariavelmente a realização da venda.

O art. 143 da LRE ainda prevê a possibilidade de apresentação de **impugnação** em qualquer das modalidades de alienação estudadas. A impugnação poderá ser oferecida "por quaisquer credores, pelo devedor ou pelo Ministério Público, no prazo de 48 (quarenta e oito) horas da arrematação, hipótese em que os autos serão conclusos ao juiz, que, no prazo de 5 (cinco) dias, decidirá sobre as impugnações e,

---

[172] COELHO, Fábio Ulhoa. *Comentários à Lei de Falências e Recuperação de Empresas*. 14ª ed. São Paulo: RT, 2021, p. 465. No mesmo sentido: "o legislador privilegiou a celeridade acima da maximização do valor dos ativos, que pode ou não ocorrer. Ademais, é preciso lembrar que a guarda e conservação dos bens impõe um custo para a massa falida e, em muitos casos, a alienação no curto prazo (180 dias), mas por um valor menor, pode ser mais vantajosa que uma alienação no médio ou longo prazo por um valor maior" (COSTA, Daniel Carnio e MELO, Alexandre Correa Nasser de. *Comentários à Lei de Recuperação de Empresas e Falência*, art. 142 «in» JuruáDocs n. 201.2291.2168.6615. Disponível em: <www.juruadocs.com>. Acesso em: 25/02/2021.

[173] Faço esse destaque ao processo falimentar porque o legislador da reforma da LRE, provocada pela Lei 14.112/2020, ao alterar o art. 142, tornou esse dispositivo uma regra comum à falência e à recuperação, o que causa certa dificuldade ao intérprete, exigindo que se faça uma interpretação conforme o processo (recuperacional ou falimentar).

[174] "Mas o que significa qualificar tais vendas de 'alienações judiciais'? Significa dotá-las de algumas estabilizações jurídicas. As vendas feitas nos termos da LRE não podem se anuladas por vício de consentimento (erro, dolo ou coação) ou vício social (simulação ou fraude contra credores), nem podem ser revistas sob a alegação de onerosidade excessiva (COELHO, Fábio Ulhoa. *Comentários à Lei de Falências e Recuperação de Empresas*. 14ª ed. São Paulo: RT, 2021, p. 467).

julgando-as improcedentes, ordenará a entrega dos bens ao arrematante, respeitadas as condições estabelecidas no edital".

A reforma da LRE, provocada pela Lei 14.112/2020, inseriu parágrafos no art. 143 para detalhar esse procedimento de impugnação: o § 1º estabelece que "impugnações baseadas no valor de venda do bem somente serão recebidas se acompanhadas de oferta firme do impugnante ou de terceiro para a aquisição do bem, respeitados os termos do edital, por valor presente superior ao valor de venda, e de depósito caucionário equivalente a 10% (dez por cento) do valor oferecido"; o § 2º prevê que "a oferta de que trata o § 1º deste artigo vincula o impugnante e o terceiro ofertante como se arrematantes fossem"; o § 3º, por sua vez, diz que "se houver mais de uma impugnação baseada no valor de venda do bem, somente terá seguimento aquela que tiver o maior valor presente entre elas"; e, por fim, o § 4º determina que "a suscitação infundada de vício na alienação pelo impugnante será considerada ato atentatório à dignidade da justiça e sujeitará o suscitante à reparação dos prejuízos causados e às penas previstas na Lei nº 13.105, de 16 de março de 2015 (Código de Processo Civil), para comportamentos análogos".

Para finalizar esse tópico, merece menção mais uma regra inserida na LRE pela reforma provocada pela Lei 14.112/2020: "a alienação nas modalidades de que trata o art. 142 desta Lei poderá ser realizada com compartilhamento de custos operacionais por 2 (duas) ou mais empresas em situação falimentar" (art. 141, § 3º).

8.6.3.1.2. Modalidades atípicas de venda

Além das modalidades de venda dos bens analisadas no tópico antecedente, a LRE permite ainda que a venda seja realizada por meios atípicos, desde que isso, é óbvio, seja mais interessante sob o ponto de vista da maximização dos ativos do devedor falido.

Nesse sentido, prevê o art. 144 da LRE que, "havendo motivos justificados, o juiz poderá autorizar, mediante requerimento fundamentado do administrador judicial ou do Comitê, modalidades de alienação judicial diversas das previstas no art. 142 desta Lei". Veja-se que nesse caso **a decisão sobre a utilidade da modalidade atípica de venda dos bens compete exclusivamente ao juiz**, quando provocado pelo administrador judicial ou pelo comitê de credores. Assim, por mais que estes entendam que uma modalidade atípica de venda dos bens – diversa do leilão, da proposta fechada e do pregão – é mais adequada, ela não se efetivará se o juiz não se convencer de tal fato. A última palavra, nesse caso, é da autoridade judicial.

Prevê também a LRE, em seu art. 145 (com redação dada pela Lei 14.112/2020), que "por deliberação tomada nos termos do art. 42 desta Lei, os credores poderão adjudicar os bens alienados na falência ou adquiri-los por meio de constituição de sociedade, de fundo ou de outro veículo de investimento, com a participação, se necessária, dos atuais sócios do devedor ou de terceiros, ou mediante conversão de dívida em capital." Aqui, perceba-se, a opinião do órgão julgador não é decisiva, uma vez que cabe a ele apenas homologar o consenso formado pelos credores por meio de decisão da assembleia geral, que deve ser tomada por pelo menos 2/3 dos créditos titularizados pelos credores presentes (art. 46 da LRE).

Em caso de adjudicação, nos termos do art. 145 da LRE, "aplica-se irrestritamente o disposto no art. 141 desta Lei à transferência dos bens à sociedade, ao fundo ou ao veículo de investimento mencionados no caput deste artigo" (§ 1º), ou seja, não haverá sucessão. Ademais, "será considerada não escrita qualquer restrição convencional à venda ou à circulação das participações na sociedade, no fundo de investimento ou no veículo de investimento a que se refere o caput deste artigo" (§ 4º).

8.6.3.1.3. Venda frustrada

Assim como pode ocorrer a falência frustrada (art. 114-A da LRE), pode ocorrer também a venda frustrada, disciplinada pelo art. 144-A da LRE, outro dispositivo nela inserido pela reforma provocada pela Lei 14.112/2020.

De acordo com art. 144-A, "frustrada a tentativa de venda dos bens da massa falida e não havendo proposta concreta dos credores para assumi-los, os bens poderão ser considerados sem valor de mercado e destinados à doação". E "se não houver interessados na doação referida no caput deste artigo, os bens serão devolvidos ao falido" (parágrafo único).

8.6.3.2. A disciplina da sucessão empresarial na LRE

Vimos acima que, na ordem de preferência estabelecida pelo art. 140 da LRE para a venda do ativo do devedor falido, está em primeiro lugar a venda da própria empresa (*rectius*: estabelecimento empresarial), operacionalizada por meio do trespasse.

Pois bem. No capítulo 2, analisamos a questão da sucessão empresarial quando da realização do trespasse, que está disciplinada pelo art. 1.146 do CC, o qual estabelece, em suma, que o adquirente do estabelecimento assume o passivo contabilizado do alienante, que, por sua vez, fica solidariamente responsável com o adquirente pelo prazo de um ano.

Todavia, conforme já havíamos adiantado quando do estudo do trespasse, a legislação falimentar trouxe uma interessantíssima novidade em relação ao tema em enfoque, prevendo, em seu art. 141, que "na alienação conjunta ou separada de ativos, inclusive da empresa ou de suas filiais, promovida sob qualquer das modalidades de que trata o art. 142: I – todos os credores, observada a ordem de preferência definida no art. 83 desta Lei, sub-rogam-se no produto da realização do ativo; II – o objeto da alienação estará livre de qualquer ônus e não haverá sucessão do arrematante nas obrigações do devedor, inclusive as de natureza tributária, as derivadas da legislação do trabalho e as decorrentes de acidentes de trabalho". A novidade de que ora se fala, perceba-se, está no inciso II do dispositivo transcrito, que **excepciona a regra de sucessão empresarial prevista no art. 1.146 do CC** quando o trespasse for realizado em processo falimentar por meio de hasta pública em uma das modalidades constantes do art. 140 da LRE (leilão, propostas fechadas ou pregão).

Mas não é só. A regra de sucessão empresarial do art. 1.146 do CC, conforme já estudamos, refere-se apenas às dívidas negociais do alienante do estabelecimento, não se aplicando, por conseguinte, às dívidas trabalhistas e tributárias, que possuem disciplina especial, respectivamente, na CLT (arts. 448 e 448-A) e no CTN (art. 133). Ocorre que o art. 141 da LRE faz expressa menção a estas dívidas, não deixando dúvidas de que as sucessões trabalhista e tributária, quando o trespasse é feito em processo falimentar, também não se produzem, ou seja, o **adquirente-arrematante do estabelecimento empresarial está isento de qualquer responsabilidade por dívidas anteriores à compra, ainda que elas sejam de natureza trabalhista ou tributária.**

No que se refere às dívidas tributárias, a aplicação do dispositivo inovador da legislação falimentar não trará maiores problemas, uma vez que o art. 133 do CTN foi modificado recentemente para adaptar-se a essa nova realidade. Com efeito, a Lei Complementar 118/2005 acrescentou três parágrafos a ele, ajustando-o de forma perfeita ao disposto no art. 140 da LRE.

No que tange às dívidas trabalhistas, entretanto, a nova disciplina deve gerar polêmicas nos tribunais da Justiça laboral, uma vez que: (i) sua postura é sempre de proteção intransigente do crédito trabalhista, dada a sua natureza alimentar, e que (ii) não houve, assim como ocorreu no CTN, uma alteração da CLT para adaptá-la aos novos ditames do direito falimentar.

De nossa parte, recebemos com aplausos e entusiasmo a inovação em referência, por acreditarmos que ela tornará mais atrativa a venda do estabelecimento empresarial do devedor falido, o que, em última análise, beneficiará os credores, sobretudo os trabalhistas e tributários, que, por serem titulares de créditos privilegiados, provavelmente terão mais chances de os verem satisfeitos com o produto do trespasse. Enfim, "quando a lei expressamente nega a sucessão, amplia as chances de interessados adquirirem o negócio da sociedade falida e, consequentemente, as de mais credores virem a ter seus créditos satisfeitos com os recursos advindos da aquisição".

Não se deve esquecer, ademais, que a norma da legislação falimentar ora em comento, que excepciona as regras de sucessão empresarial, trabalhista e tributária quando o trespasse é feito em processo falimentar, não se aplica de forma absoluta. De fato, o § 1.º do art. 141 da LRE estabelece que haverá normalmente a sucessão "(...) quando o arrematante for: I – sócio da sociedade falida, ou sociedade controlada pelo falido; II – parente, em linha reta ou colateral até o 4.º (quarto) grau, consanguíneo ou afim, do falido ou de sócio da sociedade falida; ou III – identificado como agente do falido com o objetivo de fraudar a sucessão". Vê-se, portanto, que o legislador procurou se precaver em relação à tentativa de fraude, identificando situações em que o adquirente-arrematante é o próprio falido – na verdade, sócio(s) da sociedade falida – ou pessoa próxima a ele, quando a sucessão se operará normalmente.

Por fim, merecem destaque ainda duas normas da LRE sobre o assunto em questão. A primeira delas é a constante do art. 145, § 1.º, que prevê a aplicação da **regra de não sucessão** quando o trespasse do estabelecimento empresarial for realizado para sociedade de credores ou de empregados do devedor falido. Nesse caso, pois, os credores ou empregados que continuarem no exercício da empresa também estarão isentos de qualquer responsabilidade por dívidas negociais, trabalhistas ou tributárias anteriores ao negócio.

A outra norma que merece destaque é a constante do § 2.º do próprio art. 141 da LRE, segundo o qual "**empregados do devedor contratados pelo arrematante serão admitidos mediante novos contratos de trabalho e o arrematante não res-**

ponde por obrigações decorrentes do contrato anterior". É apenas um reforço ao que já está previsto no art. 141, II, e que foi comentado com detalhes acima.

8.6.4. Pagamento dos credores

A grande finalidade da **realização do ativo** do devedor falido, que estudamos em tópico anterior, é a arrecadação de recursos para o posterior pagamento dos credores, descritos no quadro-geral. Nesse sentido, aliás, é a regra do art. 147 da LRE, segundo a qual "as quantias recebidas a qualquer título serão imediatamente depositadas em conta remunerada de instituição financeira, atendidos os requisitos da lei ou das normas de organização judiciária". Os valores arrecadados, então, ficarão depositados até o momento de serem iniciados os pagamentos dos credores, o que deve ser feito segundo a **ordem de preferência de cada crédito**, prevista no art. 83 da LRE.

Mas, antes de serem pagos os credores, a massa pode – e deve – utilizar os recursos arrecadados e depositados em conta bancária, conforme visto acima, para atender outras finalidades previstas na própria legislação falimentar.

Com efeito, segundo o disposto no art. 149 da LRE, os recursos obtidos com a realização do ativo do devedor falido só serão usados para pagamento dos credores depois de feitas as devidas restituições e de pagos os créditos *extraconcursais*, descritos no art. 84 da LRE.

8.6.4.1. Os créditos extraconcursais

Mais uma interessante novidade trazida pela LRE foi a figura dos chamados créditos *extraconcursais*, que **devem ser pagos antes de qualquer outro crédito concursal**, por maior que seja a sua preferência na ordem de classificação.

Assim, segundo o art. 84 da LRE, com a rdação determinada pela Lei 14.112/2020, "serão considerados créditos extraconcursais e serão pagos com precedência sobre os mencionados no art. 83 desta Lei, na ordem a seguir, os aqueles relativos: I-A – às quantias referidas nos arts. 150 e 151 desta Lei; I-B – ao valor efetivamente entregue ao devedor em recuperação judicial pelo financiador, em conformidade com o disposto na Seção IV-A do Capítulo III desta Lei; I-C – aos créditos em dinheiro objeto de restituição, conforme previsto no art. 86 desta Lei; I-D – às remunerações devidas ao administrador judicial e aos seus auxiliares, aos reembolsos devidos a membros do Comitê de Credores, e aos créditos derivados da legislação trabalhista ou decorrentes de acidentes de trabalho relativos a serviços prestados após a decretação da falência; I-E – às obrigações resultantes de atos jurídicos válidos praticados durante a recuperação judicial, nos termos do art. 67 desta Lei, ou após a decretação da falência; II – às quantias fornecidas à massa falida pelos credores; III – às despesas com arrecadação, administração, realização do ativo, distribuição do seu produto e custas do processo de falência; IV – às custas judiciais relativas às ações e às execuções em que a massa falida tenha sido vencida; V – aos tributos relativos a fatos geradores ocorridos após a decretação da falência, respeitada a ordem estabelecida no art. 83 desta Lei".

Os primeiros créditos extraconcursais são aqueles previstos nos arts. 150 e 151 da LRE, que devem ser pagos assim que existam recursos disponíveis em caixa. De acordo com o art. 150, "as despesas cujo pagamento antecipado seja indispensável à administração da falência, inclusive na hipótese de continuação provisória das atividades previstas no inciso XI do *caput* do art. 99 desta Lei, serão pagas pelo administrador judicial com os recursos disponíveis em caixa". De acordo com o art. 151, por sua vez, "os créditos trabalhistas de natureza estritamente salarial vencidos nos 3 (três) meses anteriores à decretação da falência, até o limite de 5 (cinco) salários mínimos por trabalhador, serão pagos tão logo haja disponibilidade em caixa".

Em segundo lugar estão os créditos objeto de *DIP financing*, nos termos dos arts. 69-A a 69-F, incluídos na LRE na reforma provocada pela Lei 14.112/2020. Essa preferência para o crédito do financiador da recuperanda teve o objetivo de estimular a concessão de crédito a devedores que pedem recuperação judicial.[175]

Da leitura atenta do art. 84 da LRE, pode-se perceber que os créditos extraconcursais, além de serem pagos antes de qualquer outro crédito submetido a concurso, **também obedecem a uma ordem de preferência**.

Deve-se atentar ainda para o fato de que os créditos extraconcursais são, em regra, créditos que não existiam antes da decretação falência, surgindo, na verdade, em decorrência dela. Com efeito, "do ponto de vista jurídico, são créditos que não existem por ocasião da decretação da falência ou do deferimento da recuperação judicial, mas que são, antes, resultados desses processos"[176].

Finalmente, registre-se que a Corte Especial do STJ, em julgado de recurso especial repetitivo, decidiu que "são créditos extraconcursais os honorários de advogado resultantes de trabalhos prestados à massa falida, **depois do decreto de falência**, nos termos dos arts. 84 e 149 da Lei n. 11.101/2005" (REsp 1.152.218/RS, Rel. Ministro Luis Felipe Salomão, Corte Especial, j. 07.05.2014, *DJe* 09.10.2014).

8.6.4.2. A classificação dos créditos concursais

Realizados, enfim, os pagamentos que a lei determina sejam feitos com a disponibilidade de caixa existente, as restituições em dinheiro e os pagamentos dos créditos extraconcursais, resta então fazer o pagamento dos credores submetidos a concurso, o que será realizado seguindo-se a ordem de classificação estabelecida no art. 83 da LRE.

[175] "A Seção IV-A, incluída pela reforma legislativa, traz a importante previsão do financiamento DIP (Debtor in Possession Financing), inspirado no Bankruptcy Code norte-americano, que, até a legislação anterior, não continha regulamentação expressa no ordenamento jurídico brasileiro, embora já existissem tentativas de sua implementação em alguns casos concretos. É uma medida que objetiva proporcionar maior segurança jurídica para aqueles que financiam a atividade da empresa recuperanda – notadamente pelos riscos envolvidos neste negócio –, criando meios para o pagamento dos credores e cumprimento do plano de recuperação. Em contrapartida, ao financiador será conferida a preferência no pagamento" (COSTA, Daniel Carnio e MELO, Alexandre Correa Nasser de. Comentários à Lei de Recuperação de Empresas e Falência, art. 69 «in» JuruáDocs n. 201.2281.1497.3550. Disponível em: <www.juruadocs.com/legislacao/art/lei_00111012005-69>. Acesso em: 14/12/2021).

[176] TZIRULNIK, Luiz. *Direito falimentar*. 7. ed. São Paulo: RT, 2005. p. 142.

8.6.4.2.1. Os créditos trabalhistas e equiparados

Em primeiro lugar, no inciso I, estão "os créditos derivados da legislação trabalhista, limitados a 150 (cento e cinquenta) salários-mínimos por credor, e aqueles decorrentes de acidentes de trabalho". Aqui a lei trouxe importante e polêmica inovação. A limitação da preferência dos créditos trabalhistas a 150 salários-mínimos por trabalhador foi objeto de intensos debates no Congresso Nacional e provocou, depois de promulgada a lei, diversas reações negativas advindas das entidades sindicais dos trabalhadores.

Na verdade, o que se tentou foi evitar uma prática recorrente na vigência da legislação falimentar anterior: às vésperas da decretação da falência de grandes companhias, forjavam-se contratos de trabalho com supostos administradores, os quais, vencedores em processos trabalhistas movidos contra a sociedade, passavam a ser credores dela em quantias exorbitantes, que, por configurarem crédito trabalhista, deviam ser pagas antes dos demais credores. Os altos valores dessas indenizações forjadas acabavam por exaurir os recursos da massa, em prejuízo dos reais credores da sociedade, inclusive dos trabalhadores titulares de créditos de pequena monta.

O argumento, por si só, já seria suficiente para justificar a inovação legislativa, mas há ainda outros. Com efeito, pesquisas realizadas junto à Justiça do Trabalho demonstraram que a grande maioria – mais de 90% – dos créditos trabalhistas cobrados em processos falimentares não ultrapassava o valor de 150 salários mínimos. A regra, portanto, não irá atingir os trabalhadores mais necessitados.

Registre-se, ainda, que a razão para que a lei atribua preferência ao crédito trabalhista é a sua **natureza de verba alimentar**. Somente o que eventualmente passar de 150 salários-mínimos será reclassificado na categoria dos créditos quirografários. Trata-se de valor expressivo, que com certeza suprirá as necessidades do trabalhador por um bom período, enquanto ele se recoloca no mercado de trabalho e aguarda o recebimento do restante do seu crédito.

Quantos aos **créditos decorrentes de acidentes do trabalho**, esses **concorrem como créditos preferenciais pela totalidade do seu valor**. A limitação de 150 salários-mínimos não os atinge, estando restrita aos créditos trabalhistas *stricto sensu*.[177]

Estes créditos trabalhistas *stricto sensu* a que nos referimos são, basicamente, os créditos de indenizações determinadas pela Justiça do Trabalho (pagamento de horas extras, décimo terceiro salário, férias etc.), bem como outros créditos a eles equiparados: (i) os devidos aos representantes comerciais autônomos (art. 44 da Lei 4.886/1965[178]) e (ii) os devidos à Caixa Econômica Federal a título de contribuição

---

177 Destaque-se que essa limitação da preferência dos créditos trabalhistas teve sua constitucionalidade reconhecida pelo STF tanto no julgamento da ADI 3.934 (em 2009) quanto no julgamento da ADI 3.424 (em 2021).

178 O art. 44 da lei 4.886/1965 previa originalmente que, "no caso de falência do representado, as importâncias por ele devidas ao representante comercial, relacionadas com a representação, inclusive comissões vencidas e vincendas, indenização e aviso prévio, serão considerados créditos da mesma natureza dos créditos trabalhistas". A redação do dispositivo foi alterada pela Lei 14.195/2021, e agora ela menciona tanto a falência quanto a recuperação judicial, além de mencionar expressamente qualquer outra verba devida ao representante: "no caso de falência ou de recuperação judicial do representado, as importâncias por ele devidas ao representante comercial, relacionadas com a representação, inclusive comissões vencidas e vincendas, indenização e aviso prévio, e qualquer outra verba

para o FGTS (Fundo de Garantia por Tempo de Serviço).[179] É o caso, também, de quaisquer outros créditos que tenham natureza alimentar, como um crédito decorrente de pensão fixada em decisão judicial contra a empresa falida ou em recuperação: "o Superior Tribunal de Justiça tem entendido que créditos de natureza alimentar, ainda que não decorram especificamente de relação jurídica submetida aos ditames da legislação trabalhista, devem receber tratamento análogo para fins de classificação em processos de execução concursal. Versando a hipótese sobre valores que ostentam indubitável natureza alimentar, pois se referem à pensão fixada em decorrência de perda definitiva da capacidade laboral do recorrido, deve ser observado, quanto a esses, o tratamento conferido aos créditos derivados da legislação do trabalho" (REsp 1.799.041/PR).

Ainda sobre os créditos trabalhistas, o art. 83, § 4º da LRE, na sua redação original, previa o seguinte: "os créditos trabalhistas cedidos a terceiros serão considerados quirografários". Com a reforma da LRE, provocada pela Lei 14.112/2020, esse dispositivo foi revogado, e agora existe um § 5º estabelecendo que "os créditos cedidos a qualquer título manterão sua natureza e classificação".

Ora, se atualmente até o credor que é cessionário de um crédito trabalhista mantém a preferência do seu crédito, em razão da mencionada revogação do § 4º do art. 83 da LFRE e sua substituição pelo § 5º, o titular de um crédito trabalhista sub-rogado também deve manter sua preferência (por exemplo: devedor subsidiário que pagou as verbas trabalhistas ao empregado e se sub-rogou nos seus respectivos direitos contra o devedor principal).

No julgamento do REsp 1.924.529, a relatora, Ministra Nancy, destacou que na sub-rogação, ao contrário do que ocorre na cessão, o art. 349 do Código Civil prevê expressamente "a transferência de todos os direitos, ações, privilégios e garantias detidos pelo credor primitivo contra o devedor principal". Nesse sentido, ela citou precedente da 3ª Turma no qual se afirmou que "a transmissão das condições pessoais do sub-rogado não se afigura, por si só, incompatível com a natureza da sub-rogação". Enfim, o titular de crédito trabalhista sub-rogado mantém a preferência do seu crédito e deve habilitá-lo como trabalhista (o precedente mencionado analisou a questão no âmbito da recuperação judicial, mas entendo que a orientação vale para a falência também).

> RECURSO ESPECIAL. RECUPERAÇÃO JUDICIAL. HABILITAÇÃO RETARDATÁRIA DE CRÉDITO. NATUREZA TRABALHISTA. SUB-ROGAÇÃO. CLASSIFICAÇÃO. EQUIPARAÇÃO À CESSÃO DE CRÉDITOS. DESCABIMENTO. INSTITUTOS JURÍDICOS DISTINTOS. A

---

devida ao representante oriunda da relação estabelecida com base nesta Lei, serão consideradas créditos da mesma natureza dos créditos trabalhistas para fins de inclusão no pedido de falência ou plano de recuperação judicial".

[179] "A equiparação da Caixa Econômica Federal, no tocante ao crédito do FGTS, até se pode entender, na medida em que os beneficiários desse fundo são, em última instância, os empregados. Não se entende bem, contudo, o concurso dos representantes comerciais autônomos, que são empresários, ainda que explorem atividade de reduzida expressão econômica. Aliás, muitos deles são revestidos da forma de pessoa jurídica – sociedade anônima ou limitada –, e alguns são empresas fortes, inclusive com recursos multinacionais. Estabelecer o concurso desses credores com os trabalhistas é um despropósito da lei, havendo quem recomende a inobservância do preceito legal de equiparação. Enquanto vigorar o dispositivo, entretanto, convém ao administrador judicial observá-lo para não ser responsabilizado" (COELHO, Fábio Ulhoa. *Curso de direito comercial*. 7. ed. São Paulo: Saraiva, 2007. p. 364.).

SUB-ROGAÇÃO TRANSFERE AO NOVO CREDOR TODOS OS DIREITOS E PRIVILÉGIOS DO PRIMITIVO. ART. 349 DO CC. AUSÊNCIA DE CIRCUNSTÂNCIA JURÍDICA OU DE ORDEM PRÁTICA APTA A ENSEJAR O AFASTAMENTO DA NORMA LEGAL.

(...)

2. O propósito recursal consiste em definir a classificação que deve ser conferida ao crédito trabalhista objeto de sub-rogação no processo de recuperação judicial da devedora.

3. A norma do art. 83, § 4º, da Lei 11.101/05 (revogada pela Lei 14.112/20) estabelece que os créditos trabalhistas cedidos a terceiros devem ser classificados como quirografários na hipótese de falência do devedor.

4. Tal dispositivo, contudo, não pode ser aplicado quando se trata de habilitação retardatária, em recuperação judicial, decorrente de sub-rogação (hipótese do art. 346, III, do CC), ainda que os créditos ostentem natureza trabalhista.

5. Além de a cessão de crédito e a sub-rogação constituírem institutos jurídicos distintos, regrados de forma autônoma pelo Código Civil, os fundamentos que autorizam a proteção especial do art. 83, § 4º, da LFRE não se fazem presentes na hipótese de sub-rogação.

6. A sub-rogação pressupõe o pagamento, somente se perfectibilizando com a satisfação do credor. A cessão de crédito, ao contrário, ocorre antes que o pagamento seja efetuado, dando margem à eventual especulação em prejuízo do credor trabalhista.

7. O art. 349 do CC prevê expressamente que a sub-rogação opera a transferência de todos os direitos, ações, privilégios e garantias detidos pelo credor originário contra o devedor principal.

8. Esta Terceira Turma, ainda que analisando situação fática distinta, já teve a oportunidade de sinalizar que, diferentemente do que ocorre quando se trata de cessão de crédito, a transmissão das condições pessoais, na sub-rogação, não se afigura incompatível com sua natureza.

9. Os interesses que a norma do art. 83, § 4º, da Lei 11.101/05 objetiva proteger não são vilipendiados pela ocorrência da sub-rogação. Ao contrário, tal circunstância, como verificada na espécie, vem a ser favorável ao credor trabalhista, pois acaba por impedir que ele se submeta aos deságios próprios da negociação de um plano de recuperação judicial.

10. Ademais, no particular, o plano de soerguimento foi aprovado e homologado em momento anterior ao pedido de habilitação do crédito sub-rogado, de modo que a nova credora não seria capaz, ainda que a isso se dispusesse, de manifestar oposição aos interesses gerais da classe trabalhista.

11. Não se pode evidenciar, portanto, qualquer prejuízo passível de ser causado - não somente ao credor primitivo, mas a toda categoria - que possa justificar o afastamento da regra geral prevista no art. 349 do CC, segundo a qual, como visto, todos os privilégios do credor primitivo são transferidos ao novo credor.

(REsp 1.924.529/SP, Rel. Ministra NANCY ANDRIGHI, TERCEIRA TURMA, julgado em 10/08/2021, DJe 16/08/2021)

8.6.4.2.2. Honorários advocatícios (e de outros profissionais liberais)

Especificamente quanto aos créditos equiparados aos trabalhistas, o Superior Tribunal de Justiça tinha entendimento divergente quanto à natureza do crédito consistente em honorários advocatícios.

Com efeito, apesar de ser pacífico no STJ o entendimento de que os honorários advocatícios, tanto de sucumbência quanto contratuais, ostentam natureza alimentar (EREsp 706.331/PR, Rel. Min. Humberto Gomes de Barros, Corte Especial, j. 20.02.2008, DJe 31.03.2008), havia controvérsia a respeito de sua classificação em processos de falência e de recuperação judicial.

A Primeira Seção, que congrega as Turmas de direito público, tinha entendimento de que os honorários advocatícios não se equiparavam aos créditos trabalhistas em processos de falência e recuperação judicial, não podendo, pois, sobrepor-se aos créditos tributários. A propósito, confira-se:

> *Embargos de divergência em recurso especial. Concurso de credores. Créditos referentes a honorários de advogado. Preferência em relação aos créditos de natureza tributária. Inexistência. Artigos 186,* caput*, do código tributário nacional e 24 da Lei n.º 8.906/1994.*
>
> *1. Os créditos de natureza tributária têm preferência sobre os créditos relativos a honorários advocatícios.*
>
> *2. Precedentes de ambas as Turmas que compõem a Primeira Seção.*
>
> *3. Embargos de divergência acolhidos (EREsp 941.652/RS, Rel. Min. Hamilton Carvalhido, 1.ª Seção, j. 24.11.2010,* DJe *07.12.2010).*

No entanto, as Turmas de direito privado, que compõem a Segunda Seção, adotavam posicionamentos divergentes quanto ao assunto. A Terceira Turma tinha julgados que adotavam posições conflitantes. No julgamento do REsp 988.126/SP e do REsp 1.377.764/MS, os honorários advocatícios de sucumbência foram inseridos na classe dos créditos trabalhistas:

> *Processual Civil. Recurso Especial. Ação de execução. Prequestionamento. Ausência. Súmula 282/STF. Concurso de credores. Honorários advocatícios. Natureza alimentar.* ***Equiparação dos honorários advocatícios com os créditos trabalhistas para fins de habilitação em concurso de credores. Possibilidade****.*
>
> *– Cinge-se a lide em determinar se os honorários advocatícios possuem natureza alimentar e se, em concurso de credores, podem ser equiparados a créditos trabalhistas.*
>
> *– Os honorários advocatícios, contratuais e de sucumbência, têm natureza alimentar. Precedente da Corte Especial.*
>
> *– Assim como o salário está para o empregado e os honorários estão para os advogados, o art. 24 do EOAB deve ser interpretado de acordo com o princípio da igualdade. Vale dizer: os honorários advocatícios constituem crédito privilegiado, que deve ser interpretado em harmonia com a sua natureza trabalhista-alimentar.*
>
> *–* ***Sendo alimentar a natureza dos honorários, estes devem ser equiparados aos créditos trabalhistas, para fins de habilitação em concurso de credores****.*
>
> *Recurso especial provido (REsp 988.126/SP, Rel. Min. Nancy Andrighi, 3.ª Turma, j. 20.04.2010,* DJe *06.05.2010).*
>
> *Recurso especial. Ação de despejo e cobrança de aluguéis. Cumprimento de sentença. Honorários advocatícios sucumbenciais. Natureza alimentar. Equiparação a créditos trabalhistas. Sujeição à recuperação judicial.*
>
> *(...)*
>
> *2 – O tratamento dispensado aos honorários advocatícios – no que refere à sujeição aos efeitos da recuperação judicial – deve ser o mesmo conferido aos créditos de origem trabalhista, em virtude de ambos ostentarem natureza alimentar.*

> *(...)*
>
> *4 – Recurso especial conhecido e provido (REsp 1377764/MS, Rel. Ministra Nancy Andrighi, 3.ª Turma, j. 20.08.2013,* DJe *29.08.2013).*

Entretanto, no julgamento do REsp 939.577/RS, a mesma Terceira Turma negou a equiparação dos honorários advocatícios aos créditos trabalhistas:

> *Recurso especial. Dissídio jurisprudencial não demonstrado. Ausência de similitude fática. Execução de sentença. Concurso de credores. Crédito fiscal e horários advocatícios. Preferência do crédito fiscal. Art. 186 do CTN.* Status *de lei complementar. Prevalência sobre o art. 24 da lei ordinária n.º 8.906/1994 (estatuto da OAB). Acórdão recorrido em consonância com a jurisprudência do Superior Tribunal de Justiça. Recurso especial improvido.*
>
> *(...)*
>
> *II –* ***Embora esta Corte Superior já tenha reconhecido a natureza alimentar dos créditos decorrentes dos honorários advocatícios, estes não se equiparam aos créditos trabalhistas****, razão por que não há como prevalecerem, em sede de concurso de credores, sobre o crédito fiscal da Fazenda Pública;*
>
> *III – Recurso especial improvido (REsp 939.577/RS, Rel. Min. Massami Uyeda, 3.ª Turma, j. 03.05.2011,* DJe *19.05.2011).*

A Quarta Turma, por sua vez, tinha julgados que negavam a equiparação dos honorários advocatícios de sucumbência aos créditos trabalhistas, inserindo-os na classe dos créditos com privilégio geral (art. 83, V, da Lei 11.101/2005). Confira-se:

> *Agravo Regimental no Recurso Especial. Art. 102 da antiga Lei de Falências. Art. 24 do estatuto da OAB. Honorários advocatícios de sucumbência. Caráter alimentar. Privilégio geral. Agravo improvido.*
>
> *1.* ***O crédito decorrente de honorários advocatícios sucumbenciais, a despeito de se assemelhar a verba alimentar, não se equipara aos créditos trabalhistas, para efeito de habilitação em processo falimentar, devendo figurar na classe de créditos com privilégio geral****. Precedentes.*
>
> 2. Agravo regimental improvido (AgRg no REsp 1.077.528/RS, Rel. Min. Luis Felipe Salomão, 4.ª Turma, j. 19.10.2010, DJe 09.11.2010).

Entendo que deveria prevalecer o entendimento da Quarta Turma, por corresponder ao disposto no art. 24 da Lei 8.906/1994, que assim dispõe: "A decisão judicial que fixar ou arbitrar honorários e o contrato escrito que os estipular são títulos executivos e constituem **crédito privilegiado** na falência, concordata, concurso de credores, insolvência civil e liquidação extrajudicial".

Para equiparar os honorários advocatícios aos créditos trabalhistas, seria necessário, de acordo com nossa opinião, que a lei o fizesse expressa e claramente, tal como fez a Lei 4.886/1965 quanto às comissões do representante comercial, em seu art. 44.

No entanto, a Corte Especial do STJ pacificou a questão em julgamento de recurso especial repetitivo, entendendo que "os créditos resultantes de honorários advocatícios, sucumbenciais ou contratuais, têm natureza alimentar e equiparam-se aos trabalhistas para efeito de habilitação em falência, seja pela regência do Decreto-lei 7.661/1945, seja pela forma prevista na Lei 11.101/2005, observado o limite de valor previsto no art. 83, I, do referido diploma legal" (REsp 1.152.218/RS, Rel. Min. Luis Felipe Salomão, j. 07.05.2014).

Da mesma forma, também se equiparam a créditos trabalhistas os honorários de outros profissionais liberais, como contabilistas, conforme decisão da 3ª Turma do STJ (REsp 1.851.770): "embora a honorária não tenha a natureza jurídica do salário, dele não se distingue em sua finalidade, que é a mesma. A honorária é, em suma, um salário *ad honorem* pela nobreza do serviço prestado. Tem, portanto, caráter alimentar, porque os profissionais liberais dele se utilizam para sua mantença e de seu escritório ou consultório". Assim, decidiu-se que "o tratamento dispensado aos honorários devidos a profissionais liberais deve ser o mesmo conferido aos créditos de origem trabalhista, em virtude de ambos ostentarem natureza alimentar". Por fim, ainda se afirmou que "esse entendimento não é obstado pelo fato de o titular do crédito ser uma sociedade de contadores, porquanto, mesmo nessa hipótese, a natureza alimentar da verba não é modificada".

8.6.4.2.3. Os créditos com garantia real

Em segundo lugar, no inciso II, estão os "os créditos gravados com direito real de garantia até o limite do valor do bem gravado". Eis mais um dispositivo da LRE que alimenta as teorias daqueles que a qualificam como a "lei dos banqueiros". Trata-se, no entanto, de apenas mais uma tentativa de dar maior segurança ao crédito bancário, a fim de que a legislação falimentar atual consiga cumprir um de seus objetivos: tornar o crédito menos arriscado no Brasil e permitir, com isso, a diminuição do *spread*.

> Como a maioria dos credores com garantia real são bancos, aposta-se que a inversão na ordem de classificação *[o autor se refere ao fato de os créditos com garantia real terem passado para o segundo lugar na ordem de classificação, enquanto os créditos fiscais passaram para terceiro lugar]* aumentará o volume de recuperação dos créditos abertos a empresários ou sociedades empresárias e, consequentemente, levará à prática de spreads menores.[180]

Podem ser citados como exemplos de **créditos com garantia real os créditos hipotecários, os créditos pignoratícios, os créditos caucionados, os créditos de debêntures com garantia real e os créditos de instituições financeiras decorrentes de cédulas de crédito rural.**

Trata-se de créditos **não sujeitos a rateio**, ou seja, nesses casos, o produto da venda do bem dado em garantia real à dívida será usado para o pagamento do credor garantido. Caso esse produto da venda seja superior à dívida, o saldo restante será usado para o pagamento dos demais credores, na ordem de classificação. Caso, em contrapartida, o produto da venda não seja suficiente para o pagamento da dívida, o restante dela será classificado como crédito quirografário.

Ressalvada, é óbvio, a situação dos credores extraconcursais, das restituições em dinheiro e dos credores trabalhistas e de créditos acidentários. Como eles estão *acima* dos credores com garantia real, devem sempre receber primeiro. Sendo as-

[180] COELHO, Fábio Ulhoa. *Comentários à lei de falências e recuperação de empresas*. 3. ed. São Paulo: Saraiva, 2005. p. 217.

sim, pode ocorrer de os bens *não gravados* do devedor serem insuficientes para o pagamento deles (extraconcursais, restituições, trabalhistas e acidentários), caso em que inevitavelmente os *bens gravados* – os quais, em princípio, deveriam garantir o pagamento dos credores com garantia real – terão que ser usados para sua quitação.

Registre-se que, segundo o § 1.º do art. 83, "para os fins do inciso II do *caput* deste artigo, será considerado como valor do bem objeto de garantia real a importância efetivamente arrecadada com sua venda, ou, no caso de alienação em bloco, o valor de avaliação do bem individualmente considerado".

8.6.4.2.4. Os créditos públicos

Em terceiro lugar, no inciso III, estão os "os créditos tributários, independentemente da sua natureza e do tempo de constituição, exceto os créditos extraconcursais e as multas tributárias".[181]

Vê-se, de imediato, que a LRE solucionou uma controvérsia existente na vigência da lei anterior, relativa às **multas tributárias**, as quais, segundo entendimento jurisprudencial, não podiam ser cobradas no processo falimentar. **A nova legislação falimentar, todavia, permitiu a cobrança dos créditos decorrentes de multas tributárias no processo falimentar**, mas não os classificou como créditos fiscais, deixando-os, na verdade, em sétimo lugar na ordem de classificação, abaixo dos créditos quirografários.

Ainda sobre os créditos tributários, merece menção também o fato de que o próprio Código Tributário Nacional foi alterado pela já referida LC 118/2005, a fim de que ele passasse a dispor sobre o tema em consonância com as novas regras do direito falimentar brasileiro (vide nova redação do art. 186 do CTN).

Por fim, registre-se que, segundo a mesma legislação tributária, há uma **hierarquia interna** entre os créditos tributários. De acordo com o art. 187, parágrafo único, do CTN, e com o art. 29, parágrafo único, da Lei 6.830/1980 (Lei de Execuções Fiscais), devem ser pagos primeiro os créditos tributários da União e de suas autarquias; depois, os créditos tributários dos Estados, Distrito Federal e Territórios e suas respectivas autarquias, conjuntamente e *pro rata*; por fim, os créditos tributários dos Municípios e suas autarquias, também conjuntamente e *pro rata*.

8.6.4.2.4.1. Cobrança de crédito público após a falência do devedor

Com a reforma da LRE provocada pela Lei 14.112/2020, como ficou a cobrança de crédito público pela Fazenda Pública após a falência do devedor: execução fiscal ou habilitação de crédito?

---

[181] No julgamento do REsp 1.521.999, a Primeira Turma do STJ decidiu que "o encargo do Decreto-lei 1.025/1969 tem as mesmas preferências do crédito tributário, devendo, por isso, ser classificado, na falência, na ordem estabelecida pelo art. 83, III, da Lei 11.101/2005". Os Ministros reconheceram que o encargo de 20% inserido nas cobranças promovidas pela União (art. 1º do DL 1.025/1969) tem natureza não tributária (Lei 7.711/1988). No entanto, como ele compõe a dívida ativa da Fazenda Nacional (art. 2º, §§ 2º e 5º, II, da Lei 6.830/1980) e tem as mesmas preferências do crédito tributário (art. 4º, § 4º da Lei 6.830/1980), os Ministros concluíram pelo seu enquadramento, por equiparação, no inciso III do art. 83 da Lei 11.101/2005, isto é, como crédito tributário.

As Turmas da 2ª Seção do STJ firmaram entendimento de que a escolha de um rito de cobrança implica renúncia do outro, "ante o descabimento de garantia dúplice" (ver, por exemplo, o REsp 1.466.200).

No entanto, as Turmas da 1ª Seção tinham precedentes mais recentes afirmando que "revela-se cabível a coexistência da habilitação de crédito em sede de juízo falimentar com a execução fiscal desprovida de garantia, desde que a Fazenda se abstenha de requerer a constrição de bens em relação ao executado que também figure no polo passivo da ação falimentar" (REsp 1.831.186, dentre outros).

A questão foi afetada pela Primeira Seção para julgamento sob a sistemática dos recursos repetitivos (Tema 1.092), e a tese firmada foi a seguinte: "é possível a Fazenda Pública habilitar em processo de falência crédito objeto de execução fiscal em curso, mesmo **antes da vigência da Lei 14.112/2020**, e desde que não haja pedido de constrição no juízo executivo".

> PROCESSUAL CIVIL E TRIBUTÁRIO. RECURSO ESPECIAL REPRESENTATIVO DA CONTROVÉRSIA. EXECUÇÃO FISCAL. FALÊNCIA. FAZENDA PÚBLICA. PEDIDO DE HABILITAÇÃO DE CRÉDITO. POSSIBILIDADE.
>
> 1. A questão jurídica submetida ao Superior Tribunal de Justiça cinge-se à possibilidade da Fazenda Pública apresentar pedido de habilitação de crédito no juízo falimentar objeto de execução fiscal em curso, antes da alteração legislativa da Lei n. 11.101/2005 pela Lei n. 14.112/2020.
>
> 2. A execução fiscal é o procedimento pelo qual a Fazenda Pública cobra dívida tributária ou não tributária, sendo o Juízo da Execução o competente para decidir a respeito do tema.
>
> 3. O juízo falimentar, nos termos do que estabelece a Lei 11.101/2005, é "indivisível e competente para conhecer todas as ações sobre bens, interesses e negócios do falido, ressalvadas as causas trabalhistas, fiscais e aquelas não reguladas nesta Lei em que o falido figurar como autor ou litisconsorte ativo".
>
> 4. A interpretação sistemática dos arts. 5º, 29 e 38 da Lei n. 6.830/1980, do art. 187 do CTN e do art. 76 da Lei n. 11.101/2005 revela que a execução fiscal e o pedido de habilitação de crédito no juízo falimentar coexistem, a fim de preservar o interesse maior, que é a satisfação do crédito, não podendo a prejudicialidade do processo falimentar ser confundida com falta de interesse de agir do ente público.
>
> 5. Para os fins do art. 1.039 do CPC, firma-se a seguinte tese: "É possível a Fazenda Pública habilitar em processo de falência crédito objeto de execução fiscal em curso, mesmo antes da vigência da Lei n. 14.112/2020 e desde que não haja pedido de constrição no juízo executivo".
>
> (REsp 1.872.759/SP, Rel. Ministro GURGEL DE FARIA, PRIMEIRA SEÇÃO, julgado em 18/11/2021, DJe 25/11/2021)

Na minha opinião, essa discussão perdeu o sentido após a Lei 14.112/2020, que inseriu o art. 7º-A na LRE. De acordo com esse dispositivo, a decretação da falência deflagra a instauração pelo juiz, de ofício, de incidentes de classificação do crédito público, para cada Fazenda Pública credora, com suspensão das execuções fiscais, sem prejuízo da possibilidade de prosseguimento contra os corresponsáveis (§ 4º, inciso V).[182]

[182] Uma semana antes do mencionado julgamento do Tema 1.092 pela Primeira Seção do STJ, a 4ª Turma, que integra a Segunda Seção, decidiu que "é cabível o pedido de habilitação de crédito da Fazenda Pública na falência **desde que suspensa a execução fiscal**" (REsp 1.872.153 – Informativo 719). Detalhes importantes desse julgamento: (i) a

8.6.4.2.5. Os créditos com privilégio especial e com privilégio geral

Na redação original da LRE, os créditos com privilégio especial e os créditos com privilégio geral ficavam, respectivamente, em quarto lugar e em quinto lugar. No entanto, os incisos IV e V do art. 83, que davam esse tratamento a tais créditos, foram revogados na reforma provocada pela Lei 14.112/2020. Agora, por força do § 6º do art. 83, "os créditos que disponham de privilégio especial ou geral em outras normas integrarão a classe dos créditos quirografários".

8.6.4.2.6. Os créditos quirografários

Em quarto lugar, no inciso VI do art. 83, estão "os créditos quirografários, a saber: a) aqueles não previstos nos demais incisos deste artigo; b) os saldos dos créditos não cobertos pelo produto da alienação dos bens vinculados ao seu pagamento; e c) os saldos dos créditos derivados da legislação trabalhista que excederem o limite estabelecido no inciso I do caput deste artigo".

Em qualquer processo falimentar, a lista dos credores quirografários provavelmente será sempre a maior, porque envolve **todos os créditos que não possuem nenhuma espécie de preferência ou garantia**. Trata-se, pois, dos credores cujos créditos decorrem de uma obrigação cambial inadimplida (duplicata, nota promissória, cheque etc.), de uma indenização por ato ilícito ou de uma obrigação contratual não honrada. Ademais, a LRE ainda inclui nessa classe o saldo de crédito trabalhista ou equiparado que ultrapassar 150 salários mínimos e o saldo de crédito com garantia real ou privilégio especial cujo montante arrecadado com a venda dos bens vinculados ao seu pagamento não seja suficiente.

8.6.4.2.7. As multas e penas pecuniárias

Em quinto lugar, no inciso VII do art. 83, estão "as multas contratuais e as penas pecuniárias por infração das leis penais ou administrativas, incluídas as multas tributárias".

No regime da lei anterior, os créditos quirografários eram os últimos créditos previstos na ordem de classificação. A LRE inovou mais uma vez, prevendo abaixo dos quirografários os créditos decorrentes de multas e penas pecuniárias, incluindo nessa classe as multas tributárias, as quais, na lei anterior, não podiam ser cobradas no processo falimentar, conforme entendimento jurisprudencial consolidado no Ver-

---

4ª Turma destacou, com razão, que "a Corte Especial do STJ definiu que compete à Segunda Seção processar e julgar os conflitos decorrentes do binômio execução fiscal e recuperação judicial/falência, nos termos do art. 9º, § 2º, inciso IX, do RISTJ"; e (ii) a 4ª Turma reconheceu que, atualmente, o inciso V do § 4º do art. 7º-A da LRE prevê a suspensão da execução fiscal, alegando que isso afasta a garantia dúplice e legitima o pedido de habilitação de crédito pela Fazenda Pública na falência. O único reparo que insisto em fazer é o seguinte: a Fazenda Pública não deve fazer habilitação de crédito como os demais credores, já que, nos termos do já mencionado art. 7º-A da LRE, inserido pela Lei 14.112/2020, "o juiz instaurará, de ofício, para cada Fazenda Pública credora, **incidente de classificação de crédito público** e determinará a sua intimação eletrônica para que, no prazo de 30 (trinta) dias, apresente diretamente ao administrador judicial ou em juízo, a depender do momento processual, a relação completa de seus créditos inscritos em dívida ativa, acompanhada dos cálculos, da classificação e das informações sobre a situação atual".

bete 565 da súmula do STF: "a multa fiscal moratória constitui pena administrativa, não se incluindo no crédito habilitado em falência".

8.6.4.2.8. Os créditos subordinados

Em sexto lugar, no inciso VIII do art. 83, estão "os créditos subordinados, a saber: a) os previstos em lei ou em contrato; e b) os créditos dos sócios e dos administradores sem vínculo empregatício cuja contratação não tenha observado as condições estritamente comutativas e as práticas de mercado".

A inclusão dos *créditos subordinados* na ordem de classificação dos créditos também foi uma inovação da LRE, visto que, como dito, na lei anterior a última classe era a dos quirografários. São credores que se enquadram nessa categoria, por exemplo, os titulares de debêntures subordinadas e os sócios e administradores da sociedade sem vínculo empregatício. Eles só terão seus créditos satisfeitos depois de pagos todos os demais credores acima estudados.

Ressalte-se que os créditos subordinados titularizados por sócios da sociedade falida sem vínculo empregatício, mencionados pela regra ora em análise, não correspondem aos valores de suas ações ou quotas. Trata-se, por exemplo, de crédito decorrente de um empréstimo contraído pela sociedade junto ao sócio. Os valores correspondentes às quotas ou ações, segundo o art. 83, § 2.º, da LRE não são oponíveis à massa: "não são oponíveis à massa os valores decorrentes de direito de sócio ao recebimento de sua parcela do capital social na liquidação da sociedade". Assim, os sócios – quotistas ou acionistas – só receberão algum valor referente às suas quotas ou ações se a sociedade falida pagar todos os seus credores, e ainda assim restarem recursos em caixa, hipótese obviamente dificílima de verificar na prática.

8.6.4.2.9. Juros

Por fim, em último lugar, o inciso IX do art. 83, inserido na LRE pela reforma provocada pela Lei 14.112/2020, prevê "os juros vencidos após a decretação da falência, conforme previsto no art. 124 desta Lei".

8.6.5. Encerramento do processo falimentar

Feitos os pagamentos dos credores, conforme a ordem de classificação já analisada e a disponibilidade de recursos da massa, **caberá ao administrador judicial apresentar suas contas ao juiz**. É o que dispõe o art. 154 da LRE: "concluída a realização de todo o ativo, e distribuído o produto entre os credores, o administrador judicial apresentará suas contas ao juiz no prazo de 30 (trinta) dias".[183]

[183] Sobre a prestação de contas, o STJ já decidiu que "o síndico [embora o caso tenha sido julgado à luz do revogado Decreto-lei 7.661/1945, o próprio relator disse que "sob o enfoque da nova Lei de Falências a solução não seria distinta"]. É responsável pela prestação de contas da massa falida ao juízo a partir de sua nomeação, incluídos os atos realizados pelo gerente/gestor na continuidade provisória da atividade" (REsp 1.487.042). No caso, houve a decretação da falência, com nomeação de síndico, e também a autorização para continuação provisória das atividades, com nomeação de gerente (gestor de negócios). O síndico fez uma prestação de contas parcial, afirmando que a outra parte da prestação de contas, referente ao período em que houve continuação provisória das atividades, caberia ao gerente. O STJ, porém, entendeu que a prestação de contas deveria abranger todo o período de exer-

Apresentadas as contas, além de toda a documentação pertinente, formarse-ão autos apartados que serão apensados ao provavelmente já bastante volumoso processo falimentar (§ 1.º). Ato contínuo, o juiz colocará as contas à disposição dos interessados para que eles possam oferecer impugnações, se assim entenderem, no prazo de 10 (dez) dias (§ 2.º), e depois enviará os autos ao Ministério Público, que oferecerá parecer em 5 (cinco) dias (§ 3.º). Havendo impugnação ou parecer desfavorável, o administrador judicial será novamente ouvido, voltando posteriormente os autos ao juiz para julgamento das contas por sentença (§ 4.º).

Se as contas forem rejeitadas, o juiz, além de fixar as responsabilidades do administrador judicial, poderá determinar a indisponibilidade ou o sequestro dos seus bens, servindo a sentença como título executivo para indenização da massa (§ 5.º), contra a qual caberá o recurso de apelação (§ 6.º).

Após o julgamento das contas, ainda resta ao administrador judicial uma diligência a ser cumprida, consistente na apresentação de relatório final, no prazo de dez dias, no qual ele indicará o valor alcançado com a realização do ativo, o valor do passivo, os pagamentos que realizou e as responsabilidades com as quais continuará o devedor falido (art. 155 da LRE). Após a apresentação desse relatório, o juiz então dará por encerrado o processo falimentar, por meio de sentença e ordenará a intimação eletrônica às Fazendas Públicas federal e de todos os Estados, Distrito Federal e Municípios em que o devedor tiver estabelecimento e determinará a baixa da falida no Cadastro Nacional da Pessoa Jurídica (CNPJ), expedido pela Secretaria Especial da Receita Federal do Brasil (art. 156 da LRE). A sentença de encerramento será publicada em edital e contra a qual caberá recurso de apelação (parágrafo único).

8.7. A extinção das obrigações do devedor falido

A extinção das obrigações do devedor falido ocorrerá nos casos especificamente previstos no art. 158 da LRE e após a respectiva sentença.

Suas obrigações só serão extintas, portanto, se houver: "I – o pagamento de todos os créditos; II – o pagamento, após realizado todo o ativo, de mais de 25% (vinte e cinco por cento) dos créditos quirografários, facultado ao falido o depósito da quantia necessária para atingir a referida porcentagem se para isso não tiver sido suficiente a integral liquidação do ativo; V – o decurso do prazo de 3 (três) anos, contado da decretação da falência, ressalvada a utilização dos bens arrecadados anteriormente, que serão destinados à liquidação para a satisfação dos credores habilitados ou com pedido de reserva realizado; VI – o encerramento da falência nos termos dos arts. 114-A ou 156 desta Lei".

O inciso I, que prevê a extinção das obrigações do falido quando há o pagamento de todos os credores, trata de situação ideal, mas que infelizmente não ocorre na grande maioria dos processos falimentares.

cício de suas funções, desde a assinatura do termo de compromisso: "sobressai a responsabilidade do síndico pela prestação de contas da massa falida ao juízo a partir do momento de sua nomeação, incluídos os atos realizados pelo gerente na continuidade provisória das atividades". Em suma: o gerente presta contas ao síndico sobre seus atos, e este presta contas ao juiz sobre tudo, inclusive os atos do gerente, que age sob a sua responsabilidade.

O inciso II, por sua vez, confere uma prerrogativa importante ao devedor empresário, não conferida, por exemplo, ao devedor civil insolvente que se submete ao *concurso de credores* regulado no Código de Processo Civil. No direito falimentar, **se o produto da realização do ativo do devedor for suficiente para pagamento de mais de 25% dos seus credores quirografários** – os quais, é óbvio, só serão pagos depois de satisfeitos todos os demais créditos *acima* deles na ordem de classificação legal –, as **obrigações do falido podem ser declaradas extintas**. Nesse caso, pois, o devedor será exonerado de suas obrigações mesmo sem ter satisfeito todas elas, dado que ainda restaram sem quitação o saldo remanescente dos créditos quirografários, as multas e penas pecuniárias e os créditos subordinados.

Na redação original da LRE, os incisos III e IV previam a extinção das obrigações do falido se transcorresse determinado lapso temporal após o trânsito em julgado da sentença de encerramento do processo falimentar: se houvesse a condenação pela prática de algum crime previsto na lei, esse prazo era de dez anos; se não houvesse, o prazo era de apenas cinco anos. Esses dispositivos, porém, foram revogados.

Agora, o inciso V do art. 158 da LRE, nela inserido na reforma provocada pela Lei 14.112/2020, diz que a extinção das obrigações do falido também se dá com "o decurso do prazo de 3 (três) anos, contado da decretação da falência, ressalvada a utilização dos bens arrecadados anteriormente, que serão destinados à liquidação para a satisfação dos credores habilitados ou com pedido de reserva realizado". Reduziu-se bastante, pois, o tempo necessário para a extinção das obrigações: antes, esperavam-se 5 ou 10 anos após o encerramento da falência; agora, esperam-se apenas 3 anos após a decretação da falência. Essa nova regra tem sido associada ao *fresh start* do direito norte-americano, coadunando-se com o atual objetivo da legislação falimentar de "fomentar o empreendedorismo, inclusive por meio da viabilização do retorno célere do empreendedor falido à atividade econômica" (art. 75, inciso III).[184]

Outro dispositivo inserido na reforma foi o inciso VI, que prevê a extinção das obrigações do falido quando houver "o encerramento da falência nos termos dos arts. 114-A ou 156". Portanto, se antes havia uma distinção entre a sentença que encerrava a falência e a sentença que extinguia as obrigações do falido, agora não há mais: o próprio encerramento do processo falimentar já extingue as obrigações do devedor.

Assim, verificada uma das hipóteses descritas no art. 158, o devedor falido poderá então requerer ao juízo, por meio de petição que será autuada em apartado, a prolação de sentença que declare extintas as suas obrigações (art. 159 da LRE).

[184] "Com isso, priorizam-se o *fresh start* e o fomento ao empreendedorismo por meio do retorno célere do empreendedor falido à atividade econômica. Trata-se de inspiração no *Bankruptcy Code* dos Estados Unidos da América, principalmente na figura do *discharge*, previsto no *Chapter 7*, que regula a extinção das obrigações do falido para que possa, sem entraves, voltar a empreender. Essa exoneração das obrigações depende do preenchimento de alguns requisitos que incluem os motivos da crise econômico-financeira que levou a empresa à falência, se o empreendedor agiu honestamente e de boa-fé ou se houve gestão temerária do patrimônio, se houve intenção de prejudicar credores ou obter vantagens ilícitas e se o devedor colaborou com o juízo falimentar, entre outros aspectos. A Lei brasileira, por sua vez, vincula a extinção das obrigações ao decurso de certo prazo de tempo – agora reduzido a três anos contados da data da decretação da falência. Resta saber se, com essa reforma legislativa, terá início uma mudança cultural, que deixe de associar o falido a uma imagem pejorativa, percebendo o insucesso como uma consequência normal da atividade econômica" (COSTA, Daniel Carnio e MELO, Alexandre Correa Nasser de. *Comentários à Lei de Recuperação de Empresas e Falência*, art. 158 «in» JuruáDocs n. 201.2291.2180.5332. Disponível em: <www.juruadocs.com>. Acesso em: 25/02/2021).

A secretaria do juízo fará publicar imediatamente informação sobre a apresentação do requerimento, e, no prazo comum de 5 (cinco) dias, qualquer credor, o administrador judicial e o Ministério Público poderão manifestar-se exclusivamente para apontar inconsistências formais e objetivas (§ 1.º). Findo esse prazo, o juiz, em 15 (quinze) dias, proferirá sentença que declare extintas todas as obrigações do falido, inclusive as de natureza trabalhista (§ 3.º), e contra essa sentença caberá recurso de apelação (§ 5.º). Transitada em julgado a sentença, os autos do requerimento serão apensados aos do processo falimentar (§ 6.º).

Após seu trânsito em julgado, a sentença que extingue as obrigações do falido pode ser rescindida por ação rescisória, a pedido de qualquer credor, mas apenas se ficar comprovado "que o falido tenha sonegado bens, direitos ou rendimentos de qualquer espécie anteriores à data do requerimento a que se refere o art. 159" (art. 159-A da LRE). E mais: o parágrafo único prevê que o direito de pedir essa rescisão "extinguir-se-á no prazo de 2 (dois) anos, contado da data do trânsito em julgado da sentença de que trata o art. 159" *[extinção das obrigações]*.

Finalmente, havendo sócio de responsabilidade ilimitada, prevê o art. 160 da LRE que "verificada a prescrição ou extintas as obrigações nos termos desta Lei, o sócio de responsabilidade ilimitada também poderá requerer que seja declarada por sentença a extinção de suas obrigações na falência".

9. DISPOSITIVOS PENAIS DA LEI 11.101/2005

No que tange ao chamado "**direito penal falimentar**", fugiria aos propósitos da presente obra descer a detalhes sobre os diversos crimes tipificados na LRE. Faremos, portanto, uma breve exposição das principais novidades trazidas pela nova legislação acerca dessa matéria.

Inicialmente, deve-se destacar que a **LRE não mais usa a expressão *crime falimentar***. A lei anterior utilizava essa expressão porque considerava que a sentença declaratória da falência era condição objetiva de punibilidade dos crimes nela tipificados. A LRE, por sua vez, em seu art. 180, previu o seguinte: "a sentença que decreta a falência, concede a recuperação judicial ou concede a recuperação extrajudicial de que trata o art. 163 desta Lei é **condição objetiva de punibilidade** das infrações penais descritas nesta Lei". Portanto, como existe a possibilidade de alguém ser processado e condenado por crime descrito na LRE sem que tenha tido, necessariamente, a sua falência decretada, houve por bem o legislador não usar mais a expressão *crime falimentar*, já que, de fato, ela soaria estranha nos casos em que o criminoso não fosse falido.

Outro ponto relevante foi a **abolição da modalidade culposa** nos diversos crimes tipificados na lei, além do fato de que houve um **aumento considerável nas penas**. Veja-se, por exemplo, o caso do crime de *fraude a credores*, atualmente tipificado no art. 168 da LRE. Sua pena é de 3 a 6 anos de reclusão, mais multa. No regime da lei anterior, figura típica assemelhada estava prevista no art. 187, para o qual era prevista pena de reclusão de apenas 1 a 4 anos, sem a previsão de multa.

O exame mais abrangente da Lei, nesta parte penal, demonstra que houve um maior rigor no que diz respeito às penas, tanto que todos os delitos (com exceção apenas do art. 178), são apenados com reclusão, cuja extensão varia de 2 a 6 anos. Na lei anterior, havia dois crimes apenados com detenção e aqueles apenados com reclusão previam penas entre o mínimo de 1 ano e o máximo de 4 anos. Portanto, no que tange à pena a ser aplicada, a Lei atual optou por um rigor maior.[185]

Outro ponto importante a ser destacado foi a previsão da **contabilidade paralela** (também conhecida como "caixa 2") como **causa específica de aumento de pena no crime de fraude a credores**, conforme disposto no art. 168, § 2.º: "a pena é aumentada de 1/3 (um terço) até metade se o devedor manteve ou movimentou recursos ou valores paralelamente à contabilidade exigida pela legislação, inclusive na hipótese de violação do disposto no art. 6º-A desta Lei".

Houve alteração também quanto ao rito processual dos crimes falimentares. Na lei anterior, era estabelecido um procedimento especial, disciplinado nos arts. 503 a 512 do Código de Processo Penal. Estes dispositivos, porém, foram revogados pelo art. 200 da LRE. O art. 185, por sua vez, previu que, "recebida a denúncia ou a queixa, observar-se-á o rito previsto nos arts. 531 a 540 do Decreto-lei n.º 3.689, de 3 de outubro de 1941 – Código de Processo Penal", ou seja, o **rito sumário.**

No que se refere à prescrição, merece destaque o fato de que a LRE não mais previu prazos prescricionais específicos para os crimes falimentares, submetendo-os, então, às regras gerais sobre prescrição do Código Penal. Nesse sentido, dispôs o art. 182 da LRE que "a prescrição dos crimes previstos nesta Lei reger-se-á pelas disposições do Decreto-lei n.º 2.848, de 7 de dezembro de 1940 – Código Penal, começando a correr do dia da decretação da falência, da concessão da recuperação judicial ou da homologação do plano de recuperação extrajudicial".

Por fim, cumpre ressaltar que a LRE aboliu a figura esdrúxula do *inquérito judicial* para apuração dos crimes falimentares, disciplinado pela lei anterior. Agora, por força do art. 187 da LRE, "intimado da sentença que decreta a falência ou concede a recuperação judicial, o Ministério Público, verificando a ocorrência de qualquer crime previsto nesta Lei, promoverá imediatamente a competente ação penal ou, se entender necessário, requisitará a abertura de inquérito policial".

9.1. A polêmica sobre a competência para julgamento dos crimes falimentares

A LRE afirma em seu art. 184 que *"Os crimes previstos nesta Lei são de ação penal pública incondicionada"*. Além disso, afirma em seu art. 183 que *"Compete ao juiz criminal da jurisdição onde tenha sido decretada a falência, concedida a recuperação judicial ou homologado o plano de recuperação extrajudicial, conhecer da ação penal pelos crimes* previstos nesta Lei". A lei falimentar anterior tinha regra semelhante (art. 109, § 2.º), apenas com a ressalva de que a denúncia era recebida pelo juiz da falência.

Ocorre que, em algumas unidades da federação, a legislação estadual, competente para definir a organização judiciária, estabeleceu a competência do próprio

[185] BEZERRA FILHO, Manoel Justino. *Lei de recuperação de empresas e falências comentada*. 4. ed. São Paulo: RT, 2007. p. 376.

juízo falimentar (ou da recuperação judicial/extrajudicial) para processar e julgar os crimes previstos na LRE.

Ainda na vigência da legislação falimentar antiga, o STF considerou constitucionais as leis estaduais que estabeleceram a competência do juízo falimentar para o processamento e julgamentos dos crimes falimentares.

> *Processo por crime falimentar. Atribuição de competência ao juízo da falência. Matéria de organização judiciária. Competência legislativa estadual. A atribuição de competência ao juízo de falência para a ação penal por crime falimentar, acrescendo-lhe essa competência criminal em razão da matéria, é típica norma de organização judiciária reservada, privativamente, ao legislador estadual (art. 144, parágrafo 5.º, sem invasão da área de competência federal para a edição de normas de processo (art. 8.º, XVII, b). Recurso de* habeas corpus *improvido (RHC 63.787, Rel. Min. Rafael Mayer, 1.ª Turma, j. 27.08.1986, DJ 22.08.1986, p. 14.520, Ement. vol-01429-02, p. 324).*

Já sob a vigência da atual lei, o STJ alinhou-se ao posicionamento do STF.

> *Penal e processual penal.* Habeas corpus. *Apropriação indébita e crime falimentar (art. 186, VI, do Dec.-lei 7.661/45 – antiga Lei de Falências). Atipicidade do crime de apropriação indébita. Sentença absolutória superveniente. Pedido prejudicado. Alegação de prescrição do delito falimentar. Inocorrência. Vedação à combinação de leis. Nulidade. Apontada incompetência do juízo universal de falências. Inocorrência. Existência de lei estadual. Matéria típica de organização judiciária. Recebimento da denúncia. Fundamentação. Juízo de admissibilidade devidamente fundamentado. Prescindibilidade de fundamentação.* ***Lei 11.101/05 (atual Lei de Falências).*** *(...) IV –* ***Especificamente no Estado de São de Paulo, a Lei Estadual n.º 3.947/83, em seu art. 15, determina que as ações por crime falimentar e as que lhe sejam conexas são da competência do respectivo Juízo Universal da Falência, tendo sido tal diploma legislativo declarado constitucional pelo c. Supremo Tribunal Federal, por se tratar de norma típica de organização judiciária, inserida, portanto, no âmbito da competência legislativa privativa dos Estados, a teor do art. 125, § 1.º, da*** **Lex Fundamentalis**. *(...) (HC 106.406/SP, Rel. Min. Felix Fischer, 5.ª Turma, j. 16.06.2009, DJe 03.08.2009).*

10. PROBLEMAS DE DIREITO INTERTEMPORAL

Para finalizar o presente capítulo, cumpre-nos fazer algumas observações quanto a aspectos polêmicos de direito intertemporal, relativos à aplicação da LRE a processos de falência e concordata anteriores à sua vigência.

De acordo com o art. 192 da LRE, ela "não se aplica aos processos de falência ou de concordata ajuizados anteriormente ao início de sua vigência, que serão concluídos nos termos do Decreto-lei n.º 7.661, de 21 de junho de 1945". Assim, pois, nos processos de falência e concordata que tiveram requerimento e decretação na vigência do antigo Decreto-lei 7.661/1945, suas normas é que serão aplicadas. Obviamente, por outro lado, nos processos de falência e recuperação que tiveram requerimento e decretação na vigência da LRE, são as regras dela que serão aplicadas.

Já nos processos em que o requerimento ocorreu na vigência do Decretolei 7.661/1945 e a decretação se deu na vigência da LRE, deve-se aplicar o antigo Decreto-lei às questões anteriores à sentença, e a LRE a partir da sentença, inclusive nela. É o que determina o art. 192, § 4.º, da LRE: "esta Lei aplica-se às falências decretadas em sua vigência resultantes de convolação de concordatas ou de pedidos de falência anteriores, às quais se aplica, até a decretação, o Decreto-lei n.º 7.661, de 21 de junho de 1945, observado, na decisão que decretar a falência, o disposto no art. 99 desta Lei". Nesse sentido, já decidiu o STJ mais de uma vez:

> *Falência. Recurso especial. Execução individual. Hasta pública. Juízo Universal. Direito intertemporal. (...) 3.* ***Nas hipóteses em que a decretação da quebra ocorrera sob a vigência da Lei 11.101/2005, mas o pedido de falência foi feito sob a égide do Decreto-lei 7.661/1945, de acordo com o art. 194, § 4.º, da nova Lei, até a decretação da falência, deverão ser aplicadas as disposições da lei anterior****. 4. Recurso especial conhecido em parte e, nessa parte, não provido (REsp 1.063.081/RJ, Rel. Min. Nancy Andrighi, 3.ª Turma, j. 04.10.2011, DJe 20.10.2011).*

> *Direito falimentar. Duplicatas como títulos hábeis para a decretação da falência. Direito intertemporal. Pedido de falência ajuizado em 2000. Falência decretada em 2007. Aplicação do Decreto-lei n. 7.661/1945 na fase pré-falimentar e aplicação da Lei n. 11.101/2005 na fase falimentar. Inteligência do art. 192, § 4.º, da Lei n. 11.101/2005. (...) 2.* ***A interpretação da Lei n. 11.101/2005 conduz às seguintes conclusões: (a) falência ajuizada e decretada antes da sua vigência: aplica-se o antigo Decreto-Lei n. 7.661/1945, em decorrência da interpretação pura e simples do art. 192, caput; (b) falência ajuizada e decretada após a sua vigência: obviamente, aplica-se a Lei n. 11.101/2005, em virtude do entendimento a contrario sensu do art. 192, caput; e (c) falência requerida antes, mas decretada após a sua vigência: aplica-se o DecretoLei n. 7.661/1945 até a sentença, e a Lei n. 11.101/2005 a partir desse momento, em consequência da exegese do art. 192, § 4.º*** *(...) (REsp 1.105.176/MG, Rel. Min. Antonio Carlos Ferreira, 4.ª Turma, j. 06.12.2011).*

Por outro lado, em caso de pedido de concordata preventiva deferido na vigência do Decreto-lei 7.661/1945, poderá haver **migração do concordatário para a recuperação judicial**, desde que ele não tenha descumprido nenhuma obrigação da concordata que lhe fora deferida. É o que prevê o art. 192, § 2.º, da LRE: "a existência de pedido de concordata anterior à vigência desta Lei não obsta o pedido de recuperação judicial pelo devedor que não houver descumprido obrigação no âmbito da concordata, vedado, contudo, o pedido baseado no plano especial de recuperação judicial para microempresas e empresas de pequeno porte a que se refere a Seção V do Capítulo III desta Lei"[186]. Havendo a migração, determina ainda o § 3.º do art. 192 que, "no caso do § 2.º deste artigo, se deferido o processamento da recuperação judicial, o processo de concordata será extinto e os créditos submetidos à concordata serão inscritos por seu valor original na recuperação judicial, deduzidas as parcelas pagas pelo concordatário".

A grande dúvida fica em relação ao pedido de **concordata preventiva** feito na vigência do antigo Decreto-lei 7.661/1945, mas ainda não analisado. Nesse caso, poderia haver migração para a recuperação judicial, com base no que dispõe o art. 192, § 2.º, da LRE, acima transcrito? Embora a redação do dispositivo não ajude, entendemos que a resposta deve ser afirmativa. A concordata é instituto ultrapassado. Se o devedor preencher os requisitos para a obtenção da recuperação judicial, deve o juiz admitir a migração.

[186] No julgamento do REsp 1.267.282, a 4ª Turma do STJ destacou, com base na regra em questão, que "a concordatária que descumpriu as obrigações assumidas na concordata e teve sua falência decretada não tem direito à conversão em recuperação judicial".

Por fim, resta analisar o caso de haver pedido de concordata suspensiva feito na vigência do antigo Decreto-lei 7.661/1945, já deferido ou ainda não analisado. Em princípio, pode-se argumentar que não poderia haver a migração para a recuperação judicial, uma vez que o art. 48, I, da LRE veda a concessão de recuperação judicial ao falido, e nesse caso o devedor com certeza já teve sua falência decretada na vigência da lei anterior, dado que a concordata suspensiva era concedida depois que já havia a decretação da quebra. Todavia, essa é uma interpretação que não se coaduna, em nossa opinião, com o espírito da novel legislação. Primeiro, porque, embora o devedor em concordata suspensiva já tenha sido, realmente, decretado falido, essa falência está suspensa. Ademais, conforme já mencionamos acima, a concordata é instituto ultrapassado. Se o devedor, repita-se, preencher os requisitos para a recuperação judicial, deve o juiz facultar-lhe a migração.

11. INSOLVÊNCIA TRANSNACIONAL

Quando uma empresa falida ou em recuperação judicial possui estabelecimento, atividade, ativos, bens, credores etc. em países estrangeiros, caracteriza-se o que se chama de insolvência transnacional, e nesse caso é fundamental que o ordenamento jurídico do País onde tramita o processo de falência/recuperação principal (*Center os Main Interests - COMI*) possua mecanismos eficientes e céleres de cooperação jurisdicional internacional, a fim de facilitar, por exemplo, a recuperação de ativos.

Apesar de existir uma Lei modelo da Uncitral sobre o assunto desde 1997, a LFRE, em sua redação original, não tratou dessa importante questão, o que sempre dificultou a cooperação entre juízos brasileiros e juízos estrangeiros em processos concursais.

Para corrigir esse problema, a reforma da LRE introduziu nela os arts. 167-A a 167-Y, que incorporaram em nossa legislação falimentar, com alguns ajustes, as regras da referida Lei modelo.

De acordo com o art. 167-C, as regras sobre insolvência transnacional "aplicam-se aos casos em que: I – autoridade estrangeira ou representante estrangeiro solicita assistência no Brasil para um processo estrangeiro; II – assistência relacionada a um processo disciplinado por esta Lei é pleiteada em um país estrangeiro; III – processo estrangeiro e processo disciplinado por esta Lei relativos ao mesmo devedor estão em curso simultaneamente; ou IV – credores ou outras partes interessadas, de outro país, têm interesse em requerer a abertura de um processo disciplinado por esta Lei, ou dele participar".

Nesses casos, "o juízo do local do principal estabelecimento do devedor no Brasil é o competente para o reconhecimento de processo estrangeiro e para a cooperação com a autoridade estrangeira" (art. 167-D).

O art. 167-E autoriza que o devedor, na recuperação judicial ou extrajudicial, e o administrador judicial, na falência, possam "atuar em outros países, independentemente de decisão judicial e na qualidade de representante do processo brasileiro, desde que essa providência seja permitida pela lei do país em que tramitem os processos estrangeiros".

Por outro lado, o art. 167-F estabelece que "o representante estrangeiro está legitimado a postular diretamente ao juiz brasileiro", e o § 2º prevê que, "reconhecido o processo estrangeiro, o representante estrangeiro está autorizado a: I – ajuizar pedido de falência do devedor, desde que presentes os requisitos para isso, de acordo com esta Lei; II – participar do processo de recuperação judicial, de recuperação extrajudicial ou de falência do mesmo devedor, em curso no Brasil; e III – intervir em qualquer processo em que o devedor seja parte, atendidas as exigências do direito brasileiro".

Dentre as demais regras do extenso capítulo sobre insolvência transnacional que foi incluído na LRE, merecem destaque aquelas que estão previstas nos parágrafos do art. 167-A:

> § 1º Na interpretação das disposições deste Capítulo, deverão ser considerados o seu objetivo de cooperação internacional, a necessidade de uniformidade de sua aplicação e a observância da boa-fé.
>
> § 2º As medidas de assistência aos processos estrangeiros mencionadas neste Capítulo formam um rol meramente exemplificativo, de modo que outras medidas, ainda que previstas em leis distintas, solicitadas pelo representante estrangeiro, pela autoridade estrangeira ou pelo juízo brasileiro poderão ser deferidas pelo juiz competente ou promovidas diretamente pelo administrador judicial, com imediata comunicação nos autos.
>
> § 3º Em caso de conflito, as obrigações assumidas em tratados ou convenções internacionais em vigor no Brasil prevalecerão sobre as disposições deste Capítulo.
>
> § 4º O juiz somente poderá deixar de aplicar as disposições deste Capítulo se, no caso concreto, a sua aplicação configurar manifesta ofensa à ordem pública.
>
> § 5º O Ministério Público intervirá nos processos de que trata este Capítulo.
>
> § 6º As disposições deste Capítulo observarão a competência do Superior Tribunal de Justiça prevista na alínea i do inciso I do caput do art. 105 da Constituição Federal, quando cabível.

8

MICROEMPRESA E EMPRESA DE PEQUENO PORTE

"O governo, em suma, está particularmente sujeito aos bem conhecidos malefícios gerados por uma arrogante, mesquinha, tacanha, ineficiente, morosa e sempre crescente 'burocracia'. Os socialistas, mesmo durante o aparente apogeu da União Soviética, frequentemente se preocupavam com o problema da burocracia, e tentaram em vão separar o governo do seu aspecto burocrático. Mas Mises, de maneira vigorosa e direta, já havia demonstrado em sua clássica obra Burocracia que tais esperanças eram inúteis. A burocracia, com todos os seus evidentes malefícios, anda de mãos dadas com um governo.

(...)

Portanto, ao passo que a tendência natural de empresas e instituições que operam no livre mercado é ser a mais eficiente possível em atender às demandas dos consumidores, a tendência natural da burocracia estatal é crescer, crescer e crescer, e tudo à custa dos espoliados, extorquidos e ignorantes pagadores de impostos.

Se o lema da economia de mercado é o lucro, o lema da burocracia é o crescimento" (*Murray Rothbard*, em *Como funciona a burocracia estatal*).

1. EMPREENDEDORISMO E DESBUROCRATIZAÇÃO NO BRASIL

No ano de 1979, o Brasil iniciou um processo de desburocratização que atingiu tanto a estrutura organizacional da Administração Pública quanto, sobretudo, o setor da iniciativa privada. Foi criado o Ministério da Desburocratização, pasta que ficou sob o comando do Ministro Hélio Beltrão, um respeitado técnico.

Segundo anota Rubens Requião, *"o ponto alto da política desburocratizante foi, sem dúvida, sua investida para livrar as empresas, comerciais, industriais ou civis, de regulamentos e portarias, que nada impediam as fraudes"*.[1]

A principal meta a ser atingida, naquele período inicial, era a sistematização e a uniformização das normas que versavam sobre as microempresas, já que até então

[1] REQUIÃO, Rubens. *Curso de direito comercial*. 25. ed. São Paulo: Saraiva, 2003. p. 62. v. 1.

o que existia era apenas leis esparsas referentes a casos específicos, no mais das vezes relacionados a questões fiscais. No geral, todavia, os pequenos empreendimentos se submetiam às mesmas exigências legais e regulamentares que as grandes empresas, razão pela qual ou optavam pela sonegação de impostos e fraude administrativa, ou estavam fadados ao insucesso.

Foi então que surgiu, no ano de 1984, o primeiro **Estatuto da Microempresa** (Lei 7.256/1984), que trazia para os microempresários alguns benefícios tributários, administrativos, trabalhistas, previdenciários, creditícios e de desenvolvimento empresarial, e cuja vigência perdurou por quase uma década. De 1984 até os dias atuais, como veremos, houve uma sucessão de *estatutos* para dar tratamento diferenciado aos micro e pequenos empreendimentos, tal como fez a lei em questão, *"podendo notar-se que suas sucessoras aproveitaram sua estrutura, modificando algum conteúdo"*.[2]

Os ideais consagrados no referido Estatuto da Microempresa foram absorvidos pelo legislador constituinte de 1988 ao estabelecer no art. 179 da CF que "a União, os Estados, o Distrito Federal e os Municípios dispensarão às microempresas e às empresas de pequeno porte, assim definidas em lei, tratamento jurídico diferenciado, visando a incentivá-las pela simplificação de suas obrigações administrativas, tributárias, previdenciárias e creditícias, ou pela eliminação ou redução destas por meio de lei".

A Carta Magna ainda considerou o tratamento favorecido para os pequenos empreendedores como um dos princípios gerais da atividade econômica, conforme previsão contida no seu art. 170, inciso IX.

Posteriormente, já na década de 1990, foi editada uma nova lei acerca do assunto, a Lei 8.864/1994, denominada o **Estatuto de Microempresa e da Empresa de Pequeno Porte**, que trouxe, como grande inovação, a criação da figura da ***empresa de pequeno porte***, cujo intuito era tornar mais lento e gradual o caminho do pequeno empreendedor do regime jurídico-empresarial simplificado para o regime jurídico-empresarial geral. De fato, a passagem direta de um regime para o outro muitas vezes não era suportada pelo microempresário, que não se adaptava facilmente ao aumento repentino dos custos fiscais e das exigências administrativas.

Dois anos mais tarde surgiu a Lei 9.317/1996, que instituiu o SIMPLES (sistema integrado de pagamento de impostos e contribuições das microempresas e empresas de pequeno porte). A prerrogativa concedida aos pequenos empreendimentos optantes pelo SIMPLES consistia na possibilidade de pagamento de diversos tributos mediante recolhimento único mensal, o que, a um só tempo, diminuía a carga tributária e eliminava certas exigências burocráticas decorrentes da arrecadação fiscal.

Passados mais alguns anos, o GMC (Grupo Mercado Comum), órgão de execução do MERCOSUL, editou a Resolução 59/1998, aprovando um documento intitulado *Políticas de apoio às micro, pequenas e médias empresas - Etapa II.*

Seguindo as orientações traçadas na referida Resolução do GMC, o Brasil editou a Lei 9.841/1999, que revogou as leis anteriores sobre o tema e instituiu o **novo**

[2] FÉRES, Marcelo Andrade. Ensaios sobre o novo estatuto brasileiro da microempresa e da empresa de pequeno porte. *Revista da Faculdade de Direito da Universidade de Lisboa*, Coimbra, v. XLII, n.º 2, p. 1.490, 2001.

Estatuto da ME e da EPP, salvo a lei do SIMPLES, que permanece em vigor. Após a edição da lei, o Poder Executivo editou o Decreto 3.474/2000, regulamentando-a.

Mais adiante, o Código Civil de 2002, fora de sintonia com a evolução da legislação até então editada sobre o assunto, passou a determinar, em seu art. 970, que "a lei assegurará tratamento favorecido, diferenciado e simplificado ao empresário rural e ao pequeno empresário, quanto à inscrição e aos efeitos daí decorrentes". As críticas feitas a este dispositivo referem-se ao fato de ter sido (i) empregada a expressão *pequeno empresário*, quando toda a legislação correlata adotava as expressões *microempresário* e *empresário de pequeno porte*, e (ii) de restringir o tratamento privilegiado dispensado a esse pequeno empresário apenas a aspectos relacionados à sua inscrição, quando a própria Constituição Federal já previa, há mais de uma década, um amplo tratamento privilegiado, que engloba os regimes tributário, trabalhista, previdenciário e creditício a que se sujeitam as MEs e EPPs.

Alguns anos depois, a Emenda Constitucional 42/2003, batizada de **Reforma Tributária**, determinou que a definição de tratamento favorecido e simplificado para as MEs e EPPs fosse feita por meio de **lei complementar** (art. 146, inciso III, alínea 'd', da CF/1988), ressalvando que enquanto tal lei complementar não fosse editada, continuaria em vigor a Lei 9.841/1999.

Seguindo a nova disposição constitucional, foi editada a Lei Complementar 123/2006, batizada de Lei Geral das Micro e Pequenas Empresas, que passou a ser o nosso novo Estatuto das MEs e EPPs, e que aqui chamaremos de *Lei Geral das MEs ou EPPs* ou simplesmente de *Lei Geral*, revogando expressamente as Leis 9.317/1996 e 9.841/1999.

2. DO ESTATUTO DA ME E DA EPP (LEI 9.841/1999) À LEI GERAL DAS MES E EPPS (LC 123/2006)

Conforme já destacamos, obedecendo ao disposto nos arts. 179 e 146, III, *d*, da Constituição da República foi editada a Lei Complementar 123/2006, que estabeleceu normas gerais relativas ao tratamento diferenciado e favorecido a ser dispensado às microempresas e empresas de pequeno porte no âmbito dos Poderes da União, dos Estados, do Distrito Federal e dos Municípios, especialmente no que se refere, conforme o seu art. 1.º: "I – à apuração e recolhimento dos impostos e contribuições da União, dos Estados, do Distrito Federal e dos Municípios, mediante regime único de arrecadação, inclusive obrigações acessórias; II – ao cumprimento de obrigações trabalhistas e previdenciárias, inclusive obrigações acessórias; III – ao acesso a crédito e ao mercado, inclusive quanto à preferência nas aquisições de bens e serviços pelos Poderes Públicos, à tecnologia, ao associativismo e às regras de inclusão; IV – ao cadastro nacional único de contribuintes a que se refere o inciso IV do parágrafo único do art. 146, *in fine*, da Constituição Federal".

A Lei Complementar 147/2014 acrescentou alguns parágrafos ao art. 1.º: "§ 3.º Ressalvado o disposto no Capítulo IV, toda nova obrigação que atinja as microempresas e empresas de pequeno porte deverá apresentar, no instrumento que a instituiu, especificação do tratamento diferenciado, simplificado e favorecido para cumprimento; § 4.º Na especificação do tratamento diferenciado, simplificado e favorecido de que trata o § 3.º, deverá constar prazo máximo, quando forem necessários procedimentos adicionais, para que os órgãos fiscalizadores cumpram as medidas necessárias à emissão de documentos, realização de vistorias e atendimento das demandas realizadas pelas microempresas e empresas de pequeno porte com o objetivo de cumprir a nova obrigação; § 5.º Caso o órgão fiscalizador descumpra os prazos estabelecidos na especificação do tratamento diferenciado e favorecido, conforme o disposto no § 4.º, a nova obrigação será inexigível até que seja realizada visita para fiscalização orientadora e seja reiniciado o prazo para regularização; § 6.º A ausência de especificação do tratamento diferenciado, simplificado e favorecido ou da determinação de prazos máximos, de acordo com os §§ 3.º e 4.º, tornará a nova obrigação inexigível para as microempresas e empresas de pequeno porte; § 7.º A inobservância do disposto nos §§ 3.º a 6.º resultará em atentado aos direitos e garantias legais assegurados ao exercício profissional da atividade empresarial".

O novo estatuto, seguindo basicamente a mesma linha do diploma anterior, ainda estabeleceu que "o tratamento diferenciado e favorecido a ser dispensado às microempresas e empresas de pequeno porte de que trata o art. 1.º desta Lei Complementar será gerido pelas instâncias a seguir especificadas: I – Comitê Gestor do SIMPLES NACIONAL, vinculado ao Ministério da Fazenda, composto por 4 (quatro) representantes da Secretaria da Receita Federal do Brasil, como representantes da União, 2 (dois) dos Estados e do Distrito Federal e 2 (dois) dos municípios, para tratar dos aspectos tributários; II – Fórum Permanente das Microempresas e Empresas de Pequeno Porte, com a participação dos órgãos federais competentes e das entidades vinculadas ao setor, para tratar dos demais aspectos, ressalvado o disposto no inciso III do *caput* deste artigo; e III – Comitê para Gestão da Rede Nacional para Simplificação do Registro e da Legalização de Empresas e Negócios – CGSIM, vinculado à Secretaria da Micro e Pequena Empresa da Presidência da República, composto por representantes da União, dos Estados e do Distrito Federal, dos Municípios e demais órgãos de apoio e de registro empresarial, na forma definida pelo Poder Executivo, para tratar do processo de registro e de legalização de empresários e de pessoas jurídicas" (art. 2.º com a nova redação dada pela LC 147/2014).

3. DA DEFINIÇÃO DE MICROEMPRESA E DE EMPRESA DE PEQUENO PORTE

Para os efeitos da LC 123/2006, "consideram-se microempresas ou empresas de pequeno porte a sociedade empresária, a sociedade simples, a empresa individual de responsabilidade limitada e o empresário a que se refere o art. 966 da Lei n.º 10.406, de 10 de janeiro de 2002 (Código Civil), devidamente registrados no Registro de Empresas Mercantis ou no Registro Civil de Pessoas Jurídicas, conforme o caso, desde que:

> I – no caso da microempresa, aufira, em cada ano-calendário, receita bruta igual ou inferior a R$ 360.000,00 (trezentos e sessenta mil reais); e
>
> II – no caso da empresa de pequeno porte, aufira, em cada ano-calendário, receita bruta superior a R$ 360.000,00 (trezentos e sessenta mil reais) e igual ou inferior

a R$ 4.800.000,00 (quatro milhões e oitocentos mil reais) (art. 3.º com a redação dada pela LC 155/2016 – produção de efeitos a partir de 1.º de janeiro de 2018).

(...)

Art. 3.º-A. Aplica-se ao produtor rural pessoa física e ao agricultor familiar conceituado na Lei n.º 11.326, de 24 de julho de 2006, com situação regular na Previdência Social e no Município que tenham auferido receita bruta anual até o limite de que trata o inciso II do *caput* do art. 3.º o disposto nos arts. 6.º e 7.º, nos Capítulos V a X, na Seção IV do Capítulo XI e no Capítulo XII desta Lei Complementar, ressalvadas as disposições da Lei n.º 11.718, de 20 de junho de 2008.
Parágrafo único. A equiparação de que trata o *caput* não se aplica às disposições do Capítulo IV desta Lei Complementar".

No regime da lei anterior, os valores eram revisados em decorrência de atualização procedida pelo Poder Executivo Federal por meio de decreto, a qual se baseava na variação acumulada do IGP-DI ou em outro índice que viesse a substituí-lo. No regime atual, a apreciação quanto à necessidade de revisão cabe ao Comitê Gestor de que trata o art. 2.º da LC 123/2006, conforme dispõe o art. 1.º, § 1.º, da mesma lei.

Perceba-se que a lei anterior mencionava "a pessoa jurídica e a firma mercantil individual", expressões que, atualmente, após a entrada em vigor do CC de 2002, deviam ser entendidas como ***sociedade empresária* e *empresário individual*.** A nova lei corrigiu a redação, atualizando-a em relação às expressões utilizadas pelo Código Civil, mencionando expressamente o ***empresário individual*, a *sociedade simples*, a *EIRELI* e a *sociedade empresária*.**

A lei ainda dispõe que "no caso de início de atividade no próprio anocalendário, o limite a que se refere o *caput* deste artigo será proporcional ao número de meses em que a microempresa ou a empresa de pequeno porte houver exercido atividade, inclusive as frações de meses" (art. 3.º, § 2.º), e que "o enquadramento do empresário ou da sociedade simples ou empresária como microempresa ou empresa de pequeno porte bem como o seu desenquadramento não implicarão alteração, denúncia ou qualquer restrição em relação a contratos por elas anteriormente firmados" (art. 3.º, § 3.º). Nesse ponto, a nova legislação praticamente apenas repetiu os dispositivos da lei anterior.

Destaque-se ainda que o cálculo da receita bruta anual, para efeito de enquadramento, é obtido com "o produto da venda de bens e serviços nas operações de conta própria, o preço dos serviços prestados e o resultado nas operações em conta alheia, não incluídas as vendas canceladas e os descontos incondicionais concedidos" (art. 3.º, § 1.º). Também nesse sentido dispunha a legislação antecedente.

Por fim, ressalte-se que a própria LC 123/2006, no seu art. 3.º, § 4.º, determina que não poderá se beneficiar do tratamento jurídico diferenciado previsto nesta Lei Complementar, incluído o regime de que trata o art. 12 desta Lei Complementar, para nenhum efeito legal, a pessoa jurídica: "I – de cujo capital participe outra pessoa jurídica; II – que seja filial, sucursal, agência ou representação, no País, de pessoa jurídica com sede no exterior; III – de cujo capital participe pessoa física que seja inscrita como empresário ou seja sócia de outra empresa que receba tratamento jurídico diferenciado nos termos desta Lei Complementar, desde que a receita bruta global ultrapasse o limite de que trata o inciso II do *caput* deste artigo; IV – cujo titular ou sócio participe com mais de 10% (dez por cento) do capital de outra empresa não beneficiada por esta Lei Complementar, desde que a receita bruta global ultrapasse o limite de que trata o inciso II do *caput* deste artigo; V - cujo sócio ou titular seja administrador ou equiparado de outra pessoa jurídica com fins lucrativos, desde que a receita bruta global ultrapasse o limite de que trata o inciso II do *caput* deste artigo; VI - constituída sob a forma de cooperativas, salvo as de consumo; VII - que participe do capital de outra pessoa jurídica; VIII - que exerça atividade de banco comercial, de investimentos e de desenvolvimento, de caixa econômica, de sociedade de crédito, financiamento e investimento ou de crédito imobiliário, de corretora ou de distribuidora de títulos, valores mobiliários e câmbio, de empresa de arrendamento mercantil, de seguros privados e de capitalização ou de previdência complementar; IX - resultante ou remanescente de cisão ou qualquer outra forma de desmembramento de pessoa jurídica que tenha ocorrido em um dos 5 (cinco) anos-calendário anteriores; X - constituída sob a forma de sociedade por ações; XI - cujos titulares ou sócios guardem, cumulativamente, com o contratante do serviço, relação de pessoalidade, subordinação e habitualidade".

Mais uma vez praticamente repetindo o que dispunha a legislação passada, a atual Lei Geral das MEs e EPPs restringe o seu campo de atuação, sempre com o intuito de realmente só beneficiar os pequenos empreendimentos.

Veja-se que, de fato, os incisos acima transcritos descrevem situações em que se pressupõe um empreendimento mais organizado e, portanto, não merecedor do tratamento privilegiado que a lei confere. Tanto que a própria também prevê que caso um certo empreendimento qualificado como ME ou EPP venha a incorrer numa das mencionadas situações, a empresa será automaticamente excluída do regime diferenciado da lei. É o que estabelece claramente o § 6.º do dispositivo ora em comento: "Na hipótese de a microempresa ou empresa de pequeno porte incorrer em alguma das situações previstas nos incisos do § 4.º, será excluída do tratamento jurídico diferenciado previsto nesta Lei Complementar, bem como do regime de que trata o art. 12, com efeitos a partir do mês seguinte ao que incorrida a situação impeditiva".

Até então, pois, vê-se que o novo estatuto praticamente apenas repetiu, frise-se, os dispositivos do estatuto anterior, com uma ou outra mudança de redação, mas sem quase nenhuma alteração relevante.

O ponto mais relevante a ser destacado, em relação ao regramento anterior, é o relativo à criação de (i) um Comitê Gestor do SIMPLES NACIONAL, vinculado ao Ministério da Economia, composto por quatro representantes da Secretaria da Receita Federal do Brasil, como representantes da União, dois dos Estados e do Distrito Federal e dois dos municípios, para tratar dos aspectos tributários, de (ii) um Fórum Permanente das Microempresas e Empresas de Pequeno Porte, com a participação dos órgãos federais competentes e das entidades vinculadas ao setor, e (iii) de um Comitê para Gestão da Rede Nacional para a Simplificação do Registro e da Legalização de Empresas e Negócios, vinculado ao Ministério da Economia, composto por representantes da União, dos Estados e do Distrito Federal, dos Municípios e demais órgãos de apoio e de registro empresarial, na forma definida pelo Poder Executivo, para tratar do processo de registro e de legalização de empresários e de pessoas jurídicas.

Cabe a essas três instâncias acima mencionadas gerenciar as políticas de tratamento diferenciado e favorecido dispensadas às MEs e EPPs, atuando o Comitê Gestor no âmbito das políticas tributárias e o Fórum Permanente no âmbito das demais políticas, tais como a facilitação do acesso ao crédito, simplificação das legislações trabalhistas e previdenciária etc., tudo conforme os ditames traçados pela Constituição Federal em seu art. 179, já referido.

3.1. Enquadramento, desenquadramento e reenquadramento

A legislação anterior previa, de forma expressa e específica, todo o procedimento de enquadramento, desenquadramento e reenquadramento das MEs e EPPs. A lei atual, embora trate da matéria, não o fez da mesma forma, ou seja, não se previu um capítulo próprio da lei para disciplinar, de forma organizada e pormenorizada, o referido procedimento.

No entanto, pode-se afirmar que a submissão ao regime especial previsto na Lei Complementar 123/2006, assim como ocorria no regime da Lei 9.841/1999, é faculdade que depende de ato de vontade praticado pelo titular do empreendimento que se amolde às definições de ME ou de EPP acima referidas.

Assim, quanto ao **enquadramento**, tratando-se de sociedade empresária ou de empresário individual que já operava antes da promulgação da lei, basta fazer uma simples comunicação ao órgão de registro (Junta Comercial, no caso de sociedades empresárias e empresários individuais, e Cartório de registro civil de pessoas jurídicas, no caso de sociedades simples) quanto ao preenchimento dos requisitos de enquadramento como ME ou EPP.

Em se tratando, todavia, de empreendimento em constituição, previa a lei anterior que deveriam o titular ou os sócios, conforme o caso, declarar à Junta Comercial (i) a sua condição de ME ou EPP, (ii) que a receita bruta anual não excederá, no ano da constituição, os limites fixados na lei, e (iii) que a ME ou EPP não se enquadra em qualquer das hipóteses de exclusão do regime legal (era o que estabelecia claramente o art. 5.º da revogada Lei 9.841/1999). A nova lei não trouxe dispositivo equivalente, o que não nos impede, todavia, de entender que o procedimento continua sendo o mesmo.

Portanto, comunicada a situação à Junta Comercial, nos termos acima mencionados, o nome empresarial do empresário individual ou da sociedade empresária passará a conter a expressão "microempresa" ou "empresa de pequeno porte", conforme o caso, por extenso ou de forma abreviada (a lei anterior previa isso expressamente, no seu art. 7.º, e a Lei Geral fez o mesmo em seu art. 72). O uso de tais expressões – ME e EPP – é privativo de quem está enquadrado como tal, ou seja, só pode utilizar a expressão ME ou EPP em seu nome empresarial quem efetivamente for enquadrado numa dessas situações legais. Eis o que dispunha" devido à revogação do referido artigo pela LC 155/2016 da Lei Geral: "as microempresas era as empresas de pequeno porte, nos termos da legislação civil, acrescentarão à sua firma ou denominação as expressões 'Microempresa' ou 'Empresa de

Pequeno Porte', ou suas respectivas abreviações, 'ME' ou 'EPP', conforme o caso, sendo facultativa a inclusão do objeto da sociedade". Parece-nos claramente que a presente regra é decorrente da obediência ao princípio da veracidade, que informa a formação do nome empresarial, conforme visto no capítulo 2.

No regime da lei anterior, já defendíamos que a comunicação à Junta Comercial - ou ao Cartório civil das pessoas jurídicas, quando se tratar de sociedade simples - a que nos referimos acima não representa um pedido de reconhecimento como ME ou EPP, a ser apreciado e deferido pelo órgão de registro. Este apenas deveria receber a *simples comunicação* (que podia ser feita, inclusive, por via postal, conforme dispunha o art. 9.º do Estatuto antigo) e proceder aos ajustes pertinentes perante seus assentamentos. Daí porque nós sustentávamos que o "registro" como ME ou EPP não possuía natureza constitutiva, mas meramente declaratória. O mesmo entendimento, na nossa opinião, deve ser mantido no regime atual implantado pela Lei Geral das MEs e EPPs. Assim, basta uma mera comunicação à Junta Comercial ou ao Cartório, conforme o caso.

Pois bem. Enquadrados como ME, um determinado empresário individual ou uma determinada sociedade empresária podem, por exemplo, desenvolverse. Este, aliás, é o principal objetivo da lei: propiciar o desenvolvimento empresarial dos pequenos empreendedores. Ora, o desenvolvimento desse microempresário ou microempresa pode resultar no aumento de sua receita bruta anual, de modo a extrapolar o limite previsto no art. 3.º, inciso I, da Lei Geral, passando os novos valores a se encaixarem no limite do inciso II do mesmo dispositivo. Nesse caso, haverá um reenquadramento desse empresário ou dessa sociedade empresária, conforme o caso, que perderão a condição de microempresário e passarão a ostentar a condição de empresário de pequeno porte (EPP).

Pode ocorrer, em contrapartida, que um empresário enquadrado como EPP, por exemplo, tenha uma redução na sua receita bruta anual, passando a auferir renda que se encaixe nos limites relativos aos microempresários. Pode ocorrer, ainda, que esse empresário de pequeno porte, ao contrário, aumente sua renda bruta anual, extrapolando os limites previstos na lei, hipótese em que deixará de gozar dos favores legais nela previstos. Em todas essas situações, deverá ser feito, conforme o caso, o respectivo reenquadramento ou desenquadramento, nos termos do que dispõe a nova Lei Geral.

Atente-se, entretanto, para uma importante mudança trazida pela legislação atual. O antigo Estatuto, representado pela Lei 9.841/1999, não adotava um sistema de desenquadramento ou reenquadramento automático. Com efeito, segundo o disposto na antiga legislação, a perda da condição de ME ou de EPP, em decorrência de a receita bruta anual extrapolar os limites legais, somente ocorreria se esse excesso se verificasse: (i) durante dois anos consecutivos ou (ii) em três anos alternados, em um período de cinco anos.

A nova Lei Geral, todavia, optou justamente por um sistema que prevê o reenquadramento e o desenquadramento automáticos, voltando, pois, à sistemática que era adotada na Lei 8.864/1994. Com efeito, dispõe o seu art. 3.º, § 7.º, que "observado o disposto no § 2.º deste artigo, no caso de início de atividades, a microempresa que, no ano-calendário, exceder o limite de receita bruta anual previsto no inciso I do *caput* deste artigo passa, no ano-calendário seguinte, à condição de empresa de pequeno porte". Da mesma forma, prevê o § 8.º, do mesmo art. 3.º, que "observado o disposto no § 2.º deste artigo, no caso de início de atividades, a empresa de pequeno porte que, no ano-calendário, não ultrapassar o limite de receita bruta anual previsto no inciso I do *caput* deste artigo passa, no ano-calendário seguinte, à condição de microempresa". O § 9.º que "A empresa de pequeno porte que, no ano-calendário, exceder o limite de receita bruta anual previsto no inciso II do *caput* fica excluída, no mês subsequente à ocorrência do excesso, do tratamento jurídico diferenciado previsto nesta Lei Complementar, incluído o regime de que trata o art. 12, para todos os efeitos legais, ressalvado o disposto nos §§ 9.º-A, 10 e 12". Por fim, prevê o § 9.º-A: "Os efeitos da exclusão prevista no § 9.º dar-se-ão no ano-calendário subsequente se o excesso verificado em relação à receita bruta não for superior a 20% (vinte por cento) do limite referido no inciso II do *caput*".

Essa regra de desenquadramento e reenquadramento automáticos, na nossa opinião, é equivocada, sendo mais adequada a antiga regra da lei anterior, que consagrava a chamada ***cláusula evolutiva***, seguindo orientação, aliás, da Resolução 59/1998, do GMC/Mercosul, que assim dispunha: "deixarão de pertencer à condição de MPMES, somente se durante dois anos consecutivos superarem os parâmetros estabelecidos. Esta cláusula tem por objeto não desestimular o crescimento diante da eventualidade de superar os parâmetros quantitativos que caracterizam o estrato MPMES".

3.2. Do pequeno empresário

Além das figuras dos microempresários e dos empresários de pequeno porte, expressões há muito conhecidas no ordenamento jurídico brasileiro, o Código Civil de 2002 acrescentou outra: a do ***pequeno empresário***, prevista no seu art. 970.

No capítulo 2, destacamos que a doutrina majoritária vinha entendendo que a expressão *pequeno empresário* abrangia tanto os microempresários quanto os empresários de pequeno porte, interpretação essa, inclusive, consolidada no Enunciado 235 do CJF. No entanto, a Lei Geral esclareceu a polêmica, estabelecendo em seu art. 68 que, na verdade, "Considera-se pequeno empresário, para efeito de aplicação do disposto nos arts. 970 e 1.179 da Lei n.º 10.406, de 10 de janeiro de 2002 (Código Civil), o empresário individual caracterizado como microempresa na forma desta Lei Complementar que aufira receita bruta anual até o limite previsto no § 1.º do art. 18-A". O art. 18-A, por sua vez, que trata do MEI – Microempreendedor Individual, prevê que esse limite de receita bruta anual é de R$ R$ 81.000,00 (oitenta e um mil reais).

O pequeno empresário, portanto, é exclusivamente o **empresário individual** que, caracterizado como **ME**, aufira renda bruta anual ínfima, não excedente a R$

81.000,00. Trata-se, enfim, de uma **subespécie de microempresa, mas que não pode jamais tomar a forma de sociedade empresária**, já que a lei deixa clara a exigência de que se trate de um empresário individual.

Esse pequeno empresário, além de se beneficiar de todas as regras especiais previstas na Lei Geral para as MEs e EPPs, receberá ainda, em algumas situações, um tratamento ainda mais especial. Basta citar, por exemplo, a regra do art. 1.179, § 2.º, do CC, a qual, conforme já vimos, o isenta de qualquer obrigação escritural.

E, por fim, o § 3.º do art. 4.º da Lei Complementar 123/2006 estabelece que, "ressalvado o disposto nesta Lei Complementar, ficam reduzidos a 0 (zero) todos os custos, inclusive prévios, relativos à abertura, à inscrição, ao registro, ao funcionamento, ao alvará, à licença, ao cadastro, às alterações e procedimentos de baixa e encerramento e aos demais itens relativos ao Microempreendedor Individual, incluindo os valores referentes a taxas, a emolumentos e a demais contribuições relativas aos órgãos de registro, de licenciamento, sindicais, de regulamentação, de anotação de responsabilidade técnica, de vistoria e de fiscalização do exercício de profissões regulamentadas".

Finalmente, diz o § 4.º do mesmo dispositivo: "no caso do MEI, de que trata o art. 18-A desta Lei Complementar, a cobrança associativa ou oferta de serviços privados relativos aos atos de que trata o § 3.º deste artigo somente poderá ser efetuada a partir de demanda prévia do próprio MEI, firmado por meio de contrato com assinatura autógrafa, observando-se que: I – para a emissão de boletos de cobrança, os bancos públicos e privados deverão exigir das instituições sindicais e associativas autorização prévia específica a ser emitida pelo CGSIM; II – o desrespeito ao disposto neste parágrafo configurará vantagem ilícita pelo induzimento ao erro em prejuízo do MEI, aplicando-se as sanções previstas em lei".

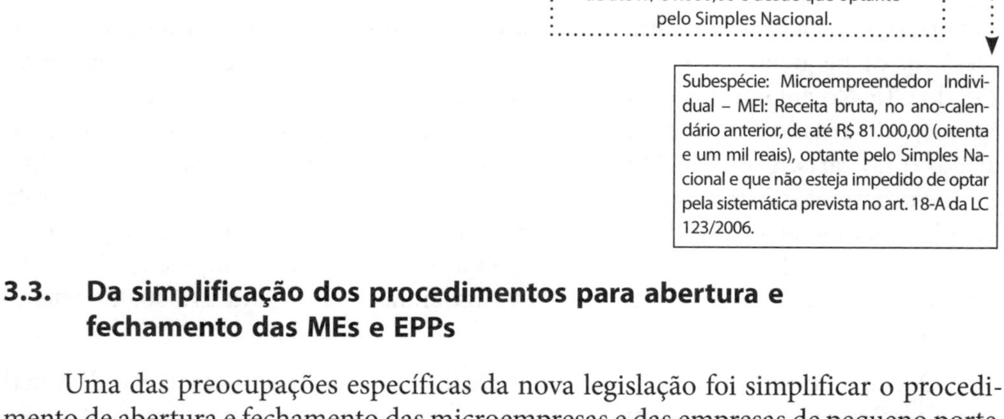

3.3. Da simplificação dos procedimentos para abertura e fechamento das MEs e EPPs

Uma das preocupações específicas da nova legislação foi simplificar o procedimento de abertura e fechamento das microempresas e das empresas de pequeno porte, já que no Brasil, reconhecidamente, "abrir" e "fechar" uma empresa representava – e ainda representa, em muitos casos – uma verdadeira *via crucis* para aqueles que resolvem se aventurar num empreendimento qualquer. Todo o aparelho burocrático estatal se apresenta, tornando a abertura da empresa algo demasiadamente custoso e demorado. Não é por outro motivo, então, que boa parte dos empreendimentos econômicos, no Brasil, são exercidos na informalidade. Assim, a nova Lei Geral, em seu art. 4.º, previu que "na elaboração de normas de sua competência, os órgãos e entidades envolvidos na abertura e fechamento de empresas, dos 3 (três) âmbitos de governo, deverão considerar a unicidade do processo de registro e de legalização de empresários e de pessoas jurídicas, para tanto devendo articular as competências próprias com aquelas dos demais membros, e buscar, em conjunto, compatibilizar e integrar procedimentos, de modo a evitar a duplicidade de exigências e garantir a linearidade do processo, da perspectiva do usuário". O dispositivo em questão é daqueles que "diz muito, mas não diz nada". Ele apenas impõe diretrizes de atuação a serem seguidas pelos órgãos administrativos das três esferas de governo, no sentido de que simplifiquem as exigências para a abertura e fechamento de empresas. Melhor seria, na nossa opinião, que a própria Lei Geral já estabelecesse o procedimento, em vez de apenas ditar regras programáticas. De forma mais específica, diz o § 1.º do referido dispositivo legal: "O processo de abertura, registro, alteração e baixa da microempresa e empresa de pequeno porte, bem como qualquer exigência para o início de seu funcionamento, deverão ter trâmite especial e simplificado, preferencialmente eletrônico, opcional para o empreendedor, observado o seguinte: I – poderão ser dispensados o uso da firma, com a respectiva assinatura autógrafa, o capital, requerimentos, demais assinaturas, informações relativas ao estado civil e regime de bens, bem como remessa de documentos, na forma estabelecida pelo CGSIM". O inc. II dispunha que o cadastro fiscal estadual ou municipal poderá ser simplificado ou ter sua exigência postergada, sem prejuízo da possibilidade de emissão de documentos fiscais de compra, venda ou prestação de serviços, vedada, em qualquer hipótese, a imposição de custos pela autorização para emissão, inclusive na modalidade avulsa. Entretanto, com o advento da LC 147/2014, esse dispositivo foi suprimido.

No mesmo sentido é a norma do art. 5.º da Lei Geral, segundo a qual "os órgãos e entidades envolvidos na abertura e fechamento de empresas, dos 3 (três) âmbitos de governo, no âmbito de suas atribuições, deverão manter à disposição dos usuários, de forma presencial e pela rede mundial de computadores, informações, orientações e instrumentos, de forma integrada e consolidada, que permitam pesquisas prévias às etapas de registro ou inscrição, alteração e baixa de empresários e pessoas jurídicas, de modo a prover ao usuário certeza quanto à documentação exigível e quanto à viabilidade do registro ou inscrição".

Segundo a regra em questão, portanto, todos aqueles que desejarem empreender devem ter fácil acesso, até mesmo pela internet, a todas as informações necessárias à abertura e ao fechamento de empresas. Sendo assim, cabe aos órgãos competentes elaborar panfletos e guias, por exemplo, para orientação dos interessados. Aqui cabe uma singela indagação: era preciso que uma lei estabelecesse isso expressamente? Será que tudo isso não é uma obrigação óbvia que deveria ser cumprida desde sempre pelos órgãos encarregados pelo registro dos empresários no Brasil?

Também nesse mesmo sentido é a regra do parágrafo único do dispositivo em análise, segundo o qual "as pesquisas prévias à elaboração de ato constitutivo ou de sua alteração deverão bastar a que o usuário seja informado pelos órgãos e entidades competentes: I – da descrição oficial do endereço de seu interesse e da possibilidade de exercício da atividade desejada no local escolhido; II – de todos os requisitos a serem cumpridos para obtenção de licenças de autorização de funcionamento, segundo a atividade pretendida, o porte, o grau de risco e a localização; e III – da possibilidade de uso do nome empresarial de seu interesse".

Mais uma vez é preciso indagar: será que não é uma obrigação intrínseca dos órgãos encarregados de registro cumprir as determinações acima delineadas, independentemente de imposição legal? O que a lei fez, ao que nos parece, foi apenas reconhecer que no Brasil, até a sua entrada em vigor, os órgãos públicos de registro eram completamente ineficientes na prestação dos serviços de informação relativos às suas atividades. A lei então resolveu obrigá-los a cumprir uma obrigação que, em qualquer lugar do mundo, se pressupõe seja cumprida normalmente: informar corretamente os cidadãos acerca dos serviços públicos que determinados órgãos da administração pública desempenham.

O art. 6.º da Lei Geral, por sua vez, traz mais uma norma de caráter programático, determinando que "os requisitos de segurança sanitária, metrologia, controle ambiental e prevenção contra incêndios, para os fins de registro e legalização de empresários e pessoas jurídicas, deverão ser simplificados, racionalizados e uniformizados pelos órgãos envolvidos na abertura e fechamento de empresas, no âmbito de suas competências". Caberá a esses órgãos, pois, prever regras mais simples para as MEs e EPPs, respeitando a sua condição diferenciada, mas sem deixar que elas operem sem o devido preenchimento das condições mínimas de segurança. O que se deve fazer, por exemplo, é tentar diminuir os custos de tais procedimentos para os microempresários e para os empresários de pequeno porte. Complementando a regra do caput do art. 6.º, prevê o seu § 1.º que "os órgãos e entidades envolvidos na abertura e fechamento de empresas que sejam responsáveis pela emissão de licenças e autorizações de funcionamento somente realizarão vistorias após o início de operação do estabelecimento, quando a atividade, por sua natureza, comportar grau de risco compatível com esse procedimento". Trata-se apenas de mais uma regra de simplificação procedimental para a abertura de empresas. Quanto a essas atividades consideradas de risco, dispõe o § 2.º que "os órgãos e entidades competentes definirão, em 6 (seis) meses, contados da publicação desta Lei Complementar, as atividades cujo grau de risco seja considerado alto e que exigirão vistoria prévia". Dispõem, ainda, os §§ 3.º, 4.º e 5.º: "§ 3.º Na falta de legislação estadual, distrital ou municipal específica relativa à definição do grau de risco da atividade aplicar-se-á resolução do CGSIM; § 4.º A classificação de baixo grau de risco permite ao empresário ou à pessoa jurídica a obtenção do licenciamento de atividade mediante o simples fornecimento de dados e a substituição da comprovação prévia do cumprimento de exigências e restrições por declarações do titular ou responsável; § 5.º O disposto neste artigo não é impeditivo da inscrição fiscal".

Ainda no mesmo sentido da regra do art. 6.º, a nova Lei Geral previu também a possibilidade de as prefeituras municipais emitirem alvarás provisórios de funcionamento, evitando que as MEs e EPPs só possam funcionar depois de ultimadas todas as etapas do burocrático procedimento de legalização da empresa. Assim, estabelece o art. 7.º que "exceto nos casos em que o grau de risco da atividade seja considerado alto, os Municípios emitirão Alvará de Funcionamento Provisório, que permitirá o início de operação do estabelecimento imediatamente após o ato de registro". E a LC 128/2008 acrescentou um parágrafo único a esse dispositivo, determinando o seguinte: "nos casos referidos no *caput* deste artigo, poderá o Município conceder Alvará de Funcionamento Provisório para o microempreendedor individual, para microempresas e para empresas de pequeno porte: I – instaladas em área ou edificação desprovidas de regulação fundiária e imobiliária, inclusive habite-se; ou II – em residência do microempreendedor individual ou do titular ou sócio da microempresa ou empresa de pequeno porte, na hipótese em que a atividade não gere grande circulação de pessoas".

Por sua vez, o art. 8.º da Lei Geral assegura aos empresários entrada única de dados cadastrais e de documentos nos seguintes termos:

> *Art. 8.º Será assegurado aos empresários e pessoas jurídicas:*
>
> *I – entrada única de dados e documentos;*
>
> *II – processo de registro e legalização integrado entre os órgãos e entes envolvidos, por meio de sistema informatizado que garanta:*
>
> *a) sequenciamento das seguintes etapas: consulta prévia de nome empresarial e de viabilidade de localização, registro empresarial, inscrições fiscais e licenciamento de atividade; (Incluída pela Lei Complementar 147, de 7 de agosto de 2014)*
>
> *b) criação da base nacional cadastral única de empresas; (Incluída pela Lei Complementar 147, de 7 de agosto de 2014)*
>
> *III – identificação nacional cadastral única que corresponderá ao número de inscrição no Cadastro Nacional de Pessoas Jurídicas – CNPJ.*
>
> *§ 1.º O sistema de que trata o inciso II do* caput *deve garantir aos órgãos e entidades integrados:*
>
> *I – compartilhamento irrestrito dos dados da base nacional única de empresas;*
>
> *II – autonomia na definição das regras para comprovação do cumprimento de exigências nas respectivas etapas do processo.*
>
> *§ 2.º A identificação nacional cadastral única substituirá para todos os efeitos as demais inscrições, sejam elas federais, estaduais ou municipais, após a implantação do sistema a que se refere o inciso II do* caput*, no prazo e na forma estabelecidos pelo CGSIM.*
>
> *§ 3.º É vedado aos órgãos e entidades integrados ao sistema informatizado de que trata o inciso II do* caput *o estabelecimento de exigências não previstas em lei.*
>
> *§ 4.º A coordenação do desenvolvimento e da implantação do sistema de que trata o inciso II do* caput *ficará a cargo do CGSIM.*

Regra interessante, na matéria em questão, qual seja, a simplificação dos procedimentos de abertura e fechamentos de empresas, está contida no art. 9.º da Lei Geral, ao determinar que "O registro dos atos constitutivos, de suas alterações e extinções (baixas), referentes a empresários e pessoas jurídicas em qualquer órgão dos 3 (três) âmbitos de governo ocorrerá independentemente da regularidade de obrigações tributárias, previdenciárias ou trabalhistas, principais ou acessórias, do empresário, da sociedade, dos sócios, dos administradores ou de empresas de que participem, sem prejuízo das responsabilidades do empresário, dos titulares, dos sócios ou dos administradores por tais obrigações, apuradas antes ou após o ato de extinção".

Com efeito, são muitos os casos em que empresários ou sociedades empresárias deixam de se registrar, de se manterem regularmente registrados ou de "dar baixa" nos seus atos de registro em razão da pendência de obrigações tributárias, trabalhistas ou previdenciárias. Isso só contribui para que muitos permaneçam na informalidade ou nunca saiam dela, o que é ruim para a economia nacional. Nesse ponto, portanto, acertou o legislador.

Seguindo a mesma ideia do *caput* do art. 9.º, o seu § 1.º previu também que "o arquivamento, nos órgãos de registro, dos atos constitutivos de empresários, de sociedades empresárias e de demais equiparados que se enquadrarem como microempresa ou empresa de pequeno porte bem como o arquivamento de suas alterações são dispensados das seguintes exigências: I – certidão de inexistência de condenação criminal, que será substituída por declaração do titular ou administrador, firmada sob as penas da lei, de não estar impedido de exercer atividade mercantil ou a administração de sociedade, em virtude de condenação criminal; II – prova de quitação, regularidade ou inexistência de débito referente a tributo ou contribuição de qualquer natureza".

Na verdade, a Lei 8.934/1994 (Lei de Registro de Empresas Mercantis), em seu art. 37, parágrafo único, já previa a inexigibilidade da "prova de quitação, regularidade ou inexistência de débito referente a tributo ou contribuição de qualquer natureza". Mas as Juntas Comerciais não seguiam, muitas vezes, a determinação legal, exigindo uma lista de certidões para realizar arquivamentos, com base em instrução normativa do DNRC. Ocorre que a única certidão que poderia ser exigida seria a do FGTS, em virtude de previsão legal constante do art. 47 da Lei 8.212/1991, com redação dada pela Lei 9.528/1997. No que toca às MEs e EPPs, todavia, já era inexigível a apresentação das certidões, por força do que dispunha o art. 36 do antigo Estatuto. Mas em Pernambuco, por exemplo, mesmo com a entrada em vigor da nova Lei Geral, o Decreto 19.539/1997 continua servindo como pretexto para a exigência de certidão emitida pela Fazenda Estadual.

Sendo assim, é importante destacar que, em caso de exigência indevida de regularidade por parte da Junta Comercial competente, deve-se ajuizar mandado de segurança contra o ato do Presidente da Junta, perante a Justiça Federal, já que se trata de matéria técnica, relativa ao registro de empresa. Nesse sentido, cite-se o seguinte julgado:

> *Administrativo. Constitucional arquivamento de atas e documentos. Registro comercial. Exigência de certidão do fisco estadual. Impossibilidade. – A Lei n.º 8.934, de 18 de novembro de 1994, determina que, além dos documentos que devem instruir obrigatoriamente os pedidos de arquivamento de atos perante a Junta Comercial, nenhum outro deve ser exigido dos empresários individuais e sociedades empresárias (parágrafo único do artigo 37). – Consultando as regras de funcionamento da Junta Comercial, não encontramos qual-*

quer alusão ao condicionamento da execução dos atos de registro comercial pela mesma à prévia verificação da regularidade fiscal, mormente emanadas de decreto estadual, sob pena de extrapolar os limites definidos em Lei. – Apelação e remessa oficial improvidas (TRF/5.ª Região, 2.ª Turma, AMS 93.076/PE, Rel. Des. Manuel Erhadt (convocado), DJ *27.10.2006, p. 1264 – n.º 207, 2006).*

O § 2.º do mesmo art. 9.º, por sua vez, prevê que "não se aplica às microempresas e às empresas de pequeno porte o disposto no § 2.º do art. 1.º da Lei n.º 8.906, de 4 de julho de 1994", o qual determina que "os atos e contratos constitutivos de pessoas jurídicas, sob pena de nulidade, só podem ser admitidos a registro, nos órgãos competentes, quando visados por advogados". Assim, os atos e contratos constitutivos de MEs e EPPs não precisam estar visados por advogado.

E mais: a LC 139/2011 acrescentou alguns parágrafos ao art. 9.º da Lei Geral. O § 3.º estabelecia que "No caso de existência de obrigações tributárias, previdenciárias ou trabalhistas referidas no *caput*, o titular, o sócio ou o administrador da microempresa e da empresa de pequeno porte que se encontre sem movimento há mais de 12 (doze) meses poderá solicitar a baixa nos registros dos órgãos públicos federais, estaduais e municipais independentemente do pagamento de débitos tributários, taxas ou multas devidas pelo atraso na entrega das respectivas declarações nesses períodos, observado o disposto nos §§ 4.º e 5.º". Entretanto, esse dispositivo foi revogado pela LC 147/2014.

O referido § 4.º estabelece que "A baixa do empresário ou da pessoa jurídica não impede que, posteriormente, sejam lançados ou cobrados tributos, contribuições e respectivas penalidades, decorrentes da falta do cumprimento de obrigações ou da prática comprovada e apurada em processo administrativo ou judicial de outras irregularidades praticadas pelos empresários, pelas pessoas jurídicas ou por seus titulares, sócios ou administradores".

Por sua vez, o novo § 5.º determina que "a solicitação de baixa do empresário ou da pessoa jurídica importa responsabilidade solidária dos empresários, dos titulares, dos sócios e dos administradores no período da ocorrência dos respectivos fatos geradores".

Para efetivar a baixa nos respectivos cadastros os referidos órgãos terão o prazo de 60 dias e, uma vez esgotado este prazo sem a manifestação do órgão competente, presumir-se-á a baixa dos registros das microempresas e a das empresas de pequeno porte (art. 9.º, §§ 6.º e 7.º da Lei Geral, incluídos pela LC 128/2008).

Seguindo a linha de eliminação de exigências burocráticas para as MEs e EPPs no procedimento de abertura e fechamento, dispõe o art. 10 da Lei Geral que "não poderão ser exigidos pelos órgãos e entidades envolvidos na abertura e fechamento de empresas, dos três âmbitos de governo: I – excetuados os casos de autorização prévia, quaisquer documentos adicionais aos requeridos pelos órgãos executores do Registro Público de Empresas Mercantis e Atividades Afins e do Registro Civil de Pessoas Jurídicas; II – documento de propriedade ou contrato de locação do imóvel onde será instalada a sede, filial ou outro estabelecimento, salvo para comprovação do endereço indicado; III – comprovação de regularidade de prepostos dos empresários ou pessoas jurídicas com seus órgãos de classe, sob qualquer forma, como requisito para deferimento de ato de inscrição, alteração ou baixa de empresa, bem como para autenticação de instrumento de escrituração".

Por fim, prevê o art. 11 da Lei Geral que "fica vedada a instituição de qualquer tipo de exigência de natureza documental ou formal, restritiva ou condicionante, pelos órgãos envolvidos na abertura e fechamento de empresas, dos 3 (três) âmbitos de governo, que exceda o estrito limite dos requisitos pertinentes à essência do ato de registro, alteração ou baixa da empresa".

3.4. Das regras especiais quanto às obrigações trabalhistas e previdenciárias

Após tratar das definições de ME e de EPP, de estabelecer a disciplina procedimental relativa ao enquadramento, reenquadramento e desenquadramento dos empresários e sociedades empresárias nessas categorias, de criar regras simplificadas para a sua abertura e fechamento e para a participação delas em licitações, o Estatuto passa a dar efetividade específica ao comando constitucional contido no art. 179 da Carta Magna, que determina o estabelecimento de regimes simplificados e favorecidos aos microempresários e empresários de pequeno porte no que tange às suas obrigações trabalhistas, previdenciárias, tributárias e creditícias.

No que se refere às regras trabalhistas, a Lei Geral, embora tenha inovado em alguns pontos em relação ao Estatuto anterior, ainda foi muito tímida, mais uma vez ignorando a patente realidade de que muitos microempresários e empresários de pequeno porte não suportam os altos custos da folha salarial, o que os faz preferir, na maioria das vezes, a contratação informal. Ocorre que, futuramente, estes contratos de trabalho informais serão reconhecidos pela Justiça do Trabalho, que condenará esses pequenos empreendedores a pagar altas indenizações. É assim que ocorre na prática, e por isso a Justiça do Trabalho é vista por boa parte do meio empresarial como uma das grandes inimigas do empreendedorismo. Cabia ao legislador ter previsto normas mais eficazes para combater essa realidade prática, desonerando a folha salarial das MEs e EPPs, por exemplo, o que estimularia a contratação regular e aumentaria o índice de empregos formais no Brasil. Tomara que estas regras ainda venham um dia, quem sabe no tão esperado momento em que o Congresso Nacional aprove a Reforma Trabalhista.

Feitas essas observações iniciais, analisemos as regras trazidas pela Lei Geral. Segundo o seu art. 50, com a redação alterada pela LC 127/2007, "as microempresas e as empresas de pequeno porte serão estimuladas pelo poder público e pelos Serviços Sociais Autônomos a formar consórcios para acesso a serviços especializados em segurança e medicina do trabalho". Trata-se de mais uma norma programática da lei, que apenas estabelece diretrizes gerais de atuação ao poder público no sentido de dar cumprimento aos objetivos legais. Em síntese, o dispositivo supratranscrito, ao que parece, além de veicular uma determinação ao Poder Executivo, confere a ele, para exercício desse mister, a prerrogativa de instrumentalizar a estimulação pretendida por meio de normas legais e até mesmo infralegais. Assim sendo, cabe ao Poder Executivo, por meio de suas Secretarias e Ministérios, editar Portarias, Resoluções, Instruções Normativas, entre outros atos normativos secundários, a fim de tornar menos complexa a burocracia relativa ao acesso aos serviços de medicina e segurança do trabalho por parte dos microempresários e aos empresários de pequeno porte.

Além desses entraves burocráticos que devem ser eliminados pelo próprio Poder Executivo, o art. 51 da Lei Geral já estabelece, diretamente, a dispensa do cumprimento de algumas obrigações acessórias previstas na Consolidação das Leis do Trabalho, tais como a manutenção de livro de inspeção do trabalho (art. 628, § 1.º, da CLT) e a anotação de férias em livro ou ficha (art. 135, § 2.º, da CLT), repetindo o que o Estatuto já previa. Eis o teor do art. 51 da Lei Geral: "as microempresas e as empresas de pequeno porte são dispensadas: I – da afixação de Quadro de Trabalho em suas dependências; II – da anotação das férias dos empregados nos respectivos livros ou fichas de registro; III – de empregar e matricular seus aprendizes nos cursos dos Serviços Nacionais de Aprendizagem; IV – da posse do livro intitulado 'Inspeção do Trabalho'; e V – de comunicar ao Ministério do Trabalho e Emprego a concessão de férias coletivas".

Ressalte-se, todavia, que mais uma vez repetindo o disposto no Estatuto anterior, a Lei Geral determinou, em seu art. 52, que "o disposto no art. 51 desta Lei Complementar não dispensa as microempresas e as empresas de pequeno porte dos seguintes procedimentos: I – anotações na Carteira de Trabalho e Previdência Social – CTPS; II – arquivamento dos documentos comprobatórios de cumprimento das obrigações trabalhistas e previdenciárias, enquanto não prescreverem essas obrigações; III – apresentação da Guia de Recolhimento do Fundo de Garantia do Tempo de Serviço e Informações à Previdência Social – GFIP; IV – apresentação das Relações Anuais de Empregados e da Relação Anual de Informações Sociais – RAIS e do Cadastro Geral de Empregados e Desempregados – CAGED".

As obrigações trabalhistas e previdenciárias previstas nesse dispositivo, dada a sua importância, não tiveram seu cumprimento dispensado, o que, repita-se, já era feito no Estatuto anterior.

Nesse ponto, cumpre destacar que a maioria dos doutrinadores entende que as disposições da Lei Geral acerca da simplificação do regime trabalhista e previdenciário aplicável às MEs e EPPs não cumprem, de forma satisfatória, o comando constitucional constante do art. 179 da Constituição da República. Com efeito, a simples dispensa do cumprimento de algumas obrigações acessórias é medida ineficiente para dar efetividade plena à norma encartada no art. 179 da Carta Magna. Melhor seria que o legislador tivesse aproveitado a oportunidade que mais uma vez lhe foi dada e estabelecido um regime jurídico trabalhista e previdenciário verdadeiramente especial para as MEs e EPPs, conforme já apontamos acima.

3.5. A situação especial dos pequenos empresários

No que se refere ao pequeno empresário de que trata o art. 68 da Lei Geral (vide tópico 3.2 deste capítulo), foram previstas regras especiais. Com efeito, o art. 53 havia lhes conferido, além dos privilégios já analisados no tópico antecedente, os seguintes: "I – faculdade de o empresário ou os sócios da sociedade empresária contribuir para a Seguridade Social, em substituição à contribuição de que trata o *caput* do art. 21 da Lei n.º 8.212, de 24 de julho de 1991, na forma do § 2.º do mesmo artigo, na redação dada por esta Lei Complementar; II - dispensa do pagamento das contribuições sindicais de que trata a Seção I do Capítulo III do Título V da Consolidação das Leis do Trabalho - CLT, aprovada pelo Decreto-Lei n.º 5.452, de 1.º de maio de 1943; III - dispensa do pagamento das contribuições de interesse das entidades privadas de serviço social e de formação profissional vinculadas ao sistema sindical, de que trata o art. 240 da Constituição Federal, denominadas terceiros, e da contribuição social do salário-educação prevista na Lei n.º 9.424, de 24 de dezembro de 1996; IV - dispensa do pagamento das contribuições sociais instituídas pelos arts. 1.º e 2.º da Lei Complementar n.º 110, de 29 de junho de 2001".

Nesse ponto, frise-se, o legislador criou regras que, com certeza, seriam mais eficientes e ajudariam muito mais o pequeno empresário a se desenvolver. Infelizmente, esses privilégios atenderiam apenas a uma ínfima parcela de empreendedores, uma vez que o conceito de pequeno empresário é deveras restritivo, neste se enquadrando apenas o empresário individual com renda bruta anual não excedente a R$ 81.000,00. Destaque-se, entretanto, que o gozo dessas prerrogativas não era eterno, uma vez que, segundo o parágrafo único do dispositivo em questão, "os benefícios referidos neste artigo somente poderão ser usufruídos por até 3 (três) anos-calendário".

Todavia, é importante ressaltar que a Lei Complementar 127/2007 revogou o art. 53 acima transcrito e que a Lei Complementar 128/2008, conforme já mencionamos, criou a figura especial do *Microempreendedor Individual* - MEI, que tem seu tratamento tributário disciplinado no art. 18-A e seguintes da Lei Geral.

3.6. A atuação dos prepostos das MEs e EPPs na Justiça do Trabalho

No que se refere ao acesso à Justiça do Trabalho, o legislador da Lei Geral mais uma vez inovou em relação ao antigo Estatuto, estabelecendo, em seu art. 54, que "é facultado ao empregador de microempresa ou de empresa de pequeno porte fazer-se substituir ou representar perante a Justiça do Trabalho por terceiros que conheçam dos fatos, ainda que não possuam vínculo trabalhista ou societário".

Essa regra foi muito importante, porque muitas vezes, por exemplo, o microempresário precisava fechar seu pequeno comércio para participar da audiência trabalhista, já que a Justiça do Trabalho exigia que o preposto tivesse vínculo jurídico com o empresário demandado em juízo. Agora é possível que o preposto seja alguém sem vínculo jurídico, mas que conheça dos fatos narrados no processo.

No mesmo sentido, vale destacar a alteração realizada na Lei 9.099/1995 (Lei dos Juizados Especiais Cíveis): "o réu, sendo pessoa jurídica ou titular de firma individual, poderá ser representado por preposto credenciado, munido de carta de preposição com poderes para transigir, sem haver necessidade de vínculo empregatício" (art. 9.º, § 4.º, com a redação dada pela Lei 12.137, de 2009).

3.7. A fiscalização prioritariamente orientadora e o sistema da "dupla visita"

Praticamente repetindo regra que constava do art. 12 do Estatuto anterior, previu a LC 123/2016, com redação dada pela LC 155/2016, que "a fiscalização, no que se refere aos aspectos trabalhista, metrológico, sanitário, ambiental, de segurança, de relações de consumo e de uso e ocupação do solo das microempresas e das empresas de pequeno porte, deverá ser prioritariamente orientadora quando a atividade ou situação, por sua natureza, comportar grau de risco compatível com esse procedimento" (produção de efeitos a partir de 1.º de janeiro de 2018).

Dissemos que a regra praticamente repetiu a anterior porque nesta se mencionavam apenas a fiscalização trabalhista e previdenciária, enquanto na regra atual, a despeito de ter sido omitida especificamente a fiscalização *previdenciária* – o que não se justifica –, foram acrescentadas referências à fiscalização metrológica, sanitária, ambiental, de segurança, de relações de consumo e de uso e ocupação do solo.

Enfim, a fiscalização trabalhista, metrológica, sanitária, ambiental, de segurança, de relações de consumo e de uso e ocupação do solo, quanto às MEs e EPPs, devem ter um caráter mais orientador ou pedagógico do que propriamente um caráter sancionador ou punitivo. De fato, devem os fiscais dessas áreas priorizar a orientação aos microempresários e empresários de pequeno porte quanto às suas obrigações, sobretudo porque muitos deles não possuem uma assessoria jurídica ou contábil, a qual é custosa e, pois, privilégio dos médios e grandes empreendimentos.

Outra distinção da Lei Geral para o Estatuto anterior, quanto a esse ponto, é a restrição feita no final do *caput* do art. 55, segundo o qual essa fiscalização prioritariamente orientadora não deve ser praticada quando a atividade ou situação for de alto risco por natureza. Nesse sentido, o § 3.º do artigo em questão assim determinou: "os órgãos e entidades competentes definirão, em 12 (doze) meses, as atividades e situações cujo grau de risco seja considerado alto, as quais não se sujeitarão ao disposto neste artigo".

Destaque-se também que a Lei Geral fez questão de afirmar expressamente – o que era desnecessário, porque a interpretação *a contrario sensu* do *caput* do art. 55 já conduzia a esse entendimento – que essa fiscalização orientadora não se aplica quando se tratar da atuação dos fiscais tributários. É o que deixa claro o § 4.º, segundo o qual "o disposto neste artigo não se aplica ao processo administrativo fiscal relativo a tributos, que se dará na forma dos arts. 39 e 40 desta Lei Complementar".

Por fim, merece destaque o fato de que a Lei Geral manteve o já conhecido critério da "dupla visita", em regra, para lavratura de autos de infração, estabelecendo, no § 1.º do art. 55 que "será observado o critério de dupla visita para lavratura de autos de infração, salvo quando for constatada infração por falta de registro de empregado ou anotação da Carteira de Trabalho e Previdência Social – CTPS, ou, ainda, na ocorrência de reincidência, fraude, resistência ou embaraço à fiscalização". Aqui cabe um importante registro: a Lei Geral, ao contrário do que fazia o Estatuto anterior, não restringiu a aplicação do critério da "dupla visita" apenas à fiscalização trabalhista, o que nos leva à interpretação de que tal critério deverá ser aplicado no âmbito de todas as fiscalizações mencionados no *caput* do art. 55: trabalhista, metrológica, sanitária, ambiental e de segurança. Sendo assim, verificado o descumprimento, por parte de uma ME ou EPP, de determinada obrigação numa dessas áreas, os fiscais devem inicialmente orientar o microempresário ou empresário de pequeno porte, somente devendo autuá-los, regra geral, em caso de reincidência. Em síntese, a fiscalização deve visitar as ME's e EPP's para instruí-las, e não para sancioná-las. Somente quando da constatação ulterior do desrespeito à orientação, terá lugar o apenamento.

A Lei Complementar 147/2014 incluiu alguns parágrafos no art. 55: "§ 5.º O disposto no § 1.º aplica-se à lavratura de multa pelo descumprimento de obrigações acessórias relativas às matérias do *caput*, inclusive quando previsto seu cumprimento de forma unificada com matéria de outra natureza, exceto a trabalhista; § 6.º A inobservância do critério de dupla visita implica nulidade do auto de infração lavrado sem cumprimento ao disposto neste artigo, independentemente da natureza principal ou acessória da obrigação; § 7.º Os órgãos e entidades da administração pública federal, estadual, distrital e municipal deverão observar o princípio do tratamento diferenciado, simplificado e favorecido por ocasião da fixação de valores decorrentes de multas e demais sanções administrativas; § 8.º A inobservância do disposto no *caput* deste artigo implica atentado aos direitos e garantias legais assegurados ao exercício profissional da atividade empresarial; § 9.º O disposto no *caput* deste artigo não se aplica a infrações relativas à ocupação irregular da reserva de faixa não edificável, de área destinada a equipamentos urbanos, de áreas de preservação permanente e nas faixas de domínio público das rodovias, ferrovias e dutovias ou de vias e logradouros públicos".

3.8. Das regras especiais de apoio creditício

Um dos graves problemas enfrentados pelos pequenos empreendedores é a dificuldade de acesso ao crédito. Sem recursos próprios para fazer os investimentos necessários ao desenvolvimento de seus negócios, esses empresários muitas vezes precisam recorrer a financiamentos externos, mas não logram êxito no seu intento, em virtude de não possuírem, por exemplo, garantias para oferecer.

Sensível a essa realidade, o Estatuto antigo já estabelecia algumas regras específicas para facilitar o acesso ao crédito por parte das MEs e EPPs, algumas das quais foram repetidas pelo legislador da Lei Geral. Nesse sentido, por exemplo, são os seus arts. 57, 58 e 59.

De acordo com o art. 57, "o Poder Executivo federal proporá, sempre que necessário, medidas no sentido de melhorar o acesso das microempresas e empresas de pequeno porte aos mercados de crédito e de capitais, objetivando a redução do custo de transação, a elevação da eficiência alocativa, o incentivo ao ambiente concorrencial e a qualidade do conjunto informacional, em especial o acesso e portabilidade das informações cadastrais relativas ao crédito". Trata-se de mais uma norma programática da lei, através da qual o legislador, mais uma vez, delegou tarefa que era sua ao Poder Executivo.

O art. 58, por sua vez, estabelece que "Os bancos comerciais públicos e os bancos múltiplos públicos com carteira comercial, a Caixa Econômica Federal e o Banco Nacional do Desenvolvimento Econômico e Social - BNDES manterão linhas de crédito específicas para as microempresas e para as empresas de pequeno porte, vinculadas à reciprocidade social, devendo o montante disponível e suas condições de acesso ser expressos nos respectivos orçamentos e amplamente divulgados". Complementando a regra em questão, dispõem os §§ 1.º e 2.º o seguinte: "as instituições mencionadas no *caput* deste artigo deverão publicar, juntamente com os respectivos balanços, relatório circunstanciado dos recursos alocados às linhas de crédito referidas no *caput* e daqueles efetivamente utilizados, consignando, obrigatoriamente, as justificativas do desempenho alcançado"; "o acesso às linhas de crédito específicas previstas no *caput* deste artigo deverá ter tratamento simplificado e ágil, com divulgação ampla das respectivas condições e exigências".

A lei se preocupou, portanto, em propiciar a criação de **linhas de crédito especiais** para atender às necessidades creditícias dos microempresários e empresários de pequeno porte, com juros mais baixos, dispensa de prestação de garantias etc. Além disso, a lei determina que as instituições oficiais referidas no art. 58 não apenas concedam o crédito, mas que também atuem, junto com as entidades de apoio e representação das MEs e EPPs, na tentativa de lhes propiciar mecanismos de treinamento, desenvolvimento gerencial e capacitação tecnológica (art. 59). Conforme o dito popular, "não se deve apenas dar o peixe, mas ensinar a pescar".

Além da criação dessas linhas especiais de crédito em bancos oficiais e particulares, a Lei Geral também permitiu o uso dos recursos do Fundo de Amparo ao Trabalhador (FAT) para facilitar o acesso ao crédito por parte das MEs e EPPs. Com efeito, determina o art. 63 que "o CODEFAT poderá disponibilizar recursos financeiros por meio da criação de programa específico para as cooperativas de crédito de cujos quadros de cooperados participem microempreendedores, empreendedores de microempresa e empresa de pequeno porte bem como suas empresas". A regra em questão, todavia, só se aplica se os recursos disponibilizados se destinarem apenas a MEs e EPPs, conforme previsão do seu parágrafo único: "os recursos referidos no *caput* deste artigo deverão ser destinados exclusivamente às microempresas e empresas de pequeno porte".

Por fim, a Lei Geral também se preocupou em estabelecer regras específicas destinadas ao Banco Central. Assim, segundo o art. 62, "o Banco Central do Brasil disponibilizará dados e informações das instituições financeiras integrantes do Sistema Financeiro Nacional, inclusive por meio do Sistema de Informações de Crédito – SCR, de modo a ampliar o acesso ao crédito para microempresas e empresas de pequeno porte e fomentar a competição bancária". No § 1.º desse dispositivo, previu-se que "o disposto no *caput* deste artigo alcança a disponibilização de dados e informações específicas relativas ao histórico de relacionamento bancário e creditício das microempresas e das empresas de pequeno porte, apenas aos próprios titulares". E no § 2.º, por sua vez, previu-se que "o Banco Central do Brasil poderá garantir o acesso simplificado, favorecido e diferenciado dos dados e informações constantes no § 1.º deste artigo aos seus respectivos interessados, podendo a instituição optar por realizá-lo por meio das instituições financeiras, com as quais o próprio cliente tenha relacionamento".

No mesmo sentido do texto original, a Lei Complementar 128/2008 ainda acrescentou o art. 60-A, que dispõe o seguinte: "poderá ser instituído Sistema Nacional de Garantias de Crédito pelo Poder Executivo, com o objetivo de facilitar o acesso das microempresas e empresas de pequeno porte a crédito e demais serviços das instituições financeiras, o qual, na forma de regulamento, proporcionará a elas tratamento diferenciado, favorecido e simplificado, sem prejuízo de atendimento a outros públicos-alvo. Parágrafo único. O Sistema Nacional de Garantias de Crédito integrará o Sistema Financeiro Nacional".

3.8.1. O investimento-anjo

Uma das grandes dificuldades dos pequenos empreendedores é a falta de recursos para colocar em prática seus projetos, mas ultimamente têm crescido exponencialmente as soluções de mercado para esse problema, merecendo destaque o que se convencionou chamar de investimento-anjo.

Resumidamente, um investidor-anjo é uma pessoa que investe capital próprio em empreendimentos iniciantes que possuem bom potencial de crescimento e êxito (o que se costuma chamar de *startup*). Normalmente, esse investidor é alguém experiente, com expertise na área de gestão, e sua participação no negócio é geralmente minoritária e sem posição de comando.[3]

A LC 155/2016 resolveu disciplinar esse tipo de investimento, acrescentando alguns dispositivos legais à LC 123/2006. Nesse sentido, o art. 61-A assim prevê: "para incentivar as atividades de inovação e os investimentos produtivos, a sociedade enquadrada como microempresa ou empresa de pequeno porte, nos termos desta Lei Complementar, poderá admitir o aporte de capital, **que não integrará o capital social da empresa**". Essa parte final é importante, porque deixa claro que o investimento do investidor-anjo não integra o capital social, o que, portanto, não o torna sócio.

O investimento será feito por um contrato de participação, do qual deverão constar "as finalidades de fomento a inovação e investimentos produtivos", e ele deve ter "vigência não superior a sete anos" (§ 1.º).

O § 2.º menciona expressamente a palavra "investidor-anjo", deixando claro que ele pode ser uma pessoa física, uma pessoa jurídica ou um fundo de investimento (no caso de fundo, deve-se observar a regulamentação da CVM, conforme previsão do art. 61-D).

Como se trata de mero contrato de participação, cujo aporte não integra o capital social, o § 3.º deixa claro que "a atividade constitutiva do objeto social é exercida unicamente por sócios regulares, em seu nome individual e sob sua exclusiva responsabilidade" (no mesmo sentido, confira-se o art. 991 do Código Civil, que trata da sociedade em conta de participação).

Complementando a regra do § 3.º, o § 4.º ainda diz que "o investidor-anjo: I – não será considerado sócio nem terá qualquer direito a gerência ou voto na administração da empresa, resguardada a possibilidade de participação nas deliberações em caráter estritamente consultivo, conforme pactuação contratual; II – não responderá por qualquer dívida da empresa, inclusive em recuperação judicial, não se aplicando a ele o art. 50 da Lei n.º 10.406, de 10 de janeiro de 2002 – Código Civil; III – será remunerado por seus aportes, nos termos do contrato de participação, pelo prazo

---

3 A Lei Complementar 182/2021 (marco legal das startups) definiu investidor-anjo como o "investidor que não é considerado sócio nem tem qualquer direito a gerência ou a voto na administração da empresa, não responde por qualquer obrigação da empresa e é remunerado por seus aportes" (art. 2º, inciso I).

máximo de 7 (sete) anos; IV – poderá exigir dos administradores as contas justificadas de sua administração e, anualmente, o inventário, o balanço patrimonial e o balanço de resultado econômico; e V – poderá examinar, a qualquer momento, os livros, os documentos e o estado do caixa e da carteira da sociedade, exceto se houver pactuação contratual que determine época própria para isso"[4]. Essas regras conferem mais segurança ao investidor-anjo, permitindo-lhe calcular bem o seu risco empresarial. Com efeito, se ele fosse considerado sócio e pudesse ser responsabilizado por dívidas sociais em razão da aplicação do art. 50 do Código Civil (desconsideração da personalidade jurídica), pensaria duas vezes ou mais antes de fazer esse tipo de investimento.

Além de os aportes do investidor-anjo não integrarem o capital social, conforme vimos, eles também "não são considerados receitas da sociedade", de modo que não serão levados em consideração "para fins de enquadramento da sociedade como microempresa ou empresa de pequeno porte" (§ 5.º). Ademais, "A emissão e a titularidade de aportes especiais não impedem a fruição do Simples Nacional" (art. 61-B). Portanto, uma ME, cujo faturamento bruto anual não pode ser superior a R$ 360.000,00 (trezentos e sessenta mil reais), pode receber aportes acima desse valor sem que isso implique seu desenquadramento ou reenquadramento.

O § 6.º, por sua vez, cuida da remuneração do investidor-anjo, e a sua redação atual, determinada pela Lei Complementar 182/2021 (marco legal das startups), diz o seguinte: "as partes contratantes poderão: I – estipular remuneração periódica, ao final de cada período, ao investidor-anjo, conforme contrato de participação; ou II – prever a possibilidade de conversão do aporte de capital em participação societária".

Já o § 7.º, que também teve sua redação alterada pela Lei Complementar 182/2021 (marco legal das startups), cuida do direito de resgate do investimento feito, assim dispondo: "o investidor-anjo somente poderá exercer o direito de resgate depois de decorridos, no mínimo, 2 (dois) anos do aporte de capital, ou prazo superior estabelecido no contrato de participação, e seus haveres serão pagos na forma prevista no art. 1.031 da Lei nº 10.406, de 10 de janeiro de 2002 (Código Civil), não permitido ultrapassar o valor investido devidamente corrigido por índice previsto em contrato".

Trata-se, na nossa opinião, de regras desnecessárias, que limitam a autonomia da vontade das partes, submetendo-as a um dirigismo contratual que, conforme já expusemos no capítulo referente aos contratos empresariais, não é condizente com as relações entre empresários.

O investidor-anjo pode, após o investimento, transferir a titularidade do seu aporte a terceiros (§ 8.º), mas essa transferência "dependerá do consentimento dos sócios, salvo estipulação contratual expressa em contrário" (§ 9.º). Como a lei não determinou quórum específico, aplica-se o quórum de maioria simples (arts. 1.010 e 1.076, inciso III do Código Civil).

---

4 Os incisos IV e V foram inseridos pela Lei Complementar 182/2021 (marco legal das startups), que também alterou os incisos I e III. No inciso I, incluiu-se a possibilidade de o investidor-anjo participar nas deliberações em caráter estritamente consultivo, conforme pactuação contratual. Já no inciso III aumentou-se o prazo de 5 (cinco) para 7 (sete) anos.

Por fim, o art. 61-C prevê o seguinte: "caso os sócios decidam pela venda da empresa, o investidor-anjo terá direito de preferência na aquisição, bem como direito de venda conjunta da titularidade do aporte de capital *[tag along]*, nos mesmos termos e condições que forem ofertados aos sócios regulares". Essa já é uma prática contratual comum nesse tipo de investimento, de modo que a lei apenas a positivou.

Após a explicação das regras do investimento-anjo, vale uma observação: especialistas na área de startups afirmam que, apesar das boas intenções dos legisladores que criaram tais regras, elas não vingaram na prática, por terem criado "um contrato extremamente restrito, com diversas amarras e pré-definições, deixando pouca margem de negociação e personalização para investidores-anjo e *startups*"[5].

É verdade que a Lei Complementar 182/2021 (marco legal das startups) fez algumas alterações nas regras do investimento-anjo, justamente com o objetivo de corrigir alguns problemas delas e tornar esse contrato de participação mais viável na prática. No entanto, apesar disso, parece-nos que tal modalidade contratual típica continuará sendo pouco utilizada pelos empreendedores.[6]

3.8.2. A sociedade de garantia solidária

No regime do Estatuto anterior (Lei 9.841/1999), dentre as regras sobre facilitação do acesso ao crédito se destacava a criação da *sociedade de garantia solidária*, que se tratava, basicamente, de uma sociedade anônima constituída com a finalidade de prestar garantia aos seus sócios participantes, mediante a celebração de contratos. A grande utilidade da SGS era a constituição de patrimônio idôneo e suficiente para funcionar como garantia em empréstimos tomados pelos sócios participantes, que eram sempre microempresários e empresários de pequeno porte, os quais, como dito anteriormente, na maioria das vezes não conseguem atender as exigências dos bancos e instituições financeiras.

Ocorre que a sociedade de garantia solidária, a despeito de ter sido uma interessante criação legislativa, baseava-se num modelo complexo e burocrático, além de representar um negócio de alto risco para os sócios investidores. Por essa razão, durante os anos de vigência do Estatuto anterior, não foi constituída quase nenhuma SGS, o que fez com que o legislador da LC 123/2006 não mais a previsse.

No entanto, a SGS foi recriada pela LC 169/2019, que acrescentou os arts. 61-E a 61-I na LC 123/2006.

De acordo com o a art. 61-E, "é autorizada a constituição de sociedade de garantia solidária (SGS), sob a forma de sociedade por ações, para a concessão de garantia a seus sócios participantes". Por ser uma sociedade por ações, que é sempre uma sociedade empresária (art. 982, parágrafo único, do Código Civil), "os atos da sociedade de garantia solidária serão arquivados no Registro Público de Empresas Mercantis e Atividades Afins" (art. 61-E, § 3º).

---

5 MICHILES, Saulo. Marco Legal das Startups. Salvador: JusPodivm, 2021, p. 70.

6 "Estabelecidas as principais vantagens e desvantagens desse tipo de contrato, é possível perceber que não existe nada benéfico que salta aos olhos, de maneira a justificar o uso de um contrato tão restrito e complexo" (MICHILES, Saulo. Marco Legal das Startups. Salvador: JusPodivm, 2021, p. 77).

Nesse tipo de sociedade, há dois tipos de sócios: os sócios participantes, que normalmente são microempresas e empresas de pequeno porte; e os sócios investidores, que normalmente são pessoas físicas ou jurídicas que efetuam aporte de capital na sociedade[7]. Enquanto o interesse do *sócio participante* (ME's ou EPP's) está na obtenção de garantia em financiamentos ou empréstimos que eventualmente necessite realizar, o interesse do *sócio investidor* na SGS está na possibilidade de auferir rendimentos decorrentes dos contratos de garantia solidária que a sociedade firmar com os sócios participantes: por meio desse contrato, a SGS concede a garantia pretendida pelo sócio participante, o qual, em contrapartida, paga uma "taxa de remuneração" à sociedade.

Com efeito, diz a lei que "o contrato de garantia solidária tem por finalidade regular a concessão da garantia pela sociedade ao sócio participante, mediante o recebimento de taxa de remuneração pelo serviço prestado, devendo fixar as cláusulas necessárias ao cumprimento das obrigações do sócio beneficiário perante a sociedade" (art. 61-F). Vale destacar que "para a concessão da garantia, a sociedade de garantia solidária poderá exigir contragarantia por parte do sócio participante beneficiário, respeitados os princípios que orientam a existência daquele tipo de sociedade" (parágrafo único).

O § 5º do art. 61-E prevê que "podem ser admitidos como sócios participantes [da SGS] os pequenos empresários, microempresários e microempreendedores e as pessoas jurídicas constituídas por esses associados". O § 4º, por sua vez, determina que "é livre a negociação, entre sócios participantes, de suas ações na respectiva sociedade de garantia solidária, respeitada a participação máxima que cada sócio pode atingir".

Além da sociedade de garantia solidária, a lei ainda admite "a constituição de sociedade de contragarantia, que tem como finalidade o oferecimento de contragarantias à sociedade de garantia solidária, nos termos a serem definidos por regulamento" (art. 61-H).

Por fim. O art. 61-I estabelece que "a sociedade de garantia solidária e a sociedade de contragarantia integrarão o Sistema Financeiro Nacional e terão sua constituição, organização e funcionamento disciplinados pelo Conselho Monetário Nacional, observado o disposto nesta Lei Complementar".

---

7 O § 1º do art. 61-E tinha a seguinte redação: ""Na sociedade de garantia solidária poderão tomar parte sócios de 2 (duas) categorias: I - os sócios participantes, que serão, preferencialmente, microempresas e empresas de pequeno porte, observados o número mínimo de 10 (dez) participantes e a participação máxima individual de 10% (dez por cento) do capital social; II - os sócios investidores, que serão pessoas físicas ou jurídicas, que efetuarão aporte de capital na sociedade, com o objetivo exclusivo de auferir rendimentos, não podendo sua participação, em conjunto, exceder a 49% (quarenta e nove por cento) do capital social". Ocorre que o dispositivo foi vetado pelas seguintes razões: "O inciso I do § 1º prevê o limite de 49% do capital para a participação de sócios investidores ou patrocinadores nas sociedades de garantia solidária, o que contraria o interesse público, pois tal limite não se alinha à realidade brasileira, a exemplo do que ocorre nas sociedades de garantia de crédito, nas quais o patrimônio exposto ao risco de crédito em boa parte decorre de aportes de investidores em torno de 85%. Com o veto ao inciso I, o veto por arrastamento ao inciso II é medida que se impõe, sob pena de se viabilizar a interpretação de que as sociedades de garantia solidária admitiriam exclusivamente os sócios participantes, sendo excluída a figura do sócio investidor".

3.8.3. *A empresa simples de crédito (ESC)*

Outra forma de tentar melhorar o acesso ao crédito por parte de microempresas e empresas de pequeno porte foi a criação da empresa simples de crédito (ESC) pela LC 167/2019. A despeito de ser uma ótima iniciativa no sentido de aumentar a concorrência no mercado financeiro, que no Brasil é extremamente fechado em razão da forte regulação estatal, a lei pecou em diversos pontos por criar muitas restrições à criação e ao funcionamento da ESC.[8]

Exemplo de uma dessas restrições é a exigência de que a ESC tenha obrigatoriamente "âmbito municipal ou distrital, com atuação exclusivamente no Município de sua sede e em Municípios limítrofes, ou, quando for o caso, no Distrito Federal e em Municípios limítrofes" (art. 1.º).

Outra restrição imposta à ESC é quanto à sua receita bruta, que "não poderá exceder o limite de receita bruta para Empresa de Pequeno Porte (EPP)" (art. 4.º), que atualmente é de R$ 4.800.000,00 (quatro milhões e oitocentos mil reais), valendo destacar que "considera-se receita bruta (...) a remuneração auferida pela ESC com a cobrança de juros" (art. 4.º, parágrafo único).

De acordo com o art. 2.º da lei, "a ESC deve adotar a forma de empresa individual de responsabilidade limitada (Eireli), empresário individual ou sociedade limitada constituída exclusivamente por pessoas naturais", valendo destacar ainda que "a mesma pessoa natural não poderá participar de mais de uma ESC, ainda que localizadas em Municípios distintos ou sob a forma de filial" (§ 4.º).

Já conforme o art. 1.º, o objeto da ESC deve ser a "realização de operações de empréstimo, de financiamento e de desconto de títulos de crédito", mas para tanto ela só pode trabalhar "exclusivamente com recursos próprios", isto é, não pode captar recursos de terceiros. Ademais, a ESC só pode negociar com "microempreendedores individuais, microempresas e empresas de pequeno porte", ou seja, ela não pode emprestar dinheiro para pessoas físicas que não exploram atividade empresarial, por exemplo.

Como a ESC não é uma instituição financeira, o nome empresarial dela "conterá a expressão 'Empresa Simples de Crédito', e não poderá constar dele, ou de qualquer texto de divulgação de suas atividades, a expressão 'banco' ou outra expressão identificadora de instituição autorizada a funcionar pelo Banco Central do Brasil" (art. 2.º, § 1.º).

Relembrando que a ESC só pode negociar com recursos próprios, é importante destacar que o capital dela deve ser sempre "realizado integralmente em moeda corrente" (art. 2.º, § 2.º), isto é, não se admite integralização de capital em bens, por exemplo.

Embora não se exija integralização mínima de capital para a constituição de uma ESC, é importante que ela tenha um capital suficientemente expressivo, porque "o valor total das operações de empréstimo, de financiamento e de desconto de títulos de crédito da ESC não poderá ser superior ao capital realizado" (art. 2.º, § 3.º).

8 E o desrespeito a essas restrições pode custar caro, porque a lei prevê que isso configura crime (art. 3.º, inciso I, e art. 9.º).

O art. 5.º impõe algumas condições e formalidades para a celebração de contratos pela ESC: "a remuneração da ESC somente pode ocorrer por meio de juros remuneratórios, vedada a cobrança de quaisquer outros encargos, mesmo sob a forma de tarifa" (inciso I); "a formalização do contrato deve ser realizada por meio de instrumento próprio, cuja cópia deverá ser entregue à contraparte da operação" (inciso II); e "a movimentação dos recursos deve ser realizada exclusivamente mediante débito e crédito em contas de depósito de titularidade da ESC e da pessoa jurídica contraparte na operação" (inciso III), o que impede que a ESC faça operações em dinheiro vivo, entregando ou recebendo valores em espécie. Ademais, "é condição de validade das operações de que trata o *caput* deste artigo o registro delas em entidade registradora autorizada pelo Banco Central do Brasil ou pela Comissão de Valores Mobiliários, nos termos do art. 28 da Lei n.º 12.810, de 15 de maio de 2013" (§ 3.º).

Para finalizar, vale mencionar que, felizmente, nem tudo na lei é direcionado para restringir e dificultar a atuação da ESC, merecendo menção elogiosa três regras que são muito benéficas para a ESC: a primeira está no § 1º do art. 5º, e diz que "a ESC poderá utilizar o instituto da alienação fiduciária em suas operações de empréstimo, de financiamento e de desconto de títulos de crédito"; a segunda está no § 4.º do art. 5.º, e diz que "não se aplicam à ESC as limitações à cobrança de juros previstas no Decreto n.º 22.626, de 7 de abril de 1933 (Lei da Usura), e no art. 591 da Lei n.º 10.406, de 10 de janeiro de 2002 (Código Civil)"; e a terceira está no art. 7.º, e diz que a ESC está sujeita "aos regimes de recuperação judicial e extrajudicial e ao regime falimentar regulados pela Lei n.º 11.101, de 9 de fevereiro de 2005 (Lei de Falências)".

3.9. Das regras especiais de apoio ao associativismo

Não obstante a Lei Geral tenha extinguido a antiga sociedade de garantia solidária (que foi ressuscitada posteriormente pela Lei Complementar 169/2019), ela trouxe outras regras inovadoras com vistas a estimular o associativismo entre MEs e EPPs. Nesse sentido, dispõe o art. 56 da Lei Geral, com a redação alterada pela LC 128/2008, que "as microempresas ou as empresas de pequeno porte optantes pelo Simples Nacional poderão realizar negócios de compra e venda de bens, para os mercados nacional e internacional, por meio de sociedade de propósito específico nos termos e condições estabelecidos pelo Poder Executivo federal".

O § 1.º deste dispositivo normativo ainda dispõe que "não poderão integrar a sociedade de que trata o *caput* deste artigo pessoas jurídicas não optantes pelo Simples Nacional". Finalizando, o § 2.º prevê ainda que essa sociedade de propósito específico (SPE) se submete às seguintes regras: "I – terá seus atos arquivados no Registro Público de Empresas Mercantis; II – terá por finalidade realizar: a) operações de compras para revenda às microempresas ou empresas de pequeno porte que sejam suas sócias; b) operações de venda de bens adquiridos das microempresas e empresas de pequeno porte que sejam suas sócias para pessoas jurídicas que não sejam suas sócias; III – poderá exercer atividades de promoção dos bens referidos na alínea *b* do inciso II deste parágrafo; IV – apurará o imposto de renda das pessoas jurídicas com base no lucro real, devendo manter a escrituração dos livros Diário e Razão; V – apurará a Cofins e a Contribuição para o PIS/Pasep de modo não cumulativo; VI - exportará, exclusivamente, bens a ela destinados pelas microempresas e empresas de pequeno porte que dela façam parte; VII - será constituída como sociedade limitada; VIII - deverá, nas revendas às microempresas ou empresas de pequeno porte que sejam suas sócias, observar preço no mínimo igual ao das aquisições realizadas para revenda; e IX - deverá, nas revendas de bens adquiridos de microempresas ou empresas de pequeno porte que sejam suas sócias, observar preço no mínimo igual ao das aquisições desses bens".

Pretende-se, pois, com as referidas regras, estimular o associativismo entre os microempresários e empresários de pequeno porte, uma vez que os mesmos, unindo forças, passam a ter mais competitividade no mercado.

3.10. Das regras especiais de apoio ao desenvolvimento empresarial

Ao lado das normas acima analisadas, que estabelecem prerrogativas para obtenção de crédito e que dispensam o cumprimento de determinadas exigências burocráticas por parte das MEs e EPPs, a Lei Geral, assim como fazia antigo Estatuto, também contém dispositivos que visam a estimular o desenvolvimento empresarial dos microempresários e empresários de pequeno porte, dando enfoque, sobretudo, no **apoio à inovação**.

Assim, por exemplo, o art. 65 previu que "a União, os Estados, o Distrito Federal e os Municípios, e as respectivas agências de fomento, as ICT, os núcleos de inovação tecnológica e as instituições de apoio manterão programas específicos para as microempresas e para as empresas de pequeno porte, inclusive quando estas revestirem a forma de incubadoras, observando-se o seguinte: I - as condições de acesso serão diferenciadas, favorecidas e simplificadas; II - o montante disponível e suas condições de acesso deverão ser expressos nos respectivos orçamentos e amplamente divulgados".

Segundo o § 2.º desse dispositivo, "as pessoas jurídicas referidas no *caput* deste artigo terão por meta a aplicação de, no mínimo, 20% (vinte por cento) dos recursos destinados à inovação para o desenvolvimento de tal atividade nas microempresas ou nas empresas de pequeno porte".

Da mesma forma, o § 3.º prevê que "os órgãos e entidades integrantes da administração pública federal atuantes em pesquisa, desenvolvimento ou capacitação tecnológica terão por meta efetivar suas aplicações, no percentual mínimo fixado no § 2.º deste artigo, em programas e projetos de apoio às microempresas ou às empresas de pequeno porte, transmitindo ao Ministério da Ciência e Tecnologia, no primeiro trimestre de cada ano, informação relativa aos valores alocados e a respectiva relação percentual em relação ao total dos recursos destinados para esse fim".

Vê-se, então, que a Lei Geral determinou a aplicação prioritária, no segmento das MEs e EPPs, de no mínimo 20% (vinte por cento) dos recursos federais destinados a pesquisa, desenvolvimento e capacitação tecnológica. E mais: no § 4.º do artigo em comento, com a redação alterada pela LC 128/2008, determinou-se que "ficam autorizados a reduzir a 0 (zero) as alíquotas dos impostos e contribuições a seguir indicados, incidentes na aquisição, ou importação, de equipamentos, máquinas, aparelhos, instrumentos, acessórios, sobressalentes e ferramentas que os acompanhem, na forma definida em regulamento, quando adquiridos, ou importados, diretamente por microempresas ou empresas de pequeno porte para incorporação ao seu ativo imobilizado".

3.10.1. Inova Simples: regime jurídico especial para abertura de startups

A LC 167/2019 promoveu algumas alterações na LC 123/2006, com destaque para a inserção do art. 65-A, que criou o Inova Simples, um "regime especial simplificado que concede às iniciativas empresariais de caráter incremental ou disruptivo que se autodeclarem como **empresas de inovação** tratamento diferenciado com vistas a estimular sua criação, formalização, desenvolvimento e consolidação como agentes indutores de avanços tecnológicos e da geração de emprego e renda".

O § 1º do art. 65-A definia como "a empresa de caráter inovador que visa a aperfeiçoar sistemas, métodos ou modelos de negócio, de produção, de serviços ou de produtos, os quais, quando já existentes, caracterizam **startups** de natureza incremental, ou, quando relacionados à criação de algo totalmente novo, caracterizam **startups** de natureza disruptiva". Mas esse dispositivo foi revogado pela Lei Complementar 182/2021 (marco legal das startups), que, por sua vez, definiu startup da seguinte forma em seu art. 4º: "são enquadradas como startups as organizações empresariais ou societárias, nascentes ou em operação recente, cuja atuação caracteriza-se pela inovação aplicada a modelo de negócios ou a produtos ou serviços ofertados".

A lei criou um procedimento especial para abertura e fechamento dessas empresas de inovação (startups), procedimento esse "que se dará de forma simplificada e automática, no mesmo ambiente digital do portal da Rede Nacional para a Simplificação do Registro e da Legalização de Empresas e Negócios (Redesim), em sítio eletrônico oficial do governo federal, por meio da utilização de formulário digital próprio, disponível em janela ou ícone intitulado Inova Simples" (§ 3.º).

De acordo com esse procedimento especial, a abertura de uma *startup* não precisa passar por todas as etapas normais, como registro em Junta Comercial etc., bastando apenas o preenchimento de um formulário com o fornecimento de informações básicas (§ 4.º): "I – qualificação civil, domicílio e CPF; II – descrição do escopo da intenção empresarial inovadora, que utilize modelos de negócios inovadores para a geração de produtos ou serviços, e definição do nome empresarial, que conterá a expressão 'Inova Simples (I.S.)'; III – autodeclaração, sob as penas da lei, de que o funcionamento da empresa submetida ao regime do Inova Simples não produzirá poluição, barulho e aglomeração de tráfego de veículos, para fins de caracterizar baixo grau de risco, nos termos do § 4.º do art. 6.º desta Lei Complementar; IV – definição do local da sede, que poderá ser comercial, residencial ou de uso misto, sempre que não proibido pela legislação municipal ou distrital, admitindo-se a possibilidade de sua instalação em locais onde funcionam parques tecnológicos, instituições de ensino, empresas juniores, incubadoras, aceleradoras e espaços compartilhados de trabalho na forma de **coworking**; e V – em caráter facultativo, a existência de apoio ou validação de instituto técnico, científico ou acadêmico, público ou privado, bem como de incubadoras, aceleradoras e instituições de ensino, nos parques tecnológicos e afins".[9]

O correto preenchimento desse formulário faz com que a *startup* ganhe automaticamente o seu CNPJ (§ 5.º), e a partir desse momento já deverá abrir conta bancária para fins de captação de recursos e integralização de capital (§ 6.º), podendo ainda já solicitar registro de marca ou patente de invenção, tendo inclusive um procedimento facilitado e prioritário para tanto (§§ 7.º e 8.º).

A *startup* também pode fazer "a comercialização experimental do serviço ou produto até o limite fixado para o MEI nesta Lei Complementar" (§ 10), que atualmente é de R$ 81.000,00 (oitenta e um mil reais).

3.11. Das regras empresariais gerais de tratamento diferenciado para as MEs e EPPs

Nos tópicos antecedentes, analisamos uma série de regras especiais que a Lei Geral estabeleceu em favor dos microempresários e empresários de pequeno porte, como as que, por exemplo, disciplinam sua atuação nos certames licitatórios.

Além dessas regras especiais, a Lei Geral ainda trouxe outras, de caráter geral, que conferem tratamento diferenciado para as MEs e EPPs.

3.11.1. As deliberações sociais nas MEs e EPPs

Prevê o art. 70 da Lei Geral que "as microempresas e as empresas de pequeno porte são desobrigadas da realização de reuniões e assembleias em qualquer das situações previstas na legislação civil, as quais serão substituídas por deliberação representativa do primeiro número inteiro superior à metade do capital social".

Trata-se de regra que visa a facilitar a tomada de decisões para as MEs e EPPs organizadas sob a forma de sociedade, já que em se tratando de empresário individual as deliberações são singulares, e não colegiadas. Em regra, as deliberações de uma sociedade limitada – com efeito, a maioria das MEs e EPPs adotam esse tipo societário – podem ser tomadas em assembleia (regime obrigatório para as LTDAs com mais de dez sócios) ou em reunião (regime alternativo ao assemblear pelo qual podem optar as LTDAs com até dez sócios).

O que a regra em questão fez, porém, foi desobrigar as MEs e EPPs da necessidade de realização de assembleias e reuniões para a tomada das decisões que exijam deliberação colegiada, salvo nos casos descritos no seu § 1.º, que assim dispõe: "o disposto no *caput* deste artigo não se aplica caso haja disposição contratual em contrário, caso ocorra hipótese de justa causa que enseje a exclusão de sócio ou caso um ou mais sócios ponham em risco a continuidade da empresa em virtude de atos de inegável gravidade". Assim sendo, em caso de exclusão de sócio por justa causa, deve-se seguir o procedimento detalhado no art. 1.085 do Código Civil.

[9] O Comitê Gestor da Redesim – CGSIM regulamentou o Inova Simples por meio da Resolução 55/2020.

3.11.2. O nome empresarial das MEs e EPPs

As microempresas e empresas de pequeno porte que optarem pelo regime especial de que trata a Lei Geral tinham que acrescentar ao seu nome empresarial as expressões ME ou EPP, conforme o caso. Era o que determinava o art. 72 da lei, segundo o qual "as microempresas e as empresas de pequeno porte, nos termos da legislação civil, acrescentarão à sua firma ou denominação as expressões 'Microempresa' ou 'Empresa de Pequeno Porte', ou suas respectivas abreviações, 'ME' ou 'EPP', conforme o caso, sendo facultativa a inclusão do objeto da sociedade". Esse dispositivo legal, porém, foi revogado pela LC 155/2016, de modo que atualmente não é mais necessário que as microempresas e empresas de pequeno porte tenham tais expressões (ou as abreviações ME e EPP) nos seus respectivos nomes empresariais.

Nesse ponto, é importante fazer uma observação: muitas pessoas acham que ME ou EPP são expressões que identificam um tipo societário específico, o que é um equívoco grave. Afinal, podem se enquadrar como ME ou EPP tanto uma sociedade (simples ou empresária) quanto um empresário individual. Portanto, ME e EPP são apenas expressões que qualificam juridicamente algumas sociedades ou mesmo alguns empresários individuais – aliás, quase todos os empresários individuais ou são MEs ou são EPPs, uma vez que exploram, em regra, atividades de pequena envergadura, quase sempre com receita bruta anual dentro dos limites descritos nos incisos I e II do art. 3.º da Lei Geral – que optam pelo regime simplificado disciplinado pela Lei Complementar 123/2006.

3.11.3. O protesto de títulos contra as MEs e EPPs

Outra regra geral de tratamento diferenciado das MEs e EPPs, que também já existia no regime do Estatuto anterior, é a do art. 73 da Lei Geral, que trata do protesto de títulos quando o devedor dos mesmos é uma ME ou uma EPP. Dispõe o referido dispositivo que "o protesto de título, quando o devedor for microempresário ou empresa de pequeno porte, é sujeito às seguintes condições: I – sobre os emolumentos do tabelião não incidirão quaisquer acréscimos a título de taxas, custas e contribuições para o Estado ou Distrito Federal, carteira de previdência, fundo de custeio de atos gratuitos, fundos especiais do Tribunal de Justiça, bem como de associação de classe, criados ou que venham a ser criados sob qualquer título ou denominação, ressalvada a cobrança do devedor das despesas de correio, condução e publicação de edital para realização da intimação; II – para o pagamento do título em cartório, não poderá ser exigido cheque de emissão de estabelecimento bancário, mas, feito o pagamento por meio de cheque, de emissão de estabelecimento bancário ou não, a quitação dada pelo tabelionato de protesto será condicionada à efetiva liquidação do cheque; III – o cancelamento do registro de protesto, fundado no pagamento do título, será feito independentemente de declaração de anuência do credor, salvo no caso de impossibilidade de apresentação do original protestado; IV – para os fins do disposto no *caput* e nos incisos I, II e III do *caput* deste artigo, o devedor deverá provar sua qualidade de microempresa ou de empresa de pequeno porte perante o tabelionato de protestos de títulos, mediante documento expedido pela Junta Comercial ou pelo Registro Civil das Pessoas Jurídicas, conforme o caso; V – quando o pagamento do título ocorrer com cheque sem a devida provisão de fundos, serão automaticamente suspensos pelos cartórios de protesto, pelo prazo de 1 (um) ano, todos os benefícios previstos para o devedor neste artigo, independentemente da lavratura e registro do respectivo protesto".

Quanto ao que dispõe o inciso I do artigo em comento, houve significativa alteração em relação ao Estatuto anterior, uma vez que neste havia apenas a previsão de que os emolumentos devidos não excedessem 20% do valor do título, observado um teto máximo de R$ 20,00.

Quanto ao que dispõem os incisos II, III e IV, por sua vez, houve mera repetição do que já previa o Estatuto anterior, cabendo destacar que, durante a sua vigência, a regra do inciso II – que impedia os cartórios de protesto de exigirem pagamento com cheque administrativo às MEs e EPPs – não era respeitada, o que talvez continue a ocorrer.

3.11.4. As MEs e EPPs e o acesso à justiça

Finalmente, destaque-se que, visando a facilitar o acesso à Justiça por parte das MEs e EPPs, o art. 74 da Lei Geral, repetindo basicamente o que dispunha o art. 38 do antigo Estatuto, determina: "aplica-se às microempresas e às empresas de pequeno porte de que trata esta Lei Complementar o disposto no § 1.º do art. 8.º da Lei n.º 9.099, de 26 de setembro de 1995, e no inciso I do *caput* do art. 6.º da Lei n.º 10.259, de 12 de julho de 2001, as quais, assim como as pessoas físicas capazes, passam a ser admitidas como proponentes de ação perante o Juizado Especial, excluídos os cessionários de direito de pessoas jurídicas". Essa norma é importantíssima, uma vez que propicia aos microempresários e aos empresários de pequeno porte uma significativa redução de custos e assegura a eles uma maior rapidez na solução de suas controvérsias judiciais. A grande diferença é que no regime do Estatuto anterior somente as MEs eram admitidas como autoras nos Juizados Especiais, enquanto no regime da Lei Geral atual a prerrogativa foi estendida tanto às MEs quanto às EPPs.

Nesse ponto, todavia, é importante destacar mais uma vez – a exemplo do que já fizemos acima – nem toda ME ou EPP é uma pessoa jurídica. Afinal, conforme já ressaltamos, tanto o empresário individual quanto a sociedade – simples ou empresária – podem se enquadrar como ME ou EPP. Diante disso, pode-se afirmar que a regra só é excepcional no que tange à possibilidade de as MEs ou EPPs pessoas jurídicas ajuizarem ações nos Juizados Especiais. Afinal, o empresário individual, seja qualificado como ME/EPP ou não, sempre pôde ajuizar ações perante os Juizados, já que ele é pessoa física.[10] Portanto, a exigência, feita por muitos Juizados Especiais em todo o território nacional, de apresentação de documento comprobatório da quali-

[10] Nesse mesmo sentido, em comentário ao antigo Estatuto, que possuía regra idêntica: FÉRES, Marcelo Andrade. Ensaios sobre o novo estatuto brasileiro da microempresa e da empresa de pequeno porte. *Revista da Faculdade de Direito da Universidade de Lisboa*, Coimbra, v. XLII, n.º 2, p. 1505, 2001. Disse o autor: *"a inovação (...) limita-se à possibilidade de os Juizados Especiais Cíveis conhecerem de relação processual que tenha por autora pessoa jurídica microempresária. No referente à propositura de ações por firma individual microempresária, o referido dispositivo não é inovador, porquanto aqueles órgãos já tinham competência para conhecê-las na sistemática única da Lei nº 9.099/95; a firma mercantil individual* [atualmente, a expressão correta é empresário individual] *microempresária é signo indicativo da própria pessoa natural no exercício da mercancia em caráter de profissionalidade".*

dade de ME ou EPP para fins de ajuizamento de ações é descabida quando se tratar de empresário individual, seja ele microempresário, empresário de pequeno porte ou empresário normal (entendido este como o não submetido à disciplina especial da Lei Geral). Isto porque, repita-se, o empresário individual é pessoa física, e como tal sempre pôde figurar no polo ativo das relações processuais em trâmite perante os Juizados.

Além dessa regra, a qual, como visto, já existia no regime do Estatuto anterior, a Lei Geral inovou trazendo disposição específica que prevê o estímulo à utilização, por parte das MEs e EPPs, de regimes alternativos de solução de litígios, como a arbitragem, a mediação e a conciliação prévia. É o que dispõe o art. 75: "as microempresas e empresas de pequeno porte deverão ser estimuladas a utilizar os institutos de conciliação prévia, mediação e arbitragem para solução dos seus conflitos". Ainda de acordo com o § 1.º desse artigo, "serão reconhecidos de pleno direito os acordos celebrados no âmbito das comissões de conciliação prévia", já muito utilizadas na seara da Justiça do Trabalho por grandes empreendimentos. Por fim, o § 2.º prevê que "o estímulo a que se refere o *caput* deste artigo compreenderá campanhas de divulgação, serviços de esclarecimento e tratamento diferenciado, simplificado e favorecido no tocante aos custos administrativos e honorários cobrados".

Para que as regras dos arts. 74 e 75 possam ter eficácia, a Lei Complementar 128/2008 acrescentou ao texto da Lei Geral o art. 75-A: "para fazer face às demandas originárias do estímulo previsto nos arts. 74 e 75 desta Lei Complementar, entidades privadas, públicas, inclusive o Poder Judiciário, poderão firmar parcerias entre si, objetivando a instalação ou utilização de ambientes propícios para a realização dos procedimentos inerentes a busca da solução de conflitos".

3.11.5. Do regime tributário e fiscal: o Simples Nacional

O antigo Estatuto (Lei 9.841/1999) não disciplinava a simplificação do tratamento tributário e fiscal aplicável às MEs e EPPs. Isso não significa, todavia, que o comando constitucional do art. 179 da CF/1988 nunca tenha sido cumprido no que diz respeito a esse assunto específico.

A definição de um regime tributário e fiscal simplificado, destinado aos microempresários e empresários de pequeno porte, foi feita por meio de lei específica, a Lei 9.317/1996.

A grande novidade trazida pela Lei 9.317/1996 em benefício dos pequenos empreendedores era a previsão do *Sistema Integrado de Pagamento de Impostos e Contribuições das Microempresas e das Empresas de Pequeno Porte* – **SIMPLES**.

Esse sistema, no dizer de Rubens Requião, eliminava alguns tributos, reduzia outros e concentrava sua liquidação em poucos atos ou documentos, promovendo importantes modificações na técnica de escrituração dos atos decorrentes das atividades das MEs e EPPs.[11]

A ME ou EPP, enquadrada como tal nos termos da revogada Lei 9.317/1996, poderia optar pela inscrição no SIMPLES, caso em que pagava, mensalmente e de

[11] REQUIÃO, Rubens. *Curso de direito comercial*. 25. ed. São Paulo: Saraiva, 2003. p. 67. v. 1.

forma unificada, os seguintes tributos (art. 3.º, § 1.º): "a) Imposto de Renda das Pessoas Jurídicas - IRPJ; b) Contribuição para os Programas de Integração Social e de Formação do Patrimônio do Servidor Público - PIS/PASEP; c) Contribuição Social sobre o Lucro Líquido - CSLL; d) Contribuição para Financiamento da Seguridade Social - COFINS; e) Imposto sobre Produtos Industrializados - IPI; f) Contribuições para a Seguridade Social, a cargo da pessoa jurídica, de que tratam a Lei Complementar n.º 84, de 18 de janeiro de 1996, os arts. 22 e 22A da Lei n.º 8.212, de 24 de julho de 1991 e o art. 25 da Lei n.º 8.870, de 15 de abril de 1994".

Excepcionalmente, o SIMPLES poderia abranger o ICMS e o ISS, impostos de competência dos Estados e dos Municípios, respectivamente. Para tanto, era necessária a celebração de convênio entre a União e as unidades federadas interessadas.

3.11.6. A Emenda Constitucional 42/2003 (Reforma Tributária)

Já destacamos, no tópico de abertura deste capítulo, que a Emenda Constitucional 42/2003, batizada de **Reforma Tributária**, determinou que a definição de tratamento favorecido e simplificado para as MEs e EPPs seja feita por **lei complementar**. Eis o que determina a Constituição Federal, após a alteração do texto constitucional, em seu art. 146, inciso III, alínea *d*: "cabe à lei complementar: (...) III - estabelecer normas gerais em matéria de legislação tributária, especialmente sobre: (...) d) definição de tratamento diferenciado e favorecido para as microempresas e para as empresas de pequeno porte, inclusive regimes especiais ou simplificados no caso do imposto previsto no art. 155, II, das contribuições previstas no art. 195, I e §§ 12 e 13, e da contribuição a que se refere o art. 239".

Percebe-se, portanto, que houve uma importante alteração no tratamento constitucional relativo às MEs e EPPs. A referida alteração, todavia, restringiuse basicamente ao aspecto formal. De fato, a Constituição da República já previa, desde a sua redação original, conforme vimos, a definição de tratamento jurídico diferenciado, simplificado e favorecido para os microempresários e empresários de pequeno porte. O que a EC 42/2003 trouxe de novidade, pois, foi apenas a determinação de que tal tratamento seja estabelecido por **lei complementar**, sendo que, enquanto esta não fosse editada, continuariam em vigor a Lei 9.841/1999 (antigo Estatuto da ME e da EPP), bem como a Lei 9.317/1996 (antiga Lei do SIMPLES no âmbito federal).

A edição da lei complementar em comento, que é justamente a Lei Geral (LC 123/2006) veio acompanhada de uma grande inovação: a criação do chamado **SIMPLES NACIONAL** (que muitos vinham chamando, mesmo antes da edição da lei, de SUPER SIMPLES ou SIMPLES GERAL), um sistema unificado de pagamento de impostos e contribuições federais, estaduais e municipais, elaborado de acordo com o previsto no parágrafo único, do art. 146, alínea *d*, da Carta Magna: "Parágrafo único. A lei complementar de que trata o inciso III, *d*, também poderá instituir um regime único de arrecadação dos impostos e contribuições da União, dos Estados, do Distrito Federal e dos Municípios, observado que: I - será opcional para o contribuinte; II - poderão ser estabelecidas condições de enquadramento diferenciadas por Estado; III - o recolhimento será unificado e centralizado e a distribuição da parcela de recursos pertencentes aos respectivos entes federados será imediata, vedada qualquer retenção ou condicionamento; IV – a arrecadação, a fiscalização e a cobrança poderão ser compartilhadas pelos entes federados, adotado cadastro nacional único de contribuintes."

Esse SIMPLES NACIONAL, conforme se depreende da leitura dos dispositivos constitucionais acima transcritos, engloba não apenas os impostos e contribuições federais, mas também os impostos e contribuições estaduais e municipais (por exemplo, o ICMS e o ISS, respectivamente), independentemente da celebração de convênio com os Estados e Municípios respectivos (a exemplo do que exigia a Lei 9.317/1996, conforme mencionamos acima).

Em relação, pois, às MEs e EPPs optantes, todos esses tributos federais, estaduais e municipais, com a edição do SIMPLES NACIONAL, passaram a ser recolhidos mensalmente, de forma unificada e centralizada, ficando o ente recolhedor (a União, que executa tal tarefa por meio da Receita Federal) responsável pela distribuição imediata do montante pertencente aos respectivos entes (Estados e Municípios), sendo vedado reter ou condicionar o repasse desses valores sob qualquer pretexto.

Essa sistemática do SIMPLES NACIONAL, na nossa opinião, suscita uma série de controvérsias jurídicas. Nos limites de abordagem a que se propõe o presente estudo, cumpre-nos apenas ponderar que a constitucionalidade desse sistema é deveras duvidosa. Estados e Municípios, em nossa ordem constitucional, são entes federados autônomos e independentes, e exercem parcela dessa autonomia, justamente, no exercício legítimo de sua competência tributária. Sendo assim, a lei complementar que instituir o SIMPLES NACIONAL, ao englobar tributos estaduais e municipais em sua sistemática, pode estar infringindo seriamente o pacto federativo, violando, dessa forma, a cláusula pétrea encartada no art. 60, § 4.º, inciso I, da Constituição da República.

3.12. A Lei 11.101/2005 (Lei de Recuperação de Empresas) e as MEs e EPPs

A disciplina do direito falimentar brasileiro sofreu profundas alterações com o advento da Lei 11.101/2005, batizada de **Lei de Recuperação de Empresas**. A grande novidade trazida por essa lei foi a substituição do ultrapassado instituto da concordata pelo instituto da **recuperação**.

Essa inovação representa, em linhas gerais, uma mudança de paradigma no direito falimentar brasileiro, o qual, inspirado pelo festejado **princípio da preservação da empresa**, vê a decretação da falência como último remédio a ser aplicado ao empresário em crise. O mais importante, para a novel legislação, é fornecer aos agentes econômicos que atravessam dificuldades instrumentos idôneos para superá-las. A recuperação da empresa, portanto, e não a sua "morte", é o grande objetivo do novo direito falimentar.

Não há dúvidas de que os pequenos empreendimentos sofrem bastante para se firmarem no mercado atual, dadas a extrema competitividade e a incrível dinâmica da atividade empresarial. É muito comum, pois, que esses pequenos empreendimentos venham a sucumbir diante das dificuldades inerentes ao exercício da empresa. É por isso que, conforme temos destacado ao longo do presente capítulo, o Estado tem se preocupado em oferecer aos microempresários e empresários de pequeno porte as condições necessárias à sua sobrevivência econômica e ao seu desenvolvimento empresarial.

Atento a essa realidade, o legislador brasileiro, ao editar a Lei 11.101/2005, submeteu as MEs e EPPs a uma disciplina especial, estabelecendo um **plano especial de recuperação judicial para elas**, previsto nos seus arts. 70, 70-A, 71 e 72.

Por questões didáticas, deixaremos para analisar detalhadamente esse plano especial de recuperação no capítulo referente ao direito falimentar (nesse sentido, ver tópico 3.8 do capítulo 7).

9

TEMAS ESPECIAIS: COMÉRCIO ELETRÔNICO, ECONOMIA DO COMPARTILHAMENTO E CRIPTOMOEDAS

1. DO ESCAMBO ÀS NEGOCIAÇÕES VIRTUAIS

A história do "mercado" é marcada por uma constante evolução dos meios de troca. Com efeito, desde que o homem deixou de produzir bens apenas para a sua própria subsistência, podemos verificar um lento e gradual processo de criação de instrumentos negociais que tornaram as trocas mais rápidas e mais seguras.

Nas sociedades mais antigas, vivia-se numa **economia de escambo**, isto é, os negócios se limitavam às **trocas diretas** de um bem por outro. Obviamente, com o passar do tempo e o desenvolvimento do sistema de trocas, o escambo praticado nessas sociedades se mostrou insustentável, em razão de suas limitações. Primeiro, o escambo dificultava a troca porque ele exigia uma coincidência de interesses por parte dos partícipes da relação: a troca só se perfaz se cada parte quiser exatamente o que a outra tem a oferecer. Ademais, existe o problema da ausência de equivalência de valor entre os diversos bens. Assim, é forçoso reconhecer que o escambo supria apenas as necessidades de uma economia num estágio muito primitivo. Nesse sentido:

> (...) esse processo de *troca direta* de bens e serviços úteis dificilmente seria capaz de manter uma economia acima de seu nível mais primitivo. Tal troca direta — ou *escambo* — dificilmente é melhor do que a pura e simples autossuficiência. Por quê? Em primeiro lugar, está claro que tal arranjo permite somente uma quantidade muito pequena de produção. Se João contrata alguns trabalhadores para construir uma casa, com o que ele lhes pagará? Com partes da casa? Com os materiais de construção que não forem utilizados?

> Os dois problemas básicos deste arranjo são a "indivisibilidade" e a ausência daquilo que chamamos de "coincidência de desejos". Assim, se o senhor Silva tem um arado que ele gostaria de trocar por várias coisas diferentes - por exemplo, ovos, pães e uma muda de roupas -, como ele faria isso? Como ele dividiria seu arado e daria uma parte para um agricultor e a outra parte para um alfaiate? Mesmo para os casos em que os bens são divisíveis, é geralmente impossível que dois indivíduos dispostos a transacionar se encontrem no momento exato. Se A possui um suprimento de ovos para vender e B possui um par de sapatos, como ambos podem transacionar se A quer um terno? Imaginem, então, a penosa situação de um professor de economia: ele terá de encontrar um produtor de ovos que queira comprar algumas aulas de economia em troca de seus ovos! Obviamente, é impossível haver qualquer tipo de economia civilizada sob um arranjo formado exclusivamente por trocas diretas.[1]

Para superar as dificuldades inerentes ao escambo, o próprio mercado criou, então, um meio de troca muito mais eficiente: **a moeda**. Com isso, um produtor de trigo que quisesse adquirir ferramentas não precisava mais procurar um fabricante dessas peças que estivesse precisando exatamente de trigo: ele podia vender seu trigo por um determinado preço, expresso na moeda usualmente aceita, e depois comprar as ferramentas de que necessitava, pagando por elas também o respectivo preço. No curso da história, inúmeras mercadorias foram usadas como moeda, mas sempre houve uma **preponderância da prata e do ouro** exercendo essa função de meio geral de troca. Nesse sentido:

> Ao longo da história, diferentes bens foram utilizados como meios de troca: tabaco, na Virgínia colonial; açúcar, nas Índias Ocidentais; sal, na Etiópia (na época, Abissínia); gado, na Grécia antiga; pregos, na Escócia; cobre, no Antigo Egito; além de grãos, rosários, chá, conchas e anzóis. Ao longo dos séculos, duas mercadorias, o ouro e a prata, foram espontaneamente escolhidas como dinheiro na livre concorrência do mercado, desalojando todas as outras mercadorias desta função. Tanto o ouro quanto a prata são altamente comerciáveis, são muito demandados como ornamento, e se sobressaem em todas as outras qualidades necessárias. Em épocas recentes, a prata, por ser relativamente mais abundante que o ouro, se mostrou mais útil para trocas de menor valor, ao passo que o ouro foi mais utilizado para transações de maior valor. De qualquer maneira, o importante é que, independentemente do motivo, o livre mercado escolheu o ouro e a prata como a mais eficiente forma de dinheiro.[2]

É importante destacar, pois, que **o dinheiro não é uma criação estatal, mas do próprio mercado**. O dinheiro surgiu quando as dificuldades da troca direta de bens (escambo) fizeram com que bens mais demandados começassem a ser usados como meio de **troca indireta**, isto é, começassem a ser usados como "moeda". Daí vem o "teorema da regressão" formulado pelo economista austríaco Ludwig von Mises: um bem só pode se tornar dinheiro (moeda), isto é, meio de troca indireta, se antes já tinha valor como mercadoria, ou seja, como meio de troca direta.[3]

---

1 ROTHBARD, Murray. *O que o governo fez com nosso dinheiro?* Trad. Leandro Augusto Gomes Roque. São Paulo: Instituto Ludwig von Mises Brasil, 2013. p. 14.

2 ROTHBARD, Murray. *O que o governo fez com nosso dinheiro?* Trad. Leandro Augusto Gomes Roque. São Paulo: Instituto Ludwig von Mises Brasil, 2013. p. 16.

3 MISES, Ludwig von. *The theory of money and credit*. New Haven: Yale University Press, 1951. p. 97-123.

As primeiras moedas, portanto, foram aqueles bens que, em virtude de certas características (**raridade**, **durabilidade**, **divisibilidade**, **portabilidade**, **testabilidade** etc.) eram mais demandados do que outros (ouro e prata, por exemplo). A maior demanda por um bem fazia dele uma mercadoria **comerciável**: pessoas o aceitavam como meio de troca mesmo não necessitando diretamente dele, mas porque sabiam que, futuramente, conseguiriam trocá-lo por algo desejado com mais facilidade. Quanto mais um bem era demandado, maior era a sua comerciabilidade, e quanto mais sua comerciabilidade aumentava, a demanda por ele também crescia. Entrava-se num ciclo virtuoso até o ponto em que todos aceitavam facilmente aquele bem como meio de troca. O dinheiro acabara de ser criado.[4] Nesse sentido:

> Imagine que você é um caçador e quer adquirir uma cama, mas o único produtor de camas da cidade é um vegetariano. O que você pode fazer neste caso? Você primeiro teria de descobrir o que o produtor de camas aceitaria em troca da cama (talvez tofu), e então teria de encontrar alguém que possuísse tofu e estivesse disposto a trocar por carne. Se você não conseguisse encontrar tal pessoa (o produtor de tofu quer um chapéu em troca), você teria de procurar por uma quarta pessoa (alguém que quisesse carne e que possuísse o chapéu que o produtor de tofu quisesse), ou tentar convencer o produtor de camas vegetariano a aceitar sua carne para, algum tempo depois, tentar trocá-la por algum outro bem.
>
> A carne, no entanto, estraga com o tempo, de modo que o produtor de camas teria de se livrar dela rapidamente. Consequentemente, sendo você incapaz de conseguir arrumar algum bem que o produtor de camas queira consumir, você decide trocar sua carne por um pouco de sal. Ato contínuo, você se aproxima do produtor de camas e diz: "Olha só, eu sei que você não quer sal, mas pense em todas as outras pessoas que querem. Elas utilizam sal para preservar suas carnes e para dar mais sabor às suas sopas. E o sal é imperecível, de modo que você pode armazená-lo pelo tempo que quiser. E se, quando o vendedor de tofu vier à cidade, e ele não quiser sal, você poderá explicar a ele exatamente isso que acabei de explicar para você — que ele poderá utilizar o sal para comprar algo que ele queira futuramente."
>
> Se você e o produtor de camas chegarem a um acordo, você acabou de inventar o dinheiro. Organicamente, mais pessoas na sua comunidade começarão a utilizar o sal como meio de pagamento, mesmo que elas não tenham a intenção de consumi-lo, pois sabem que outras pessoas irão aceitá-lo como meio de troca.
>
> Porém — e isso é muito importante —, o valor do sal-dinheiro não depende exclusivamente de as outras pessoas aceitarem-no como meio de pagamento. Se, por algum motivo, as pessoas pararem de aceitar sal como meio de pagamento, você ainda assim poderá utilizar o sal como... sal. O sal não perdeu suas funções originais.
>
> O sal já foi utilizado como dinheiro e mostrou ser uma ótima moeda, especialmente antes da invenção da refrigeração, pois era amplamente demandado, divisível até o nível granular, muito portátil e transportável, fácil de ser pesado, e podia ser facilmente testado contra falsificações: bastava prová-lo com seu paladar. Os romanos utilizaram o sal como dinheiro.[5]

---

4 Cf. MISES, Ludwig von. *The theory of money and credit*. New Haven: Yale University Press, 1951. p. 97-123; MENGER, Carl. *Principles of economics*. Glencoe: Free Press, 1950. p. 257-271; e ROTHBARD, Murray. *O que o governo fez com nosso dinheiro?* Trad. Leandro Augusto Gomes Roque. São Paulo: Instituto Ludwig von Mises Brasil, 2013. p. 13-19.

5 SCHIFF, Peter. *O que é o dinheiro, como ele surge e como deve ser gerenciado*. Trad. Leandro Augusto Gomes Roque. Disponível em: <http://mises.org.br/Article.aspx?id=1336>. Acesso em: 15 de junho de 2012.

A criação do dinheiro facilitou **a especialização e a divisão do trabalho**, fundamentais para o desenvolvimento econômico e social. Antes, alguém que produzia lanças tinha que encontrar pessoas interessadas em trocar comida por lanças, roupas por lanças etc. Agora, ele precisa apenas trocar suas lanças por dinheiro, e depois usá-lo para adquirir o que precisa.

A especialização e a divisão do trabalho, por sua vez, facilitaram **a acumulação de riqueza e a formação de poupança**, o que permitiu o investimento em bens de capital, melhorando e aumentando a produção, e propiciou a formalização de empréstimos e financiamentos a terceiros, dinamizando a economia.

O dinheiro também fez com que os demais bens em circulação no mercado pudessem ser **precificados de forma objetiva**, e sabe-se que o sistema de preços é o que permite o **cálculo econômico racional**: analisando os preços, o empresário sabe se está tendo lucros ou prejuízos e descobre a melhor forma de alocar seus recursos.[6]

No entanto, com o passar do tempo a economia foi se tornando cada vez mais complexa, e até mesmo a moeda passou a ser um meio de troca ineficiente para dar efetividade a todas as transações ocorridas a todo momento no mercado. Mais uma vez, porém, o próprio mercado deu a sua solução, criando os **títulos de crédito**, que rapidamente foram incorporados à praxe mercantil, conforme mencionamos no capítulo 5. Como bem resumiu Amador Paes de Almeida:

> Assim, da chamada *economia natural* (troca *in natura*) passou-se à fase monetária, caracterizada já pela moeda como instrumento de troca ou denominador comum de valores.
>
> Finalmente, da economia monetária chegou-se à *economia creditória*, ampliando-se, como se vê, o conceito de troca. O crédito assume especial relevo.[7]

Segundo Tullio Ascarelli, o desenvolvimento dos títulos de crédito permitiu que o mundo moderno mobilizasse suas próprias riquezas, vencendo o tempo e o espaço. Nas palavras desse doutrinador:

> Se nos perguntassem qual a contribuição do direito comercial na formação da economia moderna, outra não poderia talvez apontar que mais tipicamente tenha influído nessa economia do que o instituto dos títulos de crédito. A vida econômica moderna seria incompreensível sem a densa rede de títulos de crédito; às invenções técnicas teriam faltado meios jurídicos para a sua adequada realização social; as relações comerciais tomariam necessariamente outro aspecto. Graças aos títulos de crédito pode o mundo moderno mobilizar as próprias riquezas; graças a eles o direito consegue vencer tempo e espaço, transportando, com a maior facilidade, representados nestes títulos, bem distantes e materializando, no presente, as possíveis riquezas futuras.[8]

Com efeito, o crédito, que consiste, basicamente, num direito a uma prestação futura que se baseia, fundamentalmente, na confiança (elementos boa-fé e prazo),

---

6 Cf. MISES, Ludwig von. *O cálculo econômico sob o socialismo*. Trad. Leandro Augusto Gomes Roque. São Paulo: Instituto Ludwig von Mises, 2012.

7 ALMEIDA, Amador Paes de. *Teoria e prática dos títulos de crédito*. 29. ed. São Paulo: Saraiva, 2011, p. 20.

8 ASCARELLI, Tullio. *Teoria geral dos títulos de crédito*. Campinas: Servanda, 2009, p. 33.

surgiu da constante necessidade de se conseguir uma circulação mais rápida de riqueza do que a obtida pela moeda manual.

Atualmente, entretanto, estamos vivendo um novo momento histórico, em que a complexidade das relações econômicas tem demonstrado que nem a moeda nem os títulos e crédito tradicionais (letra de câmbio, nota promissória, cheque, duplicata etc.) conseguem, de maneira eficiente, dar efetividade ao incrível número de transações realizadas no mercado globalizado dos dias atuais.

2. COMÉRCIO ELETRÔNICO

Não é novidade que o comércio foi, é e sempre será um fator de integração entre os países, sendo, pois, o melhor mecanismo de manutenção da paz. Povos que mantêm relações comerciais uns com os outros não guerreiam entre si. Como dizia Frédéric Bastiat, "quando bens e serviços param de cruzar as fronteiras, exércitos o fazem".

Num passado distante, essa integração provocada pelo livre comércio exigia esforços incríveis, como as "Grandes Navegações". Hodiernamente, no entanto, o avanço tecnológico venceu todas as barreiras geográficas possíveis, e a *internet* nos permite negociar com pessoas do outro lado do mundo em apenas alguns segundos, sem maiores complicações.

Com efeito, a *internet* fez o mercado ignorar a distância entre as partes de uma determinada relação jurídica, sobretudo as relações empresariais. Hoje em dia é cada vez mais fácil comprar bens ou serviços de um empresário que se situa em outro estado ou em outro país, o qual às vezes fica em outro continente. E essas transações ocorrem numa velocidade espantosa, inimaginável até bem pouco tempo atrás.

As negociações/contratações eram, tradicionalmente, instrumentalizadas em meio físico (papel), de modo que o contato pessoal entre as partes contratantes se fazia quase sempre imprescindível. Com a *internet*, entretanto, permite-se **o contato e a manifestação de vontade por meio virtual**. A esse tipo de negociação/contratação dá-se o nome de **comércio eletrônico**.

Assim, caracteriza-se o comércio eletrônico sempre que a venda de produtos ou serviços é instrumentalizada por meio de **transmissão eletrônica de dados**, o que ocorre no ambiente virtual da rede mundial de computadores (*internet*). Perceba-se que não importa se o objeto do negócio é virtual (uma música ou um vídeo) ou físico (um relógio, uma geladeira ou uma roupa), mas se a manifestação de vontade é instrumentalizada em meio virtual ou físico. Neste caso, as partes costumam assinar de próprio punho os contratos (às vezes se exigindo o reconhecimento da assinatura por tabelião e até mesmo a assinatura conjunta de testemunhas). Naquele, as partes se utilizam de assinaturas digitais. Nesse sentido:

> Comércio eletrônico é a venda de produtos (virtuais ou físicos) ou a prestação de serviços em que a oferta e o contrato são feitos por transmissão e recepção eletrônica de dados. O comércio eletrônico realiza-se no ambiente da rede mundial de computadores.[9]

[9] COELHO, Fábio Ulhoa. *Curso de direito comercial*. 17. ed. São Paulo: RT, 2016. p. 50. v. 3.

Assim como ocorreu com todas as demais formas de negociação/contratação anteriores (escambo, dinheiro, títulos de crédito etc.), o comércio eletrônico surgiu da própria dinâmica da atividade empresarial, sem que houvesse uma prévia "regulamentação estatal". Quando o estado decidiu regulamentar essa prática, ela já estava em grau avançado de desenvolvimento (no Brasil, a norma em questão é o **Decreto 7.962/2013**, mencionada com mais detalhes adiante).

Outra observação importante também precisa ser feita: nesse longo e gradual processo de evolução dos meios de negociação, o surgimento de um novo meio apenas diminui o uso dos meios anteriores, mas não os elimina. Assim, quando surgiu a moeda, o escambo não desapareceu, embora tenha passado a ocorrer com bem menos frequência. Da mesma forma, quando os títulos de crédito tradicionais (letra de câmbio, nota promissória etc.) surgiram, o dinheiro teve seu uso diminuído, mas não deixou de ser usado totalmente. A mesma situação está ocorrendo agora com o surgimento e o desenvolvimento do comércio eletrônico: já não se usam mais os títulos de crédito como antes (por exemplo, quem, nos dias de hoje, ainda anda com um talão de cheques na carteira?), mas eles não desapareceram nem desaparecerão totalmente na praxe comercial.

2.1. O Decreto 7.962/2013

Como a maioria das negociações/contratações do comércio eletrônico se dá entre empresários e consumidores, a norma editada a pretexto de promover a sua regulamentação teve por foco as relações de consumo, e não as relações interempresariais (lembre-se da importância de distinguir os contratos de consumo dos contratos interempresariais).

Tal norma é o **Decreto 7.962/2013**, e suas preocupações básicas foram assegurar: (i) informações claras a respeito do produto, serviço e do fornecedor; (ii) atendimento facilitado ao consumidor; e (iii) respeito ao direito de arrependimento (art. 1.º).

A fim de assegurar informações claras a respeito do produto, do serviço e do fornecedor, o **art. 2.º** determina que "os sítios eletrônicos ou demais meios eletrônicos utilizados para oferta ou conclusão de contrato de consumo devem disponibilizar, em local de destaque e de fácil visualização, as seguintes informações: I – nome empresarial e número de inscrição do fornecedor, quando houver, no Cadastro Nacional de Pessoas Físicas ou no Cadastro Nacional de Pessoas Jurídicas do Ministério da Fazenda; II – endereço físico e eletrônico, e demais informações necessárias para sua localização e contato; III – características essenciais do produto ou do serviço, incluídos os riscos à saúde e à segurança dos consumidores; IV – discriminação, no preço, de quaisquer despesas adicionais ou acessórias, tais como as de entrega ou seguros; V – condições integrais da oferta, incluídas modalidades de pagamento, disponibilidade, forma e prazo da execução do serviço ou da entrega ou disponibilização do produto; e VI – informações claras e ostensivas a respeito de quaisquer restrições à fruição da oferta".

Sobre essa questão, é relevante mencionar um julgado do STJ que isentou de responsabilidade por vícios nas mercadorias ou inadimplemento contratual os **pro-**

vedores de buscas na internet, uma vez que eles não participam da relação entre fornecedor e consumidor. Eis a ementa do acórdão:

Civil e consumidor. Internet. Relação de consumo. Incidência do CDC. Gratuidade do serviço. Indiferença. Provedor de pesquisa voltada ao comércio eletrônico. Intermediação. Ausência. Fornecedor. Não configurado.

1. Ação ajuizada em 17/09/2007. Recurso especial interposto em 28/10/2013 e distribuído a este Gabinete em 26/08/2016.

2. A exploração comercial da Internet sujeita as relações de consumo daí advindas à Lei n.º 8.078/90.

3. O fato de o serviço prestado pelo provedor de serviço de Internet ser gratuito não desvirtua a relação de consumo.

4. Existência de múltiplas formas de atuação no comércio eletrônico.

5. ***O provedor de buscas de produtos que não realiza qualquer intermediação entre consumidor e vendedor não pode ser responsabilizado por qualquer vício da mercadoria ou inadimplemento contratual.***

6. Recurso especial provido.

(REsp 1444008/RS, Rel. Ministra Nancy Andrighi, Terceira Turma, julgado em 25.10.2016, DJe 09.11.2016)

O **art. 4.º**, por sua vez, "para garantir o atendimento facilitado ao consumidor no comércio eletrônico", determina que "o fornecedor deverá: I – apresentar sumário do contrato antes da contratação, com as informações necessárias ao pleno exercício do direito de escolha do consumidor, enfatizadas as cláusulas que limitem direitos; II – fornecer ferramentas eficazes ao consumidor para identificação e correção imediata de erros ocorridos nas etapas anteriores à finalização da contratação; III – confirmar imediatamente o recebimento da aceitação da oferta; IV – disponibilizar o contrato ao consumidor em meio que permita sua conservação e reprodução, imediatamente após a contratação; V – manter serviço adequado e eficaz de atendimento em meio eletrônico, que possibilite ao consumidor a resolução de demandas referentes a informação, dúvida, reclamação, suspensão ou cancelamento do contrato; VI – confirmar imediatamente o recebimento das demandas do consumidor referidas no inciso, pelo mesmo meio empregado pelo consumidor; e VII – utilizar mecanismos de segurança eficazes para pagamento e para tratamento de dados do consumidor".

No tocante ao propósito de assegurar o respeito ao direito de arrependimento do consumidor, o **art. 5.º** dispõe que "o fornecedor deve informar, de forma clara e ostensiva, os meios adequados e eficazes para o exercício do direito de arrependimento pelo consumidor". O consumidor poderá exercer seu direito de arrependimento pela mesma ferramenta utilizada para a contratação, sem prejuízo de outros meios disponibilizados (§ 1.º). O exercício do direito de arrependimento implica a rescisão dos contratos acessórios, sem qualquer ônus para o consumidor (§ 2.º). Ademais, o exercício do direito de arrependimento será comunicado imediatamente pelo fornecedor à instituição financeira ou à administradora do cartão de crédito ou similar, para que (i) a transação não seja lançada na fatura do consumidor, ou (ii) seja efetivado o estorno do valor, caso o lançamento na fatura já tenha sido realizado (§ 3.º).

Vale destacar que o direito de arrependimento não é novidade trazida pelo Decreto, uma vez que já estava previsto no **art. 49 do Código de Defesa do Consumidor**, que apesar de não tratar expressamente das compras via internet, a elas se aplicava, obviamente: "o consumidor pode desistir do contrato, no prazo de 7 dias a contar de sua assinatura ou do ato de recebimento do produto ou serviço, sempre que a contratação de fornecimento de produtos e serviços ocorrer fora do estabelecimento comercial, especialmente por telefone ou a domicílio".

> A verdade é que, mesmo antes da entrada em vigor do Decreto, os consumidores já vinham acionando os tribunais para obrigar os Fornecedores a cumprir prazos de entrega e, especialmente, o exercício do direito de arrependimento (prerrogativa do consumidor de, dentro do prazo de 7 dias contados da conclusão da compra, quando esta ocorre fora do estabelecimento comercial do Fornecedor, cancelá-la e receber o dinheiro de volta), que já estava previsto no Código de Defesa do Consumidor.
>
> Destarte, o direito de arrependimento parece ter erigido à condição de um *quasi* "direito fundamental virtual", respaldado por robusta jurisprudência pelos diversos tribunais brasileiros, inclusive o STJ e cuja violação pode dar ensejo, em alguns casos, até a condenação por dano moral. Frise-se que, mesmo em relação ao custo exercício do direito do arrependimento, o STJ decidiu que este deve ser arcado pelos Fornecedores, sendo legítima a aplicação de multa pelo Procon, em caso de repasse de tais custos aos consumidores (REsp 1.340.604,[10] Rel. Min. Mauro Campbell Marques, julgado em 15.8.2013).
>
> A entrada em vigor do Decreto turbinou essa tendência, culminando não só na propositura de centenas de ações por consumidores individuais, mas também em uma atuação mais vigilante do Ministério Público e de associações de defesa do consumidor, no sentido de obrigar os Fornecedores a obedecer aos ditames do Decreto, não só em relação ao direito de arrependimento e prazo de entrega, mas também em relação ao fornecimento de informações claras (incluindo CNPJ, disponibilização do resumo do contrato, etc.) e adequado atendimento aos consumidores.[11]

---

[10] *Administrativo. Consumidor. Direito de arrependimento. Art. 49 do CDC. Responsabilidade pelo valor do serviço postal decorrente da devolução do produto. Conduta abusiva. Legalidade da multa aplicada pelo Procon.*

1. No presente caso, trata-se da legalidade de multa imposta à TV SKY SHOP (SHOPTIME) em razão do apurado em processos administrativos, por decorrência de reclamações realizadas pelos consumidores, no sentido de que havia cláusula contratual responsabilizando o consumidor pelas despesas com o serviço postal decorrente da devolução do produto do qual pretende-se desistir.

2. O art. 49 do Código de Defesa do Consumidor dispõe que, quando o contrato de consumo for concluído fora do estabelecimento comercial, o consumidor tem o direito de desistir do negócio em 7 dias ("período de reflexão"), sem qualquer motivação. Trata-se do direito de arrependimento, que assegura o consumidor a realização de uma compra consciente, equilibrando as relações de consumo.

3. Exercido o direito de arrependimento, o parágrafo único do art. 49 do CDC especifica que o consumidor terá de volta, imediatamente e monetariamente atualizados, todos os valores eventualmente pagos, a qualquer título, durante o prazo de reflexão, entendendo-se incluídos nestes valores todas as despesas com o serviço postal para a devolução do produto, quantia esta que não pode ser repassada ao consumidor.

4. Eventuais prejuízos enfrentados pelo fornecedor neste tipo de contratação são inerentes à modalidade de venda agressiva fora do estabelecimento comercial (internet, telefone, domicílio). Aceitar o contrário é criar limitação ao direito de arrependimento legalmente não previsto, além de desestimular tal tipo de comércio tão comum nos dias atuais.

5. Recurso especial provido.

(REsp 1340604/RJ, Rel. Ministro Mauro Campbell Marques, Segunda Turma, julgado em 15.08.2013, DJe 22.08.2013)

[11] LUDMER, Eduardo. Comércio eletrônico no Brasil: quatro anos do Decreto 7.962/2013. Disponível em: <https://www.thomsonreuters.com.br/pt/juridico/blog/comercio-eletronico-no-brasil-quatro-anos-do-decreto-7962-2013.html>.

É importante ressaltar, entretanto, que não é toda e qualquer compra por meio de comércio eletrônico que deve ensejar esse direito de arrependimento, como vem alertando os especialistas na área, mas apenas aquelas nas quais o comprador não pôde, de fato, testar ou experimentar o produto/serviço antes de adquiri-lo.

> (...) o direito de arrependimento não deveria ser aplicado a todas as compras virtuais, mas apenas àquelas em que, na prática, o consumidor não conseguiu "experimentar" o produto/serviço. Da mesma forma, produtos e serviços cuja fruição é instantânea e imediata, e que não poderiam ser trocados ou devolvidos sem que o consumidor tenha usufruído dos mesmos (ainda que parcialmente), principalmente produtos e serviços digitais (onde não há suporte em meio físico), como cursos, jogos e músicas consumidos em plataformas online, e/ou compras de reservas em eventos culturais, esportivos, artísticos e de lazer, estariam fora da abrangência do direito de arrependimento.
>
> Da mesma forma, os recentes avanços tecnológicos, em especial a evolução das tecnologias 3D *"try on"*/*"virtual try"* fortalecem o argumento da não aplicação do direito do arrependimento também em relação a roupas, joias e óculos e vários outros acessórios, na medida em que tais tecnologias forem disponibilizadas pelo Fornecedor, e desde que, comprovadamente, em alta qualidade.[12]

Por fim, vale frisar, novamente, que esse decreto se aplica essencialmente às **relações de consumo**, como seu próprio **art. 1.º** denuncia: "Este Decreto regulamenta a Lei 8.078/1990 (CDC), para dispor sobre a contratação no comércio eletrônico".

Por conseguinte, **quando o comércio eletrônico envolver uma relação interempresarial (contratos entre empresários cujo objeto está relacionado à atividade econômica deles), as regras do mencionado decreto não terão aplicabilidade**. Não se exigirá, por exemplo, que o *site* disponibilize todas aquelas informações do art. 2.º, tampouco se assegurará, ao empresário contratante, o direito de arrependimento previsto no art. 5.º.

3. A ECONOMIA DO COMPARTILHAMENTO

É fácil perceber que o comércio eletrônico tem provocado uma verdadeira revolução no mercado. Portanto, é preciso repensar o estudo do mercado à luz dessa novel realidade.

Em primeiro lugar, o comércio eletrônico tem permitido uma maior **competição empresarial**, já que a prescindibilidade do contato pessoal entre os contratantes permite que empresários situados em locais os mais distantes concorram entre si pela preferência dos consumidores (se antes um músico de uma pequena cidade tinha que optar entre duas ou três lojas físicas perto da sua casa para comprar seu violão, pagando em dinheiro ou cheque, por exemplo, hoje ele pode optar entre *n* lojas virtuais do mundo todo (!), pagando por meio de cartões de crédito ou débito, sem sair da sua residência).

---

12 LUDMER, Eduardo. *Comércio eletrônico no Brasil: quatro anos do Decreto 7.962/2013*. Disponível em: <https://www.thomsonreuters.com.br/pt/juridico/blog/comercio-eletronico-no-brasil-quatro-anos-do-decreto-7962-2013.html>.

Em segundo lugar, o comércio eletrônico, por facilitar o contato direto entre o fornecedor original e o consumidor final, tem eliminado intermediários e criado uma **nova organização mercadológica**. Assim, alguns contratos de colaboração tradicionais, como a representação e a distribuição, tendem a desaparecer em determinados setores, ao passo que novos modelos de colaboração empresarial surgirão.

No entanto, a maior mudança provocada pelo comércio eletrônico, que ainda não está sendo bem assimilada pelas pessoas, é a **facilitação da negociação/contratação P2P (pessoa para pessoa)**. De um lado, isso faz com que empresários passem a sofrer concorrência não apenas de outros empresários, mas também de não empresários (como exemplo, basta mencionar o crescimento vertiginoso dos *sites* de compra e venda virtual, que permitem a qualquer pessoa comprar e vender bens usados). De outro lado, isso tem permitido o desenvolvimento da chamada **economia do compartilhamento (ou economia colaborativa)**.

Nesse novo modelo econômico, a facilidade de negociação/contratação P2P permite que as pessoas tenham acesso a inúmeros bens e serviços sem a necessidade de adquiri-los e, às vezes, sem a necessidade sequer de realizar trocas monetárias para tanto. Se antes as negociações/contratações centravam-se na compra e venda de bens ou serviços, agora elas tendem a privilegiar **a troca, o empréstimo, a doação, o compartilhamento**.

Dois fatores, a meu ver, têm se mostrado determinantes para o surgimento e o desenvolvimento dessa nova economia: (i) o **aumento constante do estoque ocioso de bens**, decorrente do processo normal de acumulação de riquezas intrínseco ao capitalismo,[13] e (ii) o **avanço tecnológico**.

Quanto ao segundo fator, três inovações dele decorrentes são decisivas para o sucesso da economia do compartilhamento (ou consumo colaborativo, como preferem alguns): (i) a universalização do acesso aos aparelhos móveis de telefonia celular com acesso à *internet* e mecanismos de geolocalização, os chamados *smartphones*, (ii) a difusão dos sistemas de pagamento *on line* (cartões de crédito e débito com *chips* e senhas, e empresas como o *PayPal*, por exemplo) e (iii) a proliferação das redes sociais.

Algumas características interessantes desse novo modelo econômico, umas decorrentes das outras, merecem ser destacadas.

A primeira delas é uma **mudança no perfil de muitos dos novos empreendedores**, que deixam de ser pessoas com grande habilidade e aptidão para produzir, passando a ser pessoas que possuem uma imensa capacidade de coordenar a produção, como destaca Per Bylund:

> Embora lidar com todos os aspectos de um negócio interno aumente o controle, isso acontece em detrimento da eficiência. Quebrar os processos de produção em tarefas estreitas e terceirizá-los para os proprietários de recursos fornece um

---

[13] A economia do compartilhamento é a "cooperação entre indivíduos autônomos a fim de assegurar o aproveitamento mais eficiente e racional de bens ociosos" (RANCHORDÁS, Sofia. Does sharing mean caring? Regulating innovation in the sharing economy. *Minnesota Journal of Law*, Science and Technology. v. 16, n. 1, p. 1-63, 2015). Bens (produtos/serviços) ociosos passam a ser compartilhados (ex.: veículos, moradia, informação, tempo, tecnologia etc.).

> método de produção simples e eficaz, reduzindo os custos internos. O Uber e o Airbnb baseiam seus modelos de negócios inteiros nos recursos de outras pessoas. Um projeto até utiliza computadores domésticos ociosos, usando processamento de dados distribuídos na busca de uma cura para o HIV. Na economia compartilhada, o papel do empreendedor não é produzir, mas coordenar a produção.[14]

Outra característica importante da economia do compartilhamento é a incrível **diminuição das barreiras à entrada**, não apenas pela maior facilidade que há, hodiernamente, em captar recursos para iniciar empreendimentos (investimento-anjo, *crowdfunding* etc.), mas principalmente pelo fato de que as novas tecnologias tem reduzido consideravelmente a própria necessidade de capital para a exploração de novos modelos de negócio. Mais uma vez, Per Bylund explica:

> O aumento do acesso a recursos anteriormente privados reduz a sobrecarga para empresas jovens que tentam entrar no mercado. Encontrar investidores e financiamento é um dos maiores desafios que os empreendedores enfrentam, especialmente nos estágios iniciais do crescimento dos negócios, portanto, uma economia de compartilhamento que reduz drasticamente a necessidade de capital inicial significa mais oportunidades para que as melhores ideias sejam bem-sucedidas.[15]

A terceira característica da economia do compartilhamento é a **quebra constante de privilégios monopolísticos concedidos pelo estado**. A regulação estatal é historicamente usada pelas empresas já estabelecidas num mercado para restringir/impedir a entrada de novos competidores (captura regulatória, *rent-seeking*),[16] mas inovações disruptivas, típica desse novo modelo econômico que estamos vivenciando, geralmente escapam dessas regulações estatais, o que, obviamente, está provocando uma reação enfurecida dos respectivos cartéis (a título ilustrativo, cite-se a guerra do cartel dos taxistas contra os aplicativos de transporte urbano como o *Uber*). Os pedidos de "regulamentação" dos cartéis desmantelados são absolutamente sem sentido, já que a economia do compartilhamento é fortemente regulamentada, conforme veremos, por mecanismos de autorregulação (as pessoas precisam entender que regulamentação não significa, necessariamente, regulação estatal).

Com efeito, a quarta característica da economia do compartilhamento é a **eficiência da autorregulação** do mercado. Como dito, o comércio eletrônico, nas suas mais variadas modalidades, surgiu e se desenvolveu a despeito da inexistência de uma "regulação estatal". Trata-se, pois, de um ambiente onde a autorregulação é intensa, descentralizada e extremamente eficiente, pois a facilidade do fluxo de

---

14 BYLUND, Per. *3 ways the sharing economy changes entrepreneurial opportunity*. Disponível em: <https://www.entrepreneur.com/article/254725?utm_campaign=Sumome_share&utm_medium=Sharebar&utm_source=Social>.

15 BYLUND, Per. *3 ways the sharing economy changes entrepreneurial opportunity*. Disponível em: <https://www.entrepreneur.com/article/254725?utm_campaign=Sumome_share&utm_medium=Sharebar&utm_source=Social>.

16 STIGLER, George J. The theory of economic regulation. *Bell Journal of Economic and Management Science*, n. 1, v. 2, p. 1-21, 1971. Esse estudo de Stigler, economista ligado à conhecida Escola de Chicago, é reconhecido como um marco para a análise da captura regulatória e das falhas de governo. Stigler e alguns seguidores dessa teoria explicaram algo que parece muito óbvio até mesmo para um leigo em economia ou política: políticos e burocratas são seres humanos e, como tais, também agem sempre em busca da maximização dos seus interesses pessoais. Portanto, sempre que há um mercado regulado ocorre uma tendência de que as empresas do setor "capturem" os reguladores, fazendo-os impor barreiras regulatórias que fecham o mercado e dificultam – ou até mesmo impedem – a entrada de novos competidores.

informações na *internet* força os agentes desse mercado a construir e manter um capital reputacional elevado. Nesse sentido:

> A combinação desses fatores (maior concorrência, expansão da informação e empoderamento do consumidor) resulta em uma poderosa verificação do poder de mercado ou comportamento abusivo. Os incentivos à reputação no trabalho exigem que as empresas busquem constantemente maneiras de satisfazer as demandas do consumidor em rápida evolução e conquistar (e manter) a confiança dos consumidores. Modernos mecanismos de feedback on-line tornaram mais fácil para a honestidade ser aplicada por meio de fortes incentivos de reputação. E, como as plataformas de compartilhamento abriram setores tradicionalmente cartelizados para a nova concorrência, eles também permitiram que as empresas regulassem o comportamento umas das outras. Empresas competitivas são frequentemente mais rápidas do que os reguladores para apontar o serviço abaixo do padrão de seus rivais. O resultado é um mercado razoavelmente funcional e autorregulado, com fortes verificações de comportamento inadequado. Os maus atores são eliminados rapidamente por meio de melhores informações, incentivos à reputação e autopoliciamento agressivo da comunidade.[17]

A quinta característica da economia do compartilhamento, por sua vez, é **a desburocratização e a democratização do empreendedorismo**. Enquanto a regulação estatal produz entraves burocráticos insuperáveis e reservas de mercado corporativistas, a autorregulação facilita o empreendedorismo ao deixar nas mãos dos consumidores, e não de funcionários públicos, a decisão sobre quem vai ser bem-sucedido no exercício de determinada atividade econômica. Alvarás, licenças e diplomas não garantem a permanência de um empreendedor no mercado, mas apenas o bom atendimento das demandas dos seus consumidores.

Decorrente de todas as características anteriores, deve-se mencionar ainda outra característica da economia do compartilhamento: a **melhoria do bem-estar dos consumidores**, uma vez que mais concorrência e empreendedorismo aumentam progressivamente a quantidade e a qualidade dos bens e serviços oferecidos no mercado.

> (...) a internet e a tecnologia da informação dão ao público acesso a uma gama mais ampla de bens e serviços. A facilidade de entrada e inovação no mundo on-line significa que os novos entrantes podem oferecer melhores opções e resolver problemas anteriormente considerados insolúveis na ausência de regulamentação. Pesquisas revelaram que os consumidores atualmente aproveitam os serviços da economia do compartilhamento principalmente porque eles oferecem maior conveniência, melhores preços e melhor qualidade.[18]

Por fim, pode-se mencionar ainda o fato de que a economia do compartilhamento tem provocado uma **alteração revolucionária nas relações de trabalho**, que já não podem ser resumidas à tradicional e típica relação de emprego: teletrabalho (trabalho remoto), automação, terceirização, uberização, pejotização etc. são expres-

---

[17] KOOPMAN, Christopher; MITCHELL, Matthew; THIERER, Adam. The sharing economy and the consumer protection regulation. *The Journal of Business, Entrepreneurship & the Law*, v. 8 Iss 2, 15.05.2015.

[18] KOOPMAN, Christopher; MITCHELL, Matthew; THIERER, Adam. The sharing economy and the consumer protection regulation. *The Journal of Business, Entrepreneurship & the Law*, v. 8 Iss 2, 15.05.2015.

sões cada vez mais comuns no mercado atual, e precisam ser analisadas segundo critérios adequados à nossa atual realidade.

Enfim, para que a economia do compartilhamento continue quebrando monopólios, democratizando o exercício de atividade econômica e beneficiando a sociedade, é imperativo que o governo mantenha bem longe as suas mãos sujas ou que, pelo menos, mude sua atuação no âmbito do direito concorrencial: em vez de a autoridade antitruste (no Brasil é o CADE – Conselho Administrativo de Defesa Econômica, disciplinado pela Lei 12.529/2011) continuar quase totalmente focada no exercício de suas funções **preventiva** (controle prévio de atos de concentração empresarial, como fusões e aquisições) e **repressiva** (investigação e punição posterior de condutas anticompetitivas, como precificação predatória), as quais normalmente são direcionadas contra agentes privados, é chegada a hora de priorizar sua **função educativa** (“**advocacia a concorrência**”), que é direcionada especialmente contra o próprio Estado. Em todos os setores em que a economia do compartilhamento provocar mudanças no funcionamento do mercado em setores sujeitos a forte regulação estatal, a recomendação deve ser pela **desregulação**, a fim de que a livre-iniciativa e a livre concorrência operem seus conhecidos efeitos benéficos em prol dos consumidores e dos próprios empreendedores.

4. AS CRIPTOMOEDAS (O FENÔMENO *BITCOIN*)

De todos os monopólios estatais que podem – e devem – ser quebrados pelo desenvolvimento do comércio eletrônico e da economia do compartilhamento, o **monopólio da emissão de moeda** é o mais importante deles.

Conforme já destacamos, o dinheiro é uma criação do livre mercado, e não do Estado. Mas se o dinheiro surgiu e se desenvolveu livremente no mercado, por que ele hoje é controlado de forma monopolística pelo estado? A explicação é simples.

Numa economia em que se usa o ouro, por exemplo, como moeda, um indivíduo tem duas formas de adquirir dinheiro: (i) produzindo bens ou serviços pelos quais outras pessoas queiram pagar; ou (ii) dedicando-se à mineração (garimpo).

O estado, por sua vez, adquire dinheiro, via de regra, pela **tributação**. Ocorre que esta é, normalmente, impopular, podendo gerar revoltas que, como a História nos ensina, derrubam qualquer governo, por mais poderoso que ele seja. Assim, o estado descobriu que **controlar a moeda** lhe permite criar dinheiro do nada (sem lastro), sem causar o impacto e a revolta que a tributação causa. A criação de dinheiro sem lastro é chamada de **inflação** (infla-se a base monetária), e sua consequência inevitável é o aumento dos preços, dada a desvalorização da unidade monetária. Nesse sentido:

> No livre mercado, o dinheiro pode ser adquirido de duas formas: ou o indivíduo produz e vende bens e serviços desejados por terceiros, ou ele se dedica à mineração de ouro (um negócio tão lucrativo como outro qualquer, no longo prazo). Mas se o governo descobrir maneiras de praticar falsificação – criar dinheiro do nada –, então ele poderá, rapidamente, produzir o próprio dinheiro sem ter o trabalho de vender serviços ou de garimpar ouro. Ele poderá, assim, se apropriar

> maliciosamente de recursos e de forma bastante discreta, sem suscitar as hostilidades desencadeadas pela tributação. Com efeito, a falsificação pode criar em suas próprias vítimas a feliz ilusão de incomparável prosperidade.
>
> Falsificação, evidentemente, nada mais é do que outro nome para a inflação – ambas criam um novo "dinheiro" que não é um metal como ouro ou prata e ambas funcionam similarmente. E assim podemos entender por que os governos são inerentemente inflacionários: porque a inflação monetária é um meio poderoso e sutil para o governo adquirir recursos do público, uma forma de tributação indolor e bem mais perigosa.[19]

Portanto, o **controle do dinheiro pelo estado**, exercido através dos Bancos Centrais, é a principal causa das crises econômicas e dos surtos de inflação seguidos de aumento generalizado dos preços que temos visto nas últimas décadas, como há tempos já explicaram os economistas da Escola Austríaca, notadamente Ludwig von Mises e Friedrich August von Hayek.[20]

Ora, se o controle estatal sobre o dinheiro causa esses problemas, uma solução necessária e urgente seria a **desestatização do dinheiro.**[21] No entanto, essa solução dependia, até bem pouco tempo atrás, de os próprios governos abrirem mão do monopólio que possuem, algo absolutamente impensável, já que suas ações vão sempre no sentido exatamente oposto: reforçar esse monopólio e punir severamente qualquer ameaça privada a ele, criminalizando tal conduta.

Há algum tempo, entretanto, a situação parece ter mudado: o comércio eletrônico (uso a expressão aqui em seu sentido lato, significando as negociações/contratações virtuais, por meio da internet) e a economia do compartilhamento (negociações P2P fundadas na autorregulação e sem controle de uma autoridade governamental) podem ajudar a quebrar esse monopólio estatal sobre o dinheiro, com a criação e o desenvolvimento das **criptomoedas**, cujo exemplo mais significativo é o ***bitcoin***, a primeira criptomoeda relevante que deu certo, implantando esse ideal de descentralização e de não submissão a nenhuma autoridade central estatal.

> Bitcoin é uma moeda digital *peer-to-peer* (par a par ou, simplesmente, de ponto a ponto), de código aberto, que não depende de uma autoridade central. Entre

---

[19] ROTHBARD, Murray. *O que o governo fez com nosso dinheiro?* Trad. Leandro Augusto Gomes Roque. São Paulo: Instituto Ludwig von Mises Brasil, 2013, p. 48.

[20] Cf. DE SOTO, Jesús Huerta. *A escola austríaca*. Trad. André Azevedo Alves. São Paulo: Instituto Ludwig von Mises Brasil, 2010; DE SOTO, Jesús Huerta. *Moeda, crédito bancário e ciclos econômicos*. Trad. Márcia Xavier de Brito. São Paulo: Instituto Ludwig von Mises Brasil, 2012; e ROTHBARD, Murray N. *A grande depressão americana*. Trad. Pedro Sette Câmara. São Paulo: Instituto Ludwig von Mises Brasil, 2012.

[21] HAYEK, Friedrich A. *Desestatização do dinheiro*. Trad. Heloísa Gonçalves Barbosa. São Paulo: Instituto Ludwig von Mises Brasil, 2011. A ideia do autor é bem resumida por Arthur Seldon no prefácio da obra: "De fato, o Professor Hayek demonstra que o dinheiro em nada difere de outros produtos primários e que seu abastecimento seria efetuado de maneira melhor por meio da competição entre emissores privados do que por meio de um monopólio governamental. Pondera, seguindo a tradição clássica de Adam Smith, mas referindo-se ao século XX, que o dinheiro não constitui uma exceção à regra de que, quando se trata de produzir resultados práticos, o interesse próprio é uma motivação superior à benevolência. As vantagens que o Professor Hayek reivindica para as moedas competitivas não são apenas no sentido de que retirariam das mãos dos governos o poder de inflacionar a oferta monetária, mas também de que muito fariam para impedir as oscilações desestabilizantes que foram, no correr do último século de 'ciclos econômicos', precipitadas pelo monopólio governamental sobre o dinheiro, e também para tornar mais difícil para o governo aumentar excessivamente seus próprios gastos, já que esses aumentos se constituem num dos problemas mais cruciais dos anos 70."

muitas outras coisas, **o que faz o Bitcoin ser único é o fato de ele ser o primeiro sistema de pagamentos global totalmente descentralizado**. Ainda que à primeira vista possa parecer complicado, os conceitos fundamentais não são difíceis de compreender.[22]

É comum falar no *bitcoin* sem mencionar alguns fatos e personagens históricos que não apenas antecederam a sua criação e o seu desenvolvimento, mas foram fundamentais para que ela tenha ocorrido e se tornado um experimento bem-sucedido.

Ainda nos anos 1980, já havia pessoas que pensavam na importância da **criptografia** e procuravam desenvolver usos interessantes para ela, dentre os quais a criação de uma espécie de **dinheiro digital**. Uma dessas pessoas era **David Chaum**, criptógrafo que publicou artigos pioneiros sobre o tema[23] e chegou até a tentar implantar suas ideias na prática, com a criação da *DigiCash*, empresa que tinha como um de seus principais produtos o *eCash*.[24]

Embora o empreendimento de Chaum não tenha dado certo naquele momento, novas tentativas aconteceriam futuramente, todas elas desenvolvidas no âmbito de um grupo autointitulado de ***Cypherpunks***:[25] pessoas interessadas em criptografia que passaram a se reunir – primeiro fisicamente, depois virtualmente, por meio de uma lista de *e-mails* – com o objetivo de desenvolver e difundir o uso dessa tecnologia como forma de garantir a privacidade e as liberdades individuais, principalmente a **liberdade monetária**.[26]

Dentre as principais contribuições dos *Cypherpunks* para a criação futura do *bitcoin* e de outras criptomoedas, que atualmente são milhares, podem ser destacadas as seguintes: (i) os mecanismos anti-spam de Adam Back (***Hashcash***),[27] que remontam a 1997; o ***B-money***, protocolo de uma criptomoeda idealizada por Wei Dai em 1998;[28] e o ***Bitgold***, tentativa de criação de uma espécie de ouro digital feita por Nick Szabo entre 1998 e 2005.[29]

Após isso, mais precisamente em 31 de outubro de 2008, um membro do grupo dos *Cypherpunks* chamado **Satoshi Nakamoto**[30] publicou na lista um texto

---

22 ULRICH, Fernando. *Bitcoin*: o dinheiro na era digital. São Paulo: Instituto Ludwig von Mises Brasil, p. 17.

23 CHAUM, David. *Security without identification*: transaction systems to make Big Brother obsolete. *Communications of the ACM*, v. 28, n. 10, October 1985, p. 1.030-1.044.

24 "Você pode pagar pelo acesso a um banco de dados, comprar um *software* ou uma *newsletter* por *e-mail*, jogar um jogo de computador pela internet, receber US$ 5 devidos por um amigo ou apenas pedir uma pizza. As possibilidades são verdadeiramente ilimitadas" (David Chaum, numa conferência em 1994, falando sobre o eCash).

25 Para conhecer um pouco mais da história desse grupo, bem como sua importância para a criação e o desenvolvimento do *bitcoin*, recomenda-se o documentário *Banco ou bitcoin*, dirigido por Christopher Carnucciari, disponível no Netflix.

26 Os criadores e desenvolvedores do BITCOIN tinham um pensamento libertário (anarquista, em certos casos) e não apenas se preocupavam com privacidade, mas com a defesa das liberdades individuais contra as arbitrariedades estatais. Conhecedores da teoria monetária, eles sabiam da importância de criar uma alternativa ao controle estatal sobre o dinheiro, e por isso idealizaram uma criptomoeda descentralizada. Sobre o assunto, recomenda-se o documentário *O surgimento e a ascensão do bitcoin*, disponível no YouTube.

27 BACK, Adam. Hashcash: a denial of service counter-measure. Disponível em: <http://www.hashcash.org/papers/hashcash.pdf>.

28 DAI, Wei. *B-money*. Disponível em: <http://www.weidai.com/bmoney.txt>.

29 SZABO, Nick. *Bitgold*. Disponível em: <https://nakamotoinstitute.org/bit-gold/>.

30 Acredita-se que se trata de um pseudônimo, já que essa pessoa nunca apareceu em público, tendo desaparecido dos fóruns de que participava alguns anos depois da divulgação de sua revolucionária ideia.

intitulado *Bitcoin: a peer-to-peer electronic cahs system.*[31] No resumo, afirmava-se o seguinte:

> Uma versão puramente eletrônica do dinheiro permitiria que pagamentos on-line fossem enviados diretamente, de uma entidade para outra, sem ter que passar por uma instituição financeira. Assinaturas digitais fornecem parte da solução para o problema, mas os principais benefícios são perdidos se for preciso ter uma terceira parte confiável para evitar gastos duplicados. Propomos uma solução para o problema do gasto duplo usando uma rede de usuário para usuário. A rede coloca registros de tempo nas transações que ele insere em uma cadeia contínua de testes de trabalho com base no cálculo de hashes, formando um registro que não pode ser alterado sem recriar o teste de trabalho completo. A cadeia mais longa não serve apenas como testemunha e teste da sequência de eventos, mas também garante que ela está vindo do cluster com o maior processamento da CPU. Enquanto a maioria do poder de processamento da CPU estiver sob o controle de nós que não cooperam para atacar a rede, eles gerarão a cadeia mais longa e aproveitarão os invasores. A rede em si requer uma estrutura mínima. As mensagens são enviadas sob a premissa de menor esforço, e os nós podem sair e se juntar à rede quando acharem adequado, aceitando a mais longa cadeia de prova de trabalho, como prova do que aconteceu durante sua ausência.[32]

Como se percebe, **o *bitcoin*** é uma criptomoeda que utiliza uma tecnologia ponto a ponto (***peer-to-peer*****) para criar um sistema de pagamentos *on-line* que não depende de intermediários e não se submete a nenhuma autoridade regulatória centralizadora**. O código do *bitcoin* é aberto, seu *design* é público, não há proprietários ou controladores centrais e qualquer pessoa pode participar do seu sistema de gerenciamento coletivo. Enfim, o *bitcoin* é uma inovação revolucionária porque é o primeiro sistema de pagamentos totalmente descentralizado.

O comércio eletrônico tradicional é sempre feito através de intermediários (uma operadora de cartão de crédito, uma instituição financeira ou uma empresa de pagamentos *on-line*, como o *PayPal*) e lastreado em uma moeda oficial (dólar, real, euro etc.). As transações com *bitcoins*, por sua vez, **não dependem de intermediários e não são lastreadas em uma moeda oficial**, mas no próprio *bitcoin*. Portanto, não se trata apenas de um novo sistema de pagamentos, mas de uma nova moeda.

Dada a importância e a singularidade do tema, transcrevo a seguir as explicações de Fernando Ulrich, autor da primeira obra publicada no Brasil sobre o assunto:

> **O que é Bitcoin**
>
> Bitcoin *é uma moeda digital* peer-to-peer *(par a par ou, simplesmente, de ponto a ponto), de código aberto, que não depende de uma autoridade central. Entre muitas outras coisas, o que faz o* Bitcoin *ser único é o fato de ele ser o primeiro sistema de pagamentos global totalmente descentralizado. Ainda que à primeira vista possa parecer complicado, os conceitos fundamentais não são difíceis de compreender.*

---

[31] A íntegra do *paper original* pode ser lida em: <https://bitcoin.org/bitcoin.pdf>. A maior prova de que as contribuições de Back e Dai foram fundamentais para a invenção do *bitcoin* está no fato de que seus trabalhos foram expressamente citados como referência no *paper* de Satoshi. Quanto a Szabo, há quem afirme que ele seria o próprio Satoshi, atuando em conjunto com outros membros do grupo. Ainda que isso não seja verdade, sua contribuição é inegável, tanto que há mensagens de Satoshi no grupo *Cypherpunks* afirmando que o *bitcoin* é uma mistura do *B-money* com o *Bitgold*.

[32] Versão em português disponível em: <https://blog.bit2me.com/pt/paper-original-bitcoin-em-portugues/>.

Visão geral

Até a invenção do Bitcoin, *em 2008, pelo programador não identificado conhecido apenas pelo nome Satoshi Nakamoto, transações* on-line *sempre requereram um terceiro intermediário de confiança. Por exemplo, se Maria quisesse enviar 100 u.m. ao João por meio da internet, ela teria que depender de serviços de terceiros como PayPal ou Mastercard. Intermediários como o PayPal mantêm um registro dos saldos em conta dos clientes. Quando Maria envia 100 u.m. ao João, o PayPal debita a quantia de sua conta, creditando-a na de João. Sem tais intermediários, um dinheiro digital poderia ser gasto duas vezes. Imagine que não haja intermediários com registros históricos, e que o dinheiro digital seja simplesmente um arquivo de computador, da mesma forma que documentos digitais são arquivos de computador. Maria poderia enviar ao João 100 u.m. simplesmente anexando o arquivo de dinheiro em uma mensagem. Mas assim como ocorre com um* e-mail*, enviar um arquivo como anexo não o remove do computador originador da mensagem eletrônica. Maria reteria a cópia do arquivo após tê-lo enviado anexado à mensagem. Dessa forma, ela poderia facilmente enviar as mesmas 100 u.m. ao Marcos. Em ciência da computação, isso é conhecido como o problema do "gasto duplo", e, até o advento do* Bitcoin*, essa questão só poderia ser solucionada por meio de um terceiro de confiança que empregasse um registro histórico de transações.*

A invenção do Bitcoin *é revolucionária porque, pela primeira vez, o problema do gasto duplo pode ser resolvido sem a necessidade de um terceiro;* Bitcoin *o faz distribuindo o imprescindível registro histórico a todos os usuários do sistema via uma rede peer-to-peer. Todas as transações que ocorrem na economia Bitcoin são registradas em uma espécie de livro-razão público e distribuído chamado de blockchain (corrente de blocos, ou simplesmente um registro público de transações), o que nada mais é do que um grande banco de dados público, contendo o histórico de todas as transações realizadas. Novas transações são verificadas contra o* blockchain *de modo a assegurar que os mesmos* bitcoins *não tenham sido previamente gastos, eliminando assim o problema do gasto duplo. A rede global* peer-to-peer*, composta de milhares de usuários, torna-se o próprio intermediário; Maria e João podem transacionar sem o PayPal.*

É importante notar que as transações na rede Bitcoin *não são denominadas em dólares, euros ou reais, como são no PayPal ou Mastercard; em vez disso, são denominadas em* bitcoins*. Isso torna o sistema* Bitcoin *não apenas uma rede de pagamentos descentralizada, mas também uma moeda virtual. O valor da moeda não deriva do ouro ou de algum decreto governamental, mas do valor que as pessoas lhe atribuem. O valor em reais de um* bitcoin *é determinado em um mercado aberto, da mesma forma que são estabelecidas as taxas de câmbio entre diferentes moedas mundiais.*

Como funciona

Até aqui discutimos o que é o Bitcoin*: uma rede de pagamentos* peer-to-peer *e uma moeda virtual que opera, essencialmente, como o dinheiro online. Vejamos agora como é seu funcionamento.*

As transações são verificadas, e o gasto duplo é prevenido, por meio de um uso inteligente da criptografia de chave pública. Tal mecanismo exige que a cada usuário sejam atribuídas duas "chaves", uma privada, que é mantida em segredo, como uma senha, e outra pública, que pode ser compartilhada com todos. Quando a Maria decide transferir bitcoins ao João, ela cria uma mensagem, chamada de "transação", que contém a chave pública do João, assinando com sua chave privada. Olhando a chave pública da Maria, qualquer um pode verificar que a transação foi de fato assinada com sua chave privada, sendo, assim, uma troca autêntica, e que João é o novo proprietário dos fundos. A transação – e portanto uma transferência de propriedade dos bitcoins – é registrada, carimbada com data e hora e exposta em um "bloco" do blockchain *(o grande banco de dados, ou livro-razão da rede* Bitcoin*). A criptografia de chave pública garante que todos os computadores na rede tenham um registro constantemente atualizado e verificado de todas as transações dentro da rede* Bitcoin*, o que impede o gasto duplo e qualquer tipo de fraude.*

Mas o que significa dizermos que "a rede" verifica as transações e as reconcilia com o registro público? E como exatamente são criados e introduzidos novos bitcoins *na oferta monetária? Como vimos, porque o* Bitcoin *é uma rede* peer-to-peer*, não há uma autoridade central encarregada nem de criar unidades monetárias nem de verificar as transações. Essa rede depende dos usuários que proveem a força computacional para realizar os registros e as reconciliações das transações. Esses usuários são chamados de "mineradores", porque são recompensados pelo seu trabalho com* bitcoins *recém--criados. Bitcoins são criados, ou "minerados", à medida que milhares de computadores dispersos resolvem problemas matemáticos complexos que verificam as transações no* blockchain*. Como um analista afirmou, a real mineração de* bitcoins *é puramente um processo matemático. Uma analogia útil é a procura de números primos: costumava ser relativamente fácil achar os menores (Erastóstenes, na Grécia Antiga, produziu o primeiro algoritmo para encontrá-los). Mas à medida que eles eram encontrados, ficava mais difícil encontrar os maiores. Hoje em dia, pesquisadores usam computadores avançados de alto desempenho para encontrá-los, e suas façanhas são observadas pela comunidade da matemática (por exemplo, a Universidade do Tennessee mantém uma lista dos 5.000 maiores).*

No caso do Bitcoin*, a busca não é, na verdade, por números primos, mas por encontrar a sequência de dados (chamada de "bloco") que produz certo padrão quando o algoritmo "*hash*" do* Bitcoin *é aplicado aos dados. Quando uma combinação ocorre, o minerador obtém um prêmio de bitcoins (e também uma taxa de serviço, em* bitcoins*, no caso de o mesmo bloco ter sido usado para verificar uma transação). O tamanho do prêmio é reduzido ao passo que* bitcoins *são minerados.*

A dificuldade da busca também aumenta, fazendo com que seja computacionalmente mais difícil encontrar uma combinação. Esses dois efeitos combinados acabam por reduzir ao longo do tempo a taxa com que bitcoins *são produzidos, imitando a taxa de produção de uma* commodity *como o ouro. Em um momento futuro, novos* bitcoins *não serão produzidos, e o único incentivo aos mineradores serão as taxas de serviços pela verificação de transações.*

O protocolo, portanto, foi projetado de tal forma que cada minerador contribui com a força de processamento de seu computador visando à sustentação da infraestrutura necessária para manter e autenticar a rede da moeda digital. Mineradores são premiados com bitcoins *recém-criados por contribuir com força de processamento para manter a rede e por verificar as transações no* blockchain*. E à medida que mais capacidade computacional é dedicada à mineração, o protocolo incrementa a dificuldade do problema matemático, assegurando que* bitcoins *sejam sempre minerados a uma taxa previsível e limitada.*

Esse processo de mineração de bitcoins não continuará indefinidamente. O Bitcoin *foi projetado de modo a reproduzir a extração de ouro ou outro metal precioso da Terra – somente um número limitado e previamente conhecido de bitcoins poderá ser minerado. A quantidade arbitrária escolhida como limite foi de 21 milhões de* bitcoins*. Estima-se que os mineradores colherão o último "satoshi", ou 0,00000001 de um* bitcoin*, no ano de 2140. Se a potência de mineração total escalar a um nível bastante elevado, a dificuldade de minerar bitcoins aumentará tanto que encontrar o último "satoshi" será uma empreitada digital consideravelmente desafiadora. Uma vez que o último "satoshi" tenha sido minerado, os mineradores que direcionarem sua potência de processamento ao ato de verificação das transações serão recompensados com taxas de serviço, em vez de novos* bitcoins *minerados. Isso garante*

> *que os mineradores ainda tenham um incentivo de manter a rede operando após a extração do último* bitcoin.[33]

Logo após a publicação do *paper* de Satoshi Nakamoto, suas ideias empolgaram alguns membros do grupo *Cypherpunks*, como Hal Finney, o qual protagonizou com o próprio Satoshi **a primeira operação com *bitcoin* da história, realizada em 03.01.2009.**

> Às 18h15 do dia 3 de janeiro de 2009, nascia oficialmente o Bitcoin, com a primeira transação de sua história, transmitida à rede por Satoshi, registrada no bloco gênese e acompanhada da seguinte mensagem:
>
> *The Times 03/Jan/2009*
>
> *Chancellor on brink of second bailout for banks*
>
> A alusão à manchete do jornal britânico *The Times* daquele dia não é acidental. É, na verdade, um claro indicativo da visão crítica de Satoshi sobre o sistema bancário e a desordem financeira reinante. Nesse contexto, o projeto Bitcoin vinha a ser uma tentativa de resposta à instabilidade financeira causada por décadas de monopólio estatal da moeda e por um sistema bancário de reservas fracionárias. Poucos dias após a transmissão do bloco gênese, era disponibilizado aberta e gratuitamente para download o cliente Bitcoin v0.1. Era o início do grande experimento monetário e bancário do novo milênio.[34]

Durante mais de um ano, a rede ficou sendo operada apenas por entusiastas de criptografia, que enviavam e recebiam *bitcoins* entre si, mas ainda sem nenhum valor. Somente **em 17.03.2010 o *bitcoin* teve sua primeira cotação**, feita pelo bitcoinmarket.com, e seu valor era de aproximadamente 0,003 dólares. Meses depois, **em 22.05.2010, ocorreu a primeira negociação real com *bitcoins*:** Jeremy Sturdivant comprou duas pizzas para Laszlo Hanyecz, que pagou 10.000 *bitcoins* em troca.

> Mas, em realidade, essa não foi uma transação genuína, pois o comprador transferiu 10 mil BTC a um terceiro, que facilitou a compra por cartão de crédito na pizzaria. Ainda assim, a compra foi um registro do preço de um bitcoin então, 4 BTC por centavo de dólar. Somente em 17 de julho de 2010 ocorreu o primeiro registro de uma transação em uma casa de câmbio, a Mt.Gox, em que um bitcoin era negociado a US$ 0,05. A partir desse momento, novas transações iam sendo efetuadas, e o processo de descobrimento do preço de um bitcoin ganhou cada vez mais tração e volume.[35]

Tudo estava indo bem, mas o *bitcoin* ainda era muito pouco conhecido. Alguns acontecimentos históricos importantes, porém, mudaram profundamente esse estado de coisas, provocando efeitos positivos e negativos para essa criptomoeda: primeiro, ocorreu o escândalo do vazamento de documentos diplomáticos americanos em novembro de 2010, que fez o governo dos EUA forçar bancos a cortar relações com o ***WikiLeaks***, do *Cypherpunk* Julian Assange, fazendo-o investir em *bitcoins* para fugir desse bloqueio bancário; segundo, o jovem libertário americano Ross Ulbricht criou o site ***Silk Road*** em 2011, que pretendia ser um ambiente de livre comércio irrestrito, usando *bitcoin* como

---

33 ULRICH, Fernando. *Bitcoin*: a moeda na era digital. São Paulo: Instituto Ludwig von Mises Brasil, 2014. p. 17-20.

34 ULRICH, Fernando. *Bitcoin*: a moeda na era digital. São Paulo: Instituto Ludwig von Mises Brasil, 2014. p. 43.

35 ULRICH, Fernando. *Bitcoin*: a moeda na era digital. São Paulo: Instituto Ludwig von Mises Brasil, 2014. p. 70.

meio de pagamento, justamente por ser uma criptomoeda não regulada por nenhuma autoridade estatal; terceiro, houve algum tempo depois a **crise econômica do Chipre**, que fez muitos cidadãos daquele país perceberem os problemas do sistema financeiro controlado pelo Estado e buscarem uma alternativa a isso, encontrando justamente o *bitcoin*.

Os efeitos positivos desses acontecimentos foram logo sendo percebidos: cada vez mais pessoas foram conhecendo o *bitcoin*, outras criptomoedas com o mesmo ideal de descentralização foram criadas e várias *startups* relacionadas a essa criação revolucionária surgiram e rapidamente se desenvolveram, fazendo com o que preço de mercado do *bitcoin* aumentasse bastante, atingindo o até então inédito valor de mil dólares no final de 2013.

Ocorre que, como dito, os acontecimentos mencionados também produziram efeitos negativos: as autoridades americanas, especialmente do setor financeiro, passaram a perseguir empresários e usuários do mercado de criptomoedas, sob a acusação de que elas, principalmente o *bitcoin*, eram usadas para a prática de crimes como lavagem de dinheiro, sonegação fiscal, tráfico de drogas e até terrorismo. Assim, empreendedores pioneiros como Ross Ulbricht e Charlie Shrem (fundador da *BitInstant*) foram presos, e uma onda de insegurança e desconfiança generalizadas fez o preço do *bitcoin* cair muito, chegando ao valor aproximado de 200 dólares no início de 2015.

Felizmente, porém, o *bitcoin* e as demais criptomoedas que lhe seguiram resistiram a esses ataques governamentais, e isso se deu principalmente por causa da tecnologia que está por trás delas: a ***Blockchain***.

> A invenção do Bitcoin é revolucionária porque, pela primeira vez, o problema do gasto duplo pode ser resolvido sem a necessidade de um terceiro; Bitcoin o faz distribuindo o imprescindível registro histórico a todos os usuários do sistema via uma rede peer-to-peer. Todas as transações que ocorrem na economia Bitcoin são registradas em uma espécie de livro-razão público e distribuído chamado de blockchain (corrente de blocos, ou simplesmente um registro público de transações), o que nada mais é do que um grande banco de dados público, contendo o histórico de todas as transações realizadas. Novas transações são verificadas contra o blockchain de modo a assegurar que os mesmos bitcoins não tenham sido previamente gastos, eliminando assim o problema do gasto duplo. A rede global peer-to-peer, composta de milhares de usuários, torna-se o próprio intermediário; Maria e João podem transacionar sem o PayPal.[36]

Vale destacar que **a tecnologia *Blockchain* não tem seu uso restrito às criptomoedas**, e por isso ela despertou tanto interesse e atenção por parte do mercado, fazendo com que vários setores da economia percebessem quão revolucionária era a criação de Satoshi e companhia.

Normalmente, operações financeiras precisam de um **terceiro intermediário**, que geralmente é uma instituição financeira ou ente assemelhado. Esse terceiro vai, basicamente, verificar de onde veio o dinheiro e para onde vai o dinheiro, confirmando, assim, a veracidade da operação. O uso da tecnologia *Blockchain*, porém, torna esse terceiro intermediário desnecessário, porque **a confirmação da veracidade da operação é feita pela própria rede**, por meio da resolução de um proble-

---

[36] ULRICH, Fernando. *Bitcoin*: a moeda na era digital. São Paulo: Instituto Ludwig von Mises Brasil, 2014, p. 17-18.

ma matemático (isso é o que chamamos de mineração, que atualmente é feita por quem possui uma alta capacidade computacional), e após a confirmação tudo fica disponível *on-line* para sempre, sem nenhuma possibilidade de exclusão ou alteração.

Portanto, toda e qualquer transação que hoje depende de uma **terceira parte confiável** para ser realizada pode se beneficiar do uso da tecnologia *Blockchain*, eliminando a necessidade desse intermediário (registro imobiliário e *smart contracts*,[37] por exemplo).[38]

Nas edições anteriores deste livro, eu escrevi o seguinte: "o futuro do *bitcoin*, por enquanto, ainda é incerto. É provável que os governos de vários países usem toda a sua força contra essa criptomoeda, já que ela representa uma real possibilidade de quebra do monopólio estatal sobre o dinheiro, o que seria um grande avanço no caminho de uma sociedade mais livre e próspera".

Pois bem. Não obstante até hoje ainda existam pessoas questionando o *bitcoin* e as demais criptomoedas, bem como sua capacidade de revolucionar o sistema financeiro tradicional, centralizado e controlado pelos governos, o fato é que essa descrença tem diminuído progressivamente.

O *bitcoin* (e isso vale também para muitas criptomoedas concorrentes) se desenvolveu com sucesso rapidamente, porque possui algumas características muito próprias, às quais correspondem vantagens dessa criptomoeda em relação ao sistema financeiro tradicional. O *bitcoin*:

- usa criptografia, o que o torna um meio de pagamento virtual muito seguro e confiável;
- é totalmente descentralizado, tornando-se imune ao controle estatal, o que elimina a burocracia (não há limites, feriados etc.);
- é um sistema ponto-a-ponto, o que elimina a necessidade de terceiros intermediários (bancos, em regra), reduzindo o custo das operações;
- é escasso, o que, aliado ao fato de ser descentralizado, impede manipulações governamentais em sua base monetária (surtos inflacionários e consequente desvalorização);
- é global, o que facilita o seu uso em operações internacionais (remessas ao exterior podem demorar dias no sistema bancário comum, mas com *bitcoins* duram poucos minutos); e
- é uma tecnologia de código aberto (*open source*), o que permite seu rápido aperfeiçoamento e sua autorregulação pela própria rede de usuários, aumentando ainda mais a segurança e a confiabilidade do sistema.

Some-se a isso tudo o fato de que as operações com *bitcoin* são públicas e podem ser conferidas a qualquer momento no *Blockchain*, uma espécie de livro-razão

---

37 O texto pioneiro sobre o assunto é esse: SZABO, Nick. Smart contracts: *building blocks for digital markets*. Disponível em: <http://www.fon.hum.uva.nl/rob/Courses/InformationInSpeech/CDROM/Literature/LOTwinterschool2006/szabo.best.vwh.net/smart_contracts_2.html>. Trata-se, em suma, de contratos digitais que, baseando-se em criptografia e uso da *Blockchain*, são autoexecutáveis, isto é, não dependem de uma terceira parte confiável para garantir sua executoriedade.

38 "Em outros termos, os contratos inteligentes são programas de computadores, *softwares*, que podem ser executados em uma rede ponto a ponto, como por exemplo, a rede *blockchain*, com o objetivo de automatizar a execução daquilo que foi programado sem a necessidade de uma autoridade externa confiável. Sua principal característica é a autoexecutoriedade. Uma vez que for verificado aquilo que foi programado, o código será disparado e executado. Suas aplicações variam nos ativos digitais (como moedas e *tokens*) que podem estar vinculados a objetos ou valores não digitais, bem como atrelados a aplicações que não necessariamente dizem respeito a operações econômicas e sim como mera tecnologia integrada a internet das coisas, por exemplo, fazendo com que os contratos inteligentes possam funcionar de forma isolada, sem a necessidade de uma rede descentralizada" (SANAS, Caio Fernando. *O futuro dos contratos: potencialidade e desafios dos smart contracts no Brasil*. Rio de janeiro: Editora Jurismestre, 2021, p. 31).

(<https://blockchain.info/pt>), e isso demonstra a transparência do sistema, também aumentando sua segurança e confiabilidade.

Assim, todas essas características e vantagens do *bitcoin* fizeram com que ele passasse a ser cada vez mais usado para fins diversos: investimento, *trading* financeiro, recebimentos por produtos vendidos ou serviços prestados, compra de produtos ou serviços internacionais, transferências internacionais etc.

Em suma: desde a publicação do *paper* de Satoshi Nakamoto até os dias atuais, o desenvolvimento do *bitcoin* é realmente fantástico. Inicialmente tratado com desdém por muitas pessoas, que o viam apenas como uma excentricidade de libertários,[39] o *bitcoin* tornou-se cada vez mais conhecido e respeitado, a ponto de não poder mais ser ignorado hodiernamente: *startups* que facilitam e estimulam o seu uso foram criadas, empresas de renome passaram a aceitá-lo como meio de pagamento, investidores começaram a vê-lo como um ativo relevante, acadêmicos perceberam que precisavam estudá-lo etc.

Ora, mas se a fase inicial de total descrédito foi vencida, iniciando-se um ciclo virtuoso de uso e reconhecimento dessa criptomoeda, é óbvio que todos sabemos qual seria a próxima fase de evolução (ou involução) do *bitcoin*: as diversas e quase sempre desastrosas tentativas de regulamentação estatal.

Como o *bitcoin* é global, é possível que cada país o regulamente de forma distinta, mas é também possível que num futuro não tão distante se tente impor uma regulamentação internacional uniforme.[40] O tempo dirá.

No Brasil, ainda não existe regulamentação legal ou infralegal específica e detalhada sobre criptomoedas como o *bitcoin*,[41] mas alguns posicionamentos formais de certas autoridades judiciárias e regulatórias precisam ser destacados.

4.1. Decisões do Superior Tribunal de Justiça

No julgamento do CC 161.123/SP, a Terceira Seção do Superior Tribunal de Justiça reconheceu expressamente que não existe, ainda, regulamentação legal ou infralegal sobre compra e venda de criptomoedas no Brasil. Confira-se, a propósito, a ementa do acórdão:

---

[39] Libertarianismo, numa explicação simples e sucinta, é uma filosofia política que prega a não iniciação de agressão e defende o livre mercado e a propriedade privada, rejeitando, portanto, os Estados nacionais modernos como forma legítima de organização social, já que estes se sustentam na tributação, no intervencionismo econômico e na crescente limitação dos direitos de propriedade. Assim, libertários foram os primeiros a apoiar e a usar o *bitcoin* por verem nele uma alternativa real de quebra do monopólio estatal sobre a moeda, o que representa uma maior liberdade econômica. Conforme já dissemos, um documentário intitulado *O surgimento e a ascensão do bitcoin*, disponível no YouTube, destaca bem essa questão.

[40] Nesse sentido, vale destacar o item 25 da declaração dos líderes do G20, publicada em 02.12.2018, após reunião em Buenos Aires: "Esperamos ter um progresso contínuo em obter intermediações financeiras não bancárias resilientes. Vamos intensificar os esforços para garantir que os potenciais benefícios da tecnologia no setor financeiro possam ser realizados enquanto os seus riscos são mitigados. Regulamentaremos os criptoativos para combater a lavagem de dinheiro e atacar o financiamento do terrorismo, em conformidade com as normas do GAFI, e consideraremos outras respostas que sejam necessárias, caso sejam necessárias."

[41] Dada a velocidade com que o assunto vem crescendo de importância, é possível que no momento em que você, leitor, esteja lendo esta parte livro, alguma regulamentação legal ou infralegal tenha surgido.

Conflito negativo de competência. Inquérito policial. Justiça estadual e justiça federal. Investigado que atuava como trader de criptomoeda (BITCOIN), oferecendo rentabilidade fixa aos investidores. Investigação iniciada para apurar os crimes tipificados nos arts. 7.º, II, da Lei n.º 7.492/1986, 1.º da Lei n.º 9.613/1998 e 27-e da Lei n.º 6.385/1976. Ministério público estadual que concluiu pela existência de indícios de outros crimes federais (evasão de divisas, sonegação fiscal e movimentação de recurso ou valor paralelamente à contabilidade exigida pela legislação). Inexistência. Operação que não está regulada pelo ordenamento jurídico pátrio. BITCOIN que não tem natureza de moeda nem valor mobiliário. Informação do Banco Central do Brasil (BCB) e da comissão de valores mobiliários (CVM). Investigação que deve prosseguir, por ora, na justiça estadual, para apuração de outros crimes, inclusive de estelionato e contra a economia popular.

1. A operação envolvendo compra ou venda de criptomoedas não encontra regulação no ordenamento jurídico pátrio, pois as moedas virtuais não são tidas pelo Banco Central do Brasil (BCB) como moeda, nem são consideradas como valor mobiliário pela Comissão de Valores Mobiliários (CVM), não caracterizando sua negociação, por si só, os crimes tipificados nos arts. 7.º, II, e 11, ambos da Lei n.º 7.492/1986, nem mesmo o delito previsto no art. 27-E da Lei n.º 6.385/1976.

2. Não há falar em competência federal decorrente da prática de crime de sonegação de tributo federal se, nos autos, não consta evidência de constituição definitiva do crédito tributário.

3. Em relação ao crime de evasão, é possível, em tese, que a negociação de criptomoeda seja utilizada como meio para a prática desse ilícito, desde que o agente adquira a moeda virtual como forma de efetivar operação de câmbio (conversão de real em moeda estrangeira), não autorizada, com o fim de promover a evasão de divisas do país. No caso, os elementos dos autos, por ora, não indicam tal circunstância, sendo inviável concluir pela prática desse crime apenas com base em uma suposta inclusão de pessoa jurídica estrangeira no quadro societário da empresa investigada.

4. Quanto ao crime de lavagem de dinheiro (art. 1.º da Lei n.º 9.613/1998), a competência federal dependeria da prática de crime federal antecedente ou mesmo da conclusão de que a referida conduta teria atentado contra o sistema financeiro e a ordem econômico-financeira, ou em detrimento de bens, serviços ou interesses da União, ou de suas entidades autárquicas ou empresas públicas (art. 2.º, III, a e b, da Lei n.º 9.613/1998), circunstâncias não verificadas no caso.

5. Inexistindo indícios, por ora, da prática de crime de competência federal, o procedimento inquisitivo deve prosseguir na Justiça estadual, a fim de que se investigue a prática de outros ilícitos, inclusive estelionato e crime contra a economia popular.

6. Conflito conhecido para declarar a competência do Juízo de Direito da 1.ª Vara de Embu das Artes/SP, o suscitado.

(CC 161.123/SP, Rel. Ministro Sebastião Reis Júnior, Terceira Seção, julgado em 28.11.2018, DJe 05.12.2018)

Essa ausência de regulamentação, frise-se, acaba provocando uma atuação cautelosa de certos setores regulados, que ficam com receio de negociar com empresas desse mercado. Cite-se, por exemplo, o polêmico caso do fechamento das contas bancárias das corretoras de criptomoedas (popularmente conhecidas como *exchanges*) por parte de instituições financeiras tradicionais, como Bradesco e Itaú. O Superior Tribunal de Justiça também proferiu decisão nesse caso, entendendo que "o encerramento de conta-corrente usada na comercialização de criptomoedas, observada a prévia e regular notificação, não configura prática comercial abusiva ou exercício abusivo do direito". Eis a ementa do acórdão:

Recurso especial. Ação de obrigação de fazer. Pretensão exarada por empresa que efetua intermediação de compra e venda de moeda virtual (no caso, BITCOIN) de obrigar a instituição financeira a manter contrato de conta-corrente. Encerramento de contrato, antecedido por regular notificação. Licitude. Recurso especial improvido.

1. As razões recursais, objeto da presente análise, não tecem qualquer consideração, sequer "en passant"*, acerca do aspecto concorrencial, em suposta afronta à ordem econômica, suscitado em memoriais e em sustentação oral, apenas. A argumentação retórica de que todas as instituições financeiras no país teriam levado a efeito o proceder da recorrida – único banco acionado na presente ação –, ou de que haveria obstrução à livre concorrência – inexistindo, para esse efeito, qualquer discussão quanto ao fato de que o Banco recorrido sequer atuaria na intermediação de moedas virtuais –, em nenhum momento foi debatida nos autos, tampouco demonstrada, na esteira do contraditório, razão pela qual não pode ser conhecida.*

1.1 De igual modo, não se poderia conhecer da novel alegação de inviabilização do desenvolvimento da atividade de corretagem de moedas virtuais – a qual pressupõe ou que o banco recorrido detivesse o monopólio do serviço bancário de conta-corrente ou que todas as instituições financeiras atuantes nesse segmento (de expressivo número) tivessem adotado o mesmo proceder da recorrida –, se tais realidades não foram em momento algum aventadas, tampouco retratadas nos presentes autos.

1.2 Essas matérias hão de ser enfrentadas na seara administrativa competente ou em outro recurso especial, caso, necessariamente, sejam debatidas na origem e devolvidas ao conhecimento do Superior Tribunal de Justiça, o que não se deu na hipótese, ressaltando-se, para esse efeito, que memoriais ou alegações feitas da Tribuna não se prestam para configurar prequestionamento.

2. O serviço bancário de conta-corrente afigura-se importante no desenvolvimento da atividade empresarial de intermediação de compra e venda de bitcoins, desempenhada pela recorrente, conforme ela própria consigna, mas sem repercussão alguma na circulação e na utilização dessas moedas virtuais, as quais não dependem de intermediários, sendo possível a operação comercial e/ou financeira direta entre o transmissor e o receptor da moeda digital. Nesse contexto, tem-se, a toda evidência, que a utilização de serviços bancários, especificamente o de abertura de conta-corrente, pela insurgente, dá-se com o claro propósito de incrementar sua atividade produtiva de intermediação, não se caracterizando, pois, como relação jurídica de consumo mas sim de insumo , a obstar a aplicação, na hipótese, das normas protetivas do Código de Defesa do Consumidor.

3. O encerramento do contrato de conta-corrente, como corolário da autonomia privada, consiste em um direito subjetivo exercitável por qualquer das partes contratantes, desde que observada a prévia e regular notificação.

3.1 A esse propósito, destaca-se que a Lei n.º 4.595/1964, recepcionada pela Constituição Federal de 1988 com status de lei complementar e regente do Sistema Financeiro Nacional, atribui ao Conselho Monetário Nacional competência exclusiva para regular o funcionamento das instituições financeiras (art. 4.º, VIII). E, no exercício dessa competência, o Conselho Monetário Nacional, por meio da edição de Resoluções do Banco Central do Brasil que se seguiram, destinadas a regulamentar a atividade bancária, expressamente possibilitou o encerramento do contrato de conta de depósitos, por iniciativa de qualquer das partes contratantes, desde que observada a comunicação prévia. A dicção do art. 12 da Resolução BACEN/CMN n.º 2.025/1993, com a redação conferida pela Resolução BACEN/CMN n.º 2.747/2000, é clara nesse sentido.

4. Atendo-se à natureza do contrato bancário, notadamente o de conta-corrente, o qual se afigura intuitu personae*, bilateral, oneroso, de execução continuada, prorrogando-se no tempo por prazo indeterminado, não se impõe às instituições financeiras a obrigação de contratar ou de manter em vigor específica contratação, a elas não se aplicando o art. 39, II e IX, do Código de Defesa do Consumidor. Revela-se, pois, de todo incompatível com a natureza do serviço bancário fornecido,* *que conta com regulamentação específica, impor-se às instituições financeiras o dever legal de contratar, quando delas se exige, para atuação em determinado seguimento do mercado financeiro, profunda análise de aspectos mercadológico e institucional, além da adoção de inúmeras medidas de segurança que lhes demandam o conhecimento do cliente bancário e de reiterada atualização do seu cadastro de clientes, a fim de minorar os riscos próprios da atividade bancária.*

4.1 Longe de encerrar abusividade, tem-se por legítima, sob o aspecto institucional, a recusa da instituição financeira recorrida em manter o contrato de conta-corrente, utilizado como insumo, no desenvolvimento da atividade empresarial, desenvolvida pela recorrente, de intermediação de compra e venda de moeda virtual, a qual não conta com nenhuma regulação do Conselho Monetário Nacional (em tese, porque não possuiriam vinculação com os valores mobiliários, cuja disciplina é dada pela Lei n.º 6.385/1976). De igual modo, sob o aspecto mercadológico, também se afigura lídima a recusa em manter a contratação, se, conforme sustenta a própria insurgente, sua atividade empresarial se apresenta, no mercado financeiro, como concorrente direta e produz impacto no faturamento da instituição financeira recorrida. Desse modo, o proceder levado a efeito pela instituição financeira não configura exercício abusivo do direito.

5. Não se exclui, naturalmente, do crivo do Poder Judiciário a análise, casuística, de eventual desvirtuamento no encerramento do ajuste, como o inadimplemento dos deveres de informação e de transparência, ou a extinção de uma relação contratual longeva, do que, a toda evidência, não se cuida na hipótese ora vertente. Todavia, o propósito de obter o reconhecimento judicial da ilicitude, em tese, do encerramento do contrato, devidamente autorizado pelo órgão competente para tanto, evidencia, em si, a improcedência da pretensão posta.

6. Recurso especial improvido.

(REsp 1696214/SP, Rel. Ministro Marco Aurélio Bellizze, Terceira Turma, julgado em 09.10.2018, DJe 16.10.2018)

Como se percebe, o STJ analisou o caso exclusivamente à luz do direito contratual e, consequentemente, consagrou o entendimento de que ninguém pode ser obrigado a contratar com alguém, considerando legítima, pois, a decisão do banco de encerrar os contratos de conta-corrente, desde que efetuada a prévia notificação da outra parte contratante.

Mas a questão, ao que nos parece, é um tanto mais complexa. Os bancos, no Brasil e em muitos lugares do mundo, fazem parte de um cartel poderosíssimo, criado e mantido por barreiras regulatórias estatais que inibem toda e qualquer iniciativa empresarial que ameace essa relação espúria que há entre o sistema político e o sistema financeiro, relação essa que tem como pedra fundamental o pernicioso monopólio estatal sobre a moeda.

É óbvio que bancos e governos temem o *bitcoin* e o desenvolvimento de outras criptomoedas: a desestatização do dinheiro, para relembrar a já mencionada obra de Hayek, é um perigo real para eles, de modo que o fechamento de contas-correntes de *exchanges* parece ser um claro movimento no sentido de dificultar a atuação delas (nesse julgamento, porém, o STJ não discutiu essa questão, por considerar que ela não estava prequestionada nas instâncias inferiores).

Vale destacar, no entanto, que cedo ou tarde a questão terá de ser analisada sob esse enfoque, pelo próprio STJ ou pelo CADE (Conselho Administrativo de Defesa Econômica), autoridade antitruste brasileira, que já instaurou inquérito administrativo, a pedido da Associação Brasileira de Criptomoedas e Blockchain (ABCB), para apurar se o fechamento sistemático de contas-correntes de *exchanges* por diversas instituições financeiras configurou abuso de poder de mercado, infração contra a ordem econômica punida pela Lei nº 12.529/2011.

4.2. Projeto de Lei nº 2.303/2015

Tramita no Congresso Nacional um projeto de lei de autoria do Deputado Áureo (SD-RJ), que "dispõe sobre a inclusão das moedas virtuais e programas de milhagem aéreas na definição de 'arranjos de pagamento' sob a supervisão do Banco Central". Eis o teor original do projeto:

> Art. 1.º Modifique-se o inciso I do art. 9.º da Lei 12.865, de 09 de outubro de 2013:
>
> *Art. 9.º (...) I – disciplinar os arranjos de pagamento; incluindo aqueles baseados em moedas virtuais e programas de milhagens aéreas;*
>
> Art. 2.º Acrescente-se o seguinte § 4.º ao art. 11 da Lei 9.613, de 03 de março de 1998:
>
> *Art. 11 (...) § 4.º As operações mencionadas no inciso I incluem aquelas que envolvem moedas virtuais e programas de milhagens aéreas.*
>
> Art. 3.º Aplicam-se às operações conduzidas no mercado virtual de moedas, no que couber, as disposições da Lei no 8.078, de 11 de setembro de 1990, e suas alterações.

A leitura do projeto torna fácil perceber que a intenção do seu autor era apenas permitir, de forma clara e expressa, que o Banco Central (BACEN) e o Conselho de Controle de Atividades Financeiras (COAF) fiscalizem e regulem as criptomoedas, chamadas no projeto de "moedas virtuais". Confira-se, a propósito, o seguinte excerto do parecer do autor:

> Em certa medida acreditamos que tanto o Banco Central como o Conselho de Controle de Atividades Financeiras (Coaf) e os órgãos do consumidor já tem competência para fiscalizar e regular moedas virtuais. No entanto, entendemos que as legislações que conferem tais atribuições podem ser mais transparentes em relação a tais atribuições, o que evita desnecessários questionamentos judiciais.
>
> Sendo assim, endereçamos no projeto de lei proposto três questões relacionadas às moedas virtuais, uma em cada artigo: i) regulação prudencial pelo Banco Central, ii) lavagem de dinheiro e outras atividades ilegais e iii) defesa do consumidor. Deixamos claro no art. 1.º que os "arranjos de pagamento" citados no inciso I do art. 9.º da Lei 12.865, de 09 de outubro de 2013 inclui "aqueles baseados em moedas virtuais e programas de milhagens aéreas". Ademais, deixamos claro no art. 2.º que as operações que envolvem moedas virtuais estão incluídas na fiscalização do COAF. Por fim, não deixamos margem a dúvida de que a legislação de defesa do consumidor se aplica ao mundo das moedas virtuais no art. 3.º.

Ocorre, no entanto, que o relator do projeto de lei, deputado Expedito Neto, alterou totalmente o seu texto e propôs, absurdamente, proibir e criminalizar a emissão e a negociação de criptomoedas no Brasil. Segue trecho do seu parecer:

> Nessa linha, naquilo que diz respeito às moedas virtuais, digitais ou criptomoedas, decidimos nos posicionar pela **proibição** de emissão em território nacional, bem

como de vedar a sua comercialização, intermediação e mesmo a aceitação como meio de pagamento para liquidação de obrigações no País.

Para tal fim, optamos por inserir no **Código Penal** o tipo específico para a prática descrita no parágrafo anterior, mas deixamos aberta a possibilidade de emissão para uso em ambiente restrito, sob a responsabilidade do emissor, de moedas digitais, moedas virtuais e criptomoedas, desde que exclusivamente para a aquisição de bens e serviços oferecidos pelo emissor ou por terceiros.

A matéria ainda se encontra em tramitação, sendo pouco provável que as proposições do relator sejam aceitas, mas é imprescindível que todos os que se interessam pela livre iniciativa, pela livre concorrência e pela autonomia privada acompanhem de perto essa questão.

4.3. Comunicados do Banco Central do Brasil (BACEN)

Até o momento, o BACEN emitiu dois comunicados formais ao mercado, bem como publicou uma lista de perguntas frequentes, com as respectivas respostas à luz do entendimento da autarquia.

No Comunicado 25.306/2014, no qual a entidade "esclarece sobre os riscos decorrentes da aquisição das chamadas 'moedas virtuais' ou 'moedas criptografadas' e da realização de transações com elas", o que há de mais relevante é a não caracterização do *bitcoin* e de outras criptomoedas como **moeda eletrônica** à luz da legislação vigente no Brasil, em virtude de não serem lastreados em reais, nossa moeda oficial:

> (...) o Banco Central do Brasil esclarece, inicialmente, que **as chamadas moedas virtuais não se confundem com a "moeda eletrônica" de que tratam a Lei n.º 12.865, de 9 de outubro de 2013, e sua regulamentação infralegal**. Moedas eletrônicas, conforme disciplinadas por esses atos normativos, são recursos armazenados em dispositivo ou sistema eletrônico que permitem ao usuário final efetuar transação de pagamento denominada em moeda nacional. Por sua vez, as chamadas moedas virtuais possuem forma própria de denominação, ou seja, são denominadas em unidade de conta distinta das moedas emitidas por governos soberanos, e não se caracterizam dispositivo ou sistema eletrônico para armazenamento em reais.

No Comunicado 31.379/2017, o BACEN "alerta sobre os riscos decorrentes de operações de guarda e negociação das denominadas moedas virtuais", reafirmando que elas "não se confundem com a definição de moeda eletrônica de que trata a Lei n.º 12.865, de 9 de outubro de 2013, e sua regulamentação por meio de atos normativos editados pelo Banco Central do Brasil, conforme diretrizes do Conselho Monetário Nacional".

Em suma: em ambos os comunicados o BACEN afastou a caracterização das criptomoedas como moedas eletrônicas, à luz do nosso ordenamento jurídico, e afirmou que até o momento não vislumbrou no uso delas qualquer ameaça de riscos relevantes para o Sistema Financeiro Nacional, razão pela qual não editou nenhuma regulamentação sobre o assunto. Ademais, o BACEN deixou claro que as empresas que operam com criptomoedas não são instituições financeiras, também à luz do nosso ordenamento jurídico, e por isso não estão sujeitas à sua fiscalização e regulação. Enfim, o objetivo dos comunicados foi apenas orientar as pessoas quanto aos riscos das operações com criptomoedas, dada a volatilidade do seu preço e da ocorrência de alguns casos de fraude.

4.4. A orientação da Receita Federal

Seguindo a linha do BACEN, a Receita Federal não considera o *bitcoin* e as demais criptomoedas como moeda eletrônica, mas determina que sejam declarados como **ativo financeiro** na declaração anual do imposto de renda (pergunta 447 do Manual do IRPF), bem como que eventuais lucros obtidos com a compra e venda desses ativos, quando ultrapassarem R$ 35.000,00 mensais, sejam tributados como ganhos de capital, a uma alíquota de 15% (pergunta 607 do Manual do IRPF):

MOEDA VIRTUAL – COMO DECLARAR

447 — As moedas virtuais devem ser declaradas?

Sim. As moedas virtuais (bitcoins, por exemplo), muito embora não sejam consideradas como moeda nos termos do marco regulatório atual, devem ser declaradas na Ficha Bens e Direitos como "outros bens", uma vez que podem ser equiparadas a um ativo financeiro. Elas devem ser declaradas pelo valor de aquisição.

Atenção:

Como esse tipo de "moeda" não possui cotação oficial, uma vez que não há um órgão responsável pelo controle de sua emissão, não há uma regra legal de conversão dos valores para fins tributários.

183

Entretanto, essas operações deverão estar comprovadas com documentação hábil e idônea para fins de tributação.

Consulte a pergunta 607

ALIENAÇÃO DE MOEDAS VIRTUAIS

607 — Os ganhos obtidos com a alienação de moedas "virtuais" são tributados?

Os ganhos obtidos com a alienação de moedas virtuais (bitcoins, por exemplo) cujo total alienado no mês seja superior a R$ 35.000,00 são tributados, a título de ganho de capital, à alíquota de 15%, e o recolhimento do imposto sobre a renda deve ser feito até o último dia útil do mês seguinte ao da transação.

As operações deverão estar comprovadas com documentação hábil e idônea.

Consulte as perguntas 447 e 544

(Lei nº 5.172, de 25 de outubro de 1966 - Código Tributário Nacional - CTN, art. 118; Instrução Normativa SRF nº 84, de 11 de outubro de 2001; e Instrução Normativa SRF nº 599, de 28 de dezembro de 2005)

A fim de fiscalizar o cumprimento dessa orientação, a Receita Federal abriu em 31.10.2018, exatamente no dia em que o *paper* de Satoshi Nakamoto completou dez anos, consulta pública para a edição de uma instrução normativa sobre prestação de informações pelas empresas e pessoas que realizam operações de compra e venda de criptomoedas.

O resultado foi a publicação da IN RFB n.º 1.888/2019, que "institui e disciplina a obrigatoriedade de prestação de informações relativas às operações realizadas com criptoativos à Secretaria Especial da Receita Federal do Brasil". Essa IN define criptoativo como "a representação digital de valor denominada em sua própria unidade de conta, cujo preço pode ser expresso em moeda soberana local ou estrangeira, transacionado eletronicamente com a utilização de criptografia e de tecnologias de registros distribuídos, que pode ser utilizado como forma de investimento, instrumento de transferência de valores ou acesso a serviços, e que não constitui moeda de curso legal" (art. 5.º, I).

Ao que nos parece, é preciso ter cuidado com esse tipo de regulamentação: as empresas e as pessoas que têm operado com criptoativos não devem ser encaradas como potenciais criminosos, mas sim como empreendedores/investidores que estão apostando, corajosa e pioneiramente, numa nova forma de negociação que, conforme dito, já tem apresentado vários aspectos positivos, podendo apresentar muito mais no futuro, desde que a regulação estatal não seja proibitiva, tornando-se um empecilho à inovação e ao desenvolvimento tecnológico.

4.5. As notas da Comissão de Valores Mobiliários (CVM)

Por fim, merecem destaque também algumas notas emitidas pela CVM sobre o assunto, as quais não tratam exatamente das criptomoedas em si, mas das "ofertas iniciais de moeda", conhecidas no mercado pela sigla ICO, referente à expressão inglesa *Initial Coin Offering*. A primeira dessas notas, divulgada em 11.10.2017, teve o seguinte teor:

> *Initial Coin Offering* (ICO)
>
> Nota da CVM a respeito do tema
>
> Considerando o avanço das operações conhecidas como *Initial Coin Offerings* (ICOs), a CVM julga pertinente esclarecer que está atenta às recentes inovações tecnológicas nos mercados financeiros global e brasileiro. A Autarquia vem acompanhando tais operações e buscando compreender benefícios e riscos associados, seja por meio de fóruns internos, como o Comitê de Gestão de Riscos – CGR e o Fintech Hub, ou de discussões no âmbito internacional, como em trabalhos desenvolvidos pela IOSCO.
>
> Em linha com as competências definidas na Lei 6.385/76, a CVM busca estimular o empreendedorismo e a introdução de inovações tecnológicas no mercado de valores mobiliários, sempre que alinhados ao norte da segurança dos investidores e da integridade do mercado.
>
> Assim, a Autarquia presta os seguintes esclarecimentos quanto aos riscos decorrentes dos chamados ICOs e de sua relação com o regime regulatório atualmente vigente no âmbito do mercado de valores mobiliários:
>
> 1. Podem-se compreender os ICOs como captações públicas de recursos, tendo como contrapartida a emissão de ativos virtuais, também conhecidos como *tokens* ou *coins*, junto ao público investidor. Tais ativos virtuais, por sua vez, a depender do contexto econômico de sua emissão e dos direitos conferidos aos investidores, podem representar valores mobiliários, nos termos do art. 2.º da Lei 6.385/76.
>
> 2. Nesse contexto, a CVM esclarece que certas operações de ICO podem se caracterizar como operações com valores mobiliários já sujeitas à legislação e à regulamentação específicas, devendo se conformar às regras aplicáveis. Incorrem

na mesma situação companhias (abertas ou não) ou outros emissores que captem recursos por meio de uma ICO, em operações cujo sentido econômico corresponda à emissão e à negociação de valores mobiliários.

3. As ofertas de ativos virtuais que se enquadrem na definição de valor mobiliário e estejam em desconformidade com a regulamentação serão tidas como irregulares e, como tais, estarão sujeitas às sanções e penalidades aplicáveis. A CVM alerta que, até a presente data, não foi registrada nem dispensada de registro nenhuma oferta de ICO no Brasil.

4. Por outro lado, há operações de ICO que não se encontram sob a competência da CVM, por não se configurarem como ofertas públicas de valores mobiliários.

5. A CVM esclarece que valores mobiliários ofertados por meio de ICO não podem ser legalmente negociados em plataformas específicas de negociação de moedas virtuais (chamadas de *virtual currency exchanges*), uma vez que estas não estão autorizadas pela CVM a disponibilizar ambientes de negociação de valores mobiliários no território brasileiro.

6. Quanto à participação de potenciais investidores em operações de ICO, alerta-se para os seguintes riscos inerentes a tais investimentos (em especial no que diz respeito a emissores ou ofertas não registradas na CVM):

a. Risco de fraudes e esquemas de pirâmides ("Ponzi");

b. Inexistência de processos formais de adequação do perfil do investidor ao risco do empreendimento (*suitability*);

c. Risco de operações de lavagem de dinheiro e evasão fiscal/divisas;

d. Prestadores de serviços atuando sem observar a legislação aplicável;

e. Material publicitário de oferta que não observa a regulamentação da CVM;

f. Riscos operacionais em ambientes de negociação não monitorados pela CVM;

g. Riscos cibernéticos (dentre os quais, ataques à infraestrutura, sistemas e comprometimento de credenciais de acesso dificultando o acesso aos ativos ou a perda parcial ou total dos mesmos) associados à gestão e custódia dos ativos virtuais;

h. Risco operacional associado a ativos virtuais e seus sistemas;

i. Volatilidade associada a ativos virtuais;

j. Risco de liquidez (ou seja, risco de não encontrar compradores/vendedores para certa quantidade de ativos ao preço cotado) associado a ativos virtuais; e

k. Desafios jurídicos e operacionais em casos de litígio com emissores, inerentes ao caráter virtual e transfronteiriço das operações com ativos virtuais.

7. A CVM recomenda aos potenciais investidores que se deparam com anúncios de ICO, como forma de evitar o risco de fraude, verificar no site da Autarquia se o ofertante é emissor registrado na CVM ou se a oferta foi registrada ou dispensada de registro. Além disso, a Autarquia, por meio de seus canais de atendimento ao investidor, encontra-se à disposição para receber denúncias e reclamações sobre possíveis irregularidades em tais operações.

8. Os investidores devem avaliar atentamente as características de tais operações, de forma a identificar sinais indicadores de irregularidades, tais como: altos retornos garantidos, pressão para participar das transações imediatamente, ofertantes ou ofertas não registradas na CVM, ausência de requisitos mínimos para a participação em tais operações, entre outros.

A CVM permanece atenta à evolução das ICOs e, sendo o caso, tomará, no momento apropriado, as medidas cabíveis no âmbito de sua competência legal, de forma a assegurar a estabilidade e o contínuo desenvolvimento do mercado de capitais brasileiro.

Para entender melhor as notas da CVM, vale destacar novamente que o *bitcoin* é uma criptomoeda pioneira no mundo todo e hoje muito conhecida, inclusive no Brasil, mas **não é a única criptomoeda existente**, já havendo registros de **mais de mil criptomoedas** em uso e circulação no mundo.

Portanto, sempre que formos falar em regulamentação estatal desse fenômeno, pode até ser normal associarmos a regulamentação ao *bitcoin*, em razão da sua fama e pioneirismo, mas na verdade o que se terá é uma regulamentação das criptomoedas em geral, e não apenas do *bitcoin*. Basta ver o comunicado do BACEN, a orientação da Receita Federal e o Projeto de Lei já mencionados: todos se referem a moedas virtuais de forma geral, e não especificamente ao *bitcoin*. Não há dúvidas, pois, de que qualquer eventual regulamentação estatal específica e detalhada sobre o assunto siga o mesmo caminho.

No caso da nota da CVM, há ainda outro detalhe a ser observado: ela não trata, conforme já adiantamos, das criptomoedas em si – até porque isso fugiria à competência regulamentar da CVM –, mas sim das "ofertas iniciais de moeda", que são definidas como "captação pública de recursos, tendo como contrapartida a emissão de ativos virtuais, também conhecidos como *tokens* ou *coins*, junto ao público investidor". De fato, tem sido comum a realização de ICO (basta lembrar que, conforme dissemos anteriormente, já existem mais de mil criptomoedas no mundo), e alguns países já começaram a legislar sobre isso.

A preocupação da CVM, portanto, não é com o *bitcoin*, mas com o *boom* de ICO que estamos vivenciando no momento e a consequente possibilidade de algum ICO, nas palavras da própria CVM, "se caracterizar como operações com valores mobiliários já sujeitas à legislação e à regulamentação específicas, devendo se conformar às regras aplicáveis" (item 2 da nota).

Assim, quando uma ICO envolver valores mobiliários, o ofertante da ICO deverá estar previamente registrado na CVM e obedecer às suas normas, mas quando a ICO não envolver valores mobiliários, estará afastada a competência regulatória da CVM: "há operações de ICO que não se encontram sob a competência da CVM, por não se configurarem como ofertas públicas de valores mobiliários" (item 4 da nota).

Embora as notas da CVM reconheçam que ela não tem competência para regulamentar uma ICO que não envolve valores mobiliários e que "até o presente momento, nenhuma ICO obteve dispensa ou registro de oferta pública de distribuição de valores mobiliários na Autarquia", ela faz algumas recomendações de segurança para potenciais investidores que se arriscam nessas operações. Tais recomendações devem ter sido motivadas pelo caso da Kryptacoin, uma suposta criptomoeda que era, na verdade, um esquema de pirâmide que lesou muitas pessoas e desencadeou uma operação policial que prendeu os responsáveis.

Nos Estados Unidos, o *leading case* sobre o tema das ICO parece ser o caso *The DAO*, que era um fundo de risco descentralizado com base no criptoativo *Ethereum*. Numa ICO feita em abril de 2016, foram arrecadados aproximadamente US$ 150 milhões em ETH, com mais de 10.000 investidores. Dois meses depois, porém, *hackers* conseguiram roubar US$ 60 milhões, gerando prejuízos consideráveis para quem investiu. Como se descobriu posteriormente que os detentores de DAO *tokens* possuíam direitos de voto e outras formas de participação na empresa, entendeu-se que teria havido uma captação pública de recursos com valores mobiliários, e consequentemente deveria ter sido feito o respectivo registro no órgão regulatório (no caso dos EUA, esse órgão é a *SEC – Securities Exchange Comission*).

4.6. A aparição do tema em provas de concurso público

Vimos que ainda não se pode afirmar que *as criptomoedas, cujo principal exemplo ainda é o bitcoin,* foram regulamentadas no Brasil, nem pelo BACEN nem pela CVM, tampouco pela Receita Federal ou pelo Congresso Nacional. Mas essa regulamentação, como eu já havia previsto em edições anteriores, pode estar perto de ocorrer e tende a ser negativa, dado o medo que os Estados possuem dessa nova e revolucionária tecnologia, que representa uma ameaça real ao sistema financeiro tradicional.

A despeito dessa ausência de regulamentação estatal, o assunto já foi objeto de questionamento em provas objetivas de concursos públicos. A propósito, confira-se a questão 57 do concurso público para o cargo de Juiz Federal do Tribunal Regional Federal da 3.ª Região:

> Sobre *bitcoin*, assinale a alternativa correta:
>
> a) É moeda eletrônica.
>
> b) Não é regulada pelo BACEN (Banco Central do Brasil).
>
> c) As empresas que negociam ou guardam as chamadas moedas virtuais em nome dos usuários, pessoas naturais ou jurídicas, são autorizadas a funcionar pelo BACEN.
>
> d) É valor mobiliário.

A resposta correta foi a alternativa B. Afinal, conforme vimos, o *bitcoin* não é regulado pelo BACEN, nem por qualquer autoridade monetária, sendo essa, aliás, uma de suas principais características. Quanto à alternativa A, também vimos que o *bitcoin* não se confunde com a "moeda eletrônica" disciplinada na Lei n.º 12.865/2013 (art. 6, inciso VI), conforme já deixou claro o BACEN em dois comunicados (25.306/2014 e 31.379/2017). No tocante à alternativa C, um desses comunicados do BACEN deixa claro que "as entidades e pessoas que emitem ou fazem a intermediação desses ativos virtuais não são reguladas nem supervisionadas por autoridades monetárias de qualquer país". Por fim, quanto à alternativa D, destacamos que o *bitcoin* (ou qualquer outra criptomoeda) não está listado como valor mobiliário no art. 2.º da Lei n.º 6.385/1976, embora a CVM tenha deixado claro nas notas que publicou que "tais ativos virtuais, a depender do contexto econômico de sua emissão e dos direitos conferidos aos investidores, podem representar valores mobiliários, nos termos do art. 2.º da Lei 6.385/1976". Isso vai ocorrer "quando ofertados publicamente" (inciso IX) para captação de recursos, uma operação que se chama de ICO (sigla para "*initial coin offering*", isto é, oferta inicial de moeda). Não é, porém, o caso do *bitcoin*. Aliás, na própria nota da CVM ela afirmou que "até a presente data não foi registrada nem dispensada de registro nenhuma oferta de ICO no Brasil".